Viking bank

Pentland Firth
John o Groats
Thurso
Wick
Lindesnes
Forties
Moray Firth
Elgin
Banff
Fraserburgh
Peterhead
Huntly
Spey
Don
Skagerrak
Fisher bank
Aberdeen
Dee
Balmoral
Braemar
Stonehaven
N Esk
Montrose
Pitlochry
Tay
Dundee
SCOTLAND
Firth of Tay
Perth
St. Andrews
Dunfermline
Firth of Forth
Leith
Dunbar
Falkirk
Edinburgh
LAMMERMUIR HILLS
Berwick-upon-Tweed
Holy Isle
Tweed
Galashiels
Uplands
Melrose
North Sea
Sanquhar
Selkirk
CHEVIOT HILLS
Northumberland
Moffat
Nith
Gretna Green
Newcastle
Roman Wall
Tyne
Sunderland
Carlisle
Durham
Dogger bank
Keswick
Penrith
Auckland
Lake District
Eden
Middlesbrough
German bank
PENNINES
Richmond
York
Scarborough
Morecambe Bay
Harrogate
Lancaster
York
Beverley
Blackpool
Preston
Frisian Islands
Bradford
Leeds
Ouse
Hull
Liverpool
Lancashire
Humber
Birkenhead
Don
Wakefield
Bolton
Manchester
Grimsby
Doncaster
Mersey
Sheffield
Cheshire
Lincoln
Chester
Crewe
Chesterfield
Skegness
Llangollen
Stoke-on-Trent
The Wash
Derby
Nottingham
Stafford
Shrewsbury
Wellington
ENGLAND
Norfolk
Montgomery
Trent
Leicester
Stamford
Gt. Ouse
Norwich
Gt. Yarmouth
Wolverhampton
Peterborough
AMSTERDAM
Birmingham
Huntingdon
Ely
Ludlow
Coventry
NORTHAMPTON HEIGHTS
Worcester
Suffolk
NETHERLANDS
Avon
Northampton
Cam
Hereford
The Hague
Bedford
Cambridge
Ipswich
Hook of Holland
Cheltenham
Rotterdam
Black Mts.
Gloucester
EAST ANGLIAN HEIGHTS
Rhine
Monmouth
COTSWOLD HILLS
Harwich
Newport
Oxford
Essex
Cardiff
Windsor
LONDON
Bristol
Reading
Margate
Bath
Ascot
W. GERMANY
Thames
Surrey
Ramsgate
Antwerp
Aldershot
Kent
Canterbury
Dunkirk
Flanders
Somerset
Winchester
Tunbridge Wells
Dover
Shaftesbury
Calais
BRUSSELS
Exe
Sussex
Strait of Dover
Dorset
Southampton
Hastings
Boulogne
BELGIUM
Solent
Chichester
Brighton
Newhaven
Torquay
Axminster
Weymouth
Dorchester
Bournemouth
Portsmouth
Dartmouth
LUXEMBOURG
English Channel
Somme
Dieppe
LUXEMBOURG
Cherbourg
Le Havre
FRANCE
Guernsey
Islands
Jersey
Seine
Normandy

Dansk-Engelsk
Ordbog

GYLDENDALS RØDE ORDBØGER

Dansk-Engelsk
Engelsk-Dansk

Dansk-Tysk
Tysk-Dansk

Dansk-Fransk
Fransk-Dansk

Dansk-Spansk
Spansk-Dansk

Dansk-Italiensk
Italiensk-Dansk

Latin-Dansk
Persisk-Dansk
Russisk-Dansk
Svensk-Dansk

Retskrivningsordbog
Fremmedordbog
Dansk-Dansk
Dansk Etymologisk Ordbog
Dansk Sprogbrug
Talemåder i dansk
Udtaleordbog
Nye Ord 1955-1998

GYLDENDALS RØDE UNDERVISNINGS-ORDBØGER

Dansk-Engelsk *Undervisning*
Dansk-Tysk *Undervisning*
Min egen engelskordbog
Min egen danskordbog

GYLDENDALS STORE ORDBØGER

Dansk-Engelsk, *Vinterberg & Bodelsen*
Engelsk-Dansk, *B. Kjærulff Nielsen*
Dansk-Engelsk Industriordbog

Polsk-Dansk
Græsk-Dansk
Latinsk-Dansk
Svensk-Dansk

Spansk-Dansk, *Bratli*
Teknisk Ordbog, Dansk-Spansk

Dansk Fremmedordbog
Ordbog over det danske Sprog

GYLDENDALS SMÅ RØDE ORDBØGER

Dansk-Rumænsk
Fremmedordenes Byggeklodser
Idiomordbog
Institutionsnavne Dansk-Engelsk
Kurdisk-Dansk
Skandinavisk Ordbog
Stednavneordbog
Storbyens Stednavne

GYLDENDALS MINIORDBØGER

Engelsk-Dansk/Dansk-Engelsk
Portugisisk-Dansk/Dansk-Portugisisk
Tysk-Dansk/Dansk-Tysk

GYLDENDALS ELEKTRONISKE ORDBØGER

Retskrivningsordbog
Fremmedordbog

Dansk-Engelsk
Engelsk-Dansk
Dansk-Engelsk, *Vinterberg & Bodelsen*
Engelsk-Dansk, *B. Kjærulff Nielsen*

Dansk-Tysk
Tysk-Dansk

Dansk-Fransk
Dansk-Spansk

Dansk-Engelsk Ordbog

Af JENS AXELSEN

Sproglig konsulent W. Glyn Jones

10. UDGAVE

7. OPLAG

GRUNDLAGT AF HERMANN VINTERBERG

GYLDENDAL

Bogen er sat med Melior hos Viborg Maskinsætteri
og trykt hos Nordisk Bogproduktion A/S, Haslev
Grafisk form: Austin Grandjean

Printed in Denmark 2002
ISBN 87-01-42494-7

www.gyldendal.dk

Forord

Ordbogen foreligger hermed i 10. udgave i en noget ændret skikkelse, både typografisk og opstillingsmæssigt. Den er blevet trespaltet, og for at gøre det lettere at finde frem til opslagsordene og de enkelte betydninger er der indført nummerering af betydningerne samt ny linie ved alle nye opslagsord, også sammensætninger, og ved hver ny betydning når den fylder flere linier. Desuden er indholdet gennemgået fuldstændigt og opdateret, med tilføjelse af nye ord og betydninger og udeladelse af mindre brugte. Forklaringerne og eksemplerne til de forskellige oversættelsesmuligheder er gennemgået, og udvidet hvor det skønnedes nødvendigt. Bogen er vokset til 1046 sider med i alt 65.000 opslagsord.

Materialet til suppleringen er især indsamlet ved læsning af dagspressen og nyere litteratur, fra radio og tv m.v., og noget har jeg genbrugt fra den i 1990 udsendte Dansk-Engelsk Undervisning. Desuden har jeg benyttet de i litteraturlisten anførte håndbøger. Jeg skylder tak til de kolleger og andre brugere der har sendt mig forslag til rettelser og forbedringer, og til Henrik Andersson, Den Danske Ordbog, som har hjulpet mig ved søgninger i ordbogens 40 millioner ord store korpus med henblik på verifikation af dansk sprogbrug.

Som tidligere står jeg i stor gæld til Arne Hamburger, nu pensioneret fra Sprognævnet, til lektor Flemming Olsen, der gennem mange år har sendt mig nyttige citater til brug for ordbogen, og til professor emeritus W. Glyn Jones, Norwich, der har været en uvurderlig støtte ved løsningen af vanskelige problemer vedrørende oversættelser og vurdering af engelsk sprogbrug. Hvad der alligevel måtte være af fejl og mangler er dog naturligvis mit eget ansvar.

Jeg vil også takke Gyldendals ordbogsredaktion for megen praktisk hjælp, og Thomas Ingemann for venlig og tålmodig indføring i Gestorlex' mysterier.

Holte, marts 1995 *Jens Axelsen*

I 2.-7. oplag er der foretaget ca. 250 rettelser.

Vejledende bemærkninger

OPSLAGSORDENE

Opslagordet erstattes inde i en artikel med ~ eller bindestreg foran bøjningsendelse (**natur**: *-en*).

Ordbogen er tænkt som en aktiv ordbog for danske, men af hensyn til udenlandske brugere er der angivet grammatiske oplysninger til de danske opslagsord. Der angives ordklasse efter opslagsordet (undtagen ved sammensatte og afledte substantiver).

Ved substantiverne står der desuden i en parentes efter ordklasseangivelsen køn og flertalsbøjning på basis af Retskrivningsordbogen (igen dog ikke ved sammensætninger og afledninger). De uregelmæssige flertalsformer står også på alfabetisk plads med henvisning til grundformen.

Ved verberne anføres på samme måde og med samme undtagelser uregelmæssig bøjning (og *-te, -t* bøjning), og der er henvisning fra de uregelmæssige former på alfabetisk plads. Hvis præsens og perfektum participium har selvstændig status som adjektiver står de som opslagsord med henvisning dertil i begyndelsen af verbets artikel. Ellers er de behandlet i denne.

Adjektivets uregelmæssige gradbøjningsformer står på alfabetisk plads, fx *bedre, nærmere,* og der er henvist fra grundformen.

Adverbier der dannes regelmæssigt af adjektiver på begge sprog er normalt ikke medtaget. Hvis et regelmæssigt dannet dansk adverbium er medtaget som opslagsord er der henvisning dertil under adjektivet. Adverbier der har samme form som adjektivet, især dem der ender på *-isk* eller er participier, er normalt opført som opslagsord.

OVERSÆTTELSERNE

Der anføres uregelmæssig flertalsform ved substantiverne. Adjektivernes uregelmæssige gradbøjningsformer står ved de tilsvarende danske. En liste over uregelmæssige verber findes bag i bogen. Syntaktiske ejendommeligheder ved oversættelserne er illustreret ved udtryk i foden, fx utællelighed eller verbers forhold mht. infinitiv/-ing form. Dog anføres det hvis oversættelser til adjektiver ikke eller kun kan bruges attributivt i modsætning til det danske. Enkelte helt specielle forhold er forklaret i en parentes.

Parenteser anvendes i øvrigt:

1. for at betegne at en del af et ord eller udtryk kan medtages eller udelades efter behag, fx ..ic(al), capital (letter), in the (good) old days;
2. for at betegne, at en del af et ord eller udtryk kan udskiftes med det eller de i parentesen angivne; parentesen indledes da med *el.*; således betegner "you have no reason (*el.* cause) to complain", at ordet *reason* uden væsentlig betydningsændring kan erstattes af *cause*;
3. for at betegne at en del af et ord eller udtryk efter omstændighederne må erstattes med det eller dem der står i parentesen; parentesen indledes da med komma, fx *"ved fælles hjælp* between them (, us, you)";
4. for at vise eksempler på brugen af et ord; således: "simple (*fx* furniture, habits), frugal (*fx* meal)".

Der er angivet amerikanske alternativer til oversættelserne hvor den britiske form synes mindre almindelig eller mindre kendt i USA, men amerikanske stavemåder er kun anført hvis de er enkelttilfælde (axe/ax, cheque/check), og ikke hvis der er en generel regel.

De generelle regler er (med den britiske form anført først): -our/-or (colour/color), -re/-er (theatre/theater), -ll-/-l- (travelled/traveled, traveller/traveler, woollen/woolen), -l/-ll (i trykstærk stavelse: distil/distill, fulfil/fulfill), ae,oe/e (aesthetic/esthetic, oecumenical/ecumenical). I ordbogen er kun brugt -ize i de verber hvor britisk engelsk har valgfrihed mellem -ize og -ise og amerikansk bruger -ize. Ordene *defence, licence, offence, pretence* har i amerikansk *-nse*.

Tegn og forkortelser

- & og
- ɔ: det vil sige
- ~ erstatter opslagsord
- ® indregistreret varemærke
- □ markerer begyndelsen af artiklens fod
- ˈ markerer tryk
- \- som bøjningsangivelse betyder uændret form
- F formelt sprog
- S slang
- T uformelt sprog; uformelt skriftsprog og daglig tale

adj. adjektiv, tillægsord
adv. adverbium, biord
agr. landbrug
am. amerikansk engelsk
anat. anatomi
arkit. arkitektur
arkæol. arkæologi
assur. forsikringsvæsen
astr. astronomi
attr. attributivt, foran sb.

bibl. bibelsk
biol. biologi
bl.a. blandt andet
bot. botanik

edb datalogi
el. eller
elek. elektricitet
eng. engelsk
Engl. England, Storbritannien
etc. etcetera, og så videre

fagl. fagligt sprog
fig. figurligt, i ikke-bogstavelig betydning
film. filmudtryk
flyv. flyvning
fon. fonetik
forb. forbindelse(r)
fork. forkortelse, forkortet
fork.f. forkortelse for
forst. forstvæsen
foto. fotografering
fx for eksempel
fys. fysik
fysiol. fysiologi

geogr. geografi
geol. geologi
glds. gammeldags, forældet
gram. grammatik

hdl. handelssprog
her. heraldik
hist. historie, historisk

imp. imperativ, bydemåde
inf. infinitiv, navnemåde
interj. interjektion, udråbsord
iron. ironisk

jernb. jernbaneudtryk
jf. jævnfør
jur. jura, retsvæsen

kem. kemi
komp. komparativ, højere grad
konj. konjunktion, bindeord

litt. litteratur; litterært sprog

madl. madlavning
mat. matematik
med. lægevidenskab
meteor. meteorologi
mht. med hensyn til
mil. militært
mods. modsat
mus. musik
myt. mytologi, mytologisk

ndf. nedenfor
neds. nedsættende

omtr.	omtrent
ovf.	ovenfor
parl.	parlamentsvæsen
pf.	perfektum, førnutid
pf. ptc.	perfektum participium, datids tillægsform
pl.	pluralis, flertal
poet.	poetisk sprog
pol.	politik
pron.	pronomen, stedord
præd.	prædikativt, står efter et substantiv, eller efter verber som be, seem etc.
præp.	præposition, forholdsord
præs.	præsens, nutid
præt.	præteritum, datid
psyk.	psykologi
ptc.	participium, tillægsmåde
radio	radioudtryk
rel.	religion
sb.	substantiv, navneord
sby	somebody
sg.	singularis, ental
sprogv.	sprogvidenskab
spøg.	spøgende
sth	something
sup.	superlativ, højeste grad
sætn.	sætning
sø.	søfart
tandl.	tandlægevæsen
teat.	teater
tekn.	teknik
tele.	telefon, telegraf
tv	tv, fjernsyn
typ.	typografi
vb.	verbum, udsagnsord
vulg.	vulgært, tabuord
zo.	zoologi
økon.	økonomi

Anvendt litteratur

Listen er ikke udtømmende, og omfatter kun de bøger jeg mest har haft nytte af. Jeg har derudover fundet oplysninger i en lang række andre ordbøger, især specialordbøger, i kataloger og i aviser, både danske og engelske.

ORDBØGER

Collins English Dictionary, Second Edition, Glasgow 1986, Third Edition, 1994

Collins Cobuild English Language Dictionary, London 1987

Merriam Webster's Collegiate Dictionary, Tenth Edition, Springfield, Mass. 1993

Oxford Advanced Learner's Dictionary of English, Fourth Edition, Harlow 1987

The Oxford Dictionary of Modern Slang, Oxford 1992

The Oxford Dictionary of New Words, Oxford 1991

Jean-Claude Corbeil & Martin Manser: *Visual Dictionary*, Oxford 1988

Nudansk Ordbog, 15. udgave, København 1992

Politikens Slangordbog, 4. udgave 1993

Dansk Sprognævn: *Retskrivningsordbogen*, København 1986

Annemette Lyng Svensson: *Dansk-Engelsk Økonomisk Ordbog*, København 1992

Clausens tekniske ordbøger, *Dansk-engelsk*, København 1990

IDIOMATIK

Rosemary Courtney: *Longman Dictionary of Phrasal Verbs*, Harlow 1983

A.P. Cowie & R. Mackin: *Oxford Dictionay of Current Idiomatic English*, Oxford 1983; *Oxford Dictionary of Phrasal Verbs*, Oxford 1993

J.B. Heaton & N.O. Turton: *Longman Dictionary of Common Errors*, Harlow 1987

Robert Ilson, M. & E. Benson: *The BBI Combinatory Dictionary of English*, Amsterdam 1986

Sverre Klouman: *Bli bedre i engelsk*, Oslo 1986

SYNONYMIK

The Penguin Modern Guide to Synonyms, Harmondsworth 1987

B. Rudzka, J. Channell, Y. Putseys, P. Ostyn: *More Words You Need*, London 1985

Laurence Urdang: *The Oxford Thesaurus*, Oxford 1993

Allan Karker: *Politikens Synonymordbog*, 10. udgave 1991

A

a[1] *sb.: har man sagt a, må man også sige b* in for a penny, in for a pound; *fra a til z* from A to Z.
a[2] *præp.* **1.** *(som hver indeholder)* of, of...each, each containing (*fx* 2 cases of 25 bottles (each); 2 cases each containing 25 bottles);
2. *(om pris)* at (*fx* 5 bottles at 50 p. each);
3. *(omtrentlig angivelse)* or (*fx* 3 or 4 days); to (*fx* 30 to 40 people);
□ *a 15 (i boldspil)* fifteen all; *(a conto, a la, a meta etc., søges på alfabetisk plads).*
a[3] *interj. se ah.*
Aachen Aachen; *(let glds.)* Aix-la-Chapelle.
A-aktie *(hdl.)* A-share.
ab *præp. (hdl.)* ex (*fx* ex ship, ex warehouse);
□ ~ *London* delivered in London; *frit* ~ *London* f.o.b. London, FOB London.
abbed *sb. (en, -er)* abbot.
abbedi *sb. (et, -er)* abbey.
abbedisse *sb. (en, -r)* abbess.
ABC[1], **abc** *sb. (en, -'er)* **1.** *(stavebog)* spelling book; ABC book;
2. *(begyndelsesgrunde)* ABC (*fx* the ABC of finance).
ABC[2] *(fork. f. atom- biologisk chemisk (= kemisk))* NBC (*fork.f.* nuclear, biological, chemical) (*fx* NBC centre (, officer, warfare, weapons)).
abdicere *vb.* abdicate.
abdikation *sb. (en, -er)* abdication.
abe[1] *sb. (en, -r)* **1.** monkey; *(menneske-)* ape; **2.** *(sø.)* mizzen; **3.** *(tomat)* [misshapen tomato]
□ *lade -n gå videre, slippe af med -n (fig.)* pass the buck; *stå med -n (fig.)* be left to carry the can.
abe[2] *vb.:* ~ *efter* mimic, ape (*fx* sby's manners); *han skal altid* ~ *efter* he is a copycat.
abefest rave-up, binge.
abekat **1.** monkey; **2.** *(efterligner)* copycat; **3.** *(nar)* fool.
abekattestreger *sb.pl.* monkey tricks.
abemenneske apeman.
aber *sb. (et): der er et* ~ *derved (el. dabei)* there is a catch (*el.* a snag) in it.
abeunge young monkey.
Abkhasien *(geogr.)* Abkhazia.
abkhasier *sb. (en, -e),* **abkhasisk** *adj.* Abkhazian.
abnorm *adj.* abnormal.
abnormitet *sb. (en, -er)* abnormality.
a-bombe A-bomb, atom bomb.
abonnement *sb. (et, -er)* subscription (*på* to, for); *(se også tegne).*
abonnementsafgift **1.** subscription; **2.** *(for telefon)* (telephone) rental.
abonnementsaften subscription night.
abonnementskort season ticket; *(am. jernb.)* commutation ticket.
abonnementspris subscription (price).
abonnent *sb. (en, -er)* **1.** subscriber (*på* to); **2.** *(i teater)* season-ticket holder; seat holder; *(i loge)* box holder.
abonnere *vb.* **1.** subscribe (*på* to); **2.** *(teater, koncert)* have a season ticket (*på* for);
□ ~ *i Tivoli* have a season ticket for Tivoli; ~ *på (om avis) a) (gennem kiosk)* take; *b) (gennem posten)* subscribe to.
aborre *sb. (en, -r) (zo.)* perch.
abort *sb. (en, -er)* **1.** *(provokeret)* abortion; **2.** *(spontan)* miscarriage (*fx* she had a miscarriage);
□ *få foretaget* ~ have an abortion; *fri* ~ free abortion.
abortere *vb.* miscarry; have a miscarriage.
abortmodstander anti-abortionist.
aborttilhænger pro-abortionist.
abrikos *sb. (en, -er)* apricot.
abrupt[1] *adj.* abrupt; *(om person, udsagn også)* curt.
abrupt[2] *adv. (jf. abrupt*[1]*)* abruptly; curtly.
absces *sb. (en, -ser) (med.)* abscess.
abscisse *sb. (en, -r) (mat.)* abscissa.
abscisseakse *(mat.)* axis of abscissas.
absence *sb. (en, -r) (med.)* fleeting loss of consciousness.
absentant *sb. (en, -er) (mil.)* AWOL (*fork.f.* absent without leave) (*fx* there were 5 AWOLS);
□ *være* ~ be absent without leave.
absentere *vb.:* ~ *sig a)* absent oneself; *(i al stilhed)* take French leave; F decamp; *b) (mil.)* go AWOL.
absint *sb. (en)* absinth(e).
absolut[1] *sb. (et, -ter)* Absolute.
absolut[2] *adj.* absolute (*fx* loyalty; alcohol);
□ ~ *flertal,* ~ *majoritet* an absolute majority; *(se også gehør, nulpunkt).*
absolut[3] *adv.* **1.** *(fuldstændig)* completely (*fx* completely honest; we agree completely); absolutely (*fx* first-rate, impossible, necessary); *(især foran negative udtryk)* utterly (*fx* impossible);
2. *(helt sikkert)* certainly (*fx* it is certainly possible); *(stærkere)* definitely (*fx* it is definitely the best solution);
3. *(overordentlig, afgjort)* decidedly (*fx* he is decidedly clever);
4. *(ved superlativ)* far and away, easily (*fx* the best, the strongest); F decidedly;
□ *det* ~ *eneste han ønskede* absolutely the only thing he wanted; ~ *ikke* absolutely not; certainly not; *ja* ~*!* certainly! ~ *nødvendig* absolutely necessary; indispensable; ~ *sidste* positively the last (*fx* chance, performance; his positively last appearance); *skal du* ~ *gå ?* do you really have to go? *han vil* ~ *gå* he insists on going.
absolution *sb. (en, -er)* absolution.
absolutisme *sb. (en)* absolutism.
absolutistisk *adj.* absolutist.
absorbere *vb.* absorb.
absorbering, absorption *sb. (en, -er)* absorption.
abstinens *sb. (en)* abstinence (*fra* from); *(se også abstinenssymptomer).*
abstinenser *sb.pl.* T = *abstinenssymptomer.*
abstinenssymptomer *sb.pl.* withdrawal symptoms pl.
abstrahere *vb. (tænke abstrakt)* think in abstractions; *eleverne kan ikke* ~ the pupils are incapable of abstract thought; ~ *fra det (ɔ: ikke ænse det)* ignore it.
abstrakt[1] *sb. (et, -er) (gram.)* abstract (noun).
abstrakt[2] *adj.* abstract (*fx* art; reasoning).
abstrakt[3] *adv.* in the abstract (*fx*

discuss the subject in the abstract); abstractly.
abstraktion *sb. (en, -er)* abstraction.
abstraktionsevne power of abstraction.
absurd[1] *adj.* absurd;
□ *det -e teater* the theatre of the absurd.
absurd[2] *adv.* absurdly.
absurditet *sb. (en, -er)* absurdity.
acceleration *sb. (en, -er)* acceleration.
accelerationsevne *(om bil)* acceleration, accelerating capacity;
T pick-up.
accelerere *vb.* accelerate;
□ *bilen -r godt* the car has good acceleration; *-nde (ɔ: stigende)* increasing (*fx* speed).
accent *sb. (en, -er) (tonefald; tryk)* accent;
□ *tale med* ~ speak with an accent; *uden* ~ *(ɔ: uden tryk)* unaccented, unstressed; *tale engelsk uden* ~ speak English without an accent.
accent aigue acute accent.
accent grave grave accent.
accentuere *vb.* **1.** *(fremhæve)* accentuate; **2.** *(fon.)* accent, stress.
accentuering *sb. (en, -er)* **1.** accentuation; **2.** *(fon.)* stressing.
accept *sb. (en, -er)* **1.** acceptance; **2.** *(hdl.: bekræftelse)* confirmation; *(om veksel)* acceptance;
□ *give* ~ accept; *nægte* ~ refuse acceptance.
acceptabel *adj.* acceptable (*for* to).
acceptabilitet *sb. (en)* acceptability.
acceptant *sb. (en, -er) (hdl.)* acceptor.
acceptere *vb.* **1.** accept; **2.** *(en veksel)* accept, honour ;
□ ~ *at a) (+ inf.)* accept -ing (*fx* he had to accept being transferred); agree to (*fx* he agreed to sell the house); *b) (+ sætn.)* accept (the fact) that (*fx* you must accept (the fact) that he is grown up now); *[med sb.] i -t stand* duly accepted; *nægte at* ~ *en veksel* refuse to accept a bill; dishonour a bill by non-acceptance; *-t veksel* acceptance.
acceptering *sb. (en, -er)* acceptance.
accession *sb. (en)* accession.
accessionskatalog *(bibl.)* accession book.
accessit *sb. (et)* proxime accessit.
accidensarbejde *(typ.)* job printing.
accidenser *sb.pl.* **1.** *(biindtægter)* perquisites; **2.** *(typ.)* job work.
accidenssætter job compositor.
accidenstrykker job printer.
acetat *sb. (et, -er)* acetate.
acetatsilke acetate rayon.
acetone *sb. (en)* acetone.
acetylen *sb. (et)* acetylene.
acetylsalicylsyre *(kem.)* acetyl-salicylic acid.
a conto on account.
acontobeløb instalment;
□ *betale et* ~ pay something on account.
acontobetaling payment on account.
ad[1] *præp.* **1.** *(vejen der følges)* by (*fx* by that road);
2. *(gennem åbning etc.)* at, by, through (*fx* come in at (*el.* through) the door; enter by the door; escape by the window; in at one ear and out at the other);
3. *(mål for ytring etc.)* at (*fx* bark at, laugh at, shout at; point one's finger at);
□ ~ *London til* towards London; *(se også hen, ned, op (og de sb. hvormed* ~ *forbindes)).*
ad[2] *præp. (angående)* re;
□ ~ *punkt 1* re point one; *(ad acta, ad notam, etc. søges på alfabetisk plads).*
ad[3] *adv.: bære sig* ~ *etc., se verberne.*
ad[4] *interj. (ɔ: uf)* yuk; barf.
ad acta*: lægge* ~ file.
adamskostume*: i* ~ in my (, his etc) birthday suit.
adamsæble *(anat.)* Adam's apple.
adapter *sb. (en, -e)* adapter.
adaptere *vb.* adapt.
a dato from date.
a dato-veksel after-date bill.
addend *sb. (en, -er)* addend.
addere *vb.* add.
addering, **addition** *sb. (en, -er)* addition.
additionsstykke addition.
additionstabel addition table.
additionstegn addition sign, plus sign, positive sign.
additiv *sb. (et, -er) & adj.* additive.
adel *sb. (en)* nobility;
□ *-en (også, om standen)* the aristocracy; *af* ~ of noble birth; ~ *forpligter* noblesse oblige; *rigets* ~ the peers of the realm.
adelig *adj.* noble;
□ *de -e a)* the nobility; the aristocracy; *b) (hist.)* the nobles; *-t gods* nobleman's estate.
adelsbrev patent of nobility.
adelsdame, **adelsfrue** noblewoman; *(i Engl. også)* peeress.
adelsfrøken [unmarried lady of noble rank].
adelskab *sb. (et)* nobility.
adelskalender book of noble families;
□ *-en (i Engl.)* the Peerage, Debrett.
adelskrone coronet.
adelsmand nobleman.
adelsmærke hallmark.
adelsslægt noble family.
adelstand nobility; *(se også ophøje).*
adenoid *adj. (med.)* adenoid;
□ *-e vegetationer* adenoids.
adfærd *sb. (en)* **1.** *(opførsel)* behaviour; **2.** *(handlemåde)* conduct (*fx* brave conduct).
adfærdsforsker ethologist.
adfærdsforskning behavioural research; ethology.
adfærdsforstyrrelse behaviour disorder.
adfærdsmønster behaviour pattern.
adfærdsnormer *sb.pl.* standards of behaviour; F norms of behaviour.
adfærdsproblemer *sb.pl.* behavioural problems.
adfærdspsykologi behaviourism.
adfærdsvanskelig *adj.* maladjusted; with behaviour difficulties.
adfærdsvanskeligheder *sb.pl.* behaviour difficulties.
adfærdsvidenskab behavioural science.
adgang *sb. (en, -e)* **1.** *(tilladelse til at komme ind)* admission (*fx* no admission after 10 o'clock); F admittance;
2. *(mulighed for at få, opnå etc.)* access (*fx* access to books (, computers, information); public access to woodlands; easier access to abortion);
3. *(installationer etc. der giver mulighed for)* facilities pl. (*fx* for cooking; for golf and tennis);
4. *(vej til)* access (*fx* Switzerland has no access to the sea); approach (*fx* the only approach to the house); entrance (*fx* entrance is by the side door);
5. *(tilladelse til at tale med)* access (*fx* he has access to the minister);
□ ~ *forbudt, ingen* ~ *a)* No Admittance (except on Business); Private; *b) (til skov, mark etc.)* Private, Trespassers will be Prosecuted; ***fri*** ~ ***til*** free access to; *have (, give ham) fri* ~ *til haven* have (, give him) the run of the garden; ***med*** ~ ***til*** *køkken* with use of kitchen;
[med vb.] ***forbyde*** *ham* ~ refuse to let him in (*el.* to admit him); F forbid him to enter; *forbyde ham* ~ *til a)* refuse him admit-

tance to; refuse to admit him to; *b) (udelukke)* bar him from (*fx* the club); ~ *forbydes, se ovf.*: ~ *forbudt*; ***få*** ~ be admitted; F obtain admission, gain entrance (*til* to); *få* ~ *til at* get the opportunity of -ing (*fx* reading the report); ***give*** ~ *til* admit to; give access to; *denne eksamen giver* ~ *til* this examination (, degree) qualifies the holder for; *kortet giver* ~ *til parken* the card admits the holder to the park; *betaling af 50 pence giver* ~ *til* on payment of 50 p. visitors are admitted to; *med* ~ *til køkken* with use of kitchen.

adgangsbegrænsning restricted admission; restricted intake;
□ *der er* ~ admission is restricted.

adgangsberettigelse right of admission.

adgangsberettiget *adj.* entitled to admission.

adgangsbetingelser *sb.pl.* admission (*el.* entrance *el.* entry) requirements.

adgangsbillet 1. (admission) ticket (*til* to); **2.** *(fig.)* open sesame (*til* to, *fx* his name became my open sesame to the most exclusive clubs).

adgangseksamen entrance examination.

adgangsgivende *adj.*: *være* ~ *til* be a qualification for (*fx* university studies).

adgangskort admission (*el.* entrance) card (*el.* order); pass.

adgangskrav, **adgangskriterier** *se adgangsbetingelser.*

adgangskursus access course.

adgangsprøve entrance examination (*el.* test).

adgangstegn *se adgangskort.*

adgangstilladelse admission; permission to enter.

adgangstærskel *(fig.)*: *hæve -en til* raise the standards of entry to (*fx* the Colleges of Education).

ad hoc ad hoc.

adjektiv *sb. (et, -er) (gram.)* adjective.

adjektivisk[1] *adj.* adjectival.

adjektivisk[2] *adv.* adjectivally.

adjudant *sb. (en, -er)* **1.** *(regiments-)* adjutant; **2.** *(personlig)* aide-de-camp (*fork.* ADC).

adjunkt *sb. (en, -er)* **1.** *(omtr.)* upper secondary school teacher; schoolmaster; **2.** *(ved universitet)* lecturer; *(am.)* assistant professor.

adjunktstilling, adjunktur *sb. (en, -er) (jf. adjunkt)* **1.** *(omtr.)* mastership; **2.** lectureship.

adjø goodbye.

adkomst *sb. (en, -er)* **1.** right (*til* to); **2.** *(jur.)* title (*til* to).

adkomstdokument 1. document of title; **2.** *(skøde etc.)* title deed.

adle *vb.* **1.** ennoble; *(i Engl.)* raise to the peerage; **2.** *(fig.)* ennoble;
□ *arbejde -r (kan gengives)* hard work is the best patent of nobility.

adlyde *vb.* obey;
□ *ikke* ~ *(også)* disobey.

administration *(en -er)* management; administration;
□ *sætte én under* ~ deprive sby of the control of his estate (*el.* property).

administrationsbygning administration block (*el.* building).

administrationschef administrative director.

administrationsudgifter *sb.pl.* administrative expenses.

administrativ *adj.* administrative;
□ *-e evner* administrative talents; *han har -e evner (også)* he is a good administrator; *ad* ~ *vej* by administrative means; administratively.

administrator *sb. (en, -er)* administrator.

administrerbar *adj.* administrable.

administrere *vb.* manage (*fx* a business; the money); F administer, administrate (*fx* the finances);
□ *-nde direktør* managing director; ~ *sine evner godt* make good use of one's abilities; *han er god til at* ~ he is a good administrator.

admiral *sb. (en, -er)* **1.** admiral; **2.** *(zo.: sommerfugl)* red admiral.

admiralitet *sb. (et)* Admiralty.

admiralsflag admiral's flag.

admiralskib flagship.

admiralstab admiral's staff.

ad notam: *tage noget* ~ take note of sth; F take cognizance of sth.

adoptant *sb. (en, -er)* adopter.

adoptere *vb.* adopt;
□ ~ *væk se bortadoptere.*

adoptering, **adoption** *sb. (en, -er)* adoption.

adoptionsbevilling adoption order.

adoptiv- 1. *(som adopterer)* adoptive (*fx* father, mother, parents); **2.** *(som er adopteret)* adopted (*fx* child, daughter, son).

adr. *(fork. for adresse) se adresse.*

adrenalin *sb. (et) (kem.)* adrenaline; *(am.)* epinephrine.

adressat *sb. (en, -er)* addressee (*fx* addressee unknown).

adresse *sb. (en, -r)* **1.** *(bopæl; udskrift på brev)* address; **2.** *(skriftlig henvendelse)* address, petition (*fx* a protest petition);
□ *hr X,* ~ *hr. Y* Mr X, c/o Mr Y; *din bemærkning har fejl* ~ T you are barking up the wrong tree; *[med præp.] ubekendt efter -n* not known at this address; *hans bemærkning havde* ~ *til mig* his remark was aimed at me.

adressebog 1. address book; **2.** *(vejviser)* directory.

adresseforandring change of address.

adressekartotek *se adresseliste.*

adressekort dispatch form.

adresseliste *(over modtagere af information, reklame etc.)* mailing list.

adresseløs *adj.*: *-e forsendelser* unaddressed mail.

adressere *vb.* **1.** address; **2.** *(skib, varer)* consign;
□ *hans bemærkning var -t til mig* his remark was aimed at me.

adressering *sb. (en, -er)* **1.** addressing; **2.** *(sø.)* consignment; **3.** *(udskrift)* address.

adresseringsmaskine addressing machine.

adresseseddel label.

Adriaterhavet *(geogr.)* the Adriatic.

adræt[1] *adj.* agile, nimble.

adræt[2] *adv.* agilely, nimbly.

adræthed *sb. (en)* agility, nimbleness.

adskille *vb. (se også adskilt)* **1.** separate; **2.** *(om racer)* segregate; **3.** *(udgøre forskellen på)* differentiate (*fx* that which differentiates a Dane from a German is ...); *(se også skille (ad), skelne)*;
□ ~ *sig fra* differ from.

adskillelse *sb. (en, -r)* **1.** separation; **2.** *(om raceadskillelse)* segregation; **3.** *(skelnen)* distinction;
□ *til* ~ *fra* as distinct from; in contradistinction to.

adskillige *adj. (mange)* quite a few; (a good) many (*fx* many times); *(om et mindre antal)* several.

adskilligt[1] *sb.* many things (*fx* he had many things to complain about); T quite a lot.

adskilligt[2] *adv.* not a little, a good deal, considerably (*fx* better, longer);
□ ~ *flere a)* a good many others; *b) (foran sb.)* a good many more (*fx* books).

adskilt[1] *adj.* **1.** separate, distinct (*fra* from); **2.** *(om racer)* segregated; **3.** *(om ting: skilt ad)* disassembled (*fx* a disassembled boat);
□ *to skarpt -e typer* two well-defined types.

adskilt[2] *adv. (jf. adskilt*[1] *1)* separately;
□ *de lever* ~ *fra hinanden* they live apart (from one another).

adsprede *vb. (se også adspredt)*

1. *(more)* amuse; F divert;
2. *(få til at glemme sorg etc.)* take out of himself (etc) (*fx* that trip will take her out of herself);
3. *(bortjage tanker)* drive away; F dispel (*fx* his melancholy);
□ ~ *sig* amuse oneself.
adspredelse *sb. (en, -r)* **1.** *(morskab etc.)* amusement, pastime, recreation; F diversion; **2.** *(ting der adspreder)* distraction (*fx* the distractions of city life);
□ *han trænger til ~ (ɔ: for at glemme sorg etc.)* he needs taking out of himself.
adspredt[1] *adj. (åndsfraværende)* absent-minded; F preoccupied.
adspredt[2] *adv.* absent-mindedly.
adspredthed *sb. (en)* absent-mindedness, absence of mind; F preoccupation.
adspurgt *adj.: de -e (i opinionsundersøgelse)* the respondents; *(se også spørge 2 (i eksemplerne)).*
adstadig *adj.* sedate;
□ *i et -t tempo* at a leisurely pace.
adstringerende *adj.: ~ middel* astringent.
advare *vb. (se også advarende)* warn (*om* of); *(især jur. & = formane)* caution (*om* about, *fx* the consequences);
□ ~ *en* ***mod at*** *gøre noget* warn (, caution) sby not to do sth; warn (, caution) sby against doing sth (*fx* acting too soon, being late); ~ ***om at*** warn that; ~ *én om at* warn sby that.
advarende[1] *adj.* warning; F cautionary;
□ ~ *eksempel* warning; *(især om person)* dreadful example; *nogle ~ ord* a few words of warning; ~ *toner* notes of warning.
advarende[2] *adv.* warningly (*fx* "Don't move!" he said warningly).
advarsel *sb. (en, advarsler)*
1. warning (*imod* against; *om* of); *(især jur., fx om politiet)* caution;
2. *(i sport)* caution; *(i fodbold)* booking (*fx* there were three bookings);
□ *han fik en ~ a) (af politiet)* he was given a warning, he was cautioned; *b) (i sport)* he was cautioned (*fx* for hitting below the belt); *(i fodbold)* he was booked; *give en ~* caution (*fx* the police now caution for possession of small amounts of cannabis); *lade ham slippe med en ~* let him off with a warning (, caution); *lad dette være dig en ~* let this be a warning to you.
advarselsblink hazard flashers pl.
advarselssignal warning signal.
advarselsskilt warning sign.
advarselstavle *(for biler)* warning sign.
advarselstrekant warning triangle.
advent *sb. (en)* Advent.
adventist *sb. (en, -er)* adventist.
adventskrans Advent wreath.
adverbial *sb. (et, -er) (gram.)* adverbial.
adverbiel *adj.* adverbial.
adverbium *sb. (et, adverbier) (gram.)* adverb.
advis *sb. (en) (hdl.)* advice (note);
□ *ifølge ~* as per advice.
advisere *vb.* inform, give notice, warn (*om* of); F advise (*om* of).
advokat *sb. (en, -er)* **1.** lawyer (*fx* place the matter in the hands of one's lawyer; seek the advice of one's lawyer);
2. *(i Engl.: juridisk rådgiver kun berettiget til at føre sager for lavere domstole)* solicitor; *(berettiget til at procedere ved de højere domstole)* barrister; *(når en* barrister *optræder i retten kaldes han* counsel *(pl.* counsel*))*;
3. *(i USA er fællesbetegnelsen for ~)* lawyer; attorney;
4. *(ved skotsk og ikke-eng. ret samt fig.)* advocate (*fx* the devil's advocate);
□ *blive ~ (om* barrister *også)* be called to the bar; *-erne a)* the counsel; *b) (om standen) se advokatstanden.*
advokatfirma firm of lawyers, law firm.
advokatfuldmægtig [graduate in law who assists a lawyer]; *(omtr.)* solicitor's clerk; trainee lawyer.
advokatpraksis legal practice.
advokatsalær lawyer's fee.
advokatstanden the legal profession; *(i Engl. om* barristers*)* the Bar.
adækvat *adj.* **1.** *(fyldestgørende)* adequate (*fx* answer, definition; compensation);
2. *(passende)* appropriate (*fx* treatment); suitable;
3. *(om oversættelse: tilsvarende)* equivalent;
□ *et ~ engelsk udtryk* a suitable English equivalent.
ae *vb.* **1.** *(stryge med hånden)* stroke; **2.** *(klappe)* pat; **3.** *(kærtegne)* caress.
aerodynamik *sb. (en)* aerodynamics.
aerodynamisk[1] *adj.* aerodynamic.
aerodynamisk[2] *adv.* aerodynamically.
aerogram *sb. (et, -mer)* air letter.
aeromekanik aeromechanics.
aeronautisk *adj.* aeronautical.
aeroplan *sb. (et, -er)* aeroplane, plane; *(am.)* airplane.
aerosol *sb. (et, -er) (fys.)* aerosol.
aerosoldåse aerosol can (*el.* spray); aerosol.
aerosolpakning aerosol pack.
af[1] *præp.* **1.** *(om samhørighedsforhold, ejendomsforhold etc.)* of (*fx* the owner of the dog; the top of the hill; a portrait of Henry VIII; the sound of wheels; the Queen of Denmark; a friend of mine);
2. *(om del)* of (*fx* two of these apples; most of us); out of (*fx* nine out of every ten died; in nine cases out of ten *(i ni af ti tilfælde)*);
3. *(i beskrivelse)* of (*fx* a man of enormous strength (, of high rank, of the same name; a town of this size);
4. *(ved dato etc.)* of (*fx* your letter of May 5);
5. *(efter adj.: om handling)* of (*fx* it was silly (, kind, considerate, wise) of you); *(se også ndf.: det var dumt af ham at)*;
6. *(om materiale)* of (*fx* the house is built of wood); *(når materialet omdannes)* from (*fx* steel is made from iron; wine is made from grapes; bake bread from the flour; the ruined house was rebuilt from (*el.* with) the same materials); *(om ingrediens, bestanddel)* with (*fx* the dish is made with apples);
7. *(den handlende, det virkende, ophavsmanden)* by (*fx* the house was built by an architect; he was run over by a car; a novel by Dickens); *(om virkning af drik etc.)* on (*fx* get drunk on beer; get high on heroin);
8. *(om oprindelse, udgangspunkt; på grundlag af, ud fra)* from (*fx* I bought (, borrowed, got, heard, learned) it from her; I see from your letter that you are angry; it is easily understood from the context; speak from conviction); of (*fx* a man of humble origin);
9. *(væk fra)* off (*fx* she took the lid off the box; he fell off the horse; he washed the soap off his face);
10. *(i forhold til, af ... at være)* for (*fx* he is big for his age; for a foreigner he speaks English surprisingly well);
11. *(i henseende til)* in (*fx* weak in character); by (*fx* English by birth; a blacksmith by trade; an artist by temperament); in the way of (*fx* that is all he has in the way of clothes);
12. *(om årsag)* with (*fx* half-dead with fear; stiff with cold; wet

with dew; black with soot; green with envy; faint with exhaustion); *(om eftervirkning)* from (*fx* faint from loss of blood; tired from the journey; get a cold from staying out in the rain); *(se også dø (af))*; **13.** *(om motiv)* out of (*fx* he did it out of jealousy (, malice, curiosity, fear)); from (*fx* from politeness; from loyalty); *(især* F*)* for (*fx* he did it for love; leap (, shout) for joy; for fear of punishment; for lack of funds);
□ *ringen **er af** guld* the ring is made of gold; *musikken er af Carl Nielsen* the music is by Carl Nielsen; *det var dumt (, klogt, rigtigt etc.) **af ham at** gøre det (jf. 5, også)* he was silly (, wise, right etc.) to do it; ***hvad er** den **af**? (ɔ: hvad er meningen)* what is the big idea? ***leve af** se leve*; ***af sig selv** se selv*[2].

af[2] *adv. (om fjernelse etc.)* off (*fx* take the lid off; take off one's clothes);
□ ~ ***med** hatten(e)!* hats off! *vi skal snart af med ham* we are going to lose him soon; he is leaving us soon; ~ *og **til*** now and again, from time to time, occasionally; *(se også de ord, hvormed "af" forbindes)*.

af- *(forstavelse ved vb. & sb., om fjernelse)* de- (*fx* deideologize, destabilize, deindustrialization;) *(NB: for en del vb. med af-, se vb. + af, fx afskrælle, se skrælle (af))*.

afart variety; subspecies.

afasi *sb. (en)* aphasia.

afatiker *sb. (en, -e)* aphasiac.

afatisk *adj.* aphasic.

afbagning *sb. (en, -er)* roux.

afbagt *adj.:* ~ *sovs* [sauce thickened with roux].

afbalancere *vb.* balance (*fx* exactly balanced).

afbarke *vb.* (de)bark.

afbarkning *sb. (en)* (de)barking.

afbedrag*: på* ~ S on the never-never.

afbenyttelse *sb. (en)* use;
□ *efter -n* after use; when done with; *overlade en noget til behagelig* ~ put sth at sby's disposal; *til fælles* ~ for the use of all; *toilet (, køkken) til fælles* ~ shared toilet (, kitchen).

afbestille *vb.* **1.** cancel one's order for (*fx* a taxi); **2.** *(om blad man får med posten)* cancel one's subscription to (*fx* a magazine);
□ ~ *avisen* cancel (*el.* stop) the paper.

afbestilling *sb. (en, -er)* cancellation.

afbestillingsrejse late cancellation.

afbetale *vb.* pay by (*el.* in) instalments;
□ ~ *£50 på gælden* pay off £50 on the debt; *(se også afdrage)*.

afbetaling 1. *(system,* T*)* hire-purchase system; *(jur.)* conditional sale; *(am.)* instalment system (*el.* plan);
2. *(afdrag)* instalment;
□ *kontant eller på* ~ cash or by instalments; *købe det på* ~ buy it on instalments (*el.* on hire-purchase); T buy it on the never (-never); *(am.)* buy it on the instalment plan; *sælge det på* ~ sell it on hire-purchase.

afbetalingskontrakt *(egl. om leje med købsret,* T*)* hire-purchase agreement; *(jur.)* conditional sale agreement.

afbigt *sb. (en): gøre* ~ apologize; *gøre* ~ *for a) (bede om forladelse for)* apologize for; *b) (råde bod på)* make amends for.

afbilde *vb.* **1.** depict; **2.** *(gengive)* reproduce (*fx* a statue in a book); **3.** *(illustrere)* illustrate (*fx* this device is illustrated on page 50).

afbildning *sb. (en, -er)* **1.** *(jf. afbilde)* depiction; reproduction; illustration; **2.** *(billede)* picture; **3.** *(mat.)* mapping.

afbinde *vb. (om cement, beton)* set.

afblade *vb.* remove leaves from; defoliate.

afblanket *adj.* cleaned out, broke.

afblege *vb.* bleach (out) (*fx* bleached by the sun);
□ *-t a) (falmet)* faded; *b) (fig.: slidt)* worn (*fx* metaphor).

afblomstret *adj. (om blomst)* withered, faded;
□ *den har* ~ it has finished flowering; T it is finished.

afblomstring 1. ceasing to flower; **2.** *(fig.)* fading.

afblænde *vb.* dim.

afblæse *vb.* **1.** *(give tegn til standsning)* call off (*fx* a strike); **2.** *(luftalarm)* sound the all clear.

afblæsning *sb. (en, -er)* **1.** calling off (*fx* of a strike); **2.** *(af luftalarm)* all clear (*fx* the all clear went (*el.* was sounded) at 4.30).

afbrudt *adj.* interrupted; *(se også afbryde)*.

afbryde *vb.* **1.** *(forstyrre, holde pause i etc.)* interrupt (*fx* the lecture, the conversation, the broadcast; he interrupted his work to listen to me; stop interrupting (me)! sorry to interrupt, but...); *(en sportskamp)* stop;
2. *(helt ophøre med)* break off (*fx* the conversation, one's holiday, the connection with a firm, diplomatic relations with a foreign country); cut short (*fx* the visit, the lesson; he cut short his holiday); stop; F discontinue (*fx* one's visits, operations); *(om sportskamp el. anden aktivitet)* abandon (*fx* the match was abandoned because of rain);
3. *(en talende, en samtale)* cut short; *(ved at bryde ind)* interrupt, break in on; *(uden objekt)* break in, cut in (*fx* "But I won't do it," he broke in (*el.* cut in)); F interpose;
4. *(en forbindelse)* break (*fx* contact, one's ties with the party); break off (*fx* diplomatic relations); F sever (*fx* a friendship, the connection with a firm); rupture (*fx* relations with Britain); *(afskære)* cut (*fx* communications with the outside world had been cut);
5. *(telefonforbindelse)* cut off (*fx* we were cut off; 30,000 telephones were cut off last night); *(apparat)* disconnect (*fx* the telephone company disconnected our telephone);
6. *(rumrejse)* abort;
7. *(elektrisk strøm: slå fra)* switch off (*fx* the current); *(~ forsyningen)* cut off (*fx* the electricity supply);
8. *(skære over)* cut (*fx* a wire);
9. *(*F*: knække af)* break off;
□ ~ *mødet a) (udsætte)* adjourn the meeting; *b) (opløse)* abandon the meeting; *(om politi)* break up the meeting; ~ *rejsen a) (gøre ophold)* break one's journey; *(om flyrejse & am.)* stop over; *b) (~ helt)* cut short one's journey; ~ *strømmen (elek.)* break the circuit; ~ *et svangerskab* terminate a pregnancy; ~ *tændingen* switch off the ignition.

afbrydelse *sb. (en, -r) (jf. afbryde)* **1.** *(midlertidig)* interruption (*af* of, in); *(af en sportskamp)* stoppage; *(pause)* break (*fx* a break in the conversation); stop;
2. *(fuldstændig)* breaking off; cutting short; F discontinuation; *(om sportskamp el. anden aktivitet)* abandonment;
3. *(af rumrejse)* aborting;
4. *(af talende)* cutting short;
5. *(af forbindelse)* cut; F severance;
6. *(skæren over)* cutting, cut;
7. *(af elektrisk strøm)* switching off; interruption; *(af forsyningen)* cut (*fx* a power cut);
8. *(af telefonforbindelse)* cutting off; *(af apparat)* disconnection;

9. *(af en rejse)* break (of a journey); breaking off; *(i en rejse)* break; *(am.)* stopover;
10. *(ophold, standsning)* break (*fx* they had worked without a break for 24 hours); interval (*fx* after an interval of half an hour negotiations were resumed);
11. *(afbrydende bemærkning)* interruption;
□ *med -r* intermittently; T off and on; *uden* ~ without a break.
afbryder *sb. (en, -e)* **1.** *(elek.)* switch;
2. *(på tv etc.)* on/off button;
3. *(af taler)* interrupter; *(ballademager)* heckler.
afbryderknap *se afbryder 2.*
afbræk *sb. (et, -)* **1.** injury, harm;
2. *(afbrydelse)* interruption (*i* of);
□ *lide* ~ be injured, be harmed; *volde (el. gøre)* ~ *i* cause injury to, injure, harm; *volde fjenden* ~ harass the enemy.
afbrænde *vb.* burn (*fx* rubbish, chemical waste); *(om bygning)* burn down;
□ ~ *fyrværkeri* let off fireworks; *en afbrændt tændstik* a used (*el.* spent) match.
afbrænder *sb. (en, -e)* **1.** *(skuffelse)* letdown; **2.** *(fiasko)* flop, washout; **3.** *(snyd)* sell; **4.** *(fejlskud)* miss;
□ *det var en værre* ~ *(jf. 1)* that was a smack in the eye; that was an awful letdown.
afbrænding 1. burning; F incineration (*fx* of chemical waste); **2.** *(af fyrværkeri)* letting off.
afbud *sb. (et, -)* **1.** apologies pl.; *(mere* F*)* regrets pl.;
2. *(om aftale)* cancellation (*fx* the dentist had a cancellation at 2 o'clock);
□ *vi har fået mange* ~ *(ved fest etc.)* many people (have said they) cannot come; *invitere ham på* ~ invite him as a stopgap; *sende* ~ *a)* send apologies; F send one's regrets; *b) (til engagement, aftale)* cancel the engagement; *c) (om deltager i sportskamp)* scratch (one's name).
afbudsbillet standby ticket; late booking bargain.
afbudsrejse *(flyverejse)* cancellation.
afbytte *vb. (i skak)* exchange.
afbære *vb. (om brændsel)* carry in (, up, down).
afbøde *vb.* **1.** *(afværge)* ward off (*fx* a blow); F parry;
2. *(mildne)* cushion (*fx* a blow, his fall; the effect, the rise in prices); F mitigate, alleviate (*fx* the effect);
3. *(en mangel)* make good; F remedy;
□ ~ *et fald (også)* break a fall.
afbøje *vb.* deflect.
afbøjning deflection.
afchecke *vb. se checke (af).*
afdanket *adj.* **1.** *(udtjent)* cast-off (*fx* coat); **2.** *(slidt)* threadbare;
3. *(forhutlet)* seedy;
□ *en* ~ *oberst* a retired colonel.
afdansningsbal end-of-season dance.
afdeling *sb. (en, -er)* **1.** *(del)* part; section (*fx* the first-class section of the train; the biology section of the library; this section of the office);
2. *(af ministerium)* division;
3. *(hdl.: af forretning, firma)* department (*fx* the sales department); *(filial)* branch (*fx* the Oxford branch of the bank);
4. *(af hospital)* ward (*fx* a surgical ward); *(større)* department;
5. *(af fængsel)* ward, block;
6. *(af tropper, flåde)* unit, detachment;
7. *(lokal-, af parti, fagforening)* branch;
8. *(rum)* compartment;
□ *det er din* ~ *(*T*: det må du tage dig af)* that's your department.
afdelingschef 1. head of (a) department; **2.** *(i ministerium svarer i Engl. til)* assistant secretary.
afdelingsingeniør sectional engineer.
afdelingskontor branch office.
afdelingsleder head of (a) department.
afdelingslæge *(svarer omtr. til)* staff doctor.
afdelingssygeplejerske charge nurse, charge sister.
afdrag *sb. (et, -)* **1.** part-payment, instalment; **2.** *(på lån)* repayment;
□ *renter og* ~ interest and repayment;
[med præp.] ***i*** ~ by instalments; *betale det i månedlige* ~ pay for it by monthly instalments; *betale £50 i* ~ pay off £50.
afdrage *vb.:* ~ *gælden* repay the debt by instalments; *hun havde -t £50 på køleskabet* she had paid off £50 on the refrigerator.
afdragsfri *adj. (præd.)* free of amortization.
afdragsvis *adv.* as part payment.
afdramatisere *vb.* **1.** defuse; T take the heat out of (*fx* the situation); dedramatize (*fx* sexual problems);
2. *(i beskrivelse)* play down (*fx* the incident).
afdreje *vb. (i drejebænk)* turn (smooth).
afdrift *sb. (en)* **1.** deviation;
2. *(sø.)* drift, leeway;
3. *(projektils)* deflection.
afdække *vb.* **1.** *(tage tildækning af)* uncover (*fx* a picture);
2. *(fig.: afsløre)* uncover (*fx* a plot); expose (*fx* a scandal);
3. *(arkæol.)* unearth (*fx* the ruin);
4. *(dække til)* cover.
afdækkerskak discovered check.
afdækning *sb. (en, -er) (jf. afdække)* **1.** uncovering; **2.** uncovering, exposure; **3.** unearthing;
4. *(tildækning)* covering.
afdæmpe *vb. (se også afdæmpet)*
1. soften (down); F subdue (*fx* light, colours);
2. *(fig.)* moderate (*fx* wage increases); F mitigate (*fx* the rise in prices);
3. *(sprog)* tone down (*fx* an expression).
afdæmpet *pf.ptc. & adj.* **1.** subdued (*fx* light);
2. *(om væsen)* discreet, restrained;
3. *(om ytring)* muted (*fx* complaint, enthusiasm, criticism);
4. *(ikke voldsom el. opsigtsvækkende)* low-key (*fx* quarrel);
□ *i* ~ *form* in a modified form.
afdæmpethed *sb. (en)* subdued character.
afdæmpning *sb. (en, -er) (jf. afdæmpe)* **1.** softening; subdual;
2. *(fig.)* moderation; mitigation.
afdød *adj.* **1.** dead; **2.** *(fig.)* defunct (*fx* the defunct Soviet Union);
□ *(den) -e* the late Mr (, Mrs, Ms) Smith (etc.), the dead person; *(især sagt af præst)* the departed; *(jur.)* the deceased; *-e John Smith* the late John Smith; *min -e mand* my late husband.
affabel *adj.* affable.
affald[1] *sb. (et)* **1.** *(især affaldsprodukter)* waste (*fx* radioactive (, chemical) waste; hazardous waste *(farligt* ~*)*; kitchen waste);
2. *(kasserede ting, skrald)* rubbish; *(mere* F*)* refuse; *(am.)* trash; *(køkkenaffald)* garbage;
3. *(henkastet* ~*: papir etc.)* litter (*fx* don't leave litter in the park; keep the streets free of litter);
4. *(slagteri-)* offal;
5. *(jern-)* scrap;
6. *(læder-)* cuttings pl.;
7. *(forst.)* wood refuse; *(tømmer)* offcuts pl.
affald[2] *sb. (et)* **1.** *(skråning)* slope;
2. *(sø.)* falling off.
affaldsbrænde scrap wood.
affaldscontainer skip; *(am.)* trash dumpster.
affaldsdeponi *sb. (et, -er) se affaldsdepot.*
affaldsdepot waste (disposal) site;

landfill site.
affaldsdynge rubbish heap.
affaldsjern scrap iron.
affaldskurv litter bin.
affaldskværn *(til køkkenvask)* waste disposer; *(am.)* garbage disposer.
affaldsplads *se affaldsdepot.*
affaldspose waste bag, litter bag, disposal bag.
affaldsprodukt **1.** waste product; **2.** *(kem.)* residual product.
affaldssilke waste silk.
affaldsskakt rubbish chute; *(am.)* garbage chute.
affaldssortering presorting of waste.
affaldsspand **1.** (rubbish) bin, litter bin; *(skraldespand)* dustbin; *(am.)* garbage (, trash) can; **2.** *(fx i køkken)* waste bin; **3.** *(tandlæges)* waste container.
affaldsstoffer *sb.pl.* waste products.
affaldssæk refuse bag, rubbish bag.
affarende *adj. (sø.): ~ bredde (, længde)* latitude (, longitude) from; *~ plads* place of departure.
affarve *vb. (fjerne farven fra)* decolourize; *(afblege)* bleach;
□ *-t hår* bleached hair.
affarvning *sb. (en)* decolorization; bleaching.
affase *vb.* bevel.
affatte *vb.* draw up (*fx* a list, a contract, a report); write (*fx* a letter, a report); *(mere omhyggeligt)* compose (*fx* a letter);
□ *-t i fornærmelige vendinger* couched in insolent terms.
affattelse *sb. (en, -r)* **1.** *(jf. affatte)* drawing (up), writing; composition; **2.** *(form)* wording.
affedte *vb.* degrease.
affeje *vb. (afvise)* brush aside (*fx* his objections, his protests); *(om person)* brush off (*fx* brush him off); *(groft)* snub (*fx* snub him).
affejende[1] *adj.* **1.** *(brysk)* brusque; **2.** *(ligeglad)* offhand.
affejende[2] *adv. (jf. affejende*[1]*)* **1.** brusquely; **2.** offhand.
affekt *sb. (en, -er)* passion;
□ *bringe en i ~* excite sby; *komme (, være) i ~ a)* get (, be) excited; *b) (vred)* fly into (, be in) a temper; *handle i ~* act under great emotional strain.
affektation *sb. (en)* affectation.
affekteret[1], **affektert** *adj.* affected;
□ *~ smil* simper.
affekteret[2], **affektert** *adv.* affectedly;
□ *smile ~* simper.
affektionsværdi sentimental value.
afficere *vb.* affect;
□ *uden at lade sig ~ (af det)* without turning a hair; without batting an eyelid.
affiks *sb. (et, -er)* affix.
affile *vb.* **1.** file off; **2.** *(glatte)* file smooth; **3.** *(fig.)* file, polish; fine-tune.
affinde *vb.: ~ sig med* put up with; resign oneself to (*fx* one's fate; staying at home); come to terms with (*fx* the situation); *~ sig med forholdene* take things as one finds them; *~ sig med sine kreditorer* compound with one's creditors.
affindelsessum compensation;
□ *~ én gang for alle* lump sum.
affinitet *sb. (en, -er)* affinity (*til* with; *mellem* between).
affire *vb. (sø.)* **1.** *(tov)* ease off; **2.** *(fartøj)* lower;
□ *-de skøder* flowing sheets.
affjedre *vb.* spring;
□ *godt -t* well sprung.
affjedring *sb. (en, -er)* (spring) suspension.
affodre *vb. (fodre)* feed.
affodring *sb. (en, -er)* **1.** feeding; **2.** *(gang foder)* feed.
affolke *vb.* depopulate.
affolkning *sb. (en)* depopulation.
affotografere *vb.* **1.** photograph; **2.** *(fotokopiere)* photocopy; **3.** *(mikrofilme)* microfilm.
affugte *vb. (luften)* dehumidify.
affugter *sb. (en, -e)* dehumidifier.
affutage *sb. (en, -r)* mounting.
affyre *vb.* **1.** fire (*fx* he fired a shot (, his gun) at me); let off (*fx* a gun); F discharge (*fx* a gun; a bullet); **2.** *(rumraket, missil)* launch.
affyring *sb. (en, -er) (jf. affyre)* **1.** firing; letting off; F discharge; **2.** *(af rumraket)* launching; *(enkelt)* launch (*fx* the launch was a complete success).
affyringsrampe *(for missil)* launch(ing) pad.
affældig *adj.* decrepit; T doddering.
affældighed *sb. (en)* decrepitude.
affærdige *vb. (afvise)* dismiss (*fx* a suggestion, a problem); brush aside (*fx* his objections); *(en person)* brush off; *(brysk, ubehageligt)* give short shrift to (*fx* their criticism; the boss gave him short shrift);
□ *~ med et skuldertræk* shrug off.
affærdigelse *sb. (en, -r)* dismissal.
affærdigende[1] *adj.* dismissive (*fx* gesture, tone of voice, shrug of the shoulders); *(se også affejende).*
affærdigende[2] *adv.* dismissively.
affære *sb. (en, -r)* **1.** affair (*fx* have an affair with sby; the Dreyfus affair);
2. *(sag)* affair, business (*fx* I'm sick of the whole affair (*el.* business); it is an awkward (, awful, strange) business; the meeting was a noisy affair);
□ *-r a) (forretninger)* affairs, business; *b) (anliggender)* affairs (*fx* don't meddle in his affairs); *tage ~* step in; F intervene.
afføde *vb.* cause; F give rise to (*fx* protests).
afføre *vb.: ~ sig sine klæder* take off (*el.* remove) one's clothes.
afførende *adj.: ~ middel* laxative.
afføring *sb. (en)* **1.** *(handling)* motion (*fx* are your motions regular?); movement (of the bowels); **2.** *(ekskrementer)* stools pl. (*fx* hard (, thin) stools);
□ *have ~* move one's bowels; *har De haft ~?* have you had your bowels moved?
afføringsmiddel laxative.
afgang *sb. (en, -e)* **1.** *(afrejse, start)* departure;
2. *(fratræden)* resignation; *(på grund af alder)* retirement;
3. *(med.: udtømmelse)* passage;
□ *dødelig ~* death; F decease; *(jur.& fig.)* demise (*fx* the demise of communism); *frivillig ~ (af personale)* voluntary redundancy; F voluntary severance; *naturlig ~ (af personale)* natural wastage, attrition.
afgangsbevis **1.** diploma; **2.** *(fra skole)* school-leaving certificate.
afgangseksamen school leaving examination.
afgangshal departure hall.
afgangsklasse final year (class); *(i skole også)* top form; *(am.)* graduation class.
afgangsperron departure platform.
afgangsprøve final (school) examination.
afgangssignal departure signal.
afgangstid time (*el.* hour) of departure.
afghaner *sb. (en, -e)* Afghan.
Afghanistan Afghanistan.
afghansk *adj.* Afghan.
afgift *sb. (en, -er)* **1.** *(forbrugs-)* (excise) duty, tax (*fx* on tobacco, alcohol and petrol);
2. *(told)* (customs) duty;
3. *(leje etc.)* rent;
4. *(gebyr, garderobe- etc.)* charge;
5. *(til forfatter, komponist, patentejer etc.)* royalty;
6. *(bropenge, vejafgift)* toll;
□ *lægge en ~ på noget* impose a duty (, tax etc.) on sth; *skatter og -er* taxes, rates and dues.

afgifte *vb.* detoxicate, detoxify.
afgiftning *sb. (en, -er)* detoxi(fi)cation.
afgiftsbelagt *adj.* taxed; *(præd. også)* subject to a duty (, charge etc).
afgiftsbuket package of increases in duties.
afgiftsfri *adj.* free of duty (, charge etc.); duty-free.
afgiftsfrihed exemption from duty (, charge etc.).
afgiftspligtig *adj.* dutiable; *(præd. også)* liable to duty (, charge etc.).
afgive *vb.* **1.** *(aflevere, afstå)* give up (*fx* he gave up his seat to me); F surrender (*fx* one's seat); yield (*fx* some of one's power); *(overgive)* hand over (*fx* the command to sby); *(mil.)* detail, detach; *(se også afstå)*;
2. *(affyre)* fire (*fx* a volley);
3. *(give, fremkomme med)* make (*fx* a declaration, an offer, a promise, a report); *(især til overordnet)* submit (*fx* a report) (*til* to);
4. *(lugt)* give off;
5. *(frembyde)* furnish (*fx* a proof); afford (*fx* a pleasant shade);
6. *(kem.)* liberate;
□ ~ *en kendelse (om nævninge)* return a verdict; ~ *tre mandater til dem (ved valg)* lose three seats to them; ~ *en ordre til et firma* place an order with a firm; ~ *salut* give (*el.* fire) a salute; ~ *sin stemme* vote; F cast one's vote; ~ *varme* give off heat; F emit heat; *(se også bestilling, forklaring, ordre)*.
afgivelse *sb. (en, -r) (jf. afgive)*
1. *(afståelse)* surrender; *(se også afståelse)*;
2. *(af skud)* firing;
3. *(af rapport)* submission;
4. *(af stemme)* casting;
5. *(af ordre)* placing;
6. *(kem.)* liberation.
afgjort[1] *adj.* **1.** *(som er gået i orden)* settled;
2. *(udpræget)* definite; F decided (*fx* advantage, improvement);
3. *(om person)* decided (*fx* she was very decided);
□ *det er en ~ sag* that has been settled; *det er (så godt som) ~ at* it is (as good as) settled that.
afgjort[2] *adv.* definitely (*fx* he is definitely better); F decidedly, unquestionably (*fx* he is unquestionably the best man).
afglans reflection (*fx* a faint reflection of his former glory).
afglidende[1] *adj. (undvigende)* evasive.
afglidende[2] *adv.* evasively.
afgnave *vb.* gnaw off;
□ *-de ben* gnawed bones.
afgrave *vb.* remove.
afgrund *sb. (en, -e)* **1.** *(stejl skrænt)* precipice;
2. *(kløft)* chasm; *(dybt hul)* gulf (*fx* a great gulf opened before them); *(bundløs, litt.)* abyss;
3. *(fig.)* abyss (*fx* an abyss of horror (, despair)); *(som skiller)* gulf (*fx* there is a gulf between them);
□ *der er en ~ mellem deres synspunkter* their points of view are poles apart;
[med præp.] falde **i** *en ~ a) (jf. 1)* fall over a precipice; *b) (jf. 2)* fall into an abyss; *på vej* **mod** *-en* going down the slippery slope (*fx* the economy is going down the slippery slope); **på** *-ens rand a)* on the brink of the precipice; *b)* on the edge of the abyss (*fx* the country is on the edge of an economic abyss).
afgrundsdyb *adj.* abysmal (*fx* ignorance).
afgrænse *vb.* **1.** *(om landområde)* bound (*fx* the country is bounded on the north by high mountains); F demarcate (*fx* a territory); *(med hegn etc.)* divide off (*fx* part of a field);
2. *(fig.: begreb, emne)* delimit (*fx* a subject, a problem) (*fra* from);
□ ~ *hans myndighedsområde* define the limits of his authority; *skarpt -t (fig.)* well-defined.
afgrænsning *sb. (en, -er) (jf. afgrænse)* **1.** demarcation; **2.** delimitation.
afgræsse *vb.* crop.
afgrøde *sb. (en, -r)* **1.** *(plante)* crop;
2. *(udbytte)* crop, yield.
afgud idol.
afguderi *sb. (et)* idolatry;
□ *drive ~ med* idolize.
afgudsbillede idol.
afgudsdyrkelse idolatry.
afgudsdyrker idolater.
afgære *vb.* cease fermenting.
afgøre *vb. (se også afgjort, afgørende)* **1.** *(bestemme)* decide (*fx* will you decide the matter for us? that decided his fate; the goal that decided the match) (*om* whether); F determine (*fx* what is the best course of action);
2. *(om myndighed etc.)* rule on (*fx* it is up to the courts to rule on this matter);
3. *(bilægge)* settle (*fx* a quarrel);
4. *(betale)* pay; F settle;
5. *(konstatere)* make out (*fx* I could not make out whether the ship was German or English); tell (*fx* it is difficult to tell how it is done);
□ ~ *vort mellemværende* settle our account; *det afgør sagen* that settles it; *vil du ~ et væddemål for os?* will you settle a bet for us?; *(se også regnskab)*.
afgørelse *sb. (en, -r) (jf. afgøre)*
1. decision;
2. ruling (*fx* the ruling of the committee (, the chairman) on the matter); *(efter drøftelse el. overvejelse)* verdict (*fx* the panel will be giving their verdict tomorrow; the competitors were waiting for the verdict of the judges);
3. settlement;
4. *(hdl.)* payment; F settlement;
□ *til fuld ~ (hdl.)* in full settlement; *træffe ~ om* decide about; *træffe en ~* make a decision.
afgørende[1] *adj.* **1.** decisive (*fx* battle, influence, phase, step) (*for* for); F crucial (*fx* moment, mistake, step) (*for* to, for); key (*fx* factor, figure, issue);
2. *(overbevisende)* conclusive (*fx* argument; evidence against sby);
3. *(endelig)* final (*fx* decision);
□ *sige det ~ ord* say the (decisive) word; *formanden har den ~ stemme* the chairman has a casting vote; *af ~ vigtighed* of vital (*el.* decisive *el.* crucial) importance; *i det ~ øjeblik* at the critical (*el.* psychological) moment; *(se også lod*[3]*)*.
afgørende[2] *adv. (jf. afgørende*[1]*)* **1.** decisively; F crucially; **2.** conclusively; **3.** finally.
afgå *vb. (se også afgående)* **1.** *(afrejse)* set off, leave (*til* for); F depart (*til* for); *(sø.)* sail;
2. *(fra embede etc. & om regering)* resign; *(på grund af alder)* retire;
3. *(om varer etc.: blive afsendt)* be sent off; F be forwarded;
□ *toget -r fra London 6.30* the train leaves London at 6.30; ~ *ved døden* die; F depart this life; ~ *ved en stille død a)* pass away quietly; *b) (fig., fx om plan)* be quietly forgotten.
afgående *adj. (jf. afgå)* **1.** departing (*fx* ships, trains); **2.** *(fratrædende)* outgoing (*fx* president, chairman, government); *(på grund af alder)* retiring (*fx* directors);
□ ~ *post* outgoing mail.
afhandling *sb. (en, -er)* **1.** treatise;
2. *(for opnåelse af akademisk grad)* thesis (pl. theses); dissertation.
afhaspe *vb.* **1.** *(om garn)* wind off, reel off; **2.** *(om vindue)* unhasp;
3. *(fig.)* reel off (*fx* a long speech).
afhente *vb.* **1.** fetch (*fx* fetch the

children from school);
2. *(komme for at hente; også om noget man har bestilt)* collect (*fx* the children from school; refuse; theatre tickets; she collected her ticket (, car)); call for (*fx* the goods, a ticket, a parcel);
3. *(noget man har ret til)* claim (*fx* lost property, a lost child; a prize);
□ *lade* ~ send for; *pakker -s overalt i byen* parcels collected in all parts of the town.
afhentning *sb. (en, -er) (jf. afhente)* **1.** fetching; **2.** collection; **3.** claiming;
□ *til* ~ to be called for.
afhjælpe *vb.* **1.** set right (*fx* a defect); F remedy (*fx* an evil, a fault, an injustice); *(fejl el. mangel især)* rectify (*fx* a defect, a mistake);
2. *(nød)* relieve (*fx* distress);
3. *(et savn)* supply, meet (*fx* a want, a need).
afholde *vb.* **1.** *(lade finde sted)* hold (*fx* a conference, an election, an examination, a meeting, a reception); give (*fx* a concert, a course, a party, a reception);
2. *(betale)* defray (*fx* the cost, the expenses);
3. *(holde fra)* prevent, stop (*fra* from);
□ ~ ***fra at*** keep (*el.* prevent) from -ing (*fx* that kept (*el.* prevented) us from going there); ~ ***sig fra*** abstain from (*fx* alcoholic liquors, criticism; drinking, smoking); *(mere* F*)* refrain from (*fx* rash actions; saying anything); ~ *sig fra at stemme* abstain (from voting); *15 afholdt sig fra at stemme (også)* there were 15 abstentions.
afholdelse *sb. (en) (jf. afholde)* **1.** holding (*fx* the holding of a meeting); **2.** payment (*fx* the payment of the expenses).
afholdende[1] *adj.* **1.** abstemious, abstinent; *(mht. spiritus også)* temperate; **2.** *(kysk)* continent.
afholdende[2] *adv.* **1.** abstemiously, temperately (*fx* live temperately);
2. *(kysk)* continently (*fx* live continently).
afholdenhed *sb. (en) (jf. afholdende*[1]*)* **1.** abstinence, abstention; temperance; **2.** continence.
afholdsbevægelse temperance movement.
afholdsed *(spøg.)* drawing-room oath.
afholdsforening temperance society.
afholdshotel temperance hotel.
afholdsløfte (total abstinence) pledge;
□ *aflægge* ~ take the pledge.
afholdsmand teetotaller, total abstainer.
afholdsrestaurant temperance restaurant.
afholdssagen teetotalism; the temperance movement.
afholdsøl non-alcoholic beer; *(am. også)* near beer.
afholdt *adj.* popular (*af* with);
□ *ikke* ~ unpopular; *meget* ~ *af* a great favourite with; *gøre sig* ~ *blandt* make oneself popular with (*el.* among).
afhop *sb. (et, -),* **afhopning** *sb. (en, -er)* defection.
afhopper *sb. (en, -e)* defector.
afhænde *vb.* sell; F dispose of, realize.
afhændelse *sb. (en, -r)* sale; F disposal, realization.
afhænge *vb.:* ~ *af* depend on; *(stå og falde med også)* hang (*el.* turn) on (*fx* his whole future hangs on your decision); *det -r af om jeg kan klare det* it depends on whether I can manage.
afhængig *adj.:* ~ *af a) (økonomisk, politisk el. om narkotika)* dependent on (*fx* one's parents, a state subsidy, Middle Eastern oil; heroin, alcohol); *b) (alt efter)* depending on (*fx* it can be done in several ways, depending on the circumstances); *være* ~ *af (også)* depend on; *være stærkt* ~ *af* depend heavily on, be heavily dependent on; ~ *af om* depending on whether; ~ *spørgesætning* dependent (*el.* subordinate) interrogative clause.
afhængighed *sb. (en)* dependence (*af* on);
□ *gensidig* ~ interdependence; ~ *af narkotika* drug dependence; *psykisk (, fysisk)* ~ psychological (, physical) dependence.
afhængighedsfald *(gram.)* the objective (case).
afhængighedsforhold (state of) dependence (*til* on);
□ *stå i* ~ *til* be dependent on.
afhængighedsskabende *adj.* dependence-producing (*fx* drugs); addictive; *virke* ~ lead to dependence; be addictive.
afhærde *vb. (om vand)* soften.
afhærdningsmiddel water softener.
afhøre *vb.* **1.** *(i retten)* examine; *(vidne også)* hear; *(se også vidne*[1]*)*;
2. *(om politiet)* interview (*fx* refugees; the police have interviewed all the neighbours); *(især om mistænkt)* question (*fx* a man is being questioned by the police); *(grundigere)* interrogate.
afhøring *(jf. afhøre)* **1.** examination; hearing; **2.** *(politi-)* interview; *(især af mistænkt)* interrogation;
□ *foretage -er* take statements (*af* from).
afhøste *vb.* **1.** *(afgrøde)* reap;
2. *(mark)* harvest;
□ *have -t* have finished harvesting.
afhøvle *vb. (glatte)* plane.
afhøvling planing.
afilte *vb.* deoxidize.
afiltning deoxidization.
afise *vb.* de-ice, defrost.
afiser *sb. (en, -e)* de-icer, defroster.
afisoleringstang wire stripper.
afkald renunciation;
□ *give* ~ *(ɔ: resignere)* resign; *give* ~ *på a)* give up (*fx* an advantage; she had to give up the children at the divorce); F relinquish (*fx* power, a right, a claim); *(om rettighed også)* waive (*fx* one's right to sth; a claim); *b) (*F *el. spøg.)* forgo (*fx* I shall have to forgo the pleasure of her company); *c) (ved erklæring)* renounce (*fx* an inheritance; he renounced his claim to the throne); *(skriftligt også, undertiden uden tanke på følgerne)* sign away (*fx* property, a right).
afkalke *vb.* **1.** *(om knogler)* decalcify; **2.** *(om kedel, kaffemaskine)* descale; **3.** *(om vand)* soften.
afkalkning *sb. (en, -er) (jf. afkalke)* **1.** decalcification; **2.** descaling; **3.** softening.
afkalkningsanlæg water softener.
afkast **1.** *se afkastning*; **2.** *(i kortspil)* discard.
afkaste *vb.* **1.** throw off (*fx* a yoke);
2. *(i kortspil)* discard;
3. *(indbringe)* yield;
□ ~ *en bro* demolish a bridge.
afkastning *(udbytte)* yield; returns pl.
afklapse *vb. se klapse (af).*
afklapsning *sb. (en, -er)* **1.** (a good) smacking; **2.** *(udskældning)* telling-off; **3.** *(straf)* punishment.
afklare *vb.* clarify.
afklares *vb.* clarify (*fx* wait for the situation to clarify).
afklaret *adj. (om person)* serene, mellowed;
□ ~ *ro* serenity.
afklaring clarification.
afklip *sb. (et)* **1.** clippings pl.; **2.** *(stofprøve)* swatch.
afklippet *adj.:* ~ *hår* hair clippings; *afklippede negle* nail clippings.
afklæde *vb.* **1.** undress, strip;
2. *(fig.)* strip (*fx* a farm); *(se også klæde*[2] *(af)).*

afklædning *sb. (en, -er) (jf. afklæde)* **1.** undressing, stripping; **2.** stripping; **3.** *(afsløring)* exposure.
afklædt *adj.* undressed; □ *halvt ~* half naked; *~ til bæltestedet* stripped to the waist.
afklædthed *sb. (en)* nakedness; scanty dress.
afknappe *vb. (formindske)* cut down.
afkode *vb.* decode.
afkog *sb. (et, -)* decoction; extract.
afkoge *vb.* **1.** *(udskille)* decoct; **2.** *(koge)* boil (out).
afkolonisere *vb.* decolonize.
afkolonisering decolonization.
afkom *sb. (et)* **1.** *(om (avls)dyr)* offspring (pl. -) (*efter* of); *(fagl.)* progeny pl. (*efter* of); **2.** *(om mennesker: spøg.)* offspring (pl. -) (*fx* her offspring are rather unbearable); progeny pl. (*fx* her numerous progeny (*el.* offspring)); *(jur.)* issue (*fx* leave issue; die without issue); □ *give konstant ~* breed true; *et sundt ~* healthy offspring; a healthy progeny.
afkontrollere *vb.* control, check off.
afkorte *vb.* **1.** *(forkorte)* shorten, cut short (*fx* one's holiday); F curtail; *(se også forkorte)*; **2.** *(fratrække)* deduct (*i* from, *fx* deduct £25 from his wages); *(formindske)* dock (*fx* his pay).
afkortning *sb. (en, -er)* **1.** shortening; F curtailment; **2.** *(fradrag)* deduction.
afkridte *vb.* chalk out; *(se også kridte (af))*.
afkriminalisere *vb.* decriminalize.
afkriminalisering decriminalization.
afkristne *vb.* dechristianize.
afkristning *sb. (en)* dechristianization.
afkrog *sb. (en, -e)* **1.** corner; *(*F *el. spøg.)* nook; **2.** *(af landet)* out-of-the-way (*el.* remote) place; backwater; **3.** *(lille ubetydelig by)* one-horse town; **4.** *(fig.)* recess (*fx* the hidden recesses of the mind); □ *bo i en ~ af landet (også)* live at the back of beyond.
afkrydse *vb. se krydse (af)*.
afkræfte *vb. (se også afkræftet)* **1.** *(dementere)* deny (*fx* he would neither confirm nor deny the reports); **2.** *(modbevise)* disprove (*fx* allegations, a theory); explode (*fx* this myth (, theory) has been exploded); invalidate; **3.** *(svække, også fig.)* weaken (*fx* this weakens rather than affirms the theory).
afkræftelse *sb. (en, -r) (jf. afkræfte)* **1.** denial; **2.** disproof; invalidation; **3.** weakening.
afkræftet *adj.* weakened; *(meget svag)* feeble; enfeebled.
afkræve *vb.: ~ en noget* demand sth (*fx* an explanation) from sby; *(stærkere,* F*)* exact sth (*fx* a promise) from sby; *~ én et gebyr* charge sby a fee.
afkulle *vb.* decarbonize; T decoke.
afkøbe *vb.: ~ en noget* buy sth from sby.
afkøle *vb.* cool; *(stærkt)* chill; □ *nydes -t* drink chilled.
afkøling *sb. (en, -er)* cooling; *(stærk)* chilling.
afkørsel **1.** *(i motorløb)* driving off the course; **2.** *(fra motorvej) se frakørsel.*
aflad *sb. (en) (rel.)* indulgence; □ *få ~* get an indulgence.
aflade *vb.* **1.** *(sø., hdl.)* ship; **2.** *(mil.)* unload; **3.** *(elek.)* discharge; □ *batteriet er -t (også)* the battery is run down.
afladedokumenter *sb.pl. (hdl.)* shipping documents.
aflader *sb. (en, -e) (hdl.)* shipper, consignor.
afladning *sb. (en, -er)* **1.** *(hdl.)* shipment; **2.** *(mil.)* unloading; **3.** *(elek.)* discharging.
afladsbrev *(rel. hist.)* (letter of) indulgence.
afladshandel *(rel. hist.)* sale of indulgences.
afladskræmmer *(rel. hist.)* pardoner.
aflagt *adj.: dårligt ~* ill paid, underpaid; *godt ~* well paid; *~ tøj a)* cast-off clothes; F discarded clothes; T castoffs; *b) (som går i arv)* reach-me-downs (*fx* he was wearing his big brother's reach-me-downs); *(am.)* hand-me-downs.
aflang *adj.* oblong.
aflaste *vb.* **1.** *(fjerne tryk)* relieve the pressure on; **2.** *(lette)* relieve (*for* of, *fx* relieve him of some of the work).
aflastning *sb. (en, -er)* **1.** relief; **2.** *(mht. pleje, fx af kronisk syg)* respite care; □ *til ~ af* for the relief of.
aflede *vb.* **1.** deflect (*fx* criticism; suspicion from him); divert; *(se også opmærksomhed, tanke*[1]*)*; **2.** *(henføre til oprindelsen)* derive (*af* from, *fx* derive the word from Latin); **3.** *(lede bort)* divert (*fx* a river); drain off (*fx* water); **4.** *(elek.)* divert; *(til jord)* earth.
afledning *sb. (en, -er) (jf. aflede)* **1.** deflection, diversion; **2.** *(af ord)* derivation; *(afledet ord)* derivative; **3.** diversion, draining off; **4.** *(elek., til jord)* earthing.
afledningsangreb *(mil.)* diversionary attack.
afledningsendelse *(gram.)* derivative suffix.
afledningsgrøft drain.
afledningsmanøvre **1.** *(mil.)* diversion; **2.** *(fig.)* diversion; T (a) red herring.
aflejre *vb.* deposit; □ *-s, ~ sig* settle.
aflejring *sb. (en, -er)* **1.** depositing; **2.** *(lag)* deposit; **3.** *(bundfald)* sediment.
aflevere *vb.* **1.** *(overbringe, udbringe)* deliver (*til* to, *fx* a letter (, a message) to him); **2.** *(overlevere, overlade)* hand over (*til* to, *fx* the luggage to the porter; the child to its father; he was forced to hand over the money (, the gun)); leave (*til* with, *fx* the child with the grandparents; she left the child at the nursery school); **3.** *(give fra sig)* give up (*fx* one's ticket at the barrier); F surrender (*fx* one's ticket, one's old passport); **4.** *(udlevere)* deliver up (*el.* over) (*fx* he had to deliver up the keys) (*til* to); **5.** *(indlevere)* hand in (*fx* exercises for correction); **6.** *(tilbagelevere)* return (*til* to, *fx* a book to the library); F restore (*fx* stolen property); **7.** *(i fodbold)* pass; **8.** *(aflire)* reel off, rattle off (*fx* a speech); *(se også lektie)*.
aflevering **1.** delivery; **2.** *(i fodbold)* pass.
afleveringspligt *(til bibliotek)* [statutory obligation to deliver publications to libraries]; □ *bog (, bøger) leveret til bibliotek ifølge ~* copyright deposit; *bibliotek hvortil der er ~* copyright library.
aflire *vb.* reel off (*fx* a long speech); rattle off.
aflive *vb.* **1.** kill (*fx* a rumour); scotch (*fx* a proposal, a rumour, a theory); *(teori, antagelse)* explode (*fx* an assumption, a myth, a theory); **2.** *(et dyr)* destroy (*fx* dangerous dogs); put down; T put away (*fx* an old dog).
aflivning *sb. (en, -er) (jf. aflive)*

1. killing; 2. destruction.
aflokke *vb.* elicit from (*fx* elicit a confession (, a promise) from him).
aflukke *sb. (et, -r)* 1. *(rum)* compartment;
2. *(del af større rum, fx til omklædning)* cubicle;
3. *(lille rum el. skab)* cubby-hole;
4. *(indhegning)* close.
aflukket *adj.* closed.
aflure *vb. se lure (af).*
afluse *vb.* delouse.
aflusning *sb. (en, -er)* delousing.
aflyd *(sprogv.)* ablaut, gradation.
aflyse *vb.* cancel (*fx* an appointment, a football match, a party, a train, a visit); call off (*fx* a match, a train, a visit); *(i sport også)* scratch; *(ikke fuldføre)* abandon (*fx* the match was abandoned because of rain);
□ *aflyst (også)* off (*fx* the match is off).
aflysning *sb. (en, -er)* cancellation, calling off; *(af sportsbegivenhed også)* scratching; abandonment.
aflytning *sb. (en, -er) (jf. aflytte)* 1. listening; monitoring; 2. bugging; 3. tapping; *(især am.)* wire-tapping; *(enkelt)* wire-tap;
□ *mikrofon til ~* bug, bugging device.
aflytte *vb.* 1. *(radio)* listen to (*fx* a radio programme); *(professionelt)* monitor;
2. *(ved skjult mikrofon)* bug;
3. *(~ telefon, om politi, spion)* tap (*fx* sby's telephone; a telephone conversation); listen in to (*el.* on); *(især am.)* wire-tap.
aflægge *vb.* 1. *(fremkomme med)* make (*fx* a confession, a promise); *(se også beretning, ed, løfte[1], rapport[1], regnskab, trosbekendelse, vidnesbyrd)*;
2. *(om prøve) se prøve[1]*;
3. *(opgive)* drop (*fx* a habit);
4. *(om tøj)* leave off (*fx* one's winter clothes); *(se også aflagt)*;
□ *~ besøg* pay a visit (, call); *(se også besøg)*; *~ en dårlig vane* get out of a bad habit.
aflægger *sb. (en, -e) (af plante)* layer.
aflægs *adj.* 1. decrepit; 2. *(forældet)* antiquated.
aflæse *vb.* 1. read (*fx* the gas meter, the thermometer); 2. *(om mundaflæsning)* lip-read.
aflæsning[1] *sb. (en, -er) (jf. aflæse)* 1. reading; 2. *(mund-)* lip reading.
aflæsning[2] *sb. (en, -er) (jf. aflæsse)* unloading; tipping, dumping;
□ *~ af affald forbudt* tipping prohibited; rubbish dumping forbidden.
aflæsse *vb.* unload; *(især om affald, uautoriseret)* tip, dump.
afløb *sb. (et, -)* 1. outlet (*fx* provide an outlet for the water);
2. *(rør)* drain (*fx* the drain is blocked up); *(fra køkkenvask også)* wastepipe;
3. *(i kumme etc.)* plug hole;
4. *(det der løber ud)* outflow;
5. *(fig.)* vent, outlet;
□ *få ~ for* find an outlet for (*fx* one's energy, one's feelings); give vent to (*fx* one's anger, one's rage); *få ~ for sin vrede (også,* T*)* let off steam.
afløbsrende drain.
afløbsrør waste pipe, drainpipe.
afløbsventil discharge valve.
aflønne *vb.* pay;
□ *-s med a) (om person)* be paid (*fx* £150 a week); F receive a wage of; receive a salary of (*fx* £20,000 a year); *b) (om stilling)* carry a wage (, salary) of (*fx* the post carries a salary of £20,000 year).
aflønning *sb. (en, -er)* pay; *(gage)* salary.
afløse *vb.* 1. *(løse af, fx vagt)* relieve;
2. *(midlertidigt: vikariere for)* substitute for, fill in for (*fx* I filled in for him while he was on holiday);
3. *(følge efter)* succeed (*fx* Mr Jones succeeded Mr Brown as headmaster);
4. *(erstatte)* replace (*fx* Mr Brown was replaced by another teacher); *(*F*: især om noget forældet)* supersede (*fx* the little shop has been superseded by the supermarket);
5. *(ophæve mod erstatning)* commute (*fx* tithes have been commuted to a money payment).
afløser *sb. (en, -e)* 1. relief; 2. *(midlertidig: vikar)* substitute; 3. *(efterfølger)* successor; 4. *(erstatning)* replacement.
afløsning *sb. (en, -er)* 1. relief;
2. *(af afgift etc.)* commutation.
afløsningshold relief.
afløsningsopgave [paper in lieu of part of an examination]; *(am. omtr.)* term paper.
afløsningssum sum paid in commutation.
afløsningstid time of relief.
afløsningstropper *sb.pl.* relieving troops.
afløve *vb.* defoliate.
afløvning *sb. (en, -er)* defoliation.
afløvningsmiddel defoliant.
aflåse *vb.* lock.
aflåselig *adj.* lockable; *(attr. også)* lock-up (*fx* garage).
afmagnetisere *vb.* 1. demagnetize;
2. *(skib)* degauss.
afmagre *vb.: -s* become thinner, lose weight; *~ sig (ved kur)* go on a diet; reduce.
afmagring *sb. (en, -er)* 1. loss of weight; *(stærk)* emaciation;
2. *(ved kur)* slimming; *(især am.,* T*)* reducing;
□ *gå på ~* go on a diet.
afmagringskur 1. *(ordineret)* reducing treatment; 2. *(slankekur)* slimming diet; *(se også slankekur)*.
afmagt *sb. (en)* 1. *(magtesløshed)* powerlessness; F impotence;
2. *(glds.: besvimelse)* swoon;
□ *falde i ~* faint; *(glds.)* fall into a swoon.
afmale *vb.* depict (*fx* terror was depicted in his face).
afmarch *(mil.)* march, departure; *~! (*T*: af sted med dig)* off you go!
afmarchere *vb.* march off, depart;
□ *du er helt galt -t* you have got hold of the wrong end of the stick.
afmatning *sb. (en, -er)* 1. fall-off, decline (*fx* in exports); 2. *(stilstand)* lull (*fx* in business);
3. *(økon.)* recession.
afmattes *vb.* fall off, decline.
afmelde *vb. (tilbagekalde)* cancel;
□ *~ en måler (elek.)* notify the electricity board of change of address; *~ telefonen* give notice of removal.
afmilitariseret *adj.* demilitarized (*fx* zone).
afmontere *vb.* 1. dismantle (*fx* a factory, a machine); dismount (*fx* a machine); *(skille ad også)* disassemble (*fx* a machine);
2. *(om bombe)* defuse, disarm.
afmystificere *vb.* demystify.
afmystificering *sb. (en, -er)* demystification.
afmytologisere *vb.* demythologize.
afmytologisering *sb. (en, -er)* demythologization.
afmægtig *adj.* 1. *(magtesløs)* powerless (*over for* against); F impotent (*fx* we clenched our fists in impotent fury);
2. *(besvimet)* unconscious; *(præd. også)* in a faint (*fx* she fell down in a faint); *(glds.)* in a swoon.
afmærke *vb.* 1. mark (out);
2. *(med kridt)* chalk out;
3. *(med mærkesedler etc.)* label;
4. *(sø.)* buoy (*fx* a wreck);
5. *(træer til fældning)* mark, blaze.
afmønstre 1. *(afskedige)* discharge, pay off; 2. *(uden objekt: tage sin afsked)* sign off.
afmønstring *sb. (en, -er) (jf. afmønstre)* 1. discharge, paying off;

2. signing off.
afmåle *vb.* **1.** measure out; **2.** *(i portioner)* apportion.
afmålt *adj.* **1.** *(udmålt)* measured (*fx* distance); **2.** *(nøje afpasset)* measured (*fx* steps); **3.** *(reserveret)* reserved; *(kølig)* distant, aloof.
afnazificere *vb.* denazify.
afnazificering *sb. (en, -er)* denazification.
aforisme *sb. (en, -r)* aphorism.
aforistisk[1] *adj.* aphoristic.
aforistisk[2] *adv.* aphoristically.
afparere *vb.* ward off (*fx* a blow, a thrust); fend off; F parry (*fx* a blow; a question).
afpasse *vb.* **1.** adjust (*efter, til* to, *fx* adjust one's expenditure to one's income); fit (*efter* to, *fx* fit one's expenditure to one's income; fit the punishment to the crime); F tailor (*efter* to, *fx* the school system should be tailored to the needs of the child);
2. *(mht. omfang, størrelse)* proportion (*efter* to, *fx* proportion the length to the height);
□ ~ *straffen efter forseelsen (også)* make the punishment fit the crime.
afpatruljere *vb.* patrol.
afpillet *adj. (mager)* skinny; *(stærkere)* scrawny.
afplukke *vb.* pick (off).
afpolitisere *vb.* depoliticize.
afpolitisering *sb. (en)* depoliticization.
afpresning *sb. (en, -er)* **1.** *(konkret)* blackmail (*fx* moral blackmail); extortion (*fx* he was charged with extortion); **2.** *(det at aftvinge)* extortion (*fx* obtain money by extortion).
afpresse *vb.* extort from (*fx* extort a confession from him);
□ ~ *én et løfte* wring a promise from sby; ~ *én penge* blackmail sby.
afprøve *vb.* **1.** test; **2.** *(prøve i praksis)* try out (*fx* a machine; an idea).
afprøvning *sb. (en, -er)* **1.** *(det at afprøve)* testing; **2.** *(enkelt prøve)* test, try-out, trial.
afpuds *sb. (et) (kød)* scraps pl.
afpudse *vb. se pudse*[1] *(af).*
afpudsning *sb. (en)* **1.** *se pudsning*;
2. *(kød)* scraps pl.;
□ *give noget en sidste* ~ put the finishing touches to sth.
afrakket *adj.* **1.** *(slidt)* worn-out;
2. *(lurvet)* shabby.
afrapportere *vb.* report (on) (*fx* the results of the investigation).
afreagere *vb.* **1.** *(uden objekt)* relieve one's feelings (*fx* he kicked a chair to relieve his feelings); T blow (*el.* let) off steam (*fx* he scolded just to let off steam);
2. *(med objekt)* work off (*på* on, *fx* she worked off her annoyance on him); vent (*på* on, *fx* he vented his rage on his son);
3. *(psyk.)* abreact;
□ ~ *på hende* take it out of (*el.* on) her.
afredt *adj.*: ~ *hår* combings pl.
afregne *vb.* settle (accounts) (*med* with).
afregning *sb. (en, -er)* **1.** settling (of accounts), settlement (of accounts); **2.** *(skriftlig)* account, statement;
□ *gøre* ~ *med* settle with; *kontant* ~ cash settlement.
afregningsdag settling day.
afregningskontor clearing house.
afrejse[1] *sb. (en, -r)* departure.
afrejse[2] *vb.* depart (*til* for); *(mere T)* leave (*til* for);
□ ~ *herfra* leave here.
afretning *sb. (en, -er) (jf. afrette)* **1.** training; breaking in; **2.** levelling; **3.** dressing, finish; trimming; **4.** smoothing.
afrette *vb.* **1.** *(dressere)* train; *(hest også)* break (in);
2. *(gøre jævn)* level (off) (*fx* a concrete floor);
3. *(bearbejde, om flade)* dress, finish; *(om kant)* trim;
4. *(tømmer)* smooth.
afretter *sb. (en, -e) (høvl)* smoothing plane.
afreven *adj.*: *en* ~ *tændstik* a spent (*el.* used) match.
afrids *sb. (et, -)* tracing.
afridse *vb.* trace.
Afrika Africa.
afrikaaner *sb. (en, -e)* Afrikaner.
afrikaans *sb. (et)* Afrikaans.
afrikaner *sb. (en, -e)* African.
afrikansk *adj.* African.
afrime *vb.* defrost (*fx* a refrigerator).
afrive *vb. (se også afreven)* **1.** tear off (*fx* a leaf from a calendar);
2. *(ved perforering)* detach (*fx* a counterfoil); **3.** *(glatte en mur)* float.
afrivning *sb. (en, -er)* **1.** tearing off;
2. *(af mur)* floating.
afrivningskalender tear-off calendar.
afrivningsstrimmel tear strip.
afro-asiatisk *adj.* Afro-Asian.
afrofrisure, afrohår Afro (hairdo).
afrunde *vb. (se også afrundet)*
1. round off (*fx* the edges);
2. *(om beløb, tal)* round off; *(~ ned)* round down; *(~ op)* round up;
3. *(fon.)* unround;
□ ~ *nedad (jf. 2)* round down (*til* to); ~ *opad (jf. 2)* round up (*til* to).
afrundet *adj.* **1.** round, rounded;
2. *(fig.)* rounded (*fx* figure *(tal)*; give a rounded portrait of him);
3. *(om stil)* well-balanced.
afrundethed *sb. (en) (fig.)* finish (*fx* the finish of his art).
afrunding 1. rounding; **2.** *(af tal)* rounding off; **3.** *(fon.)* unrounding.
afruse *vb.* detoxify.
afrusning *sb. (en, -er)* detoxification.
afrusningsklinik detoxification centre.
afruste *vb.* disarm.
afrustning disarmament.
afrustningskonference disarmament conference.
afrydder *sb. (en, -e)* table clearer; *(am.)* busboy; busgirl.
afs. *(fork.f. afsender)*: ~ *Peter Smith (bag på brev)* From Peter Smith; (if not delivered, please) return to Peter Smith.
afsalte *vb.* desalinate (*fx* sea water).
afsaltning desalination.
afsats *sb. (en, -er)* **1.** *(klippe-, mur-)* ledge; **2.** *(trappe-)* landing; *(mellem to etager)* half landing.
afsavn *sb. (et, -)* want; F privation (*fx* suffer privations);
□ *under store* ~ at great sacrifice.
afsavnstillæg *(kan gengives)* compensatory allowance.
afse *vb.* afford (*fx* I cannot afford the time for it; I can only afford £10 for it); spare (*fx* can you spare me a few minutes?).
afsejle *vb.* sail, leave (*til* for);
□ ~ *fra* sail from, leave.
afsejling *sb. (en, -er)* sailing; F departure.
afsejlingsflag signal for sailing; Blue Peter.
afsejlingsordre sailing orders pl.
afsejlingstid time of sailing (, departure).
afsende *vb.* **1.** send (off); F dispatch, despatch;
2. *(med post)* post; *(am.)* mail;
3. *(hdl.)* despatch, dispatch, forward, ship;
4. *(penge)* remit.
afsendelse *(jf. afsende)* **1.** dispatch, despatch; sending; **2.** posting; *(am.)* mailing; **3.** dispatch, despatch, shipment; **4.** *(af penge)* remittance;
□ *ved -n* on (*el.* at the time of) shipment (*el.* dispatch).
afsender 1. *(af brev etc.)* sender;

2. *(hdl.: af varer)* consignor; 3. *(af postanvisning)* remitter.
afsenderadresse return address.
afsides[1] *adj.* 1. *(uden for alfarvej)* out-of-the-way (*fx* place); 2. *(fjern)* remote (*fx* part of the country); 3. *(tilbagetrukket)* secluded (*fx* spot); 4. *(ensom)* solitary;
□ *en ~ replik* an aside.
afsides[2] *adv.* out of the way;
□ *de bor meget ~* they live in a very remote (, solitary) place; they live well off the beaten track;
T they live at the back of beyond; *gå ~ a)* retire; *b) (let glds.: forrette sin nødtørft)* relieve nature.
afsidesliggende *adj.* outlying; *(se også afsides*[1]*).*
afsige *vb.* 1. *se afbestille*; 2. *se dom.*
afsikre *vb.* release the safety catch of (*fx* a pistol).
afsindig[1] *adj.* 1. mad, demented; 2. *(rasende)* frantic;
□ *te sig som en ~* behave like a madman; *blive ~* go mad (*af* with); *gøre én ~* drive sby mad.
afsindig[2], **afsindigt** *adv.* madly (*fx* jealous); terrifically (*fx* cold);
□ *~ god* terrific, fantastic; *~ sjovt* screamingly funny.
afsindighed *sb. (en)* madness.
afsjælet *adj.: hans afsjælede legeme* his dead body; his body; *(poet.)* his dust.
afskaffe *vb.* 1. abolish (*fx* a rule, a tax; the death penalty); T do away with; *(gradvis)* phase out (*fx* leaded petrol);
2. *(lov etc.)* repeal (*fx* a law);
3. *(opgive at have)* give up (*fx* one's car).
afskaffelse *sb. (en) (jf. afskaffe)* 1. abolition; *(gradvis)* phase-out; 2. repeal; 3. giving up.
afskalle *vb.* 1. *(æg etc.)* shell; 2. *(om korn)* husk (*fx* wheat); hull (*fx* rice).
afskallet *adj. (jf. afskalle)* 1. shelled; 2. husked; hulled; 3. *(om væg etc.)* peeling.
afskalling *sb. (en, -er) = afskalning.*
afskalning *sb. (en, -er) (jf. afskalle)* 1. shelling; 2. husking; hulling; 3. *(om væg)* peeling; 4. *(med.: om hud)* desquamation.
afsked *sb. (en)* 1. *(farvel)* leave-taking; F farewell (*med* to, *fx* her farewell to the stage; he bid a silent farewell to the place where he had lived for such a long time);
2. *(det at skilles)* parting (*fx* a tearful parting);
3. *(afskedigelse)* dismissal; *(af embedsmand også,* F*)* removal;
4. *(fratræden)* resignation; *(på grund af alder)* retirement;
□ ***få** sin ~ se afskedige (blive afskediget); få ~ med pension* be dismissed with a pension, be pensioned off; ***give** en sin ~ se afskedige; De **har** Deres ~* F your services are no longer required;
T you are fired; ***søge** sin ~* send in one's resignation; ***tage** sin ~ a)* resign; T leave, quit; *b) (på grund af alder)* retire; *gå uden at tage ~* take French leave; ***tage** ~ **med** (også fig.)* say goodbye to; F take one's leave of;
[med præp.] ***til** ~* on parting; *et ord (, kys) til ~* a parting word (, kiss); ***ved** -en a)* on parting; *b) (afrejsen)* at his (, her etc.) departure.
afskedige *vb. (se også afskediget)* 1. dismiss (*fx* sby from his post); *(om lavere stilling også, især i unåde)* discharge; *(om embedsmand også,* F*)* remove;
2. *(fordi der ikke er mere arbejde)* make redundant (*fx* she was afraid of being made redundant); *(midlertidigt)* lay off (*fx* 500 carworkers were laid off); *(se også fyre*[2]*)*;
3. *(lade gå på pension)* retire;
4. *(slå op med)* throw over (*fx* she threw him over);
□ *blive -t a) (jf. 1)* be dismissed; be discharged; be removed; *b) (jf. 2)* be made redundant; be laid off; *c) (jf. 3)* be retired; *De er -t !* F your services are no longer required!
T you are fired! *~ en med pension a)* dismiss sby with a pension; pension sby off; *b) (før tiden)* retire sby;
[med sb.] ~ en officer a) place an officer on the retired list; *b) (udstøde ham af hæren)* dismiss an officer from the army; F remove (*el.* cashier) an officer; *~ en præst (udstøde ham af kirkens tjeneste)* unfrock a clergyman.
afskedigelse *sb. (en, -r) (jf. afskedige)* 1. dismissal; discharge; removal; 2. layoff; 3. retirement.
afskedigelsesgrund ground for dismissal.
afskedigelsesløn *se fratrædelsesgodtgørelse.*
afskediget *adj. (ɔ: pensioneret)* retired (*fx* headmaster; colonel); *(om officer også)* half-pay.
afskedsansøgning, **afskedsbegæring** resignation (*fx* send (*el.* hand) in one's resignation); *(se også demissionsbegæring).*
afskedsbesøg farewell visit.
afskedsbrev farewell letter; *(selvmorders)* suicide note.
afskedsbæger parting cup; *(glds.)* stirrup cup.
afskedsdag day of parting.
afskedsfest farewell party.
afskedshilsen farewell greeting.
afskedskys parting kiss.
afskedsord parting word (, words).
afskedssalut *(fig.)* parting shot.
afskedsscene parting scene.
afskedsstund parting hour.
afskedstale farewell speech; F valedictory speech.
afskedtagen *sb. (en)* 1. leave-taking; 2. *(fremmøde ved afrejse)* send-off.
afskibe *vb.* 1. *(varer etc.)* ship (*til* to, for); 2. *(tropper)* embark.
afskiber *sb. (en, -e)* shipper.
afskibning *sb. (en, -er) (jf. afskibe)* 1. shipping, shipment; 2. embarkation.
afskibningsdokument shipping document.
afskibningshavn port of shipment.
afskibningsordre shipping order.
afskrabning *sb. (en, -er)* 1. scraping (off); 2. *(hud-)* abrasion.
afskrift *sb. (en, -er)* 1. copy;
2. *(udskrift, fx af båndoptagelse)* transcript;
3. *(snyderi)* crib (*fx* your essay is a crib from John's);
4. *(det at skrive af)* copying; transcription; cribbing;
□ *tage en ~ af* make a copy of; *(se også bekræfte).*
afskrive *vb.* 1. *(på konto)* write off (for depreciation); 2. *(fig.)* write off, give up; 3. *se skrive (af)*;
□ *~ på regnskabet* write off in the balance sheet; *~ til dækning af tab* write off to meet losses.
afskriver *(jf. afskrift)* 1. copyist; 2. transcriber.
afskriverfejl error in copying; transcriber's error.
afskrivning *sb. (en, -er)* 1. *(jf. afskrift 4)* copying; transcription; cribbing;
2. *(på regnskab)* (provision for) depreciation; writing off;
3. *(sum der er afskrevet)* write-off;
□ *-er på udestående fordringer* provision for bad debts.
afskrivningsarbejde copying work.
afskrivningsfond depreciation fund.
afskrivningskonto depreciation account.
afskrivningsregler *sb.pl.* rules of depreciation.
afskrække *vb. (se også afskrækkende)* deter (*fra* from); *(svagere)*

put off;
□ *uden at lade sig ~ af* undeterred by.
afskrækkelse *sb. (en)* deterrence.
afskrækkelsesvåben deterrent.
afskrækkende[1] *adj.* **1.** deterrent (*fx* effect); *(stærkere: skræmmende)* frightening (*fx* sight); *(svagere)* off-putting (*fx* his off-putting manner);
2. *(frastødende, truende)* forbidding (*fx* she looked rather forbidding; his forbidding manner);
□ *~ eksempel* (awful) warning; *~ pris* prohibitive price; *virke ~ på* deter; *(svagere)* put off.
afskrækkende[2] *adv. (jf. afskrækkende*[1]*)* **1.** frighteningly; **2.** forbiddingly.
afskum *sb. (et, -) (slubbert)* scoundrel.
afsky[1] *sb. (en)* (strong) dislike (*for* of); disgust (*for* at, *fx* at the way they behaved; *for* for, with, *fx* him, the regime); F aversion (*for* to, for); *(stærkere)* loathing (*for* of, for); *(endnu stærkere)* detestation (*for* of); *(især moralsk)* abhorrence (*for* of);
□ *få ~ for* take a (strong) dislike (, an aversion) to; come to detest (, loathe); *have (el. nære) ~ for se afsky*[2]; *med ~* in disgust.
afsky[2] *vb.* hate; *(stærkere: væmmes ved,* F*)* loathe (*fx* the sight (, smell) of sth); *(endnu stærkere)* detest; *(især moralsk)* abhor (*fx* cruelty to animals; violence);
□ *~ at* hate to (*el.* -ing); loathe (, detest, abhor) -ing.
afskyde *vb.* **1.** *(pil etc.)* shoot; **2.** *(opsende)* launch (*fx* a missile);
3. *(affyre) se affyre*;
□ *et afskudt gevær* a discharged rifle; *en afskudt patron* a spent cartridge.
afskyelig[1] *adj.* **1.** hateful; *(stærkere,* F*)* detestable; *(også moralsk ~)* odious, abominable (*fx* crime, cruelties);
2. *(modbydelig)* disgusting (*fx* sight, smell; you are disgusting); F odious; *(stærkere)* loathsome;
3. *(*T*: meget dårlig)* abominable, atrocious (*fx* weather; his a. taste); vile (*fx* colour, food);
□ *den -e snemand* the abominable snowman.
afskyelig[2], **afskyeligt** *adv. (jf. afskyelig*[1]*)* **1.** hatefully, detestably, odiously, abominably; **2.** disgustingly, odiously; **3.** abominably, atrociously, vilely.
afskygning *sb. (en, -er)* shade (*fx* several shades of red; all shades of opinion); F nuance;
□ *sagen i alle dens -er* the matter in all its aspects (*el.* bearings).
afskyvækkende *adj. se afskyelig.*
afskære *vb. (se også afskåret, skære (af))* **1.** *(afbryde)* cut off (*fx* all supplies of oil);
2. *(en talende)* cut short (*fx* his objections; he cut me short);
3. *(hindre)* prevent; F preclude (*fx* all doubts; all further discussion);
4. *(isolere, skille)* cut off (*fx* the enemy; cut him off from help);
5. *(mil.: forsyningslinier etc.)* interdict;
□ *~ en fra at gøre noget* prevent (, preclude) sby from doing sth; *~ en ordet* cut sby short; *~ en tilbagetoget* cut off sby's retreat.
afskærme *vb.* **1.** screen; **2.** *(mod radioaktiv stråling)* shield;
□ *-de lygter (på bil)* hooded lanterns.
afskærmning *sb. (en, -er) (jf. afskærme)* **1.** screening; shielding;
2. *(skærm)* shield.
afskåret *pf.ptc. & adj.* **1.** cut (*fx* flowers); **2.** *(isoleret)* cut off;
□ *~ fra at a) (forhindret i, jf. afskære 3)* prevented (, precluded) from -ing; *b) (ikke i stand til)* unable to (*fx* come); not in a position to (*fx* I am not in a position to answer (, explain, help you)); *~ fra omverdenen* cut off from the outside world; *~ pålæg* cold cuts pl.
afslag *sb. (et, -)* **1.** refusal; *(barsk)* rebuff; *(på tilbud)* rejection (*på* of);
2. *(i pris)* discount, reduction; *(hdl.: på grund af forringet kvalitet)* allowance (*fx* an allowance of 20 p.c. off the price); F abatement;
□ *få ~ a) (jf. 1)* be refused; meet with a refusal; *b) (i pris)* get a discount (, an allowance); *give én ~ (jf. 1)* refuse sby; *give ~ i prisen* reduce the price; *give et ~ i prisen på £5* reduce the price by £5; T knock £5 off the price.
afslappe *vb. (se også afslappet)* relax;
□ *-s* relax.
afslappelse *(en)* relaxation.
afslappet *adj.* relaxed; T laid-back;
□ *han tog ~ på det* he did not take it too seriously.
afslidt *adj.* worn off.
afslukke *vb. (ved brand)* damp down.
afslutning *sb. (en, -er)* **1.** *(det at tilendebringe)* ending; F closing, conclusion; *(jf. afslutte 3)* termination (*fx* of hostilities);
2. *(ende)* end, close (*fx* at the end (*el.* close) of the day); finish (*fx* of a race); F conclusion (*fx* at the conclusion of his speech);
3. *(i skole omtr.)* end-of-term celebration; *(i eng. skole)* Prize Day, Speech Day;
4. *(om måden noget ender på)* ending (*på* of, *fx* a story, a film; a sad (, happy) ending);
5. *(indgåelse, fx af traktat, handel)* making; F conclusion;
□ *~ af bøgerne (hdl.)* the balancing of the books; *~ af en handel* the conclusion of a deal; *~ af regnskabet* the balancing (*el.* closing) of the accounts; *få en ~ på det* bring it to an end; *bringe til (, få) en heldig ~* bring to (, come to) a successful conclusion.
afslutnings- final, closing.
afslutningsdebat concluding debate.
afslutte *vb. (se også afsluttende)*
1. *(tilendebringe, føre til ende)* end (*fx* a conference, a journey, one's life; he ended his letter with best wishes);
(mere F*)* close (*fx* one's career; a speech with a quotation; the matter (, the case) is closed); conclude (*fx* one's speech; a meeting; a concert with an encore);
T wind up (*fx* one's affairs; the debate; one's speech; the evening with a song);
2. *(gøre helt færdig)* finish (*fx* the investigation, a letter, a job, one's preparations; the war was over but not finished); *(mere* F*)* complete; finalize;
3. *(bringe til ophør)* bring to an end (*fx* hostilities; a quarrel);
F terminate (*fx* the conversation; hostilities);
4. *(danne afslutningen på)* end, finish, complete, close; F conclude (*fx* his speech ended (etc.) the ceremony);
5. *(traktat, handel etc.)* make;
F conclude;
6. *(opgøre, fx bøger)* close (*fx* the accounts); balance (*fx* the accounts, the books);
□ *~ en forretning (el. en handel)* put through a deal; make (*el.* conclude) a bargain; *et -t kapitel* a closed chapter; *~ et køb* effect a purchase; *(se også bo*[1]*, kontrakt, overenskomst).*
afsluttende *adj.* final (*fx* examination); F closing, concluding (*fx* remarks).
afsløre *vb. (se også afslørende)*
1. *(mindesmærke)* unveil (*fx* a statue);
2. *(åbenbare, vise)* reveal (*fx* a secret, one's methods, one's plans,

one's ignorance, what was discussed; the light revealed his hiding place; without revealing any details; the dress revealed rather too much of her);
3. *(noget man har holdt hemmeligt)* disclose (*fx* one's identity, one's intentions, his name, one's plans, a secret; the journalist refused to disclose (, reveal) his sources); unveil (*fx* one's plans, next year's models); F divulge (*fx* the details, one's fears, one's plans);
4. *(~ ufrivilligt)* betray (*fx* one's ignorance; her tone of voice betrayed what she really felt); T give away (*fx* his accent gave him away (*el.* betrayed him));
5. *(forbrydelse etc.)* expose, uncover (*fx* a crime, a plot, a scandal; new details have been uncovered by the press; expose his ignorance); F bring to light (*fx* a conspiracy);
6. *(forbryder etc.)* find out (*fx* at last he was found out); expose (*fx* expose him as a thief); uncover, unmask (*fx* a spy); F unveil (*fx* a traitor);
□ ~ ***én som*** *(også)* show sby up as (*el.* to be) (*fx* a bad loser); ~ ***sig som*** reveal oneself as.

afslørende[1] *adj.* **1.** revealing (*fx* comment, remark); **2.** *(forræderisk)* telltale (*fx* blush).

afslørende[2] *adv.* revealingly (*fx* he revealingly remarked that...).

afsløring *sb. (en, -er) (jf. afsløre)*
1. unveiling;
2. revelation (*fx* the revelation of the scandal; scandalous revelations in the press);
3. disclosure (*fx* the disclosure of the secret; new disclosures in the press); *(historie også,* F*)* exposé;
4. exposure (*fx* the exposure of the plot; he had to resign as a result of these exposures);
5. betrayal;
6. exposure.

afslå *vb.* **1.** *(sige nej til)* refuse, turn down (*fx* an offer, a request, an invitation); *(høfligere,* F*)* decline;
2. *(ansøgning)* reject, turn down;
3. *(angreb)* beat off; F repel, repulse.

afsmag *sb. (en)* **1.** *(ubehagelig smag)* disagreeable taste; unpleasant after-taste; **2.** *(modbydelighed)* distaste; *få (, have) ~ for* develop (, have) a distaste for.

afsmelte *vb. (fedt)* render, melt down.

afsmitning *sb. (en)* **1.** *(typ.)* set-off, smudging; **2.** *(fig.)* rubbing off, rub-off, knock-on effect (*på* on).

afsmittende *adj.: have ~ virkning på* rub off on, have a rub-off (*el.* knock-on) effect on.

afsnit *sb. (et, -)* **1.** *(i tekst)* part (*fx* the speech consists of three parts); *(i bog)* passage; *(på side)* paragraph;
2. *(tids-)* period; *(fase)* phase; *(i historien, i ens liv)* chapter (*fx* a glorious chapter in the history of our country; a new chapter in his life began);
3. *(af fortsat roman)* part;
4. *(af tv-serie)* episode (*fx* the third episode of the serial);
5. *(del)* section (*fx* of a building);
6. *(frontafsnit)* sector;
7. *(mat.)* segment;
□ *nyt ~ (ved diktat)* new paragraph.

afsnubbet *adj.* **1.** *(om udtale)* clipped; **2.** *(barsk)* curt (*fx* reply).

afsnøre *vb.* **1.** *(med.)* ligate; **2.** *(arkit.)* line out.

afsondre *vb.* **1.** *(fysiol.)* secrete (*fx* the thyroid gland secretes hormones); *(udskille affaldsstoffer)* excrete (*fx* the drug is excreted in the urine);
2. *(isolere)* isolate (*fx* patients); segregate (*fx* criminals were segregated from the rest of the population);
□ ~ *sig fra* withdraw from; F seclude oneself from.

afsondret *adj.* secluded (*fx* life, spot);
□ *leve ~* lead a secluded life.

afsondrethed *sb. (en)* isolation; F seclusion.

afsondring *sb. (en, -er) (jf. afsondre)* **1.** secretion; **2.** isolation; segregation; *(se også afsondrethed).*

afsone *vb.: ~ en bøde* serve a sentence in lieu of a fine; *~ en straf* serve a sentence; T do time (*fx* he does his prison time in a French goal).

afsoning *sb. (en, -er) (straf)* imprisonment;
□ *~ af straffen* the serving of the sentence.

afspadsere *vb.* take time off (in lieu of unpaid overtime); take time off in lieu;
□ *~ to timer* take two hours off.

afspadsering *sb. (en, -er)* **1.** *(det at afspadsere)* taking time off in lieu of unpaid overtime; **2.** *(tid)* (compensatory) time-off (*fx* time-off can be exchanged for cash); lieu days pl.; *(længere)* compensatory leave (*fx* he is on compensatory leave).

afspejle *vb.* reflect (*fx* the house was reflected in the water; it does not reflect the wishes of the people); F mirror (*fx* it mirrors the problems of modern society);
□ *~ sig* be reflected (, mirrored) (*i* in, *fx* his own horror was mirrored in her face).

afspejling *sb. (en, -er)* reflection (*fx* her clothes are a reflection of her personality).

afspille *vb.* **1.** play; **2.** *(lige efter optagelsen)* play back.

afspilning *sb. (en, -er) (jf. afspille)*
1. playing; **2.** playback.

afspore *vb.* derail;
□ *~ diskussionen* start a hare.

afsporet *adj.* **1.** derailed; **2.** *(fig.: forvreden)* perverted (*fx* logic);
□ *blive ~ a)* be derailed; go off (*el.* leave) the rails; *b) (om person)* go wrong; *c) (om diskussion)* go off course; *~ ungdom a)* maladjusted young people; *b) (kriminel)* young offenders; F juvenile delinquents.

afsporing *sb. (en, -er)* derailment.

afspænding *sb. (en)* **1.** *(slappen 'af)* relaxation; **2.** *(politisk)* détente; relaxation of tension.

afspændingsgymnastik relaxation exercises pl.

afspændingsmiddel *(til opvask)* rinse aid.

afspændingspædagog teacher in relaxation.

afspærre *vb.* **1.** close off (*fx* part of a building; a street);
2. *(med politifolk)* close off, cordon off (*fx* the area was cordoned off by the police); throw a cordon round; seal off (*fx* the area was sealed off after the explosion);
3. *(med tove)* rope off;
4. *(med barrikader)* barricade;
5. *(blokere)* blockade;
□ *en -t plads* an enclosed space, an enclosure.

afspærring *sb. (en, -er)* **1.** *(det at afspærre)* closing off, cordoning off(*etc., jf. afspærre)*;
2. *(det der spærrer)* barrier, bar; *(politi-)* cordon (*fx* the police threw a cordon round the building).

afstalinisere *vb.* destalinize.

afstamning *sb. (en, -er) (om person)* descent; F extraction (*fx* of German descent (, extraction)); *(oprindelse, også om ord)* origin (*fx* of German origin; a word of Latin origin).

afstand *sb. (en, -e)* distance;
□ ***i*** *nogen ~* some distance away; *i tilbørlig (, ærbødig) ~* at (, from) a safe (, respectful) distance (*fx* stand at a safe distance; watch it from a safe distance); ***i*** *en ~* ***af*** at

a distance of; *i (el.* ***med****) en indbyrdes* ~ *af* at intervals of 3 metres; spaced 3 metres apart; ***på*** *(lang)* ~ at (, from) a (great) distance (*fx* it looks beautiful at a distance; he watched it from a great distance); *på flere kilometers* ~ at a distance of several kilometres; *på kort* ~ at short range; *det kan man se på lang* ~*!* you can see that a mile off!
[med vb. (+ præp.)] ***få på*** ~ *(fig.)* get at a distance (*fx* he needed to get his experiences at a distance before he could write about them); *få begivenhederne på* ~ get events at a distance; get (the) events in their proper perspective; ***have*** *tingene* ***på*** ~ have got things in perspective; ***holde*** ~ *(ved bilkørsel)* keep one's distance; ***holde*** *en* ***på*** ~ keep sby at a distance, keep sby at arm's length; *holde sig på* ~ keep one's distance; ***lægge*** ~ ***til*** *(ɔ: person, synspunkt)* distance oneself from; ***tage*** ~ ***fra*** *(fig.) a) (nægte at støtte)* dissociate oneself from (*fx* I wish to dissociate myself from what has just been said); *b) (nægte at vedkende sig)* disavow (*fx* any plans to cut down on social welfare); *c) (protestere imod)* take exception to (*fx* he took vigorous exception to the statement).

afstandsbedømmelse **1.** estimation of (the) distance; **2.** *(mil.)* range estimation.

afstandsbriller *sb.pl.* distance glasses.

afstandsmine *(sø.)* non-contact mine.

afstandsmåler *(foto., mil.)* range finder.

afstandsskive spacer.

afstandtagen *sb. (en) (fig.)* dissociation.

afstedkomme *vb.* cause, bring about; F occasion.

afstemme *vb. (se også afstemt)* **1.** *(afpasse)* harmonize (*efter* with); adapt, attune (*efter* to); **2.** *(farver)* match; **3.** *(regnskaber)* balance.

afstemning[1] *sb. (en, -er) (jf. afstemme)* **1.** harmonization; **2.** matching; **3.** balancing.

afstemning[2] *sb. (en, -er)* **1.** *(stemmeafgivning: det at stemme)* voting; *(enkelt* ~*)* vote;
2. *(i klub, fagforening; hemmelig, skriftlig)* ballot;
3. *(skriftlig, især om folketingsvalg, parlamentsvalg. det at stemme)* polling; *(enkelt* ~*)* poll;
□ *foretage (el. skride til)* ~ take a vote (, ballot etc.); *komme til* ~ come to a vote (*fx* the bill will probably come to a vote soon); *sætte det under* ~ put it to the vote; *afgøre sagen ved en* ~ decide the matter by a vote.

afstemple *vb.* **1.** stamp; **2.** *(ugyldiggøre)* cancel.

afstempling *sb. (en, -er)* **1.** stamping; **2.** *(mærke)* stamp; **3.** *(ugyldiggørelse)* cancellation.

afstemt *adj.* harmonious; *(om farver)* matched;
□ ~ *efter a) (om farver)* matching with; *b) (mus.)* in tune with; *fint -e farver* delicately matched colours; colours that harmonize well with each other.

afstikke *vb. (se også afstikkende) (grænse, område)* mark out; *(med pæle)* stake out; F delimit;
□ ~ *græskanterne* trim the edges (of a lawn); ~ *retningslinier for* lay down guidelines for.

afstikkende[1] *adj.* **1.** *(som skiller sig ud)* incongruous; **2.** *(om farve)* glaring, gaudy; T loud; **3.** *(om væsen, ydre)* eccentric.

afstikkende[2] *adv. (jf. afstikkende*[1]*)* **1.** incongruously; **2.** glaringly, gaudily; **3.** eccentrically.

afstikker *sb. (en, -e)* **1.** *(omvej)* detour; **2.** *(lille tur)* (side) trip.

afstive *vb. (se også stive (af))* **1.** prop up (*fx* a fence; a trench; a tree with a stake);
2. *(væg)* shore up; *(med murværk)* buttress;
3. *(fig.: støtte)* support; *(styrke)* strengthen.

afstiver *sb. (en, -e)* **1.** *(i minegang)* prop; **2.** *(støttebjælke)* shore; **3.** *(af murværk)* buttress.

afstivning *sb. (en, -er)* **1.** *(det at afstive, jf. afstive) (1)* propping up; *(2)* shoring up; buttressing; *(3)* support; strengthening;
2. *(konkret) (1)* prop(s); *(2)* shores, buttresses pl.

afstraffe *vb.* punish.

afstraffelse *sb. (en, -r)* punishment.

afstresse *vb.* reduce the stress on;
□ *trænge til at blive -t* need some relaxation.

afstressende *adj.* relaxing.

afstribe *vb.* **1.** stripe; **2.** *(om vej)* mark with (white) lines.

afstribning *sb. (en, -er)* traffic (*el.* road) marking; white-lining;
□ ~ *mangler* white lines missing.

afstumpet *adj. (om person)* **1.** *(ufølsom, moralsk* ~*)* callous; **2.** *(sløv)* obtuse.

afstumpethed *sb. (en) (jf. afstumpet)* **1.** callousness; **2.** obtuseness.

afstøbning **1.** *(noget afstøbt)* cast;
2. *(det at støbe)* casting;
□ *tage en* ~ *af noget* take a cast of sth.

afstøde *vb. (transplanteret organ)* reject.

afstødning *sb. (en, -er) (af transplanteret organ)* rejection.

afstøvning *sb. (en, -er)* dusting.

afstå *vb.* **1.** give up (*fx* one's seat to sby);
2. *(overdrage)* make over (*fx* one's property to sby); transfer (*til* to);
3. *(om landområde)* surrender; *(i officielt sprog)* cede;
□ ~ *fra a) (afholde sig fra)* abstain from, refrain from (*fx* doing it); *b) (ved erklæring)* renounce (*fx* violence); *c) (krav, ret)* waive (*fx* one's right to sth; he waived his claim to the property); forgo (*fx* cross-examination of a witness).

afståelse *sb. (en, -r) (af land)* surrender; F cession.

afståelsessum compensation.

afsvale *vb.* cool (off);
□ *-s (fig.)* cool off (*el.* down).

afsvampe *vb.* treat (*fx* seed) with fungicide.

afsvampningsmiddel fungicide.

afsvedet *pf.ptc. & adj.* **1.** scorched; **2.** *(udtørret)* parched (*fx* soil).

afsvække *vb.* **1.** weaken (*fx* the effect); **2.** *(med.)* attenuate (*fx* a virus); **3.** *(gyldigheden af)* weaken (*fx* the evidence, an argument);
□ ~ *et udtryk* tone down an expression; *-t (om børs)* weak, dull.

afsvækkelse, **afsvækning** *sb. (en) (jf. afsvække)* **1.** weakening; **2.** attenuation; **3.** weakening.

afsværge *vb.* renounce (*fx* one's earlier ideals, one's convictions); *(mere* F*)* abjure (*fx* one's faith).

afsværgelse *sb. (en, -r) (jf. afsværge)* renunciation; abjuration.

afsynge *vb.* sing.

afsyngelse *sb. (en)* singing.

afsyre *vb.* **1.** acid-wash; **2.** *(tage maling af)* strip the paint off.

afsæbe *vb.* soap (down).

afsæbning *sb. (en, -er)* soaping.

afsæt *sb. (et, -)* **1.** *(ved spring)* take-off; **2.** *(fig.: udgangspunkt)* starting point, point of departure;
□ *tage* ~ *i noget (fig.: tage udgangspunkt i)* start from sth; take sth as one's starting point.

afsætning *sb. (en, -er)* **1.** *(salg)* sale, marketing;
2. *(aflejring)* depositing; *(bundfald, lag)* deposit, sediment;
□ *finde* ~ *for* find a market for; *finde rivende* ~ sell rapidly; have a rapid sale; *ikke finde* ~ find no market; *der er ingen* ~ *for* there is no market for.

afsætningsforhold *sb.pl.* marketing conditions.
afsætningsmuligheder *sb.pl.* marketing possibilities.
afsætningsudvalg marketing board.
afsætte *vb.* **1.** *(sælge)* sell;
2. *(fjerne fra en post: om embedsmand, minister)* remove; *(tvinge bort,* F*)* oust (*fx* the president; a manager); *(om leder, diktator, fyrste)* depose; *(om fyrste også)* dethrone;
3. *(efterlade)* leave (*fx* traces);
4. *(aflejre)* deposit;
5. *(tegne)* trace, draw (*fx* a line on the paper); *(aftegne efter opmåling)* lay down, mark out; *(på landkort)* mark;
6. *(passagerer)* drop, put down;
7. *(reservere)* set aside, earmark (*fx* a sum of money for sth);
8. *(om tid)* allow (*fx* two hours for the meeting); set aside (*fx* some time for discussion);
□ *få afsat (varer)* dispose of; find a sale (*el.* market) for; *få sin datter afsat* get one's daughter off one's hands; marry off one's daughter; ~ *sig (aflejres)* be deposited.
afsættelig *adj.* **1.** *(salgbar)* saleable, marketable; **2.** *(fra embede)* removable.
afsættelighed *sb. (en)* **1.** *(salgbarhed)* saleableness; **2.** *(om embedsmand)* removability.
afsættelse *sb. (en, -r) (jf. afsætte 2)* removal; deposition; dethronement.
afsøge *vb.* **1.** *(område)* search;
2. *(med kikkert, radar, blikket)* scan, sweep (*fx* the sky, the horizon); **3.** *(mil.)* reconnoitre.
afsøgning *sb. (en, -er) (jf. afsøge)* **1.** search; **2.** scanning; **3.** reconnaissance.
aftage[1] *vb.* **1.** *(købe)* buy, take; **2.** *(fjerne)* take off, remove.
aftage[2] *vb.* **1.** *(mindskes)* decrease (*fx* the noise (, rain, temperature, tension, their interest) decreased);
2. *(blive mindre voldsom)* ease off (*fx* the pressure (, rain, tension) eased off); F subside (*fx* the pain (, fever, noise, storm, volume of traffic) subsided); abate (*fx* the wind (, rain, noise, crisis, tension) abated);
3. *(gå tilbage, svækkes,* F*)* decline (*fx* his strength (, influence, power) is declining; the sales are declining); wane (*fx* his influence (, power, enthusiasm) waned);
4. *(om lyd)* grow fainter;
5. *(om lys)* fade;
6. *(om månen)* wane;
□ *dagen er -t med 5 minutter* the length of the day has decreased by 5 minutes.
aftagelig *adj.* detachable.
aftagen *sb. (en) (jf. aftage*[2]*)* **1.** decrease; **2.** abatement; **3.** decline;
□ *være i* ~ be on the decline; be on the wane.
aftagende[1] *sb. (et): være i* ~ *(om månen)* be on the wane.
aftagende[2] *adj. (jf. aftage*[2]*)* **1.** decreasing; **2.** abating; **3.** declining; waning; **4.** waning.
aftager *sb. (en, -e) (køber)* buyer; F purchaser; *(kunde)* customer.
aftagerland importing country; export market.
aftagning *sb. (en, -er)* **1.** taking off, removal; **2.** *(køb)* buying; F purchase;
□ *til* ~ *i maj (hdl.)* for delivery in May.
aftale[1] *sb. (en, -r)* **1.** *(ordning)* arrangement (*med* with; *om* about, *fx* I made an arrangement with him about looking after the house);
2. *(overenskomst, forlig)* agreement (*med* with; *om* about, *fx* we came to an agreement with them about the pay; sign the agreement; a trade agreement); *(mere* T*)* deal (*med* with; *om* on, *fx* they did a deal with them on a wage increase);
3. *(~ om at mødes)* appointment (*med* with, *fx* I have an appointment with my lawyer; he cancelled all his appointments);
4. *(politisk ~, ~ mellem stater, løsere)* accord (*fx* the Helsinki accord; the Camp David accord);
□ *så* **er** *det en* ~ that's settled then; T that's a deal; ***indgå*** *en* ~ ***med*** *a) (jf. 2)* enter into (*el.* conclude) an agreement with; do a deal with; *(især am.)* make a deal with; *b) (jf. 4)* come to an accord with; ***træffe*** ~ *a) (jf 1)* make an arrangement; *b) (jf. 3)* make an appointment; ***træffe*** ~ ***med*** *a) (jf. 1)* arrange with (*fx* arrange with sby to do sth); *b) (jf. 2)* make an appointment with (*fx* one's doctor); *[med præp.]* ***efter*** ~, ***ifølge*** ~ as (previously) arranged, as agreed; F as per agreement; *en* ~ ***om at*** *a) (+ inf.)* an arrangement (, agreement) to (*el.* about -ing); *b) (+ sætn.)* an arrangement (, agreement) that.
aftale[2] *vb. (se også aftalt*[1]*)* **1.** arrange (*fx* a meeting);
2. *(enes om)* agree on (*fx* a day for the next meeting);
□ ~ ***at*** *a) (jf. 1)* arrange to (*fx* go to the theatre); *b) (jf. 2)* agree to (*fx* act in concert); ~ *at mødes med en kl. 6* arrange to meet sby at 6 o'clock; make an appointment with sby for 6 o'clock.
aftalt[1] *adj. (jf. aftale*[2]*)* **1.** arranged, agreed upon; **2.** *(om tid & sted)* appointed;
□ *forud* ~ prearranged (*fx* at a prearranged signal); *det var* ~ *spil* it was a put-up job; *(om noget ulovligt)* there was collusion between them.
aftalt[2] *adj.: -e penge* the exact amount.
aftapning *sb. (en, -er)* **1.** drawing (off); **2.** *(på flasker)* bottling;
3. *(af radioudsendelse)* taping;
□ *original* ~ *a)* bottled by the brewery; *b) (om vin)* estate bottled.
aftapningshal *(i bryggeri)* bottling department.
aftappe *vb.* **1.** draw (off); **2.** *(på flasker)* bottle.
aftegne *vb.* draw;
□ ~ ***sig*** *a)* stand out (*imod* against, *fx* the trees stood out againt the sky); *(i omrids)* be outlined, be silhouetted (*imod* against); *b) (afspejle sig)* be reflected; *c) (begynde at vise sig)* begin to emerge (*fx* differences (, the possibility of a solution) began to emerge).
aftegning *sb. (en, -er)* **1.** drawing;
2. *(plet)* marking (*fx* the dog had black markings on its chest).
aften *sb. (en, -er)* **1.** *(især om tidsrum & den første del)* evening (*fx* spend an evening with sby; at six o'clock in the evening);
2. *(især om tidspunkt, lejlighed & den senere del)* night (*fx* Friday was their concert night; 11 o'clock at night (*el.* in the evening));
□ *det er ved at blive* ~ it is getting dark; *en* ~ *kom han* one evening he came; *god* ~ good evening; *gøre sig en glad* ~ have an evening (, night) out;
[med præp.] ***i*** ~ tonight; this evening; *i morgen* ~ tomorrow evening (*el.* night); *i (går) aftes* last night; yesterday evening; *i forgårs aftes* the night before last;
inden ~ before the day is out; *(ɔ: inden det bliver mørkt)* before dark; F before nightfall;
mod ~ towards evening;
om -en in the evening; at night; *kl. 10 om -en* at 10 p.m.; at 10 in the evening; *den 22. om -en* on the night (*el.* evening) of the 22nd;
her ***til*** ~ this evening; *fra morgen til* ~ from morning till night;

spise til ~ have (one's) supper; *blive og spise til* ~ stay for supper; *spise en kylling til* ~ have a chicken for supper;
***ud på** -en* late in the evening; late at night.
aftenandagt evening prayers pl.
aftenavis evening paper.
aftenbøn evening prayers pl.
aftengudstjeneste evensong.
aftenkaffe: *drikke* ~ have a cup of coffee in the evening.
aftenkjole evening dress; F evening gown.
aftenklokke **1.** evening bell; **2.** *(hist.)* curfew; **3.** *(katolsk)* Angelus.
aftenkonsultation *(om læge)* evening surgery.
aftenkursus evening course; evening classes pl.;
□ *gå på* ~ go to evening classes, take an evening course.
aftenrøde evening glow.
aftensang **1.** evening song; **2.** *(gudstjeneste)* evensong.
aftensbord **1.** supper table; **2.** *(måltid)* supper.
aftenselskab evening party.
aftenskole *se aftenkursus.*
aftenskumring twilight.
aftensmad, **aftensmåltid** supper.
aftenstid: *ved* ~ at nightfall.
aftenstjerne evening star.
aftenstund evening.
aftensværmer *(zo.)* hawkmoth.
aftentur evening walk.
aftenunderholdning evening entertainment;
□ *musikalsk* ~ musical evening.
aftenvagt **1.** evening duty; **2.** *(person)* person (, nurse etc.) on evening duty;
□ *have* ~ be on evening duty.
aftjekke *vb. se checke (af).*
aftjene *vb.*: ~ *sin værnepligt* do one's military service; *(i Engl. tidligere)* do one's national service.
aftrapning *sb. (en, -er) (jf. aftrappe)* **1.** scaling down; **2.** phasing out.
aftrappe *vb.* **1.** *(mindske gradvis)* scale down (*fx* wages, taxes); reduce gradually (*fx* reduce the dose gradually); **2.** *(afskaffe gradvis)* phase out (*fx* the production of these chemicals); *(se også nedtrappe)*;
□ *-t gavl* corbie-step gable.
aftryk *sb. (et, -)* **1.** *(i blødt stof)* impression (*fx* take an impression of a key); imprint (*fx* the imprint of feet in the sand); **2.** *(foto.)* print; **3.** *(trykt gengivelse)* reprint, copy; **4.** *(korrekturaftryk)* proof.
aftrykke *vb.* **1.** *(trykke)* print; **2.** *(genoptrykke)* reprint (*efter* from); **3.** *(tage aftryk af)* take an impression of.
aftrædelsesværelse pied-à-terre.
aftrædning *sb. (en, -er) (mil.)* dismissal.
aftræk *sb. (et, -)* **1.** *(for røg, luft etc.)* vent; **2.** *(mil.)* pulling the trigger; **3.** *(afkog)* infusion; **4.** *(typ.)* proof, pull;
□ *der er ikke* ~ *på disse varer* these goods don't sell; there is no market for these goods; *langsom i -ket* T slow on the uptake.
aftrække *vb.* **1.** *(trække af)* pull off, draw off; **2.** *(snedkerarbejde)* smooth (with a spokeshave); **3.** *(slibe)* set (*fx* a razor); **4.** *(typ.)* strike off; **5.** *(ur)* adjust.
aftrækker *sb. (en, -e) (mil.)* trigger (*fx* pull the trigger).
aftrækkerbøjle trigger guard.
aftrækkerfjeder trigger spring.
aftrækskanal ventilation shaft.
aftvinge *vb.*: ~ *én noget* force sth (*fx* an answer, a confession) from sby; *(stærkere)* extort sth (*fx* a promise) from sby; ~ *én respekt (, beundring)* compel sby's respect (, admiration).
aftvætning *sb. (en, -er)* ablution.
aftvætte *vb.* wash off.
aftægt *sb. (en)* [accommodation and support provided by the new owner of landed property for its former owner, especially by a son for his parents]; *gå på* ~ *(kan gengives)* become a pensioner; retire.
aftørre *vb.* **1.** wipe; **2.** *(fjerne)* wipe off.
afvande *vb.* drain (off).
afvanding drainage.
afvandingsområde catchment area.
afvandring migration;
□ *-en fra landbruget* the exodus from farming.
afvarsling *(af luftalarm)* all-clear (*fx* the all-clear was sounded at 4.30).
afvaske *vb.* **1.** *(vaske)* wash; **2.** *(fjerne)* wash off.
afvaskning *sb. (en, -er)* washing; *(rituel)* ablution.
afveje[1] *sb.pl.*: *føre en på* ~ lead sby astray; *det kan let føre på* ~ it can easily lead you astray; *komme på* ~ go astray, go wrong.
afveje[2] *vb.* **1.** weigh out (*fx* 200 grams of sugar); **2.** *(fig.)* weigh (*fx* the pros and cons; the advantages against the risk).
afvejning weighing (out).
afveksle *vb. (skiftes)* alternate.
afvekslende[1] *adj.* **1.** *(skiftende)* alternating (*fx* rain alternating with sunshine); **2.** *(varieret)* varied (*fx* a varied landscape; lead a varied life).
afvekslende[2] *adv. se skiftevis.*
afveksling *sb. (en, -er)* **1.** *(modsat ensformighed)* variety (*fx* there isn't much variety in this job); **2.** *(forandring)* change (*fx* you need a change);
□ *bringe* ~ *i ens tilværelse* lend variety to sby's existence; *skabe lidt* ~ *(ɔ: i kedsomheden)* relieve the monotony;
[med præp.] ***for** -s skyld*, ***til** en* ~ for (*el.* by way of) a change; *trænge til* ~ need a change.
afvende *vb.* head off, prevent (*fx* a crisis, a war); F avert (*fx* a danger, a war).
afvente *vb.* wait for; F await (*fx* his reply, his decision, his return, the results; the train will await a connection).
afventende *adj.*: *indtage en* ~ *holdning, stille sig* ~ *a) (ikke ville love noget)* refuse to commit oneself; *b) (ikke foretage sig noget)* wait and see; *de stillede sig* ~ they decided to wait and see; ~ *politik* policy of wait-and-see.
afvige *vb. (se også afvigende) (være uoverensstemmende)* differ;
□ ~ ***fra*** *a) (være forskellig fra)* be different from (*fx* their attitude is very different from ours); *(mere* F*)* differ from; *b) (ikke følge)* depart from (*fx* the rules, the normal procedure); F deviate from (*fx* the norm; one's principles); *(også: efterhånden bevæge sig væk fra)* diverge from (*fx* the official policy); ~ *fra kursen (sø.)* deviate from one's course.
afvigelse *sb. (en, -r)* **1.** *(fra regler)* departure, deviation; **2.** *(fra normen)* deviance; *(især politisk)* deviation; **3.** *(i fagsprog, fx astr.)* aberration (*fx* chromosomal aberration).
afvigende *adj.* **1.** different (*fx* be of a different opinion); **2.** *(fra normen)* deviant (*fx* behaviour);
□ *indbyrdes* ~ divergent (*fx* opinions); ~ *læsemåde* alternative reading.
afviger *sb. (en, -e)* **1.** deviant (*fx* sexual deviants); **2.** *(politisk kritiker af et regime)* dissident; *(~ fra den rette lære)* deviationist.
afvigte *adj.* last (*fx* year).
afvikle *vb.* **1.** *(afskaffe, lukke)* wind up (*fx* foreign military bases); dismantle (*fx* the welfare state); *(gradvis)* phase out (*fx* an organization);

2. *(hdl.: et firma)* wind up, liquidate; *(gæld)* settle;
3. *(gennemføre)* get through (*fx* the programme);
□ *blive -t a) (om sportskampe)* be played; *b) (om fest, møde etc.)* be held.

afvikling *sb. (en, -er) (jf. afvikle)*
1. winding up; dismantling; phasing out;
2. *(hdl.)* winding up, liquidation; settlement;
3. *(gennemførelse)* getting through; playing; holding;
□ *-en af mødet foregik uden problemer* the meeting was held without any problems.

afvinde *vb.* win; F compel (*fx* sby's respect);
□ *jeg kan ikke ~ det interesse* I cannot see anything interesting about it.

afvise *vb. (se også afvisende)*
1. *(nægte adgang)* refuse admission (*fx* I was refused admission to the meeting); turn away (*fx* all the seats were sold and hundreds of people had to be turned away; we were turned away from the hotel); send away;
2. *(afslå, sige nej til)* refuse; T turn down (*fx* refuse (, turn down) an offer (, a request); she refused his advances); *(høfligere, F)* decline (*fx* an offer) *(se også 3)*;
3. *(forkaste, vise fra sig)* reject (*fx* a (wage) claim, a complaint, an idea, a proposal, a request; she rejected his advances; children who feel rejected); T turn down (*fx* an application, a (wage) claim, a proposal; you can't turn him down); *(uvenligt)* rebuff (*fx* his suggestion); *(med foragt)* spurn (*fx* a gift, an offer of help; she spurned his advances);
4. *(benådningsansøgning, sag for retten)* dismiss (*fx* the case (, the appeal) was dismissed); overrule (*fx* the objection (, the claim) was overruled);
5. *(rygte, indvending)* dismiss (*fx* Government sources dismissed the reports as pure invention; you can't just dismiss the problem; he dismissed the idea as impossible);
6. *(modbevise)* rebut (*fx* an argument);
7. *(nægte at anerkende)* repudiate (*fx* an accusation, a debt); *(en veksel)* dishonour;
8. *(mil.)* repel (*fx* an attack, the enemy);
□ *~* ***at*** *a) (+ sætn.)* deny that (*fx* she denied that it would be possible); *b) (+ inf.)* refuse to (*fx* he refused to join a union); *han lader sig* ***ikke*** *~* he will not be refused; he will not take a refusal; he will not take no for an answer; *[med sb.] man kan ikke ~ den* ***mulighed*** one cannot exclude (*el.* rule out) the possibility; *~* ***tanken*** refuse to entertain the idea.

afvisende[1] *adj.* 1. dismissive (*fx* gesture, tone of voice); unsympathetic (*fx* attitude); 2. *(om person: utilnærmelig,* T*)* stand-offish;
□ *være ~ over for* be dismissive of (*fx* the idea, him); take up an unsympathetic attitude to (*fx* the proposal); *være ~ over for ham* T give him the cold shoulder.

afvisende[2] *adv.* dismissively; unsympathetically;
□ *stille sig ~ til* be dismissive of; refuse (to consider); *(høfligere,* F*)* decline (*fx* an offer); take up an unsympathetic attitude to (*fx* a proposal).

afviser *sb. (en, -e)* 1. *(vejskilt)* signpost; 2. *(afvisersten)* corner-post; 3. *(på bil)* indicator.

afviserblink indicator.

afvisning *sb. (en, -er) (jf. afvise)*
1. refusal; sending away;
2. *(nægtelse)* refusal;
3. *(forkastelse)* rejection; rebuff;
4. *(af sag etc.)* dismissal; overruling;
5. *(af rygte etc.)* dismissal;
6. *(modbevisning)* rebuttal;
7. *(nægtelse af at anerkende)* repudiation; *(af veksel)* dishonouring;
8. *(mil.)* repulse.

afvæbne *vb.* disarm (*fx* a robber).

afvæbnende[1] *adj.* disarming (*fx* smile).

afvæbnende[2] *adv.* disarmingly (*fx* smile disarmingly).

afvæbning *sb. (en, -er)* disarmament.

afvænne *vb. (fra stimulanser)* cure (*fra* of, *fx* cure him of taking cocaine (, of drinking)); *(om alkoholiker også)* dry out; F wean (*fra* from); *(se også vænne (af, fra))*;
□ *~ fra (også)* get off, wean off (*fx* get (*el.* wean) him off heroin).

afvænning *sb. (en, -er) (jf. afvænne)* treatment (*fx* drug treatment); cure; weaning.

afvænningsklinik 1. *(for stofmisbrugere)* drug-treatment centre; drug-addiction clinic; 2. *(for alkoholikere)* alcohol-abuse centre.

afvænningskur cure (*el.* treatment) for alcoholism (, drug addiction etc.).

afværge *vb.* 1. *(forhindre)* prevent (*fx* an accident, a crisis, a disaster); head off (*fx* a strike, economic disaster, a war); F avert (*fx* an accident, a catastrophe, war);
2. *(slag, angreb etc.)* ward off (*fx* a blow, an attack).

afværgemanøvre *se afledningsmanøvre, undvigemanøvre.*

afværgemekanisme *(psyk.)* defence mechanism.

afværgende[1] *adj. (fig.)* deprecating (*fx* gesture).

afværgende[2] *adv.* deprecatingly.

afæske *vb.: ~ en noget* demand sth (*fx* an explanation) from sby.

agat *sb. (en)* agate;
□ *islandsk ~* obsidian.

agave *sb. (en, -r) (bot.)* agave.

age *vb.: den der -r med stude kommer også med (kan gengives)* slow and steady wins the race.

agent *sb. (en, -er)* agent (*for* for); *(hdl. også)* representative.

agentere *vb.* act as agent (*for* for).

agentfilm spy film.

agentroman spy story.

agentur *sb. (et, -er)* agency (*for* for).

ager *sb. (en, agre)* field.

agerbrug agriculture.

agerbrugs- agricultural.

agerdyrkende *adj.* agricultural.

agerdyrker farmer.

agerdyrkning agriculture.

agere *vb. (også fig.)* act, play (*fx* the clown, the hero);
□ *~ døv* pretend to be deaf.

agerende *adj.: de ~* the actors.

agergåseurt *(bot.)* corn camomile.

agerhøne *(zo.)* partridge.

agerhønsejagt partridge shooting.

agerjord farm land; F arable land.

agerkål *sb. (en, -) (bot.)* navew.

agerland *se agerjord.*

agermåne *(bot.)* agrimony.

agern *sb. (et, -)* acorn.

agerranunkel *(bot.)* corn crowfoot.

agersennep *sb. (en, -) (bot.)* charlock.

agersnerle *(bot.)* field bindweed.

agglutinerende *adj. (sprogv.)* agglutinative (*fx* language).

aggregat *sb. (et, -er)* 1. *(tekn.)* set (*fx* pumping set); unit (*fx* propulsion unit); 2. *(mineral)* aggregate.

aggression *sb. (en, -er)* aggression; *-er* aggression.

aggressiv *adj.* aggressive.

aggressivitet *sb. (en)* aggressiveness.

aggressor *sb. (en, -er)* aggressor.

agio *sb. (en) (hdl.)* agio.

agitation *sb. (en)* agitation, propaganda.

agitator *sb. (en, -er)* agitator, propagandist.

agitatorisk[1] *adj.* propagandist.

agigatorisk[2] *adv.* in a propagandist manner.
agitere *vb.* **1.** agitate, make propaganda (*for* for); **2.** *(ved påvirkning af enkeltmand)* canvass (*for* for).
agn *sb. (en)* bait;
□ *sætte ~ på* bait (*fx* a hook).
agnostiker *sb. (en, -e)* agnostic.
agnostisk *adj.* agnostic.
agraf *sb. (en, -fer)* agraffe; clasp.
agraman *sb. (en, -er)* **1.** *(af snore)* (cord) trimming; **2.** *(bort)* braiding.
agrar *sb. (en, -er)*, **agrarisk** *adj.* agrarian.
agronom *sb. (en, -er)* graduate in agriculture.
agronomi *sb. (en)* agricultural science.
agronomisk *adj.* agricultural.
agt *sb. (en) (hensigt)* intention;
□ *det* **er** *min ~ at* I intend to; it is my intention to; ***giv*** *~! a)* ready! *b) (advarsel)* caution! ***havde*** *jeg magt som ~* if I could have my way;
[med vb. + præp.] ***give ~ på*** *(glds.)* pay heed to; ***holde i*** *~ og ære* honour; ***tage*** *tiden* ***i*** *~* make the most of one's time; ***tage sig i*** *~* be careful; be on one's guard; *han tog sig ikke i ~ (også)* he was off his guard; ***tage sig i ~ for*** be on one's guard against; beware of; *tag dig i ~ for at gøre det* take care not to do that.
agte *vb. (let glds.)* **1.** *(have i sinde)* intend (*at gøre noget* to do sth, doing sth, *fx* I intend to tell him); F propose (*at gøre noget* to do sth, doing sth);
2. *(have agtelse for)* respect (*fx* a higly respected scientist; I respect him as a brave man); F esteem; *(stærkere)* revere;
□ *meddele at man -r at gøre det* signify one's intention of doing it; *~ og ære* revere;
[med adv. & præp.] hvor -r du dig ***hen****?* where are you going? *~* ***højt*** F esteem highly; *~* ***på*** pay attention to; F heed; *~* ***ringe*** despise, hold cheap; *uden at ~ på* heedless of, regardless of.
agtelse *sb. (en)* respect (*for* for); F esteem (*for* for);
□ *han har min ~* T I take off my hat to him; *stige (, synke) i ens ~* rise (, fall) in sby's esteem; *med al ~ for ham* with all due respect to him.
agten *adv. (sø.): ~ for a) (udenbords)* astern of; *b) (indenbords)* abaft; *~ fra* from astern; from abaft; *~ om* astern of.
agter *adv.* **1.** *(udenbords)* astern; **2.** *(indenbords)* abaft, aft; *(se også agten).*
agterdæk *(sø.)* quarterdeck.
agterende *se agterparti.*
agterfortøjning *(sø.)* sternfast.
agterind *adv.* from astern.
agterkahyt aft cabin.
agterlanterne *(sø.)* sternlight.
agterover *adv.* **1.** *(udenbords)* astern; **2.** *(indenbords)* abaft, aft.
agterparti **1.** *(sø.)* stern; **2.** *(bagdel)* stern, behind, rear.
agterskib stern.
agterskytte *(flyv.)* rear gunner.
agterspejl *se agterparti.*
agterst *adj.* **1.** *(indenbords)* aftermost; **2.** *(udenbords)* sternmost (*fx* the sternmost ship);
□ *den -e roer* the stroke.
agterstavn, agterstævn **1.** sternpost; **2.** *(agterende)* stern.
agterud, agterude *adv.* **1.** *(udenbords)* astern; **2.** *(indenbords)* abaft, aft; *(se også sakke, sejle).*
agtet *adj.* respected.
-agtig -like (*fx* birdlike); -ish (*fx* boyish; she had a Thirties-ish appearance).
agtpågivende[1] *adj.* attentive; F watchful.
agtpågivende[2] *adv.* attentively; F watchfully.
agtpågivenhed *sb. (en)* attention; F watchfulness.
agtværdig *adj.* respectable.
agtværdighed *sb. (en)* respectability.
agurk *sb. (en, -er)* cucumber; *(lille)* gherkin;
□ *gå ~ a) (blive skør)* go bananas; *b) (gå i kludder)* go haywire.
agurkesalat [sliced cucumber dressed with vinegar, pepper, etc.];
□ *hvad forstår bønder sig på ~? (omtr.)* it is caviare to the general.
agurketiden *(fig.)* the silly season.
ah *interj.* ah; *(om dejlig smag også,* T*)* yum-yum.
aha *interj.* aha; oho.
ahistorisk *adj.* ahistoric(al).
A-hold A-team;
□ *-et (fig.)* the winners pl.
ahorn *sb. (en, -)* maple.
aids Aids; *(især am.)* AIDS;
□ *~ i udbrud* full-blown Aids.
aids-patient Aids patient, Aids sufferer.
aids-smittet *adj. (præd.)* infected with Aids.
a-influenza Asian flu.
air *sb. (en) (fornemt væsen)* air.
ais *sb. (et)* A sharp.
ajle *sb. (en)* liquid manure.
ajle- liquid-manure (*fx* pump, spreader).
ajlebeholder liquid-manure tank.
ajour: *føre (el. bringe) ~* bring up to date, update; *holde ~* keep up to date; *holde en ~ med* keep sby informed about; T keep sby posted about; *holde sig ~ med* keep abreast of.
ajourføre *vb.* bring up to date, update.
ajourføring *sb. (en, -er)* updating.
ak *interj.* ah; *(*F *el. spøg.)* alas;
□ *~ og ve!* oh woe!
akacie *sb. (en, -r) (bot.)* acacia;
□ *uægte ~* false acacia.
akademi *sb. (et, -er)* academy.
akademiker *sb. (en, -e)* **1.** *(universitetsuddannet)* graduate (*fx* the unemployment among graduates); person with a degree; **2.** *(universitetslærer)* academic.
akademisk[1] *adj.* **1.** academic (*fx* freedom, standards); **2.** *(teoretisk)* academic (*fx* discussion; it is of only academic interest);
□ *~ borger* member of a university; *~ dannelse* a university education; *de -e erhverv (omtr.)* the professions; *~ grad* university degree; *~ kvarter* [the custom of beginning lectures a quarter of an hour after the advertised time].
akademisk[2] *adv.* academically;
□ *~ uddannet* university-trained; graduate (*fx* graduate teachers).
akantus *sb. (en,-)* **1.** *(bot.)* brankursine; **2.** *(arkit.)* acanthus.
akavet[1] *adj.* awkward; *(stærkere)* clumsy.
akavet[2] *adv.* awkwardly; clumsily.
akeleje *sb. (en, -r) (bot.)* columbine.
akilleshæl Achilles' heel; vulnerable point; T chink in one's armour.
akillessene Achilles' tendon.
akklamation *sb. (en, -er)* acclamation;
□ *vedtage (, vælge) med ~* carry (, elect) by (*el.* with) acclamation.
akklimatisere *vb.* acclimatize;
□ *~ sig* become acclimatized.
akklimatisering *sb. (en, -er)* acclimatization.
akkommodation *sb. (en, -er)* accommodation.
akkommodationsveksel accommodation bill.
akkommodere *vb.* accommodate.
akkompagnatør *sb. (en, -er)* accompanist.
akkompagnement *sb. (et, -er)* accompaniment (*fx* with a piano accompaniment).
akkompagnere *vb.* accompany.
akkord *sb. (en, -er)* **1.** *(mus.)* chord;

2. *(aftale om akkordarbejde)* (piecework) contract;
3. *(hdl., jur.)* arrangement, composition (*fx* voluntary arrangement (*el.* composition));
□ *anslå en ~* strike a chord; *slutte ~ (hdl.)* make a composition; *[med (vb. +) præp.] betaling* ***efter*** *~* payment by the piece; ***få*** *noget* ***i*** *~* get a (piecework) contract for sth; ***arbejde på*** *~* do piecework; ***gå på*** *~ med (kreditorer)* compound with; *gå på ~ med sin samvittighed* compromise with one's conscience.

akkordant *sb. (en, -er)* compounder.

akkordarbejde piecework.

akkordbetaling *se akkordløn.*

akkordere *vb.* **1.** *(træffe aftale)* agree (*om* on); **2.** *(med kreditorer)* compound (*fx* he has compounded with his creditors); make a composition.

akkordløn payment by the piece; piece-rate pay.

akkordlønnet *adj. (kun præd.)* paid by the job; on piece rates.

akkordsats piece rate.

akkreditere *vb.* accredit.

akkreditiv *sb. (et, -er)* letter of credit; *-er (diplomats)* credentials (*fx* the ambassador presented his credentials).

akkumulativ *adj.* accumulative (*fx* shares).

akkumulator *sb. (en, -er)* (storage) battery.

akkumulere *vb.* accumulate.

akkurat[1] *adj.* accurate.

akkurat[2] *adv.* **1.** accurately;
2. *(netop)* exactly, precisely; just;
□ *kun lige ~* only just.

akkuratesse *sb. (en)* accuracy; F punctiliousness.

akkusativ *sb. (en, -er) (gram.)*
1. *(kasus)* the accusative (case);
2. *(ord i ~)* accusative;
□ *stå i ~* be in the accusative.

akkviescere *vb.* acquiesce; agree tacitly;
□ *~ ved* acquiesce in, accept.

akkvisition *sb. (en, -er)* **1.** *(vinding)* acquisition, gain; **2.** *(forsikrings-)* acquisition (of new business).

akkvisitør *sb. (en, -er)* insurance agent.

akrobat *sb. (en, -er)* acrobat.

akrobatik *sb. (en)* acrobatics.

akrobatisk[1] *adj.* acrobatic.

akrobatisk[2] *adv.* acrobatically.

akromatisk *adj.* achromatic.

akryl *sb. (en el. et)* acrylic.

akrylfiber acrylic fibre.

akrylmaling acrylic paint.

aks *sb. (et, -)* **1.** ear (of corn);
2. *(bot.)* spike;
□ *sætte ~ (jf. 1)* ear, put forth ears.

akse *sb. (en, -r)* axis (pl. axes).

aksel *sb. (en, aksler)* **1.** *(hjul-)* axle;
2. *(tynd, fx på cykelhjul)* spindle;
3. *(driv-)* shaft; **4.** *(bot.)* axil;
5. *(glds.: skulder)* shoulder.

akselafstand wheel base.

akselkobling shaft coupling.

akselleje **1.** shaft bearing; **2.** *(til hjulaksel)* axle bearing.

akseltryk axle load.

Aksemagterne *(hist.)* the Axis Powers.

akt[1] *sb. (en, -er)* **1.** *(af skuespil)* act;
2. *(dokument)* document;
3. *(nøgen model)* nude;
4. *(F: handling)* act;
□ *sagens -er* the documents of the case; the file sg.

akt[2] *sb. (hist.): erklære i rigens ~* outlaw.

aktie *sb. (en, -r)* **1.** share; *(am.)* stock; **2.** *(aktiekapitalandel)* stock; *(se også aktiebrev)*;
□ *have en ~ i foretagendet (fig.)* have a share in the business; T be in on it; *en ~ på £100* a £100 share; *hans -r stiger (fig.)* his stock is rising; *(se også tegne).*

aktiebank joint-stock bank.

aktiebog register of shareholders.

aktiebrev **1.** share warrant; **2.** *(på navn)* share certificate.

aktiebørs stock exchange.

aktieejer shareholder.

aktieemission issue of shares.

aktiehandel dealing in shares.

aktiekapital share capital.

aktiemajoritet controlling interest; majority holding; *-en (også)* the bulk of the shares.

aktiepost holding, block of shares.

aktieselskab *(privat)* private (limited) company *(fork.* Ltd.*)*; *(offentligt)* public (limited) company *(fork.* plc, PLC*)*; *(am.)* corporation;
□ *A/S M. Smith & Co.* M. Smith & Co., Ltd. (, plc); *(am.)* M. Smith & Co. Inc. (*fork.f.* Incorporated); *anmeldelse af et ~* application for the registration of a company.

aktieselskabslov Companies Act; *(am.)* Corporation law.

aktieselskabsregister register of companies.

aktieselskabsvedtægter *sb.pl.* articles of association (of a company).

aktietegning subscription (for shares).

aktieudbytte dividend.

aktindsigt right of access to documents.

aktinie *sb. (en, -r) (zo.)* sea anemone.

aktion *sb. (en, -er)* action;
□ *direkte ~* direct action; *foretage en ~, gå i ~* take (direct) action; go into action.

aktionere *vb.* take action; go into action.

aktionsgruppe action group.

aktionskomité action committee.

aktionsplan action programme.

aktionsradius **1.** radius of action;
2. *(flyv., sø.)* cruising range (*el.* radius).

aktionær *sb. (en, -er)* shareholder; *(især am.)* stockholder.

aktiv[1] *sb. (et, -er) (hdl.& fig.)* asset (*fx* his charm was a great asset; she is an asset at a party);
□ *-er og passiver* assets and liabilities.

aktiv[2] *sb. (gram.)* the active (voice).

aktiv[3] *adj.* active;
□ *deltage -t i* take an active part (*el.* share) in; *-t kul* activated carbon (*el.* charcoal).

aktivere, **aktivisere** *vb.* activate.

aktivist *sb. (en, -er)* activist.

aktivitet *sb. (en, -er)* activity (*fx* the house was full of activity ; tennis, sailing and other activities).

aktivitetscenter *(omtr.)* community centre.

aktivitetsdag activity day.

aktivitetspædagogik *(svarer til)* activity methods pl.

aktor *sb. (en, -er) (jur.)* counsel for the prosecution.

aktorat *sb. (et, -er) (jur.)* (conduct of the) prosecution.

aktstykke document.

aktualisere *vb.* **1.** make topical;
2. *(revidere)* touch up (*fx* an old play).

aktualitet *sb. (en, -er)* current interest; topicality;
□ *det har ingen ~ se aktuel (det er ikke (længere) -t)*; *-er* current events; topical issues.

aktuar *sb. (en, -er)* actuary.

aktuel *adj.* **1.** *(af interesse)* relevant; *(præd. også)* of interest (*fx* it is no longer of interest);
2. *(af interesse nu)* topical (*fx* question, subject); *(præd. også)* of current interest (*fx* a film on a matter of current interest);
3. *(nuværende)* current (*fx* problems); present (*fx* the present situation);
□ *blive ~ a)* come up, become important; come to the fore; *b) (trænge sig på)* become urgent; *det blev aldrig -t* the point never arose; *det er ikke -t* it is of no in-

terest at the present moment; it is of no immediate interest; *det er ikke længere -t (også)* it is no longer under discussion (, consideration); ~ *hentydning* topical allusion.
aktør *sb. (en -er)* player.
akupunktur *sb. (en, -er)* acupuncture.
akupunktør *sb. (en, -er)* acupuncturist.
akustik *sb. (en)* **1.** *(fag)* acoustics; **2.** *(akustiske forhold)* acoustics pl. (*fx* the acoustics here are not good).
akustisk[1] *adj.* acoustic;
□ *-e forhold* acoustics pl.
akustisk[2] *adv.* acoustically.
akut *adj.* acute (*fx* disease; the situation became acute).
akutafdeling emergency ward.
akvakultur *sb. (en)* aquaculture.
akvamarin *sb. (en, -er)* aquamarine.
akvaplaning *sb. (en)* aquaplaning.
akvarel *sb. (en, -ler)* watercolour;
□ *male -ler* paint in watercolour.
akvarelmaler watercolour painter.
akvariefisk aquarium fish.
akvarium *sb. (et, akvarier)* aquarium (pl. aquaria, aquariums); *(beholder også)* (fish) tank.
akvavit *sb. (en)* aquavit, akvavit.
akvædukt *sb. (en, -er)* aqueduct.
al[1] *sb. (en) (geol.)* hard pan.
al[2] *pron.* all; *(hvilken (, nogen) som helst)* any; *(se også alle*[2]*, alt*[3]*)*;
□ *uden ~ grund* without any reason (whatever); ~ *mulig se mulig.*
a la à la; in the manner (*el.* style) of.
alabast *sb. (et el. en)* alabaster.
a la carte à la carte.
a la carte-ret à la carte dish.
a la grecque-mønster meander; Greek key pattern.
alarm *sb. (en)* **1.** *(advarsel)* alarm; **2.** *(glds.: larm)* noise;
□ *falsk* ~ a false alarm; *(bevidst)* malicious (fire) alarm (*fx* the fire brigade has 25 false alarms a day, of which 20 are malicious); *det var falsk (el. blind)* ~ it was a false alarm; *blæse* ~ sound the alarm; *for min skyld ingen* ~ that's OK with (*el.* by) me; that's all right by me; *slå* ~ raise the alarm.
alarmapparat alarm.
alarmberedskab (a) red alert (*fx* the troops were (, remained, went) on red alert); *(om beredskabsgrad)* (state of) alert; *(se også beredskab)*;
□ *højeste* ~ the highest state of alert; *i højeste* ~ on top alert; *sætte i* ~ put on the alert; alert (*fx* the police were alerted); *sætte hospitalerne i* ~ send out a red alert to the hospitals.
alarmcentral *se vagtcentral.*
alarmere *vb.* **1.** *(tilkalde)* call (*fx* the fire brigade, the police); **2.** *(varsko)* warn, alert; **3.** *(glds.: opskræmme)* alarm.
alarmerende *adj.* disturbing; *(stærkere)* alarming (*fx* rumours).
alarmeret *adj.* alarmed (*over* at, by; *over at* that).
alarmering *sb. (en, -er)* alarm, alarm call.
alarmeringsanlæg alarm system.
alarmklokke *(også fig.)* alarm bell (*fx* alarm bells were ringing).
alarmsignal alarm (signal).
alarmskab alarm box.
alarmsystem alarm system.
albaner *sb. (en, -e)* Albanian.
Albanien Albania.
albansk *sb. (et) & adj.* Albanian.
albatros *sb. (en, -ser) (zo.)* albatross.
albino *sb. (en, -er)* albino.
albue[1] *sb. (en, -r)* elbow;
□ *bruge -rne (også fig.)* use one's elbows; *mase sig frem med -rne* elbow one's way; *have spidse -r (fig.)* have elbows, be pushy; *(se også puf*[1]*, puffe)*.
albue[2] *vb.: ~ sig frem* elbow one's way.
albueben ulna.
albueled *sb. (et, -)* elbow joint.
albuerum elbowroom.
albuestød **1.** *(fortroligt puf med albuen)* nudge; **2.** *(stød på albuen)* blow on the funny bone.
album *sb. (et, -(m)er el. -)* album.
albumin *sb. (et, -er)* albumin.
aldeles *adv.* quite (*fx* clear, impossible); totally, completely (*fx* mistaken); perfectly (*fx* glorious, awful, silly); absolutely (*fx* lovely, glorious, necessary, incomprehensible, unique); *(især neds.)* utterly (*fx* intolerable);
□ ~ *ikke* not at all, not in the least; no such thing (*fx* "He is stupid!" "He is no such thing!"); *det vil jeg ~ ikke* I will do nothing of the kind; ~ *ingen grund* no reason whatever; ~ *intet* nothing whatever, nothing at all.
alder *sb. (en, aldre)* age; *(se også bære (sin alder godt), tredje, trykke*[1]*)*;
[med præp.] han er lille (, stor) ***af*** *sin* ~ he is small (, tall) for his age; *på grund af* ~ on account of age; owing to age; ***forud for*** *sin* ~ precocious; ***i*** *sin bedste* ~ in the prime of life; *i en høj ~ se høj*[2]; *i min* ~ at my age; *(om gammel også)* at my time of life; *i en sen ~ se sen*; *i en tidlig (el. ung)* ~ early in life, at an early age; ***i*** *en ~* ***af*** *5 år* at the age of 5; *det kommer* ***med*** *-en* it comes as you grow older; F it comes with increasing years (*el.* age); ***over*** *den ~ hvor* past the age when; past the age of -ing (*fx* she is past the age of childbearing); *de andre drenge* ***på*** *hans* ~ the other boys of his age; *han er på min ~, han er på ~ med mig* he is my age.
alderdom *sb. (en)* (old) age;
□ *i sin høje* ~ in extreme old age; *vise -men respekt* show respect for one's elders.
alderdomshjem old people's home.
alderdomssvækkelse senile decay.
aldersbestemme *vb.* date.
aldersfordeling age distribution.
aldersformand [oldest member who presides as chairman] *(kan gengives)* chairman by seniority.
aldersforskel difference in age.
aldersgruppe age group.
aldersgrænse age limit;
□ *falde for -n* retire on reaching the age limit.
aldersklasse age group, year.
aldersmedicinsk *adj.* geriatric.
alderspræsident **1.** *(kan gengives)* president by seniority; **2.** *(om den ældste i en gruppe,* F*)* doyen; *(kvindelig)* doyenne;
□ *han er vores* ~ T he is the oldest among us.
alderstegen *adj.* aged; *(præd. også)* advanced in years.
alderstillæg increment (of salary) at regular intervals; *(pl. også)* regular increments.
alderstrin age (level).
aldrende *adj.* ageing.
aldrig *adv.* never;
□ ~ ***før*** never before; ~ ***mere*** never again (*fx* we never saw him again; I'll never do it again); *(mere* F*)* no more (*fx* we saw him no more; no more war); ~ ***nogensinde*** never; never in my (etc.) whole life; never ever; ***nu*** *eller ~, nu har jeg ~ se nu*[2]; ***nær*** *~ se nær*[3]; ***næsten*** *~ se næsten*; ***om*** *han er ~ så rig* no matter how rich he is; *man skal ~* ***sige*** ~ never is a strong word; *du har da* ***vel*** *~ solgt den?* I hope you haven't gone and sold it; *det skulle da vel ~ være Smith ?* it couldn't be Smith, could it? it couldn't be Smith, by any chance?

aldring *sb. (en)* ageing.
aleksandriner *sb. (en, -e)* Alexandrine.
aleksandrinsk *adj.* Alexandrian.
alen *sb. (en, -) (glds. mål)* two feet; *(1 alen = 0.627 m)*;
□ *lægge en ~ til sin vækst* add one cubit to one's stature; *måle andre med sin egen ~* measure others by one's own standard (*el.* yardstick); *de er to ~ af ét stykke (fig.)* they are of a piece; there is not much to choose between them; *(lige dårlige også)* one is as bad as the other.
alene[1] *adj.* **1.** *(isoleret)* alone (*fx* I was alone in the room); by oneself (*fx* he was standing by himself in a corner);
2. *(uden hjælp)* by oneself, on one's own (*fx* did you manage that all by yourself (*el.* on your own)?);
□ *vent til vi bliver ~* wait till we are by ourselves (*el.* on our own); *føle sig ~* feel lonely; *han var ~* ***om*** *det* he did it all by himself; he did it on his own; *forbryderen har ikke været ~ om det* the criminal has not done it single-handed; *jeg er ikke ~ om at mene at...* I am not alone in thinking that...
alene[2] *adv.* **1.** *(kun)* only; F solely (*fx* it is solely a question of money);
2. *(helt)* entirely (*fx* it is entirely my fault);
□ *~ af den grund* for that reason alone; if only for that reason; *~ det at han* the mere fact that he; *ene og ~ se ene*; *~ for hans skyld (ɔ: på grund af ham) bør du se stykket* if only to see him you ought to go to the play; *ikke ~ ... men også* not only ... but also (*fx* he lost not only his passport but also his money; not only did he lose his passport, but he was also arrested); *i København ~* in Copenhagen alone; *~ tanken om det* the mere idea (*el.* thought) of it; the very idea (of it).
alenlang *adj. (fig.)* interminable.
Aleuterne *sb.pl. (geogr.)* the Aleutians.
alf *sb. (en, -er)* elf (pl. elves); fairy.
alfa *sb. (et, -er)* alpha;
□ *~ og omega* the Alpha and Omega; the be-all and end-all.
alfabet *sb. (et, -er)* alphabet.
alfabetisere *vb.* alphabetize (*fx* a list).
alfabetisk[1] *adj.* alphabetical.
alfabetisk[2] *adv.* alphabetically;
□ *ordne ~* arrange alphabetically, alphabetize.
alfaderlig *adj.* paternal; avuncular.
alfagræs *(bot.)* esparto grass, alfa grass.
alfarvej: *langt fra ~* far off (*el.* far from) the beaten track.
alfastråler *sb.pl.* alpha rays.
alfeagtig fairylike; *(litt.)* elfin.
alfeland fairyland.
alfons *sb. (en, -er)* procurer; S pimp, ponce.
alfonseri *sb. (et)* procuring; S pimping.
alforbarmende *adj.*: *ih du ~!* good gracious!
alge *sb. (en, -r)* alga (pl. algae); *(tang)* seaweed.
algebra *sb. (en)* algebra.
algebraisk *adj.* algebraic.
algeopblomstring algae bloom.
algerier *sb. (en, -e)*, **algerisk** *adj.* Algerian.
Algeriet *(geogr.)* Algeria.
Algier *(geogr.)* Algiers.
algod *adj.* all-good.
algoritme *sb. (en, -r)* algorithm.
alias *adj.* alias; otherwise known as *(fork.* a.k.a., aka*)*.
alibi *sb. (et, -er)* alibi;
□ *bevise sit ~* prove one's alibi; *skaffe sig et ~* establish an alibi.
alimentant *sb. (en, -er)* [one who pays maintenance for an illegitimate child].
alimentation *sb. (en)*, **alimentationsbidrag** *(svarer til)* maintenance.
alk *sb. (en, -e(r))* razorbill, razor-billed auk.
alkali *sb. (et, -er)* alkali.
alkalisk *adj.* alkaline.
alkohol *sb. (en)* **1.** alcohol; **2.** *(drikkevarer)* alcohol; spirits pl.; T liquor.
alkoholfri non-alcoholic (*fx* drink);
□ *~ drikke (ɔ: sodavand etc.)* soft drinks; *~ restaurant* temperance restaurant.
alkoholholdig *adj.* alcoholic.
alkoholiker *sb. (en, -er)* alcoholic.
alkoholiseret *adj.* alcoholic (*fx* her alcoholic husband);
□ *hun er ~* she is an alcoholic.
alkoholisk *adj.* alcoholic.
alkoholisme *sb. (en)* alcoholism.
alkoholproblem alcohol problem; drink problem (*fx* he has a drink problem).
alkotest breathalyzer test.
alkove *sb. (en, -r)* **1.** bed recess;
2. *(glds.)* box bed.
alkymi *sb. (en)* alchemy.
alkymist *sb. (en, -er)* alchemist.
alkymistisk *adj.* alchemic(al).
alle[1] *sb. (en, -er)* avenue.
alle[2] *pron.* **1.** *(adjektivisk)* all (*fx* all the apples; all the children);
2. *(substantivisk)* everybody, all (*fx* everybody knows that; all were happy; we were all happy);
□ *~* ***andre*** *a) (substantivisk)* everybody else; *(enhver anden)* anybody else (*fx* anybody else would have known what to do); *b) (adjektivisk)* all (, any) other; *~ andre end* everybody except, anybody but; *~ de andre* all the others; ***de*** *~* all of them; *da de ~ var kommet* when they had all arrived, when everybody had arrived; *~* ***der*** *kom* all those who came; *~ og* ***enhver*** everybody (*fx* he told everybody about it); anybody (*fx* they accept anybody); *(især: almindelige mennesker)* every (, any) Tom, Dick and Harry (*fx* it is not for every Tom, Dick and Harry); *en gang* ***for*** *~* once (and) for all; *en for ~ og ~ for en* one for all and all for one; *(hdl.)* jointly and severally; *~* ***hverdage*** every weekday, on all weekdays; *~* ***hånde*** all sorts of; *han så ud til ~ hånde* he looked suspicious; *~* ***mulige*** *se mulig, tidspunkt*; *~* ***sammen*** all of them (, you, us) (*fx* all of them were here); everybody (*fx* good night everybody!); *~* ***som*** *en* one and all; to a man (, woman); *(dem) ~* ***tre*** all three; the three of them; ***vi*** *~,* *os ~* all of us; *(se også vi*[1]*)*; ***alles*** everybody's; of all; *alles blikke* all eyes.
allé *sb. (en, alleer)* avenue.
allegori *sb. (en, -er)* allegory.
allegorisere *vb.* allegorize.
allegorisk[1] *adj.* allegorical.
allegorisk[2] *adv.* allegorically.
allehelgensaften All Saints' Eve; *(skotsk & am.)* Hallowe'en.
allehelgensdag All Saints (Day).
allehånde *sb. (et)* allspice; *(se også alle* [2] *(hånde))*.
allemandseje common (*el.* public) property.
allenfals *adv.* anyhow, in any case.
aller- very; by far; of all.
allerbedst[1] *adj. (præd.)* best of all (*fx* he was best of all);
□ *den -e* the very best (*fx* the very best present); by far the best.
allerbedst[2] *adv.* best of all;
□ *~ som* just as; at the very moment when.
allerede *adv.* **1.** *(tidligere end ventet)* already (*fx* he had already gone when I came back; he is back already; are you leaving already?);
2. *(i forbindelse med tidsbestemmelse)* as early as (*fx* as early as 5 o'clock); even (*fx* even the ancient Romans knew it; even as a boy he

could ride a horse); as long ago as, as far back as (*fx* 1850);
3. *(nu)* already (*fx* I have already done it); by now (*fx* he ought to have been here by now);
4. *(i forvejen)* already (*fx* it is complicated enough already); as it is (*fx* it is bad enough as it is);
□ *det er ~ noget* that is always something; *~ i det tolvte århundrede* as early as the twelfth century;
[med adv.] ~ dengang even at that time; *~ nu* even now; *~ tidligt* (quite) early;
[med sb.] ~ samme dag the very same day; *~ første gang* the very first time; *~ den omstændighed at* the mere fact that; *~ tanken er ubehagelig* the very idea is unpleasant.
allerflest *adj.* by far the greatest number; *(foran sb.)* by far the greatest number of (*fx* books);
□ *dem er der ~ af* they are by far the most numerous; *i de -e tilfælde* in the vast majority of cases.
allerforrest[1] *adj.* very first; front (*fx* in the front row).
allerforrest[2] *adv.* in the forefront.
allerfærrest *adj.: de -e* very few (people).
allerførst[1] *adj.* very first;
□ *det -e* the very first thing.
allerførst[2] *adv.* first of all;
□ *fra ~ af* from the very first.
allergi *sb. (en, -er) (med.)* allergy (*fx* substances that cause allergy).
allergianfald allergic attack.
allergiker *sb. (en, -e)* allergy sufferer.
allergisk *adj.* allergic (*over for* to).
allerhelligst *adj.* most holy;
□ *det -e a) (i Tempel)* the Holy of Holies; *b) (spøg. om privatkontor etc.)* the (inner) sanctum.
allerhelst by preference;
□ *jeg vil ~ have te* I would much rather have tea; I very much prefer tea.
allerhelvedes *adj.* infernal (*fx* noise); *(se også karl).*
allerhøjest *adj.* highest (, tallest) of all (*fx* the highest price of all; the tallest tree of all);
□ *den -e (ɔ: Gud)* the Most High; *i -e grad a)* extremely (*fx* he is extremely reliable); *b) (ja absolut)* absolutely.
allerhøjst *adv.* at the (very) most (*fx* three days at the most).
allerkærest[1] *adj.* **1.** dearest (of all) (*fx* his dearest possession); most beloved;
2. *(indtagende)* dear, sweet; T too sweet for words.
allerkærest[2] *adv.* charmingly.
allerlavest[1] *adj.* very lowest; lowest of all (*fx* the lowest price of all);
□ *den -e* the very lowest.
allerlavest[2] *adv.* at the very bottom.
allermest *adj. & adv.* most of all (*fx* he got most of all; what I wish most of all).
allermindst[1] *adj.* **1.** very smallest; smallest of all (*fx* the smallest boy of all); **2.** *(mods. mest)* very least (*fx* that is the very least we can do).
allermindst[2] *adv.* least of all.
allernederst[1] *adj.* very lowest; *(kun attr.)* bottom (*fx* the bottom drawer).
allernederst[2] *adv.* at the very bottom;
□ *~ i* at the very bottom of.
allernærmest *adj. & adv.* closest of all;
□ *den -e familie* the immediate family; *mine -e* my closest relatives; T those nearest and dearest to me.
allernødigst *adv.: det så jeg ~* I should like that least of all.
allernødvendigst *adj.* most necessary;
□ *mangle det -e* lack the very necessaries of life.
allernådigst[1] *adj.* most gracious.
allernådigst[2] *adv.* graciously;
□ *han svarede ~ (ironisk)* he deigned to reply (*el.* a reply).
allerringest *adj.: ikke det -e a) (slet intet)* nothing at all; *b) (slet ikke)* not at all.
allersenest[1] *adj.* very latest; latest of all (*fx* the latest letter of all).
allersenest[2] *adv.* at the very latest.
allersidst *adj. & adv.* last of all;
□ *den -e dag* the very last day; *i den -e tid* quite recently.
allersnarest *adv.* most likely.
allerværst *adj. & adv.* worst of all (*fx* the worst day of all).
allerøverst[1] *adj.* topmost.
allerøverst[2] *adv.* at the very top;
□ *~ (oppe) i* at the very top of.
alle sammen all of them (, you, us); every one of them (, you, us); everybody;
□ *kære ~* Dear all.
allestedsnærværende *adj.* omnipresent; *(især spøg.)* ubiquitous.
alle vegne *adv.* everywhere.
alliance *sb. (en, -r)* alliance.
alliancefri *adj.* non-aligned (*fx* countries).
alliere *vb.: ~ sig med* ally oneself with.
allieret *adj.* **1.** allied; **2.** *(brugt som sb.)* ally;
□ *de allierede* the Allies.
alligator *sb. (en, -er) (zo.)* alligator.
alligevel *adv.* **1.** still (*fx* even though he is a criminal, he is still my brother; it is going to be difficult; still, I think we ought to try); even so, in spite of that, all the same; F nevertheless;
2. *(om stærkere modsætning, især F)* (and) yet (*fx* he worked hard, (and) yet he failed);
3. *(under alle omstændigheder)* anyway (*fx* it is too late, anyway; he didn't want it anyway);
□ *det er nu ~ rart (ɔ: med svækket betydning)* it is nice, though (*el.* after all).
allike *sb. (en, -r) (zo.)* jackdaw;
□ *fuld som en ~* (as) drunk as a lord.
allitteration *sb. (en, -er)* alliteration.
allongeparyk full-bottomed wig.
all right **1.** *(meget vel)* all right; T OK, okay; **2.** *(modvilligt)* very well; **3.** *(god nok)* all right (*fx* he is all right).
alludere *vb.* allude (*til* to).
allusion *sb. (en, -er)* allusion (*til* to).
alm. *fork. almindelig.*
almagt *sb. (en)* omnipotence.
almanak *sb. (en, -ker)* almanac.
almen *adj.* **1.** common (*fx* for the common good); public (*fx* for the public benefit);
2. *(som gælder de fleste el. alle)* general (*fx* of general interest);
3. *(som gælder alle)* universal; *(se også praksis).*
almenbefindende general condition.
almendannelse **1.** a general (*el.* liberal) education; **2.** *(folkeopdragelse)* (the) education of the people.
almenforståelig *adj.* popular.
almengyldig *adj.* of universal validity *(efter sb.)* (*fx* a rule of universal validity); universal (*fx* truth).
almengyldighed universal validity.
almenheden the public.
almenmenneskelig *adj. (præd.)* common to all mankind (*fx* a problem common to all mankind);
□ *det er -t* that is only human.
almennytte public utility.
almennyttig *adj.* non-profit (making) (*fx* organization).
almenvellet the common good.
almenviden general knowledge.
almindelig[1] *adj.* **1.** *(ikke speciel)* ordinary (*fx* people, quality; an

ordinary girl in ordinary dress); normal (*fx* day, people);
2. *(sædvanlig)* usual (*fx* size; the usual practice);
3. *(hyppigt forekommende)* common (*fx* experience, mistake; the common opinion; that is common practice);
4. *(omfattende flertallet el. alle)* general (*fx* of general interest; a general rule; the general opinion; it is a general principle; to the general surprise of her teachers);
5. *(omfattende alle uden undtagelse)* universal (*fx* of universal interest; there was universal agreement; meet with universal acceptance); all-round (*fx* improvement);
6. *(jævn, dagligdags)* plain (*fx* food);
7. *(ubestemt, vag)* general (*fx* have a general idea; in general terms; he made some general remarks); broad;
8. *(fremherskende,* F*)* prevalent, prevailing (*fx* the prevailing opinion);
□ *det er -t at folk tror det* it is common for people to believe that; *langt ud over det -e* quite out of the ordinary; quite exceptional; *[med sb. & adj.] ~ brøk* vulgar fraction; *-e dødelige* ordinary mortals; *den -e mand* the man in the street; *~ menneskeforstand* ordinary common sense; *et -t rygte* a common (*el.* current) rumour; *(se også dannelse, valgret, værnepligt).*

almindelig[2], **almindeligt** *adv. (jf. almindelig*[1]*)* **1.** *(ikke specielt)* ordinarily; normally (*fx* he behaved normally);
2. *(sædvanligt)* usually (*fx* he was more than usually boring);
3. *(hyppigt)* commonly (*fx* a commonly used argument; that very commonly happens; she is commonly known as Debbie);
4. *(som gælder de fleste el. alle)* generally (*fx* a generally accepted explanation);
5. *(som gælder alle)* universally (*fx* a universally accepted explanation);
□ *~ anvendt* in general use; *de lever helt -t* they live quite ordinary lives; *~ udbredt* widespread.

almindelighed *sb. (en, -er):* **-er** *a) (almindelige bemærkninger,* F*)* generalities (*fx* after a few generalities he began his lecture); *b) (banaliteter)* commonplaces (*fx* he uttered a few commonplaces about international understanding);
i (al) ~ a) (ɔ: sædvanligvis) generally (*fx* generally, he comes home at five); *(svagere)* usually, as a rule; *b) (mods. specielt)* in general (*fx* plays in general, and "Hamlet" in particular); in a general way (*fx* talk about it in a general way); *c) (sagt i al ~)* generally speaking (*fx* generally speaking, they are nice people, but there are exceptions); on the whole.

almindeligvis *adv.* **1.** *(hvis der ikke er specielle forhold)* ordinarily (*fx* ordinarily, he would be back by this time; this room is ordinarily used by the caretaker); *(om modsætning)* in the ordinary way (*fx* in the ordinary way I would not do it, but in this case I have to);
2. *(som det plejer at være)* usually (*fx* she usually found it easy to get up early; he is not usually so late; he is not late, usually);
3. *(gerne)* commonly (*fx* commonly known as Debbie);
4. *(i de fleste tilfælde)* generally (*fx* the fault generally lies with them; he generally gets up early).

almisse *sb. (en, -r)* handout;
□ *-r a)* handouts; *b) (kollektivt)* charity (*fx* live on charity); *c) (glds.)* alms pl.

almue *sb. (en)* villagers pl.; *(småbønder)* peasants pl.

almuekvinde peasant woman.

almuemand peasant.

almuestil rustic style.

almuetribun *(hist.)* tribune (of the people).

almægtig *adj.* omnipotent, all-powerful; *(rel. el. spøg.)* almighty;
□ *den -e* the Almighty; *ih du -e !* good Lord!

aloe *sb. (en, -r) (bot.)* aloe.

alpaka *sb. (en) (dyr, uld & tøj)* alpaca.

alpe- alpine (*fx* flower).

alpehorn alp(en)horn.

alpehue beret.

alpejæger *(mil.)* chasseur alpin.

Alperne *sb.pl. (geogr.)* the Alps.

alperose *(bot.)* rhododendron.

alpestok alpenstock.

alpeviol *(bot.)* cyclamen.

alrum *sb. (et, -)* family room.

alrune *sb. (en, -r) (bot.)* mandrake.

alsang community singing.

alsidig *adj.* **1.** *(som kan (, omfatter) mange ting)* versatile (*fx* intellect, interests; artist, entertainer);
2. *(omfattende)* all-round (*fx* education); comprehensive (*fx* discussion);
□ *en ~ kost* a balanced diet.

alsidighed *sb. (en) (jf. alsidig)*
1. versatility; **2.** comprehensiveness.

alskens *adj.* all sorts of.

alstyrende *adj.: ih du ~!* good gracious!

alt[1] *sb. (en, -er) (stemme)* alto, contralto.

alt[2] *sb. (et) (verdens-)* universe.

alt[3] *pron.* **1.** *(adjektivisk)* all (*fx* all refuse must be removed; all that nonsense; all his courage); *(hvilket som helst)* any (*fx* any remaining material must be returned);
2. *(foran adj.)* everything (*fx* everything human; everything Danish); *(hvad som helst)* anything;
3. *(substantivisk: ubegrænset)* everything (*fx* everything was lost; I have told you everything; everything went smoothly; he had forgotten everything; money is not everything); *(især begrænset, fx efter forudnævnt sb.)* all (*fx* money, job, love, all was lost; I have told you all I know; all was quiet); *(hvad som helst)* anything (*fx* he'll do anything to win);
□ *~* ***andet*** *a) (substantivisk)* everything (, anything) else; *b) (adjektivisk)* all (, any) other; *~ andet end dum* anything but stupid; ***ét*** *~ se en*[3]; *~* ***hvad*** all that (*fx* that is all (that) I know); everything that; *~ hvad der er dansk* everything Danish; *jeg skynder mig ~ hvad jeg kan* I am hurrying as much as I can; T I am hurrying all I can;
[med præp. & adv.] ~ ***efter*** *a)* according to (*fx* give them tasks according to their skills); *b) (afhængig af)* depending on (*fx* depending on the course you choose; depending on how you look at it); *~ efter om* according to whether; *~ efter som* according as; *~* ***for*** *stor (præd.)* far (*el.* much) too big (*fx* he was wearing a coat that was far (*el.* much) too big); *en ~ for stor forskel* too big a difference; *kun ~ for* all too (*fx* I know it all too well; they were all too ready to believe it); *15* ***i*** *~* 15 in all; a total of 15; *~ i ~* all in all, altogether, all things considered; *~* ***sammen*** everything, all (of it); *når ~* ***kommer til*** *~* after all; when all is said and done; T at the end of the day; *~* ***vel!*** all's well!

altafgørende *adj.* crucial.

altan *sb. (en, -er)* balcony.

altandør balcony door.

altangang access balcony; *(am.)* gallery.

altangangshus balcony access

block.

altankasse flower box; *(svarer i Engl. til)* window box.

altbeherskende *adj.* dominant.

altdominerende *adj.* dominant.

alter *(et, altre)* altar (*for* to, *fx* an altar to an Unknown God);
□ *-ens sakramente* the Eucharist; *gå til -s* go to Communion.

alterbillede altarpiece.

alterbog service book; *(i Engl.)* Book of Common Prayer.

alterbord Communion table.

alterdug altar cloth.

altereret *adj.* **1.** *(ophidset)* upset; **2.** *(forfjamsket)* flurried, flustered.

altergang (celebration of Holy) Communion.

altergæst communicant.

alterkalk chalice.

alterlys altar candle.

alternativ *sb. (et, -er) & adj.* alternative.

alternere *vb.* alternate (*med* with).

alterskammel kneeler.

alterskranke altar rails pl.

altersæt paten and chalice.

altertavle 1. altarpiece; **2.** *(med fløje)* triptych.

altervin Communion wine.

altfavnende *adj.* **1.** all-embracing; **2.** *(om person omtr.)* warm-hearted.

altid *adv.* **1.** always;
2. *(en anden gang)* always, later on (*fx* we can do that later on);
3. *(i hvert fald)* at least, always (*fx* that is at least (*el.* always) something);
□ *næsten ~* nearly always.

alting everything;
□ *hvorom ~ er* anyhow; however that may be.

altmuligmand handyman, odd-job man.

altnøgle *(mus.)* alto clef.

altomfattende all-embracing; universal.

altopgivende despairing, hopeless.

altopofrende self-sacrificing, devoted.

altopslugende absorbing (*fx* interest); F engrossing.

altoverskyggende, **altovervejende** *adj.* all-important; F overriding (*fx* problem, importance);
□ *af ~ interesse* of paramount interest.

altruisme *sb. (en)* altruism.

altruist *sb. (en, -er)* altruist.

altruistisk[1] *adj.* altruistic.

altruistisk[2] *adv.* altruistically.

altsangerinde contralto (singer).

altsax(ofon) alto saxophone.

altstemme 1. contralto voice; **2.** *(parti)* contralto part.

altså *adv.* **1.** *(følgelig)* so (*fx* he won't come so he is still offended); F therefore (*fx* I think, therefore I am); consequently;
2. *(det vil sige)* that is (*fx* tomorrow, that is in 24 hours); *(fork.)* i.e.;
3. *(forstærkende)* really (*fx* I really can't do it); *(forarget)* really!
□ *det 'er ~ sandt! a) (protesterende)* but it is true! *b) (forundret)* so it is true? *hvis du ~ kan* that is if you can; *du vil ~ ikke?* so you won't?

altæabolsjer *sb.pl.* althaea drops.

altædende *adj.* omnivorous.

alufolie (aluminium) foil.

aluminium *sb. (et)* aluminium; *(am.)* aluminum.

aluminiumsfolie (aluminium) foil.

alumne *sb. (en, -r)* **1.** *(på kostskole)* boarder; **2.** *(på kollegium, på stiftelse)* resident.

alun *sb. (en)* alum.

alungarve taw.

alungarver tawer.

alunholdig aluminous.

alunskind alum leather.

alverden *sb.* all the world;
□ *det er ikke ~ (ɔ: ikke mange penge)* it is not the earth; *hvad (, hvem, hvordan) i ~?* what (, who, how) on earth? *hvorfor i ~?* what ever for? why on earth? *-s forskellige mennesker* all sorts of different people; *-s rigdom* all the riches in the world.

alvidende *adj.* omniscient;
□ *han er ~ (iron.)* he is a know-all.

alvidenhed *sb. (en)* omniscience.

alvis *adj.* all-wise.

alvor *sb. (en el. et)* **1.** *(mods. spøg, sorgløshed)* seriousness;
2. *(værdighed, strenghed)* gravity;
3. *(iver, oprigtighed)* earnestness (*fx* work with earnestness);
4. *(fare, vigtighed, betydning)* seriousness; *(stærkere)* gravity (*fx* the seriousness (, gravity) of the illness (, of the situation));
□ *bevare -en* keep a straight face; *er det dit ~?* are you serious? *det er mit ~* I am in earnest; *det var ikke mit ~ (også)* I was only joking; *denne gang er det ~* this time it is really serious; T this time it is for real; *et spøg, et andet ~* joking apart;
[med præp.] ***for*** *~ a)* seriously (*fx* are you seriously thinking of leaving?); *b) (energisk, voldsomt)* in earnest (*fx* it began to snow in earnest; she began to cry in earnest); *(stærkere)* with a vengeance (*fx* the rain came down with a vengeance; they set to work with a vengeance); *c) (mods. for sjov el. som forsøg)* in earnest (*fx* they began to work (, fight) in earnest); really (*fx* now it really begins); F for real (*fx* this is not an exercise, they are fighting for real); *d) (for stedse)* for good; *for (el.* ***i*** *ramme ~* in dead (*el.* good *el.* real) earnest;
[med vb. + præp.] mon det ***bliver til*** *~ med krigen?* I wonder if there is really going to be a war; ***gøre*** *~* ***af*** carry out (*fx* one's threat, the plan); realize (*fx* the plan); *gøre ~ af sit løfte* make good one's promise; ***se på*** *det* ***med*** *stor ~* take a very serious view of it.

alvorlig[1] *adj.* **1.** *(mods. spøgefuld)* serious (*fx* face, talk; writer);
2. *(højtidelig, streng, værdig)* grave (*fx* face, demeanour; look very grave);
3. *(alvorligt ment, oprigtig)* earnest (*fx* attempt, desire, effort, endeavour, wish); *(også: energisk)* serious (*fx* attempt, effort; intention);
4. *(betydningsfuld, farlig)* serious (*fx* consequences, crime, crisis, illness, matter, offence, problem, reprimand, situation, step); *(stærkere)* grave (*fx* danger, error, matter, mistake); severe (*fx* illness); F grievous (*fx* mistake);
5. *(om person: ikke letsindig etc.)* earnest, serious (*fx* he is a very earnest (*el.* serious) young man).

alvorlig[2], **alvorligt** *adv. (jf. alvorlig*[1]*)* **1.** seriously (*fx* take sby seriously);
2. gravely (*fx* he nodded gravely);
3. earnestly (*fx* he was talking earnestly to her); seriously (*fx* we must begin to look seriously at the problem);
4. seriously (*fx* ill, wounded); gravely (*fx* ill, mistaken; it has gravely damaged relations with them); severely (*fx* damaged); grievously (*fx* wounded);
5. seriously (*fx* he talked very seriously and solemnly about it);
6. *(i høj grad)* thoroughly (*fx* frightened, angry); seriously (*fx* annoyed);
□ *holde sig ~ (ɔ: ikke le)* keep a straight face; *mene det -t se mene*; *~ talt* seriously; joking apart; T no kidding.

alvorsfuld *adj.* **1.** earnest, serious; *(stærkere)* grave; **2.** *(højtidelig)* solemn.

alvorsmand solemn person.

alvorsord: *sige en et* ~ give sby a piece of one's mind.
Amager! *interj.* cross my heart!
amalgam *sb. (et, -er)* amalgam.
amalgamere *vb.* amalgamate.
amanuensis *sb. (en, amanuenser) (medhjælper)* assistant.
amatør *sb. (en, -er)* amateur.
amatør- amateur (*fx* actor, photographer; theatre).
amatøragtig *adj.* amateurish.
amatørfotografi *(billedet)* amateur photograph; snap, snapshot.
amazone *sb. (en, -r)* amazon.
Amazonfloden the Amazon.
ambassade *sb. (en, -r)* embassy.
ambassadør *(en -er)* ambassador (*fx* the Danish Ambassador in London; the British Ambassador to Denmark).
ambassadørpost ambassadorship.
ambition *sb. (en, -er)* ambition; *(se også honnet).*
ambitiøs *adj.* ambitious.
ambivalent *adj.* ambivalent.
ambolt *sb. (en, -e)* **1.** anvil; **2.** *(i øret)* anvil; *(fagl.)* incus (pl. incudes).
ambra *sb. (en, -er)* **1.** ambergris; **2.** *(bot.)* southernwood.
ambrosia *sb. (en)* **1.** ambrosia; **2.** *(bot.)* ragweed.
ambulance *sb. (en, -r)* ambulance.
ambulancebåre stretcher.
ambulancefly *(flyv.)* ambulance plane, air ambulance.
ambulancestation **1.** first-aid station; **2.** *(mil.)* casualty clearing station.
ambulancetjeneste ambulance service;
□ *yde ~ til (fig.: økonomisk)* bail out (*fx* an unprofitable company).
ambulant[1] *adj.* mobile (*fx* shop);
□ ~ *behandling* outpatient treatment; *gå til ~ behandling* be treated as an outpatient; ~ *bibliotek* travelling (*el.* mobile) library; *(am.)* bookmobile; ~ *patient* outpatient.
ambulant[2] *adv.: behandle en ~* treat sby as an outpatient; *blive behandlet ~* be treated as an outpatient; *det bliver ordnet ~* it is handled on an outpatient basis.
ambulatorium *sb. (et, ambulatorier)* outpatient department.
amen *interj.* amen;
□ *så sikkert som ~ i kirken* as sure as fate; T as sure as eggs is eggs.
a-menneske A-person.
Amerika America; *(om USA især)* the United States.
amerikabåd transatlantic liner.
amerikaner *sb. (en, -e)* American.
amerikanisere *vb.* Americanize.
amerikansk *adj.* American;
□ ~ *olie* castor oil.
a meta *(hdl.)* on joint account, on a fifty-fifty basis; for common profit and loss.
ametyst *sb. (en, -er)* amethyst.
amfibie *sb. (et, -r) (zo.)* amphibium (pl. amphibia).
amfibie- amphibious (*fx* craft, operation, tank).
amfibieflyvemaskine amphibian.
amfibiekøretøj amphibious vehicle, amphibian.
amfibium *(et, amfibier) = amfibie.*
amfiteater amphitheatre.
amfiteatralsk[1] *adj.* amphitheatrical.
amfiteatralsk[2] *adv.* amphitheatrically.
aminosyre *(kem.)* amino acid.
amme[1] *sb. (en, -r)* (wet) nurse.
amme[2] *vb.* **1.** nurse (*fx* she sat nursing her baby); F suckle;
2. *(mods. give flaske)* breast-feed (*fx* more and more women breast-feed their babies).
ammestuehistorie old wives' tale.
ammestuesnak old wives' tales pl.
ammoniak *sb. (en)* ammonia.
ammoniakholdig *adj.* ammoniacal.
ammoniakvand ammonia water.
ammonium *sb. (et) (kem.)* ammonium.
ammunition *sb. (en)* **1.** ammunition; **2.** *(~ + våben)* munitions pl.
ammunitionsdepot ammunition depot; *(midlertidigt, i det fri)* ammunition dump.
ammunitionsfabrik munition works, munition factory.
amnesti *sb. (en, -er)* amnesty (*fx* declare an amnesty);
□ *give én ~* grant sby an amnesty.
amning[1] *sb. (en -er) (jf. amme²)* **1.** nursing; F suckling;
2. breast-feeding.
amning[2] *sb. (en) (sø.)* draught.
amok *adv.: gå ~ a) (blive rasende)* go berserk; *b) (fare vildt omkring)* run amuck, run amok; *c) (anrette ødelæggelser)* go on the rampage.
Amor *(myt.)* Cupid.
amoralsk[1] *adj.* amoral.
amoralsk[2] *adv.* amorally.
amorbue Cupid's bow.
amorf *adj.* amorphous.
amorin *sb. (en, -er)* cupid.
amortisabel *adj.* amortizable, redeemable.
amortisation *sb. (en, -er)* amortization, redemption.
amortisationsfond sinking fund.
amortisere *vb.* amortize, redeem.
amortisering = *amortisation.*
ampel *sb. (en, ampler)* **1.** hanging lamp; **2.** *(urtepotte)* hanging flowerpot.
ampere *sb. (en, -r) (elek.)* ampere, amp.
amperemeter *sb. (et, amperemetre) (elek.)* ammeter.
amperetime *(elek.)* ampere-hour.
ampul *sb. (en, -ler)* ampoule.
amputation *sb. (en, -er)* amputation.
amputere *vb.* amputate.
amputering *sb. (en, -er)* amputation.
amt *sb. (et, -er) (kan gengives)* county.
amtmand [chief administrative officer of an "amt"]; *(kan gengives)* prefect.
amts- *de følgende gengivelser er alle omtrentlige.*
amtsborgmester county mayor; *(svarer til)* chairman of the county council.
amtscentral (county) educational media centre.
amtsdirektør *(svarer til)* clerk to the county council.
amtsforvalter *(kan gengives)* district revenue officer.
amtskommune **1.** *(område)* county council district; **2.** *(myndighed)* county authority.
amtslæge county medical officer.
amtsråd county council.
amtsrådsmedlem county councillor.
amtssygehus county hospital.
amtsvej county road.
amtsvejinspektør county road surveyor.
AMU *se arbejdsmarkedsuddannelse.*
amulet *sb. (en, -ter)* amulet; charm.
amøbe *sb. (en, -r)* amoeba (pl. -s, -e).
an *adv. (hdl.)* to; *(forb. med vb. ses under disse, fx lægge, slå).*
anakronisme *sb. (en, -r)* anachronism.
anakronistisk[1] *adj.* anachronistic.
anakronistisk[2] *adv.* anachronistically.
anal *adj.* anal.
analfabet *sb. (en, -er),* **analfabetisk** *adj.* illiterate; *(se også funktionel).*
analfabetisme *sb. (en)* illiteracy.
analog *adj.* **1.** analogous (*med* to); **2.** *(edb: mods. digital)* analog (*fx* computer, data, signal, system).
analogi *sb. (en, -er)* analogy;
□ *i ~ med* by analogy with.
analogislutning conclusion by analogy.
analyse *sb. (en, -r)* **1.** analysis (pl. analyses); *(se også unddrage)*;
2. *(undersøgelse)* study; *(menings-*

måling) poll;
3. *(gram.)* analysis, parsing.
analyseinstitut *(for meningsmåling)* opinion-research institute; public opinion poll firm.
analyserbar *adj.* analysable.
analysere *vb.* analyse; *(gram. også)* parse.
analytiker *sb. (en, -e)* analyst.
analytisk[1] *adj.* analytic(al).
analytisk[2] *adv.* analytically.
ananas *sb. (en, -(s)er el. -) (bot.)* pineapple.
anapæst *sb. (en, -er) (i metrik)* anapaest.
anapæstisk *adj.* anapaestic.
anarki *sb. (et)* anarchy.
anarkisk *adj.* anarchic(al).
anarkist *sb. (en, -er)* anarchist.
anarkistisk[1] *adj.* anarchist (*fx* ideals, movement); *(også præd.)* anarchistic.
anarkistisk[2] *adv.* anarchistically.
anastigmat *sb. (et)* anastigmat, anastigmatic lens.
anatema *sb. (et)* anathema.
anatom *sb. (en, -er)* anatomist.
anatomi *sb. (en)* anatomy.
anatomisk *adj.* anatomical.
anbefale *vb. (se også anbefalet)* recommend;
□ *jeg -r **at** vente* I recommend waiting; *jeg -r at du venter* I recommend that you wait (*el.* your waiting); *jeg -r **dig at** vente* I recommend you to wait; *jeg -r **dig en** lang ferie* I recommend that you take (*el.* you to take) a long holiday; ~ ***sig** (glds.: tage afsked)* take one's leave;
[med præp.] ~ *en **over for** (el. **til**) (ɔ: en person)* recommend sby to (*fx* recommend him to the manager); ~ *en **til** (ɔ: en stilling)* recommend sby for (*fx* a post).
anbefalelsesværdig *adj. (præd.)* to be recommended (*fx* this is not a procedure to be recommended).
anbefalet *adj. (om post)* registered;
□ *sende brevet* ~ register the letter; send the letter by registered post.
anbefaling *sb. (en, -er)* **1.** recommendation;
2. *(introduktion)* introduction;
3. *(for person der søger stilling)* reference; F testimonial;
4. *(af brev)* registration.
anbefalingsgebyr registration fee.
anbefalingsskrivelse letter of recommendation.
anbringe *vb.* **1.** *(sætte, stille)* place; T put; *(efterlade)* leave (*fx* leave the children with their grandparents);
2. *(påsætte)* fix (*fx* a brooch on her dress); *(montere etc.)* mount (*fx* machine guns on the roof); *(med.)* apply (*fx* a plaster);
3. *(bænke,* F*)* seat (*fx* seat her next to the president); *(~ behageligt)* settle (*fx* he settled her in a corner of the train compartment);
4. *(give i forvaring)* deposit (*fx* a suitcase in the left-luggage office);
5. *(kapital)* invest, place (*fx* money in shares);
6. *(et stød, slag)* plant (*fx* a knife in his back);
7. *(skjule)* plant (*fx* a bomb in a car);
8. *(sælge)* place, sell;
□ *en ilde anbragt spøg* an ill-timed joke; *få en vittighed anbragt* put (*el.* work) in a joke;
[med sig] ~ ***sig** a) (behageligt)* settle oneself (*fx* in a chair); *b) (plante sig)* plant oneself (*fx* in a chair; in front of the door); *(stille sig også)* station oneself (*fx* in front of the door).
anbringelse *sb. (en, -r) (jf. anbringe)* **1.** placing, putting; **2.** fixing, mounting; application;
3. seating; **4.** depositing, deposition; **5.** investment; **6.** planting;
7. planting; **8.** selling, sale; **9.** *(af person i institution, pleje etc.)* placement.
anciennitet *sb. (en)* seniority;
□ *efter* ~ by seniority.
and **1.** *(zo.)* duck; **2.** *(historie)* hoax story; F canard.
andagt *sb. (en, -er)* **1.** *(rel.: privat)* silent prayer, worship; *(kort gudstjeneste)* prayers pl.;
2. *(opmærksomhed)* grave attention; *(især: beundrende)* rapt attention (*fx* he listened to her with rapt attention);
□ *forrette sin* ~ perform one's devotions; *holde en kort* ~ say a few prayers.
andagtsbog devotional book.
andagtsfuld *adj.* devout.
andagtsøgende *sb.: en* ~ a worshipper.
andeavl duck-breeding.
andedam duck pond;
□ *den hjemlige* ~ the parish pump; *skabe røre i -men* flutter the dovecotes; set the cat among the pigeons.
andedun duck down (*fx* a pillow filled with duck down).
andejagt duck-shooting; *(am.)* duck hunting;
□ *gå på* ~ go duck-shooting (, duck hunting).
andel *sb. (en, -e)* **1.** share, part;
2. *(kvota)* quota;
□ *have* ~ *i* have a share in; *jeg har ingen* ~ *i det (fig.: medansvar)* I have no part in it; *min* ~ *i udbyttet* my share of the profits.
andels- co-operative (*fx* bacon factory, bank, dairy, movement, slaughterhouse, undertaking).
andelsbevis, andelscertifikat *(i investeringsforening)* unit.
andelsboligforening housing co-operative.
andelshaver *sb. (en, -e)* member of a co-operative society.
andelslejlighed flat under a multi-ownership scheme; *(am.)* cooperative apartment.
andelsselskab co-operative society.
andemad *(bot.)* duckweed.
anden[1] *adj. (se også andet*[1]*)* second (*fx* on the second floor; for the second time; there won't be a second time);
□ *kongen* ~ *(i kortspil)* two to the King; *(se også finger).*
anden[2] *pron. (se også andet*[2]*, andre)* other (*fx* the other book; the other side);
□ *den ene .. **den** ~ a) (af to)* one .. the other; *b) (af flere)* one .. another; ***en** ~ a) (substantivisk: om person)* somebody else; another person; *(om ting)* another (one) (*fx* give me another (one)); *b) (adjektivisk)* another (*fx* boy, chair); *(anderledes)* a different (*fx* that was a different car from the one I had seen); *en sov, en ~ læste* one of them was asleep, another was reading; *en ~ en (*T*: jeg)* a chap, a girl (etc.); *(undertiden)* this boy, this girl; ***en eller** ~ a) (substantivisk)* somebody (or other); *b) (adjektivisk)* some (*fx* some day next week; for some reason); *på en eller ~ måde* somehow (or other); ***en og** ~* some people; ***enhver** ~ a) (substantivisk)* anybody else; *b) (adjektivisk)* any other; ***en ganske** (el. helt) ~* ... quite a different...; ***hver** ~ se hver; (se også helt*[3]*)*; ***ingen** ~ a) (substantivisk om person)* no one else; *(om ting)* no other; *b) (adjektivisk)* no other (*fx* teacher; possibility); *ingen ~ end a)* no one but (*fx* no one but he (*el.* him) would have thought of it); *b) (ɔ: foruden)* no other than (*fx* no other than he was invited).
andenbehandling *(af lovforslag)* second reading.
andendagsgilde *(omtr.)* second day's party.
andengradsforbrænding second degree burn.
andengradsligning *(mat.)* quadratic equation.
andenhånds(-) *adj.* second-hand

(*fx* knowledge).
andenklasses *adj.* **1.** second-class (*fx* citizens, hotels); **2.** *(dårlig)* second-rate (*fx* actor; his novels are second-rate).
andenklasses- second-class (*fx* compartment).
andenlærer assistant teacher.
andenpilot co-pilot.
andenplads *(i sport)* second place; □ *han fik en* ~ he came second; *han endte på en* ~ he ended in second place.
andenpræmie (the) second prize (*fx* she won second prize).
andenrangs *adj.* second-rate.
andenstemme *(mus.)* second; □ *synge* ~ sing seconds (*til* to).
andenstyrmand second officer; *(på mindre skib)* second mate.
andenviolin second violin; *(se også violin).*
anderledes[1] *adj.* different; □ ~ ***end*** *andre* different from others; *han er* ~ *end du er* he is different than you are; ~ *end du tror* different from what you think; ***ikke*** ~ ***end*** no different from; *ikke meget* ~ *end* not very different from; *det kan nu* ***ikke være*** ~*!* well, that's the way it is!
anderledes[2] *adv.* **1.** differently (*fx* she behaved differently); in another (*el.* a different) way (*fx* do it in another (*el.* a different) way); *(stærkere,* F*)* otherwise (*fx* she could not have acted otherwise); **2.** *(i højere grad)* much more, far more (*fx* useful, difficult).
anderledeshed *sb. (en)* otherness.
anderledestænkende *adj. (brugt som sb.pl.)* those (*el.* people) who think differently.
anderumpe *(frisure)* duck-tail; *(vulg.)* duck-arse.
Andesbjergene *sb.pl. (geogr.)* the Andes.
andeskæl *(zo.: krebs)* barnacle.
andespil [bingo in which the prize is a duck].
andesteg roast duck.
andet[1] *adj. (se også anden*[1]*)* second (*fx* the second volume); □ *for det* ~ secondly; in the second place; ~ *ægteskab se ægteskab.*
andet[2] *pron. (se også anden*[2]*, andre)* **1.** *(adjektivisk)* other (*fx* the other picture); **2.** *(substantivisk: andre ting)* other things (*fx* there are other things you can do); □ ***alt*** ~ *se alt*[3]; *jeg har* ~ ***at*** *bestille* I have other things to do (*end at opvarte ham* than wait on him); ***blandt*** ~ *se blandt*; ***det*** ~ *(ɔ: substantivisk) a)* the other thing, the other one; *b) (det øvrige)* the rest; *(se også en*[2] *(det ene...));* ***for det*** ~ secondly, in the second place; *de taler aldrig om* ~ ***end*** *sport* they never talk about anything but sports; ***et*** ~ *a)* another (*fx* give me another; buy another house); *b) (et anderledes)* a different (*fx* it was a different picture from the one I had seen); *(se også menneske)*; ***et eller*** ~ something (or other); *et eller* ~ *sted* somewhere (or other); ***et og*** ~ a thing or two (*fx* I could teach him a thing or two); one or two things; ***hvad*** ~*?* what else? ***ikke*** ~ nothing else; *ikke* ~*?* is that all? *det kan ikke være* ~ it cannot be helped; ***ikke*** ~ ***end*** nothing but, nothing else than, only; *jeg kan ikke være* ~ *end taknemlig* I cannot be other than grateful; *han bestiller* ***ikke*** ~ ***end at*** *beklage sig* he does nothing but complain; *jeg kan ikke* ~ *end føle at...* I cannot help feeling that...; *der er ikke* ~ *for end at, der er ikke* ~ *at gøre end at* there is nothing for it but to, there is nothing to be done but to; ***intet*** ~ *a) (substantivisk)* nothing else; *b) (adjektivisk)* no other; *intet* ~ *sted* nowhere else; ***intet*** ~ ***end*** nothing but; ***meget*** ~ *(ɔ: substantivisk)* a lot of other things, many other things; much else (*fx* I have so much else to do); ***noget*** ~ *(ɔ: substantivisk)* something (, anything) else (*fx* let's talk about something else; if you want anything else); *hvis han tror det så vil han opdage noget* ~ T if that's what he thinks then he's got another think coming; *det er* ***noget*** ~ ***end*** *London* that is (something) different from London; *du må tænke på noget* ~ *end din sygdom* you must think of something other than your illness; *det er* ***noget*** ~ ***med*** *John* it is different with John; ***var*** *der* ~*?* anything else?
andetkammer *(i parlament)* second chamber.
andetsteds *adv.* somewhere else; elsewhere.
andetstedsfra *adv.* from somewhere else.
andetstedshen *adv.* somewhere else, elsewhere.
andeæg duck's egg, duck egg.
andrage[1] *vb. (blive)* amount to.
andrage[2] *vb. (ansøge)* apply (*om* for).
andragende *sb. (et, -r)* **1.** application; **2.** *(bønskrift)* petition (*om* for).
andre **1.** *(adjektivisk)* other (*fx* other plans); *(anderledes)* different (*fx* they were different people from the ones I had met); **2.** *(substantivisk)* others, other people (*fx* there were other people present); □ ~ *af hans bøger* other books of his; *alle* ~ *se alle*[2]; *blandt* ~ *se blandt*; ***de*** ~ the others, the rest of them; *de fem* ~ the other five; ***hvem*** ~*?* who else? ***hvem*** ~ ***end*** *a)* who else but (*fx* who else but him (*el.* he) would have thought of that?); *b) (ɔ: foruden)* who other than (*fx* who other than those people would you like to invite?); ***I*** ~ the rest of you; ***ingen*** ~ nobody else; ***ingen*** ~ ***end*** *hun (, hende)* none but her; ***vi*** ~ the rest of us.
Andreaskors St. Andrew's cross.
andrik *sb. (en, -ker)* drake.
andægtig *adj.* **1.** *(from)* devout; **2.** *(opmærksom)* attentive; □ *lytte -t til (iron.)* listen dutifully to; *i* ~ *tavshed* in religious silence.
andægtighed *sb. (en)* **1.** devoutness; **2.** *(opmærksomhed)* attention.
ane[1] *sb. (en, -r)* ancestor.
ane[2] *vb.* **1.** suspect; *(have en fornemmelse af)* sense (*fx* that something is wrong); **2.** *(skimte)* see faintly (*fx* she could faintly see a figure behind the curtain); □ *man -de skibet i det fjerne* one (, we) could just make out the ship in the distance; *det -r jeg* ***ikke*** I have no idea; T I haven't a clue; *jeg -r ikke hvad der skete* I have no idea what happened; T I haven't a clue about what happened; *du -r ikke hvor svært det er!* you have no idea how difficult it is! ***intet*** *(ondt) -nde* unsuspecting; ***lade*** ~ hint at, suggest; ***uden at*** ~ *noget* without suspecting anything; unsuspecting(ly).
anegalleri gallery of family portraits.
anekdote *sb. (en, -r)* anecdote.
anekdoteagtig *adj.* anecdotal.
anelse *sb. (en, -r)* **1.** *(svag forestilling)* suspicion (*om* of, *fx* I had a suspicion of the truth); **2.** *(lille smule)* touch (*fx* a touch of garlic in the salad; a touch more salt; a touch of frost in the air); *(*F *el. spøg.)* suspicion (*fx* a suspicion of pepper in the soup; a suspicion of triumph in her

voice);
[med adj.] bange -r misgivings; *ikke den fjerneste ~ se fjernest*; *lumsk ~, se ndf.*; *onde -r* forebodings; presentiments of evil; *ikke den ringeste ~, se ndf.*; *det bekræftede mine værste -r* it confirmed my worst fears;
[med præp.] jeg har en ~ ***om at*** I have a feeling that; *jeg har en lumsk ~ om at* I have a sneaking suspicion that; *jeg har ikke den ringeste ~* ***om hvad*** *der skete* I have not the faintest idea what happened; T I haven't a clue about what happened.

anemometer *sb. (et, anemometre)* anemometer.

anemone *sb. (en, -r) (bot.)* anemone;
□ *blå ~* hepatica; *fransk ~* poppy anemone.

anerkende *vb. (se også anerkendende, anerkendt)* **1.** acknowledge (*fx* we acknowledge with thanks your order of May 12; I acknowledge him as my master);
2. *(indrømme)* admit (*fx* the justice of the claim; that he is right);
3. *(synligt; godkende, belønne)* recognize (*fx* a new State, a record; they acknowledged the part he had played in their success, but they refused to recognize it suitably; they recognized his work by presenting him with a gold watch);
□ *~ modtagelsen af* acknowledge (the) receipt of.

anerkendelse *sb. (en, -r)* **1.** *(jf. anerkende)* acknowledgement (*fx* of a debt; of the receipt of a letter); recognition (*fx* of a new State);
2. *(bekræftelse)* confirmation (*fx* of an order);
3. *(ros)* recognition (*fx* he has won wide recognition in this field); *(stærkere,* F*)* acclaim (*fx* her discoveries have received international acclaim); *(påskønnelse)* appreciation;
□ *en lille ~* a small acknowledgment (*for* of); *fortjene ~* deserve credit; *(se også yde).*

anerkendelsesværdig *adj.* creditable.

anerkendende[1] *adj.* appreciative;
□ *han sagde nogle ~ ord* he said a few words of appreciation.

anerkendende[2] *adv.* appreciatively (*fx* he nodded appreciatively).

anerkendt *adj.* **1.** *(godkendt)* approved (*fx* an approved method; it is officially approved); recognized (*fx* an internationally recognized authority; buy from recognized dealers);
2. *(med et godt ry)* reputable (*fx* firm);
□ *det er almindelig ~ at* it is generally accepted that.

aneroidbarometer aneroid barometer.

anerække line of ancestors.

anetavle genealogical table.

anfald *sb. (et, -)* **1.** *(om sygdom)* attack, bout (*fx* of fever, of influenza, of malaria; a severe bout of coughing); *(pludseligt, kortvarigt)* fit (*fx* of coughing; an epileptic (, apoplectic) fit); *(voldsomt,* F*)* paroxysm (*fx* of coughing);
2. *(om sindsstemning)* fit (*fx* of laughter, of melancholy, of jealousy, of anger); spasm (*fx* of energy, of excitement, of laughter); *(stærkere)* outburst (*fx* of laughter, of rage, of weeping); *(voldsomt,* F*)* paroxysm (*fx* of fury, of rage, of laughter);
□ *i et ~ af ædelmodighed* in a fit of generosity.

anfalde *vb.* attack; *(se også angribe).*

anflyvning approach.

anfordring *sb. (en): på ~* on demand.

anfægte *vb.* **1.** *(gøre indtryk på)* affect (*fx* my criticism did not affect him);
2. *(sætte spørgsmålstegn ved)* dispute (*fx* a theory; the truth of what he says); question (*fx* his right to be there);
3. *(jur.)* contest the validity of;
□ *han lader sig ikke ~ af kritik* he remains unaffected by criticism; *-t af tvivl* troubled by doubts.

anfægtelse *sb. (en, -r)* **1.** scruple (*fx* religious scruples);
2. *(jur.)* contestation.

anføre[1] *vb.* **1.** *(lede)* lead (*fx* the attack, the demonstration);
2. *(gå i spidsen for)* head (*fx* the procession);
3. *(befale over)* command.

anføre[2] *vb.* **1.** *(nævne)* state (*fx* state the time; as stated above); give (*fx* give one's reasons; give examples); F adduce (*fx* several reasons for it); *(opregne)* enumerate (*fx* all the reasons);
2. *(omtale)* mention, refer to (*fx* his services to the country);
3. *(til belysning; som bevis)* quote (*fx* can you quote an example of what you mean? he quoted several similar cases; quote your account number as reference); F adduce (*fx* reasons; adduce sth as support for a theory); *(jur. el.* F*)* cite (*fx* cite sth as evidence (, proof) of sth; he cited several instances of corruption in the police force);
4. *(påberåbe sig)* allege (*fx* you allege that you were ignorant of the fact);
□ *som lige anført* as stated above; *~ som eksempel* quote as an instance; *~ til sit forsvar (, sin undskyldning)* plead in one's defence (, in excuse);
[med sb.] ~ citater quote (passages); *de anførte eksempler* the examples quoted (, cited) above; *-nde sætning* introductory clause.

anførelse *sb. (en, -r) (jf. anføre*[2]*)* **1.** statement; adducement; enumeration; **2.** mention; **3.** quotation; citation; adduction; **4.** allegation.

anførelsestegn *sb.pl.* inverted commas, quotation marks;
□ *~ begynder (i diktat)* quote; *~ slutter* unquote; *sætte i ~* put in inverted commas.

anfører *sb. (en, -e)* **1.** leader; **2.** *(for sportshold)* captain.

anførsel *sb. (en)* **1.** *(ledelse)* command, leadership; **2.** *se anførelse*;
□ *under ~ af* commanded by, led by.

anførselstegn = *anførelsestegn.*

angelsakser *sb. (en, -e)*, **angelsaksisk** *sb. (et) & adj.* Anglo-Saxon.

anger *sb. (en)* **1.** regret (*over* for); F repentance (*over* for); *(dyb)* remorse (*over* for); **2.** *(sønderknuselse, også rel.)* contrition;
□ *føle ~ over* repent (of); *et stik af ~* a twinge of conscience.

angerfuld, **angergiven** *adj.* **1.** repentant (*over* for); *(stærkere)* remorseful (*over* about); conscience-stricken (*fx* look conscience-stricken);
2. *(rel.)* penitent (*fx* a penitent sinner);
3. *(sønderknust)* contrite.

angina *sb. (en) (med.)* inflammation of the throat; quinsy;
□ *~ pectoris* angina pectoris.

angive *vb.* **1.** *(opgive)* state (*fx* as stated above); give (*fx* one's reasons; examples); *(omtale)* mention; *(se også anføre*[2]*)*;
2. *(vise, tilkendegive)* indicate (*fx* a thermometer indicates changes in temperature);
3. *(påstå)* profess (*fx* to be an expert); *(især jur.)* allege (*at* that);
4. *(røbe, "stikke")* inform against; T peach on; *(am.)* finger;
5. *(anmelde til politiet)* report (*til* to); F denounce (*fx* report (, denounce) him to the police);
□ *~ for højt* overstate; *~ for lavt*

understate; ~ *nærmere* specify; *(se også nærmere[2])*; ~ *prisen for* state (*el.* quote) the price of; ~ *som grund* state as a reason; ~ *varer* **til** *fortoldning* enter goods at the custom house; declare goods; *stedet er -t på kortet* **ved** *et kryds* the place is indicated (*el.* marked) on the map by a cross.

angivelig[1] *adj.* **1.** *(påstået)* alleged; **2.** *(foregiven)* ostensible (*fx* reason);
□ *uden ~ grund* for no apparent reason.

angivelig[2], **angiveligt** *adv.* **1.** *(efter hvad der påstås)* allegedly; **2.** *(efter hvad der foregives)* ostensibly; **3.** *(glds.: tydeligvis)* obviously.

angivelse *sb. (en, -r)* **1.** *(oplysning, erklæring)* statement; *(nøjere)* specification; **2.** *(til fortoldning)* declaration, entry; **3.** *(af forbryder etc., jf. angive 4))* informing; peaching; *(am.)* fingering.

angiver *sb. (en, -e)* informer;
□ *optræde som ~* turn informer.

angiveri *sb. (et, -er) (jf. angive 4)* informing; peaching; *(am.)* fingering.

angle *vb.: ~ efter* angle for (*fx* compliments); F court (*fx* popularity, favour).

angler *sb. (en, -) (hist.: person af den angliske stamme)* Angle.

anglicisme *sb. (en, -r)* anglicism.

anglikaner *sb. (en, -e)*, **anglikansk** *adj.* Anglican; *(am. & skotsk)* Episcopalian;
□ *den -e kirke* the Anglican (, Episcopalian) Church.

anglisere *vb.* nick (*fx* a horse; a horse's tail).

anglist *sb. (en, -er)* English scholar.

angloamerikansk *adj.* Anglo-American.

angolaner *sb. (en, -e)*, **angolansk** *adj.* Angolan.

angora- Angora (*fx* cat, goat, rabbit).

angoragarn rabbit wool.

angorauld mohair.

angostura *sb. (en)* angostura (bitters).

angre *vb. (se også angrende)* **1.** regret (*fx* what one has done; regret having said it); be sorry for;
2. *(rel. el.* F*)* repent (*fx* one's sins; what one has done; having done it); repent of (*fx* repent of one's sins);
3. *(uden objekt)* repent (*fx* do you repent, my son?);
□ *som ikke -r, uden at ~* unrepenting, unrepentant.

angreb[1] *sb. (et, -)* **1.** attack (*på* on); *(pludseligt, voldsomt)* assault (*på* on);
2. *(ved at løbe hen imod: stormløb, rytterangreb, ~ af dyr)* charge (*fx* of a lion; a cavalry charge);
3. *(i fodbold: mod mål)* attack; *(på spiller)* charge;
4. *(flyverangreb; indfald)* raid (*imod, på* on);
5. *(i ord; af sygdom)* attack;
□ *~ er det bedste forsvar* attack is the best form of defence; *rette et ~ mod a) (også fig.)* make an attack on, attack; *b) (jf. 2)* charge; *c) (jf. 4)* make a raid on;
[med præp.] **i** *~ (jf. 3)* in attack; attacking; *blæse* **til** *~* sound the attack (, charge).

angreb[2] *præt. af angribe.*

angreben, **angrebet** *adj.* affected (*fx* one lung is affected; several people were affected);
□ *~ af* suffering from; *hårdt ~ af malaria* suffering from a severe attack of malaria; *det angrebne sted (med.)* the affected part.

angrebskrig war of aggression.

angrebsmåde method of attack.

angrebsmål objective.

angrebsplan plan of attack.

angrebspunkt **1.** point of attack;
2. *(fig.)* vulnerable point;
□ *de har ikke kunnet finde nogen -er mod ham* they have got nothing on him.

angrebsrække *(i fodbold)* forward line.

angrebsspiller *(i fodbold)* striker, forward.

angrebsvinkel *(mil.)* angle of attack; *(se også indfaldsvinkel).*

angrebsvis *adv.: gå ~ til værks* take the offensive.

angrebsvåben offensive weapon.

angrende *adj.* repentant.

angribe *vb. (se også angreben)*
1. attack; *(pludseligt, voldsomt)* assault; *(vedholdende,* F*)* assail; *(mil. også)* engage;
2. *(ved at løbe (hen) imod; om stormangreb; om rytterangreb)* charge (*fx* suddenly the lion (, the bull) charged me; the troops (, the cavalry) charged the enemy);
3. *(i fodbold: mod mål)* attack; *(en spiller)* charge (*fx* the striker was violently charged by one of the defenders);
4. *(om flyverangreb & = gøre indfald i)* raid, make a raid on;
5. *(med ord etc.)* attack; *(vedholdende,* F*)* assail (*fx* with reproaches);
6. *(bestride)* contest (*fx* sby's theory); challenge (*fx* their rights, sby's authority);
7. *(skade)* injure (*fx* the light injured my eyes); *(om sygdom)* affect;
8. *(om syre)* eat into; *(om rust)* attack, affect;
9. *(gøre indhug i, om kapital)* make inroads on.

angribelig *adj. (præd.)* open to criticism (*fx* a procedure which is open to criticism).

angriber *sb. (en, -e)* **1.** *(om person)* attacker; F assailant;
2. *(den der begynder en kamp, om stat)* aggressor (*fx* Italy was pronounced the aggressor);
3. *(i fodbold)* striker, forward.

angst[1] *sb. (en)* **1.** fear (*for* of); *(pludselig)* alarm; *(svagere,* F*)* apprehension (*for* of); *(stærkere)* dread (*for* of); *(se også sved[1], svede)*;
2. *(bekymring)* anxiety;
3. *(i filosofi)* angst;
4. *(psyk.)* anxiety.

angst[2] *adj.* afraid, anxious; *(opskræmt)* alarmed;
□ *~ for ham a)* afraid of him; *b) (bekymret for ham)* anxious about him.

angstfremkaldende *adj.* anxiety-provoking.

angstfuld *adj.* anxious.

angstneurose anxiety neurosis.

angstråb cry of terror.

angå *vb. (se også angående)*
1. *(vedrøre)* concern (*fx* don't trouble about things that don't concern you; pollution concerns us all); F relate to (*fx* this paragraph relates to (*el.* concerns) you);
2. *(handle om)* be concerned with (*fx* the next chapter is concerned with...);
□ *hvad -r a)* as to, as regards (*fx* the plan is unsatisfactory as regards security); *b) (led i opremsning, ofte indledende noget negativt)* as for (*fx* and (, but) as for you, you ought to be ashamed of yourself; and as for the food, it was awful); *hvad det -r* as to that; as far as that goes; *hvad mig -r* for my part; *hvad -r det mig?* what has that to do with me? *det -r ikke mig* it is none of my business; it is not my concern; *det -r ikke sagen* it is not relevant.

angående *præp.* **1.** concerning (*fx* he wrote to me concerning a delicate matter); about; **2.** *(hdl., jur.)* re (*fx* your remarks re interest);
3. *(som indledning)* concerning, respecting, regarding (*fx* r. your enquiry (, complaint) ...).

anholde *vb.* **1.** *(person)* arrest; **2.** *(påstand)* take exception to;

□ *De er anholdt* you are under arrest; ~ **om** *hendes hånd* ask her hand in marriage.
anholdelse *sb. (en, -r)* arrest;
□ *foretage en* ~ make an arrest (*fx* five arrests were made); *sætte under* ~ arrest, take into custody.
anholdelsesordre warrant (for sby's arrest).
anhænger *sb. (en, -e) (til lastvogn)* trailer.
anhængertræk *sb. (et, -)* trailer coupling.
anilin *sb. (en el. et)* aniline.
anilinfarve *sb. (en, -r)* aniline dye.
animalsk *adj.* animal;
□ ~ *føde* meat.
animere *vb.* **1.** *(tilskynde)* prompt; F incite; **2.** *(oplive)* enliven.
animeret *adj.* **1.** animated (*fx* conversation); lively; **2.** *(om person: opstemt)* in high spirits *(præd.)*; *(let beruset)* elevated.
animositet *sb. (en)* animosity (*mod* against, towards).
anis *sb. (en)* **1.** *(bot.: plante)* anise; **2.** *(frugt el. smag)* aniseed.
anke[1] *sb. (en, -r)* **1.** *(klage)* complaint; **2.** *(appel)* appeal.
anke[2] *vb.* **1.** *(klage)* complain (*over* of); **2.** *(appellere)* appeal; *(med objekt)* appeal against (*fx* a sentence, a decision).
ankel *(en, ankler)* ankle.
ankelled ankle (joint).
ankelsokker *sb.pl.* ankle socks; *(am.)* bobby socks.
ankenævn board of appeal; appeal tribunal (*fx* social security appeal tribunal).
ankeprotokol complaints book.
anker[1] *sb. (et, ankre)* **1.** *(sø.)* anchor; **2.** *(i mur)* anchor; **3.** *(i dynamo & magnet)* armature; **4.** *(i ur)* anchor;
□ *kaste* ~ anchor, cast anchor; *kaste -et* drop the anchor; *ligge for* ~ be (*el.* lie) at anchor.
anker[2] *sb. (et, ankre)* **1.** *(tønde)* barrel (*fx* a barrel of beer); *(til vin)* cask; **2.** *(hulmål)* anker.
ankerbevikling *(jf. anker*[1] *3)* coil of the armature.
ankerbolt *(til muranker)* anchor bolt.
ankerbøje anchor buoy.
ankergang *(i ur)* anchor escapement.
ankerkæde cable.
ankermand *(ved tovtrækning & fig.)* anchorman.
ankerplads anchorage.
ankerspil windlass.
ankertov cable.
anklage[1] *sb. (en, -r)* **1.** accusation; **2.** *(jur.)* charge;
□ *-n lød på tyveri* the charge was theft; *sætte under* ~ *for a)* charge with; *b) (for retten)* prosecute for, put on trial for; *være under* ~ be on trial.
anklage[2] *vb. (se også anklaget)* **1.** accuse (*for* of, *fx* cowardice, cheating); **2.** *(jur.)* charge (*for* with, *fx* murder).
anklagebænk: *sidde på -en* be in the dock; *sætte på -en* put on trial.
anklagemateriale evidence;
□ *et stort* ~ a mass of evidence; *der er et stort* ~ *mod ham (også)* there is a strong case against him.
anklagemyndighed *(ret til at rejse tiltale)* the power to institute prosecution;
□ ***-en*** *(ɔ: institutionen)* the prosecution; *repræsentere -en* appear for the prosecution; *(i Engl. også)* appear for the Crown.
anklagepunkt count (of an indictment) (*fx* he was acquitted (, found guilty) on all counts).
anklager *sb. (en, -e)* **1.** accuser; **2.** *(jur.)* counsel for the prosecution.
anklageskrift *sb. (et, -er) (jur.)* indictment;
□ *udfærdige et* ~ draft an indictment.
anklaget *adj.: (den) anklagede* the accused; the prisoner (*fx* prisoner at the bar, do you plead guilty or not guilty?); *(ved mindre alvorlige forbrydelser)* the defendant; ~ *for mord* charged with murder; on a charge of murder.
anknytning *sb. (en, -er)* connection.
ankomme *vb.* arrive;
□ *den sidst ankomne* the latest arrival; *-nde post (, tog)* incoming mail (, trains);
[med præp.] ~ **til** *a)* arrive at (*fx* the hotel, the airport, the station, the town); *b) (især om land, område el. større by)* arrive in (*fx* the town, London, England).
ankomst *(en, -er)* arrival (*til* at; *til land, område el. større by* in);
□ *ved min* ~ on my arrival.
ankomstdag day of arrival.
ankomsthal arrival hall.
ankomsthavn port of arrival.
ankomststation station of arrival.
ankomsttid time of arrival.
ankre *vb.* anchor;
□ ~ *op* anchor.
ankring *sb. (en, -er)* anchoring.
anlagt *(pf.ptc. af anlægge): gæstfrit* ~ hospitably inclined; *nervøst (, melankolsk)* ~ of a nervous (, melancholy) disposition; *praktisk* ~ of a practical turn, practical; ***stort*** ~ large-scale (*fx* undertaking); *et stort* ~ *arbejde* a work planned on generous lines;
[med præp.] ~ *for (el. til)* fitted for; ~ *på* intended for; ~ *på at* calculated to.
anledning *sb. (en, -er)* **1.** *(foranledning)* occasion (*fx* this incident was the occasion and not the cause of the war);
2. *(årsag)* cause (*fx* there is no cause for concern);
3. *(grund)* reason (*fx* I have reason to believe ...);
4. *(lejlighed)* occasion (*fx* on that occasion);
5. *(mulighed)* opportunity (*fx* don't give him any opportunity to intervene);
□ *jeg* ***finder*** *ingen* ~ ***til at*** I see no reason why I should; ***give*** ~ ***til*** *a)* be the occasion of (*fx* demonstrations); give occasion for, give rise to (*fx* criticism, discussion, doubt, misunderstanding, suspicion); *b) (årsag)* give cause for (*fx* anxiety); *[med præp.]* ***i*** *dagens* ~ in honour of the occasion; *i samme* ~ *a)* on the same occasion; *b) (af samme grund)* for the same reason;
i ~ ***af*** *a)* on the occasion of (*fx* his birthday); *(for at markere)* to mark (*fx* to mark his 25th anniversary); *b) (på grund af)* in consequence of, on account of (*fx* his illness); *c) (i forbindelse med)* in connection with; *d) (henvisende til)* with reference to, referring to (*fx* your inquiry); *e) (som svar på)* in reply to (*fx* your inquiry, your letter, your complaint); ***i*** ~ ***af at*** as;
ved *den mindste* ~ on the slightest provocation; T at the drop of a hat.
anliggende *sb. (et, -r)* matter; F affair (*fx* public affairs);
□ *vigtige -r* matters of importance; *(se også indre*[2]*).*
anlæg *sb. (et, -)* **1.** *(medfødt evne)* aptitude (*fx* the pupil's ability and aptitude; an artistic aptitude); **2.** *(medfødt disposition)* predisposition (*for, til* to, *fx* a disease); tendency (*for (at), til* to, *fx* to stoutness; to be fat);
3. *(have)* gardens, grounds pl.; park;
4. *(fabrik, installation)* plant; *(fx centralvarmeanlæg)* system;
5. *(måde noget er anlagt på)* layout; *(plan, ordning)* plan, design;
6. *(støtte)* rest;
□ *have* ~ *for (jf. 1)* have an aptitude for (*fx* journalism); *militære*

~ military installations; *(se også anlæggelse).*
anlægge *vb. (se også anlagt)* **1.** *(park, have etc.)* lay out; *(ved havearkitekt)* landscape (*fx* have one's garden landscaped); **2.** *(forbinding etc.)* apply; **3.** *(mine, tøj etc.)* put on (*fx* a grave face; evening dress); **4.** *(oprette)* establish (*fx* a branch in another town); *(grundlægge)* found; **5.** *(bygge etc.)* build; F construct; □ ~ ***sag*** take legal action; ~ ***sag mod*** *en* bring an action against sby, sue sby (*fx* bring an action against (*el.* sue) him for libel); T take sby to court; F take (*el.* start) legal proceedings against sby (*fx* we shall start legal proceedings against them if they do not stop); *(se også skæg, sorg, synspunkt, synsvinkel).*
anlæggelse *sb. (en, -r) (jf. anlægge)* **1.** laying out; landscaping; **2.** application; **3.** putting on; **4.** establishment; foundation; **5.** building; F construction; **6.** *(investering)* investment.
anlægsaktiver *sb.pl. (hdl.)* fixed assets.
anlægsarbejder *sb.pl.* construction work sg.; construction projects.
anlægsgartner landscape gardener.
anlægskapital *(hdl.)* capital invested.
anlægspapir investment security.
anlægsplads landing stage.
anlægspræg *(biol.)* genotype.
anløbe *vb.* **1.** *(sø.)* call at (*fx* a port); **2.** *(om metal: forandre farve)* be tarnished; be oxidized; **3.** *(om hærdet stål)* temper.
anløben *adj.* **1.** *(om metal)* tarnished; **2.** *(moralsk ~)* shady; **3.** *(beruset)* fuddled.
anløbsbro jetty, landing stage.
anløbshavn port of call.
anløbsplads place of call.
anmarch *sb.: være i ~* be approaching; *et uvejr er i ~* a storm is approaching (*el.* coming on).
anmasselse *sb. (en, -r)* arrogance; presumption.
anmassende[1] *adj.* **1.** *(påtrængende)* importunate; **2.** *(indbildsk)* presumptuous.
anmassende[2] *adv. (jf. anmassende*[1]*)* **1.** importunately; **2.** presumptuously.
anmelde *vb.* **1.** *(bog, film etc.)* review; **2.** *(bebude)* announce, give notice of (*fx* a visit); **3.** *(til myndighed)* report (*fx* a crime (, sby) to the police; doctors report certain diseases to the health authorities); *(meddele,* F*)* notify (*fx* notify a loss to the police, notify the police of a loss; notify change of address; you must notify the police and your insurers that your money has been stolen); **4.** *(toldpligtige varer)* enter; **5.** *(til løb, udstilling)* enter (*til* for); **6.** *(til firmaregisteret)* register (*fx* the company is registered); **7.** *(patent)* apply for.
anmeldelse *sb. (en, -r) (jf. anmelde)* **1.** *(bog, film etc.)* review; write-up; *(kort)* notice; **2.** *(meddelelse, bebudelse)* announcement, notice; **3.** *(til myndighed)* report; notification; **4.** *(af toldpligtige varer)* entry; **5.** *(til løb, udstilling)* entry; **6.** *(til firmaregisteret)* registration; **7.** *(patent-)* application for a patent; **8.** *(indtegning, fx til kursus)* application, registration; □ *indgive ~ (jur.: anklage)* lay an information; *(se også anmelde 3).*
anmeldelsesblanket registration form.
anmeldelsespligt duty of notification; obligation to notify (*fx* change of address).
anmelder *sb. (en, -e)* **1.** *(af bog)* reviewer; **2.** *(jur.)* informer.
anmeldereksemplar review copy.
anmode *vb.: ~ om* request (*fx* permission, an interview); T ask for (*fx* help); F solicit (*fx* a favour); *~ en om noget* request sth from (, of) sby (*fx* request an answer from him; request a favour of him); *~ om at det bliver gjort* request that it (should) be done; *~ en om at* request sby to; *(stærkere)* ask sby to; *De -s om at ...* please (*fx* please acknowledge receipt of this letter); F you are requested to.
anmodning *sb. (en, -er)* request (*om* for, *fx* political asylum); □ *efter ~ a)* by request; as requested; *b) (når det forlanges)* on request (*fx* the bus stops on request); *efter ~ fra* by request of; at the request of; *efter (el. på) hans ~* at his request; *rette en ~ til ham om at* request him to; *skriftlig ~* application in writing.
anmærkning *sb. (en, -er)* **1.** *se note*; **2.** *(i skole)* bad mark (*fx* give a pupil a bad mark).
annaler *sb.pl.* annals.
anneks *sb. (et, -er)* **1.** annex; **2.** *(-sogn)* parish-of-ease.
anneksion *sb. (en, -er)* annexation.
annekskirke chapel-of-ease.
annektere *vb.* **1.** *(om stat)* annex (*fx* territory); **2.** *(tilvende sig)* appropriate (*fx* he appropriated part of his neighbour's land); **3.** *(lægge beslag på)* monopolize (*fx* he monopolized the best chair in the room).
anno in the year (*fx* in the year 1066); □ *Anno Domini* anno Domini; AD (*fx* in the year 55 AD, in 55 AD); in the year of our Lord.
annonce *sb. (en, -r)* advertisement; T advert, ad; *(se også tegne).*
annonceagent (advertisement) canvasser.
annoncebureau advertising agency.
annonceindtægt advertising revenue.
annoncekampagne advertising campaign.
annoncere *vb.* **1.** advertise; **2.** *(radioprogram)* announce.
annoncering *sb. (en, -er)* **1.** advertising; **2.** *(af radioprogram)* announcement.
annoncør *sb. (en, -er)* advertiser.
annuitet *sb. (en, -er)* annuity.
annuitetslån annuity loan.
annullere *vb.* **1.** cancel (*fx* an order, a contract); *(især jur.)* annul (*fx* a contract); **2.** *(i sport)* disallow (*fx* a goal).
annullering *sb. (en)* **1.** cancellation; *(især jur.)* annulment; **2.** *(i sport)* disallowance.
anode *sb. (en, -r)* anode.
anodebatteri anode battery.
anomal *adj.* anomalous.
anomali *sb. (en, -er)* anomaly.
anonym *adj.* anonymous; *(især neds.)* faceless (*fx* bureaucrats).
anonymisere *vb.* make anonymous; *(om AIDS-test)* anonymize.
anonymitet *sb. (en)* anonymity.
anorak *sb. (en, -ker)* anorak; *(især med pelsforet hætte)* parka; *(til at trække over hovedet)* cagoule.
anordne *vb.* **1.** *(ordne)* arrange; **2.** *(foreskrive)* prescribe.
anordning *sb. (en, -er)* **1.** *(mekanisk etc.)* device; **2.** *(ordning)* arrangement; **3.** *(ministeriel, omtr.)* regulation; statutory instrument; □ *kongelig ~ (svarer til)* Royal decree; *(i England)* Order in Council.
anoreksi *sb. (en, -er) (med.)* anorexia.

anorektiker *sb. (en, -e)* anorectic, anorexic.
anormal *adj.* abnormal.
anpartsselskab *(omtr.)* private limited company.
anprise *vb.* puff.
anprisning *sb. (en, -er)* puff.
anretning *sb. (en, -er)* **1.** *(måltid)* meal; *(meget* F*)* collation (*fx* a cold collation); *(ret)* course; **2.** *(borddækning)* arrangement (of a table).
anrette *vb.* **1.** *(forårsage)* cause (*fx* damage); **2.** *(mad)* serve.
anretterbord service table.
anretterværelse butler's pantry.
anråbe *vb.* **1.** *(bede)* implore; **2.** *(~ højere magter)* invoke (*fx* invoke God for help); **3.** *(mil.)* challenge; **4.** *(sø.)* hail;
□ *~ kongen om nåde* implore the King's mercy.
anråbelse *sb. (en, -r) (af højere magt)* invocation.
ansamling *sb. (en, -er)* **1.** accumulation (*fx* of dust); **2.** *(af mennesker)* crowd.
ansat *pf.ptc. af ansætte, adj.: -te* employees, staff (*fx* the firm has 30 employees (*el.* staff)); *offentligt -te se offentlig*; *han er ~ hos Brown & Co.* he is with (*el.* has a job with *el.* works for) Brown & Co.; *fast ~ se fastansat*; *firmaer med indtil 500 -te* companies employing up to 500 people.
ansats *sb. (en, -er)* **1.** *(anlæg, tilbøjelighed)* disposition, tendency (*til* to, *fx* he has a tendency to stoutness);
2. *(fremspring)* shoulder, projecting edge;
3. *(mus.: læbestilling)* embouchure; *(af tone)* attack;
□ *have ~ til dobbelthage (, mave, en forkølelse)* have an incipient double chin (, paunch, cold); *han havde ~ til en brandert* he had had just a drop too much; *~ til hale* rudiments of a tail; a rudimentary tail.
anse *vb.: ~ for (at være) a)* consider (to be) (*fx* I consider him (to be) a fool (, crazy); I consider it my duty to help him); consider as (*fx* consider it as done); regard as (*fx* he regards himself as a hero); look upon as; *b) (fejlagtigt)* take for (*fx* take him for a fool; what do you take me for? he's not the man I took him for); *~ det for passende at* consider it the proper thing to; *(se også given)*; *~ som = ~ for; (se også anset).*
anseelig *adj. = anselig.*
anseelse *sb. (en)* **1.** *(godt navn)* reputation (*fx* injure his reputation; the reputation of the school is very high);
2. *(agtelse)* respect; F esteem;
3. *(position)* standing (*fx* a man of high standing);
4. *(prestige)* prestige (*fx* lose prestige);
□ *nyde stor ~ (jf. 2)* be held in great respect; F be held in high esteem; *uden persons ~* without respect of persons.
anselig *adj.* **1.** *(statelig)* stately, impressive (*fx* building);
2. *(stor)* considerable (*fx* amount).
anset *adj.* respected (*fx* newspaper, actor; a highly respected scientist); reputable (*fx* firm); prestigious (*fx* one of the most prestigious universities in the country);
□ *han er højt ~* he is highly respected, he is held in great respect; F he is held in high esteem.
ansigt *(et -er)* face;
□ *i sit -s sved se sved*[1];
[med vb.] ***redde*** *~* save face; ***tabe*** *~* lose face; *for ikke at tabe ~* to save (one's) face; ***vise*** *sit sande ~* show oneself in one's true colours; *(se også skære)*;
[med præp.] ***i*** *-et* on one's face (*fx* with an angry look on his face); *ar i -et* scars on the face; *han blev lang i -et* he pulled a long face; his face fell; *se en i -et a)* look in sby's face; *b) (fig.: ikke skamme sig)* look sby in the face (*fx* now I can look him in the face again); *et slag i -et (fig.)* a slap in the face; *(grovere)* a kick in the teeth; *(se også male, rød, skrive)*; *se ham* ***lige i*** *-et* look him full (*el.* straight *el.* squarely) in the face; *sige ham noget* ***lige op i*** *-et* tell him sth to his face; *(se også le*[2]*)*; ***med*** *-et mod døren* facing the door; ***på*** *sit glatte ~ se glat*[1]; *~* ***over*** *hele ansigtet se smile*; *~* ***til*** *~* face to face (*med* with); *stille en ~ til ~ med* confront sby with; *en lille en til -et* T a snort.
ansigtsbehandling facial treatment, facial.
ansigtsfarve complexion.
ansigtsform shape of the face.
ansigtsløftning *(også fig.)* face lift (*fx* she had a face lift; give tha house a face lift).
ansigtsløs *adj.* faceless.
ansigtsmaske face mask.
ansigtsmassage facial (massage).
ansigtsmuskel facial muscle.
ansigtsserviet face tissue.
ansigtstræk feature; F lineament.
ansigtsudtryk facial expression;
□ *hans ~ (også)* the look (*el.* expression) on his face; *med et vredt ~* with an angry look on one's face.
ansjos *sb. (en, -er) (zo.)* anchovy.
anskaffe *vb.: ~ sig* get oneself (*fx* he had got himself an expensive car); *(købe)* buy; F purchase.
anskaffelse *sb. (en, -r) (erhvervelse)* acquisition; *(køb)* purchase;
□ *dyr i ~* expensive to buy.
anskaffelsesomkostninger *sb.pl.* initial expenditure.
anskaffelsespris initial cost.
anskrig: *gøre ~* give the alarm.
anskudt *adj.* wounded; *(om fugl)* winged.
anskuelig *adj.* **1.** *(tydelig)* clear; F lucid; **2.** *(malende)* graphic.
anskueliggøre *vb.* **1.** *(illustrere)* illustrate; **2.** *(gøre klart)* make clear.
anskueliggørelse *sb. (en, -r)* illustration.
anskuelighed *sb. (en) (jf. anskuelig)* **1.** lucidity; **2.** graphic(al)ness.
anskuelse *sb. (en, -r) (mening)* view, opinion;
□ *han var af en anden ~* he took a different view of the matter; *være af den ~ at* take the view that, be of (the) opinion that; consider that; *efter min ~* in my view (*el.* opinion).
anskuelsesundervisning **1.** visual instruction; **2.** *(fig.)* object lesson (*fx* it was an object lesson in bad planning).
anslag *sb. (et, -)* **1.** *(måde at anslå på)* touch (*fx* she plays the piano with a light (, firm, heavy) touch);
2. *(projektils)* impact;
3. *(rænke)* plot (*mod* against);
4. *(om vaccine)* taking;
5. *(begyndelse)* beginning, prelude;
6. *(på tastatur)* keystroke;
□ *skrive 300 ~ i minuttet (i maskinskrivning, svarer til)* type 60 words a minute *(*1 word = *5 anslag)*; *et ~ mod ens liv* an attempt on sby's life; *springe ved -et (om granat)* burst on impact.
anslå *vb.* **1.** *(en streng, en tone etc.)* strike; *(se også streng*[1]*, tone)*;
2. *(vurdere)* estimate (*fx* I estimate that it will take three days);
□ *~ for højt* overestimate; *~ for lavt* underestimate; *~* ***til*** estimate at (*fx* I estimate her age at 40; estimate our loss (, the cost) at £10,000); make (*fx* what do you make it? I make it two miles); put at (*fx* I put the weight at about 100 pounds); *hvor gammel -r du mig til at være?* how old would you take me to be?
anspore *vb. (so ansporende)* stim-

ulate (*fx* stimulate him to action); *(kraftigt)* urge (on), spur (on) (*fx* urge (*el.* spur) him to do his best); *(en der er modvillig, ofte til noget negativt)* goad on (*fx* goad them on to a final effort; the older children goaded the youngsters on to steal in the supermarket);
(tirre) incite (*fx* incite them to mutiny);
□ *det vil ~ til* it will stimulate (, incite) him (, them etc.) to; *det kan ~ til at (også)* it may be an incentive to (*fx* work harder).

ansporende *adj.* stimulating;
□ *virke ~ (også)* be an incentive; *virke ~ på* stimulate.

anspænde *vb. (se også anspændt)* strain;
□ *~ alle kræfter* strain every nerve; *~ sin opmærksomhed* concentrate one's attention.

anspændelse *sb. (en, -r)* strain, exertion;
□ *ved ~ af* by straining.

anspændt[1] *adj.* **1.** tense (*fx* atmosphere, situation);
2. *(om person)* tense (*fx* you are too tense); strained (*fx* she looked strained); taut, uptight; *(af frygt)* tensed up; *(før præstation)* keyed up;
□ *~ forhold* strained relations (*fx* between two countries); tension.

anspændt[2] *adv.* **1.** *(nervøst)* tensely; **2.** *(med ~ opmærksomhed)* intently (*fx* he was watching her intently);
□ *lytte ~ a)* strain one's ears; *b) (opmærksomt)* listen intently.

anstalt *sb. (en, -er) (institution)* institution.

anstalter *sb.pl. (se også anstalt)*
1. *(foranstaltninger)* arrangements, preparations (*til* for; *til at* to);
2. *(postyr)* fuss (*fx* without too much fuss);
□ *han gør altid så mange ~* he always makes such a fuss.

anstand *sb. (en)* **1.** *(værdighed)* dignity;
2. *(sømmelighed)* decorum, propriety (*fx* behave with decorum (*el.* propriety));
□ *kede sig med ~* submit with dignity to being bored.

anstandsdame chaperon(e);
□ *være ~ for hende* chaperon(e) her.

anstifte *vb.* stir up (*fx* a mutiny, riots, unrest); F instigate (*fx* a rebellion).

anstiftelse *sb. (en, -r)* instigation.

anstifter *sb. (en, -e)* **1.** instigator;
2. *(af mytteri etc.)* ringleader.

anstigende *præs.ptc.: komme ~* roll up (*fx* the whole family rolled up).

anstikke *vb. (fad)* broach.

anstille *vb.* **1.** *(foretage)* make (*fx* a comparison, an experiment); *(se også prøve*[1]*)*;
2. *(indlede)* set up; F institute (*fx* an inquiry into sth);
□ *~ betragtninger over noget* make reflections about sth, reflect on sth; *~ sig syg* pretend to be ill; F simulate illness.

anstrenge *vb. (se også anstrengende, anstrengt) (trætte)* tire;
□ *det -r øjnene* it is a strain on the eyes; T it is hard on the eyes;
[med sig] ~ **sig** make an effort (*for at* to); F exert oneself (*for at* to); *~ sig til det yderste* make a supreme effort; strain every nerve; T lean over backwards.

anstrengelse *sb. (en, -r)* effort; *(stærkere)* exertion;
□ *-r a) (forsøg)* efforts (*fx* their efforts to help him were in vain); *b) (besvær, slid)* effort sg. (*fx* without much effort); *gøre sig -r* make an effort, try hard; *gøre sig store -r for at* make a great effort to; F take great pains to; *det kostede store -r* it took a lot of effort; *ikke sky nogen -r* spare no pains.

anstrengende *adj.* **1.** *(vanskelig etc.)* trying (*fx* it was a bit trying for him; he is a bit trying);
2. *(som kræver kræfter)* strenuous (*fx* climb, work, day; the walk was too strenuous for him);
3. *(trættende)* tiring; *(stærkere)* exhausting (*fx* journey).

anstrengt *adj.* **1.** *(anspændt)* strained (*fx* strained relations between two countries);
2. *(kunstlet)* forced, strained (*fx* laugh, smile, jollity);
3. *(om økonomi)* overstretched (*fx* the overstretched economy of the country);
□ *hans økonomi er ~* his finances are strained.

anstrøg *(fig.)* touch (*af* of);
□ *med et ~ af (også)* tinged with (*fx* in a voice tinged with bitterness (, regret)).

anstændig *adj.* decent (*fx* behaviour, clothes; a decent young girl; we couldn't find a decent flat (, hotel)).

anstændighed *sb. (en)* decency, propriety.

anstændighedsfølelse a sense of decency (*el.* propriety).

anstændigvis *adv.* in decency.

anstød *sb. (et)* offence;
□ *give (el. vække) ~* give offence; *tage ~ af* take offence at.

anstødelig *adj.* offensive.

anstødelighed *sb. (en, -er)* **1.** offensiveness; **2.** *(udtryk etc.)* offensive thing (, remark, passage etc).

anstødssten stumbling block.

anstå *vb.: ~ sig* be proper, be suitable; *det -r sig ikke for* it is unbecoming to (, for) (*fx* it was unbecoming to an officer (, for an officer to do that)); *det -r sig ikke for mig at* it is not for me to (*fx* criticize him).

ansvar *sb. (et)* **1.** responsibility (*over for* to(wards), *fx* don't forget your responsibility to(wards) your family; a heavy responsibility);
2. *(økon.)* liability;
3. *(skyld)* blame;
[med vb.] ***bære*** *-et for* be responsible for; bear the responsibility for (*fx* a project); *bære det fulde ~ for* bear full responsibility for; *hun bærer på et tungt ~* she bears a heavy responsibility; ***tage*** *-et for* take (the) responsibilty for (*fx* he took (the) responsibility for the project; you must take responsibility for your own life; I take full responsibility for the mistake); *(se også fralægge (sig), påtage (sig))*;
[med præp.] ***på*** *eget ~* on one's own responsibility; at one's own risk; *drage en* ***til*** *~* call sby to account; hold sby responsible; *vil blive draget til ~ efter loven* will be prosecuted; *stå til ~ for* be held responsible for; be answerable for, be accountable for; *handle* ***under*** *~* be prepared to accept the responsibility for one's actions.

ansvarlig *adj.* **1.** *(præd.)* responsible (*for* for, *fx* sby's death; *over for* to, *fx* the management; he is the person responsible); accountable (*for* for, *fx* he is mentally ill and not accountable for his actions; *over for* to); **2.** *(økon.)* liable (*for* for, *fx* for one's wife's debts);
□ *de -e* those responsible; *~ lånekapital* subordinate loan capital.

ansvarlighed *sb. (en) (jf. ansvarlig)*
1. responsibility; accountability (*fx* the accountability of a Minister to Parliament); **2.** liability.

ansvarsbevidst *adj.* **1.** responsible (*fx* she is a very responsible person); **2.** *(samvittighedsfuld)* conscientious.

ansvarsforsikret *adj. (præd.)* insured against third-party risks.

ansvarsforsikring **1.** public liability insurance; **2.** *(bil-)* third party (liability) insurance.

ansvarsfri *adj. (præd.)* free from responsibility.

ansvarsfuld *adj.* responsible;
□ *et -t hverv* a task of great responsibility.
ansvarsfølelse sense of responsibility.
ansvarshavende *adj.* **1.** responsible; **2.** *(om redaktør, kan gengives, præd.)* responsible under the press law.
ansvarsløs *adj.* irresponsible.
ansvarsområde field of responsibility; *(persons også,* F*)* purview;
□ *have det som* ~ be responsible for it.
ansætte *vb. (se også ansat)* **1.** *(i stilling)* take on (*fx* more workers); hire (*fx* we must hire new staff); *(mere* F*)* engage (*fx* a new secretary);
2. *(i embede etc.)* appoint (*fx* sby to a post);
3. *(fastsætte)* fix (*til* at, for, *fx* fix the price at £300; fix the salary at £15,000; fix the meeting for 7 o'clock; fix a day for the meeting);
4. *(vurdere)* estimate (*til* at); *(se også anslå)*;
5. *(til skat)* assess (*til* at, *fx* assess her taxable income at £15,000);
6. *(frugt etc.)* set.
ansættelse *sb. (en, -r) (jf. ansætte)* **1.** taking on, hiring; F engagement; **2.** appointment; **3.** fixing; **4.** estimate; **5.** *(til skat)* assessment;
□ *fast ~ se fast; give fast ~ se fastansætte; få ~ hos* get a job with.
ansættelsesbetingelser *sb.pl.* conditions of appointment.
ansættelsesforhold *sb.pl.* conditions of employment.
ansættelsessamtale (job) interview.
ansættelsesstop freeze on appointments.
ansættelsestryghed **1.** job security; **2.** *(i embede)* security of tenure.
ansøge *vb.* apply;
□ ~ *om* apply for, put in for (*fx* a job); ~ *om at blive forflyttet* apply for a transfer; ~ *om at måtte* apply for permission to.
ansøger *sb. (en, -e)* applicant (*til* for); *(til embede etc. også)* candidate.
ansøgerland candidate country; applicant State.
ansøgning *sb. (en, -er)* application;
□ *efter* ~ on application.
ansøgningsblanket application form.
ansøgningsfrist closing date for applications; last date for applications.
ansøgningsskema application form.
antabus *sb. (et)* ® antabuse.
antabuskur antabuse treatment.
antage[1] *vb.* **1.** *(tilbud etc.)* accept;
2. *(godkende)* approve (*fx* a plan, a scheme);
3. *(ansætte)* take on (*fx* more workers); *(mere* F*)* engage (*fx* a new secretary);
4. *(blive tilhænger af)* adopt (*fx* Christianity; an opinion);
5. *(få (en vis skikkelse), tage)* assume (*fx* human shape; alarming proportions);
□ *få en bog (, et stykke) -t* get a book (, a play) accepted; ~ *et navn* adopt a name; ~ *sig ens sag* take up sby's cause; ~ *titel af* assume the title of.
antage[2] *vb.* **1.** *(gå ud fra)* assume (*fx* I assume it is true; let us assume that it is true); F presume; *(se også formode)*;
2. *(tage for givet)* take it (*fx* I take it that we agree on this);
□ *som almindelig -t* as (it) is generally believed; ~ ***for*** take for (*fx* what do you take me for? he is not the man I took him for).
antagelig[1] *adj.* **1.** *(som kan gå an)* acceptable (*fx* offer); *(tilfredsstillende)* satisfactory (*fx* result);
2. *(nogenlunde,)* passable (*fx* a passable knowledge of English); *(mere* F*, lidt bedre)* tolerable (*fx* the food was tolerable; a tolerable salary);
3. *(ret stor)* considerable (*fx* amount); *(noget mindre)* fair (*fx* amount).
antagelig[2] *adv.* very likely; F presumably; I expect.
antagelse[1] *sb. (en, -r) (jf. antage*[1]*)* **1.** acceptance; **2.** approval; **3.** engagement; **4.** adoption; **5.** assumption.
antagelse[2] *sb. (en, -r) (jf. antage*[2]*)* assumption; *(hypotese, teori)* hypothesis, theory;
□ *en forkert* ~ an incorrect assumption; an erroneous belief; F a fallacy; *ud fra den ~ at* on the assumption that; *(se også udbredt)*.
antal *sb. (et)* number (*fx* a surprisingly small number of tourists);
□ *i* ~ in number (*fx* they were 20 in number); F numerically (*fx* the enemy were numerically superior); *i et ~ af* to the number of, numbering; *overgå i* ~ outnumber; *samlet* ~ total (number); *et stort ~ a)* a large number; *b) (+ sb.)* a large number of (*fx* tourists); *i stort* ~ in large numbers; *de mødte op i stort* ~ they turned out in strength.
Antarktis *(geogr.)* Antarctica; the Antarctic Continent.
antarktisk *adj.* antarctic.
antaste *vb.* **1.** *(på gaden)* accost (*fx* she was accosted by two strangers);
2. *(trænge sig ind på)* intrude upon;
3. *(rettighed etc.)* interfere with; F infringe.
antedatere *vb.* antedate.
antegne *vb.* note.
antegnelse *sb. (en, -r)* note.
antenne *sb. (en, -r) (radio-)* aerial; *(am.)* antenna;
□ *have -rne ude (fig.)* have one's ear to the ground; *slå -rne ud (fig.: lytte)* prick up one's ears.
antennemontør TV aerial erector.
antennetråd aerial wire.
anti- anti- (*fx* anti-British).
anti-atomkampagne campaign for nuclear disarmament.
antibiotikum *sb. (et, antibiotika) (med.)* antibiotic.
antibiotisk *adj.* antibiotic.
antichambrere *vb.* dance attendance (*hos* on).
antihistamin *sb. (et, -er) (med.)* antihistamine.
antiinflations- anti-inflation, counter-inflation.
antik *sb. (en, -ker) & adj.* antique.
Antikken Antiquity.
antiklimaks *sb. (en, -er)* anticlimax.
antikonception *sb. (en)* contraception.
antikonceptionel *adj.* contraceptive;
□ *-le midler* contraceptive devices, contraceptives.
antikrist Antichrist.
antiksamling collection of antiques.
antikva *sb. (en) (typ.)* Roman (letter).
antikvar *sb. (en, -er)* **1.** *se antikvarboghandler*; **2.** *se rigsantikvar.*
antikvarboghandel second-hand bookshop; *(finere)* antiquarian bookshop.
antikvarboghandler second-hand bookseller; *(finere)* antiquarian bookseller.
antikvariat *sb. (et, -er) = antikvarboghandel.*
antikvarisk *adj. & adv.* second-hand (*fx* buy a book second-hand).
antikveret *adj.* obsolete (*fx* weapons, ideas); *(mere neds.)* antiquated (*fx* hat, views).
antikvitet *sb. (en, -er)* antique;
□ *-er (kulturhistoriske)* antiquities (*fx* Roman antiquities).
antikvitetsforretning antique shop.
antikvitetshandler *sb. (en, -e)* an-

tique dealer.
Antillerne *sb.pl. (geogr.)* the Antilles.
antilogaritme *sb. (en, -r) (mat.)* antilogarithm.
antilope *sb. (en, -r) (zo.)* antelope.
antiluftskyts anti-aircraft artillery; anti-aircraft guns pl.
antiluftskytskanon anti-aircraft gun.
antimilitarist *sb. (en, -er),* **antimilitaristisk** *adj.* anti-militarist.
antimon *sb. (et, -er) (kem.)* antimony.
antioxidant *sb. (en, -er)* antioxidant.
antipati *sb. (en, -er)* antipathy (*mod* to, towards); dislike (*mod* of, for);
□ *få ~ imod* take a dislike to.
antipatisk *adj.* antipathetic.
antipode *(en, -r)* antipode.
antiraket-raket *(mil.)* anti-missile missile; *(fork.)* AMM.
antisemit *(en, -ter)* anti-Semite.
antisemitisk *adj.* anti-Semitic.
antisemitisme *(en)* anti-Semitism.
antiseptisk[1] *adj.* antiseptic;
□ *~ middel* antiseptic.
antiseptisk[2] *adv.* antiseptically.
antistatisk *adj.* antistatic.
antistof *sb. (et, -fer)* **1.** *(med.)* antibody; **2.** *(fys.)* antimatter.
antitankkanon anti-tank gun.
antiterrorkorps antiterrorist forces pl.
antitese *sb. (en, -r)* antithesis (pl. antitheses).
antologi *sb. (en, -er)* anthology.
antonym *sb. (et, -er)* antonym.
antracit *sb. (en)* anthracite.
antropolog *sb. (en, -er)* anthropologist.
antropologi *sb. (en)* anthropology.
antropologisk *adj.* anthropological.
antræk *sb. (et) (dragt)* get-up (*fx* an odd get-up).
Antwerpen *(geogr.)* Antwerp.
antyde *vb.* **1.** *(sige indirekte)* hint (*fx* he hinted (to me) that I ought to find another job); F intimate (*fx* one's disapproval; that one wishes to be alone);
2. *(sige forsigtigt)* suggest (*fx* are you suggesting that it was all a mistake?);
3. *(tyde på)* suggest, indicate (*fx* his smile suggested (*el.* indicated) that he was quite pleased (, his satisfaction at the result));
4. *(i tegning etc.)* sketch (out);
□ *~ muligheden af* hint at (the possibility of) (*fx* the Minister hinted at a tax reduction); *~ noget om* hint at (*fx* he hinted at irregularities in their accounting); *(om han var vred ?) det tør jeg svagt ~!* (was he angry?) you bet he was! (*el.* I'll say he was!).
antydning *sb. (en, -er)* **1.** *(vink)* hint (*om* about; *om at* that, *fx* he gave a hint that he might be willing; a delicate (, gentle) hint);
2. *(forsigtig udtalelse)* suggestion (*om* about; *om at* that);
3. *(tilkendegivelse)* indication (*om* of; *om at* that, *fx* an indication of his intentions (, that he is ready to do it));
4. *(neds.: fornærmelig, ubehagelig)* innuendo (pl. -es) (*om* about; *om at* that, *fx* she made an innuendo that he was an alcoholic; she made innuendoes about my being behind it all);
5. *(smule)* suggestion (*af* of, *fx* a suggestion of a smile (, of a Danish accent)); trace (*af* of, *fx* a trace of jealousy); hint, touch (*af* of, *fx* a hint (*el.* touch) of sadness in his voice (, of frost in the air, of garlic)); F suspicion (*af* of, *fx* a suspicion of pepper);
□ *ikke ~ af* not a trace of (*fx* fear); *ikke ~ af tvivl* not a shadow of (a) doubt; *lade en ~ falde* drop a hint; *han forstår en ~* he can take a hint.
antydningsvis *adv.* as a hint, by implication;
□ *berøre det ~* hint at it.
antænde *vb.* **1.** set on fire (*fx* set the roof on fire); set fire to (*fx* the roof);
2. *(sprængladning etc.)* set off; *(tekn.)* ignite (*fx* the fuel mixture, the petrol; a spark ignited the gas);
□ *stråtaget blev antændt* the thatch caught fire.
antændelig *adj.* (in)flammable (*fx* the fuel mixture is highly (in)flammable); F combustible.
antændelse *sb. (en, -r)* ignition.
antændelsestemperatur ignition temperature.
anvende *vb.* **1.** *(bruge)* use (*til* for); F employ (*fx* employ (*el.* use) force);
2. *(til bestemt formål el. tilfælde)* apply (*på* to, *fx* the rule cannot be applied to this case);
3. *(penge)* use (*fx* he used his money to buy a house); *(give ud)* spend (*på, til* on, *fx* he spends a lot of money on his hobby);
4. *(tid)* spend (*på, til* on, *fx* studies; *på at, til at* -ing, *fx* reading); F employ (*fx* you could employ your time better); devote (*på, til* to); *(se også bruge)*;
5. *(gøre nyttig)* turn to (good) account; F utilize (*fx* one's abilities);
□ *reglen kan -s på* the rule applies to; the rule is applicable to; *[med sb.] ~ sin fritid på bedste måde* turn one's leisure to the best account; *~ alle sine kræfter* exert all one's strength; *~ stor omhu på udførelsen af noget* take great care in doing sth; F exercise great care in doing sth; *anvendt videnskab* applied science.
anvendelig *adj.* **1.** *(nyttig)* useful (*fx* tool; idea); **2.** *(brugbar)* usable, practicable (*fx* method); workable (*fx* plan);
□ *den er ~* it can be used; *~ på* applicable to.
anvendelighed *sb. (en)* **1.** *(nyttighed)* utility (*fx* of a tool , of computers);
2. *(mulighed for at blive iværksat)* practicability (*fx* of a plan);
3. *(i et bestemt tilfælde)* applicability (*fx* of a principle, of a rule).
anvendelse *sb. (en, -r) (jf. anvende)* **1.** use; F employment; **2.** application; **3.** use; **4.** employment; **5.** utilization;
□ *bringe (el. tage) i ~ a) (jf. 1)* use (*fx* a method); F employ (*fx* a method); bring into play (*fx* computers were brought into play to solve the problem); *b) (jf. 2)* apply (*fx* a principle; the death penalty); *finde ~ a)* be used (*til* for); *b) (om regel, bestemmelse)* apply; *finde ~ på* apply to, be applicable to; *få (el. finde) ~ for* find a use for; *med ~ af* using.
anvendelsesmulighed application;
□ *det har mange -r* it has a variety of applications; T it can be used for many purposes.
anvendelsesområde scope of application.
anvise *vb.* **1.** *(vise)* show (*fx* sby to his seat); **2.** *(tildele)* assign, allot (*fx* a room (, a task) to sby); allocate (*fx* a room (, a flat, a task) to sby);
□ *~ én arbejde* find work for sby; *~ én hans gage* give sby an order for the payment of his salary; *~ på banken* draw a cheque on the bank; *~ et beløb til udbetaling* order an amount to be paid out.
anvisning *sb. (en, -er)* **1.** *(vejledning)* direction; instructions pl.;
2. *(tildeling)* assignment, allotment;
3. *(penge-)* money order; *(check)* cheque;
□ *efter hans ~* according to his instructions.

anæmi *sb. (en) (med.)* anaemia.
anæmisk *adj.* anaemic.
anæstesi *sb. (en, -er) (med.)* anaesthesia.
anæstesiolog *sb. (en, -er) (med.)* anaesthetist; *(am.)* anesthesiologist.
anæstesiologi *sb. (en) (med.)* anaesthetics; *(am.)* anesthesiology.
a-nøgle *(i låsesystem)* master key.
apache *sb. (en, -r)* apache.
apanage *sb. (en, -r)* ap(p)anage; civil list annuity.
aparte[1] *adj.* odd, peculiar.
aparte[2] *adv.* oddly, peculiarly.
apati *sb. (en)* apathy.
apatisk[1] *adj.* apathetic.
apatisk[2] *adv.* apathetically.
aperitif *sb. (en, -fer)* aperitif.
aplomb *sb. (en)* aplomb; self-possession.
apokalypse *(en)* apocalypse.
apokalyptisk *adj.* apocalyptic.
apokryf[1] *sb. (en, -(f)er): -erne* the Apocrypha.
apokryf[2] *adj.* apocryphal.
apokryfisk *adj.* apocryphal;
□ *de -e bøger* the Apocrypha.
apolitisk *adj.* apolitical.
apollinaris *sb. (en)* Apollinaris.
apologi *sb. (en, -er)* apology.
apopleksi *sb. (en)* apoplexy.
apoplektiker *sb. (en, -e)* apoplectic.
apoplektisk *adj.* apoplectic (*fx* he had an apoplectic fit).
apostel *sb. (en, apostle)* apostle;
□ *Apostlenes Gerninger* the Acts (of the Apostles); *rejse med apostlenes heste* go on Shanks's mare (*el.* pony); *apost(e)len Paulus* St. Paul the Apostle.
apostolisk *adj.* apostolic;
□ *den -e trosbekendelse* the Apostles' Creed.
apostrof *sb. (en, -fer)* apostrophe.
apostrofe *sb. (en, -r)* apostrophe.
apostrofere *vb.* apostrophize.
apotek *sb. (et, -er)* **1.** chemist's (shop), pharmacy; *(am.)* drugstore, pharmacy; **2.** *(på hospital)* dispensary.
apoteker *sb. (en, -e)* chemist; pharmaceutical (*el.* dispensing) chemist; *(am.)* pharmacist, druggist.
apotekermedhjælper chemist's assistant.
apotekervarer *sb.pl.* medical drugs.
apoteksassistent assistant dispenser.
apoteose *sb. (en, -r)* apotheosis (pl. apotheoses).
apparat *sb. (et, -er)* **1.** instrument (*fx* a measuring instrument); apparatus (pl. apparatus(es)) (*fx* the room was filled with complicated apparatus(es)); *(især elek.)* appliance (*fx* electrical appliances); **2.** *(indretning, især mindre)* device (*fx* an electronic device);
3. *(radio, tv)* set;
4. *(telefon)* telephone; F handset; *(ekstrapparat)* extension (*fx* we have an extension in the bedroom);
5. *(system, organisation)* machinery (*fx* of government; they set the whole machinery in motion); machine (*fx* party machine).
apparatur *sb. (et, -er)* apparatus (pl. apparatus(es)).
apparition *sb. (en, -er)* **1.** *(udseende)* appearance; **2.** *(astr.)* apparition.
appel *sb. (en, -ler)* **1.** *(påkaldelse, henvendelse)* appeal (*til* to, *fx* her reason, his sense of honour);
2. *(jur.)* appeal;
3. *(navneopråb)* roll-call;
4. *(fart)* spirit; T go;
□ *afvise en ~ (jur.)* dismiss an appeal; *opretholde en ~ (jur.)* allow an appeal; *rette en ~ til* appeal to, make an appeal to.
appeldomstol, **appelinstans** court of appeal.
appellabel *adj.* appealable.
appellant *sb. (en, -er)* appellant.
appellere *vb.* **1.** appeal (*til* to, *fx* to his feelings; to a higher court; it doesn't appeal to me); *(jur. også)* lodge an appeal (*til* with); **2.** *(med objekt)* appeal against; *(am.)* appeal;
□ *~ en dom a) (i civile sager)* appeal against a judgment; *b) (i kriminalsager)* appeal against a conviction; *c) (mod strafudmåling)* appeal against a sentence.
appelret **1.** right of appeal;
2. *(domstol)* court of appeal.
appelsag appeal case.
appelsin *sb. (en, -er)* orange.
appelsinfri *adj.: han er ikke helt ~* he has had a drop too much.
appelsinhud orange-peel skin.
appelsinskal, **appelsinskræl** orange peel, orange rind; *en ~* a piece of orange peel (*el.* rind).
appendicit *sb. (en, -ter)*, **appendicitis** *(en) (med.)* appendicitis;
□ *en ~* a case of appendicitis.
appendiks[1] *sb. (et, -er)* **1.** *(til bog etc.)* appendix (pl. -es, *(fagl.)* appendices);
2. *(fig.)* appendage (*fx* he is a mere appendage to his wife).
appendiks[2] *sb. (en) (med.)* appendix (pl. appendixes, appendices).
Appenninerne *sb.pl. (geogr.)* the Apennines.
appetit *sb. (en)* appetite (*på, til* for);
□ *det giver ~* it gives you an appetite; *miste -ten* lose one's appetite; *spise med god ~ a)* eat with a good appetite; *b) (med nydelse)* eat with relish; *-ten kommer mens man spiser* (the) appetite comes with eating.
appetitlig *adj.* appetizing.
appetitløs *adj. (efter sb.)* without an appetite.
appetitløshed *sb. (en)* loss of appetite.
appetitvækkende[1] *adj.* **1.** appetizing; **2.** *(fristende)* tempting.
appetitvækkende[2] *adv.* **1.** appetizingly; **2.** temptingly.
appetitvækker *sb. (en, -e)* appetizer.
applaudere *vb.* applaud.
applaus *sb. (en)* applause; F plaudits pl.
applicere *vb.* apply (*på* to).
applikation *sb. (en, -er)* **1.** *(anvendelse)* application; **2.** *(påsyning)* appliqué (work).
applikere *vb. (påsy)* apply, appliqué (*på* to).
apportere *vb.* retrieve.
apposition *sb. (en, -er)* apposition;
□ *stå i ~ til* be in apposition to.
appretur *sb. (en, -er)* (textile) size; dressing.
approbation *sb. (en, -er)* approval, sanction.
approbere *vb.* approve, sanction.
april *sb. (en)* April;
□ *narre ham ~* make an April fool of him; *den første ~* the first of April; All Fool's Day;
[udtryk med datoangivelser] (den) 8. ~ 1995 a) (over brev) 8 April 1995; 8th April 1995; *(især am.)* April 8(th), 1995; *b) (i tekst)* on the eighth of April, 1995; on April 8(th), 1995; on 8(th) April 1995; *det var den 8. ~ a)* it was the eighth of April; *b) (om hvornår noget skete)* it was on the eighth of April (*fx* it was on the eighth of April that he arrived).
aprilsnar April fool.
aprilspøg April fool's joke (*el.* hoax *el.* prank).
aprilsvejr April weather.
apriori, **apriorisk** *adj.* a priori.
apropos *adv.* by the way;
□ *komme ~* be apropos, be opportune; *~ Smith* talking of Smith; F apropos of Smith.
apsis *sb. (en, -ser)* **1.** *(på kirke)* apse; **2.** *(på telt)* bell end.
aptering *sb. (en, -er) (sø.)* accommodation.

ar[1] *sb. (en, -) (mål)* are; 100 sq. metres.
ar[2] *sb. (et, -)* **1.** scar (*efter* from, *fx* a scar from a blow); *(langt smalt)* seam;
2. *(fig.)* scar (*fx* the terrible experience had left a scar; the scars of the recent war);
3. *(bot.: støvfang)* stigma.
ara *sb. (en, -er) (zo.)* macaw.
araber *sb. (en, -e)* Arab.
arabertal Arabic numeral.
arabesk *sb. (en, -er)* arabesque.
Arabien Arabia.
arabisere *vb.* Arabize.
arabisk[1] *sb. (et) (sproget)* Arabic;
□ *på* ~ in Arabic.
arabisk[2] *adj.* **1.** *(vedrørende arabere)* Arab (*fx* the Arab countries (, world); an Arab village (, politician, sheik); Arab policy (, philosophy); an Arab horse);
2. *(vedrørende Arabien)* Arabian (*fx* the Arabian desert (, Peninsula, Gulf));
3. *(om sprog, litteratur, tegn)* Arabic (*fx* alphabet, letters, numerals, script).
aramæisk *sb. (et) & adj.* Aramaic.
araucaria *sb. (en, araucarier) (bot.)* araucaria.
arbejde[1] *sb. (et, -r)* **1.** work (*fx* the work of building a house; it is hard work; she has a lot of work to do); *(strengt)* labour (*fx* manual labour (*el.* work); it took ten days of backbreaking labour);
2. *(beskæftigelse)* work (*fx* be looking for work; find work); *(mere* F*)* employment (*fx* find employment; this will give employment to 30 men);
3. *(stilling)* job (*fx* get a job, find a job, be looking for a job);
4. *(stykke ~)* job (*fx* do a job well); piece of work (*fx* a fine piece of work);
5. *(kunstværk)* work (*fx* an early work of Renoir; a literary work);
6. *(hverv, opgave)* task (*fx* a thankless (, difficult, pleasant) task);
7. *(god el. dårlig udførelse)* workmanship (*fx* bad workmanship);
8. *(tilvirkning)* make (*fx* British make);
□ *ved sine* ***hænders*** ~ by the labour of one's hands; ~ *og* ***kapital*** Capital and Labour; ***sort*** ~ *se sort*[2]; ***spildt*** ~ a waste of energy; *et* ***stykke*** ~ a piece (*el.* job) of work; *gøre et stykke ~ (ɔ: en indsats)* make an effort; ***under*** *-t* while working;
[med vb.] ***få*** ~ get a job; ***nedlægge*** *-t se nedlægge;* ***søge*** ~ *se søge;* ***tage*** ~ take a job (*som* as); F take up employment;
[med vb. + præp.] ***gå i*** ~ *(ɔ: gå i gang)* set to work; *gå i ~ igen (efter strejke)* go back (to work); ***gå på*** ~ go to work; ***komme på*** ~ *a)* get to work, get to one's job (*fx* I can get to my job in 20 minutes); *b) (få travlt)* have one's work cut out (*fx* he certainly had his work cut out); ***sætte*** *noget* ***i*** ~ put sth in hand (*el.* into work); *sætte en i* ~ set sby to work; ***være i*** ~ *a)* be working, be employed; *b) (om ting)* be in hand; *være i ~ igen* be at work again, be working again; ***være på*** ~ be at work; ***være uden*** ~ be unemployed, be out of work, be out of a job; ***være under*** ~ *a)* be under (*el.* in process of) construction; *b) (under forberedelse)* be in (course of) preparation.
arbejde[2] *vb.* **1.** work; *(hårdt)* labour;
2. *(fungere)* operate, function (*fx* the machine is not operating (*el.* functioning) properly);
□ *den -nde befolkning* the working population; ~ *bestyrelsesformand se bestyrelsesformand; hans bryst -de* his breast heaved;
[med præp. & adv.] ~ *en gæld* ***af*** work off a debt;
~ ***med*** *a) (være i gang med)* work on (*fx* a new book); *b) (tumle med)* work at (*fx* a problem); *c) (om redskab, vare etc.)* work with (*fx* a computer; computers; children); *d) (om evne, færdighed etc.: for at forbedre)* develop (*fx* one's creative talents; he needs to develop his reading);
~ *en forretning* ***op*** work up a business;
~ ***over*** work (*el.* do) overtime;
~ ***på*** *a)* work on (*fx* a new book); be engaged in (*fx* writing a novel); *b) (tumle med)* work at (*fx* an invention); ~ ***på at*** work at -ing (*fx* being accepted);
~ ***sammen*** *a)* work together (*fx* they work well together); *b) (forene) se sammenarbejde;* ~ ***sammen med*** work with (*fx* he can't work with the others); ~ ***sammen om*** collaborate on (*fx* a book); ~ *sammen med ham om at* collaborate with him in -ing (*fx* in writing a book);
~ ***ud fra*** *den teori at* work on the theory that;
[med sig] ~ ***sig frem*** *a)* work one's way forward (, up); *b) (om karriere)* rise from the ranks; ~ ***sig fri*** work oneself free; ~ ***sig igennem*** work (one's way) through (*fx* a book, a pile of work); ~ ***sig ihjel*** work oneself to death; ~ ***sig løs*** *(om skrue etc.)* work loose; ~ ***sig op*** *se ovf.:* ~ *sig frem;* ~ ***sig op til*** *et sandt raseri* work oneself into a towering rage.
arbejd efter reglerne-aktion work-to-rule (*fx* they staged a work-to-rule).
arbejder *sb. (en, -e)* **1.** worker (*fx* factory worker, skilled worker); workman (*fx* a good (, quick) workman); *(mods. funktionær også)* blue-collar worker;
2. *(håndværker etc.)* workman (*fx* some workmen were digging up the road (, putting up a fence));
3. *(som klassebetegnelse)* worker, working man;
4. *(på fabrik)* man; F operative;
5. *(land-)* farm hand, labourer;
6. *(hos bier)* worker;
□ *-e (også)* working people; *-ne (som klasse)* the workers, the working people; labour.
arbejderbefolkning working-class population.
arbejderbeskyttelse safety at work.
arbejderbeskyttelseslov health and safety at work act.
arbejderbevægelse labour movement.
arbejderboliger *sb.pl.* **1.** workmen's houses; **2.** *(lejekaserner)* tenements.
arbejderfamilie working-class family.
arbejderfører Labour leader.
arbejderhøjskole workers' college.
arbejderklassen the working class(es).
arbejderkvarter working-class district (*el.* quarter).
arbejderpartiet the Labour Party.
arbejderuroligheder *sb.pl.* labour troubles.
arbejdsanvisningskontor *se arbejdsformidling.*
arbejdsbesparende *adj.* labour-saving.
arbejdsbi *(flittig person)* busy bee.
arbejdsbog *(med opgaver)* workbook.
arbejdsbord 1. working table;
2. *(skrivebord)* writing table, desk.
arbejdsbukser *sb.pl.* working trousers, denims.
arbejdsbyrde workload;
□ *mindre* ~ a lighter workload.
arbejdsdag 1. *(daglig arbejdstid)* working day; *(am.)* workday;
2. *(hverdag)* working day;
□ *syv timers* ~ a seven-hour (working) day.
arbejdsdeling 1. division of labour (*fx* a fair division of labour in the

home); 2. *(til modarbejdelse af arbejdsløshed)* work sharing; short-time working.
arbejdsdreng boy.
arbejdsdygtig *adj.* fit, able-bodied;
□ *folk i den -e alder* people of working age; *et -t flertal* a working majority.
arbejdsdygtighed capacity for work, fitness.
arbejdsevne working capacity.
arbejdsfelt field of activity.
arbejdsfordeling *se arbejdsdeling.*
arbejdsforhold *sb.pl.* working conditions.
arbejdsformand foreman.
arbejdsformidler employment officer.
arbejdsformidling 1. employment service, placement service;
2. *(kontor)* employment exchange; job centre.
arbejdsfortjeneste earnings pl.
arbejdsfred *(i samfundet)* industrial peace; *(se også arbejdsro).*
arbejdsfri *adj.: ~ indtægt(er)* unearned income.
arbejdsfrokost working lunch.
arbejdsfællesskab (working) partnership.
arbejdsgang 1. (working) procedure; **2.** *(maskines)* cycle of operations;
□ *den daglige ~* the daily routine; *i én ~* in one operation, at one go; *i to -e* in two operations, in two stages; *sætte en ind i (, kende, lære) -en* show sby (, know, learn) the ropes.
arbejdsgiver employer.
arbejdsgiverforening employers' association (*el.* organization).
arbejdsglæde 1. zest; **2.** *(tilfredshed med sin bestilling)* job satisfaction (*fx* schemes to improve job satisfaction);
□ *det ødelægger ens ~* it takes all the pleasure out of one's work.
arbejdsgruppe working group, working party (*fx* a working party has been set up to deal with the problem).
arbejdshest 1. work horse;
2. *(hårdtarbejdende person)* hard worker; *(med studier, ofte neds.)* swot; *(am.)* grind.
arbejdshold shift.
arbejdsindsats 1. *(udført arbejde)* performance; **2.** *(anstrengelse)* effort (*fx* by a renewed effort); **3.** *(arbejdsbyrde)* workload.
arbejdsindtægt earned income.
arbejdsintensiv *adj.* labour-intensive.
arbejdskammerat fellow worker; T workmate.
arbejdskamp industrial conflict.
arbejdskendskab *(skolefag)* vocational studies pl.; *(svarer omtr. til)* work introduction course.
arbejdsklima atmosphere.
arbejdsklædt *adj. (præd.)* dressed in one's working clothes; wearing the dress of a working man.
arbejdskollektiv working collective.
arbejdskonflikt labour (*el.* industrial) dispute.
arbejdskopi *(af film)* workprint.
arbejdskraft 1. *(evne)* working capacity; **2.** *(arbejdere)* labour (*fx* foreign labour; non-union labour); manpower;
□ *mangel på ~* scarcity of labour; manpower (*el.* labour) shortage; *han er en værdifuld ~ for firmaet* he is an asset to the firm.
arbejdskraftreserve manpower reserve.
arbejdskrævende *adj.* **1.** *(økon.)* labour-intensive; **2.** *(anstrengende)* strenuous; F onerous.
arbejdskørsel heavy traffic.
arbejdslager *(edb)* working storage.
arbejdsleder supervisor; *(på højere trin)* executive.
arbejdsledig *adj. se arbejdsløs.*
arbejdsledighed *se arbejdsløshed.*
arbejdslejr 1. work camp;
2. *(tvangs-)* forced-labour camp.
arbejdsliderlig *adj.: han er ~* he is a workaholic.
arbejdsliv working life (*fx* women's working lives have lengthened);
□ *-et* the world of work (*fx* prepare young people for the world of work).
arbejdslyst love of working; F zeal.
arbejdsløn wage(s).
arbejdsløs *adj.* unemployed, jobless; *(præd. også)* out of work;
□ *de -e* the unemployed; *en ~* an unemployed person; *være ~ (også)* be out of a job; *blive ~* lose one's job, be thrown out of work; be made redundant; *gøre dem -e* throw them out of work; make them redundant; *melde sig ~* sign on.
arbejdsløshed *sb. (en)* **1.** unemployment; **2.** *(procent)* unemployment rate;
□ *stor ~* high unemployment; a high unemployment rate, a high level of unemployment; *en ~ på 10%* 10 p.c. unemployment; an unemployment rate of 10 p.c.
arbejdsløshedsdagpenge *sb.pl. (svarer til)* unemployment benefit.
arbejdsløshedsforsikring unemployment insurance.
arbejdsløshedskasse 1. unemployment fund; **2.** *(kontor)* unemployment benefit office.
arbejdsløshedsområde distressed area.
arbejdsløshedsspørgsmålet the unemployment problem.
arbejdsløshedsunderstøttelse unemployment benefit; T the dole;
□ *få ~* receive unemployment benefit; T be on the dole; *hæve ~* draw unemployment benefit.
arbejdsløshedsø pocket of unemployment.
arbejdsmand unskilled labourer.
arbejdsmangel shortage of work.
arbejdsmarked labour market;
□ *-ets parter* the two sides of industry; the unions and the employers' organizations; *gå ud på -et* enter the labour market; *(se også tillægspension).*
arbejdsmarkedsuddannelse *(kan gengives)* job retraining programme; *(svarer i Engl. til)* training opportunities scheme.
arbejdsmateriale materials pl.
arbejdsmedicin industrial medicine, occupational medicine.
arbejdsmenneske hard worker.
arbejdsmetode working method.
arbejdsmiljø work(ing) environment.
arbejdsmiljølov health and safety at work act.
arbejdsminister minister of labour.
arbejdsministerium ministry of labour.
arbejdsmoral attitude to work; work ethic (*fx* they lack a work ethic).
arbejdsmåde working method.
arbejdsnarkoman work addict, workaholic.
arbejdsnedlæggelse work stoppage; walkout.
arbejdsom *adj.* hard-working; *(mere* F*)* industrious.
arbejdsomhed *sb. (en)* industry.
arbejdsopgave task.
arbejdspapir working paper.
arbejdsplads 1. *(sted hvor man er ansat)* place of work (*fx* at my place of work); workplace; *(byggeplads)* site;
2. *(plads hvor man står (, sidder))* working place (*fx* the room was both sitting room, working place and office); *(edb el. på fabrik)* work station;
3. *(plads hvor man kan arbejde)* place to work (*fx* the child needs a proper place to work); work space;
4. *(stilling)* job (*fx* create new jobs; save 200 jobs);

□ *på -en* at one's place of work; *uro på -erne* unrest among workers; industrial unrest.
arbejdsplan, **arbejdsprogram** working plan, work schedule.
arbejdspligt obligation to work.
arbejdspres pressure of work.
arbejdspsykologi occupational psychology, industrial psychology.
arbejdsret 1. *(domstol)* labour court, industrial (relations) court; **2.** *(retsregler)* labour legislation, labour law.
arbejdsro: *må jeg så få ~* can't you let me work in peace.
arbejdsseddel (workman's) timesheet.
arbejdsskade industrial injury; T on-the-job injury.
arbejdsskadeforsikring industrial injury insurance.
arbejdsskur workmen's shed (*el.* hut).
arbejdssky *adj.* workshy.
arbejdssprog working language.
arbejdsstandsning 1. work stoppage; **2.** *(strejke)* strike; **3.** *(lockout)* lock-out.
arbejdssted place of work, workplace.
arbejdsstilling working position, working posture.
arbejdsstudier *sb.pl.* work studies.
arbejdsstykke workpiece.
arbejdsstyrke workforce, labour force.
arbejdssøgende *adj.* **1.** job-seeking; *(præd. også)* in search of work; **2.** *(brugt som sb.)* person in search of work, job-seeker; T job hunter; *(ansøger)* applicant.
arbejdstager *sb. (en, -e)* employee.
arbejdstegning workshop drawing.
arbejdstempo speed, rate of working;
□ *forhøjet ~* speed-up; *nedsættelse af -et (som obstruktion)* go-slow.
arbejdstid (working) hours pl.;
□ *efter ~* after hours; *kort ~* short hours; *normal ~* standard hours; *have uregelmæssig (, lang) ~* work irregular (, long) hours.
arbejdstilbud [limited-period job offer].
arbejdstilladelse work permit.
Arbejdstilsynet the Factories Inspectorate.
arbejdstitel working title.
arbejdstøj working clothes pl.
arbejdsudvalg working party.
arbejdsudygtig *adj.* disabled.
arbejdsudygtighed disablement.
arbejdsuge working week;
□ *36 timers ~* a 36-hour (working) week.
arbejdsulykke industrial accident.
arbejdsvant *adj.* experienced.
arbejdsvillig *adj. (præd.)* willing to work.
arbejdsvogn 1. *(tohjulet)* cart; **2.** *(firhjulet)* wagon.
arbejdsvægring refusal to work.
arbejdsværelse study.
arbejdsydelse output (of work), performance.
arbitrage *sb. (en) (hdl.)* arbitrage.
arbitrær *adj.* arbitrary.
arboret *sb. (et, -er)* arboretum.
Ardennerne *sb.pl. (geogr.)* the Ardennes.
areal *sb. (et, -er)* area, space; *(i acres)* acreage.
arena *sb. (en, -er)* **1.** arena; **2.** *(til tyrefægtning)* bullring;
□ *vise sig på -en (fig.)* appear on the scene.
arg *adj.*: *hans -este fjende* his worst enemy; *hans -este modstander* his bitterest opponent; *det -este skidt (, vrøvl)* utter rubbish.
Argentina *(geogr.)* Argentina, the Argentine.
argentiner *sb. (en, -e)*, **argentinsk** *adj.* Argentine, Argentinian.
argot *sb. (en, -er)* argot, jargon.
argument *sb. (et, -er)* argument.
argumentation *sb. (en, -er)* argumentation.
argumentere *vb.* argue (*for* for; *imod* against);
□ *~ med en (om noget)* reason with sby (about sth).
argumentering *sb. (en, -er)* argumentation.
ariadnetråd (Ariadne's) clue.
arie *sb. (en, -r) (mus.)* aria.
arier *sb. (en, -e)* Aryan.
arild: *fra -s tid* from time immemorial.
arisk *adj.* Aryan.
aristokrat *sb. (en, -er)* aristocrat.
aristokrati *sb. (et, -er)* aristocracy.
aristokratisk[1] *adj.* aristocratic.
aristokratisk[2] *adv.* aristocratically.
Aristoteles *(hist.)* Aristotle.
aritmetik *sb. (en)* algebra.
aritmetisk[1] *adj.* arithmetic(al).
aritmetisk[2] *adv.* arithmetically.
ark[1] *sb. (en, -e)* ark; *(se også Noahs ark, pagt).*
ark[2] *sb. (et, -)* sheet;
□ *et ~ papir* a sheet of paper.
arkade *sb. (en, -r)* arcade.
arkaiserende[1] *adj.* archaic.
arkaiserende[2] *adv.* archaically.
arkaisk *se arkaiserende.*
arketype *sb. (en, -r)* archetype.
arketypisk *adj.* archetypical.
arkipelag *sb. (et, -er) se øhav.*
arkitekt *sb. (en, -er)* architect.
arkitektbygget *adj.* architect-built.
arkitektkonkurrence architectural competition.
arkitektlampe anglepoise lamp.
arkitektonisk[1] *adj.* architectural.
arkitektonisk[2] *adv.* architecturally.
arkitekttegnet *adj.* architect-designed.
arkitektur *sb. (en, -er)* architecture.
arkitrav *sb. (en, -er) (arkit.)* architrave.
arkiv *sb. (et, -er)* **1.** archives pl. (*fx* film archives; the family archives); **2.** *(hdl.)* files pl.; **3.** *(rigs- etc.)* record office.
arkivalier *sb.pl.* records; *(dokumenter)* documents.
arkivar *sb. (en, -er)* archivist; keeper of the archives.
arkivbilleder *(i tv)* library pictures, file pictures.
arkivere *vb.* file;
□ *~ det lodret* bin it; *(am.)* put it in the circular file.
arkivmateriale archive material.
Arktis *(geogr.)* the Arctic.
arktisk *adj.* arctic.
arkæolog *sb. (en, -er)* archaeologist.
arkæologi *sb. (en)* archaeology.
arkæologisk[1] *adj.* archaeological.
arkæologisk[2] *adv.* archaeologically.
arm[1] *sb. (en, -e)* **1.** *(også på anker)* arm;
2. *(af lysekrone, lysestage etc.)* branch;
3. *(gas etc.)* bracket;
□ *lovens (lange) ~* the (long) arm of the law;
[med vb. & adj.] **bøje** *-en (ɔ: drikke)* lift (*el.* bend) the elbow; *hans* **forlængede** *~ (ɔ: hjælper)* his right-hand man; *domstolene var blot diktatorens forlængede ~* the courts were merely an extension of the dictator's power; the courts were merely the dictator's stooges (*el.* tools); *give den* **hele** *-en* T *a) (gøre alt hvad man kan)* go all out; go to town; *b) (bruge alle midler)* pull out all the stops; *han gave den hele -en (a, også)* he gave it all he had; **lægge** *~* do arm (*el.* Indian) wrestling; *lægge -en om en* put one's arm round sby; *(se også korslagt, vride (om på), åben)*;
[med præp.] ~ **i** *~* arm-in-arm; *kaste sig i -ene på se kaste*[2]; *løbe lige i -ene på* run straight into the arms of; *tage en i -en se tage*; *vi må tage det i stiv ~ se stiv*; *sprælle (, stritte imod)* **med -e og ben** kick and struggle; *stjæle med*

-e og ben steal left, right and centre; *med en frakke* **over** *-en* with a coat on one's arm; *med et barn* **på** *-en* carrying a child on one's arm; *hun gik med ham* **under** *-en* she walked arm-in-arm with him; *han havde hende under -en* he had her on his arm; *hun tog ham under -en a)* she took his arm; *b) (fig.: hjalp ham)* she gave him a leg up.
arm[2] *adj.* **1.** *(fattig)* poor; **2.** *(stakkels)* poor, unfortunate;
□ *den -e stakkel* the poor devil.
armada *sb. (en)* armada;
□ *den spanske ~ (hist.)* the (Spanish) Armada.
armatur *sb. (en, -er) (tilbehør)* fittings pl.
armbevægelse gesture;
□ *-r (også)* gesticulations; *med store -r a)* with a lot of show; *b) (postyr)* with a lot of fuss; *uden de store -r* without making a lot of fuss.
armbind 1. *(bandage)* bandage;
2. *(til støtte af armen)* sling;
3. *(som kendetegn)* armband (*fx* a black armband).
armbrydning arm (*el.* Indian) wrestling.
armbrøst *sb. (en, -er)* crossbow.
armbrøstbolt crossbow arrow (*el.* bolt); quarrel.
armbøjninger *sb.pl. (i fremliggende stilling)* push-ups.
armbånd bracelet.
armbåndsur wristwatch.
armé, arme *sb. (en, armeer)* army.
armékorps, armekorps army corps.
Armenien *(geogr.)* Armenia.
armenier *sb. (en, -e)*, **armensk** *adj. & sb. (et)* Armenian.
armere *vb.* **1.** *(bevæbne)* arm;
2. *(pansre)* armour; *(se også beton).*
armering *sb. (en, -er)* **1.** armament;
2. *(panser)* armour.
armgang: *gå ~* swing along.
armhule armpit.
armkræfter *sb.pl.: have gode ~* have strong arms.
armlægning *sb. (en, -er)* arm (*el.* Indian) wrestling.
armlæn *sb. (et, -)* arm(rest).
armlænke chain bracelet.
armod *sb. (en)* poverty; F destitution;
□ *åndeligt ~* intellectual poverty.
armring bangle.
armstage branched candlestick.
armstol arm chair.
armstrækning arm(s) stretching.
armsved body odour.
armsving *sb.pl.* arm(s) swinging sg.; *(se også armbevægelse).*
armvridning arm-twisting.
arne *sb. (en, -r)* hearth;
□ *hjemmets ~* the home fires pl.
arnested 1. *(sted hvor noget trives)* hotbed (*for* of, *fx* crime); *(og udvikler sig)* breeding ground (*for* of, for, *fx* violence);
2. *(oprindelsessted)* cradle (*fx* of civilization);
3. *(glds.: ildsted)* hearth, fireplace;
□ *brandens ~* the seat of the fire.
aroma *sb. (en, -er)* flavour; *(især om vin)* aroma.
aromastof *(som tilsættes)* flavouring.
aromaterapeut aromatherapist.
aromaterapi aromatherapy.
aromatisk[1] *adj.* aromatic.
aromatisk[2] *adv.* aromatically.
Aron *(bibelsk navn)* Aaron.
aronsstav *(bot.)* cuckoopint, lords-and-ladies.
arp *sb. (en)* cradle cap.
arrangement *sb. (et, -er)* **1.** *(ordning etc.)* arrangement;
2. *(festlighed)* event (*fx* a grand event to mark the occasion);
3. *(selskab)* party; *(officiel middag, reception etc.)* function (*fx* he had to attend a lot of functions);
4. *(mus.)* arrangement;
5. *(teat.)* blocking, plotting.
arrangere *vb.* **1.** *(organisere)* organize (*fx* a competition, a meeting, a tour); stage (*fx* a demonstration, a flower show, a football match); arrange (*fx* a meeting); T get up (*fx* a dance); *(am. også)* fix up;
2. *(opstille, ordne)* arrange (*fx* flowers in a vase; the chairs in three rows; the books alphabetically); set out (*fx* the chair in three rows; the fruits were set out attractively);
3. *(teat.)* block in, plot;
4. *(mus.)* arrange (*fx* a piece of music);
□ *jeg har -t det sådan at de er her kl. 3* I have arranged that they are (*el.* for them to be) here at three; *du kan ~ dig med ham så han henter dig* you can arrange with him to fetch you.
arrangør *sb. (en, -er)* organizer.
arrest *sb. (en, -er)* **1.** *(lokale)* gaol, jail; *(am. kun)* jail; *(mindre)* lockup;
2. *(fængsling)* arrest, detention, custody *(se ndf.: sætte i ~ etc.)*;
3. *(jur.: beslaglæggelse af en anklagets aktiver)* Mareva injunction; *(sø.: af skib)* arrest;
□ *mørk ~* imprisonment in a dark cell; *sætte i ~* place under ~, take into custody; *være under ~* be under arrest, be in detention, be in custody.
arrestant *sb. (en, -er)* prisoner.
arrestation *sb. (en, -er)* arrest.
arrestere *vb.* arrest, put (*el.* place) under arrest, take into custody.
arrestforvarer keeper of a country gaol, gaoler.
arresthus gaol, lockup.
arrestordre warrant (for an arrest).
arret *adj.* scarred.
arrieregarde rearguard, rear.
arrig *adj.* **1.** *(hidsig)* bad-tempered;
2. *(opfarende)* testy, peppery (*fx* old man); **3.** *(gnaven)* peevish (*fx* child, old man); **4.** *(om hund)* vicious;
□ *blive ~ på* get angry with.
arrigskab *sb. (en)* bad temper;
□ *i ~* in a fit of bad temper; out of spite (*fx* out of spite he kicked the chair).
arrigtrold spitfire.
arrivere *vb. (ankomme)* arrive; *(især uventet)* turn up; *(især ubelejligt el. i flok)* roll up.
arrogance *sb. (en)* arrogance.
arrogant[1] *adj.* arrogant.
arrogant[2] *adv.* arrogantly.
arsen *sb. (et) (kem.)* arsenic.
arsenal *sb. (et, -er)* arsenal.
arsenik *sb. (en)* arsenic; *(kem.)* arsenic trioxide.
arsenikforgiftet *adj. (præd.)* poisoned with arsenic.
arsenikforgiftning arsenic poisoning.
art *sb. (en, -er)* **1.** *(slags)* kind (*fx* it is the only one of its kind); T description (*fx* of every description; of that description);
2. *(beskaffenhed)* nature (*fx* the nature of the disease); character (*fx* demonstrations of that character will not help);
3. *(biol.)* species (pl. species) (*fx* a threatened species);
□ *en ~ hat a)* a kind of hat; *b) (ɔ: rædsom)* a hat of sorts (*el.* of a kind); *-ernes oprindelse* the origin of species;
[med præp.] bøger ***af*** *enhver ~* any kind of book, books of all kinds; *varer af forskellig ~* various kinds of goods; ***i*** *sin ~* of its kind.
arte *vb.: ~ sig a) (opføre sig)* behave (*fx* I hope the children will behave properly; how is your new car behaving?); *b) (udvikle sig)* develop; T shape (up) (*fx* the boy is shaping well; things are shaping up nicely); *c) (vise sig at blive)* turn out (*fx* let's see how he (, it) turns out; it turned out all right in

the end).
arterie *sb. (en, -r)* artery.
arterie- arterial (*fx* system).
artesisk brønd artesian well.
artig *adj.* **1.** *(mods. uartig)* good (*fx* have the children been good?); well-behaved;
2. *(ironisk)* nice (*fx* nice things one hears about you); pretty;
3. *(let glds.: stor)* sizeable (*fx* sum);
□ *vær så ~ se værsgo.*
artighed *sb. (en, -er)* **1.** good behaviour; **2.** *(let glds.: høflighed)* courtesy, politeness;
□ *sige hende -er* pay her compliments.
artikel *sb. (en, artikler)* **1.** *(avis- etc.)* article;
2. *(vare)* article, commodity; *(i katalog, liste)* item;
3. *(i ordbog, leksikon)* entry;
4. *(gram.)* article (*fx* the definite (, indefinite) article);
□ *elektriske artikler* electrical appliances; *artikler for tandlæger (etc.)* dentists' (etc.) supplies; *ledende ~ (i avis) se leder.*
artikulation *sb. (en, -er)* articulation.
artikulere *vb.* articulate.
artilleri *sb. (et)* artillery.
artilleriforberedelse artillery preparation.
artilleriild artillery fire.
artillerist *sb. (en, -er)* artilleryman, gunner.
artiskok *sb. (en, -ker)* artichoke.
artiskokbund artichoke bottom.
artiskokhjerte artichoke heart.
artist *sb. (en, -er)* **1.** artist; *(cirkus- også)* circus performer; **2.** *(i varieté)* music hall performer; *(am.)* vaudeville performer.
artisteri *sb. (et, -er)* artistry.
artistisk[1] *adj.* artistic.
artistisk[2] *adv.* artistically.
artistnummer turn, number, act.
artium *(en) se studentereksamen, magister.*
artsbegreb specific notion.
artsbestemme *vb.* identify.
artsbestemmelse identification.
artsforskel **1.** difference in kind; **2.** *(biol.)* specific difference.
artskarakter, **artsmærke**, **artspræg** specific character.
arv *sb. (en)* **1.** inheritance (*fx* the money came to him by inheritance; he received a large inheritance from his uncle; he soon spent all his inheritance); *(ved testamente)* legacy (*fx* the stamp collection is a legacy from an uncle); *(formue)* fortune (*fx* his father left a large fortune; he came into a large fortune when his father died); *(se også vedgå, fragå)*;
2. *(kulturel etc.)* heritage (*fx* our cultural (, national) heritage);
3. *(eftervirkning)* legacy (*fx* it is a legacy of the 18th century; the Stalinist legacy);
4. *(biol.)* inheritance (*fx* does it depend on inheritance or environment? his stubbornness is an inheritance from his mother); heredity (*fx* they seem to be good-looking by heredity);
□ *~ og miljø (biol.)* heredity (*el.* inheritance) and environment; *[med (vb. +) præp.] tage -en op* ***efter*** *ham* follow in his footsteps; ***få i*** *~* inherit; ***gå i*** *~* be handed down (*fx* it has been handed down in our family for generations); ***gå i ~ til*** *a)* pass to; *b) (biol.)* be transmitted to; *c) (fig.: gå videre til, fx om tøj)* be passed on to; be handed down (*fx* it was handed down from father to son); *lade gå i ~ til* pass on to; *give ham det* ***til*** *~* ***og eje*** make him a present of it; ***ved*** *~, se ovf.: 1, 4.*
arve[1] *sb. (en, -r) (bot.)* scarlet pimpernel.
arve[2] *vb.* **1.** inherit (*fx* a large sum of money; a lot of problems; one's mother's sweet temper); *(om penge etc. også)* come into (*fx* he came into a fortune when his father died); F succeed to (*fx* the estate, the throne);
2. *(biol.)* inherit;
□ *han skal ~ sin tante* he is sole heir to his aunt; *han -de det efter sin tante* he inherited it from his aunt.
arveafgift inheritance tax.
arveanlæg gene.
arveberettiget *adj. (præd.)* entitled to inherit.
arvefjende hereditary enemy.
arveforskud advancement.
arvefæste *sb. (et)* copyhold.
arvefølge **1.** order of succession;
2. *(tiltrædelse ifølge arveret)* succession.
arvefølgekrig war of succession (*fx* the War of the Spanish Succession).
arvelader *sb. (en, -e)* **1.** testator; *(kvindelig)* testatrix; **2.** *(uden testamente)* intestate.
arvelig *adj.* **1.** hereditary (*fx* monarchy); **2.** *(biol.)* hereditary (*fx* characteristic; defect, disease, malformation);
□ *-t belastet* (afflicted) with a hereditary taint; *-t bestemt* hereditary; *~ hos* hereditary in.
arvelighed *sb. (en) (biol.)* **1.** heredity; **2.** *(mulighed for at blive nedarvet)* heritability (*fx* of a trait).
arvelighedsforsker geneticist.
arvelighedsforskning genetics.
arvelighedslov law of heredity.
arvelighedslære, **arvelighedsteori** theory of heredity; genetics.
arvelod *sb. (en)* **1.** share of (an) inheritance; **2.** *(arv)* inheritance.
arvelov **1.** *(jur.)* inheritance Act;
2. *(biol.)* law of heredity.
arveløs *adj.* disinherited;
□ *gøre ~* disinherit.
arveonkel [uncle from which one has expectations]; *(omtr.)* rich uncle.
arveprins heir presumptive (to the throne).
arveret *sb. (en)* **1.** *(ret til arv)* right of inheritance (*el.* succession);
2. *(retsregler om arv)* law of wills and succession.
arvestykke heirloom.
arvesynd original sin; *(se også grim).*
arvesølv family silver.
arvetante [aunt from whom one has expectations]; *(omtr.)* rich aunt.
arving *sb. (en, -er)* heir; *(kvindelig)* heiress;
□ *legal ~* intestate successor; *retmæssig ~* lawful successor; *de har fået en ~ (ɔ: et barn)* they have had a baby.
arvtager *sb. (en, -e)* heir (*efter* to).
as[1] *sb. (et) (mus.)* A flat.
as[2] *sb. (en, -er) (gud)* As.
A/S *fork. aktieselskab.*
asbest *sb. (en)* asbestos.
asbestdragt asbestos suit.
asbestose *sb. (en) (med.)* asbestosis.
asbestplade asbestos sheet.
ase *vb.* struggle (*med* with, *fx* a heavy bag; he struggled to get the bag out of the compartment);
□ *~ med (også, især om åndeligt arbejde)* sweat over (*fx* an essay, a difficult problem).
asen *sb. (et, -er)* **1.** *(bæst)* brute; **2.** *(fæ)* clown (*fx* you clown!);
□ *det heldige ~!* (the) lucky devil!
aseninde *sb. (en, -r)* she-ass.
aseptik *sb. (en)* aseptics.
aseptisk *adj.* aseptic.
Aserbajdsjan *(geogr.)* Azerbaijan.
aserbajdsjaner *sb. (en, -e)* Azerbaijani.
aserbajdsjansk *sb. (et) & adj.* Azerbaijani, Azeri.
asfalt *sb. (en)* asphalt.
asfaltbal street dance.
asfaltere *vb.* asphalt;
□ *-t vej* asphalt(ed) road.
asfaltjungle asphalt jungle.

asfaltmaler pavement artist.
asiat *sb. (en, -er)* Asian.
asiatisk *adj.* Asian (*fx* the Asian flu); *(neds.)* Asiatic;
□ *det -e Tyrki* Turkey in Asia.
asie *sb. (en, -r)* large cucumber.
Asien Asia.
asiet *sb. (en, -ter)* small plate, small dish.
ask *sb. (en, -e) (bot.)* ash.
aske *sb. (en)* **1.** ashes pl. (*fx* clear out the ashes from the fireplace; he found the ashes of a burnt letter; dust and ashes);
2. *(bestemt slags)* ash (*fx* bone ash, cigar ash, volcanic ash);
□ *komme fra -n i ilden (svarer til)* fall out of the frying pan into the fire; *lægge i ~* lay in (*el.* reduce to) ashes; *han slog -n af sin cigar* he flicked the ash off his cigar; *hans ~ blev spredt for vinden* his ashes were scattered to the winds; *(se også sæk).*
askebæger ashtray.
askefarvet, askegrå *adj.* ash-coloured; *(om ansigt,* F*)* ashen (grey).
askeonsdag Ash Wednesday.
Askepot Cinderella.
askese *sb. (en)* asceticism.
askeskuffe ashpan.
askespand 1. ash bin; **2.** *(sø.)* ash bucket.
asket *sb. (en, -er)* ascetic.
asketisk[1] *adj.* ascetic.
asketisk[2] *adv.* ascetically.
asketræ 1. ash (tree); **2.** *(veddet)* ashwood.
askeurne cinerary urn.
askorbinsyre *(kem.)* ascorbic acid.
asocial *adj.* anti-social.
asovsk *adj. (geogr.): Det -e Hav* the Sea of Azov.
asp *sb. (en, -e) (bot.)* aspen.
asparges *sb. (en, - el. -er) (bot.)* asparagus;
□ *en ~* an asparagus stalk (*el.* shoot); *(som mad)* an asparagus spear; T an asparagus (pl. asparagus); *(se også stikke).*
aspargesbed asparagus bed.
aspargesben *sb.pl.* T white spindly legs; spindleshanks.
aspargeshoved asparagus tip.
aspargesstikker asparagus knife.
aspargestop asparagus green.
aspekt *sb. (et, -er)* aspect (*af* of).
aspidistra *sb. (en, -er) (bot.)* aspidistra.
aspirant *sb. (en, -er)* **1.** *(ansøger)* applicant, candidate; **2.** *(en der er på prøve)* probationer; **3.** *(en der stræber efter noget)* aspirant (*til* to).
aspiration *sb. (en, -er)* aspiration.
aspirere *vb.* **1.** aspire (*til* to); **2.** *(en lyd)* aspirate.
aspirin *sb. (en, -er)* ® aspirin.
assimilation *sb. (en, -er)* assimilation.
assimilere *vb.* assimilate (*med* to);
□ *blive -t (kulturelt)* become assimilated; *~ sig med* assimilate with (*el.* to).
assistance *sb. (en)* assistance.
assistent *sb. (en, -er)* **1.** assistant;
2. *(på kontor, fx post-)* clerk;
3. *(sygeplejerske)* ward sister.
assistere *vb.* assist (*ved* at, in).
assisterende *adj.* assistant.
association *sb. (en, -er)* association.
associere *vb.* associate;
□ *~ sig (hdl.)* enter into partnership (*med* with).
assortiment *sb. (et, -er)* assortment.
assurance *sb. (en)* insurance; *(livs-, fagl.)* assurance.
assuranceagent *(etc.) se forsikringsagent (etc.).*
assurancesvig insurance fraud.
assurandør *sb. (en, -er)* **1.** *(agent)* insurance agent; *(sø-)* underwriter; **2.** *(selskab)* insurance company.
assurere *vb. se forsikre.*
assyrer *sb. (en, -e) (hist.)* Assyrian.
Assyrien *(hist.)* Assyria.
assyriolog *sb. (en, -er)* Assyriologist.
assyriologi *sb. (en)* Assyriology.
assyrisk *adj.* Assyrian.
asters *sb. (en, -) (bot.)* aster.
astigmatisk *adj.* astigmatic.
astigmatisme *sb. (en)* astigmatism.
astma *sb. (en)* asthma.
astmatiker *sb. (en, -e),* **astmatisk** *adj.* asthmatic.
astrakan *sb. (en el. et)* astrakhan.
astral- astral (*fx* body, spirits).
astringerende *adj.: ~ middel* astringent.
astrolog *sb. (en, -er)* astrologer.
astrologi *sb. (en)* astrology.
astrologisk[1] *adj.* astrological.
astrologisk[2] *adv.* astrologically.
astronaut *sb. (en, -er)* astronaut.
astronom *sb. (en, -er)* astronomer.
astronomi *sb. (en)* astronomy.
astronomisk *adj.* astronomical (*fx* observations; figures, sums).
asyl *sb. (et, -er)* **1.** asylum (*fx* ask for (*el.* seek) political asylum; apply for political asylum; grant sby political asylum);
2. *(fristed)* place of refuge; sanctuary;
3. *(glds.: børnehjem)* orphanage; *(dag-)* crèche.
asylansøger asylum applicant.
asylansøgning asylum application.
asylret right of asylum.
asylsøger *sb. (en, -e)* asylum seeker.
asymmetrisk[1] *adj.* asymmetric.
asymmetrisk[2] *adv.* asymmetrically.
at[1] *(foran sætning)* that; *(sætningen erstattes undertiden af en anden konstruktion): jeg ved at det er umuligt* I know (that) it is (*el.* I know it to be) impossible; *jeg håber De vil undskylde at han kommer for sent* I hope you will excuse his (*el.* him) being late;
*[efter præp.] (erstattes af -*ing*-form): følgen af at han kom* the consequence of his coming; *(se også efter (at), uden (at));*
(præp. kan undertiden udelades): bange for at afraid to (, that); *stolt af at* proud to (, that);
(der kan indskydes en styrelse for præp.): du kan stole på at han kommer you may rely upon it that he will come; *til trods for at han kom for sent* in spite of the fact that he was late; *for at se for*[3]; *til at se til*[1];
[i udråb:] at det skulle hænde mig! that such a thing should happen to me! *at jeg kunne være så dum!* how could I be so stupid! *at jeg dog ikke har gjort det før!* why haven't I done it before! *at du ikke skammer dig!* you ought to be ashamed of yourself!
at[2] *(foran infinitiv)* to;
□ *det er let at se* it is easy to see; *han var så venlig at* he was so kind as to; *hellere end at blive her* rather than stay here; *intetsteds at finde (, se)* nowhere to be found (, to be seen); *kunsten at bygge* the art of building;
*(infinitiv erstattes undertiden af -*ing*form); det at skrive* writing; *han begyndte (, elskede) at synge* he began (, loved) to sing (*el.* singing);
[efter præp.] i (, om, uden, ved, etc.) at ... in (, about, without, by, etc) -ing; *efter at se efter*[1]; *for at se for*[3]; *for godt til at være sandt* too good to be true.
atavisme *sb. (en, -r)* atavism; reversion to type.
atavistisk *adj.* atavistic.
ateisme *sb. (en)* atheism.
ateist *sb. (en, -er)* atheist.
ateistisk *adj.* atheistic.
atelier *sb. (et, -er)* **1.** studio; **2.** *(systue)* workroom.
Athen *(geogr.)* Athens.
Athene *(myt.)* Athena.
athener, athenienser *(en -e)* Athenian.
atheniensisk, athensk *adj.* Athenian.

athenæer *(en -e)* Athenian.
athenæisk *adj.* Athenian.
atju *interj. (nysen)* atishoo; *(am.)* achoo.
Atlanterhavet *(geogr.)* the Atlantic (Ocean).
atlanterhavserklæringen *(hist.)* the Atlantic Charter.
atlantisme *sb. (en)* Atlanticism.
atlantist *sb. (en, -er)* Atlanticist.
Atlantpagten the North Atlantic Treaty.
Atlantpagtorganisationen the North Atlantic Treaty Organization; *(fork.)* NATO.
atlas *sb. (et, - el. -ser) (kort)* atlas.
Atlasbjergene *sb.pl. (geogr.)* the Atlas Mountains.
atlasblad topographical map on the scale of 1:40,000.
atlask *sb. (et)* satin.
atlaskes *adj.* satin.
atlet *sb. (en, -er)* athlete.
atletik *sb. (en)* athletics.
atletikstævne athletics meeting.
atletisk *adj.* athletic.
atmosfære *sb. (en, -r)* atmosphere.
atmosfærisk *adj.* atmospheric;
□ *-e forstyrrelser (i radio)* atmospherics.
atom *sb. (et, -er)* atom;
□ *spalte et ~* split an atom.
atomaffald nuclear waste.
atomalderen the Atomic Age.
atomar *adj.* atomic, nuclear.
atombevæbnet *adj.* nuclear-armed.
atombevæbning nuclear armament(s).
atombombe[1] *sb.* atom(ic) bomb, nuclear bomb; *(am.* S*)* nuke.
atombombe[2] *vb.* atom-bomb; *(am.* S*)* nuke.
atomdemonstrant (anti-)nuclear demonstrator; *(mod atomvåben også)* atomic disarmer.
atomdreven *adj.* nuclear-powered.
atomenergi nuclear (*el.* atomic) energy.
atomenergikommission atomic energy commission; *(i Engl.)* atomic energy authority.
atomforsker nuclear physicist.
atomforskning atomic research, nuclear research.
atomforsøg nuclear test.
atomforsøgsanlæg, **atomforsøgsstation** atomic energy research establishment.
atomfri *adj.* nuclear-free; denuclearized (*fx* zone);
□ *gøre ~* denuclearize.
atomfysik nuclear physics.
atomfysiker nuclear physicist.
atomfysisk *adj. (efter sb.)* of nuclear physics.
atomindustri nuclear industry.
atomisere *vb.* atomize.
atomisme *sb. (en)* atomism.
atomist *sb. (en, -er)* atomist.
atomistisk *adj.* atomistic.
atomkerne nucleus of an atom.
atomkraft atomic (*el.* nuclear) power.
atomkraftmodstander opponent of nuclear power.
atomkraftværk nuclear power station.
atomkrig **1.** atomic (*el.* nuclear) war; **2.** *(atomkrigsførelse)* atomic warfare (*fx* a ban on atomic warfare).
atomladning *(i raket)* nuclear warhead.
atomnedrustning nuclear disarmament.
atomparaply nuclear umbrella.
atomprøvesprængning nuclear test explosion.
atomreaktor atomic reactor, nuclear reactor.
atomskib nuclear ship.
atomsprængladning *(i raket)* nuclear warhead.
atomsprængning atomic explosion.
atomstop nuclear test ban.
atomteori atomic theory.
atomubåd nuclear(-powered) submarine.
atomvægt atomic weight.
atomvåben nuclear (*el.* atomic) weapon; *(am.* S*)* nuke.
atomvåbenfri *adj.* nuclear-(weapon) free.
atomvåbenspredning the spread of nuclear weapons; nuclear proliferation.
ATP *(arbejdsmarkedets tillægspension) se tillægspension.*
atriumhus courtyard house, patio house.
atrofi *sb. (en)* atrophy.
attaché, **attache** *sb. (en, attacheer)* attaché.
attachere *vb.* attach;
□ *-t ham* attached to him.
attachétaske, **attachetaske** attaché case.
atten *num.* eighteen.
attende *adj.* eighteenth (*fx* on the eighteenth floor).
attentat *sb. (et, -er)* **1.** *(mord)* assassination; **2.** *(forsøg)* (assassination) attempt; attempted assassination;
□ *begå ~ mod en* make an attempt on sby's life; *han blev udsat for et ~* an attempt was made on his life.
attentatforsøg *se attentat 2.*
attentatmand (would-be) assassin.
atter *adv.* again (*fx* no, no, and again no); once more;
□ *~ og ~* again and again; over and over again; *og ~ andre* and yet others; and others again; *tusinder og ~ tusinder af* thousands upon thousands of.
attest *sb. (en, -er)* certificate (*for* of);
□ *en ~ på at* a certificate that.
attestere *vb.* certify (to), attest (to);
□ *herved -s at* this is to certify that.
attestering *sb. (en, -er)* attestation.
Attika *(geogr.)* Attica.
attisk *adj.: ~ salt* Attic salt.
attitude *sb. (en, -r)* **1.** *(legemsstilling)* pose (*fx* adopt various poses); F attitude; **2.** *(neds.: falsk)* pose (*fx* it is only a pose).
attraktion *sb. (en, -er)* attraction.
attraktiv *adj.* attractive.
attrap *sb. (en, -per)* **1.** dummy; **2.** *(våben-)* replica weapon, replica gun; imitation firearm; **3.** *(spøg og skæmt-artikel)* novelty toy.
attrapere *vb.* catch, seize.
attribut *sb. (et, -ter)* attribute (*fx* her female attributes).
attributiv *adj.* attributive.
attrå[1] *sb. (en)* **1.** *(begær)* desire; **2.** *(længsel)* longing; F craving (*efter* for; *efter at* to).
attrå[2] *vb.* desire; F covet.
attråværdig *adj.* desirable.
aubergine *sb. (en, -r)* aubergine; *(am.)* eggplant.
audiens *(en -er)* audience;
□ *få ~ hos* obtain an audience with; *blive modtaget i ~* be received in audience (*af* by); *han var i ~ hos dronningen* he had an audience with the Queen.
audienssal audience room; presence chamber.
audiovisuel *adj.* audio-visual (*fx* aids *(hjælpemidler)*).
auditiv *adj.* **1.** auditory; **2.** *(psyk. om person)* audile.
auditoriestol *(med skriveplade)* tablet chair.
auditorium *sb. (et, auditorier)* **1.** lecture room; *(større)* lecture hall (*el.* theatre); **2.** *(tilhørerne)* audience.
auditør *sb. (en, -er) (mil.)* judge advocate.
augur *sb. (en, -er) (hist.)* augur.
augur- augural.
August *(fornavn)* Augustus.
august *sb. (en) (måned)* August; *(NB datoangivelser er opført under april).*
auktion *sb. (en, -er)* auction, sale (*over* of);
□ *afholde ~* hold an auction (*el.* a sale); *købe det på ~* buy it at an auction (*el.* a sale); *sælge det på*

~ sell it by auction; *sætte det på (el. til)* ~ put it up for auction.
auktionarius *sb. (en)* auctioneer.
auktionere *vb.: ~ bort* sell by auction, auction off.
auktionsbridge auction (bridge).
auktionsgebyr auctioneer's fee.
auktionsholder auctioneer.
auktionskatalog sale catalogue.
auktionsleder auctioneer.
auktionslokale saleroom.
auktionspris auction price.
aula *sb. (en, -er)* assembly hall.
au pair-pige au pair (girl).
aurikel *sb. (en, aurikler) (bot.)* auricula.
auspicier *sb.pl.: under ens ~* under sby's auspices.
Australasien *(geogr.)* Australasia.
Australien *(geogr.)* Australia.
australier *sb. (en, -e)* Australian.
australneger *(neds.)* Australian aboriginal, Aborigine.
australsk *adj.* Australian.
autenti, autenticitet *sb. (en)* authenticity.
autentisk[1] *adj.* authentic.
autentisk[2] *adv.* authentically.
autistisk *adj.* autistic.
auto *sb. (en, -er) se automobil.*
auto- *se også automobil- , bil-.*
autobiografi *sb. (en, -er)* autobiography.
autodafé, autodafe *sb. (en, autodafeer)* auto-da-fé (pl. autos-da-fé).
autodidakt[1] *sb. (en, -er)* self-taught person.
autodidakt[2] *adj.* self-taught, autodidactic.
autodidaktisk *adj.* self-taught, autodidactic.
autogensvejsning autogenous welding.
autograf *sb. (en, -er)* autograph.
autografjæger autograph hunter.
autografsamler autograph collector.
autohandler *sb. (en, -e)* car dealer.
autokliché half-tone block.
autokrat *sb. (en, -er)* autocrat.
autokratisk[1] *adj.* autocratic.
autokratisk[2] *adv.* autocratically.
automat *sb. (en, -er)* **1.** *(salgs-)* slot machine, vending machine; *(cigaret- også)* cigarette machine;
2. *(spille-)* fruit machine, slot machine;
3. *(gas-)* slot meter;
4. *(telefon-) se telefonautomat, telefonboks;*
5. *(mekanisk dukke, også fig.)* automaton (*fx* he moved like an automaton);
□ *trække det i en ~* get it from a slot machine.
automatgear automatic transmission (*el.* gear).
automatik *sb. (en)* **1.** automatic control devices pl.;
2. *(i kamera)* automatic functions pl.;
3. *(fig.: automatisk forløb)* automatic process;
□ *pr. ~* automatically.
automation *sb. (en, -er)* automation.
automatisere *vb.* **1.** automate;
2. *(tele.)* introduce STD.
automatisering *sb. (en, -er)* automation.
automatisk[1] *adj.* automatic.
automatisk[2] *adv.* automatically.
automatkafé *(glds.)* self-service café; *(især am.)* automat.
automatmåler slot meter, prepayment meter.
automattelefon coinbox, pay phone.
automekaniker motor mechanic; *(især am.)* auto mechanic.
automobil *sb. (et, -er)* (motor) car; *(am. også)* automobile; T auto; *(se også bil).*
automobil- *se også bil- .*
automobilansvarsforsikring automobile third party (liability) insurance.
automobilarbejder car worker.
automobilfabrik car factory.
automobilforhandler car dealer.
automobilforsikring motor car insurance.
automobilhandler *sb. (en, -e)* car dealer.
automobilindustri motor industry.
automobiludstilling motor show.
automobilværksted garage, repair shop.
autonom *adj.* autonomous;
□ *det -e nervesystem* the autonomic nervous system.
autonomi *(en)* autonomy.
autoophugger car breaker.
autor *sb. (en, -er)* author.
autoradio car radio.
autorisation *sb. (en, -er)* authorization.
autorisere *vb.* authorize, license.
autoritarisme *sb. (en)* authoritarianism.
autoritativ *adj.* authoritative.
autoritet *sb. (en, -er)* authority.
autoritetstro[1] *sb. (en)* acceptance of authority.
autoritetstro[2] *adj.* orthodox;
□ *børn er ~* children (readily) accept authority.
autoritær *adj.* authoritarian.
autoslukker fire extinguisher (for a car).
autostop hitchhiking;
□ *tage på ~, rejse på ~* hitchhike, hitch; *(se også blaffe).*
autostrada *sb. (en, -er)* motorway; *(tysk)* autobahn.
autotypi *sb. (en, -er)* half-tone engraving.
autoværksted *se automobilværksted.*
autoværn crash fence, crash barrier.
av *interj.* **1.** *(udtryk for smerte)* ouch, ow; **2.** *(udtryk for overraskelse, betænkelighed)* ooh (*fx* ooh, that was a bad mistake).
avance *sb. (en, -r)* profit;
□ *sælge med ~* sell at a profit.
avancement *sb. (et, -er)* advancement (*fx* opportunities for advancement); *(forfremmelse)* promotion; *(især gejstlig)* preferment.
avancementsmuligheder *sb.pl.* opportunities for advancement; (promotion) prospects, prospects for promotion.
avancementsstilling job with prospects.
avancere *vb. (se også avanceret)* **1.** *(rykke frem)* advance; **2.** *(forfremmes)* be promoted (*til* to the rank of);
□ *~ til (fig.)* graduate to (*fx* more important work).
avanceret *adj.* advanced (*fx* music); sophisticated (*fx* equipment);
□ *de(t) mest avancerede* state-of-the-art (*fx* computers, weaponry).
avancestop profits freeze.
avantgarde **1.** *(i kunst etc.)* avant-garde; **2.** *(mil.)* vanguard; *(del heraf)* advanced guard.
avantgardist *sb. (en, -er)* avant-gardist.
avantgardistisk[1] *adj.* avant-garde.
avantgardistisk[2] *adv.* in an avant-garde manner.
ave[1] *sb.: holde i ~ a) (beherske)* keep in check; *b) (revse)* discipline.
ave[2] *vb.* **1.** *(beherske)* check; F restrain; **2.** *(revse)* discipline.
avers *sb. (en, -er)* obverse, face.
aversion *sb. (en, -er)* dislike; F aversion;
□ *have ~ mod* have a dislike of (*el.* for); have an aversion to; *få ~ mod* take a dislike to; take an aversion to.
avertere *vb.* advertise (*efter* for);
□ *~ ham i tide* let him know beforehand; *~ med noget* advertise sth; *(se også reklamere (med)).*
avertering *sb. (en)* advertising.
avertissement *sb. (et, -er)* advertisement.
avet *adv.: ~ om* backwards; anti-clockwise; *danse ~ om* re-

verse.
avis *sb. (en, -er)* (news)paper;
□ *han sad og læste* ~ he was reading the newspaper; *(se også gå (med), komme² (i), sætte (i)).*
avisand hoax story; F canard.
avisartikel (newspaper) article; *(kort)* paragraph.
avisbud paper boy (, girl, man).
avisdreng newsboy, (newspaper) delivery boy, paper boy.
avishold *sb. (et): have et stort* ~ take many newspapers.
aviskiosk **1.** *(butik)* newsagent's;
2. *(fritstående, fx på jernbanestation)* newsstand; *(bod)* book stall.
avislæsesal newsroom.
avismand **1.** *(bladhandler)* newsagent; *(am.)* news dealer; **2.** *(bud)* paper man.
avispapir **1.** *(blankt, til trykning)* newsprint (*fx* they turn old newspapers into new newsprint);
2. *(brugt)* newspaper (*fx* wrap sth up in newspaper; put a wad of newspaper into the hole);
3. *(gamle aviser)* old newspapers.
avispolemik controversy (in the press).
avisrute (news)paper round; *(am.)* (news)paper route.
avisskriveri *se skriveri.*
avissprog newspaper language; *(neds)* journalese.
avisstof copy (*fx* news about Royalty is good copy).
avissælger *se avismand.*
a vista *(hdl.)* at sight;
□ ~ *veksel* sight bill.
avisudklip (press) cutting; *(am.)* clipping.
A-vitamin vitamin A.
avitaminose *sb. (en, -r)* vitamin deficiency; avitaminosis.
avl *sb. (en)* **1.** *(dyrkning)* growing;
2. *(opdræt)* breeding;
3. *(afgrøde)* crop;
□ *af egen* ~ home-grown (*fx* home-grown vegetables).
avle *vb.* **1.** *(dyrke)* grow (*fx* fruit, vegetables); raise (*fx* vegetables, wheat);
2. *(opdrætte)* breed (*fx* cattle, dogs, horses);
3. *(afkom)* procreate; *(om hingst)* sire; *(bibelsk)* beget;
4. *(fig.)* breed (*fx* hatred); *(glds. el.* F*)* beget (*fx* misery).
avledygtig *adj.* procreative.
avling *sb. (en) se avl.*
avlsbrug *sb. (et, -)* **1.** farming;
2. *(bedrift)* farm.
avlsbruger farmer.
avlsbygninger *sb.pl.* farm buildings.
avlscenter breeding centre.
avlsdyr breeding animal, breeder.
avlsgård home farm.
avlstyr breeding bull.
av-materiale audiovisual materials pl.
av-midler *sb.pl.* audiovisual aids.
avnbøg *sb. (en, -e) (bot.)* hornbeam.
avne *sb. (en, -r) (bot.)* glume;
□ *-r (som affald)* chaff sg.
avocado *sb. (en, -er)* avocado.
avocadokerne avocado pip.
avokado *se avocado.*
avra *interj.* gosh.
ayatollah *sb. (en, -er)* ayatollah.
azalea *sb. (en, -er) (bot.)* azalea.
Azorerne *sb.pl. (geogr.)* the Azores.
aztek *sb. (en, -er),* **aztekisk** *adj. (hist.)* Aztec.
azur *sb. (en)* azure.
azurblå azure.

B

b *sb. (et, -'er) (mus.: fortegn)* flat; *(tone)* B flat;
□ *sætte b for* flatten; *b for E* E flat.
Babel *sb. (et)* Babel.
babelsk *adj.* Babel-like; Babylonian (*fx* confusion).
Babelstårnet the Tower of Babel.
baby *sb. (en, -er)* baby.
babyagtig *adj.* babyish.
babyalarm baby monitor.
babylift carrycot; *(am.)* car bed, carry bed.
Babylon *(hist.)* Babylon.
Babylonien *(hist.)* Babylonia.
babylonier *sb. (en, -e),* **babylonisk** *adj. (hist.)* Babylonian.
babymajs baby maize.
babysitte *vb.* baby-sit.
babysitter *sb. (en, -e)* baby sitter, sitter;
□ *være* ~ baby-sit.
babysprog baby talk, baby language;
□ *tale* ~ use baby language.
babyudstyr baby clothes, baby things pl.;
□ *et sæt* ~ a layette.
bacille *sb. (en, -r)* germ; T bug; *(fagl.)* bacillus (pl. bacilli).
back *sb. (en, -er el. -s) (i sport)* full-back.
bacon *sb. (en)* bacon;
□ *en skive* ~ a slice of bacon; *(tynd)* a rasher of bacon.
baconside flitch of bacon.
baconsvin baconer.
bad[1] *sb. (et, -e)* **1.** *(indendørs)* bath; *(brusebad)* shower;
2. *(sø-)* bathe, swim;
3. *se badested;*
□ *han er **i*** ~ he is in the bath; *(brusebad)* he is having (*el.* taking) a shower; *han fløjter i -et* he whistles in his bath; *gå i* ~, *tage* ~ have (*el.* take) a bath; *(am. også)* bathe; *(brusebad)* have (*el.* take) a shower; *tage varmt* ~ have (*el.* take) a hot bath (, shower); *tage sig et* ~ *a) = tage bad; b) (jf. 2)* go bathing, go for a swim.
bad[2] *præt. af bede.*
bade *vb.* **1.** *(i det fri)* bathe, go bathing, go for a swim;
2. *(i badekar el. brusebad) se bad*[1] *(gå i bad);*
3. *(del af legemet)* bathe (*fx* one's eyes; a swollen finger);
4. *(lille barn)* bath;
□ *de -nde* the bathers; *der kan -s fra stranden* there is bathing from the beach;
~ *sig i (fig.)* bask in (*fx* their admiration);
-t i *lys (, sol)* bathed in light (, sunshine); *-t i sved* bathed in sweat, in a sweat; F bathed in perspiration, perspiring; *-t i tårer* in (a flood of) tears.
badeanstalt 1. (public) baths pl.;
2. *(svømmehal)* swimming bath;
3. *(svømmebasin)* swimming pool.
badebold beach ball.
badebro bathing jetty.
badebukser *sb.pl.* (bathing) trunks, swimming trunks.
badedragt bathing suit, swimsuit; *(mere* F*)* swimming costume.
badeforhæng shower curtain.
badegæst 1. bather, holidaymaker;
2. *se kurgæst.*
badehotel 1. seaside hotel; **2.** *(kurhotel)* hydro.
badehus 1. bathing hut, beach hut;
2. *(glds.: på hjul)* bathing machine.
badehætte bathing cap, swimcap; *(til brusebad)* shower cap.
badehåndklæde bath towel.
badekabine *(i svømmehal)* (changing) cubicle.
badekar bath; *(am.)* (bath)tub.
badekåbe bathrobe.
badelagen bath sheet.
badeliv seaside life.
bademester (bath) attendant.
bademåtte bath mat.
badeovn geyser.
badering swim(ming) ring.
baderotte beach thief.
badesalt bath salts pl.
badesko bathing shoe, beach sandal.
badested 1. *(strandbred etc.)* bathing place; **2.** *(by)* seaside resort;
3. *(kursted)* spa, hydro.
badestrand bathing beach.
badesvamp bath sponge.
badesæson bathing season.
badetøfler *sb.pl.* bath slippers; *(af træ)* clogs.
badetøj swim(ming) things pl.
badeulykke bathing accident; *(dødelig)* fatal bathing accident.
badevand 1. *(i kar, balje)* bath water; **2.** *(ved badestrand)* bathing water (*fx* clean bathing water);
□ *kaste barnet ud med -et* throw (*el.* empty) the baby out with the bath water.
badevægt bathroom scales pl.
badeværelse bathroom.
badminton badminton.
badmintonbold shuttlecock.
badmintonketsjer badminton racket.
badning *sb. (en)* bathing;
□ *drukne under* ~ drown (*el.* be drowned) while bathing.
badstue bath;
□ *finsk* ~ sauna.
badutspring *sb.pl.* capers.
Baffinbugten *(geogr.)* Baffin Bay.
bag[1] *sb. (en, -e)* **1.** *(bagside)* back;
2. *(bagdel)* behind; *(se også bagdel);*
3. *(dyrs)* haunches pl.;
4. *(bukse-)* seat;
□ *han har mange år på -en* he is well on in years.
bag[2] *præp.* behind (*fx* he was hiding behind a tree); at the back of (*fx* there was a garden at the back of the house); *(se også de ord, hvormed* ~ *forbindes, fx lys, ryg, stå);*
□ *have noget* ~ *sig (ɔ: overstået)* have left sth behind one; have done with sth.
bag[3] *adv.* behind; *(se også ligge, stille* [4] *(sig));*
[med præp.] ~ ***efter*** *ham a) (om sted)* behind him (*fx* I walked behind him); *b) (om tid)* after him (*fx* I came after him); ~ ***i*** *a)* in the back of (*fx* the car); *b)* at the end of (*fx* the book); ~ ***om*** behind; round at the back of (*fx* the house); ~ ***på*** on the back of; *(se også komme*[2]*); stå* ~ *på en bus* ride on the back of a bus; ~ ***ved*** behind (*fx* hide behind a tree; stand behind the house; he sat behind me); at the back of (*fx* a garden at the back of the house).
bagage *sb. (en)* luggage; *(især om flybagage & am.)* baggage.
bageboks luggage locker.

bagagebærer *sb. (en, -e)* **1.** *(på cykel etc.)* (luggage) carrier; **2.** *(på bil)* luggage rack, roof rack.
bagagehylde, bagagenet (luggage) rack.
bageopbevaring *(på jernbanestation etc.)* left luggage office; *(am.)* baggage room.
bagagerum 1. luggage compartment; **2.** *(i bil)* boot; *(am.)* trunk.
bagagerumsklap *(i bil)* boot lid.
bagageudlevering *(i lufthavn)* baggage reclaim.
bagagevogn 1. *(i tog)* luggage van; *(am.)* baggage car; **2.** *(til at køre bagage på)* luggage trolley; *(am.)* bagage trolley.
bagaksel rear axle.
bagatel *sb. (en, -ler)* **1.** *(lille ting)* little thing (*fx* don't be worried by a little thing like that); **2.** *(ligegyldig)* trivial matter; F trifle;
□ *en ren* ~ a mere trifle; a triviality; *(se også hænge² (sig i)).*
bagatelagtig *adj.* trivial, petty.
bagatelgrænse *(kan gengives)* triviality limit.
bagatellisere *vb.* **1.** *(gå let hen over)* play down (*fx* the danger, a defeat; one's own contribution); make light of (*fx* the pain, one's injuries);
2. *(nedvurdere, undervurdere)* cry down (*fx* their success, their achievement); F belittle; *(stærkere)* minimize; *(foragteligt)* pooh-pooh.
bagben hind leg;
□ *sætte sig på -ene (fig.)* make difficulties.
bagbinde *vb.: ~ ham* tie his hands behind his back; F pinion him.
bagbord¹ *sb. (sø.)* port;
□ *om* ~ on the port side.
bagbord² *adv. (sø.)* aport;
□ *dreje roret* ~ port the helm.
bagbords *adj.* port (*fx* light, side).
bagbutik *se baglokale.*
bagbygning back premises pl.
bagdel 1. *(bag)* behind (*fx* get off your behind and do some work!); bum (*fx* he sat down on his big bum); *(mere nøgternt)* bottom (*fx* a baby's tender bottom); *(& mere* F*)* buttocks pl.; *(spøg.)* backside (*fx* he sits on his backside all day); *(*F *el. spøg.)* posterior; *(am.)* fanny;
2. *(spøg.: mods. fordel)* drawback, disadvantage.
bagdæk *(på bil etc.)* back tyre; *(am.)* back tire.
bagdør 1. *(til hus etc.)* back door; **2.** *(på bil)* rear door; *(på stationcar)* tail gate;
□ *lade en ~ stå åben for (fig.)* leave a loophole for.
bage *vb. (bagte, bagt) (se også bagende²)* bake (*fx* bread, cakes; we bake every Monday);
□ ~ *brød af mel* bake bread from flour; ~ *pandekager* make pancakes; *vi -r selv* we bake our own bread (, cakes); *solen bagte* the sun beat down; ~ *sovsen op* thicken the sauce.
bageform (baking) tin.
bagefter *adv.* **1.** *(bagved)* behind (*fx* he followed behind);
2. *(senere)* afterwards (*fx* they had tea afterwards); F subsequently;
3. *(som næste ret)* to follow (*fx* and some fresh fruit to follow);
4. *(for sent)* (too) late;
5. *(om ur)* slow (*fx* five minutes slow);
6. *(bagud, i restance)* behindhand, behind (*fx* with one's work, in one's payments); *(mere* F*)* in arrears (*med* with);
7. *(mht. mål, point etc.)* down (*fx* two goals down; production is 21 p.c. down on last year);
□ *hvad skal vi have ~? (ɔ: som dessert,* T*)* what's for afters?
bagekartoffel baking potato.
bagende¹ *sb. (en, -r)* **1.** back end, rear end (*fx* of a car); **2.** *(af dyr)* hind part.
bagende² *adj. & adv. (varm)* scorching (*fx* sun);
□ ~ *varm* boiling (hot), scorching (hot) (*fx* day, weather); sweltering (hot) (*fx* it was sweltering; a sweltering (hot) day).
bageovn (baking) oven.
bageplade baking sheet.
bagepulver baking powder.
bager *sb. (en, -e)* baker;
□ *gå til -en* go to the baker's.
bagerbutik baker's (shop).
bagerbørn *sb.pl.: give ~ hvedebrød (svarer til)* carry coals to Newcastle.
bageri *sb. (et, -er)* bakery; *(butik også)* baker's (shop);
□ *hvis du ikke kan tåle lugten i -et må du gå (svarer til)* if you don't like the heat, get out of the kitchen.
bagerist *sb. (en, -e)* (wire) rack.
bagerjomfru girl in a baker's shop.
bagermester (master) baker.
bagerovn (baking) oven.
bagerst *se bagest.*
bagersvend *(glds.)* journeyman baker; *(kan gengives)* baker's assistant.
bagest¹ *adj.* back(most); *(glds.)* hindmost;
□ *de -e* those at the back; *-e række* the back(most) row.
bagest² *adv.* at the back;
□ ~ *i salen* at the back of the hall.
bagfjerding hindquarter.
bagflik heelpiece.
bagflikke *vb.* heel.
bagfra *adv.* **1.** from behind (*fx* knock him down from behind);
2. *(i omvendt orden)* backwards (*fx* repeat the words backwards).
baggade back street.
baggrund background (*for* to);
□ *danne ~ for* provide the background for; *træde i -en a)* recede into the background; *b) (om person)* take a back seat; *på ~ af a)* against a background of (*fx* increasing violence); *b) (i lyset af)* in the light of (*fx* new information).
baggrundsmateriale background material.
baggrundsmusik background music.
baggrundsstråling background radiation.
baggrundsstøj background noise.
baggård backyard;
□ *han voksede op i en ~* he grew up in a slum.
baghave back garden; *(am.)* backyard.
baghjul rear wheel.
baghjulsbremse rear(-wheel) brake.
baghjulsophæng rear suspension.
baghjulstræk *sb. (et, -)* rear-wheel drive.
baghold *sb. (et, -)* ambush;
□ *falde i et ~* fall into an ambush, be ambushed; *ligge i ~ efter* lie in wait for; *lokke en i et ~* ambush sby; F waylay sby.
bagholdsangreb 1. *(mil.)* ambush;
2. *(fig.)* stab in the back; underhand attack.
baghoved back of the head;
□ *have noget i -et* have sth at the back of one's mind.
baghus back building; F back premises pl.
baghånd 1. back of the hand;
2. *(i tennis etc.)* backhand;
3. *(i kortspil)* fourth hand, last player;
□ *have noget i -en a)* have something in reserve; *b) (noget overraskende)* have something up one's sleeve.
baghåndsslag backhand stroke.
bagi *adv.* in (*el.* at) the back; behind;
□ *hun gav ham et dask ~* she slapped his behind; *et rap ~* a smack on the bottom; *et spark ~* T a kick in the (seat of one's) pants, a kick in the behind.
bagind *adv.* in from behind;

□ *gå ~ (i butik)* go round the back.
Bagindien *(geogr.)* Further India.
bagkant 1. rear edge; **2.** *(flyv.: af bæreplan)* trailing edge;
□ *fast ~ (typ.)* ranged right; *løs ~ (typ.)* ragged right.
bagkappe *(i sko)* counter, stiffener.
bagklap *sb. (en, -per) (på bil)* hatch; *(på stationcar)* tailgate.
bagklog *adj. (præd.)* wise after the event.
bagklogskab wisdom after the event, hindsight.
bagklædning backing.
bagkrop 1. hind part of the body;
2. *(på insekt)* abdomen.
baglader *sb. (en, -e)* breech loader.
bagland 1. *(geogr.)* hinterland;
2. *(mil.)* rear area;
3. *(støtte)* backing; *(støtter)* backers; *(politisk også)* base of support, support base, constituency; *(vælgere)* voters;
□ *have sit ~ i orden* be sure of one's support base.
baglanterne tail lamp.
baglem *sb. (et)* hind limb.
baglokale *(i butik)* back (of a shop); room behind a shop; F back premises pl.
baglomme 1. hip pocket, back pocket; **2.** *(i skøder)* coat-tail pocket.
baglygte 1. rear light, tail light;
2. *(til cykel)* rear lamp, tail lamp.
baglæns[1] *adj.* backward (*fx* a backward jump).
baglæns[2] *adv.* backwards (*fx* walk backwards); *(am.)* backward;
□ *køre ~ a) (bakke)* back, reverse; *b) (i jernbanevogn)* sit with one's back to the engine.
baglås: *døren er gået i ~* the lock has jammed; *han gik i ~* he had a mental block; *forhandlingerne er gået i ~* the negotiations are deadlocked; F the negotiations have reached an impasse.
bagmand 1. *(hovedmand)* kingpin (*fx* he was the financial kingpin in a vast international drug network); ringleader;
2. *(som støtter et foretagende økonomisk)* backer;
3. *(som sidder bagved og trækker i trådende)* wirepuller;
4. *(som udtænker planen)* mastermind;
5. *(i geled)* the man behind; rear-rank man.
bagmandspolitiet *(svarer til)* the Fraud Squad; the Serious Fraud Office.
bagning *sb. (en, -er)* baking;
□ *en ~* a batch.
bagom *adv.* behind; round at the back.
bagop *adv.* up behind;
□ *slå ~* kick up.
bagover *adv.* backwards; *(se også gå).*
bagparti 1. hind part; **2.** *(bagdel)* hind quarters pl.
bagperron 1. rear platform;
2. *(spøg.: bagdel)* hind quarters pl.
bagpote hind paw.
bagpå *adv.* behind; on the back;
□ *sidde ~ (ɔ: på motorcykel)* ride pillion.
bagrude rear window;
□ *elektrisk ~* heated rear window.
bagside 1. back (*fx* of a house; of an envelope);
2. *(af mønt)* reverse (side) (*fx* the coin has a crown on the reverse);
3. *(af avis)* back page;
4. *(af stof: vrangside)* wrong side, reverse (side);
5. *(fig.: uheldig side)* seamy side (*af, ved* of, *fx* the seamy side of city life); *(også = ulempe)* downside (*ved* of, to, *fx* the downside of his incredible energy (, of a market economy; is there a downside to it, too?); flip side (*ved* of);
□ *månens ~* the far (*el.* dark) side of the moon; *(se også medalje)*; *[med præp.]* ***på** -n a) (jf. 1)* on the back (*fx* write on the back of the sheet); *b) (i henvisning)* overleaf (*fx* read instructions overleaf); *-n **ved det*** the downside, the flip side; *der er en ~ ved det* there is a downside (*el.* flip side) to it.
bagskærm rear mudguard.
bagslag *(modgang etc.)* setback;
□ *give ~ a) (skade ophavsmanden)* backfire (*fx* their policy (, the propaganda) backfired); *b) (virke mod hensigten)* be counterproductive.
bagsmæk *sb. (en, -ker),* **bagsmække** *(en, -r) (på vogn)* tailboard.
bagstavn stern (*fx* sit in the stern).
bagstopper backstop.
bagstræb, bagstræv *sb. (et)* reaction.
bagstræber, bagstræver *sb. (en, -e)* reactionary.
bagstræberisk, bagstræverisk *adj.* reactionary.
bagsæde 1. back (*el.* rear) seat;
2. *(på motorcykel)* pillion;
□ *sidde på -t a) (i bil)* sit in the back seat; *b) (af motorcykel)* ride pillion.
bagsædepassager 1. *(i bil)* back-seat passenger; **2.** *(på motorcykel)* pillion rider.
bagtale *vb.* slander; speak ill of; *(kritisere)* run down.
bagtalelse *sb. (en, -r)* **1.** slander (*fx* it is a wicked slander on them);
2. *(sladder)* scandal;
□ *-r a)* slander sg.; *b)* scandal sg.; *-ns skole* the School for Scandal.
bagtalerisk[1] *adj.* slanderous.
bagtalerisk[2] *adv.* slanderously.
bagtanke ulterior motive.
bagtil *adv.* behind; at the back (*fx* they extended the house at the back).
bagtrappe back stairs pl.
bagtrappe- backstairs (*fx* diplomacy; talk).
bagtrop rear party;
□ *danne -pen* bring up the rear.
bagtungevokal *(fon.)* back vowel.
bagtæppe *(teat.)* back cloth, backdrop.
bagtøj rear axle assembly.
bagud *adv.* **1.** to the rear;
2. *(i restance)* behindhand, behind (*fx* with one's work, in one's payments); *(mere* F*)* in arrears (*med* with).
bagude *adv.* behind; in the rear.
bagudlønnet *adj. (præd.)* paid in arrrears.
baguette *sb. (en, -r)* French stick.
bagvaske *vb.* defame; *(mere* T*)* smear; *(bagtale)* slander; *(skriftligt)* libel;
□ *~ en (også)* smear sby's reputation.
bagvaskelse *sb. (en, -r)* defamation (*fx* he sued the newspaper for defamation); *(bagtalelse)* slander; *(skriftlig)* libel.
bagvaskelseskampagne smear campaign.
bagvasker *sb. (en, -e)* slanderer, scandalmonger.
bagved *adv.* behind.
bagvej 1. back way; **2.** *(skjult vej)* secret path;
□ *ad -e (fig.)* by underhand means; *ad -en (fig.)* by the back door; *gå -e* use underhand (*el.* dubious) means.
bagvendt[1] *adj.* **1.** *(præd.)* turned the wrong way; **2.** *(fig.)* awkward (*fx* way to do it).
bagvendt[2] *adv.* **1.** the wrong way;
2. *(fig.)* awkwardly;
□ *snakke ~* talk in spoonerisms.
bagvæg back wall.
bagværelse back room.
bagværk pastry; cakes and biscuits pl.
baisse[1] *sb. (en, -r) (hdl.)* decline of the market; *(kraftig)* slump;
□ *spekulere (el. ligge) i -n = baisse*[2]*.*
baisse[2] *vb. (hdl.)* bear, speculate for a fall.

baissespekulant *(hdl.)* bear.
bajadere *sb. (en, -r)* bayadere.
bajads *sb. (en, -er)* **1.** clown; **2.** *(fig.)* buffoon.
bajer *sb. (en, -e)* bottle of lager;
□ *en ~ (også)* a beer; a lager.
bajerflaske beer bottle.
bajersk *adj.: ~ pølse* frankfurter; *~ øl* lager; *(se også bayersk).*
bajonet *sb. (en, -ter)* bayonet.
bajonetangreb bayonet charge.
bajonetfatning bayonet socket.
bajonetfægtning 1. *(øvelse)* bayonet drill; **2.** *(kamp)* bayonet fighting.
bak[1] *sb. (en) (sø.)* forecastle.
bak[2] *adv.* **1.** *(sø.)* astern; **2.** *(om sejl)* aback;
□ *slå ~ a) (sø.)* reverse the engines; *b) (fig.: ændre politik)* reverse one's policy; *(slå bremserne i)* put the brakes on; *(blive stædig)* dig one's heels in.
bakelit *sb. (en)* ® bakelite.
bakgear reverse gear;
□ *sætte bilen i ~* put the car into reverse.
bakkanal *sb. (et, -er)* bacchanal.
bakkant *sb. (en, -er)* bacchant.
bakkantinde *sb. (en, -r)* bacchante.
bakkantisk *adj.* bacchanalian.
bakke[1] *sb. (en, -r) (banke)* hill; *(mindre, opad)* rise; *(skråning, skibakke)* slope;
□ *en høj ~* a big hill; *op ad ~* uphill; *ned ad ~* downhill (*fx* walk downhill); *det går ned ad ~ med ham (fig.)* he is going downhill; *det går mere og mere ned ad ~ med ham* he is going from bad to worse.
bakke[2] *sb. (en, -r)* **1.** *(til servering)* tray; *(lille, af metal, også)* salver; **2.** *(brød-)* breadbasket;
3. *(ægge-)* (egg) tray; *(med låg)* (egg) box;
4. *(til jordbær etc.)* punnet;
5. *(sø.)* mess kit; *(spiselag)* mess.
bakke[3] *vb.* **1.** *(bevæge sig baglæns)* back (*fx* the car backed; he backed the car); reverse; **2.** *(om skib)* reverse, go astern;
□ *~* ***op*** *(støtte)* back up; *~ op om* back (*fx* their policy); *~* ***ud*** back out; *~* ***ud af*** back out of.
bakke[4] *vb. (ryge): ~ på* puff at; *(med længere drag)* pull at.
bakkebord tray table.
bakkedrag range of hills.
bakkekam (hill) crest.
bakkeland hilly country; upland.
bakkenbarter *sb.pl.* **1.** sideboards; *(am.)* sideburns; **2.** *(længere)* whiskers.
bakkeserviet tray cloth.
bakkeskråning hill side, slope.
bakkestjerne *(bot.)* fleabane.
bakket *adj.* hilly; F undulating.
Bakkus *(myt.)* Bacchus.
bakkusfest Bacchanalia pl.
baklygte reversing light; *(am.)* back-up light.
bakning *sb. (en) (jf. bakke[3])* backing; reverse motion, reversing.
bakse *vb.* **1.** *(manøvrere)* manoeuvre; **2.** *(håndtere)* handle; **3.** *(kanon)* train;
□ *~* ***med*** *a) (slås med, tumle med)* struggle with; *b) (bære på noget tungt)* stagger about with.
bakspejl rear-view mirror;
□ *set i -et (fig.: når man ser tilbage på det)* looking back; F in retrospect, retrospectively; *(med bagklogskab)* with (the wisdom of) hindsight.
bakterie *sb. (en, -r)* germ; T bug; *(fagl.)* bacterium (pl. bacteria).
bakteriedræbende *adj.* bactericidal.
bakteriedyrkning cultivation of bacteria.
bakteriefri *adj.* bacteria-free, sterile.
bakteriekrig germ (*el.* bacteriological) warfare.
bakteriekultur culture of bacteria.
bakteriel *adj.* bacterial.
bakteriestamme bacterial strain.
bakteriesygdom bacterial disease.
bakteriolog *sb. (en, -er)* bacteriologist.
bakteriologi *sb. (en)* bacteriology.
bakteriologisk[1] *adj.* bacteriological (*fx* warfare).
bakteriologisk[2] *adv.* bacteriologically.
B-aktie B share.
bal[1] *sb. (en, -ler) (billard-)* ball;
□ *gøre en ~* pot a ball.
bal[2] *sb. (et, -ler)* dance; *(større)* ball;
□ *på et ~* at a dance; *-let er forbi (fig.)* the party is over.
balaclavahue balaclava (helmet).
balalajka *sb. (en, -er) (mus.)* balalaika.
balance *sb. (en, -r)* **1.** *(ligevægt)* balance; F equilibrium (*fx* the economy is in equilibrium; it disturbed our inner equilibrium);
2. *(i ur, i regnskab)* balance;
3. *(i dampmaskine)* beam;
□ *holde -n* keep one's balance; *opgøre -n* balance the accounts; *ude af ~ (også fig.)* off one's balance; *bringe ham ud af ~* throw him off his balance.
balanceakt balancing act.
balancegang *(fig.)* tight-rope walking;
□ *det er en ~* you (, we etc.) are walking a tightrope; *gå ~* walk a tight-rope.
balancekunst balancing act.
balanceopgørelse balance (sheet).
balancepunkt fulcrum.
balancere *vb.* balance;
□ *~ med noget* balance sth (*fx* he came balancing a tray); *regnskabet -r med 53.000 kr.* the balance sheet amounts to kr. 53,000; *bringe regnskabet til at ~ a)* balance the accounts; *b) (fig.)* break even.
balancerstang balancing pole.
baldakin *sb. (en, -er)* canopy, baldachin.
baldame 1. dancer; **2.** *(partner)* partner.
balde *sb. (en, -r)* **1.** *(hånd-, fod-)* ball; **2.** *(af enden)* buttock, cheek.
baldre *vb.* T smash, bash in, bust.
baldrian *sb. (en, -er el. -) (bot.)* valerian.
baldronning queen of the ball.
baldyre *vb. (F el. spøg.)* embroider.
Balearerne *sb.pl. (geogr.)* the Balearic Islands.
balje *sb. (en, -r)* tub; *(mindre)* bowl (*fx* a washing-up bowl).
Balkan *(geogr.)* the Balkans pl.
Balkanhalvøen *(geogr.)* the Balkan Peninsula.
balkanisere *vb.* Balkanize.
balkanisering *sb. (en, -er)* Balkanization.
Balkanstat Balkan State.
balkavaler 1. dancer; **2.** *(partner)* partner; **3.** *(ledsager)* escort.
balkjole ball dress, ball gown.
balklædt *adj. (præd.)* dressed for a dance (, a ball).
balkon *sb. (en, -er)* **1.** balcony (*fx* stand on the balcony); **2.** *(teat.)* dress circle.
balkonversation ballroom conversation.
balkort programme.
ballade[1] *sb. (en)* **1.** *(besvær, vrøvl)* trouble; **2.** *(spektakler etc.)* row, hullabaloo, racket;
□ *lave ~* make trouble; kick up a row; *(stærkere)* raise hell; *du får ~ (ɔ: vrøvl) med ham* you'll be in trouble with him.
ballade[2] *sb. (en, -r)* **1.** *(vise)* ballad; **2.** *(metrisk form & mus.)* ballade.
ballademager *sb. (en, -e)* troublemaker.
ballast *sb. (en) (også til vej, også fig.)* ballast (*fx* sail in ballast; the ballast he had from his childhood);
□ *tage ~ ind* ballast.
ballaste *vb.* ballast.
ballastet *adj. (præd.)* in ballast.
balle[1] *sb. (en, -r)* T **1.** *(udskældning)* dressing-down, ticking-off,

rocket; **2.** *(balje)* tub;
□ *en ~ kaffe* an enormous cup of coffee; *få en ~ (jf. 1, også)* be ticked off; *give én en ~* dress sby down, tick sby off, give sby a rocket.
balle[2] *sb. (en, -r) (vare-, halm-)* bale;
□ *en ~ papir* a bale of paper.
ballepresse *sb. (en, -r),* **ballepresser** *(en, -e)* baler.
ballerina *sb. (en, -er)* ballerina.
ballet *sb. (en, -ter)* ballet.
balletdanser(inde) ballet dancer.
balletkorps corps de ballet.
balletmester ballet master.
balletsko ballet shoe.
balletskørt ballet skirt; tutu.
ballistisk *adj.* ballistic.
ballon *sb. (en, -er)* **1.** balloon; **2.** *(til sprøjte etc.)* bulb; **3.** *(syre- etc.)* carboy; **4.** *(i ballet)* ballon.
ballondæk balloon tyre.
ballonfart balloon voyage.
ballonfører balloonist.
ballongynge Ferris wheel.
ballonopstigning balloon ascent.
ballonprøve *(spiritusprøve)* breathalyzer test.
ballonring *se ballondæk.*
ballonskipper balloonist.
ballonspærring balloon barrage.
ballontest *se ballonprøve.*
ballontyggegummi bubble gum.
ballotere *vb.* ballot, vote by ballot.
ballotering *sb. (en)* balloting, voting by ballot.
balløve lion (of the ball).
balsal ballroom.
balsam *sb. (en, -(m)er el. -)* **1.** balsam, balm;
2. *(fig.: lindring)* balm;
3. *(hårbalsam)* conditioner;
□ *det var ~ på såret* it was a consolation.
balsamere *vb.* embalm.
balsamering *sb. (en, -er)* embalming.
balsamin *sb. (en, -er) (bot.)* balsam.
balsamisk[1] *adj.* balmy (*fx* air).
balsamisk[2] *adv.* balmily.
balsatræ **1.** balsa; **2.** *(materiale)* balsa(wood).
balsko dancing-shoe; *(for mænd også)* pump.
balstyrig *adj.* unruly;
□ *blive ~ a) (uregerlig)* get out of hand; *b) (rasende)* hit the roof.
baltegn [badge or ribbon worn at a dance]; *(omtr.)* favour.
balter *sb. (en, -e)* Balt.
Baltikum *(geogr.)* the Baltic States pl.
baltisk *adj.* Baltic.
baluster *sb. (en, balustre) (søjle)* baluster.
balustrade *sb. (en, -r)* balustrade.
bambus *sb. (en -(s)er)* bamboo.
bambusrør bamboo.
bambusskud bamboo shoot.
bambusstok (bamboo) cane.
bamse *sb. (en, -r)* **1.** bear; **2.** *(i eventyr)* (Master) Bruin; **3.** *(legetøjs-)* teddy bear; **4.** *(tyk mand)* big burly fellow.
banal *adj.* **1.** *(for almindelig)* commonplace (*fx* remark); F banal, mundane (*fx* description, book);
2. *(uvigtig)* trivial (*fx* complaints, details, mistake);
3. *(forslidt)* hackneyed (*fx* phrases); F trite;
□ *en ~ bemærkning (også)* a commonplace.
banalisere *vb. (jf. banal)* **1.** render commonplace, banalize; **2.** trivialize; **3.** hackney.
banalitet *sb. (en, -er)* **1.** *(det at være banal)* banality; **2.** *(banal bemærkning)* commonplace; F banality, platitude.
banan *sb. (en, -er)* banana;
□ *en hård ~ (fig.)* a tough guy; *han er en hård ~ (også)* he is as hard as nails; *en sløv ~* a zombie.
bananflue fruit fly.
bananklase bunch of bananas.
bananrepublik banana republic.
bananskal, **bananskræl** banana skin (*fx* he slipped on a banana skin).
banansplit banana split.
bananstik *(elek.)* banana plug.
bananvogn *(frugtvogn)* fruit stall.
band *sb. (et) (rel.)* excommunication;
□ *lyse i ~, sætte i ~ (rel.)* excommunicate.
bandage *sb. (en, -r) (med.)* bandage;
□ *-r (ɔ: til støtte etc.)* surgical appliances.
bandagere *vb.* bandage.
bandagist *sb. (en, -er)* surgical appliance maker.
bandbrev, **bandbulle** bull of excommunication.
bande[1] *sb. (en, -r)* gang (*fx* a gang of robbers);
□ *hele -n* the whole lot (of them, of you).
bande[2] *sb. (en, -r)* **1.** *(kant i billard)* cushion; **2.** *(i ishockey)* barrier boards pl.
bande[3] *vb.* **1.** *(bruge bandeord)* swear (*fx* don't swear in front of the children);
2. *(af raseri)* swear; *(stærkere)* curse (*fx* he hit his thumb and swore (, cursed) loudly (, violently));
□ *~ og svovle (el. sværge)* curse and swear; *~ som en tyrk* swear like a trooper;
[med præp. & adv.] ~ ***ad*** *ham* swear at him, curse him; *~ ham* ***langt væk*** curse him up and down; *~* ***over*** swear at, curse (at); *det kan du ~* ***på!*** you bet your life! *~* ***på at*** swear that.
bandefører gang leader.
bandemedlem member of a gang.
banden *sb. (en) (jf. bande*[3]*)* swearing, cursing; bad language.
bandeord swearword.
banderole *sb. (en, -r)* (stamped) revenue label.
banderoleret *adj. (efter sb.)* with a revenue label.
bandit *sb. (en, -ter)* **1.** bandit, gangster; **2.** *(slyngel)* scoundrel;
3. *(spøg. til barn)* rascal (*fx* you little rascal!).
banditfjæs hangdog face, jailbird face.
banditstreg dirty trick.
bandituvæsen gangsterism; F banditry.
bandlyse *vb.* **1.** *(rel.)* excommunicate; **2.** *(fig.: forbyde)* ban; *(stærkere)* taboo.
bandlysning *sb. (en, -er)* **1.** *(rel.)* excommunication; **2.** *(fig.)* banning; tabooing.
bandoler *sb. (et, -er)* bandoleer.
bandsat[1] *adj.* confounded.
bandsat[2] *adv.* damnably.
bandstråle *sb. (en, -r)* anathema.
bandt *præt. af binde.*
bane[1] *sb. (en, -r)* **1.** course (*fx* he followed the course set out for him; the course of a meteor; the planets in their courses); path (*fx* he has followed a difficult path; the path of the storm (, the bullet, a comet, a meteor)); track (*fx* the track of the storm (, a comet, a planet, a rocket, a satellite)); *(fagl.: ~ gennem luften, om meteor, missil, projektil)* trajectory; *(fast ~ omkring noget, om elektron, komet, planet, satellit)* orbit;
2. *(livsbane)* career (*fx* the career he has chosen);
3. *(kørebane)* lane (*fx* he changed lanes);
4. *(jernbane)* railway; *(am.)* railroad; *(linie)* track, line; *(se også banelegeme)*;
5. *(væddeløbsbane)* running track; *(til hestevæddeløb)* racecourse;
6. *(til keglespil, til bowling)* bowling alley;
7. *(skydebane)* range;
8. *(til fodbold, kricket, baseball, hockey)* field; *(til fodbold, cricket også)* ground; *(til fodbold, hockey også)* pitch;

9. *(til tennis, badminton, squash, krocket, basketball, volleyball, håndbold)* court;
10. *(skøjte-, ishockey-, curling-)* rink;
11. *(golf-)* course, links;
12. *(på hammer, på ambolt)* face;
13. *(af tapet, tæppe)* length;
14. *(af papir)* web;
□ **endeløs** ~ *(ɔ: af papir)* continuous web; *papir i endeløs ~ a)* continuous paper; *b) (edb: siksakfoldet)* fanfold (*el.* accordion fold *el.* zigzag fold) paper; *der er **fri** ~ a)* all is clear; *b) (jernb.)* the line is clear; *der er fri ~ for reformer* the path is clear for reforms; *skaffe fri ~ (jernb.)* clear the track; ***klar** ~, se ovf.: fri ~*; ***skifte** ~ (i tennis etc.)* change ends; *(se også kridte (op))*;
[med præp.] ***af** -en!* make way! *tænke **i** de -r* think along those lines; *tænke i nye (, andre) -r* think along new (, other) lines; *øl **i lange** -r* lots of beer; *bringe (, komme) **ind i** sin ~ (om satellit)* bring (, go) into orbit; orbit; *slå **ind på** en ~ (fig.)* enter on a course; *tage **med** -n* go by rail; *sende **pr.** ~* send by rail; *bringe et emne **på** ~* bring up (*el.* raise) a subject (*over for en* with sby); F broach a subject (*over for en* with sby); *være på -n (fig.)* be in the field.

bane[2] *sb. (en) (glds.)* **1.** *(død)* death; **2.** *(drabsmand)* slayer.

bane[3] *vb.: ~ vej for* open the way (*el.* a passage) for; *~ vejen for (fig.)* prepare (*el.* pave) the way for; *~ sig vej* force one's way (*fx* through the jungle); *-t vej* beaten track.

banearbejder 1. surfaceman; *(am.)* section hand; **2.** *(ved nyanlæg)* navvy.

banebrydende *adj.* ground-breaking, path-breaking, trail-blazing; *(kun attr.)* pioneer, pioneering (*fx* work);
□ *være ~* break new (*el.* fresh) ground; F blaze a trail.

banebryder *(fig.)* pioneer.

banegård (railway) station; *(am.)* depot;
□ *på -en* at the railway station.

banegårdsplads *(omtr.)* station square; *(lige foran)* station forecourt.

banehalvdel *(jf. bane[1] 9)* half (of the ground (, field, pitch)) (*fx* when a player is in his own half of the field of play);
□ *på sin egen ~* in one's own half; *bolden ligger på deres ~ (fig.)* the ball is in their court; *skifte ~* change ends (*el.* goals); T change round.

banelegeme permanent way.

banelinie railway line, track.

banemand 1. *(jernbanemand)* railwayman; **2.** *(glds.: drabsmand)* slayer.

baneoverskæring level crossing.

banepakke railway parcel.

banerytter track rider.

banerømmer cowcatcher.

banestrækning section of the (, a) line.

banesår *(glds.)* mortal wound.

bang *interj.* bang; wham.

bange *adj.* **1.** *(kun præd.)* afraid (*fx* he was (very) afraid; he looked afraid); *(stærkere; også attr.)* frightened, scared (*fx* a frightened (, scared) little girl; he is easily (, always) frightened);
2. *(ængstelig)* apprehensive;
□ *~ anelser* misgivings; *blive ~* be (, get) frightened (*el.* scared); *gøre ~* frighten, scare;
*[med præp.] ~ **af sig*** timid (by nature), naturally timid; *han er ikke ~ af sig!* he's got a nerve! *være ~ **for** a) (frygte)* be afraid (, frightened, scared) of (*fx* snakes); *b) (for nogens (, nogets) skyld)* be afraid for (*fx* she was afraid for her son (, for her job, for her life)); be anxious about; *være ~ **for at** a) (for at noget skal ske)* be afraid of -ing (*fx* I was afraid of waking him (, of missing the train, of making a mistake)); *b) (ikke turde)* be afraid (, frightened) to (*fx* I was afraid to wake him; I'm afraid to speak to him; they disagreed with her and were not afraid to say so); be afraid of -ing (*fx* he is afraid of flying (, of going out alone)); *c) (+ sætning)* be afraid (, frightened, scared) that (*fx* I'm afraid (etc.) that I'll be fired); *jeg er ~ for at det er for sent (ɔ: desværre)* I'm afraid that it is too late; *er han syg? jeg er ~ for det* is he ill? I'm afraid so.

bangebuks *sb. (en, -e)* coward; T chicken; *(i børnesprog)* cowardy custard, scaredy-cat.

bangladesher *sb. (en, -e)* Bangladeshi.

bangladeshisk *adj.* Bangladeshi.

banjer *sb.pl.*, **banjerdæk** *(sø.)* orlop deck.

banjo *sb. (en, -er)* banjo (pl. -es).

bank[1] *sb.pl. (prygl, nederlag)* a beating (*fx* give him (, get) a good beating); a thrashing.

bank[2] *sb.: over en ~* wholesale; across the board; *alle over en ~* all indiscriminately.

bank[3] *sb. (en, -er) (pengeinstitut etc.)* bank;
□ *sætte penge i -en* deposit money in (*el.* at) the bank; *sprænge -en* break the bank.

bankafdeling 1. *(filial)* branch; **2.** *(afdeling i bank)* department (of a bank).

bankaktie bank share.

bankanvisning draft, cheque; *(am.)* check.

bankassistent bank clerk.

bankbestyrer bank manager.

bankbog passbook.

bankboks 1. *(til udlejning)* safe-deposit box; **2.** *(stort boksrum)* strongroom.

bankbud bank messenger.

bankbus mobile bank.

bankdirektør bank manager.

bankdækning *(for sedler)* backing.

banke[1] *sb. (en, -r)* **1.** *(revle)* bar; **2.** *(bakke)* hill; **3.** *(tåge- ,sky-, fiske-, grund)* bank.

banke[2] *vb.* **1.** knock (*fx* knock on the door (, window); knock a pipe out); *(let, med fingrene)* tap (*fx* tap on the door (, window); she tapped (the rhythm) on the table; she tapped him on the shoulder); *(hårdt, fx med knoerne)* rap (*fx* rap (at) the door); *(med mange slag)* beat (*fx* a carpet);
2. *(om hjerte, puls)* beat (*fx* my heart (, pulse) was beating rapidly); *(hurtigere)* throb, knock (*fx* my heart was knocking with fright);
3. *(om ånd)* rap;
4. *(om motor)* knock, pink;
5. *(prygle)* beat, thrash, whack; *(kraftigere)* flog;
6. *(besejre)* beat; T lick; *(grundigt)* trounce, hammer;
□ *det -r* somebody is knocking; there's a knock at (*el.* on) the door; *hørte du at det -de?* did you hear a knock? *med -nde hjerte* in a fever of excitement (, expectation); *-nde tindinger* throbbing temples;
*[med præp. & adv.] ~ **i** bordet* knock on the table; *(hårdere)* rap (on) the table; *~ det **ind i** hovedet på ham* drum (*el.* drill) it into his head; din (*el.* drum) it into him; *jeg kan ikke ~ det ind i hans hoved* I cannot knock it into his head; *~ ham **op*** call him; knock him up; *(am. kun)* call him; *~ en forretning op* work up a business; *~ '**på*** knock; *~ på døren* knock (, rap, tap) at (*el.* on) the door; *~ på barometret* tap the barometer; *~ en på plads se plads*; *~ **under***

bordet (svarer til) touch wood.
bankealtan airing balcony.
bankekød *(svarer til)* stewed beef.
bankelev bank trainee.
banken *sb. (en) (jf. banke²)* **1.** knock(ing); **2.** beating; throbbing; **3.** rapping; *(se også bankning).*
bankerot¹ *sb. (en, -ter)* bankruptcy, failure.
bankerot² *adj.* bankrupt;
□ *være ~* be (a) bankrupt; *(se også fallit).*
bankesignaler *sb.pl. (fx fra indespærret)* tapping, rapping.
banket *sb. (en, -ter) (festmåltid)* banquet.
bankeånd rapping spirit.
bankforbindelse bank (connection); bankers pl.
bankforretning 1. banking transaction; **2.** *(firma)* banking firm.
bankfuldmægtig *(omtr.)* senior bank clerk.
bankgaranti bank guarantee.
bankgebyrer *sb.pl.* bank charges.
bankhemmelighed banking secrecy.
bankier *sb. (en, -er)* banker.
bankierfirma banking firm.
bankindskud bank deposit.
bankkasserer bank cashier; teller.
bankkonto bank account.
bankkrak bank failure.
banklån bank loan;
□ *optage et ~* obtain a bank loan.
bankmand bank employee; *(i overordnet stilling)* banker.
bankning *sb. (en) (jf. banke²)* **1.** knocking; tapping; rapping; beating; **2.** *(i motor)* knocking, pinking.
banknote banknote.
banko *interj. (udråb i bankospil)* bingo.
bankospil bingo.
bankprovision banker's commission.
bankrente 1. interest (rate); **2.** *(diskonto)* bank rate.
bankrådgiver financial adviser.
banktilsyn inspectorate of banks.
bankverdenen the banking community.
bankvirksomhed banking.
bankvæsen 1. banking system; **2.** *(bankvirksomhed)* banking.
bankør *sb. (en, -er)* banker.
banner *sb. (et, -e)* banner; *(fig. også)* standard; *(se også fane).*
bannerfører standard bearer.
bantamvægt *sb. (en),* **bantamvægter** *sb. (en, -e)* bantam weight.
bantusprog Bantu language.
baptist *sb. (en, -er),* **baptistisk** *adj. (attr.)* Baptist.
bar¹ *sb. (en, -er) (med drikkevarer)* bar.
bar² *adj.* **1.** bare; *(nøgen, ubevokset også)* naked (*fx* naked girls; bare (*el.* naked) feet (, earth)); *(uden hår, fjer også)* bald (*fx* a bald spot);
2. *(lutter)* sheer, pure (*fx* out of sheer pity; it is pure (*el.* sheer) nonsense);
□ *med -e arme (, ben)* with bare arms (, legs); bare-armed (, bare-legged); *-t brød* dry bread; *begynde på ~ bund* start from scratch; *stå på ~ bund* be without means; F be destitute; *politiet står på ~ bund (i sagen)* the police are without a clue; the police have nothing to go on; *i ~ figur (glds.)* without an overcoat; *med -e fødder* bare-foot(ed); *med -t hoved* bare-headed; *på den -e jord* on the bare ground; *med de -e hænder (el. næver)* with one's bare hands (*el.* fists); *med -e knæ* bare-kneed; *på den -e krop* on one's naked body; next to the skin (*fx* wear wool next to the skin); *det er ~ løgn* it is a pack of lies; *i ~ skjorte* in one's shirt; *han var i ~ skjorte* he had nothing on but his shirt; *(se også sjov¹, vand).*
bar³ *præt. af bære.*
barak *sb. (en, -ker)* hut; *-ker (også, især mil.)* hutment sg.
barakby [collection of temporary huts].
barakbygning hut.
bararmet *adj.* bare-armed.
barbar *sb. (en, -er)* barbarian.
barbari *sb. (et, -er)* barbarity.
barbarisk¹ *adj.* **1.** *(brutal)* barbarous, barbaric (*fx* cruelty, punishment); **2.** *(uciviliseret)* barbarian, barbaric (*fx* peoples).
barbarisk² *adv. (jf. barbarisk¹)* **1.** barbarously, barbarically; **2.** barbarically.
barbecue *sb. (en, -r)* barbecue.
barbenet *adj.* bare-legged.
barber *sb. (en, -er)* barber; *(frisør)* hairdresser.
barberblad razor blade.
barbercreme shaving cream.
barbere *vb.* **1.** shave; **2.** *(nedskære)* cut down severely; *(budget etc.)* pare down (*fx* a pared-down budget);
□ *blive -t* have a shave; *~ sig* shave; T have a shave.
barbering *sb. (en, -er)* **1.** *(det at barbere)* shaving; **2.** *(enkelt ~)* shave.
barberkniv razor.
barberkost shaving brush.
barbermaskine (safety) razor;
□ *elektrisk ~* electric shaver.
barbersager *sb.pl.* shaving things.
barbersalon barber's (shop).
barberskilt barber's sign; *(rød-hvid stang)* barber's pole.
barberskum shaving foam.
barberspejl shaving mirror.
barbersprit after-shave (lotion).
barbersæbe shaving soap;
□ *et stykke ~* a shaving stick.
barbervand shaving water.
barbitursyre *(kem.)* barbituric acid.
barde¹ *sb. (en, -r) (hval-)* whalebone, baleen.
barde² *sb. (en, -r) (hist.: skjald)* bard.
bardehval whalebone whale, baleen whale.
bardere *vb.* bard.
bardisk bar counter.
bardun *sb. (en, -er)* **1.** rope, wire; **2.** *(til telt)* guy rope; **3.** *(sø.)* backstay.
bardunstrammer turnbuckle.
bare¹ *adv.* **1.** just (*fx* just leave it here; it was just wonderful!);
2. *(kun)* just, simply (*fx* just for fun; he does it just (*el.* simply) for the money; just (*el.* simply) because I asked); only (*fx* I was only joking; don't, you'll only make him angry); F merely (*fx* merely because I asked; he merely smiled and shook his head);
□ *gør det ~!* do it (by all means)! T go ahead! *kom ~ ind!* do come in! *der kan du ~ se* there you are; *det manglede ~ se mangle; ~ tanken om det* the very idea (of it); F the mere thought (of it); *vent ~!* just (you) wait! *det er ~ ærgerligt* T that's just tough luck.
bare² *vb.: kan ikke ~ sig for at* cannot help -ing (*fx* he could not help laughing).
bare³ *konj.* **1.** *(hvis ~)* if only (*fx* he'll come if only you ask him); **2.** *(gid)* I wish (*fx* I wish he would go away; I wish it was all over); if only; I hope (*fx* I hope he'll come).
baret *sb. (en, -ter)* **1.** *(dame-)* toque; **2.** *(gejstligs)* biretta; **3.** *(baskerhue etc.)* beret.
barfodet *adj.* bare-foot(ed).
barfods- bare-foot (*fx* doctor).
barfrost black frost.
barhovedet *adj.* bare-headed.
bark¹ *sb. (en, -er) (skib)* bark.
bark² *sb. (en)* **1.** *(på træ)* bark; **2.** *(hjerne-, nyre-)* cortex.
barkasse *sb. (en, -r) (sø.)* launch.
barkbille *(zo.)* bark beetle.
barket *adj. (hårdhudet)* horny;
□ *med barkede næver*

horny-handed.
barm *sb. (en, -e)* bosom;
□ *gribe i sin egen* ~ look nearer home; *nære en slange ved sin* ~ cherish a viper in one's bosom.
barmfager *adj. se barmsvær.*
barmhjertig *adj.* **1.** *(nådig)* merciful (*mod* to, *fx* he was merciful to them; a merciful act);
2. *(godgørende, overbærende)* charitable (*mod* to, *fx* to the poor; let's be charitable to him);
3. *(medfølende)* compassionate;
□ *-e Gud!* merciful God! my God! *den -e samaritan* the good Samaritan; ~ *søster* sister of mercy.
barmhjertighed *sb. (en)* **1.** mercy;
2. *(godgørenhed)* charity;
3. *(medfølelse)* pity; F compassion;
□ *hav* ~ *med os!* have mercy on us! *dræbe uden* ~ kill mercilessly; *vise ham* ~ show him mercy.
barmhjertighedsgerning work of mercy; deed of charity; *-er (også)* good works.
barmsvær *adj.* broad-bosomed; T bosomy.
barn *sb. (et, børn)* **1.** child (pl. children); T kid; *(lille, især* F*)* infant;
2. *(spædbarn)* baby (*fx* a new-born baby; a six-month-old baby);
□ *han har mange børn (også)* he has a large family; *han har kone og børn* he has a wife and family; *det ved ethvert* ~ any child can tell you that; any fool knows that; *(se også badevand)*;
[med adj.] kært ~ *har mange navne (kan gengives)* there are a lot of ways of saying that; *lige børn leger bedst (kan gengives)* one should stick to one's own class; *hvor mænd dog er store børn!* what (big) babies men are!
[med vb.] ***få*** *et* ~ *med, se ndf.: med præp.*; *hun skal* ***have*** *et* ~ she is going to have a baby (*med ham* with him); T she is in the family way; ***Red*** *Barnet* the Save the Children Fund; ***sætte*** *børn i verden* have children; bring children into the world;
[med præp.] et ~ ***af*** *sin tid* a child of his (, her) time; ***fra*** ~ ***af*** from childhood; *få et* ~ ***med*** *ham a)* have a child with him; *b) (jur.)* have a child by him.
barnagtig *adj.* childish; F puerile; *(stærkere)* infantile.
barnagtighed *sb. (en)* childishness; F puerility.
barndom *sb. (en)* childhood; *(tidlig* ~*)* infancy;
□ *handelens* ~ the infancy of commerce; *fra -men af* from childhood; *gå i* ~ be in one's second childhood.
barndomsby native town.
barndomsdage *sb.pl.* childhood days.
barndomserindring memory of one's childhood, childhood memory.
barndomshjem childhood home;
□ *mit* ~ *(også)* my home as a child.
barndomsminde *se barndomserindring.*
barndomsven(inde) childhood friend.
barndomsår *sb.pl.* childhood years.
barnealder childhood; *(tidlig)* infancy.
barneansigt child's face.
barnebarn *sb. (et, børnebørn)* grandchild.
barnebarnsbarn great grandchild.
barnebillet half ticket;
□ *rejse på* ~ travel half-fare.
barnecentreret *adj.* child-centred.
barnecykel children's (, child's) bicycle; *(trehjulet)* tricycle; T trike.
barnedåb **1.** *(institutionen)* (infant) baptism; **2.** *(den enkelte handling)* christening; F baptism.
barnefader *(udlagt)* putative (*el.* alleged) father;
□ *hun udlagde ham som* ~ she fathered the child on him.
barneforelskelse boy-and-girl attachment.
barnefrøken nursery governess.
barnefødsel childbirth.
barnefødt *adj.:* ~ *i London* a native of London; a Londoner born and bred.
barnegråd the crying of a child.
barnehoved child's head.
barnehustru child-wife.
barnekammer nursery.
barneleg child's play.
barnelig (body of a) dead child.
barnemad **1.** infant food; *(neds.)* pap; **2.** *(fig.: let sag)* child's play.
barnemord infanticide;
□ *-et i Bethlehem* the Slaughter of the Innocents.
barnemorder infanticide.
barnepige (children's) nurse; T nanny.
barnepigementalitet nannyism.
barnepigesamfund nanny society.
barnepigestat nanny state.
barnepleje nursing, child care, care of young children.
barneplejerske children's nurse, nursery nurse.
barnerov **1.** kidnapping; **2.** *(om en der gifter sig med en meget yngre)* baby-snatching.
barnerumpe *(fig.)* baby.
barnerøver **1.** kidnapper; **2.** *(en der gifter sig med en meget yngre)* baby-snatcher.
barneseng cot; *(am.)* crib.
barnesind child mind.
barneske child's spoon.
barnesko child's shoe; *(se også børnesko).*
barnesprog **1.** children's language;
2. *(før det taler rent)* baby talk.
barnestemme child's voice (pl. children's voices).
barnestol **1.** *(høj stol)* high chair;
2. *(barnesæde i bil)* (child's) car safety seat.
barnesæde *se barnestol 2.*
barnetro *sb. (en)* the faith of one's childhood.
barnevogn pram; *(især am.)* baby carriage.
barnevognsindsats pram liner.
barneværelse nursery.
barneår *sb.pl.* childhood years.
barnlig *adj.* **1.** *(positivt om voksen)* childlike (*fx* enthusiasm, innocence, trust, figure);
2. *(neutralt om barn)* childish (*fx* innocence, simplicity, voice); *(i forhold til forældrene)* filial (*fx* love, obedience);
3. *(neds.)* childish (*fx* that game is too childish for me; he is rather childish);
□ *børn og -e sjæle (omtr.)* simple souls.
barnlighed *sb. (en)* childishness.
barnlille *sb. (pl. børnlille)* child.
barnløs *adj.* childless.
barnløshed *sb. (en)* childlessness.
barnsben *sb.: fra* ~ from childhood, from a child.
barok[1] *sb. (en)* baroque.
barok[2] *adj.* **1.** *(sær)* grotesque (*fx* idea); **2.** *(om stil)* baroque.
barometer *sb. (et, barometre)* **1.** barometer; T glass; **2.** *(fig.)* barometer (*for* of, *fx* public feeling).
barometerfald fall in (barometric) pressure.
barometerstand barometer reading.
baron *sb. (en, -er)* baron;
□ *han er* ~ he is a Baron; ~ *X* Baron X; *(om engelsk* ~*)* Lord X.
baronesse *sb. (en, -r) (om engelsk baron's hustru & om udenlandsk barons hustru eller datter)* baroness;
□ ~ *Mary X* the Baroness X; *(om engelsk* ~*)* Lady Mary X.
baronet *sb. (en, -ter)* baronet; *(forkortet & sat efter navn)* Bart., Bt.

(*fx* Sir Walter Scott, Bart.).
baroni *sb. (et, -er)* barony.
barpige 1. *(servitrice)* barmaid; **2.** *(luder)* bar girl.
barre *sb. (en, -r)* **1.** *(metal-)* bar; *(fagl.)* ingot; **2.** *(sand-)* bar; **3.** *(gymnastik-)* parallel bars pl.; □ *forskudt ~ (i gymnastik)* uneven bars, asymmetric bars; *guld i -r* gold in bullion.
barriere *sb. (en, -r)* barrier (*for* to).
barrikade *sb. (en, -r)* barricade; □ *bygge -r* build barricades; *gå på -rne* man the barricades.
barrikadere *vb.* barricade (*fx* she barricaded herself in her room).
bars *sb. (en, -er) (zo.)* bass (pl. - , -es).
barsel *sb. (en, barsler) (fødsel)* childbirth; F confinement; □ *lave til ~* be expecting (a baby); *(se også bjerg).*
barselfeber childbed fever; *(med.)* puerperal fever.
barselgang *(på hospital)* post-natal ward.
barselhvile = *barselorlov.*
barselkone, barselkvinde F woman in confinement.
barselorlov maternity leave; *(for mænd)* paternity leave.
barselpatient maternity patient.
barselpleje maternity work.
barselseng: *hun ligger i ~* she has just had a baby; she is still in bed after having a baby; *dø i ~* die in childbirth.
barselsgang *(etc.) se barselgang (etc.).*
barselvikar replacement during maternity leave.
barsk *adj.* **1.** *(hård, streng)* rough (*fx* treatment); tough (*fx* life, measures, policy); *(stærkere)* harsh (*fx* treatment; the harsh realities); stern (*fx* measures); grim (*fx* facts, prospects); **2.** *(smil, lune)* grim; **3.** *(stemme)* gruff, rough; **4.** *(blik, udseende)* stern (*fx* a stern look (, face)); *(stærkere)* fierce (*fx* look); **5.** *(klima, vejr)* rough (*fx* weather); *(stærkere)* harsh (*fx* climate).
barskab drinks cupboard.
barsle *vb.* give birth; □ *~ med (fig.)* give birth to, produce; *(se også bjerg).*
barstol (bar) stool.
bartender *sb. (en, -e)* bartender.
Bartholomæus *(bibelsk)* Bartholomew.
Bartholomæusnatten *(hist.)* the massacre of St. Bartholomew.
baryton *sb. (en, -er)* baritone.
bas *sb. (en, -ser) (mus., også om kontrabas)* bass; □ *synge ~* sing bass.
basal *adj.* basic.
basalt *sb. (en)* basalt.
basaltagtig *adj.* basaltic.
basar *sb. (en, -e)* **1.** bazaar; **2.** *(velgørende)* bazaar, sale of work.
base *sb. (en, -r) (kem. & mil.)* base.
basedow *sb. (en) (med.)* Basedow's disease, toxic goitre.
Basel *(geogr.)* Basel, Basle.
basere *vb.* base; □ *være -t på* be based on, rest on.
basguitar *(mus.)* bass guitar.
basilika *sb. (en, -er)* basilica.
basilikum *sb. (en, -(m)er el. -) (bot.)* (sweet) basil.
basilisk *sb. (en, -er) (fabeldyr & zo.)* basilisk.
basis *sb. (en, baser)* **1.** *(grundlag)* basis (*for* for); **2.** *(mat. & søjle-)* base; □ *på ~ af* on the basis of; *som ~ for* as a basis for (*fx* further discussion).
basisfag basic subject.
basisgruppe consciousness-raising group.
basisk *adj. (kem.)* basic (*fx* salt); alkaline.
basissemester *(omtr.)* foundation term.
basisuddannelse 1. basic education (, training); **2.** *(ved universitet omtr.)* basic studies pl.; foundation course.
basisviden basic knowledge.
basisår foundation year; basic year.
baske *vb.* **1.** flap; **2.** *(slå om sig)* beat about (*fx* in the water); **3.** *(lange ud)* swipe (*efter* at, *fx* swipe at a fly with a newspaper); □ *fuglen -de med vingerne* the bird flapped its wings; *så det -r (T: eftertrykkeligt)* with a vengeance.
basker *sb. (en, -e)* Basque.
baskerhue beret.
baskerlandet *(geogr.)* the Basque country.
baskisk *sb. (et) & adj. (attr.)* Basque.
basnode *(mus.)* bass note.
basnøgle *(mus.)* bass clef.
basrelief bas-relief.
bassanger bass singer.
basse *sb. (en, -r)* **1.** *(svær herre)* big fat man; **2.** *(kæleord)* darling; **3.** *(wienerbrød)* Danish pastry; *(am. også)* Danish; **4.** *(mil.)* seasoned private.
basseralle *sb. (en, -r) (let glds.)* **1.** *(gilde)* spree; **2.** *(ballade)* hullabaloo.
bassethund basset (hound).
bassin *sb. (et, -er)* **1.** *(havne-)* basin; **2.** *(svømme-)* swimming pool; **3.** *(vandreservoir)* reservoir; **4.** *(i haveanlæg)* ornamental lake; **5.** *(til fisk)* tank.
bassist *sb. (en, -er) (mus.)* bass-player.
basstemme 1. bass voice; **2.** *(parti)* bass part.
bast *sb. (en)* **1.** bast; **2.** *(rafia-)* raffia.
basta *sb. (en) (i kortspil)* basto; □ *og dermed ~* and that's flat; that's all.
bastant[1] *adj.* **1.** *(solid)* substantial (*fx* meal); *(neds.: ufordøjelig)* stodgy; **2.** *(tyk)* stout (*fx* person); **3.** *(stor etc.)* massive (*fx* body, building); **4.** *(fig.: afgjort)* categorical, dogmatic (*fx* views); *(generaliserende)* sweeping (*fx* statement).
bastant[2] *adv. (jf. bastant*[1] *4)* categorically, dogmatically.
bastard *sb. (en, -er)* crossbreed; *(om hund især)* mongrel.
bastardmørtel cement-lime mortar.
bastet *adj.: ~ og bundet* tied and bound.
Bastillen *(hist.)* the Bastille.
bastion *sb. (en, -er)* **1.** *(mil.)* bastion; **2.** *(fig.)* bastion, stronghold.
bastonade *sb. (en)* bastinado.
bastskørt *(svarer til)* grass skirt.
basun *sb. (en, -er) (mus.)* **1.** trombone; **2.** *(bibelsk)* trumpet.
basunengel cherub.
basunist *sb. (en, -er) (mus.)* trombone player.
basunkinder *sb.pl.* round *(el.* chubby) cheeks.
basunstød trumpet call.
bat *sb. (en el. et, -ter el. -) (til bordtennis)* table tennis racket, bat.
batalje *sb. (en, -r)* brawl; *(større)* pitched battle.
bataljon *sb. (en, -er)* battalion.
batchkørsel *(edb)* batch processing.
batik *sb. (en)* **1.** *(voksbatik)* batik; **2.** *(knyttebatik)* tie-and-dye.
batist *sb. (en el. et)* batiste.
batte *vb.* have effect (*fx* it didn't have any effect); □ *så det -r, så det kan ~ noget* with a vengeance.
batteri *sb. (et, -er) (mil. & elek.)* battery.
batteridrevet *adj.* battery-powered, battery-operated (*fx* car); cordless (*fx* shaver, tool).
batteridæk *(sø.)* gun deck.
batterimodtager battery receiver, battery set.

batterioplader battery charger.
bautasten single-stone monument; *(arkæol.)* menhir.
bavian *sb. (en, -er)* **1.** *(zo.)* baboon; **2.** *(skældsord)* bastard; *(bølle)* yob.
bavl *sb. (et)* twaddle, guff, tosh.
bavle *vb.* twaddle.
bavn *sb. (en, -er)* beacon.
bavnehøj *sb. (en, -e)* beacon.
Bayern *(geogr.)* Bavaria.
bayersk *adj.* Bavarian.
bayrer *sb. (en, -e)* Bavarian.
bayrisk *adj.* Bavarian.
B-bombe H-bomb.
bearbejde *vb.* **1.** *(bog, skuespil)* adapt (*efter* from; *for* for); *(skrive 'om)* rewrite;
2. *(musikstykke)* arrange (*fx* arrange it for piano);
3. *(person: søge at overtale)* try to persuade, work on;
4. *(slå løs på)* pummel; *(glds.)* belabour;
5. *(indsamlet materiale etc.)* work up (*fx* work up one's notes into an article);
6. *(jord)* cultivate;
7. *(psykisk, omtr.)* come to terms with (*fx* a terrible experience).
bearbejdelse *sb. (en, -r) (jf. bearbejde)* **1.** adaptation; rewriting; *(resultatet)* rewrite; **2.** *(mus.)* arrangement; **3.** persuasion; **4.** pummeling; belabouring; **5.** working up; **6.** cultivation.
bearbejder *sb. (en, -e) (jf. bearbejde)* **1.** adapter; **2.** arranger.
bearbejdning *sb. (en, -er) se bearbejdelse.*
bearnaisesovs béarnaise sauce.
beautyboks vanity case; *(am.)* cosmetic case.
bebe *interj. (undskyld)* beg pardon.
bebo *vb. (se også beboet)* live in; *(om bolig også)* occupy; *(med flertalssubjekt, om område,* F*)* inhabit.
beboelig *adj.* livable (*fx* house, room); *(mere* F*, især præd.)* habitable (*fx* the house is scarcely habitable; make the flat habitable); *(om område)* inhabitable (*fx* area).
beboelse *sb. (en, -r)* **1.** *(det at bebo)* habitation (*fx* the house is not fit for habitation);
2. *(lejlighed)* flat; F residence; living quarters pl.
beboelsesejendom **1.** residential property; dwelling house; **2.** *(etageejendom)* block of flats; *(am.)* apartment house; *(i Engl., jævnere)* tenement house.
beboelseshus *se beboelsesejendom.*
beboelseskvarter residential area.
beboelsesvogn (residential) caravan, mobile home; *(am.)* (house) trailer.
beboer *sb. (en, -e)* **1.** *(som bor et sted; fastboende)* resident (*i* of, *fx* the residents of the street (, of a block of flats); parking is for residents only);
2. *(som har huset, lejligheden)* occupant (*fx* the present occupant of the flat); *(lejer)* tenant;
3. *(på kollegium, stiftelse etc.)* resident;
4. *(på institution, især tvungen)* inmate;
5. *(i by, land)* inhabitant; *(borger)* citizen.
beboerforening **1.** residents' association; **2.** *(lejerforening)* tenants' association.
beboet *adj.* **1.** *(om bolig, mods. tom)* occupied; **2.** *(mods. død, museumsagtig)* lived-in; **3.** *(om område, land,)* inhabited.
bebrejde *vb. (se også bebrejdende):* ~ *en noget a) (skænde på)* reproach sby for sth (*fx* for his carelessness); *b) (give skylden for)* reproach sby with sth (*fx* he reproached me with the failure of the project); *c) (regne til last)* blame sby for sth (*fx* you can't blame her for the failure of the project); *det kan man ikke* ~ *ham, der er intet at* ~ *ham* you can't blame him; *du har intet at* ~ *dig* you have nothing to reproach yourself with (*el.* blame yourself for); ~ *en **at han*** reproach (, blame) sby for -ing (*fx* reproach her for being late; I don't blame him for refusing to do it).
bebrejdelse *sb. (en, -r)* reproach;
□ *rette -r imod en* reproach sby; F cast reproaches upon sby.
bebrejdende[1] *adj.* reproachful (*fx* look);
□ *et* ~ *ord* a (word of) reproach.
bebrejdende[2] *adv.* reproachfully (*fx* look reproachfully at sby).
bebrillet *adj.* bespectacled.
bebude *vb.* **1.** *(melde)* announce (*fx* he has announced a visit);
2. *(være tegn på,* F*)* herald (*fx* swallows herald the coming of spring); betoken (*fx* clouds betoken rain).
bebudelse *sb. (en)* announcement;
□ *Mariæ* ~ the Annunciation (of the Virgin Mary); *Mariæ -s dag* Lady Day.
bebygge *vb.* build on; *(se også bebygget).*
bebyggelse *sb. (en, -r)* **1.** *(det at)* building (*af* on);
2. *(huse)* buildings pl. (*fx* low (, high) buildings); houses pl. (*fx* low (, high) houses, two-storied houses);
3. *(bebygget område)* built-up area; *(mindre, samlet)* estate (*fx* an industrial estate).
bebyggelsesplan development plan.
bebyggelsesprocent plot ratio.
bebygget *adj.* built-up (*fx* area); developed (*fx* sites);
□ *tæt* ~ densely built-on; *for tæt* ~ overbuilt.
bebyrde *vb.* F burden, encumber (*med* with); T trouble (*med* with).
becifret *adj.:* ~ *bas (mus.)* figured bass.
becifring *sb. (en, -er) (mus.)* figuration.
bed[1] *sb. (et, -e)* bed;
□ *gå ham i -ene* poach on his preserves.
bed[2] *præt. af bide.*
bed[3] *imp. af bede.*
bedaget *adj.* aged;
□ *højt* ~ advanced in years.
bedding *sb. (en, -er) (til skib)* slip, slipway;
□ *have noget på* ~ *(fig.)* have sth on the stocks.
bede[1] *sb. (en, -r) (zo.)* wether.
bede[2] *sb. (en, -r) (bot.)* beet.
bede[3] *vb. (bad, bedt) (se også bedende)* **1.** ask; F request; *(vedholdende, ydmygt)* beg; *(indstændigt,* F*)* entreat; *(stærkere)* implore;
2. *(indbyde)* ask, invite;
3. *(en bøn etc.)* say (*fx* a prayer); F offer up;
4. *(holde bøn)* pray, say one's prayers;
□ ~ *sin aftenbøn* say one's (evening) prayers; *det -s **bemærket** at, man -s bemærke at* please observe that; ~ ***fadervor*** say (*el.* recite) the Lord's Prayer; ~ *sig **fri** a)* ask for a day (, an hour etc.) off; *b) (ɔ: for at være til stede)* excuse oneself; ***lad** os alle* ~ let us pray; *om jeg **må*** ~ if you please (*fx* less noise, if you please!); ***åh jeg be'r!*** *a) (svar på tak)* not at all! that's all right (*el.* okay)! it's a pleasure; *(især am.)* you're welcome! *b) (svar på undskyldning)* it's quite all right!
[med præp.] ~ ***for*** *en a)* intercede for sby (*el.* on sby's behalf); *b) (til Gud)* pray for sby; *der blev bedt for dem* prayers were said (, offered up) for them; ~ *for sig* plead for mercy;
~ ***om*** ask for (*fx* ask for an explanation, ask for more); *(stærkere)* beg (for); *(svagere,* F*)* request (*fx* permission); ~ *ham om det* ask him for it; ask it of him; ~ *ham*

om forladelse (, om hjælp) ask for his forgiveness (, his help); ~ *ham om råd (, tilladelse)* ask his advice (, permission); ~ *om ordet se ord*; *må jeg ~ om saltet!* would you pass me the salt, please! *nej, må jeg ('så) ~ om Mozart!* give me Mozart (every time)! ~ *ham* **om at** *gøre det* ask him to do it; *(bydende)* tell him to do it (*fx* he asks people to do things instead of telling them to do them);
~ ***til*** *Gud* **om** *det* pray to God for it; *jeg -r* ***til at*** ... I pray that...; I wish to God that...

bede[4] *vb. (bedede, bedet) (glds.: hvile)* rest, bait.

bededag*: store ~* [Danish public holiday, falling on the fourth Friday after Easter].

bedehus chapel.

bedekød mutton.

bedekølle leg of mutton.

bedemand undertaker; F funeral director; *(am.)* mortician.

bedemandsansigt lugubrious face.

bedemølle prayer wheel.

bedemåtte prayer mat.

bedende[1] *adj.* **1.** pleading; *(især om hjælp)* appealing (*fx* glance, voice); **2.** *(brugt som sb.)* worshipper.

bedende[2] *adv.* pleadingly; appealingly.

bederyg saddle of mutton.

bedesjal tallith.

bedeskammel kneeling stool, kneeler; prie-dieu (pl. prie-dieux).

bedrag *sb. (et, -)* **1.** deception (*fx* a gross (, harmless) deception); *(grovere)* deceit;
2. *(bedrageri, svindel)* fraud;
3. *(syns-, sanse-)* illusion (*fx* an optical illusion);
4. *(selv-)* delusion;
□ *et fromt ~* a pious fraud.

bedrage *vb. (bedrog, bedraget)*
1. *(narre)* deceive (*fx* you are deceiving yourself; if my eye does not deceive me);
2. *(besvige)* defraud (*for* of, *fx* defraud the firm of money); *(snyde,* T*)* swindle (*for* out of); *(uden objekt)* commit a fraud (*fx* she has committed a fraud);
3. *(vildlede,* F*)* delude;
4. *(sin ægtefælle)* be unfaithful to;
□ *skinnet -r* appearances are deceptive; *den bedragne* the victim.

bedrager *sb. (en, -e)* **1.** *(som snyder folk for penge)* swindler;
2. *(som udgiver sig for noget han ikke er)* fraud (*fx* that doctor is a fraud);
3. *(som udgiver sig for en anden)* impostor (*fx* it is not the President, it is an impostor).

bedrageri *sb. (et, -er)* **1.** fraud (*fx* he was found guilty of fraud); *(snyderi,* T*)* swindle;
2. *(det at udgive sig for en anden)* imposture;
3. *(det at narre)* deception; *(stærkere)* deceit.

bedragerisag case of fraud.

bedragerisigtelse charge of fraud.

bedragerisk[1] *adj.* **1.** fraudulent; **2.** *(som man ikke kan stole på)* deceitful.

bedragerisk[2] *adv.* **1.** fraudulently; **2.** deceitfully.

bedre[1] *adj. & adv.* **1.** *(komp. af god(t))* better;
2. *(særdeles god)* (very) good, rather splendid, grand (*fx* dinner);
3. *(iron.: ikke andet end)* glorified (*fx* the "hotel" was a glorified youth hostel);
□ ~ *folks børn* children of good family; *en forandring til det ~* a change for the better;
[med vb.] ***blive*** ~ improve; *det blev det ikke ~ af* that only made matters worse; *han* ***fortjener ikke*** ~ he deserves no better; it serves him right; ***få det*** ~ *a)* feel better; *b) (efter sygdom)* get better; *c) (økonomisk)* get better off; *du* ***gør*** ~ ***i at*** you had better, you would do better to (*fx* forget it, wait); *det* ***går*** ~ things are looking up; *han vil* ***have*** ~ ***af at*** it will be better for him to; *patienten* ***har det*** ~ the patient is better; ***hun står sig*** ~ ***ved at*** it pays her better to; *(se også vide*[1]*)*;
(andre forb. med ~, se hovedordet, fx desto, jeg, mangel, tanke, tid, vant, værd).

bedre[2] *vb.: Gud ~ det!* worse luck! ~ *sig a)* improve; *b) (om helbred)* be getting better.

bedrestillet *adj.* **1.** better off;
2. *(velstillet)* well-to-do.

bedreviden *sb. (en)* superior knowledge; *(iron., omtr.)* know-all attitude.

bedrevidende[1] *adj.* know-all (*fx* a know-all attitude);
□ *han er så ~* he is such a know-all.

bedrevidende[2] *adv.: ...sagde han ~* ...he said in a know-all tone.

bedrift[1] *sb. (en, -er)* **1.** *(dåd)* achievement (*fx* his achievements as a sportsman; scientific achievements); **2.** *(modig)* exploit (*fx* his exploits in the war); **3.** *(vanskelig, ofte iron.)* feat (*fx* to do that was quite a feat).

bedrift[2] *sb. (en, -er)* **1.** *(firma)* concern; **2.** *(virksomhed)* enterprise; **3.** *(fabrik)* factory; **4.** *(landbrugs-)* farm.

bedriftsbrandvæsen industrial (*el.* works) fire brigade.

bedriftslæge industrial medical officer, works doctor.

bedriftsråd **1.** industrial council;
2. *(repræsenterende arbejderne)* shop committee.

bedriftssundhedstjeneste employees' health service.

bedriftsværn **1.** plant protection;
2. *(personerne)* plant protection unit.

bedring *sb. (en, -er)* **1.** improvement (*i* in, *fx* an improvement in the weather (, in his condition)); change for the better;
2. *(efter sygdom)* recovery;
□ *være i ~* be getting better, be improving; T be on the mend; F be making progress; *god ~!* I hope you'll soon feel better! *ønske ham god ~* F wish him a speedy recovery.

bedrive *vb.* **1.** *(især spøg.: bestille)* do (*fx* what have you been doing? do research); *(beskæftige sig med)* engage in (*fx* politics);
2. *(om noget uheldigt)* be up to (*fx* what have you been up to?);
3. *(begå)* commit;
□ ~ *hor* commit adultery; *(se også drive (studier)).*

bedrøve *vb. (se også bedrøvet)*
1. sadden; *(stærkere,* F*)* grieve;
2. *(bekymre)* distress;
□ *det -r mig at høre at* I am sorry to hear that.

bedrøvelig *adj.* **1.** sad; **2.** *(ynkelig)* sorry; *(stærkere)* miserable;
□ *et -t ansigt* a melancholy face; *gøre en ~ figur* cut a pitiful figure; *ridderen af den -e skikkelse* the Knight of the Rueful Countenance.

bedrøvelighed *sb. (en)* misery.

bedrøvelse *sb. (en)* **1.** sadness;
2. *(sorg)* sorrow; *(stærkere,* F*)* grief; **3.** *(sorg og bekymring)* distress (*fx* it caused them great distress).

bedrøvet *adj.* sad; F sorrowful; *(stærkere)* grieved;
□ ~ *over* sad about; grieved at; ~ *over at* sad to (, that); grieved to (, that).

bedst *adj. & adv.* **1.** *(sup. af god)* best; *(af to også,* F*)* better; **2.** *(af bedste sort)* prime, first-rate;
□ *den første* **den -e** *a)* the first that comes along, anyone; *b) (adjektivisk)* any; T any old; *det kan hænde den -e* it may happen to the best of us; *beværte en på* **det -e** do sby well (*el.* proud); *jeg*

hjalp ham det -e jeg kunne I helped him as best I could (*el.* to the best of my ability); *håbe det -e* hope for the best; *skynde sig det -e man kan* be as quick as one can; *noget af det -e se noget*; ~ **som** (just) as; ~ *som han sad og arbejdede* (while he was) in the middle of his work;
[med vb.] det **er** ~ *du skynder dig* you had better hurry up; *det* **gik** *som det ~ kunne* things were going as best they could; *du* **gør** ~ **i at** *blive* you had better stay;
[med sb.] i sin -e alder in the prime of life; *(se også fald, mening, overbevisning, velgående, vilje).*
bedste[1] *sb. (et): til dit eget* ~ for your own good; *til ~ for* for the benefit of; *have en til ~ (let glds.)* pull sby's leg; *give en sang til ~* oblige with a song; *til fælles ~* for our (, their, etc.) common good.
bedste[2] *sb. (en) (bedstemoder)* grandma, granny.
bedsteborger bourgeois.
bedsteborgerlig *adj.* bourgeois.
bedstefader, **bedstefar** grandfather; *(fortroligt)* grandpa, granddad.
bedsteforældre *sb.pl.* grandparents.
bedstemoder, **bedstemor** grandmother; *(fortroligt)* grandma, granny.
bedugget *adj.* slightly fuddled, tipsy.
beduin *sb. (en, -er)* bedouin.
bedyre *vb.* protest (*fx* one's innocence; he protested that he had not seen her);
□ ~ *højt og helligt at* swear that.
bedække *vb.* cover.
bedækning *sb. (en, -er)* covering.
bedærvet *adj.* (T: *moralsk fordærvet)* depraved.
bedømme *vb.* **1.** judge (*fx* judge her age (, his progress); as far as I can judge);
2. *(skønne om)* estimate (*fx* how do you estimate his chances?); *(se også vurdere)*;
3. *(universitetsopgave)* assess;
4. *(skoleopgave)* mark; *(am.)* grade;
□ ~ **efter**, ~ **ud fra** judge by (*fx* don't judge his character by his looks; he can't be judged by normal standards); judge from (*fx* judge the age of the wine from its colour; judge from previous experience); judge on (*fx* judge her on her performance (, on her ability to cope)); ~ **til** *(at være)* estimate at (*fx* I estimated his age at 30).
bedømmelse *sb. (en, -r)* **1.** *(vurdering)* judgment, opinion (*fx* in my judgment (*el.* opinion) *(efter min ~)*);
2. *(skøn)* estimate (*fx* give an estimate of his chances (, the cost));
3. *(mht. kvalitet)* rating (*fx* of products; get a high (, low) rating);
4. *(ved priskonkurrence etc.)* award;
5. *(af universitetsopgave)* assessment;
6. *(af skoleopgave)* marking; *(am.)* grading; *(karakter)* mark, grade (*fx* give him the mark he deserves); marks, grades pl. (*fx* get good marks).
bedømmelseskomité, **bedømmelsesudvalg** **1.** judging committee;
2. *(ved ansættelse)* selection committee (*el.* panel); appointments committee;
3. *(ved kunstudstilling, pristildeling)* panel (of judges, of experts).
bedømmer *sb. (en, -e)* judge, adjudicator; *(ved eksamen)* examiner.
bedøve *vb. (se også bedøvende, bedøvet)* **1.** *(med.)* anaesthetize;
2. *(med narkotika etc.)* drug; **3.** *(ved slag etc.)* stun.
bedøvelse *sb. (en, -r)* **1.** *(tilstanden)* anaesthesia; **2.** *(det at bedøve, jf. bedøve)* anaesthetization; drugging; stunning;
□ *vågne af -n* wake up (*el.* come round) from the anaesthetic; *under ~* under an anaesthetic.
bedøvelsesmiddel anaesthetic.
bedøvende *adj. & adv.: -nde midler* anaesthetics; *han er -nde ligeglad* he doesn't care a damn.
bedøvet *adj.* **1.** *(ved operation)* anaesthetized;
2. *(af slag etc.)* dazed; *(stærkere)* stunned;
3. *(af druk)* paralytic.
bedåre *vb. (se også bedårende)*
1. *(betage)* charm; *(stærkere)* fascinate; F captivate; **2.** *(glds.: narre)* deceive;
□ *lade sig ~ af (jf. 2)* be deceived by.
bedårende[1] *adj.* charming; *(stærkere, F)* enchanting.
bedårende[2] *adv. (jf. bedårende*[1]*)* charmingly; enchantingly.
beedige *vb.* confirm by oath; swear to.
beediget *adj.* **1.** *(efter sb.)* on oath (*fx* a declaration on oath); **2.** *(edsvoren)* sworn;
□ ~ *erklæring (også)* affidavit.
befale *vb. (se også befalende)*
1. *(beordre)* order; *(stærkere, F)* command (*fx* he ordered (, commanded) his men to fire; he ordered (, commanded) that the town (should) be evacuated);
2. *(uden objekt)* give orders, be in command;
3. *(foreskrive)* prescribe (*fx* in the prescribed time);
4. *(glds.: betro)* commit (*fx* commit one's soul to God);
□ ~ *over* command, be in command of; *som De -r* as you please.
befalende *adj.* peremptory (*fx* tone of voice).
befaling *sb. (en, -er)* order(s); *(mere bydende,* F*)* command;
□ *få ~ til at* receive orders to; *give ~ til tilbagetog* give the order for a retreat; *have ~ over* be in command of;
[med præp.] **efter** ~ by order; *efter ~ af* by order of, on the orders of; *efter hans ~* at his command; *handle efter ~* be acting under orders; **på** *hans ~ a)* at his command; *b) (fig.,* F*)* at his bidding.
befalingsmand [officer or non-commissioned officer].
befamle *vb.* **1.** caress; *(grovere,* T*)* paw (over), grope; S feel up, touch up;
2. *(fig.: gå for tæt på)* be all over (*fx* young people don't like to have the older generation all over them).
befamling *sb. (en, -er) (jf. befamle)*
1. pawing, groping;
2. embrace (*fx* young people resent the clammy embrace of the older generation).
befare *vb.* **1.** *(besejle)* navigate; **2.** *(en rute)* ply.
befaren *adj. (sø.): ~ matros* efficient deck hand.
befatte *vb.: jeg -r mig ikke med* I (will) have nothing to do with.
befinde *vb.: ~* **sig** *a) (om helbred)* be, feel; *b) (opholde sig, være)* be (*fx* in Central Africa; in a dangerous situation); *c) (opdage at man er på et sted)* find oneself (*fx* suddenly he found himself in a wood); *hvorledes -r De Dem ? a)* how are you? *b) (især til patient)* how are you feeling? ~ **sig godt** *(el. vel) a) (være rask)* feel well; be well; *b) (have det rart)* be comfortable; *han befandt sig godt (el. vel) derved* it did him good; it agreed with him.
befindende *sb. (et)* (state of) health;
□ *spørge til hans ~* ask after his health.
befingre *vb.* finger; *(se også fingerere, befamle).*
befippelse *sb. (en)* nervousness (*over* at, *fx* in his nervousness at this he forgot his hat).

befippet *adj.* nervous; *(og forvirret)* flurried; *(præd. også)* in a flurry, in a flutter;
□ *gøre* ~ flurry; put in a flurry.
beflitte *vb.: ~ sig på at* endeavour to.
beflyve *vb.: ~ en flyveplads* use an aerodrome; ~ *en rute* fly a route; *SAS -r Odense* SAS serves Odense.
befolke *vb.* populate (*fx* densely populated).
befolkning *sb. (en, -er)* population (*fx* the country has a population of 2m);
□ *-en a) (i et land)* the population (*fx* 10 p.c. of the population); the inhabitants pl.; *b) (offentligheden)* the public.
befolkningseksplosion population explosion.
befolkningsgrundlag *se befolkningsunderlag.*
befolkningsgruppe 1. section of the population; **2.** *(racemæssigt, nationalt)* ethnic group; community (*fx* the Turkish community in Cyprus; clashes between the two communities).
befolkningsoverskud surplus population.
befolkningstal population; number of inhabitants.
befolkningstilvækst (rate of) increase in (*el.* of) population.
befolkningstæthed population density.
befolkningsunderlag*: -et* the size of the local population; *der er ikke ~ til et supermarked* there are not sufficient numbers to warrant a supermarket.
befordre *vb.* **1.** *(transportere)* carry; F convey;
2. *(fremme, hjælpe på)* promote (*fx* health); *være -nde for* be conducive to.
befordring *sb. (en, -er)* conveyance;
□ *have gratis* ~ travel free.
befordringsgodtgørelse (allowance for) travelling expenses; *(for kørsel i egen bil)* car allowance; *(til vidne)* conduct money.
befordringsmiddel means of transport.
befragte *vb.* charter.
befragter *sb. (en, -e)* charterer.
befragtning *sb. (en, -er)* chartering;
□ *afslutte* ~ fix a charter party.
befragtningskontor chartering office.
befri *vb. (se også befriende)* **1.** *(udfri)* free (*fx* an animal from a trap; hostages, slaves, prisoners);
2. *(give friheden, sætte på fri fod)* free, set free, release (*fx* a prisoner from his bonds); F liberate;
3. *(for undertrykkelse)* liberate (*fx* Denmark was liberated in 1945);
4. *(for belejring, byrde etc.)* relieve;
□ ~ ***for*** *a)* free from (*fx* an obligation, oppression; rats; free the world from the threat of war); F release from (*fx* cares, pain); rid of (*fx* rats; rid the body of toxins); *b) (jf. 3)* liberate from (*fx* German occupation); *c) (jf. 4)* relieve of (*fx* a burden, responsibility); *det -(e)r dem ikke for et medansvar* that does not excuse them from a joint responsibility; ~ ***sig for*** *a)* free oneself from (*fx* sby's grasp; one's chains); F release (*el.* liberate) oneself from; *b) (snare etc.)* get free from; F extricate oneself from; *c) (problem, bekymring etc.)* get rid of; *(am. også)* shed; F rid oneself of; *d) (glemme, om problem etc.)* get out of one's system; ~ ***fra*** free from, release from, liberate from (*fx* slavery).
befrielse *sb. (en)* **1.** *(fra fangenskab)* release; **2.** *(for undertrykkelse)* liberation; **3.** *(undsætning, lettelse)* relief; **4.** *(frigørelse, fx af slaver)* emancipation;
□ *-ns time* the hour of deliverance; *Befrielsen (1945)* the Liberation.
befrielseskrig war of liberation.
befrielsesteolog liberation theologian.
befrielsesteologi liberation theology.
befriende[1] *adj.* **1.** *(frigørende)* liberating; **2.** *(som er en lettelse)* relieving;
□ *en ~ latter* a laugh that breaks (, broke) the tension.
befriende[2] *adv.: virke ~* be (*el.* come as) a relief; *hun er ~ uformel* she is delightfully informal.
befrier *sb. (en, -e)* liberator; deliverer.
befrugte *vb.* **1.** fertilize (*fx* an egg); **2.** *(fig.)* inspire, stimulate.
befrugtning *sb. (en, -er)* fertilization;
□ *kunstig ~ (ɔ: sædoverføring)* (artificial) insemination.
befrygte *vb.* fear;
□ *det må -s at* it is to be feared that.
befugte *vb.* moisten; *(luften)* humidify.
befugter *sb. (en,-e)* humidifier.
befuldmægtige *vb.* give power of attorney; authorize.
befuldmægtiget *adj.* **1.** authorized; **2.** *(brugt som sb.)* attorney.
befængt *adj.: ~ med* infested with.
befærdet *adj.: stærkt ~ a)* busy (*fx* street); *b) (med trængsel)* crowded.
befæste *vb.* **1.** *(mil.)* fortify;
2. *(styrke)* consolidate (*fx* the peace, good relations; one's position);
3. *(bekræfte)* confirm (*fx* one's belief in sth); corroborate (*fx* suspicions).
befæstelse *sb. (en) (jf. befæste)* **1.** fortification; **2.** consolidation; **3.** confirmation; corroboration.
befæstning *sb. (en, -er) (mil.)* fortification(s).
beføjelse *sb. (en, -r)* **1.** *(ret)* right (*til* to); **2.** *(bemyndigelse)* authority (*til* to);
□ *-r* powers (*fx* the Act gives the Minister extensive powers); *overskride sine -r* exceed one's powers; *uden ~* unauthorized.
beføjet *adj.* **1.** *(berettiget)* justified; **2.** *(bemyndiget)* authorized (*til (at)* to).
beføle *vb.* **1.** feel, finger; **2.** *(befamle)* caress; *(grovere)* paw (over), grope; S feel up, touch up.
beføling *sb. (en, -er) (jf. beføle)* **1.** fingering; **2.** caressing; groping.
beg *sb. (en)* **1.** pitch; **2.** *(skomager-)* (cobbler's) wax.
begave *vb.: ~ med* endow with; *(se også begavet).*
begavelse *sb. (en, -r)* **1.** gifts, talents pl.; **2.** *(person)* gifted person; *han er en stor ~* he is highly gifted.
begavet[1] *adj. (klog)* bright, intelligent (*fx* answer, pupil); *(dygtig)* clever (*fx* child, student); *(stærkere, kun om person, ofte om kunstnerisk begavelse)* gifted (*fx* provide separate education for gifted children; a gifted artist); *(talentfuld)* talented;
□ *være digterisk ~* have a gift for poetry; *højt ~* brilliant; *musikalsk ~* musical; *normalt ~* of average intelligence *(præd.)*; *småt ~* dull; *svagt ~* backward; F deficient in intelligence; *(psyk.)* educationally subnormal; *være svagt ~ (også)* be a slow learner.
begavet[2] *adv. (jf. begavet*[1]*)* intelligently; *(stærkere)* brilliantly.
begejstre *vb.* fill with enthusiasm; *(stærkere)* carry away.
begejstret[1] *adj.* enthusiastic;
□ *blive ~ for noget* become enthusiastic about sth; *jeg er ikke videre ~ for det* I am not too keen on it.
begejstret[2] *adv.* enthusiastically.
begejstring *sb. (en)* enthusiasm (*for* for).

beget *adj.* pitchy.

begge 1. both; **2.** *(enten den ene el. den anden af to)* either (*fx* either of the two boys may have done it; clothes that can be worn by either sex);
□ *dem* ~ both (of them); *de er* ~ *døde* they are both dead; both of them are dead; ~ *dele* both; ~ *drengene* both (of the) boys; *som (el. der)* ~ both of whom (, which) (*fx* two brothers, both of whom joined the army); *i* ~ *tilfælde* in both cases; in either case; ~ *to* both (of them) (*fx* I know both of them; they are both coming).

begitte *vb.* slip.

begive *vb.:* ~ *sig til* go to (*fx* go to London); ~ *sig på rejse* set out on a journey; ~ *sig på vej* set out, start (*til* for).

begivenhed *sb. (en, -er) (især vigtig)* event (*fx* a historic event; the chief events of the year); *(festlig etc.)* occasion (*fx* it was a memorable occasion; the wedding was quite an occasion); *(mindre, især tilbagevendende)* occurrence (*fx* an everyday occurrence); *(ubetydelig)* incident;
□ *-er (også)* happenings (*fx* strange (, mysterious) happenings); *-ernes gang* the course of events; *afvente -ernes gang* await developments; *det var en hel* ~ it was quite an event; *fattig på -er* uneventful; *rig på -er* eventful; *en tilfældig* ~ an incidental occurrence, an incident.

begivenhedsløs *adj.* uneventful.

begivenhedsrig *adj.* eventful.

beglo *vb.* stare at; *(dumt)* gape at.

begmand *sb.: give ham en* ~ flatten his nose; *det var en* ~ *(for ham) (fig.)* that was one in the eye for him.

begonie *sb. (en, -r) (bot.)* begonia.

begramse *vb.* paw (over), grope.

begrave *vb.* bury (*fx* he was buried next to his wife; the house was buried in snow; bury a treasure; bury one's face in one's hands); *(kun person,* F*)* inter;
□ *levende -t* buried alive; *ligge -t, være -t* be buried (*fx* in a church; under a mountain of rubble); *(se også hund, stridsøkse)*;
[med præp.] være -t ***i*** *a) (opslugt af)* be buried in (*fx* a book, one's work); *b) (overvældet af)* be snowed under with (*fx* work); *han har -t alle sine penge i forretningen* he has sunk all his money in the business; ~ ***sig i*** bury oneself in (*fx* one's books, one's work; an out-of-the-way place).

begravelse *sb. (en, -r)* **1.** *(ceremoni)* funeral (*fx* the funeral will be held tomorrow; an expensive funeral; attend (, hold) a funeral; I was at his funeral);
2. *(det at begrave, også: med ritual)* burial (*fx* the burial of the dead; receive a Christian burial); *(kun om det at begrave,* F*)* interment (*fx* his remains were brought back for interment on the farm);
3. *(gravsted)* tomb.

begravelsesforretning firm of funeral directors; funeral company.

begravelseshjælp death grant.

begravelseshøjtidelighed funeral ceremony; F obsequies pl.

begravelseskasse burial club.

begravelsesplads 1. *(gravsted)* burial place; **2.** *(område)* burial ground; cemetery (*fx* a Jewish cemetery).

begravelsesritual burial rites pl.; *(kirkelig)* burial service.

begravelsesskik burial custom; funeral ceremony.

begravelsestempo*: i* ~ at a funereal pace.

begravelsesvæsen burial authorities pl.

begreb *sb. (et, -er)* **1.** idea (*om* of, *fx* have a clear idea of what it is like; an abstract idea); notion (*om* of, *fx* I haven't the slightest notion (*el.* idea) of what it means; the old notion that the sun moves round the earth); F conception (*om* of);
2. *(i filosofi)* concept (*fx* the fundamental concepts of linguistic description); idea;
□ *-et skønhed* the concept (*el.* idea) of beauty; *et vidt* ~ *se vid*[2]; *[med præp.] efter mine -er* to my mind; *er det et* ~ *for dig?* does that mean anything to you?
[med vb. (+ præp.)] det er ***blevet*** *et* ~ *(fig.)* it has become quite an institution; it has become a household word; ***danne sig*** *et* ~ ***om*** form an idea of; ***forvirre*** *-erne* cause confusion; *du* ***gør*** *dig ikke* ~ ***om*** you cannot imagine (*fx* how angry he was); you can have no idea of; *det* ***går over*** *mine -er* it is beyond me; *jeg* ***har*** *ikke* ~ *(skabt)* ***om*** *matematik* I don't know a thing (*el.* the first thing) about mathematics; *jeg har ikke* ~ *om hvad det skal betyde* I have no idea what it means; ***klare*** *-erne* get things in (the proper) perspective; clarify the matter; *(ɔ: for ham (, dem etc.))* clear up his (, their etc.) ideas; ***stå*** *(el. være)* ***i*** ~ ***med at*** be on the point of -ing (*fx* of going).

begrebsapparat (system of) terminology.

begrebsdannelse concept formation.

begrebsforvirring confusion of ideas.

begrebsordbog thesaurus.

begrebsverden*: hans* ~ his scheme of things.

begribe *vb.* understand (*fx* it is easy to understand why he did it; I don't understand why she puts up with it); F comprehend, conceive (*fx* I cannot comprehend (*el.* conceive) why you do it);
□ *jeg -r det ikke* T it is beyond me; *kan du da ikke* ~ *at* T can't you get it into your head that.

begribelig *adj.* comprehensible;
□ *gøre ham det -t at* make him understand (*el.* realize) that.

begribeligvis *adv.* of course.

begroet *adj. (sø.)* foul.

begroning *sb. (en, -er) (sø.)* fouling.

begrunde *vb.* **1.** *(motivere)* give reasons for, give one's reason for (*fx* a decision); F state the reason for, give the grounds for;
2. *(underbygge)* substantiate (*fx* a claim, a charge, a statement);
3. *(være grunden til)* be the reason for (*fx* what is the reason for this step?);
□ *han -de det* ***med at*** the reason he gave for it was that; *afskedigelsen er -t med at* the reason(s) given for the dismissal is (, are) that; *nære -t* ***mistanke*** *om at* have (a) reasonable suspicion that.

begrundelse *sb. (en, -r)* **1.** *(motivering)* reasons, grounds pl. (*for* for);
2. *(forklaring)* explanation; F explanatory statement;
3. *(argument)* argument;
4. *(grundlag)* basis (*for* for, of, *fx* the basis of his claim);
□ *have sin* ~ *i at* be due to the fact that; *med den* ~ *at* on the grounds that; *som* ~ *tilføjede han at* by way of justification he added that; *til* ~ *heraf* in support of this.

begræde *vb.* **1.** lament (*fx* the loss of a friend, her death, one's folly);
2. *(sørge over)* mourn for.

begrædelig *adj.* lamentable;
□ *i en* ~ *tone* in a tearful voice.

begrædelse *sb. (en, -r)* lamentation.

begrænse *vb. (se også begrænset)*
1. *(sætte en grænse for)* limit (*til* to, *fx* limit expenses to £500,000; the strike will not be limited to the mines; limit armaments); re-

strict (*til* to, *fx* restrict membership to 500);
2. *(holde nede)* restrict (*fx* the sale of alcohol; the use of firearms); control (*fx* the number of visitors; armaments); curb (*fx* public spending); F curtail (*fx* public expenditure; their activities; drug trafficking);
□ *-s af a)* be enclosed by; *b) (om land)* be bounded by; *have svært ved at ~* **sig** find it difficult to keep within reasonable bounds; *man må lære ~ sig* you must learn to limit yourself; *~* ***sig til*** *a)* restrict (*el.* limit) oneself to (*fx* he restricted himself to a few remarks (, to two meals a day)); *b)* confine oneself to (*fx* a few general remarks); *~ sig til at* restrict (etc.) oneself to -ing.

begrænset *adj.* limited (*fx* credit, number, space, time; his knowledge of this is rather limited; he has a limited horizon); restricted (*fx* authority);
□ *stærkt (el. yderst) ~* severely limited.

begrænsning *sb. (en, -er) (jf. begrænse)* **1.** *(det at begrænse)* limitation (*fx* the limitation of trade union power); restriction; F curtailment;
2. *(grænse)* limit, restriction (*fx* put a limit (*el.* restriction) on electricity consumption; place restrictions on the export of arms);
□ *kende sin ~* know one's own limitations.

begsort *adj.* pitch-black.

begtråd wax-end.

begunstige *vb.*, **begunstigelse** *sb. (en, -r)* favour.

begynde *vb. (begyndte, begyndt) (se også begyndende)* begin (*fx* the alphabet begins with A; the concert begins at 8; she began a new book (, career)); open (*fx* open (*el.* begin) the campaign (, the fight); school opens (*el.* begins) today); *(mere* T*)* start (*fx* start a quarrel; the fire started in the basement); F commence (*fx* the meeting may now commence; commence the ceremony, commence hostilities);
□ *det var ham der begyndte* he started it;
[med inf.] ~ ***at*** *a)* begin (, start) to (*fx* he began to talk (, understand); it began to rain; the water began to freeze); *b) (med tanke på efterfølgende udvikling)* begin (, start) -ing (*fx* he began talking; he began writing at the age of 12); F commence -ing; *det -r at blive mørkt* it is beginning to get dark; it is getting dark;
[med præp. & adv.] ~ ***for sig selv*** start on one's own; *(om forretning også)* set up for oneself; *~* ***forfra*** start all over again; start (again) from scratch; ***godt*** *begyndt er halvt fuldendt* well begun is half done; *~* ***med*** *a)* begin (, start) with (*fx* a song; the word begins with an S); *b) (udgå fra)* begin (, start) at (*fx* the wrong end; begin at the beginning); *til at ~ med* to begin with; at first; *~* ***med at*** begin (, start) by -ing (*fx* the children begin by learning the letters); *~* ***på*** begin; start (on).

begyndelse *sb. (en, -r)* **1.** beginning, start (*af, på, til* of); F commencement (*af, på, til* of);
2. *(indledning)* opening (*af, på, til* of, *fx* of a film, of a story, of a speech; the main character is introduced in the opening of the book);
□ *den første ~* the first beginning (*til* of); *en god ~ på dagen* a good start to the day;
[med vb.] gøre -n take the first step; *tage sin ~* begin; F commence;
[med præp.] lige ***fra -n*** from the very start (*el.* beginning), right from the start; from the (very) outset; T from the word go; *fra -n til enden* from beginning to end; ***i -n*** at first, to begin with; *i -n var ordet* in the beginning was the word; ***i -n af*** *a)* at the beginning of (*fx* the book, the day, May); at the outset of (*fx* his career); *b) (som resultat af en udvikling)* by the beginning of (*fx* by the beginning of May they had all disappeared); *i -n af halvfemserne* in the early nineties; *han er i -n af fyrrerne* he is in his early forties; ***til*** *en ~* to begin with.

begyndelsesbogstav initial;
□ *lille ~* small initial letter; *stort ~* initial capital.

begyndelsesgrunde *sb.pl.* elements, rudiments (*til* of).

begyndelseshastighed initial velocity.

begyndelsesløn starting pay; F initial salary.

begyndelsesstadium first stage; F incipient stage.

begyndende *adj. (på begyndelsesstadiet)* incipient (*fx* baldness, decay);
□ *en ~ forkølelse* the start of a cold.

begynder *sb. (en, -e)* beginner (*fx* it is not bad for a beginner); *(helt uerfaren)* novice (*fx* he is a complete novice).

begynderarbejde the work of a beginner; prentice work.

begynderbakke *(til skiløb)* nursery slope.

begynderbog primer.

begynderfejl beginner's error.

begynderkursus elementary course.

begynderstadium elementary stage.

begynderundervisning elementary instruction.

begyndervanskeligheder *sb.pl.* initial difficulties; T teething troubles.

begær *sb. (et)* **1.** desire (*efter* for, *fx* wealth, success); *(stærkere)* appetite (*efter* for, *fx* sensual pleasures); F craving (*efter* for); *(især neds.)* lust (*efter* for, *fx* power);
2. *(seksuelt)* desire (*fx* arouse his desire; satisfy one's desire); *(neds.)* lust.

begære *vb.* **1.** *(ønske)* desire; *(*F *el. bibelsk, neds.)* covet (*fx* wealth and power; thou shalt not covet thy neighbour's wife);
2. *(forlange)* demand; *(svagere)* ask for; F request;
□ *~ sin afsked* send in one's resignation; *alt hvad hjertet kan ~* all that the heart could desire; *~ ordet* ask permission to speak; *~ skriftlig afstemning* demand a secret ballot.

begæring *sb. (en, -er)* **1.** *(anmodning)* demand; *(svagere,* F*)* request; **2.** *(andragende)* application;
□ *indgive ~ om* apply for.

begærlig *adj.* **1.** *(grisk)* greedy; F covetous (*fx* cast covetous eyes at sth); **2.** *(pengebegærlig)* grasping;
□ *~* ***efter*** *a) (grisk)* greedy for (*fx* power); F covetous for (*fx* wealth); *b) (ivrig)* eager for (*fx* success); *~* ***efter at*** *(ɔ: ivrig)* eager to (*fx* see her).

begærlighed *sb. (en) (griskhed)* greediness, greed; F covetousness.

begå *vb.* **1.** commit (*fx* a crime, a sin, suicide, treason); be guilty of (*fx* embezzlement, irregularities); F perpetrate (*fx* a crime, (a) fraud, atrocities); **2.** *(spøg.: om kunstnerisk frembringelse)* perpetrate (*fx* a poem, a painting);
□ *~ en fejl* make a mistake; *~* ***sig*** get on (in the world); hold one's own; *lære at ~ sig mellem* learn to get on with (*fx* other people).

behag *sb. (et)* pleasure;
□ *efter ~* at discretion (*fx* payment at discretion); T as you like;

tilsæt sukker efter ~ add sugar to taste; *finde* ~ *i* take pleasure in, enjoy; *finde* ~ *i at* take pleasure in -ing, enjoy -ing; *(se også smag).*
behage *vb.* please;
□ *behag at tage plads (glds.)* pray be seated; *det -de ham (el. han -de) at* he was pleased to; *han -de ikke at* he did not deign to; *hvad -r ?* sorry? pardon? *(*F *el. iron.)* I beg your pardon? *som De -r* as you please; *som man -r* as you like.
behagelig[1] *adj.* **1.** pleasant *(fx* surprise, smell, voice); *(svagere,* F*)* agreeable *(fx* feeling, voice, weather);
2. *(bekvem)* comfortable *(fx* chair; existence);
□ ~ *for* pleasant (, agreeable) to; *det er ikke -t for mig at skulle sige dette* it is not pleasant for me to have to say this; *gøre sig det -t* make oneself comfortable; *[med sb.] til* ~ *afbenyttelse* for the convenience of our guests (etc.); *til -t gennemsyn* on approval; *et -t væsen* pleasant manners pl.
behagelig[2], **behageligt** *adv. (jf. behagelig*[1]*)* **1.** pleasantly, agreeably *(fx* surprised); **2.** comfortably *(fx* sit (, sleep, live) comfortably);
□ *drøm -t!* pleasant dreams!
behagelighed *sb. (en, -er)* **1.** *(noget behageligt)* pleasure *(fx* the pleasures of town life); comfort *(fx* the comforts of a luxury hotel);
F amenity *(fx* the amenities of town life);
2. *(fordel etc.)* advantage *(fx* it is a great advantage to have a telephone);
3. *(det at være behagelig)* pleasantness; agreeableness;
□ *sige hende -er* pay her compliments.
behagelyst *sb. (en)* desire to please.
behagesyg *adj.* anxious to please.
behagesyge *sb. (en)* excessive desire to please.
behandle *vb.* **1.** treat *(fx* sby as *(el.* like) a dog; sth as a joke; one's shoes with oil; sby for rheumatism; sby's rheumatism; a subject in a book);
2. *(håndtere)* handle *(fx* he knows how to handle a rifle (, children); handle it with care; handle him with tact);
3. *(tage sig af, fx klage)* deal with *(fx* complaints, enquiries);
4. *(drøfte)* discuss *(fx* his novels will be discussed in the next chapter); consider *(fx* the committee will consider the case (, the report) at its next meeting);
5. *(lovforslag i parlament)* read;
6. *(retsligt)* try, hear *(fx* a case);
7. *(have som emne, handle om)* deal with *(fx* the book deals with life in ancient Rome); F treat of;
8. *(bearbejde)* process *(fx* data; process leather to make it softer);
□ ~ *ilde* ill-treat; ~ *jorden* work *(el.* prepare) the soil.
behandler *sb. (en, -e) (af syge)* practitioner; *(se også sagsbehandler).*
behandling *sb. (en, -er)* **1.** treatment *(fx* the treatment of political prisoners);
2. *(lægelig)* treatment *(fx* after the riots 20 people had to receive treatment; they are still under treatment in hospital); *(også om alternativ* ~*)* therapy *(fx* complementary therapies);
3. *(håndteren)* handling;
4. *(drøftelse)* discussion; consideration;
5. *(af lovforslag i parlament)* reading;
6. *(jur.)* trial, hearing;
7. *(bearbejdelse)* processing *(fx* data processing);
□ *komme til* ~ *(om sag)* come on; *lovforslaget kom til tredje* ~ the Bill came up for *(el.* was given) its third reading; *tage op til* ~ take up for consideration; *tage op til fornyet* ~ take up again; reconsider *(fx* the decision); F take up for renewed consideration; *tage under* ~ take in hand; *(se også bo*[1]*).*
behandlingshjem **1.** *(kan gengives)* (boarding) school for maladjusted (, psychotic) children; treatment school; **2.** *(for alkoholikere etc.)* treatment centre.
behandsket *adj.* gloved.
behefte *se behæfte.*
beherske *vb. (se også behersket)*
1. *(være kyndig i)* master *(fx* a language);
2. *(være herre over)* control *(fx* England controls the market; control one's voice (, emotions, anger)); be master (, mistress) of *(fx* the situation, a subject; make oneself master of a language); F contain *(fx* he could hardly contain his laughter (, enthusiasm));
3. *(mil.: kunne beskyde)* command *(fx* a position from which the artillery commanded the town);
□ ~ ***sig*** control oneself.
beherskelse *sb. (en)* **1.** command, control; **2.** *(selv-)* self-control, restraint;
□ ~ *af a) (dygtighed til)* command of; *b) (fuldstændig* ~*)* mastery of *(fx* a language).
behersker *sb. (en, -e)* ruler; *(herre)* lord, master.
behersket *adj.* **1.** *(rolig)* controlled, restrained; **2.** *(ikke stor)* moderate *(fx* it was a moderate success);
□ ~ *optimisme* guarded optimism.
behjertet *adj.* resolute.
behjælpelig *adj.: være en* ~ help sby *(med det* with it; *med at gøre det* (to) do it); F assist sby *(med det* in it; *med at gøre det* in doing it); be of assistance to sby.
behold *sb.: i* ~ *a) (uskadt)* safe, intact; *b) (tilovers)* left *(fx* have some money left); *i god* ~ safe *(fx* we got safe into the port); safely *(fx* all the aircraft returned safely); *(om mennesker også)* safe and sound, safe and well *(fx* the missing boy has been found safe and well); *(især om varer)* in good condition.
beholde *vb.* keep;
□ ~ *det for sig selv* keep it to oneself; *fodbold må du gerne* ~ *for mig (iron.)* you can keep your soccer; *kan -s* may be kept; *lade ham* ~ *livet* spare his life; ~ *hatten på* keep one's hat on; *som er beholdt for længe (fx om en lånt bog)* overdue.
beholder *sb. (en, -e)* **1.** container;
2. *(tank)* tank; **3.** *(gas-)* gasometer;
4. *(i fyldepen)* reservoir;
5. *(kumme)* bowl, basin.
beholdning *sb. (en, -er)* **1.** *(lager)* stock (in hand); **2.** *(forråd)* supply; **3.** *(penge)* cash, balance;
4. *(reserver)* reserve(s) *(fx* the gold reserve of the bank); **5.** *(rest)* remainder.
behov *sb. (et, -)* **1.** need *(for* for; *for at* to); want *(fx* his wants are few and easily satisfied); F requirement;
2. *(efterspørgsel)* demand *(for* for, *fx* skilled workers);
3. *(psyk.)* need *(for* for);
□ *dække sit* ~ meet *(el.* supply) one's needs; F cover one's requirements; *efter* ~ as needed, as required; *du vil få efter* ~ you will be given according to your need(s); *have* ~ *for* need; F have need of.
behovsanalyse needs analysis.
behæfte *vb.* encumber *(fx* encumbered with debt);
□ *-t med fejl* defective; *-t med servitut* subject to an easement.
behæftelse *sb. (en, -r)* encumbrance; charge.
behændig *adj.* **1.** *(smidig, om per-*

son) agile;
2. *(snild)* clever, deft (*fx* his deft manoeuvering); adroit (*fx* his adroit (*el.* deft) handling of the situation).
behændighed *sb. (en) (jf. behændig)* **1.** agility; **2.** cleverness, deftness, adroitness.
behændighedskunst sleight-of-hand.
behændighedsøvelse agility exercise.
behængt *adj.: ~ med* hung with (*fx* flags, paintings); *~ med ordener* plastered with decorations; *~ med smykker* bedecked with jewels.
behørig[1] *adj.* due, proper;
□ *i ~ form* in due form; *på ~ måde* duly.
behørig[2], **behørigt** *adv.* duly (*fx* filled in, signed); properly.
behøve *vb.* **1.** *(trænge til)* need (*fx* I need your help); *(også = ønske)* want (*fx* have you got everything you want?);
2. *(være nødt til)* need (*fx* need I tell you? do you think I need to do it?); have (got) to (*fx* you don't have to (*el.* haven't got to) do it if you don't want to; you have only got to say the word *(sige 'til)*);
□ *-r han* ***at*** *vide det?* need he know? does he need to know? ***hvis*** *det -s* if necessary; *jeg havde* ***ikke*** *-t at gøre det* I need not have done it; *det -s ikke* that is not necessary; *du -r ikke at komme* you need not come; you do not need to come; *du -r ikke at blive uforskammet!* there is no need for you to get rude! *(han har stjålet én gang) men derfor -r han ikke at være en tyv* but that does not necessarily make him a thief.
behåret *adj.* hairy; *(om person,* F*: spøg. el. neds.)* hirsute.
behåring *sb. (en, -er) (hårlag)* covering of hair.
beige, beigefarvet *adj.* beige.
beignet *sb. (en, -er)* beignet.
bejae *vb.* affirm.
bejdse[1] *sb. (en)* **1.** *(til træ)* stain; **2.** *(til frø)* fungicide; **3.** *(til tekstil)* mordant.
bejdse[2] *vb. (jf. bejdse*[1]*)* **1.** stain; **2.** treat with fungicide; **3.** mordant.
bejdsning *sb. (en, -er)* **1.** *(af træ)* staining; **2.** *(af frø)* treatment with fungicide; **3.** *(af tekstil)* mordanting.
bejle *vb.: ~ til a) (glds.: til kvinde)* woo, court (*fx* her); *b) (fig.)* woo (*fx* the middle-class voters); try to win (*fx* power); *~ til hans gunst* court (*el.* try to win) his favour.
bejlen *sb. (en) (jf. bejle)* **1.** courtship, wooing; **2.** wooing.
bejler *sb. (en, -e)* **1.** suitor, wooer; **2.** *(kæreste)* lover.
bekende *vb.* **1.** *(tilstå)* confess (*fx* one's sins);
2. *(indrømme)* admit, confess (to) (*fx* I admit (*el.* confess) that I was wrong; I must confess to a certain surprise);
□ *det må jeg ~ (ɔ: det har jeg fået at føle)* I know that to my cost; *~* ***kulør*** *a) (i kortspil)* follow suit; *b) (fig.: vise sine hensigter)* show one's hand (*fx* they did not show their hand); *c) (komme ud af busken)* stand up and be counted; *~* ***sig til*** *en religion* profess a religion.
bekendelse *sb. (en, -r)* confession; *(tros- også)* creed;
□ *gå til ~* make confession, confess; T make a clean breast of it.
Bekendelseskirken the Confessional Church.
bekendelseslitteratur confessional writing.
bekendelsesløs *adj.* nondenominational (*fx* instruction).
bekendelsesskrift *sb. (et, -er)* symbolic book.
bekender*: Edvard -en (hist.)* Edward the Confessor.
bekendt[1] *adj. (se også bekendt*[2]*)* **1.** *(kendt)* well-known (*fx* writer); *(berømt)* celebrated; *(berygtet)* notorious;
2. *(gammelkendt)* familiar (*fx* face, voice);
3. *(mat.)* known (*fx* a known quantity);
4. *(brugt som sb.)* acquaintance; *(ofte =)* friend (*fx* I am staying with friends; he is a good friend of mine);
□ *det er* ***almindelig*** *~ at* it is a matter of common knowledge that; *historien er almindelig ~* the story is well known (*el.* widely known); *det er ikke almindelig ~ at* it is not generally known that; *det* ***forekommer*** *~* it seems familiar; it rings a bell; *hans* ***mest*** *-e arbejde* his best-known work; *det er* ***mig*** *~ at* I am aware that; *så vidt mig ~* as far as I know; F to the best of my knowledge; *ikke (så vidt) mig ~* not to my knowledge; *(se også noksom)*;
[med præp. & som] ~ ***for*** known for; famous for; *~ for at være* known to be; *~* ***med*** acquainted with; *(grundigere)* familiar with; ***gøre*** *sig ~* ***med*** inform oneself of, acquaint oneself with; make oneself familiar with; *gøre ham ~ med a) (meddele ham)* inform him of, make him acquainted with; *b) (præsentere ham for)* introduce him to; ***som*** *~* it is a well-known fact that; as is well known; *som det vil være Dem ~* as you will know; as you will be aware.
bekendt[2] *adj. (om rimelighed, moralsk pligt): jeg kan ikke* ***være*** *~ at sige nej* I cannot very well refuse; *(mere* F*)* I cannot in decency refuse; *du kan ikke være andet ~* you cannot (in decency) do otherwise; *det kan du ikke være ~! a)* that is not good enough! *b) (skam dig)* you ought to be ashamed of yourself! *det kan vi ikke godt være ~* we could not very well do that; *at du vil være det ~!* I am surprised at you! *vil du være det ~!* can you bring yourself to do such a thing! *en bog han godt kan være ~* a book which is worthy of him; a book he need not be ashamed of.
bekendtgøre *vb.* **1.** announce; **2.** *(i avis)* publish, advertise;
□ *det -s herved at* notice is hereby given that.
bekendtgørelse *sb. (en, -r)* **1.** announcement;
2. *(skriftlig el. på tryk)* notice (*fx* notices of deaths, births and marriages); *(annonce)* advertisement;
□ *ministeriel ~ (omtr.)* departmental order, executive order; *~ af et dødsfald* announcement of a death.
bekendthed *sb. (en)* **1.** *(berømthed)* fame; **2.** *(det at man kender noget i forvejen, også gram.)* familiarity.
bekendtskab *sb. (et, -er)* acquaintance;
□ *stifte ~ med a)* become acquainted with; *b) (person)* make the acquaintance of; *stifte ~ med en* make sby's acquaintance; *ved nærmere ~* on closer acquaintance; *(se også vinde*[2] *(ved))*.
bekendtskabskreds (circle of) acquaintances.
bekkasin *sb. (en, -er) (zo.)* snipe.
beklage *vb. (se også beklagende)*
1. *(være ked af)* regret (*fx* his behaviour; one's ignorance, a mistake); be sorry about; *(stærkere)* deplore (*fx* such actions, their lack of responsibility);
2. *(nære deltagelse for)* pity, be sorry for;
□ *-r!* (I am) sorry! *han er såmænd ikke at ~* there is no need to be sorry for him;
[med at] ~ ***at*** *a) (være ked af)* re-

gret to (, that) (*fx* we regret to (have to) announce that..; I regret that I cannot help you); *(mindre* F*)* be sorry to (, that) (*fx* I am sorry to inform you that...; I am sorry that I cannot stay); *(stærkere)* deplore the fact that; *b) (om noget man har gjort)* regret -ing (*fx* I regret having said that); *[med sig]* ~ **sig** *a)* complain (*over* of, about, *fx* the weather); *b) (neds.)* moan (*over* about, *fx* she is always moaning about how she is treated); T whine (*over* about); ~ ***sig over at*** complain (, moan) that.

beklagelig *adj.* **1.** *(uheldig)* unfortunate (*fx* incident); *(stærkere)* deplorable; **2.** *(som man beklager)* regrettable (*fx* error).

beklageligvis *adv.* **1.** regrettably, sadly; **2.** *(uheldigvis)* unfortunately.

beklagelse *sb. (en, -r)* **1.** *(det at finde noget uheldigt el. sørgeligt)* regret (*fx* it was with deep regret that we heard ...);
2. *(klage)* complaint; *(neds.)* moan (*fx* the usual moans);
□ *til vor* ~ *må vi meddele Dem at* we regret to (have to) inform you that.

beklagelsesværdig *adj.* pitiable; *(præd. også)* to be pitied.

beklagende[1] *adj.* regretful (*fx* look, smile).

beklagende[2] *adv.* regretfully (*fx* he shook his head regretfully).

beklemmende[1] *adj.* **1.** *(nedslående)* disheartening; **2.** *(tyngende)* oppressive.

beklemmende[2] *adv. (jf. beklemmende*[1] *2)* oppressively.

beklemt[1] *adj.* uneasy; *(stærkere)* anxious.

beklemt[2] *adv.* uneasily; *(stærkere)* anxiously.

beklemthed *sb. (en)* uneasiness; *(stærkere)* anxiety.

beklikke *vb.* malign; cast aspersions on.

beklippe *vb.* cut.

beklumret *adj.* stuffy, close; T muggy.

beklæde *vb.* **1.** *(dække)* cover; *(med brædder)* board; *(med papir)* paper; *(med planker)* plank; *(med plader)* plate; *(med fliser)* tile; *(indvendig)* line; *(udvendig)* face; **2.** *(et embede)* occupy, hold, fill (*fx* a post).

beklædning[1] *sb. (en) (klæder)* clothing.

beklædning[2] *sb. (en, -er) (jf. beklæde)* covering; boarding; papering; planking; plating; tiling; lining; facing.

beklædningsgenstand article of clothing; garment.

beklædningsindustri clothing industry; *-en* T the rag trade.

bekneb *sb.: være i* ~ *for penge* be hard up; T be strapped for cash.

bekomme *vb.:* ~ *en godt* agree with sby; *det bekom dem (, ham etc.) godt (også)* it went down well; *ikke* ~ *en godt,* ~ *en ilde* disagree with sby (*fx* the food disagreed with me); *det bekom dem (, ham etc.) ikke så godt (også)* it did not go down too well (*fx* the food (, the thought of having to work) did not go down too well).

bekomst *sb.: få sin* ~ be done for, be finished off.

bekoste *vb.* pay for; F defray the expenses of.

bekostelig *adj.* expensive; F costly.

bekostning *sb. (en, -er)* expense;
□ *med en* ~ *af* at an expense of; *på min* ~ *(også fig.: som gik ud over mig)* at my expense (*fx* a dinner (, joke) at my expense); *på* ~ *af* at the expense of.

bekranse *vb.* **1.** *(smykke med krans(e))* wreathe; *(om længere krans)* garland; **2.** *(hædre)* crown (*fx* with laurels).

bekrige *vb.* wage war on (*fx* crime);
□ *de -r hinanden a)* they fight each other; *b) (om medlemmer af en gruppe)* there is a lot of infighting among them; they are at each other's throats.

bekræfte *vb. (se også bekræftende, bekræftet)* **1.** *(bestyrke)* confirm (*fx* a suspicion, an impression);
F corroborate, bear out (*fx* our featr was not borne out by what happened);
2. *(anerkende rigtigheden af)* confirm (*fx* a conversation, a statement; they have neither confirmed nor denied the rumours);
□ *afskriftens rigtighed -s* I certify this to be a true copy; ~ *modtagelsen af* acknowledge receipt of; ~ *hans ord* corroborate (*el.* bear out) his statement; bear him out; *[med præp.]* ~ *ham* ***i*** *hans opfattelse* confirm him in his view (*el.* opinion); ~ *dem* ***i at*** *de har ret* confirm them in the view that they are right; ~ *noget* ***ved*** *ed* confirm sth on oath, swear to sth.

bekræftelse *sb. (en, -r) (jf. bekræfte)* **1.** confirmation; corroboration; **2.** *(af modtagelse)* acknowledgment;
□ *i* ~ *af vor telefonsamtale* confirming our telephone conversation; *til* ~ *af deres venskab* in confirmation of their friendship.

bekræftende[1] *adj.* **1.** affirmative (*fx* answer); **2.** *(bestyrkende)* confirmatory (*fx* evidence);
□ *i* ~ *fald, i* ~ *tilfælde* if so; in that case.

bekræftende[2] *adv.* in the affirmative (*fx* answer in the affirmative);
□ *nikke* ~ nod one's agreement (*el.* assent).

bekræftet *adj.:* ~ *afskrift (el. genpart)* certified copy; *lovlig* ~ *genpart* legally attested copy; ~ *oversættelse* certified translation.

bekvem *adj.* **1.** *(behagelig)* comfortable (*fx* chair, clothes); **2.** *(let at benytte)* convenient (*fx* method); handy (*fx* tool);
□ ~ *for* convenient for; *gøre sig det -t* make oneself comfortable; *en* ~ *lejlighed til at* a convenient opportunity (*el.* occasion) to (*fx* get rid of him).

bekvemme *vb.:* ~ *sig til (at gøre) det* bring (*el.* persuade) oneself to do it.

bekvemmelighed *sb. (en, -er)* convenience, comfort;
□ *alle moderne -er* all modern conveniences; T all mod cons.

bekvemmelighedsflag *(sø.)* flag of convenience.

bekvemmelighedsflygtning economic refugee.

bekvemmelighedshensyn: *af* ~ for the sake of convenience.

bekymre *vb. (se også bekymrende, bekymret)* worry, trouble;
□ ~ *sig om a)* worry (*el.* trouble) about; *b) (tage sig af)* care about (*fx* people who care about the environment); *ingen -r sig om børnene* nobody cares for (*el.* bothers about) the children; *han -r sig ikke om hvad de siger* he does not care what they say; *det skal du ikke* ~ *dig om* don't let that worry (*el.* upset) you.

bekymrende[1] *adj.* worrying, disturbing.

bekymrende[2] *adv.* disturbingly.

bekymret *adj.* **1.** worried (*for, over* about); *(stærkere)* anxious (*for, over* about); F concerned (*for, over* about, for, *fx* about the ways things are going; for her safety); troubled (*fx* he was deeply troubled);
2. *(forgræmmet)* care-worn;
□ *det skal du ikke være* ~ *for* don't let that worry (*el.* upset) you.

bekymring *sb. (en, -er)* **1.** *(det at være bekymret)* worry (*for, over* about, *fx* about the future, about one's children); *(stærkere: æng-*

stelse) anxiety (*for* for; *over* about, *fx* anxiety for her safety; their anxieties about their final exam); F concern (*for* for, *fx* concern for his safety is growing; there is no cause for concern);
2. *(problem)* worry (*fx* financial worries; that is my only worry);
□ *give anledning til* ~ give rise to concern (*fx* his condition (, the affair) is giving rise to concern); *gøre sig -er* worry (*over* about); *nære* ~ *for* worry about (*fx* her); be uneasy about (*fx* the future); *ikke tage -erne på forskud se sorg.*
bekæmpe *vb.* **1.** fight (*fx* the fire, inflation, their decision, the enemy); fight against (*fx* discrimination, poverty, prejudice, the enemy); oppose (*fx* the Government); F combat (*fx* crime, a disease, drug-smuggling, inflation, poverty);
2. *(betvinge)* control (*fx* he was unable to control his rage); fight down (*fx* one's doubts, one's rage);
3. *(skadedyr, forurening etc.)* control.
bekæmpelse *sb. (en)* **1.** fight (*af* against); combating (*af* of, *fx* the combating of cancerous diseases); action (*af* against, *fx* drug misuse);
2. *(af skadedyr, forurening etc.)* control (*fx* pest (, pollution) control; biological control).
bekæmpelsesmidler *sb.pl.* biocides; *(mod skadedyr)* pesticides; *(mod ukrudt)* weed killers.
belagt *adj.* **1.** *(jf. belægge)* covered; coated (etc.);
2. *(om tunge)* coated, furred;
3. *(om stemme)* husky;
□ *dobbelt* ~ *(kan gengives)* heaped; *fuldt* ~ *(ɔ: om hotel)* full up, fully booked, booked up.
belaste *vb. (se også belastende)*
1. *(tynge)* load (*med* with); *(fig.)* be a burden on (*fx* these expenses are a burden on the budget);
2. *(anspænde)* be (, put) a strain on (*fx* the heart, the nervous system, their relationship, our finances);
3. *(tekn.)* load;
4. *(om miljøet)* have an impact on;
□ *arveligt -t* tainted; *hårdt -t (om kriminel)* with a long criminal record; ~ *ens konto* **med** *det* charge it to sby's account; ~ *en med mere arbejde* load (*el.* pile) extra work on sby.
belastende *adj. (om vidneudsagn)* incriminating;
□ *det er* ~ *(ɔ: om arbejde)* it is a strain on one; T it takes it out of one.
belastning *sb. (en, -er)* **1.** *(last, vægt)* load, weight;
2. *(anspændelse)* strain (*af* on, *fx* it is a strain on our resources; the strain on his nerves; mental strain; he finds the job a real strain);
3. *(om noget generende)* embarrassment (*for* to, *fx* he was an embarrassment to his partners); T liability (*for* to, *fx* he is a liability to the team; that old house is a liability);
4. *(af miljøet)* impact on the environment, environmental impact;
5. *(tekn.)* load;
□ *arvelig* ~ hereditary taint.
belastningsprøve load test.
belave *vb.:* ~ *sig på* prepare (oneself) for; *-t på* prepared for.
belejlig *adj.* convenient (*fx* time, place); *(om tid også,* F*)* opportune (*fx* moment);
□ ~ *for* convenient for; *det kom meget -t* it came at an opportune moment; T it came in very handy; *det kommer ham -t* it suits him; *snarest -t, så snart det er Dem -t* at your earliest convenience; *hvis det er Dem -t* if (it is) convenient (for you).
belejre *vb.* besiege.
belejrer *sb. (en, -e)* besieger.
belejring *sb. (en, -er)* siege;
□ *hæve en* ~ raise a siege; *udholde en* ~ *a)* stand (*el.* undergo) a siege; *b) (med held)* withstand a siege.
belejringstilstand state of siege;
□ *erklære en by i* ~ proclaim a town in a state of siege.
belemre *vb.:* ~ *med* saddle with; F encumber with; T lumber with.
beleven *adj.* courteous.
belevenhed *sb. (en)* courtesy.
Belgien Belgium.
belgier *sb. (en, -e),* **belgisk** *adj.* Belgian.
beliggende *adj.* situated; *(om hus også)* standing.
beliggenhed *sb. (en, -er)* **1.** position; F situation (*fx* its position on the map; the house has a beautiful position (*el.* situation));
2. *(mht. sol, udsigt)* exposure (*fx* the room has a southern exposure); aspect (*fx* the southern aspect of a house);
3. *(værelsers indbyrdes ~)* arrangement.
belladonna *sb. (en)* **1.** *(med.)* belladonna; **2.** *(bot.)* deadly nightshade.
bellis *sb. (en, -) (bot.)* daisy; *(skotsk)* gowan.
belure *vb.* watch secretly, spy on.
belyse *vb.* **1.** *(oplyse)* light (up); F illuminate;
2. *(fig.)* throw light on; *(ved eksempler)* illustrate (*fx* the use of a word);
3. *(foto.)* expose;
□ ~ *det kritisk* subject it to a critical examination; ~ *spørgsmålet fra alle sider* look at all sides of the question; ~ *med projektør* floodlight.
belysning *sb. (en, -er)* **1.** lighting (*fx* change the lighting; the lighting was so bad that we could barely see; street lighting); illumination (*fx* barely adequate illumination; a dusty bulb was the only illumination);
2. *(konkret: lys, også fig.)* light (*fx* a bad light to read by; her hair is almost black in certain lights; in the light of history);
3. *(forklaring)* illustration;
4. *(foto.)* exposure.
belysningseffekt lighting effect.
belysningsmester *(teat.)* lighting designer (*el.* director).
belysningsmåler *(foto.)* exposure meter, light meter.
belysningsplan *(teat.)* lighting plan (*el.* plot); light plan.
belysningsprøve *(teat.)* lighting rehearsal.
belysningsstyrke illuminance.
belysningstid *(foto.)* exposure time.
belysningsvæsen gas and electricity services pl.
belæg *sb. (et, -)* **1.** *(eksempel)* example, instance (*fx* I can quote instances in support of it);
2. *(citat)* quotation;
3. *(tegn der tyder på)* evidence (*fx* there is no evidence of this).
belægge *vb. (se også belagt)*
1. *(dække)* cover (*med* with);
2. *(med et overtræk)* coat (*fx* with silver, with gold);
3. *(spejl)* silver;
4. *(reservere)* reserve (*fx* seats);
5. *(optage)* occupy;
□ *forstå at* ~ *sine ord* know how to choose one's words;
[med præp.] ~ **med** *brædder* board; ~ *med citater* support with quotations; ~ *påstande med tal* substantiate arguments with figures; ~ *med told* put a duty on; F impose a duty on; ~ *med tæpper* carpet; *(se også flise, håndjern, lænke).*
belægning *sb. (en, -er) (jf. belægge)*

1. cover, covering; *(det at belægge)* covering;
2. *(med overtræk)* coat, coating; *(det at overtrække)* coating;
3. *(af spejl)* silvering;
4. *(på tunge)* coating;
5. *(på tænder: plak)* plaque;
6. *(mil.: indkvarteret mandskab)* billeted troops; *(se også belægningsgrad).*

belægningsgrad 1. *(om lokale)* use intensity; 2. *(om fly)* load factor; 3. *(på hotel, hospital)* occupancy rate.

belægningsstue *(mil.)* barrack room.

belære *vb. (se også belærende)* 1. instruct (*fx* the author does not merely entertain, he instructs); 2. *(neds.)* lecture (to) (*fx* I'm not going to have him lecture to me!); □ ~ *ham om hans pligter* lecture him on his duties; *han blev belært om noget andet* he had to think again; *belært af erfaringen* taught by experience.

belærende[1] *adj.* 1. educational; 2. *(neds.: docerende)* didactic (*fx* in a didactic tone); T preachy.

belærende[2] *adv. (jf. belærende*[1] *2)* didactically; in a preachy manner.

belæring *sb. (en, -er)* instruction.

belæsse *vb.* load; □ *-t med pakker* loaded down with parcels.

belæst *adj.* well-read, widely read.

belæsthed *sb. (en)* wide reading.

beløb *sb. (et, -)* amount; □ *indtil et ~ af* up to an amount of; *et ~ på £1.000* a sum (*el.* an amount) of £1,000; *(se også indkomme, manglende, samlet).*

beløbe *vb.: ~ sig til a)* amount to; *b) (i alt)* total.

beløbsramme margin of expenditure.

belønne *vb.* reward (*for* for).

belønning *sb. (en, -er)* reward; □ *til ~* as a reward.

belåne *vb.* 1. *(bruge som pant)* borrow money on; 2. *(fast ejendom)* mortgage; 3. *(give lån på)* lend on.

belåning *sb. (en, -er) (jf. belåne)* 1. borrowing (*af* on); 2. mortgaging; 3. lending (*af* on).

bemale *vb.* paint (*med* with); *(neds.)* daub (*med* with).

bemaling *sb. (en, -er)* painting.

bemande *vb.* man; □ *-t rumskib* manned spacecraft; *utilstrækkelig -t* undermanned.

bemanding *sb. (en, -er)* 1. manning; 2. *(mandskab)* crew; *(krigsskibs)* complement.

bemeldte *adj.* the said; *(mere* F*)* the aforesaid.

bemidlet *adj.* well off, well-to-do.

bemyndige *vb.* authorize; F empower.

bemyndigelse *sb. (en, -r)* 1. authorization; 2. *(fuldmagt)* authority, power; □ *efter ~* by order; *give ~* authorize, empower (*til at* to).

bemyndigelseslov 1. enabling act; 2. *(om indførelse af ekstraordinære foranstaltninger)* emergency powers act.

bemægtige *vb.: ~ sig a)* seize (*fx* his gun); F take possession of, possess oneself of; *b) (lægge beslag på)* appropriate (*fx* the best chair).

bemægtigelse *sb. (en, -r) (jf. bemægtige)* 1. seizure; 2. appropriation.

bemærke *vb.* 1. *(lægge mærke til)* notice (*fx* I noticed nothing unusual); *(nøjere)* observe (*fx* she noticed, without truly observing, a new arrival);
2. *(mærke sig)* note (*fx* please note the date);
3. *(sige, skrive)* remark, comment; F observe;
□ *bemærk!* note! *bedes -t* please note; *det fortjener at -s* it is worthy of note; *gøre sig -t a)* draw attention to oneself (*fx* he is always trying to draw attention to himself); *b) (uheldigt)* attract attention, make oneself conspicuous (*fx* by wearing strange clothes).

bemærkelsesværdig *adj.* remarkable; F notable.

bemærkning *sb. (en, -er)* 1. remark; F observation; 2. *(kommentar)* comment;
□ *-er (til lovforslag, svarer til)* explanatory memorandum; *må jeg bede om ordet for en kort ~* may I be allowed to make a brief comment; *for en kort ~ (fig.)* only for a moment; not for long; *komme med -er om en* make remarks about sby; *knytte nogle -er til* make a few comments on; *"morsomme" -er* wisecracks.

ben *sb. (et, -)* 1. *(knogle, materiale)* bone;
2. *(lem & om bukseben, stoleben etc.)* leg;
3. *(på stikkontakt)* pin;
4. *(bierhverv)* sideline; *(som ikke kræver meget arbejde)* sinecure, soft job;
5. *(ekstra indtægt)* extra income;
□ *det er der ingen ~ i* that is perfectly simple; that is plain sailing; there is nothing to it;
[med vb.] ***brække*** *-et* break one's leg; *hjælpe ham at* ***finde*** *sine ~* help him (to) find his feet; ***få*** *det forkerte ~ først ud af sengen* get out of bed on the wrong side; *han fik ikke et ~ til jorden a) (kunne ikke klare sig)* they (etc.) wiped the floor with him; they (etc.) walked all over him; *b) (blev ikke hørt)* he couldn't get a word in edgeways; ***have*** *et ~ i hver lejr* have a foot in both camps; *have ~ i næsen* have a mind of one's own; *have begge ~ på jorden (fig.)* have one's feet (firmly planted) on the ground; *han* ***løb*** *så hurtigt som hans ~ kunne bære ham* he ran as fast as his legs would carry him; ***slå*** *-ene* ***væk*** *under en* knock sby off his feet; ***spænde*** *~ for se spænde*[2]; ***sætte*** *det længste ~* ***foran*** put one's best foot forward; *jeg vil aldrig sætte mine ~* ***i*** *hans hus* I will never set foot in his house; ***tage*** *-ene* ***på nakken*** take to one's heels;
[med (vb. +) præp. & adv.] med børnene rendende ***mellem*** *-ene på en* with the children under one's feet; *(se også hale*[1]*); falde* ***over*** *sine egne ~* fall (*el.* stumble) over one's own legs (*el.* feet); *være ved at falde over sine egne ~ af iver* be falling over oneself; *hjælpe en* ***på*** *-ene a)* help sby to his feet; *b) (fig.)* set sby on his feet; *(se også sikker); han formue fik hurtigt ~ at gå på* he went through his fortune in no time; ***komme på*** *-ene a) (ɔ: efter fald)* pick oneself up; *b) (rejse sig for at tale)* get on (*el.* come to) one's feet; *komme ned på -ene* land on one's feet; ***stable på*** *-ene,* ***stille på*** *-ene (fig.)* get up, mount (*fx* an exhibition); *stille en hær på -ene* raise an army; *han kunne næsten ikke* ***stå på*** *-ene* he could hardly stand up (*el.* keep on his legs); *stå på egne ~* stand on one's own two feet; *(se også trække (på));* ***være på*** *-ene a) (ɔ: oppe)* be up and about; *b) (efter sygdom)* be up and about, be back on one's feet again; *hele byen er på -ene* the whole town is astir; *være dårlig (, rask)* ***til -s*** be a bad (, good) walker; *let til -s* light-footed; *du skal have en* ***til det andet*** *~ (ɔ: en drink)* a bird never flew on one wing; *gøre sig* ***ud til -s*** cut up rough.

benagtig *adj.* bony; F osseous.

benarbejde 1. *(boksers)* footwork; 2. *(fig.: renden rundt)* legwork.

benbeskytter shin guard.

benbrud *sb. (et, -)* fracture of the leg.

bene *vb.* hare (*fx* down the road); *(især om børn & små dyr)* scamper;
□ ~ *af* hare off, scamper off (*el.* away); ~ *rundt* scamper about.
benediktiner *sb. (en, -e)* Benedictine.
benefice *sb. (en, -r) (forestilling)* benefit (performance);
□ *til ~ for* for the benefit of; *til ~ for dig* for your benefit.
beneficeforestilling benefit performance.
beneficere *vb.* endow;
□ *-t sag* case in which free legal aid is granted.
benende *sb. (en, -r)* foot (of a bed).
benet *adj. (knoklet)* bony.
benfri *adj.* boned (*fx* herring).
Bengalen *(hist., geogr.)* Bengal.
bengaler *sb. (en, -e),* **bengali** *sb. (et)* Bengali.
bengalsk *adj.* Bengali;
□ ~ *belysning* Bengal light; *Den -e Bugt* the Bay of Bengal.
bengel *sb. (en, bengler) (lømmel)* lout.
bengnaver [person, especially a politician, who holds a variety of lucrative offices].
benhinde *(anat.)* periosteum (pl. periostea).
benhindebetændelse periostitis.
benhård *adj. (fig.)* hard-nosed, hard-bitten (*fx* businessman); *(præd. også)* as hard as nails; *(hensynsløs)* ruthless (*fx* methods, power struggle);
□ *-e kendsgerninger* hard facts; ~ *konkurrence* cutthroat competition.
benklæder *sb.pl. se bukser.*
benløs *se fugl.*
benmel bone meal.
benovelse *sb. (en)* **1.** *(generthed)* self-consciousness; **2.** *(forvirring)* confusion.
benovet *adj.* **1.** *(genert)* sheepish; self-conscious (*over* about);
2. *(forvirret)* confused;
□ ~ *over at (+ inf.)* put out by -ing (*fx* by being spoken to by the famous actor).
benpibe shaft (of a bone).
benplads legroom.
benrad skeleton.
benskade leg injury.
benskinne **1.** *(med.)* splint; **2.** *(ved boldspil)* leg pad, shin pad; **3.** *(af rustning)* greave.
bensplint splinter of bone.
benspænd *sb. (et, -) (i boldspil)* tripping.
benstilling position of the legs.
benstump **1.** stump of a leg;
2. *(knoglestump)* fragment of bone.
bentøjet: *flyt ~!* stir your stumps! *hvordan går det med ~?* how are the pegs?
benvarmer *sb. (en, -e)* legwarmer.
benytte *vb.* **1.** use (*fx* a typewriter, a toilet; a word, force, one's influence);
2. *(udnytte)* make use of, take advantage of (*fx* an offer; the good weather to make a picnic); F utilize (*fx* one's time to do some work);
□ ~ *en lejlighed* take (*el.* seize) an opportunity; ~ *lejligheden til at gøre det* take the opportunity to do it; ~ *tiden (godt)* make good use of one's time; make the most of one's time;
[med præp.] ~ ***sig af*** *a)* make use of (*fx* one's leisure time, the opportunity); take advantage of (*fx* the offer, the good weather);
F avail oneself of (*fx* an offer, the opportunity); *b) (misbruge)* take advantage of (*fx* sby's innocence);
~ ***til*** use for (*fx* use coal for the production of gas); use as (*fx* the room is used as a library); F utilize for (*el.* as) (*fx* utilize the room for storage; utilize solar power as a source of energy).
benyttelse *sb. (en, -r)* use.
benzen *sb. (et) (kem.)* benzene.
benzin *sb. (en)* **1.** *(motor-)* petrol; *(am.)* gasoline, gas; **2.** *(til rensning etc.)* benzine;
□ *komme ~ på bålet se bål.*
benzinbesparende *adj.* petrol-saving.
benzinbombe *(til gadekamp)* petrol bomb.
benzindunk petrol can; *(rund)* petrol drum.
benzindæksel petrol cap.
benzinmotor petrol engine.
benzinmåler fuel gauge, fuel indicator, petrol gauge.
benzinos petrol fumes pl.
benzinpumpe fuel pump.
benzinsluger *sb. (en, -e)* thirsty car, fuel guzzler; *(am.)* gas guzzler.
benzinstander petrol pump; *(am.)* gas pump.
benzintank **1.** *(i bil)* fuel tank;
2. *(servicestation)* filling (*el.* service *el.* petrol) station; *(am.)* gas (*el.* service) station;
□ *lås til ~ (jf. 1)* lockable fuel tank cap.
benzintilførsel fuel supply.
benzinøkonomi fuel efficiency.
benzinøkonomisk *adj.* fuel-efficient.
benzoe *sb. (en)* benzoin.
benægte *vb. (se også benægtende)* deny (*fx* deny the truth of a statement; he denied that he had done it (*el.* having done it)); *(se også nægte (sig skyldig)).*
benægtelse *sb. (en)* denial.
benægtende[1] *adj.* negative;
□ *i ~ fald* if not.
benægtende[2] *adv.* in the negative (*fx* answer in the negative).
benævne *vb.* name, call; F designate;
□ ~ *forkert* misname.
benævnelse *sb. (en, -r)* **1.** name; F appellation, designation;
2. *(tals)* denomination; *(nævner)* denominator;
□ *forkert ~* misnomer.
benævnt *adj.*: *-e tal* concrete numbers; *addition med -e tal* compound addition.
benåde *vb.* **1.** *(fritage for straf)* pardon; *(for dødsstraf)* reprieve;
2. *(glds.: begunstige)* favour;
□ *betinget -t* released on parole; ~ *en med en titel (, en orden)* confer a title (, an order) on sby.
benådning *sb. (en, -er)* free pardon; *(for dødsstraf)* reprieve;
□ *betinget ~* release on parole; *(an)søge om ~* petition for mercy; *indstille en til ~* recommend sby for mercy.
benådningsansøgning petition for mercy.
benådningsret prerogative of mercy.
Beograd *(geogr.)* Belgrade.
beordre *vb.* order; *(stærkere,* F*)* command (*fx* he ordered (, commanded) that the town (should) be evacuated; she ordered silence; do as I command (you)!); *(mildere)* direct, instruct;
□ ~ *en til at gøre noget* order (, command, direct, instruct) sby to do sth; ~ *noget gjort* order sth to be done.
beostær *(zo.)* mynah bird.
bepakket *adj.*: ~ *med a) (overfyldt)* cluttered with (*fx* furniture); *b) (belæsset)* loaded with.
beplante *vb.* plant.
beplantning *sb. (en, -er)* **1.** *(det at plante)* planting; **2.** *(plantage, vækster)* plantation.
beramme *vb.* fix (*fx* a date for the meeting); F appoint (*fx* at the appointed time).
berammelse *sb. (en, -r)* fixing; F appointment.
berappe *vb. (en mur)* roughcast.
berber *sb. (en, -e)* Berber.
berberis *sb. (en, -ser) (bot.)* barberry.
berede *vb. (se også beredt)* **1.** *(forberede)* prepare (*fx* the ground);

2. *(huder)* dress, curry;
3. *(forvolde, skaffe)* cause (*fx* sorrow, difficulties); give (*fx* it gave him great pleasure);
□ ~ *sig på* prepare oneself for; ~ *sig til* get ready for; ~ *ham skuffelse* disappoint him; ~ *vejen for* prepare the way for.
beredelse *sb. (en, -r)* preparation.
bereden *adj.* mounted;
□ *-t politi* mounted police.
beredskab *sb. (et)* **1.** readiness, preparedness (*fx* defence preparedness, earthquake preparedness; military preparedness (*el.* readiness));
2. *(mil.)* readiness (*fx* combat readiness); *(i krisetid, om beredskabsgrad; kun efter adj.)* state of alert (*fx* put the troops on an increased state of alert); alert (*fx* they were on high alert);
□ *almindeligt (, forstærket)* ~ simple (, reinforced) alert; *feltmæssigt* ~ *(mil.)* readiness of action; *[med præp.] have det **i*** ~ have it ready (*el.* in readiness *el.* at hand); *holde i* ~ hold in readiness; keep on standby (*fx* keep the police on standby); *i højeste* ~ on top alert; in a state of extreme preparation; *sætte i* ~ put on the alert; put on standby; ***være i*** ~ be in readiness; be on standby (*fx* a medical team is on standby); stand by (*fx* an ambulance stands by at all race meetings).
beredskabsgrad alert stage; state of readiness, state of alert.
Beredskabskorpset the Civil Defence Forces pl.
beredskabskøb reserve purchase; stockpiling.
beredskabslager reserve, stockpile.
beredskabsområde = *beredskabsrum.*
beredskabsplan 1. *(nødplan)* emergency plan; **2.** *(for muligt forekommende tilfælde)* contingency plan.
beredskabsrum *(mil.)* assembly area.
beredskabsstyrke *(mil.)* emergency force.
beredskabstaske *(foto.)* ever-ready case.
beredt *adj.* prepared, ready (*til* for; *til at* to).
beredvillig *adj.* ready, willing.
beredvillighed *sb. (en)* readiness, willingness.
beregne *vb. (se også beregnende)* **1.** *(udregne)* work out (*fx* the cost, one's income); F calculate, compute (*fx* the cost, interest, prices; he calculated his income (, the costs) to be £20,000); *(på computer)* compute (*fx* the course of the rocket);
2. *(anslå)* estimate (*til* at, *fx* they estimated his income at £20,000);
3. *(fastsætte som betaling)* charge (*fx* they charge extra for packing);
4. *(regne med)* allow (*fx* allow two bottles per head; allow time for delays);
□ ~ *forkert* miscalculate; *forsigtigt -t er det £500* it is £500 at a conservative estimate; ~ *plads til* leave room for; ~ ***sig*** *(i betaling)* charge;
[med præp.] -t for (el. på el. til) a) intended for; F designed for (*fx* a school intended (, designed) for gifted children); *b) (om penge)* earmarked for; *være -t for (a, også)* cater for (*fx* a course which caters for advanced students); *-t på (el. til) at* intended to; F designed to.
beregnende *adj.* **1.** *(koldt ~)* calculating; **2.** *(som laver intriger)* designing.
beregner *sb. (en, -e)* **1.** calculator; **2.** *(aktuar)* actuary.
beregning *sb. (en, -er)* calculation (*fx* do a quick calculation; her calculations were correct); *(løsere)* reckoning (*fx* a rough reckoning);
□ *gøre noget **af*** ~ do sth from ulterior motives; ***efter*** *en forsigtig* ~ at a conservative estimate; *efter menneskelig* ~ humanly speaking; *efter min* ~ by my reckoning; *(ɔ: skøn)* in my estimation; *om alt går efter* ~ if everything turns out (*el.* goes) as expected; *tage det **med i** sin* ~ allow for it, provide for it, take it into account; ***uden*** ~ *(hdl.)* free of charge; without charge; *(fork.)* w.c.; *(se også tage (med i)).*
beregningsmåde method of calculation.
berejse *vb. (se også berejst)* **1.** travel (in) (*fx* a country); T do; **2.** *(om handelsrejsende)* work (*fx* a traveller working Jutland).
berejst *adj.: han er meget* ~ he is widely travelled; *(mindre* F*)* he has travelled a lot; *den mest -e* the most travelled.
beretning *sb. (en, -er)* **1.** report; *(mere personlig)* account (*fx* his account of his holiday);
2. *(i forening, kasserers, bestyrelses etc.)* report;
3. *(formands i aktieselskab)* statement;
4. *(fortælling)* narrative;
□ *aflægge* ~ *a) (jf. 1)* report, make a report (*om* on); give an account (*om* of); *b) (jf. 2)* submit one's (annual) report.
berette *vb.* **1.** tell; F relate; *(detaljeret)* recount; **2.** *(rel.: en døende)* administer the (last) sacrament to;
□ ~ *om* tell of; F relate.
berettelse *sb. (en, -r)* administration of the (last) sacrament.
beretter *sb. (en, -e)* narrator.
berettige *vb. (se også berettiget)* **1.** *(retfærdiggøre)* justify (*fx* this does not justfy his actions); F warrant (*fx* the situation warrants special measures; your distrust is not warranted);
2. *(give ret til)* entitle (*til (at)* to);
□ *det -r ikke at du..., det -r dig ikke til at...* this does not justify (, warrant) your -ing... (*fx* a slight cold does not justify (, warrant) your staying away from work).
berettigelse *sb. (en)* **1.** *(rimelighed)* justice (*af, i* of, *fx* the justice of his claim (, his remarks)); legitimacy (*af* of, *fx* the legitimacy of his complaint (, of experiments on animals));
2. *(begrundelse)* justification (*fx* he can claim, with some justification, that he has been deceived);
3. *(adkomst)* right, title;
□ *have sin* ~ *a)* be just, be reasonable, be legitimate; *b) (eksistens-)* have a raison d'être.
berettiget *adj. (rimelig)* just; legitimate;
□ *det berettigede i* the justice of (*el.* legitimacy) of; ~ *krav* just claim; ~ *kritik* (well-)deserved (*el.* just) criticism; *være* ~ ***til*** have a right to; *(mere* F*)* be entitled to.
bergamot *sb. (en, -ter) (bot.)* bergamot.
beriberi *sb. (en) (med.)* beri-beri.
berider *sb. (en, -e)* **1.** riding master; **2.** *(kunst-)* circus rider.
berige *vb. (se også berigende)* enrich (*fx* the mind, one's life, the language; enriched uranium);
□ ~ *sig* line one's pockets; F enrich oneself (*fx* at the expense of others).
berigelse *sb. (en)* enrichment.
berigelsesforbrydelse offence against property.
berigende *adj. (fig.)* rewarding (*fx* discussion).
berigtige *vb.* **1.** correct; F rectify (*fx* an error); **2.** *(*F*: betale)* settle.
berigtigelse *sb. (en, -r) (jf. berigtige)* **1.** correction; rectification;
2. settlement;
3. *(dementi af påstået udtalelse)* disclaimer.
Beringsstrædet *(geogr.)* the Bering Strait.

B *Berlin*

Berlin *(geogr.)* Berlin.
berliner *sb. (en, -e)* Berliner.
berliner- Berlin (*fx* a Berlin firm).
berlinerblåt Prussian blue.
berlinsk *adj. (attr.)* Berlin.
bermudarig *(sø.)* Bermuda rig.
bermudashorts *sb.pl.* Bermuda shorts.
Bern *(geogr.)* Berne.
berner *sb. (en, -e)* Bernese (pl. Bernese).
Berner-Oberland *(geogr.)* the Bernese Oberland.
bero[1] *sb.: stille i ~ a) (foreløbig standse)* suspend (*fx* suspend work on the road); *b) (lade henstå uafgjort)* leave in abeyance (*fx* leave the matter in abeyance); *(mere* T*)* put on hold (*fx* put the inquiry on hold until next month).
bero[2] *vb. (findes)* be;
□ *~* ***hos*** *en* be left with sby; *~* ***på*** *a) (skyldes)* be due to (*fx* it is due to a mistake); *b) (komme an på)* depend on (*fx* it depends on circumstances); *det -r på et skøn* it is a matter of judgment; *lade det ~* ***ved*** be content with (*fx* be content with the information received); *skal vi ikke lade det ~ derved* let us leave it at that.
berolige *vb. (se også beroligende)* **1.** *(gøre mindre bange el. bekymret)* calm, quieten (*fx* a frightened child);
2. *(gøre mindre ophidset)* calm down (*fx* the excited children; a furious customer); *(gøre mindre vred også,* F*)* mollify (*fx* a furious customer);
3. *(trøste)* soothe (*fx* a crying baby);
4. *(og give modet tilbage)* reassure (*fx* after having seen the doctor he felt reassured about his health);
5. *(med.)* sedate (*fx* drugs that sedate); *(især om dyr: bedøve)* tranquillize;
□ *~ en (også)* set (*el.* put) sby's mind at rest; *~ sin samvittighed* soothe one's conscience; *blive -t* ***ved at*** *høre det* be relieved to hear it.
beroligelse *sb. (en)* reassurance; *(lettelse)* relief;
□ *det er en ~ at vide* it is a comfort to know.
beroligende[1] *adj.* **1.** calming (*fx* effect);
2. *(trøstende)* soothing (*fx* words);
3. *(jf. berolige 4)* reassuring (*fx* report);
4. *(om farver, musik, omgivelser)* restful;
5. *(med.)* sedative, tranquillizing;
□ *~ middel* sedative, tranquillizer.
beroligende[2] *adv.* soothingly (*fx* "There is no need to worry", he said soothingly); reassuringly (*fx* she patted his arm reassuringly).
bersærk *sb. (en, -er)* berserk(er);
□ *han gik ~ over for mig* he went berserk and attacked me.
bersærkergang berserk fury;
□ *få ~* go berserk.
berufsverbot *sb. (et, -)* berufsverbot.
beruse *vb. (se også berusende, beruset)* intoxicate;
□ *~ sig* get drunk (*i* on); *~ sig i (fig.)* be carried away by.
beruselse *sb. (en)* intoxication;
□ *i ~* in a state of intoxication.
berusende *adj.* heady (*fx* wine, scent; it was a heady time); *(mere* F*)* intoxicating (*fx* drink, wine, effect);
□ *~ drikke* intoxicants.
beruser *sb. (en, -e)* drunk (pl. drunks).
beruset *adj.* intoxicated (*af* with, by, *fx* with whisky, with joy; by a sense of power, by success, by victory); T drunk (*af* with, *fx* joy, power);
□ *i ~ tilstand* under the influence of alcohol.
berygtet *adj.* **1.** *(velkendt)* notorious (*for* for, *fx* the town is notorious for its high crime rate; a notorious criminal); *(stærkere)* infamous (*for* for);
2. *(lyssky, umoralsk)* disreputable (*fx* pub; character);
□ *~ kvinde (glds.)* woman of doubtful reputation; *~ person (også)* bad character.
berygtethed *sb. (en)* bad reputation; notoriety.
beryl *sb. (en, -ler) (mineral)* beryl.
berømme *vb.* praise (*for* for); F extol.
berømmelig *adj. (navnkundig)* illustrious.
berømmelse *sb. (en)* **1.** *(ry)* fame; F renown; **2.** *(ros)* praise.
berømt *adj.* famous (*fx* city, general, actress, writer); F famed; *(stærkere)* renowned, illustrious; *(svagere, især om kunstner)* celebrated (*fx* actress, painter, pianist, writer);
□ *~ for* famous (, renowned, celebrated) for.
berømthed *sb. (en, -er)* **1.** *(person)* celebrity; **2.** *(ry)* fame; F renown.
berøre *vb.* **1.** touch; *(~ let, strejfe)* brush;
2. *(påvirke, angå)* affect (*fx* his interests, his honour; the letter affected me deeply; the factory was not affected by the strike);
3. *(omtale)* refer to; *(flygtigt)* touch on (*fx* I have touched on this matter earlier);
□ *føle sig ilde (, pinligt) berørt* feel embarrassed (*af* by; *over* about).
berøring *sb. (en, -er)* touch (*fx* a light touch);
□ *bringe ham i ~ med* bring him in touch with; *komme i ~ med* come into contact with (*fx* an electric wire; famous artists); *højspænding, ~ livsfarlig* Danger! High Voltage.
berøringsangst **1.** *(psyk.)* mysophobia; **2.** *(fig.)* fear (, dislike) of contact;
□ *deres ~ over for* their reluctance to deal with.
berøringsflade surface of contact; interface (*fx* between Government and scientists; between technology and design);
□ *han har en bred ~ med erhvervslivet* he has widespread contacts with industry.
berøringspunkt **1.** point of contact; **2.** *(fig.)* point in common.
berøve *vb.* **1.** *(fratage)* deprive of (*fx* deprive him of his rights (, his liberty)); strip of (*fx* strip her of her rights (, of all her possessions); he was stripped of his power); F divest of (*fx* divest him of his power);
2. *(frastjæle)* rob of (*fx* rob sby of his possessions);
□ *~ en appetitten* take away sby's appetite; *-t sine illusioner* stripped of all illusions; *~ sig selv livet* take one's own life; *~ en modet* discourage sby; F dishearten sby.
berøvelse *sb. (en, -r)* deprivation.
besat *adj.* **1.** *(optaget)* occupied, taken (*fx* the seat is taken);
2. *(af fjenden)* occupied (*af* by, *fx* enemy troops);
3. *(af ond ånd)* possessed (*af* by, *fx* evil spirits, the devil);
4. *(fig.: af følelse, tanke, person)* obsessed (*af* by, with, *fx* by her, with an idea); F possessed (*af* by, with, *fx* by jealousy, by her, by (*el.* with) fear of being infected; with the idea that...);
□ *det -te Frankrig* occupied France; *holde ~* hold, occupy; *stillingen er ~* the vacancy is filled; *stillingen er ikke ~* the post is vacant;
[med adv. & som] fuldt ~ full up; *som en ~* like mad (*fx* scream (, fight) like mad); F like one possessed (*fx* he fought like a man possessed); *tyndt ~ (om teater)*

sparsely filled; *tæt ~ se tæt.*
bese *vb.* **1.** see, look over; **2.** *(besøge)* visit (*fx* a museum); **3.** *(efterse) se besigtige;*
□ *ret -t* all things considered.
besegle *vb.* seal (*fx* a friendship with a kiss; this sealed his fate).
besegling *sb. (en, -er)* sealing.
besejle *vb.* navigate;
□ *som kan -s* navigable; *~ en havn (regelmæssigt)* call regularly at a port; *~ ruten A-B* ply between A and B.
besejling *sb. (en, -er)* navigation.
besejre *vb.* **1.** *(i krig)* defeat; F conquer; *(litt.)* vanquish; **2.** *(i sport etc.)* defeat; T beat;
3. *(fig.)* overcome (*fx* disease, poverty, one's fear); surmount (*fx* difficulties); F conquer (*fx* disease, one's fear).
besejrer *sb. (en, -e)* conqueror;
□ *X's ~ (i sport)* the man (, woman) who defeated (, beat) X.
besidde *vb.* possess (*fx* an estate, a quality); hold (*fx* land, shares);
□ *de -nde (klasser)* the propertied classes.
besiddelse *sb. (en, -r)* **1.** possession; **2.** *(om kolonimagts kolonier etc.)* possession (*fx* former British possessions); dependency (*fx* the islands used to be a dependency of the USA);
□ *komme i ~ af* come into possession of, get possession of; *sætte sig i ~ af* take possession of, possess oneself of; *være i ~ af* be in possession of.
besiddelsesløs *adj.* unpropertied; *(præd. også)* without property;
□ *de besiddende og de -e* T the haves and the have-nots.
besidder *sb. (en, -e) (ejer)* owner (*fx* the owner of the estate); *(F el. spøg.)* possessor (*fx* he was the proud possessor of a sports car).
besiddertrang, besiddetrang acquisitiveness.
besigtige *vb.* **1.** inspect; *(hus, lejlighed, om køber, lejer)* view; **2.** *(for at vurdere)* survey (*fx* a house).
besigtigelse *sb. (en, -r) (jf. besigtige)* **1.** inspection; view; **2.** survey;
□ *foretage en ~ (jf. 2)* make a survey.
besinde *vb.: ~ sig a) (samle sine tanker)* collect oneself; *b) (genvinde fatningen)* regain one's composure; *c) (skifte mening)* change one's mind; think better of it; *~ sig på a) (ɔ: overveje)* consider; *b) (beslutte)* make up one's mind (*fx* what to do); *før han fik -t sig (ɔ: samlet sig)* before he knew where he was.
besindelse *sb. (en)* **1.** *(fatning)* composure; **2.** *(eftertanke)* reflection;
□ *tabe (el. miste) -n* lose self-control, lose one's head; *bringe en til ~* bring sby to his senses; *komme til ~ se besinde (sig).*
besindig *adj.* **1.** *(fornuftig)* sober(-minded); **2.** *(rolig)* cool-headed, cool, steady;
3. *(mods. yderliggående)* moderate.
besindighed *sb. (en) (jf. besindig)* **1.** sober-mindedness; **2.** coolness, steadiness; **3.** moderation (*fx* he counselled moderation).
besjælet *adj. (litt., fx om naturen, præd.)* endowed with spirit; *~ af* inspired by (*fx* an ideal); animated by (*fx* feelings of friendship).
besk *adj.* **1.** bitter; *(skarpere)* acrid (*fx* taste); **2.** *(fig.: skrap)* tart (*fx* remark); *(bitter)* bitter.
beskadige *vb.* **1.** damage (*fx* the car); **2.** *(legemsdel)* injure;
□ *stærkt -t* seriously damaged.
beskadigelse *sb. (en, -r) (jf. beskadige)* **1.** damage (*af* to); **2.** injury (*af* to).
beskaffen *adj.* constituted (*fx* he is so constituted that...);
□ *anderledes ~* different; *jeg ved ikke hvordan den er ~* I do not know what it is like.
beskaffenhed *sb. (en)* **1.** nature (*fx* the nature of the case); character (*fx* transactions of a doubtful character (*el.* nature));
2. *(slags)* kind; T description;
3. *(tilstand)* condition.
beskatning *sb. (en, -er)* taxation;
□ *~ ved kilden* taxation at source; pay-as-you-earn; *(fk.)* PAYE.
beskatningsgrundlag tax base.
beskatningsmåde system of taxation.
beskatte *vb.* tax;
□ *højt -t* heavily taxed; *de højest -de* those in the highest tax bracket(s).
besked *sb. (en, -er)* **1.** message (*fx* leave a message for him at the hotel);
2. *(henstilling, ordre)* instruction, instructions pl. (*fx* they can't understand a simple instruction; those were the instructions I got);
3. *(oplysninger)* information (*fx* that was the information I got);
4. *(svar)* answer (*fx* that was the answer I got);
□ *klar ~ a) (jf. 3)* full information; *b) (jf. 4)* a plain answer; *c) (jf. 2)* definite instructions; *nærmere ~ a) (jf. 3)* further information; *b) (jf. 2)* further (*el.* more specified) instructions;
[med vb.] ***er*** *der nogen ~? (ɔ: til en der ikke er til stede)* can I take a message? ***få*** *~* get word, be told; ***få*** *~* ***om at*** *(el.* ***på at****) gøre noget* be asked to do sth; *(mere bestemt)* be told to do sth; F be instructed to do sth; ***give*** *~* give word, let them (, him, me etc.) know; *give ren ~ se ren²; give ham ~ (ɔ: underrette ham)* inform him, let him know; *give ham ~ om det* inform him of it; ***give*** *~* ***om at*** *a) (jf. 1)* send word that (*fx* he sent word that he would be late); tell them (etc.) that; *b) (jf. 2)* give instructions that (*fx* force should be used if necessary); *give ham ~ om (el. på) at a) (+ inf.)* ask him to; *(mere bestemt)* tell him to (*fx* come); F instruct him to; *b) (+ sætn.: underrette)* inform him that, send him word that, let him know that (*fx* she has arrived); ***sende*** *(ham) ~ om at,se ovf.: give ~ om at;* ***tage imod*** *~* take a message; ***vide*** *~ om* be informed of, know about; *vide god ~* be well informed; *du ved ~* you know (what I mean).
beskeden *adj.* **1.** *(ikke pralende, om person)* modest, unassuming;
2. *(mådeholden, ret lille)* modest (*fx* contribution, demand, house, income, increase, number); moderate (*fx* income, price; moderate in one's demands); *(stærkere)* humble (*fx* my humble (, modest) contribution; humble (, modest) beginnings);
3. *(ikke overdådig)* plain, simple (*fx* meal; a plain little house).
beskedenhed *sb. (en)* modesty;
□ *drikke en kop te i al ~* have a quiet cup of tea; *falsk ~* false modesty; *han lider ikke af falsk ~* he is not over-modest; *med klædelig ~* with becoming modesty; *(mere iron.)* with fitting modesty.
beskidt *adj.* **1.** *(snavset)* dirty; *(stærkere)* filthy; T mucky; *(dækket af indgroet sort snavs)* grimy; *(og ulækker,* T*)* grubby; *(se også snavset);*
2. *(gemen)* dirty;
□ *gøre det -e arbejde* do the dirty work; *en ~ streg* a dirty trick.
beskikke *vb. (udnævne)* appoint; *(se også beskikket);*
□ *~ sit hus* put one's house in order.
beskikkelse *sb. (en, -r)* appointment.

beskikket *adj.: ~ censor* (officially appointed) external examiner; *~ advokat* [counsel assigned to the accused by the State]; *(svarer til)* duty counsel.
beskinne *vb.* shine upon;
□ *-t af solen* sunlit.
beskrevet *adj. (skrevet på, præd.)* covered with writing;
□ *tæt ~* closely written (*fx* a closely written sheet of paper).
beskrive *vb. (se også beskrivende, beskrevet)* **1.** *(skildre)* describe (*for* to, *fx* he described it to her);
2. *(gennemløbe, aftegne)* describe (*fx* a circle);
□ *det lader sig ikke ~* it cannot be described; it is indescribable.
beskrivelse *sb. (en, -r)* **1.** description;
2. *(beretning)* account (*fx* his account of the journey);
3. *(arbejds-, bygnings-)* specifications pl.;
□ *nærmere ~* more detailed description; specification; *over al ~* beyond description.
beskrivende *adj.* descriptive (*fx* poetry).
beskub *sb.: på bedste ~ (adv.)* haphazardly, at random; by rule of thumb (*fx* do it by rule of thumb); *det gik på bedste ~* they (etc.) just muddled along; *de klarede sig på bedste ~ (også)* they did the best they could.
beskue *vb.* contemplate;
□ *han lod sig ~ i al sin pragt* he stood forth in all his glory.
beskuelse *sb. (en, -r)* contemplation.
beskuer *sb. (en, -e)* spectator, observer; F beholder.
beskyde *vb.* **1.** fire at (, on, into);
2. *(med granater)* shell; **3.** *(på langs)* enfilade;
□ *fra dette fort kan hele havnen -s* this fort commands the harbour.
beskydning *sb. (en, -er)* **1.** fire;
2. *(med granater)* shelling;
□ *en ~ på langs* an enfilading fire; *under kraftig ~* under heavy fire; *tage under ~* open fire on.
beskylde *vb.: ~ en for (at have gjort) noget* accuse sby of (having done) sth.
beskyldning *sb. (en, -er)* accusation (*for* of; *mod* against); *(løsere: påstand,* F*)* allegation (*for* of; *mod* against, *fx* allegations of brutality were made against the police);
□ *fremsætte (el. rette) en ~ mod en* make an accusation (, an allegation) against sby.
beskylle *vb.* wash.
beskytte *vb. (se også beskyttende, beskyttet)*;
1. protect (*imod* against, from, *fx* protect them against attack (, danger, losses); protect the child from bad influences); *(uden objekt)* give protection (*imod* against, *fx* the trees give protection against the wind);
2. *(skærme)* shield (*imod* from, *fx* the wind, radiation);
3. *(sikre)* guard, secure (*imod* against, *fx* a house against burglars; a town against attack); safeguard (*mod* from, *fx* safeguard sby from danger; safeguard one's rights (, interests, health));
4. *(give ly , værne)* shelter (*imod* from, *fx* shelter them from the rain (, the cold, bombs); shelter her from the harsh world); *(uden objekt)* give shelter (*imod* against);
5. *(handelspolitisk)* protect;
6. *(om veksel)* protect, meet;
□ *den -r imod (jf. 2)* it shields you (, them etc.) against; *~ sig a)* protect oneself; *b) (ved samleje)* take precautions.
beskyttelse *sb. (en, -r)* **1.** protection (*mod* against, from, *fx* the wall gave protection against the fire; use it as a protection against the fire);
2. *(ly)* shelter (*mod* from, *fx* the rain);
□ *Foreningen til Dyrenes ~* the Society for the Prevention of Cruelty to Animals; *stille noget under ens ~* place sth under sby's protection; *under ~ af* under the protection of.
beskyttelsesarrest protective custody.
beskyttelsesbriller *sb.pl.* protective spectacles, (protective) goggles.
beskyttelsescreme **1.** *(ved arbejde med farlige stoffer)* barrier cream;
2. *se solcreme 2.*
beskyttelsesdragt **1.** protective clothing (*fx* they have to wear protective clothing); **2.** *(enkelt)* protective suit.
beskyttelsesfarve protective coloration.
beskyttelsesforanstaltning protective measure, precaution;
□ *-er mod luftangreb* air-raid precautions.
beskyttelseshandsker *sb.pl.* protective gloves.
beskyttelseshjelm protective helmet; *(især på byggeplads)* hard hat.
beskyttelseshætte protective hood.
beskyttelseslighed *(biol.)* mimicry.
beskyttelsesrum **1.** *(mod luftangreb)* air-raid shelter; **2.** *(i skyttegrav)* dug-out.
beskyttelsesskjold *(politiets)* riot shield.
beskyttelsestold protective duty.
beskyttende[1] *adj.* **1.** protective (*fx* he was very protective towards her); **2.** *(nedladende)* patronizing (*fx* in a patronizing tone).
beskyttende[2] *adv. (jf. beskyttende*[1]*)*
1. protectively (*fx* he put his arm protectively around her shoulder); **2.** patronizingly.
beskytter *sb. (en, -e)* protector;
□ *troens ~* Defender of the Faith.
beskyttet *adj.* **1.** protected (*mod* against, from); **2.** *(skærmet)* sheltered (*fx* existence, life);
□ *beskyttede boliger* sheltered housing; *~ værksted* sheltered workshop.
beskæftige *vb.* **1.** *(have i arbejde)* employ (*fx* the factory employs 100 workers);
2. *(give noget at lave)* keep occupied (*fx* the children must be kept occupied);
3. *(optage)* occupy (*fx* it occupied his thoughts);
□ *~ sig* ***med*** *a) (være optaget af)* be occupied with (*fx* reading books); devote one's time to (*fx* he devoted a lot of his time to the children); *b) (deltage aktivt i,* F*)* engage in (*fx* business, politics); *c) (behandle, tage sig af)* deal with (*fx* we are dealing with the problem); *d) (interessere sig for)* concern oneself with (*fx* you need not concern yourself with the details (, with other people's affairs)); *-t med* occupied with; engaged in; ***travlt*** *-t* very busy (*med at* -ing, *fx* repairing the car).
beskæftigelse *sb. (en, -r)* **1.** *(arbejde)* employment (*fx* this will give employment to 100 workers; be in full-time employment);
T work (*fx* part-time work);
2. *(stilling)* job; *(i officielt sprog, fx på skema)* occupation (*fx* your name and occupation; what is your occupation?);
3. *(noget man beskæftiger sig med)* occupation (*fx* it was her favourite occupation; a man should always have an occupation of some kind);
□ ***efter*** *fem års ~ i firmaet* after having worked for five years in the firm; ***fuld*** *~* full employment; *(en)* ***høj*** *~* a high rate of employment; ***søge*** *~* look for a job;
F seek employment; ***uden*** *~ a)* with nothing to do, idle; *b) (arbejdsløs)* out of work, unem-

ployed, jobless; **øge** *-n* increase the rate of employment.
beskæftigelsesforanstaltninger *sb.pl. (svarer til)* job creation programme sg.
beskæftigelsesgrad rate of employment.
beskæftigelsesmuligheder *sb.pl.* employment opportunities.
beskæftigelsesterapeut occupational therapist.
beskæftigelsesterapi **1.** occupational therapy; *(fork.)* OT;
2. *(afdeling)* occupational therapy (*el.* OT) department;
3. *(lokale)* OT room.
beskæftigelsesvejleder occupational therapist's aide (*el.* helper).
beskæmme *vb.: håbet -r ingen* hope putteth not to shame.
beskæmmende[1] *adj.* shameful, disgraceful; *(stærkere,* F*)* mortifying; *(ydmygende)* humiliating.
beskæmmende[2] *adv.* shamefully, disgracefully; *(ydmygende)* humiliatingly.
beskæmmet *adj.* **1.** ashamed; *(stærkere,* F*)* mortified; **2.** *(ydmyget)* humiliated.
beskænket *adj.* T tipsy; F inebriated.
beskære *vb.* **1.** *(skære overflødigt væk af)* cut, trim (*fx* the edges of a book (, picture));
2. *(træer, buske, roser)* prune;
3. *(tekst)* cut (*med* by);
4. *(formindske)* reduce (*med* by, *fx* reduce the costs by 10%; reduce his influence); cut (*med* by); trim (*fx* the costs); F curtail (*fx* his influence);
5. *(*F*: tildele)* allot (to) (*fx* the span of life allotted to him).
beskærekniv pruning knife.
beskære(r)saks secateurs pl.; *(især am.)* pruning shears pl.
beskæring *sb. (en, -er)* **1.** *(det at skære væk)* cutting, trimming;
2. *(af træer)* pruning; **3.** *(forkortning)* reduction; F curtailment;
4. *(resultatet)* cut.
beskærme *vb.* protect (*imod* against).
beskærmelse *sb. (en)* protection.
beskøjt *sb. (en, -er)* ship's biscuit; *-er (også)* hardtack.
beskåret *pf.ptc. af beskære.*
beslag *sb. (et, -)* **1.** *(metalplade, især til pynt)* plate (*fx* a harness plate *(seletøjs-)*); mount (*fx* a bridle mount); mounting, furniture (*fx* on a chest of drawers);
2. *(til at sætte noget op med)* fitting (*fx* shelf fittings);
3. *(bygnings-)* architectural ironmongery, hardware; *(dør-, vindues-)* furniture;
4. *(af søm)* studding;
5. *(hestesko)* shoes pl.; shoeing;
□ *lægge ~ på a) (ɔ: optage)* take up (*fx* his time, his attention); F occupy (*fx* his time, his thoughts); *b) (gøre indgreb i)* make demands on (*fx* the child (, the housework) makes great demands on her time); *c) (sætte sig i besiddelse af)* monopolize (*fx* the best chair); commandeer (*fx* sby's car); *d) (optage på forhånd)* pre-empt (*fx* this project pre-empted most of the available funds); *lægge ~ på ens gæstfrihed a)* accept sby's hospitality; *b) (ubeskedent)* trespass on sby's hospitality; *lægge ~ på ens kræfter* tax sby; *må jeg lægge ~ på dig et øjeblik?* can you spare me a few minutes?
beslaglægge *vb.* **1.** *(konfiskere)* seize (*fx* the police have seized a considerable quantity of drugs (, arms));
2. *(tage i forvaring)* impound (*fx* the authorities (, the Security Police) have impounded his papers (, his passport));
3. *(skib)* arrest;
4. *(mil.: for at bruge det)* commandeer;
5. *(konfiskere som straf)* confiscate; *(se også beslag (lægge beslag på)).*
beslaglæggelse *sb. (en, -r) (jf. beslaglægge)* **1.** seizure (*fx* there have been big seizures of drugs);
2. impoundment; **3.** arrest;
4. commandeering; **5.** confiscation.
beslagsmed farrier.
beslutning *sb. (en, -er)* **1.** *(afgørelse)* decision (*om at* to (, that), *fx* to cut taxes; that taxes should be cut; he made the wrong decision);
2. *(forsæt)* resolution (*om at* to (, that), *fx* to stop smoking);
3. *(forsamlings)* resolution (*om at* to (, that), *fx* to send a telegram to the Queen; that membership should be restricted);
□ ***forandre*** *~* change one's mind; ***tage*** *(el. træffe) en ~* take (*el.* make *el.* come to) a decision; *(mere* T*)* make up one's mind (*fx* she can't make up her mind); *(se også rask*[2]*)*; *tage ~ om (, om at)* decide on (, to, that); ***vedtage*** *en ~* pass a resolution.
beslutningsdygtig *adj.: et -t antal* a quorum; *være ~* form a quorum.
beslutningsgrundlag basis for a decision (, for decisions).
beslutningsproces decision-making process.
beslutningstager *sb. (en, -e)* decision-maker, decision-taker.
beslutningstagning *sb. (en, -er)* decision-making.
beslutsom *adj.* resolute.
beslutsomhed *sb. (en)* resolution.
beslutte *vb. (se også besluttende)* **1.** decide; *(mere* T*)* make up one's mind; F resolve; *(fast)* determine;
2. *(om forsamling)* resolve;
□ *~* ***sig*** make up one's mind; *~ sig for (, til)* decide on; *~ sig til at* decide to; make up one's mind to; ***-t på*** *at* determined to.
besluttende *adj.: den ~ myndighed* the decision-making authority; *~ organer* decision-making bodies.
beslægtet *adj.* **1.** *(i slægt)* related (*med* to);
2. *(lignende)* related (*fx* phenomena, languages); F kindred; *(fagl. &* F*)* cognate (*fx* languages, words, ideas);
3. *(om karakter, sjæl)* congenial, kindred;
□ *~ med (ɔ: som ligner, også)* akin to.
beslægtethed *sb. (en)* **1.** relationship; **2.** *(fig.)* affinity.
beslå *vb. (se også jernbeslået, velbeslået)* **1.** *(med metalbeslag)* mount; **2.** *(med søm)* stud, spike;
3. *(sko, heste)* shoe; **4.** *(sejl)* furl.
besmitte *vb. (fig.)* contaminate (*fx* contaminate their minds; he may contaminate the whole region with his strain of fundamentalism); F pollute; *(stærkere)* defile.
besmittelse *sb. (en)* contamination; F pollution; *(stærkere)* defilement.
besmudse *vb. se tilsmudse.*
besmykke *vb.: prøve at ~ a)* gloss over (*fx* his faults); *b) (undskylde)* (try to) excuse.
besmøre *vb.* smear.
besnakke *vb.: ~ en* talk sby round; *jeg lader mig ikke ~* I won't let myself be talked into doing it; *~ en* ***til at*** *gøre noget a) (lokke)* coax sby to do (*el.* into doing) sth; *b) (især ved falsk smiger)* wheedle (*el.* cajole) sby into doing sth.
besnære *vb.: ~ ham* turn his head; F captivate him; *-t af* captivated by; *blive -t af, lade sig ~ af* T fall for.
besnærende[1] *adj.* **1.** captivating; **2.** *(sandsynlig)* plausible (*fx* the explanation seems very plausible, but I think it is wrong); *(som ser rigtig ud men er falsk)* specious (*fx* argument).
besnærende[2] *adv. (jf. besnærende*[1]*)* **1.** captivatingly; **2.** plausibly;

speciously.

besnøring *sb. (en, -er)* lashing.

besparelse *sb. (en, -r)* **1.** *(det der spares)* saving (*på* of, *fx* a saving (, savings) of several thousand pounds);
2. *(nedskæring)* (spending) cut, cutback;
□ *-r a) (jf. 1)* savings (*fx* they will close the hospital in order to make financial savings); *b) (jf. 2)* spending cuts, cutbacks; *c) (måder at spare på)* economies (*fx* look for economies).

besparelsesforanstaltninger *sb.pl.* economy measures.

bespise *vb.* feed; provide a meal (, meals) for.

bespisning *sb. (en, -er)* feeding; the provision of meals.

bespotte *vb.* mock; F deride;
□ ~ *Gud* blaspheme.

bespottelig *adj.* blasphemous, profane.

bespottelse *sb. (en, -r)* blasphemy, profanity.

besprøjte *vb. (med snavs)* spatter, bespatter (*med* with).

bespændt *adj.:* ~ *af mælk* distended with milk.

bestalling *sb. (en, -er)* licence (*fx* his lawyer's licence has been revoked); *(en officers)* commission; *(en* solicitors*)* practising certificate;
□ *få* ~ *som advokat a) (om* solicitor*)* be admitted (as a solicitor); *b) (om* barrister*)* be called to the bar; *c) (am.; om* attorney*)* be admitted to the bar; *blive frataget sin* ~ *(som advokat) (om eng. forhold) a) (om* solicitor*)* be struck off the Rolls; *b) (om* barrister *&* attorney*)* be disbarred.

bestand *sb. (en)* **1.** *(antal af bestemt dyreart)* population (*fx* the pig population of Denmark);
2. *(kvægbestand, fiskebestand)* stock (*fx* the salmon stock; the stocks in the North Sea are depleted);
3. *(af bøger etc.)* stock;
4. *(plantevækst)* growth.

bestanddel **1.** *(af blanding)* ingredient (*fx* the principal active ingredient in cannabis); **2.** *(enkeltdel af helhed)* component (part);
3. *(nødvendig* ~*)* constituent (part);
□ *opløse(s) i sine -e* disintegrate.

bestandig[1] *adj.* **1.** *(uforandret)* constant (*fx* motion; arguments);
2. *(uafbrudt)* continuous (*fx* increase); incessant (*fx* warfare); unceasing (*fx* misery);
3. *(stadig gentagen)* continual (*fx* warnings, complaints, interruptions); *(kun neds.)* perpetual (*fx* complaints, interruptions, questions);
4. *(trofast)* constant (*fx* companion);
5. *(om farve)* fast;
□ *for* ~ for good, for ever.

bestandig[2], **bestandigt** *adv.* **1.** *(stadig)* constantly (*fx* changing);
2. *(igen og igen)* continually (*fx* he complained continually);
T forever (*fx* he was forever looking at his watch); *(kun neds.)* perpetually;
□ ~ *bedre (, stærkere etc.)* better and better (, stronger and stronger etc).

bestandighed *sb. (en)* constancy.

bestemme *vb. (bestemte, bestemt); (se også bestemmende, bestemt)*
1. *(beslutte)* decide (*fx* it had been decided that he should do it);
F determine;
2. *(være afgørende for, foranledige)* determine (*fx* demand determines the price; this determined his career); decide (*fx* that decided his fate);
3. *(om lov, aftale: foreskrive)* provide, lay down;
4. *(om domstol: afsige kendelse om)* rule;
5. *(fastsætte)* fix (*fx* the price);
6. *(om tid, sted)* arrange, fix; F appoint (*fx* arrange (, appoint) a time for the meeting);
7. *(konstatere, beregne)* determine (*fx* the velocity; the alcohol percentage; the exact meaning of the word; the position of a star);
8. *(identificere, klassificere videnskabeligt)* identify, classify; determine (*fx* a plant); *(sygdom)* diagnose;
9. *(definere)* define;
10. *(gram.)* qualify;
□ *det må du* ~ that is for you to decide; T that's up to you;
S that's down to you; *her er det mig der -r* I'm in charge here; I give the orders; *vise dem hvem der -r* T show them who's boss; *(se også fart, nærmere*[2]*)*;
[med præp.] -s ***af*** *se bestemt*[1] *(være bestemt af)*; ~ ***over*** control; be in charge of; *(neds.,* T*)* boss (*fx* I don't want him to boss me); F be the arbiter of (*fx* he was the arbiter of their lives); *du kan frit* ~ *over mit hus* my house is at your disposal; *dette bestemte ham* ***til at*** *handle straks* this decided him to act at once;
[med sig:] ~ ***sig*** make up one's mind; ~ ***sig for***, ~ ***sig til*** decide on; ~ *sig for (el. til) at* decide to; make up one's mind to; ~ ***sig om*** change one's mind; *(mere* F*)* decide otherwise.

bestemmelse *sb. (en, -r)* **1.** *(beslutning)* decision;
2. *(lov-)* provision (*fx* the provisions in the Act);
3. *(i kontrakt etc.)* stipulation;
4. *(i reglement)* rule, regulation (*fx* safety regulations);
5. *(videnskabelig* ~*, klassificering)* identification, classification, determination;
6. *(definition)* definition;
7. *(af mødetid etc.)* appointment;
8. *(skæbne)* destiny;
9. *(formål)* purpose;
□ *tage (el. træffe) en* ~ come to (*el.* make *el.* arrive at *el.* reach) a decision; *(mere* T*)* make up one's mind (*fx* you must make up your mind quickly); *ved skæbnens* ~ by a decree of fate; *(se også opfylde)*.

bestemmelsessted destination.

bestemmende *adj.* determining (*fx* factor); F determinative;
□ *være* ~ *for* decide, determine; *(se bestemme 2)*.

bestemt[1] *adj.* **1.** *(utvetydig)* definite (*fx* promise, views);
2. *(absolut)* decided (*fx* views; opponent of Socialism);
3. *(energisk, viljestærk)* determined (*fx* he looked very determined; a determined protest); firm (*fx* in a firm tone of voice; polite but firm); *(eftertrykkelig)* emphatic (*fx* denial, reply); energetic (*fx* protest);
4. *(særlig)* particular (*fx* in this particular case; for a particular purpose); specific (*fx* for a specific purpose; is there anything specific that you would like to know?);
5. *(vis)* certain (*fx* on certain days; when you see it in a certain light);
6. *(fast, uforanderlig)* fixed (*fx* price, salary);
7. *(aftalt)* fixed; F appointed;
8. *(gram.)* definite (*fx* the definite article);
□ *et* ~ *afslag* a flat refusal; *med -e mellemrum* at fixed (*el.* regular) intervals; *(se også nærmere*[2]*)*;
[med præp.] være ~ ***af*** *a)* be determined by; *b) (ɔ: betinget af)* be conditioned by (*fx* people's views are determined (, conditioned) by their surroundings); ~ ***for***, *se ndf.:* ~ *til*; *de ser ud som om de er* ~ *for hinanden* they seem to be cut out for each other; ***på det -este*** categorically; ~ ***til*** *a)* intended for (*fx* it was intended for

me); *(om penge)* earmarked for; *b) (uafvendeligt el. om bestemmelsessted)* destined for (*fx* the house was destined for demolition; a cargo destined for London); ~ ***til at*** *(ɔ: uafvendeligt)* destined to; *han er ikke ~ til at være lærer (ɔ: egner sig ikke)* he is not cut out to be a teacher.

bestemt[2] *adv.* **1.** *(helt sikkert)* certainly (*fx* I certainly won't do that); for certain (*fx* I know for certain that he is here);
2. *(afgjort, absolut)* definitely (*fx* she spoke very definitely; it is definitely not true; he is definitely the best); decidedly (*fx* "No!", she said decidedly);
3. *(energisk, eftertrykkelig)* firmly (*fx* politely but firmly); emphatically (*fx* "No!" she said emphatically);
□ ~ *ikke* definitely not;
[med vb.] forlange ~ insist on; *hun forlangte ~ at få adgang* she insisted on being admitted; *han nægtede ~ at gøre det* he flatly refused to do it; *optræde ~* be firm; *jeg kan ikke sige det ~* I cannot say for certain; *jeg tror ~ at* I am almost certain that.

bestemthed *sb. (en)* **1.** *(fasthed)* firmness;
2. *(vished)* certainty;
3. *(gram.)* definiteness;
□ *med ~ se bestemt*[2].

bestialitet *sb. (en, -er)* brutality.

bestialsk[1] *adj.* brutal (*fx* murder);
□ *et ~ mord (stærkere)* a horrific murder.

bestialsk[2] *adv.* brutally.

bestie *sb. (et, -r) (også fig.)* beast.

bestige *vb.* **1.** *(sætte sig op på)* mount (*fx* a horse); F ascend (*fx* the throne); **2.** *(klatre op på el. ad)* climb (*fx* a mountain); F ascend;
□ ~ *talerstolen* mount the platform.

bestigning *sb. (en, -er)* **1.** ascent (*fx* the ascent of Mount Everest);
2. *(klatretur)* climb.

bestik *sb. (et, -)* **1.** *(spise-)* knife, spoon and fork; *(kollektivt)* cutlery; *(am.)* flatware, silverware;
2. *(tegne-)* compass set, geometry set, drawing set;
3. *(etui)* case of instruments;
4. *(sø.: stedsbestemmelse)* dead reckoning;
□ *gøre galt ~ (også fig.)* miscalculate; be out in one's reckoning; *tage ~ af (fig.)* size up (*fx* the situation).

bestikke *vb. (se også bestikkende)* bribe;
□ ~ *en (også,* T*)* grease sby's palm (*fx* you will have to grease their palms); *lade sig ~ af hans argumenter* be taken in by his arguments.

bestikkelig *adj.* corrupt; *(præd. også)* open to bribery.

bestikkelighed *sb. (en)* corruptibility.

bestikkelse *sb. (en, -r)* **1.** *(generelt)* bribery, corruption; T palm-greasing; **2.** *(enkelt)* bribe (*fx* he will be susceptible to a bribe);
□ *tage imod ~* take (*el.* accept) bribes.

bestikkende[1] *adj.* plausible (*fx* the theory seems very plausible, but I think it is wrong); *(som ser rigtig ud men er falsk)* specious (*fx* argument).

bestikkende[2] *adv. (jf. bestikkende*[1]*)* plausibly; speciously.

bestiklukaf *(sø.)* chart house.

bestille *vb.* **1.** *(gøre)* do (*fx* he has got nothing to do);
2. *(ringe efter, afgive ordre på)* order (*fx* a taxi, lunch, goods);
3. *(billet, bord, værelse etc.)* book, reserve (*fx* a flight, a room, a seat, a ticket);
4. *(et stykke arbejde, især kunstværk)* commission (*fx* an article, a report, a portrait, a play; commission him to paint a portrait (, write a play));
5. *(håndværker)* send for, get (*fx* a plumber to repair it); arrange for (*fx* a plumber) to come;
□ *hvad har du her at ~?* what are you doing here? *have meget at ~* be busy; have a lot of work to do;
[med sb.] bestilt arbejde se bestillingsarbejde; ~ *bord* reserve a table; ~ *plads se plads*; ~ *en telefonsamtale* book a call;
[med præp.] ~ noget '**af** *se afbestille*; ~ *varer* **hos** *en* order goods from sby; ~ *et portræt (, et stykke) hos en* commission sby to paint a portrait (, write a play); *hvis du gør det får du* **med** *mig* **at** ~ if you do that you'll have me to deal with; *jeg vil ikke have noget med ham at ~* I will not have anything to do with him; F I will have no truck with him; ~ *en tømrer* **til at** *gøre det* send for a carpenter to do it; ~ *en til at male et portræt (, skrive et stykke)* commission sby to paint a portrait (, write a play).

bestilling *sb. (en, -er)* **1.** *(beskæftigelse)* occupation;
2. *(stilling)* job;
3. *(ordre)* order;
4. *(af billet, bord, værelse etc.)* reservation;
5. *(på kunstværk etc.)* commission;
□ *afgive ~ (på restaurant)* order; *afgive ~ på, se ndf.: give ~ på*; *hvad* **er** *hans ~?* what does he do (for a living)? *det* ***følger med*** *-en* it is all in the day's work; ***få*** ~ ***på*** *en artikel* be commissioned to write an article; ***give*** ~ ***på*** *a)* order (*fx* a new carpet) (*hos en* from sby); *b) (jf. 5)* commission (*fx* a portrait); ***modtage*** *-er se modtage*; ***modtage*** ~ ***på*** *a)* receive an order for; *b) (jf. 5)* be commissioned to *(+ inf.)* (*fx* to paint a portrait, to write an article, to build a house); ***på*** ~ to order; ***sætte*** *en* ***fra*** *-en* discharge sby; T fire sby, sack sby; *blive sat fra -en* be fired (etc.).

bestillingsarbejde commissioned work; *(kun lavet for pengenes skyld)* potboiler;
□ *artiklen var et ~* the article was inspired.

bestillingsblanket order form.

bestillingsgebyr booking fee.

bestillingsseddel 1. order form;
2. *(i bibliotek)* call slip.

bestjæle *vb.* rob.

bestjålet *adj.: blive ~ for* be robbed of; *den bestjålne* the victim (of the robbery).

bestorme *vb.* assail (*fx* they assailed him with questions (, requests)).

bestride *vb.* **1.** *(benægte)* deny (*fx* his allegation);
2. *(angribe)* dispute (*fx* a theory); challenge (*fx* his views);
3. *(varetage)* perform (*fx* a task); F discharge;
4. *(en stilling)* hold (*fx* a post);
5. *(betale)* pay; F defray;
□ *det kan ikke -s at* there is no denying that.

bestryge *vb.* **1.** *(med maling)* coat;
2. *(mil.)* rake, enfilade.

bestræbe *vb.: ~ sig for at (el. på at) a) (forsøge)* endeavour to; *b) (gøre sig umage)* make an effort to.

bestræbelse *sb. (en, -r)* endeavour, effort (*for at, på at* to).

bestrø *vb.* sprinkle (*fx* the cake with sugar).

bestråle *vb.* irradiate;
□ *-t (om madvarer etc.)* irradiated; *-t af solen* lit by the sun.

bestråling *sb. (en, -er)* irradiation (*fx* irradiation of food).

bestykket *adj.: ~ med* armed with.

bestykning *sb. (en, -er)* armament.

bestyre *vb.* run; *(mere* F*)* manage (*fx* a business); be in charge of (*fx* he is in charge of the shop while I am on holiday);

□ ~ *et bo* administer an estate; ~ *hus for* keep house for.

bestyrelse *sb. (en, -r)* **1.** *(i forening)* (executive) committee; **2.** *(for institution, fx skole)* governing body; (board of) governors pl.; **3.** *(i aktieselskab)* board of directors; **4.** *(det at bestyre)* management; □ *sidde i -n* be on the committee (, the board).

bestyrelsesformand *(i aktieselskab)* chairman of the board of directors; *(am.)* president of the corporation; □ *arbejdende* ~ executive chairman.

bestyrelsesmedlem **1.** *(i forening)* committee member; officer; **2.** *(i institution)* governor; **3.** *(i aktieselskab)* director.

bestyrelsesmøde **1.** *(i forening)* committee meeting; **2.** *(i aktieselskab)* directors' (*el.* board) meeting.

bestyrer *sb. (en, -e)* **1.** *(fx af butik)* manager; *(kvindelig)* manageress; **2.** *(skole-)* headmaster (, headmistress); principal; **3.** *(af gård)* bailiff; **4.** *(af bo)* trustee.

bestyrerinde *sb. (en, -r) se bestyrer.*

bestyrke *vb.* confirm (*fx* his conviction, his opinion, his suspicion; confirm him in his conviction); F corroborate (*fx* a theory).

bestyrkelse *sb. (en)* confirmation; F corroboration.

bestyrtelse *sb. (en)* **1.** *(forfærdelse)* dismay (*fx* we saw to our dismay that he was gone); **2.** *(forbløffelse)* consternation.

bestyrtet *adj.* **1.** *(forfærdet)* dismayed; *(stærkere)* appalled; **2.** *(forbløffet)* startled, amazed; *(stærkere)* astounded.

bestøve *vb.* pollinate.

bestøvlet *adj.* booted; □ *den bestøvlede kat* Puss-in-Boots.

bestøvning *sb. (en, -er)* pollination.

bestå *vb. (se også bestående)* **1.** *(eksistere)* be (*fx* there is the possibility that it will go wrong); exist (*fx* the possibility exists that it will go wrong; the firm has existed for ten years; as long as the world exists); **2.** *(vare ved)* last, continue (*fx* this state of affairs will continue); live on; F endure (*fx* his fame will live on (*el.* endure)); **3.** *(en eksamen)* pass (*fx* the examination); □ *-et/ikke -et* pass/fail; *lade hende* ~ pass her; *han bestod lige akkurat* he scraped through; ~ *prøven a) (om eksamen etc.)* pass the test (, examination); *b) (holde ud etc.)* stand the test; *[med præp.]* ~ ***af*** consist of (*fx* the committee consists of three members); F be composed of; ~ ***i*** *a)* be (*fx* the difficulty (, your main task) is to get him here; the mistake was that we failed to inform her); *b) (udgøres af)* consist in (*fx* education does not consist in learning facts); *c) (~ eksamen i)* pass in (*fx* he passed in Latin); *hvori -r lykken?* what is happiness?

beståelsesprocent pass rate.

beståen *sb. (en)* **1.** existence; **2.** *(fortsat eksistens)* survival, continuance.

bestående existing; □ ~ *af* consisting of, composed of; *de ~ forhold* the present state of affairs; *den ~ orden* the established order.

besudle *vb.* soil; F sully (*fx* his reputation); □ ~ *sin egen rede* foul one's own nest.

besvangre *vb.* make pregnant; □ *blive -t af* become pregnant by.

besvare *vb.* **1.** answer (*fx* a letter, a question, an advertisement); *(mere* F*)* reply to (*fx* an invitation, a question, an advertisement; he did not reply to my letter); **2.** *(give fyldestgørende svar)* answer (*fx* he did reply to my letter but he did not answer my questions); **3.** *(eksamensopgave)* answer (*fx* he answered all the questions); attempt (*fx* only four of the ten questions need be attempted); **4.** *(gengælde)* return (*fx* a greeting; the enemy's fire); □ ~ *ilden* return fire; ~ *en skål* respond to a toast.

besvarelse *sb. (en, -r)* **1.** answer; reply; **2.** *(eksamensopgave)* paper, script; *(stil)* essay; **3.** *(løsning)* solution; **4.** *(ved konkurrence)* entry (*fx* all entries should be sent to ...); **5.** *(gengældelse)* return; □ *i ~ af Deres brev* in reply to your letter.

besvarelsesprocent *(af spørgeskemaer etc.)* response rate.

besvige *vb.* defraud (*for* of).

besvigelse *sb. (en, -r)* **1.** fraud; **2.** *(underslæb)* embezzlement; □ *sigtet for -r til over en million* accused of embezzling over a million.

besvime *vb.* faint; T pass out.

besvimelse *sb. (en, -r)* faint, fainting fit.

besvogret *adj. (præd.)* related by marriage.

besvær *sb. (et)* **1.** *(ulejlighed)* trouble (*fx* it caused us a lot of trouble); T bother; **2.** *(vanskelighed)* difficulty (*fx* he could only do it with great difficulty); **3.** *(anstrengelse)* effort; □ *det var et farligt (, fandens)* ~ T it was a hard (, the devil's own) job; *[med præp.] det er ikke noget* ~ ***for*** *os* it is no trouble to us; *jeg havde et farligt* ~ ***med*** *ham* he gave me a lot of trouble; *have* ~ ***med at*** have (some) difficulty in -ing; be hard put to it to; T have a (hard) job to (*el.* -ing) (*fx* I had a job to get (*el.* getting) him home); *være én* ***til*** ~ trouble sby, give sby trouble.

besvære *vb.* **1.** *(genere)* trouble (*fx* much troubled by gout); oppress (*fx* oppressed by the heat); **2.** *(ulejlige)* trouble; □ ~ *sig over a) (klage)* complain of; *b) (brokke sig)* grumble about.

besværge *vb.* **1.** *(bede)* beseech; *(stærkere)* implore; **2.** *(fremmane)* raise, conjure up; **3.** *(bortmane)* exorcise, lay; **4.** *(dæmpe)* calm, lay (*fx* the storm); □ *sige noget -nde (ɔ: idet man ønsker det vil gå i opfyldelse)* whistle in the dark.

besværgelse *sb. (en, -r)* **1.** *(handlingen, jf. besværge 2, 3, 4)* conjuration; exorcism; calming; **2.** *(besværgelsesformular)* incantation (*fx* a witch crouched over a cauldron, muttering incantations); **3.** *(påkaldelse)* invocation; □ *det lød snarere som en ~ (fig.)* it sounded more like wishful thinking; they (etc.) were just whistling in the dark.

besværing *sb. (en, -er) (klage)* complaint.

besværlig *adj.* **1.** *(vanskelig)* difficult (*fx* journey, task); *(mere* T*)* hard (*fx* journey, task; it was difficult (*el.* hard) to find a job); *(stærkere: + ubehagelig)* F troublesome (*fx* task; boy); T sticky; **2.** *(irriterende, kedelig)* tiresome (*fx* job; child); **3.** *(på tværs)* difficult (*fx* don't be so difficult); awkward (*fx* you are just being awkward); *(se også vanskelig 2)*; **4.** *(påtrængende)* insistent; F importunate; □ *det var -t* ***at*** *(også)* it was a (hard) job (*el.* quite a job) to (*el.* -ing) (*fx* to find (*el.* finding) the way); ~ ***for*** difficult (, hard etc.) for.

besværliggøre *vb.* **1.** make difficult (*fx* make the job difficult for them); **2.** *(hæmme)* hamper, impede (*fx* the rescue was hampered (*el.* impeded) by bad weather).

besværlighed *sb. (en, -er)* **1.** difficulty (*fx* the difficulty of the task); **2.** *(ubekvemhed etc.)* inconvenience (*fx* the inconvenience of living so close together);
□ ***-er*** *a)* difficulties (*fx* the difficulties he had to contend with); trouble(s) (*fx* they have had a lot of trouble(s) at home); *(stærkere)* hardships (*fx* the hardships of the journey); *b) (gener)* discomforts (*fx* the discomforts of old age); *det hører med til livets -er* T it is just one of those things.

besynderlig *adj.* odd, peculiar; *(stærkere)* bizarre; T weird;
□ *-t nok* oddly enough.

besynderlighed *sb. (en, -er)* oddity.

besynge *vb.* sing, celebrate.

besyv *sb.: give sit ~ med a)* give one's opinion; put in a word or two; T say one's piece; *b) (afbryde)* break in; T chip in.

besætning *sb. (en, -er)* **1.** *(af kvæg)* livestock, stock; *(af køer)* herd;
2. *(påsyet pynt)* trimmings pl.;
3. *(sø.: mandskab)* crew;
4. *(teat., opera: rollefordeling)* cast;
5. *(mus.: kan gengives)* complement of players (*fx* play it with a different complement of players); *(instrumentering)* instrumentation;
□ *spille med fuld ~ (om orkester)* play at full strength; *hele -en (sø.)* all hands.

besætningsbånd braid; *(kollektivt)* braiding.

besætningsmedlem crew member.

besætte *vb. (se også besat)* **1.** *(okkupere)* occupy (*fx* the Germans occupied Denmark; the house was occupied by squatters; protesters occupied the town hall);
2. *(om tanke etc.)* obsess; F possess (*fx* I was obsessed (*el.* possessed) with the idea that I was not alone; obsessed (*el.* possessed) by jealousy (, by (*el.* with) a girl);
3. *(om ond ånd)* possess;
4. *(stilling)* fill (*fx* a post);
□ *~ en stilling a) (jf. 4, også)* fill a vacancy; appoint sby to a post; *b) (jf. 1, mil.)* occupy a position; *undlade at ~ en stilling* leave a post vacant; *~ rollerne* cast the parts; *~ rollen* ***med*** *X* cast X for the part; *~ hans plads med en anden* replace him with sby else.

besættelse *sb. (en, -r)* **1.** *(okkupation)* occupation (*fx* the German occupation of Denmark; the workers' occupation of the shipyard); *(som demonstration også)* sit-in;
2. *(tvangstanke)* obsession;
3. *(af ond ånd etc.)* possession;
□ *~ af et embede* appointment to an office; *fjendens ~ af landet* the occupation of the country by the enemy; *det blev en ren ~ hos ham* it became quite an obsession with him.

besættelseshær occupying army, army of occupation.

besættelsesmagt occupying power.

besættelsestropper *sb.pl.* occupying troops (*el.* forces).

besætter *sb. (en, -e)* **1.** occupier;
2. *(hus-)* squatter.

besøg *sb. (et, -)* **1.** visit (*hos, i, på* to, *fx* friends, Rome, an island); *(kort, mere formelt)* call (*hos* on; *i* at);
2. *(søgning af publikum)* attendance (*fx* poor attendance *(dårligt ~)*);
□ ***aflægge*** *ham et ~* pay him a visit; call on him; *aflægge ~ på hans kontor* call at his office; *jeg* ***fik*** *~ af ham* I had a visit from him; he called on me; *når jeg* ***har*** *~* when I have visitors; ***komme på*** *~* come on a visit; *komme på ~ hos se besøge*; *nægte at* ***modtage*** *~* refuse to see anyone; ***vente*** *~* be expecting visitors (*el.* company); ***være på*** *~ hos (, i, på)* be on a visit to.

besøge *vb. (se også besøgende)*
1. *(en person)* visit, pay a visit to; T come (*el.* go) to see (*fx* she came to see me last week; he went to Jutland to see his mother); *(om kortere besøg)* call on; *(uden varsel)* drop in on; *(opsøge)* look up (*fx* you must look me up if you are ever in Copenhagen);
2. *(et sted)* visit (*fx* a foreign country); pay a visit to (*fx* a museum); *(om kortere besøg)* call at;
□ *mødet var godt (, dårligt) besøgt* the meeting was well (, poorly) attended; *et meget besøgt sted* a very popular place; *sidst han besøgte London* when he was last in London; F on his last visit to London.

besøgelsestid: *kende sin ~* (be ready to) seize the psychological moment (*el.* the opportunity); *ikke kende sin ~* miss the opportunity.

besøgende *adj.* **1.** visiting; **2.** *(brugt som sb.)* visitor; *(på kort besøg)* caller.

besøgstid *(på hospital)* visiting hours pl.; visiting time.

besøgsven voluntary visitor.

besørge *vb.* **1.** *(udrette, udføre)* do (*fx* an errand, some shopping; the proofreading);
2. *(varetage)* attend to (*fx* the correspondence);
3. *(sørge for)* see to (*fx* have a lot to see to);
4. *(forrette sin nødtørft)* relieve oneself; *(om barn)* do one's duty;
5. *(befordre)* carry, convey (*fx* mail);
□ *~ et brev (ɔ: lægge det i postkassen)* post a letter; *(am.)* mail a letter.

besørgelse *sb. (en) (udførelse)* performance.

besået *adj. se oversået.*

bet *sb. (en, -er) (fig.): en ~* a setback (*for* for); T one in the eye (*for* for); *blive ~ a) (i kortspil)* go down; *b) (fig.)* lose out, be the loser.

betage *vb. (se også betagende, betaget)* **1.** *(gribe)* move; **2.** *(berøve)* rob of;
□ *det betog mig (jf. 1, også)* it made a deep impression on me; *[med sb., jf. 2] det betog ham appetitten* it took away his appetite; *det betog ham lysten til at gøre det* it robbed him of all desire to do it; it cured him of wanting to do it; *(mere* T*)* put him off doing it; *~ ham modet* discourage him; F dishearten him.

betagelse *sb. (en)* **1.** *(opstemthed)* excitement; **2.** *(begejstring)* ecstasy.

betagende *adj.* **1.** *(gribende)* moving, stirring (*fx* sight);
2. *(imponerende)* impressive; *(stærkere)* breath-taking (*fx* beauty).

betaget *adj.* **1.** *(fængslet)* fascinated; **2.** *(imponeret)* impressed;
3. *(grebet)* moved;
□ *~ af a) (jf. 1)* fascinated by, captivated by; *(stærkere,* F*)* ravished by (*fx* her beauty); *b) (jf. 2)* impressed by (*fx* we were impressed by her performance); *c) (jf. 3)* moved by (*fx* we were deeply moved by her speech); *han er ganske ~ af hende* he has completely fallen for her.

betagethed *sb. (en)* fascination (*af* with).

betakke *vb.: ~ sig (for)* decline; *han -de sig (ɔ: stærkere)* he would have none of it.

betalbar *adj.* payable (*til* to).

betale *vb.* **1.** pay (*fx* the waiter; wages, taxes, one's debts; £500 for sth; you will have to pay);
2. *(varer, skade etc.)* pay for (*fx* the goods, the dinner, the damage, the repair);
3. *(en regning)* pay; F settle;
□ ~ *-en (fig.)* foot the bill; *det skal du **få** betalt* I will make you pay for this; I will get even with you for this; *det skal han **komme** til at ~* he will pay for this; *(tjener,) **må** jeg ~!* (waiter,) could I have the bill, please! *hvor meget **skal** jeg ~?* how much is it? ***tage sig** godt betalt* charge a good price (, fee); *~ enhver **sit*** pay everyone his due;
*[med sig] ~ **sig** a)* pay (*fx* crime doesn't pay); *b) (være umagen værd)* be worthwhile, be worth the trouble (*el.* effort) (*fx* don't try to convince him, it isn't worth the effort); be worth it; *det kan ~ **sig for** dig at gøre det* it will pay you to do it; it will be worth your while to do it; *~ **sig fra**, ~ **sig ud af*** pay one's way out of;
*[med præp. & adv.] ~ skat (, told) **af*** pay tax(es) (, duty) on; *(se også skat², told²)*; *~ **af på*** pay instalments on; *~ **bagud*** pay in arrears; *~ **for** (også fig.)* pay for (*fx* how much did you pay for the car? she paid dearly for her mistake); *~ hende **for at** a) (for at hun skal)* pay her to (*fx* mow the lawn); *b) (når hun har gjort det)* pay her for -ing (*fx* how much did he pay you for mowing the lawn?); *han løb (, skreg etc.) som om han var betalt **for det*** he ran (, screamed etc) for all he was worth; *han kan ikke danse om han så blev betalt for det* T he can't dance for toffee; *~ **forud*** pay in advance; *~ **i** husleje (, leje, skat) se husleje, leje¹, skat²*; *~ **kontant*** pay cash; *~ **med** a)* pay with (*fx* brand-new banknotes; he paid with his life); *b) (om betalingsmåde)* pay in (*fx* cash, gold, goods, notes); *~ med check a)* pay with a cheque; *b)* pay by cheque (*fx* pay in ready money, not by cheque); *han betalte med arbejde* he worked in payment; *~ **tilbage*** pay back; *~ **ud** a)* pay out; *b) (helt ud)* pay off (*fx* the debt); *c) (give i udbetaling)* pay (*fx* £500) down.

betaler *sb. (en, -e)* payer (*fx* a good (, bad) payer);
□ *en dårlig ~ (også)* a slow payer; *være en dårlig ~ (også)* be slow in paying.

betaling *sb. (en, -er)* **1.** *(som man yder; det at betale)* payment (*fx* the payment of a bill; prompt payment; when can I expect payment?);
2. *(som man tager: pris)* charge (*fx* what is the charge for that?);
3. *(som man får: løn)* pay (*fx* the pay was not very good); *(honorar)* fee (*fx* he charged a high fee for his services; they would protect the transport for a fee of 50,000 dollars);
□ *få sin ~* get one's money; *standse sine -er* suspend payment(s) (*el.* one's payments); *tage ~ af én* charge sby; *tage ~ for* charge for;
*[med præp.] **for** ~* for money; *for en ringe ~* at a small charge; ***mod** ~* for money; *mod kontant ~* for cash; ***mod** ~ **af*** on payment of; for a payment of; *forfalde **til** ~* fall due; ***uden** ~* for nothing, for free; F free of charge.

betalingsbalance balance of payments;
□ *underskud på -en* a deficit in the balance of payments.

betalingsbalanceunderskud balance of payments deficit.

betalingsdygtig *adj. (præd.)* able to pay; *(solvent, også attr.)* solvent.

betalingsdygtighed, betalingsevne ability to pay; *(solvens)* solvency.

betalingsformidling funds transfer (*fx* electronic funds transfer).

betalingshospital *(svarer til)* private hospital.

betalingskort payment card, debit card.

betalingsmiddel means of payment;
□ *lovligt ~* legal tender.

betalingsmåde method of payment.

betalingsordning payments arrangement.

betalingsoverførsel funds transfer.

betalingsskole fee-paying school.

betalingsstandsning *(persons)* suspension of payments;
□ *gå i ~ (om firma)* apply for an administration order; *være i ~ (om firma)* be under an administration order.

betalingsvanskeligheder *sb.pl.* difficulties in paying one's way.

betalingsvilkår *sb.pl.* terms (of payment).

betegne *vb. (se også betegnende)*
1. *(angive, markere)* mark (*fx* a cross marks the place where the knife was found); indicate; F designate (*fx* these crosses designate the entrances);
2. *(betyde)* stand for (*fx* what do those letters stand for?); F denote (*fx* X denotes an unknown quantity); signify (*fx* what do these crosses signify?);
3. *(være et tegn på, markere)* mark (*fx* this event marks a new phase); F signify (*fx* this signifies a shift in the policy of the Government);
4. *(udgøre)* constitute (*fx* it constitutes an advance (, a challenge, a new phase));
□ *~ som a) (beskrive som)* describe as (*fx* his condition must be described as satisfactory); characterize as; *b) (omtale som, kalde)* refer to as; F term (*fx* he got what he termed a positive response).

betegnelse *sb. (en, -r)* **1.** *(benævnelse)* name (*fx* "fraud" would be a better name for it); F appellation; designation;
2. *(udtryk; faglig ~)* term (*fx* a derogatory term; grammatical (, medical) terms);
3. *(mat., fys.)* symbol;
□ *forkert ~* (F *el. spøg.)* misnomer.

betegnende[1] *adj.* **1.** *(karakteristisk)* characteristic, typical (*for* of, *fx* how typical of him!); **2.** *(betydningsfuld)* significant (*fx* gesture).

betegnende[2] *adv. (jf. betegnende¹)*
1. characteristically, typically;
2. significantly;
□ *~ nok* characteristically (*fx* characteristically, he refused to answer).

betelnød betel nut, areca nut.

betids *adv.* in time (*fx* he came in time to catch the train).

betimelig *adj.* opportune.

betimelighed *sb. (en)* opportuneness;
□ *drøfte -en af at gøre det* discuss whether it would be opportune to do it.

betinge *vb. (være en betingelse for)* determine, condition; *(se også betingende, betinget)*;
□ *~ **sig at*** make it a condition that; *han -de sig et forskud* he made it condition that he should have an advance.

betingelse *sb. (en, -r)* **1.** condition; *(bestemmelse, fx i kontrakt også)* provision, stipulation;
2. *(forudsætning)* condition (*for* of, for, *fx* that was a condition of my coming; that will be a condition for world peace);
3. *(hos person)* qualification, requirement;

□ **-r** *a) (levevilkår, forudsætninger)* conditions (*fx* live under favourable conditions; provide optimum conditions for them to learn the language; they had to operate under (*el.* in) very difficult conditions); *b) (i aftale)* conditions (*fx* that was one of the conditions in the agreement); terms (*fx* easy terms; we must accept his terms);
[med vb.] han **har** *alle -r for at a)* he is fully qualified to (*fx* do the job); *b) (udsigt til)* he has every prospect of -ing (*fx* of becoming a good teacher); ***opfylde*** *en ~* fulfil a condition; *opfylde -rne* meet the requirements; ***stille*** *-r* make conditions; *stille én sine -r* impose conditions on sby; *stille den ~ at,* ***sætte*** *som en ~ at* make it a condition that; *(se også knytte)*;
[med præp.] ***på*** *den ~ at, på ~ af at* on condition that; *på hans -r* on his terms; ***uden*** *-r* unconditionally.
betingelsesbindeord conditional conjunction.
betingelsesbisætning conditional clause.
betingelsesløs *adj.* unconditional (*fx* surrender).
betingende *adj.* conditional (*fx* conjunction).
betinget *adj.* **1.** conditional (*af* on); **2.** *(begrænset)* qualified (*fx* praise);
□ *være ~ af* be determined by, be conditioned by; *(afhænge af)* depend on; *~ dom a) (udsættelse af straffastsættelse)* conditional discharge; *b) (med bortfald af straf på visse betingelser)* suspended sentence; *straffen blev gjort ~* the sentence was suspended; *~ refleks* conditioned reflex.
betingning *sb. (en, -er) (psyk.)* conditioning.
betitlet *adj.* titled (*fx* persons).
betjene *vb.* **1.** serve (*fx* the customers); **2.** *(opvarte)* wait on; **3.** *(maskine)* work; F operate;
□ *~ sig af* use; F employ.
betjening *sb. (en, -er)* **1.** service; attendance; **2.** *(af maskine)* operation, working; **3.** *(tjenestefolk)* attendants pl.; staff.
betjeningsafgift service charge.
betjeningsmandskab *(mil.)* gun crew.
betjeningspanel control panel.
betjent *sb. (en, -e)* **1.** *(politi-)* policeman, police officer; *(kun engelsk)* constable; T copper, cop; *(i tiltale)* constable; officer;
2. *(have-)* keeper;
3. *(jagt-)* gamekeeper;
4. *(folketings- etc.)* attendant; *(bud)* messenger;
5. *(rets-)* usher.
betjentstue *(jf. betjent 4)* messengers' room.
betle *vb.* beg (*om* for).
betlehemsstjerne *(bot.)* Bethlehem star.
betler *sb. (en, -e)* beggar.
betleri *sb. (et)* begging.
beton *sb. (en)* concrete;
□ *armeret ~* reinforced concrete, ferroconcrete; *uarmeret ~* plain concrete.
betonblandemaskine, betonblander concrete mixer.
betonblanding 1. *(det at)* concrete mixing; **2.** *(resultatet)* concrete mix.
betone *vb. (også fig.)* emphasize, stress;
□ *romantisk -t* with a strong touch of romance.
betonelement concrete panel.
betoning *sb. (en, -er)* **1.** *(accent, tryk)* accent, stress;
2. *(tonefald)* tone;
3. *(det at betone, også fig.)* stressing.
betonkanon concrete mixer.
betonkommunist hard-line communist.
betragte *vb.* **1.** *(se på)* look at (*fx* he was looking at himself in the mirror); *(grundigt)* eye (*fx* eye her jealously (, thoughtfully, suspiciously)); *(interesseret, beundrende, hengivent)* gaze at (*fx* the sky, the view; he gazed lovingly at her picture); *(tankefuldt,* F*)* contemplate (*fx* oneself in a mirror);
2. *(følge etc.)* watch (*fx* a fight);
3. *(fig.: anskue, opfatte)* look at (*fx* look at it from a different angle; now he looks at it in a differet way); look on; F regard (*fx* look on (, regard) it with suspicion); view (*fx* we view the matter with the utmost gravity);
□ *~* ***som*** look (up)on as (*fx* I look on him as an authority); *(mere* F*)* regard as, consider (to be) (*fx* I regard him as a fool; I consider him (to be) a fool; I consider him the best headmaster we have ever had); consider as (*fx* consider it as done); *~ det som givet* take it for granted; *som poesi -t* considered as poetry.
betragtelig[1] *adj.* considerable, siz(e)able (*fx* sum).
betragtelig[2], **betragteligt** *adv.* considerably.
betragter *sb. (en, -e)* viewer, observer (*af* of, *fx* the political scene; an impartial observer).
betragtning *sb. (en, -er)* **1.** consideration; **2.** *(spekulation)* reflection, meditation;
[med præp.] ***i*** *~* ***af*** *a) (under hensyn til)* in view of (*fx* in view of the difficult situation we have decided to ...); *b) (om modsætning)* considering (*fx* he is quite well, considering his age); ***i*** *~* ***af at*** *a)* in view of the fact that; *b)* considering that; ***ud fra*** *den ~ at a) (ɔ: begrundelse)* on the grounds that; *b) (ɔ: antagelse)* on the assumption that; *ud fra en umiddelbar ~* on the face of it; *lade det* ***ude af*** *~* leave it out of consideration, ignore it; *vi kan ikke lade ude af ~ at* we cannot ignore the fact that; ***ved*** *nærmere ~* on closer examination;
[med vb. (+ præp.)] ***anstille*** *-er* ***over*** reflect on; ***komme i*** *~* be considered; receive (*el.* be taken into) consideration; *kunne komme i ~ til (ɔ: opfylde betingelserne for at få)* be eligible for (*fx* compensation, a grant, a pension, promotion); *ikke komme i ~ a)* not be considered (*fx* his application was not considered); F receive no consideration; *b) (være umulig)* be out of the question (*fx* a compromise is out of the question); ***tage i*** *~ a) (tage hensyn til)* take into consideration, consider (*fx* his objections); allow for (*fx* the wind); *(*T*: huske på)* not forget (*fx* we must not forget the costs); *b) (som formildende omstændighed)* make allowance for (*fx* his youth); *når alt tages i ~* everything considered; on balance (*fx* on balance, this is probably the best solution); *uden at tage i ~* without considering; F regardless of; ***lade ude af*** *~* leave out of consideration; ignore; F discount (*fx* their evidence); disregard.
betragtningsmåde (point of) view.
betro *vb. (se også betroet)* **1.** *(overlade)* entrust to (*fx* entrust one's daughter (, a job, the money) to him); entrust with (*fx* entrust him with one's life (, with the care of the children)); trust with (*fx* is it safe to trust him with all that money?);
2. *(meddele)* confide to (*fx* he confided his problems (, the secret) to me; he confided to me that he was married); trust with

(*fx* trust him with the details of the plan; he is not one to trust with that kind of secret);
□ ~ *en* ***at*** *gøre det* entrust sby with doing it; ~ ***sig til*** *en* take sby into one's confidence, confide in sby.
betroelse *sb. (en, -r)* confidence (*fx* she was used to receiving confidences).
betroet *adj. (om person)* trusted;
□ *højt* ~ highly trusted; *betroede midler* funds entrusted to one's care; *misbrug af betroede midler* fraudulent conversion; ~ *stilling a)* position of trust; *b) (ansvarsfuld)* post of responsibility; ~ *tjener* confidential servant.
betrygge *vb. (se også betryggende, betrygget)* make secure (*fx* make his future secure).
betryggelse *sb. (en)* **1.** *(tryg følelse)* comfort (*fx* it is a comfort to know that he is on our side);
2. *(det at sikre)* safeguarding (*fx* for the safeguarding of our interests); *til* ~ *af sin alderdom* to secure one's old age.
betryggende[1] *adj.* **1.** *(tilfredsstillende)* satisfactory; adequate (*fx* against adequate security); **2.** *(beroligende)* reassuring.
betryggende[2] *adv.* **1.** satisfactorily; adequately; **2.** reassuringly.
betrygget *adj.* secure;
□ *føre (el. leve) en* ~ *tilværelse* live in security.
betræde *vb.* **1.** set foot on (*fx* Danish soil); **2.** *(træde ind på)* enter (*fx* the stage);
□ *græsset må ikke -s (svarer til)* please do not walk on the grass; keep off the grass.
betræk *sb. (et, -)* **1.** *(møbelstof)* upholstery fabrics pl.; **2.** *(løst)* cover.
betrække *vb.* cover, upholster (*med* with, in).
betrængt *adj.* hard up (for money); hard-pressed (*fx* farmers); *(i vanskeligheder også)* beleaguered, embattled (*fx* government).
betuttelse *sb. (en)* perplexity, puzzlement.
betuttet *adj.* perplex, puzzled (*over* at).
betvinge *vb. (følelser)* check, control (*fx* one's anger);
□ ~ *sig* control oneself.
betvingelse *sb. (en)* control.
betvinger *sb. (en, -e)* **1.** master;
2. *(erobre)* conqueror.
betvivle *vb.* doubt, question.
betyde[1] *vb. (betød, betydet) (se også betydende)* **1.** mean (*for* to, *fx* what does the word mean to you? a horseshoe means luck; clouds mean rain; this means that we will have to wait); F signify (*fx* the speech may signify a change in policy);
2. *(være af betydning)* matter (*for* to, *fx* his family was all that mattered to him; what does it matter? this might not have mattered so much); mean (*for* to, *fx* it means (*el.* matters) a great deal to me); *(se også ndf.:* ~ *noget)*;
3. *(repræsentere)* stand for (*fx* what does this A stand for?); F represent; *(betegne)* denote (*fx* X denotes an unknown quantity);
4. *(udgøre)* be; *(mere* F*)* constitute (*fx* this is (, constitutes) a serious risk to peace);
5. *(indebære)* imply (*fx* we don't know yet what this statement implies);
6. *(bebude)* be a sign of; F indicate (*fx* clouds at sunset may indicate rain the following day);
□ ~ ***noget*** *(ɔ: være af vigtighed)* matter; *(mere* F*)* be significant; *en person der -r noget* an important person; *han -r ikke noget* he is of no importance; he is a nobody; *han -r ikke noget for mig* he is nothing to me; *det -r ikke noget for mig* it does not mean anything to me; it does not matter to me; *det har ikke noget at* ~ it does not matter; *hvad* ***skal*** *det* ~*?* what is the meaning of that? what is that supposed to mean? T what is the big idea? what's (all) this in aid of?
betyde[2] *vb. (-de, -t)* **1.** *(lade forstå)* give to understand; **2.** *(antyde)* hint; F indicate;
□ *det er blevet mig -t at* I have been given to understand that.
betydelig[1] *adj.* **1.** *(stor)* considerable (*fx* amount); siz(e)able;
2. *(betydningsfuld)* important; *(stærkere)* outstanding (*fx* scientist).
betydelig[2], **betydeligt** *adv.* considerably.
betydende *adj.* **1.** *(indflydelsesrig)* influential; **2.** *(fremragende) se betydelig*[1] *2.*
betydning *sb. (en, -er)* **1.** *(indhold)* meaning (*fx* I don't know the meaning of that word); *(især om en af flere -er)* sense (*fx* use the word in another sense; in the widest (, best) sense of the word); *(dybere* ~, F*)* significance (*fx* he failed to understand the real significance of the remark);
2. *(vigtighed)* importance (*fx* the importance of this treaty to world peace; he exaggerates his own importance); *(afgørende* ~, F*)* significance (*fx* a discovery of great significance (, importance) to humanity);
3. *(relevans)* relevance (*fx* it has no relevance to what we are discussing; the relevance of these developments to the people of Africa);
4. *(indflydelse)* influence;
□ ***få*** *praktisk* ~ become of practical importance; ***få*** ~ ***for*** become important for; ***lægge*** *den* ~ ***i*** *det* put that construction on it; read that into it; ***tillægge*** *det* ~ attach importance to it;
[med præp.] ***af*** ~ of importance; F of consequence; *ikke af særlig* ~ of no particular importance; *ikke noget af* ~ *a)* nothing important (*fx* nothing important has happened); *b) (ikke meget)* not very much (*fx* "Did it hurt?" "Not very much"); ***i god*** ~ in a good sense; ***uden*** ~ *a)* without importance; unimportant; F of no consequence; *b) (neds.: ikke noget værd)* insignificant.
betydningsfuld *(vigtig)* important (*fx* person); F major (*fx* discovery, factor; he played a major part in the affair); *(meget* ~*)* momentous (*fx* decision, event); *(bemærkelsesværdig, megetsigende)* significant (*fx* contribution, rise; gesture);
□ *med en* ~ *mine* with an air of importance.
betydningslære semantics.
betydningsløs **1.** *(uvigtig)* unimportant, trivial (*fx* incident);
2. *(neds.: ikke noget værd)* insignificant (*fx* person).
betydningsmættet *adj. (kun præd.)* pregnant with meaning.
betydningsovergang change of meaning.
betynget *adj.:* ~ *af* oppressed with.
betændelse *sb. (en, -r)* inflammation (*i* in, of, *fx* the eyes);
□ *der er gået* ~ *i såret* the wound has become inflamed (*el.* septic); the wound is festering.
betændt *adj.* **1.** inflamed (*fx* eye); festering (*fx* wound);
2. *(fig.)* inflamed (*fx* imagination); explosive (*fx* issue); *(anløben)* disreputable, suspect.
betænke *vb. (se også betænkt) (huske på)* bear in mind (*fx* you must bear in mind that he is very young); take into consideration (*fx* take the possible consequences into consideration);
□ ~ *en med noget* F bestow sth upon sby; ~ *en i sit testamente*

remember sby in one's will; leave sth to sby;
[med sig] ~ **sig** *a) (overveje sagen)* think it over, think about it; *b) (skifte mening)* change one's mind (*fx* that made him change his mind); think better of it; *c) (tøve)* hesitate (*fx* don't hesitate too long); pause (*fx* he paused for a moment before going on); *jeg ville ~ mig to gange inden jeg lånte ham penge* I should think twice before lending him money; *der er ikke noget at ~* ***sig på*** there is nothing to hesitate about; there is no need for hesitation; ~ ***sig på at*** *gøre det* hesitate to do it; ***uden at*** ~ **sig** without hesitation; without thinking twice about it.

betænkelig[1] *adj.* **1.** *(foruroligende)* worrying; *(stærkere)* alarming (*fx* situation);
2. *(vanskelig)* difficult; *(alvorlig)* serious (*fx* matter); *(farlig)* dangerous;
3. *(om person: tøvende)* hesitant (*ved (at)* about (-ing), *fx* telling her; signing the contract); *(bekymret)* uneasy (*ved (at)* about (-ing), *fx* he was uneasy about the consequences; he was uneasy about venturing out); *(stærkere)* anxious;
□ *finde det -t* feel doubtful (, uneasy) about it; *jeg finder det -t at gøre det* I doubt whether it is wise to do it; *han var ~ ved det* he had misgivings about it; *jeg er noget ~ ved det (også)* I am not happy about it; *(se også grad).*

betænkelig[2], **betænkeligt** *adv. (jf. betænkelig*[1]*)* **1.** worryingly (*fx* he was worryingly vague); alarmingly; **2.** seriously; dangerously (*fx* close);
□ ~ *nær (også)* too close for comfort.

betænkelighed *sb. (en, -er) (sags)* danger, risk; *(se også betænkeligheder).*

betænkeligheder *sb.pl. (persons)* hesitations, doubts; F scruples, misgivings;
□ *nære (el. have) -er ved (, ved at)* have hesitations (, doubts, scruples) about (, about -ing); *nære (el. have) -er ved at (også)* hesitate to.

betænkning *sb. (en, -er)* **1.** *(fra udvalg etc.)* report;
2. *(overvejelse)* consideration; F deliberation (*fx* after considerable deliberation he decided to do it); reflection;
□ *han tog ikke i ~ at* he did not hesitate to; *uden ~* without hesitation.

betænkningstid time to think it over; time for reflection; *(især før strejke iværksættes)* cooling-off period.

betænksom *adj.* **1.** thoughtful (*fx* it was thoughtful of you to send flowers);
2. *(hensynsfuld)* considerate (*fx* they were considerate enough to leave me alone; it was considerate of you not to ask).

betænksomhed *sb. (en) (jf. betænksom)* **1.** thoughtfulness; **2.** considerateness.

betænkt *adj.: ret ~* all things considered; *vel ~* well-advised.

betød *præt. af betyde.*

beundre *vb.* admire (*fx* I admire his courage).

beundrende[1] *adj.* admiring (*fx* he gave her an admiring look).

beundrende[2] *adv.* admiringly (*fx* he looked at her admiringly).

beundrer *sb. (en, -e)* **1.** admirer;
2. *(filmstjernes etc.)* fan.

beundring *sb. (en)* admiration (*for* of, for).

beundringsværdig *adj.* admirable.

bevandret *adj.* familiar; F conversant (*i* with).

bevare *vb.* **1.** *(passe på, værne om, F)* preserve (*fx* old buildings; the memory of sth; sth for posterity; world peace); *(ressourcer)* conserve;
2. *(beholde)* keep (*fx* one's self-control; a secret; keep it fresh); *(sørge for ikke at miste)* keep up (*fx* one's spirits, one's courage); F retain (*fx* one's eyesight; one's self-control; their respect);
□ *Gud ~ kongen!* God save the King! *(gud) -s! a) (på ingen måde)* good Lord no! God forbid! *b) (selvfølgelig)* by all means! *c) (indrømmende)* of course (*fx* it is not perfect, of course, but it will do); *gud fader -s, bevar os vel! (undrende)* Heavens above! Good Lord!
være ***-t*** *a)* be preserved; *b) (endnu eksistere)* be still extant, survive, have been preserved; *det eneste MS der er -t* the only surviving MS.

bevarelse *se bevaring.*

bevares *interj. se bevare.*

bevaring *sb. (en) (jf. bevare)*
1. preservation (*fx* of old buildings); **2.** retention (*fx* they favoured the retention of corporal punishment).

bevaringstilstand state of preservation.

bevaringsværdig *adj. (kun præd.)* worthy of preservation.

bevendt *adj.: ikke meget (el. stort)* ~ not up to much (*fx* the book (, his work) is not up to much); *det er ikke stort ~* ***med*** *hans begavelse* he is not particularly bright; *det er ikke stort ~ med hans kundskaber* he does not know much; *han er ikke meget ~* ***som*** he is not much of a (*fx* cook, pianist, teacher, tennis player); T he is no great shakes as a (*fx* cook, pianist; she is no great shakes as a mother).

beverding *sb. (en, -er) se bule*[2]*.*

bevidne *vb.* **1.** *(stå inde for)* testify to (*fx* testify to his reliability); attest to (*fx* I can attest to his popularity); *(skriftligt)* certify; *(se også rigtighed);*
2. *(skrive under på)* witness (*fx* a will);
3. *(udtrykke)* express (*fx* one's gratitude to sby);
4. *(overvære) se vidne*[1] *(være vidne til);*
□ ~ *at (jf. 1)* testify that (*fx* testify that he is reliable).

bevidst[1] *adj.* **1.** *(modsat ubevidst)* conscious (*fx* thought);
2. *(tilsigtet, velovervejet; især attr.)* deliberate (*fx* effort, lie, insult; a deliberate misrepresentation of the facts); *(også præd., mere* F*)* intentional (*fx* misrepresentation; it was not intentional);
3. *(selv-)* self-confident;
4. *(vågen etc.)* aware (*fx* he is politically aware; a politically aware person);
□ *gøre ~ se bevidstgøre; være ~* ***om*** be conscious (*el.* aware) of; *være ~* ***om at*** be conscious (*el.* aware) that; *være* ***sig*** *noget ~* be conscious (*el.* aware) of sth; *mig ~* as far as I know; *ikke mig ~* not that I know of.

bevidst[2] *adv. (jf. bevidst*[1]*)* **1.** consciously; **2.** deliberately, purposely; intentionally; F knowingly; **3.** self-confidently.

bevidstgjort *adj.* aware.

bevidstgøre *vb.: ~ en* raise sby's consciousness; *~ en over for noget* make sby aware (*el.* conscious) of sth.

bevidstgørelse *sb. (en, -r)* making aware; consciousness-raising.

bevidsthed *sb. (en, -er)* **1.** consciousness;
2. *(det at være klar over)* consciousness, awareness (*om* of; *om at* that);
3. *(tanker)* mind (*fx* it did not cross my mind);

□ *falsk* ~ false consciousness; *miste -en* lose consciousness; *[med præp.]* ***i*** *-en* ***om*** *(, om at)* conscious of (, that); *-en* ***om at*** *(jf. 2, også)* the knowledge that; *bringe en* ***til*** ~ bring sby round (*el.* to); F restore sby to consciousness; *komme til* ~ *igen* come round, come to; F regain consciousness; ***ved*** ~ conscious.

bevidsthedsindhold content of consciousness.

bevidsthedsliv conscious mental life.

bevidsthedsudvidelse expansion of consciousness.

bevidsthedsudvidende *adj.* mind-expanding, psychedelic.

bevidstløs *adj.* **1.** unconscious; *(dybt)* comatose; *(præd. også)* in a coma;
2. *(uden omtanke)* unthinking; *(stærkere)* mindless (*fx* his unthinking belief in this system; unthinking (, mindless) adherence to old traditions); *(kun attr.: automatisk)* knee-jerk (*fx* reaction);
□ *slå en* ~ knock sby unconscious; stun sby.

bevidstløshed *sb. (en)* unconsciousness; *(dyb)* coma;
□ *til* ~ *(fig.)* ad nauseam.

bevikle *vb.* **1.** *(ledning)* wind;
2. *(med reb)* lash.

bevikling *sb. (en)* **1.** *(elek.)* winding; *(isolering)* insulation; **2.** *(med reb)* lashing.

bevilge, bevillige *vb.* grant;
□ *-nde myndigheder* grant-awarding authorities.

bevilling *sb. (en, -er)* **1.** *(pengebeløb)* grant; *(på finansloven)* appropriation;
2. *(tilladelse)* permission, concession; *(til handel etc.)* licence;
□ *have* ~ be licensed; *give* ~ license (*fx* license a man to sell beer).

bevillingshaver *sb. (en, -e)* licensee.

bevinget *adj.: bevingede ord (ɔ: kendte citater)* familiar quotations; *sige et par bevingede ord* say a few pithy words (*el.* sentences).

bevirke *vb.* cause, bring about; *(føre til)* lead to (*fx* a change);
□ ~ *at det sker* cause it to happen; bring it about; *det -de at vi gav op* the result was that we gave up; this caused us to give up.

bevis *sb. (et, -er)* **1.** *(afgørende ~)* proof (*på, for* of; *på at, for at* that, *fx* give definite proof of his guilt; what proof(s) have you that he is guilty?);
2. *(vidnesbyrd, led i bevismateriale)* evidence (*på, for* of; *på at, for at* that, *fx* this is evidence, not proof, of his guilt (, that he is guilty));
3. *(udtryk for følelser etc.)* proof (*for* of, *fx* as (a) proof of his love); token (*for* of, *fx* as a token of friendship); demonstration (*for* of, *fx* a demonstration of friendly feelings);
4. *(bevisførelse, påvisning)* demonstration (*for* of, *fx* Newton's demonstration of the law of gravity);
5. *(attest, eksamens-)* certificate (*for* of);
□ *et* ~ *(jf. 2)* a piece of evidence; *et fældende* ~ a damning piece of evidence; *føre* ~ *for* prove, demonstrate; *samle -er* gather evidence; *der er stærke -er imod anklagede* there is a strong case against the accused;
[med præp.] frikendt ***af mangel på*** ~ acquitted for lack of evidence; ***på grund af*** *-ets stilling a) (jur.)* because of the state of the evidence; *b) (af mangel på bevis)* for lack of evidence; ***til*** ~ ***på*** *a)* in proof of, to prove (*fx* her innocence); *b) (som tegn på, se 3; også)* as a token of, to show (*fx* our gratitude).

bevisbyrde burden of proof; F onus of proof;
□ *-n påhviler ham* the burden of proof lies with him.

bevise *vb.* **1.** prove (*fx* this proves that he is guilty; this proves his guilt); show; **2.** *(vise)* demonstrate, show;
□ ~ *ham en tjeneste* render him a service; *for at* ~ *ham en ære* in order to honour him.

beviselig *se bevislig.*

bevisførelse *sb. (en, -r)* **1.** argumentation; demonstration; **2.** *(jur.)* production of evidence.

bevislig[1] *adj.* demonstrable.

bevislig[2], **bevisligt** *adv.* demonstrably (*fx* untrue).

bevisligheder *sb.pl. se bevismateriale.*

bevismateriale evidence (*fx* the evidence is not reliable); *(skriftlige også)* documents; *(jur.)* case;
□ *der er ingen* ~ there is no case; *samle* ~ gather evidence; *skaffe* ~ make out a case.

bevogte *vb.* guard;
□ *strengt (el.skarpt) -t* closely guarded; under close guard.

bevogter *sb. (en, -e)* **1.** keeper;
2. *(beskytter)* guardian.

bevogtning *sb. (en)* **1.** guard;
2. *(opsyn)* surveillance;
□ *under streng (el. skarp)* ~ closely guarded; under close guard.

bevokset *adj.* **1.** vegetated (*fx* the area is only sparsely vegetated);
2. *(dækket)* covered, overgrown (*med* with).

bevoksning *sb. (en, -er)* **1.** growth (*fx* a dense growth of trees (, grasses));
2. *(planteliv)* vegetation;
3. *(fagl., om træ-)* stand.

bevæbne *vb.* arm.

bevæbning *sb. (en, -er)* **1.** *(det at bevæbne)* arming (*fx* the arming of the citizens); **2.** *(våben)* arms pl.; **3.** *(udstyr)* armament (*fx* of a ship, of an aeroplane).

bevæge *vb.* move; *(se også bevæget)*;
□ *han lod sig ikke* ~ he was not to be moved; ~ *ham* ***til at*** *gøre det* move him to do it; *(mere* F*)* induce him to do it, prevail upon him to do it; *lade sig* ~ *til at* allow oneself to be persuaded to; be induced to;
[med sig] ~ ***sig*** *a)* move (*fx* I could not move); *b) (let)* stir (*fx* not a leaf stirred; he stirred in his sleep); *c) (~ sig omkring)* move about (*fx* a small animal was moving about in the bushes); *d) (tage motion)* take exercise; *e) (fys., mekanisk)* travel (*fx* nothing can travel faster than light; the piston travels up and down); *Jorden -r sig omkring solen* the earth revolves round the sun.

bevægelig *adj.* **1.** movable; **2.** *(glidende)* sliding (*fx* scale); **3.** *(som let kan flyttes)* mobile;
□ *let* ~ *(fig.: let rørt)* easily moved.

bevægelighed *sb. (en)* mobility;
□ *fri* ~ *(hdl. etc.)* free movement (*fx* of capital); *vise* ~ *(fx i en forhandling)* show flexibility.

bevægelse *sb. (en, -r)* **1.** movement (*fx* graceful (, slow) movements; he made a sudden movement; the least movement caused him pain; troop movements); motion (*fx* he made a motion with his hand; the graceful motions of the dancer; the motions of the car);
2. *(~ mods. hvile, også fys. el. tekn.)* motion (*fx* be in constant motion; sideways motion; the laws of motion);
3. *(motion)* exercise (*fx* you need some exercise);
4. *(røre)* stir; *(tumult)* commotion;
5. *(sinds-)* emotion (*fx* in a voice

trembling with emotion); *(ophidselse)* excitement; *(nervøs)* agitation;
6. *(åndsstrømning)* movement (*fx* a religious (, revolutionary) movement);
□ *han kunne ikke tale* ***for*** ~ he was too moved to speak; ***i*** ~ moving, in motion; ***sætte i*** ~ put (*el.* set) in motion, set going, start; *sætte himmel og jord i* ~ move heaven and earth (*fx* to find him); *sætte sindene i* ~ agitate the public mind; ***sætte sig i*** ~ *a)* set off, start (*fx* the procession set off (*el.* started)); *b) (fig.: skride til handling)* take action.
bevægelsesfrihed 1. freedom of movement; **2.** *(handlefrihed)* freedom of action; manoeuvering room;
□ *give ham større* ~ *(fig.,* T*)* give him more rope.
bevægelseshæmmet *adj.* physically handicapped; *(efter sb. også)* with a motor handicap; with impairment of the motor function.
bevægelseskrig mobile warfare.
bevægelsesnerve motor nerve.
bevægelsesverbum verb of motion.
bevæget[1] *adj.* **1.** *(rørt)* moved, stirred (*fx* he was deeply moved (*el.* stirred) by the news); affected;
2. *(følelsesfuld)* emotional (*fx* farewell *(afsked)*; speech);
3. *(begivenhedsrig)* eventful, dramatic (*fx* journey);
4. *(urolig)* turbulent (*fx* meeting, times).
bevæget[2] *adv.: han talte* ~ *om (jf. ovf.: 1)* he spoke with emotion about.
bevæggrund motive.
beværte *vb.* entertain, treat;
□ *vi blev fyrsteligt -t* we were lavishly entertained; ~ *ham med en god middag* treat him to a good dinner; *(især: invitere ham ud)* wine and dine him.
beværter *sb. (en, -e)* publican.
beværterbevilling publican's licence.
beværtning *sb. (en, -er)* **1.** *(det at beværte)* entertainment;
2. *(mad og drikke)* food and drink;
3. *(værtshus)* public house; T pub; *(am.* S*)* joint.
bevågen *adj.* favourably disposed towards;
□ *være én* ~ *(også)* favour sby.
bevågenhed *sb. (en)* **1.** *(gunst)* favour;
2. *(opmærksomhed)* attention (*fx* media attention);
□ *have ens* ~ be favoured by sby; be in sby's good graces.
bezique *sb. (en)* bezique.
beære *vb.* honour;
□ *føle sig -t* feel honoured.
beåndet *adj. (inspireret)* inspired.
B-film B-film, B-picture.
bh *sb. (en, -'er)* T bra.
B-hold B-team;
□ *-et (fig.)* the losers pl.
bi[1] *sb. (en, -er) (zo.)* bee;
□ *fortælle ham om blomsterne og -erne (spøg.: forplantningen)* tell him about the birds and the bees.
bi[2] *adv. se ligge, lægge, stå*[2]*.*
biavl bee-keeping.
biavler *sb. (en, -e)* bee-keeper.
bibeholde *vb.* keep; F retain.
bibeholdelse *sb. (en)* retention.
bibel *sb. (en, bibler)* bible;
□ *Bibelen* the Bible; the Scriptures pl.
bibelcitat quotation from the Bible; text.
bibelfast *adj. se bibelstærk.*
bibelfortolkning exegesis (pl. exegeses).
bibelhistorie 1. *(bog)* book of Bible stories; **2.** *(skolefag)* Scripture.
bibelkreds biblical study group.
bibelkritik biblical criticism.
bibellæsning Bible reading.
bibelord text.
bibeloversættelse version (*el.* translation) of the Bible.
bibelselskab Bible society.
bibelsk *adj.* biblical, scriptural (*fx* account, expression).
bibelsted Bible passage, text.
bibelstærk *adj. (kun præd.)* well versed in the Scriptures;
□ *hun er* ~ *(også)* she knows her bible.
bibemærkning 1. passing remark; F incidental observation; **2.** *(afsides)* aside.
bibeskæftigelse sideline (*fx* he has it as a sideline).
bibetydning 1. secondary meaning;
2. *(biklang etc.)* implication, connotation;
□ *have* ~ *af* connote, imply.
bibliofil[1] *sb. (en, -er)* bibliophile.
bibliofil[2] *adj.* bibliophilic;
□ ~ *udgave* de luxe edition.
bibliografi *sb. (en, -er)* bibliography.
bibliografisk *adj.* bibliographic(al).
bibliotek *sb. (et, -er)* library.
bibliotekar *sb. (en, -er)* librarian.
bibliotekarpost, bibliotekarstilling post as a librarian.
biblioteksafgift *(til forfatter, svarer til)* public lending right fee.
biblioteksassistent library assistant.
biblioteksbetjent attendant.
biblioteksbog library book.
biblioteksdirektør State director of libraries.
biblioteksinspektør inspector of libraries.
bibliotekskort *se lånerkort.*
bibliotekskundskab library science, librarianship.
bibliotekspenge *se biblioteksafgift.*
biblioteksskole library school.
biblioteksuddannelse training as a librarian.
biblioteksvidenskab library science, librarianship.
biblioteksvæsen 1. *(biblioteker)* libraries pl.; library system;
2. *(hvad der har med biblioteker at gøre)* librarianship.
bibringe *vb. (forestillinger etc.)* give (*fx* give him the impression that ...); F convey to;
□ ~ *ham forståelse af at* make him understand that; ~ *ham kundskaber* impart knowledge to him.
bibrød bee bread.
bicelle cell of (*el.* in) a honeycomb.
biceps *sb. (en, -er) (anat.)* biceps (pl. -).
bid[1] *sb. (et, -)* **1.** bite (*fx* of a dog);
2. *(skarphed)* bite (*fx* a tool with a bite);
3. *(bidsel)* bit;
□ *få* ~ *(om fisker)* get a bite (*el.* a rise); *der er ikke* ~ *i satiren* the satire has no bite; *der er mange om -det* there are plenty of takers; *gå til -det* T get down to it.
bid[2] *sb. (en, -der)* **1.** *(stykke)* bit; F morsel (*fx* of cheese, of meat);
2. *(mundfuld)* bite (*fx* have a bite of cake; take a bite out of the cake (, apple));
□ *en* ~ *brød (el. mad) (ɔ: noget at spise)* a bite (to eat); *en* ~ *af kagen (fig.)* a slice (*el.* share) of the cake (*fx* they all want a larger slice of the cake); ~ *for* ~ bit by bit.
bide *vb. (bed, bidt) (se også bidende, bides)* **1.** bite;
2. *(om kniv, vittighed etc.)* cut, bite;
3. *(om fisk)* bite; *(se også ndf.:* ~ *på)*;
□ *hunden -r (ɔ: advarsel)* beware of the dog; *hun -r ikke!* she won't bite you!
[med præp. & adv.] ~ ***ad*** *en* snap at sby;
~ *'**af*** bite off; ~ *en af,* ~ *hovedet af en* bite (*el.* snap) sby's head off; *(se også skam*[1]*, tunge*[1]*)*; *'bidt af (ɔ: optaget af)* bitten with (*fx* pop music);
~ ***efter*** snap at;

~ ***fra sig*** *(fig.)* hit back;
~ ***i*** bite into (*fx* an apple, a slice of bread); *(se også æble)*; *hunden bed hende i benet* the dog bit her (on the) leg; ~ *i græsset* bite the dust; ~ *mærke i* note; ~ ***i sig*** swallow (*fx* one's anger, an insult); *han bed vreden i sig (også)* he bit his lip; ~ *smerten i sig* bear the pain without flinching;
~ *noget* ***over*** bite sth in two;
~ '***på***, ~ *på krogen* bite, rise to the bait, take the bait; *(fig. også)* swallow the bait; *ingenting -r på ham* nothing has any effect on him; ~ *på tungen* bite one's tongue (*fx* this tobacco bites your tongue);
~ ***sammen*** bite (one's teeth) together; *(hårdt)* clench one's teeth; *(se også tand)*;
[med sig] ~ ***sig fast*** *(fig.)* hold on; ~ ***sig fast i*** *a)* catch hold of with one's teeth (*fx* the dog caught hold of his leg with its teeth); *b) (fig.)* fasten on, latch on to (*fx* a single mistake); ~ *sig fast i bordkanten (fig.)* hold on like grim death; ~ ***sig i*** *læben (, fingrene)* bite one's lips (, fingers); *det kan du ~ dig i næsen på!* you bet your life!

bidende[1] *adj.* **1.** biting, cutting (*fx* wind); **2.** *(fig.)* biting (*fx* retort); cutting (*fx* criticism, remark); scathing (*fx* criticism, irony, remark).

bidende[2] *adv. (jf. bidende[1] 2)* scathingly;
□ ~ *kold* icy; bitterly cold.

bidering teething ring.

bides *vb. (let glds.)* **1.** bite each other; **2.** *(skændes)* wrangle;
□ *han er ikke nem at ~ med* he is a terror; *(se også krybbe)*.

bidet *sb. (et, -er)* bidet.

bidetang cutting nippers; *en ~* a pair of cutting nippers.

bidevind *adv. (sø.)* by the wind; close-hauled (*fx* sail close-hauled).

bidrag *sb. (et, -)* **1.** contribution (*til* to, *fx* world peace; a magazine); **2.** *(børnebidrag)* maintenance payments pl.; *(hustrubidrag også)* alimony;
□ *levere (el. yde) ~ til* make a contribution to, contribute to.

bidrage *vb.* contribute;
□ ~ ***med*** contribute (*fx* have something to contribute; contribute £10 to the collection; contribute work); ~ ***til*** *a)* contribute to (*fx* the collection, the conversation); *b) (medvirke til)* contribute to (*fx* this contributed to the success of the undertaking); F conduce to, be conducive to; ~ ***til at*** contribute to -ing, help (to) (*fx* this contributed to making (*el.* helped (to) make) it a success); go some way towards -ing (*fx* this report goes some (, a long) way towards explaining what went wrong).

bidragyder *sb. (en, -e)* contributor.

bidronning queen bee.

bidsel *sb. (et, bidsler) (mundbid)* bit; *(hovedtøj)* bridle;
□ *lægge ~ på* bridle; *tage bidslet af en hest* unbridle a horse.

bidsk[1] *adj.* **1.** fierce (*fx* dog; person); vicious (*fx* dog); **2.** *(om bemærkning)* cutting, caustic, tart.

bidsk[2] *adv.* **1.** fiercely; **2.** caustically, tartly.

bie *vb. (glds.)* wait, stay;
□ ~ *på* wait for; *bi lidt* wait a moment.

biennale *sb. (en, -r)* biennale.

bierhverv sideline.

bifag *sb. (et, -)* subsidiary subject; *(am.)* minor subject.

bifald *sb. (et)* **1.** *(klappen)* applause; *(bifaldsråb)* cheers pl.;
2. *(billigelse)* approval (*fx* his proposal won (*el.* met with) approval);
□ *give det sit ~ (jf. 2)* approve of it; *høste ~ (jf. 1)* win applause; *kraftigt ~* loud applause; *(se også stormende)*.

bifalde *vb.* approve of; F assent to, subscribe to;
□ *nikke -nde* nod approvingly, nod in approval, give a nod of approval.

bifaldsmumlen murmur of approval.

bifaldsråb *sb.pl.* cheers, shouts of applause.

bifaldsstorm storm of applause.

bifangst *(i fiskeri)* by-catch.

bifigur minor character.

bifil *adj.* bisexual.

biflod tributary (*til* of).

bifokal *adj.* bifocal (*fx* glasses).

bigami *sb. (et)* bigamy.

bigamist *sb. (en, -er)* bigamist.

bigot *adj.* bigoted.

bigotteri *sb. (et)* bigotry.

bihensigt subsidiary motive.

bihule sinus.

bihulebetændelse sinusitis;
□ *hun har haft en ~* she has had sinusitis.

biindtægt*: ~, -er* extra (*el.* additional) income, extra money.

bijob sideline.

bijouteri *sb. (et) (uægte smykker)* custom jewellery.

bikage honeycomb.

bikini, **bikinibadedragt** *sb. (en, -er)* bikini.

biklang **1.** note (*fx* there was a note of sadness in her voice); **2.** *(ords)* connotation.

biks[1] *sb. (et) (juks, bras)* poor stuff.

biks[2] *sb. (en) (butik)* small shop; corner shop.

bikse *vb.: ~ med* fiddle around with; ~ *sammen a)* throw (*el.* toss) together, knock up (*fx* a meal); *b) (fig.)* throw together (*fx* an article); *(mere neds.)* cobble together (*fx* an article; an agreement, an answer, a compromise).

biksemad *(omtr.)* hash.

bikube beehive.

bil[1] *sb. (en, -er)* **1.** (motor) car; *(am. også)* automobile; T auto;
2. *(taxi)* taxi; *(mere F)* taxi cab, cab;
3. *(lastbil) se lastbil*;
□ *hun har ~* she runs (*el.* has) a car; *er du i ~?* have you come in a car? did you come by car? *køre ~* drive a car; *køre i ~* go by car, drive (*fx* we drove to London); *tage en ~ (ɔ: taxi)* take a taxi.

bil[2] *sb. (en, -er) (bredøkse)* broadaxe.

bilag *sb. (et, -)* **1.** *(i brev)* enclosure; *(fork.)* Enc., Encl.;
2. *(regnings-)* voucher;
3. *(til memorandum)* annex(e);
□ *vedlægge som ~* enclose.

biland dependency.

bilarbejder carworker.

bilateral *adj.* bilateral.

bilbio drive-in cinema.

bilbombe car bomb.

bilbrev *(sø.)* builder's certificate.

bilde *vb. (bildte, bildt): ~ en ind at* make sby believe that; *du skal ikke ~ mig ind at* don't tell (*el.* kid) me (that) (*fx* you didn't know); ~ *sig ind at* imagine that; ~ *sig noget ind (ɔ: være vigtig)* fancy oneself; *hvad -r du dig ind?* who do you think you are?

bildende *adj.: de ~ kunster* the visual arts.

bildrab *(omtr.)* road death, road fatality.

bildræbt *adj.* **1.** *(præd.)* killed in a car accident; **2.** *(brugt som sb.)* road fatality.

bildæk **1.** car tyre; *(am.)* automobile tire; **2.** *(sø.: vogndæk)* car deck.

bile *vb.* go by car, drive; *(glds.)* motor.

bilejer car owner.

bilfabrik car factory.

bilforhandler car dealer.

bilforsikring motor car insurance.

bilfri *adj.* traffic-free, car-free (*fx*

area, town); carless (*fx* they introduced carless Sundays);
□ *en ~ by (også)* a town where cars are banned; *gøre byen ~* ban cars from the town.
bilfærge car ferry.
bilhandler *sb. (en, -e)* car dealer.
bilhorn car horn.
bilindustri motor industry; *(am.)* auto industry.
bilinspektør motor vehicle inspector.
bilisme *sb. (en)* motoring.
bilist *sb. (en, -er)* motorist; car driver.
biljagt car chase.
bilkirkegård old car site (*el.* dump).
bilkortege motorcade.
bilkø tailback.
bilkørsel driving; *(glds.)* motoring;
□ *en times ~ fra London* an hour's drive (*el.* an hour by car) from London.
billard *sb. (et, -er)* **1.** *(spil)* billiards sg. (*fx* billiards is his favourite game); **2.** *(bord)* billiard table.
billardbal *sb. (en, -ler)* billiard ball.
billardbord billiard table.
billardkugle *se billardbal.*
billardkø cue.
billardsalon billiard saloon (*el.* hall).
billardspil (game of) billiards.
billardspiller billiard player.
billardværelse billiard room.
bille *sb. (en, -r) (zo.)* beetle.
billedark picture sheet.
billedbibel illustrated bible.
billedblad illustrated paper.
billedbog picture book.
billedbånd **1.** *(tv)* videotape;
2. *(række lysbilleder)* filmstrip.
billeddyrkelse image worship; F iconolatry.
billede *sb. (et, -r)* **1.** picture;
2. *(portræt)* picture, portrait;
3. *(fotografi)* photo(graph); T snap(shot);
4. *(enkelt ~ af filmstrimmel)* frame (*fx* 16 frames per foot; advance frame by frame); *(stillbillede)* still;
5. *(spejl-)* reflection;
6. *(fys.)* image (*fx* the image left on the retina);
7. *(billedligt udtryk: sammenligning)* simile; *(metafor)* metaphor;
□ *et (sandt) ~ på (fig.)* the (very) picture of (*fx* health, misery); a figure of (*fx* distress, sorrow); *(se også udtrykt)*;
[med vb.] stjæle -t steal the scene; *stjæle -t fra en* upstage sby; *tage et ~ af ham* take a picture of him; take his picture; *-t vendte (fig.)* the situation changed (*el.* was reversed); *nu er -t vendt* T the boot is on the other leg;
[med præp.] skabt ***i*** *Guds ~* created in God's image; *tale i -r* speak metaphorically; use metaphors; *komme* ***ind i*** *-t (fig.)* enter into the picture; *være* ***inde i*** *-et (ɔ: være en mulighed)* be in the running (*fx* she is in the running as a possible manager); ***på*** *-t* in the picture; *forsvinde* ***ud af*** *-t* go (*el.* drop) out of the picture; disappear from the picture; *være* ***ude af*** *-t a) (være forsvundet, ikke være til stede)* be out of the picture; *b) (være opgivet)* have been abandoned (*fx* this plan has now been abandoned); *c) (kun om person: ikke have en chance)* be out of the running (*fx* he is out of the running as a presidential candidate).
billedfelt *(tv)* scanning field.
billedgalleri picture gallery.
billedhugger *sb. (en, -e)* sculptor.
billedhuggerarbejde sculpture.
billedhuggerkunst (the art of) sculpture.
billedkort *(i kortspil)* picture card, court card.
billedkrog *(til at hænge billeder på)* picture hook.
billedkunst **1.** visual art; **2.** *(om malerkunsten)* pictorial art;
3. *(som skolefag)* art.
billedkunstner visual artist; *(maler)* painter.
billedlig *adj.* figurative, metaphorical;
□ *-t udtryk* figure of speech, metaphor.
billedlotteri picture lottery.
billedmateriale illustrations pl.; *(fagl.)* artwork.
billedordbog pictorial dictionary.
billedredaktør picture researcher.
billedreportage picture (*el.* photo) story; news pictures pl.
billedrør *(tv)* picture tube.
billedside *(film., tv)* visuals pl.
billedskrift picture writing.
billedskærer carver.
billedskærerarbejde carving; carved work.
billedskærm *(tv)* (viewing) screen.
billedskøn *adj.* strikingly beautiful.
billedsprog figurative language; imagery.
billedstormer *sb. (en, -e)* iconoclast.
billedstøj *(tv)* picture noise.
billedstøtte statue.
billedtekst *se billedunderskrift.*
billedtelefon videophone.
billedtelegrafi phototelegraphy; picture transmission.
billedtæppe tapestry.
billedunderskrift caption, text; *(fagl. el.* F*)* legend;
□ *forsyne med ~* caption.
billedværk *(om bog)* illustrated work.
billet *sb. (en, -ter)* **1.** ticket; *(plads i teater etc.)* seat (*fx* two seats for Hamlet);
2. *(bus-, tog-, fly-)* ticket; *(om betalingen)* fare (*fx* he paid my fare); *(plads i fly)* seat (*fx* there are no seats left on this flight);
3. *(brev)* note;
□ *bestille ~* book (*el.* reserve) a ticket (, seat); *lægge ~ ind på a) (annonce)* reply to; *b) (fig.: melde sig til)* put oneself down for; *~ mrk. X (i annonce, svarer til)* apply Box X; *løse ~* book (*til London* to London; *til et teaterstykke* for a play); buy a ticket; *sælge -ter a)* sell tickets; *b) (fig.)* get some (, any) backing; *tage -ten (*T*: ɔ: dø)* kick the bucket; hand in one's checks.
billetautomat automatic ticket machine.
billetbureau ticket agency.
billethaj ticket tout; *(am.)* scalper.
billethul **1.** ticket-office window;
2. *(i teater)* box-office window.
billethæfte coupon book.
billetindtægt **1.** *(teaters)* box-office receipts pl.; box-office returns pl.;
2. *(ved sportskamp etc.)* gate money.
billetkontor booking office; *(i teater)* box office; *(am.)* ticket office.
billetkontrollør *se kontrollør.*
billetlomme ticket pocket.
billetluge *se billethul.*
billetpris **1.** (price of) admission;
2. *(for togrejse etc.)* fare.
billetsalg **1.** the sale of tickets; booking(s) (*fx* she is in charge of booking(s)); **2.** *(kontor)* booking office.
billettang ticket punch.
billettere *vb.* **1.** collect tickets; *(efterse billetter)* examine tickets;
2. *(i bus etc.)* collect fares; come round for the fares;
□ *er alle -t ?* fares please! tickets please! all got tickets?
billettering *sb. (en, -er)* ticket collection, ticket inspection;
□ *~!* fares please! tickets please! all got tickets?
billettør *sb. (en, -er)* ticket collector, ticket inspector.
billig *adj. (se også billigt)* **1.** *(pris-*

billig) cheap (*fx* apples are cheap just now, just 50p. a pound); inexpensive (*fx* inexpensive wines; I want an inexpensive car); *(især hdl.)* low-priced; **2.** *(neds.: tarvelig)* cheap (*fx* jokes, tricks);
□ *en ~ lejlighed (mht. husleje)* a low-rent flat; *for en ~ penge* cheap (*fx* I got it cheap); cheaply; *(til en) ~ pris* (at a) low (*el.* moderate *el.* reasonable) price.
billigbillet 1. excursion ticket; **2.** *(til tog udenfor myldretiderne)* off-peak ticket.
billigbog paperback.
billige *vb.* approve of; F sanction.
billigelse *sb. (en, -r)* approval; F approbation, sanction.
billiggøre *vb.* reduce the price of.
billighed *sb. (en)* **1.** *(rimelighed)* fairness; **2.** *(pris-)* cheapness; inexpensiveness;
□ *med ~* in fairness.
billigt *adv.* cheaply (*fx* they did it quickly, efficiently and cheaply; travel cheaply); T cheap (*fx* I got it cheap; buy (, sell, hire sth) cheap(ly));
□ *slippe ~* get off (*el.* be let off) cheap(ly); *(se også bo[2]).*
billigudgave *(af bog)* cheap edition; paperback edition.
billion *sb. (en, -er)* billion; *(NB* billion *bruges på britisk engelsk også om milliard)*; a million millions; *(am.)* trillion.
billionte *adj.*, **billiontedel** *(jf. billion)* billionth; *(am.)* trillionth.
billygte headlight (of a car).
billøs *adj.* carless.
bilmekaniker motor mechanic.
bilmotor car engine.
bilmærkat (car) sticker.
bilnummer (car) registration number.
bilpark fleet of cars.
bilradio *(modtager)* car radio.
bilreparation car repairs pl.
bilsyn *(svarer til)* MOT test; T MOT (*fx* take the car for an MOT).
biltelefon carphone.
biltog car train; *(i Engl.)* motorail.
biltur drive; T run; *(længere)* (motor) tour.
biltyveri car theft.
biludlejning 1. *(det at leje ud)* car hire, car rental; **2.** *(firma)* car-hire service.
biludstødning car exhaust.
bilulykke car accident.
bilvarmer *sb. (en, -e)* engine heater.
bilvask carwash.
bilvrag 1. wrecked car; *(am. også)* junk car; **2.** *(smadderkasse)* wreck, banger.
bilværksted (car) repair shop, garage.
bilægge *vb.* **1.** *(forlige)* settle (*fx* a dispute); make up (*fx* a quarrel); **2.** *se vedlægge.*
bilæggelse *sb. (en, -r)* settlement; making up.
bimle *vb. (om klokke)* clang, jangle.
bimmelim, bims *adj.* crazy, cracked, dotty.
bimåne *sb. (en, -r)* paraselene, mock moon.
bind *sb. (et, -)* **1.** *(bog-: indbinding)* binding (*fx* a beautiful binding); *(selve bindet, løst ~)* cover, case; **2.** *(del af værk)* volume (*fx* Shakespeare's works in three volumes; volume three is missing);
3. *(bogomslag)* paper cover;
4. *(tværbånd på bogryg)* band;
5. *(for øjnene, så man ikke kan se)* blindfold (*fx* they put a blindfold over his eyes);
6. *(forbinding)* bandage, dressing;
7. *(til at støtte syg arm)* sling;
8. *(arm-, som kendetegn)* armband (*fx* a black armband);
9. *(menstruations-)* sanitary towel; T san pad;
10. *(brok-)* truss;
□ *ophøjede ~ (jf. 4)* raised bands; *have ~* ***for*** *øjnene a) (jf. 5)* wear a blindfold over one's eyes, be blindfolded; *b) (jf. 6)* wear a bandage over one's eyes; ***med*** *~* ***for*** *øjnene (jf. 5)* blindfold (*fx* I could do that blindfold; he had to walk blindfold down the stairs); ***med*** *hånden* ***i*** *~,* ***med*** *~* ***om*** *hånden (jf. 6)* with a bandaged hand; *gå med armen i ~ (jf. 7)* carry one's arm in a sling; *en roman* ***i tre*** *~ (jf. 3, også)* a three-volume novel.
binde *vb. (bandt, bundet) (se også bindende, bunden)* **1.** *(fastbinde; knytte)* tie (*fx* tie a horse to a tree; tie sby's hands; tie one's shoe; tie a piece of ribbon into a knot);
2. *(holde fast)* bind (*fx* bind him with rope; bind (*el.* tie) him to a stake; bind the loose sand);
3. *(forpligte)* bind (*fx* bind nations to each other; this promise binds me for life; bound by one's oath);
4. *(hæmme ens frihed)* tie down (*fx* tied down by work; having a dog ties you down); F fetter (*fx* fettered by convention);
5. *(mil.)* pin down, tie up (*fx* the enemy);
6. *(uden objekt: om dør, skuffe etc.)* stick, be stiff; *(om lim)* hold; *[med sb.] ~ buketter (, kranse)* make bouquets (, wreaths); *~ en buket (, krans)* tie a bouquet (, wreath); *~ kapital* tie up capital; *~ en knude* tie (*el.* make) a knot (*på* in); *~ sit slips* tie one's tie; *~ en sløjfe* tie a bow; *(se også sløjfe[1]); ~ støvet* lay the dust; *[med præp., adv., sig] ~* ***an med*** take on, tackle; *~ en* ***for*** *øjnene* blindfold sby; *~ for en sæk* tie up a sack; *pengene er bundet* ***i*** the money is tied up in (*fx* the business; shares); *~ bøger* ***ind*** bind books; *~ snor* ***om*** tie up, put a piece of string round; *han bandt en snor om pakken (også)* he tied the parcel with a (piece of) string; *~* ***op*** *a) (løse)* untie, undo (*fx* a knot); *b) (om plante)* tie up (*fx* the roses); *(om træ, til pind)* stake (*fx* a tree); *~ håret op* bind up one's hair; *~ en* ***på*** *hænder og fødder* tie (*el.* bind) sby hand and foot; *~ en noget på ærmet* make sby believe sth; T take a rise out of sby, pull sby's leg; *~ ham en historie på ærmet* spin him a yarn; *~ noget* ***sammen*** *a)* tie sth together; *b) (til et bundt)* tie sth up; *~* ***sig*** bind oneself, commit oneself (*til* to; *til at* to -ing); F pledge oneself (*til* to; *til at* to -ing); *~ en sæk* ***til*** tie up a sack; ***bundet til*** *a)* tied to (*fx* a stake; one's bed (, desk)); *b) (hæmmet af)* tied down to (*fx* a regular work schedule); *c) (følelsesmæssigt)* attached to (*fx* one's mother); *stærkt bundet til (jf. c)* deeply attached to.
bindebue *(mus.: i nodeskrift)* tie, ligature.
bindegal *adj.* **1.** raving mad; **2.** *(forkert)* all wrong.
bindegarn *(til høstmaskine)* (binder) twine.
bindeled *sb. (et, -)* (connecting) link;
□ *være ~ mellem (ɔ: være mellemled,* T*)* liaise between.
bindemiddel binder; binding material.
bindende *adj.* binding (*for* on, for).
bindeord conjunction.
binder *sb. (en, -e)* **1.** *(mursten)* header;
2. *(til hulmur)* (cavity) wall tie;
3. *(bjælke)* tiebeam;
4. *(til maling)* vehicle;
5. *(selvbinder)* binder.
bindeslips tie.
bindestreg hyphen.
bindestregsamerikaner hyphenated American.
bindevæv *sb. (et)* connective tissue.
binding *sb. (en, -er) (også ski-)* binding.

bindingsværk half-timbering.
bindingsværkshus half-timbered house.
bindstærk *adj.* voluminous (*fx* work);
□ *et -t værk (også)* a work in many volumes; *skrive -e værker om* write (fat) volumes on.
bindsål insole, inner sole.
bingo bingo;
□ *et spil* ~ a game of bingo.
binyre *(anat.)* adrenal gland, suprarenal gland.
binyrebark *(anat.)* adrenal cortex.
binær *adj.* binary;
□ *-t tal* binary numeral.
bio *sb. (en, -er) se biograf 1.*
biodiversitet biodiversity.
biodynamisk *adj.* biodynamic.
bioenergi bioenergy.
bioetik bioethics.
biogas biogas.
biograf *sb. (en, -er)* **1.** *(teater)* cinema; *(am.)* movie theater;
2. *(levnedsskildrer)* biographer;
□ *gå i -en* go to the cinema (, the movies); *han er i -en* he has gone to the cinema (, the movies).
biografere *vb.* write a biography of.
biografforestilling cinema show; movie.
biografgænger *sb. (en, -e)* filmgoer, cinemagoer.
biografi *sb. (en, -er)* biography.
biografisk[1] *adj.* biographical.
biografisk[2] *adv.* biographically.
biografreklame **1.** *(enkelt)* cinema advertisement; **2.** *(det at reklamere)* cinema advertising.
biografteater *se biograf.*
biokemi biochemistry.
biokemiker biochemist.
biokemisk[1] *adj.* biochemical.
biokemisk[2] *adv.* biochemically.
biolog *sb. (en, -er)* biologist.
biologi *sb. (en)* biology.
biologisk[1] *adj.* biological.
biologisk[2] *adv.* biologically; ~ *nedbrydelig* biodegradable.
biomasse biomass.
biomstændighed incidental (*el.* collateral) circumstance.
biopsi *sb. (en, -er) (med.)* biopsy.
biord adverb.
biorytme biorhythm.
biosfære biosphere.
bioteknik *se bioteknologi 1.*
biotekniker biotechnologist.
bioteknologi **1.** *(gensplejsning etc.)* biotechnology, biological engineering; **2.** *(ergonomi)* biotechnology, ergonomics.
biotop *sb. (en, -er) (biol.)* biotope.
bip *sb. (et, -)* bleep.
biperson subordinate character.
bippe *vb.* bleep.
bipper *sb. (en, -e)* bleeper, beeper.
biprodukt **1.** by-product; **2.** *(især af teknisk udvikling)* spin-off.
birk[1] *sb. (en, -e) (bot.)* birch.
birk[2] *sb. (et, -er)* [judicial district].
birkebark birch bark.
birkebrænde birchwood.
birkeris birch.
birkes *sb. (et, -)* **1.** *(frø)* poppy seeds pl.; **2.** *(brød)* [loaf (, roll) sprinkled with poppy seeds].
birkeskov birch wood.
birketræ **1.** birch; **2.** *(materiale)* birchwood.
birod *sb. (en, birødder) (bot.)* adventitious root.
birolle subordinate part.
bisamokse *(zo.)* musk ox.
bisamrotte *(zo.)* muskrat.
bise *sb. (en, -r)* pin tuck.
biseksuel *adj.* bisexual.
biselæg pin tuck.
bisidder *sb. (en, -e)* **1.** assessor;
2. *(i søsager)* nautical assessor;
3. *(i handelssager)* commercial expert.
biscayisk *adj.: Den -e Bugt (geogr.)* the Bay of Biscay.
biskop *sb. (en, -per)* bishop.
biskoppelig *adj.* episcopal.
biskuit[1] *sb. (en, -ter)* (sweet) biscuit; *(am.)* cracker.
biskuit[2] *sb. (en, -(t)er) (porcelæn)* biscuit ware.
bislag *sb. (et, -)* porch.
bismag slight taste, after-taste; *(skarp)* tang;
□ *have en* ~ *af (fig.)* smack of.
bismer *sb. (en, -e)* steelyard.
bison *sb. (en, -er),* **bisonokse** bison; *(amerikansk* ~ *også)* buffalo (pl. -es).
bisp *sb. (en, -er)* bishop; *(se også gåserede).*
bispedømme *sb. (et, -r)* diocese, bishopric.
bispegård bishop's palace.
bispehue mitre.
bispestav crosier, crozier.
bispestol *(embede)* bishopric, see.
bispesæde episcopal residence.
bispevie *vb.* consecrate.
bisse[1] *sb. (en, -r)* **1.** *(bølle)* rough, lout, hooligan; **2.** *(brutal fyr)* brute (*fx* he can be a bit of a brute);
□ *skrue -n på* S take a tough line, get tough (*over for* with).
bisse[2] *vb.* stampede.
bissekræmmer pedlar.
bisselæder: *han har* ~ *i sålerne* he is always on the go.
bisser *sb.pl. (barnesprog: tænder)* toothy pegs.
bisset *adj.* rough, loutish.
bistade *sb. (et, -r)* beehive.
bistand *sb. (en)* **1.** assistance; **2.** *se bistandshjælp;*
□ *"-en" (ɔ: bistandskontoret)* the social; *juridisk* ~ legal advice; *yde ham* ~ give (*el.* lend) him assistance; *han er på* ~ T he is on social security (*el.* on the social); *(am.)* he is on welfare.
bistandshjælp *(svarer til)* supplementary benefit; T social security (*fx* he is on social security); *(am.)* social welfare;
□ *være på* ~ *(også,* T*)* be on the social; *(am.)* be on welfare.
bistandsklient social security claimant, benefit claimant.
bistandskontor social security office, benefit office.
bistandslov Social Assistance Act.
bistandsmodtager social-security recipient, social-welfare recipient; *(am.)* welfare recipient.
bistandspagt pact of mutual assistance.
bister *adj.* gruff, grim; *(stærkere)* fierce.
bistik (bee) sting.
bistro *sb. (en, -er)* bistro.
bistå *vb.* assist, aid.
bisværm swarm of bees.
bisætning *(gram.)* subordinate clause.
bisætte *vb.* **1.** *(føre til kapel)* remove to the chapel;
2. *(om højtidelighed forud for ligbrænding)* perform a funeral service over;
3. *(hensætte i gravkapel)* inter in a vault.
bisættelse *sb. (en, -r) (jf. bisætte)* **1.** removal to the mortuary; **2.** funeral service; **3.** interment.
bit *sb. (en, -) (edb)* bit.
biting matter of secondary importance; mere detail.
bitryk *(fon.)* secondary stress.
bitte *adj.* wee;
□ *lille* ~, *små* ~ tiny little; little tiny; *(barnesprog)* teeny-weeny.
bitter[1] *sb. (en, -e) (ublandet)* bitters sg.;
□ *en* ~ a glass of akvavit and bitters.
bitter[2] *adj.* **1.** bitter (*fx* almond; taste);
2. *(smertelig)* bitter (*fx* disappointment); painful (*fx* loss);
3. *(uforsonlig; utilfreds)* bitter (*fx* enemy; reproaches, words);
□ *til den bitre ende* to the bitter end; *jeg ved af* ~ *erfaring at...* I have learnt from bitter experience that...;
[med præp.] være ~ ***over*** *noget* be bitter about sth; *være* ~ ***på*** *en* feel bitter towards sby.
bitterhed *sb. (en)* bitterness.

bitterlig *adv.* bitterly (*fx* cry bitterly; bitterly cold).
bittermandel bitter almond.
bitterste *adj.: ikke det* ~ not a bit.
bittersød *adj.* bitter-sweet.
bittesmå *adj. se bitte (små bitte).*
bivej **1.** secondary road; **2.** *(afsides vej)* byway.
bivirkning **1.** side effect, secondary effect; **2.** *(af medicin: uønsket ~)* adverse effect.
bivogn trailer.
bivoks beeswax.
bivuak *sb. (en, -ker),* **bivuakere** *vb.* bivouac.
bivåne *vb.* be present at, attend.
bizar *adj.* bizarre, odd.
bizarreri *sb. (et, -er)* oddity.
bjerg *sb. (et, -e)* **1.** *(stort, nøgent el. sneklædt)* mountain; *(mindre, mindre stejlt, især bevokset)* hill; **2.** *(fig.)* mountain (*fx* butter mountain);
□ *troen kan flytte -e* faith can remove mountains; *-ene lavede til barsel (el. barslede) og fødte en mus* the mountain laboured and brought forth a mouse;
[med præp.] han er ***over*** *alle -e* he is (over the hills and) far away; *den herskende opfattelse på -et* ***på -et*** the established view; the view of the establishment; the conventional wisdom.
bjergarbejder miner.
bjergart rock.
bjergbane mountain railway.
bjergbestiger *sb. (en, -e)* mountaineer.
bjergbestigning **1.** mountain climbing, mountaineering; **2.** *(enkelt)* climb.
bjergboer *sb. (en, -e)* mountaineer.
bjergcykel mountain bike.
bjerge *vb.,* **bjergeløn** *se bjærge, bjærgeløn.*
bjergegn mountainous region; hilly parts pl.
bjergfuld *adj.* mountainous; hilly.
bjergfyr *sb. (en, -re) (bot.)* mountain pine.
bjergfører mountain guide.
bjergkam crest.
bjergkløft cleft, ravine, gorge; *(se kløft).*
bjergkrystal rock crystal, quartz.
bjergkæde mountain range.
bjergland mountainous country.
bjerglandskab mountain scenery.
bjergluft mountain air.
bjergmassiv massif.
bjergning *se bjærgning.*
bjergpas mountain pass; *(snævert)* defile.
bjergprædikenen *(bibelsk)* the Sermon on the Mount.
bjergrig *adj.* mountainous; hilly.
bjergryg mountain ridge.
bjergside hillside; mountainside; *(jf. bjerg 1).*
bjergskred landslide.
bjergsom *adj. se bjærgsom.*
bjergsø mountain lake; *(lille)* tarn.
bjergtaget *adj.* spellbound;
□ *blive ~ af* be captivated (*el.* enthralled) by, fall under the spell of.
bjergtop mountain top; *(spids)* peak.
bjergtrold gnome.
bjergværk mine.
bjergværksdrift mining.
bjæf *sb. (et, -)* yap.
bjæffe *vb.* yap (*ad* at);
□ *~ en ordre* bark a command.
bjælde *sb. (en, -r)* (little) bell.
bjældeklang jingle, tinkling; sound of bells.
bjælke *sb. (en, -r)* **1.** beam; *(stor)* balk; **2.** *(bære-)* girder; **3.** *(gulv- el. lofts-)* joist; **4.** *(skrå tag-, spær)* rafter; **5.** *(felt i våbenskjold)* fesse.
bjælkehoved **1.** *(jf. bjælke 1)* beam end; **2.** *(jf. bjælke 3)* end of a joist.
bjælkehus loghouse.
bjælkehytte log cabin.
bjælkeloft beamed ceiling.
bjælkeværk *sb. (et)* beams pl.; timberwork.
bjærge *vb.* **1.** *(redde)* save, rescue; *(forlist skib især)* salvage; **2.** *(sejl)* take in; **3.** *(torpedo, rumkapsel)* recover; **4.** *(afgrøde)* gather in;
□ *~ føden* scrape a living; keep body and soul together; *~ livet* save one's life.
bjærgeløn salvage money.
bjærger *sb. (en, -e) (af skib)* salvor.
bjærgning *sb. (en, -er)* **1.** salvage (operations);
2. *(af druknende)* rescue;
3. *(af torpedo, rumkapsel)* recovery.
bjærgningsentreprise *se bjærgningsselskab.*
bjærgningsforsøg attempt at salvage.
bjærgningskontrakt salvage agreement.
bjærgningsomkostninger *sb.pl.* salvage expenses.
bjærgningsselskab salvage company.
bjærgningsskib salvage vessel; salvage tug.
bjærgsom *adj.* acquisitive;
□ *være ~ (også,* T*)* have an eye to the main chance.
bjærgsomhed *sb. (en)* acquisitiveness.
bjørn *sb. (en, -e)* **1.** *(zo.)* bear; **2.** *(sø.)* lubber's hole;
□ *sælge skindet før -en er skudt* count one's chickens before they are hatched; *Lille Bjørn (astr.)* the Little Bear; *Store Bjørn (astr.)* the Great Bear.
bjørnehi bear's (winter) lair.
bjørnejagt **1.** bear hunting; **2.** *(enkelt)* bear hunt.
bjørnejæger bear hunter.
bjørneklo *(bot.)* hogweed, cow parsnip; *(kæmpe-)* giant hogweed.
bjørnelab bear's paw.
bjørneskind bearskin.
bjørneskindshue bearskin.
bjørnespinder *(zo.)* tiger moth.
bjørnetjeneste *(dårlig tjeneste)* disservice;
□ *gøre ham en ~* do him a bad turn; F do him a disservice.
bjørnetrækker *sb. (en, -e)* bear leader.
bjørneunge bear cub.
bl.a. *(fork. f. blandt andet, blandt andre) se blandt; (NB forkortes normalt ikke på engelsk).*
bla-bla *interj.* blah, blah.
blad *sb. (et, -e)* **1.** *(på træ, i bog)* leaf (pl. leaves);
2. *(kronblad af blomst)* petal;
3. *(på græs)* blade;
4. *(barber-, knivs-, skrue-, økse-, åre- etc.)* blade;
5. *(ark)* sheet;
6. *(avis)* (news)paper;
7. *(tidsskrift)* periodical; *(ugeblad)* magazine; *(se også tidsskrift);*
8. *(radering)* print;
□ *synge (, spille) fra -et* sight-read; *spille fra -et (også)* play music at sight; *han spiller udmærket fra -et* he is an excellent sight-reader; *tage -et fra munden* speak one's mind; *-et har vendt sig (fig.)* the tables are turned; *(se også ubeskreven).*
bladdannelse foliation.
bladdød newspaper closure(s).
blade *vb.* turn over the pages (*fx* I wasn't really reading, just turning over the pages);
□ *~ i en bog* turn over the pages of a book; *~ igennem* look through, leaf through; *(hurtigt)* flick through; *(am. også)* page through; *~ om* turn over; *~ om til side 10* turn to page 10.
-bladet -leaved (*fx* four-leaved).
bladgrønt chlorophyll.
bladguld gold leaf;
□ *uægte ~* leaf metal.
bladhandler *sb. (en, -e)* newsagent, newsvendor; *(am.)* news dealer.
bladhang *sb. (et)* foliage.
bladhjørne *(bot.)* axil.
bladhus newspaper office.
bladhveps *(zo.)* saw fly.

bladkiosk *(fritstående)* newsstand; *(butik)* newsagent's.
bladknop *(bot.)* leaf bud.
bladkonge newspaper tycoon, press baron.
bladlus *(zo.)* greenfly; *(fagl.)* aphid.
bladløs *adj.* **1.** leafless; **2.** *(om kniv)* bladeless.
bladmand newspaper man, journalist.
bladmave *(zo.)* third stomach; *(fagl.)* psalterium.
bladneger *(glds., neds.)* penny-a-liner.
bladplante *(bot.)* foliage plant.
bladre *vb.: ~ i* turn over the pages of; *(hurtigt)* flick through the pages of; *se også blade.*
bladribbe *(bot.)* rib.
bladselleri *(bot.)* celery; *en ~* a head of celery.
bladskede *(bot.)* leaf sheath.
bladsmører *(neds.)* scribbler.
bladstilk leaf stalk; *(fagl.)* petiole.
bladsølv leaf silver.
bladtegner **1.** *(humoristisk, satirisk)* cartoonist; **2.** *(illustrator)* illustrator.
bladudgiver newspaper publisher.
bladvender *sb. (en, -e)* **1.** *(gummitut)* thimble; **2.** *(person, apparat)* page turner.
blaffe[1] *vb. (rejse på tommelen)* hitchhike, hitch, thumb it, thumb one's way (*fx* thumb one's way through Europe); *(enkelt gang)* thumb a lift.
blaffe[2] *vb. se blafre.*
blaffer *sb. (en, -e)* hitchhiker.
blafre *vb.* **1.** *(om lys)* flicker; **2.** *(i vinden)* flap; *(hurtigere)* flutter (*fx* the flag fluttered in the breeze).
blakket *adj.* **1.** *(om farve: uklar)* blurred, fuzzy; *(mat)* dull; *(bleg)* pale; **2.** *(om hest)* dun;
□ *en noget ~ fortid* a somewhat shady past; *et ~ rygte* a tarnished reputation.
blamere *vb.* disgrace;
□ *~ sig* make a fool of oneself; *(*T*: træde i spinaten)* put one's foot in it; drop a brick (*el.* a clanger).
blanchere *vb.* blanch.
blandbar *adj.* miscible.
blande *vb. (se også blandet)* **1.** mix (*fx* the ingredients, cement, blue and yellow);
2. *(især om varesorter)* blend (*fx* different sorts of tea);
3. *(kort)* shuffle;
4. *(metaller)* alloy;
□ *~ vand **i** vinen* mix water in the wine; *~ en **ind i** det* mix sby up in it; *~ **op med** a)* mix with (*fx* mix the wine with water); *(mere* F*)* mingle with; *b) (fortynde)* dilute with; *~ **sammen** a)* mix (together), blend; *b) (forveksle)* mix up, confuse (*med* with);
*[med sig] han skal altid blande **sig*** he always has to meddle; *~ **sig i** a) (gribe ind)* intervene in (*fx* the debate, the quarrel, the fight, their affairs); *b) (neds.)* interfere in (*fx* parents have no right to interfere in their children's lives); *c) (stikke næsen i)* meddle in (*fx* other people's business); T poke one's nose into; *~ sig i samtalen a) (tale 'med)* join in the conversation; *b) (afbryde)* break in; cut into the conversation, cut in; T chip in; *~ **sig med** a)* mix with (*fx* oil will not mix with water); *(mere* F*)* mingle with (*fx* tears mingled with the blood); *b) (gå rundt blandt, omgås)* mix with (*fx* the crowd; the other guests); *(mere* F*)* mingle with (*fx* the crowd; he mingled with rich and poor alike); *bland dig **uden om!*** T mind your own business! don't go poking your nose into that!
blandemaskine mixer.
blandet *adj.* **1.** mixed; *(især om varesorter)* blended;
2. *(forskelligartet)* mixed (*fx* cargo; with mixed feelings); *(mere* F*)* miscellaneous (*fx* cargo, collection, publications);
□ *en ~ fornøjelse* a doubtful pleasure; *~ forretning (fx landhandel)* general shop (*el.* store); *~ kor* mixed chorus; mixed voices pl.; *~ race a) (om dyr)* mixed breed; *b) (om mennesker)* mixed race; *~ selskab a) (af begge køn)* mixed company; *b) (uensartet)* mixed lot; *~ skole* mixed school; *~ tal* mixed number; *~ ægteskab* mixed marriage; *(se også gods*[1]*, kor, landhandel).*
blandfoder mixed feed.
blanding *sb. (en, -er)* **1.** *(det at blande, jf. blande 1, 2)* mixing; blending; **2.** *(resultatet deraf)* mixture; blend; *(broget)* medley; **3.** *(af racer)* crossbreed.
blandingsbatteri *(til bruse etc.)* mixer tap.
blandingsdrik mixed drink.
blandingsfolk mixed race.
blandingsform hybrid form.
blandingssprog *(sprogv.)* mixed language.
blandingsøkonomi mixed economy.
blandsæd *(agr.)* dredge corn.
blandt *præp.* **1.** among (*fx* among strangers; there was a bad one among them);
2. *(ud af)* from among (*fx* choose one from among ten applicants);
□ *~ **andet** a)* among other things (*fx* he mentioned, among other things, that...); including (*fx* many things, including hairpins); one (, some) of them (, of which) (*fx* many journeys, some of them to Copenhagen (*el.* some of which were to Copenhagen)); *b) (for eksempel)* for instance, for example; *~ andet fordi...* for the reason among others that...; one of the reasons being that...; *~ **andre** a)* among others, among them; including (*fx* many people, including some high-ranking officials); *b) (for eksempel)* for instance, for example; *han er ikke længere ~ **os*** he is no longer with us.
blank *adj. (se også blankt)*
1. bright, shining; *(glat og ~)* glossy (*fx* leaves, paper; the dog's glossy coat); *(også om slidt tøj)* shiny (*fx* nose, trouser seat; shiny black shoes; the street was shiny with rain);
2. *(ubeskrevet)* blank (*fx* page, voting paper);
3. *(om fotopapir)* glossy;
4. *(uden penge)* broke;
5. *(om eksaminand)* completely ignorant; *(præd. også)* without a clue;
□ *et -t afslag* a flat refusal; *-t mål* an open goal; *lade stå ~* leave blank; *trække ~* draw (one's sword).
blanke *vb. (pudse)* polish; *(am. om sko)* shine;
□ *~ en 'af* clean sby out.
blanket *sb. (en, -ter)* form; *(am.)* blank.
blankoaccept blank acceptance.
blankocheck *(også fig.)* blank cheque.
blankofuldmagt carte blanche.
blankokredit blank credit.
blankpoleret *adj.* polished.
blanksleben *adj.* burnished; *(fagl., præd.)* ground to mirror finish.
blankslidt *adj.* **1.** *(præd.)* polished with use; **2.** *(om tøj, også attr.)* shiny.
blanksværte blacking.
blankt *adv.: acceptere det ~* accept it unreservedly; *afvise det ~* reject it flatly (*el.* outright); *give ~ op* give it up; throw up the sponge; *nægte det ~* deny it flatly; *nægte ~ at* refuse flatly to; *stemme ~* return a blank voting paper.
blankvers blank verse.
blankål silver eel.
blase *sb. (en, -r)* blister.

blaseret, **blasert** *adj.* blasé.
blaserthed *sb. (en)* blasé attitude.
blasfemi *sb. (en, -er)* blasphemy.
blasfemisk[1] *adj.* blasphemous.
blasfemisk[2] *adv.* blasphemously.
ble *sb. (en, -er)* nappy; *(am.)* diaper;
□ *skifte ~ (på et barn) a)* change a baby's nappy (, diaper); *b) (generelt)* change nappies (, diapers).
bleabonnement nappy-washing service; *(am.)* diaper service.
blebukser *sb.pl.* baby pants.
bleg *adj.* pale (*fx* he looked pale; this is just a pale copy of the original plan); *(usundt,* F*)* pallid; *(af træthed, sygdom)* wan (*fx* a wan smile);
□ *blive ~ se blegne*; *han blev både rød og ~* his colour came and went;
[med præp.] ~ ***af*** *skræk* pale with fear (, terror); *jeg er ikke ~* ***for at*** *sige det til ham* I don't mind telling him; *~* ***om*** *næbbet se næb.*
blegansigt paleface.
blege *vb.* bleach.
blegemiddel bleaching agent.
blegeplads bleach green.
blegetøj bleach linen.
blegevand bleach.
blegfed *adj.* flabby.
blegfiset *adj.* colourless, insipid.
bleggrøn *adj.* pale green.
bleghed *sb. (en) (jf. bleg)* paleness; pallor; wanness.
blegn *sb. (en, -er)* blister.
blegne *vb.* **1.** turn pale (*fx* with fear); *(af skræk også,* F*)* blanch; **2.** *(falme, svinde)* fade (*fx* her beauty (, the memory) had faded);
□ *~ ved siden af (fig.)* pale beside, pale in comparison with.
blegning *sb. (en, -er)* bleaching.
blegnæb(b)et *adj.* pale-looking.
blegrød *adj.*, **blegrødt** *sb.* **1.** pink; **2.** *(fig., pol.)* (pale) pink.
blegselleri *se bladselleri.*
blegsot *sb. (en)* **1.** *(glds. med.)* anaemia; **2.** *(bot.)* chlorosis.
blegsot(t)ig *adj.* anaemic.
blegvand *se blegevand.*
blende *vb.* blend.
blender *sb. (en, -e)* liquidizer, blender.
bleservice *se bleabonnement.*
blesnip nappy holder.
blev *præt. af blive.*
blevet *pf.ptc. af blive.*
blid *adj.* **1.** *(ikke skrap el. hård)* gentle (*fx* breeze, person, touch, voice, wind); mild (*fx* reproach, soap); soft (*fx* breeze, eyes, touch, wind);
2. *(sagte, dæmpet)* soft (*fx* light, music, voice, words);
3. *(elskværdig)* kind, sweet-tempered;
□ *der blev ikke taget -t på ham (fig.)* he was not handled too gently; *-e øjne* soft eyes; *ikke se med -e øjne på* take a stern view of.
blide *sb. (en, -r) (hist.)* catapult.
blidelig *adv.* gently, sweetly.
blidgøre *vb.* soften.
blidhed *sb. (en) (jf. blid)* **1.** gentleness, mildness, softness; **2.** softness; **3.** kindness, sweet temper.
blik[1] *sb. (et, -ke)* **1.** look (*fx* a curious (, disapproving, inquiring, stern) look; she gave me an angry look);
2. *(hastigt)* glance (*fx* a brief (, casual, furtive, shy, timid) glance; a glance at these figures will convince you; they exchanged glances);
□ *alles -ke* all eyes; *stift ~ se stiv*; *hvis -ke kunne dræbe* if looks could kill (*fx* if looks could kill I would have been dead); *(se også hæve, sænke)*;
[med præp.] med et eneste ~ at a glance; *ved første ~* at first sight (*fx* love at first sight);
[med vb. (+ præp.)] ***have ~ for*** have an eye for; *have et klart (, sikkert, skarpt) ~ for* have an open (, unerring, keen) eye for; ***kaste*** *et hastigt ~* ***over*** *skulderen* give a quick glance over one's shoulder, glance quickly over one's shoulder; ***kaste*** *et ~* ***på*** *a)* have a look at; *b) (flygtigt)* glance at, take (*el.* cast) a glance at; run one's eye over; *kaste et hastigt ~ på* take a rapid glance at; ***sende*** *ham et ~ a)* give him a look; *b) (pludseligt, skarpt)* dart (*el.* shoot) a glance at him; *(se også hvas)*; ***vende*** *-et* ***bort*** avert one's eyes; ***vende*** *-ket* ***mod*** *a) (se i retning af)* turn one's eyes towards, look towards (*fx* the north); *b) (vende sin opmærksomhed mod)* turn one's attention to (*fx* let us turn our attention to other problems); look towards (*fx* the future).
blik[2] *sb. (et) (metal)* sheet metal; *(fortinnet: hvidblik)* tinplate; *(se også bølgeblik).*
blikdåse tin, can; *(am.)* can.
blikfang *sb. (et, -)* eye catcher, eye-catching device;
□ *som ~* to catch the eye.
blikkenslager *sb. (en, -e)* plumber.
bliksaks tin shears pl.; *(lille)* tin snips pl.; *en ~* a pair of tin shears (, tin snips).
blikstille *sb. (et) & adj.* dead calm.
blikæske tin.
blind *adj. (se også blindt)* blind (*for* to);
□ *de -e* the blind; *den -e a)* the blind person; *b) (i kortspil)* the dummy; *han taler som den -e om farverne (kan gengives)* he doesn't know what he is talking about;
[med sb.] ~ gade dead end; F cul-de-sac; *-t had* blind hatred; *~ lydighed* blind (*el.* implicit) obedience; *~ plet* blind spot; *-t raseri* blind fury; *-t skær* sunken rock; *~ vej, se ovf.: ~ gade*; *~ vej (ɔ: på skilt)* No Thoroughfare; *(se også alarm, kikkert, makker, passager, tillid)*;
[med vb.] blive ~ go blind; lose one's sight; *kærlighed gør ~* love is blind;
[med præp.] ~ ***for*** blind to (*fx* I am not blind to his faults); *~* ***på*** *det ene øje* blind in one eye; *det første man bliver ~ på er øjnene (kan gengives)* you (, I etc.) cannot see in front of your (, my etc.) own nose; you cannot see for looking; *stirre sig ~ på noget* become hypnotized by sth.
blinddør blind door.
blinde[1] *sb.: i ~ a) (uden at kunne se)* blindly (*fx* he groped blindly in the dark room; they were shooting blindly into the room); in the dark (*fx* wander about in the dark); *b) (fig.: med lukkede øjne)* with one's eyes closed (*fx* I could do that with my eyes closed); *c) (uden at se sig for)* blindly, rashly (*fx* act rashly); F heedlessly; *d) (tilfældigt)* at random (*fx* hit out at random; fire a shot at random); *et skud i ~ a)* a random shot; *b) (fig.: gæt)* a shot in the dark.
blinde[2] *vb. (gøre blind)* blind.
blindebuk *sb. (en)* blind man's buff.
blindeinstitut institute for the blind.
blindeskole school for the blind.
blindeskrift *sb. (en)* Braille (writing).
blindflyvning blind flying, instrument flying.
blindforsøg*: dobbelt ~* double-blind experiment.
blindfødt *adj. (præd.)* born blind.
blindgade 1. blind alley, dead end (*fx* the present policy is a dead end);
2. *(job)* dead-end (*el.* blind-alley) job.
blindgyde *se blindgade.*
blindgænger *sb. (en, -e) (mil.)* unexploded shell (, bomb); T dud.
blindhed *sb. (en)* blindness;

□ *slå dem med ~ (glds.)* strike them blind.
blindlanding instrument landing.
blindprop blind plug.
blindramme stretcher.
blindskak blindfold chess.
blindskrift *sb. (en) (på skrivemaskine)* touch-typing;
□ *skrive ~* touch-type.
blindsmagning blind tasting.
blindspor 1. *(jernb.)* dead-end track;
2. *(fig.)* false trail; *(ved politiundersøgelse)* false clue.
blindstempel embossing press.
blindstikprop blind plug.
blindt *adv.* **1.** blindly;
2. *(fig.)* blindly (*fx* accept it blindly); implicitly (*fx* obey implicitly);
□ *gaden ender ~* the street is closed at one end; the street comes to a dead end.
blindtablet placebo.
blindtarm 1. caecum (pl. caeca);
2. *(vedhænget)* appendix (pl. -es, appendices);
□ *få -en fjernet* have one's appendix removed.
blindtarmsbetændelse appendicitis; *hun har haft en ~* she has had appendicitis.
blindtarmsoperation appendix operation.
blink *sb. (et, -)* **1.** *(svagt)* gleam; *(kraftigere, fx fra billygte, fyr)* flash; *(skarpt, især genskin)* glint (*fx* the glint of a revolver (, a sword));
2. *(med øjet: som tegn)* wink;
3. *(i øjet: muntert)* twinkle;
4. *(til fiskeri)* spoonbait, lure;
□ *han sagde det med et ~ i øjet (ɔ: uden at mene det alvorligt)* he said it with his tongue in his cheek.
blinke *vb.* **1.** *(om svagt lys, om stjerne)* twinkle (*fx* stars twinkled in the sky; the lights of the house twinkled in the distance); *(skinne svagt)* gleam (*fx* I saw a light gleaming in the distance);
2. *(om stærkt lys)* flash (*fx* a lighthouse was flashing in the distance);
3. *(om skarpt genskin)* glint (*fx* swords glinted in the sunlight);
4. *(om bil: ~ med blinklysene, vise af)* indicate (*fx* he indicated left (, right)); *(~ med lygterne)* flash one's headlights (*fx* I flashed my headlights to him);
5. *(med begge øjne, af søvnighed, skræk el. mod skarpt lys)* blink;
6. *(med ét øje, som tegn)* wink (*til* at);
7. *(vise frygt, smerte)* flinch, wince;
□ *~ med en lygte* flash a light; *~ med lygterne (i bil)* flash one's headlights; *uden at ~ a) (uden at fortrække en mine)* calmly; T without batting an eyelid, without turning a hair; *b) (uden at vise smerte)* without flinching; *c) (uden betænkning)* unhesitatingly; *han fortalte uden at ~ at (ɔ: frækt)* he had the nerve to tell me (, them etc.) that (*fx* he had lost it).
blinker *sb. (en, -e) se blinklys 2.*
blinkfyr *sb. (et, -)* flashing light.
blinkhinde *(zo.)* nictitating membrane.
blinklys 1. *(signal)* flashlight, intermittent light;
2. *(på bil: retningsviser)* indicator (*fx* he flicked the indicator); T flasher;
3. *(på politibil etc.: advarselslys)* flashing light;
□ *roterende ~* rotating beacon (*el.* light).
blinksignal flashing signal.
blis *sb. (en, -ser)* blaze.
blishøne *(zo.)* coot.
blisset *adj. (efter sb.)* with a blaze; *(se også rødblisset).*
blist *sb. (en, -er)* blister.
blisterpakning *se boblepakning.*
blitz *sb. (en, -),* **blitze** *vb. (foto.)* flash.
blitzlampe flashlight.
blitzlys flash.
blitzpære flashbulb.
blitzterning flashcube.
blive *vb. (blev, blevet) (se også blivende)*;
1. *(forblive)* stay (*fx* stay where you are; stay (at) home; stay for lunch; he stayed (for) a week); T stop (*fx* I'll stop here; stop for tea); F remain (*fx* remain at home; remain standing; he remained (*el.* stayed behind) when the others left; he remained (, stayed) in the same job all his life); *(se også liggende, siddende, stående)*;
2. *(om ændring; med adj.)* become (*fx* angry, blind, famous, fat, rich, wise; it has become difficult (, expensive)); T get (*fx* angry, better, excited, fat, rich, well, wet; get dry quickly! it was getting dark (, cold)); *(langsomt, F)* grow (*fx* fat, old, rich, tall, wise); *(især om noget uønsket)* go (*fx* bald, blind, mad, wild, Conservative; the coffee went cold; the bread went stale); *(om farve)* go (*fx* she went green with envy; he went red (, pale) with anger; the leaves went yellow); *(især hurtigt)* turn (*fx* red, pale; his hair turned white; the leaves turned yellow); *(om følelse der pludseligt opstår)* be (*fx* he was angry (, happy) when he heard it); *(se også bedre[1], rask[1], stor, syg)*;
3. *(med pf.ptc.: som hjælpevb. i passiv)* be (*fx* arrested, damaged, helped, hit, killed, married, rewarded); T *(ofte: pludseligt el. = gå hen og blive)* get (*fx* hit, dressed, married; arrested, caught, killed, sacked; how did you get invited?); *(efterhånden blive)* become (*fx* accustomed to sth; known; her clothes had become torn); *(om følelse der pludselig opstår)* be (*fx* he was disappointed (, hurt, shocked, surprised) when he heard it);
4. *(med sb., om overgang til noget andet: efterhånden blive)* become (*fx* queen, a teacher, his friend); *(udvikle sig til)* grow to be, grow into (*fx* he grew into a despot; she had grown into a beautiful woman); *(pludseligt blive, især neds.)* turn (*fx* thief, traitor, Socialist); *(forvandle sig til)* turn into (*fx* the ugly duckling had turned into a beautiful swan); *(vise sig at være)* be (*fx* the play was a success; the party was a failure; the visit was a disappointment; it was a girl! the result was that he lost); turn out (to be), prove;
5. *(foran talord: beløbe sig til)* be, come to (*fx* that'll be (*el.* come to) £500); *(ved beregning)* come (*el.* work) out at (*fx* it came (*el.* worked) out at more than we expected);
6. *(om tidspunkt)* come (*fx* midnight (, morning) came *(det blev midnat (, morgen)))*; *(se også klokke [1] (klokken blev 3))*;
[om fremtid] -r will be (*fx* it will be difficult; when will that be? I'll be 50 next week); *(i 1. person også, mere* F*)* shall be (*fx* I shall be 50 next week); *han er og -r et fjols* he is a fool and always will be; *han -r hende en god mand* he will make her a good husband;
[med der: opstå] der blev panik (, en pause, stilhed) there was a panic (, a pause, a silence); *der blev vanskeligheder* there were difficulties;
[med præp. & adv.] det -r der ikke noget ***af!*** that will never happen! T not if I know it! nothing doing! *der blev ikke noget af det* it came

to nothing; nothing came of it; it did not come off; ***hvad*** *er der blevet* ***af*** *ham?* what has become of him? *hvad skal der ~ af børnene?* what will become of the children? ***hvor*** *-r han* ***af****?, hvor er han blevet af?* where has he got to? *jeg forstår ikke hvor tiden -r af* I don't understand where time gets (*el.* goes) to; ~ ***af med*** get rid of;
~ ***borte*** *se borte*;
~ ***fra*** *a) (holde sig på afstand af)* stay (*el.* keep) away from; *b) (ikke røre)* leave alone, not touch (*fx* don't touch the cakes!); *(se også liv)*;
~ ***inde*** stay in, stay indoors; *dette -r* ***mellem*** *os* that is (just) between ourselves; F this is to go no further;
~ ***oppe*** stay up, sit up; ~ *længe oppe* stay (*el.* sit) up late;
~ '***til*** *(opstå, skabes)* be made, come about; F come into existence (*el.* being);
'~ ***til*** *a) (forvandle sig til)* turn into (*fx* the toad turned into a prince; turn into stone); *(langsomt)* grow to be, grow into; *b) (beløbe sig til)* come to (*fx* I didn't expect those few items to come to so much); amount to, add up to; *dagene blev til uger* days turned into weeks; *nå, hvad -r det til?* well, what about it? *hvad blev det til?* what was the outcome? ~ *til middag* stay for (*el.* to) dinner; *(jf. til[1] 6)*;
~ ***til noget*** *a) (om person)* make good, get on, go far; *b) (om noget påtænkt: komme i stand)* come off (*fx* the marriage (, the trip) never came off); materialize (*fx* his plans (, the strike) never materialized); *c) (om noget fastsat)* go ahead (*fx* will the strike (, the meeting) go ahead?); *det blev ikke til noget (b, også)* it came to nothing, nothing came of it; *han -r aldrig til noget* he'll never amount to anything;
~ ***tilbage*** *a) (ikke gå)* stay behind; F remain (behind) (*fx* he remained when the others left); *b) (overleve)* survive; *c) (sakke agterud)* fall (*el.* lag) behind; *d) (blive efterladt)* be left (*fx* the car was left in London);
~ ***tilovers*** be left (over) (*fx* there was nothing left (over) when they had had dinner);
~ ***ude*** stay out;
~ '***ved*** go on, continue (*fx* the rain went on (*el.* continued)); *det -r* ***derved*** that stands, that is definite; *det blev ikke derved* that was not all; ~ ***ved det gamle*** *se gammel*; *han blev* ***ved sit*** he stuck to his point; *(se også læst, snak, tanke[1])*;
~ ***ved med at*** go on (*el.* keep on) -ing, keep -ing (*fx* keep singing); carry on -ing (*fx* carry on eating); continue to (*el.* -ing) (*fx* continue to run, continue running); ~ ***ved med at være*** continue to be (*fx* if he continues to be so unco-operative); remain (*fx* he remained (*el.* continued to be) faithful (, a clerk all his life));
~ ***væk*** *se væk*.

blivende *adj.* lasting, permanent (*fx* value; tooth);
□ *han har ikke ~ sted* he is a rolling stone.

bloc*: en ~ se en bloc.*

blod *sb. (et)* blood;
□ *-ets bånd* the ties of blood; *~, sved og tårer* blood, sweat, toil and tears;
[med vb.] han har fået ~ på tanden he has tasted blood; *når han får ~ på tanden* when he acquires a taste for it; when he gets going; *det gav ham ~ på tanden* it whetted his appetite; *han vil se ~* he is out for blood; *tilføre partiet nyt ~ (fig.)* infuse (*el.* inject) fresh blood into the party; *tilføre patienten ~* transfuse blood into the patient; *(se også ond)*;
[med præp.] en prins ***af -et*** a prince of the blood (royal); *det er gået dem* ***i -et*** it has become second nature to them; it has got into their bloodstream; *det ligger dem i -et* it is (*el.* they have it) in their blood; *slå koldtvand i -et se kold*; *slå en* ***til -s*** beat sby till the blood flows (*el.* comes); draw blood from sby.

blodansamling accumulation of blood.

blodappelsin blood orange.

blodbad massacre (*fx* the Massacre of Stockholm); F bloodbath (*fx* the battle was a bloodbath);
□ *anrette ~ på indbyggerne* massacre the inhabitants.

blodbank blood bank.

blodbestænk(e)t *adj.* blood-stained.

blodbillede *(med.)* blood picture.

blodbudding black pudding.

blodbøg *(bot.)* copper beech.

blodcirkulation circulation (of the blood).

bloddannelse blood formation; *(fagl.)* haematogenesis.

bloddonor blood donor.

bloddryppende *adj.* **1.** *(kun præd.)* dripping with blood; **2.** *(fig.)* gory (*fx* description, film).

bloddråbe drop of blood; *(se også blodsdråbe)*.

blodeg *(bot.)* scarlet oak.

blodfattig *adj.* anaemic.

blodfejde blood feud, vendetta.

blodforgiftning blood poisoning.

blodhund **1.** bloodhound; **2.** *(om hersker)* blood-thirsty tyrant.

blodhævn vendetta.

blodig *adj.* bloody (*fx* his hands were bloody; a bloody handkerchief; a bloody battle); *(blodplettet også)* blood-stained (*fx* handkerchief); *(bloddryppende også)* gory (*fx* battle, fight); *(NB* bloody *bruges også som kraftudtryk i England, men ikke i USA)*;
□ *Maria den -e (hist.)* Bloody Mary;
[med sb.] ~ hævn signal revenge; *~ hån* scathing sarcasm; *en ~ uret* a grievous injustice.

blodigle *(zo.)* leech.

blodjaspis bloodstone.

blodkar blood vessel.

blodkræft leukaemia.

blodlegeme blood corpuscle;
□ *hvidt (, rødt) ~* white (, red) (blood) corpuscle.

blodløs *adj.* anaemic.

blodmangel anaemia.

blodomløb circulation (of the blood).

blodpenge *sb.pl.* blood money sg.

blodplasma blood plasma.

blodplet *sb. (en, -ter)* blood stain.

blodplettet *adj.* blood-stained.

blodprocent haemoglobin percentage.

blodprop **1.** *(i hjertet)* coronary (*fx* he had a coronary); *(fagl.)* coronary thrombosis (pl. thromboses); **2.** *(i hjernen)* cerebral thrombosis; **3.** *(løsrevet af blodstrømmen)* embolus (pl. emboli).

blodprøve *sb. (en, -r)* **1.** blood sample (*fx* take a blood sample); **2.** *(undersøgelse)* blood test.

blodpøl pool of blood.

blodpølse black pudding.

blodrig *adj.* **1.** plethoric; **2.** *(fig.)* full-blooded.

blodrød *adj.* blood-red.

blodsbeslægtet *adj. (kun præd.)* related by blood; *(fagl., også attr.)* consanguineous.

blodsdråbe drop of blood (*fx* fight to the last drop of blood);
□ *der er ikke en ond ~ i ham* there isn't a scrap of malice in him.

blodserum blood serum.

blodskam incest;
□ *i ~* incestuously.

blodskudt *adj.* bloodshot.

blodspor trail of blood.

blodsprængt *adj.* bloodshot.
blodstillende *adj.: ~ middel* styptic.
blodstyrtning violent haemorrhage.
blodsudgydelse bloodshed.
blodsuger *sb. (en, -e) (også fig.)* bloodsucker.
blodsukker blood sugar.
blodsygdom disease of the blood.
blodsystem circulatory system.
blodsænkning 1. (blood) sedimentation; **2.** *(hastighed)* sedimentation rate.
blodtab loss of blood.
blodtilstrømning afflux of blood.
blodtransfusion blood transfusion.
blodtryk blood pressure;
□ *forhøjet ~* raised blood pressure; *for højt ~* high blood pressure, hypertension; *for lavt ~* low blood pressure.
blodtud bloody nose (*fx* give him a bloody nose).
blodtype blood group, blood type.
blodtørst bloodthirstiness.
blodtørstig *adj.* bloodthirsty.
blodudtrædning extravasation.
blodunderløben *adj.* bruised (*fx* arm); black and blue, livid (*fx* bruises).
blodvidne martyr.
blodvæske (blood) plasma.
blodåre *(anat.)* vein.
blok *sb. (en, -ke)* **1.** *(træ-, marmor-, hus-, hatte-, del af hejseværk)* block; **2.** *(klippe-)* rock; **3.** *(skrive- etc.)* pad; **4.** *(politisk)* bloc; **5.** *(sko-)* shoetree; **6.** *(fattigbøsse)* almsbox;
□ *lægge hovedet på -ken (ɔ: blive halshugget)* lay one's head on the block; *jeg vil lægge hovedet på -ken på at det er sandt* I'll eat my hat if that isn't true; *sætte på ~ (om sko)* tree.
blokade *sb. (en, -r)* **1.** blockade (*mod* against, of, on);
2. *(over for arbejdsplads)* boycott, blacking (*mod* of); *(fysisk)* picket; *(det at blokere)* picketing;
3. *(med.)* block (anaesthesia);
□ *bryde en ~ a) (jf. 1)* break (through) a blockade; *b) (jf. 2)* cross a picket line; *etablere ~ over for (om arbejdsplads)* boycott, black; *(fysisk)* picket; *hæve en ~* lift a blockade (, picket); *lægge en ~ (jf. 3)* put in a block.
blokadebrud *sb. (et, -)* blockade running.
blokadebryder blockade runner.
blokaderamt *adj. (jf. blokade 2)* blacked; picketed.
blokadevagt *(ved arbejdsplads)* picket.
blokbogstaver *sb.pl.* block letters, block capitals;
□ *skrive med ~* print; *skrive noget med ~* write sth in block letters (*el.* block capitals).
blokdannelse *(pol.)* creation of blocs.
blokdiagram block diagram.
blokere *vb.* **1.** *(spærre)* block (up);
2. *(sø.)* blockade;
3. *(bilhjul, bremse)* lock (*fx* the brakes had locked);
4. *(arbejdsplads)* boycott, black; *(fysisk)* picket;
5. *(mentalt)* block (*over for* in the face of; when it comes to);
□ *~ for* block (*fx* his view, their advance; an agreement, the plan); obstruct (*fx* the view, the plan); *foreningen har -t stillingen* the association has instructed its members not to apply for the post.
blokering *sb. (en, -er) (jf. blokere)* **1.** blocking; **2.** blockade; **3.** locking; **4.** boycott; picketing;
□ *følelsesmæssig ~* emotional blockage; *psykisk ~* mental block.
blokeringsfri *adj.: ~ bremser* anti-lock brakes.
blokfløjte *(mus.)* recorder.
blokfløjtespiller recorder player.
blokhus 1. log cabin;
2. *(glds. mil.)* blockhouse;
3. *(til trisse)* (pulley) shell.
blokke *vb.: ~ en for penge a) (fuldstændigt)* clean sby out; *b) (låne nogle)* touch sby for money; *~ ud* stretch (*fx* my boots want stretching).
bloklys square candle.
blokpolitik bloc politics.
blokpost block station.
blokpraktik *(i læreruddannelse)* block practice.
Bloksbjerg *(geogr.)* the Brocken;
□ *gid han sad på ~* I wish he was at Jericho.
bloksignal *(jernb.)* block signal.
blokskrift *se blokbogstaver.*
bloksystem *(jernb.)* block system.
bloktilskud block grant.
blokvogn flatbed truck.
blomkål *(bot.)* cauliflower.
blomkålshoved cauliflower (*fx* buy a cauliflower).
blomkålsøre cauliflower ear.
blomme[1] *sb. (en, -r) (i æg)* yolk;
□ *have det som -n i et æg* be in clover.
blomme[2] *sb. (en, -r) (frugt)* plum.
blomme[3] *sb. (en, -r) (på finger)* finger pad.
blommefarvet *adj.* plum-coloured.
blommesten plum stone.
blommetræ plum tree.
blomst *sb. (en, -er)* **1.** flower; *(frugttræers, buskes, især)* blossom; *(især om prydplanter,* F*)* bloom;
2. *(fig.: elite)* flower (*fx* the flower of the nobility); cream;
3. *(harens hale)* scut;
□ *stå i ~* be in flower (, blossom, bloom); *sig det med -er* say it with flowers; *sætte -er* flower; F bloom; *(om frugttræer)* blossom.
blomsterbarn flower child.
blomsterbed flowerbed.
blomsterbinder flower arranger.
blomsterbinding flower arranging, flower arrangement.
blomsterblad *(kronblad)* petal.
blomsterbord flower stand.
blomsterbuket *se buket.*
blomsterbund *(bot.)* floral receptacle.
blomsterbæger *(bot.)* calyx (pl. -es, calyces).
blomsterduft scent of flowers.
blomsterdyrkning cultivation of flowers; F floriculture.
blomsterfest floral fête.
blomsterflor profusion of flowers.
blomsterforretning florist's (shop).
blomsterfrø *sb. (et, -)* flower seed.
blomstergartner flower grower; F floriculturist.
blomstergødning fertilizer (for flowers).
blomsterhandler *sb. (en, -e)* florist.
blomsterhave flower garden.
blomsterknop flower bud.
blomsterkrans garland (*fx* they put a garland round his neck); *(især hæderskrans, pyntekrans)* wreath of flowers.
blomsterkrone *(blomstens kronblade)* corolla.
blomsterkrybbe pot-plant stand.
blomsterkurv 1. *(med blomster)* basket of flowers; **2.** *(til blomster)* flower basket.
blomsterløg bulb.
blomstermaler flower painter.
blomstermaleri 1. *(det at)* flower painting; **2.** *(billede)* flower piece.
blomsterpige flower girl.
blomsterpind flower stick; *(tykkere)* stake.
blomsterplante flowering plant.
blomstersmykket *adj. (kun præd.)* decorated with flowers; *(også attr.,* F*)* flower-decked.
blomsterstand *(bot.)* inflorescence.
blomsterstativ flower stand.
blomsterstøv pollen.
blomstertorv flower market.
blomsterudstilling flower show.
blomstervase flower vase.
blomstre *vb. (se også blomstrende)* **1.** flower; *(om frugttræ, busk også)* blossom; F bloom (*fx* they wanted to make the desert bloom);

2. *(fig.: udvikle sig)* flower (*fx* their friendship flowered; freedom will grow and flower in times of peace);
3. *(fig.: trives)* flourish, thrive (*fx* his business is flourishing (*el.* thriving); art and science flourished in his reign; a place where idealism thrived);
□ ~ *af a)* finish flowering (, blossoming); *b) (fig.)* fade; ~ *op (fig.) a)* (begin to) flourish, thrive, prosper; *b) (om person: blive mere frigjort)* blossom (out), open out.
blomstrende *adj.* **1.** flowering; *(om træer, buske også)* blossoming;
2. *(fig.)* flourishing, thriving (*fx* business); prosperous (*fx* city, industry);
3. *(om stil)* florid.
blomstret *adj.* flowered (*fx* muslin, paper); floral (*fx* dress, wallpaper).
blomstring *sb. (en, -er)* **1.** flowering; F bloom; *(om frugttræer, buske også)* blossoming;
2. *(fig.)* flowering, blossoming.
blomstringstid **1.** flowering season, flowering period; **2.** *(fig.)* prime, heyday.
blond *adj.* blonde, fair-haired; *(især om mand også)* blond.
blonde *sb. (en, -r)* piece of lace; *-r* lace sg.
blondine *sb. (en, -r)* blonde.
bloster *sb. (et, blostre) (bot.)* perianth.
blot[1] *adj. (alene)* mere, very (*fx* the mere thought of it; the very sight of him);
□ ~ *og bar* mere; *ligge* ~ lie open (*for* to); *lægge* ~ lay bare; *stille* ~ expose; *med det -te øje* with the naked eye; *(se også linned).*
blot[2] *adv.* only; *(udelukkende)* simply; F merely (*fx* simply (*el.* merely) because I asked);
□ *ikke* ~ not only; *hvis* ~, *når* ~ *a)* if only (*fx* if he would only believe me); *b) (forudsat)* so (*el.* as) long as, provided (*fx* let them hate me so long as (*el.* provided) they obey me; as long as you apologize I am satisfied); *vent* ~! just (you) wait!
blot[3] *konj. (gid)* if only; I wish; *(se også blot*[2] *(når blot)).*
blotlægge *vb.* lay bare, expose.
blotlæggelse *sb. (en, -r),* **blotlægning** *sb. (en, -er)* exposure.
blotte *vb. (se også blottet)* bare, uncover; *(også mil.)* expose (*fx* one's ignorance; one's flank);
□ ~ *hovedet* bare one's head; ~ *sin uvidenhed (også)* betray one's ignorance; ~ **sig** *a) (dumme sig)* blunder; T put one's foot in it; *b) (røbe sig)* give oneself away; *c) (krænke blufærdigheden)* expose oneself; *d) (let glds.:* ~ *sig for penge)* run out of money.
blottelse *sb. (en, -r) (jf. blotte)* baring; exposure;
□ *give sig en* ~ *a) (ikke passe på, også i boksning, fægtning etc.)* relax one's guard; *b) (røbe sig)* give oneself away; *c) (dumme sig)* blunder; *jeg venter til han giver sig en* ~ I shall wait till I catch him off guard.
blotter *sb. (en, -e)* flasher.
blottet *adj. (nøgen)* naked;
□ ~ *for* devoid of (*fx* interest, talent); ~ *for penge* penniless; T broke; *med* ~ *hoved* bare-headed; *(let glds.)* uncovered; *med* ~ *overkrop* stripped to the waist; ~ *til skindet* stripped to the skin.
blouson *sb. (en, -er)* blouson.
blu *sb. (en)* shame;
□ *uden* ~ *a)* unblushing; *b) (adverbielt)* unblushingly.
blues[1] *sb. (en, -)* blues.
blues[2] *vb.* be ashamed, blush (*ved* at; *ved at* to).
bluff *sb. (et)* bluff;
□ *gennemskue hans* ~ see through his bluff.
bluffe *vb.* bluff.
bluffmager *sb. (en, -e)* **1.** bluffer; **2.** *(svindler)* humbug; F charlatan.
bluffnummer bluff (*fx* it was just (a) bluff).
blufærdig *adj.* **1.** *(mht. nøgenhed)* modest; **2.** *(mht. følelser)* shy.
blufærdighed *sb. (en) (jf. blufærdig)* **1.** modesty (*fx* the natural modesty of children); **2.** shyness;
□ *krænke -en a)* affront public decency; *b) (blotte sig)* expose oneself (indecently); *krænkelse af -en a)* affront to public decency; *b) (jur.)* offence against public decency; indecent exposure.
blufærdighedskrænkelse *se blufærdighed (krænkelse af blufærdigheden).*
blund *sb. (en el. et, -)* doze (*fx* have a short doze); *(mere* T*)* nap (*fx* take (*el.* have) a nap); *(glds.* T*)* forty winks (*fx* have forty winks).
blunde *vb.* doze, take a nap; *(slumre)* slumber.
blus *sb. (et, -)* **1.** *(bål)* fire; **2.** *(signal-)* flare; **3.** *(gas-)* jet; **4.** *(fakkel)* torch;
□ *der er* ~ *på lampen* T he (, she) has had one over the eight; *[med præp.] koge* **over** *et svagt (el. sagte)* ~ boil over a slow fire (*el.* a low heat); simmer; *køre* ***på*** *lavt* ~ *(fig.)* be ticking over; mark time.
bluse *sb. (en, -r)* **1.** *(dame-, barne-)* blouse; **2.** *(skjorte-)* shirt (blouse); *(am.)* shirtwaist; **3.** *(strikket)* jersey; **4.** *(top)* top; **5.** *(russer- etc.)* tunic.
blusel *sb. (en)* **1.** shame; **2.** *(i Bibelen)* nakedness.
blusse *vb. (se også blussende)* **1.** *(brænde)* blaze; **2.** *(afbrænde signalblus)* burn flares; **3.** *(rødme)* blush, flush;
□ ~ *af vrede* flush with anger; ~ *op a)* burst into flame; blaze up; *b) (fig.)* flare up (*fx* fighting flared up in the town).
blussende *adj. (rød i kinderne)* flushed;
□ *hun blev* ~ *rød* she turned scarlet.
bly[1] *sb. (et)* **1.** lead; **2.** *(typ.)* hot metal;
□ *indfatte i* ~, *belægge med* ~ lead.
bly[2] *adj.* shy; *(demonstrativt, påtaget)* coy;
□ *en* ~ *viol* a shrinking violet; a timid snowdrop.
blyant *sb. (en, -er)* **1.** pencil;
2. *(farveblyant)* crayon;
□ *blød (, hård)* ~ soft (, hard) pencil; *med* ~ *(ɔ: med blyantsskrift)* in pencil (*fx* a note had been added in pencil); *skrive med* ~ write with a pencil; *skrevet med* ~ written in pencil; pencilled.
blyantholder *sb. (en, -e)* **1.** pencil holder; **2.** *(klemme til lomme)* clip.
blyantmærke pencil mark.
blyantsholder *se blyantholder.*
blyantskitse pencil sketch.
blyantsmærke pencil mark.
blyantspidser *(en -e)* pencil sharpener.
blyantsskitse pencil sketch.
blyantsspidser *(en -e)* pencil sharpener.
blyantsstift *(en -er)* (pencil) lead.
blyantsstreg pencil stroke.
blyantstegning pencil drawing.
blyantstift *(en -er)* (pencil) lead.
blyantstreg pencil stroke.
blyanttegning pencil drawing.
blyforgiftning lead poisoning.
blyfri *adj.:* ~ *benzin* unleaded petrol, lead-free petrol.
blygrå *adj.* lead-coloured; F leaden (*fx* sky).
blyhagl lead shot.
blyholdig *adj. (præd.)* containing lead; *(F: også attr.)* plumbiferous.
blyhvidt white lead.
blyindfattet *adj.* leaded (*fx* windows, glass);

□ *blyindfattede ruder* leaded lights.
blyklump lump of lead.
blylod *sb. (et, -der)* plummet.
blyplombe lead seal.
blyrør lead pipe.
blytung *adj.* **1.** *(kun præd.)* heavy as lead; **2.** *(fig.)* leaden.
blæk *sb. (et)* ink;
□ *klart som ~ (spøg.)* (as) clear as mud.
blækfjerner *sb. (en, -e)* ink eradicator.
blækflaske ink bottle.
blækhat *(bot.)* ink cap.
blækhus **1.** inkpot; **2.** *(indbygget i bordet)* inkwell;
□ *fare i -et (omtr.)* rush into print.
blækklat *sb. (en, -ter)* ink spot; *(større)* ink blot; *(fx på tøj, fingre)* ink stain.
blæklineal ink ruler.
blækpatron cartridge.
blækregning [written arithmetic homework].
blæksmører *sb. (en, -e)* scribbler.
blæksprutte *sb. (en, -r)* **1.** *(zo.)* cuttlefish; *(lille)* squid; *(ottearmet)* octopus; **2.** *(bagageholder)* luggage holder, spider (*fx* a six-clamp spider); luggage elastics.
blækstift *sb. (en, -er)* indelible pencil.
blæksuger *sb. (en, -e)* blotter.
blækviskelæder ink rubber; *(*F *el. am.)* ink eraser.
blænde[1] *sb. (en, -r) (på kamera) = blænder.*
blænde[2] *vb. (se også blændende)* **1.** *(ved stærkt lys)* blind, dazzle; **2.** *(imponere)* dazzle; **3.** *(vindue etc.: mure til)* brick up; *(slå brædder for)* board up;
□ *~ en dør* cover up a door; *-de lanterner (sø.)* screened lights;
[med præp. & adv.] lade sig ~ ***af*** be dazzled by; be deceived by; *~* ***ned*** *a) (om billygter)* dip the headlights; *b) (om kamera)* stop down (the lens); *~* ***op*** *(om billygter)* switch on to main beam; put the headlights on full beam; *~* ***op for*** *(fig.)* start; *~* ***over*** dissolve.
blændende[1] *adj.* **1.** dazzling, glaring (*fx* light; the glaring sun); blinding; **2.** *(imponerende)* dazzling (*fx* wit); *(~ dygtig)* brilliant (*fx* speaker, tennis player).
blændende[2] *adv. (jf. blændende*[1]*)* dazzlingly (*fx* white; beautiful); brilliantly (*fx* play brilliantly).
blænder *sb. (en, -e) (på kamera)* stop, diaphragm.
blænde(r)åbning *(foto.)* (diaphragm) aperture.
blændfri *adj.* anti-dazzle.
blændlygte dark lantern.
blændramme *se blindramme.*
blændværk delusion, phantom.
blær *sb. (et)* swank.
blære[1] *sb. (en, -r)* **1.** *(luft-)* bubble; **2.** *(fedt- på væske)* bead; **3.** *(vable, ~ i glas etc.)* blister; **4.** *(urin-)* bladder; **5.** *(om person: vigtigper)* show-off.
blære[2] *vb.* blister;
□ *~ sig* show off, swank; *~ sig af* boast about; *~ sig med a) (vise frem)* show off; *b) (prale med)* boast about.
blærebetændelse *(med.)* cystitis.
blæredannelse vesiculation.
blærehals neck of the bladder.
blærehalskirtel prostate (gland).
blærekatar catarrh of the bladder.
blærerøv show-off.
blæresmælde *sb. (en) (bot.)* bladder campion.
blæresten **1.** bladder stone; *(med.)* cystolith; **2.** *(sygdom)* cystolithiasis.
blæresæl *(zo.)* hooded seal.
blæret *adj.* **1.** *(med blærer)* blistered; **2.** *(indbildsk)* conceited; T stuck-up.
blæretang *(bot.)* bladder wrack.
blæse *vb. (blæste, blæst) (se også blæsende, blæst*[2]*)* **1.** blow; **2.** *(signal)* sound;
□ *~ alarm* sound the alarm; *det -r* there is a wind; it is windy; *man kan ikke både ~ og have mel i munden (omtr.)* you can't have your cake and eat it (too); *jeg vil ~ det (, ham) en lang march (el. et stykke)* I don't care a hang; *(se også vind*[1]*);*
[med præp. & adv.] ~ ***af*** *a) (aflyse)* call off (*fx* a strike); *b) (afvarsle efter luftalarm)* sound the all-clear; *hans hat blæste af* his hat blew off; *~* ***bort*** blow away; *det -r* ***fra*** *land* the wind is blowing off shore;
~ ***i*** *en fløjte (ɔ: give signal etc.)* blow a whistle; *~ i trompet* blow a (, the) trumpet; *døren blæste 'i* the door blew shut; *~ være* ***med*** *det!* never mind! *~* ***ned***, *~* ***om*** blow down (*fx* the gale blew down a TV aerial; a tree blew down);
~ ***op*** *a) (åbne)* blow open; *b) (puste op)* blow up (*fx* a balloon); F inflate; *c) (overdrive betydningen af)* play up (*fx* the media played up every sensation); blow up (*fx* the incident was blown up out of all proportion); *døren blæste op* the door flew (*el.* blew) open; *det -r op* the wind is rising (*el.* getting up);
jeg -r ***på*** I don't care (a damn) about (*fx* him, his objections); *det -r jeg på* I don't care a damn; *~ på fløjte* play the flute; *~ på trompet* play (*el.* blow) the (, a) trumpet; *jeg -r* ***på at*** I don't care (a damn) that; *~* ***til*** *angreb se angreb*;
~ ***ud*** blow out (*fx* blow out a candle; the windows were blown out by the explosion); *brevet blæste ud ad vinduet* the letter flew (*el.* was blown) out of the window.
blæsebælg bellows pl.; *en ~* a pair of bellows, a bellows.
blæseinstrument wind instrument.
blæselampe blow lamp, blowtorch.
blæsende *adj.* windy.
blæser *sb. (en, -e) (musiker)* wind player; *-ne (i orkester)* the wind (section).
blæserkvintet wind quintet.
blæsevejr windy weather;
□ *det bliver ~* it is going to be windy.
blæst[1] *sb. (en)* **1.** wind; **2.** *(blæsevejr)* windy weather;
□ *gøre ~ af* make a fuss about; *stærk ~* a strong (*el.* high) wind; *der står ~ om ham (, det)* he (, it) is the centre of controversy.
blæst[2] *adj.* **1.** *(pf.ptc. af blæse)* blown; **2.** *(*S*: skør)* barmy;
□ *jeg var helt ~ (ɔ: tom i hovedet)* my mind was a blank; *værelset var som ~* the room was all neat and tidy; *hovedpinen var som ~ bort* the headache had vanished completely.
blæver *sb. (et)* **1.** *(gelé)* jelly; *(klistret)* goo; **2.** *(vrøvl)* guff.
blævret *adj.* **1.** *(geléagtig)* jellyish; *(og klistret)* gooey; **2.** *(bævrende)* wobbly.
blød[1] *sb.: ligge (el. stå) i ~* be in soak, soak; *lægge noget i ~* put sth to soak, soak sth; *(mere* T*)* steep sth; *lægge hovedet i ~* put one's thinking cap on; *lad os lægge hovederne i ~ (ɔ: i fællesskab)* let us put our heads together; *lade noget stå i ~* soak sth, leave sth to soak.
blød[2] *adj.* **1.** soft (*fx* brush, collar, palate; voice; water); **2.** *(tåbelig)* daft, silly; *(præd. også)* nuts, soft in the head; **3.** *(følsom)* sensitive; soft-hearted; **4.** *(eftergivende)* weak, soft;
□ *gøre ham ~* T soften him up; *gøre ham ~ om hjertet* soften his heart;
[med sb.] ~ hat soft hat, trilby; *en ~ landing (i rumfart & fig.)* a soft landing; *en ~ løsning* a soft option; *den -e mand (svarer til)* the

(sensitive) new man.
blødagtig *adj.* effeminate; T soft.
blødagtighed *sb. (en)* effeminacy; T softness.
bløddel *sb. (en, -e)* soft part.
bløddyr **1.** *(zo.)* mollusc; **2.** *(T: skvat)* softy.
bløde[1] *vb. (blødte, blødt) (om regn)* soak; *(stærkere)* drench;
□ ~ ***op*** *a) (sætte i blød)* steep; *(mere* T*)* steep; F macerate; *b) (gøre mere blød)* soften (up) (*fx* the sun softened (up) the frozen ground); *c) (fig.)* relax (*fx* the rules, the situation); *(om formulering)* tone down; ~ *noget* ***ud*** soak sth (*fx* soak bread in milk).
bløde[2] *vb. (blødte, blødt)* **1.** *(miste blod)* bleed; **2.** *(punge ud)* fork out;
□ *med -nde hjerte* with a bleeding heart;
[med præp.] ~ ***for*** *(ɔ: betale mange penge)* pay through the nose for; *det blødte* ***fra*** *såret* the wound was bleeding; *det blødte fra hans øre* he was bleeding from the ear; *det blødte* ***gennem*** *forbindingen* blood soaked through the bandage.
bløder *sb. (en, -e)* **1.** *(med.)* haemophiliac; **2.** *(regnskyl)* heavy shower, downpour; T soaker, drencher.
blødersygdom haemophilia.
blødgøre *vb.* soften.
blødgøring *sb. (en, -er)* softening.
blødgøringsmiddel *(til vand)* softener.
blødhed *sb. (en) (jf. blød*[2]*)* **1.** softness; **2.** silliness; **3.** sensitivity.
blødhjernet *adj.* silly, soft-headed.
blødhjertet *adj.* soft-hearted.
blødkogt *adj.* soft-boiled;
□ *et ~ æg (også)* a boiled egg.
blødning *sb. (en, -er)* **1.** bleeding; *(med.: voldsom)* haemorrhage; **2.** *(menstruation)* menstruation, period.
blødsøden *adj.* soft.
blødsødenhed *sb. (en)* softness; *(mere neds.)* sloppiness.
blå *adj.* **1.** blue; **2.** *(i heraldik)* azure;
□ *blive ~ i hovedet* get blue in the face (*fx* you can go on screaming till you get blue in the face); *ud i det ~* at random; *det er helt ud i det ~* it is neither here nor there; it is nonsense; *tur ud i det ~* mystery tour;
[med sb.] den ~ bog (svarer til) Who's Who; *Den ~ Grotte* the Blue Grotto; *komme ud af den ~ luft (fig.)* come out of thin air; *(se også forsvinde)*; *holde ~ mandag* take a Monday off; *-t mærke, ~ plet (efter slag)* bruise; *-t stempel a)* quality mark; *b) (godkendelse)* seal of approval (*fx* they don't want to be seen as giving the new regime their seal of approval); *få -t stempel a) (blive anerkendt)* be recognized; *b) (blive godkendt)* get the seal of approval; *et -t øje* a black eye; *give ham et -t øje* give him a black eye, black his eye; *de gør det ikke for vore ~ øjnes skyld* they do not do it for the sake of our bright eyes.
blå- *(om farver)* bluish (*fx* bluish green, bluish white).
blåbog blue book.
blåbær *(bot.)* bilberry, huckleberry, whortleberry; *(am. art, større)* blueberry.
blåfrossen *adj. (kun præd.)* blue with cold.
blåhat *(bot.: almindelig ~)* field scabious.
blåhval *(zo.)* blue whale.
blåhvilling *(zo.)* blue whiting.
blåklokke *(bot.)* harebell; *(i Skotland)* bluebell.
blåler blue clay.
blålig *adj.* bluish.
blålys **1.** *(fyrværkeri)* blue light, Bengal light; **2.** *(fig.)* hot air.
blåmalet *adj. (præd.)* painted blue.
blåmejse **1.** *(zo.)* bluetit; **2.** *(pigespejder)* brownie.
blåmunke *sb. (en, -r) (bot.)* sheepsbit scabious.
blåmusling *(zo.)* common mussel.
blåne *vb.* **1.** *(blive blå)* become blue; **2.** *(gøre blå)* blue.
blånelse *sb. (en)* blue; *(am.)* bluing.
blåpude *(bot.)* aubrietia.
blår *sb. (en)* tow;
□ *stikke en ~ i øjnene* pull the wool over sby's eyes.
blåregn *(bot.)* wisteria.
blåræv *(zo.)* arctic fox.
blåskimmelost blue cheese.
blåskæg Bluebeard.
blåsort *adj.* blue-black.
blåstemple *vb.* **1.** *(anerkende)* recognize; F accord recognition to; **2.** *(godkende)* give the seal of approval.
blåstempling *(jf. blåstemple)* **1.** recognition; **2.** approval.
blåstrømpe *(hist.)* bluestocking.
blåsyre Prussic acid.
blåternet *adj.* blue-chequered.
blåøjet *adj.* **1.** blue-eyed; **2.** *(troskyldig)* dewy-eyed, starry-eyed (*fx* dewy-eyed patriotism; don't be too dewy-eyed; a starry-eyed idealist).
b-menneske B-person.
BNP *se bruttonationalprodukt.*
b-nøgle *(i låsesystem)* sub-master key.
bo[1] *sb. (et)* **1.** *(hjem)* home; *(spøg.)* nest; F abode;
2. *(mindre dyrs, fugles & insekters)* nest; *(større dyrs)* den;
3. *(jur.)* estate (*efter* left by);
□ *afslutte et ~ (jf. 3)* wind up an estate; *behandle et ~ (jf. 3)* administer an estate; *opgøre et ~, gøre et ~ op (jf. 3)* wind up an estate; *sætte ~* settle; *tage et ~ under behandling (jf. 3)* take over the administration of an estate; *(se også uskiftet).*
bo[2] *vb.* **1.** live; *(om enkeltperson,* F*)* reside; *(litt.)* dwell;
2. *(midlertidigt)* stay; T stop (*fx* at a hotel);
□ *blive -ende* stay on; *blive -ende i huset* stay in the house, go on living in the house;
[med præp. & adv.] jeg -r ***billigt*** *a) (om lejer)* my rent is low; I pay very little rent; *b) (i ejerbolig)* the house (, flat) doesn't cost me much; ~ ***for sig selv*** live by oneself; ~ ***hjemme*** live at home; ~ ***hos*** *ham* live (, stay) at his house; *jeg -ede hos min onkel* I lived (, stayed) at my uncle's (*el.* with my uncle); *jeg ved ikke hvad der -r* ***i*** *ham* I don't know what he has got in him; T I don't know what makes him tick; ~ ***på*** *et hotel a)* stay at a hotel; *b) (fast)* live in a hotel; ~ *på en gård* live (,stay) on a farm; ~ ***sammen*** *a) (have bofællesskab)* share a flat (, house, room) (*med* with); *b) (leve sammen)* be together (*fx* they have been together for five years); live together (*med* with); *ham (, hende) jeg -r sammen med (også,* T*)* my live-in boyfriend (, girl friend); ~ ***til leje*** *se leje*[1].
boa *sb. (en, -er)* **1.** *(zo.)* boa (constrictor); **2.** *(pelskrave)* boa.
boardingkort, **boardingpas** boarding card.
boaslange *(zo.)* boa constrictor.
bobbet *adj.: ~ hår* bobbed hair.
bobehandling the administration of an estate.
bobestyrer administrator.
boble[1] *sb. (en, -r)* **1.** bubble; **2.** *(i tegneserie etc.)* balloon.
boble[2] *vb.* **1.** bubble; **2.** *(*S*: sove)* snooze;
□ *~ af (fig.)* bubble (over) with (*fx* she was bubbling over with joy; he positively bubbled with ideas).
boblebad jacuzzi.
boblehal air house, air hall; *(am.)* bubble.

boblepakning bubble pack, blister pack.
bobleparaply bubbletop (umbrella), bubble umbrella.
bobslæde bobsleigh.
boccia *sb.* boccia.
bod[1] *sb. (en, -er)* **1.** *(markedsbod)* booth, stall; **2.** *(butik)* shop.
bod[2] *sb. (en)* **1.** *(bøde)* fine; **2.** *(bodshandling)* penance;
□ *gøre* ~ do penance; *love* ~ *og bedring* promise to turn over a new leaf; promise reform, promise to mend one's ways; *(se også råde).*
bodega *sb. (en, -er)* wine bar.
bodegamuskel S midriff bulge.
bodeling *(jur.)* division of property.
Bodensøen *(geogr.)* Lake Constance.
bodfærdig *adj.* penitent (*fx* sinner).
bodfærdighed *sb. (en)* penitence.
bodmeri *sb. (et)* bottomry.
bodmeribrev bottomry bond.
bodsøvelse penance.
boer *sb. (en, -e)* Boer.
Boerkrigen *(hist.)* the Boer War.
bofast *adj.* settled.
bofællesskab 1. *(i lejlighed)* flatshare (*fx* different types of flatshare); *(i hus)* houseshare;
2. *(det at have ~)* shared living (*fx* he is firmly in favour of shared living);
□ *have* ~ share a flat (, house); *(se også boligkollektiv).*
bog[1] *sb. (en, bøger)* **1.** book; **2.** *(antal ark)* quire; **3.** *(konto)* account;
□ *-en (i bridge)* the book;
[med vb. & præp.] ***afslutte*** *bøgerne* balance the books; ***føre*** *bøger* keep books, keep accounts; ***føre*** ~ ***over*** *a) (holde regnskab med)* keep an account of; *b) (føre liste over)* keep a list of; ***føre til*** *-s* enter; *gøre det* **lige efter** *-en* play (, do) it by the book; *det var et kup lige efter -en* it was a copybook coup.
bog[2] *sb. (en, -) (bøgens frugt)*
1. *(enkelt)* beechnut; **2.** *(generelt)* beech nuts pl.; *(nedfalden også)* beech mast.
boganmeldelse book review.
boganmelder book reviewer.
bogauktion book sale.
bogbestand book stock, holding.
bogbil *se bogbus.*
bogbind binding; *(løst)* cover.
bogbinder *sb. (en, -e)* bookbinder.
bogbinderi *sb. (et, -er)* **1.** *(det at)* bookbinding; **2.** *(værksted)* bookbinder's shop; bindery.
bogbinding bookbinding.
bogbrænding bookburning.
bogbus mobile library; *(am.)* bookmobile.
bogdepot book store.
boge *vb.* swot.
bogelsker booklover; F bibliophile.
bogfinke *(zo.)* chaffinch.
bogforlag publishing house.
bogform: *i* ~ in book form.
bogfortegnelse list of books.
bogføre *vb.* enter (*fx* an amount);
□ *bogført post* entry; *bogført værdi* book value.
bogføring *sb. (en)* **1.** entering;
2. *(bogholderi)* bookkeeping; *(regnskabsføring)* accounting, accountancy;
□ *kreativ* ~ creative accounting.
bogføringspligt duty to keep books.
boghandel 1. *(salg af bøger)* bookselling; **2.** *(butik)* bookshop; *(am.)* bookstore;
□ *bogen findes ikke mere i -en* the book is out of print; *bogen fås i -en* the book can be obtained from booksellers.
boghandler *sb. (en, -e)* bookseller.
boghandlermedhjælper bookseller's assistant.
boghandlerrabat trade discount.
bogholder bookkeeper; *(regnskabsfører)* accountant.
bogholderi *sb. (et)* **1.** *(som fag)* bookkeeping; *(regnskabsføring)* accountancy; *(se også dobbelt)*;
2. *(kontor)* bookkeeper' s office, bookkeeping department; *(regnskabsafdeling)* accounts department.
bogholderimaskine bookkeeping machine.
boghvede buckwheat.
boghvedegryn buckwheat (groats).
boghvedegrød buckwheat porridge.
boghylde *sb. (en, -r)* bookshelf.
bogie *sb. (en, -r)* bogie.
bogievogn bogie carriage.
bogklub book club.
boglade *sb. (en, -r)* bookshop.
bogladepris published price.
boglig *adj.* **1.** academic (*fx* child; course); theoretical (*fx* studies);
2. *(litterær)* literary (*fx* pursuits); *(især neds.)* bookish (*fx* style).
bogliste book list.
boglærd *adj.* book-learned;
□ *en* ~ a scholar.
bogmarked book market.
bogmenneske bookish person.
bogmide *(zo.)* book mite.
bogmærke *sb. (et, -r)* book mark(er).
bogomslag jacket.
bogorm *(også fig.)* bookworm.
bogreol bookcase.
bogryg back of a book; *(fagl.)* spine of a book.
bogsamler collector of books, book collector.
bogsamling collection of books, book collection; *(større)* library.
bogskab (closed) bookcase; glass-fronted bookcase.
bogsprog literary language; *(neds.)* bookish language.
bogstav *sb. (et, -er)* letter;
□ ***-er*** (ɔ: *skriftform)* script (*fx* Arabic script, Cyrillic script);
[med adj.] ***lille*** ~ *a)* small (*el.* lower-case) letter; *b) (om størrelsen)* small letter; ***stort*** ~ *a)* capital (*el.* upper-case) letter, capital; *b) (om størrelsen)* large (*el.* big) letter; *med store -er, se ndf.*;
[med præp.] ***efter*** *-en* literally (*fx* translate literally); to the letter (*fx* carry out an order to the letter); *skrevet* ***med store*** *-er* written in capital letters; *tale med store -er* T express oneself in no uncertain terms; *tale med store -er til en* give sby the rough edge of one's tongue; *et ord* ***på*** *fem -er* a word of five letters; a five-letter word.
bogstavelig[1] *adj.* literal.
bogstavelig[2], **bogstaveligt** *adv.* literally;
□ *tage det* ~ take it literally; ~ *talt* literally (*fx* he literally devoured her with his eyes); positively.
bogstavere *vb.* spell.
bogstavering *sb. (en, -er)* spelling.
bogstavorden alphabetical order.
bogstavret *adj.*: ~ *udtale* spelling pronunciation.
bogstavrim alliteration.
bogstavskrift *sb. (en, -er)* alphabetic writing.
bogstøtte book end.
bogtilrettelægger *sb. (en, -e)* book designer.
bogtitel book title.
bogtryk (letterpress) printing.
bogtrykker printer.
bogtrykkeri printing office, printing house; printing works (pl. -); printer's.
bogtrykkerkunsten the art of printing; typography.
bogudlån 1. lending of books;
2. *(afdeling i bibliotek)* lending department.
bogven *se bogelsker.*
bohave *sb. (et)* furniture.
boheme *sb. (en, -r)* bohemian.
bohemeagtig *adj.* bohemian.
boks *sb. (en, -e)* **1.** *(tyverisikkert rum, fx i væg)* safe;
2. *(bankboks: til udlejning)* safe-deposit box; *(til bankens midler)* strongroom; *(døgnboks)* night safe;

3. *(telefonboks)* telephone box (*el.* booth); callbox; *(am.)* pay station;
4. *(postboks)* box;
5. *(i sproglaboratorium)* booth, cubicle;
6. *(i stald)* loosebox.
boksafdeling safe-deposit (department).
bokse *vb.* **1.** box; **2.** *(øve)* spar;
3. *(slå)* punch (*fx* punch him in the stomach).
boksebold punchball, punchbag (*fx* he used me as a punchbag); *(især am.)* punching bag.
boksehandske boxing glove.
boksekamp boxing match; *(især om tidligere tiders)* prizefight.
bokser *sb. (en, -e)* **1.** *(person)* boxer; *(især i tidligere tid)* prizefighter; *(glds. el. spøg.)* pugilist;
2. *(hund)* boxer.
boksering ring.
boksestævne boxing meeting.
boksestød punch.
boksning 1. boxing; *(glds. el. spøg.)* pugilism; **2.** *(øvelse)* sparring.
bolche *se bolsje.*
bold *sb. (en, -e)* **1.** ball; **2.** *(til sprøjte etc.)* bulb;
□ *skør i -en se skør;*
[med vb.] give -en op se give; *spille* ~ play ball; *spille* ~ *med a)* play ball with; *b) (lege med)* play with; *c) (jonglere med)* juggle with (*fx* ideas); *spille -n videre til ham a)* pass the ball to him; *b) (fig.: lade ham tage sig af sagen)* put the ball in his court; *tage -en op (fig.)* accept the challenge.
boldbane playing field.
boldgade: *være på sin egen* ~ be on one's own.
boldklub football (, tennis etc.) club.
boldspil (ball) game;
□ *god til* ~ good at games.
boldtræ bat.
bole *vb. (glds.)* whore (*med* with).
boler *sb. (en, -e),* **bolerske** *sb. (en, -r) (glds.)* paramour.
bolig *sb. (en, -er)* **1.** home (*fx* people now spend more money on their homes; only 350 homes were started last year); *(hus)* house; *(især am.)* home; *(lejlighed)* flat; *(am.)* apartment;
F habitation (*fx* human habitations); *(poet., glds. el. spøg.)* abode (*fx* welcome to my humble abode);
2. *(fornem bolig)* residence (*fx* the ambassador's residence; at his private residence; he took up residence in Copenhagen);
3. *(især jur., officielt el. fagsprog)* dwelling (*fx* 160,000 new dwellings were started last year; the dwellings of the natives);
□ *-er (også)* housing sg. (*fx* there are thousands of people in deplorable housing); accommodation sg. (*fx* the poorer paid cannot get decent accommodation);
skaffe -er til provide housing (*el.* accommodation) for.
boligaktivist squatter.
boliganvisningskontor accommodation bureau (*el.* agency).
boligarkitekt interior designer.
boligberettiget *adj.: være* ~ have a housing right.
boligblok *se etageejendom.*
boligbyggeri 1. *(det at bygge)* house building; **2.** *(det byggede)* housing estate (*fx* social housing estates).
boligforhold *sb.pl.* housing (conditions); *-ene* the housing situation.
boligfællesskab *se bofællesskab, boligkollektiv.*
bolighaj slum landlord; *(am.)* slum lord.
boligindretning 1. furnishing;
2. *(som fag)* interior design.
boligkollektiv 1. shared house (, flat); F multioccupied house (, flat); **2.** *(personer)* people sharing a house (, flat).
boligkompleks *se etageejendom.*
boligkonsulent interior designer.
boligkvarter residential area.
boliglov housing act.
boligløs *adj.* homeless.
boligmangel housing shortage.
boligmarked housing market.
boligmassen the housing stock.
boligminister minister of housing, housing minister.
boligministerium ministry of housing.
boligrød housing shortage.
boligpolitik housing policy.
boligret rent tribunal.
boligsanering slum clearance.
boligselskab [cooperative housing society].
boligsikring *(svarer til)* housing benefit, rent allowance.
boligspekulant property speculator; T property shark.
boligstøtte *(svarer til)* housing benefit, rent allowance.
boligsøgende *adj.* **1.** flat-hunting; house-hunting; **2.** *(brugt som sb.)* flat hunter; house hunter.
boligtager *sb. (en, -e)* flat (, house)-dweller.
boligtekstiler *sb.pl.* furnishing fabrics; soft furnishings.
boligudstyr furnishings pl.
boligudstyrsforretning furnisher's.
boligydelse [housing benefit for pensioners].
bolivianer *sb. (en, -e),* **boliviansk** *adj.* Bolivian.
bolle[1] *sb. (en, -r) (skål)* bowl.
bolle[2] *sb. (en, -r)* **1.** *(brød)* bun, soft roll;
2. *(i suppe etc.)* ball; *(mel-)* dumpling;
3. *(uglegylp)* pellet.
bolle[3] *vb. (vulg.)* ball, screw.
bollemælk: *hun stikker ikke op for* ~ she is not a quitter.
bolsje *sb. (et, -r)* sweet; *(am.)* piece of candy;
□ *-r* sweets; candy sg.
bolsjestribet *adj.* candy-striped.
bolsjevik *sb. (en, -ker)* Bolshevik.
bolsjevisme *sb. (en)* Bolshevism.
bolsjevistisk *adj. (kun attr.)* Bolshevist; *(også præd.)* Bolshevistic.
bolsmand small farmer, smallholder.
bolster *sb. (et, bolstre)* **1.** *(stof)* ticking; **2.** *(hynde)* bolster.
bolt *sb. (en, -e)* **1.** *(nagle)* bolt; **2.** *(i sejl)* lining.
bolte *vb.* bolt.
boltre *vb.:* ~ *sig a)* scamper about, romp about; T cavort; *b) (fig.)* have one's fling.
boltsaks bolt cutter.
bolværk *sb. (et, -er)* **1.** *(ved havn)* wharf; **2.** *(fig.)* bulwark, safeguard (*imod* against).
bolværkspenge *sb.pl.* wharfage sg.
bom *sb. (en, -me)* **1.** bar;
2. *(til opkrævning af betaling)* tollbar;
3. *(jernb.)* (level-crossing) barrier;
4. *(gymnastikredskab)* (balance) beam;
5. *(væve-)* beam;
6. *(fig.: skranke)* barrier;
7. *(sø.: lastebom)* derrick; *(havnespærring)* boom;
□ *sætte* ~ *for (fig.) a) (standse)* put a stop to; *b) (forhindre)* prevent.
bomasse *(jur.)* gross estate.
bombardement *sb. (et, -er)* **1.** bombardment; *(luft- også)* bombing; *(beskydning med granater)* shelling; **2.** *(med snebolde, sten)* pelting;
□ *et* ~ *af spørgsmål* a barrage of questions.
bombardere *vb.* bombard (*fx* a town; sby with questions (, applications)); *(fra luften også)* bomb; *(beskyde med granater)* shell;
□ ~ *en med snebolde (, sten)* pelt sby with snowballs (, stones); *vi blev -t med breve (, klager)* we were flooded with letters (, complaints).
bombastisk[1] *adj.* bombastic;
T high-falutin.

bombastisk[2] *adv.* bombastically.
bombe[1] *sb. (en, -r)* **1.** bomb; **2.** *(overraskelse)* bombshell; □ *det kom som en ~* it was a bombshell; *logisk ~ (edb)* logic bomb; *lægge en ~ under (fig.)* place a ticking bomb under.
bombe[2] *vb.* bomb.
bombeangreb bombing raid.
bombefly(ver) bomber.
bombekrater bomb crater.
bombelast bomb load.
bomberamt *adj.* bombed.
bomberobot bomb-disposing robot.
bombesikker 1. *(om hus el. rum)* bombproof; shellproof; **2.** *(fig.: helt uden risiko)* absolutely safe (*fx* constituency, investment); *(præd. også)* as safe as houses; □ *det er -t (ɔ: uden for al tvivl)* it is absolutely certain; T it is dead certain; *jeg er ~* I am absolutely (*el.* perfectly) sure; T I am dead sure.
bombesprængning bomb explosion, bomb blast.
bombestop bombing halt (*el.* pause).
bombetomt bomb site.
bombetrussel bomb threat.
bombning *sb. (en, -er)* bombing.
bomlærke *(zo.)* corn bunting.
bomme *vb.* **1.** *(sø.)* gybe; **2.** *(i vævning)* beam; **3.** S *(skyde forbi)* miss; *(lave en bommert)* blunder; *(kludre)* bungle; □ *~ en for en cigaret, ~ en cigaret fra en* S bum a cigarette off sby.
bommert *sb. (en, -er)* **1.** blunder; **2.** *(i skolesprog: "brøler")* howler; *(am.)* boner; **3.** *(selskabelig)* gaffe; □ *begå (el. lave) en ~ a) (jf. 1)* blunder, make a blunder; *b) (jf. 3)* put one's foot in it; drop a brick (*el.* a clanger).
bompenge *sb.pl.* toll sg.
bomstille *adj.* **1.** stock-still; **2.** *(tavs)* absolutely silent.
bomstærk *adj. (kun præd.)* as strong as a horse.
bomuld *sb. (en)* cotton.
bomuldsdyrkning cotton cultivation.
bomuldsflonel flannelette.
bomuldsfrø *sb. (et, -)* cotton seed.
bomuldsgarn cotton (yarn).
bomuldskjole cotton dress.
bomuldsplante cotton plant.
bomuldsspinderi cotton-spinning mill.
bomuldstråd cotton (thread).
bomuldstøj cotton material.
bomuldsvarer *sb.pl.* cottons, cotton goods.
bomuldsvæveri cotton mill.
bomærke emblem.
bon *sb. (en, -s)* **1.** *(fra kasseapparat)* sales ticket, sales slip, receipt; **2.** *(til at betale med)* voucher.
bonbon *sb. (et, -er)* sweet, bonbon.
bonbonniere *sb. (en, -r)* bonbonniere.
bondage *sb. (en)* bondage.
bonde *sb. (en, bønder)* **1.** farmer; **2.** *(i uland & hist.)* peasant; **3.** *(landboer)* countryman; **4.** *(neds.) se bondeknold*; **5.** *(i skak)* pawn; **6.** *(i kortspil)* jack, knave.
bondebefolkning 1. farming population; **2.** *(i u-land & hist.)* peasant population.
bondebryllup rustic wedding.
bondedreng *(jf. bonde)* **1.** country boy; **2.** peasant boy.
bondefange *vb.* con (*fx* he was conned into doing it).
bondefanger confidence man (*el.* trickster); T conman.
bondefangeri *sb. (et, -er)* **1.** *(generelt)* confidence tricks pl.; **2.** *(enkelt)* confidence trick; T con; □ *det er ~* it is a confidence trick; T it is a con.
bondegård farm.
bondegårdsferie farmhouse holiday.
bondehus cottage.
bondekarl 1. *(tjenestekarl)* farmhand; **2.** *(skældsord) se bondeknold.*
bondeknold 1. *(klodset)* bumpkin; *(dum)* yokel; *(am.)* hick, hayseed; **2.** *(generelt skældsord)* clod.
bondekone *(jf. bonde)* **1.** farmer's wife; **2.** peasant woman.
bondelandet the country; *(se også bøhlandet).*
bondemand *se bonde.*
bondemøbler *sb.pl.* peasant furniture sg.
bondeparti agrarian party.
bondepige *(jf. bonde)* **1.** country girl; **2.** peasant girl.
bonderose *(bot.: pæon)* peony.
bondestand 1. farmers pl.; **2.** *(især hist.)* peasantry.
bondsk[1] *adj.* boorish.
bondsk[2] *adv.* boorishly.
bone *vb.* polish; □ *bevæge sig på de -ede gulve (fig.: kan gengives)* move in elevated circles.
bonemaskine (floor) polisher.
bonevoks wax polish, floor polish.
bongotromme bongo (drum).
bonitet *sb. (en)* quality.
bonkammerat: *være ~ med* be hail-fellow-well-met with; *hans -er* his cronies.
bonmot *sb. (et, -er)* witty saying; F (bon) mot.
bonsai *sb. (en)* bonsai.
bonsens *sb. (en)* common sense.
bonus *sb. (en, -(s)er)* **1.** bonus; profits pl.; **2.** *(~ for skadefrit år)* no-claims bonus; □ *give ~ (fig.)* pay off.
booke *vb.* book (*fx* a hotel room, a ticket); □ *~ ind* book in; *-t op* booked up.
bookmaker *sb. (en, -e)* bookmaker; F turf accountant.
bookning *sb. (en, -er)* booking.
boom *sb. (et, -)* boom.
boomerang *sb. (en, -er)* boomerang.
boplads settlement.
bopæl *sb. (en, -e) (adresse)* address; *(se også bolig)*; □ *fast ~* permanent address; *uden fast ~* with no fixed address.
bor[1] *sb. (et) (grundstof)* boron.
bor[2] *sb. (et, -)* **1.** *(metal-, træ- til boremaskine, olie-, tandlæge-)* drill; **2.** *(træ- til borsving)* bit; *(sneglebor)* auger bit; **3.** *(vrid-)* gimlet; *(større, også om jordbor)* auger.
boraks *sb. (en)* borax.
bord *sb. (et, -e)* **1.** table; **2.** *(pult, skrivebord)* desk (*fx* the matter will land on his desk); **3.** *(sø.: planke i båd, skib)* plank; **4.** *(på mejemaskine)* platform; □ ***-et*** *(i kortspil: den blinde)* dummy; *-et fanger a) (i kortspil)* you've played that card; you've put it down; *b) (ɔ: du kan ikke løbe fra det)* a bargain is a bargain; what is done cannot be undone; there is no way back; *pludselig fangede -et* suddenly he (, I etc.) was caught; *-ets glæder* the pleasures of the table; *det er ikke* ***mit*** *~ (fig.: mit anliggende)* that's not my department; *~ og* ***seng*** bed and board; *(se også dække*[2]*, ren*[2]*)*; *[med præp.] tage* ***af -et*** clear the table; clear away; *forslaget blev taget af -et (fig.)* the proposal was withdrawn; *forslaget er ikke taget af -et (fig.)* the proposal remains on the table; *gå* ***fra -e*** *(sø.: i land)* go ashore; F disembark; *sætte lodsen fra -e* drop the pilot; *rejse sig (el. gå)* ***fra -et*** leave the table; rise from table; *slå* ***i -et*** *se slå*[2]; ***inden -e*** *(sø.)* on board; ***om*** *~ (sø.)* on board, aboard; *gå om ~* go on board; F embark; *tage om ~* take on board; F embark (*fx* embark passengers); ***om ~ i*** *(el. på)* aboard, on board (*fx* the ship); *gå om ~ i a)* board (*fx* the ship, the plane); *b) (fig.)* tackle (*fx* the

roast beef); start on (*fx* the work); ***over*** ~ overboard; *kaste over* ~ *(også fig.)* throw overboard; F jettison;
på -et *a) (også fig.)* on the table (*fx* a new proposal is now on the table); *b) (hdl.: kontant)* cash (down) (*fx* £500 cash (down)); *lægge pengene på -et* pay cash; T pay on the nail; *(se også kort*[1]*)*; *have (el. tage) en* ***til -s*** *(ved middagsselskab)* take sby in to dinner; *gå til -s* go in to dinner (, supper etc.); *hun havde ham til -s* she sat next to him at dinner; *hvem skal vi give hende til -s?* who shall we put her next to? *sidde til -s* be (*el.* sit) at table; *sætte sig til -s* sit down to dinner (, supper etc.);
banke ***under -et*** *(ɔ: overtro)* touch wood; *betale penge under -et* pay money under the table; *drikke en under -et* drink sby under the table;
ved -et *a)* at the table; *b) (under måltidet)* at table; during dinner (etc.); *(se også nederst, øverst, varte (op))*.
bordben table leg.
bordbestilling table reservation.
bordbombe indoor firework.
bordbøn grace;
□ *bede* ~ say grace.
borddame (dinner) partner; neighbour (at dinner);
□ *hun var min* ~ I took her in to dinner; she sat next to me at dinner.
borddans 1. [first dance after supper]; **2.** *(spiritistisk)* table turning.
borddug tablecloth.
borddækning 1. *(det at dække bord)* laying a table; **2.** *(arrangement)* table arrangement.
borde *vb. (sø.)* **1.** run alongside; **2.** *(entre)* board.
bordeaux[1] *sb. (en, -er)* Bordeaux (pl. -); Bordeaux wine, claret.
bordeaux[2], **bordeauxfarvet**, **bordeauxrød** *adj.* Bordeaux.
bordel *sb. (et, -ler)* brothel.
bordelkvarter red-light district.
bordende*: øverste (, nederste)* ~ the head (, foot) of the table; *sidde for -n (ɔ: øverst)* sit at the head of the table; *sætte sig for -n a)* sit down at the end (, head) of the table; *b) (tage ledelsen, førstepladsen)* take the head of the table.
bordfylde *vb.* swamp.
bordherre (dinner) partner; neighbour (at dinner);
□ *han var hendes* ~ he took her in to dinner; she sat next to him at dinner.
bordklokke handbell.
bordkniv table knife.
bordkomfur cooking top.
bordkonversation table talk.
bordkort place card.
bordlampe table lamp.
bordløber (table) runner.
bordopsats centrepiece.
bordplade 1. table top; **2.** *(på køkkenbord)* worktop; **3.** *(til forlængelse)* leaf.
bordplan *sb. (en)* table (*el.* seating) arrangement, seating plan.
bordsalt table salt.
bordskik table manners pl.;
□ *holde* ~ mind one's table manners.
bordskuffe table drawer.
bordskåner *sb. (en, -e)* dish mat.
bordtale *(svarer til)* after-dinner speech.
bordtennis table tennis; T ping-pong.
bordtennisbold table tennis ball.
bordtæppe tablecloth, table cover.
bordvin table wine.
bore *vb.* **1.** bore (*fx* bore a hole in a plank); *(især i metal, sten, jorden, tand)* drill;
2. *(med vridbor)* gimlet;
3. *(trykke)* sink (*fx* sink one's nails into sth; the cat sank her claws into my hand);
□ ~ *en brønd* sink a well;
[med præp. & adv.] ~ ***efter*** *olie (, vand)* drill (*el.* bore) for oil (, water); ~ ***i*** *sænk* sink; *hun -de kniven i hans hjerte* she plunged the knife into his heart; ~ ***sig frem*** *(voldsomt)* elbow one's way (forward); *(forsigtigt)* worm one's way (forward); *kuglen -de* ***sig ind i*** *væggen* the bullet penetrated into the wall; *barnet -de* ***sig ind til*** *sin mor* the child burrowed against its mother.
borebille *(zo.)* deathwatch (beetle).
borehul 1. borehole; **2.** *(med foringsrør: oliebrønd)* well.
boremaskine drill, drilling machine;
□ *elektrisk* ~ electric drill, power drill.
boremusling *(zo.)* piddock.
boreplatform, **borerig** (oil-)drilling platform; *(flytbar)* drilling rig, oil rig.
boretårn derrick.
borg *sb. (en, -e)* castle;
□ *konservatismens faste* ~ the stronghold of conservatism.
borge *vb.:* ~ *for* vouch for, guarantee.
borgeleje*: sætte sig til* ~ settle down to stay.
borgen*: gå i* ~ *for (glds.) se borge (for)*.
borger *sb. (en, -e)* **1.** citizen; *(se også statsborger, akademisk (borger))*; **2.** *(bybo)* townsman; **3.** *(mods. adelig)* commoner.
borgerdyd civic virtue.
borgerkrig civil war.
borgerlig *adj.* **1.** civil (*fx* authorities; disobedience, unrest);
2. *(om middelstanden)* middle-class; *(oftest neds. samt i marxistisk sprogbrug)* bourgeois (*fx* morality; he is very bourgeois; bourgeois economics);
3. *(jævn)* plain, simple (*fx* dinner);
4. *(pæn)* respectable;
5. *(konventionel)* conventional;
□ *en* ~ *(mods. adelig)* a commoner; *-t viet* married at a registry office;
[med sb.] det -e drama the domestic drama; *sige en et par -e ord* give sby a piece of one's mind; *de -e partier* the non-socialist parties; ~ *ret* civil law; *-e rettigheder* civil rights; ~ *vielse, -t ægteskab* civil marriage; registry-office wedding; *(se også ombud)*.
borgerliggøre *vb.* bourgeoisify.
borgerliggørelse *sb. (en)* embourgeoisement.
borgerlighed *sb. (en)* **1.** *(jævnhed)* plainness; **2.** *(agtværdighed)* respectability.
borgermusikken*: gøre grin med* ~ have a bit of fun.
borgerpligt (civic) duty;
□ *gøre sin* ~ do one's duty.
borgerrepræsentant city councillor.
borgerrepræsentation municipal council, city council.
borgerret *(statsborgerskab)* citizenship;
□ *få* ~ *(også fig.)* become naturalized.
borgerretsforkæmper civil rights campaigner.
borgersind public spirit; good citizenship.
borgerskab 1. *(næringsbrev)* trade licence; **2.** *(borgere)* citizens;
□ *-et, det pæne* ~ *a)* the middle classes pl.; *b) (neds. & i marxistisk sprogbrug)* the bourgeoisie (*fx* the discreet charm of the bourgeoisie).
borgervæbning *sb. (en, -er) (hist.)* civic guard.
borgestue servants' hall.
borgfred *(politisk)* truce.
borgfrue châtelaine.
borgherre lord of a castle.
borgmester mayor; *(især om Tyskland, Holland etc.)* burgomaster;

(i visse større engelske byer) lord mayor (*fx* the Lord Mayor of London).
borgmesterdyd: *forsigtighed er en ~ (svarer til)* discretion is the better part of valour.
borgmestermave corporation.
boring *sb. (en, -er)* **1.** *(jf. bore)* boring; drilling; **2.** *(borehul) se borehul*; **3.** *(kaliber)* bore.
bornert *adj.* **1.** *(snæversynet)* narrow-minded; **2.** *(snerpet)* strait-laced.
bornerthed *sb. (en) (snæversynethed)* narrow-mindedness.
bornholmer *sb. (en, -e)* **1.** *(person)* native of Bornholm;
2. *(ur)* grandfather clock, longcase clock;
3. *(sild)* [kipper from Bornholm].
bornholmerur *se bornholmer 2.*
borsjtj *sb. (en, -er)* borsch(t).
borsur *adj.: -t salt (kem.)* borate.
borsving (hand) brace.
borsyre *(kem.)* boric acid; boracic acid.
bort[1] *sb. (en, -er)* **1.** *(kant)* border;
2. *(påsyet)* edging, trimming (*fx* lace edging (*el.* trimming));
3. *(bånd)* band (*fx* the sleeves were adorned with bands of blue silk); *(påsyet)* ribbon.
bort[2] *adv.* away, off;
□ *langt ~* far away, far off; *han må ~* he must go; *(se også falde, føre*[2]*, gå, komme*[2]*, se (etc.) & sms: bortfalde, bortvise etc.).*
bortadoptere put out for adoption; *(am.)* adopt out;
□ *~ et barn (også)* have a child adopted (*til* by); *-t (attr.)* adopted.
bortauktionere *vb.* auction off, sell by auction.
borte *adv.* **1.** away; **2.** *(forsvundet)* gone; **3.** *(savnet)* missing;
□ *langt ~ se langt (væk)*; *noget ~* some distance away, some way off;
[med vb.] 'blive ~ (ɔ: ikke komme) stay away; *blive '~ (ɔ: forsvinde, gå tabt)* be lost, disappear; T go missing; *~ har taget det* T it is gone.
borteliminere *vb.* eliminate.
bortfald 1. *(ophævelse etc.) (af lov)* repeal; *(af aftale, kontrakt)* annulment;
2. *(udløb, ophør)* lapse (*fx* of membership, of a right); cessation (*fx* of a benefit);
3. *(sprogv., fx af vokal)* disappearance, loss.
bortfalde *vb.* **1.** be dropped;
2. *(blive ophævet, jf. bortfald 1)* be repealed; be annulled;
3. *(udløbe, ophøre, jf. bortfald 2)* lapse (*fx* the right (, the offer) lapsed); cease, be discontinued;
4. *(blive ugyldig)* become void (*fx* the guarantee (, the offer) becomes void if...);
□ *bestemmelserne er -t* the provisions no longer apply; *hermed -r min indvending* this disposes of my objection.
bortfjerne *se fjerne.*
bortforklare *vb.* explain away.
bortforpagte *vb.* farm out, let on lease.
bortforpagtning farming out.
bortfragte *vb.* freight out (*fx* a ship).
bortfragter *sb. (en, -e)* shipowner.
bortføre *vb.* **1.** carry off (*fx* the soldiers carried off our cattle);
2. *(person med magt el. list)* carry off, kidnap; F abduct;
3. *(sin elskede)* run away with; elope with;
4. *(et fly)* hijack.
bortførelse *(jf. bortføre)* **1.** carrying off;
2. kidnapping; F abduction (*fx* the Abduction from the Seraglio);
3. elopement;
4. hijacking; *(enkelt også)* hijack.
bortfører 1. kidnapper; F abductor;
2. *(fly-)* hijacker.
bortgang 1. departure; **2.** *(død)* death; F demise; *(især jur.)* decease.
bortgifte *vb.* marry (*til* to); F give away in marriage; T marry off.
bortgive *vb.* give away.
bortjage *vb.* chase away; *(vise ud)* turn out.
bortkalde *vb.* call away;
□ *blive bortkaldt (ɔ: dø)* pass away.
bortkommen *adj.* lost.
bortlede *vb.* **1.** *(vand)* drain off; **2.** *(spildevand)* dispose of; **3.** *(fig.)* divert (*fx* his attention; suspicion from him); avert (*fx* suspicion).
bortledning *(jf. bortlede)* **1.** draining off; **2.** disposal; **3.** diversion, aversion.
bortlicitere *vb. se udlicitere.*
bortlodde *vb.* dispose of (*fx* a painting) by lottery.
bortløben *adj.* runaway.
bortoperere *vb.* remove.
bortrejse 1. *(fravær)* absence (on a journey); **2.** *(afrejse)* departure.
bortrejst *adj.: han er ~* he has gone away; he is out of town.
bortrive *vb.* snatch away; *(om døden også)* carry off.
bortrømt *adj.* runaway.
bortset: *~ fra* apart from, except for; *~ fra at* except that.
bortskaffe *vb.* remove; dispose of (*fx* rubbish).
bortskaffelse *sb. (en)* removal; disposal (*fx* waste disposal).
bortskylle *vb.* wash away.
bortskære *vb.* cut away.
bortsprænge *vb.* blast off.
bortsælge *vb.* sell.
borttage *vb.* take away, remove.
bortvalg: *~ af et fag* [not choosing a subject].
bortvejre *vb.* dispel, dissipate (*fx* her doubts).
bortvendt *adj.: med ~ ansigt* averting one's face.
bortvise *vb.* **1.** *(nægte adgang)* turn away; F refuse admittance;
2. *(smide ud)* turn out;
3. *(fra skole: midlertidigt)* exclude, suspend; *(permanent)* expel.
bortvisning *sb. (en, -er) (fra skole)* exclusion, suspension; *(permanent)* expulsion.
bortvælge *vb.* not choose (*fx* a subject); *(når man er i gang med det)* drop, give up (*fx* a subject).
bortødsle *vb.* squander, waste; F dissipate.
borvand boric acid solution.
bosat, bosiddende *adj.* resident (*fx* he is resident abroad);
□ *være ~ i* reside in.
Bosnien *(geogr.)* Bosnia.
Bosnien-Hercegovina Bosnia-Herzegovina.
bosnier *sb. (en, -e)*, **bosnisk** *adj.* Bosnian.
Bosporus *(geogr.)* the Bosporus.
bosætte *vb.: ~ sig* settle; F take up residence; *~ sig der (også)* go to live there.
bosættelse *sb. (en, -r)* settlement.
bosættelsespolitik settlements policy.
bosætter *sb. (en, -e)* settler.
botanik *sb. (en)* botany.
botaniker *sb. (en, -e)* botanist.
botanisere *vb.* botanize.
botaniserkasse vasculum.
botanisk[1] *adj.* botanical; *(se også have).*
botanisk[2] *adv.* botanically.
botnisk *adj.: Den -e Bugt (geogr.)* the Gulf of Bothnia.
botswaner *sb. (en, -e)*, **botswansk** *adj.* Botswanan.
boudoir *sb. (et, -er)* boudoir.
bouillon *sb. (en, -er)* bouillon; *(som drik især)* beef tea.
bouillonterning bouillon cube, stock cube.
boulevard *sb. (en, -er)* boulevard.
boulevardavis yellow paper, tabloid.
boulevardpressen the yellow press; the tabloids pl.

boulevardteater boulevard theatre.
bouquet *sb. (en, -er)* bouquet.
bourgeois *sb. (en, -er)* **1.** upper middle class person; **2.** *(typ.)* bourgeois.
bourgeoisi *sb. (et, -er)* upper middle class; *(oftest neds. el. i marxistisk sprogbrug)* bourgeoisie.
bourgogne *sb. (en, -r) (vin)* burgundy.
bov *sb. (en, -e)* **1.** *(på dyr)* shoulder; **2.** *(på skib)* bow;
□ *lægge om på en anden ~* go on another tack; ***et skud for*** *-en a) (sø.)* a warning shot; a shot across the bows; *b) (fig.: et grundskud)* a severe blow (*fx* he dealt this myth a severe blow); a body blow (*fx* it dealt a body blow to the party); *c) (fig.: en udskældning)* a broadside (*fx* he gave the politicians a broadside); *få et skud for -en (b, også)* take a knock (*fx* their hopes of succeeding took a knock); *give et skud for -en (b, også)* shake, dent (*fx* his belief in himself); undermine (*fx* the myth that women are bad drivers).
bovblad shoulder blade.
bovlam *adj.* lame.
bovport *(sø.)* bow gate, bow door.
bovspryd *sb. (et, -) (sø.)* bowsprit.
bowle *sb. (en, -r)*, **bowle** *vb.* bowl.
bowlerhat bowler (hat); *(am.)* derby.
boykot *sb. (en, -ter)* **1.** boycott; **2.** *(husleje-)* rent strike.
boykotte *vb.* boycott.
boysenbær *(bot.)* boysenberry.
bradepande roasting pan, roasting tin.
brag *sb. (et, -)* **1.** crash (*fx* he dropped the plates with a crash); *(kortere: knald)* (loud) bang (*fx* the door shut with a bang; the bomb exploded with a loud bang); **2.** *(torden-)* crash; *(længere)* peal;
□ *falde med et ~ a)* crash to the floor (, ground) (*fx* the vase crashed to the floor; the tree crashed to the ground); *b) (fig.: have fiasko)* be a complete (*el.* resounding) flop; *falde for en (, noget) med et ~* T go overboard for sby (, sth); *lukke døren med et ~* slam (*el.* bang) the door (shut); *vælte med et ~, se ovf.: falde med et ~, a.*
brage *vb.* crash;
□ *-nde bifald* thunderous applause; *en -nde succes* a roaring success.
bragesnak *(kan gengives)* high-falutin nonsense.
bragt *pf.ptc. af bringe*[2].
bragte *præt. af bringe*[2].
braisere *vb.* braise.
brak *adj. (om vand)* brackish;
□ *ligge ~ a) (agr.)* lie fallow (*fx* let land lie fallow); *b) (fig.)* be left unexploited; *lægge ~ a) (agr.)* fallow; *b) (i EU)* set aside; *braklagt jord se brakjord.*
brakjord 1. fallow; **2.** *(i EU)* set-aside land.
braklægge *vb.* **1.** *(agr.)* fallow; **2.** *(i EU)* set aside.
braklægning *(jf. braklægge)* **1.** fallowing; **2.** setting aside, set-aside.
braklægningsordning *(i EU)* set-aside scheme.
brakmark 1. fallow field; **2.** *(i EU: braklagt mark)* set-aside field.
braknæse pug nose.
braknæset *adj.* snub-nosed.
braktud pug nose.
brakvand brackish water.
bralre *vb.: ~ op a)* bawl; *b) (prale)* brag; *~ ud med* blurt out.
bramfri *adj.* outspoken.
bramin *sb. (en, -er)* Brahmin.
bramrå *(sø.)* topgallant yard.
bramsejl *(sø.)* topgallant sail.
branche *sb. (en, -r)* line (of business) (*fx* in this line of business); business, trade (*fx* a good knowledge of the trade); industry; sector (of trade, of industry).
brancheforening trade (, industry) association.
brancheglidning the erosion of trade barriers; *(i finanssektoren)* the erosion of sector(i)al barriers; decompartmentalization.
brand *sb. (en, -e)* **1.** fire; **2.** *(brændende stykke træ)* firebrand; **3.** *(sygdom i korn)* smut;
□ *sætte (el. stikke) i ~* set on fire, set fire to; *komme i ~* catch fire; *stå i ~* be on fire; *det var ham en ~ i næsen (glds.)* it stank in his nostrils.
brandalarm 1. *(alarmering)* fire call, fire alarm; **2.** *(apparat)* fire alarm.
brandassurance fire insurance.
brandbil fire engine.
brandbombe incendiary (bomb).
brandbyld carbuncle.
brandbæger *sb. (en, -) (bot.)* groundsel.
brandbælte *(fx i skov)* firebreak.
brandchef chief fire officer; *(am.)* fire chief, fire marshall.
branddam static water tank.
branddasker *sb. (en, -e)* fire beater; *(am.)* fire broom.
branddrøj *adj.* fire-resistant.
branddygtig *adj.* T terribly clever (, efficient); *(jf. dygtig*[1]*).*
branddør *(brandfri dør, reserveudgang)* fire door.
brander *sb. (en, -e)* feeble pun.
brandert *sb. (en, -er): han kan bære en ~* T he can stand his liquor; *få sig en ~* T get drunk; *have en ~ på* T be plastered; *(vulg.)* be pissed; *sove en ~ ud* sleep it off.
brandfare danger of fire; fire risk, fire hazard.
brandfarlig *adj.* **1.** inflammable; *(præd. også)* liable to catch fire; presenting a fire hazard; **2.** *(fig.)* explosive (*fx* issue);
□ *gøre situationen mindre ~* defuse the situation.
brandfolk *sb.pl.* firemen.
brandforsikring fire insurance.
brandfri *adj.* fireproof.
brandfælde firetrap.
brandgod *adj.* T first-rate, super.
brandgul *adj.* orange.
brandhage firehook.
brandhane (fire) hydrant; *(am.)* fireplug; *(dansk type)* standpipe.
brandhjelm fireman's helmet.
brandhæmmende *adj.* fire-resistant.
brandirriterende *adj.* T terribly annoying.
brandklassificering fire rating.
brandkorps 1. fire brigade; *(am.)* fire department; **2.** *(mil.)* mobile force.
brandlidt *adj. (brugt som sb.)* victim of a fire.
brandlugt smell of burning.
brandmaleri poker work.
brandmand 1. fireman; **2.** (T*: zo.)* stinging jellyfish.
brandmandstag fireman's grip.
brandmur party wall, firewall.
brandpil fire arrow.
brandrør *(mil.)* fuse.
brandsikker *adj.* fireproof, fire safe.
brandsikkerhed fire safety.
brandsikre *vb.* protect against fire; *(fx ved imprægnering)* fireproof.
brandsikring fire prevention; protection against fire;
□ *foranstaltninger til ~* fire precautions.
brandskab fire alarm (box).
brandskade fire damage.
brandskadet *adj.* damaged by fire.
brandskatte *vb.* **1.** *(hist.)* extort contributions from; **2.** *(beskatte hårdt)* overtax.
brandskot (fireproof) bulkhead.
brandslange fire hose.
brandslukningsapparat fire extinguisher.
brandslukningsudstyr fire-fighting equipment.
brandspand fire bucket;
□ *-e* (T*: store støvler)* clodhoppers.

brandsprøjte fire engine.
brandstation fire station.
brandstedet the scene of the fire.
brandstiftelse arson.
brandstifter fire-raiser; F arsonist; T firebug.
brandstige fireman's ladder.
brandstorm furious gale.
brandsvamp *(bot.)* smut.
brandsår burn.
brandtale *(larmende)* rumbustious speech; *(opildnende)* incendiary speech, rabble-rousing speech.
brandtomt site of a fire.
brandtrappe fire escape.
brandtæppe fire blanket.
brandudrykning fire-brigade turn-out.
brandvable blister.
brandvagt 1. *(person)* fireguard; *(under luftalarm)* firewatcher; **2.** *(tjeneste)* fireguard duty.
brandvarm *adj. se brændende (varm).*
brandværn fire protection.
brandvæsen 1. fire-fighting service; **2.** *(mandskab, sprøjter etc.) se brandkorps 1.*
brandærgerlig *adj.* T terribly annoying.
brandøkse fireman's axe.
brandøvelse fire drill.
branke *vb.* **1.** *(stege for kraftigt)* burn; **2.** *(brune)* brown;
□ *-t lugt* burnt smell.
bras[1] *sb. (et) (værdiløst)* rubbish; T junk; *(stærkere)* trash.
bras[2] *sb. (en, -er) (sø.)* brace.
brase[1] *vb.* **1.** *(fare)* rush; **2.** *(trænge, mase larmende)* crash (*fx* through the thicket);
□ ~ ***imod***, ~ ***ind i*** crash into; *(køre imod også)* ram into; ~ *ind i stuen* barge into the room; ~ ***ned*** crash down, come down with a crash; ~ ***på*** *a) (trænge sig på)* push; T shove; *b) (~ ind)* barge in; ~ ***sammen*** crash (in), collapse.
brase[2] *vb. (sø.: dreje)* brace.
brase[3] *vb. (stege)* fry (*fx* potatoes).
brasekartofler *sb.pl.* fried potatoes.
brasen *sb. (en, -er) (zo.: fisk)* bream.
brasilianer *sb. (en, -e),* **brasiliansk** *adj.* Brazilian.
Brasilien Brazil.
brask *sb.: med ~ og bram* ostentatiously; with a great flourish.
brast[1] *sb. se last*[2]*.*
brast[2] *præt. af briste.*
brat[1] *adj.* **1.** *(stejl)* steep (*fx* slope); *(stejlere,* F*)* precipitous (*fx* slope); **2.** *(pludselig)* sudden, abrupt (*fx* transition, change; his dream came to an abrupt end); headlong (*fx* fall); *(om sving)* sharp (*fx* bend, turn); *(se også opvågnen);*
□ *et ~ sving* a sharp bend.
brat[2] *adv. (jf. brat*[1]*)* **1.** steeply; precipitously; **2.** suddenly, abruptly; sharply (*fx* turn sharply);
□ *standse ~ a)* stop short; *(omgående også)* stop in one's tracks; *b) (med objekt)* bring up short (*fx* the sight of him brought me up short).
bratsch *sb. (en, -er) (mus.)* viola.
bratschist *sb. (en, -er)* viola player; *(am.)* violist.
brav *adj. (se også bravt) (retskaffen)* honest, good; *(brugt nedladende)* worthy.
bravader *sb.pl.* bombast sg.
bravo *interj.* bravo! well done! T good for you!
bravt *adv.* honestly;
□ *kæmpe ~* fight stoutly; *klare sig ~* hold one's own; do well.
bravur *sb. (en)* bravura;
□ *med ~* brilliantly; *klare prøven med ~* pass the test with flying colours.
bravurarie bravura (*el.* display) aria.
bravurnummer star turn.
breche *sb. (en, -r)* breach;
□ *skyde ~ i* make a breach in; *stille sig (el. gå) i -n for* stand up for.
bred[1] *sb. (en, -der)* **1.** *(af flod el. sø)* bank; **2.** *(af større sø el. flod & af hav)* shore;
□ *floden gik (el. løb) over sine -der* the river overflowed (*el.* broke) its banks; *ved havets ~* on the seashore.
bred[2] *adj. (se også bredt)* **1.** broad; *(mere* T*)* wide (*fx* a broad (*el.* wide) river (, street); a wide bed (, margin, plank)); *(om åbning)* wide (*fx* doorway, entrance, mouth, opening; the river is 50 metres wide); *(om flade)* broad (*fx* back, chest, shoulders);
2. *(omfattende)* wide (*fx* experience, knowledge, public, spectrum); broad (*fx* agreement, interpretation, selection, spectrum, understanding); F comprehensive (*fx* treatment of a subject);
3. *(detaljeret)* detailed (*fx* description);
4. *(om stil)* diffuse;
5. *(om dialekt)* broad;
□ *gøre -ere* widen, broaden; *seks meter lang og fire ~* six metres by four; *(se også syv);*
[med sb.] over en ~ front on a wide (*el.* broad) front; *de -e lag* the masses; the general public; the common people; *have en ~ ryg (fig.)* have broad shoulders; *et -t smil* a broad smile; *den -e vej (fig.)* the primrose path; *(se også pensel).*
bredbaget *adj.* broad-bottomed.
bredbladet *adj.* **1.** *(bot.)* broad-leaved; **2.** *(om kniv)* broad-bladed.
bredbringet *adj.* deep-chested.
bredbånds- broadband (*fx* network, technology).
bredde *sb. (en, -r) (jf. bred*[2]*)* **1.** width; breadth; **2.** *(fig.)* broadness; comprehensiveness; *(om stil)* diffuseness; **3.** *(geogr.)* latitude;
□ *nordlig (, sydlig) ~* northern (, southern) latitude; *på 40° nordlig (, sydlig) ~* in 40° latitude N (, S); ***i*** *-n* across (*fx* it measures 10 metres across).
breddegrad *(geogr.)* degree of latitude, parallel;
□ *på vore -er* in our part of the world; in these latitudes.
breddeminut *(geogr.)* minute of latitude.
breddesekund *(geogr.)* second of latitude.
brede *vb. (bredte, bredt)* spread;
□ ~ ***sig*** *a) (vinde udbredelse)* spread (*til* to, *fx* the fire spread to the other houses; the disease (, the strike) is spreading); *b) (strække sig, om område)* spread (*fx* the desert (, forest, city) spreads for miles to the north); *c) (være vidtløftig)* be long-winded; speak (, write) at great length; *sidde og ~ sig* sprawl (*fx* in a sofa); *mystikken (, uhyggen) -r sig* the plot thickens; the mystery deepens; ~ ***ud*** spread (out) (*fx* spread a cloth on the table; spread out a map; spread out one's arms; the bird spread (out) its wings).
bredfuld, **bredfyldt** *adj.* brimful, brimming.
brednæset *adj.* **1.** broad-nosed; **2.** *(sko)* square-toed.
bredside *(sø.& fig.)* broadside.
bredskuldret *adj.* broad-shouldered.
bredskygget *adj.* broad-brimmed.
bredspektret *adj.* broad-spectrum (*fx* drugs).
bredsporet *adj.* broad-gauge.
bredstribet *adj.* broad-striped.
bredså *vb.* sow broadcast.
bredt *adv.* broadly; *(se også vidt (og bredt)).*
bregne *sb. (en, -r)* **1.** *(bot.)* fern; **2.** *(vild: ørnebregne)* bracken;
□ *mange -r a) (jf. 1)* a lot of ferns; *b) (jf. 2)* a lot of bracken.
bremse[1] *sb. (en, -r) (insekt)* horse-

fly, gadfly.
bremse[2] *sb. (en, -r)* **1.** *(til hjul etc.)* brake; **2.** *(fig.)* curb (*på* on, *fx* public spending); *(se også slå*[2] *(i)).*
bremse[3] *vb.* **1.** brake; *(uden objekt også)* put the brake(s) on, apply the brake(s);
2. *(fig.)* check (*fx* his ambition); curb (*fx* inflation, public spending); put a curb on; put the brake on;
□ ~ *hårdt op* brake sharply; jam (*el.* slam) 'on the brakes.
bremsearm brake lever.
bremsebakke *se bremsesko.*
bremsebelægning brake lining.
bremsebånd brake band.
bremsefaldskærm *(rumfart)* drogue parachute.
bremseklap *(flyv.)* airbrake.
bremseklods **1.** brake block; **2.** *(under hjul)* chock.
bremselarve *(zo.)* bot.
bremselygte, **bremselys** brake light, stoplight.
bremselængde braking distance.
bremsepedal brake pedal.
bremseprøve brake test.
bremseraket *(rumfart)* retro-rocket.
bremseskive brake disk.
bremsesko brake block, brake shoe.
bremsespor *sb.pl.* brake marks, skid marks.
bremsestang brake rod.
bremsetromle brake drum.
bremsevirkning brake action; braking effect.
bremsevæske brake fluid.
bremsning *sb. (en, -er)* braking.
Bretagne *(geogr.)* Brittany.
bretagner *sb. (en, -e)* Breton.
bretoner = *bretagner.*
bretonsk *sb. (et) & adj.* Breton.
brev *sb. (et, -e)* **1.** letter; *(mindre)* note; **2.** *(bibelsk)* epistle;
□ *et ~ knappenåle* a packet of pins;
[med præp.] stemme **pr.** ~ vote by post; *have* ~ ***på*** *(fig.)* be guaranteed; *der er* ~ ***til*** *dig* there is a letter for you; *skrive et ~ til én* write a letter to sby, write sby a letter.
brevafstemning letter ballot, postal ballot.
brevbakke letter tray.
brevbombe letter bomb.
brevdue carrier pigeon, homing pigeon.
brevhemmeligheden the secrecy of the mails.
brevhoved letterhead, letter heading.
brevindkast letterbox.
brevkasse **1.** *(til modtagen post)* letterbox; *(am.)* mailbox;
2. *(postkasse) se postkasse*;
3. *(i avis)* correspondence column;
4. *(i ugeblad: rådgivende)* problem page; T agony column.
brevkasseredaktør **1.** *(i avis)* editor of the correspondence column;
2. *(i ugeblad)* editor of the problem page; T agony aunt.
brevkort postcard; *(am.)* postal card.
brevordner *sb. (en, -e)* (letter) file.
brevpapir writing paper, notepaper.
brevpost letter post.
brevpresser *sb. (en, -e)* paperweight.
brevskole correspondence college (*el.* school).
brevskriver letter writer; correspondent (*fx* I am a bad correspondent).
brevsprække letter box; *klap til* ~ letter flap.
brevstemme postal vote.
brevstil epistolary style.
brevtakst letter rate.
brevveksle *vb.* correspond (*med* with).
brevveksling correspondence;
□ *stå i* ~ correspond (*med* with).
brevvægt letter balance; postal scales pl.
bridge *sb. (en) (kortspil)* bridge.
bridgeblok bridge scorer.
bridgeregnskab **1.** bridge score;
2. *(blanket)* bridge marker.
briefe *vb.* brief.
brig *sb. (en, -ger) (sø.)* brig.
brigade *sb. (en, -r) (mil. etc.)* brigade.
brigadegeneral *(mil.)* brigadier (general).
brik *sb. (en, -ker)* **1.** *(i brætspil)* man (*fx* chessmen); piece, counter;
2. *(smørebræt)* (wooden) platter;
3. *(til underlag)* wooden table mat; *(ølbrik)* beer mat;
4. *(karton, fx til juice)* carton;
5. *(fig.: ubetydelig person)* pawn (*fx* he was only a pawn in the game);
□ *-kerne faldt på plads (også fig.)* the pieces of the puzzle fell into place; *jeg ejer* ***ikke*** *en* ~ T I haven't got a penny; *jeg forstår ikke en* ~ T I don't understand a word; *han har ikke mange -ker at flytte rundt med* T he is not all (*el.* not quite) there.
briket *sb. (en, -ter)* briquette;
□ *-ter (også)* patent fuel sg.
briks[1] *sb. (en, -e(r))* **1.** *(leje)* plank bed; **2.** *(hos læge)* (examination) couch.
briks[2] *sb. (en, -e(r)) (narrestav)* bauble, harlequin's wand.
brikvævning tablet weaving.
brillans *sb. (en)* brillance.
brillant[1] *sb. (en, -er)* brilliant.
brillant[2] *adj.* splendid, excellent.
brillant[3] *adv.* splendidly, excellently.
brillantine *sb. (en, -r)* brilliantine.
brilleabe *(T: person med briller)* four-eyes.
brilleetui spectacle case.
brillefoderal *(let glds.) = brilleetui.*
brilleglas spectacle lens.
briller *sb.pl.* **1.** glasses; F spectacles; T specs; **2.** *(beskyttelses-)* goggles;
□ *et par* ~ a pair of glasses (etc.); *bruge (el. gå med)* ~ wear glasses; *farvede* ~ tinted glasses; *se tingene gennem farvede ~ (fig.)* have a distorted view of things; *se det gennem (el. med) hans ~ (fig.)* see it through his eyes; *se det med konservative ~ (fig.)* look at it (*el.* see it) through Conservative spectacles.
brillere *vb.* shine.
brilleslange **1.** *(zo.)* cobra; **2.** *(T: person med briller)* four-eyes.
brillestang side bar.
brillestel spectacle frame.
bringe[1] *sb. (en, -r)* chest.
bringe[2] *vb. (bragte, bragt)* **1.** *(bort fra den talende, til et fjernere sted)* take (*fx* take the letters to the post office; take her to hospital); carry (*fx* a taxi carried him to his office);
2. *(til den talende, til et nærmere sted fra et fjernere, hente)* bring (*fx* bring me that book; he told me to bring it to him; they brought him back to the camp); *(hente også)* fetch (*fx* fetch me that book);
3. *(om avis: offentliggøre)* print, carry (*fx* all the newspapers carried articles about it); publish (*fx* we can't publish all the letters we receive);
4. *(i radio, tv)* broadcast;
5. *(udbringe)* deliver (*fx* goods; we deliver to your door);
6. *(bevirke)* bring about (*fx* a change); cause (*fx* sorrow); give (*fx* pleasure); bring (*fx* it brought him losses);
□ *få varerne bragt* have the goods sent (*el.* delivered) (to one);
[med præp. & adv.] ~ ***for*** *dagens lys se dag*; ~ *ham* ***fra*** *det* talk him out of it; F dissuade him from it; ~ ***i*** *se affekt, erfaring, fare*[1]*, harnisk, miskredit, orden,*

sikkerhed, stand[1]; ~ *udgifterne* ***ned*** cut down (*el.* reduce) expenses; *han kan ikke ~ det* ***over*** *sit hjerte* he has not the heart to do it;
~ ***på*** *se bane*[1]*, fod, ren*[2]*, tale*[1]*, tanke*[1]; ~ ***til*** *se fald, fornuft, fortvivlelse, tavshed*; ~ *det* ***dertil*** *at* bring matters to such a pass that; *bringe en* ***til sig selv*** bring sby round;
~ ***ud*** *(varer etc.)* deliver; ~ *en* ***ud af det*** *(ɔ: gøre nervøs)* put sby out, rattle sby, upset sby; *(se også vidt).*

brink *sb. (en, -er)* cliff.

brint *sb. (en)* hydrogen.

brintbombe hydrogen bomb, H-bomb.

brintoverilte *sb. (en)* hydrogen peroxide.

brise *sb. (en, -r)* breeze.

brisling *sb. (en, -er) (zo.: fisk)* sprat.

brissel *sb. (en, brisler) (anat.)* thymus (pl. -es *el.* thymi);
□ *brisler (som ret)* sweetbreads.

brist *sb. (en)* **1.** *(skavank)* defect; *(mindre, også fx i tøj)* flaw (*fx* a flaw in his character);
2. *(mangel)* lack (*på* of).

briste *vb. (-de el. brast, -t) (se også brusten)* **1.** break (*fx* the ice (, the rope) broke; she sobbed as though her heart would break); *(pludseligt, med et smæld)* snap (*fx* the rope snapped); *(ved tryk indefra)* burst (*fx* a blood vessel burst); *(med.)* rupture (*fx* a ruptured appendix);
2. *(om stemme)* crack;
3. *(om håb, illusioner etc.)* be shattered;
□ *det må ~ eller bære* it is neck or nothing; it's kill or cure; *håbet brast (ɔ: svandt)* hope faded; *-nde øjne* dying eyes;
[med præp.] være ved at ~ ***af*** be bursting with (*fx* curiosity, laughter); ~ ***i*** *gråd* burst into tears; ~ *i latter* burst out laughing, burst into laughter; *få hans hjerte* ***til at*** ~ break his heart; *få hans tålmodighed til at ~* exhaust his patience, try his patience to breaking point; *knopperne er* ***ved at*** ~ the buds are bursting.

bristefærdig *adj.* bursting (*fx* with curiosity); *(præd. også)* ready to burst.

bristepunktet breaking point (*fx* his nerves were strained to breaking point); bursting point (*fx* the tension was reaching bursting (*el.* breaking) point);
□ *fyldt til ~ (om lokale)* crowded to bursting point.

bristning *sb. (en, -er) (jf. briste 1)* breaking; bursting; *(med.)* rupture.

Britannien Britain.

brite *sb. (en, -r) (NB der er intet alm. ord for ~, de følgende udtryk bruges:)* F Briton; *(spøg. el. neds.)* Brit; *(am.)* Britisher; *han (, hun) er ~* he (, she) is British; *-rne* the British.

britisk *adj.* British;
□ *De -e er* the British Isles.

bro *sb. (en, -er)* **1.** *(også kommando- & fig.)* bridge; **2.** *(anløbs-)* landing stage, jetty; **3.** *(landgangsbro)* gangway;
□ *bryde alle -er bag sig (fig.)* burn one's bridges (behind one); *bygge (el. slå) ~ over a)* throw a bridge over, bridge over; *b) (fig.)* bridge; *der er en ~ over floden* there is a bridge over (*el.* across) the river; *gå (, køre) over -en* cross the bridge.

broafgift bridge toll.

broarbejde *(tandl.)* bridgework.

brobane **1.** bridge roadway; **2.** *se brodæk.*

brobue arch (of a bridge).

brobygger *sb. (en, -e)* bridge builder.

brobygning bridge building.

broche *sb. (en, -r)* brooch.

brocheret *adj.* paperbound, paper-covered.

brochure *sb. (en, -r)* **1.** booklet, pamphlet; *(især reklame-,* F*)* brochure; **2.** *(enkelt (foldet) ark)* leaflet, folder.

brod *sb. (en, -de) (zo.)* sting;
□ *en bemærkning med ~* a barbed remark; *bemærkningen havde ~ mod mig* the remark was aimed at me; *tage -den af* take the sting out of (*fx* she smiled to take the sting out of her words); take the edge off (*fx* his criticism); *(se også stampe*[2]*).*

brodde *sb. (en, -r) vb.* frostnail; *(am.)* calk.

brodden *adj.: brodne kar (omtr.)* rotten (*el.* bad) apples (*fx* there are rotten apples in any religious community); *der er brodne kar i alle lande (omtr.)* there is a black sheep in every flock; *brodne pander* broken heads.

broder *sb. (en, brødre)* **1.** brother; **2.** *(munk)* brother, friar;
□ *brødrene Smith a)* the brothers Smith; *b) (firmanavn)* Smith Brothers; *dele som brødre* share and share alike; *han er ~ til Edith* he is brother to Edith, he is Edith's brother.

broderdatter niece; brother's daughter.

brodere *vb.* embroider;
□ ~ *på (fig.: pynte på)* embroider; F embellish (*fx* a story); ~ *videre på (fig.)* expand on.

broderegarn embroidery cotton; *(uld)* embroidery wool.

broderesaks embroidery scissors pl.; *en ~* a pair of embroidery scissors.

broderfolk sister nation.

brodergarn = *broderegarn.*

broderhånd fraternal hand.

broderi *sb. (et, -er)* embroidery; *et ~* a piece of embroidery; *-er* embroidery sg.

broderiforretning needlework shop.

broderkærlighed brotherly love; F fraternal love.

broderland sister country.

broderlig *adj.* brotherly; F fraternal.

broderlighed *sb. (en)* fraternal spirit.

brodermord fratricide.

brodermorder fratricide.

broderparten the lion's share.

broderparti sister party.

brodersaks = *broderesaks.*

broderskab *sb. (et, -er)* **1.** *(det at være brødre)* brotherhood (*fx* the ties of brotherhood; a sense of brotherhood); F fraternity (*fx* liberty, equality, fraternity);
2. *(sammenslutning)* brotherhood (*fx* they formed a brotherhood); *(især spøg., om folk med samme interesse)* fraternity (*fx* the computing fraternity).

brodersøn nephew; brother's son.

brodsø **1.** *(styrtsø)* heavy sea, huge wave; **2.** *(mod kyst)* breaker.

brodsøm frostnail; *(am.)* calk.

brodæk bridge deck.

brofag span.

brofoged bridgemaster.

broget *adj.* **1.** *(mangefarvet)* multicoloured (*fx* shirt); particoloured;
2. *(farverig)* colourful (*fx* pattern, dresses; a colourful scene); *(spraglet)* gaily coloured;
3. *(om blade, blomster etc.)* variegated (*fx* flowers, leaves);
4. *(fig.: afvekslende)* varied (*fx* life, career); chequered (*fx* career, history);
5. *(fig.: blandet, især neds. el. spøg.)* motley (*fx* a motley collection of books; a motley crowd of people; his supporters are a motley crew); *(uordentlig, forvirret)* confused (*fx* mixture);
□ *det ser ~ ud* it does not look any too good; *han gjorde mig det*

for ~ he made it too hot for me; *det er ved at blive for* ~ it is getting too much;
[med sb.] brogede farver gay (*el.* motley) colours; *i* ~ *forvirring* in a jumble; ~ *hest* piebald horse; ~ *ko* brindled cow.
brohoved 1. pierhead; **2.** *(mil.: støttepunkt)* bridgehead; *(på kyst)* beachhead.
brok[1] *sb. (et el. en) (med.)* hernia, rupture;
□ *pådrage sig* ~ rupture oneself (*fx* lifting a heavy stone, playing football).
brok[2] *sb. (et) (kludder)* bungling;
□ *det er gået* ~ *i det* it has got into a mess; *lave* ~ bungle.
brokade *sb. (en, -r)* brocade.
brokbind truss, hernial bandage.
brokbælte hernial belt.
brokfugl *(zo.)* plover.
brokkasse*: smide noget i -n* scrap sth, put sth on the scrapheap.
brokke[1] *sb. (en, -r)* scrap, bit; *(mere* F*)* fragment.
brokke[2] *vb.:* ~ *af sig* grumble out; ~ *sammen* throw together (*fx* a meal); ~ *sig* grumble (*over* about); T grouch (*over* about); *(især: ustandselig)* grouse, gripe (*over* about); S bellyache, beef; *han -de sig til mig over det* he complained (, bellyached) to me about it.
broklap *sb. (en, -per)* leaf (of a bridge).
brolægge *vb.* pave.
brolægger *sb. (en, -e)* paver.
brolæggerjomfru paviour, rammer.
brolægning *sb. (en, -er)* **1.** paving; **2.** *(stenene)* pavement.
brom *sb. (et) (kem.)* bromine.
bromatolog *sb. (en, -er)* food scientist.
bromatologi *sb. (en)* food science.
brombær *(bot.)* blackberry;
□ *gå ud at plukke* ~ go blackberrying.
brombærbusk blackberry bush; *(vild, oftest i pl.)* bramble.
brombærkrat thicket of brambles.
bronkier *sb.pl.* bronchi.
bronkitis *sb. (en, -(s)er)* bronchitis;
□ *hun havde en slem* ~ she had severe bronchitis.
bronkoskop *sb. (et, -er)* bronchoscope.
bronkoskopi *sb. (en, -er)* bronchoscopy.
bronze *sb. (en, -r)* bronze.
bronzealder *(hist.)* Bronze Age.
bronzefarvet *adj.* bronze(-coloured).
bronzemedalje bronze medal.
bronzemedaljevinder bronze medallist.
bronzere *vb.* bronze.
bronzestøber bronze caster.
bropenge *sb.pl.* (bridge) toll sg.
bropille (bridge) pier.
bror *se broder.*
brosten 1. *(tilhugget)* paving stone; **2.** *(utilhugget)* cobblestone.
brovte *vb. (se også brovtende) (prale)* boast (*af* of); *(mere neds.)* brag (*af* of).
brovtende[1] *adj.* boastful.
brovtende[2] *adv.* boastfully.
brovægt weighbridge.
brud[1] *sb. (et, -)* **1.** *(sted)* break (*på* in, *fx* a waterpipe);
2. *(sprængning)* breaking (*på* of); bursting (*fx* of a waterpipe);
3. *(åbning)* breach (*fx* of a dyke; they found a breach in the dyke);
4. *(utæthed)* leak (*fx* in a gas pipe);
5. *(fig.: uenighed)* break; F rupture (*med* with, *fx* his rupture with the Church);
6. *(overtrædelse af lov etc.)* breach (*på* of, *fx* a rule, a contract, a treaty); infringement (*på* of, *fx* a law, a rule); *(grovere)* violation (*på* of);
7. *(knogle-)* fracture (*på* of); *(se også knoglebrud)*;
8. *(sten-)* quarry;
□ *det kom til et* ~ *mellem dem* they broke with each other, they fell out; *det kom til et åbent* ~ *mellem dem* it came to an open quarrel between them.
brud[2] *sb. (en, -e) (nygift kvinde)* bride.
brud[3] *sb. (en, -e) (zo.)* weasel.
brudbelastning breaking load.
brudebuket wedding bouquet, bridal bouquet.
brudedragt wedding dress.
brudefærd 1. wedding; **2.** *(optog)* wedding procession.
brudefølge wedding procession.
brudekammer bridal chamber.
brudekaret wedding coach.
brudekjole wedding dress.
brudekrans bridal wreath; *(svarer i England til)* orange blossom.
brudepar bride and (bride)groom; *(efter vielsen især)* (newly) married couple (*fx* a picture of the bride and bridegroom (*el.* the married couple) leaving the church); T newly-weds pl.
brudepige bridesmaid.
brudeseng marriage bed; F bridal couch.
brudeslør 1. bridal veil; **2.** *(bot.)* baby's breath, babies' breath.
brudeudstyr 1. *(som man har på)* wedding outfit; **2.** *(som bruden medbringer)* trousseau; **3.** *(udstyr til brude, hdl.)* bridalwear.
brudflade (surface of) fracture.
brudflise broken flagstone;
□ *belægning med -r* crazy paving.
brudgom *sb. (en, -me)* bridegroom.
brudlinie 1. *(i materiale)* line of fracture, yield line; **2.** *(geol. & fig.)* fault line.
brudstykke fragment; *(af samtale, musik)* snatch.
brudstykkeagtig *adj.* fragmentary.
brudsølv *(arkæol.)* hack silver.
brudt *pf.ptc. af bryde.*
brug[1] *sb. (en, efter "til" også: et)*
1. use (*fx* the use of coal for domestic fires; learn the use of tools; lose the use of one's eyes);
2. *(det at bringe noget i anvendelse)* application (*fx* of the brake; of remedies);
3. *(sprog-)* usage; *(se også skik, tale*[1]*)*;
□ *den rette* ~ *af* the proper use of; *[med vb. +* ~ *+ præp.]* ***gøre*** ~ ***af*** *a) (bruge)* use; F employ (*fx* force); *b) (udnytte)* make use of (*fx* new inventions); *der* ***blev*** ~ ***for*** *kasserne* the boxes proved useful; *der* ***er*** ~ ***for*** *mere* more is needed; ***have*** ~ ***for*** want, need; *jeg har ingen* ~ *for det* I don't want it; I have no use for it; *[forb.med (vb. +) præp.] gå* ***af*** ~ go out (of use); F fall into disuse (*fx* words (, methods) that have fallen into disuse); *som er ved at gå af* ~ going out of use; F obsolescent; ***efter*** *-en* after use; *komme* ***i*** ~ come into use; *tage i* ~ *a) (begynde at bruge)* begin to use, start using (*fx* a new coat); *b) (gribe til)* resort to (*fx* stricter measures); *være i* ~ be in use; ***til*** *det* ~ for that purpose; *til eget* ~ for personal use; *talen var beregnet til internt* ~ the speech was intended for domestic consumption.
brug[2] *sb. (et, -) (land-)* farm, holding.
brugbar *adj.* **1.** *(som kan bruges)* usable (*fx* it is no longer usable);
2. *(nyttig, praktisk)* serviceable (*fx* tool);
3. *(gennemførlig)* practicable, workable (*fx* plan);
4. *(om person)* serviceable;
□ *den er* ~ *(også)* it can be used; *i* ~ *stand* in working order.
brugbarhed *sb. (en)* usefulness.
bruge *vb. (brugte, brugt) (se også brugt)*;
1. *(benytte; forbruge, bruge op)* use (*fx* an axe; force; use your eyes (, head)! the car uses a lot of petrol; did you use all the sugar?);

2. *(bringe i anvendelse)* apply (*fx* the brake; a principle, a rule, a system; the death penalty); F employ (*fx* force, other methods, nuclear weapons);
3. *(gå med)* wear (*fx* glasses, a hearing-aid, a wig);
4. *(skulle have, fx om skonummer etc.)* take (*fx* she takes a five in shoes; do you take sugar?);
5. *(om penge: give ud)* spend (*på, til* on, *fx* he spends a lot of money on clothes (, on her); she spends more money than she earns; we spend millions of pounds to provide clean drinking water); *(anvende)* use (*fx* she knows how to use money; he used his money to buy a house);
6. *(om tid)* spend (*på, til* on, *fx* he spent his time on studies; *på (el. til) at* -ing, *fx* he spent two hours washing his car; we spent the whole day shopping); *(se også ndf.: forb. med "tid")*;
□ ~ ***at*** *(ɔ: pleje at)* be in the habit of -ing; ***det*** *-r vi ikke her* we don't do that here; ~ ***mund*** *se mund*; ***skulle*** ~ need (*fx* he needed £8,000 to finish the study); *[med "tid"]* ~ *sin* ***tid*** *godt* make good use (*el.* make the most) of one's time; *brug al den tid du behøver* take all the time you need; *den tid Jorden -r til (el. om) at gå rundt om Solen* the time the earth takes to go round the sun; ~ *sin* ***tid på*** *(el.* ***til****)* spend one's time on (*fx* studies); ~ *sin tid på (el. til) at* spend one's time -ing (*fx* reading); *[med præp.]* ~ ***af*** *a)* use some of (*fx* the sugar); spend some of (*fx* the money); *b) (om noget der skulle gemmes)* break into (*fx* the reserves of food; one's capital); ~ ***op*** use up; ~ *mange kræfter* ***på*** *det* put a lot of effort into it; ~ *penge på se ovf. 5*; ~ *tid på, se ovf. 6 & "med tid"*;
~ ***til*** use for (*el.* as) (*fx* use the box for (*el.* as) a chair; use my suitcase for your things); *det kan jeg ikke ~ til noget* it is no use to me; *det kan ikke -s til noget* it is (of) no use to anybody; it is useless; ~ *tid til, se ovf. 6 & "med tid"*; ~ ***til at*** use to (*el.* for -ing) (*fx* use a knife to cut (*el.* for cutting) the rope; use oil for frying); *vi brugte to dage til at komme derhen* it took us two days to get there; *han -r en stor del af sin bog til at* he devotes a large part of his book to -ing; ~ *tid til at, se ovf. 6 & "med tid"*; *hun har brugt flere timer til (el. på) at forberede det* she has spent several hours preparing it; she has put several hours into preparing it.
brugelig *adj. se brugbar.*
bruger *sb. (en, -e)* user.
brugerbetaling user's fee, charge;
□ *indføre ~ for* charge for.
brugergrænseflade user interface.
brugervejledning *se brugsanvisning.*
brugervenlig *adj.* user-friendly.
brugs *sb. (en, -er) (brugsforening)* co-op.
brugsanvisning directions pl. for use; *(til apparat, maskine)* instructions pl.; *(håndbog)* handbook, manual.
brugsforening co-operative society.
brugsgenstand article for everyday use.
brugskunst applied art.
brugsret*: have ~ til noget* have the right of using sth.
brugstilladelse permit (to use sth).
brugstyveri [appropriation of another person's property for purposes of limited use only].
brugsværdi utility value.
brugt *adj.* **1.** *(mods. ren)* used (*fx* glass, towel); **2.** *(mods. ny)* used (*fx* I wouldn't buy a used car from him); second-hand (*fx* car, books, clothes).
brugtbil, brugtvogn used (*el.* second-hand) car.
brugtvognshandler used-car dealer.
brum *sb. (et) (radio, tv)* hum.
brumbasse growler.
brumme[1] *sb. (en)* (T: *fængsel): være en tur i -n* be in the nick, be doing time.
brumme[2] *vb.* **1.** *(summe)* hum; *(mere snerrende)* buzz;
2. *(knurre)* growl;
3. *(mumle)* mutter, mumble;
4. *(give ondt af sig)* grumble.
brummer *sb. (en, -e)* **1.** *(elek.)* buzzer; **2.** *(stykke træ i en snor)* bullroarer.
brun *adj.* brown;
□ ~ *bønne* kidney bean.
brune *vb.* **1.** brown (*fx* the meat);
2. *(om solen)* brown (*fx* a face browned by the sun); tan;
□ *-de kartofler* sugar-browned potatoes; *(am.)* candied potatoes.
brunere *vb.* brown.
brunette *sb. (en, -r)* brunette.
brunkul brown coal; *(fagl.)* lignite.
brunlig *adj.* brownish.
brunst *sb. (en)* **1.** *(hos handyr)* rut;
2. *(hos hundyr)* heat.
brunstegt *adj. (præd.)* done brown.
brunstig *adj.* **1.** *(om handyr)* rutting; **2.** *(om hundyr, kun præd.)* in heat, on heat.
brunsttid mating season; *(om handyr også)* rutting season; *(om hundyr også)* period of heat.
brus *sb. (et)* **1.** *(brusende lyd)* roar;
2. *(orgels)* peal; **3.** *(af silke)* rustle; **4.** *(i væske)* fizz; F effervescence;
□ *med ~ (om drik)* fizzy; F effervescent; *uden ~ (om drik)* still.
bruse[1] *sb. (en, -r) se bruser.*
bruse[2] *vb.* **1.** *(om lyden af havet etc.)* roar;
2. *(om musik)* sound; *(om orgel)* peal;
3. *(om silke)* rustle;
4. *(om drik: boble, moussere)* fizz; F effervesce;
5. *(om skørt: strutte)* stand out; *(om fjer)* be ruffled up;
6. *(komme med stor ståhej)* sail (*fx* she sailed into the room);
□ ~ *op (ɔ: blive hidsig)* flare up; ~ *planter over med vand* spray plants with water.
brusebad shower (bath).
brusekabine shower cabinet.
brusen *sb. (en)* **1.** roar (*fx* of the waves); **2.** *(orgels)* peal.
bruseniche shower cabinet.
bruser *sb. (en, -e)* **1.** *(til brusebad)* shower head;
2. *(på vandkande)* rose;
3. *(på vandslange)* spray attachment;
□ *stå under den kolde ~* stand under a cold shower.
brusetablet soluble tablet.
brushane *(zo.)* ruff.
brushoved hothead.
brushøne *(zo.)* reeve.
brushøns *sb.pl.* ruffs and reeves.
brusk *sb. (en)* **1.** *(i kød)* gristle; **2.** *(anat.)* cartilage.
bruskagtig *adj.* cartilaginous.
bruskfisk cartilaginous fish.
brusten *adj. (om øje)* glazed.
brutal *adj.* brutal; *(stærkere)* savage (*fx* attack, ruler; savage cuts in the budget);
□ ~ *magt (, styrke)* brute force (, strength); *være ~ over for en* treat sby brutally; *en ~ person* a brute.
brutalisere *vb. (forrå)* brutalize.
brutalitet *sb. (en, -er)* brutality.
brutto *adv.* gross (*fx* he earns £30,000 gross).
bruttoavance gross profit.
bruttobeløb gross amount.
bruttoindtægt gross income.
bruttoløn gross pay.
bruttonationalprodukt *(især am.)* gross national product; *(fork.)* GNP; *(i Engl.)* gross domestic product; *(fork.)* GDP.

bruttopris gross price.
bruttoregistertonnage gross register tonnage.
bruttotab gross loss.
bruttoudbytte gross proceeds pl.
bruttovægt gross weight.
Bruxelles *(geogr.)* Brussels.
bryde[1] *vb. (brød, brudt)* **1.** break (*fx* an agreement, the law, a principle, one's promise);
2. *(overvinde)* break (down) (*fx* resistance);
3. *(lyset)* refract;
4. *(kul: udvinde)* mine; *(hugge løs)* hew (*fx* the miners hew the coal out of the rock);
5. *(sten)* quarry;
6. *(om søen)* break;
7. *(afslutte telefonsamtale)* ring off, hang up (*fx* he hung up on me);
8. *(~ med en)* make the break (*fx* she finally decided to make the break);
[med sb.] ~ alle broer... se bro; *~ sit hoved (el. sin hjerne) med* rack one's brain(s) about; *det skal du ikke ~ dit lille hoved med* don't bother (*el.* worry) your little head about that; *~ hans isolation* break down his isolation; *~ sine lænker* break one's chains; *~ tavsheden* break the silence; *(se også kode*[1]*)*;
[med præp. & adv.] ~ ***af*** *(også = standse)* break off;
~ ***frem*** break out; *dagen brød frem* the day broke (*el.* dawned); *solen brød frem* the sun broke through;
~ ***igennem*** *a)* break through; *b) (om kunstner)* (first) make one's name; have one's breakthrough;
~ ***ind*** *a)* break in; F force an entry; *b) (i samtale)* interrupt the conversation; T chip in (*fx* with a remark); *(+ direkte tale)* break in (*fx* "It isn't true!" he broke in); T chip in; F interpose; *~* ***ind i*** *et hus* break into a house;
~ ***løs*** *(ɔ: begynde)* break out (*fx* firing (, riots) broke out); *uvejret brød løs* the storm broke; *~ noget løs* break sth loose;
~ ***med*** break with (*fx* her; tradition);
~ ***ned*** *(ɔ: nedrive)* pull down; F demolish;
~ ***om*** *(typ.: med objekt)* make up (*fx* make up a page); *(uden objekt)* make up the page(s);
~ ***op*** *a)* break open, force (open) (*fx* a door); *b) (brolægning, fliser)* take up; *c) (om sår)* reopen; *d) (tage af sted)* leave (*fx* the guests left at 11 o'clock); *selskabet brød op* the party broke up;
~ ***sammen*** *a)* break down (*fx* his resistance (, the negotiations) broke down); *(styrte sammen også)* collapse (*fx* the bridge collapsed); *b) (om person)* break down, collapse; T crack up; *(falde sammen)* crumple up; *markedet brød sammen (hdl.)* the bottom dropped out of the market;
~ ***ud*** *a) (fx af fængsel)* break out; *b) (begynde)* break out (*fx* war (, a fire) broke out); erupt (*fx* a riot (, fighting) erupted in the inner city); *~* ***ud i*** burst into (*fx* laughter, song, tears); break into (*fx* laughter, song).
bryde[2] *vb.: ~* ***sig om*** *a) (sætte pris på)* like (*fx* do you like that book? he doesn't like children); *(let glds.)* care for; *b) (tage notits af)* take notice of, pay attention to (*fx* he pays no attention to what is said); *c) (tage sig nær)* care about (*fx* I don't care (about) what people say); mind (*fx* don't mind him, he always complains); *(se også pokker)*; *bryd dig ikke om det!* never mind! don't let that worry (*el.* bother) you! *ham skal du ikke ~ dig om! (ɔ: han er ganske ufarlig)* don't take any notice of him! don't bother about him! *det skal du ikke ~ dig om (ɔ: blande dig i)* that's none of your business;
~ ***sig om at*** care to, like to (*fx* would you care (*el.* like) to be seen in his company? more years ago than I care to remember; I wouldn't care to be seen in his company); *ikke ~ sig om at (også) a) (ikke så gerne ville)* not be keen on -ing (*fx* I'm not keen on being seen here); not fancy -ing (*fx* I don't fancy going there alone); *b) (ikke kunne fordrage)* resent -ing (*fx* he resented being called a fool); *jeg -r mig ikke om at han får det at se (ɔ: ønsker det ikke)* I would prefer him not to see it; I would rather he didn't see it; *du skal ikke om at komme her igen! (ɔ: du kan vove på)* don't you ever come here again!
brydekamp wrestling match.
bryder *sb. (en, -e)* wrestler.
bryderi *sb. (et, -er)* **1.** *(besvær)* trouble (*fx* it gave me a lot of trouble);
2. *(bekymring)* worry (*fx* it caused me a lot of worry).
brydes *vb.* **1.** *(jf. bryde)* be broken; break; be refracted (etc.);
2. *(kæmpe)* wrestle.
brydning *sb. (en, -er)* **1.** breaking;
2. *(af lys)* refraction;
3. *(af kul etc.)* hewing; mining;
4. *(kamp, sport)* wrestling;
□ **-er** *a) (strid)* conflict, strife; *b) (uro)* upheaval(s).
brydningsfejl *(i øjet)* error of refraction.
brydningstid *(fig.)* time of unrest and upheaval; crisis (pl. crises).
brydningsvinkel angle of refraction.
brydsom *adj.* troublesome; F wearisome.
bryg *sb. (et, -) (drik, fabrikat)* brew.
Brygge *(geogr.)* Bruges.
brygge[1] *sb. (en, -r) (kaj)* wharf, quay.
brygge[2] *vb.* brew;
□ *~ på en artikel* have an article in preparation; be working up an article; *~ sammen* make up; F concoct (*fx* a drink; a story).
brygger *sb. (en, -e)* **1.** brewer;
2. *(kaffemaskine)* (automatic) coffee maker.
bryggerhest dray horse.
bryggeri *sb. (et, -er)* brewery.
bryggerkar brewing vat.
bryggers *sb. (et, -er)* **1.** scullery;
2. *(i moderne hus: ~, fyrrum, vaskerum i ét)* utility room.
brygmester master brewer.
brygning *sb. (en, -er)* brewing.
bryllup *sb. (et, -per) (ceremoni; fest)* wedding (*fx* a white (, quiet) wedding; the wedding took place in the local church; invite them to the wedding; were you at the wedding?); *(om ceremonien også, mere* F*)* marriage (*fx* their marriage took place in 1992; he was present at the marriage);
□ *have (el. holde) ~ a) (blive gift)* marry, be married; *b) (holde fest)* celebrate one's wedding; *holde ~ med* marry; *hendes fader holdt -pet (svarer til)* her father gave the reception; *ved -pet* at the wedding (, marriage); *(se også stå*[2]*)*.
bryllupsdag 1. wedding day;
2. *(årsdag)* wedding anniversary.
bryllupsfest wedding festivities pl.
bryllupsgave wedding present.
bryllupskage wedding cake.
bryllupsmarch wedding march.
bryllupsmiddag *(svarer til)* wedding reception.
bryllupsnat wedding night.
bryllupsrejse honeymoon (trip);
□ *de er på ~* they are on their honeymoon; *de tog på ~ til Frankrig* they went to France for their honeymoon.
bryn *sb. (et, -)* **1.** *(øjen-)* eyebrow;
2. *(skov-)* fringe (of a wood);
□ *rynke -ene* frown; F knit one's brows.

brynje *sb. (en, -r)* **1.** *(rustning)* coat of mail; **2.** *(termoundertrøje)* string vest.
brysk *adj.* blunt, brusque.
Bryssel *(geogr.)* Brussels.
brysselerkniplinger Brussels lace.
brysselertæppe Brussels carpet.
bryst *sb. (et, (2: -er))* **1.** breast (*fx* of a chicken, of a coat; a bullet pierced his breast); *(også om lunger etc.)* chest (*fx* a broad chest; a weak chest; have a pain in the chest; hit him on the chest);
2. *(kvinde-)* breast (pl. breasts); *(buste)* bust; *(barm)* bosom;
3. *(insekts)* thorax;
4. *(udskæring på okse)* brisket;
□ *-er (også,* S*)* boobs; *(vulg.)* tits; *have et bredt ~ (fig.)* have broad shoulders; *give et barn ~ a)* nurse a baby; F suckle a baby; *b) (mods. give flaske)* breast-feed a baby;
[med præp.] det faldt ham ***for*** *-et* he resented it; he took exception to it; *slå sig for -et* beat one's breast; *(se også pistol); en mand med hår* ***på*** *-et* a man with hair on his chest; *trykke* ***til*** *sit ~* clasp to one's breast.
brystbarn breast-fed baby.
brystbillede half-length portrait.
brystbuket corsage.
brystdråber *sb.pl. (glds.)* cough drops.
bryste *vb.: ~ sig af* boast about.
brystfinne pectoral fin.
brystharnisk breastplate.
brystholder brassiere; T bra.
brysthule (cavity of the) chest; *(anat.)* thoracic cavity.
brystkasse chest.
brystkirtel mammary gland.
brystkræft breast cancer.
brystlomme breast pocket.
brystning *sb. (en, -er)* **1.** *(på altan)* parapet;
2. *(ved vinduer)* window wall (*el.* back);
3. *(sidemur)* spandrel wall.
brystnål brooch.
brystprotese breast prosthesis (pl. breast prostheses).
brystpumpe breast pump.
brystsukker *(glds.)* sweetmeat.
brystsvag *adj. (glds.)* weak-chested.
brystsvømning breaststroke;
□ *svømme ~* do the breaststroke.
brysttone chest note.
brystvorte nipple.
brystværn parapet.
bræ *sb. (en, -er)* glacier.
bræddegulv wooden floor; *(af fyrretræ)* deal floor.
bræddeloft board ceiling.
brædder *sb.pl.* boards;
□ *gå i -ne (*S*: gå i seng)* hit the hay; *de* ***skrå*** *~* the stage; *(glds. el. spøg.)* the boards; *optræde på de skrå ~* tread the boards.
bræddeskillerum wooden wall; *(skillevæg)* board partition.
bræddeskur wooden shed; *(am.)* frame shack.
bræddevæg board partition.
bræge *vb.* **1.** bleat, baa; **2.** *(om sanger, omtr.)* drone.
brægen *sb. (en)* **1.** bleating;
2. *(sang)* drone.
bræk *sb. (et)* **1.** *(indbrud)* break-in; T crack;
2. *(opkastning)* vomit; T sick;
3. *(vrøvl)* rubbish; *(grovere)* crap;
□ *lave et ~ (jf. 1)* crack a crib.
brækfornemmelser *sb.pl. se opkastningsfornemmelser.*
brækjern jemmy; *(større)* crowbar.
brække *vb.* **1.** break (*fx* my arm (, the branch) broke; I broke my arm; he broke off a branch); *(pludselig, med et smæld)* snap (*fx* the branch snapped; he snapped off a branch);
2. *(med., om knogle)* fracture (*fx* the leg fractured in two places);
□ *som en -t arm* T atrociously;
[med adv. & sig] ~ ***midt over*** break in two; *~* ***op*** *a) (bryde op)* break open (*fx* a box); *b) (brolægning, fliser)* take up; *c) (kaste op)* throw up (*fx* food); vomit (*fx* blood); *~* ***sig*** be sick, throw up; T puke, spew.
brækmiddel emetic.
brækning *sb. (en, -er)* vomiting.
brækpose sick bag.
bræmme *sb. (en, -r)* border; *(smallere kant)* edge.
brændbar *adj.* inflammable, flammable (*fx* a flammable liquid); F combustible.
brændbarhed *sb. (en)* inflammability; F combustibility.
brænde[1] *sb. (et)* wood; firewood;
□ *der falder ~ ned (fig.)* you'll catch it; you'll get it in the neck.
brænde[2] *vb. (brændte, brændt) (se også brændende, brændt)* **1.** burn (*fx* the houses were burning; paper burns easily; he burned (*el.* burnt) all the letters); *(stå i brand også)* be on fire (*fx* the house is on fire!);
2. *(fortæres af ild)* burn, be burnt; *(om bygning)* burn down, be burnt down;
3. *(være tændt)* be lighted; *(elek.)* be on (*fx* the light was on);
4. *(være hed)* burn (*fx* his hands (, cheeks) were burning);
5. *(om ligbrænding)* cremate;
6. *(kaffebønner)* roast;
7. *(porcelæn, keramik)* fire;
8. *(teglsten etc.)* bake;
9. *(om nælde, brandmand)* sting (*fx* a dead-nettle does not sting; the jellyfish stung me);
10. *(i fodbold: forspilde)* miss, muff (*fx* a chance, a penalty);
□ *det -r* there is a fire; *hvor -r det?* where is the fire?
[med sb.] ~ lys a) have the light(s) on; *b) (stearinlys)* burn candles; *~ sit lys i begge ender* burn the candle at both ends; *lyset brændte (om elek. lys)* the light was on; *(om flere)* the lights were on; *lade lyset ~* leave the light(s) on; let the light(s) stay on; *solen brændte* the sun was blazing down; *(se også finger, skib)*;
[med sig] ~ ***sig*** *a)* burn oneself; *b) (fig.)* burn one's fingers (*på* on); *~* ***sig på*** *en nælde* be stung by a nettle;
[med præp. & adv.] ~ ***'af*** burn (*fx* rubbish); burn down (*fx* the house); *~ fyrværkeri 'af* let off fireworks; *blive brændt 'af (ɔ: svigtet)* be let down; *hun brændte mig 'af (ɔ: kom ikke)* she stood me up; *'~ af begær* burn with desire;
~ ***efter*** be burning for (*fx* a chance); *~* ***efter at*** be dying to (*fx* he was dying to speak);
~ ***for*** be eager for (*fx* reforms); be enthusiastic about (*fx* a plan, a proposal);
~ ***inde*** die in a (, the) fire; *jeg brændte* ***inde med*** *varene* I never got the goods sold; *han brændte inde med historien* he never got a chance of telling the story;
~ ***ned*** *(til grunden)* burn down, be burnt down; F be destroyed by fire;
~ ***op*** be burnt, be destroyed by fire;
~ ***over*** *(elek.) a) (om sikring: smelte)* fuse; *b) (om pære)* burn out;
~ ***'på*** *(om mad)* burn (*fx* the porridge is burnt); *(let, også)* catch (*fx* the milk has caught); *sennep -r på tungen* mustard burns one's tongue;
~ ***'sammen*** *a) (om motor etc.)* seize up; *b) (om slagger etc.)* cake, clinker; *c) (fig.: gå i kludder)* break down;
~ ***ud*** burn out;
jorden begyndte at ~ ***under fødderne*** *på ham (ɔ: han blev bange)* the place was getting too hot for him.
brændeglas = *brændglas.*
brændehugger *sb. (en, -e)* wood cutter.

brændeknude log.
brændekurv firewood basket.
brændemærke[1] *sb. (et, -r)* **1.** *(på kvæg etc.)* brand; **2.** *(fig.)* stigma.
brændemærke[2] *vb.* **1.** *(kvæg)* brand; **2.** *(fig.)* stigmatize.
brændende[1] *adj.* **1.** burning (*fx* flame, heat, fever, thirst; desire, hatred, interest; that is the burning question);
2. *(tændt)* lighted (*fx* match, cigarette);
□ ~ *kærlighed a)* ardent love; *b) (bot.: plante)* scarlet lychnis.
brændende[2] *adv.: ~ varm a)* burning hot; *b) (om solen)* blazing hot; *c) (om mad)* piping hot; *d) (om drikke etc.)* scalding hot; *ønske noget ~ se ønske*[2].
brændenælde *(bot.)* stinging nettle.
brændeovn 1. *(til opvarmning)* woodburning stove, woodburner; **2.** *(keramisk)* kiln, furnace.
brænder *sb. (en, -e) (i lampe etc.)* burner.
brændeskur woodshed.
brændestabel woodpile.
brændevin spirits pl.; *(snaps)* snaps, schnapps;
□ *et glas ~* a dram.
brændevinsbrænder distiller.
brændevinsbrænderi *sb. (et, -er)* distillery.
brændglas burning-glass.
brænding *sb. (en, -er)* **1.** *(af porcelæn etc.)* firing; **2.** *(af teglsten)* baking; **3.** *(ligbrænding)* cremation; **4.** *(bølger mod kyst)* surf; breakers pl.
brændoffer burnt offering.
brændpunkt 1. *(mat., fys.)* focus (pl. -es, foci); focal point;
2. *(fig.: centrum)* centre; *(urocentrum)* hot spot.
brændsel *sb. (et, brændsler)* fuel;
□ *fast ~* solid fuel.
brændselsbesparende *adj.* fuel-saving.
brændselsolie fuel oil.
brændselsværdi *se brændværdi.*
brændstof fuel;
□ *flydende (, fast) ~* liquid (, solid) fuel.
brændstoftillæg *(flyv.)* fuel surcharge.
brændstoføkonomi fuel efficiency.
brændt *adj. (af II. brænde)* burnt;
□ *~ barn skyr ilden* once bitten twice shy; *den -e jords politik* the scorched-earth policy; *~ kaffe* roasted coffee; *~ kalk* quicklime; *~ mandel* burnt almond.
brændvidde *(fys.)* focal length, focal distance.
brændværdi heating value, calorific value.

bræt *sb. (et, brædder)* board; *(se også brædder)*;
□ *sætte alt på ét ~* stake everything on one throw; T go for broke.
brætsejlads wind surfing.
brætsejler wind surfer.
brætspil board game.
brød[1] *sb. (et, -)* bread;
□ *et ~* a loaf (of bread); *to ~* two loaves; *den enes død, den andens ~* one man's loss is another man's gain; *være i hans ~* be in his service; *~ og skuespil* bread and circuses; *et stykke ~ se stykke*[1]; *[med adj.] giv os i dag vort* ***daglige*** *~* give us this day our daily bread; *kampen for det daglige ~* the struggle to make a living; *(se også ndf.: tjene til)*; *ristet ~ se riste*[1]; *et* ***stort*** *~ (om person) a)* a strapper; a big chunk of a man; *b) (klodset)* a big hulk of a man; *(se også varm)*;
[med vb.] ***slå*** *større ~* ***op*** *end man kan bage (svarer til)* bite off more than one can chew; ***spis*** *~* ***til*** T wait a bit! ***tage*** *-et* ***ud af*** *munden på ham a) (berøve ham hans levebrød)* take the bread out of his mouth; *b) (sige det før ham)* take the words out of his mouth; ***tjene*** *sit ~,* ***tjene til*** *det daglige ~* make a living, earn one's living, earn one's daily bread; T earn one's bread and butter.
brød[2] *præt. af bryde.*
brødbakke breadbasket.
brøde *sb. (en, -r)* guilt; *(forseelse)* offence.
brødebetynget *adj.* **1.** *(angergiven)* contrite; **2.** *(plaget af skyldfølelse)* guilty, guilt-ridden.
brødefuld *adj.* guilty.
brødfabrik bakery.
brødflov *adj.* peckish;
□ *jeg er lidt ~* I could do with a bite of food; I am (feeling) a bit peckish.
brødfrugt breadfruit.
brødfrugttræ *(bot.)* breadfruit tree.
brødføde *vb.* support (*fx* a family);
□ *som kan ~ sig selv* self-supporting (*fx* country); *landet kan ikke ~ sig selv* the country does not grow enough corn for its own needs.
brødkasse breadbin.
brødkniv breadknife.
brødkorn bread grain.
brødkrumme breadcrumb.
brødkusk baker's roundsman.
brødløs *adj.* **1.** *(som ikke giver fortjeneste)* unremunerative; **2.** *(som ikke giver arbejde bagefter, præd.)* without prospects;

□ *gøre ~* throw out of work.
brødmaskine breadcutter.
brødnid professional jealousy.
brødre *pl. af broder.*
brødrister *sb. (en, -e)* toaster.
brødskive slice of bread.
brødskorpe (bread) crust.
brødskrift ordinary type.
brødstage (wooden) peel.
brødstudium T bread-and-butter study.
brødvogn baker's van.
brøk *sb. (en, -er)* fraction;
□ *almindelig ~* vulgar fraction; *uægte ~* improper fraction; *ægte ~* proper fraction.
brøkdel fraction (*fx* in a fraction of a second).
brøkregning fractions pl.
brøkstreg fraction line.
brøl *sb. (et, -) (jf. brøle)* **1.** roar; **2.** *(tyrs)* bellow; *(kos)* moo;
□ *man kan ikke vente andet af en stud end et ~ (svarer til)* what can you expect from a pig but a grunt.
brøle *vb.* **1.** *(om vilde dyr, storm etc.)* roar;
2. *(om en dyb lyd, fx om tyr)* bellow; *(om ko)* moo; F low;
3. *(om hjort)* bellow; F bell;
4. *(om person: råbe højt)* bawl; *(vredt)* roar; *(og kommanderende)* bellow (*fx* a command);
5. *(græde,* T*)* howl, bawl; *(neds.)* blubber (*fx* stop blubbering and act like a man); *(om barn: skråle)* squall;
□ *~ af* roar with (*fx* laughter, pain).
brøleabe 1. *(zo.)* howler; **2.** *(person)* bawler.
brøler *sb. (en, -e) (fejl)* blunder; T boo-boo;
□ *lave en (selskabelig) ~* T drop a brick (*el.* a clanger).
brølhals 1. *(højrøstet person)* bawler, blusterer; **2.** *(tudesøren)* crybaby.
brønd *sb. (en, -e)* **1.** *(også olie-)* well; **2.** *(sundheds-)* mineral spring;
□ *det er for sent at kaste -en til når barnet er druknet (svarer til)* it is too late to shut the stable door after the horse has bolted (*el.* has been stolen).
brøndborer *sb. (en, -e)* well borer.
brønddæksel well cover.
brøndgraver well digger.
brøndkarm well curb.
brøndkarse *(bot.)* watercress.
brøndkur water cure.
brøndkuranstalt (inland) watering place, spa.
brøndvand well water.
brøndvinde windlass.

brøsig *adj.* gruff.
brøsighed *sb. (en)* gruffness.
brøst *sb. (en, -)* defect; *(mindre)* flaw.
brøstfældig *adj.* **1.** dilapidated (*fx* house, chair); *(faldefærdig)* ramshackle (*fx* house); F decrepit; **2.** *(vaklevorn)* rickety (*fx* chair); **3.** *(om person)* decrepit (*fx* old man).
brøstfældighed *sb. (en) (jf. brøstfældig)* dilapidation; decrepitude.
brøstholden *adj.: føle sig ~ over noget* feel aggrieved at (*el.* over) sth; resent sth.
bråvallaslag pitched battle.
bud[1] *sb. (et, -)* **1.** *(befaling)* command;
2. *(besked)* message;
3. *(tilbud)* offer;
4. *(ved auktion)* bid;
5. *(gæt)* guess;
□ *fornuftens ~* the dictates of reason; *et ~ på a) (ved auktion: pris)* a bid of; *(ting)* a bid for (*fx* a bid of £5,000 for this painting); *b) (skøn)* an estimate of (*fx* the cost); *c) (gæt)* a guess at (*fx* the result); *d) (forestilling)* an idea of (*fx* what it will cost); *e) (forslag)* a suggestion for (*fx* what can be done); *[bibelsk] de ti ~* the Ten Commandments; the Decalogue; *det sjette ~ (svarer hos anglikanerne til)* the seventh commandment; *det ~ og tiende bud (svarer til)* the tenth commandment;
[med vb. (+ præp.)] ***give*** *et ~* ***på*** *(jf. ovf.: et ~ på) a)* make an offer (, a bid) for; *b) (fig.)* give an estimate of; guess at; give an idea of; suggest; ***have*** *~* ***til*** *(fig.) a)* have a message for (*fx* the book has a message for everybody); *b) (henvende sig til)* be aimed at; ***sende*** *~* send a message, send word (*fx* send word when you have arrived); ***sende*** *~* ***efter*** send for; ***sende*** *~* ***til*** send a message to; send word to; *der* ***var*** *~* ***efter*** *ham a)* he was sent for; *b) (T: han var i fare)* he had a close shave; it was a near thing;
[med præp.] der var mange **om** *-det* there were many takers; ***på*** *hans ~* at his command.
bud[2] *sb. (et, -e)* **1.** *(som bringer varer ud)* delivery man (, boy); *(bydreng også)* errand boy; **2.** *(som bringer brev, besked)* messenger;
□ *pr. ~* by hand.
budbringer *sb. (en, -e)* messenger.
budcentral messenger office.
budcykel carrier cycle; delivery bicycle.
buddhisme *sb. (en) (rel.)* Buddhism.
buddhist *sb. (en, -er),* **buddhistisk** *adj. (attr.) (rel.)* Buddhist.
budding *sb. (en, -er)* **1.** pudding; **2.** *(om dessert, omtr. =)* blancmange.
buddingform pudding basin.
buddingpulver *(svarer til)* blancmange powder.
budget *sb. (et, -ter)* budget;
□ *lægge et ~* draw up a budget; *på -tet* in the budget.
budgetkonto budget account.
budgetstyring budgetary control.
budgettere *vb.* **1.** *(opføre på budget)* budget; **2.** *(anslå)* estimate (*fx* the estimated revenue (, expenditure)); forecast;
□ *-de omkostninger (, udgifter) (også)* the costs (, expenditure) provided for in the budget;
[med præp.] ~ ***med*** budget (for) (*fx* budget 5 billion for defence expenditure; budget for an unemployment rate of 8 per cent; budget for a deficit); *~* ***til*** estimate at.
budgetunderskud budget deficit.
budskab *sb. (et, -er)* **1.** *(nyhed)* (piece of) news (*fx* a piece of sad news; when the news reached the capital there were riots in the streets);
2. *(litterært, politisk, religiøst)* message;
□ *-et gik ikke ind hos dem (fig.)* they did not get the message; *det glade ~* the glad tidings pl.
budstue messengers' room.
budt *pf.ptc. af byde.*
bue[1] *sb. (en, -r)* **1.** *(skydevåben & til strygeinstrument)* bow;
2. *(krum linie)* curve (*fx* the stone described a curve over the roof top; the bird flew in a curve to its nest); *(cirkelbue)* arc (*fx* the ball rose in a high arc and fell behind the house);
3. *(lodret ~, især arkit.)* arch (*fx* the arch of the eyebrow (, the rainbow, a doorway));
4. *(hvælving)* vault;
5. *(i nodeskrift: bindebue)* tie, ligature; *(legatobue)* slur;
6. *(kroket-)* hoop;
□ *spænde en ~, spænde -n for højt se spænde*[2]; *gå i en stor ~ uden om noget a)* make a long detour round sth; *b) (fig.)* give sth a wide berth.
bue[2] *vb.* **1.** curve (*fx* inwards, outwards); **2.** *(kun lodret)* arch.
bueformet *adj. se buet.*
bueføring *(mus.)* bowing.
buegang **1.** arcade; **2.** *(ved kloster el. kirke)* cloister; **3.** *(i øret)* semicircular canals pl.
buelampe arc lamp.
bueskydning archery.
bueskytte archer.
buestok bow stave.
buestreng bowstring.
buestrøg *(med violinbue)* stroke of the bow.
buet *adj.* **1.** curved; **2.** *(kun om lodret bue)* arched.
buffer *sb. (en, -e)* buffer, shock absorber.
buffet *sb. (en, -er)* **1.** *(spisestuemøbel)* sideboard; **2.** *(disk i restauration)* (serving) counter; **3.** *(på jernbanestation)* refreshment room, buffet.
buffist *sb. (en, -er)* counterman; countergirl.
bug *sb. (en, -e)* **1.** *(underliv)* abdomen;
2. *(mave)* stomach; T belly (*fx* fill one's belly);
3. *(om dyr)* belly;
4. *(bibl.)* belly (*fx* Jonah in the belly of the whale; men whose God is their belly).
bugfinne *(zo.)* ventral fin.
buggjord girth.
bughinde *(anat.)* peritoneum (pl. -s *el.* peritonea).
bughindebetændelse *(med.)* peritonitis;
□ *han har haft en ~* he has had peritonitis.
bughule *(anat.)* abdominal cavity.
bugmuskel *(anat.)* abdominal muscle.
bugne *vb.* **1.** swell (out); F belly (out); **2.** *(bule ud)* bulge; **3.** *(om sejl)* swell out; F belly out;
□ *-nde sejl* swelling (, bellying) sail(s); *~ af, ~ med* abound in (*el.* with); *bordet -de af mad* the table groaned with food.
bugnende *adj.* **1.** *(rigeligt forsynet)* well-filled (*fx* shops); **2.** *(om sejl)* swelling (*fx* sails); F bellying;
□ *~ af* abounding in; *et ~ bord* a table groaning with food; *en ~ høst* a bountiful harvest.
bugserbåd tug (boat).
bugsere *vb.* **1.** tow, tug, take in tow; **2.** *(fig.: manøvrere)* manoeuvre (*fx* they manoeuvred the piano in through the door); *(lempe)* ease (*fx* ease the box into the corner).
bugsering *sb. (en, -er)* towage, towing.
bugserpenge *sb.pl.* towage.
bugsertrosse towrope.
bugskjold *(zo.)* plastron.
bugspryd *(sø.)* bowsprit.
bugspyt *(fysiol.)* pancreatic juice.
bugspytkirtel *(anat.)* pancreas.
bugt *sb. (en, -er)* **1.** *(hav-)* bay; *(større)* gulf; *(vig)* inlet, creek;

2. *(krum linie)* curve; *(skarpere)* bend; **3.** *(af tov)* bight;
□ *få ~ med* get the better of; F overcome; T get on top of (*fx* difficulties; one's opponents); ***slå** en ~ (om vej)* bend; *slå -er (om vej)* wind.
bugtaler ventriloquist.
bugtalerdukke ventriloquist's dummy.
bugtaleri *sb. (et)* ventriloquism.
bugte *vb.: ~ sig* wind (in and out); *(om flod også,* F*)* meander.
bugtet *adj.* winding; F sinuous; *(om flod også,* F*)* meandering.
bugthøvl spokeshave.
bugtning *sb. (en, -er)* curve; F sinuosity.
buh *interj.* **1.** *(for at forskrække)* boo(h); **2.** *(kos brøl)* moo;
□ *han kunne hverken sige ~ eller bæh* he was dumbfounded.
buhko moo-cow.
buk[1] *sb. (en, -ke)* **1.** *(gedebuk)* billy goat;
2. *(råbuk)* buck;
3. *(træbuk til bord)* trestle;
4. *(til gymnastik)* buck;
5. *(sø.: hejseredskab)* sheers pl.;
6. *(kuskesæde)* box;
7. *(glds.* T*: fejl)* blunder; *(selskabelig også)* gaffe;
8. *(liderlig mand)* goat;
□ *springe ~* play leapfrog; *(se også får).*
buk[2] *sb. (et, -)* bow;
□ *gøre et dybt ~* make a low bow.
Bukarest Bucharest.
buket *sb. (en, -ter)* **1.** bunch of flowers; *(bundet også)* bouquet;
2. *(fig.: af lovforslag)* package; *(se også bouquet).*
bukkar *sb. (en, -) (bot.)* woodruff.
bukke *vb.* **1.** *(bøje)* bend (*fx* a piece of wire); **2.** *(hilse)* bow (*for* to);
□ *~ og skrabe* bow and scrape (*for* to);
[med adv. & sig] ~ ***dybt*** bow low, make a low bow; *~* ***ind*** *(i syning)* tuck in; *~* ***sammen*** double up; *~* ***sig*** bend down; *(dybt, mere* F*)* stoop; *~* ***sig efter*** bend down (, stoop) to pick up; *~* ***under*** go down; F succumb; T go to the wall; *~* ***under for*** *a) (blive besejret af)* go down to (*fx* the Roman Empire finally went down to the barbarians); *b) (sygdom, fristelse)* succumb to (*fx* a disease; temptation); *c) (blive overvældet af)* be overcome by (*fx* fatigue).
bukkeblad *sb. (en, -) (bot.)* bogbean.
bukkel *sb. (en, bukler)* **1.** *(af hår)* roll of hair, puff; **2.** *(på skjold)* boss.
bukkemaskine bending machine.
bukken *sb. (en)* bowing;
□ *~ og skraben* bowing and scraping.
bukkeskind buckskin.
bukkeskæg goat's beard.
bukkespring caper;
□ *gøre ~ a)* cut capers; *b) (om hest)* buck.
bukketorn *sb. (en, -) (bot.)* box thorn.
buksbom *sb. (en, -) (bot.)* box (tree).
buksbomhæk box hedge.
buksebag trouser seat.
bukseben trouser leg.
buksedragt trouser suit; *(især am.)* pantsuit.
bukseknap trouser button.
bukselinning waistband.
bukselomme trouser pocket;
□ *kende det som sin egen ~* know it like the back of one's hand.
buksenederdel divided skirt, pant skirt; culottes pl.
bukser *sb.pl.* **1.** trousers; *(am.)* pants; *(se også ridebukser, underbukser)*; **2.** *(torskerogn)* cod roe;
□ *det er konen der har -ne på (ɔ: der er den dominerende)* the wife wears the trousers (, pants); ***knappe** sine ~* button (up) (*el.* do up) one's trousers (*el.* fly *el.* flies); *han havde glemt at knappe sine ~ (også)* his fly was open;
[med adj.] ***korte*** *~* shorts; *hans ~ stod* ***åbne*** his flies were open, his fly was open (*el.* undone);
[med præp. & adv.] ryste ***i*** *-ne* tremble in one's boots, shake in one's shoes; *hjertet sank ned i -ne på ham* his heart sank into his boots; *blive taget med -ne* ***nede*** be caught with one's pants (*el.* trousers) down; *pukle enden (, røven)* ***ud af*** *-rne se ende*[1]*, røv.*
buksrem belt.
buksesæt *se buksedragt.*
buksetrold toddler.
bul *sb. (en, -le(r))* **1.** *(træstamme)* bole; **2.** *(af trøje, skjorte)* body.
bulder *sb. (et)* **1.** *(larm)* din;
2. *(rumlen)* rumble; *(højere)* thunder, roar; *(hult)* boom.
bulderbasse blusterer.
buldog *sb. (en, -ger)* bulldog.
buldre *vb.* **1.** *(larme, rumle)* rumble; *(højere)* thunder, roar; *(hult)* boom; **2.** *(råbe op)* bluster;
□ *~ ned ad trappen* clatter down the stairs; *~ på døren* rattle (*el.* hammer) at the door; *(se også tom).*
bule[1] *sb. (en, -r)* **1.** *(i panden)* bump, swelling; **2.** *(fordybning i skærm etc.)* dent.
bule[2] *sb. (en, -r) (beværtning)* dive, joint;
□ *rydde -n* clear the premises.
bule[3] *vb.: ~ ud* bulge.
bulet *adj.* dented.
bulgarer *sb. (en, -e)* Bulgarian.
Bulgarien Bulgaria.
bulgarsk *sb. (et) & adj.* Bulgarian.
bulimi *sb. (en, -er) (med.)* bulimia.
bulldoze *vb.* bulldoze.
bulldozer *sb. (en, -e)* bulldozer.
bulle *sb. (en, -r)* (papal) bull.
bullen *adj.* swollen.
bullenskab *sb. (en)* **1.** *(materie)* pus; **2.** *(betændelse)* inflammation.
bulletin *sb. (en, -er)* bulletin;
□ *udsende en ~* issue a bulletin.
bulmeurt *(bot.)* henbane.
bulne *vb.* **1.** swell; **2.** *(blive betændt)* fester;
□ *~ ud* bulge.
bulteri *sb. (et) (roderi)* mess, muddle.
bum *interj.* bang; *(hul lyd)* boom.
bumle *vb.* **1.** *(drikke)* go on the booze; **2.** *(rumle)* rumble.
bumletog slow train, stopping train.
bummelum *interj. (trommens lyd)* rub-a-dub; rataplan.
bump *sb. (et, -)* **1.** *(lyd)* thud; **2.** *(stød)* jolt; **3.** *(fartspærring i gade)* road (*el.* traffic *el.* speed) hump; T sleeping policeman; *(am.)* speed bump.
bumpe *vb.* **1.** *(frembringe hul lyd)* thud; **2.** *(ramme med et bump)* bump (*fx* into the door; down the stairs); **3.** *(skumple)* jolt; *(stærkere)* bump.
bums[1] *sb. (et, -) (lyd)* thud (*fx* he fell down with a thud).
bums[2] *sb. (en, -er) (vagabond etc.)* bum.
bums[3] *interj.* plunk! *(højere)* bang!
bumse[1] *sb. (en, -r) (filipens)* pimple, spot; S zit.
bumse[2] *vb.* bump (*imod* into).
bund *sb. (en, -e)* **1.** bottom;
2. *(inderste del)* head (*fx* of a bay);
3. *(om farve etc.)* ground;
□ *det er -en!* (T*: elendigt)* that is the pits!
[med vb.] ***nå*** *-en a)* reach the bottom; *b) (bunde)* touch bottom; *c) (fig.: lavpunkt)* reach (*el.* hit) rock bottom; *nu er -en nået!* now we are at (*el.* have reached) rock bottom! ***skrabe*** *-en (fig.)* scrape (the bottom of) the barrel; ***slå*** *-en* ***ud af*** *(fig.)* knock the bottom out of (*fx* his argument; the shipbuilding industry); wreck (*fx* his plans, the budget);
[med præp.] begynde ***fra*** *-en a)*

start from scratch; *b) (og opnå en høj stilling)* work one's way up; *trykke noget* ***i*** ~ press sth home; *træde speederen i* ~ put one's foot right down (on the accelerator); ***i*** *-en* ***af*** in (*el.* at) the bottom of (*fx* the boat, the cup); *i* ~ ***og grund*** completely, utterly (*fx* depraved); entirely (*fx* wrong); thoroughly (*fx* honest, spoiled); *med -en* ***i vejret*** upside down; bottom up; *vende -en i vejret (om båd)* turn turtle; *vende -en i vejret på noget* turn sth upside down; *han er et godt menneske* ***på*** *-en* he is a good man (*el.* chap) at bottom; *på bar* ~ *se bar*[2]; *på havets* ~ at the bottom of the sea; ***på*** *-en* ***af*** *koppen (, skålen)* in (*el.* at, on) the bottom of the cup (, the bowl); *gå* ***til -s*** *a)* sink; *(om skib også)* go down; F founder; *b) (fig.)* go down; T go to the dogs; *tømme bægeret til -s (også fig.)* drain the cup to the dregs; *komme (, trænge)* ***til -s i*** *a)* get to the bottom of (*fx* the mystery); *b) ((om arbejde: blive færdig med))* get to the end of.

bund- *(forstærkende)* completely (*fx* erroneous, different, ignorant); thoroughly.

bundbræt *(sø.)* floorboard.

bunde *vb.* touch bottom;
□ ~ *i (fig.)* be due to, be the result of; F be rooted in; *ikke kunne* ~ *(også)* be out of one's depth; *komme længere ud end man kan* ~ *a) (også fig.)* get out of one's depth; *b) (tage for stor risiko)* be on thin ice.

bunden *adj. (bundet, bundne):* ~ *kapital* locked-up capital; *på* ~ *liste (hdl.)* subject to licence; ~ *opgave a)* closely defined job; *b) (ved eksamen)* (paper on a) set subject; *de har været sat på en* ~ *opgave* they have not been given a free hand; ~ *opsparing* compulsory saving; ~ *varme* latent heat.

bundet *pf.ptc. af binde.*

bundethed *sb. (en)* lack of freedom, restraint;
□ ~ *af* dependence on.

bundfald *sb. (et)* **1.** sediment, deposit; **2.** *(kem.: udfældningsprodukt)* precipitate; *(rest)* residuum; **3.** *(i vin)* sediment (*fx* red wine deposits more sediment than white); lees pl.; **4.** *(fig.)* dregs pl. (*fx* the dregs of humanity).

bundfarve *sb. (en, -r)* ground (colour).

bundfordærvet *adj.* utterly depraved.

bundforkælet *adj.* thoroughly spoiled.

bundfradrag *(mht skat)* basic personal allowance.

bundfrossen *adj.* frozen solid.

bundfælde *vb.* **1.** *(aflejre)* deposit; **2.** *(kem.: udfælde)* precipitate;
□ ~ *sig a)* settle; *b) (fig.: om indtryk etc.)* become established in one's mind; *(især om noget ubehageligt: trænge ind)* sink in (*fx* let the news sink in; wait for the idea to sink in).

bundfældning precipitation.

bundgarn pound net.

bundgarnsfisker pund-net fisherman.

bundgarnspæl fishing stake.

bundgear *se gulvgear.*

bundgrænse bottom limit;
□ *skattefri* ~ income tax threshold; threshold for taxable income.

bundhæderlig *adj.* thoroughly honest.

bundkar **1.** *(i motor)* oil pan; **2.** *(til brusekabine)* shower base.

bundlinie bottom line.

bundløs *adj.* bottomless; F unfathomable;
□ *være i* ~ *gæld* be up to one's ears in debt.

bundpris rock-bottom price.

bundprop (drain) plug.

bundrekord record low;
□ *sætte* ~ be at a record (*el.* new *el.* all-time) low; reach (*el.* hit) rock bottom.

bundskjuler *sb. (en, -e) (lille smule)* drop.

bundskraber **1.** *(dårlig præstation)* abysmal performance; **2.** *(lav karakter)* lowest possible marks pl.;
□ *det var en* ~ *a) (om dårlig film etc.)* it was the pits (*el.* the end); *b) (om præstation)* it was abysmal.

bundstykke **1.** *(i kanon)* breechblock; **2.** *(i gevær)* bolt.

bundt *sb. (et, -er)* **1.** bundle (*fx* of old rags; of letters, of newspapers, of five-pound notes; she is one bundle of nerves); *(om pengesedler, papirer også)* wad (*fx* of documents, of banknotes); *(især ensartet, ordnet)* bunch (*fx* of radishes; of keys);
2. *(fys.)* pencil (*fx* of rays);
3. *(af garn, omtr.)* skein; *(NB strikkegarn sælges i nøgler i Engl.)*;
□ *hele -et* T the lot; *han er den bedste af hele -et* he is the best of the bunch; *et* ~ *pile* a sheaf of arrows.

bundte *vb.* bunch, bundle, make up in bundles.

bunduenig *adj.* in complete disagreement;
□ *være -e* disagree completely.

bundvand *(i skib)* bilge water.

bundventil *(i skib)* scuttle (*fx* open the scuttles).

bunke[1] *sb. (en, -r)* **1.** heap; *(især ordnet, stablet)* pile; **2.** *(mængde)* heap, lot (*fx* she knows a lot; it cost a lot of money); **3.** *(af kort)* talon;
□ *-r af* lots of, heaps of; *en* ~ *mennesker* a lot of (*el.* lots of) people; *en* ~ *penge (også)* a packet (*fx* it cost a packet; she made a packet); *samle til* ~ hoard; *vende -n* start all over again.

bunke[2] *vb.:* ~ *sammen a)* heap up, pile up; *(om stor mængde,* F*)* amass; *b) (uordentligt)* crowd together; ~ *sig sammen a) (om ting)* heap up, pile up; F accumulate; *b) (om personer)* huddle together.

bunkebryllup multiple wedding.

bunker *sb. (en, -e)* **1.** *(kul-; i golf)* bunker; **2.** *(tilflugtsrum)* air-raid shelter; **3.** *(mil.)* bunker; *(maskingeværrede)* pillbox.

bunkerkul bunker coal; bunkers pl.

bunsenbrænder Bunsen burner.

buntmager *sb. (en, -e)* furrier.

bur *sb. (et, -e)* cage (*fx* put the bird in a cage).

burde *(inf. & præt. af bør) se bør*[2].

bure *vb.:* ~ *inde a) (spærre inde)* cage in; *(især: på snæver plads)* coop up (*fx* sit cooped up all day); *b) (sætte i fængsel)* put inside, lock away.

bureau *sb. (et, -er)* **1.** office, bureau; **2.** *(telegram-)* agency;
□ *Reuters* ~ Reuters.

bureaukrat *sb. (en, -er)* bureaucrat.

bureaukrati *sb. (et, -er)* **1.** bureaucracy (*fx* a large and inefficient bureaucracy); **2.** *(om systemet)* bureaucracy; *(mere neds.)* red tape (*fx* it involves a lot of red tape);
□ *-et (neds. om personerne)* officialdom.

bureaukratisere *vb.* bureaucratize.

bureaukratisering *sb. (en, -er)* bureaucratization.

bureaukratisk[1] *adj.* bureaucratic.

bureaukratisk[2] *adv.* bureaucratically.

bureaukratisme *sb. (en)* bureaucratism; *(mere neds.)* red tape.

burger *sb. (en, -e)* burger.

burgøjser *sb. (en, -e)* bourgeois (pl. -); *(i folkeligt sprog)* toff.

burhøns *sb.pl.* battery hens.

burlesk[1] *adj.* burlesque.

burlesk[2] *adv.* in a burlesque manner.

burleske *sb. (en, -r) (litt., mus.)* burlesque.

burmaner, **burmeser** *sb. (en, -e)* Burmese (pl. -).
burmansk, **burmesisk** *adj.* Burmese.
burnus *sb. (en, -ser)* burnous.
burre *sb. (en, -r)* **1.** *(bot.: plante)* burdock;
2. *(blomsterhoved & fig.)* bur (*fx* she stuck to him like a bur);
3. *(om person)* limpet, leech.
burrebånd ® velcro.
burresnerre *sb. (en, -r) (bot.)* (common) cleavers.
burretavle flannel board, flannelgraph.
burundier *sb. (en, -e)*, **burundisk** *adj.* Burundian.
bus[1] *sb. (en, -ser)* **1.** bus (*til* to, for);
2. *(turist- el. udenbys)* coach; *(am.)* bus;
□ *i (, med) -sen* in the bus (, coach); on the bus (, coach) (*fx* there were not many people on the bus); *tage med -sen* go by bus (, coach), take the bus (, coach).
bus[2] *adv.: løbe ~ på* run straight into, barge into.
busbane bus lane.
busbom bus-activated barrier.
buschauffør bus (, coach) driver; *(jf. bus*[1]*).*
buse *vb.: ~ ind i* barge into (*fx* the room); *~ 'på* push; *~ ud med det* blurt it out.
busfuld *sb. (en, -e)* busload; coachload; *(jf. bus*[1]*).*
busk *sb. (en, -e)* bush; *(mindre)* shrub;
□ *stikke hovedet **i** -en* bury one's head in the sand (like an ostrich); *komme **ud af** -en* come out in the open; *han ville ikke (komme) ud af -en (også)* he refused to commit himself.
buskads *sb. (et, -er)* **1.** shrubbery; *(tæt)* thicket (*fx* hide in a thicket);
2. *(kratbevoksning)* scrub (*fx* there were miles and miles of scrub).
busket *adj.* bushy (*fx* eyebrows); *(om pels)* shaggy.
buskmand Bushman.
buskonduktør bus conductor.
buskvækst bush; *(mindre)* shrub.
buslinie bus service, bus route, bus line.
buslomme bus bay.
buspenge *sb.pl.* busfare sg.
busrute bus route.
bussemand **1.** *(skræmmebillede)* bogey, bogeyman; **2.** *(i næsen)* nose pick; *(barnesprog)* bogey; *bussemænd (også)* nose pickings.
busseronne *sb. (en, -r)* smock.
buste *sb. (en, -r) (også = barm)* bust.
busteholder brassiere; T bra.
busterminal bus (, coach) terminal; *(jf. bus*[1]*).*
bustur **1.** bus ride; **2.** *(turist-)* coach tour.
butik *sb. (en, -ker)* shop; *(især am.)* store;
□ ***gå i** -ker* go shopping; ***have** en ~* keep a shop; *(am.)* run a store; ***lukke** -ken a) (ved lukketid)* close up the shop; *b) (holde fyraften)* shut up shop; *c) (fig.: nedlægge sin virksomhed)* close down; put up the shutters; ***passe** -ken a)* mind (*el.* look after) the shop; *b) (fig.: klare sagerne for en anden)* hold the fort; ***se på** -ker* go window-shopping.
butikscenter shopping centre.
butiksdetektiv *(i stormagasin)* store detective.
butiksdød [shop closure(s)].
butikshandel retail trade.
butiksinventar shop fittings pl.
butiksklokke shopbell.
butikskæde chain of shops.
butikslokale shop.
butiksmontør shopfitter.
butikspersonale shopworkers pl.
butikspris retail price.
butiksskilt shop sign.
butikstid business hours pl.
butikstorv shopping plaza.
butikstyv shoplifter, shop thief.
butikstyveri *(generelt)* shoplifting; *et ~* a case of shoplifting.
butiksvindue shopwindow, show window;
□ *pynte et ~* dress a shopwindow.
butler *sb. (en, -e)* butler.
butleri *sb. (et, -er) (sø., omtr.)* pantry.
butterdej puff pastry.
butterfly[1] *sb. (en, -) (slips)* bow tie.
butterfly[2] *sb. (en) (svømning)* butterfly.
buttet *adj.* plump; T tubby; *(barnligt ~)* chubby.
bvadr *interj.* yuk; barf.
by *sb. (en, -er)* town; *(meget stor by)* city (*fx* the city of Paris; the industrial cities of Europe; the world's largest city); *(NB visse eng. byer, især domkirkebyer, har ret til at kalde sig* city, *fx* the city of Cambridge, the city of York; *am. er* city *alm. betegnelse for ~)*; *(mindre ~, landsby)* village;
□ *den forbudte ~ (i Peking))* the Forbidden City; *det er en ~ i Rusland (fig.,* T*)* it is something completely unknown; *(am.)* it is a city in China; *(se også male* [1] *(-en rød));*
[med præp.] ***her fra** -en* from this town; *en mand her fra -en* a local man; ***i** -en a)* in the town; *b) (om nærmeste større by)* in town; *han er i -en (ɔ: ikke hjemme)* he is out; *gå i -en for en* run errands for sby; *blive sendt i -en* be sent on an errand; ***gå i** -en a) (købe ind)* go shopping; *b) (gå ud)* go out (*fx* we are going out tonight); *c) (gå ud og bumle)* go on the spree; *være gået galt i -en* be barking up the wrong tree; ***her i** -en* in this town; *da hun kom **her til** -en* when she came to this town; ***tage til** -en* go (up) to town.
bybane (sub)urban railway.
bybefolkning townspeople pl.; F urban population.
bybo *sb. (en, -er)*, **byboer** *sb. (en, -e)* town (, city) dweller, townsman; *(neds.,* T*)* townie;
□ *byboere (også)* townspeople.
bybud *se bud*[2].
bybus town bus, city bus.
byde *vb. (bød, budt) (se også bydende)* **1.** *(befale)* order; *(stærkere)* command (*fx* command (, order) them to come nearer); F bid (*fx* he bade them (to) come nearer); *(uden objekt)* command, be in command;
2. *(indbyde)* ask, invite (*fx* they invited us to dinner);
3. *(tilbyde)* offer (*fx* what may I offer you? she offered me a chair (, a cigar); he offered me £500 for the car);
4. *(ved auktion, handel: afgive et bud)* bid (*fx* she bid £10,000 for the painting);
□ *han lader sig alting ~* he puts up with anything; *han bød hende armen* he offered her his arm; *~ forfriskninger* serve refreshments; *det kan du ikke ~ ham* you can't do that to him; *og det tør du ~ mig! (omtr. =)* what do you take me for? really, this is the limit! *~ velkommen se velkommen;*
*[med præp. & adv.] det -r mig **imod*** it disgusts me, I am disgusted at it; *(svagere)* I dislike it; *~ én **ind*** ask sby (to come) in; *~ **om** se ndf.: ~ rundt; ~ **op** a) (i kortspil)* bid up; *b) (ved auktion)* raise the bidding; *c) (til dans)* ask; *~ en op til dans* ask sby to dance; *~ '**over** (ɔ: højere)* make a higher bid; *~ en over* outbid sby; *'~ over et kongerige* rule a kingdom; *~ **på** a) (ved handel)* make an offer for; *b) (ved auktion)* bid for; *c) (frembyde)* offer (*fx* the most interesting sight which Copenhagen has to offer); *d) (give)* afford (*fx* the place affords ideal conditions for skiing); *~ en på noget* offer sby sth (*fx* he offered me a drink); *(om*

noget særlig lækkert) treat sby to sth (*fx* they treated us to ice-cream); ~ ***rundt*** serve, hand round;
[med sig] ~ ***sig*** *(om lejlighed)* present itself (*fx* if the opportunity presents itself; a wonderful opportunity presented itself); *når lejlighed -r sig* when the opportunity offers; when the occasion arises; *der bød sig en ~ til at* there was an opportunity to; ~ *sig (selv) for meget (ɔ: overanstrenge sig)* overdo it; overstrain oneself; ~ ***sig til*** volunteer one's service; *hun er ikke den type der -r sig til* she is not the type who asks for it.

bydel part of a (, the) town; district; *(især: med bestemt præg)* quarter (*fx* the Chinese quarter).

bydemåde *(gram.)* the imperative (mood).

bydende[1] *adj.* commanding (*fx* tone); masterful (*fx* air); F imperious (*fx* gesture, manner); *(neds.)* overbearing (*fx* manner); peremptory (*fx* tone);
□ *en ~ nødvendighed* an absolute necessity; *det er en ~ nødvendighed at* it is absolutely necessary that; F it is imperative that.

bydende[2] *adv.* commandingly, in a commanding tone (*fx* "Come here at once", she said in a commanding tone); masterfully; *(neds.)* peremptorily;
□ *det er ~ nødvendigt at* it is absolutely necessary that; F it is imperative that.

bydreng (errand) boy, messenger boy; *(som bringer varer ud)* delivery boy.

byfest civic festival.

byfornyelse urban renewal.

byg *sb. (en) (bot.)* barley.

bygaks ear of barley.

bygas town gas.

bygd *sb. (en, -er) (boplads)* settlement; *(landsby)* village.

byge *sb. (en, -r)* **1.** *(regn-)* shower; *(storm-)* squall; *(torden-)* thunderstorm;
2. *(mil.: fra maskinpistol)* burst;
3. *(fig.: mængde)* shower (*fx* of sparks; of questions); *(voldsom)* hail (*fx* of bullets; of abuse).

byget *adj.* showery; *(og blæsende)* squally.

bygevejr showery (, squally) weather; *(jf. byge).*

bygge *vb.* build; F construct;
□ *smukt -t (om person)* well-built; *(efter sb. også)* of a fine build; *spinkelt -t* slight; *(efter sb. også)* of a slight build; *kraftigt -t* powerfully built; well set-up; *(efter sb. også)* of a powerful build;
[med præp. & adv.] ~ ***om*** *se ombygge*; ~ ***op*** build up; ~ *op igen* rebuild; *romanen er -t* ***over*** *hans eget liv* the novel is based on his own life; ~ ***på*** *a) (støtte sig på)* build on (*fx* information from them); *b) (stole på)* rely on (*fx* what he says); *c) (være baseret på)* be built on (*fx* our relationship is built on trust); be based on (*fx* the film is based on real events); ~ ***'til*** make additions; extend (*el.* enlarge) one's house (*fx* we have extended our house); ~ *en fløj 'til* add a wing; ~ ***til på*** *et hus* enlarge (*el.* extend) a house.

byggearbejder *sb.pl.* construction (works).

byggebedding building slip.

byggeentreprenør building contractor; property developer.

byggeentreprenørfirma firm of building contractors; property development company.

byggefag building trade.

byggefirma construction firm.

byggefond building fund.

byggeforening *(omtr.)* building society.

byggeforetagende building project.

byggeforskningsinstitut building research station.

byggegrund (building) site; *(am.)* (vacant) lot.

byggeindustri construction industry.

byggeklodser *sb.pl. (også fig.)* building blocks.

byggelegeplads adventure playground.

byggelegetøj constructional toys pl.

byggelinie building line.

byggelån *(overgangslån)* bridging loan.

byggemarked *(udsalg af materialer, værktøj etc.)* DIY centre.

byggematerialer *sb.pl.* building materials.

byggemoden *adj. (præd.)* ripe for development.

byggemodne *vb.* develop.

byggemøbler *sb.pl.* sectional furniture sg.

byggemåde method (*el.* style) of building.

byggeplads building site, construction site.

byggereol sectional bookcase.

byggeri *sb. (et, -er)* **1.** *(byggevirksomhed)* building, building activity (, activities) (*fx* building activities came to a standstill);
2. *(det som er bygget)* buildings, houses pl. (*fx* new houses); estate (*fx* a large industrial estate).

byggeselskab firm of building contractors.

byggesjusk shoddy construction work; shoddy (*el.* slovenly) workmanship.

byggeskik style of building.

byggespekulant speculative builder; *(neds.)* property speculator (*el.* shark).

byggestop halt on building; construction ban.

byggesæt 1. do-it-yourself kit;
2. *(legetøj)* construction kit; building set.

byggetilladelse building licence; *(svarer i Engl. til)* planning permission.

byggevirksomhed building; building activity (, activities).

byggryn *sb.pl.* barley groats.

byggrød barley porridge.

bygherre building owner.

bygkorn 1. barley corn; **2.** *(på øjenlåg)* sty.

bygmester (master) builder.

bygning *sb. (en, -er)* **1.** *(opførelse)* building, construction;
2. *(hus)* building, house; *(stor,* F*)* edifice;
3. *(legemsbygning)* build (*fx* of a slight build; he had the build of a heavyweight boxer);
4. *(struktur)* structure (*fx* of the atom, of the genes);
□ *huset er under ~* the house is being built; F the house is in course of construction.

bygningsarbejder construction worker, builder.

bygningsentreprenør *se byggeentreprenør.*

bygningsfejl *(i øjet)* astigmatism (*fx* he has an astigmatism in his right eye).

bygningsfredning the preservation of ancient buildings.

bygningshåndværker construction craftsman (, craftswoman).

bygningsingeniør constructional engineer.

bygningsinspektorat building control department.

bygningsjern structural iron.

bygningskompleks *se kompleks*[1].

bygningskonduktør clerk of (the) works; *(arkitekt)* resident architect; *(ingeniør)* resident engineer.

bygningskonsulent architectural adviser.

bygningskunst architecture.

bygningsmåde method (*el.* style) of building.

bygningsreglement building code; building regulations pl.

bygningssnedker joiner.

bygningsstål structural steel.
bygningsteknik (the technique of) building.
bygningstømmer building timber, structural timber.
bygningsværk building; F structure; *(stort)* edifice.
bygrænse city boundary.
bygsuppe barley broth.
byguerilla urban guerillas pl.
bykerne centre of a town, town centre; *(med sociale problemer)* inner city.
bykommune borough; municipality.
bykort street map, street plan.
bylandmand part-time farmer.
byld *sb. (en, -er)* abscess; *(på huden også)* boil;
□ *få hul på -en, der gik hul på -en se hul[1].*
byldemoder core of an abscess.
byldepest bubonic plague.
byliv town life, urban life.
bylt *sb. (en, -er),* **bylte** *vb.* bundle.
bymenneske town person.
bymidte town centre; *(se også bykerne).*
bymur town wall.
bymæssig *adj.* urban;
□ *(distrikt med) ~ bebyggelse* urban area.
bynavn name of a town.
bynke *sb. (en, -r) (bot.)* mugwort; *(mark-)* field wormwood.
bynyt town news, local news.
byområde urban area;
□ *inden for -t* within the city boundary.
byorkester city (*el.* civic) orchestra.
bypartisan urban guerilla.
bypige errand girl.
byplads delivery job.
byplan *sb. (en, -er)* town plan.
byplanlægger town planner.
byplanlægning town planning; *(am.)* urban planning.
byrd *sb. (en)* descent (*fx* of noble descent).
byrde *sb. (en, -r)* load; *(tung, ubehagelig,* F*)* burden (*for* to);
□ *falde til ~* be a burden to.
byrdefuld *adj.* troublesome; F burdensome, onerous.
byret *(kan gengives)* city court.
byretsdommer *(kan gengives)* city court judge.
byronkrave*: skjorte med ~* open-neck shirt.
byråd town council.
byrådsmedlem town councillor.
byrådssal *(svarer til)* council chamber.
bysamfund urban community.
bysbarn fellow-townsman.
byste = *buste.*
bystyre town government.
bystævne *sb. (et, -r)* village (, town) meeting.
byte *sb. (en, -s el. -) (edb)* byte.
bytning *sb. (en, -er)* exchange.
bytte[1] *sb. (et)* **1.** *(udbytte af plyndring, tyveri)* loot; *(stort,* F*)* plunder; *(krigs-)* booty; F spoils pl. (*fx* they made rich spoils);
2. *(rovdyrs & fig.)* prey;
□ *blive flammernes ~* be consumed by fire; *være et let ~ (fig.)* be (an) easy prey, be easy game (*for* to, *fx* swindlers); *være et ~ for modstridende følelser* be torn between conflicting emotions.
bytte[2] *sb. (et) (ombytning)* exchange; T swap, swop;
□ *gøre et godt (, dårligt) ~* make a good (, bad) bargain;
[med præp.] give noget ***i*** *~ a) (for noget andet)* give sth in return; *b) (som delvis betaling)* trade sth in (*fx* one's old car); *tage noget i ~ (ɔ: som delvis betaling)* take sth in part-payment; ***i ~ for*** in exchange for; *give noget i ~ for noget andet* (ex)change sth for sth else; give sth in exchange for sth else.
bytte[3] *vb.* **1.** *(udveksle)* exchange (*fx* clothes, houses, rings); T swap, swop (*fx* stamps); *(uden objekt)* swap, swop, make a swap (*el.* swop) (*fx* let's make a swop);
2. *(varer: ombytte)* change, exchange (*til* for, *fx* I'd like to (ex)change this shirt for one in a larger size; goods are exchanged free of charge);
3. *(~ væk, give i bytte)* exchange (*for* for); T trade, swap, swop (*for* for, *fx* a watch for a ring); *(om byttehandel,* F*)* barter (*for* for, *fx* furs for guns, wheat for machinery);
4. *(veksle)* change (*fx* a banknote);
□ *~ gårde (ɔ: leg, omtr.)* general post; *~ ~ købmand, aldrig ~ om igen!* chip chop can't have it back! *~ plads med a)* change places with; *b) (siddeplads)* change seats with; *~ roller* switch roles, swap roles; F exchange parts;
[med præp. & adv.] ~ ***bort*** *se ndf.: ~ væk; ~ (bort el. væk)* ***for*** *se 3 ovf.; ~* ***med*** change (, swap) (places) with (*fx* I would not change (places) with him);
(T *også)* switch with (*fx* she had duty but switched with one of the others); *~* ***om*** *se ombytte; rollerne er -t om* the roles are reversed; *~* ***om på*** *a) (flytte rundt)* change about (*el.* around) (*fx* he had changed the books about, so I couldn't find the one I wanted); *b) (indbyrdes)* interchange (*fx* two names on a list); *c) (rækkefølgen af)* reverse (*fx* the order of the names; he reversed day and night); *~ det* ***til*** *noget andet, se 2 ovf.; ~ sig til se tilbytte; ~ det* ***væk*** give it away in exchange; give it in exchange for sth else; *~ det væk for, se 3 ovf.*
bytteforhold *(økon.)* terms pl. of trade.
byttehandel **1.** *(det at)* bartering, barter; **2.** *(enkelt handel)* exchange; *(større)* barter deal.
byttelejlighed [flat offered in exchange for another].
byttepenge *sb.pl.* change.
byvåben town (, city) arms pl.
Byzans *(hist.)* Byzantium.
byzantiner *sb. (en, -e),* **byzantinsk** *adj.* Byzantine.
byzone urban area, urban zone.
byærende, **byærinde** errand;
□ *gå -r* run errands; *besørge nogle -r* do some shopping.
BZ'er *sb. (en, -e) (svarer til)* squatter.
bæ[1] *sb. (et)* dirt, mess; *(i børnesprog)* poo(h), pooh pooh, poo-poo;
□ *lave ~ (i børnesprog)* do (*el.* make *el.* go) poo-poo(s), pooh.
bæ[2] *sb. (en, -er)* mess.
bæger *sb. (et, bæg(e)re)* **1.** *(drikke-)* cup;
2. *(flødeis)* tub;
3. *(bot.)* calyx *(pl. (fagl.)* calyces*)*; *(på agern)* cup;
4. *(til terninger)* dicebox;
□ *-et er fuldt (fig.)* his (, my, your) cup is full; *det fik -et til at flyde over* that was the last straw; *(se også dråbe, kigge (i)).*
bægerblad *(bot.)* sepal.
bæh *interj.* **1.** *(dyrelyd)* baa; **2.** *(udtryk for foragt) se æh (æh bæh).*
bæhlam **1.** baa-lamb; **2.** *(om person)* wimp.
bæk *sb. (en, -ke)* brook; *(mindre)* brooklet;
□ *~ og bølge (om tekstil, svarer til)* seersucker; *mange -ke små gør en stor å* every little helps.
bækken *sb. (et, -er)* **1.** *(stikbækken)* bedpan;
2. *(mus.)* cymbal;
3. *(anat.)* pelvis;
4. *(i terræn)* basin.
bækkenbund *(anat.)* floor of the pelvis, pelvic floor.
bækkenmuskel *(anat.)* pelvic muscle.
bækkenpartiet *(anat.)* the pelvic region.

bækkenslager *sb. (en, -e) (mus.)* cymbalist.
bælam = *bæhlam.*
bælg *sb. (en, -e)* **1.** *(bot.: ærte- etc.)* pod;
2. *(blæse- & glds. foto.)* bellows pl. *(NB en ~* a pair of bellows, a bellows*)*;
3. *(skind)* skin;
□ *skælde ham -en fuld* curse him up and down; *slide af karsken ~* work with a will.
bælge *vb. (ærter etc.)* shell, pod; *(se også bælle).*
bælgetræder *sb. (en, -e)* organ blower.
bælgfrugt leguminous fruit; *-er (også)* pulses.
bælgmørk *adj.* pitch-dark.
bælgmørke pitch-darkness.
bælgplante *(bot.)* leguminous plant.
bælgravende *adv.: ~ mørk se bælgmørk.*
bælgvante mitten.
bælgøjet *adj.* wall-eyed.
bælle *vb.: ~ i sig* swill *(fx* swill beer).
bælt *sb. (et, -er) (geogr.)* strait.
bælte *sb. (et, -r)* **1.** belt; **2.** *(larvebånd)* (crawler) track, caterpillar track *(el.* tread); **3.** *(himmelstrøg)* zone *(fx* the Temperate Zone).
bæltedyr *(zo.)* armadillo.
bæltekøretøj tracked *(el.* full-track *el.* track-laying) vehicle.
bæltested waist;
□ *under -et (også fig.)* below the belt.
bæltetaske belt bag.
bæløjet *se bælgøjet.*
bændel *sb. (et, bændler)* tape.
bændellakrids ribbon liquorice.
bændelorm *(zo., med.)* tapeworm.
bændeltang *sb. (en) (bot.)* eelgrass.
bænk *sb. (en, -e)* **1.** bench, seat;
2. *(skole-)* form;
□ *spille for tomme -e* play to an empty house; *varme -e (fig.: ved bal)* be a wallflower.
bænke *vb.: ~ sig* seat oneself, take a seat.
bænkebider *sb. (en, -e) (zo.)* woodlouse (pl. woodlice).
bænket *adj.* seated.
bænkevarmer *sb. (en, -e)* wallflower.
bænkhage bench stop.
bænkhammer bench hammer, joiners' hammer.
bær *sb. (et, -)* berry;
□ *plukke ~* pick berries.
bærbar *adj.* portable.
bære *vb. (bar, båret) (se også bærende)* **1.** *(transportere)* carry *(fx* a basket in one's hand; a child upstairs; his legs could carry him no further); F bear *(fx* a flag; six men bore the coffin);
2. *(støtte, holde oppe)* support *(fx* his legs could no longer support him; a roof supported by pillars; the chair (, the ice) could not support his weight); carry *(fx* slender pillars carried *(el.* supported) the roof; he was the one that carried the whole affair); bear *(fx* the whole weight of the roof; the ice was too thin to bear his weight);
3. *(om navn, påskrift, indskrift)* bear;
4. *(være iført, gå med)* wear *(fx* a coat, a dress, a uniform, a gas mask, mourning; a brooch, a ring);
5. *(have med)* carry *(fx* a pistol, a gas mask, an umbrella);
6. *(udholde)* bear *(fx* she bore her sufferings patiently; I can't bear to see her cry); endure *(fx* suffering);
□ *ikke til at ~* unbearable; *svært at ~* difficult *(el.* hard) to take *(el.* bear);
[med sb.] han -r sin alder godt he carries his years well; *~ frugt (også fig.)* bear fruit; *mon isen kan ~ i dag?* will the ice bear today? *~ sit kors* carry *(el.* bear) one's cross *(fx* he carried his cross bravely; she has a heavy cross to carry); *~ vidne om se vidne*[2] *(om)*; *~ våben* carry arms; F bear arms; *(se også ansvar, nag, pris*[1]*, præg, skyld, spor (~ spor af))*;
[med præp. & adv.] lyden -s langt ***bort*** the sound carries a long way; *det -s mig* ***for*** *at (glds. el. spøg.)* something tells me that; I have a presentiment that; *hvor -r det* ***hen****? (glds. el. spøg.)* where are we going? *vinden -r* ***mod*** *land* the wind is inshore; *~* ***oppe*** hold up *(fx* the water held him up); *(støtte)* support; *~* ***over med*** make allowances for; F bear with; *~* ***på*** *a)* be carrying *(fx* a parcel); *b) (fig.)* carry *(fx* a curse); have *(fx* a secret); *~* ***på sig*** carry about with one *(fx* you should always carry your passport about with you); *~* ***rundt på*** carry about; *~ rundt på overflødige kilo* carry extra weight;
[med sig] ~ ***sig ad*** behave, act *(fx* stupidly, wisely); *hvordan skal jeg ~ mig ad?* how shall I do it? how shall I go *(el.* set) about it? *~* ***sig ad med at*** go *(el.* set) about -ing *(fx* how shall I go about finding a new job?); manage to *(fx* how did you manage to persuade him? how on earth did you manage to lose the money?); *hvordan -r du dig ad med det?* how do you do it?
bærebjælke girder.
bærebør handbarrow.
bæredygtig *adj.* **1.** *(om træ)* fruit-bearing; **2.** *(fig.: gennemførlig etc.)* viable *(fx* plan, idea; commercially viable); **3.** *(mht. miljø, økonomi)* sustainable *(fx* agriculture, development; a sustainable economic policy);
□ *et -t grundlag* a firm foundation.
bæredygtighed **1.** *(jf. bæredygtig 2)* viability; **2.** *(jf. bæredygtig 3)* sustainability.
bæreevne **1.** carrying capacity;
2. *(om miljø)* tolerance.
bærekrave yoke.
bærende *adj. (vigtigst)* leading *(fx* principle); principal *(fx* idea);
□ *~ konstruktion* (load-)bearing construction; *~ kraft* mainstay *(fx* he was the mainstay of the undertaking).
bærepille supporting pillar.
bæreplan *sb. (et, -er)* **1.** aerofoil, plane; *(vinge)* wing; **2.** *(på båd)* hydrofoil.
bæreplansbåd hydrofoil (boat).
bærepose carrier bag, shopping bag; *(am. kun)* shopping bag.
bærer *sb. (en, -e)* **1.** carrier; *(også lig-)* bearer; **2.** *(af dragt)* wearer;
3. *(af et gen)* carrier; **4.** *(af et navn)* bearer.
bærerem carrying strap.
bæresele *(til barn)* baby sling, carrying sling.
bærestol **1.** *(til at bære barn på ryggen)* child carrier; **2.** *(glds. transportmiddel)* sedan (chair); *(hist., fx i Rom)* litter; *(i sten)* palanquin.
bærestykke *(på kjole)* yoke.
bærfrugt small fruit, soft fruit.
bærme *sb. (en)* **1.** *(bundfald)* dregs pl.; **2.** *(ved brygning etc.)* draff;
3. *(udskud)* scum *(fx* they are scum); dregs pl. *(fx* the dregs of society).
bæst *sb. (et, -er)* **1.** *(dyr)* beast; **2.** *(skældsord)* beast; *(svagere, ofte spøg.)* brute *(fx* you are a brute);
□ *slide som et ~* work like a slave.
bæve *vb.* tremble, shake *(af frygt* with fear); *(kun om person, især spøg.)* quake *(af frygt* with fear);
□ *~ for* tremble before; *(litt.)* dread; *det -de om munden på hende* her lips trembled; F her lips quivered; *med -nde stemme* in a trembling voice.
bæven *sb. (en)* trembling;
□ *frygt og ~* fear and trembling.
bæver *sb. (en, -e) (zo.)* beaver.
bæverrotte *zo.* **1.** musk rat; **2.** *(den*

sydamerikanske ~) coypu.
bæverskind beaver pelt.
bævre *vb.* tremble (*fx* his voice trembled with emotion); F quiver; T wobble (*fx* his fat thighs wobbled; her voice wobbled on the high notes; wobbling jelly).
bævreasp *(bot.)* European aspen.
bød *præt. af byde.*
bøddel *sb. (en, bødler)* **1.** executioner; *(ved hængning)* hangman; **2.** *(plageånd)* tormentor.
bøddeløkse executioner's axe.
bøde[1] *sb. (en, -r)* fine (*fx* pay a fine);
□ *betale £50 i ~, betale en ~ på £50* pay a fine of £50, pay a £50 fine; *få en ~ på £50 for at køre for stærkt* be fined £50 for speeding, be given a fine of £50 for speeding; *en stor ~* a heavy fine; *(se også idømme).*
bøde[2] *vb.* **1.** *(betale i bøde)* be fined, forfeit (*fx* £50);
2. *(istandsætte)* mend, repair;
□ *~ for* pay for, suffer for, pay the penalty for (*fx* one's mistakes); *~ med livet for sin forbrydelse* pay for one's crime with one's life; *~ på* remedy (*fx* a defect, an evil).
bødestraf fine, penalty (*fx* it is an offence to leave litter - penalty £50).
bødker *sb. (en, -e)* cooper.
bødkerarbejde cooperage.
bødkermester master cooper.
bødkerværksted cooper's shop; cooperage.
bødkerværktøj cooper's tools pl.
bøf *sb. (en, -fer)* **1.** *(engelsk ~)* (fried) steak; grilled steak;
2. *(hakke-)* hamburger; **3.** *(S: fejl)* boob, goof; *(i musik & teat.: i replik)* fluff;
□ *~ tatar* steak tartar(e).
bøffel *sb. (en, bøfler)* **1.** *(zo.)* buffalo (pl. -es); **2.** *(grov person)* boor.
bøffellæder buff.
bøfsandwich hamburger.
bøg *sb. (en, -e) (bot.)* beech.
bøgebrænde beechwood; *(stykker)* beechwood logs.
bøgeløv beech leaves pl.
bøgeolden beechmast.
bøgeparket beechwood parquet.
bøger *pl. af bog*[1].
bøgeskov beech wood.
bøgetræ **1.** beech (tree); **2.** *(materiale)* beechwood.
bøh *interj.* boo;
□ *lege ~ tittit* play peekaboo.
bøhlandet: *ude på ~* out in the sticks, in the wilds, miles from anywhere, at the back of beyond.
bøhmand *(skræmmebillede)* bogey;
□ *have en ~ på* T be tight, be fuddled.
Bøhmen *(geogr.)* Bohemia.
bøhmer *sb. (en, -er),* **bøhmisk** *adj.* Bohemian.
bøje[1] *sb. (en, -r)* **1.** buoy; **2.** *(rednings-)* lifebuoy.
bøje[2] *vb. (se også bøjet)* **1.** bend; **2.** *(gram.)* inflect;
□ *~ knæ for se knæ; ~ nakken se nakke;*
*[med adv.] ~ **af** a)* turn off; *b) (fig.: give efter)* give in; T cave in; F yield; *~ **ind*** turn in; *~ **op*** turn up;
*[med: sig] ~ **sig** a)* bend (*fx* she was bending over the flowers; the flowers bent in the wind); bend down (*fx* to pick a flower); *(dybt, kun om person)* stoop (*fx* to pick a flower); *b) (fig.: give efter)* give in; F yield; *~ **sig for** a) (give efter for)* give in to (*fx* him; his opinion); F yield to (*fx* him; his arguments, his threats, his demands); bow to (*fx* his opinion, his wishes, pressure); *b) (ærbødigt)* defer to (*fx* his opinion; experts); *c) (underkaste sig)* submit to, bow to (*fx* a decision, fate, the inevitable); *~ **sig ned** se ovf.: ~ sig.*
bøjelig *adj.* flexible; F pliant.
bøjelighed *sb. (en)* flexibility; F pliancy.
bøjet *adj.* bent (*fx* with bent knees, with bent back; bent over one's books; bent with age); bowed (*fx* with bowed head).
bøjle *sb. (en, -r)* **1.** *(frakke-)* (coat) hanger;
2. *(tand-)* (teeth) brace, orthodontic brace;
3. *(til lænke)* shackle;
4. *(kårde-)* bow;
5. *(på gevær)* guard;
6. *(i gymnastik: på hest)* pommel, handle.
bøjlehest pommel horse.
bøjlesav bow saw.
bøjning *sb. (en, -er)* **1.** bending;
2. *(hoved-)* bow; F inclination of the head;
3. *(gram.)* inflection; *(verbal)* conjugation; *(nominal)* declension.
bøjningsendelse *(gram.)* inflectional ending.
bøjningsform *(gram.)* inflected form.
bøjningslære *(gram.)* accidence.
bøjningsmønster *(gram.)* paradigm.
bølge[1] *sb. (en, -r)* **1.** wave; *(poet.)* billow; **2.** *(fig.)* wave (*fx* of arrests; ride on a wave of sympathy);
□ *-rne gik højt a)* there was a heavy sea; the sea ran high; *b) (fig.)* feelings ran high; *(se også grøn).*
bølge[2] *vb.* **1.** wave (*fx* waving corn; her hair waves naturally); **2.** *(om barm)* heave;
□ *-nde lokker* flowing locks; *~ frem og tilbage* fluctuate.
bølgebevægelse wave motion.
bølgeblik corrugated iron.
bølgebryder breakwater.
bølgedal trough of the waves;
□ *være nede i en ~ (fig.)* be in a trough; be in the trough of a wave.
bølgedæmper wave subduer.
bølgeenergi wave power, wave energy.
bølgefælde *(radio)* wave trap.
bølgegang (rough) sea;
□ *der er ~* the sea is rough.
bølgekam (wave) crest.
bølgelinie wavy line; F undulating line.
bølgelængde wavelength;
□ *være på ~* be on the same wavelength (*med* as); *vi er ikke på ~* we are on different wavelengths; *komme på ~* get on to a wavelength; *komme på ~ med en* get on to sby's wavelength.
bølgemåler wave meter.
bølgepap corrugated cardboard; *(kaldes oftest)* corrugated paper.
bølgeskær *(på kniv)* wavy edge.
bølgeslag beating of (the) waves; *(svagt)* ripple.
bølget *adj.* wavy; F undulating.
bølgetop (wave) crest, crest of a wave.
bølle[1] *sb. (en, -r) (bot.)* bog whortleberry.
bølle[2] *sb. (en, -r) (rå person)* rough, hooligan.
bøllefrø *sb. (et, -)* young rough.
bøllehat sunhat.
bølleoptøjer *sb.pl.,* **bølleuvæsen** hooliganism.
bøn *sb. (en, -ner)* **1.** *(til Gud)* prayer (*om* for); *(bord-)* grace;
2. *(anmodning)* request (*om* for); *(indtrængende)* entreaty, plea (*om* for);
3. *(bønskrift)* petition (*om* for, *fx* mercy); suit;
□ *bede en ~* say a prayer; *den første ~ (i Fadervor)* the first petition; *(se også opfylde).*
bønder *pl. af bonde.*
bønfalde *vb.* plead (*fx* "Don't go!" he pleaded); *(se også bønfaldende);*
□ *~ om nåde* plead for mercy; *~ en om* beg sby for (*fx* help); *~ en om hjælp (også)* implore sby's help; *~ en om at* plead with sby to, implore sby to.
bønfaldende[1] *adj.* appealing, pleading (*fx* look, tone).

bønfaldende[2] *adv.* appealingly (*fx* "Help me!" he said appealingly); pleadingly (*fx* he stared pleadingly at her).
bønhøre *vb.*: ~ *ham* grant his prayer; hear him.
bønlig *adj.* appealing, pleading (*fx* look); *(stærkere)* imploring.
bønne *sb. (en, -r)* **1.** bean; **2.** *(kaffebønne)* coffee bean, coffee berry;
□ *brun* ~ kidney bean.
bønnebog prayerbook.
bønnemøde prayer meeting.
bønnespirer *sb.pl.* bean sprouts.
bønnestage *sb. (en, -r) (også fig.)* beanpole.
bønskrift *sb. (et, -er)* petition.
bør[1] *sb. (en, -e)* **1.** *(trille-)* wheelbarrow; **2.** *(hat)* battered old hat; **3.** *(dyrs livmoder)* womb, uterus.
bør[2] *vb. (burde, burdet)* ought to;
□ *du* ~ *gøre det* you (really) ought to do it; *du burde gøre det* you ought to (*el.* should) do it; *det burde gøres* it ought to (*el.* should) be done; *jeg burde have vidst at han ville glemme det* I might have known that he would forget; *som det sig hør og* ~ as is meet and proper.
børn *pl. af barn.*
børneavl the procreation of children.
børnebegrænsning birth control.
børnebibliotek children's library.
børnebidrag maintenance payments pl.; child maintenance (allowance);
□ *betale* ~ pay maintenance.
børnebillet *se barnebillet.*
børnebog children's book.
børnebørn *sb.pl.* grandchildren.
børnedomstol juvenile court.
børnedødelighed **1.** infant mortality; **2.** *(promille)* infant mortality rate.
børnefamilier *sb.pl.* families with (small) children.
børneflok **1.** *(skare)* crowd of children; **2.** *(egne børn)* family (*fx* he has a large family).
børneforsorg childcare, child welfare.
børnegudstjeneste children's service.
børnehave kindergarten; nursery; *(også = førskole)* nursery school; *(vuggestue og ~)* day nursery; daycare center.
børnehaveklasse preschool class; *(i Engl., for 3-5 årige)* nursery class.
børnehavepædagog nursery teacher, nursery assistant, kindergarten teacher.
børnehjem children's home.
børnehjælpsdag [child welfare day].
børnehospital children's hospital.
børneinstitution childcare institution.
børnekopper *sb.pl. (med.)* smallpox sg.
børnelammelse *(med.)* polio; *(fagl.)* poliomyelitis; *(glds.)* infantile paralysis.
børneleg children's game;
□ *det er den rene* ~ *(fig.)* it is child's play.
børnelokker child molester, pervert; *(i børnesprog)* naughty (*el.* bad) man.
børnelæge pediatrician.
børnelærdom: *det hører til min* ~ I learned that as a child.
børnemishandling ill-treatment of children, child abuse; T child-battering; baby-battering.
børnemøbler *sb.pl.* nursery furniture sg.
børneopdragelse the bringing up of children, child-rearing;
□ ~ *er svær* bringing up children is difficult; *han kender intet til* ~ he does not know anything about how to bring up children.
børneorm *(zo., med.)* pinworm, threadworm.
børneparkering *(i forretning, kirke etc.)* nursery.
børnepasning **1.** *(det at passe børn)* looking after children; babysitting; **2.** *(officiel)* childcare;
□ *muligheder for* ~ *(ɔ: for at få dem passet)* childcare facilities.
børnepasningsordning childcare scheme (*el.* arrangement).
børnepenge *sb.pl. se børnebidrag, børnetilskud.*
børneporno child porn.
børnerig *adj.*: *-e familier* large families.
børnerim nursery rhyme.
børneselskab children's party.
børnesikker *adj.*, **børnesikre** *vb.* childproof, babyproof.
børnesko *se barnesko*;
□ *have trådt sine* ~ have reached the years of discretion; *hun har trådt sine* ~ *(iron.)* she is no spring chicken.
børnestue *(på hospital)* children's ward.
børnesygdom children's disease;
□ *-me (fig.)* teething troubles; *specialist i -me* pediatrician.
børnesår *(med.)* impetigo.
børnetal **1.** number of children; **2.** *(fødselstal)* birthrate.
børneteater children's theatre.
børnetilskud child benefit.
børnetøj **1.** children's clothes pl.; **2.** *(til små børn)* baby clothes pl.
børneudstyr *(til nyfødte)* layette.
børneven: *han er* ~ he is fond of children.
børnevenlig *adj.* **1.** child-friendly; **2.** *(om person, præd.)* fond of children;
□ *et -t samfund* a society friendly to children.
børneværelse playroom; F nursery.
børnlille *sb.pl.* children.
børs *sb. (en, -er)* exchange;
□ *på -en* on the exchange; on 'Change; *gå på -en (ɔ: om selskab)* go public; *den sorte* ~ the black market.
børsbaron *se børsmatador.*
børsberetning exchange report.
børsforretning stock-exchange transaction.
børskurs quotation, price.
børsmatador stock-exchange magnate.
børsnoteret *adj. (præd.)* quoted on the stock exchange.
børspapirer *sb.pl.* stocks and shares.
børsspekulant stock jobber; speculator in stocks and shares.
børste[1] *sb. (en, -r)* **1.** brush; **2.** *(stift hår)* bristle; **3.** *(bisse)* rough;
□ *besat med -r* bristly; *rejse -r (om dyr)* raise its bristles; *han rejste -r (ɔ: blev vred)* his hackles rose; he bristled up; *det fik ham til at rejse -r* it raised his hackles, it made his hackles rise.
børste[2] *vb.* brush;
□ ~ *sko se pudse*; ~ *tænder a)* brush one's teeth; *b) (med gearene i bil)* grind the gears.
børstenbinder *sb. (en, -e)* brushmaker.
børstid 'Change time.
bøs *adj.* gruff; *(stærkere)* fierce.
bøsning *sb. (en, -er)* bush, bushing.
bøsse *sb. (en, -r)* **1.** *(til penge)* (money) box; *(raslebøsse)* collecting box;
2. *(til peber)* castor;
3. *(gevær)* gun;
4. (S: *homoseksuel)* gay; *(neds.)* poof; *(glds.)* queer; *(am. neds.)* fag;
□ *spytte i -n* put one's hand in one's pocket; *(især modstræbende)* cough up.
bøssekolbe butt end of a gun.
bøsseløb gun barrel.
bøssemager *sb. (en, -e)* gunsmith; *(mil.)* armourer.
bøsseskud gunshot.
bøtte *sb. (en, -r)* **1.** bin; *(især af træ)* tub (*fx* a butter tub); **2.** *(malerbøtte)* pot;
□ *hold (din)* ~*!* shut up! dry up!

vende -n start all over again.
bøttekant *se bøtterand.*
bøttepapir handmade paper.
bøtterand*: papir med ~* deckle-edged paper.
bøvet *adj.* **1.** *(forspist)* overfed; **2.** *(studet)* goofy, oafish.
bøvl *sb. (et)* bother;
□ *du får ~ med dem (ɔ: ubehageligheder)* you'll have trouble with them; *vi havde en masse ~ med ham (ɔ: besvær)* he gave us a lot of bother; *have en masse ~ med at* have a lot of bother (in) -ing.
bøvs *sb. (et, -),* **bøvse** *vb.* burp.
båd *sb. (en, -e) (også om større skib)* boat;
□ *gå i -ene* take to the boats; *pr. ~* by boat; by sea; *vi er alle i samme ~* we are all in the same boat.
båddæk *(sø.)* boat deck.
både *adv.: ~ ... og* both ... and *(NB bruges korrektest kun om to) (fx* both in London and in Berlin); *~ England, Frankrig og Italien forsøgte* England, France, and Italy (all) tried; *~ og, ~ ja og nej* well, yes and no; *større end ~ du og jeg* taller than either you or I.
bådebro 1. *(landgangsbro)* landing stage, jetty; **2.** *(pontonbro)* boat bridge.
bådebygger *sb. (en, -e)* boat builder.
bådebyggeri boatbuilder's yard.
bådehavn boat harbour.
bådehus boathouse.
bådeskur boatshed.
bådeudlejer boatman.
bådfart 1. *(det at sejle)* river (, lake etc.) navigation (*el.* traffic); **2.** *(regelmæssig)* boat service.
bådflygtninge *sb.pl.* boat people.
bådformet *adj.* boat-shaped.
bådfører 1. boatman; **2.** *(af færgebåd)* waterman; **3.** *(pramfører)* bargee.
bådlængde boat's length;
□ *vinde med en ~* win by a length.
bådmotor boat engine.
bådplads berth.
bådshage boathook.
bådslængde = *bådlængde.*
bådsmand boatswain.
bådsmandskab boat crew.
bådsmandsmat *(sø.)* boatswain's mate.
bådsmandspibe *(sø.)* boatswain's whistle.
bådsmandsstol *(sø.)* boatswain's chair.
bådstage punt pole.
bådtog boat train.
båke *sb. (en, -r)* beacon.
bål *sb. (et, -)* **1.** fire; **2.** *(til fest el. afbrænding)* bonfire; **3.** *(ligbål)* pyre;
□ *lave et ~* build (*el.* make) a fire (, bonfire); *tænde ~* light a fire (, bonfire;
[med præp.] fare frem ***med ~ og brand*** take strong measures; *fare frem mod dem med ~ og brand a)* threaten them with death and destruction; *b) (ɔ: straffe strengt)* throw the book at them; *dø* ***på -et*** die (*el.* be burned) at the stake; *komme benzin på -et, bære ved* ***til -et*** *(fig.)* add fuel to the flames (*el.* fire); *dømmes* ***til ~ og brand*** be condemned to the stake.
bålfærd (ceremonial) cremation.
bålplads place for a bonfire.
bånd *sb. (et, -)* **1.** *(til at binde noget sammen med: snor)* string *(fx* tie up a parcel with a string); *(bændel)* tape *(fx* a bundle of old letters tied up with (a) blue tape; she tied the tapes of the apron);
2. *(omkring noget, til at holde sammen på noget)* band *(fx* a black band around his hat; a rubber band; a box strengthened with metal bands; she wore a band in her hair);
3. *(silke-, pynte-, ordens-)* ribbon *(fx* she wore a ribbon in her hair);
4. *(stribe)* band *(fx* a white plate with a blue band round the rim); *(på fugle)* bar; *(på bogryg)* fillet;
5. *(hvad der forener)* tie *(fx* the ties of friendship (, of kinship, of blood)); *(stærkere,* F*)* bond *(fx* the bonds of kinship; united in the bonds of friendship);
6. *(hvad der gør ufri)* restriction, tie; F bond *(fx* the bonds of slavery);
7. *(samlebånd)* assembly line; *(transportbånd)* conveyor belt;
8. *(radio)* band *(fx* the 25m band);
9. *(til båndoptager)* tape;
10. *(anat.)* ligament;
□ *lægge ~ på* restrain *(fx* oneself; one's anger); F curb *(fx* one's anger, one's enthusiasm); *optage på ~* (tape-)record; T tape; *hæmmende (el. snærende) ~* F trammels, fetters.
båndafspiller *sb. (en, -e)* tape player.
båndbesætning*: med ~* trimmed with ribbons.
båndbibliotek tape library.
båndbredde band width.
båndbremse band brake.
bånde *vb. (optage på bånd)* tape.
båndfilm film strip.
båndholder *(på skrivemaskine)* ribbon carrier.
båndjern band iron.
båndkassette (tape) cassette.
båndlagt *adj.: ~ kapital* tied-up money; trust funds pl.
båndlægge *vb. (penge, ejendele)* tie up.
båndmål tape measure.
båndoptage *vb.* tape.
båndoptagelse tape recording.
båndoptager tape recorder; *(i stereoanlæg)* tape deck.
båndpudser *sb. (en, -e)* belt sander.
båndsav band saw.
båndsus hiss.
båndvæv 1. band loom; **2.** *(vævespjæld)* rigid heddle.
båre *sb. (en, -r)* **1.** *(til syge)* stretcher; **2.** *(til lig)* bier;
□ *en tale ved -n* a funeral speech.
bårebuket spray.
båren *adj.: født og ~* born and bred; *i kødet ~* bred in the bone.
bås *sb. (en, -e)* **1.** *(i stald)* stall, box; **2.** *(i restaurant)* box; **3.** *(parkerings-)* bay;
□ *sætte en i ~ (fig.)* typecast sby (*som* as); T pigeonhole sby (*som* as); *sætte i ~ med* bracket with, lump together with; *sætte dem i samme ~* bracket (*el.* lump) them together.
båt *sb. (et, -),* **båtte** *vb.* honk.

C

C[1] *(fork. for celsius)* centigrade, Celsius, C.
C[2]*: tage det høje C* take top C.
c., ca. *(cirka)* about; *(fork.)* c (*fx* he was born c 200 BC); *(se også cirka).*
cabriolet *sb. (en, -er) (biltype)* convertible.
cadeau *sb. (en, -er)* act (*el.* piece) of kindness.
cadmium *sb. (et) (kem.)* cadmium.
café, cafe *sb. (en, cafeer)* **1.** *(som serverer kaffe og te)* café; **2.** *(værtshus)* pub; □ *på en ~* at a café (, pub).
cafeteria *sb. (et, cafeterier)* cafeteria.
calcium *sb. (et) (kem.)* calcium.
calmettevaccination BCG vaccination.
calmettevaccinere *vb.* vaccinate with BCG.
calvados *sb. (en, -er)* calvados.
calvinisme *sb. (en)* Calvinism.
calvinist *sb. (en, -er)* Calvinist.
calvinistisk, calvinsk *adj.* Calvinistic.
calypso *sb. (en, -er)* calypso.
Cambodja Cambodia.
cambodjaner *sb. (en, -e),* **cambodjansk** *sb. (et) & adj.* Cambodian.
camembert *sb. (en, -er)* Camembert.
camouflage *sb. (en, -r)* camouflage.
camouflere *vb.* **1.** *(mil.)* camouflage; **2.** *(fig.)* disguise (*fx* a disguised wage increase); □ *en -t trussel* a veiled threat.
campere *vb.* camp.
camping *sb. (en)* camping.
campingbil camper.
campingplads **1.** campsite, camping site; *(am.)* campground; **2.** *(for campingvogne)* caravan site.
campingtur*: tage på ~ a)* go camping; *b) (med campingvogn)* go caravanning.
campingvogn **1.** caravan; *(am.)* camper trailer; **2.** *(til beboelse)* mobile home; *(am.)* (house) trailer.
campist *sb. (en, -er)* camper.
Canada Canada.
canadier *sb. (en, -e),* **canadisk** *adj.* Canadian.
cancan *sb. (en, -er)* cancan.
cancer *sb. (en) (kræft)* cancer.
cand.; *(fork.f. candidatus; se også ndf. NB: på engelsk sættes forkortelserne efter navnet, fx* John Brown, MA*); (se også kandidat).*
cand. act. *sb. (en, -er)* [graduate in insurance science].
cand. agro. *sb. (en, -er)* [graduate in agriculture].
cand. art. *sb. (en, -er)* [person having passed the subsidiary examination in an Arts degree course].
cand. brom. *sb. (en, -er)* BSc in Food Science.
cand. hort. *sb. (en, -er)* horticultural graduate; B.Sc., horticulture.
cand. jur. *sb. (en, -er) (omtr.)* Bachelor of Laws; *(fork.)* BLL.
cand. mag. *sb. (en, -er) (omtr.)* Master of Arts; *(fork.)* MA.
cand. med. *sb. (en, -er) (omtr.)* Bachelor of Medicine; *(fork.)* BM; Bachelor of Surgery; *(fork.)* BS.
cand. merc. *sb. (en, -er)* Bachelor of Commerce; *(fork.)* BCom.
cand. oecon. *sb. (en, -er)* [graduate in economics] *(omtr.)* BA (econ.); BSc (econ.).
cand. pharm. *sb. (en, -er)* [graduate in pharmacology].
cand. phil. *sb. (en, -er)* [person with Arts graduate qualifications in a major subject].
cand. polit. *sb. (en, -er)* [graduate in political science or economics] *(omtr.)* MSc (econ.).
cand. polyt. *sb. (en, -er) (kan gengives)* Master of Engineering; *(fork.)* MEng.
cand. psych. *sb. (en, -er)* [graduate in applied psychology].
cand. pæd. *sb. (en, -er) (omtr.)* Master of Education; *(fork.)* MEd.
cand. scient. *sb. (en, -er) (omtr.)* Master of Science; *(fork.)* MSc.
cand. scient. pol. *sb. (en, -er)* [graduate with an MA degree in political science].
cand. theol. *sb. (en, -er) (omtr.)* Bachelor of Divinity; *(fork.)* BD.
Canossa*: gå til ~ (omtr.)* climb down.
cape *sb. (en, -s) (beklædningsstykke)* cape.
Capitolium the Capitol.
caraibisk*: Det -e Hav (geogr.)* the Caribbean (Sea).
cardigan *sb. (en, -er)* cardigan.
cardigansæt twin set.
carnet *sb. (et, -er)* carnet.
carport *sb. (en, -e)* carport.
carte blanche carte blanche; □ *give én ~ (også)* give sby a free hand.
casino *sb. (et, -er)* casino.
causere *vb.* **1.** *(holde el. skrive et causeri)* discourse (*over* on); **2.** *(snakke)* talk, chat.
causerende *adj.* chatty (*fx* lecture, article); conversational (*fx* tone); F discursive.
causeri *sb. (et, -er)* causerie; *(foredrag også)* (informal) talk; □ *holde et ~* give a talk (*om* on).
causør *sb. (en, -er) (mundtligt)* talker.
cayennepeber cayenne (pepper).
CD, cd *sb. (en, -'er) (fork.f.* compact disc *))* CD.
CD-afspiller, cd-afspiller *sb. (en, -e)* CD player, CD machine.
ceder *sb. (en, cedre) (bot.)* cedar.
cedertræ **1.** *(bot.)* cedar; **2.** *(materiale)* cedar wood.
cedille *sb. (en, -r)* cedilla.
celeber *adj.* **1.** *(fornem)* fashionable; **2.** *(berømt)* celebrated; *(stærkere)* famous; **3.** *(berygtet)* notorious.
celebrant *sb. (en, -er)* celebrant.
celebrere *vb.* celebrate (*fx* the Mass).
celebritet *sb. (en, -er)* celebrity.
celle *sb. (en, -r)* cell.
cellebeton cellular concrete.
celledannelse cytogenesis.
celledannende *adj.* cytogenous.
celledeling cell division; *(fagl.)* mitosis.
celleforskning cytology.
cellekammerat cellmate.
cellekerne *(biol.)* nucleus.
cellelære cytology.
cellevæg cell wall.
cellevæv *sb. (et)* cellular tissue.
cellist *sb. (en, -er) (mus.)* cellist.
cello *sb. (en, -er) (mus.)* cello.
cellofan *sb. (et)* ® cellophane.
cellstof cellulose.
celluld synthetic wool.
celluloid *sb. (en el. et)* celluloid.
cellulose *sb. (en)* **1.** *(cellestof)* cel-

lulose; **2.** *(træmasse)* pulpwood.
celluloselak cellulose lacquer, cellulose varnish.
celluloselakeret *adj.* cellulose-finished.
celsius: *30 grader* ~ 30 degrees centigrade (*el.* Celsius).
celsiustermometer centigrade thermometer.
cembalist *sb. (en, -er)* harpsichordist, cembalist.
cembalo *sb. (et, -er)* harpsichord, cembalo.
cement *sb. (en)* cement.
cementblander cement mixer.
cementere *vb. (også fig.)* cement.
cementering *sb. (en)* cementation.
cementfabrik cement works.
cementstøber *sb. (en, -e)* concreter.
censor *sb. (en, -er)* **1.** *(brev-, film- etc.)* censor; **2.** *(ved eksamen)* external examiner;
□ *være ~ (jf. 2)* external.
censorat *sb. (et, -er)* **1.** censorship; **2.** *(ved eksamen)* appointment as external examiner.
censur *sb. (en, -er)* **1.** *(brev- etc.)* censorship; **2.** *(af eksamensopgaver)* marking; *(am.)* grading;
□ *sætte under ~* subject to censorship.
censurere *vb.* **1.** censor; **2.** *(eksamensopgaver)* mark; *(am.)* grade.
censurkomité *(ved udstilling)* hanging committee.
censurmøde *(om eksamen)* examiners' meeting, marking meeting.
census *sb. (en)* **1.** *(mandtal)* census; **2.** *(valgretsbetingelse)* property qualification.
cent *sb. (en, -)* cent.
center *sb. (et, centre)* centre.
centigram centigram(me).
centiliter centilitre.
centimeter centimetre.
centner *sb. (et, -) (omtr.)* hundredweight; *(fork.)* cwt.
central[1] *sb. (en, -er)* **1.** central office; **2.** *(center)* centre; **3.** *(telefon-)* exchange.
central[2] *adj. (se også centralt)* central (*fx* area, character, idea, point; play a central role in the negotiations); *(betydningsfuld også, kun attr.)* key (*fx* figure, role, position; be in a key position);
□ ***det -e*** *i sagen* the crux (*el.* essence) of the matter; *ramme det -e* get to the heart of the matter; hit the mark;
[med sb.] ~ beliggenhed central location (*el.* position); *være af ~ betydning for* be of central importance to; be central to; *et -t problem (, spørgsmål)* a crucial problem (, question).
centraladministration central administration.
centralbank central bank.
centralbibliotek *(for amt etc.)* county library.
centraldame telephone operator.
centralenhed *(edb)* central processing unit; *(fork.)* CPU.
centralfyr *sb. (et, -)* central heating stove.
centralisation *sb. (en, -er)* centralization.
centralisere *vb.* centralize.
centralisering *sb. (en, -er)* centralization.
centralisme *sb. (en)* centralism.
centralistisk *adj.* centralistic.
centralnervesystem central nervous system.
centralpersonregister [central national register].
centralskole district school.
centralt *adv.* centrally (*fx* centrally located);
□ *vi bor meget ~* we live in a very convenient position.
centralvarme *sb. (en)* central heating.
centralvarmeanlæg central heating system.
centralvarmeapparat radiator.
centre *vb.* centre, pass.
centrere *vb.* centre (*om* on, (a)round).
centrifugalkraft centrifugal force.
centrifuge *sb. (en, -r)* **1.** *(i mejeri)* cream separator, centrifuge; **2.** *(tørrings-)* hydro-extractor; **3.** *(til tøj)* spin drier.
centrifugere *vb.* **1.** centrifuge; **2.** *(om tøj)* spin-dry.
centripetalkraft centripetal force.
centrum *sb. (et, centrer)* **1.** centre; **2.** *(af skydeskive)* bull's-eye; **3.** *(for jordskælv) se jordskælvscentrum.*
centrumsbor centre bit.
cerebral *adj.* cerebral.
ceremoni *sb. (en, -er)* ceremony.
ceremoniel[1] *sb. (et)* ceremonial.
ceremoniel[2] *adj.* ceremonious.
ceremonimester Master of Ceremonies; *(fork.)* MC.
certeparti *sb. (et, -er) (sø.)* charter party.
certifikat *sb. (et, -er)* certificate.
cerut *sb. (en, -ter)* cheroot.
cervelatpølse *(omtr.)* saveloy.
ces *(mus.)* C flat.
ceses *(mus.)* C double flat.
CFC-gas CFC.
chador *sb. (en, -er)* chuddar, chador.
chaiselong *sb. (en, -er) (omtr.)* sofa.
chakot *sb. (en, -er)* shako.
chalotte *sb. (en, -r),* **chalotteløg** *(bot.)* shallot.
chalup *sb. (en, -per) (sø.)* barge.
chambriere *sb. (en, -r)* ringmaster's whip.
chamottesten firebrick.
champagne *sb. (en)* champagne.
champagneglas champagne glass.
champagnekøler ice pail.
champignon *sb. (en, -er)* mushroom.
champion *sb. (en, -er) (i sport)* champion.
chance *sb. (en, -r)* chance (*for* of, *fx* promotion; don't miss a chance like that; she never got a chance; what are his chances?);
□ *en ~* ***for at*** *a) (+ inf.: lejlighed)* a chance to (*fx* give him a chance to see it); *(mulighed)* a chance of -ing (*fx* he hasn't got an earthly chance of being elected); *b) (+ sætning)* a chance that (*fx* there is a chance that he may come);
[med adj.] han har ***gode*** *-r for at* he has a good chance of -ing; *hvis du giver hende den* ***mindste*** *~* if you give her half a chance; *han har ikke* ***store*** *(el. mange) -r for at* he has not much chance of -ing; *(se også fjernest)*;
[med vb.] ***gribe*** *-n* take (*el.* seize) the opportunity; take one's chance; *du må* ***tage*** *-n (ɔ: risikoen)* you must risk (*el.* chance) it; *tage en ~* take a chance; *jeg tog ingen -r* I took no chances; I played it safe.
chancebilist *(ɔ: uden pladsreservation)* [driver without reservation].
chancebillet stand-by ticket;
□ *rejse på ~* travel stand-by.
chancekørsel taking chances; chancing it;
□ *ingen ~!* don't chance it!
chancerytter gambler; S chancer.
changere *vb. (om silke etc.)* shimmer.
charabanc *sb. (en, -er)* wagonette.
charcuteri *sb. (et, -er)* delicatessen (shop); *(glds.)* porkbutcher's (shop).
charge *sb. (en, -r)* rank.
chargé d'affaires *sb. (en, -er el. -)* chargé d'affaires.
charlatan *sb. (en, -er)* charlatan; *(kvaksalver også)* quack.
charlataneri *sb. (et, -er)* charlatanism, charlatanry.
charm *sb. (en, -s) (til armbånd)* charm.
charme *sb. (en)* charm.
charmeoffensiv charm offensive;
□ *indlede en ~ a)* make overtures; *b) (om person)* turn on the charm.
charmere *vb.* charm;
□ *-nde* charming; *-t af (el. i)* cap-

tivated by.

charmetrold *sb. (en, -e)*, **charmør** *sb. (en, -er)* charmer.

charpi *sb. (et)* lint, charpie.

chartek *sb. (et, -ker) (omslag)* folder.

charterferie package holiday, charter holiday.

charterflyvning charter flight.

chartermaskine charter plane.

charterrejse, chartertur 1. *(pakketur)* package tour (*el.* trip); **2.** *(flyvning)* charter flight.

charterselskab package-tour operator.

charterturist package tourist.

chartre *vb.* charter.

chassé, chasse *sb. (et, chasseer)* chassé.

chassis *sb. (et, -er)* chassis (pl. -).

chatol *sb. (et, -ler)* (writing) bureau.

chauffør *sb. (en, -er)* **1.** driver; **2.** *(privat-)* chauffeur; **3.** *(der kører ud med varer)* delivery man.

chaussé, chausse *sb. (chausseen, chausseer)* highroad.

chauvinisme *sb. (en)* jingoism, chauvinism.

chauvinist *sb. (en, -er)* jingo (pl. -es); chauvinist.

chauvinistisk[1] *adj.* jingoistic, chauvinistic; *(attr.)* jingoist, chauvinist.

chauvinistisk[2] *adv.* jingoistically, chauvinistically.

check[1] *sb. (en, -s)* cheque (*på* for, *fx* we enclose our cheque for £57 in settlement of your invoice; he wrote out a cheque for the full amount); *(am.)* check;
□ *sende beløbet pr.* ~ send the amount by cheque; send a cheque for the amount; *en* ~ *til* a cheque made out to; *(se også udstede).*

check[2] *sb. (et, -) (kontrol)* check;
□ *have* ~ *på det* have a check on it, have control of it; have a good grasp of it; *få* ~ *på det* get it under control; get a good grasp of it; *holde* ~ *på det* keep (a) check on it, keep it under control; T keep tabs on it; *tage* ~ *på det* check up on it.

checkbedrager check forger.

checkbedrageri cheque fraud.

checkbeskytter cheque protector.

checkblanket cheque form.

checke *vb.* check;
□ ~ ***af*** *a) (kontrollere)* check (out); *b) (hakke af)* tick off, check off; ~ ***efter*** check; *vi må hellere* ~ *efter* we'd better check up (on it); ~ *det efter a) (efterprøve det)* check up on it; *b) (~ det af)* check it (out); ~ ***ind*** check in (*fx* at a hotel).

checket *adj.* **1.** *(som har styr på tingene)* organized, together (*fx* she is cool and together; he is a together sort of guy); **2.** *(smart)* trendy, stylish.

checkhæfte cheque book.

checkkonto current account, cheque account; *(am.)* checking account.

checkliste check list.

checkrytter kite flier; *(am.* T*)* bad-check artist.

checkrytteri kiting, kite flying.

checkudsteder drawer of a cheque.

chef *sb. (en, -er)* **1.** head (*for* of, *fx* of Government, of a firm); **2.** *(arbejdsgiver)* employer; T boss; **3.** *(inden for firma)* manager (*fx* export (, purchasing, sales) manager); *(person i lederstilling ofte)* executive; **4.** *(mil.)* chief (*fx* Chief of Staff; Chief of Defence); *(på lavere niveau)* commander (*fx* company commander, regimental commander); **5.** *(sø.)* commanding officer; *(fork.)* CO.; **6.** *(i politiet)* chief;
□ *-en* T the boss; *være* ~ *for (1, også)* head (*fx* the delegation, the firm, the government).

chefdelegeret *adj. (brugt som sb.)* chief delegate.

chefideolog chief ideologist.

chefpilot first pilot.

chefredaktør editor-in-chief.

chefschalup barge.

cheføkonom chief economist.

chemise *sb. (en, -r)* chemise, shift.

chevaleresk[1] *adj.* chivalrous.

chevaleresk[2] *adv.* chivalrously.

chevreau *sb. (et) (gedeskind)* kid.

chiffer *sb. (et, chifre)* cipher.

chifferkode cipher code.

chiffernøgle cipher key.

chifferskrift *sb. (en)* cipher.

chiffon *sb. (en el. et)* chiffon.

chiffoniere *sb. (en, -r)* chiffon(n)ier.

chignon *sb. (en, -er) (hårknude)* chignon.

chik *adj.* chic, stylish.

chikane *sb. (en)* **1.** *(forfølgelse)* harassment (*fx* sexual harassment); **2.** *(ondskabsfuldhed)* malice, spite.

chikanere *vb.* **1.** *(genere, forfølge)* harass; **2.** *(være ondskabsfuld over for)* spite (*fx* he did it just to spite me);
□ *han blev -t ud (ɔ: fra sin stilling)* he was forced to leave the job due to harassment.

chikaneri *sb. (et, -er)* **1.** *(forfølgelse)* harassment; **2.** *(ondskabsfuldhed)* (petty) spite;
□ *små -er* pin-pricks.

Chile Chile.

chilener *sb. (en, -e)*, **chilensk** *adj.* Chilean.

chilesalpeter Chilean nitrate.

chili *sb. (en, -er)* chilli.

chimpanse *sb. (en, -r) (zo.)* chimpanzee.

chintz *sb. (en, -er)* chintz.

chip *sb. (en, -) (edb)* chip.

chips *sb.pl. (mad)* crisps; *(am.)* (potato) chips; *(se også chip).*

chok *sb. (et, -)* shock (*for* to); *(mindre* ~, T*)* turn (*fx* I got a turn; it gave me a turn);
□ *gå i* ~ *(med.)* go into shock.

chokbehandling *(også fig.)* shock treatment.

chokbølger *sb.pl.* shock waves (*fx* the message sent shock waves throughout the small community).

choker *sb. (en, -e)* choke.

chokere *vb.* shock;
□ *-t over* shocked at; *-t over at* shocked to.

chokolade *sb. (en, -r)* chocolate;
□ *et stykke* ~ *a) (fyldt)* a chocolate; *b) (brækket af)* a piece of chocolate; *c) (plade)* a block of chocolate; *(aflang)* a bar of chocolate.

chokoladebrun chocolate-coloured; chocolate.

chokoladeforretning sweet shop.

chokoladeis 1. chocolate (flavoured) ice cream; **2.** *(ispind med chokoladeovertræk,* T*)* choc ice.

chokolademælk drinking chocolate.

chokoladeovertræk chocolate coating.

chokpris slashed price.

chokrapport shock report.

choktal shocking figure.

choktilstand state of shock.

chokvirkning shock effect.

cicerone *sb. (en, -r)* cicerone.

cider *sb. (en, -e)* cider.

ciffer *sb. (et, cifre)* figure, digit; *(et af tallene fra 1 til 9 også)* digit.

ciffersender *(tele.)* call maker.

-cifret -figure, -digit (*fx* a five-figure (*el.* five-digit) number; pay him a six-figure sum; he got a seven-figure fee; a twelve-digit deficit);
□ *et sekscifret beløb (også)* a sum running into six figures; *det vil koste et sekscifret beløb* it will cost in the six figures; *et tocifret (, trecifret) millionbeløb* tens (, hundreds) of millions; *hans*

indtægt kommer op på et sekscifret tal his income runs into six figures.
cigar *sb. (en, -er)* cigar.
cigaraske cigar ash.
cigaret *sb. (en, -ter)* cigarette.
cigaretautomat cigarette machine.
cigaretetui cigarette case.
cigaretglød the lighted (*el.* glowing) end of a cigarette.
cigaretpapir *(generelt)* cigarette papers pl.; *(enkelt)* cigarette paper.
cigaretrør cigarette holder.
cigaretskod T dog end, fag end.
cigaretstump cigarette end (*el.* stub).
cigarettænder lighter.
cigaretui cigar case.
cigarforretning tobacconist's (shop).
cigarføring *sb. (en): have høj ~* T keep a high profile.
cigarhandler *sb. (en, -e)* tobacconist.
cigarillo *sb. (en, -er el. -s)* cigarillos.
cigarkasse cigar box.
cigarklipper, cigarkniv cigar cutter.
cigarmager *sb. (en, -e)* cigar maker.
cigarrør cigar holder.
cigarspids cigar tip.
cigarstump cigar end, cigar stub.
cigartænder lighter.
cikade *sb. (en, -r) (zo.)* cicada.
cikorie *sb. (en, -r)* chicory.
cimbrer *sb. (en, -e) (hist.)* Cimbrian.
cinders *sb.pl.* furnace coke.
cinnober *sb. (et)* cinnabar.
cirka *adv.* about; roughly.
cirkapris approximate price.
cirkel *sb. (en, cirkler)* circle;
□ *slå en ~* draw a circle; *-ens kvadratur* squaring the circle; *(se også ond).*
cirkelbevis 1. circular argument; **2.** *(det at bruge ~)* begging the question; arguing in a circle.
cirkelbue arc of a circle.
cirkelrund *adj.* circular.
cirkelslutning *se cirkelbevis.*
cirkeludsnit sector of a circle.
cirkle *vb.* circle (*om* about, round);
□ *~ rundt* circle about, circle round.
cirkulation *sb. (en, -er)* circulation;
□ *sætte i ~* put into circulation, circulate.
cirkulationspumpe circulating pump.
cirkulere *vb.* circulate;
□ *lade ~* circulate.
cirkulære *sb. (et, -r)* circular.
cirkumfleks *sb. (en, -er)* circumflex.
cirkus *sb. (et el. en, - el. -er)* **1.** circus; **2.** *(fig.: ståhej)* circus, hullabaloo;
□ *gå i ~* go to the circus.
cirkusartist circus performer.
cirkusforestilling 1. circus performance, show; **2.** *(fig.)* charade.
cirkustelt circus tent, big top.
cis *(mus.)* C sharp.
ciselere *vb.* chase;
□ *-t snit (på bog)* tooled edges pl.
ciselør *sb. (en, -er)* chaser.
cisterne *sb. (en, -r)* cistern.
citadel *sb. (et, -ler)* citadel.
citat *sb. (et, -er)* quotation;
□ *~ begynder* quote; *~ slut* unquote.
citatfusk *sb. (et)* **1.** *(ved løsrevne citater)* quoting out of context; **2.** *(ved fordrejning)* garbling quotations.
citationstegn *sb.pl.* quotation marks, inverted commas.
citer *sb. (en, -e el. citre)* zither.
citere *vb.* **1.** quote; **2.** *(anføre som bevis)* cite;
□ *blive -t for en udtalelse* be quoted for a statement; *blive -t for en udtalelse om at, blive -t for at have sagt at* be quoted as saying; *~ galt* misquote.
citron *sb. (en, -er)* lemon; *(se også presse²).*
citrongul *adj.* lemon-coloured.
citronmelisse *sb. (en, -r) (bot.)* (lemon) balm.
citronpresser *sb. (en, -e)* lemon squeezer.
citronsaft lemon juice.
citronskal, citronskræl lemon peel, lemon rind (*fx* grated lemon rind); *en ~* a piece of lemon peel (*el.* rind).
citronsodavand *(omtr.)* lemonade.
citronsommerfugl *(zo.)* brimstone (butterfly).
citronsyre citric acid.
City *(London City)* the City (of London).
civil¹ *sb.: i ~ a) (om politi etc.)* in plain clothes; *b) (mil.)* in civilian clothes, in mufti.
civil² *adj.* **1.** *(mods. militær)* civilian (*fx* population); civil (*fx* airport);
2. *(civilklædt, om politi etc.)* plain-clothes (*fx* plain-clothes security men); *(præd.)* in plain clothes; *(mil.)* in civilian clothes, in mufti;
3. *(jur., mods. kriminal)* civil (*fx* case);
□ *i det -e liv* in civil(ian) life; *~ værnepligt* civilian service.
civilbefolkning civilian population.
civildommer judge in civil cases.
civiletaterne the Civil Service.
civilforsvar civil defence; *(fork.)* CD.
civilingeniør graduate engineer; *(omtr.)* MSc in Engineering.
civilisation *sb. (en, -er)* civilization.
civilisatorisk *adj.* civilizing.
civilisere *vb.* civilize.
civilist *sb. (en, -er)* civilian.
civilklædt *se civil².*
civilkurage *sb. (en)* citizens' courage.
civilliste civil list.
civilret civil law.
civiløkonom *(kan gengives)* Bachelor of Commerce; *(fork.)* BCom.
clairobscur *sb. (et)* chiaroscuro.
clairvoyance *sb. (en)* clairvoyance, second sight.
clairvoyant *adj.* clairvoyant.
cleare *vb.* **1.** *(hdl.)* clear; **2.** *(pol.: mht. afstemning i parlament)* pair.
clearing *sb. (en) (jf. cleare)* **1.** clearing; **2.** pairing.
clearingkonto clearing account.
clearingmord tit-for-tat murder.
clementin *sb. (en, -r) (frugt)* clementine.
clinch *(i boksning): gå i ~* go into a clinch.
clips *sb. (en, -)* **1.** *(til øret)* earclip; **2.** *(til papir)* paper clip.
clou *sb. (et, -er)* highlight; T high spot;
□ *dagens ~ (også)* the chief attraction of the day.
cm *(fork.f. centimeter)* cm (*fork.f.* centimetre(s)) (*fx* 50 cm(s)).
coaster *sb. (en, -e)* coaster.
cockpit *sb. (et, -ter)* cockpit.
cockpittag canopy.
cocktail *sb. (en, -s)* cocktail.
cocktailbær glacé cherry.
cocktailkjole cocktail dress.
cocktailryster cocktail shaker.
cognac *sb. (en)* brandy; *(fransk)* cognac;
□ *en ~ (ɔ: et glas)* a glass of brandy (, cognac).
cognac(s)glas brandy glass.
coldcreme cold cream.
colibakterie colon bacterium (pl. bacteria.).
collage *sb. (en, -r)* collage.
collier *(et -er el. -s)* necklace, collar (*fx* a pearl (, diamond) necklace (*el.* collar)); *(især diamant-)* rivière.
colombianer *sb. (en, -e),* **colombiansk** *adj.* Colombian.
coloradobille *(zo.)* Colorado beetle.
columbusæg [unexpectedly simple solution].

combicamp *sb. (en)* tent trailer.
combination *sb.: en ~* a pair of combinations.
complet *sb. (en, -er) (dragt + frakke)* three-piece.
computer *sb. (en, -e)* computer (*fx* feed all the answers into a computer);
□ *spille ~* play computer games, play games on the computer.
computergrafik computer graphics.
computerspil computer game.
computersprog **1.** *(edb: programmeringssprog)* computer language; **2.** *(neds.: jargon)* computerese.
computerstyret *adj.* computerized.
Congo **1.** *(landet)* (the Republic of) the Congo; **2.** *(floden)* the (River) Congo.
congoleser *sb. (en, -e),* **congolesisk** *adj.* Congolese.
container *sb. (en, -e)* **1.** container; **2.** *(affalds-)* skip.
containerhavn container port.
containerisere *vb.* containerize.
containerskib container ship.
corsage *sb. (en, -r)* corsage.
costaricaner *sb. (en, -e),* **costaricansk** *adj.* Costa Rican.
cottoncoat *sb. (en, -s)* cotton raincoat.
coupé, coupe *sb. (en, coupeer)* coupé.
courgette *sb. (en, -r)* courgette; *(am.)* zucchini.
cowboy *sb. (en, -s)* cowboy.
cowboybukser jeans.
cowboyfilm western.
cowboyjakke denim jacket.
cowboystof denim.
coxorange *sb. (en, -r)* Cox's orange pippin.
CPR-nummer *se personnummer.*
crawl *sb. (en)* (the) crawl.
crawle *vb.* do the crawl.
creme *sb. (en, -r)* **1.** cream; **2.** *(ægge-)* custard; **3.** *(pudse-)* polish;
□ *~ de la ~* crème de la crème.
cremefarvet *adj.* cream-coloured.
cremefraiche *sb. (en, -r)* crème fraîche.
crepe *sb. (et)* crepe; *(sort sørge-)* crape.
crepenylon crepe nylon.
crepepapir crepe paper.
crepinette *sb. (en, -r)* fresh-meat rissole.
crescendo *sb. (et, -er) & adv.* crescendo.
croquis *sb. (en el. et, -er)* life drawing;
□ *undervisning i ~* life drawing class (, classes).
crosset *adj.: ~ check* crossed cheque.
croupier *sb. (en, -er)* croupier.
cubaner *sb. (en, -e),* **cubansk** *adj.* Cuban.
culottesteg rump steak.
curacao *sb. (en)* curaçao.
curler *sb. (en, -s)* hair roller, curler.
cv *sb. (et, -'er) (fork.f. curriculum vitae)* CV.
cyankalium *sb. (et)* potassium cyanide.
cykel *sb. (en, cykler)* bicycle, cycle; T bike; *(mods. motorcykel)* pedal cycle; T push bike;
□ *køre på ~ se cykle; (se også trehjulet).*
cykelanhænger (bi)cycle trailer.
cykelbane (bi)cycle-racing track.
cykeldæk (bi)cycle tyre.
cykelhandler (bi)cycle dealer.
cykelhjelm (bi)cycle helmet; T bike helmet.
cykelklemme *se cykelspænde.*
cykelkurv handlebar basket.
cykelkæde (bi)cycle chain.
cykellygte (bi)cycle lamp;
□ *-n tændes kl. 6* lighting-up time (for cyclists) is 6 o'clock.
cykelløb (bi)cycle race.
cykelrytter racing cyclist.
cykelskur (bi)cycle shed.
cykelslange (bi)cycle tube.
cykelsmed (bi)cycle repairer; T bike-mender.
cykelspænde (bi)cycle clip.
cykelstativ (bi)cycle stand; *(til flere cykler)* (bi)cycle rack.
cykelstel (bi)cycle frame.
cykelsti (bi)cycle path (*el.* track *el.* lane).
cykelstyr **1.** handlebars pl.; **2.** *(overskæg)* handlebar moustache.
cykeltaske pannier.
cykeltur (bi)cycle ride; *(større)* cycling tour.
cykeltyveri (bi)cycle theft.
cykelværksted (bi)cycle repair shop.
cyklamen *adj.* cyclamen.
cykle *vb.* cycle, ride on a bicycle; T bike; *(glds. el.* F*)* bicycle.
cyklist *sb. (en, -er)* cyclist.
cyklon *sb. (en, -er)* cyclone.
cyklotron *sb. (en, -er) (fys.)* cyclotron.
cyklus *sb. (en, cykler)* cycle.
cylinder *sb. (en, -e el. cylindre)* cylinder (*fx* a four-cylinder engine).
cylinderblok cylinder block.
cylinderformet *adj.* cylindrical.
cylinderglas *(kem.)* cylinder.
cylindrisk[1] *adj.* cylindrical.
cylindrisk[2] *adv.* cylindrically.
Cypern Cyprus.
cypres *sb. (en, -ser) (bot.)* cypress.
cypriot *sb. (en, -er),* **cypriotisk** *adj.* Cypriot(e).
cystisk *adj.: ~ fibrose (med.)* cystic fibrosis.
Cæsar *(hist.)* Caesar.
cæsarisk *adj.* Caesarean.
cæsur *sb. (en, -er) (i metrik)* caesura.
cølibat *sb. (et)* celibacy.

D

d. **1.** *(fork.f. den)* the; **2.** *(fork.f. død)* d. *(fork.f.* died).

DA *(fork.f. Dansk Arbejdsgiverforening)* [the Danish Employers' Confederation].

da[1] *adv.* **1.** *(om tid)* then; at that time;
2. *(appellerende: da vel)* surely (*fx* surely you don't mean that?); I hope (*fx* I hope you will come; you have received the letter, I hope?);
□ *så blev jeg da færdig!* finished at last! *hvem er han da?* who is he then? *det var da godt du kom* I'm so glad you came; *jeg vil da håbe at* I do hope that; *du er da ikke syg?* you aren't ill, are you? *han er da kun et barn* he is only a child, after all; *hvis han da vil* that is if he will; if he will, that is; *(se også dog, ja, også);*
[jf. 1] fra da af since then; from that time onwards; *nu og da* now and then.

da[2] *konj.* **1.** *(dengang da)* when (*fx* I met him when he was here; when I arrived she left; when he came home, she was reading a book);
2. *(netop da, i det øjeblik da)* (just) as (*fx* just as I arrived she left);
3. *(alt imens)* as (*fx* she wept as she told the story);
4. *(da endelig)* by the time (that) (*fx* by the time they found the key it was too late);
5. *(henførende)* when (*fx* I remember the day when it all started; at the time when he was here); that (*fx* now that you are here); *(se også øjeblik);*
6. *(eftersom)* as (*fx* as I was absent I could do nothing); seeing that; *(især om noget bekendt)* since (*fx* since you are here we might as well do it at once); *da jeg var fraværende kunne jeg intet gøre (også)* being absent I could do nothing.

dacapo *sb. (en)* encore.

da capo *adv. & interj.* encore;
□ *forlange noget ~* call for an encore.

dada *sb. (T: smæk)* a spanking.

dadaisme *sb. (en)* Dadaism.

dadaist *sb. (en, -er)* Dadaist.

daddel *sb. (en, dadler) (bot.)* date.

daddelpalme date palm.

dadel *sb. (en)* blame; F censure.

dadelfri *adj.* blameless.

dadelværdig *adj.* blameworthy, reprehensible.

dadle *vb.* **1.** blame (*for* for); **2.** *(kritisere)* find fault with; *(stærkere,* F*)* censure (*for* for).

dadum *interj.* **1.** *(markering af rytme)* tum-tum; tumty-tum;
2. *(trommelyd)* rataplan; rub-a-dub.

dafnie *sb. (en, -r) (zo.)* water flea.

dag *sb. (en, -e)* day;
□ *en ~ a) (fortidigt)* one day; *b) (fremtidigt)* some day, one day (*fx* one (*el.* some) day next week); *(se også fjorten, otte);*
[udtryk med genitiv] ***-ens*** *avis* today's paper; *i -ens Danmark* in Denmark today; *(se i øvrigt ndf.: -ens lys, -ens mand, -ens orden, -ens ret); fire* ***-es*** *ferie (, regn)* four days' holiday (, rain); *efter fire -es kampe (, forhandlinger, venten)* after four days of fighting (, negotiations, waiting);
[med adj.] ***god*** *'~ se goddag; 'god ~* have a good day; *have gode -e* T be in clover; *have en af sine gode (, dårlige) -e* have one of one's good (, bad) days; ***hele*** *-en (lang), -en* ***lang*** all day (long), the whole day, throughout the day; *han er så god som -en er lang* he is kindness itself; *(se også gammel, hel, skøn², stor, ung, yngre);*
[med sb.] -s ***dato*** this day, this date; *(mindre* F*)* today; *bringe for -ens* ***lys*** bring to light; *se -ens lys a) (blive født)* first see the light of day; be born; *b) (blive til)* come into existence; *hans transaktioner tåler ikke -ens lys* his transactions do not bear close examination; *det kan godt tåle -ens lys* it is all above board; *-ens* ***mand*** the man of the moment; *~ og* ***nat*** day and night; night and day; *så forskellige som ~ og nat* as different as chalk and (*el.* from) cheese; *høre til -ens* ***orden*** be the order of the day (*fx* murders are the order of the day); *-ens* ***ret*** today's special menu; the dish of the day; *vi har (, tjener) kun til -en og* ***vejen*** we can just make (both) ends meet; we just manage to scratch a living; *lige tjene til -en og vejen* scratch a bare living;
[med præp. & adv.] det gryr ***ad*** *~ (glds.)* dawn is breaking; *en* ***af*** *-ene a) (ɔ: meget snart)* within a few days; *b) (i en ubestemt fremtid)* one of these days; *på denne tid af -en* at this time of (the) day; *komme af -e* meet one's death, die; *(se også ulykkelig); tage sig af -e* take one's own life; T do away with oneself;
~ ***efter*** *~* day by day, day after day; *-en efter* the next (*el.* following) day; *~* ***for*** *~* day by day; *bringe for -en* bring to light, turn up; *komme for -en* come to light, turn up; *lægge for -en* show; F display; *(tydeligt)* manifest;
fra og med *den ~* on and after that day (*el.* date); from that day onwards; ***fra*** *den ene ~* ***til*** *den anden* from one day to the next (*fx* it cannot be remedied from one day to the next); overnight (*fx* he became famous overnight); *jeg lever kun fra den ene ~ til den anden* I live from day to day; I live from one day to the next; *fra ~ til ~* day by day, from day to day;
i *~* today; *hvad ~ er det i ~?* what is today? *det er varmt i ~* it is hot today, it is a hot day; *(i tiltale)* hot day, isn't it? *(endnu) den ~ i ~* still; to this (very) day; *fra* ***i*** *~* ***af*** from today (onwards), from this day; ***i disse*** *-e a) (for tiden)* at present; *b) (i det sidste par dage)* during the last few days; ***i*** *~* ***for*** *otte dage (, en måned) siden* a week (, a month) ago today; *avisen* ***for i*** *~* today's paper; ***i*** *~* ***om*** *et år* a year from today; *(se også uge);* ***i vore*** *-e* nowadays;
om *-en a) (i dagtimerne)* during the day, in the daytime; *b) (pr. dag)* a day (*fx* it costs £20 a day); *om nogle -e* in a few days; *nu om -e* nowadays; *(se også midt);*
han er faderen ***op ad*** *-e a) (ser ud*

som han) he is the very (*el.* living) image of his father; *b) (er ligesom han)* he is a chip off the old block; *op ad -en* late in the morning; later in the day; *til højt (el. langt)* **op på** *-en* till late in the day (, morning);
hvad tid er det **på** *-en?* what time of day is it?
nu **til** *-s* nowadays; *høre til -ens orden, tjene til -en og vejen, se ovf.*;
~ **ud** *og* ~ *ind* day after day, day in (and) day out;
ved ~ by day; *(se også højlys).*
dagangreb *(mil.)* daylight attack; *(flyv.)* daylight raid.
dagarbejde day work.
dagblad daily (paper); daily newspaper.
dagbog 1. diary; **2.** *(til notering af aftaler)* appointments diary (*el.* calendar);
□ *føre* ~ keep a diary (*over* of).
dagbøde day fine.
dagcenter day centre.
dagdriver idler, loafer.
dagdriveri idling, loafing.
dagdrivertilværelse life of idleness.
dagdrøm *sb. (en, -me),* **dagdrømme** *vb.* daydream.
dagdrømmer daydreamer.
dagdrømmeri daydreaming.
dagen derpå-pille morning-after pill.
dages *vb.: det* ~ the day is dawning; *det begyndta at* ~ *for dem* things began to look up for them.
dagevis *adv.: i* ~ for days (on end).
dagfrisk *adj.: -e æg* eggs straight from the nest.
daggammel *adj.* day-old (*fx* chicks).
daggert *sb. (en, -er)* dagger.
daggry dawn, daybreak;
□ *ved* ~ at dawn, at break of day.
daghjem *(for børn)* crèche; day nursery.
daghold 1. *(om arbejdshold)* day shift; **2.** *(på kursus etc.)* day class.
daghospital day hospital.
daginstitution *(for børn)* day-care centre, day-care institution.
dagklar *adj.* bright as day *(kun præd.).*
daglejer day-labourer.
daglig[1] *adj.* **1.** *(som finder sted hver dag)* daily (*fx* visits);
2. *(almindelig)* everyday (*fx* life, occurrence);
3. *(rutinemæssig)* day-to-day (*fx* duties, life, work);
□ *han hjælper hende i det -e* he helps her with the chores;
[med sb.] det -e brød se brød[1]; *passe de -e forretninger* manage the day-to-day business; ~ *kost se hverdagskost*; *have den -e ledelse* have the day-to-day running; ~ *leder* day-to-day head; ~ *påklædning* ordinary dress; *(på indbydelse)* informal dress; ~ *tale* everyday (*el.* colloquial) language; *i* ~ *tale* colloquially; *-t vande se vand.*
daglig[2], **dagligt** *adv.* daily (*fx* he visits her daily);
□ *til* ~ *a) (sædvanligvis)* ordinarily (*fx* he does not ordinarily do that); *b) (hver dag)* every day (*fx* he comes here every day); *tre gange* ~ three times a day.
dagligdag*: hendes* ~ her everyday (*el.* daily *el.* day-to-day) life; *i -en* in everyday life.
dagligdags *adj. (kun attr.)* everyday;
□ *det er noget* ~ it is an everyday occurrence.
dagligliv everyday life.
dagligmærke *(frimærke)* definitive (stamp).
dagligserie *(af frimærker)* definitive series.
dagligsprog *se daglig (tale).*
dagligstue 1. sitting room, living room; *(am.)* parlor, living room;
2. *(for patienter i hospital)* dayroom;
3. *se dagligstuemøblement.*
dagligstuemøblement living-room suite.
dagligtøj everyday clothes pl.
dagligvarer *sb.pl.* **1.** *(daglige fornødenheder)* (household) staples, everyday (*el.* basic) commodities; everyday necessities; **2.** *(forbrugsvarer som købes refleksmæssigt)* convenience goods.
dagløn day wage, day rate;
□ *arbejde for* ~ be paid by the day.
dagning *sb. (en)* dawn.
dagpenge 1. daily (cash) benefit; *(syge-, svarer til)* sickness benefit; *(arbejdsløsheds-, svarer til)* unemployment benefit; **2.** *(godtgørelse for udgifter fx på rejse)* per diem (allowance).
dagpleje *(for børn)* day care; *(hos private)* child-minding;
□ *barnet er i* ~, *de har en* ~ *til barnet* they have a minder for the child.
dagplejecenter day-care centre.
dagplejemor child-minder.
dagpåfugleøje *sb. (en, -r) (zo.)* peacock (butterfly).
dagregn day-long rain;
□ *det blev* ~ it rained all day.
dagrenovation 1. *(fjernelse af skrald)* refuse collection;
2. *(skrald)* refuse.
dagsaktuel *adj.* topical.
dagsarbejde day's work.
dagsbefaling army order; orders *(pl.)* of the day;
□ *nævnt i -en (svarer til)* mentioned in dispatches.
dagskole day school.
dagskurs current rate, rate of the day.
dagslys daylight;
□ *ved* ~ by (*el.* in) daylight.
dagsmarch 1. day's walk (*fx* the village was three days' walk away); **2.** *(mil.)* day's march.
dagsnotering *se dagskurs.*
dagsommerfugl butterfly.
dagsorden 1. agenda;
2. *(parl., svarer til)* motion (*fx* Mr K. moved an Opposition motion condemning the cuts made by the government);
□ *en skjult* ~ *(fig.)* a hidden agenda; *sætte -en* set the agenda; *[med præp.] det er taget* **af** *-en* it has gone off the agenda; *det næste punkt* **på** *-en* the next item (*el.* point) on the agenda; *gå over til næste punkt på -en* move on to next business; *sætte noget på -en* put sth on the agenda.
dagspresse daily press; *-n (også)* the daily newspapers pl.
dagspris*: til* ~ *(ɔ: prisen i dag)* at today's (*el.* the current) price; at the going rate.
dagsregn *se dagregn.*
dagsrejse day's journey; *to -r* two days' journey.
dagstempel date stamp.
dagtjeneste day duty.
daguerreotypi *sb. (et, -er)* daguerreotype.
dagvagt 1. *(vagt om dagen)* day duty;
2. *(sygeplejerske)* nurse on day duty;
3. *(sø.: morgenvagt)* morning watch;
□ *have* ~ be on day duty.
dagvogn *(glds.)* stagecoach.
dagværk day's work.
dagældende *adj.: efter den* ~ *lov* according to the law then in force.
dahlia *sb. (en, -er) (bot.)* dahlia.
daktyl *sb. (en, -er) (i metrik)* dactyl.
daktylisk[1] *adj.* dactylic.
daktylisk[2] *adv.* dactylically.
dal *sb. (en, -e)* valley; *(poet.)* vale (*fx* a vale of tears).
dalbund bottom of a valley.
dale *vb.* **1.** *(falde)* fall (*fx* snow was falling);

2. *(synke)* go down (*fx* the aeroplane is going down); F descend; *(om sol)* go down, sink;
3. *(mindskes, om pris)* fall (*fx* falling prices); go down, come down; F decline; *(om antal også)* fall off, decrease (*fx* a decreasing number);
4. *(fig.: om følelser)* fall off (*fx* his interest in the job is falling off); fall, sink (*fx* his courage fell (*el.* sank)); F subside (*fx* his enthusiasm (, optimism) subsided);
5. *(svækkes,* F*)* decline (*fx* his influence (, popularity, power) declined);
□ *være -nde (også,* F*)* be on the wane (*fx* his influence (, power) is on the wane);
[med adv. + præp.] ~ ***ned i*** *en stol* sink into a chair; *(*F *el. spøg.)* subside into a chair; ~ ***ned på*** fall on; F descend on.
dalen *sb. (en)* **1.** fall; F descent; **2.** *(fig.)* fall; F decline;
□ *være i* ~ be on the decline (*el.* wane).
daler *sb. (en, -e)* [old Danish coin worth about 2 kroner].
Dalila *(bibelsk navn)* Delilah.
Dalmatien *(geogr.)* Dalmatia.
dalmatiner *sb. (en, -e)* Dalmatian.
dalmatisk *adj.* Dalmatian.
dalre *vb. (*T*: drive)* dawdle;
□ ~ *af sted a) (uden mål og med)* drift along; *b) (uorganiseret)* muddle along; ~ *omkring* drift about, drift around; ~ *videre* muddle on.
dam[1] *sb. (en, -mer)* **1.** *(spil)* draughts; *(am.)* checkers; **2.** *(brik)* king;
□ *gøre til* ~ crown.
dam[2] *sb. (en, -me)* **1.** *(lille sø)* pond; **2.** *(i båd)* well.
damask *sb. (et, -er)* damask.
Damaskus Damascus.
dambrik (draughts)man; *(am.)* checker.
dambrug 1. *(alm.)* fish farming; **2.** *(enkelt brug)* fish farm.
dambræt draughtboard; *(am.)* checkerboard.
dame *sb. (en, -r)* **1.** lady (*fx* ask the lady in the ticket office; listen young lady! an old (, elderly) lady; a cleaning lady); *(mindre* F*)* woman (*fx* he looked around at the women in the theatre; a tall, dark-eyed woman);
2. *(i kortspil)* queen;
3. *(borddame, dansepartner etc.)* partner;
4. *(*T*: kæreste)* girl friend (*fx* he's got a new girl friend);
□ *-rne først!* ladies first! *mine -r (og herrer)!* ladies (and gentlemen)! *en virkelig* ~ a perfect lady.
damebekendtskab lady friend.
dameblad women's magazine.
damecykel lady's bicycle (pl. ladies' bicycles).
damedouble ladies' doubles pl.
damefodtøj ladies' footwear.
damefrisør ladies' hairdresser (*el.* hair stylist).
damegarderobe 1. *(stedet)* ladies' cloakroom; **2.** *(klæder)* ladies' clothes.
damehandske lady's glove (pl. ladies' gloves).
damehat lady's hat (pl. ladies' hats).
dameinklination! ladies to choose their partners!
damekahyt ladies' cabin.
damekjole (lady's) dress.
damekonfektion ladies' (ready-made) clothing.
damekonfektionshandler ladies' outfitter.
damesadel side-saddle.
dameselskab ladies' party; *(spøg.)* hen party;
□ *i* ~ in the company of ladies, in female company.
damesingle ladies' singles pl.
damesko lady's shoe (pl. ladies' shoes).
dameskrædder dressmaker.
dameskrædderi dressmaking.
damet[1] *adj.* ladylike; *(neds.)* refaned.
damet[2] *adv. (jf. damet*[1]*)* in a ladylike (, refaned) manner.
dametaske handbag; *(am.)* purse, pocketbook.
dametoilet ladies' room, powder room; T ladies sg.
dametække*: han har* ~ he is a favourite with the ladies.
dametøj ladies' clothes; *(hdl.)* ladies' wear; *(se også kvindetøj).*
dameundertøj ladies' underwear; F lingerie; T undies pl.
dameven ladies' man.
dameværelse ladies' room.
dammusling *(zo.)* freshwater mussel.
damoklessværd sword of Damocles.
damp *sb. (en, -e)* **1.** *(vand-)* steam; **2.** *(fys.: luftformig tilstand)* vapour (*fx* alcohol vapour);
□ *for fuld* ~ at full speed; *giftige -e* toxic fumes; *holde -en oppe* keep going; *med -en oppe* with steam up; *mættet* ~ saturated vapour; *sætte -en op* get up steam.
dampbad Turkish bath.
dampdreven *adj.* steam-driven, steam-powered.
dampe *vb.* **1.** steam; **2.** *(ryge)* puff (*på* at, on);
□ ~ *'af a) (afrejse, køre)* steam off; *b) (*T*: gå)* buzz off; ~ *et frimærke af* steam off a stamp; ~ *et brev op* steam open a letter.
damper *sb. (en, -e)* steamer, steamship.
dampfløjte steam whistle.
damphammer steam hammer.
dampkedel (steam) boiler.
dampkoge *vb. (dampkogte, dampkogt)* steam; cook by steam.
dampkogning steam cooking.
damplokomotiv steam engine, steam locomotive.
dampmaskine steam engine.
dampradio T steam radio.
damprør steam pipe.
dampskib steamship, steamer;
□ *-et "England"* S/S "England".
dampstrygejern steam iron.
damptog steam train.
damptromle steam roller.
damptrykmåler steam (pressure) gauge, manometer.
damptørret *adj.* steam-dried.
dampvaskeri steam laundry.
damspil *se dam*[1].
danaide *sb. (en, -r) (myt.)* Danaid;
□ *-rnes kar a) (myt.)* the vessel of the Danaids; *b) (fig.)* a Danaidean task.
dandere *vb.:* ~ *den (ɔ: drive)* hang about.
dandy *sb. (en, -er)* fop; *(let glds.)* dandy.
danefæ treasure trove.
Danelagen *(hist.)* the Danelaw.
danerne *(hist.)* the Danes.
danisme *sb. (en, -r)* Danicism.
dankort *(svarer til)* debit card, switch card.
Danmark Denmark.
danmarkshistorie 1. Danish history; **2.** *(bog)* History of Denmark.
danmarksmester Danish champion;
□ *han er* ~ *i sværvægt* he is the Danish heavyweight champion.
danmarksmesterskab Danish championship;
□ *-et i sværvægt* the Danish heavyweight championship.
danne *vb. (se også dannet)* **1.** *(lave)* form (*fx* a sentence, words; a government, a group, a party);
2. *(forme, tildanne)* mould, shape (*fx* figures in (*el.* out of) clay; clay into figures); F fashion;
3. *(fig.)* mould, form (*fx* sby's character);
4. *(udgøre)* form, be (*fx* this formed (*el.* was) the basis of our decision); make; F constitute (*fx* four members constitute a quorum);

□ *futurum -s med "shall" og "will"* the future tense is formed with "shall" and "will";
[med sig] ~ ***sig*** form (*fx* the crystals begin to form); *være ved at ~ sig* be forming; F be in the process of formation; *~ sig et begreb om* form an idea of; *~ sig en teori* frame a theory.
Dannebrog the Dannebrog.
dannelse *sb. (en, -r)* **1.** *(tilblivelse, formation)* formation;
2. *(kultur)* culture; *(boglig ~)* education;
3. *(velopdragenhed)* good manners pl.; good breeding;
□ *almen (el. almindelig) ~ (jf. 2)* (a) general education; *han mangler almindelig ~ (jf. 3)* he has no manners; *det hører med til almindelig ~ (jf. 3)* it is good manners; *han har hjertets ~* he is one of nature's gentlemen.
dannelsesproces process of formation (*el.* development).
dannelsestrin level of education.
dannet *adj.* **1.** *(kultiveret)* cultured;
2. *(bogligt ~, skolet)* educated;
3. *(velopdragen)* well-bred;
□ *det dannede selskab* people of culture.
dans *sb. (en, -e)* **1.** dance; **2.** *(handlingen)* dancing (*fx* there was dancing in the streets);
□ *føre -en op* lead the dance; *-en går* they dance; *gå bag af -en a) (sakke agterud)* fail to keep up (with things); *b) (gå nedenom og hjem)* go to the wall; *gå til ~ se gå (til)*; *en ~ på roser se rose*[1].
danse *vb.* **1.** dance; **2.** *(om hest)* prance;
□ *~ godt (, dårligt)* be a good (, poor) dancer; *de -nde* the dancers;
[med præp.] ~ ***efter*** *en melodi* dance to a tune; *~ efter ens pibe (fig.)* dance to sby's pipe; *tung at ~* ***med*** *(fig.) a) (besværlig at have med at gøre)* a dead weight; cumbersome (*fx* the system is cumbersome and slow); *b) (langsomt opfattende)* slow on the uptake; *han er tung at ~ med (fig.)* he is difficult to deal with; it takes a lot to get him going; *~* ***på*** *roser (svarer til)* lie on a bed of roses; *~* ***til*** *en melodi* dance to a tune.
danseestrade open-air dance floor.
dansegulv dance floor.
dancelærer dancing teacher.
dansemusik dance music.
dansen *sb. (en)* dancing.
danseorkester dance orchestra, dance band.
dansepartner dance partner.
danser *sb. (en, -e),* **danserinde** *(en, -r)* dancer.
dansesko dancing shoe.
danseskole dancing school.
dansetrin dance step.
danseundervisning dancing lessons pl.
dansk *sb. (et) & adj.* Danish;
□ *de -e* the Danes; *på ~* in Danish.
dansk-amerikaner Danish-American.
dansk-engelsk *adj.* Anglo-Danish;
□ *~ ordbog* Danish-English dictionary; *Dansk-engelsk Selskab* the Danish-British Society.
dansker *sb. (en, -e)* Dane.
danskhed *sb. (en)* **1.** *(det at være dansk)* Danishness; **2.** *(nationalitet)* Danish nationality; **3.** *(kultur)* Danish civilization; **4.** *(dansksindethed)* Danish sympathies pl.; Danish national feeling; **5.** *(patriotisme)* patriotism.
dansk-norsk *adj.* Dano-Norwegian.
dansksindet *adj.* pro-Danish; *(efter sb. også)* with Danish sympathies.
dansksproget *adj.* **1.** *(som taler dansk)* Danish-speaking (*fx* family); **2.** *(skrevet på dansk)* Danish-language (*fx* newspaper).
danskvand mineral water.
dappe *vb.* pad.
Dardanellerne *sb.pl. (geogr.)* the Dardanelles.
dartspil **1.** darts sg.; **2.** *(omgang)* game of darts; **3.** *(udstyr)* dartboard and darts.
das *sb. (et, -ser)* privy; *(am. også)* outhouse.
dase *vb. (dovne)* laze, loaf;
□ *ligge og ~* lounge (*fx* in a sofa); *ligge og ~ i solen* bask in the sun.
dask *sb. (et, -)* slap;
□ *give ham et ~* give him a slap, slap him.
daske *vb.* **1.** *(slå)* slap (*fx* slap her behind);
2. *(hænge og ~)* flap; *(dingle)* dangle;
3. *(slentre)* drift; *(med slap holdning)* slouch;
4. *(drive)* dawdle; slouch about.
data *sb.pl.* **1.** data *(NB sg. el. pl.)*;
2. *(persons)* curriculum vitae sg.; antecedents; *(am.)* résumé sg.
database data base.
databedrageri data fraud.
databehandle *vb.* process in a computer, computerize.
databehandling data processing.
databehandlingsanlæg computer.
databærer data carrier.
datacentral data processing centre.
datafangst data capture.
datakriminalitet computer crime.
datalager data carrier store.
datalingvistik computational linguistics.
datalog *sb. (en, -er)* computer scientist.
datalogi *sb. (en)* computer science.
datalære *(skolefag)* computing; computer studies pl.
datamaskine, datamat *sb. (en, -er)* computer (*fx* feed all the answers into a computer).
datamatik *sb. (en)* **1.** automatic data processing; **2.** *(teori)* computer science.
datamatiker *sb. (en, -e)* computer specialist.
datamatiseret *adj.* computerized.
datanet data net.
datasikkerhed data safety.
datasikring data protection.
dataskærm computer screen, display screen; *(fagl.)* (visual) display unit; *(fork.)* VDU.
datastyret *adj.* computerized.
datastyring computer control.
datastøttet *adj.: ~ produktion* computer-aided manufacture; *(fork.)* CAM; *~ undervisning* computer-assisted instruction; *(fork.)* CAI.
dataterminal data terminal.
daterbar *adj.* datable.
datere *vb.* date;
□ *~ sig fra* date back to.
datering *sb. (en)* **1.** dating; **2.** *(tid)* date.
datid *(gram.)* the past (tense); the preterite;
□ *-en (ɔ: den daværende tid)* that time (*el.* age *el.* day) (*fx* the greatest philosopher of that time).
dativ *sb. (en, -er) (gram.)* **1.** *(kasus)* the dative (case); **2.** *(ord i ~)* dative;
□ *stå i ~* be in the dative.
dato *sb. (en, -er)* date; *(dag i måneden også)* day of the month;
□ *dags ~ se dag; lige (, ulige) -er* even (, odd)(-numbered) dates; ***af*** *ny ~* recent; of a recent date; *af nyere (el. senere) ~ a)* of a later (*el.* more recent) date; *b) (ret ny)* of a comparatively recent date; *af ældre ~ a)* of an earlier date; *b) (ret gammel)* rather old (*fx* a rather old car); ***fra*** *~* from now on; *(hdl.)* from date, after date; ***til*** *~* so far, up to now; F to date; ***under*** *gårs ~ (hdl.)* under yesterday's date.
datolinien the date line.
datomærke *vb.* stamp the date on.
datomærkning *sb. (en, -er) (af varer)* date stamping.
datostempel **1.** date stamp;
2. *(selve mærket)* date mark.

datostemple *vb.* stamp the date on (*fx* eggs).
datostop *(svarer til)* "No waiting on even (, odd) dates".
datter *sb. (en, døtre)* daughter;
□ *hun er ~ af X* she is the daughter of X, she is X's daughter.
datterdatter granddaughter; [daughter's daughter].
datterselskab subsidiary (company), daughter company.
david *sb. (en, -er) (sø.)* davit.
davidsstjerne Star of David.
davs *interj. (goddag)* hello! *(am.)* howdy! hi!
daværende *adj.* then (*fx* the then owner (, Minister)); of (*el.* at) that time;
□ *den ~ regering* the government then in office, the government of the day.
DDR *(hist.) (fork.f. Deutsche Demokratische Republik)* GDR (*fork.f.* German Democratic Republic).
De *pron.* you;
□ *De der!* hey you! you there!
de *pron.* **1.** *(personligt)* they;
2. *(demonstrativt)* those (*fx* those houses over there; those who know);
3. *(foran adj. uden sb.)* those (*fx* those present, those responsible; those arrested, those invited); *(om en hel gruppe)* the (*fx* the absent; the injured);
4. *(foran adj. + sb. & foran relativsætning)* the (*fx* the old houses, the poor children; the houses which he built);
□ *de som* those who (, which); T the ones who (, which); *de ved alle* they all know; all of them know; *de to (, tre etc.)* those two (, three etc.); the two (, three etc.) of them; *de og de* such and such (*fx* on such and such occasions); *han er omkring de 30* he is about 30.
debat *sb. (en, -ter)* debate;
□ *den offentlige ~* public debate (*fx* it is rarely mentioned in public debate); *(om bestemt emne)* the public debate; *sætte et problem under ~* bring up a problem for discussion.
debatartikel discussion article.
debatoplæg *se diskussionsoplæg.*
debatstykke discussion play (*el.* piece).
debatteater problem theatre.
debattere *vb.* debate.
debattør *sb. (en, -er)* debater.
debet debit;
□ *være i ~ (om konto)* show a debit balance (*med* of); be in the red; *til ~ for Dem* to your debit, to the debit of your account.
debetsaldo debit balance.
debetside debit side.
debil *adj.* feeble-minded.
debitere *vb.* debit;
□ *~ en (, ens konto) for et beløb* debit (*el.* charge) sby('s account) with an amount, debit (*el.* charge) an amount to sby('s account); *~ ham for varerne* put the goods down to his account.
debitor *sb. (en, -er)* debtor.
debut *sb. (en, -er)* début;
□ *have ~* make one's début; *(se også debutere).*
debutant *sb. (en, -er)* **1.** actor (, singer etc.) making his (, her) début;
2. *(forfatter)* writer publishing his (, her) first book;
3. *(billedkunstner)* artist exhibiting for the first time.
debutantinde *sb. (en, -r) (glds.)* **1.** actress (, singer etc.) making her début; **2.** *(i selskabslivet)* débutante.
debutere *vb.* **1.** *(om musiker, skuespiller, fodboldspiller etc.)* make one's début; *(om forfatter)* publish one's first book; *(om billedkunstner)* exhibit for the first time;
2. *(i selskabslivet)* come out.
debutrolle first part.
debutroman first novel.
december *sb. (en)* December; *(NB datoangivelser er opført under april).*
decentral *adj.* decentralized.
decentralisere *vb.* decentralize.
decentralisering *sb. (en, -er)* decentralization.
decharge *sb. (en)* adoption of the report (and accounts);
□ *give ~ for regnskabet* adopt the accounts.
dechifrere *vb.* decipher, decode.
dechifrering *sb. (en, -er)* deciphering, decoding.
decibel *sb. (en, -)* decibel.
decideret[1] *adj.* **1.** decided, definite (*fx* better; advantage, improvement); **2.** *(typisk)* typical.
decideret[2] *adv.* **1.** decidedly, definitely; **2.** typically.
decigram decigram (me).
deciliter decilitre.
decimal *sb. (en, -er)* decimal (place);
□ *med fire -ers nøjagtighed* (correct) to four decimal places (*el.* to four decimals).
decimalbrøk decimal fraction; decimal.
decimalregning decimal arithmetic.
decimalsystemet the decimal system;
□ *gå over til ~* go decimal; *indføre ~ i* decimalize (*fx* weights and measures).
decimalvægt decimal balance.
decimere *vb.* decimate.
decimering *sb. (en, -er)* decimation.
decimeter decimetre.
dedicere *vb.* dedicate.
dedikation *sb. (en, -er)* dedication; *(håndskrevet)* inscription.
dedikationseksemplar *(af bog etc.)* presentation copy.
deduktion *sb. (en, -er)* deduction.
deduktiv *adj.* deductive.
deeskalation *sb. (en, -er)* de-escalation.
deeskalere *vb.* de-escalate.
defaitisme *sb. (en)* defeatism.
defaitist *sb. (en, -er)* defeatist.
defaitistisk[1] *adj.* defeatist.
defaitistisk[2] *adv.* in a defeatist manner.
defekt[1] *sb. (en, -er)* defect.
defekt[2] *adj.* defective;
□ *~ tilstand* defectiveness.
defensiv[1] *sb. (en, -er)* defensive;
□ *bringe dem (, være) i -en* put them (, be) on the defensive.
defensiv[2] *adj.* defensive (*fx* defensive measures);
□ *-t forsvar* non-offensive defence.
defensor *sb. (en, -er) (jur.)* counsel for the defence.
defensorat *sb. (et, -er)* defence.
deficit *sb. (et)* deficit.
defilere *vb.: ~ forbi* march past.
definerbar *adj.* definable.
definere *vb.* define.
definition *sb. (en, -er)* definition (*af, på* of);
□ *pr. ~* by definition.
definitiv *adj.* final (*fx* my decision is final); F definitive (*fx* answer).
deflation *sb. (en, -er)* deflation.
deflatorisk *adj.* deflationary.
defloration *sb. (en, -er)* defloration.
deflorere *vb.* deflower.
deform *adj.* deformed.
deformere *vb.* deform.
deformitet *sb. (en, -er)* deformity.
defroster *sb. (en, -e)* defroster.
degeneration *sb. (en)* **1.** degeneration; **2.** *(om tilstand: fordærvethed)* degeneracy.
degenerere *vb.* degenerate.
degenereret[1] *adj.* degenerate.
degenereret[2] *adv.* degenerately.
degn *sb. (en, -e) (spøg. om lærer)* pedagogue; *(se også kordegn).*
degradere *vb.* degrade; *(mil. også)* demote; *(sø. også)* disrate;
□ *~ til menig* reduce to the ranks.
degradering *sb. (en, -er) (jf. degra-*

dere) degradation; demotion; disrating;
□ ~ *til menig* reduction to the ranks.
deisme *sb. (en)* deism.
deist *sb. (en, -er)* deist.
deistisk *adj.* deistic(al).
dej *sb. (en)* **1.** *(gærdej, fx til brød)* dough;
2. *(kagedej, mørdej)* paste, pastry;
3. *(pandekagedej)* batter;
□ *lægge* ~ prepare the dough.
dejagtig *adj.* **1.** doughy (*fx* mass);
2. *(om teint)* pasty (*fx* face).
dejkrog *(til mixer)* dough hook.
dejlig[1] *adj.* **1.** *(herlig)* delightful, lovely; T great;
2. *(smuk)* beautiful, lovely;
3. *(lækker, om mad)* delicious (*fx* cake);
4. *(ironisk)* nice, fine (*fx* you are a fine friend!).
dejlig[2], **dejligt** *adv. (jf. dejlig*[1]*)* **1.** delightfully (*fx* she is delightfully natural); **2.** beautifully (*fx* she sings beautifully);
□ *det smager* ~ it tastes delicious; *det er* ~ *nemt (, køligt etc.)* it is nice and easy (, cool etc.); it is quite easy (, cool etc.).
dejlighed *sb. (en, -er)* beauty; loveliness.
dejse *vb.:* ~ *om a)* fall over, keel over, tumble over; *b) (besvime)* pass out.
dejtrug kneading trough.
dejæltemaskine dough kneader.
dekadence *sb. (en)* decadence.
dekadent[1] *adj.* decadent.
dekadent[2] *adv.* decadently.
dekan *sb. (en, -er)* dean; head of a (, the) faculty.
dekantere *vb.* decant.
dekatere *vb.* shrink.
dekatering *sb. (en)* shrinking.
deklamation *sb. (en, -er)* recitation; *(især neds.)* declamation.
deklamatorisk[1] *adj.* declamatory.
deklamatorisk[2] *adv.* declamatorily.
deklamere *vb.* recite; *(neds.)* declaim.
deklaration *sb. (en, -er)* **1.** declaration; **2.** *(af forlovelse)* announcement; *(se også varedeklaration).*
deklarere *vb.* **1.** declare; **2.** *(forlovelse)* announce.
deklasseret *adj.* déclassé; *(om kvinde)* déclassée; *blive* ~ go down in the world.
deklination *sb. (en, -er)* **1.** *(gram.)* declension; **2.** *(kompasnålens, stjernes)* declination.
deklinere *vb.* decline.
dekoder *sb. (en, -e)* decoder; descrambler box.
dekokt *sb. (et, -er)* decoction.
dekolleteret *adj.* decolletée.
dekonstruktion *sb. (en, -er)* deconstruction.
dekonstruktivisme *sb. (en)* deconstruction, deconstructivism.
dekoration *sb. (en, -er)* **1.** *(udsmykning; ordenstegn)* decoration;
2. *(dekorativ genstand)* ornament;
3. *(teater-)* (stage) set (*fx* a beautiful set); scenery (*fx* the stage hands shifted the scenery).
dekorationsmaler **1.** *(teatermaler)* scenic painter, scenic artist;
2. *(som udsmykker bygninger)* decorative painter.
dekorativ *adj.* decorative, ornamental.
dekoratør *sb. (en, -er)* **1.** decorator;
2. *(der pynter butiksvindue)* window dreser.
dekorere *vb.* **1.** decorate, ornament; **2.** *(med orden)* decorate (*med* with).
dekort *sb. (en, -er)* discount; *(fx på grund af fejl ved varen)* abatement.
dekorum *sb. (et)* propriety, decorum.
dekret *sb. (et, -er)*, **dekretere** *vb.* decree; *(mindre* F*)* order.
dekstrin *sb. (en)* dextrin.
dekupere *vb.* inlay.
dekupør *sb. (en, -er)* marquetry inlayer.
dekupørsav fretsaw.
del *sb. (en, -e)* **1.** part (*fx* another part of the country; part one of the book (, series)); *(speciel* ~, ~ *man får tildelt,* F*)* portion (*fx* I got portions of the manuscript to read; the sloping portion of the field; less favoured portions of the community);
2. *(i forhold til helheden)* proportion (*fx* only a small proportion of the pupils failed);
3. *(andel)* share (*fx* they each had a share of the cake; she must take her share of the blame); F portion (*fx* he received a large portion of the inheritance);
4. *(afsnit, udsnit)* section (*fx* all sections of the population);
5. *(i blanding etc.)* part; F portion (*fx* equal parts (, portions) of milk and sugar);
6. *(af stel)* piece (*fx* a dinner (, tea) service of 50 pieces);
□ ***begge*** *-e* both; *jeg forstår mig ikke på* ***de -e*** I don't know much about these things; ***den største*** ~ *af a)* most of, the greater part of; *b) (flertallet)* the majority of; *(se også størstedelen)*;
en ~ *a) (+ sb.)* a number of (*fx* books, people); *b) (+ adj.)* somewhat (*fx* damaged, late); *(stærkere)* a good deal (*fx* better); *c) (+ vb.)* a good deal (*fx* he reads a good deal); *(mere* T*)* a lot (*fx* he travels a lot);
en ~ ***af*** *a)* part of, a part of (*fx* he spent (a) part of the summer in England; it forms part of the solution; part of the difficulty was that...); *b) (foran flertalsord)* some of (*fx* some of them (, of the children) stayed; some of the problems were solved); *c) (foran utælleligt sb.)* some of, part of (*fx* she slept some (*el.* part) of the time; some (*el.* part) of the meat was bad);
en hel ~ *a) (foran entalsord)* a great deal of, a lot of (*fx* criticism); *b) (foran flertalsord)* a great (*el.* large) number of, quite a few, a great (*el.* good) many (*fx* cars, people); *(mere* T*)* lots of; *c) (uden sb.)* a good deal (*fx* he reads a good deal; a good deal better);
[med præp.] en ***af*** *-ene* one or the other; *ingen af -ene* neither; ***for*** *en* ~ in part, partly; to some extent; *for en stor* ~ to a great extent; largely; *jeg for min* ~ I for one; personally, I; F for my part, I;
til *-s* partly, in part; *blive en til* ~ fall to sby's share (*el.* lot);
[med vb.] ***give*** *dem* ~ ***i*** *det* share it with them; ***gøre*** *sin* ~ *a)* do one's share (*fx* of the work); *b) (gøre sit bedste)* do what one can (*fx* to make it succeed); ***have*** ~ ***i*** have a share in; ***tage*** ~ ***i*** *a)* take part in (*fx* the fighting); *(se også deltage)*; *b) (betale sin del af)* share in (*fx* the expenses); *c) (vise deltagelse i)* share in (*fx* we all share in your sorrow); sympathize with sby in.
delagtig *adj.: være* ~ *i* be involved in (*fx* decision-making); be a party to (*fx* the crime, illegal activities; the decision).
delagtiggøre *vb.:* ~ *ham i sine planer* initiate him in one's plans; ~ *ham i sin glæde* want him to share one's joy.
delagtighed *sb. (en)* participation; *(i forbrydelse)* complicity.
dele *vb. (delte, delt) (se også delt)*
1. *(opdele)* divide (*fx* a screen divided the room; divide the profits (, the booty)); T split up (*fx* the cost, the profit);
2. *(være fælles om)* share (*fx* the expenses, the money, a bottle of wine; a room); T split (*fx* the expenses, a bottle of wine);
3. *(om følelse, interesse etc.: iden-*

tificere sig med) share (*fx* her feelings (, interests, views)); *(vise deltagelse for)* share in (*fx* we all share in your sorrow);
4. *(uden objekt)* share (*fx* he must learn to share); *(se også broder)*;
□ *del og hersk* divide and rule;
[med præp. & adv.] ~ ***i*** divide into; T split into; ~ *det i to lige dele* divide it into two equal portions; halve it; ~ ***ind i*** divide into (*fx* sections); T split up into (*fx* three groups); ~ ***lige*** *a)* divide (*el.* share, split up) equally (*fx* divide (etc.) the money equally among them); *b) (uden objekt)* share and share alike; *(se også sol (og vind))*; ~ *det* ***lige over*** divide it into two equal parts; ~ ***med*** share with (*fx* you must share with your brother); *(se også skæbne)*; ~ *noget med en* share sth (*fx* a room, one's dinner) with sby; ~ *20 med 4* divide 20 by 4; ~ *(udgiften) halvt med ham* go halves with him; ~ *det* ***mellem*** *dem a)* divide it between (*el.* among) them; share it out among them; T split it up between (*el.* among) them; *b) (om to)* divide it between them; ~ *sin tid mellem arbejde og sport* divide one's time between work and sport; ~ ***om*** *se ndf.*: ~ *rundt*, ~ *ud*; *-s om* share (*fx* let's share the cost); ~ ***op*** divide, split up (*i* into, *fx* three groups); ~ ***rundt*** give round, hand round; ~ ***ud*** *a)* distribute, give out, hand out (*til* to); *b) (fordele ligeligt)* share out (*fx* the food, the money); *(se også uddele)*; *hun -r ud til højre og venstre (om gaver)* she scatters gifts around her;
[med sig] ~ ***sig*** *a)* divide (*fx* the cells begin to divide); part (*fx* the crowd parted to let them through; the waters parted); *(mere* T*)* split up (*fx* the group split up when they reached the town); *b) (om vej, flod etc.)* fork; ~ ***sig i*** divide (, split up) into (*fx* the party divided (, split up) into factions; the river divided into two streams).

delebarn joint-custody child.

delebasis: *på* ~ on a fifty-fifty basis.

deleforældre *sb.pl.* parents with joint custody of a child;
□ *være* ~ have joint custody.

delegat *sb. (en, -er)* delegate.

delegation *sb. (en, -er)* delegation.

delegere *vb.* delegate (*til* to).

delegeret *sb. (en, delegerede)* delegate.

delegeretmøde meeting of delegates.

delelig *adj.* divisible (*med* by).

delemne *(i pædagogik)* sub-item.

deletime [separate lesson for part of a class].

Delfi *(geogr.)* Delphi.

delfin *sb. (en, -er) (zo.)* dolphin.

delfinarium *sb. (et, delfinarier)* dolphinarium.

delikat *adj.* **1.** *(lækker)* exquisite;
2. *(om farve)* delicate; **3.** *("kilden")* delicate (*fx* question);
□ *et* ~ *emne, en* ~ *sag* a delicate matter.

delikatere *vb.*: ~ *sig med* treat oneself to; *(*F *el. spøg.)* regale oneself with.

delikatesse *sb. (en, -r)* delicacy.

delikatesseforretning delicatessen (shop).

deling *sb. (en, -er)* **1.** division; *(*F*, især om land: opdeling)* partition (*fx* the partition of Poland);
2. *(mil.)* platoon;
□ *spille på* ~ play on a profit-sharing basis; *de fik 500 kroner til* ~ they got 500 kroner to share (between them).

delingsfører *(mil.)* platoon commander.

delinkvent *sb. (en, -er) (forbryder)* criminal;
□ *-en (anklagede, jur.)* the culprit.

delirium *sb. (et)* delirium;
□ ~ *tremens* delirium tremens; the d.t.'s pl.; T the jim-jams pl.

delle *sb. (en, -r)* **1.** *(fedt-)* roll of fat; **2.** T = *frikadelle*.

delmængde *(mat.)* subset.

delmål intermediate aim.

dels *adv.*: ~ ... ~ ... *a) (delvis)* partly ... (and) partly (*fx* it was partly laziness and partly lack of interest); *b) (foran sætning)* for one thing ... for another (*fx* for one thing he is my brother, for another he needs help); *(= ~ fordi)* partly because ... (and) partly because (*fx* I don't want to go, partly because it is too far and partly because I don't know anyone there); *medlemmerne var ~ lærere, ~ studenter* some of the members were teachers, and others were students; ~ *på grund af ...* ~ *på grund af* what with ... and (what with).

delstat state; *(i Tyskland)* Land (pl. Länder).

delstatsparlament state parliament.

delt *adj.* divided (*fx* opinions are divided);
□ *det kan der være -e meninger om* that is a matter of opinion.

delta *sb. (et, -er)* delta.

deltage *vb.* **1.** *(være med)* take part (*i* in, *fx* a demonstration, a strike, a struggle, the war); F participate (*i* in);
2. *(komme med mens noget er i gang)* join (*i* in, *fx* the conversation, the demonstration, the game);
3. *(være til stede)* attend (*fx* only a few attended);
□ ~ ***i*** *(jf. 3)* attend (*fx* a banquet, a public meeting); ~ *i konkurrencen* compete; ~ *i et kursus* attend a course; ~ *i udgifterne* share in the expenses.

deltagelse *sb. (en)* **1.** participation;
2. *(tilstedeværelse)* attendance;
3. *(medfølelse)* sympathy;
□ *udtrykke sin* ~ *for en* offer one's sympathy to sby.

deltagende[1] *adj.* sympathetic, sympathizing;
□ *de* ~ those taking part; those present.

deltagende[2] *adv.* with sympathy.

deltager *sb. (en, -e)* **1.** *(i møde, kursus, fest)* participant (*i* in);
2. *(i konkurrence)* competitor, entrant;
3. *(i optagelsesprøve etc.)* candidate, entrant;
4. *(hdl.)* partner;
□ *en af -ne (fx i udflugt)* one of the party; a member of the party.

deltagerstyret *adj.* [run by the participants].

deltid: *arbejde (, beskæftige) på* ~ work (, employ) part time; *ansat på* ~ *se deltidsansat*.

deltids- part-time (*fx* course, job, student, teacher, work).

deltidsansat *adj.* **1.** *(kun præd.)* engaged part-time; on a part-time contract; **2.** *(brugt som sb.)* part-time employee.

deltidsansættelse part-time employment.

delvis[1] *adj.* partial (*fx* it was a partial success).

delvis[2] *adv.* partly (*fx* hidden, true; it was partly her fault); F partially (*fx* recovered, true; the attempt was only partially successful); in part.

Dem *pron.* **1.** you; **2.** *(henvisende til subjektet i samme sætning)* yourself (pl. yourselves).

dem *pron.* **1.** *(personligt)* them; **2.** *(demonstrativt)* those (*fx* those who know);
□ *det er* ~ it is them; *det var* ~ *der gjorde det* they did it; F it was they who did it.

demagog *sb. (en, -er)* demagogue.

demagogi *sb. (en)* demagogy, demagoguery.

demagogisk[1] *adj.* demagogic.

demagogisk[2] *adv.* demagogically.
demarche *sb. (en, -r)* démarche;
□ *foretage en ~ over for* make a démarche with.
demarkationslinie line of demarcation, demarcation line.
demaskere *vb.* unmask.
dement *adj.: han er ~* he has got senile dementia.
dementere *vb.* deny (*fx* the Government has denied rumours that ...).
dementi *sb. (et, -er)* **1.** (official) denial (*fx* the Government has issued an official denial);
2. *(avis's af forkert meddelelse)* retraction (*fx* the newspaper had to print a retraction).
demilitarisere *vb.* demilitarize.
demilitarisering *sb. (en, -er)* demilitarization.
demimonde *sb. (en, -r)* **1.** *(kvinde)* demimondaine; **2.** *(gruppe)* demimonde.
demiskrædderi *sb. (et)* semitailoring.
demission *sb. (en, -er)* resignation.
demissionere *vb.* resign.
demissionsbegæring resignation;
□ *indgive sin ~* tender one's resignation (*fx* the Prime Minister went to the Queen and tendered his resignation).
demobilisere *vb.* demobilize.
demobilisering *sb. (en, -er)* demobilization.
demokrat *sb. (en, -er)* **1.** democrat; **2.** *(am. pol.)* Democrat.
demokrati *sb. (et)* democracy;
□ *~ på arbejdspladsen a)* staff participation; *b) (på fabrik etc.)* worker participation; democracy on the shop floor; *(se også økonomisk).*
demokratisere *vb.* make (more) democratic, democratize.
demokratisering *sb. (en, -er)* democratization.
demokratisk[1] *adj.* **1.** democratic; **2.** *(am. pol.)* Democratic.
demokratisk[2] *adv.* democratically (*fx* democratically elected).
demolere *vb.* demolish.
demolering *sb. (en)* demolition.
demonstrant *sb. (en, -er)* **1.** demonstrator; **2.** *(som står vagt ved et sted)* picket.
demonstration *sb. (en, -er)* **1.** *(det at vise)* demonstration, display (*fx* of skill, of strength); **2.** *(protest etc.)* demonstration; T demo;
□ *afholde en ~* hold (*el.* stage) a demonstration.
demonstrationstog procession (of demonstrators);
□ *de gik i ~ til rådhuset* they marched in procession to the town hall.
demonstrationsvogn *(hos forhandler)* demonstration car.
demonstrativ *adj.* demonstrative (*fx* applause; pronoun); pointed (*fx* he looked at the clock in a pointed manner); *(stærkere, ofte overdrevent)* ostentatious.
demonstrativt *adv.* demonstratively, pointedly (*fx* he demonstratively (*el.* pointedly) left the room); *(stærkere)* ostentatiously (*fx* they ostentatiously stayed away from his funeral).
demonstrere *vb.* **1.** *(vise)* demonstrate (*fx* a new vacuum cleaner; the truth of the theory; demonstrate to him how it is done);
2. *(vise demonstrativt)* make a parade of, parade (*fx* one's knowledge); make a (great) show of (*fx* one's affection);
3. *(afholde en offentlig demonstration)* demonstrate (*for* for; *imod* against).
demontere *vb.* **1.** dismantle (*fx* a factory, a machine); dismount (*fx* a machine); *(skille ad også)* disassemble (*fx* a machine);
2. *(om bombe, mine)* defuse, disarm.
demoralisere *vb.* demoralize.
demoralisering *sb. (en)* demoralization.
den *pron. (se også det, de, dem)*
1. *(personligt pron.)* it; *(om nogle dyr)* he, she; *(om biler, skibe ofte)* she;
2. *(demonstrativt pron.)* that (*fx* look at that man); *(foran relativsætning oftest)* the (*fx* the book which is on the table);
3. *(adj.'s bestemte artikel)* the (*fx* the poor fellow);
□ *du er den (i leg)* you are it; *den dér a)* that one; *b) (foran sb.)* that; *den her a)* this one; *b) (foran sb.)* this (*fx* this chap she is going out with); *den idiot!* the fool!
den og den so and so; such and such a person; *til den og den pris* at such and such a price;
[foran relativsætn.] den som (el. der) (om person) the man (, woman) who; anybody who; T the one who; *(*F *& i ordsprog)* he (, she) who; *han er ikke den der beklager sig* he is not one to complain; *den der slog den rude ud må betale den* whoever smashed that windowpane must pay for it; *den bog du viste mig er ikke den jeg så i går* the book you showed me is not the one I saw yesterday; *fordi han var den han var* because he was what (*el.* the man) he was.
denar *sb. (en, -er) (romersk mønt)* denarius (pl. denarii).
denaturere *vb.* denature;
□ *-t sprit* denatured alcohol; methylated spirits.
denaturering *sb. (en)* denaturation.
dengang[1] *adv.* then, at the time (*fx* I didn't know at the time); at that time;
□ *~ da* at the time when; *det var ~! a)* times have changed! *b) (begejstret)* those were the days! *siden ~* since that time.
dengang[2] *konj.* (at the time) when (*fx* when I came it was all over).
denim *sb. (en el. et)* denim.
denne *pron. (dette, disse)* **1.** this (pl. these);
2. *(sidstnævnte)* he (, she); F the latter (*fx* when Mary Tudor had married King Philip, he (, the latter) succeeded in...); *(om ting)* it (*fx* when he tried the door he found that it was closed);
□ *den 5. -s* the 5th of this (*el.* the present) month.
dennesidig *(fig.)* worldly.
dens *pron.* **1.** its; **2.** *(om visse dyr)* his; her.
dental *sb. (en, -er) & adj.* dental.
dente *sb. (en, -r): -r* points.
deodorant *sb. (en, -er)* deodorant.
deodorantstift *sb. (en, -er)* deodorant stick.
departement *sb. (et, -er)* department.
departementschef *(øverste embedsmand i ministerium; svarer til)* permanent secretary.
depeche *sb. (en, -r)* **1.** dispatch; **2.** *(telegram)* telegram.
depilere *vb.* depilate.
deplacement *sb. (et) (sø.)* displacement (*fx* a ship with a displacement of 1,000 tons).
deponent[1] *sb. (en, -er) (som deponerer noget)* depositor.
deponent[2] *adj. (gram.)* deponent (*fx* verb).
deponere *vb.* deposit (*i en bank* at a bank; *hos én* with sby).
deponering *sb. (en, -er)* depositing, deposition;
□ *~ af affald* deposition of waste.
deponi *sb. (et, -er)* waste (disposal) site, landfill site.
deportation *sb. (en)* **1.** *(forvisning)* deportation; **2.** *(til fangekoloni)* transportation.
deportere *vb.* **1.** *(forvise)* deport; **2.** *(til fangekoloni)* transport.
depositum *sb. (et, -(m)er el. deposita)* deposit;
□ *stille ~* put down (*el.* pay) a de-

posit; F furnish a deposit.
depot *sb. (et, -er)* **1.** *(opbevarings-sted)* depot; *(affalds-)* waste (disposal) site;
2. *(mil.)* depot; *(midlertidigt, i det fri)* dump (*fx* an ammunition dump); *(beredskabslager)* stockpile;
3. *(opdagelsesrejsendes)* cache, dump;
4. *(værdipapirer)* deposit;
5. *(opbevaring i bank)* safe custody (*fx* place sth in safe custody);
6. *(ved motorløb)* pit;
7. *(biblioteks)* reserve collection.
depotafdeling 1. *(i bank)* securities department; **2.** *(mil.)* depot unit.
depotskib *(sø.)* depot ship, supply ship.
depraveret *adj.* depraved.
depreciere *vb.* depreciate.
depression *sb. (en, -er)* depression;
□ *han begik selvmord i (et anfald af)* ~ he committed suicide during a fit of depression.
depressiv *adj.* depressive.
deprimere *vb.* depress (*fx* he was very (, deeply) depressed).
deputation *sb. (en, -er)* deputation.
deputeret *sb. (en, deputerede)* deputy.
deputeretkammer Chamber of Deputies.
der[1] *pron. (relativt; om person)* who; *(om alt andet)* which; *(i bestemmende relativsætninger også)* that;
(NB ofte bruges andre konstruktioner: en bil ~ kørte (, kører) forbi a car passing by; *en dreng ~ hed(der) John* a boy called John; *den sidste ~ gik (, går)* the least to leave*)*.
der[2] *adv. (om sted)* there (*fx* he wasn't there *(han var ~ ikke)*);
□ *de bøger* ~ those books (over there); *det var ~ ...* that was where ... (*fx* that was where I met him; that was where he was born); *~ har vi det* there you are; *hvem ~? se hvem*; *~ hvor* where; *~ i landet* in that country.
der[3] *adv. (som subjekt)*;
1. *(foreløbigt subjekt, normalt kun foran* be*)* there (*fx* there were many people in the streets; there might have been (, seems to be) a mistake); *(NB foran andre vb. bruges normalt ikke* there: *~ kom en mand løbende* a man came running; *~ udbrød brand* a fire broke out; *om passiv, se ndf.); (se også hvad, hvem, hvilken)*;
2. *(upersonligt subjekt, foran* be *& om afstand og tid)* it (*fx* it is cold (, dark, nice, warm) in here; is it far? it is three months to Christmas); *(se også langt)*;
[i passiv bruges normalt ikke there*] der blev dræbt mange* many were killed; *~ blev sendt bud efter lægen* the doctor was sent for; *~ hørtes et skud* a shot was heard;
[mærk dog:] ~ blev banket på døren there was a knock at the door; somebody knocked at the door; *~ danses* they are dancing; there is dancing; *~ siges at* it is said that;
[jf. 2] ~ blev koldt i værelset the room became cold; *~ blev stille* everything became quiet.
deraf *adv.* of this (, that); from this (, that) (*fx* from that you may see...); F hence (*fx* hence it follows that...);
□ *fem skibe, ~ to bevæbnede* five ships, two of them armed; *følgen ~ er* the consequence is.
derangeret *adj.* down at heel.
derefter *adv.* **1.** after that, afterwards; F subsequently;
2. *(overensstemmende hermed)* accordingly (*fx* act accordingly *(handle derefter)*);
□ *det blev også ~* the result was as might be expected.
Deres *pron.* your; *(stående alene)* yours.
deres *pron.* their; *(stående alene)* theirs.
derfor *adv.* **1.** *(om følge)* so (*fx* there was nobody at home so I left); *(F & i logik)* therefore (*fx* I think, therefore I am);
2. *(af den grund)* that is why (*fx* he is honest, that is why I like him); F for that reason;
3. *(alligevel)* all the same, anyway (*fx* I'll stay here, but you can go anyway *(men ~ kan du godt gå)*; perhaps, but you did it all the same *(men ~ har du nu gjort det alligevel)*);
4. *(for den (, det))* for it (*fx* he gave me a pound for it);
□ *det er ~ (at) jeg er her* that is why I am here.
derfra from there;
□ *når du rejser ~* when you leave there.
derhen there;
□ *det skal forstås ~ at* this is to be understood in the sense that.
derhenad in that direction.
derhenne over there.
derhjemme at home; back home.
deri in it, in that; F therein.
deriblandt among them, including (*fx* several people, Smith among them (*el.* including Smith)).
derigennem through that; through there.
derimellem among them, between them, including.
derimod 1. *(på den anden side)* on the other hand;
2. *(imod det)* against it (*fx* I have nothing against it).
derind in (there); into it.
derinde in there, in that place.
derindefra from within.
derivat *sb. (et, -er)* derivative.
dermatolog *sb. (en, -er)* dermatologist.
dermatologi *sb. (en, -er)* dermatology.
dermatologisk *adj.* dermatological.
dermed *adv.* **1.** with it, with that;
2. *(på den måde)* in that way (*fx* in that way you will make it impossible);
3. *(med disse ord)* so saying (*fx* so saying, he left the room);
□ *hvad mener De ~?* what do you mean by that? *~ var sagen afgjort* that settled the matter; *~ er alting sagt* that is all there is to be said about it; *~ være ikke sagt at* this is not to say that.
derned down (there).
dernede down there.
dernæst next, in the next place; then; F thereupon.
derom about it; about that (*fx* we can agree about that); on the subject (*fx* I have no more to say on the subject); F of that fact (*fx* he was ignorant of that fact);
□ *~ senere* more about that later.
deromkring 1. about it; **2.** *(i nærheden)* somewhere near there;
3. *(om tal)* thereabouts (*fx* 120 or thereabouts).
deromme round there; over there.
derop up (there).
deroppe up there.
deroute *sb. (en)* **1.** *(mil.)* rout;
2. *(hdl.)* collapse;
3. *(socialt)* comedown;
□ *opleve en (social) ~* come down in the world.
derover 1. over there; across there;
2. *(oven over)* above it, above that; over it, over that; on the top of that;
□ *og ~* and upwards, plus (*fx* a hundred and upwards, a hundred plus; when the children are 11 plus).
derovre over there.
derpå *(dernæst)* after that, then; next;
□ *dagen ~ a)* the next (*el.* following) day; *b) (efter en fest)* the morning after.
dersom *konj.* if.

dertil *adv.* **1.** to it, to that;
2. *(til det sted)* to that place, there (*fx* we got there at 9);
3. *(til det formål)* for that purpose (*fx* for that purpose we need a computer);
4. *(let glds.: desuden)* besides (*fx* besides, she is a good cook);
□ *~ kommer at* add to this that; moreover, futhermore, in addition (to this); *få lov ~* be permitted (to do so); *når vejret er ~* weather permitting; *det var så tydeligt (etc.) som ~* it was as plain (etc.) as could be.
derud out there.
derud a': *køre ~ (med fuld fart)* rip along; *det kørte bare ~ a) (gik glat)* it went on wheels; *b) (uden ophør)* it went on and on; *lade det køre ~* let things rip.
derudad in that direction; along that road; *(se også derud a').*
derude out there.
derudefra from out there.
derudover *adv.* **1.** *(tillige)* in addition (to that); **2.** *(bortset derfra)* apart from that (*fx* apart from that he said nothing).
derunder *adv.* **1.** *(nedenunder)* under it; below there;
2. *(mindre end det)* less (*fx* £50 or less);
3. *(hørende ind under det)* including (*fx* the United Nations, including Denmark).
derved *adv.* **1.** by it; **2.** *(ved hjælp af det)* by that means; in that way;
□ *nær ~* near there; close by; *lad det blive ~* (we will) leave it at that; *~ er intet at gøre* that cannot be helped.
dervish *sb. (en, -er)* dervish.
Des: *være ~ (kan gengives)* be on formal terms with each other; *være ~ med en* be on formal terms with sby.
des[1] *sb. (et, -ser) (mus.)* D flat.
des[2] *adv.* the (*fx* the more the better *(jo mere ~ bedre)*).
desangående *adv.* respecting that, as regards that; on the subject (*fx* he had no more to say on the subject).
desarmere *vb.* **1.** dismantle (*fx* a fort, a ship); **2.** *(fjerne sprængladning)* disarm (*fx* a mine).
desarmering *sb. (en, -er) (jf. desarmere)* **1.** dismantling; **2.** disarmament.
desavouere *vb.*: *~ en a) (ændre hans afgørelse)* overrule sby; *b) (omstøde den)* reverse sby's decision; *c) (tilsidesætte en)* pass sby over.
descendent *sb. (en, -er)* descendant.
desertation *sb. (en, -er)* desertion.
desertere *vb.* desert.
desertering *sb. (en, -er)* desertion.
desertør *sb. (en, -er)* deserter.
desformedelst *konj.*: *~ at (spøg.)* along of -ing (*fx* along of him being ill).
desforuden *adv.* besides that; moreover.
designe *vb.* design.
designer *sb. (en, -e)* designer.
designere *vb.* designate.
desillusionere *vb.* disillusion.
desillusioneret *adj.* disillusioned (*over* at, about, by, with); disenchanted (*over* with).
desillusionering *sb. (en, -er)* disillusionment.
desinfektion *sb. (en, -er)* = *desinficering.*
desinfektionsmiddel disinfectant.
desinfektør *sb. (en, -er) (jf. desinficere)* **1.** disinfector; **2.** fumigator.
desinficere *vb.* **1.** disinfect; **2.** *(med røg el. gas)* fumigate.
desinficerende *adj.* disinfectant;
□ *~ midler* disinfectants.
desinficering *sb. (en, -er) (jf. desinficere)* **1.** disinfection; **2.** fumigation.
deskriptiv *adj.* descriptive.
deslige *adv.* such;
□ *og ~* and the like.
desmer *sb. (en el. et)* civet.
desmerdyr, **desmerkat** civet cat.
desorganisation *sb. (en)* disorganization.
desorganisere *vb.* disorganize.
desorientere *vb.* **1.** *(forvirre)* confuse, bewilder; **2.** *(vildlede)* mislead.
desorienteret *adj.* *(forvirret)* confused, bewildered; *(stærkere)* perplexed.
despekt *sb. (en)* disrespect.
desperat[1] *adj.* **1.** *(fortvivlet)* desperate (*fx* a desperate attempt; he was desperate);
2. *(rasende)* furious (*over* about, *fx* he was furious about their refusal to help him).
desperat[2] *adv.* **1.** desperately, in desperation; **2.** furiously.
desperation *sb. (en)* desperation (*fx* he did it in desperation).
despot *sb. (en, -er)* despot.
despoti *sb. (et)* despotism.
despotisk[1] *adj.* despotic.
despotisk[2] *adv.* despotically.
despotisme *sb. (en)* despotism.
dessert *sb. (en, -er)* sweet, dessert (*fx* what did you have for sweet (*el.* dessert)?); T pudding (*fx* what's for pudding?); *(am.)* dessert.
dessertske dessert spoon.
desserttallerken dessert plate.
dessertvin dessert wine.
dessin *sb. (en, -er)* **1.** *(mønster)* design; **2.** *(vink)* hint, tip.
destabilisere *vb.* destabilize.
destabilisering *sb. (en, -er)* destabilization.
destillat *sb. (et, -er)* distillate, distilled product.
destillation *sb. (en, -er)* distillation.
destillationsapparat **1.** *(kem.)* distilling apparatur; **2.** *(til alkohol)* still; **3.** *(sø.)* freshwater generator.
destillatør *sb. (en, -er)* distiller.
destillere *vb.* distil.
destillerkar, **destillerkedel** still.
destillerkolbe retort.
destinatar *sb. (en, -er)* consignee.
destination *sb. (en, -er)* destination.
desto *adv.* the;
□ *jo mere ~ bedre* the more the better; *så meget ~ bedre* so much the better; *ikke ~ mindre* nevertheless; all the same.
destroyer *sb. (en, -e)* destroyer.
destruere *vb.* destroy; *(brænde)* incinerate.
destruktion *sb. (en, -er)* destruction; *(brænding)* incineration.
destruktionsanstalt incinerating plant.
destruktionsovn incinerator.
destruktiv *adj.* destructive.
desuagtet *adv.* F notwithstanding; *(mindre* F*)* nevertheless; all the same.
desuden *adv.* in addition, also, moreover (*fx* also, (*el.* in addition, *el.* moreover,) I would also like to hear about accommodation; she is, moreover, a very good friend of mine); F furthermore (*fx* I don't know and furthermore I don't care; computers are getting cheaper all the time. Furthermore they can do more).
desværre *adv.* **1.** regrettably (*fx* regrettably, it is not possible to do it); *(stærkere)* unfortunately (*fx* unfortunately it is too late; unfortunately for him he was dismissed); (T, *efterstillet)* worse luck (*fx* he got caught, worse luck);
2. *(svagere: jeg beklager at)* I am sorry (to say) (*fx* I am sorry but it is too late; I am sorry to say that it is too late); *(svagere)* I am afraid (*fx* I am afraid I have not read your book);
□ *vi ser os ~ nødsaget til at* we regret to have to.
det *pron. (se også dets)* **1.** *(person-*

ligt pron.) it; *(om skibe & lande ofte)* she; *(henvisende til tidligere nævnte personer, se ndf.)* he; she; they; *(henvisende til en hel sætning)* so (*fx* Will he come? I hope so; if you haven't bought it, I hope you will do so as soon as possible); *(ofte uoversat, fx: jeg ved det* I know; *hvorfor det?* why?*)*;
2. *(demonstrativt pron.)* that (*fx* that house over there); *(foran relativsætning oftest)* the (*fx* the house which you see over there);
3. *(upersonligt subjekt om tid & vejr)* it (*fx* it is late; it is raining);
4. *(forholdene, sagen)* things pl. (*fx* that didn't make things any better; things were getting worse and worse; how are things?);
5. *(adj.'s bestemte artikel)* the (*fx* the big house);
□ *det at rejse* travelling; *det at du vandt* your winning; the fact that you won; *det her* this (*fx* this house he has bought, what is it like?); *ikke det? se ikke*; *og hvem har ikke det?* and who has not? *ikke det jeg kan huske* not that I remember; *det som vi så* what we saw;
[med: være] hvem er den dame? Det er min søster who is that lady? She (*el.* It) is my sister; *hvem var det der ringede? Det var John Smith* who was that on the telephone? It was John Smith; *og hvem er John Smith? Det er min læge* and who is John Smith? He is my doctor; *hvem er de herrer? Det er mine brødre* who are those gentlemen? They are my brothers; *det er hr. C. (ved præsentation)* this is Mr C.; *er det dig?* is that you? *er det din moder?* is that your mother? *er det dine brødre?* are those your brothers? *det var hans ord* those were his words; *det er det* **også** so it is; *hun er rig og det er han også* she is rich and so is he.
detachement *sb. (et, -er) (hærafdeling)* detachment.
detacherbord *(i tøjrenseri)* spotting table.
detachere *vb. (afsende et detachement)* detach.
detachør *sb. (en, -er) (i tøjrenseri)* spotter.
detail *se en detail.*
detailforretning **1.** retail business; **2.** *(butik)* retail shop.
detailhandel **1.** *(generelt)* retail trade; **2.** *(butik)* retail shop.
detailhandler *sb. (en, -e)* retailer, retail dealer; shopkeeper.
detailkæde retail chain.
detaillist *sb. (en, -er) se detailhandler.*
detailpris retail price.
detailpristal retail price index.
detailprojekt detailed project.
detailprojektere *vb.* plan in detail.
detalje *sb. (en, -r)* detail;
□ *-r (også, mere* F*)* particulars; *i alle -r* in every detail (*el.* particular); in all particulars; *gå i -r* go into detail; *med mange -r* with many details; *i de mindste -r* down to the last (*el.* slightest) detail.
detaljeret[1] *adj.* detailed;
□ *detaljerede oplysninger* particulars.
detaljeret[2] *adv.* in detail;
□ *meget* ~ in great detail.
detektiv *sb. (en, -er)* detective.
detektivbureau detective agency.
detektivroman detective novel (*el.* story).
detektor *sb. (en, -er)* detector.
detention *sb. (en)* **1.** *(tilbageholdelse)* detention; **2.** *se detentionslokale.*
detentionslokale sobering-up cell; *(am.* T*)* drunk tank.
determineret[1] *adj.* determined.
determineret[2] *adv.* determinedly.
determinisme *sb. (en)* determinism.
determinist *sb. (en, -er)* determinist.
deterministisk *adj.* deterministic.
detonation *sb. (en, -er) (brag)* detonation.
detonator *sb. (en, -er)* detonator.
detonere *vb.* detonate.
detronisere *vb.* dethrone.
detronisering *sb. (en, -er)* dethronement.
dets *pron.* its; *(om skibe og lande ofte)* her.
dette *pron.* this; *(se også denne).*
devaluere *vb.* devalue;
□ ~ *med 6%* devalue by 6 p.c.
devaluering *sb. (en, -er)* devaluation.
devise *sb. (en, -r)* **1.** *(valgsprog)* motto; **2.** *(hdl.)* foreign bill (of exchange).
devovere *vb.:* ~ *sig* sacrifice oneself.
dia *sb. (et, -s) (foto.)* slide.
diabetes *sb. (en)* diabetes.
diabetiker *sb. (en, -e),* **diabetisk** *adj.* diabetic.
diabolsk[1] *adj.* diabolic.
diabolsk[2] *adv.* diabolically.
diadem *sb. (et, -er)* diadem.
diagnose *sb. (en, -r)* diagnosis (pl. diagnoses);
□ *stille en* ~ make a diagnosis.
diagnosticere *vb.* diagnose.
diagonal *sb. (en, -er) & adj.* diagonal.
diagram *sb. (et, -mer)* diagram, chart (*over* of).
diakon *sb. (en, -er)* deacon.
diakonisse *sb. (en, -r)* deaconess; [protestant nursing sister].
diakron *adj.* diachronic.
dialekt *sb. (en, -er)* dialect.
dialektal *adj.* dialectal.
dialektforsker dialectologist.
dialektforskning dialectology.
dialektik *sb. (en)* dialectics.
dialektiker *sb. (en, -e)* dialectician.
dialektisk[1] *adj.* dialectical.
dialektisk[2] *adv.* dialectically.
dialektord dialect word.
dialog *sb. (en, -er)* dialogue.
dialyse *sb. (en, -r)* dialysis (pl. dialyses);
□ *være i* ~ be on dialysis.
dialyseapparat kidney machine.
dialysebehandling dialysis treatment.
dialysere *vb.* dialyse; *(am.)* dialyze.
diamant *sb. (en, -er)* diamond.
diamantbryllup diamond wedding.
diamantring diamond ring.
diamantsliber diamond cutter.
diamantslibning diamond cutting.
diameter *sb. (en, diametre)* diameter.
diametral *adj.* diametrical;
□ *-t modsat* diametrically opposite; *(fig. også)* diametrically opposed (to) (*fx* the two views are diametrically opposed; his view is diametrically opposed to mine); *-e modsætninger* diametrical opposites; *i* ~ *modsætning til* diametrically opposed to.
diapositiv *sb. (et, -er) (foto.)* slide.
diaré, diare *se diarré.*
diarré, diarre *sb. (en, diarreer)* diarrhoea; T the runs pl.
dias *sb.pl.* slides.
diaskop *sb. (et, -er)* projector.
diatermi *sb. (en) (fys., med.)* diathermy, diathermia.
did *adv.* there; *(glds.)* thither;
□ *hid og* ~ to and fro; *(glds.)* hither and thither.
didaktik *sb. (en)* didactics.
didaktisk[1] *adj.* didactic.
didaktisk[2] *adv.* didactically.
die[1] *sb. (en)* mother's milk;
□ *give* ~ nurse; F suckle.
die[2] *vb.* **1.** *(om barnet)* suck; **2.** *(om moderen) se amme*[2];
□ *barnet -r hos moderen* the child sucks at its mother's breast; ~ *af hendes bryst* suck at her breast.
diegivning *sb. (en)* nursing;

F suckling.
dieseldreven *adj.* diesel-powered.
dieselelektrisk *adj.* diesel-electric.
diesellokomotiv diesel locomotive.
dieselmotor diesel engine.
dieselolie diesel oil; *(til lastbil)* derv.
difference *sb. (en, -r)* **1.** difference (*mellem* between); **2.** *(i regnskab)* balance (*fx* a balance in our favour).
differens *sb. (en, -er)* difference.
differensrække *(mat.)* arithmetical progression.
differential- differential.
differentiale *sb. (et, -r) (i bil)* differential (gear).
differentialregning differential calculus.
differentiere *vb.* **1.** differentiate; **2.** *(ordne efter sværhedsgrad etc.)* grade (*fx* graded reading material);
□ *-s* differentiate.
differentiering *sb. (en, -er)* differentiation.
differere *vb.* differ.
diffus *adj.* diffuse.
difteri, difteritis *sb. (en)* diphtheria.
diftong *sb. (en, -er)* diphthong.
dig *pron.* **1.** you; *(glds.)* thee; **2.** *(refleksivt)* yourself; *(efter præp. dog)* you (*fx* you can't take it with you); *(se også sig)*;
□ *det var ~ der gjorde det* you did it; *(mere* F*)* it was you who did it; *(se også mig)*.
dige[1] *sb. (et, -r)* dike.
dige[2] *vb.* dike;
□ *~ ind* embank (*fx* a river).
digebrud breach of a dike.
digel *sb. (en, digler)* crucible.
digelstål crucible steel.
diger *adj.* **1.** *(om ting)* bulky; fat (*fx* a fat volume); **2.** *(om menneske)* stout.
digesmutte *sb. (en, -r) (zo.)* wheatear.
digesvale *sb. (en, -r) (zo.)* sand martin.
digital *adj.* digital.
digitalur digital clock (, watch).
dignitar *sb. (en, -er)* dignitary;
□ *-er (også, ofte spøg.)* notables.
digression *sb. (en, -er)* digression.
digt *sb. (et, -e)* **1.** poem; **2.** *(opspind)* fiction;
□ *-e (også)* poetry (*fx* he writes poetry).
digtcyklus cycle (of poems).
digte *vb.* **1.** compose, write (*fx* a song, a story); **2.** *(skrive vers)* write poetry; **3.** *(opdigte)* invent; F fabricate;
□ *~ om på a)* transform; *b) (forbedre)* improve on; *~ videre på* expand on; *~ 'til* add something of one's own invention.
digtekunst (the art of) poetry.
digter *sb. (en, -e)* **1.** poet; **2.** *(forfatter)* writer, author.
digtergage poet's (, writer's) pension.
digterisk[1] *adj.* poetic(al).
digterisk[2] *adv.* poetically.
digternatur poetic nature.
digterværk literary work; *(poesi)* poetic work, work of poetry.
digtning *sb. (en, -e)* **1.** *(det at digte)* writing; *(ɔ: poesi)* the writing of poetry; **2.** *(digterværk)* literary work; *(poesi)* work of poetry.
digtsamling collection of poems.
dikke *vb.* **1.** *(om ur)* tick; **2.** *(kilde)* tickle;
□ *~ en under hagen* chuck sby under the chin.
dikkedarer *sb.pl.* **1.** frills (*fx* there are no frills about him); **2.** *(omsvøb)* fuss.
dikkedik *interj.* diddle-diddle.
dikken *sb. (en) (urs)* ticking.
diktafon *sb. (en, -er)* ® dictaphone.
diktat[1] *sb. (en, -er)* dictation;
□ *skrive efter ~* write from dictation; *skrive det efter hans ~* write it at his dictation.
diktat[2] *sb. (et, -er) (befaling)* diktat.
diktator *sb. (en, -er)* dictator.
diktatorisk[1] *adj.* dictatorial.
diktatorisk[2] *adv.* dictatorially.
diktatstil dictation.
diktatur *sb. (et, -er)* dictatorship.
diktere *vb.* dictate;
□ *~ en et brev* dictate a letter to sby; *-t* ***af*** dictated by; *jeg lader mig ikke ~ af nogen* I won't be dictated to by anybody.
diktermaskine dictating machine.
diktion *sb. (en, -er)* diction; *(foredrag)* delivery.
dild *sb. (en) (bot.)* dill.
dildo *sb. (en, -er)* dildo.
dilemma *sb. (et, -er)* dilemma (*fx* be in a dilemma; be faced with a dilemma; my dilemma is whether to accept the offer or to refuse it);
□ *være i et ~ (også)* be in a quandary (*fx* about what to do).
dilettant *sb. (en, -er)* amateur; *(især neds.)* dilettante.
dilettanteri *sb. (et, -er)* dilettantism.
dilettantforestilling *se dilettantkomedie.*
dilettantisk[1] *adj.* amateurish.
dilettantisk[2] *adv.* amateurishly.
dilettantkomedie amateur theatricals pl.; private theatricals pl.;
□ *spille ~* take part in (*el.* have) amateur theatricals.
dilettantskuespiller amateur actor.
diligence *sb. (en, -r) (glds.)* stagecoach.
dille *sb. (en, -r)* **1.** *(modedille)* fad, craze (*fx* it is a great craze here these days); **2.** *(glds.) se delirium (tremens)*;
□ *det er den rene ~* it is absolutely crazy; *hun har en ~ med at gøre rent* she has a mania for turning out her rooms.
dimension *sb. (en, -er)* **1.** dimension; **2.** *(sø.: af tømmer el. jern)* scantling;
□ *af -er (*T*: vældig stor)* colossal, gigantic (*fx* catastrophe).
dimensionere *vb.* **1.** *(tekn. om tegning)* dimension; **2.** *(lave plan for)* design;
□ *~ op* magnify; *smukt -t* beautifully proportioned.
diminutiv *sb. (et, -er) & adj.* diminutive.
diminutivendelse diminutive suffix.
dimisprædiken probational sermon.
dimission *sb. (en, -er) (omtr.)* school-leaving; graduation.
dimissionsfest graduation ceremony.
dimittend *sb. (en, -er)* **1.** *(fra gymnasium)* school-leaver; **2.** *(fra seminarium)* newly qualified teacher; *(am.)* graduate.
dimittere *vb. (fra seminarium etc. omtr. =)* pass; *(am.)* graduate, be graduated;
□ *skolen -de 400 elever* 400 left the school; 400 completed the course; *(am.)* 400 (were) graduated, the school graduated 400; *blive -t a) (fra seminarium etc.)* qualify (*fx* 300 qualified last year); *(især am.)* graduate; *b) (fra skole)* leave the school; complete the course; *(am.)* graduate.
dims *sb. (en, -er)* thingummy(jig), thingamabob; *(mekanisk)* gadget, widget.
din *pron. (dit, dine)* **1.** your (*fx* it is your book); *(stående alene)* yours (*fx* I haven't got my book, can I borrow yours?); **2.** *(glds.)* thy; *(stående alene el. foran vokallyd)* thine;
□ *~ nar* you fool.
diner *sb. (en, -er)* dinner.
dinere *vb.* dine.
diner transportable *sb. (en)* catering service.
ding dang *interj.* ding-dong.
dingeldangel *sb. (et) se tingeltangel.*
dingeling *interj.* ting-a-ling.

dingenot *sb. (en, -er) se dims.*
dingle *vb.* **1.** *(hænge løst)* dangle; *(svinge frem og tilbage)* swing (*fx* he swung from a rope);
2. *(gå usikkert)* stagger (*fx* he staggered sleepily upstairs); *(være lige ved at falde om)* totter; *(være fuld el. svimmel)* reel (*fx* he reeled from the blow); *(rave klodset, tungt)* lurch (*fx* he lurched up to the bar);
□ *~ med benene* dangle one's legs.
dinglevorn *adj.* wobbly.
dinosaur(us) *sb. (en, -er)* dinosaur.
diode *sb. (en, -r)* diode.
diplom *sb. (et, -er)* diploma.
diplomat *sb. (en, -er) (også fig.)* diplomat.
diplomatfrakke frockcoat; *(am.)* Prince Albert.
diplomati *sb. (et)* diplomacy;
□ *-et a) (tjenesten)* the diplomatic service; *b) (det diplomatiske korps)* corps diplomatique, the diplomatic corps.
diplomatisk[1] *adj.* diplomatic (*fx* try to be diplomatic; the diplomatic corps; a diplomatic offensive);
□ *-e evner* diplomatic skill; *~ forbindelse* diplomatic relations (*fx* establish (, break off) diplomatic relations with a country); *ad ~ vej* through diplomatic channels.
diplomatisk[2] *adv.* diplomatically.
dipolantenne dipole antenna.
dippedut *sb. (en, -ter) se dims.*
dir. *fork. direktør, dirigent.*
direkte[1] *adj.* **1.** direct (*fx* line, route, way; answer; translation);
2. *(umiddelbar)* direct (*fx* contact, control; result); immediate (*fx* consequence);
3. *(ligefrem, kontant)* direct (*fx* he is very direct); straightforward (*fx* answer, question); no-nonsense (*fx* approach, manner);
4. *(utilsløret)* direct (*fx* a direct challenge to the Government); outright (*fx* an outright refusal; misrepresentation and outright deception; those companies which escaped outright nationalisation); *(kun om noget negativt)* downright (*fx* insult, lie);
5. *(radio, tv)* live (*fx* broadcast, transmission);
6. *(om afstamning)* direct, lineal (*fx* descendant, descent);
□ *et ~ afslag (også)* a flat refusal; *~ rente se rente*; *~ skatter* direct taxes; *~ tale (gram.)* direct speech; *(am.)* direct discourse; *~ valg* direct elections.
direkte[2] *adv.* **1.** straight, direct (*fx* straight (*el.* direct) to Paris);
2. *(umiddelbart)* directly (*fx* he pointed a gun directly at me; negotiate directly with them; we were not directly affected); immediately (*fx* immediately (*el.* directly) opposite; they are not immediately threatened);
3. *(lige ud)* outright, point-blank (*fx* tell (, ask) him outright (*el.* point-blank)); straight out;
4. *(ligefrem)* positively (*fx* it is not only misleading, it is positively wrong); *(kun om noget negativt)* downright (*fx* he was downright rude);
5. *(radio, tv)* live (*fx* broadcast it live).
direktion *sb. (en, -er) (ledelse)* management; *(ledere også)* managers pl.; board of directors.
direktionskontor boardroom.
direktionssekretær secretary to the management.
direktiv *sb. (et, -er)* directive.
direktorat *sb. (et, -er)* directorate.
direktrice *sb. (en, -r)* **1.** *(arbejdsleder)* forewoman, supervisor;
2. *(kvindelig direktør)* manageress.
direktør *sb. (en, -er)* **1.** manager; *(i større firma)* general manager; *(administrerende ~)* managing director; *(am.)* president; **2.** *(for institution etc.)* director; *(museums-)* curator.
dirigent *sb. (en, -er)* **1.** *(ordstyrer)* chairman (, chairwoman), chairperson; **2.** *(orkester-)* conductor; *(for et* band*)* bandmaster; **3.** *(kor-)* choirmaster;
□ *være ~ ved et møde* chair a meeting.
dirigenthverv (the) office of chairman (, chairwoman);
□ *overtage -et* take the chair.
dirigentklokke chairman's bell; *(NB i Engl. og USA bruges en hammer:* gavel*)*.
dirigentpind baton.
dirigentpult conductor's desk.
dirigentstok baton.
dirigere *vb.* **1.** *(mus.)* conduct; **2.** *(styre, lede)* direct;
□ *~ færdselen* direct the traffic; *~ rundt med ham* order (*el.* push) him around; *~ trafikken uden om byen* divert the traffic round (*el.* away from) the town.
dirk *sb. (en, -e)* picklock, skeleton key.
dirke *vb.: ~ en lås op* pick a lock.
dirkefri *adj.* unpickable, burglarproof.
dirre *vb.* **1.** *(vibrere)* vibrate (*fx* a string vibrates); *(svagere,* F*)* quiver (*fx* the rope quivered);
2. *(af sindsbevægelse)* tremble (*af* with, *fx* anger, cold, excitement, fear; his lips trembled; his voice was trembling with rage); *(svagere,* F*)* quiver (*af* with, *fx* delight, excitement, fear, rage; his lips quivered).
dirren *sb. (en) (jf. dirre)* **1.** *(det at dirre)* vibration; quivering; *(enkelt)* vibration; quiver; **2.** trembling; *(enkelt)* tremble.
dis[1] *sb. (en) (tågedis)* mist.
dis[2] *(i musik)* D sharp.
disagio *sb. (en) (hdl.)* loss on exchange.
discipel *sb. (en, disciple)* **1.** disciple; **2.** *(glds.: i skole)* pupil.
disciplin *sb. (en, -er)* **1.** *(tugt)* discipline (*fx* maintain strict discipline);
2. *(fag)* discipline, subject;
3. *(inden for atletik: øvelse)* event;
□ *holde ~* keep discipline, keep order (*fx* in a class).
disciplinarmiddel means of maintaining discipline; disciplinary measure.
disciplinere *vb.* discipline.
disciplinær *adj.* disciplinary (*fx* problem; for disciplinary reasons);
□ *~ forseelse* breach of discipline.
disciplinærstraf disciplinary punishment.
discount- *(fig.)* cheap (*fx* a cheap version).
discountbutik cut-price shop; *(am.)* discount store.
diset *adj.* misty.
disfavør *sb. (en)* disfavour, disadvantage;
□ *i vor ~* in our disfavour, to our disadvantage; against us (*fx* a balance of £120 against us).
disharmonere *vb.* be discordant; *(stærkere)* jar.
disharmoni *sb. (en, -er)* discord.
disharmonisk[1] *adj.* discordant.
disharmonisk[2] *adv.* discordantly.
disk[1] *sb. (en, -e) (i butik etc.)* counter;
□ *under -en (fig.)* under the counter.
disk[2] *sb. (en, -e el. -s) (magnetplade)* disk.
diskant *sb. (en, -er) (mus.)* treble;
□ *han gik helt op i -en* he touched the high notes.
diskantnøgle *(mus.)* treble clef.
diskdrev *sb. (et, -) (edb)* disk drive.
diske[1] *vb. (i sport)* disqualify.
diske[2] *vb.: ~ op for en* do sby proud; *~ op med* dish up, serve up.
diskenspringer *sb. (en, -e) (neds.)*

counter-jumper.
diskette *sb. (en, -r) (edb)* diskette.
diskettedrev *sb. (et, -) (edb)* disk drive.
diskettestation external disk drive unit.
diskkamera disk camera.
diskodans disco dancing.
diskofil *sb. (en, -er)* discophile.
diskografi *sb. (en, -er)* discography.
diskomusik disco music.
diskontere *vb.* discount.
diskontinuerlig *adj.* discontinuous.
diskonto *sb. (en, -er)* **1.** *(officiel)* bank rate; *(am.)* discount rate; **2.** *(fradrag)* discount.
diskontobank bank of discount.
diskontoforhøjelse increase in bank rate.
diskontonedsættelse reduction of bank rate.
diskos *sb. (en)* discus.
diskoskast 1. *(det at kaste)* discus throw(ing), throwing the discus; **2.** *(enkelt kast)* discus throw.
diskoskaster discus thrower.
diskotek *sb. (et, -er)* **1.** *(pladebibliotek)* record library; **2.** *(med dans)* discotheque; T disco.
diskrepans *sb. (en, -er)* discrepancy.
diskret[1] *adj.* **1.** discreet; **2.** *(dæmpet)* quiet (*fx* colours); subdued (*fx* cough).
diskret[2] *adv.* **1.** discreetly; **2.** *(dæmpet etc.)* quietly (*fx* quietly dressed).
diskretion *sb. (en)* discretion; *(tavshed)* reticence.
diskrimination *sb. (en, -er)* discrimination.
diskriminere *vb.* discriminate against; *(se også diskriminerende)*;
□ ~ *til fordel for* discriminate in favour of.
diskriminerende[1] *adj.* discriminatory.
diskriminerende[2] *adv.* discriminatorily.
diskusprolaps *sb. (en, -er) (med.)* slipped disc.
diskussion *sb. (en, -er)* **1.** discussion (*om* about; *af* on); *(offentlig el. mere formaliseret)* debate (*om* about; *(saglig, grundig)* on);
2. *(skænderi)* argument (*om* about, *fx* I had a long argument with my children about it).
diskussionsdeltager participant (in a discussion), speaker.
diskussionsemne 1. *(som er diskuteret)* subject (*el.* topic) of a discussion;
2. *(som diskuteres)* topic for discussion; talking point.
diskussionsklub debating society.
diskussionsmøde debate.
diskussionsoplæg 1. introduction to a debate; **2.** *(skriftligt)* discussion paper.
diskutabel *adj.* debatable.
diskutere *vb.* **1.** discuss (*fx* discuss the matter with her); talk over (*fx* talk it over with her); *(offentligt el. mere formaliseret)* debate (*med* with);
2. *(uden objekt)* have a discussion (*fx* we had a long discussion); talk (*fx* they talked for hours); debate;
3. *(skændes)* argue (*med* with; *om* about, over, *fx* I won't argue with you about (*el.* over) a thing like that);
□ *det kan -s* it is debatable (*om* whether); it is open to discussion; *der er ikke noget at ~!* there is no arguing!
[med adv. & præp.] ~ for og imod se for[4]; *~ det frem og tilbage* discuss (, debate) it at great length; *~ sig frem til* thrash out (*fx* a solution); *han er ikke til at ~ med* you can't argue with him.
diskvalificere *vb.* disqualify.
dispache *sb. (en, -r)* average statement.
dispachør *sb. (en, -er)* average adjuster.
dispensat *sb. (en, -er) (omtr.)* special case.
dispensation *sb. (en, -er)* exemption;
□ *få ~* be granted an exemption; *(mere* T*)* be exempted.
dispensere *vb.* grant an exemption; make an exception;
□ *~ fra reglen* waive the rule.
disponent *sb. (en, -er)* sub-manager; confidential clerk; *(som bestemmer indkøb)* buyer.
disponere *vb.* **1.** *(handle)* act (*fx* wisely);
2. *(ordne)* arrange, organize, set out (*fx* a well set-out essay);
3. *(hdl.)* enter into commitments;
□ *~ over a)* have at one's disposal (*fx* I had two cars at my disposal); dispose of; *b) (sælge, give ud)* dispose of; *være -t for a)* be predisposed to (*fx* be critical); *b) (om sygdom)* be susceptible to (*fx* colds); be predisposed to.
disponibel *adj.* available;
□ *~ indkomst* disposable income; T take-home pay.
disposition *sb. (en, -er)* **1.** *(rådighed)* disposal (*fx* I had a car at my disposal);
2. *(udkast)* outline, framework; *(til skolestil)* plan;
3. *(måde skriftligt arbejde er ordnet på)* organization;
4. *(anlæg, tilbøjelighed)* predisposition (*fx* to tuberculosis); tendency (*fx* to stoutness);
5. *(bestemmelse, arrangement)* arrangement (*fx* I did not approve of all his arrangements);
6. *(handling)* act;
□ *stille noget **til** ~* provide sth (*fx* a car); *stille noget til ~ for en (el. til ens ~)* put sth at sby's disposal (*fx* they put a car at my disposal); *være (el. stå) til ~* be available; *være (el. stå) til ~ for en, være (el. stå) til ens ~* be at sby's disposal (*fx* the house is at your disposal); ***træffe** sine -er* make one's arrangements.
dispositionsplan *(i byplanlægning)* master plan.
dispositionsret: *have ~ over* have the right to dispose of.
disput *sb. (en, -ter)* argument; F dispute.
disputats *sb. (en, -er)* **1.** *(afhandling)* thesis (pl. theses); dissertation; **2.** *(forsvar)* defence of a thesis.
disputere *vb.* **1.** *(for doktorgraden)* defend a thesis; **2.** *(let glds.: skændes)* argue; F dispute; *(diskutere)* debate.
disse[1] *sb. (en): ikke en ~* T not a scrap (*fx* it isn't worth a scrap); *det giver jeg ikke en ~ for* I don't give a damn.
disse[2] *pron.* these; *(se også denne)*.
dissekere *vb.* dissect.
dissektion *sb. (en, -er)* dissection.
dissektionskniv scalpel.
dissektionsstue dissecting room.
dissemineret *adj. se sklerose.*
dissens *sb. (en, -er)* dissenting opinion;
□ *afgive ~* dissent.
dissenter *sb. (en, -e) (rel.)* Dissenter, Nonconformist.
dissentierende *adj.: ~ votum* dissenting opinion.
dissonans *sb. (en, -er)* **1.** *(mus.)* dissonance; **2.** *(fig.)* discord.
distance *sb. (en, -r)* distance;
□ *stå -n a) (i løb)* go the distance; *b) (fig.: holde ud)* stay the course.
distancearbejde *(ɔ: pr telefon, computer)* telecommuting, teleworking.
distanceblænder *sb. (en, -e): han er en ~* he does not bear closer inspection.
distanceflyvning *(enkelt)* long-distance flight.
distanceløb long-distance race.
distancere *vb.* outdistance, outstrip (*fx* the others);

□ ~ *sig fra* distance (*el.* dissociate) oneself from (*fx* him; his views).
distingveret *adj.* distinguished-looking, aristocratic-looking (*fx* gentleman).
distinkt[1] *adj.* distinct.
distinkt[2] *adv.* distinctly.
distinktion *sb. (en, -er)* **1.** *(skelnen)* distinction (*fx* make (*el.* draw) a distinction between two things); **2.** *(mil.: gradstegn)* badge (of rank) (*fx* he wore a colonel's badges); *(på ærmet: vinkel)* chevron;
□ *-er (mil. også)* insignia; *(bånd på ærmet)* stripes.
distrahere *vb.: ~ en* distract sby, distract sby's attention; *hun lader sig let ~* she is easily distracted; *det virker -nde* it is distracting.
distraktion *sb. (en)* absence of mind; absent-mindedness;
□ *i ~* in a fit of absent-mindedness.
distribuere *vb.* distribute.
distribution *sb. (en, -er)* distribution.
distributør *sb. (en, -er)* distributor.
distrikt *sb. (et, -er)* **1.** district; *(større)* region, area; **2.** *(politibetjents)* beat; **3.** *(postbuds, avisbuds)* round.
distriktsblad *(omtr.)* local free paper.
distriktslæge *(svarer i England til)* medical officer of health; *(fork.)* MOH.
distræt[1] *adj.* absent-minded; F preoccupied.
distræt[2] *adv.* absent-mindedly.
dit[1] *se din.*
dit[2] *se dit og dat.*
Ditmarsken *(geogr.)* the Ditmarshes pl.
dit og dat one thing and another; this and that; this, that and the other.
ditto ditto.
diva *sb. (en, -er)* diva.
divan *sb. (en, -er)* divan.
divantæppe divan cover.
divergens *sb. (en, -er)* **1.** *(forskel)* divergence; **2.** *(meningsforskel)* difference (of opinion); disagreement.
divergere *vb.* diverge;
□ *der er -nde opfattelser* opinions differ.
diverse[1] *sb.* sundries pl.
diverse[2] *adj.* various, assorted.
diversificere *vb.* diversify.
diversitet *sb. (en)* diversity.
divertere *vb.* amuse; F divert.
dividend *sb. (en, -er)*, **dividende** *sb. (en, -r)* dividend.
dividere *vb.* divide;
□ *ti -t med fem er to* ten divided by five gives (*el.* makes *el.* is) two.
division *sb. (en, -er) (mat., mil., hdl.)* division.
divisionschef division commander.
divisionsstykke division sum.
divisionstegn division sign.
divisor *sb. (en, -er)* divisor.
diæt *sb. (en, -er)* diet; *(se også diæter)*;
□ *holde ~* be on a diet; diet; *sætte en patient på streng ~* put a patient on a strict diet.
diæter *sb.pl. (dagpenge)* per diem (allowance).
diætetik *sb. (en)* dietetics.
diætist *sb. (en, -er)* dietician.
diætmad dietary food.
djærv *adj.* **1.** *(ligefrem)* bluff; *(i tale)* frank, outspoken;
2. *(vovet, drøj)* robust, racy (*fx* joke).
djævel *sb. (en, djævle)* devil; *(glds. el. litt.)* fiend;
□ *en stakkels ~* a poor devil; *en ~ i menneskeskikkelse* a fiend in human shape; the devil incarnate; *han ville med -ens vold og magt rejse* he was hellbent on going; come hell or high water he was going; T he was dead set on going; *(se også vold* [1] *(med vold og magt))*; *han er en ren ~ til at arbejde* he is a demon for work.
djævelsk[1] *adj.* devilish (*fx* trick, weapon); diabolical (*fx* cruelty, cunning, plan, weapon); *(stærkere)* fiendish (*fx* cruelty, plan);
□ *en ~ larm* an infernal noise.
djævelsk[2] *adv.* devilishly (*fx* clever, cruel, cunning); diabolically (*fx* clever, dangerous); *(stærkere)* fiendishly;
□ *det gjorde ~ ondt* it hurt like hell; *~ snedig, ~ svær (også,* T*)* fiendish (*fx* plan; problem, task).
djævelskab *sb. (et) (noget ubehageligt)* unpleasantness (*fx* you may catch dysentery and that kind of unpleasantness); nuisance; *(stærkere)* abomination (*fx* atomic bombs and that sort of abomination);
□ *det er noget ~* it is an abomination (, a nuisance).
djævleblændt *adj.* **1.** *(brugt rosende)* consummate (*fx* a consummate artist); **2.** *(forbandet)* damned.
djævlespil diabolo.
djævleuddrivelse exorcism.
djævleuddriver *sb. (en, -e)* exorcist.
djævleunge imp.
d.m. *(denne måned)* this month.
D-mark *sb. (en, -)* D-mark; Deutschmark.
DNA profil DNA profile.
do. *(fork. for ditto)* ditto; do.
dobbelt[1] *adj.* **1.** double (*fx* ration; meaning; have a double purpose); F twofold (*fx* have a twofold aim; the aim is twofold);
2. *(om to adskilte ting)* dual (*fx* have a dual role (, nature));
□ ***det*** *-e* twice as much; *det -e beløb* double the amount; ***det*** *-e* ***af hvad*** twice as much as (*fx* he got twice as much as I); double what (*fx* his salary is now double what it was two years ago);
[med sb.] ~ bogholderi a) (bookkeeping by) double entry; *b) (fig.)* double dealing; *~ bund* double bottom; *(se også dobbeltbundet)*; *[med præp. + sb.]* ***i*** *sin -e egenskab af* in his dual capacity of; *i ~ forstand* in two senses of the word; *være i (el. mellem el. under) ~ ild* be attacked from two sides (*el.* on two fronts).
dobbelt[2] *adv.* double (*fx* see double); twice (*fx* twice as good, twice as many);
□ *lægge ~* double up (*fx* sheets); fold (*fx* paper).
-dobbelt -fold (*fx* fourfold *(firedobbelt)*).
dobbeltagent double agent.
dobbeltarbejde *(kvinders)* dual role (*fx* exhausted by their dual role at home and at work); double burden (of work);
□ *have ~ (ɔ: ekstrajob)* moonlight.
dobbeltbeskatning double taxation.
dobbeltbeslutningen *(hist.: i NATO)* the doubletrack decision.
dobbeltbillet return ticket.
dobbeltbundet *adj. (kun efter sb.)* **1.** with a double bottom (*fx* a suitcase with a double bottom);
2. *(fig.)* with overtones (*fx* a remark with overtones); *(også attr.: tvetydig)* ambiguous; *(*F*: bevidst tvetydig)* equivocal.
dobbeltdækker 1. *(bus)* double-decker; **2.** *(sø.)* two-decker; **3.** *(flyv.)* biplane.
dobbeltdør 1. *(fløjdør)* leaved door, double door; **2.** *(to døre bag hinanden)* double doors pl.
dobbeltgreb *(på strygeinstrument)* double stop.
dobbeltgænger *sb. (en, -e)* **1.** double, lookalike; **2.** *(i overtro)* doppelgänger.
dobbelthage double chin.
dobbelthed *sb. (en)* **1.** doubleness; **2.** *(fig.: falskhed)* duplicity.
dobbelthjul *sb.pl. (på bil)* twin wheels.

dobbelthus double house; *(am.)* duplex;
□ *et halvt ~* a semi-detached house; T a semi.
dobbeltkammer *(på skib)* double cabin.
dobbeltkapslet *adj.: ~ ur* hunter.
dobbeltkonfekt pleonasm.
dobbeltkryds *(mus.)* double sharp.
dobbeltløbet *adj.: ~ gevær* double-barrelled gun.
dobbeltmenneske: *han er et ~* he is a Jekyll and Hyde; he leads a double life.
dobbeltmoral double standard (of morality) (*fx* they have practised a double standard in this matter); double standards pl. (*fx* they accused the Government of double standards).
dobbeltmoralsk *adj. (foran sb.)* double-standard (*fx* justice);
□ *han er ~* he applies double standards; he practices a double standard; *han har en ~ holdning* his attitude implies double standards.
dobbeltradet *adj.* double-breasted.
dobbeltrolle dual role.
dobbeltseng 1. *(stor seng til to)* double bed; **2.** *(to enkeltsenge)* twin beds pl.
dobbeltsidet, **dobbeltsidig** *adj.* two-sided;
□ *~ lungebetændelse* double pneumonia.
dobbeltskrue *(sø.)* twin screw.
dobbeltsleben *adj.: dobbeltslebne glas* bifocal lenses; *briller med dobbeltslebne glas* bifocals.
dobbeltspil *(fig.)* double-dealing; F duplicity;
□ *spille ~* play a double game.
dobbeltspor double track.
dobbeltsporet *adj.* double-tracked;
□ *~ bane* double-track railway; double line; *(se også tosporet).*
dobbeltstik 1. *(elek.)* twin outlet; **2.** *(snydekontakt)* two-way adaptor.
dobbelttilværelse: *føre en ~* lead (*el.* live) a double life (*el.* two lives).
dobbelttydig *adj.* ambiguous; *(bevidst ~,* F*)* equivocal.
dobbeltvirkende *adj.* double-acting.
dobbeltværelse double bedroom; *(med to senge)* twin-bedded room.
dobbeltørn *(her.)* double-headed eagle.
doble *vb.* **1.** *(i bridge)* double; **2.** *(glds.: spille hasard)* game, gamble.
-doble *vb.: femdoble (, seksdoble etc.)* multiply by five (, six etc.); multiply (*el.* increase) five (, six etc.) times; *(se også firdoble, tredoble).*
dobling *sb. (en, -er)* doubling.
docent *sb. (en, -er)* reader; *(am. svarer til)* associate professor.
docentur *sb. (et, -er)* readership.
docere *vb. (se også docerende)*
1. lecture on, teach; *(neds.)* hold forth about; **2.** *(uden objekt)* lecture; *(neds.)* lay down the law; F pontificate;
□ *~ moral* sermonize.
docerende[1] *adj.* didactic (*fx* he tends to be rather didactic);
□ *han er altid så ~* he is always laying down the law.
docerende[2] *adv.* in a didactic way; in a didactic tone.
doctor: *~ juris (dr.jur.)* Doctor of Laws; *(fork.)* LLD; *~ medicinae (dr.med.)* Doctor of Medicine; *(fork.)* MD; *~ medicinae veterinariae (dr.med.vet.)* Doctor of Veterinary Medicine; *(fork.)* DVM; *~ odontologiae (dr.odont.)* Doctor of Dental Surgery; *(fork.)* DDS; *~ philosophiae a) (dr.phil.)* Doctor of Philosophy; *(NB titlen* PhD *betegner i Danmark en licentiatgrad; b) (ved naturvidenskabeligt fakultet)* Doctor of Science; *(fork.)* DSc; *~ technices (dr.techn.)* Doctor of Engineering; *(fork.)* DEng; *~ theologiae (dr.theol.)* Doctor of Divinity; *(fork.)* DD.
dodenkop *sb. (en) (farve)* caput mortuum.
dog *adv.* **1.** *(alligevel)* however (*fx* he failed; he may, however, succeed next time); yet (*fx* he worked hard, and yet he failed; strange (and) yet true); *(svagere)* still;
2. *(når alt kommer til alt, trods alt)* after all (*fx* after all he is your brother);
3. *(understregende: virkelig, sandelig)* really (*fx* he is really intolerable; really, this is too bad);
4. *(i opfordringer)* do (*fx* do shut that door! *(luk dog den dør!)*);
5. *(i spørgsmål)* ever (*fx* how (, why) ever did you do that? what ever is the matter?);
□ *var jeg ~ bare blevet hjemme* if only I had stayed at home; *men ~!* dear me! tut-tut! *mon ~* I wonder; *hvor er James ~ rar* what a nice fellow James is; *hvorfor ~ det?* why (on earth) ? *hvorfor ~ ikke?* why (ever) not?
doge *sb. (en, -r)* doge.
dogge *sb. (en, -r) (zo.)* mastiff.
doglæp *sb. (en, -per) (zo.)* dewlap.
dogmatik *sb. (en)* dogmatics.
dogmatiker *sb. (en, -e)* dogmatist.
dogmatisere *vb.* dogmatize.
dogmatisk[1] *adj.* dogmatic.
dogmatisk[2] *adv.* dogmatically.
dogmatisme *sb. (en)* dogmatism.
dogme *sb. (et, -r)* dogma.
dok *sb. (en, -ker) (sø.)* dock;
□ *gå i ~* dock; go into dock.
dokafgifter *sb.pl.* dock dues; dockage.
dokke *vb.* dock.
doktor *sb. (en, -er)* doctor; *(se også doctor).*
doktorafhandling (doctor's) thesis (pl. theses) (*om* on); doctoral dissertation (*om* on).
doktorand *sb. (en, -er)* candidate for the doctorate.
doktordisputats 1. *(skriftet) se doktorafhandling*; **2.** *(forsvaret)* defence of a thesis;
□ *forsvare sin ~* defend one's thesis.
doktorere *vb.: ~ på (omtr.)* fiddle around with.
doktorgrad doctor's degree, doctorate.
doktorring doctor's ring.
doktrin *sb. (en, -er)* doctrine.
doktrinær *adj.* doctrinaire.
dokument *sb. (et, -er)* document.
dokumentarfilm documentary (film).
dokumentarisk[1] *adj.* documentary (*fx* film).
dokumentarisk[2] *adv.* documentarily.
dokumentarisme *sb. (en)* documentarism.
dokumentarroman documentary novel, nonfiction novel.
dokumentation *sb. (en, -er)* documentation.
dokumentere *vb.* document (*fx* a well-documented biography; can you document these claims?); *(bevise)* prove; *(underbygge)* substantiate.
dokumentering *sb. (en) (jf. dokumentere)* documentation; substantiation.
dokumentfalsk forgery; falsification of documents.
dokumentmappe briefcase.
dokumentskab filing cabinet.
dolk *sb. (en, -e)* sheath knife; *(daggert)* dagger.
dolke *vb.* stab.
dolkestød stab;
□ *et ~ i ryggen* a stab in the back.
dolkestødslegende stab-in-the-back legend.
dollar *sb. (en, -s el. -)* dollar.
dollargrin [showy American car].
dollarkurs dollar rate (of exchange).
dollarmappe note case.

dollarseddel dollar bill.
dom *sb. (en, -me)* **1.** *(jur.) (i kriminalsag: strafudmåling)* sentence (*fx* the sentence was five years' imprisonment); *(domfældelse)* conviction (*fx* he has had three convictions for robbery); *(i civilsag)* judgment;
2. *(fig.)* verdict (*om* on, *fx* his verdict on the painting; the verdict of history (, of the electors)); *(mening; fordømmelse)* judgment (*om, over* about, on, of, *fx* he was harsh in his judgment of their actions);
3. *(i logik)* proposition;
4. *(i sport)* judgment, decision;
5. *(rel.: ved verdens ende)* judgment, doom; *(fordømmelse)* damnation;
□ *-mens dag* the Day of Judgment; *en hård (, mild)* ~ a heavy (, light) sentence; *(se også dyr²)*; *[med vb.]* ***afsige*** ~ *a) (i kriminalsag)* pronounce sentence, pass sentence; *b) (i civilsag)* deliver judgment; *-men* ***falder*** *a)* sentence is pronounced (*el.* passed); *b)* judgment is delivered; ***fælde*** ~ *a)* pass sentence (*over* on); *b) (jf. 2)* pass one's verdict; ***få*** ~ ***over*** *en* obtain judgment against sby; ***sætte sig til*** *-s* ***over*** sit in judgment over.
domfælde *vb. (domfældte, domfældt) (dømme skyldig)* convict; □ *den domfældte* the convicted person.
domfældelse *sb. (en, -r)* conviction.
domhus courthouse.
domicil *sb. (et, -er)* domicile.
domicilere *vb.* domicile (*fx* domicile a bill with a bank).
dominant *sb. (en, -er) (mus.)* dominant.
dominere *vb. (se også dominerende)* **1.** *(beherske)* dominate (*fx* he dominated the whole period; this issue dominated the election);
2. *(kue)* dominate (over) (*fx* he dominated the others); *(neds.)* domineer over;
3. *(spille størst rolle)* be dominant; F predominate (*fx* the colour which predominates in his paintings);
4. *(kue andre)* dominate (*fx* he never tries to dominate); *(neds.)* be domineering; T lord it;
5. *(biol.)* be dominant.
domineren *sb. (en) (neds.)* domineering.
dominerende *adj.* **1.** *(som betyder mest)* dominant (*fx* group, position, trait; play a dominant role);
2. *(om person: bydende)* masterful; *(neds.)* domineering; *(~ og overlegen,* F*)* overbearing; *(fx om børn: larmende)* unruly;
3. *(fremherskende)* dominant (*fx* the dominant flavour in the dish); F predominant (*fx* colour);
4. *(biol.)* dominant (*fx* character, gene);
□ *virke alt for* ~ assert itself (, oneself) too much.
dominikaner *sb. (en, -e),* **dominikansk** *adj.* Dominican.
domino *sb. (en, -er) (spil)* dominoes pl.
dominobrik domino (pl. dominoes).
dominoeffekt domino effect.
domkapitel chapter.
domkirke cathedral.
dommedag the Day of Judgment, Judgment Day;
□ *til* ~ *(fig.)* till Doomsday (*fx* I could sit here till Doomsday, for all he cares); T till the cows come home (*fx* they could go on talking till the cows come home).
dommedagsprofet prophet of doom.
dommedagsprofeti doomsday prophecy.
dommedagsprædikant hellfire preacher.
dommedagsprædiken hellfire sermon.
dommedagsvåben doomsday weapon.
dommer *sb. (en, -e)* **1.** judge; *(i England: ved første instans, fredsdommer, alm. ikke-jurist)* magistrate, Justice of the Peace; *(juridisk ~, ved højere instans)* judge; *(ved højesteret el. appelret)* justice;
2. *(i sport) (i basketball, billard, boksning, brydning, fodbold, golf, ishockey, rugby, vægtløftning, atletik; hvis der er flere dommere oftest om den ledende, fx i volleyball)* referee;
(i badminton, baseball, bordtennis, cricket, tennis; i volleyball om 2. dommer) umpire;
(ved kaproning, væddeløb: måldommer) judge;
(liniedommer) linesman;
□ *hr.* ~ *(svarer til, jf. 1) (til* magistrate*)* Your Worship; *(til* judge*)* Your Honour; *(til* justice*)* My Lord; *(am.)* Your Honour;
[med vb. + præp.] blive stillet ***for*** *en* ~ *se stille⁴*; *gøre sig* ***til*** ~ set oneself up as a judge (*over* of).
dommerfuldmægtig *(kan gengives)* deputy judge.
dommerkast ball dropped by the referee.
dommerkendelse **1.** judge's order, court order (*fx* the dealer cannot take away the goods without first obtaining a court order);
2. *(under retssag)* ruling;
3. *(tilladelse til husundersøgelse)* (search) warrant.
dommerkomité, dommerkomite *(ved udstilling etc.)* (panel of) judges pl.; jury.
dommerstanden the Bench.
dommersæde judgment seat; □ *-t* the Bench.
dommertårnet *(ved hestevæddeløb)* the judges' box (*el.* stand).
dommervagt: *blive fremstillet i -en (kan gengives)* come up before the judge.
domorganist cathedral organist.
dompap *sb. (en, -per)* **1.** *(zo.)* bullfinch; **2.** *(dumrian)* ass.
domprovst *(omtr.)* dean (of the chapter).
domptør *sb. (en, -er)* animal trainer, circus trainer.
domsafsigelse *sb. (en, -r) (i kriminalsag)* passing of the sentence.
domsbog record of judgments.
domsforhandling hearing; *(ved kriminalsag også)* trial.
domskraft legal force.
domsmand *(kan gengives)* lay assessor.
domsmyndighed, domsret jurisdiction.
domstol **1.** court (of justice); court of law, law court;
2. *(om historiske el. ikke-eng. forhold)* tribunal (*fx* a military tribunal; a war crimes tribunal; set up a tribunal);
3. *(fig.)* tribunal (*fx* the tribunal of public opinion);
□ *historiens* ~ the Court of History; *den internationale* ~ the International Court of Justice; *[med præp.] stille en* ***for*** *en* ~ put (*el.* place) sby before a court of law (, tribunal); *gå* ***til*** *-ene* take the matter to court.
domæne *sb. (et, -r)* **1.** *(område)* domain, province; **2.** *(gods tilhørende staten)* crown land.
donation *sb. (en, -er)* donation.
Donau the Danube.
don juan *sb. (en, -er): han er en* ~ he is a Don Juan (*el.* a woman chaser).
donkeymaskine *(sø.)* donkey engine.
donkraft *sb. (en, -e(r))* jack; □ *hæve med* ~ jack up.
donor *sb. (en, -er)* donor.
dont *sb. (en): passe sin* ~ follow

one's trade; mind one's business; *den daglige* ~ the day's work.
dope *vb.* dope.
doping *sb. (en, -er)* doping.
dorisk *adj.* Doric (*fx* dialect, column).
dorn *sb. (en, -e)* **1.** *(på drejebænk)* mandrel; **2.** *(til at udvide et hul med)* drift.
dorotealilje *(bot.)* snowflake.
dorsk[1] *adj.* sluggish.
dorsk[2] *adv.* sluggishly.
dorskhed *sb. (en)* sluggishness.
dos *sb. (et) (fjols)* nitwit, dolt.
dosere *vb.* dose.
dosering *sb. (en, -er)* dosage.
dosimeter *sb. (et, dosimetre)* dosimeter, dosemeter.
dosis *sb. (en, doser)* dose;
□ *for stor* ~ overdose.
dosmer *sb. (en, -e)* dunce; T blockhead.
dosmerseddel *(huskeseddel)* remembrancer; *(ved indkøb)* shopping list.
dossering *sb. (en, -er)* **1.** slope, bank; **2.** *(stensætning, dæmning)* embankment.
dossier *sb. (et, -er)* dossier.
Dostojevskij Dosto(y)evsky.
dotation *sb. (en, -er)* endowment.
dotere *vb.* endow.
double *sb. (en, -r) (i tennis etc.)* **1.** doubles pl. (*fx* play doubles; win the doubles; men's doubles, mixed doubles); **2.** *(enkelt kamp)* doubles match (*fx* their first doubles match); game of doubles (*fx* play a game of doubles).
douche[1] *sb. (en, -r)* shower (bath);
□ *det virkede som en kold* ~ *(fig.)* it had the effect of a cold shower.
douche[2] *vb.* douche.
doven *adj.* **1.** *(om person)* lazy; *(svagere, mere* F*)* idle;
2. *(om drik: uden brus)* flat; *(som har stået for længe)* stale;
3. *(om vand: som løber langsomt)* sluggish.
dovendidrik *sb. (en, -ker) se dovendyr 2.*
dovendyr *sb. (et, -)* **1.** *(zo.)* sloth; **2.** *(om person)* lazybones.
dovenkrop *sb. (en, -pe),* **dovenlars** *(en, -er) se dovendyr 2.*
dovenskab *sb. (en) (jf. doven)* laziness; idleness.
dovne *vb. (slappe af)* laze, do nothing; *(neds.: drive)* loaf;
□ *sidde og* ~ *i en stol* be lounging in a chair; ~ *tiden væk* laze (*el.* idle) one's time away.
dowlas *sb. (en, -ser) (tekstil)* dowlas.
doyen *sb. (en, -er)* doyen.
dr. *(doktor)* Doctor; *(fork.)* Dr; *(se også doctor).*
drab *sb. (et, -)* **1.** killing (*på* of, *fx* the killing of inoffensive citizens; a brutal killing; random (, political) killings);
2. *(jur.)* homicide; *(uoverlagt)* manslaughter;
□ *et* ~ *a) (jf. 1)* a killing; *b) (jf. 2)* a homicide; *(uagtsomt)* a case of manslaughter.
drabant *sb. (en, -er)* **1.** *(neds.: følgesvend)* henchman;
2. *(let glds.: fyr)* chap, bloke;
3. *(soldat af livvagt)* halberdier;
4. *(astr.)* satellite;
□ *en ordentlig* ~ *(jf. 2)* a hefty chap.
drabelig *adj.* **1.** *(stor)* colossal (*fx* appetite); enormous (*fx* cigar); *(*F *el. spøg.)* stupendous (*fx* appetite, effort);
2. *(frygtindgydende)* formidable (*fx* opponent);
3. *(gæv)* stalwart;
□ *en* ~ *helt* a doughty hero.
drabsmand killer.
drabssag trial for homicide (, manslaughter) *(jf. drab).*
drag[1] *sb. (et, -)* **1.** *(slurk)* draught (*fx* she emptied the glass in one draught);
2. *(af tobaksrøg)* drag, pull (*fx* he took a long pull at his cigarette);
3. *(ånde-)* breath;
4. *se træk*[1];
□ *nyde i fulde* ~ enjoy to the full; *et* ~ *over nakken a)* a clout on the head; *b) (fig.)* a rap on the knuckles.
drag[2] *sb. (en, -s) (varietekunstner: mand i kvindetøj)* drag artiste.
drage[1] *sb. (en, -r)* **1.** *(fabeldyr)* dragon;
2. *(legetøj)* kite;
3. *(kvinde)* battleaxe; F termagant;
4. *(bådtype)* dragon;
□ *sætte en* ~ *op* fly a kite.
drage[2] *vb. (drog, draget) (se også dragende, drages)* **1.** *(trække)* draw (*fx* one's sword);
2. *(tiltrække)* attract (*fx* attracted by the music); *(*F*: lokke)* allure (*fx* allured by her beauty);
3. *(rejse, marchere)* go, march; *[med sb.]* ~ *fordel af a)* profit by (*el.* from); F derive profit (*el.* advantage) from; *b) (udnytte)* exploit, take advantage of (*fx* his inexperience); ~ *lære af* learn from; ~ *nytte af* = ~ *fordel af;* ; ~ *omsorg for* take care of, look after; ~ *omsorg for at* take care that, see to it that; ~ *omsorg for at det sker* see (*el.* make sure) that it is done; see to it; *med -t sværd* with one's sword drawn; *(se også parallel*[1]*, slutning*[2]*, suk, ånde*[1]*);*
[med præp. & adv.] ~ ***af***, ~ *af sted* set out; ~ ***af med*** *(fig.)* carry off (*fx* all the prizes); ~ ***bort*** depart; ~ ***frem*** *a) (fremdrage)* bring out; *b) (gå fremad)* advance; ~ ***i*** *tvivl se tvivl*; ~ ***ind i*** enter; ~ *ham ind i det* involve him in it; ~ ***til*** *ansvar se ansvar*; ~ *til sig* attract; ~ ***tilbage*** go back; ~ ***ud*** *a)* set out; F set forth; *b) (marchere)* march out, go out; ~ ***ud på*** set out (*el.* off *el.* forth) on (*fx* an expedition); ~ ***udenlands*** go abroad.
drageflyver hang glider.
drageflyvning hang gliding.
dragende *adj.* **1.** fascinating; *(stærkere,* F*)* compelling; **2.** *(lokkende)* alluring.
drager *sb. (en, -e)* **1.** *(person)* porter; *(am.)* redcap;
2. *(bjælke)* girder.
drages *vb.:* ~ *med (glds.)* be afflicted with; ~ *med døden* be in one's last agonies.
dragesnor kite string.
dragkiste chest of drawers.
dragkunstner *se drag*[2].
dragning *sb. (en): føle en* ~ *mod noget* feel drawn towards sth.
dragon *sb. (en, -er) (mil.)* dragoon.
dragshow drag show.
dragt *sb. (en, -er)* **1.** *(klædedragt)* dress (*fx* Court dress; he wore Arab dress; in national dress; he was in cowboy dress); *(*F *el. spøg.)* garb (*fx* the garb of a priest (, monk));
2. *(historisk* ~*; teaterkostume)* costume (*fx* a theatrical costume; a national costume; Elizabethan costumes);
3. *(karnevals-)* costume (*fx* he came in a pirate (, cowboy, bullfighter) costume); *(generelt)* fancy dress;
4. *(spadseredragt)* suit;
5. *(munke-, nonne-)* habit;
□ *en* ~ *klø (el. prygl)* a beating, a thrashing.
dragtpose mothproof bag.
drak *præt. af drikke.*
drakme *sb. (en, -r)* drachma.
drakonisk[1] *adj.* Draconian (*fx* measures).
drakonisk[2] *adv.* Draconically.
dram *sb. (en, -me)* drink, nip, dram.
drama *sb. (et, -er)* drama.
dramatik *sb. (en) (også fig.)* drama (*fx* study drama; the drama of the situation).
dramatiker *sb. (en, -e)* dramatist.
dramatisere *vb.* **1.** dramatize, adapt for the stage; **2.** *(fig.)* drama-

tize.
dramatisering *sb. (en)* dramatization, adaptation for the stage.
dramatisk[1] *adj.* dramatic.
dramatisk[2] *adv.* dramatically.
dramaturg *sb. (en, -er)* dramaturg(ist).
dramaturgi *sb. (en)* dramaturgy.
dramaturgisk[1] *adj.* dramaturgic.
dramaturgisk[2] *adv.* dramaturgically.
dranker *sb. (en, -e)* drinker, alcoholic; T drunk; *(glds.)* sot; F drunkard.
drankerhjem inebriates' home.
drap *adj.* beige.
drapere *vb.* drape.
draperi *sb. (et, -er)* drapery; *-er (gardiner etc. også)* hangings.
drapfarvet *adj.* beige.
drastisk[1] *adj.* **1.** drastic (*fx* changes, cuts, decline, measures, reductions); **2.** *(om udtryksform)* extravagant, exaggerated.
drastisk[2] *adv. (jf. drastisk*[1]*)* **1.** drastically (*fx* reduce it drastically); **2.** extravagantly.
dratte *vb.: ~ ned* tumble down; *~ om* drop (*fx* ready to drop with fatigue; drop into a chair); flop down (*fx* in a chair); *(falde om også)* keel over; *komme -nde a) (ankomme enkeltvis)* come straggling; *b) (om uventet besøg)* drop in (*fx* he sometimes dropped in on us on Sundays).
drej *sb. (et, -)* turn.
dreje *vb.* **1.** turn (*fx* turn to the right; turn one's head);
2. *(keramisk)* throw (*fx* a bowl);
3. *(~ (sig) rundt)* twist (*fx* he twisted round on the bed); *(hurtigt)* twirl (*fx* she twirled round on the floor; she twirled her parasol);
4. *(rotere)* turn (round); revolve; *(omkring en akse også)* rotate; *(omkring en tap)* pivot; *(omkring et drejeled)* swivel (*fx* a telescope; he swivelled (round) in his chair to face me);
5. *(på telefon)* dial;
6. *(om vind)* change;
[med sig:] ~ **sig** *a)* turn; *b) (rotere)* revolve; *(se også 4 ovf.)*; *c) (om vind)* change, shift; *(pludseligt; fagligt: med uret)* veer;
~ **sig frem til** *(tele.)* dial (*fx* a number, a country) direct;
~ **sig om** *a) (handle om)* be about (*fx* tell me what it is (all) about); *b) (gælde)* be a matter (*el.* question) of (*fx* it is a matter (*el.* question) of minutes (, of £800); it is simply a question of money); *c) (være centreret om)* turn on (*fx* all his thoughts turned on the one question; the whole debate turns on a single point); *~ sig om sin akse* revolve on its axis; *alt (el. det hele) -r sig om penge* money is the centre of everything; *det hele -r sig om kommunikation* communication is the name of the game;
det er det ***det -r sig om*** that is the point; that is what it is all about; *det -r sig om store beløb* large sums are involved; *det -r sig om en forbrydelse* it is a crime we are dealing with; *det -r sig om hvorvidt* the question is whether; *den person det -r sig om* the person in question; *det er ikke penge det -r sig om* money is not the point;
når det -r sig om when it comes to (*fx* politics; when it comes to helping other people he is always willing); in the case of (*fx* Britain; a crime); *når det -r sig om hans interesser* when his interests are involved (*el.* at stake); *når det -r sig om penge* where money is concerned;
[med præp. & adv.] ~ **'af** *a)* turn (aside); *b) (om vej etc.)* branch off; *c) (sø.)* bear away; *d) (fig.: skifte emne)* change the subject, veer off;
~ samtalen **hen på** bring the conversation round to;
~ **ned for** *(gas etc.)* turn down;
~ **'om** turn; *~ om hjørnet* turn the corner; *~ nøglen om a)* turn the key; *b) (fig.: lukke butikken)* close down, shut up shop; T put up the shutters; *~ halsen* **om på** *en* wring sby's neck;
~ **op for** *(gas etc.) a) (tænde)* turn on; *b) (~ højere op)* turn up;
'~ **på** *a)* turn (*fx* the handle, the knob); *b) (ɔ: ~ frem og tilbage)* twiddle (with) (*fx* the knobs on the radio);
~ **rundt** turn; revolve *(etc., se ovf.: 1, 4)*;
~ **'til** *(sø.)* heave to; *~ til vinden (sø.)* haul the wind.
drejebog **1.** script, scenario; **2.** *(fig.)* scenario.
drejebogsforfatter scriptwriter.
drejebænk *(tekn.)* (turning) lathe.
drejelig[1] *adj.* **1.** revolving;
2. *(hængslet)* hinged.
drejelig[2], **drejeligt** *adv.* pivotally; □ *~ ophængt* pivotally mounted.
drejer *sb. (en, -e)* **1.** *(håndværker)* turner; **2.** *(keramisk)* thrower.
drejerværksted turner's workshop.
drejescene revolving stage.
drejeskive **1.** *(pottemagers)* potter's wheel; **2.** *(jernb.)* turntable;
3. *(tele.)* dial.
drejestige *(brandstige)* turntable ladder.
drejestol swivel chair.
drejesyge *sb. (en)* staggers.
drejet *adj.* **1.** turned; **2.** *(om keramik)* wheel-made.
drejetud *(til vandhane)* swivel nozzle; *(am.)* swing spout.
drejl *sb. (et, -er)* drill.
drejning *sb. (en, -er)* turn; turning; *(omdrejning også)* rotation;
□ *give en bestemt ~ (fig.)* give (*fx* a story) a special slant; angle (*fx* the news).
dreng *sb. (en, -e)* **1.** boy; **2.** *(læredreng)* apprentice;
□ *da jeg var ~* when I was a boy; *fra ~ af* from a boy; since he (, I etc.) was a boy.
drengeagtig *adj.* boyish; *(neds.)* puerile.
drengeagtighed boyishness; *(neds.)* puerility.
drengealderen boyhood.
drengebande gang (of boys).
drengebarn man-child.
drengebog boy's book (pl. boys' books).
drengeforbund*: frivilligt ~ se frivillig.*
drengehår *(damefrisure)* Eton crop.
drengeskole boys' school, school for boys.
drengestreg boyish trick;
□ *-er (også)* high jinks (*fx* it was just adolescent high jinks); *(grove løjer også)* horseplay; *politiet mente det kun var -er* the police put it down to high spirits.
drenget *adj.* boyish.
drengetøj boy's (, boys') clothes.
drengeår boyhood.
dressere *vb.* **1.** *(dyr)* train (to do tricks) (*fx* he trained his dog to come when he whistled);
2. *(person)* discipline (*fx* discipline him to respond to orders).
dresseret *adj.* trained, performing (*fx* a trained (*el.* performing) seal).
dressing *sb. (en, -er)* dressing.
dressman *sb. (en, -men)*, **dressmand** *(en, -mænd)* male model.
dressur *sb. (en)* **1.** training; **2.** *se dressurridning.*
dressurridning dressage.
dressør *sb. (en, -er)* animal trainer.
drev[1] *sb. (et, -)* **1.** *(hjul)* pinion;
2. *(edb) se diskettedrev.*
drev[2] *præt. af drive.*
dreven *adj.* **1.** *(dygtig)* skilled (*i* in); **2.** *(øvet)* experienced, practised (*fx* debater); **3.** *(kløgtig)* shrewd (*fx* businessman).
drevenhed *sb. (en)* **1.** skill;

2. *(kløgt)* shrewdness.
drevet *adj.: ~ arbejde* chased *(el.* embossed) work; *~ guld* beaten gold; *(se også drive²).*
-drevet *(adj.endelse)* -powered *(fx* battery-powered).
drible *vb.* dribble.
drift *sb. (en, -er)* **1.** *(tilbøjelighed)* instinct; *(stærkere)* urge; *(kønsdrift)* sexual instinct; sex urge;
2. *(af fabrik, maskine)* operation(s);
3. *(om skiftehold)* working *(fx* three-shift working);
4. *(jernb. & om buslinje)* service(s);
5. *(kvæg)* drove;
6. *(tømmer)* raft;
□ ***elektrisk*** *~* (the use of) electric power; *indføre elektrisk ~ på en jernbane* electrify a railway; ***indstille*** *-en a) (jf. 2)* discontinue operations; *(midlertidigt)* suspend operations; *b) (jf. 4)* discontinue (, suspend) services; *tyve* ***minutters*** *~* a twenty minute service; *[med præp.]* ***af*** *egen ~* on one's own initiative, of oneself, spontaneously; *billig* ***i*** *~* cheap to run; *gå i ~ (sø.)* break adrift; *sætte i ~ a)* start; *b) (jernb. & om bus)* put into service; *sætte* ***ud af*** *~ a)* put out of action; *b) (jernb. & om bus)* put out of service; *c) (radio- & tv-station)* put off the air; ***ude af*** *~ a)* not working *(fx* the factory is not working); out of action *(fx* the telephones are out of action); *(i uorden også)* out of order *(fx* the lift is out of order); *b) (om skib)* out of commission; *c) (radio- & tv-station)* off the air.
driftig *adj.* active, enterprising.
driftighed *sb. (en)* enterprise.
driftsbestyrer (works) manager.
driftsforstyrrelse *(jernb.)* interruption of (the) (train) service.
driftsikker *adj. = driftssikker.*
driftsingeniør production engineer.
driftskapital working capital.
driftsklar *adj.* in working order *(præd.).*
driftsleder works manager.
driftsmidler *sb.pl.* plant and machinery.
driftsomkostninger *sb.pl.* running *(el.* operating) costs.
driftsoverskud operating profit, working profit.
driftsregnskab profit and loss account.
driftssikker *adj.* reliable, dependable.
driftstab operating loss.
driftstabsforsikring business interruption insurance.
driftstilskud grant towards running costs.
driftsudgifter *sb.pl.* running *(el.* operating) costs.
driftsøkonomi business economics.
driftsår working year.
drik *sb. (en, -ke)* **1.** drink *(fx* tea is his favourite drink; a drink of water; strong drinks); *(*F *el. som vare)* beverage *(fx* alcoholic (, hot) beverages);
2. *(det at drikke)* drinking, drink;
□ *forfalde til ~, slå sig på ~* take to drink; T hit the bottle.
drikfældig *adj.* addicted to drink(ing); dependent on drink; *(kun attr. også)* drunken *(fx* her drunken husband);
□ *han er ~ (også)* he drinks; he is an alcoholic; T he is on the bottle; *hun har en ~ mand (også)* she has a husband who drinks.
drikfældighed *sb. (en)* drunkenness; F intemperance.
drikke¹ *sb.: mad og ~* food and drink.
drikke² *vb. (drak, drukket)* drink; *(især om måltid)* have *(fx* let us have tea now; he had a glass of sherry before dinner);
□ *han -r (ɔ: er drikfældig)* he drinks; *~ én fuld* make *(el.* get) sby drunk; *hvad vil du ~?* what are you going to have? T what's yours? *~* ***sig*** *fuld* get drunk *(i* on); *~ sig ihjel* drink oneself to death; *~ sig mod til* get up Dutch courage;
[med præp. & adv.] ~ ***af*** *flasken* drink out of the bottle; *~ sine penge* ***op*** spend one's money on drink; *~* ***på*** *ens velgående* drink to sby's health; *~* ***ud*** drink up; empty one's glass (, cup etc.); finish one's tea (etc.).
drikkebroder T boozer;
□ *hans drikkebrødre* his drinking companions.
drikkebæger drinking cup.
drikkegilde, drikkelag drinking bout; T binge.
drikkelig *adj.* drinkable.
drikkemoden *adj. (om vin)* mature.
drikkepenge tip *(fx* give him a generous tip); F gratuity;
□ *give ~* tip; *give ham £5 i ~* tip him £5; *give ham 10% i ~* give him a ten per cent tip.
drikkeri *sb. (et)* drinking; T boozing.
drikkeskilling = *drikkepenge.*
drikkevand drinking water.
drikkevarer *sb.pl.* drinks.
drikkevise drinking song.
drikoffer *(rel.)* libation; *(mindre* F*)* drink-offering.
drilagtig *adj.* **1.** mischievous *(fx* smile); *(om person også, efter vb.)* a tease *(fx* he is a tease); **2.** *(om ting)* tricky;
□ *et -t spørgsmål* a poser, a teaser.
drilagtigt *adv.* **1.** teasingly, mischievously; **2.** *(om ting)* trickily.
drilbor *sb. (et, -)* drill.
drille *vb.* **1.** tease *(med* about, *fx* they teased him about his red hair; they teased him by hiding his schoolbooks); *(godmodigt,* T*)* kid *(med* about); *(godmodigt, kun verbalt)* banter;
2. *(om ting: være besværlig)* be tricky *(fx* the lock is tricky);
□ *de -de ham* ***med at*** *han var tyk* they teased him about being fat.
drillepind tease.
drilleri *sb. (et, -er) (jf. drille)* teasing; kidding; banter; *-er* teasing; kidding; banter.
drillevorn, drilsk *adj. se drilagtig.*
driste *vb.: ~ sig til at* venture to; *(frækt)* presume to; T dare to; *(især spøg.)* make so bold as to.
dristig *adj.* **1.** *(modig)* bold *(fx* attempt, conjecture, experiment, plan; person); F courageous *(fx* attempt; person);
2. *(vovelig, risikabel)* daring *(fx* attempt, experiment, idea, plan; horseman); F audacious *(fx* plan);
3. *(vovet)* daring *(fx* film);
□ *overgå de -ste forventninger* exceed the most sanguine *(el.* the wildest) expectations; *en ~ påstand* a bold *(el.* rash) assertion.
dristighed *sb. (en, -er) (jf. dristig)*
1. boldness; F courageousness;
2. daring; F audacity;
3. *(frækhed,* F*)* temerity, audacity *(fx* he had the temerity *(el.* audacity) to ask for a pay rise after two days in the job).
drittel *sb. (en, dritler)* cask.
drivaksel driving shaft.
drivanker drag anchor.
drivbænk garden frame.
drive¹ *sb. (en, -r) (sne-)* drift.
drive² *vb. (drev, drevet) (se også dreven, drevet, drivende)* **1.** *(forretning etc.)* run *(fx* a business, a farm, a hotel, a theatre); carry on *(fx* a trade); engage in *(fx* studies, politics, active sports);
2. *(jage etc.)* drive *(fx* cattle; drive them away (, back, out); drive him into a corner; drive a post into the grouind);
3. *(tvinge)* force *(fx* force him on; force him into a corner);
4. *(fig.: tilskynde)* drive *(fx* hunger drove him to steal); F impel;
5. *(plante)* force;

6. *(metal)* chase;
7. *(levere kraft til)* power (*fx* the car is powered by electricity);
8. *(blive ført af sted)* drift (*fx* the clouds are drifting; smoke drifted above the trees; the boat drifted along (, out to sea)); *(flyde, svæve)* float (*fx* a dead dog was floating in the stream);
9. *(dovne)* laze about (*el.* around); do nothing; F idle; *(neds.)* loaf about (*el.* around);
10. *(slentre)* stroll; *(ubekymret)* saunter;
□ ~ *forskning* do (*el.* carry out *el.* carry on) research; ~ *handel se handel*;
[med præp. & adv.] ~ *den* ***af*** laze about (*el.* around); F idle; *han drev af sved* sweat was pouring off him; *hans tøj drev af vand* his clothes were wringing wet; *væggene drev af fugt* the walls were dripping wet; ~ ***bort*** *a)* drift away; *b) (fordrive)* drive away; ~ ***for*** *ankeret* drag the anchor; ~ ***frem*** *a)* push (*el.* drive) forward; *b) (skibe, køretøjer)* propel; *c) (planter)* force; *d) (om forretning)* work up; *e) (fig.: få til at fortsætte)* urge on (*fx* it was his ambition that urged him on);
~ ***igennem*** *(få gennemført)* carry through; *(stærkere)* force through; ~ *prisen* ***i vejret*** force the price up; *(ved auktion)* force the bidding; ~ ***ind*** drive in (*fx* a wedge); *sveden drev* ***ned ad*** *panden på ham* sweat was pouring down his forehead; ~ ***om*** *a) (strejfe om)* wander about (aimlessly); *b) (daske om)* laze about; ~ *en forretning* ***op*** work up a business; ~ ***over*** *(også fig.)* blow over; ~ ***på*** *flugt* put to flight; ~ ***rundt*** *se ovf.:* ~ *om*; ~ ***sammen*** round up (*fx* cattle, sheep);
drevet ***til*** *fortvivlelse* driven to despair; *han skal nok* ~ *det* ***til noget*** he is bound to get on (*el.* go far); he will go a long way; ~ ***tilbage*** *(ɔ: jage tilbage)* drive back; F repel; *(mil.)* repulse; ~ *djævle* ***ud*** cast out devils, exorcise; *han er ikke til at* ~ ***ud af*** *sengen* you can't get him out of bed; ~ *det* ***vidt*** go far, go a long way; *nu -r du spøgen for vidt* now you are (*el.* this is) carrying the joke too far; ~ ***væk*** *se ovf.:* ~ *bort*; *hun drev tiden væk* she idled away her time.

drivende[1] *adj.: han er den ~ kraft (fig.)* he is the driving force, he is the moving spirit, he is the prime mover; ~ *mine* drifting mine.

drivende[2] *adv.:* ~ *sentimental* drivellingly sentimental; ~ *våd* drenched, wringing wet; T sopping wet.

driveri *sb. (et) (jf. drive*[2] *9)* lazing, loafing; idling.

driverliv life of idleness.

drivert *sb. (en, -er)* loafer; F idler.

drivfjeder mainspring; *(fig. også)* incentive.

drivgas *(i spray)* propellant (gas).

drivhjul driving wheel.

drivhus greenhouse; *(stort)* glasshouse; *(opvarmet)* hothouse.

drivhuseffekten the greenhouse effect.

drivhusgas greenhouse gas.

drivhusplante *(også fig.)* hothouse plant.

drivis drift ice; floating ice.

drivkraft 1. motive power; **2.** *(fig.: motiv)* motive, incentive.

drivladning *(mil.)* propellant.

drivmiddel propellant.

drivmine *(mil.)* drifting mine.

drivrem driving belt; *-me (også)* belting.

drivstof propellant.

drivtømmer driftwood.

drivvåd *adj.* drenched (*af* with); sopping wet, soaked.

drog[1] *sb. (et, -)* layabout, good-for-nothing.

drog[2] *præt. af drage.*

droger *sb.pl.* drugs.

drogist *sb. (en, -er)* druggist.

dromedar *sb. (en, -er)* **1.** *(zo.)* dromedary; **2.** *(skældsord)* oaf.

drone *sb. (en, -r) (zo., fig. & om flyvemål)* drone.

dronning *sb. (en, -er)* queen;
□ *-en* the Queen (*fx* the Queen of Denmark; have an audience with the Queen); *spille* ~ queen it; *(se også nat).*

dronningeagtig *adj.* queenly, queenlike.

dronningebonde *(i skak)* queen's pawn.

dronningemoder queen mother.

dronningerunde *(pol.)* [round of consultations between the Queen and representatives of the parliamentary parties].

dronninglig *adj. se dronningeagtig.*

drop *sb. (et, -)* **1.** *(med.)* drip; **2.** *(S: fejl)* boob;
□ *lave et* ~ S boob.

droppe *vb.* **1.** *(om person)* drop (*fx* a friend); throw over (*fx* a boyfriend, a lover); T ditch (*fx* a friend); **2.** *(opgive)* drop, forget about (*fx* the idea, the plan).

drops *sb.pl.* boiled sweets, drops; *(am.)* hard candy.

drosche *sb. (en, -r)* cab.

droscheholdeplads cab stand, taxi rank.

droschekusk cabman.

droske *sb. (en, -r) = drosche.*

drosle *vb. (tekn.)* throttle;
□ ~ *ned (også fig.)* throttle down (*fx* economic growth).

drossel *sb. (en, drosler) (zo.)* thrush.

drosselspole choke coil.

drot *sb. (en, -ter)* king.

drue *sb. (en, -r)* grape.

drueformet *adj.* grapelike.

druehyld *(bot.)* red-berried elder.

druehøst vintage.

druekerne grape seed.

drueklase bunch of grapes.

druesaft grape juice.

drueskal grape skin.

druesukker grape sugar; *(fagl.)* glucose.

druk *sb.* drinking;
□ *dø af* ~ die of drink, drink oneself to death; *tage på* ~ go on a binge (*el.* bender); go on the booze, hit the bottle.

drukken *adj.* drunk; *(attr. også)* drunken; F intoxicated; T tight;
□ ~ *af glæde* drunk (, intoxicated) with joy.

drukkenbolt *sb. (en, -e)* (heavy) drinker, drunk; T soak; S boozer, alky; F drunkard.

drukkendidrik *sb. (en, -ker) se drukkenbolt.*

drukkenskab *sb. (en)* drunkenness.

drukket *pf.ptc. af drikke.*

drukmås *se drukkenbolt.*

drukne *vb.* **1.** drown (*fx* kittens; one's sorrows (in drink)); **2.** *(uden objekt)* drown; *(mindre alm.)* be drowned (*fx* he (was) drowned in the lake);
□ *den -r ej, som hænges skal (kan gengives)* if your are born to be hanged, then you'll never be drowned; *våd som en -t mus* as wet as a drowned rat; *han er ved at* ~ he is drowning;
[med præp.] han er ved at ~ ***i*** *arbejde* he is snowed under with work; *talen -de i latter* the speech was drowned in laughter; ~ *i mængden* be lost in the crowd; *kampen -de i regn* the match was washed out.

drukneulykke drowning accident;
□ *der sker mange -r hvert år* many people are drowned each year.

drukning *sb. (en)* drowning.

druktur drinking spree; T binge, bender; *(rundt på værtshuse)* pub crawl (*fx* go on a drinking spree (, binge, bender, pub crawl)).

druser *sb. (en, -e)* Druse, Druze.

drusisk *adj.* Drusean, Druzean.
dryp *sb. (et, -)* **1.** drop (*fx* a few drops of rain); drip (*fx* a bucket to catch the drips from the ceiling; the drip, drip, drip of the tap);
2. *(dryppen)* dripping.
drypfri *adj.* non-drip.
dryppe *vb.* **1.** drip (*fx* water was dripping from the ceiling; the tap (, his nose) is dripping);
2. *(om lys)* gutter;
3. *(en steg)* baste;
□ *kjolen -r (ɔ: er skæv)* the dress dips; ~ *hans øjne* put drops in his eyes;
[med adv. & præp.] lade glassene ~ ***af*** leave the glasses to drain, let the glasses drain; *lade paraplyen* ~ *af* let the water run off the umbrella; *lade skjorten hænge til den har -t af* hang up the shirt to drip; ~ *af vand* drip with water; *det -r* ***fra*** *træerne* the trees are dripping; *det -r* ***lidt*** *(om regn)* it is raining a little.
dryppetørre *vb.* drip-dry.
drypsten dripstone; *(hængende)* stalactite; *(stående)* stalagmite.
drypstenshule dripstone cave.
dryptørre *vb.* drip-dry.
drypvis *adv.* **1.** drop by drop; **2.** *(i små portioner)* by dribs and drabs.
drys *sb. (et, -)* **1.** *(lille smule)* sprinkling (*fx* of snow, of pepper); sprinkle;
2. *(om person: skvat)* drip; *(langsom)* slowcoach; *(am.)* slowpoke.
drysse *vb.* **1.** *(strø)* sprinkle;
2. *(falde)* fall (*fx* the plaster fell from the ceiling);
3. *(om nåletræ)* shed needles;
4. *(gå langsomt)* stroll; *(ubekymret)* saunter; *(smøle)* dawdle;
□ *komme -nde (efter hovedgruppen)* come straggling; *han kom -nde en time for sent* he sauntered in an hour late;
[med præp. & adv.] ~ *mel* ***over*** *kødet* sprinkle flour over the meat, sprinkle the meat with flour; ~ *sukker* ***på*** *kagen* sprinkle sugar on the cake, sprinkle the cake with sugar; *lad være med at* ~ *aske på gulvet* don't drop ash on the floor; ~ ***rundt i*** *byen* stroll around in the town; ~ *tiden* ***væk*** *a) (smøle)* dawdle away one's time; *b) (klatte tiden væk)* fritter away one's time.
dræ[1] *sb. (et)* flowering;
□ *stå i* ~ be in flower.
dræ[2] *vb. (stå i ~)* be in flower.
dræbe *vb. (dræbte, dræbt) (se også dræbende)* **1.** kill (*fx* kill an enemy; kill him with a knife; he was killed in a car accident); *(kun med personssubjekt,* F*)* slay (*fx* he slayed the traitor (, the dragon));
2. *(fig.)* kill (*fx* his joy, his interest); stifle (*fx* initiative);
□ ~ *en bold (i tennis)* put away a ball; *dræbte og sårede* killed and wounded; casualties.
dræbende[1] *adj.* **1.** *(som kan dræbe)* deadly (*fx* poison);
2. *(som har dræbt)* fatal (*fx* a fatal blow (, shot));
3. *(kedelig)* deadly boring, deadly dull;
□ ~ *ironi* biting irony; *være* ~ *for* kill; be fatal to.
dræbende[2] *adv.:* ~ *ensformig* deadly monotonous; ~ *kedelig* deadly dull; ~ *langsom* painfully slow.
dræber *sb. (en, -e)* killer.
dræg *sb. (et, -) (sø.)* grapnel.
drægge *vb. (sø.)* dredge.
drægtig *adj.* pregnant; *(præd. også)* with young;
□ ~ *100 tons (sø.)* of 100 tons burden.
drægtighed *sb. (en)* **1.** pregnancy;
2. *(sø.)* tonnage.
dræn *sb. (et, -)* **1.** drain; **2.** *(med.)* drainage tube.
dræne *vb.* drain.
dræning *sb. (en, -er)* draining, drainage.
dræningsgrøft drainage trench.
drænrør drain(pipe).
dræsine *sb. (en, -r)* handcar.
dræve *vb.* drawl.
dræven *sb. (en)* drawl.
drøbel *sb. (en, -er)* uvula.
drøbel- uvular.
drøfte *vb.* **1.** discuss, talk over (*fx* I'd like to talk it over with you);
2. *(organiseret, formelt)* debate (*fx* the question was debated at the conference);
□ ~ *det til bunds* thrash it out.
drøftelse *sb. (en, -r) (jf. drøfte)*
1. discussion; **2.** debate.
drøj *adj.* **1.** *(som forslår godt)* that goes a long way; economical in use;
2. *(møjsommelig)* tough, stiff (*fx* climb); hard (*fx* it became harder and harder to keep up with the others);
3. *(grov, djærv)* coarse (*fx* joke); *(mildere)* robust (*fx* humour, stories);
□ *en* ~ *ed* a coarse (*el.* lurid) oath; *nogle -e sandheder* a few home truths.
drøjde *sb. (en)* **1.** stoutness;
2. *(mods. højde)* breadth.
drøje *vb.:* ~ *på noget* make sth go a long way.
drøjheder *sb.pl.* **1.** coarse jokes;
2. *(sandheder)* home truths.
drøm *sb. (en, -me)* dream;
□ *have en* ~ have a dream; *(mens man sover også)* dream a dream (*fx* I dreamt the most peculiar dream last night); *ond* ~ bad dream; *det gik som en* ~ it went like a dream;
[med præp.] ***i*** *-me* in one's dream (*fx* in his dream he was in New York); in a dream (*fx* he saw her in a dream); *ikke i mine vildeste -me* not in my wildest dreams; ~ ***om*** *a)* dream about (*fx* I had a strange dream about her last night); *b) (fig.)* dream of (*fx* he has a dream of becoming President).
drømme *vb. (drømte, drømt) (se også drømmende)* **1.** dream (*om* about, *fx* I dreamt about her last night); **2.** *(fig.: forestille sig)* dream of (*fx* I wouldn't dream of asking him; I have always dreamt of meeting him);
□ *drøm behageligt!* pleasant dreams! *det havde jeg aldrig drømt om* I (had) never dreamt of such a thing.
drømmebillede vision.
drømmefabrik dream factory.
drømmeland dreamland.
drømmeløs *adj.* dreamless.
drømmende[1] *adj.* dreamy.
drømmende[2] *adv.* dreamily.
drømmer *sb. (en, -e)* dreamer.
drømmeri *sb. (et, -er)* daydream; F reverie.
drømmeseng lounge bed, sunbed; sun (*el.* leisure) lounger.
drømmesyn **1.** vision; **2.** *(noget uopnåeligt)* mirage.
drømmetyder *sb. (en, -e)* dream-reader.
drømmetydning interpretation of dreams.
drømmeverden dream world.
drøn *sb. (et, -)* **1.** *(bulder, hult ~)* boom (*fx* of guns); *(højere)* roar (*fx* of guns, of an explosion); **2.** *(hult, metallisk)* clang (*fx* the iron gates opened with a clang);
□ *for fuldt* ~ *a) (om fart)* at top speed; *b) (om aktivitet, larm)* at full blast (*fx* they were working at full blast; the radio was going at full blast).
drøne *vb.* **1.** *(buldre)* boom; *(højere)* roar;
2. *(køre hurtigt)* tear; *(larmende)* roar (*fx* a motorbike tore (, roared) past); *(højere)* thunder;
3. *(*T*: løbe)* race, rip;
4. *(*T*: smide)* chuck, bung (*fx* sth into the dustbin);
□ ~ ***ind i*** *(ɔ: ramme)* smash into

(*fx* a tree).
drønende[1] *adj.: ~ bifald* thunderous applause; *en ~ hovedpine* a splitting headache.
drønende[2] *adv.: ~ fuld* roaring drunk; *~ kedelig* deadly dull; *de er ~ uenige* they disagree violently; *~ varm (om vejr)* scorching (*fx* day, weather; it is scorching outside); scorching hot.
drøngod *adj.* super.
drønhamrende *adv. se drønende*[2].
drønkedelig *adj.* deadly dull.
drønnert *sb. (en, -er) (doven)* layabout; *(ubehøvlet)* lout.
drøv *sb.: tygge ~* chew the cud; *tygge ~ på a)* chew the cud of; *b) (fig.)* chew over.
drøvel *sb. (en, drøvler)* uvula.
drøvel- uvular.
drøvtygger *sb. (en, -e)* cud-chewing animal; *(fagl.)* ruminant.
dråbe *sb. (en, -r)* drop;
□ *-n der får bægeret til at flyde over* the last straw (that breaks the camel's back); *-n huler stenen* constant dripping wears away the stone; *det er som en ~ i havet* it is a drop in the ocean (*el.* the bucket); *en ~ vand* a drop of water; *de ligner hinanden som to -r vand* they are as like as two peas.
dråbefanger drip catcher.
dråbeflaske dropping bottle.
dråbeformet *adj.* drop-shaped.
dråbetæller *sb. (en, -e)* dropper, dropping tube.
dråbevis *adv.* **1.** drop by drop; **2.** *(i små portioner)* by dribs and drabs.
ds. *(fork. f. dennes) se denne.*
d.s. *(fork. f. det (, den, de) samme)* the same.
d. s. s. *(fork. f. det samme som)* the same as.
du[1] *pron.* you; *(glds.)* thou;
□ *du gode Gud!* good Lord! good heavens! *du med dine fodboldkampe (, frimærker etc.)!* you and your football matches (, stamps etc.)! *du selv se selv.*
du[2] *vb.* be good (*til* for); *(egne sig til)* be fit (*til* for);
□ *det -er ikke* that won't do; *han -er ikke* he is no good (*til* at); *lad os se hvad han -er til* let us see what he can do; T let's see what he is made of; *lade ham vise hvad han -er **til*** let him show what he is worth; T put him through his paces; *han -er ikke **til at*** he is no good at -ing (*fx* at teaching).
dualisme *sb. (en)* dualism.
dualistisk *adj.* dualistic.
dubiøs *adj.* doubtful; F dubious.
duble[1] *sb. (en, -er) (guld-)* filled gold, rolled gold.
duble[2] *vb. (i spil)* double.
dublé = *duble*[1].
dubleant *sb. (en, -er)* understudy.
dublere *vb.* **1.** double; **2.** *(en rolle, en skuespiller)* understudy (a part, an actor);
□ *~ et tog* run a relief train.
dublet *sb. (en, -ter)* **1.** duplicate; **2.** *(gevær)* double-barrelled gun; **3.** *(sprogv.)* doublet.
duc d'albe *(sø.)* dolphin.
due *sb. (en, -r)* **1.** *(zo.)* pigeon; *(især mindre el. poet.)* dove (*fx* turtle dove; as gentle as a dove); **2.** *(fig.: politisk)* dove;
□ *han venter på at stegte -r skal flyve ind i munden på ham* he is waiting for plums to fall into his mouth.
duehus pigeon house; *(glds. type)* dovecot.
duehøg *(zo.)* goshawk.
duekapflyvning pigeon race.
duel *sb. (en, -ler)* **1.** duel (*med* with; *om* over; *på* with, *fx* pistols); **2.** *(i tennis etc.)* rally.
duelig *adj.* able, capable.
duelighed *sb. (en)* ability, capability.
duelighedstegn *(til spejder)* proficiency badge, merit badge.
duellant *sb. (en, -er)* duellist.
duellere *vb.* duel, fight a duel (*med* with; *om* over; *på* with, *fx* pistols).
duepost carrier-pigeon mail service;
□ *med ~* by carrier pigeon.
dueslag **1.** *(på loft)* pigeon loft; **2.** *(duehus)* pigeon house; *(glds. type)* dovecot.
duesteg roast pigeon.
duet *sb. (en, -ter)* duet.
dueunge *(zo.)* young pigeon; *(som spise)* squab.
dueurt *(bot.)* willowherb.
duevæddeløb pigeon race.
dueæg *sb. (et, -)* pigeon's egg (pl. pigeons' eggs).
duft *sb. (en, -e)* **1.** (pleasant) smell (*fx* of roast pork; of coffee); F odour (*fx* the warm odour of freshly baked scones; the delicious odour of freshly made coffee);
2. *(om parfume etc.)* scent (*fx* a scent of flowers (, of new-mown hay)); F perfume;
(om blomster etc. også) fragrance (*fx* the fragrance of her hair (, of a rose); all the fragrances of the East);
□ *tage -en af (fig.)* take the freshness off (*fx* the news); take the bloom off.
dufte *vb. (se også duftende) (kun med nærmere bestemmelse)* smell (*fx* the dinner smells good; the flowers smell sweet);
□ *roserne -r* the roses have (*el.* give off) a lovely scent; the roses smell lovely; *der -r godt* there is a nice smell;
*[med præp.] ~ **af*** smell of (*fx* the room smelt of roses); ***der -r af*** *kaffe* there is a smell of coffee; *der -de af roser* there was a scent of roses; *~ **til** en blomst* smell a flower.
duftende *adj.* **1.** fragrant (*fx* rose); **2.** *(af parfume)* scented.
duftstof *(zo.)* pheromone.
dug[1] *sb. (en, -e)* **1.** *(bord-)* tablecloth, cloth;
2. *(flag-)* (sheet of) bunting;
3. *(sejl-)* canvas.
dug[2] *sb. (en)* **1.** *(fortættet damp)* dew;
2. *(indvendig på rude)* steam, mist;
3. *(blåligt overtræk fx på blommer)* bloom;
□ *forsvinde som ~ for solen* vanish like dew before the sun.
dugdråbe dewdrop.
dugfrisk *adj.* fresh;
□ *-e nyheder (fig.)* up-to-the-minute news.
dugge *vb.* mist up (*el.* over) (*fx* my glasses (, the car windows) are misting up); steam up (*el.* over); fog up (*el.* over);
□ *det -r* the dew is falling; *glasset -r (også)* the glass is (getting) steamy; *hendes øjne -de* her eyes misted over.
dugget *adj.* **1.** *(dugvåd)* dewy; **2.** *(~ 'til)* steamy (*fx* windows); misted.
dugrude *(til bil)* anti-mist panel.
dugvåd *adj.* dewy; *(præd. også)* wet with dew.
dukat *sb. (en, -er)* ducat.
dukke[1] *sb. (en, -r)* **1.** *(legetøj)* doll;
2. *(menneskefigur)* dummy;
3. *(marionet-)* puppet;
4. *(kvinde)* doll;
5. *(garn-)* skein.
dukke[2] *vb.* **1.** *(give en dukkert)* duck;
2. *(skære ned)* put down; *(om en der er blæret)* take down a peg (*fx* I took him down a peg);
□ *~ hovedet a)* duck one's head; *b) (sidde og ~ sig)* cower; *~ sig* duck (*fx* he ducked to avoid the blow); *sidde og ~ sig* cower;
*[med adv.] ~ **frem** a)* appear (*fx* the stars appeared in the sky); emerge (*fx* the sun emerged from behind a cloud); *b) (stort og truende)* loom up (*fx* an iceberg

loomed up through the fog); *(se også ndf.: ~ op)*; ~ **op** *a) (af vandet)* come up, rise to the surface; F emerge; *b) (komme til stede el. til syne)* appear, make an appearance; *(især: uventet)* turn up (*fx* at last he turned up); *(spøg.,* T*)* surface; *(pludseligt)* pop up; *c) (om vanskelighed etc.)* crop up; ~ *op i horisonten a)* appear on the horizon; *b) (om noget truende)* loom on the horizon; *den første tanke der -de op i mig* the first thought that came into my head; ~ ***under*** dive.

dukkeansigt doll's face, doll-like face, chocolate-box face.

dukkebarn (baby) doll.

dukkedreng *(neds.)* mother's darling.

dukkefilm puppet film.

dukkefører puppeteer.

dukkehus doll's house (pl. dolls' houses).

dukkeklinik doll's hospital.

dukkekomedie puppet show.

dukkert *sb. (en, -er)* plunge, dive; *(ufrivillig)* ducking;
□ *give én en ~ a)* duck sby; *b) (fig.)* take sby down a peg; *tage sig en ~ a)* dive in; *b) (gå ud og bade)* go for a swim.

dukkestue *se dukkehus.*

dukketeater **1.** *(legetøjsteater)* toy theatre, model theatre; **2.** *(marionetteater, handskedukketeater)* puppet theatre.

dukketøj doll's (, dolls') clothes.

dukkevogn doll's pram (pl. dolls' prams).

duknakket *adj.* with a stoop;
□ *han er ~* he stoops.

duks *sb. (en, -e)* **1.** *(ordensduks, kan gengives)* monitor; **2.** *(nr 1 i en klasse, glds.)* top boy (, top girl).

duksedreng goody-goody; *(i skolen)* teacher's pet.

dulgt *(pf.ptc. af dølge)* concealed.

dulle *sb. (en, -r)* floozie.

dulme *vb.* soothe, relieve (*fx* the pain); F assuage.

dulmen *sb. (en)* soothing, relief.

dulmende *adj.* soothing.

dum *adj.* **1.** *(ubegavet)* stupid (*fx* he is very stupid); T dense, thick, dim;
2. *(svagere: tankeløs, ufornuftig)* foolish (*fx* it was foolish to buy that expensive car); silly (*fx* a silly question; don't be silly; what a silly thing to say!); T daft;
3. *(om ting: irriterende)* stupid (*fx* that stupid door won't shut);
□ *han er ~ som en dør (el. skovl) se ndf.: han er så ~ at man kan...;* *[med af & så] det var -t* ***af*** *dig* that was stupid (, foolish, silly) of you; *det var -t af dig at gøre det (også)* you were stupid (etc.) to do it; *~ snak* nonsense; ***så*** *~* ***at*** *se så*[3]; *han er så ~ at man kan rende døre ind med ham* he is as thick as two short planks; he is dead from the neck up; he is just too stupid for words; ***ikke så*** *-t* not bad; *han er ikke så ~ som han ser ud til* he is not such a fool as he looks; T he is not as daft as he looks.

dumdristig *adj.* rash; *(stærkere)* reckless; F foolhardy.

dumdristighed *sb. (en, -er) (jf. dumdristig)* rashness; recklessness; F foolhardiness.

dumdumkugle soft-nosed bullet; dumdum (bullet).

dumhed *sb. (en, -er)* **1.** *(jf. dum)* stupidity; denseness; foolishness; silliness;
2. *(handling)* stupid thing; blunder; F act of folly;
3. *(ytring)* stupid remark;
□ *begå en ~ (også)* do something foolish; *mod ~ kæmper selv guderne forgæves* against stupidity the gods themselves struggle in vain.

dumme *vb.: ~ sig* make a fool (*el.* an ass) of oneself.

dummepeter *sb. (en, -e)* **1.** buffoon, clown; **2.** *(i cirkus)* august(e).

dummeren *(*T*: tv)* the idiot box.

dump[1] *sb. (et, -)* thud.

dump[2] *adj.* dull (*fx* pain, sound); *(om lyd også: hul)* hollow;
□ *en ~ lyd (også, om noget der falder på jorden)* a thud.

dumpe *vb.* **1.** *(falde)* fall, drop; *(tungt)* plump;
2. *(til eksamen, om kandidat)* fail; *(*T*, især am.)* flunk out; *(med objekt)* fail (*fx* he failed me); T flunk;
3. *(til valg)* be defeated;
4. *(hdl.)* dump;
5. *(om affald etc.)* dump (*fx* dump toxic waste into the sea);
□ *lade ~ (ɔ: til eksamen), se 2 ovf.;*
[med præp. & adv.] ~ **'i** *se plumpe (i); ~ i et fag* fail in a subject (*fx* he failed in French); T flunk a subject; *~* ***ind*** *(ɔ: på besøg)* drop in; *~* ***ned*** drop down; *(lade sig) ~ ned i en stol* drop (, plump) into a chair; *~* ***på*** *det skriftlige* fail the written part; *~* ***til*** *en eksamen (, en prøve)* fail an examination (, a test) (*fx* I failed my driving test).

dumpegrænse (lowest) pass mark.

dumpekandidat **1.** *(ved eksamen: som er dumpet)* candidate who has failed; *(som vil dumpe)* obvious fail; **2.** *(ved valg)* defeated candidate.

dumpekarakter fail mark.

dumpeprocent failure rate.

dumping *sb. (en, -er) (hdl.)* dumping.

dumpingpris dumping price.

dumpning *sb. (en, -er) (om affald)* dumping.

dumrian *sb. (en, -er)* blockhead.

dumsmart *adj. (vulg.)* smartass (*fx* remark).

dumstolt, dumvigtig *adj.* pompous;
□ *han er ~* he is a pompous ass.

dun *sb. (et, -) (generelt)* down sg. (*fx* pillows filled with down; the fine down on his cheek); *et ~ (ɔ: lille fjer)* a small feather.

dunblød *adj.* downy.

dunder*: tale ~ til en* take sby to task, give sby a good talking-to.

dundertale *sb. (en, -r)* talking-to.

dundre *vb. (se også dundrende)*
1. thunder (*fx* the guns thundered); *(brage)* boom; *(rumle)* rumble; **2.** *(banke)* hammer (*fx* at the door); bang.

dundren *sb. (en) (jf. dundre)*
1. thunder; boom; rumble; **2.** hammering; banging.

dundrende *adj.: en ~ hovedpine* a splitting headache; *en ~ løgn* a whopping (great) lie; a whopper; *en ~ succes* a roaring (*el.* howling) success.

dundyne down quilt, eiderdown.

dunet *adj.* downy.

dunfrakke padded (*el.* quilted) coat.

dunhammer *(bot.)* bulrush, reed mace.

dunjakke down jacket.

dunk[1] *sb. (en, -e)* **1.** *(blik-)* can;
2. *(keramik-)* stone jar.

dunk[2] *sb. (et, -)* knock; *(kraftigt)* thump;
□ *et ~ i ryggen a) (kraftigt)* a thump (*el.* slap) on the back; *b) (opmuntrende)* a pat on the back.

dunke *vb.* **1.** knock; *(kraftigt)* thump; **2.** *(om hjerte)* pound, thump; *(om puls)* throb;
□ *det -r i hovedet (, armen)* my head (, arm) is throbbing; *~ en i ryggen a) (opmuntrende)* pat sby's back; *b) (kraftigt)* slap (*el.* thump) sby on the back.

dunkel *adj.* **1.** *(mørk)* dark, obscure (*fx* corner); *(utydelig)* dim, shadowy (*fx* figure, outlines);
2. *(fig.)* obscure (*fx* answer, motives);
□ *en ~ erindring* a dim (*el.* vague)

recollection.
dunkelhed *sb. (en) (jf. dunkel)* **1.** darkness, obscurity; dimness; **2.** *(fig.)* obscurity.
dunst *sb. (en, -er)* **1.** *(stank, kun sg.)* stink, reek; **2.** *(uddunstning)* vapour; exhalation.
dunste *vb.* reek;
□ ~ *bort* evaporate.
duntæppe down quilt, eiderdown.
dup *sb. (en, -per)* **1.** *(metalknop)* boss, knob;
2. *(på kårde)* button;
3. *(på snørebånd)* tag;
4. *(på fodboldstøvle)* stud; *(am. også)* cleat;
□ *være på -perne* S be on the ball.
dupere *vb.* **1.** *(imponere)* impress; **2.** *(narre)* take in; F impose on;
□ ~ *rakket* impress the crowd.
duplik *sb. (en, -ker) (jur.)* rejoinder.
duplikat *sb. (et, -er)* duplicate.
duplikator *sb. (en, -er)* duplicator; duplicating machine.
duplikere *vb.* duplicate.
duppe *vb.* dab.
duppedit *sb. (en, -ter) se dims.*
dupsko *sb. (en, -)* **1.** *(på stok etc.)* ferrule; **2.** *(på sværdskede)* chape.
dur *sb. (en)* major;
□ *A (, C etc.)-dur* A (, C etc.) major; *H-dur* B major; *blive ved i den ~* continue in the same style.
durabel *adj.* durable; *(mere* T*)* lasting.
duraluminium duralumin.
dure *vb. (kraftigt)* boom; *(sagtere)* hum; *(ensformigt)* drone.
durk *adv.: ~ igennem* straight through.
durkdreven *adj.* cunning, crafty; *(kløgtig)* shrewd.
durkdrevenhed *sb. (en)* cunning, craftiness; *(kløgt)* shrewdness.
dus[1] *sb. se.*
dus[2]*: være (, blive) ~ (svarer omtr. til)* be (, come) on Christian (*el.* first) name terms (*med* with); *være ~ med (fig.)* be familiar with; feel at home in.
dusin *sb. (et, -)* dozen (pl. *(efter talord & andre mængdeangivelser)* dozen) (*fx* a few dozen; 5 dozen knives; 5 dozen of those knives; dozens of knives; a dozen eggs; a dozen of those red roses).
dusinkjole commonplace dress.
dusinmenneske commonplace person.
dusinvis *adv.* by the dozen;
□ ~ *af* dozens of; *hatte i ~* dozens of hats, hats by the dozen.
dusk *sb. (en, -e)* **1.** tuft (*fx* of feathers, of grass, of hair); *(lille og pjusket)* wisp (*fx* of grass, of hair);
2. *(kvist, top)* sprig (*fx* of parsley);
3. *(til pynt)* tassel;
4. *(hale-)* switch.
dusør *sb. (en, -er)* reward;
□ *udlove en ~ på £1.000* offer a reward of £1,000.
dut *sb. (et, -)* bleep; *(fx i telefon)* pip.
dutte *vb. (om signal)* bleep;
□ ~ *en noget på se pådutte.*
duve *vb. (sø.)* pitch.
duven *sb. (en),* **duvning** *sb. (en, -er)* pitching.
dvale *sb. (en)* **1.** *(sløvhed)* lethargy; *(stærkere)* torpor; *(unaturlig)* trance;
2. *(om dyrs vinterhi)* hibernation;
□ *ligge i ~ a) (om dyr)* hibernate; *b) (fig.)* lie dormant.
dvalelignende *adj.* lethargic.
dvaletilstand *(jf. dvale)* **1.** torpid state; trance; **2.** hibernation.
dvask *adj.* **1.** *(doven)* sluggish; **2.** *(sløv)* lethargic; *(stærkere)* torpid; **3.** *(søvnig)* drowsy; F somnolent.
dvaskhed *sb. (en) (jf. dvask)* **1.** sluggishness; **2.** lethargy; torpor; **3.** drowsiness; somnolence.
dvs. *(fork.f. det vil sige)* that is (to say); i.e.
dvæle *vb.* linger; *(poet.)* tarry;
□ ~ *ved (ɔ: tale om)* dwell on; *~ ved graven* pause by the grave; *et -nde blik* a lingering look.
dværg *sb. (en, -e)* **1.** *(ofte forvokset)* dwarf; *(fuldt udviklet)* midget; *(lille person også)* pygmy;
2. *(i eventyr)* dwarf; *(som vogter skat)* gnome.
dværgagtig *adj.* dwarfish.
dværgfolk pygmy tribe.
dværghøne bantam.
dværgtræ dwarf tree.
dværgvækst *(med.)* dwarfism.
dy *vb.: han kunne ikke dy sig a) (ikke lade være)* he could not help himself; *b) (ikke stå for fristelsen)* he could not resist the temptation; *han kunne ikke dy sig for at kigge* he could not help looking; *kan du dy dig!* no you don't! behave yourself!
dyb[1] *sb. (et, -)* deep (*fx* the bottomless deep); depth (*fx* in the depth of one's heart); *(afgrund også)* abyss;
□ *-et (sø.)* the deep.
dyb[2] *adj. (se også dybere, dybest, dybt)* **1.** deep (*fx* hole, roots, water; wound; voice, note, tone; ten feet deep);
2. *(fig.)* deep (*fx* admiration, disappointment, feelings, gratitude, respect, sigh, silence); *(stærkere,* F*)* profound (*fx* gratitude, melancholy, respect, wisdom);
□ *et -t buk* a low bow; *en ~ hemmelighed* a deep (*el.* close) secret; *~ sorg a)* profound grief; *b) (om sørgedragt)* deep mourning; *i ~ søvn* in a deep sleep; fast asleep; *~ tallerken* soup plate; *(skål)* bowl; *(se også opfinde)*; *i -e tanker* deep (*el.* absorbed) in thought.
dybblå *adj.* deep-blue; *(litt.)* azure.
dybde *sb. (en, -r) (jf. dyb*[2]*)* depth; profundity;
□ *gå i -n med emnet* study the subject in depth; *lodde -n af noget (fig.)* sound the depth(s) of sth; *på tre meters ~* at a depth of three metres.
dybdebombe depth charge.
dybdeborende *adj. se dybtgående*;
□ ~ *journalistik* investigative journalism.
dybdeforholdene *sb.pl. (sø.)* the soundings.
dybdemåling *(sø.)* deep-sea sounding.
dybdepsykologi depth psychology.
dybere *adj.* deeper;
□ *blive ~* deepen.
dyberegående *adj. (jf. dybtgående)* **1.** more thorough; **2.** more radical.
dybereliggende *adj.* underlying (*fx* motives, problems).
dybest *adj.* deepest;
□ ~ *set* basically, fundamentally.
dybfrost deep freeze.
dybfrostkniv frozen-food knife.
dybfrostvarer *sb.pl.* frozen foods.
dybfryse *vb.* deep-freeze.
dybfryser *sb. (en, -e)* freezer, deep freeze.
dybgående *sb. (et) (sø.)* draught (of water).
dybhavs- deep-sea (*fx* fish).
dybsindig *adj.* deep; *(stærkere,* F*)* profound.
dybsindighed *sb. (en, -er)* **1.** profundity; **2.** *(bemærkning)* profound remark.
dybt *adv.* **1.** deeply (*fx* concerned, hurt, interested, religious; mourn deeply; offend him deeply); deep (*fx* deep in the forest; deep in his heart; cut deep, dig deep);
2. *(generelt forstærkende: yderst)* extremely (*fx* embarrassing, foolish, reactionary);
3. *(mus.)* low; *(se også bukke, fortvivlet, ligge, stikke, sukke).*
dybtfølt *adj.* heartfelt (*fx* sympathy, thanks);
□ *et ~ savn* a deeply felt want.
dybtgående *adj.* **1.** *(grundig)* thorough (*fx* investigation); *(som går i dybden)* in depth (*fx* a study in depth); in-depth (*fx* analysis, study; an in-depth examination of the possibilities); profound (*fx*

changes, differences, knowledge of sth);
2. *(gennemgribende)* radical (*fx* change, disagreement);
3. *(sø.)* deep-draught.
dybtliggende *adj.* **1.** *(om øjne)* deep-set;
2. *(fig.)* deep-seated (*fx* causes, crisis, differences); deep-rooted (*fx* dislike, prejudice, suspicion); fundamental (*fx* causes).
dybtryk photogravure.
dybvands- deep-sea (*fx* fishing).
dybvandsbombe depth charge.
dybvandshummer *(zo.)* Norway lobster.
dyd *sb. (en, -er)* virtue;
□ *gøre en ~ af nødvendigheden* make a virtue of necessity; *-ens vej* the straight and narrow (way, path).
dydig *adj.* virtuous.
dydighed *sb. (en)* virtuousness.
dydsiret[1] *adj.* **1.** *(dydig)* virtuous;
2. *(neds.)* demure (*fx* young lady); T goody-goody; *(snerpet)* prudish.
dydsiret[2] *adv. (jf. dydsiret*[1]*)* **1.** virtuously; **2.** demurely; prudishly.
dydsmønster paragon of virtue.
dygtig[1] *adj.* **1.** good (*fx* pupil, workman); *(mere* F*)* able (*fx* actor, lawyer, pupil, student, worker; he put up an able defence; she is the most able of our pupils); *(begavet, intelligent)* clever (*fx* he is clever with his hands; the cleverest girl in the class); *(talentfuld)* talented (*fx* he is very talented; you have such talented children);
2. *(praktisk ~)* capable (*fx* doctor, teacher, nurse); *(og sikker)* competent (*fx* nurse, pianist, teacher; he did a competent job); *(og øvet)* skilful (*fx* chessplayer, dentist, driver, mechanic, negotiator, surgeon); *(mere* F*)* proficient (*fx* driver, typist);
3. *(som får noget fra hånden)* efficient (*fx* secretary, workman);
□ *~ **i** se ndf.: ~ til, a; være ~ i skolen* do well at school; *~ **med** sukker (let glds.)* plenty of sugar; *~ **til** a) (jf. 1)* good at, clever at (*fx* arithmetic, English); *b) (jf. 2)* competent at (*fx* that kind of work); proficient at (*el.* in) (*fx* English); *hun er ~ til sit arbejde* she is good (, competent) at her job, she knows her job; *~ **til at** a) (jf. 1)* good at -ing (*fx* at teaching); *b) (jf. 3)* skilful at -ing (*fx* at tying knots, at using a computer); proficient at (*el.* in) (*fx* using a computer).
dygtig[2], **dygtigt** *adv. (jf. dygtig*[1]*)* **1.** well; **2.** competently; skilfully; **3.** efficiently; **4.** *(i høj grad; let glds.)* very, extremely (*fx* tired); *(ved verber)* very much.
dygtiggøre *vb.* qualify;
□ *~ sig* acquire new skills; *~ sig i* perfect one's knowledge of (*fx* English); *~ sig til* qualify (oneself) for.
dygtighed *sb. (en) (jf. dygtig)*
1. ability; **2.** capability; competence; skill; proficiency; **3.** efficiency.
dyk *sb. (et, -)* **1.** *(flyv.)* dive; **2.** *(fig. om priser etc.)* (steep) fall, plunge (*fx* prices have taken a fall (, plunge)); sharp decline; *(mindre)* dip.
dykke *vb.* **1.** dive; **2.** *(om ubåd)* dive; F submerge; **3.** *(flyv.)* (nose-) dive; **4.** *(med objekt)* duck;
□ *~ ned i a)* dive into; *b) (fig.)* go deeply into (*fx* a subject); delve into (*fx* a problem); *~ ud (om ubåd)* come to the surface; surface.
dykker *sb. (en, -e)* **1.** diver;
2. *(søm)* brad.
dykkerdragt diving suit.
dykkerhjelm diver's helmet.
dykkerklokke diving bell.
dykkersyge caisson disease, decompression sickness.
dykkerundersøgelse examination by divers.
dyknagle nail punch, nail set.
dykning *sb. (en, -er)* **1.** *(det at dykke)* diving; **2.** *(enkelt)* dive.
dyn *sb. (en, -) (fys.)* dyne.
dynamik *sb. (en)* **1.** *(fys., mus.)* dynamics;
2. *(drivkraft)* dynamic (*fx* driven by an inner dynamic; the dynamic of this movement);
3. *(energi)* dynamism (*fx* he has got dynamism).
dynamisk[1] *adj.* dynamic.
dynamisk[2] *adv.* dynamically.
dynamit *sb. (en)* dynamite.
dynamo *sb. (en, -er)* dynamo, generator.
dynasti *sb. (et, -er)* dynasty.
dynastisk *adj.* dynastic.
dynd *sb. (et)* **1.** mud; F mire; **2.** *(flodslam)* ooze.
dyndet *adj.* muddy; F miry.
dyne *sb. (en, -r)* **1.** *(overdyne)* duvet, continental quilt; **2.** *(underdyne)* featherbed;
□ *komme fra -n i halmen* jump out of the frying-pan into the fire; *hele -n* T the lot; *det er som at slå i en ~* it is like hitting a cushion; *nu vil jeg se -r* T I'm for bed now.
dynebetræk duvet cover, duvet case.
dynefrakke padded coat; duvet coat.
dynejakke quilted (*el.* padded) jacket; duvet jacket.
dyneløfter **1.** snooper, peeping Tom; S sex spy; **2.** *(journalist)* peeping Tom journalist.
dyneløftning snooping; prying into people's private lives.
dynevår *sb. (et, -)* **1.** bed tick;
2. *(løst) se dynebetræk.*
dynge[1] *sb. (en, -r)* heap, pile.
dynge[2] *vb.: ~ op (, sammen)* heap (up), pile up; *~ sig op* accumulate.
dyngevis *adv.* in heaps;
□ *~ af* heaps of.
dyngvåd *adj.* drenched.
dypkoger = *dyppekoger.*
dyppe *vb.* dip; *(helt under,* F*)* immerse.
dyppekoger immersion heater.
dyppelse *sb. (en, -r)* sauce.
dyr[1] *sb. (et, -)* **1.** animal; *(om større pattedyr også)* beast;
2. *(om hjortevildt)* deer;
3. *(neds. om person)* animal; *(mere* F*)* beast; *(stupid, brutal)* brute;
□ *højere (, lavere) ~* higher (, lower) animals; *vilde ~* wild animals; *de opførte sig som (vilde) ~* they behaved like animals.
dyr[2] *adj. (se også dyrt)* expensive (*fx* car, hotel, journey; it has been very expensive for me); T pricey; *(især: meget ~, for ~; kun præd.)* dear (*fx* petrol is dear now; it is too dear (*el.* expensive) for me);
□ *det er -ere at flyve* it costs more to fly; *-e vogne er ikke altid de -este i det lange løb* expensive cars are not always the dearest in the long run;
[med sb.] betale i -e domme pay through the nose; *jeg har købt den i -e domme* it has cost me a packet; *en ~ ed* a solemn oath; *det bliver ham en ~ historie (el. spøg) a)* that will cost him a bit; *b) (fig.)* he will have to pay for this; *en ~ pris* a high price; *det er -e tider vi lever i* living is expensive nowadays; *(se også råd*[1]*).*
dyreart species of animal (pl. -).
dyrebar *adj.* precious;
□ *det var ham -t* it was precious to him.
dyrebeskyttelse animal protection.
dyrefabel animal fable.
dyrefoder **1.** animal feed; **2.** *(til kæledyr)* pet food.
dyreforsøg animal experiment; *(pl. også)* experiments on animals.
dyrehandel *(butik)* pet shop.
dyrehave deer park.
dyrehospital veterinary hospital.

dyrekredsen *(astr.)* the zodiac.
dyrekøbt *adj.* costly, dearly bought (*fx* victory; the victory was dearly bought); hard-earned (*fx* experience);
□ *jeg ved af ~ erfaring at* I know to my cost that.
dyrekød venison.
dyrekølle haunch of venison.
dyreliv 1. animal life, wildlife; **2.** *(i bestemt egn el. periode)* fauna.
dyremaler animal painter.
dyremishandling cruelty to animals.
dyrepark animal park, safari park.
dyrepasser *sb. (en, -e)* keeper (at a zoo).
dyreriget the animal kingdom.
dyreryg *(steg)* saddle of venison.
dyresteg 1. *(som er stegt)* roast venison; **2.** *(stykke kød til at stege)* joint of venison.
dyretæmmer *sb. (en, -e)* animal trainer.
dyreven lover of animals, animal lover.
dyreverden 1. *(i bestemt egn el. periode)* fauna; **2.** *(dyrerige)* animal kingdom.
dyreværnsforening society for the prevention of cruelty to animals.
dyrisk[1] *adj.* **1.** *(mods. vegetabilsk)* animal (*fx* oil, produce); **2.** *(grusom etc.)* bestial (*fx* behaviour, cruelty).
dyrisk[2] *adv. (se dyrisk*[1] *2)* brutishly, bestially;
□ *de opførte sig ~* they behaved like animals.
dyriskhed *sb. (en)* brutishness, bestiality.
dyrkbar *adj.* arable (*fx* land); cultivable (*fx* land, soil).
dyrke *vb.* **1.** *(give sig af med)* go in for (*fx* athletics, music, sport); engage in (*fx* politics, sport); *(kunst)* practise (*fx* singing); *(studere)* study (*fx* history);
2. *(søge at udvikle)* cultivate (*fx* sby's acquaintance, sby's friendship; one's contacts);
3. *(jorden)* cultivate; *(let glds.)* till;
4. *(afgrøde)* grow, raise (*fx* beans, cotton, wheat);
5. *(guder)* worship (*fx* strange gods);
6. *(bakterier)* culture;
□ *~ op se opdyrke; (se også selskabelighed).*
dyrkelse *sb. (en)* **1.** cultivation;
2. *(tilbedelse)* worship.
dyrker *sb. (en, -e)* **1.** *(af jorden)* cultivator;
2. *(tilhænger etc.)* devotee (*fx* of history, of music, of sport); *(*F *el. spøg.)* votary (*fx* of golf);
3. *(af Gud)* worshipper.
dyrkning *sb. (en)* **1.** *(af jord)* cultivation; **2.** *(af afgrøde)* growing, raising; **3.** *(af bakterier)* culture.
dyrkningsmåde method of cultivation.
dyrlæge vet; F veterinary surgeon; *(am.)* veterinarian.
dyrplager *sb. (en, -e)* tormentor of animals.
dyrplageri *sb. (et)* cruelty to animals.
dyrskue *sb. (et, -r)* cattle show.
dyrt *adv. (jf. dyr*[2]*)* **1.** expensively (*fx* we dined expensively); at a high price (*fx* he sold it at a high price);
2. *(fig.)* dearly (*fx* he paid dearly for his success; he sold his life dearly; the victory was too dearly bought);
□ *de bor ~* their flat (, house) costs them a lot; *han har købt ~* he has paid a high price for it; *det kom ham ~ at stå* it cost him dear; he paid dearly for it (*fx* for his mistake); *det her skal komme dig ~ at stå!* you will pay dearly for this! *sværge højt og ~* swear a solemn oath.
dyrtid time of high prices;
□ *der er ~* prices are high.
dyrtidsportion threshold payment.
dyrtidsreguleret *adj.* with cost-of-living adjustment.
dyrtidsregulering cost-of-living adjustment.
dyrtidstillæg cost-of-living bonus.
dyse *sb. (en, -r)* nozzle; *(lille)* jet.
dysenteri *sb. (en)* dysentery.
dysleksi *sb. (en)* dyslexia.
dyslektisk *adj.* dyslectic, dyslexic.
dyspepsi *sb. (en)* dyspepsia.
dysse[1] *sb. (en, -r)* dolmen.
dysse[2] *vb.: ~ en i søvn* lull (*el.* put) sby to sleep; *~ en ned* calm sby down; *~ en skandale ned* hush (*el.* cover) up a scandal.
dyst *sb. (en)* **1.** *(kamp)* fight, combat;
2. *(turnering)* tilt, joust;
3. *(fig.)* dispute; *(litt., glds.)* passage of arms;
□ *vove en ~ med en (litt.)* enter the lists against sby; break a lance with sby.
dyster *adj.* gloomy (*fx* place, expression, silence, prospects);
F sombre (*fx* room, report, look, voice; he looked sombre (, gloomy)); *(litt.: og højtidelig)* sepulchral (*fx* face, tone, voice, atmosphere);
□ *~ mine a)* sombre air; *b) (vrede)* black looks pl.
dystløb, **dystridt** tilt, joust.
dyt[1] *sb. (en, -ter)* S car.
dyt[2] *sb. (et, -)*, **dytte** *vb.* **1.** bleep, beep; **2.** *(om bil)* toot, hoot; *(mere hæs lyd)* honk.
dægge *vb.: ~ for (let glds.)* pet, cosset.
dæggelam 1. pet lamb; **2.** *(fig.)* darling, pet.
dæk *sb. (et, -)* **1.** *(cykel-, bil-)* tyre; *(am.)* tire;
2. *(skibs-, bro-)* deck;
3. *(i hus)* floor.
dækadresse cover address, accommodation address.
dækfarve opaque colour.
dækfjer contour feather.
dækjern tyre lever.
dække[1] *sb. (et)* cover; covering;
□ *under ~ af a)* under cover of (*fx* darkness); *b) (påskud)* on the pretext of; *spille under ~ med* act (*el.* be) in collusion with.
dække[2] *vb. (se også dækkende)*
1. cover;
2. *(om beskrivelse, definition, forsikring, journalist etc.)* cover;
3. *(om oversættelse)* mean the same thing as; *(uden objekt)* be accurate, be adequate;
4. *(udgifter)* cover, meet;
5. *(mil.)* cover (*fx* cover the retreat);
6. *(i skak)* guard;
7. *(i sport)* mark, cover;
□ *dæk! (til hund)* down!
[med sb.] ~ behovet meet the demand; *~ bord* set (*el.* lay) the table; *~ middagsbordet* set (*el.* lay) the table for dinner; *han fik sine udgifter -t* he had his expenses paid;
*[med præp. & adv.] ~ '**af** (ɔ: dække til)* cover up; *-t af mørket* under cover of darkness; *~ **for** (skjule)* hide; F conceal; *~ **imod** al skade* cover against all risks; *~ **ind** a)* recoup (*fx* losses); *b) (opveje)* offset (*fx* raise prices to offset higher costs); *~ (op) **med*** set (*el.* put) out (*fx* the best plates); *~ **op** a) (i fodbold etc.)* mark, cover; *b) (~ bord)* set (*el.* lay) the table; *~ **op for** en (ɔ: kræse op)* do sby well (*el.* proud); *~ **op til** seks (personer)* set the table for six; *~ **over** a) (ɔ: skjule)* cover up (*fx* one's mistakes, sby's inefficiency; one's real intentions); *b) (person)* shield, cover up for; *~ '**til*** cover up; *~ til seks (personer)* set (*el.* lay) the table for six; *der er -t til tyve* the table is set (*el.* laid) for twenty;
*[med sig] ~ **sig** a) (søge dækning)* take cover; *b) (fig.: sikre sig)* protect oneself; *~ **sig bag** a) (skjule*

sig bag) hide behind (*fx* a tree); *b) (fig.: for at undgå ansvar)* take refuge behind; ~ **sig ind** *a) (sikre sig)* protect oneself; *b) (ved indkøb)* lay in fresh stock (*el.* supplies); *c) (for udgifter)* reimburse oneself; ~ ***sig mod*** *tab* secure oneself against losses.
dækken *sb. (et, -er)* (horse)cloth.
dækkende *adj.* **1.** adequate (*fx* definition, translation); **2.** *(passende)* suitable;
□ *skrevet i et ~ sprog* written in a language suited to the subject; *finde et ~ udtryk for dette på engelsk* find a suitable equivalent of this in English.
dækkeserviet place mat.
dækketallerken service plate.
dækketøj table linen.
dækliste capping.
dæknavn alias; cover name; *(fx agents også)* code name.
dækning *sb. (en, -er)* **1.** covering; **2.** *(i pressen)* coverage; **3.** *(betaling)* settlement, payment; **4.** *(erstatning)* compensation (*fx* for a loss); *(refundering)* reimbursement (*fx* for travelling expenses); **5.** *(forsikrings-)* cover, coverage; **6.** *(beskyttelse)* cover;
□ *gå i ~, søge ~* take cover (*fx* under a tree); *der er ~ for checken* the cheque will be met; *afskrive til ~ af tab* write off to meet losses.
dækningsbidrag contribution margin.
dækningskøb covering purchase.
dækningsløs *adj.: ~ check* cheque referred to drawer, RD cheque, bad cheque, dud cheque; T rubber cheque.
dækningsstyrke *(mil.)* covering force.
dækorganisation front organization.
dæksblad *(i cigar)* wrapper.
dæksbåd decked boat.
dæksdreng (ship's) boy.
dæksel *sb. (et, dæksler)* **1.** cover (*fx* hatch cover); **2.** *(låg)* lid; **3.** *(benzin-)* cap.
dækslast *(sø.)* deck cargo.
dæksofficer *(sø.)* deck officer.
dækspassager *(sø.)* steerage passenger.
dæksplads steerage;
□ *rejse på ~* travel steerage.
dæk(s)stol deckchair.
dækstilling *(i fægtning)* guard;
□ *i ~* on one's guard.
dæktryk tyre pressure.
dækvinge *(zo.)* elytron (pl. elytra).
dæmme *vb.* dam;
□ *~ op for a)* dam up (*fx* a stream); *b) (fig.)* contain (*fx* the attack, inflation); restrain (*fx* his anger).
dæmning *sb. (en, -er)* **1.** *(til at stemme vand op)* dam; **2.** *(langs flod; jernbane-)* embankment.
dæmon *sb. (en, -er)* demon.
dæmonisk[1] *adj.* demonic (*fx* laughter).
dæmonisk[2] *adv.* demonically.
dæmpe *vb. (se også dæmpet)*
1. *(holde igen på)* put the brake on (*fx* public expenditure, rising prices); F curb (*fx* imports, inflation);
2. *(følelser)* curb (*fx* his anger, his enthusiasm); damp (down), dampen; F moderate (*fx* his enthusiasm); mitigate (*fx* his anger); *(betvinge)* subdue (*fx* one's fears, one's passions);
3. *(lys)* dim;
4. *(lyd)* deaden (*fx* the thick walls deadened the sound); *(ved at binde tøj om)* muffle (*fx* the oars, his cries; he muffled the sound of the horse's hoofs by tying rags around them);
5. *(stemme)* lower;
6. *(et instrument)* mute;
7. *(farver, radio, udtryk)* tone down;
8. *(sejl)* spill;
□ *~ ilden* damp down the fire; *~ søen med olie* pour oil on the waves; *~ en* ***ned*** calm sby down; *~ sig ned* calm down.
dæmper *sb. (en, -e)* **1.** damper; **2.** *(sordin)* mute;
□ *lægge en ~ på (fig.)* curb, restrain (*fx* his impatience); mute (*fx* popular discontent); put a damper on (*fx* his optimism, other people's enjoyment, the mirth); T pour cold water on (*fx* his hopes, his optimism).
dæmpet *adj.* **1.** subdued (*fx* colour, light); F muted (*fx* colours);
2. *(om lyd)* subdued (*fx* conversation); F muted (*fx* complaint, criticism, protest; a strange, muted sound; they spoke in muted (, subdued) voices);
(og utydelig) muffled (*fx* conversation, protests, voices);
(blid etc.) soft (*fx* music, footsteps);
□ *med -t stemme (også)* in a low voice, in an undertone, under one's breath.
dæmre *vb.* dawn (*fx* it was dawning when he left; dawning hopes);
□ *det -de for ham* he began to see daylight; *det -de for ham at* it dawned on him that.
dæmring *sb. (en)* **1.** *(morgen-)* dawn; **2.** *(aften-)* twilight.
dænge *vb.: ~ en til med snebolde (, sten etc.)* pelt sby with snowballs (, stones etc.).
dø *vb. (døde, død el. døet) (se også døende)* die;
□ *han -de som en fattig mand* he died (as) a poor man; *telefonen -de* the telephone went dead; *(se også naturlig, stille*[2]*)*;
[med præp. & adv.] ~ ***af*** *a)* die of (*fx* old age, cancer, cholera, exposure, grief, starvation, thirst); *b) (om mere indirekte årsag)* die from (*fx* an overdose of heroin; overwork, shock, one's wounds); *det -r han ikke af (fig.)* that won't kill him; that won't do him any harm; *~ af kulde (, sult) (også)* freeze (, starve) to death;
være ved at ~ ***af*** be dying of (*fx* boredom, curiosity); be dying with (*fx* curiosity, shame); *(være ved at) ~ af grin* (nearly) die laughing (*fx* you'd die laughing if you saw him); *være ved at ~ af kulde (ɔ: hundefryse)* be frozen to death; *være ved at ~ af længsel efter noget* be dying for sth (*fx* I am dying for a cigarette); *(se også skræk)*;
det vil ~ ***af sig selv*** it will die of its own accord;
~ ***bort*** *a)* die; *b) (dø hen)* die away (*fx* the noise died away);
~ ***for*** *sit fædreland* die for one's country;
~ ***hen*** die away; die down;
jeg tør ~ ***på*** *at det er sandt* I'll stake my life on its being true;
~ ***ud*** die out; F become extinct.
døbe *vb. (døbte, døbt)* **1.** *(navngive)* christen (*fx* he was christened John after his father);
2. *(om ceremonien,* F *& i kirkeligt sprog)* baptize;
3. *(om skib etc.)* christen, name;
□ *~ om (ɔ: give andet navn)* rename.
døbefont (baptismal) font.
døbenavn Christian name.
døber *sb. (en, -e)* baptizer;
□ *Johannes Døberen* St. John the Baptist.
død[1] *sb. (en)* death; *(*F *el. jur.)* decease, demise;
□ *det bliver min ~* it will be the death of me; *finde -en* meet one's death; *~ og pine!* gosh!
*[med adj.] det er en sen ~ (*T*, fig.)* it is a slow job; *den sorte ~ (hist.)* the Black Death; *den visse ~* certain death; *(se også naturlig, stille*[2]*)*;
[med præp.] ligge ***for*** *-en* be dy-

ing; be on one's deathbed; *gå* ***i*** *-en for* die for; *tro* **indtil** *-en* faithful unto death; *han vil tage sin ~* ***over*** *det* it will be the death of him; *~ over tyrannen* death to the tyrant; *græmme sig* ***til -e*** grieve oneself to death; die of grief; *(se også afgå (ved), dømme (til), kede (til), nær², stå² (op af)).*

død² *adj.* **1.** dead (*fx* a dead boy; the telephone is dead; my fingers are dead; a rather dead town); *(livløs også,* F*)* inanimate (*fx* inanimate objects *(døde ting)*);
2. *(om tid)* slack (*fx* a slack period);
3. *(som pf.ptc.)* died;
□ *de -e* the dead; *den -e* the dead man (, woman); *(jur.)* the deceased; *200 -e* 200 dead; *~ og borte* dead and gone;
[med vb.] ~ og ***begravet*** dead and buried; *han* ***er*** *~ a) (afgået ved døden)* he has died; *b) (ikke i live)* he is dead; ***gå*** *~ a) (om elektrisk apparat: ikke fungere)* go dead (*fx* the telephone (, computer) went dead); *b) (besvime)* pass out; *hendes fingre* ***var*** *-e* ***af*** *kulde* her fingers were dead (*el.* numb) with cold; *han var ~ af kræft* he had died of cancer; *~ eller* ***levende*** dead or alive; *mere ~ end levende* more dead than alive; ***ligge som*** *~* lie as one dead; ***lægge*** *en bold ~* kill a ball;
[med sb.] Det -e Hav the Dead Sea; *-t løb* (a) dead heat; *det blev -t løb mellem dem* it was a dead heat between them; *-t punkt a)* dead centre; *b) (fig.)* deadlock (*fx* the negotiations have reached deadlock); F impasse (*fx* reach an impasse in the discussion); *komme over det -e punkt (fig.)* break the deadlock; *nå et -t punkt a)* reach deadlock; F reach an impasse; *b) (gå i stå)* get stuck; *vi er kommet over det -e punkt (også)* things have begun to move; *en ~ sild, ~ som en sild se sild*; *-t skib* abandoned vessel; *-t sprog* dead language; *~ vinkel a) (mil.)* dead angle; *b) (i bil)* blind area.

død- (T*: forstærkende)* dead (*fx* certain, clever, easy, good, sure); *(se også dødkedelig, dødlækker).*

dødbider *sb. (en, -e)* **1.** *(kedelig)* drag; **2.** *(reaktionær)* stick-in-the-mud.

dødbleg *adj.* deathly pale.

dødbringende *adj.* deadly (*fx* poison); fatal (*fx* wound, blow); (F *el. fagl.)* lethal (*fx* blow, dose of poison, weapon).

døddrukken *adj.* dead drunk, blind drunk; S paralytic.

døde¹ *præt. af dø.*

døde² *vb.: Gud ~ mig!* by Jove!

dødedag *se dødsdag.*

dødedans Dance of Death.

dødelig¹ *adj.* **1.** *(dødbringende)* deadly (*fx* disease, peril); fatal (*fx* dose, wound); (F *el. fagl.)* lethal (*fx* dose); *(litt.)* mortal (*fx* danger, wound);
2. *(som skal dø)* mortal (*fx* we are all mortal);
□ *en ~* a mortal; *almindelige -e* ordinary mortals; *med ~ udgang* fatal.

dødelig², **dødeligt** *adv. (så man dør af det)* fatally (*fx* wounded); *(litt.)* mortally (*fx* wounded);
□ *~ forelsket* head over heels in love; *~ fornærmet* mortally offended.

dødelighed *sb. (en)*, **dødelighedsprocent** mortality (rate), death rate;
□ *en høj ~* a high rate of mortality.

dødemandsknap = *dødmandsknap.*

dødfødt *adj.* stillborn (*fx* baby; idea).

dødkede *vb.: ~ sig* be bored stiff (*el.* to death *el.* to tears).

dødkedelig *adj.* deadly dull; T deadly (*fx* the lecture was absolutely deadly);
□ *han er ~* he is a deadly bore.

dødlignende *adj.* death-like; F deathly (*fx* pallor, silence).

dødlækker *adj.* T super, brilliant.

dødmandsknap *(jernb.)* dead man's handle.

dødning *sb. (en, -er) (genfærd)* ghost; F spectre;
□ *bleg som en ~* deathly pale.

dødningeagtig *adj.* **1.** ghostlike; F spectral; **2.** *(bleg og tynd)* cadaverous.

dødningeben *sb.pl.* dead men's bones;
□ *korslagte ~* crossbones.

dødningehoved skull; death's-head.

dødningeur *(zo.)* deathwatch beetle.

dødsangst *sb. (en)* **1.** *(angst for døden)* fear of death; **2.** *(stærk angst)* mortal dread (*el.* fear).

dødsannonce death notice, death announcement.

dødsattest death certificate.

dødsbo *sb. (et, -er)* estate of a deceased person.

dødsbudskab tidings *(pl.)* of sby's death.

dødscelle condemned cell.

dødsdag 1. day of sby's (, his, her) death; **2.** *(årsdag)* anniversary of sby's (, his, her) death;
□ *jeg vil huske det til min ~* I shall remember it to my dying day.

dødsdom 1. death sentence; **2.** *(fig.)* death warrant (*fx* he signed his own death warrant).

dødsdrom *sb. (en, -er) (svarer til)* wall of death.

dødsdømt *adj.* **1.** sentenced (*el.* condemned) to death; **2.** *(fig.)* doomed;
□ *planen var ~ på forhånd* the plan was doomed to failure.

dødsengel angel of death.

dødsens¹ *adj.: du er ~* you are a dead man (, woman).

dødsens² *adv.: ~ alvorlig* deadly serious; *~ angst* in mortal fear; *~ kedelig se dødkedelig.*

dødsfabrik death factory.

dødsfald death;
□ *på grund af ~ i familien* owing to bereavement.

dødsfjende mortal enemy.

dødsforagt contempt for death;
□ *med største ~ a)* with complete disregard of danger; *b) (fig., spøg.)* nothing daunted.

dødsforagtende *adj.* death-defying.

dødsfælde death trap.

dødshjælp euthanasia (*fx* active (, passive) euthanasia).

dødsikker *adj.* dead sure (*fx* I am dead sure); dead certain (*fx* it is dead certain).

dødskamp death struggle; (F, *også fig.)* death throes pl.

dødskriterium criterion of death.

dødskval pangs of death pl.

dødskys death kiss, kiss of death.

dødsleje *sb. (et, -r)* deathbed.

dødslejr death camp.

dødsliste death roll.

dødsmaske death mask.

dødsmesse Requiem (mass).

dødsmærket *adj.* doomed.

dødsmåde manner of death.

dødsoffer victim (*fx* the earthquake claimed many victims).

dødspatrulje death squad.

dødsrallen death rattle.

dødsrige land of the dead.

dødssejler 1. *(spøgelsesagtigt skib)* phantom ship;
2. *(plimsoller)* coffin ship, floating coffin;
3. *(dødsdømt foretagende)* a sinking ship;
□ *det er en ~ (jf. 3, også)* it is doomed to failure.

dødsspring *(ɔ: som man dør af)* death leap (*fx* take a death leap);
□ *han foretog et ~ ud fra tredje*

sal (ɔ: dødsensfarligt) he risked death by jumping from the third floor.
dødsstivhed rigor (mortis).
dødsstraf 1. the death penalty (*fx* they want to abolish (, restore) the death penalty); *(som begreb)* capital punishment (*fx* he is opposed to capital punishment);
2. *(dom)* death sentence;
□ *blive idømt ~* be sentenced to death; *under ~* (F *el. jur.)* on pain (*el.* penalty) of death.
dødsstråle death ray.
dødsstund hour of death.
dødsstød deathblow (*fx* it was a deathblow to his hopes);
□ *give planen -et* deal a deathblow to the plan; T give the plan the kiss of death.
dødssyg *adj.* **1.** critically ill; **2.** S *(dårlig)* rotten, chronic; *(kedelig)* desperate, deadly (*fx* job);
□ *~ af kræft* dying of cancer; *det er -t (jf. 2, også)* it's a drag.
dødssynd mortal sin (*fx* it is a mortal sin to do that);
□ *de syv -er* the seven deadly sins.
dødstanker *sb.pl.* thoughts of death.
dødstegn sign of death.
dødstille *adj.* as still as the grave (*el.* as death).
dødsulten *adj.: jeg er ~* I am starving.
dødsulykke fatal accident.
dødsønske death wish.
dødsår year of sby's (, his, her) death.
dødsårsag cause of death.
dødtræt *adj.* tired to death; T dead tired, dead beat;
□ *jeg er ~ af* I am sick and tired (*el.* sick to death) of (*fx* him; hearing him complain).
dødvande *sb. (et)* **1.** *(i forhandlinger etc.)* deadlock (*fx* attempts to break the deadlock *(komme ud af..)*); F impasse (*fx* arrive at an impasse); *(am. også)* logjam (*fx* unlock the logjam);
2. *(åndeligt)* stagnation; backwater;
3. *(sø.)* dead water.
dødvægt dead weight.
døende *adj.* dying;
□ *den ~* the dying man (, woman); *pleje af ~* terminal care.
døgenigt *sb. (en, -e)* good-for-nothing; *(let glds.)* ne'er-do-well.
døgn *sb. (et, -)* day and night; 24 hours;
□ *fem ~* five days and nights; *fire timer i -et* four hours a day; four hours in the twenty-four; *-et rundt* day and night; 24 hours a day; all the 24 hours; *sove (, arbejde) -et rundt (også)* sleep (, work) around the clock.
døgnboks night safe.
døgnbrænder *sb. (en, -e)* continuous-burning stove.
døgnbutik all-night shop.
døgndrift day-and-night work; round-the-clock work;
□ *arbejde i ~* work around the clock (*fx* to get finished).
døgner *sb. (en, -e)* T all-nighter.
døgnflue 1. *(zo.)* May fly; **2.** *(fig.)* a flash in the pan;
□ *det tidsskrift er kun en ~* that magazine is here today and gone tomorrow.
døgninstitution [residential home for children or young persons].
døgnkiosk all-night shop.
døgnlitteratur ephemeral literature.
døgnmelodi *(omtr.)* hit.
døgnrytme circadian rhythm.
døgnvagt 24-hour duty.
døgnåben *adj.* open night and day, open 24 hours, open round the clock.
døje *vb.* **1.** *(lide)* endure (*fx* cold, hardships); suffer; **2.** *(finde sig i)* put up with;
□ *jeg kan* ***ikke*** *~ den fyr* I can't stand (*el.* stick *el.* I detest) that fellow; *jeg kan ikke ~ at* I can't stand (*el.* bear) -ing; *(se også ond)*; *[med præp.] han -r* ***med*** *sin gigt* he is bothered with his rheumatism; *de har -t med den træk i årevis* they have had to put up with that draught for years; *~* ***med at*** have difficulty in -ing (*fx* she has difficulty in hearing); have a job -ing (*fx* he had a job getting finished).
døjt *sb.: ikke en ~* not a bit; *jeg bryder mig ikke en ~ om det* I don't give a rap (*fx* I don't give a rap what he says).
dølge *vb. (dulgte, dulgt)* conceal.
dølgsmål concealment;
□ *fødsel i ~* concealment of birth; clandestine childbirth.
dølle *vb.* **1.** *(dukke)* put down; T squash; **2.** *(holde nede)* sit on.
dømme *vb. (dømte, dømt)* **1.** judge (*fx* don't judge him too harshly);
2. *(jur.: kende skyldig)* convict (*fx* he was convicted, the others were acquitted);
3. *(jur.: idømme person straf)* pass sentence on; *(når straffen er angivet)* sentence (*til (at)* to, *fx* to ten years' imprisonment, to death, to be hanged); *(om streng straf også)* condemn (*til (at)* to, *fx* to life imprisonment, to death, to be shot at dawn);
4. *(jur.: være dommer) (i civilsag)* judge, pass judgment; *(i kriminalsag)* pass sentence;
5. *(i sport, jf. dommer: i fodbold, boksning etc.)* referee;
(i baseball, cricket, tennis etc.) umpire;
(ved væddeløb, roning) act as judge;
□ *-nde magt se magt; døm selv!* judge for yourself!
[med præp.] når vi -r ham ***efter*** *vor målestok* if we judge him by our standard(s); *at ~ efter hans udseende* judging from his appearance; *efter alt at ~ a) (efter hvad der siges)* by all accounts; *b) (som det ser ud)* to all appearances; *hun blev ~* ***for*** *tyveri* she was convicted of theft; *~* ***i*** *en konkurrence* judge a competition; *~ i en kamp* referee (, umpire) a match; *~ i en sag* judge a case, try a case; *~* ***om*** judge of; *~ en* ***på*** *indicier* convict sby on circumstantial evidence;
~ en ***til*** *a) se 2 ovf.*; *b) (af skæbnen)* be doomed to (*fx* whales may be doomed to extinction); *~ en til døden* pass sentence of death on sby; condemn sby to death; *han blev* ***dømt til at*** *betale skadeserstatning* he was ordered to pay damages; *være dømt til at (ɔ: af skæbnen)* be doomed to, be condemned to (*fx* she was doomed (*el.* condemned) to live in poverty); *planen var dømt til at mislykkes* the plan was doomed to failure.
dømmekraft judgement; F discernment.
dømmesyg *adj.* carping, fault-finding; F censorious.
dønning *sb. (en, -er)* swell;
□ *fremkalde -er (fig.)* cause repercussions (*el.* reverberations); *da -erne havde lagt sig (fig.)* when the dust had settled.
dør *sb. (en, -e)* **1.** door (*til* leading to, to, of, *fx* a door leading to the corridor; the door to (*el.* of) my room);
2. *(døråbning)* doorway (*fx* she was standing in the doorway);
□ *hun gik hans ~ forbi (let glds.)* she failed to look him up; *(se også dum, lukke², smække²)*;
[med præp.] ***bag*** *lukkede -e* behind closed doors;
stå ***for*** *-en (fig.)* be near; F be at hand; *(se også feje)*; *for åbne (, lukkede) -e* with the doors open (, closed); *for åbne -e a) (også)* in

public; *b) (jur.)* in open court; *for lukkede -e (jur.)* in closed court (*fx* the cross-examination was conducted in closed court); in camera (*fx* the case was heard in camera);
holde sulten (, nøden) ***fra*** *-en* keep the wolf from the door;
stå ***i*** *-en* stand in the doorway;
gå ***ind ad*** *-en* go in through the door;
inden *-e* indoors; F within doors;
inden for *-en* inside the door; *sæt aldrig din fod inden for mine -e igen* never set foot in this house again;
falde ***med*** *-en ind i huset* burst in; *(se også smække, stille*[3] *(gå stille med -ene));*
bo ~ ***om*** *~ med en* live next door to sby, be sby's next-door neighbour;
banke ***på*** *-en* knock at (*el.* on) the door; *rende en på -ene* camp on sby's doorstep, pester sby with visits; *han -r mig på dørene (også)* he is always on my doorstep;
ringe på -en ring the doorbell;
følge en ***til*** *-en* see sby out;
følge sagen til -s (fig.: gøre færdig) follow the matter through;
gå ***ud ad*** *-en* go out of the door;
ude af *-en* out of the door (*fx* they were out of the door by 8); off (*fx* I have to be off in half an hour);
uden for *-en* outside the door;
lige uden for ens ~ (fig.) on one's doorstep; *sætte en uden for -en (i skole)* send sby out of the (class)room (*el.* into the corridor);
han giver ikke ***ved*** *-ene a)* he never pays (, says) more than he can help; *b) (om lærer)* he is very strict in his marking; *salg ved -ene* door-to-door selling; *sælge ved -ene* sell from door to door.
dørfylding door panel.
dørgreb *sb. (et, -)* door handle; *(rundt)* door knob.
dørhammer door knocker.
dørhåndtag *se dørgreb.*
dørk *sb. (en) (sø.)* floor.
dørkarm door frame.
dørkikkert peephole (with concave glass).
dørklokke door bell;
□ *stemme -r* T lean on doorbells; canvass (, sell) from door to door.
dørknald pulling firework.
dørlukker door closer, door spring.
dørmand doorman; *(udsmider)* bouncer.
dørmåtte *(også fig.)* doormat.
dørplade door plate.
dørpumpe door closer.
dørsalg door-to-door selling.
dørskilt *(navneskilt)* nameplate.
dørslag colander.
dørspion *se dørkikkert.*
dørsprække chink (of a door).
dørstolpe door post.
dørstopper door stop.
dørsælger door-to-door salesman.
dørtelefon entry phone.
dørtrin doorstep.
dørtærskel F threshold;
□ *jeg tror ham ikke over en ~* I wouldn't trust him an inch (*el.* further than I can throw him).
dørvogter 1. doorkeeper; **2.** *(portner)* porter.
døråbning doorway.
døs *sb. (en): ligge hen i en ~ (ɔ: let søvn)* be dozing; *gå rundt i en ~ a)* walk around in a trance; *b) (på grund af chok)* walk around in a daze.
døse *vb.* drowse;
□ *~ hen* doze off, drop off.
døsig *adj.* drowsy.
døsighed *sb. (en)* drowsiness.
døtre *pl. af datter.*
døv *adj.* deaf (*for* to);
□ *totalt ~* totally (*el.* profoundly) deaf;
[med: øre] han talte for -e ører he spoke to deaf ears; his appeals (, complaints etc.) fell on deaf ears; *~ på det ene øre* deaf in one ear; *vende det -e øre til* turn a deaf ear (*fx* to sth, to sby).
døvbleven *adj.* deafened.
døvblevenhed *sb. (en)* acquired deafness.
døve *vb.* **1.** *(lindre)* deaden (*fx* the pain); **2.** *(om noget skarpt)* blunt.
døvelærer teacher of the deaf.
døvesprog deaf sign language.
døvetolk signer.
døvhed *sb. (en)* deafness.
døvnælde *(bot.)* dead-nettle.
døvstum deaf-mute;
□ *en ~* a deaf-mute.
døvstumhed *sb. (en)* deaf-muteness.
då *sb. (en, -er) (zo.)* **1.** *(dådyr)* fallow deer; **2.** *(hun: dåhind)* doe.
dåb *sb. (en)* **1.** *(navngivning)* christening; **2.** *(om ceremonien, F & i kirkeligt sprog)* baptism.
dåbsattest certificate of baptism; *(svarer i praksis til)* birth certificate.
dåbsdag day of christening.
dåbsfad baptismal dish.
dåbsgave christening gift.
dåbshandling christening ceremony.
dåbskjole christening dress (*el.* gown); F christening robe.
dåbsritual baptismal rite; *(i kirke)* baptismal service.
dåd *sb. (en)* deed; *(stor-)* feat; *(se også råd*[1] *(med råd og ~); vække, vågne (op)).*
dådyr *(zo.)* fallow deer (pl. -).
dåhind *(zo.)* doe.
dåhjort *(zo.)* fallow buck.
dåkalv, **dåkid** *(zo.)* fawn.
dåne *vb.* faint; *(glds. el. litt.)* swoon.
dånefærdig *adj.* ready to faint.
dåre[1] *sb. (en, -r) (glds.)* fool.
dåre[2] *vb. (glds.) se bedåre.*
dårekiste *(glds.)* madhouse, bedlam.
dårekistelem *sb. (et, -mer) (glds.)* lunatic, bedlamite.
dårlig[1] *adj. (se også dårligere, dårligst)* **1.** *(mods. god)* bad (*fx* news, food, novel, weather); *(svagere: ringe, især om præstation; mere* F*)* poor (*fx* food, novel, quality, reward; dancer, singer, teacher);
2. *(syg, kun præd.)* ill; *(utilpas)* unwell; *(med kvalme)* queasy (*fx* he felt queasy); nauseous;
3. *(om legemsdel)* bad (*fx* have a bad eye (, finger));
4. *(uheldig)* bad (*fx* habit);
□ ***blive*** *~ a) (om mad)* go bad (*fx* the meat has gone bad); *b) (om person: blive syg)* be taken ill; *c) (få kvalme)* feel sick (*el.* queasy); get sick; *det er til at* ***blive*** *~* ***af*** it is sickening (*el.* nauseating); *jeg bliver ~ af det* it makes me sick;
~ ***for*** bad for; *det er* ***for*** ***-t!*** it is too bad! *det* ***går*** ***-t for firmaet*** things are going badly with the firm; *han* ***ser*** *~* ***ud*** he does't look well; *være ~* ***til at*** be bad (*el.* poor) at -ing (*fx* at getting things done); *være ~ til at læse (, spille)* be a poor reader (, player);
[med sb.] -t helbred poor health; *-t lys* bad light; *~ mave se mave*[1]; *~ ryg se ryg*; *~ smag* bad taste; *(smagløshed også)* poor taste; *han har (sådan) en ~ smag* he has (such) bad (*el.* poor) taste; *få den -e smag ud af munden* get the bad taste out of one's mouth; *det giver en ~ smag i munden* it leaves a bad taste in one's (*el.* the) mouth; *(stærkere)* it leaves a nasty taste in one's (*el.* the) mouth; *have ~ tid se tid*; *-t vejr* bad weather; *(se også samvittighed, ånde*[1]*).*
dårlig[2], **dårligt** *adv.* **1.** badly; poorly; **2.** *(ɔ: dårligt nok, næsten ikke)* hardly;
□ *~ betalt* badly paid; ill-paid; *have det -t med noget* feel bad about sth; *~ nok (ɔ: næsten ikke)* hardly (*fx* I hardly know him).
dårligdom *sb. (en)* **1.** *(sygdom(me))* illness; **2.** *(moralsk)* wickedness.

dårligere *adj. & adv.* **1.** worse; **2.** *(i ringere grad)* less.
dårligst *adj. & adv.* **1.** worst; **2.** *(i ringest grad)* least;
□ *de ~ stillede* those who are worst off.
dårligt *adv. se dårlig*[2].
dårskab *sb. (en, -er)* folly; *en ~* a piece of folly.
dåse *sb. (en, -r)* **1.** box;
2. *(kaffe- etc.)* canister;
3. *(te-)* caddy;
4. *(konserves-)* tin, can; *(am. kun)* can;
□ *på ~ a)* tinned, canned; *(am. kun)* canned; *b) (fig.)* canned (*fx* music).
dåselatter canned laughter.
dåsemad tinned food, canned food; *(am. kun)* canned food;
□ *leve af ~* live out of tins (, cans).
dåseoplukker, **dåseåbner** tin (*el.* can) opener; *(am. kun)* can opener.
dåseøl canned beer.
dåvildt 1. fallow deer (pl. -);
2. *(kød)* venison.

E

eau de Cologne *sb. (en)* eau-de-Cologne.
e. b. *(efter befaling)* by order.
ebbe[1] *sb. (en)* **1.** *(faldende vandstand)* ebb tide;
2. *(lavvande)* low tide, low water (*fx* the difference in sea level between high water and low water);
3. *(fig.)* ebb;
□ *~ og flod* ebb and flow; *-n begynder, -n indtræffer* the tide begins to go out; *det er ~ a) (jf. 1)* the tide is going out, the tide is on the ebb; *b) (jf. 2)* it is low tide; the tide is out; *der er ~ i kassen* I am (, he is etc) short of funds (*el.* cash).
ebbe[2] *vb.* ebb;
□ *~ ud a) (blive svagere)* ebb away (*fx* his strength was ebbing away; their rage ebbed away); *(om lyd)* die away; *b) (gå på hæld)* draw to a close (*fx* his life was drawing to a close); *samtalen var ved at ~ ud* conversation was flagging.
ebbetid ebb-tide.
ebonit *sb. (en)* ® ebonite.
echaufferet *adj.* hot, flustered.
eclat *sb. (en)* éclat;
□ *med stor ~ (også)* spectacularly.
ecru *adj. (farve)* écru.
ecu *sb. (en, -)* ecu.
ecuadorianer *sb. (en, -e),* **ecuadoriansk** *adj.* Ecuadorian.
ed *sb. (en, -er)* **1.** oath; **2.** *(bandeord)* curse (*fx* with a curse he gave up the attempt); *(let glds.)* oath;
□ *falsk ~* perjury; *-er og forbandelser* curses and oaths; *en kraftig (el. drøj) ~* a coarse oath; F a lurid oath;
[med vb. (+ præp.)] ***aflægge*** *~ a)* take the oath (*fx* in court); swear (*fx* on the Bible); *b) (om embedsed)* be sworn in (*fx* the new President was sworn in); *aflægge falsk ~* commit perjury; ***aflægge ~ på*** *(at)* swear (an oath) to (*fx* he swore an oath to support the King); *det tør jeg aflægge ~ på* I'll take my oath on that; ***bekræfte med*** *~* affirm by oath; ***tage*** *en* ***i*** *~* swear sby in.
EDB, edb *(elektronisk databehandling)* EDP; *(oftest bruges den fuld form)* electronic data processing.
edb- *(i sms. især)* computer (*fx* centre, department, network, program).
edb-anlæg computer system.
edb-chef data-processing manager.
edb-maskine computer.
edb-styret *adj.* computerized.
edb-udskrift print-out; *(papir-, mods. diskette el. tape)* hard copy.
edder *sb. (en) (glds.)* venom;
□ *fuld af ~ og forgift* venomous.
edderdun eiderdown.
edderfugl *(zo.)* eider.
edderkop *sb. (en, -per) (zo.)* spider.
edderkoppespind spider's web, cobweb.
edderkopurt *(bot.)* St Bernard's lily.
eddersmart[1] *adj.* T nifty.
eddersmart[2] *adv.* T niftily.
edderspændt[1] *adj.* furious; T livid (with rage); hopping mad.
edderspændt[2] *adv.* furiously.
eddike *sb. (en)* vinegar.
eddikebrygger 1. vinegar manufacturer; **2.** *(fig.)* surly fellow.
eddikebryggeri vinegar factory.
eddikesur *adj. (fig.)* vinegary;
□ *han var ~* he was as cross as two sticks, he was as sour as vinegar.
eddikesyre acetic acid.
edelig *adj. & adv.* on oath;
□ *~ forklaring, -t udsagn* statement on oath, sworn statement; *~ forpligtet* bound by oath, under oath (*fx* he was under oath to do it).
Edens Have the Garden of Eden.
eder *pron.* **1.** you; **2.** *(refleksivt)* yourself; *(om flere)* yourselves.
eders 1. your; **2.** *(stående alene)* yours.
edfæste *vb.* swear in;
□ *være -t* be on one's oath.
edikt *sb. (et, -er)* edict.
edsaflæggelse taking one's oath; swearing-in.
edsbrødre *sb.pl.* sworn brothers.
edsformular form of an oath.
edsvoren *adj.* sworn.
EF *se EU.*
efemer(isk) *adj.* ephemeral.
efeu *sb. (en, - el. -er) (bot.)* ivy;
□ *en ~* an ivy .
efeuranke ivy branch.
effekt *sb. (en, -er)* effect; *(se også effekter)*;
□ *for -ens skyld* for effect; *have ~ se virkning (gøre virkning).*
effekter *sb.pl.* **1.** *(løsøre)* effects;
2. *(varer)* goods;
3. *(papirer)* securities; *(am.)* stocks and bonds.
effektfuld *adj.* striking, impressive.
effektgarn novelty yarn.
effektiv *adj.* **1.** *(virkningsfuld)* effective (*fx* method, control, speech);
2. *(god, dygtig, hurtig)* efficient (*fx* machine, method; secretary);
□ *~ arbejdstid* actual hours worked; *~ rente se rente.*
effektivisere *vb.* make effective.
effektivitet *sb. (en) (jf. effektiv)* **1.** effectiveness; **2.** efficiency.
effektjageri straining after an effect (, effects).
effektuere *vb. (om ordre)* execute (*fx* an order); *(om betaling)* make; F effect.
effektuering *sb. (en, -er) (jf. effektuere)* execution; making.
effen *adj.: ~ eller ueffen* odd or even.
efg *(fork.f. erhvervsfaglige grunduddannelser; kan gengives)* basic vocational courses.
efter[1] *præp.* **1.** *(om tid & rækkefølge)* after (*fx* after Christmas, after three o'clock; B comes after A);
2. *(bag ved)* after (*fx* shut the door after you); behind (*fx* he was a long way behind the others);
3. *(for at indhente, få fat i)* after (*fx* they ran after the thief; the police are after him);
4. *(for at ramme)* at (*fx* shoot at, throw stones at);
5. *(for at tilkalde, opnå, få, hente etc.)* for (*fx* advertise for, look for, send for, telephone for, write for; long for sby (, sth); gasp for breath; he went into the shop for some cigarettes);
6. *(i følge, i overensstemmelse med)* according to (*fx* orders from above, the rule, a system; it went according to plan; according to my watch it is 5 o'clock); to (*fx* to

my taste; made to measure (, order); dance to a tune; work to rule; work (according) to a plan); on (*fx* it was done on his instructions; act on his advice (, orders); the bus stops on request);
7. *(på grundlag af)* by (*fx* by this rule; judge him by his deeds, sell by weight; set your watch by the church clock; by their own account they..);
8. *(om oprindelse, forbillede)* from (*fx* inherit money from an uncle; recite a poem from memory; learn sth from a book; draw from nature);
□ ~ ***at*** *han havde skrevet,* ~ *at have skrevet* after he had written; after having written; after writing; ~ *at han har skrevet er hun blevet mere rolig* since he wrote she has calmed down; ~ ***hvad*** *jeg har hørt* from (*el.* according to) what I have heard; ~ ***som*** as; *alt* ~ *som* according as; *(se også en³).*
efter² *adv.* **1.** *(om tid)* later (*fx* a little (, three days) later); *(især om kort tidsrum)* afterwards (*fx* immediately (, shortly, soon) afterwards); **2.** *(om placering)* after (*fx* she followed on after);
□ *året* ~ the following year, the year after; *dagen* ~ the next day, the following day; *(forb. med verber, se disse).*
efterabe *vb.* **1.** *(prøve at komme til at ligne)* imitate (*fx* he imitated his big brother); **2.** *(parodiere)* mimic, ape (*fx* sby's way of talking).
efteraber *sb. (en, -e)* imitator (*af* of); mimic; *(i børnesprog)* copy-cat.
efterbehandling *sb. (en, -er) (med.)* aftercare.
efterbetale *vb.* **1.** *(betale bagud)* pay in arrears; **2.** *(betale ekstra)* make an additional payment (*fx* of £300).
efterbetaling **1.** *(fx af løn)* back pay(ment); **2.** *(ekstrabetaling)* additional payment.
efterbevilling *sb.: på forventet* ~ in anticipation of a grant.
efterbyrd *sb. (en, -er)* afterbirth; *(med.)* placenta.
efterbørs after-hours trading; *(am.)* curb (market).
efterdatere *vb.* postdate.
efterdønning *sb. (en, -er)* ground swell;
□ *-er (fig.)* repercussions; reverberations.
efterforske *vb.* **1.** inquire into (*fx* the matter); *(grundigt, fx om politi)* investigate (*fx* a crime);
2. *(olie etc.)* prospect for, search for (*fx* oil, gold).
efterforskning *sb. (en, -er)* **1.** inquiry (*af* into); *(grundig, fx om politi)* investigation (*af* into, of, *fx* of criminal offences; conduct an investigation into the affair);
2. *(efter olie etc.)* prospecting; exploration;
□ *anstille -er (jf. 1)* make inquiries (, investigations).
efterforskningsarbejde investigations pl.
efterforskningsborerig exploration rig.
efterforskningsboring exploration drilling.
efterfødselskursus postnatal course.
efterfølge *vb.* follow; F succeed.
efterfølgende¹ *adj.* subsequent.
efterfølgende² *adv.* subsequently.
efterfølger *sb. (en, -e)* successor.
eftergive *vb. (se også eftergivende)* cancel (*fx* a debt); T forgive (*fx* he forgave her the debt);
□ ~ *én en gæld (også)* release sby from a debt; let sby off a debt; ~ *én en straf* let sby off a punishment.
eftergivelse *sb. (en)* cancellation (*fx* of a debt); forgiveness.
eftergivende¹ *adj.* **1.** indulgent (*over for* towards, *fx* one's children; indulgent parents); **2.** *(føjelig,* F*)* compliant (*over for* to, *fx* their demands).
eftergivende² *adv.* **1.** indulgently; **2.** compliantly.
eftergivenhed *sb. (en) (jf. eftergivende¹)* **1.** indulgence; **2.** compliance.
eftergivenhedspolitik (policy of) appeasement.
eftergæring *sb. (en)* secondary fermentation.
eftergøre *vb.* **1.** imitate; **2.** *(kriminelt)* fake, counterfeit; *(om dokument, underskrift etc.)* forge.
efterhånden *adv.* **1.** gradually (*fx* he improved gradually); by degrees;
2. *(som resultat af en udvikling)* by now (*fx* he has grown too old for that by now);
3. *(til sidst)* eventually (*fx* eventually he grew too old to play tennis);
[ofte uoversat:] han bliver ~ *utålelig* he is getting intolerable; *det er* ~ *længe siden* that was quite a long time ago;
~ ***som*** as (*fx* as he grew older).
efterklang *sb. (en)* **1.** reverberation; **2.** *(fig.)* echo.
efterklangstid reverberation time.
efterkomme *vb.* comply with (*fx* sby's request, sby's wish); obey (*fx* orders);
□ ~ *indbydelsen* accept the invitation.
efterkommer *sb. (en, -e)* descendant.
efterkrav cash on delivery; *(fork.)* COD, c.o.d.;
□ *sende varerne pr.* ~ send the goods COD.
efterkrigs- postwar.
efterkrigstiden the postwar period; the postwar years pl.
efterkritik subsequent criticism; T post-mortem.
efterlade *vb. (efterlod, efterladt)* **1.** leave (*hos* with, *fx* they left the child with me; leave traces (, fingerprints, a deep impression));
2. *(ikke medtage)* leave behind (*fx* the enemy left behind the dead and wounded);
3. *(forlade)* abandon (*fx* the car was found abandoned in a street);
4. *(som arv)* leave;
□ *de efterladte* the surviving relatives; F the bereaved (family); *efterladte skrifter* posthumous works;
[med sig] ~ ***sig*** leave (*fx* he left a fortune; he leaves a wife and two children); *han -r sig hustru og to børn (også)* his wife and two children survive him.
efterladende *adj. se forsømmelig.*
efterladenhed *sb. (en)* negligence.
efterladenskaber *sb.pl.* **1.** things left behind;
2. *(affald)* litter;
3. *(dyrs ekskrementer)* droppings.
efterlave *vb.* **1.** imitate; *(nøje)* copy; **2.** *(kriminelt)* fake, counterfeit.
efterleve *vb.* **1.** *(adlyde) se efterkomme*; **2.** *(leve i overensstemmelse med)* live in accordance with, act up to (*fx* one's belief).
efterlevende *adj.* surviving;
□ *de* ~ the surviving relatives; F the bereaved (family).
efterligne *vb.* **1.** imitate (*fx* sby's voice, sby's style); *(nøje)* copy;
2. *(neds.) se efterabe, parodiere.*
efterlignelsesværdig *adj. (præd.)* worthy of imitation.
efterligner *sb. (en, -e)* imitator.
efterligning *sb. (en, -er)* imitation.
efterlyse *vb. (se også efterlyst)*
1. *(tabte sager)* advertise for;
2. *(person: udsende signalement)* issue a description of; *(i radio)* broadcast an SOS message for;
3. *(spørge efter)* ask for (*fx* an explanation); *(opfordre til, udbede sig)* call for (*fx* better proposals,

new thinking, more constructive criticism).
efterlysning *sb. (en, -er)* **1.** advertisement of loss; **2.** *(om politi)* search; **3.** *(i radio)* SOS (message).
efterlyst *adj.* missing; listed as missing; *(i forbindelse med forbrydelse)* wanted (by the police) (*fx* he is wanted in connection with the murder);
□ *den -e* the missing (, wanted) person.
efterløn [pension benefits payable between early retirement and normal retirement pension].
efterlønsordning *(svarer omtr. til)* job release scheme.
eftermad *sb. (en)* second course.
eftermand successor.
eftermiddag afternoon;
□ *han kom mandag ~* he arrived on Monday afternoon;
[med præp.] ***i*** *-(s)* this afternoon; *i går -s* yesterday afternoon; ***om*** *-en* in the afternoon; *kl. 3 om -en* at three in the afternoon, at 3 p.m.
eftermiddagsforestilling matinée.
eftermiddagskaffe *(kan gengives)* afternoon coffee.
eftermiddagskjole afternoon dress.
eftermodnes *vb.* ripen in store.
eftermæle *sb. (et): hendes ~* the name (*el.* reputation) she left behind her; *udødeligt ~* undying fame.
efternavn surname, family name, last name;
□ *hvad hedder han til ~?* what is his surname (etc.)?
efternotering street prices pl.; *(am.)* curb prices pl.
efternøler *sb. (en, -e)* **1.** *(som kommer for sent)* latecomer;
2. *(som ikke kan følge med)* straggler;
3. *(barn som er meget yngre end sine søskende)* afterthought.
efterplapre *vb.* parrot.
efterplaprer *sb. (en, -e)* **1.** parrot;
2. *(som altid giver sine overordnede ret)* yesman.
efterprøve 1. check, check up on; F verify (*fx* a statement); **2.** *(undersøge igen)* re-examine.
efterrationalisere *vb.* (post)rationalize.
efterrationalisering (post)rationalization.
efterregning 1. *(det at regne efter)* checking; **2.** *(senere regning)* supplementary bill.
efterret *sb. (en, -ter)* **1.** second course;
2. *(dessert) se dessert.*
efterretning *sb. (en, -er)* piece of news, piece of information; *(især mil.)* piece of intelligence;
□ *-er a)* news (*fx* the latest news from the front); *b) (oplysninger)* information; *c) (mil.)* intelligence;
[med præp.] få ~ ***om*** *at* be informed that; *give ham ~ om det* inform him of it; *ved -en om* at the news of (*fx* his death); *tage noget* ***til*** *~* take note of sth; *(mere officielt)* take cognizance of sth.
efterretningstjeneste, **efterretningsvæsen** intelligence service.
efterrettelig *adj.: holde sig noget ~* observe (*el.* comply with) sth.
efterse *vb.* **1.** inspect (*fx* the sergeant inspected our rifles);
2. *(kontrollere)* check; *(undersøge)* examine (*fx* the brakes);
3. *(før auktion)* view.
eftersende *vb.* send on; F forward;
□ *bedes eftersendt* please forward; *bedes ikke eftersendt* not to be forwarded.
eftersidder *sb. (en, -e) (især glds.)* pupil who is kept in (*el.* detained); *-ne* those detained.
eftersidning *sb. (en, -er) (især glds.)* (after-school) detention (*fx* he was given (a) detention for being late).
efterskat additional tax.
efterskole [lower-secondary-level boarding school for 14-17-year-olds]; *(kan gengives)* continuation school.
efterskrift *sb. (en, -er)* postscript.
efterskrive *vb. (forfalske)* forge (*fx* sby's signature).
efterslukning fire-damping operations pl.; final extinction.
efterslæb *sb. (et)* **1.** *(om arbejde etc.)* backlog (*fx* of unfinished work); **2.** *(mht. løn)* deferred pay rise; loss of comparability;
□ *de har et ~ på 10 % i forhold til andre* they have fallen behind others by 10 per cent.
efterslægt*: -en* posterity.
efterslæt *sb. (et, -)* aftermath.
eftersmag *sb. (en)* aftertaste.
eftersmæk *sb. (et, -)* repercussions pl.;
□ *det gav et økonomisk ~* it had financial consequences.
eftersnakker *sb. (en, -e) se efterplaprer.*
eftersnakkeri *sb. (et)* echoing, parrotry.
eftersom *konj.* as (*fx* as I was absent I could do nothing); seeing that; F inasmuch as; *(især om noget der er bekendt)* since (*fx* since you are here we might as well do it now).
eftersommer 1. late summer; **2.** *(tilbagevenden af sommervejr)* Indian summer.
efterspil 1. epilogue; **2.** *(fig.)* sequel (*til* to); **3.** *(mus.)* postlude;
□ *sagen vil få et retsligt ~* the matter will have legal consequences.
efterspore *vb.* track.
eftersporing *sb. (en, -er)* tracking.
efterspurgt *adj. (attr.)* sought-after (*fx* a much (*el.* very sought-after book)); *(præd.)* sought after (*af* by, *fx* the book is much sought after by collectors); in demand (*fx* these goods are in great demand).
efterspørgsel *sb. (en)* demand;
□ *der er ringe ~ efter* there is small demand for; there is little call for; *der er stor ~ efter* there is a great demand for.
efterspørgselsanalyse demand analysis.
efterstillet *adj. (gram.)* enclitic; postpositive.
efterstræbe *vb.: ~ ens liv* plot against sby's life.
efterstræbelser *sb.pl.* importunities.
efterstræbt *adj. se eftertragtet.*
efterstående *adj.* **1.** *(følgende)* (the) following; **2.** *(brugt som sb., mil.)* inferior.
eftersyn *sb. (et, -)* **1.** inspection (*fx* rifle inspection);
2. *(kontrol)* check; *(undersøgelse)* examination;
3. *(~ og reparation)* overhaul;
4. *(før auktion)* (presale) view;
□ *ved nærmere ~* on closer inspection; *til ~* for inspection (*fx* send him the book for inspection); *henligge til ~* be available for inspection.
eftersynkronisere *vb. (om film)* dub, post-sync.
eftersøge *vb.* search for;
□ *eftersøgt af politiet (ɔ: i forbindelse med forbrydelse)* wanted by the police.
eftersøgning *sb. (en, -er)* search.
efterta(c)kle *vb.*, **efterta(c)kling** tackle from behind.
eftertanke reflection;
□ *ved nærmere ~* on reflection; on second thoughts; *(se også vække (til)).*
eftertid *(fremtid)* future;
□ *-en (ɔ: senere tider)* posterity; *for -en* in future.
eftertragtet *adj.* sought after; F coveted (*fx* post, prize);
□ *stærkt ~* very much sought after; F much coveted.
eftertryk 1. emphasis (pl. emphases); stress; **2.** *(ulovligt ~ af en bog)* piracy;
□ *~ forbudt* all rights reserved;

lægge ~ på stress, lay stress on, emphasize; *med ~* emphatically; *med ~ på* with the emphasis on.
eftertrykkelig[1] *adj.* **1.** *(tydelig)* emphatic (*fx* refusal; victory);
2. *(grundig)* thorough (*fx* beating);
3. *(streng)* severe (*fx* beating);
□ *han fik en ~ lærestreg* he was taught a harsh lesson.
eftertrykkelig[2], **eftertrykkeligt** *adv.* *(jf. eftertrykkelig*[1]*)* **1.** emphatically;
2. very thoroughly, with a vengeance (*fx* she punished him with a vengeance); **3.** severely.
eftertænksom *adj.* thoughtful; F pensive.
eftertænksomhed *sb. (en)* thoughtfulness; F pensiveness.
efteruddannelse supplementary training; *(mens man er i arbejde)* in-service training.
efteruddannelseskursus in-service course.
efterveer *sb.pl.* **1.** *(efter fødsel)* after-pains; **2.** *(fig.)* after-effects;
□ *føle ~ efter (jf. 2)* suffer from the after-effects of.
efterverdenen posterity.
eftervirkning after-effect; *-er (også)* repercussions.
eftervise *vb.* **1.** *(påpege)* point out;
2. *(påvise)* show; F demonstrate.
efterår autumn; *(am.)* fall;
□ *i -et a) (dette ~)* this autumn; *b) (sidste ~)* last autumn; *i -et 1995* in the autumn of 1995; *om -et* in (the) autumn; *til -et a) (i år)* this autumn; *b) (til næste år)* next autumn.
efterårsagtig *adj.* autumnal.
efterårsdag autumn day.
efterårsfarver *sb.pl.* autumn colours, autumnal colours.
efterårsferie autumn holiday(s); *(svarer i skole etc. ofte til)* mid-term holiday.
efterårsjævndøgn autumnal equinox.
efterårsvejr autumn weather.
eftm. *(fork. f. eftermiddag)* p.m.
eg *sb. (en, -e) (bot.)* oak.
egal *adj.* even, smooth.
egalisere *vb.* equalize.
egalitarisme *sb. (en)* egalitarianism.
egalitet *sb. (en)* evenness.
egalitær *adj.* egalitarian.
ege *sb. (en, -r) (i hjul)* spoke.
egeløv oak leaves pl.
egen *adj. (eget, egne)* **1.** own;
2. *(privat)* private (*fx* bath, entrance);
3. *(særegen)* peculiar (*fx* he has a peculiar way of talking);
4. *(underlig)* odd, strange;
□ *han har (sit) eget hus (, værelse)* he has a house (, room) of his own; he has his own house (, room); *han havde et eget tørt lune* he had a dry humour all his own; *tale af ~ erfaring* speak from one's own experience; *det er sådan sin ~ sag* it is an awkward matter; *(se også herre, hjælp, tanke*[1] *(i sine egne tanker) vej).*
egenart peculiarity.
egenartet *adj.* peculiar.
egenhændig[1] *adj.* **1.** *(om noget skrevet)* written with one's own hand; in one's own handwriting; autograph (*fx* an autograph letter); F holograph (*fx* document; the author's copy with holograph corrections); **2.** *(personlig)* personal;
□ *~ skrivelse* autograph (letter); *de må indgive ~ ansøgning* they must apply in their own handwriting.
egenhændig[2], **egenhændigt** *adv.*
1. with one's own hand (*fx* written with one's own hand);
2. *(personligt)* in person, personally (*fx* hand it over personally).
egenkapital (one's) own capital, net capital.
egenkærlig *adj.* selfish.
egenkærlighed *sb. (en)* selfishness.
egenmægtig *adj.* high-handed; *(kun attr. også)* arbitrary (*fx* ruler).
egennavn proper name.
egennytte *sb. (en)* selfishness, egoism; F self-interest.
egennyttig *adj.* selfish, egoistic.
egenrådig 1. *(som vil have sin vilje)* self-willed, wilful (*fx* child);
2. *(som ikke tager hensyn til andres mening)* high-handed (*fx* management style); arbitrary (*fx* ruler).
egenrådighed *sb. (en) (jf. egenrådig)* **1.** wilfulness; **2.** high-handedness, arbitrariness.
egensindig *adj.* **1.** *(egenrådig)* self-willed; F wilful; *(stærkere)* headstrong; **2.** *(stædig)* obstinate.
egensindighed *sb. (en) (jf. egensindig)* **1.** wilfulness; **2.** obstinacy.
egenskab *sb. (en, -er)* **1.** quality (*fx* he has many good qualities); *(typisk)* characteristic (*fx* her most striking characteristic);
2. *(især om ting, fysisk ~)* property (*fx* the properties of basic particles; the medicinal properties of the plant);
3. *(biol.)* characteristic, character (*fx* acquired and inherited characteristics (*el.* characters));
4. *(stilling)* capacity (*fx* he was attached to the school in some capacity; in what capacity?);
□ *gode og dårlige -er (også)* good and bad points (*fx* his good and bad points); F merits and demerits (*fx* of a play, of a system); *[med præp.]* ***i ~ af*** in one's capacity as; in the capacity of; *i min ~ af* in my capacity as.
egentlig[1] *adj.* **1.** *(virkelig)* real (*fx* the real reason); actual (*fx* he didn't make any actual promises; the actual demonstration starts at nine);
2. *(sikker; mere* F*)* positive (*fx* we did not find a positive answer to the problem (, positive proof of his guilt); were you given positive promises?);
3. *(som sådan)* proper (*fx* Denmark proper *(det -e Danmark)*);
□ *i ordets -e betydning, i ~ forstand* in the proper (*el.* true) sense of the word; literally.
egentlig[2] *adv.* **1.** *(i virkeligheden)* really (*fx* he is quite nice, really); actually (*fx* tell me what actually happened; what did he actually say?);
2. *(i grunden)* after all (*fx* after all, what does it matter?);
3. *(præcis)* exactly (*fx* I don't know exactly what happened; what exactly do you mean? why exactly did you do it?); precisely (*fx* what precisely does it mean?);
4. *(strengt taget)* strictly speaking (*fx* strictly speaking, it was his responsibility);
5. *(oprindelig)* originally (*fx* originally he came from Georgia);
□ ***burde*** *~* should (*el.* ought to) ... by rights (*fx* we should (*el.* ought to) have started earlier by rights; he ought to go to prison (, have a medal) by rights); ***ikke*** *~* not exactly (*fx* he is not exactly stupid); *~ ikke!* not really! *~* ***talt*** properly (*el.* strictly) speaking.
egenveksel promissory note.
egenvægt *(af lastvogn)* tare.
eger *sb. (en, -e) se ege.*
egern *sb. (et, -) (zo.)* squirrel.
egernabe *(zo.)* marmoset.
egeskov oak wood; oak forest.
eget *adj. se egen.*
egetræ 1. *(bot.)* oak tree; **2.** *(materiale)* oak(wood).
egetræsbord oak table.
eghjort *(zo.)* stag-beetle.
egn *sb. (en, -e)* **1.** *(område)* area, piece of country (*fx* a beautiful area (*el.* piece of country));
2. *(egn af landet)* part of the country (*fx* a remote part of the country);
3. *(omegn)* neighbourhood;
□ *her på -en* in this part of the country; in this neighbourhood;

T in these parts.
egne[1] *vb.: ~ **sig for** (el. til)* be suitable for (*fx* those shoes are not suitable for rainy weather; a film that is not suitable for children); *(stærkere)* be fit for (*fx* the house is not fit for human habitation); *~ **sig til** (om person) a)* be suited to (*el.* for) (*fx* I am not suited to (*el.* for) this kind of life (, work)); *(stærkere)* be fit for (*fx* he is not fit for the job); T be cut out to be (*fx* he is not cut out to be a teacher); *b) (være kvalificeret)* be qualified for.
egne[2] *adj. se egen.*
egnet *adj.* suitable, fit (*til* for; *til at* to);
□ *være ~ til se egne*[1] *(egne sig til).*
egnethed *sb. (en)* **1.** suitability, fitness; **2.** *(kvalifikationer)* qualifications; **3.** *(til at lære)* aptitude.
egnethedsprøve aptitude test.
egnsplan *sb. (en)* regional plan.
egnsplanlægning regional planning.
egnsudvikling regional development.
ego *sb. (et, -er)* ego.
egocentrisk[1] *adj.* egocentric, self-centred.
egocentrisk[2] *adv.* egocentrically.
egoisme *sb. (en)* egoism, selfishness.
egoist *sb. (en, -er)* egoist.
egoistisk[1] *adj.* egoistic, selfish.
egoistisk[2] *adv.* egoistically, selfishly.
egotrip *sb. (et, -)* ego trip.
egotripper *sb. (en, -e)* ego-tripper.
Egypten Egypt.
egypter *sb. (en, -e),* **egyptisk** *adj.* Egyptian.
egyptolog *sb. (en, -er)* Egyptologist.
ej *adv.* not;
□ *hvad enten han vil eller ~* whether he likes it or not.
ejdammerost Edam cheese.
eje[1] *sb. (et)* possession;
□ *privat ~ se privateje;*
*[med præp.] være **i** ens ~* be in sby's possession; *det er i offentligt ~* it is public property; *få noget **til** ~* acquire possession of sth.
eje[2] *vb.* **1.** *(have ejendomsret til, være ejer af)* own (*fx* she does not own the house; he owns two cars); F possess (*fx* they possess property all over the country);
2. *(være i besiddelse af)* have (*fx* I haven't got a penny; he has a fortune; she has got no sense of tact); F possess (*fx* all the money he possessed; skills he does not possess; the town does not possess a library);
□ *huset -s af* the house is owned by; *han optrådte som om han -de det hele* he behaved as if he owned the place; *(ikke) ~ evnen til se evne*[1]; *han -r ikke kritisk sans* he has no critical sense whatever; *alt hvad jeg -r og har* all (*el.* everything) I possess; *jeg vil hverken ~ eller have det* I wouldn't have it as a gift.
ejefald *(gram.)* the genitive.
ejegod *adj.* very kind-hearted;
□ *han er ~ (også)* he is kindness itself.
ejendele *sb.pl.* belongings, possessions (*fx* he left and took all his belongings with him; her personal belongings (*el.* possessions); they escaped, clutching the few possessions they could carry).
ejendom *sb. (en, -me)* **1.** *(det man ejer)* property (*fx* the books are my personal (, private) property; this wood is private property);
2. *(hus)* house; F property; *(etage-)* block of flats;
3. *(gård)* farm;
□ *fast ~* real estate, real property; *i -en* in the house; F on the premises.
ejendommelig[1] *adj. (underlig)* curious, strange; *(især attr.,* F*)* singular (*fx* experience);
□ *~ for* characteristic of; F peculiar to.
ejendommelig[2], **ejendommeligt** *adv.* curiously, strangely.
ejendommelighed *sb. (en, -er)* **1.** *(mærkværdighed)* peculiarity; **2.** *(egenskab)* characteristic (feature).
ejendomsforbehold*: salg med ~* conditional sale.
ejendomsfællesskab community of property, joint ownership.
ejendomshandler, ejendomsmægler estate agent; *(am.)* real estate agent, realtor.
ejendomsmarked property market.
ejendomsret **1.** (right of) ownership (*til* of, *fx* a house, land); **2.** *(jur.)* title (*til* of, *fx* land); *(som fag)* law of property;
□ *kunstnerisk ~* artistic copyright; *den private ~* private property (*fx* abolish private property).
ejendomsselskab property company.
ejendomsskat tax on real property (*el.* real estate).
ejendomsvurdering tax assessment of real property (*el.* of real estate).
ejendomsværdi taxable value (of a property).
ejer *sb. (en, -e)* owner (*fx* the rightful owner; he was the proud owner of a first edition); F proprietor;
□ *restauranten har fået ny ~* F the restaurant is under new ownership; *skifte ~* change hands; F pass into sby else's possession.
ejerbolig owner-occupied dwelling.
ejerforhold ownership (*fx* the ownership of the land is disputed).
ejerlav association of house owners.
ejerlejlighed owner-occupied flat; *(am.)* condominium (apartment); condo.
ejermand owner (*fx* the rightful owner).
ejerpantebrev mortgage deed registered to the mortgagor.
ejerskifte change of ownership, transfer.
ejestedord possessive pronoun.
ekko *sb. (et, -er)* echo (pl. -es);
□ *give ~* echo.
ekkolod *sb. (et, -der) (sø.)* echo sounder.
eklatant[1] *adj.* signal (*fx* failure); striking (*fx* proof).
eklatant[2] *adv.* signally; strikingly.
eklipse *sb. (en, -r)* eclipse.
e.Kr. *(fork. f. efter Kristus)* AD (*fork.f.* Anno Domini);
□ *år 253 ~* AD 253; the year 253 AD.
eks- *(forhenværende)* ex- (*fx* the ex-president, his ex-wife).
eksakt[1] *adj.* exact (*fx* the exact time); precise (*fx* information);
□ *~ videnskab* exact science.
eksakt[2] *adv.* exactly; precisely.
eksaltation *sb. (en)* overexcitement.
eksalteret *adj.* **1.** overexcited, overwrought; **2.** *(om egenskab, væsen)* highly strung.
eksamen *sb. (en, -er el. eksaminer)* **1.** examination; T exam; **2.** *(universitetsgrad)* degree (*fx* she has a degree from Oxford);
□ ***tage** ~ a)* pass an examination; *b) (ved universitet)* take a degree, graduate; *tage medicinsk ~* graduate in medicine; *han tog ingen ~ (ved universitetet)* he left the university without a degree;
*[med præp.] gå **op til** ~ a)* take an examination; *b) (skriftlig)* sit (for) an examination; *han skal op til ~ næste år* he is taking (, sitting (for)) his examination next year; *være **oppe til** ~* be taking an examination; be sitting (for) an examination; *(se også læse).*
eksamensbestemmelser *sb.pl.* examination regulations.
eksamensbevis certificate; *(for høj-*

ere eksamen) diploma.
eksamensfeber examination nerves pl.
eksamensfordringer *sb.pl.* examination requirements.
eksamensfri *adj.* non-examination (*fx* course, subject);
□ ~ *skole* school (system) without examinations.
eksamenskarakter examination marks pl.
eksamenskommission board of examiners.
eksamenskrav *sb.pl.* examination requirements.
eksamensopgave **1.** examination paper; **2.** *(opgaveark)* question paper; **3.** *(besvarelse)* answer paper, script;
□ *rette -r* mark (examination) papers (*el.* scripts); *(am.)* grade papers.
eksamensopgivelser *sb.pl.* books (, subjects) offered; prepared texts.
eksamensresultat examination result.
eksamensspørgsmål examination question.
eksamenstid examination period (*fx* during the examination period).
eksamenstilsyn **1.** invigilation; **2.** *(person)* invigilator; *(am.)* proctor.
eksaminand *sb. (en, -er)* candidate.
eksamination *sb. (en, -er)* examination.
eksaminator *sb. (en, -er)* examiner.
eksaminere *vb.* examine (*fx* examine sby in Latin).
ekse *se exe.*
eksegese *sb. (en)* exegesis.
eksegetisk *adj.* exegetic.
eksekution *sb. (en, -er) (henrettelse, tvangsfuldbyrdelse)* execution;
□ *foretage* ~ *hos* levy execution against; *inddrive ved* ~ recover by execution.
eksekutionsforretning execution proceedings pl.
eksekutiv *adj.* executive.
eksekutivkomite executive committee.
eksekutor *sb. (en, -er)* executor.
eksekvere *vb.: ~ en dom a) (i straffesager)* carry out a sentence; *b) (i civile sager)* execute a judgment.
eksem *sb. (et, -er)* rash; *(med.)* eczema.
eksempel *sb. (et, eksempler)* **1.** example (*på* of, *fx* this is a good example of his early work; give examples of how the word is used); *(konkret tilfælde)* instance (*på* of, *fx* an instance of bad workmanship; cite instances in illustration); *(oplysende)* illustration; **2.** *(forbillede)* example (*for* to, *fx* he was an example to all of us);
□ *et godt* ~ a good example; *(på det man taler om)* a case in point; *være et godt* ~ set a good example (*for* to);
[med vb.] belyse ved eksempler exemplify; illustrate; *følge hans ~, tage ~ efter ham* follow his example; take a leaf out of his book; *vi må (straffe ham for at) statuere et* ~ we must make an example of him (*el.* make him an example);
[med præp. & som] ***for*** ~ for instance, for example (*fx* some of the pupils, John for instance (*el.* for example)); *(fork., kun brugt foranstillet)* e.g. (*fx* some of the pupils, e.g. John and Mary; in some countries, e.g. France, Italy and Germany; they try, e.g. by writing to all the members); *ord* ***som for*** ~ *fader og moder* words such as father and mother; *et* ~ ***på*** *det modsatte* an example of the opposite; F an instance to the contrary; *der findes eksempler* ***på at*** *dette er sket* there are examples of this having occurred; this is known to have occurred; ***som*** ~ as an example; by way of example; ***som*** ~ ***på*** as an instance of; *som eksempler på brugen af ordet* to illustrate the use of the word.
eksempelløs *adj.* unparalleled, unexampled, unprecedented.
eksempelvis *adv.* **1.** as an (*el.* by way of) example; **2.** *(for eksempel)* for example, for instance.
eksemplar *sb. (et, -er)* **1.** specimen; **2.** *(af bog, avis etc.)* copy;
□ *i to (, tre) -er* in duplicate (, triplicate) (*fx* complete the form in duplicate); *skrive det i to (, tre etc.) -er (ɔ: på maskine)* type it in two (, three etc.) copies.
eksemplarisk[1] *adj.* exemplary.
eksemplarisk[2] *adv.* in an exemplary manner.
eksemplificere *vb.* exemplify, illustrate.
eksemplificering *sb. (en, -er)* exemplification, illustration.
eksercere *vb.* drill;
□ ~ *med soldaterne* drill the soldiers.
eksercerhus drill hall.
eksercerplads drill ground.
eksercerreglement drill book.
ekscercits *sb. (en, -er)* drill.
ekshibitionisme *sb. (en)* exhibitionism.
ekshibitionist *sb. (en, -er)* exhibitionist.
ekshibitionistisk[1] *adj.* exhibitionistic.
ekshibitionistisk[2] *adv.* in an exhibitionist manner.
eksil *sb. (et, -er)* exile (*fx* go into exile).
eksil- **1.** expatriate (*fx* an expatriate Greek); in exile (*fx* a Greek in exile); **2.** *(forvist)* exiled.
eksilere *vb.* exile, expatriate.
eksilregering government in exile.
eksistens *sb. (en, -er)* **1.** existence; **2.** *(person)* character;
□ *stille -er* quiet lives; *tvivlsomme -er* suspicious characters.
eksistensberettigelse raison d'être;
□ *for at dokumentere vor* ~ to justify our existence.
eksistensminimum subsistence level;
□ *en løn som kun muliggør et* ~ a bare living wage; *leve på* ~ live at subsistence level; T live on the breadline.
eksistensmulighed possibility of making a living;
□ *det er hans sidste* ~ it is his last resource.
eksistentialisme *sb. (en)* existentialism.
eksistentialist *sb. (en, -er),* **eksistentialistisk** *adj.* existentialist.
eksistentiel *adj.* existential.
eksistere *vb.* **1.** *(være til)* exist (*fx* the house still exists); **2.** *(opretholde livet)* exist (*fx* I cannot exist on such low wages); keep body and soul together.
ekskl. *(fork. f. eksklusive)* excl. (*fork.f.* excluding).
ekskludere *vb.* expel (*af* from).
eksklusion *sb. (en, -er)* expulsion.
eksklusiv *adj.* exclusive (*fx* district, hotel; club, school, social circle); select (*fx* club, school).
eksklusivaftale *(på arbejdsplads)* union membership agreement;
□ *virksomhed med* ~ closed shop.
eksklusive *adv. (fraregnet, undtagen)* excluding, exclusive of (*fx* the price is £10 per person, excluding drinks; five thousand troops, exclusive of artillery);
□ *indtil 1. maj* ~ until May 1st exclusive.
eksklusivitet *sb. (en)* exclusiveness.
ekskommunicere *vb.* excommunicate.
ekskommunikation *sb. (en, -er)* excommunication.
ekskrementer *sb.pl.* faeces; F excrements.

ekskurs *sb. (en, -er)* digression.
ekskursion *sb. (en, -er)* **1.** *(studietur)* field trip; **2.** *(udflugt)* outing; F excursion.
ekslibris *sb. (et, -)* bookplate, ex libris.
eksorbitant[1] *adj.* exorbitant.
eksorbitant[2] *adv.* exorbitantly.
eksorcisme *sb. (en)* exorcism.
eksorcist *sb. (en, -er)* exorcist.
eksotisk[1] *adj.* exotic.
eksotisk[2] *adv.* exotically.
ekspandere *vb.* expand (*fx* his business expanded rapidly).
ekspansion *sb. (en, -er)* expansion.
ekspansionsbeholder expansion tank.
ekspansionsbolt expansion bolt.
ekspansiv *adj.* expansive.
ekspedere *vb.* **1.** *(kunder)* serve (*fx* she serves in a bookshop; are you being served?); F attend to (*fx* are you being attended to, madam?);
2. *(ordre: udføre)* carry out; F execute (*fx* we are unable to execute your order before 1 April); *(tage sig af)* attend to, give attention to (*fx* your order will be given prompt attention);
3. *(varer: forsende)* send (off); F forward, dispatch;
4. *(varer i havn)* handle;
5. *(skib, fly)* turn (a)round;
6. *(sag)* deal with, attend to;
7. *(recept)* make up; *(især am.)* fill;
8. *(skaffe sig af med)* dispose of.
ekspedient *sb. (en, -er)* shop assistant; *(am. også)* (sales) clerk.
ekspedit[1] *adj.* prompt.
ekspedit[2] *adv.* promptly.
ekspedition *sb. (en, -er)* **1.** *(kontor)* office;
2. *(rejse)* expedition;
3. *(af kunder)* service;
4. *(af ordre)* execution;
5. *(af varer: forsendelse)* forwarding, dispatch;
6. *(af varer i havn)* handling;
7. *(skib, fly)* turn-around;
8. *(recept)* making up.
ekspeditionsfejl mistake (*el.* error) in forwarding; *(se også fejlekspedition).*
ekspeditionsgebyr handling charge.
ekspeditionssekretær [official in the Government or Municipal service ranking between *fuldmægtig* and *kontorchef*].
ekspeditionsstyrke *(mil.)* expeditionary force.
ekspeditionstid **1.** office hours pl.; hours of business; **2.** *(for skib, fly)* turnround, turnaround.
ekspeditrice *sb. (en, -r)* shop assistant, salesgirl, saleswoman; *(am. også)* (sales) clerk.
ekspektanceliste waiting list.
eksperiment *sb. (et, -er)* experiment.
eksperimental *adj.* experimental.
eksperimental- experimental (*fx* psychology).
eksperimentarium *sb. (et, eksperimentarier)* ® exploratorium, exploratory.
eksperimentator *sb. (en, -er)* experimenter.
eksperimentel *adj.* experimental.
eksperimentere *vb.* experiment;
□ *~ med a) (prøve)* experiment with (*fx* different foods, different methods); *b) (lave forsøg med)* experiment on (*fx* dogs); *~ sig frem til en ny metode* find a new method by means of experiments.
ekspert *sb. (en, -er)* expert (*i* on; *i at* at -ing);
□ *han er ~ på det område* he is an expert in that field.
ekspertise *sb. (en, -r)* **1.** *(sagkundskab)* expert knowledge, expertise;
2. *(skriftlig erklæring)* expert's report, expert opinion.
ekspertsystem *(edb)* expert system.
eksplicit[1] *adj.* explicit (*fx* instructions).
eksplicit[2] *adv.* explicitly (*fx* he explicitly stated that...).
eksplicitere *vb.* set out explicitly.
eksplodere *vb.* **1.** explode; *(om bombe, skib, bygning også)* blow up (*fx* the factory (, the bomb) blew up); *(om bombe også)* go off;
2. *(ved indre tryk)* burst (*fx* the boiler (, the balloon, the tyre) burst);
□ *~ af raseri* explode with rage; T blow one's top; *ved at ~ af latter* ready to burst with laughter.
eksplorere *vb. (med.)* explore.
eksplosion *sb. (en, -er)* explosion;
□ *bringe til ~* explode.
eksplosionsfri *adj.* explosionproof.
eksplosionsmotor internal-combustion engine.
eksplosiv[1] *sb. (et, -er)* explosive.
eksplosiv[2] *adj.* **1.** explosive;
2. *(fig.)* explosive, charged (*fx* atmosphere).
eksponent *sb. (en, -er)* **1.** exponent (*for* of); **2.** *(mat.)* exponent, index.
eksponentiel *adj.* exponential.
eksponere *vb.* expose.
eksponering *sb. (en, -er)* exposure.
eksponeringstabel exposure table.
eksponeringstid exposure time.
eksport *sb. (en)* **1.** *(det at eksportere)* export, exportation (*af* of);
2. *(det eksporterede)* exports pl. (*fx* a decline (, increase) in exports).
eksportafgift export duty.
eksportartikel export article; *eksportartikler (også)* exports.
eksportbevilling export licence.
eksportchef export manager.
eksportere *vb.* export.
eksportforbud export prohibition;
□ *indføre ~ for* impose a ban (*el.* embargo) on the export of.
eksportforretning export business.
eksportfremmende *adj.* export-promoting.
eksportfremstød export drive.
eksporthandel export trade.
eksportkredit export credit.
eksportmarked export market.
eksportoverskud excess of exports.
eksporttilladelse export licence.
eksporttold export duty.
eksportør *sb. (en, -er)* exporter (*af* of).
ekspres[1] *sb. (en, -ser)* express.
ekspres[2] *adv.* express (*fx* send it express).
ekspresbrev express letter; *(am.)* special delivery letter.
ekspresordre rush order.
ekspressionisme *sb. (en)* expressionism.
ekspressionist *sb. (en, -er)* expressionist.
ekspressionistisk *adj.* expressionist(ic).
ekspretog express (train).
ekspropriation *sb. (en, -er)* expropriation; *(i Engl.)* compulsory purchase.
ekspropriere *vb.* expropriate.
ekstase *sb. (en, -r)* ecstasy (*fx* he was in a state of religious ecstasy);
□ *komme i ~ a)* go into an ecstasy; *b) (blive begejstret)* go into ecstasies (*over* over).
ekstatisk[1] *adj.* ecstatic.
ekstatisk[2] *adv.* ecstatically.
ekstemporaloversættelse **1.** *(især skriftlig)* unseen translation;
2. *(især mundtlig)* extempore translation.
ekstemporalspil **1.** *(det at spille ~)* role playing; **2.** *(enkelt spil)* improvisation, role play.
ekstemporaltekst unseen (pl. unseens).
ekstempore *adv.* extempore.
ekstemporere *vb.* improvise; F extemporize; *(om taler, skuespiller også)* ad-lib;
□ *vi bliver nødt til at ~ (fig.)* we'll have to play it by ear.
eksteriør *sb. (et, -er)* exterior.
ekstern *adj.* external.
eksterritorialret right of exterrito-

riality.

ekstra[1] *adj.* **1.** extra (*fx* costs, pay, buses; take extra trouble); **2.** *(tilovers)* spare (*fx* a spare copy); □ *betale ~ for* pay extra for; *gøre noget ~ for at* make a special effort to; *tjene noget ~* make something on the side.

ekstra[2] *adv.* extra (*fx* cheap, good, polite, strong).

ekstraafgift surcharge.

ekstraapparat *(tele.)* (telephone) extension.

ekstraarbejde extra work.

ekstrabetaling 1. *(som man betaler)* extra charge; **2.** *(som man får)* extra pay.

ekstrafin *adj.* choice; T superfine; F superior.

ekstraforplejning special food.

ekstrafortjeneste extra money.

ekstraindtægter *sb.pl.* extra (*el.* additional) income, extra earnings.

ekstrakt *sb. (en, -er)* extract.

ekstranummer 1. *(af blad)* special edition; **2.** *(optræden)* encore.

ekstraordinær *adj.* extraordinary; *(enestående også)* exceptional; □ *~ bemyndigelse* emergency powers pl.; *~ generalforsamling* extraordinary general meeting.

ekstraparlamentarisk *adj.* extra-parliamentarian.

ekstraskat additional tax.

ekstratog special train.

ekstraudgave *(af blad)* special issue.

ekstraudgifter *sb.pl.* additional expenses, extras.

ekstraudstyr extras pl.

ekstravagance *sb. (en, -r)* extravagance.

ekstravagant[1] *adj.* extravagant.

extravagant[2] *adv.* extravagantly.

ekstravagere *vb.* be extravagant.

ekstrem *sb. (et, -er) & adj.* extreme.

ekstremisme *sb. (en)* extremism.

ekstremist *sb. (en, -er)*, **ekstremistisk** *adj.* extremist.

ekstremitet *sb. (en, -er)* extremity.

ekvilibrist *sb. (en, -er)* equilibrist.

ekvilibristisk *adj.* equilibristic.

ekvipage *sb. (en, -r)* **1.** *(vogn)* coach (and horses); **2.** *(i ridesport)* horse and rider.

ekvipere *vb.* fit out.

ekvipering *sb. (en)* **1.** *(det at ekvipere)* fitting out; **2.** *(udstyr)* outfit.

ekvivok *adj. (vovet)* risqué.

el[1] *sb. (en, -le)* **1.** *(bot.)* alder; **2.** *(materiale)* alderwood.

el[2] = *elektricitet.*

elan *sb. (en)* élan.

elasticitet *sb. (en)* elasticity.

elastik *sb. (en, -ker)* **1.** *(gummibånd)* rubber band (*fx* put a rubber band round a bundle of letters); *(am.)* elastic band; **2.** *(elastisk stof, fx strømpe-)* elastic (*fx* put elastic round the top of the socks to keep them up; the elastic in my pants has gone); *(enkelt)* piece of elastic; **3.** *(fig.)* flexibility.

elastikspring 1. *(det at springe)* bungee jumping; **2.** *(enkelt spring)* bungee jump.

elastisk[1] *adj.* **1.** elastic (*fx* material); springy (*fx* his youthful springy step); **2.** *(fig.)* elastic (*fx* plans, policy, regulations); flexible (*fx* arrangement, system; he is not very flexible).

elastisk[2] *adv.* elastically.

Elben the Elbe.

elbil electric car.

eldorado *sb. (et, -er)* eldorado (*af* of); paradise (*fx* it was a paradise for the children; it was a nature-lover's paradise).

electrificering *sb. (en, -er)* electrification.

elefant *sb. (en, -er)* elephant; □ *som en ~ i en porcelænsbutik (el. glasbutik)* like a bull in a china shop; *(se også myg*[1]*).*

elefantagtig *adj.* elephantine.

elefantfod 1. elephant's foot; **2.** *(til at stå op på)* kickstep.

elefantgræs *(bot.)* elephant grass.

elefanthud*: have ~* be thick-skinned.

elefanthue balaclava (helmet).

elefantiasis *sb. (en) (med.)* elephantiasis.

elegance *sb. (en)* elegance.

elegant[1] *adj.* **1.** elegant, smart; **2.** *(om andet end tøj: enkel og fiks)* elegant (*fx* solution, plan); neat (*fx* solution, way of doing it).

elegant[2], *adv. (jf. elegant*[1]*)* **1.** elegantly, smartly (*fx* dressed); **2.** elegantly, neatly.

elegi *sb. (en, -er)* elegy.

elegisk[1] *adj.* elegiac.

elegisk[2] *adv.* elegiacally.

elektricitet *sb. (en)* electricity; *(NB sms med elektricitets-, se el-, fx elforbrug, elmåler).*

elektricitetslære electrotechnics.

elektrificere *vb.* electrify.

elektriker *sb. (en, -e)* electrician.

elektrisere *vb.* electrify.

elektrisermaskine electric machine.

elektrisk[1] *adj.* **1.** *(også fig.)* electric (*fx* current, eel, fence, guitar; atmosphere); **2.** *(vedrørende elektricitet)* electrical (*fx* installations, equipment); □ *~ drift se drift*; *~ lys a)* electric light; *b) (mods. dagslys)* artificial light (*fx* work by artificial light); *den -e stol* the electric chair; *henrette i den -e stol* electrocute; *henrettelse i den -e stol* electrocution.

elektrisk[2] *adv.* electrically.

elektrode *sb. (en, -r)* electrode.

elektroencefalografi *sb. (en)* electroencephalography.

elektroencefalogram *sb. (et, -mer)* electroencephalogram.

elektrofører motorman.

elektroingeniør *(med akademisk grad)* graduate electrical engineer; *(svagstrøms-)* electronics engineer.

elektrokardiografi *sb. (en)* electrocardiography.

elektrokardiogram *sb. (et, -mer)* electrocardiogram.

elektrolyse *sb. (en)* electrolysis.

elektromagnet electromagnet.

elektromagnetisk[1] *adj.* electromagnetic.

elektromagnetisk[2] *adv.* electromagnetically.

elektromagnetisme electromagnetism.

elektromotor electric motor.

elektron *sb. (en, -er)* electron.

elektronblitz *(foto.)* electronic flash.

elektronik *sb. (en)* electronics.

elektronikfirma electronics firm.

elektronikindustri electronics industry.

elektronikmekaniker, **elektroniktekniker** electronics engineer.

elektronisk[1] *adj.* electronic (*fx* music).

elektronisk[2] *adv.* electronically.

elektronmikroskop electron microscope.

elektronrør electron tube.

elektroplet *sb. (et)* electroplate.

elektroteknik electrotechnics.

element *sb. (et, -er)* **1.** element (*fx* the fury of the elements; criminal elements; there's an element of truth in it); **2.** *(elektrisk)* cell; *(tørelement)* dry cell; *(batteri)* dry battery; **3.** *(i byggeri)* panel, unit; **4.** *(til elementkøkken)* unit; □ *være i sit rette ~* be in one's element.

elementarpartikel *(fys.)* elementary particle.

elementbyggeri prefab construction.

elementhus prefabricated house, prefab.

elementkøkken fitted kitchen.

elementær *adj.* **1.** *(simpel)* elementary (*fx* grammar; his knowledge of the subject is very elementary); **2.** *(grundlæggende)* basic (*fx* skills

(færdigheder)).
elendig *adj.* miserable (*fx* meal, pension, weather; in a miserable condition); *(stærkere,* F*)* wretched; T rotten (*fx* book, weather; I feel rotten); *(stærkere)* lousy.
elendighed *sb. (en) (jf. elendig)* misery; wretchedness;
□ *det er den rene ~* it is quite hopeless; F it is utterly hopeless.
elev *sb. (en, -er)* **1.** *(skole-, især i underskolen,* F*)* pupil (*fx* the school has 2,000 pupils; there are 25 pupils in the class); *(se også skoleelev)*;
2. *(am., på højere trin)* student (*fx* a high-school student);
3. *(i erhvervsuddannelse)* trainee; *(lærling)* apprentice;
4. *(af åndelig leder etc.)* disciple (*fx* he was a disciple of Freud);
5. *(af kunstner)* pupil (*fx* it is the work of a pupil of Rubens);
□ *-erne (jf. 1,* T*)* the children.
elevarbejde (ɔ: *enkelt)* apprentice piece of work; student piece of work.
elevation *sb. (en, -er) (mil.)* elevation;
□ *skyde med stor ~* fire at a high elevation.
elevator *sb. (en, -er)* lift; *(am.)* elevator;
□ *uafbrudt kørende ~* pater noster (lift).
elevatorfører lift attendant, liftboy (, -girl), liftman; *(am.)* elevator operator.
elevatorskakt lift shaft.
elevatorstol lift car.
elevcentreret *adj.* learner-centred, pupil-centred.
elevdemokrati pupil participation.
elevere *vb.* elevate.
elevforening 1. pupils' association; **2.** *(for gamle elever)* Old Boys' (, Girls') Association; *(am.)* Alumni (, Alumnae) Association.
elevorganisation pupils' organisation.
elevråd pupil (*el.* school) council.
elevstyret *adj.* directed by the pupils.
elevtal number of pupils;
□ *faldende ~* (ɔ: *generelt)* falling pupil numbers, falling rolls.
elfenben ivory.
elfenbens- ivory.
elfenbenshvid ivory-white.
elfenbensskaft: *med ~* ivory-handled.
elfenbenstårn ivory tower.
elforbrug consumption of electricity.
elforsyning power supply.
elg *sb. (en, -e) (zo.)* elk; *(am.)* moose.
elhegn electric fence.
Elias *(bibelsk navn)* Elijah.
eliksir *sb. (en, -er)* elixir.
eliminere *vb.* eliminate.
Elisa *(bibelsk navn)* Elisha.
elisabethansk *adj.* Elizabethan.
elite *sb. (en, -r)* élite (*fx* he is one of the élite);
□ *-n af* the pick of; F the flower of.
elite- picked (*fx* a picked football team).
elitebilist *(kan gengives)* veteran driver.
eliteregiment crack regiment.
elitesport elitist sports pl.
elitær *adj.* élitist.
elkomfur electric cooker; *(am.)* electric cooking stove, electric range.
elkøkken electric kitchen.
elledning *(udendørs)* power line; *(se også ledning 1)*.
ellefolk elves pl.
ellepige elf maid.
eller *konj.* or;
□ *~ også* or else.
ellers *adv.* **1.** *(i modsat fald)* or (*fx* put up your hands or I fire); or else (*fx* hurry up, or (else) you will be late); if not; otherwise (*fx* go home at once, otherwise you'll catch a cold); *(i mangel deraf)* failing which; failing this (*fx* you will have to buy a car; failing this, you must borrow one);
2. *(bortset herfra)* otherwise (*fx* otherwise he is quite a nice chap);
3. *(ved pron.)* else (*fx* who (, what) else? anything else? *(~ noget?)*; no one (, nothing) else);
4. *(om modsigelse)* but (*fx* but I thought that ... *(jeg troede ~ at...)*);
5. *(i regelen)* usually, normally (*fx* normally everything is quiet here);
6. *(i parentes bemærket)* by the way (*fx* by the way, what do you think of my new car?); you know (*fx* it is your responsibility, you know);
□ *tidligere **end** ~* earlier than usual; *det **er** ~ en flot bil du har!* that's a jolly fine car you've got! ***hvis** ~ se hvis*[1]; *nu **skal** du ~ høre!* (just) listen to this! *~ **tak*** thank you all the same; *nej ~ tak! (ironisk)* not likely! I'm not having any!
elletræ 1. *(bot.)* alder; **2.** *(materiale)* alderwood.
elleve *num.* eleven.
ellever *se elver.*
ellevetiden: *ved ~* at about eleven o'clock; T round about eleven (o'clock).
elleveårig, elleveårs *se -årig.*
ellevild *adj.* overexcited;
□ *~ af glæde* wild with joy.
ellevte *adj.* eleventh (*fx* on the eleventh floor); *(se også time)*.
ellipse *sb. (en, -r)* **1.** *(gram.)* ellipsis (pl. ellipses); **2.** *(mat.)* ellipse.
elliptisk[1] *adj.* elliptic(al).
elliptisk[2] *adv.* elliptically.
ellokomotiv electric locomotive.
elm *sb. (en, -e),* **elmetræ** *(bot.)* elm.
elmesyge Dutch elm disease.
elmåler electric meter.
eloxere *vb.* ® anodize.
elritse *sb. (en, -r) (zo.: lille karpefisk)* minnow.
Elsass *(geogr.)* Alsace.
elsasser *sb. (en, -e),* **elsassisk** *adj.* Alsatian.
elsdyr *sb. (et, -) (zo.)* elk; *(am.)* moose.
elske *vb. (se også elsket)* **1.** *(holde af)* love (*fx* they love each other; he loves chocolate); **2.** *(dyrke sex)* make love (*med* to, with);
□ *~ højt* love dearly; *~ højere* love more dearly, love better; *~ højest* love most dearly, love best; *de -nde* the lovers.
elskelig *adj.* sweet; *(stærkere)* delightful;
□ *en ~ gammel dame* a dear old lady.
elsker *sb. (en, -e)* **1.** lover (*fx* he was her lover; a opera (, music) lover); **2.** *(teat.) se førsteelsker.*
elskerinde *sb. (en, -r)* mistress.
elskerrolle (part of the) juvenile lead.
elsket *adj.* loved (*fx* feel loved); *(attr.)* dear (*fx* my dear wife); *(*F *el. spøg.)* beloved (*fx* our beloved Queen; he is always pottering about in his beloved garden);
□ *~ af* loved by; F beloved of; *han gjorde sig ~ af folket* he won the love of the people; *(min) elskede!* my dear! darling! *hans elskede* his sweetheart; F his beloved.
elskov *sb. (en)* love.
elskovsbarn love child.
elskovsdrik love potion.
elskovseventyr love affair.
elskværdig *adj. (behagelig)* amiable (*imod* to); *(venlig)* kind (*imod* to); *(imødekommende også)* obliging;
□ *vil De være så ~ at* would you be so kind as to.
elskværdighed *sb. (en, -er)* kindness;
□ *sige -er* pay compliments.
elv *sb. (en, -e)* river.
elve *num. se elleve.*

elver *sb. (en, -e)* **1.** eleven; **2.** *(i tipning) (kan gengives)* eleven right on the football pools.
elverfolk elves pl.
elverhøj hill of the elves, elf hill.
elverkonge king of the elves.
elverpige elf maid.
elvte *adj. se ellevte.*
elværk power station.
elysisk *adj. (myt.)* Elysian;
□ *de -e marker* the Elysian fields.
elysium *(myt.)* Elysium.
em *sb. (en)* vapour.
emalje *sb. (en, -r)* enamel.
emaljefarve enamel colour.
emaljere *vb.* enamel.
emaljering *sb. (en, -er)* enamelling.
emaljeskilt enamelled sign.
emancipation *sb. (en)* emancipation.
emanciperet *adj.* emancipated, liberated.
emballage *sb. (en, -r)* **1.** packing; **2.** *(om noget der er svøbt om varen)* wrapping; **3.** *(kasser etc.)* containers.
emballere *vb. (jf. emballage)* **1.** pack (up); **2.** wrap up.
embargo *sb. (en, -er)* embargo (pl. -es);
□ *hæve -en* raise (*el.* lift) the embargo; *lægge ~ på* place (*el.* lay) an embargo on.
embede *sb. (et, -r)* office; (government) post;
□ *i embeds medfør, på embeds vegne* in one's official capacity (*fx* he spoke in his official capacity); on official business (*fx* travelling on official business).
embedsbolig official residence.
embedsdragt official dress, uniform.
embedsed oath of office.
embedseksamen final university examination;
□ *tage ~ (omtr.)* graduate.
embedsførelse *sb. (en)* discharge of one's office.
embedshandling official act.
embedslæge medical officer (of health).
embedsmand official (*fx* an official of the local goverment; a Government official); public officer, government officer; *(i centraladministrationen)* civil servant;
□ *høj ~* high official; *lavere ~* minor official.
embedsmandsplan*: på ~* at the official level.
embedsmisbrug abuse of office.
embedsmæssig *adj.* official.
embedsperiode *se embedstid.*
embedspligt official duty.
embedsstanden the officials pl.; the official class; *(centraladministrationen)* the Civil Service.
embedstid term of office, tenure;
□ *i sin ~* while in office.
emblem *sb. (et, -er) (knaphuls- etc.)* (lapel) badge (*el.* button).
embonpoint *sb. (en el. et)* embonpoint.
embouchure *sb. (en, -r) (mus.)* embouchure.
embryologi *sb. (en) (med.)* embryology.
emeritus emeritus;
□ *professor ~* emeritus professor.
emfase *sb. (en, -r)* emphasis (pl. emphases).
emfatisk[1] *adj.* emphatic.
emfatisk[2] *adv.* emphatically.
emhætte cooker hood; *(am.)* range hood.
emigrant *sb. (en, -er)* **1.** emigrant; **2.** *(politisk)* emigré.
emigration *sb. (en, -er)* emigration.
emigrere *vb.* emigrate.
eminence *sb. (en, -r)* eminence;
□ *grå ~* éminence grise (pl. éminences grises).
eminent[1] *adj.* **1.** *(fremragende dygtig)* brilliant (*fx* chess player); **2.** *(om egenskab)* eminent.
eminent[2] *adv. (jf. eminent*[1]*)* **1.** brilliantly; **2.** eminently;
□ *~ dygtig* brilliant.
emir *sb. (en, -er)* emir.
emission *sb. (en, -er)* **1.** *(i atmosfæren)* emission; **2.** *(hdl.)* issue.
emittent *sb. (en, -er) (hdl.)* issuer.
emittere *vb.* issue.
emme *vb.: ~ af* exude.
emne *sb. (et, -r)* **1.** *(generelt)* subject (*fx* that is a subject I know nothing about; an interesting subject; let's change (, leave, drop) the subject); *(som er under behandling også,* F*)* topic (*fx* the topic (*el.* subject) of his speech (, of the conversation); the topic of the day); *(især kunstnerisk også)* theme;
2. *(i skole: som studeres specielt)* topic;
3. *(tekn.: foreløbig behandlet materiale)* blank (*fx* blanks for keys, buttons, files);
4. *(fig. om person)* (likely) candidate; prospect.
emnearbejde project work; *(især i små klasser)* topic work.
emnecentreret *adj. (om undervisning)* subject-centred.
emnekatalog subject catalogue.
emneområde field (of study).
emneregister subject index.
emneuge *(i skole)* feature week.
emneundervisning thematic approach; *(især i små klasser)* topic approach.
emnevalg choice of subject.
emotionel *adj.* emotional.
empirestil French Empire (style).
empirisk[1] *adj.* empirical.
empirisk[2] *adv.* empirically.
emsig *adj.* **1.** *(overivrig)* officious; **2.** *(som blander sig)* meddlesome;
□ *hun er ~ (også)* she is a busybody.
emu *sb. (en, -er) (zo.)* emu.
emulgator *sb. (en, -er)* emulsifier.
emulgere *vb.* emulsify.
emulsion *sb. (en, -er)* emulsion.
en[1]**, et** *artikel* **1.** a; *(foran vokallyd)* an;
2. *(i ubestemt tidsangivelse: ved en konkret lejlighed)* one (*fx* it happened one morning; one Sunday after church; one dark evening); *(mere generelt)* on a(n) (*fx* I don't like to go out on a dark evening);
3. *(cirka)* some;
□ *en skønne dag se skøn*[2]; *for en syv år siden* some seven years ago; *en tre-fire timer* (some) three or four hours.
en[2]**, et** *pron.* **1.** *(en person)* someone, somebody; **2.** *(man)* you (*fx* they cannot forbid you that); *(mere* F*)* one;
□ *der var en der fortalte mig at* somebody told me that; *hvad er han for en?* what sort of chap is he?; *(se også anden*[2]*).*
en[3]**, et** *num.* one; *(understregende også)* a single (*fx* I didn't get a single reply; Europe cannot yet speak with a single voice);
□ *hun er hans et og* ***alt*** she is everything (*el.* all the world) to him; *i et og alt* in every respect; ***den*** *ene* one (of them); *(se også anden*[2]*);* ***det*** *ene efter det andet* one thing after another; *det ene med det andet* one thing with another; *et* ***eller*** *andet se anden*[2]; *ét* ***er*** *at ... et andet at ...* it is one thing to ... another to ... (*fx* it is one thing to promise and another to perform); ***mit*** *ene ben* one of my legs; my leg; *en* ***og*** *samme* one and the same; *et og andet se anden*[2]; *[med præp.] et* ***af*** *to a)* one thing or the other; *b) (ɔ: du må selv vælge)* take your choice; *en* ***efter*** *en* one by one; *en* ***for*** *en* one by one; *(lige)* ***med et*** suddenly, all of a sudden; all at once; *en* ***på*** *siden af hovedet* a box on the ear; *(se også øje); det var en* ***til*** *dig (ɔ: en finte)* that was one for you; ***under et*** together; *(se også sælge).*
enakter *sb. (en, -e)* one-act play.
enarmet *adj.* one-armed; *(se også*

tyveknægt).
enbenet *adj.* one-legged.
en bloc*: en* ~ together; F en bloc.
enbo *adj. (bot.)* monoecious.
enbåren *adj.: Gud gav sin søn den enbårne* God gave His only begotten Son.
encellet *adj.* one-celled.
encifret *adj.: ~ tal* digit; *få inflationen ned på et ~ tal* bring inflation down to single figures.
encyklika *sb. (en, -er) (pavelig rundskrivelse)* encyclical.
encyklopædi *sb. (en, -er)* encyclop(a)edia.
encyklopædisk *adj.* encyclop(a)edic.
encylindret *adj.* single-cylinder (*fx* engine).
end *adv. & konj. (efter komp.)* than (*fx* better than me (, I)); *(efter* inferior *&* superior*)* to;
□ *ikke* ***andet*** ~ nothing but; *hvad andet* ~ what (else) but; *(se også andet²)*; ***andre*** *(fx bøger)* ~ other (*fx* books) than; *ingen anden (, ikke andre)* ~ no one (, none) but; ***hvad (, hvem, hvor)*** ... ~ no matter what (, who, where, how) (*fx* no matter what happens (, who she is, where he went, how much I read, how rich he is)); F whatever (, whoever, wherever, however) (*fx* whatever happens; whoever she is; wherever he went; however much I read; however rich he may be); *hvor meget han ~ prøvede (at)* try as he might (to); ~ ***ikke*** not even.
endagsbillet *(jernb.)* day return.
endagstur one-day trip.
endagsturist day visitor, day tripper.
endda *adv.* **1.** *(endog)* even (*fx* even better than before); **2.** *(tilmed)* at that;
□ *og det ~ et barn* and a child at that; *enden er ikke ~* the end is not yet; *ikke så gal ~* not so bad after all; *det er slemt nok ~* it is bad enough as it is; *hvis han ~ ville betale* if he would pay at least.
ende¹ *sb. (en, -r)* **1.** end;
2. *(på hjortegevir)* point, prong; *(*F *el. fagl.)* tine; *(hele takken)* antler;
3. *(tov-)* rope (end);
4. *(bagdel)* behind (*fx* a kick in the behind); bottom (*fx* a smack on the bottom; fall on one's bottom); *(nøgternt, mere* F*)* buttocks pl.; *(spøg.)* posterior; *(spøg.,* T*)* backside; *(grovere)* bum; *(am.)* fanny;
□ *en ~ sejlgarn* a piece of string;
[med adj.] stå på den ***anden*** ~ *(fig.)* be topsy-turvy; be at sixes and sevens; *byen stod på den anden ~ (ɔ: af begejstring)* the town was in a fever of excitement; *sætte på den anden ~ (ɔ: lave rod i)* turn upside down; *de satte huset på den anden ~ (ɔ: larmede)* they nearly brought the roof down; *få fat i den* ***gale*** ~ get hold of the wrong end of the stick; *når -n er* ***god*** *er alting godt* all's well that ends well; *han har fat i den* ***lange*** ~ T he has got the upper hand; ***løse*** *-r (fig.)* loose ends (*fx* we need to tie up the loose ends); *den* ***nederste*** ~ the bottom; *have fat i den* ***rigtige*** ~ go about it in the right way; *i den* ***sidste*** ~ ultimately; T at the end of the day; *det tog en* ***sørgelig*** *~ med ham* he came to a sad (*el.* bad) end; *den* ***tunge*** *~ se tung*; *den* ***øverste*** ~ the top;
[med vb.] hvad skal ***blive?*** where is it going to end? *alting* ***får*** *en ~* everything has an end; there is an end to everything; *vi må* ***have fat i*** *en ~ (fig.)* we must find somewhere to start; ***få*** *~* ***på*** *en kedsommelig dag* get through a tedious day; ***gøre*** *~* ***på*** put an end to; make an end of; ***pukle*** *-n* ***ud af*** *bukserne* work one's tail off; *det er ikke til at* ***se*** *~* ***på*** it seems interminable; there seems no end to it;
[med præp.] ***for*** *-n* ***af*** at the end of; ***fra*** *~ til anden* from end to end; from one end to the other; *undersøge* ***i alle -r og kanter*** examine inside and out (*el.* from top to bottom); *(se også varte (op))*; *løbe én* ***over*** ~ run sby down; push sby over; ***til*** *den ~* for that purpose; F to that end; *bringe til ~ se tilendebringe*; *høre ham til ~* hear him out; *være til ~* be at an end.
ende² *vb. (endte, endt)* **1.** *(uden objekt: ophøre)* end (*fx* the war ended in 1945); come to an end (*fx* the day came to an end);
2. *(med objekt: afslutte)* end (*fx* one's days, a speech); *(gøre færdig)* finish, end off (*fx* he finished (*el.* ended off) his speech by thanking everybody);
□ *det -r* ***galt*** things will go wrong (*fx* I'm afraid things will go wrong; you had better stop, or things will go wrong); *det -r galt med ham* he will come to a sad (*el.* bad) end; ~ ***godt (, sørgeligt)*** *(om historie etc.)* have a happy (, sad) ending;
[med præp.] han -r ***i*** *fængsel* he will end up in jail; ~ ***med*** *a) (slutte med)* end with (*fx* the meeting ended with a song); *b) (have som resultat)* end in (*fx* the struggle ended in a settlement (, in a victory for us)); *(se også forskrækkelse)*; ~ ***med at*** *(+ inf.) a) (om det sidste man gør)* end by -ing, finish by -ing (*fx* by saying goodbye); *b) (om slutresultat)* end (*el.* finish) up -ing (*fx* he ended up crying; she ended (*el.* finished) up owning the whole town); *det endte med at (+ sætn.) a) (til sidst)* eventually (*fx* eventually he gave up); *b) (resultatet var)* the end (*el.* upshot *el.* outcome) of it was that (*fx* he apologized); *det -r med at du kommer i fængsel* you'll end up in jail; *romanen -r med at han dør* the novel ends with his death; he dies at the end of the novel; *ordet -r* ***på*** *s* the word ends in s.
endefuld *sb. (en, -e)* spanking; *(især om barn)* walloping, whacking.
endegyldig *adj.* final, definitive.
endelig¹ *adj.* **1.** *(afsluttende, afgørende)* final (*fx* decision, result); F definitive (*fx* answer); ultimate; **2.** *(begrænset)* finite (*fx* the universe is finite).
endelig² *adv. (se også endeligt²)* **1.** *(langt om længe)* at (long) last; *(mere* F*)* at length; *(gengives ofte ved)* do (*fx* when he did come, it was to late; when he does speak, he speaks well);
2. *(til slut)* finally (*fx* he lived in England, France, Germany and finally Spain; he stared at me for a long time and finally asked if we hadn't met before);
3. *(absolut)* be sure to (*fx* be sure to buy it; be sure to come); *(gengives ofte ved)* do (*fx* do buy it *(køb det ~)*; do come);
□ ***gør*** *det ~! det må du ~ gøre!* by all means (do)! ***hvis*** *jeg ~ skal* if I must; *hvis du ~ vil vide det* if you must know; ~ ***ikke*** on no account, not on any account (*fx* don't buy it on any account); *gør det ~ ikke (også)* don't do that whatever you do; *du må ~ ikke glemme det* be sure not to forget; ***når*** *jeg ~ går i teatret vil jeg se et godt stykke* when I finally go to the theatre I want to see a good play.
endeligt¹ *sb. (et)* end, death;
□ *han fik et sørgeligt ~* he came to a sad end.
endeligt² *adv. (jf. endelig¹) (afgø-*

rende) finally (*fx* settle the matter finally); F definitively.
endelse *sb. (en, -r)* ending.
endeløs *adj.* endless, never-ending (*fx* discussions, complaints, winter); F interminable, unending; *(se også bane[1]).*
endemoræne *(geol.)* terminal moraine.
endepunkt terminal point; *(se også endestation).*
enderækkehus end-of-terrace house.
endeskive *(af brød)* end (of a loaf), crust.
endestation terminus (pl. -es, *(fagl.)* termini).
en detail retail;
□ *sælge* ~ retail; sell by retail; *handle en gros og* ~ deal wholesale and retail.
endetal*: numre med -lene 86* numbers ending on 86.
endetarm rectum.
endevende *vb. (endevendte, endevendt)* turn upside down (*fx* she turned the whole house upside down but couldn't find it); *(om lommer)* turn (inside) out.
endimensional *adj.* one-dimensional.
endivie *sb. (en, -r) (bot.)* endive.
endnu *adv.* **1.** *(stadig)* still (*fx* he is still here);
2. *(engang i fremtiden)* yet (*fx* he may come yet; they may win yet);
3. *(ved nægtelse: utålmodigt)* still (*fx* we have written several times, but we have still not received any answer; he is still not ready); *(nøgternt: hvis man venter det vil ske)* yet (*fx* he is not ready yet; he has not arrived yet); F as yet (*fx* we have received no answer as yet);
4. *(så sent som)* only (*fx* I saw him only yesterday); as late as;
5. *(tilbage)* left (*fx* we have a few apples left); to go (*fx* there are two years to go);
6. *(yderligere)* more (*fx* he had two more questions to ask); additional (*fx* two additional questions; an additional reason); (yet) another (*fx* (yet) another mistake; another two questions); a further (*fx* a further reason);
7. *(ved komparativ)* even (*fx* even worse); still (*fx* still more, still worse; worse still);
□ ~ *en gang* once more, once again; ~ *en gang så stor* as big again; *han ville gerne blive et stykke tid* ~ he would like to stay for some time yet; *det varer et stykke tid* ~ it will be a little while yet;
[med præp.] ~ ***i*** *denne uge (, måned)* before the end of this week (, month); ~ *i eftermiddag a) (ɔ: ikke længere siden)* only this afternoon; *b) (ɔ: allerede)* this very afternoon; ~ *i forrige århundrede* as late as in the last century.
endog, endogså *adv.* even.
endokrin *adj.* endocrine.
endossement *sb. (et, -er)* endorsement.
endossent *sb. (en, -er)* endorser.
endossere *vb.* endorse.
endossering *sb. (en, -er)* endorsement.
endrægtig *adj.* harmonious, united.
endrægtighed *sb. (en)* harmony; F concord.
endsige *adv.* let alone (*fx* he can't even walk, let alone run); much less.
endskønt *konj.* though, although.
endvidere *adv.* **1.** furthermore (*fx* furthermore, I would like to say..); **2.** *(tilmed)* moreover (*fx* I don't like the idea, and moreover, I think it is illegal).
ene *adj.* **1.** alone (*fx* he is alone in the world); **2.** *(ensom)* lonely (*fx* he felt lonely); *(se også en[2]);*
□ *han gjorde det* ~ ***mand*** he did it single-handed (*el.* all by himself); ~ ***og alene*** only, simply (*fx* I did it only (*el.* simply) to help); F (simply and) solely (*fx* solely for your sake; he did it simply and solely to help her); ~ *og alene for at hjælpe (også,* F*)* for the sole purpose of helping; ~ ***og forladt*** forlorn; ~ ***om (at)*** *se alene[1] (om (at)).*
eneafgørende *adj.: det er* ~ it is the sole decisive factor.
eneagentur sole agency.
enebarn only child (*fx* he was an only child); *enebørn* only children.
eneberettiget *adj.: være* ~ *til* have the monopoly of; have the exclusive privilege of.
eneboer *sb. (en, -e)* **1.** *(rel.: eremit)* hermit; **2.** *(en der lever ensomt)* recluse.
eneboerliv solitary life.
eneboernatur*: være en* ~ be solitary by nature; T be a loner.
enebær 1. *(bot.)* juniper berry;
2. *(planten)* juniper.
enebærbusk juniper;
□ *her går vi rundt om en* ~ *(svarer til)* here we go round the mulberry bush.
eneforhandler sole agent.
eneforhandling sole agency.
eneforsørger, eneforælder single parent, lone parent.
enegang*: gå* ~ go one's own way; T go it alone; *gå* ~ *til* make a solitary approach to.
enegænger *sb. (en, -e)* **1.** individualist; **2.** *(som foretrækker ensomhed)* lone wolf; T loner.
eneherredømme absolute rule.
enehersker absolute ruler.
eneindehaver sole proprietor.
enekammer *(på skib)* single cabin.
enemærker *sb.pl.: trænge ind på ens* ~ *a)* trespass on sby's property; *b) (fig.)* poach on sby's preserves.
enepige general servant; maid of all work.
ener *sb. (en, -e) (sidste ciffer)* one;
□ *han er en* ~ *a) (ɔ: enestående)* he is unique; F he stands alone; *b) (ɔ: enspændernatur)* he goes his own way; T he is a loner.
enerepræsentant sole agent.
eneret monopoly (*på* of; *på at* of -ing, *fx* have a monopoly of selling alcohol); (sole and) exclusive right(s) (*på* to, for; *på at* to, *fx* the Daily Mail got the exclusive rights to (*el.* for) the story (, to print the story)).
energi *sb. (en, -er)* **1.** *(persons)* energy; *(kraft og* ~, F*)* vigour (*fx* she did her work with great vigour);
2. *(brændstof etc.)* energy; **3.** *(-kilde)* energy source (*fx* alternative energy sources);
□ *den* ~ *han lagde i arbejdet* the energy he put into his work.
energibesparelse energy conservation, conservation of energy; energy saving.
energibesparende *adj.* energy-conserving; *(om maskiner etc.)* energy-efficient (*fx* refrigerator);
□ ~ *foranstaltninger* energy conservation measures.
energibundt (T*: om person)* live wire.
energiforbrug consumption of energy, energy consumption.
energikilde source of energy, energy source.
energikonsulent energy auditor.
energikrise energy crisis.
energiløs *adj.* slack.
energiminister energy minister; *(i Engl.)* energy secretary.
energiministerium energy ministry.
energimængde quantity of energy.
energipolitik energy policy.
energirapport energy survey.
energisk[1] *adj.* **1.** energetic (*fx* person);
2. *(kraftig)* vigorous (*fx* attempt,

campaign, opposition, protest; an elderly, but vigorous man); strenuous (*fx* attempts, efforts; worker).

energisk[2] **1.** *adv.* energetically; **2.** *(kraftigt)* vigorously (*fx* he nodded (, shook my hand) vigorously; he vigorously defended the view that.. (, denied that..)); strenuously (*fx* he strenuously denied that..).

energispare- energy-saving (*fx* bulb *pære*; campaign).

enerverende *adj.* **1.** *(som går på nerverne)* trying; *(stærkere)* nerve-racking; **2.** *(udmattende)* enervating;
□ *det er ~ (også)* it gets on one's nerves.

enerådende *adj.* **1.** absolute; **2.** *(om mening, tro)* universal;
□ *være ~* reign supreme.

enerådig *adj. se egenrådig.*

enes *vb.* **1.** *(være (, blive) enige)* agree (*om* on, about; *om at* that); **2.** *(forliges)* get on (well) (*fx* they don't get on); T hit it off.

eneste *adj.* only (*fx* my only friend); F sole (*fx* the sole heir to the estate);
□ *han var ~ barn* he was an only child;
[med artikel & pron.] **de** *~ a)* the only ones (*fx* the only ones who knew); *b) (+ sb.)* the only (*fx* the only friends he had);
den *~ a)* the only one; *b) (+ sb.)* the only (*fx* the only friend he had); *han var* **den** *~* **der** *hjalp hende* he was the only one to help her (*el.* who helped her); **den** *~* **ene** *(ɔ: som man vil gifte sig med)* the only one (for him (, her));
det *~ a)* the only thing; *b) (+ sb.)* the only (*fx* the only table in the room); *det ~ mærkelige ved det* the only remarkable thing about it; **det** *~* **som** the only thing that, all that (*fx* that is all (that) you need; all that I know is..);
en (, et) *~ (+ sb.) a)* a (*el.* one) single (*fx* I only had a single reply); *b) (spørgende, opfordrende også)* a (*el.* one) solitary (*fx* (can you) give me one solitary (*el.* single) reason why I should do it); *en ~ gang* once only; **ikke en (, et)** *~ a) (+ sb.)* not a (*el.* one) single, not a (*el.* one) solitary (*fx* he hasn't got a single friend; I can't think of one solitary example); *b) (uden sb.)* not (a single) one; **kun en (, et)** *~ (også)* only one;
hver *~ (+ sb.)* every (single) (*fx* day); each and every (*fx* in each and every speech he made); *hver ~ en* every single one.

enestue *(på hospital)* side room; private ward.

enestående *adj.* unique (*fx* ability, knowledge, opportunity); *(helt usædvanlig)* exceptional (*fx* ability, loyalty);
□ *han er ~* he is unique; he is quite exceptional; F he stands alone.

enetages *adj.* single-storeyed; *(am.)* single-storied.

enetale monologue; *(se også monolog).*

enetime 1. one-to-one lesson; **2.** *(privat)* private lesson.

enevoldskonge absolute monarch.

enevælde *sb. (en)* absolute monarchy; *(se også oplyst).*

enevældig *adj.* absolute (*fx* monarch, power); autocratic (*fx* king).

eneværelse single room.

enfamiliehus single-family house, one-family house.

enfold *sb. (en)* simplicity.

enfoldig *adj.* simple;
□ *en ~ fyr* a simpleton.

enfoldighed *sb. (en)* simplicity, simple-mindedness.

eng *sb. (en, -e)* meadow;
□ *på -en* in the meadow.

engagement *sb. (et, -er)* **1.** *(arbejde, opgave)* engagement (*fx* he has several concert engagements); *(job)* job; *(kontrakt)* contract (*fx* he was offered a five-year contract); **2.** *(deltagelse; også mil.)* involvement (*fx* a sense of personal involvement; the American involvement in the Middle East); **3.** *(bevidst: gåen op i; også om politisk ~)* commitment (*i* to, *fx* his lifelong commitment to this cause; it requires total commitment).

engagere *vb.* engage; *(se også engageret);*
□ *~ sig i a) (beskæftige sig med)* engage in (*fx* politics, social work); *b) (deltage i, gå op i)* get involved in (*fx* politics); involve oneself in (*fx* community affairs); *c) (gå helt op i)* devote oneself to (*fx* working for peace).

engageret *adj.* **1.** *(stærkt optaget af en sag)* committed (*fx* teacher, literature); dedicated (*fx* teacher); **2.** *(beskæftiget)* engaged;
□ *~* **i** *a) (beskæftiget med)* engaged in (*fx* social work); *b) (som deltager, også økonomisk; optaget af)* involved in (*fx* producing spare parts; he was deeply involved in his work); *c) (stærkt optaget af)* dedicated to (*fx* one's job).

engageringsbureau employment office (*el.* agency).

engang *adv.* **1.** *(i fortiden)* once (*fx* he once had a house); one day (*fx* one day I met him in the street); some time (*fx* some time in 1850); *(i en vis periode)* at one time (*fx* at one time he was working for General Motors); *(men det er forbi)* time was when, there was a time when (*fx* I would gladly have accepted such an offer); **2.** *(i fremtiden)* sometime (*fx* sometime next week); *(i en fjernere fremtid)* some day, one day (*fx* some day (*el.* one day) you will regret this);
□ *hør ~!* look here! *tænk ~! se tænke; der var ~* once (upon a time) there was;
[med adv.] **ikke** *~* not even; *~* **imellem** sometimes; now and then, now and again; *(mere hyppigt)* every now and then; *(mindre hyppigt)* once in a while; **nu** *~ se nu*[2].

engangs- 1. *(som kun skal bruges en gang; til at kassere efter brugen)* disposable, throwaway (*fx* bottle, cutlery, lighter, nappie, plate, syringe); **2.** *(som der ikke gives pant for)* non-returnable (*fx* bottle); **3.** *(som kun forekommer, bringes etc. én gang)* one-off (*fx* fee, job, programme); **4.** *(om betaling)* once-and-for-all.

engangsforestilling, engangsforeteelse *(fig.)* one-off affair, one-off thing; one-off.

engangsknald S one-night stand.

engangsord nonce-word.

engangsservice disposable (*el.* throwaway) plates pl.

engangsskat once-and-for-all levy.

engangsudgift once-and-for-all expense; *(hdl.)* non-recurrent expense.

engangsydelse one-off payment.

engblomme *sb. (en, -r) (bot.)* globe flower.

engdrag stretch of meadow land.

engel *sb. (en, engle)* angel (*fx* she sings like an angel);
□ *der gik en ~ gennem stuen (svarer til)* an angel must have been passing; *(se også frelse*[2]*).*

engelsk[1] *sb. (et) (sproget)* English;
□ *på ~* in English; *hvad hedder bord på ~?* what is the English for "bord"?

engelsk[2] *adj.* **1.** *(om sproget)* English (*fx* English grammar, the English language, English literature); **2.** *(om nationen, jf. England)*

English (*fx* the English countryside; his father is English, but his mother is Scottish); *(omfattende hele Storbritannien)* British (*fx* the British Army, British goods, British trade);
□ ~ *horn* cor anglais; ~ *salt* Epsom salts pl.; ~ *syge* rickets; *(fagl.)* rachitis; *som lider af ~ syge* rachitic.
engelsk-amerikansk *adj.* Anglo-American.
engelsk-dansk *adj.* Anglo-Danish;
□ ~ *ordbog* English-Danish dictionary.
engelskfjendtlig *adj.* anti-British; anti-English.
engelskgræs *(bot.)* thrift, sea pink.
engelsksproget *adj.* **1.** *(engelsktalende)* English-speaking (*fx* population); Anglophone;
2. *(skrevet på engelsk)* English-language (*fx* newspaper).
engelsksystem *(af lærebøger i engelsk)* English course.
engelskvenlig *adj.* pro-British; pro-English, Anglophile.
engkabbeleje *(bot.)* marsh marigold.
England England *(NB i mere præcis brug omfatter* England *ikke Wales, Skotland og Nordirland);* *(i avissprog og ofte i daglig tale bruges)* Britain; *(den nuværende stats officielle navn er)* the United Kingdom *(fork.* UK*).*
engleagtig *adj.* angelic.
englebarn little angel.
englehoved cherub's head.
englelig *adj.* angelic (*fx* patience).
englerøst angelic voice.
englevinger *sb.pl.* angel's wings.
englænder *sb. (en, -e) (jf. England)* Englishman; *(om kvinde)* Englishwoman; *(brite)* F Briton; *(se også brite)*;
□ *han (, hun) er* ~ he (, she) is English (, British) (*fx* his father is English, but his mother is Scottish; they are both British); *fem -e* five Englishmen (, Englishwomen); *-e (også)* English (, British) people; *-ne (generelt, = nationen, holdet)* the English (, the British).
englænderinde *sb. (en, -r)* Englishwoman; *(se englænder).*
engrandøje *sb. (en, -r) (zo.)* large heath.
en gros *adv.* wholesale (*fx* buy (, sell) sth wholesale).
engrosfirma, **engrosforretning** wholesale business.
engroshandel wholesale trade.
engrosleddet the wholesale trades pl.
engrospris wholesale price.
engrosprístal wholesale price index.
engsnarre *sb. (en, -r) (zo.)* corncrake, land rail.
enhed *sb. (en, -er)* **1.** *(måle- etc.)* unit (*fx* a unit of measurement; a heat unit);
2. *(selvstændig afdeling)* unit (*fx* a naval unit);
3. *(samlet ~, helhed)* unity (*fx* national unity; the book is not a unity); whole (*fx* form a whole);
□ *tidens, stedets og handlingens ~* the unities of time, place and action; *gå op i en højere ~* form a synthesis; *ydre -er (edb)* peripherals.
enhedsfront united front.
enhedskommando *(mil.)* unified command.
enhedspris standard price; unified price.
enhedsskole comprehensive school.
enhjørning *sb. (en, -er)* unicorn.
enhver *(ethvert) pron.* **1.** *(substantivisk)* everyone, everybody (*fx* you can't be friends with everybody); *(hvem som helst)* anyone, anybody (*fx* that can happen to anybody; anybody can do that); *(hver især)* each (*fx* each of you will know what to do);
2. *(foran sb.)* every; *(hvilken som helst)* any (*fx* any child would know that);
□ *alle og ~* anybody (and everybody); T every Tom, Dick and Harry.
enig *adj.* **1.** *(i harmoni)* united (*fx* a united people);
2. *(enstemmig)* unanimous (*fx* decision; they were unanimous in condemning the attack);
□ *en ~ forsamling besluttede at* those present unanimously decided that;
[med vb.] ***blive*** *-e* come to an agreement, come to terms;
T agree; ***være*** *-e* agree; *jeg er ~* I agree; *jeg er fuldstændig ~* I entirely agree; T I couldn't agree more; *vi er fuldstændig -e* we are in complete agreement;
[med præp.] være ~ ***i*** *a)* agree with (*fx* a proposal; what was said); T go along with; *b) se ndf.: ~ om*; *være ~* ***i at*** agree that; *jeg er ~* ***med*** *ham* I agree with him (*i* about; *i at* that); T I go along with him; *jeg er ikke ~ med ham (, dig)* I do not agree; *ikke kunne blive ~* ***med sig selv*** be in two minds (*om* about); *blive ~ med sig selv om at* make up one's mind that; *blive (, være) -e* ***om*** agree about (*el.* on) (*fx* a plan); *blive -e* ***om at*** *a) (+ inf.)* agree to (*fx* wait); *b) (+ sætning)* agree that (*fx* it is impossible).
enighed *sb. (en)* **1.** agreement (*om* about, on, *fx* come to an agreement about the plan);
2. *(harmoni, samdrægtighed)* unity (*fx* unity is strength *(enighed gør stærk)*); F harmony, concord (*fx* live in harmony (*el.* concord));
3. *(enstemmighed)* unanimity (*med hensyn til* on, *fx* unanimity is required on tax issues and other crucial questions; the Allies maintained a facade of unanimity).
enke *sb. (en, -r)* widow;
□ *hun er ~ efter* she is the widow of; *blive ~* be left a widow, be widowed.
enkedronning **1.** queen dowager;
2. *(kongens (, dronningens) moder)* queen mother.
enkefrue widow;
□ *enkefru Nielsen* Mrs Nielsen.
enkel *adj.* **1.** *(mods. pyntet etc.)* plain, simple (*fx* dress, food, style); **2.** *(mods. indviklet)* simple (*fx* method, solution, task);
□ *det er ganske -t løgn* it is (quite) simply a lie; *så -t er det (ikke)!* it is (not) as simple as that!
enkelhed *sb. (en)* simplicity.
enkelt *adj.* **1.** *(kun en eneste; mods. dobbelt etc.)* single (*fx* journey:) *(se også ndf.: en (, et) ~);*
2. *(særskilt, personlig)* individual (*fx* in each individual case; the individual person);
3. *(usammensat)* simple (*fx* leaf);
□ ***en (, et)*** *~ a) (en (, et) eneste)* a single (*fx* I heard a single shot; a single window was lit); just one (*fx* I want just one banana); *b) (en (, et) engang imellem)* an occasional, the odd (*fx* I heard an occasional shot; apart from an occasional (*el.* the odd) trip to Paris he never goes anywhere); *bare en ~* just one; *et ~ bind (af en række)* an odd volume; *en ~ gang a)* just once; *b) (en gang imellem)* once in a while;
-e *a) (nogle få)* a few (*fx* a few have given up; a few friends; a few times); *b) (nogle engang imellem; kun attr.)* occasional (*fx* he paid me occasional visits); *-e bemærkninger* a few (stray) remarks; *-e gange* occasionally; on some occasions; *ved -e lejligheder* on certain occasions;
de *-e dele* the component parts;

den *-e (substantivisk)* the individual (*fx* the rights of the individual); *i* ***dette*** *-e tilfælde* in this particular case;
hver ~ *a) (om person)* each one of you (, them etc.); *(mere* F*)* each individual person; *b) (attr.)* each individual (*fx* each individual child); *hver ~ gang* on each separate occasion; *hver ~ gæst* each one of the guests; each individual guest.
enkeltbillet single (ticket), one-way ticket.
enkelthed *sb. (en, -er)* detail; *-er (også, mere* F*)* particulars; *nærmere -er* further particulars;
[med præp.] gå ***i*** *-er* go into detail; go into particulars; ***i alle*** *-er* in every (single) detail, in every particular; ***i de mindste*** *-er* in every detail (*el.* particular); down to the last (*el.* slightest) detail; ***med mange*** *-er* with many details.
enkeltindivid individual person.
enkeltmand (the) individual.
enkeltmandsfirma one-man firm; *(hdl.)* single proprietor firm.
enkeltperson (private) individual.
enkeltsporet *adj.* **1.** single-track (*fx* railway, road); **2.** *(om bilkørsel)* single-line (*fx* there was single-line traffic on many roads).
enkeltstat *(i føderation)* (constituent) state; *(i USA)* state; *(i Tyskland oftest)* Land.
enkeltstående *adj.* **1.** isolated (*fx* case, episode); **2.** *(enlig)* solitary (*fx* tree);
□ *et par ~ træer* a few scattered trees.
enkelttilfælde isolated case.
enkeltvis *adv.* **1.** *(adskilt)* separately (*fx* we don't sell the volumes separately; they arrived separately);
2. *(en ad gangen)* singly (*fx* sell the volumes singly); one at a time;
3. *(den ene efter den anden)* one by one (*fx* swallow the pills one by one; they arrived one by one).
enkeltværelse single room.
enkemand widower;
□ *blive ~* be left a widower, be widowed.
enkepension widow's pension.
enkestand widowhood.
enkesæde dower house.
enkimbladet *adj. (bot.)* monocotyledonous;
□ *~ plante* monocotyledon.
enklave *sb. (en, -r)* enclave.
enkrone one-krone piece.
enkønnet *adj.* **1.** *(biol.)* unisexual (*fx* reproduction);
2. *(kun for ét køn)* single-sex (*fx* school).
enlig *adj.* **1.** *(enligstillet)* single (*fx* man, woman);
2. *(som ikke er omgivet el. ledsaget af andre,* F*)* solitary (*fx* figure, tree);
□ *-e* single people;
[med sb.] ~ forsørger single (*el.* lone) parent; *støtte til -e forsørgere (også)* support for one-parent families; *~ mor (, far)* single (*el.* lone *el.* single-parent) mother (, father); *~ mor (også)* unsupported mother; *(ugift)* unmarried mother; *-t ægtepar* childless couple.
enligstillet *adj. se enlig.*
enmandsbetjent *adj.* one-man operated.
enmandsbus one-man bus.
enmastet *adj.* single-masted.
enmotoret *adj.* single-engined.
enorm *adj.* huge, enormous; *(stærkere)* immense.
en passant by the way; in passing;
□ *en bemærkning ~ (også)* a casual remark.
enquete *sb. (en, -r) (rundspørge)* enquiry; *(mere omfattende)* poll.
enradet *adj. (om jakke etc.)* single-breasted.
enrum: *i ~* in private, privately.
ens[1] *adj.* **1.** *(nøjagtig ~)* identical (*fx* two identical houses; the houses are identical); *(præd. også)* the same (*fx* no two children are the same); exactly alike; **2.** *(omtrent ~)* alike; *(se også ensartet)*;
□ *nøjagtig ~* quite the same; exactly alike.
ens[2] *adv. (jf. ens*[1]*)* **1.** identically (*fx* they were dressed identically); the same (*fx* the two words are spelt the same); **2.** alike (*fx* the children are all dressed alike; treat them alike).
ensartet *adj.* **1.** uniform (*fx* houses, pattern); **2.** *(mht. sammensætning)* homogeneous (*fx* population).
ensartethed *sb. (en) (jf. ensartet)* **1.** uniformity; **2.** homogeneity.
ensbetydende *adj. (synonym)* synonymous (*med* with);
□ *være ~ med (fig.)* mean (*fx* this means war).
ensemble *sb. (et, -r)* **1.** *(i musik & om tøj)* ensemble; **2.** *(teat.)* company;
□ *passe i -t* fit in; *ikke passe i -t* be out of keeping with the rest; jar.
ensfarvet *adj.* self-coloured;
□ *~ blå* plain blue.
ensformig *adj.* monotonous; *(og kedsommelig)* humdrum (*fx* life).
ensformighed *sb. (en)* monotony.
ensian *sb. (en, -er) (bot.)* gentian.
ensidig *adj.* **1.** *(jur. & i politik)* unilateral (*fx* a unilateral declaration of independence);
2. *(partisk)* one-sided (*fx* view of a problem); biassed (*fx* account, attitude);
3. *(mht. fag)* overspecialized;
□ *~ kost* an unbalanced diet.
ensidighed *sb. (en)* **1.** one-sidedness, bias; **2.** *(mht. fag)* overspecialization.
ensilage *sb. (en)* silage.
ensilagebeholder silo.
ensilere *vb.* ensile.
enslydende *adj.* **1.** *(af samme ordlyd)* identical (*fx* two identical letters); **2.** *(af samme lyd, kun præd.)* sounding alike; **3.** *(gram.)* homonymous.
ensom *adj.* **1.** *(uden mange mennesker)* lonely (*fx* spot, house; life, existence);
(mere F *& især om villet ensomhed)* solitary (*fx* a solitary struggle; she took a solitary walk; he went his solitary way; she lead a solitary life (*el.* existence));
2. *(ensomt beliggende, stående alene)* solitary (*fx* house, place, tree, figure); lone (*fx* tree, figure, rider);
3. *(~ og nedtrykt)* lonely (*fx* she led a solitary existence, but did not feel lonely); *(især am.)* lonesome.
ensomhed *sb. (en)* **1.** *(~ og tristhed)* loneliness (*fx* a feeling of loneliness);
2. *(det at være alene,* F*)* solitude (*fx* feel a need for solitude).
ensporet *adj.* **1.** *(jernb. & om vej)* single-track; **2.** *(fig.)* one-track (*fx* mind *(tankegang)*);
□ *han er ~* he has a one-track mind; *~ skole* one-form entry school.
enspænder *sb. (en, -e)* **1.** *(enspændernatur)* individualist; lone wolf; T loner; **2.** *(enspændervogn)* one-horse carriage.
ensretning *sb. (en)* **1.** standardization; *(politisk)* unification; *(streng disciplin)* regimentation (*fx* of public opinion); *(nazistisk)* Gleichschaltung; **2.** *(elek.)* rectification.
ensrette *vb.* **1.** *(elek.)* rectify; **2.** *(fig.)* unify, standardize;
□ *-t færdsel* one-way traffic.
ensretter *sb. (en, -e) (i radio)* rectifier.
enstavelses- monosyllabic.
enstavelsesord **1.** monosyllable (*fx* he answered in monosyllables);

2. *(i pl.: letforståelige)* words of one syllable (*fx* you'll have to explain it in words of one syllable).
enstemmig *adj. (se også enstemmigt) (med alle stemmer)* unanimous (*fx* decision);
□ ~ *sang (mus.)* unison song.
enstemmighed *sb. (en)* unanimity.
enstemmigt *adv.* **1.** *(med alle stemmer)* unanimously; **2.** *(mus.)* in unison (*fx* sing in unison);
□ ~ *vedtaget* carried unanimously.
enstonig *adj.* monotonous.
enstrenget *adj. (fig.)* unified.
enstydig *adj.* synonymous.
enstydighed *sb. (en)* synonymity.
ensædet *adj.: ~ jager* single-seat fighter.
ental *(gram.)* the singular (number).
enten *adv.* either;
□ ~ ... *eller* either ... or (*fx* you can stay with either me or my brother; you can either stay with me or go home); *hvad ~ det er rigtigt eller forkert* whether it is right or wrong.
entente *sb. (en, -r)* entente;
□ *-n (hist.: 1914-18)* the Allies.
entomolog *sb. (en, -er)* entomologist.
entomologi *sb. (en)* entomology.
entomologisk *adj.* entomological.
entre[1], **entré** *sb. (en, entreer)* **1.** *(forstue)* (entrance) hall;
2. *(adgangspris)* admission (*fx* admission £2); admission fee, entrance fee, entry fee;
3. *(tilsynekomst)* entry (*fx* her entry created a stir); appearance;
4. *(teat.)* entrance (*fx* she made an effective entrance);
□ *gratis ~* admission free; *gøre sin ~ a) (jf. 3)* make one's entry (*fx* he made his entry dressed up as a priest); make one's appearance; *b) (jf. 4)* make one's entrance; *tage ~* make a charge for admission; *tage £5 i ~* charge £5 admission.
entre[2] *vb.* **1.** *(sø.: borde)* board (*fx* a ship); **2.** *(klatre)* climb; **3.** *(stige op i)* board (*fx* a bus);
□ ~ *ned* climb down; ~ *op* climb up; T shin up.
entrébillet admission ticket.
entrecote *sb. (en, -r)* entreôte.
entrédør front door.
entréindtægt **1.** box office takings pl.; **2.** *(ved sportskamp)* gate money.
entrénøgle latchkey.
entreprenant[1] *adj.* enterprising.
entreprenant[2] *adv.* enterprisingly.
entreprenør *sb. (en, -er)* contractor (*fx* building contractor).
entreprenørfirma firm of contractors.
entreprise *sb. (en, -r)* contract;
□ *få noget i ~* get the contract for sth.
entrere *vb.: ~ med en* enter into business relations with sby; *(slutte overenskomst)* close with sby; *~ med en om at* agree with sby to.
entring *sb. (en, -er) (sø.)* boarding.
entropi *sb. (en)* entropy.
entusiasme *sb. (en)* enthusiasm.
entusiast *sb. (en, -er)* enthusiast.
entusiastisk[1] *adj.* enthusiastic.
entusiastisk[2] *adv.* enthusiastically.
entydig *adj.* **1.** *(som kun kan forstås på én måde)* unambiguous (*fx* answer, definition); unequivocal (*fx* answer);
2. *(klar, tydelig)* clear (*fx* attitude, explanation, picture); clear-cut (*fx* answer, decision);
3. *(uforbeholden)* unqualified (*fx* admiration, approval, success, support);
□ *ikke ~* not clear (*fx* I cannot give a clear description (, explanation) of it); *der er ikke noget -t svar på det (også)* there is no one answer to that.
envejskommunikation one-way communication.
envejsrude one-way screen.
enzym *sb. (et, -er)* enzyme.
enægget *adj.: enæggede tvillinger* identical twins.
enøjet *adj.* **1.** one-eyed; **2.** *(fig.: snæversynet)* narrow-minded, blinkered; *(ensidig)* one-sided.
enårig *adj. se etårig.*
epaulet *sb. (en, -ter)* epaulet.
epidemi *sb. (en, -er)* epidemic.
epidemihospital isolation hospital.
epidemiologi *sb. (en)* epidemiology.
epidemisk *adj.* epidemic.
epigon *sb. (en, -er)* imitator;
□ *han er en ~ (også)* his work is derivative.
epigram *sb. (et, -mer)* epigram.
epigramdigter epigrammatist.
epigrammatisk *adj.* epigrammatic.
epiker *sb. (en, -e)* epic poet.
epikuræer *sb. (en, -e),* **epikuræisk** *adj.* epicurean.
epilepsi *sb. (en)* epilepsy.
epileptiker *sb. (en, -e)* epileptic.
epileptisk *adj.* epileptic.
epilog *sb. (en, -er)* epilogue.
episk *adj.* epic;
□ ~ *digt* epic (poem).
episode *sb. (en, -r)* **1.** *(optrin)* incident; *(større)* scene (*fx* a dramatic (, painful) incident (, scene));
2. *(led i begivenhedsrække)* episode (*fx* the love affair was only an episode in his life);
3. *(del af tv-serie)* episode (*fx* the fifth episode of the series);
4. *(politisk, militær)* incident (*fx* a frontier incident).
episodisk[1] *adj.* episodical.
episodisk[2] *adv.* episodically.
epistel *sb. (en, epistler)* epistle.
epitaf *sb. (et, -er),* **epitafium** *(et, epitafier)* epitaph.
epitel *sb. (et)* epithelium.
epoke *sb. (en, -r)* **1.** *(tidsskel)* epoch (*fx* the invention of the steam engine marked a new epoch);
2. *(tidafsnit, periode)* era (*fx* an important era in Danish history).
epokegørende *adj.* epoch-making.
epos *sb. (et)* epic; F epos.
er *præs. af være.*
erantis *sb. (en, -) (bot.)* winter aconite.
erektion *sb. (en, -er)* erection.
eremit *sb. (en, -ter)* hermit.
eremitbolig hermitage.
eremitkrebs *(zo.)* hermit crab.
erfare *vb.* **1.** *(få at vide)* learn, be informed;
2. *(få at føle)* learn (*fx* I have learned what it means to be poor).
erfaren *adj.* experienced.
erfaring *sb. (en, -er)* experience (*fx* I have no previous experience of that kind of work); *(NB bruges ikke i pl. i denne tyd);*
□ *gøre den ~ at* find that; *gøre -er* gain experience; *gøre sine -er* learn by experience;
[med præp.] tale (, vide) ***af*** *~* speak (, know) from experience; *(se også dyrekøbt); bringe* ***i*** *~* learn, be informed; *jeg har gode -er* ***med*** *den* in my experience it has been very good; I have found it very satisfactory.
erfaringsbestemt *adj.* experience-based; *(præd. også)* based on experience.
erfaringsmæssig *adj.* empirical.
erfaringsmæssigt *adv.* **1.** empirically; **2.** *(som erfaringen viser)* notoriously (*fx* it is notoriously difficult);
□ *det er ~ vanskeligt at gøre det (også)* it is a well-known fact that it is difficult to do.
erfaringsvidenskab empirical science.
ergonom *sb. (en, -er)* ergonomist.
ergonomi *sb. (en)* ergonomics.
ergonomisk[1] *adj.* ergonomic.
ergonomisk[2] *adv.* ergonomically.
ergoterapeut *(en - er)* occupational therapist; *(fork.)* OT.
ergoterapi *sb. (en)* **1.** occupational therapy; *(fork.)* OT; **2.** *(afdeling)*

occupational therapy ward; OT ward.
erholde *vb.* **1.** *(få)* obtain; *(se også få²)*; **2.** *(modtage)* receive.
erhverv *sb. (et, -)* **1.** *(arbejde)* occupation (*fx* your name and occupation; what is his occupation?);
2. *(fag)* trade (*fx* by trade he was a bookseller; prostitutes who want to leave the trade; the tourist trade); *("finere", liberalt ~)* profession;
3. *(levevej)* career (*fx* choosing a career and finding a job is difficult; I want to find a career where I can work with people);
4. *(gren af erhvervslivet)* industry; trade; *-ene* the trades and industries.
erhverve *vb.: ~ (sig)* acquire (*fx* knowledge, prestige; shares in a company); *-de egenskaber (biol.)* acquired characteristics (*el.* characters).
erhvervelse *sb. (en, -er)* acquisition.
erhvervsaktiv *adj.* working; *(præd.,* F*)* engaged in active employment;
□ *i ens -e år* during one's working life.
erhvervsarbejde **1.** paid work, paid employment (*fx* they have to have paid employment alongside their studies);
2. *(ved optagelse til studium)* work experience (*fx* work experience counts as a student admission qualification).
erhvervsbetonet *adj.* vocationally (*el.* job-) orientated;
□ *~ undervisning (også)* education with a vocational slant.
erhvervsdrivende *sb.* tradesman; businessman.
erhvervsfaglig *adj.* vocational; *(se også efg).*
erhvervsfisker professional fisherman.
erhvervsgeografi commercial geography.
erhvervsgren (branch of) industry; branch of trade.
erhvervshæmmet *adj.* handicapped (by physical or mental defects); partially disabled.
erhvervskompetence qualification;
□ *give ~ til* qualify for.
erhvervsleder manager, top executive, top businessman.
erhvervslejlighed non-residential premises pl.
erhvervsliv economic life; business conditions pl.;
□ ***-et*** *a)* the trades and industries pl.; the business community (*fx* there are representatives from the business community on the school's governing body); *b) (forretningslivet)* business; *(industrien)* industry (*fx* go into industry (, business)); *c) (arbejdslivet)* working life.
erhvervsmæssig *adj.* commercial (*fx* use);
□ *udnytte -t* put to commercial use; *-t beskæftiget* gainfully employed.
erhvervsorganisation trade organisation.
erhvervsorienteret *se erhvervsbetonet.*
erhvervspolitik industrial policy.
erhvervspraktik **1.** practical trainee work; **2.** *(for skoleelever)* work (*el.* job *el.* vocational) experience.
erhvervsredaktion *(på avis)* business desk.
erhvervsrettet *se erhvervsbetonet.*
erhvervsrisiko occupational hazard.
erhvervssprog business (*el.* commercial) language.
erhvervssygdom occupational disease.
erhvervsuddannelse vocational training (, education).
erhvervsvalg choice of career, career choice.
erhvervsvejleder **1.** careers advisory officer, vocational guidance counsellor; **2.** *(i skole)* careers master (*el.* teacher *el.* adviser); *(am.)* placement counselor.
erhvervsvejledning vocational (*el.* careers) guidance; *(am.)* placement guidance.
erhvervsvirksomhed **1.** *(firma)* business, enterprise; **2.** *(aktivitet)* business (, industrial) activity.
erhvervsøkonom business economist.
erigeret *adj.* erected.
erindre *vb.* **1.** *(huske)* remember (*fx* I remember hearing him say it); *(genkalde i erindringen også)* recollect, recall, call to mind;
2. *(tage hensyn til etc.)* bear in mind (*fx* you must bear in mind that he is very young);
□ *såvidt jeg kan ~* as far as I remember; F to the best of my recollection;
[med præp.] jeg har intet at ~ ***imod*** *forslaget* I have no objection to the proposal; *~* ***om*** remind of (*fx* remind him of his promise); *jeg må ~* ***om at*** I must remind you that.
erindring *sb. (en, -er)* **1.** memory (*fx* it is only a memory now); recollection; F remembrance (*fx* I have no (, only a faint) r. of it);
2. *(ting til ~)* souvenir (*fx* I will keep the ticket as a souvenir); *(kun om person)* keepsake (*fx* she gave me a lock of her hair as a keepsake); F remembrance (*fx* take this ring as a remembrance of my mother);
□ ***-er*** *a) (ting man husker)* memories (*fx* memories of one's childhood; sad (, happy) memories); recollections (*fx* the letter brought many recollections to mind); F remembrances; *b) (nostalgiske, romantiske etc.)* reminiscences (*fx* he listened to the reminiscences of the old men; they exchanged reminiscences); *c) (memoirer)* memoirs (*fx* what the book contains is not memoirs but only reminiscences);
[med præp.] ***bringe*** *noget* ***i*** *~* call attention to sth; *bringe noget i ~ hos en* remind sby of sth; *bringe sig i ~* call attention to oneself; *bringe sig i ~ hos en* call sby's attention to oneself; ***have i*** *~* bear in mind; *have i frisk ~ se frisk*; ***til*** *~ om a)* as a reminder of; *b) (om afdød)* in memory of; *(se også minde¹ (til minde om)).*
erindringsforskydning slip of the memory.
erkende *vb.* **1.** *(endelig indrømme)* acknowledge (*fx* that one is beaten; having been beaten; the justice of the complaint);
2. *(tilstå)* admit (*fx* I must admit that I don't know; admit one's mistake (, one's guilt)); F own (*fx* one's faults); *(modstræbende)* concede (*fx* that he may be right; that he is a better player);
3. *(forstå, indse)* recognize (*fx* they are beginning to recognize the problem; recognize that one is in the wrong); F own (*fx* I owned myself at a loss, but would not admit it);
4. *(blive klar over)* realize (*fx* one's mistake; that it had been necessary to do it); F perceive;
□ *~ sit nederlag* concede defeat; *~ sig skyldig a)* admit one's guilt; *b) (i retten)* plead guilty.
erkendelse *sb. (en)* **1.** *(indrømmelse)* acknowledgment (*fx* of one's guilt);
2. *(det at indse)* recognition (*fx* a belated recognition of the magnitude of the problem; a recognition that the problem must be solved);
3. *(det at blive klar over)* realization;
4. *(i filosofi)* cognition;

□ *i ~ af a) (idet man indser)* realizing (*fx* one's mistake); *b) (som anerkendelse for)* in recognition (*el.* acknowledgment) of (*fx* his services); *komme til ~ af* realize; *komme til sandheds ~* have one's eyes opened.

erkendelsesteori theory of knowledge; *(fagl.)* epistemology.

erkendtlig *adj.* grateful.

erkendtlighed *sb. (en)* **1.** *(belønning)* acknowledgment; **2.** *(penge)* gratuity.

erklære *vb.* **1.** declare (*fx* she declared that she wouldn't see him; declare war);
2. *(proklamere)* proclaim (*fx* a state of emergency);
3. *(forklare)* state (*fx* the witness stated that he had not seen the accused);
□ *~ ham* ***(for)*** *død* pronounce (*el.* declare) him dead; *~ udstillingen (for) åbnet* declare the exhibition open; *~ ham for vinder* declare him to be the winner; *~* ***sig*** *(let glds.: fri)* propose; *~ sig tilfreds* declare oneself to be satisfied; *~* ***sig for*** *revolutionen (let glds.)* declare for the revolution; *~ sig for overvundet* declare oneself (to be) defeated;
[med sb.] ~ et land krig declare war on a country; *~ krig mod* declare war on (*fx* drugs, alcoholism); *en -t hader af* F an avowed enemy of; *hans -de mål* his declared aim(s); his stated objective; *(se også kærlighed, strejke[1]).*

erklæring *sb. (en, -er)* **1.** *(officiel; højtidelig)* declaration (*fx* of love , of intent, of war, of independence; a joint declaration);
2. *(udtalelse)* statement (*fx* the Prime Minister made a statement on the situation); *(højtidelig udtalelse,* F*)* pronouncement (*fx* there has been no official pronouncement on the matter);
3. *(proklamation)* proclamation;
4. *(sagkyndigs)* opinion;
5. *(vidnes)* statement;
6. *(attest)* certificate.

erklæringskrig war of words.

erkyndige *vb.: ~ sig om* inquire into; make inquiries about; *~ sig om hvorvidt* inquire whether.

erlægge *vb.* pay;
□ *imod at ~* on payment of.

erlæggelse *sb. (en)* payment;
□ *imod ~ af* on payment of.

ernære *vb.* **1.** feed; F nourish; **2.** *(skaffe føden til)* provide for (*fx* a wife and family); *(økonomisk)* support;
□ *~ sig af a) (spise)* feed on; *b) = ~ sig ved; ~ sig ved* make a living by (*fx* writing).

ernæring *sb. (en)* **1.** *(næring; fødeoptagelse)* nourishment, nutrition (*fx* plants obtain nourishment from the soil; illness caused by poor nourishment (*el.* nutrition));
2. *(kost)* diet (*fx* a correct (, poor) diet; the child has had a (*el.* the) wrong diet);
3. *(teori)* nutrition (*fx* a book on nutrition).

ernærings- nutritional (*fx* disease).

ernæringsekspert nutritionist.

ernæringstilstand (state of) nutrition.

erobre *vb.* **1.** *(vinde)* win (*fx* the championship, a woman);
2. *(også mil.: tage, indtage)* capture (*fx* a city, a house, a fortress, a ship, an airport; enemy arms; a constituency, a market; the world championship);
3. *(overvinde,* F*)* conquer (*fx* a country, all Europe, the world);
□ *~ noget fra en* capture sth from sby.

erobrer *sb. (en, -e)* conqueror.

erobring *sb. (en, -er)* **1.** *(indtagelse)* capture (*fx* the capture of the town);
2. *(overvindelse)* conquest (*fx* the Norman conquest of England);
3. *(det erobrede, også om person)* conquest (*fx* the Roman conquests in Africa; he is one of her numerous conquests).

erobringspolitik policy of aggrandizement.

erodere *vb.* erode.

erogen *adj.* erogenous.

erosion *sb. (en, -er)* erosion.

erot *sb. (en, -er)* cupid.

erotik *sb. (en)* eroticism (*fx* adolescent eroticism); *(sex)* sex.

erotiker *sb. (en, -e)* amorist.

erotisere *vb.* eroticize.

erotisering *sb. (en, -er)* eroticization.

erotisk[1] *adj.* **1.** erotic, sexual (*fx* dreams, fantasies); F amorous (*fx* experiences, poetry); **2.** *(om billeder etc.)* erotic (*fx* film, painting, photographs);
□ *~ digt* love poem.

erotisk[2] *adv. (jf. erotisk[1])* erotically (*fx* erotically appealing); sexually; amorously.

erotoman *sb. (en, -er)* erotomaniac.

erstatning *sb. (en, -er)* **1.** *(godtgørelse)* compensation (*på* of, *fx* a compensation of £10,000); *(især i forsikringssprog)* indemnity, indemnification; *(jur.: ved retssag)* damages pl.;
2. *(noget som erstatter; surrogat)* substitute (*fx* the dog was a substitute for the child she never had; plastic is a poor substitute for leather); *(især om person)* replacement (*fx* find a replacement for him);
3. *(udskiftning)* replacement, substitution (*af* of);
□ *betale ~ a)* pay compensation (*fx* to victims of criminal offences); *b) (jur.)* pay damages; *forlange £500 i ~, forlange en ~ på £500* demand (*el.* claim) £500 compensation (, damages); *få en god ~ for tabet* be amply compensated for the loss; *give (el. yde) én ~ for noget* compensate sby for (the loss of) sth; indemnify sby for (the loss of) sth.

erstatningsansvar liability to pay compensation (, indemnity, damages) *(jf. erstatning).*

erstatningsbolig alternative accommodation.

erstatningskrav claim for compensation (, indemnification, damages) *(jf. erstatning)*;
□ *gøre ~ gældende mod ham* claim compensation (etc.) from him.

erstatningspligt liability to pay compensation (, damages).

erstatningspligtig *adj.: være ~ over for en* be liable to pay compensation (, damages) to sby.

erstatningsret law of torts.

erstatningssag action for damages;
□ *anlægge ~ mod én* bring an action for damages against sby.

erstatningssum indemnity; *(jur.)* amount of damages.

erstatningsvare substitute.

erstatte *vb.* **1.** *(sætte i stedet)* replace (*fx* replace oil by (*el.* with) natural gas; replace the books that have been stolen); F substitute (*fx* substitute natural gas for oil);
2. *(træde i stedet for)* take the place of (*fx* supermarkets have taken the place of the small shops; nothing could take the place of the family he had lost; she took my place at the conference; no one can take his place); replace (*fx* robots are replacing people in factories; nothing can replace a mother's love; Jones replaced Brown as manager of the company); *(om ting også, især om noget forældet,* F*)* supersede (*fx* the stage coaches were superseded by the railway; the little shop has been superseded by the supermarket);
3. *(om person: vikariere for)* substitute for;

4. *(give erstatning for)* compensate for, make good, make up for; □ ~ *en noget* compensate sby for (the loss of) sth; F indemnify sby for (the loss of) sth; ~ *et tab* make good (*el.* repair) a loss; ~ *ham tabet* compensate him for his loss.
erts *sb. (en, -er)* ore.
eruption *sb. (en, -er)* eruption.
es¹ *sb. (et, -ser) (i kortspil)* ace.
es² *sb. (et, -ser) (mus.)* E flat.
es³ *sb.: være i sit ~ a) (i sit rette element)* be in one's element; *b) (i godt humør)* be in high spirits; *jeg er ikke rigtig i mit ~* I don't feel quite myself.
Esaias *(i biblen)* Isaiah.
eskadre *sb. (en, -r)*, **eskadrille** *sb. (en, -r)*, **eskadron** *sb. (en, -er)* squadron.
eskalator *sb. (en, -er)* escalator, moving staircase.
eskalere *vb.* escalate.
eskalering *sb. (en, -er)* escalation.
eskapade *sb. (en, -r)* escapade.
eskapisme *sb. (en)* escapism.
eskapist *sb. (en, -er)*, **eskapistisk** *adj.* escapist.
eskimo *sb. (en, -er)*, **eskimoisk** *adj.* Eskimo; *(amerikanske & grønlandske bruger)* Inuit, Innuit (pl. -).
eskimologi *sb. (en)* Eskimology.
eskorte *sb. (en, -r)*, **eskortere** *vb.* escort.
espalier *sb. (et, -er)* trellis.
espaliere *vb.* train (*fx* train a tree).
espaliertræ espalier.
espeløv: *ryste som et ~* shake (*el.* tremble) like a leaf.
esperantist *sb. (en, -er)* Esperantist.
esperanto *sb. (et)* Esperanto.
esplanade *sb. (en, -r)* esplanade.
espressokaffe espresso.
esprit *sb. (en, -er)* **1.** *(åndfuldhed)* esprit, wit; **2.** *(hattepynt)* aigrette.
essay *sb. (et, -s)* essay.
essayist *sb. (en, -er)* essayist.
essayistisk¹ *adj.* essay-like.
essayistisk² *adv.* in an essay-like manner.
esse *sb. (en, -r)* forge.
essens *sb. (en, -er)* essence.
essentiel *adj.* essential.
essig *adj.* eager, impatient.
ester¹ *sb. (en, -)* Estonian.
ester² *sb. (en, -e) (kem.)* ester.
estime *sb. (en) (agte)* esteem.
estimere *vb.* **1.** *(agte)* esteem; **2.** *(skønne)* estimate.
estisk *sb. (et) & adj.* Estonian.
Estland *(geogr.)* Estonia.
estlænder *sb. (en, -e)* Estonian.
estrade *sb. (en, -r)* **1.** stand, platform; **2.** *(danse-)* dancing floor.
estragon *sb. (en, -er) (bot.)* tarragon.
et *se en.*
etablere *vb.* establish;
□ ~ ***sig*** establish a business of one's own; set up in business; ~ ***sig som*** establish oneself as; *(om forretning)* set up as (*fx* baker, photographer, dentist, lawyer); *det -de samfund (omtr.)* the established order.
etablering *sb. (en, -er)* establishment.
etablissement *sb. (et, -er)* establishment.
etage *sb. (en, -r)* **1.** *(om antal)* storey (*fx* a house of six storeys); *(am.)* story; *(om niveau)* floor (*fx* he lives on the second floor);
2. *(af bus)* deck;
□ *første ~ a)* the first floor; *(am.)* the second floor *(stueetagen tælles med i USA)*; *b) (teat.)* dress circle; *anden ~ a)* the second floor; *(am.)* the third floor; *b) (teat.)* upper circle; *(se også øverst)*.
etageadskillelse horizontal division, floor.
etageareal floorage; floor space (*el.* area).
etageejendom, **etagehus** block of flats; *(am.)* apartment house (*el.* block *el.* building).
etagelejlighed flat; *(am.)* apartment.
etagere *sb. (en, -r)* what-not.
-etages -storeyed (*fx* a two-storeyed building); *(am.)* -storied.
etageseng bunk bed.
etagevask *(omtr.)* a stand-up bath.
etape *sb. (en, -r)* stage; *(af rejse også)* lap, leg.
etapevis¹ *adj.* phased (*fx* withdrawal);
□ ~ *afvikling* phase-out.
etapevis² *adv.* by stages;
□ *afvikle ~* phase out.
etat *sb. (en, -er)* department, service;
□ *-erne* the Civil Service.
etb *(elektronisk tekstbehandling)* word processing; *(fork.)* WP.
et cetera et cetera; *(fork.)* etc.
etik *sb. (en, -ker)* **1.** *(generelt)* ethics (*fx* ethics is a branch of philosophy);
2. *(enkelt etisk system)* ethic (*fx* the Protestant (, Christian) ethic; a new ethic);
3. *(moralske principper)* ethics pl. (*fx* the ethics of his decision are doubtful; medical ethics forbid it).
etiket *sb. (en, -ter)* label;
□ *sætte ~ på noget* label sth.
etikette *sb. (en, -r)* **1.** *(ceremoniel)* etiquette; **2.** *se etiket*;
□ *holde på -n* be a stickler for etiquette.
etikettere *vb.* label.
Etiopien Ethiopia.
etiopier *sb. (en, -e)*, **etiopisk** *adj.* Ethiopian.
etisk¹ *adj.* ethical;
□ *-e regler* code of conduct, code of ethics, ethical code; ~ *råd* ethics committee.
etisk² *adv.* ethically.
etkammersystem *(pol.)* unicameral system.
etnicitet *sb. (en)* ethnicity.
etnisk¹ *adj.* ethnic (*fx* literature; cleansing).
etnisk² *adv.* ethnically.
etnocentri *sb. (en)* etnocentrism, ethnocentricity.
etnocentrisk *adj.* ethnocentric.
etnocentrisme *sb. (en) se etnocentri.*
etnograf *sb. (en, -er)* ethnographer.
etnografi *sb. (en)* ethnography.
etnografisk *adj.* ethnographic.
etnologi *sb. (en)* ethnology; *(svarer oftest til)* social anthropology; cultural anthropology.
etnologisk *adj.* ethnological.
etologi *sb. (en)* ethology.
etpartisystem one-party system, single-party system.
etplanshus single-storeyed house; bungalow.
etrusker *sb. (en, -e)*, **etruskisk** *sb. (et) & adj.* Etrurian, Etruscan.
etsteds *adv.* somewhere.
ettal one.
etter *sb. (en, -e) (bus etc.)* number one.
ettid: *ved -en* at about one o'clock; T round about one (o'clock).
etude *sb. (en, -r)* étude.
etui *sb. (et, -er)* case.
etværelseslejlighed one-room flat; bed-sitter; *(am.)* one-room apartment.
etymologi *sb. (en, -er)* etymology.
etymologisk¹ *adj.* etymological.
etymologisk² *adv.* etymologically.
etårig *adj.* **1.** *(1 år gammel)* one-year-old; **2.** *(som lever 1 år)* annual (*fx* plant); **3.** *(som varer 1 år)* one-year (*fx* a one-year course).
EU *(fork. f. den Europæiske Union)* the EU (*fork.f.* the European Union).
EU- EU (*fx* the EU finance ministers, a EU summit).
eufemisme *sb. (en, -r)* euphemism.
eufemistisk¹ *adj.* euphemistic.
eufemistisk² *adv.* euphemistically.
eufoman *sb. (en, -er)* drug user.
eufomani *sb. (en)* drug depend-

ence.
eufori *sb. (en)* euphoria.
euforiserende *adj.* euphoriant (*fx* effect);
□ ~ *stof* euphoriant.
euforisk[1] *adj.* euphoric.
euforisk[2] *adv.* euphorically.
eukalyptus *sb. (en -(s)er) (bot.)* eucalyptus.
eunuk *sb. (en, -ker)* eunuch.
euro *sb. (en, -er) (europæisk mønt)* euro, Euro.
euro- *(forstavelse)* Euro- (*fx* Eurocommunism, Eurodollar, Eurobond, Eurocurrency).
eurokrat *sb. (en, -er)* Eurocrat.
Europa Europe.
Europadomstolen the European Court of Justice.
europamester European champion;
□ ~ *i fodbold* European football champion.
europamesterskab European championship;
□ *-et i fodbold* the European football championship.
europaparlamentariker Euro-parliamentarian.
Europaparlamentet the European Parliament.
Europarådet the Council of Europe.
europavej European highway.
europæer *sb. (en, -e)* European.
europæisere *vb.* Europeanize; *(ofte =)* westernize.
europæisering *sb. (en, -er)* Europeanization; *(ofte =)* westernization.
europæisk *adj.* European;
□ ~ *berømt* famous throughout Europe; F of European reputation.
euroskeptiker Eurosceptic.
euroskeptisk *adj.* Eurosceptic.
eustakisk *adj.: det -e rør* the Eustachian tube.
Eva *(i biblen)* Eve.
evadatter daughter of Eve.
evakuere *vb.* evacuate;
□ *en -t (fx fra en truet by)* an evacuee.
evakuering *sb. (en, -er)* evacuation.
evaluere *vb.* evaluate; assess.
evaluering *sb. (en, -er)* evaluation; assessment (*fx* continuous assessment).
evangelisk *adj.* evangelical.
evangelist *sb. (en, -er)* evangelist.
evangelium *sb. (et, -er)* gospel;
□ *Matthæus evangeliet* St Matthew's Gospel; F the Gospel according to St. Matthew.
eventualitet *sb. (en, -er)* contingency, eventuality (*fx* we must be prepared for all contingencies (*el.* all eventualities *el.* any contingency *el.* any eventuality));
□ *for alle -ers skyld* just in case.
eventuel *adj.* **1.** *(mulig)* possible (*fx* look out for possible dangers; a possible solution); potential (*fx* a potential danger (, enemy)); prospective (*fx* buyers);
2. *(alle mulige)* any (...that may arise) (*fx* any costs that may arise; responsible for any consequences (that may arise); any deficiencies will be put right); *(ɔ: hvis det er usandsynligt)* if any (*fx* the expenses, if any).
eventuelt[1] *adj.* *(punkt på dagsordenen)* any other business; *(fork.)* a.o.b.
eventuelt[2] *adv.* **1.** *(måske)* possibly (*fx* the plans may possibly be changed); perhaps (*fx* could we meet, perhaps tomorrow?);
2. *(om muligt)* if possible (*fx* he can go to Hull and, if possible, to Glasgow);
3. *(om fornødent)* if necessary (*fx* the plans can be changed if necessary);
4. *(hvis det er belejligt)* if convenient;
□ *jeg kan ~ komme i morgen* I may be able to come tomorrow; *hvis han ~ skulle komme* if (by any chance) he should come.
eventyr *sb. (et, -)* **1.** *(oplevelse)* adventure; **2.** *(fortælling)* fairytale; *(folkeeventyr)* folktale;
□ *gå på ~* look for adventure; F seek adventure.
eventyragtig *adj.* unreal.
eventyrbog book of fairytales.
eventyrdigter writer of fairytales.
eventyrer *sb. (en, -e)* adventurer.
eventyrerske *sb. (en, -r)* adventuress.
eventyrlig[1] *adj.* fantastic; *(vidunderlig)* marvellous.
eventyrlig[2], **eventyrligt** *adv. (jf. eventyrlig*[1]*)* fantastically; marvellously.
eventyrlighed *sb. (en)* marvellousness.
eventyrlyst love of adventure.
eventyrlysten *adj.* adventurous.
eventyrpolitik adventurism.
eventyrslot fairy palace.
eventyrspil *(edb)* adventure game.
evident[1] *adj.* obvious, evident.
evident[2] *adv.* obviously, evidently.
evig[1] *adj.* **1.** eternal (*fx* bliss, peace; truths);
2. *(endeløs, evindelig)* eternal (*fx* complaints); F perpetual, everlasting (*fx* complaints);
□ *hver -e en* every single one; T every blessed one;
[med sb.] gå ind til den -e hvile go to one's rest; *den -e jøde* the Wandering Jew; *det -e liv* eternal life; life everlasting; ~ *sne* perpetual snow; *den -e stad* the Eternal City; *vente en ~ tid* wait for ages; *til ~ tid* for ever.
evig[2], **evigt** *adv.* **1.** *(til evig tid)* for ever, forever (*fx* it won't last for ever (*el.* forever));
2. *(+ adj.: hele tiden)* eternally (*fx* grateful, recurring); T forever (*fx* cheerful); F perpetually;
□ ~ *og altid* always, forever (*fx* he is always (*el.* forever) complaining); *for -t* for ever; *det ~ kvindelige* the eternal feminine; ~ *ung* perennially young.
eviggyldig *adj.* eternal (*fx* truths).
evighed *sb. (en)* eternity;
□ *-en* eternity; *en hel ~* an eternity (*fx* we waited for an eternity; every moment seemed an eternity); an age (*fx* she took an age to dress); ages (*fx* I have known him for ages; it was ages (*el.* an eternity) before he came); S yonks; *det er en ~ siden jeg har set ham* I haven't seen him for ages; *aldrig i ~* never; *i al ~, for tid og ~* for ever (and ever).
evighedsblomst *(bot.)* everlasting flower, immortelle.
evighedskalender perpetual calendar.
evighedsmaskine perpetual motion machine.
evighedsstudent permanent student.
evighedstavle tracing slate.
evindelig[1] *adj.* eternal; F perpetual (*fx* complaints);
□ *i det -e* eternally, perpetually; for ever and ever.
evindelig[2], **evindeligt** *adv.* eternally; F perpetually.
evindelighed *sb. (en)* eternity;
□ *i én ~* for ever, eternally.
evne[1] *sb. (en, -r)* **1.** *(om det man kan)* ability (*fx* ability to work; a job suited to her abilities);
2. *(særlig (åndelig) ~)* power (*til at* to, *fx* she has the power to think clearly (, to look into the future); intellectual powers; magic powers);
3. *(om det man kan klare)* capacity (*fx* he has an enormous capacity for work; it is beyond his capacity);
4. *(økonomisk)* means (pl. -);
□ **-r** *(1, også)* ability (*fx* a man of great ability; his limited linguistic ability; instruction in accordance with the pupil's ability and aptitude);
[med vb.] eje -n **til at** have the ability to; *han* **ejer ikke** *~ til at*

he is unable to; he is incapable of -ing; ***have*** *gode (etc.) -r, se ndf.*; ***have*** *-r* ***for*** have a gift for (*fx* writing); *han har -r for faget* he is good at his subject; ***have*** *-r* ***til at*** be able to; F have a (*el.* the) faculty of (*el.* for) -ing (*fx* for learning languages);
[med adj.] have **digteriske** *-r* have a gift for writing (, for poetry); *have* **gode** *-r* be bright; *(stærkere)* be gifted; *have* **kunstneriske** *-r* be artistically gifted; ***særlig*** ~ special talent (*til at* for -ing); T knack (*til at* for -ing, *fx* they envied his knack for getting round difficulties); *have en særlig ~ til at* have a (*el.* the) faculty of (*el.* for) -ing; have a gift of (*el.* for) -ing (*fx* being liked by everyone); T have the knack of -ing (*fx* of making friends easily); *(ofte irriteret)* have a knack of -ing (*fx* of saying the wrong thing);
[med præp.] betale **efter** ~ pay according to one's means; *han prøvede efter bedste ~* he tried to the best of his ability; *leve* **over** ~ live beyond one's means.

evne[2] *vb.* be able to; be capable of.

evnerig *adj.* talented; gifted.

evnesvag *adj.* mentally handicapped.

evolution *sb. (en, -er)* evolution.

evt. *(fork. for eventuel(t)) se eventuel, eventuelt.*

excellence *sb. (en, -r)* excellency; □ *Deres Excellence* Your Excellency.

excellent[1] *adj.* excellent.

excellent[2] *adv.* excellently.

excellere *vb.* excel (*i* in).

excentricitet *sb. (en, -er)* eccentricity.

excentrisk[1] *adj.* eccentric.

excentrisk[2] *adv.* excentrically.

exceptionel *adj.* exceptional.

excerpere *vb.*, **excerpt** *sb. (et, -er)* excerpt, extract.

excesser *sb.pl.* excesses.

exe *vb. (om cykelhjul)* buckle; □ *hans ben -de* his legs gave (way) under him; T his legs went wobbly.

exet *pf.ptc. & adj.* **1.** *(om hjul)* buckled; **2.** *(om ben)* wobbly; **3.** *(skør)* crazy;
□ *blive helt ~ a) (nervøs)* get wound up; *b) (skør)* go nuts; *være helt ~ med* S be nuts about.

exlibris *sb. (et, -)* book-plate, ex libris.

extenso: *in ~* in extenso; in its entirety.

EØF *(fork. f. det Europæiske Økonomiske Fællesskab)* EEC (*fork.f.* the European Economic Community).

F

f. *(fork.f. født)* b. *(fork.f.* born).
fabel *sb. (en, fabler)* fable;
□ *han er en ~ for hele byen* he is the talk of the town.
fabelagtig[1] *adj.* fabulous, fantastic; *(= storartet også,* T, *kun præd.)* out of this world.
fabelagtig[2], **fabelagtigt** *adv.* fabulously, fantastically.
fabeldyr fabulous monster.
fable *vb.: ~ om a) (drømme)* dream about; *b) (snakke)* talk (wildly) about; *hvad -r du om?* what are you getting at? *han -r om at tage til USA* he is always on about going to the USA.
fabrik *sb. (en, -ker)* factory;
□ *en kemisk ~* a chemical plant.
fabrikant *sb. (en, -er)* **1.** manufacturer; **2.** *(fabrikejer)* factory owner.
fabrikat *sb. (et, -er el. fabrikata)* **1.** *(vare)* product; *(fagl.)* manufacture; **2.** *(tilvirkning)* make (*fx* of the best British make);
□ *af eget ~* of our own make.
fabrikation *sb. (en, -er)* manufacture;
□ *under ~* in process of manufacture.
fabrikationsfejl (manufacturing) defect.
fabrikationshemmelighed trade secret.
fabrikationspris cost of production.
fabrikere *vb.* **1.** make, produce, manufacture; **2.** *(opdigte)* fabricate, manufacture (*fx* evidence, a story).
fabriksarbejder factory worker.
fabriksby industrial town.
fabriksejer factory owner.
fabriksfremstillet *adj.* factory-made; manufactured.
fabriksgaranti factory guarantee; maker's warranty.
fabriksindustri manufacturing industry.
fabriksinspektør factory inspector.
fabrikskylling battery chicken.
fabriksny *adj. (kun efter sb.)* straight from the factory.
fabrikspris ex works price.
fabriksskorsten factory chimney.
fabrikstilsyn factory inspection.
fabriksvarer *sb.pl.* manufactured goods.
fabulere *vb.* give one's imagination (a) free rein.
fabulerende *adj. (omtr.)* imaginative (*fx* writer).
facade *sb. (en, -r)* **1.** *(af bygning)* front; *(fagl.)* façade; **2.** *(fig.)* façade (*fx* a façade of gaiety);
□ *bevare -n* keep up appearances; *det er kun en ~* it is a façade.
facadeløs *adj.: ~ vej* unbuilt-up highway.
facet *sb. (en, -ter)* facet.
facetkant bevel.
facettere *vb.* facet;
□ *rigt -t* richly faceted.
facil *adj.* **1.** *(overfladisk)* facile (*fx* argument); **2.** *(om person: glat)* suave, smooth.
faciliteter *sb.pl.* facilities (*for* for).
facit *sb. (et, -ter)* answer.
facitliste *sb. (en, -r)* key.
facon *sb. (en, -er)* **1.** *(form)* shape; **2.** *(måde; optræden)* manner (*fx* in that manner; I don't like his manner);
□ *gå ud af ~* lose shape.
faconneret *adj. (om tekstilvarer)* fully-fashioned.
faconsyet *adj. (om lagen)* gloved, fitted.
fad[1] *sb. (et, -e)* **1.** *(til mad)* dish; **2.** *(vand-)* basin, bowl; **3.** *(tønde)* barrel (*fx* of beer); *(til lagring af vin el. øl)* cask; **4.** *(stor beholder)* vat;
□ *vin fra ~* wine from the wood; *øl fra ~ (ɔ: ikke i flaske)* draught beer; *forlange ens hoved på et ~* demand sby's head on a charger; *komme til -et* come in for a share.
fad[2] *adj.* **1.** *(om smag: flov)* insipid (*fx* taste); *(uden smag)* bland; *(vammel)* slightly nauseating; **2.** *(fig.)* flat, insipid; F vapid (*fx* talk; play).
fadder *sb. (en, -e)* godfather; godmother;
□ *stå ~ til a)* be godfather (, godmother) to; *b) (fig.)* sponsor.
fadderskab *sb. (et, -er)* sponsorship.
faddersladder gossip;
□ *holde ~* gossip.
fade *vb.* fade (*fx* fade out).
fader *sb. (en, fædre)* father; *(fortroligt)* dad, daddy; *(især am.)* pop; *(poet. & om dyr mht. afstamning)* sire;
□ *fædre (ɔ: forfædre)* fathers; ancestors; *han er gået til sine fædre* he has been gathered to his fathers; *lege ~, mor og børn* play house;
*[med præp.] han var som en ~ **for** mig* he was like a father to me; *være ~ **til*** be the father of.
faderbinding *(psyk.)* father fixation.
faderkompleks *(psyk.)* father complex.
faderkærlighed paternal love.
faderlig *adj.* paternal (*fx* authority, love); *(mere følelsesbetonet, også fig.)* fatherly (*fx* love; advice, smile).
faderligt *adv.* paternally (*fx* he smiled paternally at me); in a fatherly manner.
faderløs *adj.* fatherless.
fadermord patricide.
fadermorder patricide.
faderskab *sb. (et)* **1.** paternity (*til* of, *fx* he acknowledged paternity of the child); fatherhood (*fx* establish fatherhood accurately through DNA testing);
2. *(det at være far)* fatherhood (*fx* the responsibilities of fatherhood).
faderskabssag paternity suit.
faderskikkelse father figure.
fadervor *sb. (et)* the Lord's Prayer; *(katolsk)* the Our Father;
□ *bede ~* say the Lord's Prayer; *han kan mere end sit ~* he knows a thing or two.
fading[1] *sb. (en, -er) (på vogn)* body.
fading[2] *sb. (en, -er) (radio)* fading.
fadæse *sb. (en, -r)* **1.** blunder; **2.** *(selskabelig)* gaffe;
□ *begå en ~ a)* (make a) blunder; *b) (om selskabelig ~)* put one's foot in it; drop a brick (*el.* a clanger).
fadøl draught beer.
fag *sb. (et, -)* **1.** *(i skole)* subject; **2.** *(erhvervs-, håndværks-)* trade (*fx* learn a trade; manual trades); *(håndværks- & fig.)* craft (*fx* choose a craft; learn the journalis-

tic craft; a master of the actor's craft);
3. *(erhverv som kræver længere uddannelse)* profession;
4. *(del af bygning)* bay;
□ *af ~ a) (jf. 2)* by trade; *b) (jf. 3)* by profession; *et ~ gardiner* a pair (*el.* set) of curtains; *et ~ vinduer* a window; *et vindue med tre ~, et trefags vindue* a three-light window.
fagbevægelsen the trade-union movement.
fagbibliotek special library.
fagblad 1. *(handels-, industri-)* trade journal; **2.** *(videnskabeligt)* scientific (, scholarly) journal; **3.** *(teknisk)* technical journal.
fagbog 1. *(telefonbog)* classified telephone directory; *(svarer til)* Yellow Pages pl.; **2.** *(ikke-skønlitterær bog, omtr.)* non-fiction book, technical book; *(videnskabelig)* scientific (, scholarly) book.
fager *adj. (glds. el. poet.)* fair.
fagfolk *sb.pl.* professionals; *(specialister)* specialists; *(eksperter)* experts.
fagforbund national (trade) union.
fagfordeling distribution of subjects.
fagforening (trade) union; *(am.)* labor union.
fagforeningskontingent union dues pl.
fagfælle colleague.
faggrænser *sb.pl.* **1.** *(på arbejdsplads)* demarcations; **2.** *(mht. videnskabelige etc. fag)* disciplinary boundaries.
fagidiot *(kan gengives)* overspecialized person, blinkered specialist, nerd.
fagidioti overspecialization.
fagkonsulent subject adviser.
fagkreds subject field.
fagkundskab *(jf. faglig 1)* professional (, special, technical) knowledge;
□ *-er (i skole etc.)* subject knowledge.
fagkyndig *adj. & sb.* expert, specialist.
fagleder *(i skole)* head of subject.
faglig *adj.* **1.** *(erhvervsmæssig)* professional (*fx* assessment, qualifications; duties; a teacher's professional skill);
2. *(praktisk, teknisk; mht. et bestemt område)* technical (*fx* assessment, qualifications, language, skill; question);
3. *(boglig, akademisk)* academic (*fx* standards, qualifications); *(videnskabelig)* scientific, scholarly (*fx* journal);
4. *(special-; fagkyndig)* specialist (*fx* knowledge, skill; evaluation);
5. *(mht. erhvervsuddannelse)* vocational (*fx* course);
6. *(fagforenings-)* union (*fx* work, meeting, demands); *(arbejds-)* industrial (*fx* conflict, dispute); *(se også voldgift)*;
□ *~ dygtighed (elevs)* proficiency in a subject; *(se også ovf.: 1, 2, 4)*; *stille -e krav til eleverne* demand that the pupils know the subject; *~ uddannelse a) (jf. 1)* professional training; *b) (jf. 2)* technical training; *c) (jf. 5)* vocational training.
faglighed *sb. (en) (jf. faglig 1)* professionalism.
fagligt *adv. (jf. faglig 1, 2)* professionally; technically;
□ *-t aktiv (jf. faglig 6, kun præd.)* active within the union.
faglitteratur 1. *(generelt)* non-fiction; **2.** *(teknisk el. om et bestemt emne)* technical literature; **3.** *(videnskabelig)* scientific (, scholarly) literature.
faglokale 1. special subject room; **2.** *(til manuelle fag)* practical room.
faglærer 1. subject teacher; **2.** *(med speciale i et fag)* specialist teacher.
faglært *adj.* skilled (*fx* worker);
□ *ikke ~* unskilled.
fagmand professional; *(specialist)* specialist; *(ekspert)* expert.
fagminister *(kan gengives)* departmental minister.
fagmæssig *se faglig.*
fagområde subject area.
fagopdeling subject division.
fagord technical term.
fagorganisation trade organization; *(se også fagforening).*
fagorganiseret *adj.* organized.
fagot *sb. (en, -ter)* bassoon.
fagottist *sb. (en, -er)* bassoonist.
fagret(s)lig *adj.* [pertaining to labour law]
□ *~ behandling* industrial procedure; *~ strid* industrial dispute.
fagskole *(erhvervs-)* vocational school; *(teknisk)* technical college; *(handels-)* commercial school.
fagsprog technical language; *(neds.)* jargon.
fagter *sb.pl.* gesticulations.
fagtidsskrift *se fagblad.*
fagtrængsel a crowded timetable.
faguddannelse *se faglig (uddannelse).*
faguddannet *adj.* skilled, trained.
fagudtryk technical term.
faible *sb. (en)* fondness (*for* for).
fair[1] *adj.* fair (*mod* to, on).
fair[2] *adv.* fairly (*fx* treat him fairly).
fajance *sb. (en, -r)* tin-glazed earthenware, faience.
fakir *sb. (en, -er)* fakir.
fakkel *sb. (en, fakler)* torch.
fakkeltog torchlight procession, torchlight parade.
faksimile *sb. (en, -r)* facsimile.
fakta *pl. af faktum.*
faktisk[1] *adj.* **1.** actual, real; **2.** *(af gavn men ikke af navn)* virtual (*fx* he was the virtual ruler of the country);
□ *de -e forhold* the facts.
faktisk[2] *adv.* as a matter of fact, in fact (*fx* he did in fact do it); actually (*fx* he is very good, actually); *(svagere)* really (*fx* I really don't know); *(stærkere; mod forventning)* actually (*fx* she actually admitted it!); *(rent faktisk, også)* in fact; F in actual fact (*fx* they call him a liberal but in (actual) fact (*el.* actually) he is very conservative).
faktor *sb. (en, -er)* **1.** *(mat., økon. & fig.)* factor; *(mht. solcreme også)* sun protection factor; **2.** *(i trykkeri)* foreman (compositor).
faktotum *sb. (et, -(m)er)* **1.** (housekeeper who has become a) fixture; old family retainer; **2.** *(uundværlig hjælper)* righthand man.
faktuel *adj.* factual.
faktum *sb. (et, fakta)* fact.
faktura *sb. (en, -er)* invoice (*over, på* for).
fakturabeløb amount of the invoice, invoice amount.
fakturapris invoice price.
fakturere *vb.* invoice.
fakultativ *adj.* optional.
fakultet *sb. (et, -er)* faculty.
fakultetsråd faculty council.
falangist *sb. (en, -er)* Falangist.
falanks *sb. (en, -er)* phalanx.
falbelader *sb.pl. (fig.)* frills (*fx* write without frills); fuss (*fx* make a lot of fuss).
falbyde *vb.* offer for sale.
fald *sb. (et, -)* **1.** fall;
2. *(faldhøjde)* drop (*fx* a drop of 300 metres);
3. *(nedgang)* fall (*fx* in prices); *(især pludseligt)* drop (*fx* in sales); F decrease, decline (*fx* in the crime rate);
4. *(om kjole)* hang;
5. *(i håret)* a natural wave;
6. *(gram.: kasus)* case;
7. *(sø.: tov)* halyard;
□ *frit ~ (også fig.)* free fall (*fx* the lira was in free fall); *et kraftigt ~ (jf. 3)* a heavy fall;

[med præp.] ***i*** *al(t) (el. alle), i hvert* ~ at any rate, in any case (*el.* event), at all events, anyhow; *det sagde han i al (el. hvert) ~ selv* or so (at least) he said himself; *i bedste (el. heldigste)* ~ at best; *i bekræftende ~, i så* ~ if so; in that case; *i benægtende (el. modsat)* ~ if not; *(se også modsat); i givet* ~ if the occasion should arise; *i 'hvert* ~ *(*T*: = absolut)* definitely; absolutely; *(se også ovf.); hun er i 'hvert ~ fyrre* she is forty if she is a day; *i værste* ~ at worst; if the worst comes to the worst; *bringe* ***til*** ~ bring down (*fx* the Government).

falddør trapdoor; *(ved hængning)* drop.

falde *vb. (faldt, faldet) (se også falden*[2]*, faldende)* **1.** fall;
2. *(i krig)* be killed; F fall;
3. *(om priser, temperatur, vandstand)* fall (*med* by, *fx* fall by five per cent (, five feet)); go down; *(pludseligt)* drop;
□ ***det*** *-r mig let (, naturligt)* it comes easy (, natural) to me, I find it easy (, natural); *det faldt naturligt at vælge ham* it seemed the natural thing (to do) to elect him; *det -r sig sådan at* it so happens that; *tage det som* **det kan** ~ take things as they come; ***lade*** ~ *a) (opgive, forlade)* drop (*fx* the case, the charge, the matter, the subject); *b) (fremkomme med)* let fall (*fx* a few words, a remark); drop (*fx* a hint, a remark);
[med sb.] ***dommen*** *-r a) (i straffesag)* sentence is pronounced; *b) (i civilsag)* judgment is delivered; ***forslaget*** *faldt* the proposal was lost; ***hævelsen*** *begyndte at* ~ the swelling began to go down; ***stoffet*** *-r smukt* the material hangs well; ***sætningen*** *-r tungt* the sentence reads heavy; ***tiden*** *-r ham lang* time hangs heavy on his hands; *(se også tæppe*[1]*)*;
[med præp. & adv.] ~ **'*af*** *a)* fall off (*fx* fall off a horse; a button has fallen off); *(gå løs også)* come off (*fx* a button (, the handle) came off; the wallpaper is coming off); *b) (om hår etc.)* fall out, come out; *være ved at* ~ ***af på den*** be losing one's grip, be slipping; *det -r* ***af sig selv*** it is a matter of course, it goes without saying; *der kan ~ noget* ***af til*** *dig* you may come in for a share; ~ ***bort*** *(dø)* pass away; *(se også bortfalde)*; ~ ***efter*** *(om hest)* be sired by;
'~ ***for*** fall for (*fx* all girls fall for him); ~ **'*for*** *a) (hænde)* occur, happen (*fx* if it should happen); *b) (vise sig)* turn up (*fx* any jobs that might turn up); ~ *for fjendehånd* die at the hands of the enemy; *(se også fristelse); når din vej -r* ***forbi*** when you come my (*el.* this) way;
~ **'*fra*** *a) (dø)* pass away; *b) (opgive studium etc.)* drop out; *c) (svigte)* fall away (*fx* many of his supporters fell away); *(og gå over til et andet parti)* defect; *d) (rel.: fra tro)* lapse (from one's faith); ~ *fra hinanden* fall apart, fall to pieces;
~ ***hen*** *a) (døse hen)* doze off; *b) (falde i søvn)* drop off; *c) (i drømmerier)* fall into a reverie;
~ **'*i*** *a) (i vandet etc.)* fall in; *b) (gennem is)* fall through; *c) (gå i en fælde)* walk into a trap; *d) (begå et fejltrin)* slip; *e) (begynde at drikke igen)* fall off the wagon; *f) (lukke sig)* close (*fx* the door closed); ~ *i armene (, hænderne) på ham* fall into his arms (, hands); *talen -r i tre afsnit* the speech falls into three parts; ~ *i vandet, se ovf.: ~ i (a, b, e); (se også hak, lod*[1]*, slag, smag, stav, søvn, øje (etc.))*;
~ ***igennem*** *a)* fall through; *b) (ved eksamen)* fail; *ved siden af ham vil jeg ~ igennem* I am not in the same street (as him);
~ ***ind*** *a) (med en bemærkning)* cut in; *b) (synge med)* join in; *c) (om tanke etc.)* occur to (*fx* it suddenly occurred to me that he might be ill; it never occurred to me to ask); ~ *en ind (også)* enter one's head (*el.* mind) (*fx* it never entered my head to ask; did it ever enter your head to try and help?); *det første der faldt mig ind* the first idea that occurred to me (*el.* struck me); the first thing that entered (*el.* came to) my head (*el.* mind); *det kunne aldrig ~ mig ind* I wouldn't dream of doing such a thing; nothing is further from my mind; *hvor kunne det ~ dig ind!* how could you! *hvor kan det ~ dig* ***ind at*** *afbryde mig!* what do you mean by interrupting me! *(stærkere)* how dare you interrupt me! ~ ***ind i*** *et land* invade a country; *(se også dør (~ med døren ind i))*; ~ ***ind under*** come under (*fx* this comes under another heading);
~ ***ned*** *a)* fall down; *b) (om fly)* crash; *c) (blive rolig)* simmer down, cool down; *fald ned! (jf. c)* cool down! ~ ***ned af*** *en stige* fall off (*el.* down from) a ladder; *(se også stol)*; ~ ***ned over*** *hovedet på se hoved*;
~ **'*om*** *a)* fall over, fall down (*fx* the tree fell down with a crash); *b) (om person)* fall over; *(pludseligt)* drop (*fx* drop (, fall over) dead; he dropped into a chair); *(falde sammen)* collapse (*fx* with fatigue); *han faldt hende om halsen* he threw his arms round her neck; *vi var ved at* ~ ***om af*** *grin* we almost died laughing; *han var ved at ~ om af træthed* he was ready to drop (with fatigue);
'~ ***over*** *a) (snuble over)* fall over, stumble over; *(se også ben)*; *b) (finde tilfældigt)* come across (*fx* a rare book); ~ **'*over*** *(gå løs på)* go for, fall on (*fx* him; the food); '~ ***på*** *(om lys, blik, dato)* fall on (*fx* the light (, his eye) fell on a book; my birthday (, Christmas) falls on a Sunday); *min fødselsdag -r på en søndag (også)* my birthday is on a Sunday; *lyset faldt på hans ansigt (også)* the light caught his face; *gevinsten faldt på nr. 123* the prize went to ticket number 123; *(se også plads); natten (, mørket) var ved at* ~ **'*på*** it was getting dark; F night (, darkness) was falling;
~ ***sammen*** *a) (bryde sammen)* collapse; *b) (om person)* collapse, crumple up; *(tungt)* slump (*fx* he slumped in his chair); *c) (være sammenfaldende)* coincide (*fx* their views coincided); ~ ***sammen med*** coincide with;
~ ***til*** *(finde sig tilrette)* settle down; T shake down; ~ *godt* ***til blandt*** *dem* mix (*el.* fit) in well with them;
~ ***tilbage på*** *a)* fall back on (*fx* have a pension (, something) to fall back on); *b) (ramme)* rebound on (*fx* his behaviour will rebound on him); *(sætte i et dårligt lys)* reflect on (*fx* what you have done will reflect on the reputation of the school); ~ *tilbage på en selv (også: komme til at gå ud over)* come home to roost (*fx* his wild accusations (, his cruelty to his workers) came home to roost);
~ ***ud*** *a)* fall out; *b) (udvikle sig)* turn out (*fx* it turned out well); ~ ***ud af*** fall out of (*fx* the window); *(se også rolle)*;
~ ***uden for*** be outside, fall outside (*fx* one's competence, one's field, the discussion); stand outside (*fx* the discussion); ~ ***væk*** *se ovf.: ~ bort.*

faldefærdig *adj. (om hus)* ramshackle, tumbledown.

falden[1] *sb. (en)* fall;
□ *stigen og ~* rise and fall.

falden[2] *adj.* fallen;
□ *de faldne* those killed in the war; S the fallen; *faldne og sårede* killed and wounded; casualties; *en ~ kvinde (glds.)* a fallen woman.

faldende *adj.* falling;
□ *~ tendens (for priser)* downward tendency.

faldereb *(sø.)* gangway;
□ ***på*** *-et (fig.)* at the last moment; *her lige på -et vil jeg sige* before I leave I want to say; *et glas på -et* one for the road.

falderebstrappe *(sø.)* accommodation ladder.

faldgitter portcullis.

faldgrube **1.** pit; **2.** *(fig.)* pitfall.

faldhastighed speed of falling.

faldhøjde drop.

faldlem *sb. (en, -me)* trapdoor; *(ved hængning)* drop.

faldskærm *sb. (en, -e)* parachute; *(selve skærmen)* canopy.

faldskærmsjæger paratrooper; T para.

faldskærmslys flare.

faldskærmssoldat paratrooper; T para.

faldskærmstropper *sb.pl.* parachute troops, paratroops.

faldskærmsudspring **1.** *(det at springe)* parachute jumping; *(med frit fald)* skydiving; **2.** *(enkelt spring)* parachute jump.

faldskærmsudspringer *sb. (en, -e) (jf. faldskærmsudspring 1)* parachutist; skydiver.

faldstamme *(afløb)* soil pipe, soil stack.

faldøkse *sb. (en, -r)* guillotine.

falk *sb. (en, -e)* falcon.

falkeblik hawk's eye;
□ *med ~ (fig.)* lynx-eyed.

falkejagt *(sporten)* falconry, hawking.

falkoner *sb. (en, -er)* falconer.

fallent *sb. (en, -er)* bankrupt.

falleret *adj.* **1.** bankrupt; **2.** *(fig.)* failed (*fx* a failed law student (, actor)).

fallit[1] *sb. (en, -ter)* bankruptcy;
□ *på -tens rand* on the verge of bankruptcy.

fallit[2] *adj.* bankrupt; *(se også konkurs*[2]*)*;
□ *gå ~* go bankrupt; T go bust.

fallitbo *sb. (et, -er)* bankrupt estate;
□ *det var et ~ (fig.)* it was on its last legs.

falliterklæring *(fig.)* admission of failure.

fallos *sb. (en, -(s)er)* phallus (pl. -es, phalli).

falme *vb.* fade;
□ *som ikke -r a)* fadeless; *b) (om stof)* colourfast.

falmet *adj.* faded (*fx* a faded blue shirt; a faded beauty).

fals[1] *sb. (en, -e)* **1.** *(ombøjet kant)* fold; **2.** *(indsnit til anslag af vindue etc.)* rabbet.

fals[2]*: til ~ a)* for sale; *b) (om person)* venal.

false *vb. (jf. fals*[1]*)* **1.** fold; **2.** rabbet.

falsemaskine folding machine.

falset *sb. (en, -ter)* falsetto.

falsk[1] *sb. (et)* forgery.

falsk[2] *adj.* **1.** *(urigtig; uægte)* false (*fx* accusation, alarm, impression, information, name; diamonds; promises, tears; modesty, pride); *(kun attr.,* T*)* sham (*fx* diamonds; piety, sympathy); *(mere neds.: fup-)* bogus (*fx* alibi, name; millionaire);
2. *(forfalsket)* false (*fx* key, passport); *(kun attr.,* T*)* fake (*fx* antiques, diamonds, money, passport; references *(anbefalinger)*; smile; *(NB* the passport is a fake*)*); *(især om penge også)* counterfeit (*fx* coin, banknote, money; certificate, passport; gem, jewels; *(NB* the £50 note is a counterfeit*)*); *(efterlavet, om dokument el. skrift)* forged (*fx* banknotes, cheque, passport; bill *(veksel)*; letters, signature);
(F, *især fagl.)* spurious (*fx* coins, credentials, documents; a spurious Rembrandt);
3. *(om person: upålidelig)* false (*fx* friend); deceitful (*fx* she was a deceitful little flirt);
4. *(mus.)* false (*fx* note *(tone)*); off-key; *(lidt for lav)* flat (*fx* note; the piano sounded slightly flat);
□ *være ~ mod en* be false to sby; F play sby false; *(se også beskedenhed, bevidsthed, ed, flag, forklaring, navn (under ~ navn))*.

falsk[3] *adv.* falsely;
□ *spille ~ a) (i musik)* play out of tune (*el.* off-key); *b) (i kortspil)* cheat (at cards); *sværge ~* commit perjury; *synge ~* sing out of tune (*el.* off-key).

falskhed *sb. (en)* falseness; *(persons også)* deceitfulness; F duplicity.

falskmøntner *sb. (en, -e)* counterfeiter.

falskmøntneri *sb. (et, -er)* counterfeiting.

falskneri *sb. (et, -er)* forgery (*fx* he was charged with forgery; the document (, the picture) was a forgery); *(om kunstværk, antikvitet også)* fake.

falskspiller cheat; *(professionel)* cardsharper.

falsning *sb. (en, -er) (jf. fals*[1]*)* **1.** folding; **2.** rabbeting.

falstagsten interlocking tile.

falsum *sb. (et, -(m)er)* forgery (*fx* the document is a forgery).

familie *sb. (en, -r)* **1.** family (*fx* my family live in Jutland); **2.** *(slægtninge)* relatives (*fx* I have relatives in Jutland; he has no relatives; he was visiting relatives); relations;
□ *-n Johnson* the Johnson family; the Johnsons; *(se også nærmest*[1]*, stifte*[1]*)*;
[med præp.] han er ***af*** *god ~* he comes from a good family; *det sker (selv)* ***i*** *de bedste -r* such things will happen even in the best-regulated families; ***i ~ med*** related to; a relation of (*fx* are you any relation to John? are you a relation of John's?); *hvordan er du i ~ med ham?* what is your relationship to him?

familie- family (*fx* bible, car, film, values).

familiebegivenhed family occasion.

familiebillet family (discount) ticket.

familiebrug family holding.

familiefader father (*el.* head) of a family.

familiefest family party, family reunion.

familieforetagende family business.

familieforsikring *(svarer til)* home and personal protection insurance (*med ansvarsforsikring* with family public liability extension).

familieforsørger breadwinner.

familieforøgelse *(om barn)* addition to the family (*fx* they have had an addition to the family); increase (*fx* they are expecting an increase).

familiegravsted family grave.

familiehemmelighed family secret; *(ubehagelig)* skeleton in the cupboard.

familiekreds family circle.

familielighed family likeness.

familieliv family life, home life.

familiemedlem member of the family.

familiemønster family pattern, pattern of family life.

familienavn family name, surname.

familieplanlægning family planning.

familiepleje foster care.

familierabat family discount.

familieråd family council;
□ *de holdt ~ (også)* they had a discussion in the family.
familiesammenføring family reunification, family reunion (*fx* he is entitled to a family reunion); reunion of families.
familieskab *sb. (et)* kinship.
familiesvaghed family weakness;
□ *det er en ~* it runs in the family.
familievejleder *(svarer til)* (family) counsellor.
familievejledning family guidance (*el.* counselling).
familieværdier *sb.pl.* family values.
familiær *adj.* free and easy; free; F familiar;
□ *have ~ stilling* be accepted as one of the family.
famle *vb. (se også famlende)*
1. grope (*efter* for, after, *fx* the light switch; the truth); **2.** *(nervøst, kejtet)* fumble (*efter* for);
3. *(efter ordene)* hesitate, falter;
□ *~ sig* ***frem*** grope (, fumble) one's way; *~* ***i blinde*** grope in the dark; *~* ***ved*** fumble at, finger.
famlen *sb. (en) (jf. famle)* **1.** groping; **2.** fumbling; **3.** hesitation.
famlende *adj.* **1.** groping; *(nervøst)* fumbling; **2.** *(tøvende)* hesitant (*fx* attempt); **3.** *(stammende)* faltering (*fx* account, description).
famøs *adj.* notorious.
fan *sb. (en, -s) (ivrig tilhænger)* fan.
fanatiker *sb. (en, -e)* fanatic.
fanatisk[1] *adj.* fanatical.
fanatisk[2] *adv.* fanatically.
fanatisme *sb. (en)* fanaticism.
fandeme *(kan kun oversættes tilnærmelsesvis): du er ~ et fjols (, genial)* you're a bloody fool (, genius) *(NB* bloody *er ikke et bandeord på am.); jeg ved ~ ikke* I am damned (*el.* I'll be damned) if I know; *(se også sgu).*
fanden the devil; *(se også fandens);*
□ *hvad (, hvem, hvorfor) ~?* what (, who, why) the hell (*el.* the devil)? *århvad ~ (gør det)* what the hell; *~ er løs* there is the devil to pay;
[med sb.] -s ***fødselsdag*** *(svarer til)* quarter day; *have ~ til* ***morbror*** have connections; have friends in high places; *~ og hans* ***oldemor*** the devil and his dam; *gå ~ i* ***vold!*** go to hell! *det ligger ~ i vold (omtr.)* it is miles from anywhere; *han maler altid ~ på* ***væggen*** *(omtr.)* he always looks on the dark side; *(se også lillefinger, pumpestok);*
[med vb.] stå op før ~ ***får sko på*** get up at an unearthly hour; *~* ***gale*** *mig om jeg gør, ~* ***tage*** *mig om jeg gør* like hell I do; *~ tog ved ham* he ran like hell; *ja det* ***tror*** *~!* I would bloody well think so, too! *det har ~* ***skabt*** *(kan gengives)* that is the invention of the devil; *(se også hytte*[2]*, male*[1]*, snakke);*
[med præp. & som] så ***for*** *~! se fandens (også); fy for ~!* oh hell! *det var* ***som*** *~!* well, I'll be damned! *koldt som bare ~* bloody cold; *han løb som om ~ var i hælene på ham* he ran like hell; *~* ***til*** *fyr* a hell of a guy.
fandenivoldsk *adj.* devil-may-care.
fandens *adj. & adv.* damned; *(ikke am.)* bloody;
□ *~ også!* damn it! oh hell! *(vulg.)* (oh) shit!; *(se også karl).*
fandens mælkebøtte *(bot.)* dandelion.
fandt *præt. af finde.*
fane *sb. (en, -r)* **1.** *(forenings-, tværhængt)* banner;
2. *(flag)* flag (*fx* the red flag);
3. *(mil.)* colours pl. (*fx* the Queen presented the regiment with new colours); colour; flag (*fx* I counted 15 flags at the parade); *(fornem persons, rytter-)* standard (*fx* the royal standard);
4. *(fig.)* standard (*fx* raise the standard of revolt); banner (*fx* the banner of freedom);
5. *(på fjer)* vane;
6. *(røg-)* plume (*el.* wisp) of smoke;
□ *gøre honnør for -n* salute the colour(s); *holde -n højt a) (kæmpe for sine ideer)* keep the flag flying; *b) (ikke lade sig kue)* hold one's head high; put on a brave front; *sænke -n for a)* dip the colours for; *b) (fig.)* do homage to; *(se også kalde (under)).*
fanebærer *sb. (en, -e)* standard bearer.
faneed oath of allegiance.
faneflugt desertion.
fanekort guide card.
fanemarch 1. *(ceremonien)* changing the colour; **2.** *(melodi)* [tune played at the changing of the colour]; *(ofte)* regimental march.
fanestang colour pike.
fanevagt escort to the colour.
fanfare *sb. (en, -r)* fanfare.
fangarm *sb. (en, -e) (zo.)* tentacle.
fange[1] *sb. (en, -r)* **1.** *(i fængsel, fangelejr)* prisoner; **2.** *(tilfangetagen)* captive; **3.** *(fig.)* captive (*fx* he was her captive);
□ *tage en til ~* capture sby (*fx* a guerilla leader); *(især som krigsfange)* take sby prisoner (*el.* captive) (*fx* they were taken prisoner by the enemy).
fange[2] *vb.* **1.** catch (*fx* birds, flies, mice; the light; caught in a trap);
2. *((som) i en fælde)* trap (*fx* trap foxes; he was trapped in the burning building (, in an unhappy marriage));
3. *(pågribe)* capture (*fx* a criminal); *(om krigsfange)* take prisoner;
4. *(gribe i en fejl)* catch out (*fx* the interviewer tried to catch him out);
5. *(gribe; indfange)* capture (*fx* capture (*el.* catch) their attention; he captured their mood with his camera);
□ *~ an (let glds.)* start, set to work; *~ hans blik* catch his eye; *holde én -n* keep sby prisoner (*el.* captive) (*fx* they were kept prisoner (*el.* captive)); *holde éns interesse -n* hold sby's attention.
fangedragt prison uniform.
fangehul dungeon.
fangekost prison diet.
fangelejr 1. prison camp; **2.** *(krigs-)* POW camp (*fork.f.* Prisoner of War camp).
fangenskab *sb. (et, -er)* **1.** captivity;
2. *(i fængsel)* imprisonment; F confinement.
fanger *sb. (en, -e)* **1.** *(sæl-)* sealer;
2. *(hval-)* whaler; **3.** *(i trapeznummer)* catcher.
fangeskib convict ship.
fangetransport 1. convoy of prisoners; **2.** *(det at transportere fanger)* transport of prisoners.
fangetårn keep, donjon.
fangevogter gaoler, jailer; *(am. kun)* jailer; *(se også fængselsbetjent).*
fangline *(sø.)* painter.
fangst *sb. (en, -er)* **1.** *(det at fange)* catching, taking; **2.** *(bytte)* capture; **3.** *(fiskers)* catch; *(i net også)* haul; **4.** *(jægers)* bag.
fangstbåd *(jf. fanger)* whaling (, sealing) boat.
fangstkvote catch quota.
fangstredskaber *sb.pl.* fishing (, whaling, sealing) tackle.
fantasere *vb.* **1.** *(i vildelse)* be delirious, rave; **2.** *(dagdrømme)* (day)dream, fantasize (*om* about);
3. *(mus.)* improvise; *(på orgel)* play voluntaries.
fantasi *sb. (en)* **1.** *(forestillingsevne)* imagination (*fx* use your imagination; he has a lively (*el.* vivid) imagination);
2. *(forestilling, drøm)* fantasy (*fx* sexual fantasies; it was only fan-

tasy);
3. *(musikstykke)* fantasia; *(på orgel også)* voluntary;
□ *det er fri* ~ it is pure invention; *jeg har ikke ~ til at forestille mig at* I can't by any stretch of imagination think that; I can't possibly imagine that; *kun -en sætter -er* the only limit is your imagination; *(se også vild (i min vildeste ~)).*
fantasiforestilling illusion, fantasy.
fantasiforladt *adj.* unimaginative.
fantasifoster figment of the imagination.
fantasifuld *adj.* imaginative.
fantasiliv: *have et rigt* ~ have a vivid imagination.
fantasiløs *adj.* unimaginative.
fantasipriser *sb.pl.* *(høje)* exorbitant prices; *(nedsatte)* slashed prices.
fantast *sb. (en, -er)* dreamer.
fantasteri *sb. (et, -r)* fantasy; *-er (også)* dreams; *(vanvittige)* ravings.
fantastisk[1] *adj.* **1.** *(mærkelig, usandsynlig)* fantastic(al) (*fx* the rocks assumed fantastical shapes); **2.** *(vældig god)* fantastic, fabulous (*fx* film, meal, tennisplayer).
fantastisk[2] *adv.* fantastically (*fx* he worked fantastically hard); fabulously (*fx* rich).
fantom *sb. (et, -er)* phantom.
fantombillede, **fantomfoto**, **fantomportræt** identikit picture.
Fanø Fanoe.
far *se fader.*
Farao *sb. (en, -ner)* Pharaoh.
farbar *adj.* **1.** passable, practicable; **2.** *(sø.)* navigable, passable;
□ *det er ikke en ~ vej (fig.)* it is not the right way to go about it; it is not practicable (*el.* feasible).
farbroder (paternal) uncle.
farce *sb. (en, -r) (også fig.)* farce.
farceagtig *adj.* farcical.
fare[1] *sb. (en, -r)* **1.** danger (*fx* he is in danger; the dangers of city life); F hazard (*fx* the hazards of the journey; a hazard to health); *(stærkere)* peril (*fx* he stands in great peril; the perils of the ocean);
2. *(risiko)* risk (*for* of, *fx* there is no risk of fire (, war));
□ *han er en ~* ***for*** *sine omgivelser* he is a danger to his surroundings; *der er ~ for hans liv* his life is in danger; *der er ~* ***for at*** *a) (+ inf.)* there is a danger (*el.* risk) of -ing; *b) (+ sætn.)* there is a danger (*el.* risk) that (*fx* that a fire will break out; there is no risk that he will do it); *bringe* ***i*** *~* put in danger (*fx* put his chances (, his life) in danger); F endanger, put at risk, jeopardize; *stå i ~ for (at)* be in danger of (-ing); ***med ~ for*** *sit eget liv* at the risk of one's own life; ***med ~ for at*** at the risk of -ing (*fx* of offending him); *være* ***til ~ for*** be a danger to (*fx* navigation); ***uden*** ~ without danger (*for* to); *uden ~ for at blive set* without any risk of being seen; ***uden for*** ~ out of danger; *der er en ~* ***ved*** *det* it is dangerous; F it entails (*el.* involves) a risk.
fare[2] *vb. (-ede el. for, -t)* **1.** *(styrte)* rush, race; *(med et sæt)* dash (*fx* he dashed after me); *(pile)* dart; *(forskrækket, med små hurtige skridt)* scurry (*fx* the mice scurried into their holes; everyone scurried for cover);
2. *(køre hurtigt)* speed, race, dash; (T: *suse)* whizz (*fx* a car sped (*el.* raced *el.* dashed *el.* whizzed) past us);
3. *(glds. om skib & søfolk: sejle)* sail;
□ ***komme -nde*** rush (*el.* race) along; *hun kom -nde hen til mig* she came rushing up to me; *komme -nde ind* rush in; *hun kom -nde ind i værelset* she rushed into the room; *(voldsommere)* she charged into the room; *komme -nde ud* shoot out (*fra* of); ***lade*** *~ (glds.)* abandon; ~ ***vild*** lose one's way;
[med præp. & adv.] ~ ***af sted*** *a)* tear (*el.* rush) along; *b) (ɔ: væk)* dash (*el.* shoot) off; ~ ***frem*** *(fig.)* act, proceed (*fx* with caution); *~ hårdt frem mod a)* take a strong line with; clamp down on; *b) (fysisk)* deal harshly with (*fx* the police dealt harshly with the demonstrators); ~ ***i*** *tøjet* fling on one's clothes; *det for* ***igennem*** *mig* it flashed through my mind;
~ ***løs på*** rush at, fly at; T pitch (*el.* pile) into; ~ ***med*** *lempe se lempe*[1]; *~ med løgn (glds. el. spøg.)* tell lies; *~ en* ***om*** *halsen se hals*; ~ ***omkring***, ~ ***rundt*** rush (, dash, dart) around; ~ ***op*** *a) (med et sæt)* start up, jump up; spring to one's feet; *b) (i vrede)* flare up; fly into a temper; ~ ***sammen*** start; ~ ***til*** *himmels* ascend into heaven; *ordet for* ***ud af*** *munden på ham* the word slipped out of his mouth.
fare[3] *vb. (om so: føde)* farrow.
farefri *adj.* safe; *(præd. også)* free from danger.
farefuld *adj.* dangerous; F perilous.
faregrænse danger line.
fareklasse *(om giftstof)* toxicity class.
faren *adj.*: *ilde* ~ in a bad way.
faresignal danger signal.
faretillæg danger money.
faretruende[1] *adj.* **1.** *(truende)* menacing (*fx* the dog looked menacing); **2.** *(foruroligende)* alarming (*fx* development); **3.** *(ildevarslende)* ominous;
□ *i ~ nærhed af* dangerously close to.
faretruende[2] *adv. (jf. faretruende*[1]*)* **1.** menacingly; **2.** alarmingly; **3.** ominously; **4.** *(farligt)* dangerously (*fx* close to the fire).
farezone danger zone;
□ *i -n a)* in the danger zone; *b) (i kontraktbridge)* vulnerable; *c) (fig.)* in danger; F at risk (*fx* his job is at risk).
farfader, **farfar** (paternal) grandfather; T grandpa, granddad.
farisæer *sb. (en, -e)* Pharisee.
farisæisk[1] *adj.* Pharisaic(al).
farisæisk[2] *adv.* Pharisaically.
farisæisme *sb. (en)* Pharisaism.
farlig[1] *adj.* **1.** dangerous (*fx* criminal, illness, journey, road, situation); (T: *risikabel)* risky (*fx* escape, journey; don't do it, it is too dangerous (*el.* risky)); F perilous (*fx* undertaking); *(også om sundhedsfare)* hazardous (*fx* journey; chemicals, substances; waste *(affald)*);
2. (T: *skrækkelig)* awful (*fx* an awful noise; an awful lot);
□ *et -t bryderi* a lot of trouble; ~ *for* dangerous for (*el.* to) (*fx* it would be dangerous for you to do that); a danger for (*el.* to) (*fx* he is a danger to his surroundings); *han ser ~ ud (ɔ: skrækkelig)* he looks awful; he looks like nothing on earth.
farlig[2], **farligt** *adv. (jf. farlig*[1]*)* **1.** dangerously; perilously; **2.** awfully, immensely.
farlighed *sb. (en)* dangerousness; danger.
farm *sb. (en, -e)* farm.
farmaceut *sb. (en, -er)* pharmacist.
farmaceutisk *adj.* pharmaceutical.
farmaci *sb. (en)* pharmacy.
farmakolog *sb. (en, -er)* pharmacologist.
farmakologi *sb. (en, -er)* pharmacology.
farmakologisk[1] *adj.* pharmacological.
farmakologisk[2] *adv.* pharmacologically.
farmakope, **farmakopé** *sb. (en, farmakopeer)* pharmacopoeia.

farmand *sb. (en)* dad.
farmer *sb. (en, -e)* farmer.
farmoder, **farmor** (paternal) grandmother; T grandma.
fars *sb. (en)* **1.** [minced meat bound with flour and egg]; **2.** *(til fyld)* forcemeat.
farsere *vb.* stuff (*fx* stuffed turkey).
fart[1] *sb. (en)* **1.** speed; *(især med nærmere bestemmelse)* rate (*fx* at a rate (*el.* speed) of 60 mph; at a furious rate); *(især om gang el. fig.)* pace (*fx* he walked at a tremendous pace; maintain a steady pace; work is proceeding at a rapid pace); *(se også hastighed)*; **2.** *(skibs)* headway;
□ ***bestemme*** *-en a)* set the pace; *b) (fig.: have kommandoen)* call the tune, call the shots; make the running; ***sagtne*** *-en se sagtne*; *[med vb. + præp. el. adv.] der* ***er*** *~* ***i*** *ham* he is full of go; *der* ***er*** *~* ***over*** *feltet* T everything is going with a swing; ***få*** *~* ***i*** *tingene* set (*el.* get) things going (*el.* moving); T make things hum; *se at* ***få*** *~* ***på!*** get a move on! *bilen* ***havde*** *~* ***på*** the car was going fast; ***sætte*** *~* ***i*** speed up (*fx* the work); step up (*fx* production); F hasten (*fx* preparations); ***sætte*** *-en* ***ned*** slow down; reduce (one's) speed; ***sætte*** *-en* ***op***, ***sætte*** *~* ***på*** *a)* speed up; increase (one's) speed; *(i bil)* put one's foot down; *b) (skynde sig)* hurry up; T get a move on; *[med præp.]* ***i*** *en ~* quickly, in a hurry; *i fuld ~* at full speed; *jeg glemte det* ***i -en*** I forgot it in the hurry (*el.* rush); *han sprang på toget i -en* he jumped on to the train while it was moving; *gå* ***med*** *langsom ~* go at slow (*el.* a low) speed; *med sådan en ~* ***at*** at such a rate that; ***med*** *en ~* ***af*** at a speed of; at the (*el.* a) rate of.
fart[2] *sb. (en, -er)* **1.** *(sejlads)* navigation; trade; **2.** *(rutefart)* service;
□ *være på -en (fig.)* be on the move.
fartbegrænsning **1.** speed restriction; **2.** *(fartgrænse)* speed limit.
fartbilist motorist exceeding the speed limit; T speed hog.
fartbøde fine for speeding; speed ticket; *få en ~* be fined for speeding.
fartbølle T speed hog; *(på motorcykel også)* ton-up boy.
farte *vb.: ~ omkring* rush about (*el.* around); *(når det er besværligt)* traipse around; *~ Europa rundt* rush (, traipse) about Europe.
fartfælde *(for biler)* speed trap.
fartgrænse speed limit.
fartmåler **1.** speedometer; **2.** *(flyv.)* (air) speed indicator.
fartplan *sb. (en, -er)* timetable.
fartskriver tachograph.
fartøj *sb. (et, -er)* vessel; craft (pl. craft).
farvand *sb. (et, -e)* **1.** waters pl. (*fx* in (, outside) Danish waters; in difficult (, open) waters); **2.** *(sejlløb)* fairway; channel;
□ *være i -et (fig.)* be in the offing.
farve[1] *sb. (en, -r)* **1.** colour;
2. *(farvestof til farvebad, tøjvask, hår etc.)* dye; *(til toning af hår)* rinse;
3. *(til mad)* colouring agent;
4. *(maling)* paint;
5. *(i kortspil)* suit;
□ *hvad ~ har den?* what colour is it? *skifte ~ a)* change colour; *b) (i kortspil)* switch to another suit; *nogle insekter kan tage ~ efter omgivelserne* some insects can take on the colour of their surroundings.
farve[2] *vb.* **1.** colour;
2. *(tøj etc.)* dye;
3. *(hår)* dye; *(let: tone)* rinse (*fx* she dyed (, rinsed) her hair red); tint;
4. *(træ, præparat, glas)* stain;
5. *(fig.)* colour (*fx* the account was coloured by his sympathies).
farvebad dye bath.
farvebilag colour plate.
farveblind *adj.* colour blind.
farveblindhed colour blindness.
farveblyant crayon.
farvebog *(til børn)* colouring book.
farvebånd *(til skrivemaskine)* (typewriter) ribbon.
farvefast *adj.* colour fast.
farvefilm colour film.
farvefilme *vb.* film in colour (*fx* film it in colour).
farvefjernsyn colour television; T colour telly (*fx* he bought a new colour telly).
farvefotografi **1.** *(billede)* colour photograph; **2.** *(fotografering)* colour photography.
farveglad *adj.* **1.** *(om person, kun præd.)* fond of (bright) colours; **2.** *(om ting)* vividly coloured.
farvehandel paint shop; *(med kunstnerfarver)* art shop.
farvehandler *sb. (en, -e)* paint dealer.
farveholdning colour scheme.
farveklip collage.
farvekridt **1.** coloured chalk; **2.** *(med olie)* crayon.
farvel *sb. (et)* goodbye; T bye(-bye); *(mere formelt, siges til fremmede alt efter dagstiden)* good morning, good afternoon, good night; F farewell; *(litt.)* adieu;
□ *~ så længe* see you later; T see you; *(am.)* so long; *sige ~ til (også fig.)* say goodbye to; F bid farewell to.
farvelade *sb. (en, -r)* **1.** paintbox; **2.** *(fig.)* mixture of garish colours.
farvelagt *adj.* coloured.
farvelitografi *sb. (et, -er)* chromolithograph.
farvelægge *vb.* **1.** colour; **2.** *(fotografi, manuelt)* dye-tint; **3.** *(om sort-hvid film)* colourize.
farvelægning *(jf. farvelægge)* **1.** colouring; **2.** dye tinting; **3.** colourization.
farvelære *sb. (en, -r)* chromatology.
farveløs *adj.* **1.** colourless; **2.** *(fig.)* colourless (*fx* a colourless personality); lacklustre.
farvemelding *(i kortspil)* suit bid.
farveorgie riot of colours.
farvepragt glowing colours, rich colours pl.
farveprægtig *adj.* richly coloured.
farveprøve colour sample.
farver *sb. (en, -e)* dyer.
farveri *sb. (et, -er)* dyeworks.
farverig *adj.* colourful.
farverigdom rich colouring.
farvesammensætning *(farvevalg)* colour scheme.
farvesans sense of colour.
farveskala range of colours.
farveskærm *(edb)* colour screen.
farvespil play of colours.
farvestof **1.** dye(stuff); **2.** *(i huden)* pigment; **3.** *(til madvarer; i benzin)* colouring agent; *-fer (i mad)* colouring.
farvestrålende *adj.* brightly (*el.* richly *el.* vividly) coloured.
farvet *adj.* **1.** coloured;
2. *(om tøj, hår etc.)* dyed; *(om hår: tonet)* tinted;
3. *(om træ, præparat, glas)* stained;
4. *(om race)* coloured;
5. *(fig.: tendentiøs)* coloured (*fx* a highly coloured description; coloured by his political views); angled, slanted;
□ *en ~ (jf. 3)* a coloured person; *-de* coloured people.
farvetone *sb. (en, -r)* shade, tone.
farvetryk **1.** colour-printing; **2.** *(billede)* colour print.
farveægte *adj.* colourfast.
farvning *sb. (en, -er)* **1.** colouring; **2.** *(af tøj)* dyeing; **3.** *(af hår)* dyeing; *(toning)* rinsing, tinting; **4.** *(af træ, glas)* staining.
fas *sb. (en, -e el. -er) (kant)* bevel, chamfer.
fasan *sb. (en, -er) (zo.)* pheasant.

fascinere *vb.* fascinate;
□ *meget -nde* absolutely fascinating; *meget -t af* absolutely fascinated by.
fascisme *sb. (en)* Fascism.
fascist *sb. (en, -er),* **facistisk** *adj.* Fascist.
fase *sb. (en, -r)* **1.** *(måne-)* phase; **2.** *(stadium)* stage (*fx* the first stage of their withdrawal); *(mere* F*)* phase (*fx* pass through a difficult phase (*el.* stage));
□ *gå ind i en ny* ~ enter a new phase.
fashionabel *adj.* fashionable.
fashioneret *adj.* fashioned.
faskine *sb. (en, -r)* fascine.
fast[1] *adj.* **1.** *(mods. blød, slap, usikker)* firm (*fx* ground, flesh, tomatoes; look, voice, grip, handshake; discipline; attitude, belief, conviction);
2. *(mods. skiftende; fastsat)* fixed (*fx* address, income, prices, salary; principles, rules; at fixed hours);
3. *(vedvarende)* permanent (*fx* employment, representative; permanent member of the Security council);
4. *(endelig)* definite (*fx* agreement, date, plans, views; our plans are beginning to take definite shape);
5. *(bindende)* firm (*fx* agreement, offer, price);
6. *(tilbagevendende)* regular (*fx* control, customer, companion, income, place, salary, subscriber);
7. *(mods. flydende)* solid (*fx* food; fuel *(brændstof)*);
8. *(om møbler: mods. flyttelig)* fixed (*fx* benches); built-in (*fx* cupboard, bookshelves);
□ *gøre* ~ fasten; *(se også fastgøre)*; *holde* ~ *se holde, fastholde*; *lægge* ~ *se fastlægge; (se også bide (sig* ~*), køre*[2]*, sidde, slå*[2]*, sætte)*;
[med sb.] ~ *ansættelse* a permanent appointment; *give* ~ *ansættelse se fastansætte*; *få (, have)* ~ *arbejde* get (, have) regular work; get (, have) a regular (*el.* steady *el.* permanent) job; ~ *ejendom* real estate; ~ *forbindelse a) (sproglig) se ndf.:* ~ *udtryk*; *b) (bro, tunnel)* fixed link (*fx* between England and France); *c) (tog, færge etc.)* regular service; ~ *forhold se forhold*; ~ *fyr a) (sø.)* fixed light; *b) (ɔ: ven)* a steady boyfriend; *en* ~ *hånd (fig.)* a firm hand; *en* ~ *karakter (, vilje)* a strong character (, will); *-e legemer (fys.)* solids; *-e medarbejdere (ved et blad)* staff writers; *han er* ~ *medarbejder ved Times* he is on the staff of The Times; ~ *parforhold* permanent (*el.* steady) relationship; ~ *plads* regular place; *(siddeplads)* regular seat; *(udtrykt) i -e priser* in constant prices; *se pris*[1]; in real terms; *-e udgifter a) (på privat budget)* regular outlays; *b) (firmas etc.)* overhead expenses, overheads; *(se også udtryk)*.
fast[2] *adv. (jf. fast*[1]*)* **1.** *(jf. 1)* firmly (*fx* firmly planted in the ground; he held her firmly; deal firmly with them);
2. *(jf. 2)* fixedly (*fx* stare fixedly at her);
3. *(jf. 3)* permanently (*fx* permanently employed);
4. *(jf. 6)* regularly (*fx* he visits her regularly every Sunday).
fastansat permanently employed (*hos* by);
□ *de -te* the permanent staff.
fastansætte *vb.* employ on a permanent basis; *(om tjenestemand)* give an established post, establish; *(i embede)* give tenure.
fastbillede *(film.)* still.
fastboende *adj.* **1.** *(mods. turister)* resident; **2.** *(mods. nomader)* settled; F sedentary;
□ *de* ~ *(jf. 1)* the residents.
faste[1] *sb. (en)* **1.** fast; **2.** *(fastetiden)* Lent.
faste[2] *vb.* fast; *(se også fastende)*.
fastelavn *sb. (en)* Shrovetide.
fastelavnsbal fancy-dress ball.
fastelavnsdragt fancy dress.
fastelavnsmandag [Shrove Monday].
fastelavnsris*: hun lignede et* ~ she was done up like a Christmas tree.
fastelavnssøndag Quinquagesima Sunday.
fastende *adj.* fasting;
□ *jeg er* ~ I have not yet eaten anything; F I have not broken my fast; *på* ~ *hjerte* on an empty stomach.
faster *sb. (en, fastre)* (paternal) aunt.
fastfryse *vb. (fig.)* freeze (*fx* prices, wages).
fastfrysning freeze; ~ *af lønninger* wage freeze.
fastgøre *vb.* fasten, secure (*fx* secure it with a rope); make fast (*fx* he made it fast to a bracket).
fasthed *sb. (en)* firmness.
fastholde *vb.* **1.** keep (*fx* their attention); *(mening etc.)* stick to (*fx* a principle); stand by (*fx* the newspaper stood by its story); F adhere to (*fx* a demand, an offer, the original plan, a principle);
2. *(påstå)* maintain (*fx* he maintains that he is innocent); *(stædigt)* insist (*fx* he insists that he saw it);
3. *(opretholde, bevare)* maintain (*fx* the stability and prosperity of the country); F retain;
□ *han -r sit krav* he insists on his claim; ~ *sine priser* keep one's prices unchanged; ~ *ham på hans løfte* keep him to his promise; make him stick to his promise.
fasthængen *sb. (en)* clinging (*ved* to).
fastklemt *adj.* wedged, jammed.
fastland **1.** *(mods. omliggende øer)* mainland; **2.** *(kontinent)* continent;
□ *det europæiske* ~ the Continent.
fastlands- continental (*fx* climate).
fastlandssokkel *(geol.)* continental shelf.
fastlægge *vb.* **1.** *(bestemme)* determine (*fx* a date for the meeting, the conditions, his future, the procedure); define (*fx* his powers are defined by law; strictly defined boundaries); *(især om tid, grænser)* fix (*fx* the date of the wedding; the price; the boundaries); *(om tid også,* F*)* appoint (*fx* at the appointed time);
2. *(formulere, opstille)* lay down (*fx* rules, a policy, a programme);
□ ~ *i detaljer (om program)* map out (*fx* a route; her future).
fastlønnet *adj. (måneds-)* salaried.
fastlåse *vb. (fig.)* freeze (*fx* wages).
fastlåst *adj.* **1.** locked (*i* in);
2. *(spærret inde)* boxed in;
3. *(uforanderlig, stiv)* fixed, rigid (*fx* system; she was fixed in her passive role); firmly (*el.* rigidly) fixed;
4. *(om situation)* deadlocked; *(præd. også)* at a deadlock;
5. *(ubøjelig)* inflexible (*fx* position, views); ~ *i sine meninger* inflexible in one's views.
fastmaske double crochet.
fastpris fixed price.
fastslå *vb.* **1.** *(påvise)* establish (*fx* the cause of death; we can establish the following facts); prove (*fx* his innocence);
2. *(erklære)* state (clearly) (*fx* a fact); make it clear (*fx* I want to make it clear that I do not agree);
3. *(indse)* realize (*fx* they realized that they could not come to an agreement).
faststoffysik solid state physics.
fastsætte *vb.* **1.** lay down (*fx* conditions, rules, requirements);

2. *(løn, pris)* set (*fx* airline fares are set by the Transport Ministry); fix (*til* at);
3. *(tid)* fix (*fx* a date for the meeting); F determine; appoint (*fx* at the appointed time);
4. *(betinge sig i en aftale)* stipulate (*at* that).

fasttømret *adj. (fig.)* close-knit (*fx* family, group; a close-knit whole); stable;
□ *et ~ venskab* a firmly cemented friendship.

fat *adv.: det er* ***galt*** *~ med ham* he is in a bad way; *det har du (fået) helt galt ~ på* you've got it all wrong; *det er ikke* ***rigtig*** *~ med ham (ɔ: han er gal)* he is not all there; *nå er det* ***sådan*** *~!* so that's the way it is;
[med vb.] ***få*** *~ i (el. på) se få²;* ***gribe*** *~ i se gribe;* ***have*** *~ i a)* have (got) hold of (*fx* the rope); *b) (snakke med)* have a talk with (*fx* I have had a talk with her); *(for at overtale)* be onto (*fx* they have been onto him to stop him talking); *c) (være inde på)* be onto (*fx* something important); *(se også ende); have godt ~ i (el. på)* have a firm hold of; *(også fig.)* have a good grasp (*el.* grip) of (*fx* the subject); ***tage*** *~ (på arbejdet)* get down to it, turn to; *tage ~ i* take (*el.* catch *el.* seize) hold of; *tage ~ på* set to work on, tackle, get down to; F address oneself to, address (*fx* the problem).

fatal *adj.* **1.** *(skæbnesvanger)* fatal (*fx* decision, mistake); *(katastrofal)* disastrous; **2.** *(ubehagelig)* tiresome.

fatalisme *sb. (en)* fatalism.

fatalist *sb. (en, -er)* fatalist.

fatalistisk¹ *adj.* fatalistic.

fatalistisk² *adv.* fatalistically.

fatamorgana *sb. (et)* mirage, fata morgana.

fatning¹ *sb. (en, -er) (beherskelse)* composure, self-possession;
□ *bevare -en* keep one's composure; T keep one's cool; *bringe ham ud af ~* throw him off balance; *tabe -en* lose one's composure; T lose one's cool; *uden at tabe -en* with composure, composedly; T without batting an eyelid; *tage det med ~* take it calmly; F take it with composure.

fatning² *sb. (en, -er) (lampe-)* socket.

fatte *vb.* **1.** *(begribe)* grasp, understand (*fx* he quickly grasped (*el.* understood) what was happening; it is easy to understand why she left him); F comprehend (*fx* she did not comprehend (, grasp, understand) the seriousness of the situation; I cannot comprehend how he could have been so stupid);
2. *(komme til at føle)* conceive (*fx* a hatred for sby); *(se også interesse, håb, kærlighed, mistanke, mod¹, tilbøjelighed);*
□ *~ en beslutning* make up one's mind; come to a decision; *jeg -r det ikke* it is beyond me; *~* ***sig*** compose oneself; T pull oneself together; *~* ***sig i*** *korthed* be brief.

fatteevne: *det overstiger min ~* it is beyond me.

fatter *sb. (en)* T the governor; the old man.

fattes *vb.* **1.** *(mangle)* lack; **2.** *(savnes)* be missing.

fattet *adj.* composed, collected.

fattig *adj.* poor;
□ *den -e* the poor man; *de -e* the poor; *-e* poor people; *de -e i ånden* the poor in spirit; *efter ~ evne* to the best of my (, his etc.) ability; *~* ***på*** *a)* poor in (*fx* the country is poor in minerals; the water is poor in oxygen); F deficient in (*fx* a diet deficient in iron (, vitamins)); *b) (især om egenskab)* lacking in (*fx* ideas, originality).

fattigbøsse poor box.

fattigdom *sb. (en)* poverty (*på* of, *fx* ideas).

fattigdomsfælde poverty trap.

fattigdomsgrænse poverty line.

fattigfin *adj.* shabby-genteel.

fattigfirserne *sb.pl. (kan gengives)* the belt-tightening 80's.

fattigfolk *sb.pl.* poor people.

fattiggård *(glds.)* workhouse.

fattighjælp *(glds.)* poor relief.

fattigjord *(glds.): blive begravet i ~* be buried in a pauper's grave.

fattigkvarter poor district, slum.

fattiglem *sb. (et, -mer) (glds.)* pauper.

fattigrøv *(vulg.)* poor bugger.

fattigvæsen *(glds.)* poor-law authorities pl.

faun *sb. (en, -er) (myt.)* faun.

fauna *sb. (en, -er)* fauna.

fauvisme *sb. (en)* Fauvism.

fauvist *sb. (en, -er)* Fauvist.

favn *sb. (en, -e)* **1.** arms pl. (*fx* she threw herself into his arms);
2. *(mål)* fathom;
□ *på ni -e vand* in nine fathoms of water; *tage en i sin ~* take sby in one's arms, embrace sby; *(beskyttende)* take sby to one's bosom; *med -en fuld af blomster* carrying an armful of flowers.

favnbrænde cord wood.

favne *vb.* embrace.

favntag *sb. (et, -)* embrace.

favorabel *adj.* favourable.

favorisere *vb.* favour, give preferential treatment to.

favorisering *sb. (en, -er)* **1.** favouring (*af* of); preferential treatment (*af* of); **2.** *(neds.: urimelig ~)* favouritism.

favorit *sb. (en, -ter)* favourite;
□ *han er blandt -terne (ved stillingsbesættelse)* he is on the short list.

favør *sb. (en)* favour;
□ *i min ~* to my advantage; *(også hdl.)* in my favour (*fx* a balance in my favour).

favørpris special price.

fax *sb. (en, -er),* **faxe** *vb.* fax.

FDB *(fork.f. Fællesforeningen for Danmarks Brugsforeninger, svarer til)* the Co-operative Wholesale Society; *(fork.)* the CWS.

F.D.F. *(fork.f. Frivilligt Drengeforbund; svarer til)* The Boys' Brigade.

fe *sb. (en, -er)* fairy.

feagtig *adj.* fairy-like.

feber *sb. (en, febre)* **1.** *(for høj temperatur)* temperature, fever;
2. *(sygdom)* fever (*fx* yellow fever);
□ *hun har ~* she has (*el.* is running) a temperature; *have høj ~* have a high temperature (*el.* fever); *han har høj ~ (også)* his temperature is (very) high.

feberagtig *adj.* feverish;
□ *i ~ spænding* in a fever of expectation.

feberfantasier *sb.pl.* feverish hallucinations, delirium.

feberfri *adj.: hun er ~* she has no temperature any longer.

feberhed *adj.* feverish.

feberkurve temperature curve.

feberredning miraculous save.

feberstillende *adj.* antipyretic, febrifugal;
□ *~ middel* antipyretic, febrifuge.

febervildelse delirium;
□ *tale i ~* be delirious.

febril *adj.* feverish.

febrilsk¹ *adj.* feverish (*fx* activity, haste); *(om person)* agitated.

febrilsk² *adv.* feverishly (*fx* he searched feverishly for the key).

februar *sb. (en)* February; *(NB datoangivelser er opført under april).*

fed¹ *sb. (et, -)* **1.** *(garn)* skein, hank;
2. *(af løg)* clove.

fed² *adj.* **1.** fat (*fx* pig, bacon; cigar; years);
2. *(fedtholdig)* fatty (*fx* meat); *(om mad)* rich (*fx* cream, sauce);

3. *(om person)* fat; *(meget ~)* obese;
4. *(indbringende, stor)* fat (*fx* fee, price, profit);
5. S *(ɔ: fin)* great (*fx* great, man!); ace;
6. *(typ.)* bold (*fx* headlines);
□ *blive ~* put on fat; *det bliver man ikke ~ af (fig.)* you won't get fat on that; that won't make you rich; *det er mig lige -t* that's all the same to me; *det skal -t hjælpe* a fat lot of good that is going to do; *trykt med -t* printed in bold(faced) type;
[med sb.] ~ blanding (ɔ: benzin) rich mixture; *et -t embede* a lucrative job; T a fat (*el.* plum) job; *en ~ forretning* a lucrative (piece of) business; *~ jord* clayey soil; *med -e typer* in bold(faced) type.
fede *vb.* fatten (*med* on);
□ *det -r* it is fattening.
fedekalv*: slagte -en* kill the fatted calf.
fedekur fattening diet.
fedesvin fat pig.
fedevarer *sb.pl.* delicatessen.
fedladen *adj.* fattish; *(blidere)* somewhat stout.
fedme *sb. (en)* fatness; *(stærk)* obesity.
fedronning fairy queen.
fedt *sb. (et)* **1.** fat; **2.** *(til smøring)* grease; **3.** *(svinefedt)* lard;
4. *(smeltet ~, fra steg)* dripping;
□ *dyppe en i hans eget ~* give sby a dose of his own medicine; *det er ét ~* that is all the same; it's as broad as it's long.
fedtdepot fat deposit.
fedte *vb.* grease;
□ *~ for en, ~ sig ind hos en* make (*el.* play) up to sby; softsoap sby; S suck up tp sby; *~ i det (ɔ: kludre)* bungle; *sidde og ~ med (ɔ: et arbejde)* be messing about with; be fiddling with; *~ med sine penge (ɔ: være nærig)* be tight with one's money.
fedtefad*: komme i -et* get into the soup.
fedtegrever *sb.pl.* cracklings.
fedtera(d)s *sb. (et el. en)* goo, gunge.
fedteri *sb. (et, -er)* **1.** *(nærighed)* stinginess; **2.** *(sleskeri)* soft soap; *(grovere)* toadying.
fedterøv S **1.** *(nærig)* cheapskate; **2.** *(slesk)* creep, crawler; *(am.)* apple polisher.
fedterøvstillæg [slang word for personal increment].
fedtet *adj.* **1.** greasy (*fx* hair, hands, plate; substance); **2.** *(glat)* greasy, slippery (*fx* road); **3.** *(klæbrig)* sticky (*fx* fingers); **4.** *(nærig)* mean; T stingy, mingy (*med* with); **5.** *(slesk)* smarmy;
□ *det er ~ føre* the roads are slippery (*el.* greasy).
fedthas *sb. (en) (nærig)* skinflint.
fedtindhold fat content.
fedtkirtel sebaceous gland.
fedtklump lump of fat.
fedtknude fatty tumour; *(fagl.)* lipoma.
fedtlæder oil-finished leather.
Fedtmule Goofy.
fedtopløselig *adj.* fat-soluble.
fedtplet grease spot, grease mark.
fedtpukkel hump.
fedtsten soapstone.
fedtstift lithographic crayon.
fedtstof fat; fatty substance.
fedtsvulst = *fedtknude.*
fedtsyl *sb. (en, -e)* skinflint.
fedtsyre sebacic acid.
fedttæt *adj.* greaseproof (*fx* paper).
fedtvæv *sb. (et)* fatty tissue.
feinschmecker *sb. (en, -e)* connoisseur;
□ *han er ~ (også)* he has a fine palate.
fej *adj.* **1.** *(bange)* cowardly; **2.** *(i børnesprog: tarvelig)* unfair, mean.
fejde[1] *sb. (en, -r)* **1.** *(mellem familier)* feud; **2.** *(litterær)* controversy.
fejde[2] *vb. (jf. fejde*[1]*)* carry on a feud (, controversy) (*mod* against).
feje *vb. (se også fejende)* **1.** sweep; **2.** *(om hjortevildt)* fray;
□ *~ gulvet rent* sweep the floor clean; *~ stuen ren* sweep out the room;
[med præp. & adv.] ~ én ***af*** brush sby off; *(groft)* snub sby; *(se også ndf.: ~ til side)*; *forslaget blev -t af bordet* the proposal was rejected out of hand; *~* ***for*** *sin egen dør (fig.)* put one's own house in order; *~ noget* ***ind under*** *gulvtæppet (også fig.)* sweep (*el.* brush) sth under the carpet (*el.* rug); *~* ***til side*** *(fig.)* brush aside (*fx* his objections, his suggestion).
fejebakke, **fejeblad** dustpan.
fejekost **1.** broom; **2.** *(riskost)* besom.
fejemaskine **1.** *(på gaden)* road sweeper; **2.** *(tæppe-)* carpet sweeper.
fejende *adj.* sweeping (*fx* gesture); *(flot)* dashing.
fejeskarn sweepings pl.
fejespån dustpan.
fejhed *sb. (en)* cowardice.
fejl[1] *sb. (en, -)* **1.** *(noget der er forkert)* mistake (*fx* your English translation is full of mistakes); *(mere* F*)* error (*fx* errors in the translation; learners' errors; printer's errors);
2. *(ved ting etc.)* defect (*fx* hidden defects; a defect in the system (, in the mechanism, in the cloth)); *(mindre; brist)* imperfection, flaw (*fx* in the cloth, in the glass; a flaw in his charater (, in the contract); these goods have been reduced because of imperfections); *(især funktionsfejl)* fault (*fx* in the electrical system, in the telephone; he tried to find (, correct) the fault); malfunction (*fx* in the electrical system);
3. *(hos person)* fault (*fx* he has many faults; that is his only fault); *(*F*: ufuldkommenhed, især pl.)* shortcoming, imperfection (*fx* I know my own shortcomings (*el.* imperfections); we all have our little shortcomings; try to correct one's shortcomings);
4. *(fejltagelse, ~ man begår)* mistake (*fx* you have made a (serious) mistake; correct the mistake); fault (*fx* he admitted his fault (*el.* mistake); through no fault of my own); *(mere* F*)* error (*fx* there are errors (*el.* faults) on both sides; they have made the same error; rectify the error; the accident was caused by human error); *(mindre)* slip (*fx* you must have made a slip somewhere); *(uagtsomhed)* oversight (*fx* through an oversight your letter has not been answered);
5. *(skyld)* fault (*fx* that is his own fault; it is my fault that we are late);
6. *(i tennis)* fault;
□ *det er -en* that is what is wrong.
fejl[2] *adj.* wrong; *(se også adresse).*
fejl[3] *adv.* wrongly; *(især* T*)* wrong; F erroneously; *(ved vb. kan ~ ofte udtrykkes ved:)* mis- (*fx* mishear, miscalculate, misquote); *(se også huske, slå*[2]*)*;
□ ***gribe*** *~ a)* miss; *b) (fig.)* make a mistake; ***gå*** *~* go the wrong way; *gå ~ af ham (ɔ: ikke træffe ham)* miss him; *de er gået ~ af hinanden (ɔ: har misforstået hinanden)* they have got their lines crossed;
læse *~* make a mistake in reading; ***se*** *~* be mistaken; ***skrive*** *~* make a mistake (in writing);
skyde *~* miss (the mark);
slå *~* go wrong (*fx* everything went wrong; it can't go wrong); fail (*fx* the crops (, the attempt) failed); *planerne slog ~* the plans came to nothing; F the plans proved abortive;
tage *~ a) (begå en fejl)* make a

mistake; *b) (have uret)* be wrong, be mistaken; ***tage** ~ **af** tiden (, vejen)* mistake the time (, the way); *jeg tog ~ af ham* I misjudged him; F I was mistaken in him; *hvis jeg ikke tager meget ~* unless I am much mistaken; *jeg tog ~ af ham og hans broder* I mistook him for his brother; *ikke til at tage ~ af* unmistakable; *han (, hans hensigt) er ikke til at tage ~ af (også)* there is no mistaking him (, his intention); *tag ikke fejl af det!* make no mistake (about that)! (*fx* it is a very difficult job, make no mistake!);
*så **tror** du ~* then you are greatly mistaken; T then you think wrong; ***træde** ~ (ɔ: snuble)* stumble, miss one's footing.
fejlagtig *adj.* wrong; *(om antagelse, opfattelse også)* mistaken (*fx* belief, impression); F erroneous;
□ *~ opgivelse* misstatement.
fejlagtigt *adv.* wrongly (*fx* the play is wrongly attributed to Shakespeare; he supposed, wrongly, that they agreed with him); *(om antagelse, opfattelse også)* mistakenly (*fx* they may mistakenly assume (, believe) that...); F erroneously;
□ *fremstille ~* misrepresent.
fejlbedømme misjudge, miscalculate (*fx* the distance).
fejlbedømmelse misjudgement, miscalculation.
fejlbehæftet *adj.* defective.
fejlcitere *vb.* misquote.
fejle[1] *vb. (begå fejl)* make mistakes; F err (*fx* to err is human);
□ *det kan ikke ~ at han har (let glds.)* he is sure to have.
fejle[2] *vb. (lide af): hvad -r du?* what is the matter (*el.* what is wrong) with you? *han -r ikke noget* there is nothing the matter (*el.* wrong) with him; he is all right; *hans lunger -r ikke noget* there is nothing the matter (*el.* wrong) with his lungs; his lungs are sound; *du må jo ~ noget* T you ought to have your head examined.
fejlekspedition mistake (on the part of the staff).
fejlernæret *adj.* malnourished.
fejlernæring malnutrition.
fejlfarve *(vulg.)* wog.
fejlfinding *sb. (en, -er) (i fabrikation)* fault finding; *(am.)* trouble shooting.
fejlfortolke *vb.* misinterpret.
fejlfri *adj.* perfect (*fx* in perfect English; a perfect copy; no one is perfect); *(mere* F*)* faultless, flawless.
fejlgivning *sb. (en, -er) (i kort)* misdeal.
fejlgreb mistake; *(mindre)* slip.
fejlhuskning *sb. (en, -er)* slip of the memory.
fejlinformere *vb.* misinform.
fejlinvestering bad investment.
fejlkilde *sb. (en, -r)* source of error.
fejlkøb mistake;
□ *det var et ~* it was a mistake (buying that).
fejllæsning misreading.
fejlmargin margin of error.
fejlmeddelelse *(edb)* error message.
fejlmelding *(tele.)* fault complaint.
fejlplacere *vb.* **1.** place wrongly;
2. *(teat.)* miscast.
fejlprocent percentage of error.
fejlrelæ *(elek.)* fault detecting relay.
fejlretning *(edb)* debugging.
fejlskrivning 1. slip of the pen;
2. *(på skrivemaskine)* typing error; T typo.
fejlskud miss, missed shot.
fejlskøn error of judgement; wrong estimate.
fejlslagen *adj.: ~ forhåbning* disappointment; disappointed hope.
fejlslutning fallacy.
fejlstrømsafbryder *(elek.)* ground fault circuit interrupter.
fejltagelse *sb. (en, -r)* mistake; *(uagtsomhed)* oversight;
□ *af (el. ved) en ~* by mistake; through (an) oversight; *begå en ~* make a mistake.
fejltrin misstep; *(moralsk)* indiscretion;
□ *begå et ~* make a slip; get into trouble.
fejltryk 1. faulty print; **2.** *(frimærke)* error.
fejltælling miscount.
fejlvurdere *se fejlbedømme.*
fejre *vb. (se også fejret)* **1.** *(begivenhed)* celebrate (*fx* one's birthday, Christmas, a victory, one's wedding anniversary; it's his birthday, let's celebrate); T keep (*fx* one's birthday);
2. *(person)* make a great fuss of, give a party for (*fx* they gave a party for her when she had passed her exam); *(i større stil)* fête (*fx* Churchill was fêted when he visited Copenhagen);
□ *~ mindet om* commemorate; *det må -s* that calls for a celebration; *(se også triumf)*;
*[med: at] de -de **at** hun havde taget eksamen* they celebrated her passing the exam; *de -de at han var kommet hjem* they celebrated his return.
fejret *adj.* popular, much admired.
f.eks. *(fork. f. for eksempel)* e.g.; for example; *(se eksempel).*
feldspat *sb. (en) (geol.)* felspar.
felt[1] *sb. (et, -er)* **1.** *(elek., sport etc.)* field (*fx* he led (, broke away from) the field);
2. *(i brætspil)* square;
3. *(område)* field (*fx* she is an expert in her field); F sphere, province.
felt[2] *sb. (en) (mil. etc.)* field;
□ *i -en* in the field.
feltarbejde *(studier i marken)* fieldwork.
feltartilleri field artillery.
feltbane *sb. (en, -r) (mil.)* obstacle course.
feltflaske canteen, water bottle.
feltfod*: på ~* on a war footing; *leve på ~ (fig.: primitivt)* camp out.
feltgrå *adj.* field-grey.
feltherre commander; general.
feltkøkken field kitchen; T cookhouse.
feltlazaret field hospital.
feltliv camp life.
feltmarskal field marshal.
feltmæssig *adj.: ~ oppakning* field pack; *~ udrustning* field equipment.
feltprovst army dean.
feltpræst army chaplain.
feltråb password.
feltseng camp bed.
feltstol camp stool.
feltstudie field study.
felttog campaign.
fem *num.* five;
□ *lade ~ og syv være lige* let things slide; *(se også flad, fuld, nul (komma ~)).*
femakter *sb. (en, -e)* five-act play.
femcifret *adj. se -cifret.*
femdagesuge five-day week.
femdobbelt *adj.* fivefold; F quintuple.
femdoble *vb. se -doble.*
femhundred(e)kroneseddel five hundred kroner note.
feminin *adj.* **1.** feminine (*fx* she is so feminine; his feminine voice);
2. *(neds. om mand)* effeminate.
femininum *sb. (et) (gram.)* the feminine (gender).
feminisme *sb. (en)* feminism.
feminist *sb. (en, -er)*, **feministisk** *adj. (kun attr.)* feminist.
feminologi *sb. (en)* feminology.
femkamp pentathlon.
femkant pentagon.
femkantet *adj.* pentagonal.
femkrone five-kroner piece.
femlinger *sb.pl.* quintuplets; T quins.
femmer *sb. (en, -e)* **1.** *(femkrone)* five-kroner piece; **2.** *(bus etc.)*

number five; **3.** *(i kortspil etc.)* five.
femmetervippe five-metre (diving) board.
femogtyve twenty-five.
femogtyvende *adj.* twenty-fifth.
femogtyveøre twenty-five-øre piece.
femogtyveårsjubilæum 25th anniversary, silver jubilee.
femsidet *adj.* five-sided; pentagonal.
femtal five.
femte[1] *sb. (en)* afternoon tea.
femte[2] *adj. (ordenstal til fem)* fifth (*fx* on the fifth floor; for the fifth time);
□ ~ *kolonne* fifth column; *(se også hjul).*
femtedel fifth;
□ *fire -e* four fifths.
femten *num.* fifteen.
femtende *adj.* fifteenth (*fx* on the fifteenth floor).
femtenspil 15 puzzle.
femti fifty.
femtiden: *ved* ~ at about 5 o'clock; T round about five (o'clock).
femværelse(r)s *se -værelse(r)s.*
femårig *adj. se -årig.*
femårsplan five-year plan.
fenacetin *sb. (et)* phenacetin.
fender *sb. (en, -e) (sø.)* fender.
fenderliste *(sø.)* rubbing strake.
fennikel *sb. (en, fennikler) (bot.)* fennel.
ferie *sb. (en, -r)* holiday (*fx* you need a holiday; three weeks(') holiday); *(fast tilbagevendende)* holidays pl. (*fx* the school (, Christmas, summer) holidays); *(om universiteter & domstole samt am.)* vacation; *(parlaments-)* recess;
□ *holde ~ a) (tage fri)* take one's holiday; *b) (være på ferie)* be on holiday, spend one's holiday(s) (*fx* in Jutland); *hold da helt ~!* T well I'll be damned! *tage ~* take a holiday; ~ *med løn* holiday with pay, paid holiday;
[med præp.] hvor skal du hen ***i*** *-n?* where are you going for your holiday(s)? *tage hjem (, tage til Jylland) i -n* go home (, go to Jutland) for the (*el.* one's) holiday(s); *han er* ***på*** ~ he is (away) on holiday; *gå på ~* start one's holiday; *tage på ~* go on holiday; *tage på ~ i Jylland* go to Jutland for a holiday.
ferieafløser holiday relief.
ferieafløsning holiday relief work.
feriebolig holiday home; *(se også feriehus, ferielejlighed).*
ferieby *(med feriehuse)* holiday village.
feriedag holiday.
feriegæst holiday visitor, holidaymaker; *(am. også)* vacationist.
feriehus 1. holiday cottage, weekend cottage; *(også om firmas)* holiday house; **2.** *(lejet i ferieby)* chalet.
feriejob holiday job; *(studenters)* vacation job.
feriekoloni (children's) holiday camp.
feriekursus holiday course.
ferielejlighed holiday flat, holiday apartment.
ferielejr holiday camp.
ferielukning holiday closing, holiday closure.
feriepenge *sb.pl.* holiday allowance.
feriere *vb.* **1.** *(være på ferie)* be on (a) holiday; **2.** *(tilbringe ferien)* spend one's holiday(s) (*fx* in Jutland).
ferierejse holiday trip;
□ *han er på ~* he is away on holiday.
ferierejsende, ferierende *sb.* holidaymaker; *(am.)* vacationist.
feriested holiday resort;
□ *mit sædvanlige ~* the place where I usually spend my holidays.
ferietablet T pep pill.
ferm *adj.* clever (*til* at); handy (*fx* he is handy with a paintbrush).
fermat *sb. (en, -er) (mus.)* fermata, pause.
ferment *sb. (et, -er),* **fermentere** *vb.* ferment.
fernis *sb. (en, -ser)* **1.** varnish; **2.** *(fig., neds.: overflade)* veneer (*fx* a veneer of good manners).
fernisere *vb.* varnish.
fernisering *sb. (en, -er),* **fernissage** *sb. (en, -r) (på udstilling)* private view (day).
ferrit *sb. (en)* ferrite.
ferritantenne ferrite-rod antenna, loopstick antenna.
fersk *adj.* **1.** fresh; **2.** *(kedelig)* insipid;
□ *gribe en på ~ gerning* catch sby in the (very) act, catch sby red-handed.
fersken *sb. (en, fersk(e)ner)* peach.
ferskenblød *adj.* peachy.
ferskenkinder *sb.pl.* peachy cheeks.
ferskhed *sb. (en) (jf. fersk 2)* insipidity.
ferskvand fresh water.
ferskvands- freshwater (*fx* fish).
ferskvarer *sb.pl.* fresh food.
fest *sb. (en, -er)* **1.** *(sammenkomst)* party (*fx* let's have a party! a street party);
2. *(for at fejre noget)* celebration (*fx* when she came home they had (*el.* held) a noisy celebration);
3. *(større ~, musikfest)* festival (*fx* hold a village festival; a music festival);
4. *(udendørs, med forlystelser, basar etc., for at samle penge ind)* fête (*fx* a summer fête; a school (, village) fête);
5. *(rel.)* feast, festival (*fx* Christmas is an important feast (*el.* festival); the great Church festivals);
6. *(ballade)* high jinks pl.; fun; *lave ~* have fun, kick up a row.
festaften 1. *(begivenhed)* event, (festive) occasion; **2.** *(selskab)* party;
□ *det var en ~* it was a great evening.
festartikler *sb.pl.* carnival novelties.
festblanket greetings telegram form.
festdag festive day (*el.* occasion);
□ *det er en ~* it is a great day.
festdragt full dress.
feste *vb.* celebrate;
□ *~ for se fejre.*
festforestilling gala performance;
□ *det var en ~* (T: *grinagtigt)* it was great fun.
festfyrværkeri a (great) display of fireworks.
festival *sb. (en, -er)* festival.
festivitas *sb. (en)* festivity.
festkantate (festival) cantata.
festklædt *adj.* **1.** *(i festdragt, kun præd.)* in evening dress (*fx* people in evening dress); **2.** *(festligt udsmykket)* gaily decorated.
festkomité, festkomite (organizing) committee.
festlig *adj.* **1.** festive (*fx* event, occasion); **2.** *(grinagtig)* very funny;
□ *han er ~* he is great fun; *gøre det -t* create a festive atmosphere; *-t smykket* gaily decorated.
festlighed *sb. (en, -er)* festivity; celebration.
festligholde *vb.* celebrate.
festmiddag banquet.
festmåltid feast.
feston *sb. (en, -er)* **1.** festoon; **2.** *(på dametøj)* embroidered edging.
festsal assembly hall; *(finere)* ceremonial hall, banqueting hall; *(balsal)* ballroom.
festskrift *sb. (et, -er)* festschrift.
festspil festival play;
□ *-lene i Salzburg (etc.)* the Salzburg (etc.) festival.
feststemning 1. *(personlig)* a festive mood (*fx* we were in a festive mood); **2.** *(generel)* a festive atmosphere (*fx* there was a festive at-

mosphere).
feststemt *adj. (kun præd.)* in a festive mood.
festtale principal speech.
festtegn badge.
fetaost fet(t)a cheese.
fetere *vb.: en -t skuespiller* a much-admired actor.
fetich *sb. (en, -er)* fetish.
fetichisme *sb. (en)* fetishism.
feudal *adj.* feudal.
feudalisme *sb. (en)* feudalism.
feudalistisk *adj.* feudalistic.
feudalsamfund feudal society.
fez *sb. (en, -er)* fez.
ff. *(fork.f. følgende)* ff.
fhv. *(fork.f. forhenværende)* former; *(se også forhenværende).*
fiasko *sb. (en, -er)* failure (*fx* he (, the play) was a failure); *(ikke om person,* F*)* fiasco; T flop, washout.
fiber *sb. (en, fibre)* **1.** fibre; **2.** *(i føde)* dietary fibre;
□ *fibre (om materiale)* fibre (*fx* made of synthetic fibre).
fiberglas fibre glass.
fiberkuffert fibre suitcase.
fiberpen fibre pen.
fiberplade fibreboard.
fibersprængning *(omtr.)* pulled muscle;
□ *få en ~ (omtr.)* pull a muscle.
fideikommis *sb. (et, -er) (om et gods)* entailed property, entailed estate.
fidel *adj.* insinuating, oily; T smarmy.
fidibus *sb. (en, -ser) (glds.)* spill.
fidus *sb. (en, -er)* **1.** *(kneb, fif)* trick; *(for at undgå noget)* dodge (*fx* a dodge to avoid paying taxes);
2. *(fupnummer)* fiddle;
3. *(vink)* tip;
4. *(dims) se dims;*
□ *jeg har ingen ~ til ham* I don't trust him; *-en ved det er* the trick is.
fidusmager *sb. (en, -e) (svindler)* charlatan; *(snyder)* cheat.
fif *sb. (et, -)* trick; *(se også kneb[1]).*
fiffig *adj.* **1.** *(kvik)* clever (*fx* chap); *(især am.)* smart; **2.** *(neds.: snu)* cunning; *(mere neds.)* sly;
3. *(medvidende)* knowing (*fx* smile).
fiffighed *sb. (en, -er) (jf. fiffig)* **1.** cleverness; smartness; **2.** cunning, slyness;
□ *-er* clever tricks.
fifle *vb.: ~ med a) (lave fup med)* fiddle (*fx* the figures); *b) (arbejde med)* dabble in (*fx* painting).
fifleri *sb. (et, -er) (jf. fifle (a))* fiddle.
figen *sb. (en, fig(e)ner) (bot.)* fig.
figenblad fig leaf.
figentræ fig tree.
figur *sb. (en, -er)* **1.** *(skikkelse, person, illustration, geometrisk etc.)* figure; **2.** *(statuette)* figurine;
□ *gøre en god ~* come out of it well, acquit oneself well; *(se også ynkelig)*; ***i bar*** *~ (glds.)* without an overcoat; *portræt* ***i hel*** *~* full-length portrait.
figurativ *adj.* figurative.
figurere *vb.* figure.
figurfrakke tight-waisted coat.
figurlig *adj.* figurative.
figurløb *(skøjteløb)* figure skating.
figurmærke *(hdl.)* device mark.
figursyet *adj.* fitted.
fijianer *sb. (en, -e)*, **fijiansk** *adj.* Fijian.
fik *præt. af få[2].*
fiks *adj.* **1.** smart; **2.** *(behændig)* clever; F dexterous;
□ *~ idé* fixed idea (*fx* he has the fixed idea that...); obsession (*fx* that's just one of his many obsessions); *~ og færdig a) (parat)* all ready, all set; *b) (færdiglavet)* ready-made (*fx* food; solution); *(om mad også)* ready-to-eat (, -serve); *c) (som der ikke kan ændres noget ved)* cut-and-dried (*fx* solution); *~ på fingrene* clever with one's hands; *(se også fingernem).*
fiksativ *sb. (et, -er)* fixative.
fikse *vb. (*T*: ordne)* fix;
□ *~ op* smarten up, spruce up.
fikserbad *(foto.)* fixing bath.
fikserbillede puzzle picture.
fiksere *vb.* **1.** *(fastsætte & foto.)* fix;
2. *(urolig patient)* strap down;
3. *(psyk.)* fixate;
4. *(glds.: se på)* stare fixedly at;
□ *helt -t på (ɔ: opslugt af)* hypnotized by.
fiksering *sb. (en, -er)* **1.** *(foto., psyk.)* fixation; **2.** *(fastsættelse etc.)* fixing; **3.** *(af patient)* strapping down.
fiksersalt hypo, fixing salt.
fiksfakserier *sb.pl.* **1.** *(fup)* shenanigans; jiggery-pokery; **2.** *(dikkedarer)* fuss.
fiksstjerne fixed star.
fikstid *(mods. flekstid)* core time.
fiktion *sb. (en, -er)* fiction.
fiktionsprosa prose fiction.
fiktiv *adj.* **1.** *(opdigtet, falsk)* fictitious (*fx* name; his stories about fictitious journeys; the places and characters in the novel are entirely fictitious); made-up;
2. *(litterær)* fictional (*fx* account; the lives of fictional characters are often much more dramatic than those of real people).
fil[1] *sb. (en, -e)* file.
fil[2] *sb. (en, -er) (edb)* file.
filantrop *sb. (en, -er)* philanthropist.
filantropi *sb. (en)* philanthropy.
filantropisk[1] *adj.* philanthropic.
filantropisk[2] *adv.* philanthropically.
filateli *sb. (en)* philately.
filatelist *sb. (en, -er)* philatelist.
filatelistisk *adj.* philatelic.
file *vb.* file;
□ *~ på (fig.)* polish (*fx* one's style, a speech); *~ 'til* file into shape.
filebænk workbench.
filere *vb.* net;
□ *-t gardin* net curtain.
filernål netting needle.
filet *sb. (en, -er)* **1.** *(fisk, kød)* fillet; **2.** *(fileret arbejde)* net work, netting.
filetere *vb. (fisk etc.)* fillet.
filharmonisk *adj.* philharmonic.
filial *sb. (en, -er)* branch.
filialbestyrer *(om bank)* branch manager.
filialbibliotek sub-branch library.
filigranarbejde filigree work.
filipens *sb. (en, -er)* spot; T pimple;
□ *fuld af -er* spotty; pimpled, pimply.
filippine philippine;
□ *spille ~ med* play philippine with.
filippiner *sb. (en, -e)* Filipino.
Filippinerne *(geogr.)* the Philippines (*fx* the Philippines is becoming popular with tourists).
filippinsk *adj.* Filipino, Philippine.
filister *sb. (en, filistre)* **1.** *(hist.)* Philistine; **2.** *(spidsborger)* philistine.
filisteri *sb. (et)* philistinism.
filistrøs *adj.* philistine.
film *sb. (en, -)* **1.** *(hinde, tynd plastic & foto.)* film;
2. *(levende billeder)* film (*fx* see a film; the age of film); *(især am.)* movie; *(am. også)* motion picture;
3. *(om kunstarten)* cinema (*fx* the Danish cinema *(dansk film)*);
□ *gå til -en* go on the screen; *sætte ~ i apparatet* put a film in the camera, load the camera.
filmapparat **1.** *(fremviser)* projector; **2.** *se filmkamera.*
filmarkiv film archive, film library.
filmatelier *se filmstudie.*
filmatisere *vb.* film, make a film of.
filmatisering *sb. (en, -er)* **1.** *(det at filme)* filming; **2.** *(film)* screen version.
filmbranchen the film industry.
filme *vb. (fotografere)* film.
filmfortegnelse film list, filmogra-

phy.
filmfotograf cameraman.
filmhold film unit, film crew.
filmindustri film industry.
filminstruktør film director.
filmisk[1] *adj.* cinematic.
filmisk[2] *adv.* cinematically.
filmkamera **1.** film camera; **2.** *(smalfilmskamera)* cine camera.
filmklipper film editor, film cutter.
filmklub film club.
filmkundskab *(skolefag)* film appreciation.
filmkunst cinematic art.
filmlærred screen.
filmmanuskript script.
filmologi *sb. (en) (omtr.)* film theory.
filmoperatør cinema projectionist.
filmselskab film company.
filmskaber filmmaker.
filmskuespiller film actor; *(kvindelig)* film actress.
filmstjerne film star.
filmstudie film studio.
filodendron *sb. (en, -er) (bot.)* philodendron.
filolog *sb. (en, -er)* philologist.
filologi *sb. (en)* philology.
filologisk[1] *adj.* philological.
filologisk[2] *adv.* philologically.
filosof *sb. (en, -fer)* philosopher.
filosofere *vb.* philosophize (*over* about).
filosofi *sb. (en, -er)* philosophy; □ *-en bagved* the philosophy behind it; *han har en ~ om at* he has a philosophy to the effect that; *ud fra den ~ at* on (the basis of) the philosophy that.
filosofisk[1] *adj.* philosophic(al).
filosofisk[2] *adv.* philosophically.
filt *sb. (et)*, **filte** *vb.* felt; □ *hård i filten* as hard as nails.
filter *sb. (et, filtre)* filter; *(til cigaret også)* filter tip.
filtercigaret filter(-tipped) cigarette; filter tip.
filthat felt hat.
filtpen felt(-tipped) pen.
filtrat *sb. (et, -er)* filtrate.
filtre *vb.* mat; □ *~ sig ind i* entangle itself in; *~ sig sammen* get tangled up.
filtrerapparat filter.
filtrere *vb.* filter; □ *~ fra* filter out.
filtrering *sb. (en, -er)* filtration.
filtrerpapir filter paper.
filur *sb. (en, -er)* wily bird.
fimre *vb.* beat, vibrate.
fimrehår *sb.pl.* cilia.
fims *sb. (en)* **1.** *(stank)* stink; *(svagere)* niff; S pong; **2.** *(indelukket luft)* fug (*fx* of cigarette smoke); **3.** *(fis)* wind.
fimse *vb.* **1.** *(stinke)* stink; **2.** *(fise)* let one off, break wind.
fimset *adj. (indelukket)* stuffy, fuggy.
fin *adj. (se også fint)* **1.** *(særlig god)* fine (*fx* clothes, wine; musician, painter; he is a fine chap); *(udsøgt)* choice (*fx* food); high-class (*fx* shop); classy (*fx* restaurant); **2.** *(tynd, findelt)* fine (*fx* thread, dust, powder); **3.** *(sart, fintmærkende)* delicate (*fx* features; sense of smell); **4.** *(fornem, især iron.)* grand (*fx* grand ladies; he is too grand to speak to me); *(især: overklassepræget,* T*)* posh (*fx* address, family; a posh part of the town; he is too posh to speak to me); *(som gerne vil være ~)* genteel; **5.** *(hørende til den fine verden)* fashionable (*fx* they live in a fashionable part of the town; it is fashionable to live there); □ *den er ~!* OK! fine! *det er helt -t* it is quite all right; *det er netop det -e ved det* that's just the point; that is just the beauty of it; *[med sb.] have -e fornemmelser* have social aspirations; be genteel; *en ~ hjerne* a subtle brain; *~ hud* delicate (*el.* soft) skin; *~ hørelse* a quick ear; *en ~ iagttager* a shrewd observer; *et -t menneske* a noble character; *på en ~ måde* discreetly; *-t papir (hdl.)* high-class (*el.* gilt-edged) security; *han er ikke -t papir* he is a somewhat shady customer; *være -e venner med* be great friends with; *den -e verden* the fashionable world; Society; *et -t vink* a delicate hint.
finale *sb. (en, -r)* **1.** *(slutning, også mus.)* finale; **2.** *(i sport: slutkamp)* final (*fx* we beat them 2-1 in the final; the European Cup Final); *(slutkampe)* finals pl. (*fx* qualify for the finals).
finalist *sb. (en, -er)* finalist.
financier *sb. (en, -er)* financier.
finanser *sb.pl.* finances.
finansgeni financial genius (*el.* wizard).
finansiel *adj.* financial.
finansiere *vb.* fund (*fx* the Ministry will help to fund the project); F finance.
finansiering *sb. (en, -er)* **1.** *(jf. finansiere 1)* funding; financing; **2.** *(som begreb)* finance.
finansieringsselskab finance company, finance house.
finansloven the Budget; □ *komme på ~ (om person)* be awarded a Civil List pension.
finanslovforslag (draft) budget.
finansmand financier.
finansminister minister of finance, finance minister; *(i Engl.)* Chancellor of the Exchequer; *(am.)* Secretary of the Treasury.
finansministerium ministry of finance, finance minister; *(i Engl.)* Treasury; *(am.)* Treasury Department.
finansoperation (financial) transaction.
finanspolitik fiscal policy.
finanspolitisk *adj.* fiscal (*fx* tightening).
finansudvalg finance committee.
finansvæsen finance.
finansår fiscal (*el.* financial) year.
finde *vb. (fandt, fundet) (se også findes)* **1.** find; **2.** *(synes)* think (*fx* I think he is stupid); F consider; **3.** *(erkende)* find (*fx* I find it impossible); □ *~ hinanden (ɔ: enes)* get together; *[med sig] ~* ***sig i*** submit to (*fx* to the punishment, to being teased); *(især negativt el. spørgende)* put up with (*fx* I won't put up with his rudeness; he has a lot to put up with); *jeg -r mig ikke i det! jeg vil ikke ~ mig i det! (også)* I won't stand for it! *~ sig i sin skæbne* resign oneself to one's fate; *~* ***sig selv*** find oneself; *~* ***sig til*** *rette se ret*[3]; *[med sb.] ~ døden* meet one's death; *~ hvile* find rest; *~ købere* find buyers; *~ sted* take place; *(se også sted, vej)*; *[med præp.& adv.] ~* ***for*** *godt at* think (*el.* see) fit to, choose to; *~ noget* ***frem*** find (*el.* produce) sth; *~* ***frem til*** *a) (opspore)* find, track down (*fx* his hiding place; the truth); trace (*fx* the source of the trouble); *b) (udarbejde)* work out (*fx* a solution); *(se også ndf.: ~ ud af)*; ; *~* ***hjem*** find one's way home; *~* ***igen*** find again; recover; *~* ***på*** *a) (komme i tanker om)* think of (*fx* can you think of a solution (, what to do)?); *b) (opdigte)* make up (*fx* it was all something he had made up); invent (*fx* an excuse); *hvordan kunne du dog ~ på at* how could you take it into your head that (*fx* he wanted to kill you?); *hvordan kunne du dog finde på at gøre det?* how 'could you do it? what on earth possessed you to do it? *det kunne han godt ~ på (ɔ: om noget negativt)* I wouldn't put that past him; *(se også råd)*;

kunne ~ ***rundt*** know one's way around (*i* in, *fx* the house; the rules); *han kunne ikke ~ rundt i* he could not find his way around in (*fx* the big house, the complicated rules); *~* ***sammen*** get together; *~* ***tilbage*** find one's way back; *~* ***ud*** find one's way out; *~* ***ud af*** *a) (~ frem til, opdage)* find out (*fx* the answer; how to do it; what has happened); discover (*fx* what has happened; he has since discovered that he was wrong); *b) (forstå)* make out (*fx* the meaning of sth; I cannot make him out); *c) (løse etc.)* work out (*fx* a code, a problem, a riddle, the system; I can't work it out); *(med besvær)* puzzle out (*fx* how it works, what he meant; the solution, the system; I can't puzzle him out); *(især am.)* figure out; *det (problem) må de ~ ud af indbyrdes* T they must fight (, talk, work) it out for themselves; *de kan ikke ~ ud af det sammen (ɔ: enes)* T they don't hit it off; *~* ***ud af at*** *(+ sætn.) a) (~ frem til at, opdage at)* find out that (*fx* they have found out that the disease is curable); discover that (*fx* he discovered that it was too late); *b) (~ ud af hvordan)* find out how to (*fx* he couldn't even find out how to switch on the television); *~* ***ud af om*** *(ɔ: beslutte)* decide whether (*fx* I can't decide whether to go there (or stay)).

findele *vb.* divide into fine particles, pulverize; F comminute.

findeling pulverization; F comminution.

findeløn reward.

finder *sb. (en, -e)* finder.

findes *vb. (fandtes, fandtes)* **1.** be found (*fx* the plant is only found on chalky soil);
2. *(være til)* exist (*fx* do ghosts really exist?); be (*fx* there are no ghosts);
3. *(endnu være til)* be extant (*fx* some of the documents are still extant); survive.

findested **1.** finding place; **2.** *(plantes, dyrs)* habitat.

findyrke *vb.* perfect (*fx* one's technique).

finer *sb. (en, -er)*, **finere** *vb.* veneer.

finering *sb. (en)* veneering.

finesse *sb. (en, -r) (se også finesser): der er en ~ ved det* there is a special point about it.

finesser *sb.pl.* **1.** fine(r) points (*fx* the finer points of the game);
2. *(spidsfindigheder)* niceties, subtleties (*fx* legal subtleties);
3. *(moderne indretninger)* gadgets (*fx* the kitchen is equipped with all sorts of gadgets).

finfølelse delicacy, tact.

finger *sb. (en, fingre)* **1.** finger (*fx* we have four fingers and a thumb on each hand); **2.** *(i lufthavn)* pier, aircraft jetty;
□ *fingrene af fadet!* fingers off! hands off! *anden ~ på højre hånd* the first finger of the right hand; *fingrene væk (fra kagerne)!* fingers (*el.* hands) off (the cakes)!; *(se også grøn)*;
[med vb.] ***brænde*** *fingrene (også fig.)* burn one's fingers, get one's fingers burnt; ***krydse*** *fingre se krydse*; *han vil ikke* ***løfte*** *(el.* ***røre****) en finger for at hjælpe dig* he will not lift a finger to help you; *han har ikke rørt en ~ (ɔ: bestilt noget)* he has not done a stroke (of work); *(se også klø[2])*;
[med vb. + ~ + præp. el. adv.] ***få*** *fingre* ***i*** get (*el.* lay) one's hands on; get hold of; ***få*** *-en* ***ud*** *(vulg.: skynde sig)* get (*el.* take *el.* pull) one's finger out; ***have*** *en ~* ***med i*** *spillet se spil[1]*; ***have*** *-en* ***på*** *pulsen se puls*; ***holde*** *fingrene* ***fra*** *det* keep one's fingers (*el.* hands) off it; *han* ***lagde*** *ikke fingrene* ***imellem*** he did not mince his words; T he did not pull his punches; ***pege*** *fingre* ***ad*** *se pege*; ***stikke*** *-en* ***i*** *jorden (fig.)* sound out the situation; see how the land lies; ***sætte*** *-en* ***på*** put one's finger on (*fx* what is wrong; there is nothing you can actually put your finger on); *der kan ikke sættes en ~ på hans arbejde* his work is beyond reproach;
[med præp.] se ***igennem*** *fingre med* turn a blind eye to, overlook; *(neds.,* F*)* connive at; *blive væk (, forsvinde)* ***mellem*** *fingrene på en* slip between (*el.* through) sby's fingers; *give ham* ***over*** *fingrene* rap his knuckles; *en over fingrene, et smæk over fingrene (fig.: irettesættelse)* a rap over (*el.* on) the knuckles; *(mild)* a slap on the wrist; *han kan det* ***på*** *fingrene a) (ɔ: kan det udenad)* he has it off pat (*fx* he has all the answers off pat); *b) (ɔ: har det på rede hånd)* he has it at his fingertips (*fx* he has the whole subject at his fingertips); *have et øje på hver ~* keep one's eyes skinned (*el.* peeled); *(se også kysse, tælle[2])*.

fingeraftryk fingerprint;
□ *sætte ~* leave fingerprints; *sætte sit ~ på noget (fig.: præge det)* put one's fingerprint on sth.

fingerbrød finger roll.

fingerbøl[1] *sb. (et, -)* thimble.

fingerbøl[2] *sb. (en, -ler) (bot.)* foxglove.

fingere *vb. (også mil.)* simulate; *(se også fingeret)*.

fingerere *vb.: ~ ved noget a) (føle på)* finger sth; *b) (pille ved, lege med)* fiddle with sth; *(nervøst)* fidget with sth.

fingeret *adj.* **1.** *(arrangeret)* mock (*fx* battle, execution, marriage); simulated (*fx* attack, burglary);
2. *(falsk, for at bedrage)* faked (*fx* address, burglary);
3. *(påtaget)* assumed (*fx* surprise; name); F feigned (*fx* anger, surprise); simulated (*fx* anger);
4. *(opdigtet)* fictitious (*fx* characters).

fingerfærdig *adj. se fingernem.*

fingerfærdighed dexterity, deftness.

fingerkys*: han sendte hende et ~* he blew her a kiss.

fingermaling finger painting.

fingernem *adj. (kun præd.)* clever with one's hands; F deft with one's fingers; *(også attr.)* dext(e)rous, deft; *(god til at bruge værktøj, præd.)* handy with tools.

fingerpeg *sb. (et, -)* hint (*om* about, as to; *om at (+ sætn.)* that); T pointer (*om* on, *fx* how to do it).

fingerring ring.

fingerspids fingertip;
□ *hun er dame til -erne* she is a lady to the (*el.* her) fingertips.

fingerspidsfornemmelse*: have ~ a)* have flair; have a sure instinct; *b) (ɔ: takt)* be tactful.

fingersprog finger language.

fingersætning *(på piano)* fingering.

fingertut fingerstall.

fingervante finger mitten.

fingerøvelse finger exercise.

finhakket = *finthakket.*

finhed *sb. (en, -er)* **1.** fineness; **2.** *(finfølelse)* delicacy.

finindstille, **finjustere** *vb.* fine-tune.

finindstilling, **finjustering** fine-tuning; fine adjustment.

finish *sb. (en)* finish.

finke *sb. (en, -r)* **1.** *(zo.)* finch; **2.** *(*S*: pige)* chick, bird.

finker *sb.pl. (omtr.)* chitterlings.

finkornet *adj.* fine-grained.

finkultur high culture, élite culture.

finkulturel *adj. (kun efter sb.)* of high culture; catering for the élite.

finkæmme *vb. (fig.)* comb (*fx* the police combed the whole district); go over (*el.* through) with a fine-tooth comb.

Finland Finland.
finlandisering *sb. (en, -er)* Finlandization.
finlandssvensk *sb. & adj.* Fenno-Swedish; Finland-Swedish.
finmasket *adj.* fine-meshed; small-meshed.
finmekanik precision mechanics, precision engineering.
finmekaniker precision mechanic, precision engineer.
finne[1] *sb. (en, -r) (person fra Finland)* Finn.
finne[2] *sb. (en, -r) (på fisk & fly)* fin.
finnjolle dinghy Finn class; Finn.
finpudse *vb. (fig.)* fine-tune.
finregn drizzle.
finsk *sb. (et) & adj.* Finnish;
□ *den -e Bugt (geogr.)* the Gulf of Finland.
fint *adv. (jf. fin)* **1.** finely, splendidly (*fx* decorated); fine (*fx* it suits me fine; it works fine);
2. fine(ly) (*fx* cut (, chop) the carrots fine(ly)); *(foran adj.)* finely (*fx* finely cut carrots);
3. delicately;
4. grandly;
5. fashionably.
finte *sb. (en, -r)* **1.** *(i fægtekunst)* feint; **2.** *(hib)* sarcasm; T dig (*fx* he made little digs at me all the time);
□ *det var en ~ til dig* that was one for you (*el.* a dig at you).
fintfølende *adj.* **1.** delicate, sensitive; **2.** *(taktfuld)* tactful; **3.** *(hensynsfuld)* thoughtful.
finthakket *adj.* finely chopped.
fintmærkende *adj.* delicate, sensitive.
fintælling **1.** careful count; **2.** *(af stemmer)* recount.
finurlig *adj.* **1.** *(snedig)* clever; *(stærkere)* ingenious; **2.** *(udspekuleret)* cunning, wily; **3.** *(sær, uberegnelig)* quirky.
finurlighed *sb. (en, -er) (jf. finurlig)* **1.** cleverness, ingenuity; **2.** cunning; **3.** quirk (*fx* one of those odd historical quirks; his little quirks and oddities).
fip *sb. (en, -per),* **fipskæg** pointed beard, goatee; *(mindre, spidsere)* vandyke (beard).
firben *sb. (et, -) (zo.)* lizard.
firbenet *adj.* four-footed; *(fagl.)* quadruped.
firblok *(af frimærker)* block of four.
fircifret *adj. se -cifret.*
firdele *vb.* quarter.
firdobbelt *adj.* fourfold; F quadruple.
firdoble *vb.* quadruple;
□ *-s, ~ sig* quadruple.

fire[1] *vb.* **1.** *(sø.)* slack, ease off; *(sænke)* lower; **2.** *(fig.)* yield, give way; yield a point;
□ *~ på koblingen (ɔ: i bil)* slip (in) the clutch; *~ på skøderne (sø.)* ease off the sheets.
fire[2] *num.* four;
□ *på alle ~* on all fours.
firebande gang of four.
firedobbelt, firehjulet*(etc.) se firdobbelt, firhjulet (etc.).*
firer *sb. (en, -e)* **1.** *(også om kaproningsbåd)* four; **2.** *(bus etc.)* number four.
firhjulet *adj.* four-wheeled.
firhjulstræk four-wheel drive.
firhændig *adj. (mus., kun præd.)* for four hands;
□ *spille ~* play a piano duet; *-t stykke* piano duet.
firkant *sb. (en, -er) (kvadrat)* square; *(rektangel)* rectangle.
firkantet[1] *adj.* **1.** *(kvadratisk)* square; *(rektangulær)* rectangular; *(i geometri)* quadrilateral;
2. *(unuanceret)* rigid, hard-and-fast (*fx* rules); categorical, crude (*fx* views; the comparison is a bit crude);
3. *(overforenklet)* simplistic;
4. *(kejtet etc.)* awkward, clumsy;
5. *(med fire deltagere etc.)* quadripartite (*fx* agreement).
firkantet[2] *adv. (jf. firkantet*[1]*)* **1.** *(jf. 2)* rigidly, categorically, crudely; **2.** *(jf. 3)* simplistically; **3.** *(jf. 4)* awkwardly, clumsily.
firkløver[1] *sb. (en, -e) (bot.)* four-leaf (*el.* four-leaved) clover.
firkløver[2] *sb. (et, -e) (gruppe af fire)* quartet.
firkort happy families.
firlinger *sb.pl.* quadruplets; T quads.
firma *sb. (et, -er)* firm; *(stort)* company; *(især am.)* corporation.
firmabil *(personbil)* company car.
firmabrevpapir company notepaper.
firmafest staff party .
firmagts- four-power (*fx* conference).
firmament *sb. (et, -er)* firmament.
firmamærke *sb. (et, -r)* trade mark.
firmanavn firm name; *(jur.)* style (*fx* a company trading under the style of Smith & Co.).
firmands- four-handed (*fx* bridge).
firmandstelt four-person tent.
firmaregister commercial register.
firmaskovtur company outing.
firmastet *adj.* four-masted.
firmotoret *adj.* four-engine(d).
firpersonerstelt four-person tent.
firpersonersvogn fourseater.
firs *num.* eighty;
□ *enogfirs* eighty-one; *i -erne a)* in the eighties; *b) (om person)* in his (, her) eighties.
firsende *adj.* eightieth.
firsidet *adj.* four-sided; *(geom.)* quadrilateral.
firsidig *adj.* quadripartite.
firsindstyve *num.* eighty.
firsindstyvende *adj.* eightieth.
firskåren *adj. (om person)* square-built; thickset.
firspand *sb. (et, -)* four-in-hand.
firsporet *adj.* **1.** *(om vej)* four-lane; **2.** *(om båndoptager)* four-track; **3.** *(om skole)* four-form entry.
firspring*: i fuldt ~ a) (om hest)* at a gallop; *b) (om rytter)* hell-for-leather; *c) (om løb)* (at) full pelt (*el.* tilt).
firstemmig *adj.* four-part;
□ *synge -t* sing in four parts.
firsårig *adj.* eighty-year-old;
□ *en ~* a man (, woman) of eighty; an octogenarian.
firsårsalderen the age of eighty (*fx* she died at the age of eighty);
□ *hun er i ~* she is around eighty.
firtaktsmotor four-stroke engine.
firtal four.
firti forty.
firtiden*: ved ~* at about four o'clock; T round about four (o'clock).
firårig *se -årig.*
fis[1] *sb. (et, -ser) (mus.)* F sharp.
fis[2] *sb. (en, -e) (vulg.)* fart;
□ *lave ~ med noget* make fun of sth; *lave ~ med ham* have him on; *(vulg.)* take the piss out of him; *det er noget ~* that's a lot of bull(shit).
fise *vb. (-de el. fiste el. fes, -t el. fist el. feset)* **1.** *(vulg.)* fart; **2.** *(fare)* dash, shoot (*fx* in, out);
□ *~ den af* skive; *(am.)* goof off; *det fes ikke ind* it did not register; *det er feset ind* they (, I etc.) have got the message; *~ rundt se fistre.*
fisefornem *adj.* S swanky; *(om person)* snotty, stuck-up.
fisk *sb. (en, -)* **1.** fish (pl. -) (*fx* fresh fish is expensive; catch a lot of fish; five fish); **2.** *(ødelagt sats)* pie;
□ *-ene (astr.)* Pisces; *jeg er ~ (ɔ: født i -enes tegn)* I am a Pisces; *en underlig ~* an odd fish; *gå i ~* get into a mess, get messed up; *(se også frisk, fugl).*
fiske *vb.* fish; *(med snøre også)* angle;
□ *~ efter (fig.)* fish for, angle for (*fx* compliments, information); *~ frem (el. op)* fish out (*el.* up); *(se også rørt).*
fiskeaffald fish waste.

fiskeavl pisciculture.
fiskebanke *sb. (en,-r)* fishing bank.
fiskeben 1. fishbone; **2.** *(hvalbarde)* whalebone.
fiskebestand fish stock.
fiskebolle *sb. (en, -r)* fish ball.
fiskebrug *se dambrug.*
fiskedam fish pond.
fiskefangst 1. fishing; **2.** *(udbytte)* catch.
fiskefars *(omtr.)* cream of fish.
fiskefartøj fishing vessel.
fiskefilet fillet of fish.
fiskeflåde *sb. (en, -r)* fishing fleet.
fiskefrikadelle fish cake.
fiskegarn fishing net.
fiskegrejer *sb.pl.* fishing tackle sg.
fiskehandler *sb. (en, -e)* fishmonger; *(am.)* fishdealer.
fiskeindustri fishing industry.
fiskekasse fish crate.
fiskekrog fish hook.
fiskekutter fishing cutter.
fiskekvote fishing quota.
fiskelim fish glue.
fiskemel fish meal.
fiskenet fishing net.
fiskeplads fishing ground.
fisker *sb. (en, -e)* **1.** fisherman; **2.** *(lystfisker)* angler.
fiskerby fishing village; *(større: fiskerihavn)* fishing port.
fiskerbåd fishing boat.
fiskeredskaber *sb.pl.* fishing tackle.
fiskerestaurant sea-food restaurant.
fiskeret 1. *(mad)* fish course; **2.** *(rettighed)* fishing rights pl.
fiskerfartøj fishing vessel.
fiskerflåde *sb. (en, -r)* fishing fleet.
fiskerhus, fiskerhytte fisherman's cottage.
fiskeri *sb. (et, -er)* fishing.
fiskerigrænse *sb. (en, -r)* fishing limit.
fiskerihavn fishing port.
fiskeriinspektion fishery (*el.* fisheries) inspection.
fiskeriinspektionsskib fisheries inspection (*el.* protection) vessel.
fiskeriinspektør inspector of fisheries.
fiskeriminister minister of fisheries (*el.* of fishing).
fiskeriministerium ministry of fisheries (*el.* of fishing).
fiskeriprodukter *sb.pl.* fish produce.
fiskerirettigheder *sb.pl.* fishing rights.
fiskerkone 1. fisherman's wife; **2.** *(kone som sælger fisk)* fishwife.
fiskerkutter fishing cutter.
fiskerleje *sb. (et, -r)* fishing village.
fiskeskipper fishing(-boat) skipper.
fiskeskæl fish scale.
fiskesnøre *sb. (en, -r)* fishing line.
fiskestang fishing rod.
fiskestime *sb. (en, -r)* shoal of fish.
fisketegn fishing licence.
fisketorv fish market.
fisketur fishing trip; *(større)* fishing expedition;
□ *tage på ~* go (out) fishing.
fiskeyngel fry.
fiskeørn *(zo.)* osprey.
fisse *sb. (en, -r) (vulg.)* cunt.
fission *sb. (en, -er) (fys.)* fission.
fiste *vb. (i fodbold)* fist, punch.
fistel *sb. (en, fistler)* fistula.
fistelstemme falsetto.
fistre *vb.: ~ af sted* dash off; *~ rundt a) (hurtigt)* dash about; *b) (travlt)* bustle about; *c) (forvirret)* faff about.
fix *sb. (et, -),* **fixe** *vb.* S fix.
fjant *sb. (et) = fjanteri.*
fjante *vb. (pjatte)* fool about; *(se også pjanke).*
fjanteri *sb. (et)* foolery.
fjantet *adj.* **1.** *(tåbelig)* silly; **2.** *(fnisende)* giggling; *(se også pjanket).*
fjantethed *sb. (en)* silliness.
fjas *sb. (et)* **1.** foolery; **2.** *(flirt)* flirting; **3.** *(kæleri)* hanky-panky.
fjase *vb.* **1.** fool about; **2.** *(flirte)* flirt.
fjed *sb. (et, -) (glds. el. spøg.)* step; □ *på lette ~* softly, on tiptoe.
fjeder *sb. (en, fjedre)* **1.** *(stål-)* spring; **2.** *(i bræt)* tongue.
fjederlås *(på armbånd)* snap.
fjederstål spring steel.
fjedervogn spring cart.
fjedervægt *(til vejning)* spring balance.
fjedre *vb.* be springy, be elastic; F be resilient.
fjedrende *adj.* springy, elastic; F resilient.
fjedret *adj.* feathered.
fjeld *sb. (et, -e)* **1.** mountain; *(mindre)* hill; **2.** *(om grunden)* rock.
fjeldhytte mountain hut.
fjeldkam mountain crest.
fjeldkløft ravine.
fjeldrype *(zo.)* ptarmigan.
fjeldskrænt (steep) slope; *(stejlere,* F*)* precipice; *(ved havet)* face of a cliff.
fjeldtinde (mountain) peak.
fjeldtop mountain top.
fjeldvandrer hillwalker, fellwalker.
fjeldvandring hillwalking, fellwalking.
fjende *sb. (en, -r)* enemy (*fx* he has many enemies; he is an enemy of progress); *(glds., poet.)* foe;
□ *-n (mil.)* the enemy (*fx* the enemy was (*el.* were) far away); *gå (el. løbe) over til -n* go over to the enemy; T rat; *skaffe sig -r, få -r* make enemies.
fjendebillede *(kan gengives)* concept of an (, the) enemy, enemy image.
fjendehånd: *falde for ~* die at the hands of the enemy; *falde i ~* fall into the hands of the enemy.
fjendeland enemy territory.
fjendsk *se fjendtlig 1.*
fjendskab *sb. (et, -er)* enmity (*over for* towards).
fjendtlig *adj.* **1.** *(fjendtligsindet)* hostile (*over for* to, towards); **2.** *(tilhørende fjenden, kun attr.)* enemy (*fx* enemy aeroplanes, an enemy ship);
□ *~ overtagelse (hdl.)* hostile takeover.
-fjendtlig anti- (*fx* anti-American, anti-German; anti-government demonstrations).
fjendtlighed *sb. (en, -er)* hostility;
□ *åbne (, indstille) -erne* open (, suspend) hostilities.
fjendtlig(t)sindet *adj. se fjendtlig 1.*
fjer *sb. (en, -)* **1.** *(på fugle)* feather; **2.** *(stor, fx til hattepynt)* plume;
□ *en ~ i hatten (fig.)* a feather in one's cap; *smykke sig med lånte ~* strut in borrowed plumes; *have en ~ på (ɔ: være fuld)* have had a drop too many; be tipsy; *komme ud af -ene* get out of bed.
fjerbeklædning plumage.
fjerbold shuttlecock.
fjerbusk 1. *(på hat etc.)* plume; **2.** *(på fugl)* crest.
fjerde *adj.* fourth (*fx* for the fourth time; on the fourth floor).
fjerdedel fourth, quarter;
□ *tre -e* three fourths, three quarters.
fjerdedelsnode *(mus.)* crochet; *(am.)* quarter note.
fjerdedelspause *(mus.)* crochet rest; *(am.)* quarter rest.
fjerdemand: *være ~* make up a fourth.
fjerdesidst *adj.* third last, last but three.
fjerdingår three months pl.; quarter.
fjerdyne *se dyne.*
fjerkost feather duster.
fjerkræ *sb. (et)* poultry.
fjerkræavl 1. poultry keeping; **2.** *(opdræt)* poultry breeding.
fjerkræsaks poultry shears pl.; *en ~* a pair of poultry shears.
fjerlet *adj.* feathery; *(præd. også)* as light as a feather.
fjern *adj. (se også fjernere, fjernest, fjernt)* **1.** *(i rum)* distant (*fx* a distant country); *(~ og afsides)* re-

mote (*fx* village); F faraway (*fx* country); far-off;
2. *(i tid)* distant; *(stærkere)* remote (*fx* the remote (, distant) past); F faraway (*fx* times);
3. *(fig. om person: reserveret)* remote (*fx* he was cool and remote); *(drømmende)* faraway (*fx* he had a faraway look in his eyes);
□ *fra ~ og nær* from far and near; *i det -e* in the distance;
[med sb.] i en ~ fortid (, fremtid) in the distant (, remote) past (, future); *en ~ mulighed a) (usandsynlig)* a remote possibility; T a slender chance; *b) (som ligger langt ude i fremtiden)* a distant possibility; *en ~ slægtning* a distant relative; *Det -e Østen* the Far East.

fjernbetjening *(også om apparat til ~)* remote control.

fjernbetjent *adj.* remote-controlled.

fjerne *vb.* **1.** remove (*fx* stains; remove him from his post); take away (*fx* take the child away from its mother); **2.** *(gøre fremmed)* estrange (*fx* estrange the children from their mother);
□ *~ **sig** a)* move away (*fx* the car (, the crowd) moved away); *b) (om person: gå sin vej)* go away; T take oneself off; *c) (trække sig tilbage)* withdraw; *fjern dig!* go away! get off with you!

fjernelse *sb. (en)* removal.

fjernere *adj. (jf. fjern)* more distant; remoter, more remote; farther, further.

fjerneren T the telly, the box.

fjernest *adj. (jf. fjern)* **1.** most distant; remotest; farthest, furthest;
2. *(om to,* F*)* more distant; remoter; farther, further (*fx* at the further end of the table);
□ *ikke det -e* not a bit, not at all (*fx* interested, tired; are you tired? not a bit); not in the least (*fx* I am not in the least interested in his story); *det betyder ikke det -e* it does not matter at all; *jeg har ikke det -e at indvende* I have not the slightest objection;
[med sb.] ikke den -e anelse not the remotest idea; *ikke den -e chance* not the slightest (*el.* not the ghost of a) chance; *ikke den -e forskel* not a shadow of difference; *jeg har ikke det -e ønske om at* I do not remotely want to.

fjernlager *(svarer til)* depot.

fjernseer (television) viewer.

fjernskriver teleprinter.

fjernstudium *(det at studere ved ~)* distance learning.

fjernstyre *vb.* steer by remote control.

fjernstyret *adj.* remote-controlled;
□ *~ bombe, ~ projektil* guided missile.

fjernstyring remote control.

fjernsyn **1.** television, TV; **2.** *(fjernsynsapparat)* television (set), TV;
□ *-et a)* television (*fx* he works in television); TV; *b) (om apparatet)* the television (*fx* he switched off the television); the TV; T the telly, the box; *de **har** ikke ~* they don't have a television; ***se** ~* watch television;
*[med præp.] se det **i** -et* see (*el.* watch) it on television; *(ud)sende i ~* televise; *filmen (ud)sendes i -et i aften* the film is (being shown) on television this evening; the film is being televised this evening; *komme (el. optræde) i ~* appear on television; *hvad kommer der i -et i aften?* what's on television (*el.* TV *el.* the telly) tonight? *gøre sig godt i -et* be telegenic.

fjernsynsantenne television aerial; *(am.)* television antenna.

fjernsynsapparat television (set).

fjernsynsfotograf television cameraman.

fjernsynshold television crew.

fjernsynskamera television camera.

fjernsynslicens **1.** television licence; **2.** *(beløb)* television licence fee.

fjernsynsmodtager television receiver.

fjernsynsnarkoman television addict, telly addict.

fjernsynsoptagelse television recording.

fjernsynsprogram television programme (, *(am.)* program).

fjernsynssender television transmitter.

fjernsynsserie **1.** *(række af enkeltudsendelser)* television series;
2. *(fortsat historie)* television serial.

fjernsynsskærm (television) screen.

fjernsynsstykke television play.

fjernsynstransmission television broadcast.

fjernsynsudsendelse television programme.

fjernt *adv.* **1.** far away, far off;
2. *(fig.)* distantly (*fx* distantly related);
□ *~ fra a)* far away from, a long way from, remote from (*fx* civilization); *b) (fig.)* remote from (*fx* real life).

fjerntliggende *adj.* **1.** *(fjern)* distant; F faraway (*fx* countries);
2. *(langt fra centrum, fra byen)* outlying (*fx* districts, farms, villages).

fjerntrafik long-distance traffic.

fjernundervisning distance teaching, distance education.

fjernvarme district heating.

fjernvarmeværk district heating station.

Fjernøsten the Far East.

fjernøstlig *adj.* Far-Eastern.

fjerpen quill (pen).

fjerpose *sb. (en, -r) (zo.)* quill.

fjerskifte *sb. (et, -r) (zo.)* moult.

fjersky *(meteor.)* cirrus (cloud).

fjert *sb. (en, -e),* **fjerte** *vb.* fart.

fjervægt, fjervægter *(i boksning)* featherweight.

fjog *sb. (et, -)* dolt, twit, jerk.

fjoget *adj.* foolish, dopey;
□ *et ~ udtryk (i ansigtet)* a foolish expression; a silly look.

fjolle *vb.* play the fool;
□ *~ om, ~ rundt* fool about.

fjollehoved *se fjols.*

fjolleri *sb. (et, -er)* tomfoolery; nonsense.

fjollet *adj.* **1.** *(dum)* silly; T daft;
2. *(pjattet)* giddy (*fx* girls); **3.** *(forbistret)* stupid (*fx* that stupid door won't lock);
□ *være ~ (også)* play the fool; *være helt ~ med* be potty about (*fx* cats).

fjollethed *sb. (en, -er) (jf. fjollet)* **1.** silliness; daftness; **2.** giddiness.

fjols *sb. (et, -er)* fool;
□ *dit ~* (you) fool, you dope; *(mildere)* silly (*fx* no, silly, that's wrong); *(stærkere)* stupid (*fx* you missed again, stupid!); *dit lille ~ (især til barn)* you little silly; *står der ~ på ryggen af mig?* do you see any green in my eye?

fjor *sb.: i ~* last year; *i ~ efterår* last autumn.

fjord *sb. (en, -e)* inlet; *(klippefjord)* fiord; *(skotsk)* firth.

fjorten *num.* fourteen;
□ *~ dage* a fortnight; *(am.)* fourteen days, two weeks.

fjortende *adj.* fourteenth (*fx* on the fourteenth floor);
□ *hver ~ dag* fortnightly; *(am. kun)* every two weeks.

fjortenårig, fjortenårs *adj. se -årig.*

fjottet *se fjollet.*

fjumre *vb.: ~ i det (kludre)* bungle, make a mess of things; *~ rundt a) (rodet)* faff about; *b) (klodset)* bumble about; *c) (nervøst)* fuss about.

fjumrehoved bungler.

fjæl *sb. (en, -e) (bræt)* board.

fjæle *vb.: ~ sig (glds. el. spøg.)*

hide.
fjært *se fjert.*
fjæs *sb. (et, -)* mug.
fjæsing *sb. (en, -er) (zo.)* (greater) weever.
f.Kr. *(fork.f. før Kristus)* BC (*fork.f.* before Christ) (*fx* in 300 BC).
flab *sb. (en, -e)* **1.** *(gab)* chaps, chops pl.; **2.** *(laban)* puppy, unlicked cub; **3.** *se kæft.*
flabet *adj.* **1.** *(fræk)* impertinent; T cheeky; **2.** *(som laver grin med alvorlige ting)* flippant.
flabethed *sb. (en, -er) (jf. flabet)* **1.** impertinence; cheek; **2.** flippancy;
□ *-er a) (jf. 1)* impertinence, cheek, impertinent (, cheeky) remarks; *b) (jf. 2)* flippancy, flippant remarks.
flad *adj.* **1.** flat;
2. *(slukøret)* crestfallen;
3. *(åndløs)* poor, feeble (*fx* joke); insipid (*fx* conversation);
4. *(T: uden penge)* (dead) broke, flat broke;
5. *(T: udmattet)* dead beat, flaked out;
6. *(om batteri)* dead, flat;
□ *gøre (, klemme, slå) ~* flatten; *ligge ~ af grin* T be rolling about; *sidde på sin -e* T sit on one's behind; *stikke ham et par -e* T clout him over the ears;
[med sb.] en ~ fornemmelse T a comedown; F a feeling of deflation; *den -e hånd (, klinge)* the flat of the hand (, sword); *-t land* flat (*el.* level) country; *~ tallerken* plate; *jeg ejer ikke fem -e ører* I am flat broke; *jeg giver ikke fem -e ører for det* T I don't give a damn for it.
fladbrystet *adj.* flat-chested.
fladbundet *adj.* **1.** flat-bottomed; **2.** *(overfladisk)* shallow; **3.** *(banal)* insipid.
flade[1] *sb. (en, -r)* **1.** *(vidtstrakt)* expanse; **2.** *(overflade)* surface; **3.** *(flad side)* flat (*fx* of the hand);
□ *plan ~* plane.
flade[2] *vb.* flatten;
□ *~ ud a)* flatten out; *b) (om kurve)* level off (*el.* out); flatten off (*el.* out) (*fx* the growth is beginning to flatten off).
fladebelysning floodlight.
fladebrand firestorm.
fladelyn sheet lightning.
flademål (unit of) area.
fladfisk *(zo.)* flatfish.
fladhed *sb. (en)* **1.** flatness; **2.** *(åndløshed)* insipidity.
fladlus *(zo.)* crab louse.
fladpandet *adj.* **1.** *(overfladisk)* shallow; **2.** *(dum)* imbecile.
fladtang flat-nose pliers pl.; *en ~* a pair of flat-nose pliers.
fladtrykt *adj.* flattened.
fladtrådt *adj. (fig.: fortærsket)* worn-out, corny (*fx* jokes).
flag *sb. (et, -)* **1.** flag; **2.** *(mil.: fane; skibs ~)* colours pl. (*fx* strike one's colours);
□ *gå ned med -et a) (bryde sammen)* crack up; *b) (gå fallit)* go under, go bust; *sejle under dansk ~* sail under the Danish flag; *sejle under (el. føre) falsk ~ (også fig.)* sail under false colours; *(se også hejse, stang, tone*[2]*, vise*[2]*).*
flagdiskrimination *(sø.)* flag discrimination.
flagdug *(slags tøj)* bunting.
flage[1] *sb. (en, -r)* **1.** flake; **2.** *(is-)* floe.
flage[2] *vb. (lade flag vaje)* fly a flag; fly flags;
□ *hvad -s der for?* what are the flags for? *~ på halv* fly flags at half-mast; *~ ud* reflag.
flageolet *sb. (en, -ter)* flageolet.
flageolettoner *sb.pl. (mus.)* harmonics, flageolet tones.
flagermus *sb. (en, -) (zo.)* bat.
flagermuslygte hurricane lantern.
flagermusærme batwing sleeve, dolman sleeve.
flagknob sheet bend.
flagning *sb. (en, -er)* the flying of flags.
flagrant[1] *adj.* flagrant.
flagrant[2] *adv.* flagrantly.
flagre *vb. (se også flagrende)*
1. *(flyve (, bevæge sig) rastløst etc.)* flutter (*fx* the bird fluttered about in the cage; a leaf fluttered to the ground; she fluttered about); *(hurtigt)* flit (*fx* butterflies (, bats) flitted about; she flitted about the room); *(langsommere)* flap (*fx* the pheasant flapped about);
2. *(vifte i vinden)* flutter (*fx* the flag (, his long robe) fluttered in the breeze); *(langsommere: slå)* flap (*fx* the sail (, his long robe) flapped in the breeze);
□ *~ med vingerne* flutter (, flap) its wings.
flagrende *adj. (om person)* flighty;
□ *~ gevandter (, lokker)* flowing robes (, locks); *med ~ slips* with his tie fluttering all over.
flagskib *(også fig.)* flagship.
flagsmykket *adj. (kun præd.)* decorated with flags.
flagsnor flag halyard.
flagspætte *sb. (en, -r) (zo.)* spotted woodpecker.
flagstang flagpole, flagstaff.
flak *sb. (et) (luftværnsild)* anti-aircraft fire; T flak.
flakke[1] *sb. (en, -r) (som tit skifter arbejdsplads)* drifter; *(am. også)* job-hopper.
flakke[2] *vb.* **1.** *(om flamme)* flicker; **2.** *(om blik)* wander; *et -nde blik* a shifty glance; *med -nde øjne* shifty-eyed;
[med adv.] ~ om drift around, wander about; T knock about; F roam, rove; *~ om i gaderne* wander (about) the streets.
flakon *sb. (en, -er)* **1.** *(lille flaske)* flacon; **2.** *(serviet)* doily.
flakse *vb.* flap.
flambere *vb.* **1.** *(om fjerkræ)* singe; **2.** *(om mad)* flambé.
flamberet *adj. (om mad)* flambéed.
flamingo[1] *sb. (en, -er) (zo.)* flamingo.
flamingo[2] *sb.* ® *(materiale)* expanded polystyrene.
flamlænder *sb. (en, -e)* Fleming.
flamme[1] *sb. (en, -r)* **1.** flame; **2.** *(i mønster)* wave; **3.** *(kærlighed)* flame (*fx* she is an old flame of mine);
□ *stå i -r* be in flames.
flamme[2] *vb.* flame; *(kraftigere)* blaze;
□ *en -nde ild* a blazing fire; *~ op* blaze up, flare up.
flammehav blaze, sea of flames.
flammekaster *(mil.)* flame-thrower.
flammeskrift *sb. (en)* fiery characters pl.
flammeskær *sb. (et, -)* fiery glow.
flamsk *sb. (et) & adj.* Flemish.
Flandern *(geogr.)* Flanders.
flane *sb. (en, -r)* gadabout.
flanere *vb. (let glds.)* lounge about, idle about.
flange *sb. (en, -r)* flange.
flanke *sb. (en, -r)* flank;
□ *falde fjenden i -n* attack the enemy's flank.
flankeret *adj.: ~ af* flanked by.
flannel *sb. (et) (stof)* flannel.
flanør *sb. (en, -er) (let glds.)* idler, flâneur.
flap *sb. (en, -per)* flap.
flappe *vb.: ~ med* flap.
flaske[1] *sb. (en, -r)* **1.** bottle; **2.** *(lomme-)* flask;
□ *give et barn ~ a)* give a baby the bottle; *b) (mods. amme)* bottle-feed a baby; *på -r* in bottles; *slå sig på -n* take to the bottle; *han har slået sig på -n* he is on the bottle; *(se også drikke (af), fylde (på), slå*[2] *(sig på)).*
flaske[2] *vb.: ~ op* bring up on the bottle; *blive -t op med (fig.)* be brought up on (*fx* Marxism); *~* ***sig*** work out; T pan out (*fx* wait and see how things will work (*el.* pan) out; things worked out well; I

don't think it will pan out); *sådan som det nu kan ~ sig* somehow.
flaskebakke *sb. (en, -r)* coaster.
flaskebarn bottle(-fed) baby.
flaskegas bottled gas.
flaskegrøn *adj.* bottle-green.
flaskehals *(også fig. om snæver passage)* bottleneck.
flaskepost bottle message.
flaskerenser *(børste)* bottlebrush.
flaskeskår *sb.pl.* broken bottles; □ *et ~* a piece (*el.* fragment) of a broken bottle.
flaskestativ bottle stand.
flaskeøl bottled beer.
flaskeåbner *sb. (en, -e)* bottle opener.
flatterende *adj.* **1.** *(klædelig)* becoming; **2.** *(forskønnende)* flattering (*fx* it makes a flattering background for her dress).
flegma *sb. (en)* indifference; F phlegm.
flegmatiker *sb. (en, -e)* phlegmatic person.
flegmatisk[1] *adj.* phlegmatic.
flegmatisk[2] *adv.* phlegmatically.
flekse *vb.: ~ arbejdstiden a) (om ansat)* work flexible hours; *b) (om arbejdsgiver)* introduce flexible working hours (*el.* flexitime).
fleksibel *adj.* flexible (*fx* attitude).
fleksibilitet *sb. (en)* flexibility.
fleksion *sb. (en, -er)* inflexion.
flekstid flexible working hours pl.; flexitime.
flektere *vb.* inflect.
flere *adj.* **1.** more (*end* than, *fx* he has more books than I; we need more chairs; one or more persons);
2. *(andre)* more, other (*fx* there are other books about this); *(i spørgende & nægtende udtryk)* any more (*fx* are there any more books about this? I haven't got any more books about it); *(uden sb.)* others; *(spørgende & nægtende)* any others;
3. *(adskillige)* several (*fx* he tried several times); *(ɔ: ~ mennesker)* several people (*fx* several people saw it);
4. *(forskellige)* various (*fx* for various reasons);
□ *hvem ~?* who else? *jeg har ikke ~ cigaretter (også)* I'm out of cigarettes; *med ~* and others; *(se også hundrede).*
fleretages *adj.* of several storeys (*fx* a building of several storeys); *(attr.)* multistorey.
flerfarvetryk **1.** multi-colour print; **2.** *(det at)* multi-colour printing.
flerguderi *sb. (et)* polytheism.
flerhed *sb. (en, -er)* plurality.
flerkoneri *sb. (et)* polygamy.
flerparti- multiparty (*fx* state, system);
□ *~ regering* coalition government.
flersidig *adj.* **1.** *(som kan flere ting: om person)* versatile; *(om virksomhed)* diversified; **2.** *(om aftale)* multilateral; **3.** *(i geometri)* polygonal.
flersproget *adj.* multilingual.
flerstavelses- polysyllabic.
flerstavelsesord polysyllable.
flerstemmig *adj.: ~ sang a) (det at synge -t)* part-singing; *b) (komposition for flere stemmer)* part-song.
flertal **1.** *(de fleste)* majority;
2. *(gram.)* the plural (number);
□ *få (, have) ~* get (, have) a majority; *samle (el. skabe) (et) ~* obtain a majority; *det overvejende (el. store) ~* the great majority; *et stort ~* a large majority; *(se også absolut*[2]*, simpel);*
[med præp.] der er ~ ***for (, imod)*** there is a majority in favour of (, against) (*fx* the proposal; selling the ship); ***i*** *~ (gram.)* in the plural; *hvad hedder "ko" i ~?* what is the plural of "ko"? what is "ko" in the plural? *de er i ~* they are in the majority; *vinde* ***med*** *et ~ på 20* win by a majority of 20.
flertalsafgørelse majority vote.
flertalsendelse *(gram.)* plural ending.
flertalsform *(gram.)* plural form.
flertrinsraket multistage rocket.
flertydig *adj.* ambiguous.
flertydighed *sb. (en)* ambiguity.
flerumættet *adj.* polyunsaturated;
□ *flerumættede fedtsyrer* polyunsaturates.
flerårig *adj.* **1.** mutiannual (*fx* programmes); *(kun efter sb.)* lasting several years; **2.** *(bot.)* perennial.
flest *adj.* most;
□ *som folk er ~ se folk;*
de *-e a)* most; F the majority of (*fx* in most (*el.* the majority of) cases; most (*el.* the majority) of them returned); *b) (de fleste mennesker)* most people; the majority of people; *de er de -e, de er ~* they are in the majority; *de ~ mulige se mulig.*
fletbrød plait loaf, braided loaf.
fletning *sb. (en, -er)* **1.** *(det flettede, fx hår)* plait; *(am. især)* braid;
2. *(det at flette)* plaiting; braiding.
fletsko *sb.pl.* braided leather shoes.
flette *vb.* **1.** *(på langs; lave en fletning af)* plait (*fx* one's hair; straw); *(am. især)* braid;
2. *(på kryds; ~ ind i hinanden)* weave (*fx* a mat; weave branches together to make a roof);
3. *(om trafik)* merge;
□ *~ fingre (svarer til)* hold hands; *~ en krans (, en kurv)* make a wreath (, a basket); *~ ind se indflette; ~ ind i* weave into.
fletværk **1.** *(af vidjer)* wickerwork;
2. *(gærde)* wattle;
□ *et ~ af grene* interlacing branches pl.
fleuret *sb. (en, -ter)* foil.
flid *sb. (en)* **1.** *(energisk arbejde)* hard work (*fx* he passed the exam by sheer hard work); F *(+ omhu)* diligence; *(om åndsarbejde: + udholdenhed)* application (*fx* success as a writer demands great application);
2. *(arbejdsomhed)* industry (*fx* on the whole, the examination results corresponded to the intelligence and industry of the students; she was praised for her industry);
□ *med ~ a)* industriously (*fx* work industriously); *b) (let glds.: med overlæg)* deliberately (*fx* she tried deliberately to insult me); *gøre sig megen ~ med noget (let glds.)* take great pains over sth.
flidspræmie prize for diligence.
flig *sb. (en, -e)* **1.** corner (*fx* of a table cloth; lift a corner of the veil); *(af skjorte)* shirt tail;
2. *(af blad)* lobe;
3. *(klap)* flap (*fx* of a tent);
4. *(på anker)* fluke.
flik *sb. (en, -ker)* **1.** *(lap)* patch; **2.** *(på skohæl)* lift.
flikflak *sb. (et, -) (gymn)* backward handspring, flip-flop.
flikke *vb.* **1.** patch; **2.** *(sko)* cobble;
□ *~ sammen a) (sætte el. sy sammen)* piece together; *b) (reparere)* patch up (*fx* an old motorcycle); *c) (smække sammen)* knock together (*fx* a shelter); *d) (fig.)* cobble together (*fx* an agreement, an answer, a compromise).
flimmer *sb. (et)* **1.** flicker; **2.** *(fig.)* uncertainty.
flimmerkassen (S*: tv)* the (goggle) box.
flimre *vb.* **1.** *(om lys, billede)* flicker; **2.** *(om varm luft)* shimmer;
□ *-nde skygger* flickering shadows; *det -r for øjnene (af mig)* everything is swimming before my eyes.
flimren *sb. (en) (jf. flimre)* **1.** flicker; **2.** shimmer.
flink *adj.* **1.** *(rar)* nice (*mod* to);
2. *(dygtig)* good (*fx* pupil); *være ~ i skolen* do well at school; *~ til*

(el. i) historie good at history.
flint *sb. (en)* flint;
□ *flyve i ~* fly off the handle, fly into a rage.
flint(e)bøsse *(glds.)* flintlock.
flint(e)sten flint (stone).
flintre *vb.: ~ af sted* belt along, tear along; *~ rundt (ɔ: løbe)* scurry around.
flintrende *adv.: ~ gal i hovedet* furious; T hopping mad; *det er mig ~ ligegyldigt* I don't give a damn.
flip[1] *sb. (en, -per)* collar;
□ *skjorte med fast ~* shirt with collar attached; *han var helt ude af -pen* he was all in a fluster.
flip[2] *sb. (et, -)* S **1.** *(fiasko)* flop; **2.** *(skør ide)* fad.
flippe *vb.: ~ ud* S *a)* flip (out), freak out; *b) (have fiasko)* flop; *c) (løbe ud i sandet)* fizzle out.
flipper *sb. (en, -e)* freak.
flippermaskine pinball machine.
flipstiver collar stiffener.
flirt *sb. (en)* **1.** *(handling)* flirtation; **2.** *(person)* flirt.
flirte *vb.* flirt.
flis *sb. (en, -er)* chip; *(større)* splinter.
flise *sb. (en, -r)* **1.** *(stor, til fortov, havegang etc.)* flag, flagstone; **2.** *(mindre, på gulv, væg etc.)* tile;
□ *belægge (el. dække) med -r a)* cover with flags (*el.* flagstones); flag; *b)* tile.
flisebelagt *adj. (jf. flise)* **1.** flagged; **2.** tiled.
flisebord tile-top table.
flisegulv tile floor.
flisevæg tiled wall.
flitsbue *sb. (en, -r)* bow.
flitterstads tinsel.
flittig *adj.* **1.** *(energisk)* hard-working; *(*F*: og omhyggelig)* diligent; *(til studier også)* studious;
2. *(arbejdsom, altid beskæftiget)* industrious;
3. *(travl)* busy (*fx* the busy bee; busy hands; his busy pen);
4. *(hyppig)* frequent (*fx* make frequent use of sth; a frequent visitor);
□ *besøge en -t* visit sby frequently; *studere -t* study hard; *være ~ (jf. 1, også)* work hard.
flittiglise *sb. (en, -r) (bot.)* busy Lizzie.
flod[1] *sb. (en, -er) (vandløb)* river;
□ *-en Avon* the river Avon; *ned ad -en* down the river, downstream; *op ad -en* up the river, upstream.
flod[2] *sb. (en)* **1.** *(stigende vandstand)* flood tide; **2.** *(højvande)* high tide, high water (*fx* the difference in sea level between high water and low water).
flodbred *sb. (en, -der)* river bank;
□ *-den (ɔ: området langs floden)* the riverside (*fx* we spent a day by the riverside).
flodbølge *sb. (en, -r)* tidal wave.
floddamper river steamer.
flodgud river god.
flodhest *(zo.)* hippopotamus; T hippo.
flodleje *sb. (et, -r)* river bed.
flodmunding mouth of a river; *(bred, med tidevand)* estuary.
flodseng river bed.
flodskipper skipper of a river craft.
flodtid rising tide.
flodtrafik river-borne traffic.
flok *sb. (en, -ke)* **1.** *(kvæg, elefanter etc.)* herd;
2. *(får, geder)* flock;
3. *(hunde, ulve)* pack;
4. *(aber)* band, group; *(i bevægelse)* troop;
5. *(fugle)* flight, flock;
6. *(hvaler etc.)* school;
7. *(mennesker)* crowd; *(i bevægelse, mindre)* troop (*fx* of schoolchildren); *(samling, ofte neds.)* bunch (*fx* of amateurs, of idiots; they were acting like a bunch of spoiled children);
□ *i samlet ~, i ~ og følge* in a body; *løfte i ~ (fig.)* join hands; pull together.
flokdyr *sb.pl.* gregarious animals.
flokinstinkt herd instinct.
flokke *vb.: ~ sig se flokkes.*
flokkes *vb.* **1.** flock (*om* round, *fx* the children flocked round him);
2. *(trænges i stor mængde)* crowd (*om* round); F throng (*om* round);
3. *(samles til støtte)* rally (*om* round); *~ om hans fane* rally round his standard.
flokkevis *adv.* in flocks.
floks *sb. (en, -) (bot.)* phlox.
flom *sb. (en, -me) (ord-)* torrent (*fx* of words, of abuse); *(pludselig)* spate (*fx* of words);
□ *en ~ af eder* a string of oaths.
flomme *sb. (en, -r) (fedt)* leaf fat.
flommefed *adj.* gross, obese.
flommefedt *sb. se flomme.*
flonel *sb. (et, -ler) (bomulds-)* flannelette.
flonellograf *sb. (en, -er)* flannel board.
flop *sb. (et, -),* **floppe** *vb.* T flop.
flor[1] *sb. (et, -)* **1.** *(gaze)* gauze; **2.** *(sørgeflor)* crape.
flor[2] *sb. (et) (blomstring)* bloom; *(om træer, buske)* blossom;
□ *et ~ af blomster* a profusion of flowers; *stå i fuldt ~ a)* be in full bloom (, blossom); *b) (fig.)* flourish.
flora *sb. (en, -er)* **1.** *(planteverden)* flora; **2.** *(bog)* handbook of flowers.
Florens *(geogr.)* Firenze; Florence.
florentiner *sb. (en, -e),* **florentinsk** *adj.* Florentine.
florere *vb.* **1.** *(være udbredt)* be rampant (*fx* crime was rampant in the towns); **2.** *(trives)* flourish.
florlet *adj.* gauzy.
flormel white flour.
flormelis icing sugar.
floromvunden, floromvundet *adj. (pl. floromvundne)* **1.** *(højtidelig)* solemn; **2.** *(dyster)* funereal (*fx* a funereal expression on his face); **3.** *(uklar)* woolly (*fx* message).
florsukker icing sugar.
florvingede *sb.pl. (zo.)* neuroptera.
floskel *sb. (en, floskler)* empty phrase, platitude, cliché; *(især trøstende, bortforklarende)* bromide;
□ *floskler (også)* cant.
floskelmager *sb. (en, -e)* windbag.
flosse *vb.* fray (*fx* the cloth frays).
flosset *adj.* frayed;
□ *~ i kanten a)* frayed at the edge; *b) (fig., om person)* somewhat shady; *blive ~ i kanten (fig. også)* fray (*fx* the good relations between them are fraying).
flot[1] *adj. (se også flot*[3]*)* **1.** *(rundhåndet)* generous, liberal (*med* with); *(ødsel)* extravagant, lavish (*med* with);
2. *(smart, elegant)* smart (*fx* clothes);
3. *(om ting)* fancy, fine (*fx* car); T posh (*fx* car); *(imponerende)* spectacular (*fx* display of fireworks, show, victory);
4. *(lovlig rask på det)* offhand (*fx* remark);
□ *være ~ med drikkepenge* tip lavishly;
[med sb.] en ~ fyr a fine chap; a good looker; *en ~ gestus* a splendid gesture; *en ~ mand* a fine figure of a man; *en ~ pige* a smashing girl; *-te vaner* expensive habits.
flot[2] *adj. (sø.: klar af grunden)* afloat;
□ *bringe et skib ~* get a ship afloat (*el.* off the ground); refloat a ship; *holde sig ~* keep afloat; *komme ~* get afloat.
flot[3] *adv. (jf. flot*[1]*)* **1.** generously, liberally; extravagantly (*fx* live extravagantly); lavishly;
2. *(smart)* smartly (*fx* smartly dressed);
3. *(imponerende)* spectacularly (*fx* illuminated);
4. *(henkastet)* off-handedly;
□ *klare sig ~* do splendidly.

flothed *sb. (en, -er) (jf. flot[1])* **1.** generousness; extravagance, lavishness; **2.** smartness; **3.** *(jf. flot 4)* nonchalance;
□ *-er* highfaluting nonsense.
flotille *sb. (en, -r)* flotilla.
flotte *vb.: ~ sig a)* splash out (*fx* she splashed out and bought a fur coat); *b) (generelt)* do things in style (*fx* she likes to do things in style); *~ sig med at købe et slips* treat oneself to a tie; splash out on a tie; *~ sig med dyre vine (også)* lash out on expensive wines.
flov *adj.* **1.** *(forlegen)* embarrassed (*over* at); *(især når man har dummet sig)* sheepish;
2. *(skamfuld, kun præd.)* ashamed (*over* of; *over at, ved at* to, *fx* she felt ashamed of her husband; she was ashamed to admit it);
3. *(pinlig)* embarrassing, awkward (*fx* situation; don't shout, it's so embarrassing);
4. *(hdl.)* slack;
5. *(om smag)* flat, insipid;
6. *(om vind)* light;
□ *gøre ~* embarrass; *det var en ~ historie* it made me (, you, him etc.) look pretty silly.
flove *vb.: ~ af (sø.: om vind)* slacken, drop.
flovhed *sb. (en) (jf. flov)* **1.** embarrassment; sheepishness; **2.** shame; **3.** awkwardness; **4.** slackness; **5.** flatness.
flovse *sb. (en, -r)* **1.** *(vits)* stale joke; **2.** *(frase)* platitude.
flue *sb. (en, -r) (zo.& til fiskeri)* fly;
□ *slå to -r med et smæk* kill two birds with one stone; *de døde som -r* they died like flies; *sætte én -r i hovedet* put ideas into sby's head; *jeg ville gerne være en ~ på væggen* I would like to be a fly on the wall.
flueben **1.** fly's leg; **2.** *(om skrift)* spidery writing.
fluefanger flytrap.
fluefiskeri fly-fishing.
fluemenneske *(arbejder der går til vejrs på skorstene etc.)* steeplejack.
fluepapir flypaper.
flueplettet *adj.* flyspotted, flyspecked.
flueskab meatsafe.
fluesmækker *sb. (en, -e)* flyswatter.
fluesnapper *sb. (en, -e) (zo.)* flycatcher.
fluesnavs flyspots, flyspecks pl.
fluesvamp *sb. (en, -e) (bot.)* amanita;
□ *rød ~* fly agaric.
fluesværm swarm of flies.
fluevægt *sb. (en),* **fluevægter** *sb. (en, -e) (sport)* flyweight.
flugt *sb. (en)* **1.** *(det at undslippe)* escape (*fx* the escape of the robbers; escape was impossible);
T getaway;
2. *(det at løbe væk, fra fjende, fra fare)* flight (*fx* the flight of the rebels; their flight from the bombardment);
3. *(om stor skare: bortvandring)* exodus (*fx* the exodus from the cities); flight (*fx* the flight from the land);
4. *(det at flyve)* flight (*fx* the flight of birds); *(tankens høje ~)* soaring;
□ *gribe (el. tage) -en* run away;
F take flight;
[med præp.] gribe en bold ***i -en*** catch a ball in the air; *skyde en fugl i -en* shoot a bird on the wing; ***i ~ med*** *a)* level with (*fx* the pictures hang level with each other); *b) (om flade)* flush with (*fx* the windows are flush with the wall); *c) (på linie med)* in line with; *der var ~* ***over*** *feltet* T it went with a swing; ***på*** *~ a) (ved at flygte)* running away, escaping; *b) (på ~ fra sted til sted)* on the run (*fx* he has been on the run for a month); *slå på ~* F put to flight; *(fuldstændigt)* (put to) rout; *(se også vild).*
flugtbil *(bankrøveres etc.)* getaway car.
flugtbilist hit-and-run driver.
flugte *vb.* **1.** *(være i lige linie)* be in line (*med* with); *(være i samme højde)* be level (*med* with); *(om flade)* be flush (*med* with); **2.** *(i boldspil)* volley.
flugter *sb. (en, -e)* volley.
flugtforsøg attempted escape; escape attempt.
flugtsikker *adj.* escape-proof;
□ *et -t fængsel (også)* a high- (*el.* top-) security prison.
flugtskydning *(efter lerduer)* clay pigeon shooting.
flugtstol deck chair.
flugtvej escape route.
fluidum *sb. (et, fluida)* fluid.
fluks *adv. (straks) (glds. el. spøg.)* straightway.
fluktuation *sb. (en, -er)* fluctuation.
fluktuere *vb.* fluctuate.
flunkende *adv.: ~ ny* brand-new.
flunse *vb.* tear (to pieces).
fluor *sb. (et) (grundstof)* fluorine; *(forbindelse som tilsættes vand el. tandpasta)* fluoride;
□ *tilsætte (vand) ~* fluorinate (water); fluoridate (water).
fluorescere *vb.* fluoresce.
fluorescerende *adj.* fluorescent.
flusmiddel flux.
flute *sb. (en, -s)* French stick, baguette.
fly[1] *sb. (et, -) se flyvemaskine.*
fly[2] *vb. (glds.)* **1.** *(flygte)* flee;
2. *(flygte fra)* flee from; **3.** *(sky)* shun.
fly[3] *vb. (glds. el. spøg.: række)* hand, give.
flybase air base.
flybillet air ticket;
□ *priserne for -ter* the airfares.
flybortførelse (plane) hijacking; *(enkelt også)* hijack.
flybortfører *sb. (en, -e)* (plane) hijacker; air pirate.
flyde *vb. (flød, flydt) (se også flydende)* **1.** *(om væske)* flow (*fx* blood flowed from the wound; tears flowed from his eyes); run;
2. *(~ ovenpå)* float (*fx* on the water; in the stream; down the river);
3. *(om valuta)* float;
4. *(være rodet)* be in a mess (*fx* the room was in a mess);
5. *(udskille væske)* discharge (*fx* his ear started discharging);
□ *der vil ~ blod* there will be bloodshed; *lade pundet ~* float the pound; ***ligge og*** *~ a) (uordentligt)* lie about, be lying about (*fx* don't leave your books lying about); *b) (om person)* be lolling; *(med strittende arme og ben)* be sprawling (*fx* on the sofa);
[med præp. & adv.] ~ ***af*** be flowing (*el.* running) with (*fx* the floor was flowing with water); *bordet flød* ***med*** *bøger* the table was littered with books; *~* ***ovenpå*** *se ovenpå*; *~* ***over*** run over, overflow; *~* ***sammen*** *a) (forenes)* merge, meet; *b) (blive udvisket)* be blurred; *~* ***ud*** *(blive udvisket)* blur, be blurred.
flydedok floating dock.
flydekran floating crane.
flydende[1] *adj.* **1.** *(mods. fast)* liquid (*fx* the ice cream melted and became liquid; liquid oxygen); fluid (*fx* wax);
2. *(rindende)* flowing;
3. *(på vandet)* floating (*fx* wreck);
4. *(om tale)* fluent (*fx* speak fluent English; say it in fluent English);
5. *(ubestemt)* vague, fluid (*fx* limits; the situation is still fluid);
□ *~ brændsel* liquid fuel; *~ decimal* floating decimal point; *~ kost* a liquid diet; *i ~ tilstand* in a liquid state.
flydende[2] *adv. (jf. flydende[1] 4)* fluently (*fx* she speaks the language fluently).

flyder *sb. (en, -e)* **1.** *(tekn. & til fiskeri)* float; **2.** *(ponton)* pontoon.
flydespærring floating barrage.
flyforbindelse *se flyveforbindelse.*
flygel *sb. (et, flygler)* grand (piano).
flygidsel hostage held by a hijacker.
flygte *vb. (se også flygtende)*
1. *(løbe væk)* run away (*fx* from home; when he saw me he ran away; he tried to run away from his responsibility); *(især pludseligt, i frygt,* F*)* flee (*fx* they fled in panic); take flight;
2. *(slippe væk)* get away (*fx* the thieves got away before the police arrived); escape (*fx* from prison);
□ ~ *for fjenden* run away before the enemy; ~ *fra* run away from; F flee (from) (*fx* they fled the danger (, the heat); we fled from the hotel); *hvor kan vi ~ hen?* where can we go? *de -de ud af landet* they fled the country.
flygtende *adj.* fleeing (*fx* the fleeing troops);
□ *de* ~ the fugitives.
flygtig *adj. (se også flygtigt)*
1. *(overfladisk)* superficial (*fx* knowledge, likeness); *(neds.)* cursory (*fx* consideration, glance, inspection); *(+ uinteresseret)* casual (*fx* acquaintance, glance, greeting, nod);
2. *(kort, forbigående)* passing (*fx* glance, interest, whim); F transient (*fx* happiness, joy, relationship, success); *(som hurtigt svinder, også)* evanescent (*fx* desire, fame); *(hastig)* quick (*fx* glimpse); F fleeting (*fx* glimpse, impression, joys, moment);
3. *(om person,* F*)* fickle, inconstant;
4. *(kem.: som let fordamper)* volatile (*fx* oils);
□ *en ~ gennemlæsning* a cursory reading; *en ~ skitse* a rough sketch.
flygtighed *sb. (en) (jf. flygtig)* **1.** superficiality; **2.** transience; evanescence; quickness; **3.** fickleness, inconstancy; **4.** volatility.
flygtigt *adv. (jf. flygtig 1)* superficially; cursorily; casually;
□ *læse ~ igennem* skim through; *se ~ på* glance (cursorily) at.
flygtning *sb. (en, -e)* **1.** *(som er flygtet fra forfølgelse, krig, naturkatastrofe etc.)* refugee;
2. *(som er på flugt fra politiet etc.)* fugitive (*fx* he lived as a fugitive in Paraguay); *(bortløben)* runaway;
3. *(politisk)* exile.
flygtningelejr refugee camp.
flygtningepolitik refugee policy.
flyindustri aviation industry.
flykaprer *sb. (en, -e)* (plane) hijacker, air pirate.
flykapring *sb. (en, -er)* (plane (*el.* air *el.* aircraft)) hijacking; *(enkelt også)* hijack.
flykatastrofe air disaster.
flykending plane spotting.
flynder *sb. (en, -e)* **1.** *(fladfisk)* flatfish; *(skrubbe)* flounder; **2.** *(dum person)* fool, oaf; **3.** *(sø.: til en log)* log-chip.
flypassager airline passenger.
flypirat *se flykaprer.*
flysammenstød mid-air collision.
flyselskab airline (company).
flystyrke *sb.* air force.
flystyrt plane crash, air crash.
flytbar *adj.* movable, portable;
□ *-e hylder* adjustable shelves.
flytning *sb. (en, -er)* **1.** *(det at flytte møbler etc.)* moving; *(mere* F*)* removal (*fx* of furniture); relocation (*fx* the relocation of our headquarters from New York to London);
2. *(enkelt ~)* move (*fx* to a new house (, job); the move took five hours; it was broken during our last move); *(mere* F*)* removal; *(til ny adresse også)* change of address; *anmelde ~* notify change of address.
flytte *vb.* **1.** move (*fx* the table downstairs; his car; a chessman); *(ikke langt, også)* shift (*fx* the table away from the window; the weight to the other shoulder; the lesson to another day; they had to shift tons of rubble);
2. *(fjerne)* take away (*fx* take your hand away); remove (*fx* a child from a class; a statue from the park);
3. *(overflytte)* transfer (*fx* capital); relocate (*fx* relocate (*el.* transfer) the office to another town);
4. *(skifte bolig)* move (house) (*fx* they are moving (house) tomorrow); F remove (*fx* he (, the office) has removed to Copenhagen);
□ ~ ***sig*** *a)* move (*fx* the hands of the clock didn't move); *b) (gå af vejen)* move (*el.* get) out of the way; *c) (om bil: køre hurtigt,* T*)* move, shift, travel (*fx* that car can really move (*el.* shift *el.* travel)!); *d) (give plads)* move over; ~ ***dig lidt!*** move over!
[med præp. & adv.] ~ ***fra*** leave; ~ *fra hinanden* separate; T split up; ~ ***ind*** move in; ~ ***ind hos*** move in with; ~ ***op*** *(i skole)* move up; ~ ***om på*** *noget,* ~ ***rundt på*** *noget* move sth about; shift sth round (*fx* shift the furniture round); ~ ***sammen*** take a flat (, house) together; share a flat (, house); move in together; T shack up; *de er -t sammen igen* they have got together again; ~ ***sammen med*** *en (ɔ: om parforhold)* move in with sby; T shack up with sby; ~ ***ud*** move out (*af* of).
flytteanmeldelse removal notice, notice of removal; notice of change of address; *(am.)* change of address order.
flyttebil, flyttebus *se flyttevogn.*
flyttefolk *sb.pl.* (furniture) removers; T removal men.
flytteforretning (firm of) furniture removers.
flyttekasse packing case.
flyttelig *adj. se flytbar.*
flyttelæs vanful of furniture.
flyttemand furniture remover; T removal man.
flytteomnibus *se flyttevogn.*
flytteudgifter *sb.pl.* moving costs; F removal expenses.
flyttevogn furniture van, removal van; F pantechnicon (van).
flyve *vb. (fløj, fløjet) (se også flyvende)* **1.** fly; **2.** *(fare, styrte)* rush, dash (*fx* out of the door);
□ ~ *og fare* rush (etc.) around; *lade den fugl ~ se fugl;*
[med adv. & præp.] ~ ***af sted*** *(fig.)* go like the wind; ~ ***løs på*** *en* fly at sby, rush at sby; T pitch (*el.* pile) into sby; ~ *en* ***om*** *halsen se hals; døren fløj* ***op*** the door flew open; *han fløj op* he jumped up, he jumped to his feet.
flyveaske fly ash.
flyvebase air base.
flyvebillet air ticket.
flyveblad **1.** *(forsatsblad)* flyleaf; **2.** *(seddel med meddelelser)* leaflet, flyer (*fx* the aeroplane dropped leaflets (*el.* flyers)); *(reklame også)* flysheet.
flyvebåd **1.** *(bæreplansbåd)* hydrofoil boat; **2.** *(vandflyver)* flying boat, sea plane.
flyvedygtig *adj.* **1.** *(om fly)* airworthy; **2.** *(om fugleunge)* fledged.
flyvefisk *(zo.)* flying fish.
flyveforbindelse air service; airline connection.
flyveforbud *se startforbud.*
flyveforbudszone no-fly zone.
flyvefærdig *adj. (om fugleunge)* fledged.
flyvegigt wandering rheumatism.
flyvegrille (passing) whim.
flyvehastighed air speed.
flyvehavre *(bot.)* wild oat.
flyvehud *(zo.)* wing membrane.
flyvehund *(zo.)* fruit bat.
flyvehøjde flying altitude.

flyveild spreading fire.
flyveinstruktør flying instructor.
flyvekuffert flight case; *(mindre)* flight bag.
flyvekøkken air meals company.
flyveledelse air traffic control.
flyveleder air traffic controller.
flyvemaskine aeroplane; T plane; *(mere teknisk)* aircraft (pl. -); *(am.)* airplane;
□ *rejse med ~ se rejse*[2].
flyvemaskinemotor = *flyvemotor.*
flyvemaskinist flight engineer.
flyvemedicin aviation medicine.
flyvemekaniker aircraft mechanic.
flyvemotor aircraft engine; aero engine.
flyvende *adj.* flying;
□ *i ~ fart* at top speed; F post haste; *~ hund (zo.)* flying fox; *~ korps* flying squad; *~ sommer* flying gossamer; *en ~ start (også fig.)* a flying start; *få en ~ start (fig.)* get off to a flying start; *~ tallerken* flying saucer; *~ tæppe* magic carpet.
flyveopvisning air show; air (*el.* aerial) display.
flyveplads *(især mindre)* airfield; *(lufthavn)* airport.
flyver *sb. (en, -e)* **1.** *(om person)* airman, flier, flyer; *(pilot også)* pilot; **2.** *(om fugl)* flier, flyer (*fx* the swallow is a swift flyer); **3.** *(maskine) se flyvemaskine*;
□ *kvindelig ~ a)* woman pilot; *b) (mil.)* member of the women's air force.
flyverangreb air raid.
flyverbeskyttelse air cover; *(omfattende)* air umbrella, air canopy.
flyvercertifikat pilot's certificate.
flyverdragt **1.** flying suit; **2.** *(til børn, svarer til)* snowsuit.
flyverhjelm airman's helmet.
flyverkommando *(mil.)* air command.
flyverløjtnant **1.** *(premierløjtnant)* flying officer; *(am.)* first lieutenant; **2.** *(sekondløjtnant)* pilot officer; *(am.)* second lieutenant.
flyverpræst air-force chaplain.
flyverute **1.** airway, air route;
2. *(fast forbindelse)* regular air service.
flyvervarsling air-raid warning.
flyvesand shifting sand.
flyvesikkerhed air safety.
flyveskrift *sb. (et, -er)* pamphlet.
flyvesport aviation.
flyvestævne *se flyveopvisning.*
flyvetanke stray thought.
flyvetid flight time.
flyvetur flight.
flyveulykke air crash.
flyvevåben *(mil.)* air force.
flyveører *sb.pl.* flappy ears.
flyvning *sb. (en, -er)* **1.** *(tur)* flight; **2.** *(mil.)* mission, sortie; **3.** *(virksomheden)* flying, aviation.
flyvsk[1] *adj.* **1.** *(om person)* flighty; *(især om kvinde)* volatile; **2.** *(om ideer etc.)* fanciful.
flyvsk[2] *adv. (jf. flyvsk*[1]*)* **1.** flightily; **2.** fancifully.
flæbe *vb.* blubber; *(snøftende)* snivel;
□ *-nde (ɔ: sentimental af fuldskab)* maudlin.
flæberi *sb. (et) (jf. flæbe)* blubbering; snivelling.
flæk *sb. (en): hun rørte sig ikke ud af -ken* she did not budge.
flække[1] *sb. (en, -r) (købstad)* small town.
flække[2] *vb.* split;
□ *vi var ved at ~ af grin* we nearly split our sides laughing.
flæng *sb.: i ~* indiscriminately; at random.
flænge[1] *sb. (en, -r)* **1.** *(i papir, tøj etc.)* tear; *(voldsommere)* rip;
2. *(i huden)* gash; F laceration;
3. *(langt snit)* slash.
flænge[2] *vb. (jf. flænge*[1]*)* **1.** tear, rip (*fx* I tore (, ripped) my dress on the wire; ripped sails);
2. *(om hud)* gash (*fx* he gashed his arm on a pointed rock); tear (*fx* the fox was torn to pieces); F lacerate (*fx* the barbed wire had lacerated his arm);
3. *(om langt snit)* slash (*fx* his face (, the painting) had been slashed with a razor);
□ *et skrig -de luften* a scream split the air.
flænse *vb.* **1.** *(hval)* flense;
2. *(flænge)* tear; *(med kniv etc.)* slash (*fx* slash his face with a piece of broken glass);
□ *~ i* tear at; *(med kniv)* slash.
flænsning *sb. (en, -er) (jf. flænse)* **1.** flensing; **2.** tearing; slashing.
flæse *sb. (en, -r)* flounce.
flæsk *sb. (et)* **1.** pork; **2.** *(bacon)* bacon;
□ *gå i -et på* T go for, pitch into; *sidde på -et* be top dog.
flæskefars *(omtr.)* minced pork.
flæskeside side of bacon, flitch.
flæskesteg **1.** *(som er stegt)* roast pork; **2.** *(stykke flæsk til at stege, kan gengives)* a piece of pork.
flæskesvær *sb. (en)* bacon rind, pork rind; *(sprød)* crackling.
flæsket *adj.* fat, flabby.
flæskeæggekage bacon omelet.
flød *præt. af flyde.*
fløde *sb. (en)* cream;
□ *sætte ~* cream.
flødebolle **1.** *(kage)* cream puff;
2. *(slik, omtr.)* snowball; chocolate marshmallow;
3. *(person: slikket)* sleek chap; *(slesk)* smarmy type.
flødechokolade milk chocolate.
flødefarvet *adj.* cream-coloured.
flødeis ice cream.
flødekande cream jug.
flødekaramel (cream) caramel; *(blød)* toffee.
flødeost cream cheese.
flødeskum whipped cream.
flødeskumskage cream cake.
flødeskæg *(grønskolling)* greenhorn.
fløj[1] *sb. (en, -e)* **1.** *(af bygning, hær, parti)* wing; **2.** *(af dør, skærm etc.)* leaf; **3.** *(vind-)* vane.
fløj[2] *præt. af flyve.*
fløjdør double door, leaved door.
fløjet *pf.ptc. af flyve.*
fløjl *sb. (en el. et, -er)* **1.** velvet; **2.** *(jernbane-)* corduroy.
fløjlsagtig *adj.* velvety.
fløjlsblomst *(bot.)* marigold; tagetes.
fløjlsblød *adj.* velvety; *(også fig.)* velvet-smooth (*fx* voice); *(præd. også)* as smooth as velvet.
fløjlsbukser *sb.pl.* corduroy trousers; T cords.
fløjlshandsker *sb.pl.: tage med ~ på (fig.)* handle with kid gloves.
fløjlskjole velvet dress.
fløjmand pivot;
□ *højre ~* the right-flank man.
fløjt *sb. (et, -)* whistle.
fløjte[1] *sb. (en, -r)* **1.** *(mus.: tværfløjte)* flute; *(blokfløjte)* recorder; **2.** *(signal- & dommerfløjte)* whistle; **3.** *(fabriks-)* hooter.
fløjte[2] *vb.* whistle; *(om fugle oftest)* sing (*fx* a starling was singing);
□ *~ ad en hund* whistle for (*el.* to) a dog; *~ (kampen) af* blow the final whistle; *~ efter en pige* whistle after a girl; *~ til afgang* blow the starting whistle.
fløjtekedel whistling kettle.
fløjten[1] *sb. (en)* whistling.
fløjten[2] *adv.: gå ~* go by the board; go phut.
fløjtenist *sb. (en, -er)* flautist, flute player, flutist.
fløjtespil flute playing.
fløjtespiller = *fløjtenist, blokfløjtespiller.*
fløjtetønde *(sø.)* whistling buoy.
fløs *sb. (en, -e)* puppy.
flå *vb.* **1.** *(tage skindet af)* skin (*fx* a rabbit); *(især om mennesker også)* flay (*fx* I'll skin (*el.* flay) you alive!);
2. *(tage ublu pris af)* rip off, rob blind, soak; *(am.)* gouge; *(plyndre)* fleece (*fx* the taxpayers);

3. *(rive)* tear (*fx* she tore it out of his hand; he tore the wrapping off the package); *(voldsommere)* rip (*fx* rip (, tear) off one's clothes; rip (, tear) open a letter; the wind had ripped off the roof);
4. *(~ i stykker)* tear (, rip) to pieces (*el.* bits) (*fx* the curtains had been ripped to pieces; ripped sails);
□ *~ huden af et dyr* skin an animal; *~ sig i håret* tear one's hair.
flåd *sb. (et, -)* **1.** *(på fiskesnøre)* float; **2.** *(materie)* flux.
flåde[1] *sb. (en, -r)* **1.** *(marine)* navy; **2.** *(samling skibe)* fleet; *(flotille)* flotilla; **3.** *(tømmerflåde)* raft.
flåde[2] *vb.* raft (*fx* raft timber down a river); float.
flådebase naval base.
flådehavn naval harbour; *(by)* naval port.
flådemanøvre naval manoeuvre.
flåderevy naval review.
flådestation naval station.
flådestyrke naval force.
flådning *sb. (en, -er)* rafting, floating.
flåning *sb. (en, -er) (jf. flå)* **1.** skinning; flaying; **2.** *(optrækkeri)* ripping off; fleecing.
flåt *sb. (en, -er) (zo.)* tick.
fm. *(fork. formiddag)* a.m.
f. m. *(forrige måned)* last month.
FN *(fork.f. Forenede Nationer)* the UN (*fork.f.* United Nations).
f.n. *(fork. f. fra neden)* from the bottom.
fnadder *sb. (et)* **1.** *(uldent)* fluff; **2.** *(vådt)* slush; **3.** *(klæbrigt)* goo, gunge; *(am.)* gunk.
fnat *sb. (et)* (the) itch; *(med.)* scabies.
fnatmide itch mite.
fnattet *adj.* **1.** itchy; **2.** *(*T*: elendig)* lousy.
fnes *præt. af fnise.*
fnis[1] *sb. (et, -) se fnisen 2.*
fnis[2] *interj.* tee-hee.
fnise *vb. (-de el. fniste el. fnes, -t el. fnist)* **1.** *(fjantet)* giggle (*ad, over* at); **2.** *(nervøst, genert)* titter; **3.** *(hånligt el. sjofelt)* snigger (*ad, over* at, *fx* at his dress; at a dirty joke); *(især am.)* snicker.
fnisen *sb. (en) (jf. fnise)* **1.** *(det at)* giggling; tittering; sniggering; snickering; **2.** *(enkelt udbrud)* giggle; titter; snigger; snicker.
fnok *sb. (en) (bot.)* pappus.
fnug *sb. (et, -)* **1.** *(af uld)* fluff; **2.** *(støv-)* speck (*el.* particle) of dust; **3.** *(snefnug)* flake.
fnugge *vb.* fluff.
fnugget *adj.* fluffy.
fnuglet *adj. (kun præd.)* as light as thistledown.
fnuller *sb. (et)* fluff, lint.
fnys *sb. (et, -)* snort.
fnyse *vb. (fnyste el. fnøs, fnyst)* **1.** *(hånligt, vredt)* snort; **2.** *(fig.: rase)* (fret and) fume;
□ *han var -nde vred* he was fuming with rage.
F-nøgle *(mus.)* bass clef.
fnøs *præt. af fnyse.*
fob *(hdl.)* f.o.b., FOB (*fork.f.* free on board).
fod *sb. (en, fødder)* **1.** foot (pl. feet); **2.** *(af ting)* foot (pl. feet) (*fx* of a glass, of a lamp; at the foot of the bed (, the mountain, the stairs)); **3.** *(mål)* foot (pl. feet, foot) (*fx* three feet make one yard; he is 5 feet (*el.* foot) tall; 5 foot 10);
□ ***få*** *-en indenfor* get a foothold (*el.* a footing); get a foot in the door; *få (, have) ~ på det (fig.)* get (, have) it under control; get (, have) a firm grasp of it; *få -en under eget bord* set up house for oneself; *(se også kold);* ***slå*** *fødderne væk under en* knock sby off his feet;
[med præp.] kaste sig ***for*** *hans fødder* throw oneself at his feet; *han har hele verden for sine fødder* the whole world is at his feet; *~ for ~* step by step; ***for*** *-en* ***af*** at the foot of *(se ovf.: 2);*
skyde sig selv ***i*** *-en (fig.)* shoot oneself in the foot;
fryse ***om*** *-derne se fryse; (se også våd);*
trampe ***med*** *-derne se trampe; med hænder og fødder se hånd; bringe (, hjælpe) en* ***på -e*** set sby on his feet (again); ***på bare*** *-der* bare-foot(ed); *komme* ***på fri*** *~* be set at liberty, be released, be freed; *sætte en på fri ~* set sby at liberty, release sby; *være på fri ~* be at large; ***på lige*** *~* on equal terms (*fx* compete with them on equal terms); *leve* ***på en stor*** *~* live in a big way; *(se også stående, svag);*
stå på *en fortrolig (, god, venskabelig) ~ med* be on intimate (, good, friendly) terms with; *stå på lige ~ med* be on equal terms with, be on an equal footing with; ***til -s*** on foot (*fx* travel on foot); *have fast grund* ***under*** *fødderne* be on firm ground; *(se også gevær).*
fodaftryk **1.** *(til identifikation)* sole-print; **2.** *(fodspor)* footprint (*fx* he found a footprint in the sand).
fodbad footbath.
fodbalde, fodballe ball of the foot.
fodbeklædning footgear, footwear.
fodbold **1.** football; **2.** *(om spillet)* (Association) football; T soccer; *(am. kun)* soccer.
fodboldbane football ground, football pitch.
fodboldhold football team.
fodboldkamp football match.
fodboldklub football club.
fodboldspiller football player; *(især professionel)* footballer.
fodboldstadion football stadium.
fodboldtrøje jersey, shirt.
fodboldturnering football tournament.
fodbremse *sb. (en, -r)* **1.** foot brake; **2.** *(på cykel)* coaster brake, pedal brake.
fodende *sb. (en, -r) (af seng)* foot.
foder *sb. (et)* **1.** feed (*fx* cattle feed, poultry feed); **2.** *(til kvæg, grovfoder: hø, havre etc.)* fodder; *(grønfoder)* forage; **3.** *(portion ~)* feed;
□ *gå fra -et* go off one's feed.
foderal *sb. (et, -er)* case.
foderbolle ball of cud.
foderbræt bird table.
foderenhed feed unit.
foderkage oil cake.
foderkartoffel stockfeed potato.
fodermester herdsman.
foderstand condition (*fx* in good condition).
foderstof feeding stuff.
-fodet *(om versemål)* of...feet, -foot (*fx* of five feet; five-foot).
fodfejl *(i tennis)* foot fault.
fodfolk *sb.pl.* infantry.
fodfolksregiment infantry regiment.
fodformet *adj.* **1.** *(om sko)* foot-shaped; **2.** *(om person, mening etc.)* trendily leftish.
fodfri *adj.* ankle-length (*fx* dress).
fodfæste *sb. (et)* **1.** *(evne til at stå fast)* footing (*fx* lose one's footing); **2.** *(sted at sætte foden)* foothold (*fx* try to find a foothold);
□ *få (el. vinde) ~ (også fig.)* get (*el.* gain) a foothold.
fodgænger *sb. (en, -e)* pedestrian;
□ *god ~* good walker.
fodgængerbro footbridge.
fodgængerfelt = *fodgængerovergang.*
fodgængergade *se gågade.*
fodgængerkontrolleret *adj.* pedestrian-operated (*fx* traffic light).
fodgængerområde pedestrian precinct.
fodgængerovergang pedestrian crossing; *(am.)* crosswalk; *(med striber)* zebra crossing; *(med fodgængerkontrolleret trafiklys)* pelican crossing;
□ *i en ~* on a pedestrian (etc.) crossing.

fodgængertunnel (public) subway, pedestrian underpass.
fodhviler footrest.
fodindlæg arch support.
fodklinik chiropodist's (clinic).
fodkold *adj.*: *der er -t* the floor is cold; there is a draught along the floor.
fodkulde draught along the floor.
fodlænker *sb.pl.* leg irons, fetters.
fodnote footnote.
fodpanel skirting board; *(am.)* baseboard.
fodpleje *sb. (en)* chiropody.
fodplejer *sb. (en, -e)* chiropodist.
fodpose foot muff.
fodpumpe foot pump.
fodre *vb.* feed;
□ ~ *af* feed; *man kan ~ svin med dem (ɔ: der er (for) mange af dem)* they are ten a penny; they are thick on the ground.
fodring *sb. (en, -er)* feeding.
fodrod *sb. (en)* tarsus.
fodrodsben tarsal bone.
fodsbred *sb. (en)* footbreadth;
□ *han veg ikke en ~* he did not yield an inch; *en ~ jord* an inch of ground.
fodskammel footstool.
fodslag: *finde ~* get into step; *holde ~* keep in step; *der er ~ i partiet* the party is in step; *der er ikke ~ i partiet (også)* the party is out of step; *komme ud af ~* get out of step.
fodslæbende *adj. (modvillig)* foot-dragging.
fodspark *(på køkkenskab etc.)* toe recess.
fodspor footprint;
□ *gå (el. træde) i ens ~* follow (in) sby's footsteps.
fodstykke 1. *(af statue etc.)* base; **2.** *(af seng)* footboard.
fodsvamp athlete's foot.
fodsved *sb. (en)* sweaty feet pl.
fodsål sole of the foot;
□ *hendes ~* the sole of her foot; *hendes -er* the soles of her feet.
fodterapeut state-registered chiropodist; *(am.)* podiatrist.
fodtrin footstep; F footfall.
fodtur walking tour.
fodtøj boots and shoes pl.; F footwear.
fodvorte wart on the foot; *(på sålen)* plantar wart.
foged *sb. (en, -er)*: *kongens ~* [an official in charge of distraints and to whom application may be made to restrain certain conduct]; *(svarer omtrent til)* the bailiff; *have besøg af kongens ~* have the bailiff in.
fogedforbud *(svarer til)* injunction.
fogedforretning 1. *(udpantning)* execution; **2.** *(udpantning for husleje etc.)* distress; **3.** *(nedlæggelse af forbud)* the service of an injunction.
fok *sb. (en, -ker) (sø.)* foresail.
fokkemast *(sø.)* foremast.
fokkeskøde *(sø.)* foresheet.
fokus *sb. (et el. en)* focus (pl. -es, foci);
□ *være i ~ (også fig.)* be in focus; *sætte ~ på (fig.) se fokusere (på).*
fokusere *vb.* focus;
□ *~ på a)* focus on; *b) (fig.)* bring into focus; focus (*el.* concentrate) one's attention on, highlight.
fold[1] *sb. (en, -er)* **1.** fold (*fx* the curtain hung in folds);
2. *(uønsket ~)* crease, fold (*fx* we must get the creases (*el.* folds) out of your dress); *(mindre)* wrinkle;
3. *(pressefold)* crease;
4. *(hudfold)* fold; *(rynke)* wrinkle;
□ ***komme i*** *de vante -er igen* settle down in one's groove again; settle down in one's old ways; ***komme ud af*** *de vante -er* be unsettled; ***lægge*** *sit ansigt* ***i*** *alvorlige -er* take on a serious expression; *lægge sit ansigt i de rette -er* straighten one's face; *lægge panden i dybe -er* knit one's brow(s); ***slå*** *-er (om tøj etc.)* crease; *slå sine -er (fig.)* knock about.
fold[2] *sb. (en, -e) (indhegning)* pen; *(fåre- også)* fold;
□ *vende tilbage til -en (fig.)* return to the fold.
fold[3] *sb. (et, -) (mat.)* multiple;
□ *mindste fælles ~* least common multiple; *(fork.)* LCM, lcm; *(se også hundredfold, trefold).*
folde *vb.* fold (*fx* a piece of paper);
□ *~ hænderne* fold one's hands; *med -de hænder* with folded hands;
[med adv. & sig] ~ ***sammen*** fold up; *~* ***ud*** *a)* unfold (*fx* a newspaper); *b) (om vinger)* spread (*fx* the bird spread its wings); *c) (om flag)* unfurl; *~* ***sig ud*** *a)* unfold (*fx* the flower begins to unfold); *b) (om flag)* unfurl; *c) (om faldskærm)* open; *d) (om person: ikke være hæmmet)* come out of one's shell; F expand; T let oneself go; *han -de sig rigtig ud ved festen* he was the life and soul of the party; *når hun rigtig -r sig ud (ɔ: kommer i gang)* when she gets into her stride.
foldecykel folding bicycle.
foldedør folding door.
foldekniv clasp knife, jackknife.
folder *sb. (en, -e)* folder.
folderig *adj.* flowing (*fx* draperies).
foldeudpige gatefold girl.
foldeudside foldout, gatefold; *(midterside)* centrefold.
foldevæg accordion wall.
foldning *sb. (en, -er)* folding.
fole[1] *sb. (en, -r) (føl)* foal.
fole[2] *vb. (føde føl)* foal.
foliant *sb. (en, -er)* folio.
folie *sb. (en, -r)* foil.
folio *sb. (en)* folio.
folioark *sb. (et, -)* folio; *(lidt mindre)* foolscap.
folk[1] *sb. (et, -) (nation)* people (pl. peoples).
folk[2] *sb.pl.* **1.** *(mennesker)* people (*fx* people say that he was murdered);
2. *(sø.: besætning)* crew;
3. *((med)arbejdere)* men (*fx* the President and his men; the Chief Constable said that his men had done a good job);
□ ***-ene*** *a) (tjenerskabet)* the servants; *b) (mil. etc.)* the men; ***-et*** *(ɔ: de brede lag)* the people; *som ~ er flest* like the ordinary run of people; *hvis sådan et rygte kommer ud* ***mellem*** *~* if such a rumour should get about; *hvad vil ~* ***sige?*** what will people say?
folkeafstemning *(om lovforslag især)* referendum (pl. -s, referenda) (*fx* this was an advisory (*el.* a consultative), not a mandatory referendum); *(om grænsespørgsmål især)* plebiscite.
folkebevægelse popular movement.
folkebibliotek public library.
folkedans 1. *(enkelt)* folk dance; **2.** *(det at danse ~)* folk dancing.
folkedemokrati *sb. (et, -er)* people's democracy.
folkedomstol people's court (*el.* tribunal).
folkedrab genocide.
folkedragt national costume.
folkeetymologi popular etymology.
folkeeventyr folktale.
folkefest national festival.
folkefjende enemy of the people.
Folkeforbundet *(hist.)* the League of Nations.
folkeforlystelse popular entertainment.
folkeforsamling popular assembly.
folkefront popular front.
folkefærd *sb. (et)* race;
□ *et underligt ~* a queer lot.
folkefører leader of the people.
folkehelt popular hero, national hero.
folkehøjskole folk high school.
folkekarakter national character.
folkekirke national (*el.* established) church.

folkekomedie melodrama.
folkekommune people's commune.
folkekunst folk art.
folkekær *adj.* popular.
folkekøkken civic restaurant.
folkelig *adj.* **1.** *(populær)* popular; **2.** *(national)* national (*fx* custom); **3.** *(jævn, bramfri)* simple, unassuming; *(især neds.,* T) folksy;
□ *være ~ (ɔ: om politiker etc.: forstå at omgås jævne mennesker)* have the common touch.
folkeliv street life.
folkemasse mass, crowd.
folkemindeforsker folklorist.
folkemindeforskning folklore.
folkeminder *sb.pl.* folklore sg.; popular traditions.
folkemunde: *være (, komme) i ~ (let glds.)* be (, become) the talk of the town.
folkemusik folk music.
folkemængde 1. *(befolkningstal)* population; **2.** *(opløb etc.)* crowd.
folkens (you) boys! you men!
folkeoplysning general education; educational level (*el.* standard);
□ *-en står højt* the standard of general education is high.
folkepension retirement pension, state pension; *(i officielt sprog)* old age pension.
folkepensionist (retirement) pensioner; *(i officielt sprog)* old age pensioner *(fork.* OAP*)*.
folkepensionsordning national superannuation (*el.* pension) scheme.
folkepolitiet *(hist.: i Østtyskland)* the People's Police.
folkeregister *(kan gengives)* **1.** national register; **2.** *(kontoret)* national registration office.
folkerejsning popular rising.
folkerepublik people's republic.
folkeret international law.
folkeretlig *adj. (kun efter sb.)* in (, of) international law.
folkerig *adj.* populous.
folkesag national cause.
folkesagn legend.
folkesang folksong.
folkesanger folk singer.
folkesjæl national mind.
folkeskare crowd (of people).
folkeskole [primary and lower secondary school for 7- to 16-year-olds]; *(kan gengives)* folkeskole.
folkeskolelærer teacher in the folkeskole.
folkeslag *sb. (et, -) (nation)* nation, people;
□ *vilde ~ (glds.)* wild tribes.
folkesnak talk; *(sladder)* gossip, scandal.
folkestemning public feeling.
folkestue servants' hall.
folkestyre democracy.
folketal population.
folketaler popular speaker.
folketinget [the Danish Parliament]; *(kan gengives)* the Folketing.
folketingsbetjent attendant (in the Folketing).
folketingsferie recess.
folketingskandidat candidate for the Folketing.
folketingsmand member of the Folketing.
folketingsmøde sitting of the Folketing.
folketingssamling session.
folketingstidende [official report of parliamentary proceedings].
folketingsvalg general election.
folketog mass procession, mass demonstration.
folketom *adj. (om gade)* deserted.
folketælling census.
folketællingsliste census paper.
folkeudgave popular edition.
folkeuniversitet *(svarer til)* (University) Extramural Department.
folkevalgt *adj.* popularly elected.
folkevandring migration.
folkevandringstiden *(hist.)* the period of the great migrations.
folkevise ballad; folksong.
folkevogn Volkswagen.
folkevognsrugbrød Volkswagen van.
folkeyndest popularity.
folklore *sb. (en)* folklore.
folklorist *sb. (en, -er)* folklorist.
fond[1] *sb. (en el. et, -e el. -er)* **1.** *(særlige midler)* fund (*fx* a disaster fund; set up a fund to maintain the cathedral); **2.** *(legat)* foundation (*fx* the Carlsberg Foundation); **3.** *(fig.)* fund (*fx* of humour); store, stock (*fx* of anecdotes, of knowledge);
□ *-s (hdl.: værdipapirer)* securities; *Carnegiefondet* the Carnegie Foundation; *(især)* the Carnegie Hero Fund Trust.
fond[2] *sb. (en, -er) (kraftsky)* stock.
fondsafdeling securities department.
fondsaktie bonus share.
fondsbørs stock exchange.
fondsbørsvekselerer stockbroker.
fondue *sb. (en, -s)* fondue.
fonduegaffel fondue fork.
fonduegryde fondue pot.
fonduesæt fondue set.
fonem *sb. (et, -er) (sprogv.)* phoneme.
fonetik *sb. (en)* phonetics.
fonetiker *sb. (en, -e)* phonetician.
fonetisk[1] *adj.* phonetic.
fonetisk[2] *adv.* phonetically.
fonotek *sb. (et, -er)* sound library.
font *sb. (en, -er)* **1.** *(døbe-)* (baptismal) font; **2.** *(typ.)* font.
fontæne *sb. (en, -r)* fountain.
for[1] *sb. (et) (indvendigt betræk)* lining;
□ *op (el. ned) i -et* T *(fig., om penge)* in one's pocket (*fx* that is money in your pocket; I got £100 in my pocket).
for[2] *præt. af fare*[2].
for[3] *præp.* **1.** *(til bedste for, bestemt for; for at opnå, finde; på grund af, i stedet for, til gengæld for)* for (*fx* I will do it for you; fight for one's country (, for one's rights); there is a letter for you; examine the car for defects; thankful for; known (, famous) for; I cannot see for the fog; he answered for me; he took me for my brother; he was rewarded for his deed);
2. *(ved "juridiske" vb., om genstand for handling & om tilhørsforhold)* of (*fx* suspect (, accuse, convince, acquit) of; scared (, nervous) of; the goal of his journey; the object of his attention; proof of his guilt; the board of the company; the basis of our decision);
3. *(foran personbetegnelse, om "hensynsled") (efter sb. & adj.)* for, to (*fx* it was a surprise (, shock) for (*el.* to) me; it is important (, necessary, satisfactory, useful) for (*el.* to) me);
(NB nogle ord har fortrinsvis for, *andre* to*)* (*fx* bad (, difficult, easy, fortunate, good, possible, suitable) for; blind (, common, deaf, harmful, new, strange) to; it was a pleasure for me; he was like a father to me; it was a riddle to me; an altar to an unknown god);
(efter adj. + enough, *efter* too *+ adj. & efter adj. + inf.)* for (*fx* it is not important enough for him; it is too difficult for me; it is easy (, difficult, impossible) for him to do it);
(efter vb.) to (*fx* bow (, describe it, lie, kneel, play, read, sing) to sby; to me she will always be the ideal woman); *(om noget generende)* for (*fx* the pencil broke for me); on (*fx* he shut the door on me; the car stalled on him; the plant died on her);
4. *(ved stillingsbetegnelse: overordnet)* of (*fx* headmaster of a school; manager (, boss, head) of a

company); *(underordnet el. tilknyttet)* to (*fx* secretary to the manager; adviser (, assistant, interpreter) to the president);
5. *(til beskyttelse el. forsvar imod)* from (*fx* they hid it from me; seek shelter from the rain; safe from attack);
6. *(om beløb, betaling: om det man giver eller får)* for (*fx* she paid £10 for the book; to Dover by boat for £50; I sold my house for £100,000); *(NB: varer for £10.000* £10,000 worth of goods*);*
(om fastsat pris) at (*fx* the books were sold at £10 each; she bought it at half price; I sold my house at a good price; at a price of £5,000);
7. *(foran, i nærværelse af)* before (*fx* there were curtains before the windows; she held her hand before her eyes; we have all the day before us; be brought before a judge; they performed the play before the Queen);
8. *(om noget der fjernes)* of (*fx* clear the road of snow; cure her of the disease; the room was empty of furniture);
9. *(hver enkelt for sig)* by (*fx* day by day; point by point; step by step); for (*fx* word for word);
10. *(positivt stemt over for)* (all) for, in favour of (*fx* I am in favour of organic farming);
11. *(foran underskrift: på en andens vegne)* for (*fx* for John Brown Edward Jones); *(let glds.)* p.p. *(fork. for* per pro*)* (*fx (når* E.J.*skriver under for* J.B.:*)* John Brown p.p. Edward Jones);
□ ~ ***at*** *a) (+ inf.)* to, in order to (*fx* go out to open the door; do it (in order) to help him); *b) (+ sætn.)* so that (*fx* I lifted him so that he could see it); F in order that (*fx* in order that he might see it);
~ ***at ikke*** *(+ inf.)* so as not to (*fx* so as not to disturb him);
~ ***at...ikke*** *(+ sætn.)* so that...not (*fx* so that we don't forget); for fear that (*fx* for fear that they should be seen); *(litt.)* lest (*fx* lest we forget);
~ ***hver*** *gang jeg ser ham* every time I see him; ~ *hver dag (, hvert år) der gik* with every day (, year); ~ *...* ***siden*** ago (*fx* five days ago; long ago).
for[4] *adv.* **1.** *(foran)* in front;
2. *(sø.: mods. agter)* forward;
3. *(alt for)* too (*fx* too big, too much; it is too far to walk);
□ ***et*** ~ *stort beløb* too large an amount; ***fra*** ~ *til agter (sø.)* from stem to stern; *der er* ***ikke andet*** ~ *end at vente* there is nothing for it but to wait; ~ ***og bag*** in front and behind; ~ ***og imod*** for and against; *diskutere ~ og imod* discuss for and against; discuss the pros and cons; *der kan siges meget både ~ og imod* there is a lot to be said on both sides; *veje ~ og imod* weigh the pros and cons; *(forbindelser med verber, se disse, fx give, have, ligge).*
for[5] *konj. (thi)* because; F for (*fx* he ran, for he was afraid).
foragt *sb. (en)* contempt (*for* for, *fx* show one's contempt for sby); *(stærkere)* scorn (*for* for); *(overlegen: ringeagt,* F*)* disdain (*for* for, *fx* his disdain for people less clever than himself; treat the idea with disdain);
□ *afvise med* ~ scorn; F spurn (*fx* an offer of help); *ophøjet* ~ lofty scorn; ~ *for retten* contempt of court.
foragte *vb.* **1.** despise (*fx* a coward, oneself, popular literature); *(stærkere)* scorn; **2.** *(ringeagte, holde sig for god til,* F*)* disdain (*fx* work); *(stærkere)* scorn;
□ *ikke at* ~ not to be despised; T not to be sniffed at.
foragtelig *adj.* **1.** *(som fortjener foragt)* contemptible (*fx* action, behaviour); *(stærkere,* F*)* despicable;
2. *(som viser foragt)* contemptuous (*fx* look, smile); *(overlegent, ringeagtende,* F*)* disdainful.
foraksel front axle.
foran[1] *præp.* **1.** *(om sted)* in front of (*fx* the car was parked in front of the house; he stopped (, walked, sat) in front of me); *(*F *el. om rækkefølge)* before (*fx* he fell on his knees before the King; the food was set before her; he was before me in the queue; his name was before mine on the list);
2. *(om tid, vanskelighed)* before (*fx* you have the whole day before you; your whole life is before you; we have a long journey (, a difficult task) before us);
3. *(længere frem(me) end, forud for)* ahead of (*fx* he got ahead of the others; we are ahead of our competitors; Danish time is ahead of British time); *(om scoring også)* up on (*fx* they are 10 points up on (*el.* ahead of) the others).
foran[2] *adv.* **1.** ahead (*fx* he worked hard to get ahead); *(i spidsen)* in front (*fx* get (, walk) in front);
2. *(om scoring)* ahead (*fx* he brought Arsenal ahead); up (*fx* they are one goal up);
□ *holde sig* ~ keep ahead; keep the lead; *dit ur er* ~ your watch is fast; ~ *i bogen* earlier in the book; at the beginning of the book; *(se også gå, komme*[2]*).*
foranderlig *adj.* changeable, variable (*fx* the weather is changeable (*el.* variable));
□ *-t (på barometer)* Change.
foranderlighed *sb. (en)* changeability, variability.
forandre *vb.* **1.** change (*fx* one's plans; it changed his whole life; he is completely changed); *(især om mindre forandring & mere* F*)* alter (*fx* a dress; one's plans; the ship altered its course; I never saw anyone so altered); *(se også ændre)*;
2. *(forvandle)* transform (*til* into);
□ *ak hvor -t!* what a sad change! *det -r sagen* that changes things; F that alters the case;
[med præp. & sig] ~ ***på*** alter; ~ ***sig*** change; alter (*fx* he had changed (*el.* altered) completely);
~ *sig til* change into; ~ *sig til sin fordel* change for the better.
forandring *sb. (en, -er)* **1.** change (*fx* he hates change; a change for the better); *(især om mindre ~ & mere* F*)* alteration; T shift (*fx* of direction, of emphasis);
2. *(forvandling)* transformation;
3. *(ny indretning, ny fremgangsmåde)* innovation (*fx* innovations in the school system);
□ ~ *fryder* variety is the spice of life;
[med præp.] en ~ ***i*** a change in (*fx* his behaviour, his condition, the weather); T a shift in (*fx* attitude, public opinion); ***til*** *en* ~ for a change, by way of a change; *en* ~ ***ved*** a change (*el.* alteration) to (*fx* minor alterations (*el.* changes) to the plan).
forankre *vb.* anchor (*fx* anchor a ship);
□ *-t i (fig.)* deeply rooted in (*fx* he is deeply rooted in the Catholic tradition).
foranledige *vb.* bring about, cause (*fx* his dismissal); F occasion;
□ ~ ***at*** *han bliver afskediget* cause him to be dismissed; ~ *en* ***til at*** cause (*el.* induce) sby to; F occasion sby to; *føle sig -t til at* feel called upon to.
foranledning *sb. (en, -er)* cause; F occasion (*til at* to);
□ *på ~ af* at the request of; *(mere* F*)* at the instance of; *på given* ~ by request; acting on information received; *på hans* ~ at his request; *ved mindste* ~ on the

slightest provocation; T at the drop of a hat; *uden* ~ unprovoked.

foranstalte *vb.* arrange (*fx* a meeting); organize (*fx* a demonstration).

foranstaltning *sb. (en, -er)* **1.** *(det at foranstalte)* arrangement; organization; **2.** *(forholdsregel)* step, provision;
□ *træffe -er* take measures, take steps (*til at* to); *ved myndighedernes* ~ by order of the authorities.

foranstående *adj.* **1.** *(i tekst)* preceding; **2.** *(brugt som sb., mil.)* superior.

forarbejde[1] *sb. (et, -r)* **1.** preliminary work; *(besværligt)* spadework (*fx* he had done a lot of (, all the) spadework); **2.** *(skitse, udkast)* sketch (*til* for).

forarbejde[2] *vb.* **1.** *(fremstille)* make; **2.** *(behandle, oparbejde)* process (*fx* raw materials); **3.** *(psykisk)* digest (*fx* an experience, impressions);
□ *det er smukt -t* it is beautiful workmanship;
[med præp.] ~ ***til*** make into (*fx* leather into footware); work up into (*fx* iron into tools; a lump of clay into a pot).

forarbejdning *sb. (en, -er) (jf. forarbejde*[2]*)* **1.** making, manufacture; **2.** processing; **3.** digestion.

forarge *vb. (se også forarges, forarget)* **1.** give offence to; *(stærkere)* shock, outrage; **2.** *(bibl.)* offend.

forargelig *adj.* offensive; *(stærkere)* scandalous.

forargelse *sb. (en, -r) (forargethed)* (virtuous) indignation;
□ *tage* ~ *af* be scandalized at; *vække* ~ give offence (*hos* to); *(stærkere)* cause (a) scandal.

forarges *vb.:* ~ *over* be scandalized at.

forarget *adj.* **1.** shocked (*over* at); *(stærkere)* outraged (*over* at, by; *på* at); **2.** *(vred)* indignant (*over* at; *på en* towards sby);
□ *dydigt* ~ in virtuous indignation; ~ *over at a) (+ inf.)* shocked (, outraged) to (*fx* to see him); *b) (+ sætn.)* shocked (, outraged) that (*fx* that he came).

forarme *vb.* impoverish.

forarmelse *sb. (en)* impoverishment.

forarmet *adj.* impoverished; poverty-stricken.

foraset *adj.* worn out.

forbande *vb. (se også forbandet)* curse (*fx* he cursed the day he was born).

forbandelse *sb. (en, -r)* **1.** *(ed)* curse; **2.** *(plage)* curse, bane; *mit livs* ~ the curse of my life; the bane of my life (*el.* existence).

forbandet[1] *adj.* damn(ed) (*fx* he is a damn(ed) fool); *(svagere)* confounded (*fx* she is a confounded nuisance); *(se også pligt*[1]*).*

forbandet[2] *adv.* damn(ed) (*fx* foolish).

forbandt[1] *sb. (et) (arkit.)* bond.

forbandt[2] *præt. af forbinde.*

forbarme *vb.:* ~ *sig over en* take pity on sby; *Gud* ~ *sig!, ih, du -nde!* good Lord! *så guderne må sig* ~ shockingly.

forbasket *adj.* T confounded.

forbavse *vb. (se også forbavsende, forbavset)* surprise; *(stærkere)* astonish.

forbavselse *sb. (en)* surprise; *(stærkere)* astonishment;
□ *til min* ~ to my surprise (, astonishment).

forbavsende[1] *adj.* surprising; *(stærkere)* astonishing.

forbavsende[2] *adv.* surprisingly; *(stærkere)* astonishingly.

forbavset[1] *adj. (jf. forbavse)* surprised, astonished (*over* at; *over at (+ sætn.)* that; *(+ inf.)* to);
□ *blive* ~ be surprised; be astonished.

forbavset[2] *adv.* surprisedly; in surprise (*fx* he looked at her in surprise); *(stærkere)* in astonishment.

forbedre *vb.* **1.** *(gøre bedre)* improve (*fx* the design, their conditions; the atmosphere, the environment); *(gøre endnu bedre)* better (*fx* a record, last year's result; the conditions of the workers); *(gøre mindre dårlig* F*)* ameliorate (*fx* they made moves to ameliorate the race laws);
2. *(mere omfattende: reformere,* ~ *moralsk)* reform (*fx* the administration; the world);
□ ~ *sig (moralsk)* reform; F mend one's ways; ~ *(ɔ: pynte på) en historie* embellish a story; ~ *sine indtægter* increase one's income; ~ *sin tid (i sport)* better one's time.

forbedring *sb. (en, -er)* **1.** *(det at forbedre)* improvement (*af* of, *fx* the design); *(mere omfattende)* reformation (*af* of, *fx* the system); reform (*af* of, *fx* the laws);
2. *(enkelt* ~*)* improvement (*fx* an improvement in her work); reform (*fx* introduce reforms in the administration).

forbehold *sb. (et, -)* **1.** reservation (*fx* I have strong reservations about the plan);
2. *(forhåndsbetingelse)* proviso (*fx* with the usual proviso; with the proviso that ...);
□ *tage* ~ make a reservation; *(pl.)* make (certain) reservations; *tage* ~ *over for* reserve one's position on (*fx* the proposal);
[med præp.] ***med*** ~ with reservations, with certain (*el.* some) reservations; ***med*** ~ ***af*** subject to (*fx* increases in cost price); reserving (*fx* the right to increase prices);
uden ~ *a) (uden at tage* ~*)* without reservation(s), unconditionally (*fx* accept it without reservation); *b) (fig.: uforbeholdent)* unreservedly (*fx* praise him unreservedly); ***under*** ~ ***af*** subject to (*fx* your approval *(godkendelse)*).

forbeholde *vb.* reserve;
□ ~ *ham det* reserve it for him; *det er forbeholdt X at (ɔ: det er X's særlige ret)* it is X's prerogative to, it is the prerogative of X to (*fx* decide on that);
[med sig] ~ *sig ret til* reserve (for oneself) the right to; ~ *sig sin stilling* reserve judgment, reserve one's position.

forbeholden *adj.* **1.** *(om person)* reserved; **2.** *(om ytring)* guarded, non-committal;
□ *være* ~ *over for ideen* have reservations about the idea.

forbeholdenhed *sb. (en)* reserve.

forben foreleg.

forbene, forbenes *vb.* ossify.

forbenet *adj.* **1.** ossified; **2.** *(fig.: stiv, konservativ)* hidebound.

forberede *vb. (se også forberedende, forberedt)* **1.** prepare (*fx* a speech);
2. *(gøre forberedelser til)* make preparations for (*fx* an attack, a meeting, a journey, a party);
□ ~ *sig (ɔ: læse på sin lektie)* do one's homework;
[med præp.] ~ *en* ***på*** *noget* prepare sby for sth; ~ *en* ***på at*** warn sby that (*fx* he may be arrested);
[med sig + præp.] ~ ***sig på*** prepare (oneself) for (*fx* prepare (yourselves) for a shock!); ~ *sig på en tale* prepare a speech; ~ ***sig på at*** *(+ inf.) a) (træffe forberedelser)* prepare to (*fx* they prepared to defend themselves); get ready to; *b) (være forberedt på)* be prepared for -ing (*fx* you must be prepared for being fired); *du må* ~ *dig på at det kan blive værre* you must be prepared for it getting worse; ~ ***sig til*** prepare (oneself) for (*fx* she prepared (herself) for the match); ~ *sig til en eksamen* prepare (*el.* read) for an examination.

forberedelse *sb. (en, -r)* preparation;
□ *gøre (el. træffe) -r til* make preparations for; *under* ~ in preparation.
forberedelseseksamen*: højere ~ se hf.*
forberedende *adj.* **1.** preparatory (*fx* talks); preliminary (*fx* work); **2.** *(indledende)* introductory (*fx* course).
forberedt *adj.* prepared (*på* for);
□ *han var dårligt ~ (om elev, taler)* he had not done his homework; *du må være ~* ***på at*** *(+ inf.)* you must be prepared for -ing (*fx* for being fired); *du må være ~ på at det kan blive værre* you must be prepared for it getting worse.
forbi[1] *præp.* past, by (*fx* they ran past (*el.* by) us; they passed close by us).
forbi[2] *adv.* **1.** *(stedligt)* past, by (*fx* they ran past (*el.* by); he couldn't get past (*el.* by); the soldiers went past);
2. *(tidsmæssigt: overstået, ophørt)* over (*fx* the rain is over);
3. *(afsluttet, til ende)* at an end (*fx* the affair (, the service, the war) was at an end);
4. *(fuldført)* finished (*fx* the war was over but not finished);
□ *gøre det ~ (ɔ: hæve forlovelsen)* break off the engagement (*med* with); *det er ~ med ham* it is all over with him; *det er ~ mellem dem* they have broken it off; *(se også bal*[2]*, komme, skyde).*
forbidefilering *sb. (en, -er)* march past.
forbier *sb. (en, -e)* miss;
□ *skyde en ~* miss.
forbifart*: i -en* in passing (*fx* mention it in passing); *se det i -en* catch a glimpse of it.
forbigangen *adj.* past; F bygone (*fx* in bygone times);
□ *det forbigangne* the past.
forbigå *vb. (se også forbigående)* pass by (*el.* over);
□ *~ i tavshed* pass by (*el.* over) in silence; *blive -et (ɔ: ved forfremmelse)* be passed over; *føle sig -et (ɔ: forsømt)* feel neglected, feel overlooked.
forbigåelse *sb. (en, -r)* **1.** passing over; **2.** *(tilsidesættelse)* slight;
□ *med ~ af* without mentioning.
forbigående[1] *sb.: i ~* in passing (*fx* in passing, he mentioned that ...); *i ~ (sagt)* by the way.
forbigående[2] *adj.* **1.** *(flygtig)* passing (*fx* interest); F transient (*fx* success);
2. *(kortvarig)* momentary (*fx* I had a momentary feeling of euphoria);
3. *(midlertidig)* temporary (*fx* difficulties).
forbikørsel **1.** passing; **2.** *(overhaling)* overtaking.
forbillede **1.** *(mønster)* model (*for* for); *(om person også, mht. funktion)* role model (*for* for, *fx* she was a role model for the women undergraduates);
2. *(eksempel)* example (*for* for, to, *fx* he was an example to his children);
3. *(ideal)* ideal;
□ *hans store ~* his great example; his ideal; *tage en til ~* take sby for a (*el.* as one's) model; *være et ~ for* serve as (*el.* be) a (role) model for; be an example to.
forbilledlig *adj. (jf. forbillede)*
1. *(kun attr.)* model (*fx* wife);
2. exemplary (*fx* behaviour, courage); **3.** ideal (*fx* an ideal solution).
forbinde[1] *vb. (se også forbundet)*
1. *(knytte sammen)* connect (*med* with, *fx* the railway connects A with B (, connects the two towns)); link (up) (*med* with, *fx* a road to link the town with the capital; a road to link (up) the two towns); join (*med* to, *fx* the island is joined to the mainland by a bridge; draw a line joining the two points);
2. *(om maskine, rørledning etc. & elek.)* connect (*med* to, *fx* connect the hosepipe to the tap; connect a terminal to the mainframe; the plumber connected all the pipes); link (up) (*med* to, *fx* link the camera to a computer; link up a computer to other computers); *(sætte sammen)* join (*med* to, *fx* one section of pipe to another); join together (*fx* two sections of pipe);
3. *(sætte i forbindelse med; om årsagsforhold, tankeforbindelse)* connect, link (*med* with, *fx* cancer with smoking; the police did not connect the two incidents; his name will always be linked with this affair; these events are linked to each other); link together (*fx* these events are linked together);
4. *(forene)* combine (*med* with, *fx* courage with caution; knowledge with understanding);
□ *~* ***med*** *(tankemæssigt, også)* associate with (*fx* I associate it with something unpleasant); *jeg -r ikke noget med det* it conveys nothing to me; *~* ***sig*** *(kem.)* combine (*med* with, *fx* hydrogen combines with oxygen).
forbinde[2] *vb.* **1.** *(sår)* dress (*fx* his burns, a wound); **2.** *(legemsdel)* bandage (*fx* a foot, a finger).
forbindelse *sb. (en, -r)* **1.** *(tilknytning)* connection (*med, til* with, to, *fx* there must be a connection with the grassroots); *(mil. etc.)* liaison (*med* with, *fx* our bank maintains close liaison with overseas banks);
2. *(mulighed for at komme frem og tilbage mellem)* communication (*mellem* between, *fx* there is no communication between the two wings of the house; heavy snow prevented all communication between the towns);
3. *(trafiklinie, befordring)* service (*fx* three services daily; a half hourly service); *(mellem trafikmidler)* connection (*med* with; *mellem* between);
4. *(bindeled, tilknytning)* link (*mellem* between; *med, til* with, *fx* the tunnel is a fixed link between England and France; he broke all links with them; the Danes and the British have many close links; trade links);
5. *(årsagsforbindelse)* relation, relationship, connection (*mellem* between, *fx* there is a relation(ship) (*el.* connection) between cigarette smoking and lung cancer);
6. *(personligt forhold, ~ mellem stater)* relations pl. (*med, til* with, *fx* have friendly relations with sby; break off all relations with sby; break off diplomatic relations with a foreign country); links pl. (*med, til* with, *fx* the agent had had close links with a foreign power);
7. *(med en af modsat køn: seksuelt)* relationship (*med* with); *(mere* F*)* liaison (*med* with); *(let glds.: forlovelse)* engagement; *(ægteskab)* alliance (*fx* form a alliance with her);
8. *(person man er i ~ med)* connection (*fx* business connections; he has a lot of connections in the computer industry; use one's connections to get advantages); *(bekendt)* friend; *(kontaktmand)* contact;
9. *(af ord)* combination (*fx* a fixed (, free) combination); *(vending)* phrase (*fx* a set phrase); *(sammenhæng)* context (*fx* in this context);
10. *(kemisk ~)* compound (*fx* water is a compound of oxygen and hydrogen);
□ *fri (erotisk) ~* affair; F liaison; *tilfældige (seksuelle) -r* promiscuous sexual relations; *(se også løs)*;

[med præp.] ***i denne*** ~ *(ɔ: sammenhæng)* in this context; *i denne ~ vil jeg gerne sige* in this connection I would like to say; ***i ~ med*** *a)* in connection with; *b) (sammen med)* together with; *(se også ndf.: med vb.)*; ***uden ~ med*** unconnected with;
[med vb. (+ præp.)] han ***fik*** ~ *(tele.)* the call was put through, he got through (*med* to); ***have*** *(gode)* ***-r*** have useful connections, have influence; *(ofte iron.)* have friends in high places; ***have ~ med*** *spørgsmålet (ɔ: sammenhæng)* have relation to the matter, be relevant to the matter; F have a bearing on the matter; ***have ~ til*** *(om trafikmiddel)* connect with (*fx* the bus connects with the train); ***holde ~ med*** *a)* keep in contact with; *(mere* T*)* keep in touch with (*fx* one's old friends); *b) (hdl. etc.)* liaise with (*fx* branch secretaries liaise with headquarters); ***indgå ~ med*** *a) (kem.)* combine with (*fx* oxygen combines with hydrogen to form water); *b) (ægteskabelig)* form an alliance with; ***komme i ~ med*** get into contact with; *(mere* T*)* get in touch with; ***miste -n med*** lose contact with; *(mere* T*)* lose touch with; *vi har mistet -n (med hinanden)* we have lost touch; ***stå i ~ med*** *a)* be connected with; *b) (stå i et vist forhold til)* be related to, have a relation to (*fx* the temperature); *c) (om person)* have contact with; *(mere* T*)* be in touch with; *(se også ovf.: holde ~ med)*;
sætte i ~ med *a)* connect with; *b) (tankemæssigt, årsagsmæssigt)* link with (*fx* he was linked with several scandals; doctors link lung cancer with cigarette smoking); *c) (sætte i forhold til)* relate to (*fx* relate the rising crime rate to various factors); ***sætte sig i ~ med*** make contact with; *(mere* T*)* get in touch with; ***træde i ~ med*** *a) se ovf.: sætte sig i ~ med*; *b) (hdl.: etablere forretningsforbindelse med)* establish business relations with.

forbindelsesanlæg *(vejanlæg)* interchange.

forbindelsesled *sb. (et, -)* (connecting) link.

forbindelseslinie *(mil.)* line of communication.

forbindelsesofficer *(mil.)* liaison officer.

forbindelsespunkt connecting point, junction.

forbindende *sb.: uden ~* subject to alteration (, to confirmation, to revision) (*fx* our prices are subject to alteration); without (any) obligation (*fx* we send our catalogue without obligation).

forbindeplads 1. *(mil.)* dressing station; **2.** *(hoved-)* clearing station.

forbinding *sb. (en, -er)* **1.** *(det at forbinde: et sår)* dressing; *(en legemsdel)* bandaging; **2.** *(bind, bandage)* bandage;
□ *lægge ~ på a) (sår)* dress (*fx* his burns, a wound); *b) (sted)* bandage (*fx* a finger, a foot).

forbindingskasse, **forbindskasse** first-aid box.

forbindsstoffer *sb.pl.* dressing materials.

forbindtlig *adj.* affable, obliging.

forbindtlighed *sb. (en)* affability, obligingness.

forbipasserende *adj.* **1.** passing; **2.** *(brugt som sb.)* passer-by (pl. passers-by).

forbistret[1] *adj.* confounded.

forbistret[2] *adv.* confoundedly.

forbitre *vb.: ~ ens tilværelse* make sby's life a misery; *(være en plage)* be the bane of sby's life (*el.* existence); *(se også forbitret)*.

forbitrelse *sb. (en)* indignation (*over* at).

forbitret[1] *adj.* **1.** *(vred)* indignant (*over* at; *på* with); *(stærkere)* furious (*over* at, about; *på* with);
2. *(bitter)* bitter, embittered (*over* about);
3. *(indædt)* bitter (*fx* fighting, opposition).

forbitret[2] *adv.* **1.** *(rasende)* indignantly; *(stærkere)* furiously;
2. *(indædt)* bitterly.

forbjerg promontory; *(større)* cape.

forblindelse *sb. (en, -r)* **1.** *(blindhed)* blindness; **2.** *(blind forelskelse)* infatuation.

forblindet *adj.* **1.** *(blind)* blinded (*af* by, *fx* one's own prejudices);
2. *(blændet)* dazzled (*af* by, *fx* her charm);
3. *(forelsket)* infatuated (*af* with, *fx* with her).

forblive *vb.* **1.** remain (*fx* it remains a secret); **2.** *(blive på samme sted)* stay; F remain;
□ *lade det ~ derved* let the matter rest there.

forbliven *sb. (en)* staying; F continuance (*fx* his continuance in office).

forblommet *adj.* **1.** dark; F covert (*fx* hints);
2. *(flertydig)* ambiguous (*fx* remarks);
□ *antyde ~ at* hint darkly that.

forblæst *adj. (om sted)* wind-swept.

forbløde *vb.* bleed to death.

forblødning *sb. (en, -er)* bleeding to death.

forbløffe *vb. (se også forbløffende, forbløffet)* **1.** startle, amaze; *(stærkere)* astound; **2.** *(forvirre)* disconcert;
□ *han lod sig ikke ~* he was unperturbed.

forbløffelse *sb. (en)* **1.** amazement; **2.** *(forvirring)* bewilderment.

forbløffende[1] *adj.* startling, amazing; *(stærkere)* astounding.

forbløffende[2] *adv.* amazingly (*fx* cheap); *(stærkere)* astoundingly (*fx* good);
□ *~ hurtigt* with amazing rapidity.

forbløffet[1] *adj.* amazed (, astounded) (*over* at; *over at (+ inf.)* to; *(+ sætn.)* that); taken aback (*over* by);
□ *blive ~* be amazed, be astounded, be taken aback.

forbløffet[2] *adv.* in amazement.

forbogstav initial.

forborgen *adj.* **1.** *(skjult)* secret (*fx* smile); **2.** *(hemmelighedsfuld)* secretive.

forbrug *sb. (et)* **1.** *(hvad der bruges)* consumption (*fx* of electricity, of energy; the consumption of alcohol has increased);
2. *(hvad der behøves)* requirements pl. (*fx* we have enough to cover the city's food requirements).

forbruge *vb.* consume.

forbruger *sb. (en, -e)* consumer.

forbrugerbeskyttelse consumer protection.

forbrugerisme *sb. (en)* consumerism.

forbrugerombudsmand consumers' ombudsman; T consumer watchdog.

forbrugeroplysning consumer guidance.

forbrugerprisindeks retail price index.

forbrugerråd consumers' advisory council;
□ *-et (i England)* the National Consumer Council.

forbrugersamfund consumer society.

forbrugervejledning = *forbrugeroplysning.*

forbrugervenlig *adj.* consumer-friendly.

forbrugsbegrænsende *adj.: ~ foranstaltninger* measures to reduce consumer expenditure.

forbrugsgoder *sb.pl.: varige ~* durable consumer goods; consumer

durables.
forbrugsskat consumption tax.
forbrugsvarer *sb.pl.* consumer goods.
forbryde *vb.: ~ sig* offend; *~ sig mod a) (person)* commit an offence against (*fx* a child); *b) (lov, bestemmelse)* offend against (*fx* the law); *have sit liv forbrudt (glds.)* forfeit one's life.
forbrydelse *sb. (en, -r)* crime (*fx* commit a crime; it would be a crime to disappoint her); *(i officielt sprog: lovovertrædelse)* offence; *(jur.: grov)* felony; *(mindre alvorlig)* misdemeanour.
forbryder *sb. (en, -e)* criminal; *(i officielt sprog: lovovertræder)* offender; *(jur. el. litt.)* felon;
□ *-en (ɔ: den skyldige)* the culprit (*fx* who is the culprit?).
forbryderalbum police photographic records pl.; T rogues' gallery.
forbryderansigt gaolbird face, jailbird face.
forbryderbane *sb. (en)* course (*el.* life) of crime (*fx* he was destined for a life of crime);
□ *slå ind på -n* enter upon a life of crime; *det første skridt på -n* the first step in crime.
forbryderisk[1] *adj.* criminal.
forbryderisk[2] *adv.* criminally.
forbryderiskhed *sb. (en)* criminality.
forbryderspire budding criminal.
forbryderverden underworld, criminal world.
forbrænde *vb.* burn.
forbrænding *sb. (en, -er)* **1.** burning; F combustion; *(af affald)* incineration; **2.** *(brandsår)* burn (*fx* a third degree burn).
forbrændingsanstalt incineration plant.
forbrændingsmotor internal combustion engine.
forbrændingsovn incinerator.
forbrændingsprodukt product of combustion.
forbrændt *adj.* burnt;
□ *~ af solen a)* scorched by the sun; *b) (om person)* sunburnt.
forbud *sb. (et, -) (officielt)* ban (*mod* on, *fx* demonstrations, smoking; a parking ban); F prohibition (*mod* against, *fx* issue a prohibition against the sale of alcohol); *(mht. handel)* embargo (*mod* on, *fx* on trade with the belligerent countries; on arms exports);
□ *give en ~ mod at a)* forbid sby to; *b) (officielt)* ban sby from -ing; *han har (fået) ~ mod at a)* he has been forbidden to; *b) (lægeligt)* he is under doctor's orders not to (*fx* smoke); *c) (officielt)* he has been banned from -ing (*fx* from leaving the country); *nedlægge ~ mod* ban, impose a ban (, embargo) on; *ophæve -et* lift the ban (, embargo).
forbuden *adj.* forbidden;
□ *~ frugt smager bedst* forbidden fruit is sweet.
forbudslov prohibition law.
forbudsmodstander anti-prohibitionist.
forbudstilhænger prohibitionist.
forbudt *adj.* forbidden (*fx* photography is forbidden in the museum; forbidden fruit; the Forbidden City); F prohibited;
□ *det er ~ at ryge (, bade) her* smoking (, bathing) is forbidden (, prohibited) here; *det er ikke ~ at* T there is no law against (*fx* there is no law against thinking for yourself; there is no law against standing here, is there?); *~ for børn* for adults only; *det er ~ ved lov* it is forbidden (, prohibited) by law (*fx* selling alcohol to children is forbidden (, prohibited) by law);
[med sb.] adgang ~ se adgang; *henstillen af cykler ~* no bicycles to be left here; *indkørsel ~* No Entry; *overhaling ~* No Overtaking; *rygning ~* No Smoking.
forbund *sb. (et, -)* **1.** *(forening, sammenslutning)* union (*fx* a students' union); league (*fx* a football league; the League of Nations); **2.** *(fagforbund)* trade union; **3.** *(statsforbund)* federation; *(løsere, med større uafhængighed for medlemmerne)* confederation; **4.** *(alliance)* alliance;
□ *indgå ~ med* enter into a league (, federation etc.) with; make an alliance with.
forbundet *adj.* **1.** *(pf.ptc. af forbinde)* connected (*med* with); linked (*med* with *(se også ndf.)*); joined (*med* to); combined (*med* with); **2.** *(allieret)* allied;
□ *jeg er Dem meget ~* I am much obliged (to you);
[med præp.] ~ **med** *a) (om maskine, rør & elek.)* connected to; *b) (om tankeforbindelse, jf. forbinde 3)* connected to, linked with; associated with, coupled with (*fx* for me that place will always be associated (*el.* coupled) with unpleasant memories);
være ~ med (ɔ: medføre) involve (*fx* it involves great difficulties); *som er ~ med (kan ofte gengives)* of (*fx* the hazards of the journey; the costs of the undertaking; the advantages of this procedure); *det er ~ med livsfare* it is dangerous; *være snævert ~ med (ɔ: hænge nøje sammen med)* be bound up with; *den dermed forbundne fare* the danger involved.
forbundsdomstol Federal Tribunal.
forbundsfælle ally.
forbundskansler Federal Chancellor.
forbundsrepublik federal republic;
□ *den tyske ~* the Federal Republic of Germany.
forbundsstat federal state.
forbyde *vb. (se også forbudt)* **1.** *(officielt)* ban (*fx* the publication of a book, student demonstrations; the play was banned by the censor); F prohibit (*fx* the sale of a drug); **2.** *(især om person, især* F*)* forbid (*fx* I forbid you to do that!); *(*T*, ofte =)* tell (sby) not to (*fx* I told you not to do that!);
□ *hans far forbød ham det (også)* his father wouldn't let him; *~ én adgang* forbid sby to enter; *(se også adgang)*; *det -r sig selv* it is impossible;
[med at & præp.] ~ ham **at** *a) (jf. 2)* forbid him to, tell him not to (*fx* play outside); *b) (jf. 1: officielt)* ban him from -ing (*fx* from leaving the country); prohibit him from -ing; *det blev ham forbudt at a)* he was forbidden to; T he was told not to; *b) (af lægen)* he was under doctor's orders not to (*fx* smoke); *c) (officielt)* he was banned from -ing (*fx* from leaving the country); *hans fader har forbudt ham at ryge* his father won't let him smoke; *Gud ~ at* God forbid that; *~* **ved lov** forbid (, prohibit) by law; T outlaw; *det burde -s ved lov* there ought to be a law against it.
forbygge *vb.: ~ sig* build beyond one's means.
forbygning front building.
forbytte *vb.: ~ børn (ved et uheld)* mix up children; *få sin hat -t* get a wrong hat by mistake.
forbøn **1.** intercession; **2.** *(til Gud)* (intercessory) prayer;
□ *gå i ~ for ham* intercede for him (*hos en* with sby).
force *sb. (en)* forte, strong point.
force majeure force majeure.
forcere *vb.* force (*fx* the pace; a door).
forceret *adj.* forced (*fx* at a forced pace).
fordampe *vb.* evaporate.
fordampning *sb. (en, -er)* evapora-

tion.
fordanser *sb. (en, -e)* leader (of a dance).
fordanske *vb.* translate into Danish.
fordanskning *sb. (en)* Danish translation.
fordel *sb. (en, -e)* **1.** *(fortrin)* advantage;
2. *(forreste del)* front part; *(fagl.)* anterior part;
□ *-e og mangler* advantages and disadvantages; *det har sine -e* it has its advantages; there is something to be said for it;
[med præp.] drage ~ ***af****, have ~ af se drage²* *([med sb.])*; *være en ~* ***for*** *en* be an advantage to sby; *have en ~* ***frem for*** *en* have an advantage over sby; T have the edge on (*el.* over) sby; ***med*** *~* profitably; with advantage; *se* ***på*** *sin ~* look after one's own interests; ***til*** *hans ~, se ndf.: til ~ for ham*; *tage sig ud til sin ~* appear to advantage; *udnytte det til sin egen ~* exploit it for one's own benefit; ***til*** *~* ***for*** *a)* in favour of (*fx* give up smoking in favour of a holiday in the Bahamas); *b) (for at hjælpe)* in aid of (*fx* a concert in aid of UNICEF); *til ~ for ham (ɔ: til gavn for)* to his advantage, for his benefit, in his favour; *-en* ***ved*** the advantage of; *-en* ***ved at*** the advantage in -ing (*fx* there is no advantage in waiting; there are several advantages in doing it now); *se sin ~ ved at* find it profitable (*el.* an advantage) to.
fordelagtig *adj.* **1.** *(gunstig)* advantageous (*for* to, *fx* the offer was very advantageous to us; we are now in a more advantageous position);
2. *(indbringende)* profitable; F lucrative;
□ *på -e betingelser* on favourable terms; *en ~ pris* a favourable (*el.* an attractive) price; *vise sig fra den -ste side* show off to (one's best) advantage; *et -t tilbud* an attractive offer; *et -t ydre* a prepossessing appearance.
fordele *vb.* **1.** *(dele ud)* distribute (*mellem* among, *fx* the money among them); give out (*fx* give out (*el.* distribute) the books to the class);
2. *(dele)* divide (*mellem* among, *fx* divide the money among them; divide the risk); *(ligeligt)* share out (*mellem* among);
3. *(sprede)* spread (*fx* the paint evenly);
□ *~ rollerne se rolle*;
[med sig] ~ ***sig*** *a) (sprede sig)* spread out (*over* over, *fx* they spread out over the field); F disperse (*fx* groups of people were dispersed along the route); *b) (dele sig)* split up (*fx* they split up into groups); *~* ***sig på*** *a) (være fordelt)* be divided among (*fx* show how the national income is divided among the different classes); *b) (om tal, i statistik)* be distributed over (*fx* the way the figures are distributed over the various groups);
[med præp.] ~ ***mellem*** *se ovf.: 1 & 2; jævnt fordelt mellem* evenly distributed among; *de fordelte arbejdet mellem sig* they shared out the work; *~ arbejdet (, betalingen)* ***over*** *tre år* spread the work (, the payment) over three years; *~ arbejde* ***til*** allocate work to.
fordeling *sb. (en, -er)* **1.** *(også statistisk)* distribution (*fx* the distribution of wealth); division (*fx* is that a fair division of the money?);
2. *(spredning)* spreading; F dispersion;
3. *(anbringelse)* disposition (*fx* the disposition of troops along the border).
fordelingsnøgle *(kan gengives)* basis for distribution, plan of distribution.
fordi *konj.* because;
□ *det er ikke ~ jeg ikke kan lide ham* it is not that (*el.* as if) I don't like him; *hvis det ikke var ~ han elskede hende* but for (*el.* were it not for) the fact that he loved her.
fordoble *vb.* double; *(især fig.)* redouble (*fx* one's efforts).
fordobling *sb. (en, -er)* doubling.
fordom *sb. (en, -me)* prejudice (*imod* against).
fordomsfri *adj. (se også fordomsfrit)* unprejudiced; open-minded.
fordomsfrihed freedom from prejudices, open-mindedness.
fordomsfrit *adv.* without prejudice, with an open mind.
fordomsfuld *adj.* prejudiced.
fordrage *vb.: jeg kan ikke ~* I hate; *(stærkere)* I detest; T I cannot stand (*el.* stick) (*fx* cheese, him); *jeg kan ikke ~* ***at*** *(+ inf.)* I hate -ing (*el.* to); I detest -ing; I can't stand (*el.* stick) -ing (*fx* seeing him); *jeg kan ikke ~ at hun blander sig i mine sager* I hate (, I detest, I can't stand (*el.* stick)) her interfering in my affairs.
fordragelig *adj.* **1.** tolerant; **2.** *(venskabelig)* friendly (*fx* in a friendly atmosphere).
fordragelighed *sb. (en) (jf. fordragelig)* **1.** toleration, tolerance;
2. friendliness (*fx* in all friendliness).
fordre *vb.* demand (*fx* payment, an immediate answer; an operation demanding great care); *(svagere, F)* require (*fx* all that is required of me); *(strengt)* exact (*fx* obedience); *(med begrundet krav)* claim (*fx* recognition).
fordreje *vb.* **1.** distort (*fx* distorted features; a face distorted with pain);
2. *(forvanske)* twist (*fx* the facts, the truth, his words); F distort (*fx* his meaning, his statement, the truth); *(fremstille forkert)* misrepresent (*fx* the facts; his meaning);
□ *med -t skrift (, stemme)* in a feigned hand (, voice); *~ hovedet på en* turn sby's head.
fordrejelse *sb. (en, -r)*, **fordrejning** *sb. (en, -er) (jf. fordreje 2)* distortion; misrepresentation (*fx* a gross (, deliberate) distortion (, misrepresentation) of the facts).
fordring *sb. (en, -er)* **1.** demand; *(moralsk)* claim;
2. *(jur., hdl.)* claim; *(tilgodehavende)* debt (*fx* outstanding debts);
□ *gøre ~ på* claim, lay claim to (*fx* a territory); *gøre ~ på at være* claim to be (*fx* an expert); *slå af (el. slække) på -erne* reduce one's demands; lower one's sights; *stille -er* make demands; *stille alt for store -er til* ask too much from (*el.* of); make too great demands on.
fordringsfuld *adj. (som stiller store krav)* demanding (*fx* he is very demanding).
fordringshaver *sb. (en, -e)* creditor, claimant.
fordringsløs *adj.* unpretentious; *(om person også: beskeden)* unassuming.
fordriste *vb.: ~ sig til at* venture to; make so bold as to.
fordrive *vb.* **1.** *(jage bort)* drive away (*fra* from, *fx* he drive them away from his estate; drive away feelings of sadness);
2. *(om regent etc.)* oust (*fx* the President, the King);
3. *(jage ud)* drive out (*fra* of, *fx* drive the intruders out of the country); F expel (*fra* from);
4. *(landsforvise)* exile; F banish;
□ *~ fra tronen* dethrone; *~ tiden* pass the time, while away the (*el.* one's) time; *(se også ond)*.
fordrivelse *sb. (en, -r) (jf. fordrive)* **1.** driving away; **2.** ousting; **3.** expulsion; **4.** banishment.
fordrukken *adj.* drunken *(attr.)* (*fx*

his drunken father; her drunken husband); T boozy;
□ *han er ~* he drinks; he is an alcoholic; T he is on the bottle; *hun har en ~ mand* she has a husband who drinks.
fordufte *vb.* **1.** *(forsvinde)* disappear; F evaporate (*fx* his enthusiasm evaporated);
2. *(stikke af)* beat it; *(for at undgå ubehageligheder)* make oneself scarce.
fordumme *vb.* make stupid, reduce to a state of stupidity.
fordummelse *sb. (en)* reduction to a state of stupidity.
fordums *adj.* former (*fx* beauty);
□ *i ~ tid* in former times; *(glds.)* in days of old, in olden times.
fordunkle *vb. (overstråle)* outshine, eclipse.
fordybe *vb.* deepen; *(se også fordybet)*;
□ *~ sig i* lose oneself in, become absorbed in; *~ sig helt i* soak oneself in (*fx* the history of Denmark); *~ sig i sig selv* be lost in thought; F commune with oneself.
fordybelse *sb. (en)* absorption.
fordybet *adj. (sænket)* sunk;
□ *~ i (fig.)* absorbed in (*fx* a book); lost in (*fx* thought); deep in (*fx* conversation); *~ i sin avis (, en bog) (også)* buried (*el.* engrossed) in one's paper (, a book).
fordybning *sb. (en, -er)* **1.** hollow; F depression;
2. *(i materiale: bule)* dent;
3. *(fure)* groove;
4. *(vindues- el. dør-)* embrasure;
5. *(i væg)* recess, niche.
fordyre *vb.* make more expensive; raise the price of; increase the cost of.
fordyrelse *sb. (en, -r): ~ af* rise in the price of.
fordægtig *adj.* suspicious; F dubious; T shady (*fx* person, character; transaction);
□ *der er noget -t ved det (, ham) (også, T)* there is sth fishy about it (, him).
fordæk **1.** *(på bil etc.)* front tyre; *(am.)* front tire; **2.** *(sø.)* foredeck.
fordækt *adj.* **1.** *(tilsløret)* covert, disguised;
2. *(underfundig)* furtive (*fx* smile);
3. *(i kortspil)* face downwards.
fordærv *sb. (et)* ruin;
□ *bringe (el. styrte) en i ~* ruin sby.
fordærve *vb. (se også fordærvet)*
1. spoil; **2.** *(moralsk)* corrupt;
□ *for lidt og for meget -r alt (omtr.)* everything in moderation; *(se også kok)*.
fordærvelig *adj.* pernicious;
□ *let -e varer* perishable goods, perishables.
fordærvelse *sb. (en) (jf. fordærve)*
1. spoilage; **2.** corruption; F depravity, depravation;
□ *styrte en i ~* ruin sby.
fordærvet *adj.* **1.** *(om mad)* bad; F tainted (*fx* tainted meat);
2. *(moralsk)* corrupt; F depraved;
□ *blive ~ (om mad)* go bad, go off; *kødet er ~ (også)* the meat is off; *slå ham halvt ~* knock the living daylights out of him; *han var ved at le sig ~ (let glds.)* he nearly split his sides with laughing.
fordøje *vb. (også fig.)* digest.
fordøjelig *adj.* digestible.
fordøjelse *sb. (en)* digestion;
□ *dårlig ~* indigestion.
fordøjelsesbesvær digestive problems pl.; indigestion.
fordøjelseskanal alimentary canal.
fordømme *vb. (se også fordømmende, fordømt)* **1.** condemn (*fx* everybody condemns violence);
2. *(officielt, F)* denounce (*fx* the Minister denounced the violence committed by the strikers; a resolution denouncing the Government (, the minister's action)).
fordømmelig *adj.* reprehensible.
fordømmelse *sb. (en) (jf. fordømme)* **1.** condemnation; **2.** denouncement; **3.** *(bibelsk)* damnation.
fordømmende[1] *adj.* condemnatory.
fordømmende[2] *adv.* condemningly.
fordømt *adj. (nederdrægtig)* confounded; *(stærkere)* damned;
□ *fordømt!* confound it! damn it! *de -e (bibl.)* the damned; *være ~ til at* be doomed to.
fordør front door.
fore *vb.* line; *(med pelsværk)* fur; *(med vat)* wad.
forebringe *vb.* submit;
□ *~ ham det* submit it to him.
forebringende *sb. (et, -r)* statement.
forebygge *vb. (se også forebyggende)* prevent (*fx* accidents, misunderstandings); F preclude (*fx* in order to preclude misunderstanding);
□ *det er bedre at ~ end at helbrede* prevention is better than cure; *~* ***at*** *det sker* prevent (, preclude) it happening.
forebyggelse *sb. (en)* prevention.
forebyggende *adj.* **1.** preventive (*fx* medicine; measures, work); preventative (*fx* measures); **2.** *(svangerskabs-)* contraceptive;
□ *~ middel a) (jf. 1)* preventive, preventative; *b) (jf. 2)* contraceptive; *~ angreb* pre-emptive strike.
foredrag *sb. (et, -)* **1.** *(populært, især radio-)* talk (*om* on);
2. *(forelæsning, belærende ~)* lecture; *(især for videnskabelig forsamling)* paper (*om* on);
3. *(sprogbehandling)* delivery, diction;
4. *(spil el. sang)* execution;
□ *holde ~ a) (jf. 1)* give a talk (*for* to); *b) (jf. 2)* give a lecture (*for* to); *(videnskabeligt ~)* read a paper (*for* to).
foredrage *vb.* **1.** *(fremsige)* recite (*for* to, *fx* recite poetry to them); deliver (*fx* he delivered the speech in a monotonous voice);
2. *(sang etc.)* execute, render.
foredragsforening lecture society.
foredragsholder *sb. (en, -e)* lecturer.
foredragsrejse lecture tour.
foredragssal lecture room.
forefalde *vb. (indtræffe)* happen; F occur; *(foregå)* take place;
□ *alt -nde arbejde* any odd jobs; *-nde tilfælde* such cases as may arise.
forefinde *vb.* find.
forefindes *vb.* **1.** be found be;
2. *(være til)* exist; **3.** *(være til rådighed)* be available.
foregangsmand pioneer.
foregive *vb.* pretend (*fx* to be ignorant; that one is ignorant; ignorance); sham (*fx* sham illness; sham ill); F simulate (*fx* madness); feign (*fx* madness; that one is mad); *(se også udgive (sig for))*.
foregiven *adj.* pretended, simulated, feigned (*fx* innocence); sham (*fx* piety).
foregivende *sb. (et, -r)* pretence;
□ *under ~ af* under the pretence of; F under the guise of.
foregribe *vb.* **1.** *(komme før)* anticipate (*fx* their wishes); pre-empt (*fx* him; the findings of the inquiry);
2. *(hindre)* forestall (*fx* he forestalled my criticism (, objections, question) by bringing up the matter himself);
□ *~ begivenhedernes gang* anticipate events.
foregøgle *vb.: ~ en noget* make sby believe sth; *(fremtidsudsigt)* dangle sth before sby; *~ sig a) (forestille sig)* picture to oneself; *b) (bilde sig ind)* imagine.
foregå *vb. (se også foregående)*
1. *(finde sted)* take place (*fx* the interview took place in his office; the talks will take place in Geneva); be (*fx* there has been a

change);
2. *(om litteraturværk)* be set in (*fx* the novel is set in post-war Germany; the scene is set in a forest); take place (*fx* the action of the play takes place in London);
3. *(være i gang, ske)* go on (*fx* what is going on between them (, in there, in his mind, in Russia)? strange things have been going on); F be in progress;
4. *(forløbe, blive afviklet)* pass off, go off (*fx* the demonstration went (*el.* passed) off without incident);
□ *det er* **der** *det -r (ɔ: hvor tingene sker)* that's where the action is; *det er* **her** *det -r (ɔ: værsgo)* here you are; *være med* **hvor** *det -r* be where the action is; be in the centre of events;
[med præp.] ~ en **med** *et godt eksempel* give (*el.* set) a good example (to sby); *der er -et en forandring med ham* he has changed; *eksaminationen -r* **på** *engelsk* the examination is conducted in English.
foregående *adj.* previous (*fx* the previous evening (, owner)); preceding (*fx* the preceding page);
□ *den ~ dag* the day before; F the previous day; *de i det ~ meddelte oplysninger* the information given above.
forehavende *sb. (et, -r)* project, enterprise.
foreholde *vb.: ~ en noget a)* point out sth to sby; *b) (bebrejdende)* expostulate with sby about sth.
forekomme *vb.* **1.** *(indtræffe)* happen (*fx* such things happen); F occur (*fx* violent incidents occurred in many towns);
2. *(findes)* be found (*fx* this plant is found in Denmark); be met with; F occur (*fx* this sound does not occur in Danish; it is possible in theory, but it never occurs in practice);
3. *(synes)* seem (*fx* it seems unlikely); appear;
□ *det -r mig at* it appears to me that; *det -r mig at være usandsynligt* it seems unlikely to me; *det -r at han er forsinket* he is sometimes late.
forekommende[1] *adj.* **1.** *(imødekommende)* obliging; **2.** *(høflig)* courteous.
forekommende[2] *adv. (jf. forekommende[1])* **1.** obligingly; **2.** courteously.
forekommenhed *sb. (en) (jf. forekommende)* **1.** obligingness; **2.** courtesy.
forekomst *sb. (en)* **1.** occurrence (*fx* the occurrence of violence (, cancer); the occurrence of these flowers in Scotland); *(udbredelse også)* incidence (*fx* the incidence of mental defects (, heart disease) in the population);
2. *(geol.)* occurrence (*fx* the natural occurrence of this mineral); *(aflejring)* deposit (*fx* deposits of uranium);
□ *almindelig ~* prevalence.
forel *sb. (en, -ler) (zo.)* trout.
foreligge *vb. (se også foreliggende)* **1.** be (*fx* there are two possibilities; there is no proof of it);
2. *(være tilgængelig, være til at få)* be available (*fx* no further details are available yet; a new edition of the book is available);
□ *der må ~ en misforståelse* there must be some mistake; *-r der noget* **om** *det?* is anything known about it?
foreliggende *adj.* **1.** existing (*fx* under existing circumstances); present (*fx* the present subject; in the present case);
2. *(tilgængelig)* available (*fx* the available facts (, information));
□ *den ~ sag* the present case; the matter in hand; the case that is before us.
forelske *vb.: ~ sig* fall in love (*i* with); *(se også forelsket).*
forelskelse *sb. (en, -r)* **1.** love (*i* for); *(blind)* infatuation (*i* with);
2. *(det at forelske sig)* falling in love;
□ *hans mange -r* his numerous love affairs.
forelsket[1] *adj.* **1.** *(præd.)* in love (*i* with, *fx* he is deeply (, hopelessly) in love with her; he is in love with the little village);
2. *(attr., omtr.)* loving (*fx* words, look; his loving, beautiful wife);
□ *forelskede blikke* F amorous glances; *blive ~* fall in love (*i* with); *to unge forelskede* two young lovers; a courting couple.
forelsket[2] *adv.* lovingly (*fx* he looked lovingly at her).
forelægge *vb.* present (*for* to, *fx* present the report to them); *(især: til behandling, afgørelse)* lay (*el.* put *el.* bring) before (*fx* the proposals were laid (etc.) before the minister (, the committee)); *(især for overordnet myndighed,* F*)* submit (*for* to, *fx* submit the plan to the manager);
□ *~ et lovforslag* introduce (*el.* bring in) a Bill; *kassereren forelagde regnskabet* the treasurer presented the accounts.
forelæggelse *sb. (en, -r) (jf. forelægge)* **1.** presentation; submission; **2.** *(af lovforslag)* introduction.
forelæse *vb.* lecture (*for* to; *over* on).
forelæsning *sb. (en, -er)* lecture;
□ *holde en ~* give a lecture; *(ved kongres etc.)* read a paper; *holde -er over* give lectures on, lecture on; *gå til (el. følge) -er* go to (*el.* attend) lectures; *udeblive fra en ~* cut a lecture.
forelæsningsrække course (*el.* series) of lectures.
foreløbig[1] *adj.* **1.** *(kortvarig)* temporary (*fx* arrangement, job, shelter, solution);
2. *(som senere vil blive ændret)* provisional (*fx* arrangement, conclusion, diagnosis); F interim (*fx* solution, report).
foreløbig[2], **foreløbigt** *adv.* **1.** *(midlertidigt)* temporarily; provisionally; *(jf. foreløbig[1]);*
2. *(indtil videre)* for the time being (*fx* he will stay here for the time being; there was nothing I could do for the time being); for some time to come; *(kun om nutiden)* for the present (*fx* leave matters as they are for the present);
3. *(indtil nu)* so far (*fx* nothing has happened so far); *(når man venter det vil ændre sig)* as yet (*fx* we have received only two applications as yet);
□ *det er nok ~* it is enough to be getting (*el.* going) on with.
forende *sb. (en, -r)* **1.** fore-end, front part; **2.** *(sø.)* bow.
forene *vb.* **1.** *(gøre til en enhed)* unite (*fx* two countries; Norway was united with Sweden in 1814; the war united the country); *(samle)* unify (*fx* hope for a unified Ireland; unify the smaller groups into larger organizations);
2. *(forbinde)* combine (*fx* two theories; friendliness with authority; the useful with the agreeable);
3. *(knytte sammen)* join (*fx* joined in friendship); *(stærkere)* unite;
4. *(forlige)* reconcile (*fx* reconcile conflicting aims (, ideas); I cannot reconcile it with my principles);
□ *ved -de anstrengelser* by joint effort; by their (, our) combined (*el.* united) efforts; *De -de Nationer* the United Nations; *De -de Stater* the United States; T the States;
[med: sig] ~ sig unite (*fx* workers of the world, unite! they united to defend him); join forces (*med* with); *~ sig med* join; *lade sig ~ med (fig.)* be consistent with (*fx*

behaviour that is not consistent with your job).

forenelig *adj.* consistent, compatible (*med* with).

forening *sb. (en, -er)* **1.** *(selskab)* society (*fx* the local art society); association (*fx* an art association); *(mindre: klub)* club;
2. *(jf. forene 1)* union; *(samling)* unification (*fx* German unification); **3.** *(jf. forene 2)* combination; **4.** *(jf. forene 3)* junction;
□ *i ~* jointly (*fx* they worked jointly); between them (, us, you) (*fx* they managed it between them); *i ~ med* together with; combined with (*fx* his intelligence, combined with personal charm); *(se også skøn[2]).*

foreningsfrihed freedom (*el.* liberty) of association.

foreningsmængde *(mat.)* union.

forenkle *vb.* simplify.

forenklet *adj.* **1.** simplified; **2.** *(for stærkt ~)* oversimplified (*fx* explanation).

forenkling *sb. (en, -er)* **1.** simplification; **2.** *(for stærk ~)* oversimplification.

foresat *adj. & sb.* superior.

foreskreven *adj.* prescribed.

foreskrive *vb.* **1.** lay down (*fx* the procedure laid down by him (, in the instructions)); F prescribe (*fx* the law prescribes that ...);
2. *(befale)* order; *(diktere)* dictate.

foreslå *vb.* **1.** suggest; *(mere* F*)* propose; **2.** *(til afstemning: stille forslag om)* move (*fx* that the meeting (shall) be continued);
□ *~ ham **at** gøre det* suggest to him that he does it; F suggest (, propose) to him that he should do it; *jeg -r at standse her (el. at vi standser her)* I suggest (, propose) stopping here (*el.* that we stop here); *~ ham **som** (el. **til**) formand* propose him as chairman; *~ ham til stillingen* recommend him for the post.

forespørge *vb.* enquire.

forespørgsel *sb. (en, forespørgsler)* enquiry;
□ *ved ~* on enquiry.

forestille *vb.* **1.** *(præsentere)* introduce (*fx* let me introduce my brother to you); *(for en af højere rang,* F*)* present (*for* to, *fx* present her to the Queen (, the Governor); be presented at Court);
2. *(gengive, være billede af)* represent (*fx* the picture represents Byron);
□ *må jeg ~ dig for min broder (også, uformelt)* this is my brother; *(am.)* meet my brother; *hvad **skal** det ~? a) (ɔ: betyde)* what is the meaning of that? T what is the big idea? what is that in aid of? *b) (ɔ: være)* what is that supposed to be? *skal det billede ~ mig?* is that picture supposed to be me?
*[med sig] ~ **sig** a) (tænke sig)* imagine (*fx* you can imagine my surprise; I can't imagine doing that); *(om noget fremtidigt,* F*)* envisage (*fx* we envisage the building as a community centre); *b) (danne sig et billede af)* picture to oneself (*fx* try to picture the scene to yourself); F visualize (*fx* the scene); *c) (tro)* imagine (*fx* he imagines that it is quite easy); *d) (præsentere sig)* introduce oneself (*for* to); *~ **sig at** (jf. a)* imagine that, envisage that (*fx* try to imagine that you are a doctor; we had not envisaged that it would be so bad); imagine -ing, envisage -ing (*fx* I can't imagine him (*el.* his) doing that; I cannot envisage the plan('s) succeeding).

forestilling *sb. (en, -er)* **1.** *(teat. etc.: opførelse)* performance (*fx* the performance begins at 8; that was the last performance); *(det der opføres)* show (*fx* have you seen the new show at the Abbey Theatre?);
2. *(tanke, begreb)* idea, notion (*om* of; *om at* that, *fx* I have a clear (, vague) idea of it; I have an idea that he will stay away; I have no idea what it means (, how it is done)); *(opfattelse også)* conception (*om* of, *fx* their conception of life after death);
3. *(præsentation, jf. forestille 1)* introduction; presentation;
□ *falsk ~* misconception;
*[med vb.] **gøre** sig en ~ om* form an idea of; *du gør dig ingen ~ om* you can't imagine (*fx* how angry he was); *gøre -er over for (ɔ: diplomatisk)* make representations to; ***have** en ~ om* have an idea of; *(se også 2 ovf.)*; ***vække** -er om* suggest.

forestillingsverden scheme of things.

forestå *vb. (se også forestående)*
1. *(stå i spidsen for)* be in charge of (*fx* the arrangements); be at the head of; manage (*fx* he manages our business);
2. *(være nær)* be at hand, be near; *(især om noget truende)* be imminent (*fx* he is convinced that a nuclear catastrophe is imminent);
3. *(ligge forude)* be ahead (*fx* there will be trouble ahead);
□ *der -r ham et længere sygeleje* he is in for a long period of illness.

forestående *adj.* approaching; upcoming (*fx* the upcoming summit meeting);
□ *umiddelbart ~* F impending; *(især om noget truende)* imminent.

foresvæve *vb.: det -r mig at, der ~ mig noget om at* I have a vague idea that; I remember vaguely that.

foresyngning *sb. (en, -er)* audition.

foresætte *vb.: ~ sig at* decide to.

foretage *vb.* make (*fx* alterations, an attack on sth, a change, a journey, repairs, a search, a voyage); *(udføre også)* carry out (*fx* experiments, repairs, tests);
□ *~ sig noget* do something; *uden at ~ sig noget* without doing anything;
[med sb.] få -t abort have an abortion; *~ en operation* perform an operation; *~ de nødvendige skridt* take the necessary steps; *(NB ~ + sb. oversættes ofte ved det tilsvarende vb., fx ~ en prioritering* prioritize,*~ en undersøgelse af sagen* investigate the matter*)*.

foretagende *sb. (et, -r)* **1.** undertaking (*fx* a risky undertaking); enterprise (*fx* a new enterprise);
2. *(forretningsvirksomhed)* business, enterprise, business enterprise; *(større, mere* F*)* concern (*fx* a family concern); *(firma)* firm.

foretagsom *adj.* enterprising;
T go-ahead.

foretagsomhed *sb. (en)* enterprise.

foreteelse *sb. (en, -r)* phenomenon (pl. phenomena).

foretrukken *adj. (foretrukket, foretrukne)* preferred (*fx* the method preferred); *(attr.)* favourite (*fx* his favourite holiday resort).

foretræde *sb. (et)* interview; *(hos statsoverhoved)* audience;
□ *få (, søge) ~ hos* obtain (, ask for) an interview with; obtain (, seek) an audience of.

foretrække *vb. (se også foretrukken)* prefer (*for* to, *fx* I prefer tea to coffee);
□ *~ **at*** prefer to, prefer -ing (*fx* I prefer to walk, I prefer walking); *jeg -r **at du*** I prefer you to, I prefer your -ing (*fx* I prefer you to stay here (*el.* your staying here)); *det er at ~* it is preferable; *det er **langt** at ~* it is greatly to be preferred; *jeg -r langt hans broder* I greatly prefer his brother.

forevige *vb. (-de, -t)* **1.** immortalize;
2. *(fotografere)* photograph.

forevigelse *sb. (en, -r)* **1.** immortalization; **2.** *(fotografering)* photographing, taking a photo(graph).

forevise *vb.* **1.** *(vise)* show (*for* to, *fx* show the garden to them);
2. *(tage frem og vise)* produce (*fx* one's passport, one's boarding pass);
3. *(demonstrere)* demonstrate (*for* to, *fx* demonstrate the car to him).

foreviser *sb. (en, -e)* **1.** *(markeds- etc.)* showman; **2.** *(jf. forevise 3)* demonstrator.

forevisning *sb. (en, -er) (jf. forevise)* **1.** *(fx af film)* showing;
2. production; **3.** demonstration.

forfader *se forfædre.*

forfald[1] *sb. (et)* **1.** *(om bygning etc.)* decay (*fx* the gradual decay of the village (, the monument); all the houses were in a state of decay);
2. *(om kultur etc.: nedgang)* decline (*fx* of civilization, of the language); *(opløsning)* decay (*fx* of the language; moral decay; the Roman Empire was in decay); decadence (*fx* of a tradition; of the Roman Empire);
3. *(udløb af betalingsfrist)* falling due; maturity;
□ *i ~ a)* in a state of decay; *b) (fig.)* declining; in decay; *gå i ~ se forfalde.*

'**forfald**[2] *sb. (et): få (el. have) ~* be prevented from being present (*el.* from attending); *i tilfælde af hans ~* in his absence; *lovligt ~* lawful absence; *have lovligt ~* have a valid excuse for being absent; *melde ~* send (one's) regrets, send apologies.

forfalde *vb. (se også forfalden)*
1. *(om bygning)* fall into decay, become dilapidated; *(mangle vedligeholdelse)* fall into disrepair;
2. *(om kultur etc.: gå ned ad bakke)* decline; *(gå i opløsning)* fall into decay, decay;
3. *(til betaling)* become (*el.* fall) due (*fx* the interest (, rent, wages) will become due on Friday; the interest (, bill) falls due today); be payable (*fx* on Tuesday); *(om forsikringspolice etc.: ~ til udbetaling)* mature;
□ *~ til a)* (ɔ: *blive -n til)* take to, become addicted to (*fx* drink); *b) (have tendens til)* tend to, be liable to (*fx* take the easiest way out).

forfalden *adj.* **1.** *(om bygninbg etc.)* decayed, dilapidated; run-down; *(præd. også)* in disrepair;
2. *(til betaling)* payable, due (*fx* the amount payable; debts due);
3. *(drikfældig, præd.)* addicted (*el.* given) to drink;
□ *~ til* addicted to.

forfaldsdag *(hdl.)* due date, day (*el.* date) of maturity, day of payment.

forfaldsperiode (period of) decadence.

forfaldstid **1.** *(hdl.: jf. forfalde 3)* time of payment; maturity;
2. *(nedgangstid, jf. forfalde 2)* (period of) decadence.

forfalske *vb.* **1.** *(eftergøre)* fake (*fx* antiques, a photo, paintings); *(dokument etc.)* forge (*fx* a signature, a will, banknotes); *(især penge)* counterfeit (*fx* banknotes, credit cards);
2. *(om tekst, regnskab)* falsify (*fx* the accounts, the date); tamper with; *(især om regnskab,* T*)* cook;
3. *(næringsmidler)* adulterate.

forfalsket *adj. (jf. forfalske)*
1. faked; forged; counterfeit; *(mere neds.)* bogus; **2.** falsified; **3.** adulterated; *(se også falsk)*;
□ *dokumentet var ~* the document was a forgery.

forfalskning *sb. (en, -er)* **1.** *(det at forfalske, jf. forfalske 1, 2, 3)* faking; forgery; counterfeiting; falsification; adulteration;
2. *(det forfalskede)* fake (*fx* the painting was a fake); forgery (*fx* the document was a forgery); falsification;
3. *(forfalsket vare)* imitation, fake.

forfang *sb. (et, -)* snood, snell.

forfatning *sb. (en, -er)* **1.** *(tilstand)* state (*fx* in a pitiful state); condition (*fx* in a miserable condition); T shape (*fx* the economy is in a bad shape); *(se også ynkelig)*;
2. *(stats-)* constitution;
□ *i modstrid med -en (jf. 2)* unconstitutional.

forfatningsbrud *sb. (et, -)* violation of the constitution.

forfatningsdomstol constitutional court.

forfatningskamp constitutional struggle.

forfatningsmæssig *adj.* constitutional.

forfatningsret constitutional law.

forfatningsstridig *adj.* unconstitutional.

forfatte *vb.* write, compose (*fx* a poem, a letter).

forfatter *sb. (en, -e) (mere generelt)* writer (*fx* he decided to become a writer); *(især til bestemt(e) værk(er))* author (*til* of, *fx* he is the author of a new novel; the classical authors; my favourite author; a well-known author; he is not an author, he is a commercial writer);
□ *-en John Brown* the author, John Brown; John Brown, the author.

forfatterforening society of authors.

forfatterhonorar author's fee; *(procenter af salg)* royalty.

forfatterinde *sb. (en, -r)* woman writer; author.

forfatterleksikon dictionary of authors.

forfatternavn **1.** name of an author;
2. *(pseudonym)* pen name.

forfatterret copyright.

forfatterskab *sb. (et, -er)* **1.** *(produktion)* works pl.;
2. *(det at have skrevet et bestemt værk)* authorship (*til* of, *fx* the authorship of the novel);
3. *(forfattervirksomhed) se forfattervirksomhed*;
□ *hele hans ~* the whole body of his work.

forfattervirksomhed literary activities pl.; writing.

forfejle *vb.: ~ sin virkning* fail.

forfejlet *adj.* **1.** *(mislykket)* unsuccessful, abortive (*fx* attempt);
2. *(forkert)* mistaken (*fx* policy).

forfilm **1.** *(kortfilm)* short; **2.** *(prøve på næste forestilling)* trailer.

forfinelse *sb. (en)* refinement.

forfinet *adj.* **1.** delicate (*fx* taste);
2. *(raffineret)* sophisticated;
3. *(aristokratisk)* aristocratic (*fx* features).

forfjamskelse *sb. (en)* confusion (*fx* in her confusion she dropped the vase).

forfjamsket *adj. (forvirret)* confused; *(og nervøs)* flustered.

forfjor *sb.: i ~* the year before last.

forfladige *vb.* trivialize.

forfladigelse *sb. (en, -r)* trivialization.

forflygtige *vb.* weaken (*fx* the effect);
□ *det -r ansvaret* it makes it difficult to assign responsibility.

forflytte *vb. (især: inden for samme virksomhed el. organisation)* transfer (*fx* transfer her to another department); *(om større flytning,* F*)* relocate (*fx* they were relocated to another town; the population was relocated).

forflyttelse *sb. (en, -r) (jf. forflytte)* transfer; relocation.

forfløjen *adj.* **1.** flighty; **2.** *(om tanke)* wild.

forfordele *vb.: ~ hende a) (give hende mindre end der tilkommer hende)* treat her unfairly; give her less than her share; *b) (bruges nu også i betydningen: begunstige)* favour her.

forfordeling *sb. (en, -er) (jf. forfordele)* **1.** unfair treatment; **2.** favouring.
forfra *adv.* **1.** *(om igen)* (over) again (*fx* begin again; start (all) over again);
2. *(fra begyndelsen)* from the beginning (*fx* read from the beginning);
3. *(fra facaden)* from in front (*fx* the house looks nice from in front);
4. *(sø.)* from forward; from ahead;
□ *begynde ~ (også)* start (again) from scratch; *kunne noget ~ og bagfra* know sth backwards; *huset set ~ (billedunderskrift)* front view of the house.
forfremme *vb.* promote;
□ *han blev -t til kaptajn* he was promoted (to the rank of) captain.
forfremmelse *sb. (en, -r)* promotion.
forfriske *vb.* refresh, freshen up.
forfriskelse *sb. (en, -r)* recreation.
forfriskende[1] *adj.* refreshing.
forfriskende[2] *adv.* refreshingly (*fx* honest, informal, original).
forfriskning *sb. (en, -er)* refreshment.
forfrossen *adj.* **1.** *(kuldskær)* sensitive to cold *(præd.)*;
2. *(medtaget af kulde)* chilled to the bone *(præd.)*; T perished;
3. *(følelsesløs af kulde)* numb with cold *(præd.)*.
forfrysninger *sb.pl.* frostbite sg. (*fx* die of frostbite);
□ *~ i fødderne* frost-bitten feet.
forfuske *vb.* bungle; T botch.
forfædre *sb.pl.* forefathers; *(især fjernere)* ancestors; *(ofte spøg.,* F*)* forebears.
forfægte *vb.* **1.** *(hævde)* assert (*fx* one's right to sth); maintain (*fx* a point of view); **2.** *(forsvare)* champion (*fx* women's rights).
forfægtelse *sb. (en) (jf. forfægte)* **1.** maintenance; **2.** championship.
forfægter *sb. (en)* advocate, champion.
forfængelig *adj.* vain;
□ *-t håb* vain (*el.* fond) hope; *tage hans navn -t* take his name in vain.
forfængelighed *sb. (en)* vanity.
forfærde *vb.* **1.** terrify, appal; *(og gøre modløs)* dismay; **2.** *(moralsk)* shock, appal.
forfærdelig[1] *adj.* **1.** *(forfærdende)* horrible, terrible (*fx* crime, sight); *(stærkere)* horrifying, horrendous, appalling;
2. *(grim, dårlig)* awful (*fx* dress, play, weather); terrible (*fx* play, weather); *(stærkere)* appalling;
3. *(stor, heftig)* awful (*fx* an awful lot); terrible (*fx* I had a terrible cold; he is a terrible fool); *(stor også)* tremendous (*fx* at a tremendous speed).
forfærdelig[2], **forfærdeligt** *adv. (jf. forfærdelig*[1]*)* **1.** *(jf. 1)* horribly, terribly; appallingly; **2.** *(jf. 2, 3)* awfully, terribly; tremendously;
□ *det ville jeg ~ gerne* I'd love to; *~ dårlig* awful, horrible, terrible, dreadful; *(præd. også)* too bad for words; *~ rar* awfully (*el.* terribly) nice.
forfærdelse *sb. (en)* horror; *(og fortvivlelse)* dismay (*fx* they received the news of his arrest with dismay); *(forbløffelse)* consternation;
□ *~* ***over*** horror (etc.) at; *~* ***over at*** *a) (+ inf.)* horror (etc.) at (*fx* at hearing this); *b) (+ sætn.)* horror (etc.) that (*fx* that she was dead); ***til*** *min ~* to my horror (etc.).
forfærdende *adj. & adv. se forfærdelig.*
forfærdet *adj.* horrified, terrified; *(stærkere)* appalled; *(kun præd.,* F*)* aghast (*fx* he stared aghast at the body);
□ *~* ***over*** horrified (etc.) at.
forfærdige *vb.* make.
forfærdigelse *sb. (en, -r)* making.
forfødde *vb.* put a new foot (, new feet) into.
forføje *vb.: ~ sig (især spøg.)* betake oneself (*fx* to the station); *~ sig bort* go away, leave; F depart.
forfølge *vb.* **1.** *(jage, sætte efter)* chase (*fx* the police chased the car thieves); F pursue;
2. *(på grund af tro el. overbevisning)* persecute (*fx* political opponents, the Jews);
3. *(plage)* persecute (*fx* persecuted by journalists); pester (*fx* sby with questions); *(være på nakken af)* victimize (*fx* the teacher victimized him; victimized by the secret police);
4. *(om erindring)* haunt (*fx* the sight still haunts me);
5. *(følge op)* follow up (*fx* the matter; the victory);
□ *forfulgt af uheld se uheld; (se også mål*[1]*, uskyldighed).*
forfølgelse *sb. (en, -r) (jf. forfølge)* **1.** chase; pursuit; **2.** persecution; **3.** persecution; victimization; **4.** *(opfølgning)* follow-up.
forfølgelsesløb *(cykelløb)* pursuit race.
forfølgelsesvanvid paranoia; persecution mania.
forfølger *sb. (en, -e)* **1.** pursuer; **2.** *(plageånd)* persecutor.
forføre *vb.* seduce; *(se også forførende).*
forførelse *sb. (en, -r)* seduction.
forførende[1] *adj.* seductive.
forførende[2] *adv.* seductively.
forfører *sb. (en, -e)* seducer.
forførerisk *se forførende.*
forgabe *vb.: ~ sig i a) (person)* become infatuated with; *b) (ting)* take a fancy to.
forgabelse *sb. (en)* infatuation (*i* with).
forgabet *adj.: ~ i a) (person)* infatuated with; *(stærkere)* besotted about; *b) (ting)* sold on.
forgaffel *(på cykel)* front fork.
forgangen *adj. (glds.)* past;
□ *~ aften* the other evening.
forgasning *sb. (en)* gasification.
forgasse *vb.* gasify.
forgemak antechamber, anteroom.
forgifte *vb. (også fig.)* poison (*fx* his mind; the atmosphere).
forgiftning *sb. (en, -er)* poisoning.
forgiftningstilfælde poisoning (*fx* the number of poisonings annually).
forgive *vb.* poison.
forgjort *adj. (forhekset)* bewitched;
□ *det er der ikke noget ~ ved* that cannot do any harm; *der er ikke noget ~ ved at* there is no harm in -ing.
forglemme *vb.: ikke at ~* not forgetting; last (but) not least.
forglemmelse *sb. (en, -r)* **1.** *(uagtsomhed)* oversight, omission;
2. *(glemsel)* oblivion (*fx* rescue sth from oblivion);
□ *ved en ~* through an oversight, advertently.
forglemmigej *sb. (en, -er) (bot.)* forget-me-not.
forgodtbefindende*: efter ~* at pleasure; at one's discretion; *efter hans ~ (neds.)* at his whim (*fx* they can be fired at his whim).
forgrene *vb.: ~ sig* branch (off); F ramify.
forgrenet *adj.* branching; F ramified;
□ *en vidt ~ organisation* an organisation with many ramifications.
forgrening *sb. (en, -er)* ramification.
forgribe *vb.: ~ sig på a) (øve vold mod)* lay violent hands on; *b) (om sædelighedsforbryder)* commit an offence against; *(et barn også)* interfere with; *c) (stjæle)* make free with.
forgrint *adj. (præd.)* weak with laughter.
forgrove *vb.* coarsen.
forgrund 1. *(af billede etc.)* foreground; **2.** *(af scenen)* front of the stage;

□ *træde i -en* come to the front.
forgrundsfigur prominent figure.
forgrædt *adj.* red-eyed (with weeping).
forgræmmet *adj.* careworn.
forgude *vb.* idolize (*fx* he idolized his wife (, his mother)); *(forblindet, tåbeligt)* dote on (*fx* his parents doted on him).
forgudelse *sb. (en)* idolization.
forgylde *vb. (forgyldte, forgyldt)* gild; *(se også forgyldt)*;
□ ~ *op* regild.
forgylder *sb. (en, -e)* gilder.
forgyldning *sb. (en, -er)* **1.** *(det at)* gilding;
2. *(guldbelægning)* gilt.
forgyldt *adj.* **1.** gilt; **2.** *(fig.)* gilded (*fx* gilded misery).
forgældet *adj.* indebted (*fx* some of the heavily indebted developing countries); debt-ridden (*fx* countries); *(præd.)* in debt (*fx* he was heavily (*el.* deep) in debt).
forgængelig *adj.* **1.** perishable (*fx* material); **2.** *(flygtig)* transitory.
forgænger *sb. (en, -e)* predecessor.
forgæves[1] *adj. (attr.)* vain, fruitless (*fx* attempt, efforts); *(præd.)* in vain (*fx* all our efforts were in vain); fruitless.
forgæves[2] *adv.* in vain (*fx* he protested in vain); vainly (*fx* they tried vainly to live on her income);
□ *mange gik* ~ *(ɔ: kunne ikke få plads)* many people were turned away.
forgå *vb.* **1.** *(gå til grunde)* perish;
2. *(om verden)* come to an end;
□ *være ved at* ~ *af kedsomhed* be bored stiff; be bored to death (*el.* to tears); *være ved at* ~ *af kulde* be perishing with cold; *være ved at* ~ *af længsel efter hende* be dying to see her again; *være ved at* ~ *af nysgerrighed se nysgerrighed*; *være ved at* ~ *af skam* be dying with shame; *jeg er ved at* ~ *af varme* I am sweltering; the heat is too much for me (*el.* is killing me).
forgård *sb. (en, -e)* **1.** forecourt;
2. *(bibelsk)* court; **3.** *(anat.)* vestibule.
forgårs *sb.: i* ~ the day before yesterday; *(se også aften)*.
forhadt *adj.* hated;
□ *gøre sig* ~ *hos én* F incur sby's hatred; *mest* ~ most (*el.* best) hated (*fx* teacher).
forhal vestibule, hall.
forhale *vb.* **1.** delay; **2.** *(sø.)* shift;
□ *de prøver at* ~ *sagen (også)* they are dragging their feet.
forhaling *sb. (en, -er)* **1.** delay;
2. *(sø.)* shifting.
forhalingsmanøvre delaying tactic.
forhammer sledge hammer.
forhandle *vb.* **1.** *(føre forhandlinger)* negotiate (*med en om noget* with sby about sth); *(med objekt)* negotiate about (*fx* pay);
2. *(diskutere)* discuss, debate;
3. *(handle med)* deal in; F handle;
□ ~ *narkotika a)* traffic in drugs; *b) (på gaden)* peddle drugs; S push drugs;
[med præp.] ~ ***sig frem til*** negotiate (*fx* we have negotiated satisfactory terms with them); reach (*fx* a solution); ~ ***om*** *a)* negotiate about (*fx* pay); *b) (ɔ: for at opnå)* negotiate for (*fx* wage increases); *som der kan -s om* negotiable.
forhandler *sb. (en, -e)* **1.** *(jf. forhandle 1)* negotiator;
2. *(handlende)* dealer;
3. *(sælger, repræsentant)* agent;
□ *han er en hård* ~ *(jf. 1)* he drives a hard bargain.
forhandlerrabat trade discount.
forhandling *sb. (en, -er)* **1.** negotiation; T talk;
2. *(drøftelse)* discussion;
3. *(i parlament)* debate;
4. *(løn-)* wage bargaining; *(fælles)* collective bargaining (*fx* they want free collective bargaining);
5. *(salg)* sale;
□ *hårde -er a)* tough negotiations; *b)* hard bargaining; *indlede -er med dem om det* enter into negotiations with them about it; begin talks with them about it; *føre -er, ligge i -er* be in negotiation; be negotiating; carry on negotiations (*el.* talks).
forhandlingsbord negotiating table (*fx* get back (*el.* return) to the negotiating table);
□ *sætte sig til -et* sit down at the negotiating table; *sætte sig til -et med* sit down with.
forhandlingsevne negotiating skill.
forhandlingsfred negotiated peace.
forhandlingsgrundlag basis for (*el.* of) negotiation.
forhandlingsleder chief negotiator.
forhandlingsløsning negotiated settlement.
forhandlingsobjekt bargaining counter.
forhandlingspartner negotiating partner, partner in the negotiations.
forhandlingsposition bargaining position, negotiating position.
forhandlingsprotokol minutes pl. (of proceedings).
forhandlingsret *(ret til at kræve* ~*)* negotiating rights sg.; collective bargaining right(s);
□ *den frie* ~ the right of free bargaining.
forhandlingsrunde round of negotiations (*el.* talks).
forhandlingssammenbrud breakdown in negotiations.
forhandlingstilbud overture.
forhandlingsvenlig *adj. (præd.)* willing (*el.* ready) to negotiate.
forhaste *vb.:* ~ *sig* be in too great a hurry; F act prematurely; *forhast dig ikke!* don't hurry! take your time! *han -ede sig ikke* he took his time (*med at svare på brevet* over answering the letter).
forhastet *adj.* **1.** *(overilet)* hasty, rash (*fx* decision); F precipitate (*fx* action, decision); **2.** *(for tidlig)* premature (*fx* conclusion, decision);
□ *drage forhastede slutninger* jump to conclusions.
forhave *sb. (en, -r)* front garden; *(am.)* front yard.
forhekse *vb.* **1.** *(fortrylle)* bewitch; F enchant (*fx* an enchanted castle (, garden, princess)); **2.** *(forvandle)* transform (*fx* a transformed prince).
forhen *adv.* formerly.
forhenværende *adj.* former (*fx* headmaster, president); ex- (*fx* ex-minister, ex-president; his ex-wife); F sometime (*fx* John Brown, sometime headmaster (, president) of...);
□ *en* ~ a "has-been".
forherlige *vb.* glorify.
forherligelse *sb. (en, -r)* glorification.
forhindre *vb.* **1.** prevent (*fx* accidents);
2. *(foregribe)* forestall (*fx* an attack, a coup);
3. *(hindre, hæmme)* hinder (*fx* sby in his work); *(sinke,* F*)* impede (*fx* progress);
□ ~ ***at*** *det sker* prevent it happening; ~ *at han gør det,* ~ *ham* ***i at*** *gøre det* prevent him (from) doing it, prevent his doing it, hinder him from doing it; *(mere* T*)* stop him (from) doing it (*fx* they can't stop you (from) going out if you want to); ~ *ilden i at brede sig* prevent the fire (from) spreading.
forhindring *sb. (en, -er)* **1.** *(hindring: som står i vejen, spærrer)* obstacle; *(som sinker, hæmmer)* impediment (*for* to);
2. *(det at forhindre)* prevention (*af* of); hindrance (*fx* without hindrance).
forhindringsløb **1.** obstacle race;
2. *(disciplin i sport)* steeplechase.

forhippet *adj.: ~ på at vinde* keen on winning; eager to win.
forhistorie 1. past history, previous history; **2.** *(persons)* antecedents pl.; *(baggrund)* background; □ *-en er denne...* what went before was....
forhistorisk *adj.* **1.** prehistoric; **2.** *(fig.: gammeldags)* prehistoric, antediluvian.
forhjul front wheel.
forhjulstrukket *adj. (efter sb.)* with front-wheel drive.
forhjulstræk front wheel drive.
forhold *sb. (et, -)* **1.** *(især pl.: vilkår)* conditions (*fx* under ideal (, difficult, normal) conditions; live in miserable conditions; social (, climatic) conditions); *(omstændigheder, også økonomisk)* circumstances (*fx* circumstances beyond our control; under the present circumstances; live in straitened circumstances); *(se også ndf.: -ene)*;
2. *(omstændighed)* fact, circumstance (*fx* I did not know of this fact (*el.* circumstance); the fact that he had been there at the time made him a suspect; the fact is that *(forholdet er det at)*); matter (*fx* this is a matter that needs to be investigated); factor (*fx* another important factor);
3. *(fordelingsforhold)* proportion (*fx* the proportion between Blacks and Whites (*el.* of Blacks to Whites) in the population); *(mere teknisk)* ratio (*fx* mix sugar and flour in the ratio (*el.* proportion) of 2 to 3; share the profits in an agreed ratio (*el.* proportion));
4. *(målestoksforhold)* scale (*fx* a map on the scale of 1:100,000);
5. *(forbindelse)* relationship, relation (*mellem* between, *fx* cause and effect; prices and wages; price and quality);
6. *(især mellem grupper, lande, generelt, mere formelt)* relations pl. (*mellem* between, *fx* two countries, Blacks and Whites, the police and the public, management and employers, parents and children; East-West relations; *til* with, *fx* their relations with the police; his relations with his neighbours (, parents, superiors)); relationship (*til* with, to, *fx* Britain's special relationship with the USA; the firm's relationship with the bank);
7. *(mellem personer, konkret, tættere, mere personligt)* relationship (*mellem* between, *fx* the relationship between mother and child (, doctor and patient); it developed into a lasting relationship; *til* with, *fx* her relationship with her husband; his relationship with his family (, his father));
8. *(seksuelt forhold, affære)* affair (*til* with, *fx* she had an affair with my brother);
9. *(indstilling)* attitude (*til* to, *fx* his attitude to music; they have a relaxed attitude to alcohol);
10. *(anklagepunkt)* count (*fx* he was found guilty on all counts);
□ ***-ene*** conditions (*fx* conditions in Denmark); the state of affairs, the state of things (*fx* the present state of things makes it impossible); the situation (*fx* the situation has changed); things (*fx* you must take things as they are); matters (*fx* that will complicate matters); *[med adj.] de faktiske ~* the facts; *et fast ~ a) (jf. 3)* a fixed ratio; *b) (jf. 7)* a permanent (*el.* steady) relationsship; *få et naturligt ~ til, have et godt ~ til se ndf.*; *hans private ~* his private affairs; *[med (vb. +) præp.]* ***efter*** *den tids ~* by the standards of that time; *det er dyrt efter danske ~* it is expensive by Danish standards; *~* ***mellem*** *se ovf.: 3, 5, 6, 7*; *-et mellem dem forværredes* relations between them (, their relationship) deteriorated; *~* ***til*** *se ovf.: 6, 7, 8*; ***få*** *et naturligt ~* ***til*** form a natural relationship with (*fx* the opposite sex); *få et afslappet ~ til* develop a relaxed attitude to (*fx* alcohol); ***have*** *et godt ~* ***til*** be on good (*el.* friendly) terms with, get on well with (*fx* one's neighbours); *(mere formelt)* have good (*el.* friendly) relations with (*fx* one's neighbours); *jeg har ikke noget ~ til det (ɔ: forstår det ikke)* it means nothing to me; I can't relate to it;
i ~ til *a) (passende til)* in proportion to (*fx* you will be paid in proportion to the amount of work you do); *b) (sammenlignet med)* compared with (*fx* my problems are small compared with his); on (*fx* prices are now up 10% on last year); to (*fx* it is nothing to what I have seen); ***stå i*** *(passende) ~* ***til*** be proportional to; *stå i ~ til hende* have sexual relations with her; *hans held stod ikke i ~ til hans evner* his success was out of all proportion to his abilities; *(se også ligefrem[1], omvendt[1])*; ***sætte i ~ til*** *(ɔ: i passende ~ til)* fit to (*fx* fit your spending to your income; fit the punishment to the crime); *(mht. omfang, størrelse også)* proportion to (*fx* proportion the length to the height; proportion the reward to the work done); ***under*** *de ~* under those circumstances.
forholde[1] *vb.: ~ en noget* withhold (*el.* keep) sth from sby (*fx* he kept this information from me).
forholde[2] *vb.: ~ sig a) (opføre sig)* behave (*fx* tell him how to behave); *b) (gøre)* do (*fx* what shall I do if he refuses?); *c) (+ adj.)* be, remain (*fx* neutral, passive); *~ sig rolig (, tavs)* keep quiet (, silent); *sagen -r* ***sig sådan*** the fact (of the matter) is this; the facts are these; *hvis sagen (el. det) -r sig sådan* if that is the case; if that is so; *sådan -r det sig (ikke)* that is (not) the case; that is (not) so; *det -r sig ikke sådan at* it is not the case that; *hvordan -r det* ***sig med*** what is the position as regards; T what about; *~* ***sig til*** *a) (tage stilling til)* decide one's attitude to (*fx* you must decide your attitude to their proposal); take a position (*el.* stand) on (*fx* the problem); *b) (forstå)* relate to (*fx* I can't relate to that kind of literature; facts which I can't relate to; those people are difficult to relate to); *hvordan -r du dig til* what is your attitude to (*el.* position on) (*fx* their proposal); *10 -r sig til 5 som 16 til 8* 10 is to 5 as 16 to 8.
forholdsmæssig[1] *adj.* proportional; □ *~ andel* quota; pro rata share.
forholdsmæssig[2], forholdsmæssigt *adv.* **1.** *(i passende forhold)* proportionally; **2.** *se forholdsvis.*
forholdsord *(gram.)* preposition.
forholdsordre instructions pl.
forholdsregel 1. measure; **2.** *(som tages på forhånd)* precaution; □ *tage forholdsregler mod a)* take measures against (*fx* inflation; the rebels); *b) (for at forhindre)* take precautions against (*fx* terrorist attacks); provide against (*fx* accidents); *tage sine forholdsregler* take precautions (, measures).
forholdstal proportional.
forholdstalsvalgmåde (election by) proportional representation.
forholdsvis *adv.* **1.** *(efter omstændighederne)* comparatively (*fx* few); relatively (*fx* quiet); **2.** *(nogenlunde)* fairly (*fx* good, new).
forhud foreskin; *(anat.)* prepuce.
forhude *vb.* sheathe.
forhudning *sb. (en, -er)* sheathing.
forhudsforsnævring *(anat.)* phimosis.
forhus front building.
forhutlet *adj.* down-at-heel;

shabby.
forhyre *vb. (sø.)* engage, sign on (*fx* sign a sailor on);
□ *blive -t som kok* sign on as cook.
forhyring *sb. (en, -er)* engagement.
forhyringskontor shipping office.
forhæng *sb. (et, -)* curtain.
forhærdet *adj. (moralsk)* hardened (*fx* criminal); F obdurate (*fx* sinner).
forhøje *vb. (se også forhøjet)*
1. raise (*fx* the wages, the price, taxes, the temperature); *(forøge også)* increase (*fx* the price, the dose);
2. *(fig.: øge)* heighten (*fx* the effect); add to (*fx* the enjoyment); F enhance (*fx* the beauty, the effect, the value).
forhøjelse *sb. (en, -r)* rise, increase (*af* in, *fx* salary); *(am.)* raise.
forhøjet *adj.* increased (*fx* get an increased pension).
forhøjning *sb. (en, -er)* **1.** *(i terrænet)* rise; **2.** *(ophøjet gulv)* raised platform; *(især i sal)* dais.
forhør *sb. (et, -) (jf. forhøre)* **1.** *(politi-)* interview; questioning; interrogation; grilling; **2.** *(af vidne i retten)* examination;
□ *holde ~ over, tage i ~ se forhøre; tage ham i skarpt ~* give him a grilling.
forhøre *vb.* **1.** *(om politiet)* interview (*fx* people in the neighbourhood; refugees); *(især om mistænkt)* question (*fx* a man is being questioned by the police); *(grundigere)* interrogate; *(længe og indgående)* grill;
2. *(vidne i retten)* examine;
3. *(spørge, ~ sig)* ask, enquire (*om* about);
□ *~ sig, se ovf.: 3.*
forhørsdommer examining judge (*el.* magistrate).
forhørsprotokol records pl.
forhåbentlig *adv.* we (, I) hope, it is to be hoped (*fx* I hope (*el.* it is to be hoped) that he will come); *(mere* T*)* hopefully (*fx* hopefully, he will come).
forhåbning *sb. (en, -er)* hope (*fx* do not destroy his hopes);
□ *gøre sig ~ (el. -er) om* hope, have hopes of; *store -er* high hopes; *nære store -er til* expect great things of.
forhåbningsfuld *adj.* hopeful.
forhånd *(i tennis)* forehand;
[i kortspil] sidde (el. være) i -en have the lead; *du er i -en* (it is) your lead;
[med: på] **på** *~* beforehand (*fx* he warned me beforehand that it would be dangerous; she left without telling anyone beforehand); in advance (*fx* he had been informed in advance); *det var afgjort på ~ a)* it had been decided in advance; *b) (det var oplagt)* it was a foregone conclusion (*fx* the result was a foregone conclusion); *aftalt på ~* arranged in advance, prearranged; *man skulle på ~ tro at* on the face of it one would think that; *idet jeg på ~ takker Dem* F thanking you in anticipation.
forhåndenværende *adj.* **1.** *(disponibel)* available (*fx* we must use all available means);
2. *(nuværende)* present;
□ *under de ~ omstændigheder* under the present circumstances; as it is.
forhåndsbetingelse precondition (*for* for, *fx* success; set preconditions; they are willing to negotiate without preconditions).
forhåndsindtryk impression received in advance;
□ *få et ~ af* get an initial impression of.
forhåndsmeddelelse advance notice; *-r (også)* advance information sg.
forhåndsomtale, forhåndsreklame advance publicity.
forhåndsslag forehand stroke.
forhåndsviden previous knowledge.
forhåne *vb.* insult.
forhånelse *sb. (en, -r)* insult (*af, mod* to, *fx* an insult to the flag);
□ *udsætte en for -r a)* insult sby; *b) (ɔ: ydmygelser)* subject sby to (all sorts of) indignities.
forhår front hair.
forinden[1] *adv.* before (*fx* two years before); F previously (*fx* he had previously been informed).
forinden[2] *konj. & præp.* before.
Forindien *(geogr.)* India.
foring *sb. (en, -er)* lining.
forivre *vb.: ~ sig* go too far; allow oneself to be carried away.
forivrelse *sb. (en, -r)* blunder made in the heat of the moment.
forjage *vb.* **1.** *(jage bort)* drive away, expel (*fx* expel them from the country (, the town)); F banish;
2. *(landsforvise)* exile;
3. *(fig.)* drive away; F dispel (*fx* dark thoughts); banish (*fx* fear).
forjaget *adj.* **1.** *(som udføres med for stor hast)* hurried (*fx* meal); hectic (*fx* hectic last-minute preparations; the hectic life he leads);
2. *(som har alt for travlt)* hurried (*fx* she never seemed hurried); *(og stresset)* harassed (*fx* housewife);
□ *nutidens forjagede tempo* the rush of modern life.
forjagethed *sb. (en) (jf. forjaget)*
1. hurry; **2.** harassment; **3.** *(forjaget tempo)* rush (*fx* the rush of modern life).
forjasket *adj.* slovenly.
forjætte *vb.* promise (*fx* promising prospects);
□ *det forjættede land* the Promised Land.
fork *sb. (en, -e)* pitchfork, hayfork.
forkalke *vb.* calcify;
□ *-t a) (med.)* sclerotic; *b) (ɔ: senil)* senile; T gaga.
forkalkning *sb. (en)* **1.** calcification; **2.** *(med.)* sclerosis.
forkammer *(i hjerte)* atrium.
forkant **1.** front edge; **2.** *(af bæreplan)* leading edge;
□ *løs ~ (typ.)* ragged left; *være* **på** *~* **med** *a) (på højde med)* be abreast of (*fx* developments); *b) (i spidsen)* be at the forefront of (*fx* cancer research, technology); be at the cutting edge of (*fx* developments in electronics, management theory); be at the leading edge of.
forkarl farm foreman.
forkaste *vb.* **1.** reject, turn down (*fx* a proposal);
2. *(lovforslag)* reject; T throw out;
3. *(underkende)* overrule (*fx* a decision).
forkastelig *adj.* reprehensible (*fx* conduct); objectionable (*fx* procedure).
forkastelse *sb. (en, -r)* **1.** rejection;
2. *(underkendelse)* overruling.
forkastning *sb. (en, -er) (geol.)* fault.
forkert[1] *adj.* wrong (*fx* the answer is wrong; I got into the wrong train; the wrong end (, hat, number, side, way etc.));
□ *det var ~ af dig* it was wrong of you; *det var -t af dig at gøre det* you were wrong to do that;
[med sb.] den -e hals se gal (den gale hals); ~ sø freak wave; *(se også hest, hylde*[1]*, sø).*
forkert[2] *adv.* wrongly (*fx* addressed, informed, placed); *(især* T*)* wrong (*fx* guess wrong, play a tune (, spell a word) wrong); F erroneously;
(ved vb. kan ~ ofte udtrykkes ved) mis- (*fx* mishear, misspell, mispronounce, misquote, miscalculate);
[med andre vb.] **bære** *sig ~ ad* make a mistake; **få** *noget ~* **i halsen** *se gal (få noget galt i halsen);* **gå** *~* go the wrong way; *uret går ~* the watch (, clock) is wrong;

undskyld, jeg er vist gået ~ sorry, I think I must have come to the wrong door (, house, place); ***huske (, høre, se)*** ~ (ɔ: *tage fejl*) be mistaken; *jeg har* ***set*** ~ ***på*** *kalenderen* I have got the wrong date; *han* ***så*** *helt* ~ ***ud*** *i ansigtet* T he looked as if he was about to blow his top; ***skrive*** ~ make a mistake (in writing); ***svare*** ~ give the wrong answer; answer wrong; ***træde*** ~ *a)* stumble, miss one's footing; *b) (forvride foden)* twist (*el.* turn) one's ankle; *uden at træde* ~ *(fig.: begå fejl)* without putting a foot wrong; *(se også køre*[2]*).*

forklare *vb. (se også forklarende)* **1.** *(udrede, begrunde)* explain (*fx* he explained that he had been delayed; explain the meaning of a word (to sby); explain why (, how) it was done); *(begrunde også)* account for (*fx* account for (*el.* explain) one's behaviour); **2.** *(være forklaringen på)* explain, account for (*fx* that explains (*el.* accounts for) his absence (, the mistake)); **3.** *(udlægge,* F*)* expound (*fx* a theory; a text); **4.** *(erklære, fx til politiet)* state; **5.** *(afgive forklaring for retten)* give evidence (*fx* he gave evidence that the prisoner had been present at the club); *(jur.: om bediget og underskrevet erklæring)* depose;
□ ~ *en noget* explain sth to sby (*fx* he explained his plan to me); ~ *sig* (ɔ: *undskylde sig*) explain oneself; *jeg kunne ikke* ~ *mig det* I could not account for it.

forklarelse *sb. (en)* transfiguration.

forklarende[1] *adj.* explanatory (*fx* remarks).

forklarende[2] *adv.* in explanation (*fx* "It was the wrong date," he said in explanation).

forklaret *adj. (omgivet med glans)* transfigured.

forklaring *sb. (en, -er)* **1.** explanation (*på* for, of, *fx* what is the explanation for his behaviour? there is no explanation for it; find a satisfactory explanation of the mystery; a scientific explanation of the phenomenon); **2.** *(erklæring)* statement (*om* about); **3.** *(for retten)* evidence; *(protokolleret og underskrevet)* deposition;
□ *afgive* ~ *a) (jf. 2)* make a statement; *b) (jf. 3)* give evidence, testify; make a deposition; *falsk* ~ *(for retten)* untruthful evidence; perjury; *give en* ~ give (*el.* offer *el.* provide) an explanation (*på* of);
[med præp. & conj.] en ~ ***om at*** an explanation that (*fx* they didn't believe his explanation that he had been held up by traffic); *en* ~ ***på at*** *det var sket* an explanation of why it had happened; ***som*** ~, ***til*** ~ by way of explanation; ***som*** ~ ***på*** in explanation of.

forklarlig *adj.* explainable; F explicable.

forklejne *vb.* cry down (*fx* his achievement); F disparage, belittle.

forklejnelse *sb. (en, -r)* disparagement.

forklog *adj.: det er lettere at være bagklog end* ~ it is easy to be wise after the event.

forkludre *vb.* make a mess of (*fx* one's life, the job, the situation); make a hash of (*fx* the job, the situation); *(om opgave også)* bungle, botch (up); F mishandle, mismanage (*fx* the affair).

forkludring *sb. (en, -er)* bungling.

'**forklæde**[1] *sb. (et, -r)* apron; *(let glds.)* pinafore.

for'klæde[2] *vb.* disguise.

forklædning *sb. (en, -er)* disguise.

forknyt *adj.* **1.** *(forsagt)* timid; F faint-hearted; **2.** *(nedslået)* downhearted; F dispirited.

forknytte *vb.: ikke lade sig* ~ keep in good heart; T keep smiling.

forkobre *vb.* copperplate, coat with copper.

forkommando *sb. (et, -er) (mil.)* advance party.

forkommen *adj.* **1.** *(af kulde, præd.)* perished with cold; **2.** *(af sult, præd.)* weak with hunger; **3.** *(af træthed)* exhausted.

forkontor receptionist's (, secretary's) office.

forkorte *vb.* **1.** shorten (*fx* a report, a speech, a trip, his life); *(om noget skrevet også)* cut (*fx* a story; letters to the editor are sometimes cut); F abridge (*fx* an article, a book, a play); **2.** *(ord)* abbreviate; **3.** *(brøk)* reduce;
□ ~ *tiden* while away (*el.* kill) time.

forkortelse *sb. (en, -r) (jf. forkorte)* **1.** shortening; abridgment; *(udeladelse)* cut; **2.** *(af ord)* abbreviation (*for* of, *fx* MP is an abbreviation of Member of Parliament); *(forkortet form)* contraction (*fx* Fred is a contraction of Frederick); **3.** *(af brøk)* reduction.

forkortning *sb. (en, -er) (perspektivisk)* foreshortening;
□ *(set) i* ~ foreshortened.

forkradset *adj.* full of scratches *(præd.).*

forkrampet *adj.* forced (*fx* style); strained.

forkromet *adj.* **1.** chromium-plated; **2.** *(fig.: flot etc.)* grand.

forkrop forepart of the body.

forkrænkelig *adj.* corruptible.

forkrænkelighed *sb. (en)* corruption.

forkrøblet *adj.* stunted.

forkrøllet *adj.* creased; *(stærkere)* crumpled.

forkuet *adj.* cowed, subdued.

forkullet *adj.* charred.

forkulning *sb. (en)* **1.** carbonization; **2.** *(ved brand)* charring.

forkundskaber *sb.pl.* previous knowledge; previous training;
□ *have gode* ~ *i* have a good foundation (*el.* grounding) in.

forkvakle *vb.* warp (*fx* his mother had warped and coddled him; a warped mind);
□ *han har fået en -t opdragelse* he has had an unfortunate upbringing; *de har et -t forhold til religion* they have a warped attitude to religion; ~ *sin tilværelse* make a mess of one's life.

forkvinde **1.** *(for arbejdere)* forewoman; **2.** *(i bestyrelse)* chairwoman, chairperson; *(am. & i forening)* president.

forkynde *vb. (forkyndte, forkyndt)* **1.** proclaim; **2.** *(meddele)* announce; **3.** *(jur.)* serve; **4.** *(bebude)* prophesy;
□ ~ *evangeliet* preach the gospel; ~ *én en stævning* serve a writ on sby.

forkyndelse *sb. (en, -r)* **1.** proclamation; **2.** *(jur.)* service; **3.** *(rel.)* preaching.

forkynder *sb. (en, -e) (rel.)* preacher.

forkæle *vb.* **1.** *(forvænne)* spoil (*fx* spoil a child with pocket money; we spoil our guests); *(mere* F *& neds.)* pamper (*fx* the pampered sons of upper-class parents; pamper a dog (, oneself)); **2.** *(pylre om, overbeskytte)* coddle (*fx* a weakly child); cosset (*fx* a sick child; a rich uncle); *(stærkt neds.)* mollycoddle.

forkæmper *sb. (en, -e)* champion (*for* of); advocate (*for* of).

forkærlighed *sb. (en)* preference (*for* for); F partiality (*for* for, *fx* cheese; one's own children); *(ofte spøg. om (uheldig) vane)* predilec-

tion (*for* for, *fx* long words; detective stories);
□ *have ~ for* have a preference (, predilection) for; be partial to; *med ~* preferably.
forkætre *vb.* **1.** stigmatize as heretical (, as a heretic); **2.** *(fordømme)* denounce.
forkætret *adj. (omtr.)* controversial.
forkøb: *komme i -et a)* (ɔ: *komme før)* anticipate (*fx* one's competitors); T steal a march on; *b) (især: hindre)* forestall (*fx* he forestalled my criticism by bringing up the matter himself); pre-empt (*fx* their criticism).
forkøbe *vb.: ~ sig* pay too much; *han forkøbte sig på huset* he paid too much for the house.
forkøbsret first refusal (*til* on, *fx* he has the first refusal on the house); F option (*til* on, *fx* take (, have) an option on the house; they took a cottage on lease, with the option to buy).
forkøle *vb.: ~ sig* catch (a) cold.
forkølelse *sb. (en, -r)* (common) cold (*fx* a bad (, slight) cold; a common cold could kill her).
forkølelsessymptom common-cold symptom.
forkølelsessår *(med.)* cold sore; *(fagl.)* herpes labialis.
forkølelsesvaccine anti-cold vaccine.
forkølet *adj.* **1.** with a cold *(kun efter sb.)* (*fx* a child with a cold);
2. *(fig.: ussel)* crummy (*fx* a few crummy roses); pathetic (*fx* a pathetic attempt);
□ *blive ~* catch (a) cold; *være ~* have a cold.
forkørselsret right of way;
□ *have ~ for* have the right of way over.
forlade *vb. (forlod, forladt) (se også forladt)* **1.** *(gå bort fra)* leave (*fx* the town); *(især hurtigt,* T*)* quit;
2. *(trække sig tilbage fra, udtræde af)* resign from (*fx* one's job; he resigned from the Goverment (, the committee, the party)); resign (*fx* the directorship, one's post);
3. *(svigte)* desert (*fx* one's wife, one's post); abandon (*fx* the child had been abandoned by its parents); F forsake (*fx* forsake her in her hour of need);
4. *(opgive)* abandon (*fx* a theory, a principle, a ship);
5. *(tilgive)* forgive; *(se også skyld)*;
□ *alt forladt!* not at all! *~ skibet* abandon ship;
[med sig] ~ ***sig på*** *a)* rely on (*fx* you can rely on his help); depend on (*fx* you can depend on his support (, on what he says; you must depend on your own judgment); *b) (om noget usikkert)* trust to (*fx* luck, one's memory, one's own judgment).
forladegevær muzzle loader.
forladelse *sb. (en)* forgiveness; pardon;
□ *om ~!* (I am) sorry! F I beg your pardon! *bede én om ~* beg sby's pardon; *syndernes ~* the forgiveness of sins; F the remission of sins.
forlader *sb. (en, -e) (forladegevær)* muzzle loader.
forladt *adj.* **1.** *(øde)* deserted (*fx* village);
2. *(om bygning, + forfalden)* derelict (*fx* farm, house);
3. *(efterladt, ladt i stikken)* abandoned (*fx* car, child, village); F forsaken (*fx* village);
□ *~ skib* derelict ship.
forladthed *sb. (en)* **1.** *(tomhed)* desolation; emptiness; **2.** *(ensomhed)* loneliness; isolation.
forlag *sb. (et, -)* publishing house (*el.* company) (*fx* he works for a publishing house); publishers pl. (*fx* the publishers have decided to reissue the book);
□ *Gyldendals ~* Gyldendal publishers; *udkommet på Gyldendals ~* published by Gyldendal; *udgive på eget ~* publish at one's own expense.
forlagsboghandel publishing firm.
forlagsboghandler publisher.
forlagskonsulent publisher's reader.
forlagsredaktør publisher's editor.
forlagsret copyright.
forlange *vb. (forlangte, forlangt)*
1. *(bede om)* ask for (*fx* he asked for more; they asked for money); ask (*fx* what more can one ask? he asked a lot (of money) for that car);
2. *(bestille)* order (*fx* a bottle of wine);
3. *(kræve)* demand (*fx* an apology, an explanation, obedience, higher wages, one's money; that they (should) leave at once); *(svagere)* call for (*fx* the Opposition called for an election; the prosecutor had called for hard sentences); *(mere* F*, især om overordnet)* require (*fx* require obedience; I'll do everything that is required of me; it is not up to the standards we require);
(som sin ret) claim (*fx* compensation, a pay rise, one's rights);
4. *(om fastsat pris)* charge, want (*fx* how much do they charge (*el.* want) for board and lodging?);
5. *(forvente)* expect (*fx* you can't expect me to know everything);
□ *bestemt ~* insist on; *~ det udleveret* demand that it (should) be handed over; *det er* ***meget*** *forlangt* that is asking a lot; that is a lot to ask; *det er for meget forlangt* that is asking too much; *kan man ~* ***mere?*** (ɔ: *ønske sig)* what more can one ask?
[med: at] jeg -r ***at*** *du gør det* I demand (, require, insist) that you do it; *han forlangte at de skulle gå* he demanded (, required, insisted) that they (should) leave; *-r du at jeg skal tro på det?* are you asking me to believe that? do you expect me to believe that? *du kan ikke ~ at han skal komme* you cannot expect him to come; *det blev forlangt at han skulle rejse* he was required to leave;
[med præp.] ~ noget ***af*** *en a) (kræve)* demand sth from sby (*fx* demand compensation from him); F require sth of sby (*fx* require obedience (, good manners) from them); *b) (stille krav til)* demand sth of sby (*fx* people demand too much of their doctors; they demanded hard work of their students); *(svagere)* ask sth of sby (*fx* don't ask too much of him); *jeg forlangte mine penge* ***tilbage*** I asked for my money back; I demanded my money back.
forlangende *sb. (et, -r)* demand; *(F & svagere)* request;
□ *på ~* on demand; on request; on application.
forlede *vb.* **1.** *(lede på afveje)* lead astray;
2. *(bevæge)* induce (*til at gøre noget* to do sth);
3. *(narre)* trick (*til at gøre noget* into doing sth);
4. *(lokke,* F*)* entice, seduce (*til at gøre noget* into doing sth);
□ *~ en til at tro at* lead sby to believe that; *~ en til at begå en forbrydelse* lead sby astray.
forleden[1] *adj.* the other (*fx* the other afternoon).
forleden[2] *adv.* the other day.
forlegen *adj.* **1.** *(genert)* shy (*ved* at, about);
2. *(flov)* embarrassed (*ved* at); *(stærkere)* sheepish (*fx* expression, smile);
3. *(utilpas)* self-conscious;
4. *(ivrig, begærlig)* anxious (*for* for; *for at* to).

forlegenhed *sb. (en)* **1.** *(generthed)* shyness; **2.** *(flovhed)* embarrassment; **3.** *(utilpashed)* self-consciousness;
4. *(vanskelighed)* difficulty, trouble; T scrape;
□ *bringe (el. sætte) en i ~* get sby into difficulties (*el.* trouble); embarrass sby; T put sby on the spot; *komme i ~* get into difficulties (*el.* trouble); T get into a scrape; *være i ~ for svar* be at a loss for an answer; *være i ~ for penge* be pressed for money; T be strapped for money, be hard up.

forlene *vb.: ~ med* endow with.

forlibe *vb.: ~ sig i* fall in love with; F become enamoured of.

forlibt *adj.: ~ i* in love with; F enamoured of.

forlig *sb. (et, -)* **1.** *(aftale)* agreement (*om* about, on, *fx* a four-year agreement on defence); T deal (*om* on, *fx* on pay and manning);
2. *(afgørelse af uenighed)* settlement (*fx* the negotiations ended without a settlement); T deal; *(kompromis)* compromise;
3. *(forsoning)* reconciliation;
4. *(jur.)* (out-of-court) settlement;
□ *slutte (el. indgå) ~ a) (jf. 1)* come to an agreement (*med* with); come to terms (*med* with); *b) (jf. 2)* reach a settlement (, compromise); *c) (jf. 3)* be reconciled; T make it up; *d) (jur.)* settle (the dispute) out of court; *slutte ~ med (også)* (enter into a) compromise with; make up the (*el.* a) difference with; *det kom til ~* a compromise (, a settlement) was reached.

forlige *vb. (se også forliges)* reconcile (*fx* the parties in dispute);
□ *~ sig med* become reconciled to (*fx* one's fate).

forligelig *adj. (mht. blodtype)* compatible.

forligelighed *sb. (en) (mht. blod)* compatibility.

forliges *vb.* agree; T hit it off, get on.

forligger *sb. (en, -e)* (bedroom) rug.

forligsinstitution, **forligskommission** conciliation board.

forligsmand *(svarer til)* conciliation officer, conciliator.

forligsskitse draft agreement, draft deal.

forlis *sb. (et, -)* **1.** loss, shipwreck;
2. *(fig.)* failure (*fx* the failure of their marriage).

forlise *vb. (forliste, forlist)* **1.** *(om person)* be shipwrecked;
2. *(om skib)* be lost, be wrecked; *(synke)* go down; F founder;
3. *(fig.: mislykkes)* fail; F founder; *(om ægteskab, forhold også)* go on the rocks;
4. *(miste)* lose;
□ *et forlist ægteskab (også)* a broken marriage.

forlods *adv.* beforehand, in advance.

forloren *adj.* **1.** false (*fx* hair, teeth); **2.** *(forstilt)* sham (*fx* piety); *(mere neds.)* bogus (*fx* there was something bogus about him); T phoney;
□ *~ hare (omtr.)* meat loaf; *~ skildpadde* mock-turtle; *den forlorne søn* the prodigal son.

forlorenhed *sb. (en) (jf. forloren)* **1.** falseness; **2.** pretence; phoneyness.

forlov *sb. (en el. et)* permission;
□ *med ~!* excuse me! may I? do you mind? *bede om ~* ask (for) permission.

forlove *vb.: ~ sig* become (*el.* get) engaged (*med* to); *(se også forlovet).*

forlovelse *sb. (en, -r)* engagement (*med* to).

forlovelsesring engagement ring.

forlover *sb. (en, -e)* **1.** *(for brudgommen)* best man; **2.** *(for bruden)* he that gives the bride away; *han var hendes ~* he gave her away.

forlovet *adj.* engaged (to be married);
□ *hans forlovede* his fiancée; *hendes forlovede* her fiancé; *de forlovede* the engaged couple; *~ med a)* engaged to; *b) (fig.: helt opslugt af)* married to (*fx* one's work).

forlyd *(fon.)* initial sound;
□ *i ~* initially.

forlyde *vb.: det -r* it is reported; *lade sig ~ med at* give it to be understood that, give out that, hint that.

forlydende *sb. (et, -r)* report (*fx* unconfirmed reports said this week that ...);
□ *efter ~* according to report; reportedly.

forlygte headlight, headlamp.

forlyste *vb.* **1.** amuse; F divert; **2.** *(underholde)* entertain;
□ *~ sig med a)* divert oneself with; *b) (ɔ: en pige; glds.)* have one's pleasure of.

forlystelse *sb. (en, -r)* **1.** *(som tilbydes)* entertainment (*fx* shows, films and other entertainments; they are listed under "entertainments" in the newspaper);
2. *(noget man kan more sig med)* amusement (*fx* merry-go-rounds, roller coasters and other amusements);
□ *offentlige -r* public entertainments; *til ~ for* for the amusement of.

forlystelsesbranchen the entertainment business.

forlystelsesetablissement *se forlystelsessted.*

forlystelsespark amusement park.

forlystelsesskat entertainments tax.

forlystelsessted place of entertainment.

forlystelsessyg *adj.* pleasure-seeking, pleasure-loving.

forlystelsessyge *(en)* pleasure-seeking.

forlæg *sb. (et, -)* **1.** *(original)* original; **2.** *(kilde)* source; **3.** *(forbillede)* model.

forlægge *vb.* **1.** *(så man ikke kan finde det)* mislay;
2. *(flytte)* remove, transfer;
3. *(udgive)* publish;
□ *skal vi ~ residensen? (spøg.)* shall we adjourn (to the drawing-room)?

forlæggelse *sb. (en, -r) (jf. forlægge)* **1.** mislaying; **2.** removal, transference.

forlægger *sb. (en, -e)* publisher.

forlægning *sb. (en, -er) (lejr)* camp.

forlænge *vb.* **1.** extend (*fx* a road, a railway, a table, a holiday; extend the visit by one day); lengthen (*fx* the intervals, a visit; lengthen the three-year course to four years); *(i tid også, undertiden unødigt)* prolong (*fx* an agreement, a respite; a visit, life, their suffering); **2.** *(om tøj)* lengthen (*fx* a skirt, sleeves, trousers);
□ *-t arm se arm*[1]; *-t spilletid se spilletid; (se også veksel).*

forlængelse *sb. (en, -r) (jf. forlænge)* extension; lengthening; prolongation;
□ *i ~ af (ɔ: i tid)* in continuation of; *ligge i ~ af hinanden* lie end to end; *det ligger i ~ af mine tanker* it fits in with my ideas.

forlængerledning *(elek.)* extension cord.

forlæns[1] *adj.* forward.

forlæns[2] *adv.* forwards; *(am.)* forward;
□ *køre ~ i tog (, hestevogn)* sit facing the engine (, the horses).

forlæst *adj.* **1.** *(overanstrengt)* overworked; **2.** *(som læser meget)* bookish (*fx* a bookish, bespectacled young man).

forløb *sb. (et, -)* **1.** *(udvikling, gang)* course (*fx* the course of events; the disease took its (*el.* a) normal course); progress;

2. *(rækkefølge, sekvens)* sequence (*fx* the sequence of events; short sequences);
3. *(i perlekæde)* graduation;
□ *få et heldigt (, uroligt) ~* be successful (, stormy); *sagens videre ~* further developments pl.;
[med præp.] efter et års ~ after a year; at the end of a year; *inden et års ~* within a year; *med ~ (jf. 2)* graduated.

forløbe *vb.* **1.** *(om tiden)* pass (away); F elapse;
2. *(foregå)* pass off (*fx* the demonstration passed off peacefully); go off (*fx* the performance went off well);
□ *operationen forløb heldigt* the operation was successful; *i de forløbne måneder* during the past months; *~* ***sig*** *a)* forget oneself, let oneself be carried away; *b) (sige noget uoverlagt)* let one's tongue run away with one.

forløber *sb. (en, -e)* forerunner (*for* of).

forløfte *vb.: ~ sig* overstrain oneself (by lifting); *~ sig på en opgave (fig.)* overreach oneself in an attempt to do sth.

forløjet *adj.* **1.** lying; F mendacious; **2.** *(forloren)* sham, bogus, hollow.

forløjethed *sb. (en)* mendacity; sham.

forløse *vb.* **1.** release (*fra* from);
2. *(ved fødsel)* deliver; **3.** *(rel.)* redeem;
□ *blive forløst med en søn (glds.)* be delivered of a son; *endelig sagde X det -nde ord* at length X spoke the word which everyone had been waiting for.

forløser *sb. (en, -e) (rel.)* Redeemer.

forløsning *sb. (en, -er)* **1.** *(rel.)* redemption; **2.** *(nedkomst)* delivery.

form[1] *sb. (en, -e)* **1.** *(støbe-)* mould;
2. *(bage-)* tin.

form[2] *sb. (en, -er)* **1.** form (*fx* ice is water in solid form; form and content; the sonata form; the plural form of the word);
2. *(især konkret: omrids)* shape (*fx* the shape of an egg (, of his nose));
3. *(i sport)* form (*fx* be in good (, bad) form; be out of form);
□ ***-er*** *(legemsformer,* T*)* curves; ***en*** *~* ***for*** *a)* a form of (*fx* transport, work; exercise in the form of swimming); *b) (neds.)* of sorts (*fx* he did give an apology of sorts); *de forskellige* ***-er for*** *motion* the various forms of exercise;
[med præp.] ***af*** *~* ***som*** the shape of; shaped like; ***for*** *en -s* ***skyld*** as a matter of form; *jeg er ikke* ***i*** *~* I am not in form (*el.* shape); I am out of form (*el.* shape); *(om spil også)* I am off my game; *i fin ~* in top form; in very good shape; ***i*** *~* ***af*** in the form (*el.* shape) of (*fx* payment in the form of fringe benefits; the house is built in the shape of an L); ***under*** *en eller anden ~* in one form or another;
[med vb. (+ præp.)] ***antage*** *~, se ndf.: tage ~;* ***få*** *~* ***på*** *det* get (*el.* lick) it into shape; ***tage*** *~* take shape (*fx* his plans are beginning to take shape); *tage fast ~ a)* solidify; *b) (fig.)* assume a definite shape; ***tage*** *~* ***af*** take the form (*el.* shape) of; ***holde på*** *-erne* stand on ceremony; be a stickler for etiquette.

formad *sb. (en)* first course.

formal *adj.* formal.

formale *vb.* grind.

formalin *sb. (en el. et, -er)* formalin.

formaling *sb. (en)* grinding.

formalisere *vb.* formalize (*fx* a formalized means of cooperation between them).

formalisme *sb. (en)* formalism.

formalist *sb. (en, -er)* formalist.

formalistisk[1] *adj.* formalistic.

formalistisk[2] *adv.* formalistically.

formalitet *sb. (en, -er)* formality, matter of form (*fx* go through the necessary formalities; it is just a formality (*el.* matter of form));
□ *uden -er a)* informal; without formality; *b) (adv.)* informally; without formality.

formand **1.** *(for forening, ret, EF, Folketinget)* president; *(for Underhuset)* Speaker;
2. *(for bestyrelse, komité)* chairman; chairperson; *(am.)* president;
3. *(for arbejdere, for nævninge)* foreman;
4. *(en der er foran en)* person sitting (, standing etc) in front of sby;
5. *(forgænger)* predecessor.

formandskab **1.** *(jf. formand 1)* presidency; **2.** *(jf. formand 2)* chairmanship; *(am.)* presidency;
3. *(ledelse bestående af flere personer)* committee, council.

formandspost *se formandskab (1 & 2).*

formane *vb.* admonish; *(se også formanende)*;
□ *~ en til at gøre noget* admonish sby to do sth; *~ en til ikke at gøre noget* warn sby against doing sth.

formanende[1] *adj.* admonitory.

formanende[2] *adv.* *(ɔ: i en ~ tone)* in an admonitory tone of voice.

formaning *sb. (en, -er)* **1.** *(irettesættelse, advarsel)* admonition (*om at* to (, that)); **2.** *(påbud)* injunction (*fx* parting injunctions).

formaningstale admonitory speech;
□ *holde en ~ for én* T tell (*el.* tick) sby off.

formaste *vb.: ~ sig til at* presume to.

formastelig *adj.* presumptuous.

formastelighed, formastelse *sb. (en)* presumption.

format *sb. (et, -er)* **1.** *(størrelse)* size;
2. *(edb & om bog)* format;
3. *(om personlighed)* calibre (*fx* an artist of quite a different calibre); stature (*fx* of internationa stature; a man of his stature);
□ *de er i tvivl om hans ~* they doubt whether he has the right calibre; *han mangler ~ a)* he is of no stature; he is without greatness; T he is nothing very great; *b) (ɔ: smålig)* he is small-minded;
[med præp.] ***af*** *~ (fig.)* great (*fx* a great man); *(præd. også)* of importance; ***i mindre*** *~ (fig.)* on a smaller scale; *i stort ~ (fig.)* large-sized; large-scale (*fx* a large-scale undertaking); *der er ~* ***over*** *det han gør* he does things on a grand scale.

formatere *vb. (edb)* format.

formatering *sb. (en, -er)* formatting.

formation *sb. (en, -er)* formation.

forme *vb.* **1.** *(tildanne, lave)* shape (*fx* figures in (*el.* out of) clay; clay into figures; dough into rolls; shape the clay; an ashtray shaped like a shell); mould (*fx* figures in (*el.* out of) clay; clay into figures); F fashion (*fx* figures out of clay; clay into figures);
2. *(fig.)* form (*fx* sby's character); F mould;
3. *(formulere)* form (*fx* words, sentences); F frame (*fx* a question, an answer);
□ *~* ***sig*** be (*fx* there marriage was harmonious; it was one long succession of disasters); *(vise sig at være)* turn out (*fx* the way events are turning out); T work out (*fx* wait and see how things work out); *~ sig heldigt* be a success; *~ sig som* take the form of (*fx* his speech took the form of a homage to the President).

formedelst *præp.* **1.** *(på grund af)* on account of; **2.** *(ved hjælp af)* by means of; **3.** *(mod at betale)* for.

'**formel**[1] *sb. (en, formler)* **1.** *(kem.,*

mat.) formula (pl. -s, *(fagl.)* -e); **2.** *(sproglig & om racerbil)* formula.

for'mel[2] *adj.* formal (*fx* visit); □ *være ~ over for en* be formal with sby; *-t (adv.) a)* formally; *b) (mods. reelt)* in form (*fx* in form and in substance).

formelagtig *adj.* formularized (*fx* phrases).

formelig[1] *adj.* absolute; T positive (*fx* disgrace); F veritable (*fx* the house was a veritable palace).

formelig[2] *adv.* literally (*fx* we were literally starving); downright (*fx* he was downright rude).

formene *vb.* **1.** *(mene)* believe; F presume; **2.** *(forbyde) se forbyde.*

formening *sb. (en)* opinion, judgment; □ *handle i den ~ at (ↄ: antagelse)* act on the assumption that.

formentlig[1] *adj.* supposed.

formentlig[2], **formentligt** *adv.* I suppose, I think; *(mere* F*)* I believe; *(mere sikkert)* presumably.

former *sb. (en, -e)* **1.** moulder; **2.** *(pottemager)* thrower.

formere[1] *vb. (en plante)* propagate; □ *~* ***sig*** *(biol.)* reproduce (itself) (*fx* ferns reproduce by spores; most fish reproduce by laying eggs); *(om dyr også)* breed (*fx* rabbits breed quickly; people that breed like rabbits); *(stærkt)* multiply.

formere[2] *vb. (danne; mil.)* form (*fx* form battalion); □ *~ et tog* make up (*el.* marshal) a train.

formering[1] *sb. (en, -er) (jf. formere*[1]*)* **1.** *(forplantning)* reproduction; **2.** *(af planter)* propagation.

formering[2] *sb. (en, -er) (jf. formere*[2]*)* **1.** *(mil.)* formation; **2.** *(af tog)* making up; marshalling.

formeringsreaktor breeder reactor.

formfejl **1.** technical error; **2.** *(med.)* deformity.

formfuldendt *adj.* **1.** *(fejlfri)* flawless (*fx* performance); **2.** *(elegant)* elegant; **3.** *(om væsen)* impeccable (*fx* manners, behaviour).

formfuldendthed *sb. (en) (jf. formfuldendt)* **1.** finish; **2.** elegance; **3.** impeccability.

formgive *vb.* design.

formgiver *sb.* designer.

formgivning *sb. (en, -er)* **1.** *(det at formgive)* designing; **2.** *(resultatet)* design.

formidabel *adj.* **1.** *(overvældende, skræmmende, dygtig)* formidable (*fx* task, opponent, athlete); **2.** *(meget stor)* huge, enormous (*fx* number).

formiddag morning; □ ***i*** *-s* this morning; *i går -s* yesterday morning; *i morgen ~* tomorrow morning; ***om*** *-en a) (om bestemt ~)* in the morning; *b) (generelt)* in the morning(s) (*fx* I always read the papers in the morning; the museums are open only in the mornings); *kl. 10 om -en* at ten (o'clock) in the morning, at 10 a.m.; *langt* ***op på*** *-en* late in the morning.

formiddagsblad *(svarer til)* tabloid.

formiddagshjælp morning help.

formiddagskaffe morning coffee; elevenses pl.

formiddagspressen the tabloid press; the tabloids pl.

formidle *vb.* **1.** *(udvirke, sørge for)* arrange (*fx* a loan; a meeting between them); (help to) bring about (*fx* a reconciliation between them); F be instrumental in bringing about (*fx* a treaty); *(muliggøre)* facilitate (*fx* a conference, a meeting between them); **2.** *(som mægler)* mediate, broker (*fx* a ceasefire, a compromise, a settlement, a solution); **3.** *(viderebringe)* pass on, communicate (*fx* knowledge to pupils); F transmit; **4.** *(udbrede kendskabet til)* promote, propagate (*fx* news, ideas); disseminate (*fx* news, information); □ *~ udgivelsen af bogen* cause the book to be published.

formidler *sb. (en, -e)* **1.** *(mellemmand)* intermediary, mediator; **2.** *(viderebringer)* communicator (*fx* of knowledge); promoter, propagator (*fx* of ideas).

formidling *sb. (en) (jf. formidle)* **1.** arrangement; mediation; **2.** communication; transmission; **3.** promotion; propagation; dissemination; □ *ved hans ~* through his agency.

formilde *vb.* mitigate (*fx* his anger; the punishment); *(en person)* appease (*fx* him); □ *lade sig ~* relent; *-nde omstændigheder* extenuating (*el.* mitigating) circumstances.

formindske *vb.* **1.** reduce (*fx* the expenses, the number, the danger); *(svagere, mere* F*)* diminish (*fx* his influence, his power); lessen (*fx* the effect; the importance of sth); *(især gradvis)* decrease; **2.** *(nedskære)* cut down (*fx* expenses); **3.** *(om billede)* reduce; □ *-s* decrease, diminish (*med* by); *i -t målestok* on a reduced scale; *en -t udgave af* a scaled-down version of.

formindskelse *sb. (en, -r) (også om billede)* reduction.

formindskelsesord diminutive.

formlære *sb. (en) (sprogv.)* **1.** morphology; **2.** *(om bøjningsformer)* accidence.

formløs *adj.* **1.** formless; **2.** *(om væsen)* informal.

formløshed *sb. (en)* **1.** formlessness; **2.** *(om væsen)* informality.

formning *sb. (en)* **1.** shaping; forming; **2.** *(ved støbning)* moulding; **3.** *(skolefag, nu: kunst)* art.

formode *vb.* **1.** suppose (*fx* I suppose that you have been told); *(mere* F*)* suspect (*fx* there is reason to suspect that the death occurred between 1 and 2 o'clock a.m.); **2.** *(forvente)* expect (*fx* it was better than might be expected); **3.** *(gå ud fra)* assume (*fx* I assume that I won't be charged for it); F presume (*fx* Dr Livingstone, I presume?); □ *det må -s at blive indført* it will presumably be introduced.

formodentlig *adv.* probably; I suppose; *(mere sikkert,* F*)* presumably.

formodning *sb. (en, -er)* **1.** supposition (*fx* it is merely a supposition); **2.** *(gætning)* guess; F conjecture; **3.** *(teori)* theory; □ *have en ~ om* suppose; *(ane)* suspect (*fx* the real reason; that he was right).

formsans sense of form.

formskøn *adj.* beautifully formed.

formsprog idiom.

formssag matter of form.

formstof plastic.

formue *sb. (en, -r)* **1.** *(stort beløb)* fortune (*fx* lose a fortune; it must have cost a small fortune); **2.** *(mods. indtægt)* capital (*fx* a tax on capital; the capital of the company); **3.** *(ejendele)* property; □ *have privat ~* have private means; *have en ~ på 50.000 pund* have a capital of £50,000, be worth 50,000.

formueforhold *sb.pl.* financial circumstances.

formuefællesskab community of property.

formuende *adj.* wealthy.

formueomstændigheder = *formueforhold.*

formueskat wealth tax, capital levy.

formular *sb. (en, -er)* form.
formulere *vb.* **1.** *(udtrykke)* express (*fx* one's ideas);
2. *(om ordvalg)* word (*fx* word the refusal more politely; word the letter so that he will understand);
3. *(udforme)* formulate (*fx* a proposal; one's ideas into a theory);
□ ~ *sig* express oneself; ~ *sig klart (også)* make oneself clear; *hun er god til at ~ sig (også)* she is very articulate.
formulering *sb. (en, -er)* **1.** statement (*fx* a clear (, exact) statement of his views);
2. *(om ordvalg)* wording (*fx* the wording of the letter);
3. *(udformning)* formulation (*fx* he suggested another formulation).
formuleringsevne ability to express oneself; fluency.
formummet *adj.* disguised.
formynder *sb. (en, -e)* **1.** *(for mindreårig)* guardian; **2.** *(neds.: en der vil bestemme)* nanny;
□ *optræde som ~ for en (jf. 2)* nanny sby.
formynderi *sb. (et)* paternalism; *(mere neds.)* nannyism.
formynderisk *adj.* paternalistic, patronizing; *(mere neds.)* nannyish.
formynderregering regency.
formynderskab *sb. (et)* **1.** guardianship; tutelage (*fx* a child in tutelage); **2.** *(fig.)* tutelage (*fx* they freed literature from the tutelage of dogmatic religion); **3.** *(om FN)* trusteeship.
formynderskabsområde *(under FN)* trust territory.
formynderstat paternal(istic) state; *(mere neds.)* nanny state.
formæle *vb.: blive -t med* marry.
formøble *vb.* run through (*fx* one's inheritance, a lot of money, a fortune); F squander.
formøde *sb. (et, -r)* preparatory meeting; preconference.
formørke *vb. (astr.)* eclipse;
□ *det -de hendes sind* it clouded her mind; *-s* darken (*fx* the sky (, his face) darkened).
formørkelse *sb. (en, -r)* **1.** darkening; **2.** *(astr.)* eclipse.
formå *vb. (se også formående)*
1. *(overtale, bevæge)* induce, persuade (*til at* to, *fx* induce (*el.* persuade) him to come); *(især: trods modstand,* F*)* prevail upon (*til at* to, *fx* I prevailed upon her to make a speech; could I prevail upon you to drive me to the station?);
2. *(evne) se ndf.: ~ at;*
□ ~ ***at*** *gøre det* be able to do it, be capable of doing it; *jeg -r ikke at gøre mere* I cannot do any more; *alt **hvad** jeg -r* all I can do; *(mere* F*)* everything in my power; *tage til takke med hvad huset -r* take pot-luck.
formåen *sb. (en)* ability, capacity.
formående *adj.* influential.
formål *sb. (et, -)* **1.** *(mål)* purpose (*med* of, *fx* the purpose of his visit; the Minister explained the purpose of the Bill; the machine can be used for various purposes); *(især fjernere, overordnet)* aim (*fx* his sole aim is making money; the aims of education); *(især* F*)* object (*med* of, *fx* the object of the discussion); end (*fx* with this end in view; use it for political ends);
2. *(mening)* point (*med* of, *fx* I don't see the point of trying to persuade him);
□ *det tjener ikke noget ~ at spørge ham* it serves no useful purpose to ask him; there is no point in asking him;
[med præp.] ***med*** *det ~ at* with (*el.* for) the purpose of -ing; with the object (, aim) of -ing; *hvad er dit ~* ***med at*** *gøre det?* what is your object (, purpose, aim) in doing that? ***til*** *det ~* for that purpose (, end); *lavet til -et* made for the purpose; *have* ***til*** *~* ***at*** be intended (*el.* designed) to; *foreningen har til ~ at* the object of the society is to.
formålsbestemt *adj.* purposive.
formålsløs *adj.* **1.** *(uden formål)* aimless (*fx* life); **2.** *(meningsløs)* purposeless (*fx* violence); pointless (*fx* discussion).
formålsløshed *sb. (en)* aimlessness; futility.
formålsparagraf objects clause.
formålstjenlig *adj.* suitable; *(ofte neds.)* expedient;
□ *det er -t (for mig)* it serves my purpose; *når du finder det -t* when you see fit.
formålstjenlighed *sb. (en)* expediency.
fornagle *vb.* **1.** nail up; **2.** *(skydevåben)* spike.
fornavn Christian name; *(om ikke-kristne kun)* first name; *(am.)* first name, forename, given name;
□ *være på ~* be on Christian name (, first name) terms (*med* with); *hvad hedder hun til ~?* what is her Christian name (etc.)?
forneden *adv.* at the bottom;
□ ~ *på siden* at the foot (*el.* bottom) of the page.
fornedre *vb.* debase, degrade.
fornedrelse *sb. (en, -r)* debasement, degradation.
fornedrende *adj.* degrading.
fornem *adj.* **1.** *(fin, kultiveret)* distinguished (*fx* visitor, career; a distinguished-looking gentleman); *(værdig)* dignified; *(aristokratisk)* aristocratic; *(elegant)* lady;
2. *(ædel, nobel)* noble (*fx* character);
3. *(fremragende)* brilliant (*fx* result, performance);
□ *spille ~* give oneself airs; *vores -ste pligt* our principal duty; *den -me verden* the world of rank and fashion.
fornemhed *sb. (en)* high rank; distinction.
fornemme *vb.* **1.** feel; **2.** *(mere ubestemt)* sense (*fx* when she spoke he sensed that she was hostile to him).
fornemmelse *sb. (en, -r)* feeling; *(psyk.)* sensation;
□ *det var en flad ~* it was a letdown; *(se også fin)*;
[med præp.] jeg har en ~ ***af at*** I have the impression (*el.* a feeling) that; something tells me that; T I have a hunch that; *have ~* ***for*** have a sense of (*fx* what is proper); ***pr.*** ~ by intuition; *jeg har det* ***på*** *-n* I have a feeling about it.
fornikle *vb.* nickel(-plate).
fornikling *sb. (en, -er)* nickel-plating.
fornuft *sb. (en)* **1.** reason; **2.** *(fornuftighed)* sanity (*fx* try to bring some sanity into the situation; I could not see the sanity of such a plan);
□ *den sunde ~* common sense (*fx* it was a victory for common sense);
[med vb.] bruge sin (sunde) ~ use one's common sense; *-en sejrede* F wiser counsels prevailed;
[med vb. + præp.] ***bringe til*** *~ se nedf.: tale til ~*; ***komme til*** *~* come to one's senses, see reason; *han vil ikke* **lytte til** *(el.* ***tage imod****) ~* he refuses to listen to reason; ***tale*** *en* ***til*** *~* make sby see (*el.* listen to) reason; bring sby to his senses; ***være ved*** *sin -s fulde brug* be in possession of one's senses; be of sound mind.
fornuftig *adj.* **1.** sensible (*fx* people, answer, clothes, plan, suggestion; that is very sensible of you); *(klog, forstandig også)* sane (*fx* decision, policy, system, views);
2. *(logisk etc.)* rational (*fx* decision, explanation, response to it);

3. *(rimelig)* reasonable (*fx* plan, price; he has always been very reasonable; you can't have it, be reasonable);
□ *intet -t menneske ville gøre det* no one in his right mind would do it; *være så ~ at* have the sense to.

fornuftigvis *adv.* **1.** *(selvfølgelig)* obviously (*fx* he obviously could not have stolen it); **2.** *(meget fornuftigt)* sensibly (*fx* he sensibly stayed away).

fornuftmæssig *adj.* rational.

fornuft(s)stridig *adj.* absurd, irrational.

fornuft(s)væsen rational being.

fornuft(s)ægteskab marriage of convenience.

forny *vb.* **1.** renew (*fx* an acquaintance, a contract, a subscription, his wardrobe, the air in the room);
2. *(reparere)* renovate (*fx* the decorations); recondition (*fx* the heating system);
3. *(udskifte)* replace (*fx* the tyres of a car);
□ *prøve at ~ sig* try to do something new;
[med sb.] tage op til -et overvejelse rethink; F reconsider; *-et undersøgelse* re-examination.

fornyelse *sb. (en, -r) (jf. forny)*
1. renewal (*fx* of a contract);
2. *(reparation)* renovation; reconditioning;
3. *(udskiftning)* replacement;
4. *(nyskabelse, noget nyt som indføres)* innovation (*fx* a time of technological innovation; that is an innovation);
□ *betyde en ~ for* revolutionize; *trænge til ~* need a change.

fornyer *sb. (en, -e)* innovator.

fornægte *vb.* **1.** deny (*fx* deny one's principles; deny the existence of God; Peter denied Christ); **2.** *(om barn)* disown (*fx* disown one's son);
□ *hendes gode humør -de sig ikke* her cheerfulness did not fail her; she behaved with her usual cheerfulness.

fornægtelse *sb. (en, -r)* denial.

fornæret *adj.* mean; T stingy.

fornærme *vb. (se også fornærmet)* offend; *(stærkere)* insult; *(bevidst og åbenlyst)* affront;
□ *han er let at ~* he is easily offended; he is quick to take offence.

fornærmelig *adj.* offensive (*mod* to); *(stærkere)* insulting (*mod* to).

fornærmelse *sb. (en, -r)* **1.** insult (*mod* to); *(bevidst og åbenlys)* affront (*mod* to); *(grov)* outrage (*mod* on, *fx* it is an outrage on the public);
2. *(fornærmethed)* resentment.

fornærmet *adj.* offended (*på* with; *over* at); *(~ og sur,* T*)* huffy; *(præd. også)* in a huff; *(svagere)* miffed;
□ *blive ~* take offence.

fornøden *adj.* necessary; F requisite;
□ *det ene fornødne* the one thing needful; *foretage det fornødne* take the necessary steps; *(mindre* F*)* do what is necessary.

fornødenheder *sb.pl.* **1.** *(nødvendige ting)* necessaries (*fx* a few necessaries for the journey; necessaries of life); *(uundværlige)* necessities (*fx* the basic necessities of life);
2. *(behov)* requirements (*fx* his requirements are few); needs (*fx* material needs).

fornøje *vb. (se også fornøjet)*
1. *(glæde)* please; F gratify; *(stærkere)* delight; **2.** *(more)* amuse;
□ *~ sig* enjoy oneself; *gør det bare hvis det kan ~ dig!* please yourself!

fornøjelig *adj.* **1.** *(morsom)* amusing; **2.** *(behagelig)* pleasant; *(stærkere)* delightful.

fornøjelse *sb. (en, -r)* **1.** *(glæde)* pleasure; *(stærkere)* delight (*fx* her singing was a delight; it was a delight (, pleasure) to see them);
2. *(adspredelse, forlystelse)* amusement; F diversion;
□ *god ~! a)* have a good time! *b) (ironisk)* I wish you joy of it!
[med vb. (+ præp.)] det ***er mig*** *en stor ~ at* it gives me great pleasure to; *det skal være mig en (stor) ~ at* I shall be delighted to; *han* ***fik*** *meget ~* ***af*** *se glæde*[1]; ***finde ~ i*** take pleasure in; F delight in; *vi* ***har*** *-n at sende Dem (hdl.)* we are pleased to send you; we have pleasure in sending you;
[med præp.] ***for*** *-ns* ***skyld****, for sin -s skyld* for pleasure; *for min -s skyld* for the fun of the thing, for fun; *(mere* F*)* to amuse myself; ***med*** *~* with pleasure; ***til*** *stor ~ (ɔ: moro)* ***for*** *børnene* to the great amusement (, delight) of the children; *-n* ***ved*** *det* the pleasure of it, the fun of it.

fornøjelsestur **1.** *(rejse)* (pleasure) trip; **2.** *(i bil etc.)* run.

fornøjet *adj.* **1.** *(tilfreds)* pleased (*med* with); T chuffed (*med* about); *(se også tilfreds)* **2.** *(glad, munter)* happy, cheerful.

foromtale advance publicity.

forord **1.** preface; **2.** *(skrevet af en anden end bogens forfatter)* foreword;
□ *~ bryder ingen trætte (kan gengives)* let us get this clear first.

forordne *vb.* ordain.

forordning *sb. (en, -er)* statutory instrument, order; *(i EF)* regulation.

foroven *adv.* at the top.

forover *adv.* forward(s) (*fx* bend (*el.* lean) forward(s)).

foroverbøjet *adj.* stooping;
□ *sidde ~* sit hunched over.

forpagte *vb.* **1.** *(jord)* rent, take a lease of; **2.** *(hist.: skatter)* farm;
3. *(fig.: lægge beslag på)* monopolize;
□ *~ bort a) (jf. 1)* lease, rent out; *b) (jf. 2)* farm out.

forpagter *sb. (en, -e)* tenant (farmer); lessee.

forpagtning *sb. (en)* **1.** tenancy, lease; **2.** *(afgift)* rent;
□ *have noget i ~* hold sth on a lease; *tage noget i ~* take a lease of sth.

forpagtningsafgift (farm) rent.

forpasse *vb.* miss (*fx* miss an opportunity);
□ *~ tiden a)* be late; *b) (gå glip af en chance)* miss the bus (*el.* the boat).

forpeste *vb.* poison (*fx* the air);
□ *hun -de tilværelsen for ham* she made his life a misery; *(stærkere, mere* T*)* she made his life hell.

forpint *adj.* **1.** racked with pain *(præd.)*; **2.** *(plaget)* harassed;
□ *~ af a)* tortured by (*fx* rheumatism); *b) (jf. 2)* harassed by (*fx* anxiety); racked by (*fx* doubt, guilt, remorse); *et ~ udtryk* an anguished (, harassed) look.

forpjusket *adj.* rumpled, tousled (*fx* hair); ruffled (*fx* hair, feathers); *(også om person,* F*)* dishevelled; *(og snavset,* T*)* bedraggled, scruffy.

forplads **1.** *(flyv.)* apron; **2.** *(ved tankstation)* forecourt.

forplante *vb.: ~ sig a) (om dyr)* breed, reproduce; F propagate; *b) (fig.)* spread (*fx* his nervousness spread to the others); be transmitted; *c) (om lyd)* travel (*fx* the sound travelled through the house).

forplantning *sb. (en) (jf. forplante)*
1. reproduction; **2.** transmission.

forplantningsevne power of reproduction, reproductive ability.

forplantningsorgan reproductive organ.

forplejning *sb. (en)* **1.** *(mad)* food (*fx* the food is good); **2.** *(forsy-*

ning) provisioning.
forplejningskorps catering corps.
forpligte *vb.: ~ en* bind sby; put sby under an obligation; *~ sig* ***til at*** *a)* commit oneself to (*el.* to -ing) (*fx* to sell(ing) the house; to support(ing) one's parents); bind oneself to -ing; *b) (påtage sig)* undertake to (*fx* clear up the matter); *(se også forpligtende, forpligtet).*
forpligtelse *sb. (en, -r)* **1.** *(pligt)* duty (*over for* to; *til at* to, *fx* he saw it as his duty to help them; you have a duty to do it);
2. *(moralsk ~)* obligation (*over for* to(wards); *til at* to, *fx* he had always felt an obligation to(wards) his parents (, to help his parents); they have an obligation to see that it is done; a moral obligation);
3. *(løfte, ansvar)* commitment (*over for* to, *fx* he had a commitment to his parents; he did not want to get married because he did not want any commitments; family commitments); *(ting man har ansvar for)* responsibilities (*fx* the head of a school has many responsibilities);
4. *(gæld)* liability;
□ *opfylde sine -r a)* fulfil one's obligations; *b)* fulfil one's commitments; *c) (økonomisk)* meet one's engagements (*fx* he has barely money enough to meet his engagements).
forpligtende *adj.* binding (*for* on).
forpligtet *adj.* bound (*fx* by a promise);
□ *han er ~ til at a)* it is his duty to; *b) (især moralsk)* he is under an obligation to.
forpligtige, forpligtigelse *se forpligte, forpligtelse.*
forplumre *vb.* confuse (*fx* the issue).
forplumret *adj.* confused; T muddled.
forplumring *sb. (en, -er)* confusion; T muddling.
forpost *sb. (en, -er)* outpost (*fx* an outpost of civilization).
forpostfægtning *(også fig.)* skirmish;
□ *-er (også)* skirmishing.
forpote *sb. (en, -r)* forepaw.
forpraktik preliminary training.
forpraktikant trainee in preliminary training.
forpremiere preview.
forpupning *sb. (en, -er)* pupation.
forpuppe *vb.: ~ sig* pupate; pass into the chrysalis stage.
forpurre *vb.* frustrate, thwart (*fx* their plans); prevent (*fx* a coup).
forpustet *adj.* breathless, winded; T puffed; *(præd. også)* out of breath; *(lettere)* short of breath;
□ *blive ~* become short of breath, lose one's breath; get winded; T get puffed.
forputte *vb.: brevet har -t sig* the letter has got mislaid.
forpå *adv.* in front.
forrang precedence;
□ *have -en for* take precedence over.
forregne *vb.: ~ sig (ɔ: tage fejl)* make a mistake.
forrente *vb.* pay interest on;
□ *~ sig a)* yield interest; *b) (betale sig)* be profitable, yield a profit; T pay; *et lån på £10.000, at ~ med 9 %* a loan of £10,000, interest to be paid at the rate of 9 per cent.
forrentning *sb. (en, -er)* **1.** *(betaling af rente)* payment of interest;
2. *(rentesats)* interest rate; **3.** *(afkast)* return; *(af investering)* return on investment; **4.** *(fortjeneste)* profit.
forrest[1] *adj.* foremost; *(kun attr.)* front;
□ *i ~e række se række*[1].
forrest[2] *adv.* in front, first;
□ *~ i (også)* at the head of (*fx* the queue, the procession); *ligge ~ (i sport)* lead.
forret[1] *(i måltid)* first course (*fx* serve soup as the first course); T starter (*fx* serve it as a starter).
forret[2] *(fortrinsret)* (right of) priority; *(se også forrettighed).*
forretning *sb. (en, -er)* **1.** *(butik)* shop; *(am.)* store;
2. *(firma)* firm, business;
3. *(enkelt køb, salg)* deal (*fx* I closed the deal with him yesterday); transaction; bargain (*fx* it was a bad bargain);
□ *det var en god ~ (ɔ: et godt køb)* it was a bargain;
[udtryk med pl.] **-er** business (*fx* I have done some business with him); *de daglige -er se daglig*[1]; *i -er (ɔ: forretningsanliggender)* on business; *mange -er (ɔ: forretningssager)* a lot of business; F much business;
[med vb.] drive ~ a) run (*el.* carry on) a business; *b) (ɔ: butik)* keep a shop; *gøre en god ~* make a good bargain; *tale -er* talk business; T talk shop.
forretningsanliggende business matter; *-r (også)* business.
forretningsbestyrer shop manager.
forretningsbetingelser *sb.pl.* business conditions; trade terms.
forretningsbrev business letter.
forretningsbrug*: til ~* for business purposes.
forretningsdrivende *sb.* **1.** *(større)* businessman; **2.** *(butiksejer)* shopkeeper.
forretningsfolk businessmen, businesspeople.
forretningsforbindelse business connection;
□ *stå i ~ med* have business relations with.
forretningsforetagende *sb.* business (concern).
forretningsfrokost business lunch.
forretningsfører (business) manager.
forretningsgang procedure.
forretningskvarter **1.** business quarter; **2.** *(butikskvarter)* shopping area (*el.* district).
forretningsliv business life; trade.
forretningslokale, forretningslokaler *sb.pl.* business premises.
forretningsmand businessman (*fx* he is not a good businessman).
forretningsministerium *(midlertidigt ministerium)* caretaker government.
forretningsmoral *se handelsmoral.*
forretningsmæssig *adj.* **1.** business (*fx* procedure); **2.** *(effektiv; saglig)* businesslike (*fx* approach, method; attitude, person).
forretningsorden **1.** procedure; *(parlamentarisk)* order of business; **2.** *(reglerne derfor)* standing orders; rules of procedure;
□ *tage ordet til -en* rise on a point of order.
forretningspapirer *sb.pl.* commercial papers.
forretningsrejse business trip;
□ *tage på ~* go on a business trip; *han er i London på ~* he is in London on business.
forretningssans business sense.
forretningssted place of business.
forretningstalent business talent.
forretningsudvalg executive committee.
forrette *vb.* perform;
□ *~ sin andagt* perform one's devotions; *~ sin nødtørft* relieve nature; *~ en vielse* officiate at a wedding; *(se også ærinde).*
forrettighed *sb. (en, -er)* privilege; *(i kraft af rang el. stilling,* F*)* prerogative.
forrevet *adj.* **1.** torn (*fx* clothes); **2.** *(om hud)* scratched; **3.** *(om kyst etc.)* rugged; **4.** *(om skyer)* ragged.
forrider *sb. (en, -e)* outrider.
forrige *adj.* previous (*fx* the previous owner);
□ *i ~ uge (, måned) a) (den umiddelbart foregående)* last week (, month); *b) (ugen før den igen)*

the week (, month) before last; *den 4. i ~ måned (hdl.)* the 4th of last month; *-e år a)* last year; *b)* the year before last.

forringe *vb. (se også forringes)* reduce (*fx* their standard of living, the quality, the value of sth, his chances, the purchasing power);
□ *det -r ham ikke i mine øjne* that does not make me think less of him.

forringelse *sb. (en)* **1.** *(jf. forringe)* reduction (*fx* in the quality, in value); **2.** *(jf. forringes)* deterioration (*fx* of the environment); depreciation.

forringes *vb.* **1.** deteriorate (*fx* the quality has deteriorated); **2.** *(i værdi)* depreciate.

forrude *(i bil)* windscreen; *(am.)* windshield.

forrygende[1] *adj.* **1.** *(voldsom)* furious (*fx* gale, temper, fight);
2. *(vældig, kun attr.)* tremendous (*fx* success, speed);
3. *(imponerende)* breathtaking (*fx* speed, scenery, view; it was a breathtaking finish to the race; New York is breathtaking);
□ *det er helt ~* it is fantastic; it is out of this world; *i ~ fart* at a tremendous pace; at a tearing speed; *en ~ succes (også)* a roaring (*el.* howling) succes.

forrygende[2] *adv. (jf. forrygende*[1]*)*
1. furiously; **2.** tremendously;
3. breathtakingly.

forrykke *vb.* **1.** *(flytte)* move;
2. *(forstyrre)* disturb.

forrykkelse *sb. (en, -r)* disturbance.

forrykt *adj.* **1.** crazy, mad;
2. *(med.)* demented.

forræder *sb. (en, -e)* traitor (*mod* to).

forræderi *sb. (et, -er)* **1.** treachery (*mod* to, *fx* the party; they called it treachery to oppose the party) *(NB et ~* an act of treachery*)*;
2. *(mod konge eller fædreland)* treason;
3. *(det at forråde)* betrayal (*mod* of);
□ *begå ~ a) (jf. 1)* be guilty of treachery; *b) (jf. 2)* commit treason; *begå ~ mod* betray.

forræderisk *adj.* **1.** treacherous (*fx* act); **2.** *(jvf forræderi 2)* treasonable, treasonous; **3.** *(fig.: afslørende)* telltale (*fx* blush, signs).

forrå *vb.* brutalize.

forråd *sb. (et, -)* **1.** store, stock (*fx* we bought a large store (*el.* stock) of food for the trip);
2. *(til at tære på)* supply (*fx* an inexhaustible supply of oil; she left a supply of food for him in the fridge); supplies pl. (*fx* large supplies of oil);
□ *samle sig et ~ af* lay up a store of, store up; *(som sikkerhedsforanstaltning, også = hamstre)* stockpile.

forråde *vb.* **1.** *(røbe)* betray (*fx* a secret); *(uforvarende,* T*)* give away (*fx* his accent gave him away);
2. *(være troløs mod)* betray (*fx* a friend, one's country); **3.** *(for penge)* sell (*fx* one's country).

forrådne *vb. (se også forrådnet)* rot; *(mere* F*)* decay; *(og stinke)* putrefy.

forrådnelse *sb. (en) (jf. forrådne)* rot; decay; putrefaction;
□ *gå i ~* (begin to) rot; *(også om stank,* F*)* putrefy; *(fagl.: gå i opløsning)* decompose.

forrådnelsesbakterier *sb.pl.* putrefactive bacteria.

forrådnet *adj.* rotten; *(og stinkende,* F*)* putrid.

forrådskammer storeroom.

forråelse *sb. (en, -r)* brutalization.

forsage *vb. (give afkald på)* renounce (*fx* the world).

forsagelse *sb. (en, -r)* renunciation.

forsager *sb. (en, -e) (mil.)* unexploded bomb; T dud.

forsagt *adj.* **1.** *(ængstelig)* timid (*fx* she was too timid to ask; a timid knock was heard at the door); F faint-hearted;
2. *(modløs)* downhearted; F despondent, dispirited.

forsagthed *sb. (en) (jf. forsagt)* **1.** timidity; **2.** despondency.

forsalg **1.** advance sale; **2.** *(af billetter)* advance booking; *(am.)* reservation(s);
□ *købe billet i ~* book in advance; *(am.)* reserve tickets.

forsamle *vb.* gather (*fx* he gathered them round him); F assemble;
□ *-s, ~ sig* meet; F assemble.

forsamling *sb. (en, -er)* **1.** *(møde)* meeting; F gathering; *(mere organiseret)* assembly;
2. *(tilhørere)* audience (*fx* the audience applauded); *(menneskemængde)* crowd (*fx* he spoke to a huge crowd);
3. *(*T*: flok)* lot (*fx* they are a queer lot; they were a mixed lot);
□ *i denne ~* in this forum.

forsamlingsfrihed freedom of assembly.

forsamlingshus **1.** *(på landet)* village hall; **2.** *(rel., især om kvækere)* meeting house.

forsanger **1.** lead singer; **2.** *(i kor)* choir leader; **3.** *(kantor)* precentor.

forsat *adj. (i væksten)* stunted;
□ *~ for hinanden* staggered (*fx* staggered holes).

forsatsblad flyleaf.

forsatslinse *(foto.)* lens attachment.

forsatsvindue secondary window; removable window;
□ *-r* double glazing.

forse *vb.: ~ sig* offend (*mod* against, *fx* proprieties); *~ sig på a) (blive forelsket i)* fall for; *b) (blive gal på)* get irritated with.

forseelse *sb. (en, -r)* offence (*fx* minor offences);
□ *ingen ~!* not at all!

forsegle *vb.* seal, seal up;
□ *-de ordrer* sealed orders.

forsegling *sb. (en)* sealing;
□ *under ~* under seal.

forsejl headsail, foresail.

forsende *vb.* **1.** send, ship; F dispatch, forward; **2.** *(med posten)* post; *(am.)* mail.

forsendelse *sb. (en, -r)* **1.** *(varesending)* consignment, shipment;
2. *(postsag)* item of mail; *(pakke)* parcel;
3. *(det at sende, jf. forsende)* sending, shipment, shipping; F forwarding, dispatch.

forsendelsesinstrukser *sb.pl.* forwarding (*el.* shipping) instructions.

forsendelsesomkostninger *sb.pl.* forwarding (*el.* shipping) expenses.

forside **1.** front (*fx* of a house, of a picture); *(af dokument, af mønt)* face; **2.** *(af avis)* front page (*fx* the news was printed on the front page).

forsidestof front-page news.

forsigtig *adj.* **1.** *(over for risiko, fare)* cautious (*med at* about -ing, *fx* about giving promises; about going out at night); careful (*med* about, of, *fx* about (*el.* of) what you say; *med at* about -ing, of -ing); F circumspect (*med* about; *med at* about -ing); *(tilbageholdende)* chary (*med at* of -ing, about -ing, *fx* of giving promises, of lending money);
2. *(på vagt)* wary (*med* of, about; *med at* of -ing, about -ing, *fx* about believing what he says);
3. *(omhyggelig)* careful (*med* with, *fx* be careful with the glasses!);
4. *(klog, betænksom)* prudent (*fx* investor, policy);
5. *(nænsom)* gentle (*fx* touch);
6. *(frygtsom)* timid (*fx* protest, smile);
7. *(diskret)* discreet (*fx* inquiries);
8. *(som ikke røber for meget)* guarded (*fx* reply; his statements were guarded);

□ ~! *a) (påskrift)* With Care; *b) (advarselsskilt)* Caution; *det er bedst at være* ~ *(også)* it's as well to be on the safe side;
[med sb.] på ~ *afstand a) (jf. 1)* at a safe distance; *b) (jf. 7)* at a discreet distance; *en* ~ *beregning, et -t overslag* a conservative estimate; ~ *optimisme* cautious (*el.* guarded) optimism.

forsigtighed *sb. (en) (jf. forsigtig)* **1.** caution; circumspection; **2.** wariness; **3.** care; **4.** prudence; **5.** gentleness; **6.** timidity; **7.** discretion;
□ *med* ~ *a) (jf. 1)* with caution (*fx* proceed with extreme caution); cautiously (*fx* proceed cautiously; explosives (, information from him) should be treated cautiously); *b) (jf. 3: med omhu)* with care (*fx* glass should be handled with care); *vise* ~ *a) (jf. 1)* use caution; *b) (jf. 3)* take care, be careful.

forsigtighedshensyn*: af* ~ out of prudence.

forsigtigper fusspot.

forsikre *vb.* **1.** *(erklære etc.)* assure; **2.** *(assurere)* insure (*fx* insure one's home against fire; insure one's life for £100,000); *(om livsforsikring i fagsprog også)* assure; *den -de* the insured (party); *har De -t?* are you insured? *det var ikke -t* there was no insurance; *[jf. 1] han -de* ***at*** he assured me (, them etc.) that; he maintained that; *(stærkere)* he asserted that; *jeg -r dig (for) at, jeg kan* ~ *dig at* I assure you that; ~ *en* ***om*** *noget* assure sby of sth.

forsikring *sb. (en, -er)* **1.** *(erklæring etc.)* assurance (*om* of; *om at* that, *fx* his assurances that everything was under control);
2. *(assurance)* insurance; *(om livsforsikring også, fagl.)* assurance; *(se også tegne).*

forsikringsagent, **forsikringsakkvisitør** insurance agent.

forsikringsanstalt insurance office.

forsikringsbegivenhed risk.

forsikringsbetingelser *sb.pl.* conditions of insurance.

forsikringsdækning insurance cover (*el.* protection).

forsikringsinteresse insurable interest.

forsikringsklausul insurance clause.

forsikringsmand insurance man.

forsikringspolice insurance policy.

forsikringspræmie insurance premium.

forsikringsselskab insurance company.

forsikringssum sum insured.

forsikringssvig insurance fraud.

forsikringstager *sb. (en, -e)* policy holder.

forsimple *vb.* **1.** *(gøre vulgær)* vulgarize, debase (*fx* language);
2. *(forenkle)* simplify; *(overforenkle)* oversimplify.

forsimpling *sb. (en, -er) (jf. forsimple)* **1.** vulgarization, debasement; **2.** simplification; oversimplification.

forsinke *vb. (se også forsinket)* delay (*fx* the snow delayed the train for an hour; what delayed you so long?); hold up (*fx* the snow held traffic up for an hour; the work was held up by a strike); *(stærkere: forhale,* F*)* retard (*fx* progress; his mental development).

forsinkelse *sb. (en, -r)* delay.

forsinket *adj.* **1.** *(kun præd.)* late (*fx* the train was 20 minutes late); behind time; *(ikke ankommet el. begyndt til tiden også)* overdue (*fx* he was half an hour overdue; the train is overdue);
2. *(som burde være kommet noget før,* F*)* belated (*fx* congratulations, repentance);
□ *blive* ~ *af* be delayed (*el.* held up) by; *på grund af et* ~ *tog* because the train was late; *(se også lyn).*

forsiring *sb. (en, -er)* decoration, ornament;
□ *-er a) (også)* ornamentation; *b) (mus.)* graces, ornaments, embellishments.

forskaffe *se skaffe.*

forskalle *vb.* cover with laths.

forskalling *sb. (en, -er)*, **forskallingsbrædder** *sb.pl.* **1.** laths; **2.** *(til støbning)* shuttering.

forskanse *vb.:* ~ *sig a)* entrench oneself (*fx* in a position; behind a newspaper); *b) (med barrikade)* barricade oneself (*fx* in one's room).

forskansning *sb. (en, -er)* entrenchment.

forske *vb. (drive videnskab)* do (*el.* carry out *el.* carry on) research; research (*i* into);
□ ~ *efter* search for; *-nde* searching (*fx* look).

forskel *sb. (en, -le)* **1.** difference (*mellem* between, *fx* there is a great difference between them; the difference between purple, violet and mauve); *(i størrelse, antal,* F*)* disparity (*mellem* between, *fx* their salaries; their ages);
2. *(skelnen, skelnemærke)* distinction (*fx* a distinction without a difference; when there is a difference between two words, the dictionary aims to make the distinction clear);
□ **-le** *(uligheder)* inequalities (*mellem* between, *fx* different social classes; inequalities of opportunity); *-len er* ***ens*** *(spøg.)* it is the same difference; *den* ***lille*** ~ the little difference; *hurra for den lille* ~ vive la différence;
[med vb. (+ præp.)] ***gøre*** ~ *(ɔ: være uretfærdig)* be unfair; *det gør ingen* ~ it makes no difference; *det gør ikke den store (el. ikke megen)* ~ it does not make much difference; *det gør en stor* ~ it makes all the difference; ***gøre*** ~ ***på*** *a) (skelne mellem)* distinguish (*el.* discriminate *el.* make a distinction) between; *b) (behandle forskelligt)* make a difference between (*fx* he makes no difference between his two sons); *hun gør ikke* ~ *på folk* she is no respecter of persons; ***kende*** *(, høre, se, smage)* ~ tell the difference; ***kende*** ~ ***på*** *A og B* tell the difference between A and B (*fx* between butter and margarine); tell A from B (*fx* can you tell John from Tom?); *kan du kende* ~ *på dem?* can you tell them apart?
[med præp.] ~ ***i*** *alder* difference in age; *en* ~ ***på*** *ti år (, to pund etc.)* a difference of ten years (, two pounds etc.); *der er* ~ *på dem* they are different; *der er ikke meget* ~ *på dem* they are not much (*el.* very) different; they are much the same; *der er* ~ *på biler* there are cars and cars; *der er* ~ *på at huske det og forstå det* there is a difference between remembering it and understanding it; *der er pokker* ***til*** ~ there is a world of difference; *der er fanden til* ~ there is a hell of a difference; ***til*** ~ ***fra*** unlike (*fx* unlike her sister she is blonde); F in contradistinction to; ***uden*** ~ indiscriminately; *det er mig uden* ~ it makes no difference to me.

forskellig *adj. (se også forskellige)* **1.** different (*fra* from, to); F dissimilar (*fra* to); **2.** *(tydelig adskilt)* distinct (*fra* from);
□ *ikke* ~ *fra (jf. 1, = identisk med)* no different from; *på* ~ *måde* differently (*fx* they behave differently); *det er -t (ɔ: det skifter)* it varies (*fx* "How often do you meet?" "It varies"); *det er meget -t* it varies a lot.

forskelligartet *adj.* **1.** *(forskellig)* different, varied; F diverse;

2. *(som ikke passer sammen)* heterogeneous.
forskellige *adj.* **1.** *(en del)* various (*fx* there are various possibilities; for various reasons);
2. *(flere ~)* different (*fx* I talked to (several) different people about it; we have them in (several) different colours);
3. *(uens)* different (*fx* they have different interests; they did it for different reasons);
4. *(~ fra hinanden)* different (*fx* the two brothers are entirely different; I have met him with three different girls; on three different occasions); *(præd. også)* unlike (*fx* I never knew two brothers who were so unlike (each other));
□ *mange ~* many different; F a variety of (*fx* for a variety of reasons; in a variety of ways); T all sorts of (*fx* all sorts of things); *opfattelserne var meget ~* opinions differed a lot; *være vidt ~ a)* be entirely different; *b) (om meninger)* differ widely; *(se også nat (nat og dag)).*
forskellighed *sb. (en)* dissimilarity;
□ *-er* differences; points of distinction.
forskelsbehandle *vb.* **1.** discriminate against; **2.** *(positivt)* discriminate in favour of.
forskelsbehandling differential treatment (*fx* of men and women);
□ *positiv ~* positive discrimination (*af* in favour of); *ugunstig ~ af* discrimination against.
forsker *sb. (en, -e)* **1.** research worker, researcher; **2.** *(videnskabsmand: naturvidenskabelig)* scientist; *(humanistisk)* scholar.
forskerby *se forskerpark.*
forskerflugt brain drain.
forskerpark science park.
forskertse *vb.* forfeit (*fx* the right to sth).
forskerånd spirit of inquiry.
forskib *(sø.)* bows pl.
forskning *sb. (en)* research (*i* into, *fx* do research into the effects of smoking); research work; *(se også drive).*
forskningscenter research centre.
forskningsleder director of a research institute (, research centre).
forskningsminister minister of research; *(svarer i Engl. til)* secretary of state for education and science.
forskningsresultat **1.** research result; **2.** *(bedrift)* (research) achievement.
forskningsråd research council.
forskole **1.** introductory course;
2. *(for børn omtr.)* infant school;
3. *(fig.)* preparation.
forskolealder preschool age.
forskrift *sb. (en, -er) (se også forskrifter) (til at skrive efter)* model.
forskrifter *sb.pl.* **1.** *(anvisninger)* directions (*for* for); *(mere bestemte)* orders (*fx* follow the doctor's orders); **2.** *(moralske)* precepts (*fx* moral precepts); **3.** *(reglement)* regulations.
forskriftsmæssig *adj. (præd.)* regulation (*fx* size, uniform).
forskrive *vb. (varer)* order, write for;
□ *~ sig til djævelen* sell one's soul to the Devil.
forskrivning *sb. (en, -er) (gældsbevis)* bond.
forskruet *adj.* **1.** *(affekteret)* affected (*fx* style); **2.** *(søgt)* far-fetched (*fx* ideas); **3.** *(hysterisk)* hysterical.
forskrække *vb.* frighten; *(mere pludseligt)* startle; F scare;
□ *~ ham (også)* give him a fright (, scare).
forskrækkelig[1] *adj.* frightful.
forskrækkelig[2], **forskrækkeligt** *adv.* frightfully.
forskrækkelse *sb. (en, -r)* fright;
□ *det endte med en ~* the upshot was disastrous.
forskrækket *adj.* frightened (*over* at; *for* of); T scared (*over* at; *for* of); *(opskræmt)* alarmed (*over* at);
□ *gøre ham ~* give him a fright (, scare).
forskræmt *adj.* timid.
forskræp *sb. (et, -) se forhåndsomtale.*
forskubbe *vb.: ~ sig a)* be displaced; *b) (om skibslast)* shift.
forskud advance;
□ ***give*** *~* advance (money); *give ham £100 i forskud* give him £100 in advance; ***give*** *ham ~* ***på*** *honoraret* give him an advance on his fee; *give ham et ~ på £100* give him an advance of £100; advance him £100; ***tage*** *~* ***på*** *(fig.)* anticipate (*fx* one's triumph, the pleasure); *(se også sorg).*
forskudsopgørelse *(til skat)* [estimate of future income].
forskudsskat provisional tax.
forskudsvis *adv.* in advance;
□ *betale ~* advance.
forskudt *adj.* **1.** *(forrykket)* displaced; **2.** *(~ for hinanden)* staggered; **3.** *(forstødt)* cast off;
□ *~ arbejdstid a) (usædvanlig tidlig el. sen)* unsocial hours pl.; *b) (således at ikke alle møder samtidig)* staggered hours; *hus med ~ etage* split-level house.
forskyde *vb. (se også forskudt)* **1.** *(forrykke)* displace; **2.** *(i forhold til hinanden)* stagger (*fx* working hours); **3.** *(forstøde)* cast off; F repudiate;
□ *~ sig a)* get displaced; *b) (om skibslast)* shift.
forskydelig *adj.* sliding, movable;
□ *~ helligdag* movable feast.
forskydning *sb. (en, -er)* **1.** *(jf forskyde)* displacement; **2.** *(om skibslast & fig.)* shift (*i* in, *fx* attitudes).
forskyldt *adj. se løn*[1]*.*
forskære *vb.* **1.** *(vin)* blend; *(med alkohol)* fortify; **2.** *(tøj)* spoil in cutting;
□ *han blev helt forskåret i ansigtet* he was severely cut about the face.
forskærerbræt carving board.
forskærergaffel carving fork.
forskærerkniv carving knife, carver.
forskønne *vb.* **1.** improve the appearance of, make more beautiful; *(pynte)* embellish; *(F el. spøg.)* beautify (*fx* oneself, one's home);
2. *(om portræt el. maler)* flatter (*fx* that picture certainly flatters him; he flatters his models);
□ *et -t portræt* a flattering portrait; *hun er blevet -t på billedet* the picture flatters her.
forskønnelse *sb. (en, -r)* embellishment; *(F el. spøg.)* beautification.
forskåne *vb.* spare;
□ *forskån mig for enkelthederne* spare me the details.
forslag[1] *sb. (et, -)* **1.** *(konkret)* proposal (*om* for, *fx* a proposal for (building) a new bridge; *om at* to (, that), *fx* a proposal to reduce taxes; a proposal that taxes (should) be reduced);
2. *(råd, henstilling)* suggestion (*om, til* for, as to, *fx* a suggestion for (*el.* as to) what to do next; he made the suggestion that they (should) pay £50 each; any more suggestions? it was only a suggestion);
3. *(ved møde: til vedtagelse)* motion (*om, til* for; *om at* to (, that), *fx* a motion to adjourn the meeting was rejected (, carried) by 20 votes to 3; put a motion that the meeting (should) be adjourned);
4. *(lov-)* bill;
5. *(udvalgs)* recommendation(s);
□ *på mit ~ a) (jf 1)* on my proposal; *b) (jf 2)* at my suggestion; *på ~ fra* on the recommendation of; *[med vb.] gøre en et ~* make sby a proposal; *gå ind på et ~* accept

(*el.* agree to) a proposal; *stille et ~ a)* make a suggestion; make a proposal; *b) (ved møde: til vedtagelse)* put a motion; *stille ~ om* make a proposal for (*el.* of); *(ved møde)* move.
forslag[2] *sb. (et) (mus.)* grace note.
for'slag[3] *sb.: der er ikke ~ i pengene* the money does not go far; *der er ikke ~ i tiden* time goes too fast.
forslagen *adj. (snu)* cunning; *(og kløgtig)* crafty.
forslagsstiller *sb. (en, -e)* proposer, mover.
forslidt *adj.* **1.** *(udaset, medtaget)* worn-out (*fx* housewife); **2.** *(fortærsket)* worn-out, overworked (*fx* excuse, expression, metaphor, phrase); well-worn (*fx* excuse, joke).
forsluge *vb.: ~ sig* overeat; *han har forslugt sig på dårlige romaner* he has read too many bad novels.
forslugen *adj.* greedy; *(mere* F*)* gluttonous.
forslugenhed *sb. (en)* greediness; *(mere* F*)* gluttony.
forslumme *vb.* degenerate into a slum.
forslumning *sb. (en)* degeneration into slums.
forslæbe *vb.: ~ sig* overstrain oneself.
forslå[1] *vb. (være nok)* be enough (*fx* it is not enough); *(mere* F*)* be sufficient;
□ *det -r godt* it goes a long way; there is enough of it; *pengene forslog ikke* there was not enough money; *så det kan ~, så det -r* with a vengeance (*fx* this is cautiousness with a vengeance).
forslå[2] *vb.: ~ tiden (med at læse)* kill time (reading).
forslået *adj.* **1.** *(beskadiget ved slag)* bruised, battered; **2.** *(sø.: drevet ud af kurs, præd.)* driven off course.
forsmag foretaste (*på* of);
□ *få en ~ på* have a foretaste of.
forsmædelig *adj.* ignominious (*fx* defeat).
forsmædelse *sb. (en, -r)* disgrace; F ignominy.
forsmå *vb. (afvise)* refuse, reject.
forsnakke *vb.: ~ sig se 'fortale*[2].
forsnævring *sb. (en, -er)* contraction, constriction; *(med.)* stricture.
forsoldet *adj. se forsviret.*
forsommer early (part of the) summer.
forsone *vb.* reconcile (*fx* the parties in dispute);
□ *blive -t (ɔ: blive gode venner igen)* be reconciled; T make up; *lade sig ~* relent; *~ sig* **med** *en* be reconciled with sby; T make it up with sby; *~ sig med noget* reconcile oneself to sth (*fx* one's fate; the thought of leaving); *-nde* ***træk*** redeeming feature.
forsoner *sb. (en) (rel.)* Redeemer.
forsoning *sb. (en)* **1.** reconciliation; **2.** *(rel.)* atonement.
forsoningsscene reconciliation scene.
forsonlig *adj.* conciliatory (*fx* attitude, speech);
□ *-t stemt* in a conciliatory mood; *være ~ over for* be conciliatory towards.
forsonlighed *sb. (en)* conciliatory spirit.
forsoren *adj.* jaunty; F raffish;
□ *et -t smil* a grin.
forsorenhed *sb. (en)* jauntiness; F raffishness.
forsorg *sb. (en)* **1.** *(sociale foranstaltninger)* welfare (*fx* child welfare, social welfare); **2.** *(pleje)* care; *anbringe et barn under ~* take a child into care.
forsorgscenter, **forsorgshjem** reception centre.
forsorgssekretær welfare officer.
forsovet *adj.: være ~* be heavy with sleep; *se ~ ud* look sleepy.
forspand *sb. (et, -)* team.
forspil *sb. (et, -)* **1.** *(mus. & fig.)* prelude (*fx* to the third act; to the war); **2.** *(seksuelt)* foreplay.
forspilde *vb.* waste (*fx* an opportunity); throw away (*fx* a chance; she has thrown away (*el.* wasted) her life); F forfeit (*fx* one's right);
□ *en forspildt ungdom* a misspent (*el.* wasted) youth.
forspise *vb.: ~ sig* overeat.
forspist *adj.* overfed.
forspring *sb. (et, -)* **1.** *(det at være foran)* lead (*fx* have a lead of five metres over the others);
2. *(det at starte først)* head start (*fx* give her a head start); start (*fx* give her five metres' (, ten minutes') start);
3. *(fig.)* initial advantage; head start (*fx* give one's children a head start; the US head start in information technology); edge (*fx* give them an edge);
□ *beholde -et* keep the lead; *få ~ et for en a) (komme foran)* gain a lead over sby; *b) (starte først)* get the start of sby; *have et ~ frem for a) (være foran)* have a lead over, have the edge on (*el.* over) (*fx* one's competitors); *b) (være startet først)* have a head start over.
forspændt[1] *adj.: ~ med* drawn by; *en vogn ~ med fire heste* a carriage and four.
forspændt[2] *adj. (om beton)* prestressed.
forstad suburb (*til* of).
forstads- suburban.
forstand *sb. (en)* **1.** *(tænke- og fatteevne)* intellect (*fx* appeal to the intellect, not the emotions; she has a keen intellect); mind (*fx* have a good (, sharp) mind; he was afraid of losing his mind);
2. *(klogskab)* intelligence; T brains pl. (*fx* use your intelligence (*el.* brains); have the brains to do sth);
3. *(fornuft)* reason (*fx* lose one's reason);
4. *(betydning)* meaning, sense;
□ *min ~ står stille* I am at my wits' end;
[med vb. + ~ + præp.] god at ***få*** *~* ***af*** instructive; ***have*** *~* ***på*** *a) (kende til)* know (all; anything) about (*fx* he knows all about cars; do you know (anything) about computers?); *b) (kunne bedømme)* be a (good) judge of (*fx* wine, horses); *han har ~ på politik* he knows what politics are about; *det har du ikke ~ på* you do not know anything about it; *som man* ***har*** *~* ***til*** F according to one's lights; *du taler som du har ~ til!* that's all you know about it!
[med præp.] ***fra*** *-en* out of one's mind, mad (*fx* are you out of your mind?); T nuts; *gå fra -en* lose one's mind, go mad; ***i*** *bedste ~* in the best sense of the word; *i egentlig ~* in the proper (*el.* true) sense of the word; literally; *i god ~* in a good sense; *i en vis ~* in a sense; *det går* **over** *min ~* it is beyond me; T it beats me; F it passes my comprehension.
forstander *sb. (en, -e)* principal (*fx* of a school, of a college); superintendent (*fx* of a home).
forstanderinde *sb. (en, -r)* **1.** (lady) principal; **2.** *(hospitals-)* matron; **3.** *(tele.)* supervisor.
forstandig *adj.* **1.** *(fornuftig)* sensible; **2.** *(klog)* intelligent.
forstandighed *sb. (en)* sensibleness, good sense.
forstandsmenneske rationalist.
forstandsmæssig *adj.* rational.
forstavelse prefix.
forstavn *sb. (en, -e)* **1.** *(forkant af skib)* stem; **2.** *(forreste del af skib)* bows pl.; bow.
forstemmende *adj.* depressing; F disheartening.
forstemt *adj.* **1.** *(mus.)* mistuned; *(præd. også)* out of tune; **2.** *(fig.:*

nedtrykt) dejected; (præd. også) in low spirits; (modløs) disheartened.
forstemthed sb. (en) **1.** (mus.) being out of tune; **2.** (fig.) dejection; (stærkere) gloom.
forstenet adj. **1.** (om dyr el. planter) fossilized (fx sea urchin (søpindsvin); fern (bregne));
2. (om træ: omdannet til sten) petrified (fx forest);
3. (fig.: stivnet) frozen (fx frozen with terror; a frozen expression); (af rædsel også) petrified.
forstening sb. (en, -er) **1.** (det at forstene, jf. forstene 1, 2) fossilization; petrifaction; **2.** (dyre- el. planterest) fossil.
forstille vb.: ~ sig (ɔ: skjule sine følelser etc.) F dissimulate (fx they very early learned to dissimulate); dissemble; T play a part.
forstillelse sb. (en, -r) dissimulation.
forstilt adj. **1.** (påtaget) affected (fx cheerfulness, politeness);
F feigned (fx anger, admiration, surprise); simulated (fx anger);
2. (falsk) sham (fx piety).
forstkandidat graduate in forestry; Master of Forestry; (fork.) MF.
forstmand forester.
forstmæssig adj. forestal.
forstokket adj. **1.** (stædig) obdurate; **2.** (konservativ) hidebound.
forstokkethed sb. (en) obduracy.
forstoppelse sb. (en, -r) (med.) constipation;
□ have (, få) ~ be (, become) constipated.
forstoppende adj. (med.) constipating (fx milk is constipating).
forstrand foreshore.
forstrække vb. **1.** (muskel etc.) strain (fx she strained her back); (muskel, sene også) strain;
2. (med penge, som forskud) advance;
□ ~ en med penge (, med et lån) help sby out; ~ en med £100 help sby out with £100.
forstrækning sb. (en) **1.** (af sene) strain; **2.** (med penge) advance.
forstudier sb.pl. preliminary studies.
forstue (entrance) hall.
forstumme vb. (om larm, protest etc.: standse) stop; F cease; (gradvis ophøre) die away, die down.
forstuve vb. sprain.
forstuvning sb. (en, -er) sprain.
forstvidenskab forestry.
forstvæsen **1.** forestry; **2.** (myndighed) forestry authorities.
forstykke sb. (et, -r) front.
forstyrre vb. (se også forstyrrende, forstyrret) **1.** (ulejlige, genere) disturb (fx I don't want to be disturbed when I'm working; may I disturb you for a moment?); bother (fx I'm sorry to bother you; did the noise bother you last night?); (afbryde) interrupt;
2. (bringe i uorden) disorganize (fx the arrangements); upset (fx their plans); (stærkere) disrupt (fx a meeting, traffic);
3. (radio, ved støjsender etc.) jam;
4. (komme til ulejlighed) intrude; (med objekt) intrude on;
□ jeg håber ikke jeg -r I hope I am not intruding (el. disturbing you el. interrupting); han -r i timerne, han -r undervisningen he disrupts classes (el. lessons); he is disruptive in class; T he is a nuisance in class.
forstyrrelse sb. (en, -r) (jf. forstyrre) **1.** disturbance; disruption (fx in classes; of railway services); (afbrydelse) interruption; **2.** disorganization; disorder; **3.** jamming; **4.** intrusion; **5.** (med.) disorder (fx disorders of menstruation; sleep disorders);
□ atmosfæriske -r (i radio) atmospherics; psykiske -r a) psychological disturbances; b) (sindssyge) mental derangement.
forstyrrende adj. (jf. forstyrre)
1. (jf. 1) distracting (fx noise);
2. (jf. 2) disruptive (fx influence);
□ være ~ for, virke ~ på disturb.
forstyrret adj. **1.** (forvirret) confused; **2.** (forfjamsket) flustered;
3. (forrykt) crazy; F deranged.
forstærke vb. **1.** (gøre mere stærk el. holdbar) reinforce (fx an army; the elbows of a jacket); strengthen (fx a wall);
2. (lyd) increase (fx the noise); (elek., i højtaler, radio) amplify;
3. (fig.) increase (fx one's efforts, the opposition); step up (fx activity, co-operation, the electric current, one's efforts); F intensify (fx an effect, one's efforts, a feeling);
4. (psyk.) reinforce (fx an impression).
forstærker sb. (en, -e) (radio, elek.) amplifier.
forstærkning sb. (en, -er) **1.** (jf. forstærke 1) reinforcement; strengthening; **2.** (radio, elek.) amplification; **3.** (fig.) increase, intensification; **4.** (psyk.) reinforcement;
□ -er (mil.) reinforcements.
forstævn se forstavn.
forstøde vb. disown (fx a child); cast off (fx a lover); F repudiate (fx one's wife).
forstørre vb. **1.** enlarge; **2.** (om lup, mikroskop, kikkert) magnify;
3. (forøge) add to (fx our knowledge, our problems, the enjoyment); (se også forøge); **4.** (foto.) enlarge; T blow up.
forstørrelse sb. (en, -r) (jf. forstørre) **1.** enlargement (fx of the lymph glands);
2. magnification (fx a telescope with excellent magnification);
3. (foto.) enlargement; T blow-up;
□ se noget i (stærk el. stor) ~ see sth under (high) magnification; 8 ganges ~ (jf. 2) a magnification of 8 x.
forstørrelsesglas magnifying glass.
forstøve vb. atomize.
forstøver sb. (en, -e) atomizer.
forstøvning sb. (en) atomization.
forstå vb. (se også forstående)
1. understand (fx I understand you! I understand what you mean; he doesn't understand English); (begribe også, F) comprehend (fx I did not comprehend the meaning (, the seriousness of the situation, how hard it had been for them));
2. (indse) see (fx I see what you mean); realize (fx in the end, I realized why it was so important);
F appreciate (fx I appreciate your problems (, that it is difficult for you));
3. (få at vide) understand (fx I understand from what you say that he was dead); F gather;
□ ~ **at** (ɔ: kunne) understand (el. know) how to (fx he knows how to hold audiences spellbound); (se også ndf.: kan godt ~ at); ikke **sådan at** ~ at han var uærlig not that he was dishonest; det er ikke sådan at ~ (ɔ: let) it is not easy to understand; (se også ndf.: skal jeg...);
[med vb.] som du **kan** ~ har jeg meget travlt as you will realize (, appreciate) I am very busy; jeg **kan godt** ~ **at** du er vred I can see why you are angry; jeg **kan ikke** ~ at han gjorde det I can't (el. don't) understand why he did it; jeg kan ikke ~ det I can't (el. don't) understand it; T I don't get it; it beats me; ~ det **hvem** der **kan** (omtr.) believe it or not; **lade** ham ~ at give him to understand that; F intimate to him that; han lod ~ at han var misfornøjet he gave me (, them etc.) to understand that he was displeased;
F he intimated that he was displeased; hvordan **skal det** -s? what does that mean? **skal jeg** ~ det sådan at am I to understand

that (*fx* you do not want to come?); *som du **vil** ~, se ovf.: som du kan ~*;
*[med præp.] jeg forstod **på** hende at* I understood from what she said (, wrote) that; I got the impression that ... (when I talked to her etc.); *det er ikke **til at** ~* it is incomprehensible; *(som udbrud)* it is beyond me! *hvad -r du **ved** frihed?* what do you understand by freedom? *hvad -r man ved det?* what is meant by that? *det er ikke det jeg -r ved demokrati (, en ferie)!* that's not my idea of democracy (, a holiday)!
*[med sig (+ præp.)] det -r **sig** of* course; naturally; obviously; *det -r sig af sig selv* that stands to reason; that goes without saying; *~ **sig på** a)* know (all; anything) about (*fx* he knows all about cars; do you know (anything) about cars?); understand (about) (*fx* he understands politics; he does not understand anything about politics); have a knowledge of; *b) (forstå at vurdere)* be a judge of (*fx* wine, horses); *han -r sig på politik (også)* he knows what politics are about; *~ **sig på at*** know how to (*fx* repair a car).

forståelig *adj.* **1.** *(klar, til at forstå)* intelligible (*for* to, *fx* describe it in such a way that it is intelligible to an outsider; his answer was scarcely intelligible); *(begribelig også,* F*)* comprehensible (*for* to, *fx* comprehensible only to the initiated);
2. *(undskyldelig)* understandable (*fx* anger, reluctance; it is understandable that he got angry); forgivable, pardonable (*fx* mistake);
□ *gøre sig ~* make oneself understood; *let ~* easy to understand.

forståeligt *adv.* intelligibly; comprehensibly;
□ *~ **nok*** understandably (*fx* understandably, people were concerned); *han kan ikke udtrykke sig (, skrive) ~* he cannot make himself understood.

forståelse *sb. (en)* **1.** *(det at forstå)* understanding (*af* of, *fx* his understanding of our difficulties; he had a clear understanding of the facts; international understanding); *(det at begribe,* F*)* comprehension (*fx* the only way to comprehension of these people is knowledge and experience);
2. *(overenskomst, forlig)* understanding (*fx* there is an understanding between the gangsters and the police);
3. *(sympati)* understanding (*for* for, *fx* he showed great understanding for our problems; there is (a) deep understanding between them); *(medfølelse)* sympathy (*for* for, *fx* he showed great sympathy for our problems);
4. *(evne til at værdsætte)* appreciation (*for* of, *fx* he has a deep appreciation of art);
□ *skilles **i bedste** ~* part on the best of terms; ***i fuld** ~ af sit ansvar* fully aware of (*el.* fully realizing) one's responsibility; ***i** ~ **med** a)* in agreement with; F in concert with; *b) (efter forhandling med)* after consultation with; *c) (forbryderisk)* in collusion with, in connivance with; *leve **i god** ~ **med*** live in harmony with;
*[med vb. + ~ + præp.] **finde** ~ **hos** en* meet with sympathy from sby; ***få** ~ **af** noget* realize (*el.* grasp) sth; ***have** ~ **for*** understand, have sympathy for (*fx* their problems); *han har ingen forståelse for a) (jf. 3)* he has no understanding (, sympathy) for (*fx* their problems); *b) (jf. 4)* he has no appreciation of (*fx* the finer points); ***komme til** en ~ **med*** come to an understanding with; come to terms with; ***vise** stor ~ **for*** show great understanding of.

forståelseskløft comprehensibility gap.

forstående *adj.* understanding, sympathetic;
□ *stille sig ~ til* take a sympathetic view of.

forsulten *adj.* hungry; *(stærkere)* starving.

forsumpet *adj. (om person)* down-at-heel, seedy.

forsure *vb.* acidify.

forsvar *sb. (et)* **1.** defence (*fx* we had no defence against them; ignorance is not a valid defence);
2. *(militært)* (armed) forces pl. (*fx* the superpowers agreed to cut their forces); defence, defence force, defence system (*fx* the country has a strong defence (system));
□ ***-et** a) (jur.)* the Defence; *b) (mil.)* the Armed Forces pl.; the Forces pl. (*fx* serve in the Forces);
*[med præp.] tage en **i** ~* stand up for sby; *(mere* F*)* come to sby's defence; *bruge penge **til** -et* (ɔ: *militæret)* spend money on defence; *til hans ~* in his defence; *hvad har du at sige (el. fremføre) til dit ~?* what have you got to say for yourself? ***til** ~ **for*** in defence of.

forsvare *vb.* defend (*imod* against); *(person, sag, sin ret også)* stand up for; *(handlemåde også: retfærdiggøre)* justify;
□ *jeg kan ikke ~ at lade ham ligge der* I cannot (in decency) leave him there; *~ en (, sig) med at* justify sby (, oneself) by saying that.

forsvarer *sb. (en, -e)* **1.** defender; **2.** *(jur.)* counsel for the defence; *(i civilsag)* counsel for the defendant; **3.** *(i fodbold)* defender, back.

forsvarlig *adj.* **1.** *(ordentlig)* proper; **2.** *(sikker)* secure (*fx* lock); **3.** *(drabelig)* enormous; (F *el. spøg.)* goodly (*fx* a goodly slice of meat);
□ *i ~ stand* in good condition (, repair).

forsvarligt *adv. (jf. forsvarlig)* **1.** properly; **2.** securely.

forsvarsadvokat defence lawyer.

forsvarsanlæg **1.** defence work; **2.** *(befæstning)* fortification.

forsvarsberedskab defence preparedness.

forsvarschef Defence Chief.

forsvarsevne defensive power; defence capability.

forsvarskommando defence command.

forsvarslinie line of defence.

forsvarsløs *adj.* defenceless.

forsvarsmekanisme *(psyk.)* defence mechanism.

forsvarsminister minister of defence; defence minister.

forsvarsministerium ministry of defence.

forsvarspolitik defence policy.

forsvarspolitisk *adj. (efter sb.)* of defence policy;
□ *~ ordfører* spokesman on defence.

forsvarsspiller defender.

forsvarsstilling defensive position;
□ *stille sig i ~* make to defend oneself; *være i ~ (fig.)* be on the defensive.

forsvarsstyrker *sb.pl.* defence forces.

forsvarstale **1.** speech in defence (*for* of); F apologia (*for* for);
2. *(jur.)* speech for the defence;
□ *han holdt en lang ~* he made a long speech defending himself (*el.* in defence of his actions); *holde en ~ for* make a speech in defence of.

forsvarsudgifter *sb.pl.* defence expenditure.

forsvarsvenlig *adj. (kun præd.)* in favour of national defence.

forsvarsvilje will to defend oneself.

forsvarsvåben defensive weapon.

forsvinde *vb. (se også forsvin-*

dende, forsvundet) **1.** *(blive væk)* disappear (*fx* he (, the money, the custom) disappeared; she disappeared round the corner; the stain would not disappear); *(pludseligt el. på mystisk vis)* vanish (*fx* she vanished round the corner; the magician vanished in a cloud of smoke);
2. *(ophøre)* go away (*fx* a problem that will not go away; the pain will soon go away);
3. *(blive afskaffet etc.)* go (*fx* 800 jobs are to go; first the school goes, then the shop, then the buses; a lot of regulations are set to go);
4. *(gå tabt)* get lost (*fx* the letter has got lost);
5. *(fjerne sig, gå sin vej)* go away (*fx* I wish he would go away); *(især: fordi man er uønsket)* take oneself off (*fx* I had better take myself off);
□ *forsvind!* go away! get out! ~ *sporløst* disappear (, vanish) without (a) trace;
[med præp.] ~ ***af*** *syne, se ndf.:* ~ *ud af syne*; *det forsvandt* ***for*** *mig* I lost it; ~ ***fra*** *jordens overflade* disappear (, vanish) off the face of the earth; ~ ***ud af*** *syne* disappear (, vanish) from sight; ~ ***ud i*** *den blå luft* vanish into thin air (*el.* into the blue).

forsvinden *sb. (en)* disappearance.

forsvindende *adj.* **1.** *(jf. forsvinde 1)* disappearing; vanishing; **2.** *(~ lille)* negligible, minimal; *(stærkere,* F*)* infinitesimal.

forsvindingsnummer disappearing act; vanishing trick;
□ *lave et ~ a) (forsvinde sporløst)* do a disappearing act; *b) (liste af)* slip away quietly.

forsvindingspunkt vanishing point.

forsviret *adj.* T boozy; F dissipated;
□ *være ~ (ɔ: have tømmermænd)* have a hangover.

forsvundet *adj.* missing (*fx* the missing child); lost (*fx* a lost world; my lost happiness); *(kun præd.)* gone;
□ *den forsvundne (ɔ: om en eftersøgt)* the missing man (, person etc.); *i længst forsvundne dage* in days of long ago.

forsværge *vb.: jeg ville have forsvoret at det kunne ske* I would never have thought it possible; *jeg ville have forsvoret at det var den mand* I could have sworn it was not that man; *man skal intet ~* you never can tell; stranger things have happened.

forsyn *sb. (et)* providence;
□ *-et* Providence; *et nådigt ~ lod ham dø først* providentially he died first.

forsynde *vb.: ~ sig* offend (*imod* against); *(rel.)* sin (*imod* against).

forsyndelse *sb. (en, -r)* offence; *(rel.)* sin.

forsyne *vb.: forsyn dig!* help yourself! ~ ***med*** *a) (levere til)* supply with (*fx* supply the town with electricity); *b) (udstyre med)* provide with (*fx* provide him with clothes; provide the door with a lock); equip with; F furnish with; *c) (ved bordet)* help to (*fx* can I help you to some more meat?); ~ *et dokument med påtegning* endorse a document; ~ *brevet med underskrift* sign the letter; ~ *et dokument med sin underskrift* F affix one's signature to a document; *være -t med* be supplied (etc.) with; carry (*fx* the police do not usually carry guns; all their products carry this logo); ~ ***sig med*** *a)* provide oneself with; *b) (uden at spørge)* help oneself to (*fx* food from the refrigerator; his cigars); *(se også velforsynet).*

forsyngning *sb. (en, -er)* audition.

forsyning *sb. (en, -er)* supply;
□ *-er* supplies; *(fødevarer også)* provisions.

forsyningslinje supply line.

forsyningsskib **1.** supply ship; **2.** *(til andre skibe)* tender.

forsyningstjeneste **1.** supply service; **2.** *(mil.)* supply.

forsyningstropper *sb.pl. (mil.)* transportation corps.

forsynlig *adj.* **1.** *(klog, forsigtig)* prudent; **2.** *(forudseende)* provident.

forsytia *sb. (en, -er el. forsytier) (bot.)* forsythia.

forsæde **1.** *(forreste sæde)* front seat; **2.** *(ledelse)* presidency;
□ *føre (el. have) -t* preside (*fx* at a meeting); *på -t* in (*el.* on) the front seat.

forsænke *vb.* **1.** *(nedsænke)* sink; **2.** *(om skrue, nitte etc.)* countersink.

forsænkning *sb. (en, -er) (jf. forsænke 2)* **1.** *(om handlingen)* countersinking; **2.** *(om hullet)* countersink.

forsæson early part of the season.

forsæt *sb. (et, -ter)* intention, purpose; resolution (*fx* New Year resolutions);
□ *med ~* on purpose, purposely, deliberately; *gode -ter* good intentions; good resolutions (*fx* for the New Year).

forsætlig *adj.* intentional (*fx* it was not intentional; intentional damage); deliberate (*fx* insult, murder); F wilful (*fx* murder, negligence).

forsætte *vb. (forflytte)* transfer.

forsættelse *sb. (en, -r)* transfer.

forsøde *vb.* sweeten (*fx* his life).

forsøg *sb. (et, -)* **1.** *(eksperiment)* experiment (*fx* a scientific (, chemical) experiment);
2. *(prøve, afprøvning)* trial, test (*med* of, *fx* a new model; clinical trials of new drugs);
3. *(bestræbelse)* attempt;
□ *i første (, andet etc.) ~* at the first (, second etc.) attempt; *det er et ~ værd* it is worth trying (*el.* a try);
[med vb. (+ præp.)] ***gøre*** *et ~* make an attempt; T have a try, have a go; ***gøre*** *et ~* ***på at*** make an attempt to (*el.* at -ing); try to; T have a go at -ing; ***lave*** *et ~* make (*el.* carry out *el.* conduct *el.* perform) an experiment; ***lave ~ med*** *a) (prøve)* experiment with (*fx* new methods); *b) (bruge i ~)* experiment on (*fx* animals).

forsøge *vb.* try (*(på) at* to, *fx* they have been trying for hours to reach him); *(især om noget vanskeligt: gøre et forsøg,* F*)* attempt (*(på) at* to, *fx* to beat the world record; to climb the mountain);
□ *~ sig med a) (ɔ: om man kan klare)* try one's hand at (*fx* journalism); *b) (eksperimentere med)* experiment with (*fx* drugs).

forsøg fejl-metoden the method of trial and error.

forsøgscenter experimental (*el.* test) centre.

forsøgsdyr laboratory animal, research animal, experimental animal.

forsøgskanin **1.** rabbit used for experiments; **2.** *(fig.)* guinea-pig.

forsøgslaboratorium research laboratory.

forsøgsområde proving ground (*fx* for guided missiles).

forsøgsordning pilot scheme.

forsøgsperiode experimental period, trial period.

forsøgsperson subject.

forsøgsprotokol (research) protocol.

forsøgsstadium*: på forsøgsstadiet* in the experimental stage.

forsøgsstation experimental station, research station.

forsøgsvis *adv.* experimentally; by way of experiment.

forsølve *vb.* silver-plate, silver (*fx* a

spoon); *(opforsølve)* resilver.
forsølvning *sb. (en)* silver-plating.
forsømme *vb. (forsømte, forsømt) (se også forsømt)* **1.** *(ikke vise omhu for)* neglect (*fx* one's wife, one's work);
2. *(ikke deltage i)* miss (*fx* a lesson);
3. *(uden objekt)* be absent; *(i skole også)* miss school;
□ ~ *at gøre det* neglect to do (*el.* doing) it; *hun -r meget (ɔ: er tit fraværende)* she is often absent; *[med sb.]* ~ *lejligheden* miss the opportunity; *han forsømte aldrig nogen lejlighed til at* he never missed (*el.* let slip) a chance to; ~ *skolen* miss school;
[med præp.] jeg har ikke noget at ~ ***med*** *det* I have nothing else to do; *du -r ikke noget* ***ved*** *det* you're not losing anything by it.
forsømmelig *adj.* **1.** negligent (*med* about); **2.** *(doven, sjusket)* slack; *(kun præd.,* F*)* remiss (*fx* he has been remiss in his duties).
forsømmelighed *sb. (en) (jf. forsømmelig)* **1.** negligence; **2.** slackness; remissness.
forsømmelse *sb. (en, -r)* **1.** *(manglende omhu)* neglect; **2.** *(udeblivelse)* absence;
□ *en* ~ *a)* a piece of neglect; *b)* an absence; *-r (som fænomen)* absenteeism (*fx* absenteeism has become a problem in schools and industry).
forsømmelsesprotokol attendance register.
forsømmelsesseddel note (giving the reason for absence).
forsømt *adj.* **1.** neglected, uncared-for (*fx* children, garden);
2. *(forfalden)* dilapidated (*fx* building); *(se også indhente).*
forsørge *vb.* **1.** *(sørge for)* provide for (*fx* one's wife and family; the children are provided for; see to it that they are properly provided for); keep (*fx* he has a wife and family to keep); F maintain (*fx* a married man living with his wife or wholly maintaining her);
2. *(økonomisk: tjene penge til)* support (*fx* oneself; one's parents; he cannot support a family on £55 a week).
forsørgelse *sb. (en) (jf. forsørge)*
1. provision; F maintenance;
2. support.
forsørger *sb. (en, -e) (familie-)* breadwinner;
□ *familie med én* ~ one-parent family; *enlig* ~ single parent; *kvindelig* ~ woman breadwinner; *hun stod uden* ~ she had no one to support her.
forsåle *vb.* sole.
forsåling *sb. (en, -er)* soling.
fort *sb. (et, -er) (mil.)* fort.
fortabe *vb.* forfeit (*fx* a right); *(se også fortabt)*;
□ ~ *sig i* be lost in; ~ *sig i vrøvl* wander off into a lot of nonsense.
fortabelse *sb. (en)* **1.** forfeiture;
2. *(bibelsk)* perdition.
fortabt *adj.* **1.** lost (*fx* I felt lost);
2. *(modløs)* dejected; F disheartened; **3.** *(rel.)* lost (*fx* souls); damned;
□ *vi er* ~ we are lost; we are done for; T we have had it; ~ *i drømmerier* lost in reverie; *den -e søn* the prodigal (son);
[med vb.] ***føle sig*** ~ *a)* feel lost; *b) (sat udenfor)* feel out of it (*el.* of things); ***give*** ~ *a) (indrømme man er slået)* admit defeat; T throw in the towel; *b) (opgive)* give it up; T throw in one's hand; ***gå*** ~ *(rel.)* be lost, perish.
fortage *vb.:* ~ *sig a)* pass off (*el.* away) (*fx* the pain soon passed off); go off (*el.* away); *b) (gradvis)* wear off (*fx* the effect (, the pain) will wear off); *c) (om hævelse)* go down; *d) (om lyd etc.)* die down.
'fortale[1] *sb. (en, -r)* preface.
for'tale[2] *vb.:* ~ *sig a) (røbe sig)* give oneself away; *b) (snakke galt)* make a slip of the tongue.
fortalelse *sb. (en, -r)* slip of the tongue.
fortaler *sb. (en, -e)* **1.** *(talsmand)* spokesman; **2.** *(forsvarer)* advocate; proponent;
□ *være* ~ *for a) (jf. 1)* be the spokesman of (*fx* a group); *b) (jf. 2)* advocate, be an advocate of (*fx* reform); be a proponent of (*fx* the theory, the scheme, conservatism); *en varm* ~ *for* a strong advocate of.
fortand front tooth; *(anat.)* incisor.
fortegn **1.** *(mat.)* sign; **2.** *(mus.: fast)* key signature;
□ *med modsat* ~ *a) (mat.)* with an opposite sign; *b) (fig.)* in reverse; *(attr.)* reverse (*fx* a form of reverse discrimination).
fortegnelse *sb. (en, -r)* list (*over* of); *(mere omfattende)* register (*over* of); *(ordnet)* catalogue (*over* of); *(med beskrivelser)* inventory (*over* of).
fortegnet *adj. (forvansket)* distorted (*fx* picture).
'fortegning[1] *sb. (en, -er) (model)* model.
for'tegning[2] *sb. (en, -er) (forvanskning)* distortion.
fortekster *sb.pl. (til film)* (opening) credits, front credits.
fortepiano *sb. (et, -er)* pianoforte.
fortid **1.** past; **2.** *(gram.)* the past (tense);
□ *det er* ~ *(ɔ: uaktuelt)* that is water under the bridge; *hans* ~ his past life; F his antecedents pl.; *en kvinde som har haft en* ~ a woman with a past; *det hører -en til (ɔ: er forældet)* that is a thing of the past; *lade -en ligge (el. være glemt)* bury the past, let bygones be bygones, forgive and forget.
fortidig *adj.* **1.** *(forgangen)* past; **2.** *(forældet)* antiquated.
fortidslevning *(om person)* fossil, museum piece.
fortidslevninger *sb.pl.* relics of the past.
fortie *vb.* **1.** *(undertrykke)* suppress (*fx* the truth); **2.** *(tie stille med)* be silent about (*fx* the plans; what one knows); *(hemmeligholde)* keep secret;
□ ~ *det for ham* keep it secret from him; F conceal it from him.
fortielse *sb. (en, -r) (jf. fortie)*
1. suppression (*fx* of the truth);
2. concealment.
fortil *adv.* in front.
fortilfælde precedent.
fortinne *vb.* tin;
□ *-de øjne* glazed eyes.
fortinning *sb. (en, -er)* tinning.
fortjene *vb.* **1.** *(være værdig til)* deserve (*fx* a reward); F merit;
2. *(tjene)* earn, make;
□ ~ *ros* deserve to be (*el.* being) praised; F be deserving of praise; *[med: at]* ~ ***at*** *blive* deserve to be (*el.* being) (*fx* promoted); *det -r at bemærkes* it is significant; it is worth noticing (*el.* noting); *enhver der -r at kaldes lærer* every teacher worthy of the name;
[med vb. + fortjent] ***gøre sig*** *fortjent af* deserve well of; *gøre sig fortjent til* deserve (*fx* a reward); qualify for (*fx* severe punishment); *han fik hvad han* ***havde*** *fortjent* he got what he had deserved; *(især om straf,* F*)* he got his just deserts; *det har han ærlig fortjent a)* he has richly deserved it; *b) (ɔ: det har han rigtig godt af)* serves him right; *(se også velfortjent).*
fortjeneste *sb. (en, -r)* **1.** *(avance)* profit (*på* on; *(om størrelse)* of, *fx* we made a good profit on that deal; a profit of £10,000; a 15% profit);
2. *(indtægt)* earnings pl.;
3. *(det at have æren for noget)* credit (*fx* we cannot claim much credit for the success);

□ *det er hans ~ at det lykkedes* it is due to him that it was a success; *det var hele min ~ (ɔ: indtægt ved det)* that was all I made by it;
[med præp.] hvis det gik os ***efter*** *~* if we got what we (really) deserved; *det gik ham efter ~ (ɔ: han blev straffet,* F*)* he got his just deserts; *vurdere en efter ~* do justice to sby; *sælge* ***med*** *~* sell at a profit; *regne sig det* ***til*** *~* take the credit for it.
fortjenstfuld *adj.* deserving; F meritorious.
fortjenstmedalje [decoration given for meritorious services].
fortjent *adj. se fortjene.*
fortløbende *adj.* **1.** consecutive (*fx* numbers); **2.** *(stadig fortsat)* continuous (*fx* series; supervision);
□ *~ nummereret* numbered in succession.
fortolde *vb.* **1.** pay duty on;
2. *(lade toldbehandle)* clear (through the customs); *(deklarere)* declare; *(betale told af)* pay customs duty on;
□ *har De noget at ~?* have you anything to declare?
fortoldning *sb. (en, -er)* **1.** payment of duty; **2.** *(toldbehandling)* clearance; **3.** *(toldformaliteter)* customs formalities.
fortolke *vb.* **1.** interpret (*fx* a dream, a poem; a role, a piece of music); *(mus., teat. også,* F*)* render; *(tekst også,* F*)* construe;
2. *(opfatte)* interpret (*som* as, *fx* his silence as a refusal); F construe, put a construction on (*fx* construe his remarks wrongly; put a wrong construction on his remarks);
3. *(udlægge,* F*)* expound (*fx* the Scriptures; a biblical text; a point of law).
fortolker *sb. (en, -e) (jf. fortolke)*
1. interpreter; **2.** expounder.
fortolkning *sb. (en, -er) (jf. fortolke)* **1.** interpretation; rendering, rendition; construction; **2.** interpretation; construction; **3.** exposition; **4.** *se skriftfortolkning.*
fortone *vb.: ~ sig (svinde)* fade out of sight; fade away.
fortov *sb. (et, -e)* pavement; *(især fagl.)* footpath, footway; *(am.)* sidewalk;
□ *træde ud fra -et* step off the kerb; *(se også rullende).*
fortovskafé, fortovskafe pavement café; *(am.)* sidewalk café.
fortovsmaler pavement artist.
fortovsrestaurant pavement restaurant; *(am.)* sidewalk restaurant.
fortravlet *adj. (travl)* hurried (*fx* she never seems hurried); *(og plaget)* harassed (*fx* housewife).
fortrin 1. *(god egenskab)* good point (*fx* he (, the house) has some good points); virtue, merit, advantage (*fx* that was his only virtue; the great virtue (*el.* merit *el.* advantage) of the scheme);
2. *(forrang etc.)* precedence;
□ *give en (, noget) -et* give preference to sby (, sth); prefer sby (, sth) (*frem for* to); *~ og mangler* good and bad points; advantages and disadvantages; F merits and demerits; *hans største ~* his best point; his greatest virtue.
fortrinlig *adj.* superior; *(stærkere)* excellent; *(let glds.)* capital.
fortrinlighed *sb. (en)* superiority, excellence.
fortrinsret preference, priority.
fortrinsstilling preferential position.
fortrinsvis *adv.* **1.** *(særlig)* chiefly, mainly; **2.** *(helst)* preferably.
fortrolig *adj.* **1.** *(hemmelig)* confidential (*fx* message);
2. *(velkendt)* familiar (*med* with, *fx* a subject);
3. *(brugt som sb. om person,* F*)* confidant; *(om kvinde)* confidante (*fx* she is his confidante);
□ *gøre sig ~ med* make oneself familiar with, familiarize oneself with; *jeg gjorde ham til min -e* I took him into my confidence;
[med sb.] stå på en ~ fod med be on intimate (*el.* close) terms with; F be on terms of familiarity with; *en ~ ven* an intimate friend.
fortrolighed *sb. (en)* **1.** *(kendskab)* familiarity (*med* with); **2.** *(tillid)* confidence (*fx* win (, betray) her confidence); **3.** *(intimitet)* intimacy;
□ *i ~* in confidence, confidentially; *skænke en sin ~* take sby into one's confidence.
fortrop vanguard.
fortrudt *pf.ptc. af fortryde.*
fortrukket *adj.* distorted (*fx* a face distorted with rage (, pain)); *(stærkere,* F*)* contorted (*fx* with pain, with anguish).
fortryde *vb. (fortrød, fortrudt)*
1. *(være ked af)* be sorry for (*el.* about); *(mere* F*)* regret (*fx* one's behaviour); repent (of);
2. *(skifte mening om, fx et køb)* have second thoughts about;
□ *der er ikke tid til at ~* there is no time for second thoughts; *jeg -r* ***at*** *jeg sagde det* I am sorry that I said it; *(mere* F*)* I regret having said it; *(han lovede at komme men) han fortrød* **det** he had second thoughts (about it); *det skal du* ***komme til at*** *~* you will be sorry for this; *(mere* F*)* you will regret this.
fortrydelig *adj.* **1.** *(ærgerlig)* annoyed (*over* at; *på* with); **2.** *(misfornøjet)* displeased; **3.** *(fornærmet)* hurt; F piqued;
□ *tage noget -t op* resent sth; F take sth ill.
fortrydelse *sb. (en)* **1.** *(ærgrelse)* annoyance, irritation; **2.** *(harme)* resentment;
□ *uden ~* if you will permit me to say so.
fortrydelsesfrist cooling-off period.
fortrydelsesparagraf provision giving the right to withdraw from a (, the) transaction.
fortrydelsespille emergency pill, morning-after pill.
fortrydelsesret right to withdraw from a (, the) transaction.
fortryk preprint.
for'trykt[1] *adj. (kuet)* cowed.
'fortrykt[2] *adj. (trykt i forvejen)* ready printed.
fortrylle *(se også fortryllende, fortryllet)* **1.** *(tiltrække)* charm; *(stærkere)* fascinate; F enchant; *(stærkere)* bewitch (*fx* she bewitched the audience with her singing);
2. *(forhekse)* enchant, bewitch, cast a spell on.
fortryllelse *sb. (en)* **1.** *(tiltrækning)* charm; *(stærkere)* fascination;
2. *(trylleri)* spell;
□ *hæve -n* break the spell; *udøve sin ~* weave one's (, its) spell.
fortryllende *adj.* charming; F enchanting; *(stærkere)* bewitching (*fx* smile).
fortryllet *adj.* **1.** enchanted (*fx* castle, garden, princess, wood); magic (*fx* castle, forest);
2. *(forvandlet)* transformed (*fx* prince);
□ *~ af* enchanted by (*el.* with); *et ~ skær* a magic light.
fortræd *sb. (en)* harm;
□ *gøre ~* do harm; *gøre én ~* do harm to sby, harm sby, hurt sby; *(se også kat).*
fortrædelig *adj.* **1.** *(gnaven)* cross; **2.** *(ærgerlig)* annoyed; **3.** *(fornærmet)* piqued.
fortrædelighed *sb. (en, -er)* **1.** *(gnavenhed)* crossness, ill-humour;
2. *(ærgrelse)* annoyance;
□ *-er a) (ærgrelser)* annoyances; F vexations; *b) (besværligheder)* troubles.
fortrædige *vb.* **1.** *(gøre fortræd)* hurt; **2.** *(ærgre)* annoy; F vex.
fortræffelig *adj.* fine, excellent,

splendid; *(glds.)* capital (*fx* a capital fellow).

fortræffelighed *sb. (en, -er)* excellence; *-er* outstanding qualities.

fortrække[1] *vb. (fjerne sig)* go away; *(især fordi man er uønsket)* take oneself off (*fx* we had better take ourselves off); *(hurtigt,* T*)* clear out.

fortrække[2] *vb. (fordreje etc.): hans ansigt fortrak sig af smerte* his face became twisted with pain; *(se også fortrukket)*; *[med sb.] han fortrak ikke en* ***mine*** *a) (smilede ikke)* he kept a straight face; *b) (lod sig ikke mærke med noget)* he did not turn a hair; *uden at ~ en mine* without turning a hair (*el.* batting an eyelid *el.* an eyelash).

fortrænge *vb.* **1.** *(fordrive)* drive out, force out; *(på grund af pladsmangel)* crowd out; *(*F*: og indtage pladsen selv; også fig.)* oust (*fx* a rival; a French word has ousted the Anglo-Saxon one);
2. *(træde i stedet for)* supplant, supersede (*fx* coal was supplanted (*el.* superseded) by oil); displace (*fx* English displaced their native dialect; she displaced (*el.* supplanted) her sister in her mother's affections);
3. *(fx om vand)* displace (*fx* how much water does the boat displace?);
4. *(psyk.)* repress.

fortrængning *sb. (en, -er) (psyk.)* repression.

fortrød *præt. af fortryde.*

fortrøste *vb.: ~ sig til (glds.)* trust in.

fortrøstning *sb. (en)* confidence, trust;
□ *i ~ til* trusting in.

fortrøstningsfuld *adj.* confident.

fortsat[1] *adj.* **1.** *(som fortsætter)* continuing (*fx* conflict, difficulties, discrimination);
2. *(som foregår hele tiden)* continuous (*fx* increase, rain); *(især om noget negativt, kun attr.)* continual (*fx* complaints, interruptions, showers; life is a continual struggle);
3. *(som fortsættes)* continued (*fx* help, interest, unrest);
□ *~ roman* serial (story).

fortsat[2] *adv. (hele tiden)* constantly;
□ *han er ~ leder af partiet* he continues to be the leader of the party; he continues as leader of the party.

fortsætte *vb. (se også fortsat)*
1. *(blive ved)* continue; T go on (*fx* please continue (*el.* go on); the strike continued (*el.* went on)); *(om person også, især efter afbrydelse)* carry on;
2. *(med objekt: blive ved med)* continue (*fx* the journey); carry on (*fx* the conversation); F proceed with (*fx* the preparations);
3. *(genoptage)* resume (*fx* the negotiations);
□ *~ med at* continue to (*el.* -ing); go on -ing, keep -ing.

fortsættelse *sb. (en, -r)* **1.** continuation; **2.** *(af roman, film)* sequel;
□ *~ følger* to be continued.

fortsættelseskursus **1.** continuation course; **2.** *(for allerede uddannede)* refresher course.

fortudet *adj. se forgrædt.*

fortumlet *adj.* **1.** *(ør)* dazed; **2.** *(forvirret)* confused.

Fortuna Fortune;
□ *fru ~* Dame Fortune.

fortungevokal *(fon.)* front vowel.

fortvivle *vb. (se også fortvivlende, fortvivlet)* despair;
□ *det er til at ~ over* it is enough to drive one to despair.

fortvivlelse *sb. (en)* **1.** *(håbløshed)* despair (*over* at, over); **2.** *(raseri som følge heraf)* desperation (*fx* he screamed in desperation);
□ *til min ~* to my despair; *bringe til ~* drive to despair (, desperation).

fortvivlende[1] *adj.* **1.** *(sørgelig)* heart-breaking (*fx* sight); **2.** *(håbløs)* hopeless; *(stærkere)* desperate (*fx* situation).

fortvivlende[2] *adv.: ~ lidt* desperately little.

fortvivlet[1] *adj.* **1.** *(modløs, ulykkelig)* despairing (*fx* cry, look; he was often quite despairing); *(præd. også)* in despair (*fx* he was in despair);
2. *(utrøstelig)* disconsolate (*over* at);
3. *(håbløs)* hopeless (*fx* situation); *(stærkere; også: rasende)* desperate (*fx* situation; struggle; make a last desperate attempt);
□ *dybt ~* broken-hearted;
[med sb.] gøre sig fortvivlede anstrengelser for at make desperate efforts to; *en ~ udvej a)* a desperate expedient; *b) (som er udsigtsløs)* a counsel of despair.

fortvivlet[2] *adv. (jf. fortvivlet*[1]*)* **1.** despairingly (*fx* she looked despairingly at me); **2.** disconsolately (*fx* he wept disconsolately); **3.** desperately (*fx* try desperately);
□ *prøve ~ at (også)* make a desperate attempt to.

fortygget *adj.: en ~ cigar* a well-chewed cigar.

fortykkelse *sb. (en, -r) (af huden)* callus.

fortykkes *vb.* thicken.

fortynde *vb.* **1.** thin (*fx* the paint, the glue, the wine); dilute (*fx* wine with water); **2.** *(luft)* rarefy.

fortyndelse *sb. (en)* **1.** thinning; dilution; **2.** *(af luft)* rarefaction.

fortynder *sb. (en, -e)* **1.** *(til smidiggørelse)* (paint) thinner; **2.** *(til billiggørelse ved svagere koncentration)* diluent.

fortyndet *adj.* diluted.

fortynding *sb. (en, -er)* dilution.

fortyndingsmiddel *se fortynder.*

fortyske *vb.* Germanize.

fortyskning *sb. (en)* Germanization.

fortælle *vb. (se også fortællende)* tell (*fx* anecdotes, a story); *(NB personsobjekt skal ofte med, se eksemplerne nedenfor)*; *(især om længere beretning)* relate (*fx* one's experiences, the whole story); F narrate;
□ *"Jeg kom igår", fortalte han* "I arrived yesterday", he told me (, them etc.) (*el.* he said); *det var John der fortalte* ***det*** it was John who told (it to) us (, them etc.); *hun kom hjem og fortalte det* she came home and told us (, them etc.); *~* ***videre*** repeat, pass on (*til* to, *fx* pass on the rumour to him); *[med at & om] ~* ***at*** tell them (, him etc.) that; *(NB indirekte objekt skal med foran* that*); han fortalte at (også)* he said that; he told how; *(ɔ: beskrev)* he described how; *jeg har ladet mig ~ at* I have been told that; I understand that; *det -s at* it is said that; *~* ***om*** *a)* tell about (*el.* of) (*fx* tell about one's experiences; he told (us etc.) about his journey; there's something I haven't told you about); talk about (*fx* he didn't want to talk about it); *b) (fig.: vidne om)* tell of; F testify to, bear witness to (*fx* terrible scars bore witness to the torture he had been subjected to).

fortælleevne narrative skill.

fortællekunst narrative art.

fortællemåde *(måde at fortælle på)* (narrative) style.

fortællende *adj.* narrative.

fortæller *sb. (en, -e)* **1.** storyteller; *(anekdotefortæller,* F*)* raconteur; **2.** *(i roman, film)* narrator.

fortællestil narrative style.

fortælling *sb. (en, -er)* story; F narrative; tale.

fortænke *vb.: det kan man ikke ~ ham i* you cannot blame him (for

doing that).
fortænkt *adj.* **1.** *(om person: grublende)* brooding; **2.** *(om tekst: skruet)* strained, laboured.
fortæppe *sb. (et, -r)* curtain; *(teat. fagsprog)* house tabs pl.
fortære *vb.* **1.** consume (*fx* an enormous amount of food; consumed by fire); **2.** *(sluge)* devour (*fx* the lion devoured its prey; he devoured a whole loaf of bread);
□ *-s af jalousi* be eaten up with jealousy; F be consumed with jealousy; *-t af rust* corroded.
fortæring *sb. (en, -er) (det at fortære)* consumption;
□ *betale for sin* ~ pay one's bill.
fortærsket *adj.* hackneyed (*fx* phrase); stale (*fx* joke); F trite (*fx* phrase).
fortætning *sb. (en, -er)* condensation.
fortætte *vb.: ~ sig, -s* condense.
fortættet *adj.* **1.** condensed;
2. *(koncentreret)* concentrated (*fx* style); **3.** *(spændt)* tense (*fx* atmosphere).
fortøje *vb.* moor; *(båd også)* make fast.
fortøjning *sb. (en, -er)* mooring (*fx* the moorings broke; the ship broke its moorings); mooring line.
fortøjningspæl **1.** mooring post;
2. *(pullert på kaj)* bollard; **3.** *(duc d'albe)* dolphin.
fortørnelse *sb. (en)* resentment; *(stærkere)* anger; F wrath.
fortørnet *adj.* resentful (*over* at, about); *(vred)* angry (*over* about); *(stærkere, F)* infuriated;
□ *blive ~ over (også)* resent (*fx* their interference); *blive ~ **på*** become angry (, infuriated) with.
forud *adv.* **1.** *(i tid)* beforehand, in advance (*fx* pay in advance);
2. *(stedligt)* ahead (*fx* run ahead);
□ *~ **for** (i tid)* before; F previous to; *(også stedligt & fig.)* ahead of (*fx* the ship was ahead of us; he was two hours ahead of us; he is ahead of his class); *have noget ~ for* have an advantage over; *være ~ for sin tid* be ahead of (*el.* in advance of) one's time (*el.* age).
forudanelse premonition, presentiment (*om* of; *om at* that).
forudbestemme *vb. (se også forudbestemt)* predetermine.
forudbestemmelse **1.** predetermination; **2.** *(rel.)* predestination.
forudbestemt *adj.* **1.** predetermined (*fx* strategy; genetically predetermined); **2.** *(af skæbnen)* predestined (*fx* her failure was predestined; she was predestined to die young).
forudbestille *vb.* **1.** *(billet, værelse, bord)* book, reserve; **2.** *(varer)* order in advance.
forudbestilling reservation, advance booking.
forudbetaling prepayment, payment in advance.
forudbetalt *adj.* prepaid.
foruddiskontere *vb.* **1.** discount;
2. *(fig.)* anticipate.
forude *adv.* **1.** *(udenbords)* ahead (*fx* there are icebergs ahead);
2. *(indenbords)* forward.
foruden *præp.* besides;
□ *~ **at** a) (+ inf.)* besides -ing (*fx* besides being the leader he cooked the meals); *b) (+ sætn.)* apart from the fact that (*fx* apart from the fact that it is unethical it is also illegal).
forudfattet *adj.: ~ mening a)* preconceived opinion, preconceived idea (*om* about); *b) (fordom)* prejudice (*fx* without prejudice).
forudfølelse premonition, presentiment (*af* of; *af at* that).
forudgående *adj. (umiddelbart ~)* preceding (*fx* the preceding chapter; without any preceding illness); *(også: tidligere)* previous (*fx* they had had a row the previous night; a previous chapter; without previous warning).
forudindtaget *adj.* prejudiced (*for* in favour of; *imod* against).
forudsat*: ~ at* provided that, as long as (*fx* I'll go with you as long as I don't have to stay).
forudse *vb.* **1.** foresee (*fx* it could not have been foreseen); anticipate (*fx* we did not anticipate his refusal; it is impossible to anticipate when it will happen);
2. *(forvente)* envisage (*fx* they envisaged a better society after the war);
□ *ikke til at ~* unforeseeable.
forudseelig *adj.* foreseeable.
forudseende *adj.* provident.
forudseenhed *sb. (en)* foresight.
forudselig *adj.* foreseeable.
forudsige *vb.* **1.** *(især ud fra beregninger el. viden)* predict, forecast (*fx* the result of the election; it is impossible to predict what he will do);
2. *(spå)* foretell (*fx* his death); prophesy (*fx* the end of the world).
forudsigelig *adj.* predictable.
forudsigelse *sb. (en, -r)* prediction.
forudskikke *vb.: ~ en bemærkning om at* premise a remark to the effect that.
forudsætning *sb. (en, -er) (se også forudsætninger)* **1.** *(antagelse)* assumption, premise;
2. *(betingelse)* condition (*for* of); F precondition; *(absolut ~)* prerequisite (*for* for);
3. *(grundlag)* basis;
□ *hans godkendelse er en ~ for købet* the purchase depends on his approval;
[med præp.] ***ud fra*** *den ~ at* on the assumption that; on the premise that; ***under ~ af*** subject to (*fx* his consent); ***under ~ af at*** *a)* on the assumption that; on the understanding that; *b) (på betingelse af at)* on condition that.
forudsætninger *sb.pl.* **1.** *(baggrund)* background; **2.** *(kvalifikationer)* qualifications; **3.** *(betingelser)* conditions;
□ *hvis -ne herfor er til stede (omtr.)* if the conditions are right; *have ~ for at kunne* be qualified to;
[med præp.] forstå det ***ud fra*** *sine ~* understand it in the light of one's own experiences; ***under*** *falske ~* on false assumptions.
forudsætte *vb. (se også forudsat)*
1. *(antage)* assume (*fx* let us assume that he arrives tomorrow);
2. *(gå ud fra)* presuppose (*fx* you should not presuppose too much knowledge on their part);
3. *(have til forudsætning)* presuppose (*fx* an effect presupposes a cause); imply (*fx* it implies (*el.* presupposes) some knowledge of mathematics);
4. *(afhænge af)* depend on (*fx* it depends on his acceptance);
□ *jeg -r som givet at* I take it for granted that.
forulempe *vb.* annoy; *(stærkere)* harass.
forulempelse *sb. (en, -r)* annoyance.
forulykke *vb.* **1.** *(om person: dø ved en ulykke)* be killed, die (*fx* two people died when the aeroplane crashed);
2. *(om luftfartøj)* crash;
3. *(om bil, tog)* be wrecked, crash;
4. *(om skib)* be wrecked, be lost;
□ *de -de* the victims of the accident, the casualties; *~ med en bil a)* have a car crash; *b)* be killed in a car crash.
forum *sb. (et, -(m)er el. fora)* forum;
□ *det rette ~* the proper forum (*el.* place).
forunde *vb.* grant;
□ *den lykke blev ham ikke forundt* that happiness was denied him.
forunderlig[1] *adj.* **1.** *(mærkelig)*

strange, odd; **2.** *(vidunderlig)* wonderful.
forunderlig[2], **forunderligt** *adv. (jf. forunderlig*[1]*)* **1.** strangely, oddly; **2.** wonderfully;
□ ~ *nok* strange to say; oddly enough.
forundersøgelse preliminary study, pilot study.
forundre *vb.* surprise;
□ *det vil ~ dig* you will be surprised; *~ sig* be surprised; F wonder; *(stærkere)* marvel (*over* at; *over at* that).
forundret[1] *adj. (jf. forundre)* surprised (*over* at; *over at (+ inf.)* to; *(+ sætn.)* that);
□ *blive ~* be surprised, be astonished.
forundret[2] *adv.* surprisedly, in surprise (*fx* she looked at me in surprise).
forundring *sb. (en)* surprise; F wonder;
□ *falde i ~* be surprised.
forundringsstol: *sidde på -en (omtr.)* be in the hot seat.
forurene *vb.* **1.** *(ødelægge)* pollute (*fx* a river);
2. *(indvirke på, også om radioaktivitet, giftgas)* contaminate (*fx* waste that may contaminate the ground water; chemically contaminated);
3. *(uden objekt: virke forurenende)* cause (*el.* spread) pollution, pollute the environment (*fx* factories that pollute the environment);
□ *~ med* pollute (, contaminate) with; *biler der -r mindre* less polluting cars; *stærkt -nde virksomheder* heavily polluting industries.
forurener *sb. (en, -e)* polluter (*fx* the "polluter pays" principle).
forurening *sb. (en, -er) (jf. forurene)* pollution (*fx* pollution is a serious problem); contamination (*fx* radioactive contamination (, pollution)).
forureningsbekæmpelse environmental protection; pollution control.
forureningsfri *adj.* pollution-free.
forureningskilde source of pollution; pollutant.
forureningslære environmental studies pl.
forurette *vb.* wrong, do wrong to; *(mere* F*)* injure.
forurettelse *sb. (en, -r)* wrong.
forurettet *adj.* wronged (*fx* feel wronged); *(mere* F*)* injured (*fx* in an injured tone); *(stærkere)* aggrieved (*fx* feel aggrieved);
□ *den forurettede* the injured party.
forurolige *vb.* disquiet, disturb (*fx* we were very disturbed by the news); *(stærkere)* alarm.
foruroligende[1] *adj.* worrying, disquieting, disturbing; *(stærkere)* alarming.
foruroligende[2] *adv.* disturbingly (*fx* a disturbingly large number); *(stærkere)* alarmingly.
forvalte *vb.* manage, administer;
□ *~ dårligt* mismanage.
forvalter *sb. (en, -e)* **1.** manager, agent, administrator; **2.** *(på gård)* farm bailiff; **3.** *(på fabrik etc.)* overseer.
forvaltning *sb. (en)* administration, management; *(se også teknisk).*
forvaltningsinstitut trust company, trust corporation.
forvaltningsret administrative law.
forvandle *vb.* change (*til* into, *fx* boys into men; a prince into a frog); *(fuldstændigt,* F*)* transform (*til* into, *fx* boys into men; a prince into a frog);
□ *~* ***til*** *(også)* turn into (*fx* turn night into day); *~ sig til* change (, turn, be transformed) into; *atter ~ (sig) til (ɔ: det man var)* change back into; *~ til aske* reduce to ashes.
forvandling *sb. (en, -er)* change; *(fuldstændig,* F*)* transformation; *(også zo.)* metamorphosis (pl. metamorphoses).
forvandlingsstraf alternative sentence.
forvanske *vb.* **1.** *(fordreje)* distort (*fx* his meaning); **2.** *(gengive forkert)* misrepresent (*fx* his views); **3.** *(tekst)* corrupt;
□ *-t (om tekst)* garbled, corrupt.
forvanskning *sb. (en) (jf. forvanske)* **1.** distortion; **2.** misrepresentation; **3.** corruption.
forvare *vb.* keep;
□ *han er ikke rigtig vel -t* he is not all there; he is off his head.
forvaring *sb. (en)* **1.** *(opbevaring)* keeping; **2.** *(arrest)* custody; *(sikkerheds-)* preventive detention;
□ *i sikker ~* in safe keeping; *have noget i sin ~* have sth in one's charge; have the custody of sth; *sætte en i ~* put sby into custody; *tage noget i ~* take charge of sth.
forvaringsanstalt [prison for preventive detainees].
forvarsel **1.** *(forudsigelse, tegn)* omen; F portent; **2.** *(foreløbigt alarmsignal)* preliminary air-raid warning.
forvask *(i vaskemaskine)* prewash.
for'vasket[1] *adj.* overwashed, washed-out.
'forvasket[2] *adj.* prewashed.
forvejen *sb.: i ~ a) (foran de andre)* ahead (*fx* he went ahead); *b) (om tid: på forhånd)* beforehand, in advance (*fx* he had been told beforehand (*el.* in advance)); *c) (før)* before (*fx* we had met him three days before; the year before); *d) (allerede)* already (*fx* it was already a well-organized society); as it is (*fx* he has troubles enough as it is; it is difficult (, bad etc.) enough as it is).
forveksle *vb.* confuse (*fx* the two brothers, him and his brother, salt and sugar, cause and effect); *(mere* T*)* mix up (*fx* the two brothers, their names, the dates);
□ *~* ***med*** mistake for (*fx* mistake him for his brother; mistake her silence for unwillingness); confuse with (*fx* confuse him with his brother; confuse salt with sugar); *(mere* T*)* mix up with (*fx* I mixed him up with his brother).
forveksling *sb. (en, -er)* confusion; *(fejltagelse)* mistake;
□ *de ligner hinanden til ~* they are hardly distinguishable; they are as like as two peas.
forvente *vb.* **1.** expect (*fx* an improvement, an early reply);
2. *(forudse)* anticipate (*fx* I don't anticipate any problems; the police are anticipating trouble);
□ *~ at det vil ske (, at han gør det)* expect it to happen (, him to do it).
forventet *adj.* expected (*fx* expected income; the expected attack); *(som sandsynligvis snart vil ske etc.)* prospective (*fx* a prospective loss); *(præd.)* in prospect (*fx* the visit in prospect); *(se også efterbevilling, levetid).*
forventning *sb. (en, -er)* **1.** *(det man forventer)* expectation (*til* of, *fx* his expectations of her; it did not come up to my expectations); **2.** *(om følelse)* expectancy (*fx* a look (, feeling) of expectancy);
□ *stille store -er til* expect great things from (*el.* of); *(se også dristig, overgå*[1] *3)*;
[med præp.] ***efter*** *~* according to expectation(s); ***i ~ om*** in expectation of, looking forward to; ***imod*** *~* contrary to expectation; ***over*** *~* more (, better) than (could be, they (etc.) had) expected (*fx* he got more than expected; the film was far better than (we had) expected); beyond my (, his etc.) expectations.
forventningsfuld *adj.* expectant (*fx*

crowd of people); *(spændt)* excited (*fx* children);
□ *en ~ tavshed* a hush of expectation; *med et -t udtryk* with a look of expectancy.
forvikling *sb. (en, -er)* complication (*fx* it caused complications).
forvilde *vb.: ~ sig* lose one's way; *~ sig ind i* stray into.
forvildelse *sb. (en, -r)* aberration.
forvildet *adj.* **1.** *(forvirret)* bewildered, confused; **2.** *(om tamdyr el. kulturplante: blevet vild)* feral;
□ *~ får* strayed (*el.* lost) sheep.
forvinde *vb.* get over (*fx* an illness, a loss); recover from (*fx* an illness, one's grief); live down (*fx* a scandal, a sorrow).
forvirre *vb. (se også forvirret)* confuse (*fx* he confused me with all his questions); *(bringe ud af fatning også)* put out (*fx* the speaker was put out by the interruptions); bewilder; *(om noget man ikke forstår)* puzzle (*fx* his question puzzled me);
□ *~ begreberne* confuse the issue.
forvirret *adj.* **1.** confused; **2.** *(rodet, uklar)* muddled; **3.** *(ude af fatning)* put out, bewildered; **4.** *(uforstående)* puzzled;
□ *~ snak* nonsense (*fx* it is all a lot of nonsense); *(stærkere)* ravings pl. (*fx* the ravings of the sick man).
forvirring *sb. (en, -er)* **1.** *(rod)* confusion, muddle; **2.** *(sindstilstand, jf. forvirre)* confusion, bewilderment; puzzlement; **3.** *(det at forvirre)* confusion;
□ *bringe ~ i noget* throw sth into confusion; *der herskede en syndig ~* there was an awful mess; *(se også broget, vild).*
forvise *vb.* **1.** *(vise bort)* banish (*fx* he was banished from (the) Court); *(forbrydere el. udlændinge)* deport (*fx* he was deported to Siberia);
2. *(landsforvise)* exile (*fx* Napoleon was exiled to St Helena); F banish;
3. *(fig., om ting)* relegate (*fx* the old chair was relegated to the attic).
forvisning[1] *sb. (en, -er) (jf. forvise)* **1.** *(udvisning)* banishment; deportation; **2.** *(udlændighed)* exile.
forvisning[2] *sb. (en) (jf. forvisse)* certainty (*om* of; *om at (+ inf.)* of -ing; *(+ sætn.)* that).
forvisse *vb.: ~ sig om noget* make certain (*el.* sure) of sth; *~ sig om at (+ sætn.)* make certain (*el.* sure) that.
forvisset *adj.: du kan være ~ om at* you may rest assured that.
forvitre *vb. (smuldre)* crumble.
forvitring *sb. (en) (smuldren)* crumbling.
forvokset *adj.* **1.** *(vokset for stærkt)* overgrown; **2.** *(misdannet)* deformed.
forvolde *vb.* cause; F occasion.
forvorpen *adj.* depraved, reprobate.
forvorpenhed *sb. (en)* depravity.
forvoven *adj.* daring.
forvovenhed *sb. (en)* daring; F temerity.
forvreden *adj. (om fod etc.)* **1.** *(forstuvet)* sprained; **2.** *(gået af led)* dislocated.
forvride *vb.* **1.** *(forstuve)* sprain (*fx* one's ankle, one's knee); turn (*fx* one's ankle); *(mere* F*)* wrench (*fx* one's ankle, one's arm); **2.** *(vride af led)* dislocate.
forvridning *sb. (en, -er) (jf. forvride)* **1.** spraining; wrenching; **2.** dislocation.
forvrænge *vb.* distort (*fx* his meaning; the sound; the mirror distorted his features); *(om udsagn også)* twist.
forvrængning *sb. (en, -er)* distortion.
forvrøvlet *adj.* **1.** *(om person)* muddle-headed; **2.** *(om ytring)* muddled.
forvænne *vb.* spoil; *(mere neds.,* F*)* pamper.
forvænt *adj.* **1.** spoilt; *(mere neds.,* F*)* pampered; **2.** *(kræsen)* over-particular;
□ *det er jeg ikke ~ med (ɔ: det sker ikke tit)* I'm not used to that sort of thing.
forværelse anteroom.
forværre *vb.* make worse, worsen (*fx* it worsened the situation); *(mere* F*)* aggravate (*fx* the problem, the difficult situation).
forværres *vb.* get (*el.* grow) worse, worsen; F deteriorate (*fx* his condition (, the situation) has deteriorated; relations between them deteriorated).
forværring *sb. (en, -er)* worsening (*fx* in unemployment; of the situation); deterioration (*fx* of the situation, of their relationship); *(også om sygdom,* F*)* aggravation.
forvåget *adj.* worn out (with watching); F heavy-eyed.
forward *sb. (en, -s)* forward; *(i moderne opstilling)* striker.
forwardkæde forward line.
forynge *vb.* rejuvenate.
foryngelse *sb. (en)* rejuvenation.
foryngelseskur rejuvenation treatment;
□ *gennemgå en ~* be rejuvenated.
foræde *vb.: ~ sig* overeat.
forædle *vb.* **1.** *(om husdyr etc.)* improve; **2.** *(produkter)* process;
□ *-de landbrugsprodukter* secondary agricultural produce sg.
forædling *sb. (en) (jf. forædle)* **1.** improvement; **2.** processing.
forædlingsindustri processing industry.
forædt *adj.* overfed; *(stærkere)* gorged.
forældelse *sb. (en)* **1.** obsolescence; **2.** *(jur.; svarer til)* statute of limitations (*fx* he can no longer be made to stand trial because of the statute of limitations).
forældelsesfrist *(jur.)* limitation period, statute of limitations (*fx* there is a 20-year statute of limitations on certain crimes).
forælder *sb. (en, forældre)* T parent.
forældes *vb.* become obsolete.
forældet *adj.* **1.** *(ikke længere i brug)* obsolete; *(ikke tidssvarende også)* dated, outdated, out of date; *(neds.)* antiquated; T old hat; **2.** *(jur.)* statute-barred;
□ *ved at blive ~* obsolescent.
forældre *sb.pl.* parents.
forældredag open day (for parents).
forældreforening parents' association.
forældrekonsultation *(i skole)* parents' consultation evening.
forældreløs *adj. (kun attr.)* orphan (*fx* an orphan boy);
□ *et -t barn* an orphan; *blive ~* be left an orphan; be orphaned (*fx* by the war); *være ~* be an orphan.
forældremyndighed custody (*over* of, *fx* the mother was given (the) custody of the child);
□ *fælles ~* joint custody.
forældremøde parents' meeting; *(ofte)* parents' evening.
forældreorlov parental leave.
forældresamarbejde co-operation between parents (, between parents and teachers).
forære *vb.: ~ en noget a)* give sby sth (as a present); *(mere* F*)* present sby with sth, make sby a present of sth; *b) (fig.: lade få uden videre)* hand sby sth on a plate (*fx* he handed me the solution on a plate); *få noget -t se forærende.*
forærende *adj.: få noget ~ a)* be given sth (as a present); *b) (få det gratis)* get sth for nothing (*fx* he got the bicycle for nothing); *c) (få det uden at anstrenge sig)* have sth handed to one on a plate (*fx* they had the victory handed to

them on a plate); *han har ikke fået noget ~ (ɔ: har slidt for det han har)* he has not come easily by it; *man får ikke noget ~ i denne verden* you don't get anything for nothing; *få noget ~* ***af*** *en* be given sth by sby (*fx* I was given the book by my father).
foræring *sb. (en, -er)* present, gift;
□ *det var en ren ~ (ɔ: billigt, nemt)* it was a gift.
foræringspris giveaway price;
□ *han fik det til ~ (også)* he got it at a knock-down price, he got it for a song.
forøde *vb.* dissipate.
forøge *vb.* increase (*med* by, *fx* increase the taxes (, the sales) by 5 p.c.); *(gøre større også)* add to (*fx* our knowledge, the enjoyment, our problems); F augment (*fx* one's income); *(forhøje også,* F*)* enhance (*fx* the beauty, his chances, the pleasure, the value of sth); *(forværre også,* F*)* compound (*fx* the difficulties, the damage);
□ *-t udgave* enlarged edition.
forøgelse *sb. (en)* increase (*fx* in sales, in population, in expenses); F augmentation; *(forhøjelse også,* F*)* enhancement (*fx* of the pleasure); *(forstørrelse)* enlargement.
forønsket *adj.* desired (*fx* the desired effect).
forøve *vb.* commit (*fx* a crime); F perpetrate (*fx* outrages, horrors).
forår spring;
□ ***i*** *-et a)* this spring; *b) (sidste ~)* last spring; *i -et 1995* in the spring of 1995; ***om*** *-et* in (the) spring; ***til*** *-et* next spring.
forårsage *vb.* cause, bring about;
□ *~ at det sker* cause it to happen; bring it about.
forårsagelse *sb. (en)* causing.
forårsagtig *adj.* springlike; F vernal.
forårsbebuder *sb. (en, -e)* harbinger (*el.* herald) of spring.
forårsjævndøgn the vernal equinox.
forårsløg spring onion.
forårsrengøring spring cleaning.
forårsrulle spring roll.
forårstid springtime;
□ *ved ~* in springtime.
fos *sb. (en, -ser)* waterfall; F cataract.
fosfat *sb. (et, -er)* phosphate.
fosfor *sb. (et)* phosphorus.
fosforescerende *adj.* phosphorescent.
fosforsyre phosphoric acid.
fosse *vb.* gush; *(se også strømme (ud)).*
fossil[1] *sb. (et, -er)* fossil.
fossil[2] *adj.* fossilized (*fx* bones; methods);
□ *-t brændstof* fossil fuel.
fostbroder sworn brother.
foster *sb. (et, fostre)* embryo; *(helt udviklet)* foetus, fetus;
□ *et ~ af hans fantasi (fig.)* a creation of his imagination.
fosterfader foster father.
fosterskade congenital malformation.
fosterstadium embryonic stage;
□ *på fosterstadiet (også fig.)* in the embryonic stage.
fosterstilling 1. foetal position; **2.** *(med.)* presentation.
fostertilstand embryonic stage.
fostervand amniotic fluid.
fostervandsprøve amniocentesis (pl. amniocenteses).
fostre *vb. (frembringe)* produce;
□ *planen er -t i hans hjerne* the plan is a product of his mind (*el.* brain); the plan is his brainchild.
foto *sb. (et, -er el. -s)* photo.
fotoalbum photo album.
fotocelle photoelectric cell.
fotoelektrisk *adj.* photoelectric.
fotogen *adj.* photogenic.
fotograf *sb. (en, -er)* **1.** photographer; **2.** *(tv, films-)* cameraman; F camera operator.
fotografere *vb.* photograph;
□ *lade sig ~* have one's photograph taken.
fotografering *sb. (en, -er)* **1.** photography (*fx* photography as a hobby);
2. *(det at tage billeder)* taking photo(graph)s (*fx* taking photos of children is difficult);
3. *(fotoseance, lejlighed for pressen til at fotografere)* photo call, photo opportunity (*fx* there will be a photo opportunity at 3 o'clock).
fotografi[1] *sb. (en) (fremgangsmåden)* photography.
fotografi[2] *sb. (et, -er) (billede)* photo(graph);
□ *på -et* in the photo(graph).
fotografialbum photo album.
fotografiapparat camera.
fotografik *sb. (en)* **1.** line-image printing; **2.** *(billede)* line-image print.
fotografiramme *sb.* photo frame.
fotografisk[1] *adj.* photographic.
fotografisk[2] *adv.* photographically.
fotogravure photogravure.
fotohandler 1. photographic dealer; **2.** *(butik)* camera shop.
fotojournalistik photo journalism.
fotokopi photocopy.
fotokopiere *vb.* photocopy, make a photocopy of.
fotokopimaskine photocopying machine, photocopier.
fotolære photography.
fotomodel model.
fotomontage photomontage.
fotoreportage photo story; picture report.
fotosats photocomposition.
fotoseance photo call, photo opportunity.
fotostat photostat.
fotosætte *vb.* filmset, photoset.
fotosætter filmsetter, photosetter.
fototek *sb. (et, -er)* collection of pictures.
fourage *sb. (en)* **1.** *(foder)* forage; **2.** *(spøg.: mad, forsyninger)* food; provisions pl.
fouragere *vb.* forage.
fourer *sb. (en, -er)* **1.** *(mil.)* quartermaster sergeant; **2.** *(hof-)* master of the royal household.
foxterrier *sb. (en, -e) (zo.)* foxterrier.
foxtrot *sb. (en, -ter)* foxtrot.
foyer *sb. (en, -er)* **1.** *(skuespillernes)* greenroom; **2.** *(publikums)* foyer.
fr. *(fork.f. frøken, fru)* Ms *(fork.f.* Miss, Mrs).
fra[1] *præp.* **1.** from;
2. *(bort(e) fra, mods.* on*)* off (*fx* keep your fingers off that book!);
3. *(om tid)* from (*fx* work from 9 to 5; she lived there from 1984 to 1990; from childhood she showed signs of genius); *(og til nu)* since (*fx* she has lived there since 1984 (, since her earliest childhood));
[i regning] syv ~ tolv er fem (i regning) seven from twelve is (*el.* leaves) five; twelve take away seven leaves (*el.* is) five;
[andre udtryk] ~ .. af se da, lille, nu; han er helt ~ den he is out of his senses; he is beside himself; *~ og med 1. maj* as from May 1; *(se også dag, ned, nede, oppe*[1]*, oven*[1]*, tid (etc.)).*
fra[2] *adv.* off;
□ *et par dage ~ eller til* a couple of days more or less; *(se endvidere de vb. hvor med ~ forbindes, fx gøre (~ eller til), råde (til eller ~), trække).*
fra[3] *konj.* since (*fx* since I was 4 years old).
frabede *vb.: det vil jeg (meget) have mig frabedt!* I won't have any of that! none of that! *han frabad sig hyldest* he requested that their should be no tributes; *blomster -s* no flowers by request; *personlig henvendelse -s* apply in writing; *må jeg ~ mig dine næs-*

visheder! (I will have) none of your cheek! F spare me your impertinent remarks!
fradrag *sb. (et, -)* deduction; *(se også skattefradrag)*;
□ *efter ~ af alle omkostninger* all expenses deducted.
fradrage *vb.* deduct.
fradragsberettiget *adj.* tax-deductible.
fradømme *vb.: ~ en noget* confiscate sth from sby; *(se også kørekort).*
frafald 1. defection; *(mere neds.)* desertion;
2. *(fra studium etc.)* wastage; *(procent)* wastage rate, drop-out rate (*fx* a high drop-out rate); **3.** *(fra religion)* apostasy, lapse.
frafalde *vb.* **1.** *(krav)* give up; F relinquish, waive; *(ved erklæring)* renounce;
2. *(tiltale, anklage)* withdraw (*fx* a charge); T drop (*fx* they have dropped all charges against him);
3. *(mening)* withdraw (from);
□ *jeg -r! (når man har bedt om ordet)* I withdraw!
frafalden *adj.* **1.** deserting (*fx* Conservatives); *(neds.: som går over til modparten)* renegade (*fx* supporters of the President); *(brugt som sb.)* defector (*fx* from a party); *(overløber)* renegade;
2. *(fra religion)* apostate, lapsed (*fx* Catholic); *(neds.)* renegade (*fx* priest); *(brugt som sb.)* apostate; *(overløber)* renegade.
frafaldsprocent wastage rate, drop-out rate.
fraflytte *vb.* move out of, leave (*fx* a town, a flat); F remove from; *(rømme)* vacate.
fragment *sb. (et, -er)* fragment.
fragmentarisk *adj.* fragmentary.
fragmenteret *adj.* fragmented.
fragt *sb. (en, -er)* **1.** *(betaling)* carriage, freight; **2.** *(ladning)* cargo, freight;
□ *til høj ~* at a high rate (of freight).
fragtbrev consignment note.
fragtbåd cargo boat.
fragte *vb. (transportere)* carry.
fragtfart carrying trade.
fragtfly air freighter.
fragtgods freight;
□ *sende noget som ~* send sth freight.
fragtmand carrier, haulage contractor.
fragtrate rate (of freight), freight rate.
fragtskib cargo ship, freighter.
fragtterminal freight terminal.
fragtvogn carrier's van.

fragå *vb.* **1.** *(nægte)* deny; **2.** *(skulle fradrages)* be to be deducted;
□ *i beløbet -r 5 %* five per cent must be deducted from the amount; *~ arv og gæld* disclaim liabilities on succeeding to property.
frakende *vb.* **1.** deprive of (*fx* he was deprived of his office by judgement); **2.** *(fig.)* deny;
□ *man kan ikke ~ ham dygtighed* his ability is beyond dispute; *~ ham førerbeviset, ~ ham retten til at føre motorkøretøj* suspend his driving licence; disqualify (*el.* ban) him from driving.
frakke *sb. (en, -r)* **1.** coat; **2.** *(diplomatfrakke)* frock coat;
□ *give ham en på -n* T swipe him.
frakkekrave coat collar.
frakkelomme coat pocket.
frakkeskøder *sb.pl.* coattails.
frakkeskåner *sb. (en, -e) (på cykel)* dress guard.
fraklip *sb. (et, -) (film.)* outtake.
frakoble *vb. se koble (fra).*
fraktal *sb. (en, -er)* fractal.
fraktion *sb. (en, -er) (i parti, især neds.)* faction.
fraktionere *vb. (kem.)* fractionate.
fraktionering *sb. (en, -er) (kem.)* fractionation.
fraktur *sb. (en, -er)* **1.** *(skrifttype)* blackletter; **2.** *(med.)* fracture.
frakørsel *(fra motorvej)* exit (*fx* I missed the exit to Stratford).
frakørselsbane *(på motorvej)* deceleration lane.
frakørselsvej slip road.
fralandsvind *adj.* off-shore wind.
fraliste *vb.: ~ en noget* trick sby out of sth.
fralokke *vb.: ~ en noget* wheedle sth out of sby.
fralægge *vb.: ~ sig* disclaim; *~ sig ansvaret* F abdicate responsibility; *~ sig ansvaret for* disclaim the responsibility for; wash one's hands of.
franarre *vb.: ~ en noget* trick (*el.* cheat *el.* do) sby out of sth.
franciskaner *sb. (en, -e)*, **franciskansk** *adj.* Franciscan.
frank *adj.: ~ og fri* free and unrestrained; free as air.
Franken *(geogr.)* Franconia.
franker *sb. (en, -)* Frank.
frankere *vb.* frank (*fx* franked with a 10p stamp; insufficiently franked); stamp (*fx* we enclose a stamped (and) addressed envelope for your reply).
frankering *sb. (en)* franking; stamping.
frankeringsmaskine franking machine; *(am.)* postage meter.

frankisk *adj.* **1.** *(hist.: om frankerne & deres sprog)* Frankish (*fx* a Frankish knight, the Frankish Empire); **2.** *(om Franken & sproget der)* Franconian.
franko *adv.* **1.** *(om breve)* post(age) free; **2.** *(om varer)* free delivered; *(fragtfrit)* carriage paid;
□ *~ København* free delivered Copenhagen.
frankostempel *(aftryk)* frank (stamp).
frankostemple *vb.* frank.
Frankrig France.
fransk *sb. (et) & adj.* French;
□ *på ~* in French;
[med sb.] ~ dør french (*el.* French) window (*el.* door); *-e kartofler* (potato) crisps; *(am.)* (potato) chips; *~ manchet (i børnesprog)* Chinese burn; *~ visit* flying visit; *(se også linse).*
franskbrød *(omtr.)* white bread (, loaf).
fransk-engelsk *adj.* Anglo-French (*fx* relations); French-English (*fx* dictionary).
franskmand Frenchman; *(om kvinde)* Frenchwoman;
□ *han (, hun) er ~* he (, she) is French; *fem franskmænd* five Frenchmen (, Frenchwomen); *franskmænd (også)* French people; *franskmændene (generelt = nationen, holdet)* the French.
fransksindet *adj.* pro-French.
fransk-tysk *adj.* Franco-German (*fx* relations); French-German (*fx* dictionary);
□ *den -e krig (hist.)* the Franco-Prussian War.
frappant[1], **frapperende** *adj.* striking.
frappant[2], **frapperende** *adv.* strikingly.
fraregne *vb.* deduct;
□ *dette -t a)* exclusive of this; *b) (bortset fra dette)* apart from this.
frarøve *vb.: ~ en noget* rob sby of sth.
fraråde *vb.: ~ en (at gøre) noget* advise sby not to do sth; F (try to) dissuade sby from doing sth; *~ noget* advise against sth; *~ at gøre det* advise against doing it.
frasagn *sb.: der gik ~ om* (curious) stories were told of; *som der går ~ om* fabled *(attr.).*
frase *sb. (en, -r)* **1.** *(mus., gram.)* phrase; **2.** *(neds.: tom)* empty phrase, cliché; F platitude; *(slidt)* hackneyed phrase;
□ *fast ~* stock phrase.
frasemager *sb. (en, -e)* phrasemonger.
fraseologi *sb. (en, -er)* phraseology.

fraseologisk *adj.* phraseological.
fraseparereret *adj.* separated; judicially (*el.* legally) separated;
□ *hans fraseparerede kone (ofte =)* his estranged wife.
fraset *adj.* apart from.
frasige *vb.: ~ sig* renounce; *~ sig tronen* abdicate.
frasigelse *sb. (en, -r)* renunciation; *(tron-)* abdication.
fraskilt *adj.* divorced;
□ *en ~* a divorcee, a divorced person; *hans -e kone* his ex-wife.
fraskrive *vb.: ~ sig* renounce (*fx* all claims to sth); *(undertiden: uden tanke på følgerne)* sign away (*fx* land, a right; one's freedom).
frasortere *vb.* **1.** sort out (*fx* the books to be sold); **2.** *(ved en udvælgelsesprocedure)* screen out (*fx* the unsuitable candidates); **3.** *(fjerne)* remove, eliminate; T weed out (*fx* the unqualified teachers).
frasortering *(jf. frasortere)* **1.** sorting out; **2.** screening out; **3.** elimination (process).
frastøde *vb.* repel.
frastødende *adj.* repulsive (*fx* face); *(truende, skræmmende,* F*)* forbidding.
fratage *vb.: ~ en noget* take away sth from sby; strip sby of sth (*fx* he was stripped of all his honours (, of his citizenship)); F deprive sby of sth; *dirigenten fratog ham ordet se ord.*
fraternisere *vb.* fraternize (*med* with).
fraternisering *sb. (en, -er)* fraternization.
fratræde *vb.* **1.** resign; **2.** *(på grund af alder; gå på pension)* retire; **3.** *(med objekt)* resign (*fx* he was forced to resign his position as chairman of the board); *(jf. 2)* retire from (*fx* one's post).
fratrædelse *sb. (en, -r) (jf. fratræde)* **1.** resignation; **2.** retirement.
fratrædelsesgodtgørelse severance pay, redundancy payment; *(stor, fx til direktør)* golden handshake.
fratrædende *adj.* outgoing (*fx* government, prime minister, chairman).
fravige *vb.* depart from (*fx* the normal procedure); F deviate from (*fx* one's principles).
fravigelse *sb. (en, -r)* departure; F deviation (*fra* from).
fravriste *vb.: ~ en noget a)* wrest sth from sby; *(med et snuptag)* wrench sth from sby; *b) (fig.)* wring (*el.* wrest) sth from sby (*fx* they wrung (*el.* wrested) the secret (, an admission) from her).
fravælge *vb. se vælge (fra).*
fravær *sb. (et)* **1.** absence; **2.** *(stadige forsømmelser, som fænomen)* absenteeism (*fx* absenteeism is becoming a problem);
□ *under hans ~* in his absence; *(se også glimre).*
fraværelse *sb. (en, -r)* absence.
fraværende[1] *adj.* **1.** *(ikke til stede)* absent (*fx* she was absent from school (, from the meeting)); **2.** *(brugt som sb.)* absentee (*fx* the only absentee was George Smith); **3.** *(åndsfraværende)* absent (*fx* expression, look, stare); absent-minded;
□ *de ~* those who are (, were) absent; *de ~ har altid uret* the absent are always at fault.
fraværende[2] *adv.* absently (*fx* "Really?" he said absently).
fraværsdag day lost through illness; day off.
fraværsprocent *(jf. fravær 2)* rate of absenteeism.
fred *sb. (en)* peace;
□ *~ og ro* peace and quiet; *i ~ og ro* quietly (*fx* quietly drinking a cup of tea); *ved -en i Wien* by the peace of Vienna;
*[med vb. (+ præp.)] lad mig **få** ~, lad mig **være i** ~* leave me alone; *han vil **have** ~* he wants to be left in peace (*el.* left alone); *man har ikke ~ længere end naboen vil (kan gengives)* it takes two to keep the peace; ***have ~ for*** be left alone by; *jeg har aldrig ~ for ham* he never gives me any peace; ***have ~ med*** be at peace with; ***holde ~*** *a) (om stater etc.)* keep the peace; *b) (om personer)* stop quarrelling; keep quiet; ***slutte ~*** *a)* make peace; *b) (om personer)* make it up; ***slutte ~ med*** *a)* make (*el.* conclude) peace with; *b) (om person)* make one's peace with; ***stifte ~*** make peace.
fredag Friday;
□ *skibet ankommer ~* the ship will arrive (on) Friday; *han kom en ~* he arrived on a Friday; *[med præp.] **i** -s* last Friday; ***om*** *-en a)* on Friday (*fx* we left on Friday at 7.30); *b) (hver ~)* on Fridays (*fx* he visits me on Fridays); *c) (i en bestemt uge)* on the Friday (*fx* he arrived on the Friday and left on the Sunday); *mødet blev fastsat til om -en* the meeting was fixed for (the) Friday;
på *en ~* on a Friday; *(nu) på ~* this (coming) Friday; on Friday (*fx* he'll come on Friday); next Friday; *på ~ om en uge (, måned)* a week (, month) on Friday.
frede *vb. (se også fredet)* **1.** *(vildt, fisk, natur, bygning)* preserve; *(om bygning også)* list; **2.** *(truet plante- el. dyreart, mindesmærke)* protect; *(om mindesmærke også)* schedule (*fx* a ship) as a historical (*el.* national *el.* an ancient) monument; **3.** *(naturskønt område)* declare (*el.* designate) (*fx* the moor) an area of outstanding beauty;
□ *~ om et minde* guard (*el.* protect) a memory.
fredelig *adj.* **1.** *(fredfyldt)* peaceful (*fx* evening, place, life); **2.** *(fredselskende)* peaceable (*fx* person); **3.** *(som ikke gør fortræd)* harmless (*fx* the dog is quite harmless); inoffensive;
□ *en ~ borger* a peaceable (, an inoffensive) citizen; *-e hensigter* peaceful intentions; *en ~ ordning* an amicable settlement; *~ udnyttelse af atomenergien* the peaceful use of atomic energy; *ad ~ vej* by peaceful means.
fredet *adj. (jf. frede)* **1.** preserved; listed; **2.** protected; scheduled; **3.** *(præd.)* declared an area of outstanding natural beauty;
□ *harer er ~ for tiden* it is a close season for hares; *~ område a)* conservation area (*fx* they want to make the village a conservation area); *b) (naturskønt)* area of outstanding natural beauty.
fredfyldt *adj.* peaceful.
fredhellig *adj.* sacred; *(*F *el. spøg.)* sacrosanct;
□ *-t sted* sanctuary.
fredlyst *adj. (om fortidsminde)* protected, scheduled;
□ *~ sted* sanctuary.
fredløs *adj.* **1.** *(attr.)* outlawed; **2.** *(brugt som sb.)* outlaw (*fx* a band of outlaws);
□ *han er ~* he is an outlaw; *gøre ~* outlaw.
fredløshed *sb. (en)* outlawry.
fredning *sb. (en)* **1.** preservation; *(natur- også)* conservation; *(om bygninger også)* listing; **2.** *(af truede dyre- el. plantearter, af mindesmærker)* protection.
fredningsnævn Nature Conservancy Board.
fredningstid close season.
fredningstilhænger conservationist.
fredsaftale peace agreement, peace accord.
fredsbetingelser *sb.pl.* peace terms.
fredsbevarende *adj.* peace-keeping

(*fx* force).
fredsbevægelse peace movement.
fredsbrud *sb. (et, -)* breach of the peace.
fredsdividende peace dividend.
fredsdommer justice of the peace; *(fork.)* J.P.
fredsdue dove of peace.
fredselskende *adj.* peace-loving.
fredsforhandlinger *sb.pl.* peace negotiations; T peace talks.
fredsforsker peace researcher.
fredsforskning peace research.
fredsforstyrrer *(en - e)* disturber of the peace.
fredsføler peace feeler.
fredskonference peace conference.
fredsmægler mediator.
fredsmægling mediation.
fredsommelig *adj.* peaceable.
fredsommelighed *sb. (en)* peaceableness;
□ *i al ~* peacefully, mildly (*fx* protest mildly); in a friendly way; F amicably (*fx* live together (, settle the dispute) amicably).
fredspibe pipe of peace, peace pipe.
fredspligt [embargo on striking and lock-outs]; *(kan gengives)* peace period.
fredsprisen *(Nobels)* the (Nobel) Peace Prize.
fredsproces peace process.
fredsskabende *adj.* peace-making.
fredsslutning **1.** (conclusion of) peace; **2.** *(traktat)* peace treaty.
fredsstifter peacemaker.
fredsstyrke *(under FN)* peace-keeping force.
fredstid: *i ~* in time(s) of peace, in peacetime.
fredstraktat peace treaty.
fredsvalg *(uden modkandidat)* uncontested election.
fredsven pacifist.
fredsvenlig *adj.* peace-loving; *(pacifistisk, attr.)* pacifist.
fredsæl *adj.* peace-loving; F pacific.
freelance- freelance (*fx* journalist).
freelancefotograf freelance photographer; *(som går nær på berømtheder)* paparazzo (pl. paparazzi).
freelancer *sb. (en, -e)* freelance.
freesia *sb. (en, -er) (bot.)* freesia.
fregat *sb. (en, -ter)* frigate.
fregne *sb. (en, -r)* freckle.
fregnet *adj.* freckled.
frejdig *adj.* **1.** *(uforfærdet)* dauntless; **2.** *(ubekymret)* cheerful; **3.** *(utvungen)* free and easy; **4.** *(fræk)* cheeky;
□ *med -t mod* nothing daunted.
frejdighed *sb. (en) (jf. frejdig)* **1.** dauntlessness; **2.** cheerfulness; **3.** ease; **4.** cheek.
frekvens *sb. (en, -er)* frequency;
□ *høj (, lav) ~* high (, low) frequency.
frekvensmåler frequency meter.
frekvent *adj.* frequent.
frekventere *vb.* **1.** *(om undervisning etc.)* attend (*fx* a school, lectures); **2.** *(besøge hyppigt)* frequent (*fx* a bar).
frelse[1] *sb. (en)* **1.** rescue; **2.** *(saliggørelse)* salvation, redemption;
□ *Frelsens Hær* the Salvation Army.
frelse[2] *vb. (se også frelst)* **1.** *(rel.)* save, redeem; **2.** *(fra fare)* save, rescue (*fra* from);
□ *en -nde engel* a rescuing angel; *han kom som en -nde engel* he came just at the right moment.
frelser *sb. (en, -e)* saviour;
□ *Frelseren (ɔ: Kristus)* our Saviour; the Redeemer.
frelserpige Salvation lass.
frelsersoldat Salvationist.
frelst *adj.* **1.** *(reddet)* saved, rescued; **2.** *(velbeholden)* safe (*fx* return safe); **3.** *(rel.)* saved, redeemed; **4.** *(fig., ironisk)* self-righteous; holier-than-thou;
□ *de -e (ironisk)* the chosen (souls); the faithful.
frelsthed *sb. (en) (jf. frelst 4)* holier-than-thou attitude.
frem *adv.* **1.** *(fremad)* forward(s) (*fx* we crept forward(s); step forward(s));
2. *(videre)* on (*fx* further on; get on);
3. *(ud, frem i lyset)* out (*fx* he laid out his clothes on the bed; he took out his purse);
□ *få (, gå, komme, tage, etc.) ~ se få², gå, komme², tage (etc.)*; *[med præp. & adv.] ~* ***for*** in preference to, rather than (*fx* choose her in preference to (*el.* rather than) somebody else); *~ for alt* above all; *~* ***med*** *det!* out with it! *~ og* ***tilbage*** *a)* backwards and forwards (*fx* travel backwards and forwards between two towns); back and forth, up and down (*fx* walk up and down); F to and fro; *b) (tur retur)* there and back (*fx* the journey there and back took two hours); *der var en masse løben (, snakken etc.) ~ og tilbage* there was a lot of to-ing and fro-ing; *(se også diskutere, snakke)*.
fremad *adv.* **1.** *(mods. tilbage)* forward(s) (*fx* move forward(s); look forward); **2.** *(forude, ud i fremtiden)* ahead (*fx* look ahead); **3.** *(videre)* on (*fx* move on); onwards; *(am. el. glds.)* onward.
fremadrettet *adj.* **1.** *(efter sb.)* pointing forward; **2.** *(fig.)* forward-looking (*fx* policy); forward (*fx* planning, thinking).
fremadskriden *sb. (en)* advance; *(gradvis)* progression.
fremadskridende *adj.* advancing; *(gradvis)* progressive.
fremadstræbende *adj.* ambitious; T go-ahead; *(som bliver til noget)* up-and-coming.
frembringe *vb.* **1.** produce, make; **2.** *(i fysik)* generate (*fx* friction generates heat).
frembringelse *sb. (en, -r)* **1.** production; **2.** *(konkret)* product; *-r* products; *(om landbrugets også)* produce.
frembrud *sb. (et, -) (sygdoms)* outbreak;
□ *efter (, før) mørkets ~* after (, before) dark; *ved dagens ~* at dawn; *(litt.)* at break of day; *ved mørkets (el. nattens) ~* at nightfall.
frembyde *vb.* **1.** present (*fx* the situation presents great problems (, certain hazards)); offer (*fx* it offers great advantages; the most interesting sight which the town has to offer);
2. *(give)* give; F afford (*fx* his present situation affords an opportunity to help him);
□ *~ sig* present itself; *(se også byde (sig))*.
fremdatere *vb.* postdate.
fremdeles *adv.* **1.** *(endnu)* still (*fx* it is still valid); **2.** *(endvidere)* further (*fx* further I would like to add...); again;
□ *og så ~* and so on; et cetera.
fremdrage *vb.* **1.** bring to light; unearth (*fx* new facts); **2.** *(henlede opmærksomheden på)* call attention to.
fremdrift enterprise, energy.
fremdrivning *sb. (en)* **1.** *(af skib, vogn)* propulsion; **2.** *(af planter)* forcing.
fremdrivningsmiddel propellant.
fremelske *vb.* **1.** *(planter)* grow; **2.** *(fig.)* encourage; F foster (*fx* the child's talents).
fremfusende[1] *adj.* impetuous.
fremfusende[2] *adv.* impetuously.
fremfærd *sb. (en) (optræden)* conduct;
□ *deres ~ over for* their behaviour towards; *(om myndighed)* the measures they adopt(ed) towards; *deres brutale ~ over for* their brutality towards; *hans voldelige ~ over for* his violent attack on.
fremføre *vb.* **1.** *(fremsætte)* state (*fx*

one's errand, one's views, one's reasons); put forward (*fx* an argument); F adduce (*fx* arguments, reasons, evidence, proof); advance (*fx* may I advance my opinion?);
2. *(forevise, spille)* present (*fx* a play);
□ ~ *en klage* make a complaint; ~ ***til*** *sit forsvar se forsvar*; ~ *til sin undskyldning* offer as an excuse; plead (*fx* ignorance).

fremføringsmiddel *(til missil)* delivery vehicle.

fremføringssystem *(til missil)* delivery system.

fremgang *sb. (en)* **1.** *(fremskridt)* progress; **2.** *(held)* success; **3.** *(ved valg)* gains pl. (*fx* Conservative gains in the south);
□ *have* ~ *a)* make progress, prosper; *b) (ved valg)* make gains; *være i* ~ be making progress, be progressing; *en* ~ *på to mandater* a gain of two seats.

fremgangsmåde 1. procedure (*fx* follow the correct procedure); course (of action) (*fx* what will be the best course (of action) as matters stand?);
2. *(praksis)* practice (*fx* our usual practice);
3. *(metode)* method (*fx* use another method).

fremgå *vb.* appear, emerge (*af* from);
□ *heraf -r at* from this it appears (*el.* is evident) that; *det -r klart af brevet* it emerges clearly from the letter.

fremherskende *adj.* prevailing, prevalent, predominant (*fx* the prevailing wind; the prevailing (*el.* prevalent *el.* predominant) attitude (, mood));
□ *være* ~ prevail, be prevalent (*el.* predominant).

fremholde *vb.* point out.

fremhæve *vb.* **1.** *(vise tydeligt)* bring out, accentuate (*fx* this will accentuate rather than hide the imperfections); show off (*fx* the dress showed off her beautiful figure);
2. *(ved kontrast)* set off (*fx* that belt will set off your dress well);
3. *(give eftertryk)* emphasize, stress (*fx* the importance of being punctual; the necessity of a compromise); underline;
4. *(påpege, gøre opmærksom på)* call attention to, point out (*fx* the weaknesses of the argument);
□ *-t af mig (i tekst)* my italics; ~ ***at*** *a) (jf. 2)* emphasize (, stress) that; underline the fact that; *b) (jf. 3)* call attention to the fact that, point out that.

fremhævelse *sb. (en, -r) (jf. fremhæve)* **1.** accentuation; **2.** setting off; **3.** emphasizing, stressing, underlining; **4.** pointing out.

fremkalde *vb.* **1.** *(forårsage)* cause (*fx* dissatisfaction, an earthquake, misunderstandings, problems, trouble); generate (*fx* new ideas); F give rise to (*fx* new ideas, discussion, misunderstandings, problems); *(om voldsom begivenhed)* spark off, touch off (*fx* an explosion, an argument, disturbances);
2. *(opnå)* bring about (*fx* a change); F effect (*fx* a more equal distribution of income);
3. *(om følelse, stemning, erindring)* evoke (*fx* admiration, applause, an atmosphere; the memory of past pleasures); *(mere* T, *især om noget negativt)* stir up (*fx* feelings of dissatisfaction, hatred, unpleasant memories); *(om følelse også)* generate (*fx* enthusiasm, excitement, hatred); *(om minde også)* call up (*fx* happy memories; scenes from the past);
4. *(foto.)* develop;
5. *(med.)* induce (*fx* an abortion; cancer);
6. *(teat.: om skuespiller)* give (the actor) a call; call (the actor) before the curtain; *blive fremkaldt* take a curtain call.

fremkaldelse *sb. (en, -r)* **1.** *(foto.)* development; **2.** *(teat.)* curtain call (*fx* she took three curtain calls).

fremkalder *sb. (en, -e)* developer, developing agent.

fremkaldervæske *se fremkalder.*

fremkomme *vb.* **1.** *(vise sig)* appear, come to light (*fx* new facts have come to light);
2. *(modtages)* be received (*fx* new information has been received);
3. *(ankomme)* arrive (*fx* fresh supplies have arrived);
□ ~ ***med*** put forward (*fx* a theory, a plan, a suggestion); bring forward (*fx* a plan, a proposal; the Government will bring forward legislation in due course); T come up with (*fx* a plan); F advance (*fx* a claim, a proposal, a scheme; one's opinion); ~ *med en erklæring* make a statement; *(udsende)* issue a statement; ~ ***ved*** result from, be the result of.

fremkommelig *adj.* **1.** *(farbar)* passable; **2.** *(om person: medgørlig)* accommodating, amenable.

fremkomst *sb. (en, -er)* **1.** appearance; emergence (*fx* of new ideas, of new techniques); **2.** *(ankomst)* arrival.

fremlagt *adj. (præd.)* on view, displayed;
□ *de -e lister* the lists provided (for the purpose).

fremleje[1] *sb. (en)* subletting.

fremleje[2] *vb.* sublet.

fremlokke *vb.* elicit, call forth.

fremlyse *vb. (i avis)* advertise (for the owner of).

fremlægge *vb. (se også fremlagt)*
1. produce (*fx* proof of his guilt);
2. *(forelægge)* present (*for* to, *fx* present a plan (, a report) to the management); *(til behandling,* F*)* table (*fx* a proposal); *(til bedømmelse, især for højere myndighed)* submit (*for* to);
3. *(offentliggøre)* publish;
□ ~ *et forslag a)* table (, submit) a proposal; *b) (parl.)* move (*el.* table *el.* put down) a motion; *kassereren fremlagde regnskabet* the treasurer presented the accounts.

fremlæggelse *sb. (en, -r) (jf. fremlægge)* **1.** production; **2.** presentation; **3.** publication.

fremmane *vb.* conjure up (*fx* a picture of sth); raise (*fx* the spectre of war).

fremme[1] *sb. (en) (jf. fremme*[2]*)* promotion; encouragement; F advancement;
□ *nyde* ~ be proceeded with.

fremme[2] *vb.* **1.** *(hjælpe)* promote (*fx* international understanding, the peace process; the arts and sciences); encourage (*fx* exports, good relations between our two countries); F further (*fx* his interests, his plans); forward (*fx* his plans);
2. *(bringe fremad)* advance (*fx* this will not advance the matter; it will advance our understanding of the disease).

fremme[3] *adv.* **1.** *(foran)* in front;
2. *(ude, synlig)* out (*fx* the stars are out);
3. *(udstillet)* on view, on display, displayed;
4. *(genstand for omtale)* in the news; *(for diskussion)* under discussion; *(for overvejelse)* under consideration;
□ *langt* ~ *a) (fremskreden)* far advanced; *b) (forude)* far ahead; *lade ligge* ~ leave lying about; ~ *på markedet* on the market; *når vi er* ~ *(ɔ: ved målet)* when we are there.

fremmed *adj.* **1.** *(ukendt)* unfamiliar (*fx* face, place, surroundings); *(og mærkelig)* strange (*fx* place,

town);
2. *(udenlandsk)* foreign (*fx* countries);
3. *(brugt som sb.: ukendt person)* stranger; *(besøgende)* visitor; *(fra et andet land) se udlænding*;
□ *i* **det -e** abroad; *jeg* **er** ~ *her* I am a stranger here; *han* **har -e** *i aften* he has visitors (*el.* a party) this evening; T he has some people in this evening; ***føle sig*** ~ *i sit hjem* feel a stranger in one's own house;
[med sb.] ~ *censor* external examiner; ~ *hjælp* outside assistance; *i* ~ *mønt* in foreign currency;
[med præp.] blive ~ ***for*** become a stranger to (*fx* he had become a stranger to his children); *være* ~ *for a)* be unfamiliar (, strange) to (*fx* the house was unfamiliar to me); *b) (jf. 3)* be a stranger to (*fx* one's own children); *det er* ~ *for min natur* it is foreign (*el.* alien) to my nature; *jeg er* ~ *for (ɔ: ukyndig i)* F I am a stranger to; *han har det ikke* ***fra*** *-e* he is a chip off the old block; *jeg står* ~ ***over for*** *arbejdet* the work is unfamiliar (, strange) to me.
fremmedarbejder immigrant worker, guest worker.
fremmedartet *adj.* strange; F alien.
fremmedbog register; visitors' book.
fremmedelement 1. alien element; **2.** *(fig.: om befolkningsgruppe)* alien community (*fx* the Italians were an alien community in the country);
□ *det er et* ~ *her* it is out of place here, it does not belong here.
fremmedfører guide.
fremmedgøre *vb.* alienate (*for* from).
fremmedgørelse *sb. (en)* alienation.
fremmedhad xenophobia.
fremmedherredømme foreign rule.
fremmedlegeme foreign body (*fx* remove a foreign body from the eye).
fremmedlegionen the Foreign Legion.
fremmedloven the Aliens Act.
fremmedord foreign word.
fremmedordbog dictionary of foreign words.
fremmedpolitiet the Aliens Police.
fremmedsprog foreign language.
fremmedsproget *adj. (kun efter sb.)* speaking a foreign language;
□ *fremmedsprogede elever (ɔ: i dansk skole)* non-Danish speaking pupils.
fremmelig *adj.* **1.** *(udviklet, præd.)* advanced for one's age; **2.** *(opvakt)* bright.
fremmest *adv.: først og* ~ *se først.*
fremmumle *vb.* mumble; *(ofte vredt)* mutter (*fx* threats).
fremmøde *sb. (et)* **1.** *(det at møde frem)* appearance; **2.** *(antal)* attendance, turnout;
□ *et stort* ~ a large attendance (*el.* turnout).
fremover *adv.* **1.** forward(s) (*fx* stoop (*el.* bend) forward(s)); **2.** *(i fremtiden)* in future; **3.** *(fra nu af)* henceforward.
fremprovokere *vb.* provoke.
fremragende[1] *adj.* outstanding, brilliant; *(stærkere,* F*)* eminent.
fremragende[2] *adv.* outstandingly, brilliantly; *(stærkere,* F*)* eminently.
fremrykke *vb. (om dato)* bring forward.
fremrykket *adj.* advanced (*fx* at an advanced hour; at an advanced age); *(om tid også)* late (*fx* at a late hour; at this late hour (, date)).
fremrykning *sb. (en, -er)* advance.
fremsende *vb.* **1.** *(videresende)* forward; **2.** *(sende)* send; *(til myndighed)* submit (*fx* a medical certificate);
□ *vedlagt -s* enclosed I (, we) send.
fremsendelse *sb. (en, -r)* **1.** forwarding; **2.** sending; submission.
fremsige *vb.* recite.
fremsigelse *sb. (en, -r)* recital, recitation.
fremskaffe *vb.* procure.
fremskreden *adj.* advanced;
□ *da tiden var så langt* ~ since it was so late.
fremskridt 1. step forward, step in the right direction (*fx* that is at least a step in the right direction); advance (*fx* a slight advance; great advances); *(pl. også)* progress sg. (*fx* not much progress *(ikke mange fremskridt)*);
2. *(forbedring)* improvement;
□ *gøre* ~ make headway; *(også om patient)* make progress; *et lille* ~ a slight advance (, improvement).
fremskridtsparti progressive party.
fremskridtsvenlig *adj.* **1.** progressive; **2.** *(brugt som sb.)* progressive (*fx* the progressives).
fremskrive *vb.* extrapolate; project.
fremskrivning extrapolation; projection.
fremskudt *adj. (mil.)* advanced (*fx* post, position); forward (*fx* area, command post, defence);
□ ~ *signal (jernb.)* distant signal; *en* ~ *stilling (fig.)* a prominent position.
fremskynde *vb.* **1.** *(få til at forløbe hurtigere)* speed up (*fx* the negotiations, the work); step up (*fx* production); F accelerate (*fx* the growth; work on this question should be accelerated); hasten (*fx* the development, preparations); expedite (*fx* the development, the army's withdrawal);
2. *(få til at indtræffe før)* hasten (*fx* their departure; the deployment of missiles; this may have hastened his death); *(stærkere)* precipitate (*fx* the crisis, his ruin, his death); *(især hdl.)* expedite (*fx* delivery);
□ ~ *fødslen* induce labour; ~ *sin gang* quicken one's pace.
fremskyndelse *sb. (en, -r) (jf. fremskynde)* **1.** speeding up, stepping up; acceleration; hastening;
2. hastening; precipitation.
fremspring projection.
fremspringende *adj.* projecting.
fremstamme *vb.* **1.** stammer out;
2. *(sige tøvende)* falter (out) (*fx* an excuse, a few words).
fremstille *vb.* **1.** *(fabrikere)* produce, make; *(i større stil, for salg)* manufacture (*fx* cars);
2. *(fortælle om)* give an account of (*fx* the events leading up to the crime);
3. *(gøre rede for)* state (*fx* one's view); F set forth (*fx* one's views); *(og forklare)* expound (*fx* he expounded his theory to his colleagues);
4. *(afbilde, gengive, skildre)* picture; F represent (*fx* the painting represents a naval battle; he is pictured (*el.* represented) in the book as a bloodthirsty tyrant); depict (*fx* the picture (, book) depicts him as a clown);
5. *(om skuespiller: optræde som)* play (*fx* play Romeo); act;
□ ~ *en i retten* bring sby before the court; ~ *sig* present oneself (*fx* for an examination).
fremstilling *sb. (en, -er)* **1.** *(beretning)* account;
2. *(redegørelse)* statement, exposition (*fx* of his views); *(om måden det gøres på)* presentation (*fx* a clear presentation of the subject);
3. *(gengivelse, skildring)* representation (*fx* a brilliant representation of the events leading up to the revolution);
4. *(fabrikation)* production, manufacture;
□ *grafisk* ~ graphic representation; *fejlagtig* ~ misrepresentation.
fremstillingsevne power of exposi-

tion; descriptive power.
fremstillingsomkostninger *sb.pl.* cost(s) of production, production costs; manufacturing costs.
fremstillingspris production price.
fremstød 1. *(mil.)* (forward) thrust, push, drive; *(større)* offensive;
2. *(fig.: kampagne)* campaign (*fx* for improving the working environment); drive (*fx* an export drive);
□ *foretage et ~ a) (mil.)* make a (forward) thrust; *b) (fig.)* make a drive (*fx* to raise money); *c) (hdl.)* start a sales drive; push the sales.
fremstå *vb.* appear (*som* as).
fremstående *adj.* **1.** prominent (*fx* cheekbones, teeth); protruding (*fx* teeth); **2.** *(betydelig)* prominent, outstanding;
□ *~ tænder (også,* T*)* buckteeth.
fremsyn 1. vision; **2.** *(forudseenhed)* foresight.
fremsynet *adj.* far-sighted, far-seeing.
fremsætte *vb.* **1.** *(udtrykke)* state (*fx* one's opinion); express (*fx* a view);
2. *(forelægge, foreslå)* propose (*fx* a plan); put forward (*fx* a plan, a proposal, a theory); bring forward (*fx* a plan, a question); F propound, advance (*fx* a theory);
3. *(ved møde, fx i parlament)* move, table (*fx* an amendment to a bill); *(lovforslag)* bring in, introduce;
□ *~ en erklæring* make a statement; *(udsende)* issue a statement; *~ et forslag a)* make (*el.* bring forward *el.* submit) a proposal; *b) (jf. 3)* move (*el.* table *el.* put down) a motion; *~ et krav (, en påstand, en trussel)* make a demand (, an assertion, a threat).
fremtid *sb. (en)* **1.** future;
2. *(gram.)* the future (tense);
□ ***have*** *en ~ for sig* have a future; *det har ingen ~ for sig* there is no future in it; *der* ***var*** *ingen ~ for mig der* I had no prospects (*el.* future) there;
[med præp.] ***for*** *-en a) (fra nu af)* in future; *b) (med henblik på -en)* for the future (*fx* what plans have you for the future?); ***i*** *-en a) (ɔ: ude i -en)* in the future (*fx* some time in the future); *b) (fra nu af)* in future; *i den nærmeste ~* in the near future; *i en fjern (, overskuelig) ~* in the distant (, foreseeable) future.
fremtidig[1] *adj.* future.
fremtidig[2], **fremtidigt** *adv.* in future.
fremtidschok future shock.
fremtidsdrøm dream of the future.
fremtidsforsker futurologist.
fremtidsforskning futurology.
fremtidsmusik: *det er ~ a)* it belongs to the future; *b) (er usandsynligt)* it is a pie in the sky.
fremtidsperspektiv perspective (*fx* it open new perspectives); (future) prospect (*fx* what are the prospects for the school?).
fremtidsplan *sb. (en, -er)* plan for the future.
fremtidsudsigter *sb.pl.* (future) prospects.
fremtoning *sb. (en, -er)* **1.** *(udseende)* appearance; **2.** *(person)* individual, figure.
fremtoningspræg *(biol.)* phenotype.
fremtrylle *vb.* produce (*fx* a meal) as if by magic; *(i en fart)* conjure up (*fx* a meal, a solution); *(om måltid også)* rustle up.
fremtræde *vb.* appear (*fx* the work appears in its original form);
□ *bogen -r i et elegant udstyr* the book is elegantly got up.
fremtræden *sb. (en)* **1.** appearance;
2. *(optræden)* behaviour; *(manerer)* manners; *(holdning,* F*)* bearing (*fx* a military bearing).
fremtrædende *adj.* **1.** *(iøjnefaldende)* conspicuous (*fx* play a conspicuous part);
2. *(betydningsfuld)* prominent (*fx* prominent people; play a prominent part; occupy a prominent place).
fremtrængen *sb. (en)* advance;
□ *det er i ~* it is advancing (, spreading); it is on the increase.
fremture *vb.*: *~ i* persist in, persevere in.
fremtvinge *vb.* force (*fx* a decision; an election); F compel (*fx* obedience from them).
fremvise *vb.* show.
fremviser *(til lysbilleder)* projector.
fremvisning *sb. (en, -er)* **1.** presentation; **2.** *(af film)* showing.
freon *sb. (en el. et, -er)* ® Freon.
fresia *sb. (en, -er el. fresier) (bot.)* freesia.
freske *sb. (en, -r)*, **fresko** *(en, -er)* fresco (pl. -es).
freskomaleri fresco painting.
freudianer *sb. (en, -e)*, **freudiansk** *adj.* Freudian.
fri[1] *adj. (se også frit)* **1.** free; **2.** *(ledig, ikke besat)* vacant, unoccupied; *(om taxi, præd.)* for hire;
3. *(om fodboldspiller: udækket)* available;
□ *~ som fuglen* free as air;
[med sb.] ~ kærlighed free love; *~ næring* trade not subject to licence; *(se også adgang, fantasi, hånd, konkurrence, luft, løb*[1]*, slag, udblæsning, valg, vilje)*;
[med vb.] ***bede sig*** *~* ask for a day (, an evening, a week etc.) off;
blive *~ for, se ndf.*; ***få*** *~ a) (få en fridag etc.)* get a day (etc.) off; *b) (gå hjem fra arbejde etc.)* be free (*fx* I'll be free at four o'clock); *c) (fra skole)* be let out, be allowed home; *hvornår får I ~ i dag?* when does school finish today?
give *~ se frigive*; *give dem ~* give them the day (etc.) off; *(mere generelt)* give them time off (*fx* a law requiring employers to give women time off when they have a seriously ill child); ***gå*** *~ a) (slippe)* escape (*fx* they were all punished, no-one escaped); *b) (få lov at slippe)* be let off (*fx* I was let off); ***have*** *~* have the day (, the evening etc.) off; *have en dag ~* have a day off;
holde *~, se ndf.: tage fri*; *lad os holde ~ for i dag* let's call it a day; *holde mandagen ~ (ɔ: for aftaler)* keep Monday open; *holde ~ af* keep clear of; ***komme*** *~ se komme*[2]; ***slippe*** *~* escape *(se også ovf.: gå ~)*;
tage *~ a)* take time off (*fx* they took time off from the conference to see the sights); take a day (, an evening, a week etc.) off; *b) (tage ferie)* take a holiday; *jeg vil hellere* ***være*** *~* I would rather not; *må jeg være så ~ at spørge* may I take the liberty of asking; *må jeg 'så være ~!* that's enough!
[med præp.] ~ ***af*** *(sø.)* clear of; *~* ***for*** *a)* free from (*fx* danger, troubles, pain, dust); *b) (befriet for)* free of (*fx* the harbour is free of ice; at last I am free of her); *(om noget ubehageligt også)* rid of (*fx* she was glad to be rid of him); *c) (fritaget for)* free of (*fx* tax, duty); excused from (*fx* attendance at a meeting); F exempt from (*fx* taxation); ***blive*** *~* ***for*** *a) (undgå)* avoid (*fx* trouble); *b) (blive forskånet for)* be spared (*fx* couldn't we be spared all those complaints?); *c) (blive af med)* get rid of (*fx* troublemakers); ***blive*** *~* ***for at*** *(ɔ: fritaget)* be excused from -ing (*fx* from playing); *(om pligt, straf også)* be let off -ing (*fx* he was let off washing up); *jeg vil gerne* ***være*** *~* ***for*** *dine dumme bemærkninger!* I can do without your stupid remarks! *vi fik ~* ***fra*** *skole kl. 2* school finished at 2 o'clock; ***holde*** *~* ***fra*** *arbejde* take the day (, an hour etc.) off; ***i det*** *~* in the

open (air); *en dag i det* ~ a day out; ***være for*** ~ ***over for*** be too familiar with.
fri[2] *vb. (bejle)* propose;
□ ~ *til hende* propose to her, make her an offer of marriage; *må jeg ~ til dig om at hente bilen for mig? (spøg.)* would you do me a favour and fetch the car for me?
fri[3] *vb. (frigøre)* free, deliver;
□ *Gud ~ mig!* good gracious! ~ *os fra det onde* deliver us from evil; ~ *mig for psykologer!* deliver me from psychologists!
friaften 1. evening off; **2.** *(for at more sig)* night out.
friaktie bonus share.
friareal open space.
fribillet 1. *(teat. etc.)* free ticket; complimentary ticket; **2.** *(til tog, bus etc.)* (free) pass.
fribolig 1. *(embedsbolig)* free residence; *(for personale)* free quarters pl.; **2.** *(som hjælp)* free lodging.
fribytter *sb. (en, -e)* freebooter.
fribytteri *sb. (et)* freebooting.
fribåren *adj.* free-born.
fridag 1. holiday; **2.** *(for ansatte)* day off.
frieftermiddag afternoon off.
frieksemplar 1. *(forfatterens)* free copy, author's copy; **2.** *(tilsendt andre)* complimentary copy.
frier *sb. (en, -e)* suitor.
frierbrev (letter of) proposal.
frierfødder*: gå på* ~ be courting.
frieri *sb. (et, -er)* proposal; offer of marriage.
frifinde *vb.* **1.** *(i kriminalsag)* acquit (*for* of); *(om nævninge også)* find not guilty; **2.** *(i civilsag; om dommeren)* give judgment in favour of; *(om nævningene)* find for;
□ *blive frifundet (ved nævningeret)* be acquitted; be found not guilty; *påstå sig frifundet* plead not guilty.
frifindelse *sb. (en, -r)* acquittal.
frigear neutral (gear).
frigid *adj.* frigid.
frigiditet *sb. (en)* frigidity.
frigive *vb.* **1.** free, release;
2. *(slave)* set free; *(om hele slavestanden også,* F*)* emancipate;
3. *(ophæve restriktioner for)* decontrol; *(efter fastfrysning)* unfreeze (*fx* prices, wages); *(ophæve rationering af)* deration;
4. *(gøre lovlig)* legalize (*fx* hashish); *(ophæve forbud mod)* lift the ban on;
□ *blive -t (ɔ: om bog, film etc.)* be released.
frigivelse *sb. (en, -r) (jf. frigive)*
1. release; **2.** emancipation; **3.** decontrol; unfreezing; derationing;
4. legalization.
frigiven *sb. (en, frigivne)* emancipated slave, freedman.
frigjort *adj.* **1.** emancipated (*for* from); **2.** *(i sin levemåde)* liberated (*fx* a liberated global youth culture).
frigjorthed *sb. (en) (jf. frigjort)*
1. emancipation; **2.** liberatedness.
frigøre *vb.* **1.** disengage; **2.** *(fritage)* release (*fra* from, *fx* release him from his duties); **3.** *(kem.)* liberate; *(se også frigive)*;
□ ~ *et beløb* make an amount available; ~ *sin kapital* liquidate one's capital;
[med sig] ~ ***sig*** *a)* free oneself; *b) (fra forældre etc.)* break free; ~ ***sig for*** *a)* free oneself from (*fx* one's chains); *b) (om følelse etc.)* get rid of (*fx* inhibitions); *jeg kunne ikke ~ mig for den tanke at* I could not free myself of the thought that.
frigørelse *sb. (en) (jf. frigøre)*
1. disengagement; **2.** release;
3. liberation; **4.** *(det at gøre sig fri af forældre etc.)* breaking free;
□ *kvindernes* ~ women's liberation; T women's lib; *(glds.)* the emancipation of women.
frihandel free trade.
frihandelsområde free trade area.
frihavn free port.
frihed *sb. (en, -er)* **1.** freedom (*for* from, *fx* fear, want; the freedom of the will; freedom of speech; fight for freedom); liberty (*fx* individual liberty; loss of liberty; the prisoner regained his liberty);
2. *(fritagelse)* exemption (*fra* from);
3. *(fritid)* leisure;
□ *digterisk* ~ poetic licence; ~*, lighed og broderskab* liberty, equality and fraternity; ~ *under ansvar* freedom with responsibility;
[med vb.] ***sætte i*** ~ set free; F set at liberty; ***tage sig*** *den ~ at* take the liberty of -ing; *tage sig -er over for* take liberties with.
frihedsberøvelse loss of liberty; *(jur.)* imprisonment.
frihedsbevægelse 1. liberation movement; **2.** *(modstandsbevægelse)* resistance movement.
frihedsbrev charter.
frihedsdressur training in liberty.
frihedselskende *adj.* freedom-loving.
frihedsgudinden *se frihedsstatuen.*
frihedshelt champion of liberty.
frihedskamp struggle for freedom.
frihedskrig war of independence.
frihedskæmper *sb. (en, -e)* freedom fighter; *(om danske forhold)* patriot, member of the resistance movement.
frihedsrettigheder *sb.pl.* civic rights; freedoms (*fx* the four freedoms).
frihedsråd *(hist.): Danmarks* ~ the Danish Liberation Council.
frihedssender *(radio)* underground radio station.
frihedsstatuen the Statue of Liberty.
frihedsstraf a custodial sentence; imprisonment.
friherre baron.
friherreinde baroness.
frihjul *(på cykel)* free wheel;
□ *køre på ~ a)* free-wheel, coast; *b) (fig.: ikke deltage aktivt)* be a passenger.
friholde *vb. (fritage)* exempt (*for* from, *fx* responsibility, taxation);
□ ~ *for (ɔ: holde fri for)* keep clear of (*fx* keep the beach clear of cars).
frihåndstegning free-hand drawing.
frikadelle *sb. (en, -r)* **1.** *(omtr.)* (Danish) meat ball; **2.** *(dårlig skuespiller)* ham (actor).
frikald *(tele.)* freephone.
frikasse, frikassé *sb. (en, frikasseer)* fricassee, stew.
frikast free throw;
□ *dømme* ~ award a free throw.
frikende *vb.* clear (*for* of); F exonerate (*for* from, of, *fx* the tribunal exonerated the Minister of all blame for the breach of security); *(i retten)* acquit (*for* of, *fx* murder; he was acquitted on all charges).
frikendelse *sb. (en)* acquittal.
frikirke Free Church.
frikort 1. *(fribillet)* (free) pass;
2. *(skatte-)* [card specifying amount of income allowed without tax].
friktion *sb. (en, -er)* friction.
friktionsfri *adj.* frictionless.
frikvarter *sb. (et, -er)* break; *(især am.)* recess.
frikøbe *vb. (løskøbe)* ransom, purchase the freedom of.
frilager bonded warehouse;
□ *varer oplagt på* ~ bonded goods.
friland*: på* ~ outdoors.
frilands- *(dyrket på friland)* outdoor (*fx* tomatoes).
frilandsmuseum open-air museum.
friliste *sb. (en, -r)* free list.
frille *sb. (en, -r)* mistress, concubine.
friluftsarbejde outdoor work.
friluftsbad open-air swimming

pool.
friluftsforestilling open-air (*el.* outdoor) performance.
friluftsliv outdoor life.
friluftsmenneske outdoor man (, woman); *(am.)* outdoorsman (, -woman);
□ *hun er et ~ (også)* she is the outdoor type.
friluftsmøde open-air meeting.
friluftsteater open-air theatre.
frilæsning *sb. (en)* individual reading.
frilæsningsbog book for individual reading.
friløb 1. *(i skøjtekonkurrence)* free skating; **2.** *(i bil)* freewheel;
□ *køre ~ a)* coast; *b) (fig.)* be a passenger.
frimodig *adj.* **1.** *(ligefrem)* frank, open; **2.** *(ubekymret)* cheerful; **3.** *(fræk)* cheeky.
frimodighed *sb. (en) (jf. frimodig)* **1.** frankness, openness; **2.** cheerfulness; **3.** cheek.
frimurer *sb. (en, -e)* freemason, mason.
frimureri *sb. (et) (også fig.)* freemasonry.
frimurerloge masonic lodge.
frimurerorden masonic order.
frimærke *sb. (et, -r)* stamp;
□ *bag på et ~* on the back of a stamp (*fx* what he knows about economics could be written on the back of a stamp); *deres have var ikke større end et ~* their garden was only the size of a postage stamp.
frimærkealbum stamp album.
frimærkeautomat stamp machine.
frimærkehandler stamp dealer.
frimærkehæfte book of stamps.
frimærkekasse *(svarer til)* petty cash.
frimærkesamler stamp collector.
frimærkesamling stamp collection.
frinummer: *trække ~ (mil., kan gengives)* escape (military) service by lottery.
friplads 1. free seat; **2.** *(i skole)* free place.
frisag: *klare ~* get off; *have klaret ~ (også)* be in the clear.
frisbee *sb. (en, -'er)* ® Frisbee.
frise *sb. (en, -r)* frieze.
friser *sb. (en, -e)* Frisian.
frisere *vb.*: *~ én* do sby's hair; *få håret -t* have one's hair done; *-t (neds.)* slick.
friserslag hairdressing cape.
frisind liberalism, broad-mindedness.
frisindet *adj.* liberal(-minded), broad-minded; *(neds.: for frisindet)* permissive.
frisisk *sb. (et) & adj.* Frisian.
frisk[1] *adj.* **1.** fresh (*fx* bread, flowers, air, water; light a fresh cigar); **2.** *(munter)* cheerful, lively; *(undertiden neds.)* breezy; hearty (*fx* his hearty manner);
3. *(sund og rask)* fit; *(om ældre)* hale and hearty; *(livlig, aktiv)* sprightly; *(om ældre)* spry (*fx* a spry old lady);
4. (T: *modig, parat; præd.)* game (*fx* are you game for a climb?);
□ *begynde på en ~ a)* make a fresh start; *b) (slå en streg over fortiden)* wipe the slate clean; *~ og sund, ~ som en fisk (el. havørn)* as fit as a fiddle; as sound as a bell; *(stærkere)* on top of the world; *(især efter sygdom)* as right as rain;
[med sb.] en ~ brise a) a refreshing breeze; *b) (vindstyrke 4)* a moderate breeze; *jeg har det i ~ erindring* I have a vivid recollection of it; it is still fresh in my memory; *en ~ fyr* a live wire; *~ luft* fresh air; *(se også luft)*; *-e æg* fresh (*el.* new-laid) eggs.
frisk[2] *adv. (jf. frisk*[1]*)* **1.** freshly; **2.** cheerfully.
friskbagt *adj.* freshly baked.
friskbrændt *adj. (om kaffe)* freshly roasted.
friske *vb.* pick up (*fx* the wind will pick up a bit); *(kraftigt)* freshen;
□ *~ op a) (om vind)* freshen; *b) (med objekt = ~ op på)* refresh (*fx* a cold bath refreshed him; refresh one's memory); freshen up (*fx* a cold bath will freshen you up); *c) (pynte på)* freshen up (*fx* a room with a new coat of paint); touch up (*fx* an article, a painting); *~ sine kundskaber i engelsk op* brush up one's English.
friskfyr: *en ~* a hearty fellow.
friskfyragtig *adj.* hearty.
frisklavet *adj.* freshly made.
friskluft(s)indtag fresh-air intake.
friskmalet *adj. (om kaffe)* freshly ground.
friskole free school.
friskplukket *adj.* freshly gathered.
friskpresset *adj.* freshly squeezed (*fx* orange juice).
Frisland Friesland.
frispark free kick;
□ *dømme ~* award a free kick; *lave ~* commit a foul (*imod* against); *lave ~ imod en (også)* foul sby.
frisprog: *han har ~* he can say what he likes.
frist *sb. (en) (tidsrum)* time; F respite (*fx* I must have a longer respite (*el.* more time)); *(også om tidspunkt)* time limit (*fx* exceed the time limit); deadline (*fx* fix a deadline for the signing of the treaty; a three-year deadline for the withdrawal of the troops; a deadline of more than two months);
□ *sidste ~ (for betaling)* (the) final date (for payment);
[med vb.] forlænge -en extend the deadline; *få en ~ på tre dage* get three days (*fx* to get ready); *give ham en ~ på tre dage* give (*el.* allow) him three days; *give ham ~ til torsdag* give (*el.* allow) him till Thursday; *have ~ til torsdag* have until Thursday; *overholde -en* meet the deadline, keep to the time limit; *(se også udløbe)*.
fristad free city.
friste *vb. (se også fristende)* **1.** tempt; **2.** *(lide)* experience;
□ *føle sig -t, lade sig ~* be tempted; *det kan ~ til (at)* it can tempt you (*el.* one) to;
[med sb.] ~ livet live; F sustain oneself; *~ lykken* try one's luck; *~ skæbnen* tempt Providence; *~ en kummerlig tilværelse* lead a miserable life.
fristed *sb. (et, -er)* **1.** haven (*fx* the smugglers found a haven there); (place of) refuge; sanctuary (*fx* the country had become a sanctuary for terrorists); **2.** *(fredhelligt sted)* sanctuary.
fristelse *sb. (en, -r)* temptation (*for* to, for, *fx* it was an irresistible temptation for me);
□ *-r a) (konkrete)* temptations (*fx* the temptations of the big city); *b) (generelt)* temptation (*fx* avoid temptation; I can resist everything except temptation); *falde for -n* yield (*el.* succumb) to (the) temptation; *falde for -n til at* yield (*el.* succumb) to the temptation to.
fristende[1] *adj.* tempting, enticing (*fx* invitation, offer); *(stærkere)* seductive.
fristende[2] *adv.* temptingly, enticingly; *(stærkere)* seductively.
frister *sb. (en, -e)* tempter.
fristil free composition; essay.
fristille *vb. (om fastansat)* disestablish; *(afskedige)* disemploy; *(om arbejder)* lay off.
frisure *sb. (en, -r)* hairstyle; *(om måden håret er klippet på også)* haircut; *(om måden det er sat op på også, især om kvinder)* T hairdo; F coiffure.
frisvømmerprøve *(svarer til)* swimming test.
frisør *sb. (en, -er)* hairdresser; F hairstylist.

frisørsalon hairdressing salon; hairdresser's; F hairstylist's.
frisørslag gown.
frit *adv.* **1.** freely; **2.** *(gratis)* free (of charge) (*fx* delivered free);
□ ~ *efter (ɔ: bearbejdet efter)* (freely) adapted from; *(ofte)* with apologies to; ~ *om bord* free on board; *(fork.)* f.o.b., FOB; ~ *oversat* freely translated; ~ *svævende a)* floating in space; *b) (fig.)* airy (*fx* plans);
[med vb.] **gå** ~ *omkring* be at large; ***kom*** ~ *frem!* we give up! ***stå*** ~ *a) (være uafhængig)* be independent; *b) (have handlefrihed)* have a free hand; *det **står** dig* ~ ***for*** you can do it if you like; *det står dig* ~ *for at* you are at liberty to (*fx* accept the offer if you like); *det står dig* ~ *for om du vil gøre det eller ej* you can decide for yourself whether you will do it or not.
fritage *vb.* exempt;
□ ~ *for* excuse (from) (*fx* he was excused from games at school; he was excused football practice because he had a cold; you can apply to be excused payment); F exempt from; ~ *for tjeneste a)* exempt from duty; *b) (suspendere)* suspend; *c) (afskedige)* relieve of one's employment (, post).
fritagelse *sb. (en, -r)* exemption.
fritblivende *adj. (hdl., præd.)* subject to confirmation.
fritgående *adj.* free-range (*fx* hens);
□ *æg fra* ~ *høns* free-range eggs.
fritid leisure (time), spare time.
fritidsbeskæftigelse leisure-time activity; spare-time occupation; *(hobby)* hobby.
fritidscenter recreation centre, leisure centre.
fritidshjem *(kan gengives)* after-school (recreation) centre.
fritidshus week-end cottage (*el.* holiday) cottage; second home.
fritidsindustri leisure industry.
fritidspædagog leisure-time teacher; recreation centre teacher.
fritidssejlads pleasure cruising.
fritidssejler (amateur) yachtsman.
fritidstøj leisurewear.
fritidsundervisning leisure-time education; recreational classes pl.
fritime *(i skole)* free period.
fritliggende *adj.* detached (*fx* building).
fritstille *vb. se fristille.*
fritstående *adj.* **1.** *(om hus)* detached; **2.** *(om skab, garage)* free-standing; **3.** *(om frugttræ)* standard;
□ ~ *øvelser* floor exercises.
fritsvævende *adj.* **1.** floating in space; **2.** *(fig.)* airy (*fx* plans).
fritte[1] *sb. (en, -r) (zo.)* ferret.
fritte[2] *vb.:* ~ *en ud* question sby closely; T pump sby.
fritter *sb.pl.* T chips; *(am.)* French fries.
frituregryde deep-(fat) frier.
friturekoge *vb.* deep-fry.
friturekurv basket (for a deep-fat frier).
friturestege *vb.* deep-fry.
fritænker free thinker.
fritænkerisk *adj.* free-thinking.
frivagt *(sø.)* watch below;
□ *have* ~ be below; be off duty.
frivillig *adj.* **1.** voluntary; **2.** *(valgfri)* elective, optional (*fx* subject); **3.** *(brugt som sb.)* volunteer;
□ *-t Drengeforbund (svarer til)* the Boys' Brigade; *-t korps* volunteer corps.
frivilligt *adv.* voluntarily, freely; F of one's accord;
□ *melde sig* ~ volunteer (*fx* five men volunteered for the task).
frivol *adj.* indelicate, risqué.
frivolitet *sb. (en, -er)* indelicacy.
friværdi *(i hus)* equity.
frk. *(fork. f. frøken)* Miss (*fx* Miss Johnson).
frodig *adj.* **1.** vigorous (*fx* plant, growth); *(stærkere,* F*)* luxuriant (*fx* forests, vegetation, growth); *(især om græs)* lush (*fx* green meadows, tropical vegetation); **2.** *(om jord)* fertile; **3.** *(om kvinde: fyldig)* buxom; **4.** *(om fantasi)* fertile; *(stærkere)* exuberant (*fx* imagination).
frodighed *sb. (en) (jf. frodig)* **1.** vigour; luxuriance; lushness; **2.** fertility; **3.** buxomness; **4.** fertility; exuberance.
frokost *sb. (en, -er)* lunch; F luncheon;
□ *spise* ~ have lunch; *hvad har du spist til* ~*?* what have you had for lunch?
frokostavis *(omtr.)* tabloid.
frokostformat tabloid size (*el.* format).
frokostpakke packed lunch, lunch packet.
frokostpause lunch break, lunch hour.
frokostpressen *se formiddagspressen.*
frokoststue lunch room; *(kantine)* canteen.
from *adj.* **1.** *(gudfrygtig)* pious (*fx* a pious child); **2.** *(ivrig i troen)* devout (*fx* a devout Catholic); **3.** *(sagtmodig)* gentle, good;
□ ~ *som et lam* meek as a lamb; *[med sb.] et -t bedrag* a pious fraud; *et -t ønske* a pious hope.
fromage *sb. (en, -r) (omtr.)* (cold) soufflé (*fx* orange soufflé).
fromhed *sb. (en)* **1.** *(gudfrygtighed)* piety; **2.** *(sagtmodighed)* gentleness.
fromme *sb.: på lykke og* ~ at random, at haphazard.
front *sb. (en, -er)* front;
□ *ved -en* at the front;
[med vb.] gøre ~ *mod a) (vende sig imod)* face; *b) (angribe)* turn on; *gøre fælles* ~ *mod* form a united front against; *-erne er trukket op (fig.)* the (battle) lines have been drawn.
frontal *adj.* frontal;
□ *-t sammenstød a)* head-on collision; *b) (fig.)* head-on clash; *støde -t sammen* collide head on.
frontalangreb frontal attack.
frontispice *sb. (en, -r)* **1.** *(arkit.)* pediment; **2.** *(i bog)* frontispiece.
frontlæsser *sb. (en, -e)* front-end loader.
frontløber frontrunner.
frontrude = *forrude.*
fropprædiken *sb. (en, -er)* matins pl.
frossen *adj. (frosset, frosne)* **1.** *(konserveret ved kulde)* frozen; **2.** *(beskadiget af frost)* frost-bitten (*fx* potatoes).
frosset *pf.ptc. af fryse.*
frost *sb. (en)* frost;
□ *have* ~ *i hænderne* have chilblains on one's hands, have frost-bitten hands.
frostboks freezer.
frostfri *adj.* **1.** non-freezing, frost-proof; **2.** *(om periode)* frost-free.
frostklar *adj.* clear and frosty.
frostkniv frozen-food knife.
frostknude chilblain.
frostrude anti-mist panel.
frostskade *sb.* frost damage.
frostskadet *adj. (præd.)* damaged by frost.
frostvejr frosty weather.
frostvæske antifreeze.
frotté, frotte *sb. (en el. et, -er)* terry towelling, terry cloth.
frottéhåndklæde Turkish towel.
frotterbørste frottage brush.
frottere *vb.* rub.
frotterhandske washing glove.
frottersvamp loofah.
fru Mrs (*fx* Mrs Johnson).
frue *sb. (en, -r)* **1.** *(hustru)* wife; **2.** *(gift kvinde)* (married) lady; **3.** *(i forhold til tjenestefolk)* mistress (*fx* it is the mistress's orders); **4.** *(i tiltale: navnet medtages)* Mrs Johnson, Mrs Brown (etc.); *(i forretninger etc. bruges)* madam;
□ *-n i huset* the lady of the house;

F the mistress of the house; *Deres ~* your wife; Mrs Johnson (etc.); *dr Johnson og ~* Dr and Mrs Johnson; *er -n hjemme?* is the lady of the house at home? is Mrs Johnson (, etc.) at home? T is the missus in? *ministrene med -r var til stede* the Ministers were present, accompanied by their wives (, ladies); *Vor Frue* Our Lady.

fruentimmer *sb. (et, -)* woman;
□ *offentligt ~* prostitute.

frugal *adj.* frugal.

frugt *sb. (en, -er)* **1.** fruit (*fx* fresh (, dried) fruit; fruit and vegetables; each fruit contains many seats);
2. *(fig.)* fruit(s) (*fx* enjoy the fruits of one's labours; his efforts bore fruit);
□ **-er** *a) (jf. 1)* fruit sg. (*fx* oranges and apples are fruit; tropical fruit); *b) (jf. 2)* fruits; *c) (bot.)* fruits (*fx* the tree has red fruits); **-en** *af ægteskabet* the issue of the marriage; *(se også forbuden).*

frugtavl fruit growing.

frugtavler *sb. (en, -e)* fruit grower.

frugtbar *adj.* **1.** fertile (*fx* soil, country); **2.** *(fig.: udbytterig)* fruitful (*fx* discussion, meeting; we have had a very fruitful collaboration with them);
□ *en ~ hjerne* a fertile brain; *~ på ideer* fertile in ideas.

frugtbargøre *vb.* **1.** fertilize; **2.** *(fig.)* utilize.

frugtbarhed *sb. (en) (om jordens)* fertility.

frugtbringende *adj.* profitable.

frugtbusk fruit bush.

frugte *vb.* avail.

frugtesløs *adj.* unavailing, futile.

frugtesløshed *sb. (en)* futility.

frugtfarve *sb. (til madvarer svarer til)* food colour.

frugtgrød *(omtr.)* stewed fruit.

frugthandler *sb. (en, -e)* fruiterer.

frugthave orchard.

frugtkniv fruit knife.

frugtknude ovary.

frugtplantage orchard.

frugtplukker **1.** *(person)* fruit picker; **2.** *(redskab)* fruit picker, fruit gatherer.

frugtsaft fruit juice.

frugtsalat fruit salad.

frugtsommelig *adj.* pregnant; *(præd. også)* with child;
□ *blive ~* become pregnant.

frugtsommelighed *sb. (en)* pregnancy.

frugttræ fruit tree.

frugtvin fruit wine.

frugtvogn *(til gadesalg)* fruit stall, fruit cart.

frustrerende *adj.* frustrating.

frustreret *adj.* frustrated.

fryd *sb. (en)* **1.** delight; **2.** *(som udråb)* jolly good!
□ *i ~ og gammen* merrily; *en ~ for øjet* a delight to the eye.

fryde *vb.* delight;
□ *det -r mig* I am delighted; *det -r mit hjerte* it gladdens my heart; *~ sig ved (el. over) a)* be delighted at (*el.* by); F rejoice in (*el.* at); *b) (skadefro: hovere)* gloat over (*fx* one's victory; his defeat).

frydefuld *adj.* joyful; *(litt.)* joyous.

frydeskrig shout of joy; happy cry.

Frygien *(hist.)* Phrygia.

frygisk *adj. (hist.)* Phrygian (*fx* cap *(hue)*).

frygt *sb. (en)* fear; F *(svagere)* apprehension; *(stærkere)* dread;
□ *~ for a)* fear of (*fx* war); dread of; *b) (velvillig bekymring)* fear for; *nære ~ for at* fear (, dread) that; *af ~ for* for fear of (*fx* for fear of mistakes); *af ~ for at a) (+ inf.)* for fear of -ing (*fx* of making mistakes); *b) (+ sætn.)* for fear that.

frygte *vb. (se også frygtet)* **1.** *(uden objekt)* be afraid; F fear; **2.** *(med objekt)* be afraid of; F fear (*fx* fear death; fear God); *(stærkere)* dread (*fx* the coming of winter; illness; being ill);
□ *tre mænd -des druknet* three men were feared drowned; *~ det værste* fear the worst;
[med præp.] ~ **for** *a) (være bange for)* fear (*fx* the consequences); *b) (være bekymret for)* fear for (*fx* his reason *(forstand)*; their safety); *~* **for at** *a) (+ inf.)* be afraid (, fear) to (*fx* be left behind); *b) (+ sætn.)* be afraid (, fear) that (*fx* he will come).

frygtelig[1] *adj.* **1.** *(forfærdende)* terrible; *(stærkere)* horrifying, appalling;
2. *(dårlig; stor)* terrible, awful (*fx* weather, food; he is a terrible fool); dreadful (*fx* novel; he is a dreadful coward); T frightful (*fx* smell, mistake, nuisance); *(stærkere)* appalling.

frygtelig[2], **frygteligt** *adv. (jf. frygtelig*[1]*)* **1.** *(jf. 1)* terribly; appallingly;
2. *(jf. 2)* terribly, dreadfully, frightfully; *(stærkere)* appallingly.

frygtet *adj.* much feared (*fx* dictator, teacher); F dreaded (*fx* disease).

frygtindgydende *adj.* formidable; *(stærkere,* F*)* awesome, awe-inspiring.

frygtløs *adj.* fearless.

frygtsom *adj.* timid; *(stærkere,* F*)* timorous.

frygtsomhed *sb. (en) (jf. frygtsom)* timidity; timorousness.

frynse *sb. (en, -r)* fringe;
□ *-r (fremkommet ved slid)* frayed edge; *(se også frynsegode)*; *besætte med -r* fringe; *hænge i -r* be frayed.

frynsegode perk; *-r (også)* fringe benefits.

frynset *adj.* **1.** fringed; **2.** *(flosset)* frayed.

fryse *vb. (frøs, frosset) (se også frossen)* **1.** *(om person)* be cold, feel cold; *(stærkere)* freeze;
2. *(om vand, vandrør etc.)* freeze;
3. *(nedfryse etc.)* freeze;
□ **det** *-r* it is freezing; there is a frost; *det -r 15 grader* it is minus 15 degrees Celsius; *det frøs stærkt* it froze hard; *~* **ihjel** freeze to death; F die from exposure; *være ved at ~ ihjel (ɔ: hundefryse)* be frozen to death;
[med præp. & adv.] han frøs **om** *hænderne (, fødderne)* his hands (, feet) were cold; he had cold hands (, feet); *~* **til** freeze over; *~ en* **ud** *a) (ɔ: helt ud)* freeze sby out; *b) (nægte at tale til én)* send sby to Coventry.

fryseanlæg cold-storage plant.

fryseboks **1.** *(fryser)* deep freeze, freezer; **2.** *(del af køleskab)* freezer compartment; **3.** *(frysérum)* cold store, freezer.

frysedisk refrigerated counter.

frysefilm plastic freezer wrap.

frysefolie aluminium freezer wrap.

frysepunkt freezing point.

fryser *sb. (en, -e)* freezer, deep freeze.

fryserum cold store, freezer.

fryseskab *se fryser.*

frysetørre *vb.* **1.** freeze-dry (*fx* peas); **2.** *(med.)* lyophilize (*fx* blood, serum, tissue).

frysetørring freeze drying.

frysning *sb. (en, -er)* **1.** freezing;
2. *(film: af billede)* freeze; **3.** *(lagring)* cold storage.

fræk *adj.* **1.** *(uforskammet)* impudent (*over for, mod* to, with); *(svagere)* impertinent (*over for, mod* to); T cheeky; *(mod en af modsat køn)* fresh (*over for, mod* with, *fx* he was trying to get fresh with me);
2. *(fræk og selvsikker)* brash (*fx* salesman); brazen (*fx* sellers of heroin are getting more brazen);
3. *(om handling)* daring (*fx* crime, robbery, transaction);
4. *(skamløs)* barefaced (*fx* liar, lie, trick, deception);
5. *(uartig)* naughty (*fx* girls, pic-

tures); *(i børnesprog)* rude (*fx* story, picture, words); *(sjofel, kun attr.)* dirty (*fx* postcard, story); **6.** *(udfordrende)* bold (*fx* she gave him a bold look; a bold blouse); suggestive (*fx* he made suggestive remarks to her); **7.** *(sexet)* sexy;
□ *-ke blade* girlie magazines; *komme med -ke tilbud til* proposition (*fx* a girl); *være så ~ at* T have the cheek (*el.* face) to; *(se også slagterhund).*

frækhed *sb. (en, -er) (jf. fræk)* **1.** impudence; impertinence; T cheek; **2.** brashness; **3.** daring; **4.** barefacedness; **5.** naughtiness; **6.** boldness;
□ *have* **den** *~ at* have the cheek (*el.* face) to; *med den største ~* with barefaced impudence; ***en*** *~* a piece of impudence (, cheek), an insult; *(svagere)* an impertinence; *(om udtalelse også)* an impudent rmark; *hans* **-er** his impudent remarks.

frækkert *sb. (en, -er)* **1.** *(person)* cheeky devil; **2.** *(vittighed etc.)* naughty joke (, remark); bawdy joke (, book, film).

frænde *sb. (en, -r)* kinsman.

frændeløs *adj. (præd.)* without relations.

fræse *vb.* mill;
□ *~ afsted (, rundt)* T tear along (, round).

fræser *sb. (en, -e)* **1.** milling machine; **2.** *(til træ)* moulding machine; **3.** *(have-)* rotary cultivator.

frø[1] *sb. (en, -er) (zo.)* frog.

frø[2] *sb. (et, -) (bot.)* seed;
□ *gå i ~* run to seed; *sætte ~* seed.

frøhandler *sb. (en, -e)* seedsman, dealer in seeds.

frøken *sb. (en, -er)* **1.** unmarried woman (*el.* lady) (*fx* an old unmarried lady); *(ung)* young lady; **2.** *(foran navn)* Miss (*fx* Miss Brown, Miss Mabel); *(efternavn for ældste datters vedkommende, fornavn for de yngres)*; **3.** *(i tiltale medtages på engelsk helst navnet:)* Miss Brown (, Miss Mabel, etc.); *(uden navn anvendes)* madam; *(til serveringsdame)* waitress; **4.** *(lærerinde)* teacher; *(i tiltale siges af børn)* Miss;
□ *-erne Johnson* the Miss Johnsons.

frøkenkloster [home for unmarried ladies of rank].

frøkontrol seed testing.

frøkorn seed grain.

frølår frog's leg (pl. frogs' legs).

frømand frogman; scuba diver.

frømandsdragt frogman('s) suit.

frønnet *adj.* rotten; *(mere* F*)* decayed.

frøperspektiv*: vise noget i ~* give a worm's eye view of sth.

frøs *præt. af fryse.*

fråde[1] *sb. (en)* foam, froth;
□ *-n stod ham om munden* he was foaming (*el.* frothing) at the mouth.

fråde[2] *vb.* foam;
□ *han -de af raseri* he was foaming with anger.

fråds *sb. (et) se frådseri.*

frådse *vb.* **1.** *(være ødsel)* be wasteful (*fx* we cannot afford to be wasteful); **2.** *(fylde sig)* gorge (*fx* they sat gorging for hours); gorge oneself;
□ *~* ***i*** *a) (fylde sig med)* stuff oneself with, gorge (oneself) on (*fx* cakes); *b) (nyde)* feast on (*fx* caviare); *~* ***med*** waste.

frådser *sb. (en, -e)* glutton.

frådseri *sb. (et, -er)* **1.** *(æderi)* gluttony; **2.** *(spild)* waste (*med* of).

fuchsia *sb. (en, -er el. fuchsier) (bot.)* fuchsia.

fuelolie fuel oil.

fuga *sb. (en, -er)* fugue.

fuge[1] *sb. (en, -r)* **1.** *(i mur)* joint; **2.** *(indskæring)* notch;
□ *løs i -rne (fig.)* disintegrating, coming apart at the seams.

fuge[2] *vb.* joint.

fugl *sb. (en, -e)* bird;
□ *benløse -e (omtr.)* veal olives; *hverken ~ eller fisk* neither one thing nor the other; neither fish, flesh, fowl nor good red herring; *én ~ i hånden er bedre end ti på taget* a bird in the hand is worth two in the bush; *jeg har hørt en ~ synge om det* a little bird told me; *-en var fløjet (fig.)* the bird had flown; *det er bedst at lade den ~ flyve* you (etc.) had better put that out of your (etc.) head; you (etc.) had better drop that idea; *hun spiser som en ~* she eats no more than a sparrow.

fuglebad bird bath.

fuglebræt birdtable.

fuglebur bird cage.

fugleedderkop *(zo.)* bird spider.

fuglefjeld bird cliff.

fugleflugtslinie bee line;
□ *i ~* as the crow flies.

fuglefrø *sb. (et, -)* bird seed.

fuglefænger *sb. (en, -e)* fowler.

fuglekasse nesting box.

fugleklat*: du har en ~ på ærmet* a bird has been on your sleeve.

fugleklatter *sb.pl.* bird droppings.

fuglekonge **1.** *(ved fugleskydning)* captain of the popinjay; **2.** *(zo.; gultoppet ~)* goldcrest; *(rødtoppet ~)* firecrest.

fuglekvidder chirping, twittering.

fuglelim birdlime.

fuglenet fowler's net.

fuglenæb beak; *(fagl.)* bill (of a bird).

fugleperspektiv*: (vise) London i ~* (give) a bird's eye view of London.

fuglerede bird's nest (pl. birds' nests).

fuglereservat bird sanctuary.

fuglesang bird song; warbling.

fugleskræmsel *sb. (et, fugleskræmsler)* scarecrow.

fugleskydning popinjay shooting.

fugleunge chick, young bird.

fuglevarsel, fuglevarsler *sb.pl.* augury.

fuglevildt wild fowl; game birds pl.

fugleæg bird's egg (pl. birds' eggs).

fugleøjetræ **1.** *(bot.)* bird's-eye maple; **2.** *(veddet)* bird's-eye wood.

fugt *sb. (en)* **1.** moisture; *(*F *el. fagl.)* humidity; **2.** *(skadelig, fx i hus)* damp.

fugte *vb.* **1.** moisten (*fx* one's fingers before counting banknotes; one's lips; a stamp before putting it on); damp(en) (*fx* a shirt before ironing it); **2.** *(væde)* wet (*fx* one's lips).

fugter *sb. (en, -e)* moistener.

fugtig *adj.* **1.** moist (*fx* eyes, hands, lips; climate, air, heat; moist with perspiration); *(fagl.)* humid (*fx* air, climate);
2. *(kold og ~, klam)* damp (*fx* sheets, cellar, home; weather);
3. *(våd)* wet (*fx* clothes, sponge; cheeks wet with tears);
4. *(hvor der drikkes; som drikker)* boozy (*fx* party; lecturer);
□ *en ~ herre* a thirsty soul.

fugtighed *sb. (en)* **1.** moistness; *(fagl.)* humidity; **2.** *(klamhed)* dampness; **3.** *(fugtighedsgrad)* humidity (*fx* the humidity of the air); **4.** *(fugt)* moisture.

fugtighedscreme moisturizer.

fugtighedsmåler hygrometer.

fugtisolering damp proofing.

fugtplet damp spot; *(større)* damp patch (*fx* on the wall).

fugtplettet *adj.* **1.** damp-spotted; water-stained; **2.** *(om bogside: jordslået)* foxed.

fugtspærre *sb. (en el. et, -r)* damp(-proof) course.

fuks *sb. (en, -er)* **1.** *(hest)* chestnut; **2.** *(glds.: i skole)* dunce.

fukssvans *sb. (en, -e(r))* hand saw, panel saw.

ful *adj. (glds.)* nasty, ugly.

fuld *adj.* **1.** *(fyldt)* full (*af* of); **2.** *(med alle pladser optaget)* full, full up (*fx* the bus is full up); *(stærkere)* crowded, packed; **3.** *(fuldstændig)* full (*fx* employment, information, weight; stop); complete (*fx* freedom, justice); **4.** *(beruset)* drunk; *(attr. også)* drunken; T tight; S stewed; *(let)* tipsy; **5.** *(om månen)* full; □ *-e 25 år* fully 25 years; *til -e* fully, to the full, entirely; *ved sine -e fem* in one's (, his, her) senses; *han er ikke ved sine -e fem* he is not all there; he has not (got) all his marbles; *[med vb.] blive ~* get drunk (*af* on, *fx* get drunk on beer); *(se også drikke*[2]*, løbe*[2]*)*; *[med sb.] det -e beløb* the full amount; F the entire amount; *en ~ mand* a drunk(en) man; T a drunk; *-e navn* full name, name in full; *med ~ ret* with perfect justice; *den -e sandhed* the whole (*el.* full) truth; *på ~ tid* full time; *(se også drag*[1]*, fart, gang*[1]*, hals, hus, kraft, musik, sejl, time)*.

fuldautomatisere *vb.* automate fully.

fuldautomatisk *adj.* fully automatic.

fuldblods *adj.* **1.** *(om hest)* thoroughbred; **2.** *(fig.)* out-and-out (*fx* professional, villain).

fuldblodshest thorughbred (horse); *-e (også)* bloodstock sg.

fuldbragt *adj.* finished, completed; □ *det er ~ (bibelsk)* it is consummated.

fuldbyrde *vb.* **1.** accomplish (*fx* a task); **2.** *(seksuelt)* consummate (*fx* the marriage; consummated rape); **3.** *(dom)* execute; □ *en -t kendsgerning* a fait accompli.

fuldbyrdelse *sb. (en)* **1.** accomplishment; **2.** consummation; **3.** *(af dom)* execution.

fuldbåren *adj.* fully developed.

fuldemandssnak drunken nonsense.

fuldende *vb. (se også fuldendt)* complete; *(afslutte)* finish.

fuldendelse *sb. (en)* completion.

fuldendt *adj.* **1.** complete (*fx* the work is complete); **2.** *(fejlfri)* perfect (*fx* beauty, masterpiece; the perfect crime); F consummate; □ *godt begyndt er halvt ~* well begun is half done.

fulderik *sb. (en, -ker)* drunk.

fuldfed *adj.* full-cream (*fx* cheese).

fuldføre *vb.* complete; F accomplish (*fx* a task).

fuldgyldig *adj.* valid; □ *-t bevis* conclusive evidence.

fuldkommen[1] *adj.* **1.** *(fejlfri)* perfect (*fx* beauty, work of art); **2.** *(absolut)* complete (*fx* success; ignorance); □ *nå det fuldkomne* reach perfection; F attain perfection.

fuldkommen[2] *adv.* perfectly, quite, absolutely (*fx* impossible); fully (*fx* satisfied).

fuldkommenhed *sb. (en, -er)* perfection; □ *til ~* to perfection, perfectly.

fuldkornsbrød *(hvedebrød, omtr.)* whole grain bread; *(enkelt brød)* whole grain loaf.

fuldmagt *sb. (en)* **1.** *(bemyndigelse)* authority (*til at* to); **2.** *(skriftlig)* written authority; *(jur.)* power of attorney; **3.** *(~ til at stemme på en andens vegne)* proxy; □ *give én ~ (jur.)* give sby a power of attorney; *stemme pr. ~* vote by proxy.

fuldmoden *adj.* fully ripe.

fuldmyndig *adj. (præd.)* of age.

fuldmyndighed *sb. (en)* majority.

fuldmægtig *sb. (en, -e)* **1.** *(på kontor omtr.)* head clerk; **2.** *(i ministerium omtr.)* principal; **3.** *se advokatfuldmægtig.*

fuldmåne full moon.

fuldrigger *sb. (en, -e) (sø.)* full-rigged ship.

fuldrigget *adj. (sø.)* full-rigged.

fuldskab *sb. (en)* drunkenness; □ *i ~* when drunk; F in a state of intoxication.

fuldskæg (a) full beard.

fuldstændig[1] *adj.* **1.** complete; **2.** *(fuldkommen)* perfect.

fuldstændig[2], **fuldstændigt** *adv.* completely (*fx* successful, ignorant, wrong); perfectly (*fx* clean, right); *(mere* F*)* entirely (*fx* different, wrong; not entirely satisfied); utterly (*fx* ridiculous, mad, wrong; I am utterly convinced that he is right); *(stærkere)* totally (*fx* changed; I totally agree).

fuldstændiggøre *vb.* complete, make complete.

fuldt *adv.* fully (*fx* developed, dressed, satisfied); completely (*fx* satisfactory); □ *tro ~ og **fast** (på)* believe firmly (in); *~ og fast overbevist* firmly convinced; ***ikke** ~ så god som* not quite as good as; *sagen foreligger ~ **opklaret*** it is an open-and-shut case; *[med adv.] ~ **op** af* plenty of; *have ~ op at gøre* have plenty to do; have a lot on one's plate; *~ **ud*** fully (*fx* I fully understand that you did it); F to the full (*fx* enjoy (, exploit, use) sth to the full); *beherske sproget ~ ud* have a complete command of the language; *betale ~ ud* pay in full; *han gav sig ~ ud* he gave everything he had; *(se også skridt (tage skridtet ~ ud))*.

fuldtallig *adj.* full; □ *møde -t* turn out to a man.

fuldtid*: på ~* full time (*fx* work full time; be employed full time).

fuldtids- full-time (*fx* job, student).

fuldtidsansat *adj.* **1.** full-time (*fx* clerk, teacher); *(præd. også)* employed full time; **2.** *(brugt som sb.)* full-timer.

fuldtidsbeskæftigelse full-time employment.

fuldtonende *adj.* **1.** resounding (*fx* a resounding no); **2.** *(om stemme)* sonorous (*fx* bass).

fuldtræffer *sb. (en, -e)* direct hit (*fx* the ship received a direct hit).

fuldvoksen *adj.* full-grown, fully grown.

fuldvægtig *adj. (præd.)* of full weight.

fuldværdiforsikring full new value insurance.

fulgt *pf.ptc. af følge.*

fulgte *præt. af følge.*

fumle *vb.* fumble (*efter* for; *med* with).

fumlegænger *sb. (en, -e)* jaywalker.

fumler *sb. (en, -e)* fumbler; □ *~-tumler (om barn)* child with motor difficulties.

fumleri *sb. (et, -er)* fumbling.

fummelfingret *adj.* butter-fingered, cack-handed.

fund *sb. (et, -)* **1.** find (*fx* that book is a find!); *(billig også)* bargain (*fx* this dictionary is a real bargain at that price); T snip (*fx* it is a snip at 50p); **2.** *(arkæol.)* find (*fx* the Ladby find); **3.** *(det at finde)* discovery (*fx* the discovery of the treasure); □ *han er et ~ til rollen* he is ideal for the part.

fundament *sb. (et, -er)* **1.** *(som noget hviler på)* base (*fx* of a column); *(for bygning også)* foundations pl.; **2.** *(fig.: grundlag)* foundation, basis; *(af kundskaber)* grounding (*fx* in grammar).

fundamental *adj.* basic; F fundamental.

fundamentalisme *sb. (en)* fundamentalism.

fundamentalist *sb. (en, -er)* fundamentalist.

fundamentalistisk *adj. (attr.)* fundamentalist; *(også præd.)* fundamentalistic.
fundamentere *vb.* lay the foundations of.
fundats *sb. (en, -er) (stiftelsesbrev)* instrument of foundation.
fundere *vb.* **1.** *(gruble)* ponder *(over* on); **2.** *(basere)* found, base *(på* on);
□ *dårligt -t i historie* poorly read in history.
fundet *pf.ptc. af finde.*
fungere *vb. (se også fungerende)* **1.** *(virke)* work *(fx* the machine is not working properly; the new regulations are working satisfactorily; they tried to make their marriage work); F function *(fx* the phone (, the computer, my brain) did not function very well); operate *(fx* the machine is not operating properly; take it apart to see how it operates; make the department operate more efficiently);
2. *(om person: klare sig)* function *(fx* children who cannot function adequately in the normal school situation; he cannot function socially);
□ *de skal kunne ~ på engelsk* they must be able to manage on English; *~* ***som*** act as *(fx* she acts as headmaster (, interpreter); the sofa can also act as a bed); F function as; *~* ***videre*** *(ɔ: i en stilling)* continue in the post.
fungerende *adj.* acting *(fx* headmaster).
funkis *sb. (en)* **1.** functionalism; **2.** *(brugt som adj.)* functionalistic.
funkle *vb.* sparkle *(fx* sparkling diamonds (, stars); her eyes sparkled with joy); *(stærkere)* glitter *(fx* her jewellery glittered in the spotlight; stars glittered in the sky); *(om ubehageligt skær)* glint *(fx* his eyes glinted with anger (, triumph)).
funktion *sb. (en, -er)* **1.** *(også mat.)* function; **2.** *(pligt, arbejde)* duty; F function; **3.** *(maskines)* working, action; F functioning;
□ *i ~ (om embedsmand)* on duty; *træde i ~* begin working; *(om embedsmand)* enter upon one's duties; *ude af ~ (om maskine)* not working, out of action.
funktionalisme *sb. (en)* functionalism.
funktionel *adj.* functional;
□ *han er ~ analfabet* he is functionally illiterate.
funktionere *vb.* function.
funktionsdygtig *adj.* workable *(fx* political system); *(præd. også)* capable of functioning.
funktionsfejl malfunction.
funktionstast *(edb)* function key.
funktionær *sb. (en, -er)* **1.** *(mods. timelønnet)* salaried employee; T white-collar worker;
2. *(kontor-)* office worker, clerical worker, clerk;
3. *(i stat og kommune)* public employee; official *(fx* a railway (, post office) official);
4. *(især neds., fx parti-)* functionary;
□ *arbejdere og -er* wage-earning and salaried employees; manual workers and staff.
fup *sb. (et)* T humbug;
□ *det er ~ (og svindel)* it is (all) humbug; it is a cheat *(el.* a con).
fup- *(ɔ: falsk)* bogus *(fx* antiques).
fupmager *sb. (en, -e)* **1.** *(snyder)* cheat; conman; **2.** *(som giver sig ud for noget han ikke er)* humbug.
fupmageri = *fup.*
fupnummer***1.** trick; **2.** *(snyderi)* cheat, con; **3.** *(grov spøg)* hoax.
fuppe *vb.* **1.** *(narre)* fool, con *(fx* she conned him into doing it; he conned his way in to see the manager); bamboozle *(fx* he was bamboozled into giving them his credit card); **2.** *(snyde)* cheat, con; *(bedrage også)* have, do in.
fur *sb. (et) (*T*: skub)* shove;
□ *få et ~ (ɔ: blive fyret)* be fired, be sacked; *give ham et ~ a) (ɔ: fyre ham)* fire him, sack him; *b) (ɔ: skælde ud)* give him a dressing-down.
fure[1] *sb. (en, -r)* **1.** furrow; **2.** *(rille)* groove; **3.** *(rynke)* line *(fx* lines of worry puckered his brow); *(især i panden,* F*)* furrow.
fure[2] *vb.* **1.** *(drage furer i)* furrow;
2. *(om ansigt)* line; *(især om panden,* F*)* furrow.
furet *adj. (jf. fure*[1]*)* **1.** furrowed; grooved; **2.** *(om ansigt)* lined; *(især om panden,* F*)* furrowed.
furie *sb. (en, -r)* **1.** *(myt.)* Fury; **2.** *(om kvinde, litt.)* fury; virago.
furore *sb. (en): vække ~* create *(el.* make) a sensation.
fuse *vb.: ~ ud a) (vælde frem)* gush out; *b) (ende ynkeligt)* fizzle out *(fx* fizzle out like a damp squib); peter out.
fusel *sb. (en)* **1.** *(olie)* fusel; **2.** *(brændevin)* raw spirits pl.
fuselage *sb. (en, -r) (flyv.)* fuselage, body.
fusen *sb.: tage ~ på ham a) (overrumple ham)* take him by surprise; *b) (snyde ham)* take him for a ride.
fusentast *sb. (en, -er)* **1.** *(forvirret)* scatterbrain; **2.** *(hidsig)* hothead.
fuser *sb. (en, -e)* **1.** *(om fyrværkeri)* dud; **2.** *(fiasko)* flop, damp squib.
fusion *sb. (en, -er)* **1.** *(sammenslutning)* merger; **2.** *(sammensmeltning, også fys.)* fusion.
fusionere *vb.* merge.
fusk *sb. (et)* **1.** *(det at lave dårligt arbejde)* bungling; **2.** *(det at arbejde i fritiden)* moonlighting;
3. *se fup;*
□ *det var noget ~ (jf. 1)* it was a bungled *(el.* botched) job; *lave ~ med se fuske (med).*
fuske *vb.* **1.** *(kludre)* bungle;
2. *(nusse rundt)* mess about *(fx* he was messing about in his workshop); **3.** *(arbejde i fritiden)* moonlight;
□ *~* ***med*** *a) (ɔ: som amatør)* dabble in *(fx* painting); *b) (prøve at reparere)* tinker with *(fx* a machine); *c) (lave svindel med)* fiddle with *(fx* the books, the figures).
fusker *sb. (en, -e)* **1.** *(amatør)* dabbler; **2.** *(klodrian)* bungler;
3. *(som arbejder i fritiden)* moonlighter.
fuskeragtig *adj.* bungling, unworkmanlike.
fuskeri *sb. (et)* **1.** *(dårligt arbejde)* bungling; bungled *(el.* botched) work; **2.** *(snyderi)* cheating;
□ *det var noget ~ (jf. 1)* it was a bungled *(el.* botched) job.
fustage *sb. (en, -r)* **1.** barrel *(fx* a barrel of oysters); **2.** *(til lagring af vin etc.)* cask;
□ *fylde på -r (jf. 2)* cask.
fut *sb. (et, -) (om lyd)* puff;
□ *der er ~* ***i*** *hende* she is full of go *(el.* pep); *sætte ~ i en (, noget)* pep *(el.* ginger) sby (, sth) up.
futil *adj.* futile.
futte *vb. (om tog)* puff;
□ *~ 'af (brænde)* burn; *~ en kineser af* let off a cracker; *huset -de af* the house (was) burnt down.
futteral *sb. (et, -er)* case.
futtog puff-puff; choo-choo.
futurisme *sb. (en)* futurism.
futurist *sb. (en, -er)* futurist.
futuristisk *adj. (attr.)* futurist; *(også præd.)* futuristic.
futurum *sb. (en el. et, -(m)er)* the future (tense);
□ *~ exactum* the future perfect.
fx. *(fork.f. for eksempel)* e.g.; for instance.
fy *interj.* **1.** *(føj)* ugh;
2. *(tilråb til taler)* shame;
3. *(til barn, advarende)* now now; *(ɔ: det må du ikke)* no, no; *(se også ndf.: ~ skam dig);*
□ *~ for pokker (el. søren)* ugh!

S yu(c)k! ~ *skam dig!* you naughty boy (, girl)! you should be ashamed of yourself! *(let glds.)* for shame! shame on you!
fyfy *interj. se fy 3*;
□ *det er noget* ~ it is a no-no.
fyge *vb. (føg, føget)* **1.** *(om sne, sand etc.)* drift; **2.** *(om gnister)* fly;
□ *det føg med beskyldninger* the air was thick with accusations.
fygesne drifting snow.
fyld *sb. (en)* **1.** *(indmad)* stuffing (*fx* in a turkey; in a sofa);
2. *(i en dyne; i en kage)* filling;
3. *(i fyldte chokolader)* centre (*fx* chocolates with 14 different centres);
4. *(jord)* earth, soil;
5. *(affald)* landfill.
fylde[1] *sb. (en)* wealth, abundance;
□ *når tidens* ~ *kommer* in the fullness of time.
fylde[2] *vb. (fyldte, fyldt) (se også fyldt)* **1.** fill (*fx* her glass, a hole);
2. *((op)vaskemaskine)* load;
3. *(optage al pladsen)* fill up (*fx* the bed filled up the whole room);
4. *(om alder)* be (*fx* he was ten last Thursday); reach; *(se også ndf.:* ~ *år)*;
5. *(uden objekt: tage plads op)* take up room (*el.* space) (*fx* the sofa takes up a lot of room);
□ *-s* fill; be filled; ~ *sig (ɔ: med mad)* gorge, stuff oneself (*fx* he was busy stuffing himself);
[med sb.] ~ *benzintanken* fill up the tank (with petrol); ~ *en gås* stuff a goose; *han -r* ***år*** it is his birthday; ~ *ti år* be ten, reach ten; F complete one's tenth year; *han -r ti år i morgen* he will be (*el.* is going to be) ten (years old) tomorrow; *indtil det fyldte tyvende år* until reaching the age of twenty;
[med præp. & adv.] ~ ***efter*** top up; ~ ***med*** fill with (*fx* fill the glass with water; fill their heads with a lot of nonsense); ~ *dem med løgn* tell them a pack of lies; ~ ***sig med*** *(om mad)* gorge on, stuff oneself with (*fx* cakes); ~ ***op*** *a)* fill up (*fx* her glass, the (petrol) tank; we'd better fill up (the car)); *b) (tage meget plads op)* take up a lot of room (*el.* space); clutter the room (etc.); *c) (om udgravning:* ~ *op igen)* backfill; ~ ***på*** pour; ~ *benzin på* put petrol in the tank; fill up the tank (with petrol); *vi må hellere få fyldt på* we had better get some petrol; ~ *noget på flasker* bottle sth; ~ *vand på dunken* fill the can with water; ~ ***ud*** fill up.
fyldebøtte **1.** *(ædedolk)* glutton;
2. *(drukkenbolt)* boozer.
fyldekalk padding.
fyldepen fountain pen.
fylderi *sb. (et)* **1.** *(med mad)* gluttony; **2.** *(med drikke)* boozing.
fyldest *sb.: gøre* ~ be satisfactory; give satisfaction; *han gør* ~ *for to* he is worth two; *lade retfærdigheden ske* ~ let justice be done; *retfærdigheden var sket* ~ justice had been done.
fyldestgøre *vb.* satisfy, meet.
fyldestgørende *adj.* satisfactory; *(lige akkurat nok)* adequate (*fx* his work is adequate, but it could be better).
fyldig *adj.* **1.** *(om person, legemsdel)* full (*fx* lips; figure); *(tyk, buttet)* plump (*fx* cheeks, face; he was small and plump); ample (*fx* her ample bosom; his ample stomach);
2. *(omfattende)* comprehensive (*fx* account, information, list); copious (*fx* information, notes); full (*fx* account);
3. *(om vin)* full-bodied.
fyldighed *sb. (en) (jf. fyldig)* **1.** fullness; plumpness; **2.** copiousness;
3. *(om vin)* body.
fylding *sb. (en, -er) (i dør el. panel)* panel.
fyldingsdør panelled door.
fyldning[1] *sb. (en, -er) (det at fylde)* filling.
fyldning[2] *sb. (en, -er) = fylding.*
fyldplads *(til affald)* landfill site.
fyldstof **1.** filler; **2.** *(i artikel etc.)* padding.
fyldt *adj.* filled (*med* with); full (*med* of);
□ *-e chokolader* chocolates.
fylke *vb.:* ~ *sig om en* rally round sby; flock to sby's standard.
Fyn *(geogr.)* Funen.
fynbo *sb. (en, -er)* native of Funen.
fynd *sb. (en)* pith;
□ *med* ~ *og klem* with a will.
fyndig *adj.* **1.** pithy; **2.** *(med eftertryk)* emphatic; **3.** *(kort og* ~*)* terse;
□ *tale kort og -t* speak briefly and to the point.
fyndord, **fyndsprog** apo(ph)thegm.
fynsk *adj. (attr.)* Funen; *(efter sb.)* of Funen.
fyord **1.** *(obskønt)* naughty word, four-letter word; **2.** *(fig.)* dirty word (*fx* "corporal punishment" is a dirty word among teachers).
fyr[1] *sb. (en, -e)* **1.** *(person)* chap; T bloke; *(am.)* guy; **2.** *(ven)* boyfriend (*fx* she has a boyfriend).
fyr[2] *sb. (et, -)* **1.** *(til opvarmning)* boiler; **2.** *(ild)* fire;
□ *han var (, blev)* ~ *og flamme* he was full of enthusiasm; he was (, became) quite excited about it; T he was all for it.
fyr[3] *sb. (et, -)* **1.** *(lys for skibe)* light; **2.** *(fyrtårn)* lighthouse;
3. *(radiofyr)* radio beacon;
□ *fast* ~ fixed light.
fyr[4] *sb. (en, -re)* **1.** *(bot.)* pine;
2. *(veddet)* pinewood, deal.
fyraften closing time; T knocking-off time;
□ *holde* ~ knock off (work); *lad os holde* ~ *(også)* let's call it a day.
fyrassistent assistant lighthouse keeper.
fyrbøder *sb. (en, -e)* fireman, stoker.
fyre[1] *vb.* **1.** *(tænde ild og vedligeholde den)* (stoke the) fire;
2. *(have varme på)* have the heating on (*fx* we had the heating on all summer); *(i pejs etc.)* have a fire;
3. *(skyde)* fire;
4. *(S: ryge hash)* smoke hash (, pot);
□ ~ ***af*** *a) (afskyde)* fire (*fx* a gun); let off (*fx* a gun; fireworks); *b) (ytre)* come out with (*fx* a lot of nonsense); T spout (*fx* all the rubbish he was spouting); *(rable af sig)* reel off; *c) (bruge)* go through (*fx* all one's money; don't go through all the presents now, keep some for Christmas); *(om penge: bruge hurtigt)* blow (*fx* he blew £100 on champagne); ~ *spørgsmål af* fire questions at him (etc.); ~ *vittigheder af* crack jokes; ~ ***i*** *kakkelovnen* light the fire; have a fire; ~ ***op*** light the fire(s); ~ *op under ham* T put the skids (*el.* a bomb) under him; ~ ***'på*** *(ɔ: nære ilden)* mend the fire; stoke up; *'*~ *på (mil.)* fire at.
fyre[2] *vb. (afskedige)* give the sack, sack, fire.
fyreseddel dismissal notice, redundancy notice; *(am.)* pink slip; walking papers pl. (*fx* give him his walking papers).
fyrfad *sb. (et, -e)* **1.** brazier; **2.** *(til bordbrug)* chafing dish, hotplate.
fyrig *adj.* **1.** *(hidsig)* fiery (*fx* temper); *(ivrig)* ardent (*fx* lover);
2. *(om hest)* spirited.
fyrighed *sb. (en)* fieriness; ardour.
fyring *sb. (en)* **1.** *(i ovn etc.)* firing, stoking; **2.** *(opvarmning)* heating;
3. *(afskedigelse)* firing, sacking.
fyringsolie heating oil.
fyringsseddel = *fyreseddel.*
fyringssæson heating season.
fyrkedel boiler.
fyrkælder boiler room.

fyrmester *(ved fyrtårn)* (principal) lighthouse keeper.
fyrpasser *(ved fyrtårn)* lightsman.
fyrplads *(sø.)* stokehold.
fyrre *num.* forty;
□ *enogfyrre* forty-one; *i -rne a)* in the forties; *b) (om person)* in his (, her) forties; *færdig med ~ (T: afsluttet)* finished and done with.
fyrrebræt deal board.
fyrrekogle pine cone.
fyrrende *adj.* fortieth (*fx* on the fortieth floor).
fyrrenål pine needle.
fyrrenålesæbe, fyrrenålssæbe pine(-needle) soap.
fyrreskov pine forest; pine wood.
fyrretræ *sb. (et, -er)* **1.** pine; **2.** *(veddet)* pinewood; deal.
fyrretræsbord deal table.
fyrretyve *num.* forty.
fyrretyvende *adj.* fortieth (*fx* on the fortieth floor).
fyrretyveårig *se fyrreårig.*
fyrretyveårsalderen *se fyrreårsalderen.*
fyrreårig *adj.* forty-year-old;
□ *en ~* a man (, woman) of forty.
fyrreårsalderen the age of forty (*fx* he married at the age of forty);
□ *han er i ~* he is around forty.
fyrrum 1. *(sø.)* stokehold; **2.** *(centralvarme-)* boiler room.
fyrskib lightship.
fyrste *sb. (en, -r)* prince;
□ *fyrst Boris* Prince Boris.
fyrsted furnace.
fyrstedømme = *fyrstendømme.*
fyrstelig *adj.* princely (*fx* court, residence; gift, salary, sum of money).
fyrsteligt *adv.: leve ~* live like a lord; *(se også beværte).*
fyrstendømme *sb. (et, -r)* principality.
fyrsteslægt princely (*el.* royal) house.
fyrstinde *sb. (en, -r)* princess.
fyrsvamp 1. *(bot.)* tinder fungus; **2.** *(stoffet)* tinder.
fyrtøj 1. *(glds.)* tinderbox; *(arkæol.)* strike-a-light; **2.** *(cigarettænder)* lighter;
□ *"Fyrtøjet" (af H.C.Andersen)* The Tinderbox.
fyrtårn lighthouse.
fyrværker *sb. (en, -e)* pyrotechnist.
fyrværkeri *sb. (et, -er)* **1.** *(raketter etc.)* fireworks pl. (*fx* fireworks are dangerous; a few fireworks went off; set off fireworks); *(enkelt stykke)* firework;
2. *(enkelt forestilling)* display of fireworks, firework display;
3. *(generelt)* fireworks (*fx* did you watch the fireworks?); F pyrotechnics;
□ *et ~ af vittigheder* a deluge of jokes.
fyrvæsen 1. lighthouse authority; Lights and Buoys Service; **2.** *(i Engl.)* Trinity House.
fyråb *sb.pl.* cries of "shame!"; booing.
fysik *sb. (en)* **1.** *(videnskab)* physics; **2.** *(legemstilstand)* physique.
fysiker *sb. (en, -e)* physicist.
fysiognomi *sb. (et, -er)* physiognomy.
fysiolog *sb. (en, -er)* physiologist.
fysiologi *sb. (en)* physiology.
fysiologisk *adj.* physiological.
fysioterapeut *sb. (en, -er)* physiotherapist.
fysioterapeutisk *adj.* physiotherapeutic.
fysioterapi *sb. (en)* physiotherapy.
fysisk[1] *adj.* physical;
□ *i ~ henseende* physically.
fysisk[2] *adv.* physically;
□ *~ umuligt* physically impossible.
fysiurg *sb. (en, -er)* specialist in physical medicine; *(især am.)* physiatrist.
fysiurgi *sb. (en)* physical medicine.
fæ *sb. (et)* fool, blockhead; *(ikke am.)* ass;
□ *folk og ~* man and beast.
fædre *pl. af fader.*
fædreland (native) country; F mother country, homeland (*fx* men without a homeland);
□ *hans andet ~* his adopted country.
fædrelandshistorie national history.
fædrelandskærlig *adj.* patriotic.
fædrelandskærlighed patriotism.
fædrelandssang patriotic song.
fædrene *adj.* **1.** *(fra forfædrene)* ancestral (*fx* home); **2.** *(faders)* paternal (*fx* inheritance);
□ *på ~ side* on the father's side; *(se også fædrenearv (etc.)).*
fædrenearv patrimony, paternal inheritance.
fædrenegård family farm, ancestral farm.
fædrenejord native soil, ancestral soil.
fægte *vb.* **1.** *(sport)* fence;
2. *(kæmpe)* fight;
□ *~ sig* **igennem** *a) (leve kummerligt)* scrape a bare living; *b) (leve af fiduser)* live by one's wits; *~* ***med*** *a)* fence with (*fx* him; a sword); *b) (vifte med)* wave about (*fx* one's arms; a stick); *(voldsommere, især truende)* brandish (*fx* a stick); *~ med armene (også)* gesticulate; *(voldsomt)* fling (*el.* flail) one's arms about, flail the air.
fægtekunst art of fencing.
fægtekårde 1. foil; **2.** *(i fægtesport)* épée.
fægtelærer fencing master.
fægtemaske mask.
fægten *sb. (en)* **1.** fencing; **2.** *(med armene)* gesticulation.
fægter *sb. (en, -e)* fencer;
□ *en dygtig (, dårlig) ~ (også)* a good (, poor) swordsman.
fægtesal fencing hall.
fægtning *sb. (en, -er)* **1.** fencing;
2. *(træfning)* engagement;
□ *i spredt ~ (ɔ: tilfældigt)* haphazardly; *de sad i spredt ~* they were few and far between.
fæhoved *sb. (et, -er)* blockhead; *(ikke am.)* ass.
fæhår *(hdl.)* cattle's hair.
fæisk *adj.* stupid, oafish.
fækalier *sb.pl.* faeces, excrements.
fæl *adj.* nasty; *(stærkere)* foul.
fælde[1] *sb. (en, -r)* **1.** *(til at fange el. narre nogen med)* trap; **2.** *(skjult fare)* pitfall;
□ *gå i -n* walk (*el.* fall) into the trap; *(fig. også)* swallow the bait; *-n klappede (el. smækkede) i* the trap snapped shut, the trap closed; *sætte (el. stille) en ~ for (også fig.)* set a trap for; *et spørgsmål der rummer en ~* a catch question.
fælde[2] *vb. (se også fældende)*
1. *(hugge om)* cut down, fell (*fx* a tree);
2. *(omstyrte)* overthrow (*fx* a tyrant; the Government);
3. *(slå til jorden)* floor; F fell (*fx* he felled him with one blow);
4. *(F: dræbe)* kill, slay;
5. *(tabe: hår)* shed; *(fjer)* moult;
□ *fuglene -r nu* the birds are moulting now; *hunden -r* the dog is shedding its hair; *dette vidnesbyrd -de ham* this evidence proved damning to him; T this evidence finished him off; *[med sb.] ~ dom se dom*; *~ kroppen fremad* bend forward; *~ tårer* shed tears.
fældende *adj.: et ~ bevis* a damning (*el.* conclusive) piece of evidence; *en ~ dom* a conviction.
fældning shedding the hair; *(om fjer)* moulting.
fælg *sb. (en, -e) (på hjul)* rim.
fælle *sb. (en, -r)* fellow, companion.
fælled *sb. (en, -er)* **1.** common;
2. *(lille grønt område i landsby)* village green.
fælles *adj.* **1.** common (*for* to, *fx* that mistake was common to all of them; their common enemy;

our common language);
2. *(som ejes el. udføres sammen)* joint (*fx* bank account, responsibility; action, declaration, efforts, project); united (*fx* efforts; form a united front);
3. *(som man deles om)* shared (*fx* toilet); *(mere* F *& om større forhold)* communal (*fx* kitchen, television);
□ *have noget til ~* have something in common (*med* with); *være ~ om noget* share sth;
[med sb.] ved ~ anstrengelser by our (, their etc.) joint (*el.* united) efforts; *til ~ bedste* for our (, their etc.) common good; *ved ~ hjælp se hjælp*; *vore ~ interesser* our common interests; *have ~ interesser* have interests in common; *i ~ interesse* in our (, their etc.) common interest; *gøre ~ sag med* make common cause with; *~ undervisning (ɔ: for begge køn)* co-education; *vor ~ ven* our mutual (*el.* common) friend.
fællesakt: *den europæiske ~* the Single European Act.
fællesanliggende joint concern.
fællesantenne *(til tv)* communal aerial.
fællesbadning mixed bathing.
fællesbageri co-operative bakery.
fællesbetegnelse blanket term, umbrella term; *(fagl.)* generic term, collective name.
fælleseje 1. joint property; **2.** *(samfundseje)* communal property;
3. *(fig.)* common property.
fælleserklæring joint declaration.
fællesfag core subject.
Fællesforeningen af Danmarks Brugsforeninger the Danish Co-operative Wholesale Society.
fællesforetagende joint enterprise.
fællesfølelse fellow-feeling; feeling (*el.* sense) of community (*el.* solidarity); community spirit.
fællesgarderobe (common) cloakroom.
fællesgrav 1. common grave; *(for flere også)* communal grave;
2. *(massegrav)* mass grave.
fælleskøn *(gram.)* common gender.
Fællesmarkedet the Common Market; *(kaldes ofte)* the Community, the EC.
fællesmarkeds- Common Market, Community (*fx* countries, policy, prices).
fællesmarkedsmodstander anti-Marketeer.
fællesmarkedsret *(jur.)* Community law.
fællesmarkedstilhænger (Common) Marketeer.
fællesmængde *(mat.)* intersection.
fællesmærke *sb. (hdl. fx landbrugets lurmærke)* standardization mark.
fællesnavn common name.
fællesnordisk *adj.* inter-Scandinavian.
fællesnævner *(også fig.)* common denominator (*for* of).
fællespræg common stamp.
fællessang 1. *(det at synge)* community singing; **2.** *(enkelt sang)* community song.
fællesskab *sb. (et, -er)* **1.** community; **2.** *(solidaritet)* solidarity; *(se også fællesfølelse)*;
□ *-et (ɔ: EF)* the Community; *de Europæiske Fællesskaber (EF)* the European Communities; *(fork.)* the EC; *det Europæiske Økonomiske Fællesskab (EØF)* the European Economic Community; *(fork.)* the EEC;
[med præp.] ***i*** *~* together (*fx* we did it together); *(mere* F*)* jointly (*fx* we own it jointly); *have et vist ~* ***med*** have something in common with.
fællesskabsfølelse *se fællesfølelse.*
fællesskole co-educational (*el.* mixed) school.
fællesstue 1. common room; **2.** *(på hospital)* general ward.
fællestillidsmand senior shop steward, convenor.
fællestræk common feature.
fællesundervisning co-education.
fællig *sb.: i ~* jointly; *(mindre* F*)* together.
fændrik *sb. (en, -ker) (glds.)* standard bearer.
fænge *vb.* **1.** catch fire (*fx* the roof caught fire); **2.** *(om bål etc.)* kindle (*fx* the wood kindled); **3.** *(om krudt)* ignite.
fængelig *adj.: let ~ a)* inflammable; *b) (erotisk)* susceptible.
fænghætte percussion cap.
fængrør tube.
fængsel *sb. (et, fængsler)* **1.** *(også fig.)* prison (*fx* the prisons were overcrowded; his house became a prison to him); *(om straffeanstalt, arrest også)* jail, (*britisk også stavet* gaol); *(am. også)* penitentiary;
2. *(straf)* imprisonment (*fx* sentence her to five years' imprisonment); prison (*fx* prison seldom cures the criminal);
□ *komme i ~* be put in (*el.* go to) prison (*el.* jail); *sidde i ~* be in prison (*el.* jail); *sætte i ~ se fængsle.*
fængselsbefolkning prison population.
fængselsbetjent warder; *(mere* F*)* prison officer; *(am.)* prison guard.
fængselsgård prison yard.
fængselsinspektør governor (of a prison); *(am.)* warden (of a prison).
fængselsophold (term of) imprisonment, jail term.
fængselspræst prison chaplain.
fængselsstraf 1. *(periode)* term of imprisonment, prison term (*fx* they were sentenced to long prison terms (, to prison terms ranging from 3 to 5 years));
2. *(dom)* (prison) sentence (*fx* he was given a long (, short) sentence; a prison sentence is a hard punishment);
3. *(det at sidde i fængsel)* imprisonment;
□ *afsone en ~* serve a sentence; *blive idømt ~* be given a prison sentence; be sentenced to a term of imprisonment; *(se også idømme).*
fængselsvæsen 1. prison service;
2. *(administration)* prison administration.
fængsle *vb. (se også fængslende)*
1. imprison, jail (*britisk også stavet* gaol); put in (*el.* send to) prison (*el.* gaol); F commit to prison;
2. *(under forundersøgelse)* remand (in custody) (*fx* he was remanded (in custody) for a week);
3. *(fig.: interessere)* fascinate; *(opsluge)* absorb; *(stærkere,* T*)* rivet; *(svagere)* interest; *(uden objekt)* be fascinating (, absorbing etc.).
fængslende *adj.* fascinating; absorbing; T riveting; *(svagere)* interesting;
□ *meget ~* absolutely fascinating (, riveting); *(svagere)* very interesting.
fængsling *sb. (en, -er)* **1.** imprisonment (*fx* of political opponents; a large number of imprisonments);
2. *(varetægts- under forundersøgelse)* remand (*fx* ask for (a) remand; the period of remand may not generally exceed eight days);
□ *-en blev forlænget for otte dage* he was remanded for a further eight days.
fængslingskendelse *(jf. fængsling 2) (jur.)* order for remand in custody;
□ *afsige ~ over ham* remand him in custody.
fænomen *sb. (et, -er)* phenomenon (pl. phenomena).
fænomenal *adj.* phenomenal.
færd *sb. (en)* **1.** *(rejse)* journey; *(sø-)* voyage; **2.** *(ekspedition)* expedition (*fx* to the North Pole);

□ ***fra** første* ~ from the beginning; from the outset; *pålidelig* ***i*** *al sin færd* reliable in all his dealings; *give sig* ***i*** ~ ***med*** *at læse* start reading, begin reading, set about reading; *være i ~ med at læse* be reading;
være ***på*** *-e a) (om person: aktiv)* be on the go; *b) (oppe)* be up and about; *være tidligt (, sent) på -e a) (ɔ: oppe)* be up early (, late); *b) (fig.: i gang med noget)* be early (, late); *hvad er der på -e? a) (hvad foregår der)* what is going on? *b) (hvad er der i vejen)* what is the matter? T what's up? *der er noget galt på -e* there is something wrong; *der er fare på -e* there is danger.
færden *sb. (en)* activities, movements pl. (*fx* give an account of his movements on the day of the murder).
færdes *vb.* **1.** *(bevæge sig omkring)* go about (*fx* people should be able to go about the streets in safety);
2. *(gå)* walk (*fx* in the woods);
3. *(rejse)* travel;
4. *(komme sammen med socialt)* move (*fx* in good society, in the best circles);
□ ~ *blandt* move among, mix with (*fx* all kinds of people); ~ *frit omkring* go where one pleases; ~ *i gaderne, se ovf.: 1;* ~ *i lovligt ærinde* go about one's lawful business.
færdig *adj.* **1.** *(parat)* ready (*til* for; *til at* to, *fx* are you ready to go? your car will be ready tomorrow);
2. *(fuldendt)* finished, done (*fx* the job is finished (*el.* done); are you finished (*el.* done)? the finished product);
3. *(ude af spillet)* finished (*fx* after that fiasco he was finished as an actor);
□ *en ~ løsning* a ready-made solution; *fiks og ~ se fiks*; a cut-and-dried solution;
[med vb.] ***blive*** ~ *(jf. 2)* get finished; ***blive*** ~ ***med*** finish (*fx* the book, the work); *blive ~ med at* finish -ing (*fx* washing the car); *han* **er** ~ *a) (har gjort sig ~)* he is (*el.* has) finished; *b) (er ude af spillet)* he is finished; *c) (det er ude med ham)* it is all up with him; T he has had it; *hun* **er** ~ ***med*** *a)* she has finished (*fx* the job); *b) (har mistet interessen for)* she is finished (*el.* through) with (*fx* boys); *er du ~ med bogen? a) (med at læse (, skrive) den)* have you finished the book? *b) (med at bruge den)* have you finished with the book? *er du ~ med at skrive?* have you done (*el.* finished) writing? ***gøre*** ~ *a) (gøre parat)* get ready; *b) (fuldende)* finish; ***læse*** ~, ***male*** ~, ***skrive*** ~, ***sy*** ~ *(etc.)* finish (*fx* a book, a painting, a letter, a dress).
færdigbilledfotografering instant photography.
færdigbilledkamera instant picture camera.
færdiggøre *vb.* finish; F complete.
færdiggørelse *sb. (en)* finishing; F completion.
færdighed *sb. (en, -er)* **1.** *(dygtighed)* skill (*i* in, at, *fx* playing the piano; the teaching of basic skills); *(oftest mere teoretisk,* F*)* proficiency (*i* in, *fx* in speaking English); **2.** *(behændighed)* dexterity.
færdighedsfag tool subject.
færdiglavet *adj. (om mad)* ready-made, ready-cooked, ready-prepared.
færdigpakket *adj.* prepacked;
□ ~ *rejse* package tour; F inclusive tour.
færdigret ready-prepared dish; *(fra grillbar etc., som sælges ud af huset)* takeaway; *(frossen el. på dåse)* convenience food.
færdigsyet *adj.* ready-made, ready-to-wear;
□ *færdigsyede meninger* ready-made (*el.* cut-and-dried) opinions.
færdiguddannet *adj.* fully trained; fully qualified.
færdigvarer *sb.pl.* finished goods, manufactured goods.
færdsel *sb. (en)* traffic.
færdselsafmærkning traffic marking.
færdselsbetjent traffic policeman.
færdselsbølle *(omtr.)* reckless driver; *(som kører midt på vejen og generer trafikken)* roadhog.
færdselsdrab road fatality, road death.
færdselsfyr *sb. (et, -)* traffic light.
færdselskultur road sense; road manners pl.;
□ *have ~* be road-minded.
færdselslov Road Traffic Act.
færdselslære *sb.* road safety (and traffic) education; road drill.
færdselspoliti traffic police.
færdselsregler *sb.pl.* traffic regulations;
□ *-ne (ɔ: for trafikanter)* the Highway Code.
færdselssignal traffic signal.
færdselssikkerhed road safety;
□ *Rådet for større ~* the Council for Road Safety.
færdselsskilt = *færdselstavle.*
færdselsstribe traffic line.
færdselssynder traffic offender.
færdselssøm traffic stud.
færdselstavle traffic sign.
færdselstælling traffic census.
færdselsuheld, færdselsulykke road accident.
færdselsundervisning *(for skolebørn)* lesson(s) in road drill.
færdselsåre 1. *(vej)* arterial road; **2.** *(gade)* thoroughfare.
færge[1] *sb. (en, -r)* ferry.
færge[2] *vb.: ~ en over* ferry sby across.
færgefart ferry service.
færgehavn ferry port.
færgeleje *sb. (et, -r)* ferry berth.
færgemand ferryman.
færgested ferry.
færgetræk *(kan gengives)* stream of cars from a ferry.
færing *sb. (en, -er)* Faroese (pl. -).
færre *adj. (komp. af få)* fewer; *(foran utælleligt sb.)* less (*fx* furniture, information, money);
□ *ikke ~ end (ɔ: 'så mange)* no fewer than.
færrest *adj. (sup. af få)* fewest; *(foran utælleligt sb.)* least (*fx* we had the least money);
□ *de -e a) (+ sb.: kun meget få)* very few (*fx* very few teachers will admit it); only a few; *b) (uden sb.: de færreste mennesker)* very few people (*fx* very few people know him).
fært *sb. (en)* scent;
□ *få -en af* scent (*fx* the dog scented the hare; he scented that something was wrong); *(ane også)* get wind of (*fx* their plan).
Færøerne the Faroe Islands.
færøsk *sb. (et) & adj.* Faroese.
fæste[1] *sb. (et, -r)* **1.** *(for hænderne)* hold; *(for fødderne)* foothold; **2.** *(på sabel)* hilt, handle; **3.** *(jur.)* copyhold.
fæste[2] *vb.* **1.** fasten (*fx* a flower on one's dress); fix; **2.** *(tage i sin tjeneste)* hire; F engage;
□ ~ *sit blik på* fix one's eyes on; ~ *en gård bort til en* give sby the copyhold of a farm; ~ *lid til se lid*; ~ *rod* take root;
[med præp. & sig] ~ ***på*** *papiret* commit to writing (*el.* paper); ~ ***sig i*** *erindringen* stick in one's memory; ~ ***sig ved*** *a)* notice, pay attention to (*fx* I did not notice (*el.* pay attention to) it); *b) (slå ned på)* fasten on.
fæstebonde copyholder.
fæstegård copyhold farm.
fæster *sb. (en, -e)* copyholder.

fæstne *vb.* **1.** *(gøre fastere)* fix; **2.** *(styrke)* consolidate, strengthen; □ ~ *sig (fig.)* assume definite form; ~ *sig i erindringen* stick in one's memory.
fæstning *sb. (en, -er)* fortress; *(mindre: fort)* fort; *(fig.)* stronghold.
fæstningsanlæg fortification.
fæstningsvold rampart.
fæstningsværker *sb.pl.* fortifications.
fætter *sb. (en, fætre)* cousin; □ *de er* ~ *og kusine* they are cousins; *en snurrig* ~ a queer fish.
fødder *pl. af fod.*
føde[1] *sb. (en)* **1.** *(også dyrs)* food (*fx* solid food; gulls obtain their food in flight);
2. *(næring)* nourishment;
3. *(slags føde)* diet (*fx* the diet of gulls is varied);
□ *arbejde for -n* work for one's living; *gøre nytte for -n* be worth one's salt; *søge* ~ forage; *tage* ~ *til sig a)* take nourishment; *b) (om dyr)* feed; *tjene til -n* earn one's living; *(se også åndelig).*
føde[2] *vb. (fødte, født) (se også født)* **1.** *(bringe til verden)* bear (*fx* a child); give birth to; *(uden objekt: nedkomme)* give birth (*fx* after giving birth; she has not given birth yet; she has recently given birth) *(se også ndf.)*;
2. *(forsørge)* support (*fx* a large family);
3. *(tekn.)* feed (*fx* feed a machine with material);
□ *hvornår skal hun ~? (ɔ: nedkomme)* when is she expecting? when is she due? *hun har født* she has had her baby.
fødeafdeling maternity ward.
fødeby native town.
fødeegn: *hans* ~ the part of the country where he was born; his native heath.
fødehjem birthplace.
fødeklinik maternity home.
fødekæde food chain.
fødeland native land.
fødelinie feeder.
fødemiddel food.
fødepumpe feed pump.
føderation *sb. (en, -er)* federation.
føderativ *adj.* federal.
fødestavn native soil.
fødested birthplace.
fødestue labour ward; delivery room.
fødevarer *sb.pl.* **1.** *(mad)* food sg. (*fx* lack of food; buy food);
2. *(slags madvarer)* foods pl. (*fx* frozen foods);
3. *(til at lave mad af, råvarer)* foodstuffs;
4. *(forsyninger)* provisions.
fødsel *sb. (en, fødsler)* **1.** birth;
2. *(nedkomst)* delivery (*fx* an easy (, difficult, normal) delivery);
□ *dansk af* ~ Danish by birth; *af fornem* ~ high-born; of high birth; *ved fødslen* at birth; *(se også Kristus, kvæle).*
fødselar *sb. (en, -er)* [person celebrating his (, her) birthday]; *(spøg.)* birthday boy (, girl).
fødselsattest birth certificate.
fødselsdag birthday;
□ *hendes 30 års* ~ her thirtieth birthday;
[med vb.] hvornår ***er*** *det din ~?* when is your birthday? *hvad* ***fik*** *du* ***til*** *din ~?* what did you get (*el.* have) for your birthday? *han* ***har*** ~ *i dag* it is his birthday today; ***holde*** ~ celebrate one's birthday; *holde sin* ~ keep one's birthday.
fødselsdagsbarn birthday boy (, girl).
fødselsdagsgave birthday present; □ *give ham noget i* ~ give him sth for a birthday present; give him sth for his birthday.
fødselsdepression postnatal depression.
fødselsforberedelseskursus ante-natal classes pl.
fødselshjælp obstetric aid.
fødselshjælper *(fig.)* midwife (*fx* he had been a kind of literary midwife to them).
fødselskontrol birth control.
fødselslæge obstetrician.
fødselsoverskud excess of births over deaths;
□ *-det er 5%* births exceed deaths by 5%.
fødselsprocent birthrate.
fødselspsykose puerperal psychosis.
fødselsskade birth trauma.
fødselstal birthrate.
fødselstang midwifery forceps.
fødselsveer *sb.pl.* **1.** labour pains (*fx* she was having labour pains); labour sg.; **2.** *(fig.)* birth pangs;
□ *have* ~ *(også)* be in labour.
fødselsvidenskab obstetrics.
fødselsår year of birth;
□ *hendes* ~ the year of her birth.
fødselsårgang birth cohort.
født *adj. (se også føde*[2]*)* born; *(stavemåden* borne *bruges, når pf.ptc. efterfølges af* by, *el. af objekt, fx* she has borne five children*)*;
□ *fru A.,* ~ *B.* Mrs. A. née B.; ~ *medlem* ex officio member;
[med være] han ***er*** ~ *i 1978* he was born in 1978; *jeg er ikke* ~ *i går* I wasn't born yesterday; *han er* ~ *blind* he was born blind; *han er* ~ *heldig* he is born lucky; *hun er* ~ *Brown* her maiden name was Brown; *hun er den -e skuespillerinde (, taber)* she is a born actress (, loser); ***være*** ~ ***til (at)*** be born to.
-født -born (*fx* Danish-born).
føg *præt. af fyge.*
føget *pf.ptc. af fyge.*
føj *interj.* ugh; T yu(c)k.
føje[1] *sb.: falde til* ~ yield, submit; *med (fuld)* ~ with (perfect) justice; *uden* ~ without justification.
føje[2] *adj.: om* ~ *tid* shortly, soon.
føje[3] *vb.: som skæbnen har -t* ***det*** as fate has ordained; ~ ***en*** *a) (give efter for)* give in to sby (*fx* she gave in to him and let him have the car); *b) (om en der er urimelig)* humour sby; ~ *ham i dette a)* give in to him on this point; *b) (overbærende)* indulge him in this; ~ *ham* ***i*** *alt* comply with his every wish; ~ *ham i hans luner* humour him (*el.* his whims); F indulge his whims; ~ ***sammen*** *a)* join, connect; *b) (til en enhed)* unite; ~ ***sig efter*** *en* give in to sby; F comply with sby's wishes; *det -de* ***sig således*** it so happened; ~ ***til*** add; *føj hertil* add to this.
føjelig *adj.* **1.** *(medgørlig)* F compliant; T biddable;
2. *(eftergivende)* indulgent (*fx* parents);
3. *(imødekommende)* accommodating; *(glds., især: lidt for ~)* complaisant.
føjelighed *sb. (en) (jf. føjelig)* **1.** compliance; **2.** indulgence; **3.** complaisance.
føjte *vb.: ~ om* gad about.
føl *sb. (et, -)* **1.** *(zo.)* foal; *(hingst-)* colt; *(hoppe-)* filly; **2.** *(om person)* trainee assistant;
□ *få et* ~ *a) (om hoppe)* foal; *b) (*T*: blive rasende)* have (*el.* throw) a fit, hit the roof.
føle *vb. (følte, følt) (se også føles)* **1.** feel (*fx* feel sorrow; feel sby's pulse; I felt it right to help him; I felt that I ought to do it);
2. *(have en fornemmelse af, opfatte)* sense (*fx* he sensed the danger; when she spoke he sensed that she was hostile to him);
□ *jeg ved ikke hvad du -r! (ɔ: er det ikke tåbeligt)* I ask you!
[med vb.] få at ~ find (to one's cost); *(se også kærlighed); den der ikke vil høre må ~ (kan gengives)* he who will not hear must be made to feel;
[med præp. & adv.] føl selv ***ad*** feel for yourself; '~ ***efter*** *noget*

feel for sth; *(usikkert)* grope for sth; ~ *'efter* feel; ~ ***med*** *en* feel for sby; sympathize with sby; *vi -r med dem (også)* our hearts go out to them; ~ ***på*** *noget* feel sth; *det er hårdt at* ~ *på* it feels hard; it is hard to the touch; *noget man kan tage og* ~ *på* something you can touch; F something tangible; *det er til at tage og* ~ *på (ɔ: er tydeligt)* it sticks out a mile; ~ *en på tænderne* sound sby out;
[med sig] han -r ***sig*** *(ɔ: er vigtig)* he fancies himself; ~ *sig glad (, lettet, lille, syg etc.)* feel happy (, relieved, small, ill etc.); ~ ***sig for*** feel one's way; ~ *sig for hos en (fig.)* sound sby out; ~ ***sig frem*** feel one's way; ~ ***sig som*** *et andet menneske* feel (quite) another man (, woman); feel a different man (, woman).

følehorn **1.** *(insekts)* antenna (pl. antennae); **2.** *(snegls)* horn;
□ *trække -ene til sig (også fig.)* draw in one's horns.

følehår tactile hair.

følelig *adj. (alvorlig, hård)* severe (*fx* loss).

følelse *sb. (en, -r)* **1.** *(fornemmelse, åndelig ~)* feeling (*fx* I have a feeling that he does not like me; hurt sby's feelings; friendly feelings);
2. *(føleevne, legemlig fornemmelse)* feeling; F sensation (*fx* he has no feeling (*el.* sensation) in his legs; a feeling (*el.* sensation) of dizziness);
3. *(opfattelse, forståelse)* sense (*af, for* of, *fx* have a sense of failure; have no sense of responsibility);
4. *(dyb ~, sindsbevægelse, ~ mods. fornuft)* emotion (*fx* conflicting emotions; an appeal to the emotions; reason and emotion);
5. *(i sang, tale etc.)* feeling (*fx* try to play with more feeling);
□ *en* ~ ***af*** *a)* a feeling of (*fx* sadness); *b) (bevidsthed om)* a sense of (*fx* one's own importance); *have en* ~ ***af at*** have a feeling that; *hans -r* ***for*** *hende* his feelings for her; ***med*** ~ with feeling, feelingly; *tale* ***til*** *deres -r* appeal to their emotions.

følelsesbetonet *adj.* emotional.

følelseskold *adj.* insensitive, unfeeling.

følelsesladet *adj.* emotional (*fx* speech); emotionally charged (*fx* atmosphere; the emotionally charged subject of race); emotive (*fx* language, reaction, word); *et* ~ *emne* an emotive issue.

følelsesliv emotional life.

følelsesløs *adj.* **1.** *(af kulde)* numb (*fx* my left arm was numb);
2. *(hårdhjertet) se ufølsom*;
□ ~ *af kulde* numb with cold.

følelsesløshed *sb. (en)* numbness.

følelsesmenneske emotionalist.

følelsesmæssig *adj.* emotional.

følelsesregister gamut of emotions (*fx* she ran the whole gamut of emotions).

følelsessag matter of feeling.

følelsesudbrud outburst of feeling.

følenerve sensory nerve.

føler *sb. (en, -e) (også fig.)* feeler;
□ *udsende en* ~ throw (*el.* put) out a feeler.

føleri *sb. (et)* sentimentality; *(mindre neds.)* sentiment (*fx* there is no place for sentiment in business).

føles *vb.* feel *(+ adj.)* (*fx* it feels nice (, cold, soft, hard));
□ *det* ~ *som* it feels like (*fx* silk).

følesans sense of touch.

føletråd *sb. (en, -e)* feeler, tentacle.

følfod *sb. (en, -) (bot.)* coltsfoot (pl. -s).

følgagtig *adj.* subservient;
□ *være en* ~ be subservient to sby.

følge[1] *sb. (en, -r)* **1.** *(resultat)* result, consequence (*fx* with disastrous results (*el.* consequences));
2. *(rækkefølge)* succession; F sequence;
□ *være en* ~ ***af*** be a (*el.* the) result of, be a consequence of, result from, follow on; *som* ~ *af* as a result of; *som* ~ *heraf* in consequence; consequently; *-r* ***for*** consequences for;
[med vb. (+ præp.)] ***få*** *-r* have consequences (*for* for); *deres forhold fik -r* she became pregnant as a result of their relationship; ***få til*** ~, ***have til*** ~ result in (*fx* a divorce); *have til* ~ *at* have the result that; ***tage*** *-rne* take the consequences; ***tage til*** ~ comply with (*fx* a request); act on (*fx* his instructions); *tage protesten til* ~ take account of the protest.

følge[2] *sb. (et, -r)* **1.** *(fornem persons)* retinue, entourage (*fx* the President and his retinue (*el.* entourage)); **2.** *(procession)* procession; *(ved begravelse)* mourners pl.;
□ *i -t sås* among the mourners were (, was); *i* ~ *med* in the company of; *(ledsaget af)* accompanied by; *slå* ~ *med én* join (company with) sby.

følge[3] *vb. (fulgte, fulgt) (se også følgende, følges)* **1.** *(følge efter)* follow (*fx* follow me! follow the road; the cold winter was followed by a wet spring); *(afløse også,* F*)* succeed (*fx* his brother succeeded him on the throne);
2. *(om undervisning)* attend (*fx* lectures);
3. *(ledsage)* go (, come) with (*fx* I'll go with you to the bus stop; will you come with me to the bus stop?); see (*fx* she saw the children across the road); F accompany; *(som beskyttelse)* escort;
4. *(rette sig efter)* follow (*fx* his advice, his directions); F comply with (*fx* the rules, the law, his directions, the instructions); T go by (*fx* the rules);
5. *(iagttage)* follow, watch (*fx* his movements);
6. *(checke med mellemrum)* monitor (*fx* their progress);
[med sb.] ~ *sit eget hoved* go one's own way; do one's own thing; ~ *en indskydelse* act on an impulse; ~ *sin overbevisning* act according to (*el.* act up to) one's conviction; ~ *en politik* pursue a policy; ~ *ens råd (også)* take (*el.* act on) sby's advice; ~ *en vej* follow a road;
[med præp. & adv.] det -r ***af*** *sig selv* it goes without saying; it is a matter of course; *heraf (el. deraf) -r at* hence it follows that; ~ ***efter*** *a)* follow; *b) (afløse)* follow; F succeed; ~ *hurtigt efter hinanden* follow each other in rapid succession; ~ *en* ***hjem*** see sby home; *(til fods også)* walk sby home; ~ *noget* ***i*** *en kikkert* follow sth through a pair of field glasses; *'*~ ***med*** *a) (som resultat)* go with (*fx* the pollution that goes with industrialization); result from; F accompany (*fx* theft and violence often accompany the use of narcotics); *b) (ledsage)* come (, go) with (*fx* the others); go along with (*fx* I'll go along with you; a free scarf goes (along) with the coat); F accompany; *c) (ikke komme bagefter)* keep up with (*fx* he could not keep up with the others); keep pace with; *(se også strøm)*;
~ *'****med*** *a) (ikke blive bagefter)* keep up (*fx* I can't keep up); keep up with the others (, him etc.); *b) (følge med tiden)* keep up with the times; *c) (holde sig ajour)* keep up to date; *d) (være opmærksom)* be attentive (*fx* you have to be attentive in lessons); *følg 'med! a)* come along! *b) (vær opmærksom)* attend to your work! ~ *med tiden* keep up with the

times, move with the times; ~ *en med øjnene* follow sby with one's eyes; ~ ***med i*** *timerne* be attentive in lessons; *(se også køb)*; ~ '***op*** *(fig.)* follow up; ~ *ham* ***på vej*** walk part of the way with him; *en* ***til*** *dørs* see sby out; ~ *en til stationen* see sby to the station; ~ *en til toget (, skibet etc.)* see sby off; ~ *en* ***ud*** see sby out.

følgelig *adv.* so; consequently.

følgende *adj.* **1.** the following (*fx* it can be done in the following way);
2. *(brugt som sb.)* the following (*fx* the following were present (, are invited): Mr Jones, Mr Brown...; the following was to be read in the newspaper yesterday...);
3. *(= som følger)* as follows (*fx* he said as follows; the story is as follows);
□ *deraf* ~ resulting; *i det* ~ below; *læs* ~ read what follows; read the following lines; *han sagde* ~ *(også)* what he said was this;
[med sb.] på ~ *betingelser* on the following conditions; *den* ~ *dag* the next (*el.* the following) day; *flere på hinanden* ~ *dage* several successive days, several days in succession.

følgerigtig *adj.* logical; consistent.

følges *vb. (gå sammen)* go together (*fx* shall we go together?); walk together;
□ ~ *ad* = *følges*; ; ~ *med* go (, come) with (*fx* he went with her to the bus stop; will you come with me?).

følgeseddel delivery note.

følgeskab company;
□ *gøre ham* ~ accompany him, join him.

følgeskrivelse covering letter.

følgeslutning inference.

følgesvend follower.

følgesygdom complication; *(fagl.)* sequela (pl. sequelae).

følgesætning *(gram.)* consecutive clause.

følgetilstand *(med.)* sequela (pl. sequelae).

føling *sb. (en): have (, få)* ~ *med a)* be (, get) in touch with; *b) (mil.)* have (, make) contact with.

føljeton *sb. (en, -er)* serial (story);
□ *bringe som* ~ serialize (*fx* the novel was serialized in a Sunday paper).

følsom *adj. (også fig.)* sensitive (*fx* a sensitive issue; sensitive information).

følsomhed *sb. (en)* sensitivity, sensitiveness.

fønbølge, føne *vb.* blow-wave.

føniker, fønikier *sb. (en, -e),* **fønikisk** *adj. (hist.)* Phoenician.

Fønikien *(hist.)* Phoenicia.

Føniks *(myt.& fig.)* Phoenix, phoenix (*fx* rise like a phoenix from the ashes).

fønvind föhn, foehn.

før[1] *adj. (korpulent)* stout, portly.

før[2] *adv.* **1.** *(mods. senere)* earlier (*fx* I'll come (, get up) earlier tomorrow);
2. *(på et tidligere tidspunkt)* before (*fx* I have been here before; the day before, two years before); *(i forløb)* earlier (on) (*fx* as I said earlier (on)); *(lige ~)* just now (*fx* but you said just now that...);
3. *(i tidligere tid)* formerly (*fx* formerly he worked for another firm); *(oftest bruges et udtryk med)* used to (*fx* he used to work for another firm);
4. *(let glds.: hellere)* sooner, rather (*fx* I would rather die *(~ ville jeg dø)*); first (*fx* I would see him hanged first *(~ ville jeg...)*);
□ ~ *... nu (ved angivelse af udsalgspris)* was ... now (*fx* was £55, now £40);
[med konj.] ~ ***eller*** *senere* sooner or later; *hverken* ~ *eller siden* at no time before or after; ***end*** ~ than formerly (*fx* more children are being born than formerly); *(oftest bruges et udtryk med)* used to (*fx* we know each other better than we used to; it is better than it used to be); ***jo*** ~ *jo hellere* the sooner the better; ~ ***og nu*** then and now; past and present.

før[3] *konj. & præp.* before (*fx* he arrived before we left; he arrived before me);
□ **ikke** ~ *a) (så sent som, først)* not ... until; T not ... till (*fx* he did not arrive until (, till) 5 o'clock; not until two days later did she see him again); *b) (tidligst, ikke inden)* not ... before (*fx* don't come before 5 o'clock, nobody will be at home; he did not phone us before he left); *han havde ikke været der længe ~ regnen begyndte* he had not been there long when (*el.* before) it began to rain; *næppe ...; før se næppe.*

førdatid the pluperfect.

føre[1] *sb. (et)* (state of) the roads;
□ *det er dårligt* ~ *a)* the roads are in a bad state; driving conditions are bad; *b) (for gående)* it is dirty (, muddy) underfoot; *c) (for skiløb)* the snow is bad (for skiing); *fedtet (el. glat)* ~ *se fedtet.*

føre[2] *vb. (førte, ført) (se også førende)* **1.** *(lede, gå i spidsen)* lead (*fx* lead him out; he lead us down the mountain; lead the horse into the stable; the road leads to Hull); *(et sted hen, også)* take (*fx* he took me to a hotel); *(omhyggeligt, beskyttende)* shepherd (*fx* shepherd them towards the hotel);
2. *(vise vej (og forklare))* guide (*fx* guide them through the streets of the town); F conduct (*fx* the guide conducted us round the museum);
3. *(transportere)* carry (*fx* the swimmer was carried away by the current; carry the goods across the frontier); take, transport; F convey;
4. *(bevæge)* pass (*fx* pass one's hand over one's eyes); move; *(løfte)* raise (*fx* raise a glass to one's lips; raise one's hand to one's forehead);
5. *(være den førende, være forrest)* lead (*fx* who is leading in the race?);
6. *(i dans)* lead (*fx* lead the lady; he was not used to leading);
7. *(kommandere)* command (*fx* a ship, a regiment);
8. *(være i gang med)* carry on (*fx* a conversation; negotiations);
F conduct (*fx* a campaign, negotiations);
9. *(have på lager)* keep, stock (*fx* we don't stock that article);
T carry;
10. *(anlægge i en vis retning)* carry (*fx* carry a road across the mountains); drive (*fx* drive a railway through the desert);
□ ~ *sig* carry oneself (*fx* with dignity); ~ *sig frem a) (ɔ: optræde)* behave; *b) (fig.: gøre sig bemærket)* draw attention to oneself;
[med sb.] ~ *bil* drive a car; *skibet førte det danske flag* the ship flew the Danish flag; ~ *et gudfrygtigt liv* lead a pious life; ~ *en politik* pursue a policy; ~ *en sag* conduct a case; ~ *sagen for ham a)* act for him; *b) (i retten)* appear for him; ~ *samtalen hen på* turn the conversation to; ~ *usømmelig tale* use indecent language; *(se også bog*[1]*, bevis, hus, krig, ord, regnskab, vidne*[1]*)*;
[med præp. & adv.] ~ ***an*** lead (the way); ~ *noget* ***bort*** carry sth away; ~ ***frem*** *(mil.: til fronten)* bring up (*fx* reserves, supplies); *køreturen førte os* ***gennem*** *en skov* our drive took us through a wood; ~ *det* ***ind i*** *bogen* enter it in the book; *stien -r ind i skoven*

the path leads into the wood; ~ **med** *to mål* lead by two goals; *de førte med 3-2* they were leading 3-2, they had a 3-2 lead (*over* over); ~ **med sig** *a)* carry (*fx* a gun); *b) se medføre*; *han førte os* **omkring** *på ejendommen* he took us over the estate; ~ **op** *(i dans)* lead the dance; ~ *en klasse* **op til** *eksamen* take a class through to the (, an) examination; ~ *det* **på** *hans regning* put it down to his account; ~ *dem sammen* bring them together; ~ **til** *(ɔ: resultere i)* lead to (*fx* a result); result in (*fx* a decision, his death); *(se også medføre)*; ~ *til bords* take in to dinner; ~ *til indtægt (, udgift)* place to sby's credit (, debit); ~ **tilbage til** *(ɔ: spore)* trace back to; ~ *tilbage til sin oprindelige skikkelse* restore to its original state; ~ *noget* **ud i** *livet* realize sth (*fx* one's intentions); carry out sth (*fx* a plan); put sth into effect (*fx* put the plan (, the agreement) into effect); *(se også praksis)*; ~ **ud til** *(om dør, vej)* lead (out) into; ~ *vejen* **uden om** *byen* bypass the town.
føregreb armlock;
□ *tage* ~ *på ham* put the armlock on him.
førelse *sb. (en)* **1.** *(ledelse)* conduct, management; **2.** *(rel.)* dispensation.
førend *konj.* before; *(se før³)*.
førende *adj.* leading.
fører *sb. (en, -e)* **1.** *(turist-, også bog)* guide;
2. *(politisk & mil.)* leader; *(politisk, neds.)* fuehrer;
3. *(af skib)* master;
4. *(af bil, kran)* driver;
5. *(flyv.)* pilot;
6. *(hunde-)* handler.
førerbevis (driving) licence; *(se også frakende)*.
førerbunker fuehrer bunker.
førerhund *(for blinde)* guide dog.
førerhus *(på lastbil etc.)* (driver's) cab.
førerkabine *(flyv.)* cockpit; *(på større fly)* flight deck.
førerløs *adj. (flyv.)* pilotless;
□ *-t fly* drone.
førerskab *sb. (et)* leadership;
□ *tage -et* take the lead.
førersæde 1. *(i bil)* driver's seat, driving seat; **2.** *(flyv.)* pilot's seat.
førertrøje*: den gule* ~ the (leader's) yellow jersey.
førhen *adv.* formerly.
førindustriel *adj.* pre-industrial.
føring *sb. (en, -er)* **1.** *(i sport etc.)* lead (*fx* he took the lead; he had a lead of two metres (, two minutes) over the others); **2.** *(mil.)* command and control;
□ *have -en (jf. 1)* be in the lead.
førkrigs- pre-war.
førlighed *sb. (en)* the use of one's limbs;
□ *miste sin* ~ become disabled.
førnutid *(gram.)* the perfect.
førnævnt *adj.: -e hr. X* the above-mentioned Mr X.
førromantiker pre-Romanticist.
førskolealder preschool age.
førskolebarn preschool child.
først *adv.* **1.** *(som den (, det) første; allerførst)* first (*fx* he came first; don't go, let's have a drink first; when did you first see him? he first asked my name, then he...);
2. *(i begyndelsen)* at first (*fx* at first it seemed rather easy, but...);
3. *(ikke før)* not until; T not till (*fx* he didn't come till 5 o'clock; you can't go till you have had a drink; not until two days later did she see him again); not...for (*fx* the results will not be known for some months; we will not know more for another month); *(kun om det fortidige)* only (*fx* he came only yesterday); as late as (*fx* as late as 1950 rationing was abolished);
□ *bliver han* ~ *vred er han frygtelig* once he gets angry he is terrible; ~ **da** *a) (adv.)* not till then, only then (*fx* not till then (*el.* only then) did he leave; I did not see him till he left); *b) (konj.)* only when (*fx* I saw him only when he left); *da det* ~ *gik op for ham at det var forbi...* once he realized that it was all over...; ~ *og* **fremmest** first of all, first and foremost; F primarily; **gå** ~ *(ɔ: forrest)* go first; lead the way; ~ **lige** only just; ~ **nu** only now, not until now, now at last; **når** ~ once (*fx* once he gets angry he is terrible);
[med præp.] ~ **for** *en halv time siden* only half an hour ago; **fra** ~ **af** *a) (i begyndelsen)* at first, originally; *b) (fra begyndelsen)* from the first; **fra** ~ **til sidst** from first to last, from start to finish, from beginning to end; ~ **i** *maj a) (i begyndelsen af maj)* early in May; *b) (ikke før i maj)* not till May; ~ *i tyverne (, trediverne etc.) a) (om årstal)* early in the twenties (, thirties etc.); *b) (om person)* in his (, her) early twenties (, thirties etc.); ~ **om** *et halvt år (, en måned etc.)* not for six months (, a month etc.) (*fx* the results will not be known for six months (, for another month)); ~ **på** *året* early in the year; ~ *på foråret* in early spring; ~ *på måneden* in (*el.* at) the beginning of the month.
første *adj.* **1.** first (*fx* it was the first time I was there; on the first floor; her first baby; there is always a first time);
2. *(førstnævnte af to, mods.* the latter*)* the former;
3. *(i orkester)* principal (*fx* he was principal clarinetist);
□ **den** ~ *den bedste* the first that comes along; the first you come across; *han var den* ~ *der kom* he was the first to arrive; **det** ~ *han sagde* the first thing he said; *(se også ndf.: med præp.)*;
[med sb.] en af de ~ **dage** one of the next few days; *i de* ~ *dage af maj* in the first few days in May; *de tre* ~ *dage* the first three days; *den* ~ **maj** *a) (over brev)* 1 May, 1st May, May 1(st); *b) (i tekst)* on the first of May, on May the 1st, on May 1; *c) (som festdag)* May Day; *(se også april, gang, præmie, rang, række¹, ungdom)*;
[med præp.] noget **af det** ~ *han sagde* one of the first things he said; **for det** ~ first(ly), in the first place; to begin with; **med det** ~ soon; before long; shortly.
førstebehandling *(af lovforslag)* first reading.
førstedagskuvert first day cover.
førstedagsstempel first day cancellation.
førstedame 1. first lady (*fx* the wife of the President is the first lady in the USA); **2.** *(i forretning)* head sales lady.
førsteelsker juvenile lead, jeune premier.
førstefødselsret 1. (right of) primogeniture; **2.** *(bibelsk)* birthright; *(se også linse)*.
førstefødt *adj.* first-born.
førstegangsforseelse first offence.
førstegangsfødende *adj.* **1.** primiparous; **2.** *(brugt som sb.)* woman having her first baby; *(fagl.)* primipara.
førstegangsvælger first-time voter.
førstegrøde first fruits pl.
førstehjælp 1. first aid; **2.** *(nødhjælp)* emergency treatment.
førstehold first team; *(i fodbold, kricket også)* first eleven.
førstehustru chief wife.
førstehånds *adj.* first-hand.
førsteklasses *adj.* **1.** *(i tog)* first-class (*fx* compartment, ticket); **2.** *(om kvalitet)* first-class (*fx* restaurant); first-rate (*fx* tennis player); *(om dygtighed også,* T*)*

crack (*fx* he is a crack tennis player).
førstelærer head teacher.
førstemand **1.** *(ledende)* (principal) leader; **2.** *(hjælper)* right-hand man; **3.** *(førstankommen)* first comer.
førsteminister prime minister.
førsteopførelse first performance, first night.
førsteplads **1.** *(i sport)* first place (*fx* he won one first place); **2.** *(førende stilling)* leading place; *indtage -en* be the leader.
førstepræmie (the) first prize (*fx* he won first prize).
førsterangs *adj.* first-rate, first-class.
førstestemme *(mus.)* first.
førstestyrmand first officer; *(på mindre skib)* first mate; *(se også overstyrmand).*
førsteudgave first edition.
førsteviolin first violin.
førsteårsstuderende *sb.* first-year student; *(især am.)* freshman.
førstkommende *adj.* next;
□ ~ *mandag* on Monday next; this coming Monday.
førstning *sb.: i -en* at first.
førstnævnte *adj.* **1.** the first mentioned; the first of these; **2.** *(af to)* the former.
førtidspension [early retirement pension];
□ *han er gået på ~ (kan gengives)* he has taken early retirement.
førtidspensionere *vb.: lade sig ~ (kan gengives)* take early retirement.
førtidspensionering early retirement.
førtidspensionist [person who has taken early retirement]; *han er ~ (kan gengives)* he has taken early retirement.
få[1] *adj.* few (*fx* he has few friends; few are chosen); *(især efter* in, only, not, within*)* a few (*fx* in a few days; he had only a few opponents); *(foran utællelige sb.)* (a) little (*fx* we had only a little money; she had very little furniture);
□ ***for*** ~ too few (, little), not enough; *have for få (+ sb.)* be short of (*fx* books, money); *have for ~ folk* be short-handed; ***ikke*** *(så)* ~ not a few, quite a few, quite a number (of); *~ eller* ***ingen*** few if any; ***kun*** *~ se kun*; ***meget*** ~ very few; *kun meget ~* only a very few; ***nogle*** ~ a few, some few.
få[2] *vb. (fik, fået)* **1.** *(opnå, få fat i)* get (*fx* a job, a book, a flat, permission); F obtain (*fx* employment, permission);
2. *(modtage)* get (*fx* a letter, a telephone call, a prize, a good education, a good salary); have (*fx* an invitation, a letter, a shock, visitors; you shall have (*el.* you'll get) the book tomorrow); *(mere* F*)* receive (*fx* a letter, a telephone call, minor injuries, a shock, a good education; we would appreciate receiving a prompt reply); be given (*fx* a good education, a fair treatment);
3. *(erhverve gradvis)* get; F acquire (*fx* a taste for sth; a reputation for sth; a good knowledge of English);
4. *(tjene)* get, earn;
5. *(en sygdom)* get; F contract (*fx* pneumonia); *(blive smittet af)* catch; F contract (*fx* malaria);
6. *(føde, bringe til verden)* have (*fx* she had a child with him; have twins; the dog had puppies);
7. *(om mad og drikke)* have (*fx* we had a very good dinner; we had wine with the meal);
8. *(om straf)* get (*fx* five years);
9. *(blive gift med)* marry;
10. *(+ pf.ptc.: lade nogen gøre noget, komme ud for noget)* have (*fx* have one's hair cut; have one's car repaired; I had the table mended; I had my watch stolen); get; *(selv gøre det)* get (*fx* I got the car started); *(med besvær, + inf.)* manage to (*fx* I managed to open the door); *(+ -ing)* succeed in -ing (*fx* we succeeded in catching the horse);
11. *(+ pf.ptc. = passiv)* be (*fx* we were shown the house; I was handed the key);
□ ***fås*** *hos alle boghandlere* obtainable from all booksellers; ***kunne fås*** *(om vare)* be obtainable (*fx* the book is obtainable from all booksellers); be available (*fx* the dresses are available in two lengths); come (*fx* this wallpaper comes in white, green and blue); *det kan ikke fås længere* it is no longer obtainable;
være ***at*** *få* be about, be around (*fx* there aren't many good jobs around); ***du får*** *blive hjemme (, gøre det etc.)* you will have to stay at home (, do it etc.); *den fik ikke for* **lidt** *a) (han gjorde det grundigt)* he really went to town; *b) (han overdrev)* he laid it on thick, he really put it on; *vi får* ***se*** we shall see; time will show; *få* ***sig*** *noget at spise* have (*el.* get) something to eat; *(se også hinanden, lille)*;
[med præp. & adv.] han kunne ikke få ***fat*** he could not get a hold (*el.* grip); *ilden fik fat* the fire took hold; *få* ***fat i*** *a) (tale med, skaffe)* get hold of (*fx* I've been trying to get hold of you (, the book)); *b) (hente)* fetch (*fx* fetch a doctor at once); *c) (opfatte)* get, catch (*fx* I didn't catch the meaning); *få* ***fat med*** *fødderne* get a foothold; *få* ***fat på*** *se ovf.: få fat i*; ~ ***galt fat på*** *(misforstå)* get hold of the wrong end of the stick; get it all wrong; *få en lektie* ***for*** be set a piece of homework; *få noget for pengene (etc.) se penge*; *få ham* ***fra*** *det* talk him out of it; *få noget fra hinanden (ɔ: skille ad)* get sth apart; *han kunne ikke få et ord* ***frem*** he couldn't get a word out; F he could not utter a word; *få* ***igen*** *se ndf.: få tilbage*;
jeg fik ham ***med*** I got him to come; *det fik jeg ikke med (ɔ: gik glip af det)* I missed that; *få et barn med se barn*; *man kan få det med ham som man vil* you can have (it) your own way with him; *få ham* ***med på*** *ideen* sell him on the idea;
få ***op*** *a) (åbne)* get open (*fx* I can't get the door (, window) open); open; *b) (løse)* undo (*fx* a button); untie (*fx* a knot); *(se også øje)*; *få en frakke* ***på*** get a coat on; *hvad fik du* ***til*** *middag?* what did you have for dinner?
få ***til at*** *a) (bevirke, bringe til at)* make (*fx* what makes you say that? make him understand; it made him cry (, laugh); money makes the world go round); cause to (*fx* this caused him to leave the country); *b) (formå)* get to (*fx* I got him to help me; I got the car to start); *c) (tvinge)* make (*fx* they made him pay the money back); *d) (lade)* have (*fx* I had him paint the house (, finish the job) for me); *få tiden til at gå* kill time, while away the time; *det er* ***ikke til at*** *få* it is not to be had; F it is not obtainable;
få noget ***tilbage*** *a)* get sth back; *b) (noget tabt)* recover sth; *få £5 tilbage* get £5 change (*på en £100 seddel* for a £100 note); *få tilbage på en £100 seddel* change a £100 note; *hvor er de penge du fik tilbage?* where is the change?
få ***ud af*** get out of (*fx* get something out of life; I got a lot out of seeing him do it; he hasn't got much out of it; I couldn't get anything out of him; I could not get

that thought out of my head); *det fik han ikke noget ud af* that did not get him anywhere; *han fik ikke noget ud af sine anstrengelser* he had nothing to show for his efforts.

fåmandsvælde oligarchy.

fåmælt *adj.* quiet; *(præd. også)* of few words (*fx* a man of few words); F *(også attr.)* taciturn.

fåmælthed *sb. (en)* taciturnity.

får *sb. (et, -)* sheep (pl. -); *(hun-)* ewe;

□ *skille -ene fra bukkene* separate the sheep from the goats; *(se også flok, sort*[2]*).*

fåreavl sheep-breeding.

fårefold *sb. (en, -e)* sheepfold.

fårehoved *(fjols)* blockhead, ninny.

fårehyrde shepherd.

fåreklipning sheep-shearing.

fåreklæder: *en ulv i ~* a wolf in sheep's clothing.

fårekylling cricket.

fårekød mutton; *(som handelsvare, i EU)* sheepmeat.

fårelår leg of mutton.

fåreskindspels sheepskin coat.

fåresyge *(med.)* (the) mumps sg. (*fx* mumps is an unpleasant disease).

fåret *adj.* sheepish.

fåtal small number (*fx* only a small number of them); minority.

fåtallig *adj. (præd.)* few in number.

G

g 1. *(fork. f. gram)* g, gm, gr (*fork.f.* gram, grams) (*fx* 250g, 250 gm(s) (*el.* gr(s))); **2.** *fork. gymnasieklasse.*
gab *sb. (et, -)* **1.** *(mund)* mouth; *(med tænder)* jaws pl. (*fx* the jaws of a crocodile; the lion held an antelope in its jaws); **2.** *(gaben)* yawn; **3.** *(kløft)* chasm;
□ *gå lige i løvens ~* walk into the lions's den; *(se også vid²); lukke -et på en (*T*: ɔ: få til at tie)* shut sby up.
gabardine *sb. (et)* gabardine.
gabe *vb. (-de el. gabte, -t el. gabt) (se også gabende)* **1.** *(af søvnighed)* yawn;
2. *(åbne munden)* open one's mouth (wide);
3. *(måbe)* gape;
4. *(være åben)* be wide open; yawn (*fx* the abyss yawned in front of us); F gape;
□ *gulvbrædderne -de flere centimeter* there was a gap of several centimetres between the floorboards;
[med adv. & præp.] ~ ***højt*** *a)* give a huge yawn; *b) (højlydt)* yawn noisily, yawn loudly; *c) (hos tandlægen)* open wide; *han har gabt for højt, se ndf.: han har gabt over for meget; ~* **op** *(ɔ: kæfte op)* sound off; *han kunne ikke ~* ***over*** *brødskiven* he could not get his mouth round the slice of bread; *han har gabt over for meget (fig.)* he has bitten off more than he can chew.
gaben *sb. (en)* **1.** yawning; *(enkelt gab)* yawn; **2.** *(måben)* gaping.
gabende *adj.* **1.** gaping (*fx* hole, wound); *(stærkere)* yawning (*fx* gap, hole, abyss); **2.** *(søvnig)* yawning;
□ *et ~ tomrum* a yawning void.
gabestok 1. *(høj, til hoved og hænder)* pillory; **2.** *(lav, til fødderne)* stocks pl.;
□ *sætte i -ken (fig.)* pillory.
gad *præt. af gide.*
gade *sb. (en, -r)* street;
□ *passer -n! se passere; (se også blind, åben);*
[med præp.] gå **om i** *en anden ~ (fig.) a)* change one's tactics; *b) (ændre argumenter)* shift one's ground;
på *-n a)* in the street (*fx* we were walking in the street); *(am.)* on the street; *b) (på jorden)* on the street (*fx* there was a lot of snow on the street); *c) (ude i gaderne)* on the street(s) (*fx* there were lots of cars on the street; thousands of demonstrators have been out on the streets; the newspaper was (, appeared) on the streets at 9); *stå på -n (ɔ: være uden bolig el. arbejde)* be on the street; *manden på -n* the man in the street; *sætte på -n* turn into the street; *(om lejer også)* turn out; F evict; *trække på -n (om prostitueret)* go on the street(s); *værdi på -n (om narko)* street value (*fx* the heroin seized had a street value of £100,000); *et værelse* ***til*** *-n* a room facing the street, a front room.
gadebarn street child; *(især am.)* street kid.
gadebekendtskab pick-up.
gadebetjent 1. *(patruljerende)* constable on the beat, beat constable; T beatman; **2.** *(ved gadekryds etc.)* policeman on point duty.
gadedreng 1. *(fræk fyr)* cheeky devil; *(grov fyr)* lout; **2.** *(glds.: der løber på gaden)* street urchin; *(neds.)* guttersnipe.
gadedør front door.
gadedørsnøgle front door key, latch key.
gadefejer *sb. (en, -e)* road sweeper.
gadefest street party.
gadegøgler street entertainer; *(i Engl. også)* busker.
gadehandler *sb. (en, -e)* street trader; F street vendor.
gadeinterview man-in-the-street interview; vox pop.
gadeinventar street furniture.
gadekamp street fight; *-e* street fighting.
gadekryds 1. (street) intersection; crossroads (pl. crossroads); **2.** *(om hund,* T*)* Heinz 57.
gadekær *(et -)* village pond.
gadelygte streetlamp, street light.
gademusikant busker; *(især am.)* street musician.
gadeoptøjer *sb.pl.* street riots.
gadepige streetwalker; T tart.
gadesanger street singer.
gadeskilt street sign.
gadesnavs (street) dirt, mud.
gadespejl window mirror.
gadesprog vulgar speech.
gadesælger = *gadehandler.*
gadeteater street theatre.
gadetøs tart.
gadevise street ballad.
gaffel *sb. (en, gafler)* **1.** fork; **2.** *(sø.; til sejl)* gaff; *(åre-)* rowlock; **3.** *se telefongaffel.*
gaffelbidder *sb.pl.* fillets of pickled herring.
gaffelformet *adj.* forked; F bifurcated.
gaffelnøgle open-ended spanner.
gaffelsejl gaff sail, trysail.
gaffelstabler *sb. (en, -e)* fork stacker.
gaffeltruck fork-lift (truck).
gafle *vb.* **1.** *(*T*: rage til sig, få fat i)* grab; **2.** *(rapse)* pinch;
□ *~ i sig* wolf (*fx* the meal, the food); *~ maden i sig (også)* stuff oneself.
gaga *adj.* S gaga.
gagakker *sb.pl.* T **1.** *(fodtøj)* footgear; **2.** *(fødder)* feet.
gagat *sb. (en)* jet.
gage *sb. (en, -r)* salary; T pay.
gageforhøjelse rise; *(am.)* raise.
gagekrav salary claim; T pay claim.
gagepålæg rise; *(am.)* raise.
gagere *vb.* pay (*fx* well paid, highly paid).
gak *sb. (et)* T*: det er det rene ~* it's up the pole; *han har ~ i låget* he is bats (*el.* nuts *el.* crackers).
gakgak, gakket *adj.* **1.** S *(skør)* bats, nuts, crackers; **2.** *(senil)* gaga.
gal *adj. (se også forkert, galt²)*
1. *(skør)* crazy; *(sindssyg)* mad, insane; *(mere* F*)* demented; *(brugt som sb.)* lunatic; madman, madwoman (*fx* the Madwoman of Chaillot);
2. *(vred)* angry (*på* at, with; *over* about); T mad (*på* at, with; *over* about);
3. *(forkert)* wrong (*fx* it's all wrong); *(dårlig)* bad;
□ *det er alt* ***for*** *-t (ɔ: elskværdigt)*

it is too kind of you; *det er dog for -t!* I like that! *det er for -t at* it is too bad that (*fx* he didn't turn up); ***som** en ~* like mad; *nu har jeg aldrig hørt **så** -t!* well, I never (heard the like)! *det er ikke så -t (endda)* (it is) not bad; *intet er så -t at det ikke er godt for noget* it is an ill wind (that blows nobody any good);
*[med vb.] **blive** ~ a)* go mad; *b) (vred)* get angry (, mad); *(stærkere, pludseligt)* lose one's temper, fly into a rage; ***se sig** ~ på* take a dislike to; *have set sig ~ på* have a grudge against; T have a down on; *om -t **skal være*** if the worst comes to the worst;
*[med sb.] få noget i den -e **hals**, få noget -t i halsen a)* get sth down the wrong hole (*el.* way); *b) (være ved at kvæles)* choke on sth (*fx* he nearly choked on his coffee when he read the letter); *c) (misforstå)* get sth wrong; *~ **hund*** mad dog; *~ **mand*** lunatic, madman; *-e **streger*** mad pranks; *komme på -e **veje*** go wrong; *(se også kat)*;
*[med præp.] hvad -t er der **i det** ?* where is the harm? *få noget -t **i halsen** se ovf.: få noget i den -e hals*; *~ **i hovedet** (el. i skralden)* angry; T mad; *blive ~ i hovedet, se ovf.: blive ~*; *der er noget -t **med*** there is something wrong (*el.* the matter) with; *det -e **ved** det er* the trouble is.
galakse *sb. (en, -r) (astr.)* galaxy.
galaktisk *adj. (astr.)* galactic.
galan *sb. (en, -er) (glds.)* galant.
galant[1] *adj.* **1.** *(høflig)* courteous; **2.** *(opmærksom)* attentive;
□ *~ eventyr* amour, amourous affair.
galant[2] *adv. (jf. galant¹)* **1.** courteously; **2.** attentively.
galanteri *sb. (et, -er)* **1.** *(høflighed etc.)* courtesy; **2.** *(kompliment)* compliment.
galanterihandel fancy shop.
galanterivarer *sb.pl.* fancy goods.
galde *sb. (en)* **1.** bile; **2.** *(hos dyr)* gall;
□ *holde -n flydende* keep the sore open; keep up hostile feelings; *udøse sin ~* vent one's spite.
galdeblære gall bladder.
galdesten gallstone.
galdesyg *adj.* bilious.
gale *vb.* crow;
□ *~ op (ɔ: kæfte op)* sound off.
galeanstalt **1.** S loony bin, nuthouse; *(glds.)* madhouse; **2.** *(fig.) = galehus.*
galehus *(fig.)* madhouse (*fx* the place was a madhouse); bedlam (*fx* the place was bedlam; it is bedlam in here).
galej *sb. (en, -er)* galley.
galejslave galley slave.
galen *sb. (en)* crowing.
galfrans *sb. (en, -er)* madcap.
galge *sb. (en, -r)* **1.** gallows (pl. gallows) (*fx* he'll end up on the gallows; he was hanged on the gallows);
2. *(med én arm, halvgalge)* gibbet (*fx* the corpse was dangling from (*el.* on) the gibbet);
3. *(over hospitalsseng)* balkan beam.
galgenfrist short respite.
galgenfugl gallows-bird.
galgenhumor grim (*el.* sardonic) humour; gallows humour.
galgenhumoristisk *adj.* gallows-humorous.
galhovedet[1] *adj.* short-tempered, peppery.
galhovedet[2] *adv.* angrily.
galhveps *(zo.)* gall wasp.
Galilæa *(geogr.)* Galilee.
galilæer *sb. (en, -e),* **galilæisk** *adj.* Galilean.
galimatias *sb. (en el. et)* **1.** *(vrøvl)* nonsense, gibberish; **2.** *(galskab)* madness;
□ *det ville være den rene ~ at* it would be sheer madness to.
galionsfigur *(sø.)* figurehead.
galla *sb. (en)* full dress.
galladragt full dress.
gallaforestilling gala performance.
gallakårde dress-sword.
gallauniform full-dress uniform.
galle *sb. (en, -r) (bot.)* gall.
galler *sb. (en, -e) (hist.)* Gaul;
□ *den døende ~* the Dying Gaul.
galleri *sb. (et, -er) (teat.& kunst-)* gallery;
□ *spille for -et* play to the gallery.
gallerkrigen *(hist.)* the Gallic War.
gallicisme *sb. (en, -r)* gallicism.
Gallien *(hist.)* Gaul.
gallisk *adj.* **1.** Gallic; **2.** *(sproget)* Gaulish.
gallupundersøgelse ® Gallup poll.
galmandssnak nonsense.
galmandsværk act of madness.
galnebær *(bot.)* deadly nightshade.
galning *sb. (en, -er)* **1.** *(vild)* madcap; **2.** *(vanvittig)* madman.
galoche *sb. (en, -r)* galosh.
galon *sb. (en, -er)* galloon.
galoneret *adj.* gallooned.
galop *sb. (en, -per)* **1.** gallop; **2.** *(dans)* galop;
□ *i ~* at a gallop.
galopade *sb. (en, -r)* gallopade.
galopbane racecourse.
galopere *vb.* gallop;
□ *-nde svindsot* galloping consumption; *-nde inflation* galloping (*el.* runaway) inflation.
galopløb horserace.
galoppade = *galopade.*
galoppere = *galopere.*
galpe *vb. (bjæffe)* yap.
galsindet *adj.* **1.** bad-tempered; **2.** *(hidsig)* hot-tempered, peppery; **3.** *(ondskabsfuld)* vicious.
galskab *sb. (en, -er)* **1.** madness, insanity; **2.** *(raseri)* rage;
□ *der er mening (el. metode el. system) i -en* there is method in his (, her) madness.
galt[1] *sb. (en, -e) (gildet orne)* hog.
galt[2] *adv.* wrongly; *(især* T*)* wrong (*fx* answer (, spell the word) wrong); *(ved vb. kan ~ ofte udtrykkes ved)* mis- (*fx* miscalculate, mishear, misspell, mispronounce);
□ *bære sig ~ ad* make a mistake; *få ~ i halsen se gal*; *få ~ fat på se få²*;
***gå** ~ (ɔ: mislykkes)* go wrong, fail; *det går ~* it will end in disaster; *det gik ham ~* he came to grief; *det var nær gået ~* it was a near thing; he (, they etc) had a narrow escape; *(se også forkert (gå forkert))*; *gå ~ i byen se by*;
komme** ~ af sted se sted*; ***køre** ~ se køre²*; *så ~ du vil **vil as much as you like.
galtetand *sb. (en, -) (bot.)* woundwort.
galvanisere *vb.* electroplate.
galvanisering *sb. (en, -er)* electroplating.
galvanisk *adj.* galvanic;
□ *~ element* voltaic cell.
galvanometer *sb. (et, galvanometre)* galvanometer.
galvanoteknik electrometallurgy.
galæble *(bot.)* gall.
gamachebukser *sb.pl. (til børn)* leggings.
gamacher *sb.pl.* **1.** leggings; *(korte, over sko, glds.)* spats, gaiters; **2.** *(mil.: viklers)* puttees.
Gambia *(geogr.)* Gambia; *(officielt navn)* The Gambia.
gambier *sb. (en, -e),* **gambisk** *adj.* Gambian.
gamble *vb.* gamble.
gambler *sb. (en, -e)* gambler.
game *sb. (en el. et, -) (i kortspil & sport)* game.
gamin *sb. (en, -er)* rogue; *(om pige)* tomboy.
gamling *sb. (en, -e)* old man, old fellow; *(viis,* F*)* greybeard.
gammel *adj. (ældre, ældst) (se også ældre, ældst)* **1.** *(om alder)* old; **2.** *(mods. frisk)* stale (*fx* bread, news, joke);

3. *(fra gamle tider, ~ og ærværdig)* ancient (*fx* building, custom, family; ancient Greece); *(antik)* antique;
4. *(som har bestået længe)* old (*fx* friendship); long-established (*fx* firm); long-standing (*fx* complaint); *(efter sb.)* of long standing (*fx* a quarrel of long standing); *(forhenværende)* old; former;
5. *(brugt)* second-hand, old (*fx* clothes); *(om tøj: aflagt)* cast-off;
6. *(om ord el. udtryk: lånt fra ældre sprogbrug)* archaic; *(gået af brug)* obsolete;
□ ***blive*** *~ a) (efterhånden)* get old, grow old (*fx* he is getting old); *b) (opnå en høj alder)* live to a great age (*fx* he lived to a great age); **gamle** *(brugt som sb.)* old people; *gamle og unge, unge og gamle* young and old;
[med pron.] **de** *gamle a)* the old; old people; *b) (éns forældre)* my folks; *c) (oldtidens folk)* the Ancients; **den** *gamle a)* the old man; *b) (*T*: om ens far el. chef)* the old man, the governor; *lade alt blive ved* **det gamle** leave things as they were; *alt blev ved det gamle* everything went on as before; *alt er ved det gamle* everything is (much) as usual; **du** *gamle* old man;
[med adv.] **dobbelt** *så ~ som jeg* twice my age; *han er* ***for*** *~* he is too old; *(*T*: til noget)* he is past it; **lige** *gamle se lige*[3];
[med sb.] en to **dage** *~ avis* a two-day-old newspaper; *i gamle dage* in former times, in the past; in the (good) old days; *på sine gamle dage* in one's old age; *~* **elev** *(ɔ: tidligere elev i skole)* old pupil, old boy (, girl); *(am.)* alumnus (, alumna) (pl. alumni (, alumnae)); *~* ***historie*** *se historie; -t* **jern** scrap iron; *-t* ***nummer*** *(af avis etc.)* back number; *det -e* ***Rom*** ancient Rome; *af den -e* **skole** of the old school; *fra ~* **tid** from of old, from time immemorial; *hun er to* **år** *~* she is two years old, she is two years of age; *hun døde firs år ~* she died at the age of eighty; *han giftede sig tyve år ~* he married at (the age of) twenty.
gammelagtig *adj.* oldish.
gammeldags[1] *adj.* **1.** old-fashioned, old-world (*fx* courtesy);
2. *(forældet)* old-fashioned; *(mere neds.)* antiquated (*fx* ideas); *(gået af brug)* obsolete (*fx* ideas, weapons);
3. *(om ord etc. lånt fra ældre sprog)* archaic (*fx* words; "ere" is an archaic term for "before"); *(ved at gå af brug)* obsolescent; *(gået af brug)* obsolete (*fx* slang);
□ *god ~* good old-fashioned (*fx* racism).
gammeldags[2] *adv.* in an old-fashioned manner (*el.* style).
gammeldansk Old Danish.
gammeljomfru old maid; F spinster.
gammelkendt *adj.* familiar.
gammelklog *adj.* precocious.
gammelmands- old man's; senile.
gammen *sb. (en)* merriment;
□ *leve i fryd og ~* live happily.
gane *sb. (en, -r)* palate;
□ *-n (også)* the roof of the mouth; *den bløde ~* the soft palate; *den hårde ~* the hard palate; *kunstig ~* artificial palate; *fugte -n* wet one's whistle.
ganelyd palatal (sound).
ganesejl soft palate; *(fagl.)* velum.
ganespalte a cleft palate.
gang[1] *sb. (en)* **1.** *(det at gå; mods. løb etc.)* walk (*fx* it is an hour's (, a five-minute) walk); walking;
2. *(måde at gå på)* walk (*fx* I recognized (him by) his walk; a graceful walk); F gait (*fx* disturbances of gait; a rolling (, shuffling, unsteady) gait; their gait has a different rhythm); *(litt.)* step (*fx* recognize (him by) his step (, gait)); *(mht. farten)* pace (*fx* at a quick (, slow) pace);
3. *(maskineris etc.)* running (*fx* smooth running); working;
4. *(forløb)* course (*fx* of events); *(fremadskriden)* progress, march (*fx* of events, of time);
□ *der* **er** *~* ***i*** *det* it is going well; *der er ~ i den* T things are lively; *(der foregår meget)* there's plenty going on; *der er ~ i handelen (, salget)* trade is (, sales are) brisk; ***få*** *~* ***i*** *a) (få startet)* get going (*fx* they haven't got the restaurant really going yet); *b) (få fart i)* speed up (*fx* negotiations); step up (*fx* production); F accelerate (*fx* growth); ***gå sin*** *~* take its course (*fx* justice must take its course; let nature take its course; let things take their course); *tiden gik sin ~* time rolled on; ***have sin*** *~ i huset* be a regular visitor; *der* **kom** *~* ***i*** *det* it got going; *der er kommet ~ i forhandlingerne* the negotiations have got under way; **sætte** *~* **i**, *se ovf.: få ~ i;*
[forbindelsen: i ~] ***i fuld*** *~,* ***godt i*** *~ a)* in full swing; *b) (fremskredet)* well under way (*fx* the experiment is well under way); ***få*** *noget* ***i*** *~* get sth going; ***gå i*** *~* ***med*** *noget* set to work on sth; ***gå i*** *~* ***med at*** set about -ing; ***holde*** *noget* ***i*** *~* keep sth going; ***komme i*** *~* get going (*fx* let's get going); get busy; *komme for godt i ~* get going too well; *kom nu ikke for godt i ~!* take it easy! *se så at komme i ~!* T get moving! get cracking! get a move on! *komme i ~ med arbejdet* get down to work; ***sætte i*** *~ a)* set going; *b) (udløse, især om noget voldsomt)* trigger off (*fx* a discussion, a dispute, a fight); touch off (*fx* riots, an argument); *sætte sig i ~* start; ***være i*** *~ a)* be going, be working; *b) (være aktiv)* be on the go (*fx* he is on the go all day long); *de er allerede i ~* they have already started; ***være i*** *~* ***med at*** be -ing (*fx* he is repairing the car); *(mere* F*)* be in the process of -ing (*fx* of rebuilding the house).
gang[2] *sb. (en, -e) (sted hvor man går)* **1.** *(have- etc.)* path, walk;
2. *(korridor)* corridor (*fx* the pupils must not run in (*el.* on) the corridors); *(snæver)* passage;
3. *(entré)* hall;
4. *(mellem stolerækker etc.)* gangway; *(am.)* aisle;
5. *(i kirke)* aisle;
6. *(underjordisk, fx i mine)* gallery.
gang[3] *sb. (en, -e)* **1.** *(om hyppighed, tidspunkt)* time (*fx* I have been there four times; that was the last time I saw him); *(lejlighed)* occasion (*fx* on several occasions);
2. *(portion: som øses op ved bordet)* helping; *(på restaurant etc.)* portion (*fx* order an extra portion of salad);
□ **den** *~* then, at that time; *(se også dengang); den ~ da* (at) the time when; ***denne ene*** *~* this once; *for denne ene -s skyld* (just) (for) this once; ***første*** *~* the first time; *det er første ~ jeg er her* it is the first time I have been here; *en ~ skal jo være den første* there's (got to be) a first time for everything; there's always a first time; *første - anden - tredje ~ (ved auktion)* going - going - gone; *en* ***halv*** *~ mere* half as much again; ***hver*** *~* every time, each time; *(for) hver gang jeg ser ham* every time (*el.* whenever) I see him; ***mange*** *-e a)* many times; T a lot of times (*fx* I have been there a lot of times); *b) (tit)* often (*fx* he often says such silly things); *han*

gjorde det mange -e (også) he kept doing it (*fx* he kept forgetting it; he kept falling down); ***tredje*** ~ *er lykkens gang* third time lucky; *[med talord]* **en** ~, *en eneste gang* once; *(se også engang)*; *en* ~ *for alle* once (and) for all; ***to*** *-e* twice; *det lod han sig ikke sige to -e se sige*; *to -e to er fire* twice two is (*el.* are) four; two twos are four; *en eller to -e* once or twice; *to eller* **tre** *-e* two or three times; *tre -e* three times; *(litt.)* thrice; *alle gode -e tre* third time lucky; *tre -e fire (ɔ: om flademål)* three by four; *tre -e fire er tolv* three times four is (*el.* are) twelve; three fours are twelve;
[med præp. & adv.] *en* ***ad*** *-en* one at a time; *tage en dag ad -en* live from day to day, live from one day to the next; *lidt ad -en a)* a little at a time; *b) (gradvis)* little by little; *to og to ad -en* by twos, two at a time, two by two; *ad to -e (ɔ: i to tempi)* in two stages; *varerne kom ad to -e* the goods came in two lots; *den ene* ~ ***efter*** *den anden* time after time, time and time again; ***for*** *anden* ~ for the second time; a second time; *for sidste* ~ for the last time; *for en -s skyld* for once; *for en anden -s skyld må du hellere spørge* for another time you had better ask; *en* ~ ***imellem*** once in a while; ~ ***på*** ~ time after time, time and time again; ***på en*** ~ *a) (samtidig)* at the same time, all at once; *b) (pludselig)* suddenly, all at once; *c) (i ét forsøg)* at one go (*fx* the crane can lift 100 tons at one go).
gangart *sb. (en, -er)* gait; *(især hests)* pace.
gangbar *adj.* **1.** current; **2.** *(som kan sælges)* marketable, saleable.
gangbarhed *sb. (en) (jf. gangbar)* **1.** currency; **2.** saleability.
gangbesværet *adj.* walking-impaired.
gangbro 1. *(fodgængerbro)* footbridge; **2.** *(smal)* catwalk; **3.** *(midlertidig bro)* gangway.
gangbræt plank; *(over udgravning)* duckboard.
gange *vb. (multiplicere)* multiply (*med* by).
ganger *sb. (en, -e)* steed.
Ganges *(geogr.)* the Ganges.
gangetegn *(mat.)* multiplication sign.
gangkone ward orderly.
gangkurv walking frame, walker.
ganglie *sb. (en, -r) (anat.)* ganglion.
gangræn *sb. (en) (med.)* gangrene.
gangrænøs *adj.* gangrenous.
gangsele *(barns)* harness; *(til at holde i)* reins pl.
gangstativ *se gangkurv.*
gangster *sb. (en, -e)* gangster.
gangsti footpath.
ganske[1] *adj. (glds.: hel)* whole (*fx* the whole day).
ganske[2] *adv.* **1.** *(helt, fuldstændig)* quite (*fx* alone, impossible, young; I quite agree with him; he is not quite honest); perfectly (*fx* awful, clear, normal, all right; you are perfectly right; he is perfectly intolerable); *(mere* F*)* entirely (*fx* unnecessary, different; I entirely (dis)agree with you; I am not entirely happy about the arrangement); *(stærkere)* absolutely (*fx* awful, impossible, marvellous);
2. *(meget)* very (*fx* very small; a very short time);
3. *(temmelig)* fairly (*fx* fairly good); quite (*fx* quite good; quite a good dinner; it is quite warm); rather (*fx* rather good, though not outstanding);
□ ~ *anderledes* quite different(ly); ~ *anderledes godt* far better; ~ *anderledes vanskelig* far more difficult; *noget* ~ *andet se helt*[3]; ~ *mange,* ~ *meget* quite a lot; ~ *rigtig(t) se rigtig &*[1] *rigtig*[2]; ~ *som du vil* just as you please; ~ ***vist*** *(men) a)* of course (but) (*fx* I haven't seen him, of course, but I know who he is); not that (but) (*fx* not that I know much about it, but I can give you some hints); true (but) (*fx* it's true I saw him, but I didn't speak to him); *(ofte bruges omskrivning med)* do (*fx* I did see him, but I didn't speak to him); *b) (om stærkere modsætning)* certainly (but), indeed (but) (*fx* the situation is certainly (*el.* indeed) serious, but there is still hope); *(se også rolig, særlig).*
garage *sb. (en, -r)* garage.
garagemester garage superintendent.
garant *sb. (en, -er)* **1.** guarantor; *(am. også)* sponsor; **2.** *(for lån)* security; **3.** *(for aktieemission)* underwriter;
□ *være* ~ *for noget* guarantee sth.
garantere *vb. (se også garanteret)* **1.** *(give garanti)* guarantee (*for noget* sth, *fx* we guarantee prompt delivery);
2. *(forsikre)* guarantee (*fx* I guarantee that you'll enjoy yourselves);
3. *(indestå for)* vouch for (*fx* his honesty);
4. *(aktieemission)* underwrite;
□ *jeg -r dig for at a)* I guarantee that (*fx* you'll have a good time); *b) (ironisk)* I bet (*fx* I bet he's lost his way again!).
garanteret *adj.* guaranteed (*fx* it is guaranteed waterproof);
□ *han er* ~ *gået vild igen!* I bet he's lost his way again!
garanti *sb. (en, -er)* **1.** guarantee; **2.** *(for lån)* security;
□ *den er stadig dækket af -en* it is still under guarantee;
~ ***for*** *a)* guarantee for (*fx* quality); *b) (fig.)* guarantee of (*fx* that is no guarantee of his honesty); *der er ét års* ~ ***på*** *det* it is guaranteed for one year; it carries a one-year guarantee.
garantibevis written guarantee, guarantee certificate.
garantifond guarantee fund.
garantiløn *(omtr.)* legal minimum wage, guaranteed wage.
garantiseddel luggage ticket; *(am.)* baggage check.
garde *sb. (en, -r)* guard;
□ *-n* the Guards pl.; *den gamle* ~ *a) (de sædvanlige)* the same old crowd; *b) (de reaktionære, fx i et parti)* the old guard; ~ *til hest* Horse Guards pl.
gardenia *sb. (en, -er el. gardenier)* gardenia.
garder *sb. (en, -e)* guardsman.
gardere *vb. (også i skak)* guard;
□ ~ *sig* hedge one's bets; ~ *sig mod noget* guard against sth; *være godt -t mod* be well protected against (*fx* the cold); F be well guarded against (*fx* attack; mistakes).
garderhue blue forage cap (worn by Danish Guards).
garderkaserne barracks of the Guards.
garderobe *sb. (en, -r)* **1.** *(hvor tøj afleveres)* cloakroom;
2. *(på jernbanestation)* left-luggage office; *(am.)* checkroom;
3. *(skuespiller-)* dressing room;
4. *(klædeskab)* wardrobe;
5. *(tøj)* wardrobe; clothes pl.
garderobeafgift cloakroom fee.
garderobedame cloakroom attendant; *(am.)* hat-check girl.
garderobemærke cloakroom ticket; *(am.)* check.
garderobeskab wardrobe.
gardin *sb. (et, -er)* **1.** curtain;
2. *(rulle-)* blind;
□ *for fulde -er* S (at) full blast.
gardinkappe valance; *(stilkappe)* pelmet.
gardinpræken curtain lecture.
gardinsnor curtain cord.
gardinstang *(moderne, af metal)* curtain rail; *(glds.)* curtain rod.

gardinstof curtain fabric.
gardist *sb. (en, -er)* guardsman.
garn *sb. (et, -) (om garnsorter: pl. -er)* **1.** *(strikke-, væve-)* yarn; *(sy-)* thread; *(bomulds-)* cotton; *(uld-)* wool;
2. *(kraftigt: knytte-, fiske-)* twine;
3. *(fangstnet)* net;
□ *fange i sit ~ a)* net; *b) (fig.)* ensnare; *fanget i hendes ~* caught in her snares; *han er blevet fanget i sit eget ~* he has been caught in his own trap; *hun har sine ~ ude efter ham* she is out to catch him.
garnere *vb.* **1.** *(tøj)* trim; **2.** *(mad)* garnish.
garnering *sb. (en, -er)* **1.** *(på tøj)* trimming; **2.** *(til mad)* trimming; garnish.
garnison *sb. (en, -er)* garrison.
garnisonere *vb.* **1.** *(lægge i garnison)* garrison; **2.** *(ligge i garnison)* be garrisoned.
garnisonsby garrison town.
garniture *sb. (et, -r)* **1.** *(toilet- etc.)* set (*fx* toilet set); **2.** *(i madlavning: til ret)* accompaniments pl.; *(am.)* fixings pl.
garnnøgle ball of yarn (, wool).
garnrulle, garntrisse reel.
garnvinde wool winder; yarn winder.
gartner *sb. (en, -e)* **1.** gardener;
2. *(handels-)* market gardener; *(am.)* truck gardener; **3.** *(planteskole-)* nurseryman.
gartneri *sb. (et, -er)* **1.** *(havedyrkning)* gardening; **2.** *(handels-)* market garden; *(am.)* truck garden; **3.** *(planteskole)* nursery.
gartnermedhjælper gardener.
garve *vb. (huder)* tan; *(se også garvet).*
garvebark tan.
garver *sb. (en, -e)* tanner.
garveri *sb. (et, -er)* **1.** *(virksomhed)* tannery; **2.** *(garvning)* tanning.
garvestof tannin.
garvesyre tannic acid.
garvet *adj.* **1.** tanned; **2.** *(fig.)* hardened (*fx* politicians); hard-bitten; seasoned (*fx* campaigner, foreign correspondent).
garvning *sb. (en, -er)* tanning.
gas *sb. (en, -ser)* **1.** gas; **2.** *(S: tom snak)* hot air;
□ *det er noget ~ (ɔ: vrøvl)* it is just rubbish (*el.* guff);
[med vb.] give ~ (i bil) put one's foot down; put one's foot on it; *(se også gasse³); give den ~ (T, fig.)* step on it; get a move on; *-sen er gået af ham* T the spark has gone out of him; *tage ~* gas oneself; *tage ~ på ham* T have him on.
gasangreb gas attack.
gasapparat gas ring.
gasart (kind of) gas.
gasbadeovn geyser.
gasbeholder gasometer.
gasbelysning gas light(ing).
gasbeton gas concrete.
gasblus 1. gas jet; **2.** *(gasapparat)* gas ring.
gase *sb. (en, -r) (zo.)* gander.
gasfelt gas field.
gasflamme gas jet, gas flame.
gasflaske *sb.* gas cylinder.
gasforbrug consumption of gas.
gasforgifte *vb.* gas.
gasforgiftning gas poisoning.
gashane gas tap.
gashåndtag throttle.
gaskammer gas chamber.
gaskomfur gas cooker.
gaskrig gas warfare.
gasledning 1. gas pipe; **2.** *(hovedledning)* gas main.
gaslugt smell of gas.
gaslygte gas lamp.
gaslys gas light.
gasmaske gas mask.
gasmester gas fitter.
gasmåler gas meter.
gasning *sb. (en, -er)* gassing.
gas- og vandmester *se vvs-installatør.*
gasovn *(stegeovn)* gas oven.
gaspedal accelerator pedal; *(am.)* gas pedal.
gasrør gas pipe.
gasse¹ *vb.* **1.** *(give giftgas)* gas;
2. *(T: snyde)* have on.
gasse² *vb.: ~ sig* make oneself cosy (*fx* in bed); *~ sig i solen* bask in the sun.
gasse³ *vb.: ~ op a)* accelerate; T put one's foot down; put one's foot on it; *b) (under udkobling)* rev up the engine; race the engine.
gassikker *adj.* gasproof.
gasslange gas tube.
gast *sb. (en, -er)* **1.** *(sø.)* man, hand;
2. *(ved kapsejlads i lystsejler)* crew;
□ *være ~ (jf. 2)* crew.
gastrisk *adj.* gastric.
gastronom *sb. (en, -er)* gastronomer.
gastronomi *sb. (en)* gastronomy.
gastronomisk¹ *adj.* gastronomic(al).
gastronomisk² *adv.* gastronomically.
gastænder gas lighter.
gasur gas meter.
gasvandvarmer gas water heater.
gasværk gasworks (pl. -).
gasværksarbejder gas worker.
gat *sb. (et, -ter) (zo.)* anus.
gatfinne anal fin.
gatåbning anus.
gauge *sb. (en, -) (om tekstil)* gauge.
gav *præt. af give.*
gave¹ *sb. (en, -r)* **1.** present; *(især større)* gift; **2.** *(penge-, til institution, indsamling)* donation;
3. *(evne)* gift, talent;
□ *det kom som en ~ fra himlen* it was a godsend; it was a gift from the gods.
gave² *vb.: ~ op* T sound off.
gavebod gift shop.
gavebrev deed of gift.
gavekort *sb.* gift token, gift voucher; *(til bøger)* book token.
gavemærke *sb. (fx på julegave)* gift tag.
gavepakke *sb.* gift parcel (*el.* packet); *(am.)* gift package.
gavepapir gift-wrapping paper.
gavflab *sb. (en, -e) (næsvis fyr)* cheeky devil.
gavl *sb. (en, -e)* **1.** *(endemur)* house end; **2.** *(øverste trekantede felt)* gable.
gavmild *adj.* generous.
gavmildhed generosity.
gavn *sb. (en)* **1.** *(fordel)* benefit (*af* from, *fx* he got a lot of benefit from his holiday (, their advice, their friendship)); F profit (*af* from, *fx* their advice, his stay in England);
2. *(nytte)* good (*fx* it does more harm than good);
□ ***gøre*** *~* be useful; *(om person også)* make oneself useful; *gøre ~ for føden* be worth one's salt; *gøre ~ for to* do the work of two; *det har gjort sin ~* it has served its turn; ***have*** *~* ***af*** benefit from (*el.* by); F derive profit from; *det ville du have ~ af (også,* T*)* it would be good for you, it would do you good; ***til -s*** thoroughly; *være* ***til*** *~* ***for*** *a)* be of benefit (*el.* advantage) to; *b) (nytte)* be of use to; *(se også navn).*
gavne *vb.* **1.** benefit, be good for;
2. *(være nyttig for)* be of use to.
gavnlig *adj.* **1.** *(fordelagtig)* beneficial (*for* to, *fx* exercise is beneficial to your health; a beneficial effect (, influence)); *(se også helbred);*
2. *(nyttig)* useful (*for* to, for, *fx* that will be a useful lesson to him);
3. *(sund)* wholesome (*fx* exercise; fear); F salutary (*fx* experience; this has taught him a salutary lesson).
gavntræ, gavntømmer timber.
gavotte *sb. (en, -r) (mus.)* gavotte.
gavstrik *sb. (en, -ker),* **gavtyv**

rogue.
gavtyveagtig *adj.* roguish.
gavtyvestreg prank.
gaze *sb. (en, -r)* gauze.
gazebind gauze bandage.
gazelle *sb. (en, -r) (zo.)* gazelle.
gear *sb. (et, -)* gear;
□ *højt (, lavt)* ~ high (, low) gear; *skifte* ~ change gear(s); *(især am.)* shift gear(s);
[med vb. + præp.] ***arbejde på*** *højeste* ~ work at full throttle; ***køre på*** *lavt* ~ be ticking over; ***skifte til*** *andet* ~ change (, shift) into second (gear); ***stå i*** ~ be in gear; ***sætte i*** ~ put into gear.
geare *vb.* gear;
□ ~ *ned a)* change down; *b) (fig.: tage den med ro)* slow down; ~ *op* change up; *højt -t a)* highly geared; *b) (om person)* highly strung; *lavt -t* low geared.
gearkasse gearbox.
gearløs *adj.* gearless.
-gears *(om cykel)* -speed (*fx* a 10-speed bicycle).
gearstang gear lever; *(især am.)* gearshift.
gebet *sb. (et, -er)* **1.** *(emne)* area (*fx* a dangerous area); **2.** *(fagområde)* field; F domain, territory (*fx* that is outside my field (etc.));
□ *trænge ind på ens* ~ poach on sby's preserves.
gebis *sb. (et, -ser)* **1.** false teeth, artificial teeth pl.; F dentures pl. (*fx* he wears dentures; he saw her without her dentures); **2.** *(naturligt tandsæt)* teeth pl. (*fx* her magnificent teeth);
□ *et* ~ *a)* a set of false teeth (*el.* dentures); *b)* a set of teeth.
gebommerlig[1] *adj.* tremendous.
gebommerlig[2], **gebommerligt** *adv.* tremendously.
gebrokken *adj.: på -t dansk* in broken Danish.
gebrækkelig *adj.* **1.** fragile (*fx* old man); **2.** *(om ting)* rickety (*fx* chair, table).
gebrækkelighed *sb. (en, -er)* **1.** fragility; infirmity (*fx* the infirmities of old age); **2.** rickety state.
gebyr *sb. (et, -er)* charge, (*fx* bank charges, phone charges); fee (*fx* registration fee).
gebærde[1] *sb. (en, -r)* gesture; *-r (også)* gesticulations.
gebærde[2] *vb.:* ~ *sig* behave.
ged *sb. (en, -er) (zo.)* goat; *(hun)* she-goat, nanny-goat.
gedde *sb. (en, -r) (zo.)* pike.
gedeblad *(bot.)* honeysuckle.
gedebuk *(zo.)* he-goat, billy-goat.
gedehams *sb. (en, -e) (zo.)* hornet.
gedekid kid.
gedemarked: *det var et værre* ~ it was like a cattle market.
gedemælk goat's milk.
gederams *sb. (en, -) (bot.)* willowherb.
gedeskæg *sb. (en, -) (bot.)* goatsbeard, goat's-beard.
gedigen *adj.* **1.** *(ægte, lødig)* sterling, genuine; solid (*fx* a solid piece of work); *(præd.)* of high quality; **2.** *(om metal)* pure (*fx* pure gold).
gedulgt[1] *adj.* secret; F clandestine.
gedulgt[2] *adv.* secretly; F clandestinely; *(lusket)* on the sly.
gehalt *sb. (en)* substance, worth.
gehæng *sb. (et, -)* sword belt.
gehør *sb. (et)* ear;
□ *absolut* ~ (sense of) absolute pitch; *spille efter* ~ play by ear; *finde* ~ *a)* gain a hearing; *b) (om forslag etc.)* meet with sympathy; *have* ~ have an ear for music; have a good ear.
geigertæller Geiger counter.
geisha *sb. (en, -er)* geisha.
gejl *adj.* **1.** *(om handyr)* rutting; **2.** *(om hundyr, kun præd.)* in heat; **3.** *(om menneske)* lustful, lecherous.
gejle *vb.:* ~ *op a)* excite (sexually); *b) (fig.)* work up (*fx* the crowd, the audience); ~ *op til* stir to (*fx* mutiny).
gejser *sb. (en, -e)* geyser.
gejst[1] *sb. (en)* spirit.
gejst[2] *sb. (en, -er) (glds.: spøgelse)* ghost.
gejstlig *adj.* **1.** clerical; ecclesiastical; **2.** *(brugt som sb.)* clergyman;
□ *den -e stand, de -e* the clergy.
gejstlighed *sb. (en)* clergy.
gekko *sb. (en, -er) (zo.)* gecko.
gel *sb. (en, -er)* gel.
gelassen *adj.* eager; *(neds.)* officious.
gelatine *sb. (en, -r)* gelatine.
gelé, **gele** *sb. (en, geleer)* **1.** jelly; **2.** *(til håret)* gel;
□ *i* ~ jellied (*fx* jellied eels); *have* ~ *i knæene* be wobbly at the knees.
geléagtig, **geleagtig** *adj.* jelly-like.
geled *sb. (et, -der)* rank;
□ *arbejde sig op gennem -derne* rise from the ranks; *(se også række).*
gelejde *vb. (spøg.)* shepherd.
gelinde[1] *adj.* gentle.
gelinde[2] *adv.* gently.
gelænder *sb. (et, -e)* **1.** *(trappe-)* banisters pl. (*fx* she slid down the banisters); **2.** *(rækværk)* railing.
gemak *sb. (et, -ker)* apartment.
gemal *sb. (en, -er)*, **gemalinde** *sb. (en, -r)* consort.
gemen *adj.* **1.** *(nedrig)* mean; **2.** *(glds.: almindelig)* common;
□ ~ *streg (jf. 1)* mean (*el.* dirty) trick.
gemenhed *sb. (en, -er)* **1.** meanness; **2.** *(handling)* mean (*el.* dirty) trick.
gemme[1] *sb. (en, -r) (smykkesten)* gem;
□ *ophøjet* ~ cameo.
gemme[2] *sb. (et, -r) (skjulested)* hiding place;
□ *i hendes -r* among her things.
gemme[3] *vb. (gemte, gemt)* **1.** *(opbevare)* keep (*fx* will you keep this for me?);
2. *(til senere brug)* save (*fx* he saved the rest of the chocolate till (*el.* for) later; save the best till the last; save letters (, bills, receipts));
3. *(spare op)* save, put by;
4. *(skjule)* hide (*for* from, *fx* he hid the letter from her; they hid the money in the loft); T stash (away) (*fx* the money (, the jewels) in the loft);
5. *(edb)* save;
□ *gemt er ikke glemt (kan gengives)* I won't forget this!
[med præp. & adv.] ~ ***hen*** *a)* put by; *b) (skjule)* pack away; ~ ***på*** *a)* keep (*fx* old letters); *(og lave forråd af)* hoard (*fx* rubber bands, plastic bags); *b) (fig.)* nurse (*fx* a grievance, a wish); *(om noget værdifuldt)* treasure (*fx* a memory); *han er ikke den type der går og -r på det* he is not the sort that broods on it; ~ ***væk*** put away;
[med sig] ~ ***sig*** *a) (krybe i skjul)* hide (*for* from); *b) (holde sig skjult)* be hiding (*fx* he must be hiding somewhere); *c) (om ting)* lie hidden; *d) (lure)* lurk (*fx* something was lurking below the surface (, behind his friendliness)); ~ *sig ind til en* cuddle (*el.* snuggle) up to sby.
gemmesider *sb.pl.* pull-out(s).
gemmested hiding place; *(persons også)* hideout.
gemmolog *sb. (en, -er)* gem(m)ologist.
gemmologi *sb. (en)* gem(m)ology.
gemse *sb. (en, -r) (zo.)* chamois (pl. -);
□ *den pyrenæiske* ~ izard.
gemyse *sb. (en, -r)* vegetables pl.
gemyt *sb. (et, -ter)* **1.** *(væsen)* disposition (*fx* he has a happy disposition); nature (*fx* she has a sensitive nature); **2.** *(temperament)* temper (*fx* an even temper);
□ *være et hidsigt* ~ be hot-tempered; *berolige -terne* pour oil on troubled waters; cool the temper-

ature; *-ternes uoverensstemmelse* incompatibility of temper.
gemytlig *adj.* jolly, jovial.
gemytlighed *sb. (en)* joviality;
□ *i al ~* in all friendliness.
gen *sb. (et, -er) (biol.)* gene.
genansætte *vb.* **1.** reappoint; **2.** *(efter afskedigelse)* take on again; F reinstate.
genanvende *se genbruge.*
genanvendelse *se genbrug.*
genbesøg return visit.
genbo *sb. (en, -er)* neighbour opposite.
genbrug **1.** reuse; **2.** *(om genbrug i fabrikation, fx om papir, metal)* recycling.
genbruge *vb.* **1.** *(bruge en gang til)* reuse; **2.** *(genbruge i fabrikation)* recycle (*fx* old newspapers, old tins).
genbrugs- **1.** *(som kan bruges en gang til)* reusable (*fx* bottle);
2. *(som kan genbruges i fabrikation)* recyclable (*fx* plastic);
3. *(som er blevet genbrugt i fabrikation)* recycled (*fx* paper).
genbrugsbutik thrift shop.
genbrugsflaske reusable bottle, returnable bottle.
genbrugspapir recycled paper.
gendarm *sb. (en, -er)* gendarme.
gendarmeri *sb. (et, -er)* gendarmerie.
gendigte *vb.* re-create, reproduce.
gendrive *vb.* refute (*fx* his claim, an argument).
gendrivelse *sb. (en, -r)* refutation.
gendøbe *vb.* rebaptize.
gendøber anabaptist.
gene *sb. (en, -r)* inconvenience; *(stærkere,* T*)* nuisance;
□ *være til ~ for* be inconvenient for; be a nuisance to; *(se også genere).*
genealog *sb. (en, -er)* genealogist.
genealogi *sb. (en)* genealogy.
genealogisk *adj.* genealogical.
genegen *adj. (glds.)* inclined (*til* to).
genelske *vb.: ~ en* reciprocate sby's love.
general *sb. (en, -er) (mil.)* general;
□ *kommanderende ~* Commander-in-Chief.
generalagent general agent.
generalagentur general agency.
generalauditør *(mil.)* judge advocate general.
generalbas *(mus.)* figured bass, basso continuo.
generaldebat general debate.
generaldirektorat directorate (*for* of).
generaldirektør director general (*for* of, *fx* the BBC); *(am.)* president.
generalforsamling **1.** *(i forening etc.)* annual general meeting;
2. *(FN's)* General Assembly.
generalfuldmagt general power of attorney.
generalguvernør governor general.
generalieblad dossier, crime sheet; T rap sheet.
generalinspektør *(mil.)* inspector general.
generalisere *vb.* generalize.
generalisering *sb. (en, -er)* generalization.
generalissimus *sb. (en)* generalissimo.
generalkommando **1.** chief command; **2.** *(staben, stedet)* General Headquarters.
generalkonsul consul general.
generalkorrespondance press syndicate.
generallæge **1.** *(mil.)* major general, MC; **2.** *(i flåden)* surgeon rear admiral.
generalløjtnant *(mil.)* lieutenant general.
generalmajor *(mil.)* major general.
generalnævner *(også fig.)* common denominator (*for* of).
generalpause *(mus.)* general pause.
generalplan master plan.
generalprøve **1.** *(teat.)* dress rehearsal (*på* of); **2.** *(på ceremoni etc.)* rehearsal; **3.** *(fig.)* dress rehearsal (*på* for); trial run (*fx* the Spanish Civil War was a trial run for the Second World War);
□ *holde ~* have the dress rehearsal (*på* for); *holde ~ på (ceremoni etc.)* rehearse.
generalsekretær *(fx i FN)* secretary general;
□ *~ for det kommunistiske parti* general secretary of the Communist Party.
generalstab *(mil.)* general staff.
generalstabskort topographical map on the scale of 1:100,000.
generalstrejke *sb. (en, -r)* general strike (*fx* declare (, demand) a general strike).
generation *sb. (en, -er)* generation (*fx* the older (, younger) generation).
generationskløft generation gap.
generationsskifte *sb. (et, -r)* generational change.
generator *sb. (en, -er)* generator; *(gas-)* producer.
genere *vb. (se også generende)*
1. *(være ubehagelig for)* bother (*fx* is the draught bothering you? the heat did not seem to bother them); F trouble (*fx* his wound troubles him a good deal);
2. *(forstyrre)* disturb (*fx* disturb (him in) his work); *(ulejlige også,* F*)* trouble; inconvenience;
3. *(irritere)* annoy (*fx* he said that just to annoy me; don't annoy your neighbours; the flies were annoying her);
4. *(gøre forlegen)* embarrass (*fx* his silly jokes embarrassed her);
5. *(hæmme)* hamper (*fx* his freedom of movement; the heavy boots hampered him; radio communications were hampered by static); interfere with (*fx* his movements);
6. *(spærre for)* block; F obstruct (*fx* the traffic, the view);
□ *-r det dig at jeg ryger?* do you mind if I smoke? do you mind my smoking? *~ (ɔ: sinke) trafikken* hold up traffic;
[med sig] ~ ***sig*** *a) (være tilbageholdende)* be shy; *b) (være utilpas)* feel embarrassed; *gener dig* ***endelig ikke!*** don't mind me! *jeg -r mig* ***for at*** *sige det* I am ashamed to say it; *hun -de sig for at spørge* she was too shy to ask; *han -de sig ikke for at bede om et lån (ɔ: var så fræk)* he had the nerve to ask for a loan; *han -r sig sandelig ikke!* he's got a nerve!
generel *adj.* general (*fx* a general survey of the problem); overall (*fx* an overall wage increase); blanket (*fx* acceptance, restrictions);
□ *-t set* generally speaking; on the whole.
generende[1] *adj.* **1.** troublesome (*fx* person, cough, noise);
2. *(ubekvem)* inconvenient (*fx* facts); uncomfortable;
3. *(hæmmende)* hampering;
4. *(irriterende)* annoying;
5. *(pinlig)* embarrassing;
□ *~ hårvækst* superfluous hair.
generende[2] *adv. (jf. generende*[1]*)* **1.** *(jf. 2)* uncomfortably (*fx* hot);
2. *(jf. 4)* annoyingly; **3.** *(jf. 5)* embarrassingly.
generhverve *vb.* regain, recover.
generhvervelse *sb. (en)* recovery.
generisk[1] *adj.* generic.
generisk[2] *adv.* generically.
generobre *vb.* **1.** recapture (*fx* a town); **2.** *(genvinde)* regain (*fx* the former champion regained the title).
generositet *sb. (en)* generosity.
genert[1] *adj.* **1.** *(tilbageholdende)* shy (*over for* with; *ved, over* at, about, *fx* he was shy about approaching the famous musician; a shy smile); *(især om børn og unge)* bashful (*over for* with; *ved, over* about, *fx* dancing with her);

(~ *og forsagt, mere* F) timid (*fx* she was too timid (, bashful, shy) to ask; the timid (, bashful, shy) little boy hid behind his mother's skirt);
2. *(utilpas)* embarrassed (*ved, over* by, *fx* her father's behaviour);
3. *(optaget af hvad andre mener om en)* self-conscious (*ved, over* about, *fx* one's appearance).
genert[2] *adv.* *(jf. genert*[1]*)* **1.** shyly; bashfully; timidly; **2.** in embarrassment; **3.** self-consciously.
generthed *sb. (en) (jf. genert)* **1.** shyness; bashfulness; **2.** embarrassment; **3.** self-consciousness.
generøs *adj.* generous; F liberal.
generøsitet *sb. (en)* generosity; F liberality.
genetik *sb. (en)* genetics.
genetiker *sb. (en, -e)* geneticist.
genetillæg nuisance bonus.
genetisk[1] *adj.* genetic;
□ ~ *manipulation* genetic manipulation.
genetisk[2] *adv.* genetically (*fx* programmed).
Geneve *(geogr.)* Geneva.
genever *sb. (en, -e)* Hollands; Dutch gin.
Genf *(geogr.)* Geneva.
Genfersøen *(geogr.)* the Lake of Geneva.
genfinde *vb.* find again; F retrieve.
genfinding *sb. (en, -er) (også edb)* retrieval.
genforene *vb.* reunite (*fx* a family); *(om delt land også)* reunify (*fx* Germany, Korea).
genforening *(jf. genforene)* reunion; reunification.
genforhandle *vb.* renegotiate.
genforhandling *sb. (en, -er)* renegotiation.
genforsikre *vb.* reinsure.
genforsikring *sb. (en, -er)* reinsurance.
genfortælle *vb.* retell; *(som øvelse)* reproduce.
genfortælling *sb. (en, -er) (jf. genfortælle)* **1.** retelling; reproduction; **2.** *(stil)* text for reproduction.
genfremsætte *vb.* reintroduce (*fx* a Bill).
genfærd *sb. (et, -)* ghost (*fx* Hamlet's father's ghost); (F, *litt.)* spectre; *(åndesyn)* apparition (*fx* she thought she saw an apparition in the corridor).
genfødelse *sb. (en, -r)*, **genfødsel** *sb. (en, genfødsler)* rebirth.
genfødt *adj.* reborn.
genganger *sb. (en, -e)* **1.** *se genfærd;*
2. *(noget som dukker op igen)* repetition, repeat; *(spøg.)* old friend (*fx* this bill is an old friend);
3. *(kriminel i fængsel)* repeat offender (*fx* 40% of the prisoners are repeat offenders).
gengas 1. producer gas; **2.** *(trægas)* wood gas.
gengive *vb.* **1.** *(lyd, billede etc.)* reproduce (*fx* the sound is reproduced by the loudspeaker; the picture is reproduced on page 5; a film cannot reproduce the atmosphere of the festival);
2. *(om billede: forestille)* represent; F depict;
3. *(referere)* report (*fx* their conversation);
4. *(udtrykke)* express (*fx* words cannot express my surprise);
5. *(gentage)* repeat (*fx* his story);
6. *(give tilbage)* give back; F restore;
□ ~ *en noget (jf. 6)* give sth back to sby; F restore sth to sby; ~ *ham friheden* restore him to liberty.
gengivelse *sb. (en, -r) (jf. gengive)* **1.** reproduction; **2.** representation; **3.** report; **4.** expression; **5.** repetition; **6.** *(version)* version; **7.** *(oversættelse)* translation;
□ *langsom ~ (på film, i tv)* slow-motion replay.
gengæld *sb. (en)* **1.** return (*for* for); **2.** *(hævn)* retaliation (*for* for);
□ ***gøre*** ~ *a)* reciprocate (*fx* they helped us and we must reciprocate); *b) (få hævn)* retaliate; T get one's own back; give tit for tat; *gøre ~ for se gengælde*; ***til*** ~ *a)* in return (*for* for); *b) (hævn)* in retaliation (*for* for); *c) (derimod)* on the other hand (*fx* it is not very good, on the other hand it is not expensive); *d) (på sin side)* in turn (*fx* he accused them of lying and was in turn accused of being disloyal).
gengælde *vb. (gengældte, gengældt)* **1.** *(gøre gengæld for)* repay (*fx* his kindness with ingratitude); F reciprocate (*fx* a favour, his good wishes, an invitation);
2. *(hævne sig på)* pay back (*fx* she paid him back for his cruelty);
3. *(besvare)* return (*fx* a visit, a blow; sby's love);
□ ~ *deres indbydelse* ask them back; F reciprocate their invitation; ~ *ondt med godt* return good for evil.
gengældelse *sb. (en)* **1.** *(hævn)* retaliation; **2.** *(straf)* retribution (*fx* (a) just retribution); **3.** *(om følelse)* reciprocation.
gengældelses- retaliation, retaliatory (*fx* action, attack, raid); T tit-for-tat (*fx* murders; expulsions of diplomats).
genhuse *vb.* rehouse.
genhusning *sb. (en, -er)* rehousing.
genhør *sb. (et): på ~ på torsdag (sagt i radio)* until Thursday, then.
genhøre *vb.* hear again.
geni *sb. (et, -er)* genius (pl. -es).
genial *adj.* brilliant (*fx* idea, invention, solution); *(om person også, kun efter sb.)* of genius (*fx* a man of genius; she is a painter of genius);
□ *en ~ idé (også)* a stroke of genius; *hun er ~* she is a genius; *hun er en ~ musiker* she is a musical genius.
genialitet *sb. (en)* genius.
genindføre *vb.* bring back, reintroduce (*fx* the death penalty); restore, revive (*fx* an old custom).
genindførelse *sb. (en, -r)* reintroduction; restoration, revival.
genindkalde *vb.* **1.** *(mil.)* recall, call up again; **2.** *(møde etc.)* resummon.
genindsætte *vb.* restore (*fx* an employee to his old post; a king); F reinstate (*fx* an official).
genindsættelse *sb. (en)* restoration; F reinstatement.
genistreg *(ironisk)* magnificent blunder.
genital *adj.* genital.
genitalier *sb.pl.* genitals.
genitiv *sb. (en, -er) (gram.)* **1.** *(kasus)* the genitive (case); **2.** *(ord i ~)* genitive;
□ *stå i ~* be in the genitive.
genius *sb. (en, genier)* genius (pl. genii).
genkalde *vb.* recall;
□ ~ *sig, ~ (sig) i erindringen* recall.
genkende *vb.* recognize; *(se også genkendende).*
genkendelig *adj.* recognizable.
genkendelse *sb. (en, -r)* recognition.
genkendende *adv.: han nikkede ~* he nodded in recognition (*el.* as a sign of recognition); *kunne nikke ~ til noget* know sth all too well.
genklang *(en): vinde ~* meet with sympathy (*hos* from); *han vandt ingen ~ for sine forslag, hans forslag vandt ingen ~* his suggestions met with no response (*hos* from).
genkomst *sb. (en)* return, reappearance;
□ *Kristi ~* the Second Coming.
genlyd *sb. (en)* echo (pl. -es); F resonance;

□ *give ~ se genlyde.*
genlyde *vb.* echo (*af* with); *(kraftigere: runge,* F*)* ring, resound (*af* with, *fx* the hall rang (*el.* resounded) with their cheers; his words are still ringing in my ears); reverberate (*fx* the thunder reverberated from the hills); resonate (*fx* his voice resonated in the empty church).
genløse *vb. (rel.)* redeem.
genløseren *(rel.)* the Redeemer.
genmæle *sb. (et): tage til ~* reply; *(skarpt)* retort.
genne *vb.* drive, chase, shoo (*fx* shoo away the chickens); bundle (*fx* they bundled the children off to bed); hustle.
gennem *præp.* through; *(se også igennem).*
gennemarbejde *vb.* **1.** work through (*fx* a problem); go carefully into (*fx* a subject);
2. *(udarbejde grundigt)* prepare thoroughly (*el.* carefully) (*fx* prepare a lecture thoroughly);
3. *(gennemgå flere gange)* go over again and again (*fx* a lecture);
□ *en -t plan* a carefully prepared plan.
gennembage *vb.* bake through, bake thoroughly.
gennembanke *vb.* thrash soundly; T beat up.
gennemblade *vb.* turn the leaves of, leaf through (*fx* a book); *(hurtigt)* flick through.
gennembløde *vb.* soak; *(stærkere)* drench.
gennemblødt *adj.* wet through; soaked, sodden (*fx* soaked with sweat (, rain)); *(stærkere, kun udefra)* drenched (*fx* drenched with rain);
□ *~ til skindet* soaked (*el.* drenched) to the skin.
gennembore *vb.* pierce;
□ *et -nde blik* a piercing glance; *jeg -de ham med mit sværd* I ran my sword through him.
gennembrud *sb. (et, -)* **1.** *(mil.)* breakthrough;
2. *(fig.)* breakthrough (*fx* a technological breakthrough; this play was a breakthrough for the actor); *(succes oftest)* turning point in one's career (*fx* that book was the turning point in his career);
□ *få sit ~* make one's breakthrough; *få sit ~ som digter* make a name for oneself (*el.* make one's name *el.* obtain recognition) as a poet; *der er sket et ~ i forhandlingerne* there has been a breakthrough in the negotiations.
gennembrudt *adj.* openwork (*fx* stockings).
gennembryde *vb.* break through; *(mere* F*)* penetrate;
□ *~ diget (om havet)* burst the dike; *~ lydmuren* break the sound barrier.
gennemdrøfte *vb.* discuss thoroughly; *(grundigt)* thrash out.
gennemflyve *vb.* fly through.
gennemføre *vb. (se også gennemført)* **1.** *(fuldføre)* carry through (*fx* a plan); *(trods vanskeligheder)* go through with (*fx* a plan); *(fx studium)* complete (*fx* a course of study);
2. *(udføre)* carry out (*fx* experiments, a threat); undertake (*fx* a journey, research); F implement (*fx* a scheme, proposals); effect (*fx* savings);
3. *(have held med)* bring off (*fx* a coup).
gennemførelse *sb. (en) (jf. gennemføre)* **1.** carrying through; completion (*fx* of a course); **2.** carrying out; F implementation.
gennemførelsesprocent completion rate.
gennemførlig *adj.* practicable (*fx* the experiment is hardly practicable); feasible.
gennemført[1] *adj. (i alle enkeltheder)* thorough (*fx* honesty); consistent (*fx* loyalty);
□ *~ flid* sustained diligence; *~ høflighed* unfailing courtesy.
gennemført[2] *adv.* thoroughly (*fx* honest, cheeky, impudent); consistently (*fx* of consistently high quality); unfailingly (*fx* attentive); completely (*fx* impossible); through and through *(efterstillet)* (*fx* he is mean through and through).
gennemgang *sb. (en, -e)* **1.** *(det at gennemgå, fx i skole)* reading, going through;
2. *(gennemsyn)* examination (*fx* a thorough examination); *(kontrol)* check, going over;
3. *(passage)* passage;
□ *ved ~ af vore bøger finder vi (hdl.)* on going through our books we find.
gennemgangsvogn corridor coach.
gennemgribende *adj.* thorough (*fx* change, repairs); radical, sweeping (*fx* reform);
□ *af ~ betydning* of fundamental importance; *~ udrensning* drastic purge.
gennemgå *vb. (se også gennemgående)* **1.** *(opleve, blive udsat for)* go through, pass through (*fx* a crisis; a serious illness); undergo (*fx* much suffering; an operation, a treatment, a transformation); experience (*fx* hardships);
2. *(gennemse)* look through (*fx* a document, the mail);
3. *(se på, overveje)* go through, go over (*fx* the details of the plan, the events of the day, the last scene); review (*fx* the events of the day, the security arrangements, the situation);
4. *(kontrollere)* go over (*fx* the accounts, every detail); check (*fx* the accounts); *(nøje)* scrutinize;
5. *(gennemsøge)* go through (*fx* a house, one's pockets, every drawer);
6. *(for at (ind)lære)* go over, go through (*fx* a text);
□ *~ et kursus* take a course; *~ lektierne med ham* go over (*el.* through) his homework with him; take him through his homework; *~ en udvikling* develop.
gennemgående[1] *adj.* **1.** *(almindelig)* common (*fx* misunderstanding); **2.** *(generel)* general;
□ *en ~ fejl* a common (*el.* repeated) mistake; *~ tog* through train; *~ vogn* through coach.
gennemgående[2] *adv. (i almindelighed)* generally, usually.
gennemhegle *vb.* **1.** *(skælde ud)* give a good dressing down;
2. *(kritisere)* tear to pieces.
gennemhulle *vb.* **1.** perforate, punch; *(på flere steder)* riddle (*fx* riddled with bullets); **2.** *(fig.)* riddle (*fx* his arguments); *(undermínere)* undermine; *(myte)* explode.
gennemisne *vb.* chill (to the bone).
gennemknappet *adj. (attr.)* button-through; *(præd.)* buttoned through.
gennemkogt *adj.* (well-)done; *(præd. også)* boiled through.
gennemkomponeret *adj. (mus.)* through-composed.
gennemkrydse *vb. (gennemrejse)* travel the length and breadth of.
gennemkøre *vb.* drive through;
□ *-nde trafik* through traffic.
gennemkørsel **1.** driving through;
2. *(vej etc.)* passage;
□ *~ forbudt* no through traffic; no thoroughfare.
gennemleve *vb.* live through, experience.
gennemlyse *vb. (med røntgen)* X-ray, screen.
gennemlæse *vb.* read (through); F peruse.
gennemlæsning reading; F perusal.
gennemløbe *vb.* **1.** run through;
2. *(læse)* glance (*el.* look) over (*fx* a letter, an article); **3.** *(gennemgå)* go through;

□ ~ *en udvikling* develop rapidly.
gennemløbstid turnaround time.
gennemmarch march (through).
gennempløje *vb. (læse grundigt)* work one's way through; *(møjsommeligt)* plough through.
gennemprygle *se gennembanke.*
gennemprøve *vb.* test out.
gennemrejse[1] *sb. (en, -r)* journey through; passage;
□ *han var her på ~* he was passing through (here).
gennemrejse[2] *vb.* pass through;
□ ~ *på kryds og tværs* travel the length and breadth of.
gennemrejsevisum transit visa.
gennemrode *vb.* rummage through (*fx* a drawer).
gennemse *vb.* **1.** look through; *(mere overfladisk)* look over; *(revidere)* revise; **2.** *(om film)* view;
□ *-t udgave* revised edition.
gennemsigtig *adj.* transparent; *(om tøj)* see-through (*fx* blouse).
gennemsigtighed *sb. (en)* transparency.
gennemskinnelig *adj.* translucent.
gennemskriftsformular NCR-form.
gennemskrive *vb. (revidere)* make a thorough revision of.
gennemskrivningsformular NCR-form.
gennemskudt *adj.: ~ med hvide blade (om en bog)* interleaved.
gennemskue *vb.* **1.** see through (*fx* his disguise, his bluff); **2.** *(afsløre)* find out (*fx* if you pretend, you may be found out); T rumble (*fx* him; what he is up to).
gennemskuelig *adj.: let ~* easily seen through *(præd.)*; F transparent (*fx* excuse, lie); palpable (*fx* lie).
gennemskære *vb.* cut (through); *(om floder)* traverse.
gennemskæring *sb. (en, -er)* cutting.
gennemslag *(kopi)* (carbon) copy;
□ *med 3 ~* in 4 copies.
gennemslagskraft **1.** power of penetration; **2.** *(fig.: arguments)* trenchancy;
□ *hans ideer havde ingen ~* his ideas made no impact.
gennemslagspapir flimsy.
gennemsnit **1.** *(middeltal)* average; **2.** *(karakter-)* average mark; *(am.)* grade point average;
□ *i ~* on (the) average; *over (, under) -tet* above (, below) (the) average; *hæve sig over -tet* be above the average.
gennemsnitlig[1] *adj.* **1.** average; **2.** *(almindelig)* ordinary.
gennemsnitlig[2], **gennemsnitligt** *adv.* on (the) average.
gennemsnits- average (*fx* age, wage).
gennemsnitsmenneske average person.
gennemstegt *adj.* **1.** *(færdig)* done; **2.** *(velstegt)* well-done.
gennemstrejfe *vb.* roam (through).
gennemstrømme *vb.* **1.** flow through, run through; **2.** *(om følelse)* thrill; F pervade.
gennemstrømning *sb. (en, -er)* **1.** flow; **2.** *(fig.: udskiftning)* turnover.
gennemstøve *vb.* ransack (*fx* a house); scour (*fx* archives, drawers).
gennemsyn *sb. (et, -)* **1.** inspection, examination; **2.** *(om film)* viewing;
□ *sende bøger til ~* send books on approval; *ved ~ af bøgerne* on going over the books.
gennemsyret *adj.: ~ af* permeated with (*fx* hatred); imbued with (*fx* high principles; the same spirit; hatred of Fascism); *(stærkere)* pervaded with (*fx* mistrust); steeped in (*fx* history, prejudice, tradition); *(helt fyldt af)* saturated with.
gennemsøge *vb.* go through (*fx* one's pockets, a house); search (through) (*fx* search the woods for a criminal; search (through) the drawers for a letter); *(grundigere)* scour (*fx* archives, drawers, a building; they scoured the woods for the criminal); *(om område også)* comb (*fx* the moorland, the woods, an area of sea).
gennemsøgning *sb. (en, -er)* search.
gennemtrawle *vb.* go through thoroughly, search; *(grundigere)* scour; *(om område også)* comb.
gennemtrumfe *vb.* force (through).
gennemtræk **1.** draught; **2.** *(fig.: om udskiftning af arbejdskraft)* turnover (of labour, of staff);
□ *et firma med ~* a firm with a quick turnover.
gennemtrække *vb.* **1.** *(med hvide blade)* interleave; **2.** *(med væde)* soak; *(stærkere)* saturate.
gennemtrænge *vb. (se også gennemtrængende)* **1.** penetrate; *(om noget spidst, skarpt også)* pierce; **2.** *(om væske)* saturate; F permeate; *(om lugt også)* pervade, penetrate;
□ *gennemtrængt af (fig.) se gennemsyret.*
gennemtrængende *adj.* piercing (*fx* cry); penetrating (*fx* smell).
gennemtvinge *vb.* force (*fx* a vote, the closure of the factory); force through (*fx* the plan).
gennemtænke *vb.* think out; consider thoroughly;
□ *(vel) gennemtænkt* well thought out, carefully prepared (*fx* plan).
gennemvæde *vb.* soak; *(stærkere, udefra)* drench.
gennemvævet *adj. (om stof)* reversible.
genopblussen *sb. (en)* fresh outbreak (*fx* of hostilities); recurrence (*fx* of an illness).
genopbygge *vb.* **1.** rebuild (*fx* a house); reconstruct (*fx* a country devastated by war); **2.** *(biol.)* regenerate.
genopbygning *sb. (en) (jf. genopbygge)* **1.** rebuilding; reconstruction; **2.** *(biol.)* regeneration.
genopdragelse re-education.
genopfriske *vb.* revive.
genopføre *vb.* **1.** rebuild; reconstruct; **2.** *(på teater)* perform again; *(efter lang tid)* revive.
genopførelse **1.** rebuilding, reconstruction; **2.** *(teat.)* revival.
genopkald *sb. (et, -) (tele.)* redialling (*fx* automatic redialling); redial.
genoplade *vb.* recharge (*fx* a battery).
genopladelig *adj.* rechargeable.
genopladning *sb. (en, -er) (også fig.)* recharging (*fx* emotional recharging).
genopleve *vb.* relive, live over again.
genoplive *vb.* **1.** revive; F resuscitate; **2.** *(fig.)* revive (*fx* an old custom).
genoplivelse *sb. (en, -r)* revival.
genoplivning *sb. (en, -er)* revival; F resuscitation (*fx* mouth-to-mouth resuscitation).
genoplivningsforsøg attempt at resuscitation; resuscitation attempt.
genopretning restoration.
genoprette *vb.* **1.** re-establish (*fx* a State; diplomatic relations with them); F restore (*fx* confidence in the government, law and order, peace);
2. *(balance)* redress (*fx* the balance between men and women on the board);
3. *(tab etc.)* repair;
□ ~ *magtbalancen* redress the balance of power.
genoprettelse re-establishment (*fx* of diplomatic relations); restoration (*fx* of law and order).
genoprustning rearmament.
genopstandelse *sb. (en, -r) (rel.)* resurrection.
genopstå *vb.* **1.** rise again; **2.** *(fig.)* emerge again, be revived;
□ ~ *fra de døde* rise from the

dead.

genoptage *vb.* **1.** take up again (*fx* the scheme, the matter, the thread); revive (*fx* the scheme, a tradition); F resume (*fx* the meeting);
2. *(teat.)* revive;
3. *(som medlem i forening)* readmit;
□ ~ *arbejdet a)* resume work; *b) (efter strejke)* go back (to work); ~ *sagen* reopen the case.

genoptagelse *sb. (en)* **1.** resumption; revival; **2.** *(teat.)* revival; **3.** *(i forening)* readmittance.

genoptrykke *vb.* reprint.

genoptræden *sb. (en)* reappearance, comeback.

genoptræne *vb.* retrain (*fx* a muscle); rehabilitate (*fx* a patient).

Genova *(geogr.)* Genoa.

genpart copy;
□ *tage en ~ af* copy, take a copy of.

genre *sb. (en, -r)* genre.

genrebillede genre picture.

genrejsning reconstruction; recovery.

gense *vb.* see again, meet again;
□ *-s* meet again.

gensidig *adj.* mutual (*fx* affection, dislike, distrust, help, respect, understanding; I hated her and the feeling was mutual); *(kun attr.,* F*)* reciprocal (*fx* aid; trade agreement);
□ ~ *afhængighed* interdependence; *-e beskyldninger* recriminations.

gensidighed *sb. (en)* reciprocity.

genskabe *vb. (levendegøre)* re-create; *(genoprette)* re-establish.

genskabelse re-creation.

genskin reflection.

genskær *sb.* (faint) reflection.

genspejle *vb.* reflect; F mirror.

genspejling reflection.

gensplejset *adj.* (genetically) engineered (*fx* bacteria, sugarbeets, products; release genetically engineered organisms into the environment); genetically modified (*el.* altered); gene-spliced.

gensplejsning *sb. (en, -er)* **1.** *(det at)* gene splicing, genetic engineering; **2.** *(enkelt)* gene splice.

genstand *sb. (en, -e)* **1.** object (*fx* a wooden object; there were various objects on the table);
2. *(mål for følelser etc.)* object (*for* of) *(se ndf.)*;
3. *(emne, anledning)* subject (*fx* of negotiations, of conversation, of meditation);
4. *(som drikkes)* drink; *(i officielt sprog)* unit (of alcohol) (*fx* a unit is approximately equal to half a pint of beer, a single whisky or a glass of wine);
□ *den elskede ~* his (, her) beloved; the object of his (, her) affections;
[med: for] være ~ ***for*** be the object of (*fx* hatred, love, pity, ridicule); *være ~ for latter (også)* be a laughing-stock; *blive ~ for mistanke* come under suspicion, be suspected; *være ~ for misundelse* be envied; *han var ikke ~ for megen opmærksomhed* he did not receive much attention; *være ~ for overvejelse* be under consideration.

genstandsled *(gram.)* (direct) object.

genstandssætning *(gram.)* object clause.

genstridig *adj.* **1.** *(stædig)* obstinate, stubborn; **2.** *(umedgørlig)* contrary; F refractory; **3.** *(opsætsig)* recalcitrant (*fx* temperament); **4.** *(om ting, sygdom etc.)* stubborn (*fx* the door is a bit stubborn; a stubborn case of acne).

genstridighed *(jf. genstridig)* **1.** obstinacy, stubbornness; refractoriness; **2.** recalcitrance; **3.** stubbornness.

gensvar **1.** *(rapt)* repartee; **2.** *(i polemik)* rejoinder.

gensyn reunion;
□ *på ~!* see you later! I'll be seeing you! T see you! *(am. også)* so long! *på ~ i London!* see you in London! *på ~ på torsdag (ɔ: sagt i tv)* until Thursday, then; *mit ~ med Oxford* my return to Oxford.

gentage *vb.* repeat; *(flere gange,* F*)* reiterate;
□ *~ noget for en* repeat sth to sby; *~ et forsøg (fagl.)* replicate an experiment; *gentagne gange* repeatedly; over and over again;
[med sig] ~ sig happen again, be repeated; F recur; *~ sig selv* repeat oneself; *historien -r sig ikke* history does not repeat itself; *historien gentog sig (*T*: det var det sædvanlige)* it was the same old story.

gentagelse *sb. (en, -r)* repetition; *(flere gange,* F*)* reiteration.

gentagelsestegn *(mus.)* repeat.

gentagelsestilfælde: *i ~ a)* if it should occur again; *b) (jur.)* in case of a subsequent offence.

genteknologi *(gensplejsning)* genetic engineering, gene technology.

genteknologisk[1] *adj. (kun efter sb.)* of genetic engineering.

genteknologisk[2] *adv.*: *~ ændret* genetically engineered.

gentil *adj.* genteel.

gentjeneste return service;
□ *yde ~* return a service.

gentleman *sb. (en, gentlemen)* gentleman.

gentlemanaftale gentlemen's (*el.* gentleman's) agreement.

Genua *(geogr.)* Genoa.

genua *sb. (en, -er) (sø.)* genoa (jib), genny.

genudføre *vb.*, **genudførsel** *sb.* re-export.

genudgive *vb.* republish.

genudgivelse republication.

genudlåne *vb.* relend.

genudsende *vb.*, **genudsendelse** *sb. (i radio, tv)* repeat.

genuin *adj.* genuine.

genus *sb. (et, - el. genera) (gram.)* gender.

genvalg re-election;
□ *søge ~* stand again; *(am.)* run again.

genvej *(også fig.)* short cut (*til* to);
□ *skyde ~* take a short cut.

genvinde *vb.* **1.** regain (*fx* one's freedom, one's health; the former champion regained the title); recover (*fx* one's strength);
2. *(til genbrug, også om land til dyrkning)* reclaim (*fx* metal from old cars);
□ *~ fatningen* regain (*el.* recover) one's composure.

genvisit return visit;
□ *gøre ~* return the visit.

genvordigheder *sb.pl.* **1.** troubles; *(*F *el. spøg.)* tribulations; **2.** *(lidelser)* hardships.

genvælge *vb.* re-elect.

genåbne *vb.* reopen.

geodæsi *sb. (en)* geodesy.

geodæt *sb. (en, -er)* geodesist.

geodætisk *adj.* geodesic, geodetic.

geofysik *sb. (en)* geophysics.

geofysiker *sb. (en, -e)* geophysicist.

geofysisk *adj.* geophysical.

geograf *sb. (en, -er)* geographer.

geografi *sb. (en)* geography.

geografisk[1] *adj.* geographical.

geografisk[2] *adv.* geographically.

geolog *sb. (en, -er)* geologist.

geologi *sb. (en)* geology.

geologisk[1] *adj.* geological.

geologisk[2] *adv.* geologically.

geometri *sb. (en)* geometry.

geometrisk[1] *adj.* geometric(al);
□ *~ sted* locus (pl. loci).

geometrisk[2] *adv.* geometrically.

geopolitik geopolitics.

geopolitisk *adj.* geopolitical.

georgette *sb. (en)* georgette.

Georgien Georgia.

georgier *sb. (en, -e)*, **georgisk** *adj. & sb. (et)* Georgian.

georgine *sb. (en, -r) (bot.)* dahlia.
georgisme *sb. (en)* the Single Tax Movement, Georgism.
georgist *sb. (en, -er)* Georgist.
geranie, **geranium** *sb. (en, geranier) (bot.)* geranium.
gerere *vb.: ~ sig a) (opføre sig)* behave; *b) (klare sig)* manage.
geriatri *sb. (en) (med.)* geriatrics.
geriatriker *sb. (en, -e)* geriatrician.
geriatrisk *adj.* geriatric.
gerigt *sb. (en, -er)* architrave.
gering *sb. (en, -er)* mitre (joint).
germaner *sb. (en, -e) (hist.)* Teuton.
germanisere *vb.* Germanize.
germanisme *sb. (en, -r) (sprogv.)* Germanism.
germanist *sb. (en, -er)* German specialist, Germanist.
germansk *adj. & sb. (et)* **1.** *(om folkeslaget)* Teutonic; **2.** *(sprogv.)* Germanic.
gerne *adv.* **1.** *(med glæde)* with pleasure (*fx* "Could you help me?" "With pleasure");
2. *(som oftest)* usually, as a rule (*fx* he usually comes at 9; as a rule, he comes at 9);
□ *for mig ~, for min skyld ~* that's all right (*el.* OK) by (*el.* with) me; I don't mind; F I have no objection; *hellere end ~ se hellere*; ***så** ~!* certainly! with pleasure! *jeg vil så ~ hjælpe* I do (*el.* I so much) want to help; *lige så ~ nu* just as well now;
[med vb.] kan (, kunne) ~ se kunne; må ~ se måtte[2]; *han kom ~, han plejede ~ at komme* he would come; *han rider (meget) ~* he is (very) fond of riding; *man* ***ser*** *~ (ɔ: helst) at* it would be appreciated if; *jeg* ***tror*** *~ at* I am fully prepared to believe that; *jeg* ***vil*** *~ a) (høflig anmodning)* I would like to (*fx* see the manager; do what you want me to); *b) (udtryk for villighed)* I am willing to (*fx* wait until tomorrow); *jeg* ***vil*** *~* ***have*** *at du kommer* I'd like you to come; *jeg vil ~ have en blyant* could I have a pencil, please? *(mere indtrængende)* may I please have a pencil? *han vil meget ~ have den* he wants it very much; *jeg* ***vil*** *~* ***komme*** *a) (svar på invitation)* I shall be glad to come; *b) (udtryk for villighed)* I am willing to come (*fx* any time tomorrow); *jeg vil meget ~ komme* I shall be delighted to come; *jeg* ***ville*** *~* I would like (*el.* I'd like) to (*fx* know when he'll be there); *hvor ~ jeg end ville* however much I would like to; *det ville jeg forfærdelig ~* I'd love to.
gerning *sb. (en, -er)* **1.** action (*fx* a heroic action; judge him by his actions); F act (*fx* a criminal (, unselfish) act); *(højtideligere)* deed (*fx* a good (, heroic, noble) deed; in word and deed);
2. *(kald)* business; F calling;
□ ***-er*** *(også)* works (*fx* good works; Satan and all his works); *han ligger på sine -er* he has got his deserts; *(se også mørke, underlig*[1] *(tegn og ...));*
[med adj.] ***gjort*** *~ står ikke til at ændre* what is done cannot be undone; *(se også fersk)*;
[med: dagen] ***dagens*** *~* the day's work; the daily round; *han har ikke gjort dagens ~ (ɔ: har ikke bestilt noget)* he has not done a stroke of work; *han laver ikke dagens ~* he is bone idle; *en* ***god*** *~ a)* a good deed; *b) (en tjeneste)* a good turn; *jeg har gjort dagens gode ~* I have done my good deed for the day.
gerningsmand perpetrator (*til* of);
□ *-en* the person who committed the crime (*fx* the police are still searching for the person who committed the crime); the culprit; the offender.
gerningssted scene of the crime (*fx* it is said that a criminal always returns to the scene of his crime).
gerrig *adj.* **1.** *(nærig)* miserly; T stingy (*med* with); **2.** *(begærlig,* F*)* avaricious;
□ *han er ~ (2, også)* he is a miser.
gerrighed *sb. (en)* **1.** *(nærighed)* miserliness; T stinginess; **2.** *(begærlighed)* avarice.
geråde *vb. (spøg.): ~ i håndgemæng* begin to fight; come to blows; *~ i raseri* fly into a rage.
ges *sb. (et, -ser) (mus.)* G flat.
gesandt *sb. (en, -er)* minister, envoy.
gesandtskab *sb. (et, -er)* legation.
geschæft *sb. (en, -er)* **1.** *(profession)* trade; **2.** *(mindre fin forretning)* shady transaction; racket.
geschæftig = *gesjæftig.*
gesims *sb. (en, -er)* cornice.
gesjæftig, **geskæftig** *adj.* officious;
□ *han er ~ (også)* he is a busybody.
gesjæftighed, **geskæftighed** *sb. (en)* officiousness.
gespenst *sb. (et, -er) (glds. el. spøg.)* ghost.
gestalt *sb. (en, -er) (glds.)* form, figure.
gestaltpsykologi Gestalt psychology.
gestik *sb. (en)* gesture.
gestikulation *sb. (en, -er)* gesticulation.
gestikulere *vb.* gesticulate.
gestus *sb. (en, -) (også fig.)* gesture (*fx* an angry gesture; an empty (, friendly, conciliatory, grand) gesture).
gesvindt *adj. (glds. el. spøg.)* quick;
□ *lad det gå lidt ~* get a move on.
gevaldig[1] *adj.* tremendous, thumping.
gevaldig[2], **gevaldigt** *adv.* tremendously; hugely (*fx* I hugely enjoyed it).
gevalt *sb.: råbe ~* cry out for help.
gevandt *sb. (et, -er)* robe (*fx* flowing robes); *(foldet)* drapery.
gevind *sb. (et, -)* thread;
□ *gå over ~ (fig.) a) (overdrive)* go over the top; *b) (løbe løbsk)* get out of control; *skruen er gået over ~* the thread is broken; *skrue en skrue over ~* strip (*el.* pull) the thread of a screw.
gevinst *sb. (en, -er)* **1.** *(i lotteri)* prize; **2.** *(i spil)* winnings pl.;
3. *(fortjeneste)* profit; gains pl.;
4. *(fordel)* advantage; gain (*ved* from);
□ *~ og tab* profit and loss; *han er en ~ for firmaet* he is a valuable acquisition to the firm.
gevir *sb. (et, -er)* antlers pl.
gevækst *sb. (en, -er)* excrescence.
gevær *sb. (et, -er)* gun; *(mil.)* rifle;
□ *råbe vagt i ~ (fig.)* give the alarm; *til ~!* to arms! *~ i hvil!* slope arms! *~ på skulder!* shoulder arms! *~ ved fod!* order arms! *med ~ ved fod* with arms ordered.
geværammunition rifle ammunition.
geværfabrik small-arms factory.
geværgranat rifle grenade.
geværild rifle fire.
geværkolbe rifle butt.
geværkugle bullet.
geværløb barrel (of a rifle).
geværrem rifle sling.
geværskytte *(mil.)* rifleman.
ghetto *sb. (en, -er)* ghetto (pl. -es).
ghettoisering *sb. (en, -er)* ghettoization.
gib *sb. (et, -): det gav et ~ i ham se gibbe.*
gibbe *vb.: det -de i ham* he jumped; F he started.
gibbernakker *sb. (en, -e): en ~* a quick one.
gibbon *sb. (en, -er) (zo.)* gibbon.
Gibraltarstrædet *(geogr.)* the Straits pl. of Gibraltar.
gid *adv.* I wish (*fx* I wish I could see him now); *(stærkere)* if only (*fx* if only he would come);
□ *~ de aldrig må mødes* may they

never meet; ~ *det var så vel!* I wish he (etc.) would! that would be good news! T no such luck!
gide *vb. (gad, gidet)* **1.** *(gøre sig den ulejlighed)* take the trouble (to), bother (to) (*fx* nobody bothered to ask (, help) him);
2. *(have lyst til)* like (to) (*fx* do as much as you like); care (to), feel like;
□ ***at*** *du -r!* how can you be bothered! *-r* ***du*** *(lige) hjælpe mig?* would you mind helping me? *det -r jeg* ***godt*** I don't mind; *jeg -r* ***ikke*** *(, ikke at) a) (er for doven)* I can't be bothered (to) (*fx* to wash up); *b) (ɔ: jeg har ikke lyst)* I don't feel like it (, like -ing) (*fx* I don't feel like seeing him now); *jeg gad* ***nok*** *se* I should like to see; *jeg gad (nok)* ***vide*** I wonder; I should like to know (*fx* what she is thinking).
gidsel *sb. (et, gidsler)* hostage;
□ *tage en som ~* take sby hostage; *holde dem som gidsler* hold them hostage.
gidseldrama hostage drama.
gidseltager *sb. (en, -e)* hostage-taker.
gidseltagning *sb. (en, -er)* hostage-taking; taking hostages.
giffel *sb. (en, gifler) (omtr.)* roll.
gift[1] *sb. (en, -e)* poison; *(dyrs også)* venom;
□ *lægge ~ for (fig.)* poison; *spy ~ og galde* spread one's venom; *det kan du tage ~ på* T you bet your life.
gift[2] *adj.* married (*med* to);
□ *hun er dansk (, tysk etc.) ~* she is married to a Dane (, German etc.); *han er ~ med sit arbejde* he is married to his job (, work).
giftblander *sb. (en, -e)* poisoner.
giftbog *(på apotek)* poison register (*el.* book).
giftbæger poisoned cup.
giftdepot *(losseplads)* toxic(-waste) dump (*el.* site).
gifte *vb.: ~ hende* ***bort*** marry her off; give her in marriage; *~* ***sig*** marry; *~ sig med* marry; *(glds. el. spøg.)* wed; *~ sig penge til* marry a fortune; marry money; *de* ***skal -s*** they are to be married; *hun* ***skal -s med*** *X* she is going to marry X; *(se også gift*[2]*).*
giftefoged registrar.
giftefærdig *adj.* marriageable (*fx* daughter);
□ *hun er ~ (også)* she is old enough to marry.
Giftekniv: *en Kirsten ~* a matchmaker.
giftelysten *adj. se giftesyg.*
giftermål *sb. (et, -)* marriage.
giftesyg *adj. (kun præd.)* eager to get married.
giftetanker *sb.pl.: gå i ~ (omtr.)* be daydreaming.
giftgas poison gas.
giftig *adj.* **1.** poisonous (*fx* insect, snake, plant, fungus, gases); *(om dyr også)* venomous (*fx* bite, scorpion, snake, spider); *(om kemiske stoffer etc., fagl.)* toxic (*fx* chemicals, fumes, gases, smoke, substance, waste);
2. *(fig.: ondskabsfuld)* waspish (*fx* comments); venomous (*fx* attack, criticism; pen, tongue); *(især fra kvinde)* catty (*fx* comment, remark); *(skadelig)* poisonous (*fx* propaganda); *(med skjult brod)* barbed (*fx* comment, remark);
3. *(om farve)* disagreeable.
giftighed *sb. (en, -er) (jf. giftig 1)* poisonousness; venomousness; toxicity;
□ *-er (jf. giftig 2)* waspish (, catty) comments (, remarks); barbed (*el.* snide) comments (, remarks); nasty cracks.
giftkirtel poison gland.
giftkrog *(hos edderkop)* fang.
giftlosseplads *se giftdepot.*
giftmord poisoning case; poisoning (*fx* there has been a poisoning).
giftskatter *sb.pl.* taxes on spirits and tobacco; *(omtr.)* sin taxes.
giftslange poisonous (*el.* venomous) snake.
giftstof **1.** *(jf. giftig 1)* poisonous (, toxic) substance; **2.** *(gift)* poison.
gifttand fang.
gig *sb. (en, -ger) (køretøj, båd)* gig; *(se også hjul).*
giga- giga- (*fx* gigabyte, gigawatt).
gigant *sb. (en, -er)* giant.
gigantisk[1] *adj.* gigantic (*fx* effort, strength, sum of money); *(stærkere, + vanskelig)* mammoth (*fx* project, task, undertaking).
gigantisk[2] *adv.* gigantically.
gigolo *sb. (en, -er)* gigolo.
gigt *sb. (en)* **1.** rheumatism; **2.** *(ledegigt)* (rheumatoid) arthritis;
3. *(ægte ~, arthritis urica)* gout.
gigtfeber rheumatic fever.
gigtknude arthritic swelling.
gigtramt *adj. (jf. gigt)* **1.** rheumatic; arthritic; **2.** *(brugt som sb.)* rheumatic (, arthritic) sufferer.
gigtsvag *adj.* rheumatic.
gik *præt. af gå.*
gilde[1] *sb. (et, -r)* **1.** *(selskab)* party; T do; **2.** *(festmåltid)* feast;
3. *(hist.: lav)* guild;
□ *betale -t* foot the bill; *holde ~* have a party; T throw a party; *skal der være ~, så lad der være ~!* in for a penny, in for a pound; I (, we etc.) may as well go the whole hog; *være til ~* be at a party.
gilde[2] *vb.* castrate; F emasculate.
gildestue *(omtr.)* recreation room.
gilding *sb. (en, -er) (glds.)* eunuch.
gimmerlam *sb. (et, -)* ewe-lamb.
gimpe *sb. (en, -r)* S bitch.
gine *sb. (en, -r)* dress maker's dummy, dress form.
ginseng *sb. (en)* ginseng.
gips *sb. (en)* **1.** *(brændt)* plaster of Paris; **2.** *(ubrændt)* gypsum;
□ *med armen i ~* with one's arm in plaster.
gipsafstøbning plaster cast.
gipsbandage (plaster) cast; plaster-of-Paris bandage.
gipsbrud *sb. (et, -)* gypsum quarry.
gipse *vb.* plaster.
gipser *sb. (en, -e)* plasterer.
gipsfigur plaster figure.
gipsplade gypsum board.
giraf *sb. (en, -fer) (zo.)* giraffe.
girant *sb. (en, -er)* endorser.
gire *vb. (sø.)* yaw, sheer off.
girere *vb.* transfer.
giro *sb. (en)* (National) Giro.
giroanvisning Giro cheque; Giro payment order.
girobank Girobank.
giroblanket = *girokort.*
girokonto Giro account.
girokort **1.** Giro form;
2. *(indbetalingskort)* Giro inpayment form;
3. *(udbetalingskort)* Giro cheque, Giro payment order;
4. *(gireringskort)* transfer form.
gironummer Giro number.
gisne *vb.*, **gisning** *sb. (en, -er)* guess; F conjecture.
gisp *sb. (et, -)* gasp.
gispe *vb.* **1.** *(forskrækket el. af smerte)* gasp; **2.** *(forpustet)* pant;
□ *~ efter vejret* gasp (, pant) for breath.
gispen *sb. (en)* gasping.
gisse *vb. (sø.)* estimate;
□ *-t bredde* latitude by dead reckoning.
gitter *sb. (et, gitre)* **1.** *(for vindue, luft-)* grating; *(tremmer, fængsels-)* bars pl.;
2. *(beskyttelses- foran maskine, for billetluge, udstillingsvindue etc.)* grille;
3. *(kamin-)* grate;
4. *(med krydsede tremmer, pyntei vindue el. låge)* lattice;
5. *(elek.)* grid.
gitterdør grated door.
gitterlåge lattice gate.
gitterport wrought-iron gate.

gittervindue 1. *(jf. gitter 4)* lattice (window); **2.** *(i fængsel)* barred window.
gitterværk 1. *(jf. gitter 1)* grating; **2.** *(jf. gitter 4)* latticework; **3.** *(tremmeværk)* trellis (work).
give *vb. (gav, givet) (se også givende, given)* **1.** *(skænke, yde)* give;
2. *(ved bordet: øse op til)* give; *(mere* F*)* help to (*fx* can I give you some more rice? let me help you to some more rice); *(række)* pass (*fx* will you pass me the salt, please?);
3. *(indbringe, frembringe)* yield (*fx* a profit; a good crop);
4. *(~ kort)* deal; *(se også ndf.: skal ~)*;
5. *(tele.: stille om til)* put through to (*fx* put me through to the office, please);
6. *(om måltid: være vært ved)* give (*fx* he gave a good dinner for them); *(traktere med, betale for)* treat to; T stand (*fx* let me treat you to (, stand you) a good dinner; he stood us a drink); *(NB objekt skal med:) han gav* he treated me (, them etc.); he paid; *lad mig ~, jeg -r* let me treat you; this is my treat; this is on me;
[med pron. & skal] han gav ***alt*** *hvad han havde i sig* he gave everything he had (*el.* he'd got); *gi'* ***den*** *med rose i knaphullet* sport a rose in one's buttonhole; *han gi'r* ***den som*** *rigmand* he acts the rich man; ***der*** *-s børn som* there are children who; *jeg skal gi'* ***dig!*** you will catch it (from me)! I'll give it you! *hvad -r du* ***mig!*** I ask you! (*fx* he gave me a book about stamps - stamps, I ask you!); if you please (*fx* and then, if you please, he just walked away!); *hvem* ***skal*** *~? (i kortspil)* whose deal is it? *det er dig der skal ~* it is your deal;
[med sb.] ~ afgrøde yield a crop; *~ kort* deal (out) the cards; *~ løn* pay wages; *~ resultat* yield a result; *~ blomsterne vand* water the flowers; *(se også adgang, hånd, ild, køb, lov[1], lov[2], luft, mening, ord, rente, ret[2], tid (samt de andre ord hvormed ~ forbindes))*;
[med præp. & adv.] ~ tonen ***an*** *se tone[1]*; *~* ***efter*** *a)* yield, give in (*for* to, *fx* him, his threats; at last he gave in and agreed to do it); *b) (om ting)* give way, yield (*fx* at last the door yielded); *han gav ikke de andre noget efter (ɔ: var lige så god etc. som de)* he was on a level with the others; *~ hende en lektie* ***for*** set her a piece of homework; *læreren gav dem ikke noget for* the teacher did not set them any homework; *~* ***fra sig*** give up (*fx* a secret; she had to give up her children); F surrender; *~ et skrig fra sig* give a cry; *(se også lyd)*; *~ hende en bog* ***i*** *fødselsdagsgave (, julegave)* give her a book for a birthday (, Christmas) present;
~ ***igen*** *a)* give back, return; *b) (~ byttepenge)* give change; *c) (gengælde fornærmelse etc.)* pay him (, her etc.) back; F retaliate; *kan du ~* ***igen på*** *den!* put that in your pipe and smoke it! *kan du ~ igen på en tipundsseddel?* can you change a ten-pound-note? have you got change for a ten-pund-note?
*~ '****om*** *(i kortspil)* have a new deal; *~* ***op*** give (it) up, throw up the game; *~ bolden op a) (i fodbold)* kick off; *b) (serve)* serve; *c) (fig.: sætte noget i gang)* start the ball rolling; *~* ***tilbage*** *se ovf.: ~ igen*; *~* ***ud*** spend; *de penge var godt -t ud* that was money well spent; *~ noget* ***ud for*** *noget andet* pass sth off as sth else (*fx* pass the copy off as the original); *give det* ***væk*** give it away;
[med sig] ~ ***sig*** *a) (give efter)* give in, give way *(se ovf.: ~ efter)*; *b) (jamre sig)* groan; *c) (om materiale: strække sig, bøje sig)* give; *d) (om tøj, stof)* stretch; *e) (fortage sig)* wear off, pass away; *det -r sig nok* that will be all right; *jeg -r mig!* I give in! you win! *~ sig tid se tid*; *~* ***sig af med*** *a)* occupy oneself with; *b) (som amatør)* dabble in (*fx* politics); *det -r* ***sig af sig selv*** it is self-evident; *~* ***sig hen i*** *sin sorg* give way to one's grief; F abandon oneself to one's grief; *~ sig hen i sin skæbne* resign oneself to one's fate; *hun gav* ***sig hen til*** *ham* she gave herself to him; *~* ***sig i*** *snak med en* get talking to sby; F enter into conversation with sby; *~ sig Gud i vold se vold[1]*; *~* ***sig ind under*** *deres beskyttelse* accept their protection; F submit to their protection; *~* ***sig til at*** begin to, begin -ing; start to, start -ing; *~* ***sig ud for*** *se udgive (sig for)*.
given *adj. (givet, givne)*, **givet** *pf.ptc.: det givne* the facts (of the case); *det* ***er*** *givet* it is certain; *det er ikke enhver givet* it is not given to everybody; *det* ***er*** *givet* ***at*** *han kommer* he is certain to come; T he is definitely coming; ***tage*** *(el. anse) det* ***for*** *givet* take it for granted; T take it as read; F take it as given;
[med sb.] et givet antal a given number; *ved enhver given lejlighed se lejlighed[2]*; *under de givne omstændigheder* under (*el.* in) the circumstances; *en given sag* a matter of course; a foregone conclusion; *på et givet signal (el. tegn)* at (*el.* on) a prearranged (*el.* given) signal; *i givet tilfælde* if the occasion should arise.
givende *adj. (udbytterig)* rewarding (*fx* discussion); fruitful (*fx* area of research; a fruitful collaboration); *(også økonomisk)* profitable (*fx* journey; business).
giver *sb. (en, -e)* **1.** giver; **2.** *(til velgørenhed)* donor; **3.** *(kort-)* dealer; □ *Gud elsker en glad ~* God loves a cheerful giver; *den ædle ~* the generous donor.
givet *adj. se given.*
givetvis *adv.* certainly.
givtig *adj.* **1.** fertile (*fx* soil); **2.** *(fig.) se givende.*
gjalde *vb.* **1.** resound (*fx* loud commands resounded through the camp); **2.** *(især om blæseinstrument, neds.)* blare (*fx* blaring trumpets (, horns); the trumpets blared out; a radio was blaring in the background).
gjalden *sb. (en) (jf. gjalde 2)* blare (*fx* the blare of trumpets).
gjaldt *præt. af gælde.*
gjord *sb. (en, -e)* **1.** *(på hest)* girth; *(am.)* cinch; **2.** *(i møbler, især pl.: -e)* webbing.
gjorde[1] *præt. af gøre.*
gjorde[2] *vb. (lægge gjord om)* girth (up); *(am.)* cinch (up).
gjort *pf.ptc. af gøre; (se også gerning).*
gl. *fork. gammel, glas.*
glacéhandske, **glacehandske** kid glove.
glacial *adj.* glacial.
glacis *sb. (et, -er)* glacis.
glad *adj.* **1.** happy; *(svagere; kun i en bestemt anledning & kun præd.)* glad (*fx* "We won!" "I'm so glad"; he is (, was, seemed) glad to see me); *(svagere: tilfreds)* pleased; *(om personlig tilfredsstillelse,* F*)* gratified; *(stærkere)* delighted;
2. *(munter)* cheerful (*fx* he is a cheerful little boy);
□ *du kan sagtens være ~!* lucky chap! *æd, drik og vær ~* eat, drink and be merry;
[med præp.] være ~ ***for*** *a) (noget der er sket)* be glad about (*fx* his success); be pleased about (*fx* the

way he received me); be gratified (*fx* I was gratified that I had been proved right); *b) (være taknemlig for)* be glad of (*fx* I'd be glad of your help; I was glad of a chance to see him); *c) (være tilfreds med)* be pleased with (*fx* his work, what he has done; are you pleased with your new car (, dress, job)? he is very pleased with himself); be happy with (*el.* about) (*fx* parents are very happy with the school; he won't be very happy about that report); *d) (mere varigt: holde af, være en elsker af)* be fond of (*fx* children, dogs, music); *(svagere, mere* T*)* like (*fx* music, travelling);
være ~ ***for*** *(el. ved)* ***at*** be glad to (, that) (*fx* to see him; that he has come); be pleased to (, at -ing; that); *være ~* ***over***, *være ~* ***ved*** *se ovf.: være ~ for; jeg er ikke rigtig ~ ved* I am not quite happy about (*fx* that cough of yours).
gladelig *adv.* **1.** *(meget gerne)* gladly (*fx* I would gladly give up the project if it would help you); willingly; **2.** *(ubekymret)* cheerfully (*fx* in spite of his weak heart he cheerfully runs three miles a day).
gladiator *sb. (en, -er)* gladiator.
glam *sb. (et, -)* baying.
glamme *vb.* bay.
glane *vb.* stare; *(dumt)* gape, gawp, gawk (*efter* at).
glans *sb. (en)* **1.** *(blankhed)* gloss, sheen (*fx* of hair, of shoes, of a polished floor; the sheen of silk (, of satin)); *(*F *& fagl.)* lustre (*fx* of hair, of pearls, of a mineral; metallic lustre);
2. *(stråleglans)* radiance (*fx* of the sun, of the stars); brilliance;
3. *(pragt)* glory (*fx* the sun rose in all its glory);
□ *-en er ved at* ***gå af*** *det (også fig.)* the gloss is wearing off; *-en er gået af St. Gertrud* the gilt is off the gingerbread; ***kaste*** *~* ***over*** *a) (gøre fornem)* lend (*el.* give) lustre to (*fx* his presence gave lustre to the occasion); *b) (gøre ære)* reflect credit on (*fx* his achievement reflected credit on his old school); ***tage*** *-en* ***af*** *det (fig.)* take (*el.* rub) the shine off it;
[med præp.] vise sig ***i*** *al sin ~* appear in all one's glory; *han bestod eksamen (, prøven)* ***med*** *~* he passed the examination (, the test) with flying colours; *dumpe med ~* fail gloriously; *klare sig med ~* come out of it with flying colours.
glansbilledagtig *adj. (om persons udseende)* chocolate-box (*fx* prettiness).
glansbillede 1. (coloured) scrap; **2.** *(om maleri)* picture postcard; **3.** *(om person i bog: dydsmønster)* plaster saint;
□ *hun er et ~ at se på* she looks like a chocolate box cover.
glansfuld *adj.* **1.** brilliant (*fx* performance); **2.** *(om hår)* lustrous.
glanslærred glazed linen.
glansløs *adj.* **1.** lustreless, lack-lustre (*fx* eyes); **2.** *(mat, trist)* dull, dead.
glansløshed *(en)* dullness, deadness.
glansnummer star turn.
glanspapir glazed paper, glossy paper.
glansperiode golden age, heyday (*fx* it was the golden age (*el.* heyday) of cinema; Hollywood had its heyday in the thirties);
[om person] i hendes ~ in her heyday; at the height of her career; in her palmy days.
glanspunkt climax.
glansrolle*: hans (, hendes) ~* his (, her) star part (*el.* most famous part).
glarmester 1. *(der sætter ruder i)* glazier; **2.** *(der indrammer billeder)* picture framer.
glarmesterdiamant 1. glazier's diamond; **2.** *(glasskærer)* glass cutter.
glas *sb. (et, -)* **1.** glass; **2.** *(brille-)* lens (*fx* plastic lenses); **3.** *(medicin-)* bottle; F vial; **4.** *(syltetøjs- etc.)* jar; **5.** *(lampe-)* chimney; **6.** *(sø.)* bell (*fx* strike six bells);
□ *sætte det i ~ og ramme* have it framed (and glazed); *et ~ vand* a glass of water; *(se også storm).*
glasagtig *adj.* **1.** glassy; **2.** *(tekn.)* vitreous;
□ *et -t blik* a glassy stare.
glasbakke coaster.
glasdiamant *se glasskærer.*
glasdør 1. glass door; **2.** *(verandadør)* french (*el.* French) window.
glasere *vb.* **1.** glaze; **2.** *(med sukker, om bagværk etc.)* frost, ice;
□ *-de løg* glazed onions.
glasfabrikation glass-making.
glasfiber *(stof)* fibre glass.
glasfiberbåd fibre-glass boat.
glasfiberkabel fibre-optic cable.
glasfiberoptik fibre optics.
glashandel 1. glass trade; **2.** *(butik)* glass shop.
glashus*: man skal ikke kaste med sten når man selv bor i et glashus* people who live in glass houses should not throw stones.
glasklar *adj.* limpid.
glasklokke 1. glass case (*fx* for a clock); **2.** *(kem.)* bell jar; **3.** *(til plante)* cloche.
glaskolbe *(beholder)* glass flask.
glaskugle glass globe.
glaskuppel 1. *(til ur)* glass case; **2.** *(til lampe)* lamp globe.
glaslegeme *(anat.)* vitreous body.
glasmaleri 1. *(kunsten)* stained-glass painting; **2.** *(billedet)* stained-glass picture; *-er* stained glass.
glasmasse molten glass.
glasmontre glasscase, showcase.
glasperle glass bead.
glasplade glass plate.
glasprop glass stopper.
glaspuster *sb. (en, -e)* glassblower.
glaspusteri *sb. (et, -er)* **1.** *(det at puste glas)* glassblowing; **2.** *(værksted)* glasshouse.
glaspusterrør blow tube.
glasrør glass tube.
glasskab 1. *(af glas)* glass case; **2.** *(til glas)* glass cupboard; **3.** *(med glasdør)* glass-fronted cupboard.
glasskærer *sb. (en, -e)* glass cutter.
glasskår *sb.pl.* broken glass (*fx* broken glass was lying all over the floor);
□ *et ~* a fragment of glass, a piece of broken glass.
glassliber *sb. (en, -e)* glass cutter.
glasuld glass wool.
glasur *sb. (en, -er)* **1.** *(på keramik)* glaze; **2.** *(sukker)* icing, frosting.
glasværk glassworks (pl. glassworks).
glasøje glass eye.
glasål *(zo.)* elver.
glat[1] *adj.* **1.** smooth; **2.** *(så at man glider)* slippery (*fx* roads); **3.** *(om hår)* straight; *(og blankt)* sleek; **4.** *(om stof: uden plisseer)* plain (*fx* skirt); **5.** *(om person: overhøflig)* smooth, suave; *(slesk)* oily;
□ *han fik et lån på sit -te* ***ansigt*** he got a loan on the strength of his blue eyes; *tro ham på hans -te ansigt* trust his honest face; *~* ***føre*** *se glatføre; give ham det -te* ***lag*** *(fig.)* let him have it; *give et skib det -te lag (glds. sø.)* fire a broadside at a ship; *~ som en* ***ål*** slippery as an eel.
glat[2] *adv.* smoothly;
□ *gå ~ (fig.)* go without a hitch; go off smoothly; *~ væk* without thinking twice about it; without batting an eyelid; just like that.
glatbarberet *adj.* clean-shaven.
glatføre *sb. (et)* slippery roads, greasy roads pl.;

□ *det er* ~ the roads are slippery.
glatførekørsel driving on greasy roads.
glathed *sb. (en) (jf. glat¹)* **1.** smoothness; **2.** slipperiness; **3.** straightness; sleekness; **4.** plainness; **5.** smoothness, suaveness, suavity; oiliness.
glathøvle *vb.* plane (smooth).
glathåret *adj. (fx om hund)* smooth-haired.
glatis*: lokke ham på* ~ get him out on thin ice; set a trap for him.
glatløbet *adj. (om gevær el. kanon)* smooth-bore.
glatraget *adj.* clean-shaven.
glatstrikning stocking stitch.
glatte *vb.* smooth, straighten (*fx* the tablecloth, the bedclothes; one's hair);
□ ~ ***efter*** *(om snedker)* surface, finish off; ~ ***ud*** *a)* smooth out (*fx* creases, wrinkles); *b) (fig., om uenighed)* smooth over, iron out (*fx* the differences between the parties); *c) (uden objekt: stifte fred)* pour oil on troubled waters.
gled¹ *sb.: han fik tungen på* ~ he found his tongue (*fx* it was not until we got home that he found his tongue); *efter at have fået lidt vin fik han tungen på* ~ a little wine loosened his tongue; *få en på* ~ *a)* start sby; *b) (i samtale)* draw sby out.
gled² *præt. af glide.*
gledet *pf.ptc. af glide.*
glemme¹ *sb.: gå i* ~ be forgotten; F sink into oblivion.
glemme² *vb. (glemte, glemt)* **1.** forget (*fx* don't forget to lock the door; forget it!);
2. *(efterlade)* leave (*fx* I left my hat in the train; I have forgotten my book, I must have left it at home);
□ *glemte sager (ɔ: hittegods)* lost property;
[med vb.] jeg ***har*** *glemt hans navn (ɔ: jeg kan ikke komme på det)* I forget his name; ***havde*** *nær (, rent) glemt se nær², rent; det* ***kan*** *du godt* ~ you can forget it; *det* ***skal*** *jeg aldrig* ~ ***dig*** *a) (taknemligt)* I shall always remember you for what you have done; *b) (truende)* I won't forget this; *lade det* ***være*** *glemt a)* say no more about it; let bygones be bygones; bury the past; *b) (begynde på en frisk)* wipe the slate clean; *lad det være glemt! (også)* (let's) forget it!
glemmebogen*: gå i* ~ be forgotten; F sink into oblivion; *lade noget gå i* ~ forget sth.
glemsel *sb. (en)* oblivion.
glemselskurve *(psyk.)* retention curve.
glemsom *adj.* forgetful.
glemsomhed *sb. (en)* forgetfulness.
glente *sb. (en, -r) (zo.)* kite.
gletscher, **gletsjer** *sb. (en, -e)* glacier.
gletscheris, **gletsjeris** glacial ice.
gletscherspalte, **gletsjerspalte** *sb.* crevasse.
glibe *vb.* catch with a pushnet.
glide *vb. (gled, gledet) (se også glidende)* **1.** *(bevæge sig jævnt)* glide (*fx* a boat glided past (, glided through the water); the bird glided through the air; the skater glided over the ice); *(kortere, over en flade;* ~ *på glidebane)* slide (*fx* slide down a slope; the drawer slides in and out; the children were sliding on the ice);
2. *(ufrivilligt: skride)* slip (*fx* he slipped on the ice and fell; the book slipped from his hand); *(gå usikkert, være ved at falde)* slither (*fx* down an icy slope; on the muddy path); *(om hjul, køretøj)* skid (*fx* my car (, bicycle) skidded on the wet road);
3. *(forløbe let)* go (*el.* run) smoothly (*fx* we must try to make things go smoothly);
4. *(om tid: forløbe)* slip by (*fx* the years (, months) slipped by);
5. *(gå stille, om person)* glide (*fx* she glided soundlessly through the door (, past the window)); *(hurtigt og ubemærket)* slipped (*fx* he slipped noiselessly out of the door);
6. (T*: gå, stikke af)* shove off, buzz off; *(klogeligt)* make oneself scarce;
□ *lade* ~ *(ɔ: bevæge)* run (*fx* he ran his fingers through his hair; she ran her eyes over the page); *nu -r jeg!* I'm off!
[med præp., adv.] ~ ***af på*** *et spørgsmål* evade a question; ~ ***bort fra*** *hinanden (fig.)* drift apart; *magten var ved at* ~ ***fra*** *dem* power was slipping through their fingers (*el.* out of their hands); *hvor -r vi* ***hen?*** what are we coming to? ~ ***i*** *en bananskal* slip on a banana skin; *det -r* ***i olie*** *(fig.: går glat)* it is going swimmingly; ~ ***ned*** *(blive nedsvælget)* go down; *for at få forslaget til at* ~ *ned* in order to make the proposal go down; to smooth the way for the proposal; *lade hånden* ~ ***ned i*** slide one's hand into; *(hurtigere)* slip one's hand into; ~ ***op*** *a) (om tøj)* ride up (*fx* your shirt is riding up); *b) (om dør)* open quietly; slide open; ~ ***over i*** merge into; gradually become; ~ ***ud af*** *hånden* slip from one's hand.
glidebane *sb. (en, -r)* slide.
glideflugt glide;
□ *gå ned i* ~ glide down.
glidende *adj.* sliding (*fx* scale);
□ ~ *gennemsnit* moving average; *en* ~ *overgang* a gradual transition; *en* ~ *tackling* a sliding tackle.
glider *sb. (en, -e)* **1.** *(i motor)* sleeve valve; **2.** *(i dampmaskine)* slide valve.
glidestang *(på brandstation)* sliding pole.
glidetur **1.** slide (*fx* a slide on the ice); **2.** *(ufrivilligt)* slip; **3.** *(om bil)* skid.
gliedermann *sb. (en)* lay figure; *(lille)* man(n)ikin.
glimlampe glow discharge lamp.
glimmer *sb. (en el. et)* **1.** tinsel; **2.** *(mineral)* mica.
glimmersand micaceous sand.
glimre *vb.* **1.** glitter; **2.** *(fig.)* shine;
□ ~ *ved sin fraværelse* be conspicuous by one's absence.
glimrende *adj.* brilliant, splendid; *(se også passe¹).*
glimt *sb. (et, -)* **1.** *(lys-, kraftigt)* flash (*fx* a flash of light; a flash from a gun); *(genskin; skarpt)* glint (*fx* of steel; of the sun in a window); *(svagt lys)* gleam (*fx* of a distant light; of fish in the water); F glimmer;
2. *(fig.: kort opblussen)* flash (*fx* flashes of intelligence (, of wit)); *(svagt)* glimmer (*fx* he showed just a glimmer of interest); gleam (*fx* a gleam of triumph);
□ *få (el. se) et* ~ *af* catch a glimpse of, glimpse (*fx* we glimpsed a house through the trees); *et* ~ *af håb* a ray of hope; *(svagere)* a gleam of hope; F a glimmer of hope; *et* ~ *i øjet a) (muntert)* a twinkle in one's eye; *b) (udtryk for følelse)* a glint in one's eye (*fx* there was no glint of humour in his eye; he had a malicious glint in his eye); *med et* ~ *i øjet* with a twinkle; *han sagde det med et* ~ *i øjet (ɔ: uden at mene det)* he said it with his tongue in his cheek; *forstå (, se) det i et* ~ understand (, see) it in a flash.
glimte *vb.* **1.** flash (*fx* the lightning flashed);
2. *(om genskin; skarpt, koldt)* glint (*fx* the windows glinted in the sun; a pistol glinted in his hand);
3. *(om skiftende, usikkert lys)*

twinkle (*fx* a star twinkled in the sky);
4. *(om svagt lys)* gleam (*fx* a light gleamed through the rain);
F glimmer (*fx* a faint light glimmered in the distance).
glimtvis *adv.* **1.** by glimpses (*fx* I saw it by glimpses); **2.** *(indimellem)* at times, now and then.
glimtænder *sb. (en, -e)* glow switch.
glinse *vb.* glisten (*af* with, *fx* his hair glistened with oil; his face glistened with sweat); shine (*af* with, *fx* the guns shone with oil).
glip *sb.: gå ~ af* miss (*fx* an opportunity; you don't know what you are missing); T miss out on (*fx* an opportunity; the latest gossip).
glippe[1] *vb. (slå fejl)* fail (*fx* the attempt failed);
□ *det -de for ham* he failed.
glippe[2] *vb. (med øjnene)* blink.
glitre *vb. (smukt)* sparkle (*fx* the sea was sparkling in the sunlight; precious stones sparkled on his sword); *(om skarp, undertiden ubehagelig, glans)* glitter (*fx* her jewels glittered in the spotlight; the snow glittered in the sunlight); *(om svagt, blødt lys)* shimmer (*fx* the sea was shimmering in the moonlight).
glitte *vb.* glaze, calender.
glo *vb.* **1.** stare (*på* at); **2.** *(vredt)* glare (*på* at); **3.** *(forbavset)* goggle (*på* at); *(med åben mund, dumt)* gape, gawp, gawk (*på* at);
□ *han sad og -de ud i luften* he was staring into space.
global *adj.* global.
globe *sb. (en, -r)* globe.
globetrotter *sb. (en, -e)* globetrotter.
globryllup*: vi var til ~ (kan gengives)* we just went to watch a wedding.
globus *sb. (en, -(s)er)* globe.
gloende *adj. (glødende)* red-hot; *(se også kul, pæl)*;
□ *~ rød* fiery red, flaming red; *blive ~ rød (i hovedet)* turn scarlet.
glohed *adj.* **1.** scorching (hot);
2. *(rødglødende)* red-hot.
glorie *sb. (en, -r)* halo (pl. -es); nimbus;
□ *pudse sin ~ (omtr.)* hug oneself.
glorificere *vb.* glorify.
glorværdig *adj.* glorious.
glorød *adj.* fiery red; *(se også gloende (rød)).*
glosar *sb. (et, -er),* **glosarium** *(et, glosarier)* glossary.
glose *sb. (en, -r)* word.
gloseforråd vocabulary.
gloseliste glossary.
glossar(ium) *se glosar.*
glubende[1] *adj. (vild)* ferocious (*fx* wolf);
□ *en ~ appetit* a ravenous appetite.
glubende[2] *adv.: ~ sulten* ravenous.
glubsk[1] *adj.* ferocious (*fx* wolf; expression); fierce (*fx* dog).
glubsk[2] *adv.* ferociously, fiercely.
glubskhed *sb. (en)* ferocity, fierceness.
glug *sb. (en, -ger)* peephole;
□ *-ger (*T*: øjne)* peepers.
glughul peephole.
glukose *sb. (en)* glucose.
glut *sb. (en, -ter)* girl, lass.
gluten *sb. (et)* gluten.
glutenbrød gluten bread.
glycerin *sb. (en)* glycerin(e); *(fagl.)* glycerol.
glæde[1] *sb. (en, -r)* **1.** joy (*over, ved (at)* in (-ing), *fx* in one's work; in helping others; joys and sorrows; he is a great joy to his parents);
2. *(svagere: fornøjelse)* pleasure (*over, ved* at, in, *fx* his pleasure at my resignation (, in his work); with pleasure; the pleasures of the table);
3. *(stærkere)* delight (*over, ved (at)* at (-ing), *fx* her obvious delight at seeing him; it was a delight (, joy, pleasure) to see them together; the delights of living in the country);
□ *de små -r* the little pleasures; *[med vb. (+ præp.)] det* ***er mig*** *en ~* ***at*** I am happy to (*fx* help you); F I gives me great pleasure to (*fx* welcome Mr Jones); *han* ***fik*** *meget ~* ***af*** *det a) (ɔ: fornøjelse)* he got a lot of pleasure out of it; T he got a lot of fun out of it; F it was a source of great pleasure to him; *b) (ɔ: nytte)* it proved very useful to him; *for at* ***gøre*** *ham en ~* to please him; ***gør*** *mig den ~* ***at*** *spise til middag med mig* do me the pleasure of dining with me; *han* ***har*** *~* ***af*** *sin søn* his son is a comfort to him; *(stærkere)* his son is a joy to him; ***have*** *den ~* ***at*** *(+ inf.) a)* have the pleasure of -ing (*fx* are we to have the pleasure of seeing you again? I had the pleasure of meeting him); *b) (om personlig tilfredsstillelse)* have the gratification of -ing (*fx* he had the gratification of seeing his son be promoted);
[med præp.] ude af sig selv ***af*** *~* beside oneself with joy; *græde af ~* weep for (*el.* with) joy; ***med*** *~* with pleasure; gladly; ***til*** *~* ***for*** *hende* for her benefit; *gøre det til ~ for hende* do it to please her; *til stor ~ for* to the (great) delight of.
glæde[2] *vb.* **1.** please (*fx* he did it to please me); *(stærkere)* delight;
2. *(gøre glad)* make happy;
□ *det -r* ***mig at*** *høre* I am glad (*el.* pleased *el.* happy) to hear it; *(stærkere)* I am delighted to hear it; *det -r mig at du kunne komme* I'm glad you could come; *~* ***sig*** *(ɔ: være glad)* be glad, be happy; F rejoice; *jeg er allerede begyndt at ~ mig (ɔ: se frem til det)* I have already begun to look forward to the party (, to Christmas etc.); *~* ***sig over*** *(el. ved) a)* be pleased with (*fx* his visit); *(stærkere)* be delighted at (*fx* the result); *b) (nyde)* enjoy (*fx* the music); *~* ***sig til*** look forward to (*fx* to the party); *~ sig* ***til at*** look forward to -ing (*fx* to coming, to seeing her again); *~* ***sig ved*** *se ovf.: ~ sig over; han kan ~ sig ved* he enjoys (*fx* good health).
glædelig[1] *adj.* **1.** joyful (*fx* news); happy; **2.** *(svagere: behagelig)* pleasant (*fx* surprise); **3.** *(om personlig tilfredsstillelse,* F*)* gratifying (*fx* result; it is very gratifying to see);
□ *en ~ begivenhed (også om fødsel)* a happy event; *~ jul!* merry Christmas! *ønske dem ~ jul* wish them a merry Christmas; *-t nytår* a happy New Year.
glædelig[2], **glædeligt** *adv. (jf. glædelig*[1]*)* **1.** joyfully, happily; **2.** pleasantly (*fx* surprised).
glædeligvis *adv.* happily; F fortunately.
glædeløs *adj.* joyless (*fx* existence); cheerless.
glædesblus bonfire.
glædesdag day of rejoicing.
glædesløs = *glædeløs.*
glædespige fille de joie.
glædesrus transport af joy, frenzy of joy; rapture.
glædesskrig shout of joy.
glædesstrålende[1] *adj.* beaming (with joy); radiant with joy; *(stærkere: jublende,* F*)* jubilant.
glædesstrålende[2] *adv.* with a beam of delight; jubilantly.
glædestårer *sb.pl.* tears of joy.
glød *sb. (en, -er)* **1.** *(lys)* glow (*fx* the glow of the sunset);
2. *(af kul)* live coal;
3. *(cigaret-)* the glowing (*el.* lighted) end of a cigarette;
4. *(fig.: stærk følelse)* fervour (*fx* he spoke with great fervour).
gløde *vb.* **1.** glow (*fx* the embers (, her cheeks) were glowing);
2. *(få til at gløde)* make (*fx* iron) red-hot.

glødelampe incandescent lamp, glow lamp.
glødende[1] *adj.* **1.** glowing (*fx* cheeks; cigarette; glowing coals); **2.** *(rødglødende)* red-hot; **3.** *(brændende, kun attr.)* live (*fx* a live coal; a live piece of wood); **4.** *(fig.)* ardent, fervent (*fx* admirer, patriot, supporter); burning (*fx* interest, enthusiasm).
glødende[2] *adv. (jf. glødende*[1] *4)* ardently (*fx* ardently pro-British); with fervour (*fx* he spoke with fervour about it).
glødenet *(til gasblus)* mantle.
glødetråd *sb. (en, -e) (i glødelampe)* filament.
glødhede *sb. (en)* red heat.
gløgg *sb. (en, -)* [mulled wine containing raisins and almonds].
gnalling *sb. (en, -er)* bit.
gnaske *vb.: ~ i sig, ~ på a)* munch (*fx* an apple); *b) (knase)* crunch (*fx* biscuits, sweets).
gnasken *sb. (en)* munching; crunching.
gnave *vb.* **1.** *(om dyr)* gnaw (*fx* the rats had gnawed a hole in the floor); *(smågnave)* nibble (*fx* the mice had nibbled at the cheese); **2.** *(slide på)* fret (*fx* the rope fretted the pole; the current fretted the river bank); eat away at (*fx* the sea is eating away at the coast; the mining company ate away at the mountain); **3.** *(~ sår i)* chafe (*fx* the skin); **4.** *(være gnaven)* grumble (*over* at);
□ *skoene -r* the shoes chafe my (, his etc.) feet; *~ hul i (fx om sko)* wear a hole in;
[med præp.] ~ ***ad*** *hinanden* nag at each other; *~* ***sig igennem*** *a) (om dyr)* gnaw its way through; *b) (fig. om person: arbejde sig igennem)* plod through, plough through (*fx* a book); *~* ***sig ind i*** gnaw its way into; *~* ***på*** *a) (om dyr)* gnaw (at) (*fx* a bone); *b) (om person)* munch (at) (*fx* an apple).
gnaven *adj.* **1.** *(tvær)* cross (*over* about; *på* with); *(og utilfreds)* disgruntled; **2.** *(tavs og mut)* sulky; **3.** *(pirrelig)* pettish, crabby; *(irritabel)* fretful, peevish; **4.** *(som hele tiden brokker sig)* grumpy (*fx* a grumpy old man).
gnavenhed *sb. (en) (jf. gnaven)* **1.** crossness; **2.** sulkiness; **3.** pettishness; fretfulness, peevishness; **4.** grumpiness.
gnaver *sb. (en, -e) (zo.)* rodent.
gnaveri *sb. (et)* **1.** *(brokken sig)* grumbling; peevishness; **2.** *(småskænden)* nagging (*fx* his wife's perpetual nagging).
gnavpotte *sb. (en, -r)* grumbler, sourpuss.
gnavsår chafe.
gned *præt. af gnide.*
gnedet *pf.ptc. af gnide.*
gnejs *sb. (en)* gneiss.
gnidder *sb. (et)* cramped writing.
gnide *vb. (gned, gnedet)* rub; *(for at varme også)* chafe;
□ *~ en plet* ***af*** rub off a stain; *~* ***ind*** rub in; *~ på* ***på*** *en violin* scrape a violin;
[med sig] ~ ***sig i*** *hænderne* rub one's hands; *(= godte sig også)* hug oneself; *~* ***sig op ad*** *en (fig.)* rub shoulders with sby; *katten gned sig op ad hans ben* the cat rubbed itself against his legs.
gnidebillede rubbing.
gnideri *sb. (et, -er) (fig.)* friction; *-er* friction.
gnidning *sb. (en, -er)* **1.** rubbing; **2.** *(fys.)* friction; **3.** *(frottering)* rubbing;
□ *-er (ɔ: uoverensstemmelser)* friction.
gnidningselektricitet frictional electricity.
gnidningsfri, gnidningsløs *adj.* frictionless (*fx* co-operation); smooth.
gnidningsmodstand frictional resistance, friction.
gnidret *adj.* **1.** *(om skrift)* cramped, crabbed; **2.** *(for detaljeret)* finicky (*fx* pattern).
gnidsel *sb.: gråd og tænders ~* weeping and gnashing of teeth.
gnier *sb. (en, -e)* miser; *(stærkere,* T*)* skinflint.
gnieragtig *adj.* miserly.
gnist *sb. (en, -er)* spark;
□ *ikke ~ af* not a spark of (*fx* interest, intelligence); not a glimmer of (*fx* hope, interest); not a grain of (*fx* sense); F not a vestige of (*fx* truth); *jeg har ikke ~ af anelse om det* I have not got the faintest idea (of it); T I haven't a clue; I haven't the foggiest (idea);
[med vb.] han ***mangler*** *-en (fig.)* he lacks inspiration; ***slå*** *-er af noget* strike sparks from sth; *det slog -er (fig.: de skændtes)* the sparks flew.
gnistre *vb.* **1.** sparkle; **2.** *(om enkelt stærkt glimt)* flash;
□ *hans øjne -de af vrede* his eyes flashed with anger; *-nde sort* jet black.
gnom *sb. (en, -er)* **1.** gnome; **2.** *(skældsord)* runt.
gnu *sb. (en, -er) (zo.)* gnu.
gnubbe *vb.* rub; *(for at varme også)* chafe;
□ *~ sig op ad en (fig.)* rub shoulders with sby; *~ sig på ryggen* scratch one's back.
gny *sb. (et)* din;
□ *der står ~ om hans navn* he is a centre of contention.
gnægge *vb.* **1.** *(vrinske)* whinny; **2.** *(grine)* cackle (*fx* he cackled with delight);
□ *en -nde stemme (omtr.)* a grating voice.
gobelin *sb. (et, -er)* tapestry.
gobelinbroderi tapestry stitch.
gobelinvæveri *(værksted)* tapestry workshop.
god *adj. (se også bedre*[1]*, bedst, godt)* good;
□ *-t!* good! fine! all right! *-t det ikke er mig* rather you (, them etc.) than me;
[med sb.] '*~ aften (, dag, weekend)* have a nice evening (, day, weekend); *(se også godaften, goddag)*; *på -t dansk (ɔ: uden omsvøb)* in plain Danish; *~ gerning se gerning*; *af -e grunde* for very good reasons; *hans -e hjerte løb af med ham* his kind heart got the better of him; *af et -t hjerte* with all one's heart; *en ~ kilometer (ɔ: lidt over)* a good kilometer; *en ~ time (ɔ: lidt over)* a good hour; *(se også hoved, humør, jord, kort*[1]*, mening (i en ~ mening), mine*[1]*, navn, ord, tid, vare*[1]*, ven, vilje)*;
[forbindelsen: det -e:] for meget af ***det*** *-e* too much of a good thing; *være af det -e* be all to the good; *med det -e a) (med lempe)* gently; *b) (godvilligt)* voluntarily; *tage ham med det -e* use kindness; *han skal tages med det -e* he is easier led than driven; *med det -e eller med det onde* by fair means or foul; *det -e ved det* the good thing about it;
[med vb.] hun ***gør*** *meget -t* she does a lot of good; *gøre det -t igen* make it up; make up for it; *gøre en ~ igen* mollify sby; *gøre -t for (, med) se godt*; ***have*** *det -t se godt*; *have det -t med se have*[2]; ***sige*** *~ for* vouch for, answer for; ***tale*** *-t om* speak well of;
[med være] det ***er*** *-t at* it is a good thing that; *det* ***kan være*** *meget -t men* that is all very well but; *det kan -t være se godt*; *det* ***er kun*** *-t* that is all to the good; that is just as well; *han* ***er*** *~* ***nok*** he is all right; *han er ikke ~ nok til hende* he is not good enough for her; *den er ~ nok!* T that's all right! *det er -t nok men* that is all very well but; *er det* '***så*** *-t? (ɔ: er du til-*

freds) are you satisfied now? *så er det -t! (ɔ: hold op)* that will do! that's enough! stop that! ***vær så*** *~ se værsgo;*
[med præp.] han er ~ ***af*** *sig* he is good-natured; *han er for ~ af sig* he is far too kind; T he is too kind by half; *have -t af se godt; det er -t* ***for*** *gigt* it is good for rheumatism; *gøre -t for se godt; han er ~ for en million* he is good for a million; he is worth a million; *(se også gal);* ~ ***imod*** good to, kind to; *de er* ***lige*** *-e* ***om*** *det* one is as much to blame as the other; *den er ~* ***med*** *dig!* don't give me that! ***på*** *-t og ondt* for better or (for) worse (*fx* Denmark is, for better or worse, a small country); *være ~* ***til*** be good at (*fx* football, arithmetic); *være ~* ***til at*** be good at -ing (*fx* cheating, explaining things); *være ~ til at svømme (, danse) (også)* be a good swimmer (, dancer); *holde sig* ***for*** *~* ***til*** *at* be above -ing (*fx* he is above cheating); *det er for -t til at være sandt* it is too good to be true; ~ ***ved*** good to, kind to;
[udtryk med: til -e] ***gøre sig til -e*** *med* F regale oneself with; T tuck into; ***have*** *noget* ***til -e*** *a)* have sth coming to one; *b) (at glæde sig til)* have sth to look forward to; *han har £50 til -e* there is £50 due to him, he has £50 to come; *han har £50 til -e hos mig* I owe him £50; *han har en uges ferie til -e* he has a week's holiday due (*el.* to come *el.* owing); *det må vi have til -e til en anden gang* we'll have to wait till another time; *(især am.* T*)* we'll have to take a rain check; ***holde*** *ham hans ungdom* ***til -e*** make allowance for his youth; *det* ***kom*** *mig* ***til -e*** *at jeg havde læst bogen* I benefited from having read the book.

godaften good evening.

godartet *adj. (med.)* benign (*fx* tumour).

godbid *sb. (en, -der) (også fig.)* titbit; *(am.)* tidbit; *(om oplysning også)* nugget.

goddag 1. good morning; *(om eftermiddagen)* good afternoon;
T hello; **2.** *(ved præsentation)* how do you do?

gode *sb. (et): et ~* a good thing, an advantage; *(stærkere)* a blessing; F a boon (*fx* it was a great boon to him); *det højeste ~* the supreme good; *livets -r* the good things in life; *(se også materiel²).*

godeste*: ih du ~!* good heavens! goodness!

godgørende *adj.* charitable.

godgørenhed *sb. (en)* charity.

godhed *sb. (en)* goodness; kindness;
□ *hav den ~ at* be so kind as to; be good enough to.

godhjertet *adj.* kind-hearted.

godhjertethed *sb. (en)* kind-heartedness.

godkende *vb.* **1.** *(sige ja til)* approve (*fx* the plans, the minutes of the meeting);
2. *(anerkende)* allow (*fx* a claim; the referee refused to allow the goal);
3. *(tillade officielt)* sanction (*fx* the Church did not snaction remarriage);
4. *(støtte)* endorse (*fx* the statement was endorsed by the Labour conference);
5. *(på generalforsamling)* adopt (*fx* the accounts were (, the report was) adopted);
□ *-s (på dokumenter)* approved; O.K.

godkendelse *sb. (en, -r) (jf. godkende)* **1.** approval; **2.** allowance; **3.** sanction; **4.** endorsement; **5.** adoption.

godlidende, **godmodig** *adj.* good-natured.

godmodighed *sb. (en)* good-nature.

godmorgen good morning;
□ *(han er da høflig;) høflig! jo ~* polite, I don't think.

godnat good night;
□ *det et dybt ~* S it is completely daft.

godnathistorie bedtime story.

gods¹ *sb. (et)* **1.** *(varer, fragtgods)* goods pl.; *(am.)* freight; **2.** *(ejendele)* property; **3.** *(sø.)* stores; *(tovværk)* rigging; **4.** *(*T*: kram)* stuff;
□ *det er ~! der er ~ i den !* it is good stuff! *det er blandet ~* it is a mixed bag; *hans jordiske ~* his worldly goods (*el.* possessions); his worldly goods, his worldly possessions pl.; *rørligt og urørligt ~* movables and immovables pl.

gods² *sb. (et, -er) (landejendom)* estate.

godsbanegård 1. goods depot; *(am.)* freight depot; **2.** *(terrænet med spor etc.)* goods yard; *(am.)* freight yard.

godsejer landowner; landed proprietor.

godsejerstanden the landed interest; the landowners pl.

godsekspedition 1. goods service; *(am.)* freight service; **2.** *(kontor)* goods office; *(am.)* freight office.

godsekspeditør goods manager; *(am.)* freight superintendent.

godsforvalter land agent, steward.

godskrive *vb.* credit;
□ *~ én for et beløb* credit sby with an amount.

godsterminal freight terminal.

godstog goods train; *(am.)* freight train.

godstrafik goods traffic; *(am.)* freight traffic.

godsvogn 1. goods waggon; *(am.)* freight car; **2.** *(lukket)* van, box wagon; *(am.)* box car.

godt *adv.* **1.** well (*fx* I know him well);
2. *(rigeligt, ~ og vel)* rather more than (*fx* rather more than 90 per cent); T a good (*fx* a good hour (, two miles)); *(mindst,* F*)* fully (*fx* fully two miles); *(om klokkeslæt)* a few minutes past (*fx* twelve);
3. *(knap)* just under (*fx* an hour); *(om klokkeslæt)* a few minutes to (*fx* twelve);
4. *(i sikkerhed)* safely (*fx* we got home safely);
5. *(forstærkende)* pretty (*fx* angry, hot, stupid, tired);
□ *~ og grundigt* thoroughly (*fx* he ruined it thoroughly); *(foran adj. også)* well and truly (*fx* well and truly ruined); *-t med penge* plenty of money; *han klarede sig ~ nok* he did well enough; *det er ~ nok mærkeligt* it really is odd; *(se også ganske (vist)); så ~ han kunne* as well as he could; as best he could; *så ~ som (ɔ: næsten)* as good as (*fx* it is as good as finished); practically (*fx* practically everybody); virtually (*fx* penniless, impossible; virtually all the teachers);
[med vb. (+ præp.)] det ville ***gøre*** *~* it would be nice; *det er ~ gjort! (ironisk)* I like that! *hvad skal* ***gøre*** *~* ***for****?* what is that in aid of? what is the (big) idea? *have flere penge at* ***gøre*** *~* ***med*** have more money to play around with; *det ville gøre ~ med en is* I could do with an ice cream; ***gå*** *~ se gå; det* ***har*** *du rigtig ~* ***af*** serves you right; *du ville have ~ af at gå en tur* a walk would do you good; *huset ville have ~ af en gang maling* the house could do with a bit of paint; *du har ikke ~ af kaffe* coffee is not good for you; *han* ***har det*** *~ a) (om helbred)* he is (very) well, he is all right; F he is in good health; *b) (økonomisk)* he is well off; *hav det ~! a)* all the best! good luck! take care of yourself! *b) (mor dig godt)* have a good time! *både moder og barn har det ~* both mother and child are doing well (*el.* are in good health);

de ved ikke hvor ~ de har det they don't know how well off they are; *så kan du* ***have det så*** *~ (ɔ: så må du selv om det)* all right, have it your way; *det kan ~ være* maybe; that may well be the case; ***kunne*** *~, kan ~ se kunne*; *det* ***lugter*** ~ it smells good (*el.* nice); ***mene*** *det ~ se mene*; ***se*** *~* ***ud*** *a)* be good-looking; *b) (rask)* look fit; ***slippe*** *~ fra se slippe*; *det* ***smager*** ~ it tastes good (*el.* nice).

godtage *vb.* accept.

godte[1] *sb. (en, -r)* (T: *om sød pige)* cracker;
□ *-r (ɔ: slik)* sweets; *(også = godbidder)* T goodies; *(am.)* candy.

godte[2] *vb.: ~ sig (skadefro)* gloat (*over* over).

godtfolk good people; *(i tiltale)* folks.

godtgøre *vb.* **1.** *(bevise)* prove, establish (*fx* his innocence); F make good (*fx* a claim); *(underbygge)* substantiate (*fx* a claim);
2. *(erstatte)* compensate (*fx* compensate him for his loss); F indemnify (*fx* indemnify him for his loss (, expenses));
3. *(udlæg)* repay (*fx* repay him the money he has disbursed); F reimburse (*fx* your train fare will be reimbursed); *~ ham hans udlæg (også)* reimburse him (for his expenses).

godtgørelse *sb. (en, -r)* **1.** *(betaling)* fee; F remuneration; **2.** *(i prisen)* allowance; **3.** *(erstatning)* compensation; F indemnification; **4.** *(tilbagebetaling)* reimbursement.

godtkøbsroman cheap novel; novelette.

godtkøbsvare cheap article.

godtroende *adj.* naive; *(let at narre)* gullible; F credulous.

godtroenhed *sb. (en) (jf. godtroende)* naivety; gullibilty; F credulity.

godvilligt *adv.* **1.** *(frivilligt)* voluntarily; **2.** *(uden postyr)* quietly (*fx* will you come along quietly?);
□ *jeg gør det ikke ~* I will not do it unless I am compelled.

gok *sb. (et, -)*, **gokke** *vb.* S biff.

gold *adj.* **1.** *(også fig.)* barren (*fx* soil; speculations); sterile (*fx* debate); **2.** *(om ko)* dry.

goldhed *sb. (en)* barrenness; sterility.

golf[1] *sb. (en, -er) (geogr.: bugt)* gulf.

golf[2] *sb. (en) (spil)* golf.

golfbane golf course; golf links sg. *(NB uden pl.)*.

Golfkrigen the Gulf War.

golfkølle golf club.

golfspiller golfer.

Golfstrømmen the Gulf Stream.

Golgatha *(bibelsk)* Calvary; Golgotha.

gondol *sb. (en, -er) (også i luftskib & til varer)* gondola.

gondolfører, **gondoliere** *sb. (en, -r)* gondolier.

gongong *sb. (en, -er)* gong.

gonor(r)é, **gonor(r)e** *sb. (en, gon(n)oreer)* gonorrhea; S the clap.

goodwill *sb. (en) (hdl. etc.)* goodwill (*fx* pay a high price for the goodwill of the firm).

gople *sb. (en, -r)* **1.** *(zo.)* medusa; **2.** *(vandmand)* jellyfish.

gordisk Gordian;
□ *løse den -e knude* cut the Gordian knot.

gorgonzola *sb. (en, -er)* Gorgonzola (cheese).

gorilla *sb. (en, -er)* **1.** *(zo.)* gorilla; **2.** (S: *forbryders hjælper)* gorilla, strong-arm man.

goter *sb. (en, -)* Goth.

gotik *sb. (en) (arkit.)* Gothic (style) (*fx* Gothic (*el.* the Gothic style) flourished in this period).

gotisk *adj.* Gothic;
□ *-e bogstaver* Gothic letters; *~skrift a) (trykt)* Gothic type; *b) (skrevet)* German hand.

Gotland *(geogr.)* Gothland.

gouache *sb. (en, -r)* gouache.

gourmand *sb. (en, -er)* **1.** *(frådser)* gourmand; **2.** *(finsmager)* gourmet.

gourmet *sb. (en, -er)* gourmet.

goutere *vb.* **1.** *(forstå at værdsætte)* appreciate (*fx* his books can only be appreciated by very few people); **2.** *(synes om)* relish (*fx* I did not quite relish his jokes).

grab *sb. (en, -ber) (på gravemaskine)* bucket.

grabbe *sb. (en, -r)* (S: *hånd)* fist, paw (*fx* keep your paws off!).

graciøs *adj.* graceful.

grad *sb. (en, -er)* **1.** degree;
2. *(rang)* rank (*fx* the military ranks); *(trin)* grade (*fx* a major is one grade higher than a captain); *(inden for frimurerloge)* degree;
□ *ligning af første (etc.) ~ se ligning*; *40 -er celsius* 40 degrees centigrade; *40 -ers feber* a temperature of 40 degrees centigrade; *(svarer i Fahrenheit til)* a temperature of 104; *fem -ers frost (el. kulde)* minus five degrees Celsius; *nul -er* nought (*el.* zero) degrees; *vende 180 -er a)* make a U-turn; *b) (fig.)* do a U-turn;
[i grammatik] højere ~ the comparative; *højeste ~* the superlative;
[med præp.] ***i*** *betydelig ~* considerably, to a considerable extent (*el.* degree); *i betænkelig ~* dangerously, alarmingly, to an alarming extent (*el.* degree); *i den ~* 'so, terribly (*fx* he is 'so (*el.* terribly) irritating); F to a degree (*fx* he is irritating to a degree); *også i* '*den ~!* (T: *svar på spørgsmål)* isn't he (, didn't we etc.) just! and how! *i den ~ at* to such an extent (*el.* a degree) that; so that; *i høj ~* very; *(især om noget positivt)* highly (*fx* interesting, pleased); *i hvor høj ~* to what extent (*el.* degree); *i højeste ~* extremely; *i kendelig ~* perceptibly; *i lige ~* equally; *i mindre ~* to a lesser extent (*el.* degree), less so (*fx* this is the case in Britain and less so in Denmark); *i nogen ~* to some extent (*el.* degree), rather; F somewhat; *i ringe ~ se ringe*[1]; *i sjælden ~* exceptionally; *i stigende ~* increasingly; *stige i -erne a)* be promoted; *b) (komme frem i verden)* go up in the world; *i væsentlig ~* materially; ***til*** *en vis ~* to some (*el.* a certain) extent; up to a point (*fx* I agree with you up to a point).

gradbue graduated arc.

gradbøje *vb.* compare.

gradbøjning comparison.

graddag degree day.

grade *vb.* **1.** *(med.)* take the temperature of; **2.** *(vurdere)* gauge, estimate.

gradere *vb. (ordne gradvis)* grade.

gradinddeling graduation.

gradmåler protractor.

gradmåling measurement of degrees.

gradsforskel difference of degree.

gradstegn *(mil.)* badge of rank; *(pl. også,* F*)* insignia.

graduere *vb.* graduate, grade.

gradvis[1] *adj.* **1.** gradual (*fx* increase); **2.** *(i etaper)* phased (*fx* withdrawal).

gradvis[2] *adv.* gradually, by degrees.

graffiti *sb. (en, -)* graffiti pl.

graffitimaler graffitist.

grafik *sb. (en)* **1.** *(reproduktionsmetoder)* the graphic arts pl.;
2. *(billeder)* graphics pl. (*fx* an exhibition of graphics; computer graphics).

grafiker *sb. (en, -e)* graphics artist, graphic designer.

grafisk[1] *adj.* graphic;
□ *de -e fag* the graphic industries.

grafisk[2] *adv.* graphically.

grafit *sb. (en)* graphite, black lead.

grafolog *sb. (en, -er)* graphologist.

grafologi *sb. (en)* graphology.

grafologisk *adj.* graphologic(al).
grahamsbrød wholemeal bread.
gral: *den hellige ~* the Holy Grail.
gram[1] *sb. (et, -)* gram, gramme (*fx* 200 gram(me)s of coffee).
gram[2] *adj.*: *~ i hu* irate.
grammatik *sb. (en, -ker)* grammar.
grammatikalsk = *grammatisk.*
grammatiker *sb. (en, -e)* grammarian.
grammatisk[1] *adj.* grammatical.
grammatisk[2] *adv.* grammatically (*fx* grammatically correct).
grammofon *sb. (en, -er)* **1.** record player; *(til stereoanlæg)* turntable; **2.** *(glds. slags)* gramophone; *(am.)* phonograph.
grammofonmusik canned music.
grammofonoptagelse recording.
grammofonplade record.
grammofonstift **1.** *(en - er)* gramophone (, phonograph) needle; **2.** *(moderne)* stylus.
grams *sb.*: *kaste penge i ~ (til dem)* throw money for them to scramble for; *(især børn)* make them scramble for money.
gramse *vb.*: *~ efter a) (ivrigt)* grab for; *b) (søgende)* grope for; *~ på* paw about; *(groft)* feel up, touch up.
gramsepose lucky bag (*el.* dip).
gran[1] *sb. (en, -er) (bot.)* spruce (pl. -, -s); T fir.
gran[2] *sb. (et) (smule)* bit, grain;
□ *et ~ af sandhed* a grain of truth; *(mindre:)* (just) a suspicion of truth; *ikke et ~* not a bit; *ikke et ~ af sandhed* not a grain (*el.* an atom *el.* a particle) of truth; *(se også salt*[1]*).*
granat *sb. (en, -er)* **1.** *(til kanon)* shell; *(hånd-, gevær-)* grenade; **2.** *(ædelsten)* garnet; **3.** *(bot.)* pomegranate.
granatchok shell shock.
granatsplint piece of shrapnel; *-er* shrapnel sg.
granatstol grenade launcher.
granatæble *(bot.)* pomegranate.
granddanois *sb. (en, -er) (zo.)* Great Dane.
grandios *adj.* grandiose.
grandiositet *sb. (en)* grandiosity.
grandonkel great-uncle.
grandprix *sb. (et, -er) (konkurrence)* Grand Prix.
grandtante great-aunt.
grangivelig *adv.* exactly;
□ *~ som om* exactly (*el.* for all the world) as if.
granit *sb. (en)* granite.
granitbrud *sb. (et, -)* granite quarry.
grankogle spruce cone.
grannål spruce needle.
granrafte [thin undressed spruce stem].
granske *vb.* **1.** *(undersøge)* examine, study (*fx* a document); *(nøjere,* F *el. spøg.)* scrutinize; **2.** *(efterprøve, søge i)* search (*fx* one's conscience, one's heart, one's memory, one's soul);
□ *~ hjerter og nyrer* search the hearts and reins.
granskning *sb. (en, -er) (jf. granske)* **1.** investigation, study; scrutiny; **2.** searching.
granskov spruce forest.
grant *adv. (glds. el. spøg.)* clearly.
grantræ spruce (pl. -, -s); T fir;
□ *"-et" (af H.C. Andersen)* The Fir Tree.
granuleret *adj.* granulated.
grapefrugt grapefruit.
grassat *adv.*: *løbe ~ a) (fare vildt omkring)* run amuck (*el.* amok); *b) (lave ødelæggeser)* go on the rampage; *c) (komme ud af kontrol)* get out of hand ; T go haywire.
grassere *vb. (om sygdom: hærge)* rage.
grat *sb. (en, -er)* **1.** *(på metal)* burr; **2.** *(støbe-)* fin; **3.** *(fure i træ)* rabbet; **4.** *(arkit.: sammenløb af to buer)* groin; **5.** *(tags skrå skæringslinie)* hip.
gratiale *sb. (et, -r)* bonus.
gratie *sb. (en, -r)* grace;
□ *de tre -r* the three Graces.
gratin *sb. (en, -er)* gratin.
gratineret *adj. (efter sb.)* au gratin.
gratinskal scallop.
gratis[1] *adj. (præd. også)* gratis (*fx* take it, it is gratis);
□ *~ adgang* admission free; *der er ~ adgang* admission is free; there is no charge for admission; *intet er ~ her i livet* you don't get something for nothing.
gratis[2] *adv.* free (of charge); F gratis; T for free (*fx* we got it for free; he did it for free); for nothing.
gratist *sb. (en, -er) (i bus etc.)* fare dodger; *(am.)* deadhead.
gratulant *sb. (en, -er) (svarer til)* wellwisher; F congratulator.
gratulation *sb. (en, -er)* congratulation.
gratulere *vb.* congratulate (*med, til* on);
□ *må jeg ~!* congratulations!
grav *sb. (en, -e)* **1.** *(for døde: i jorden)* grave; *(oven på jorden: gravbygning el. ~ med monument)* tomb;
2. *(voldgrav)* moat;
3. *(udgravning)* pit (*fx* gravel pit); *(langagtig)* ditch, trench;
4. *(smøregrav)* grease pit;
□ *den som graver en ~ for andre falder selv i den (kan ofte gengives)* it is a case of the biter bit; *han graver sin egen ~* he is digging his own grave; *den hellige ~* the Holy Sepulchre; *tro den hellige ~ vel forvaret* T think that everything in the garden is lovely; *[med præp.] stå med den ene fod (el. det ene ben)* ***i*** *-en* have one foot in the grave; *lægge én i -en a)* bury sby; *b) (fig.)* be the death of sby; F bring sby to his grave; *han tog hemmeligheden med sig i -en* he took the secret with him to the grave; *han ville vende sig i sin ~* he would turn (over) in his grave; *følge én* ***til*** *-en* attend sby's funeral; *(se også rand, tavs).*
gravad *adj.* [marinated in salt, sugar and spices];
□ *~ laks* gravlax, gravadlax.
gravalvorlig *adj.* **1.** solemn; **2.** *(påtaget alvorlig)* deadpan (*fx* with a deadpan expression).
grave *vb.* **1.** dig; **2.** *(foretage udgravninger)* excavate;
□ *~ grøfter se grøft;*
[med adv.] ~ ***frem*** *a)* dig out; *b) (fig.: finde frem til)* dig up (*fx* new facts); unearth (*fx* an old scandal); *~* ***ned*** *a)* (ɔ: *for at skjule)* bury (*fx* a treasure); *b) (i havebrug)* dig in, dig into the soil (*el.* ground) (*fx* dig the fallen leaves in(to the soil)); *~ sig ned* dig oneself in; *~* ***op*** *a)* dig up; *b) (lig, for undersøgelse)* exhume; *~ kartofler op* dig (*el.* lift) potatoes; *~* ***ud*** *(arkæol.)* excavate.
gravehveps *(zo.)* digger-wasp.
gravemaskine (mechanical) digger, excavator.
graver *sb. (en, -e)* **1.** *(kirkebetjent)* sexton; **2.** *(ansat ved kirkegård)* gravedigger; **3.** *(zo.)* fossorial animal.
gravere *vb.* engrave.
graveredskab **1.** digging tool; **2.** *(zo.)* fossorial organ.
graverende *adj.* serious; *(stærkere)* grave (*fx* error, mistake).
gravering *sb. (en, -er)* engraving.
graveske trowel.
gravfred: *krænkelse af -en* desecration of a grave.
gravfund grave find.
gravgods grave goods pl.
gravgås *(zo.)* shelduck.
gravhund *(zo.)* dachshund.
gravhvælving (burial) vault.
gravhøj **1.** burial mound; **2.** *(dysse)* barrow.
gravid *adj.* pregnant;
□ *gøre hende ~* make her pregnant; T get her pregnant.
graviditet *sb. (en, -er)* pregnancy.
gravitation *sb. (en, -er)* gravitation.

gravitere *vb.* gravitate.
gravitet *sb. (en)* solemnity; *(neds.)* pompousness.
gravitetisk[1] *adj.* solemn; *(neds.)* pompous.
gravitetisk[2] *adv.* solemnly; *(neds.)* pompously.
gravkammer burial chamber.
gravkapel burial vault.
gravko excavator.
gravlægge *vb.* entomb; *(begrave)* inter.
gravlæggelse *sb. (en, -r),* **gravlægning** *(en, -er)* entombment; interment.
gravmonument, **gravmæle** **1.** sepulchral monument; **2.** *(uden lig)* cenotaph.
gravning *sb. (en, -er)* **1.** digging; **2.** *(udgravning)* excavation.
gravrust deep-seated rust; pitting.
gravrøst sepulchral voice.
gravrøver grave robber.
gravskrift *sb. (en, -er)* epitaph.
gravsted burial plot.
gravsten gravestone, headstone.
gravstik *sb. (en, -ker),* **gravstikke** *(en, -r)* burin.
gravudstyr *(arkæol.)* grave furniture.
gravurne sepulchral urn.
gravøl funeral feast.
gravør *sb. (en, -er)* engraver.
greb[1] *sb. (en, -e) (redskab)* fork.
greb[2] *sb. (et, -)* **1.** *(tag)* grasp, hold (*om* of, on, *fx* he had a firm hold of my arm; she lost her hold on the rope); *(fast)* grip (*om* on);
2. *(rækken ud)* grasp; *(hurtigt)* snatch; *(ivrigt)* grab (*efter* at, for, *fx* a grasp (etc.) at a rope; a grab at power);
3. *(måde at gribe på)* grip (*fx* learn the correct grip);
4. *(i brydning)* hold;
5. *(håndelag)* knack (*fx* it is easy once you have got the knack);
6. *(håndtag)* handle; *(rundt)* knob;
7. *(mil.: eksercergreb)* motion;
□ *et heldigt* ~ a lucky move;
[med vb. + præp.] det ***er*** *bare et ~* ***i*** *lommen (omtr.)* that is just a case of writing a cheque; ***gøre*** *et ~* ***i*** *lommen* put one's hand in one's pocket; dip into one's pocket; ***have*** *et godt ~* ***om*** *a) (forstå)* have a good grasp (*el.* grip) of (*fx* a problem); *b) (have kontrol over)* have (*fx* the situation) well in hand; ***have*** *det rette ~* ***på at*** know how to (*fx* teach); have the knack of -ing (*fx* of making them obey); ***stramme*** *-et a)* tighten one's grip (*el.* hold) (*om* on, *fx* his arm, the rope); *b) (fig.)* tighten one's grip (*om* on); tighten the noose.
greb[3] *præt. af gribe.*
grebet *pf.ptc. af gribe.*
gregoriansk *adj.* Gregorian;
□ ~ *kirkesang* Gregorian chant.
grej[1] *sb. (et) se grejer.*
grej[2] *adj.* **1.** *(klar)* clear; **2.** *(djærv)* straightforward.
greje *vb.* **1.** *(finde ud af)* make out (*fx* I can't make him out);
2. *(klare)* manage (*at* to).
grejer *sb.pl.* gear, tackle sg.;
□ *klare -ne se ært.*
grel *adj.* glaring (*fx* light); loud; *(stærkere)* garish (*fx* colours);
□ ~ *modsætning* glaring contrast; *stikke -t af imod, stå i ~ modsætning til* form a glaring contrast to, clash with.
gren *sb. (en, -e)* **1.** branch; *(mindre, fx til pyntning)* twig, spray; *(stor, på træ; litt.)* bough;
2. *(på gaffel etc.)* prong;
3. *(i gymnasium omtr.)* line;
□ *save den ~ af man sidder på (fig.)* cut off the branch one is sitting on; *(se også grøn).*
grenader *sb. (en, -er)* grenadier.
grenadine *sb. (en, -r) (stof; drik)* grenadine.
grene *vb.: ~ sig* branch off.
grensaks lopping shears pl.; *en ~* a pair of lopping shears.
grensav pruning saw.
grenstump branch stump, snag.
grentorn *(bot.)* stem spine.
greve *sb. (en, -r)* **1.** *(uden for Storbritannien)* count; **2.** *(i Storbritannien)* earl;
□ *leve som -r (fig.)* live in the lap of luxury.
grevekrone coronet.
grevinde *sb. (en, -r)* countess.
grevskab *sb. (et, -er)* **1.** *(gods)* (count's) estate; **2.** *(amt)* county.
grib *sb. (en, -be) (zo.)* vulture.
gribe *vb. (greb, grebet) (se også gribende)* **1.** *(om noget der kastes)* catch (*fx* a ball);
2. *(tage fat i: med et fast tag)* seize (*fx* seize sby by the collar; seize power); *(ivrigt, voldsomt)* grab (*fx* seize (, grab) her hand (, the steering wheel); he seized (, grabbed) the money and ran); *(og holde fast i)* grasp; *(fastere)* grip (*fx* grip (, grasp) her hand); *(angst)* clutch;
3. *(pågribe)* catch;
4. *(slå ned på)* seize on, fasten on (*fx* an idea, a suggestion, a detail);
5. *(om følelse)* take possession of (*fx* the pessimism that had taken possession of him); *(pludseligt)* seize (*fx* he was seized with fear (, panic, a desire to give up)); *(stærkere)* grip (*fx* she was gripped with a sudden fear of falling); *(efterhånden overvælde)* overcome (*fx* he was overcome by a sense of hopelessness);
6. *(røre, betage)* affect; *(stærkere)* move (*fx* her story moved me deeply);
□ ~ *en tanke (ɔ: ivrigt)* seize on (*el.* jump at) an idea; *(se også chance, flugt, pen*[1]*);*
[med præp. & adv.] grebet ***af*** *(jf. 5)* seized with; gripped with; overcome by *(jf. ovf.: 5)*; ~ *noget* ***an*** go (*el.* set) about sth (*fx* go about it in the right way); tackle sth; F address sth; ~ ***efter*** *a) (jf. 1)* catch at; *b) (jf. 2)* grab at, grasp at; *(angst)* clutch at;
~ ***fat i*** *a)* catch (*el.* take) hold of; *b) (jf. 2)* seize, grab, grasp; *(angst)* clutch; *(en person også)* collar; *dørhåndtaget greb fat i mit ærme* my sleeve caught on the door handle; ~ ***for*** *sig* put (out) one's hand before one;
~ *en* ***i*** *armen* grasp (, grab, clutch) sby by the arm, seize (etc.) sby's arm; ~ *i strengene* touch the strings; *(kraftigt)* pluck the strings; ~ *en i struben* seize sby by the throat; ~ *en* ***i at*** *lyve (el. i en løgn)* catch sby lying;
~ ***ind*** step in; *(mere* F*)* intervene (*fx* intervene to stop the strike; the police did not intervene); ~ ***ind i*** *a)* intervene in (*fx* the Government intervened in the conflict); *b) (forstyrrende)* interfere in (*el.* with) (*fx* her career); *(mere neds.)* meddle in (*el.* with) (*fx* her plans); *c) (om rettighed)* encroach on (*fx* their rights); *d) (have indflydelse på)* influence, affect (*fx* decisions that affect our daily lives); *(mere* F*)* bear on; *e) (om tandhjul)* gear into; ~ *ind i hinanden (fig.)* interact, be intertwined;
~ ***ind over for*** take measures against; *(kraftigt,* T*)* clamp (*el.* crack) down on;
~ ***om*** catch hold of; *(og holde fast)* grasp; *(angst)* clutch; ~ ***om sig*** *(brede sig)* spread; '~ ***til*** *(om udvej, middel)* resort to (*fx* force, threats); *(se også våben)*; ~ *'til (om tilbud)* accept; *(ivrigt)* jump at the offer (, the chance); *grebet* ***ud af*** *livet* true to life; *grebet ud af luften (fig.)* plucked out of the air (*fx* he said the figures had been plucked out of the air); *(mere* F*)* utterly unfounded (*fx* the accusation was utterly unfounded).
gribebræt *(mus.)* fingerboard.
gribende *adj.* moving.
griberedskab *(zo.)* prehensile or-

gan.
grif *sb. (en, -fe(r)) (myt.)* griffin.
griffel *sb. (en, grifler)* **1.** slate pencil; **2.** *(i blomst)* style.
grifle *vb.* scribble.
grill *sb. (en, -er)* **1.** *(have-)* barbecue; **2.** *(i komfur)* grill.
grillbar *(som sælger mad ud af huset)* takeaway; *(am.)* takeout.
grille[1] *sb. (en, -r)* whim; *(mere neds.)* fad;
□ *få -r* get ideas into one's head; *slå de -r af hovedet* get that notion out of your head; *sætte en -r i hovedet* put ideas into sby's head.
grille[2] *vb. (jf. grill)* **1.** barbecue, grill; **2.** grill.
grillere *vb.* **1.** [crumb boiled meat and brown it in a frying pan] **2.** *(stege på grill)* grill.
grillhandske gauntlet.
grillmad **1.** *(fra havegrill)* barbecue food; grilled food (*fx* we had charcoal-grilled steak); **2.** *(fra grillbar)* takeaway food; *(am.)* takeout food.
grillrist grid.
grillspid skewer.
grillstege *vb. se grille.*
grim *adj.* **1.** *(ikke pæn)* ugly (*fx* person, building); *(mildere, kun om person)* plain; *(kun om ting,* F*)* unsightly (*fx* building); **2.** *(væmmelig)* ugly (*fx* wound); T nasty (*fx* disease, situation, wound);
□ *~ som arvesynden (el. som en ulykke)* as ugly as sin.
grimasse *sb. (en, -r)* grimace;
□ *skære -r a)* make (*el.* pull) faces, grimace; *b) (tegn på væmmelse)* make a wry face.
grime *sb. (en, -r) (til hest)* halter.
grimet *adj.* grimy.
grimhed *sb. (en) (jf. grim 1)* ugliness; plainness.
grimrian *sb. (en, -er)* ugly-looking person; fright (*fx* he is a perfect fright).
grin *sb. (et, -)* **1.** *(latter)* laugh; **2.** *(bredt smil)* grin; **3.** *(sjov)* fun;
□ *hånligt ~* sneer; *selvtilfredst ~* smirk;
[med vb. + præp.] det er til at ***dø af ~ over*** it's a scream; *de var ved at dø af ~ over det* they were killing themselves with laughter over it; *(se også revne*[2]*)*; ***gøre ~ med*** *a)* make fun of; *(en person,* T*)* take the mickey out of; *b) (satirisere)* send up; ***gøre*** *en* ***til*** *~* make a fool of sby; *gøre sig til ~* make a fool of oneself; ***være til*** *~ (om person)* be a laughing stock; T have egg on one's face; *det er helt til ~* it's a farce; ***være til*** *~* ***for*** *(om person)* be the laughing stock of.
grinagtig *adj.* funny; *(stærkere)* hilarious;
□ *hylende ~* hysterically funny; T hysterical (*fx* the film was hysterical); *det er hylende -t (også)* it is a scream.
grindehval *(zo.)* pilot whale.
grine *vb.* **1.** *(le)* laugh; *(højrøstet)* guffaw; **2.** *(smile bredt)* grin;
□ *det er til at ~ ad* it's a laugh; *~ hånligt* sneer (*ad* at).
grinebider *sb. (en, -e)* giggler.
gris *sb. (en, -e)* **1.** *(zo.)* pig; **2.** *(spare-)* piggy bank;
□ *en gammel ~ (fig.)* a dirty old man; *praktisk ~ se praktisk*; *skrige som en stukken ~* squeal like a stuck pig.
grise *vb.: ~ med noget* T mess up sth (*fx* don't mess up the crayons); *~ noget til* dirty sth; T mess up sth; *~ sig til* get dirty.
grisebasse **1.** pig (*fx* you little pig!); **2.** *(i børnesprog: øfgris)* piggy-wiggy.
grisehale pig's tail.
griseri *sb. (et, -er)* mess.
griseso *(zo.)* sow with young.
grisesti pigsty.
grisesylte brawn.
griset *adj. (snavset)* dirty; T messy.
grisetæer *sb.pl.* pig's trotters, pig's feet.
grisk *adj.* greedy (*efter* for); grasping.
griskhed *sb. (en)* greediness, greed (*efter* for).
gro *vb.* grow;
□ *~ fast* take root; *~ sammen a)* join; *b) (om sår)* heal; *~ til a) (om vandløb)* become choked; *b) (om have, bed)* become overgrown.
grobrian *sb. (en, -er)* churl, boor.
grobund *(fig.)* fertile soil;
□ *give ~ for* provide a breeding ground for.
groft[1] *adj. se grov.*
groft[2] *adv.* **1.** *(alvorligt)* grossly (*fx* misleading, exaggerated; insult sby grossly);
2. *(brutalt)* roughly (*fx* treat her roughly);
3. *(ikke fint el. detaljeret)* roughly (*fx* made); crudely (*fx* sewn together);
4. *(uhøfligt)* rudely; *(udannet)* coarsely, crudely; *(stærkere,* F*)* grossly;
□ *~ sagt, ~ set, ~ taget* by and large; broadly speaking.
grofthakket *adj.* coarsely chopped.
groftskåret *adj.* coarse-cut, coarse (*fx* tobacco).
grog *sb. (en, -ger)* grog.
groggy *adj.* groggy.
gros *sb. (et, -)* **1.** gross; twelve dozen; **2.** *(masse)* bulk, mass;
□ *det store ~* the masses pl.; the rank and file; *(se også en gros).*
groshavari general average.
grosserer *sb. (en, -e)* wholesale dealer (*el.* trader), wholesaler; *(især inden for import/eksport)* merchant.
grossererkvarter *(svarer til)* stockbroker belt.
grosserersocietet merchants' guild;
□ *-ets komité* the Copenhagen Chamber of Commerce.
grosserertid*: møde til ~ (svarer til)* come up with the stockbrokers.
grossist *sb. (en, -er) se grosserer.*
grotesk[1] *adj.* grotesque.
grotesk[2] *adv.* grotesquely.
grotte *sb. (en, -r)* **1.** cave; **2.** *(malerisk el. kunstig)* grotto (pl. -(e)s).
grov *adj. (groft, -e)* **1.** *(ikke fin)* coarse (*fx* bread, salt, sand; cloth); **2.** *(ikke glat; ikke udarbejdet)* rough (*fx* plank; sketch, outlines); **3.** *(primitiv)* crude (*fx* a crude wooden hut; crude effects); **4.** *(uhøflig)* rude; *(udannet)* coarse (*fx* language, manners); crude (*fx* behaviour, manners); *(stærkere,* F*)* gross (*fx* behaviour, language, manners); **5.** *(alvorlig)* gross (*fx* injustice, insult, negligence, provocation);
□ *det er groft!* it's a bit stiff! *det er for groft!* that's the limit! *~ i munden* foul-mouthed; *det er lige groft nok!* it's a bit much! *på det -este* grossly;
[med sb.] en ~ fejl a glaring mistake; *en ~ forbrydelse* a serious crime; *~ kost* coarse food; *en ~ krænkelse* a gross (*el.* flagrant) violation; *-e løjer* horseplay; *det er -e løjer! det er lige groft nok! (fig.,* T*)* it's a bit much! *en ~ smag* a coarse taste; *en ~ spøg a)* a coarse jest; *b) (korporlig)* a piece of horseplay; *en ~ stemme* a gruff voice; *hans -e træk* his coarse features; *i -e træk* roughly, in broad outline; *groft tyveri* grand larceny.
grovbrød *(omtr.)* **1.** whole grain bread; **2.** *(enkelt)* whole grain loaf.
grovfil *sb. (en, -e)* rough file;
□ *give en af -en* give sby the rough edge of one's tongue.
grovhed *sb. (en, -er) (jf. grov)* **1.** coarseness; **2.** roughness; **3.** crudeness; **4.** rudeness, coarseness; crudeness; **5.** grossness;
□ *-er* rude (, coarse) language.
grovkornet *adj.* **1.** coarse-grained; **2.** *(fig.)* coarse;

□ ~ *spøg se grov.*
grovkøkken scullery.
grovsmed blacksmith.
grovsortere *vb.* make a preliminary sorting (, grading, classification) of.
grovvarer *sb.pl.* feedingstuffs, seeds and fertilizers.
grovæder glutton.
gru *sb. (en)* horror;
□ *det er en ~ at se* it is a horrible (*el.* shocking) sight; *så det er (, var) en ~* something awful (*fx* he swore something awful).
grube *sb. (en, -r)* **1.** *(gravet hul)* hollow, pit; **2.** *(mine)* mine, pit; **3.** *(rust- etc.)* pit.
grubearbejde mining.
grubearbejder miner.
grubedrift mining.
grubegas firedamp.
grubelampe safety lamp.
gruble *vb.* **1.** *(overveje frem og tilbage)* ponder (*over* on, over, *fx* a problem, a past event; he pondered for some time); **2.** *(mørkt)* brood (*over* on, over, *fx* a problem, past errors, one's failure; he is given to brooding);
□ ~ *over a) (også: overveje)* mull over (*fx* a problem, a suggestion; what to do); *b) (for at forstå, løse)* puzzle over (*fx* a difficult poem, a mystery, a problem).
grublen *sb. (en)* **1.** pondering; **2.** *(mørk)* brooding.
grubler *sb. (en, -e)* person given to brooding;
□ *-en (af Rodin)* le Penseur; the Thinker.
grubleri *sb. (et, -er) se grublen.*
grublisere *se gruble.*
grue *vb.: ~ for* dread; *jeg -r ved at tænke på det* it makes me shudder to think of it.
gruekedel copper.
gruelig[1] *adj.* awful.
gruelig[2], **grueligt** *adv.* awfully;
□ *den er ~ gal!* the fat's in the fire!
grufuld *adj.* horrifying.
grum *adj.* **1.** *(grusom)* cruel; **2.** *(vild)* ferocious.
grumhed *sb. (en) (jf. grum)* **1.** cruelty; **2.** ferocity.
grumme *adv.* very; F exceedingly.
grums *sb. (et)* **1.** sediment; dregs pl.; **2.** *(kaffe-)* dregs, grounds pl.
grumset *adj.* **1.** cloudy, muddy; F turbid; **2.** *(om teint)* muddy.
grund[1] *sb. (en, -e)* **1.** *(bund)* ground (*fx* on firm ground);
2. *(jordbund; landområde)* soil (*fx* on Danish soil); ground (*fx* on neutral ground);
3. *(hævelse i havbund)* shoal;
4. *(byggegrund)* site, plot;
5. *(grundvold for bygning)* foundation;
6. *(fig.: grundlag)* foundation, basis;
7. *(første lag maling)* priming, ground;
□ *grave -en ud til et hus* excavate the footings of a house; *have fast ~ under fødderne* be on firm ground; *lægge -en til* lay the foundation(s) of (*fx* one's career, a fortune); *-en skrider under ham (jf. 1)* the ground is slipping (*el.* giving) under him; *tage -en (jf. 3)* take (the) ground;
[med præp.] bringe skibet ***af*** *-en (sø.)* get the ship afloat; *begynde* ***fra*** *-en* start from scratch; *ændre det fra -en* change it radically; ***i*** *-en a) (faktisk)* after all (*fx* after all, it is not very important); *b) (forresten)* by the way (*fx* by the way, what did you mean by that?); *hvad betyder det i -en? (ɔ: helt præcist)* what precisely does that mean? *løbe* ***på*** *~ (sø.)* run aground; *sætte på ~ (sø.)* ground; *være* ***på fast*** *(el.* ***sikker****) ~ (også fig.)* be on firm (*el.* safe) ground; *(se også gynge*[2] *(gyngende ~), usikker); støde på ~ se støde; gå* ***til*** *-e* be destroyed; F perish; *ligge til ~ for* underlie; lie at the root of; *lægge til ~* take for one's basis; *nedbrænde til -en* burn to the ground.
grund[2] *sb. (en, -e)* **1.** *(fornufts-)* reason (*til, for* for, *fx* he gave no reasons for his refusal); *(bevæg-)* motive (*til* for, *fx* what was his motive (, reason) for acting like that?);
2. *(argument)* argument (*for* for, *fx* give arguments for one's attitude; I was not convinced by his arguments);
3. *(årsag)* cause (*til* of, *fx* the cause of the delay; this incident was the occasion and not the cause of the war);
4. *(berettigelse, anledning)* cause (*til* for; *til at* to, *fx* there is no cause for alarm; you have no cause for complaint; you have good cause to be angry); *(stærkere)* ground(s) (*til* for, *fx* have grounds for suspicion; give them grounds for complaint; there is ground for anxiety);
□ *det er -en* that is (the reason) why; *en fornuftig ~* a good reason; *det har* ***sine*** *-e* there are good reasons for that;
[med præp.] ***af*** *den ~* for that reason; *af den ~ behøver vi da ikke at blive hjemme* that is no reason why we should stay at home; *af en eller anden ~* for some reason or other; *af gode -e* for very good reasons; ***med*** *god ~* with good reason; with cause; justly; ***på*** *~* ***af*** because of; on account of; owing to; F on (the) grounds of (*fx* retire on (the) grounds of ill-health); ***på*** *~* ***af at*** because; F on the ground(s) that; *-en* ***til at*** the reason why (*fx* the reason why he was late was a mystery (, was that he missed the bus)); *der er ingen ~ til at a)* there is no reason to (*fx* believe him; be concerned); *b) (anledning)* there is no occasion to (*fx* interfere); *c) (nødvendighed)* there is no need to (*fx* inform him); *der er al mulig ~ til at* there is every reason to; *hans -e til at gøre det* his reasons for doing it; ***uden*** *~* without reason (, cause); *(forgæves)* for nothing (*fx* we had all that trouble for nothing); *(se også påviselig).*
grund[3] *adj.* shallow.
grundbegreb fundamental concept;
□ *kemiens -er* the fundamentals of chemistry.
grundbeløb basic amount;
□ *folkepensionens ~* the basic state pension.
grundbetydning basic meaning.
grundbog basic reader, primer; *(til studiekreds)* textbook.
grunde[1] *vb. (spekulere)* ponder (*over, på* on, over); F meditate (*over, på* on); *(overveje igen og igen)* ruminate (*over, på* over, about, on); *(se også gruble).*
grunde[2] *vb.* **1.** *(grundlægge)* found, establish;
2. *(male)* prime;
3. *(begrunde, støtte)* ground, found, base (*på* on);
□ *~ sig på, være -t på* rest on, be based on; *-t på (ɔ: på grund af)* owing to; *(se også grundet).*
grundegenskab essential quality.
grundejer **1.** *(husejer)* houseowner; **2.** *(ejer af jord)* landowner.
grundejerforening houseowners' association.
grunden *sb. (en) (spekuleren)* pondering; F meditation.
grundere *vb.* prime, ground.
grundet[1] *adj. (om vand)* shallow;
□ *~ på se grunde*[2]*; have ~ formodning om* have good reason to suppose.
grundet[2] *præp.* owing to.
grundfarve **1.** *(fys.)* primary colour; **2.** *(bundfarve)* ground colour; **3.** *(første lag farve)* primer.
grundfjeld bedrock.

grundflade base.
grundfond capital fund.
grundforbedring betterment.
grundform *(gram.)* stem form.
grundforskellig *adj.* fundamentally different.
grundforskning basic (*el.* fundamental) research.
grundfæste *vb. (se også grundfæstet)* establish (firmly); consolidate (*fx* one's position in society, one's power).
grundfæstelse *sb. (en)* establishment; consolidation.
grundfæstet *adj.* established (*fx* reputation); deep-rooted (*fx* prejudice); deeply rooted (*fx* affection).
grundig[1] *adj.* **1.** *(omfattende)* thorough (*fx* investigation, search, work); complete (*fx* a complete treatment of the subject);
2. *(omhyggelig)* thorough, careful (*fx* consideration, preparation, study); *(meget ~, undertiden: pedantisk)* meticulous;
3. *(dybtgående)* deep (*fx* insight); *(stærkere,* F*)* profound (*fx* knowledge); *(gennemgribende)* radical (*fx* change).
grundig[2], **grundigt** *adv. (jf. grundig*[1]*)* **1.** thorougly, completely;
2. thoroughly, carefully; meticulously; **3.** deeply, profoundly; radically;
□ *godt og ~* well and truly; *kede sig ~* be bored to death (*el.* to tears); *tage ~ fejl* be greatly mistaken.
grundighed *sb. (en) (omhu)* care, thoroughness.
grunding *sb. (en) (første lag maling)* priming.
grundkomisk *adj.* screamingly funny; F hilarious.
grundkursus *(i folkeskolen)* basic course; *(ved universitet)* foundation course.
grundlag *sb. (et)* **1.** basis, foundation; **2.** *(af kundskaber)* grounding;
□ *danne ~ for* form (*el.* provide) a basis for; form the basis of; *på rent dansk ~* on a purely Danish basis; *på ~ af* on the basis of; *(se også savne (ethvert ~)).*
grundled *sb. (gram.)* subject.
grundling *sb. (en, -er) (zo.)* gudgeon.
grundlinie base.
grundlov **1.** basic law; **2.** *(forfatning)* constitution; **3.** *(fig.)* fundamental law;
□ *stridende mod -en* unconstitutional.
grundlovgivende *adj.: ~ forsamling* constituent (*el.* constitutional) assembly.
grundlovsdag [Constitution Day].
grundlovsforhør *(omtr.)* preliminary examination.
grundlovsmæssig *adj.* constitutional.
grundlovssikret *adj.* constitutional.
grundlovsstridig *adj.* unconstitutional.
grundlovsændring amendment of (*el.* to) the constitution.
grundlægge *vb. (se også grundlæggende)* **1.** found (*fx* a city, a company); *(oprette)* establish (*fx* a firm); **2.** *(fig.)* lay the foundation of (*fx* one's career, a fortune).
grundlæggelse *(en,-r)* foundation; *(oprettelse)* establishment.
grundlæggende *adj.* **1.** fundamental, basic (*fx* principles, skills);
2. *(som indleder en ny udvikling)* seminal (*fx* ideas, work);
□ *~ for* fundamental (*el.* basic) to (*el.* for).
grundlægger *(en - e)* founder.
grundløn basic salary (, pay); *(jf. løn).*
grundløs *adj.* groundless, baseless (*fx* fear, rumour; a groundless application); unfounded (*fx* suspicion).
grundmuret *adj.* **1.** brick-built;
2. *(fig.)* deep-rooted (*fx* prejudice).
grundpille *(også fig.)* pillar.
grundplan *sb. (en, -er)* ground plan.
grundprincip (basic) principle, fundamental principle.
grundregel fundamental rule.
grundrids **1.** *(tegning)* ground plan;
2. *(kort fremstilling)* outline.
grundskat land tax.
grundskole basic school.
grundskud **1.** severe blow, body blow; *(stærkere)* shattering blow;
2. *(dødsstød)* deathblow.
grundskyld land tax.
grundskyldvurdering land-tax assessment.
grundspekulant land speculator.
grundsprog **1.** *(stamsprog)* parent language; **2.** *(originalsprog)* original language;
□ *læse en digter på -et* read a poet in the original.
grundstamme *sb.* **1.** stock;
2. *(kerne)* nucleus.
grundsten foundation stone;
□ *nedlægge -en* lay the foundation stone.
grundstensnedlæggelse laying of the foundation stone, foundation-stone laying.
grundstof *(kem.)* element.
grundstykke plot (of land).
grundstøde *vb. (sø.)* run aground, ground, be grounded.
grundsyn fundamental view.
grundsætning **1.** principle, maxim;
2. *(mat.)* axiom.
grundtakst basic rate.
grundtal **1.** *(sprogv.: mængdetal)* cardinal number; **2.** *(mat.: i logaritmesystem)* base.
grundtanke fundamental idea.
grundtone *sb.* **1.** *(akkords)* root, fundamental; **2.** *(skalas, musikstykkes)* key (note), tonic; **3.** *(fig.)* keynote.
grundtræk *sb. (et, -)* fundamental (*el.* essential) feature.
grunduddannelse basic training (, education).
grundvand **1.** ground water; *(fagl.)* subsoil water; **2.** *(sø.)* bilge water.
grundvold foundation, basis;
□ *staten rystede i sin ~* the State shook to its (very) foundations; *få staten til at ryste i sin ~* shake the foundations of the State.
grundværdi land value.
grundværdistigning unearned increment (of land).
grunker *sb.pl.* T dough sg.
gruopvækkende *adj.* horrifying, horrific.
gruppe *sb. (en, -r)* **1.** group;
2. *(mindre, med bestemt formål, fx rejsende)* party (*fx* a working party; many school parties visit the centre; parties of 10 or more travelling together);
3. *(mil.)* section; *(am.)* squad;
4. *(mus.: i orkester)* section (*fx* the woodwind section);
5. *(af træer)* clump.
gruppearbejde **1.** *(det at arbejde i grupper)* group work; **2.** *(det man arbejder med)* group project; *(mindre)* group task.
gruppebillede group picture.
gruppebillet party travel ticket.
gruppedynamik *(psyk.)* group dynamics.
gruppelivsforsikring group life insurance.
gruppepraksis *(med.)* group practice.
gruppepres group pressure.
gruppepsykologi group psychology.
grupperabat group discount.
gruppere *vb.* group.
grupperejse *sb.* party tour.
gruppering *sb. (en, -er)* grouping.
gruppesammenhold group solidarity.
gruppesex group sex.
gruppeterapi group therapy.
gruppevis *adv. (jf. gruppe)* **1.** in groups; **2.** in parties.

grus *sb. (et)* **1.** gravel; **2.** *(til islagt vej etc.)* grit;
□ *komme ~ i maskineriet (fig.)* throw grit into the machinery; throw a spanner into the works; *synke (el. styrte) i ~* fall into ruins; *styrte det i ~* lay it in ruins.
grusbelagt *adj.* gravelled (*fx* path, road).
grusbunke gravel (, grit) heap; *(jf. grus).*
gruse *vb. (islagte veje etc.)* grit.
grusgang gravel walk.
grusgrav gravel pit.
grusgravning extraction of gravel.
grusning *sb. (en, -er) (af islagt vej etc.)* gritting.
grusom *adj.* **1.** cruel (*mod* to); **2.** *(vældig)* awful (*fx* an awful lot of money); terrible;
□ *på det -ste a)* with great cruelty; *b) (fig.)* terribly.
grusomhed *sb. (en, -er)* cruelty; *-er* cruelties, acts of cruelty; *(stærkere)* atrocities.
grusvej gravel road.
grusvogn grit-spreading lorry.
grutte *vb.* grind coarsely.
gruttesten *(arkæol.)* saddle quern.
gry[1] *sb. (et)* dawn, daybreak.
gry[2] *vb.* dawn;
□ *dagen -r* the day is dawning (*el.* breaking); it dawns.
gryde *sb. (en, -r)* **1.** (cooking) pot; *(stege-, serverings-)* casserole; **2.** *(fordybning i klit)* hollow;
□ *holde -n i kog* keep the pot boiling; *små -r har også øren* little pitchers have big ears.
grydefuld *sb. (en, -e)* potful.
grydeklar 1. *(om mad: svarer til)* oven-ready; **2.** *(fig.: fiks og færdig)* cut-and-dried (*fx* opinions, views, plan, solution); **3.** *(S: om pige)* beddable.
grydelap pot (*el.* kettle) holder.
grydelåg pot lid.
gryderet casserole.
grydeske ladle.
grydesteg [joint suitable for pot-roasting].
grydestegt *adj.* pot-roasted; braised.
grydesvamp pot scourer; *(metal-)* wire pad.
gryn *sb.pl.* **1.** hulled grain sg.; **2.** *(kornformede)* grits; *(mindre)* groats; **3.** *(i flager)* meal sg. (*fx* oatmeal); **4.** *(S: penge)* dough, bread sg.;
□ *et ~ (jf. 3)* a flake of meal.
grynet *adj.* gritty.
grynt *sb. (et, -)* grunt.
grynte *vb.* grunt.
grynten *sb. (en)* grunting.
græde *vb. (græd, grædt)* cry (*fx* don't cry; baby is crying); *(fælde tårer også, F)* weep;
□ *~ og klage* weep and wail; *[med præp. & adv.] ~* ***af*** *glæde* weep for (*el.* with) joy; *~ af sult* cry with hunger; *~ af ærgrelse* weep from vexation; *hvad -r du* ***for****?* what are you crying for? *det er ikke noget at ~ for* that is nothing to cry about; *~ sig* ***i*** *søvn* cry oneself to sleep; *~* ***over*** cry (, weep) over (*fx* it is no use crying over spilt milk; he wept bitter tears over her death); *det er* ***til at*** *~* ***over*** it is enough to make you cry; *~* ***ud*** have one's cry out; T have a good cry; *~ øjnene ud af hovedet* cry one's eyes out; *~* ***ved*** *hans skulder* cry (, weep) on his shoulder.
grædefærdig *adj.* half crying; *(præd. også, F)* on the verge of tears.
grædekone professional mourner; *(især i Irland)* keener.
grædemuren *(i Jerusalem)* the Wailing Wall.
grædende *adj. (jf. græde)* crying; weeping.
grædepil *(bot.)* weeping willow.
Grækenland Greece.
græker *sb. (en, -e)* Greek.
græmme *vb.: ~ sig a) (sørge)* grieve (*over* at); *b) (ærgre sig)* fret (*over* about, over); *jeg -s!* good grief!
græmmelse *sb. (en)* grief.
grænse[1] *sb. (en, -r)* **1.** *(stats-)* border; *(mere F)* frontier (*mellem* between; *til* with, *fx* the border (*el.* frontier) between Denmark and Germany; along the border (*el.* frontier) with Germany; within internationally accepted borders (*el.* frontiers); natural borders (*el.* frontiers)); *(i Storbritannien, Irland & USA)* border (*fx* the Scottish border, the Mexican border);
2. *(mellem områder i et land, lokal-)* boundary (*fx* between two counties (, estates); the city boundary);
3. *(for skoles etc. område)* bounds pl.;
4. *(yder-)* limit (*fx* fishing limits; a twelve-mile limit; within the limits of the city);
5. *(fig.: afgrænsning)* boundary (*fx* the boundaries (*el.* frontiers) of human knowledge (, of science); children have a need to know where the permitted boundaries are); limit (*fx* in the relationship between parents and children love comes first, but firm limits come second);
6. *(yderste ~)* limit (*for* to, *fx* there is a limit to my patience; there was no limit to his gratitude; reach the limit(s) of one's patience; the limits of his power); *(begrænsning, F)* bounds (*fx* it passes all reasonable bounds; his gratitude (, greed) knew no bounds);
7. *(skillelinje)* boundary (*mellem* between, *fx* the boundary between right and wrong (, between the specialities)); borderline (*mellem* between, *fx* she was on the borderline between failing and passing; words on the borderline between the adjective and adverb classes);
8. *(faggrænse)* demarcation (line);
□ ***sætte*** *en ~ for* set a limit to; set bounds to; *et sted må man sætte en ~ (el. trække -n), der må være en ~ (fig.)* one has to draw the line somewhere;
[med præp.] ***inden for*** *landets -r* within the frontiers (*el.* borders) of the country; *inden for visse -r* within (certain) limits; *gå* ***over*** *-n a)* cross the frontier (*el.* border); *b) (fig.)* go too far; *det var lige* ***på*** *-n a) (ɔ: til det uanstændige)* T it was near the knuckle (*el.* bone); *b) (ɔ: til at mislykkes)* it was touch and go; *være lige* ***på*** *-n* ***af*** border on (*fx* it borders on insolence); ***ud over*** *alle rimelige -r a)* beyond all reasonable limits (*el.* bounds) (*fx* generosity beyond all reasonable limits (*el.* bounds)); *b) (adv.)* excessively (*fx* jealous, cautious); ***ved*** *-n a)* at the frontier (*el.* border) (*fx* we stopped at the border); *b) (ɔ: langs)* on the frontier (*el.* border) (*fx* there are many guards on the frontier (*el.* border); fighting on the frontier (*el.* border)).
grænse[2] *vb.: ~ (op) til* border on; *det -r til det utrolige* it is hardly to be believed; it is almost incredible; *mistanke der -r til vished* suspicion amounting almost to certainty; *England -r mod nord til Skotland* England borders in the north on Scotland; *dette -r til vanvid* this borders (*el.* verges) on insanity.
grænseaftale *sb. (mht faggrænser)* demarcation agreement.
grænseby frontier town, border town.
grænseegn frontier region, border region; border(land).
grænseepisode frontier incident.
grænseflade interface.
grænseflod boundary river.
grænsefæstning frontier fortress.
grænsehandel 1. cross-frontier (*el.*

cross-border) trade; **2.** *(ved indkøbsture)* cross-frontier (*el.* cross-border) shopping.
grænsekontrol 1. border (*el.* frontier) control; **2.** *(enkelt)* border (*el.* frontier) check.
grænsekrig border war.
grænseland border (*el.* frontier) district; *(se også grænseegn).*
grænselinie 1. boundary line; **2.** *(fig.)* borderline.
grænseløs *adj.* boundless (*fx* ambition, generosity, irresponsibility); infinite (*fx* gratitude, patience, vanity); *(overdreven)* excessive (*fx* pride);
□ ~ *uvidenhed* abysmal ignorance.
grænseløshed boundlessness.
grænsenytte *sb.* marginal utility.
grænseomkostninger *sb.pl. (hdl.)* marginal costs.
grænseområde 1. *(fig.)* borderland (*fx* the borderland between science and religion); **2.** *(grænseland)* border (*el.* frontier) district (, region).
grænseovergang border crossing.
grænseoverløber person illegally crossing a frontier; illegal immigrant.
grænseoverskridende *adj.* **1.** *(som ikke holder sig inden for et lands grænser)* transfrontier (*fx* television, police co-operation); transboundary; cross-frontier;
2. *(fig.)* barrier-breaking; *(efter sb.)* which moves frontiers; which goes beyond normal limits.
grænsepoliti border (*el.* frontier) police.
grænsepæl boundary post; *(mindre)* boundary stake (*fx* shift the boundary stakes);
□ *flytte -e (fig.)* extend the boundaries.
grænserevision frontier adjustment (*el.* rectification).
grænseskel boundary mark; landmark.
grænsestrid 1. frontier (, border, boundary) dispute; **2.** *(faggrænsestrid på arbejdsplads)* demarcation dispute.
grænsetilfælde borderline case.
grænsetrafik cross-frontier (*el.* cross-border) traffic.
grænsevagt frontier (*el.* border) guard.
grænseværdi 1. *(mht. udledning: kravværdi)* permit limit, limit value;
2. *(mht. arbejdsmiljø: hygiejnisk ~)* threshold limiting value; *(fork.)* TLV;
3. *(i økologi: tærskelværdi)* threshold value (*fx* upper (, lower) threshold value);
4. *(i statistik)* limiting value, marginal value.
græs *sb. (et, -ser)* grass;
□ *mens -set gror dør horsemor* while the grass grows the steed starves; *slå ~* cut grass; *have penge som ~* have money to burn; be rolling in money;
[med præp.] ***i*** *-set a) (nede i)* in the grass (*fx* walk in long grass; a snake in the grass); *b) (oven på)* on the grass (*fx* sit on the grass); *bide i -set* bite the dust; ***på*** *~* out to grass; grazing; *drive på ~* drive to grass.
græsbevokset *adj.* grassy.
græsbænk grass seat.
græsenke grass widow.
græsenkemand grass widower.
græsfang *sb. (et, -)* grass box.
græsfrø *sb. (et, -)* grass seed.
græsgang 1. pasture; **2.** *(fx for vilde dyr)* grazing ground;
□ *søge andre -e (fig.)* go elsewhere; *søge de hjemlige -e (fig.)* return to the fold.
græsgrøn *adj.* grass-green.
græshoppe *sb. (en, -r) (zo.)* **1.** grasshopper; **2.** *(vandre-)* locust.
græshoppesværm swarm of locusts.
græsk *sb. (et) & adj.* Greek;
□ ~ *næse* Grecian nose; *på ~* in Greek; *det -e sprog* the Greek language, Greek; *(se også øhav).*
græskar *(bot.)* pumpkin.
græskkatolsk *adj.* Greek Orthodox;
□ *den -e kirke* the Orthodox Church.
græsmark grass field; meadow.
græsning *sb. (en, -er)* **1.** grazing; **2.** *(foder)* pasture.
græsplæne lawn;
□ *slå -n* mow the lawn.
græsrabat *(langs vej)* grass verge.
græsrandøje *sb. (en, -r) (zo.)* meadow brown.
græsrod *(fig.)* grass-root member; *(se også græsrødder).*
græsrods- grass-roots (*fx* democracy, group, movement; at grass-roots level).
græsrytter*: blive ~* be unhorsed.
græsrødder *sb.pl.* grass roots.
græsse *vb.* graze.
græsselig[1] *adj.* shocking.
græsselig[2], **græsseligt** *adv.* shockingly.
græsslåmaskine lawn mower.
græssmør grass butter.
græsstrå blade of grass.
græstot tuft of grass.
græstørv turf (pl. -s, turves).
græsædende *adj.* graminivorous.
grævling *sb. (en, -er) (zo.)* badger.
grævlingegrav badger's burrow, set.
grævlingehund dachshund.
grød *sb. (en)* **1.** *(havre- etc.)* porridge;
2. *(frugt- omtr.)* stewed fruit;
3. *(grødet masse)* mush;
□ *gå uden om det som katten om den varme ~* circle round it; pussyfoot.
grødagtig *adj.* thick, pulpy; T mushy.
grøde *sb. (en)* **1.** *(trivsel, vokse-kraft)* growth; **2.** *(vandplanter)* (water) weeds pl.;
□ *der er ~ i luften* it is (good) growing weather.
grødet *adj.* **1.** *(om stemme)* throaty, thick; **2.** *se grødagtig.*
grødevejr growing weather.
grødfad porridge bowl.
grødhoved fathead.
grødis brash (ice).
grødomslag poultice.
grødris pudding rice.
grøft *sb. (en, -er) (vej- etc.)* ditch; *(afvandings- også)* trench;
□ ***falde i*** *den anden ~ (fig.)* go to the opposite extreme; ***grave*** *en ~* dig a ditch; *grave -er mellem (fig.)* create a gap between; *grave -erne dybere (fig.)* widen the gap; ***køre i*** *-en a)* drive (, swerve) into the ditch; leave the road; *b) (fig.)* land in the ditch.
grøfte *vb. (jf. grøft)* ditch; trench.
grøftegraver ditcher.
grøftekant edge of a ditch;
□ *på -en (ɔ: ved vejen)* by the roadside.
grøftevand ditch water.
grøn *adj. (også fig. & om valuta i EF)* green; *(se også grønt, misundelse)*;
□ *han blev ~ i ansigtet* he went green in the face; *de -ne (om politisk parti)* the Greens; *i det -ne* in the open (air);
[med sb.] ~ bølge (trafiklys) linked traffic light system; linked (*el.* phased) traffic lights pl.; *have -ne fingre (fig.)* have green fingers; *komme på den -ne gren* be successful; *være på den -ne gren* be in clover; *-t lys* green light; *der er -t lys* the lights are green; *give ham -t lys (fig.)* give him the (*el.* a) green light (*el.* the go-ahead); *give -t lys for planen (fig.)* give the green light (*el.* the go-ahead) to the scheme; *-t område* green space; *~ ost se ost*[1]; *~ pil se pil*[2]; *~ sæbe* soft soap; *i hans -ne ungdom* in his early youth; *sove på*

sit -ne øre be fast asleep.
grønfoder green fodder.
grøngul *adj.* greenish yellow.
grønirisk *(zo.)* greenfinch.
grønklædt *adj.* **1.** *(præd.)* (dressed) in green; **2.** *(med planter)* verdant.
grønkål *(bot.)* curly kale, borecole.
Grønland *(geogr.)* Greenland.
grønlandsk *sb. (et) & adj.* Greenlandic;
□ ~ *hund* husky.
grønlig *adj.* greenish.
grønlænder *sb. (en, -e)* Greenlander.
grønlændervending Eskimo roll.
grønmalet *adj. (præd.)* painted green.
grønnegård quadrangle; garden.
grønnes *vb.* **1.** become green; **2.** *(om træer etc.)* burst into leaf.
grønning *sb. (en, -er)* green.
grønsag *(også fig.)* vegetable;
□ *-er* vegetables; *(kål, spinat etc. også)* greens (*fx* you should eat a lot of greens).
grønsaltet *adj.* light salted.
grønskolling *sb. (en, -er) (uerfaren)* greenhorn; *(uforskammet)* puppy.
grønsmutte *sb. (en, -r) (pigespejder, svarer til)* brownie.
grønspætte *sb.* green woodpecker.
grønstribet *adj.* green-striped.
grønsvær *sb. (en)* turf;
□ *sidde på -en* sit on the grass.
grønt *sb. (et)* **1.** green; **2.** *(friske planter)* greenery;
□ *frugt og* ~ fruit and vegetables; *gå over for* ~ cross while the traffic lights are green.
grøntfoder = *grønfoder.*
grønthandel greengrocer's (shop).
grønthandler *sb. (en, -e)* greengrocer.
grønthøster *sb. (en, -e)* forage harvester.
grøntsag = *grønsag.*
grønttorv vegetable market.
grønærter *sb.pl.* green peas, garden peas.
grå *adj.* grey; *(am.)* gray;
□ *brug de små ~ (celler)!* use your grey cells! *se alt -t i -t* look on the dark side of things; *male -t i -t* paint in drab colours;
[med sb.] ~ *eminence* éminence grise; *det satte ham ~ hår i hovedet* it caused him endless worry; it was enough to turn his hair grey; *-t marked* grey market; ~ *substans (fysiol.)* grey matter; ~ *ært* field pea; *(se også kat, oldtid, panter, papir, zone).*
gråand *(zo.)* mallard.
gråbjørn *(zo.)* grizzly (bear).
gråbrun *adj.* greyish brown, dun.
gråbrødrekloster Franciscan monastery.
gråd *sb. (en)* **1.** *(det at græde)* crying; F weeping; **2.** *(tårer)* tears (*fx* burst into tears; dissolved in tears); *(se også kæmpe² (med));*
□ *med ~ i stemmen* in a tearful voice; *på -ens rand* on the verge of (bursting into) tears.
grådblandet *adj.* mingled with tears *(præd.)*; tearful (*fx* voice).
grådig *adj.* greedy (*efter* for); *(forslugen også, neds.)* piggish; F voracious.
grådighed *sb. (en) (jf. grådig)* greediness, greed; piggishness; voracity.
grådkvalt *adj.* stifled with sobs *(præd.)*; choking;
□ *med ~ stemme* in a tearful voice.
grågås *(zo.)* greylag (goose).
gråhåret *adj.* grey-haired.
grålig *adj.* greyish.
gråmeleret *adj. (kun efter sb.)* of mixed grey shades.
gråne *vb.* turn grey.
grånende *adj.* greying.
grånet *adj.* grizzled, grey.
gråskimlet *adj.*, **gråskimmel** *sb.* dapple-grey.
gråskægget *adj.* grey-bearded.
gråsprængt *adj.* with a touch of grey (in one's hair) *(kun efter sb.)*; *(mere grå)* grizzled;
□ ~ *hår (am.)* salt-and-pepper hair.
gråspurv *(zo.)* (house) sparrow;
□ *skyde -e med kanoner (svarer til)* use a sledgehammer to crack a nut.
gråspætte *(zo.)* grey-headed woodpecker.
gråvejr: *det er* ~ it is overcast.
gråvejrsdag overcast day.
gråværk miniver.
gråzone grey area (*mellem* between).
guano *sb. (en)* guano.
guardejn *sb. (en, -er)* assayer.
gubbe *sb. (en, -r)* greybeard.
gud *sb. (en, -er)* god;
□ *Gud* God; *Gud Fader* God the Father; ~ *(fader) bevares! se bevare*; *du godeste ~!* good Lord! *herre ~ se herregud*; ~ *og hvermand se hvermand*; *takke sin ~ og skaber for at (svarer til)* thank one's lucky stars that (*fx* you should thank your lucky stars that you weren't there);
ja, gu' er det koldt you bet it is cold; *gu' er det (, gjorde jeg etc.) ej* like hell it is (, I did etc.); *gu' vil jeg ej* I'll be damned if I do;
[udtryk med -er] et syn for -er a sight for the gods; *dyrke fremmede -er a)* worship strange gods; *b) (fig.)* stray from the straight and narrow; *I -er !* ye gods!
[udtryk med -s] med -s hjælp with God's help; *(se også håndkraft)*; *-s hus* the house of God; *-s ord* the Word (*fx* preach the Word); *et (lille) -s ord fra landet* a little innocent; *for -s skyld* for God's (*el.* Heaven's) sake; *-s søn* the Son (of God); *(se også lykke, navn, nåde¹, nåde², under¹);*
[med vb.] ~ *give han gjorde det* I wish to God he would do it; ~ *hjælpe mig se hjælpe*; *ikke det ~ har ladet skabe* not a blessed thing; ~ *ske lov,* ~ *være lovet* thank God; *(se også gudskelov)*; ~ *ved om det er sandt* I wonder whether it is true; ~ *må vide hvad det er han vil have* Heaven only knows what he wants; *-erne må vide hvorfor* Heaven knows why; *det skal ~ vide* God knows; *om ~ vil* God willing; please God;
[med præp.] gå med ~ God be with you; *ved ~* by God, by Jove.
gudbarn godchild.
gudbenådet *adj.* highly-gifted; inspired.
gudbevares *se bevare ((gud) -s)).*
guddatter goddaughter.
guddom *sb. (en, -me)* deity.
guddommelig¹ *adj.* divine.
guddommelig², **guddommeligt** *adv.* divinely.
guddommelighed *sb. (en)* divinity.
gudebillede idol.
gudedrik nectar.
gudelig *adj.* **1.** *(from)* pious; *(overdrevent, neds.)* sanctimonious; **2.** *(religiøs)* religious (*fx* assembly); **3.** *(opbyggelig)* devotional (*fx* literature).
gudelighed *sb. (en)* piety; *(neds.)* sanctimoniousness.
gudelære mythology.
gudesagn myth.
gudeverden **1.** *(samtlige guder)* pantheon (*fx* the Norse pantheon); **2.** *(mytologi)* mythology.
gudfader, **gudfar** godfather.
gudfrygtig *adj.* **1.** god-fearing; **2.** *(from)* pious, devout.
gudfrygtighed *sb. (en)* **1.** *(fromhed)* piety; **2.** *(kristen livsførelse)* devoutness, piety.
gudhengiven *adj.* resigned (to the will of God).
gudhengivenhed *sb. (en)* pious submission.
gudhjælpemig *adv. se hjælpe.*
gudinde *sb. (en, -r)* goddess (*for* of).
gudløs *adj.* **1.** godless, ungodly;

2. *(ateistisk)* atheistic.
gudløshed *sb. (en)* **1.** godlessness; **2.** *(ateisme)* atheism.
gudmoder, **gudmor** godmother.
gudsbarn child of God.
gudsbegreb concept of God.
gudsbespottelig *adj.* blasphemous.
gudsbespottelse blasphemy.
gudsbespotter *sb. (en, -e)* blasphemer.
gudsdyrkelse worship (of God).
gudsforgåen *adj.: en ~ krop* a scapegrace.
gudsforladt *adj.* godforsaken.
gudsfornægtelse atheism.
gudsfornægter *sb. (en, -e)* atheist.
gudsfrygt *se gudfrygtighed.*
gudsjammerlig[1] *adj.* miserable; F piteous.
gudsjammerlig[2], **gudsjammerligt** *adv.* miserably; piteously;
□ *græde ~* weep bitterly.
gudskelov *interj.* thank God; praise be; *(mindre højtideligt)* thankfully (*fx* thankfully, he didn't find out).
gudstjeneste (church) service;
□ *efter -n* after (the) service; after church; *(af)holde ~* hold a service.
gudsvelsignelse: *en ~ af* an abundance of.
gudsøn godson.
guerilla *sb. (en, -er)* guerrilla organization; guerilla movement; *(kampstyrke)* guerilla force;
□ *-en* the guerrillas pl.
guerillakorps guerrilla band.
guerillakrig **1.** guerrilla war; **2.** *(krigsførelse)* guerrilla warfare.
guerillasoldat guerrilla.
guf *sb. (et)* **1.** goodies pl.; **2.** *(slik)* sweets pl.;
□ *det er ~* it is yummy; *det var ~ for aviserne* the newspapers wallowed in it.
guffe *vb.: ~ i sig a)* stuff oneself; *b) (med objekt)* put away (*fx* all the cakes); *(især om barn)* tuck away; *(grådigt)* stuff oneself with, wolf (*fx* cakes).
guide *sb. (en, -r) & vb.* guide.
guillotine *sb. (en, -r)*, **guillotinere** *vb.* guillotine.
Guinea *(geogr.)* Guinea.
Guineabugten *(geogr.)* the Gulf of Guinea.
guineaner *sb. (en, -e)*, **guineansk** *adj.* Guinean.
guirlande *sb. (en, -r)* festoon; *(af papirringe)* paperchain.
guitar *sb. (en, -er) (mus.)* guitar.
guitarist *sb. (en, -er) (mus.)* guitarist.
gul *adj.* yellow;
□ *~ af misundelse* green with envy; *ærgre sig ~ og grøn se ærgre;*
[med sb.] den -e feber yellow fever; *-t lys (færdselssignal)* amber light; *-e ærter a)* split peas; *b) (suppe, omtr.)* pea soup; *(se også kort*[1]*).*
gulbrun *adj.* **1.** yellowish brown; **2.** *(mørk)* tawny.
guld *sb. (et)* gold;
□ *det er ikke alt ~ som glimrer* all that glitters is not gold; *man kan (også) købe ~ for dyrt* gold may be bought too dear; *det er ~ værd* it is worth its weight in gold; *(se også sølv, tro*[2]*).*
guldalder golden age.
guldaldermaler painter from the golden age.
guldbajer *se guldøl.*
guldbarre gold bar; ingot; *-r (også)* (gold) bullion.
guldbeholdning gold stock.
guldbogstav gold (*el.* gilt) letter.
guldbrand *sb. (en)* ring finger.
guldbroderet *adj.* gold-embroidered.
guldbronze **1.** *(farvestof)* bronze gilding; **2.** *(legering)* gold bronze.
guldbrudepar couple celebrating their golden wedding.
guldbryllup golden wedding.
gulddreng *(omtr.)* whizz kid.
gulddublé filled gold, rolled gold.
gulddækning *(økon.)* gold backing.
guldfeber gold fever.
guldfisk goldfish.
guldfod *(økon.)* gold standard.
guldfund gold find.
guldførende *adj.* gold-bearing.
guldgalon gold braid.
guldglimmer yellow mica.
guldgraver gold digger.
guldgravning gold digging.
guldgrube **1.** *(fig.: indbringende)* gold mine; *(am. også)* bonanza; **2.** *(oplysende)* mine (*el.* storehouse) of information.
guldgul *adj.* golden-yellow.
guldholdig *adj.* **1.** *(kun efter sb.)* containing gold; **2.** *(guldførende)* gold-bearing.
guldhorn golden horn.
guldhåret *adj.* golden-haired.
guldindfattet *adj. (om briller)* gold-rimmed.
guldindløselighed *(økon.)* convertibility into gold.
guldkalv golden calf;
□ *danse om -en* worship the golden calf.
guldkant gilt edge.
guldklump lump of gold; *(lille)* (gold) nugget.
guldkorn **1.** grain of gold; **2.** *(fig.)* pearl (*fx* do not miss any pearls that may fall from his lips).
guldkrone *sb.* gold crown.
Guldkysten *(geogr.)* the Gold Coast.
guldmager *sb. (en, -e)* alchemist.
guldmageri *sb. (et)* alchemy.
guldmedalje gold medal;
□ *drikke til den store ~* drink like a fish.
guldmedaljevinder gold medallist.
guldmine gold mine.
guldmønt gold coin.
guldmøntfod *(økon.)* gold standard.
guldpapir gilt paper.
guldpenge *sb.pl.* gold (coins).
guldpirol *(zo.)* golden oriole.
guldplombe gold filling.
guldrandet *adj.* gilt-edged;
□ *~ papir* gilt-edged security.
guldregn *(bot.)* laburnum.
guldsand gold sand.
guldsko gold slipper.
guldsmed **1.** goldsmith, jeweller; **2.** *(zo.)* dragon fly.
guldsnit *(på bog)* gilt edges pl.;
□ *~ for oven* gilt top; *med ~* gilt-edged.
guldsnor gold braid.
guldstjerne *(bot.)* gagea, yellow star-of-Bethlehem.
guldstol: *bære en i ~ (svarer til)* chair sby; carry sby shoulder-high.
guldstykke gold coin, gold piece.
guldstøv gold dust.
guldtand gold(-crowned) tooth.
guldtresse gold braid.
guldtryk *(på bog: bogstaver)* gold printing; *(stempler)* gold tooling.
guldtråd **1.** *(af guld)* gold wire; **2.** *(omspundet silketråd)* gold thread.
guldur gold watch.
guldvasker *sb. (en, -e)* gold washer.
guldvaskning *sb. (en)* gold washing.
guldvægt gold scales pl.;
□ *veje sine ord på ~* weigh every word.
guldværdi gold value.
guldæg golden egg;
□ *hønen der lægger ~ (svarer til)* the goose who lays the golden egg.
guldøl strong beer; *(svarer omtr. til)* export beer.
guldåre gold vein.
gule *vb.* T mark with a yellow highlighter.
gulerod *(bot., fig.)* carrot (*fx* hold out a carrot to sby);
□ *spille kong ~ a) (ɔ: være vigtig)* be high and mighty; *b) (være dominerende)* throw one's weight about; *~ og stok* carrot and stick.

gulfilter *(foto.)* yellow filter.
gullasch *sb. (en)* goulash.
gullaschbaron profiteer.
gullig *adj.* yellowish.
gulmalet *adj. (præd.)* painted yellow.
gulne *vb.* grow (, turn) yellow; yellow (*fx* yellowing leaves; yellowed with age).
gulsot *sb. (en)* **1.** jaundice; **2.** *(leverbetændelse)* hepatitis.
gulsotig *adj.* jaundiced.
gulspurv *(zo.)* yellowhammer.
gulstribet *adj.* yellow-striped.
gulv *sb. (et, -e)* floor;
□ *-et (i fabrik)* the shop floor; *[med præp.] gå* ***i*** *-et* hit the deck; *(om bokser)* go down; *slå en i -et* floor sby; knock sby down; *(se også stampe²)*; ***på*** *-et (i engelsk teater)* in the stalls; *manden på -et* the man on the shop floor; *tabe noget på -et a)* drop sth on the floor; *b) (fig.)* bungle sth; make a mess of sth; *være helt* ***rundt på*** *-et (ɔ: konfus)* be in a flat spin.
gulvareal floor space, floorage.
gulvbelægning flooring.
gulvbræt floor board.
gulvflade floor space, floorage.
gulvflise floor tile.
gulvgear floor-mounted gear lever.
gulvklud floor cloth.
gulvlak floor varnish.
gulvmop mop.
gulvmåtte *sb. (en, -r)* **1.** (floor) mat; **2.** *(fig.: selvudslettende person)* doormat.
gulvopvarmning under-floor heating.
gulvsand white sand.
gulvskrubbe *sb. (en, -r)* scrubbing brush.
gulvspand bucket.
gulvsprække crack in the floor, crack between the floorboards.
gulvtæppe 1. carpet; **2.** *(mindre)* rug; *(se også feje (ind under))*.
gumle *vb.* munch;
□ ~ *på noget* munch (on) sth.
gumler *sb. (en, -e) (dyr)* edentate.
gumme *sb. (en, -r)* gum; *(anat.)* gingiva (pl. -e).
gummi *sb. (en el. et, -er)* **1.** rubber; **2.** *(klister)* gum.
gummiagtig *adj.* rubbery.
gummibold rubber ball.
gummibåd rubber dinghy.
gummibånd rubber band; *(am.)* elastic band.
gummicelle padded cell.
gummicheck rubber cheque.
gummielastikum *sb. (et)* indiarubber.
gummiere *vb.* gum;
□ *-t papir a)* gummed paper; *b) (strimmel)* adhesive tape.
gummiflåde rubber life raft.
gummifrakke mackintosh.
gummiged loader tractor.
gummihjul wheel with rubber tyre;
□ *med* ~ rubber-tyred.
gummiknippel 1. *(til politi)* rubber truncheon; **2.** *(vandslange med metalindlæg)* cosh.
gummikugle rubber bullet.
gummiplantage rubber plantation.
gummiprop rubber bung.
gummiring 1. rubber ring; **2.** *(på hjul)* rubber tyre; **3.** *(elastik)* rubber band.
gummislange *sb.* rubber tube.
gummistempel *(også fig.)* rubber stamp.
gummistøvle rubber boot; wellington (boot); *(børnesprog)* wellie.
gummisål rubber sole.
gummitræ indiarubber tree, gum tree.
gummivarer *sb.pl.* rubber goods.
gump *sb. (en, -e)* **1.** rump; **2.** *(på stegt fugl)* parson's nose.
gumpetung *adj.* **1.** *(klodset)* clumsy; **2.** *(kedelig)* uninspiring.
gungre *vb.* **1.** *(om køretøj)* rumble; **2.** *(om tung løben el. gang)* pound (*fx* the horses (, cattle) pounded down the hill); *(om gang også)* stamp (*fx* he stamped upstairs); clump;
3. *(ryste)* shake (*fx* the floor shook).
gunst *sb. (en)* favour;
□ *stå i ens* ~ be in sby's good graces; *til* ~ *for* in favour of; *til* ~ *for mig* in my favour; *(se også bejle)*.
gunstbevisning *sb. (en, -er)* favour.
gunstig *adj.* favourable (*for* for, to); F propitious; *(se også stille⁴ (stille -ere))*.
guppy *sb. (en, -er) (zo.)* guppy.
gurgle *vb.* **1.** gargle; **2.** *(om lyd)* gurgle.
gurglen *sb. (en)* **1.** gargling; **2.** *(om lyd)* gurgling.
gurkemeje *sb. (en, -r) (bot.)* turmeric.
gurkha *sb. (en, -er)* Gurkha.
guru *sb. (en, -er)* guru.
gus *sb. (en)* sea fog.
gusten *adj.* **1.** *(om hudfarve)* sallow; **2.** *(om lys)* pale, pallid.
gut *sb. (en, -ter)* **1.** boy, lad (*fx* have a night out with the boys (*el.* lads)); **2.** (S: *fyr)* bloke.
guttaperka *sb. (en)* guttapercha.
guttermand *sb. (en)* stout fellow, sport;
□ *han er en* ~ *(også)* he is one of the best.
guttural *adj.* guttural.
guvernante *sb. (en, -r)* governess.
guvernør *sb. (en, -er)* governor.
gyde¹ *sb. (en, -r)* alley(way).
gyde² *vb. (gød, gydt)* **1.** *(hælde)* pour; **2.** *(om fisk etc.)* spawn;
□ ~ *olie på ilden* add fuel to the fire; ~ *olie på vandene (el. på de oprørte bølger)* pour oil on troubled waters.
gydeplads spawning ground.
gylden¹ *sb. (en, -) (mønt)* guilder.
gylden² *adj.* golden;
□ *gyldne dage* palmy days; *-t håndtryk* golden handshake; *gyldne løfter* glittering promises; ~ *middelvej* golden mean, happy medium; *gå den gyldne middelvej* strike the golden mean, strike a happy medium; *en* ~ *regel* a golden rule; *det gyldne skind (myt.)* the Golden Fleece; *det gyldne snit* the golden section.
gyldenlak *sb. (en, -ker) (bot.)* wallflower.
gyldenlæder gilt leather.
gyldenris *sb. (en, -) (bot.)* goldenrod.
Gyldenspjæt 1. *(tegneseriefigur)* Jiggs; **2.** *(seriens navn)* Bringing up Father.
gyldig *adj.* **1.** *(i kraft)* valid; *(om billet også)* good (*fx* the ticket is good for one month); F available; **2.** *(om mønt)* current;
3. *(som intet kan indvendes mod)* valid (*fx* excuse, reason);
□ *uden* ~ *grund* without sufficient reason.
gyldighed *sb. (en)* validity;
□ *få* ~ become valid.
gyldighedstid period of validity.
gylle *sb. (en)* **1.** *(agr.)* slurry; **2.** (T: *sludder)* guff; *(grovere)* crap;
□ *han kan bare det* ~ *der* T he sure knows what he's doing; he knows his onions (*el.* stuff).
gylp¹ *sb. (en, -er) (i bukser)* fly.
gylp² *sb. (et, -)* **1.** *(det opgylpede)* vomit; F regurgitated matter;
2. *(rovfugles)* cast; *(kugleformet)* pellet;
3. *(gylpen)* vomiting; F regurgitation.
gylp³ *interj.* gulp!
gylpe *vb. (være ved at kaste op)* retch;
□ *babyen -de* the baby brought something up; ~ ***op*** *a)* regurgitate (*fx* the bird regurgitates food for its young); F disgorge; *b) (kaste op)* bring up (*fx* baby brought up the milk); vomit.
gymnasial *adj. (præd.)* at upper secondary level.
gymnasiast *sb. (en, -er)* pupil at a "gymnasium"; *(kan gengives:)* up-

per-secondary school pupil, senior-school pupil; *(am.)* (senior) high-school student.
gymnasiastagtig *adj. (svarer til)* sixth-form *(attr.)* (*fx* her sixth-form manner); *(umoden)* adolescent (*fx* his views were adolescent).
gymnasieelev *se gymnasiast.*
gymnasieklasse*: 1. (, 2., 3.) g* [the first (, second, third) year of the gymnasium]; *-rne* the upper secondary school.
gymnasieuddannelse gymnasium education (*fx* she received a gymnasium education).
gymnasium *sb. (et, -er)* upper secondary school; *(svarer omtr. til)* grammar school; *(am.)* senior high school; *(om dansk el. tysk ~ ofte)* gymnasium.
gymnast *sb. (en, -er)* gymnast.
gymnasticere *vb.* do gymnastics; do exercises.
gymnastik *sb. (en)* **1.** *(gymnastiske øvelser)* (physical) exercises pl. (*fx* he does his exercises every morning);
2. *(i gymnastiksal & om sportsgren)* gymnastics pl.; T gym;
3. *(om skolefaget: legemsøvelser)* physical education (*fx* physical education is intended to aid the pupil's physical development through organized games, gymnastics, exercises etc.); *(fork.)* PE;
□ *gøre ~* do exercises (, gymnastics).
gymnastikbukser *sb.pl.* gym shorts.
gymnastikdragt gym suit.
gymnastikforening gymnastics club.
gymnastikhus gymnasium.
gymnastikhøjskole physical education college.
gymnastikinspektør physical education inspector.
gymnastikinstitut institute of physical education.
gymnastiklokale gymnasium.
gymnastiklærer physical education master (, mistress); T gym master (, mistress).
gymnastikopvisning gymnastic display.
gymnastikredskab (piece of) gymnastic apparatus.
gymnastiksal gymnasium.
gymnastiksko gym shoe.
gymnastiktime gym lesson; PE lesson *(jf. gymnastik).*
gymnastisk *adj.* gymnastic;
□ *-e øvelser* physical exercises.
gynge[1] *(en -r)* swing;
□ *gå i -n (T, fig.)* walk into a (, the) trap; *få ham til at gå i -n* lead him into a (, the) trap; *vi tjener ind på -rne hvad vi taber på karrusellen* we gain on the swings what we lose on the roundabouts.
gynge[2] *vb.* **1.** *(i en gynge & om fugl på gren)* swing;
2. *(i gyngestol)* rock;
3. *(svaje frem og tilbage)* rock (*fx* the trees rocked in the wind; the whole house rocked when the bomb exploded);
4. *(om skib, båd)* rock; *(rulle)* roll; *(hugge)* pitch; *(blive kastet omkring)* toss;
□ *-nde grund* boggy ground; *(også fig.)* quagmire; *han er ude på -nde grund (svarer til)* he is on shaky ground; he is skating on thin ice.
gyngehest rocking horse.
gyngestol rocking chair.
gyngetur swing.
gynækolog *sb. (en, -er)* gynaecologist.
gynækologi *sb. (en)* gynaecology.
gynækologisk *adj.* gynaecological.
gyrokompas *(sø.)* gyro compass.
gyroskop *sb. (et, -er)* gyroscope.
gys *sb. (et, -)* **1.** *(af frygt, afsky, kulde)* shiver; *(stærkere)* shudder;
2. *(af spænding, velbehag etc.)* thrill (*fx* of excitement); F frisson.
gyse *vb. (gøs el. gyste, gyst)* **1.** *(af frygt, afsky, kulde)* shiver; *(stærkere)* shudder; **2.** *(af spænding, velbehag etc.)* be thrilled;
□ *~* ***af*** *rædsel* shudder (, shiver) with terror; *det gøs* ***i*** *ham a) (jf. 1)* he gave a shiver (, shudder); he shivered (, shuddered); *b) (jf. 2)* he was thrilled; *c) (han krympede sig)* he winced (*fx* at the thought, at the memory); *~* ***tilbage for*** shrink from; *jeg -r* ***ved tanken*** *(om det)* I shudder to think of it; *jeg -r ved tanken om hvad der kunne være sket* I shudder to think what might have happened.
gyselig[1] *adj.* **1.** *(grim)* hideous (*fx* dress, hat); **2.** *(dårlig)* atrocious (*fx* novel); T grim.
gyselig[2], **gyseligt** *adv. (jf. gyselig*[1]*)* **1.** hideously; **2.** atrociously.
gysen *sb. (en) se gys.*
gyser *sb. (en, -e) (om film etc. & fig.)* shocker (*fx* the affair was a shocker); *(hvor der er spænding om udfaldet)* cliff-hanger (*fx* the election was a cliff-hanger).
gysser *sb.pl. (T: penge)* dough sg.
gytje *sb. (en)* mud.
gyvel *sb. (en, -) (bot.)* broom.
gyvelbusk broom shrub.
gæk *sb. (en, -ke) (i lås)* tumbler; *(se også vintergæk)*;
□ *drive ~ med en a) (narre en)* fool sby; *b) (undgå en)* play hide-and-seek with sby; *c) (bilde en noget ind)* pull sby's leg; *slå -ken løs* make merry; F frolic; T let one's hair down.
gække *vb. (om gås)* gaggle, cackle.
gækkebrev [letter sent at Easter with a snowdrop in it, the receiver being asked to guess who the sender is].
gæld *sb. (en)* debt; *(til flere)* debts pl.;
□ *stifte ~ se stifte*[1];
[med vb. + i] komme i ~ get (*el.* run) into debt; *sidde i ~* be in debt; *(se også øre*[1] *(op over begge ører)); stå i ~ til en (fig.)* be indebted to sby; be in sby's debt; *sætte sig i ~* get into debt; *(i større omfang)* run up debts.
gælde *vb. (gjaldt, gældt el. gjaldt) (se også gældende)* **1.** *(om regel: kunne bruges)* hold good, apply (*fx* the rule holds good in every case; the rule no longer applies);
2. *(om love, bestemmelser: være i kraft)* be effective (*fx* the new prices are effective as from 1 January); be in force (*fx* when will the new postal charges be in force?); *(træde i kraft)* become effective, take effect, come into force;
3. *(hdl.: stå ved magt,)* be firm (*fx* the offer (, the price) is firm for 24 hours only);
4. *(være gyldig)* be valid (*fx* the ticket (, the permit) is still valid); *(om mønt)* be valid, be legal tender;
5. *(tælle 'med)* count (*fx* that point doesn't count);
6. *(med objekt: angå)* apply to, concern (*fx* the rules (, criticisms) do not apply to us); *(dreje sig om)* be a matter (*el.* question) of (*fx* it is a matter (*el.* question) of minutes; it is a matter of life and death); *(være møntet på)* be aimed at (*fx* the remark (, criticism) was aimed at her); *('passe på)* be true of (*fx* that is especially true of him);
□ *hans første besøg gjaldt hende* his first visit was to her; *hans første tanke gjaldt hende* his first thought was for her; *hvorhen -r rejsen?* where are you (, they etc.) going?
[udtryk med: det -r] ***det*** *-r ikke* that is not fair; *nu -r det!* now for it! *det -r hans ære* his honour is at stake; *(se også liv)*; ***når det*** *-r a) (ɔ: i nødsfald)* in an emergency; *b) (når det kommer til stykket)* when it comes to the crunch; *c) (med objekt: når det drejer sig om)*

when it comes to (*fx* politics); in the case of (*fx* Britain); *når det -r børnene* where the children are concerned;
[med præp.] ~ ***for*** *a) (angå)* apply to (*fx* the law does not apply to foreigners); *b) (have værdi som)* be good for (*fx* the coupon is good for £2); ~ ***for at være*** be regarded as (*fx* he is regarded as the best); *lover -r* ***fra*** *1. april* the Act comes into force on April 1; *det -r* ***om at*** *a) (det er vigtigt at)* the important thing is to (*fx* get a pay rise); we have got to (*fx* be careful); *b) (formålet er at)* the object is to (*fx* get the ball into the net).

gældende *adj.* **1.** *(i kraft)* in force *(præd.)* (*fx* the postal charges now in force); *(gyldig, om billet etc.)* valid;
2. *(som findes nu, attr.)* current (*fx* the current prices); present (*fx* the present system); existing (*fx* the existing law);
□ ***gøre*** ~ *a) (som undskyldning)* plead; *b) (hævde)* maintain, argue; F contend; *gøre ansvar ~ mod en* make sby responsible; *gøre sin indflydelse ~ se indflydelse*; *gøre et krav* ~ advance a claim; *gøre sin ret* ~ assert one's right; ***gøre sig*** ~ *a) (om person)* assert oneself (*fx* he couldn't assert himself at work); *b) (om andet end person: kunne mærkes)* have its effect; make itself felt (*fx* his influence made itself felt); *c) (findes)* exist.

gældfri *adj.* **1.** free from debt, out of debt *(præd.)*; **2.** *(om ejendom etc.)* unencumbered.

gældsat *adj.* indebted (*fx* one of the most indebted nations in the world).

gældsbevis, gældsbrev instrument of debt; IOU (*fork.f.* I owe you).

gældsbyrde burden of debt, debt burden.

gældsfordring claim, debt.

gældsforpligtelse liability; debt obligation.

gældsfængsel *(hist.)* **1.** debtors' prison; **2.** *(straffen)* imprisonment for debt.

gældspost item of a debt.

gældssanering rescheduling of debt(s), debt-restructuring.

gældstynget *adj.* debt-ridden.

gældsætning borrowing.

gæler *sb. (en, - el. -e)* Gael.

gælisk *adj.* Gaelic.

gælle *sb. (en, -r) (zo.)* gill;
□ *ånde ved -r* breathe by gills.

gællespalte, gælleåbning gill slit.

gænge *sb. (en, -r)* **1.** *(på skrue)* thread, groove; **2.** *(på vugge etc.)* rocker;
□ *det gik i den gamle* ~ things took their usual course; *være i god* ~ be in progress; be proceeding satisfactorily.

gængs *adj.* **1.** current (*fx* the word is still current); **2.** *(fremherskende)* prevalent, prevailing (*fx* opinion); **3.** *(almindelig)* common;
□ *den -e opfattelse (også)* the conventional wisdom.

gær *sb. (en)* yeast.

gærcelle yeast cell.

gærde *sb. (et, -r)* **1.** fence; **2.** *(i kricket)* wicket;
□ *springe over hvor -t er lavest* follow (*el.* take) the line of least resistance; *(generelt)* cut corners.

gærdepind *(i kricket)* stump.

gærdesanger *(zo.)* lesser white-throat.

gærdesmutte *sb. (en, -r) (zo.)* wren.

gærdespiller *(i kricket)* batsman.

gærdestav fence picket, hedge-stake.

gære[1] *sb.: der er noget i* ~ there is something in the wind; *(om noget ubehageligt)* there is something brewing; T there is something cooking.

gære[2] *vb.* ferment;
□ *uroen -r* there is trouble brewing.

gæring *sb. (en, -er)* **1.** fermentation; **2.** *(fig.)* ferment, unrest;
□ *gå i* ~ (begin to) ferment.

gæringsmiddel ferment.

gæringsproces (process of) fermentation.

gærsvamp yeast fungus.

gæs *pl. af gås.*

gæsling *sb. (en, -er)* **1.** *(zo.)* gosling; **2.** *(bot.)* catkin.

gæst *sb. (en, -er)* **1.** *(besøgende, også fx på museum)* visitor (*fx* he was a frequent visitor to my house); *(mere formelt, især inviteret, også fx i tv)* guest (*fx* we had guests for dinner; we went to the show as his guests);
2. *(på restaurant etc.)* customer; F patron;
3. *(på hotel)* guest; F resident (*fx* parking for residents only);
□ *have -er* have visitors; have company; *(se også liggende, ubuden).*

gæste *vb.* visit.

gæstearbejder guest worker, migrant worker.

gæstebog visitors' book.

gæstebud banquet.

gæstedirigent guest conductor.

gæsteforelæsning guest lecture (*fx* give a guest lecture).

gæstehus *(anneks)* chalet.

gæstehåndklæde guest towel.

gæstelærer visiting teacher.

gæsteoptræde *vb.* make a guest appearance.

gæsteoptræden guest appearance; guest performance.

gæstespil guest performance.

gæstetoilet extra toilet; *(i annoncer)* cloakroom; *(i fleretages villa)* downstairs cloakroom.

gæsteværelse spare bedroom; *(fornemmere)* guest room.

gæstfri *adj.* hospitable.

gæstfrihed hospitality.

gæstgiver innkeeper; landlord.

gæstgivergård inn.

gæstgiveri *sb. (et, -er)* **1.** *(håndteringen)* innkeeping; **2.** *(stedet)* inn.

gæt *sb. (et, -)* guess;
□ *et kvalificeret* ~ an educated (*el.* informed) guess.

gætning *sb. (en, -er)* **1.** *(det at gætte)* guessing; **2.** *(formodning)* guess; F conjecture.

gætte *vb.* guess;
□ *du må ~ tre gange* I give you three guesses; *godt -t!* that was a good guess! ~ *en gåde* solve a riddle; ~ *rigtigt* guess right;
[med præp.] jeg -r ***på*** *John* I think John; my guess is John; *jeg -r på at han er 40 år* I should put his age at 40; ~ ***sig til*** guess (*fx* the reason); *han må have -t sig til det* he must have arrived at it by pure guesswork; he must have guessed it.

gættekonkurrence guessing competition.

gætteleg guessing game.

gætteri *sb. (et, -er)* **1.** *(det at gætte)* guessing; **2.** *(gætværk)* guesswork (*fx* it is pure guesswork);
□ **-er** *a) (jf. 1)* guessing (*fx* his guessing); *b) (spekulationer)* speculation (*om* about, over; *om at* that, *fx* it led to speculation that he might be ill).

gæt(te)værk guesswork (*fx* it is pure guesswork).

gæv *adj.* F doughty;
□ *han er en ~ fyr* T he is one of the best; he is a splendid fellow; *være ~ til at* (T: *dygtig)* be a dab at.

gø *vb.* bark (*ad* at); *(om jagthund)* bay;
□ *der er ikke en hund der vil ~ ad det* nobody cares two hoots.

gød *præt. af gyde.*

gøde *vb.* **1.** *(med naturgødning)* manure; **2.** *(med kunstgødning)* fertilize.

gødning *sb. (en)* **1.** *(det at gøde, jf. gøde)* manuring; fertilization; **2.** *(gødningsstof, især natur-)* manure; **3.** *(kunstgødning)* fertilizer; **4.** *(møg)* dung; **5.** *(staldgødning)* farmyard manure.
gødningsmiddel, **gødningsstof** manure; *(kunstgødning)* fertilizer.
gødningsvand liquid manure.
gødningsværdi manurial value.
gødskning *sb. (en) (jf. gøde)* **1.** manuring; **2.** fertilization.
gøen *sb. (en)* barking, bark.
gøg *sb. (en, -e) (zo.)* cuckoo.
gøgemøg T tripe;
□ *hele -et* the whole lot; the whole damned thing.
gøgeunge 1. young cuckoo; **2.** *(fig.: snylter)* cuckoo in the nest.
gøgeungeeffekten [people with superior training pushing less well-trained people down the employment ladder].
gøgeurt *(bot.)* orchid.
gøgl *sb. (et)* **1.** entertainment; *(se også markedsgøgl)*; **2.** *(neds.)* catchpenny shows pl.; **3.** *(tom ceremoni)* outward show.
gøgle *vb.* **1.** *(underholde)* entertain; **2.** *(lave sjov)* play the buffoon; **3.** *(lave tryllekunster)* juggle; do conjuring tricks.
gøglebillede phantom.
gøgler *sb. (en, -e)* **1.** entertainer (*fx* a travelling entertainer); *(se også gadegøgler)*; **2.** *(markeds-)* performer at a fair.
gøgleri *sb. (et, -er) (blændværk)* delusion, phantasmagoria.
gøglervogn caravan.
gør det selv- do-it-yourself; *(fork.)* DIY.
gøre *vb. (gjorde, gjort)* **1.** *(foretage sig, udføre)* do (*fx* what are you doing here? do one's duty, do a good job, do one's best, do harm); **2.** *(frembringe; foretage, fx en bevægelse; bringe i en vis tilstand)* make (*fx* a good impression, a noise, a mistake; an attempt, a discovery, an effort, a gesture; preparations, progress; make everything ready) *(se også de sb., hvormed ~ forbindes, fx forsøg, indtryk, plads, skridt, tjeneste, ulejlighed)*;
3. *(volde, forårsage)* do (*fx* do good, do harm);
4. *(om turist: besøge)* do (*fx* do Oxford in a day);
□ *~ at (ɔ: bevirke)* have the effect that (*fx* it had the effect that the plan was abandoned); *det gjorde at de lyttede* it made them listen; *[med adj.] ~ en vred (, syg, glad etc.)* make sby angry (, ill, happy etc.); *han gør os bedre end vi er* he makes us out to be better than we are; *(se også ndf.: ~ sig, b)*; *[med pron.]* ***det*** *gjorde han* he did (*fx* I hoped he would come and he did); *kan mindre ikke ~ det?* can't you (, we etc.) do with less? *han gør det ikke længe* he won't last long; ***hvad*** *gør det?* what does it matter? what of it? *hvad har de gjort dig?* what have they done to you? *~ hvad man kan* do one's best; T do (*el.* try) one's damnedest; *han vil ~ hvad det skal være for at* he will go to any lengths to; *det gør* ***ingenting*** it does not matter; never mind; *det gør ikke så* ***meget*** it does not matter much; *gør det* ***noget****?* does it matter? *han gør dig ikke noget* he won't harm you; *han har aldrig gjort dig noget* he has never done you any harm; *der er ikke noget at ~ a) (ɔ: at stille op)* there is nothing to be done (about it); *b) (ɔ: at bestille)* there is nothing to do; *c) (ɔ: at opnå)* nothing doing; *noget må der -s* something must be done; *[med sig & sit] ~* ***sig*** *a)* be a success; *b) (med adj.: anstille sig)* pretend to be (*fx* stupid; better than one is); *c) (med objekt)* have (*fx* have hopes of seeing her; you have no idea how difficult it was); *~ sig bekymringer* worry; *~ sig vigtig* show off; *(se også forståelig)*; *~* ***sig til*** give oneself airs; *(se også dommer, grin, herre)*; *~ sig til af* pride oneself on, brag about; *~* ***sit*** do one's share (*til det* towards it); do one's bit; do all one can; T do one's level best;
[med præp. & adv.] hvor har du gjort ***af*** *det?* where have you put it? what have you done with it? *jeg vidste ikke hvad jeg skulle ~ af mig selv* I didn't know what to do with myself; *~ det 'af på fem minutter* get it over with in five minutes; *~ det* ***af med*** do for; finish off; *varmen var ved at ~ det* ***af med*** *mig* the heat was nearly too much for me;
~ noget ***efter*** imitate sth; *det er der ingen der kan ~ ham efter* nobody else can do that;
jeg kan ikke ~ ***for*** *det* I cannot help it; it is not my fault; *kan jeg ~ noget for dig?* can I do anything for you? *~ godt for se godt*;
~ det ***forbi*** *(ɔ: om forhold)* break it off; *~ det forbi med* break off with;
det gør hverken ***fra eller til*** it makes no difference;
~ ***i*** *(hdl., let glds.)* deal in; *~ i bukserne* dirty one's trousers; mess one's pants; *~ noget i penge* turn sth into cash; *~ klogt* ***i at*** *se klog*;
~ en ***imod*** cross sby, act against sby's wishes;
han gjorde hele krigen ***med*** he went (*el.* he served) all through the war; *han gjorde rejsen med* he travelled with us (, them etc.); *~ godt med se godt*; *have* ***at*** *~* ***med*** have to do with (*fx* I don't want to have anything to do with him); deal with (*fx* you must remember we are dealing with a desperate man); be concerned with (*fx* we are here concerned with a very difficult problem); *jeg vil ikke have noget at ~ med det (også)* I don't want any part of it; *have* ***med at*** *~* have to do with (*fx* have you got anything to do with that firm?); be to do with (*fx* it is something to do with computers; it is nothing to do with money); *hvad har det med sagen at ~?* what's that got to do with it? *alt hvad der har med flåden at ~* everything connected with the navy; *have nok at ~ (med) se nok*[2]; *det er ikke gjort med at snakke* talking won't help; talking isn't enough;
gør ***mod*** *andre hvad du vil have de skal ~ mod dig* do as you would be done by;
~ noget ***'om*** do sth (over) again; *hvad der er sket kan ikke -s om* what is done cannot be undone;
~ højre om turn right; *det er mig meget* ***om at*** *~ at se det (, at du ser det)* I am very anxious (*el.* I am very keen *el.* it is very important for me) to see it (, that you should see it);
~ ***omkring*** *a)* turn (a)round; *(pludseligt)* turn on one's heel; *b) (i gymnastik el. eksercits)* turn about; execute a right-about turn; *(om en hel række)* wheel round;
~ ***op*** *a) (regnskab)* make up, balance (*fx* the accounts); *b) (beregne)* work out (*fx* the cost); *c) (tælle sammen)* add up (*fx* one's debts); *~ skaden op* assess the damage; *(se også bo*[1]*, kasse, lager)*; *det kan ikke -s* ***op i*** *penge* you can't put it in money terms;
~ ***op med*** *a) (bilægge strid)* settle with; *b) (straffe etc.)* settle accounts with (*fx* after the revolution they settled accounts with all the traitors); *~ op med sig selv* make up one's mind;
~ ***til*** *a)* make (*fx* make him a general); *(udnævne til)* appoint (*fx*

appoint him governor); *b) (forvandle til)* make into (*fx* make him into a leader; make the miserable hut into a home); make ... of (*fx* make a man (, an enemy) of him; make a habit of it); *aktierne blev gjort til* the shares changed hands at; *han er ikke så dygtig som man gerne vil ~ ham til* he is not as clever as he is made out to be;
~ meget ***ud af*** make much of (*fx* a visitor, music); *~ for meget ud af a)* make too much of (*fx* a visitor; don't make too much of his rude behaviour); overdo; *b) (gøre sig for meget umage med, være for lang tid om* T*)* make a meal of sth (*fx* she is making a meal of her speech);
~ det ***ud for*** serve as, do as (*fx* the box served (*el.* did) as a table); do duty for;
hvad skulle vi have gjort ***uden*** *dig?* what would we have done without you? where would we have been without you?
hvad har du gjort ***ved*** *barnet?* what have you done to the child? *det er der ikke noget at ~ ved* there is nothing to be done about it; it can't be helped; *du må ~ noget* ***ved det*** *(ɔ: tage dig af det)* you must do something about it; *han gjorde noget ved det (ɔ: arbejdede energisk)* he put his back into it; *jeg kan ikke ~ ved det* I can't help it.

gøremål *sb. (et, -)* business; doings pl.

gøren *sb.: hans ~ og laden* his doings pl.

gørlig *adj.* possible; F feasible, practicable.

gørtler *sb. (en, -e)* brazier.

gøs[1] *sb. (en, -e) (sø.)* jack.

gøs[2] *præt. af gyse.*

Gøteborg *(geogr.)* Gothenburg.

gå *vb. (gik, gået) (se også gående)*;
1. go (*fx* let's go back to page 4; he went into the kitchen; he goes to school);
2. *(gå på sine ben)* walk (*fx* he walked to school);
3. *(bryde op)* leave, go (*fx* they left (*el.* went) at 9; they never know when to leave);
4. *(om tid)* go, pass (*fx* time passes quickly in good company); go by;
5. *(om film, stykke: være på plakaten)* be on (*fx* there is a good film on at the Palladium); be playing; *(blive spillet)* run (*fx* the play ran for six months; is the film still running?);
6. *(om tog, bus)* run (*fx* the trains did not run on Sundays); *(afgå)* leave, go (*fx* when does the train leave (*el.* go)? it leaves (*el.* goes) at 10);
7. *(om maskineri etc.)* run (*fx* the engine is running smoothly; the drawer runs smoothly; the machine runs by electricity); go (*fx* the clock won't go);
8. *(sælges)* sell (*fx* the book sells well); be sold;
9. *(gram.: bøjes)* go, be inflected;
10. *(være passende)* do (*fx* will this shirt do?);
11. *(rækkes fra hånd til hånd)* go round, pass (*fx* the bottle passed from hand to hand);
12. *(gå i stykker)* go, break;
13. *(trække sig tilbage fra embede)* go *(se også ndf.: ~ af c, d)*;
[med sb.] døren gik the door opened and shut; somebody came in (, went out); *møllen -r* the mill is turning; *radioen -r hele dagen* the radio is on all day; *snakken gik a)* the conversation was in full swing; *b) (ɔ: sladderen)* people were talking; tongues were wagging; *snakken gik livligt* the conversation was animated; *der er -et tre trumfer* three trumps are out (*el.* have gone); *(se også dans, rygte, tur*[1]*, ur*[1]*, vand)*;
[med vb.] blive -et (ɔ: afskediget) be forced to resign; be retired; T get the push; *lade ham ~ a) (sætte ham fri)* let him go; *b) (lade ham i fred)* leave him alone; *lad ~!* all right! let it pass! *jeg vil lade det ~ for denne gang* I'll overlook it this time; *~ tabt se tabe*;
[med den, det] ***den*** *-r ikke! a)* that won't do! *b) (du kan tro nej)* no you don't! nothing doing! *-r den så -r den* if it works it works; ***det*** *gik helt anderledes* things turned out quite differently; *det er -et dårligt (, godt) for mig* things have gone badly (, well) for me; I have had bad (, good) luck; *det gik dårligt med ham (mht. helbred)* he was in a bad way; *det gik dårligt med foretagendet* the enterprise did not succeed; *det -r fremad med ham, se ndf.: med præp. & adv.*; *det gik godt* we (, they etc.) succeeded; T we (, they etc.) made it; *det -r aldrig godt* it won't work; *det -r godt med forretningen* the business is thriving; *hvordan -r det? a)* how are things? *b) (hvordan har du det?)* how are you doing? T how goes it? how is it going? *hvordan -r det (, er det -et) med, se nedf.: med præp. & adv.*; *hvordan det end -r* whatever happens; *sådan gik det i tre år* things went on like that for three years; *sådan -r det (med) alle store mænd* that is what happens to all great people;
[med adj. & adv.] ~ fri se fri[1]; *det -r godt (, dårligt), se ovf.*; *uret -r godt* the watch keeps good time; *godt -et!* well done!; *(se også fejl*[3]*, galt*[2]*, højt, itu, ledig, let*[2]*, løs, nok*[3]*, rigtig*[2]*, vidt, vild)*;
[faste forb. med præp. & adv.] ~ ***af*** *a) (løsne sig)* come off (*fx* the handle came off); *(om noget limet også)* come unstuck; *b) (om skydevåben)* go off; *c) (om skud)* be fired; *d) (gå på pension; ~ af på grund af alder)* retire; *e) (trække sig tilbage, især fra højere stilling & om regering)* resign (*fx* the Government (, Minister) was forced to resign; she resigned from her post); *f) (forløbe)* pass off (*fx* the wedding passed off quietly); *hvad -r der* ***af ham****?* what is the matter with him? what has come over him?; *(se også led*[2]*, mode, vej)*; *~* ***af med*** *se pension, sejr*; *det kan ~* ***af på*** *min gæld (til dig)* you can deduct it from what I owe you;
~ ***an*** *(være passende)* do (*fx* will these shoes do?); *det -r an* it will do; *det -r ikke an at vente længere* it does not do to to wait any longer;
~ ***bagover*** fall backwards; *jeg var ved at ~ bagover af forbløffelse* you could have knocked me down with a feather;
~ ***bort*** *a) (~ sin vej)* go away; *b) (dø)* die, pass away;
'*~* ***efter*** *a) (hente)* go for, go to fetch; T go and get; *b) (rette sig efter)* go by, go on (*fx* we have nothing to go by (*el.* on)); *hvis det gik efter mit hoved* if I had my way; *~ efter lyden* go in the direction of the sound;
~ '***efter*** *a) (undersøge)* go over (*fx* all the details); go into (*fx* the matter); *b) (gøre rent i, reparere)* go over (*fx* he went over the room with a duster); *(grundigt)* overhaul (*fx* the engine, the car; the system); *c) (friske op, male op)* touch up (*fx* an article; the car, the woodwork); *d) (efterkontrollere)* go over, go through (*fx* the accounts, the report); check over, check through (*fx* the report);
~ ***for*** *(blive solgt for)* go for; *~* ***for at være*** *a) (betragtes som)* be regarded as (*fx* an expert); *b) (uden at være det)* pass for (*el.* as) (*fx*

she speaks Danish so well that she could pass for a Dane); *intet ville ~ **for ham*** nothing went right for him; *det -r dårligt (, godt) for ham, se ovf.: med den, det*; *hvad -r der **for sig** her?* what is going on here? *hvornår skal det ~ for sig?* when is it to come off? when is it to be?
~ ***foran*** *a)* go (, walk) ahead, lead the way; *b) (+ sb.)* go before, go in front of (*fx* go before the procession with a flag); F precede;
~ ***forbi*** pass;
~ ***forud for*** *a)* precede; *b) (fig.)* come before; F have (*el.* take) priority over, take precedence over;
~ ***'fra*** *a) (løsne sig)* come loose; *(om noget limet)* come unstuck (*fx* the wallpaper had come unstuck); *b) (skulle fradrages)* be deducted (*fx* 10 p.c. will be deducted); *c) (opgive, fx eksamen)* give up; *d) (opgive studium)* drop out;
'~ ***fra*** *a) (forlade)* leave (*fx* he left the house); *b) (lade blive tilbage)* leave behind (*fx* he left his coat behind); *c) (lade i stikken)* desert (*fx* she deserted her husband); ~ *fra borde se bord*; ~ *fra forstanden se forstand*; ~ ***fra hinanden*** *a) (om par)* break up (*fx* Jim and Ann have broken up); T split up; *b) (om ting)* fall apart (*fx* the box fell apart); fall to pieces; *lade en chance (el. lejlighed) ~ **fra sig*** miss a chance, let a chance slip (*fx* he never misses (*el.* lets slip) a chance to criticize her; don't let a chance like that slip); ~ ***fra sit ord*** go back on one's word;
~ ***frem*** *a)* go forward, advance; *b) (bære sig ad)* proceed (*fx* proceed with caution); *c) (gøre fremskridt)* make progress; *d) (have fremgang)* make gains; *(ved valg også)* gain seats; ~ *ti mandater frem* gain ten seats; ~ ***frem efter*** *en plan* follow a plan; ~ ***frem for*** *se ovf.: ~ forud for*;
~ ***fremad*** *a)* walk on, advance; *b) (gøre fremskridt)* make progress, be progressing; *det -r **fremad med** ham a) (det -r ham godt)* he is getting on; *b) (mht. helbredet)* he is improving, his health is improving; *c) (han bliver dygtigere)* he is coming on;
*det gik ubemærket **hen*** it passed unnoticed; ~ *nu ikke **hen og** bliv syg* don't go and be ill; *han er -et hen og har købt en bil* he's (been and) gone and bought a car; ~ *let **hen over*** pass lightly over; T skate over; *(se også hoved)*; ~ ***hen til*** *en a)* go (up) to him, walk over to sby; *b) (for at besøge en)* look sby up;
'~ ***i*** *a) (være klædt i)* wear (*fx* jeans); *b) (rode i)* go into (*fx* his drawers, her cupboard); *c) (om skole etc.)* go to (*fx* school, church); F attend (*fx* grammar school); *(se også blod, død[1], frø[1], klasse, kloster, krig, kød, land, moder, orden, ret[2], skole[1], stykke[1], vand, vejr)*; ~ *i teatret* go to the theatre; *(se også biograf)*; *hun -r i sit attende år* she is in her eighteenth year; *hun -r **lige i** folk* people fall for her straight away; *den slags historier -r lige i folk* people lap up that kind of story; *han gik **i sig selv*** he thought better of it; *planen gik i sig selv* the scheme came to nothing;
'~ ***igen*** leave again; ~ ***i'gen*** *a) (forekomme igen)* be repeated; F recur (*fx* the mistake (, the problem) recurred); *b) (om genfærd)* haunt the house (, the room etc.); walk (*fx* his ghost still walks (the earth));
~ ***igennem*** *(passere, undersøge, lide, blive vedtaget)* go through (*fx* the room, his papers, a difficult period; the tax increases will go through next week); *(se også gennemgå)*; *ansøgningen gik igennem* the application was granted; *udsendelsen gik godt igennem* reception was good; *(se også marv (og ben))*;
~ ***imod*** *a) (hen imod)* go towards; *b) (sætte sig op imod)* go against (*fx* him; his wishes); *c) (modarbejde)* oppose (*fx* the plan); *hvad er -et dig imod?* what has upset you? *alting -r mig imod* nothing seems to be going my way;
~ ***ind*** *a) (træde ind)* go in, enter; *b) (om avis etc.: ophøre)* cease publication; T fold; *c) (blive forstået)* go in (*fx* I have read it many times but it doesn't seem to go in); *budskabet gik ind* they (, he etc.) got the message; *(se også jagt[2])*; ~ ***ind ad*** *døren* go in through (, enter by) the door; ~ ***ind efter*** *sin frakke* go in for (*el.* to fetch) one's coat; ~ ***ind for*** *a) (støtte)* support (*fx* a proposal); *b) (være fortaler for)* advocate, be an advocate of (*fx* reform); *c) (anbefale)* recommend (*fx* another way to do it); ~ *ind for en sag* adopt a cause; *han gik ind for sagen (ɔ: arbejdede energisk)* he went all out; *jeg -r **ind for at** vi venter* I think that we should wait; I vote that we wait; ~ ***ind i*** *a)* go into, enter; *b) (i forening etc.)* join; *den gik **lige** (el. rent, klart) **ind*** *a) (det blev forstået)* it went right in; he (, they etc.) got the message; *b) (den var helt rigtig)* it was bang on; *den slags -r **lige ind hos** dem (ɔ: de elsker det)* they lap up that kind of thing; *filmen gik rent ind hos dem* the film was a hit with them; ~ ***ind på*** *a) (bevæge sig ind i)* enter (*fx* one's office); *b) (beskæftige sig med)* go into (*fx* go into details); *c) (give sin tilslutning til)* agree to, accept (*fx* the proposal, the terms); fall in with (*fx* the arrangement, the joke, the proposal); *(se også lystavle)*; ~ ***ind på at*** *betale regningen* agree to pay(ing) the bill; ~ ***nærmere ind på*** go into details about; ~ ***ind til*** *de andre* join the others; *(se også evig (hvile))*; ~ ***indad*** *(om dør)* open inwards; *han -r indad på fødderne* his feet turn in; he turns in his feet (in walking);
'~ ***med*** *a) (om partner)* go out with; T date (*fx* he is dating her); *b) (bære)* carry (*fx* a pistol, a gasmask, glasses, a hat, a ring); *c) (uddele)* deliver (*fx* newspapers, milk, bread for a baker); ~ ***'med*** *a)* go (*el.* come) along, come with me (, us etc.); *b) (med objekt: ledsage)* go with, come with (*fx* she went with him to the doctor; will you come with me to the station?); F accompany; *c) (forbruges)* be consumed, be spent; *d) (blive ødelagt)* be destroyed, be lost; *-r du med?* are you coming (too)? are you coming with me (, us etc.)? ~ *med aviser (, mælk) (også)* do a newspaper (, milk) round; *hvordan -r det med ham (, planen)?* how is he (, the plan) getting on? *hvordan er det -et med ham (, planen)?* what has become of him (, the plan)? ~ *stille med se stille[3]*; ~ *med stok* walk with a stick; *(til pynt)* carry a stick; *sådan -r det med de fleste* that is what happens to most people;
*hele dagen gik **med at** forberede festen* they (, we etc.) spent the whole day preparing the party; ~ ***med på*** agree to, accept (*fx* the terms, the plan, the proposal); fall in with (*fx* the joke, the proposal);
~ ***med til noget*** *(~ ind på)* agree to sth; ~ ***med til at*** agree to (-ing) (*fx* to pay(ing) the bill);
~ ***ned*** *a)* go down (*fx* she went down into the basement); F descend; *b) (om sol etc.)* set, go down; *c) (om fly)* land, come

down; *d) (om skib etc.: synke)* go down; *e) (om pris, temperatur etc.)* fall, go down; *(pludseligt)* drop; *f) (bukke under, gå fallit)* go under; *g) (om computer)* go down; *h) (i kortspil)* go down; *(se også bakke*[1]*, flag, klap*[1]*, tæppe*[1]*)*;

~ **om** *a) (~ omkring)* walk about; *b) (blive rakt rundt)* go round (*fx* the jug went round); *c) (udføres på ny)* be repeated; *d) (i skole)* repeat a class (, a year); *e) (om eksamen)* retake an examination; *(kun skriftlig)* resit an examination; *lade kanden ~ om* pass the jug; *~ en klasse om* repeat a class; ~ **omkring** walk about; ~ **omkring i** *gaderne* walk about (in) the streets; ~ **op** *a)* go up; *(om tæppe, om pris etc. også)* rise; *b) (om dør, vindue)* open; *(pludseligt)* fly open; *c) (om noget bundet, fx knude)* come undone; *d) (om sammenføjning)* come apart, give way; *(om noget limet)* come unstuck; *e) (om regnestykke, kabale)* come out, come right; *f) (om fly: starte)* take off; *få det til at ~ op (om regnestykke)* get it out; *det -r lige op a) (ɔ: det kommer ud på et)* it amounts to the same thing; *b) (ɔ: vi er kvit)* we are quits; *det gik* **op for** *mig at* I realized that; it dawned on me that; ~ **op i** *a) (interessere sig for)* be absorbed in; *(ɔ: ~ helt op i)* devote oneself to (*fx* a cause, one's family); *b) (stige op i)* get on (*fx* the bus, the train); board (*fx* the aeroplane, the train); *~ op i et fag (ɔ: til eksamen)* do an examination in a subject; *selskabet er -et op i et andet* the company has become merged in another; *to -r op i fire* two will go into four, four is divisible by two; *~ op i sin rolle* identify oneself with one's part; *(se også lue*[1]*, røg*[1]*, spids*[1]*, søm*[2]*)*; ~ **op med** 5% rise (*el.* go up) by 5 per cent; ~ **op til** *eksamen se eksamen*;

~ **over** *a) (fra side til side)* cross (*fx* let us cross here); walk across (the street); *b) (fortage sig)* pass off; *(gradvis)* wear off (*fx* the pain passed (, wore) off); *c) (~ itu)* break (in two); *(pludseligt, med et smæld)* snap; *d) (overskride) se ndf.: ~ ud over; (se også bred*[1]*, forstand, streg)*; *~ over tiden a) (om gravid)* be overdue; *b) (vare for længe)* overrun (*fx* the programme overran by five minutes); ~ **over for** *rødt se rødt*; ~ **over fra** *et til noget andet* pass from one thing to another (*fx* they passed from school into adult life); ~ **over i** pass into; *~ over i historien se historie*; ~ **over på** *andre hænder* pass into other hands, change hands; ~ **over til** *a) (vælge noget andet; skifte parti)* go over to (*fx* another diet; the enemy; the Conservatives); *(neds.)* defect to (*fx* the rebels); *b) (en mening)* come round to; *c) (en religion)* go over to, be converted to; *d) (anden virksomhed, andet emne)* pass on to (*fx* another job; the next item on the agenda); *e) (udvikles til)* become, pass into (*fx* the rain passed into snow); *~ over til katolicismen* join (*el.* go over to) the Roman Catholic Church;

~ '**på** *a) (tage fat)* go at it, go ahead; *b) (angribe)* go for him (, them etc.); *c) (ske)* happen (*fx* it does not happen often); *d) (om handske etc.)* go on; '~ **på** *a) (angå)* be about (*fx* their conversation was only about girls); *b) (være rettet mod)* be aimed at (*fx* their criticism was aimed at his style (, him)); *han lod sig ikke ~ 'på a) (ɔ: genere)* he did not turn a hair; *b) (veg ikke)* he stood his ground; *det skal du ikke lade dig ~ på af* don't let that get you down; *der -r 100 p på et pund* there are a hundred pence to a pound; *~ (lige) løs på se løs; (se også arbejde*[1]*, hånd, melodi, nerve, opdagelse, udsalg, universitet, vinge)*;

~ **rundt** *se rundt*[1];

'~ **sammen** *a)* walk (, leave) together; *b) (om par)* go out together; T date (*fx* they have been dating for over a year); ~ '**sammen om** *at a)* join together to (*fx* help him); *b) (skyde penge sammen)* club together to (*fx* buy him a present); *~ sammen om det (ɔ: gøre det i fællesskab)* do it together; *~ sammen med dem om at* join forces with them to;

~ '**til** *a) (fremskynde sin gang)* walk faster; *b) (ske)* happen, come about, come (to happen) (*fx* how did it happen? how did it come about that he was told? how did he come to lose the money?); *c) (forbruges)* be consumed; be spent (*fx* all his money has been spent); *d) (om fodtøj)* break in (*fx* new shoes, new boots);

'~ **til** *a) (om læge, tandlæge etc.)* go to (*fx* he goes to the doctor (, dentist) twice a year); (go to) see (*fx* you had better (go to) see a doctor); *b) (blive undervist i)* go to classes in (*fx* English, self defence); go to ... classes (*fx* go to dancing (, English, gymnastics) classes); *(kun om privatundervisning)* take lessons in (*fx* dancing, riding, English, tennis); *c) (deltage i)* go to (*fx* scouts, yoga); *(om boldspil)* play (*fx* he plays football (, tennis) twice a week); *hun -r til træning to gange om ugen* she trains twice a week; *han gik til stationen* he walked to the station; *alle hans penge -r til tøj* all his money goes on clothes; *(se også bord, film, hjerte, hvile*[1]*, hånd, læge*[1]*, ret*[2]*, sag, scene, valg, top)*;

det gik livligt til things got lively; *det gik underligt til med den sag* it was a queer business; *(se også hed*[1]*, rigtig*[2]*)*;

jeg er ved at ~ **til af** *varme* this heat is getting too much for me; this heat is getting me down; ~ **til den** go at it;

~ **tilbage** *a)* go back; *b) (mil.)* retreat; *c) (være i tilbagegang)* decline, fall off (*fx* membership fell off); slip (*fx* production has slipped by ten per cent; the party slipped in the polls); *d) (ved valg)* suffer losses, lose seats; *lade handelen ~ tilbage* call off the deal; *det er -et* **tilbage for** *ham (socialt, økonomisk)* he has come down in the world; *det -r tilbage for ham (mht. åndsevner)* he is losing his grip, he is slipping; *vær venlig at ~* **tilbage i** *vognen!* pass right along the bus, please! *det -r* **tilbage med** *ham, se ovf.: det -r tilbage for ham*; ~ **tilbage til** *a)* return to, go back to; *b) (have eksisteret siden)* date from (*fx* the house dates from the 17th century);

~ **ud** *a)* go out (*fx* they go out a lot); *b) (om ild, lys)* go out; *c) (om plante)* die; *(se også udgå)*; ~ **ud ad** *døren* go out of the door; ~ **ud af** leave (*fx* school, the room); ~ **ud at** *se ndf.: ~ ud og*; ~ **ud fra** *(forudsætte)* assume (*fx* I assume that you know each other?); *(mere sikkert)* take for granted (*fx* I took it for granted that you would agree); *jeg -r ud fra at (også)* I take it that; *(kommer han?) det -r jeg ud fra* I expect so; *~ ud fra en falsk forudsætning* act on a wrong assumption; ~ **ud med** *hende* go out with her; ~ **ud og** go -ing (*fx* go fishing, go swimming); ~ **ud over** *a) (overskride)* go beyond (*fx* what is reasonable); F exceed (*fx* all bounds *(alle grænser)*); *b) (påvirke, ramme)* affect (*fx* it will affect your health); *det -r ud over ... (også)* ... suffers (*fx* his work suffers; her studies are suffering; she will be the first to suffer); *det vil ~ ud over ham* he will be the one to suffer for this; *hans ondskab gik ud over ham selv* his malice rebounded on him; *lade det ~ ud over en anden (ɔ: når noget går en imod)* take it out on (*el.* of) sby else; *lade sit raseri ~ ud over en* vent one's rage on sby; *hvad -r det* **ud på***?* what's the idea? *jeg ved hvad dine ønsker -r ud på* I know what your wishes are; *planen -r* **ud på at** *(om formål)* the purpose of the plan is to (*fx* catch him); the plan aims to; *det hele -r ud på at* the whole idea is to; *som -r (, gik) ud på at (ɔ: om indhold)* to the effect that (*fx* a letter (, proposal, rumour) to the effect that...);

~ **udad** *på fødderne* turn one's toes outwards;

~ **uden om** *a)* walk (, go) round (*fx* a hole in the road); *b) (prøve at undgå)* sidestep, bypass (*fx* the difficulty, a problem, a question); F evade (*fx* the difficulty, the question); *c) (slippe uden om)* get round (*fx* the difficulty); *(se også grød)*; *~ uden om sagen* duck (*el.* skirt) the issue; *~ langt uden om en (, noget)* give sby (, sth) a wide berth;

~ **udenom** *a)* go round it (etc.) (*fx* the front door was locked so we had to go round the house to get in at the back door); *b) (om sagens kerne)* beat about the bush; F prevaricate; *c) (være utro)* have an affair on the side; *(se også langt)*;

~ '**under** *(om skib)* go down; F founder; *hvis verden -r under* if the world comes to an end; *'~ under navnet se navn*;

~ **videre** *se videre*;

~ **væk** *a)* go away, disappear; *b) (om smerte etc.)* pass off; *åh ~ væk!* go on! get along (*el.* away) with you!

gåben*: på ~* T on foot.

gåde *sb. (en, -r)* **1.** riddle (*fx* ask sby a riddle); *(ordgåde også, glds. el.* F*)* conundrum;

2. *(fig.: noget ubegribeligt)* mystery (*fx* it is a mystery to me how he did it); puzzle (*fx* he (, his motive) is a puzzle to me); riddle (*fx* he is a riddle to me; the riddle of the universe; the riddle of existence); *(glds. el.* F*)* conundrum; *(dyb gåde,* F*)* enigma;

□ *gætte (, løse) en ~* guess (, solve) a riddle; *det er mig en ~ (også)* it puzzles me; T it beats me; *tale i -r* speak (*el.* talk) in riddles.

gådefuld *adj.* mysterious; *(stærkere,* F*)* enigmatic.

gåen *sb. se kommen*[2];

□ *hans ~ op i* his devotion to.

gående *adj.* **1.** *(jf. gå)* going; walking; **2.** *(brugt som sb.)* pedestrian;

□ *holde (fx samtalen) ~* keep (*fx* the conversation) going; *holde den ~ a) (blive ved med noget)* keep it up, carry on; *(tappert)* soldier on; *b) (køre på lavt aktivitetsniveau)* be ticking over; *c) (klare det økonomisk)* hold out, keep going (*fx* they can't hold out (*el.* keep going) for long); keep the wolf from the door; keep the pot boiling.

gåfelt *se fodgængerovergang.*

gågade pedestrianized street; *(svarer til)* pedestrian precinct (*el.* area).

gålæg *sb.pl.* kick pleats.

gåpåmod *sb. (et)* **1.** drive; T push, go; **2.** *(foretagsomhed)* enterprise.

gåpånatur*: han er en ~* he has got a lot of drive in him.

går*: i ~* yesterday; *avisen fra i ~* yesterday's paper; *natten til i ~* the night before last; *(se også aften, født, middag, morgen).*

gård *sb. (en, -e)* **1.** *(gårdsplads)* yard; *(omgivet af bygninger, fx slots-)* court, courtyard;

2. *(til skole: legeplads)* playground;

3. *(landejendom)* farm; *(herregård)* estate;

□ *gå i -en (skoleudtryk)* leave the room; *må jeg gå i -en? (også)* may I be excused? *værelse til -en* back room.

gårdejer owner of a farm; *(landmand)* farmer.

gårdhave patio, inner courtyard.

gårdhavehus patio house, courtyard house.

gårdmand **1.** farmer; **2.** *(mand der holder gården ren)* caretaker.

gårdsanger *(svarer til)* street singer.

gårdskarl outdoor servant.

gårdsplads *(fx til bondegård)* yard; *(se også gård)*;

□ *på -en* in the yard.

gårdtur *(for fanger)* exercise.

gårdvagt **1.** playground duty;

2. *(lærer)* teacher on playground duty;

□ *have ~* be on playground duty.

gårsdagen the previous day.

gås *sb. (en, gæs)* **1.** *(zo.)* goose (pl. geese); **2.** *(dum kvinde)* silly goose;

□ *som at slå vand på en ~ se vand.*

gåsefedt goose fat.

gåsefjer **1.** goose feather; **2.** *(til pen)* goose quill.

gåsefod *(bot.)* goosefoot (pl. -s).

gåsegang*: gå i ~* walk in single file (*el.* Indian file).

gåsehud gooseflesh; goose pimples pl.;

□ *jeg har ~ over hele kroppen* I am goosey all over; *det er til at få ~ af* it makes one's flesh creep; it gives one the creeps.

gåsekråser *sb.pl.* giblets.

gåsele *(til barn)* harness; *(som man holder i)* reins pl.

gåseleverpostej pâté de foie gras.

gåsepen goose quill.

gåserede*: sidde som en bisp i en ~* be in clover.

gåsesteg roast goose.

gåset *adj.* simpering.

gåseurt *(bot.)* camomile; *(tusindfryd)* daisy.

gåseøjne *sb.pl. (anførelsestegn)* inverted commas, quotation marks.

gåtur walk.

H

h *sb. (et, -'er)* **1.** *(bogstav, lyd: staves)* aitch (*fx* he couldn't pronounce aitch); **2.** *(i musik)* B.
HA *(titel)* BSc (Econ).
ha[1] *interj.* ha.
ha[2] *(fork.f. hektar)* ha. (*fork.f.* hectare(s)).
Haag *(geogr.)* the Hague.
habengut *sb. (et)* goods and chattels pl.
habil *adj.* capable, competent.
habilitere *vb.: ~ sig* qualify (oneself).
habilitet *sb. (en) (jur.)* capacity.
habit *sb. (en, -ter)* suit.
habituel *adj.* habitual.
habitus *sb. (en)* **1.** *(legemlig)* (outward) appearance; **2.** *(åndelig)* intellectual make-up; **3.** *(moralsk)* moral character.
hachis *sb. (en)* hash.
hacker *sb. (en, -e) (edb)* hacker.
had *sb. (et)* hatred (*til* of, for, *fx* the enemy; *mod* towards, *fx* one's family; filled with hatred); *(især uden præp.led)* hate (*fx* love and hate; he was full of hate; there was hate in her eyes); *(indædt, forbitret,* F*)* rancour;
□ *lægge ham for ~* make him disliked (*el.* unpopular); *lægge ham for ~ hos dem* make them dislike him; *nære ~ til en* hate sby; *pådrage sig ens ~* incur sby's hatred.
hade *vb.* hate (*fx* I hate him (, injustice, cheese));
□ *jeg -r* ***at*** *(+ inf.)* I hate -ing (*fx* being late); *jeg -r at folk blander sig* I hate people interfering; I hate it when people interfere.
hadefuld *adj. (præd.)* full of hate; *(se også hadsk).*
hader *sb. (en, -e)* hater, enemy (*af* of).
had-kærlighed love-hate (*fx* a love-hate relationship).
hadsk *adj. (med ønske om at skade)* spiteful; *(stærkere)* savage (*fx* attack, remarks); *(indædt, forbitret,* F*)* rancorous.
hadskhed *sb. (en) (jf. hadsk)* spite, spitefulness; F rancour.
haft *pf.ptc. af have.*
hage[1] *sb. (en, -r)* **1.** *(krog etc.)* hook; **2.** *(modhage)* barb; **3.** *(på hestesko)* calk;
□ *der er en ~ ved det (fig.)* there is a snag in it.
hage[2] *sb. (en, -r) (anat.)* chin.
hage[3] *vb.: ~ sig fast i (el. til) a)* hang onto (*fx* his arm; a rope); *b) (en person)* latch onto (*fx* him); *c) (fig.: kværulere over)* quibble over (*fx* details).
hagekors swastika.
hagekorsflag swastika flag.
hagerem chin strap.
hagesmæk *sb. (en, -ke)* bib.
hagl[1] *sb. (et, -)* **1.** *(haglkorn)* hailstone; **2.** *(til jagtbøsse)* shot (pl. shot); *(fx til luftbøsse)* pellet.
hagl[2] *sb. (en) (mængde)* shower (*fx* of jokes); hail (*fx* of bullets).
haglbyge hail shower; *(voldsom)* hailstorm.
haglbøsse shotgun.
hagle *vb.* hail (*fx* it hailed all day);
□ *sveden -de af ham* the sweat poured down his face; *slagene -de ned over ham* the blows rained (*el.* hailed) down on him; *de lod slagene ~ ned over ham* they rained (*el.* hailed) down blows on him.
haglgevær shotgun; *(se også oversave).*
haglkorn hailstone.
haglpatron shot-cartridge.
haglskade *sb.* hail damage (*på* to, *fx* to crops).
haglskadeforsikring hail insurance.
haglvejr *se haglbyge.*
haj *sb. (en, -er) (også fig.)* shark (*fx* the sharks of the housing market).
hajtænder *sb.pl.* **1.** shark's teeth; **2.** *(på vej)* [give-way markings].
hak *sb. (et, -)* **1.** *(indskæring)* notch (*fx* cut a notch in the stick); *(mindre, især utilsigtet)* nick (*fx* there were nicks in the table);
2. *(i kanten af tallerken etc., skår)* chip; *(i knivsæg)* nick;
3. *(mærke til afkrydsning)* tick (*fx* there was a tick by his name on the list);
□ ***ikke et*** *~ (fig.,* T*)* not a bit (*fx* not a bit better; I don't care a bit); not a thing (*fx* you don't know a thing about it); *jeg forstår ikke et ~* I don't understand a word of it;
[med uo.] ***falde i*** *~ a)* fall into place; click (*fx* things were beginning to click); *b) (passe sammen)* slot together; ***få et ~ i tuden*** *a) (blive sat på plads)* get a smack (*el.* one) in the eye; *b) (blive skældt ud)* get a rap on (*el.* over) the knuckles, have one's knuckles rapped; ***lave ~ i*** *a) (jf. 1)* notch; nick; *b) (jf. 2)* chip; nick.
hakke[1] *sb. (en, -r)* **1.** *(togrenet)* pickaxe; *(am.)* pickax; **2.** *(engrenet)* mattock; **3.** *(gartnerredskab)* hoe.
hakke[2] *vb.* **1.** *(med skarp ting)* hack (*fx* they were hacked to death);
2. *(med næb)* peck (*fx* a hole in an egg; the hens were pecking around; the parrot pecked my finger);
3. *(findele)* chop (*fx* onions, parsley); *(kød)* mince (*fx* liver);
4. *(med hakke)* hoe;
□ *~ jorden løs* loosen the earth with a pickaxe (, mattock, hoe); *(jf. hakke*[1]*)*; *-t kød* minced meat; *(am.)* ground meat; *-t oksekød* mince, minced beef; *(am.)* ground beef, hamburger; *-t persille* chopped parsley; *~ tænder se tand*;
[med præp. & adv.] ~ ***af*** *(krydse af på en liste)* tick off; *~ (og stamme)* ***i det*** stammer, stutter; *(sidde og) ~ i det (ɔ: økonomisk)* feel the pinch; *~* ***på*** *(fig.)* carp at, nag at (*fx* she kept on nagging at him); go on at.
hakkebræt **1.** *(til mad)* chopping board; **2.** *(glds. musikinstrument)* dulcimer; **3.** *(neds. om klaver)* broken-down piano; **4.** *(sø.)* taffrail.
hakkebøf minced beef patty.
hakkekniv mincing knife.
hakkelse *sb. (en)* **1.** chaff; **2.** *(fig.)* rubbish.
hakkelsemaskine chaff cutter.
hakkemad **1.** minced meat; **2.** *(fig.)* mess.
hakkeorden *(biol.)* pecking order.
hakker *se hacker.*
hal *sb. (en, -ler)* **1.** hall; **2.** *(sportshal)* sports centre.
hale[1] *sb. (en, -r)* **1.** tail; *(rævs)*

brush; *(hares, kanins)* scut;
2. *(bagdel)* bottom (*fx* wipe a baby's bottom; a smack on the bottom; fall on one's bottom); behind; *(am.)* fanny;
3. *(fig.: række af folk efter sig)* train (*fx* a consultant with a long train of junior doctors); *(af skolebørn to og to)* crocodile;
□ *stikke (af med) -n mellem benene* turn tail; run away with one's tail between one's legs.

hale[2] *vb.* **1.** haul (*fx* haul a basket up by a rope); *(mindre kraftigt)* pull; *(kraftigere)* heave;
2. *(slæbe)* drag (*fx* drag a heavy trunk out);
□ ~ ***i*** haul at; pull at; heave at; ~ *i land se land*; ~ ***ind*** haul in; ~ ***ind på*** gain on; ~ ***ned*** haul down, lower (*fx* a flag); ~ ***op i*** *bukserne* hitch up one's trousers; ~ ***ud*** *a) (gå hurtigt)* step out; *b) (trække på årerne)* pull on the oars; ~ ***ud af*** *(fig.)* drag out of (*fx* the truth had to be dragged out of him; drag a confession (, drag information) out of her); *(mere* F*)* extract from (*fx* extract information (, a promise) from him); *jeg kunne ikke ~ et ord ud af ham* I could not get a word out of him.

haleben *(anat.)* coccyx (pl. coccyges).
haledusk switch.
halefinne *(zo., flyv.)* tail fin.
halefjer tail feather.
haleløs *adj.* tailless.
haleror *(flyv.)* rudder.
haletudse *(zo.)* tadpole.
hall *sb. (en, -er)* **1.** *(stor entre)* (entrance) hall; **2.** *(i hotel)* lounge; F vestibule.
halleluja *sb. (et, -er) & interj.* hallelujah, alleluia.
hallo *interj. (i telefon)* hello; *(se også halløj*[2]*)*;
□ ~, ~! *(i højttaler)* attention, please!
hallucination *sb. (en, -er)* hallucination.
hallucinatorisk *adj.* hallucinatory.
hallucinere *vb.* hallucinate.
hallucinogen[1] *sb. (en, -er)* hallucinogen.
hallucinogen[2] *adj.* hallucinogenic (*fx* drug).
halløj[1] *sb. (et) (larm, opstandelse)* hubbub, row, uproar;
□ *drive ~ med* make fun of.
halløj[2] *interj.* hello! hullo! T hey! *(prajning også)* I say! *(am.)* say!; *(se også hovsa)*;
□ ~ *du der!* hey you!
halm *sb. (en)* straw;
□ *et knippe ~* a bundle of straw; *et læs ~* a cartload of straw.
halma *sb. (et)* halma.
halmafbrænding straw burning.
halmballe bale of straw.
halmfyr *sb. (et, -)* straw-fired burner.
halmknippe bundle of straw.
halmpresse baler.
halmstrå straw;
□ *gribe efter (, klynge sig til) et ~* catch (*el.* clutch) at a straw.
halmvisk wisp of straw.
halogen *sb. (et, -er)* halogen.
halogenlampe halogen lamp.
halogenpære halogen bulb.
hals *sb. (en, -e)* **1.** neck (*fx* break one's neck; wring sby's neck);
2. *(strube, det indvendige af -en)* throat (*fx* cut sby's throat; the hot tea burnt my throat);
3. *(flaske- etc.)* neck;
4. *(sø.)* tack;
5. *(på node)* stem, tail;
□ *give ~* bay; *han er en hård ~* he is a hard-bitten fellow; *knække -en på det (fig.: forløfte sig)* break one's back in the attempt to do it; T come down badly over it; *ligge for styrbords -e (sø.)* be on the starboard tack;
[med præp.] gø ***af fuld*** *~* bark furiously; *le af fuld ~* roar with laughter; *råbe af fuld ~* shout at the top of one's voice; *få noget* ***i*** *den gale ~ (el. galt i -en) se gal*; *have ondt i -en* have a sore throat; *hjertet sad mig i -en* my heart was in my mouth; *ordene blev siddende i -en på ham* the words stuck in his throat; *gå på* ***med*** *krum ~* go at it with determination; put one's back into it; *fare (el. flyve) en* ***om -en*** throw (*el.* fling) one's arms round sby's neck; *han er Tory* ***om en*** *~* he is an out-and-out Tory; *vi er om en ~ (let glds.)* it is all up with us; ***over*** *~ og hoved* headlong; with a rush; *skaffe en noget* ***på*** *-en* saddle sby with sth (*fx* a troublesome guest; a difficult job); *få politiet på -en* get the police down on one's neck; *det hænger mig* ***ud af*** *-en* I am fed up (to the back teeth) with it; I am sick and tired of it; *(se også tunge*[1]*)*.
halsbetændelse inflammation of the throat; *(i mandlerne)* tonsillitis.
halsbind *(glds.)* stock.
halsbrand heartburn; *(med.)* pyrosis.
halsbrækkende *adj.* **1.** risky (*fx* jump); precarious (*fx* manoeuvres); **2.** *(om fart, attr.)* breakneck (*fx* at breakneck speed).
halsbånd **1.** necklace; **2.** *(til hund)* collar.
halse *vb.* **1.** *(gø)* bay; **2.** *(løbe)* rush;
□ ~ *af sted* pant along; ~ *rundt a) (løbe)* rush (*el.* dash) around; *b) (sø.)* wear.
halshugge *vb.* behead; F decapitate.
halshugning *sb. (en, -er)* beheading; F decapitation.
halshvirvel *(anat.)* cervical vertebra.
halshæng *sb. (et, -)* pendant.
halsjern iron collar.
halskæde necklace, chain.
halslidelse throat complaint (*el.* trouble).
halslinning neckband.
halslæge (ear, nose and) throat specialist; F laryngologist.
halsløs *adj.: ~ gerning a) (fig.)* desperate undertaking; risky business; *b) (glds.)* capital offence, hanging matter.
halsmuskel *(anat.)* cervical muscle.
hals- og håndsret power of life and death (*over* over).
halssmykke necklace.
halsspecialist *se halslæge*.
halsstarrig *adj.* obstinate, stubborn; *(og dum)* pigheaded.
halsstarrighed *sb. (en)* obstinacy, stubbornness.
halssygdom disease of the throat; *(lettere)* throat complaint.
halstørklæde scarf (pl. -s, scarves).
halsudskæring neckline;
□ *spids ~* V-neck.
halt *adj.* lame (*på det ene ben* in one leg); *(haltende)* limping.
halte *vb.* **1.** limp, walk with a limp; **2.** *(humpe)* hobble; **3.** *(fig.: ikke passe)* halt (*fx* the comparison halts);
□ *der er noget der -r (fig.)* something is not quite right; ~ *bagefter* lag behind; *de andre kom -nde bagefter* the others came staggering up.
haltefanden the devil on two sticks.
halten *sb. (en)* limp.
halunk *sb. (en, -er) (let glds.)* rascal.
halv *adj.* half; *(se også halvt)*;
□ ***de*** *-e* half (*fx* half (of them) were ill; half (of) the teachers were ill); ***det*** *-e* half (*af* of, *fx* half of it was wrong; give me half of the cake; half is enough); one half; *det -e af kagen (også)* half the cake; *hvad er det -e af 6?* what is (the) half of six? *børn det -e* children half-price; *hun er så beskeden at det -e kunne være nok*

she is modest to a fault; *klokken* **er** ~ *tolv* it is half past eleven; *klokken er (lige)* ~ it is (just) half past; ***slå*** ~ *(om ur)* strike the half-hour; *uret slår hel og* ~ the clock strikes the hours and half-hours; ***to*** *en* ~ *dag* two days and a half; two and a half days; *to -e udgør en hel* two halves make a whole;
[med præp.] ti (, fem) minutter ***i*** ~ twenty (, twenty-five) (minutes) past; *ti (, fem) minutter* ***over*** ~ twenty (, twenty-five) (minutes) to; ***på*** ~ at half mast; *(se også stang (på halv stang))*;
[med sb.] -e forholdsregler half-measures; *en* ~ *fridag* a half-holiday; *en* ~ *gang til så meget* half as much again; *et -t hundrede* about fifty; *for* ~ *kraft* at half speed; *til* ~ *pris* at half price, at half the price; *slå* ~ *skade* go fifty-fifty; *slå* ~ *skade med* go halves with; *i* ~ *størrelse* half-size; *på den -e tid* in half the time; ~ *tone* semitone; *(am.)* half step; *med en* ~ *vind se vind*[1]; *det kan man se med et -t øje* you can see that with half an eye; *et -t år* six months; *(sjældnere)* half a year; *(se også løsning*[1]*, stang, time, vind*[1]*)*.
halvabe *(zo.)* lemur.
halvanden *adj.* one and a half (*fx* hours, kilometres);
□ ~ *måned (, uge)* one and a half months (, weeks); a month (, week) and a half; ~ *måned (især)* six weeks; *halvandet år* eighteen months; a year and a half.
halvark half-sheet.
halvautomatisk[1] *adj.* semiautomatic.
halvautomatisk[2] *adv.* semiautomatically.
halvbind 1. *(bogbind)* half-binding; **2.** *(del af værk)* half-volume.
halvblind *adj.* half-blind.
halvblods *adj.* half-breed, half-bred; *(om menneske også)* half-caste.
halvbroder, **halvbror** half-brother.
halvbæltekøretøj half-track vehicle.
halvcirkel semicircle.
halvcirkelformet *adj.* semicircular.
halvciviliseret *adj.* half-civilized, semicivilized.
halvdagspige part-time maid.
halvdagsplads, **halvdagsstilling** part-time job.
halvdannet *adj.* half-educated, semieducated.
halvdel half (pl. halves);
□ *-en af* (one) half of.
halvdun half-down.
halvdød *adj.* half-dead.
halvdør half-door.
halvere *vb.* **1.** halve; **2.** *(mat.)* bisect.
halvering *sb. (en, -er)* **1.** halving; **2.** *(mat.)* bisection.
halveringslinie *(mat.)* bisector.
halveringstid *(i atomfysik)* half-life (period).
halveskadrille *(mil.)* flight.
halvfabrikat semi-manufacture(d article).
halvfed *adj. (typ.)* bold-face.
halvfems *num.* ninety;
□ *enoghalvfems* ninety-one; *de glade -ere (svarer til)* the Naughty Nineties; *i -erne a)* in the nineties; *b) (om person)* in his (, her) nineties.
halvfemsindstyve *num.* ninety.
halvfems(indstyv)ende *adj.* ninetieth.
halvfemsårig *adj.* ninety-year-old;
□ *en* ~ *(også)* a man (, woman) of ninety.
halvfemsårsalderen the age of ninety (*fx* he died at the age of ninety);
□ *han er i* ~ he is around ninety.
halvfemte *adj.* four and a half.
halvfjerde *adj.* three and a half.
halvfjerds *num.* seventy;
□ *enoghalvfjerds* seventy-one; *i -erne a)* in the seventies; *b) (om person)* in his (, her) seventies.
halvfjerdsindstyve *num.* seventy.
halvfjerds(indstyv)ende *adj.* seventieth.
halvfjerdsårig *adj.* seventy-year-old;
□ *en* ~ *(også)* a man (, woman) of seventy.
halvfjerdsårsalderen the age of seventy (*fx* he died at the age of seventy);
□ *han er i* ~ he is around seventy.
halvflaske half-bottle.
halvfordøjet *adj.* half-digested.
halvformat 1. *(om avis)* tabloid size (*el.* format); **2.** *(foto.)* half frame.
halvfuld *adj.* **1.** half-full (*fx* bottle, glass); **2.** *(beruset)* half-drunk;
□ *han er* ~ *(også)* he has had one over the eight; he is half seas over.
halvfærdig *adj.* half-done, half-finished.
halvfætter second cousin.
halvgal *adj.* half mad, half-crazy.
halvgammel *adj.* oldish, elderly.
halvgjort *adj.* half-done.
halvgud demigod.
halvhed *sb. (en)* **1.** incompleteness; **2.** *(fig.)* indecision, vacillation; **3.** *(halve forholdsregler)* half-measures.
halvhjerne *(T: fjols)* half-wit.
halvhjertet[1] *adj.* half-hearted.
halvhjertet[2] *adv.* half-heartedly.
halvhundredårig *adj. se halvtredsårig.*
halvhøjt *adv. (om ytring)* in an undertone.
halvjøde half-Jew;
□ *han er* ~ he is half Jewish.
halvkaste *(menneske)* half-caste.
halvkonserves perishables pl.
halvkreds semicircle.
halvkugle hemisphere (*fx* the northern (, southern) hemisphere).
halvkugleformet *adj.* hemispherical.
halvkusine second cousin.
halvkvalt *adj.* stifled (*fx* a stifled sob);
□ ~ *af latter* half stifled with laughter.
halvkvædet *adj.*: *han forstår en* ~ *vise* he can take a hint.
halvlang *adj.* half-length (*fx* dress).
halvleder *(elek.)* semiconductor.
halvleg 1. *(i fodbold)* half; **2.** *(i kricket)* innings (pl. innings); **3.** *(pausen)* half-time;
□ *efter første* ~ *stod det 2-0 (i fodbold)* the score at half-time (*el.* the half-time score) was 2-0.
halvmaske half-mask.
halvmilitær *adj.* semi-military.
halvmoden *adj.* half-ripe.
halvmørk *adj.* dim.
halvmørke *sb.* semidarkness.
halvmåne crescent; *(nøjagtig halv)* half-moon.
halvmåneformet *adj.* crescent-shaped.
halvnode minim; *(am.)* half note.
halvnøgen *adj.* half-naked; *(mere F)* seminude.
halvofficiel *adj.* semiofficial.
halvpart *se halvdel.*
halvpension half board; F demi pension.
halvrund *adj.* semicircular.
halvsidig *adj.*: ~ *lammelse (med.)* hemiplegia.
halvsove *vb.* doze, drowse.
halvstegt *adj.* half-done, half-cooked.
halvstik *sb. (et, -) (sø.)* half-hitch;
□ *dobbelt* ~ clove hitch.
halvstuderet *adj.*: ~ *røver* smatterer; F sciolist.
halvsøskende *sb.pl.* half-brother(s) and half-sister(s).
halvsøster half-sister.
halvt *adv.* half (*fx* the battle was half won);

□ ~ *af hver(t)* half-and-half; *dele ~ med* go halves with; ~ *det ene og ~ det andet* half one thing and half another; *han gør ingenting ~* he does nothing by halves; ~ *om ~* half (*fx* I half believed that he was guilty); more or less; ~ *så meget* half as much.
halvtag 1. lean-to, open shed; **2.** *(foran dør)* porch roof.
halvtone *se halv (tone).*
halvtosset *adj.* half-daft.
halvtotal *(i film)* medium shot.
halvtredje *adj.* two and a half.
halvtreds *num.* fifty;
□ *enoghalvtreds* fifty-one; *i -erne a)* in the fifties; *b) (om person)* in his (, her) fifties.
halvtredsindstyve *num.* fifty.
halvtreds(indstyv)ende *adj.* fiftieth.
halvtredskroneseddel fifty kroner note.
halvtredsøre fifty-øre piece.
halvtredsårig *adj.* fifty-year-old;
□ *en ~ (også)* a man (, woman) of fifty.
halvtredsårsalderen the age of fifty (*fx* he married at the age of fifty);
□ *han er i ~* he is around fifty.
halvtredsårsdag, **halvtredsårsjubilæum** 50th anniversary; golden jubilee.
halvvej: *på -en* half-way; *møde en på -en a)* meet sby half-way; *b) (fig.)* meet sby. half-way; *(mht. pris etc. også)* split the difference.
halvvejs *adv.* **1.** half-way (*fx* we stopped half-way); **2.** *(halvt om halvt)* half (*fx* I half agree with you);
□ *jeg har ~ lyst til at* I have half a mind to.
halvvers hemistich.
halvvild *adj.* **1.** semi-savage; half-civilized; **2.** *(om dyr)* half-wild.
halvvoksen *adj.* **1.** adolescent; **2.** *(om dyr)* half-grown;
□ *to halvvoksne børn (også)* two teenage children.
halvædelsten semi-precious stone.
halværme half sleeve.
halvø peninsula.
halvåben *adj.* half-open.
halvår six months pl.; half-year.
halvårlig[1] *adj.* half-yearly, six-monthly.
halvårlig[2], **halvårligt** *adv.* every six months, twice a year.
ham[1] *sb. (en, -me)* slough;
□ *skifte (el. skyde) ~* cast off (*el.* shed) the slough; slough (the skin).
ham[2] *pron.* him; *(foran præpositionsled & relativsætning oftest)* the one (*fx* the one with the red cap; the one you spoke to);
□ ~ *der* that chap; the one over there; *det er ~* it is him; *det var ~ der gjorde det* he did it; F it was he who did it; ~ *og hans fodbold!* he and his football!
Hamborg *(geogr.)* Hamburg.
hamburgerryg smoked saddle of pork.
hamle *vb.: kunne ~ op med a) (kunne måle sig med)* be a match for; *b) (kunne klare)* be able to cope with.
hammel *sb. (en, hamler)* **1.** *(hammelstok)* double tree; **2.** *(svingler)* single trees pl.;
□ *trække på samme ~ (fig.)* pull together.
hammer *sb. (en, hamre)* **1.** hammer; **2.** *(i øret)* hammer; *(anat.)* malleus; **3.** *(auktions- & dirigent-)* gavel;
□ *-en faldt ved £100* it was knocked down for £100; *så falder fars ~* T then you'll get it in the neck; then you'll be in for it; *komme under -en (på auktion)* come under the hammer.
hammerhoved hammer head.
hammerkast 1. *(det at kaste)* throwing the hammer, hammer throw; **2.** *(enkelt kast)* hammer throw.
hammerkaster hammer thrower.
hammerslag hammer stroke;
□ *han fik ~ på det (ved auktion)* it was knocked down to him; *han har ikke bestilt et ~* he has not done a stroke of work.
hammertå *(anat.)* hammertoe.
hamp *sb. (en) (også om hash)* hemp;
□ *det er helt ude i -en* (T: *fig.)* it is way out.
hampefrø hempseed.
hampegarn hemp yarn.
hampeolie hempseed oil.
hamper *adj.* **1.** *(dårlig)* foul (*fx* smell); rotten; **2.** *(ubehagelig)* nasty (*fx* chap); **3.** *(skrap)* stiff (*fx* demand, price).
hampereb hemp rope.
hamre *vb.* **1.** *(med hammer)* hammer; **2.** *(slå)* hammer, pound (*fx* on the door); *(dumpt, især med næverne)* thump;
□ *hans hjerte -de* his heart was pounding (*el.* thumping);
[med præp.] ~ ***i*** *bordet* hammer at (*el.* pound) the table; ~ *i klaveret* bang on (*el.* pound (on) *el.* hammer at *el.* thump) the piano; ~ *det* ***ind i*** *hovedet på ham* hammer it into his head; ~ ***på*** *døren* hammer (*el.* pound *el.* bang) at (*el.* on) the door; ~ *løs på (ɔ: beskyde)* pound at.
hamren *sb. (en) (jf. hamre)* **1.** hammering; **2.** hammering, pounding; thumping.
hamrende *adv.: det er ~ koldt* it is perishing cold; *det er ~ ligegyldigt* it doesn't matter one bit; I couldn't care less.
hamskifte *sb. (et, -r)* sloughing.
hamster *sb. (en, -e) (zo.)* hamster.
hamstre *vb. (samle forråd)* hoard.
hamstrer *sb. (en, -e)* hoarder.
hamstring *sb. (en)* hoarding; *(i panik)* panic buying.
han[1] *sb. (en, -ner)* male; he; *(om hønsefugle etc. også)* cock.
han[2] *pron.* he;
□ ~ *der* that one, that chap; the one (, the chap) over there; ~ *selv* he himself.
hanbi *(zo.)* drone.
hanblomst *(bot.)* male flower; *(fagl.)* staminate flower.
handel *sb. (en, -er)* **1.** trade (*med (om partner)* with; *(om vare)* in, *fx* with other countries; in tea, in drugs); trading;
2. *(neds.: ulovlig)* traffic (*fx* in drugs, in stolen cars);
3. *(generelt, mellem lande, som begreb)* trade; F commerce;
4. *(som levevej, erhverv)* business, trade (*fx* trade and industry);
5. *(enkelt køb og salg)* deal, transaction; *(især køb)* bargain (*fx* it was a bad bargain; make (*el.* strike) a good bargain; shake hands on the bargain);
□ *værdi i ~ og vandel* market (*el.* commercial) value; *være i -en* be on the market; *oven i -en* into the bargain;
[med vb.] afslutte en ~ close a deal (*el.* bargain); *drive ~* carry on business (*med en* with sby); *drive ~ med a)* trade (*el.* deal) in (*fx* goods); *b) (ulovligt)* traffic in (*fx* drugs, stolen goods); *gå til -en* go into business; *slå en ~ af (også fig.)* do a deal; *(især am.)* make a deal.
-handel 1. trade (*fx* fur trade); *(neds.: ulovlig)* traffic (*fx* drug traffic); **2.** *(butik)* shop (*fx* leather shop).
handelsaftale trade agreement; *(se også handelstraktat).*
handelsattaché, **handelsattache** commercial attaché.
handelsbalance balance of trade, trade balance;
□ *overskud på -n* trade surplus; *underskud på -n* trade deficit.
handelsblokade trade embargo.
handelsby 1. commercial town;

2. *(hvor man køber ind)* shopping town.
handelscentrum commercial centre, trade centre; F emporium.
handelsflag *(sø.)* merchant flag;
□ *-et (det britiske)* the Red Ensign.
handelsflåde merchant navy; *(især am.)* merchant marine.
handelsforbindelse 1. commercial relations pl.; **2.** *(enkelt)* trade link; **3.** *(person el. firma)* business connection.
handelsforetagende business concern.
handelsforhandlinger *sb.pl.* trade negotiations, trade talks.
handelsfyrste merchant prince.
handelsgartner market gardener; *(am.)* truck gardener.
handelsgartneri 1. market garden; *(am.)* truck garden; **2.** *(virksomheden)* market gardening; *(am.)* truck gardening.
handelsgymnasium *(kan gengives)* commercial upper-secondary school.
handelshus commercial house (*el.* firm).
handelshøjskole business college, commercial college;
□ *-n a) (i København)* the Copenhagen Business School; *b) (i Århus)* the Aarhus School of Business.
handelskalender trade directory.
handelskammer chamber of commerce.
handelskorrespondance commercial correspondence.
handelskrig trade war.
handelslære *(fag)* commercial knowledge, commerce;
□ *komme i* ~ be apprenticed to a merchant (, shopkeeper).
handelslærling apprentice to a merchant (, shopkeeper).
handelsmand 1. trader; *(forretningsmand)* businessman; **2.** *(gadehandler)* hawker.
handelsmarine mercantile marine.
handelsminister minister of trade; *(i Engl.)* Secretary of State for Trade and Industry; *(i USA)* Secretary of Commerce.
handelsministerium ministry of trade; *(i Engl.)* Department of Trade and Industry; *(i USA)* Department of Commerce.
handelsmonopol commercial monopoly.
handelsmoral 1. business morals pl.; **2.** *(moralsystem)* commercial morality; business ethics pl.
handelsordbog commercial dictionary.
handelsoverskud trade surplus.
handelspartner trading partner.
handelsregister trade register.
handelsrejsende *sb.* commercial traveller, travelling salesman; F (sales) representative.
handelsrestriktioner *sb.pl.* trade restrictions.
handelsret 1. *(love)* commercial law; **2.** *(domstol)* commercial court.
handelsselskab business company, trading company.
handelsskib merchant ship.
handelsskole commercial school (, college).
handelsstanden businessmen pl.
handelsstandsforening *(omtr.)* chamber of commerce.
handelstal *sb.pl.* trade figures.
handelstalent business talent;
□ *have ~, være et ~* have a talent for business.
handelstraktat commercial treaty.
handelsuddannelse commercial training; *(mere teoretisk)* commercial education.
handelsudtryk commercial term.
handelsunderskud trade deficit.
handelsvare commodity;
□ *-r (også,* F*)* merchandise sg.
handelsvej trade route;
□ *gå -en* go into business.
handelsvidenskab commercial science.
handelsvirksomhed 1. trade, business; F commercial transactions pl.; **2.** *(firma)* business;
□ *drive ~ (jf. 1)* carry on trade (*el.* business); *drive en ~ (jf. 2)* run a business; *gå over i ~* go into business.
handelsvægt *(eng.)* avoirdupois.
handelsværdi market (*el.* commercial) value.
handicap *sb. (et, -)* **1.** *(fysisk)* disability; *(mere generelt)* handicap; **2.** *(fig.)* handicap.
handicappe *vb.* handicap.
handicappet *adj. (fysisk)* disabled (*fx* severely disabled); *(mere generelt)* handicapped (*fx* mentally (, physically, severely) handicapped);
□ *en ~* a disabled (, handicapped) person; F a person with a disability; *handicappede* disabled (, handicapped) people; F people with disabilities; *de handicappede (ɔ: alle)* the disabled; the handicapped.
handig *adj.* handy.
handikap *(etc.) se handicap (etc.).*
handle *vb. (se også handlende)*
1. *(gøre noget)* act (*fx* we must act quickly);
2. *(drive handel)* trade, do business;
3. *(med objekt)* trade in, deal in;
4. *(købe ind)* shop, go shopping;
□ *-s (om børspapirer)* change hands; *hvor der -s der spildes (omtr.)* you cannot make an omelette without breaking eggs;
[med præp.] ~ ***efter*** *ens råd* act on sby's advice;
~ ***hos*** *X* shop at X's, deal with X; *(am.)* trade at X's;
~ ***imod*** act against (*fx* his wishes; one's conscience);
~ ***med*** *a) (person, firma)* do business with, deal with; *b) (land)* trade with; *c) (varer)* trade in, deal in; *(om ulovlig handel)* traffic in (*fx* drugs, stolen cars); ~ *ilde med* treat badly;
~ ***om*** *a) (ɔ: dreje sig om)* be about (*fx* that is not what it is really about; he doesn't understand what it is all about); *b) (om bog etc.)* be about (*fx* what is the book about? it is about the Vietnam War); *(mere præcist)* deal with (*fx* the film deals with the fate of two soldiers); *(om ikke-skønlitteratur,* F*)* treat of (*fx* the essay (, lecture, thesis) treats of grammatical problems); *c) (lave en handel)* bargain over; *det det -r om (jf. a, også,* T*)* the name of the game; *det som det egentlig -r om er (ɔ: det der er vigtigt)* what really matters is (*fx* the right method);
-s ***til*** *(hdl.)* change hands at.
handledygtig *se handlekraftig.*
handleform *(gram.)* the active voice.
handlefrihed freedom of action.
handlekraft energy; T push, drive.
handlekraftig *adj.* energetic, active.
handlemåde conduct, line of action.
handlende *adj.* **1.** *(jf. handle 1)* acting;
2. *(jf. handle 2)* trading;
3. *(brugt som sb.)* tradesman (pl. tradesmen, tradespeople); trader; *(butiks- også)* shopkeeper; *(kunde)* shopper.
-handler *(en, -e)* dealer (*fx* leather dealer, furniture dealer); *(NB* fishmonger; corn chandler; wine merchant; fur trader*).*
handling *sb. (en, -er)* **1.** action (*fx* a heroic action; judge him by his actions); F act (*fx* a cruel (, criminal, heroic, hostile, unselfish) act; an act of terrorism); *(højtideligere)* deed (*fx* a heroic (, noble) deed);
2. *(det at handle)* action (*fx* it is time for action; action, not talking, is necessary now);
3. *(i skuespil, film, roman: det der*

foregår) story (*fx* what is the story?); *("intrige")* plot (*fx* summarize the plot; the film has a complicated plot); *(fortløbende ~)* story line (*fx* traditional folk songs have a clear story line; introduce a murder into the story line); *(begivenheder)* action (*fx* the action takes place in France; there is not much action in the novel);
4. *(højtidelig ~)* ceremony;
□ *-en foregår i Frankrig (jf. 3, også)* the scene is laid in France; *en -ens mand* a man of action; *skride til ~* take action.
handlingsforløb *(i roman etc.)* story line.
handlingslammelse inability to act; paralysis.
handlingslammet *adj.* incapable of making a decision *(præd.)*; paralysed.
handlingsmættet *adj.* action-packed.
handlingsplan plan of action.
handlingsprogram programme of action, action programme.
handlingsreferat summary of the plot.
handske *sb. (en, -r)* glove; *(stor, med krave, fx motorcykel-, fægte-, grill-)* gauntlet;
□ *kemisk ~* barrier cream; *kaste -n til én (fig.)* throw down the gauntlet (to sby).
handskedukke glove puppet.
handskekasse *(fx til manipulering af radioaktivt materiale)* glove box.
handskemager *sb. (en, -e)* glover.
handskerum *(i bil)* glove compartment.
handskeskind glove leather.
handy *adj.* handy.
handyr male; *(om fugle også)* cock.
hane *sb. (en, -r)* **1.** *(fugl)* cock; *(am.)* rooster;
2. *(til vand, gas etc.)* tap, cock; *(am. oftest)* faucet; *(kold, varm)*;
3. *(på skydevåben)* cock; *(se også spænde[2] (hanen)).*
haneben: *gøre ~ til* court.
hanebjælke *(arkit.)* collar beam, tie beam.
hanefod *(sø.)* crowfoot, bridle.
hanegal *sb. (et, -)* cockcrow.
hanekam cock's comb.
hanekamp 1. *(generelt)* cockfighting; **2.** *(enkelt)* cockfight.
hanekylling 1. cockerel; **2.** *(fig.: hidsig ung mand)* hothead.
hang[1] *sb. (et) (tilbøjelighed)* inclination (*til* for; *til at* to, for -ing); F propensity (*til* for; *til at* to, for -ing, *fx* for criticizing); *(forkærlighed)* preference (*til* for);
□ *have ~ til drik* be fond of one's drink.
hang[2] *præt. af hænge.*
hangar *sb. (en, -er)* hangar.
hangarskib (aircraft) carrier.
hanhund (he-)dog.
hank *sb. (en, -e)* handle;
□ *have hånd i -e med* keep a firm hold on, be in control of.
hankanin buck rabbit.
hankat tomcat.
hanke *vb.: ~ op i a) (tage fat i)* grab; *b) (løfte)* lift (*fx* a suitcase); *~ op i en a)* take sby's arm; *b) (tage sig af)* take sby in hand.
hankeløs *adj. (præd.)* without a handle; *(se også krukke).*
hankøn *sb. (et)* **1.** the male sex; **2.** *(gram.)* the masculine (gender).
Hannover *(geogr.)* Hanover.
hannoveraner *sb. (en, -e)*, **hannoveransk** *adj.* Hanoverian.
hanplante male plant.
hanrej *sb. (en, -er)* cuckold.
hanræv dog-fox.
hans *adj.* his;
□ *~ og ~ broders* his and his brother's.
hanseat *sb. (en, -er) (hist.)* Hanseatic merchant.
hanseforbundet *(hist.)* the Hanseatic League.
hansestad Hanseatic town.
hanspurv cock sparrow.
hanstik *(elek.)* plug.
hansvane cob.
happening *sb. (en, -er el. -s)* happening.
happy end *sb. (en)* happy ending.
haps[1] *sb. (en, -e) (bid)* bite; *(stump)* snippet.
haps[2] *interj.* snap.
hapse *vb.* snatch; *(ivrigt)* grab.
har *præs. af have.*
harakiri *sb. (en el. et)* harakiri;
□ *begå ~* commit harakiri.
harcelere *vb.: ~ over* make sarcastic remarks about.
hare *sb. (en, -r) (zo.)* hare; *(se også forloren, nærved).*
harefod *(også bot.)* hare's foot;
□ *fare (el. gå) over med en ~* pass lightly over.
harejagt *(det at jage)* hare-hunting; *(med bøsse)* hare-shooting;
□ *gå på ~* go hare-hunting; go hare-shooting.
harekilling leveret, young hare.
harekløver *(bot.)* hare's-foot trefoil.
harem *sb. (et, -er)* harem.
haremskvinde odalisque.
hareskår harelip.
haresteg roast hare.
haricots verts *sb.pl.* French beans.
hark *sb. (et, -)* hawk.
harke *vb.* hawk (and spit).
harlekin *sb. (en, -er)* harlequin.
harmdirrende *adj.* indignant (*fx* protest); *(stærkere, om person, kun præd.)* trembling with rage (*fx* in a voice trembling with rage).
harme[1] *sb. (en)* indignation; *(svagere)* resentment; *(se også optændt, retfærdig).*
harme[2] *vb.: det -r mig* it annoys me; *(stærkere)* it infuriates me; T it gets my goat; *(se også harmes).*
harmelig *adj.* annoying; *(stærkere)* exasperating.
harmes *vb.* feel indignant (*over* at);
□ *-s over noget (også, svagere)* resent sth; *~ over at han gør det* resent his doing it.
harmfuld *adj.* indignant.
harmløs *adj.* harmless, inoffensive (*fx* person; question, remark); innocent (*fx* an innocent (*el.* harmless) pleasure); F innocuous (*fx* remark).
harmonere *vb.* harmonize;
□ *~* ***med*** *a) (om farver, temperament etc.: passe til)* harmonize with (*fx* the green colour harmonized with the wallpaper); be in harmony (*el.* keeping) with (*fx* the colour, the furniture; one's mood, one's character); be in tune with (*fx* one's surroundings); T chime in with (*fx* his mood, his plans, his wishes); *b) (stemme overens med)* be in keeping with (*fx* that is not in keeping with what he said before); tally with (*fx* it does not tally with his statement).
harmoni *sb. (en, -er)* harmony; F concord.
harmonika *sb. (en, -er)* **1.** accordion; *(lille sekskantet)* concertina; **2.** *(mund-)* mouth organ, harmonica.
harmonikasammenstød multiple collision, multiple car crash; T pile-up.
harmonikaseng fold-up bed.
harmonilære *(mus.)* harmony; *(teori)* theory of harmony.
harmoniorkester wind orchestra.
harmonisere *vb.* harmonize.
harmonisk[1] *adj.* harmonious.
harmonisk[2] *adv.* harmoniously.
harmonium *sb. (et, -(m)er el. harmonier)* harmonium.
harnisk *sb. (et, -er)* armour;
□ *bringe én i ~* enrage sby; *(stærkere)* infuriate sby; *komme (el. fare) i ~* fly into a rage; T fly off the handle.
harpe[1] *sb. (en, -r)* **1.** *(mus.)* harp;

2. *(sold, rist)* screen;
□ *spille på ~* play the harp; *røre -n* touch (*el.* sound) the harp.
harpe[2] *sb. (en, -r) (kvinde)* battleaxe.
harpe[3] *vb. (rense)* screen.
harpe[4] *vb.: ~ løs på* harp on.
harpenist *sb. (en, -er),* **harpespiller** harpist.
harpestreng harp string.
harpiks *sb. (en, -er)* **1.** *(bot., kem.)* resin; **2.** *(destilleret, fx til at stryge violinbue med)* rosin.
harpiksagtig *adj.* resinous.
harpiksolie rosin oil.
harpist *sb. (en, -er) = harpenist.*
harpun *sb. (en, -er),* **harpunere** *vb.* harpoon.
harpunkanon harpoon gun.
harsk[1] *adj.* **1.** rancid (*fx* butter); **2.** *(ubehagelig)* nasty.
harsk[2] *adv. (jf. harsk*[1]*)* **1.** rancidly; **2.** nastily.
hartkorn *sb. (et)* [Danish unit of land valuation];
□ *slå noget i ~ med* lump sth with; *det store ~* the landed interest.
harve *sb. (en, -r) & vb.* harrow.
Harzen *(geogr.)* the Harz.
has[1] *sb. (en, -er) (nødde-)* hull.
has[2] *sb.: få ~ på a) (overvinde)* get the better of; *b) (om tid)* kill.
hasard *sb. (en)* **1.** *(det at spille ~)* gambling; *(*F *el. glds.)* gaming; **2.** *(spil)* game of chance; **3.** *(fig.)* gamble (*fx* it is a gamble);
□ *spille ~* gamble; *det er (det rene) ~* it is a gamble.
hasarderet *adj.* rash (*fx* a rash assertion).
hasardspil **1.** *(det at spille)* gambling; *(*F *el. glds.)* gaming; **2.** *(enkelt spil)* game of chance.
hasardspiller gambler.
hase[1] *sb. (en, -r) (nødde-)* hull.
hase[2] *sb. (en, -r)* **1.** hollow of the knee; *(hos dyr)* hock, hough; **2.** *(sene)* hamstring;
□ *skære -rne over på* hamstring; *smøre -r* take to one's heels.
hash *sb. (en)* **1.** hashish; S hash; **2.** *(marihuana,* T*)* pot.
haspe[1] *sb. (en, -r)* **1.** *(til vindue)* window fastener (*el.* catch); **2.** *(til garn)* reel.
haspe[2] *vb.* **1.** *(lukke med ~)* fasten; **2.** *(garn)* reel;
□ *~ af (fig.)* reel off (*fx* he reeled off a long speech).
hassel *sb. (en, hasler) (bot.)* hazel.
hasselbusk hazel bush.
hasselkæp hazel stick.
hasselmus *(zo.)* (common) dormouse.
hasselnød hazelnut.
hast *sb. (en)* **1.** hurry; *(især: for stor,* F*)* haste; **2.** *(fart)* speed (*fx* the speed with which one event followed another); *(især med nærmere bestemmelse)* rate *(se ndf.: med ... ~)*;
□ *det **har** ingen ~* there is no hurry; *have ~ med (at)* be in a hurry about (-ing);
[med præp.] ***i*** *~* in a hurry; in haste; *i største ~* in great haste; very hastily; ***med*** *foruroligende (el. uhyggelig) ~* at an alarming rate; *med stor ~* at a great rate; at (a) great speed; *med lynets ~* with lightning speed.
haste *vb.* **1.** *(skynde sig)* hurry; F hasten; **2.** *(om sag)* be urgent;
□ *-r! (på brev, sag)* urgent! *det -r* it is urgent; *~ et lovforslag **igennem*** rush a bill through; *det -r **ikke*** there is no hurry; *det -r **med** denne sag* this matter is urgent; *det -r **meget*** it is very urgent; *-r det så meget?* what's the hurry (*el.* rush)?
hastebryllup shotgun wedding.
hasteindkaldt *adj.: et ~ møde* a hastily called meeting.
hastemt[1] *adj.* bombastic; high-flown.
hastemt[2] *adv.* bombastically.
hastemøde emergency meeting; hastily called meeting.
hasteordre rush order.
hastesag urgent matter; T rush job.
hastig *adj.* **1.** *(hurtig; kortvarig)* quick (*fx* decision, glance; visit); F rapid (*fx* change, growth, increase; decision; descent); **2.** *(forjaget)* hurried (*fx* preparations, leave-taking); **3.** *(overilet)* hasty (*fx* decision).
hastighed *sb. (en, -er)* **1.** speed (*fx* measure the speed of the car; they talked of a two-speed Europe); *(med nærmere bestemmelse også)* rate (*fx* at a rate (*el.* speed) of 50 miles per hour; at (a) great speed; at a great (, an incredible) rate); **2.** *(fys., tekn.)* velocity (*fx* the velocity of light (, sound, of a bullet)).
hastighedsbegrænsning **1.** speed restriction; **2.** *se hastighedsgrænse.*
hastighedsforøgelse acceleration.
hastighedsgrænse speed limit;
□ *overskride -n* exceed the speed limit; *han fik en bøde for at overskride -n* he was fined for speeding.
hastighedsmåler speedometer.
hastighedsrekord speed record.
hastværk hurry; F haste;
□ *have ~* be in a hurry; *~ er lastværk* more haste, less speed; haste makes waste.
hastværksarbejde *sb.: det var ~* it was a rushed job.
hat *sb. (en, -te)* **1.** hat; **2.** *(kyse)* bonnet; **3.** *(på mølle, på svamp)* cap;
□ *høj ~ se høj*[2];
*[med vb.] der er ikke noget man kan **hænge** sin ~ på (fig.)* there is nothing you could put your finger on; ***lade*** *-ten **gå rundt*** pass the hat round; *han har fået så -ten **passer*** he's had plenty; ***tage*** *-ten af a)* take off one's hat; *b) (hilse)* raise one's hat (*for* to); *jeg tager min ~ af for ham (fig.)* I take my hat off to him; *tage til -ten* touch one's hat; ***trykke*** *-ten ned over øjnene* pull one's hat down over one's eyes; *(se også æde*[2]*)*;
*[med præp.] han stod **med** -ten i hånden a)* he stood with his hat in one's hand; *b) (fig.: ydmygt)* he stood cap in hand; *med en ny ~ (på)* in (*el.* wearing) a new hat; *være **på** ~ **med*** have a nodding acquaintance with; ***uden*** *~* hatless; F uncovered.
hattebånd hatband.
hattedame **1.** hat-wearing lady; **2.** *(fig. omtr.)* Lady Bountiful.
hatteform hat block.
hatteforretning hat shop; *(med damehatte)* milliner's.
hattemager *sb. (en, -e)* hatter.
hattenål hatpin.
hattepuld crown of a hat;
□ *få på -en* be told off; get a dressing-down; *(kraftigere)* get it in the neck.
hatteskygge hat brim.
hattesnor hat guard.
hatteæske hatbox; *(til damehat også)* bandbox.
haubits *sb. (en, -er) (mil.)* howitzer.
hausse *sb. (en, -r) (hdl.)* boom, bull market;
□ *der er ~ i korn* there is a boom in corn; *spekulere (el. ligge) i -n* speculate for a rise.
haussespekulant *sb. (en, -er) (hdl.)* bull.
haussist *sb. (en, -er) (hdl.)* bull.
haute couture *sb. (en)* haute couture.
hautrelief high relief; *(fagl.)* alto-relievo.
hav *sb. (et, -e)* sea; *(verdenshav)* ocean;
□ *et ~ af* oceans of (*fx* beer); heaps of, loads of (*fx* excuses, letters); a stream of (*fx* accusations, excuses); a flood of (*fx* people, light); F an abundance of, a profusion of (*fx* flowers);

[med præp.] en dråbe ***i*** *-et se dråbe*; *tusind meter* ***over*** *-et* a thousand metres above sea level; ***på*** *-et* at sea; ***ved*** *-et a)* by the sea; *b) (om feriested)* at the seaside.
havanlæg *(til olieboring etc.)* off-shore installations pl.
Havanna *(geogr.)* Havana.
havannacigar Havana (cigar).
havanneser *sb. (en, -e) (cigar)* Havana (cigar).
havareret *adj.* **1.** *(beskadiget)* disabled; *(helt ødelagt)* wrecked; **2.** *(om varer etc.)* sea-damaged.
havari *sb. (et, -er)* **1.** *(forlis)* shipwreck; loss of ship;
2. *(skade)* loss, damage; *(sø. jur.)* average;
3. *(på maskine)* breakdown, damage;
□ *almindelig (el. fælles)* ~ general average; *partikulært* ~ particular average; *lide* ~ *a) (jf. 1)* be wrecked; *b) (jf. 2)* be damaged, suffer damage; *c) (jf. 3)* break down, be damaged.
havariattest average certificate.
havariblink *(på bil)* hazard warning flashers pl.
havarikommission accident investigation team.
havarisignal distress signal.
havarist *sb. (en, -er)* disabled vessel; *(vrag)* wreck.
havblik calm sea; dead calm.
havbrug *sb. (et, -)* **1.** *(virksomhed)* sea farming, mariculture, aquaculture; **2.** *(enkelt ~)* sea farm, marine farm.
havbruger sea farmer, mariculturist.
havbugt bay; *(større)* gulf.
havbund bottom (of the sea); sea (, ocean) bed (*el.* floor).
havde *præt. af have.*
havdybde depth of the sea.
havdyr marine animal.
have[1] *sb. (en, -r)* **1.** garden; *(am. også)* yard; *(større)* gardens, grounds pl.; **2.** *(frugt-)* orchard; **3.** *(koloni-)* allotment;
□ *Botanisk Have* the Botanical Gardens; *gå i -en (ɔ: gøre havearbejde)* garden (*fx* she loves to garden, she loves gardening); do (some) gardening (*fx* it is too hot to do any gardening); work in the garden.
have[2] *vb. (har, havde, haft)*
1. have; *(være udstyret med også,* T*)* have got (*fx* have you got a knife? he has got a big nose);
2. *(om lærer el. elev)* have (*fx* I had him for two years) *(se også ndf.: ~ i)*; *(om fag)* have, be taught (*fx* music at school);
3. *(om farve, form, størrelse & ved nogle adjektiver)* be (*fx* what colour (, shape, size) is it? I am free tomorrow; they are open (, closed) on Saturdays);
□ *hvordan har du* ***det****?* how are you? *der har vi det* that's it; there you are; ~ *det godt se godt*; ~ *det godt med, se ndf.: med præp.*; ***her*** *har du et pund* here is a pound (for you); *jeg* ***skal*** ~ *mig et bad* I am going to have a bath; *hun skal* ~ *en lille* she is expecting a baby; T she is having a baby; *den skal du* ~ it is meant for you; *hvad skal vi* ~ *at spise?* what are we having? *det (el. den ros) skal han* ~ I'll say that much for him; *sådan skal han* ~ *det* that is the way to treat him; *jeg* ***skulle*** ~ *noget te (i butik)* could I have some tea, please? *man* ***ved*** *hvad man har... se vide*; ***ville*** ~ *se ville*;
[med præp. & adv.] alt hvad han har ***af*** *penge* all the money he has got; *penge havde han ingen af* he had no money; *jeg skal ikke* ~ ***noget af*** *at han* I won't have him -ing (*fx* reading my letters); *det skal jeg ikke* ~ *noget af a) (det frabeder jeg mig)* I won't have it; *b) (nej ellers tak)* not for me, thank you; T I'm not having any; ~ ***bag sig*** *se bag*[2];
det har han ***efter*** *sin far (ɔ: om egenskab)* he has got that from his father; *(mere* F*)* he takes after his father in that;
~ *noget* ***for*** *a) (være i gang med)* be doing something, have something in hand; *b) (have planlagt)* have something on (*fx* have you got anything on this evening?); *c) (især neds.)* be up to something (*fx* I think they are up to something); *d) (om lektie)* have some homework (*fx* have you got any homework for tomorrow?); ***hvad*** *har du* ***for****? a) (i lektie)* what have you got for homework (*el.* for prep)? what have you got to prepare for tomorrow? *b) (planlagt)* what have you got on? (*fx* what have you got on this afternoon?); *hvad har vi for? (ɔ: som lektie)* what was the prep (*el.* homework)? *hvad skal du* ~ *for det?* what do you charge for that? *han havde huset* ***for sig selv*** he had the house to himself;
hvor har du det ***fra****?* where did you get that from? *det har sit navn fra* it takes it name from; F it derives its name from;
han har klassen ***i*** *fransk, klassen har ham i fransk* he takes the class for French; ~ *fat i se fat*; *han gav alt hvad han havde* ***i sig*** he gave it everything he had got; *han har ikke langt* ***igen*** *se langt*; *jeg har ikke noget* ***imod*** *ham* I have nothing against him; *noget som de har meget imod* something which they dislike very much; *(mere* F*)* something which they object strongly to; *jeg har ikke noget* ***imod at*** *a)* I don't mind -ing (*fx* telling you); *b) (ɔ: at indvende imod)* I have no objection to -ing (*fx* voting for the proposal); I don't object to -ing; *har du noget imod at ...?* would you mind ... -ing? *hvis du ikke har noget* ***imod det*** if you don't mind; if you have no objection;
har du din bog ***med****?* have you brought your book? ~ *et barn med en* have a child with sby; *han har det med anfald af raseri* he is liable to fits of rage; *han har det* ***med at*** he has a way of -ing (*fx* of disappearing); F he is given to -ing (*fx* to making stupid remarks); *hvordan har du det med at skulle vente?* how do you feel about having to wait? *have det* ***godt (, dårligt) med*** *det* feel good (, bad) about it; *jeg har det godt med ham* I get on well with him; ~ *det godt med sig selv* be at peace with oneself;
~ ***på*** *(om tøj etc.)* wear, have on (*fx* he had hardly anything on); *har du en kniv på dig?* have you got a knife on (*el.* about) you? *det har intet på sig* there is nothing in it; F it has no foundation in fact; *rygtet har intet på sig* there is nothing in the rumour; F the rumour is without foundation; *politiet har ikke noget på ham* the police haven't got anything on him; *de har meget* ***sammen*** they are very thick;
hvad skal vi ~ ***til*** *middag?* what are we having for dinner? *(mere* T*)* what's for dinner? *jeg vil* ~ *ham* ***til at*** *gøre det* I want him to do it;
jeg har kun £10 ***tilbage*** I have only got £10 left; *han har kun få dage tilbage a) (ɔ: før han holder op el. er færdig)* he has only a few days to go (*el.* left); *b) (om døende)* he has only a few days left; *de få år jeg har tilbage (også,* F*)* my few remaining years;
~ *noget* ***tilovers*** *(for) se tilovers*; *hvad har jeg* ***ud af*** *det?* what do I get out of it? what is in it for me?
haveaffald garden refuse; *(am.)* yard waste.

havearbejde gardening;
□ *gøre* ~ garden, do (some) gardening (*fx* it is too hot to do any gardening).
havearkitekt landscape gardener.
havebog gardening book.
havebrug *sb. (et, -)* gardening; F horticulture.
havebrugskonsulent horticultural adviser.
havebrugsudstilling horticultural exhibition.
havebrugsvidenskab horticultural science.
haveby garden city.
havecenter garden centre.
haveejer owner of a garden; *-e* owners of gardens, people with gardens.
havefest garden party.
haveforening **1.** horticultural society; **2.** *(koloni-)* allotment society.
havegang garden walk, garden path.
havegrill (outdoor) barbecue, outdoor grill.
havehandske gardening glove.
havehus **1.** summerhouse; **2.** *(baghus)* back building; back premises pl.
havelse *sb.: i mangel af bedres* ~ for want of something better.
havelåge (garden) gate.
havemand (jobbing) gardener.
havemøbler *sb.pl.* garden furniture sg.
havenellike *(bot.)* carnation.
haveparasol garden parasol.
haveredskab garden tool.
havesaks (garden) shears pl.; *en* ~ a pair of (garden) shears.
havesanger *(zo.)* garden warbler.
haveselskab **1.** *(fest)* garden party; **2.** *(forening)* horticultural society.
haveskur garden shed.
haveslange garden hose.
havesprøjte sprayer, (garden) syringe.
havestol garden chair, lawn chair.
havestue room opening on to the garden.
havesyg *adj.* covetous.
havesyge *sb. (en)* covetousness.
havevander *sb. (en, -e)* garden sprinkler.
havfisk salt-water fish.
havfisker fisherman.
havfiskeri deep-sea fishing.
havforskning marine research.
havforurening marine pollution.
havfrue mermaid.
havgasse *sb. (en, -r) (arrig kvinde)* battleaxe.
havgud sea god.
havgus sea fog.
havkat *(zo.)* catfish;
□ *sætte en* ~ *i hyttefadet (fig.: svarer til)* put the cat among the pigeons.
havkrydser ocean-going cruiser.
havmand merman.
havmiljø marine environment.
havmåge *(zo.)* herring gull.
havn *sb. (en, -e)* **1.** harbour (*fx* a natural (, artificial) harbour); *(større)* port (*fx* the port of London (, New York, Copenhagen); a naval (, free) port);
2. *(havneanlæg)* harbour (*fx* let us walk down to the harbour); *(i større by & om arbejdsplads)* docks pl.;
3. *(havneby)* port (*fx* the ship called at several ports);
4. *(fig.)* harbour; haven (*fx* find a safe haven);
□ *arbejde på -en* work in the docks; *søge* ~ put into port; *være i* ~ be in port.
havne *vb. (fig.)* end, end up; *(især uforskyldt)* land (*fx* he landed in gaol).
havneafgifter *sb.pl.* harbour dues.
havneanlæg harbour.
havnearbejder dock worker, docker.
havneby port; *(ved havet også)* sea port.
havnedæmning jetty.
havnefoged harbour master.
havnefront waterfront.
havnekontor port office; harbour master's office.
havneløb *(indløb)* entrance to a harbour.
havnemester harbour master.
havnemole harbour pier, jetty.
havnemyndigheder *sb.pl.* port authorities.
havnesprøjte *sb.* fireboat.
havnestad (sea) port.
havnevæsenet the port authorities pl.
havre *sb. (en) (bot.)* oats pl.
havregryn *sb.pl.* porridge oats, rolled oats; oatmeal sg.; *et* ~ a flake of oatmeal.
havregrød (oatmeal) porridge; *(am.)* oatmeal (porridge).
havremel oatmeal.
havresuppe gruel.
havret *(jur.)* the law of the sea, sea law.
havretlig *adj. (kun efter sb.)* of the law of the sea.
havskildpadde *(zo.)* turtle.
havsnegl *(zo.)* sea snail.
havsnød distress (at sea).
havstok beach.
havtaske *(zo.)* angler (fish).
havterne *(zo.)* arctic tern.
havuhyre sea monster.
havvand seawater.
havørn *(zo.)* white-tailed eagle; *(se også frisk)*.
havørred *(zo.)* sea trout.
havål *(zo.)* conger eel.
hawaiiblomst *(bot.)* hibiscus.
hawaiiguitar *(mus.)* Hawaiian guitar.
hawaiiskjorte Hawaiian shirt.
HD *(titel)* BCom.
heade *vb.* head (*fx* the ball into goal).
headhunter *sb. (en, -e)* head-hunter.
hebraisk *sb. (et) & adj.* Hebrew;
□ *det er* ~ *for mig* it is Greek to me.
Hebriderne *sb.pl. (geogr.)* the Hebrides.
hebræer *sb. (en, -e)* Hebrew.
hebræisk *se hebraisk.*
hed[1] *adj.* **1.** hot; **2.** *(inderlig,* F*)* fervent (*fx* desire, kiss, love, wish);
□ *det er -t og fedt imellem dem* they are as thick as thieves; *blive* ~ *om ørerne (fig.)* become worried (, scared); T get the wind up; *det gik -t til* feelings ran high; *hvor det gik -est til* where the fighting was thickest; *(se også helvede)*.
hed[2] *præt. af hedde.*
hedde *vb. (hed, heddet)* be called; *(mere* F*)* be named; *(NB ofte bruges et udtryk med sb.* name, *fx* my name is John; a boy whose name was John; what is your name? What is the name of the street?*)*;
□ *han -r Peter efter sin far* he is called Peter after his father; *(se også efternavn, fornavn)*;
[med pron.] **der** *-r (også)* called (*fx* a boy called John; a village called Lingwood); *der er noget der -r pligt* there is such a thing as duty; *der er ikke noget der -r at snyde her* no cheating here; *som* **det** *-r hos Holberg* as Holberg has it; *det hed i aviserne at* the papers had it that; *en proklamation hvori det -r (, hed) at* a proclamation to the effect that; ***det** -r **sig** at* it is said (*el.* reported) that; *det må ikke* ~ *sig at han er syg* he is not supposed to be ill; *og* ***hvad det nu*** *altsammen -r* and what not; and what have you; *hvad er det nu han -r* T what d'you call him; ***hvad** -r **det på** dansk?* what is the Danish for that?
hede[1] *sb. (en) (varme)* heat;
□ *i kampens* ~ *a)* in the heat of battle; *b) (fig.)* in the confusion (of events); in all the excitement (*fx* in all the excitement I forgot to

lock the door).
hede[2] *sb. (en, -r) (område)* heath; *(større)* moor.
hedebølge *sb.* heatwave.
hedehøg *(zo.)* Montagu's harrier.
hedelærke *(zo.)* wood lark.
hedenfaren, **hedengangen** *adj.* departed.
hedenold prehistoric times pl.
hedensk *adj.* pagan; *(især neds., let glds.)* heathen.
hedenskab *sb. (et)* paganism.
hedeplantage moorland plantation.
hedeselskab: *Det danske Hedeselskab* The Danish Heath Society.
hedeslag heatstroke.
hedestigning, **hedetur** hot flush.
hedetøj *(med.)* prickly heat.
hedning *sb. (en, -er)* pagan; *(især neds., let glds.)* heathen.
hedvin fortified wine, dessert wine.
hefte *se hæfte.*
heftig *adj.* **1.** *(hidsig)* violent (*fx* he became violent); *(opfarende,* F*)* impetuous (*fx* an impetuous temper);
2. *(stærk, voldsom)* violent (*fx* fever, pain, resistance, struggle); severe (*fx* illness); F vehement (*fx* debate, protest);
3. *(om følelse)* intense (*fx* anger, jealousy, longing); burning (*fx* desire, expectations);
4. T *(stor; kraftig)* hefty (*fx* bill, profit; blow); *(livlig)* zippy (*fx* party).
heftighed *sb. (en) (jf. heftig)* **1.** violence; excitement; impetuosity; **2.** violence; severity; vehemence; **3.** intensity.
hegemoni *sb. (et, -er)* hegemony.
hegle[1] *sb. (en, -r) (til hør)* hackle.
hegle[2] *vb. (hør etc.)* hackle;
□ *~ én igennem a) (skælde ud)* tear a strip off sby; *b) (ved eksamen)* submit sby to a gruelling examination.
hegn *sb. (et, -)* fence;
□ *levende ~* quickset hedge, hedgerow.
hegne *vb.* fence (in).
hegnspæl stake; *(kraftigere)* fence post;
□ *flytte -e (fig.)* extend the boundaries.
hegnstråd fencing wire.
hej *interj.* **1.** *(davs)* hi! **2.** *(når man kalder)* hey! (*fx* hey you! come over here!).
hejduk *sb. (en, -ker) (lakaj)* heyduck.
hejre[1] *sb. (en, -r) (zo.)* heron;
□ *en gammel ~ (fig.)* a harridan.
hejre[2] *sb. (en) (græs)* brome grass.
hejrenæb *sb. (en, -) (bot.)* storksbill.
hejs *sb. (en) (på lampe)* pulley fixture; rise-and-fall fitment.
hejsa *interj.* hey! hello there!
hejse *vb.* hoist;
□ *~ et flag* hoist (*el.* run up) a flag; *~ flaget på hel (stang) se stang; ~ ned* lower.
hejseapparat hoist.
hejselampe rise-and-fall pendant; pulley fixture lamp.
hejseværk hoist.
hejsning *sb. (en, -er)* hoisting.
hekkenfeldt: *det går ad ~ til* it is all going wrong.
heks *sb. (en, -e)* **1.** witch; **2.** *(om kvinde: rosende)* witch; *(neds.: gammel og grim)* hag.
heksameter *sb. (et, heksametre)* hexameter.
hekse[1] *vb.* practise witchcraft (*el.* sorcery);
□ *jeg kan ikke ~* I cannot work miracles.
hekse[2] *vb. (sø.)* shackle.
heksejagt *(også politisk)* witch-hunt.
heksekedel witches' cauldron;
□ *byen var en ~ (af ophidselse)* the town was seething with excitement.
heksekunst, **heksekunster** *sb.pl.* witchcraft, sorcery; *-er (også)* spells and charms.
heksemester *(fig.)* wizard, conjurer.
hekseproces witch trial.
hekseri *sb. (et, -er)* witchcraft; *-er* sorceries.
heksering *(bot.)* fairy ring.
hekseskud lumbago.
heksesting herringbone stitch.
hektar *sb. (en, -er)* hectare.
hektisk[1] *adj.* hectic; *(stærkere)* frenzied (*fx* frenzied activity in the stock market);
□ *~ rødme* a hectic flush.
hektisk[2] *adv.* hectically; frenziedly.
hektograf *sb. (en, -er)*, **hektografere** *vb.* hectograph.
hektogram hectogramme.
hektoliter hectolitre.
hel *adj. (se også helt)* **1.** *(mods. delvis)* whole (*fx* it will be a whole week (, year) before we are ready); full (*fx* for a full week we had no electricity); *(mere* F *& emfatisk)* entire (*fx* we lost an entire week);
2. *(mods. itu)* whole (*fx* there was not a whole pane in the house); *(ubeskadiget)* intact, undamaged (*fx* the wallpaper (, the box) was intact (*el.* undamaged));
3. *(mods. mangelfuld)* complete (*fx* a complete set of Dickens' works);
4. *(om klokkeslæt)* the hour (*fx* the clock struck the hour);
□ **-e** *a)* the whole, the entire (*fx* family, town, world, book; the whole truth; the whole amount); the full (*fx* the full width of the ship; a cheque for the full amount); *(sammentalt også)* the total (*fx* the total amount (, debt)); *(foran egennavn)* the whole of (*fx* Denmark); *b) (især med tanke på de enkelte medlemmer, indbyggere, dele)* all the (*fx* family, town, world); *(foran egennavn)* all (*fx* Denmark); *c) (om tidsrum)* all (the), the whole, throughout the (*fx* day, night, summer, week); *d) (så meget som)* as much as (*fx* four weeks; £50,000); fully (*fx* 200 years); a full (*fx* a full 90 degrees; a full four inches); *over -e, se ndf.: med præp.*;
[med pron.] **det -e** *a)* the whole thing (*fx* the whole thing was a farce); *b) (af noget bestemt)* all of it (*fx* he ate all of it); *det er det -e* that's all; T that's the lot; *han kan det -e (iron.)* he knows all the answers; *i det (store og) -e, over det -e, se ndf.: med præp.*; **en** *~ (, et -t) a)* (ɔ: *ligefrem en, et)* quite a (*fx* it was quite an event; she is quite a beauty); T a regular (*fx* the hotel was a regular palace); *(*F *el. iron.)* a veritable (*fx* you are a veritable Sherlock Holmes); *b) (uden forbehold)* an absolute (*fx* he is an absolute genius);
[med sb.] -e dagen se dag; en ~ del (, mængde) se del, mængde; ~ node semibreve; *(am.)* whole note; *-t tal* whole number; F integer; *hver -e time* every hour on the hour; *hver -e og halve time* every hour and half-hour; *-e vejen se vej*;
[med præp.] **i det** *store og* **-e** on the whole; by and large; ***i det -e taget*** *a) (kort sagt)* altogether (*fx* he is altogether an unpleasant fellow); *b) (overhovedet)* at all (*fx* is he coming at all?); *c) (alt taget i betragtning)* all things considered (*fx* all things considered we have been lucky); all in all; ***langs*** *-e kysten* all along the coast; along the entire coast; *klokken er* ***over*** *~* it is past the hour; *fem minutter over ~* five minutes past the hour; ***over -e*** throughout the (*fx* house, town, country, world); all over the (*fx* country, world); ***over det -e*** all over, everywhere; *sort over det -e* black all over; *hejse flaget* ***på*** *~ (stang) se stang.*

helaftensfilm double-length film.
helaftensstykke *(teaterstykke)* full-length play; *(se også helaftensfilm).*
helaftensudsendelse programme taking up a whole evening.
helautomatisk *adj.* fully automatic.
helbefaren *adj.* **1.** *(sø.)* able-bodied; *(fork.)* AB; **2.** *(fig.)* very experienced;
□ *han er ~ (jf. 2)* he is an old hand.
helbind full binding.
helbred *sb. (et)* health;
□ *have et svagt (, stærkt el. godt) ~* have a weak (, strong) constitution; *hvis -et tillader det* health permitting;
[med præp.] gavnlig ***for*** *-et* good for one's health; F beneficial to one's health; *skadelig for -et* bad for one's health; F injurious to one's health; ***ved godt*** *~* in good health.
helbrede *vb. (helbredte, helbredt) (se også helbredende)* **1.** cure (*for* of); F restore to health; **2.** *(glds., bibelsk & om mirakelkur)* heal.
helbredelig *adj.* curable.
helbredelse *sb. (en, -r)* **1.** *(det at kurere)* cure; **2.** *(det at komme sig)* recovery.
helbredende *adj.* curative.
helbredsattest certificate of health.
helbredsgrunde, helbredshensyn *sb.pl.: af ~* for reasons of health (*fx* he had to give up smoking for reasons of health); *tage sin afsked af ~* retire on grounds of health.
helbredstilstand health; *hans ~ (også)* the state of his health.
helbredsundersøgelse medical examination; T check-up, medical; *(for gravid)* antenatal.
helbro(de)r full brother.
held *sb. (et)* **1.** *(generelt)* (good) luck; *(mere* F*)* (good) fortune;
2. *(enkelt)* stroke of luck (*fx* it was an unexpected stroke of luck);
□ ***bedre*** *~ næste gang!* better luck next time! *sikken* ***et*** *~!* what (a stroke of) luck! (*fx* what luck I found you!); *~ og* ***lykke!*** good luck! *~ den* ***som*** lucky the man who; *~ i* ***uheld*** a blessing in disguise;
[med vb. (+ præp.)] ***bringe*** *~* bring you (etc.) good luck; be lucky; *det* ***er et*** *~ at* it is lucky that, it is a good thing (*el.* a good job) that; F it is fortunate that; *der* ***er*** *~* ***ved*** *det* it is lucky; ***have det*** *~ at* have the luck to, be lucky enough to; *(mere* F*)* have the (good) fortune to; ***have*** *~* ***med*** *a)* have luck with, be lucky with (*fx* she had luck with (*el.* was lucky with) her roses); do well with; *b) (lykkes med)* make a success of, have success with, be successful with (*fx* a business enterprise); *have ~ med at (jf. b)* be successful in -ing (*fx* the department has been successful in recruiting women to new posts); *have -et med sig* be in luck; ***have*** *~* ***til at*** *a)* succeed in -ing (*fx* in preventing it); be successful in -ing (*fx* in obtaining a post); *b) (have det ~ at)* have the luck to, be lucky enough to (*fx* meet him in the street); ***sidde i*** *~* be in luck; have a run of good luck; *(i kortspil)* be on a winning streak; *-et* ***var med*** *mig* luck was with me;
[med præp.] sidde ***i*** *~, se ovf.*; ***med*** *~* successfully; ***til*** *alt ~* luckily, fortunately; as good luck would have it; ***uden*** *~* without (any) success, unsuccessfully; ***ved*** *et ~* by a stroke of luck; by a lucky chance.
heldags *adj.* full-time.
heldagsarbejde full-time job.
heldagsregn*: det var ~* it rained all day.
heldig *adj.* **1.** *(som bringer held; som har held med sig)* lucky (*fx* chance, day; number; winner; it was lucky for you; he was lucky to win that prize); F fortunate (*fx* she was fortunate enough to get a job; it was fortunate for you that you met her; he is fortunate (, lucky) to have such parents);
2. *(som lykkes)* successful (*fx* enterprise);
3. *(gunstig)* favourable (*fx* conditions, impression, result, time); good (*fx* he did not make a very good impression);
4. *(gavnlig)* beneficial, good (*fx* effect; she seems to have had a beneficial influence on him);
5. *(tilrådelig)* advisable (*fx* it would not be advisable to do that);
6. *(passende)* suitable (*fx* not a very suitable place); fortunate (*fx* not a very fortunate remark);
7. *(om sprogligt udtryk: velvalgt)* happy (*fx* remark); F felicitous;
8. *(som bringer held)* lucky (*fx* day, number);
□ ***falde*** *-t* ***ud*** turn out well; ***have*** *en ~* ***hånd*** have a lucky touch; ***være*** *~* be lucky; *der er nogen der er -e* some people have all the luck; *jeg er også altid ~! (ɔ: ironisk)* just my luck! *så ~ er (, var) jeg (etc.) ikke* no such luck; *du er vel nok ~!* lucky you! ***være*** *~* ***med*** *a) se held (have held med)*; *b) (være heldig at man har (haft))* be fortunate in (*fx* you have been fortunate in your teachers (, parents); *det var han ikke særlig ~ med* he was not very successful with it; he did not make a very good job of it; *den bemærkning var han (, du etc.) ikke særlig ~ med* that was not a very fortunate remark; *(se også tilfælde, træf, udfald).*
heldigvis *adv.* luckily, fortunately; as good luck would have it.
heldækkende *adj.: ~ tæppe* wall-to-wall carpet.
hele[1] *sb. (et)* whole (*fx* an organic whole); F entity;
□ *et samlet ~* a unified whole; *et sammenhængende ~* a connected whole.
hele[2] *vb.* heal;
□ *-s* be healed, heal up.
hele[3] *adj. se hel.*
helfabrikat finished article (*el.* product).
helflaske (large) bottle.
helgarderet *adj.* absolutely safe.
helgen *sb. (en, -er)* saint.
helgenbeskrivelse hagiography.
helgenbillede image (of a saint).
helgenglorie halo.
helgeninde (female) saint.
helgenlegende legend (of a saint).
helgenskrin reliquary.
Helgoland *(geogr.)* Heligoland.
helhed *sb. (en)* whole (*fx* the whole is more than the sum of its parts);
□ *det er en ~* it is a unified whole; *i sin ~* in full (*fx* the newspapers printed the story in full); F in its entirety (*fx* study sth in its entirety); *som ~* in general (*fx* in general they are very satisfied); as a whole (*fx* in the world as a whole).
helhedsindtryk general (*el.* overall) impression.
helhedsløsning **1.** overall solution; **2.** *(efter forhandling)* package deal.
helhjertet[1] *adj.* whole-hearted.
helhjertet[2] *adv.* whole-heartedly.
helikopter *sb. (en, -e)* helicopter; T chopper.
helikopterlandingsplads heliport; *(mindre)* helipad.
heling *sb. (en, -er)* healing.
heliotrop *sb. (en, -er) (bot.)* heliotrope.
helium *sb. (et)* helium.
helkonserves non-perishables pl.
hellang *adj.* full-length (*fx* sleeves, raincoat); *(om kjole også)* an-

kle-length.
helle[1] *sb. (en, -r) (på gade)* traffic island, refuge.
helle[2] *sb. (et) (fristed i leg)* refuge, home.
helle[3] *interj. (i leg)* pax!
□ ~ *for den kage!* bags I that cake!
hellebard *sb. (en, -er) (hist.)* halberd.
hellebardist *sb. (en, -er) (hist.)* halberdier.
hellefisk *(zo.)* Greenland halibut.
helleflynder *(zo.)* halibut.
hellefyr *sb. (et, -)* (traffic) bollard.
hellekiste *(arkæol.)* stone cist.
hellener *sb. (en, -e)* Hellene, Greek.
hellenisme *sb. (en) (hist.)* Hellenism.
hellenistisk *adj. (hist.)* Hellenistic.
hellensk *adj.* Hellenic, Greek.
heller *adv.:* ~ *aldrig a)* nor ... ever (*fx* he has never helped me, nor will he ever do it); *b) (forstærkende udtryk)* really ... never (*fx* really, you can never trust anybody *(man kan da ~ aldrig stole på nogen)*); ~ **ikke** neither; not ... either; *det må 'du ~ ikke gøre* you must not do that either; *det 'må du ~ ikke (gøre)* you mustn't; *jeg ved det ~ ikke* nor (*el.* neither) do I know; I do not know either; *hertil men ~ ikke længere* as far as this but no farther; thus far and no farther; **og** *det havde 'jeg ~* **ikke** nor (*el.* neither) had I; *og det 'havde jeg ~ ikke* and I hadn't; *så slemt er det* **vel** *~* **ikke** surely it is not as bad as all that; *der var ~* **ingen** *tid at spilde* nor was there any time to lose.
hellere *adv.* rather, sooner (*fx* I would rather (*el.* sooner) die than do that);
□ ~ ***end at*** *blive her* rather than stay here; ~ ***end gerne!*** with (the greatest) pleasure! *jeg vil ~ end gerne hjælpe* I shall be delighted to help; *jeg ville ~ end gerne hjælpe ham* I should love to help him; ***langt*** ~ much rather; *(se også jo*[3]*);*
[med vb.] vi ***må*** *~ gå* we had better go; *du* ***skulle*** *~ lade være* you had better not; *jeg* ***vil*** *~ gøre det selv* I would rather do it myself; I prefer to do it myself; *jeg vil ~ have vin end øl* I like wine better than beer; I prefer wine to beer; *der er intet jeg ~ vil* I should like nothing better.
helleristning *sb. (en, -er)* rock carving; *(fagl.)* petroglyph.
Hellespont *(geogr.)* the Hellespont.
hellig *adj. (se også helligt)* **1.** holy (*fx* man, ground); *(som betragtes med ærbødighed også,* F*)* hallowed (*fx* ground, spot);
2. *(indviet, tilbedt)* sacred (*fx* building, writings, animals);
3. *(fig.: ubrydelig)* sacred (*fx* duty, rights);
4. *(from)* religious, pious;
5. *(som føler sig bedre end andre)* goody-goody;
□ *intet er ham -t* nothing is sacred to him; *love højt og -t* promise solemnly;
[med sb.] den -e alliance (hist.) the Holy Alliance; *den -e fader* the Holy Father; *den -e grav se grav*; *den -e jomfru* the Blessed Virgin; ~ *ko* sacred cow; ~ *krig* holy war; *(islamisk)* jihad; *Det -e Land* the Holy Land; *Ludvig den -e (hist.)* Louis the Saint; *påtage sig en ~ mine* put on a saintly air; *den -e nadver se nadver*; *den -e olie* chrism; *den -e skrift se skrift*[1]; *den -e stad* the Holy City; *den -e stol* the Holy See; *i dette -e øjeblik* at this very moment; *(se også ægtestand).*
helligaften eve of a church festival; *(rel.)* vigil.
helligbrøde sacrilege.
helligdag 1. holiday; **2.** *(fig.: i maling)* unfinished patch;
□ *høj ~* great church (*el.* religious) festival; *(se også skæv*[2]*).*
helligdom *sb. (en, -me)* shrine;
□ *vogte noget som en ~* guard sth religiously.
hellige *vb. (ofre, vie)* devote to (*fx* devote oneself (, one's life) to a cause; a concert devoted entirely to the works of Sibelius); F dedicate to (*fx* dedicate oneself (, one's life) to a cause; dedicate one's Saturdays to gardening);
□ *-t være dit navn* hallowed be thy name; *hensigten -r midlet* the end justifies the means.
helliggøre *vb.* sanctify.
helliggørelse *sb. (en)* sanctification.
hellighed *sb. (en) (jf. hellig)* **1.** holiness; **2.** sacredness; **3.** *(ubrydelighed)* sacredness; *(mere* F*)* sanctity;
□ *Hans Hellighed* His Holiness.
helligholde *vb.* **1.** keep holy (*fx* keep the Sabbath holy); observe; **2.** *(fejre)* celebrate.
helligholdelse *sb. (en)* **1.** observance; **2.** celebration.
helligt *adv.* sacredly;
□ *love højt og ~* promise solemnly.
helligtrekongersaften Twelfth Night.
helligtrekongersdag Epiphany.
Helligånden the Holy Spirit, the Holy Ghost.
hellæderbind full leather (binding).
helmaske full face mask.
helme *vb.: han -r ikke før* he won't stop till; *han -r ikke før han har det (også)* he won't be satisfied till he has it.
helnode *(mus.)* semibreve; *(am.)* whole note.
helsebringende *adj.* restorative; *(helbredende)* curative.
helsecenter 1. *(lægehus)* health centre; **2.** *(for motion etc.)* health club, health centre; *(på landet)* health farm.
helsefysik health physics.
helsehus health centre.
helsekost health food; health foods pl. (*fx* they sell health foods).
helsekostforretning health food shop.
helsen *sb. (en)* health;
□ *slid den med ~* I wish you joy of it.
helside full page.
helsides- full-page (*fx* illustration, advertisement).
helsilke pure silk, all-silk.
Helsingør Elsinore.
helskindet *adj.* unhurt, unharmed; F unscathed (*fx* he escaped unscathed from the car crash); T without a scratch;
□ *slippe ~ fra det* escape unharmed (, unscathed, without a scratch).
helst *adv.* preferably (*fx* preferably before 5 o'clock); *(efterstillet, let glds.)* for choice (*fx* whisky for choice);
□ *... som ~ se hvad, nogen, noget*;
[med vb.] du må ~ you had better; *jeg ser ~ at du går* I (would) prefer you to go (*el.* that you go); *jeg vil ~ (ikke)* I would rather (not); *det er det han ~ vil* that is what he likes best, that is what he prefers.
helstegt *adj.* roasted whole *(præd.)*; *(udendørs)* barbecued.
helstensmur one-brick wall.
helstøbt *adj. (om person: ikke splittet)* integrated;
□ *han er en ~ karakter* he is a man of integrity; *et ~ kunstværk (omtr.)* a perfect work of art.
helstøbthed *sb. (en) (om person)* integrity.
helsøskende *sb.pl.* full brothers and sisters.
helt[1] *sb. (en, -e)* hero (pl. -es) (*fx* no man is a hero to his valet);
□ *dagens ~* the hero of the day.

helt[2] *sb. (en, -) (zo.: en fisk)* whitefish; pollan.

helt[3] *adv.* **1.** completely (*fx* different, finished, wrong; it stopped completely; I agree completely); altogether (*fx* different; not altogether satisfied; he gave it up altogether; that is another matter altogether); quite (*fx* different, still, sure; I quite agree);
(mere F*)* entirely (*fx* different (etc.); not entirely (*el.* quite) satisfied); fully (*fx* he understood it fully; I am fully aware of it);
(stærkere) totally (*fx* totally changed; I totally agree); absolutely (*fx* he is absolutely unbearable);
2. *(nogenlunde)* quite, fairly (*fx* good);
3. *(foran præp. & adv.= hele vejen, så langt som)* right (*fx* right down to the basement); all the way (*fx* all the way from (, to) Copenhagen);
□ *han er blevet et ~ **andet** menneske* he has become (quite) a different man; ***noget ~ andet*** something quite (*el.* completely) different (*fx* and now for something completely different); something else again; *det er noget ~ andet a)* that is quite a different matter (*el.* story); T that is a horse of a different colour; that is a completely different ball game; *b) (ɔ: det var bedre)* that's more like it!
*det er **ikke** ~ sandt (, forkert) a) (men næsten)* it is not quite true (, wrong); it is not 'completely (*el.* 'altogether) true (, wrong); *b) (ɔ: det er nærmest det modsatte)* it is not completely (*el.* altogether) 'true (, 'wrong);
*[med præp. & adv.] ~ **hen til** a)* as far as, all the way to (*fx* he walked all the way to the station with me); *b) (tæt hen til)* right up to (*fx* the front door); *~ **henne ved*** right at; *~ henne ved siden af* right beside; *~ og **holdent*** completely, entirely; *~ **igennem** a) (præp.)* right through (*fx* the bullet went right through his head); *b) (adv.: kun efterstillet)* through and through (*fx* wet (, rotten) through and through); throughout (*fx* hand-made throughout); *c) (adv.: fig.)* thoroughly (*fx* he is thoroughly reliable); *(stærkere)* through and through (*fx* he is a reliable man through and through); out and out (*fx* he is an out-and-out scoundrel); *~ **inde i*** right inside; *~ **nede i*** right down in; *~ **omme bag*** right behind; *skrive et ord ~ **ud*** write a word in full; *(se også væk).*

heltedigt heroic poem;
□ *komisk ~* mock-heroic poem.

heltedyrkelse hero worship.

heltedåd, **heltegerning** heroic deed.

heltemod heroism; F valour.

heltemodig *adj.* heroic.

heltemodigt *adv.* heroically.

heltemodtagelse hero's (, heroes') welcome.

helterolle heroic part;
□ *spille -n* act the part of the hero.

heltesagn heroic legend.

heltetenor heroic tenor, heldentenor.

heltid*: ansat på ~* employed full time; *hun arbejder på ~* she works full time.

heltids- full-time (*fx* job).

heltidsansat, **heltidsbeskæftiget** *adj.* **1.** *(attr.)* full-time (*fx* clerk, teacher); *(præd.)* employed full time; **2.** *(brugt som sb.)* full-timer.

heltinde *sb. (en, -r)* heroine.

heltone *(mus.)* whole tone.

heluld *sb. (en)*, **helulden** *adj.* all-wool.

helvede *sb. (et)* hell;
□ *gøre ham ~ hedt* make it (*el.* things) hot for him; *som bare ~* like hell;
[med præp.] det er ad ~ til it is bloody awful; *gå ad ~ til!* go to hell! *det går ad ~ til* it is going to rack and ruin; *så for ~!* oh hell!

helvedes[1] *adj.* infernal (*fx* noise, nuisance); a hell of a (*fx* a hell of a big parcel; there was a hell of a noise); *(grovere)* bloody (*fx* stop that bloody noise!);
□ *der blev en ~ ballade* all hell broke loose; *der bliver et ~ hus* there will be hell to pay; *en ~ karl se karl; ~ kvaler se helvedeskval.*

helvedes[2] *adv.* like hell (*fx* it hurts like hell); damn(ed), hellish(ly) (*fx* fast, hot, quick).

helvedesild *(med.)* shingles sg.

helvedeskval infernal torment;
□ *lide -er* suffer the tortures of the damned.

helvedesmaskine *(glds.)* infernal machine; time bomb.

helvedessten lunar caustic.

helårlig[1] *adj.* annual.

helårlig[2], **helårligt** *adv.* annually.

helårsbeboelse use throughout the year; F residence all the year round;
□ *hus egnet til ~ = helårshus.*

helårshus [house suitable for use throughout the year].

hemisfære *sb. (en, -r)* hemisphere.

hemme *se hæmme.*

hemmelig *adj.* **1.** secret (*fx* agent, door, meeting, police);
2. *(i smug,* F*)* covert (*fx* glance, payment, operations, signal, threat); clandestine (*fx* existence, marriage, meeting);
3. *(fortrolig)* confidential (*fx* meeting, message);
□ *holde -t se hemmeligholde;*
[med sb.] ~ afstemning a) (a) (secret) ballot (*fx* hold a secret ballot; unions cannot call strikes without ballots); *b) (det at stemme -t)* voting by ballot; *~ dør (, skuffe)* secret (*el.* concealed) door (, drawer); *-t kartotek* secret file; *-t rum* secret compartment; *-t telefonnummer (ɔ: udeladt)* ex-directory (telephone) number; *(am.)* unlisted number.

hemmelighed *sb. (en, -er)* **1.** secret (*fx* keep it a secret; the secrets of nature); **2.** *(hemmeligholdelse)* secrecy;
□ *det er ingen ~ at* it is no secret that;
*[med præp.] jeg gør ingen ~ **af** det* I make no secret (*el.* mystery) of it; *have -er **for** en* have secrets from sby; ***i** al ~* secretly; in secret; *i dybeste ~* in deep secrecy.

hemmelighedsfuld *adj.* **1.** mysterious; **2.** *(umeddelsom)* secretive (*fx* person);
□ *en ~ mine* an air of mystery.

hemmelighedsfuldhed *sb. (en)* **1.** mysteriousness; mystery;
2. *(hemmelighedsfuldhed)* secretiveness.

hemmelighedskræmmer secretive person.

hemmelighedskræmmeri *sb. (et, -er)* secretiveness.

hemmeligholde *vb.: ~ det* keep it secret (*for* from); F conceal it (*for* from); T keep it under wraps.

hemmeligholdelse *sb. (en)* concealment.

hemmeligholdelsespligt obligation to maintain confidentiality.

hemmeligstemplet *adj.* classified.

hems *sb. (en, -e)* [(small) loft room].

hen *adv.: ~ **ad** a) (om tid)* towards (*fx* evening, six o'clock); *b) (om bevægelse)* along (*fx* the corridor); *~ ad gaden* along (*el.* up *el.* down) the road; *(se også vej); han sagde det ~ **for** sig* he said it to himself; *(se også mumle, stirre);*
*~ **imod** a) (om tid)* towards (*fx* evening, six o'clock); getting on for (*fx* it is getting on for midnight (, six)); *b) (om antal)* nearly (*fx* nearly 5,000; for nearly two

hours); *c) (om alder)* nearly, getting on for (*fx* he is nearly (*el.* getting on for) fifty); ~ ***over*** *a)* across, over (*fx* walk across (*el.* over) the fields); *b) (oven over)* over (*fx* he looked over their heads); *(se også hoved)*; ~ ***på*** *året* later in the year; ~ ***til*** *a)* (up) to (*fx* he went to the baker's; he came up to the desk); round to (*fx* come round to my place one day); *(især væk fra den talende etc. også)* over to (*fx* he went over to the window; he came over to me); *b) (ikke længere end)* as far as (*fx* I walked as far as her office); ~ *og* ***tilbage*** there and back; ~ ***ved*** *se ovf.:* ~ *imod; (andre forb., se hovedordet: falde, gå, længere, senere, skulle etc.).*

henblik *sb.: med* ~ *på a) (for at være forberedt på)* in preparation for (*fx* stockpiling in preparation for war); against; *b) (angående)* concerning; with reference to; *med særligt* ~ *på* with special (*el.* particular) reference to; *med* ~ ***på at*** with a view to -ing.

hende *pron.* her; *(foran præpositionsled & relativsætning oftest)* the one (*fx* the one in the red dress; the one you spoke to);
□ ~ *der* the one over there; *det er* ~ it is her; *det var* ~ *der gjorde det* she did it; F it was she who did it; ~ *og hendes tennis!* she and her tennis!

hendes *adj.* her (*fx* her dog); *(stående alene)* hers (*fx* he put his bicycle next to hers).

hendøende *adj.* dying.

henfald **1.** *(af væv)* necrosis; **2.** *(af radioaktivt stof)* decay.

henfalde *vb.:* ~ *til a)* give oneself up to (*fx* despair, pessimism); *b) (tillade sig)* indulge in (*fx* daydreaming, wishful thinking).

henfaren *adj.* **1.** bygone; **2.** *(død)* departed (*fx* generations).

henføre *vb.:* ~ *til a) (henregne til)* class with; *b) (tilskrive)* attribute to; *c) (placere i tid)* date to; F assign to (*fx* assign the vase to the Viking age).

henførelsessystem frame of reference.

henførende *adj.:* ~ *stedord* relative pronoun.

henført[1] *adj.* **1.** *(henrevet)* euphoric; rapt (*fx* expression, look, smile); **2.** *(drømmende)* dreamy (*fx* expression, look, smile).

henført[2] *adv.* *(jf. henført*[1]*)* **1.** euphorically; with rapt attention (*fx* he listened to the music with rapt attention); **2.** dreamily.

hengemt *adj.* **1.** musty (*fx* smell); **2.** *(om mad)* stale.

hengive *vb.:* ~ *sig i sin skæbne* resign oneself to one's fate; ~ *sig til a)* give oneself up to (*fx* despair, pessimism); F abandon oneself to, surrender oneself to (*fx* despair); *b) (tillade sig)* indulge in (*fx* daydreaming, wishful thinking); *c) (seksuelt)* give oneself to.

hengivelse *sb. (en)* **1.** *(fx i skæbnen)* submission (*i* to); **2.** *(i en stemning)* abandonment (*i* to).

hengiven *adj.* devoted;
□ *være én* ~ be devoted to sby; *Deres hengivne* yours sincerely; *din hengivne* yours ever; *din hengivne søn* your loving (*el.* affectionate) son.

hengivenhed *sb. (en)* affection (*for* for); *(stærkere)* devotion (*for* to);
□ *fatte* ~ *for* become attached to.

hengå *vb.* pass, go by; F elapse.

henhold*: i* ~ *til a) (under henvisning til)* referring to, with reference to (*fx* your application, your letter); *b) (i overensstemmelse med)* according to (*fx* according to the treaty we are bound to help); under (*fx* this agreement, this law, the treaty); *c) (idet man retter sig efter)* in accordance with (*fx* your wish, your instructions).

henholde *vb.:* ~ *sig til a) (henvise til)* refer to; *b) (stole på)* rely on.

henholdende *adj.: føre en* ~ *politik* play a waiting game; *et* ~ *svar* a noncommittal reply.

henholdsvis *adv.* respectively (*fx* John and Henry were third and fourth respectively).

henhøre *vb.:* ~ *til* belong to; ~ *under* belong under (*fx* another ministry); fall under (*fx* this falls under the next item on the agenda).

henkaste *vb.* **1.** *(udtale, bemærke)* observe casually; **2.** *(skitsere)* sketch, outline;
□ ~ *affald* drop litter; *(også = aflæsse)* dump refuse; ~ *en bemærkning* drop (*el.* let fall) a remark; T toss off a remark; *en -t bemærkning* a casual remark; ~ *på papiret* dash off; *en løst -t skitse* a rough sketch; *-t, i en -t tone* casually.

henkoge *vb.* **1.** *(frugt)* preserve; **2.** *(i glas)* bottle; **3.** *(i dåse)* tin, can; *(am.)* can.

henkogningsglas preserving jar.

henkogningskedel sterilizer.

henlede *vb.:* ~ *mistanken på en* turn suspicion on sby; ~ *opmærksomheden på a)* draw attention to; *b) (påpege)* point out; ~ *hans opmærksomhed på at* draw (*el.* direct) his attention to the fact that; *det -r tanken på* it suggests.

henleve *vb.* pass, spend (*fx* one's last years in prison).

henligge *vb.* lie, be left; F remain.

henlægge *vb.* **1.** *(om sag: til senere behandling)* shelve; *(opgive)* drop (*fx* a project);
2. *(anbringe)* lay, place; *(deponere)* deposit; *(om forråd)* store;
3. *(overføre)* transfer (*til* to);
4. *(reservere)* appropriate (*til* for, *fx* a sum for a special purpose);
□ *sagen blev henlagt* the matter was shelved; *(jur.)* the charge was dropped; ~ ***til*** *(ɔ: et fond etc.)* transfer to (*fx* the reserve fund); *historien er henlagt til Frankrig* the story takes place in France; ~ *scenen til* lay the scene in (*fx* the scene is laid in France).

henlæggelse *sb. (en, -r)* **1.** *(til senere behandling)* shelving;
2. *(anbringelse)* placing; *(deponering)* depositing; *(af forråd)* storage;
3. *(overførelse)* transfer;
4. *(reservering af penge)* appropriation;
□ *foretage -r (jf. 4)* make appropriations; ~ *til skat* provision for tax.

hennafarvet *adj.* **1.** henna-dyed, hennaed; **2.** *(naturligt)* henna-coloured.

henne *adv.: der* ~ over there; *hvor er hun* ~*?* where is she? *hvor har du været* ~*?* where have you been? *hun er 3 måneder* ~ she is 3 months gone; F she is three months pregnant; ~ *ved* at; *(se også langt, længere).*

henregne *vb.:* ~ *til* reckon among, include under.

henrette *vb.* execute;
□ ~ *i den elektriske stol* electrocute; ~ *ved halshugning* behead; F decapitate; ~ *ved hængning* hang.

henrettelse *sb. (en, -r)* execution.

henrettelsespeloton firing squad.

Henrik *(hist.)* Henry (*fx* Henry the Fifth).

henrinde *vb.* elapse, pass.

henrivende[1] *adj.* **1.** *(charmerende)* charming (*fx* boy, girl, child);
2. *(yndig)* lovely, delightful (*fx* house; girl, child); *(stærkere)* ravishing.

henrivende[2] *adv.* **1.** charmingly;
2. delightfully; ravishingly.

henrykkelse *sb. (en)* delight; *(stærkere,* F*)* rapture, ecstasy;
□ *falde i* ~ *over (spøg.)* go into raptures over (*el.* about); *(neds.)* gush over.

henrykt[1] *adj.* delighted (*over* with; *over at* to (, that), *fx* to see him; that he has come); *(stærkere, præd.,* T*)* in ecstasies (*over* over).
henrykt[2] *adv.* delightedly (*fx* they laughed delightedly); with delight.
hensat *adj.: tro sig ~ til* imagine oneself in.
henseende *sb. (en, -r): i alle -r* in every respect, in every way; *i den ~, i så ~* in that respect; *i politisk ~* politically; *i ~ til* as regards; with regard to.
hensidde *vb.* remain, be; *(se også uskiftet).*
hensigt *sb. (en, -er)* **1.** *(plan etc.)* intention (*fx* good (, evil) intentions; it is my intention to do it); *(jur.)* intent (*fx* shoot with intent to kill);
2. *(mere bestemt: formål)* purpose (*med* of, *fx* the purpose of his visit); F object (*med* of);
□ *-en med* the purpose (, object) of (*fx* his visit); the point of; *-en med at* the purpose in -ing (*fx* what was your purpose in doing that?); *(se også hellige, skummel)*; *[med præp.]* ***i den*** *~ at a)* with the intention of -ing, with a view to -ing; *b)* for the purpose of -ing; *i den bedste ~* with the best of intentions; *i den bestemte ~ at* for the express purpose of -ing; ***i en*** *bestemt ~* for a particular purpose; ***i ond*** *~ a)* out of malice; *b) (jur.)* maliciously; with malicious intent; *han gjorde det ikke i nogen ond ~ (også)* he meant no harm; *have* ***til*** *~* intend (*fx* more (, later) than he intended); *have* ***til*** *~* ***at*** intend to (*el.* -ing), mean to; *(se også svare (til), virke*[2] *(mod)).*
hensigtserklæring declaration of intent.
hensigtsløs *adj.* purposeless.
hensigtsmæssig *adj.* suitable; F appropriate, expedient;
□ *den er ~* it answers its purpose; *det -e i at* the expediency of -ing.
hensigtsmæssighed *sb. (en)* suitability; F appropriateness, expediency.
henslæbe *vb.* drag on (*fx* a miserable existence); wear out (*fx* one's youth in prison).
henslængt *adj.: sidde ~ i en stol* be lolling (*el.* lounging) in a chair; *(med arme og ben spredt ud)* be sprawled in a chair.
hensmuldrende *adj.* crumbling; F mouldering (*fx* ruins).
hensove *vb. (dø)* pass away;
□ *den -de* the departed.
henstand *sb. (en)* respite; *(mere* T*)* more time;
□ *bede om ~* ask for a respite; ask for more time; *(med betaling også)* ask for (a) postponement (*el.* an extension); *bede om ~ med betalingen (også)* ask to have payment deferred; *give ham 3 dages ~* give him 3 days; *give ham ~ til fredag* give him till Friday.
henstille[1] *vb.* **1.** *(foreslå)* suggest; **2.** *(anbefale)* recommend; **3.** *(forlange)* request;
□ *~ til ham at holde op med at ryge a)* suggest (, recommend) to him that he should stop smoking; *b) (forlange)* request him to stop smoking.
henstille[2] *vb. (anbringe)* place.
henstilling[1] *sb. (en, -er) (jf. henstille*[1]*)* **1.** *(forslag)* suggestion; **2.** *(anbefaling)* recommendation; **3.** *(forlangende)* request; **4.** *(forløber for advarsel)* admonition;
□ *efter ~ af a)* at the suggestion of; *b)* on the recommendation of; *c)* at the request of; *rette en ~ til én om at* appeal to sby to; *en venlig ~ (jf. 3)* a polite request.
henstilling[2] *sb. (en, -er) (jf. henstille*[2]*)* placing;
□ *~ af cykler forbydes* no bicycles to be left here.
henstrakt *adj.* stretched out; F prostrate.
henstå *vb.* **1.** remain, be left; **2.** *(være deponeret)* be deposited.
hensunken *adj.: ~ i* lost in, deep in (*fx* reflection); absorbed in.
hensvinde *vb. (om tid)* pass away, elapse.
hensygnen *sb. (en)* languishing.
hensygnende *adj.* languishing (*fx* existence).
hensyn *sb. (et, -)* consideration (*fx* an important consideration; financial (, military) considerations);
□ *der er så mange ~ at* ***tage*** there are so many things to be considered; ***tage*** *~* ***til*** *a) (tænke på)* consider, take into consideration (*el.* account); *b) (person)* consider (*fx* his feelings); show consideration for, pay regard to; *c) (som formildende omstændighed)* make allowance for (*fx* his youth); *ikke tage ~ til* ignore, pay no attention to, leave out of account; F disregard; *ikke tage ~ til at* ignore (, disregard) the fact that;
[med præp.] ***af*** *politiske ~* for political reasons; *af menneskelige ~* out of kindness; F on humanitarian grounds; ***af*** *~* ***til*** *a) (på grund af)* on grounds of (*fx* the programme was stopped on grounds of national security); *b) (for ens skyld)* for the sake of (*fx* for the sake of his parents); *c) (for at skåne)* out of consideration (*el.* regard) for (*fx* his feelings); *af ~ til ham* for his sake; *vi må have det skriftligt af ~ til regnskabet* we must have it in writing for accounting purposes; *af ~ til hans ønsker* in deference to his wishes; ***med*** *~* ***til*** *a) (hvad angår)* as to, as regards (*fx* as regards your second question ...; the plan is unsatisfactory as regards security); with regard to; as far as .. is concerned; *b) (led i opremsning, ofte indledende noget negativt)* as for (*fx* and (, but) as for you, you ought to be ashamed of yourself; as for the food, it was awful); *c) (vedrørende)* concerning (*fx* complaints (, information, suggestions) concerning our latest product); ***uden*** *~* ***til*** *a) (uanset)* irrespective of (*fx* age and ability); *b) (ligeglad med)* without considering; F without regard for (*fx* his own safety, my wishes, my feelings); regardless of (*fx* the consequences); *c) (på trods af)* regardless of (*fx* the expense); *uden ~ til om det regner eller ej* no matter whether it rains or not.
hensynke *vb.: ~ i* lose oneself in, become absorbed in (*fx* melancholy reflections, thought); *(passivt)* lapse into (*fx* silence, thought); *(neds.)* sink into (*fx* despair, grief); *(se også hensunken).*
hensynsfuld *adj.* considerate (*fx* be considerate towards her; they were considerate enough to leave me alone; it was considerate of him not to ask); *(betænksom)* thoughtful (*fx* it was thoughtful of you to call).
hensynsfuldhed *sb. (en)* consideration; *(betænksomhed)* thoughtfulness.
hensynsled *(gram.)* indirect object.
hensynsløs *adj.* **1.** *(ubarmhjertig)* ruthless; **2.** *(ansvarsløs)* reckless (*fx* driver);
□ *-t ærlig* ruthlessly frank.
hensynsløshed *sb. (en) (jf. hensynsløs)* **1.** ruthlessness; **2.** recklessness;
□ *en ~* a ruthless (, reckless) action.
hensyntagen *sb. (en)* consideration (*til* for, *fx* his feelings); regard (*til* for, *fx* without regard for his safety).
hensætte *vb. (se også hensat)* **1.** place; **2.** *(i sindsstemning)* throw (*fx* into ecstasies, into a fury);

□ ~ **sig** *(i tankerne) til* transport oneself in imagination to; imagine oneself in.

hente *vb.* **1.** fetch (*fx* fetch a policeman (, a doctor) at once; fetch the children from school; fetch his coat); go and get, get (*fx* will you get me a drink? we can't get help from him);
2. *(afhente)* collect (*fx* one's tickets; a child from school); pick up (*fx* I will pick you (, the parcel) up on my way); call for, come for; *(person ved toget etc.)* meet;
□ *lade* ~ send for;
[med sb.] ~ *et eksempel fra* borrow (*el.* draw *el.* take) an example from; ~ *sig en forkølelse* catch (a) cold; ~ *læge* send for (*el.* call in) the doctor; *(se også trøst).*

hentehår T [hair combed so as to cover a bald patch]; *(svarer til)* low parting.

hentyde *vb.:* ~ *til a)* allude to; *(mere direkte)* refer to; *b) (antyde)* hint at.

hentydning *sb. (en, -er)* **1.** allusion (*til* to); *(mere direkte)* reference (*til* to);
2. *(antydning)* hint; *(neds.)* innuendo (pl. -es) (*til* about, *fx* he made innuendoes about my "unfortunate son"; sexual innuendoes); insinuation (*til* about).

hentæres *vb.* waste away (*fx* he was wasting away for lack of food); *(især af sorg)* pine away;
□ ~ *af længsel* be consumed by longing.

henvejre *vb.* blow away; F waft away; *-s* vanish.

henvende *vb.* **1.** turn (*fx* sby's attention to sth); F direct; **2.** *(tale etc.)* address, direct (*fx* one's remarks to sby; address all complaints to the manager);
□ ~ **sig på** *kontoret* enquire (*el.* apply) at the office; ~ **sig til** *a) (med anmodning)* apply to; F approach (*fx* approach him for help (, money)); *b) (sætte sig i forbindelse med)* communicate with; *(skrive til)* write to; *c) (tale til)* talk (*el.* speak) to (*fx* nobody talked to him the whole evening); F address (oneself to) (*fx* kindly address yourself to the chairman, not other members); *d) (være beregnet for)* cater for (*fx* the book caters for people interested in music); appeal to (*fx* the general public); ***henvendt til*** *publikum (jf. 2)* addressing the audience.

henvendelse *sb. (en, -r)* **1.** call (*fx* the police have received more than 200 calls from the public); *(forespørgsel)* enquiry; *(brev)* letter; **2.** *(anmodning)* application; F approach (*fx* from the Ministry of Education);
□ *rette en* ~ *til* make an application (, approach) to; *(se også henvende (sig til)); ved* ~ *til* on application to.

henvise *vb.* refer; *(se også henvist);*
□ ~ *til a) (sende videre)* refer to (*fx* he referred me to another office; he referred her to a specialist); send (in) to (*fx* send a Bill into committee); *b) (omtale; henholde sig til)* refer to (*fx* he referred to my letter; I must refer to my contract); *en stjerne -r til en fodnote* an asterisk refers to a footnote; *han henviste til direktøren* he referred me to the manager; ~ *en patient videre til et hospital* refer a patient on to a hospital.

henvisning *sb. (en, -er)* **1.** *(i bog etc.)* reference (*til* to); *(til andet sted i samme bog)* cross-reference (*til* to);
2. *(til myndighed, læge etc.)* referral (*til* to);
□ *under* ~ *til* referring to.

henvist*: være* ~ *til a) (ɔ: være nødsaget til)* have to (*fx* the Blacks had to live in separate parts of the towns); be obliged to; be left to (*fx* make one's own arrangements); *(om noget nedværdigende)* be reduced to (*fx* begging, borrowing money); *b) (være afhængig af)* be thrown on (*fx* be thrown on one's own resources).

henånde *vb.* breathe (*fx* a word; a kiss on his forehead).

heppe *vb.* cheer;
□ ~ *for dem,* ~ *dem op* cheer them on; T root for them.

heppekor band of cheering supporters; *(am.)* cheering section;
□ *leder af* ~ cheerleader.

hepper *sb. (en, -e)* **1.** rooter;
2. *(som leder heppekor)* cheerleader.

her *adv.* **1.** *(om sted)* here (*fx* come here! here and now; here and there); **2.** *(om tid)* now (*fx* now in October);
□ *det er* ~ *han er* this is where he is; *Smith* ~*! (tele.)* Smith here! Smith speaking! ~ *i huset (, landet)* in this house (, country); *(se også by); da hun kom* ~ *til landet* when she came to this country; ~ *omkring se omkring.*

heraf *adv.* of this, from this (*fx* from this you may see ...); F hence (*fx* hence it follows that ...).

heraldik *sb. (en)* heraldry.

heraldiker *sb. (en, -e)* expert in heraldry, heraldist.

heraldisk[1] *adj.* heraldic.

heraldisk[2] *adv.* heraldically.

herbarium *sb. (et, herbarier)* herbarium.

herberg *sb. (et, -er)* **1.** *(billigt logi for hjemløse etc.)* hostel; **2.** *(vandre-)* youth hostel; **3.** *(kro etc.)* inn; lodging house; *(glds.)* hostelry.

herbergsleder warden.

Herbergsringen the Youth Hostel Association.

herbergsstat country of refuge.

Hercegovina *(geogr.)* Herzegovina, Hercegovina.

hercegoviner *sb. (en, -e),* **hercegovinsk** *adj.* Herzegovinian, Hercegovinian.

herefter *adv.* **1.** after this;
2. *(for fremtiden)* from now on, in future; F henceforth;
3. *(derpå, så)* then; F subsequently;
4. *(i overensstemmelse hermed)* accordingly (*fx* act accordingly).

herefterdags *adv.* in future;
F henceforth.

herfra *adv.* from here; from this;
□ *langt* ~ far from here, far away; *gå (, rejse etc.)* ~ leave; *når du rejser* ~ when you leave here.

herhen *adv.* here.

herhjemme *adv.* **1.** in our home, in our house; **2.** *(her i landet)* in this country.

heri *adv.* in this; F herein.

heriblandt *adv.* among these, among them, including.

herigennem *adv.* **1.** through here;
2. *(herved)* by this means, in this way; F thus, hereby.

herimellem *adv.* between these; *(se også heriblandt).*

herimod *adv.* against this.

herind *adv.* in (here).

herinde *adv.* in here.

herkomst *sb. (en)* birth, origin;
F extraction;
□ *af ringe* ~ of humble extraction (, birth).

Herkules *(myt.)* Hercules.

herkulesarbejde Herculean task.

herkulisk *adj.* Herculean (*fx* efforts).

herlig[1] *adj.* **1.** *(storslået)* splendid, magnificent, glorious (*fx* holiday);
2. *(dejlig)* delightful, wonderful (*fx* he is a wonderful person);
T great;
□ *en* ~ *smag* a delicious taste; *en* ~ *udsigt* a magnificent view.

herlig[2], **herligt** *adv.* delightfully (*fx* she is delightfully natural); wonderfully (*fx* I slept wonderfully).

herlighed *sb. (en, -er)* glory, splendour, magnificence;
□ *hele -en* the (whole) lot; *i al sin ~* in all its (, his etc.) glory.
hermafrodit *sb. (en, -ter)* hermaphrodite.
hermafroditisk *adj.* hermaphroditic(al).
hermed *adv.* **1.** with this; by this; **2.** *(med disse ord)* so saying;
□ *~ (følger)* enclosed (please find); we enclose.
hermelin *sb. (en, -er)* **1.** *(zo.)* stoat; *(nordlig; hvid)* ermine; **2.** *(pelsværk)* ermine.
hermelinskåbe **1.** ermine cloak (*el.* robe); **2.** *(zo.)* puss moth.
hermelinsskind ermine.
hermeneutik *sb. (en, -ker)* hermeneutics sg.
hermeneutisk *adj.* hermeneutic(al).
hermetik *sb. (en)* tinned (*el.* canned) food; *(am. kun)* canned food.
hermetisk[1] *adj.* hermetic.
hermetisk[2] *adv.* hermetically;
□ *~ lukket* hermetically sealed.
herned, **hernede** *adv.* down here.
Herodes *(hist.)* Herod;
□ *han måtte løbe fra ~ til Pilatus* he was driven from pillar to post.
Herodot *(hist.)* Herodotus.
heroin *sb. (en el. et)* heroin.
heroisere *vb.* heroize.
heroisk[1] *adj.* heroic.
heroisk[2] *adv.* heroically.
heroisme *sb. (en)* heroism.
herold *sb. (en, -er)* herald.
herom *adv.* **1.** *(om dette)* about this, of this; **2.** *(denne vej)* (round) this way, round here.
heromkring *adv.* hereabout(s), round here.
heromme *adv.* round this way; on this side.
herop, **heroppe** *adv.* up here.
heros *sb. (en, heroer) (myt.)* demigod; hero (pl. -es).
herostratisk *adj.: ~ berømmelse* (unenviable) notoriety.
herover *adv.* **1.** over here; **2.** *(om årsag)* at this, over this.
heroverfor *adv.* opposite; on the other side.
herovre *adv.* (over) here, on this side; at this end.
herpes *sb. (en) (med.)* herpes.
herpå *adv.* **1.** on this; **2.** *(om tid)* then.
herre *sb. (en, -er)* **1.** *(mand)* gentleman (*fx* two gentlemen came to see him);
2. *(leder, hersker)* master (*fx* he wants to be master in his own house); lord (*fx* the lords of creation);
3. *(hunds, slaves)* master;
4. *(bordherre, dansepartner)* partner;
5. *(Gud)* Lord (*fx* Lord, forgive me);
□ ***Herren*** the Lord (*fx* the Lord be with you); *Herren må vide hvordan det gik til* heaven only knows how it happened; *Herren hjælpe mig se hjælpe*; *-n i huset, husets ~* F the master of the house; the gentleman of the house (*fx* could I speak to the gentleman of the house, please?); *(ejeren)* the owner of the house; *som -n er, så følger hans svende* like master like man;;
*dette **Herrens** år* this year of grace; *i det Herrens år 1995* in the year of grace (*el.* of Our Lord) 1995; *i mange Herrens år* for ages; *være på -ns mark* T be left high and dry; be at a loss; F be in uncharted territory; *han så -ns ud* he looked like nothing on earth; *[med pron. & adj.]* ***de** -r a) (i tiltale)* you (gentlemen) (*fx* will you step this way, gentlemen); *b) (foran navn)* Messrs (*fx* Messrs Jones and Brown); *være sin **egen** ~* be a free agent; *(om mand også)* be one's own master; *(om kvinde også)* be one's own mistress; *de **høje** -r* the bigwigs, the high-ups, the powers that be; ***min** ~* sir; *mine -r* gentlemen; ***nådige** ~* my Lord; *den **unge** ~ (fx sønnen)* the young master; *(se også Vorherre)*; *[med vb. + præp.]* ***blive** (, gøre sig til) ~ **over** a) (få kontrol over)* become (, make oneself) master (, mistress) of (*fx* the city, the situation); get control of (*fx* a country, the situation, a horse); get (*fx* the fire, the situation) under control; master (*fx* one's feelings, one's temper); *b) (overvinde)* control, master (*fx* one's fear); ***være** ~ **over*** control (*fx* one's emotions; women want the freedom to control their own bodies); be master (, mistress) of (*fx* one's emotions, the situation); *forhold vi ikke er ~ over* circumstances beyond our control; *han var ikke ~ over sine handlinger (ɔ: ikke ved sin fornuft)* he was not responsible for his actions.
herrebekendtskab gentleman friend (pl. gentlemen friends).
herrecykel gentleman's bicycle (pl. gentlemen's bicycles).
herred *sb. (et, -er) (svarer omtr. til)* district.
herredouble men's doubles pl.
herredømme *sb. (et)* **1.** *(beherskelse)* control (*over* over, of, *fx* a dog, a horse, a class, the situation, a country); command (*over* of, over, *fx* the sea, the situation; over oneself); *(fuldstændig)* mastery (*over* over, of, *fx* a horse, the seas);
2. *(styre etc.)* control (*fx* come under British control); *(især hårdt)* domination (*fx* people who lived under Communist domination); F dominion (*fx* they would resent foreign dominion); *(litt.)* sway; *[med præp.] -t **i** luften* the command (, mastery) of the air; air supremacy; *få ~ **over*** get control of (*fx* the situation, a wild horse, a country); become (, make oneself) master (, mistress) of; obtain the command of (*fx* the air); *miste -t over bilen* lose control of the car; *~ over sproget* a command of the language; *~ over sig selv (også)* self-control (*fx* lose (, regain) one's self-control); *-t **på** havet* the command of the sea; naval supremacy.
herreekvipering gentlemen's outfitting; men's wear.
herreekviperingshandler gentlemen's outfitter.
herrefodtøj men's footwear.
herrefolk master race; herrenvolk.
herrefrisør men's hairdresser.
herregud **1.** *(beklagende)* dear me! tut tut! **2.** *(undskyldende)* after all (*fx* he is only a child after all).
herregård **1.** manor; **2.** *(bygningen)* manor house;
□ *det er ingen ~ a) (ikke dyrt)* that won't ruin him (, you etc.); *b) (ikke ret meget)* that is precious little.
herrehandske man's glove (pl. men's gloves).
herrehat man's hat (pl. men's hats).
herrekjole dresscoat, tail coat.
herrekonfektion men's ready-made clothing.
herrekor male voice choir.
herreløs *adj.* ownerless; abandoned;
□ *en ~ hund* a stray dog; *(se også vrag)*.
herremand squire; lord of a manor.
herremiddag men's dinner.
herremode male fashion, mens' fashion.
herreret dish fit for a king.
herreselskab **1.** men's party; T stag party; **2.** *(samvær med herrer)* men's company.
herresingle men's singles pl.
herresko man's shoe (pl. men's shoes).

herreskrædder (men's) tailor.
herresving outside edge;
□ *slå et ~* do an outside edge.
herresæde manor house.
herretaske man's handbag (pl. men's handbags).
herretoilet gentlemen's lavatory; T gents; *(am.)* men's room.
herretøj men's clothes.
herreundertøj men's underwear.
herreværelse *(svarer omtr. til)* study, library.
herrnhuter *sb. (en, -e) (rel.)* Moravian; *-ne* the Moravian Brethren.
herse[1] *sb. (en, -r) (teat.)* batten lights pl.
herse[2] *vb.: ~ med en a) (kommandere med)* order (*el.* push *el.* boss) sby about; *b) (tyrannisere)* hector sby; *c) (skælde ud)* chivvy sby (along); *han -r (ɔ: slider) med eleverne* he is always on to the pupils; *~ med noget* grind away at sth.
herskab *sb. (et, -er)* master and mistress;
□ *de høje -er* the Royal visitors (etc.).
herskabelig *adj.* elegant; *(luksuriøs)* luxurious; *(veludstyret)* well-appointed (*fx* drawing room);
□ *~ lejlighed* luxury flat.
herskabschauffør chauffeur.
herskabshus large establishment.
herskabskusk coachman.
herskabslejlighed luxury flat.
herskabstjener footman.
herske *vb. (se også herskende)*
1. *(styre)* rule;
2. *(om konge, dronning: være på tronen)* reign;
3. *(findes)* be (*fx* there was great confusion); F reign (*fx* a complete silence reigned in the room);
4. *(være almindelig)* prevail (*fx* famine prevails in many parts of the country);
5. *(være gældende)* obtain (*fx* the conditions (, the situation) that obtained);
□ *~ over* rule (*fx* a country); rule (, reign) over.
herskende *adj.* **1.** ruling (*fx* the ruling class); **2.** *(almindelig)* prevailing (*fx* the prevailing opinion).
hersker *sb. (en, -e)* ruler (*over* of).
herskerblik commanding eye; imperious glance.
herskerinde *sb. (en, -r)* mistress.
herskermine commanding air.
herskesyg *adj.* **1.** *(som gerne vil bestemme over andre)* domineering; T bossy; **2.** *(magtbegærlig)* power-hungry.
herskesyge *sb. (en) (jf. herskesyg)* **1.** bossiness; **2.** craving for power.
hersteds *adv.* here; in this place.
hertil *adv.* **1.** here; to this place; **2.** *(så langt)* thus far (*fx* thus far and no further);
3. *(til dette formål)* for this purpose;
□ *~ kommer* to this must (, may) be added; in addition (to this), moreover, furthermore.
hertug *sb. (en, -er)* duke.
hertugdømme *sb. (et, -r)* duchy.
hertugelig *adj.* ducal.
hertuginde *sb. (en, -r)* duchess.
hertz *sb. (en, -)* hertz.
herud, **herude** *adv.* out here.
herudover *adv.* in addition to this; beyond this.
herunder *adv.* **1.** under here; below here; **2.** *(indbefattet)* among these; including;
□ *~ hviler* here lies.
herut *interj.* get out (of here)! out you go!
herved *adv.* by this; F hereby;
□ *~ skal vi meddele Dem* we are pleased to inform you; *tæt ~* close by; *(meget tæt)* hard by.
herværende *adj.* local; of this place (, town, etc.) *(efter sb.)*.
Hessen *(geogr.)* Hesse.
hessisk *adj.* Hessian.
hest *sb. (en, -e)* **1.** horse; *(ride-også)* mount; **2.** *(gymnastik-)* (vaulting) horse;
□ *motor på 20 -es kraft* 20 horsepower engine; ***til*** *~* on horseback; F mounted; *(se også vadested, vild)*;
[med vb.] ***holde på*** *den forkerte ~* back the wrong horse; ***slide som*** *små -e* work like beavers; ***sætte sig på*** *den høje ~* mount the (*el.* get on one's *el.* ride one's) high horse; *(se også stige (til), stå*[2] *(af))*.
hesteafretning horse breaking.
hesteafretter horse breaker.
hestearbejde gruelling work;
□ *det var et sandt ~* it was a back-breaking job.
hesteavl horse breeding.
hestebestand **1.** number of horses; **2.** *(hele landets)* horse population.
hestebid *(i børnesprog)* horsy bite.
hestebremse *(zo.)* (horse) botfly.
hestedrosche (horse-drawn) cab.
hestedum *adj.* boneheaded.
hestedækken horsecloth.
hesteflue *(zo.)* horsefly.
hestefod horse's foot; *(se også hestehov)*.
hestegang horse walk.
hestegødning horse dung.
hestehale **1.** horse's tail; **2.** *(frisure)* ponytail (hairdo).
hestehandler *sb. (en, -e)* horse dealer.
hestehold the keeping of horses;
□ *have et stort ~* keep many horses.
hestehov **1.** horse's hoof; **2.** *(bot.)* butterbur;
□ *stikke -en frem (om fanden)* show the cloven hoof.
hestehoved horse's head;
□ *være et ~ foran dem (fig.)* have a lead over them; have the edge on them.
hestehår, **hestehårs-** horsehair.
hestekastanie *(bot.)* horse chestnut.
hestekender good judge of horses (el. of horseflesh).
hestekraft horsepower (*fx* how many horsepower? 50 horsepower); *(fork.* hp*)*.
hestekur drastic remedy, drastic cure;
□ *en økonomisk ~* drastic economic measures pl.
hestekød horseflesh.
hestemarked horse fair.
hestepasser *sb. (en, -e)* groom.
hestepranger horse dealer.
hestepærer *sb.pl.* horse droppings.
hesteryg*: på ~* on horseback.
hestesko horseshoe.
hesteskoformet *adj.* horseshoe-shaped.
hestesport horseracing.
hestestald stable.
hestestrigle currycomb.
hestetrampen the tramp of horses.
hestetransportvogn horsebox.
hestetyv horse thief.
hestetyveri **1.** *(det at stjæle heste)* horse-stealing; **2.** *(enkelt)* horse theft.
hestetænder *sb.pl.* **1.** horses' teeth; **2.** *(hos person)* buck teeth.
hestetømme rein.
hestevogn (horse-drawn) carriage.
hestevæddeløb **1.** *(enkelt løb)* horserace;
2. *(generelt)* (horse)racing (*fx* read about racing in a newspaper);
3. *(række ~)* the races pl. (*fx* go to the races).
hestgarde horse guards pl.
heterogen *adj.* heterogeneous.
heterogenitet *sb. (en)* heterogeneity, heterogeneousness.
heteronom *adj.* heteronomous.
heteroseksualitet *sb. (en)* heterosexuality.
heteroseksuel *adj.* **1.** heterosexual; **2.** *(brugt som sb.)* heterosexual; T hetero.
hetz *sb. (en, -e(r))* smear campaign.
hetze *vb.: ~ mod* carry on (*el.* con-

duct) a smear campaign against.
hetære *sb. (en, -r) (hist.)* hetaera (pl. -e).
heuristik *sb. (en)* heuristics sg.
heuristisk[1] *adj.* heuristic.
heuristisk[2] *adv.* heuristically.
hev *præt. af hive.*
hevet *pf.ptc. af hive.*
hf *(eksamen)* Higher Preparatory Examination; *(kursus)* Higher Preparatory Course.
HFI-afbryder *se fejlstrømsafbryder.*
hhv. *fork. af henholdsvis.*
hi *sb. (et, -er)* winter lair;
□ *ligge i* ~ hibernate; *gå i* ~ *(fig.)* go underground.
hib *sb. (et, -)* dig (*til* at);
□ *det var et* ~ *til dig (også)* that was one for you.
hid *adv.:* ~ *og did* to and fro.
hidføre *vb.* **1.** *(føre til)* lead to; **2.** *(forårsage)* cause.
hidkalde *vb.* call; F summon.
hidrøre *vb.:* ~ *fra se stamme*[1] *(fra).*
hidse *vb.: hids dig* ***ned!*** calm down! keep cool! ~ *ham* ***op*** excite him (*til at* to); *(gøre rasende)* make him furious; F infuriate him; ~ *dem* ***op mod*** *hinanden* set them on each other; ~ *hunden* ***på*** *ham* set the dog on him;
~ ***sig op*** work oneself up, get oneself worked up (*over* over, about); *hids dig nu ikke op* don't get excited; don't lose your temper; T don't get yourself into a state; keep your hair on; *det kan jeg ikke* ~ ***mig op over*** I can't get worked up over that; it leaves me cold; ~ ***sig op til*** *raseri* work oneself into a temper; ~ ***sig op til at*** work oneself up to.
hidsig *adj.* **1.** *(opfarende)* hot-headed, hot-tempered; *(ilter)* peppery (*fx* old man); F irascible; **2.** *(heftig, vred)* heated (*fx* he got very heated; a heated argument (, discussion, debate)); F vehement;
□ *blive* ~ *(ɔ: fare op)* lose one's temper; fly into a temper; T blow up; ~ *efter* keen on; *ikke så* ~*!* gently! take it easy! T keep your hair on!
[med sb.] en ~ *kamp* a hot (*el.* violent) struggle; *et -t temperament* a hot temper.
hidsighed *sb. (en) (jf. hidsig)* **1.** hot temper; pepperiness; irascibility; **2.** vehemence;
□ *i et øjebliks* ~ in the heat of the moment.
hidtidig *adj.: husets -e ejer* the owner of the house up to now.
hidtil *adv.* **1.** *(indtil nu (, da))* up to now, till now (, till then), so far (*fx* so far nothing had changed); F hitherto;
2. *(især efter nægtelse & kun om nutid)* as yet (*fx* something as yet unknown (, untried); as yet we have had no applications).
hidtilværende *adj. = hidtidig.*
hierarki *sb. (et, -er)* hierarchy.
hierarkisk[1] *adj.* hierarchical.
hierarkisk[2] *adv.* hierarchically;
□ ~ *opbygget* hierarchical.
hieroglyf *sb. (en, -fer)* hieroglyph.
hi-fi *sb. (en)* hi-fi.
hige *vb.:* ~ *efter a) (stræbe efter)* aspire to (*fx* perfection; a crown); *b) (ønske brændende)* crave for (*fx* recognition).
higen *sb. (en) (jf. hige)* **1.** aspiration; **2.** craving.
hik *sb. (et, -)* hiccup, hiccough.
hike *sb. (en, -r)* hike.
hikke[1] *sb. (en)* hiccoughs, hiccups pl. (*fx* an attack of hiccoughs (*el.* hiccups));
□ *få (, have)* ~ get (, have) (the) hiccoughs (*el.* hiccups).
hikke[2] *vb.* hiccough, hiccup (*fx* he hiccupped).
hikste *vb.* sob, gasp.
hil *interj.* hail!
hildet *adj.:* ~ *i fordomme* prejudiced; ~ *i hendes garn* caught in her snares.
hilse *vb.* **1.** say good morning (, good afternoon, good evening); T say hello; *(bukke)* bow; *(nikke)* nod;
2. *(sende hilsen til)* give one's regards to; *(mere fortroligt)* give one's love to (*fx* give my regards (, love) to your wife); *(mere* F*)* remember me to (*fx* remember me to your wife);
3. *(byde velkommen, modtage)* greet (*fx* she greeted me with a smile; the news was greeted with enthusiasm);
4. *(mil.)* salute;
□ *vær -t!* F hail!
[med præp. & adv.] jeg skal ~ *dig* ***fra*** *min broder* my brother sends his regards (, love); *hils ham fra mig* give him my regards (, love); F give him my compliments; remember me to him; T say hello to him from me; *hils og sig ham fra mig at* tell him that; F give him my compliments and say that; *jeg skal* ~ *fra fruen og bede Dem om at* F Mrs X's compliments and would you kindly; *hvem må jeg* ~ *fra? (i telefon)* who shall I say called? ~ ***igen*** return a greeting; *hilst* ***med*** *bifald* received (*el.* greeted) with applause; ~ *med flaget (sø.)* dip the flag; ~ *noget med glæde* welcome sth;
~ ***på*** *a)* say good morning (, afternoon, evening) to; T say hello to; *b) (nikke etc. til)* bow to; nod to; F acknowledge; *c) (mil. &* F*)* salute; *d) (give hånden)* shake hands with; *e) (blive præsenteret for,* T*)* meet (*fx* come and meet my wife); *f) (besøge)* call on, see (*fx* come and see me some day); *g) (med glasset)* drink with; F take wine with.
hilsen *sb. (en, -er)* **1.** greeting;
2. *(hovedbøjning etc.)* bow; nod; F acknowledgement;
3. *(sendt)* regards pl.; greeting; F compliments pl. (*fx* he was sent a bottle of champagne (with the) compliments of the management);
4. *(mil.)* salute;
□ *kærlig(e) -(er) fra Mary* love from Mary; *venlig* ~ *a) (i forretningsbreve)* yours faithfully; *(mere personligt)* yours sincerely; *b) (i privat brev)* F yours sincerely; *(mere personligt)* best regards, best wishes; *jeg sendte ham en* ~ *gennem min broder* I asked my brother to give my regards to him; F I asked my brother to give him my compliments (*el.* remember me to him).
hilsepligt *(mil.)* compulsory salute.
Himalaja *(geogr.)* the Himalayas pl.
himle *vb.* (T*: dø)* kick the bucket, pop off;
□ ~ *op a)* go off the deep end (*om* about); *b) (begejstret)* gush (*over* over).
himmel *sb. (en, himle)* **1.** *(den synlige* ~*)* sky (*fx* a blue sky);
2. *(himmerige)* heaven, Heaven;
3. *(fig.,* T*)* heaven;
□ *(oh)* ~*!, du store* ~*!* (good) heavens! *sætte* ~ *og jord i bevægelse se bevægelse*;
-en, himlen *a)* the sky; F the heavens pl.; *b) (i udbrud)* heaven, Heaven (*fx* what in heaven's name do you mean? for heaven's sake; heaven forbid); *himlen må (, skal) vide* heaven (*el.* Heaven) knows (*fx* heaven knows why he did it; heaven knows I have suffered enough already); *-ens søn (Kinas kejser)* the Celestial Emperor;
[med præp.] det kom som sendt ***fra*** *-en* it was a godsend; *(se også lyn)*; ***i*** *-en* in Heaven, in heaven; *komme i -en* go to Heaven (*el.* heaven); *(se også navn, syvende)*; ***på*** *-en* in the sky (*fx* the stars in the sky; the sun was high in the sky); *råbe* ***til*** *himlen* cry to heaven; ***un-***

der åben ~ in the open (air).
himmelblå *adj.* sky-blue, azure.
himmelfalden *adj.* F thunderstruck;
□ *jeg var som* ~ T you could have knocked me down with a feather.
himmelfart ascension;
□ *Kristi himmelfartsdag* Ascension Day.
himmelflugt heavenward flight;
□ *prisernes* ~ the rocketing prices.
himmelglobus celestial globe.
himmelhenrykt *adj.* overjoyed (*over* at); *(præd. også,* T*)* as pleased as Punch;
□ *du skulle såmænd være* ~ *over at* you ought to be jolly pleased that.
himmelhund daredevil.
himmelhvælving firmament.
himmelhøj *adj.* sky-high.
himmelhøjt *adv.* loudly;
□ *råbe* ~ shout loudly; shout at the top of one's voice (*fx* they shouted at the tops of their voices); *stå* ~ *over* be miles above.
himmellegeme heavenly body, celestial body.
himmelrum space; sky.
himmelråbende[1] *adj.* outrageous, scandalous; *(præd. også)* crying to heaven.
himmelråbende[2] *adv.* outrageously, scandalously.
himmelseng four-poster (bed), canopy bed.
himmelsk[1] *adj.* **1.** heavenly; F celestial; **2.** *(dejlig,* T*)* heavenly, divine;
□ *det -e rige a) (rel.)* the Heavenly Kingdom; *b) (Kina)* the Celestial Empire.
himmelsk[2] *adv. (jf. himmelsk*[1] *2)* divinely.
himmelspræt*: lege* ~ *med én* toss sby in a blanket.
himmelstige Jacob's ladder.
himmelstormer *sb. (en, -e)* revolutionary; *(titan)* titan.
himmelstrøg skies pl. (*fx* under distant skies).
himmeltegn sign of the zodiac.
himmelvendt *adj.* upturned (*fx* eyes).
himmelvid *adj.: en* ~ *forskel* an enormous difference; all the difference in the world; *der er* ~ *forskel på dem se himmelvidt (forskellige).*
himmelvidt *adv.* widely, enormously;
□ *de er* ~ *forskellige* there is all the difference in the world between them; they are poles apart.
himmerig, himmerige heaven, Heaven; Paradise;
□ *-(e)s rige* the Kingdom of Heaven.
himmerigsmundfuld delicious morsel; *(fig. også)* plum.
himstregims *sb. (en, -er)* **1.** thingummy(jig); **2.** *(klodset, især mekanisk)* contraption.
hin *pron. (hint, hine)* that (pl. those).
hinanden *pron.* each other; *(mere* F*)* one another;
□ *få* ~ be married, marry each other; *møde (, kysse)* ~ meet (, kiss) (each other);
[med præp.] ***efter*** ~ one after the other; in succession; *tre dage efter* ~ three days running (*el.* in succession); *falde* ***fra*** ~ fall to pieces; *rive fra* ~ tear apart; ***mellem*** ~ *(ɔ: i vild forvirring)* higgledy-piggledy (*fx* the books were higgledy-piggledy on the table; he put the papers higgledy-piggledy into the drawer); ***på*** ~ ***følgende*** successive (*fx* on three successive days); ***ved siden af*** ~ side by side.
hind *sb. (en, -e(r)) (zo.)* hind.
hindbær *(bot.)* raspberry.
hindbærbusk raspberry bush.
hindbærsaft raspberry juice; *(kogt med sukker også)* raspberry syrup.
hinde *sb. (en, -r)* **1.** *(fx i øjet, på kød, på planter)* membrane;
2. *(meget tyndt dække)* film (*fx* covered by a film of oil);
3. *(foto.: af emulsion; bot.: på svamp)* pellicle.
hindeagtig *adj. (jf. hinde)* **1.** membranous; **2.** filmy.
hindebæger *(bot.)* sea lavender.
hindeknæ *(bot.)* spurrey.
hinder *sb.: være til* ~ *for a) (hæmme)* hinder, be a hindrance to; *b) (forhindre)* prevent; *der er intet til* ~ *for det* there is nothing to prevent it.
hindi *sb. (et)* Hindi.
hindre *vb.* **1.** *(hæmme, sinke)* hinder (*fx* it hindered rather than helped his work; snow and ice were hindering traffic); *(genere)* hamper (*fx* one's freedom of movement); *(stærkere,* F*)* impede (*fx* one's progress);
2. *(være i vejen for)* obstruct (*fx* the traffic); *(spærre helt for)* block (*fx* the traffic; snow blocked the passage of the train);
3. *(forhindre)* prevent;
□ ~ *at det sker* prevent it (from) happening; ~ *ham* ***i*** *at gøre det* prevent him (from) doing it, prevent his doing it, hinder him from doing it; *(mere* T*)* keep him from doing it, stop him (from) doing it; *lægge sig* ***-nde i vejen*** *for a) (spærre for)* obstruct; *b) (sinke,* F*)* impede.
hindring *sb. (en, -er)* **1.** *(som hæmmer, sinker)* hindrance (*for* to); *(stærkere,* F*)* impediment (*for* to, *fx* progress); **2.** *(som spærrer)* obstacle (*for* to, *fx* progress); F obstruction (*for* to);
□ *lægge -er i vejen for* put obstacles in the way of; *(se også hindre)*; *en uoverstigelig* ~ an insurmountable obstacle.
hindu *sb. (en, -er)* Hindu.
hinduisme *sb. (en) (rel.)* Hinduism.
hinduistisk *adj. (attr.)* Hindu.
Hindustan *(geogr.)* Hindustan.
hingst *sb. (en, -e)* stallion.
hingst(e)føl colt.
hinke *vb.* **1.** hop on one foot; *(skiftevis på højre og venstre fod)* skip;
2. *(humpe)* limp, hobble;
3. *(hoppe paradis)* play hopscotch.
hinkerude hopscotch (diagram).
hinkesten hopscotch.
hinsides *præp.* beyond, on the other side of.
hinsidig *adj.: det -e* the hereafter.
hip *sb.: det er* ~ *som hap* it makes no difference; it is six of one and half a dozen of the other; it is as broad as it is long.
hippie *sb. (en, -r)* hippie, hippy.
hippodrom *sb. (en, -er)* hippodrome.
hippolog *sb. (en, -er)* hippologist.
hird *sb. (en) (hist.)* housecarls pl.
hirdmand *(hist.)* housecarl.
hirschfænger *sb. (en, -e)* hunting knife.
hirse *sb. (en) (bot.)* millet.
hisse *vb.* hoist;
□ ~ *ned* lower.
hisset *adv.* in the next world; hereafter.
hist *adv.* yonder;
□ ~ *og her,* ~ *og pist* here and there; in places.
histolog *sb. (en, -er) (med.)* histologist.
histologi *sb. (en) (med.)* histology.
histop *adv.:* ~ *og herned* and so on and so forth.
historie *sb. (en, -r)* **1.** *(vedrørende fortiden)* history (*fx* the history of Denmark; study history);
2. *(fortælling)* story (*om* about, of, *fx* a story about fairies; the story of his journey); F tale;
3. *(sag)* affair, business (*fx* a strange (, nasty) business);
4. *(løgnehistorie)* fairy story, fairy

tale (*fx* I think you are telling me a fairy story);
□ *-n a) (jf. 1)* history (*fx* learn from history); *b) (jf. 2)* the story (*fx* the story of his life; the story behind his success);
[med adj.] det er en (helt) ***anden*** ~ that is quite another (*el.* a different) story (*el.* matter); T that is a horse of a different colour; that is a (completely) different ball game; *det er en* ***gammel*** ~ that is ancient history; *det er den* ***gamle*** ~ *(ɔ: det der altid sker)* that is the (same) old story; *det er en* ***køn*** *~!* that is a nice mess! *det er en* ***lang*** ~ that is a long story;
[med vb.] -en ***gentager*** *sig* history repeats itself; ***gå over i*** *-n a) (blive husket)* go down to (*el.* in) history (*fx* he will go down to history as the worst tyrant the world has seen); *b) (blive historisk)* pass into history, become history (*fx* this event will become history); *derom* ***melder*** *-n intet* that is not on record; *en bedrift der vil* ***skrive*** *(el. skabe)* ~ a feat that will make history.
historiebog 1. *(lærebog)* history book; **2.** *(bog med fortællinger)* story book.
historieforfalskning the falsification of history.
historieforsker historian.
historieforskning historical research.
historieløs *adj.* historyless.
historiemaler historical painter.
historieskriver historian; *(officiel)* historiographer.
historieskrivning the writing of history; F historiography.
historiker *sb. (en, -e)* historian.
historiograf *sb. (en, -er)* historiographer.
historiografi *sb. (en)* historiography.
historisk[1] *adj.* **1.** *(som vedrører historie)* historical (*fx* account, character, document, event, fact, novel; society; in historic(al) times);
2. *(betydningsfuld)* historic (*fx* building, day, decision, document, occasion, role);
□ ~ *præsens (gram.)* the historic present.
historisk[2] *adv.* historically.
hit *adv.: (kom) ~ med den!* give it to me!
hitlerhilsen Hitler salute.
hitlersk *adj.* **1.** Hitlerian (*fx* legacy); **2.** *(nazistisk)* Hitlerite (*fx* Germany).
hitlisten *(svarer til)* the charts pl.
hitte *vb.* find;
□ ~ ***på*** *a) (komme i tanker om)* think of (*fx* a solution); *b) (opdigte)* make up (*fx* it is something you have made up); ~ ***rede i*** make out; ~ ***ud af*** find out (*fx* what to do); *(med noget hovedbrud)* puzzle out; *(se også finde (ud af)); jeg kan ikke ~ ud af det* I cannot make head or tail of it.
hittebarn foundling.
hittebørnshospital foundling hospital.
hittegods lost property.
hittegodskontor lost property office.
hittepåsom *adj.* T = *opfindsom.*
hiv *sb. (et, -)* **1.** *(ryk)* pull; *(pludseligt, hårdt)* tug; **2.** *(T: af cigaret etc.)* drag;
□ *med ~ og sving a) (med stort halløj)* with much ado; *b) (med stort besvær)* with great effort; by the skin of one's teeth (*fx* I passed the exam by the skin of my teeth); *c) (kun lige akkurat)* only just (*fx* she only just caught the train).
hive *vb. (hev, hevet)* **1.** *(trække)* pull; *(pludseligt, hårdt: rykke)* tug;
2. *(kaste)* throw; T chuck (*fx* chuck it out); *(noget tungt)* heave;
3. *(sø.)* heave;
□ *hiv ohøj!* heave ho! heave away! *[med præp.]* ~ ***efter*** *vejret a)* gasp for breath; *(pibende)* wheeze; *b) (ånde tungt)* pant; ~ ***i*** pull; *(rykke i)* tug at (*fx* his arm; the rope); ~ ***op i*** *bukserne* hitch up one's trousers.
HIV-positiv *adj.* HIV-positive.
HIV-smittet *adj.* HIV-infected.
hjald *sb. (et, -) (til høns)* roost.
hjalp *præt. af hjælpe.*
hjejle *sb. (en, -r) (zo.)* golden plover.
hjelm *sb. (en, -e)* helmet; *(se også motorhjelm).*
hjelmbusk *(hist.)* crest.
hjelmgitter *(hist.)* visor.
hjem[1] *sb. (et, -)* home;
□ *det var som et ~ for mig* it was like a home to me; *indrette sit ~, skabe sig et ~* make a home, make one's home (*fx* in a flat in London); *i -met* in the home; *arbejde uden for -met* work away from home.
hjem[2] *adv.* home;
□ ***følge*** ~ *se følge*[2]; ***få*** ~ *a) (om varer)* receive; *b) (om penge)* get back; *hvornår får I noget mere ~? (jf. a)* when will you have some more in? ***gå*** ~ go home; *(se også nedenom); gå ~ og vug* go and jump in the lake; *den gik rent ~ a) (ɔ: blev forstået)* it went right in; he (, they etc.) got the message; *b) (den var helt rigtig)* it was bang on; *han* ***inviterede*** *os ~ til sig* he asked us round to his home; T he invited us round to his place; ***komme*** ~ come home; *han er kommet ~ fra sine rejser* he is home from his travels; ***tage*** ~ go home; *tage varer ~* take in a supply of goods; *(se også vende).*
hjemad, **hjemefter** *adv.* homeward(s);
□ *det går ~* we are homeward bound.
hjemegn*: min ~* the place (*el.* district) where I come from.
hjemfald reversion.
hjemfalde *vb.* revert (*til* to);
□ ~ *til straf* incur (*el.* become liable to) punishment.
hjemfaren *adj.: gift og ~* married and settled.
hjemfart *(til søs)* homeward voyage; passage home.
hjemføre *vb.* **1.** bring (*el.* carry) home; **2.** *(importere)* import.
hjemgæld*: tage skade for ~* take the consequences; pay the penalty; *han må tage skade for ~* T he has been asking for it.
hjemgående *sb.: for ~ (sø.)* homeward bound.
hjemkalde *vb.* recall (*fx* an ambassador; a book);
□ *Herren har hjemkaldt ham* the Lord has called him home.
hjemkaldelse recall.
hjemkommen *adj.* **1.** returned (home); home (*fx* he is home from America); **2.** *(om varer)* arrived.
hjemkomst *sb. (en, -er)* return; homecoming.
hjemkundskab *(skolefag)* home economics, housecraft.
hjemkundskabslærerinde home economics (*el.* housecraft) mistress.
hjemland native country.
hjemle *vb.* **1.** *(give ret til)* entitle to; **2.** *(give)* allow (*fx* allow him the right to appeal).
hjemlig *adj.* **1.** *(som hører hjemmet til; indenrigsk; attr..)* domestic (*fx* harmony; problems, market); home (*fx* comforts, environment; products, market);
2. *(hyggelig)* homelike, cosy, comfortable; *(især am.)* homey.
hjemliv home life.
hjemlængsel homesickness.
hjemløs *adj.* homeless.
hjemlåne *vb.: ~ bøger* borrow books for use outside the library; take out books.
hjemme *adv.* **1.** at home (*fx* is any-

body at home?); in (*fx* nobody was in when I called; he is usually in by 10 o'clock); **2.** *(hjemkommen)* home (*fx* he is not home yet; I am glad to be home again; I have to be home by eleven); back (*fx* his mother will not be back until about 10); **3.** *(*T*: sikret)* in the bag (*fx* the contract is in the bag);
□ ***alene*** ~ alone in the house; ~ ***hos*** *mig* in (*el.* at) my house; T at my place, where I live; ~ *hos sig selv* in one's own home; *der er* ***ingen*** ~ *a)* there is nobody at home; *b) (*T*: han er dum)* he has nothing between the ears; *(se også øst)*; *[med vb.]* ***blive*** ~ stay at home; ***føle sig*** ~ feel at home; ***gå*** ~ *a)* spend one's time at home; *b) (om husmor)* work at home; ***høre*** ~ *(ɔ: høre til)* belong (*fx* he doesn't belong here); *det hører ingen steder* ~ *a) (det kommer ikke sagen ved)* that is neither here nor there; *b) (det passer sig ikke)* it is quite out of place; ***høre*** *(el. have)* ~ ***i*** *a) (bo i)* live in; *b) (stamme fra)* come from; be a native of (*fx* she is a native of Jutland); *c) (om skib)* be registered in; *historien hører* ~ *i et andet kapitel* the story belongs in another chapter; ***være*** ~ be in, be at home (*fx* is Joan in (*el.* at home) ?); *lad som om du er* ~ make yourself at home; ***være*** *godt* ~ ***i*** be at home in; be familiar with; F be well versed in.
hjemmearbejde homework.
hjemmearbejdende *adj. (kun efter sb.)* (working) at home (*fx* housewives (working) at home; a mother at home and a working father); who work(s) in the home; who doesn't go out to work;
□ ~ *husmor (også)* housewife not working away from home.
hjemmebag *sb. (et)* [homemade cakes (, bread)].
hjemmebagt *adj.* home-made.
hjemmebane *(sportsudtryk)* home ground;
□ *kamp på* ~ home match; *sejr på* ~ home win; *spille på* ~ play at home; *være på* ~ be on home ground; *(fig. også)* be on one's own ground.
hjemmebar cocktail cabinet; *(am.)* liquor cabinet.
hjemmebesøg home visit; *(se også husbesøg)*.
hjemmeboende *adj. (kun efter sb.)* living at home.
hjemmebrænder illicit distiller.
hjemmebrænding illicit distilling.
hjemmecomputer home computer.
hjemmedåb private baptism.
hjemmefra *adv.* (away) from home (*fx* she ran away from home);
□ *rejse (, flytte)* ~ leave home; *han blev smidt ud* ~ he was thrown out of the home.
hjemmefront home front;
□ *på -en* on the home front.
hjemmefryser home freezer.
hjemmefødning *sb. (en, -er)* stay-at-home.
hjemmefødsel home birth; *(mere* F*)* home delivery.
hjemmefødt *adj.* native; F indigenous.
hjemmegjort *adj.* home-made.
hjemmegående *adj. (kun efter sb.)* who spends one's time in the home (*fx* pensioners and unemployed who spend their time in the home);
□ ~ *husmor se hjemmearbejdende.*
hjemmehjælp home help.
hjemmehjælper home help.
hjemmehold home side.
hjemme hos-pædagog [social worker who go into the home of a client].
hjemmehørende *adj.:* ~ *i a)* a native of (*fx* he is a native of Scotland); *b) (bosat i,* F*)* domiciled in, resident in; *c) (sø.: om skib)* registered in; *d) (om dyr og planter)* native to; F indigenous to.
hjemmejakke smoking-jacket.
hjemmekamp home match; T home.
hjemmeklasse home room.
hjemmel *sb. (en)* **1.** authority, warrant; **2.** *(adkomst)* title; **3.** *(hjemmelsmand, kilde)* authority, informant; **4.** *se belæg*;
□ *savne enhver* ~, *være ganske uden* ~ be quite unwarranted.
hjemmelavet *adj. (også neds.)* home-made.
hjemmelsmand *(kilde)* authority, informant.
hjemmemarked home (*el.* domestic) market.
hjemmemenneske homebody.
hjemmepleje home care ; *(syge-)* nursing care at home.
hjemmeregning arithmetic (for) homework.
hjemmerullet *adj. (om cigaret)* home-made.
hjemmesejr *(i fodbold)* home win.
hjemmesko slipper.
hjemmeslagtet *adj.* home killed.
hjemmestrikket *adj.* **1.** home-made; *(håndstrikket)* hand-knit; **2.** *(fig.)* home-made, home-spun (*fx* philosophy).
hjemmestyre 1. *(system)* home rule; **2.** *(myndighed)* home government.
hjemmesygeplejerske district nurse.
hjemmevant *adj.* at home *(præd.)* (*i* in); *(fig. også)* familiar (*i* with).
hjemmevideo home video.
hjemmeværn *(mil.)* Home Guard.
hjemmeværnsmand home guard.
hjemrejse 1. journey home, homeward journey; **2.** *(sø.)* homeward passage (, voyage);
□ *de var på -n* they were on their (*el.* the) way home.
hjemsende *vb.* **1.** send home; **2.** *(fra hospital, fra militærtjeneste)* discharge; *(fra militær også, fx efter krig)* demobilize; T demob; **3.** *(arbejdere, midlertidigt)* lay off temporarily; **4.** *(til hjemland)* repatriate (*fx* refugees; stranded tourists); **5.** *(parlament)* prorogue.
hjemsendelse *sb. (en, -r) (jf. hjemsende)* **1.** sending home; **2.** discharge; demobilization; **3.** lay-off; **4.** repatriation; **5.** progation.
hjemstavn *sb. (en, -e)* native soil, home.
hjemstavnslitteratur regional literature.
hjemsted 1. *(bopæl)* domicile; **2.** *(for aktieselskab)* registered office; **3.** *(sø.)* home port; port of registry.
hjemsøge *vb. (spøg.: besøge for tit)* inflict oneself on;
□ *hjemsøgt af a) (om uheld, ulykke)* plagued by (*fx* bad weather, doubts, ill luck, technical faults); *(glds.)* visited by; *(især om sygdom)* afflicted by (*el.* with) (*fx* famine, a terrible disease); *(hærget)* ravaged by (*fx* civil war); *b) (af skadedyr)* infested with (*fx* rats); *c) (af spøgelse)* haunted by (*fx* a ghost).
hjemsøgelse *sb. (en, -r)* **1.** visitation, affliction; **2.** *(af skadedyr)* infestation.
hjemtage *vb.* **1.** *(købe)* buy; F purchase; **2.** *(tage på lager)* put in a stock of.
hjemve homesickness;
□ *have* ~ be homesick, feel homesick.
hjemvej way home;
□ *være på -en* be on one's (*el.* the) way home; *(også sø.)* be homeward bound.
hjemvendt *adj.* returned.
hjerne *sb. (en, -r)* **1.** brain; **2.** *(forstand)* brains pl. (*fx* he's got brains); brain (*fx* have a good brain; use one's brain(s));

□ *hjerte og ~* heart and mind (*fx* heart and mind must work together);
[med præp.] -n ***bag*** *foretagendet* the brains behind the undertaking, the mastermind behind (*el.* of) the undertaking; *være -n bag noget (også)* mastermind sth; *have fået film* ***på*** *-n* have got the pictures on the brain.

hjernebark *(anat.)* cerebral cortex.

hjernebetændelse *(med.)* **1.** encephalitis; **2.** *(meningitis)* meningitis.

hjerneblødning *(med.)* brain haemorrhage; F cerebral haemorrhage; *(slagtilfælde)* stroke.

hjernecelle *(anat.)* brain cell, cerebral cell.

hjernedød[1] *sb. (en)* brain death.

hjernedød[2] *adj.* **1.** braindead; **2.** *(fig.)* mindless (*fx* drill).

hjernedødskriterium brain death criterion.

hjerneforkalkning sclerosis of the brain.

hjernehalvdel *(anat.)* (cerebral) hemisphere.

hjernehinde *(anat.)* membrane of the brain.

hjernehindebetændelse *(med.)* cerebrospinal meningitis.

hjernekasse, hjernekiste skull.

hjernemasse brains pl.; *(fagl.)* cerebral matter.

hjernerystelse *(med.)* concussion (of the brain).

hjerneskade brain damage.

hjerneskadet *adj.* brain-damaged.

hjerneskal skull; F cranium.

hjernespind a figment of the imagination.

hjernesygdom disease of the brain.

hjernetrust brains trust.

hjernevask 1. brainwashing; **2.** *(enkelt tilfælde)* brainwash.

hjernevasket *adj.* brainwashed.

hjernevinding *(anat.)* convolution of the brain;
□ *-er (*T*: kløgt)* grey matter; grey cells.

hjernevirksomhed cerebral activity, brain actvity; *(fagl.)* cerebration.

hjernevæv *(anat.)* cerebral tissue.

hjerpe *sb. (en, -r) (zo.)* hazel grouse.

hjerte *sb. (et, -r)* heart;
□ *-ns gerne (, god, lyst, mening etc.) se hjertens*; *hvad -t er fuldt af løber munden over med* out of the abundance of the heart the mouth speaks; *hans gode ~, af et godt ~ se god*;
[med vb.] ***have*** *et ~ af guld* have a heart of gold; *have dårligt ~* have heart trouble, have a heart condition; *han har -t på rette sted* his heart is in the right place; *han* ***har ikke ~ til at*** he has not the heart to; *-t* ***sad*** *helt oppe i halsen på mig* I had my heart in my mouth, my heart was in my mouth; ***skyde -t op i livet*** screw up one's courage; take one's courage in both hands; ***tabe*** *sit ~* lose one's heart (*til* to); *det* ***varmer*** *mit ~* it does my heart good; ***vinde*** *ens ~* win the heart of sby, win sby's heart; *(se også begære, bukser, granske, knuse, lette*[2]*, skænke*[1]*, skære (i), udgyde)*;
[med præp.] ***af*** *-t, af hele sit ~* from the bottom of one's heart (*fx* I love her from the bottom of my heart); with all one's heart (*fx* I wish with all my heart that ...); *han hader mig af et godt ~* he hates me with all his heart; T he hates my guts;
en mand ***efter*** *mit ~* a man after my heart;
der faldt en sten ***fra*** *mit ~* it was a load off my mind;
i *sit (inderste) ~* in one's heart (of hearts); *(se også skære)*;
let (, tung) ***om*** *-et* with a light (, heavy) heart; *jeg er tung om -et (også)* my heart is heavy; *det greb mig om -et* it tugged (*el.* pulled) at my heartstrings; *det gør mig varm om -et* it does my heart good; *(se også blød*[2]*)*;
jeg kan ikke bringe det ***over*** *mit ~ at* I have not the heart to;
have noget ***på*** *~ (ɔ: være bekymret)* have sth on one's mind; *hvad har du på ~? (ɔ: hvad ønsker du)* what can I do for you? what have you got to say? *hvad der mest ligger mig på ~* what I have most at heart; *hånden på -t!* honestly!
gå ***til*** *-t* go (straight) to one's heart; move (*el.* stir) the heart; *det går mig meget nær til ~* I take it greatly to heart; *tage til sit ~* take to one's heart.

hjerteanfald heart attack.

hjertebanken palpitation;
□ *få ~ (ɔ: af anstrengelse)* get palpitations; *hun fik ~ da hun så ham* her heart throbbed when she saw him.

hjertebarn darling;
□ *hans ~ (også)* the apple of his eye.

hjerteblad *(bot.: kimblad)* seed leaf; *(inderste blad)* central leaf.

hjerteblod life blood;
□ *det er skrevet med hans ~* it has been written out of the depths of his heart.

hjertefejl organic heart disease.

hjertefrekvens heart rate, pulse rate.

hjertegribende[1] *adj.* **1.** *(rørende)* touching, pathetic; **2.** *(tragisk)* heartrending.

hjertegribende[2] *adv. (jf. hjertegribende*[1]*)* **1.** touchingly, pathetically; **2.** heartrendingly.

hjertegræs *(bot.)* quaking grass.

hjertekammer *(anat.)* ventricle (of the heart).

hjerte-kar-sygdom cardiovascular disease.

hjerteklap *(anat.)* heart valve.

hjerteknuser *sb. (en, -e)* charmer; *(om mand)* ladykiller.

hjertekule pit of the stomach, solar plexus; *(fagl.)* cardia;
□ *det rammer en i -en (fig.)* it tugs (*el.* pulls) at one's heartstrings.

hjertekval agony.

hjertelag: *han har (et godt) ~* he has a (kind) heart.

hjertelammelse paralysis of the heart.

hjertelidelse heart disease; T heart trouble.

hjertelig[1] *adj.* **1.** *(inderlig)* warm (*fx* greeting, thanks, welcome); *(stærkere)* heartfelt (*fx* my heartfelt thanks); F cordial (*fx* smile, thanks, welcome);
2. *(oprigtig)* sincere (*fx* congratulations; my sincerest thanks);
□ *de -ste hilsener (ɔ: i brev) a)* my kindest regards (*til* to); *b) (slutningsformular)* with kind regards; *en ~ latter* a hearty laugh; *~ tak!* thank you very much indeed!

hjertelig[2]**, hjerteligt** *adv. (jf. hjertelig*[1]*)* **1.** warmly; F cordially; **2.** sincerely;
□ *~ gerne* with all my heart; *le ~* laugh heartily; *takke ham ~* thank him warmly (, cordially).

hjertelighed *sb. (en)* warmth; F cordiality.

hjerteløs *adj.* heartless; *(stærkere)* callous.

hjerteløshed *sb. (en)* heartlessness; *(stærkere)* callousness.

hjertemassage cardiac massage.

hjertemenneske: *han er et ~* he is a man of feeling; he has a kind heart.

hjertemusling *(zo.)* cockle.

hjertens *adj. & adv.*: *~ gerne* with all my heart; *(svar på anmodning om tilladelse)* by all means; *~ glad* overjoyed; *~ god* tender-hearted; *af ~ grund* with all one's heart, from the bottom of one's heart; *af ~ lyst* to one's heart's content; *(eftertrykkeligt)* with a will; *sige sin ~ mening*

speak one's mind.
hjertensfryd *(bot.)* balm.
hjertenskær *sb. (en)* sweetheart.
hjertensven bosom friend.
hjerteonde heart trouble.
hjerter *sb. (en, -) (i kortspil)* **1.** *(farven)* hearts pl. (*fx* hearts are trumps);
2. *(om enkelt kort)* heart (*fx* I played my last heart);
□ *~ es (, konge, to, tre etc.)* the ace (, king, two, three, etc) of hearts.
hjerterod 1. *(plantes)* main root;
2. *(fig.)* innermost heart.
hjerterum*: hvor der er ~ er der husrum (kan gengives)* where there is room in the heart there is room in the house.
hjertesag*: det er ham en ~* he has it very much at heart.
hjerteskud main shoot (, bud).
hjerteskærende[1] *adj.* heartrending.
hjerteskærende[2] *adv.* heartrendingly;
□ *græde ~* cry fit to break your heart; F weep piteously.
hjerteslag 1. *(banken)* heartbeat;
2. *(hjertesvigt)* heart failure.
hjertesorg deep-felt grief;
□ *dø af ~* die of a broken heart.
hjertestop heart failure; *(med.)* cardiac arrest.
hjertestykke *(jernb.)* frog.
hjertestyrkning 1. *(forfriskning)* refreshment; **2.** *(opstrammer)* restorative; T pick-me-up.
hjertesuk deep sigh.
hjertesvigt heart failure.
hjertesygdom heart disease; *(med.)* cardiac disorder;
□ *hjerte- karsygdomme* cardiovascular diseases.
hjertetilfælde heart attack.
hjertetransplantation 1. *(enkelt)* heart transplant (*fx* do a heart transplant); **2.** *(det at transplantere)* transplantation of the heart.
hjertevarme *sb.* warm-heartedness.
hjerteven, **hjerteveninde** bosom friend.
hjertevindende[1] *adj.* endearing.
hjertevindende[2] *adv.* endearingly.
hjord *sb. (en, -e)* **1.** *(kvæg-)* herd;
2. *(fåre- & om menighed)* flock.
hjort *sb. (en, -e)* **1.** *(zo.)* deer (pl. -);
2. *(han over 5 år)* stag.
hjortefarm deer farm.
hjortehold deer farming.
hjortekalv fawn, young deer.
hjorteskind 1. *(med hår)* deerskin;
2. *(uden hår)* buckskin.
hjortetakker *sb.pl.* antlers.
hjortetak(s)salt ammonium carbonate.
hjortevildt deer pl.
hjul *sb. (et, -)* **1.** wheel;
2. *(tandhjul)* cogwheel;
3. *(på spore)* rowel;
4. *(under møbel)* castor;
5. *(på hjuldamper)* paddle wheel;
□ *føle sig som femte ~ til en vogn (el. tredje ~ til en gig) a)* feel odd man out; *b) (sammen med forelsket par)* play gooseberry; *kun et ~ i et stort maskineri (fig.)* just a cog in the wheel (*el.* machine); only a cog in a vast machine.
hjulafstand 1. distance between wheels; **2.** *(på bil)* wheelbase.
hjulbenet *adj.* bow-legged, bandy-legged.
hjulbør wheelbarrow.
hjuldamper paddle steamer.
hjule *vb.* roll.
hjulkapsel hub cap.
hjulmager *sb. (en, -e)* wheelwright.
hjulophængning wheel suspension.
hjulpet *pf.ptc. af hjælpe.*
hjulpisker *sb. (en, -e)* beater.
hjulspor wheel track; *(dybt)* rut.
hjælme *sb. (en, -r) (bot.)* marram grass.
hjælp *sb. (en)* **1.** help (*fx* I need some help with this); *(bistand,* F*)* assistance (*fx* your assistance was greatly appreciated; technical assistance to Albania); aid; *(til nødstedte)* relief (*fx* send relief to the victims of the earthquake);
2. *(økonomisk)* assistance, aid (*fx* aid to developing countries; financial assistance (*el.* aid)); support (*fx* financial support); *(offentlig ydelse)* benefit; *(engangs-)* grant (*fx* maternity grant);
3. *(nytte)* help, use;
4. *(hjælper i huset)* (domestic) help;
□ *hjælp!* help! *hurtig ~ er dobbelt ~ (ɔ: om økonomisk hjælp)* he gives twice who gives quickly; *(se også nød*[1]*, råbe (om), søge, yde)*; *[med præp.]* ***med*** *~* ***fra*** with the help of (*fx* he learned to read with the help of an elder brother); *kalde andre* ***til*** *~* call in (the aid of) others; *komme til ~* come to the rescue; *komme en til ~ a) (hjælpe)* come to sby's help (, assistance, aid); *b) (redde)* come to sby's rescue; *tage noget til ~* make use of sth; F have recourse to sth; *være en til ~* be of assistance to sby; *han var til stor ~* he was a great help; *han var ikke til meget ~* he was not much help; *(se også ile)*; ***ved*** *egen ~* without any help from others, on one's own; F unaided; *ved fælles ~* between them (, us, you etc.) (*fx* we managed it between us); by their (, our, your etc.) joint efforts; ***ved*** *~* ***af*** by means of; with the help (, aid) of.
hjælpe *vb. (hjalp, hjulpet)* **1.** *(med objekt)* help (*med* with, *fx* he helped me with the preparations); *(assistere, bistå,* F*)* assist (*med* with, in, *fx* she assisted me with (*el.* in) my research); *(mere omfattende: støtte)* aid (*fx* industry, developing countries); *(i nød)* relieve (*fx* relieve the victims of the earthquake);
2. *(uden objekt)* help; T lend a hand; *(gavne)* be of use, help; T do the trick (*fx* a little oil will do the trick); *(om lægemidler)* be good (*imod* for);
□ *han hjalp mig meget* he was a great help; *så sandt ~ mig Gud* so help me God; *han tror Gud (el. Herren) ~ mig at han er ekspert* he believes, so help me, that he is an expert;
[med ikke] det -r ***ikke*** it's no good (*el.* use) (*at græde* crying); *det hjalp altsammen ikke* it was no use; it was all in vain; *det har ikke hjulpet mig* it has not done me any good; F I am none the better for it;
[med vb.] hvad ***kan*** *det ~ (at prøve)* what is the good (of trying); *det* ***skal*** *fedt ~ se fed*[2]; *han* ***står ikke*** *til at ~* he is past help;
[med sig] man må ~ ***sig*** *som man kan* one must help oneself as best one can; one must manage somehow; *~* ***sig med*** make shift with, make do with;
[med præp. & adv.] -s ***ad*** help one another; do it between us (, them etc.); *(let glds.)* join hands; *~ ham frakken* ***af*** help him out of (*el.* off with) his coat; *~ en* ***af med*** *(ɔ: noget besværligt)* rid (*el.* relieve) sby of (*fx* a heavy suitcase); *~ en* ***frem*** *(i verden)* help sby to get on (in the world); *~ en* ***med at*** help sby (to) (*fx* clean the house); *det vil ~* ***med til at*** it will help to (*fx* clear up the matter); F it will contribute to (*el.* to -ing); *~ en* ***op*** help sby up; *~ en* ***over*** *gaden* help sby across the street; *~ ham over vanskelighederne* help him to get over (*el.* help him through) his difficulties; '*~* ***på*** improve (*fx* it will improve his understanding); *~ ham frakken* '***på*** help him on with his coat, help him into his coat; *~* ***på det*** *se 3 ovf.*; *~* '***til*** give (*el.* lend) a hand (*med* with, *fx* the washing up); *~ til løsningen af* help towards the solution

of; ~ *en til en stilling* help sby to get a job.
hjælpe- 1. auxiliary (*fx* motor); ancillary (*fx* equipment); **2.** *(undsætnings-, understøttelses-)* relief (*fx* expedition, fund).
hjælpeaktion relief action.
hjælpeekspedition relief expedition.
hjælpefond relief fund.
hjælpekasse relief fund.
hjælpekilde resource.
hjælpelinie *(mat.)* construction line.
hjælpelærer assistant (*el.* auxiliary) teacher.
hjælpeløs *adj.* helpless.
hjælpeløshed *sb. (en)* helplessness.
hjælpemandskab 1. emergency squad; **2.** *(ved jernbaneulykke)* breakdown gang; *(se også redningsmandskab).*
hjælpemaskine auxiliary engine.
hjælpemiddel aid (*fx* aids and appliances for handicapped persons; audio-visual aids; a dictionary is an aid in translating).
hjælpemotor auxiliary engine;
□ *cykel med* ~ motor-assisted pedal cycle.
hjælpeorganisation relief agency, relief organization.
hjælpepakke aid package.
hjælpeprogram aid programme.
hjælpepræst curate.
hjælper *sb. (en, -e)* **1.** helper; *(mere* F*)* assistant; **2.** *(i forbrydelse)* accomplice.
hjælpeskib 1. auxiliary vessel; **2.** *(forsyningsskib)* tender.
hjælpesprog auxiliary language.
hjælpetog breakdown train.
hjælpetropper *sb.pl.* auxiliary troops, auxiliaries.
hjælpeverbum *(gram.)* auxiliary verb.
hjælpevidenskab auxiliary science, ancillary science.
hjælpsom *adj.* **1.** helpful (*mod, over for* to); *(præd. også)* ready to help, willing to help; **2.** *(samarbejdsvillig)* co-operative.
hjælpsomhed *sb. (en)* helpfulness; readiness to help.
hjørne *sb. (et, -r)* corner;
□ *et skarpt ~ se skarp*; *[med præp.] når han er* ***i det*** *hjørne (ɔ: humør)* when he is in that mood; ***i*** *-t* ***af*** *værelset* in the corner of the room; *male sig* ***ind i*** *et* ~ paint oneself into a corner; *lige* ***om*** *-t (også fig.)* just round the corner; *løbe (el. rende) om -r med en* take sby in, have sby on; *han er ikke sådan at løbe om -r med* he is nobody's fool; there are no flies on him; *(se også dreje)*; *drive en* ***op i*** *et* ~ corner sby, drive sby into a corner; *male (el. fernisere) sig op i et* ~ paint oneself into a corner; ***på*** *-t* on the corner (*fx* there is a telephone box on the corner); *på -t af a)* on the corner of (*fx* the street, the block); *b) (ved -t)* at the corner of.
hjørnearrangement *(af møbler)* corner group.
hjørnebutik corner shop.
hjørneejendom corner house.
hjørneplads *(i kupé etc.)* corner seat.
hjørneskab corner cupboard.
hjørnespark corner.
hjørnesten cornerstone.
hjørnetand canine (tooth); *(i overmunden hos menneske også)* eyetooth.
hk *(fork. f. hestekraft)* hp (*fork.f.* horsepower).
hm *interj.* h'm, hem, ahem; *(tvivlende også)* humph.
H.M. *(fork.f. Hendes Majestæt, Hans Majestæt)* HM (*fork.f.* Her Majesty, His Majesty).
hob *sb. (en, -e)* **1.** crowd; *(større,* F*)* multitude; **2.** *(dynge)* heap;
□ *-en, den store* ~ the masses; F the common herd; *en ~ (ɔ: mængde) se hoben*; *alle til -e* all of them, the whole lot, one and all.
hobbyrum workroom.
hobe *vb.*: ~ *op se ophobe*; ~ *sig op* mount up, pile up; F accumulate.
hoben *sb.*: *en* ~ a lot of; lots of pl.
hockey *sb. (en)* hockey.
hockeybane hockey ground.
hockeystav hockey stick.
hof *sb. (et, -fer)* court;
□ *ved -fet* at Court; *holde* ~ hold court.
hofbal Court ball.
hofchef *(svarer til)* Lord Chamberlain.
hofdame lady-in-waiting (pl. ladies-in-waiting).
hofdigter Court poet; *(i Engl.)* Poet Laureate.
hofdragt Court dress.
hofembedsmand Court official, Court functionary.
hofetat Royal Household.
hoffarve *sb. (yndlingsfarve)* favourite colour.
hoffmannsdråber *sb.pl.* compound spirit of ether.
hoffolk *sb.pl.* courtiers.
hoffourer *se fourer 2.*
hoffæhig *adj.* presentable (at Court).
hoffærdig *adj.* haughty.
hofholdning Royal Household.
hofkreds: *i -e* in Court circles.
hofleverandør purveyor to His (, Her) Majesty (*el.* to the Court); *(udtrykkes oftest:)* by Appointment to HM the King (, Queen).
hofmand courtier.
hofmarskal *(svarer til)* Lord Chamberlain.
hofnar court jester.
hof- og statskalender [official yearbook]; *(svarer nærmest til den uofficielle)* Whitaker's Almanack.
hofpræst Court chaplain.
hofreporter court correspondent.
hofsorg Court mourning.
hofstat Royal Household.
hofte *sb. (en, -r)* hip;
□ *få en ny* ~ have a hip replacement; *(se også skyde (fra)).*
hofteater Court theatre.
hofteben hip bone.
hofteholder suspender belt.
hofteled *sb. (et, -)* hip joint.
hofteoperation *(ɔ: for ny hofte)* hip replacement operation.
hoftesele lap belt.
hofteskål hip socket.
hokuspokus *sb. (en el. et)* **1.** *(tryllekunstners frase)* hey presto! **2.** *(snyderi, fup)* hocus-pocus; **3.** *(lumskeri)* funny business.
hold[1] *sb. (et, -)* **1.** *(sportshold)* team (*fx* a football (, athletics) team); *(i sportskamp, leg også)* side (*fx* choose sides; the winning side); **2.** *(personer som foretager sig noget sammen)* group; *(mindre)* party (*fx* a group (, party) of schoolchildren (, tourists); a search (, rescue) party); *(samarbejdende)* team (*fx* of doctors, of researchers);
3. *(arbejdere: sjak)* gang; *(af teknikere etc.)* crew (*fx* a TV camera manned by a crew of two men; a repair crew); *(nyt ~, afløsningshold)* relay; *(skiftehold)* shift (*fx* the day (, night) shift);
4. *(ved spisning)* relay; *(servering)* sitting;
5. *(undervisningshold)* class (*fx* she has two classes in English); *(del af klasse)* group (*fx* divide the class into groups); *(ved niveaudeling)* set (*fx* she is in the top set for mathematics);
6. *(i spørgekonkurrence: et af flere)* team; *(enkelt: som besvarer spørgsmål)* panel;
□ *arbejde* ***i*** ~ *a)* work in groups (, teams); *b) (skiftevis)* work in (*el.* by) relays (*fx* they worked in relays to clear the road); *c) (om skiftehold)* work in shifts; *skylle det i tre ~ vand* rinse it in three changes of water; *spise i* ~ eat in relays;

være **med på** *-et a)= være på -et; b) (fig.: deltage)* join in (*fx* we can all join in); be in on the plan (etc.); *være* **på** *-et (i sport)* be in (*el.* on) the team.

hold[2] *sb. (et)* **1.** *(tag, herredømme)* hold (*i* of); grasp (*i* of);
2. *(fasthed, konsekvens)* substance (*fx* there is no substance in the proposal); *(se også ndf.: ~ i)*;
3. *(kant, side)* quarter (*fx* don't expect anything from that quarter; I heard from another quarter that ...); quarters pl. (*fx* from official (, scientific) quarters);
4. *(muskelømhed)* pain (*i* in);
□ **få** *(, have)* ~ *på se styr, greb*[2]; **fra** *det ~, se 3 ovf.*; *der er* **ikke** ~ **i** *hans påstand* his assertion is untenable; T his assertion will not hold water; *der er ikke noget ~ i ham* he has no backbone; T he has no guts; *der er ikke ~ i rygtet* the rumour is without foundation; ~ **i nakken** a crick in the neck; ~ **i ryggen** a pain in the back; ~ **over lænden** a pain in the back; lumbago; **på** *nært ~ a)* close to (*fx* close to, he looks old); at close quarters (*af* with); *b) (om skud)* at close range; *på nærmere ~* more closely.

holdbar *adj.* **1.** *(om påstand)* tenable (*fx* theory); valid (*fx* argument);
2. *(solid)* durable (*fx* material);
3. *(om farve)* fast;
4. *(som ikke let fordærves)* non-perishable; *(kun efter sb.)* that will keep;
□ *ikke ~ se uholdbar.*

holdbarhed *sb. (en) (jf. holdbar)*
1. validity; **2.** durability; life (*fx* of a carpet, of a washing machine); **3.** fastness; **4.** keeping qualities pl.; *(om fødevarer i butik)* shelf life (*fx* of vegetables).

holde *vb. (holdt, holdt)* **1.** *(~ fast, bære, ~ i sin hånd; afholde)* hold (*fx* a child in one's arms, a book in one's hand; a fortress; an auction, an election, a meeting; hold this for me);
2. *(beholde, bevare, opretholde, lade forblive; have i sin tjeneste el. til sit brug)* keep (*fx* keep him informed; keep a seat for sby; keep him warm (, awake); keep discipline (, order); keep one's balance; keep servants (, two cars, bees, a dog));
3. *(~ ved lige)* keep in repair, keep up (*fx* the house is too expensive to keep up); keep (*fx* he keeps the garden beautifully); *(en tone)* hold; F sustain;
4. *(overholde, fejre; respektere)* keep (*fx* Christmas; a promise, the law); celebrate (*fx* one's birthday); F observe (*fx* two minutes' silence; the Sabbath);
5. *(vædde)* bet;
6. *(abonnere på: gennem posten)* subscribe to (*fx* a newspaper, a magazine); *(bragt med bud)* take (*fx* we take two newspapers);
7. *(måle)* measure; *(rumme)* hold, contain;
8. *(antage, anse)* hold, consider; *(uden objekt)*;
9. *(ikke briste)* hold (*fx* I hope the rope holds);
10. *(vare, holde ud; ikke blive slidt op)* last (*fx* the new teacher (, the coffee you bought) lasted only a week; the shoes lasted for a year; it will last my time); *(ikke blive slidt op også)* wear (*fx* this coat will wear for years); *(om aftale etc.)* hold (*fx* the ceasefire appears to be holding);
11. *(ikke gå i stykker; blive troet)* stand up (well) (*fx* my car has stood up well for 8 years; your story (, the evidence, your theory) will not stand up);
12. *(holde stik, om argument etc.)* hold water (*fx* his explanation (, argument) does not hold water); hold good (*fx* the rule does not hold good in every case); hold (*fx* the argument does not hold; the prediction will not hold);
13. *(om køretøj: standse)* stop (*fx* the train stopped at the station; the bus stops at the town hall); *(blive -nde)* stand, wait (*fx* the car was standing (*el.* waiting) at the door; the train stood (*el.* waited) for an hour outside the station); *(være parkeret)* be parked (*fx* a car was parked in front of the house);
14. *(styre i en vis retning)* keep (*fx* to the right); bear (*fx* bear right here); *(sø.)* bear, stand (*fx* the ship bore down on us);
15. *(sigte)* aim (*fx* aim a little to the right);
□ *et -nde tog* a stationary train; *[med adj.] ~ fast, se ndf.*; *~ fri se fri*[1]; *~ lukket (, åbent) a)* be closed (, open) (*fx* on Sundays); *b) (fortsat)* stay closed (, open) (*fx* till 9 o'clock); *~ døren lukket (, åben)* keep the door shut (, open); *~ stille* stand, wait; *(se også 13 ovf.)*; *~ tæt se tæt*;
[med sb.] ~ bil run a car; *~ fest (el. gilde)* have a party; T throw a party; *~ en fæstning* hold a fortress; *~ tale* make (*el.* give) a speech; *(se også tale*[1]*)*; *~ en tone* hold a note; *spanden kan ikke ~ vand* the bucket will not hold water; *~ vejret* hold one's breath; *jeg håber vejret vil ~* I hope the weather will last (*el.* keep fine *el.* hold); *(se også fane, ferie, foredrag, forelæsning, fødselsdag, hus, løfte*[1]*, maske*[2]*, mund, måde, ord, prædiken, selskab, seng, skanse, vagt, øje (etc.))*;
[med præp. & adv.] ~ **af** *a)* be fond of (*fx* children, music); *(svagere)* like; *(se også mere, mest)*; *b) (sø.: bøje af)* stand off, bear away; *~* **af at** be fond of -ing; like to (*el.* -ing);
~ en hest **an** pull up a horse;
~ **fast** hold on (*i* to); *~ dig godt fast! a)* hold on tight! *b) (som indledning til noget overraskende)* wait for it! hold on to your hat! *~ ham* **fast på** keep (*el.* hold) him to (*fx* his promise); pin him down to (*fx* his promise, an exact date);
~ **fast ved** *a)* hold on to (*fx* her hand); *b) (fig.: ikke opgive)* stick to (*fx* one's principles); F adhere to (*fx* the original plan, one's principles);
han må altid ~ **'for** he is always at the receiving end; they (etc.) always pick on him; *nu må du ~ 'for* it is your turn now; *~ det* **for 'sig** keep it separate; *~ det* **for sig selv** keep it to oneself; *~ hånden for munden, se ndf.: ~ sig for*;
han kunne ikke ~ fingrene (, øjnene) **fra** *det* he could not keep his hands (, eyes) off it; *~ fra døren (, livet) se dør, liv*;
~ noget **frem** hold sth out (*fx* he held out his book; hold out a baby);
~ en **hen** put sby off, stall sby (off); *~ en* **hen med** *snak* put sby off with (a lot of) talk;
~ fanen (, hovedet) **højt** *se fane, hoved*;
det holdt **hårdt** it was hard work;
~ **i** hold on to (*fx* the rope); *~ en i hånden* hold sby's hand; *holdt i forsigtige vendinger* phrased in cautious language; F couched in cautious language; *brevet (, erklæringen) var holdt i vage vendinger* F the letter (, statement) was couched in vague terms;
~ **igen** *a)* act as a check (*fx* on their enthusiasm); *b) (økonomisk)* cut down on expenses (*fx* we have spent too much money so we'll have to cut down on expenses); rein in on spending (*fx* consumers are reining in on spending); *~* **igen med** *lønkrav* show restraint with one's wage

demands; ~ ***igen på*** *a) (person)* hold back (*fx* she tried to hold him back); F restrain; *b) (priser etc.)* hold down (*fx* prices); put the brake on (*fx* public expenditure); F curb;
'~ ***inde*** *(ɔ: inden døre etc.)* keep in (*fx* keep the children in); ~ '***inde*** *(standse)* stop; F cease; *(i tale)* stop (short); ~ '***inde med*** stop; F cease; *(se også skydning)*;
~ ***med*** *(tage parti for)* side with; ~ *en med tøj* keep sby in clothing; ~ *en med selskab* keep sby company;
~ ***nede*** keep down (*fx* expenditure, one's weight); ~ *en nede* keep sby down (*el.* under); T sit on sby;
~ ***om*** *en* hold (one's arms round) sby; ~ *om noget* hold on to sth; *(fast)* grasp sth (*fx* a rope);
~ ***op*** *a) (løfte el. ved røveri)* hold up (*fx* hold up one's hand; he was held up by a robber); *b) (standse)* stop, leave off (*fx* the rain had left off); F cease; *hold da helt op!* T get away! well, I'll be damned! ~ *så op (med det)!* stop it! leave off, will you! lay off! pack it in! knock it off! ~ ***op med at*** stop -ing (*fx* smoking); leave off -ing; F cease -ing; T quit -ing (*fx* quit smoking; quit teasing her!);
~ ***oppe*** keep up;
~ ***på*** *a) (opholde)* keep back (*fx* they tried to keep him back); F detain (*fx* I won't detain you any longer); *b) (~ fast på, beholde)* hold on to (*fx* one's hat; it would be wise to hold on to him, he is efficient); *c) (insistere på)* insist on (*fx* he insisted on his demand); *d) (i væddemål)* back (*fx* the wrong horse); bet on; put (*fx* five pounds) on (*fx* a horse); *e) (regne for den bedste)* T put one's money on (*fx* I put my money on John (, on your plan)); ~ *på en hemmelighed* keep a secret; ~ *det på et minimum* keep it to a minimum; *jeg holdt på mit* I stuck to my point; T I stuck to my guns; *(se også form², skilling, varme²)*;
~ ***på at*** *a) (hævde)* maintain that (*fx* he is the best man for the job); *(stærkere,)* insist that; *b) (synes)* think that (*fx* I think (that) we should go home now); *(være stemt for at)* be in favour of -ing (*fx* of our starting early); *jeg -r på at vi skal gå hjem (også)* in my view we should be going home now;
~ ***sammen*** *a) (støtte hinanden)* keep (, stick) together; *b) (ikke deles el. splittes)* hold together (*fx* the party held together; the parcel was held together by a piece of string); ~ ***sammen på*** *a) (~ samlet)* keep together (*fx* we must try to keep them together); *b) (~ rede på)* keep track of (*fx* what he said);
~ '***til*** *a) (~ lukket)* keep (*fx* the window) shut; *b) (bo)* live; *(for kortere tid)* stay; *c) (komme tit)* hang out (*fx* at a pub);
'~ ***til*** *(modstå, fx pres, slid)* stand up to (*fx* pressure, torture, wear and tear); *jeg kan ikke ~ til mere* can't stand (*el.* take) any more; ~ *en til arbejdet* keep sby at his work; *(se også højre²)*;
~ ***tilbage*** *a) (ikke køre frem)* give way; *b) (beherske)* hold (*el.* choke) back (*fx* she could barely choke back her tears (, rage)); ~ *en tilbage* keep sby back, hold sby back; F restrain sby (*fra at* from -ing); *(se også tilbageholde)*; ~ ***tilbage for*** give way to;
~ ***ud*** *a)* hold on, hold out (*fx* can you hold out till we come?); *b) (tåle)* endure (*fx* the pain, suffering, hardships; it was more than I could endure); *(kun med "kunne" el. spørgende)* stand (*fx* I can stand any degree of heat; how do you stand working such long hours?); *jeg* ***kan ikke*** *~ ham (, det)* ***ud*** I cannot stand (*el.* bear, endure) him (, it); T I can't stick him (, it); *jeg kan ikke ~ ud at* I cannot stand (, stick) -ing (*fx* seeing him); I cannot bear (*el.* endure) to (*el.* -ing); ***ikke til at*** *~ ud* unbearable; T a pain in the neck; *(se også uudholdelig)*;
~ ***ude*** keep out; ~ ***ude fra*** *hinanden a) (~ adskilt)* keep apart (*fx* we must keep the two things apart); keep separated from; *b) (skelne fra hinanden)* tell apart (*fx* I can't tell the two brothers apart);
~ *en* ***udenfor*** leave sby out;
~ *en (, noget)* ***under*** *observation* keep sby (, sth) under observation;
'~ ***ved*** *a) (~ fast på)* hold on to (*fx* his arm); *b) (standse ved)* stop at (*fx* the station);
[med sig] ~ ***sig*** *a) (ikke fordærves)* keep (*fx* these apples won't keep); *b) (vedvare)* hold, last (*fx* the weather held; the present price level won't last); persist (*fx* the smell persisted); *(men blive svagere)* linger (*fx* the smell of her perfume lingered in the room); *c) (forblive, opholde sig)* stay, keep (*fx* indoors); *d) (bare sig)* contain oneself (*fx* he had to tell her, he was unable to contain himself); *e) (når man skal tisse etc.)* wait (*fx* you must wait; I can't wait any longer); *jeg kan ~ mig!* (T: *jeg skal ikke nyde noget)* not for me! *mange skikke har holdt sig* many customs have survived;
~ ***sig fast*** hold on; ~ *sig fast i (el. ved)* hold on to;
~ ***sig for*** *munden (, øjnene)* hold one's hand before one's mouth (, eyes); ~ *sig for næsen* hold one's nose; ~ *sig for sig selv* keep (oneself) to oneself; ~ *sig for ørerne* stop one's ears; ~ ***sig for god*** *til se god*;
~ ***sig fra*** *a)* keep away from (*fx* that place, those boys); fight shy of (*fx* computers); *b) (om mad, drikke etc.)* keep off (*fx* alcohol, drugs);
hun -r ***sig godt*** she does not look her age; she wears well;
~ ***sig i*** *ro (, øvelse) se ro¹, øvelse*;
~ ***sig inde*** keep (*el.* stay) indoors;
~ ***sig inden for*** keep within (*fx* certain limits; the budget);
~ ***sig med*** *kost se kost¹*;
~ ***sig oppe*** *a) (vågen)* keep up, stay up; *b) (oven vande)* keep afloat;
~ ***sig parat*** *se parat*;
hun kunne næsten ikke ~ ***sig på*** *benene* she could hardly keep (*el.* stay) on her feet;
'~ ***sig til*** *a)* keep to; *(mere* T*)* stick to (*fx* the route, the text, what you know); *b) (overholde, adlyde)* keep to, stick to (*fx* the rules, the agreement, the guidelines); F act according to, act in accordance with (*fx* one's instructions); *(nøje,* F*)* abide by (*fx* one's instructions, the law, the rules, the agreement); *c) (regne med)* look to (*fx* I look to you for help); *d) (begrænse sig til)* confine oneself to (*fx* essentials);
~ *sig til sagen* keep (, stick) to the point; *nu ved jeg hvad jeg har at ~ mig til* now I know where I stand;
~ ***sig*** '***til*** stick around;
~ ***sig tilbage*** hang back, hold back;
~ ***sig selv ud*** live with oneself (*fx* will he be able to live with himself after that?);
~ ***sig udenfor*** *se udenfor.*

holdebane lay-by.

holden[1] *sb. (en)* **1.** keeping; **2.** *(standsning)* stopping; □ *stædig ~ fast ved* insistence on; *(se også loven).*

holden[2] *adj. (velhavende)*

well-to-do; prosperous;
□ *helt og -t* entirely, altogether.
holdeplads **1.** *(for bus etc.)* stop; **2.** *(for taxier)* taxi rank; **3.** *(jernb.: trinbræt)* halt; *(am.)* way station.
holdepunkt *(grundlag)* basis (pl. bases) (*fx* for an assertion);
□ *politiet har intet ~ i sagen* the police have no clue (*el.* nothing to go on); *fast ~ i tilværelsen* fixed point in one's life.
holder *sb. (en, -e)* **1.** *(abonnent)* subscriber;
2. *(til blyant etc.)* holder, clip;
3. *(dispenser)* dispenser.
holdingselskab *(hdl.)* holding company.
holdkammerat *(i sport)* teammate.
holdning *sb. (en, -er)* **1.** *(legemsstilling)* posture (*fx* a defect of posture; good (, correct) posture is important); carriage (*fx* good carriage is important; she has a slack (, a graceful, an erect) carriage);
2. *(~ + optræden)* bearing (*fx* a military (, regal) bearing);
3. *(optræden)* conduct (*fx* his passive conduct);
4. *(indstilling)* attitude (*over for* towards, to, *fx* his attitude to politics (, to(wards) life); take up a threatening attitude; he took the attitude that it would be better to wait);
5. *(standpunkt)* position (*til* on, *fx* the British position on disarmament); F stance (*fx* adopt a more conciliatory (, a strong anti-American) stance);
6. *(fasthed, karakter)* backbone (*fx* he has no backbone); firmness;
7. *(naturlig ligevægt)* poise;
□ *indtage en ~ til a) (4, også)* adopt an attitude to; *b) (5, også)* take a stand on.
holdningsdannelse *(omtr.)* opinion formation.
holdningsdannende *adj. (omtr.)* opinion-forming.
holdningsløs *adj.* spineless; T flabby.
holdningsløshed *sb. (en)* spinelessness; T flabbiness.
holdningsmæssig *adj.* attitudinal.
holdningsændring change of (*el.* in) attitude.
holdop *sb. (et, -)* holdup.
holdopstilling *(måde et hold er sammensat på)* line-up.
holdt[1] *sb. (et): gøre ~* halt, come to a halt.
holdt[2] *interj.* halt!
holdvis *adv.* in parties (, gangs etc.); *(se hold*[1]*).*
hole *vb.* lift; help oneself to;
□ *der er ikke noget at ~* there is nothing to be had.
Holger Danske *(myt.)* Ogier the Dane.
holisme *sb. (en)* holism.
holistisk[1] *adj.* holistic.
holistisk[2] *adv.* holistically.
Holland *(geogr.)* Holland; the Netherlands pl.
hollandsk *sb. (et) & adj.* Dutch;
□ *på ~* in Dutch.
hollænder *sb. (en, -e)* Dutchman; *(om kvinde)* Dutchwoman;
□ *-ne (generelt = nationen, holdet)* the Dutch; *fem -e* five Dutchmen (, Dutchwomen); *-e (også)* Dutch people; *hun er ~* she is Dutch.
hollænderinde *sb. (en, -r)* Dutchwoman.
holm *sb. (en, -e)* islet.
holmgang **1.** *(hist.)* single combat; **2.** *(fig.)* battle royal.
holografi *sb. (en)* holography.
hologram *sb. (et, -mer)* hologram.
Holsten *(geogr.)* Holstein.
holstener *sb. (en, -e)* Holsteiner.
holstensk *adj. (attr.)* Holstein.
Homer Homer.
homerisk *adj.* Homeric.
homofil *adj. & sb.* homophile.
homofobi *sb. (en)* homophobia.
homofobisk *adj.* homophobic.
homogen *adj.* homogeneous.
homogenisere *vb.* homogenize.
homolog *adj.* homologous.
homonym[1] *sb. (et, -er)* homonym.
homonym[2] *adj.* homonymous.
homoseksualitet *sb. (en)* homosexuality; T gayness.
homoseksuel *adj. & sb.* homosexual; T gay.
homøopat *sb. (en, -er)* homoeopath.
homøopati *sb. (en)* homoeopathy.
homøopatisk[1] *adj.* homoeopathic.
homøopatisk[2] *adv.* homoeopathically.
honduraner *sb. (en, -e),* **honduransk** *adj.* Honduran.
Hongkong *(geogr.)* Hong Kong.
hongkonger *sb. (en, -e)* Hong Konger.
honnet *adj.* respectable, honourable;
□ *~ ambition* social ambition; social aspirations pl.
honning *sb. (en)* honey.
honningbi *(zo.)* honey bee.
honningkage honeycake; *(svarer til)* gingerbread.
honningmelon honeydew melon.
honningsød *adj.* honey-sweet.
honnør *sb. (en, -er)* **1.** *(mil.: hilsen)* salute; **2.** *(æresbevisning & i kortspil)* honour (*fx* he was buried with full military honours);
□ *gøre ~ (for)* salute (*fx* salute a superior).
honorar *sb. (et, -er)* **1.** fee (*fx* a doctor's fee; my fee for doing this is £50); *(fastsat af giveren)* honorarium (pl. -s, honoraria) (*fx* we can offer you a honorarium (*el.* fee) of £25);
2. *(forfatter-, procentvis af salget)* royalty.
honoratiores *sb.pl.* notabilities.
honorere *vb.* **1.** *(betale; lønne)* pay; **2.** *(opfylde)* fulfil (*fx* a promise, a requirement); **3.** *(hdl.: om veksel)* honour, protect;
□ *ikke ~ (jf. 3)* dishonour; *~ kravene (også)* satisfy the demands.
honorær *adj.* honorary.
hop *sb. (et, -)* jump; *(større)* leap; *(lille, let)* skip; *(på ét ben)* hop.
hopbakke ski jump.
hopla *sb.: være i ~* be in fine fettle.
hoppe[1] *sb. (en, -r) (zo.)* mare.
hoppe[2] *vb.* **1.** *(om enkelt spring)* jump; *(større)* leap (*fx* jump (, leap) into the water (, out of the window)); (T: *især op på køretøj)* hop (*fx* on a bus, on a plane; out of bed; hop into my car and I'll drive you there);
2. *(~ op og ned)* bounce (*fx* the child bounced on the bed (, trampoline));
3. *(~ af sted, let og dansende)* skip (*fx* the little girl skipped along; the lambs skipped about in the field);
4. *(~ af sted på et ben el. om fugle etc.)* hop (*fx* he hurt his leg and had to hop along; the bird (, the frog, the hare) hopped across the path);
5. *(om bold etc.: springe tilbage el. op)* bounce;
□ *~ og springe for en* wait on sby hand and foot; F dance attendance on sby; *du kan rende og ~ se rende*[2];
[med præp. & adv.] ~ ***af*** *a)* jump off; *b) (om politisk flygtning)* defect; *~* ***med på*** go along with (*fx* every new trend); *~ (med) på vognen se vogn*; *~* ***op og ned*** bounce (*fx* on the bed); *~* ***over*** *a)* jump (, leap, hop) (over) (*fx* he jumped (etc.) (over) the fence); *b) (fig.: springe over)* skip; *~* ***på*** *a) (på et køretøj etc.)* jump on, hop on (*fx* a bus, a plane); *b) (tro)* swallow (*fx* don't swallow everything that is told you); *den -r jeg ikke på* that won't go down with me; I don't buy that one; *~ på et ben* hop.
hoppebold space hopper.
hoppeføl filly.

hoppegynge baby bouncer.
hor *sb. (et)* **1.** lechery; *(vulg.)* whoring; F fornication; **2.** *(ægteskabsbrud)* adultery;
□ *du skal ikke bedrive ~ (bibelsk)* thou shalt not commit adultery.
Horats *(hist.)* Horace.
horde *sb. (en, -r)* horde.
hore *vb.* **1.** *(bolle)* screw; **2.** *(om umoralsk livsførelse)* fornicate; *(vulg.)* whore.
horebuk lecher.
horeunge 1. bastard; **2.** *(typ.)* widow (line).
horisont *sb. (en, -er)* horizon;
□ *i -en* on the horizon; *det ligger over min ~* it is beyond me; *med en snæver ~ (fig.)* narrow-minded; *en vid ~ a)* a distant horizon; *b) (fig.)* a wide intellectual horizon; *(se også dukke[2] (op)).*
horisontal *adj.* horizontal.
hormon *sb. (et, -er)* hormone.
hormonal *adj.* hormonal.
hormonbehandling hormone therapy; *(for kvinder efter klimakteriet)* hormone replacement therapy *(fork.* HRT*).*
horn *sb. (et, -)* **1.** *(på dyr, om stof, om bilhorn & musikinstrument)* horn; **2.** *(mil.: signalhorn)* bugle; **3.** *(af brød)* crescent (roll);
□ *bruge -et (om bilist)* sound one's horn; *have et ~ i siden på en* have a grudge against sby; have one's knife in sby; T have a down on sby; *løbe -ene af sig* sow one's wild oats; *(se også tyr).*
hornagtig *adj.* horny; *(fagl.)* corneous.
hornblende *sb. (en) (mineral)* hornblende.
hornblæser *(mil.)* bugler.
hornbriller *sb.pl.* horn-rimmed spectacles.
hornet *adj.* **1.** horned; **2.** *(hornagtig)* horny.
hornfisk *(zo.)* garfish.
hornformet *adj.* horn-shaped; F cornuted.
hornhinde *(anat.)* cornea.
hornhindebetændelse *(med.)* keratitis.
hornhindeløsning detached retina.
hornhindetransplantation corneal graft.
hornkvæg (horned) cattle.
hornmusik brass band music.
hornorkester brass band.
hornsignal bugle call.
hornugle *(zo.)* horned owl; *stor ~* eagle owl.
horoskop *sb. (et, -er)* horoscope;
□ *stille ens ~* work out *(el.* cast) sby's horoscope.
horribel *adj.* **1.** horrible; **2.** *(absurd)* absurd, preposterous.
hortensia, hortensie *sb. (en, hortensier) (bot.)* hydrangea.
hortonom *sb. (en, -er)* horticultural graduate; B.Sc., horticulture.
hos *præp.* **1.** with (*fx* I am staying with friends; have influence with the manager; it is a habit with me);
2. *(i ens hus, i en forretning)* at *(+ genitiv)* (*fx* I lived at my uncle's; I saw it at the bookseller's); *(efter købe, få etc., også)* from (*fx* the book is obtainable from all booksellers);
3. *(i ens nærhed)* by (*fx* come and sit by me; he kept her by him); with (*fx* sit up with her);
4. *(på sin person)* on, about (*fx* I had no money on *(el.* about) me);
5. *(blandt ens egenskaber)* in (*fx* a valuable quality in an editor);
6. *(i ens skrifter)* in (*fx* I found that word in Shakespeare);
□ *~ denne digter er der mange sjældne ord* in this poet's works there are many rare words; *som det hedder (el. der står) ~ Holberg* as Holberg has it; *det er skik ~ skotterne* it is a custom among the Scots; *(se også ansætte, besøg, bo[2], ligge, tjene, våge[2] (etc.)).*
hose *sb. (en, -r): gøre sine -r grønne hos en a)* make up to sby; *b) (gøre kur til)* court sby; *så let som fod i ~* as easy as falling off a log.
hosebåndsordenen (the Order of) the Garter.
hosebåndsridder Knight of the Garter.
hosesokker *sb.pl.: på ~* in one's stockinged feet.
hosianna *interj.* hosanna.
hosliggende *adj. (mat.)* adjacent, contiguous.
hospital *sb. (et, -er)* hospital (*fx* she went to the hospital to see her husband; he was sent to hospital);
□ *komme på -et* be taken *(el.* go) to hospital; *ligge på -et* be in hospital.
hospitalisere *vb.* hospitalize.
hospitalsarbejder hospital worker.
hospitalsindlæggelse hospital admission.
hospitalsinfektion *(svarer til)* hospital staphylococci pl.
hospitalslaborant hospital laboratory technician.
hospitalsophold stay *(el.* spell) in hospital.
hospitalsseng hospital bed.
hospitalsskib hospital ship.
hospitalssprit surgical spirit.
hospitalsstue ward.
hospitalsvæsen hospital service.
hospitere *vb.* be a visiting student.
host *sb. (et, -)* cough.
hoste[1] *sb. (en)* **1.** cough; **2.** *(det at ~)* coughing.
hoste[2] *vb. (også om bil)* cough;
□ *~ op med* T cough up (*fx* £50).
hosteanfald fit of coughing.
hostemikstur cough mixture.
hosten *sb. (en) se hoste[1].*
hostepastil cough sweet, cough lozenge.
hostesaft cough mixture; cough syrup.
hostie *sb. (en, -r) (rel.)* host.
hotdog *sb. (en, -s)* hot dog.
hotel *sb. (et, -ler)* hotel;
□ *Hotel Victoria* the Victoria (Hotel); *~ garni* private hotel; *bo på et ~ a)* stay at a hotel; T stop at a hotel; *b) (fast)* live at a hotel; *(se også tage (ind)).*
hotelbedrager hotel crook.
hoteldirektør hotel manager.
hotelejer hotel proprietor.
hotelkarl porter.
hotelkæde hotel chain.
hotelpension guest house.
hotelplatform *(fx i Nordsøen)* accommodation rig *(el.* platform).
hotelrotte hotel thief, sneak thief.
hotelskib floating hotel; *(am.)* floatel.
hotelværelse hotel room.
hotelvært hotel keeper.
hottentot *sb. (en, -ter)* Hottentot.
housecoat *sb. (en, -er el. -s)* housecoat.
hov[1] *sb. (en, -e) (zo.)* hoof (pl. -s, hooves).
hov[2] *interj.* hey!
□ *~ ~!* now now! come, come! *~ De der!* hey you!
hovdyr hoofed mammal; *(zo.)* ungulate.
hove *sb.: ved ~* at Court.
hoved *sb. (et, -er)* **1.** head; **2.** *(overhoved)* head; **3.** *(pibehoved)* bowl; **4.** *(avishoved)* masthead; **5.** *(brevhoved)* letterhead;
□ *der er hverken ~ eller hale på historien* the story is a complete mix-up;
[med vb.] ***bøje** -et* bend *(el.* bow) one's head; *jeg kan hverken **finde** ~ **eller hale** på det* I cannot make head or tail of it; ***have** ~ **på** (ɔ: tømmermænd)* have a thick head; ***have** ~ **til*** have a head for; ***holde** -et **højt*** hold one's head high; ***holde** -et **klart** (el. koldt)* keep one's head; T keep one's cool; ***stikke** -et **frem** a) (om noget ubehageligt)* raise *(el.* rear) it ugly head (*fx* Nazism reared its ugly head); *b) (vove pelsen)* stick one's

neck out; *de **stak** -erne **sammen*** they were plotting ; they were up to something; *(se også blød[1] (i blød), bryde[1], fordreje, følge[3], hælde[1], lægge (sammen), rejse[3], søm[1], tabe (etc.));*
*[med adj.] han er et **godt** ~* he has got brains; he is a bright chap; *et ~ **højere*** taller by a head; *et **lyst** ~, se ovf.: et godt ~; et **uroligt** ~* a hothead; *urolige -er* turbulent elements; troublemakers; *et **vittigt** ~* a wit;
*[med (vb. +) præp. & adv.] slå det (ud) **af** -et* put it out of one's head; F dismiss it from one's mind;
*hvis det gik **efter** mit ~* if I had my way; *det er ikke efter mit ~* it is not to my taste (*el.* liking);
*kort **for** -et se kort[2];*
*det går **hen over** -et på dem* it goes (*el.* is) over their heads;
*han fik en bold **i** -et* he was hit on the head by a ball; *jeg fik det i -et igen* he (, they etc.) threw it back at me; *putte i -et (ɔ: spise)* tuck in; *blive slået i -et* be hit over the head; *(se også ndf.: slå oven i -et)*; *sætte sig noget i -et* get something into one's head; *tælle det sammen i -et* add it up in one's head;
*passe en **i ~ og røv*** wet-nurse sby; *blå (, gal, ondt, rigtig, rød, tung) i -et se blå, gal, ond (har ondt i), rigtig, rød, tung; (se også flue, grille[1], hul[1], omløb)*;
*jeg kan ikke få **ind i** mit ~ at* I can't get it into my head that; *han kunne ikke få ind i sit tykke ~ at* he couldn't get it through his thick skull (*el.* head) that;
*hænge **med** -et se hænge[1]*;
*presse (el. trække el. tvinge) noget **ned over** -et på en (fig.: påtvinge)* force sth on sby; push (*el.* ram *el.* force *el.* drive) sth down sby's throat;
*slå en **oven i** -et* hit sby over the head (*fx* you won't make them intested in literature by hitting them over the head with Shakespeare and Milton);
*se en **over** -et* look down on sby; *huset var ved at falde ned **over** -et **på** os* the house was almost falling (down) about our ears;
*falde **på -et*** fall head first (*el.* headlong) (*fx* down the stairs); T take a header; *springe ud på -et* dive (*el.* jump) head first, take a headlong dive; T take a header;
stille** noget **på -et turn sth upside down; *(også fig.)* stand sth on its head; *stille tingene på -et (ɔ: argumentere bagvendt)* argue backwards; ***stå på -et** a)* stand on one's head; *b) (om ting)* be upside down; *stå på -et for at hjælpe en (fig.)* lean (*el.* bend) over backwards to help sby; T stand on one's head (*el.* fall over oneself) trying to help sby; *springe (el. kaste sig el. styrte) **på -et ud i*** plunge (*el.* rush) headlong into (*fx* political activitities; the job); *springe (etc.) på -et ud i det (fig.)* take the plunge; jump in at the deep end; *smide ham på -et ud i det (fig.)* throw him in at the deep end;
*blodet steg ham **til** -et* the blood mounted to his head; *(pludseligt)* the blood rushed to his head; *medgangen gik (el. steg) ham til -et* his success turned (*el.* went to) his head; *vin som stiger til -et* heady wine.

hoved- *(vigtigste)* chief; F principal; *(om ting også)* main.
hovedafsnit main section.
hovedaftale general agreement.
hovedagent chief agent.
hovedanfører **1.** chief; **2.** *(af oprør etc.)* ringleader.
hovedanklage principal charge.
hovedanklaget *adj.: den hovedanklagede* the principal defendant.
hovedarbejdet *(det vigtigste)* the principal part of the work.
hovedarving principal heir.
hovedbanegård central (*el.* main) station.
hovedbegivenhed chief (*el.* main) event.
hovedbeklædning headgear; □ *uden ~* bare-headed.
hovedbestanddel main ingredient; main constituent; *(jf. bestanddel).*
hovedbestyrelse executive committee.
hovedbog ledger.
hovedbogholder chief accountant.
hovedbrandstation fire brigade headquarters pl.
hovedbrud *sb. (et)* trouble; □ *volde en ~* puzzle sby; give sby plenty to think about.
hovedbund scalp.
hovedbygning main building.
hovedbøjning **1.** *(gymn)* head bending; **2.** *(hilsen)* bow; *(nik)* nod; F inclination of the head.
hoveddør front door; main entrance.
hovedfag principal subject; □ *hun har engelsk til ~* English is her principal subject; she majors in English.
hovedfeltet *(i cykelløb)* the pack.
hovedfløj main (*el.* central) part of a building.
hovedform **1.** principal form; **2.** *(hovedets form)* shape of the head.
hovedformål chief aim, chief purpose.
hovedforretning headquarters pl.
hovedforskel principal difference.
hovedfærdselsåre main thoroughfare.
hovedgade main street.
hovedgasledning gas main.
hovedgærde head (of the bed), bedhead.
hovedgård manor.
hovedhjørnesten cornerstone.
hovedhud scalp.
hovedindgang main entrance.
hovedindhold **1.** principal contents pl.; **2.** *(resumé)* summary.
hovedindtægt **1.** chief income; **2.** *(stats)* chief revenue.
hovedinteresse principal interest.
hovedjæger *(også fig.)* headhunter.
hovedkarakter *(i skole)* average mark; *(am.)* grade point average.
hovedkasserer head cashier.
hovedkontor head office.
hovedkraft *(ved teater)* leading man (, lady).
hovedkulds[1] *adj.* headlong (*fx* retreat, flight, decision).
hovedkulds[2] *adv.* head-first, headlong (*fx* fall head-first (*el.* headlong); plunge headlong into the job); helter-skelter.
hovedkvarter headquarters pl. (*for* of, *fx* a business company; they were told to report to headquarters at once).
hovedlandevej highway, main (*el.* arterial) road.
hovedledning **1.** main; **2.** *(til antenneanlæg)* main feeder.
hovedlinie **1.** principal line; **2.** *(jernb.)* main line.
hovedlængde*: vinde med en ~* win by a head.
hovedløs *adj.* **1.** *(fig.: ubesindig)* rash; *(hovedkulds)* headlong (*fx* decision); **2.** *(forvirret)* confused.
hovedmand **1.** *(leder)* leader; *(neds.: i oprør, forbrydelse)* ringleader; *(igangsætter)* instigator (*fx* of a plot); **2.** *(hovedperson)* kingpin.
hovedmasse bulk.
hovedmotiv chief motive.
hovedmåltid*: dagens ~* the chief meal of the day.
hovednæringsmiddel principal food.
hovednøgle master key.
hovedområde **1.** main field; **2.** *(ved universitet)* faculty; school.
hovedopgave **1.** *(hverv)* main task; **2.** *(i studium)* undergraduate dis-

sertation.
hovedorganisation central organization.
hovedparten the greater part; *(foran pl.)* the majority (*fx* of the workers).
hovedperson 1. *(i litterært værk)* main (*el.* central *el.* principal) character; **2.** *(vigtigste person)* key figure; kingpin; *(se også hovedmand).*
hovedpine *(også fig.: vanskeligt problem)* headache (*fx* suffer from headaches; have a splitting headache; that's his headache);
□ *have (, få)* ~ have (, get) a headache; *det er 'hans* ~ *(også)* that is his pigeon (*el.* worry).
hovedpost *(i regnskab etc.)* principal item.
hovedpostkontor Head Post Office.
hovedprincip fundamental principle.
hovedprodukt staple product.
hovedpude pillow.
hovedpunkt 1. main point; **2.** *(i anklage)* principal count.
hovedredaktør chief editor.
hovedregel principal rule.
hovedregning mental arithmetic.
hovedrengøring 1. *(det at gøre hovedrent)* spring cleaning (*fx* help her with the spring cleaning); house cleaning;
2. *(enkelt ~)* spring clean (*fx* give the flat a spring clean); *(am.)* spring cleaning;
3. *(fig.)* house cleaning (*fx* the party needed a house cleaning);
□ *holde* ~ spring-clean.
hovedrent *adv.: gøre* ~ spring-clean.
hovedreparation complete overhaul; *(af motor, skib, radio etc.)* reconditioning.
hovedreparere *vb.* overhaul completely; *(motor, skib, radio etc.)* recondition.
hovedrevisor chief auditor.
hovedrig *adj.* very rich; F opulent.
hovedrolle principal (*el.* leading) part (*fx* she played (*el.* took) the leading part); *(mere* F*)* principal (*el.* leading) role;
□ *spille en* ~ *(fig.: være af stor betydning)* play a leading part (, role) (*i* in).
hovedrute main route.
hovedrysten *sb. (en): med en* ~ with a shake of the head.
hovedrystende *adj.* shaking one's head; with a shake of the head.
hovedsagelig *adv.* mainly, chiefly; *(mere* F*)* principally.
hovedsagen the main thing; what is most important; *(mere* F*)* the principal thing;
□ *han har ret i* ~ he is right in the main.
hovedsalat *(bot.)* cabbage lettuce, head lettuce.
hovedskal skull.
hovedskib *(i kirke)* nave.
hovedspring 1. *(i gymnastik)* headspring; **2.** *(i svømning)* (headlong) dive; T header.
hovedsprog principal language.
hovedstad capital.
hovedstads- metropolitan (*fx* area).
hovedstation 1. principal (*el.* central) station; **2.** *(jernb.) se hovedbanegård.*
hovedstemme 1. principal voice; **2.** *(falset)* head voice.
hovedstol *(hdl.)* principal.
hovedstrømninger *sb.pl.* main currents.
hovedstyrke *(mil.)* main body.
hovedstød *(i fodbold)* header.
hovedsum (sum) total.
hovedsæde headquarters pl.; head office.
hovedsætning *(gram.)* main clause.
hovedtanke leading idea.
hovedtelefoner *sb.pl.* headphones, earphones; *(især am.)* headset sg.
hovedtrappe 1. front stairs pl.; main staircase; **2.** *(udvendig)* front steps pl.
hovedtræk *sb.pl.: -kene af* an (, the) outline of (*fx* the plan); *i* ~ in outline.
hovedtørklæde headscarf (pl. -s, headscarves); *(glds.)* kerchief.
hovedvandledning water main.
hovedvej 1. main road; **2.** *(med forkørselsret)* major road.
hovedverbum *(gram.)* main verb.
hovedvidne *sb.* key witness.
hovedvægt: *lægge -en på* lay the main emphasis (*el.* stress) on; attach the greatest importance to.
hovedværk *(litterært, kunstnerisk)* chief (*el.* principal) work.
hovedårsag main (*el.* principal) cause.
hoven *adj.* arrogant; T stuck-up.
hovenhed *sb. (en) (fig.)* arrogance.
hovere *vb.* gloat; *(se også hoverende);*
□ ~ *over* gloat (*el.* crow) over; F exult over.
hoveren *sb. (en)* gloating; F exultation.
hoverende *adj.* gloating, gleeful; F exultant.
hoveri *sb. (et)* **1.** villeinage; **2.** *(fig.)* drudgery.
hovmester 1. butler; **2.** *(sø.)* steward.
hovmod *sb. (et)* arrogance, haughtiness;
□ ~ *står for fald* pride goes before a fall.
hovmodig *adj.* arrogant, haughty.
hovne *vb.:* ~ *op* swell (up); F tumefy.
hovsa *interj.* whoops! oops!
hovsa- 1. *(pludselig)* snap (*fx* decision, election); **2.** *(forhastet)* hasty, headlong (*fx* decision); **3.** *(improviseret)* makeshift (*fx* solution);
□ *et hovsaproblem (ɔ: pludseligt opdukkende)* a problem out of the blue.
hovskisnovski *adj.* T high and mighty, high-hatted, uppish.
hovskæg *(zo.)* fetlock.
hr. 1. *(foran navn)* Mr (*fx* Mr Jones); **2.** *(i tiltale uden navn)* sir (*fx* this way, sir).
hu *sb. (en): komme i* ~ remember, call to mind; *hans* ~ *står dertil* his mind is set on it; *(se også velberåd).*
hud *sb. (en, -er)* **1.** skin; *(spøg.)* hide (*fx* politicians have to develop a thick hide); **2.** *(af stort dyr, med hår)* hide (*fx* of an elephant);
□ *være lys (, mørk) i -en* have a fair (, dark) complexion; *sluge noget med* ~ *og hår (fig.)* swallow sth raw; *(om løgn)* swallow sth hook, line and sinker; *(se også hård, skælde).*
hudafskrabning scrape (*fx* a scrape on the elbow); F abrasion.
hudfarve colour of the skin; *(ansigtets)* complexion.
hudflette *vb.* **1.** flog; **2.** *(fig.)* castigate.
hudfold fold (of the skin).
hudkræft skin cancer.
hudlæge dermatologist.
hudløs *adj.* **1.** raw (*fx* place); *(ved gnidning)* galled; **2.** *(fig.: overfølsom)* hypersensitive.
hudløshed 1. rawness (of the skin); F excoriation; **2.** *(hudløst sted)* a raw place; **3.** *(fig.)* hypersensitiveness;
□ *vi har gentaget det indtil* ~ *(fig.)* we have repeated it until we are blue in the face; we have repeated it ad nauseam.
hudorm blackhead.
hudpleje *sb.* care of the skin.
hudsygdom skin disease;
□ *hud- og kønssygdomme* skin and venereal diseases.
hue[1] *sb. (en, -r)* cap.
hue[2] *vb. (behage)* please;
□ *det -r mig ikke* I don't like it.
hug[1] *sb.: sidde på* ~ squat; *sætte sig på* ~ squat down.
hug[2] *sb. (et, -)* **1.** *(med sværd, økse)* stroke;

2. *(med stort sving, fx med sabel)* slash;
3. *(i fægtning: mods. stød)* cut (*fx* make a cut at sby);
4. *(på fil)* cut;
□ *få ~ a) (ɔ: bid)* get a rise; *b) (ɔ: klø)* get a thrashing.

hugaf *sb. (en, -er)* old soldier.

hugge *vb.* **1.** *(med økse, sværd etc.)* cut; F hew; *(med stort sving, fx med sabel)* slash (*fx* they slashed their way through the undergrowth; he slashed at me with a knife); *(gentagne gange, voldsomt)* hack (*fx* they were hacked to death with machetes; they hacked a path through the undergrowth); *(småt el. kraftigt)* chop (*fx* chop a tree down; he had his head chopped off);
2. *(med mejsel)* carve (*fx* a statue in (*el.* out of) marble); cut (*fx* steps into the rock); *(groft)* hew;
3. *(stjæle)* pinch, nick (*fx* somebody has pinched (*el.* nicked) my book; he pinched my idea); swipe; *(om småting)* lift, filch;
4. *(snappe)* snatch (*fx* he snatched the purse from my hand; she snatched the money and ran off);
5. *(sø.: stampe i søen)* pitch;
□ *~ brænde* cut (, chop) firewood; *~ en hæl og klippe en tå (omtr.)* chop a toe and squeeze a heel; *-t sukker* lump sugar;
*[med præp., adv.] ~ '**af*** cut (, hack, chop) off; *'~ **efter** a) (med våben)* slash at (*fx* they slashed at each other with swords); *b) (om slange)* strike at; *'~ **fra** a)* pinch from, nick from (*fx* he has pinched (*el.* nicked) £50 from me); *b) (uden objekt)* steal from (*fx* they steal from each other); *~ '**fra** se ovf.: ~ af; hverken til at ~ eller stikke **i*** neither to be led nor driven; *~ bremserne **i*** jam (*el.* slam) the brakes on; *~ døren **i*** bang the door (to); *sidde og ~ **i det*** have trouble (in) making (both) ends meet; be hard up; *~ **sig i** hånden* cut one's hand; *~ sin mad **i sig*** T gobble up one's food; *(mere grådigt)* wolf one's food (down); *~ **ind** se indhugge; ~ **ind på** (mil.)* charge; *~ **med** næbbet* peck; *~ **ned** for fode* cut down indiscriminately; *~ **om** (ɔ: fælde)* cut (, chop) down; *~ **op** (skib, bil etc.)* break up; *(skrotte)* scrap; *~ **over*** cut (in two); *~ **sønder** og sammen* cut to pieces; *~ '**til** a)* strike; *b) (tilhugge)* dress; *(råt)* rough-hew; *~ **ud** i sten* carve in stone.

huggeblok chopping block.

huggert *sb. (en, -er)* **1.** broad sword; **2.** *(sø.)* cutlass.

hugorm *(zo.)* adder, viper.

hugst *sb. (en, -er)* felling (of timber).

hugtand **1.** *(pattedyrs)* tusk;
2. *(slanges)* fang.

huguenot *sb. (en, -ter)* Huguenot.

hugvåben slashing weapon.

hu-hej *interj.* whoosh! *(am.)* lickety-split!

huj *sb.: i ~ og hast* hurriedly; in hot haste; *(+ forvirret)* helter-skelter.

huje *vb.* hoot (*ad* at); *(hånligt)* jeer (*fx* a jeering (, hooting) crowd; they jeered at the speaker).

hukommelse *sb. (en, -r) (også edb)* memory;
□ *efter -n* from memory; *jeg har en ~ som en si* I have a memory (*el.* head) like a sieve; *min ~ svigter* my memory fails me.

hukommelseskunst mnemonics sg.;
□ *en ~* a feat of memory.

hukommelsesspor memory trace; *(fagl.)* engram.

hukommelsessvigt lapse of memory.

hukommelsestab loss of memory; *(med.)* amnesia.

hul[1] *sb. (et, -ler)* **1.** hole;
2. *(noget der mangler)* gap (*fx* in the defences, in the system, in one's knowledge; this book fills a gap);
3. *(i opgave, på blanket: som skal fyldes ud)* blank (*fx* fill in the blanks);
4. *(utæthed)* leak (*fx* in a waterpipe);
5. *(i tand)* hole; *(fagl.)* cavity;
6. *(i billard)* pocket;
7. *(i vej)* pothole;
8. T *(lille værelse)* hole; *(kedelig by)* hole, dump;
□ *komme i -let (let glds.* T*: i fængsel)* be put in (the) clink; *det er ~ i hovedet* it is completely crazy; *[med vb. + ~ + præp.] få ~ (el. -ler) **i** ørerne (ɔ: til ørenringe)* have one's ears pierced; *slå ~ i* knock a hole in; *slide ~ i (el. på)* wear a hole (, holes) in (*fx* a stocking, one's shoes); *stikke (el. prikke) ~ i* prick a hole in (*fx* the paper); prick (*fx* a balloon, a blister); puncture (*fx* a tin with a screwdriver, an abscess); *stikke (el. prikke) -ler i* prick holes in; *få stukket ~ i ørerne (til øreringe)* have one's ears pierced;
*få ~ **på** (fig.)* break (*fx* the police are about to break the case);
T crack (*fx* a problem); *få ~ på bylden* lance the boil; *(fig. også)* make things move; *der gik ~ på bylden a)* the abscess burst; *b) (fig.)* things began to move; *slå ~ på et æg* crack an egg; *stikke (el. prikke) ~ på, se ovf.: stikke .. ~ i; stikke ~ på en byld* lance a boil; *stikke (el. tage) ~ på en tønde (, et fad)* broach a cask; ***tage ~ på** a) (tage fat på)* open, start (*fx* the discussion); tackle (*fx* the problem); *b) (om stor pengeseddel)* break into (*fx* a fifty-pound note); *c) (skære af)* cut into (*fx* a cake); *tage ~ på en flaske* open a bottle.

hul[2] *adj.* **1.** hollow; **2.** *(konkav)* concave;
□ *den -e hånd* the hollow of the hand; *holde noget i sin -e hånd* hold sth in the hollow of one's hand; *have en i sin -e hånd (fig.)* hold (*el.* have) sby in the palm of one's hand; *det lyder -t (ɔ: uægte)* it rings (*el.* sounds) hollow.

hulapparat *(til papir)* punch, perforator.

hulbrystet *adj.* hollow-chested.

huld[1] *sb. (et): ved godt ~* in good condition; stout; *tabe -et* lose weight.

huld[2] *adj.* **1.** *(nådig)* gracious (*fx* queen); **2.** *(trofast)* faithful, loyal; **3.** *(yndig)* fair, sweet (*fx* maiden).

huldre *sb. (en, -r) (myt.)* wood nymph.

huldsalig *adj.* gracious (*fx* smiles);
□ *smile -t til* beam on.

huldskab*: sværge én ~ og troskab* swear allegiance to sby; *opsige én ~ og troskab* withdraw one's allegiance from sby.

hule[1] *sb. (en, -r)* **1.** *(klippe- etc.)* cave; *(større,* F*)* cavern; *(malerisk)* grotto;
2. *(dyrs)* den; *(skjulested, hvilested)* lair;
3. *(*T*: om værelse)* den (*fx* he had a furnished den in the basement);
4. *(hemmeligt sted)* den (*fx* an opium den);
□ *en lastens ~* a den of vice; a sink (*el.* den) of iniquity.

hule[2] *vb.* hollow (out).

hule(be)boer *sb. (en, -e)* cave-dweller; *(fagl.)* troglodyte.

huleforsker *sb. (en, -e)* cave explorer; *(fagl.)* speleologist.

huleforskning **1.** the study of caves, cave research; *(fagl.)* speleology; **2.** *(udforskning)* cave exploration, caving; T potholing.

hulefund cave find.

hulemaleri cave painting.

hulepindsvin *(zo.)* porcupine.

hulforstærker reinforcement.

hulhed *sb. (en, -er)* **1.** *(hulrum)*

cavity; **2.** *(det at være hul)* hollowness.
huljern gouge.
hulk *sb. (et, -)* sob.
hulke *vb.* sob;
□ ~ *af latter* laugh helplessly.
hulkel hollow moulding; *(se også kel).*
hulken *sb. (en)* **1.** *(det at hulke)* sobbing; **2.** *(enkelt hulk)* sob.
hulkindet *adj.* hollow-cheeked.
hulkort punched card.
hulkortoperatør punch card operator.
hulladning *(mil.)* hollow-cone charge.
hullemaskine *(til papir)* punch, perforator.
hullet *adj.* **1.** full of holes *(præd.)* (*fx* socks full of holes); **2.** *(utæt)* leaky (*fx* boat, roof).
hulmur cavity wall.
hulmursisolering cavity wall insulation.
hulning *sb. (en, -er)* hollow; F depression.
hulpasser inside calipers pl.; *en* ~ a pair of inside calipers.
hulrum cavity.
hulsaks rotary punch.
hulske skimmer.
hulsleben *adj.* hollow-ground.
hulslibe *vb.* grind hollow.
hulspejl concave mirror.
hulstrimmel punched paper tape.
hulsøm *sb. (en, -me)* hemstitch;
□ *sy* ~ hemstitch.
hultang punch pliers pl.; belt punch;
□ *en* ~ a pair of punch pliers; a belt punch.
hulter *adv.:* ~ *til bulter a) (tilfældigt)* (all) anyhow (*fx* he put the things into the drawer all anyhow); *b) (rodet)* in a mess; helter-skelter, pell-mell (*fx* his clothes were scattered pell-mell over the floor).
hulvej sunken road.
human *adj.* **1.** *(menneskevenlig)* humane; **2.** *(vedrørende mennesker)* human (*fx* genetics, geography).
humaniora *sb.pl.* the humanities.
humanisere *vb.* humanize.
humanisering *sb. (en, -er)* humanization.
humanisme *sb. (en)* humanism.
humanist *sb. (en, -er)* humanist.
humanistisk *adj.* humanistic;
□ *det -e fakultet* the Faculty of Arts.
humanitet *sb. (en)* humanity.
humanitær *adj.* humanitarian (*fx* ideals, work);
□ ~ *hjælp* humanitarian aid (*el.* assistance *el.* relief).
humanvidenskaberne *sb.pl.* the arts and social sciences.
humbug *sb. (en)* humbug, bluff.
humbug(s)mager *sb. (en, -e)* humbug.
humle *sb. (en)* **1.** *(bot.)* hop;
2. *(blomsterne, varen)* hops pl.;
□ *-n er at (ɔ: pointen)* the point is that; *-n ved det er at (ɔ: vanskeligheden)* the snag is that.
humlebi *(zo.)* bumblebee.
humlegård hop garden.
humlehøst hop picking.
humlestage *sb.* hop pole.
humme *vb.:* ~ *sig a)* get out of the way; *b) (skynde sig)* hurry, get a move on.
hummelejstreger *sb.pl.* **1.** *(pjat)* tomfoolery; **2.** *(lumskeri)* funny business, jiggery-pokery.
hummer[1] *sb. (et, -e)* **1.** *(lille værelse)* den; **2.** *(neds.)* hole.
hummer[2] *sb. (en, -e) (zo.)* lobster.
hummerfangst lobster fishery.
hummerhale lobster's tail (pl. lobsters' tails).
hummerklo lobster's claw (pl. lobsters' claws).
humor *sb. (en)* humour.
humoreske *sb. (en, -r)* humoresque.
humorist *sb. (en, -er)* humorist.
humoristisk[1] *adj.* humorous;
□ *have* ~ *sans* have a sense of humour; *se (el. tage) det fra den -e side* see the funny side of it.
humoristisk[2] *adv.* humorously.
humpe *vb.* hobble; *(halte)* limp.
humpel *sb. (en, humpler) (tyk skive)* hunk (*fx* of bread, of meat, of cheese); *(uregelmæssig, uformelig)* chunk (*fx* of bread, of meat, of cheese); *(af brød også,* T*)* doorstep.
humus *sb. (en)* humus.
humussyre humic acid.
humør *sb. (et)* **1.** spirits pl. (*fx* his spirits rose (, sank)); **2.** *(stemning)* mood (*fx* what kind of mood is she in? when he is in that mood; he is in a terrible mood);
□ *miste -et* lose heart;
[med præp.] ***i dårligt*** ~ *a) (nedtrykt)* in low spirits; *b) (gnaven)* in a bad mood; grumpy; *sætte ham i dårligt* ~ put him in a bad mood, depress him; T get him down; ***i godt*** ~ *a) (munter)* in high spirits, cheerful; *b) (venlig)* in a good mood; *sætte ham i godt (, bedre)* ~, *sætte* ~ *i ham* cheer him up; *(mere* F*)* raise his spirits; *være* ***i*** ~ ***til at*** *læse* be in the mood for reading, feel like reading; be in a reading mood; *han er ikke i* ~ *til at læse* he is not in the mood for reading; he is in no mood for reading; ***op med*** *-et!* cheer up!
humørforladt *adj.* humourless.
humørspreder*: han er en* ~ he is always full of fun.
humørsyg *adj.* moody.
hun[1] *sb. (en, -ner)* she, female; *(om fugle ofte)* hen (bird).
hun[2] *pron.* she.
hunbjørn she bear.
hunblomst female flower; *(fagl.)* pistillate flower.
hund *sb. (en, -e)* **1.** *(zo.)* dog; *(jagt-, især til rævejagt)* hound; **2.** S a hundred kroner note;
□ *være en* ~ *efter* be keen on; T be crazy about; *en hård* ~ a tough customer; *som en* ~ *i et spil kegler* like a bull in a china shop; *han luskede af som en våd* ~ he slunk away with his tail between his legs; *(se også rød);*
[med vb.] der ligger -en ***begravet*** that's the problem; ***holde*** ~ keep a dog; ***gå i*** *-ene* go to the dogs; ***leve*** *(sammen) som* ~ *og kat* lead a cat-and-dog life; *-e må ikke* ***medtages*** no dogs allowed; *løse -e må ikke medtages* dogs allowed only on a lead; *(se også lufte, pudse*[2]*, skue*[2]*).*
hundeagtig *adj.* dog-like.
hundeangst *adj.* scared stiff *(præd.)*; dead scared.
hundebæ dog mess; S doggy do(o).
hundedagene *sb.pl.* the dog days.
hundefryse *vb.* be freezing, be perished.
hundefører dog handler.
hundegalskab *(med.)* rabies.
hundeglam baying of dogs.
hundehalsbånd dog collar.
hundehoved dog's head (pl. dogs' heads).
hundehul hole.
hundehus kennel; *(am. også)* doghouse.
hundehvalp puppy, pup.
hundekennel *se kennel, hundepension.*
hundekiks dog biscuit.
hundeklipper *sb. (en, -e)* dog trimmer.
hundekold *adj.* perishing (*fx* weather).
hundekulde perishing cold.
hundekunster *sb.pl.* **1.** *(løjer)* monkey tricks; **2.** *(lumskeri)* funny business, jiggery-pokery sg.
hundekupé, hundekupe dog compartment.
hundekurv dog basket.
hundeliv dog's life.
hundelort *(generelt)* dog shit; *en* ~

a dog turd.
hundemad dog food.
hundepension boarding kennels (pl. -).
hundepisk dog whip.
hundesalon dog grooming (*el.* trimming) parlour.
hundeskat [dog tax].
hundeskole dog training school.
hundeslæde dog sledge (*el.* sleigh).
hundesnude dog's nose (pl. dogs' noses).
hundespand *sb. (et, -)* dog team.
hundestejle *sb. (en, -r) (zo.)* stickleback.
hundestjernen *(astr.)* the dog star; Sirius.
hundesulten *adj.* ravenous;
□ *jeg er* ~ I could eat a horse.
hundesvær *adj.* T extremely difficult;
□ *(eksamens) opgaven var* ~ the paper was a brute.
hundesvømning dog paddle, doggie paddle.
hundesyg *adj.*: *jeg føler mig* ~ T I feel rotten.
hundesyge *sb.* (canine) distemper.
hundetegn 1. dog licence; **2.** *(metalplade)* dog tag.
hundetræning dog training.
hundeudstilling dog show.
hundevagt 1. *(ved fabrik etc., svarer til)* guard dogs pl.; *(på skilt står)* guard dogs patrolling; **2.** *(sø.)* middle watch.
hundevejr beastly weather.
hundeæde yuck.
hundred *se hundrede*[1].
hundrede[1] *sb. (et, - el. -r) & num.* a hundred (*fx* I've said it a hundred times; he is a hundred years old);
□ *en af* ~ one in a hundred; *-r af mennesker* hundreds of people;
[med num.] et ~ one hundred; *to* ~ two hundred; ~ *og sytten (ɔ: en mængde)* a hundred and one (*fx* things); *for* ~ *og syttende gang* for the umptieth time;
[med pron.] disse ~ *mennesker* those hundred people; *flere* ~ *mennesker* several hundred people; *mange* ~ *mennesker* many hundreds of people, many hundred people; *nogle få* ~ *mennesker* a few hundred people; *nogle* ~ *mennesker* some hundreds of people.
hundrede[2] *(ordenstal)* hundredth.
hundrededel hundredth.
hundredfold *adv.*: *gengælde* ~ repay a hundredfold.
hundredkroneseddel a hundred kroner note.
hundredtal: *i* ~ *se hundredvis.*
-hundredtallet: *i atten- (, nitten- etc.) hundredtallet* in the eighteen- (, nineteen- etc.) hundreds.
hundredtusind *sb. (et)* a hundred thousand;
□ *-er* hundreds of thousands (*af* of).
hundredvis *adv.*: ~ *af* hundreds of (*fx* books); *i* ~ *a)* by the hundred (*fx* books by the hundred); *b)* in (their) hundreds (*fx* people turned up in their hundreds).
hundredår century.
hundredårig *adj.* **1.** *(om alder)* (one-)hundred-year-old; *(brugt som sb.)* centenarian; **2.** *(om varighed)* hundred-year-long (*fx* peace); century-old (*fx* tradition).
hundredårsdag, hundredårsfest, hundredårsjubilæum centenary (*for* of).
hundredårskrigen *(hist.)* the Hundred Years' War.
hundse *vb.*: ~ *med a)* bully, treat like a dog; *b) (koste rundt med)* order (*el.* push *el.* kick *el.* boss) around (*el.* about).
hundsk *adj.* **1.** doglike; **2.** *(krybende)* cringing; **3.** *(om behandling)* bullying.
hundue hen pigeon.
hundyr female animal.
hunelefant cow elephant.
hunfugl hen bird.
hunfår ewe, female sheep.
hunged nanny-goat, she-goat.
hunger *sb. (en)* hunger.
hungermarch hunger march.
hungeroptøjer *sb.pl.* food riots.
hungersnød famine.
hungre *vb.*: ~ *efter (fig.)* be hungry for (*fx* adventure); be thirsting for (*fx* revenge); *(litt., bibelsk)* hunger for (*el.* after) (*fx* hunger for love; blessed are they which hunger after righteousness).
hungrig *adj.* hungry (*efter* for); *(stærkere)* starving (*efter* for);
□ *kaste -e blikke efter* look hungrily at.
hunhare doe hare.
hunhund bitch.
hunkanin doe rabbit.
hunkat tabby cat.
hunkøn 1. female sex; **2.** *(gram.)* the feminine (gender).
hunkønsendelse *(gram.)* feminine ending.
hunløve lioness.
hunner *sb. (en, -) (hist.)* Hun (pl. Huns).
hunplante *sb.* female plant.
hunrakle *(bot.)* female catkin.
hunrotte female rat.
hunræv vixen.
hunspurv hen sparrow.
hunstik *(elek.)* socket.
huntiger female tiger; F tigress.
hunæsel she ass, female ass.
hurdle *sb. (en, -r)* hurdle.
huri *sb. (en, -s)* houri.
hurlumhej *sb. (en)* hubbub, hullabaloo.
hurra[1] *sb. (et, -er)* cheer;
□ *lad os råbe et trefoldigt* ~ *for* three cheers for.
hurra[2] *interj.* hurra(h);
□ *råbe* ~ cheer, hurrah; *råbe* ~ *for* cheer; *ikke noget at råbe* ~ *for* nothing to write home about, nothing to shout about.
hurraråb cheer.
hurtig *adj. (se også hurtigt)*
1. quick (*fx* decision, meal, reply, worker); *(mere* T*)* speedy (*fx* answer, reaction, worker); *(også = rivende* ~*, mere* F*)* rapid (*fx* decline, growth, progress, recovery, pulse; decision; worker); swift (*fx* change, glance, transition); T speedy (*fx* answer, reaction, settlement, trip);
2. *(som bevæger sig -t)* fast (*fx* car, ship, train; worker); F swift;
3. *(beredvillig, udført straks)* prompt (*fx* reply, payment, decision, action);
□ *være* ~ *til sit arbejde* be quick at one's work, be a quick (*el.* fast) worker; ~ *til at* quick to, quick at -ing; *-st muligt* as soon (*el.* quickly) as possible.
hurtigbus express bus.
hurtiggående *adj.* fast(-moving), high-speed.
hurtighed *sb. (en) (jf. hurtig)*
1. speed; quickness; rapidity; swiftness; **2.** fastness; swiftness; **3.** promptness.
hurtiglæsning speed reading.
hurtigløb 1. sprinting; **2.** *(om det enkelte løb)* sprint; **3.** *(skøjteløb)* speed skating; **4.** *(skiløb)* speed skiing.
hurtigløber (fast) runner, sprinter.
hurtigmarch march in double-quick time.
hurtigrute fast (*el.* express) service.
hurtigsejler fast sailer.
hurtigskydning rapid (*el.* quick) firing.
hurtigt *adv.* **1.** *(i hastig takt; på kort tid)* quickly; rapidly;
2. *(snart)* soon (*fx* we soon put a stop to that; come as soon as you can);
3. *(med stærk fart)* fast (*fx* drive (, read, run, speak) fast);
□ ~ *efter hinanden* in rapid succession.
hurtigtegner lightning artist.
hurtigtog 1. fast train; **2.** *(ekspres)* express.

hurtig(t)tørrende *adj.* quick-drying.
hurtig(t)virkende *adj.* quick-acting.
hus *sb. (et, -e)* **1.** *(bygning)* building (*fx* several buildings were destroyed; what is that large building?);
2. *(beboelseshus)* house; *(etagehus)* block of flats; *(lille ~ på landet)* cottage;
3. *(sneglehus)* shell;
4. *(handelshus)* house, firm;
□ *der vil ligge et ~, se ndf.: et farligt ~;*
[med adj.] der bliver et ***farligt*** *(el. helvedes) ~* there will be hell to pay; *melde ~* ***forbi*** *a)* tell them they are barking up the wrong tree; F disclaim responsibility; *b) (afvise beskyldning)* deny the charge; ***fuldt*** *~* a packed house; *de spillede for fulde -e* they played to full houses (*el.* to capacity audiences); *det* ***kongelige*** *~* the royal family (*el.* house);
[med vb. (+ adj.)] ***føre*** *~,* ***holde*** *~* keep house (*for* for); ***føre*** *et* ***stort*** *~* keep (up) a large establishment; ***holde*** *(godt) ~* ***med*** economize on (*fx* fuel); ***holde dårligt*** *~ med* squander; ***holde*** *et* ***farligt*** *~ (fig.)* make no end of a row; *(se også åben);*
[med præp.] bringe ***i*** *~* gather in; *kontrakten er i ~* the contract is in the bag; *arbejde* ***i -et*** *a)* do housework; *b) (tjene i -et)* work as a housemaid (*el.* mother's help); *(let glds.,* F*)* be in domestic service; *her i -et* in this house; *hjælpe til i -et* help in (*el.* about) the house; *være i -et (ɔ: ung pige)* work as a housemaid (*el.* mother's help); *ung pige i -et* (house)maid, mother's help; *fruen i -et se frue; herren (el. manden) i -et se herre, mand; i -et ved siden af* next door; *bringe* ***til -e*** gather in; *have til -e* live; be housed; *(sted) som sælger færdigretter* ***ud af -et*** takeaway; *(am.)* carry-out; *(sted) som sælger spiritus ud af -et* off-licence.
husaftale company agreement, house agreement.
husapotek medicine chest.
husar *sb. (en, -er)* hussar;
□ *gøre noget for at lokke -erne ind (kan gengives)* do something to attract the crowds.
husarbejde 1. housework; T household work; household chores pl. (*fx* he does his fair share of the domestic chores); **2.** *(arbejde som tjenestepige, let glds.)* domestic service.
husarrest house arrest (*fx* he was placed under house arrest).
husassistent (house)maid; domestic help.
husbehov*: til ~ a) (ɔ: til brug i husholdningen)* for household use (*el.* purposes); *b) (knap tilstrækkeligt)* barely sufficient, moderate; *c) (i ringe omfang)* moderately (*fx* he was only moderately musical); *der er kun til ~* there is nothing to spare; *han kan kun tale engelsk til ~* he speaks English only moderately well; *vi har ikke mere end til ~ a) (har kun lige nok)* we have nothing to spare; *b) (kan lige få tingene til at løbe rundt)* we can just make (both) ends meet.
husbestyrerinde housekeeper.
husbesættelse*: der var mange -r* many houses were occupied by squatters.
husbesætter squatter.
husbesøg *(læges)* house call; F domiciliary visit.
husblas *sb. (en)* (leaf) gelatine.
husblok block.
husbond *sb. (en, -er)* **1.** master; **2.** *(ægtemand)* husband.
husbondafløser *(kan gengives)* holiday relief.
husbuk *sb. (en, -ke) (insekt)* house longhorn.
husbåd houseboat.
husdyr 1. domestic animal; **2.** *(kæledyr)* pet.
husdyravl animal husbandry.
huse *vb.* **1.** *(give husly til)* house (*fx* we can house you); T put up (*fx* can you put me up for the night?); *(jur.)* harbour (*fx* an escaped convict);
2. *(rumme)* house (*fx* the building housed government offices); accommodate (*fx* the house can accommodate two families).
husejer 1. houseowner, home owner; F householder; **2.** *(som udlejer)* landlord.
husere *vb.* **1.** *(være på spil)* be at work; **2.** *(om spøgelse)* haunt; **3.** *(støje)* kick up a row;
□ *fjenden -de* ***i*** *landet* the enemy ravaged the country; *bander -de i omegnen* gangs infested the neighbourhood; *~* ***med*** order about, push about; *(se også hundse (med)).*
husfader head of a family; master of the house.
husflid domestic industry (*el.* crafts).
husfred 1. domestic peace; **2.** *(bot.)* helxine; mind-your-own-business;
□ *hvad gør man ikke for -ens skyld* anything for a quiet life.
husfrit *adv.: bo ~* live rent-free.
husfælle housemate.
husførelse housekeeping.
husgerning 1. housework; **2.** *(skolefag) se hjemkundskab.*
husgeråd *sb. (et)* kitchen (*el.* domestic) utensils pl.
husgud household god.
hushjælp 1. *(hjælp i huset)* household help; **2.** *(person)* domestic (help); T daily; *(ung pige)* maid.
husholderske *sb. (en, -r)* housekeeper.
husholdning *sb. (en, -er)* **1.** housekeeping, management of a house; **2.** *(husstand etc.)* household, establishment (*fx* he keeps a large establishment).
husholdnings- household.
husholdningsaffald household rubbish (, refuse); domestic waste; *(am.)* garbage.
husholdningsartikler *sb.pl.* household goods.
husholdningsfilm cling film.
husholdningslærerinde 1. teacher of home economics; **2.** *(i skole) se hjemkundskabslærerinde.*
husholdningsmaskiner *sb.pl.* household machines, household appliances.
husholdningspenge *sb.pl.* housekeeping (money) sg.
husholdningsregnskab household accounts pl.
husholdningsråd*: Statens ~* the Danish National Council for Domestic Science.
husholdningsskole home economics school.
hushovmester butler.
husindsamling house-to-house collection.
husjomfru *(glds.)* housekeeper.
huske *vb.* **1.** remember; *(genkalde sig også,* F*)* recollect, recall, call to mind; **2.** *(tage i betragtning)* bear in mind;
□ *~* ***at*** *(+ inf.)* remember to (*fx* did you remember to close the door?); not forget to (*fx* don't forget to write!); *jeg -r at (+ sætn.), se ndf.: jeg kan ~ at;*
[med vb.] jeg ***kan*** *~ at jeg har set ham* I remember seeing him; *jeg kan ~ at han sagde det* I remember him (*el.* his) saying it (*el.* that he said it); *jeg* ***kan godt*** *~ ham* I remember him well; *jeg* ***kan ikke*** *~ hvornår* I can't (*el.* don't) remember when; I forget when; *det kan jeg ikke ~* I can't (*el.* don't) remember; *det* ***skal*** *jeg ~* ***dig*** I'll remember you for that;
[med adv. & præp.] du -r ***fejl*** *(el. forkert)* you are mistaken; *jeg -de*

fejl (også, F*)* my memory was at fault; ~ *ham* ***for*** remember him for (*fx* his kindness); ~ ***godt*** have a good memory; *jeg kan godt ~, se ovf.*; ~ *en* ***på*** *noget* remind sby of sth; *husk på hvad du har lovet mig* remember (*el.* don't forget) what you promised me; *husk vel på det!* don't forget! mind! *du må* ~ ***på at*** you must remember (*el.* bear in mind) that; *(se også næse (fra næse til mund), ret*[2]*, vidt (så vidt jeg -r)).*
huskefejl *sb.* slip of the memory.
huskekage *(let glds.)* box on the ear.
huskendt *adj. (præd.)* familiar with the house, at home.
huskeregel memory help; F mnemonic (rule).
huskeseddel 1. memo, memorandum; notes pl.; **2.** *(til indkøb)* shopping list; *(am. også)* grocery list.
huskorrektur office proof(s).
huskors 1. *(om person)* domestic nuisance; **2.** *(arrig kvinde)* holy terror; *(glds.)* vixen.
husleje *sb. (en)* (house) rent (*fx* pay a low rent; rents are rising);
□ *hvad betaler du i ~?* how much rent do you pay? *betale mere i ~* pay more rent; *betale meget i ~* pay a high rent; *betale £1.000 i ~* pay a rent of £1,000.
huslejeboykot rent strike, rent boycott.
huslejekontrakt tenancy agreement.
huslejelov rent restriction act.
huslejenævn rent control board.
huslejetilskud *se boligsikring.*
huslig *adj.* **1.** domestic (*fx* problems);
2. *(dygtig til husligt arbejde)* housewifely; *(optaget af rengøring etc.)* house-proud;
3. *(som tager del i det huslige arbejde)* domesticated (*fx* he is very domesticated);
□ *-t arbejde* housework; *(se også pligt*[1]*).*
husly shelter (*fx* we found shelter in a barn; a vital necessity like food and shelter);
□ *give ham ~* put him up (*fx* for the night).
huslæge family doctor.
huslærer private tutor.
husløg *(bot.)* houseleek.
husmand smallholder.
husmandsbrug, husmandssted smallholding.
husmoder housewife.
husmoderafløser home help.
husmoderlig *adj.* housewifely (*fx* duties).
husmor housewife.
husmus *(zo.)* house mouse.
husmår *(zo.)* stone marten.
husnummer number (of the house).
husrum room; F accommodation.
husråd home remedy, household remedy.
husspektakler *sb.pl.* domestic disputes (*el.* disturbances).
husstand household.
husstandsindkomst household income.
husstandsindsamling door-to-door collection.
husstøv house dust.
husstøvmide house-dust mite.
hustelefon 1. house telephone; **2.** *(i firma)* inter-office telephone, internal telephone.
hustru *sb. (en, -er)* wife (pl. wives); *(se også tage (til)).*
hustrubidrag alimony.
hustrumishandling, hustruvold wife assault(s); T wife battering.
hustugt domestic discipline.
hustyran domestic tyrant.
husundersøgelse 1. search of a house; **2.** *(razzia)* raid;
□ *foretage en ~* search a house.
husvale *vb.* F soothe, solace.
husvalelse *sb. (en)* F solace.
husvant *adj. (præd.)* familiar with the house, at home.
husven friend of the family.
husvild *adj.* homeless.
husvært landlord.
hutle *vb.: ~ sig igennem* just keep body and soul together; scrape through.
hvabehar *interj.* sorry? *(mere* F*)* (I beg your) pardon? T what?
hvad *pron.* what;
□ *det er rart, hva'?* it's nice, isn't it? ***alt*** *~ han ved* all (that) he knows; *(se også alt*[3]*)*; ~ ***andet?*** what else? ~ *andet end?* what but? (*fx* what but a miracle can save us?); ~ ***der*** *a) (spørgende)* what (*fx* ask what is wrong); *b) (relativt)* which; *c) (visende frem)* what (*fx* he drank, which was bad enough; but, what was worse, he beat his wife); *gør ~ der bliver sagt* do as you are told; ~ *var der at gøre?* what was to be done? ~ *der end sker* whatever happens; *jeg vil give dig ~* ***det skal være*** (*el.* ~ ***som helst****)* I will give you anything (whatever); ~ *tid (, øjeblik) det skal være* (at) any time (*el.* moment); ~ ***mere*** *se mere;* ***ved*** *du ~?, ...og jeg ved ikke hvad se vide*[1]; ***å*** ~ *se;*
[med præp., adv., konj.] ***efter*** ~ *jeg kunne se* as far as I could see (*el.* judge); ~ ***enten*** *... eller* whether ... or; ~ ***for*** *en af bøgerne?* which of the books? which book? ~ *er han for en?* what sort of man is he? ~ *for en bil har du? (ɔ: hvad slags)* what sort of a car have you got? ~ *er det for en bog du læser?* what book are you reading? ~ *er det for en mand? (ɔ: hvem er det?)* who is that man? *en ~ for en? (spørgsmål om et ikke forstået ord)* a what? ~ ***for noget*** *a) (spørgsmål)* what? *b) (udtryk for forbavselse)* what! ~ ***med*** *en pause?* what about a break? ~ ***om*** *vi prøvede?* what if we tried? suppose we tried? ~ ***så****? a) (udtryk for ligegladhed)* well, what of it? what about it? who cares? *b) (ɔ: hvad følger deraf?)* what then? T so what? ~ *jeg så (ɔ: end) gør* whatever I do; ~ *mærkeligt er der* ***ved det?*** what is (there) odd about that? ~ *morsomt er der ved det? (også)* where does the fun come in?
hvadbehager *se hvabehar.*
hval *sb. (en, -er) (zo.)* whale.
hvalbarde *sb. (en, -r)* whalebone, baleen.
hvalfanger *(mand el. skib)* whaler.
hvalfangst whaling.
hvalp *sb. (en, -e)* puppy;
□ *få -e* have pups; F whelp.
hvalpeagtig *adj.* puppyish.
hvalpefedt *(fig.)* puppyfat, baby fat.
hvalpet *adj.* puppyish.
hvalros *sb. (en, -ser) (zo.)* walrus.
hvalrosskæg walrus moustache.
hvalspæk (whale) blubber.
hvas *adj.* sharp (*fx* claws; criticism, tongue, words); *(se også bidende*[1]*)*;
□ *en ~ bemærkning* a cutting (*el.* scathing) remark; *sende en et -t blik (el. øjekast)* give sby a scathing look, look daggers at sby.
hvede *sb. (en) (bot.)* wheat; *(se også klinte).*
hvedebrød 1. wheat bread; *(i Engl. ofte)* white bread; **2.** *(enkelt brød)* wheat loaf, white loaf; *(se også bagerbørn).*
hvedebrødsdage *sb.pl.* honeymoon.
hvedemel wheat flour.
hvem *pron.* **1.** who (*fx* who are you?); **2.** *(foran* of*)* which (*fx* which of them?);
□ ~ *gav dig pengene?* who gave you the money? ~ *gav du pengene?* who did you give the money to? F to whom did you give the money? ~ *så dig?* who saw you? ~ *så du?* who(m) did

you see? *den mand om ~ jeg fortalte dig* F the man about whom I told you;
~ ***der*** *vil* whoever likes; anyone who likes; ~ *der dog havde bedre tid* if only I had got more time; ~ *'**der**? a)* who is there? *b) (mil.)* who goes there? ~ *han* ***end*** *er* whoever he is; ~ ***som helst*** anybody.
hvene *sb. (en, -r) (bot.)* bent grass.
hveps *sb. (en, -e) (zo.)* wasp.
hvepserede 1. wasps' (, wasp's) nest; **2.** *(fig.)* hornets' nest;
□ *stikke hånden i en ~* stir up a hornets' nest.
hvepsestik wasp sting.
hvepsetalje wasp waist.
hver *pron.* **1.** every (*fx* every day; every child in the class);
2. *(~ af dem, ~ af et bestemt antal)* each (*fx* each day; each child in the class; each (of them) had an apple; he gave them an apple each); *(se også enhver)*;
□ *~ anden (, tredje, fjerde) dag (, uge etc.)* every two (, three, four) days (, weeks etc.); every second (, third, fourth) day (, week etc.); *~ anden dag (, uge etc.) (også)* every other day (, week etc.); *~ og en, en og ~* everybody, one and all; *(se også eneste, enkelt, især)*;
[med (sin +) sb.] de har ~ sin bog, de har en bog ~ they have a book each; they each have their own book; *~ dag* every day; daily; *~ gang se gang*[3]; *de sad på ~ sin side af bordet* they sat on either side of the table; *trække til ~ sin side* pull different ways; *pakket ind i ~ sit stykke papir* wrapped up in separate pieces of paper; *de gik ~ sin vej* they went (their) different ways; *-t øjeblik se øjeblik*;
[med præp.] ~ ***af*** *dem* every one of them, each of them; ***lidt af*** *-t se lidt*; *~* ***for sig*** separately (*fx* send the books separately; send each book separately; they left (, live) separately); individually (*fx* individually they are very nice); *for ~ gang (, dag etc.) se for*[3]; *de gik ~* ***til sit*** they parted; F they went their separate ways.
hverandre *pron. se hinanden.*
hverdag 1. *(mods. søndag)* weekday; *(arbejdsdag)* working day (*fx* cheques can be cleared within four working days of receipt);
2. *(mods. festdag)* ordinary day;
□ *-en a)* everyday life; *b) (den grå ~)* the daily round (*fx* return to the daily round);
[med præp.] ***i*** *-en* in everyday life; ***om*** *-en* on weekdays; ***til*** *~ a)* on ordinary days; *b) (fig.)* usually (*fx* we usually eat in the kitchen).
hverdagsagtig *adj.* **1.** everyday (*fx* an everyday event; that is common and everyday to me); ordinary; **2.** *(velkendt)* familiar; mundane; **3.** *(triviel)* humdrum; mundane.
hverdagsbegivenhed everyday occurrence (*el.* event).
hverdagsbrug*: til ~* for everyday use (, wear).
hverdagshistorie story of everyday life.
hverdagskost everyday food; *(glds. el. spøg.)* daily fare; *(jævn)* homely fare;
□ *det er (ikke) ~ (fig.)* that is (not) an everyday occurrence.
hverdagsliv everyday life.
hverdagssprog everyday (*el.* colloquial) language.
hverdagstøj everyday clothes pl.
hvergarn linsey-woolsey.
hverken *konj.: ~ ... eller a)* neither ... nor (*fx* neither Peter nor I can do it); *b) (efter nægtelse)* either ... or (*fx* he can't come, either today or tomorrow).
hvermand everybody;
□ *Gud og ~* all the world; all and sundry; *sygdom er -s herre (kan gengives)* anyone can fall ill.
hvermandseje*: tv er blevet ~* everybody has a television (set) nowadays.
hverv *sb. (et, -)* **1.** task (*fx* a difficult (, thankless) task); F assignment; **2.** *(pligt)* duty;
□ *få det ~ at gøre det* be given the task of doing it; F be assigned the task of doing it; *nedlægge sit ~* resign (one's duties); *offentligt ~* public duty.
hverve *vb.* **1.** *(skaffe)* get (*fx* votes); recruit (*fx* members); **2.** *(mil.)* recruit;
□ *lade sig ~ (jf. 2)* enlist; *-t hær* professional army; *~ stemmer (ved husbesøg)* canvass (for votes).
hverver *sb. (en, -e) (mil.)* recruiting officer.
hvervning *sb. (en, -er)* **1.** recruitment; *(af stemmer, ved husbesøg)* canvassing; **2.** *(mil.)* recruitment.
hvid[1] *sb.: han ejer ikke en ~* he has not got a penny (to his name); *(am.)* he has not got a cent (*el.* a dime).
hvid[2] *adj.* white;
□ *-e blade (ɔ: ubeskrevne)* blank leaves; *(se også kalke*[2]*, pind, tirsdag)*;
[med pron.] ***de*** *-e (racen)* the whites; ***det*** *-e i øjet* the white of the eye; *det koster det -e ud af øjnene* T it costs the earth (*el.* a packet); it costs an arm and a leg; *vende det -e ud af øjnene* show the white of one's eyes.
hvidblik tinplate.
hvidbog white book; *(mindre)* white paper.
hvide *sb. (en, -r)* white (pl. whites) (of egg).
Hvidehavet *(geogr.)* the White Sea.
Hviderusland *(geogr.)* Byelorussia, Belarus, White Russia.
hviderusser *sb. (en, -e)*, **hviderussisk** *adj. & sb. (et)* Byelorussian, White Russian.
hvidetirsdag Shrove Tuesday.
hvidevareforretning linen shop.
hvidevarehandler linen draper.
hvidevarer *sb.pl.* linen(s), linen goods;
□ *hårde ~* white goods.
hvidglødende *adj.* white-hot; *(tekn.)* incandescent;
□ *~ af raseri* livid (with rage).
hvidgran *sb. (en, -er) (bot.)* white spruce.
hvidhed *sb. (en)* whiteness.
hvidhåret *adj.* white-haired.
hvidkalket *adj.* whitewashed.
hvidklædt *adj. (præd.)* dressed (*el.* clad) in white.
hvidkløver *(bot.)* white clover.
hvidkål cabbage;
□ *i 1700 og ~ a) (om tal man ikke husker)* in seventeen something; *b) (ɔ: for længe siden)* in the year dot.
hvidkålshoved head of cabbage.
hvidlig *adj.* whitish.
hvidløg *(bot.)* garlic.
hvidmalet *adj. (præd.)* painted white.
hvidmetal babbitt (metal).
hvidskimmelost white cheese.
hvidskuret *adj. (præd.)* scoured white.
hvidt *sb. (et)* white;
□ *kjole og ~ se kjole.*
hvidte *vb.* whitewash.
hvidtekalk whitewash.
hvidtekost whiting brush, whitewash brush.
hvidtjørn *(bot.)* hawthorn; *(især om blomsterne)* may.
hvidtning *sb. (en, -er)* whitewashing.
hvidtøl [Danish type of household beer].
hvidvaske *vb.* **1.** *(penge)* launder; **2.** *(person)* whitewash.
hvidvaskning 1. *(af penge)* laundering; **2.** *(af person)* whitewashing.
hvidvin white wine.

hvidvinsglas white wine glass, hock glass.

hvil *sb. (et, -)* rest;
□ *et lille* ~ a short rest; *(se også gevær)*;
[med vb.] holde ~ *a) (hvile sig)* take a rest; *b) (standse undervejs)* make a halt; *tage sig et* ~ take a rest; rest.

hvile[1] *sb. (en)* rest; F repose;
□ *være i* ~ be at rest; *lade -n falde på sig* relax; *gå til* ~ lie down to rest; T go to bed; *(se også evig, stede)*.

hvile[2] *vb.* **1.** rest; **2.** *(ligge begravet,* F*)* lie;
□ *arbejdet -r* work is suspended; *lade sagen* ~ let the matter rest; ~ *sig* rest, take a rest; *herunder -r* here lies;
[med præp. & adv.] hvil ***i*** *fred* rest in peace; R.I.P. (*fork.f.* requiescat in pace); *det -r* ***i sig selv*** *(om foretagende)* it pays for itself; *hun -r i sig selv* she is a well-balanced person; she is self-contained; ~ ***over*** reign in (*fx* silence reigned in the assembly); pervade (*fx* a spirit of hopelessness pervaded the country); *der -r en forbandelse over ham* there is a curse on him; ~ ***på*** rest on; *der -r et stort ansvar på hende* she carries a great responsibility; F a great responsibility lies on her; *alles øjne -de på ham a)* everyone's eyes were fixed upon him; *b) (fig.)* he was continually in the public eye; ~ *tungt på* weigh heavily on; ~ ***ud*** have a good rest.

hviledag day of rest;
□ *kom -en i hu at du holder den hellig* remember the Sabbath day, to keep it holy.

hvilehjem rest home.

hviløs *adj.* restless.

hviløshed *sb. (en)* restlessness.

hvilepause rest, break.

hvilested resting place (*fx* his last resting place).

hvilestilling position of rest.

hvilestol **1.** easy chair; **2.** *(på skib, i stedet for køje)* reclining chair.

hviletid time of rest, resting time.

hvilken *pron. (hvilket, hvilke)*
1. *(spørgende)* what (*fx* what books have you read?); *(af bestemt antal)* which (*fx* which of these books have you read? which is which?); *(foran sb. + relativsætn.)* the (*fx* nobody knows the trouble I have seen; let us assess the damage they have done);
2. *(relativt: om personer)* who(m); *(om alt andet)* which;
3. *(ubestemt relativt)* whatever; whichever;
□ *af hvilke mange var gamle* many of whom (, of which) were old; *jeg ved ikke* ~ *der er den bedste* I don't know which is the best; *han drak, hvilket var slemt* he drank, which was bad; *hvilke ordrer han end giver* whatever orders he gives; *hvilken som helst* any.

hvilling *sb. (en, -er) (zo.)* whiting.

hvin *sb. (et, -) (jf. hvine 1)* squeal, shriek, screech.

hvine *vb. (se også hvinende)* **1.** *(om person)* squeal (*af* with, *fx* delight, terror, pain; squeal like a stuck pig); shriek (*af* with, *fx* laughter, terror, pain); screech (*af* with, *fx* terror, pain; she is not singing, she is screeching);
2. *(om ting: gnide mod hinanden)* squeak (*fx* the chalk squeaked against the blackboard); *(om bremser, dæk)* screech, squeal; *(om fly)* screech (*fx* screeching jet planes); *(om kugler)* whistle;
□ *det -r i tænderne* it sets one's teeth on edge.

hvinende[1] *adj. (jf. hvine)* **1.** shrieking (etc.);
2. *(skinger)* shrill; F strident (*fx* tone);
3. *(om bremser, dæk)* screeching, squealing;
4. *(om fly)* screeching (*fx* screeching jet planes).

hvinende[2] *adv.:* ~ *falsk* hopelessly out of tune *(præd.)*; ~ *sur* so sour that it sets your teeth on edge *(præd.)*.

hvirvel *sb. (en, hvirvler)* **1.** whirl;
2. *(i vandet)* eddy; *(større)* whirl(pool);
3. *(knogle)* vertebra (pl. -e);
4. *(i håret)* cowlick;
5. *(tromme-)* roll.

hvirveldyr vertebrate.

hvirvelløs *adj.* invertebrate;
□ *-e dyr* invertebrates.

hvirvelstorm cyclone; tornado (pl. -(e)s).

hvirvelstrøm eddy; F vortex.

hvirvelsøjle spinal column.

hvirvelvind whirlwind.

hvirvle *vb.* whirl; F swirl (*fx* leaves were swirled (, whirled) along by the wind; snow was swirling (, whirling) past the window);
□ ~ *op* raise (*fx* the dust, fallen leaves); ~ *rundt* whirl round (*fx* he whirled her round).

hvirvler *sb. (en, -e) (zo.)* whirligig.

hvis[1] *konj. (dersom)* if;
□ ~ *(da)* ***ellers*** that is if (*fx* that is if you want it); provided (that) (*fx* nobody will hurt you, provided your explanation is correct); ~ ***ikke*** *a)* if ... not (*fx* if he does not come); *b) (med mindre)* unless (*fx* you must come unless you are ill); *c) (i modsat fald; hvis dette ikke sker)* if not, otherwise; F failing this (, that) (*fx* notice must be given within 24 hours; failing this...); ~ *han ikke havde været* but for him; if it hadn't been for him.

hvis[2] *pron.* **1.** *(spørgende)* whose (*fx* whose book is that? *(hvis er den bog?)*);
2. *(relativt; om personer)* whose (*fx* the boy whose brother was killed); *(om alt andet)* of which, whose (*fx* an aeroplane the pilot of which (*el.* whose pilot) had been killed).

hviske *vb.* whisper; *(se også hviskende)*;
□ ~ *i krogene* whisper in corners; ~ *en noget i øret* whisper something in sby's ear.

hviskekampagne whispering campaign.

hvisken *sb. (en)* **1.** *(det at hviske)* whispering; **2.** *(ytring, lyd)* whisper (*fx* I heard a whisper (, whispers) outside the door; the whisper of the wind);
□ ~ *i krogene a)* whispering in corners; *b) (kritisk)* murmurings pl.; ~ *og tisken* whisperings pl.

hviskende[1] *adj.* whispering; whispered (*fx* a whispered conversation; some whispered words).

hviskende[2] *adv.* whisperingly; in a whisper.

hvisle *vb.* **1.** *(om slange el. lignende lyd & om person)* hiss (*fx* the tyres hissed on the wet road; "Get out!" she hissed);
2. *(om projektiler)* whistle;
3. *(om blæst)* whisper; *(højere)* whistle.

hvislelyd hissing sound; *(fon.)* sibilant (sound).

hvislen *sb. (en) (jf. hvisle)* **1.** hissing; **2.** whistling; **3.** whisper(ing); whistling.

hvo *pron. (glds.)* who;
□ ~ *som* (he) who; whoever.

hvor[1] *adv.* **1.** *(om sted)* where (*fx* where are you?);
2. *(om grad, måde)* how (*fx* how big? how many? how bad?);
3. *(i udbrud)* how (*fx* how pretty she looks! how I hate being there);
□ ~ *glad blev jeg ikke!* how glad I was! ~ *meget jeg* ***end*** *læser* no matter how much I read; F however much I read; *(se også end)*; ~

omtrent? whereabouts? ~ ***som helst*** *a)* anywhere; *b) (konj.: ~ end)* wherever (*fx* wherever he came); ~ *kan det* ***være*** *se hvordan (kan det være).*

hvor[2] *pron.* **1.** *(især om sted)* where (*fx* the place where he was born; a situation where anything can happen);
2. *(om tid)* when (*fx* at a time when he was busy);
3. *(om andet)* in (, about, on etc.) which (*fx* a letter in which he said...; the environment in which they lived; a point on which (*el.* where) we disagree);
□ *der* ~ where.

hvoraf *adv.* **1.** *(spørgende)* of what; **2.** *(relativt)* of whom; of which;
□ ~ *kommer det?* what is the cause of (, reason for) it? why is that? T how come? ~ *kommer det at?* how is it that? *40 huse ~ mange er nye* 40 houses, many of which are new (*el.* many of them new).

hvordan *adv. (spørgende)* how (*fx* how did you do it? how did it happen?);
□ ~ *end* however; *fortæl mig nu ~ og hvorledes* now tell me all about it;
[med vb.] ~ **er** ... *a) (om beskaffenhed, art)* what is ... like (*fx* what is your room (, work) like?); *b) (om tilstand)* how is ...? (*fx* "How is your room at the hotel?" "Rather damp"); *fortæl mig ~ han er* tell me what he is like; ~ ***har*** *du det?* how are you? ~ ***kan*** *'det* ***være?*** how is that? ~ *kan det være at* why (*fx* why did he go?); how can it be (*el.* how is it *el.* how comes it) that; T how come (that).

hvorefter *adv.* **1.** *(relativt)* after which; F whereupon; **2.** *(ifølge hvilken)* according to which.

hvorfor *adv.* **1.** *(spørgende)* why (*fx* why did you do it?); what ... for (*fx* what did you do that for?); **2.** *(relativt, F)* for which reason (*fx* I felt sick, for which reason I had to leave); *(mere T)* and so;
□ ~ *det?* why? ~ *ikke? a)* why not? *b) (efter nægtelse)* why? (*fx* you didn't come; why?).

hvorfra *adv.* **1.** *(spørgende)* from where, where (*fx* where did you get that knife?); **2.** *(relativt)* from which (*fx* the town from which he came); from where.

hvorhen *adv.* **1.** *(spørgende)* where (*fx* where are you going?); **2.** *(relativt)* to which; where.

hvorhenne *adv.* where.

hvori *adv.* **1.** *(spørgende)* in what; *(mere* T*)* what .. in (*fx* what did he keep it in?); where; **2.** *(relativt)* in which (*fx* the house in which he lived); *(mere* T*)* where, which .. in.

hvoriblandt *adv. (relativt)* among whom (, which); including (*fx* five persons, including my brother).

hvorigennem *adv. (relativt)* through which; by means of which.

hvorimellem *adv. (relativt)* between which (, whom); among which (, whom).

hvorimod[1] *adv. (relativt)* against which.

hvorimod[2] *konj. (medens derimod)* whereas (*fx* he was poor whereas his brother was well-off); while.

hvorledes = *hvordan.*

hvormed *adv.* **1.** *(spørgende)* with what? by means of what? **2.** *(relativt)* with which; by means of which.

hvornår *adv. (spørgende)* when.

hvorom *adv.* **1.** *(spørgende)* about (*el.* of) what; **2.** *(relativt)* about (*el.* of) which;
□ ~ *alting er* anyhow; however that may be.

hvorover *adv.* **1.** *(spørgende)* of what; *(mere* T*)* what .. of (*fx* what are you complaining of?); **2.** *(relativt)* over which; above which; at which.

hvorpå *adv.* **1.** *(hvorefter)* after which; F whereupon; **2.** *(spørgende)* on what? *(mere* T*)* what .. on? (*fx* what do you base that assertion on?); **3.** *(relativt)* on which.

hvortil *adv.* **1.** *(spørgende: om sted)* where ... to? (*fx* where did you walk to?); *(om afstand)* how far (*fx* how far did we get?); *(om formål)* what for; F to what end?; **2.** *(relativt: om sted)* to which, where; *(om formål)* for which (*fx* the purpose for which it was made).

hvorunder *adv.* **1.** *(relativt)* under which; below which; **2.** *(om tid)* during which.

hvorved *adv.* **1.** *(spørgende)* by what means; **2.** *(relativt: om sted)* at which; near which; *(om middel)* by (means of) which.

hvorvidt *konj.* **1.** *(om)* whether; **2.** *(i hvilken udstrækning)* how far (*fx* I don't know how far it is possible).

hvælv *sb. (et, -)* vault (*fx* the vault of heaven).

hvælve *vb.* vault; *(se også hvælvet)*;
□ ~ *sig* arch, vault; *himlen der -de (, -r) sig over os* the sky above us; F the overarching sky.

hvælvet *adj.* **1.** *(set indefra)* vaulted; **2.** *(set udefra)* dome-shaped; convex; *(som buler ud)* bulging;
□ *en ~ pande* a domed (*el.* high) forehead.

hvælving *sb. (en, -er)* **1.** vault (*fx* barrel vault); **2.** *(hvælvet form)* convexity.

hvæse *vb.* **1.** *(om gås)* hiss; **2.** *(om kat)* spit; **3.** *(af åndenød)* wheeze; **4.** *(sige -nde)* hiss (*fx* "Get out!" she hissed); *(mere skurrende)* rasp.

hvæsen *sb. (en) (jf. hvæse)* **1.** hissing; *(enkelt)* hiss; **2.** spitting; **3.** wheezing; *(enkelt)* wheeze; **4.** hiss.

hvæsse *vb.* sharpen; F whet.

hvæssesten whetstone.

hyacint *sb. (en, -er) (bot.)* hyacinth.

hybel *sb. (en, hybler)* **1.** *(studerekammer)* den; **2.** *(logi)* digs pl.

hyben *sb. (et, -) (bot.)* hip.

hybenkradser *sb. (en, -e)* dram.

hybenrose *(bot.)* dog rose.

hybrid *sb. (en, -er) & adj.* hybrid.

hybridmotor hybrid engine.

hybridnet multi-use cable network.

hybris *sb. (en)* hubris.

hydra *sb. (en, -er) (myt.)* hydra.

hydrat *sb. (et, -er) (kem.)* hydrate.

hydraulik *sb. (en)* hydraulics sg.

hydrauliker *sb. (en, -e)* hydraulicist.

hydraulisk[1] *adj.* hydraulic.

hydraulisk[2] *adv.* hydraulically.

hydro- hydro- (*fx* dynamics, electricity, geology, mechanics, phone).

hydrofoil *sb. (en, -er)* hydrofoil.

hydrofoilbåd hydrofoil (boat).

hydroplan *sb. (et, -er)* hydroplane.

hygge[1] *sb. (en) (jf. hyggelig)* **1.** comfort; cosiness; **2.** *(om stemning)* friendly (*el.* homely *el.* cosy *el.* cheerful) atmosphere;
□ *hjemlig ~ a) (jf. 1)* homely comfort; *b) (jf. 2)* homely atmosphere; *skabe ~ a) (jf. 1)* make the house (etc.) look cosy; *b) (jf. 2)* create a friendly (, cosy) atmosphere; make you feel at home.

hygge[2] *vb.:* ~ *om en a) (gøre det behageligt for)* make sby comfortable; *b) (+ pusle om, underholde etc.)* give sby a pleasant time; ~ *sig a)* make oneself comfortable; *b)* have a pleasant time; feel at

home; *i aften skal vi rigtig ~ os* we will have a nice cosy evening; *hyg jer!* (T: *afskedshilsen, svarer til)* have fun!
hyggeaften cosy evening.
hyggekrog cosy corner.
hyggelig *adj.* **1.** *(om sted: behagelig, rar)* comfortable (*fx* house, flat, room); *(+ lille)* cosy (*fx* corner, cottage, flat, room); *(+ lun)* snug (*fx* corner, room); *(enkel og hjemlig)* homely (*fx* hotel, place); **2.** *(om stemning: lys, opmuntrende)* cheerful (*fx* atmosphere, room); *(venlig)* friendly (*fx* atmosphere); *(+ fortrolig)* cosy (*fx* atmosphere, evening);
3. *(om person: rar)* pleasant, nice (*fx* chap);
□ *gøre det -t for en se hygge (om en); have det -t se hygge (sig); en ~ snak* a cosy (*el.* nice) chat.
hyggepianist piano entertainer; *(i bar)* bar pianist.
hyggesnak cosy (*el.* nice) chat; T natter.
hyggesnakke *vb.* T natter.
hyggespreder: *være en ~* create a genial atmosphere.
hygiejne *sb. (en)* **1.** hygiene; **2.** *(hygiejniske foranstaltninger)* sanitation (*fx* poor sanitation); **3.** *(offentlig sygdomsforebyggelse)* public health.
hygiejnebind sanitary towel.
hygiejnisk[1] *adj.* **1.** *(ren)* hygienic (*fx* conditions); **2.** *(til at fremme hygiejne)* sanitary (*fx* measures).
hygiejnisk[2] *adv.* hygienically.
hykle *vb.* **1.** *(med objekt)* feign, simulate (*fx* an interest in sth);
2. *(uden objekt)* dissemble, play the hypocrite (*for* to).
hykler *sb. (en, -e)* hypocrite.
hykleri *sb. (et, -er)* hypocrisy; *(om udtalelse også)* cant.
hyklerisk[1] *adj.* hypocritical.
hyklerisk[2] *adv.* hypocritically.
hyl *sb. (et, -)* **1.** howl; *(højere)* yell;
2. *(klagende)* wail, yowl;
3. *(ynkeligt)* whine;
4. *(om sirene etc.)* hoot (*fx* of a factory siren); *(klagende)* wail (*fx* the wail of police sirens (, of an air raid siren));
5. *(i radio)* howl;
□ *et ~ af latter* a howl (*el.* hoot) of laughter; *et langt ~* S a tall lanky fellow.
hyld *sb. (en, -e) (bot.)* elder.
hylde[1] *sb. (en, -r)* shelf (pl. shelves);
□ *lægge på -n a)* put on the shelf; *(fig. også)* shelve (*fx* the plan); *b) (holde op med)* give up; T cut out; *lægge tobakken på -n* give up (, cut out) smoking; *han er kommet på en forkert ~* he has missed his vocation; he is a square peg in a round hole; *han er kommet på sin rette ~* he has found his vocation; he has found the right job; *være på sin rette ~* be the right man (, woman) in the right place; *sætte varer på -r (fx i supermarked)* stack shelves.
hylde[2] *vb.* **1.** *(bevidne sin respekt)* pay tribute to (*fx* the great statesman); F pay homage to (*fx* the new king; the heroes); *(ved bifald)* applaud; *(stærkere,* F*)* acclaim; *(ved hurraråb)* cheer;
2. *(rose)* praise (*fx* he was praised for his courage); *(stærkere,* F*)* acclaim (*fx* acclaimed by the critics);
3. *(et princip)* follow, believe in;
□ *blive -t af a)* receive the tribute (, homage) of; *b)* be cheered (, applauded) by; *de -de ham stående* they gave him a standing ovation.
hyldeblomst *(bot.)* elder flower.
hyldebusk *(bot.)* elder bush.
hyldebær *(bot.)* elderberry.
hyldeknægt shelf bracket.
hyldemarv *(bot.)* elder pith.
hyldemarvskugle pith ball.
hyldepapir shelf lining, shelf paper.
hyldest *sb. (en)* **1.** tribute (*fx* pay a glowing tribute to the distinguished scientist; erect a statue as (a) tribute to the great statesman); F homage (*fx* the king received the homage of his people; he was received with warm homage);
2. *(bifald)* ovation, applause;
3. *(ros)* praise; *(stærkere,* F*)* acclaim (*fx* the acclaim he received from the critics).
hyldestråb *sb.pl.* cheers.
hyldete elder tea.
hyldetræ **1.** *(bot.)* elder tree;
2. *(materiale)* elder wood.
hyldevare *(hdl.)* off-the-shelf item (*el.* product);
□ *-r (også)* off-the-shelf goods; *det er ikke -r (fig.: ikke almindeligt)* they are few and far between, they do not grow on trees.
hyle *vb.* **1.** *(skrige)* yell;
2. *(tude, fx om vind, ulv, hund)* howl;
3. *(klagende)* wail, yowl (*fx* wailing (*el.* yowling) babies);
4. *(ynkeligt)* whine;
5. *(om sirene)* hoot (*fx* the factory siren hooted); *(med en klagende lyd)* wail (*fx* a police siren (, an air-raid siren) wailed);
□ *-nde grinagtig se grinagtig;* *[med præp. & adv.] ~* ***af*** *latter* howl with laughter; *(højere)* hoot with laughter; *~ af smerte* howl (, yell, wail) with pain; *~* ***op*** *a)* yell out; *b) (beklage sig)* whine, yammer (*om* about); T scream blue murder; *~ ham* ***ud af*** *det* T make him lose his nerve, get him flustered, rattle him; *(se også grinagtig).*
hylekor **1.** *(ved sportskamp) se heppekor*; **2.** *(som forstyrrer)* hecklers pl.; a booing (*el.* jeering) crowd.
hylen *sb. (en) (jf. hyle)* **1.** yelling; *(enkelt)* yell; **2.** howling; *(enkelt)* howl; **3.** wailing, yowling; *(enkelt)* wail, yowl; **4.** whining; *(enkelt)* whine; **5.** hooting, wailing; *(enkelt)* hoot, wail; **6.** *(i radio)* howling.
hyler *sb. (en, -e)* abandoned seal cub.
hyleri *sb. (et) se hylen.*
hylle *vb.: ~ ind* wrap up; cover; F envelop; *~ sig ind i* wrap oneself up in; F envelop oneself in.
hyllet *adj.: ~ i a)* wrapped in (*fx* a cloak); covered with (*fx* veils); F enveloped in (*fx* a sacklike garment; a thick cloak); *b) (skjult af)* enveloped in (*fx* clouds, fog); shrouded in (*fx* darkness, mist); *~ i mystik* shrouded in mystery.
hylster *sb. (et, hylstre)* **1.** case;
2. *(til grammofonplade)* sleeve, cover;
3. *(patron-)* cartridge case;
4. *(pistol-)* holster;
5. *(til ballon, luftskib)* envelope;
□ *hans jordiske ~* his mortal frame.
Hymen: *smede i -s lænker* join in the bonds of matrimony.
hymen *sb. (en) (anat.)* hymen.
hymne *sb. (en, -r)* hymn.
hynde *sb. (en, -r)* **1.** *(pude)* cushion; **2.** *(ryg-)* bolster.
hyp *interj.* gee up!
hyper- hyper- (*fx* correct, critical, sensitive; inflation, ventilation).
hyperbel *sb. (en, hyperbler)*
1. *(overdrivelse)* hyperbole;
2. *(mat.)* hyperbola.
hyperbolsk *adj. (mat.)* hyperbolic (*fx* functions).
hypermoderne *adj.* ultra-modern.
hyphest gee-gee.
hypning *sb. (en, -er)* hoeing, earthing.
hypnose *sb. (en)* hypnosis.
hypnotisere *vb.* hypnotize.
hypnotisk[1] *adj.* hypnotic.
hypnotisk[2] *adv.* hypnotically.
hypnotisør *sb. (en, -er)* hypnotist.
hypofyse *sb. (en, -r) (anat.)* pituitary gland.

hypokonder *adj.* hypochondriac(al).
hypokondri *sb. (en)* hypochondria.
hypotek *sb. (en, -er)* mortgage.
hypotekbank mortgage bank.
hypotenuse *sb. (en, -r) (mat.)* hypotenuse.
hypotese *sb. (en, -r)* hypothesis (pl. hypotheses).
hypotetisk[1] *adj.* hypothetical.
hypotetisk[2] *adv.* hypothetically.
hyppe[1] *vb.* hoe, earth;
□ ~ *kartofler* earth up (*el.* ridge up *el.* hill) potatoes; ~ *sine egne kartofler (fig.)* look after number one; *have nogle private kartofler at* ~ *(fig.)* have an axe to grind.
hyppe[2] *vb.:* ~ *på hesten* gee up the horse.
hyppejern hoe.
hyppig *adj.* frequent.
hyppighed *sb. (en)* frequency.
hyr *sb. (et) se hyre*[2].
hyrde *sb. (en, -r)* **1.** herdsman; **2.** *(fåre- & fig.)* shepherd.
hyrdebrev pastoral letter.
hyrdedigt pastoral (poem).
hyrdedigter pastoral poet.
hyrdedreng (shep)herd boy.
hyrdehund sheep dog.
hyrdeliv pastoral life.
hyrdestav **1.** (shepherd's) crook; **2.** *(gejstligt symbol)* crosier.
hyrdetaske *(bot.)* shepherd's purse.
hyrdetime*: de havde en* ~ *(omtr.)* they were sitting quietly together.
hyrdinde *sb. (en, -r)* shepherdess.
hyre[1] *sb. (en, -r)* **1.** *(sø.: løn)* wages pl.; *(tjeneste)* job, berth;
2. *(løn)* T pay; S screw;
3. *(om taxi etc.)* hire;
□ *søge* ~ *a) (sø.)* look for a berth; *b) (om taxi etc.)* ply for hire; *tage* ~ *med et skib* sign 'on on a ship; F sign articles on board a vessel.
hyre[2] *sb. (en) (besvær): have sin* ~ *med at* have a job -ing (*fx* I had a job getting him out of the house).
hyre[3] *vb.* hire;
□ *lade sig* ~ *(sø.)* sign on; F sign articles.
hyrebasse *(sø.)* crimp.
hyrevogn taxicab, cab; *(glds.)* hackney carriage.
hys *interj.* hush!
hysse *vb.* **1.** *(for at få ro)* hush; **2.** *(for at vise utilfredshed)* hiss (*ad* at).
hyssen *sb. (en) (jf. hysse)* **1.** hushing; **2.** hissing.
hyssing *sb. (en)* **1.** twine; **2.** *(sø.)* house line.
hystade *sb. (en, -r)* hysterical woman.
hysteri *sb. (en)* **1.** *(anfald)* hysterics pl.; **2.** *(med.)* hysteria; **3.** *(fig.)* hysteria (*fx* war (, mass) hysteria);
□ *få et anfald af* ~ go into hysterics; *det er noget værre* ~ it is pure hysteria.
hysteriker *sb. (en, -e)* hysteric.
hysterisk[1] *adj.* hysterical;
□ *få et* ~ *anfald* go into hysterics.
hysterisk[2] *adv.* hysterically (*fx* scream (, laugh) hysterically).
hytte[1] *sb. (en, -r)* **1.** hut;
2. *(lille hus på landet)* cottage;
3. *(bjælke-)* cabin;
4. *(jagt-, fiske-, ski-, bjerg- til overnatning)* lodge;
5. *((svejtsisk) bjerg-,* ~ *i ferieby)* chalet;
6. *(elendig)* hovel;
7. *(sø.)* poop.
hytte[2] *vb.: fanden -r sine* the devil looks after his own; ~ *sig selv,* ~ *sit skind* take care of oneself; save one's bacon.
hyttefad **1.** well box; **2.** *(i skib)* well.
hyttefadskonvolut S internal mail envelope.
hytteost cottage cheese.
hyttesko casual (shoe); *(am.)* loafer.
hyæne *sb. (en, -r) (zo.)* hyena.
hæder *sb. (en)* honour;
□ *med* ~ honourably; *klare sig med* ~ do well; *bedækket med* ~ covered in glory; *(se også skælde (~ og ære fra)).*
hæderfuld *adj.* honourable.
hæderkronet *adj.* illustrious.
hæderlig *adj.* **1.** honest; **2.** *(ret god)* decent; fairly good; *(*F *el. spøg.)* tolerable;
□ *gøre sig -e anstrengelser for at* do one's level (*el.* very) best to; *med nogle få -e undtagelser* with a few honourable exceptions.
hæderlighed *sb. (en)* honesty; *(mere* F*)* integrity.
hædersbevisning (mark of) honour; *(stærkere)* distinction (*fx* the highest distinction ever given).
hædersgave presentation; gift in acknowledgement of sby's services;
□ *give én en* ~ make sby a presentation.
hædersgæst guest of honour.
hædersmand **1.** man of honour; **2.** *(nedladende)* worthy.
hædersplads **1.** place (, seat) of honour; **2.** *(fig.)* pride of place (*fx* give the vase pride of place).
hæderstegn medal.
hædre *vb.* honour.
hæfte[1] *sb. (et, -r)* **1.** *(del af bog)* part, instalment;
2. *(lille tryksag)* pamphlet, booklet ;
3. *(kollegie-)* notebook;
4. *(stilebog)* exercise book;
5. *(med billetter, checks, frimærker etc.)* book.
hæfte[2] *sb. (et) (om straf)* [mitigated imprisonment].
hæfte[3] *sb. (et, -r)* **1.** *(sværd-)* hilt; **2.** *(til sav)* handle.
hæfte[4] *vb. (se også hæftet)* **1.** *(fastgøre)* fix, fasten (*til* to; *på* on); *(med clips)* clip; *(med nål)* pin;
2. *(med hæftemaskine)* staple;
3. *(bog)* stitch, sew;
4. *(klæbe)* stick;
□ ~ *ende* fasten off;
[med adv. & præp.] ~ ***for*** be liable for; ~ ***op*** tuck up; ~ ***sammen*** *a)* fasten together; *(med clips)* clip together; *(med nål)* pin together; *b) (med hæftemaskine)* staple together; ~ ***ved*** *a) (sidde fast på)* attach to (*fx* the suspicion still attaches to him); stick to; *b) (være forbundet med)* be incident to (*fx* the difficulties incident to this method); be involved in; ~ ***sig ved*** *(slå ned på)* fasten on; *(bemærke)* notice, pay attention to.
hæfteklamme staple.
hæftelse *sb. (en, -r)* liability.
hæftemaskine **1.** stapler; **2.** *(i bogbinderi)* stitching machine.
hæftepistol staple gun.
hæfteplaster **1.** (sticking) plaster; **2.** *(med gazekompres)* dressing strip.
hæftestift staple.
hæftet *adj. (om bog)* paperbound, papercovered.
hæftevis *adv.* in instalments, in parts.
hæftning *sb. (en, -er) (jf. hæfte*[4]*)* **1.** fixing; fastening; **2.** stapling; **3.** *(af bog)* sewing, stitching;
□ *i stiv* ~ *(om bog)* in a cardboard cover.
hæg *sb. (en -(g)e) (bot.)* bird cherry.
hæge *vb.:* ~ *om a)* take good care of; *b) (en plante)* nurse; *c) (fig.: et minde)* cherish; *(en tradition)* keep up.
hægte[1] *sb. (en, -r)* hook;
□ *-r og maller* hooks and eyes; *komme til -rne* get better; recover.
hægte[2] *vb.* hook;
□ ~ ***af*** *a) (om vogn etc.)* unhitch; *b) (om person)* be left out of (*fx* developments); *c) (uden objekt: blive af med,* T*)* give the slip (*fx* he tried to follow her, but she gave him the slip); *han blev -t af a) (fig.: holdt udenfor)* he was left out (in the cold); *b) (i sport)* he was outdistanced; ~ ***op*** *(ɔ: åbne, løse)* unhook; ~ ***på*** *(om vogn etc.)*

hitch on; ~ ***sig på*** *(fig.)* latch onto.
hæk[1] *sb. (en, -ke)* **1.** *(hegn)* hedge; **2.** *(forhindring i hækkeløb)* hurdle.
hæk[2] *sb. (en, -ke(r)) (foderhæk)* feed rack.
hæk[3] *sb. (en -ke(r)) (sø.)* stern.
hækbølge *sb. (sø.)* stern wave.
hækjolle *(sø.)* stern boat.
hækkeløb hurdle race; hurdles pl. (*fx* he won the 400 metres hurdles).
hækkeløber hurdler.
hækkesaks 1. hedge shears pl.; **2.** *(elektrisk)* electric hedge cutter; □ *en* ~ a pair of hedge shears.
hækle *vb.* crochet.
hæklenål crochet hook.
hækletøj crochet work.
hækling *sb. (en)* crochet (work).
hækmotor rear engine.
hæl *sb. (en, -e)* heel;
□ *hunden fulgte ham* ***i -ene*** the dog was walking at his heels; *med politiet i -ene* with the police at one's heels; *han har rendt mig i -ene (el.* ***i -ene på*** *mig) hele dagen* he has been dogging my footsteps all day; *politiet var lige i -ene på ham* the police were close (*el.* hard) on his heels; *med bukserne* ***nede om -ene*** with one's pants down; ***sætte -ene i*** *(fig.)* dig one's heels (*el.* toes) in; *(se også smække (sammen), træde*[1] *(i)).*
hæld *sb.: gå på* ~ wane (*fx* the day (, year) is waning); draw to its close (*fx* winter was drawing to its close).
hælde[1] *vb. (se også hældende)*
1. *(skråne)* slant, slope (*fx* the letters slant (*el.* slope); the floor slopes a little); F incline;
2. *(stå skråt)* lean (*fx* the wall leans badly);
3. *(stille skråt)* tilt (*fx* a cup; one's chair; one's head to one side); F incline;
4. *(gå på hæld) se hæld*;
□ ~ *til den anskuelse at* be inclined to think (*el.* believe) that; ~ *til katolicismen* lean towards Catholicism; ~ *til konservatismen* have Conservative leanings; *han har intet at* ~ *sit hoved til* he has nowhere to lay his head.
hælde[2] *vb.* **1.** *(om væske)* pour (*fx* pour the milk into a jug);
2. *(om andet: pludseligt)* tip (*fx* she tipped the contents of the bag out on the table); *(langsommere)* pour (*fx* the apples into a box, the potatoes into a bowl);
□ ~ *forsigtigt* pour carefully; ~ *et glas fuldt* fill a glass;
[med adv. & præp.] ~ ***af*** *(*T*: smide etc.)* dump (*fx* he dumped his books on the table); ~ ***fra*** pour off (*fx* the fat, the liquid); *(se også vand)*; ~ ***i sig*** *(om drink)* knock back (*fx* two bottles of beer); ~ ***om*** decant (*fx* wine); ~ ***op*** pour out (*fx* the wine); ~ ***på*** *flasker* pour into bottles, bottle; ~ *ham* ***ud*** T chuck him out, turf him out.
hældekant non-drip edge.
hældende *adj.* **1.** sloping; F inclined; **2.** *(stående skråt)* leaning; *(se også skubbe (til)).*
hældetud non-drip spout.
hældning *sb. (en, -er)* **1.** slope; F inclination; *(af tag)* pitch; **2.** *(en vejs skråning i længderetningen)* gradient; **3.** *(en vejs* ~ *i kurve)* banking; **4.** *(fig.)* leaning(s) (*mod* towards, *fx* Conservatism).
hældøret *adj.* sanctimonious.
hæle *vb. (begå hæleri)* handle stolen goods; S fence.
hælebar heel bar.
hæler *sb. (en, -e)* fence; *(jur.)* handler (of stolen goods).
hæleri *sb. (et)* fencing; *(jur.)* handling (stolen goods).
hælspark heel kick.
hæmme[1] *sb. (et, -r) (fon.)* narrowing.
hæmme[2] *vb. (se også hæmmende, hæmmet)* **1.** *(begrænse)* restrict (*fx* his freedom; his movements);
2. *(gøre besværlig)* hamper (*fx* his movements; trade);
3. *(holde tilbage, lægge hindringer i vejen for,* F*)* impede (*fx* the circulation of blood; progress, trade; he was impeded in his career by lack of belief in himself);
4. *(psyk.)* inhibit (*fx* his presence inhibited her).
hæmmelyd *(fon.)* fricative.
hæmmende[1] *adj. (jf. hæmme*[2]*)*
1. restrictive; **2.** hampering;
3. *(psyk.)* inhibitory.
hæmmende[2] *adv. (jf. hæmmende*[1] *1)* restrictively;
□ *virke* ~ *på a)* have a restrictive influence on; restrain; *b) (psyk.)* inhibit.
hæmmet *adj. (psyk.)* inhibited; *(se også udviklingshæmmet)*;
□ ~ *af a) (besværliggjort)* hampered by (*fx* a tight skirt; poor eyesight); *(stærkere)* shackled by (*fx* traditions); *b) (holdt tilbage)* impeded by (*fx* progress on the building was impeded by snowfall); *c) (psyk.)* inhibited by (*fx* his presence).
hæmning *sb. (en, -er)* **1.** restraint; **2.** *(psyk.)* inhibition.
hæmningsløs *adj.* unrestrained (*fx* exploitation); uncontrolled (*fx* behaviour; use of pesticides); *(hensynsløs)* reckless (*fx* extravagance);
□ *han er fuldstændig* ~ he cannot control himself.
hæmoglobin *sb. (et) (fysiol.)* haemoglobin.
hæmorider, **hæmorroider** *sb.pl.* piles; *(fagl.)* haemorrhoids.
hæmsko *(fig.)* drag (*for* on, *fx* her children may have been a drag on her career); F impediment (*for* to, *fx* economic growth).
hænde[1] *sb.: i* ~ *se hånd.*
hænde[2] *vb.* **1.** *(indtræffe)* happen (*fx* a strange thing happened); *(mere* F*)* occur;
2. *(foregå)* take place (*fx* these events took place many years ago);
3. *(overgå)* happen to (*fx* I hope nothing has happened to him); F befall;
□ *det -r* ***at*** *han kommer for sent* he is sometimes late; *det kan* ~ ***for*** *enhver* that might happen to anybody; *der er hændt en* ***ulykke*** there has been an accident; *der er hændt ham en ulykke* he has had (*el.* met with) an accident.
hændelig *adj.* accidental;
□ *det er et -t uheld* it is one of those accidents which might happen to anybody.
hændelse *sb. (en, -r)* **1.** *(begivenhed)* event (*fx* the novel is based on real events); **2.** *(mindre)* incident, occurrence (*fx* a strange (, unfortunate) occurrence);
□ *en ulykkelig* ~ *(også)* an (unfortunate) accident.
hænder *pl. af hånd.*
hændervridende *adj. (præd.)* wringing his (, her etc.) hands.
hænge[1] *vb. (hang, hængt) (se også hænge*[2]*, hængende) (uden objekt)*;
1. hang; **2.** *(~ slapt ned,* F*)* droop (*fx* flags drooped in the windless heat; the flowers drooped for lack of water; his head (, shoulders) drooped); *(se også ndf.: ~ ned)*;
□ *blive -nde a) se ndf.: ~ fast*; *b) (i telefon: ikke lægge røret på)* hang on (*fx* hang on while I find him);
~ *og dingle* dangle; ~ *fuld af* be loaded with; *sidde og* ~ loll (*el.* lounge) (about); *(mere neds.)* slouch (*fx* in front of the television); *stå og* ~ *a) (slapt)* loll (*el.* lounge) (about); *b) (ubeskæftiget)* hang about (*fx* hang about street corners);
[med præp. & adv.] ~ ***fast*** *a) (klæbe)* stick (*fx* the stamps won't

stick); *b) (ikke kunne komme fri)* stick, get stuck (*fx* the car got stuck in the mud); *c) (blive fanget)* get caught (*fx* her dress got caught on a nail); ~ ***fast ved,*** *se ndf.:* ~ *ved; din underkjole -r* ***forneden*** your slip is showing;
~ *'**i** a) (arbejde hårdt)* grind away; *b) (blive ved)* keep at it; *c) se ovf.:* ~ *fast;* '~ *i a)* hang from (*el.* on) (*fx* a rope; the key was hanging from a string; he hung from his fingers); F be suspended from (*el.* by); *b) (lige ved at falde)* hang by (*fx* hang by a thread; he hung by his fingers); *hans liv -r i en tynd tråd* his life hangs by a thread; *(se også luft, skørt)*;
~ ***med*** *hovedet (el. næbbet el. ørerne) a) (være nedslået)* be down in the mouth; look a bit sorry for oneself; *b) (være flov)* hang one's head;
~ ***ned*** hang down; *(slapt,* F*)* droop; *(slapt, i en bue)* sag (*fx* the bed sags in the middle);
~ ***over*** *bøgerne* be poring over one's books; T be glued to one's books; ~ *over en a)* follow sby about everywhere; *b) (ɔ: vogte på)* breathe down sby's neck; ~ *over hovedet på ham (også fig.)* hang over his head;
~ ***på*** *noget (fig.)* be stuck with sth; *(se også træ)*; ~ *på den* T be in the soup, be in for it, be up against it; ~ *på et søm* hang from (*el.* on) a nail;
~ ***sammen*** *a)* hang together (*fx* the car can't hang together much longer); *b) (fig.)* hang together (*fx* the story doesn't hang together); *(give mening)* add up (*fx* it doesn't add up); *få det til at* ~ *sammen a) (få en helhed ud af det)* make it fit together; *b) (økonomisk)* make ends meet; *sagen -r sådan sammen at* the facts of the matter are that; *jeg kunne næsten ikke* ~ *sammen (af træthed)* I was ready to drop;
~ ***sammen med*** be connected with; *(logisk)* be bound up with;
~ ***ud af*** *halsen se hals*; *hans skjorte hang* ***uden på*** *bukserne* his shirt was hanging outside his trousers;
~ *'**ved*** stick (*fx* they called him "Smartie" and the name stuck); '~ *ved* cling to (*fx* one's life; he clung to his mother); *han hang ved hendes læber (fig.)* he hung on her lips.

hænge[2] *vb. (hængte, hængt) (med objekt)*; **1.** hang (up); F suspend; **2.** *(henrette)* hang; *(i denne betydning oftest bøjet regelmæssigt:* hanged, hanged*)*;
□ *jeg vil se ham hængt* I'll see him hanged first;
[med adv. & sig] ~ ***op*** hang up (*fx* one's coat, the washing); hang (*fx* curtains, a picture on the wall); put up (*fx* a lamp, pictures); ~ *ham* ***op på*** *det* pin it on him; *noget at* ~ *sin utilfredshed op på* something to pin one's dissatisfaction on; ~ ***sig*** hang oneself; ~ ***sig i*** *bagateller (el. småting)* be too concerned with (trifling) details (*el.* with trivialities); make a fuss over trifles; ~ *sig i formerne* stand on ceremony; ~ *sig i et enkelt ord* quibble over a single word; ~ *sig i sin livrem* hang oneself with one's belt; ~ *en* ***ud*** *(fig.)* denounce sby; expose sby to public contempt; *blive hængt ud (fig.) a)* be exposed to public contempt; *b) (få skylden)* get the blame.

hængeask *(bot.)* weeping ash.
hængebirk *(bot.)* weeping birch.
hængebro suspension bridge.
hængebøg *(bot.)* weeping beech.
hængedynd quagmire.
hængehoved drip.
hængekøje hammock.
hængelampe pendent lamp.
hængelås padlock.
hængemuleøl T non-alcoholic beer.
hængende *adj.* **1.** hanging; F pendent; **2.** *(slapt)* drooping (*fx* moustache, shoulders); droopy;
□ ~ *bryster* sagging breasts; F pendulous breasts; ~ *haver* hanging gardens; *på et* ~ *hår se hår;* ~ *overskæg* drooping (*el.* droopy) moustache;
[med vb.] ***blive*** ~ *a) (hænge ved)* stick (*fx* the stamp won't stick; the nickname stuck); *b) (blive fanget)* catch, get caught (*i* on, *fx* his coat (got) caught on a nail); *c) (blive på et sted)* stick around; hang on (*fx* he always hangs on until far into the night); *d) (ikke kunne komme fri)* stick, get stuck (*fx* the car got stuck in the mud); ***have*** *det* ~ *over hovedet (fig.)* have it hanging over one's head.
hængeparti 1. *(i skak)* adjourned game; **2.** *(fig.)* unfinished piece of business.
hængepil *(bot.)* weeping willow.
hængeplante hanging plant.
hængerøv *(vulg., om person)* drip, wet rag;
□ *han har* ~ *i bukserne* his trousers are baggy at the seat; the seat of his trousers hangs down; *bukser med* ~ baggy (*el.* droopy) trousers.
hængesmykke pendant.
hængesofa garden hammock.
hængetræ 1. *(til slagtekrop)* gambrel; **2.** *(bot.)* weeping tree; **3.** *(fig.)* clinging vine.
hængning *sb. (en, -er)* hanging.
hængsel *sb. (et, hængsler)* hinge.
hængsle *vb.* hinge.
hær *sb. (en, -e)* **1.** army; **2.** *(hærskare)* army; T host.
hærafdeling detachment.
hærberetning communiqué.
hærchef army chief; commander-in-chief.
hærde *vb.* **1.** *(stål etc.)* harden; **2.** *(om person: mentalt)* harden (*imod, over for* to); *(fysisk)* toughen up.
hærdebred *adj.* broad-shouldered.
hærdet *adj. (hårdfør)* seasoned; *(af erfaringen også)* hard-bitten;
□ ~ *stål* hardened steel.
hærdne *vb.* harden.
hærdning *sb. (en, -er)* hardening.
hæretiker *sb. (en, -e)*, **hæretisk** *adj.* heretic.
hærfugl *(zo.)* hoopoe.
hærfører *sb. (en, -e)* army commander.
hærge *vb.* **1.** *(volde ødelæggelse)* cause havoc (*fx* the storm caused havoc in the town); *(*F *el. glds.)* ravage (*fx* the enemy ravaged the country; ravaged by fire (, war); a face ravaged by disease);
2. *(begå hærværk mod)* vandalize;
3. *(om sygdom: brede sig)* rage;
□ *uvejret -de flere byer* several towns were damaged in the storm; *drage -nde gennem a) (om hær)* ravage; *b) (om ophidset skare)* rampage through.
hærget *adj.* **1.** *(af hær etc.)* ravaged (*fx* a country ravaged by war);
2. *(udsat for hærværk)* vandalized (*fx* building);
3. *(om person: udslidt etc.)* worn, run-down; *(stærkere)* haggard, ravaged (*fx* face);
□ *hun så* ~ *ud (også)* she looked a wreck.
hærkommando army command.
hærordning army organization.
hærskare host.
hærstyrke (military) force.
hærværk 1. vandalism; **2.** *(jur.)* malicious damage;
□ *begå* ~ *mod* vandalize; *(se også øve)*.
hærværksmand vandal.
hæs[1] *sb. (et, -) (halmstak etc.)* stack, rick.
hæs[2] *adj.* hoarse;

□ ~ *som en ravn* as hoarse as a crow.
hæsblæsende[1] *adj.* **1.** breathless; *(præd. også)* out of breath; **2.** *(hastig)* hurried;
□ *i et ~ tempo* at a tremendous pace; at a tearing speed.
hæsblæsende[2] *adv.* **1.** breathlessly; **2.** *(hastigt)* in a hurry.
hæshed *sb. (en)* hoarseness.
hæslig *adj.* **1.** *(grim)* ugly; *(stærkere)* hideous *(fx* vase); **2.** *(modbydelig)* ugly *(fx* wounds); hideous *(fx* crime).
hæslighed *sb. (en)* ugliness; *(stærkere)* hideousness.
hætte *sb. (en, -r)* **1.** *(hovedbeklædning)* hood; *(på munkekutte)* cowl; **2.** *(på fyldepen)* cap; **3.** *(til tepotte)* (tea) cosy; **4.** *(til skrivemaskine)* cover.
hætteglas *(med.)* capped vial.
hætteklædt *adj.* hooded.
hættemåge *(zo.)* black-headed gull.
hævd *sb. (en) (jur.)* prescriptive right;
□ *få ~ på* gain a prescriptive right to; *skik som har gammel ~* time-honoured custom; *holde i ~* uphold *(fx* a tradition).
hævde *vb.* **1.** *(påstå, gøre krav på)* claim *(fx* he claimed to be (*el.* that he was) the rightful owner; he claimed to have (*el.* that he had) done it alone);
2. *(~ og fastholde)* maintain *(fx* that the earth is flat; that one is innocent; one's opinion; one's right); *(stædigt, vedholdende)* insist (on) *(fx* insist that one is right; insist on one's innocence); *(stærkere,* F*)* protest *(fx* one's innocence; that the account is misleading);
3. *(med bestemthed, ofte uden bevis)* assert *(fx* she asserted her right; he asserted that he was right);
4. *(især: i forventning om modsigelse,* F*)* contend *(fx* he contended that the MS was of a later date);
5. *(med tvivlsom ret)* allege *(fx* he alleged to be (*el.* that he was) an American citizen);
6. *(som led i argumentation)* argue *(fx* he argued that it would be a great advantage);
□ *det -s at han er* he is claimed to be *(fx* innocent); *~ sin plads, ~ sig* hold one's own.
hævdelse *sb. (en)* assertion.
hævdvunden *adj.* **1.** *(traditionel)* time-honoured, established *(fx* custom); **2.** *(jur.)* prescriptive *(fx* right).
hæve *vb. (se også hævet)* **1.** *(gøre højere)* raise *(fx* the floor; one's voice; the price, the rent, taxes); *(sætte i vejret også)* put up *(fx* the price, interest rates);
2. *(løfte)* raise *(fx* one's glass, one's finger, one's hand); lift *(fx* he lifted the glass to his mouth; she lifted her hand to ring the bell; he lifted his foot to kick); lift up *(fx* a box from the floor);
3. *(penge, løn etc.)* draw *(fx* £3,000 every month; draw unemployment benefit); *(i bank)* draw *(fx* money out of the bank); withdraw *(fx* withdraw money from the bank); *(check etc.)* cash;
4. *(ophæve)* raise, lift *(fx* an embargo, a siege; lift a curfew); cancel *(fx* a contract);
5. *(afbryde)* break off *(fx* an engagement *(forlovelse)*; a connection);
6. *(svulme op)* swell (up) *(fx* his ankle swelled up); F tumefy; *(om dej etc.)* rise;
□ *~ sig a)* rise; *b) (svulme op)* swell (up); *~ sig over, se ndf.*; *[med sb.] ~ blikket* raise one's eyes; look up; *~ diskontoen* raise the bank rate; *~ fortryllelsen* break the spell; *~ mødet a) (afslutte)* close the meeting *(fx* the meeting is closed!); *b) (foreløbigt)* adjourn the meeting; *sagens omkostninger -des* no order was made as to costs; *~ retten* adjourn the court; *retten -des* the court rose; *~ sagen a) (om sagsøgeren)* discontinue the action; *b) (om anklagemyndigheden)* refuse to prosecute; T drop the case; *(når sagen er kommet for)* offer no evidence; *c) (om retten)* dismiss the case; *~ et sunket skib* raise a sunken ship;
[med præp.] ~ prisen (, skatten) ***med*** *5%* raise (*el.* put up) the price (, the tax) by 5%; *~ sig højt* ***over*** tower above; *(se også hævet (over))*; *~ sig* ***op over*** *mængden* rise above the crowd; *~ penge* ***på*** *en konto* withdraw money from an account; *~* ***til*** *skyerne* praise to the skies.
hævekort cash card.
hævelse *sb. (en, -r)* swelling.
hævemiddel *(til bagning)* raising agent.
hævert *sb. (en, -er)* **1.** pipette; **2.** *(togrenet)* syphon.
hævet *adj. (ophovnet)* swollen;
□ *med ~ stemme* in a raised voice;
[med præp.] være (, føle sig) ~ ***over*** *a) (bedre end)* be (, feel) superior to *(fx* the other pupils in the class); *b) (for god til)* be above *(fx* doing a thing like that); rise above *(fx* party strife); *c) (uimodtagelig for)* be immune to *(fx* criticism); *~ over enhver mistanke* above suspicion; *~ over enhver tvivl* beyond doubt.
hævn *sb. (en)* revenge; F vengeance;
□ *-en er sød* revenge is sweet; *tage en frygtelig ~* take a terrible revenge;
[med præp.] som ~ for in revenge for; *tage ~ over* take (one's) revenge on, revenge oneself on.
hævnakt act of revenge.
hævne *vb.* revenge; *(øve gengæld, ofte på en andens vegne,* F*)* avenge *(fx* he avenged his father's death);
□ *~ sig* revenge (, avenge) oneself *(på* on); T get one's own back *(på* on); *~ sig på (også,* T*)* get back at; *det -r sig* it brings its own punishment.
hævner *sb. (en, -r)* avenger.
hævngerrig *adj.* revengeful; *(mere indædt)* vindictive; *(litt.)* vengeful.
hævngerrighed *sb. (en) (jf. hævngerrig)* revengefulness; vindictiveness; *(litt.)* vengefulness.
hævning *sb. (en, -er)* **1.** raising; lifting up; **2.** *(om dej)* rising; **3.** *(forhøjning i terræn)* rise; **4.** *(af penge)* withdrawal.
hævnlyst *sb. se hævngerrighed.*
hævnlysten *adj. se hævngerrig.*
hævnmord revenge murder.
hævntørst thirst for revenge; revengefulness.
hø *sb. (et)* **1.** hay; **2.** *(bras)* rubbish, trash.
høbjergning, **høbjærgning** haymaking.
høfde *sb. (en, -r)* groyne.
høfeber hay fever.
høflig *adj.* polite; *(stærkere,* F*)* courteous; *(svagere: ~ og formel)* civil.
høflighed *sb. (en, -er) (jf. høflig)* politeness; courtesy; civility;
□ *-er* courtesies; civilities; *almindelig ~* ordinary (*el.* common) courtesy; *~ koster ingen penge* politeness (, civility, courtesy) costs nothing.
høflighedsvisit formal call; courtesy call (*el.* visit).
høg *sb. (en, -e)* **1.** *(zo.)* hawk; **2.** *(fig.: politisk)* hawk;
□ *~ over ~* diamond cut diamond.
høhøst **1.** haymaking; **2.** *(bjærget hø)* crop of hay.

høj[1] *sb. (en, -e)* **1.** hill; F eminence; **2.** *(mindre)* hillock, mound.

høj[2] *adj. (se også højere, højest, højst, højt)* **1.** high (*fx* building, hill, mountain, tree, wall; grass; heels; jump; price, salary; official; 2,000 metres high);
2. *(om person, & = ~ i forhold til bredden)* tall (*fx* man; building, chimney, mast, tree, grass; how tall is he? he is two metres (tall));
3. *(om lydstyrke)* loud (*fx* noise, voice);
4. *(om tonehøjde)* high, high-pitched (*fx* voice);
5. (T: *påvirket af narkotika)* high;
□ *høj(e) og lav(e)* high and low; *~ af vækst se vækst*; *fra det -e* from on high; *i det -e* on high;
[med sb.] en ~ alder a ripe old age (*fx* he reached (*el.* lived to) a ripe old age); *i en ~ alder* at a great (*el.* an advanced) age; *i en meget ~ alder* in extreme old age; *tage det -e C (mus.)* take top C; *~ hat* top hat, silk hat; *~ himmel* clear sky; *fire mand ~ a) (i fire geledder)* four deep; *b) (fire i alt)* four strong; *~ sne* deep snow; *~ stil* high style; F elevated style; *~ sø* a high sea; *et -t tal* a high figure; *det er på -e tid* it is high time (*fx* it is high time he was fired; it is high time we did something about it); *-t vejr* fine weather; *(se også feber, grad, herre, hest, person, spil*[1]*, stjerne, tanke*[1] *(om)).*

højadel nobility; *(i Engl.)* peerage.

højagte *vb.* esteem highly.

højagtelse high esteem;
□ *med ~ (under brev)* yours respectfully.

højalter high altar.

højbane elevated (*el.* overhead) railway.

højbarmet *adj.* high-bosomed.

højbenet *adj.* long-legged.

højbord: *sidde til -s* sit in the place of honour.

højborg stronghold (*fx* a stronghold of Conservatism).

højbro high-level (*el.* elevated) bridge.

højbåren *adj.* high-born.

højde *sb. (en, -r)* **1.** height; *(fagl.: astr., geogr., mat., sø.)* altitude (*fx* atmospheric pressure diminishes with altitude; the altitude of the sun); *(steds ~ over havet også,* F*)* elevation;
2. *(persons: legemshøjde)* height (*fx* what is his height? a man of medium height); *(vækst)* tallness (*fx* she admired his tallness); F stature (*fx* his enormous stature);
3. *(tone-)* pitch;
□ **-er** heights (*fx* the heights above the town; his rage reached absurd heights); ***fri*** *~ (fx under bro)* head room, clearance (*fx* the clearance under the bridge is 39 feet);
[med vb.] ***miste*** *~* lose height; ***tage*** *~ for* take into account; allow for, make allowance for;
[med præp.] ***i*** *stor ~* at a great height; at (a) high altitude (*fx* an aeroplane flying at high altitude); ***i*** *en ~* ***af*** at a height (, an altitude, an elevation) of (*fx* flying at a height (, an altitude) of 6,000 feet; situated at a height (, an elevation) of 2,000 metres); ***i*** *~* ***med*** on a level with;
han er ikke ***på*** *-n* he is not up to the mark; ***på*** *-n* ***af*** *Kap Horn (sø.)* off Cape Horn; *han var på -n af sin magt* he was at the height of his power; *hun er omtrent* ***på*** *~* ***med*** *mig* she is about my height; *være på ~ med situationen* be equal to the situation; *komme på ~ med situationen* rise to the occasion; *være på ~ med tiden* be abreast of the times; *ikke være på ~ med (fig.)* not be (*el.* stand) up to (*fx* the new book is not up to his last one); *ikke være på ~ med sig selv* not be up to the mark.

højdedrag ridge, range of hills.

højdemåler *(flyv. etc.)* altimeter.

højdemåling height measuring; F altimetry.

højdepunkt **1.** height (*fx* the fever had reached its height); peak (*fx* prosperity reached its peak); *(stærkere, kun om noget positivt)* zenith (*fx* his fame reached its zenith); F pinnacle (*fx* he reached the pinnacle of his career);
2. *(~ i en udvikling, afsluttende ~)* climax, culmination (*fx* the party was the climax (*el.* culmination) of a week of festivities);
3. *(det bedste)* highlight (*fx* the highlights of the season's events (, of a soccer match)); T high spot (*fx* the high spot(s) of the trip (, of the evening));
□ *det er -et* ***af*** it is the height of (*fx* folly, impudence, madness); ***på*** *-et* ***af*** *a)* at the height (*el.* peak *el.* zenith *el.* pinnacle) of (*fx* his career, his fame, his power); *b)* at the climax (*el.* culmination) of (*fx* his career).

højderekord altitude record.

højderor *(flyv.)* elevator.

højderyg ridge.

højdespring **1.** high jump; **2.** *(øvelsen)* the high jump (*fx* he is good at the high jump);
□ *springe ~* do the high jump.

højeksplosiv *adj.* high explosive.

højere[1] *adj. (komp.) (jf. høj*[2]*)* **1.** higher; **2.** taller; **3.** louder;
□ *~ domstol* superior court; *de ~ dyr* the higher animals; *~ matematik* higher mathematics; *efter ~ ordre* according to orders from above; *de ~ regioner* the upper regions; *~ skole (omtr.)* secondary school; *(se også kreds, læreanstalt, undervisning, ønske*[1]*).*

højere[2] *adv. (komp.) (jf. højt)* **1.** higher; **2.** *(om lyd)* louder (*fx* speak louder); more loudly;
□ *(tal) ~!* louder, please! speak up! *ingen ~?* no advance?
[med vb.] elske ~ se højere; *stå ~ end* be superior to, surpass; *sætte A ~ end B* put A above B; prefer A to B.

højerestående *adj.* **1.** higher (*fx* animals); high-ranking (*fx* official); **2.** *(i forhold til en selv etc.)* superior (*fx* officer); higher-ranking.

højereuddannede *sb.pl.* higly educated (, trained) people.

højest[1] *adj. (sup.) (jf. høj*[2]*)* **1.** highest; *(af to også,* F*)* higher; **2.** tallest; *(af to også,* F*)* taller; **3.** loudest; *(af to også,* F*)* louder;
□ *det -e gode* the supreme good; *i det -e* at (the) most; *-e mode* the height of fashion; T (all) the rage; *være på sit -e* be at its height; *(se også ønske*[1]*).*

højest[2] *adv. (sup.) (jf. højt)* **1.** highest; **2.** *(om lyd)* loudest (*fx* shout loudest); *(se også elske, mulig).*

højestbydende *sb.: den ~* the highest bidder.

højesteret *(kan gengives)* the Supreme Court.

højesteretsadvokat barrister (of the Supreme Court).

højesteretsdommer judge (of the Supreme Court);
□ *~ X* Mr Justice X.

højfinans high finance.

højfjeld high mountain; alp.

højfjeldshotel mountain hotel.

højfjeldssol **1.** mountain sun; **2.** *(kunstig)* sun lamp; **3.** *(kur)* sunlight treatment; *(med kunstigt lys)* sunray treatment.

højforræder traitor.

højforræderi high treason.

højfrekvens high frequency.

højgravid *adj.* heavily pregnant; *(præd. også)* in an advanced stage of pregnancy; T near her time.

højhalset *adj.* high-necked.

højhastighedstog high-speed train.

højhed *sb. (en, -er)* highness;
□ *Deres kongelige ~* Your Royal

Highness.
højhedsrettighed sovereignty.
højhedsvanvid megalomania.
højhus high-rise block;
□ *lejlighed i ~* high-rise flat.
højhælet *adj.* high-heeled.
højkant: *på ~ a)* upright, on end; *b) (fig.: på spil)* at stake; *komme på ~ (T: blive rask)* get on one's feet again; *stille på ~* set (*fx* a barrel) on end; up-end (*fx* a barrel); *hans nerver stod på ~* his nerves were on edge; *der stod 5.000 kr. på ~* 5,000 kr. were at stake; *sætte 5.000 kr. på ~* risk (*el.* stake) 5,000 kr.
højkirkelig *adj.* High Church.
højkomisk *adj.* extremely funny.
højkommissær High Commissioner.
højkonjunktur boom.
højland highland;
□ *det skotske ~* the (Scottish) Highlands pl.
højlig, højligt *adv.* highly; greatly.
højlydt[1] *adj.* loud (*fx* protests).
højlydt[2] *adv.* loudly (*fx* protest loudly);
□ *gabe ~* yawn noisily.
højlys *adj.*: *ved ~ dag* in broad daylight.
højlænder *(en - e)* highlander; *(skotsk)* Highlander.
højlærd *adj.* erudite;
□ *de -e (iron.)* the pundits.
højmesse 1. morning service; **2.** *(katolsk)* Mass.
højmoderne *adj.* ultra-modern.
højmodig *adj.* magnanimous.
højmose *(geol.)* raised bog.
højne *vb.* raise; *(se også moral).*
højovn blast furnace.
højpandet *adj.* high-brow.
højre[1] *sb. (parti)* the Right; the Conservatives pl.
højre[2] *adj.* right (*fx* his right hand (, cheek, glove)); right-hand (*fx* on the right-hand side of the road);
□ *han er min ~* ***hånd*** he is my right hand (*el.* my right-hand man); ***på ~ hånd*** *a) (på ~ side)* on one's right, on the right hand; *b) (bogstaveligt, fx om handske)* on one's right hand (*fx* she wore a diamond ring on her right hand); *[med præp. & adv.] ~* ***om***! right about turn!; *(se også overhale)*; ***til ~*** *a)* to the right (*fx* look to the right); *b) (på ~ side)* on the right (*fx* the church is on the right); *holde til ~ a)* keep to the right; *b) (vige ud)* pull out to the right; *til ~ og venstre (ɔ: alle vegne)* left, right and centre; ***til ~ for*** to the right of; ***ud til ~***! out you go!
højreb *sb. (et) (omtr.)* rib, short loin.
højredrejet *adj. (politisk; attr.)* right-wing, rightist.
højredrejning 1. right(-hand) turn, swing to the right; **2.** *(fig.)* swing to the right; **3.** *(fagl. om lys)* dextrorotation.
højreekstremist right-wing extremist.
højrefløj right wing.
højrehåndet *adj.* right-handed.
højrehånds- right-handed.
højrekant right edge;
□ *løs ~ (typ.)* ragged right.
højrekørsel traffic on the right;
□ *i Danmark er der ~* in Denmark traffic keeps to the right.
højrelief high relief; *(fagl.)* alto-relievo.
højreorienteret *adj. (politisk)* **1.** right-wing, rightist; **2.** *(brugt som sb.)* right-winger, rightist.
højreskåren *adj. (om skrue)* right-handed.
højrestyret *adj.*: *en ~ bil* a right-hand drive car.
højrestyring *(af bil)* right-hand drive.
højresving right-hand turn, right turn; *(også fig.)* swing to the right.
højrevendt *adj.* **1.** *(politisk)* right-wing, rightist (*fx* views); **2.** *(fagl.)* dextral.
højrisiko- high-risk (*fx* group, job).
højrygget *adj.* high-backed.
højrød *adj.* bright-red, scarlet;
□ *han blev ~ i ansigtet* he turned scarlet; *(flov også)* he blushed scarlet.
højrøstet[1] *adj.* **1.** loud (*fx* protest); vocal (*fx* criticism, support); **2.** *(om person: som tydeligt og gerne giver sin mening til kende)* vocal (*fx* a small but vocal minority; young people are much more vocal nowadays); *(højtråbende,* F*)* vociferous; **3.** *(larmende)* noisy (*fx* party, discussion).
højrøstet[2] *adv. (jf. højrøstet*[1]*)* **1.** loudly (*fx* protest loudly); vocally; **2.** vocally; vociferously; **3.** noisily.
højrøstethed *sb. (en) (jf. højrøstet)* **1.** loudness; **2.** vociferousness; **3.** noisiness.
højrøvet *adj. (vulg.)* snotty, snooty.
højsang hymn;
□ *Salomons ~ (i Biblen)* the Song of Solomon.
højsind magnanimity.
højsindet *adj.* magnanimous.
højskole 1. *(folke-)* folk high school; **2.** *(undervisningsanstalt)* college, high school; *(universitet)* university.
højskotte Highlander.
højslette plateau; tableland.
højsommer high summer.
højspænding *(elek.)* high tension, high voltage;
□ *~! berøring livsfarlig!* Danger! High Voltage!
højspændingsledning high-voltage (*el.* high-tension) (transmission) line.
højspændingsmast (power) pylon.
højspændt *adj. (fig.)* **1.** exaggerated (*fx* hopes); **2.** *(nervøs)* very tense (*fx* atmosphere, situation).
højst *adv.* **1.** very; F most (*fx* likely, unfortunate, unpleasant); *(stærkere)* highly (*fx* desirable, (im)probable, interesting, suspicious); extremely (*fx* different, unpleasant);
2. *(maksimalt)* not more than, not over, at most (*fx* five days); at the most (*fx* five days at (the) most); at the maximum; T at the outside;
□ *ikke mere end ~ nødvendigt* not more than strictly necessary.
højstammet *adj. (attr.)* standard (*fx* rose).
højstemt *adj.* high-flown, pompous; *(stærkere,* F*)* bombastic.
højstærede *(i tiltale)* sir!
højsæde seat of honour; *(trone)* throne;
□ *sætte noget i -t (fig.)* give sth pride of place.
højsæson peak season;
□ *i -en* at the height of the season.
højsøfiskeri deep-sea fishing.
højt *adv. (se også højere, højst)*
1. high (*fx* fly (, jump) high);
2. *(i høj grad)* highly (*fx* qualified, paid);
3. *(om lydstyrke)* loudly; *(især* T*)* loud (*fx* laugh (, shout) loud(ly); he said the word loud(ly); don't play so loud(ly));
4. *(mods. i sine tanker, indvendig)* aloud (*fx* don't say that aloud; think aloud); out loud (*fx* speak (, think) out loud; I laughed out loud when I read it; muttering things they would not dare to say out loud);
□ *~ at flyve dybt at falde (svarer til)* the higher you climb (*el.* rise *el.* get) the harder you fall; *[med vb. (+ præp.)] bølgerne* ***gik*** *~ se bølge*[1]; ***læse*** *~ a) (læse op)* read aloud; *b) (mods. stillelæsning)* read out loud; *c) (med høj stemme)* read loudly; *få læst ~* be read to; ***læse ~ for*** read to; ***lukke*** *munden ~* ***op*** open one's mouth wide; *sneen* ***lå*** *en meter ~ på vejen* the snow was lying a metre deep in the road; *(se også ligge)*;

snakke ~, *se ndf.: tale* ~; ***spille*** ~ play high, play for high stakes; ***sætte*** *det* ~ value (*el.* rate) it highly; F cherish it; *sætte en* ~ value sby highly, have a high opinion of sby; ***tale*** ~ *a) (med høj stemme)* talk (*el.* speak) loud(ly); *b) (mods. for sig selv)* speak out loud; *det skal vi ikke tale for* ~ *om* the least said the better; *(se også elske, gabe, leve², regne², stile)*;
[med adv. (+ præp.)] ~ ***op på*** *dagen* late in the day; ~ ***oppe*** *a)* high up; far up; *b) (munter)* in high spirits; *c) (beruset)* elevated; ~ ***oppe i*** *fyrrerne* in one's late forties; ~ *oppe i luften* high up in the air; ~ *og* ***tydeligt*** T loud and clear.

højtaler *se højttaler.*

højteknologi high technology.

højtflyvende *adj.* **1.** high-flying; **2.** *(fig.)* ambitious (*fx* schemes); soaring (*fx* aspirations).

højtid festival; *(fagl.)* feast.

højtidelig *adj.* **1.** solemn (*fx* he looked solemn); **2.** *(om væsen: formel,* F*)* ceremonious;
□ *tage en -t* take sby seriously; *tage sig selv -t* be pompous; *ved -e lejligheder* on important (*el.* special) occasions.

højtidelighed *sb. (en, -er)* **1.** *(det at være højtidelig)* solemnity; **2.** *(højtidelig handling)* solemnities pl.; ceremony.

højtideligholde *vb.* celebrate.

højtideligholdelse *sb. (en, -r)* celebration.

højtidsdag festival.

højtidsfuld *adj.* solemn.

højtklingende *adj.* ringing; F sonorous; *(se også højtravende).*

højtlæsning reading aloud.

højtlæsningsbog read-aloud book.

højtlønnet *adj.* highly paid.

højtravende¹ *adj.* high-flown, pompous; *(stærkere,* F*)* bombastic.

højtravende² *adv.* pompously.

højtryk high pressure;
□ *arbejde på* ~ work at full stretch; *arbejde under* ~ work at high pressure.

højtryksområde high-pressure area.

højtryksryg ridge (of high pressure).

højtråbende *adj. (som tydeligt giver sin mening til kende)* vocal; F vociferous.

højtstående high (*fx* a high official); high-ranking (*fx* officer); highly placed; *(præd. også)* of high rank; *(am.)* ranking (*fx* officer).

højttaler loudspeaker; T speaker;
□ *høre det i -en a)* hear it through the loudspeaker; *b) (om højttaleranlæg)* hear it on the public-address system.

højttaleranlæg public-address system; *(fork.)* PA; tannoy (*fx* it was announced over the public-address system (*el.* the PA *el.* the tannoy)).

højttalervogn loudspeaker van.

højtuddannet *adj.* highly educated (, trained); *(jf. uddanne)*;
□ *højtuddannede* highly educated (, trained) people.

højtysk High German.

højtæret *adj.* honourable;
□ *den højtærede minister* the Right Honourable gentleman; *højtærede publikum!* ladies and gentlemen!

højvande *sb. (et)* high water, high tide;
□ *der er* ~ *i kassen* T there is plenty in the kitty.

højvelbåren *adj. (kan gengives)* honourable.

høkasse haybox.

høker *sb. (en, -e)* **1.** small shopkeeper; **2.** *(fig.)* huckster.

høloft hayloft.

hølæs hayload.

høne *sb. (en, -r)* **1.** hen; **2.** *(som ret)* chicken (*fx* roast chicken);
□ *jeg har en* ~ *at plukke med dig* I have a bone to pick with you; *slagte -n der lægger guldæg (svarer til)* kill the goose that lays the golden eggs.

hønefuld *adj. (præd.)* (as) drunk as a lord.

hønisse: *gammel* ~ old buffer.

høns *sb.pl.* **1.** fowls, chickens; **2.** *(som ret)* chicken;
□ *holde* ~ keep poultry; *gå i seng med -ene* [go early to bed]; *vande* ~ blubber.

hønse *vb.: du kan rende og* ~ go and jump in the lake; *(se også rende² (~ og hoppe)).*

hønseavl poultry farming.

hønsefarm poultry farm.

hønsefugl gallinaceous bird.

hønsegård chicken run, hen run, poultry run; *(am.)* chicken yard.

hønsehund pointer.

hønsehus **1.** poultry house, hen house; **2.** *(bur)* hencoop.

hønsekødsuppe chicken soup, chicken broth.

hønseri *sb. (et, -er)* **1.** poultry farm; **2.** *(avl af høns)* poultry farming.

hønsering marking ring.

hønsestige **1.** hencoop ladder; **2.** *(fig. om trappe)* breakneck stairs pl.

hønsetarm *(bot.)* chickweed.

hønsetråd chicken wire.

hønseæg (hen's) egg (pl. (hens') eggs).

hør¹ *sb. (en) (bot.)* flax.

hør² *sb. (et) (hørråb)* (cry of) hear, hear!

hørbar *adj.* audible.

høre *vb. (hørte, hørt)* **1.** hear (*fx* I don't hear well; I heard him speak; I hear from England every week; I heard a noise);
2. *(lytte)* listen (*fx* I told him, but he wouldn't listen);
3. *(lytte til)* listen to (*fx* the music, the radio, his speech);
4. *(bønhøre)* hear (*fx* hear my prayer);
5. *(erfare)* hear (*fx* I heard that he was ill); F learn;
6. *(i skole: tage op, eksaminere)* test (orally) (*fx* test her in history); F examine; *(bede om at svare)* call on (*fx* he always calls on me first);
7. *(forhøre sig)* ask; F enquire;
8. *(rådspørge)* consult;
9. *(i radiokommunikation)* hear (*fx* do you hear me?); *(fagl.)* read (*fx* we read you loud and clear);
□ *hør! a) (hør engang)* look here! *b) (hør efter)* listen! *c) (bifaldsråb: det er hørt)* hear, hear!; *(se også nej²)*; ***lade*** *en noget* ~ throw sth in sby's teeth; *lade ham* ~ *for det, se ndf.: med præp. & adv.*; *de har ikke noget at lade hinanden* ~ there is nothing to choose between them; *(ofte =)* it is the pot calling the kettle black; *det lader sig* ~*!* T that's something like! *man havde aldrig* ***hørt ham le*** he had never been heard to laugh; nobody had ever heard him laugh; ~ *tale om se tale¹*;
[med præp. & adv.] ~ ***ad*** ask (*fx* I'll ask); F enquire; *jeg har hørt det* ***af*** *min søster* I (have) heard it from my sister; ~ ***dårligt*** be hard of hearing (*med (el. på) højre øre* in the right ear); ~ ***'efter*** listen, pay attention; ~ *godt efter* listen carefully; ~ *efter hvad der bliver sagt a)* listen to what is said; *b) (adlyde)* do as one is told; ~ *efter telefonen (, døren)* answer the telephone (, door);
~ *sig* ***for*** ask, enquire; *lad ham* ~ *for det* hold it against him; *det vil han komme til at* ~ *for (længe)* he will never hear the last of it; ~ ***fra*** *en* hear from sby; *hvor -r disse ting* ***hen****?* where do these things belong? ~ ***hjemme*** *se hjemme*; ***ilde*** *hørt se ilde*; ~ *en* ***i*** *historie*

(etc.) test sby in history (etc.); ~ ***ind under*** *se ndf:* ~ *under; nu har jeg hørt det* ***med!*** well, I never! *det -r med, det -r* ***med til*** *bestillingen (, historien)* it is part of the job (, the story);
~ ***om*** *a)* hear about (*fx* I have heard a lot about you); *b) (erfare at noget eksisterer)* hear of (*fx* have you heard of their new house? I first heard of it a week ago);
~ ***op*** stop (*fx* the noise stopped); leave off (*fx* will the rain never leave off!); F cease (*fx* hostilities ceased); *(se også ophøre); så -r alting op!* that's the limit! *få til at ~ op* stop; ~ ***op med at*** stop -ing, leave off -ing; F cease -ing;
~ ***på*** *a)* listen to; *b) (med.)* auscultate; *jeg kan ~ på dig at du er træt* can tell by your voice (, by what you say) that you are tired;
~ ***sammen*** belong together;
~ ***til*** *a) (være en del af, høre ind under)* belong to (*fx* this belongs to a different category (, to a different species, to my favourite reading)); *b) (være en af)* be among (*fx* this question is among the most important problems of today; he is among my best friends); be one of (*fx* this cup is one of a new tea set; she is one of those people who never give up); *c) (høre om)* hear of (*fx* I haven't heard anything of that); *d) (spørge til)* ask after; F enquire after; *(se også dag (dagens orden), sjældenhed)*;
~ **'*til*** belong (*fx* where does this book belong? it belongs on the top shelf); *det -r sig til* it is always done; *(mere* F*)* it is customary; T it is the done thing; *der -r meget mod (, tålmodighed)* ***til at*** it takes (, requires) a lot of courage (, patience) to; *han -r* ***til i*** *forrige århundrede* he belongs to the previous century; ~ ***tilfældigt*** happen to hear, overhear;
~ *(ind)* ***under*** belong under (*fx* another Ministry); come under, fall under (*fx* this falls under the next item on the agenda).
høreapparat hearing aid.
hørebillede *(i radio)* feature programme.
hørebriller *sb.pl.* hearing(-aid) spectacles.
hørehæmmet *adj.* hard of hearing *(præd.)*; F hearing-impaired; partially hearing;
□ *tekstet for hørehæmmede* with subtitles for the hard-of-hearing.
hørelse *sb. (en)* hearing.
hørelære *(mus.)* aural training.
høreprøve *(med.)* audition test.
hørerør 1. *(for tunghøre)* ear trumpet; **2.** *(på telefon)* receiver; *(tekn.)* handset.
høresans sense of hearing.
høreskadet *adj.* hearing-impaired.
hørespil radio play.
hørevidde: *inden for ~* within earshot; *uden for ~* out of earshot.
høreværn hearing protector, ear protector; *(øreprop)* earplug.
hørfrø *sb. (et, -)* linseed.
hørgul *adj.* flaxen.
høring *sb. (en, -er)* hearing;
□ *sende noget til ~ hos a) (ɔ: enkelt instans)* submit sth to (*fx* the minister); *b) (rundsende)* circulate sth among (*fx* the universities) for consideration.
hørkram *(glds.)* drysaltery.
hørkræmmer *(glds.)* drysalter.
hørlig *adj.* audible; perceptible.
hørlærred linen.
hørm *sb. (en)* T pong, hum.
høslæt *sb. (en, -)* hay harvest.
høst *sb. (en, -er)* **1.** harvest; **2.** *(vinhøst)* vintage; **3.** *(efterår)* autumn; *(am.)* fall.
høstak 1. *(på marken)* haycock; **2.** *(større, for opbevaring)* haystack, hayrick; *(se også nål)*.
høstarbejde harvesting, harvest work; *(om korn)* reaping.
høste *vb.* **1.** *(afgrøder)* harvest (*fx* rice, apples, a field; they are harvesting); gather (*fx* fruit); *(korn også)* reap (*fx* (a field of) oats; they are reaping);
2. *(fig.)* gather (*fx* experience); gain (*fx* experience, praise); win (*fx* applause); F reap (*fx* a reward);
□ ~ *fordel af a)* profit by (*el.* from); benefit by (*el.* from); *b) (økonomisk)* profit by (*el.* from) (*fx* the war); ~ *frugten af* reap the benefits (*el.* fruits) of (*fx* one's hard work).
høstfest harvest festival, harvest home.
høstfolk *sb.pl.* harvesters; reapers.
høstgilde = *høstfest.*
høstkarl harvester; reaper.
høstsild autumn herring.
høsttid harvest time.
høstudbytte yield.
høstænge hayloft.
høtyv pitchfork, hay fork.
høvding *sb. (en, -e(r))* chief; *(for klan også)* chieftain;
□ *for mange -e og for få indianere (fig.)* too many chiefs and too few Indians.
høved *sb. (et, -er)* **1.** head of cattle (*fx* twenty head of cattle);
2. *(dumrian)* blockhead.
høvender *sb. (en, -e)* tedder.
høvisk[1] *adj.* **1.** *(høflig)* courteous; **2.** *(ærbar)* modest;
□ *ikke for -e øren* not for ears polite, not for tender ears.
høvisk[2] *adv. (jf. høvisk*[1]*)* **1.** courteously; **2.** modestly.
høviskhed *sb. (en) (jf. høvisk*[1]*)* **1.** courteousness; **2.** modesty.
høvl *sb. (en, -e)* **1.** plane; **2.** *(bogbinders)* plough; **3.** *(let glds., pl. = prygl)* a licking, a thrashing.
høvle *vb.* **1.** plane; **2.** *(let glds.: prygle)* lick, thrash;
□ *det -de ned (*T*: om regn)* it was bucketing.
høvlebænk carpenter's bench, workbench.
høvlejern plane iron.
høvlemaskine planing machine.
høvling *sb. (en, -er)* planing.
høvlspån shaving.
høvlstrøg stroke of the plane.
høvogn hay cart.
håb *sb. (et, -)* hope;
□ *han er familiens ~* he is the hope of his family; *så længe der er liv er der ~* while there is life there is hope; *-et er lysegrønt (svarer til)* hope springs eternal (in the human breast);
[med vb.] fatte ~ begin to hope; *gøre sig (, nære) ~ om se ndf.; (se også lønlig); opgive -et se opgive; [med (vb. +) præp. & adv.] ~* ***om*** hope for, hope of (*fx* a settlement); *gøre sig ~ om* have hopes of, hope for; ~ ***om at*** *a) (+ inf.)* hope of -ing (*fx* they gave up the hope of seeing him again); *b) (+ sætn.)* hope that (*fx* there is no hope that he will return); *i ~ om at* in the hope that, hoping that; *nære ~ om at* hope that; F cherish the hope that; ***sætte sit ~ til*** *ham* pin one's faith on him; pin (*el.* place) one's hope on him; *alt ~ er* ***ude*** all hope is at an end; *her lades alt ~ ude (ɔ: citat fra Dante)* abandon hope, all ye that enter here.
håbe *vb.* hope (*fx* it was not as good as I had hoped); *(stærkere,* F *el. spøg.)* trust (*fx* I trust (that) you had a good journey; you had a good journey, I trust);
□ ~ *det bedste* hope for the best; *det -r jeg* ***ikke*** I hope not; *jeg -r* ***ikke at*** *du kommer noget til* I hope you won't hurt yourself; *(NB nægtelsen er i bisætningen, jf.* I hope you don't think so*)*;
[med vb.] man ***må*** ~ ***at*** it is to be hoped that; *det* ***vil*** *jeg ~* I hope so;

[med præp.] ~ **på** hope for (*fx* the result I hoped for); ~ ***på at*** *a) (+ inf.)* hope to (*fx* we hope to see him soon); *b) (+ sætn.)* hope that (*fx* we hope that things will be better).

håbefuld *adj.* hopeful; *(lovende)* promising;
□ ~ *yngling* young hopeful.

håbløs *adj.* hopeless (*til* at, *fx* he is hopeless at maths (, at playing football); a hopeless situation, a hopeless mess; she is hopeless as a teacher); *(fortvivlet også)* desperate (*fx* situation);
□ *-t fortabt* past praying for; *-t gammeldags* hopelessly out of date; *opgive noget som -t (også,* T*)* give sth up as a bad job.

håbløshed *sb. (en)* hopelessness; *(fortvivlelse også)* desperation.

hån *sb. (en)* scorn; *(foragt)* disdain;
□ *en ~ imod* an insult to; *(stærkere)* an outrage on.

hånd *sb. (en, hænder)* hand;
□ *-ens arbejdere* manual workers; *(se også alle²)*;
[med vb.] **give** *ham -en* shake hands with him; *give hinanden -en* shake hands; *give ham en ~ a) (hjælpe)* give (*el.* lend) him a hand; *b) (klappe ad)* give him a hand; **give** *hinanden -en* **på** *det* shake (hands) on it; ***have*** ~ ***i hanke med*** *se hank*; *jeg* **har** *kun* ***to*** *hænder* I have only got one pair of hands; **holde** *sin* ~ **over** *en* protect sby; **lægge** ~ **på** *(ɔ: slå)* raise a hand to, lay a hand on; *(se også plov)*; *lægge sidste ~ på, se ndf.: med adj.*; *jeg kunne ikke* **se** *en* ~ ***for*** *mig* I could not see my hand in front of me (*el.* of my face); **slå** *-en* ***af*** *ham* drop him; throw him over; ***tage*** *en* ~ ***i med*** lend (*el.* take) a hand; *tage i -en, se ndf.*; **tage** ~ **om** take care of; *tage ~ om ham (ɔ: tage sig af hans opdragelse)* take him in hand; *(se også række², slå² (sammen), trykke¹, vaske)*;
[med adj.] for (, med, på) **egen** *~, se ndf.: med præp.*; *trænge til en* ***fast*** ~ need a firm hand; *give ham* ***frie*** *hænder* give (*el.* allow) him a free hand; leave it entirely to him; *have frie hænder* have a free hand; *have frie hænder til at gøre noget* be free to do sth; *være i* **gode** *hænder* be in good hands, be well looked after (*el.* taken care of); *give (el. række) ham en* ***hjælpende*** ~ give him a helping hand; *den (, sin)* **hule** ~ *se hul²*; *huset trænger til en* **kærlig** ~ the house needs a bit of gentle looking after; *med kærlig ~* lovingly; *med* **let** *~, se ndf.: med præp.*; *lægge* **sidste** *~ på værket* add the finishing touches; *(se også fast, flad, heldig, højre², klam, venstre²)*;
[med præp. & adv.] lade noget slippe sig ***af*** *hænde* let sth slip out of one's hands; *spise af -en se spise²*;
han brugte hvad der var ***for*** *-en* he used what came to hand; *dø for egen ~* die by one's own hand, take one's own life; *dø for bødlens ~* die by (*el.* at) the hands of the executioner;
få det ***fra*** *-en (ɔ: blive færdig)* get it off one's hands; *børnene er fra -en* the children are off my (etc.) hands; *han kan få noget fra -en (ɔ: arbejder godt)* he can get things done; *fra hans ~ a) (ɔ: fra hans side)* from him, on his part; *b) (om noget skriftligt)* from his pen; *fra naturens ~ se natur*; *leve* ***fra*** *-en* ***i*** *munden* live from hand to mouth; *gå* ***fra*** ~ ***til*** ~ pass from hand to hand; *(blive rakt rundt)* be handed round;
~ ***i*** ~ hand in hand (*fx* the children were walking hand in hand); *gå ~ i ~ med (fig.)* go hand in hand with; *have noget* ***i -en*** have sth in one's hand; *(se også hat)*; *give ham en økse i -en* put an axe into his hand; *lave (, skrive, sy) det i -en* make (, write, sew) it by hand; **ligge** *(el. falde)* **godt i -en** *se ligge*; **tage** *en* ***i -en*** take sby by the hand; take (hold of) sby's hand; *tage hinanden i -en* take each other by the hand, join hands (with each other); *I kan godt ~ hinanden i hånden (fig., ironisk)* there is not much to choose between you; *tage en økse i -en* take an axe into one's hand; **tage** *sagen* ***i sin egen*** ~ take the matter into one's own hand; *(se også ske¹)*; *det gav dem et våben* ***i hænde*** it provided them with a weapon; *brevet kom ham i hænde a)* he received the letter; *b) (tilfældigt)* the letter came into his hands (*el.* possession); he came into possession of the letter; *klappe (, have frost)* ***i hænderne*** *se klappe, frost*;
han greb til **med** *begge hænder (fig.)* he jumped at it; ***med egen*** ~ with one's own hand; ***med let*** ~ with a light touch (*fx* the delicate subject is handled with a light touch); *stritte imod (, sætte sig imod det)* ***med hænder og fødder*** resist (, resist it) tooth and nail; *(se også hård)*;
de har mange penge **mellem** *hænderne* they have a lot of money in their pockets;
hænderne ***op!*** hands up! stick them up!
~ ***over*** ~ hand over fist (*el.* hand) (*fx* climb a rope hand over fist); *give penge* ***på -en*** pay a deposit; *have noget på -en (hdl.)* have the first refusal on sth; have an option on sth; *(se også kort¹ (gode kort), kysse, sikker)*; *på* **anden** ~ at second hand; ***på egen*** ~ *a) (alene)* on one's own (*fx* he began on his own; he preferred to walk around on his own); *b) (selvstændigt)* independently (*fx* he acted independently); *c) (for egen regning)* on one's own account (*fx* work on one's own account); *tegne* ***på fri*** ~ do free-hand drawing; *tegne noget på fri ~* do a free-hand drawing of sth; *på* ***højre (, venstre)*** *~ se højre², venstre²*; *svar* ***på rede*** *~ se svar¹*; *bære hende* ***på hænder*** *(fig.)* carry her around; *Calais var på engelske hænder* Calais was in English hands; *gå på hænder* walk on one's hands; *(se også gå (over på))*; *stå på hænder* do a handstand; *bundet* ***på hænder og fødder*** tied (*el.* bound) hand and foot;
gå ***til -e*** *i køkkenet* lend a hand in the kitchen;
køre ***uden hænder*** *(ɔ: på cykel)* ride without one's hands;
under -en confidentially, privately; T on the quiet (*fx* he told it to me on the quiet); *under hans ~ og segl* under his hand and seal;
have noget ***ved -en*** have sth at hand, have sth handy; *tage en ved -en, se ovf.: tage en i -en.*

håndaftryk handprint.

håndalfabet manual alphabet.

håndarbejde **1.** *(sytøj etc.)* needlework; **2.** *(som fag)* needlework, needlecraft; **3.** *(mods. maskinarbejde)* handwork.

håndarbejdsforretning needlework shop.

håndbagage hand luggage; *(flyv.)* hand baggage, carry-on luggage.

håndbajer bottle of lager.

håndbevægelse gesture; *-r (også)* gesticulations.

håndbibliotek reference library.

håndbog handbook, manual.

håndbold team handball.

håndbremse handbrake;
□ *trække -n* set the handbrake.

håndbruse *sb. (en, -r)*, **håndbruser** hand shower.

håndelag *sb. (et)* skill;
□ *have et godt ~ for* be skilful at, be a good hand at; *(være god til)* be good at.
håndevending*: i en ~* before you could say knife; in a jiffy.
håndfast[1] *adj.* **1.** *(hårdhændet)* heavy-handed (*fx* treatment); **2.** *(kraftig)* robust, firm; T hefty (*fx* two hefty policemen).
håndfast[2] *adv. (jf. håndfast*[1]*)* **1.** in a heavy-handed manner; **2.** firmly;
□ *tage ~ på noget* handle sth firmly.
håndflade palm (of the hand).
håndfri *adj.* hands-free (*fx* car phone).
håndfuld *sb. (en, -e)* handful (*fx* only a handful of people followed him; a few handfuls of rice).
håndfæstning coronation charter.
håndgangen *adj.: ~ mand* henchman.
håndgemæng *sb. (et, -)* **1.** rough and tumble, scuffle; **2.** *(mil.)* hand-to-hand fighting; **3.** *(uden våben)* unarmed combat.
håndgerning *se håndarbejde 2.*
håndgjort *adj.* handmade;
□ *~ papir (også)* deckle-edged paper.
håndgranat hand grenade.
håndgreb *sb. (et, -)* **1.** *(greb med hånden)* grip; *(pl. også)* manipulation; **2.** *(på redskab)* handle, grip.
håndgribelig *adj.* tangible (*fx* proof).
håndgribelighed *sb. (en, -er)* tangibility;
□ *det kom til -er mellem dem* they came to blows.
håndhæve *vb.* enforce (*fx* laws, discipline); maintain (*fx* order).
håndhævelse *sb. (en)* enforcement; maintenance.
håndhæver *sb. (en, -e)* enforcer; maintainer;
□ *lovens -e* the law enforcement officers; *(neds.)* the minions of the law.
håndjern *sb.pl.* handcuffs;
□ *lægge ~ på en, belægge en med ~* handcuff sby.
håndkant(s)slag edge-of-hand blow; *(karateslag)* karate chop; *(mod nakken,* S*)* rabbit punch.
håndklap *se klap*[2] *2.*
håndklæde towel;
□ *smide -t ind i ringen* throw in the towel.
håndknyttet *adj.: ~ tæppe* hand-knotted carpet.
håndkraft *(mods. maskinkraft)* manual power;
□ *ved ~* by hand; *med Guds hjælp og lidt ~ (svarer til)* by guess and by God.
håndkuffert suitcase.
håndkys kiss on the hand.
håndkøb*: fås i ~* can be bought without a prescription (*el.* over the counter).
håndkøbsmedicin over-the-counter drugs pl.; non-prescription drugs pl.
håndkøbspræparat over-the-counter drug; non-prescription drug.
håndlanger *sb. (en, -e)* **1.** helper; assistant; **2.** *(murers)* hodman, hod carrier; bricklayer's assistant; **3.** *(neds.)* henchman, tool.
håndlavet *adj.* handmade.
håndled wrist.
håndlinning wristband.
håndlygte torch.
håndmadder *sb.pl. (svarer til)* sandwiches.
håndmalet *adj.* hand-painted.
håndmikser *sb. (en, -e)* hand-held mixer.
håndpant pledge.
håndpenge *sb.pl.* **1.** deposit sg.; **2.** *(ved hvervning, glds.)* the King's (, Queen's) shilling sg.
håndplukket *adj. (fig.)* hand-picked.
håndrod *sb. (en) (anat.)* carpus.
håndrodsben carpal bone, wrist bone.
håndrullet *adj.* hand-rolled (*fx* cigars).
håndryggen the back of one's hand.
håndsbred *sb. (en, -der)* hand's breadth, handbreadth.
håndskreven *adj.* handwritten; F manuscript (*fx* notes).
håndskrift[1] *sb. (en, -er)* handwriting (*fx* handwriting varies from individual to individual; I know his handwriting); *(kun efter adj.,* F*)* hand (*fx* a good (, neat) hand);
□ *han har en ulæselig (, tydelig, god) ~* his handwriting is illegible (, clear, good); F he writes an illegible (, clear, good) hand; *skrevet med en ulæselig (, tydelig) ~* written in illegible (, clear) handwriting; F written in an illegible (, clear) hand.
håndskrift[2] *(et -er)* manuscript; *(fork.)* MS (pl. MSS).
håndskydevåben *sb.pl.* small arms.
håndslag handshake;
□ *give ~ på det* shake hands on it.
håndslukker *sb. (en, -e)* portable fire-extinguisher.
håndsoprækning *sb. (en, -er)* show of hands (*fx* vote by (a) show of hands).
håndspejl hand mirror.
håndsprøjte *sb.* manual pump, stirrup pump.
håndspålæggelse *sb. (en, -r)* laying on of hands; touch.
håndsrækning *sb. (en, -er)* a (helping) hand; F assistance;
□ *give ham en ~* lend him a hand.
håndsved sweaty hands pl.; F (excessive) perspiration of the hands.
håndsving (crank) handle, crank.
håndsyet *adj.* hand-sewn, hand-made.
håndsæbe toilet soap.
håndtag handle; *(kugleformet)* knob.
håndtaske **1.** *(større)* bag; *(rejsetaske)* travel bag, grip; **2.** *(lille, uden hanke)* clutch bag; **3.** *(dame-)* handbag; *(am.)* purse, pocketbook.
håndtegnet *adj. (præd.)* drawn by hand.
håndtere *vb. (om redskab)* handle; F wield (*fx* he can handle (, wield) an axe; she knows how to handle a gun).
håndtering *sb. (en, -er)* **1.** *(det at håndtere)* handling; **2.** *(næringsvej)* trade, business;
□ *drive sin ~* ply one's trade.
håndterlig *adj.* **1.** *(let at håndtere)* handy; *(præd. også)* easy to handle; **2.** *(overkommelig)* manageable (*fx* size).
håndtryk handshake.
håndvarm *adj.* hand hot.
håndvask **1.** *(det at)* washing one's hands; **2.** *(kumme)* washbasin.
håndvægt dumb bell.
håndværk *sb. (et, -)* **1.** (skilled) trade; *(især = kunst- el. glds.)* craft (*fx* the potter's (, weaver's) craft; arts and crafts); *(kunst- også)* handicraft;
2. *(fig.)* craft (*fx* the journalistic craft, the actor's craft);
□ *det er godt ~* it is good workmanship; *~ og industri* the trades and industries.
håndværker *sb. (en, -e) (faglært arbejder, bygningshåndværker)* workman; *(især kunst-)* craftsman (*fx* he wants to qualify as a craftsman, preferably a painter and decorator); F artisan;
□ *han er en dygtig ~* he is a good craftsman; *vi har -e (i huset)* we have (the) workmen in; we have the carpenters (, plumbers etc.) in; *sende bud efter en ~* send for a carpenter (, plumber etc.).
håndværkerlav craft guild.
håndværkerlære apprenticeship;
□ *stå i ~* serve one's apprenticeship.

håndværksmester master (craftsman).
håndværksmæssig *adj.* craftsmanlike;
□ *den -e udførelse* the workmanship.
håndværkssvend journeyman.
håndvævet *adj.* hand-woven.
håndvåben 1. hand weapon;
2. *(pl.: håndskydevåben)* small arms.
håndører *sb.pl.* small change;
□ *nogle* ~ a few pence; *det er kun nogle* ~ *(også)* it is peanuts; it is mere chickenfeed.
håne *vb.* **1.** *(komme med hånlige bemærkninger til)* taunt (*for* with, *fx* taunt him with his cowardice (, failure, poverty, with having red hair));
2. *(kritisere)* scoff at (*fx* him, his attempts (, efforts, work)); *(stærkere)* gibe at; *(+ smile hånligt)* sneer at; *(+ le ad)* jeer at;
3. *(gøre nar af)* mock; F deride (*fx* his efforts).
hånlatter scornful laughter; F derisive laughter.
hånlig *adj.* contemptuous (*fx* look, remark); scornful (*fx* laughter); *(skarpere,* F*)* derisive (*fx* laughter); *(sarkastisk)* sarcastic (*fx* tone of voice);
□ ~ *over for* contemptuous (*el.* scornful) of.
hånsord *sb.pl.* taunts.
hånt *adj.: lade* ~ *om a) (ignorere)* disregard (*fx* his advice, his protests, his warning); *(med foragt)* scorn; *(+ trodse* F*)* flout (*fx* scorn (, flout) his advice (, the rules, social conventions, tradition); flout the laws of the country); *b) (bagatellisere)* make light of (*fx* the danger); pooh-pooh (*fx* his objections); *lade* ~ ***om at*** disregard the fact that.
hår *(et)* hair;
□ *ikke et* ~ *bedre* not a bit (*el.* scrap) better; *have* ~ *på brystet* have hairs on one's chest;
[med vb.] -ene rejste sig på mit hoved my hair stood on end; *sætte sit* ~ do one's hair; *sætte -et op (ɔ: i en bestemt frisure)* style one's hair; *sætte sit* ~ *op (ɔ: på hovedet)* put (*el.* take) up one's hair; *trække ind (, op) ved -ene, se ndf.: med præp.; (se også nakke (ned ad nakken));*
[med præp.] fare ***i*** *-ene på* fly at; *(se også rive*[2]*, rykke, trække);* *stryge* ***med*** *-ene, stryge* ***mod*** *-ene se stryge; ligne en* ***på et*** ~ be exactly like sby; be the living image of sby; ***på et hængende*** ~ by a hair's breadth; T by the skin of one's teeth (*fx* I escaped by the skin of my teeth); *det var på et hængende* ~ *(også)* it was a near thing; T it was a close shave; *jeg slap fra det på et hængende* ~ *(også)* I had a narrow escape; *det var på et hængende* ~ *gået galt* it very nearly went wrong; *jeg var på et hængende* ~ *blevet slået ihjel* I narrowly escaped being killed; T I came within an ace of being killed; *trække* ***ind ved*** *-ene (fig.)* drag in; *trække sig selv* ***op ved*** *-ene* pull oneself up by one's (own) bootstraps.
hårbalsam (hair) conditioner.
hårbund scalp.
hårbørste *sb.* hair brush.
hårbånd 1. bandeau; **2.** *(som indianers)* headband; **3.** *(sløjfe)* bow.
hård *adj. (se også hårdt)* **1.** hard (*fx* ice, stone; frost, winter; voice, words);
2. *(anstrengende)* hard (*fx* job, work); tough (*fx* job, negotiations); T stiff (*fx* climb);
3. *(streng)* hard, severe (*fx* punishment; a hard fate); *(stærkere)* harsh (*fx* judgement, punishment);
4. *(om person: streng, ufølsom)* hard, severe (*fx* master); *(stærkere)* harsh (*fx* judge); *(hårdfør, brutal)* tough (*fx* he is a tough guy; it is a tough neighbourhood);
□ *gøre* ~ harden; *det er lige -t nok* T it's a bit stiff (*el.* thick);
[med sb.] ~ *hud a)* callous skin; *b) (sted med* ~ *hud)* callus, callosity; *jeg fik* ~ *hud på hænderne* my hands became calloused; T I got a lot of hard skin on my hands; *med* ~ *hånd* ruthlessly; relentlessly; *-e kampe* heavy fighting sg.; ~ *konkurrence* severe (*el.* tough) competition; *en* ~ *linie* a hard (*el.* tough) line; ~ *modstand* strong (*el.* stubborn) opposition; energetic resistance; *en* ~ *overfart* a rough crossing; *et -t slag a) (fysisk)* a hard blow; *(stærkere,* F*)* a smart blow; *b) (fig.)* a great (*el.* severe) blow; *-t spil (i fodbold etc.)* rough play; *-e stoffer (om narkotika)* hard drugs; *(se også hund, mave*[1]*, negl, nød, valuta, vand);*
[med præp.] det var -t ***for*** *ham* it was hard on (*el.* for) him; *være* ~ ***imod*** *(ɔ: streng)* be hard on, be severe on; *han satte -t* ***mod*** *-t* he gave as good as he got; he stood up to them (etc.); he got tough with them; ~ ***ved****, se ovf.:* ~ *imod.*
hårdfør *adj.* **1.** hardy; *(sej)* tough;
2. *(bot.)* hardy;
□ ~ *over for (om person)* insensitive to (*fx* cold).
hårdhed *sb. (en)* hardness; *(strenghed også)* severity; *(stærkere)* harshness.
hårdhjertet *adj.* hard-hearted.
hårdhjertethed *sb. (en)* hard-heartedness.
hårdhudet *adj. (fig.)* thick-skinned; *(ufølsom, afstumpet)* callous.
hårdhudethed *sb. (en) (fig.)* thick skin; callousness.
hårdhændet *adj.* rough (*fx* treatment); *(klodset)* heavy-handed.
hårdknude*: forhandlingerne gik i* ~ the negotiations reached (a) deadlock (*el.* became deadlocked); F the negotiations reached an impasse.
hårdkogt *adj. (også fig.)* hard-boiled.
hårdnakket[1] *adj.* **1.** *(stædig)* obstinate (*fx* refusal); stubborn (*fx* resistance); **2.** *(ihærdig)* persistent (*fx* liar; cough);
□ ~ *modstand (også)* dogged resistance.
hårdnakket[2] *adv. (jf. hårdnakket*[1]*)* **1.** obstinately, stubbornly; **2.** persistently;
□ *blive* ~ *ved med at tro på at* persist in the belief that.
hårdnakkethed *sb. (en) (jf. hårdnakket)* **1.** obstinacy; **2.** persistence.
hårdt *adv.* **1.** hard (*fx* work hard; brake hard);
2. *(strengt)* severely (*fx* punish him severely); *(stærkere)* harshly (*fx* treat him harshly);
3. *(slemt)* badly (*fx* affected, wounded); severely (*fx* damaged, wounded);
□ *det gik* ~ *til a) (de skændtes)* feelings ran high; *b) (de sloges)* they came to blows; *c) (de drak)* they drank heavily; *lige på og* ~ T straight from the shoulder; *du sætter det noget* ~ *op* you put it in rather brutal terms; ~ *såret se hårdtsåret; (se også holde, tage (på), trænge*[2] *(til)).*
hårdtpumpet *adj.* **1.** blown up hard *(præp.)*; **2.** *(fig.)* laboured (*fx* style); **3.** *(om person: kraftig)* thickset.
hårdtslående *adj.* hard-hitting.
hårdtsåret *adj.* badly (*el.* severely) wounded;
□ *de hårdtsårede (mil.)* the severe casualties.
håret *adj.* hairy.
hårfager *adj.* **1.** *(langhåret)* hairy, long-haired; **2.** *(med smukt hår; efter sb.)* with beautiful hair.

hårfarve colour of the hair.
hårfarvningsmiddel hair dye.
hårfin *adj. (fig.)* subtle (*fx* a subtle distinction); nice (*fx* shades of meaning);
□ *en ~ balance* a delicate balance.
hårfjerningsmiddel (superfluous-) hair remover; *(fagl.)* depilatory.
hårkar capillary (vessel).
hårklemme hairgrip; *(am.)* bobby pin.
hårkløver *sb. (en, -e)* hairsplitter.
hårkløveri *sb. (et, -er)* hairsplitting.
hårlak hair spray, hair lacquer.
hårlok lock (of hair).
hårløs *adj.* hairless.
hårnet hairnet.
hårnål hairpin.
hårnålesving hairpin bend.
hårpisk pigtail.
hårpleje care of the hair.
hårrejsende *adj.* **1.** *(skræmmende)* hair-raising; **2.** *(svagere: rædsom)* appalling, atrocious (*fx* accent).
hårrig *adj.* hairy.
hårrør capillary tube.
hårrørsvirkning capillarity.
hårsbred *sb. (en el. et)* hair's breadth (*fx* only a hair's breadth from death);
□ *han veg ikke en ~* he did not budge an inch; *ikke vige en ~ fra* not depart a hair's breadth from.
hårskyllemiddel *(til farvning)* rinse.
hårsløjfe bow.
hårspray hair spray.
hårspænde hair slide; *(am.)* barrette.
hårstreg *(typ.)* hair stroke.
hårsæk *(anat.)* hair follicle.
hårtjavs wisp (of hair).
hårtot tuft of hair.
hårtrukken *adj.* far-fetched.
hårtørrer *sb. (en, -e)* hair dryer.
hårvalk pad.
hårvand hair lotion.
hårvask shampoo (*fx* have a shampoo).
hårvækst **1.** growth of the hair;
2. *(hår)* hair;
□ *generende ~* superfluous hair.

I

i[1] *præp.* **1.** *(om sted i videste forstand, område etc.)* in (*fx* in the house, in the garden; a snake in the grass; in a shop, in a bank; in Yorkshire, in England; in the newspapers; in the rain, in the air); *(foran navne på byer: opfattet som område)* in (*fx* in London); *(dog:* I have never been to London*)*; *(inde i)* in, inside (*fx* the house); F within (*fx* the prison);
2. *(om punkt, mindre sted, adresse etc.; foran navne på mindre byer, især som punkt på rute el. når der tænkes på en bestemt institution i byen)* at (*fx* meet at a point; at a great height; at the airport (, the library, the supermarket, the theatre); live at No. 10; he is at school; he studied at Oxford; we stopped at Lincoln; we landed at Esbjerg);
3. *(på, også om transportmidler)* on (*fx* on the ceiling; on the horizon; hit him on the head; sit on the grass; walk on the snow; on the train (, the bus, the plane));
4. *(om tilstand)* in (*fx* in circulation, in motion, in a trance; in a trance); at (*fx* at rest; be at war with them; be back at work);
5. *(om mål for bevægelse)* to (*fx* go to school (, bed, the theatre); a visit to London); *(ind i, ned i, ud i)* into (*fx* jump into the water, rush into the room go out into the garden; get into difficulties);
6. *(om tidspunkt, også højtider)* at (*fx* at this moment, at the last minute; at Easter, at Christmas);
7. *(om tidsrum)* in (*fx* in the summer of 1993; for the first time in ten years (, in the past week); in (the year) 1993); *(i løbet af også)* during (*fx* during the last ten years; during (*el.* in) his absence);
8. *(om tidens varighed)* for (*fx* for three years nobody heard of him; the dog barked for ten minutes; for several minutes nobody spoke; for a period of three years) *(NB* for *kan ofte udelades når det følger lige efter vb., fx* I have been married three years; the silence lasted several minutes*)*;
9. *(ved klokkeslæt)* to (*fx* five (minutes) to six) *(NB* minutes *kan udelades efter 5, 10, 20 og 25)*;
10. *(ved ugedage)* last (*fx* last Monday (, Tuesday etc.) *(i mandags, i tirsdags etc.)*);
11. *(om samhørighedsforhold, tilhørsforhold)* of (*fx* the events of 1940; the first part of the series; the residents of the house; teacher of English);
12. *(om radio, telefon, tv)* on (*fx* hear it on the radio; talk to her on the phone; see it on television);
13. *(om medlemskab af udvalg etc.)* on (*fx* he sits on the committee; she is on the Board *(bestyrelsen)*; he is on the Executive *(forretningsudvalget)*);
14. *(om materiale)* in (*fx* a statue in marble; a dress in silk or nylon; a table in light oak);
15. *(efter vb. der betyder "gribe" etc.)* by (*fx* take (, seize) him by the arm (, collar); pull her by the hair);
[om beløb] hvad betaler (, skylder, forlanger) du i husleje? how much rent do you pay (, owe, charge)? *hvad får han i løn?* what are his wages?; *(se også løn*[1]*)*;
[i regning] 2 (op) i 14 er 7 2 into 14 is 7; *7 i fjerde (potens)* 7 to the fourth (power);
[andre forb.] ***i og for sig*** *a) (i sig selv)* in itself (*fx* it is not in itself a victory, but...); *b) (egentlig)* properly speaking (*fx* he is not properly speaking an inventor); *c) (på en måde)* in a way (*fx* it is in a way understandable); ***i og med*** *at han er lærer* because he is a teacher.

i[2] *adv.* **1.** in (*fx* fall in, go in, jump in; the drawer with money in);
2. *(mods. åben)* shut (*fx* slam a door (, a drawer) shut; the lid snapped shut; the door clicked shut);
3. *(om klokkeslæt)* to (*fx* it is twelve minutes to; it is five (minutes) to); *(jf. i*[1] *9)*;
□ ***med*** *hul* ***i*** with a hole (in it); *te med mælk (, sukker) i* tea with milk (, sugar) (in) (*el.* in it); *(se desuden de verber, hvormed "i" forbindes)*.

iagttage *vb.* **1.** *(lægge mærke til, observere)* observe (*fx* how they do it; you learn by observing others; he had been observed entering the bank);
2. *(se på, følge med øjnene)* watch (*fx* he watched the children playing); F observe;
3. *(*F*: efterleve, overholde)* observe (*fx* caution, the conventions, certain formalities, the rules);
□ ~ *tavshed* maintain silence.

iagttagelse *sb. (en, -r)* **1.** observation; **2.** *(overholdelse)* observance.

iagttagelsesevne powers pl. of observation.

iagttager *sb. (en, -e)* observer (*fx* Western observers in the country say ...; he attended the meeting as an observer);
□ *en skarp* ~ a keen observer.

ibenholt *sb. (et)* ebony.

iberegnet *pf.ptc.* including, inclusive of;
□ ~ *alle omkostninger* inclusive of all charges; all charges included; *alt* ~ everything included.

ibis *sb. (en, -er) (zo.)* ibis.

iblandet *pf.ptc.* mixed with.

iblandt *se blandt.*

iboende *adj.* **1.** inherent (*fx* tendency); **2.** *(medfødt)* innate;
□ *den ham* ~ *kraft* his innate vigour.

id[1] *sb. (et) (psyk.)* id.

id[2] *sb. (en) (glds.)* pursuit;
□ *al hans* ~ all his efforts.

idé, ide *sb. (en, ideer)* **1.** idea; *(især vag, tilfældig)* notion (*fx* silly (, odd) notions);
2. *(begreb,* F*)* concept (*fx* philosophical concepts);
3. *(i litteraturværk)* main idea, leading thought;
□ *en lys* ~ a bright (*el.* clever) idea; T a brainwave; *(se også genial)*; *sikken en* ~*!* what an idea! *[med vb.]* ***få*** *en* ~ get an idea; *(tilfældigt)* hit on an idea; *(pludseligt)* be struck by an idea; *få -en til en titel* think of a title; *det* ***gav*** *ham -en* that gave him the idea; that suggested the idea to him;

var** det ikke en ~ **at**, ville det ikke **være** en ~ **at wouldn't it be an idea to (*fx* visit him?); what (*el.* how) about -ing (*fx* going to the cinema?);
*[med præp.] der er ingen ~ **i at*** there is no point in -ing; *-en **med** det (ɔ: formålet)* the idea with it; *det var ham der fik -en med (ɔ: fandt på)* he got the idea of (*fx* self-service stores); *~ **om** (begreb)* idea of (*fx* this will give you an idea of the cost; I have no idea (of) what he means (, how much it will cost)); *gøre sig en ~ om* form an idea of, imagine; *du gør dig ingen ~ om* you can't imagine (*fx* how angry he was); you can have (*el.* form) no idea of; *jeg har en ~ **om at*** I have an idea that; *jeg har ingen ~ **om hvad** han mener (også, T)* I haven't a clue as to what he means.

ideal[1] *sb. (et, -er)* ideal (*fx* she was the ideal of female beauty; he is the (very) ideal of a teacher; it was my ideal of what a school should be);
□ *en mand med høje -er* a man of high ideals.

ideal[2] *adj. (fuldkommen)* ideal.

idealisere *vb.* idealize.

idealisering *sb. (en, -er)* idealization.

idealisme *sb. (en)* idealism.

idealist *sb. (en, -er)* idealist.

idealistisk[1] *adj.* idealistic.

idealistisk[2] *adv.* idealistically.

idealitet *sb. (en)* ideality.

ideassociation, idéassociation association of ideas.

ideel *adj.* **1.** *(fuldkommen)* ideal (*til* for; *som* as); perfect; **2.** *(idealistisk)* idealistic (*fx* motives).

ideforladt, idéforladt *adj.* uninspired.

idehistorie, idéhistorie history of ideas.

idel *adj.* sheer (*fx* it was a sheer delight); nothing but (*fx* misery); all (*fx* it wasn't all happiness);
□ *det er ikke ~ lykke (også)* it isn't roses all the way .

idelig[1] *adj.* continual; *(mere F)* perpetual.

idelig[2], **ideligt** *adv.* continually, perpetually; *(mindre F)* always, for ever;
□ *~ gentage* keep repeating.

idemand, idémand ideas man.

identificerbar *adj.* identifiable.

identificere *vb.* identify;
□ *~ sig med* identify (oneself) with (*fx* a cause; I could not identify with any of the characters in the novel; she identified herself with her part *(rolle)*).

identificering *sb. (en, -er)* identification.

identisk[1] *adj.* identical (*med* to, with).

identisk[2] *adv.* identically.

identitet *sb. (en, -er)* identity (*fx* reveal his identity; discover a new identity);
□ *hævde sin ~* assert one's identity.

identitetskort identity card.

identitetskrise identity crisis.

identitetsmærke 1. identity disk; **2.** *(mil.)* identification tag.

ideolog *sb. (en, -er)* ideologist (*fx* the party ideologist); ideologue.

ideologi *sb. (en, -er)* ideology.

ideologikritik critique of ideology, ideology critique.

ideologisere *vb.* ideologize.

ideologisk[1] *adj.* ideological.

ideologisk[2] *adv.* ideologically.

iderig, idérig *adj.* full of ideas *(præd.)*; *(opfindsom)* inventive, resourceful.

idet *konj.* **1.** *(om tid)* as (*fx* he came just as I was opening the door); **2.** *(om årsag)* as, because (*fx* I could do nothing because I was absent);
□ *~ han kom ind så han hende* on entering (*el.* as he entered) he saw her; *~ han rakte mig brevet sagde han* handing me the letter, he said.

ideverden, idéverden world of ideas; imaginary world.

idiolekt *sb. (en, -er) (sprogv.)* idiolect.

idiom *sb. (et, -er) (sprogv.)* idiom.

idiomatisk[1] *adj.* idiomatic.

idiomatisk[2] *adv.* idiomatically.

idiosynkrasi *sb. (en, -er)* idiosyncrasy.

idiot *sb. (en, -er)* **1.** *(skældsord)* fool; *(stærkere)* idiot; **2.** *(psyk.)* idiot, imbecile;
□ *det er til at blive ~ af* it is driving me mad; *tror du jeg er ~!* do you take me for a fool! do me a favour! *din store ~!* you big fool! *John den ~!* that fool John!

idiotanstalt lunatic asylum; S loony bin.

idiotarbejde boring routine work;
□ *det er ~ (omtr.)* it is a bit of a chore.

idioti *sb. (en el. et, -er)* idiocy.

idiotisk[1] *adj.* idiotic.

idiotisk[2] *adv.* idiotically.

idiotsikker *adj.* foolproof.

ID-kort identity card; *(til bank, omtr.)* banker's card; *(am.)* ID card.

idol *sb. (et, -er)* idol.

idræt *sb. (en)* **1.** athletics sg.; sport; **2.** *(boldspil)* games pl.;
□ *dyrke ~* go in for athletics (, games); *fri ~* (track and field) athletics.

idrætsanlæg sports centre.

idrætsdag *(skoles)* sports day.

idrætsfolk *sb.pl.* athletes.

idrætsforening athletic association.

idrætsgren (type of) sport.

idrætshal sports centre.

idrætslæge sports doctor.

idrætslærer sports (, games) master.

idrætsmand athlete.

idrætsmedicin sports medicine.

idrætsmærke [badge awarded for all-round proficiency in athletics].

idrætsplads sports ground.

idrætsskade sports injury.

idrætsstævne sports meeting.

idyl *sb. (en, -ler)* idyll;
□ *den rene ~* a perfect idyll.

idyllisk[1] *adj.* idyllic.

idyllisk[2] *adv.* idyllically.

idømme *vb.: ~ én noget* sentence sby to sth; *~ én en (stor) bøde* fine sby (heavily); impose a (heavy) fine on sby; *han blev idømt en bøde på £50* he was fined £50; he was given a £50 fine; *han blev idømt 3 års fængsel* he was sentenced to three years' imprisonment; he was jailed for three years; *~ lange fængselsstraffe* impose (*el.* hand down) long sentences.

ifald *konj.* if.

ifalde *vb.* become liable to (*fx* a penalty); incur.

ifølge *præp.* **1.** according to (*fx* according to what he said); **2.** *(i overensstemmelse med)* in accordance with (*fx* his instructions (, orders, wishes); the terms of the treaty); **3.** *(jur., F)* pursuant to; **4.** *(hdl.)* as per (*fx* invoice, instructions);
□ *~ rygtet (, overleveringen, hans kone) blev han... (også)* rumour (, tradition, his wife) had it that he was...; *~ loven* according to law; *~ sin natur* by nature, naturally.

iføre *vb.* dress in; F array in, attire in;
□ *~ sig* put on; *iført grøn frakke* dressed in a green coat.

igangsætning starting; start.

igangsætte *vb.* start.

igangsætter starter; initiator.

igangværende *adj.* in progress *(præd.)* (*fx* the negotiations in progress); ongoing (*fx* investigation, project); going (*fx* the factory

is for sale as a going concern).
igen *adv.* **1.** *(atter)* again; *(udtrykkes ved mange verber ved forstavelsen)* re- (*fx fylde flasken* ~ refill the bottle; *læse bogen* ~ reread the book);
2. *(tilovers)* left (*fx* there is not much left of his former glory);
3. *(tilbage)* back (*fx* get one's money back);
4. *(derefter)* in its (, his, her, etc.) turn, in turn (*fx* he gave the papers to a friend, who in (his) turn gave them to me);
□ *og andre* ~ and others again; and yet others; *nu er de i gang* ~*!* they are at it again! ***om*** ~ *se om*[2]; *godt* ***ord*** ~ no offence meant (*el.* intended); *ikke mine ord* ~ strictly between ourselves; *(se også få*[2]*, give, holde, langt, svare).*
igennem *præp. (også om middel)* through;
□ *hele dagen* ~ all day (long), throughout the day; *måneder* ~ for months on end; *hele natten* ~ all night (long), throughout the night; *hele året* ~ all the year round, throughout the year; *hele århundredet* ~ throughout the century; *(se også helt*[3]*, komme*[2]*, midt (etc.)).*
igle *sb. (en, -r) (zo.)* leech.
ignorant *sb. (en, -er)* ignoramus.
ignorere *vb.* **1.** ignore, take no notice of; F disregard; **2.** *(ikke ville kende, hilse på)* cut (*fx* he was cut by all his acquaintances);
□ *han -de fuldstændigt at de talte så højt* he completely ignored (, disregarded) their talking so loud (*el.* the fact that they talked so loud).
ih *interj.* oh (*fx* oh no!); (F *el. glds.)* why;
□ ~ *hvor er det godt!* it is 'so good! ~ *hvor var jeg glad for at se ham!* wasn't I glad to see him!
ihjel *adv.* to death (*fx* freeze (, starve, beat him, trample him, work oneself, be scalded) to death);
□ *slå* ~ *(ɔ: dræbe)* kill; *slå tiden* ~ kill time; *slå sig* ~ be killed; F lose one's life; *(se også fryse, kede (sig), ligge (sig), stikke, sulte, tie).*
ihukomme *vb.* remember, bear in mind.
ihukommelse *sb. (en)* remembrance, memory;
□ *salig* ~ of blessed memory.
ihvorvel *konj. (glds.)* albeit.
ihændehaver *sb. (en, -e)* holder, bearer; *(se også lyde*[1] *(på)).*
ihændehavercheck bearer cheque.
ihændehaverpapir bearer security.
ihærdig *adj.* **1.** *(energisk)* energetic (*fx* worker; make an energetic attempt);
2. *(vedholdende)* persistent (*fx* attacks, attempts, efforts, endeavours); persevering; F unremitting (*fx* efforts);
3. *(stædig,* F*)* pertinacious (*fx* critic).
ihærdighed *sb. (en) (jf. ihærdig)* **1.** energy; **2.** persistence, perseverance; **3.** pertinaciousness.
ikende *vb. se idømme.*
ikke *adv.* **1.** not (*fx* he is not (, he isn't) here; he does not (, he doesn't) know) *(NB forkortes efter hjælpevb. i uformelt sprog til* n't*); (se også håbe)*;
2. *(foran komp.)* no (*fx* he is no bigger than I *(ɔ: lige så lille)*); *(neutralt)* not (*fx* he is not bigger than I, he is even smaller);
3. *(i udbrud)* not (*fx* isn't it lovely!); *(NB* F*: hvor tåbeligt er det* ~ *at ...* what folly it is to ...*);*
[som efterstillet spørgsmål:] ~*,* ~ ***også,*** ~ ***sandt*** *a)* isn't it (, don't you, can't he etc.) (*fx* it's very hot, isn't it? you like it, don't you? he can ask, can't he?); don't you agree? *b) (om aftale etc. = er du med?)* all right (*fx* then you'll be there at six, all right?);
[med pron.] ~ ***det****?* hasn't it (, won't you, isn't it etc.) (*fx* (he isn't here) Isn't he?); no? really?; *(se også det, samt andet*[2]*, nogen, noget;*
(andre forb., se: mindst, nok[3]*, nær*[3]*, ringe*[1]*, snart).*
ikkealkoholisk *adj.* non-alcoholic.
ikkeangrebspagt non-aggression pact.
ikkeeksisterende *adj.* non-existent.
ikkefaglært *adj.* unskilled.
ikkeintervention non-intervention.
ikkeryger non-smoker.
ikkerygerkupé non-smoker; *(på opslagene står:* No Smoking*).*
ikkespredningsaftale *(om atomvåben)* non-proliferation agreement.
ikketidsbestemt *adj.:* ~ *straf* indeterminate sentence.
ikkevold non-violence.
ikkevoldelig *adj.* non-violent.
iklæde *vb.* **1.** *se iføre*; **2.** *(fig.)* couch (in words).
ikon *sb. (en, -er) (rel., edb)* icon.
ikrafttræden *sb. (en)* coming into force (*el.* operation);
□ *lovens* ~ *er fastsat til 1 maj* the law will come into force on May 1.
ilanddrevet *adj. (præd.)* washed ashore.
ilandsætning landing; F disembarkation.
ilbud **1.** express message; **2.** *(person)* express messenger.
ild *sb. (en)* **1.** fire; **2.** *(fig.)* fire; F ardour;
□ *der* ***er*** ~ ***i*** *huset* the house is on fire; *der er* ~ *i kaminen* there is a fire in the stove; the fire is on; ***få*** ~ ***på*** *(el. i) cigaren (, piben)* light up one's cigar (, pipe); ***give*** ~ fire; *vil du være venlig og give mig* ~*?* could you give me a light? ***gå gennem*** ~ *og vand for* go through fire and water for; ***gå i*** *-en for* take up the cudgels for; *der* ***gik*** ~ ***i*** *gardinet* the curtain caught fire; ***have*** ~ ***i*** *kakkelovnen (, kaminen, pejsen)* have a fire; ***holde*** ~ ***i*** *cigaren* keep the cigar alight; ***holde*** *en* ***til*** *-en* keep sby up to the mark; keep sby's nose to the grindstone; ***stikke*** *(el.* ***sætte****)* ~ ***i*** *(el.* ***til****)* set fire to (*fx* the curtain); ***sætte*** ~ ***på*** *huset* set fire to the house, set the house on fire; ***være i*** *-en a) (være i gang)* be in action; *b) (udsat for kritik, beskydning)* be under fire; *(se også brændt (barn), dobbelt*[1]*, jern, kastanie, puste (til), tænde, åben).*
ilddyrkelse fire worship.
ilddyrker fire worshipper.
ilddåb *(soldats)* baptism of fire;
□ *han fik sin* ~ *a) (om soldat)* he had his baptism of fire; *b) (fig.: han prøvede for første gang)* he had his first taste.
ilde[1] *adj.* bad (*fx* not bad!); *(se også medfart).*
ilde[2] *adv.* badly; *(mere* F*)* ill;
□ *det vil gå ham* ~ *hvis* it will go hard with him if; ~ *lidt* unpopular; *tage noget* ~ *op* resent sth, take sth in bad part; *du må ikke tage mig det* ~ *op* don't be offended; *han tog mig det ikke* ~ *op at jeg kritiserede ham* he did not resent my criticizing him; he took my criticism in good part; *(se også berøre, faren, mod*[1] *(til mode), sandhed, tilpas).*
ildebefindende indisposition (*fx* she suffered a slight indisposition);
□ *få et* ~ feel unwell; T have a turn.
ildebrand fire; *(stor,* F*)* conflagration.
ildelugtende *adj.* evil-smelling; F malodorous.
ildelydende *adj.* ill-sounding, harsh.
ilder *sb. (en, -e) (zo.)* polecat; *(glds.)* fitchew.
ildeset *adj.* **1.** unwelcome; **2.** *(om*

person) disliked.
ildesindet *adj.* ill-disposed, malevolent.
ildevarslende[1] *adj.* ominous.
ildevarslende[2] *adv.* ominously.
ildfast *adj.* fireproof;
□ ~ *fad a)* ovenproof dish; *b) (dybt, rundt)* casserole; ~ *ler* fireclay; ~ *(mur)sten* firebrick.
ildflue *(zo.)* firefly.
ildfugl *(zo.: lille ~, en sommerfugl)* small copper.
ildfuld *adj.* ardent, enthusiastic.
ildfuldhed *sb. (en)* ardour, enthusiasm.
ildhu enthusiasm.
ildkamp 1. gun battle; T shoot-out; **2.** *(mil.)* fire fight; *(mindre)* exchange of shots.
ildkugle fire ball.
Ildlandet *(geogr.)* Tierra del Fuego.
ildlinie *(mil.)* firing line.
ildløs *sb. (en)* fire.
ildprøve *sb. (fig.)* ordeal.
ildrager *sb. (en, -e)* poker.
ildrød *adj.* fiery red (*fx* hair, skin); burning red (*fx* skin);
□ *blive ~ i hovedet a) (af skam)* blush scarlet; *b) (af anstrengelse)* become bright red (*el.* scarlet) in the face (*fx* with exertion); *c) (af raseri)* go purple in the face.
ildsjæl fiery soul.
ildskær reflection (, glow) of a fire.
ildsluger *sb. (en, -e) (gøgler)* fire-eater.
ildslukker *sb. (en, -e)* fire extinguisher.
ildsprudende *adj.* fire-breathing;
□ ~ *bjerg* volcano.
ildspåsættelse *sb. (en, -r)* arson.
ildspåsætter *sb. (en, -e)* arsonist.
ildsted fireplace.
ildsvåde *sb. (en)* fire.
ildsøjle column of fire.
ildtang fire tongs pl.;
□ *en ~* a pair of fire tongs; *jeg vil ikke røre det med en ~* I wouldn't touch it with a barge pole (*el.* a ten-foot pole).
ildtilbedelse fire worship.
ildtilbeder 1. fire worshipper; **2.** *(fig.)* ardent worshipper.
ildtænder firelighter.
ildvogn chariot of fire.
ildvåben *sb.pl.* firearms.
ile *vb.* hurry (*fx* along, back, home); F hasten; *(løbe)* run;
□ *vi må ~ (ɔ: tage af sted)* we must fly (*el.* rush); *tiden -r* time flies;
[med præp. & adv.] ~ ***med at*** hasten to; ~ ***til*** hurry up; F hasten to the spot; ~ *en til hjælp* hurry to sby's aid.
ilgods express goods pl.
ilgodsekspedition 1. express service; **2.** *(kontoret)* express goods office.
Iliaden *(hist.)* the Iliad.
iling *sb. (en, -er)* **1.** *(vindpust)* cat's paw; **2.** *(følelse)* ripple.
illegal *adj.* illegal;
□ ~ *presse* underground press.
illegitim *adj.* illegitimate.
illoyal *adj.* disloyal (*mod, over for* to); unfair (*mod, over for* to);
□ ~ *konkurrence* unfair competition.
illoyalitet *sb. (en)* disloyalty, breach of faith.
illudere *vb.* **1.** create a perfect illusion; **2.** *(om billede etc.)* be lifelike;
□ ~ *som* give a convincing representation of.
illumination *sb. (en, -er)* illumination.
illuminere *vb. (oplyse; udsmykke håndskrift)* illuminate.
illuminering *sb. (en, -er)* illumination.
illusion *sb. (en, -er)* illusion; *(vrangforestilling også)* delusion;
□ *berøvet alle -er* completely disillusioned; *jeg gør mig (el. nærer) ingen -er om* I have no illusions about; F I am under no illusion as to; *rive én ud af -en* disillusion sby.
illusionist *sb. (en, -er)* illusionist, conjurer.
illusionsløs *adj. (præd.)* completely without illusions.
illusionsnummer conjuring trick.
illusorisk *adj.* illusory.
illustration *sb. (en, -er)* illustration.
illustrationsmateriale illustrative material, artwork.
illustrator *sb. (en, -er)* illustrator.
illustrere *vb.* illustrate (*fx* a book); *(fig.: tydeliggøre etc.)* illustrate, be illustrative of;
□ *dette -r* ***at*** this illustrates the fact that.
ilmarch forced march;
□ *rykke frem i ~* advance by forced marches.
ilsom *adj.* hurried.
ilt *sb. (en)* oxygen.
iltapparat *(til genoplivning)* resuscitator.
ilte[1] *sb. (en el. et, -r)* oxide.
ilte[2] *vb.* oxidize.
iltelegram express telegram.
ilter *adj.* **1.** hot, fiery (*fx* temper); **2.** *(om person)* hot-headed, peppery (*fx* a peppery old colonel).
iltfattig *adj. (præd.)* deficient in oxygen.
iltflaske oxygen cylinder.
iltholdig *adj.* oxygenous; *(kun efter sb.)* containing oxygen.
iltmangel lack of oxygen.
iltmaske oxygen mask.
iltning *sb. (en)* oxydation.
iltoptagelse absorption of oxygen.
iltprocent percentage of oxygen.
iltrig *adj. (præd.)* rich in oxygen.
iltsvind deoxygenation; anoxic event.
ilttelt oxygen tent.
image *sb. (et)* image.
imaginær *adj.* imaginary (*fx* quantity, number).
imam *sb. (en, -er)* imam.
imbecil *adj.* imbecile.
imbecilitet *sb. (en)* imbecility.
imedens *se imens.*
imellem[1] *præp.* **1.** *(imellem to, også linier, grupper etc.)* between (*fx* she was sitting between her father and mother; negotiations between Denmark and Britain; midway between London and Edinburgh; the river flows between wooded banks (, between the trees));
2. *(imellem flere, taget enkeltvis el. to ad gangen)* between (*fx* conflicts between employers, workers and trade union officials; the difference between purple, mauve and violet; don't eat between meals; read between the lines);
3. *(blandt; omgivet af)* among (*fx* conflicts among the workers; a village among the hills; she walked among the ruins; I found it among my papers; we are among friends; she was sitting among her children);
□ ~ ***hinanden*** higgledy-piggledy; F pell-mell; ~ ***os*** *sagt* between ourselves, between you and me; *lad det blive ~ os* let it go no further; *(se også dele (mellem), midt (etc.)).*
imellem[2] *adv.* between (them) (*fx* a road runs between); among them.
imens[1] *adv.* **1.** *(indtil noget andet sker)* in the meantime (*fx* you can wait here in the meantime); (in the) meanwhile; **2.** *(hele tiden ~)* all the while (*fx* he worked and I slept all the while).
imens[2] *konj.* **1.** *(om tid)* while (*fx* he worked while I slept); **2.** *(hvorimod)* whereas, while.
imidlertid *adv.* **1.** *(dog)* however; *(svagere)* still, at the same time (*fx* still (*el.* at the same time) I must admit that ...);
2. *(glds.: i mellemtiden)* in the meantime, (in the) meanwhile.
imitation *sb. (en, -er)* imitation.
imitator *sb. (en, -er)* mimic; *(artist)*

impersonator.
imitere *vb.* imitate (*fx* sby; sby's voice); *(person også)* impersonate; T do (*fx* he does the Prime Minister very well); *(se også parodiere 2)*.
imiteret *adj.* imitation, artificial (*fx* pearls).
immanent *adj.* immanent.
immateriel immaterial, incorporeal;
□ *de -le erhverv (omtr.)* the professions.
immatrikulation *sb. (en, -er)* matriculation.
immatrikulere *vb.* matriculate;
□ *blive -t* matriculate, be matriculated.
immervæk *adv. (alligevel)* after all.
immigrant *sb. (en, -er)* immigrant.
immigration *sb. (en, -er)* immigration.
immigrere *vb.* immigrate.
immobil *adj.* immobile.
immortel *sb. (en, -ler)*, **immortelle** *(en, -r)* immortelle.
immun *adj.* immune (*mod, over for* to).
immunforsvar immune defence (mechanism).
immunisere *vb.* immunize.
immunitet *sb. (en)* immunity.
immunolog *sb. (en, -er)* immunologist.
immunsystem immune system.
imod[1] *præp.* **1.** *(om støtte, baggrund, modstand)* against (*fx* lean against the wall; seen against the dark background; fight against enemies; walk against the wind; a war against poverty); *(om sportskamp & jur. også)* versus; *(fork.)* vs. (*fx* England vs. Spain; Brown vs. Smith);
2. *(om retning & tid: hen ~)* towards (*fx* towards evening; on his way towards my house; he came towards me with a knife in his hand); *(fjendtligt)* on (*fx* they marched on Rome; the dog turned on its master);
3. *(for at ramme)* at (*fx* they threw (, flung) stones at him; he fired at me);
4. *(om beskyttelse)* from (*fx* safe from danger (, attack); shield her from the wind (, from harm); protect the child from bad influences); *(især: mere aktivt)* against (*fx* protect them against attack; take precautions against fire);
5. *(over for)* to, towards (*fx* his duty to(wards) his parents; his generosity to her; be good (, kind) to(wards) sby; what has he done to you?); with (*fx* be strict (, gentle, frank, rough) with him); *(især negativt)* on (*fx* they were hard (, tough) on him; it is not fair on them); *(NB* contemptuous (, critical, sceptical, suspicious) of*)*;
6. *(sammenlignet med)* compared with (*el.* to) (*fx* that is nothing (compared) to what I saw); to (*fx* the chances are ten to one; three goals to two);
7. *(til gengæld for)* in return for (*fx* he taught her daughter in return for board and lodging); for (*fx* for cash);
8. *(i modstrid med)* against, contrary to (*fx* the rules, his wishes; contrary to expectation; act contrary to his orders);
□ *være ~ noget (jf. 1)* be against sth (*fx* the proposal); be opposed to sth;
~ ***at*** *betale* on condition of paying; for a payment of (*fx* for a payment of £500); *~ at han lovede at* on his promise to.
imod[2] *adv.* against (*fx* there were 15 voting for the motion and only 2 against are you for or against?); *(NB der kræves normalt styrelse, fx han var ~* he was against it*)*;
□ *vinden er ~* the wind is against us; *for og ~ se for*[4]; *det er ham ~* he dislikes it; it is distasteful to him.
imperativ *sb. (et, -er)* **1.** imperative; **2.** *(gram.)* the imperative (mood).
imperativisk *adj. (gram.)* imperatival.
imperator *sb. (en, -er)* imperator.
imperfektum *(gram.)* the past (tense).
imperialisme *sb. (en)* imperialism.
imperialist *sb. (en, -er)* imperialist.
imperialistisk *adj.* imperialistic; *(attr. også)* imperialist.
imperium *sb. (et, imperier)* empire.
impertinent[1] *adj.* impertinent.
impertinent[2] *adv.* impertinently.
implementere *vb.* implement.
implementering *sb. (en, -er)* implementation.
implicere *vb.* **1.** *(indblande)* involve (*i* in); *(se også indblande)*;
2. *(indebære)* imply (*fx* this does not imply that he is guilty);
□ *de -de parter* the parties involved; *være -t i en forbrydelse* be involved in a crime; F be party to a crime.
implicit[1] *adj.* implicit.
implicit[2] *adv.* implicitly.
implikation *sb. (en, -er)* implication.
imponere *vb.* impress;
□ *-t af* impressed by (*el.* with).
imponerende[1] *adj.* impressive, striking; *(ved sin størrelse værdighed)* imposing.
imponerende[2] *adv. (jf. imponerende*[1]*)* impressively, strikingly; imposingly.
imponer(e)thed *sb. (en)* awe (*over* at).
import *sb. (en, -er)* **1.** *(det at importere)* import, importation;
2. *(varerne)* imports pl.;
□ *drive ~* carry on an import trade.
importafgift import duty.
importbegrænsende *adj.: ~ foranstaltninger* measures to restrict imports.
importbegrænsning import restriction; import restrictions pl.
importere *vb.* import.
importfirma import firm, firm of importers.
importforbud import prohibition, ban on imports; embargo;
□ *indføre ~ for* impose a ban on the import of.
importhandel import trade.
importoverskud excess of imports over exports.
importør *sb. (en, -er)* importer (*af* of).
imposant[1] *adj.* imposing.
imposant[2] *adv.* imposingly.
impotens *sb. (en)* impotence.
impotent *adj.* impotent.
impresario *sb. (en, -er el. impresarier)* impresario, manager.
impressionisme *sb. (en)* impressionism.
impressionist *sb. (en, -er)* impressionist.
impressionistisk *adj.* impressionistic; *(attr. om retning)* impressionist (*fx* an impressionist painting).
impromptu *sb. (et, -er) (mus.)* impromptu.
improvisation *sb. (en, -er)* improvisation.
improvisator *sb. (en, -er)* improviser.
improvisere *vb.* improvise (*fx* improvise on the piano; improvise an accompaniment); extemporize; T ad-lib.
improviseret *adj.* **1.** *(som udføres, gives, holdes lige på stedet)* impromptu (*fx* press conference, speech); T ad-lib (*fx* comments);
2. *(som ikke er forberedt)* improvised (*fx* bridge, meal, speech).
imprægnere *vb.* **1.** *(gøre vandtæt)* waterproof; **2.** *(gøre brandsikker)* fireproof.
imprægneret *adj.* **1.** *(vandtæt)* waterproof; **2.** *(brandsikker)* fire-

proof.
impuls *sb. (en, -er)* **1.** impulse (*til* for; *til at* to, *fx* I had a sudden impulse to walk out); **2.** *(tilskyndelse)* incentive (*til at* to);
□ *handle efter en ~* act on impulse; *få nye -er* get (*el.* derive) new inspiration.
impulsiv *adj.* impulsive.
impulsivitet *sb. (en)* impulsiveness.
impulskøb 1. impulse buying; **2.** *(enkelt køb)* impulse buy.
impulsvarer *sb.pl.* impulse goods.
imødegå *vb.* **1.** *(opponere mod)* oppose (*fx* his objections; his attempts to take over); F counter; **2.** *(modbevise)* refute (*fx* an accusation, his argument).
imødekomme *vb. (se også imødekommende)* **1.** *(en person)* oblige (*fx* I want to oblige him); **2.** *(krav, ønske)* comply with; **3.** *(ansøgning)* grant.
imødekommende *adj.* obliging (*fx* he was most obliging); F accommodating; *(oftest i negative udtryk)* forthcoming (*fx* he was not very forthcoming);
□ *et ~ svar* a favourable reply.
imødekommenhed *sb. (en)* obligingness; kindness.
imødese *vb.* **1.** *(forvente)* expect (*fx* an improvement, an early reply); **2.** *(se frem til)* anticipate (*fx* I anticipate it with some anxiety (, with pleasure)).
in absentia in absentia, in one's absence (*fx* he was judged in absentia (*el.* in his absence)).
inaktiv *adj.* inactive.
inappellabel *adj.* final.
in blanco *adv.* not filled in, left blank.
in casu *adv.* in this particular case.
incest *sb. (en)* incest.
incitament *sb. (et, -er)* stimulus; *(tilskyndelse)* incentive.
incitere *vb.* stimulate; incite;
□ *en -nde melodi* an exciting tune; *virke -nde* act as a stimulus.
ind *adv.* **1.** in (*fx* come in! write in and tell us); **2.** *(i sceneanvisning)* enter (*fx* enter John from the left);
□ *~* ***ad*** in at, in through (*fx* he came in through the door (, window)); *~* ***i*** into; *~ mod* towards; *det emne ville han ikke ~* ***på*** he did not want to discuss (*el.* go into) that subject; *jeg vil ikke ~* ***på at*** I won't start -ing (*fx* I won't start paying him for that sort of thing); *~* ***til*** *(om nærmeste større by)* up to (*fx* up to London); *~ under* under; *(se også jul); (se også de vb. hvormed ~ forbindes, fx gå, komme, slå, sætte).*
indad *adv.* inwards (*fx* the door opens inwards);
□ *gå ~ se gå.*
indadtil *adj.* internally.
indadvendt *adj.* **1.** turned inwards; **2.** *(fig.: sky, reserveret)* introverted, withdrawn (*fx* person); inward-looking (*fx* group; glance).
indanke *vb.* appeal;
□ *~ sagen for højesteret* appeal the case to the supreme court.
indankning *sb. (en, -er)* appeal.
indarbejde *vb.* **1.** work in; **2.** *(varer)* find a market for, establish;
□ *et godt -t firma* a well-established firm.
indavl *sb. (en)* inbreeding.
indbagt *adj.* en croûte (*fx* duck (, lamb, beef) en croûte));
□ *~ oksekød (også)* beef Wellington; *~ æble* apple dumpling.
indbefatte *vb.* **1.** include (*fx* his duties included walking the dog; the tour included a visit to Oxford); take in (*fx* her accusation took in all her colleagues; the tours took in every part of the country); F comprehend;
2. *(bestå af)* comprise (*fx* Great Britain comprises England, Scotland and Wales);
□ *heri -t* including.
indbegreb*: -et af a) (et typisk udtryk for)* a perfect example of; F the epitome of (*fx* a philosopher, Renaissance music); the quintessence of (*fx* this poem represents to me the quintessence of beauty); *b) (summen af)* the sum of (*fx* human knowledge); *han er -et af hæderlighed (, venlighed, takt) (om person)* he is the soul of honesty (, kindness, tact); *han er -et af hæderlighed (også)* he is the soul of honour.
indberetning *sb. (en, -er)* report (*om* on).
indberette *vb.* report (*om* on, *fx* the situation; the diseases that doctors are required to report to the health authorities);
□ *~ ad tjenstlig vej* report through the official channels.
indbetale *vb.* pay (in);
□ *fuldt indbetalt kapital* (fully) paid up capital; *~ penge på sin konto* pay money into one's account; *~ til en bank* pay into a bank.
indbetaling payment.
indbetalingsbilag *(i bank)* paying-in slip; *(am.)* deposit slip.
indbetalingskort *(til giro)* inpayment form.
indbilde *vb. se bilde (ind), indbildt.*
indbildning *sb. (en, -er)* imagination; F fancy (*fx* separate fact from fancy);
□ *filosof udi egen ~* would-be philosopher; *han tror han er syg men det er kun ~* he thinks he is ill but it is only his imagination.
indbildningskraft imagination.
indbildsk[1] *adj.* conceited; T stuck-up.
indbildsk[2] *adv.* conceitedly, in a conceited manner.
indbildskhed *sb. (en)* conceit, conceitedness.
indbildt *adj.* imaginary.
indbinde *vb. (bøger)* bind; *(se også indbundet).*
indbinding *sb. (en, -er)* binding.
indblande *vb. (i sag etc.)* involve; F implicate;
□ *blive -t i* be (*el.* get) involved in (*fx* a collision, a crime); T be (*el.* get) mixed up in; F be implicated in (*fx* a scandal).
indblanding *sb. (en, -er) (indgriben)* intervention (*fx* in a quarrel; unjustified intervention in our country's internal affairs); *(neds.)* interference (*fx* in the internal affairs of another country; we don't want any interference from them); *(mere neds.)* meddling (*fx* in other people's business).
indblik *sb. (et, -)* insight; *(glimt)* glimpse;
□ *få et ~ i* gain an insight into; *(mere overfladisk)* get some idea of.
indbo *sb. (et) (alt ~); (alt ~)* contents pl. (*fx* insure the house and contents); *(diverse genstande)* household effects pl.; *(møbler)* furniture.
indboforsikring house contents insurance.
indbringe *vb. (se også indbringende)* **1.** *(penge)* bring in (*fx* the sale brought in £50,000; the job brought him in £250 a week); *(om ting)* fetch (*fx* the pictures fetched over £10,000 at the auction);
2. *(forslag)* introduce, present;
□ *~ et forslag for et råd* submit a proposal to a council; *~ en sag for en domstol* bring a case before a court of law.
indbringende *adj.* profitable; F remunerative; *(stærkere)* lucrative;
□ *gøre ~* turn to account.
indbrud *sb. (et, -)* **1.** break-in; F forced entry (*fx* there were no signs of forced entry); **2.** *(indbrudstyveri)* burglary;
□ *gøre ~ i et hus a)* break into a house; *b) (og stjæle)* burgle a

house; *der havde været ~ i huset a)* the house had been broken into; *b)* the house had been burgled; *værktøj til ~* housebreaking (*el.* burglar's) tools.
indbrudstyv burglar.
indbrudstyveri burglary.
indbrudstyveriforsikring burglary insurance.
indbudt *adj.* invited;
□ *de indbudte* those invited; *de indbudte gæster* the guests invited.
indbundet *adj. (om bog)* bound; in hardback (*fx* it was published in hardback);
□ *~ i lærred* cloth-bound.
indbyde *vb. (se også indbudt, indbydende)* invite (*til (at)* to, *fx* invite him to a party (, to come and see me));
□ *~ til kritik (fig.)* invite criticism.
indbydelse *sb. (en, -r)* invitation (*til (at)* to, *fx* to dinner; to come and see her);
□ *efter ~* by invitation; *efter (el. på) ~ fra* at the invitation of.
indbydende[1] *adj.* inviting, tempting; *(om mad)* appetizing;
□ *lidet ~* uninviting.
indbydende[2] *adv.* invitingly, temptingly; *(om mad)* appetizingly.
indbyder *sb. (en, -e)* **1.** inviter; *(vært)* host; **2.** *(til møde)* convenor (*til* of, *fx* a conference); **3.** *(til aktietegning)* promoter.
indbygger *sb. (en, -e)* inhabitant (*i* of).
indbyggerantal, **indbyggertal** population, number of inhabitants.
indbygget *adj. (også fig.)* built-in (*fx* cupboard; conflict).
indbyrdes[1] *adj.* mutual (*fx* help, respect); F reciprocal (*fx* help, affection; by a reciprocal agreement); *(se også gensidig)*;
□ *~ stridigheder* infighting.
indbyrdes[2] *adv.* mutually; reciprocally;
□ *de slås ~* they fight among themselves.
indcheckning *sb. (en, -er)* checking-in.
inddampe *vb.* evaporate.
inddata *sb.pl.* input.
inddele *vb.* **1.** divide (*i* into); **2.** *(i grupper, klasser)* classify; **3.** *(i grader)* graduate.
inddeling *sb. (en, -er) (jf. inddele)* **1.** division; **2.** classification; **3.** graduation.
inddrage[1] *vb. (trække med ind, i samarbejde, konflikt)* involve (*i* in).
inddrage[2] *vb.* **1.** *(konfiskere)* confiscate (*fx* his passport was confiscated);
2. *(mønter, sedler)* call in;
3. *(løn, tilskud: standse)* stop; F discontinue;
4. *(sømærker)* withdraw;
5. *(en liste)* close;
6. *(nedlægge)* abolish; F discontinue;
7. *(tilladelse etc.: annullere)* cancel, revoke (*fx* the permission was revoked); *(midlertidigt)* suspend (*fx* his driving licence was revoked (, suspended));
□ *al orlov blev -t* all leave was cancelled.
inddragelse[1] *sb. (en, -r) (jf. inddrage*[1]*)* involvement.
inddragelse[2] *sb. (en, -r) (jf. inddrage*[2]*)* **1.** confiscation; **2.** calling in; **3.** stopping; F discontinuation; **4.** withdrawal; **5.** closing; **6.** abolition; F discontinuation; **7.** cancellation; *(midlertidig)* suspension.
inddrikke *vb.* drink in; F imbibe.
inddrive *vb. (fordringer)* recover; *(skatter)* collect.
inddrivning *sb. (en, -er)* recovery; *(af skatter)* collection.
inddæmme *vb.* **1.** dike; **2.** *(for at vinde jord)* reclaim; **3.** *(fig.: politisk)* contain.
inddæmningspolitik policy of containment.
inde *adv.* in; F within;
□ *tiden er ~* the time has come; *da tiden var ~* when the time came; in due time;
[med vb.] blive ~ stay in, stay indoors; *holde sig ~* keep (*el.* stay) indoors;
*[med præp.] ~ **fra** huset* from (inside) the house; *~ **i*** in, inside (*fx* the house); F within; *(se også land, langt, midt)*; *være ~ i (fig.)* be familiar with; F be well versed in, be conversant with; T be well up in; *mens vi er ~ **på** dette emne* while we are on this subject; *jeg har været ~ på den tanke* I have been toying with the idea; *~ **under*** under(neath); *(se også land)*.
indebrænde *vb. (uden objekt)* die in a (, the) fire, be burnt to death;
□ *~ ham* (set fire to his house and) burn him to death.
indebære *vb.* **1.** *(medføre)* involve (*fx* it involves a risk); imply (*fx* a right which implies certain obligations); **2.** *(betyde)* mean (*fx* he knows what it means to be poor).
indefra *adv.* from within (*fx* seen from within).
indefrossen *adj.* **1.** icebound (*fx* an icebound ship); frozen-up; **2.** *(fig.)* frozen (*fx* assets, capital).
indefryse *vb. (fig.)* freeze.
indefter *adv.* **1.** inwards, in; **2.** *(sø.: mod kysten)* inshore.
indehaver *sb. (en, -e)* **1.** holder (*fx* the name of the holder; account holder, record holder); F possessor (*fx* he was the proud possessor of two tickets to the show);
2. *(ejer)* owner; F proprietor.
indeholde *vb.* **1.** contain (*fx* the suitcase contained all his belongings; the book contains all you need to know);
2. *(om beholder etc.: kunne rumme)* contain, hold (*fx* the tank contains (*el.* holds) 500 litres; the bottle holds two litres);
3. *(implicere)* imply (*fx* a contradiction);
4. *(tilbageholde)* withhold;
□ *der blev indeholdt £50 i hans løn* he was stopped £50 out of his wages; *det er indeholdt i prisen* it is included in the price.
indeklemt *adj.* **1.** *(på snæver plads)* cramped; *(se også klemme*[2] *(klemt inde))*; **2.** *(fig.: om følelse etc.)* pent-up (*fx* pent-up fury);
□ *~ brok* incarcerated hernia.
indeklima indoor climate.
indeks *(er -er)* index (pl. -es, *(fagl.)* indices); *(mat.) se indekstal 2.*
indeksere *vb.* index.
indekslån index-linked loan.
indeksobligation index-linked bond.
indeksreguleret *se pristalsreguleret.*
indekstal **1.** index figure; **2.** *(mat.: mærketal)* index (pl. -es, *(fagl.)* indices); *(under linien)* subindex (pl. -es, *(fagl.)* subindices).
indelukke *sb. (et, -r)* **1.** enclosure; **2.** *(til kvæg)* pen; **3.** *(lille rum)* cubicle.
indelukket *adj.* **1.** *(lukket inde)* shut in; *(låst inde)* locked up;
2. *(om luft)* close, stuffy; **3.** *(om person)* reserved; F withdrawn;
□ *sidde ~ hele dagen* T sit cooped up all day.
indemure *vb.* wall up; F immure;
□ *sidde -t (fig.)* sit cooped up.
inden[1] *adv. & konj. (i forvejen; før end)* before (*fx* he had arrived long before; come and see me before you go);
□ *~ **for** a) (om område)* in (*fx* in the district, in this area); F within (*fx* the district, the area);
b) (fig.: om organisation etc.) in (*fx* in industry (, science, education, government circles)); *(om område også)* in the field of (*fx* education); F within (*fx* within a

certain tradition; the role of women within the family);
c) (mods. uden for) inside (*fx* the barrier, the door, the gate, the party; stay inside the EEC; somebody inside the organization);
F within (*fx* differences within the party; work within the system);
d) (om grænser) within (*fx* within the borders of the country; within the walls of the city; within certain limits; keep within the budget);
e) (om afstand & tid) within (*fx* within a week (, an hour); within two miles (, a short distance); within reach (, sight, earshot));
~ ***i*** inside (*fx* the house);
F within;
~ ***om*** inside (*fx* the boat had to pass inside the island); ~ ***under*** under (neath).

inden[2] *præp.* **1.** *(før)* before (*fx* before the end of the war (, of April); before April 1); *(senest)* by (*fx* you must be here by Monday; by the end of April; by April 1); **2.** *(om tidsrum)* within (*fx* within an hour (, a week); within three days);
□ ~ *døre se dør*; ~ *længe* before long.

indenad *adv.: kunne læse ~* be able to read; *læse ~ (mods. højt)* read to oneself; read silently.

indenadslæsning silent reading.

indenbords *adj. (sø.)* inboard;
□ *få noget ~ (T: indtage)* get outside (of) sth (*fx* a couple of beers).

indenbys *adj.* local (*fx* member); *(præd. også)* within the town;
□ ~ *samtale* local call.

indendørs[1] *adj.* indoor;
□ ~ *lege* indoor games.

indendørs[2] *adv.* indoors.

indendørsarkitekt interior designer.

indenfor *adv.* inside (*fx* they are sitting inside); F within (*fx* inquire within);
□ *kom ~* come in; *(venligere)* won't you come in; *(se også fod (få foden ~)).*

indeni *adv.* inside; F within.

indenlandsk *adj.* domestic (*fx* affairs, trade); inland (*fx* letters, waterways); home (*fx* market);
□ ~ *lån* internal loan.

indenom *adv.* inside; along the inside; *(se også overhale).*

indenrigs *adj. se indenlandsk.*

indenrigsfart *(sø.)* coasting trade.

indenrigsgård *(flyv.)* domestic terminal.

indenrigshandel domestic trade.

indenrigsk *adj. se indenlandsk*;
□ ~ *farvand* home waters.

indenrigsminister minister of the interior; *(svarer i Engl. omtr. til)* Home Secretary; *(i USA)* Secretary of the Interior.

indenrigsministerium ministry of the interior, interior ministry; *(svarer i Engl. omtr. til)* Home Office; *(i USA)* Department of the Interior.

indenrigspolitik domestic policy.

indenrigspolitisk[1] *adj.* domestic (*fx* problems).

indenrigspolitisk[2] *adv.* domestically.

indenrigsrute *(flyv.)* domestic route.

indenunder *adv.* underneath (*fx* he wore a woollen jersey underneath).

inder *sb. (en, -e)* Indian.

inderbane 1. inside track; **2.** *(på vej)* inner lane.

inderkreds inner circle;
□ *høre til -en (også,* T*)* be one of the boys.

inderlig[1] *adj.* deep (*fx* feelings, longing, sympathy); heartfelt (*fx* gratitude, prayer, sympathy, thanks, wish); *(brændende)* intense (*fx* hatred, longing); F fervent (*fx* desire);
□ *-t venskab* intimate friendship.

inderlig[2], **inderligt** *adv. (jf. inderlig*[1]*)* deeply (*fx* grateful, satisfied; love sby deeply); intensely; fervently (*fx* pray fervently; wish sth fervently);
□ ~ *gerne* with all my heart; *det er mig ~ ligegyldigt* I couldn't care less; *det gør mig ~ ondt* I am terribly sorry;
[med vb.] elske ~ (også) love dearly; *jeg håber ~ at* I sincerely hope that; T I hope to God that; *jeg ønsker ~ at* I wish with all my heart that; T I wish to God that.

inderlighed *sb. (en)* **1.** feeling; F fervour (*fx* she said it with great feeling (, fervour)); **2.** *(om følelsers styrke)* intensity.

inderlomme inside pocket.

inderlår *(kødudskæring)* topside.

inderside inside, inner side.

inderst[1] *adj.* inmost, innermost (*fx* part, room; feelings, thoughts).

inderst[2] *adv.* **1.** farthest in, at the farther end; **2.** *(på kroppen)* next to the skin (*fx* wear wool next to the skin); **3.** *(mod væggen)* next to the wall; *(se også ndf.: ligge ~)*;
□ ~ ***inde*** *a) (i sindet)* in one's heart of hearts; T deep down (*fx* I knew, deep down, that he was right); *b) (i grunden)* at heart (*fx* at heart he is a kindly man); ~ ***inde i*** at the farther end of; ***ligge*** ~ *a) (i seng)* be on the inside; be next to (, nearest to) the wall; *b) (i væddeløb)* have the inside track; ***skifte*** *tøj* ***fra*** ~ ***til yderst*** change completely.

indeslutning *sb. (en, -er)* **1.** *(jf. indeslutte 1)* confinement; **2.** *(ved svejsning)* inclusion.

indeslutte *vb.* **1.** *(indespærre)* confine; **2.** *(mil.)* encircle;
□ ~ *en i sine bønner* remember sby in one's prayers.

indesluttet *adj. (om person)* withdrawn; *(svagere)* reserved.

indesluttethed *sb. (en)* reserve.

indesneet *adj.* snowbound; *(præd. også)* snowed in (*el.* up).

indespærre *vb.* **1.** shut in, shut up; *(mere* F*)* confine (*fx* he is confined in an office all day);
2. *(i fængsel el. sindssygehospital)* shut up (*fx* shut sby up in a prison); lock up (*fx* he ought to be locked up); *(blidere udtryk,* T*)* put away;
3. *(ved ulykke etc.)* trap (*fx* 30 were trapped in the mine).

indespærring confinement; *(fængsling)* imprisonment.

indestængt *adj. (om følelser)* pent-up (*fx* rage).

indestå *vb. (om penge)* be deposited (*hos* with);
□ ~ ***for*** vouch for (*fx* his discretion; the accuracy of the information); ~ *for rigtigheden af* vouch (*el.* answer) for the correctness of; ~ *for summen* guarantee the sum; *jeg kan ~* ***for at*** I can vouch for it that (*fx* he is all right); *jeg -r dig for at* I assure (*el.* promise) you that; ~ ***på*** *en konto* stand to the credit of an account.

indestående[1] *sb. (et)* deposit.

indestående[2] *adj.* deposited.

indeværende *adj.* the present, the current, this (*fx* this year);
□ *den 5. i ~ måned* on the fifth of this month.

indfald *sb. (et, -)* **1.** *(tanke)* thought, idea; *(lune)* whim;
2. *(fjendtligt: angreb)* raid; F incursion; *(større)* invasion;
□ *han fik det ~ at* it occurred to him to; *(urimeligt)* he took it into his head to; *et lyst ~* T a brainwave.

indfalden *adj.* haggard;
□ *indfaldne kinder (, tindinger)* hollow cheeks (, temples); ~ *mund* receding mouth.

indfaldsport gateway.

indfaldsvej approach road, approach (*fx* the troops secured the

approaches to the town); *(til by også, ind til centrum)* radial road.
indfaldsvinkel 1. *(måde at gribe noget an på)* (line of) approach (*fx* choose a different line of approach; this presents a new approach to the difficulty); angle of approach;
2. *(synsvinkel)* angle, point of view;
3. *(fys.)* angle of incidence;
4. *(flyteknik)* approach angle.
indfange *vb.* **1.** capture, catch; *(fange og samle)* round up (*fx* stray dogs; alleged terrorists);
2. *(fig.: shanghaje) se shanghaje 2*;
3. *(i billede etc.)* capture (*fx* a photo that captures the atmosphere of that occasion).
indfangning *sb. (en, -er) (jf. indfange 1)* capture; roundup.
indfarve *vb.* **1.** dye (*efter* to match); **2.** *(typ.)* ink.
indfatning *sb. (en, -er)* **1.** *(kant, rand)* border, edge; **2.** *(for juveler)* setting, mount; **3.** *(for briller etc.)* rim; **4.** *(for ruder)* frame; **5.** *(for dør, vindue)* casing;
6. *(det at indfatte)* edging *(etc., se indfatte)*.
indfatte *vb.* **1.** border, edge; **2.** *(juveler)* set, mount; **3.** *(briller)* rim; **4.** *(ruder)* frame.
indfiltret *adj.* **1.** matted (*fx* hair, roots); tangled (*fx* hair, branches, wire); entangled (*i* in, *fx* the branches, the net; her hair got (en)tangled in the twigs);
2. *(fig.)* tangled (*fx* affairs).
indfinde *vb.: ~ sig (om person) a)* appear; (F *el. spøg.)* present oneself; (T: *især uventet)* turn up; *b) (komme på besøg etc.)* call.
indflette *vb.* **1.** weave in; **2.** *(en bemærkning etc.)* put in; F insert; *(hist og her)* intersperse.
indflydelse *sb. (en, -r)* **1.** influence (*hos* with; *på* on);
2. *(medindflydelse)* say (*på* in, *fx* they have very little say (, they want greater say) in the way the firm is run; give them increased say in decision-making);
□ *under ~ af* under the influence of;
[med vb.] ***bruge** sin ~* use one's influence; ***gøre** sin ~ **gældende** a) (udøve)* bring one's influence to bear; *b) (gøre mærkbar)* make one's influence felt;
***have** ~ a) (magt)* be influential (*fx* he is enormously influential); have influence (*fx* he has enough influence to get his way); F wield influence; *b) (medindflydelse)* have a say; *c) (ɔ: virke)* have an effect (*fx* I warned him but it had no effect);
***have ~ på** a)* have an influence on (*fx* it had a calming influence on him); *b) (ɔ: magt over)* have influence over (*fx* I have no influence over him any longer); *c) (medindflydelse på)* have a say (*el.* a voice) in (*fx* the way they are governed; the decision); *d) (ɔ: påvirke)* influence, affect (*fx* a decision); have an effect on (*fx* my warning had no effect on him); *hun har en god (, dårlig) ~ på dem* she is a good (, bad) influence on them; *(se også øve)*.
indflydelsesrig *adj.* influential.
indflytning moving in; F taking up residence;
□ *huset er færdigt til ~* the house is ready for occupation.
indflytter *sb. (en, -e)* **1.** *(ny beboer)* new occupant; **2.** *(ny lejer)* new tenant; **3.** *(ny ejer)* new owner.
indflyve *vb. (flyvemaskiner)* test.
indflyver test pilot.
indflyvning 1. *(prøveflyvning)* testing, test; **2.** *(fx til lufthavn)* approach.
indforskrive *vb.* **1.** call in; **2.** *(hdl.)* write for, order.
indforstået *adj.* **1.** *(som viser forståelse)* informed (*fx* criticism); F perceptive;
2. *(kun forståelig for indviede, attr.)* private, inside (*fx* joke); *~ snak* in talk;
[med vb.] erklære sig ~ med, være ~ med (ɔ: enig i) agree to; F consent to; *skrive ~ om noget* write about something with sympathetic understanding.
indforståethed *sb. (en)* **1.** *(forståelse)* perceptiveness; **2.** *(indbyrdes forståelse)* mutual understanding; *(som udelukker andre)* cliquishness.
indfri *vb.* **1.** fulfil (*fx* a promise); meet (*fx* one's obligations); F redeem (*fx* a promise);
2. *(gæld, obligation, pant, prioritet)* redeem; *(lån, prioritet også)* pay off; *(lån også)* repay;
3. *(veksel)* pay, take up;
4. *(indløse, hæve)* cash, claim.
indfrielse *sb. (en, -r) (jf. indfri)* **1.** fulfilment; redemption; **2.** redemption; paying off; repayment; **3.** payment, taking up; **4.** claiming.
indfryse *vb.* fast-freeze.
indfødsret citizenship (*fx* apply for (, obtain) Danish citizenship);
□ *få dansk ~ (også)* become naturalized in Denmark; *give én dansk ~* naturalize sby as a Danish subject; *have dansk ~* be a Danish subject (*el.* national).
indfødsretslov nationality law.
indfødt[1] *sb.* **1.** *(mht. sprog)* native speaker (*fx* you can't tell that he is not a native speaker);
2. *(mht. hjemsted)* native (*fx* are you a native here or are you just a visitor?);
3. *(neds. om ikke-hvide)* native (*fx* he was on good terms with the natives);
□ *han taler engelsk som en ~* his English is perfect.
indfødt[2] *adj.* native (*fx* a native Dane (, Englishman)); *(NB brugt om ikke-hvide er* native *neds.; her bruges især)* indigenous (*fx* the indigenous Fijians; the indigenous population);
□ *en ~ dansker (også)* a native-born Dane; a native of Denmark; *hun er ~ københavner* she is a native of Copenhagen.
indføje *vb.* **1.** put in, insert; **2.** *(indarbejde)* work in.
indføle *vb.: ~ sig i* enter into the spirit of; *han indfølte sig helt i sin rolle* he identified himself with his part.
indfølingsevne 1. intuition; **2.** *(i filosofi)* empathy.
indføre *vb.* **1.** introduce (*fx* new methods into the firm; new subjects into the curriculum; new rules, new technology; a ban on advertising tobacco);
2. *(ved tvang)* impose (*fx* a ban on demonstrations; a curfew *(udgangsforbud)*; an embargo; martial law);
3. *(om varer: importere)* import;
4. *(skrive ind)* enter (*fx* in a book, in the accounts);
5. *(elek.)* lead in (*fx* lead the wire in through these holes);
□ *~ gradvis (også)* phase in; *~ ham i problemerne* introduce him to the problems; *han kunne ikke få et ord indført* he could not get a word in edgeways.
indførelse *sb. (en)* **1.** *(jf. indføre 1)* introduction (*fx* of new technology); **2.** *(jf. indføre 2)* imposition (*fx* of a ban).
indføring *sb. (en, -er)* **1.** introduction (*i* to); *(i arbejde,* F*)* induction (*fx* the trainees will be given a four-week induction into the building industry); **2.** *(elek.)* lead-in.
indførsel *sb. (en, indførsler)* **1.** *(det at indføre)* import, importation;
2. *(varer)* imports pl.
indførselsforbud import ban; embargo on imports.

indførselstilladelse import licence.
indgang entrance (*til* to);
□ *-en åbnes kl. 7* (the) doors (, the gates) open at seven, the gate opens at seven;
[med præp.] ***med*** *egen* ~ with a private entrance; *betale* ***ved*** *-en* pay at the door.
indgangsdør entrance (door).
indgifte *sb. (et)* intermarriage.
indgiftet *adj.* intermarried.
indgive *vb.* **1.** send in, hand in (*fx* an application); F present;
2. *(til overordnet)* submit (*fx* one's resignation);
3. *(klage etc.)* lodge (*fx* an appeal, a complaint, an objection *(til* with*)*; the complaint should be lodged by the complainant); *(jur.)* file (*til* with, *fx* file (, lodge) a complaint against him with them);
4. *(lægemidler)* administer (to);
□ ~ *én en følelse* inspire sby with a feeling; *det indgav ham en følelse af afmagt* it gave him a feeling of impotence; ~ *én en tanke* suggest an idea to sby; *(se også demissionsbegæring).*
indgivelse *sb. (en, -r) (jf. indgive)* **1.** presentation; **2.** submission; **3.** lodg(e)ment; filing; **4.** administration.
indgnide *vb.* rub in;
□ ~ *med* rub with.
indgnidning rubbing (in);
□ *middel til* ~ liniment, embrocation.
indgravere *vb.* engrave.
indgreb *sb. (et, -)* **1.** *(fra myndighed etc.: foranstaltning)* measure (*fx* new economic measures; take measures to stop tax evasion (, to combat inflation)); *(for at hindre noget,* T*)* clampdown, crackdown (*mod* on, *fx* tax evasion, terrorist groups);
2. *(indgriben)* intervention (*i* in, *fx* the economy); *(forstyrrende)* interference (*i* with, in, *fx* their plans);
3. *(krænkelse)* infringement (*i* of, on, *fx* of sby's freedom (, privacy); on free speech);
4. *(formindskelse)* encroachment (*i* on, *fx* their rights);
5. *(med.)* operation;
6. *(maskinteknisk)* gear, mesh;
□ *foretage et* ~ *(jf. 4)* perform an operation; *foretage effektive* ~ *mod (jf. 1)* take energetic action (*el.* strong measures) against; T clamp down on, crack down on; *gøre* ~ *i a) (jf. 3)* interfere in; *b) (jf. 4)* encroach on.
indgriben *sb. (en) (fig.)* intervention; *(se også indgreb).*
indgribende[1] *adj.* **1.** *(dybtgående)* radical (*fx* change); **2.** *(grundig)* thorough.
indgribende[2] *adv. (jf. indgribende*[1]*)* **1.** radically; **2.** thoroughly.
indgroet *adj.* **1.** ingrowing (*fx* nail); **2.** *(fig.)* ingrained (*fx* dirt, habit, prejudices); F deep-rooted (*fx* habit); inveterate (*fx* hatred).
indgyde *vb. (fig.):* ~ *én noget* inspire sby with sth (*fx* inspire him with respect (, fear, confidence)); inspire sth in sby (*fx* inspire confidence (, hope) in them).
indgå *vb. (se også indgående)* **1.** *(slutte)* enter into (*fx* enter into a contract with sby); F contract (*fx* an alliance with sby);
2. *(om penge)* be paid in (*fx* the amount has been paid in);
3. *(ankomme)* come in;
□ ~ *i* enter into (*fx* it did not enter into their considerations (, their calculations, the plan)); *det -r i (ɔ: er en del af)* it forms part of (*fx* the plan, the estate *(boet)*);
[med sb. (se også 1)] ~ *(en) aftale med se aftale*[1]; *før en aftale kan -s* before an agreement can be reached (*el.* made); ~ *(et) forlig med* enter into a compromise with; ~ *(en) overenskomst med* enter into an agreement with; ~ *et væddemål med* bet with, make a bet with; ~ *ægteskab med* marry; F contract a marriage with; ~ *nyt ægteskab* marry again, remarry.
indgående[1] *sb. (et): for* ~ *(sø.)* inward bound.
indgående[2] *adj.* **1.** *(grundig)* thorough(-going), searching (*fx* examination); exhaustive (*fx* inquiry, treatment of the subject); *(detaljeret)* detailed (*fx* description);
2. *(om post etc.)* incoming;
3. *(sø.)* inward bound.
indgående[3] *adv. (jf. indgående*[2]*)* thoroughly; exhaustively; in detail.
indhak *se hak.*
indhale *vb.* haul in.
indhav inland sea.
indhegne *vb.* fence; enclose with a fence.
indhegning *sb. (en, -er)* **1.** *(indelukke)* enclosure; *(for kvæg)* paddock; **2.** *(hegn)* fence; **3.** *(det at indhegne)* fencing.
indhente[1] *vb.* **1.** *(nå)* catch up with, catch up (*fx* I caught him up at the corner); come up with; *(~ og passere)* overtake;
2. *(ved forfølgelse, jagt)* run down;
3. *(ugjort arbejde)* catch up on (*fx* one's reading); catch up with (*fx* a backlog);
□ *de har meget at* ~ they have a great deal of lost ground to make up;
[med vb.] blive -t af begivenhederne (, døden) be overtaken by events (, death); *han blev -t af sin skæbne* fate caught up with him;
[med sb.] ~ *forsinkelsen* make up for the delay; ~ *det forsømte* make up for lost ground (*el.* time).
indhente[2] *vb. (forskaffe sig)* obtain (*fx* his consent);
□ ~ *oplysninger* gather information; ~ *oplysninger om* make enquiries about; ~ *tilbud a) (hdl.)* invite offers; *b) (ved licitation)* invite tenders (*el.* bids) (*på* for); *c) (på mindre reparationer etc.)* get quotations, get estimates (*på* for).
indhold *sb. (et, -)* **1.** *(det som findes i noget)* contents pl. (*fx* the contents of a parcel (, a bottle, a glass, his pockets);
2. *(det kvantum af et stof som findes indblandet i noget)* content (*fx* food with a high content of fat (, of vitamin C); the alcoholic content of wine; the copper content of brass);
3. *(om noget skrevet el. sagt: alt det der står (, siges))* contents pl. (*fx* give a summary of the contents of the book (, of their talks); read the contents of the letter); *(mods. form, stil)* content (*fx* form and content; keep the content of your letter, but adopt a more friendly tone; I remember the content, but I have forgotten the exact words);
4. *(reelt ~)* substance (*fx* there was no substance in his speech; they need substance in their daily lives);
□ *uden* ~ empty.
indholdsanalyse content analysis.
indholdsfortegnelse table of contents.
indholdsløs *adj.* empty; *(og dum)* inane.
indholdsrig *adj.* **1.** *(vægtig)* substantial (*fx* report);
2. *(interessant)* interesting (*fx* evening, lettere);
3. *(fuld af nyheder)* full of news; T newsy (*fx* letter);
4. *(begivenhedsrig)* eventful (*fx* life).
indhug *sb. (et, -) (mil.)* charge;
□ ***gøre*** ~ ***i*** *(fig.)* make inroads into (*el.* on) (*fx* into one's capital (, reserves, savings); on one's leisure time (, savings)); T make a dent in

(*fx* one's money (, savings)); *gøre et stort ~ i* make great (*el.* heavy) inroads into (*el.* on); T make a big dent in.
indhugge *vb.* carve (*fx* runes, letters; carve in stone).
indhylle *vb.* **1.** *(vikle ind)* wrap (up) (*fx* wrapped in a cloak); muffle up; F envelop (*fx* enveloped in a shawl);
2. *(skjule)* envelop (*fx* enveloped in clouds (, mist)); *(også fig.)* shroud in (*fx* shrouded in fog (, mystery)); cloak in (*fx* cloaked in mist (, mystery, secrecy)).
indhøste *vb.* gather in, harvest;
□ *~ erfaringer* gather (*el.* win) experience; F acquire experience.
indianer *sb. (en, -e)* Indian; *(i USA også)* American Indian; *(neds.)* Red Indian; *(selv foretrækker -ne i USA)* Native American.
indianerhistorie story about Indians.
indianerhøvding Indian chief; sachem.
indianerkvinde squaw.
indianerreservat Indian reservation (*el.* reserve).
indianerstamme Indian tribe.
indianertelt wigwam; *(spidst)* teepee.
indiansk *adj.* (American) Indian; *(jf. indianer).*
indiapapir India paper.
indicere *vb.* indicate.
indiciebevis *se indicium 2.*
indicium *sb. (et, indicier)* **1.** indication;
2. *(jur.)* piece of circumstantial evidence; *indicier* circumstantial evidence sg.; *(se også dømme (på)).*
Indien *(geogr.)* India.
indifferens *sb. (en)* indifference.
indifferent[1] *adj.* indifferent.
indifferent[2] *adv.* indifferently.
indignation *sb. (en)* indignation.
indigneret[1] *adj.* indignant (*over* at; *på* with).
indigneret[2] *adv.* indignantly.
indigo *sb. (en) & adj.* indigo.
indigoblåt indigo blue.
indikation *sb. (en, -er)* indication (*for* of);
□ *der er ~ for kinin* quinine is indicated.
indikativ *sb. (en, -er) (gram.)* the indicative (mood).
indikere *vb.* indicate (*fx* the thermometer indicated a temperature of 40).
indimellem *adv.* once in a while; at times; between whiles (*el.* times).
indirekte[1] *adj.* indirect;
□ *~ belysning* concealed lighting; *~ skatter* indirect taxes (, taxation); *~ tale* indirect (*el.* reported) speech; *(am.)* indirect (*el.* reported) discourse.
indirekte[2] *adv.* indirectly.
indisk *adj.* Indian;
□ *det -e Ocean* the Indian Ocean.
indiskret[1] *adj.* indiscreet.
indiskret[2] *adv.* indiscreetly.
indiskretion *sb. (en, -er)* indiscretion; *(diskretionsbrud også)* breach of confidence.
indiskutabel *adj.* indisputable; *(præd. også)* beyond dispute.
indisponeret *adj.* indisposed.
indisposition *sb. (en)* indisposition.
individ *sb. (et, -er)* individual.
individualisere *vb.* individualize.
individualisering *sb. (en)* individualization.
individualist *sb. (en, -er)* individualist.
individualistisk[1] *adj.* individualistic.
individualistisk[2] *adv.* individualistically.
individualitet *sb. (en, -er)* individuality.
individuel *adj.* individual;
□ *~ undervisning a)* individualized instruction; *b) (enetimer)* individual (*el.* one-to-one) tuition.
indjage *vb.: ~ én skræk* terrify sby; F strike terror into sby.
indkalde *vb.* **1.** call in; *(F el. jur.)* summon;
2. *(mil.)* call up; *(am.)* draft; F induct;
□ *~ parlamentet* summon Parliament; *(se også vidne*[1]*)*;
[med præp.] ~ ***til*** call (*fx* a meeting, a press conference, a general meeting); F convene (*fx* a meeting (etc.)); *~ en til samtale* invite sby for (an) interview.
indkaldelse *sb. (en, -r)* **1.** *(ordre)* summons; *(mil.)* call-up; *(se også indkaldelsesordre)*;
2. *(det at indkalde)* calling in; summoning; *(mil.)* calling up; *(am.)* drafting; F induction.
indkaldelsesordre *(mil.)* call-up papers pl.; *(am.)* draftcard; F induction papers pl.
indkapsle *vb.* enclose;
□ *~ sig* encyst itself.
indkapslet *adj.* **1.** *(biol. & fig.)* encapsulated; **2.** *(indstøbt)* embedded (*fx* embedded in concrete); **3.** *(tekn.)* enclosed (*fx* engine).
indkapsling *sb. (en, -er) (jf. indkapslet)* **1.** encapsulation; **2.** embedding; **3.** enclosure; **4.** *(om reaktor)* cladding.
indkassere *vb.* **1.** *(penge etc.)* collect; **2.** *(få)* receive (*fx* a lot of praise); get (*fx* applause, a box on the ear);
□ *de måtte ~ et nederlag* they had to accept defeat.
indkassering *sb. (en, -er) (af penge)* collection.
indkast *(i fodbold)* throw-in.
indkaste *vb.* **1.** throw in; **2.** *(i automat)* insert (*fx* insert 10p in the slot).
indklage *vb.: ~ en for retten* bring an action against sby; *~ en stat for Sikkerhedsrådet* lodge a complaint against a State with the Security Council.
indklarere *vb.* enter, clear (through the customs).
indklarering *sb. (en, -er)* entry, clearance.
indklæbe *vb.* paste in.
indkode *vb.* encode.
indkoge *vb.* boil down.
indkomme *vb.* come in, be received; *(om penge også)* be paid in;
□ *de indkomne forslag* the proposals received; *det ved auktionen -ne beløb* the proceeds of the sale.
indkomst *sb. (en, -er)* income.
indkomstfordeling income distribution.
indkomstgruppe income group, income bracket.
indkomstpolitik incomes policy.
indkomstskat income tax.
indkomstudjævning equalization of incomes; reduction of pay differentials.
indkredse *vb.* **1.** *(omringe)* encircle; **2.** *(fig.)* pin down (*fx* let us try to pin down the main points);
□ *politiet er ved at ~ morderen* the (police) net is closing round the murderer.
indkredsning *sb. (en, -er) (jf. indkredse)* **1.** encirclement; **2.** pinning down.
indkræve *vb.* call in, demand payment of; *(ved rettens hjælp)* recover;
□ *~ skatter* collect taxes.
indkrævning *sb. (en, -er) (jf. indkræve)* calling in; recovery; collection.
indkvartere *vb.* **1.** accommodate (*fx* participants will be accommodated in two-bed chalets); lodge, quarter; **2.** *(mil.)* quarter; *(i privat hus)* billet.
indkvartering 1. accommodation, quartering; *(logi)* lodging (*fx* find a lodging for the night); **2.** *(mil.)* quartering; *(i privat hus)* billeting;

(sted) billet.
indkøb 1. *(det at købe)* purchase; **2.** *(det købte)* shopping (*fx* put the shopping in the kitchen); F purchases pl.;
□ *gøre ~, gå på ~* T go shopping; *gøre sine ~* do one's shopping.
indkøbe *vb.* buy; F purchase.
indkøber buyer; F purchaser.
indkøbsafdeling buying (, purchasing) department.
indkøbscenter shopping centre.
indkøbschef chief buyer; purchasing manager.
indkøbsforening wholesale society.
indkøbsliste shopping list.
indkøbsnet string bag.
indkøbsorgie shopping (, spending) spree (*el.* binge).
indkøbspris cost price;
□ *til ~* at cost price.
indkøbsrejse shopping trip.
indkøbsrejsende *sb.* shopper.
indkøbstaske shopping bag; *(på hjul) se indkøbsvogn 2.*
indkøbsvogn 1. *(i supermarked)* (shopping) trolley; *(am.)* shopping cart, pushcart; **2.** *(indkøbstaske på hjul)* trolley shopper, shopping trolley.
indkøre *vb.* run in (*fx* a new machine).
indkøring *sb. (en, -er)* running-in.
indkørsel 1. way in; **2.** *(port)* entrance; **3.** *(kørevej)* drive(way); **4.** *(det at køre ind)* driving in; *(af tog på station)* entrance;
□ *~ forbudt* no entry.
indlade[1] *vb. (-de, indladt) (sø.)* ship, load, take in.
indlade[2] *vb. (indlod, indladt) (se også indladende)* (F: *lade komme ind)* let in, admit;
□ *~ **sig i** samtale med* enter into conversation with; *~ **sig med** a)* have something to do with (*fx* don't have anything to do with them!); have dealings with; *b) (indlede et forhold til)* have a relationship with; *hun ville ikke ~ sig med ham* she rejected his advances;
*~ **sig på** a)* embark on (*fx* a difficult undertaking; a discussion); enter into (*fx* negotiations); engage in (*fx* it is not wise to engage in active sports at his age); *b) (driste sig til)* venture on (*fx* an expedition, criticism, speculations); *c) (udsætte sig for)* let oneself in for (*fx* he does not know what he is letting himself in for); *~ sig på at* undertake to.
indladende *adj.* **1.** *(meddelsom)* communicative; F forthcoming; **2.** *(slesk)* ingratiating;
□ *et ~ smil* an inviting smile; *han var ikke særlig ~* he was not very approachable.
indladning *(sø.)* shipping; loading.
indlagt *adj.* **1.** *(nedfældet som dekoration)* inlaid; **2.** *(i brev)* enclosed; **3.** *(i litterært værk)* inserted;
□ *blive ~ (ɔ: på hospital, jf. indlægge 4, også)* be hospitalized; *han er ~ (ɔ: på hospitalet)* he is in hospital; *med -e sange* with some songs.
indland: *i ind- og udland* at home and abroad.
indlandsis ice cap, inland ice.
indlede *vb. (se også indledende)* **1.** *(uden objekt: begynde)* begin, lead off, lead in (*fx* he began (*el.* led off *el.* led in) with a few general remarks); start off;
2. *(med objekt: begynde)* begin (*fx* a speech, a meeting); open (*fx* a debate, hostilities, a meeting); enter into (*fx* conversation (, negotiations) with sby); F initiate (*fx* a discussion, negotiations; a new policy); commence (*fx* the ceremony, a course, criminal proceedings, hostilities);
3. *(undersøgelse,* F*)* institute, initiate;
4. *(om større foretagende)* launch (*fx* an attack, a campaign, an investigation, an offensive); *(højtideligere: indvarsle)* inaugurate (*fx* a new policy; a new era);
5. *(med forord, indledning)* begin, introduce; F preface (*fx* a speech with a few general remarks);
6. *(rejse, tur)* set out on;
□ *~ bekendtskab med a)* form an acquaintance with; *b) (tilfældigt)* strike up an acquaintance with.
indledende *adj.* **1.** introductory, opening (*fx* remarks); F prefatory (*fx* remarks);
2. *(forberedende)* preliminary (*fx* discussions, negotiations);
□ *et ~ heat* a preliminary heat.
indleder *sb. (en, -e)* first speaker.
indledning *sb. (en, -er)* **1.** introduction (*til* to, *fx* a book); *(til tale, afhandling også,* F*)* exordium; *(til traktat, lov)* preamble;
2. *(begyndelse)* beginning (*til* of, *fx* of a new era, of a new acquaintance); opening (*fx* of hostilities);
□ *til ~* by way of introduction.
indlednings- introductory, opening (*fx* speech; introductory lecture).
indledningsvis *adv.* by way of introduction.
indlemme *vb.* incorporate (*i* in(to), *fx* a picture into a collection, a territory into a state); annex (*i* to, *fx* a territory to a state).
indlemmelse *sb. (en, -r)* incorporation; annexation.
indleve *vb.*: *~ sig i a) (studere)* familiarize oneself with (*fx* a subject); *b) (gå op i)* identify oneself with (*fx* their problems).
indlevere *vb.* **1.** hand in, deliver; **2.** *(i garderobe)* leave, deposit; **3.** *(til postbesørgelse)* post, mail; **4.** *(ansøgning)* hand in, submit.
indlevering *(jf. indlevere)* **1.** delivery; **2.** leaving, depositing; **3.** posting, mailing; **4.** submission.
indlogere *vb.* lodge, accommodate; T put up;
□ *~ sig hos a)* take lodgings with; *b) (flytte ind)* move in with; *(uden tilladelse)* move in on; *~ sig i* put up at (*fx* a hotel).
indlyd: *i ~ (fon.)* medially; *vokal i ~* medial vowel.
indlysende[1] *adj.* obvious (*for* to);
□ *det er ~ (også)* it stands to reason.
indlysende[2] *adv.* obviously.
indlæg *sb. (et, -)* **1.** *(i diskussion)* contribution;
2. *(i avis: læserbrev)* letter (*fx* he wrote a letter to The Times about it); *(artikel)* article;
3. *(jur.)* pleading, plea;
4. *(bilag)* enclosure;
5. *(løst blad indlagt i bog, magasin etc.)* insert;
6. *(platfods-)* (arch) support;
7. *(trusse-)* panty shield.
indlægge *vb. (se også indlagt)* **1.** put in; *(i brev)* enclose; *(til opbevaring)* deposit;
2. *(indfælde, fx i træ)* inlay;
3. *(gas, lys etc.: installere)* put in, install (*fx* central heating); lay on (*fx* the house has water and electricity laid on);
4. *(på hospital: fra læges side)* send to hospital; *(fra hospitalets side)* admit to hospital; *(køre på hospitalet)* take to hospital; F remove to hospital;
□ *han skal -s i morgen* he is going into hospital tomorrow; *~ elektrisk lys i huset* wire the house for electricity (*el.* lighting); *~ sig fortjeneste af* F deserve well of.
indlæggelse *sb. (en, -r) (på hospital)* removal to hospital; *(fra hospitalets side)* admission (*på* to); *(om begge dele også)* hospitalization.
indlæggelsesseddel referral note.
indlæggelsestid *(ophold på hospital)* length of stay.
indlægning *sb. (en, -er)* **1.** putting

in; **2.** *(indfældning)* inlaying; **3.** *(installering)* installation.
indlæring *sb. (en, -er)* **1.** learning; **2.** *(læren udenad)* memorizing.
indlæringsstudie language laboratory.
indlæringsvanskeligheder *sb.pl.* learning difficulties.
indlæse *vb.* **1.** *(indtale)* record; **2.** *(i edb)* input (*fx* input the data into the computer); feed into (*fx* feed all the answers into a computer); load (*fx* load a programme into a computer).
indløb *sb. (et, -) (til havn)* entrance.
indløbe *vb.* be received (*fx* a complaint (, an order, a reply) has been received); arrive (*fx* a lot of letters (, the news) arrived this morning); *(især om nyheder etc. også)* come in (*fx* news (, a communiqué) is just coming in);
□ *der er -t fejl* errors have slipped in.
indløse *vb.* **1.** *(få udbetalt)* cash (*fx* a cheque);
2. *(fra bankens side: udbetale)* pay;
3. *(veksel)* take up, honour, pay;
4. *(obligation, pant, rabatkupon)* redeem; *(se også pant).*
indløselig *adj.* redeemable;
□ ~ *på anfordring* redeemable on demand.
indløsning *(jf. indløse)* **1.** cashing; **2.** payment; **3.** taking up; **4.** redemption.
indlån deposit.
indlåner depositor.
indlånsbevis 1. deposit receipt; **2.** *(Nationalbankens)* certificate of deposit; *(fork.)* CD.
indlånsrente interest on deposit(s); *(sats)* deposit rate.
indmad 1. *(af slagtekvæg)* offal; **2.** *(det indvendige af ting)* insides pl.; **3.** *(polstring i dyne)* stuffing.
indmarch entry.
indmelde *vb.* **1.** enter (*fx* enter a child at a school); **2.** *(mil.: for forseelse)* report;
□ ~ *sig i en klub* join a club; ~ *sig til* enrol for (*el.* in); sign up for (*fx* a course, evening classes).
indmeldelse *sb. (en, -r)* **1.** entry, registration; **2.** *(mil.: det at indmelde)* reporting; *(konkret)* report.
indmeldelsesblanket registration form, application form.
indmeldelsesgebyr registration fee, enrolment charge.
indmundingslinie safety line; *-r (også)* give-way markings.
indmure *vb. (mure ind)* build in; *(se også indemure).*
indoeuropæer *sb. (en, -e),* **indoeuropæisk** *adj. (sprogv.)* Indo-European.
Indokina *(geogr.)* Indo-China.
indokinesisk *adj.* Indo-Chinese.
indoktrinere *vb.* indoctrinate.
indoktrinering *sb. (en, -er)* indoctrination.
indolent[1] *adj.* indolent.
indolent[2] *adv.* indolently.
indoneser *sb. (en, -e)* Indonesian.
Indonesien *(geogr.)* Indonesia.
indonesisk *sb. (et) & adj.* Indonesian.
indoperere *vb.* implant (by an operation).
indordne *vb.* **1.** *(anbringe)* arrange; **2.** *(indpasse)* fit (*i* into);
□ ~ *noget i et system* arrange sth according to a system, systematize sth; ~ ***sig*** adapt oneself; ~ ***sig under*** conform to (*fx* the rules); submit to (*fx* his wishes).
indpakket *adj.* wrapped up (*fx* in paper, in a shawl; the refusal was wrapped up in polite phrases);
□ *en ~ trussel* a veiled threat; *en ~ uforskammethed* a thinly disguised insult; *en ~ ondskabsfuldhed* a snide remark; *(se også pakke*[2] *(ind)).*
indpakning packing, wrapping.
indpakningspapir wrapping paper.
indpas *sb.: få (el. vinde) ~ a)* gain a footing; *b) (få adgang)* be admitted; F gain access; *skaffe sig ~* secure a foothold.
indpasse *vb.* fit in;
□ ~ *i* fit into (*fx* fit the lock into the door; fit sth into a system); *(fig. også,* F*)* accommodate within (*fx* a system).
indpisker *sb. (en, -e) (i det engelske parlament)* whip.
indplacere *vb. (i lønsystem)* grade.
indpode *vb.* **1.** graft, engraft; **2.** *(fig.)* inculcate (*fx* inculcate those ideas in their minds; inculcate them with respect for their elders); implant (*fx* implant young children with religious ideas);
3. *(med.)* inoculate (with) (*fx* inoculate sby with cowpox).
indpodning *sb. (en, -er)* **1.** grafting; **2.** *(fig.)* inculcation; implantation; **3.** *(med.)* inoculation.
indprente *vb.: ~ én noget* impress sth on sby, impress sby with sth; F inculcate sth in sby; *~ én nødvendigheden af* impress on sby the necessity of; impress sby with the necessity of; *~ sig noget* fix sth in one's mind; *(lære udenad)* memorize sth.
indprentning *sb. (en, -er)* impressing.
indpræge *vb.: det har -t sig i min bevidsthed* it remains impressed on my mind.
indramme *vb.* frame.
indramning *sb. (en, -er)* **1.** *(det at indramme)* framing; **2.** *(ramme)* frame.
indre[1] *sb. (et)* **1.** interior; **2.** *(sind)* mind;
□ *det ~ af landet* the interior (of the country); *i det ~ af landet (også)* inland.
indre[2] *adj.* **1.** inner (*fx* regions, room); interior (*fx* regions, walls); **2.** *(i kroppen)* internal (*fx* bleeding, injuries, organs);
3. *(sjælelig, i ens tanker)* inward (*fx* struggle); inner (*fx* calm; voice); F interior (*fx* monologue);
4. *(indenrigsk)* internal (*fx* strife);
□ *det ~ Afrika* Central Africa; *~ anliggender* internal (*el.* domestic) affairs (*fx* interference in the domestic affairs of another country); *den ~ by* the town centre; *~ farvande* coastal waters; *~ marked se marked; ~ Mission se mission; en ~ stemme (jf. 3, også)* a voice within me (, him etc.); *~ trang se trang; ~ uroligheder* internal (*el.* civil) troubles; *~ værdi* intrinsic value; *se det for sit ~ øje* see it in one's mind's eye; *det ~ øre (anat.)* the internal ear.
indregistrere *vb.* register (*fx* registered trade mark).
indregistrering registration.
indrejse *sb. (i land)* entry (*i* into); arrival (*i* in).
indrejsetilladelse entry permit.
indretning[1] *sb. (en, -er) (jf. indrette)* **1.** arrangement, organization;
2. *(af værelse, lejlighed etc., jf. indrette 2)* furnishing, fitting out; *(måde det er indrettet på)* arrangement (*fx* a practical arrangement);
3. *(omdannelse)* conversion (*til, som* into);
4. *(tillempning)* adaptation (*efter* to);
5. *(oprettelse)* establishment (*fx* the establishment of new schools).
indretning[2] *sb. (en, -er) (apparat, mekanisme)* device; *(snedig)* contrivance; *(neds.: mærkelig, klodset etc.)* contraption.
indretningsarkitekt interior designer.
indrette *vb.* **1.** arrange (*fx* arrange things (, one's day) so that ...); organize;
2. *(om lejlighed, værelse: udstyre)*

furnish (*fx* one's own room); fit out (*som* as; *til* for, *fx* the room was fitted out as an office (, for another purpose));
3. *(omdanne)* convert (*til, som* into, *fx* convert the shop into a flat);
4. *(tilpasse)* adapt (*efter* to, *fx* adapt the house to their needs); F accommodate (*efter* to, *fx* accommodate one's way of life to another person's);
5. *(oprette)* establish (*fx* a new school); set up (*fx* the doctor set up his practice in a flat);
□ *jeg ved ikke hvordan han er -t* T I don't know what makes him tick; *sådan er han nu -t* that is the way he is; *han er sådan -t at* F he is so constituted that; his nature is such that;
[med præp.] være -t ***på at*** be prepared to; *være -t* ***til at*** be made to; ***dertil*** *-t* made for the purpose;
[med sig] ~ ***sig*** make one's arrangements; ~ *sig sådan at* arrange matters so that; ~ ***sig efter*** adapt (oneself) to (*fx* he adapted (himself) to the situation; you must adapt to each other); ~ ***sig på at*** prepare to.
indridse *vb.* scratch; *(indgravere)* engrave.
indrullere *vb.* enlist;
□ *lade sig* ~ enlist.
indrullering *sb. (en, -er)* enlistment.
indrykke *vb. (annonce)* insert (*i* in).
indrykning *sb. (en, -er)* **1.** *(af annonce)* insertion;
2. *(typ.)* indentation; *(for ny linie)* break, new paragraph;
3. *(mil.)* entry (*i* into); invasion (*i* of);
4. *(i gymnastik)* closing the lines;
□ *hængende (el.fortsat)* ~ *(jf. 2)* hanging indention.
indrømme *vb.* **1.** *(tilstå)* admit, confess (*fx* one's mistake, one's guilt; I must admit (*el.* confess) that I don't know); own up to (*fx* the theft; having done it); *(erkende også)* acknowledge (*fx* defeat; that he is right); *(modstræbende,* F*)* concede (*fx* defeat; she was forced to concede that he was right);
2. *(give ret i,* F*)* grant (*fx* I grant you that he is a fool, but...);
3. *(*F*: bevilge)* give, allow (*fx* sby credit; a discount);
□ ~ ***at*** *(+ inf.)* admit -ing (*fx* he admitted having stolen the car); F confess to -ing (*fx* she confessed to having been mistaken); *man må ~ at, det må -s at (+ sætn.)* you have to admit that; admittedly (*fx* admittedly, he is no fool); ~ *det* ***over for*** *ham* admit (*el.* confess) it to him.
indrømmelse *sb. (en, -r)* **1.** *(tilståelse)* admission, confession;
2. *(punkt man giver efter på)* concession (*fx* extract concessions from them);
3. *(bevilgen)* allowance; F granting;
□ *gøre (el. komme med) -r (jf. 2)* make concessions (*til* to).
indsamle *vb.* gather (*fx* information, evidence); *(mere systematisk)* collect (*fx* material for a book; money for the victims of the fire).
indsamling **1.** collection; **2.** *(større, offentlig)* subscription (*fx* the monument was paid for by public subscription);
□ *foranstalte en ~ a) (jf. 1)* organize a collection; *(mindre)* have (*el.* hold) a collection (*fx* for a present); *(især am.)* take up a collection; T have a whip-round; pass the hat round; *b) (jf. 2)* raise a subscription; *(ofte =)* launch an appeal (*fx* an appeal was launched after the floods).
indsamlingsbøsse collection box.
indsamlingsliste subscription list.
indsamlingsplads collecting point.
indsat *sb. (i fængsel)* inmate.
indsats *sb. (en, -er)* **1.** *(ved væddemål etc.)* stake;
2. *(præstation man yder)* effort (*fx* the Japanese military effort; a concerted effort *(en samlet ~)*); efforts pl. (*fx* our efforts to improve the economy);
3. *(hvordan man klarer sig)* performance (*fx* he criticized their performance in the election campaign; her disappointing (, fine) performance in the hurdle race);
4. *(bidrag)* contribution (*fx* a personal (, valuable) contribution);
5. *(mus.)* entry; *(intonation)* attack;
6. *(noget der sættes ind i noget andet)* inset; *(i kjoleudskæring)* front;
□ ***gøre*** *en* ~ make an effort (*for at* to); *gøre en stor ~ for* work hard for, do a lot of work for; *gøre en stor ~ for at* work hard to, put a lot of work into -ing; *regeringens* ~ ***mod*** *arbejdsløsheden* the Government's measures to combat unemployment; *med livet* ***som*** ~ at the risk of one's life.
indse *vb.* realize, see.
indseende *sb. (et)* supervision, control (*med* of, *fx* public control of the banking system); oversight (*med* of, *fx* civilian oversight of the intelligence service);
□ *have ~ med* supervise, control; *have ~ med at* see (to it) that.
indsejle *vb. (tjene)* make, earn.
indsejling *sb. (en, -er)* **1.** *(det at sejle ind)* entering; **2.** *(indløb)* entrance.
indsende *vb.* **1.** send in; **2.** *(til godkendelse etc.)* submit (*fx* a report).
indsendelse *(jf. indsende)* **1.** sending (in); **2.** submission;
□ *ved ~ af £5* on remittance of £5.
indsender *sb. (en, -e)* **1.** sender;
2. *(til et blad)* correspondent.
indsigelse *sb. (en, -r)* objection, protest;
□ *gøre ~ mod* raise an objection to, raise objections to, object to; protest against.
indsigt *sb. (en)* **1.** insight (*i* in);
2. *(viden)* knowledge (*i* of); *(se også indseende).*
indsigtsfuld *adj.* well-informed; *(kløgtig)* shrewd.
indskibe *vb.* ship; F embark;
□ ~ *sig* embark.
indskibning *sb. (en, -er)* embarkation.
indskole *vb.* acclimatize, settle in.
indskoling *sb. (en)* **1.** *(kan gengives)* acclimatization, settling in;
2. *(periode)* introductory period.
indskriden *sb. (en)* intervention.
indskrift *sb. (en, -er)* inscription.
indskrive *vb.* **1.** enter (*fx* sth in a record; sby's name on a list);
2. *(som medlem, deltager)* enrol, register (*fx* register as a member);
3. *(rejsegods)* register (*til* to, *fx* luggage registered to London); *(am.)* check;
4. *(mat.)* inscribe;
5. *(fig.)* inscribe (*fx* he had inscribed himself in their minds; it is inscribed on my heart);
□ ***lade sig*** ~ *a)* enter one's name (*fx* for a competition); *b) (jf. 2)* enrol; ~ ***sig på*** *et hotel* register (*el.* book in *el.* sign in) at a hotel; *(især am.)* check in at a hotel; ~ ***sig til*** *et kursus* enrol (*el.* register *el.* sign up) for a course.
indskrivning *sb. (en, -er) (jf. indskrive)* **1.** entry; **2.** enrolment, registration; **3.** registration; *(am.)* checking; **4.** *(mat.)* inscription;
5. *(renskrivning)* (the) making (of) a fair copy.
indskrivningsgebyr registration fee.
indskrumpet *adj.* **1.** shrunken (*fx* he had become old and shrunken); **2.** *(~ og rynket, foldet)*

shrivelled (*fx* face).
indskrænke *vb. (se også indskrænket)* **1.** *(begrænse)* limit, restrict (*til* to, *fx* the number of participants to 20); confine (*til* to, *fx* one's remarks to essentials);
2. *(nedbringe)* reduce (*fx* consumption, expenses; the staff);
□ ~ ***sig*** *(ɔ: spare)* cut down one's expenses; cut down on things; ~ ***sig til*** limit (*el.* restrict) oneself to (*fx* two meals a day); confine oneself to (*fx* a few general remarks); *det -r sig til* it can be narrowed down to; it only amounts to; T it boils down to; ~ ***sig til at*** restrict (etc.) oneself to -ing.
indskrænket *adj.* **1.** *(begrænset)* limited (*fx* space; he has a limited horizon); restricted (*fx* authority);
2. *(snæversynet)* narrow (*fx* ideas, views);
3. *(dum)* stupid; T dense, thick;
□ ~ *arbejdstid* short(er) hours.
indskrænkethed *sb. (en)* stupidity.
indskrænkning *sb. (en, -er)* **1.** *(begrænsning)* limitation, restriction;
2. *(nedbringelse)* reduction;
3. *(forbehold)* qualification.
indskud *sb. (et, -)* **1.** *(i bank & fx til lejlighed)* deposit;
2. *(indbetaling i pulje etc.)* payment; *(kapitalindskud)* investment, contribution;
3. *(i spil)* stake;
4. *(ved indmeldelse)* entrance fee;
5. *(tilføjede ord)* insertion;
6. *(i gulv)* pugging.
indskudsbod betting shop.
indskudsborde *sb.pl.* nest of tables sg.
indskudsbrædder *sb.pl.* sound boarding sg.
indskudskapital invested capital.
indskyde *vb.* **1.** *(i samtale)* put in (*fx* a remark); F interpose (*fx* a few words); *(foran direkte tale også,* T*)* chip in (*fx* "He'll never do that", she chipped in (*el.* put in *el.* interposed));
2. *(indføje,* F*)* insert (*fx* a word in the text);
3. *(om penge: stille til rådighed)* put up; *(bidrage)* contribute; *(investere)* invest; *(indbetale på konto)* pay in;
4. *(skydevåben)* target;
5. *(elek.)* insert (*fx* a condenser, a resistance);
□ ~ *sig på et mål (mil.)* range a target; *(ved gaffelindskydning)* straddle a target.
indskydelse *sb. (en, -r)* **1.** *(lys idé)* brainwave; **2.** *(tilskyndelse)* impulse;
□ *få en* ~ have an idea (, a brainwave); *en heldig* ~ a happy inspiration; *efter en pludselig (el. et øjebliks)* ~ on an impulse; on the spur of the moment.
indskyder *sb. (en, -e)* **1.** *(i bank)* depositor; **2.** *(af kapital i foretagende)* investor; contributor.
indskydning *(mil.)* ranging fire.
indskæring *sb. (en, -er)* **1.** cut; F incision; *(hak)* notch; **2.** *(af havet)* indentation (*fx* in the coastline); *(bugt)* bay; *(vig)* creek.
indskærpe *vb.* emphasize, stress (*fx* the importance of sth; the safety regulations);
□ ~ *en noget* impress sth on sby (*fx* impress on him the importance of secrecy; impress on him that ...); F enjoin sth on sby.
indskåret *adj. (takket)* indented.
indslag 1. touch, element (*fx* of humour);
2. *(i program etc.)* (programme) item (*fx* we have three items in this programme); *(i nyhedsudsendelse)* (news) item;
3. *(i gartneri)* heeling in.
indslumret *adj.* slumbering.
indslumringsmiddel *(med.)* short-acting hypnotic.
indsluse *vb. se sluse[2] (ind).*
indslusning *sb. (en)* **1.** *(fig.)* letting in; settling in; gradual absorption; *(jf. sluse[2] (ind))*; **2.** *(i nyt arbejde)* induction (*fx* of new employees into their jobs).
indslusningscenter absorption centre.
indslusningsløn *(kan gengives)* reduced introductory pay.
indslå *vb. (i gartneri)* heel in.
indsmelte *vb. (omsmelte)* melt down.
indsmigre *vb.:* ~ *sig hos én (neds.)* ingratiate oneself with sby.
indsmigrende *adj.* charming; *(neds.)* ingratiating;
□ *en* ~ *melodi* a seductive tune.
indsmugle *vb.* smuggle in.
indsmugling *sb. (en, -er)* smuggling.
indsmøre *vb.* **1.** *(indgnide)* rub (*med* with); **2.** *(grise til)* smear (*fx* the child had smeared his face with jam); *(se også smøre[2] (ind))*;
□ *indsmurt i (også, stærkere)* messed up in.
indsnige *vb.:* ~ *sig* slip in, creep in (*fx* an error has crept into the letter).
indsnit 1. cut; F incision; *(hak)* notch; **2.** *(i syning)* dart.
indsnuse *vb.* **1.** *(indånde)* breathe in; F inhale (*fx* the spring air);
2. *(fig.)* drink in (*fx* the atmosphere).
indsnævre *vb.:* ~ *sig a)* narrow (*til* into); grow narrower; *b) (fig.)* narrow down (*til* to); *(se også indskrænke (sig til)).*
indsnævring 1. narrowing; *(begrænsning)* limitation; **2.** *(af vej)* narrowing, bottleneck; **3.** *(af hav)* strait(s).
indsnøret *adj.* tightly laced.
indspille *vb.* **1.** *(om film: optage)* shoot; *(producere)* produce;
2. *(på plade, bånd etc.)* record; *(på bånd også)* tape;
3. *(indtjene)* bring in.
indspilning *sb. (en, -er) (jf. indspille)* **1.** shooting; production;
2. recording (*fx* a new recording of the symphony); taping.
indsprøjte *vb.* inject.
indsprøjtning *sb. (en, -er)* injection; T jab; *(med angivelse af stoffet også)* shot (*fx* give him a shot of morphine).
indstifte *vb.* institute.
indstiftelse institution.
indstigning entering;
□ ~ *foran* entrance at the front end; *ved -en i bussen* when boarding the bus.
indstik insert.
indstille[1] *vb. (se også indstillet)*
1. *(regulere)* adjust (*fx* a screw);
2. *(instrument, vækkeur etc.)* set (*fx* set the controls; set the camera on automation; set the alarm for 6 o'clock);
3. *(linse, kamera: fokusere)* focus (*på* on);
4. *(radio)* tune (in) (*på* to, *fx* a station);
5. *(rette, sigte)* train (*på* on, *fx* train a gun (, a telescope) on sth);
□ ~ *en bombe på tid* time a bomb; ~ *øjet på* accommodate the eye to;
[med sig] ~ ***sig på*** *a) (forberede sig på)* prepare (oneself) for (*fx* a long wait); expect (*fx* a quick solution); *b) (tilpasse sig)* adapt oneself to (*fx* new conditions); ~ ***sig på at*** *a)* be prepared to (*fx* wait); *b) (forvente at)* expect to (*fx* be promoted).
indstille[2] *vb.* **1.** *(foreslå)* recommend (*fx* the commission recommended that taxes (should) be reduced);
2. *(om person)* recommend (*til* for, *fx* recommend her for a prize); *(til embede)* nominate, propose (*til en stilling* for a post);
□ ~ *en* ***til*** *belønning* recommend sby for a reward; ~ *et forslag til vedtagelse* recommend the adoption of a proposal; ~ *én til en eksamen* enter sby for an examin-

ation; T put sby in for an examination; ~ *sig til en eksamen* enter (, put oneself in) for an examination.

indstille[3] *vb.* **1.** *(ophøre med)* stop (*fx* work); F discontinue (*fx* production; one's visits);
2. *(afblæse)* call off (*fx* a search);
3. *(midlertidigt)* suspend (*fx* payments, hostilities);
□ ~ *driften se drift*; ~ *skydningen* cease fire.

indstillelig *adj.* adjustable.

indstillet *adj.* minded (*fx* democratically (, socially) minded); *(ofte uoversat, fx: moderne* ~ progressive; *konservativt* ~ conservative; *fjendtligt* ~ hostile; *velvilligt (, sympatisk)* ~ sympathetic*); (se også positiv*[3]*, sympatisk*[2]*)*;
□ *være religiøst (, demokratisk)* ~ *(også)* have a religious (, democratic) turn of mind;
[med præp.] venligt (, fjendtligt, velvilligt) ~ ***over for*** kindly disposed (, hostile, sympathetic) towards; *være* ~ ***på*** *a) (være forberedt på)* be prepared for (*fx* a long wait); *b) (forvente)* expect (*fx* a quick solution); *være* ~ ***på at*** *(+ inf.) a)* be prepared to (*fx* wait); *b)* expect to (*fx* be elected); *ikke* ~ *på at (ɔ: villig)* not disposed to (*fx* help him); *jeg var* ~ *på at han ville sige nej til det a)* I was prepared for his refusing it; *b)* I counted on his refusing it.

indstilling[1] *(jf. indstille*[1]*)* **1.** adjustment;
2. *(af instrument, vækkeur; på instrument, skala)* setting (*fx* it has four temperature settings);
3. *(om linse, kamera)* focus(sing);
4. *(af radio)* tuning in.

indstilling[2] *(jf. indstille*[2]*)* **1.** *(forslag til myndighed, fx fra udvalg)* recommendation;
2. *(til embede)* nomination.

indstilling[3] *(jf. indstille*[3]*)* **1.** *(ophør, standsning)* stopping; F discontinuation;
2. *(midlertidig)* suspension.

indstilling[4] *(jf. indstillet) (holdning)* attitude (*til* to(wards), *fx* his attitude towards free abortion); views pl. (*til* as regards).

indstillingsprøve screening examination.

indstrege *vb.* underline; score (*fx* a heavily scored book).

indstudere *vb.* **1.** *(en tale)* prepare; **2.** *(rolle)* study; **3.** *(skuespil)* rehearse.

indstudering *sb. (en, -er) (jf. indstudere)* **1.** preparation; **2.** studying; **3.** rehearsal;
□ *en ny* ~ *(ɔ: af teaterstykke)* a new production; *være under* ~ be in rehearsal.

indstændig *adj.* urgent (*fx* request); *(svagere)* earnest;
□ *bede ham -t om at* request him urgently to; urge (*el.* implore) him to; *på det -ste* urgently.

indstævne *vb.* summon;
□ *indstævnte* the defendant.

indsuge *vb.* **1.** suck in (*fx* the fresh air); *(absorbere)* absorb;
2. *(fig.)* drink in (*fx* the atmosphere; every word); *(F el. spøg.)* imbibe (*fx* ideas, knowledge).

indsugning *sb. (en, -er)* **1.** *(absorbering)* absorption; **2.** *(tekn.)* intake; *(i motor)* suction.

indsvøbe *vb.* wrap up;
□ *indsvøbt i (også fig.)* wrapped up in (*fx* blankets; polite phrases).

indsyltet *adj.*: ~ *i* messed up in (*fx* chocolate).

indsynge *vb. (på plade)* record, sing.

indsæbe *vb.* soap; *(ved barbering)* lather.

indsætte *vb. (se også indsat)* **1.** put in; F insert;
2. *(penge i bank)* deposit; *(se også konto)*;
3. *(i embede)* install; F inaugurate (*fx* a president);
4. *(mil.)* deploy, bring into action (*fx* bring troops into action);
□ ~ *flere tog (, ekstra busser)* run (*el.* put on) more trains (, extra buses);
[med præp. & som] ~ *en* ***i*** *fængsel* put sby in prison; ~ *a* ***i stedet for*** *b* substitute a for b; replace b with (*el.* by) a; ~ *en* ***som*** *sin arving* make sby one's heir.

indsættelse *sb. (en, -r) (jf. indsætte)*
1. putting in; F insertion;
2. *(i bank)* depositing;
3. *(i rettighed)* establishment;
4. *(i embede)* instalment; F inauguration (*fx* the day of his inauguration as president);
5. *(mil.)* deployment.

indsø lake.

indtag *sb. (et, -)* intake.

indtage *vb. (se også indtagende)*
1. *(mad, drikke)* consume (*fx* a huge amount of food (, alcohol)); F ingest; *(om måltid)* eat (*fx* one's lunch at 1 o'clock); have (*fx* lunch);
2. *(medicin)* take;
3. *(erobre)* take, capture (*fx* an airport, a fortress, a town);
4. *(legemsstilling)* take up, assume;
5. *(standpunkt, holdning)* take up, adopt (*fx* an attitude);
6. *(henrykke, vinde)* charm, fascinate; F captivate (*fx* she captivated him by her charm);
7. *(for el. imod)* prejudice;
8. *(om skib)* take in, load;
□ ~ *førstepladsen* take over the first place; ~ *sin* ***plads*** *a) (sætte sig)* take one's seat; *b) (stille sig)* take up one's place (*fx* in the row); ~ *en plads i historien* occupy a place in history; ~ *en* ***stilling*** *a)* take up (*el.* assume) a position; *b) (mil.)* take (*el.* capture) a position; *(besætte)* take up (*el.* occupy) a position.

indtagelse *sb. (en)* **1.** *(erobring)* taking, capture;
2. *(fortæring)* consumption; F ingestion (*fx* of narcotics); *(mængde)* intake (*fx* of fats, sugars and starches; get one's intake down to 1600 calories a day);
3. *(sø.)* taking in, loading.

indtagende *adj.* engaging, charming (*fx* girl); prepossessing (*fx* smile; she did not look very prepossessing); F captivating;
□ *det* ~ *ved (, i)* the charm of.

indtagning *sb. (en, -er) (på strikketøj)* decrease.

indtale *vb.* record.

indtaste *vb.* key in, type in.

indtaster *sb. (en, -e)* keyboarder.

indtegne *vb.*: ~ *noget på et kort* mark sth on a map; *der er -t fem talere* there are five speakers on the list;
[med sig] ~ ***sig*** enter one's name (*fx* on a list); enrol (*fx* for a course); sign up, put one's name down (*fx* for an outing, for a party); ~ ***sig som*** *medlem af foreningen (også)* join the society.

indtegning *(jf. indtegne (sig))* entering; enrolment.

indterpe *vb.*: ~ *en noget* din sth into sby; ~ *franske verber* drill French verbs.

indtil[1] *præp.* **1.** *(om tid)* until, up to (*fx* until (*el.* up to) now; wait until Monday); T till;
2. *(om antal)* up to (*fx* up to 10 persons);
3. *(om strækning)* to, as far as (*fx* he accompanied me as far as Oxford);
□ ~ *nu se hidtil*; *bøder på* ~ *£50* fines not exceeding £50; ~ *videre* for the time being; ~ *år 1400 (også)* until (*el.* down to) the year 1400.

indtil[2] *konj.* until; T till (*fx* wait until (, till) he arrives).

indtjene earn;
□ ~ *et overskud* make a profit; ~ *sig selv* pay for itself.

indtjening *sb. (en)* earnings pl.
indtog *sb. (et, -)* entry (*i* into);
□ *holde sit* ~ make one's entry (*i* into); *hæren holdt sit* ~ *i byen* the army marched into the town; *foråret holdt sit* ~ spring arrived.
indtryk *sb. (et, -)* impression;
□ *modtagelig for* ~ impressionable; *skrevet* ***under*** ~ ***af*** *krigen* written against the background of the war;
[med vb.] ***få*** *et* ~ *af* receive an impression of; T get an idea of; *få et forkert* ~ get the wrong impression; ***give*** ~ *af at være* seem to be, give the impression of being; ***gøre*** ~ make an impression (*fx* his warning made an impression); impress (*fx* the letter was meant to impress); *(stærkt)* make an impact (*fx* the speech made a strong impact; the news did not make much impact); *gøre* ~ *af at være* seem to be, give the impression of being; ***gøre*** ~ ***på*** make an impression on (*fx* it made an impression on him); impress (*fx* you impressed him favourably); *gøre et godt (, dårligt)* ~ *på en* make a good (, bad) impression on sby; *det gjorde ikke noget* ~ *på ham a)* it made no impression (*el.* impact) on him; *b) (han var ligeglad)* it did not affect him; it left him cold; *jeg* ***har*** *det* ~ *at* I have the impression that; F I am under the impression that; *jeg* ***har*** ~ ***af at*** I have an impression that.
indtræde *vb.* **1.** *(opstå)* be (*fx* there was a pause (, a change); there has been an improvement);
2. *(begynde)* begin; *(især om noget negativt)* set in (*fx* a crisis set in);
□ *døden indtrådte øjeblikkelig* death was instantaneous; ~ ***i*** *a)* enter (*fx* the war, a new stage); *b) (blive medlem af)* join (*fx* the army; a society, a firm, the Common Market).
indtræden *sb. (en)* **1.** *(begyndelse)* commencement;
2. *(det at komme ind)* entry; F entrance;
3. *(det at deltage, blive medlem)* entry (*fx* Russia's entry into the war; Britain's entry into the Common Market).
indtræffe *vb.* **1.** occur; *(mindre* F*)* happen; **2.** *(ankomme)* arrive; *(se også omstændighed).*
indtræk *sb. (et, -)* upholstery (*fx* with leather upholstery).
indtrængen *sb. (en)* **1.** entry (*i* into); **2.** *(uberettiget)* intrusion (*i* into); **3.** *(på fremmed ejendom)* tresspass; **4.** *(fjendtlig)* invasion (*i* of).
indtrængende[1] *adj.* **1.** *(som trænger ind)* entering; *(mil.)* invading;
2. *(alvorlig)* earnest; *(stærkere)* urgent (*fx* an urgent request (, voice));
3. *(skarpsindig)* penetrating; F incisive (*fx* analysis).
indtrængende[2] *adv.* **1.** *(alvorligt)* earnestly; *(stærkere)* urgently (*fx* request them urgently to do something); **2.** *(skarpsindigt)* incisively;
□ *bede* ~ *(også)* entreat.
indtægt *sb. (en, -er)* **1.** income (*fx* earn a monthly income of £2,000);
2. *(statens, institutions,* F*)* revenue (*fx* advertising revenue);
3. *(fortjeneste)* profit; earnings pl.; *(provenu)* proceeds pl. (*fx* of the sale); *(indgået beløb)* receipts pl. (*fx* the receipts from admission fees);
□ ***-er*** *a) (jf. 1, enkeltpersons)* income sg. (*fx* all income over £20,000); earnings (*fx* he has some small earnings (*el.* a small income) from part-time work); *(flere personers)* incomes (*fx* a family with two incomes); *b) (jf. 2)* revenue sg.; revenues; *have store -er (jf. a)* have a large income.
indtægtsbestemt *adj.* earnings-related, income-related (*fx* benefits).
indtægtsdækket *adj.* commercial.
indtægtskilde **1.** source of income;
2. *(for staten, kommune, institution,* F*)* source of revenue.
indtægtsklasse income bracket (*fx* the higher (, lower) income brackets).
indtægtsside credit side.
indtørret *adj.* **1.** dried up; **2.** *(indskrumpet, vissen)* shrivelled.
induktion *sb. (en, -er)* induction.
induktionsapparat *(fys.)* induction coil.
induktionselektricitet induced electricity.
induktionsspole *(fys.)* induction coil.
induktiv *adj.* inductive.
in duplo in duplicate.
industri *sb. (en, -er)* industry;
□ *-ens gennembrud* the industrial revolution; *(se også håndværk).*
industrialisme *sb. (en)* industrialism.
industriarbejder industrial worker.
industricentrum industrial centre.
industridrivende *adj.* **1.** industrial (*fx* firm); **2.** *(brugt som sb.)* manufacturer, industrialist.
industriel *adj.* industrial.
industriferie *(kan gengives)* general industrial holiday.
industrifisk trash fish.
industriforbund industrial union.
industriforetagende manufacturing (*el.* industrial) enterprise.
industriland industrialized country.
industrimagnat captain of industry, magnate; *(ofte neds.)* tycoon.
industrimessse industrial fair, industrial exhibition.
industriminister minister of industry.
industriministerium ministry of industry.
industrirobot industrial robot.
industrispionage industrial espionage.
industrivirksomhed **1.** *(firma)* industrial firm; **2.** *(aktivitet)* industrial activity.
indvandre *vb.* immigrate.
indvandrer immigrant.
indvandring immigration.
indvarsle *vb.* *(indkalde)* summon, convene;
□ ~ *en ny tid* usher in a new epoch (*el.* age); *mødet er lovligt -t* due notice of the meeting has been given.
indvarsling **1.** summoning; **2.** announcement.
indvende *vb.* object (*mod* to);
□ *jeg har intet at* ~ *imod det* I have no objection (to it).
indvendig[1] *adj.* **1.** inside (*fx* measurements); inward (*fx* curve);
2. *(i kroppen)* internal (*fx* bleeding, injuries);
3. *(i bygning etc.)* interior (*fx* doors, walls); inner (*fx* room); *(indendørs)* indoor (*fx* lavatory);
□ *det -e af* the inside of (*fx* his mouth, an orange, a house); the interior of (*fx* a house).
indvendig[2], **indvendigt** *adv. (jf. indvendig*[1]*)* **1.** inside (*fx* label the luggage (, wash the car) both inside and out);
2. internally;
3. *(i sit stille sind)* inwardly, to oneself (*fx* he was laughing (, cursing) inwardly (*el.* to himself)); *(se også le*[2]*)*;
□ *låst* ~ *fra* locked on the inside.
indvending *sb. (en, -er)* objection (*imod* to, against);
□ *komme med (el. rejse) -er* make (*el.* raise) objections.
indvi *vb.* **1.** *(tage i brug)* open (*fx* a railway); dedicate (*fx* a new college, a bridge); F inaugurate (*fx* a school, a new building);
2. *(tage i brug for første gang)* use (, wear) for the first time; T christen (*fx* a new coat (, car));

3. *(rel.)* consecrate (*fx* a church, the wine);
4. *(til præst)* ordain;
□ *de -ede a) (i hemmelige ceremonier, særlige kunster etc.)* the initiates; *b) (de der kender til sagen)* those in the know;
[med sb.] begrave i -et jord bury in consecrated ground; *i -ede kredse* in well-informed circles; ~ *sin lejlighed* have a house-warming (party);
[med præp.] ~ *en* ***i*** *a) (indføre i)* initiate sby into (*fx* the art of cooking, the mysteries of love, a secret code, a method); *b) (fortælle, røbe for)* let sby into (*fx* the secret, the plan); let sby in on (*fx* the arrangement); *være -et i a)* be initiated in (*fx* the plan); *b)* be in (*fx* the secret).
indvielse *sb. (en, -r) (jf. indvi)* **1.** opening; dedication; F inauguration; **2.** T christening; **3.** consecration; **4.** ordination; **5.** *(i hemmelighed etc.)* initiation.
indvikle *vb. (indblande)* entangle, involve (*i* in); *(se også indviklet, vikle (ind)).*
indviklet *adj.* **1.** *(kompliceret)* complicated (*fx* machine; business deals); complex (*fx* situation); intricate (*fx* pattern);
2. *(uforståelig)* complicated (*fx* question);
□ *gøre* ~ complicate; ~ ***i*** *a) (indfiltret i)* (en)tangled in (*fx* her hair got (en)tangled in the twigs); *b) (fig.)* involved in (*fx* criminal activities); entangled in (*fx* contradictions; dubious transactions).
indviklethed *sb. (en)* complexity, intricacy.
indvillige *vb.* agree (*i (at)* to); F consent (*i (at)* to).
indvinde *vb.* **1.** *(få tilbage)* recover (*fx* lost ground); make up for (*fx* lost time);
2. *(land)* reclaim;
3. *(råstoffer)* extract (*fx* coal, oil); win (*fx* coal);
4. *(tjene)* gain (*fx* a week).
indvinding *sb. (en, -er) (jf. indvinde)* **1.** recovery; **2.** reclamation; **3.** extraction; winning; **4.** gaining.
indvirke *vb.:* ~ *på a) (påvirke)* have an influence on, influence (*fx* public opinion); *(stærkere)* have an effect on (*fx* prices and wages); *(ofte negativt)* affect (*fx* his decision, the election; my arguments did not affect him; the climate affects their health); *b) (om medicin)* act on.
indvirkning *sb. (en, -er) (jf. indvirke)* influence; effect; *(stærkere)* impact (*fx* the impact of science on modern thought).
indvolde *sb.pl.* **1.** entrails; T guts; *(om tarme også)* bowels, intestines; *(anat.: om alle organer)* viscera; **2.** *(fig.)* bowels; T guts.
indvoldsorm intestinal worm.
indvortes *adj.* internal (*fx* for internal use); inner (*fx* the inner man).
indvælge *vb.* elect (*i* (on) to, *fx* he was elected (on) to the committee);
□ ~ *i (også)* vote on to.
indvævet *adj. (sammenvævet)* interwoven (*med* with);
□ *med* ~ *mønster* with a pattern woven into it.
indvåner *sb. (en, -e)* inhabitant.
indynde *vb.:* ~ *sig hos* ingratiate oneself with.
indædt[1] *adj.* **1.** *(undertrykt)* suppressed (*fx* hatred);
2. *(bitter)* bitter (*fx* opponent; struggle);
3. *(hårdnakket)* inveterate (*fx* anti-communist);
4. *(rasende)* savage.
indædt[2] *adv.* **1.** *(bittert)* bitterly (*fx* "Why didn't you help me?", he said bitterly); **2.** *(rasende)* savagely;
□ ~ *arrig* savage.
indøve *vb.* **1.** practise; **2.** *(mil.)* train; *(ved eksercits)* drill.
indøvelse *sb. (en)* **1.** practice;
2. *(mil.)* drilling.
indånde *vb.* breathe in (*fx* the scent of flowers); F inhale.
indånding *sb. (en, -er) (det at ånde ind)* breathing in; F inhalation;
□ *tage en dyb* ~ take a deep breath.
inerti *sb. (en)* inertia.
inertistyring inertial guidance.
infam *adj.* **1.** *(nedrig)* low, mean (*fx* trick); F vile; **2.** *(modbydelig)* foul (*fx* smell, weather);
□ *en* ~ *løgn* a damned lie.
infanteri *sb. (et) (mil.)* infantry.
infanteriregiment *(mil.)* infantry regiment.
infanterist *sb. (en, -er) (mil.)* infantryman.
infektion *sb. (en, -er)* infection.
infektionssygdom infectious disease.
inferiør *adj.* inferior; *(neds.)* petty.
infernalsk[1] *adj.* infernal (*fx* noise);
□ *lave et* ~ *spektakel* make (*el.* kick up) an infernal row.
infernalsk[2] *adv.* infernally.
inficere *vb.* infect; *-t af* infected by (*el.* with).
inficering *sb. (en, -er)* infection.
infiltration *sb. (en, -er)* infiltration;
□ *-er (muskel-) se myoser.*
infiltrere *vb.* infiltrate.
infinitiv *sb. (en, -er) (gram.)* the infinitive.
infirmeri *sb. (et, -er)* sick quarters.
inflation *sb. (en, -er)* inflation;
□ *en høj* ~ a high rate of inflation; *en forrygende* ~ runaway inflation.
inflationsbefordrende *adj.* inflationary.
inflationshæmmende *adj.* disinflationary.
inflationssikret *adj.* inflation-proof.
inflationstakt inflation rate.
inflatorisk *adj.* inflationary (*fx* tendency).
influenza *sb. (en, -er)* influenza; T (the) flue;
□ *en* ~ *(ɔ: et anfald af* ~*)* an attack (*el.* bout) of influenza; *han har en frygtelig* ~ he has got dreadful influenza.
influere *vb.:* ~ *på* influence; *(især uheldigt)* affect; *(se også indvirke (på)).*
informant *sb. (en, -er)* informant.
informatik *sb. (en)* **1.** *(teori)* informatics sg.; information science;
2. *(praksis)* information technology.
information *sb. (en, -er)* information (*om* about, on); T info;
□ *en* ~ a piece of information; *de -er vi fik var korrekte* the information we received was correct.
informationschef information manager; *(mht. PR)* public relations manager.
informationskløft information gap.
informationsmedarbejder *(omtr.)* information officer.
informationssøgning information retrieval.
informationsteknologi information technology.
informationsvidenskab information science.
informere *vb.* **1.** *(med objekt: give oplysning om)* inform (*om* of, about; *om at* that, *fx* inform him about it; inform him that it has been done); *(officielt,* F*)* notify (*om* of; *om at* that, *fx* the President will notify Congress formally that the treaty will be renewed); *(orientere)* brief (*om* on, *fx* the President will brief his allies on the outcome of the talks); supply with information (*om* about);
2. *(uden objekt)* give (*el.* provide) information (*om* about).
infrarød *adj.* infra-red.
infrastruktur infrastructure.
infusionsdyr, **infusorier** *sb.pl.* infusoria.

ingefær *sb. (en)* ginger.
ingen 1. *(som adj.)* no (*fx* they had no books);
2. *(skilt fra sit sb. eller foran* of*)* none (*fx* I have no money, and he has none either; none of them knows (*el.* know));
3. *(som sb.)* no one, nobody;
4. *(ingen af to)* neither (*fx* neither of them knows);
□ *sko var der ~ af* there were no shoes; *~ anden se anden*[2]; *der var ~ hjemme* nobody was at home, there was nobody at home; *~ uden* no one but, nobody but (*fx* no one (*el.* nobody) but he (*el.* him) would want to go there).
ingeniør *sb. (en, -er)* **1.** engineer;
2. *(civilingeniør)* engineer with an academic degree; university-trained engineer; **3.** *(bygningsingeniør)* civil engineer;
4. *(mil.)* engineer.
ingeniørkaserne *(mil.)* barracks of the engineers.
ingeniørofficer *(mil.)* engineer officer.
ingeniørtropper *sb.pl. (mil.)* engineers; engineer corps sg.
ingeniørvidenskab engineering.
ingenlunde *adv.* by no means.
ingenmandsland no-man's land.
ingensinde *adv.* never.
ingensteds *adv.* nowhere.
ingenting *pron.* nothing;
□ *det er så let som ~* it is a piece of cake; *han kunne gøre det så let som ~* he could do it just like that; *(se også gøre, lade*[2] *(som ~));*
[med præp.] han er ikke skotte ***for*** *~* he is not a Scotsman for nothing; *det er ikke for ~ at* it is not for nothing that; ***i det bare*** *~* in one's birthday suit; *det er ~* ***ved siden af*** *a)* it is nothing (compared) to (*fx* his problems are nothing (compared) to yours); *b) (ikke nær så god som)* it is not a patch on.
ingenue *sb. (en, -r) (teat.)* ingénue; juvenile lead.
ingrediens *sb. (en, -er)* ingredient;
□ *-erne i* the ingredients in (*el.* of).
inhabil *adj.* disqualified;
□ *dommeren erklærede sig for ~* the judge declared himself disqualified.
inhabilitet *sb. (en)* incapacity.
inhalation *sb. (en, -er)* inhalation.
inhalere *vb.* inhale (*fx* tobacco smoke).
initial *sb. (et, -er)* initial (letter).
initialord initial word.
initiativ *sb. (et)* initiative (*fx* have the initiative; show initiative); *(foretagsomhed også)* enterprise (*fx* he was full of enterprise);
□ *på eget ~* on one's own initiative; *(mere* F*)* of one's own accord; T off one's own bat; *det private ~* private enterprise; *tage -et* take the initiative (*til* for; *til at* in -ing).
initiativgruppe ginger group.
initiativrig *adj.* enterprising; *(præd. også)* full of initiative (*el.* enterprise).
initiativtager *sb. (en, -e)* promoter; *-en (også)* the originator of the project (etc.).
injektion *sb. (en, -er)* injection.
injicere *vb.* inject.
injurie *sb. (en, -r) (skældsord)* insult; term of abuse; *(se også injurier).*
injurier *sb.pl. (jur.: æresfornærmelse)* defamation sg. (of character) (*fx* he sued the paper for defamation of character because of an article they had printed about him); *(skriftlig)* libel sg. (*fx* he brought an action for libel against the paper); *(mundtlig)* slander sg.
injuriere *vb.* insult; *(jur., jf. injurier)* defame *(kun i inf. & part.)*; libel; slander.
injurierende *adj.* insulting; *(jur., jf. injurier)* defamatory; libellous; slanderous.
injuriesag *(jf. injurier)* defamation case, defamation suit; action for libel, libel suit; action for slander.
inkarnation *sb. (en, -er)* incarnation;
□ *-en af (fig.)* the incarnation (*el.* embodiment *el.* picture) of.
inkarneret *adj.* inveterate (*fx* smoker); confirmed (*fx* bachelor).
inkassation *sb. (en, -er)* **1.** collection (of money due); **2.** *(ad rettens vej)* recovery.
inkassator *sb. (en, -er)* debt collector.
inkassere *vb. = indkassere.*
inkasso *sb. (en)* collection;
□ *besørge ~* collect; *energisk ~* efficient collection of debts; *overgive kravet til ~* hand over the claim to a debt-collecting firm.
inkassobureau debt-collecting agency.
inkassoforretning debt-collecting firm.
inkassogebyr collection charge, collection fee.
inkassoomkostninger *sb.pl.* collection charges.
inkl. *(fork.f. inklusive) se inklusive.*
inklination *sb. (en, -er)* **1.** *(hældning)* dip, inclination; **2.** *(i dans)* invitation.
inklinationsparti love match.
inklinere *vb.: ~ for en dame* ask a lady for a dance.
inkludere *vb.* include; *(se også indbefatte).*
inklusive *præp.* inclusive of (*fx* inclusive of interest (, VAT); inclusive of light and heating); including (*fx* ten persons in all, including the children); included *(efter sb.)* (*fx* packing included *(inklusive emballage)*);
□ *fra 1.-31. januar ~* from January 1 to 31 inclusive; *(am.)* from January 1 through 31.
inkognito *sb. (et) & adv.* incognito.
inkompatibel *adj.* incompatible.
inkompatibilitet *sb. (en)* incompatibility.
inkompetence *sb. (en)* incompetence.
inkompetent[1] *adj.* incompetent.
inkompetent[2] *adv.* incompetently.
inkonsekvens *sb. (en, -er)* inconsistency.
inkonsekvent[1] *adj.* inconsistent.
inkonsekvent[2] *adv.* inconsistently.
inkorporere *vb.* incorporate.
inkubationstid *(med.)* incubation period.
inkunabel *sb. (en, inkunabler) (bibl.)* incunabulum (pl. incunabula).
inkvisitionen *(hist.)* the Inquisition.
inkvisitorisk[1] *adj.* inquisitorial.
inkvisitorisk[2] *adv.* inquisitorially.
in mente: *have det ~* keep it in mind.
innerwing *sb. (en)* inside forward;
□ *spille højre (, venstre) ~* play inside right (, left).
innovation *sb. (en, -er)* innovation.
input *sb. (et, -)* input.
inrigger *sb. (en, -e)* inrigger.
insekt *sb. (et, -er)* insect.
insektdræbende *adj.* insecticide.
insektmiddel insecticide.
insektstik insect bite.
insektædende *adj.* insectivorous.
insemination *sb. (en, -er)* insemination.
inseminere *vb.* inseminate.
inseminør *sb. (en, -er)* inseminator.
inserat *sb. (et, -er)* advertisement.
insiderhandel *(hdl.)* insider trading, insider dealing.
insignier *sb.pl.* insignia.
insinuation *sb. (en, -er)* insinuation; innuendo (pl. -es).
insinuere *vb.* imply (*fx* are you implying that I am lying?); F insinuate (*fx* he insinuated that I was lying); *(mere* T*)* hint.
insistere *vb.* insist (*på* on; *på at*

that);
□ *hvis du -r på det* if you insist.
inskription *sb. (en, -er)* inscription.
insolvens *sb. (en)* insolvency.
insolvent *adj.* insolvent.
in spe to be (*fx* a poet to be; his wife to be); future (*fx* a future minister).
inspektion *sb. (en, -er)* inspection;
□ *have* ~ be in charge.
inspektionshavende *adj. (præd.)* in charge (*fx* teacher in charge).
inspektor *sb. (en, -er)* inspector.
inspektrice *sb. (en, -r)* inspectress.
inspektør *sb. (en, -er)* **1.** *(en som har opsyn)* inspector (*fx* a factory inspector);
2. *(i stormagasin)* shopwalker; *(am.)* floorwalker;
3. *(ved idrætsanlæg)* head groundsmand; *(se også politiinspektør, skoleinspektør (etc.)).*
inspicere *vb. (også mil.)* inspect.
inspicering *sb. (en, -er)* inspection.
inspiration *sb. (en, -er)* inspiration.
inspirere *vb.* inspire.
inspirerende[1] *adj.* inspiring (*fx* leadership; it was very inspiring for me; a not very inspiring subject); inspirational (*fx* book).
inspirerende[2] *adv.* inspiringly.
installation *sb. (en, -er)* installation.
installatør *sb. (en, -er)* electrician.
installere *vb.* install (*fx* a telephone); put in; *(se også indlægge)*;
□ ~ *sig i* move into; *(mere* F*)* install oneself in.
instans *sb. (en, -er) (jur.): første* ~ court of first instance; *højere (, lavere)* ~ higher (, lower) court; *[fig.] i første* ~ in the first instance; *i sidste* ~ *a) (som sidste udvej)* in the last resort; *b) (til syvende og sidst også)* in the final analysis; F ultimately; T at the end of the day.
instinkt *sb. (et, -er)* instinct;
□ *have* ~ *for* have an instinct for.
instinktiv *adj.* instinctive.
instinktivt *adv.* instinctively, by instinct.
instinktmæssig *se instinktiv.*
instituere *vb.* institute.
institut *sb. (et, -ter)* **1.** institute; **2.** *(ved universitet)* institute, department.
institutbestyrer head of department.
institution *sb. (en, -er) (også fig. om person)* institution.
institutionalisere *vb.* institutionalize.
instruere *vb.* **1.** *(give besked)* instruct, direct; **2.** *(teat., film.)* direct;
□ ~ *ham om hvad han skal gøre* instruct him (in) what to do.
instruks *sb. (en, -er)* instructions pl.; F brief.
instruktion *sb. (en, -er)* **1.** instructions pl. (*fx* follow the instructions); *(brugsanvisning også)* directions pl.; **2.** *(teat., film.)* direction;
□ *følge -en (jf. 1)* follow the instructions.
instruktionsbog manual, handbook, instruction book.
instruktionskursus course of instruction.
instruktionssygeplejerske sister tutor.
instruktiv *adj.* instructive.
instruktor *sb. (en, -er)* student assistant.
instruktør *sb. (en, -er)* **1.** instructor; **2.** *(teat., film.)* director.
instruktørstol director's chair.
instrument *sb. (et, -er)* instrument.
instrumental *adj.* instrumental.
instrumentalist *sb. (en, -er) (mus.)* instrumentalist.
instrumentalmusik instrumental music.
instrumentbræt **1.** instrument panel; **2.** *(i bil)* dashboard.
instrumentere *vb.* orchestrate.
instrumentering *sb. (en, -er)* **1.** *(mus.)* orchestration; **2.** *(instrumentudstyr)* instrumentation.
instrumentmager *sb. (en, -)* instrument maker.
instrumenttavle instrument panel, instrument board.
insubordination *sb. (en, -er)* insubordination.
insufficiens *sb. (en)* insufficiency.
insulin *sb. (et)* insulin.
insulinchok insulin shock.
intakt *adj.* intact.
integral *sb. (et, -er) (mat.)* integral.
integralregning *(mat.)* integral calculus.
integration *sb. (en, -er)* integration.
integrere *vb.* integrate (*i* into);
□ *-t* integrated; *-t kredsløb* integrated circuit.
integrerende *adj.* integral;
□ *være en* ~ *bestanddel af* form an integral part of.
integritet *sb. (en)* integrity.
intellekt *sb. (et, -er)* intellect;
□ *have et skarpt* ~ have an acute mind.
intellektualisere *vb.* intellectualize.
intellektualisering *sb. (en, -er)* intellectualization.
intellektualisme *sb. (en)* intellectualism.
intellektuel *adj. (også brugt som sb.)* intellectual (*fx* intellectual pursuits; he is an intellectual; the intellectuals).
intelligens *sb. (en, -er)* intelligence;
□ *-en (de intellektuelle klasser)* the intelligentsia.
intelligensalder *(psyk.)* mental age.
intelligenskvotient *(psyk.)* intelligence quotient; *(fork.)* IQ.
intelligensprøve intelligence test, IQ test.
intelligensreserve reserve of talent; *(svarer omtr. til)* pool of ability (*fx* comprehensives were started to cater for the so-called pool of ability).
intelligent[1] *adj.* intelligent; *(især am. el. om elektroniske anordninger)* smart.
intelligent[2] *adv.* intelligently.
intelligentsia *sb. (en, -er)* intelligentsia.
intendanturkorps *(mil.)* quartermaster Corps.
intendanturofficer *(mil.)* quartermaster officer.
intens *adj.* intense (*fx* colour, hatred, stare); intensive (*fx* study).
intensitet *sb. (en)* intensity.
intensiv *adj.* intensive (*fx* course; agriculture, cultivation).
intensivafdeling *(med.)* intensive care (*el.* treatment) unit; intensive therapy unit; *(fork.)* ITU;
□ *ligge på -en* be in intensive care.
intensivere *vb.* intensify, step up (*fx* a campaign).
intensivering *sb. (en, -er)* intensification.
intention *sb. (en, -er)* intention.
interaktiv *adj.* interactive (*fx* video).
intercitytog intercity train, InterCity train.
interdikt *sb. (et, -er)* interdict.
interessant[1] *adj.* interesting (*for* for, to); *(præd. også)* of interest.
interessant[2] *adv.* in an interesting manner, interestingly;
□ ~ *nok* interestingly (enough) (*fx* interestingly, he did not want to comment on it).
interesse *sb. (en, -r)* interest (*fx* examine sth with great interest; he has no interests);
□ ***af*** ~ ***for*** *a) (interessant for)* of interest to (*fx* the book is of interest to all of us); *b) (om motiv)* out of interest for (*fx* he did it out of interest for the school);
i *ens* ~ in sby's interest, in the interest of sby (*fx* it is in our interest; in the interest of truth; he acted in the interest(s) of the

child);
*[med vb. (+ præp.)] **få** (el. fatte) ~ **for*** take an interest in; *de fag der **har** hans ~* the subjects that he is interested in; *det har ingen ~ (ɔ: et afslag)* I am not interested; ***have** (el. nære) ~ **for** (ɔ: interessere sig for)* take an interest in; *det har ingen ~ for mig* it is of no interest to me; it has no interest for me; ***have** ~ **i at*** have an interest in -ing, be interested in -ing; *vi har ingen ~ i* we have no interest in; ***miste** -n* lose interest (*for* in); ***vise** ~ **for*** show an interest in.
interessefællesskab community of interests.
interessegruppe interest group.
interessekonflikt conflict of interests.
interessekontor *(i firma)* personnel welfare department.
interesseløs *adj.* uninteresting; *(præd. også)* without interest.
interessent *sb. (en, -er)* interested party; *(i interessentskab)* partner.
interessentskab *sb. (et, -er)* partnership.
interesseorganisation *(omtr.)* non-governmental organization *(fork.* NGO*).*
interessere *vb.* interest;
□ *det -de mig at høre at* I was interested to hear that; *~ sig for* be interested in, take an interest in.
interesseret *adj.* interested (*i* in).
interessesfære sphere of interest.
interferens *sb. (en, -er)* interference.
interferere *vb.* interfere.
interim- provisional (*fx* government, receipt); interim (*fx* arrangement, committee).
interimistisk[1] *adj.* provisional, temporary.
interimistisk[2] *adv.* provisionally, temporarily.
interimsbevis interim certificate.
interiør *sb. (et, -er)* interior.
interjektion *sb. (en, -er) (gram.)* interjection.
interkontinental *adj.* intercontinental;
□ *~ raket* intercontinental ballistic missile; *(fork.)* IBM.
interlock *sb. (en) (tekstil)* interlock.
intermezzo *sb. (et, -er)* intermezzo.
intern *adj.* **1.** internal (*fx* secretion; debate);
2. *(indenrigs-)* internal (*fx* affairs); domestic (*fx* the prime minister's speech was interpreted as intended for domestic consumption);
3. *(inden for firma, organisation)* internal; in-house (*fx* staff); in-company (*fx* training);
□ *-e slagsmål* infighting; *-t tv* closed-circuit television.
internalisere *vb.* internalize.
internat *sb. (et, -er)* **1.** *(optagelseshjem omtr.)* community home;
2. *(for dyr)* animals' home, pets' home.
international *adj.* international.
internationale *sb. (en, -r)* **1.** *(organisation)* international; **2.** *(sang)* the Internationale;
□ *tredje ~* the Third International.
internationalisere *vb.* internationalize.
internatkursus residential course.
internatskole *(for evnesvage)* boarding special school.
internere *vb.* intern.
internering *sb. (en, -er)* internment.
interneringslejr internment camp.
interparlamentarisk *adj.* interparliamentary.
interplanetarisk *adj.* interplanetary.
interpolation *sb. (en, -er)* interpolation.
interpolere *vb.* interpolate.
interpunktion *sb. (en, -er)* punctuation.
interpunktionstegn punctuation mark.
interregnum *sb. (et, -(m)er el. interregner)* interregnum.
interrogativ *adj.* interrogative.
interval *sb. (et, -ler)* interval.
intervenere *vb.* intervene.
intervention *sb. (en, -er)* intervention.
interventionspris intervention price.
interview *sb. (et, -er el. -s),* **interviewe** *vb.* interview.
interviewer *sb. (en, -e)* interviewer.
interviewperson interviewee, person interviewed; respondent.
intet **1.** *(som adj.)* no (*fx* no house);
2. *(skilt fra sit sb. el. foran* of*)* none (*fx* none of it was true; "Is there no hope?" "None.");
3. *(som sb.)* nothing;
4. *(intet af to)* neither (*fx* neither of the two houses);
□ *~ som helst se noget (ikke noget som helst)*; *~ uden* nothing but; *(se også andet*[2]*, sol).*
intetanende[1] *adj.* unsuspecting.
intetanende[2] *adv.* unsuspectingly.
intetkøn *(gram.)* the neuter (gender) (*fx* an adjective in the neuter).
intetkøns- neuter (*fx* the neuter ending, a neuter word).
intetsigende *adj.* **1.** *(uden indhold)* meaningless, empty (*fx* excuse);
2. *(karakterløs, uden egentligt indhold)* bland (*fx* person, face; the book got only bland reviews; the wording was so bland that no one understood the real meaning);
3. *(åndsforladt)* inane (*fx* remark);
4. *(ubetydelig)* insignificant (*fx* person);
□ *en ~ (ɔ: banal) bemærkning* a commonplace remark; *et ~ (ɔ: uforpligtende) svar* a non-committal answer.
intetsteds *adv.* nowhere.
intim *adj.* intimate.
intimidere *vb.* intimidate, bully.
intimitet *sb. (en, -er)* intimacy.
intimmassage massage.
intimmassøse masseuse, massage parlour technician.
intolerance *sb. (en)* intolerance.
intolerant[1] *adj.* intolerant.
intolerant[2] *adv.* intolerantly.
intonation *sb. (en, -er) (sprogv. & mus.)* intonation.
intonere *vb.* intone.
intransitiv *adj. (gram.)* intransitive.
intravenøs *adj.* intravenous (*fx* injection).
intrigant[1] *adj.* scheming;
□ *~ person* intriguer, schemer.
intrigant[2] *adv.* schemingly.
intrige *sb. (en, -r)* **1.** intrigue, plot;
2. *(i skuespil)* plot;
□ *-r (også,* F*)* machinations.
intrigekomedie comedy of intrigue.
intrigemager *sb. (en, -e)* intriguer, schemer.
intrigere *vb.* scheme (*mod* against); intrigue (*mod* against, *fx* he intrigued with the general against the king).
intrikat *adj.* **1.** complicated;
2. *(ømtålelig)* delicate; T ticklish.
introducere *vb.* introduce; *(ny vare på markedet også)* launch.
introduktion *sb. (en, -er)* introduction (*til* to).
introduktionskursus **1.** introductory course; **2.** *(for praktikanter, nyansatte)* induction course.
introduktionspris introduction price.
introduktionsskrivelse letter of introduction.
introspektion *sb. (en)* introspection.
introspektiv *adj.* introspective.
introvert *adj. (psyk.)* introverted.
intuition *sb. (en)* intuition.
intuitiv *adj.* intuitive.
inuit *sb. (en, -ter),* **inuitisk** *adj.* In(n)uit.
invadere *vb.* invade.

invalid[1] *sb. (en, -er)* disabled person; *(se også krigsinvalid).*
invalid[2] *adj.* disabled.
invalidebil [car for a disabled driver]; *(særlig type)* invalid car; *(på parkeringsplads står)* disabled drivers.
invalideforsikring disability insurance.
invalideforsorg the care of disabled persons.
invalidepension invalidity pension.
invalidere *vb.* disable.
invaliditet *sb. (en)* disablement.
invaliditetsgrad degree of disablement.
invasion *sb. (en, -er)* invasion (*i* of).
invasionshær invading army.
invasionstropper *sb.pl.* invading forces.
inventar *sb. (et)* **1.** furniture (*fx* of a church; of a street);
2. *(udstyr)* equipment;
3. *(begge dele under et)* furniture and equipment (*fx* office furniture and equipment);
□ *fast ~ a)* fixtures pl.; *b) (fig. om person)* fixture.
inventarliste *sb.* inventory.
inversion *sb. (en, -er) (gram., med., meteor.)* inversion.
investere *vb. (også fig.)* invest (*i* in, *fx* invest in shares; invest money (, energy) in the project).
investering *sb. (en, -er)* investment.
investeringsbank investment bank.
investeringsbevis unit trust certificate.
investeringsfond investment fund.
investeringsforening unit trust; *(am.)* mutual fund.
investeringsselskab investment company.
invitation *sb. (en, -er)* invitation.
invitere *vb.* ask; *(mere* F*)* invite;
□ *~ dem* ***igen*** *(ɔ: når man selv har været -t)* ask them back; *~ én* ***på*** *en drink a)* offer sby a drink; *b) (byde inden for)* ask (, invite) sby in (*el.* over) for a drink; *~ dem* ***til*** *kl. 6* ask (, invite) them for 6 o'clock; *~ én til middag* ask (, invite) sby to dinner; *~ én* ***ud*** ask (*el.* take) sby out; F invite sby out (*fx* to dinner).
involvere *vb.* involve;
□ *-t i* involved in; *de -de medlemmer* the members involved.
ion *sb. (et, -er) (fys.)* ion.
ionbytter ion exchanger.
ionisere *vb.* ionize.
ionisering *sb. (en, -er) (fys.)* ionization.
ioniseringskammer ionization chamber.
ir *sb. (en)* verdigris.
Irak *(geogr.)* Iraq.
iraker *sb. (en, -e),* **irakisk** *adj.* Iraqi.
Iran *(geogr.)* Iran.
iraner *sb. (en, -e),* **iransk** *adj.* Iranian.
irer *sb. (en, -e)* Irishman; *(kvindelig)* Irishwoman;
□ *hun er ~* she is Irish; *-ne (generelt = nationen, holdet)* the Irish; *fem -e* five Irishmen (, Irishwomen); *-e (også)* Irish people.
irettesætte *vb. (mildt)* reprove (*for* for); *(skarpt)* rebuke (*for* for); *(officielt)* reprimand (*for* for, *fx* the judge reprimanded the witness for being disrespectful); T tick off.
irettesættelse *sb. (en, -r) (jf. irettesætte)* reproof; rebuke; reprimand; ticking-off.
irgrøn *adj.* verdigris green.
iridium *sb. (et)* iridium.
iris *sb. (en, -(s)er)* **1.** *(anat., bot.)* iris; **2.** *(zo.: sommerfugl)* purple emperor.
irisblænde(r) *(foto.)* iris diaphragm.
irisk *sb. (en, -er) (zo.)* linnet.
Irland **1.** Ireland; **2.** *(republikken ~)* the Republic of Ireland.
irlænder *sb. (en, -e) se irer.*
irokeser *sb. (en, -e)* Iroquois (pl. -).
ironi *sb. (en)* irony;
□ *ved skæbnens ~* by the irony of fate.
ironiker *sb. (en, -e)* ironist.
ironisere *vb.: ~ over* speak ironically of.
ironisk[1] *adj.* ironical.
ironisk[2] *adv.* ironically.
irrational *adj. (mat.)* irrational;
□ *~ størrelse* surd.
irrationel *adj.* irrational.
irre *vb.* become coated with verdigris.
irreal *adj.* unreal.
irregulær *adj.* irregular;
□ *-e tropper* irregular troops; *-e soldater* irregulars.
irrelevant[1] *adj.* irrelevant (*for* to);
□ *det er ~ (også)* it is beside the point.
irrelevant[2] *adv.* irrelevantly.
irreligiøs *adj.* irreligious.
irret *adj.* verdigrised; *(præd. også)* covered with verdigris.
irreversibel *adj.* irreversible.
irritabel *adj.* irritable; *(nervøs og ~,* T*)* edgy.
irritabilitet *sb. (en)* irritability.
irritament *sb. (et, -er)* irritant.
irritation *sb. (en)* annoyance, irritation.
irritationstærskel threshold (*fx* a low threshold).
irritere *vb. (se også irriterende, irriteret)* **1.** *(ophidse)* annoy, irritate; **2.** *(gøre øm)* irritate, chafe (*fx* the skin; the collar chafed his neck);
□ *det -r mig (også,* F*)* it irks me; T it riles me; *-t på* annoyed with, irritated with.
irriterende[1] *adj. (jf. irritere 1)* annoying, irritating (*for* to); *(se også vanvittig*[2]*).*
irriterende[2] *adv.* annoyingly, irritatingly (*fx* slow); *(stærkere)* maddeningly; F infuriatingly.
irriteret[1] *adj. (jf. irritere 1)* annoyed, irritated (*på* with);
□ *-t over* annoyed by, irritated by (*fx* the delay); annoyed at, irritated at (*fx* his silly remarks).
irriteret[2] *adv.* irritably (*fx* he answered irritably).
irsk *adj.* Irish.
is *sb. (en)* ice; *(iscreme også)* ice cream;
□ *en ~* an ice (cream); *bryde -en (fig.)* break the ice; *have ~ i maven (fig.)* keep one's cool, keep a cool head; have nerves of steel; *[med præp.] lægge en* ***på*** *~* give sby the cold shoulder; *lægge planen på ~* put the project on ice (*el.* in cold storage); *vove sig* ***ud på*** *tynd ~ (fig.)* skate on thin ice; *(se også glatis).*
isabellafarvet *adj.* Isabella-coloured.
isafkølet *adj.* iced.
isbar ice-cream parlour.
isbjerg iceberg;
□ *det er kun toppen af -et* it is only the tip of the iceberg.
isbjørn *(zo.)* polar bear.
isblok block of ice.
isblomster *sb.pl.* ice pattern, frost pattern; icepattern, frost pattern sg.
isbod *se iskiosk.*
isbryder *sb. (en, -e) (sø.)* icebreaker.
isbæger ice-cream cup (*el.* tub).
isbåd ice boat.
iscenesætte *vb.* **1.** *(teat.: producere, sætte op)* produce, stage; *(instruere)* direct;
2. *(fig.: organisere)* organize, stage (*fx* a demonstration, a strike); *(hemmeligt)* stage-manage (*fx* an attack).
iscenesættelse *sb. (en, -r)* **1.** *(det at iscenesætte, jf. iscenesætte 1)* production, staging; *(instruktion)* direction; *(jf. iscenesætte 2)* organization, staging;
2. *(resultatet)* production (*fx* a new production of "Hamlet");

3. *(scenearrangement)* (stage) setting.
iscenesætter *(jf. iscenesætte 1)* producer; *(instruktør)* director.
iscreme ice cream.
isdans ice-dancing.
isdækket *adj.* ice-covered.
ise *vb.* **1.** *(hugge is)* cut ice; **2.** *(køle med is)* ice;
□ *-t inde (om skib)* icebound.
iseddike glacial acetic acid.
isende[1] *adj.* icy, icily cold.
isende[2] *adv.: ~ kold* icily cold; *(se også iskold).*
isenkram 1. hardware, ironmongery; *(am. kun)* hardware; **2.** *(fig.)* hardware (*fx* military hardware).
isenkramforretning ironmonger's; *(am.)* hardware store.
isenkræmmer ironmonger; *(am.)* hardware dealer.
isflade sheet of ice.
isflage (ice) floe.
isfri *adj.* ice-free, open.
isfugl *(zo.)* kingfisher.
isglat *adj.* icy (*fx* road).
Ishav: *Det nordlige ~* the Arctic Ocean; *Det sydlige ~* the Antarctic Ocean.
ishockey ice hockey.
ising *sb. (en, -er) (zo.)* dab.
iskage ice cream.
iskagebod *se iskiosk.*
iskagemand ice-cream man.
iskias *sb. (en) (med.)* sciatica.
iskiasnerve *(anat.)* sciatic nerve.
iskiaspatient sciatic patient.
iskiosk ice-cream booth (*el.* stall *el.* kiosk).
isklump lump of ice.
iskold ice-cold (*fx* beer, water); *(også fig.)* icy (*fx* water, wind; calm, glance, reception, welcome); F frigid (*fx* water; reception, silence); *(stærkere,* F*)* glacial (*fx* wind; politeness, silence, smile, stare).
islagkage ice cream gateau (pl. -x).
islagt *adj.* icy (*fx* road); frozen (*fx* lake); *(præd. også)* iced over, covered with ice.
Islam *(rel.)* Islam.
islamisere *vb.* Islamize.
islamisering *sb. (en)* Islamization.
islamisk *adj. (rel.)* Islamic.
Island *(geogr.)* Iceland.
islandsk *sb. (et) & adj.* Icelandic.
islænder *sb. (en, -e)* **1.** *(person)* Icelander; **2.** *(hest)* Iceland pony;
3. *(trøje)* Icelandic jersey (*el.* sweater).
islænding *sb. (en, -e)* Icelander.
islæt *sb. (en)* **1.** *(i vævet stof)* weft, woof;
2. *(fig.)* element (*fx* of suspense, of jealousy; a dynamic element in the community); *(anstrøg)* touch (*fx* there was a touch of sadness in his speech); *(tilsætning,* F*)* admixture (*fx* speak Danish with an admixture of English words).
islættråd shoot.
ismand 1. *(iskagesælger)* ice-cream man; **2.** *(som bringer krystalis)* iceman.
ismejeri dairy.
isne *vb.* shiver;
□ *det fik mit blod til at ~* it made my blood run cold.
isnende[1] *adj.* **1.** icy, freezing, glacial; **2.** *(fig.: iskold)* icy (*fx* glance); *(se også iskold)*;
3. *(skræmmende)* chilling (*fx* remark, report).
isnende[2] *adv. (jf. isnende*[1]*)* **1.** icily (*fx* cold); **2.** icily (*fx* "No!" he said icily); chillingly (*fx* clear).
isning *sb. (en, -er) (det at ise)* ice-cutting.
isolation *sb. (en, -er)* **1.** *(afsondring, adskillelse fra andre)* isolation (*fx* he lived in isolation); **2.** *(i fængsel)* solitary confinement; T solitary; **3.** *(varme- & elek.)* insulation.
isolationist *sb. (en, -er),* **isolationistisk** *adj.* isolationist.
isolationscelle solitary confinement cell.
isolationsevne insulating property.
isolationsfængsel solitary confinement.
isolationslag insulating layer.
isolationsmateriale 1. insulation, insulating material; **2.** *(varme- , fx på vandrør)* lagging.
isolator *sb. (en, -er)* **1.** insulator; **2.** *(isolerende stof)* insulant.
isolatør *sb. (en, -er)* insulation installer.
isolerbar *adj. (jf. isolere)* **1.** insulatable; **2.** isolatable.
isolerbånd insulating tape.
isolere *vb.* **1.** *(mht. elek., varme)* insulate; *(vandrør, varmtvandsbeholder)* lag (*fx* a hot-water pipe);
2. *(adskille fra andre)* isolate;
□ *~ sig* keep (oneself) to oneself; isolate oneself; *han -de sig fra de andre* he isolated himself from the others.
isoleret[1] *adj.* **1.** *(elek. & mod kulde)* insulated (*fx* screwdrivers with insulated handles; a well-insulated house);
2. *(ensom)* isolated (*fx* an isolated life; feel isolated);
3. *(enkeltstående)* isolated (*fx* example, incident; a few isolated episodes; an isolated instance of misconduct); one-off (*fx* event).
isoleret[2] *adv.* in isolation (*fx* live in isolation; look at it in isolation).
isolering *sb. (en, -er)* **1.** *se isolation*; **2.** *se isolationsmateriale.*
isoleringsevne *(etc.) se isolationsevne (etc.).*
isoleringsrude *se termorude.*
isotop *sb. (en, -er) (fys.)* isotope.
ispind 1. ice lolly; **2.** *(selve pinden)* lolly stick.
ispose ice bag.
isprængt *adj. (fig.)* interspersed with (*fx* jokes).
Israel *(geogr.)* Israel.
israeler *sb. (en, -e)* Israeli.
israelit *sb. (en, -ter) (bibelsk)* Israelite.
israelitisk *adj. (bibelsk)* Israelitic.
israelsk *adj.* Israeli.
isse *sb. (en, -r)* crown, top (of the head).
isskab ice box.
isskruning ice pack.
isslag *(meteor.)* glaze.
istandsætte *vb.* **1.** *(reparere)* repair;
2. *(mere omfattende)* renovate (*fx* an old house); F refurbish;
3. *(male etc.)* redecorate.
istandsættelse *sb. (en, -r) (jf. istandsætte)* **1.** repair; **2.** renovation; **3.** redecoration.
istap icicle.
istemme *vb.* **1.** *(sang)* strike up; **2.** *(råb)* send up, raise.
ister *sb. (en el. et)* leaf fat.
isterning ice cube.
istervom potbelly.
istf., i st. for *(fork.f. i stedet for)* instead of.
istid *(geol.)* Ice Age.
isvaffel 1. *(kegleformet)* ice-cream cone, cornet; **2.** *(som spises til is)* wafer.
isvand ice water.
isvinter hard winter.
især *adv.* particularly (*fx* he was particularly fond of you); especially (*fx* I like it here, especially in winter) *(NB efterstillet ved subjekt, fx* All drugs are dangerous. Heroin especially is a threat at present*)*; in particular (*fx* all the Scandinavian countries, and Denmark in particular);
□ ***hver** ~ a)* each (*fx* they each knew what they had to do); *b) (hver for sig)* separately, individually (*fx* he told them individually what to do).
isætte *vb.* put in.
Italien Italy.
italiener *sb. (en, -e)* Italian.
italiensk *sb. (et) & adj.* Italian;
□ *på ~* in Italian.
itu *adj. (itubrudt)* broken; *(itureven)* torn;

□ *gå* ~ break; *(i flere stykker også)* go to pieces; *slå* ~ break; *(knuse)* smash; *slå en tusindkroneseddel* ~ break into a 1000-kroner note; *være* ~ be broken (, torn); be in pieces (*el.* bits); *(se også rive*[2]*, træde*[1]*)*.

itubrudt *adj.* broken.

iturevet *adj.* *(præd.)* torn to pieces.

ituslået *adj.* broken (*fx* a heap of broken glass); smashed.

iver *sb.* *(en)* eagerness; *(stærkere,* F*)* zeal; *(begejstring)* ardour; □ *med* ~ eagerly; *(stærkere)* keenly; F zealously.

ivre *vb.*: ~ *for en sag* be zealous in a cause; ~ *imod noget* declaim against sth.

ivrig *adj.* **1.** eager; *(stærkere)* keen; *(stærkere,* F*)* zealous; **2.** *(som interesserer sig stærkt for noget)* keen (*fx* football player, gardener, photographer); avid (*fx* reader, TV viewer); *(begejstret)* ardent (*fx* admirer, supporter, Marxist); □ *blive* ~ get excited; *en* ~ *diskussion* an animated discussion; *[med præp.]* ~ ***efter at*** *(+ inf.)* eager (, keen) to (*fx* to get started; to talk to him); keen on -ing (*fx* I'm not very keen on seeing him); *(nervøst ivrig)* anxious to (*fx* to be helpful, to do one's best); *hun var* ~ *efter at han skulle* she was eager (, keen, anxious) for him to, she was anxious that he should (*fx* meet her mother); ~ ***i tjenesten*** F assiduous; *(stærkere)* zealous; *alt for* ~ *i tjenesten* over-zealous; *(geskæftig)* officious.

iværksætte *vb.* **1.** *(udføre)* carry out (*fx* a plan); carry into effect (*fx* a threat); realize; F implement (*fx* new measures); **2.** *(organisere)* organize; F mount (*fx* a search, an attack); **3.** *(begynde)* start (*fx* a strike); F initiate (*fx* a campaign, a plan, reforms).

iværksættelse *sb.* *(en, -r)* *(jf. iværksætte)* **1.** realization; implementation; **2.** organization; **3.** start; initiation.

iværksætter *sb.* *(en, -e)* entrepreneur.

iværksætterydelse *(svarer til)* enterprise allowance.

iøj(n)efaldende[1] *adj.* **1.** conspicuous (*fx* place); **2.** *(påfaldende)* striking (*fx* appearance, contrast); **3.** *(oplagt)* obvious (*fx* advantage).

iøj(n)efaldende[2] *adv.* *(jf. iøj*[1]*(n)efaldende)* **1.** conspicuously; **2.** strikingly; **3.** obviously.

iøj(n)espringende[1] *adj.* striking, eye-catching; *(neds.)* glaring (*fx* contrast, error).

iøj(n)espringende[2] *adv.* strikingly; *(neds.)* glaringly.

iørefaldende *adj.* catchy (*fx* tune); *(mere* F*)* tuneful (*fx* music, song).

J

ja[1] *sb. (et. -er)* yes;
□ *sige ~ til* accept; *svare ~* answer yes; say yes; F answer in the affirmative; *(se også takke).*
ja[2] *interj.* **1.** *(bekræftende)* yes;
2. *(ved vielse)* I will;
3. *(ja gerne)* certainly;
4. *(ja endog)* indeed, in fact (*fx* I felt he would come, indeed (*el.* in fact) I was sure of it); even (*fx* he was ready to take tips, even bribes);
5. *(indledende)* well (*fx* well, let's get started);
6. *(tøvende)* well, oh (*fx* well (*el.* oh), I don't know);
□ *~ ~ (ɔ: indrømmende)* all right (*fx* all right, I 'was wrong!); *~* ***absolut*** certainly; ***både ~ og nej*** yes and no; *~ ~* ***da!*** all right, then! oh well! very well! *~* ***gerne*** certainly; *~,* ***men*** yes, but; *~ ... men* of course ... but (*fx* of course it is not a masterpiece, but parts of it are very good); *(se også jamen)*; *~* ***såmænd*** well yes; yes in a way; *(se også tak*[2]*).*
jacketkrone *sb. (tandl.)* jacket crown.
jackpot *sb. (en)* jackpot.
jade *sb. (en) (mineral)* jade.
jag[1] *sb. (et)* hurry; *(stærkere)* rush;
□ *det har intet ~* there is no hurry (*el.* rush).
jag[2] *sb. (et, -) (smerte)* shooting (*el.* stabbing) pain; *(mindre stik)* twinge.
jage *vb. (-de el. jog, -t)* **1.** *(gøre jagt på: især om storvildt el. til hest med hunde)* hunt (*fx* tigers, big game; foxes, hares); *(til fods med bøsse, fx fugle)* shoot (*fx* tigers, hares, ducks); *(am.)* hunt;
2. *(om dyr)* hunt (*fx* lions often hunt in groups);
3. *(søge efter)* hunt (*fx* a criminal);
4. *(forfølge)* chase (*fx* a thief); F pursue;
5. *(drive)* drive, chase (*fx* them out);
6. *(udsætte for forfølgelse)* hound (*fx* the press hounded him);
7. *(skynde sig)* hurry; *(stærkere)* rush;
8. *(være presserende)* be urgent (*fx* the matter is not urgent);
9. *(om smerte)* shoot;
□ *det -r vel ikke? a)* there is no hurry (*el.* rush), is there? *b) (ɔ: tag den med ro)* what's the hurry (*el.* rush)?
[med præp. & adv.] ~ ***bort*** *se ndf.: ~ væk; ; ~* ***efter*** *a)* run after (*fx* popularity); F pursue; *b) (piger)* chase (around) after; *der er ikke noget at ~ efter* there is no hurry (*el.* rush); *han blev -t* ***fra*** *hus og hjem* he was turned out; *~* ***gennem*** *se ndf.: ~ igennem*; *~ en kniv* ***i*** *ryggen på ham* thrust (*el.* jab) a knife in his back; *~ ham en skræk i livet* give him a fright; *det -r i mit ben* I have a stabbing pain in my leg; *~ i tøjet* fling on one's clothes; *~ et lovforslag* ***igennem*** rush a Bill through; *~ hånden igennem en rude* push one's hand through a pane; *~* ***med*** *arbejdet* rush (*el.* hurry) the work; *~ med en a) (skynde på)* chivvy sby; *b) (koste med)* push sby around; *~* ***op*** *(om fugl, vildt)* start, startle, flush; *~ dem* ***på flugt*** *a) se ndf.: ~ dem væk*; *b) (om fjende)* put them to flight; *~* ***væk*** *a)* drive away (*fx* the sun drove away the clouds); chase away (*el.* off) (*fx* a cat; thieves); T shoo away (*fx* a cat); *b) (skræmme)* frighten off (*fx* it will frighten the customers off).
jager *sb. (en, -e)* **1.** *(flyv.)* fighter; *(am. også)* pursuit plane;
2. *(torpedo-)* destroyer;
3. *(sejl)* flying jib.
jageri *sb. (et)* rush.
jagt[1] *sb. (en, -er) (sø.: sejlskib)* cutter.
jagt[2] *sb. (en, -er) (jf. jage)* **1.** *(det at gå på ~)* hunting; shooting;
2. *(enkelt ~)* hunt; shoot;
3. *(søgen)* hunt (*efter* for, *fx* a job, a criminal; success); F pursuit (*efter* of, *fx* fame, happiness, pleasure, profit);
4. *(forfølgelse)* chase; F pursuit;
□ *-en på harer går ind* the open season for hares begins; *gøre ~ på* hunt; F pursue; *den vilde ~ (fig.)* the hue and cry; *så gik den vilde ~ ned ad gaden* then he (, they etc.) were pursued (*el.* chased) down the street;
[med vb. + præp.] ***gå på*** *~* go (out) hunting (, shooting); ***ride på*** *~* ride to hounds, follow the hounds; hunt; ***være på ~ efter*** *a) (lede efter)* be hunting (*el.* searching) for (*fx* a room); be in search of; *b) (være ude efter)* be chasing (*fx* success, a job; women); F be in pursuit of.
jagtbøsse sporting gun.
jagte *vb.* **1.** *(lede efter)* hunt (*fx* a criminal, an enemy ship); hunt for (*fx* I have been hunting for you all day);
2. *(forfølge)* chase (*fx* other men's wives);
3. *(udsætte for forfølgelse)* hound (*fx* he was hounded by the press).
jagtejer owner of the shooting (, hunting) rights.
jagtfalk *(zo.)* gerfalcon.
jagthund **1.** gundog; *(som henter vildt også)* retriever; **2.** *(især til rævejagt)* hound;
□ *det er en god ~* it is a good hunting dog.
jagthytte hunting (, shooting) lodge.
jagtkniv hunting knife.
jagtleopard *(zo.)* cheetah.
jagtlovgivning game legislation.
jagtmark hunting ground;
□ *de evige -er* the happy hunting grounds.
jagtret shooting (, hunting) rights pl.
jagtriffel sporting rifle.
jagtselskab hunting party, shooting party; *(jf. jage 1)*;
□ *-et (ved rævejagt)* the hunt.
jagtslot hunting seat; *(mindre)* hunting lodge.
jagttaske game bag.
jagttegn game licence.
jagtterræn hunting ground.
jagttid hunting (*el.* shooting) season.
jagttrofæ trophy.
jagtudbytte bag.
jaguar *sb. (en, -er) (zo.)* jaguar.
jah *se ja*[2] *6.*
Jakel*: mester ~-komedie* Punch and Judy show.
jaket *sb. (en, -ter)* **1.** morning coat; *(am.)* cutaway; **2.** *(dame-)* jacket.
jakke *sb. (en, -r)* jacket, coat; *(am.*

især) coat.
jakkesæt (lounge) suit;
□ *talende ~ (i tv, svarer til)* talking head.
Jakob *(apostel, kongenavn)* James; *(patriarken)* Jacob.
jakobiner *sb. (en, -e) (hist.)* Jacobin.
jakobsstige Jacob's ladder.
jalousi[1] *sb. (en) (skinsyge)* jealousy;
□ *en rasende ~* furious jealousy.
jalousi[2] *sb. (et, -er)* **1.** *(til vindue)* Venetian blind; **2.** *(til skab etc.)* roll front; **3.** *(på skrivebord)* roll top.
jalousimord crime passion(n)el; crime of passion.
jalousiskab roll-front cabinet.
jaloux *adj.* jealous (*på* of; *over at* that).
jambe *sb. (en, -r) (i metrik)* iamb; iambus (pl. iambi).
jambisk *adj.* iambic.
jamboree *sb. (en, -r)* jamboree.
jamen *konj.* **1.** *(protesterende)* but (*fx* but I tell you I didn't do it); **2.** *(overrasket)* well (*fx* well, if it isn't James!); *(glds.)* why (*fx* why, it's James!);
(ofte uoversat, fx) ~ så er det afgjort that's settled, then.
jammer *sb. (en)* **1.** *(elendighed)* misery; F wretchedness;
2. *(klage)* moaning; F lamentation.
jammerdal vale of tears.
jammerkommode **1.** (S*: harmonika)* groan box; **2.** (S*, om person)* whiner.
jammerlig[1] *adj.* **1.** *(elendig)* miserable; *(stærkere)* wretched; **2.** *(ynkelig)* pathetic; *(se også ynkelig).*
jammerlig[2], **jammerligt** *adv. (jf. jammerlig*[1]*)* **1.** miserably; **2.** pathetically.
jamre *vb.* **1.** *(komme med beklagelser)* moan; *(med høj stemme, enstonigt,* F*)* wail (*fx* "I'm lost," he wailed (, moaned)); *(med dyb stemme: stønne)* groan (*fx* "I'm sick", he groaned); *(neds.,* T*)* whine, yammer;
2. *(klynke)* whimper;
3. *(klage sig af smerte)* moan; *(højere: stønne)* groan;
□ *~ og klage* moan and groan; *[med præp. & sig] ~* ***af*** *smerte* moan (, groan) with pain; *~* ***over*** *a) (klage)* F wail (over); *b) (beklage sig)* complain of; T moan about; *(mere neds.)* whine about, yammer about; *~* ***sig*** *se ovf. 3*; *~* ***sig af*** *se ovf.: ~ af.*
janfri *adj. (i kortspil)* all square.
janitshar *sb. (en, -er)* **1.** *(i orkester)* percussionist; **2.** *(hist.)* janizary.
jante *sb. (en, -r) (i klink)* dump;
□ *jeg har ikke en ~* I haven't got a bean.
janteloven *(svarer til)* the who-do-you-think-you-are attitude.
januar *sb. (en)* January; *(datoangivelser er opført under april).*
Japan Japan.
japaner *sb. (en, -e)* Japanese (pl. -);
□ *-ne* the Japanese.
japansk *sb. (et) & adj.* Japanese;
□ *på ~* in Japanese.
jappe *vb. (i tale)* gabble, jabber;
□ *~ af (sig)* gabble (*fx* one's prayers); *(se også lire*[2] *(af)).*
jargon *sb. (en, -er)* jargon.
jarl *sb. (en, -er)* earl.
jas *sb. (en): gamle ~!* old boy!
jasiger *sb. (en, -e)* T yesman.
jask *sb. (et)* slovenly work.
jaske *vb.* be slovenly, be sloppy (*med* with);
□ *~ sit tøj til* mess up one's clothes.
jaskehoved slapdash worker.
jaskeri *sb. (et)* slovenly work.
jasket *adj.* **1.** *(sjusket)* slovenly, sloppy, slipshod; **2.** *(om udseende)* untidy, sloppy; F bedraggled.
jasmin *sb. (en, -er)* **1.** *(bot.)* jasmine; **2.** *(uægte)* mock orange, syringa;
□ *en ~* a jasmine bush (, flower); *-r* jasmine sg. (*fx* a bunch of jasmine); jasmine flowers (, bushes).
jaspis *sb. (en) (mineral)* jasper.
jastemme affirmative vote;
□ *der var 17 -r (for forslaget)* 17 voted for the proposal (, motion); there were 17 votes in favour of the proposal (, motion).
jaså *interj.* **1.** I see; **2.** *(virkelig?)* indeed?
Java *(geogr.)* Java.
javaneser *sb. (en, -e),* **javanesisk** *sb. (et) & adj.* Javanese.
javel *interj.* **1.** yes! yes, sir! **2.** *(mil.)* yes, sir! **3.** *(sø.)* aye aye (, sir)!
javert *sb. (en, -er) (kan gengives)* long pointed thingummyjig.
javist *interj.* certainly; of course; *(ironisk)* indeed.
jazz *sb. (en)* jazz.
jazzband jazz band.
jazze *vb.* jazz.
Jeanne D'Arc *(hist.)* Joan of Arc.
jeans *sb.pl.* jeans.
jeep *sb. (en, -er el. -s)* Jeep.
jeg[1] *sb. (et, -er)* **1.** self (*fx* she showed her true self); **2.** *(psyk.)* ego;
□ *han tænker altid kun på sit eget kære ~* he only ever thinks of himself; *hans bedre ~* his better self, his better nature (*fx* appeal to his better self (*el.* nature)).
jeg[2] *pron.* I;
□ *~ selv se selv*; *~ stakkel* poor me.
jeg-roman first-person novel.
jens *sb. (en, -er)* [nickname for a Danish soldier];
□ *en pigernes ~* a ladies' man.
jer *pron.* **1.** you; **2.** *(refleksivt)* yourselves (*fx* are you enjoying yourselves?); *(efter præp.)* you (*fx* did you take it with you?);
□ *en ven af ~* a friend of yours; *det var ~ der gjorde det* you did it; *(mere* F*)* it was you who did it.
jeremiade *sb. (en, -r)* lamentation; jeremiad.
Jeremias *(bibelsk)* Jeremiah.
jeres *adj.* your; *(stående alene)* yours.
jern *sb. (et, -)* **1.** iron; **2.** *(flittig person)* hard worker;
□ *gammelt ~* scrap iron; *have andre ~ i ilden* have other fish to fry; *have mange ~ i ilden* have many irons in the fire; *(se også smede).*
jernalder *(hist.)* Iron Age.
jernbane railway; *(am.)* railroad;
□ *med -n* by rail.
jernbanebom level-crossing gate (*el.* barrier).
jernbanebro railway bridge.
jernbanefløjl corduroy.
jernbanehotel railway hotel.
jernbaneknudepunkt junction.
jernbanelinie (railway) line.
jernbanemand railwayman, railway employee.
jernbanenet *(skinnenet)* railway system.
jernbaneoverskæring level crossing.
jernbanerestaurant station restaurant.
jernbaneselskab railway company.
jernbaneskinne rail.
jernbanespor railway track.
jernbanestation railway station; *(am.)* railroad station, depot.
jernbanevogn *se godsvogn, vogn 4.*
jernbeslag iron mounting; iron fitting; *(jf. beslag).*
jernbeslået *adj.* **1.** iron-bound; iron-plated; **2.** *(støvle etc.: på snuden)* steel-tipped; *(sømbeslået)* studded.
jernbeton reinforced concrete, ferroconcrete.
jernbjælke (iron) girder.
jernblik sheet iron.
jernbryllup [seventieth wedding anniversary].
jernflid unflagging perseverance

(*el.* industry).
jernflittig *adj.* hard-working; *(utrættelig,* F*)* indefatigable.
jerngreb *sb. (et, -)* iron grip.
jernhandler *sb. (en, -e) (med gammelt jern)* scrap-iron dealer.
jernhelbred iron constitution.
jernholdig *adj.* containing iron *(præd.)*; F ferruginous.
jernhæl iron heel.
jernhånd: *regere (, styre) med ~* rule with a rod of iron (*el.* an iron hand).
jernhård *adj.* **1.** *(fig.)* iron (*fx* discipline, grip, law); **2.** *(om person, præd.)* as hard as nails.
jernindustri iron industry.
jernlunge **1.** *(åndedrætsapparat)* iron lung; **2.** *(sygdom)* siderosis; *(se også støvlunge).*
jernmalm iron ore.
jernmangel iron deficiency.
jernporcelæn unbreakable china.
jernskrot scrap iron.
jernspurv *(zo.)* hedge sparrow.
jernstang iron bar;
□ *der var jernstænger for vinduerne* the windows were barred (with iron).
jernstøberi iron foundry.
jerntråd (iron) wire.
jerntæppe *(teat.)* safety curtain;
□ *-t (pol., hist.)* the Iron Curtain.
jernvilje iron will.
jernværk ironworks (pl. ironworks).
jeronimus *sb. (en, -(s)er) (omtr.)* old fogey.
jeronimusagtig *adj. (omtr.)* old-fogeyish.
jerseykjole sweater dress.
jerseyko Jersey cow.
jerseykvæg jersey cattle.
jerseytrøje jersey.
Jerusalem Jerusalem;
□ *-s skomager* the Wandering Jew.
jesuit *sb. (en, -ter) (rel.)* Jesuit.
jesuiterordenen *(rel.)* the Society of Jesus.
jesuitisk[1] *adj.* Jesuitical.
jesuitisk[2] *adv.* Jesuitically.
Jesus Jesus;
□ *~ Kristus* Jesus Christ; *Jesu fødsel* the Nativity; *i Jesu navn* in the name of Christ.
Jesusbarnet the Infant Jesus.
jet[1] *sb. (en) (smykkesten)* jet.
jet[2] *sb. (en, -ter el. -) se jetfly.*
jetfly jet plane.
jetjager jet fighter.
jetmaskine jet plane.
jetmotor jet engine.
jeton *sb. (en, -s)* counter, chip.
jf., jfr. *(fork.f. jævnfør)* cf. *(læses* compare*).*
jiddisch *sb. (et) & adj.* Yiddish;
□ *på ~* in Yiddish.
jingle *sb. (en, -r el. -s)* jingle.
jiu-jitsu *sb. (en)* jiu-jitsu.
jo[1] *adv.* **1.** *(svarord)* yes (*fx* didn't you see him? yes I did; you're not his brother! yes I am); *(stærkere)* certainly;
2. *(tøvende)* well;
3. *(som indledning)* well; oh;
□ *~ pyt!* oh go on! *~ så gerne* certainly; *~ såmænd a) (betinget bekræftende)* well yes; yes in a way; *b) (stærkt bekræftende)* indeed (*fx* indeed he is!); *c) (nogenlunde)* so so; F tolerably.
jo[2] *adv.* **1.** *(forklarende)* you see (*fx* he is an old friend, you see); as you know, as you will remember (*fx* Mr Brown, who, as you will remember, is an expert in the field); after all (*fx* no wonder he is tired; after all he has been working all night);
2. *(protesterende, overtalende: jo dog)* after all (*fx* I cannot betray him, after all he is my friend; you ought to help him, after all he is your brother);
3. *(indrømmende)* of course (*fx* of course we knew that it wasn't true; of course it is not a masterpiece, but it will do); admittedly (*fx* admittedly, it is a difficult);
[appellerende: udtrykkes ved gentagelse] jeg kunne jo ikke sige det til ham I couldn't tell him, could I? *I har jo været der* you have been there, haven't you?
[overrasket] det er jo John! well if it isn't John!
jo[3] *konj.: jo ... jo* the ... the; *jo før des bedre, jo før jo hellere* the sooner the better; *jo mere jeg øver mig des dårligere synger jeg* the more I practise, the worse I sing.
job *sb. (et, -)* job; *(mus., for popgruppe)* gig.
jobbe *vb. (arbejde)* work;
□ *~ priserne op* force up prices.
jobber *sb. (en, -e) (neds.)* speculator.
jobformidling *se arbejdsformidling.*
jobrotation job rotation.
jobskabelse job creation.
jobskabelsesordning job creation scheme.
jobspost: *en ~* a piece of bad news.
jobsøgende *adj. se arbejdssøgende.*
jobtræning job training.
jobvurdering job evaluation.
jockey *sb. (en, -er)* jockey.
jockeyhue jockey cap.
jod *sb. (et) (kem.)* iodine.
jodholdig *adj.* iodic.
jodle *vb.* yodel.
jodlen *sb. (en)* yodelling.
jog *præt. af jage.*
jogge *vb.* jog.
jogging *sb. (en)* jogging.
joggingdragt track suit.
joggingsko training shoe, trainer.
jogurt *sb. (en, -er)* yog(h)urt.
joh *interj. se jo*[1]*.*
Johan *(hist.)* John (*fx* John Lackland).
Johannes *(bibelsk & om paver)* John.
johannesbrød carob.
johannesevangeliet St John's Gospel, the Gospel according to St John.
johannitterordenen the Order of St. John of Jerusalem; the Order of Malta.
johannitterridder Knight of Malta.
joker *sb. (en, -e)* joker.
jokertegn *(edb)* wild card.
jokke *vb.* **1.** *(træde tungt)* clump;
2. *(traske)* plod, trudge;
□ *~* ***i det****, ~ i spinaten* put one's foot in it; *(am. også)* put one's foot in one's mouth; *du behøver ikke ~ i det! (ɔ: gentage det)* there is no need to rub it in! *~ en* ***over tæerne*** *(også fig.)* tread (*el.* step) on sby's toes; *~* ***på*** *a)* step on, tread on; *b) (behandle dårligt)* walk over (*fx* don't allow them to walk all over you).
jolle[1] *sb. (en, -r)* dinghy.
jolle[2] *vb.* roll.
jomfru *sb. (en, -er)* virgin; *(se også brolæggerjomfru, husjomfru, kahytsjomfru, smørrebrødsjomfru)*;
□ *-en (astr.)* Virgo; *hun er ~ a)* she is a virgin; *b) (født i Jomfruens tegn)* she is a Virgo; *gammel ~ se gammeljomfru*; *~ Maria* the Virgin (Mary).
jomfrubur (lady's) bower.
jomfrudom *sb. (en, -e)* virginity.
jomfruelig *adj.* **1.** virginal (*fx* purity); **2.** *(fig., attr.)* virgin (*fx* soil).
jomfruelighed *sb. (en)* virginity.
jomfrufødsel **1.** virgin birth; **2.** *(zo.)* parthenogenesis.
jomfruhummer *(zo.)* Norway lobster.
jomfruhår *(bot.)* hair moss.
jomfrukloster [home for unmarried ladies of rank].
jomfrunalsk[1] *adj.* old-maidish; F spinsterish.
jomfrunalsk[2] *adv.* in an old-maidish (, a spinsterish) manner.
jomfrurejse maiden voyage.
jomfrutale maiden speech.
jon *(fys.) se ion.*
Jonas *(i bibelen)* Jonah (*fx* Jonah in the belly of the whale).
jonglere *vb.* juggle;

□ ~ *med a)* juggle (with) (*fx* six balls); *b) (fig.)* juggle with (*fx* language, words).
jonglør *sb. (en, -er)* juggler.
jonisk *adj.* Ionian.
jord[1] *sb. (en) (se også jord*[2]*, jorden)* **1.** *(materiale)* earth (*fx* cover the hole with earth; a pot full of earth); soil (*fx* he covered the box with soil; he had soil on his shoes); *(snavs)* dirt (*fx* scrape the dirt off your shoes; I got dirt on my hands);
2. *(jordbund for planter)* soil (*fx* the soil is good (, sandy, clayey) here; the soil is good for wheat; fertile soil);
□ *-ens produkter* the products (*el.* the produce) of the soil; *han har ~ i hovedet* T he is dead from the neck up;
[med præp.] falde ***i*** *god ~ (fig.)* be well received; *(se også finger (stikke fingeren i -en)); forbinde* ***med*** *~ (elek.)* earth; *(am.)* ground; *sætte foden* ***på*** *dansk ~* F put one's foot on Danish soil.
jord[2] *sb. (en, -er) (se også jord*[1]*, jorden) (jordejendom, område)* land (*fx* a piece of land; he owns land(s) in Jutland; the price of land; how much land has the farm? the land is good for wheat; agricultural land; prepare the land for planting);
(område, jordbund også) ground (*fx* a rocky piece of ground; he owns all the ground around here; the ground is very sandy); *(se også jord*[1] *2)*;
□ *dyrket ~* cultivated land; *indviet ~* consecrated ground; *sandede (, lerede) -er* sandy (, clayey) soils.
Jordan 1. *(landet)* Jordan; **2.** *(floden)* the Jordan.
jordaner *sb. (en, -e)*, **jordansk** *adj.* Jordanian.
jordarbejde digging; excavation.
jordbanen *(astr.)* the earth's orbit.
jordbesiddelser *sb.pl.* landed property, land sg.
jordbesidder landowner.
jordboer *sb. (en, -e)* earthling.
jordbrug *sb. (et, -)* **1.** agriculture, farming; **2.** *(gård)* farm.
jordbruger farmer; F agriculturalist.
jordbund soil.
jordbunden *adj. (jordbundet, jordbundne)* **1.** *(nøgtern)* down-to-earth; **2.** *(fantasiløs)* earth-bound; stolid; **3.** *(materialistisk)* materialistic.
jordbær strawberry.
jordbærplante strawberry plant.
jordbærsyltetøj strawberry jam.
jorddrot great landowner.
jorde *vb.* **1.** *(om person: slå ned, nedgøre)* floor, flatten;
2. *(om forslag etc.)* shoot down;
3. *(begrave)* bury; F inter;
4. *(elek.)* earth; *(am.)* ground;
□ *~ en (besejre, også)* wipe the floor with sby; knock sby into a cocked hat; beat sby hollow.
jordefærd funeral; F interment.
jordegods landed property.
jordeliv life on earth;
□ *-et* the present life, our life on earth.
jordemo(de)r midwife.
jordemo(de)rkaffe [very strong coffee].
Jorden *se jorden 1.*
jorden 1. *(kloden)* the earth (*fx* the earth goes round the sun); earth (*fx* the spacecraft returned to (the) earth); Earth (*fx* our life on Earth); *(verden)* the world (*fx* all over the world);
2. *(jordoverfladen)* the ground (*fx* they were lying on the ground; he dug the treasure into the ground); the earth (*fx* dig coal out of the earth; the earth shook under us); *(se også overflade)*;
3. *(jordbunden) se jord*[1] *2*;
[med præp. & adv.] jeg var ved at synke ***i*** *~ af skam* I was ready to sink into the ground with shame; I wished the ground would swallow me up; *jævne* ***med*** *~ se jævne*; ***på*** *~ a) (ɔ: jordkloden)* on the earth; on earth (*fx* the happiest man on earth); in the world; *b) (mods. himlen)* on earth; here below; *c) (ɔ: jordoverfladen)* on the ground; *(se også ben (have begge ben på ~)); få ham ned på ~ (fig.)* get him down to earth; *komme ned på ~ (fig.)* come down to earth, return to earth; *~* ***rundt*** round the world; *falde* ***til*** *~ a)* fall to the ground; *b) (fig.: mislykkes)* fall flat (*fx* the joke (, his suggestion) fell flat); *(se også knappenål); ikke få et ben til ~ se ben*; *slå til ~* knock down; F fell (*fx* fell a man with a single blow); ***under*** *~ a) (også fig.)* underground (*fx* go underground); *b) (død)* below ground.
jorderige the earth.
jordet *adj.* **1.** *(jordagtig)* earthy; **2.** *(oversmurt med jord)* earthy, muddy.
jordfarve earthen colour.
jordfarvet *adj.* earth-coloured.
jordforbindelse *(radio)* earth;
□ *have ~ (fig.)* be down to earth; *mangle ~ (fig.)* walk with one's head in the clouds; *miste -n (fig.)* lose contact with reality.
jordfæste *vb.* inter.
jordfæstelse *sb. (en, -r)* interment.
jordisk *adj.* earthly (*fx* our earthly life); *(rel. også)* mortal;
□ *han har ikke en ~ chance* he hasn't got an earthly (chance); *hans -e levninger (el. rester)* his mortal remains, his dust; *(se også gods*[1]*)*.
jordkloden the globe.
jordklump clod, lump of earth.
jordkrebs *(zo.)* mole cricket.
jordlag stratum of earth.
jordledning 1. *(underjordisk)* underground wire; **2.** *(til jord)* earth wire; *(am.)* ground wire; *(til radio)* earth (, ground) lead.
jordlod *sb. (en)* plot.
jordloppe *(zo.)* flea beetle.
jordmagnetisme terrestrial magnetism.
jordnær *adj.* down-to-earth.
jordnød peanut, groundnut.
jord- og betonarbejder *(kan gengives)* general labourer; *(let glds.)* navvy.
jordomsejling circumnavigation of the globe.
jordoverfladen the surface of the earth, the earth's surface.
jordperiode geological period.
jordpersonale *(flyv.)* ground personnel.
jordpåkastelse: *forrette -n (ɔ: ved graven)* officiate at the graveside ceremony.
jordreform land reform.
jordrystelse earthquake; *(svagere)* earth tremor.
jordskok *sb. (en, -ker) (bot.)* Jerusalem artichoke.
jordskorpen the earth's crust.
jordskred 1. landslide; *(mindre)* land slip; **2.** *(sammenstyrtning)* subsidence.
jordskredssejr landslide victory.
jordskælv *sb. (et, -)* earthquake.
jordskælvscentrum *(på jordoverfladen)* epicentre; *(i jorden)* focus.
jordskælvsramt *adj.* earthquake-stricken.
jordslået *adj.* **1.** *(om tøj etc.) (fugtplettet)* damp-stained; *(muggen)* mouldy;
2. *(om lugt: hengemt)* fusty; *(muggen)* mouldy;
3. *(om papir)* foxed, fox-marked.
jordsmon *sb. (et)* soil, ground.
jordspekulant land jobber.
jordstryger *sb. (en, -e)* grounder; S daisy-cutter.
jordstråler *sb.pl.* earth rays.
jordstængel *(bot.)* rootstock; *(fagl.)* rhizome.

jordtilliggende *sb. (et, -r)* land.
jordvarme *sb.* geothermal heat.
jordvold **1.** bank of earth; **2.** *(befæstning)* rampart; earthwork.
jordværdi land value.
jordværdistigning rise in the value of land.
jourhavende *adj. (præd.)* on duty.
journal *sb. (en, -er)* **1.** *(optegnelser)* journal, record (*over* of); **2.** *(hospitals, læges)* case notes pl.; *(enkelt blad)* case sheet; *(mere omfattende)* medical record (*fx* the patients' right to see their medical records); health record; **3.** *(sø.) se skibsjournal*;
□ *tage (el. skrive) ~ på en patient* clerk a patient.
journalisere *vb.* journalize, enter in a (, the) journal.
journalist *sb. (en, -er)* journalist.
journalisthøjskole school of journalism.
journalistik *sb. (en)* journalism.
journalistisk[1] *adj.* journalistic.
journalisitisk[2] *adv.* journalistically.
journalnummer file number.
jovial *adj.* jolly, hearty.
jovialitet *sb. (en)* jollity, heartiness.
jovist *interj.* certainly; of course; *(ironisk)* indeed.
jubel *sb. (en)* **1.** *(begejstring)* enthusiasm; **2.** *(munterhed)* hilarity; **3.** *(jubelråb pl.)* cheers;
□ *det vakte ~ (jf. 2, 3)* it was greeted with hilarity (, cheers).
jubelidiot prize idiot.
jubelolding *(neds.)* dodderer.
jubelråb *sb.pl.* **1.** cheers; **2.** *(glædes-)* shouts of joy.
jubelår **1.** *(katolsk)* jubilee (year); **2.** *(jødisk)* year of jubilee.
jubilar *sb. (en, -er)* person who celebrates his (, her) jubilee (*el.* anniversary).
jubilere *vb.* celebrate a jubilee (*el.* anniversary).
jubilæum *sb. (et, jubilæer)* jubilee, anniversary; *(se også femogtyveårs-, halvtredsårs-, hundredårs-)*.
jubilæumsfest jubilee celebration.
jubilæumsfrimærke commemorative (stamp).
jubilæumsskrift *sb. (et, -er)* jubilee publication.
juble *vb.* shout with joy.
jublende[1] *adj.* **1.** cheering (*fx* a cheering crowd); *(præd.)* shouting with joy; **2.** *(~ glad, triumferende)* jubilant.
jublende[2] *adv.* jubilantly;
□ *~ glad (el. lykkelig)* beside oneself with joy; jubilant;
T cock-a-hoop.
judas *sb. (en, -(s)er)* Judas.
judaskys Judas kiss.
judaspenge[1] *sb.pl. (omtr.)* blood money sg.
judaspenge[2] *sb. (en, -) (bot.)* honesty.
judo *sb. (en)* judo.
jugendstil Art Nouveau, Jugendstil.
jugere *vb.* judge; *(anslå)* estimate.
jugoslav *sb. (en, -er)* Yugoslav.
Jugoslavien Yugoslavia.
jugoslavisk *adj. (attr.)* Yugoslav.
juhu *interj.* whoopee! yippee!
juice *sb. (en, -r)* juice.
jukeboks jukebox.
juks *sb. (et)* **1.** *(bras)* trash, rubbish; **2.** *se makværk.*
jul *sb. (en)* Christmas; *(skrives ofte)* Xmas;
□ *i -en* at Christmas; *ind under ~* just before Christmas; *(se også glædelig).*
jule *vb.* celebrate Christmas.
juleaften Christmas Eve;
□ *lille ~* the night before Christmas Eve; *fra nu af og til ~ (fig.)* from here to kingdom come (*fx* we might discuss this from here to kingdom come).
juleassistance *(person)* Christmas helper;
□ *han er ~ i et stormagasin* he has a Christmas job in a department store.
juledag *(en af helligdagene)* Christmas holiday;
□ *(første) ~* Christmas Day; *anden ~* [the day after Christmas Day]; *(oftest)* Boxing Day; *i -ene* during the Christmas holidays.
juleferie Christmas holidays pl.; Christmas vacation; *(jf. ferie).*
julefest Christmas celebration.
julefrokost *(kan gengives)* Christmas party; *(i firma også)* office party (at Christmas).
julegave Christmas present (*fx* he gave me a book for a Christmas present).
julegilde Christmas party.
julehilsen Christmas greeting.
juleindkøb Christmas shopping.
julekaktus *(bot.)* Christmas cactus.
julekalender Advent calendar.
julekort *sb.* Christmas card.
julekrybbe nativity scene, Christmas crib; *(am.)* crèche.
julekævle Yule log.
julelege *sb.pl. (fig.: numre)* tricks, dubious practices.
julelys Christmas candle;
□ *med ~ i øjnene* with shining eyes.
julemanden Father Christmas; *(især am.)* Santa Claus.
julemorgen Christmas morning.
julemærke *sb.* Christmas seal;
□ *efter alle -r at dømme* to all appearance(s).
julenat Christmas night.
juleneg [corn sheaf hung up at Christmas].
julenisse [pixie-like figure associated with Christmas in Scandinavia]; *(kan gengives)* Christmas elf, pixie;
□ *-n (ɔ: julemanden)* Father Christmas; *(især am.)* Santa Claus.
julepapir Christmas wrapping paper.
julepynt Christmas decorations pl.
julerose *(bot.)* Christmas flower, Christmas rose.
julesalat *(bot.)* chicory (salad).
julesalme Christmas hymn; *(svarer i Engl. delvis til)* Christmas carol.
julesang *(svarer delvis til)* Christmas carol.
julespareforening Christmas club.
julespil nativity play.
julestads Christmas tree decorations pl.
julestjerne **1.** *(bot.)* poinsettia; **2.** *(på juletræ, kan gengives)* Christmas tree star.
juletid Christmas (time);
□ *den glade ~ (kliché)* the festive season.
juletravlhed **1.** *(forberedelser)* Christmas preparations pl.; **2.** *(i forretning)* the Christmas rush.
juletræ Christmas tree;
□ *pynte -et* decorate the Christmas tree.
juletræsfod Christmas tree stand.
juletræspynt Christmas tree decorations pl.
juleudstilling Christmas (window) display.
juli *sb. (en)* July; *(NB datoangivelser er opført under april).*
juliansk *adj.: den -e kalender* the Julian calendar.
Julie *(svarer til)* Julia;
□ *Romeo og ~* Romeo and Juliet.
juliennesuppe julienne.
jumbe *sb. (en, -r)* governess cart.
jumbo *sb. (en, -er)* T toy elephant.
jumbo- jumbo (*fx* jumbo jet).
jumpe *vb.* **1.** *(springe)* jump; **2.** *(skrumple)* jolt.
jumper *sb. (en, -e el. -s)* jumper.
junge *sb. (en, -r)* milk can.
jungle *sb. (en, -r)* jungle.
junglebogen the Jungle Book.
jungleloven the law of the jungle.
jungletelegraf **1.** bush telegraph; **2.** *(fig.)* bush telegraph; grapevine (*fx* I heard on (*el.* through) the grapevine that he had been fired).
jungletrommer *sb.pl.: -ne fortæller at* the grapevine has it that; *-ne går* tongues are wagging.

jungmand *(sø.)* ordinary seaman.
juni *sb. (en)* June; *(NB datoangivelser er opført under april).*
junior *sb. (en, -er el. -es) & adj.* junior.
juniorchef junior partner.
junke[1] *sb. (en, -r) (sø.)* junk.
junke[2] *vb.* S fix, take drugs.
junker *sb. (en, -e)* **1.** *(S: stofbruger)* junker, junkie; **2.** *(tysk adelsmand)* junker.
junta *sb. (en, -er)* junta.
Jupiter *(myt., astr.)* Jupiter; *(myt. også)* Jove.
jur. *(juris) se cand., doctor, stud.*
jura *sb. (en)* law; F jurisprudence.
juradannelse *(geol.)* Jurassic formation.
jurastuderende *sb.* law student.
juratiden *(geol.)* the Jurassic period.
juridisk[1] *adj.* legal (*fx* language); □ ~ *bistand* legal advice; ~ *bog* law book; *tage ~ embedseksamen* graduate in law; ~ *fakultet* faculty of law(s); ~ *forelæsning* lecture on jurisprudence; ~ *kandidat* graduate in law; ~ *konsulent* legal adviser; ~ *student* law student; ~ *studium* study of law; ~ *udtryk* legal term.
juridisk[2] *adv.* legally (*fx* legally entitled to do it; legally binding); □ ~ *set* in the eye of the law; from a legal point of view.
jurisdiktion *sb. (en, -er)* jurisdiction.
jurisprudens *sb. (en)* jurisprudence.
jurist *sb. (en, -er)* **1.** lawyer; **2.** *(retslærd)* jurist; **3.** *(student)* law student.
juristeri *sb. (et, -er)* quibbling, hair-splitting.
jury *sb. (en, -er)* jury.
jurymedlem juror, juryman, jurywoman.
just *adv.* just, exactly; □ *ikke* ~ not exactly; ~ *som* just as; F even as; *(se også netop).*
justerbar *adj.* adjustable.
justere *vb. (indstille)* adjust (*fx* the brakes).
justering *sb. (en) (jf. justere)* adjusting, adjustment.
justermester director of weights and measures.
justervæsenet *(svarer til)* the Standards Department; *(am.)* the Bureau of Standards.
justits *sb. (en)* **1.** administration of justice; **2.** *(orden, disciplin)* order; discipline; □ *holde ~ (jf. 2)* keep order.
justitsminister minister of justice, justice minister; *(intet tilsvarende i Engl.)*; *(am.)* Department of Justice, Justice Department.
justitsministerium ministry of justice, justice ministry; *(intet tilsvarende i Engl.)*; *(i USA)* the Department of Justice, the Justice Department.
justitsmord miscarriage of justice; *(henrettelse)* judicial murder.
jute *sb. (en)* jute.
juvel *sb. (en, -er)* jewel; F gem.
juveler *sb. (en, -er)* jeweller.
juvelerarbejde jewellery; *(am.)* jewelry.
juvelerforretning jeweller's (shop).
juvelskrin jewel case.
jvf. *(fork.f. jævnfør)* cf. *(læses compare).*
jyde *sb. (en, -r)* Jutlander.
Jylland *(geogr.)* Jutland.
jysk[1] *sb. (et)* Jutlandic.
jysk[2] *adj.* Jutlandic; *(attr. også)* Jutland.
jæger *sb. (en, -e)* **1.** *(fritids-)* sportsman; *(am.)* hunter; **2.** *(professionel)* hunter; *(se også pelsjæger, samler, skytte 3)*; **3.** *(mil.: glds.)* chasseur; *(medlem af jægerkorps, omtr.)* commando; *(am.)* ranger.
jægerkorps *(omtr.)* commando unit; *(am.)* rangers pl.; □ *-et* the Rangers.
jægersang hunting song.
jægersprog sporting jargon.
jærpe *se hjerpe.*
jærtegn *sb. (et, -)* **1.** *(forvarsel)* omen, portent; **2.** *(mirakel)* miracle.
jærv *sb. (en, -e) (zo.)* wolverine.
jætte *sb. (en, -r)* giant.
jættekvinde giantess.
jættestue passage grave.
jættestærk *adj.* Herculean.
jævn *adj.* **1.** *(uden buler etc.)* even, level (*fx* surface, ground, road); *(glat)* smooth; **2.** *(regelmæssig, uden store udsving)* even (*fx* pulse, temperature); regular (*fx* pulse); **3.** *(gradvis)* gradual (*fx* increase, transition); gentle (*fx* slope); **4.** *(om masse: tyktflydende)* thick; *(uden klumper)* smooth; **5.** *(enkel, dagligdags, almindelig)* plain (*fx* dress, food); ordinary (*fx* dress, people); **6.** *(ligefrem)* plain, simple (*fx* language); **7.** *(ikke særlig stor, stærk etc.)* moderate (*fx* income); **8.** *(middelmådig)* mediocre (*fx* talent); □ *-t god* fairly good, moderately good; *holde sig på det -e* keep one's feet on the ground; *[med sb.]* ~ ***fart*** *a) (ensartet)* steady speed; *b) (ikke høj)* moderate speed; *den -e* ***mand*** the man in the street; the common man; *med -e* ***mellemrum*** at regular intervals; *en ~* ***strøm*** a steady flow (*el.* stream); *i en ~ strøm* in a steady stream.
jævnaldrende *adj.* **1.** *(efter sb.)* of the same age (*fx* children of the same age); *(præd.)* the same age (*fx* they (, we, you) are the same age); **2.** *(brugt som sb.pl.)* peers (*fx* young people spend a lot of time with their peers); contemporaries (*fx* the two girls were contemporaries); □ *han er ~ med mig, han er min ~* he is my age; *mine ~* those of my age; F my contemporaries; *han har ingen ~ venner* he has no friends of his own age.
jævnbyrdig *adj.* equal (*med* to); □ *en ~ kamp a)* an equal fight; *b) (i sport)* an even match; *finde en ~ modstander* find one's match; *de to boksere var -e modstandere* the two boxers were well matched.
jævndøgn equinox.
jævndøgnsstorm equinoctial gale.
jævne *vb.* **1.** level; *(glatte)* smooth; **2.** *(sauce etc.)* thicken; □ ~ ***med jorden*** level with the ground, flatten (*fx* the whole town had been flattened by the earthquake (, cyclone)); *(med personssubjekt,* F*)* raze (to the ground) (*fx* the soldiers razed the village to the ground); ~ ***ud*** *se udjævne;* ~ ***vejen for*** smooth the path for.
jævnføre *vb.* compare.
jævnførelse *sb. (en, -r)* comparison.
jævnhed *sb. (en)* **1.** evenness; *(glathed)* smoothness; **2.** *(ensartethed)* uniformity; **3.** *(ligefremhed)* plainness; **4.** *(middelmådighed)* mediocrity.
jævning *sb. (en -er)* **1.** *(det at gøre jævn)* levelling; **2.** *(på suppe etc.)* thickening.
jævnlig[1] *adj.* **1.** *(hyppig)* frequent; **2.** *(regelmæssig)* regular.
jævnlig[2], **jævnligt** *adv.* **1.** *(hyppigt)* often, frequently; **2.** *(regelmæssigt)* regularly.
jævnsides *adv.* side by side; *(samtidig)* simultaneously; □ ~ *med* together with, along with.
jævnstrøm *(elek.)* direct current; *(fork.)* DC.
jøde *sb. (en, -r)* Jew; □ *han (, hun) er ~* he (, she) is Jewish; *den evige ~* the Wander-

ing Jew.
jødedom *sb. (en) (rel.)* Judaism.
jødefolk Jewish people.
jødeforfølgelse 1. persecution of the Jews; **2.** *(massakre)* pogrom.
jødehad anti-Semitism.
jødekirsebær *(bot.)* winter cherry.
jødekvarter Jewish quarter; ghetto (pl. -es).
jødeskole Jewish school.
jødinde *sb. (en, -r)* Jewish woman.
jødisk *adj.* Jewish.
jøkel *sb. (en, jøkler)* glacier.
jøsses *interj. (glds.)* O Lord!

K

kabale *sb. (en, -r)* **1.** *(om spillet generelt)* patience; *(am.)* solitaire; *(enkelt)* game of patience (, solitaire);
2. *(intrige)* intrigue, plot;
□ *-n gik op* the game of patience came out; *lægge ~ (, -r)* play patience; *lægge en ~ op* set (*el.* lay) out a game of patience.
kabaret[1] *sb. (en, -er) (varieté)* cabaret.
kabaret[2] *sb. (en, -ter) (mad, omtr.)* hors d'oeuvres pl.
kabaretfad hors d'oeuvre dish.
kabaretforestilling cabaret show.
kabaretkunstner cabaret performer.
kabbalistisk *adj.* cab(b)alistic.
kabbeleje *sb. (en, -r) (bot.)* marsh marigold.
kabel *sb. (et, kabler)* cable; *(elek. også)* lead.
kabelbane funicular railway.
kabelbrønd cable vault.
kabelfabrik cable factory.
kabelfjernsyn, **kabel-tv** cable television.
kabine **1.** *(flyv.)* cabin; **2.** *(bade-)* (changing) cubicle.
kabinepersonale *(flyv.)* cabin crew.
kabinescooter bubble car.
kabinet *sb. (et, -ter)* **1.** *(lille værelse)* cabinet; *(fruens)* boudoir; *(lønkammer)* closet;
2. *(ministerium)* Cabinet;
3. *(til radio & tv)* cabinet.
kabinetssekretær **1.** *(dronningens)* private secretary (to the Queen);
2. *(i Engl., for kabinettet)* Secretary of the Cabinet.
kabinetsspørgsmål *(pol.)* question (*el.* matter) of confidence.
kabliau *sb. (en, -er)* (large) cod.
kabyler *sb. (en, -e)* Kabyle.
kabys *sb. (en, -ser) (sø.)* galley.
kachere *vb. (om bog)* laminate.
kachering *sb. (en, -er)* lamination.
kachotten the lock-up (*fx* put sby in the lock-up); S the slammer.
kadaver *sb. (et, -e)* corpse; S stiff; *(neds. el. spøg.)* carcass (*fx* move your carcass!).
kadaverdisciplin robot-like discipline.
kadence *sb. (en, -r)* cadence.
kadet *sb. (en, -ter)* **1.** *(under uddannelse)* naval cadet; **2.** *(uddannet)* midshipman.
kadetskib training ship (for naval cadets).
kadmium *sb. (et) (kem.)* cadmium.
kadre *sb. (en, -r)* cadre.
kadrejer *sb. (en, -e)* **1.** *(sø.)* bumboatman; **2.** *(båd)* bumboat.
kafé, **kafe** *se café.*
kafeteria *se cafeteria.*
kaffe *sb. (en)* coffee;
□ *brænde ~* roast coffee.
kaffeautomat coffee vending machine.
kaffebar *sb.* small cafeteria.
kaffebord: *efter foredraget er der ~* after the lecture coffee will be served.
kaffebønne coffee bean (*el.* berry).
kaffefilter filter bag.
kaffegrums coffee grounds pl.;
□ *spå i ~* tell the future from coffee grounds.
kaffekande coffee pot.
kaffekolbe (vacuum) coffee maker.
kaffekop coffee cup.
kaffekværn coffee grinder, coffee mill.
kaffemaskine **1.** *(hjemme-)* coffee maker; **2.** *(restaurations-)* coffee machine.
kaffemølle coffee mill.
kaffepose filter bag.
kaffer *sb. (en, -e) (neds.)* Kaffir.
kaffeslabberads coffee party; *(am.)* coffee klatsch.
kaffestel coffee service.
kaffesurrogat coffee substitute.
kaffesøster coffee addict.
kaffetilsætning coffee substitute.
kafkask *adj.* Kafkaesque.
kaftan *sb. (en, -er)* caftan.
kage *sb. (en, -r)* **1.** cake;
2. *(konditor- omtr.)* fancy cake;
3. *(tærte)* tart;
4. *(småkage)* biscuit; *(am.)* cookie;
5. *(skorpe, lag)* cake (*fx* there were cakes of mud on his shoes); crust;
□ *det gik i ~, der gik ~ i det* S it went haywire; *klappe ~ (børnesprog)* pat-a-cake; *(se også bid*[2]*, mele).*
kagedåse cake tin; biscuit tin.
kageform baking tin.
kagegaffel cake fork, pastry fork.
kagekone **1.** *(af kage)* pastry woman; *(honning-)* gingerbread woman;
2. *(skældsord)* old woman; wimp, weed.
kagemand *(af kage)* pastry man; *(honning-)* gingerbread man.
kagerulle rolling pin.
kageske, **kagespade** cake slice, pastry server.
kagespore jagging iron.
kagetallerken tea plate.
kagle *vb.* cackle.
kaglen *sb. (en)* cackling.
kahyt *sb. (en, -ter)* cabin;
□ *anden ~* second class (cabin).
kahytsdreng cabin boy.
kahytsjomfru stewardess.
kahytspassager cabin passenger.
kahytstrappe companion ladder, companion way.
kainsmærke brand of Cain.
kaj *sb. (en, -er)* quay; wharf (pl. wharves, -s);
□ *ved -en (om båd)* at (*el.* alongside) the quay; *stå ved -en* stand on the quay(side).
kajak *sb. (en, -ker)* kayak;
□ *sejle i ~* go canoeing, canoe.
kaje *sb. (en, -r)* (S: *mund)* jaw;
□ *bruge -n* shoot one's mouth off; *en på -n* a sock on the jaw; a knuckle sandwich; *holde ~ se kæft.*
kajeryster *sb. (en, -e) se kaje (en på kajen).*
kajplads mooring space (*el.* accommodation); *(for enkelt skib)* quay berth.
kakadue *(zo.)* cockatoo.
kakao *sb. (en)* cocoa.
kakaobønne cocoa bean.
kakaomælk drinking chocolate.
kakaosmør cocoa butter.
kakerlak *sb. (en, -ker) (zo.)* cockroach.
kaki *sb. (en el. et)* khaki.
kakifarvet *adj. (attr.)* khaki.
kakkel *sb. (en, kakler)* tile.
kakkelbord tile-topped table.
kakkelovn stove; all-night burner;
□ *have ild i -en* have a fire; *lægge i -en* (ɔ: *fyre op)* light the fire; *der er lagt i -en til ham* (T: *fig.)* he'll catch it; he is in for it.
kakkelovnskrog chimney corner.

kakkelovnsrør stovepipe.
kakkelovnssværte stove polish.
kaktus *sb. (en, -ser el. -) (bot.)* cactus (pl. -es, *(fagl.)* cacti).
kalabas *sb. (en, -ser)* calabash.
kalamitet *sb. (en, -er)* calamity.
kalas *sb. (et, -er)* (F *el. spøg.)* jollification; S blowout.
kalcium *sb. (et)* calcium.
kald *sb. (et, -)* **1.** *(indre trang)* call(ing) (*fx* feel a call(ing) to become a nun (, priest)); vocation (*fx* feel a vocation for teaching; have a sense of vocation);
2. *(arbejde som er et ~)* calling, vocation (*fx* nursing is regarded as a vocation);
3. *(præstekald)* living.
kalde *vb.* **1.** call (*fx* I heard someone calling; they called him Shortie);
2. *(udnævne)* nominate;
3. *(lokke, vinke)* beckon (*fx* work beckons; no one could keep a child at school when harvest beckoned);
□ *arbejdet -r* work beckons; *du kommer som (om) du var -t* you are the very man (, woman etc.) we want (*el.* are looking for); *også -t* alias; also (*el.* otherwise) known as *(fork.* aka*)*; *det -r jeg fodbold!* that's what I call football! *han kan ikke just -s effektiv* he can hardly be called (*el.* described as) efficient; *det kan man vel nok ~ effektivitet! (iron.)* there's efficiency for you! *lade en ~* send for sby, call sby in;
[med præp. & adv.] ~ ***bort*** call away; *blive kaldt bort (dø)* pass away; ~ *ham* ***for*** *en idiot* call him a fool;
~ ***frem*** *a) (ɔ: foran de andre)* call forward; *b) (mane frem; ~ frem på en dataskærm)* call up (*fx* memories, spirits; a menu); *c) (om skuespiller) se fremkalde 6*;
~ *en* ***op efter*** call (*el.* name) sby after; *(am.)* name sby for;
~ ***på*** *a)* call (*fx* call the waiter; call me at 7 o'clock); *b) (råbe på)* call for (*fx* the boy called for his mother); *c) (fig.)* bring out; F call forth (*fx* it brought out (, called forth) the best in him);
~ ***sammen*** call together (*fx* call the members together); F convene (*fx* the Security Council) (*fx* the Security Council; a specially convened meeting); summon (*fx* the members); ~ *sammen til et møde* call a meeting; F convene (*el.* summon) a meeting; *han kaldte kollegerne sammen til et møde* he called a meeting of his colleagues; *blive -t* ***til*** *et andet universitet (om professor)* be called to another university; *(se også hjælp, liv, orden, vidne, våben)*; *føle sig -t* ***til at*** feel called upon to;
~ ***tilbage*** *a)* call back; *b) (om produkt, til fabrikken)* call in (*fx* cars); ~ ***under*** *fanerne* call to the colours; ~ ***ved*** *det rette navn se navn.*
kaldelse *sb. (en, -r)* **1.** vocation, calling; **2.** *(udnævnelse)* nomination.
kaldenummer *(tele.)* dialling code.
kaldesignal **1.** call signal; **2.** *(radio)* call sign.
kaldsbrev deed of institution.
kaldsfælle colleague.
kaldskapellan *(omtr.)* curate.
kaleche *sb. (en, -r)* hood; *(am.)* (folding) top;
□ *slå -n ned (, op)* put the hood down (, up).
kalechevogn barouche.
kalejdoskop *sb. (et, -er)* kaleidoscope.
kalejdoskopisk[1] *adj.* kaleidoscopic.
kalejdoskopisk[2] *adv.* kaleidoscopically.
kalender *sb. (en, -e)* **1.** calendar; **2.** *(bog til notering af aftaler etc.)* diary;
□ *rive en dag ud af -en (fig.)* take a day off.
kalenderår calendar year.
kalfatre *vb. (sø.)* caulk.
kalfatrer *sb. (en, -e)* caulker.
kalfatring *sb. (en, -er) (sø.)* caulking.
kali *sb. (et)* potash.
kaliber *sb. (en el. et, kalibre)*
1. *(om skydevåben)* calibre (*fx* heavy calibre guns; the same calibre rifles); bore (*fx* small-bore rifles);
2. *(art)* stamp, calibre (*fx* he was of quite a different calibre from the others); kind (*fx* stories of the same kind).
kalibrere *vb.* calibrate.
kalibrering *sb. (en, -er)* calibration.
kalif *sb. (en, -fer)* caliph.
kalifat *sb. (et, -er)* caliphate.
kalium *sb. (et) (kem.)* potassium.
kalk[1] *sb. (en)* **1.** *(mineral)* chalk (*fx* the chalk cliffs of Dover; there is too much chalk in the water);
2. *(kem.; i knogler; bestanddel af føde)* calcium;
3. *(jordart, fx til jordforbedring)* lime;
4. *(hvidte-)* whitewash;
5. *(pudse-)* plaster;
□ *brændt ~* quicklime; *læsket ~* slaked lime.
kalk[2] *sb. (en, -e)* **1.** *(alter-)* chalice; **2.** *(fig.)* cup (*fx* drink a bitter cup).
kalkbrud *sb. (et, -)* limestone quarry.
kalkbrænder lime burner.
kalkbrænderi lime kiln.
kalke[1] *sb. (en, -r)* **1.** *(kopi)* tracing; **2.** *(til at lægge over fx kort)* overlay;
3. *(sprogv.)* calque.
kalke[2] *vb.* **1.** *(væg)* whitewash; **2.** *(jord)* lime;
□ *en -t grav (bibelsk)* a whited sepulchre; *hvid som en -t væg* as white as chalk (*el.* as a sheet).
kalkere *vb.* trace.
kalkerpapir **1.** *(gennemsigtigt)* tracing paper; **2.** *(karbonpapir)* carbon paper.
kalkholdig *adj.* chalky; *(fagl.)* calcareous.
kalkjord chalky soil; *(fagl.)* calcareous soil.
kalkkost brush for limewashing, limer.
kalkmaleri *(billede)* mural.
kalkovn lime kiln.
kalkpuds *sb. (et)* plaster(ing).
kalkspat calcite, calcspar.
kalksten limestone.
kalkstensbrud limestone quarry.
kalkulation *sb. (en, -er)* calculation.
kalkulationspris estimated price.
kalkulator *sb. (en, -er)* calculator.
kalkule *sb. (en, -r) (overslag)* estimate (of costs); *(beregning)* calculation.
kalkulere *vb.* calculate.
kalkun *sb. (en, -er)* turkey.
kalkunsk *adj.: ~ hane* turkey cock.
kalkvand limewater.
kalla *sb. (en, -er) (bot.)* calla.
kalligraf *sb. (en, -er)* calligrapher.
kalligrafere *vb.* calligraph.
kalligrafi *sb. (en, -er)* calligraphy.
kalligrafisk[1] *adj.* calligraphic.
kalligrafisk[2] *adv.* calligraphically.
kallun *sb. (et, -er)* **1.** *(zo.)* abomasum; **2.** *(mad)* tripe;
□ *vende -et (*T*: kaste op)* puke.
kalmus *sb. (en -(s)er) (bot.)* sweet flag.
kalorie *sb. (en, -r)* calorie;
□ *tomme -r* empty calories.
kaloriebombe *sb.: det er en ~* it is very rich.
kaloriefattig *adj. (præd.)* low in calories (*fx* their food is low in calories); *(attr.)* low-calorie (*fx* drink, soup).
kalorielet *adj. se kaloriefattig.*
kalorieværdi calorific (*el.* calorie) value.
kalorimeter *sb. (et, kalorimetre)*

calorimeter.
kalorius *sb. (en)* **1.** *(fyren)* the beggar; **2.** *(den skyldige)* the culprit; □ *en ordentlig ~ (let glds.)* a thumping big one; *hvad er han for en ~? (let glds.)* what sort of a bloke is he?
kalot *sb. (en, -ter)* skullcap.
kalv *sb. (en, -e)* **1.** calf (pl. calves); *(se også dåkalv)*; **2.** *(kalvekød)* veal.
kalvebov shoulder of veal.
kalvebrissel sweetbread.
kalvebås calf stall.
kalvekastning contagious bovine abortion.
kalvekastningsfeber undulant fever.
kalveknæ *sb.pl.* knock-knees.
kalveknæet *adj.* knock-kneed.
kalvekotelet veal cutlet (, chop); *(jf. kotelet)*.
kalvekrøs *sb. (et, -)* shirt frill.
kalvekød veal.
kalvelever calf's liver.
kalveskind calf(skin).
kalvesteg **1.** *(som er stegt)* roast veal; **2.** *(stykke kød til at stege)* joint of veal.
kalvetunge calf's tongue.
kam *sb. (en, -me)* **1.** comb; **2.** *(på hjelm, bjerg, bølge)* crest; **3.** *(hane-)* comb; **4.** *(på slagtedyr)* loin, back; **5.** *(på nøgle)* bit; **6.** *(væve-)* reed; □ *få ~ til sit hår* meet one's match; *blive rød i -men a) (rødme)* turn red, flush; *b) (blive hidsig)* flare up, get into a temper; T get hot under the collar; *skære alle over én ~* apply the same yardstick to everybody; lump them all together.
kamé, kame *sb. (en, kameer)* cameo.
kamel *sb. (en, -er)* camel; □ *jeg måtte sluge -en (ɔ: finde mig i det, kan gengives)* I had to put up with it; I had to grin and bear it; *han har måttet sluge mange -er (omtr.)* he has had to put up with a lot; *det var en slem ~ at sluge* that took some swallowing; *det var for stor en ~ at sluge* that was too much for him (, them etc.) to swallow.
kamelhår camel('s) hair.
kamelia *sb. (en, -er) (bot.)* camellia.
kameluld camelhair.
kamera *sb. (et, -er)* camera.
kameraføring camera movement.
kamerahold camera crew.
kameramand camera man.
kameravinkel camera angle.
kamfer *sb. (et)* camphor.
kamferdråber *sb.pl.* camphorated spirits.
kamferolie camphorated oil.
kamfertræ *(bot.)* camphor tree.
kamgarn worsted.
kamik *sb. (en, -ker)* **1.** bootee; **2.** *(grønlandsk)* kamik, sealskin boot.
kamille *sb. (en, -r) (bot.)* camomile.
kamillete camomile tea.
kamin *sb. (en, -er)* **1.** fireplace; **2.** *(kakkelovn)* stove.
kamingesims mantelpiece.
kamingitter fender.
kaminhylde mantelpiece.
kaminpassiar fireside chat.
kaminrist fire grate.
kamintæppe hearthrug.
kamme *vb.: ~ over a) (om bølge)* break; *b) (om tandhjul)* slip; *c) (fig.: løbe løbsk)* get out of control; *(om person)* go over the top; *(blive for meget af det gode)* overshoot the mark (*fx* the final sentimental scene overshoots the mark); *~ over i* slide into; *(om forværring)* deteriorate into.
kammer *sb. (et, kamre)* **1.** (small) room; single-bed room; **2.** *(i parlament, skydevåben, hjerte, gravhøj)* chamber; **3.** *(i sluse)* lock.
kammerat *sb. (en, -er)* **1.** friend; T pal; *(am.)* buddy; **2.** *(blandt arbejdere)* mate; **3.** *(i tiltale)* mate; *(mellem kommunister)* comrade; *(se også klassekammerat, legekammerat, skolekammerat, soldaterkammerat, studiekammerat)*; □ *en dårlig ~* a bad sport; *en ordentlig ~ (om ting)* a thumping big one.
kammerateri *sb. (et)* **1.** *(sammenspisthed)* cronyism; **2.** *(overjovialitet)* hail-fellow-well-met attitude, overfamiliarity.
kammeratlig *adj.* **1.** friendly; **2.** *(for jovial)* hail-fellow-well-met, overfamiliar; □ *-t samvær* an informal gathering.
kammeratskab *sb. (et)* good fellowship; □ *vi havde et godt ~* we got on (, worked) well together.
kammeratægteskab companionate marriage.
kammerdug *sb. (en)* cambric; *(tynd)* lawn.
kammerherre *(omtr.)* chamberlain; Lord-in-Waiting; *(bruges ikke som blot titel i Engl. og ikke foransat navnet)*.
kammerjomfru lady's maid.
kammerjæger rat catcher; F rodent exterminator.
kammermusik chamber music.
kammeropera chamber opera.
kammerpige **1.** lady's maid; **2.** *(på hotel etc.)* chambermaid.
kammertjener **1.** valet; **2.** *(habitstativ)* valet stand.
kammertone **1.** concert pitch; **2.** *(spøg.)* the right tone; □ *må vi så bede om -n!* keep the party clean!
kamp *sb. (en, -e)* **1.** *(også fig.)* fight (*mod* against; *for* for, *fx* against drug abuse; for freedom); *(hård, langvarig)* struggle (*mod* against; *for* for, *fx* against poverty; for freedom, for power, for survival); *(fig. også)* battle (*fx* the battle for promotion (, first place); the daily battle (*el.* struggle) to make ends meet); **2.** *(det at kæmpe, også mil.)* fighting (*fx* there was fighting in the streets); *(mil. også)* action (*fx* clear the decks for action; killed in action; they never saw any action); combat (*fx* armed combat; get into combat); **3.** *(enkelt ~, mil.)* action; *(mindre: træfning)* engagement; *(større: slag)* battle; **4.** *(sports-)* match (*fx* a football (, tennis) match); *(især privat)* game (*fx* let's have a game of football); □ *-e (mil.)* fighting (*fx* fighting continued); *føre en håbløs ~* fight a losing battle; *hårde -e (mil.)* heavy fighting; *indre ~* inward struggle; *tabe -en a) (i sport)* lose the match; *b) (i krig)* lose the battle; *tage -en op* give battle (*fx* they stopped in their flight and gave battle); show fight; *tage -en op med dem* make a stand against them; *[med præp.] -en* ***for*** *tilværelsen* the struggle for life (*el.* existence); *det var alles ~* ***mod*** *alle* it was a free-for-all; *~* ***på*** *liv og død* life-and-death struggle; *overgive sig* ***uden*** *~* surrender without a fight (, without fighting, without offering resistance).
kampagne *sb. (en, -r)* drive (*fx* a drive to increase efficiency; a drive against crime; an anti-smoking drive; a membership drive); *(mere* F*)* campaign (*fx* a campaign against smoking; an election campaign); *(mere højtideligt)* crusade (*fx* a crusade against crime); □ *føre en ~* carry on (*el.* conduct) a drive (, a campaign), conduct a

crusade; *indlede en ~* launch a drive (etc.).
kampagneleder campaign(s) manager; *(politisk også)* campaigns director.
kampberedskab *(mil.)* combat readiness.
kampberedt *adj. (præd.)* prepared to fight; *(fig. også)* up in arms.
kampdommer 1. *(mil.)* umpire; **2.** *(i sport) se dommer.*
kampesten granite boulder.
kampfly *(mil.)* combat aircraft (pl. -); fighter.
kampflyver 1. = *kampfly*; **2.** *(pilot)* fighter pilot.
kampfond fighting fund.
kampglæde *se kamplyst.*
kampgruppe *(mil.)* task force.
kamphane 1. game cock, fighting cock; **2.** *(fig.)* hotspur.
kamphelikopter helicopter gunship.
kamphund fighting dog.
kampklar *adj.* **1.** ready for action *(præd.)*; **2.** *(mil.)* operational; *(se også kampberedt).*
kampleder 1. *(i amatørboksning)* judge; **2.** *(i professionel boksning & i brydning)* referee.
kamplyst *sb. (en)* fighting spirit, love of fighting; fight (*fx* they still have a lot of fight left in them; it took all the fight out of them).
kamplysten *adj. (præd.)* eager to fight; *(se også stridbar).*
kampopstilling *(mil.)* combat organization.
kamppatrulje *(mil.)* combat patrol.
kampplads 1. battlefield; **2.** *(arena)* arena.
kampråb war cry, battle cry.
kampsport *(generelt)* martial arts pl.; *en ~* a martial art.
kampstyrke *(mil.)* command.
kampstøtte *(mil.)* combat support.
kamptropper *sb.pl.* combat troops.
kampudstyr *(politiets)* riot gear.
kampvalg contested election;
□ *der var ~ i 6 kredse* 6 seats were contested.
kampvilje readiness to fight, fighting spirit.
kampvogn *(mil.)* tank.
kampzone *(mil.)* combat zone.
kamuflage *se camouflage.*
kamuflere *vb. se camouflere.*
kamæleon *sb. (en, -er) (zo.)* chameleon.
kan *præs. af kunne.*
kanal *sb. (en, -er)* **1.** *(gravet)* canal (*fx* the canals of Venice; an irrigation canal);
2. *(naturlig, & rør fx til varme)* channel;
3. *(tv-, radio-)* channel (*fx* change the channel; switch channels);
4. *(fig.) se ndf.: -er*;
5. *(kloak etc.)* drain, sewer;
6. *(røg-)* flue;
□ ***-en*** *(mellem Engl. og Frankrig)* the Channel;
-er *(ɔ: vej for meddelelser)* channels (*fx* diplomatic (, official) channels; through the usual channels).
kanaldyne ribbed eiderdown.
kanalisere *vb.* channel (*gennem* through); F canalize (*over i* into).
kanalje *sb. (en, -r) (glds. el. spøg.)* rascal.
kanalvælger *(tv)* channel selector.
kanapé, kanape *sb. (en, kanapeer) (møbel; mad)* canapé.
kanariefrø *sb. (et, -)* canary seed.
kanariefugl *(zo.)* canary (bird).
kanariegul *adj.* canary yellow.
kanarisk *adj.: De -e Øer (geogr.)* the Canary Islands.
kancelli *sb. (et, -er)* chancellery.
kancellistil *(svarer til)* Civil Service style; *(neds.)* officialese.
kande *sb. (en, -r)* **1.** jug (*fx* cream (, milk, water, ice) jug); *(am.)* pitcher;
2. *(kaffe- , te- etc.)* pot;
3. *(stor keramik-, fx arkæol.)* pitcher;
4. *(servante-)* ewer.
kandelaber *sb. (en, -re)* candelabrum (pl. candelabra); candelabra (pl. -s).
kandestøber *sb. (en, -e)* **1.** pewterer; **2.** *(politisk ~)* armchair politician.
kandestøberi *(fig.)* armchair politics.
kandidat *sb. (en, -er)* **1.** candidate (*til* for, *fx* for the presidency; for a post);
2. *(eksamens-)* candidate; *(som har bestået eksamen)* graduate;
3. *(på hospital)* house physician (, surgeon), houseman; *(am.)* intern;
□ *juridisk (, teologisk) ~* graduate in law (, in divinity).
kandidatstipendiat *(omtr.)* research fellow.
kandidatstipendium *(omtr.)* research fellowship.
kandidatur *sb. (en, -er)* candidature; *(også am.)* candidacy.
kandis *sb. (en)* sugar candy.
kandisere *vb.* candy (*fx* candied fruit).
kane *sb. (en, -r)* sleigh;
□ *gå i -en* (S: *i seng)* hit the sack; *få hende i -n* S get her in the sack.
kanebjælde sleigh bell.
kaneføre sleighing (*fx* it is bad sleighing).
kanehest sleigh horse.
kanel *sb. (en el. et)* cinnamon;
□ *en stang ~* a stick of cinnamon; *stødt ~* powdered cinnamon.
kanelbrun *adj.* cinnamon(-coloured).
kanin *sb. (en, -er)* rabbit.
kaninbur rabbit hutch.
kannelere *vb.* channel, flute.
kannelure *sb. (en, -r) (arkit.)* fluting.
kannevas *sb. (et)* canvas.
kannibal *sb. (en, -er)* cannibal.
kannibalisme *sb. (en)* cannibalism.
kannik *sb. (en, -ker)* canon.
kano *sb. (en, -er)* canoe;
□ *sejle i ~* go canoeing, canoe.
kanon[1] *sb. (en, -er)* **1.** *(regel etc.)* canon; **2.** *(kædesang)* round.
kanon[2] *sb. (en, -er)* **1.** *(mil.)* gun;
2. *(glds. & flyv.)* cannon;
□ *som skudt ud af en ~* like a shot; as if shot (*el.* propelled) from a gun; *en stor ~ (fig.)* a big noise; *de store -er (fig.* T*)* the high-ups; the top brass; *(se også gråspurv).*
kanonade *sb. (en, -r)* cannonade.
kanonbåd gunboat.
kanonbådsdiplomati gunboat diplomacy.
kanoner *sb. (en, -er)* gunner.
kanonfotograf street photographer.
kanonfuld *adj.* dead (*el.* blind) drunk.
kanonføde cannon fodder.
kanonisere *vb.* canonize.
kanonisering *sb. (en, -er)* canonization.
kanonisk *adj.* canonical.
kanonkugle cannon ball.
kanonlavet *sb. (mil.)* gun carriage.
kanonport *(sø.)* gun port.
kanonskud gunshot.
kanonslag banger; *(fagl.)* maroon.
kanontorden thunder of guns.
kanontårn turret.
kanske *adv.* perhaps, maybe.
kansler *sb. (en, -e)* chancellor.
kant *sb. (en, -er)* **1.** *(yderste ~)* edge (*fx* of the table, of the forest (, wood), of the abyss; trim the edges of the lawn; sit on the edge of a chair);
2. *(stykke langs kanten, bræmme)* border (*fx* of the rug, of the forest (, wood), of the lawn; socks with a blue border); *(i håndarbejde)* edging (*fx* a handkerchief with a blue (, a lace) edging; a gold edging on a robe); *(se også vejkant)*;
3. *(af noget rundt)* rim (*fx* of a cup, of a plate, of her glasses *(briller)*);
4. *(på stof)* selvage;

5. *(smalside)* edge (*fx* the edge of a board);
6. *(egn)* part of the country (*fx* in another part of the country);
□ *der må være en ~ (fig.)* you must draw the line somewhere; *have (skarpe) -er (fig. om person)* be abrasive; *få -erne slebet af (fig.)* have one's corners knocked off; *høj ~ (på skilt)* ramp;
[med præp.] ***fra*** *alle -er* from every quarter; *fra den ~ (fig.: fra ham)* from that quarter; *blæser vinden fra den ~? se vind*[1]; *ikke helt fin* ***i*** *-en* (T: *om person)* a bit dodgy; ***på*** *disse -er* around here; F in these parts; *på de -er* around there; F in those parts; *det var lige på -en (ɔ: til det uanstændige)* it was near the bone (*el.* knuckle); ***på*** *-en* ***af*** *loven* at the edge of the law; *komme* ***på*** *~* ***med*** *a) (blive uvenner med)* fall out with; *b) (komme i strid med)* get at loggerheads (*el.* odds) with; *komme på ~ med loven* fall foul of the law; *være på ~ med* be at odds with.
kantarel *sb. (en, -ler) (bot.)* chanterelle.
kantate *sb. (en, -r)* cantata.
kante *vb. (sætte kant på; omgive)* border, edge (*med* with);
□ *~ sig a) (med besvær)* edge (*fx* through the door; round the table); *b) (genert, kejtet; liste)* sidle (*fx* through the door; out of the room); *~ sig ind* get in edgeways.
kantebånd edging; *(pynte-)* braid; *(skråbånd)* bias strip.
kantet *adj.* **1.** *(med kanter)* angular; **2.** *(med kant)* edged (*med* with); **3.** *(fig.: kejtet)* awkward.
kantine *sb. (en, -r)* canteen; *(finere)* staff restaurant.
kantklipper *(til græs)* border shears, edging shears pl.
kanton *sb. (en, -er)* canton.
kantonnement *sb. (et, -er)* cantonment;
□ *ligge i ~* be billeted.
kantor *sb. (en, -er)* **1.** cantor; **2.** *(i domkirke)* precentor.
kantsten **1.** kerb; *(am.)* curb;
2. *(den enkelte sten)* kerbstone; *(am.)* curbstone.
kantstensparkering kerbside parking.
kanttrådsdæk wired-on tyre.
kanut *sb. (en, -ter)* chap, bloke.
kanvas *sb. (en el. et) (stof)* canvas;
□ *-sen (ɔ: i boksning)* the canvas.
kanyle *sb. (en, -r)* **1.** *(i sprøjte)* (hypodermic) needle; **2.** *(til dræn)* cannula.
kanøfle *se karnøfle.*
kaolin *sb. (en el. et)* kaolin.
kaos *sb. (et)* chaos;
□ *der herskede et vildt ~* there was total chaos; *skabe ~ i noget* throw sth into chaos, disrupt sth.
kaotisk[1] *adj.* chaotic.
kaotisk[2] *adv.* chaotically.
kap[1] *sb. (et) (forbjerg)* cape;
□ *Kap det gode Håb* the Cape (of Good Hope); *Kap Farvel* Cape Farewell; *Kap Horn* Cape Horn; *rundt Kap Horn* round the horn.
kap[2] *sb.: om ~* in competition; *løbe (, køre) om ~* race; *løbe (, køre, svømme) om ~ med en* race sby (*fx* race you across the lake!); *de gravede om ~* they had a digging match.
kapabel *adj.* capable (*til* of).
kapacitet *sb. (en, -er)* **1.** capacity;
2. *(fabriks etc.)* productive capacity;
□ *han er en ~* he is a first-rate man (, scientist, linguist etc.); *han er en ~ på sit felt* he is an authority (*el.* one of the leading authorities) within his field.
kapel *sb. (et, -ler)* **1.** *(kirke)* chapel;
2. *(ligkapel, fx på hospital)* mortuary; *(på kirkegård)* chapel of rest;
3. *(orkester)* orchestra.
kapellan *sb. (en, -er)* curate;
□ *residerende ~* perpetual curate.
kapelmester *(mus.)* conductor.
kaper *sb. (en, -e) (sø.)* privateer.
kaperbrev letter(s) of marque.
kapere *vb.* grasp, understand.
kapers *sb.pl.* capers.
kaperssovs caper sauce.
kapervogn *(glds.)* hackney carriage.
kapgang **1.** race walking; **2.** *(enkelt konkurrence)* walking race.
kapital[1] *sb. (en, -er)* **1.** capital (*fx* they need a lot of capital; a capital of £50,000); **2.** *(hovedstol)* principal, capital;
□ *-en (som begreb)* capital (*fx* the means of production are in the hands of capital).
kapital[2] *adj. (let glds.)* paramount (*fx* of paramount importance);
□ *en ~ dumhed* a colossal blunder.
kapitalanbringelse investment.
kapitalbrøler colossal blunder.
kapitalflugt flight of capital, capital flight.
kapitalforsikring capital insurance.
kapitalindskud capital contribution, capital investment.
kapitalisere *vb.* capitalize.
kapitalisme *sb. (en)* capitalism.
kapitalist *sb. (en, -er)* capitalist.
kapitalistisk *adj. (attr.)* capitalist; *(især præd.)* capitalistic.
kapitalmarked capital market.
kapitalpension capital pension.
kapitalstærk *adj.* financially strong, substantial; *(efter sb.)* with a large capital.
kapitaltilførsel injection (*el.* infusion) of capital.
kapitalvindingsskat capital gains tax.
kapitel *sb. (et, kapitler)* chapter;
□ *i det ~ (fig., let glds.)* in that respect; *det er et afsluttet ~ (fig.)* that is a closed chapter; that is a thing of the past; *det er et ~ for sig* that is another story.
kapitulation *sb. (en, -er)* surrender (*fx* unconditional surrender); F capitulation.
kapitulere *vb.* surrender; F capitulate.
kapitæl *sb. (en, -er) (arkit.)* capital.
kapitælbånd *(arkit.)* headband.
kapløb race (*om* for; *med* against, *fx* it was a race against death);
□ *et ~ med tiden* a race against time (*el.* the clock).
kapok *sb. (en)* kapok.
kappe[1] *sb. (en, -r)* **1.** *(overtøj)* cloak; **2.** *(mil.)* (great)coat;
3. *(dommers, advokats, akademisk etc.)* gown;
4. *(hovedbeklædning)* cap;
5. *(gardin-)* valance; *(stilkappe)* pelmet;
6. *(sko-)* counter;
□ *bære -n på begge skuldre* run with the hare and hunt with the hounds; *tage noget på sin ~* take responsibility for sth; take sth on one's own shoulders; *det tager jeg på min ~ (ɔ: om betaling)* that is on me.
kappe[2] *vb.* **1.** *(sø.)* cut, cut away (*fx* the mast);
2. *(i gartneri: et træ)* lop (*fx* a tree, a branch); *(styne)* pollard; *(løgplante)* head;
□ *~ ankeret* cut the cable; *~ bådens fortøjninger* cut the boat adrift; *~ hovedet af ham* chop off his head.
kappelyst competitive spirit;
F spirit of emulation.
kappes *vb.* compete (*med* with; *om* for); vie (*med* with; *om* for).
kappestrid competition; *(se også ædel).*
kapre *vb.* **1.** *(hugge)* grab (*fx* he grabbed the best seat);
2. *(få fat i)* land (*fx* a big contract, a good job);
3. *(en person: til at hjælpe etc.)* rope in (*fx* I was roped in to help with the preparations; he has roped in a new member for the

association);
4. *(bortføre)* hijack (*fx* a plane).
kaprice *sb. (en, -r)* caprice; *(mere T)* whim.
kapriciøs *adj.* capricious.
kaprifolie, kaprifolium *sb. (en, kaprifolier) (bot.)* honeysuckle.
kapriol *sb. (en, -er)* caper;
□ *gøre -er* cut capers.
kaproning boat race.
kaproningsbåd racing boat.
kaprustning armaments race, arms race.
kapsejlads yacht race; regatta; sailing-boat race.
kapsel *sb. (en, kapsler)* **1.** *(flaske-)* (bottle) top; *(øl- også)* crown cork; **2.** *(rum-, led-, frø-)* capsule; **3.** *(ur-)* case.
kapselåbner bottle opener.
kapsko clog.
kapskydning shooting match.
Kapstaden *(geogr.)* Cape Town.
kapstan *sb. (en, -er)* capstan.
kapsvømning swimming match (*el.* race).
kapsøm *sb. (en, -me)* felled seam.
kaptajn *sb. (en, -er)* **1.** captain (*på* of); **2.** *(mil.)* captain; **3.** *(i flåden)* commander.
kaptajnløjtnant 1. *(kan gengives)* senior lieutenant; **2.** *(i flåden)* lieutenant-commander.
kapuciner *sb. (en, -e) (rel.)* Capuchin (friar).
kapun *sb. (en, -er)* capon.
kaput *adj.* done for.
kar *sb. (et, -)* **1.** *(beholder)* vessel; *(stort)* vat; **2.** *(zo., bot.)* vessel;
□ *et skrøbeligt ~ (fig.)* a weak vessel; *(se også brodden).*
karabin *sb. (en, -er)* carbine.
karabinhage snaphook.
karaffel *sb. (en, karafler)* carafe; *(med prop)* decanter.
karakter *sb. (en, -er)* **1.** character (*fx* the whole character of the place; the meeting took on the character of a farce; a flaw in his character);
2. *(i skole)* mark (*fx* he always gets good marks; give yourself the mark you think you deserve); *(am.)* grade;
(om trin el. hovedkarakter) grade (*fx* the grades are A, B, C, D, E, awarded on the aggregate of marks gained in the five compulsory papers; D and E are failing grades);
3. *(tegn)* character;
□ *have (el. være) en fast (, svag) ~* have a strong (, weak) character; *have ~ af* be in the nature of (*fx* the demand was in the nature of an ultimatum).
karakterbog mark book, grade book; *(svarer til)* school report; *(am.)* report (*el.* grade) card (*fx (fig.)* a bad report card for the administration).
karakterbrist defect of character, character flaw;
□ *det er en ~ hos ham* it is a flaw in his character.
karakterdannende *adj.* character-building (*fx* education).
karakteregenskab characteristic, character trait, quality.
karakterfast *adj.* firm, strong.
karakterfasthed firmness of character.
karakterfuld *adj.* characterful.
karaktergivning *sb. (en, -er)* marking, grading.
karakterisere *vb.* characterize.
karakteristik *sb. (en, -ker)* **1.** *(det at karakterisere)* characterization; **2.** *(skildring af en persons karakter)* characterization; character sketch;
3. *(mat.)* characteristic.
karakteristisk[1] *adj.* **1.** *(særpræget)* distinctive (*fx* he has a distinctive face (, voice, walk)); *(stærkere)* striking;
2. *(typisk for en, noget)* characteristic (*for* of, *fx* it is characteristic of her; with his characteristic smile).
karakteristisk[2] *adv. (jf. karakteristisk*[1]*)* **1.** distinctively; strikingly; **2.** characteristically.
karakterjæger *(i skole)* mark grubber; swot.
karakterkomedie comedy of character.
karakterløs *adj.* **1.** *(uden særligt præg)* characterless, featureless (*fx* room, house);
2. *(om person: svag)* spineless.
karakterrolle character part.
karakterrytter = *karakterjæger.*
karakterræs mark grubbing; scramble for higher marks.
karakterskala grading scale;
□ *en femtrins ~* a five-point scale.
karakterskuespiller character actor.
karakterstyrke strength of character.
karaktersvaghed weakness of character.
karaktertegning 1. character sketch; **2.** *(handlingen)* delineation of character.
karaktertræk *sb. (et, -)* character trait; *(se også karakteregenskab).*
karambolage *sb. (en, -r) (i billard)* cannon; *(am.)* carom;
□ *komme i ~ med (fig.)* collide with; fall foul of.
karambole *sb. (en)* carom billiards sg.
karambolere *vb. (i billard)* cannon; *(am.)* carom;
□ *~ med (fig.)* collide with; fall foul of.
karamel *sb. (en, -ler)* **1.** *(masse)* caramel; **2.** *(enkelt)* caramel; *(blød)* toffee.
karantæne *sb. (en, -r)* **1.** *(med.)* quarantine (*fx* put a village under quarantine); **2.** *(i sport)* ban;
□ *få tre måneders ~ (cf. 2)* be banned for three months; *holde i ~ (cf. 1)* keep in quarantine; *sætte i ~ (cf. 1)* put in quarantine, quarantine.
karantæneflag quarantine flag.
karantænelæge Port Medical Officer.
karantænepas pratique.
karantænestation quarantine station.
karat *sb. (en, -)* carat;
□ *18 -s guld* eighteen-carat gold; *af højeste ~ (fig.)* of the first water.
karate *sb. (en)* karate.
karateslag karate chop.
karavane *sb. (en, -r)* caravan.
karavanevej caravan route.
karbad bath.
karbid *sb. (en)* carbide.
karbolsyre carbolic acid.
karbolvand solution of carbolic acid.
karbonade *sb. (en, -r) (svarer til)* rissole.
karbonadestykke back.
karbonat *sb. (et, -er)* carbonate.
karbonpapir carbon paper.
karborundum *sb. (et)* silicon carbide, carborundum.
karburator *sb. (en, -er)* carburetter, carburettor; *(am.)* carburetor.
kardanaksel propeller shaft.
kardanled universal joint.
kardansk *adj.: ~ ophængning* cardanic (*el.* cardan) suspension; *~ ophængt* mounted on (*el.* hung in) gimbals.
karde *sb. (en, -r) & vb.* card.
kardemomme *sb. (en)* cardamom.
kardinal *sb. (en, -er)* cardinal.
kardinaldyd cardinal virtue.
kardinalpunkt *(kernepunkt)* crucial point.
kardinaltal cardinal number (*el.* numeral), cardinal.
karduspapir brown paper, wrapping paper.
kardæsk *sb. (en, -er)* **1.** *(børste)* (horse) brush; **2.** *(projektil)* grapeshot;
□ *skyde med -er* fire grapeshot.
karensdag [one day's waiting period].

karensforsikring deferred benefit policy.
karenstid waiting period, deferred period.
karessere *vb.* fondle, caress.
karet *sb. (en, -er)* coach;
□ *være vild på -en a) (forkert orienteret)* be barking up the wrong tree; *b) (forstyrret)* be off one's head.
karetmager *sb. (en, -e)* coach builder.
karikatur *sb. (en, -er)* **1.** caricature (*af* of); **2.** *(fig.)* caricature (*af* of); parody (*af* of).
karikaturtegner caricaturist, cartoonist.
karikere *vb.* caricature.
karisma *sb. (en, -er)* charisma.
karismatisk *adj.* charismatic.
karklud 1. dishcloth; **2.** *(fig.)* wimp, weed;
□ *han er en ~ (også)* he has no guts.
Karl *(hist.)* Charles;
□ *~ Smart* S smart aleck; *(vulg.)* smartarse; *(am.)* smartass; *~ den Store (hist.)* Charlemagne.
karl *sb. (en, -e)* **1.** *(på landet)* farmhand;
2. *(stald-)* groom; *(i kro)* ostler;
3. *(fyr)* chap, bloke; *(am.)* guy;
□ *en fandens (el. farlig el. (aller)helvedes el. pokkers) ~* a hell of a chap; *han tror han er en fandens ~* S he thinks he's the bee's knees; *han er ~ for sin hat (let glds.)* he can hold his own.
karlekammer farmhands' room.
karlekammervittigheder *sb.pl.* barnyard humour.
Karlsvognen *(astr.)* the Great Bear; *(am.)* the (Big) Dipper.
karm *sb. (en, -e) (vindues-)* window frame; *(nederste del deraf)* windowsill; *(se også brøndkarm, dørkarm, lugekarm).*
karma *sb. (en) (rel.)* karma.
karmin *sb. (en),* **karminrød** *adj.* carmine.
karmoisin *sb. (et),* **karmoisinrød** *adj.* crimson.
karnap *sb. (en, -per)* bay.
karnapvindue bay (*el.* bow) window.
karneol *sb. (en, -er) (smykkesten)* carnelian, cornelian.
karneval *sb. (et, -ler)* **1.** *(stor offentlig fest)* carnival; **2.** *(privat fest)* fancy-dress ball.
karnevalsdragt fancy dress.
karnevalsgarderobe *(firma)* theatrical costumier.
karnis *sb. (en, -ser)* cornice; moulding.
karnøfle *vb.: ~ en* give sby what-for.
karosse = *karrosse.*
karosseri = *karrosseri.*
karotte *sb. (en, -r) (bot.)* carrot.
Karpaterne *sb.pl. (geogr.)* the Carpathians.
karpe *sb. (en, -r) (zo.)* carp.
karre[1] *sb. (en, -r)* cart.
karre[2], **karré** *sb. (en, karreer)* **1.** *(hus-)* block; **2.** *(mil.)* square.
karriere *sb. (en, -r)* **1.** *(persons løbebane)* career (*fx* she had a brilliant career); **2.** *(om hest)* run;
□ *gøre ~ (jf. 1)* make a career for oneself; *i strakt ~ (jf. 2)* at a run; at a gallop.
karrierediplomat career diplomat.
karrierejag careerism.
karrierejæger, karrieremager *sb. (en, -e)* careerist.
karrieresoldat career soldier.
karrig *adj.: ~ med* sparing of.
karrosse *sb. (en, -r)* coach.
karrosseri *sb. (et, -er)* body, bodywork.
karrosseriværksted body shop.
karrusel *sb. (en, -ler)* roundabout, merry-go-round; *(am.)* (fairground) carousel;
□ *køre i ~* ride on a roundabout (etc.).
karry *sb. (en)* curry powder;
□ *kalvekød i ~* curried veal.
karse *sb. (en) (bot.)* cress.
karsehår crew cut.
karseklippet *adj.* crew-cut.
karsk *adj.* sound, healthy; *(se også bælg).*
karte *sb. (en, -r) & vb.* card.
kartebolle *(bot.)* teasel.
kartel *sb. (et, -ler)* cartel.
kartoffel *sb. (en, kartofler)* potato (pl. -es);
□ *en heldig ~* a lucky devil; *tale som om man har kartofler i munden (ɔ: affekteret)* have a plum (*el.* marbles) in one's mouth; *sætte (el. lægge) kartofler* plant potatoes; *tage kartofler op* lift (*el.* dig up) potatoes; *(se også fransk, hyppe, varm).*
kartoffelmel potato flour.
kartoffelmos mashed potatoes; T mash.
kartoffelnæse T bottle nose.
kartoffeloptager potato lifter; *(roterende)* potato spinner.
kartoffelskræl potato peel; *-ler* potato peelings; *en ~* a piece of potato peel.
kartoffeltryk potato print.
kartoffeltud = *kartoffelnæse.*
kartograf *sb. (en, -er)* cartographer.
kartografi *sb. (en)* cartography.
kartografisk[1] *adj.* cartographic(al).
kartografisk[2] *adv.* cartographically.
karton *sb. (en el. et, -er)* **1.** *(materiale)* cardboard; *(tykkere)* pasteboard, paperboard;
2. *(beholder)* carton (*fx* a carton of cigarettes (, of milk)); *(æske)* cardboard box.
kartonneret *adj. (præd.)* in paper boards.
kartotek *sb. (et, -er)* card index.
kartotekskort index card.
kartoteksskab filing cabinet.
kartoteksskuffe card-index tray.
kartoteksæske file box.
kartouche *sb. (en, -r) (i kunst)* cartouche.
karusse *sb. (en, -r) (zo.)* crucian (carp).
kasakher *sb. (en, -er),* **kasakhisk** *adj. & sb. (et)* Kazak(h).
Kasakhstan *(geogr.)* Kazak(h)stan.
kasein *sb. (et)* casein.
kasemat *sb. (en, -ter) (mil.)* casemate.
kaserne *sb. (en, -r)* **1.** *(mil.)* barracks (pl. -) (*fx* the barracks were (*el.* was) attacked; a military barracks; they are building barracks all over the country);
2. *(grimt hus)* barracks (*fx* their house was a big ugly barracks of a place); *(se også lejekaserne)*;
□ *på -n (jf. 1)* in the barracks.
kaserneliv barrack life.
kasernere *vb.* barrack;
□ *være -t* live in barracks.
kashmir *sb. (et) (stof)* cashmere.
kasino *sb. (et, -er)* casino.
kaskade *sb. (en, -r)* cascade.
kaskadør *sb. (en, -er) (i cirkus)* tumbler.
kaskelot *sb. (en, -ter) (zo.)* sperm whale.
kasket *sb. (en, -ter)* **1.** *(~ med skygge)* peaked cap;
2. *(fig. om funktion)* hat (*fx* wear two hats);
□ *med en anden ~ på (cf. 2)* wearing a different hat.
kasko *sb. (en)* hull.
kaskoforsikring 1. *(om bil)* insurance covering loss of or damage to the car; **2.** *(sø.)* hull insurance.
kaspisk *adj. (geogr.): Det -e Hav* the Caspian Sea.
kassabel *adj.* useless, worthless.
kassation *sb. (en, -er) (jf. kassere)*
1. *(af noget ikke (længere) brugeligt)* scrapping; F discarding;
2. *(af noget uantageligt)* rejection;
3. *(på session)* rejection;
4. *(af dom)* reversal; *(i straffesag)* quashing (*fx* of a conviction);
5. *(af valg)* invalidation;
6. *(af kød)* condemnation.
kasse *sb. (en, -r)* **1.** *(af træ, pap,*

metal, ofte med låg) box (*fx* a box full of books (, old clothes); a box of cigars; a cash box);
(større, åben, af træ; også til vin etc. = 12 flasker) case (*fx* a case of ammunition; a packing case; a case of whisky (, sherry));
(stor; kiste) chest (*fx* a tea chest); *(tremme-)* crate (*fx* of apples, of beer);
2. *(neds. om hus)* barn;
3. *(i forretning, restaurant)* cash desk; *(i supermarked)* check-out; check-out desk (*el.* counter);
4. *(i bank)* till (*fx* please use the next till);
5. *(kassererkontor)* cashier's office;
□ *-n (ɔ: tv)* the box; *-n er tom (ɔ: der er ikke flere penge)* there is nothing in the kitty; we (, they etc.) are out of funds; *gøre -n op* balance the cash;
[med præp.] tage ***af*** *-n (ɔ: stjæle)* have one's fingers in the till; ***i*** *-n a) (ɔ: ordnet, hjemme)* in the bag (*fx* another success is in the bag); *b) (om film)* in the can; *være* ***pr.*** ~ be in funds; *få en* ***på*** *-n (ɔ: som straf, især om barn)* get a box on the ear; *give (el. stikke) ham et par på -n a) (om barn)* box his ears; *b) (give ham tæsk)* give him a good hiding; *sidde på -n (fig.: bestemme over pengene)* hold the purse strings.

kasseapparat cash register, till.
kassebedrøver *sb. (en, -e)* T embezzler.
kassebeholdning cash in hand; cash balance;
□ *han løb med hele -en* he ran away with the till.
kassebog cash book.
kassebon sales ticket, receipt.
kassedame 1. cashier; **2.** *(i supermarked)* check-out assistant (*el.* cashier).
kasseeftersyn cash check (*el.* audit).
kassejournal cash book.
kassekredit overdraft facility.
kassemangel deficiency.
kasseoverskud surplus.
kassere *vb.* **1.** *(som ikke (længere) brugelig)* scrap (*fx* a machine; a plan); F discard (*fx* rotten fruit, old letters; a theory, most of the suggestions, the present system);
2. *(som uantagelig, afvise)* reject (*fx* a suggestion, a plan; imperfect articles, the cups with cracks in them);
3. *(ved session)* reject;
4. *(om dom)* reverse; *(i straffesag)* quash;
5. *(om valg)* invalidate;
6. *(om kød)* condemn (as unfit for consumption).
kasserer *sb. (en, -e)* **1.** *(i forretning)* cashier;
2. *(i bank: overordnet)* (head) cashier; first (*el.* chief) teller; *(som ekspederer)* bank clerk, counter cashier, teller;
3. *(i forening)* (honorary) treasurer.
kassererkontor cashier's office.
kasserolle *sb. (en, -r)* saucepan.
kasserollefrisure soup-bowl haircut.
kassestrimmel paper tape.
kassestykke *(teat.)* box-office play, draw.
kassesucces box-office success.
kassesvig 1. embezzlement; **2.** *(om offentlige penge)* peculation;
□ *begå ~ a)* embezzle; *b)* peculate.
kasseterminal point-of-sale terminal.
kassette *sb. (en, -r)* **1.** *(til båndoptager)* cassette;
2. *(foto.)* cartridge, cassette;
3. *(til bog)* slip case;
4. *(arkit.)* coffer.
kassettebånd cassette tape.
kassettebåndoptager cassette (tape) recorder.
kasseunderskud deficit.
kassevogn box van.
kast *sb. (et, -)* throw;
□ *give sig i ~ med* tackle; *gøre et ~ med hovedet* give a toss of the head.
kastagnet *sb. (en, -ter) (mus.)* castanet.
kastanie, kastanje *sb. (en, -r) (bot.)* chestnut;
□ *ægte ~* sweet (*el.* edible) chestnut; *rage -rne ud af ilden for en* pull the chestnuts out of the fire for sby.
kastaniebrun *adj.* chestnut.
kaste[1] *sb. (en, -r) (samfundsklasse)* caste.
kaste[2] *vb.* **1.** throw; T chuck, heave; *(fig. el.* F*)* cast (*fx* a glance at sth; the first stone; he was cast into prison); *(se også smide, kyle, slynge[2]);*
2. *(nedkaste fra fly)* drop (*fx* bombs);
3. *(i kricket)* bowl; *(i baseball)* pitch;
4. *(løv, frugter)* shed;
5. *(om dyr: føde)* throw; *(for tidligt)* cast;
6. *(sy)* overcast;
□ *~ en bombe a)* throw a bomb; *b) (om fly)* drop a bomb; *~ masken* throw off the mask; *~ perler for svin* cast pearls before swine; *(se også anker[1], blik[1], lod[2], skygge[1], sne[1], terning);*
[med præp., adv.] ~ ***af*** *a)* throw off (*fx* a yoke); *b) (i kortspil)* discard; *~ broen af* demolish the bridge; *~ rytteren af* throw the rider; *~* ***af sig*** *a) (sengeklæder)* throw off; *b) (indbringe)* yield, bring in; ~ ***bort*** throw away; *~ sten* ***efter*** *a)* throw stones at; *b) (efter bortløbende)* throw stones after; ~ ***i*** *fængsel* throw into prison; ~ ***med*** *sten (, flasker)* throw stones (, bottles); *(se også glashus);* ~ ***ned*** *a)* throw down; *b) (fra fly)* drop (*fx* supplies); *~ noget* ***ned med*** *faldskærm* drop sth by parachute; ~ ***op*** *a) (uden objekt)* vomit; T be sick (*fx* I'm going to be sick; the dog is being sick; the dog has been sick on the carpet); *(mere* T*)* throw up; *b) (med objekt)* vomit (*fx* blood); bring (, throw) up (*fx* she brought (, threw) up her dinner); *han -de bilen* ***rundt*** he slewed round; *han -de bilen* ***rundt i*** *svingene* he cornered violently; ~ ***'til*** *(ɔ: fylde med jord) a)* fill up (*fx* a ditch); fill in (*fx* a hole); *b) (arkæol.)* backfill (*fx* an excavation); ~ ***til igen*** fill back; *han -de bilen* ***til siden*** *(ɔ: drejede pludseligt)* he swerved violently;
[med sig] ~ ***sig*** *a)* throw oneself (*fx* into a chair); *b) (uroligt i sengen)* toss (and turn); *c) (om træ)* warp; ~ ***sig i*** *armene på en a) (også fig.)* throw oneself into sby's arms; *b) (om kvinde: gifte sig med, neds.)* throw oneself at; *(se også støv);* ~ ***sig om*** *halsen på en* fall on sby's neck; throw one's arms round sby's neck; ~ ***sig over*** *a) (mad)* throw oneself on (*fx* the food); *b) (arbejde)* throw oneself into (*fx* the task, the work); *c) (fjende)* throw oneself on; *(voldsomt)* hurl oneself at (*fx* the enemy); *(rasende)* fling oneself on (*fx* one's opponent); ~ ***sig ud af*** *vinduet* throw oneself out of the window; ~ ***sig ud i*** *(også fig.)* throw oneself into (*fx* the water; life, the work); *(pludseligt, voldsomt)* plunge into (*fx* the cold water; political work, an argument with sby, a subject); *~ sig ud i det (fig., også)* take the plunge.
kastebold *(fig.)* plaything;
□ *blive en ~ mellem* be thrown backwards and forwards between (*fx* the case was thrown backwards and forwards between various departments); *sagen er blevet en ~ mellem de politiske partier*

the matter has become a political football.
kastegynge swingboat.
kastel *sb. (et, -ler)* citadel.
kasteløs *adj.* **1.** *(præd.)* without caste; **2.** *(brugt som sb.)* outcaste.
kastepil dart.
kaster *sb. (en, -e)* **1.** thrower; **2.** *(i kricket)* bowler; **3.** *(i baseball)* pitcher.
kasteskovl winnowing fan.
kasteskyts missiles pl.
kastespyd javelin.
kastesting overcast stitch.
kastevind squall, gust.
kastevæsen caste system.
kastrat *sb. (en, -er)* **1.** eunuch; **2.** *(sanger)* castrato.
kastrere *vb.* castrate.
kastreret *adj.* castrated; *(om dyr også)* doctored, neutered.
kasuar *sb. (en, -er) (zo.)* cassowary.
kasuistik *sb. (en)* **1.** *(i filosofi & = sofisteri)* casuistry; **2.** *(med.)* case studies (, study).
kasuistisk *adj.* casuistic(al).
kasus *sb. (en, -)* case.
kat *sb. (en, -te)* **1.** cat; **2.** *(tamp)* cat; cat-o'-nine-tails;
□ *i mørke er **alle** -te grå* all cats are grey in the dark; ***gale** -te får revet skind (omtr.)* quarrelsome dogs get dirty coats; *den der gemmer til natten **gemmer til** -ten* what the goodwife spares the cat eats; ***ikke en** ~* T not a soul; *han gør ikke en ~ fortræd* he wouldn't hurt a fly; *købe -ten **i sækken*** buy a pig in a poke; *når -ten er **ude**, spiller musene på bordet* when the cat's away, the mice will play; *(se også grød, hund).*
katafalk *sb. (en, -er)* catafalque.
katakombe *sb. (en, -r)* catacomb.
katalog *sb. (et el. (fagl.) en, -er)* catalogue, list (*over* of); *(am. også)* catalog.
katalogisere *vb.* catalogue, list; *(am. også)* catalog.
katalogpris list price.
katalysator *sb. (en, -er)* **1.** *(kem. & fig.)* catalyst; **2.** *(til bils udstødning)* catalytic converter, catalyst.
katamaran *sb. (en, -er) (sø.)* catamaran.
katapult *sb. (en, -er)* catapult.
katapultsæde ejection seat, ejector seat.
katar *sb. (en, -er) (med.)* catarrh.
kataralsk *adj.* catarrhal.
katarsis *sb. (en)* catharsis.
katastrofal *adj.* disastrous (*for* for, to); *(stærkere)* catastrophic.
katastrofe *sb. (en, -r)* disaster; *(stærkere)* catastrophe.
katastrofeblink hazard warning flashers pl. (*el.* flasher *el.* light(s)).
katastrofefilm disaster movie.
katastrofelanding *(flyv.)* crash landing.
katastrofeområde disaster area.
katastrofeplan *(omtr.)* contingency plan.
katastroferamt *adj.* disaster-affected; *~ område* disaster area.
kateder *sb. (et, katedre)* **1.** *(i auditorium)* lectern; **2.** *(i skole)* teacher's desk (pl. teachers' desks).
katedertime teaching hour (, lesson); class hour, contact hour.
katedral *sb. (en, -er)* cathedral.
kategori *sb. (en, -er)* category.
kategorisere *vb.* categorize.
kategorisk[1] *adj.* categorical.
kategorisk[2] *adv.* categorically; flatly (*fx* he flatly denied all the charges; he flatly refused to do it).
kateket *sb. (en, -er)* catechist.
katekisere *vb.* catechize.
katekismus *sb. (en)* catechism.
katete *sb. (en, -r) (mat.): -rne* the two smaller sides of a right-angled triangle.
kateter *sb. (et, katetre) (kirurgisk instrument)* catheter.
katode *sb. (en, -r)* cathode.
katodestråle cathode ray.
katolicisme *sb. (en)* Catholicism.
katolik *sb. (en, -ker),* **katolsk** *adj.* (Roman) Catholic.
katost *sb. (en) (bot.)* mallow.
katteagtig *adj.* cat-like; F feline.
kattedør cat flap.
kattehale **1.** cat's tail; **2.** *(bot.)* (purple) loosestrife.
kattekilling kitten.
kattekoncert caterwauling; cats' concert.
kattelem cat flap.
kattepine fix, scrape, hole.
kattepote cat's paw;
□ *gå på -r (fig.)* watch one's step.
kattetarm catgut.
kattevask a lick and a promise.
kattevenlig *adj.* silky; ingratiating.
katteøje **1.** cat's-eye; **2.** *(på cykel etc.)* reflector.
kattun *sb. (et, -er)* calico.
kattuntryk calico printing.
kaudervælsk *sb. (et)* **1.** *(uforståelig snak)* gibberish; **2.** *(neds. om fremmed sprog)* lingo.
Kaukasien *(geogr.)* Caucasia.
kaukasier *sb. (en, -e),* **kaukasisk** *adj.* Caucasian.
Kaukasus *(geogr.)* the Caucasus.
kausal *adj.* causal.
kausalitet *sb. (en)* causality.
kaution *sb. (en, -er)* **1.** guarantee, surety; **2.** *(ved løsladelse)* bail;
□ *gå i ~ for se kautionere; stille ~ a) (jf. 1)* find security; *b) (jf. 2)* find bail; *løslade mod ~* release on bail.
kautionere *vb.* **1.** stand surety (*for* for, *fx* the loan; him); **2.** *(ved løsladelse)* stand (*el.* go) bail (*for* for).
kautionist *sb. (en, -er)* **1.** guarantor, surety; **2.** *(ved løsladelse)* surety, bail;
□ *stille sig som ~ for se kautionere.*
kautsjuk *sb. (en)* caoutchouc, India rubber.
kavaj *sb. (en, -er)* greatcoat.
kavaler *sb. (en, -er)* **1.** *(bal-, bord-)* partner; *(ledsager)* escort; **2.** *(fornem herre)* gentleman; **3.** *(hist.: tilhænger af Charles I)* Cavalier.
kavalergang cleavage.
kavaleri *sb. (et, -er)* cavalry.
kavalet *sb. (en, -ter)* modelling stand.
kavalkade *sb. (en, -r)* cavalcade.
kaviar *sb. (en)* caviar(e);
□ *det er ~ for hoben* it is caviar to the general.
ked *adj.: ~ af a) (træt af)* tired of, bored with; *b) (bedrøvet over)* sorry about; *(stærkere)* sad about, unhappy about, upset about; *være meget ~ af (ɔ: bedrøvet, også)* feel bad about (*fx* the whole affair; not being able to help him); *(se også led*[4]*); være ~ **af at** (+ inf.) a)* be tired of -ing (*fx* waiting); be bored with -ing (*fx* listening to him); *b)* be sorry to, be sad to (*fx* I am sorry (, sad) to hear it); *jeg er ~ af at du ikke kom* I am sorry (, upset) that you did not come; *er du ~ af at (ɔ: har du noget imod at)* do you mind -ing (*fx* do you mind doing it now?); *~ **af det*** sad, unhappy, upset; *han er ikke ~ af det a) (ɔ: han er fræk)* he's got a nerve! *b) (ɔ: han vil have mere end rimeligt er)* he really wants jam on it.
kede *vb.* bore;
□ ***det** -de ham at læse* he was bored reading; reading bored him; *~ **sig*** be bored; *være ved at ~ sig ihjel (el. til døde)* be bored stiff (*el.* to death *el.* to tears); *han -de **sig over** filmen* he was bored by the film; the film bored him.
kedel *sb. (en, kedler)* **1.** kettle; **2.** *(fyr-, damp-)* boiler; **3.** *(vaske-)* wash boiler.
kedeldragt boiler suit, overall.
kedelflikker *sb. (en, -e)* tinker.
kedelig *adj.* **1.** *(som får en til at kede sig)* boring (*fx* evening, lecture, speech);
2. *(trættende)* tiresome, tedious

(*fx* job, lecture);
3. *(ensformig, ikke spændende etc.)* dull (*fx* book, food, town); T dreary (*fx* life, meeting, people, work); *(trist og grå)* drab (*fx* existence; part of the town);
4. *(ubehagelig)* unpleasant (*fx* situation; he is an unpleasant chap);
5. *(pinlig)* awkward;
6. *(ærgerlig)* annoying;
□ *det -e ved det er at* the trouble is that; *det var da -t* what a pity; T that's too bad; *historien blev ikke -ere af at blive genfortalt* the story lost nothing in the telling.

kedelpasser *sb. (en, -e)* boilerman; F boiler attendant.

kedelsten scale.

kedsomhed *sb. (en)* boredom.

kedsommelig *se kedelig.*

kedsommelighed *sb. (en)* boredom; F tedium.

kegle *sb. (en, -r)* **1.** *(mat. etc.)* cone; **2.** *(i keglespil)* pin, skittle;
□ *-r (ɔ: spillet, svaret nærmest til)* skittles; *et spil -r a)* a game of skittles; *b) (keglerne)* a set of skittles; *(se også hund)*; *rejse* set up skittles; *spille -r* play skittles; *tage -r (fig.: være en succes)* make a hit.

keglebane bowling alley, skittle alley.

kegleformet *adj.* conical.

keglekonge kingpin.

keglerejser *sb. (en, -e)* pin boy.

keglesnit conic section.

keglespil *se kegle.*

keglestub truncated cone.

kejser *sb. (en, -e)* emperor;
□ *~ Napoleon* the Emperor Napoleon;
[med vb.] give -en hvad -ens er (bibelsk) render unto Caesar the things that are Caesar's; *hvor intet er har -en tabt sin ret (omtr.)* you can't get blood out of a stone; *strides om -ens skæg (kan gengives)* quarrel about a trifle; split hairs.

kejserdømme *sb. (et, -r)* empire.

kejserhof imperial court.

kejserinde *sb. (en, -r)* empress.

kejserkrone **1.** imperial crown; **2.** *(bot.)* crown imperial.

kejserlig *adj.* imperial.

kejsersnit *(med.)* Caesarian (section).

kejte *sb. (en) (venstrehåndet (, akavet) person)* southpaw;
□ *-n* the left hand.

kejtet *adj.* **1.** awkward (*fx* boy, movement, sentence); *(stærkere)* clumsy; **2.** *(~ og genert)* gawky; F gauche.

kejtethed *sb. (en) (jf. kejtet)* **1.** awkwardness; clumsiness; **2.** gawkiness; F gaucherie.

kejthåndet *adj.* **1.** left-handed; **2.** *(brugt som sb.)* left-hander.

kel *sb. (en, -e)* **1.** *(arkit.: profil)* hollow moulding, cavetto; **2.** *(tag-)* valley.

kele *vb.* groove.

kelhøvl moulding plane.

kelim *sb. (en, -(m)er)*, **kelimtæppe** kilim.

kelner *sb. (en, -e)* waiter.

kelspær valley rafter.

kelter *sb. (en, - el. -e)* Celt.

keltisk *sb. (et) & adj.* Celtic.

kelvin *sb. (en, -) (fys.)* kelvin; *(fork.)* K.

kelvinskala Kelvin scale.

kemi *sb. (en) (også fig.)* chemistry (*fx* study chemistry; the chemistry between them was right).

kemigraf *sb. (en, -er)* photoengraver.

kemigrafi *sb. (en)* photoengraving.

kemiingeniør *sb. (en, -er)* chemical engineer.

kemikalie *sb. (et, -r)* chemical.

kemikaliedepot chemical waste site.

kemiker *sb. (en, -e)* chemist.

kemisk[1] *adj.* chemical;
□ *~ krigsførelse* chemical warfare; *~ rensning se rensning.*

kemisk[2] *adv.* chemically;
□ *~ fri for (fig.)* completely devoid of (*fx* tact); *~ ren* chemically pure; *(se også rense).*

kemofiber chemical fibre, synthetic fibre.

kemoterapi *(med.)* chemotherapy.

kende[1] *sb. (en) (bagatel): en ~* a trifle (*fx* pale); a shade (*fx* better); a thought (*fx* more salt).

kende[2] *sb.: give sig til ~* make oneself known (*over for* to); *(se også tilkendegive).*

kende[3] *vb. (kendte, kendt) (se også kendt)* **1.** know; **2.** *(genkende, ~ igen)* recognize; **3.** *(jur.)* find (*fx* he was found guilty);
□ *have kendt bedre dage* have seen better days; *(se også forskel, lære*[3] *(at ~));*
[med præp. & adv.] ~ en ***af*** *udseende (, navn)* know sby by sight (, name); *thi -s* ***for ret*** *(kan gengives)* the Court therefore finds; the judgement (, sentence) of the Court is *(jf. dom 1)*; *~ den ene melodi* ***fra*** *den anden* know (*el.* tell) one tune from another; *~ dem fra hinanden* know (*el.* tell) them apart; *jeg kunne ikke ~ ham* ***igen*** I didn't recognize him; *han var ikke til at ~ igen* he had changed out of (all) recognition (*el.* beyond recognition); *~ en* ***på*** *gangen (, stemmen)* recognize (*el.* know *el.* tell) sby by his (, her) walk (, voice);
~ ***til*** *a) (vide noget om)* know of (*el.* about) (*fx* the varieties of English); *b) (kende)* know what ... means (*el.* is about) (*fx* I know what poverty means); *~* ***til at*** *(jf. b)* know what it means to (*fx* I know what it means to be poor);
~ noget ***ud og ind*** *a)* be thoroughly familiar with sth (*fx* the case); know sth inside out (*el.* backwards and forwards); know the ins and outs of sth; *b) (om sted)* know sth like the back of one's hand; *-s* ***ved*** own (*fx* a child); recognize (*el.* acknowledge) as one's own (*fx* she refused to recognize (*el.* acknowledge) the letter as her own).

kendelig *adj.* **1.** *(betydelig)* appreciable, considerable (*fx* change); **2.** *(til at kende)* recognizable.

kendelse *sb. (en, -r)* **1.** *(domsafgørelse)* decision;
2. *(i særligt spørgsmål)* (judge's) order, court order (*fx* the dealer cannot take away the goods without first obtaining a court order); order of the court (*fx* forced sale by order of the court);
3. *(under retssag)* ruling;
4. *(efter retslig undersøgelse)* finding(s) (*fx* they accepted the findings of the court);
5. *(nævningers)* verdict;
6. *(voldgifts-)* award.

kendemærke (distinctive) mark.

kendeord **1.** *(gram.)* article; **2.** *(mil.)* password.

kender *sb. (en, -e)* **1.** *(som forstår at værdsætte)* connoisseur (*af* of, *fx* art, wine);
2. *(ekspert)* expert (*af* on, *fx* Greek philosophy);
□ *være en ~ af (ɔ: kunne bedømme)* be a judge of (*fx* wine); *det er du nok en ~ af! (ɔ: glem ikke det)* and don't forget it! and that's that!

kenderblik the eye of an expert.

kendermine the air of an expert.

kendetegn mark, sign (*på* of); *(særligt ~)* characteristic.

kendetegne *vb.* be characteristic of, characterize.

kending *sb. (en, -e(r)): en gammel ~ (fig., spøg., om noget man har set før)* an old friend (*fx* that bill is an old friend); *han er en gammel ~ af politiet* he is known to the police; *(se også landkending).*

kendingsbogstaver *sb.pl.* **1.** registration letters; **2.** *(radio)* call letters.

kendingsmelodi signature tune.
kendsgerning fact (*fx* the facts speak for themselves).
kendskab *sb. (et)* knowledge (*til* of, *fx* a (good) knowledge of English is essential); *(løsere)* acquaintance (*til* with);
□ *med (grundigt) ~ til* with a (thorough) knowledge of; *uden ~ til* without any knowledge of; ignorant of.
kendt *adj.* **1.** well-known (*fx* actor, politician, writer; phenomenon); *(og beundret,* F*)* noted (*fx* pianist, writer); *(berømt)* famous;
2. *(som man er fortrolig med)* familiar (*fx* faces, places, voices);
3. *(som man kender til)* known (*fx* there is no known cure for the disease; the only known method for doing this);
□ *det er almindelig ~ at* it is common knowledge that, it is a well-known fact that; *jeg er ikke ~ her* I am a stranger here; *lidet ~* little known; *det er en ~ sag* it is a well-known fact;
[med præp. & conj.] han er ~ ***af*** *alle* everybody knows him; *~* ***blandt*** well known among; *~* ***for*** *a) (ɔ: bekendt)* known for (*fx* he is known for his pioneering work (, his sharp tongue)); F noted for (*fx* the town is noted for its beautiful buildings); *b) (berygtet)* notorious for (*fx* he is notorious for his sharp tongue); *c) (berømt)* famous for (*fx* the town is famous for its good restaurants); *han er godt ~* ***i*** *byen (ɔ: kender den godt)* he knows the town well; *~* ***med*** familiar with; *(løsere)* acquainted with; *~* ***som*** *a)* known as (*fx* Mary Ann Evans, known as George Eliot; he is known as a first-rate actor); F noted as (*fx* he is noted as an expert on the subject); *b) (berømt)* famous as (*fx* he is famous as an actor); *c) (berygtet)* notorious as.
kennel *sb. (en, -er)* kennels (pl. kennels) (*fx* he had bought the dog at a kennels).
kennelklub kennel club.
kentaur *sb. (en, -er) (myt.)* centaur.
kepi *sb. (en, -er) (mil.)* kepi.
keramik *sb. (en)* ceramics; *(lertøj og stentøj også)* pottery.
keramiker *sb. (en, -e)* ceramic artist; potter.
keramikovn kiln.
keramisk *adj.* ceramic (*fx* tiles).
Kerberos *sb. (en, -ser) (myt.)* Cerberus.
kere *vb.: ~ sig om se bryde² (sig om).*
kermesbær¹ *sb. (en, -) (bot., om planten)* pokeweed, pokeberry.
kermesbær² *sb. (et, -) (bot., om frugten)* pokeberry.
kerne¹ *sb. (en, -r)* **1.** *(i nød)* kernel;
2. *(i frugter)* seed; *(i appelsin, æble etc. også)* pip; *(i drue også)* stone;
3. *(i sædekorn)* grain;
4. *(atom-, celle-)* nucleus (pl. nuclei);
5. *(fig.)* core (*fx* a core of truth; the hard core); F kernel (*fx* of truth);
□ *-n a) (det inderste, vigtigste)* the core (*fx* of the book); the essence (*fx* of his teaching); the heart (*fx* of the subject, of the mystery); *b) (det afgørende)* the crux (*fx* of the argument, of the problem); T the nub (*fx* of the argument, of the problem); *c) (det bedste,* F*)* the flower; *sagens ~* the point; the crux (*el.* heart *el.* nub) of the matter.
kerne² *sb. (en, -r) & vb. (om smør) se kærne.*
kernebider *sb. (en, -e) (zo.)* hawfinch.
kernedeling **1.** nuclear fission;
2. *(biol.)* mitosis.
kernefamilie nuclear family.
kernefri *adj.* seedless (*fx* grapes).
kernefrugt pome.
kernefuld *adj. (fig.)* pithy, vigorous.
kernefysik nuclear physics.
kernehus core.
kernekarl **1.** strapping fellow;
2. *(moralsk)* splendid fellow.
kernekraft nuclear power.
kernekraftværk nuclear power station.
kernepunkt: *sagens ~* the crux of the matter.
kernereaktion nuclear reaction.
kernespaltning nuclear fission.
kernesund *adj.* thoroughly healthy; *(præd. også)* sound as a bell.
kernetropperne *sb.pl.* the flower (*el.* élite) of the army.
kerneved heartwood.
kernevælgerne *sb.pl. (omtr.)* the committed voters.
kernevåben nuclear weapon.
kernevåbenfri *adj.* nuclear-free.
kerte *se kærte.*
kerub *sb. (en, -er) (rel.)* cherub (pl. -s, cherubim).
ketch *sb. (en, -er) (sø.)* ketch.
ketchup *sb. (en)* ketchup.
ketsjer *sb. (en, -e)* **1.** *(til tennis, badminton etc.)* racket;
2. *(sommerfugle-)* butterfly net;
3. *(til fiskeri)* landing net.
KFUK *(fork.f. Kristelig Forening for unge Kvinder)* YWCA (*fork.f.* Young Women's Christian Association).
KFUM *(fork.f. Kristelig Forening for unge Mænd)* YMCA (*fork.f.* Young Men's Christian Association).
kg *(fork.f. kilogram)* kg (*fork.f.* kilogram(s), kilogramme(s)) (*fx* 20 kg).
kgl. *(fork.f. kongelig)* Royal.
kHz *(fork.f. kilohertz)* kHz (*fork.f.* kilohertz).
kiasme *sb. (en, -r) (litt.)* chiasmus (pl. chiasmi).
kibbutz *sb. (en, -er)* kibbutz (pl. -es, kibbutzim).
kid *sb. (et, -)* kid.
kidnappe *vb.* kidnap.
kidnapper *sb. (en, -e)* kidnapper.
kig *sb. (et, -)* peep;
□ ***få*** *~ på a) (opdage)* catch sight of; *b) (blive interesseret i)* get one's eye on (*fx* he had got his eye on a girl); ***have*** *~ på a) (holde øje med)* keep an eye on; *b) (være ude efter)* have one's eye on, be after (*fx* a new job; a girl); *han* ***kom*** *lige et lille ~ (ɔ: besøg)* he just dropped in.
kigge *vb.* **1.** look (*på* at);
2. *(flygtigt)* glance (*på* at);
3. *(forsigtigt)* peep (*på* at, *fx* peep through a keyhole; he peeped at them from behind the curtain); *(am. også)* peek (*på* at);
4. *(nærsynet, anstrengt)* peer (*på* at, *fx* he peered at me over the top of his glasses; we peered through the fog (, through the windscreen), trying to find the way);
5. *((be)undrende, eftertænksomt)* gaze (*på* at, *fx* he gazed admiringly (, lovingly) at her; he sat gazing out of the window);
□ *~ stjerner a)* observe the stars; *b) (drømmende)* be star-gazing; *'~* ***efter*** *a)* look for; *b) (følge med øjnene)* look after (*fx* he stood looking after her); *~ 'efter* look (*fx* you'd better look again); *~ langt efter a)* look wistfully at; *b) (være ude efter)* have one's eye on; *~* ***frem*** peep out; *~ for dybt* ***i*** *bægeret* take a drop too much; *(se også kort¹)*; *~ noget* ***igennem*** glance through sth; *~* ***indenfor*** *(om kort besøg)* look in, drop in; *~ indenfor hos én* look sby up, look (*el.* drop) in on sby.
kigger *sb. (en, -e)* **1.** *(vindues-)* voyeur; T peeping Tom; **2.** *(fjernsyns-)* viewer.
kighoste *sb.* whooping cough.
kighul *sb.* **1.** peephole; **2.** *(i dør også)* judas.

kik *se kig.*
kikhul *se kighul.*
kikke *se kigge.*
kikker *se kigger.*
kikkert *sb. (en, -er)* **1.** *(lang)* telescope;
2. *(mindre, til begge øjne)* binoculars pl.; field glasses pl.; *(teater-)* opera glasses pl.;
□ *en ~ (jf. 2)* a pair of binoculars (, field glasses, opera glasses); *[med vb. (+ præp.)]* ***have*** *en* ***i*** *-en a) (mistænke)* keep an eye on sby; *b) (være ude efter)* have one's eye (*el.* sights) on sby, be after sby; ***komme i*** *ens ~ (blive mistænkt)* come to the attention of sby; ***sætte*** *-en* ***for*** *øjet* put the telescope to one's eye (*fx* Nelson put the telescope to his blind eye); *sætte -en for det blinde øje (fig.)* turn a (*el.* one's) blind eye on it.
kikkertsyn *(med.)* tunnel vision.
kiks[1] *sb. (en, -)* biscuit; *(am.)* cracker.
kiks[2] *sb. (et, -) (fejlramning)* miss.
kikse *vb.* miss; *(med objekt også)* muff (*fx* a catch); fluff (*fx* a stroke (in golf); your entry (in a piece of music)).
kikser *sb. (en, -e)* miss; fluff.
kilde[1] *sb. (en, -r)* **1.** *(vand)* spring;
2. *(udspring)* source (*fx* the sources of the Nile);
3. *(fig.)* source (*til* of, *fx* pleasure, worry; journalists protect their sources); *(litt.)* fountain (*til* of, *fx* new ideas, wisdom, youth); *(også spøg.)* fount (*til* of, *fx* they regarded him as the fount of wisdom; he was the fount of all malicious gossip);
□ *fra pålidelig ~, fra en sikker ~* from a reliable source; on good authority; *beskatning ved -n se kildebeskatning.*
kilde[2] *vb.* tickle;
□ *~ en i nakken* tickle sby's neck; *det -r i min næse* my nose tickles.
kildebeskatning taxation at source; the Pay-As-You-Earn system; *(fork.)* PAYE; *(am.)* withholding tax.
kildekalk travertine.
kildekritik source criticism.
kildekritisk *adj.* critical.
kildemateriale source material.
kilden *adj.* **1.** ticklish; **2.** *(vanskelig)* delicate, awkward (*fx* matter); T ticklish (*fx* question).
kilder *sb. (en, -e) (anat.)* clitoris.
kildeskat 1. tax deducted at source; PAYE tax; *(am.)* withholding tax; **2.** *(systemet) se kildebeskatning.*
kildeskrift *sb. (et, -er),* **kildested** source.
kildesortering *(kan gengives)* sorting at source; sorting at point of use.
kildevand spring water;
□ *kærlighed og ~* love in a cottage.
kildevæld spring.
kildre tickle; *(se også kilde*[2]*);*
□ *~ hans forfængelighed* tickle his vanity; *~ ganen* tickle the palate; *~ hans nysgerrighed* stimulate his curiosity.
kildrer *sb. (en, -e) (anat.)* clitoris.
kile[1] *sb. (en, -r)* **1.** wedge; **2.** *(i tøj)* gusset;
□ *drive en ~ ind mellem dem (fig.)* drive a wedge between them.
kile[2] *vb.* wedge;
□ *~ af sted* scurry along; *~ løs på* attack (*fx* a task); work hard at; *~ sig fast* become wedged.
kilerem V-belt.
kileskrift *sb. (en)* cuneiform (writing).
killing *sb. (en, -er)* **1.** kitten;
2. *(hare-)* leveret; young hare.
kilo, kilogram *sb. (et, -)* kilo, kilogram(me) (*fx* 3 kilos (*el.* kilogram(me)s) of sugar).
kilometer *sb. (en, -)* kilometre.
kilometerpenge *(svarer til)* mileage allowance.
kilometersten *(svarer til)* milestone.
kilometertæller 1. *(svarer til)* mileage recorder, mileometer; *(især am.)* odometer; T clock; **2.** *(på cykel)* cyclometer.
kilowatt *sb. (en, -)* kilowatt (*fx* 60 kilowatts).
kilowatt-time kilowatt hour.
kilte *vb.: ~ op* tuck up.
kim *sb. (en, -)* **1.** germ; **2.** *(fig.)* germ (*til* of, *fx* of an idea); seeds pl. (*til* of, *fx* it carries the seeds of its own destruction).
kimblad *(bot.)* seed leaf.
kimbrer = *cimbrer.*
kime *vb.* ring (violently); *(om kirkeklokker)* peal;
□ *de var ved at blive -t ned (ɔ: på telefonen)* they were deluged with telephone calls.
kimen *sb. (en)* ringing; peal.
kiming *sb. (en)* (visible) horizon.
kimono *sb. (en, -er)* kimono.
kimonoærme kimono sleeve.
kimplante *(bot.)* seedling.
kimse *vb.: ikke til at ~ af* not to be sneezed (*el.* sniffed) at.
kimsleg Kim's game, memory game.
kimære *sb. (en, -r)* chimera.
kimærisk *adj.* chimeric(al).
Kina China.
kinabark cinchona bark.
kinakål Chinese cabbage; Chinese leaves pl.
kind *sb. (en, -er)* cheek.
kindbakke *sb. (en, -r) (zo.)* mandible.
kindben cheekbone.
kinddans dancing cheek by cheek.
kindskæg whiskers pl.
kindtand molar.
kineser *sb. (en, -e)* **1.** Chinese (pl. -); **2.** *(fyrværkeri)* firecracker;
□ *du store ~!* gosh! *fuse ud som en våd ~* fizzle out like a damp squib.
kineserflip mandarin collar.
kineseri *sb. (et, -er)* **1.** *(pedanteri)* red tape; **2.** *(kompliceret ritual)* rigmarole.
kinesertråd linen thread.
kinesisk[1] *sb. (et)* Chinese;
□ *på ~* in Chinese.
kinesisk[2] *adj.* **1.** Chinese; **2.** *(fig.)* extremely (, unnecessarily) complicated;
□ *den -e mur* the Great Wall of China; *-e æsker* a nest of Chinese boxes.
kinesisk-japansk *adj.* Sino-Japanese.
kinetisk *adj.* kinetic.
kinin *sb. (en)* quinine.
kino *sb. (en, -er)* cinema.
kinoorgel cinema organ.
kiosk *sb. (en, -er)* **1.** kiosk (*fx* an ice-cream kiosk);
2. *(avis-, fritstående)* newsstand; *(forretning)* newsagent's;
3. *(telefon-)* (tele)phone box (*el.* booth), callbox; F telephone kiosk; *(am.)* telephone booth, pay station.
kiosklitteratur pulp fiction, pulp literature.
kioskvogn mobile shop.
kiper *sb. (et)* twill.
kippe *vb.* tilt, tip;
□ *~ (med) et flag* dip a flag.
kipret *adj.* twilled.
kirgiser *sb. (en, -e)* Kyrgyz (pl. Kyrgyz).
kirgisisk *adj. (præd.) & sb. (et)* Kyrgyz.
Kirgisistan Kyrgyzstan.
kirke *sb. (en, -r)* **1.** church;
2. *(knyttet til institution el. privat el. sekts)* chapel;
□ *gå i ~* go to church (, chapel); *være i ~ a)* be at (*el.* in) church; *b)* be at chapel.
kirkebetjent verger.
kirkeblad parish magazine.
kirkebog parish register.
kirkebryllup church wedding.
kirkebøn common prayer.
kirkebøsse collection box.

kirkefader Father (of the Church).
kirkefest church festival.
kirkeforfatning church government.
kirkefremmed *sb.* non-churchgoer.
kirkefyrste prelate.
kirkegang going to church, church attendance.
kirkegænger *sb. (en, -e)* churchgoer.
kirkegård cemetery; *(mindre)* graveyard; *(ved kirken)* churchyard.
kirkegårdskontor cemetery office.
kirkehistorie ecclesiastical (*el.* church) history.
kirkeklokke church bell.
kirkekoncert concert (*el.* recital) given in a church.
kirkekor choir.
kirkelig *adj. (attr.. vedrørende kirken)* ecclesiastical, church (*fx* affairs);
□ ~ *handling* religious ceremony; *være -t interesseret* take an interest in the Church; ~ *vielse* church wedding; *blive -t viet* be married in a church.
kirkeminister Minister for Ecclesiastical Affairs; *(findes ikke i Engl. & USA).*
kirkeministerium Ministry for Ecclesiastical Affairs.
kirkemusik sacred (*el.* church) music.
kirkemøde synod.
kirkeplads 1. church square; **2.** *(ved domkirke)* close.
kirkeret canon law.
kirkerotte*: så fattig som en* ~ as poor as a church mouse.
kirkesamfund religious community.
kirkesang church singing.
kirkesanger *(forsanger)* cantor.
kirkeskib nave.
kirkesogn parish.
kirkespil church play.
kirkesprog liturgical language.
kirkestaten the Papal State.
kirkestol pew.
kirketid service time.
kirketårn 1. church tower; **2.** *(med spir)* steeple.
kirkeur church clock.
kirkeværge churchwarden.
kirkeår ecclesiastical year.
kiromanti *sb. (en)* chiromancy.
kiropraktik *sb. (en)* chiropractic.
kiropraktor *sb. (en, -er)* chiropractor.
kirsebær[1] *sb. (en, -) (træ)* cherry.
kirsebær[2] *sb. (et, -) (frugt)* cherry.
kirsebærlikør cherry brandy.
kirsebærrød *adj.* cherry.
kirsebærsaft 1. cherry juice; **2.** *(tilberedt med sukker)* cherry syrup.
kirsebærsten cherry stone; *(am.)* cherry pit.
kirsebærstilk cherry stalk.
kirtel *sb. (en, kirtler)* gland.
kirtelformet *adj.* glandiform.
kirtelsvag *adj.* scrofulous.
kirtelsvaghed *(glds. med.)* scrofula.
kirurg *sb. (en, -er)* surgeon.
kirurgi *sb. (en, -er)* surgery.
kirurgisk[1] *adj.* surgical (*fx* treatment; ward *(afdeling)*).
kirurgisk[2] *adv.* surgically (*fx* it can be removed surgically).
kis[1] *sb. (en) (mineral)* pyrite ore.
kis[2] *sb. (en, -ser) (kat)* puss, pussy(cat); *(i børnesprog)* kitty;
□ ~ *~! (interj.)* kitty, kitty!
kisel *sb. (en)* silicon.
kiselholdig *adj.* siliceous.
kiselsten siliceous stone.
kiselsyre silicic acid.
kispus *sb.: lege ~ med én a) (lave sjov)* play tricks on sby; *b) (undgå)* play hide-and-seek with sby.
kissejav *sb. (et)* hurry, rush;
□ *de havde sådan et* ~ they were in such a rush; *der er ingen grund til* ~ there is no hurry.
kissemisse *vb.* **1.** *(flirte)* flirt; **2.** *(kæle)* neck (*fx* they were necking in the corners).
kissemisseri *sb. (et, -er)* **1.** flirtation; **2.** *(kæleri)* necking, hanky-panky.
kiste *sb. (en, -r)* **1.** chest; **2.** *(lig-)* coffin; *(am.)* casket.
kistebund*: have noget på -en* have provided against a rainy day.
kisteglad *adj. (præd.)* as pleased as Punch.
kisteklæder *sb.pl.* one's Sunday best.
kit *sb. (et)* putty.
kitte *vb. (vinduer)* putty;
□ ~ *sammen* cement.
kittel *sb. (en, kitler)* **1.** *(arbejds-)* overall;
2. *(dames, kunstners)* smock;
3. *(læges)* (white) coat.
kittelkjole coatdress.
kiv *sb. (en)* quarrel;
□ *yppe ~ a) (skænderi)* start an argument (*med* with); *b) (nærmere slagsmål)* pick a quarrel (*med* with); ~ *og strid a)* quarrelling; *b) (småskænderi)* bickering;
T argy-bargying.
kivagtig *adj.* quarrelsome.
kives *vb.* quarrel; *(småskændes)* bicker.
kjole *sb. (en, -r)* **1.** *(dame-)* dress; *(fin kjole,* F*)* gown;
2. *(herre-)* dress coat, tail coat; tails pl.;
3. *(præste-; kan gengives)* cassock;
□ *blive fradømt ~ og krave (om præst)* be defrocked; *en lang* ~ a long dress; an evening dress; ~ *og hvidt* (full) evening dress; white tie and tails.
kjoleforretning dress shop.
kjoleklædt *adj. (præd.)* in evening dress.
kjoleliv bodice.
kjolestof dress fabric, dress material.
kjolesyning dressmaking.
kjolesæt dress suit.
kjortel *sb. (en, kjortler)* tunic.
kjove *sb. (en, -r) (zo.): lille* ~ long-tailed skua; *spidshalet* ~ arctic skua.
kl. *(fork.f. klokken): ~ 5* at 5 o'clock.
kladde *sb. (en, -r)* rough draft (*el.* copy);
□ *skrive (, lave) en ~ til noget* do sth in rough.
kladdebog 1. notebook; **2.** *(hdl.)* waste book.
kladdehæfte *se kladdebog 1.*
klage[1] *sb. (en, -r)* **1.** *(besværing, anke)* complaint (*over (om ting)* about; *(om person)* against, *fx* about the noise; against the police);
2. *(udtryk for sorg,* F*)* lament; *(klageråb)* wailing;
□ *føre ~ over* complain of; *indgive ~ over en se indgive 3.*
klage[2] *vb. (se også klagende)*
1. complain;
2. *(neds.: beklage sig)* moan (*fx* he is always moaning);
3. *(af sorg, smerte)* moan; *(højere)* wail; F lament;
□ ~ *sin nød* complain bitterly; ~ *sin nød for en* pour out one's troubles to sby;
[med præp. & sig] ~ **over** *a) (protestere)* complain about (*fx* complain about the noise to the police; I have nothing to complain about; I'll give him something to complain about!); *b) (~ over at man har)* complain of (*fx* a pain in the back, a headache, indigestion; too much work); ~ *over ham til dem (ɔ: officielt)* file a complaint against him with them; ~ ***over at*** *(+ sætning)* complain that; ~ ***sig*** *(af smerte)* moan (with pain); *(stønne)* groan.
klagebrev letter of complaint.
klagelyd plaintive sound.
klagemål *sb. (et, -)* complaint, grievance.
klagende[1] *adj.* **1.** complaining; **2.** *(ynkelig)* plaintive (*fx* cry, tone);

3. *(sorgfuld)* mournful (*fx* sound).
klagende[2] *adv.* **1.** *(ynkeligt)* plaintively; **2.** *(sorgfuldt)* mournfully.
klagenævn complaints board.
klageprocedure complaints procedure.
klagepunkt complaint, grievance; item of complaint.
klager *sb. (en, -e)* **1.** *(en der indgiver en klage)* complainant;
2. *(jur.)* plaintiff.
klagesang **1.** elegy; **2.** *(fig.: beklagelse)* moan (*fx* his constant moan is that nobody understands him).
klageskrift *sb. (et, -er)*, **klageskrivelse** (written) complaint.
klageskrig wail.
klagesuk moan.
klakør *sb. (en, -er)* hired applauder, claqueur; *-er* claque sg.
klam *adj.* **1.** *(fugtig)* damp (*fx* sheet); *(og kold, klæbrig)* clammy (*fx* hand);
2. *(om luft, vejr: ubehageligt fugtig)* dank (*fx* fog);
3. *(T: kedelig, ubehagelig)* dull, rotten;
□ *en ~ fidus (ɔ: dårlig idé)* a damp squib; *lægge sin -me hånd på a)* get one's clammy hand on (*fx* if they get their clammy hands on it, every activity will stop); *b) (hugge)* grab.
klamamse *sb. (en, -r)* T = *klamamus.*
klamamus *sb. (en, -(s)er)* screed (*fx* he wrote me a long screed about it).
klamhed *sb. (en) (jf. klam)*
1. dampness; clamminess;
2. dankness.
klamme *sb. (en, -r)* **1.** *(parentes)* bracket; **2.** *(sammenfattende flere linier)* brace;
□ *skarpe -r* square brackets; *sætte i -r* bracket; put in brackets.
klammeri *sb. (et, -er)* **1.** quarrel;
2. *(slagsmål)* brawl;
□ *komme i ~ med* fall foul of.
klampe *vb. (om sne)* clog;
□ *sneen -r under skiene* the snow clogs the skis.
klamphugger *sb. (en, -e)* bungler, clumsy fool.
klamphuggeri *sb. (et, -er)*, **klampværk** bungling.
klamre *vb.: ~ sig til* cling to.
klan *sb. (en, -er)* clan.
klandre *vb.* blame, criticize (*for* for).
klang[1] *sb. (en, -e)* **1.** sound (*fx* the sound of his voice (, of the bells));
2. *(om måde noget lyder på)* ring (*fx* her words had a false ring);
3. *(tone)* tone;
4. *(metal-)* ring (*fx* the ring of hooves on the road);
□ *hans navn har en god ~ (fig.)* he has a good name.
klang[2] *præt. af klinge*[2].
klangbund sounding board;
□ *finde ~ (fig.)* evoke a response.
klangfarve *sb.* timbre.
klangfuld *adj.* sonorous.
klangfuldhed *sb. (en)* sonority, sonorousness.
klangløs *adj.* toneless, dull.
klangløshed *sb. (en)* tonelessness, dullness.
klanhøvding chief (*el.* chieftain) of a clan.
klanmønster tartan.
klap[1] *sb. (en, -per)* **1.** *(på lomme, konvolut, bogomslag)* flap;
2. *(for øjet)* patch;
3. *(på musikinstrument)* key;
4. *(ventil & i hjertet)* valve;
5. *(ørevarmer)* ear muff;
6. *(bro-)* leaf;
7. *(på møbel)* flap, leaf;
8. *(tele.)* (drop) annunciator;
□ *der gik en ~ ned (fig.)* my (, his etc.) mind went blank; I (, he etc.) had a mental block.
klap[2] *sb. (et, -)* **1.** pat (*fx* on the cheek); **2.** *(bifald)* clapping, applause;
□ *ikke et ~* T not a bit (*el.* scrap *el.* toss); *et ~ på skulderen a)* a pat on the shoulder; *b) (fig.: opmuntring, ros)* a pat (*el.* clap) on the back.
klapbord folding table.
klapbro bascule bridge.
klapcykel folding bicycle.
klapjagt **1.** battue; **2.** *(fig.)* hunt;
□ *holde ~* hold a battue; *drive ~ på (fig.)* hunt; *(plage, forfølge)* hound (*fx* the police hounded them).
klapkamera folding camera.
klapmyds *sb. (en, -er) (zo.)* hooded seal.
klappe *vb.* **1.** *(om bifald)* clap, applaud;
2. *(kærtegnende)* pat (*fx* pat the dog, pat her hand, pat a child on the head);
3. *(jævne)* pat (*fx* the sand);
4. *(ved jagt)* beat;
5. *(gå glat)* go without a hitch (*fx* everything went without a hitch);
□ *-t og klart* (all) ready, all set; *(se også kage)*;
[med præp. & adv.] ~ ***ad*** *ham* applaud him; T give him a hand; *~* ***i*** *(blive tavs)* clam up; *(se også fælde)*; *klap i!* T shut up! belt up! *~ i hænderne* clap one's hands; *de vil ~ i deres små hænder* they will clap their little hands; *~* ***op*** *a) (~ ud)* unfold; *b) (om klapsæde: ~ tilbage)* tip up; *~ en* ***på*** *kinden* pat sby's cheek; *~ en på skulderen a)* pat sby's shoulder; pat sby on the shoulder; *b) (fig.: opmuntre, rose)* pat (*el.* clap) sby on the back; *~* ***sammen*** *a) (folde sammen)* fold up, collapse; *b) (T: bryde sammen)* crack up.
klapper *sb. (en, -e)* **1.** *(på jagt)* beater; **2.** *se klakør.*
klapperslange *(zo.)* rattlesnake.
klapre *vb.* **1.** clatter (*fx* clattering typewriters; the children clattered downstairs; the horses clattered along); *(langsommere og rytmisk)* clack (*fx* clacking heels (, typewriters));
2. *(ryste og ~)* rattle (*fx* the windows rattled in the wind);
3. *(om tænder)* chatter;
□ *~ med låget* rattle the lid; *~ på en skrivemaskine* clatter away at a typewriter.
klapren *sb. (en) (jf. klapre)* **1.** clatter, clattering; clacking; **2.** rattle, rattling; **3.** chattering.
klaps *sb. (et, -)* slap;
□ *få ~* be slapped.
klapsalve round of applause.
klapse *vb.: ~ en af a) (smække)* give sby a good smacking (*el.* spanking); *b) (skælde ud)* tell sby off; give sby a dressing down; *c) (irettesætte)* rap sby; *d) (straffe)* punish sby.
klapstol folding chair.
klapsæde **1.** tip-up seat; **2.** *(i bil)* folding seat.
klaptekst blurb.
klaptorsk silly ass; prize idiot.
klaptræ *(film.)* clapperboard.
klapvogn *(til barn)* (folding) pushchair; T buggy; *(am.)* stroller.
klar *adj.* **1.** clear (*fx* water, air, colours, eyes, voice; the road is clear);
2. *(lys, strålende)* bright (*fx* day, flame, light, sunshine);
3. *(øjensynlig, ikke til at tage fejl af)* plain, clear (*fx* answer; it is quite plain (*el.* clear) that he is right);
4. *(tydelig)* clear; *(stærkere)* distinct (*fx* difference, handwriting, improvement);
5. *(ikke (sinds)forvirret)* clear (*fx* thinking; they had a clear idea of what was at stake); lucid (*fx* he has lucid moments; his mind was clear (*el.* lucid));
6. *(ved bevidsthed)* conscious;
7. *(parat)* ready (*til* for, *fx* ready for use);
□ *~! a)* ready! *b) (tele.)* you are through! *(am.)* you are connected! *[med sb.] have et -t blik for* have

an open eye for; *-t som dagen* as clear as daylight; ~ *frost* clear frost; ~ *himmel* clear sky; *-t sprog (mods. kode)* plain language; *i -t sprog (også)* in clear; ~ *suppe* clear soup, consommé;
[med vb.] det er -t at det er en fordel it is clearly an advantage; *gøre sig* ~ get ready; *gøre sig noget -t* (fully) realize sth; *det stod mig -t* it was clear to me;
[med præp.] holde ~ ***af*** keep clear of; *det er -t* ***for*** *mig* it is clear to me; *være* ~ ***i*** *hovedet* have a clear head; *blive* ~ ***over*** realize; *være* ~ *over a) (kende)* be aware of (*fx* be aware of the difficulties); be alive to (*fx* the gravity of the situation); *(foran bisætn.)* be aware (*fx* I am aware that it is difficult; are you aware how difficult it is?); *b) (indse)* realize, understand (*fx* the risks involved); *c) (være sikker på)* be clear about (*fx* I'm not clear about their intentions); *(foran* how, why *etc.)* be clear (*fx* he is quite clear what he wants).

klare *vb.* **1.** *(ordne)* handle (*fx* a problem, the situation; don't worry, we can handle it; I can't handle him); take care of, deal with (*fx* a problem);
2. *(overkomme)* manage, cope with (*fx* he thinks he can manage everything; can you manage another cake? I can't manage (*el.* cope with) him; cope with the difficulties; the road could no longer cope with the traffic);
3. *(modstå, holde til)* stand up to (*fx* the pressure, torture, a test; I can't stand up to living alone);
4. *(holde ud)* take (*fx* more than I can take; I can't take her looking at me like that);
5. *(økonomisk)* afford (*fx* we can't afford the high rent); find the money for;
6. *(i fodbold)* save (*fx* a penalty, a shot);
7. *(gøre klar(ere))* clear (*fx* one's voice); *(væske)* clarify, clear; *(øl)* fine;
□ ~ ***den*** manage; T cope (*fx* he can't cope); *han -de den (ɔ: det lykkedes el. han overlevede)* he made it; *han -de den lige (ved eksamen)* he scraped through; ***godt -t!*** well done! ~ *det godt* do well; ***kunne*** ~ *(også, i nægtende, spørgende, betingende sætn.)* be equal to, be up to (*fx* I can't go to the party, I'm not up to it; if he is up to the job); *jeg* ***kan ikke*** ~ ***at*** I'm not equal to (*el.* not up to) -ing (*fx* walking all the way) *(se også ovf., eksemplerne til 3 & 4)*; *det -r* ***op*** *(om vejret)* it is clearing up; *hans ansigt -de op* his face brightened (*el.* lit up);
[med sb.] ~ ***begreberne*** clarify matters; *han -r selv sin* ***lejlighed*** *(ɔ: gør rent etc.)* he looks after his flat himself; *han gik en tur for at* ~ ***tankerne*** he took a walk to clear his mind; ~ ***tilværelsen*** cope with life; *(se også ært)*;
[med sig] ~ ***sig*** *a)* do (*fx* he did poorly in the examination; how is he doing at school?); F fare; *b) (~ sig igennem)* manage, get along (*fx* how do your children manage in an élite school like that?); *(med kniberi)* get by; *c) (økonomisk)* manage, get by (*fx* I can manage (, get by) on £100 a week); make (both) ends meet; *d) (hævde sig, fx i konkurrence)* hold one's own (*over for* with, *fx* our team can hold their own with any in the country; she held her own in the discussion); *(i vanskelighed, mod kritik etc.,* T*)* keep one's end up; ~ ***sig godt (, dårligt)*** do well (, badly) (*fx* at school); give a good (, poor) account of oneself; F make a good (, poor) showing, acquit oneself well (, badly); ***lige*** ~ ***sig*** *(ɔ: økonomisk)* scrape by, scrape along (*med* on, *fx* £100 a week); ~ ***sig med*** *a) (nøjes med)* make do with (*fx* I had to make do with a bunk bed); *b) (økonomisk)* manage on (*fx* we can manage on my salary);
~ ***sig selv*** *(også økonomisk)* fend for oneself (*fx* it's time he learnt to fend for himself; after his father's death he had to fend for himself); F shift for oneself; *(passe på sig selv, være uafhængig også)* take care of oneself, look after oneself (*fx* let her go alone, she is old enough to look after herself); *lade ham* ~ *sig selv (ɔ: opgive at hjælpe)* leave him to his own devices; ~ ***sig ud af*** get out of; ~ ***sig uden*** do without.

klarere *vb.* clear.

klarering *sb. (en, -er)* clearance.

klaret *sb. (en)* **1.** cooking fat; **2.** *(til bagværk)* shortening.

klargøre *vb.* **1.** *(gøre parat)* make (*fx* the boat) ready; **2.** *(forklare)* make (*fx* his motives) clear.

klarhed *sb. (en) (jf. klar)* **1.** clearness; **2.** brightness; **3.** plainness; clarity (*fx* of expression; the clarity of his explanation); **4.** clearness, distinctness; **5.** clarity (*fx* of thinking); lucidity;
□ *komme til* ~ *over* realize; F perceive.

klarhjernet, **klarhovedet** *adj.* clear-headed.

klarinet *sb. (en, -ter) (mus.)* clarinet.

klarinettist *sb. (en, -er)* clarinet(t)ist.

klaring *sb. (en, -er)* **1.** *(i vejret)* clearing up;
2. *(af væske)* clarification, clearing; *(af øl)* fining;
3. *(i fodbold)* save;
□ *få* ~ *på noget* have sth cleared up.

klarlægge *vb.* explain.

klarlæggelse *sb. (en, -r)* explanation.

klarmelding: *vi venter på en* ~ *fra dem* we are waiting for them to report they are ready.

klarskrift *sb. (en) (edb)* hard copy.

klarsyn *se klarsynethed.*

klarsynet *adj.* clear-sighted.

klarsynethed *sb. (en)* clear-sightedness.

klartekst *(mods. kode)* plain text, uncoded text;
□ *i* ~ en clair.

klartone *sb. (tele.)* dialling tone; *(am.)* dial tone.

klarttænkende *adj.* clear-headed.

klase *sb. (en, -r)* **1.** bunch (*fx* of bananas, of grapes); truss (*fx* of tomatoes); *(tæt)* cluster (*fx* of berries, of flowers); **2.** *(bot.)* raceme.

klask *sb. (et, -)* **1.** slap (*fx* she gave him a slap on his behind);
2. *(plask)* splash.

klaske *vb.* **1.** slap (*fx* slap his behind; slap butter on the bread, slap paint on the wall); **2.** *(plaske)* splash;
□ ~ *op* run up (*fx* a house); ~ *sig på lårene* slap one's thighs; ~ *sammen* collapse.

klasse *sb. (en, -r)* **1.** *(kategori)* class;
2. *(i skole: elever)* class;
3. *(klassetrin, i underskolen)* class; *(på højere trin)* form; *(am.)* grade;
4. *(klasseværelse)* classroom;
□ *i en* ~ *for sig selv* in a class by itself (, himself, herself); *gå i femte* ~ be in the fifth class (, grade); *sætte i* ~ *med* class with; *(se også førsteklasses, andenklasses, tredjeklasses, rejse*[2] *(på))*.

klassebevidst *adj.* class-conscious.

klassedeling class division.

klassedelt class-divided (*fx* society).

klasseforskel class distinction.

klasseinddeling class division.

klassekammerat *(især* F*)* classmate;
□ *en af mine -er* one of the pupils in my class; *hun er min* ~ she is in my class (at school); *vi er -er* we are in the same class (at school).
klassekamp class struggle.
klassekvotient class size, size of class.
klasselærer class teacher.
klasseløs *adj.* classless.
klassesamfund class society.
klasseskel class barrier.
klassesæt class set.
klassetrin *se klasse.*
klasseundervisning class teaching; *(fagl.)* the simultaneous method.
klasseværelse classroom.
klassicisme *sb. (en)* classicism.
klassificere *vb.* **1.** *(inddele i grupper)* classify; **2.** *(anbringe i en bestemt gruppe)* class (*som* as).
klassificering *sb. (en)* **1.** classification; **2.** classing.
klassiker *sb. (en, -e)* classic.
klassisk[1] *adj.* **1.** *(typisk; mønstergyldig)* classic (*fx* beauty, example, joke, mistake, event; film, play, book);
2. *(angående oldtiden el. mods. moderne fx om videnskab)* classical (*fx* architecture, languages; ballet; physics);
3. *(enkel; harmonisk)* classic (*fx* clothes, dress, style); classical (*fx* design, elegance, grace);
4. *(mus.)* classical (*fx* composer, music, symphony).
klassisk[2] *adv.* classically (*fx* beautiful).
klat *sb. (en, -ter)* **1.** *(af noget klæbrigt; utydelig ~)* blob (*fx* of cream, of jam, of glue, of paint; I saw a red blob in the distance);
2. *(dråbe)* drop (*fx* of paint);
3. *(klump)* (small) lump (*fx* of mud);
4. *(plet)* stain (*fx* paint stains on his overall); *(større, især blæk-)* blot;
5. *(ringe antal)* handful;
□ *have en ~ tilovers for en* (T*: holde af)* have a soft place in one's heart for sby; *slå en ~* make a stain (, blot); *en ~ smør* a knob of butter.
klatgæld petty debts pl.
klatmaler dauber.
klatmaleri *(billede)* daub.
klatmikkel butterfingers.
klatpapir blotting paper.
klatre *vb.* climb; *(med besvær)* clamber (*fx* over a pile of furniture);
□ ~ ***ned ad*** climb down (*fx* the ladder); ~ ***op ad (, op i)*** climb (*fx* a ladder, a tree); ~ ***op på*** *a)* climb (*fx* a mountain); *b) (op oven på)* climb onto (*fx* the roof, the table).
klatrefod *(zo.)* climbing (*el.* scansorial) foot.
klatrestang climbing pole.
klatrestativ climbing frame; *(am.)* jungle gym.
klatretyv cat burglar.
klatskilling trifling amount; T piffling amount;
□ *det er kun en ~* that is mere chicken feed, that is peanuts.
klatte *vb. (lave pletter)* stain; *(om større klatter, især blæk)* blot;
□ *~ med, ~ væk* fritter away (*fx* one's money, one's time); *han -r ikke med det!* he does not do things by halves!
klatteri *sb. (et, -er)* **1.** *(dårligt maleri)* daub; **2.** *(småting)* trifle(s).
klatvaske *vb.* do some small things.
klatvasken the smalls pl.
klatvis *adv.* **1.** *(pletvis)* in spots; **2.** *(i små portioner)* by (*el.* in) dribs and drabs.
klatøjet *adj.* bleary-eyed.
klaustrofobi *sb. (en)* claustrophobia.
klaustrofobisk[1] *adj.* claustrophobic.
klaustrofobisk[2] *adv.* in a claustrophobic manner.
klausul *sb. (en, -er)* **1.** clause;
2. *(forhåndsbetingelse)* proviso (*fx* with the proviso that ...).
klaver *sb. (et, -er)* piano;
□ *spille ~* play the piano.
klaveraften piano recital.
klaverbænk music stool.
klaverskole *(lærebog)* Piano Tutor.
klaverspil piano playing; piano music.
klaverspiller pianist.
klaverstemmer *sb. (en, -e)* piano tuner.
klaviatur *sb. (et, -er)* keyboard.
klavre *vb.* climb; *(med besvær)* clamber.
klejn *adj.* **1.** *(lille)* tiny; **2.** *(svag)* delicate.
klejne *sb. (en, -r) (svarer omtr. til)* cruller;
□ *-r* (S*: penge)* dough sg.
klejnkunst small-scale art.
klejnmodig *adj.* faint-hearted.
klejnsmed *(omtr.)* metalworker.
klem *sb. (et, -)* **1.** *(omfavnelse)* hug;
2. *(tryk)* squeeze (*fx* he gave her hand a squeeze);
□ *stå på ~* be half-open; *(om dør også)* be ajar; *lade døren stå på ~ (også fig.)* leave the door ajar (*fx* a door was left ajar for a different solution); *åbne døren på ~* open the door a little (*el.* slightly); T open the door a crack; *(se også fynd).*
klematis *sb. (en, -) (bot.)* clematis.
klemme[1] *sb. (en, -r)* **1.** *(tøj-)* clothes-peg; *(se også hårklemme, slangeklemme, sårklemme)*;
2. (T*: knibe)* scrape, fix;
3. *(tykt stykke mad)* hunk of bread and butter;
□ *få fingeren* ***i*** *~ i en dør* trap one's finger in a door; get one's finger caught in a door; *han har mange penge i ~* he has a lot of money at stake; *sidde i ~* be stuck, be jammed; *være i ~ (fig.)* be in a (tight) spot; *have en ~* ***på*** *en* have a hold on sby.
klemme[2] *vb. (klemte, klemt) (se også klemt*[2]*)* **1.** squeeze (*fx* her hand; try to squeeze one's foot into a shoe; squeeze out some toothpaste);
2. *(omfavne)* hug, squeeze;
3. *(om fodtøj)* be too tight, press (*fx* I don't like shoes that press; the shoe is pressing my toe); *(så det gør ondt)* pinch;
4. *(få i klemme)* squeeze (*fx* one's finger); get caught (*fx* get one's finger caught in a door);
□ *være klemt* ***inde*** *se klemt*[2]; ~ **'*på*** set to work (with a will); *klem på! a)* come on! get on with it! *b) (fortæl, sig frem)* fire away! ~ ***på med*** *noget* work away at sth; T slog away at sth; ~ ***sammen*** squeeze; ~ *balderne sammen (fig.,* S*: tage sig sammen)* get on the ball, get one's act together; ~ ***sig ind*** *a)* squeeze in; *b) (om bil, efter overhaling)* cut in; ~ ***sig sammen*** *(rykke sammen)* squeeze up; ~ *sig sammen på bagsædet* squeeze into the back seat; ~ **'*til*** squeeze hard.
klemskrue binding screw; *(elek.)* terminal.
klemt[1] *sb. (et, -)* **1.** *(med dørklokke)* ring;
2. *(med kirkeklokke)* peal; *(langsomt)* toll;
3. *(sporvogns)* clang.
klemt[2] *adj. (under pres)* hard-pressed;
□ ~ *fast, ~ inde* trapped; ~ *inde mellem (også)* wedged between, sandwiched between (*fx* I was sandwiched between two big men).
klemte *vb.* **1.** *(med dørklokke)* ring; **2.** *(om sporvogn)* clang; **3.** *(om kirkeklokke: med langsomme slag)* toll;

□ ~ *med klokkerne (ɔ: som signal)* ring the alarm.
klenodie *sb. (et, -r)* jewel, gem; *-r (også)* treasures.
kleppert *sb. (en, -er)* **1.** *(person)* hefty chap; **2.** *(hest)* nag.
kleptoman *sb. (en, -er)* kleptomaniac.
kleptomani *sb. (en)* kleptomania.
klerikal *adj.* clerical.
klerk *sb. (en, -e)* priest.
kliché, kliche *sb. (en, klicheer)* **1.** *(forslidt udtryk)* cliché; **2.** *(typ.)* (printing) block.
klichéanstalt stereotyping and electrotyping establishment.
klid *sb. (et)* bran.
klient *sb. (en, -er)* client.
klientel *sb. (et, -ler)* clientele.
klientgøre *vb.* clientize.
klientkonto clients' account.
klientstat client (state).
klik *sb. (et, -)* click (*fx* of a camera, of a lock); *(skarpere: smæld)* snap (*fx* the lid shut with a snap);
□ *slå ~ (om skydevåben)* misfire; *hans stemme slog ~ a) (knækkede over)* his voice broke; *b) (svigtede)* his voice failed; *det slog ~ for ham, nerverne slog ~* he broke down.
klike *sb. (en, -r)* clique, set; F coterie.
klikevæsen cliquism.
klikke *vb.* **1.** *(om lyd)* click; *(skarpere)* snap; **2.** *(om skydevåben)* misfire;
□ *det -de i mine ører (ɔ: ved højdeforandring)* my ears were popping.
klima *sb. (et, -er) (også fig.)* climate (*fx* a temperate climate; move to a warmer climate; create a favourable climate for negotiations; the intellectual (, economic) climate).
klimaanlæg air-conditioning plant.
klimabælte climatic region, zone.
klimaforandring change in climate, climatic change.
klimaks *sb. (en el. et, -er)* climax.
klimakteriel *adj.* menopausal.
klimakterium *sb. (et, klimakterier)* **1.** menopause; **2.** *(overgangsperiode)* climacteric.
klimatisk[1] *adj.* climatic.
klimatisk[2] *adv.* climatically.
klimatolog *sb. (en,-er)* climatologist.
klimatologi *sb. (en)* climatology.
klimatologisk[1] *adj.* climatologic(al).
klimatologisk[2] *adv.* climatologically.
klimpre *vb.* strum (*på* on, *fx* strum on a guitar; strum a tune on the piano).
kline *vb.* **1.** paste; **2.** *(med ler)* build with mud;
□ *-t væg* mud wall;
[med præp.] ~ sig ***op ad*** *en* stick close to sby; *(neds.)* stick to sby like a limpet; *-t op ad a)* close to, slap up against; *b) (fig.: ikke til at få væk fra)* glued to (*fx* he was glued to the television all day; the children stayed glued to their mother).
klinge[1] *sb. (en, -r)* blade;
□ *den flade ~* the flat of the sword; *gå en på -n* question sby closely; press sby hard, push sby (*fx* if you pushed him he would probably agree); *krydse ~ med* cross swords with.
klinge[2] *vb. (-de el. klang, klinget) (se også klingende)* sound, ring; *(især om bjælde)* jingle;
□ *~ hult* have a hollow ring.
klingende *adj.* **1.** ringing; **2.** *(klangfuld)* sonorous;
□ *~ bjælder* tinkling bells; *~ mønt* hard cash; *med ~ spil (svarer til)* with drums beating.
klingklang *sb. (et)* **1.** *(lydefterlignende)* ding-dong; **2.** *(om musik, vers)* jingle.
klingre *vb.* jingle; *(lettere)* tinkle;
□ *-nde frost* crisp (*el.* hard) frost.
klinik *sb. (en, -ker)* **1.** *(tandlæge-, øjen-)* clinic;
2. *(privathospital)* nursing home, private hospital;
3. *(klinisk øvelse)* clinic.
klinikassistent **1.** *(som udfører kontorarbejde)* receptionist;
2. *(som assisterer ved behandling hos læge)* (doctor's) nurse; *(hos tandlæge)* dentist's assistant (pl. dentists' assistants).
kliniker *sb. (en, -e)* clinician.
klinisk[1] *adj. (også fig.)* clinical.
klinisk[2] *adv.* clinically.
klink *sb.: spille ~* play pitch and toss; *jeg ejer ikke en ~* T I haven't got a penny (*el.* cent).
klinkbygget *adj. (sø.)* clinker-built.
klinke[1] *sb. (en, -r)* **1.** *(på dør)* latch; **2.** *(sten)* clinker; *(til gulv)* quarry tile.
klinke[2] *vb.* **1.** *(skåle)* touch (*el.* clink) glasses (*med* with); **2.** *(reparere porcelæn)* rivet;
□ *jeg skal ikke have noget -t!* T I'm not going to stick my neck out!
klinkeæg chipped (*el.* cracked) egg.
klint *sb. (en, -er)* cliff.
klinte *sb. (en) (bot.)* corn cockle;
□ *~ iblandt hveden (bibelsk)* tares among the wheat; *skille -n fra hveden (svarer til)* separate the grain from the chaff.
klip *sb. (et, -)* **1.** *(med saks)* clip, cut; **2.** *(i billet)* clip, punch; **3.** *(i film: brat overgang)* cut; *(række billeder)* clip (*fx* show clips from a new film).
klipfisk (split and) dried cod.
klipning *sb. (en, -er)* **1.** cutting; clipping;
2. *(af person)* haircut;
3. *(af får)* shearing;
4. *(af film)* editing, cutting.
klippe[1] *sb. (en, -r)* rock.
klippe[2] *vb.* **1.** cut (*fx* his hair); clip (*fx* clip (*el.* cut) it out of a newspaper);
2. *(får)* shear, clip;
3. *(film.)* edit, cut;
4. *(billet)* clip, punch;
□ *~ en* cut sby's hair; *blive -t (hos barber)* have one's hair cut, have a haircut; *få håret -t kort* have one's hair cropped; *~ hæk* trim (*el.* cut *el.* clip) the hedge;
*[med adv. & præp.] ~ '****fra*** cut off; *~ sig* ***i*** *fingeren* cut one's finger; *~ '****over*** cut, cut through, clip (*fx* a wire); *~ '****til*** cut into shape.
Klippebjergene *sb.pl. (geogr.)* the Rocky Mountains; T the Rockies.
klippeblok rock, boulder.
klippedue *(zo.)* rock dove.
klippefast *adj.* rock-solid; unshakable (*fx* conviction); *(præd. også)* firm as a rock; F rocklike.
klippegrund rocky ground.
klippehule rock cave.
klippekort [reduced-price ticket valid for several journeys and punched for each].
klippekyst rocky coast.
klippemaskine **1.** clipper; **2.** *(til får)* shearing machine.
klipper[1] *sb. (en, -e)* **1.** *(billetsaks)* ticket punch; **2.** *(fåre-)* sheep shearer.
klipper[2] *sb. (en, -e) (skib)* clipper.
klipperum *(film.)* cutting room.
klippeskred rockslide.
klippeskrænt cliff.
klippespalte rock cleft; *(mindre)* crevice.
klippesvale *(zo.)* crag martin.
klippetinde, klippetop peak.
klippevæg rock wall.
klippeø rocky island, rock.
klirre *vb.* **1.** *(om klar lyd: mønter, nøgler, glas, sporer)* jingle; *(om mønter, glas, sølvtøj også)* clink, chink; *(om el. som glas der knuses)* tinkle;
2. *(rasle, skramle)* rattle (*fx* the cups (, the windows) rattled); *(om tunge metalting)* clank (*fx* the chains clanked); *(om ubehagelig*

lyd) jangle (*fx* jangling chains (, keys));
□ ~ *med* jingle, rattle (etc.).
klirren *sb. (en) (jf. klirre)* **1.** *(det at klirre)* jingling, clinking, chinking, tinkling; *(enkelt lyd)* jingle, clink, chink, tinkle; **2.** *(det at rasle etc.)* rattling, clanking, jangling; *(enkelt lyd)* rattle, clank, jangle.
klister *sb. (et el. en)* paste.
klistermærke sticker.
klisterpapir **1.** gummed paper; **2.** *(strimmel)* adhesive tape.
klisterpotte paste pot.
klistre *vb. (se også klistret)* **1.** stick (*fx* stamps on an envelope); *(med klister)* paste; *(med lim)* glue; **2.** *(hænge sammen)* stick (together);
3. *(hænge fast)* stick (*til* to, *fx* the dough stuck to my fingers); *(om tøj etc. også)* cling (*til* to, *fx* the wet clothes clung to his skin);
□ ~ *tapet* ***op*** paste up (*el.* hang) wallpaper; *(se også klæbe (op, sammen, til))*; ~ *sig* ***op ad*** *se kline*; ~ *'**på** (fig.,* T*)* tack on (*fx* an extra chapter to a novel; an extension to a house).
klistret *adj. (klæbrig)* sticky; *(let)* tacky; *(af sukker etc.)* gooey.
klit *sb. (en, -ter)* (sand) dune.
klitoris *sb. (en, -(s)er) (anat.)* clitoris.
klitrose *(bot.)* Scotch rose.
klittag *sb. (en, -) (bot.)* marram grass.
klo *sb. (en, kløer)* **1.** claw; *(rovfugls)* talon; **2.** *(skrift)* scrawl;
□ *med næb og kløer se næb*; *[med vb.]* ***komme i*** *kløerne på en* get into sby's clutches; ***skrive*** *en ulæselig* ~ write in an illegible scrawl; ***slå*** *en* ~ ***i*** *a)* grab; *b) (slå ned på)* pounce on; ***vise*** *kløer (fig.)* show fight.
kloak *sb. (en, -ker)* **1.** *(offentlig, større: kloakledning)* sewer; *(afløb fra enkelt hus)* drain; **2.** *(zo.)* cloaca (pl. -e).
kloakafløb drain.
kloakdyr *(zo.)* monotreme.
kloakdæksel manhole cover.
kloakere *vb.* **1.** *(med objekt)* sewer (*fx* an area, a village); **2.** *(uden objekt)* provide the area (, the village etc.) with sewers.
kloakering *sb. (en, -er)* sewerage.
kloakledning sewer.
kloakmester **1.** sewer contractor; **2.** *(firma)* drain service.
kloakrensning sewer cleaning.
kloakrør **1.** sewer; **2.** *(afløb)* drain pipe.
kloakslam sludge.
kloakvand sewage.
klode *sb. (en, -r)* **1.** globe (*fx* in all parts of the globe); **2.** *(planet)* planet;
□ *fjerne -r* distant stars (, planets).
klodrian *sb. (en, -er)* clumsy fool, bungler.
klods *sb. (en, -er)* **1.** block (*fx* a block of wood);
2. *(byggeklods)* (toy) brick;
3. *(stort stykke)* hunk (*fx* of cheese); *(uformelig)* chunk;
4. *(bremse- under hjul)* chock;
5. *(om person: stort brød)* great lump (of a man, woman etc.), hulk;
6. *(klodrian)* clumsy fool, bungler;
□ *barnet er en* ~ *om benet på hende* the child is a drag on her; *købe noget på* ~ T buy sth on tick.
klodse *vb. (batte, forslå)* help a lot;
□ *så det -r* T with a vengeance; ~ *op a)* chock up (*fx* a car, a boat); put (*fx* a car, a boat) on chocks; *b) (tage ud af brug)* lay up (*fx* a car).
klodset[1] *adj.* clumsy.
klodset[2] *adv.* clumsily.
klodsmajor clumsy fool, bungler.
klog *adj.* **1.** *(fornuftig)* sensible (*fx* plan, solution); *(stærkere)* wise (*fx* decision, policy, suggestion; it was wise (, sensible) of you; it would be wiser to wait);
2. *(forstandig)* intelligent; *(mere* F*)* wise (*fx* a wise old man; she was five years older and wiser than me); *(*F *el. spøg.)* sagacious (*fx* person; remark);
3. *(betænksom, forsigtig)* prudent (*fx* she is a prudent manager of money; a prudent choice; it would be prudent to wait);
4. *(om dyr)* intelligent;
□ ***ikke rigtig*** ~ not all there; not quite right in the head; *du er ikke rigtig ~!* you're off your head! you're out of your mind! you ought to have your head examined!
[med sb.] ~ *kone* wise woman; ~ *mand* wise man; *det var et -t råd* that was sound advice;
[med vb. (+ præp.)] ***blive*** ~ ***af*** *skade se skade*[2]; ***blive*** ~ ***på*** make out (*fx* I cannot make him (, it) out); *du ville* ***gøre*** *-t* ***i at*** you would be wise (*el.* well-advised) to (*fx* accept the offer); you would do well to; *det skal jeg ikke* ***gøre*** *mig* ~ ***på*** I don't pretend to know anything about that; ***spille*** ~ T be a cleverdick.
klogelig *adv.* wisely, (very) sensibly; *(jf. klog 1).*
klogskab *sb. (en) (jf. klog)* **1.** wisdom; **2.** intelligence; sagacity; **3.** prudence.
klokke[1] *sb. (en, -r)* **1.** bell; **2.** *(oste-)* cover; **3.** *(isolator)* bell-shaped insulator;
□ *"klokken" (tele.)* the speaking clock; *-n tre a)* three o'clock (*fx* three o'clock will suit me fine); *b) (om hvornår noget sker)* at three (o'clock) (*fx* we'll come at three); *(se også eftermiddag, morgen (om morgenen etc.), tolv)*;
[med vb.] -n ***blev*** *tre* three o'clock came on; *-n* ***er*** *tre* it is three o'clock; *-n er mange* it is late; it (*el.* time) is getting on; *hvad (el. hvor mange) er -n ?* what time is it? what's the time? *sige hvad -n er* tell the (right) time (*fx* could you tell me the time, please?); *han* ***kan ikke*** *-n endnu* he can't tell the time yet; *-n* ***slår*** *ti* it strikes ten; *vide hvad -n er slået (fig.* T*:)* know what the score is; *(se også halv, ringe*[3] *(med)).*
klokke[2] *vb.:* ~ *i det* T bungle (*fx* he has bungled again!); make a mess of things.
klokkeblomst *(bot.)* harebell.
klokkebøje *(sø.)* bell buoy.
klokkeformet *adj.* bell-shaped.
klokkefrø *sb. (en, -er) (zo.)* fire-bellied toad.
klokkefår **1.** bellwether; **2.** *(fig.: tåbe)* mug.
klokkehat cloche.
klokkehyacint *(bot.)* bluebell.
klokkeklang the sound of bells; ringing (of bells).
klokkeklar *adj.* = *klokkeren.*
klokkeknebel clapper, tongue (of a bell).
klokkelyng *(bot.)* bell heather.
klokkenist *sb. (en, -er)* carillonneur.
klokker *sb. (en, -e)* **1.** *(ringer)* bellringer; **2.** *(tåbe)* blockhead.
klokkeren *adj.* **1.** *(om stemme, præd.)* as clear as a bell; **2.** *(om aftale)* absolutely clear.
klokkesignal signal with a bell.
klokkeslag stroke of a clock (, a bell).
klokkeslæt hour;
□ *på* ~ punctually; on the stroke of ten (etc.).
klokkespil **1.** *(i kirketårn)* carillon; **2.** *(i orkester)* glockenspiel; *(rørklokker)* tubular bells, chimes pl.
klokkestabel bell frame.
klokkestreng bell wire, bell pull;
□ *jeg hænger altid i en* ~ I cannot call my soul my own.
klokkestøber bell founder.
klokkestøberi bell foundry.
klokketårn bell tower; *(del af kir-*

ketårn) belfry.
klon *sb. (en, -er) (biol.)* clone.
klondike *sb. (et)* shanty town.
klone *vb. (biol.)* clone.
klor *sb. (en el. et)* chlorine.
klorholdig *adj.* chlorine-containing.
klorkalk chloride of lime.
kloroform *sb. (en)*, **kloroformere** *vb.* chloroform.
klorofyl *sb. (et)* chlorophyll.
klos *adv.* close;
□ ~ *op ad* close to; T jammed (*el.* slap) up against.
klosaks *(fx på hummer)* pincer.
kloset *sb. (et, -ter)* lavatory.
klosrebet *adj. (sø.)* close-reefed.
kloster *sb. (et, klostre)* **1.** *(nonne-)* convent; **2.** *(munke-)* monastery;
□ *gå i* ~ enter a convent (, monastery); *(om mand også)* become a monk; *(om kvinde også)* become a nun.
klostergang cloister.
klostergård cloisters pl.; cloister garth.
klosterkirke abbey church.
klosterliv monastic (*el.* convent) life.
klosterløfte monastic vow.
klosterskole convent school.
klov *sb. (en, -e)* hoof (pl. -s, hooves).
klovdyr cloven-footed animal.
klovesyge *sb. (en)* foot-rot;
□ *mund -og* ~ foot-and-mouth disease.
klovn *sb. (en, -e)* **1.** clown;
2. *(klodrian)* clumsy fool, bungler.
klovnnummer clown act.
klovsyge = *klovesyge.*
klub *sb. (en, -ber)* **1.** *(også fig.)* club; **2.** *(lokal fagforening)* local union branch.
klublejlighed [flat divided into bed-sitting rooms].
klubstol club chair.
klubværelse *(omtr.)* bedsitter.
klud *sb. (en, -e)* **1.** *(las)* rag; **2.** *(til bestemt formål)* cloth (*fx* dish-cloth, facecloth, floor cloth);
□ *-e* (T: *tøj)* things; *komme i -ene* T get one's things on; *sætte liv i -ene a) (lave sjov)* liven things up; *b) (skabe travlhed)* make things hum; *(se også rød).*
kludder *sb. (et)* mess, muddle.
kluddermikkel bungler.
kludedukke rag doll.
kludeklip fabric collage.
kludekræmmer rag-and-bone man; rag dealer.
kludesamler rag picker.
kludesko carpet slipper.
kludetæppe **1.** *(vævet)* rag rug;
2. *(syet)* patchwork quilt.
kludre *vb.* bungle;
□ ~ *i det* bungle, make a mess of things; ~ *med* bungle, make a mess of, mess up.
kluk *sb. (et, -)* **1.** *(fugles)* cluck; clucking; **2.** *(latter)* chuckle; **3.** *(af vand)* gurgle.
klukke *vb.* **1.** *(om fugl)* cluck;
2. *(le)* chuckle; **3.** *(om vand)* gurgle.
kluk-kluk *interj.* **1.** *(lyd af flaske)* glug-glug; **2.** *(lyd af høne)* cluck-cluck.
kluklatter chuckle.
klukle *vb.* chuckle.
klumme *sb. (en, -r) (typ.: spalte)* column; *(side)* page.
klummerhoved bungler.
klummetitel *(typ.: levende ~)* running head(line).
klump *sb. (en, -er)* **1.** lump (*fx* of butter, of clay, of dough, of earth, of meat);
2. *(omkring plantes rod)* the soil around the roots (of a plant) (*fx* plant the rose with the soil around its roots);
3. *(guld-)* nugget;
4. *(udskæring af oksekød)* knuckle;
□ *have en ~ i halsen (fig.)* have a lump in one's throat; *der er -er i havregrøden* the porridge is lumpy.
klumpe *vb.* clot;
□ ~ *sig sammen (om personer)* huddle together.
klumpedumpe *sb. (en, -r) (omtr.)* bumbler.
klumpedumpet *adj.* galumphing.
klumpet *adj.* lumpy (*fx* porridge, figure).
klumpfod club foot.
klumpfodet club-footed.
klumpnæse **1.** swollen nose;
2. *(især om dranker)* bottlenose.
klumre *vb. se kludre.*
klunke *sb. (en, -r)* tassel.
klunkestil Victorian style.
kluns *sb. (et)* **1.** *(tøj)* things pl.;
2. *(skidt)* rubbish.
klunse *vb.* **1.** *(rode i skraldebøtter)* scavenge; **2.** *(samle klude)* pick rags; **3.** *(om spil)* play Spoof.
klunser *sb. (en, -e)* **1.** *(jf. klunse 1)* scavenger; **2.** *(jf. klunse 2)* rag picker.
kluntet[1] *adj.* clumsy; *(svagere)* awkward (*fx* puppy); *(om handling også)* heavy-handed (*fx* attempt, compliment, interference); F inept (*fx* their inept handling of the affair).
kluntet[2] *adv. (jf. kluntet*[1]*)* clumsily; awkwardly; F ineptly.
klyde *sb. (en, -r) (zo.)* avocet.
klynge[1] *sb. (en, -r)* **1.** cluster (*fx* of berries, of mushrooms; of people; of houses); *(af mennesker også, mindre, tæt)* knot; **2.** *(træ-)* clump, group.
klynge[2] *vb.: ~ op (ɔ: hænge)* string up; ~ *sig til* cling to; *(se også halmstrå).*
klyngebombe cluster bomb.
klyngehuse *sb.pl.* cluster houses.
klynk *sb. (et, -)* **1.** whimper;
2. *(spædbarns)* cry; T grizzling.
klynke *vb.* **1.** whimper;
2. *(om spædbarn)* cry; T grizzle;
3. *(beklage sig)* whine, moan (*over* about);
4. *(sige med klagende stemme)* whimper, bleat (*fx* "She hit me!" he bleated).
klynkehoved **1.** whiner; **2.** *(om barn)* cry-baby.
klynken *sb. (en)*, **klynkeri** *sb. (et)*
1. whimpering; **2.** *(beklagelser)* whining, moaning.
klys *sb. (et, -) (sø.)* hawsehole.
klyster *sb. (et, -er) (med.)* enema.
klystersprøjte *sb.* enema syringe.
klyver *sb. (en, -e) (sø.)* jib.
klyverbardun *(sø.)* jib guy.
klyverbom *(sø.)* jib boom.
klæbe *vb.* **1.** stick (*fx* stamps on an envelope); *(med lim)* glue; *(med klister)* paste;
2. *(hænge fast)* stick (*til, ved* to, *fx* the dough stuck to my fingers); *(fx om vådt tøj også)* cling (*til* to, *fx* one's skin); *(se også taburet)*;
3. *(være klæbrig)* be sticky (*fx* the floor is sticky);
[med adv.] ~ *'**op** a)* stick (up), paste up (*fx* posters; a notice on a wall); *b) (billeder etc.)* mount; ~ *op på pap* mount on cardboard; ~ *op ad se kline (sig)*; ~ *'**sammen*** stick (, glue, paste) together; ~ *en konvolut '**til*** stick down (*el.* seal) an envelope.
klæbehjerne a photographic (*el.* a flypaper) memory.
klæbemiddel adhesive.
klæbestrimmel adhesive tape.
klæbrig *adj.* **1.** sticky; *(let)* tacky; *(af sukker etc.)* gooey; **2.** *(slimet og ~)* viscous; **3.** *(om person)* clinging.
klæde[1] *sb. (et, -r)* cloth;
□ *-r (tøj, påklædning)* clothes; F clothing; *-r skaber folk* fine feathers make fine birds; *være i kongens -r* wear the King's uniform.
klæde[2] *vb. (klædte, klædt) (se også klædt)* **1.** *(være klædelig for)* suit (*fx* her new dress suits her; she has grown more plump, but it suits her); F become;

2. *(om opførsel: anstå sig for, især i negative udtryk)* become (*fx* such behaviour does not become a young girl);
3. *(let glds.: holde med tøj)* clothe (*fx* he feeds and clothes them);
□ ~ ***af*** undress; *(til skindet)* strip (off); ~ *en af (til skindet) (fig.) a) (afsløre)* expose sby; show sby up for what he is; *b) (plyndre)* clean sby out, bleed sby white, fleece sby; ~ *en gård af (ɔ: sælge værdierne)* strip a farm; ~ *en* ***på*** *a)* dress sby; *b) (fig.,* T*)* prepare sby, equip sby (*til* for, *fx* a task); *[med sig]* ~ ***sig*** dress (*fx* with taste); ~ ***sig af*** undress; ~ ***sig i*** wear, dress in; ~ ***sig om*** change (one's clothes); ~ *sig om til middag* dress for dinner; ~ ***sig på*** dress, get dressed; ~ *sig varmt på* put on sth warm; ~ ***sig ud*** dress up; ~ *sig ud som* dress up as.
klædebon *sb. (et) (glds.)* raiment.
klædebørste *sb. (en, -r)* clothes brush.
klædedragt dress; F garb, attire.
klædelig *adj.* becoming (*fx* dress); *(se også beskedenhed).*
klædeskab wardrobe.
klædning *sb. (en, -er)* **1.** *(sæt klæder)* suit of clothes;
2. *(sø.: med planker)* planking; *(med jernplader)* plating.
klædningsstykke article of clothing; F garment.
klædt *adj. (jf. klæde[2])* dressed (*fx* elegantly (, neatly, badly) dressed; dressed in black (, white));
□ *hun var* ~ *i sort (, hvidt) (også)* she was wearing a black (, white) dress; *klædt på (fig.: forberedt)* prepared, briefed; *varmt klædt på* warmly dressed.
klæg *adj.* **1.** *(brød)* pasty; **2.** *(jord)* sticky, clayey.
klækkelig *adj.* considerable, handsome (*fx* reward).
klø[1] *sb.pl. (prygl, nederlag)* a beating (*fx* give him (, get) a good beating); a thrashing, a hiding.
klø[2] *vb.* **1.** *(kradse)* scratch;
2. *(prygle, besejre)* beat, thrash; *(besejre også,* T*)* lick;
3. *(føle kløe)* itch (*fx* my nose is itching);
□ *mine fingre -r* ***efter at*** my fingers are itching to (*fx* try); I'm itching to (*fx* get my hands on him); *det -r* ***over*** *hele kroppen på ham* he is itching all over; ~ '***på*** *(arbejde energisk)* go at it; *de -ede på med at bygge huset* they went at the building of the house with a will; ~ ***sig*** *i hovedet (, i nakken, bag øret)* scratch one's head; *det er så let som at* ~ *sig i nakken* it is as easy as falling off a log; *jeg kan gøre det så let som at* ~ *mig i nakken* I can do that (standing) on my head.
kløe *sb. (en)* itch, itching; *(med.)* pruritus;
□ *efter den søde* ~ *kommer den sure svie* [one has to pay for one's pleasures].
kløer *pl. af klo.*
kløestillende *adj.* antipruritic.
kløft *sb. (en, -er)* **1.** *(dyb, snæver bjerg-)* ravine; *(med flod)* gorge; *(mindre, især regn-)* gully; *(større)* canyon;
2. *(dyb, bred)* chasm;
3. *(i gren)* fork;
4. *(i hage)* dimple; *(dyb)* cleft;
5. *(fig.)* gap (*fx* the generation gap; the gap between employed and unemployed; narrow the gap between them); gulf (*fx* a deep gulf divides them; there is a deep gulf between them); *(større)* chasm (*mellem* between, *fx* the gap between rich and poor has become a chasm); F divide (*mellem* between, *fx* rich and poor, the two parties).
kløftet *adj.* forked (*fx* branch, tongue; a bird with a forked tail);
□ ~ *hage* cleft chin; *(mindre dybt)* dimpled chin.
kløfthammer claw hammer.
kløgt *sb. (en)* shrewdness; *(*F *el. spøg.)* sagacity.
kløgtig *adj.* shrewd; *(*F *el. spøg.)* sagacious;
□ *ikke videre* ~ not all that bright.
kløjes *vb.:* ~ *i det* choke on it.
kløpind back scratcher.
kløpulver itching powder.
klør *sb. (en, -er) (i kortspil)* **1.** *(farven)* clubs pl. (*fx* clubs are trumps);
2. *(om enkelt kort)* club (*fx* I played my last club);
□ ~ *es (, konge, fem)* the ace (, king, five) of clubs.
kløve *vb.* split; F cleave (*fx* sby's head with a sword);
□ ~ *brænde* chop (*el.* split) wood.
kløver *sb. (en, -e) (bot.)* clover, trefoil.
kløverblad **1.** *(bot. & om vejanlæg)* cloverleaf; **2.** *(her.)* trefoil.
km *(fork.f. kilometer)* km *(fork.f.* kilometre(s)) (*fx* 500 km(s)).
knag *sb. (en): han er en* ~ *til at* he is a dab hand at -ing (*fx* at fixing the garden).
knage[1] *sb. (en, -r)* **1.** *(til at hænge noget på: lige)* peg; *(krog)* coathook; **2.** *(på skibsrat)* spoke.
knage[2] *vb. (se også knagende)* creak (*fx* the stairs (, floorboards, door) creaked); *(kraftigere, dybere)* groan (*fx* the carriage (, the ship) groaned);
□ ~ *i fugerne (el. sammenføjningerne)* creak in the joints.
knageme T*: den er* ~ *god* it is jolly good; *det ved jeg* ~ *ikke* I'll be hanged if I know.
knagende *adv. (vældig)* jolly (*fx* clever); awfully, terribly.
knagerække (coat) rack.
knagfryse *vb.* T*: jeg -r* I am frozen to death; *det -r* it is freezing very hard.
knald *sb. (et, -)* **1.** *(lyd)* bang (*fx* shut the door with a bang; explode with a bang); *(mindre højt, smæld)* crack (*fx* of a pistol, of a whip); F report (*fx* of a gun); *((som) af en prop)* pop (*fx* of a paper bag; of a champagne cork);
2. *(stort gilde)* do; *(abefest)* rave-up;
3. *(vulg.: samleje)* bang, screw;
□ ~ *eller fald* kill or cure; neck or nothing; *det betyder* ~ *eller fald for ham* it will make or break him; *det er* ~ *i låget* T it is up the pole; *have* ~ *i låget* T be off one's rocker.
knalde *vb.* **1.** *(om lyd)* bang (*fx* the fireworks (, the guns) were banging); *(smælde)* crack (*fx* the whip cracked); *(om prop)* pop;
2. *(slå hårdt)* bang (*fx* he banged his head against the door); *(kraftigere)* slam (*fx* he slammed (, banged) the book down on the table);
3. *(slå i stykker)* smash (*fx* a window); T bust;
4. *(få til at springe)* burst (*fx* a balloon, a paper bag);
5. *(*T*: slå ned på etc.)* get (*fx* the police got him for driving too fast); *(arrestere)* bust (*fx* he has been busted for drugs);
6. *(vulg.: gå i seng med)* bang, screw; have it off with;
□ *en -nde lussing* a resounding box on the ear;
[med adv. & præp.] ~ *døren* ***i*** slam the door; ~ ***løs*** *(skyde)* blaze away; ~ ***med*** *en pisk* crack a whip; ~ ***ned*** *(skyde)* bring down, kill; S plug; ~ *røret* ***på*** *(tele.)* slam down the receiver.
knaldeffekt sensational effect; *(neds.)* cheap effect.
knaldfilm third-rate film.
knaldgas mixture of oxygen and hydrogen.
knaldgul *adj.* bright yellow.
knaldhytte T shack.
knaldhætte (percussion) cap.

knaldroman cheap novel; *(kioskroman)* pulp novel.
knaldrød *adj.* bright red;
□ *han blev ~ i hovedet* he blushed scarlet.
knaldsignal *(jernb.)* warning detonator; fog signal.
knaldsucces roaring success.
knallert *sb. (en, -er)* **1.** *(cykel med motor)* moped; *(am.)* motorbike; **2.** *(fyrværkeri)* cracker;
□ *køre på ~ a)* ride a moped (*fx* he has never tried to ride a moped); *b) (sidde på)* ride on a moped (*fx* he was riding on an old moped); *c) (benytte)* go on a (*el.* by) moped (*fx* he goes to work on a moped).
knallertkører *sb. (en, -e)* moped rider.
knap[1] *sb. (en, -per)* **1.** button; **2.** *(radio etc.)* (control) knob; *(pl.: -per også)* controls;
3. *(kontakt)* button;
4. *(på stok)* knob;
□ *dreje én en ~* take sby in, play sby a trick; *dreje på -pen* turn the knob; *dreje på -perne (ɔ: frem og tilbage)* twiddle with the controls (*el.* knobs); *(se også tælle*[2]*).*
knap[2] *adj.* **1.** scanty (*fx* resources); *(kun præd.)* scarce; **2.** *(kortfattet)* brief, concise;
□ *tiden er ~* time is (running) short; time presses; *(se også mål*[2]*); [med præp.] det er -t* ***med*** *smør a)* butter is scarce, there is a shortage of butter; *b) (ved et enkelt måltid)* there is not very much butter; *have -t med penge* be short of funds, be hard up.
knap[3] *adv.* **1.** *(næppe)* hardly (*fx* I hardly know him); scarcely;
2. *(~ og nap)* just under (*fx* in just under an hour);
3. *(kun lige)* barely (*fx* he was barely 21; I barely knew her);
□ *han var ~ kommet før(end) han begyndte at beklage sig* he had hardly (*el.* scarcely) arrived when (*el.* before) he started to complain; *(se også næppe (...før)); ~ nok a) (jf. 1)* hardly, scarcely; *b) (jf. 3)* barely.
knaphed *sb. (en)* **1.** shortage, scarcity; **2.** *(kortfattethed)* conciseness;
□ *der er ~ på* there is a shortage (*el.* scarcity) of.
knaphul buttonhole.
knaphulsblomst buttonhole.
knaphulsemblem lapel badge.
knappe[1] *vb.* button (up) (*fx* one's coat, one's blouse, one's trousers); do up (*fx* one's trousers; teach a child to do up a button);
□ *~ op* unbutton; *(se også bukser).*
knappe[2] *vb.: ~ af på* reduce; F curtail.
knappenål pin;
□ *et brev -e* a paper of pins; *så stille at man kunne høre en ~ falde (til jorden)* so quiet you could have heard (*el.* you could hear) a pin drop.
knappenålshoved pin head.
knarand *(zo.)* gadwall.
knark *sb. (en, -e): en gammel ~ a) (forbenet)* an old fogey; *(sær)* an old codger; *b) (let glds.: tåbelig)* an old buffer.
knarvorn *adj.* grumbling, grumpy.
knas *sb. (et)* **1.** *(slik)* sweets pl.; *(am.)* candy; **2.** *(i radio)* crackling; **3.** *(*T*: gniderier)* friction;
□ *der er ~ i foretagendet* there is a hitch somewhere; *han har ~ med ryggen* he has some trouble with his back.
knase *vb.* **1.** crunch, scrunch (*fx* the stones (s)crunched under our feet); **2.** *(knitre, fx om støj i radio)* crackle; **3.** *(med objekt)* crush, crunch, scrunch.
knasen *sb. (en) (jf. knase)* **1.** crunch, scrunch; **2.** crackle; crackling.
knast *sb. (en, -er)* **1.** *(i træ)* knot; **2.** *(problem)* knotty problem; **3.** *(i forhandling)* sticking point.
knastaksel camshaft.
knastet *adj.* knotty.
knastør *adj.* **1.** bone-dry (*fx* the clothes became bone-dry); dry-as-dust (*fx* cake); *(præd.)* dry as dust;
2. *(fig.)* dry-as-dust (*fx* book, lecture, person); *(præd.)* dry as dust.
kneb[1] *sb. (et, -)* **1.** *(fif)* trick (*fx* he knows all the tricks);
2. *(for at narre nogen)* ploy (*fx* a ploy to make them pay); F stratagem;
3. *(for at undgå noget)* dodge (*fx* she knows every dodge there is; he tried all sorts of dodges to avoid being called up); **4.** *se mavekneb*;
□ *alle ~ gælder* (there are) no holds barred; *i krig og kærlighed gælder alle ~* all is fair in love and war.
kneb[2] *præt. af knibe.*
knebel *sb. (en, knebler)* **1.** *(i klokke)* tongue, clapper; **2.** *(til mund)* gag.
knebelsbart *sb. (en, -er)* (handlebar) moustache.
kneben *adj.* narrow (*fx* a narrow victory);
□ *med -t flertal* with a narrow majority; *~ plads* cramped space; *der er -t med plads* we (, they etc.) are cramped for space; *sidde -t* be cramped.
knebet *pf.ptc. af knibe.*
kneble *vb. (stoppe munden på)* gag.
knebre *vb.* **1.** *(om stork)* clatter; **2.** *(om person) se knevre.*
knejpe *sb. (en, -r)* joint; *(især am.)* dive.
knejse *vb. (knejste el. knejsede, knejst el. knejset)* **1.** *(rage op)* tower; **2.** *(løfte hovedet)* hold one's head high; **3.** *(kro sig)* strut, swagger;
□ *hun -de med nakken* she tossed her head.
kneppe *vb. (vulg.)* fuck.
knever *sb. (en)* chatter;
□ *lade -en gå* chatter away.
knevle *se kneble.*
knevre *vb. (om person)* chatter, jabber.
knibe[1] *sb. (en, -r): i ~* in difficulties; T in a (tight) spot, in a fix; *komme i ~* be put on the spot, get into a fix.
knibe[2] *vb. (kneb, knebet) (se også kneben)* **1.** *(nive; om person: med to fingre)* pinch (*fx* the hinge pinched my skin; he pinched my cheek); *(skarpt, med negle el. med en tang)* nip;
2. *(klemme)* squeeze;
3. *(i kortspil)* finesse;
□ *det kneb (ɔ: det var lige ved at gå galt)* it was a near thing; it was a close shave; *han fik gjort det, men det kneb* he managed to do it, but only with some difficulty (*el.* but he was hard put); *når det -r* at a pinch;
[med præp. & adv.] ~ ***af*** *(i gartneri)* nip off (*fx* the side shoots); *det -r* ***for ham*** *a)* he is in a fix; *b) (økonomisk)* he is hard up; *det -r* ***for ham at*** he is hard put (to it) to (*fx* pay); *(mere* F*)* he has (some) difficulty in -ing; *det kneb for ham at løfte den* it was all he could do to lift it; *~ en* ***i*** *armen* pinch sby's arm;
det -r ***med*** *(ɔ: der er ikke ret meget)* there is not enough (*fx* firewood); *det -r med pengene* we (, they etc.) are short of money; T we (, they etc.) are strapped for cash; *det -r med pladsen* we (, they etc.) are cramped for space; *det -r med tiden* we (, they etc.) are pressed for time; *det -r* ***lidt med*** *forståelsen* they (etc.) don't quite understand it; *det -r lidt med hørelsen (, hukommelsen) (for mig)* I've got a bit of trou-

ble with my hearing (, memory); ~ ***på*** be sparing of; ~ *munden* ***sammen*** tighten one's lips; ~ *øjnene sammen* screw up one's eyes; ~ ***sig*** *igennem a)* squeeze through (*fx* the opening); *b) (fig.)* scrape through (*fx* an examination; he just scraped through); ~ ***ud*** *(luske af)* sneak away; ~ *ud,* ~ ***udenom*** *a) (prøve at slippe ud af det)* back out; T cop out; *b) (fx spørgsmål)* avoid the issue; T dodge the issue.

kniberi *sb. (et, -er)* **1.** *(nærighed)* stinginess; **2.** *(vanskelighed)* difficulty;
□ *med* ~ with difficulty; *(kun lige akkurat)* only just.

knibning *sb. (en, -er) (i kortspil)* finesse.

knibsk[1] *adj.* **1.** *(snerpet)* prudish; **2.** *(koket)* coy.

knibsk[2] *adv. (jf. knibsk*[1]*)* **1.** prudishly; **2.** coyly.

knibskhed *sb. (en)* **1.** prudery; **2.** *(koketteri)* coyness.

knibtang (carpenter's) pincers pl.; *en* ~ a pair of pincers.

knibtangsmanøvre *(mil.)* pincer movement.

kniks *sb. (et, -),* **knikse** *vb. (lille hurtigt)* bob; *(dybere)* curtsy, curtsey.

kniple *vb.* make lace.

kniplebræt lace pillow.

kniplen *sb. (en)* lace-making.

kniplepind (lace) bobbin.

kniplerske *sb. (en, -r)* lace maker.

knipling *sb. (en, -er)* piece of lace; *-er* lace sg.

kniplingsbesætning lace trimmings pl.

knippe *sb. (et, -er)* bundle (*fx* of firewood); *(især ensartet, ordnet)* bunch (*fx* of keys);
□ *et* ~ *hø* a truss (*el.* bundle) of hay.

knippel *sb. (en, knipler)* **1.** *(kølle)* club; *(sværere,* F*)* cudgel, bludgeon;
2. *(politi-)* baton, truncheon; *(am.)* night stick; *(se også gummiknippel)*;
3. *(værktøj)* mallet.

knippel, knippelgod *adj.* thumping good; first-rate (*fx* dinner).

knippelsuppe S *(omtr.)* a working-over.

knips *sb. (et, -)* **1.** *(med to fingre: lyd)* snap (*fx* he summoned me with a snap of his fingers); **2.** *(med én finger: stød)* flick (*fx* he gave the lid a flick (with his finger));
□ *slå* ~ *med fingrene* snap one's fingers.

knipse *vb.* **1.** *(med to fingre)* snap one's fingers (*ad* at);
2. *(med én finger)* flick (with one's finger);
3. *(en streng)* pluck;
4. *(fotografere)* snap;
□ ~ ***med*** *fingrene* snap one's fingers; ~ ***på*** *et glas* flick a glass with one's finger; ~ *et støvfnug* ***væk*** flick off a speck of dust.

knirke *vb.* creak (*fx* the door (, the floorboards, his shoes, the snow) creaked); *(om højere lyd: pibe)* squeak (*fx* the snow squeaked under his boots; the door squeaked open);
□ *der er noget der -r* there is a hitch somewhere.

knirken *sb. (en) (jf. knirke)* **1.** *(det at knirke)* creaking, squeaking;
2. *(enkelt lyd)* creak, squeak.

knirkende *adj. (jf. knirke)* **1.** creaking (*fx* stairs); creaky (*fx* voice); squeaking, squeaky; **2.** *(tungtarbejdende)* creaking.

knitre *vb.* **1.** *(om ild, geværskud, stift papir)* crackle; *(mere sagte, om papir, silke)* rustle; **2.** *(om sne)* creak; squeak; *(jf. knirke).*

knitren *sb. (en) (jf. knitre)* **1.** crackling; rustling; **2.** creaking; squeaking.

kniv *sb. (en, -e)* knife (pl. knives);
□ *de lange -es nat* the night of the long knives; *have -en på struben* have the knife at one's throat; *sætte én -en på struben* hold a knife at sby's throat, hold a pistol to sby's head;
[med præp.] spise ***med*** ~ *og gaffel a)* eat with a knife and fork; *b) (spise ude)* eat out; *der var krig* ***på*** *-en* it was war to the knife; *der er krig på -en mellem dem* they are at daggers drawn.

knivafbryder *(elek.)* knife switch.

knivsblad knife blade.

knivskaft knife handle.

knivskarp *adj.* razor-sharp (*fx* photo, silhouette; satire, intelligence);
□ ~ *konkurrence* cutthroat competition; *-e pressefolder* knife-edge creases.

knivsmed cutler.

knivspids *sb.* **1.** knife point;
2. *(mål)* pinch (*fx* a pinch of salt).

knivstik stab;
□ *dræbt af* ~ stabbed to death.

knivsæg *sb. (en, -ge)* knife edge (*fx* balance on a knife edge).

kno *sb. (en, -er)* knuckle.

knob *sb. (en, -) (fart; knude)* knot;
□ *løbe syv* ~ make (*el.* do) seven knots.

knockout *sb. (en, -er el. -)* knock-out.

knockoute *vb.:* ~ *én* knock sby out.

knofedt elbow grease.

knogle *sb. (en, -r)* bone;
□ *han er kun et bundt -r (ɔ: meget mager)* he is all skin and bones; *gribe -n (*S*: telefonen)* get on the blower.

knoglebrud *(med.)* fracture;
□ *åbent* ~ compound fracture.

knoglemarv bone marrow.

knogleskørhed brittle-bone disease; *(fagl.)* osteoporosis.

knojern knuckle duster.

knokkel *sb. (en, knokler)* = *knogle*;
□ *en stor* ~ a strapping fellow.

knokkelmanden Death; *(manden med leen)* the Grim Reaper.

knokle *vb.* **1.** *(arbejde)* slave (away) (*med* at; *med at* at -ing, *fx* at cleaning the house); slog (away), plod away, graft; **2.** *(i fodbold)* play rough;
□ ~ *ned (fig.)* steamroller (*fx* opposition).

knoklearbejde backbreaking (*el.* punishing) work (, job); *(jf. arbejde*[1]*).*

knoklet *adj.* bony.

knold *sb. (en, -e)* **1.** clod;
2. *(lille bakke,* F*)* knoll; hillock;
3. *(bot.: af kartoffel, jordskok, georgine)* tuber; *(løgagtig, fx krokus-)* bulb;
4. *(hoved)* nut; *(se også skør (i)).*

knoldesparker **1.** *(mil.)* footslogger; *(am.)* doughboy; **2.** *(bonde)* clodhopper.

knop *sb. (en, -per)* **1.** *(bot.)* bud;
2. *(rundt håndtag etc.)* knob;
3. *(på fodboldstøvle)* stud; *(am. også)* cleat;
4. *(filipens)* spot; *(mere* T*)* pimple;
□ *han er en* ~ *(ɔ: flink fyr)* he is one of the best; *jeg får -per af det (fig.)* it brings me out in spots; *stå i* ~ be in bud.

knoppes *vb.* bud.

knopskydning **1.** budding; **2.** *(formering)* gemmation.

knopskæl *(bot.)* bud scale.

knopsvane *(zo.)* mute swan.

knopurt *(bot.)* knapweed.

knortegås *(zo.)* brentgoose.

knortekæp knotty stick.

knortet *adj. (knastet)* knotty; *(forvreden)* gnarled (*fx* tree).

knotten *adj.* **1.** *(vranten)* grumpy;
2. *(fornærmet)* peeved (*over noget* about sth); huffy.

knubbet *adj.: knubbede ord* hard words.

knubs *sb. (et, -): han havde fået nogle* ~ he had been knocked about.

knubse *vb.* pommel, cuff.
Knud den Store *(hist.)* King Canute.
knude *sb. (en, -r)* **1.** knot; **2.** *(med.: svulst)* tumour; T lump (*fx* she had a lump in her breast); **3.** *(brænde-)* log; **4.** *(hår-)* knot (*fx* she had a knot at the neck); T bun (*fx* she wore her hair in a bun); **5.** *(vanskelighed)* difficulty; **6.** *(i komedie)* plot; □ ***gøre** -r a) (om person)* make things awkward; *b) (om ting)* refuse to work (, go etc.) (*fx* the car refused to go); ***hugge** -n **over*** cut the knot; ***løse** en ~* untie a knot; ***slå** en ~* tie (*el.* make) a knot (*på* in, *fx* a rope, one's handkerchief); ***slå** -r **på sig selv*** (ɔ: *gøre sig umage)* lean over backwards (*fx* to help her); *han slog ti -r på sig selv før han kom til sagen* he hummed and hawed before coming to the point; *han var ved at slå -r på sig selv af generthed* he squirmed with embarrassment.
knudepunkt 1. *(trafikalt)* junction; **2.** *(fig.)* centre; **3.** *(tele. etc.)* node.
knudret *adj.* **1.** *(træ: knastet)* knotty; *(forvredet)* gnarled; **2.** *(om stil: uelegant)* rugged; *(uklar)* abstruse.
knuge *vb. (se også knugende)* **1.** *(klemme)* squeeze (*fx* her hand); **2.** *(trykke ind til sig)* hug; **3.** *(tynge, ængste)* oppress; □ *-t af (jf. 3)* oppressed with (*fx* worry); weighed down with (*fx* grief).
knugende[1] *adj.* oppressive (*fx* atmosphere, silence); *(om sorg)* poignant.
knugende[2] *adv.* oppressively.
knurhane *sb. (en, -r) (zo.)* gurnard.
knurhår *sb.pl.* whiskers.
knurre *vb.* **1.** *(om dyr, fx hund)* growl (*ad* at); **2.** *(om mave)* rumble; **3.** *(fig.: gøre vrøvl)* grumble.
knurren *sb. (en) (jf. knurre)* **1.** growl, growling; **2.** rumbling; **3.** grumbling.
knus *sb. (et, -)* hug.
knuse *vb. (knuste, knust) (se også knusende)* **1.** *(slå i stykker)* break (*fx* a window); *(voldsomt, med et brag)* smash (*fx* a window); *(splintre)* shatter (*fx* a window); **2.** *(mase; ~ i kværn)* crush (*fx* eggs, ice; the ship was crushed by the ice; crush wheat grains); **3.** *(fig.: undertrykke)* crush (*fx* a coup attempt, opposition, a rebellion); **4.** *(omfavne)* hug; □ *det -r mit hjerte* it breaks my heart; *~ en tåre* shed a tear; *(bortviske)* brush away a tear; *han var helt knust* he was crushed (*fx* by her refusal); *(stærkere)* he was devastated.
knuselske *vb.* hug.
knusende *adj.* **1.** crushing (*fx* blow, defeat); smashing (*fx* blow); *(stærkere,* F*)* devastating (*fx* blow); **2.** *(vældig)* tremendous (*fx* piece of luck); □ *han tog det med en ~ ro* he was as cool as a cucumber; he did not turn a hair (*el.* bat an eyelid).
knuseværk crushing mill.
knut *sb. (et, -ter)* knout.
kny[1] *sb. (et): han gav ikke et ~ fra sig* not the slightest sound escaped him; *uden et ~* without a murmur.
kny[2] *vb.: uden at ~* without a murmur.
knyst *sb. (en, -er)* **1.** *(øm, på foden, omtr.)* bunion; *(ligtorn)* corn; **2.** *(ankelknogle)* malleolus (pl. malleoli).
knytning *sb. (en, -er) (håndarbejde)* macramé.
knytnæve (clenched) fist.
knytte *vb.* **1.** *(binde)* tie; **2.** *(lave ved at ~)* make (*fx* a rug, a net); **3.** *(lave knytning)* make macramé; □ *-t hånd, -t næve* (clenched) fist; *-t tæppe* (hand-)knotted carpet (, rug); *(jf. tæppe*[1] *1)*; *[med sb.] ~ forbindelser* make connections, make contacts; *~ hænderne, ~ næverne* clench one's fists; *~ tråden igen (fx i samtale)* take (*el.* pick) up the thread; *~ venskab med* form a friendship with; *[med præp. & adv.] ~ **an til** a) (referere til)* refer to; *b) (være baseret på)* be based on; *c) (være forbundet med)* be connected with, be linked with; *~ **sammen** a) (binde sammen)* tie up; *b) (fig.: forbinde)* connect, link (together) (*fx* the two events); *c) (forene)* unite (*fx* the bonds that unite our two countries); *~ nogle bemærkninger **til** talen* make a few comments on the speech; *~ betingelser til* attach conditions to; *der er ingen betingelser -t til det* it has no strings attached, there are no strings attached (*el.* to it); *de bånd der -r os til* the ties linking us to; the bonds that tie us to; ***være -t til** a) (et firma: ansat)* work for, be employed by, be on the staff of (*fx* a firm); *b) (om løsere tilknytning)* be attached to, be connected with (*fx* a firm, a party; be connected with a movement); *c) (en person: følelsesmæssigt)* be attached to (*fx* she was deeply attached to her mother); be close to (*fx* she has always been close to her mother); *hans skæbne er uløseligt -t til min* his fate is inseparably bound up with mine; *~ **sig til** (følelsesmæssigt)* become attached to; *der -r sig en vis interesse til det* some interest attaches to it; *der -r sig en historie til det* thereby hangs a tale.
knyttebatik tie-and-dye.
knæ *sb. (et, -)* **1.** knee; **2.** *(led)* joint; □ ***bøje** ~ for* bend the (*el.* one's) knee to; *han **har** ~ i bukserne* his trousers bag (*el.* are baggy) at the knees; *-ene **rystede** under mig a) (af frygt)* my knees were knocking together; *b) (af træthed)* my knees were trembling (*el.* shaking); *[med præp.] blive slap (el. mat el. svag)* ***i** -ene (også fig.)* grow weak (*el.* wobbly) at the knees; buckle at the knees; *synke i ~ a) (knæle ned)* sink to one's knees; *b) (vakle)* stagger (*fx* under the burden); *(se også tvinge, vand (i knæet))*; *falde **på** ~* go down on one's knees, kneel down; drop (on) to one's knees; *ligge på ~* be kneeling, be on one's knees; *være på -ene* T be hard up; *stå i vand **til** -ene* be knee-deep in water; *han når dig ikke til -ene* (ɔ: *er ikke nær så god, svarer til)* he does not come up to your shoulder.
knæbeskytter knee pad.
knæbukser *sb.pl.* **1.** *(stramme)* (knee) breeches; *(ridebukser)* (riding) breeches; **2.** *(vide)* plus fours, knickerbockers; **3.** *(korte)* shorts.
knæbøjning knee bend; □ *gøre -er* do knee bends.
knæfald 1. *(det at falde på knæ)* genuflection; **2.** *(skammel foran alter)* kneeler; □ *gøre ~ for* bend the knee to.
knægt *sb. (en, -e)* **1.** boy, lad; *(se også skidt*[2]*)*; **2.** *(i kort)* jack, knave; **3.** *(til hylde etc.)* bracket.
knægte *vb.* **1.** *(kue, få til at lystre)* bring to heel, subdue; **2.** *(undertvinge,* F*)* suppress; □ *~ ytringsfriheden* violate the freedom of speech.
knægtelse *sb. (en, -r) (jf. knægte 2)* suppression; □ *~ af ytringsfriheden* violation of the freedom of speech.

knæhase 1. hollow of the knee; **2.** *(sene)* tendon of the knee.
knæk *sb. (et, -)* **1.** *(lyd)* crack; *(mindre højt)* snap; **2.** *(revne)* crack; **3.** *(vinkel)* bend; **4.** *(ombøjning, fold)* fold, crease; **5.** *(fig.: slag)* blow; □ *få et alvorligt ~* receive a serious blow; be badly shaken; *han har fået sit ~* he is a broken man; he is finished; *give et ~ (om lyd)* crack (*fx* my knee cracked); snap; *give hans helbred et ~* ruin his health.
knækbrød crispbread.
knækflip wing collar.
knække *vb.* **1.** *(brække; briste)* break (*fx* a pencil, a stick; the mast (, the rope) broke); *(pludselig, med et smæld)* snap (*fx* the wind snapped the mast in half; the twig (, the thread, the rope) snapped); **2.** *((få til at) revne)* crack (*fx* eggs, a nut; the glass cracked); *(se også nød[1]);* **3.** *(fig.)* break (*fx* his resistance, him); **4.** *(om stemme)* crack, break (*fx* her voice broke as she tried to tell what she had seen); □ *~ arbejdsløshedskurven* break (*el.* stop) the upward trend in unemployment; *~ halsen* break one's neck; *(se også hals)*; *~ sig* T spew; *[med præp. & adv.] ~* ***af*** break (, snap) off; *det -de* ***i*** *mine knæ* my knees cracked; *~* ***med*** *fingrene (ɔ: lave -nde lyd)* crack one's fingers; *~* ***over*** *a)* break in two; *b) (pludseligt etc.)* snap; *c) (om stemme)* break, crack (*fx* his voice broke (*el.* cracked) with emotion (, excitement)); *~ midt over* break in two; *~* ***sammen*** *a)* double up (*fx* with laughter, with pain); *b) (bryde sammen)* break down, collapse; T fold up, crack up.
knækort *adj.* knee-length (*fx* dress).
knækprosa chopped-up prose.
knækæg *se klinkeæg.*
knæle *vb.* kneel (*for* to, before).
knæled *sb.* knee joint.
knæler *sb. (en, -e) (zo.)* praying mantis.
knæskade knee injury.
knæskal knee cap.
knæstrømpe 1. *(dame-)* knee(-high) stocking; **2.** *(herre-)* knee-length sock, knee sock; *(fagl.)* half-hose.
knæsætte *vb.* adopt.
knøs *sb. (en, -e)* lad.
ko *sb. (en, køer)* cow; □ *glo som en ~ på en rødmalet port* stare like a stuck pig; *der er flere røde køer end præstens* there are plenty more fish in the sea; she is not the only pebble on the beach; *der er ingen ~ på isen* everything in the garden is lovely.
koagulation *sb. (en, -er)* coagulation.
koagulere *vb.* coagulate.
koaksialkabel *(elek.)* coaxial cable.
koalition *sb. (en, -er)* coalition (*mellem* of).
koalitionsregering coalition government.
kobbel *sb. (et, kobler)* **1.** *(heste, kvæg)* string; **2.** *(om hunde: to)* couple; *(tre)* leash; *(flere)* pack.
kobber[1] *sb. (et) (metal)* copper; □ *beslå med ~* copper.
kobber[2] *sb. (et, -e) (stik)* copper (plate).
kobberbryllup [12½ years of marriage]; *(fejres ikke i Engl.).*
kobberforhude *vb.* (sheathe with) copper.
kobberforhudning copper sheathing.
kobbergryde copper pot; *(stor)* copper.
kobberholdig *adj.* **1.** *(om mineral)* copper-bearing; **2.** *(om legering, præd.)* containing copper.
kobbermine copper mine.
kobbermønt copper (coin).
kobberrød *adj.* copper-coloured; □ *han blev ~ i hovedet a) (af skam)* he blushed scarlet; *b) (af vrede)* he went purple in the face.
kobbersmed coppersmith.
kobbersneppe *(zo.): lille ~* bar-tailed godwit; *sorthalet ~* black-tailed godwit.
kobberstik copperplate, copper.
kobberstikker *sb. (en, -e)* (copperplate) engraver.
kobbertråd copper wire.
koben *(brækjern)* crowbar.
kobjælde 1. cowbell; **2.** *(bot.)* pasqueflower.
koble *vb.* couple; *(se også ndf.: ~ sammen);* □ *~* ***af*** *(fig.: slappe af)* unwind; *~ en af (ɔ: hægte af)* leave sby out (in the cold); *~* ***fra*** *a) (jernbanevogn)* uncouple; *b) (maskindel etc.)* disconnect; *c) (motor)* declutch; *d) (fig.: slappe af)* unwind; *~* ***på*** *se ndf.: ~ til; ~* ***sammen*** *a) (forbinde)* connect, link (*med* to, with); *b) (jernb.)* couple, couple together (*el.* up); *c) (rumskibe)* dock; *blive -t sammen (ɔ: gift)* be hitched; *~* ***til*** *a) (forbinde)* connect (*fx* a machine to the mains); *b) (jernb.)* couple on; *c) (i bil)* let in the clutch; *~* ***ud*** declutch, depress the clutch.
kobler *sb. (en, -e) (glds.)* procurer.
koblerske *sb. (en, -r) (glds.)* procuress.
kobling *sb. (en, -er)* **1.** *(i bil)* clutch (pedal); **2.** *(mellem jernbanevogne, i orgel)* coupler; **3.** *(elek., radio, til anhænger)* coupling; **4.** *(det at koble)* coupling; □ *slippe -en (jf. 1)* let in the clutch; *træde på -en (jf. 1)* tread (*el.* step) on the clutch; F depress the clutch.
koblingspedal clutch pedal.
kobolt *sb. (en el. et)* cobalt.
koboltblåt cobalt blue.
kobra *sb. (en, -er),* **kobraslange** cobra.
kode[1] *sb. (en, -r)* **1.** code; *(chifferskrift også)* cipher; **2.** *(til pengeskab)* combination; □ *bryde en ~* break (*el.* crack) a code.
kode[2] *sb. (en, -r) (på dyr)* pastern; □ *slap i -rne (*T*: om person)* weak on one's pins.
kode[3] *vb.* code, encode (*fx* a message).
kodebåndslæser tape reader.
kodebåndsstyret *adj.* tape-controlled, tape-driven.
kodeks *sb. (en, -er)* **1.** *(håndskrift)* codex (pl. codices); **2.** *((rets)regler)* code.
kodelås combination lock.
kodenøgle key (to a code).
kodeord 1. code word; **2.** *(edb)* password.
kodeskift *(sprogv.)* code switch; *(det at skifte)* code switching.
kodeskrift code, cipher.
kodetelegram code telegram.
kodificere *vb.* codify.
kodificering *sb. (en, -er)* codification.
kodriver *sb. (en, -e) (bot.: storblomstret)* primrose; *(hulkravet)* cowslip.
koefficient *sb. (en, -er)* coefficient.
kofanger *sb. (en, -e)* **1.** *(på bil)* bumper; **2.** *(på lokomotiv)* cowcatcher.
koffardifart merchant service.
koffardiflåde mercantile marine.
koffardikaptajn captain (*el.* master) of a merchantman.
koffardiskib merchantman.
koffein *sb. (en el. et)* caffeine.
kofilnagle *sb. (en, -r) (sø.)* belaying pin.
kofte *sb. (en, -r)* peasant's coat.
kog *sb. (et): gå af ~* go off the boil;

bringe i ~ bring to the boil, let boil; *holde i* ~ keep on the boil, keep boiling; *komme i* ~ come to the boil, begin to boil; *hans blod kom i* ~ *(fig.)* his blood boiled.
kogalskab mad cow disease.
koge *vb. (kogte, kogt)* **1.** boil (*fx* water, eggs; the water is boiling); **2.** *(lave mad)* cook;
□ ~ *tør* boil dry;
[med præp. & adv.] han kogte ***af*** *raseri* he was boiling with rage; ~ ***hen*** preserve; ~ ***ind*** boil down, reduce; ~ ***op*** *a) (koge let)* parboil; *b) (koge igen)* reboil; *c) (fig.)* rehash (*fx* an old story); *lade bønnerne lige* ~ *op* bring the beans to the boil; ~ ***'over*** boil over;
~ ***suppe på*** *a)* make soup from; *b) (fig.)* keep bringing up; *(se også pølsepind); det kan der ikke -s mere suppe på (fig.)* that has been flogged to death; ~ ***ud*** *(om kartofler)* boil to a mash (*el.* pulp); fall; T boil to a mush; ~ ***ved*** *sagte ild a)* simmer; *b) (med objekt)* simmer, let simmer; boil over a slow fire (*el.* low heat).
kogeapparat cooker.
kogebog *sb. (en, kogebøger)* cookery book, cookbook; *(am.)* cookbook.
kogekar *(mil.)* mess tin.
kogekone (occasional) cook.
kogekunst 1. culinary art; culinary skills pl. (*fx* he admired her culinary skills); **2.** *(madlavning)* cookery, cooking (*fx* a book on Danish cooking); *(finere)* cuisine.
kogen *sb. (en)* boiling.
kogeniche kitchenette.
kogeplade hotplate.
kogepose boiling bag;
□ *ris i* ~ boil-in-the-bag rice.
kogepunkt boiling point.
kogesprit methylated spirits; T meths pl.
kogger *sb. (et, -e)* quiver.
koghed *adj.* boiling (hot), piping hot.
kogle[1] *sb. (en, -r) (på nåletræ)* cone.
kogle[2] *vb.* practise magic, cast spells.
kogleaks *(bot.)* club rush; *(sø-)* bulrush.
kogleri *sb. (et, -er)* spell, magic.
kognak *se cognac.*
kogning *sb. (en, -er)* **1.** boiling; **2.** *(madlavning)* cooking, cookery.
kognitiv *adj.* cognitive.
kogsalt common salt.
kogt *adj.* boiled.
kohorn cow's horn.
kohæsion *sb. (en) (fys.)* cohesion.
kok[1] *sb. (en, -ke)* **1.** cook; **2.** *(køkkenchef i restaurant etc.)* chef;
□ *mange -ke fordærver maden* too many cooks spoil the broth.
kok[2] *sb. (en, -ke) (hane)* cock; *(am.)* rooster.
kokain *sb. (en el. et)* cocaine.
kokarde *sb. (en, -r)* cockade.
kokasse *sb. (en, -r)* cow pat; T cow flop.
koket *adj.* **1.** *(flirtende,* F*)* coquettish; **2.** *(overdrevent beskeden el. ærbar)* coy.
kokette *sb. (en, -r)* F coquette.
kokettere *vb. (jf. koket)* **1.** F coquet; **2.** play coy;
□ ~ *med* make play with, make a show of.
koketteri *sb. (et) (jf. koket)* **1.** F coquetry; **2.** coyness.
kokkedreng cook's boy.
kokkepige cook.
kokkerere *vb.* cook; *(ubehjælpsomt)* mess about in the kitchen.
kokon *sb. (en, -er)* cocoon.
kokopper *sb.pl.* cowpox.
kokos *sb. (en, -(s)ene)* coconut (*fx* shredded coconut).
kokosmel dessiccated coconut.
kokosmælk coconut milk.
kokosmåtte coir mat.
kokosnød coconut.
kokospalme coco(nut) palm.
kokostæppe 1. coir rug; *(større)* coir carpet; **2.** *(materiale)* coir matting.
kokotte *sb. (en, -r)* **1.** *(kvinde)* courtesan; **2.** *(gryde, skål)* cocotte.
kokrød *adj. se ildrød.*
koks *sb.pl.* coke sg.;
□ *der gik* ~ *i det* T it went haywire; *knuste* ~ broken coke; *mange* ~ a lot of coke.
kokse *vb.:* ~ *i det* bungle; ~ *ud* flake out.
kokset *adj.* dazed.
koksgrå *adj.* charcoal grey.
koksmat *(sø.)* cook's mate.
kolanød cola nut, kola nut.
kolatræ *(bot.)* cola, kola.
kolbe *sb. (en, -r)* **1.** *(gevær-)* butt; **2.** *(beholder, kem.)* flask; **3.** *(uringlas)* bottle; **4.** *(bot.)* spadix (pl. spadices); **5.** *(majs-)* cob.
kolbeand *(zo.)* red-crested pochard.
kolbøtte *sb. (en, -r)* **1.** roll (*fx* a forward (, backward) roll); somersault;
2. *(fig.)* U-turn; F volte-face;
□ *slå en* ~ *a)* turn (*el.* do) a somersault, somersault; *b) (fig.)* make a U-turn; F execute a volte-face; *slå -er* turn somersaults, somersault.
kolbøttefabrik S funny farm, nuthouse.
kold *adj.* cold;
□ *jeg er* ~ *om hænderne (, fødderne)* my hands (, feet) are cold; *[med sb.] med -t blod* in cold blood; *-t bord* a cold buffet; ~ *bruser se bruser; han er en* ~ *fisk* he is a cold fish; *få (, have) -e fødder (også fig.)* get (, have) cold feet; *den -e hane* the cold(-water) tap; ~ *krig* cold war; *der var* ~ *luft mellem dem* they kept a frigid distance; *få en* ~ *skulder* get the cold shoulder; *vise én en* ~ *skulder* give sby the cold shoulder; *slå -t vand i blodet* take it easy, cool down; *det var som at få en spand -t vand i hovedet* it was like a douche of cold water in the face; it was a dreadful comedown; *(se også lud).*
koldblodet *adj.* cold-blooded.
koldblodig *adj.* cool; F composed.
koldblodighed *sb. (en)* coolness; F composure, sang-froid.
koldbrand *(med.)* gangrene.
koldcreme cold cream.
koldfeber *(med.)* ague.
koldfront *(meteor.)* cold front.
koldpermanent cold wave.
koldrulle (powered) wringer.
koldsindig *adj.* cool-headed.
koldstart cold start.
koldsved cold sweat (*fx* be in a cold sweat).
koldtvandshane cold-water tap.
kolera *sb. (en)* cholera.
kolerabacille cholera bacillus.
koleriker *sb. (en, -e)* choleric person.
kolerine *sb. (en)* cholerine, summer cholera.
kolerisk[1] *adj.* choleric.
kolerisk[2] *adv.* cholerically.
kolesterol *sb. (et)* cholesterol.
kolibakterier *sb.pl.* coliform bacteria.
kolibri *sb. (en, -er) (zo.)* humming-bird.
kolik *sb. (en)* colic.
kollabere *vb.* collapse.
kollaboratør *sb. (en, -er)* collaborationist, collaborator.
kollage *sb. (en, -r) (også fig.)* collage.
kollaps *sb. (en, -er)* collapse.
kollega *sb. (en, -er)* **1.** *(medarbejder)* colleague (*fx* my colleagues in the firm); associate;
2. *(person i tilsvarende stilling)* counterpart, opposite number (*fx* the British foreign secretary discussed the matter with his Spanish counterpart (*el.* opposite number)).
kollegial *adj.* loyal; *(omgængelig)*

collegial;
□ *han er ikke* ~ he is not a good colleague; *af -e hensyn* out of consideration for one's colleague(s).
kollegialitet *sb. (en)* loyalty to one's colleagues.
kollegianer *sb. (en, -e)* resident.
kollegiehæfte notebook.
kollegium *sb. (et, kollegier)* **1.** *(studenterbolig, svarer til)* hall of residence, student hostel; *(am.)* residence hall, dormitory;
2. *(universitets-, som fx i Oxford)* college;
3. *(forsamling) se lærerkollegium.*
kollekt *sb. (en, -er)* **1.** *(bøn)* collect; **2.** *(indsamling)* collection.
kollektion *sb. (en, -er)* **1.** *(lotteri)* lottery agency; **2.** *(mode-)* collection (*fx* our spring collection);
3. *(vareprøver)* samples pl.
kollektiv[1] *sb. (et, -er)* **1.** *(landbrug etc.)* collective;
2. *(fællesbolig)* shared house (, flat); F multioccupied house (, flat); *(om personerne)* people sharing a house (, flat);
3. *(som i 1960'erne)* commune;
4. *(gruppe)* team;
5. *(gram.)* collective (noun).
kollektiv[2] *adj.* collective;
□ ~ *overenskomst* collective agreement; ~ *trafik, -e trafikmidler,* ~ *transport se trafikmiddel.*
kollektivbrug *sb. (et, -)* collective farm.
kollektivhus *(svarer til)* block of service flats.
kollektivisere *vb.* collectivize.
kollektivisme *sb. (en)* collectivism.
kollektivist *sb. (en, -er) (jf. kollektiv*[1]*)* **1.** *(jf. 2)* person living in a shared house (, flat); **2.** *(jf. 3)* communalist, communard; **3.** *(tilhænger af kollektivisme)* collectivist.
kollektivlejlighed *(i kollektivhus)* service flat.
kollektrice *sb. (en, -r),* **kollektør** *sb. (en, -er)* lottery agent.
kolli *sb.pl.* **1.** packages, parcels, items; **2.** *(rejsegods)* pieces (of luggage).
kollidere *vb.* collide (*med* with); *(fig. også)* clash (*med* with).
kollision *sb. (en, -er)* collision.
kollisionskurs collision course;
□ *være på* ~ *med* be on a collision course with.
kollisionssikker *adj.* collision-proof; crashworthy; *(se også ratstamme).*
kollokation *sb. (en, -er) (gram.)* collocation.
kollokvium *sb. (et, kollokvier)* **1.** *(i undervisning)* discussion class;
2. *(møde)* symposium (pl. -s, symposia).
kolofon *sb. (en, -er) (typ.)* colophon.
kolokvint *sb. (en, -er)* **1.** *(bot.)* colocynth; **2.** *(kem.)* colocynthin.
kolon *sb. (et, -er)* colon.
koloni *sb. (en, -er)* **1.** colony;
2. *(national gruppe bosat i udlandet)* community (*fx* the Danish community in Paris).
kolonial *adj.* colonial.
kolonialforretning, kolonialhandel *(glds.)* grocer's (shop).
kolonialhandler *sb. (en, -e) (glds.)* grocer.
kolonialisme *sb. (en)* colonialism.
kolonialist *sb. (en, -er),* **kolonialistisk** *adj. (attr.)* colonialist.
kolonialvarer *sb.pl.* groceries.
kolonihave allotment (garden).
kolonimagt colonial power.
kolonirige colonial empire.
kolonisation *sb. (en, -er)* colonization.
kolonisator *sb. (en, -e)* colonizer.
kolonisere *vb.* colonize.
kolonisering *sb. (en, -er)* colonization.
kolonist *sb. (en, -er)* colonist, settler.
kolonnade *sb. (en, -r)* colonnade.
kolonne *sb. (en, -r)* **1.** column;
2. *(af arbejdere)* gang.
kolonnekørsel bumper-to-bumper driving.
koloratur *sb. (en, -er) (mus.)* coloratura.
kolorere *vb.* colour.
kolorering *sb. (en, -er)* colouring.
kolorist *sb. (en, -er)* colourist.
koloristisk *adj.* colouristic.
kolorit *sb. (en)* colouring;
□ *sætte* ~ *på se kulør (sætte kulør på).*
kolos *sb. (en, -ser)* colossus (pl. -es, colossi);
□ *en* ~ *på lerfødder* an image (*el.* a colossus) with feet of clay.
kolossal *adj.* colossal.
kolossalstatue colossal statue.
kolostomi *sb. (en, -er) (med.)* colostomy.
kolostomipose colostomy bag.
kolportage *sb. (en)* **1.** (book) canvassing; **2.** *(modtagelse af ordrer)* subscription bookselling; **3.** *(af religiøse skrifter)* colportage.
kolportere *vb.* **1.** canvass; **2.** *(rygte etc.)* retail, spread (*fx* rumours).
kolportør *sb. (en, -er)* **1.** canvasser; travelling bookseller; **2.** *(især af religiøs litteratur)* colporteur.
kolumbarium *sb. (et, kolumbarier) (urnehal)* columbarium (pl. columbaria).
kolumne *sb. (en, -r) se klumme.*
kolumnesnor page cord.
kom *præt. og imp. komme*[2]*.*
koma *sb. (en)* coma (*fx* he went into a coma);
□ *ligge i* ~ be in a coma.
kombattant *sb. (en, -er)* combatant.
kombination *sb. (en, -er)* **1.** *(forbindelse)* combination; **2.** *(måde at sætte noget sammen på)* permutation (*fx* there are 120 permutations of the numbers 1, 2, 3, 4 and 5).
kombinationsevne faculty of combination.
kombinationslås combination lock.
kombinere *vb.* combine.
komediant *sb. (en, -er)* **1.** player (*fx* strolling players); actor; **2.** *(neds.)* play-actor; T ham actor.
komedie *sb. (en, -r)* **1.** comedy (*fx* a comedy by Holberg);
2. *(fig.)* farce (*fx* his lessons were a farce);
3. *(forstillelse)* shamming, play-acting; *(bluff)* bluff;
4. *(halløj)* row;
5. *(glds.: skuespil)* play;
□ *spille* ~ *a)* act, play; *b) (forstille sig)* put on an act, be play-acting.
komediespil *(forstillelse)* shamming, play-acting; *(bluff)* bluff.
komet *sb. (en, -er)* comet.
kometagtig *adj.: en* ~ *karriere* a meteoric career.
kometbane comet's orbit.
komethale comet's tail.
kometkerne comet's nucleus.
komfort *sb. (en)* **1.** *(behagelighed)* comfort (*fx* a life of comfort);
2. *(ting der gør livet behageligt)* comforts pl. (*fx* the hotel has all modern comforts (*el.* every modern comfort); we longed for the comforts of home).
komfortabel *adj.* comfortable.
komfur *sb. (et, -er)* **1.** cooker (*fx* gas cooker, electric cooker);
2. *(glds. type til at fyre op i)* kitchen range;
□ *elektrisk* ~ *(am.)* electric stove.
komfurplade hob.
komik *sb. (en)* comedy (*fx* the comedy of the situation); comic effect (*fx* an unintentional comic effect); comic effects pl.;
□ *jeg kan ikke se -ken* I don't see the fun of it.
komiker *sb. (en, -e)* comedian.
komisk[1] *adj.* **1.** *(pudsig, latterlig)* comical (*fx* a comical expression, a comical old hat; there was something comical about the whole situation; he looked comical in that hat); comic (*fx* every-

thing appeared strange and comic); *(sjov)* funny;
2. *(kun attr.: som skal være morsom; som angår komedie)* comic (*fx* hat, song; actor, author, opera);
□ *hylende ~ se grinagtig (hylende grinagtig)*;
[med sb.] gøre en ~ figur be a figure of fun; *~ optrin* comical scene; *~ skuespil* comedy; *~ skuespiller (= entertainer, el. glds. om komedieskuespiller)* comedian; *(se også heltedigt)*;
[med præp.] det -e ***i*** *situationen* the comedy of the situation; *det -e* ***ved*** *det* the funny part of it.
komisk[2] *adv.* comically; funnily.
komité, **komite** *sb. (en, komiteer)* committee.
komma *sb. (et, -er)* **1.** comma; **2.** *(i decimalbrøk)* decimal point; (2.57 = two point five seven);
□ *sætte -er* put 'in (the) commas; *sætte ~ før (, efter)* put a comma before (, after); *sætte ~ om* put commas around; *(se også nul)*.
kommafejl *(forkert sat)* misplaced comma; *(udeladt)* omitted comma.
kommandant *sb. (en, -er)* commandant.
kommandantskab *sb. (et, -er)*, **kommandantur** *sb. (en, -er) (mil.)* headquarters.
kommandere *vb.* command;
□ *~ med en* order sby about.
kommanderende[1] *adj.* **1.** commanding (*fx* tone, voice); **2.** *(dominerende)* domineering;
□ *~ general* commander-in-chief; *~ officer* commanding officer.
kommanderende[2] *adv.* commandingly; in a commanding manner (, voice).
kommando[1] *sb. (en, -er)* command;
□ *føre ~ over* be in command of; *have -en* be in command; *hejse ~ (sø.)* hoist one's flag; *stryge ~ (sø.)* strike one's flag;
[med præp.] ***på*** *~* to order (*fx* I can't tell jokes to order); *på hans ~* on his command; ***under*** *~* under command; ***under*** *~* ***af*** under the command of.
kommando[2] *sb. (et, -er) (troppestyrke)* command; *(til specielt brug)* commando (force).
kommandobro bridge.
kommandocentral command centre.
kommandokapsel *(i rumskib)* command module.
kommandoord (word of) command.
kommandopost 1. *(mil.: stilling)* command; *(sted)* command post;
2. *(jernb.)* central signalling post; **3.** *(brandvæsens)* control point.
kommandoraid commando raid.
kommandosektion *(af rumskib)* command module.
kommandostation *(mil.)* (main) command post; *(fork.)* CP.
kommandostav baton.
kommandostyrke *(mil.)* commando unit.
kommandotårn *(sø.)* conning tower.
kommandovej line (*el.* chain) of command;
□ *ad -en* through the ordinary channels of command.
kommandovogn 1. *(mil.)* command car; **2.** *(brandvæsens)* control unit.
kommandoøkonomi command economy.
kommandør *sb. (en, -er)* **1.** commander; **2.** *(søofficersrang, svarer til)* captain.
kommandørkaptajn senior grade commander.
kommatere *vb.* punctuate, place commas.
kommatering *sb. (en, -er)* punctuation; the placing of commas.
komme[1] *sb. (et)* **1.** *(nærmen sig)* approach (*fx* the approach of night (, of winter)); **2.** *(ankomst)* coming (*fx* the coming of winter); arrival.
komme[2] *vb. (kom, kommet) (se også kommende)* **1.** *(især: hen til den talende el. til det sted man tænker på)* come (*fx* come here! come to my house; he came home late; I will come and see you tomorrow; are you coming to the dance? take each day as it comes);
2. *(nå frem; blive hensat i)* get (*fx* get to London; get home; how does one get to the station? they did not get far before they were caught; he got here at last; get into a better temper);
3. *(ankomme)* arrive (*fx* the guests will arrive soon; arrive in London (, at the hotel));
4. *(komme på besøg)* call (*fx* I'll call tomorrow);
5. *(om bog: udkomme)* be published, appear;
6. *(om tv-udsendelse etc.)* be shown; *(se også ndf.: der er -t...)*;
7. *(anbringe, putte)* put (*fx* he put sugar in his tea); *(hælde)* pour (*fx* milk in the tea);
8. *(smøre (på))* spread (*fx* glue (, paint) on sth; butter on the bread);
□ *der er -t 24 afsnit (ɔ: af tv-serie)* there have been (*el.* they have shown) 24 episodes; *hans* ***time*** *er -t* his hour has come; *(se også tur*[2]*)*;
[med sig:] ~ ***sig*** *a) (blive bedre)* improve, get better; T pick up; *b) (blive rask)* recover, get well; *du -r dig (ɔ: bliver kvikkere)* you are coming on! *~* ***sig af*** recover from (*fx* an illness, a shock, a surprise); get over (*fx* an illness, a disappointment, a shock, a surprise);
[med adj. & adv.] ~ ***fri*** *a)* get free; *b) (i forbold etc.)* get clear; *~ fri af (ɔ: noget man sidder fast i)* get away from, escape from, free oneself from; F extricate oneself from; *~* ***løs*** get free; *kom* ***nu****!, kom* ***så*** *da!* come on! come along! *nu -r jeg!* coming! *~* ***nærmere*** approach; come (, get) closer; *(se også nærme (sig); dyrt, sent, videre*[2]*, vidt)*;
[med præp. & adv.] ~ '***af*** *(sø.: ~ af grunden)* come off, get off; *'~ af a) (skyldes)* come from, be due to; *b) (nedstamme fra)* come from (*el.* of) (*fx* a famous family, a long line of artists); *c) (om ord: afledes af)* be derived from; *(se også sted)*; *hvoraf -r det?* why is that?; *(se også hvoraf)*; *det -r* ***af at*** it is due to the fact that; *~* ***af med*** get rid of;
kom ***an****!* come on! *~* ***an på*** depend on (*om* whether); *det er viljen det -r an på* it is your will that matters (*el.* counts); *vi kan jo lade det ~ an på en prøve a) (lad os se om det (, han) duer)* let us give it (, him etc.) a trial; *b) (lad os forsøge)* let us give it a try; why don't we try and see what happens;
~ ***bagefter*** *(ikke kunne følge med)* get (*el.* fall) behind; *~* ***bagefter med*** get (*el.* fall) behind with (*fx* one's homework, one's rent); fall into arrears with (*fx* one's rent); *~* ***bag på*** *en* take sby unawares; *(se også overrumple)*;
~ ***bag ud*** *se ovf.: ~ bagefter*;
~ ***bort*** *a)* get off, get away; *b) (mistes, forsvinde)* be lost; *(om brev også)* go astray; *~* ***bort fra*** *a)* get away from, ; *b) (utilsigtet)* stray from (*fx* the subject); *det kan man ikke ~ bort fra (ɔ: benægte)* there is no denying it;
'~ ***efter*** *(ɔ: for at hente)* come for, call for; *~ 'efter a) (følge)* come after, follow; F succeed; *b) (opdage)* find out, get on to; *c) (lære)* pick up; *jeg skal ~ 'efter ham!* I'll be after him! *der var ikke noget at '~ efter* there was nothing doing;
~ '***for*** *(om sag)* come on;

~ ***foran*** *a) get in front; b) (ved konkurrence)* take the lead, get ahead;
~ ***forbi*** *a)* pass by (*fx* a lot of cars passed by); *b) (slippe forbi)* get past (*fx* I couldn't get past him);
'~ ***fra*** come from (*fx* Germany; the working class); ~ *'fra* get away from (*fx* I couldn't get away from him); *han kom godt fra det a) (arbejde)* he made a good job of it; *b) (vovestykke)* he got away with it; *c) (ulykke)* he escaped unhurt; *(se også slippe (godt fra, nemt fra, levende fra));*
~ ***frem*** *a) (vise sig)* come out, appear; *b) (~ videre)* get on; *c) (bane sig vej)* make one's way; *(i verden)* get on; *d) (til bestemmelsessted)* get there, arrive; *e) (røbes)* be revealed, become known; *jeg kunne hverken ~ frem eller tilbage* I was stuck; ~ ***frem af*** emerge from; ~ ***frem med*** *a) (fremsætte)* put forward, come up with (*fx* a plan, a suggestion); *b) (meddele, fortælle)* tell (*fx* you must tell us what you know); *(afsløre,* F*)* disclose (*fx* one's plans);
~ ***hos*** *Smith* be often at the Smiths; F be a frequent guest at Smith's;
~ ***i*** *avisen* get into the papers; ~ *i mål, se ndf.:* ~ *ind;* ~ *i tre oplag (, udgaver)* run into three printings (, editions); *(se også fjernsyn, himmel, hånd, lære¹, stand¹, vanskelighed, vej);*
~ ***igen*** *a)* come back, return; *b) (betale sig)* pay in time; *jeg -r igen en anden gang* I'll call again (another time);
~ ***igennem*** get through, pass; ~ ***igennem med*** *et forslag* get a proposal through;
~ ***ind*** *a)* enter, come (, get) in (*fx* come in! how did you get in? we couldn't get in); *b) (om tog)* come in, arrive; *c) (i sport)* get in, finish (*fx* he finished third); *d) (fig.: i diskussion)* come in; ~ ***ind i*** *a)* enter; *b) (sætte sig ind i, fx om emne)* acquaint oneself with; ~ ***ind på*** *a) (omtale)* touch on (*fx* in his speech he touched on the problems in Africa); refer to; *b) (~ nærmere ind på)* go into (*fx* it's such a long story, I can't go into that); *c) (i samtale)* get on to (*fx* a subject); ~ *nærmere ind på sagen* go into detail;
'~ ***med*** *a) (bringe)* bring (*fx* the milkman brings milk every day); *b) (fremkomme med)* come up with (*fx* the right answer, a solution); *c) (ytre)* make (*fx* excuses, objections, a remark, rude remarks; they made no protests); say (*fx* a few words); come with (*fx* he came with the excuse that he head a headache; he came with a remark which annoyed me); ~ *med en forklaring* give (*el.* come with) an explanation; *han kom ikke med nogen forklaring (også)* he offered no explanation;
~ '***med*** *a) (blive taget med)* be included; *b) (slutte sig til andre)* join; *kom 'med!* come along (with us)! *han kom ikke* ***med på*** *holdet* he was not included in the team, he was left off the team; *han kom ikke med på turen* he didn't join the trip;
~ ***om ved*** *(også fig.)* get around; *(søge at) ~ nemt om ved det* cut a corner; *(mere generelt)* cut corners;
~ ***op*** *a)* get up; *b) (til den talende & om planter)* come up; *c) (om teaterstykke)* be put on; ~ ***op at*** start -ing (*fx* arguing, fighting); *(se også skændes, slås);* ~ ***op i*** *et fag* be examined in a subject; *(se også år);* ~ ***op på*** *(om pris, beløb)* come to (*fx* my bill came to £400); ~ *op på et stort tal* reach a big figure;
~ ***ovenpå*** *se ovenpå;*
~ ***over*** *a) (passere;)* get over (*fx* the road, a wall); *b) (fig.: overvinde)* get over (*fx* a difficulty); F surmount (*fx* a difficulty, an obstacle); *c) (komme sig af)* get over, recover from (*fx* an illness a shock; he'll soon get over it); *d) (om stemning: gribe)* come over (*fx* what has come over him? a feeling of hopelessness came over us); *(se også ånd); jeg kan ikke ~* ***over at*** *han sagde sådan noget* I can't get over his saying a thing like that;
~ ***overens*** *se overens;*
~ '***på*** *a) (~ i tanke om)* think of (*fx* I can't think of his name); *(foran spørgesætn.)* think (*fx* I can't think what (, where, how) it is); *b) (blive udsendt i tv, radio)* go on the air; *c) (blive trykt i blad)* be put in; *nyheden kom på forsiden* the news appeared on the front page; ~ *på holdet* be put on (*el.* included in *el.* selected for) the team; *jeg kan ikke ~ på navnet* I can't think of the name, the name escapes me; *hvordan -r du dog på det?* what made you think of that? how did you get that idea?; *(se også ben, hospital, kant, spor, tale¹, tanke¹);*
~ ***rundt*** *(om) se rundt;*
~ '***sammen*** *a) (mødes)* meet (*fx* they met once a week); come together; *b) (omgås)* see each other (*fx* they see each other a lot); F associate with each other; *c) (om par)* go out; ~ ***sammen med*** *a) (omgås)* see (*fx* they never see his mother); F associate with; *b) (om par)* go out with; T date (*fx* he is going out with (, dating) Vera); *han -r sammen med en pige (også)* he has got a girl friend;
'~ ***til*** *a) (ankomme til, nå)* come (*el.* get) to, arrive at (*fx* a place, the airport, the hotel, the station; at the time when the Vikings came to England; when you come to the church, turn left); *(om land eller større by)* arrive in (*fx* Britain, London); *b) (fig.: nå frem til)* come to (*fx* an arrangement, a decision, an understanding); *c) (erhverve)* come by; F obtain; ~ *til penge* come by some money; *(ved arv el. ægteskab)* come into money; *(se også alt³, behandling, hertil, hjælp, klarhed, kræfter, liv, ord, nytte¹, ret¹, skade², slutning², sted, stykke¹, syn);*
lad mig ~ '***til*** *(ɔ: prøve)* let me have a go; *lade de andre ~ 'til (ɔ: få deres tur)* let the others have their turn; *kan du ~ 'til?* can you manage? *der kom andre 'til* they were joined by others; *(overraskende)* others turned up; ~ *noget 'til* be injured, be (*el.* get) hurt (*fx* no one was hurt); *uden at ~ noget 'til* without getting hurt; without breaking any bones;
~ ***til at*** *gøre det a) (uheldigvis; fejlagtigt)* do it by accident (, mistake) (*fx* he knocked the vase over by accident; he said it by mistake); *(svagere)* do it accidentally, happen to do it (*fx* he accidentally knocked over the vase, he happened to knock over the vase); *b) (efterhånden)* come (*el.* get) to do it (*fx* I had come to hate him; I got to like the idea); F grow to; *c) (i fremtiden, udtrykkes ved)* will do it (*fx* prices will be higher; it will hurt); *d) (nødvendigvis, udtrykkes ved)* will have to (*fx* you will have to tell him (, sell the car)); *han kom* ***aldrig til at*** *se hende mere* he never saw her again; F he was never to see her again;
når han kan ~ ***til det*** when he has a chance; ***det kom til*** *forsoning (, et slag, en scene)* there was a reconciliation (, a battle, a scene); ~ ***til sig selv*** *a) (fatte sig)* recover; *b) (efter bevidstløshed)*

come round, come to oneself;
~ ***tilbage*** get (, come) back, return;
~ ***ud*** get (, come) out; *(se også udkomme²); hans nummer kom ud (ɔ: i lotteri)* his number came up; *han -r meget ud* he goes out a great deal; *der kom intet* ***ud af*** *planen* nothing came of the plan; *der kom ikke ret meget* ***ud af det*** it did not come (*el.* lead) to much; *hun kom helt ud af det* she got quite put out (*el.* upset *el.* rattled); *hvad skal der ~ ud af alt det her?* how is all this going to end? *hvordan -r han* ***ud af det med*** *dem?* how is he getting on with them?
~ ***ud for*** meet with (*fx* an accident, criticism, opposition); experience (*fx* similar problems); *nummeret er -t* ***ud med*** *£1.000* the number has won £1,000; ~ ***ud over*** *(klare)* manage; *det -r* ***ud på*** *et* it comes to the same thing; it is all one;
~ ***uden om*** *a)* get round (*fx* an obstacle, a question, the tax laws); *b) (afvise, benægte)* get away from (*fx* you can't get away from that); *man kan ikke ~ uden om at* there is no getting away from the fact that (*fx* that they are better at it than we are); there is no denying that (*fx* it was a mistake); one cannot ignore the fact that; *han prøvede at ~* ***udenom*** he tried to get round the question (, the obstacle etc.);
~ ***ved*** concern; ~ *hinanden ved* care about each other; *(betyde noget for)* matter to each other; *hvad -r det dig ved?* what business (*el.* concern) is that of yours? T what is it to you? (*fx* what is it to you if I make a little money on the side?); *det -r ikke dig ved* that is none of your business, that is no business (*el.* concern) of yours; *det -r ikke sagen ved* that is irrelevant;
~ ***væk*** get away (*fx* it is nice to get away in the summer).

kommen[1] *sb. (en)* **1.** *(planten)* caraway; **2.** *(frøene)* caraway seeds pl.

kommen[2] *sb. (en):* ~ *og gåen* comings and goings.

kommende *adj.* **1.** *(som kommer nu)* coming (*fx* in the coming week; the coming election);
2. *(fremtidig)* future (*fx* future generations; a future abour government will abolish this; he may be a future Minister);
□ *i den ~ tid a) (fra nu af)* from now on; *b) (i et stykke tid)* for some time to come; *c) (for fremtiden)* in future; *i ~ tider* in days to come; *det ~ år* next year; *i de ~ år* in the years to come; *de ~ tre år* the coming three years.

kommensurabel *adj.* commensurable.

kommentar *sb. (en, -er)* **1.** comment;
2. *(note til tekst)* note, annotation;
3. *(samling noter)* commentary;
4. *(til film, tv-billeder)* commentary, (voice-over) narration;
□ *ingen -er! (svar på spørgsmål)* no comment!

kommentator *sb. (en, -er)* commentator; *(til film også)* narrator.

kommentere *vb.* **1.** comment on;
2. *(komme med bemærkninger om)* pass remarks on;
□ *-t udgave* annotated edition.

kommercialisere *vb.* commercialize.

kommercialisme *sb. (en)* commercialism.

kommerciel *adj.* commercial.

kommers *sb. (en)* **1.** *(lystighed)* fun; **2.** *(spektakel)* hubbub, to-do.

kommis *sb. (en, -er)* shop assistant; *(am.)* clerk.

kommission *sb. (en, -er)* **1.** *(udvalg, råd)* commission (*fx* the European Commission); **2.** *(hdl.: provision)* commission (*fx* a 5% commission on sales);
□ *parlamentarisk ~* parliamentary commission of enquiry;
[med præp.] give én i ~ at commission sby to; *have varer i ~* have goods on commission.

kommissionsdomstol court of enquiry.

kommissionshandel 1. commission business; **2.** *(enkelt)* commission transaction.

kommissionær *sb. (en, -er)* commission agent.

kommissorium *sb. (et, kommissorier)* terms pl. of reference.

kommissær *sb. (en, -er)* **1.** *(fx i EU)* commissioner;
2. *(politi- svarer omtr. til)* superintendent;
3. *(hist.: i Sovjet)* commissar.

kommittent *sb. (en, -er) (ved handel)* principal.

kommitteret *adj. (brugt som sb.)* commissioner.

kommode *sb. (en, -r)* chest of drawers; *(am.)* bureau.

kommodeskuffe drawer.

kommunal *adj.* municipal; *(svarer omtr. til)* local (*fx* government, tax); local authority; *(om boliger, ejendom)* council (*fx* house, flat);
□ *-t ansatte* local authority employees.

kommunalarbejder local authority manual worker.

kommunalbestyrelse municipal council; *(svarer omtr. til)* local authority;
□ *-n* T the corporation.

kommunaldirektør *(svarer til)* chief executive; *(indtil 1971)* town clerk.

kommunalforvaltning municipal administration; local (government) administration.

kommunalpolitik local politics.

kommunalpolitiker local politician.

kommunalvalg municipal election; local election.

kommune *sb. (en, -r)* municipality;
□ *-n (ɔ: de kommunale myndigheder, svarer omtr. til)* the local authority.

kommune- *se kommunal.*

kommunebibliotek municipal library.

kommunefarvet *adj.* mousy (*fx* hair).

kommuneingeniør municipal engineer.

kommunekontor local government office.

kommunelærer teacher (at a municipal school).

kommuneskat local (income) tax.

kommuneskole municipal school; *(i Engl. omtr.)* LEA school; *(am. omtr.)* public school.

kommunevalg *se kommunalvalg.*

kommunikation *sb. (en, -er)* communication.

kommunikationskløft communications gap.

kommunikationsmidler *sb.pl.* means of communication.

kommunikationssatellit communications satellite.

kommunikativ *adj.* communicative.

kommunikator *sb. (en, -er)* communicator.

kommuniké, kommunike *sb. (et, kommunikeer)* communiqué;
□ *udstede et ~* issue a communiqué.

kommunikere *vb.* communicate (*med* with).

kommunion *sb. (en, -er) (rel.)* Communion.

kommunisme *sb. (en)* Communism.

kommunist *sb. (en, -er)* Communist.

kommunistforskrækkelse Communist scare, Red scare.

kommunistisk *(attr.)* Communist; *(præd.)* Communistic.

kommunitær *adj. (vedrørende EU,*

attr.) Community.
kompagni *sb. (et, -er)* **1.** *(mil.)* company;
2. *(hdl.)* company; *(kompagniskab)* partnership;
□ *1. (, 2. , etc.) ~ (mil.)* A (, B, etc) Company; *gå i ~ med (jf. 2)* enter into partnership with; *Jones & ~* Jones & Co.
kompagnichef *(mil.)* company commander.
kompagniskab *(et)* partnership;
□ *gå i ~ med* enter into partnership with.
kompagnon *sb. (en, -er)* partner;
□ *optage en som ~* take sby into partnership; *passiv ~* sleeping partner.
kompakt *adj.* compact (*fx* mass); solid (*fx* layer; resistance; a solid majority);
□ *~ modstand (stærkere)* massive resistance.
kompaktdisk *sb. (en, -e el. -s)* compact disc; *(fork.)* CD.
komparation *sb. (en, -er) (gram.)* comparison.
komparativ[1] *sb. (en, -er)* **1.** *(form)* the comparative (degree) (*fx* an adjective in the comparative; "better" is the comparative of "good"); **2.** *(ord)* comparative.
komparativ[2] *adj.* comparative.
komparent *sb. (en, -er) (jur.)* party.
komparere *vb.* compare.
kompas *sb. (et, -ser)* compass.
kompashus *(sø.)* binnacle.
kompasnål compass needle.
kompasrose compass card.
kompasstreg point of the compass.
kompendium *sb. (et, kompendier)* compendium (pl. -s, compendia).
kompensation *sb. (en, -er)* compensation (*for* for).
kompensatorisk *adj.* = *kompenserende.*
kompensere *vb.* compensate (*for* for).
kompenserende *adj.* compensatory;
□ *~ undervisning* compensatory education.
kompetence *sb. (en)* **1.** *(beføjelse)* powers pl.; authority; *(jur.)* competence;
2. *(dygtighed)* competence;
3. *(kvalifikationer)* qualifications pl.;
□ ***give*** *~ til (jf. 3)* qualify for; ***have*** *~ til a) (jf. 1)* have powers (*el.* authority) to; *(jur.)* be competent to (*fx* the Union is competent to negotiate with its employers); *b) (jf. 3)* be qualified for; *have ~ til at (jf. 3)* be qualified to (*fx* teach English); ***overskride*** *sin ~* exceed one's powers; F act ultra vires.
kompetencegivende *adj. (om uddannelse)* qualifying.
kompetencestrid disagreement over responsibilities.
kompetent[1] *adj.* **1.** *(beføjet)* competent (*til at* to, *fx* to rule);
2. *(kvalificeret)* qualified (*til at* to);
3. *(dygtig)* competent (*fx* she is competent at her work; a competent piece of work);
□ *~ forsamling* assembly empowered to make decisions.
kompetent[2] *adv. (dygtigt)* competently.
kompilation *sb. (en, -er)* compilation.
kompilator *sb. (en, -er)* compiler.
kompilere *vb.* compile.
kompleks[1] *sb. (et, -er)* **1.** *(psyk.)* complex; **2.** *(bygnings-)* group of buildings, block, complex;
□ *han har et ~ med (el. på grund af)* he has a complex about (*fx* his spots); he has a hang-up about.
kompleks[2] *adj.* complex.
kompleksitet *sb. (en, -er)* complexity.
komplement *sb. (en, -er)* complement.
komplementaritet *sb. (en)* complementarity.
komplementær *adj.* complementary.
komplementærfarve complementary colour.
komplementærmængde *(mat.)* complement.
komplet[1] *adj.* **1.** complete (*fx* a complete set); **2.** *(ren og skær)* complete (*fx* surprise); absolute (*fx* impossibility); *(især om noget negativt)* utter (*fx* waste of time);
□ *i ~ stand* (when) complete.
komplet[2] *adv. (jf. komplet*[1] *2)* completely, absolutely (*fx* impossible; absolutely idiotic); utterly (*fx* ridiculous); *(se også fuldstændig*[2]*)*;
□ *jeg er ~ ligeglad* I couldn't care less.
komplettere *vb.* **1.** *(supplere)* supplement; **2.** *(gøre komplet)* complete.
komplettering *sb. (en, -er) (jf. komplettere)* **1.** supplementation;
2. completion.
komplicere *vb.* complicate.
kompliceret *adj.* complex, complicated;
□ *~ (ben)brud* compound fracture.
komplikation *sb. (en, -er)* complication.
kompliment *sb. (en, -er)* **1.** compliment; **2.** *(i dans: buk)* bow; *(nejen)* curtsy.
komplimentere *vb.* compliment (*for* on).
komplot *sb. (et, -ter)* plot, conspiracy.
komponent *sb. (en, -er)* component.
komponere *vb.* compose (*fx* a sonata; a poem);
□ *bogen er dårligt -t* the book is badly constructed.
komponist *sb. (en, -er)* composer.
komposition *sb. (en, -er)* composition;
□ *en bog med en stram ~* a tightly constructed book.
kompositionslære *(mus.)* theory of (musical) composition.
kompositorisk *adj.* compositional.
kompost *sb. (en)* compost.
kompostbeholder compost(-making) bin.
kompostbunke compost heap.
kompostering *sb. (en, -er)* compost-making, composting.
komposteringsanlæg composting plant.
kompostkværn garden shredder.
kompot *sb. (en, -ter)* stewed fruit.
kompres *sb. (et, -ser) (med.)* compress, pad.
kompression *sb. (en, -er)* compression.
kompressor *sb. (en, -er)* compressor.
komprimere *vb.* compress;
□ *-t luft* compressed air.
kompromis *sb. (et, -ser)* **1.** compromise; **2.** *(aftale)* compromise (agreement); T deal;
□ *gå på ~* compromise (*med* with, *fx* them; one's principles); *indgå et ~ med* reach a compromise with; T do a deal with.
kompromisforslag proposal for a compromise, compromise proposal.
kompromisløs *adj.* uncompromising (*fx* attitude).
kompromisløsning compromise solution.
kompromisse *vb. (spøg.)* compromise.
kompromittere *vb.* compromise;
□ *~ sig* compromise oneself.
kompromitterende *adj.* compromising (*fx* situation).
komsammen *sb. (en el. et, -er)* get-together; party.
komtesse *sb. (en, -r)* [unmarried daughter of a count];
□ *~ Alice (kan gengives)* Lady Alice.
koncentrat *sb. (et, -er)* **1.** *(kem. etc.)* concentrate; **2.** *(sammen-*

drag) abstract, summary.
koncentration *sb. (en, -er)* concentration (*fx* of troops).
koncentrationsevne power of concentration.
koncentrationslejr concentration camp.
koncentrere *vb.* concentrate;
□ ~ *sig om* concentrate on; *han var -t om opgaven* he was concentrating on the task.
koncentrisk[1] *adj.* concentric.
koncentrisk[2] *adv.* concentrically.
koncept *sb. (en, -er)* **1.** *(kladde)* (rough) draft; **2.** *se konceptpapir*;
□ *bringe fra -erne* disconcert; T put out; *gå fra -erne* be disconcerted; T lose one's head.
konceptholder manuscript holder.
konceptpapir draft paper.
koncern *sb. (en, -er) (hdl.)* group.
koncert *sb. (en, -er)* **1.** concert;
2. *(mindre, klassisk, af enkelt kunstner el. med kammerensemble)* recital (*fx* a piano (, chamber music) recital; a recital of Schubert songs);
3. *(musikstykke)* concerto.
koncertere *vb.* give a concert (, recital) *(jf. koncert)*; give concerts.
koncertflygel concert grand.
koncertgænger *sb. (en, -e)* concertgoer.
koncertmester leader; *(am.)* concert master.
koncertsal concert hall.
koncession *sb. (en, -er)* concession.
koncessionere *vb.* grant a concession;
□ *-t selskab* concessionary company.
koncil *sb. (et, -er)*, **koncilium** *sb. (et, koncilier)* council; *(kirke- også)* synod.
koncipere *vb.* **1.** *(affatte)* draw up, draft (*fx* a letter); **2.** *(undfange)* conceive.
koncis *adj.* concise.
kondemnere *vb.* condemn (*fx* a house).
kondensat *sb. (et, -er) (kem.)* condensate.
kondensator *sb. (en, -er)* **1.** condenser; **2.** *(elek.)* capacitor.
kondensere *vb.* condense.
kondensering *sb. (en, -er)* condensation.
kondensstribe *(flyv.)* condensation trail, contrail, vapour trail.
kondensvand condensed water, condensation.
kondi *sb. (en)* (physical) fitness;
□ *dyrke ~, holde -en i orden* keep fit; *have en god ~* be (physically) fit.
kondicykel exercise bike.
kondiløb jogging;
□ *løbe ~* jog.
kondiløber jogger.
kondiprøve fitness test.
kondirum exercise room; gym; trimnasium.
kondisko jogging (*el.* training) shoe; *(pl. også)* trainers.
kondisti trim trail, jogging (*el.* exercise) track.
konditest fitness test.
kondition *sb. (en, -er)* **1.** *(kondi)* condition, (physical) fitness (*fx* improve one's condition (*el.* fitness); be in (, out of) condition);
2. *(betingelse)* condition;
□ *være i ~ til (jf. 1)* be fit for.
konditionstræning *se konditræning.*
konditor *sb. (en, -er)* (baker and) confectioner.
konditori *sb. (et, -er)* **1.** *(serveringslokale(r))* café, tea room; **2.** *(butik)* baker, baker's (shop); *(fransk)* patisserie.
konditorivarer *sb.pl.* confectionery sg.; cakes and pastries.
konditorkage fancy cake.
konditræning fitness training.
kondolence *sb. (en)* **1.** condolence;
2. *(ord)* condolences pl.
kondolencebrev letter of sympathy; F letter of condolence.
kondolere *vb.* condole;
□ ~ *en* express one's sympathy with sby; F condole with sby; *må jeg ~* can I express my sympathy; F please accept my condolences.
kondom *sb. (et, -er)* condom.
kondor *sb. (en, -er) (zo.)* condor.
konduite *sb. (en) (snarrådighed)* presence of mind (*fx* he showed great presence of mind);
□ *handle efter ~* use one's own judgement (*el.* discretion).
konduktør *sb. (en, -er)* **1.** *(bus-, sporvogns-)* conductor;
2. *(togbetjent)* ticket inspector; *(togfører)* guard; *(am.)* conductor;
3. *(bygnings-)* clerk of works; *(arkitekt)* resident architect; *(ingeniør)* resident engineer.
kone *sb. (en, -r)* **1.** *(hustru)* wife (pl. wives);
2. *(kvinde)* woman (pl. women) (*fx* a married woman, an old woman);
3. *(hjælp i huset)* daily; daily help;
□ ~ *og børn* a wife and family; *hils Deres ~* give my regards to your wife; F remember me to your wife; remember me to Mrs Smith (, Johnson etc.).
koneagtig *adj.* matronly.
konebåd umiak.
konet *adj.* matronly.
konfekt *sb. (en)* (assorted) chocolates pl.;
□ *grov ~ (fig.)* rough treatment.
konfektion *sb. (en)* ready-made clothing.
konfektioneret, **konfektionssyet** *adj.* ready-made.
konfekture *sb. (en, -r)* confectionery.
konfektureforretning sweetshop; *(am.)* candy store.
konference *sb. (en, -r)* conference.
konferencearrangør conference organiser.
konferencier *sb. (en, -er)* compère;
□ *være ~ ved noget* compère sth.
konferere *vb.* **1.** *(sammenligne)* compare (*med* with); **2.** *(forhandle)* confer (*med* with).
konfession *sb. (en, -er)* confession, creed.
konfessionsløs *adj.* undenominational (*fx* education); non-denominational.
konfetti *sb. (en el. et)* confetti.
konfidentiel *adj.* confidential.
konfirmand *sb. (en, -er)* **1.** *(før)* candidate for confirmation; **2.** *(efter)* newly confirmed person.
konfirmation *sb. (en, -er)* confirmation.
konfirmationsforberedelse preparation (*el.* instruction) for confirmation; confirmation classes pl.;
□ *gå til ~* go to confirmations classes, be prepared for confirmation.
konfirmere *vb.* confirm.
konfiskation *sb. (en, -er)* confiscation, seizure.
konfiskere *vb.* confiscate, seize.
konfiture *sb. (en, -r) se konfekt.*
konflikt *sb. (en, -er)* **1.** conflict;
2. *(arbejds-)* dispute, conflict; *(strejke)* strike;
□ *gå i ~* take industrial action; *(strejke)* go on strike; *komme (, bringe) i ~ med* come (, bring) into conflict with (*fx* the law); *være i ~ med* be in conflict with, be at odds with.
konflikte *vb. se konflikt (gå i konflikt).*
konfliktfond fighting fund.
konfliktforskning conflict research.
konfliktfyldt *adj.* conflict-ridden.
konfliktløsning conflict resolution.
konfliktramt *adj.* affected by industrial industrial action *(præd.)*; *(strejkeramt)* strikebound.
konfliktsky *adj.: han er ~* he avoids conflicts, he shies away from face-to-face conflict.
konfliktskyhed reluctance to confront.

konform *adj.* conforming *(attr.)*; *(om indstilling, neds.)* conformist (*fx* girls were too conformist; a conformist institution);
□ *han er* ~ he is the conforming type; he is a conformist.
konformitet *sb. (en)* conformity.
konfrontation *sb. (en, -er)* **1.** *(opgør)* confrontation (*med* with); T face-off; **2.** *(for at identificere mistænkt)* identification parade; *(am.)* line-up.
konfrontationstime *se katedertime.*
konfrontere *vb.* confront;
□ ~ *med* bring face to face with; F confront with.
konfus *adj.* confused.
konfusion *sb. (en, -er)* confusion.
konføderation *sb. (en)* confederation, confederacy.
konfødereret *adj.* confederate.
konge *sb. (en, -r)* **1.** king; **2.** *(i kegler)* king pin;
□ *kong Edward* King Edward; *-n* the King (*fx* an audience with the King); *-n af Spanien* the King of Spain; *jeg ejer ikke -ns mønt* I haven't got a penny (, cent) to my name; *(se også klæde*[1]*).*
kongeblå *adj.* royal-blue (*fx* dress).
kongeblåt *sb.* royal blue.
kongebrev special licence;
□ *blive gift på* ~ be married by special licence.
kongedatter king's daughter; princess.
kongedømme *sb. (et, -r)* **1.** *(rige)* kingdom; **2.** *(statsform)* monarchy.
kongeedderfugl *(zo.)* king eider.
kongefamilie royal family.
kongeflag royal standard.
kongehus **1.** royal family; **2.** *(dynasti)* dynasty.
kongekrone royal crown.
kongelig *adj.* **1.** royal (*fx* palace, prerogative; His Royal Highness); F regal (*fx* title, office, splendour); **2.** *(fig.)* royal (*fx* magnanimity); F regal (*fx* bearing); kingly (*fx* gift);
□ *-e* members of the royal family; royalty sg.; *de -e a)* the royal family; T the royals; *b) (om kongepar, regentpar)* the royal couple; *det -e hus* the royal family; *more sig -t* enjoy oneself immensely.
kongeloge royal box.
kongelys *(bot.)* (great) mullein.
kongemagt royal power;
□ *-en (i forfatningen)* the Crown.
kongemord regicide.
kongemorder regicide.
kongenial *adj.* congenial.
kongepar King and Queen; royal couple.
kongerige kingdom;
□ *-t Danmark* the Kingdom of Denmark.
kongerække list of kings.
kongerøgelse *(fig.)* flattery of the king.
kongesang royal hymn.
kongeskib royal yacht.
kongeslot royal palace.
kongeslægt dynasty.
kongetiger *(zo.)* (Bengal) tiger.
kongetro *adj.* loyal.
kongevalgt *adj. (præd.)* appointed by the Crown.
kongevand aqua regia.
kongeørn *(zo.)* golden eagle.
konglomerat *sb. (et, -er)* conglomerate.
Kongo *(geogr.)* the Congo.
kongres *sb. (en, -ser)* congress, conference;
□ *-en (am.)* (the) Congress.
kongrescenter conference centre.
kongresudvalg *(am.)* congressional committee.
kongruens *sb. (en, -er)* **1.** *(overensstemmelse)* congruity; **2.** *(mat.)* congruence; **3.** *(gram.)* concord.
kongruent *adj.* **1.** congruous; **2.** *(mat.)* congruent.
kongstanke great idea.
konisk[1] *adj.* conic;
□ ~ *tandhjul* bevel gear.
konisk[2] *adv.* conically.
konjak *se cognac.*
konjektur *sb. (en, -er)* conjecture.
konjunktion *sb. (en, -er) (gram.)* conjunction.
konjunktiv *sb. (en, -er) (gram.)* the subjunctive (mood).
konjunkturbarometer trade barometer.
konjunkturbestemt *adj.* cyclical (*fx* unemployment).
konjunkturbevægelse cyclical movement (*el.* fluctuation).
konjunkturer *sb.pl.* **1.** *(mht. markedet)* market conditions (*el.* trends); state of the market;
2. *(mht. handelen)* trading conditions; business conditions (*el.* trends) (*fx* business conditions are improving);
3. *(mht. priser)* price trends; price situation;
4. *(mht.samfundsøkonomien)* economic conditions (*el.* trends); economic situation;
□ *dårlige -er (jf. 4)* depression; *gode -er (jf. 4)* prosperity; *nedadgående (, opadgående) -er a)* downward (, upward) trend (*el.* tendency); *b) (jf. 4)* downturn (, upswing).
konjunkturgevinst profit owing to fluctuations of the market.
konjunktursvingninger *sb.pl.* fluctuations of the market.
konjunkturtillæg cost-of-living bonus.
konk *sb. (en, -er) (zo.)* whelk.
konkav *adj.* concave.
konklave *sb. (et, -r)* conclave.
konkludere *vb.* conclude.
konklusion *sb. (en, -er)* conclusion;
□ *-en på det* the conclusion reached; *-en på det var at han ville holde op* he came to (*el.* arrived at) the conclusion that he wanted to stop.
konkordans *sb. (en, -er)* concordance.
konkordat *sb. (et, -er)* concordat.
konkret[1] *sb. (et, -er)* concrete noun.
konkret[2] *adj.* **1.** *(mods. abstrakt)* concrete;
2. *(bestemt)* definite (*fx* agreement, proposal); F concrete (*fx* proposals, proof); tangible, positive (*fx* proof; we must have something positive to go on);
3. *(faktisk)* actual (*fx* I can't give you the actual figures *(tal)*);
□ *-e drøftelser* specific discussions (*el.* negotiations); *(se også realitetsforhandlinger).*
konkretisere *vb.* make more specific, concretize.
konkubinat *sb. (et, -er)* concubinage.
konkubine *sb. (en, -r)* concubine.
konkurrence *sb. (en, -r)* **1.** competition;
2. *(med dommerpanel)* contest (*fx* a beauty (, dancing, sporting, swimming) contest);
□ *fri (, hård)* ~ open (, keen) competition.
konkurrencedeltager competitor, entrant.
konkurrencedygtig *adj.* competitive (*fx* product, price);
□ *være* ~ *(også)* be able to compete.
konkurrenceevne competitive power (*el.* capacity); competitiveness;
□ *svække (, styrke) vor* ~ weaken (, strengthen) our competitive position.
konkurrencefordel competitive advantage.
konkurrencefordrejning *se konkurrenceforvridning.*
konkurrenceforvridende *adj. (omtr.)* anti-competitive (*fx* practices).
konkurrenceforvridning practices that distort competition.
konkurrencesamfund competitive society.

konkurrent *sb. (en, -er)* competitor, rival;
□ *hans nærmeste* ~ his chief competitor, his main rival.
konkurrere *vb.* compete (*med* with; *om* for);
□ ~ ***om at*** compete to (*fx* be the best); ~ ***ud*** *se udkonkurrere.*
konkurrerende *adj.* rival (*fx* a rival firm).
konkurs[1] *sb. (en, -er)* **1.** *(generelt)* failure; **2.** *(personlig)* bankruptcy; **3.** *(selskabs)* (compulsory) liquidation (*el.* winding up).
konkurs[2] *adj.* **1.** *(personligt)* bankrupt; **2.** *(om selskab)* insolvent;
□ *blive erklæret ~ (af retten) a)* be declared (a) bankrupt; *b)* be ordered to be wound up; *erklære sig ~* file a petition in bankruptcy; *gå ~ a)* go bankrupt; *b)* fold, fail; T go bust.
konkursbegæring **1.** *(persons)* petition in bankruptcy; **2.** *(selskabs)* petition for liquidation (*el.* winding up) proceedings;
□ *indgive ~ a)* file one's (*el.* a) petition in bankruptcy; *b)* file a winding-up petition.
konkursbehandling **1.** *(af persons bo)* proceedings in bankruptcy, bankruptcy proceedings; **2.** *(af selskab)* liquidation proceedings, winding-up proceedings pl.;
□ *skyldnerens bo kommer under ~ (jf. 1)* the debtor's estate will be administered in bankruptcy.
konkursbo **1.** *(persons)* estate in bankruptcy; **2.** *(selskabs)* insolvent estate.
konkurslov Bankruptcy Act; Insolvency Act.
konkursramt *adj.* **1.** *(om person)* bankrupt(ed); **2.** *(om selskab)* insolvent.
konkylie, **konkylje** *sb. (en, -r)* shell, conch.
konnossement *sb. (et, -er)* bill of lading; *(fork.)* B/L;
□ *gennemgående ~* through B/L.
konsekvens *sb. (en, -er)* **1.** *(følgerigtighed)* consistency (*fx* his actions lack consistency);
2. *(følge)* consequence (*fx* he wanted to see her, regardless of the consequences);
□ *i ~ heraf* as a logical consequence of this, in consequence, consequently;
[med vb.] ***drage*** *-en, se ndf.: tage -en;* ***føre*** *det ud i sin yderste ~* take it to its logical conclusion; ***få*** *-er for* have consequences for; ***tage*** *-en (el. -erne)* take the consequences (*af* of, *fx* you must take the consequences of your actions); *han erkendte sin fejltagelse og tog -en* he acknowledged his mistake and acted accordingly.
konsekvensanalyse feasibility study.
konsekvent[1] *adj.* consistent.
konsekvent[2] *adv.* consistently.
konservatisme *sb. (en)* **1.** conservatism; **2.** *(pol.)* Conservatism.
konservativ *adj.* **1.** conservative; **2.** *(pol.)* Conservative; *de -e* the Conservatives.
konservator *sb. (en, -er)* **1.** *(ved museum, kan gengives)* museum conservator, conservation officer; **2.** *(som restaurerer malerier)* restorer; **3.** *(som udstopper dyr)* taxidermist.
konservatorium *sb. (et, konservatorier)* academy of music, music academy.
konservere *vb.* preserve.
konservering *sb. (en, -er)* preservation.
konserveringsmiddel preservative.
konserves *sb. (en)* tinned goods, canned goods pl.; tinned (*el.* canned) food; *(am. kun)* canned goods pl.; canned food.
konservesdåse tin, can; *(am. kun)* can.
konsignant *sb. (en, -er) (hdl.)* consignor.
konsignatar *sb. (en, -er) (hdl.)* consignee.
konsignation *sb. (en, -er) (hdl.)* consignment;
□ *modtage varer i ~* receive goods on consignment.
konsignere *vb. (hdl.)* consign.
konsistens *sb. (en)* consistency.
konsistensfedt (cup) grease.
Konsistorium *sb. (et)* [the governing body of a university]; *(kan gengives)* the Academic Council; *(svarer ofte til)* the Senate.
konsol *sb. (en, -ler)* **1.** *(møbel)* console; **2.** *(fremspring på væg)* corbel; **3.** *(hylde)* bracket.
konsolidere *vb.* consolidate.
konsolidering *sb. (en, -er)* consolidation.
konsonant *sb. (en, -er) (fon.)* consonant.
konsonantisk[1] *adj.* consonantal.
konsonantisk[2] *adv.* consonantally.
konsorter *sb.pl.* associates;
□ *Smith og ~ (neds.)* Smith and his ilk; Smith and the rest of his gang.
konsortium *sb. (et, konsortier)* consortium (pl. -s, consortia); syndicate.
konspiration *sb. (en, -er)* conspiracy, plot.
konspiratorisk[1] *adj.* conspiratorial (*fx* glance).
konspiratorisk[2] *adv.* conspiratorially (*fx* she smiled at me conspiratorially).
konspirere *vb.* conspire, plot (*imod* against).
konstabel *sb. (en, konstabler)* **1.** *(mil.)* private first class; *(fork.)* pfc; **2.** *(sø.)* able seaman.
konstant[1] *sb. (en, -er)* constant.
konstant[2] *adj.* constant, invariable.
konstant[3] *adv.* constantly, invariably.
Konstantinopel *(hist.)* Constantinople.
konstatere *vb.* **1.** *(finde ud af)* find (*fx* that he is dead); F ascertain (*at* that; *om* whether);
2. *(påvise, godtgøre)* establish, demonstrate (*fx* the presence of arsenic in the body; we can establish the following facts);
3. *(påpege)* point out;
4. *(bemærke)* note (*fx* we note that you accept the responsibility for the accident);
5. *(fremføre)* state (*fx* I am merely stating a simple fact);
6. *(indse)* realize (*fx* they realized that they could not come to an agreement);
□ *jeg må ~ at det er umuligt* I have to accept (the fact) that it is impossible; *der er blevet -t flere tilfælde af polio* several cases of polio have been diagnosed (, recorded).
konstatering *sb. (en, -er) (jf. konstatere)* **1.** ascertainment; discovery; **2.** establishment, demonstration; **3.** pointing out; **4.** noting; **5.** statement; **6.** realization.
konstellation *sb. (en, -er)* constellation.
konsterneret *adj. (forbløffet)* taken aback; *(forfærdet)* dismayed.
konstituere *vb.* **1.** *(i embede)* appoint temporarily; **2.** *(udgøre)* constitute.
konstitueret *adj. (fungerende, attr.)* acting (*fx* headmaster); *(midlertidigt ansat)* temporary.
konstitution *sb. (en, -er)* **1.** *(i embede)* acting (*el.* temporary) appointment;
2. *(legemsbeskaffenhed)* constitution (*fx* he has a strong (, weak) constitution);
3. *(pol.: forfatning)* constitution.
konstitutionel *adj.* constitutional.
konstruere *vb. (se også konstrueret)* **1.** *(bygge)* construct (*fx* a machine);
2. *(lave en plan til)* design (*fx* a new car);
3. *(sætte sammen)* put together (*fx*

he can't put together a sentence properly); F construct (*fx* a sentence);
4. *(gram.: forbinde)* construe (*fx* "aware" is construed with "of" or "that");
5. *(opdigte)* invent.
konstrueret *adj.* **1.** *(tænkt)* hypothetical, fictitious (*fx* case *(tilfælde)*);
2. *(lavet)* made-up, synthetic (*fx* example);
3. *(neds.)* contrived (*fx* plot, ending).
konstruktion *sb. (en, -er)* **1.** construction; **2.** *(plan)* design; **3.** *(det byggede)* structure; **4.** *(tanke-)* construct.
konstruktionsfejl design fault.
konstruktiv *adj.* constructive.
konstruktør *sb. (en, -er)* **1.** *(den som har konstrueret noget)* designer, constructor; **2.** *(mekaniker etc.)* engineer.
konsul *sb. (en, -er)* consul.
konsulat *sb. (et, -er)* consulate;
□ *på -et* at the consulate.
konsulats- consular (*fx* consular assistance).
konsulent *sb. (en, -er)* **1.** adviser, consultant (*for* to); **2.** *(forlags-)* reader.
konsulentfirma, **konsulenttjeneste**, **konsulentvirksomhed** consultancy.
konsultation *sb. (en, -er)* **1.** consultation; **2.** *(læges)* surgery (*fx* the doctor has surgery in the morning); **3.** *(besøg hos lægen)* visit;
□ *lægen har ~ 10-12* the doctor's surgery hours are 10-12.
konsultationsstue *se konsultationsværelse.*
konsultationstid *(læges)* surgery hours pl.; *(am.)* office hours pl.
konsultationsværelse surgery, consulting room; *(am.)* office.
konsultere consult;
□ *~ en læge* consult a doctor;
T see a doctor; F take medical advice.
konsulær *adj.* consular.
konsum *sb. (et)* consumption.
konsument *sb. (en, -er)* consumer.
konsumere *vb.* consume.
konsumfisk fish for everyday consumption; *(spisefisk)* edible fish.
konsumvarer *sb.pl.* consumer goods.
kontakt *sb. (en, -er)* **1.** contact (*fx* we have been in contact with them; physical contact);
2. *(person)* contact (*fx* we have many contacts in the USA);
3. *(afbryder)* switch;
□ *bevare -en med* keep in contact (*el.* touch) with; *etablere ~ med* make contact with; *komme i ~ med andre mennesker (ɔ: møde)* come into contact with other people; *miste -en med* lose contact (*el.* touch) with; *tage ~ med* get in contact (*el.* touch) with; *være i ~ med* be in contact (*el.* touch) with.
kontaktannonce contact ad;
T lonely hearts ad.
kontaktbureau dating agency.
kontakte *vb.* contact, get in contact (*el.* touch) with.
kontaktevne **1.** openness, sociability; **2.** *(psyk.)* capacity for emotional contact;
□ *-r (jf. 1)* communication skills; interpersonal skills; *manglende ~ (jf. 2)* incapacity for emotional contact.
kontaktflade **1.** surface of contact;
2. *(fig.)* contact potential.
kontakthæmmet *adj. (psyk., kun efter sb.)* with contact inhibitions.
kontaktlim contact glue, contact adhesive.
kontaktlinse contact lens.
kontaktmand, **kontaktperson** contact.
kontaktstang *(på trolleybus etc.)* trolley pole.
kontaktsøgende *adj. (om barn, kun efter sb.)* with contact problems.
kontaktudvalg liaison committee.
kontaktvanskeligheder *sb.pl. (psyk.)* contact difficulties, contact problems.
kontant[1] *adj.* **1.** *(om penge)* cash;
2. *(håndgribelig)* concrete (*fx* proof, proposal); F tangible (*fx* proof);
3. *(ligefrem)* straightforward (*fx* answer, question); no-nonsense (*fx* approach);
4. *(nøgtern, jordnær)* down-to-earth (*fx* reasons; his warm, down-to-earth manner);
□ *~ betaling* cash payment; *pr. ~* for cash.
kontant[2] *adv. (jf. kontant*[1]*)* **1.** in cash (*fx* pay in cash; pay for it in cash);
2. in concrete terms (*fx* this means in concrete terms that you will have to leave);
3. straightforwardly (*fx* he answered straightforwardly that he didn't care);
□ *betale ~ (også)* pay cash (down); *2.000 ~* 2,000 cash down; *~ eller på konto?* T cash or account?
kontantautomat cash dispensing machine, cash dispenser; *(am.)* automatic (*el.* automated) teller machine, automatic teller.
kontanter *sb.pl.* cash sg.
kontanthjælp *(kan gengives)* cash benefit.
kontantløs *adj.* cashless.
kontantpris cash price.
kontantrabat cash discount.
kontekst *sb. (en, -er)* context.
kontemplativ *adj.* contemplative.
kontenance *sb. (en): bevare -n* retain one's composure; *tabe -n* lose one's composure.
kontere *vb.* enter, post.
kontinent *sb. (et, -er)* continent.
kontinental *adj.* continental.
kontinentalsokkel continental shelf.
kontingent *sb. (et, -er)* **1.** *(medlems-)* subscription; dues pl. (*fx* club dues, union dues; monthly dues are £30);
2. *(mil.)* contingent;
3. *(kvota)* quota, allocation.
kontingentering *sb. (en, -er)* quota system.
kontinuerlig *adj.* continuous.
kontinuitet *sb. (en)* continuity.
konto *sb. (en, -er el. konti)* account;
□ *oprette (el. åbne) en ~ hos* open an account with;
[med præp.] ***på** den ~ (fig.)* on that score; *indsætte et beløb på ens ~* pay an amount into sby's account; *skrive det på hans ~ a)* put it down to his account; *b) (fig.)* attribute it to him.
kontohaver account holder.
kontokort **1.** *(til indkøb)* account card, charge card; *(kreditkort)* credit card; **2.** *(i regnskabsføring)* ledger card.
kontokunde credit customer.
kontokurant *sb. (en, -er)* current account.
kontonummer account number.
kontoplade charge plate.
kontor *sb. (et, -er)* office;
□ *på -et a) (om stedet)* at the office; *b) (om lokalet)* in the office.
kontorarbejde **1.** office work;
2. *(skrivebordsarbejde)* paperwork (*fx* the job involves a lot of paperwork).
kontorassistent clerk; typist.
kontorbud messenger.
kontorbygning office block.
kontorchef *(omtr.)* **1.** head of an office, head clerk, head of department; *(i større firma)* office manager; *(lavere rang)* office supervisor; **2.** *(i ministerium)* permanent undersecretary; *(am.)* chief of section.
kontordame typist.
kontorelev office trainee, junior

clerk.
kontorfolk *sb.pl.* office workers, clerical workers.
kontorfunktionær office worker, clerical worker, clerk.
kontorhus office block.
kontorist *sb. (en, -er)* clerk.
kontorius *sb. (en)* jack-in-office; bureaucrat.
kontoriusseri *sb. (et)* red tape.
kontorjob office job, desk job.
kontorlandskab open-plan office.
kontormand *se kontorfunktionær.*
kontorpersonale clerical (*el.* office) staff.
kontorplads office job, desk job.
kontorstol *(drejelig)* swivel chair.
kontortid office hours pl.
kontorvikar temporary typist; T temp.
kontorvikariat temp job.
kontoudskrift, **kontoudtog** statement of account.
kontra versus;
□ *pro et ~ se pro; slå ~ se slå² (slå bak).*
kontraangreb counterattack.
kontrabande *sb. (en)* contraband.
kontrabas *(mus.)* double-bass.
kontradans country dance.
kontradiktorisk *adj.* contradictory.
kontrafej *sb. (et, -er)* likeness.
kontrahent *sb. (en, -er)* contracting party.
kontrahere *vb.* contract (*om* for);
□ *de høje -nde parter* the High Contracting Parties.
kontrakt *sb. (en, -er)* contract;
□ *(af)slutte (en) ~ med en* make (*el.* conclude) a contract with sby (*om* for; *om at* to).
kontraktansat *adj. (præd.)* employed on a contract basis.
kontraktbridge contract bridge.
kontraktbrud *sb. (et, -)* breach of contract.
kontraktforskning sponsored research; commissioned research.
kontraktlig, **kontraktmæssig** *adj.* contractual (*fx* obligation);
□ *~ forpligtet til (at)* bound by contract to.
kontraktspiller (part-time) professional.
kontraordre counterorder.
kontraproduktiv *adj.* counterproductive.
kontraprøve countertest.
kontrapunkt *(mus.)* counterpoint.
kontrapunktisk *adj. (mus.)* contrapuntal.
kontrarevolution counter-revolution.
kontrasignere *vb.* countersign.
kontraspionage counterespionage.
kontrast *sb. (en, -er)* contrast;
□ *stå i ~ til* contrast with.
kontrastere *vb.* contrast (*med* with).
kontrastiv *adj.* contrastive.
kontrastvirkning contrast; contrasting effect.
kontravægt counterweight.
kontreadmiral rear-admiral.
kontrol *sb. (en, -ler)* **1.** *(eftersyn)* inspection (*af* of, *fx* of luggage); check (*af* on, *fx* the quality of the goods; a security check); *(helbreds-)* check-up;
2. *(opsyn)* supervision (*med* of, *fx* of the work);
3. *(overvågning)* monitoring (*med* of, *fx* democratic monitoring of the security services);
4. *(ledelse, styring)* control (*med, over* of);
5. *(person) se kontrollør;*
□ *føre ~ med a) (opsyn)* supervise (*fx* work); *b) (styre)* keep control on (*fx* keep tight control on prices); keep check on; *(se også kontrollere); gå til ~ a) (om arbejdsløs)* sign on; *b) (hos læge)* go for a check-up; *(regelmæssigt)* go for regular examinations (*el.* check-ups); *få under ~* get (*el.* bring) under control (*fx* bring the ball (, the fire) under control).
kontrolapparat **1.** *(tekn.)* control; **2.** *(politisk)* apparatus of control.
kontrolassistent milk recorder.
kontrolforanstaltning control measure.
kontrolgruppe *(ved forsøg)* control group.
kontrolkommission control commission.
kontrollabel *adj.* controllable.
kontrollampe control light, pilot lamp.
kontrollant *sb. (en, -er)* **1.** *(i sport)* official; **2.** *(tilsynsførende)* supervisor, inspector.
kontrollere *vb.* **1.** *(undersøge)* inspect (*fx* luggage, tickets); check (*fx* accounts; sby's bags, sby's ticket; check the letter for spelling mistakes);
2. *(ved en prøve)* test (*fx* the air for radioactivity); *(ved regelmæssige prøver: overvåge)* monitor (*fx* radioactivity, spending, a ceasefire; sby's performance, sby's progress, their activities);
3. *(~ efter)* check up on (*fx* sby's statement);
4. *(holde opsyn med)* supervise (*fx* work);
5. *(beherske)* control, be in control of (*fx* a party, a trade union).
kontrollør *sb. (en, -er)* **1.** *(i teater)* attendant;
2. *(jernb.: ved udgang til tog)* ticket collector; *(i tog)* ticket inspector;
3. *(ved indgang til sportsplads etc.)* gateman.
kontrolorgan *(politisk)* control body.
kontrolpost *(i orienteringsløb)* control.
kontroltårn *(flyv.)* control tower.
kontrolur time clock.
kontrovers *sb. (en, -er)* controversy.
kontroversiel *adj.* controversial (*fx* book, decision; figure, politician); *(ikke om person,* F*)* contentious (*fx* book, decision, speech, views).
kontrær *adj. (om person: vrangvillig)* contrary; T bloody-minded; *(stædig)* obstinate;
□ *-e modsætninger (i logik)* contrary terms.
kontur *sb. (en, -er)* outline; F contour.
konus *sb. (en, -ser)* cone.
konval *sb. (en, -ler) (bot.)* **1.** *(stor ~)* Solomon's seal; **2.** *(lilje-)* lily of the valley.
konveks *adj.* convex.
konveniens *sb. (en)* propriety, convention.
konvent *sb. (et, -er) (præste-)* clerical conference.
konvention *sb. (en, -er)* convention.
konventionel *adj.* conventional (*fx* person, behaviour; weapons).
konvergens *sb. (en, -er)* convergence.
konvergere *vb.* converge.
konversation *sb. (en, -er)* conversation.
konversationsleksikon encyclop(a)edia.
konversere *vb.* **1.** *(uden objekt)* converse (*fx* they sat conversing (together)); *(især om tom snak)* make conversation (*fx* he hated having to make conversation);
2. *(med objekt)* converse (, make conversation) with (*fx* he was obliged to converse with her).
konvertere *vb.* **1.** *(med objekt)* convert (*til* to); **2.** *(uden objekt: omvende sig)* be converted.
konvertering *sb. (en, -er)* conversion.
konvertit *sb. (en, -ter)* convert.
konvoj *sb. (en, -er)*, **konvojere** *vb.* convoy.
konvolut *sb. (en, -ter)* envelope.
konvolutere *vb.* put into envelopes (, an envelope).
konvolvolus *sb. (en, -) (bot.)* bindweed; convolvolus (pl. -es, *(fagl.)* convolvoli).

konvulsion *sb. (en, -er)* convulsion.
konvulsivisk[1] *adj.* convulsive.
konvulsivisk[2] *adv.* convulsively.
kooperativ *adj.* co-operative.
koordinat *sb. (en, -er) (mat.)* co-ordinate.
koordination *sb. (en)* co-ordination.
koordinator *sb. (en, -er)* co-ordinator.
koordinatsystem *(mat.)* system of co-ordinates.
koordinere *vb.* co-ordinate.
kop *sb. (en, -per)* cup;
□ *et par -per* a cup and saucer; *en ~ te* a cup of tea; *(se også te*[1]*).*
kopar pockmark.
koparret *adj.* pockmarked.
kopfuld *sb. (en, -e)* cupful.
kopi *sb. (en, -er)* **1.** copy (*af* of); *(nøjagtig ~)* duplicate (*af* of, *fx* of the report, of the contract; of a key);
2. *(om kunstværk, museumsgenstand: nøjagtig ~; også om ~ i lille målestok)* replica (*af* of, *fx* a plaster replica of the statue; a replica of the Eiffel Tower);
3. *(foto.)* print;
4. *(om person)* lookalike (*fx* Elvis Presley (, Marilyn Monroe) lookalikes); *(nøjagtig ~)* replica (*af* of, *fx* she was a chubby replica of Shirley Temple);
□ *en fuldstændig (el. tro) ~ af (jf. 4)* a carbon copy of (*fx* he wanted to make his son a carbon copy of himself; he looked like a carbon copy of everyone else the same age); *han er en tro ~ af sin far* he is the living (*el.* very) image of his father; *(rosende,* T*)* he is a chip off the old block; *skrive brevet* ***med to*** *-er* write the letter in triplicate (*el.* in three copies).
kopiautomat coin-operated (photo)copier.
kopiblæk copying ink.
kopibog letter book.
kopiere *vb.* **1.** copy;
2. *(fotokopiere)* (photo)copy;
3. *(tage aftryk af film)* print;
4. *(en person: imitere)* copy, imitate; *(som underholdning)* impersonate; T do (*fx* he does the Prime Minister very well); *(gøre grin med)* take off.
kopiering *sb. (en, -er) (jf. kopiere)* **1.** copying; **2.** (photo)copying; **3.** printing.
kopierpapir copying paper.
kopimaskine (photo)copying machine, (photo)copier.
koppear, **koppearret** *se kopar, koparret.*
koppeattest vaccination certificate.
kopper *sb.pl. (sygdom)* smallpox;
□ *sorte ~* black smallpox.
koppevaccination smallpox vaccination.
kopra *sb. (en)* copra.
koproduktion *sb. (en, -er)* coproduction.
kopter *sb. (en, -e) (rel.)* Copt.
koptisk *sb. (et) & adj.* Coptic.
kopulation *sb. (en, -er)* copulation.
kopulere *vb.* copulate.
kor *sb. (et, -)* **1.** *(musikstykke for ~; råbekor; ~ i græsk tragedie)* chorus;
2. *(sangere: ved koncert)* chorus, choir; *(i opera)* chorus; *(i kirke)* choir;
3. *(korforening)* choir (*fx* the Bach choir); choral society;
4. *(dansere i revy)* chorus;
5. *(arkit.: del af kirke)* choir; *(omfattende alteret)* chancel;
□ *for blandet ~* for mixed voices; *synge (, tale) i ~* sing (, speak) in chorus; *råbe i ~ a)* shout in chorus; *b) (taktfast)* chant (*fx* the demonstrators chanted: "We want work!").
koral[1] *sb. (en, -er) (mus.)* chorale.
koral[2] *sb. (en, -ler) (koraldyr, koralkalk)* coral.
koraldyr *sb.pl. (zo.)* corals; *(fagl.)* anthozoa.
koralfisker coral diver (*el.* fisher).
koralrev coral reef.
koralrød *adj.* coral.
koralø coral island.
Koranen *(rel.)* the Koran.
kordame *se korist, korpige.*
korde *sb. (en, -r) (mat.)* chord.
kordegn *(omtr.)* parish clerk.
kordel *sb. (en, -er) (i tov)* strand.
kordirigent **1.** conductor; **2.** *(som øver med kor)* chorusmaster; *(for kirkekor)* choirmaster.
kordon *sb. (en, -er)* cordon.
kordreng choir boy.
Korea *(geogr.)* Korea.
Koreakrigen *(hist.)* the Korean war.
koreaner *sb. (en, -e)*, **koreansk** *adj.* Korean.
korend *sb. (en, -er)*, **korende** *(en, -r)* currant.
koreograf *sb. (en, -er)* choreographer.
koreografere *vb.* choreograph.
koreografisk[1] *adj.* choreographic.
koreografisk[2] *adv.* choreographically.
koriander *sb. (en) (bot.)* coriander.
Korinth *(geogr.)* Corinth.
korinter *sb. (en, -e)*, **korintisk** *adj.* Corinthian.
korist *sb. (en, -er)* **1.** chorus singer;
2. *(i kirkekor)* chorister.
kork *sb. (en)* cork.
korkagtig *adj.* corky.
korkbælte cork belt.
korkeg cork oak.
korkflise cork tile.
korkgulv cork-tiled floor.
korkmundstykke cork tip.
korkprop cork.
kormusik choral music; *(musik skrevet for kor)* choral works pl.
korn *sb. (et, -)* **1.** corn, grain; *(am.)* grain; *(om afgrøde også)* cereals pl. (*fx* the Common Market grows large quantities of cereals);
2. *(kerne, gryn, partikel)* grain (*fx* a grain of wheat (, rice); a grain of salt (, sand)); *(se også salt*[1]*);*
3. *(sigtekorn på gevær)* front sight, bead;
□ *tage en på -et a) (sigte på)* draw a bead on sby; *b) (fig.: parodiere)* take sby off (exactly).
kornaks ear of corn.
kornavl corn-growing, grain-growing, grain cultivation.
kornblomst *(bot.)* cornflower.
kornblå *adj.* cerulean.
korndyrkende *adj.* corn-growing, grain-growing.
kornet[1] *sb. (en, -ter) (musikinstrument)* cornet.
kornet[2] *adj.* grainy; *(fagl.)* granular.
kornfedet *adj.* corn-fed.
kornhandler corn dealer.
kornkammer *(fig.)* granary, breadbasket.
kornloft granary.
kornlæs cartload of corn.
kornmagasin granary.
kornmark cornfield.
kornmod summer (*el.* heat) lightning.
kornneg sheaf (pl. sheaves) of corn.
kornprodukter *sb.pl.* cereals.
kornrensning winnowing.
kornsort cereal; species (pl. species) of grain.
korona *sb. (en, -er)* corona (pl. -s, -e).
koronartrombose *sb. (en, -r)* coronary thrombosis (pl. thromboses).
korpige chorus girl.
korporal *sb. (en, -er)* **1.** corporal;
2. *(sø.)* leading seaman.
korporation *sb. (en, -er)* corporation, body.
korporatisme *sb. (en)* corporatism.
korporativ *adj.* corporative.
korporlig *adj.* corporal (*fx* punishment).
korps *sb. (et, -)* corps (pl. -); body;
□ *flyvende ~* flying squad.
korpsånd esprit-de-corps.
korpulence *sb. (en)* stoutness;

F corpulence.
korpulent *adj.* stout; F corpulent; *(og værdig)* portly.
korpus *sb. (et, -(s)er)* body; *(svært)* bulk (*fx* he leant his bulk against the wall).
korrekse *vb.* scold, reprimand.
korrekt[1] *adj.* correct; *(nøjagtig også)* accurate (*fx* grammatically accurate (*el.* correct); the story was factually accurate).
korrekt[2] *adv.* correctly; *(nøjagtigt også)* accurately (*fx* tell (, reproduce, draw) sth accurately).
korrekthed *sb. (en)* correctness; accuracy.
korrektion *sb. (en, -er)* correction.
korrektiv *sb. (et, -er)* corrective.
korrektur *sb. (en, -er) (aftryk)* proof (sheet);
□ *anden ~* revise, second proof; *læse ~ på noget* read the proofs of sth, proofread sth.
korrekturark proof sheet.
korrekturlak correction fluid.
korrekturlæser proofreader.
korrekturlæsning proofreading.
korrekturtegn proofreader's mark.
korrektør *sb. (en, -er)* **1.** *(typ.)* proofreader; **2.** *(mil.: luftværns-)* predictor, director.
korrelat *sb. (et, -er)* correlate.
korrespondance *sb. (en, -r)* correspondence.
korrespondanceafbryder two-way switch.
korrespondancekursus correspondence course.
korrespondanceundervisning postal tuition.
korrespondens *sb. (en, -er)* correspondence (*mellem* between).
korrespondent *sb. (en, -er)*
1. *(brevskriver)* correspondent;
2. *(på avis)* correspondent (*for* for);
3. *(på kontor)* language secretary, correspondent;
□ *~ i engelsk (jf. 3)* bilingual secretary with English; *tosproget ~* trilingual secretary.
korrespondere *vb.* **1.** *(skrive breve)* correspond (*med* with; *om* about); **2.** *(stemme overens)* correspond (*med* with); **3.** *(om trafikmidler)* connect (*med* with).
korridor *sb. (en, -er)* corridor; *(i parlament)* lobby;
□ *magtens -er* the corridors of power.
korridorpolitik lobbying.
korrigere *vb.* **1.** correct; F rectify (*fx* an error, misspellings); **2.** *(tilpasse)* adjust (*fx* seasonally adjusted unemployment figures);
□ *~ for ændringer* correct (, adjust) taking changes into account.
korrodere *vb.* corrode.
korrosion *sb. (en)* corrosion.
korrumpere *vb.* corrupt.
korrumperet *adj.* corrupt.
korrunding *(arkit.)* apse.
korrupt *adj.* corrupt.
korruption *sb. (en, -er)* corruption.
kors *sb. (et, -) (også fig.)* cross; *(se også bære)*;
□ *gøre -ets tegn* make the sign of the cross; *slå ~ for sig se korse (sig)*;
[med præp.] ***over*** *~* crossed, crosswise; *lægge armene over ~* fold one's arms; *lægge benene over ~* cross one's legs; *med benene over ~* cross-legged; *krybe* ***til*** *-et* eat humble pie.
korsage *se corsage.*
korsang **1.** *(det at)* choral singing; **2.** *(sangen)* part song; **3.** *(i oldgræsk drama)* chorus.
korsar *sb. (en, -er)* corsair.
korsben *(anat.)* sacrum (pl. sacra).
korsblomstret *adj. (bot.)* cruciferous;
□ *de korsblomstrede* the crucifers.
korsbånd wrapper;
□ *i ~* by printed-paper post.
korse *vb.: ~ sig a)* cross oneself, make the sign of the cross; *b) (være forfærdet, svarer til)* throw up one's hands in horror; *~ sig over* be shocked at; *(stærkere)* be horrified at.
korsedderkop *(zo.)* garden spider.
korselet *sb. (et, -ter)* corselet.
korset *sb. (et, -ter)* corset.
korsetstiver bone; steel.
korsfarer *sb. (en, -e)* crusader.
korsformet *adj.* cruciform.
korsfæste *vb.* crucify.
korsfæstelse *sb. (en, -r)* crucifixion.
Korsika *(geogr.)* Corsica.
korsikaner *sb. (en, -e)*, **korsikansk** *adj.* Corsican.
korsknap *sb. (en, -per el. -) (bot.)* ground ivy.
korslagt *adj.* crossed; *(om armene også)* folded;
□ *se til med -e arme (fig.)* remain a passive spectator; *sidde med -e arme a)* sit with folded (*el.* crossed) arms; *b) (fig.)* sit with one's arms folded; *-e knogler (fx på piratflag)* crossbones.
korsnæb *(zo.)* crossbill.
korssting cross stitch.
korstog crusade.
korsvej crossroads (pl. crossroads).
kort[1] *sb. (et, -)* **1.** card;
2. *(land-)* map (*over* of, *fx* a map of Denmark; on the map it is quite a short distance);
3. *(by-)* map, plan (*over* of, *fx* Copenhagen);
4. *(skitse over hus, kompleks etc.)* plan (*over* of);
5. *(sø-, vejr-)* chart;
6. *(spille-)* (playing) card;
7. *(brev-)* postcard; *(am.)* postal card;
8. *(visit-)* (visiting) card;
9. *(abonnements-, til jernbane etc.)* season ticket; *(am.: til jernbane)* commutation ticket;
10. *(kartoteks-)* index card; catalogue card;
□ *et spil ~ a) (kortbladene)* a pack of cards; *(især am.)* a deck of cards; *b) (et slag ~)* a game of cards;
[med præp.] ***på*** *et ~* on a map (, plan, chart, postcard); *(se også ndf., med vb.: sætte)*;
[med adj.] have ***gode*** *~ på hånden (også fig.)* have (*el.* hold) a good hand; *det* ***gule*** *~* the yellow card; *det* ***røde*** *~* the red card; *han fik det gule (, røde) ~* he was shown the yellow (, red) card;
[med vb. (+ præp.)] ***give*** *~* deal; *det er dig der skal give ~* it is your deal; *der er givet forkert ~* there has been a misdeal; ***holde*** *-ene tæt* ***til*** *kroppen* keep (*el.* hold) one's cards close to one's chest; ***kigge*** *ham* ***i*** *-ene (fig.)* find out what he is up to; *det* ***ligger i*** *-ene at (fig.)* it is on the cards that; ***lægge*** *-ene på bordet (også fig.)* put (*el.* place) one's cards on the table; ***spille*** *sine ~ godt* play one's cards well; ***sætte*** *alt* ***på*** *et ~* stake everything on one card.
kort[2] *adj.* short (*fx* skirt, visit, speech, letter); *(kortvarig, kortfattet også,* F*)* brief (*fx* visit, letter);
□ *~ proces se proces*; *~ rente se rente*; *~* ***tid*** *efter se kort*[3] *(kort efter)*; *for ~ tid siden* a short time ago; recently; *om ~ tid* shortly, soon; before long;
[med præp.] det -e ***af*** *det lange er* the long and the short of it is; *~* ***for*** *hovedet a) (kortfattet)* abrupt, curt; *b) (opfarende)* short-tempered, snappy; *komme* ***til*** *~ a)* have to give up; fail; *b) (lide nederlag)* get the worst of it.
kort[3] *adv.* **1.** briefly (*fx* answer (, explain it) briefly); **2.** *(uvenligt)* curtly, shortly (*fx* he answered rather shortly that he wasn't interested);
□ *~ og* ***godt*** in short; to cut a long story short; *han fortalte mig ~ og godt at* he told me in so many words that; *~* ***sagt*** in short; to cut a long story short; *~ sagt: han snød mig (også)* the long and the

short of it is that he cheated me; [med præp. & adv.] ~ ***efter*** *a)* shortly (*el.* a short time) after(wards); *b) (+ sb.)* shortly after (*fx* shortly after midnight); ~ ***efter at*** *han var gået* shortly after he (had) left; ~ ***før*** shortly before.
kortarmet *adj.* short-armed.
kortbenet *adj.* short-legged.
kortbølge short wave.
kortbølgebehandling *(elek.)* short-wave diathermy.
kortbølgemodtager short-wave receiver.
kortbølgesender short-wave transmitter.
korte *vb.:* ~ *af se afkorte, forkorte;* ~ *ned* cut down (*fx* an article).
kortege *sb. (en, -r)* cortege; *(af biler også)* motorcade.
kortegekørsel bumper-to-bumper driving.
kortfattet *adj.* short; F brief; *(sammentrængt)* concise.
kortfattethed *sb. (en) (jf. kortfattet)* brevity, briefness; conciseness.
kortfilm short (film).
kortform abbreviation.
kortfristet *adj.* short-term.
kortgiver dealer.
kortgivning dealing; deal.
korthalset *adj.* short-necked.
korthed *sb. (en)* **1.** shortness; **2.** *se kortfattethed;*
□ *i* ~ briefly; in a few words; *(se også fatte).*
kortholder cardholder.
korthus *(fig.)* house of cards (*fx* collapse like a house of cards; bring down a house of cards).
korthåret *adj.* short-haired.
kortison *sb. (et)* cortisone.
kortklippet *adj.* **1.** *(om mænd)* close-cropped; *(med karsehår)* crew-cut; **2.** *(om damer)* bobbed, shingled; *(se også nakke (i nakken)).*
kortkunst card trick.
kortlivet *adj.* **1.** *(kortvarig)* short-lived; **2.** *(kort i livet)* short-waisted.
kortlægge *vb.* **1.** *(lave kort over)* map (*fx* an area); *(sø.)* chart; **2.** *(fig.)* map, survey; *(analysere)* analyze (*fx* the causes).
kortlægning *sb. (en, -er) (jf. kortlægge)* **1.** mapping; **2.** *(sø.)* charting; **3.** *(fig.)* survey; analysis (pl. analyses).
kortord acronym.
kortsigtet *adj.* **1.** *(på kort sigt)* short-term; **2.** *se kortsynet.*
kortskallet *adj.* brachycephalic.
kortslutning short circuit; T short.
kortslutte *vb.* short-circuit; T short.
kortspil **1.** *(det at spille kort)* cardplaying; **2.** *(kortblade)* pack of cards; *(især am.)* deck of cards;
□ *vinde i* ~ win at cards.
kortspiller cardplayer.
kortsynet *adj.* short-sighted.
kortsynethed *sb. (en)* short-sightedness.
korttelefon card telephone.
kortvarig *adj. (se også kortvarigt)* **1.** *(kort)* brief (*fx* meeting, stay, visit);
2. *(kun flygtig)* short-lived (*fx* triumph); *(forbigående,* F*)* transient (*fx* happiness, phase, relationship); *(litt.)* transitory (*fx* joy).
kortvarigt *adv.* briefly, for a (very) short period.
kortærmet *adj.* short-sleeved.
kortåndet *adj. (præd.)* short of breath.
korvet *sb. (en, -ter) (sø.)* corvette.
korværk *(mus.)* choral work.
koryfæ *sb. (en, -er)* bigwig.
kosak *sb. (en, -ker)* Cossack.
kosher *adj.* kosher.
kosinus *sb. (en) (mat.)* cosine.
kosmetik *sb. (en)* cosmetics.
kosmetikpung make-up bag.
kosmetisk[1] *adj.* cosmetic.
kosmetisk[2] *adv.* cosmetically.
kosmetolog *sb. (en, -er)* cosmetician.
kosmisk[1] *adj.* cosmic;
□ *-e stråler* cosmic rays.
kosmisk[2] *adv.* cosmically.
kosmologi *sb. (en)* cosmology.
kosmonaut *sb. (en, -er)* cosmonaut.
kosmopolit *sb. (en, -ter),* **kosmopolitisk** *adj.* cosmopolitan.
kosmos *sb. (et)* cosmos.
kost[1] *sb. (en)* **1.** *(mad)* food (*fx* coarse (, rich) food; milk is the best food for babies);
2. *(slags mad; ordineret ~)* diet (*fx* exercise and (a) proper diet will help; they lived on a diet of rice; prison diet; a sugar-free (, salt-free, rich, healthy, slimming) diet); F fare (*fx* homely fare);
3. *(måltider)* board (*fx* board included);
□ ~ *og logi* board and lodging; ~ *og løn* board and wages;
[med adj.] alsidig ~ a balanced diet; *daglig* ~ *se hverdagskost; fuld* ~ full board; *hård* ~ *(fig.)* heavy stuff; *mager* ~ scanty fare; *(stærkere)* a meagre diet; meagre fare; *det er mager* ~ *(fig.)* there is not much to it; *skrap* ~ *(fig.)* hot stuff; *tarvelig* ~ plain fare; *(se også smalkost, tørkost);*
[med præp.] sætte ***i*** ~ board out; *være i* ~ *hos* board with; *holde sig selv* ***med*** ~ provide one's own meals; *have en* ***på*** ~ have sby as a boarder; *han er dyr at have på* ~ he is expensive to feed; *på fuld* ~ *a)* on full board; *b) (efter diæt)* on (a) full diet.
kost[2] *sb. (en, -e)* **1.** *(feje-)* broom; *(riskost)* besom;
2. *(barber-, tjære-, hvidte-)* brush;
3. *(sø.)* buoy with broom;
□ *nye -e fejer bedst* new brooms sweep clean.
kostald cowshed, cowhouse; *(am.)* cowbarn.
kostbar *adj.* **1.** *(værdifuld)* valuable (*fx* collection, furniture, paintings); *(og smuk)* rich (*fx* clothes, silks, tapestries);
2. *(dyr)* expensive (*fx* he was given an expensive education); F costly (*fx* furniture; mistake);
3. *(dyrebar)* precious (*fx* thank you for giving us so much of your precious time; his most precious possessions);
□ *gøre sig* ~ play hard (*el.* difficult) to get.
kostbarhed *sb. (en)* preciousness;
□ *-er* treasures; precious objects.
koste[1] *vb.* **1.** cost (*fx* it cost me £500; it cost him his life (, his job, many sleepless nights, an effort));
2. *(om pris)* be (*fx* potatoes are 70p a a pound); *(let* F*)* cost (*fx* the shoes cost £60);
3. *(give ud)* spend (*på* on, *fx* I won't spend more money on that house);
□ *hvad -r den hat?* how much is that hat? ~ *hvad det vil* at all costs; at any price; *det -de mig £500 (også,* T*)* it set me back £500; *det vil* ~ *ham dyrt* he'll pay dearly for it; it will cost him dear; *det er det første skridt der -r* it's the first step that is difficult.
koste[2] *vb.:* ~ *med en* order (*el.* push *el.* boss) sby around (*el.* about); ~ *en ud* chuck sby out; ~ *en væk* shoo sby away.
kostelig *adj. (morsom)* priceless.
koster *sb.pl. (tyvekoster)* stolen goods.
kosteskab broom cupboard.
kosteskaft **1.** broom handle;
2. *(glds.; som hekse rider på)* broomstick.
kostforagter *sb. (en, -e): han er ingen* ~ he is not squeamish.
kostforandring change of diet.
kostgænger *sb. (en, -e)* boarder.
kostpenge *sb.pl. (som man får)* subsistence allowance;
□ *han betaler* ~ he pays for his keep.
kostplan **1.** menu (*fx* a weekly

menu; plan the week's menu); diet plan; **2.** *(med.)* dietary.
kostpris cost price.
kostskole *sb. (en, -r)* **1.** boarding school; **2.** *(om visse engelske)* public school.
kostume *sb. (et, -r)* **1.** costume; T get-up (*fx* what are you doing in that get-up ?); **2.** *(karnevals-)* fancy dress, costume; **3.** *(teat.)* costume.
kostumebal, kostumefest fancy-dress ball.
kostumeprøve *(teat.)* dress rehearsal.
kostumere *vb.* dress, costume.
kostumetegner costume designer.
kostumier *sb. (en, -er) se kostumetegner.*
kote *sb. (en, -r) (højdekurve)* contour (line).
kotelet *sb. (en, -ter) (med ben)* chop; *(om andre stykker)* cutlet.
koteletfisk catfish.
koteletgrund [L-shaped site].
kotillon *sb. (en, -er)* cotillon.
koturne *sb. (en, -r)* cothurnus (pl. cothurni); cothurn, buskin.
kovende *vb. (sø.)* veer.
kovending 1. *(sø.)* veering; **2.** *(fig.)* about-turn, U-turn; F volte-face; T flip-flop;
□ *foretage en ~ a) (jf. 1)* veer; *b) (jf. 2)* do (*el.* perform) an about-face, make a U-turn; F execute a volte-face.
kovs *sb. (en, -er) (sø.)* thimble.
koøje *sb. (et, -r) (sø.)* port-hole.
kr. *(fork.f. krone(r))* kr.; *(hdl.)* Dkr.
krabask *sb. (en, -er)* cane.
krabat *sb. (en, -er)* chap;
□ *det er en ordentlig ~* it is a thumping big one; *han har været en vild ~* he has been pretty wild.
krabbe[1] *sb. (en, -r) (zo.)* crab.
krabbe[2] *vb.* **1.** *(krybe)* crawl; **2.** *(smutte)* scuttle.
krabbeklo crab's claw.
krads *sb. (et, -)* scratch.
kradsbørstig *adj.* **1.** *(aggressiv)* fierce; **2.** *(ilter)* crusty.
kradse *vb.* **1.** scratch; *(skrabe)* scrape;
2. *(om tøj)* be scratchy (*fx* my wool sweater is scratchy);
3. *(fig.: kunne mærkes)* bite (*fx* the crisis is beginning to bite);
□ *~ **af** a)* scrape off (*fx* he scraped the label off); *b) (*T*: dø)* snuff it; kick the bucket; *~ **i halsen*** burn the throat; *~ penge **ind*** collect money; *~ **ned** a) (skrive hurtigt)* jot down, scribble; *(sjusket)* scrawl; *b) (tegne)* sketch roughly; *~ **sig** på ryggen* scratch one's back; *~ **ud** a)* scrape out (*fx* a pipe); *b) (slette)* scratch out; *(mere* F*)* erase (*fx* a word).
kradseri *sb. (et, -er) (om skrift)* scribble, scrawl; *-er* scribble, scrawl.
kradsuld shoddy.
kraft *sb. (en) (se også kræfter)*
1. *(fysisk el. åndelig styrke)* strength (*fx* he hadn't the strength to do it);
2. *(evne)* power (*fx* healing power; magic power);
3. *(voldsomhed)* force, power (*fx* the force (*el.* power) of the wind (, the blow, the explosion, the argument));
4. *(energi)* energy (*fx* put more energy into your work); *(også livs-,* F*)* vigour (*fx* with renewed vigour; the vigour of youth);
5. *(drivkraft)* power (*fx* electric (, nuclear) power);
6. *(fys.)* force;
7. *(gyldighed)* force;
8. *(om person: dygtig)* person of first-rate ability; *(energisk)* dynamic person;
□ *betydelig ~* great force (*fx* he has been a great force in the party);
*[med præp.] han råbte **af** sine lungers fulde ~* he shouted at the top of his voice; ***for** egen ~ a)* under one's own steam; *b) (om skib)* under her own power; *for fuld ~* at full speed, at full blast; *for halv ~* at half speed; *sætte **i** ~* put into force; *træde i ~* come into force, become effective, take effect; ***i** ~ **af*** by virtue of; ***på** ~* with a will; *sætte **ud af** ~ a)* annul; *b) (midlertidigt)* suspend (*fx* a law); ***ved** egen ~, se ovf.: for egen ~.*
kraftanstrengelse (great) exertion, great effort.
kraftcenter *(fig.)* power centre.
kraftesløs = *kraftløs.*
kraftfoder concentrates pl.
kraftfuld *adj.* vigorous.
kraftidiot prize idiot; *(grovere)* bloody fool.
kraftig[1] *adj.* **1.** strong (*fx* light, voice, language); *(stærkere; kraftigt virkende)* powerful (*fx* blow, light, engine, electric current; argument, voice);
2. *(livskraftig, energisk)* vigorous (*fx* plant; attack, efforts, protest); *(især fig. også)* energetic (*fx* campaign);
3. *(stor, voldsom)* heavy (*fx* reductions, rain, snowfall, pressure, blow); T hefty (*fx* blow, dose, increase);
4. *(om stigning, fald)* steep (*fx* rise, fall);
5. *(om lyd)* loud (*fx* explosion, applause);
6. *(om motor etc.)* powerful, high-powered;
7. *(om person: tyk)* stout; *(lille og tyk)* chunky; *(stærk)* powerful.
kraftig[2], **kraftigt** *adv. (jf. kraftig*[1]*)*
1. strongly (*fx* he is strongly built); powerfully (*fx* built);
2. vigorously (*fx* nod (, protest) vigorously; he defended his ideas vigorously); energetically;
3. heavily (*fx* it rained heavily outside; the town was heavily bombed); hard (*fx* it snowed (, rained) hard);
4. steeply (*fx* steeply rising prices (, costs));
5. loudly.
kraftkarl strapping fellow.
kraftkilde source of energy.
kraftløs *adj.* weak; *(mere svag)* feeble.
kraftmåler dynamometer.
kraftoverføring the transmission of power.
kraftpræstation 1. feat of strength; **2.** *(fig.)* tour de force.
kraftprøve 1. trial of strength; **2.** *(forlystelse)* try-your-strength.
kraftspring handspring.
kraftstation power station.
kraftudtag power takeoff.
kraftudtryk curse, swearword; *(pl. også)* strong language, strong words.
kraftvarme heat as a by-product of electric power generation.
kraftvarmeværk combined power and heating station; thermal power station.
kraftværk power station.
krage *sb. (en, -r) (zo.)* crow;
□ *bo der hvor -rne vender* T live at the back of beyond; *~ søger mage* birds of a feather flock together.
kragefod *(bot.)* marsh cinquefoil.
kragefugl *(zo.)* crow.
kragejolle *(sø.)* sprit-sail rigged boat.
kragemål dog Latin.
kragetæer *sb.pl. (fig.)* scribble, scrawl sg.
krak *sb. (et, -) (fallit)* failure, collapse, crash.
krakelere *vb.* **1.** crack (*fx* the hot water made the glass crack);
2. *(om keramik etc.)* crackle;
□ *facaden -de (også fig.)* cracks appeared in the facade; *facaden begynder at ~* the facade is developing cracks; *facaden er -t* there are cracks in the facade.
krakelering *sb. (en, -er)* **1.** cracks pl.; **2.** *(om keramik etc.)* crackle.
krakiler *sb. (en, -e) (jf. krakilsk)*

cantankerous (, bloody-minded, cussed) person.
krakileri *sb. (et, -er) (jf. krakilsk)* cantankerousness; bloody-mindedness; T cussedness.
krakilsk *adj.* cantankerous; T cussed; *(kontrær)* bloody-minded.
krakke *vb.* fail, collapse, crash; T fold, go bust.
krakmandel soft-shell almond.
kram[1] *sb. (et)* **1.** *(sager)* stuff; things pl.; **2.** *(ragelse)* trash; **3.** *(glds.: småvarer)* small wares pl.;
□ *det er godt ~* that is good stuff; *[med vb. (+ præp.)]* ***få*** *-met* ***på*** *en* get sby where one wants him; get sby under one's thumb; ***have*** *-met* ***på*** *en* keep (*el.* have) sby well in hand; T have sby under one's thumb (*el.* over a barrel *el.* by the short hairs); ***kunne*** *sit ~* know one's stuff (*el.* job *el.* onions); ***passe*** *sit ~* attend to one's business; ***passe i*** *ens ~* suit one's book.
kram[2] *sb. (et, -) (omfavnelse)* hug.
kramme[1] *vb.: ~ ud med a) (afsløre)* lay bare, reveal (*fx* one's private thoughts); *b) (pralende)* parade (*fx* one's knowledge).
kramme[2] *vb.* **1.** *(omfavne)* hug; **2.** *(kæle for)* cuddle; **3.** *(neds.: befamle)* paw (about); **4.** *(klemme)* crush, squeeze;
□ *~ sammen* crumple up (*fx* a piece of paper).
krampagtig *adj.* **1.** convulsive (*fx* movements); **2.** *(anstrengt)* forced (*fx* laugh, style); **3.** *(fortvivlet)* desperate (*fx* attempt, effort).
krampagtigt *adv.* **1.** convulsively; **2.** *(anstrengt)* in a forced manner; **3.** *(fortvivlet)* desperately (*fx* he clung desperately to her hand);
□ *le ~* give a forced laugh.
krampe[1] *sb. (en, -r) (metal-)* staple.
krampe[2] *sb. (en, -r)* **1.** *(i arm, ben etc.)* cramp (*fx* I had cramp in my leg); *(vedvarende, voldsommere)* convulsions pl.; **2.** *(trækning)* spasm (*fx* muscular spasms; soreness due to muscular spasm).
krampeanfald spasm; *(stærkere)* convulsive fit.
krampegråd hysterical crying.
krampelatter hysterical laughter.
krampestillende *adj.* antispasmodic.
krampetrækning spasm; *(mindre)* twitch;
□ *-er (også, stærkere)* convulsions; *sidste -er (fig.)* dying twitch; *ligge i de sidste -er a)* be breathing one's last; *b) (fig.)* be on one's last legs (*fx* the firm is on its last legs).
kran *sb. (en, -er)* crane.
kranarm jib arm.
kranfører crane driver.
kranie *sb. (et, -r) = kranium.*
kraniebrud fracture of the skull; a fractured skull;
□ *få ~* fracture one's skull; *han fik ~ (også)* his skull was fractured.
kranium *sb. (et, kranier)* skull; *(fagl.)* cranium (pl. -s, crania).
krank[1] *sb. (en, -e)* crank.
krank[2] *adj.: en ~ skæbne* a sorry fate.
krankaksel crank axle.
krans *sb. (en, -e)* **1.** *(nedlagt ved grav el. monument)* wreath; **2.** *(længere pynte-, ophængt på væg el. båret fx på hovedet)* garland; **3.** *(perle-)* string of pearls; **4.** *(tand- på cykel)* sprocket.
kransekage **1.** [marzipan ring cake]; **2.** *(fig. om arkitektur)* wedding cake (*fx* a wedding cake of a house);
□ *et stykke ~ (omtr.: rundt)* a marzipan ring; *(lige)* an almond stick; *han er kun toppen på -n* he is only a figurehead.
kransekagefigur *(fig.)* figurehead.
kransenedlægning wreath-laying ceremony.
kranspulsåre *(anat.)* coronary artery.
kranvogn *(til at slæbe biler etc. bort)* breakdown van (*el.* lorry); *(am.)* tow truck, wrecker.
krap[1] *sb. (en) (bot. & om farvestof)* madder.
krap[2] *adj.: ~ sø* choppy sea.
kraprød *adj.* madder-red.
krapyl *sb. (et)* rabble.
kras *adj.* harsh (*fx* drink, colours, remark); F stark (*fx* description, realism).
krat *sb. (et, -)* **1.** thicket (*fx* hide in a thicket); **2.** *(kratbevoksning)* scrub (*fx* the area is covered with scrub); *(underskov)* brushwood; **3.** *(lille skov)* coppice.
krater *sb. (et, -e)* crater.
kratskov scrub; *(underskov)* brushwood.
krav *sb. (et, -)* **1.** demand (*om* for, *fx* for higher wages; *om at* that, *fx* that wages (should) be raised); **2.** *(om noget man mener man har ret til; jur., hdl.)* claim (*om* for, *fx* higher wages, a shorter working day, ; compensation, damages; *på* to, *fx* the Throne, a territory); **3.** *(officielt ~, fx til eksamen)* requirement (*fx* the requirements in English; satisfy the requirements of the law); **4.** *(moralsk)* claim (*på, på at* to, *fx* have a claim to respect (, to be heard)); *(ret)* right (*på, på at* to, *fx* he has a right to know);
□ *-ene til* the demands made on (*fx* students, teachers, politicians); *øjeblikkets ~* the demands of the moment; F the exigencies of the moment;
[med vb. (+ præp.)] ***gøre ~ på*** *a)* demand (*fx* respect); *b) (jur. etc.)* claim (*fx* one's inheritance); lay claim to (*fx* a territory); *han* ***har*** *ingen ~* ***på*** *mig* he has no claim on me; ***stille*** *(, rejse) et ~ a)* make a demand; *b)* put in a claim; ***stille ~ om*** *a)* demand; *b)* claim; put in a claim for; ***stille ~ til*** make demands on.
krave *sb. (en, -r)* **1.** collar; **2.** *(på støvle, handske)* top;
□ *tage en i -n* take sby by the collar; *(i nakken)* take sby by the scruff of the neck.
kraveben collar bone.
kravebryst **1.** shirt front; **2.** *(løst)* dickey.
kravehandske gauntlet.
kraveknap (collar) stud; *(am.)* collar button.
kravelbygget *adj. (sø.)* carvel-built.
kravl *sb. (et)* **1.** *(smådyr)* creepie-crawlies pl.; **2.** *(skadedyr)* vermin pl.
kravle *vb.* **1.** crawl; **2.** *(klatre)* climb;
□ *~ op i* climb (*fx* a tree); *~ op på* climb on to (*fx* the roof).
kravledragt rompers pl.
kravlegård playpen.
kravniveau *(psyk.)* level of aspiration.
kravspecifikation requirement specification.
kreation *sb. (en, -er) (om tøj)* creation.
kreativ *adj.* creative;
□ *~ bogføring* creative accounting.
kreativitet *sb. (en)* creativity.
kreatur *sb. (et, -er)* **1.** head of cattle; **2.** *(håndlanger)* tool, creature;
□ *-er* cattle pl.; livestock sg.
kreaturhandler cattle dealer.
kreaturrist cattle grid.
kreaturvogn *(jernb.)* cattle truck.
krebinet *sb. (en, -ter) se karbonade.*
krebs *sb. (en, -)* crayfish;
□ *Krebsen (astr.)* Cancer; *Krebsens vendekreds* the Tropic of Cancer; *jeg er ~* I am a Cancer; *se ud som en kogt ~* look like a boiled lobster; *tage en i -en se krave.*

krebsegang: *gå* ~ move backwards.
krebseklo claw of a crayfish.
kredit *sb. (en, -ter)* credit;
□ *give* ~ give credit (*fx* the shop does not give credit); *give (el. yde) én* ~ give sby credit; extend credit to sby (*fx* the IMF has extended billions of dollars in credit to those countries); *på* ~ on credit; *til* ~ *for* to the credit of.
kreditbevis credit certificate.
kreditere *vb.* credit;
□ ~ *én et beløb* credit an amount to sby, credit sby with an amount; ~ *ens konto for et beløb* credit an amount to sby's account, credit sby's account with an amount.
kreditforening credit institution; *(svarer i Engl. til)* building society.
kreditiv *sb. (et, -er) se akkreditiv.*
kreditkort credit card.
kreditloft credit ceiling.
kreditnota credit note.
kreditoplysningsbureau *(hdl.)* credit rating agency.
kreditor *sb. (en, -er)* creditor.
kreditside credit side.
kreditstramning credit squeeze.
kreditværdig *adj.* creditworthy.
kreditværdighed creditworthiness.
kreds *sb. (en, -e)* **1.** circle (*fx* a circle of stones); *(ring, rundkreds også)* ring (*fx* they formed a ring round him);
2. *(valg-)* constituency; *(am.)* district; *(for kommunevalg)* ward;
3. *(selskabelig)* set, circle; F sphere;
□ *familiens* ~ the family circle; *en udvalgt* ~ *a)* a chosen few, a limited circle; *b) (af venner)* some intimate friends; *slå (el. slutte)* ~ form a circle (*el.* a ring) (*om* round); *slå* ~ *om (fig.)* rally round;
[med præp.] **i** *diplomatiske (, litterære) -e* in diplomatic (, literary) circles; *færdes i de højere -e* move in the best (*el.* highest) circles; *i vide -e* widely.
kredse *vb.* circle (*fx* the birds (, planes) circled overhead); *(om fugle også)* wheel;
□ ~ **om** circle about (*fx* the house, the girl; the discussion circled about the same question); circle (*fx* the two lions circled each other; the moon circles the Earth); *hans tanker -de altid om det* it was always in his thoughts; he kept turning it over in his mind; ~ *omkring jorden (om satellit)* orbit the Earth.
kredsformet *adj.* circular.
kredslæge district medical officer.
kredsløb 1. *(med. etc.)* circulation;
2. *(elek.)* circuit;
3. *(satellits)* orbit;
4. *(cyklus)* cycle (*fx* the cycle in nature);
□ *bringe en satellit i* ~ bring (*el.* put) a satellite into orbit; orbit a satellite.
kredsløbsforstyrrelse *(med.)* circulatory disturbance (*el.* disorder).
kredsløbssygdom *(med.)* circulatory disease.
kreere *vb.* create (*fx* a fashion).
kremation *sb. (en, -er)* cremation.
krematorium *sb. (et, krematorier)* crematorium; *(am.)* crematory.
kremere *vb.* cremate.
Kreml the Kremlin.
kremlolog *sb. (en, -er)* Kremlinologist.
kremlologi *sb. (en)* Kremlinology.
kremlologisk *adj.* Kremlinological.
kremte *vb.* cough sharply.
kreneleret *adj.* crenelated.
kreol *sb. (en, -er),* **kreoler** *(en, -e)* creole.
kreosot *sb. (en el. et)* creosote.
krep *se crepe.*
krepere *vb.* (T: *dø)* kick the bucket, snuff it;
□ *det -r mig* it makes me sick; it riles me.
kreperlig *adj.* annoying; *(stærkere)* infuriating.
kreppe *vb.* crimp, crisp.
Kreta *(geogr.)* Crete.
kretenser *sb. (en, -e),* **kretensisk** *adj.,* **kreter** *sb. (en, -e)* Cretan.
kreti: ~ *og pleti* Tom, Dick and Harry.
kretiner *sb. (en, -e)* cretin.
kretinisme *sb. (en)* cretinism.
kretisk *adj.* Cretan.
krible *vb.*: ~ *og krable* crawl;
[med præp.] det -de **i** *huden (på mig)* my skin prickled (*fx* with fear); *det -de* **i** *mig* **af** *spænding* I was tingling with excitement; *det -r* **i** *mine fingre* **efter** *at* my fingers are itching to.
kricket *sb. (en)* cricket.
kricketbane cricket ground (*el.* field).
kricketgærde wicket.
kricketspiller cricketer.
kridhvid *adj.* **1.** chalk-white;
2. *(om ansigtsfarve, præd.)* as white as a sheet.
kridt *sb. (et)* **1.** chalk; **2.** *(farve-)* crayon;
□ *et stykke* ~ *a)* a piece (*el.* stick) of chalk; *b) (jf. 2)* a crayon; *en æske* ~ a box of chalks; *tage på* ~ T buy on tick.
kridtbrud *sb. (et, -)* chalk pit.
kridte *vb.* chalk;
□ ~ **op** chalk (*fx* a tennis court); *banen er -t op (fig.)* the (battle) lines are drawn (up); ~ **skoene** *og stå fast (fig.)* dig 'in one's heels (*el.* toes).
kridthus: *være i -et hos en* be in sby's good books.
kridtklint chalk cliff.
kridtpibe clay pipe.
kridtstreg chalk line.
kridttegning crayon (drawing).
kridttiden *(geol.)* the Cretaceous Period.
krig *sb. (en, -e)* **1.** war (*med* with; *mod* against, *fx* another country; a war broke out);
2. *(krigsførelse)* warfare (*fx* guerilla (, chemical, nuclear) warfare);
□ *føre* ~ make war; F wage war; *(se også erklære)*;
[med vb.+ præp., adv.] landene **er** **i** ~ the countries are at war; *han* **faldt i** *-en* he was killed in the war; F he fell in the war; **føre** ~ **mod** *dem* wage war on (*el.* against) them; **føre** *-en* **over i** *fjendens lejr (fig.)* carry the war into the enemy camp; **gå i** ~ *a) (om soldat)* go to the war; *b) (om land)* go to war; *c)* (T: *gå i gang)* pitch in; **gå i** ~ **med** *a) (om land)* go to war with; *b)* (T: *gå i gang med)* tackle, pitch into (*fx* the job); *han* **var med i** *-en* he served (*el.* fought *el.* was) in the war; **være i** ~ **med** be at war with; **sætte** *sin* ~ **igennem** carry one's point.
kriger *sb. (en, -e)* warrior.
krigergrav soldier's grave.
krigerisk[1] *adj.* **1.** *(som gerne fører krig)* warlike (*fx* nation, tribe); F martial, bellicose (*fx* nation);
2. *(stridbar)* militant (*fx* they were in a militant mood); F belligerent (*fx* in a belligerent tone); *(ofte spøg.)* pugnacious (*fx* mood, boy; he looked pugnacious);
□ *en* ~ *handling (ɔ: politisk)* an act of war.
krigerisk[2] *adv. (jf. krigerisk*[1] *2)* militantly; pugnaciously.
krigerliv military life.
kriges *vb.* war.
krigsbegejstring war fever.
krigsbegivenhed military event.
krigsbytte booty; F spoils pl. (of war).
krigsdans war dance.
krigsenke war widow.
krigserklæring declaration of war.
krigsfange prisoner of war; *(fork.)* POW.
krigsfare danger of war.
krigsflåde 1. battle fleet; **2.** *(en*

lands samlede ~) navy.
krigsfod*: sætte på ~* mobilize; place on a war footing; *være på ~ med (fig.)* have a war on with.
krigsforbrydelse war crime.
krigsforbryder war criminal.
krigsforbryderdomstol war crimes tribunal.
krigsforhold state of war;
□ *under ~* under wartime conditions.
krigsforlis *(sø.)* loss due to war risk;
□ *han var med i et ~* his ship was sunk during the war; *skibet gik tabt ved et ~* the ship was lost (, sunk) during the war.
krigsførelse 1. warfare; **2.** *(strategi)* strategy.
krigsførende *adj.* warring (*fx* the warring parties); F belligerent.
krigsgal *adj.* war-crazy.
krigsgalskab jingoism, warmongering.
krigsgæld war debts pl.
krigshandling act of war.
krigshavn naval port.
krigsherre war lord.
krigshistorie military history.
krigshumør*: være i ~* be on the warpath.
krigshyl war cry (*fx* an Indian war cry).
krigshærget *adj.* devastated.
krigsinvalid disabled soldier (*el.* ex-serviceman).
krigskammerat war comrade; *(F el. glds.)* companion-in-arms.
krigskorrespondent war correspondent.
krigskunst 1. science of warfare; **2.** *(strategi)* art of war; strategy.
krigslegetøj war toys pl.
krigsliderlig *adj.* trigger-happy.
krigslist stratagem.
krigslykke fortune of war.
krigsmaling *(også om makeup)* war paint.
krigsmand warrior.
krigsmaskine *(fig.)* military machine.
krigsmateriel war materials, munitions pl.
krigsmål war aim.
krigsophidser warmonger.
krigsret court-martial;
□ *stille en for en ~* court-martial sby.
krigsretstilstand martial law (*fx* impose martial law).
krigsråb war cry.
krigsråd council of war;
□ *holde ~ a)* hold a council of war; *b) (fig.)* hold a council of war; T go into a huddle.
krigsskadeserstatning reparations pl.
krigsskib warship; *(glds.)* man-of-war.
krigsskueplads theatre of war; *(front)* front.
krigsspekulant war profiteer.
krigsspil war game.
krigsstien*: være på ~* be on the warpath.
krigsstyrke*: med fuld ~* on a war footing.
krigstid*: i ~* in time(s) of war, in wartime.
krigstilfælde*: i ~* in case of war.
krigstilstand*: i ~* in a state of war.
krigstjeneste active service;
□ *gøre ~* be on active service.
krigstræt *adj.* war weary.
krigstræthed war weariness.
krigsvant *adj.* seasoned (*fx* troops); *(kun attr.)* veteran (*fx* a veteran army).
krigsvigtig *adj.* military (*fx* bomb military targets); *(præd.)* of military importance.
krigsvåben war weapon.
krigsår year of (the) war, war year.
krikand *(zo.)* teal.
krikke *sb. (en, -r)* jade, hack.
krille *vb.* tickle.
krille(r)hoste tickling cough.
Krim *(geogr.)* the Crimea.
krimi *sb. (en, -er) se kriminalfilm, kriminalroman.*
kriminalassistent *(omtr.)* detective inspector.
kriminalbetjent detective constable.
kriminalfilm detective film.
kriminalforfatter crime writer.
kriminalforsorgen the Prison Service.
kriminalisere *vb.* criminalize.
kriminalisering *sb. (en, -er)* criminalization.
kriminalist *sb. (en, -er)* criminologist.
kriminalitet *sb. (en)* **1.** *(begåede forbrydelser)* crime (*fx* organized crime; there has been an increase in crime and public disorder); *(forholdsmæssigt antal)* crime rate (*fx* a high crime rate);
2. *(det at begå forbrydelser)* criminality (*fx* drug-taking and criminality; the seeds of criminality were sown at an early age).
kriminalkonsulent crime prevention officer.
kriminallitteratur crime fiction.
kriminalmuseum criminological (*el.* crime) museum.
kriminalpoliti criminal police;
□ *-et (svarer i Engl. til)* the Criminal Investigation Department; *(fork.)* CID.
kriminalreporter crime reporter.
kriminalroman detective novel, crime novel; T whodunit.
kriminalstatistik crime statistics.
kriminel *adj.* **1.** criminal; **2.** *(brugt som sb.)* offender.
kriminolog *sb. (en, -er)* criminologist.
kriminologi *sb. (en)* criminology.
kriminologisk[1] *adj.* criminologic(al).
kriminologisk[2] *adv.* criminologically.
Krimkrigen *(hist.)* the Crimean War.
krimskrams *sb. (et)* **1.** *(skrift)* scrawl; **2.** *(snirkler)* squiggles pl.; *(sving)* flourishes pl.
kringle[1] *sb. (en, -r)* [cake in the shape of a pretzel]; *(saltkringle)* pretzel.
kringle[2] *vb.* T fix.
kringlet *adj.* T complicated, intricate.
krinkelkroge *sb.pl.* out-of-the-way corners; nooks and corners.
krinoline *sb. (en, -r)* crinoline.
krise *sb. (en, -r)* crisis (pl. crises) (*fx* the crisis is worsening (*el.* deepening)).
krisecenter 1. *(for rådgivning)* crisis centre; **2.** *(med overnatningsmulighed for voldsramte kvinder)* (battered wives) refuge.
krisefond emergency fund.
krisehjælp counselling; *(ved dødsfald)* bereavement counselling.
krisemøde crisis meeting, emergency meeting.
kriseplan crisis plan.
kriseramt *adj.* **1.** depressed (*fx* area); distressed (*fx* farmers); **2.** *(om psykisk krise, præd.)* in crisis (*fx* a man in crisis).
krisestab emergency staff.
krisestyring crisis management.
krisetid 1. critical time; **2.** *(økonomisk)* (period of) depression.
kristelig *adj.* Christian; *(se også KFUM, KFUK).*
kristeligt *adv.* like a Christian.
kristen *adj. (også brugt som sb.)* Christian;
□ *de kristne* the Christians; *begravet i ~ jord* buried in consecrated ground; *en ~ jøde* a converted Jew.
kristendom Christianity;
□ *forkynde -men* preach the Gospel.
kristendomskundskab religious knowledge.
kristenheden Christendom.
kristentro Christian faith.
kristne *vb.* christianize.
kristtjørn, **kristtorn** *(bot.)* holly.

Kristus Christ;
□ *Kristi* Christ's; of Christ; *Kristi fødsel* the birth of Christ; the Nativity; *efter Kristi fødsel, efter* ~ AD (*fork.f.* anno Domini); *i år 253 efter* ~ in AD 253; in (the year) 253 AD; *før* ~ BC (*fork.f.* before Christ).
Kristusbillede image of Christ.
kriterium *sb. (et, kriterier)* criterion (pl. criteria) (*på* of).
kritik *sb. (en, -ker)* **1.** criticism (*fx* the plan came in for severe criticism; literary criticism; this is not meant as a criticism);
2. *(i filosofi & om kritisk analyse)* critique (*fx* Kant's Critique of Pure Reason; the fundamental concepts of linguistic description have been subjected to serious critique);
3. *(anmeldelse)* review; *(lærd, teknisk)* criticism (*fx* he wrote criticisms of art exhibitions);
□ *-ken a) (anmeldelserne)* the reviews (*fx* what were the reviews like?); *b) (kritikerne)* the critics (*fx* the book was well received by the critics); *få en god* ~ get good reviews, be well (*el.* favourably) received; *hævet over al* ~ above (*el.* beyond) reproach; *under al* ~ beneath contempt.
kritiker *sb. (en, -e)* **1.** critic; **2.** *(anmelder)* reviewer, critic.
kritikløs *adj.* uncritical.
kritisabel *adj.* open to criticism *(præd.)* (*fx* a procedure which is open to criticism); *(moralsk forkert,* F*)* reprehensible (*fx* there is nothing reprehensible about this procedure).
kritisere *vb.* criticize; *(især: småligt, pedantisk)* find fault (with) (*fx* she is always finding fault (with him));
□ ~ *bogen sønder og sammen* T take the book apart, tear the book to pieces; do a hatchet job on the book.
kritisk[1] *adj.* critical (*over for* of).
kritisk[2] *adv.* critically (*fx* speak critically of sth, examine sth critically).
kro[1] *sb. (en, -er) (hos fugle)* crop, craw.
kro[2] *sb. (en, -er)* public house; T pub; *(landlig, gammel)* inn;
□ *på en* ~ in a public house; in (*el.* at) an inn.
kro[3] *vb.:* ~ *sig* strut; ~ *sig af* plume oneself on.
kroat *sb. (en, -er),* **kroater** *sb. (en, -e)* Croat(ian).
Kroatien *(geogr.)* Croatia.
kroatisk *sb. (et) & adj.* Croatian.
krog *sb. (en, -e)* **1.** *(fiske-, knage etc.)* hook;
2. *(til vindue, dør)* catch;
3. *(hjørne)* corner; *(afsides,* F *el. spøg.)* nook;
□ *i hver en* ~, *i alle -e* in every nook and cranny; *få noget på -en* hook sth; *(se også bide (på), hviske (i), trænge[1] (op i)).*
kroget *adj.* **1.** crooked (*fx* back; streets); *(bøjet også)* bent (*fx* bent with age); **2.** *(om fingre, grene)* gnarled;
□ ~ *næse* hooked nose, hooknose.
krogveje *(fig.): ad* ~ in a roundabout way; indirectly; *gå* ~ use devious (*el.* underhand) means.
kroket[1] *sb. (en el. et) (spil)* croquet.
kroket[2] *sb. (en, -ter) (i madlavning)* croquette.
kroketbue hoop; *(am. også)* arch, wicket.
kroketkugle croquet ball.
kroketkølle mallet.
kroketspil **1.** croquet; **2.** *(redskaberne)* croquet set.
kroki *sb. se croquis.*
krokodille *sb. (en, -r) (zo.)* crocodile.
krokodilleskinds- crocodile (*fx* bag, shoe).
krokodilletårer *sb.pl.* crocodile tears.
krokus *sb. (en, -(s)er el. -) (bot.)* crocus.
krom *sb. (et)* chromium.
kromand publican; innkeeper; *(jf. kro[2]).*
kromatisk[1] *adj.* chromatic.
kromatisk[2] *adv.* chromatically.
kromgarve *vb.* chrome-tan.
kromgult *sb. (et)* chrome yellow.
kromosom *sb. (et, -er) (biol.)* chromosome.
kromsyre *(kem.)* chromic acid.
kronblad *(bot.)* petal.
krondiamantbryllup [sixty-fifth wedding anniversary].
krone[1] *sb. (en, -r)* **1.** *(også tand-)* crown;
2. *(træ-)* top;
3. *(pave-)* tiara;
4. *(adels-)* coronet;
5. *(blomster-)* corolla;
6. *(lyse-)* chandelier;
7. *(mods. plat)* heads (*fx* heads or tails?); *(se også plat[1]);*
8. *(dansk mønt)* krone;
□ *-n (ɔ: kongemagten)* the Crown; *sætte -n på værket* crown the achievement; *sætte* ~ *på en tand* crown a tooth.
krone[2] *vb.* crown;
□ ~ *en til konge* crown sby king; *have -de dage* be in clover; *mine bestræbelser -des med held* my efforts were crowned with success.
krongods crown lands pl.
kronhjort red deer; *(hannen)* stag.
kronik *sb. (en, -ker) (kan gengives)* feature article.
kronikør *sb. (en, -er) (kan gengives)* feature writer.
kroning *sb. (en, -er)* coronation.
kronisk[1] *adj.* chronic.
kronisk[2] *adv.* chronically;
□ ~ *syg* chronically ill; *de* ~ *syge* the chronic(ally) sick.
kronjuvel crown jewel.
kronologi *sb. (en, -er)* chronology.
kronologisk[1] *adj.* chronological (*fx* in chronological order).
kronologisk[2] *adv.* chronologically (*fx* arrange the books chronologically).
kronometer *sb. (et, kronometre)* chronometer.
kronprins **1.** crown prince; **2.** *(fig.)* crown prince, heir apparent.
kronprinsesse crown princess.
kronraget *adj.* tonsured.
kronragning tonsure.
kronregalier *sb.pl.* regalia.
kronvidne **1.** key witness;
2. king's (, queen's, state's) evidence.
kronvildt red deer pl.
krop *sb. (en, -pe)* **1.** *(legeme)* body; *(mods. lemmerne også)* trunk, torso;
2. *(slagtet)* carcase, carcass; *(am. kun)* carcass;
3. *(flyv.)* fuselage;
[med præp.] have en sygdom ***i*** *-pen* be sickening for something; ***over hele*** *-pen* all over; *(se også ryste, øm); uden en trævl* ***på*** *-pen* without a stitch on; *(se også sul); inderst på -pen* next to one's skin (*fx* wear wool next to one's skin); *jeg har følt (el. mærket) det* ***på*** *min* ***egen*** ~ I know it from my own experience; I know it to my cost; *lade ham føle det på sin egen* ~ *(ɔ: hvad han gør mod en)* give him a dose of his own medicine; *han skulle føle på sin egen* ~ *hvordan det er* he should learn for himself what it is like; *holde kortene* ***tæt til*** *-pen se kort[1].*
kropdoven *adj.* physically lazy.
kropdue *(zo.)* pouter.
kroplus *se kropslus.*
kropsarbejder manual worker.
kropsbevidst *adj.* body-conscious.
kropsbåret *adj.* body-worn.
kropsdoven *adj.* physically lazy.
kropskontakt bodily contact.
kropslig *adj.* bodily (*fx* contact).
kropslugt body odour.
kropslus *(zo.)* body louse (pl. body

lice).
kropsnær *adj.* clinging, close-fitting (*fx* dress).
kropssprog body language.
kropsvisitation *(jf. kropsvisitere)* body search; frisk.
kropsvisitere search (*fx* the police searched the prisoner); *(mere overfladisk,, fx ved at klappe på tøjet* T*)* frisk (*fx* airline passengers).
kropsvisitering = *kropsvisitation.*
kropumulig *adj.* T hopeless.
krostue tap room.
krovært landlord; publican; innkeeper; *(jf. kro²).*
krucifiks *sb. (et, -er)* crucifix.
krudt *sb. (et)* **1.** gunpowder, powder; **2.** *(energi)* pep, go;
□ *skyde med* ***løst*** *~* fire blank cartridges, fire blanks; *holde -et* ***tørt*** *(fig.)* keep one's powder dry;
[med vb.] ***spare på*** *-et (fig.) a) (ikke skælde ud)* hold one's fire; *b) (spare på kræfterne)* save one's energy; ***spilde*** *sit ~ (ɔ: tale forgæves)* waste one's breath (*på at* -ing, *fx* trying to persuade him); flog a dead horse; *(se også opfinde).*
krudthorn powder horn, powder flask.
krudtkarl live wire.
krudtmagasin powder magazine.
krudtmølle powder mill.
krudtrøg gunpowder smoke.
krudtsammensværgelsen *(hist.)* the Gunpowder Plot.
krudtslam *(i geværløb etc.)* fouling.
krudttønde 1. (gun)powder barrel; **2.** *(fig.: eksplosiv)* powder keg (*fx* touch off a powder keg; sit on a powder keg); *(også: brandfarlig)* tinderbox (*fx* a spruce plantation is a tinderbox during a drought).
krudttårn powder magazine.
krudtugle T live wire.
krudtværk powder mill.
krukke *sb. (en, -r)* **1.** *(syltetøjs- etc.)* pot, jar; **2.** *(apoteker-)* gallipot; **3.** *(skabekrukke)* affected person, poseur;
□ *små -r har også ører* little pitchers have big ears; *-n går så længe til vands at den kommer hankeløs hjem* the pitcher goes to the well once too often; he (, you etc.) did it once too often.
krukkeri *sb. (et, -er)* affectation.
krukket *adj.* affected.
krum *adj.* curved;
□ *-me ben* bandy legs; *med ~ hals se hals; ~ næse* aquiline nose; hooknose.
krumbøjet *adj.* bent, bowed (*fx* with age).
krumme¹ *sb. (en, -r)* crumb;
□ *-r* crumbs; *-r er også brød* half a loaf is better than no bread; *ham er der -r i* T he has guts.
krumme² *vb.* **1.** *(bøje)* bend, bow; **2.** *(bue)* curve (*fx* the road curves);
□ *~ sig sammen* double up, curl up (*fx* with laughter, with pain);
[med sb.] de vil ikke ~ et ***hår*** *på hans hoved* they will not hurt (*el.* harm) a hair of his head; *katten -r* ***ryg*** the cat arches its back; *~* ***tæerne*** curl (*el.* bend) one's toes; *~ tæer (fig.: af forlegenhed)* cringe with embarrassment, curl up (*fx* his remarks made me curl up); *det får en til at ~ tæer (også)* it is toe-curling (*fx* the sheer hypocrisy of their attitude is toe-curling).
krumning *sb. (en, -er)* **1.** curvature; **2.** *(bue etc.)* curve, bend (*fx* in the road, in a river).
krumnæset *adj.* hooknosed.
krumrygget *adj.* bent, bowed.
krumsabel scimitar.
krumspring 1. caper; **2.** *(fig.: for at undgå noget)* dodge.
krumstav 1. *(gejstlig symbol)* crosier; **2.** *(hyrdes)* (shepherd's) staff, crook.
krumtap crank.
krumtapaksel crankshaft.
krus¹ *sb. (et, -)* mug; *(øl- også)* tankard.
krus² *sb. (et) (om hår)* frizzle.
kruse *vb. (se også kruset)* **1.** *(hår)* frizz, frizzle; **2.** *(vandoverflade etc.)* ripple; **3.** *(tøjstrimmel)* ruffle; **4.** *(læberne: hånligt)* curl;
□ *~ sig a) (om hår)* curl; *b) (om vand)* ripple; *c) (om læber: hånligt)* curl.
krusedulle *sb. (en, -r)* squiggle; *(sving)* flourish;
□ *tegne -r (på papir etc., åndsfraværende)* doodle.
krusemynte *sb. (en, -r) (bot.)* curled mint.
kruset *adj.* **1.** *(om hår)* frizzy; **2.** *(om vand)* rippled; **3.** *(om tøjstrimmel)* ruffled;
□ *gøre hovedet ~ på en (ɔ: gøre en indbildsk)* turn sby's head.
krusning *sb. (en, -er) (på vand)* ripple.
krustade *sb. (en, -r)* patty shell.
kry *adj.* cocky.
kryb *sb. (et, -)* **1.** creeping thing; *(insekt,* T*)* creepy-crawly; **2.** *(kollektivt)* vermin pl.;
□ *et usselt (el. elendigt) ~ (fig.)* a worm; F a wretch.
krybbe *sb. (en, -r)* manger, crib;
□ *når -n er tom bides hestene* when poverty comes in at the door, love flies out at the window.
krybbebider *sb. (en, -e)* crib-biter.
krybbespil nativity play.
krybbønne *(bot.)* dwarf bean, bush bean.
krybdyr *sb. (zo.)* reptile.
krybe *vb. (krøb, krøbet) (se også krybende)* **1.** *(kravle)* crawl (*fx* he (, the snake) crawled across the floor);
2. *(snige sig)* creep (*fx* he (, the cat) crept slowly towards the door);
3. *(bevæge sig langsomt)* crawl (*fx* the traffic was crawling along); *(ofte: langsomt og med besvær)* inch (*fx* he inched along the roof; the sun inched behind the mountains);
4. *(klatre)* climb (*fx* up a ladder);
5. *(om plante)* creep;
6. *(være underdanig)* grovel (*for* before); *(især: + frygtsom)* cringe (*for* to, before); T crawl (*for* to); F fawn (*for* on);
7. *(blive mindre, om tøj)* shrink (*fx* the shirt shrinks in the wash);
8. *(i kortspil)* finesse, duck;
□ *alt hvad der kunne ~ og gå* every living thing; *man må ~ før man kan gå* we must learn to walk before we can run;
[med præp. & adv.] det krøb ***i*** *mig* I cringed; *(stærkere)* it made my flesh creep; *man kan lige så godt springe i det som ~ i det (kan gengives)* we might as well get it over at once; *(se også ly, musehul, skjul);*
~ ***op*** *(om tøj)* ride up (*fx* my shirt is riding up); *~* ***op i*** *a)* crawl onto (*fx* the sofa); *b)* climb (*fx* a tree);
~ ***op på*** climb onto (*fx* the roof);
~ ***sammen*** *a) (bukke sig sammen)* crouch (down) (*fx* the cat crouched (down), ready to jump; he crouched under the table); *b) (af frygt, kulde)* huddle (*fx* he huddled in a corner; he huddled near the fire to keep warm; the sheep huddled together for warmth behind a hedge); *(af frygt også)* cower; *c) (søge sammen)* huddle (*fx* the civilians huddled in their homes during the street fighting; we tried to huddle under one umbrella);
~ ***til*** *korset se kors;*
~ ***udenom*** be evasive; *(ikke tage stilling)* dodge (*el.* evade *el.* duck) the issue.
krybekælder crawl space.
krybende *adj. (jf. krybe)* **1.** crawling; **2.** *(jf. 2, 5)* creeping; **3.** *(fig., jf. 6)* servile; cringing; F fawning.

kryberi *sb. (et) (jf. krybe 6)* groveling; cringing; T crawling; F fawning.
krybespor *(på bakke, fx til lastbiler)* crawler lane; *(på motorvej)* slow lane.
krybestige roof ladder, hook ladder.
krybskytte poacher.
krybskytteri *sb. (et)* poaching.
krydder *sb. (en, -e)* **1.** *(omtr.)* rusk; **2.** *(T: ur)* turnip.
krydderi *sb. (et, -er)* **1.** *(især om de stærke, importerede)* spice (*fx* there is too much spice in the cake; cinnamon, cloves, ginger and pepper are common spices); **2.** *(mere generelt: stof der forhøjer velsmagen)* seasoning (*fx* the soup needs more seasoning; mix flour and seasoning; salt, pepper and mustard are seasonings); **3.** *(fig.)* spice (*fx* her presence added spice to the party); F zest; □ *sætte ~ på tilværelsen* give zest to life.
krydderihylde spice rack.
kryddernellike clove.
krydderpose spice bag.
kryddersild pickled herring.
kryddertvebak biscotte.
krydderurt herb.
krydre *vb. (også fig.)* season, spice (*fx* season (*el.* spice) the soup; his speech was spiced with witty anecdotes; conversation seasoned with humour).
krydret *adj.* seasoned; *(stærkere)* spicy; □ *en ~ duft* an aromatic smell.
kryds *sb. (et, -)* **1.** cross; **2.** *(gade-, vej-)* crossroads (pl. -); *(vej- også)* intersection; **3.** *(anat.: på menneske)* loin; *(på dyr)* croup; **4.** *(krydstogt)* cruise; **5.** *(mus.: for en node)* sharp; □ *~ for D (mus.)* D sharp; *"~ og bolle" (et spil)* noughts and crosses; *(am.)* ticktacktoe; *[med vb.]* ***sætte*** *~* ***på*** *stemmesedlen* mark one's ballot paper; ***sætte*** *~* ***ved*** put a cross against (*fx* a name); *[med præp.]* ***på*** *~* crosswise; ***på*** *~* ***og tværs*** in all directions; criss-cross; *gennemrejse et land på ~ og tværs* travel the length and breadth of a country.
krydse *vb.* **1.** cross (*fx* the path crosses the main road); **2.** *(biol.)* cross (*fx* roses); cross-breed; **3.** *(komme i vejen for)* cross; F thwart (*fx* sby's plans); **4.** *(sø.)* beat (*fx* beat up against the wind (, the tide)); **5.** *(sejle over)* cross (*fx* the Atlantic); **6.** *(sejle omkring)* cruise (*fx* we cruised in the North Sea); □ *~* ***af*** put a mark against; *(på liste)* tick off; *~* ***fingre*** cross one's fingers; *jeg -r fingre for dig* I keep my fingers crossed for you; *vejene (, linierne) -r* ***hinanden*** the roads (, the lines) cross; *~ hans* ***vej*** *(fig.)* cross his path; *(se også klinge*[1]*).*
krydser *sb. (en, -e)* cruiser.
krydsermissil *(mil.)* cruise missile.
krydsfelt *(tele.)* main distributing frame.
krydsfiner plywood.
krydsforhør **1.** cross-questioning; *(T: indgående og langt)* grilling (*fx* he gave me a grilling about where I had been); **2.** *(jur.: af modpartens vidne)* cross-examination.
krydsforhøre *vb.* **1.** cross-question; *(T: indgående og længe)* grill; **2.** *(jur.: modpartens vidne)* cross-examine.
krydshenvisning cross-reference; □ *give ~, give -er* cross-reference.
krydsild crossfire.
krydsklip *(film., tv)* crosscut.
krydsklipning *(film., tv)* crosscutting.
krydsklippe *vb. (film., tv)* crosscut, intercut; □ *~ mellem* cut between.
krydskærvskrue cross-head screw.
krydsning *sb. (en, -er)* **1.** *(det at krydse)* crossing; **2.** *(resultatet)* cross.
krydsogtværs *sb. (en, -er),* **krydsogtværsopgave, krydsordsopgave** crossword puzzle; □ *løse en ~* do (, solve) a crossword puzzle.
krydsrevidere *vb.* cross-check.
krydsrevision cross check.
krydstogt *(sø.)* cruise.
krydstogtskib cruise liner.
krykhusar T weed, wimp.
krykke *sb. (en, -r)* crutch; □ *gå med -r* walk on crutches.
krykkestok *(med albuestøtte)* arm crutch.
krymmel *sb. (et)* hundreds and thousands.
krympe *vb.* shrink (*fx* the shirt shrinks in the wash); □ *~ på* shrink on; *~ sig a) (vige tilbage)* shrink (*ved* from; *ved at* from -ing); *b) (af smerte, ubehag)* wince; *~ sig under éns hån* writhe under sby's taunts.
krympefolie shrinkwrap.
krympefri *adj.* unshrinkable, shrinkproof.
krympning *sb. (en, -er)* shrinking.
kryolit *sb. (en)* cryolite.
kryolitbrud *sb. (et, -)* cryolite quarry.
krypt *sb. (en, -er),* **kryptkirke** crypt.
kryptere *vb. (edb etc.)* encrypt.
kryptering *sb. (en, -er)* encryption.
kryptisk[1] *adj.* cryptic.
kryptisk[2] *adv.* cryptically.
kryptogram *sb. (et, -mer)* cryptogram.
krysantemum *sb. (en, - el. -(m)er el. krysantemer)* chrysanthemum; *(am.* T*)* mum.
krystal *sb. (en el. et, -ler)* crystal.
krystalapparat *(radio)* crystal set.
krystalform crystalline form.
krystalglas **1.** *(materiale)* crystal; **2.** *(drikkeglas)* crystal glass.
krystalis artificial ice.
krystalklar **1.** *(let at forstå)* crystal-clear; *(præd.)* crystal clear; (as) clear as crystal; **2.** *(om lyd, præd.)* (as) clear as a bell; **3.** *(gennemsigtig,* F*)* crystalline (*fx* water).
krystalkugle *(til at spå i)* crystal ball (*fx* she peered (, gazed) into her crystal ball).
krystallinse *(anat.: i øjet)* crystalline lens.
krystallinsk *adj.* crystalline.
krystallisere *vb.: ~ (sig)* crystallize.
krystallisering *sb. (en, -er)* crystallization.
krystallysekrone cut-glass chandelier.
krystalsukker **1.** *(strøsukker)* granulated sugar; **2.** *(hugget sukker)* lump sugar.
kryste *vb.* press, squeeze; □ *~ ham i sine arme* clasp him in one's arms.
kryster *sb. (en, -e)* coward.
krysteragtig *adj.* cowardly; *(litt.)* craven.
kræ *sb. (et, -)* creature; □ *det arme ~ (ɔ: om person)* the poor wretch.
kræft *sb. (en)* **1.** cancer; **2.** *(i træ)* canker.
kræftagtig *adj.* **1.** cancerous; **2.** *(i træ)* cankerous.
kræftbyld **1.** cancerous ulcer; **2.** *(fig.) se kræftskade.*
kræfter *sb.pl. (af kraft)* **1.** *(persons styrke)* strength (*fx* use your strength); **2.** *(natur-, politiske)* forces (*fx* the forces of nature; market forces; the democratic forces in the country); □ *der er ~ i bevægelse for at* ef-

forts are being made to;
[med adj.] teatrets bedste ~ the best actors; *have gode* ~ be strong; *han havde ikke mange* ~ *tilbage* he had not much strength left;
[med vb.] **bruge** *sine* ~ use one's strength; **lægge** *-ne i (fig.)* put one's back into it; *(let glds.)* put one's shoulder to the wheel; *lade ham* **prøve** *sine* ~ let him show what he can do (*på* with); *prøve* ~ *med a)* try one's strength on, measure one's strength against; *b) (om en opgave)* try one's skill on; *(se også samle, sætte (ind på))*;
[med præp.] **af** *alle* ~ with all one's might (*fx* he pushed with all his might); for all one is worth (*fx* she ran for all she was worth); *komme* **til** ~ recover (one's strength); **ved** *vore forenede* ~ by our combined efforts; *(se også tage (på))*.

kræftform type of cancer;
□ *-er (også)* cancers.

kræftforskning cancer research.

kræftfremkaldende *adj.* cancer-causing, cancer-producing; *(med.)* carcinogenic.

kræftknude (cancerous) growth.

kræftmiddel remedy against cancer.

kræftskade *(fig.)* cancer, canker; festering sore.

kræftsvulst 1. (cancerous) growth; *(fagl.)* malignant tumour; **2.** *(fig.) se kræftskade.*

kræge *sb. (en, -r) (bot.)* bullace.

kræmmer *sb. (en, -e)* shopkeeper (*fx* a nation of shopkeepers).

kræmmerhus 1. *(indpakning)* cornet; **2.** *(bagværk)* cone.

kræmmernation nation of shopkeepers.

kræmmersjæl mercenary soul.

krænge *vb.* **1.** *(om skib: hælde)* heel (over);
2. *(flyv.)* bank;
3. *(vende vrangen ud af)* turn (*fx* a pocket) inside out;
□ ~ *en sweater af* strip off a sweater; ~ *en strømpe på* roll on a stocking; ~ *sin sjæl ud* lay bare one's soul.

krængning *sb. (en, -er)* **1.** *(sø.)* heeling; **2.** *(flyv.)* banking.

krænke *vb. (se også krænkende, krænket)* **1.** *(fornærme)* offend; *(stærkere)* affront; *(forhåne)* insult;
2. *(såre)* hurt (*fx* sby's feelings);
3. *(moralsk følelse etc.)* offend (*fx* one's sense of justice); *(stærkere)* affront (*fx* individuals may be affronted by the display of pornographic material); *(stærkere)* outrage (*fx* one's sense of justice);
4. *(bryde, overtræde)* violate (*fx* a treaty, human rights);
5. *(gribe ind i rettigheder)* infringe on (*fx* their fishing rights);
□ ~ *privatlivets fred* invade sby's privacy; *det -de hans ære* it touched his honour.

krænkelse *sb. (en, -r) (jf. krænke)*
1. affront, insult (*af* to);
2. hurt (*af* to, *fx* it was a severe hurt to my pride); *(krænkethed)* resentment (*over* at, *fx* their resentment at being treated like common criminals);
3. offence (*af* against, *fx* public decency); affront (*af* to); outrage (*af* on);
4. violation (*af* of, *fx* a gross (*el.* flagrant) violation of human rights; a violation of our territory);
5. infringement (*af* of, on, *fx* of his rights; on free speech).

krænkende[1] *adj.* offensive (*for* to); *(stærkere)* insulting (*for* to).

krænkende[2] *adv.* offensively; *(stærkere)* insultingly.

krænket *adj.* offended (*over* at); *(stærkere)* affronted (*over* at); *(stærkere)* outraged (*over* at); F aggrieved (*over at* over);
□ *føle sig* ~ *over noget (ɔ: vred, også)* resent sth (*fx* being treated as a common criminal); *den krænkede part (jur.)* the aggrieved party.

kræs *sb. (et)* goodies, delicacies pl.

kræse *vb.:* ~ *op for en* give sby a treat, do sby proud.

kræsen *adj.* particular (*med* about, *fx* one's food, one's clothes);
T choos(e)y (*med* about); *(neds.: overdrevent)* fussy (*med* about);
T picky, finicky;
□ ~ *smag* discerning (*el.* discriminating) taste.

kræsenpind*: han er en* ~ he is very fussy about his food.

kræve *vb. (se også krævende)*
1. demand (*fx* an explanation, an apology, higher pay);
(svagere) call for (*fx* the Opposition called for an election (, reforms));
(vedholdende) insist on (*fx* one's rights);
(som sin ret, med begrundet krav) claim (*fx* compensation, higher wages, one's rights, one's reward);
(uden objekt) make demands (*fx* you can't just make demands all the time);
2. *(om overordnet, om myndighed,* F*)* require (*fx* obedience; it is not up to the standard we require; I will do everything that is required of me); *(stærkere)* exact (*fx* obedience, payment); *(mindre* F*)* demand (*fx* obedience);
3. *(med tingssubjekt: nødvendiggøre)* require (*fx* this work requires great skill; my duty requires that I (should) do it); call for (*fx* great care; considerable skill; the situation calls for quick action); *(stærkere)* demand (*fx* an operation demanding great care); *(om ulykke etc.)* claim (*fx* Apartheid has claimed many lives; the accident claimed many victims);
□ **der** *-s kendskab til engelsk* some knowledge of English is required; **det** *-r mange penge (, lang tid)* it takes a lot of money (, time); *det -r mod at* it takes courage to;
[med at, med pf.ptc.] ~ **at** *blive hørt a)* demand to be heard; *b)* insist on being heard; ~ *at han gør det a)* demand that he (should) do it; *b)* insist that he (should) do it; insist on his doing it; *c)* require that he (should) do it; require him to do it; ~ *ham* **løsladt** demand (, insist, require) that he (should) be released; demand his release;
[med præp. & adv.] ~ *en forklaring (, en undskyldning, penge)* **af** *en* demand an explanation (, an apology, money) from sby; *arbejdet kræver meget af ham* the job demands a great deal of him; ~ **for meget af** *en* demand (*el.* ask) too much of sby; ~ *en* **for** *penge* demand money from sby; ~ **ind** make demands (*fx* you can't just make demands all the time); ~ *penge ind* collect money (, debts); ~ **til regnskab** *se regnskab.*

krævende *adj.* demanding; *(stærkere)* exacting (*fx* job).

krøb *præt. af krybe.*

krøbet *pf.ptc. af krybe.*

krøbling *sb. (en, -er)* cripple.

krøl *sb. (et)* curl (*fx* her hair has not much curl in it); *(tæt)* frizz, frizzle;
□ *der er naturligt* ~ *i hans hår* his hair curls (*el.* waves) naturally.

krølbehandlet, **krølfri** *adj.* crease-resistant.

krølhår curled (horse) hair.

krølhåret *adj.* curly-haired.

krølhårsmadras horsehair mattress.

krølle[1] *sb. (en, -r)* **1.** curl; *(som hænger ned)* ringlet;
2. *(krusedulle)* curlicue, scroll;
3. *(fig.: på historie)* twist;
4. *(i fisk)* milt, soft roe;
□ *grisen slog* ~ *på halen* the pig

curled up its tail; *grisen har ~ på halen* the pig has a curly tail.
krølle[2] *vb. (se også krøllet)* **1.** curl; **2.** *(om papir, tøj)* crease; *(stærkere)* crumple, crush;
□ *~ sammen* crumple up; *~ sig sammen* curl up; *~ tæer se krumme*[2] *(tæer)*.
krøllejern curling iron; curling tongs pl.
krøllenål curling pin.
krøllet *adj.* **1.** *(om hår)* curly; **2.** *(om tøj etc.)* creased; *(stærkere)* crumpled; **3.** *(fig.: sær)* odd.
krøltop curlyhead.
krøluld crimpy wool.
krønike *sb. (en, -r)* **1.** chronicle; annals pl.; **2.** *(løgnehistorie)* cock-and-bull story.
krønikeskriver chronicler.
krøsus *sb. (en)* Croesus (*fx* he is a regular Croesus).
kråse *sb. (en, -r) (hos fugle)* gizzard;
□ *en gang -r* giblets pl.
kråsesuppe giblet soup.
kube *sb. (en, -r)* hive.
kubikcentimeter cubic centimetre (*fx* 500 cubic centimetres); *(fork.)* cc (*fx* a 500 cc motorbike).
kubikindhold cubic content, cubage.
kubikmeter cubic metre.
kubikrod cube root.
kubisk *adj. (terningformet)* cubical.
kubisme *sb. (en)* cubism.
kubist *sb. (en, -er)* cubist.
kubistisk *adj. (attr.)* cubist; *(præd.)* cubistic.
kubus *sb. (en -(s)er)* cube.
kue *vb.* cow; F subdue; *(i væksten)* stunt.
kuffert *sb. (en, -er)* suitcase; *(stor, stiv)* trunk; *-er (også)* bags (*fx* he packed his bags and went to London);
[med vb.] leve (el. bo) i en ~ (ɔ: rejse meget) live out of a suitcase; *pakke ~* pack one's suitcase(s) (, trunk(s), bags).
kuffertfisk *(zo.)* trunk fish.
kuffertmærke *sb.* **1.** *(påbundet, med adresse)* tag; **2.** *(klistermærke)* sticker, label.
kugle *sb. (en, -r)* **1.** ball;
2. *(lille, som man triller af papir brød etc.)* pellet;
3. *(lille kulørt glas- til leg)* marble;
4. *(gevær-, revolver-)* bullet;
5. *(billard-, kroket-, kanon-)* ball;
6. *(portion is)* scoop (*fx* three scoops £1.50);
7. *(mat.)* sphere;
8. *(T: fodbold)* leather;
□ *-r* S *(penge)* cash, dough sg.; *en skør ~ se kule*[2];
[med vb.] ***skyde*** *én en ~ gennem hovedet* put a bullet through sby's head; *skyde sig en ~ for panden* blow one's brains out; ***spille*** *-r (børneleg)* play marbles; ***støbe*** *-rne (fig.)* pull the strings.
kuglebane *(mil.)* trajectory.
kugleflade *(mat.)* spherical surface.
kugleformet *adj.* ball-shaped; F globular, spherical.
kuglehoved **1.** *(til skrivemaskine)* golf ball; **2.** *(persons)* bullet head.
kugleled ball-and-socket joint.
kugleleje ball bearing.
kuglelyn ball lightning.
kuglepen ballpoint (pen).
kugleramme counting frame, bead frame; *(fx i Østen)* abacus.
kugleregn shower (, hail) of bullets.
kuglerund *adj.* ball-shaped; round;
□ *-t hoved* bullet head.
kuglestød shot put.
kujon *sb. (en, -er)* coward.
kujonagtig *adj.* cowardly; *(litt.)* craven.
kujonere *vb.* **1.** *(kue)* cow;
2. *(mobbe)* bully.
kuk *sb. (et, -)* cuckoo;
□ *ikke et ~* T not a word; *der gik ~ i det* T it went haywire.
kukkasse *(spøg.)* camera;
□ *-n (tv)* the (goggle)box.
kukkasseteater proscenium theatre (*el.* stage); picture-frame theatre (*el.* stage).
kukke *vb.* **1.** call (like a cuckoo);
2. = *kukkelure.*
kukkelure *vb.: sidde og ~ a) (alene)* sit all alone; *b) (uvirksom)* sit twiddling one's thumbs; sit doing nothing.
kukker *sb. (en, -e)* cuckoo.
kukkuk[1] *adj. (T: skør)* cuckoo.
kukkuk[2] *interj.* cuckoo.
kul *sb. (et, -)* **1.** coal;
2. *(træ-)* charcoal;
3. *(tegne-)* drawing charcoal;
4. *(kem., elek.)* carbon;
□ *gloende ~* live coals; *sanke gloende ~ på ens hoved* heap coals of fire on sby's head; *der var ~ på* T things were really humming.
kulance *sb. (en)* fairness;
□ *pr. ~* as a gesture; *erstatning pr. ~* ex gratia payment.
kulant[1] *adj. (om person)* accommodating; *(også om behandling)* liberal, generous.
kulant[2] *adv. (jf. kulant*[1]*)* accommodatingly; liberally, generously.
kulbrinte *sb. (en, -r)* hydrocarbon.
kulbuelampe carbon-arc lamp.
kulbuelys carbon-arc light.
kuld *sb. (et, -)* **1.** *(fugle: unger)* brood; *(æg)* clutch; **2.** *(pattedyr)* litter.
kuldamper collier.
kulde *sb. (en)* **1.** cold; **2.** *(egenskab)* coldness; **3.** *(fig.)* coldness; F frigidity;
□ *-n i vandet* the coldness of the water; *(se også grad, marv, ryste).*
kuldeblanding *(fys.)* freezing mixture.
kuldebro thermal bridge.
kuldebølge cold wave.
kuldegysning *sb. (en, -er)* shiver, shivering fit;
□ *det giver mig -er* it gives me the shivers.
kuldkaste *vb.* frustrate (*fx* a plan); upset (*fx* sby's calculations, a plan).
kuldkastelse *sb. (en, -r)* frustration.
kuldsejle *vb.* **1.** capsize; **2.** *(fig.: mislykkes)* fail.
kuldskær *adj. (præd.)* sensitive to cold.
kuldskærhed *sb. (en)* sensitiveness to cold.
kuldslå *vb.* take the chill off.
kuldslået *adj.* tepid;
□ *vandet er ~* the chill has been taken off the water.
kule[1] *sb. (en, -r) (roe- etc.)* clamp, pit.
kule[2] *sb. (en -r): en skør ~ se skør.*
kule[3] *vb.: ~ ned a) (roer etc.)* clamp, pit; *b) (T: dølle)* sit on, walk over; *c) (T: gemme væk)* stash away; *d) (S: begrave)* shovel under ground.
kule[4] *vb.: det -r op* the wind is freshing.
kulegrave *vb. (gartneri etc.)* trench, double dig;
□ *~ et emne* go deeply into a subject.
kulegravning **1.** trenching, double digging; **2.** *(fig.)* thorough investigation; in-depth inquiry (*af* into, *fx* an MP called for an in-depth inquiry into the matter).
kuleskør *adj.* S screwy, cracked; *(stærkere)* raving mad.
kulfyret *adj.* coal-burning.
kulhandler *sb. (en, -e)* coal dealer.
kulholdig **1.** *(kem.)* carbonaceous; **2.** *(geol.)* coal-bearing; F carboniferous.
kulhydrat *sb. (et, -er)* carbohydrate.
kuli *sb. (en, -er)* coolie.
kulilte carbon monoxide.
kulinarisk[1] *adj.* culinary.
kulinarisk[2] *adv.* culinarily.
kuling *sb. (en, -er) (sø.)* strong breeze; *(stiv ~)* gale.
kulisse *sb. (en, -r)* **1.** *(teat.)* piece of scenery, flat; *(sidetæppe)* wing,

wing flat; **2.** *(tekn.: ledeskinne)* guideway;
□ *-r (jf. 1)* scenery sg. (*fx* he was drunk and walked into the scenery); flats; wings;
[med præp.] ***bag*** *-rne (også fig.)* behind the scenes; backstage; *forhandlinger bag -rne (også)* backstage negotiations; *stå* ***i*** *-n (også fig.)* wait (, be waiting) in the wings.
kulisseforhandlinger *sb.pl.* backstage negotiations.
kulkasse 1. coal box; **2.** *(sø.)* bunker.
kulkælder coal cellar.
kulleje coal bed.
kullemper *sb. (en, -e)* coal heaver.
kuller[1] *sb. (en, -) (zo.)* haddock.
kuller[2] *sb. (en)* **1.** *(hestesygdom)* staggers pl.; **2.** *(hos menneske)* tantrum(s); F cafard.
kullet *adj.* **1.** *(skallet)* bald;
2. *(hornløs)* polled;
□ *~ kirke* church without a steeple.
kulmination *sb. (en, -er)* **1.** *(efter en udvikling; afsluttende højdepunkt)* culmination, climax (*fx* the party was the culmination (*el.* climax) of a week of festivities; this appointment was the climax of his political career);
2. *(højdepunkt)* peak (*fx* unemployment was near its peak; he was at the peak of his career).
kulmine coal mine, colliery.
kulminere *vb.* **1.** *(efter en udvikling)* culminate (*i* in, *fx* the political strife may culminate in civil war); *(nå et afsluttende højdepunkt)* reach its climax (*fx* the election campaign reached its climax);
2. *(toppe)* peak, reach its peak (*fx* unemployment has reached its peak).
kulmule *sb. (en, -r) (zo.)* hake.
kulos 1. *(kulilte)* carbon monoxide; **2.** *(sod)* soot.
kulosforgiftning carbon monoxide poisoning.
kulravende *adv.: ~ mørkt* pitch-dark, pitch-black; *~ sort* coal-black, pitch-black.
kulret *adj. (om person)* crazy; *(præd. også)* not all there.
kulskib collier.
kulskovl coal shovel.
kulskuffe coal scoop.
kulso *(zo.)* female lumpsucker.
kulsort 1. coal-black, pitch-black; **2.** *(mørk)* pitch-dark, pitch-black.
kulspand coal scuttle.
kulstof *(kem.)* carbon.
kulstofholdig *adj. (kem.)* carbonaceous.
kulstøv coal dust.
kulsukker *sb. (en, -) (bot.)* comfrey.
kulsvier *sb. (en, -e)* charcoal burner.
kulsyre 1. carbonic acid; **2.** *(luftart)* carbon dioxide.
kulsyreslukker carbon dioxide extinguisher.
kulsyresne solid carbon dioxide.
kult *sb. (en, -er)* cult.
kultablet charcoal tablet.
kultegning charcoal (drawing).
kultid *(geol.)* carboniferous age.
kultisk *adj.* cultic.
kultivator *sb. (en, -er) (redskab)* cultivator.
kultivere *vb.* cultivate.
kultiveret *adj. (om person)* cultured, civilized; F cultivated.
kultråd carbon filament.
kultur *sb. (en, -er)* **1.** culture (*fx* he lacks culture; bring culture to the people);
2. *(i etnografi: leveform, traditioner, åndelig ~)* culture (*fx* early cultures; Eskimo culture; ancient Greek culture); *(mere generelt, også om materiel ~)* civilization (*fx* European (, Greek) civilization; ancient civilizations; one of the world's great civilizations);
3. *(af jord)* cultivation;
4. *(af bakterier, fisk etc.)* culture;
5. *(af træer)* plantation.
kulturbetinget *adj.* culturally conditioned.
kulturcentrum cultural centre.
kulturchok culture shock.
kulturel *adj.* cultural.
kulturfattig *adj.* culturally deprived.
kulturfolk civilized nation.
kulturgenstand cultural artefact.
kulturgeografi ethnography.
kulturhistorie history of civilization.
kulturhus arts centre, community centre.
kulturimperialisme cultural imperialism.
kulturkløft cultural gap.
kulturkreds cultural sphere.
kulturkritik critique (, criticism) of (contemporary) culture.
kulturkritiker cultural critic.
kulturkærnemælk cultured buttermilk.
kulturlivet cultural life.
kulturminister minister of cultural affairs (*el.* of culture), culture (*el.* cultural) minister; *(svarer i Engl. til)* arts minister.
kulturministerium ministry of cultural affairs (*el.* of culture).
kulturmønster pattern of culture, culture pattern.
kulturpave mandarin.
kulturperle cultured pearl.
kulturplante cultivated plant.
kulturprodukt cultural product, product of civilization; *(neds.)* artificial product.
kulturrevolution cultural revolution.
kultursammenstød clash of cultures, cultural clash.
kultursociologi cultural anthropology.
kulturstof *(i avis etc.)* cultural material.
kulturtrin stage of civilization.
kultus *sb. (en, kulter)* cult.
kultveilte carbon dioxide.
kulør *sb. (en, -er)* **1.** colour; **2.** *(til mad)* (gravy) browning; **3.** *(ansigtsfarve)* colour (*fx* it brought colour to her cheeks); *(teint)* complexion (*fx* a healthy complexion);
□ *hun fik ~ i kinderne* she got (some) colour in her cheeks; *sætte ~ på* enliven; *sætte ~ på tilværelsen* give zest to life; *(se også bekende, svigte).*
kulørsvigt *sb. (et)* revoke; renege.
kulørt *adj.* coloured;
□ *det -e (ɔ: vasketøj)* the coloureds; *-e lamper* fairy lights; *den -e presse* the pulp magazines; *(finere, på glittet papir)* the glossy magazines.
kulørtvask coloureds pl.
kumme *sb. (en, -r)* **1.** basin; **2.** *(vaske-)* washbasin; **3.** *(wc-)* bowl.
kummefryser chest freezer.
kummer *sb. (en)* grief.
kummerlig[1] *adj.* miserable; F wretched; *(svagere)* poor.
kummerlig[2], **kummerligt** *adv. (jf. kummerlig*[1]*)* miserably; wretchedly (*fx* they live wretchedly in refugee camps); poorly.
kumpan *sb. (en, -er)* fellow;
□ *-er se slæng*; *(am. også)* cohorts.
kumulussky cumulus (pl. cumuli).
kun *adv.* **1.** only (*fx* only five pounds; I only met John; I met only John; we can only hope; it is only too true);
2. *(kun lige, ikke mere end)* just (*fx* just five pounds; she was just ten years old; just a few lines to tell you that we have arrived);
3. *(bare, ikke andet end)* just, simply (*fx* just for fun; just (*el.* simply) because I asked; I simply said that he was wrong); F merely (*fx* merely five pounds; I merely did it to help you);
□ *hun er ~ et barn* she is just a child; F she is a mere child; *vent*

du ~ just you wait;
[med få & lidt] ~ ***få*** *a) (ikke ret mange, men dog nogle)* only a few (*fx* only a few minutes later; only a few people know); not (very) many (*fx* he hasn't got many friends); *b) (meget få, næsten ingen,* F*)* few (*fx* few, if any, know about it; he has few friends); ~ ***lidt*** *a) (ikke ret meget, men dog noget)* only a little (*fx* it is only a little better, but it 'is better; we have only a little money left); not (very) much (*fx* we don't have much money left); *b) (meget lidt, næsten intet,* F*)* little (*fx* it is little, if at all, better; we have little hope); but little;
[med adv.] ~ ***ikke*** except (*fx* they all came except John); ~ ***lige*** only just (*fx* they only just made it); barely (*fx* barely eight years old).

kunde *sb. (en, -r)* customer; *(i butik også)* shopper; F client, patron.

kundebetjening service.

kundekreds customers pl.; F clientele.

kundepleje customer care.

kundeservice customer service.

kundevenlig *adj.* customer-friendly, customer-minded.

kundevestibule customers' rest room.

kundevogn (shopping) trolley; *(am.)* shopping cart, push cart.

kundgøre *vb.* announce, make known; *(højtideligt,* F*)* proclaim.

kundgørelse *sb. (en, -r)* announcement; F proclamation.

kundskab *sb. (en, -er)* knowledge; □ *-er* knowledge (*i* of); *(elevs også)* proficiency (*i* in, *fx* English); ~ *er magt* knowledge is power; *bringe noget til ens* ~ inform sby of sth, let sby know sth; F bring sth to sby's knowledge; *-ens træ (på godt og ondt)* the tree of knowledge (of good and evil).

kundskabsfag content subject.

kundskabsrig *adj.* well-informed; *(belæst)* widely read.

kundskabstørst thirst for knowledge.

kunne *vb. (kan, kunne, kunnet)*
1. *(være i stand til)* be able to; *(kan)* can (*fx* I will do what I can; he can speak English); is (, am, are) able to (*fx* I am not able to help sby); *(kunne) se ndf.*;
2. *(om det mulige, uvisse) (kan)* may *(, kunne* might*)* (*fx* it may be true; he may be right; he may come at any moment; it might be true; he might come);
3. *(om det faktisk mulige) (kan)* can *(, kunne* could*)* (*fx* he can be right; can I change at York? can it be true? he could come tomorrow; it could be a mistake; you could ask her);
4. *(om tilladelse) (kan)* can; F may (*fx* you can (, may) go now; you can say what you like, but he is a fool);
5. *(om vane) (kan)* will *(, kunne* would*)* (*fx* often she will sit for hours; she would sit for hours);
6. *(mht. invitation) (kan)* can manage *(, kunne* could manage*)* (*fx* can you manage Friday?);
7. *(med objekt: have lært, forstå, kende)* know (*fx* she knows her job; does he know English?); *(+ inf.)* know how to (*fx* do you know how to drive?); *(kunne tale)* be able to speak (*fx* he can speak English); *(NB han kan alt undtagen lave mad* he can do everything except cook*)*;
□ *jeg kunne (præt. af 1) a) (og gjorde det)* I was able to (*fx* help him; answer the question); *b) (~ tidligere)* I could (*fx* I could do it when I was young); *jeg har kunnet* I have been able (to);
[forsk. udtryk] kunne ***fås*** *se få*[2]; ***gøre*** *hvad man kan se gøre (med pron.)*; *han kan det* ***hele*** *se hel (med pron.)*; ~ ***lide*** *se lide*[2]; *kan du '****så*** ... will you (*fx* will you be quiet! will you stop it! will you come here at once!); *man kan hvad man* ***vil*** where there's a will there's a way;
[med godt & ikke] jeg ***kan godt*** *gøre det* I 'can do it; *du kan godt gå nu* you can (, may) go now; *jeg kan godt lide det* I like it; *kan godt lide se lide*[2]; *det kan godt være* maybe; that is quite possible; F that may be so; *det kan godt være at du har ret* it is quite possible that you are right; it may well be that you are right; you may (, might, could) be right;
kunne godt *a) (var i stand til)* was (, were) able to (*fx* he was able to answer the question); *b) (om noget der ikke skete)* might (*el.* could) have (*fx* it might have gone wrong; you might have helped me);
kan ikke *a) (jf. 1, 4)* cannot; T can't (*fx* I can't help you; it can't be true); *b) (jf. 2)* do not (, does not) know (how to); T don't (, doesn't) know (how to) (*fx* he doesn't know English; she doesn't know how to drive); *c) (svar på invitation)* can't come (*fx* I can't come on Friday); *det 'kan man ikke* it is not done; it is not good form; *tre op i to det kan man ikke* three into two won't (*el.* doesn't) go;
[med præp. & adv.] ~ ***med*** *en* get on with sby; *jeg kan ikke med ham (også)* he is not my cup of tea; *de kan godt* ***sammen*** they get on well together; they hit it off well; *han kan det* ***udenad*** he knows it (off) by heart, he has it off by heart.

kunnen *sb. (en)* **1.** *(evne)* ability; **2.** *(dygtighed)* competence.

kunst *sb. (en, -er)* **1.** art (*fx* it is a special art; study art; Chinese art); **2.** *(behændighedskunst, fif)* trick (*fx* conjuring tricks, card tricks; the trick is not to think about it while you do it);
□ ***-en*** *(ɔ: i et bestemt land)* the arts (*fx* the Government intends to spend more money to support the arts); ***-en at*** the art of -ing (*fx* the art of reading (, of pleasing, of cooking)); *det* ***er*** *(netop)* ***-en*** that is the secret; that is where the difficulty comes in; *efter alle* ***-ens regler*** *a)* thoroughly; *b) (om prygl)* soundly; *han gjorde det efter alle -ens regler* he used all the tricks of the trade;
[med vb.] ***gøre*** *-er (om dyr)* do tricks; ***gøre*** *noget* ***til*** *en kunst* raise sth into an art form; *-en* ***stiger*** wonders never cease! what next?; *(se også lære*[3] *(af))*;
[med pron. & adj.] det er ***ingen*** ~ that is easy; there is nothing to it; *det er ingen* ~ *at* it is easy to; there is nothing to -ing; *det er min* ***mindste*** ~ I can do that with my eyes shut; *de* ***skønne*** *-er* the fine arts; the arts; *(se også sort*[2]*)*.

kunstakademi academy of fine arts.

kunstanmelder art critic.

kunstart (branch of) art; art form.

kunstbegejstring enthusiasm for art.

kunstbroderi art embroidery.

kunstdommer (art) critic.

kunstelsker art lover.

kunstfibre *sb.pl.* man-made fibres.

kunstflyvning stunt flying.

kunstforlægger art publisher.

kunstforstand artistic taste; □ *have* ~ be a connoisseur.

kunstforståelse *(fag)* art appreciation.

kunstfyrværker pyrotechnist.

kunstfyrværkeri pyrotechnics.

kunstfærdig *adj.* **1.** ingenious; **2.** *(kompliceret)* elaborate.

kunstfærdighed **1.** *(jf. kunstfærdig)* ingenuity; elaborateness; **2.** *(dyg-*

tighed) skill, dexterity.
kunstgenstand objet d'art, object of art; art work.
kunstgreb *sb. (et, -)* artifice; T trick.
kunstgødning **1.** *(enkelt slags)* fertilizer; **2.** *(generelt)* fertilizers pl. (*fx* use fertilizers); fertilizer (*fx* buy some more fertilizer).
kunsthandel **1.** the picture (, antique etc.) trade; **2.** *(butik)* art shop; *(større)* art gallery.
kunsthandler *sb. (en, -e)* art dealer.
kunsthistorie history of art.
kunsthistoriker art historian.
kunsthonning synthetic honey.
kunsthåndværk **1.** *(enkelt)* handicraft; **2.** *(generelt)* arts and crafts pl.; **3.** *(varer)* art wares; handicraft products.
kunsthåndværker craftsman.
kunsthåndværkerskole school of arts and crafts.
kunstig *adj.* **1.** artificial (*fx* flowers; arm, leg; light; give sby artificial respiration);
2. *(imiteret)* imitation (*fx* jewellery, leather, palm leaves); false (*fx* nose, teeth, hair, wall);
3. *(mods. naturprodukt: syntetisk)* synthetic (*fx* dyes, fibres, rubber); man-made (*fx* fibres, lake, material; a man-made environment);
4. *(påtaget)* artificial (*fx* smile); affected (*fx* cheerfulness); *(tvungen)* forced (*fx* smile, laugh);
5. *(løjerlig)* odd (*fx* an odd way to do it).
kunstindustri applied art.
kunstindustrimuseum museum of decorative arts (*el.* of applied art).
kunstkender connoisseur.
kunstkritik art criticism.
kunstkritiker art critic.
kunstlet *adj.* artificial, affected; *(se kunstig 4).*
kunstlys artificial light.
kunstlæder imitation leather.
kunstløber *(skøjteløber)* figure skater.
kunstmaler artist, painter.
kunstmuseum art gallery.
kunstner *sb. (en, -e)* artist.
kunstnerbane artistic career.
kunstnerisk[1] *adj.* artistic.
kunstnerisk[2] *adv.* artistically.
kunstnerkittel smock.
kunstnerliv artist's life.
kunstnernatur artistic temperament.
kunstnernavn *(pseudonym)* pseudonym, nom-de-guerre; *(om forfatter også)* pen name, nom-de-plume; *(om skuespiller)* stage name.
kunstnydelse artistic enjoyment.
kunstopfattelse conception of art.
kunstord *(konstrueret)* made-up word.
kunstpause rhetorical pause.
kunstprodukt artificial product.
kunstretning school of art; style of art.
kunstsamler collector.
kunstsamling art collection.
kunstsans artistic taste.
kunstsilke artificial silk, rayon.
kunstskat art treasure.
kunstskøjteløb figure skating.
kunstsprog artificial language.
kunststof artificial (*el.* man-made) material.
kunststoffer *sb.pl. (tekstiler)* man-made fabrics.
kunststopning invisible mending.
kunststoppe *vb.* mend invisibly.
kunststykke **1.** trick; **2.** *(vanskelig bedrift)* feat.
kunstudstilling art exhibition.
kunstvanding irrigation.
kunstværk work of art.
kup *sb. (et, -)* **1.** coup; **2.** *(journalistisk)* scoop; **3.** *(statskup)* coup (d'état), putsch;
□ *gøre et ~ a)* pull off (*el.* score) a coup; *b) (om journalist)* bring off a scoop; *c) (gøre et godt køb)* make a good bargain; *d) (om tyv)* get away with a big haul; *ved et ~* by surprise.
kupé, kupe *sb. (en, kupeer)* **1.** compartment; **2.** *(bil)* coupé.
kuperet *adj.* **1.** *(terræn)* hilly; F undulating; **2.** *(om dyr: med afskåret el. forkortet hale)* docked.
kupforsøg attempted coup.
kuplet[1] *sb. (en, -ter)* **1.** *(to verslinier)* couplet; **2.** *(vise)* ditty; **3.** *(vers)* verse.
kuplet[2] *adj.* domed.
kupmager *sb. (en, -e)* coupster, putschist;
□ *-ne (også)* the (coup-)plotters, the conspirators.
kupon *sb. (en, -er)* **1.** coupon; **2.** *(af tøj)* suit-length.
kuponklipper coupon clipper.
kuppe *vb.: ~ noget igennem* pull off a coup; *(ved pludselig afstemning)* get sth passed by a snap vote; *~ ham ind* get him in by a coup; *~ ham væk* remove him by a coup.
kuppel *sb. (en, kupler)* **1.** dome; *(mindre)* cupola; **2.** *(lampe-)* globe; **3.** *(glas- over ur etc.)* glass case.
kuppelhvælving domical vault.
kuppeltelt dome tent.
kur[1] *sb. (en, -e)* **1.** *(behandling)* (course of) treatment (*fx* the treatment prescribed by your doctor);
2. *(middel)* cure (*mod* for); F remedy (*mod* for, *fx* influenza; the remedy was worse than the disease);
□ *gennemgå en ~ a)* undergo (a) treatment; *b) (om slankekur: være på diæt)* be on a diet; *en skrap ~ a)* a drastic cure (, remedy); *b) (diæt)* a strict diet.
kur[2] *sb. (en) (ved hof)* state reception, court;
□ *gøre ~ til* T try to get off with; make up to; *(glds.* F*)* pay court to, court; *holde ~* hold a court.
kuranstalt **1.** sanatorium; *(am.)* sanitarium; **2.** *(for vandkur)* hydro.
kurant *adj.* **1.** current; **2.** *(vare)* saleable, marketable.
kurativ *adj.* curative.
kurator *sb. (en, -er)* **1.** *(jur.)* trustee; *(i konkursbo)* trustee in bankruptcy;
2. *(i skole)* psychological adviser; *(svarer omtr. til)* pastoral tutor.
kurder *sb. (en, -e)* Kurd.
kurdisk *sb. (et) & adj.* Kurdish.
kure *vb.* **1.** slide; *(usikkert)* slither (*fx* down a muddy slope); **2.** *(om musiker, sanger)* scoop;
□ *~ ned ad gelænderet* slide down the banisters.
kurer *sb. (en, -er)* courier; *(Engl.)* King's (, Queen's) messenger.
kurere *vb.* cure (*for* of); *(*F*: med bestemt middel)* remedy (*fx* a fault) (*med* with);
□ *~ på* doctor (*fx* a cold).
kurerpas courier's passport.
kurerpost courier's bag.
kurfyrste *(hist.)* Elector.
kurfyrstendømme *(hist.)* electorate.
kurgæst visitor (to a health resort); patient.
kurhotel hydro.
kuriositet *sb. (en, -er)* curiosity, curio.
kuriosum *sb. (et, kuriosa)* curiosity, curio;
□ *som et ~* as a curiosity.
kuriøs *adj.* curious; *(+ gammel)* quaint.
kurmager *sb. (en, -e)* philanderer.
kurmageri *sb. (et)* philandering.
kurophold stay at a health resort (, spa); *(jf. kursted).*
kurre[1] *sb. (en, -r): der er en ~ på tråden* there is (, has been) bother between them; *(i et parforhold)* they have had a tiff.
kurre[2] *vb. (om due & = tale kælent)* coo.
kurren *sb. (en)* cooing.
kurs *sb. (en, -er)* **1.** *(sø. & fig.: retning)* course;

2. *(valutakurs)* rate of exchange; 3. *(på aktier og obligationer)* price, quotation;
[med vb. (+ præp.)] ***have*** ~ ***mod*** *Kap (sø.)* be bound for the Cape; ***holde*** *-en (sø.)* keep one's course; ***skifte*** ~ alter (*el.* change) one's course; ***styre*** *sin* ~ ***efter*** *stjernerne* steer (*el.* shape *el.* direct) one's course by the stars; ***sætte*** ~ ***efter*** *(sø.)* shape (a) course for, make for;
[med præp.] stå ***i*** *høj* ~ *a)* be at a premium; *b) (være populær)* be popular; *stå i lav* ~ *a)* be at a discount; *b) (være upopulær)* be out of favour; ***på*** *ret* ~ *(sø. & fig.)* on course; *emitteret* ***til*** ~ *97* issued at (a price of) 97; *til en* ~ *af* at a price of, at the rate of; *komme* ***ud af*** ~ *(sø. & fig.)* get off course; *sætte ud af* ~ *(ɔ: om penge)* withdraw from circulation; *være* ***ude af*** ~ *a) (sø. & fig.)* be off course; *b) (forældet)* be out of fashion.
kursbevægelse 1. *(hdl.)* price movement; 2. *(valuta-)* exchange movement;
□ *-r (også)* fluctuations (*fx* in prices; in exchange rates).
kursfald 1. fall in prices (, in the price); *(voldsomt)* slump; 2. *(valuta-)* fall in the exchange rate(s).
kursforandring *se kursændring.*
kursgevinst 1. profit due to appreciation; 2. *(valuta-)* profit on exchanges.
kursist *sb. (en, -er)* participant (in a course).
kursiv[1] *sb. (en, -er)* italics pl.
kursiv[2] *adj.* italic.
kursivere *vb.* italicize.
kursliste official list; stock exchange list.
kursnotering official quotation.
kursorisk[1] *adj. (hurtig, overfladisk)* cursory.
kursorisk[2] *adv.* cursorily.
kurspleje *sb.* share support operation (, operations).
kurssikring hedging.
kursstigning 1. rise in price (, in prices); *(voldsom)* boom; 2. *(valuta-)* rise in the exchange rate(s).
kurssvingninger *sb.pl.* fluctuations.
kurstab 1. loss due to depreciation; 2. *(valuta-)* loss on exchanges.
kursted health resort; *(vand-)* spa.
kursus *sb. (et, - el. kurser)* 1. course (*i* in); 2. *(institution)* school.
kursusdeling *se niveaudeling.*
kursusdeltager *se kursist.*
kursusstuderende *sb.* student at a course.
kursværdi quoted price, market value.
kursændring 1. *(sø.)* alteration (*el.* change) of course; 2. *(fig.)* change of course (*el.* of policy); reversal of policy.
kurtage *sb. (en, -r) (mæglersalær)* brokerage.
kurtisane *sb. (en, -r)* courtesan.
kurtisere *vb.* flirt with.
kurv *sb. (en, -e)* 1. basket; *(stor)* hamper; 2. *(hunde-)* basket;
□ *få en* ~ *(fig.)* be refused; *hun gav ham en* ~ she refused him.
kurvblomst *sb.*, **kurvblomstret** *adj. (bot.)* composite.
kurve *sb. (en, -r)* 1. curve; 2. *(vejsving)* curve; *(skarpere)* bend.
kurveflaske 1. wicker bottle; 2. *(ballon)* demijohn.
kurvefletning basketwork, wickerwork, basket-weaving.
kurvekuffert wicker trunk.
kurvemager *sb. (en, -e)* basketmaker.
kurvemagerarbejde basketwork, wickerwork.
kurvemøbler *sb.pl.* wickerwork furniture, cane furniture sg.
kurvestol basket chair, wicker(work) chair.
kurvet *adj.* curvy.
kusine *sb. (en, -r)* (female) cousin.
kusk *sb. (en, -e)* 1. driver; 2. *(herskabs-)* coachman.
kuske *vb.:* ~ *med* order about.
kuskesæde box, driver's seat.
kusse *sb. (en, -r) (vulg.)* cunt.
kustode *sb. (en, -r)* 1. *(i museum)* attendant; 2. *(fig.: vogter)* custodian (*for* of); *(som holder på traditionerne)* traditionalist.
kustodeagtig *adj. (jf. kustode 2) (attr.)* traditionalist.
kutte *sb. (en, -r)* munk's habit, frock; *(med hætte)* cowl.
kutter *sb. (en, -e) (sø.)* cutter.
kutyme *sb. (en)* 1. custom; F practice; 2. *(hdl.)* usage;
□ *det er* ~ *(jf. 1)* it is the usual thing (to do); it is the custom.
kuvert *sb. (en, -er)* 1. *(ved bord)* (place) setting (*fx* a table with three (place) settings and four chairs; the dishwasher has capacity for 12 place settings); place (*fx* every day 12 places are laid for dinner); *(fagl.)* cover (*fx* covers were laid for 12);
2. *(konvolut)* envelope.
kuvertafgift cover charge.
kuvertbrød (French) roll.
kuvøse *sb. (en, -r)* incubator.
kuwaiter *sb. (en, -e)*, **kuwaitisk** *adj.* Kuwaiti.
kvababbelse *sb. (en, -r)* 1. *(utilpashed)* uneasiness; 2. *(skrupler)* qualms pl.
kvabbe *sb. (en, -r) (zo.)* burbot.
kvabset *adj.* flabby.
kvabso *(zo.)* female lumpsucker.
kvad[1] *sb. (et, -)* lay; song.
kvad[2] *præt. af kvæde.*
kvader *sb. (en, kvadre)*, **kvadersten** ashlar.
kvadrant *sb. (en, -er)* quadrant.
kvadrat *sb. (et, -er)* square;
□ *to meter i* ~ two metres square; *-et på 3 er 9* the square of 3 is 9; 3 squared is 9.
kvadratindhold area.
kvadratisk *adj.* square;
□ ~ *ligning (mat.)* quadratic equation.
kvadratmeter square metre.
kvadratmål square measure.
kvadratrod square root.
kvadratur *sb. (en)* quadrature, squaring (*fx* the quadrature (*el.* squaring) of a circle);
□ *finde cirklens* ~ square the circle.
kvadrere *vb.* 1. *(inddele i kvadrater)* rule into squares; 2. *(mat.)* square;
□ *-t papir* squared paper.
kvadrille *sb. (en, -r)* quadrille.
kvaj *sb. (et, -)* ass; S twit.
kvaje *vb.:* ~ *sig* make an ass of oneself.
kvajeblæk T correction fluid.
kvajet *adj.* stupid.
kvajhoved, **kvajpande** *se kvaj.*
kvaksalver *sb. (en, -e)* 1. quack (doctor); 2. *(som foretager fosterfordrivelse)* backstreet abortionist.
kvaksalveri *sb. (et)* quackery.
kval *sb. (en, -er) (sjæle-)* agony; *(se også helvedeskval, tantaluskvaler)*;
□ *-er (bryderier)* trouble sg. (*fx* it gave (*el.* caused) me a lot of trouble; he had a lot of trouble with the firm).
kvalfuld *adj.* agonizing.
kvalificere *vb.* qualify (*til* for);
□ ~ *sig* qualify; *(se også gæt).*
kvalifikation *sb. (en, -er)* qualification.
kvalifikationskamp qualifying match.
kvalifikationstillæg merit award.
kvalitativ *adj.* qualitative.
kvalitet *sb. (en, -er)* quality;
□ *af dårlig (, høj)* ~ of poor (, high) quality; *af blandet* ~ of mixed quality; *(spøg.)* like the curate's egg.
kvalitetsarbejde high-quality workmanship.
kvalitetsavis quality newspaper.
kvalitetsbedømmelse rating.

kvalitetsbevidst *adj.* quality-conscious.
kvalitetssans sense of quality.
kvalitetsstyring quality control.
kvalitetsvare high-class article.
kvalkved *sb. (en, -) (bot.)* guelder-rose.
kvalm[1] *sb. (en): gøre ~* make a fuss.
kvalm[2] *adj.* close, stuffy.
kvalme *sb. (en)* nausea; *(mindre* F*)* sickness;
□ *det er til at få ~ af* it is enough to make one sick; it is sickening; F it is nauseating (*el.* nauseous); *det giver mig ~* it makes me sick; it turns my stomach; *(især fig.,* F*)* it nauseates me; *have ~* feel sick, feel queasy, feel nauseous.
kvalmegas nausea gas.
kvalmende[1] *adj.* sickening (*fx* smell, sight; that is the most sickening thing I ever heard); F nauseating (*fx* smell, food; all that fat bacon was nauseating; a nauseating sight); *(især fig.: afskyelig)* nauseous;
□ *det er ~ (også, især fig.)* it nauseates me (*fx* it nauseates me how he sucks up to the boss).
kvalmende[2] *adv.* sickeningly; F nauseatingly (*fx* nauseatingly sentimental; he was nauseatingly moral).
kvalt *pf.ptc. af kvæle.*
kvalte *præt. af kvæle.*
kvan *sb. (en, -er) (bot.)* angelica.
kvant *sb. (et, -er) (fys.)* quantum.
kvantemekanik *(fys.)* quantum mechanics.
kvantespring *(fys., fig.)* quantum leap.
kvanteteorien *(fys.)* the quantum theory.
kvantificere *vb.* quantify.
kvantitativ *adj.* quantitative.
kvantitet *sb. (en, -er)* quantity.
kvantum *sb. (et, kvanta)* quantity.
kvantum(s)rabat quantity discount.
kvark[1] *sb. (en) (ostemasse)* (soft) curd cheese.
kvark[2] *sb. (en, -er) (fys.: partikel)* quark.
kvart[1] *sb. (en, -er)* **1.** quarter;
2. *(mus.: interval)* fourth;
3. *(format)* quarto;
4. *(i fægtning)* carte, quarte.
kvart[2] *adj.* quarter-, quarter of (*fx* a quartermile, a quarter century; a quarter of a mile);
□ *en ~ telefon* a four-party telephone; *et ~ år* three months.
kvartal *sb. (et, -er)* quarter.
kvartalsdranker dipsomaniac.
kvartalsvis *adj. & adv.* quarterly; *(adv. også)* every three months.
kvarter *sb. (et, -er)* **1.** *(¼ time)* quarter (of an hour);
2. *(bydel)* neighbourhood (*fx* a pleasant neighbourhood); *(større)* district, part of the town; *(især med nærmere bestemmelse)* quarter (*fx* the Jewish (, Black, diplomatic, student) quarter; an insanitary quarter of the town);
3. *(mil.)* quarters pl.; *(i privat hus)* billet;
4. *(sø.: vagts-)* watch;
5. *(glds. mål : ¼ alen, omtr.)* six inches;
□ *et ~ i (, over) 3* (a) quarter to (, past) 3; *tre ~* three quarters of an hour; *fem ~* an hour and a quarter; *ligge i ~ hos* be billeted on.
kvarterarrest *(mil.)* confinement to barracks.
kvartermester *(sø.)* quartermaster.
kvarterslag quarter-stroke;
□ *slå ~* strike the quarters.
kvartet *sb. (en, -ter)* quartet(te).
kvartfinale **1.** *(kamp)* quarter-final;
2. *(runde)* quarter-finals pl. (*fx* they lost in the quarter-finals).
kvartformat quarto.
kvartmil (nautical) mile.
kvarts *sb. (en, -er)* quartz.
kvartsglas quartz glass.
kvartslampe quartz lamp.
kvartsur quartz watch (, clock).
kvartudgave quarto (edition).
kvartærtid *(geol.)* quaternary period.
kvartårlig *adj. & adv.*, **kvartårligt** *adv.* quarterly.
kvas[1] *sb. (et) (grene)* brushwood; twigs pl.
kvas[2] *sb.: gå i ~* be squashed; *slå i ~* squash.
kvase[1] *sb. (en, -r)* fishing boat with a well, well smack.
kvase[2] *vb.* squash.
kvast *sb. (en, -er)* **1.** tassel; **2.** *(pudder-)* (powder) puff; **3.** *(bot.)* cyme.
kvejl *sb. (en, -) (sø.)* coil (of rope).
kvidder *sb. (et) (jf. kvidre)* **1.** chirp, chirrup; twitter; **2.** chirp; twitter; **3.** warbling;
□ *ikke et ~* not a word.
kvide *sb. (en)* distress, anguish.
kvidre *vb.* **1.** *(om fugl)* chirp, chirrup; *(hurtigere)* twitter;
2. *(om person: snakke, muntert)* chirp; *(hurtigt, nervøst)* twitter;
3. *(om kvinde: synge)* warble.
kvidren *sb. (en) (jf. kvidre)* **1.** chirping; twitter; **2.** chirping; twitter; **3.** warbling.
kvie[1] *sb. (en, -r)* heifer.
kvie[2] *vb.: ~ sig ved at* shrink from -ing.
kvik[1] *sb. (en, -ker) (bot.: græs)* couch grass.
kvik[2] *adj.* **1.** *(hurtig til at opfatte)* quick-witted (*fx* policeman); *(især om børn)* bright (*fx* boy, pupil); *(præd. også,* T*)* as sharp as a needle;
2. *(rask, præd.)* well, all right (*fx* he is well (*el.* all right) again); *(især om ældre)* sprightly (*fx* a sprightly old lady); *(se også replik).*
kvikgræs *(bot.)* couch grass.
kvikhed *sb. (en)* brightness;
□ *-er ("kvikke" bemærkninger)* wisecracks.
kvikke *vb.: ~ op a) (blive i godt humør)* cheer up; *b) (blive bedre)* pick up; *~ en op a) (opmuntre)* cheer sby up; *b) (styrke)* set sby up; *te -r op* tea is stimulating; *det -de op (også)* it acted as a tonic.
kviksand quicksand(s), sinking sand(s).
kviksølv mercury; *(glds.)* quicksilver.
kviksølvbarometer mercury barometer.
kviksølvkur mercurial cure.
kviksølvsøjle mercury column.
kviksølvtermometer mercury thermometer.
kvillajabark quillaia (*el.* soap) bark.
kvilte *vb.* quilt.
kviltning *sb. (en, -er)* quilting.
kvindagtig *adj.* womanish; F effeminate.
kvindagtighed *sb. (en)* effeminacy.
kvinde *sb. (en, -r)* woman (pl. women);
□ *-n (i al alm.)* women (*fx* the position of women in modern society); F woman (*fx* woman is an unpredictable creature; (a) woman's place is in the home).
kvindebedårer *sb. (en, -e)* womanizer.
kvindebevægelsen feminism; the women's movement; *(i moderne tid også)* the Women's Liberation Movement; T Women's Lib.
kvindebryst female breast.
kvindedragt *se kvindetøj.*
kvindefodbold women's football.
kvindefrigørelse the emancipation of women; *(i moderne tid)* the liberation of women; Women's Lib.
kvindefængsel women's prison.
kvindegruppe women's group.
kvindehader woman-hater; F misogynist.
kvindehus (women's) refuge.
kvindeklæder *se kvindetøj.*
kvindekønnet the female sex;

F womankind.
kvindelig *adj.* **1.** *(af hunkøn)* female (*fx* heir, pupil, prisoner; pilot, police officer, soldier); *(især om erhverv)* woman (*fx* patient, student; doctor, novelist, pilot, priest, soldier, teacher) *(N.B. pl.* women students, women doctors etc.*)*; F lady (*fx* doctor, companion);
2. *(typisk for kvinder)* feminine (*fx* curiosity, nature, occupation; the importance of the feminine; the eternal feminine); *(rosende)* womanly (*fx* beauty, compassion, tact, virtues).
kvindelighed *sb. (en) (jf. kvindelig 2)* femininity; *(rosende)* womanliness.
kvindelist feminine wiles, woman's wiles pl.
kvindelitteratur women's literature.
kvindelogik feminine logic.
kvindelæge gynaecologist.
kvindemenneske female.
kvindenavn feminine name.
kvindeoprør feminine revolt.
kvindesagen feminism; *(se også kvindebevægelsen).*
kvindesaglig *adj.* feminist.
kvindesagsforkæmper feminist; *(i moderne tid også)* women's liberationist; T women's-libber.
kvindesagskvinde 1. woman advocate of feminism; **2.** *(stemmeretsforkæmper)* suffragette.
kvindeside 1. *(i slægt: spinde-)* female line, distaff side; **2.** *(i kirke)* women's side.
kvindeskikkelse 1. female form; **2.** *(i bog etc.)* female character, woman.
kvindestemme female (*el.* woman's) voice.
kvindestudier *sb.pl.* women's studies.
kvindesygdom women's disease; □ *specialist i -me* gynaecologist.
kvindetøj 1. woman's (, women's) clothes; F female dress, female attire; **2.** *(båret af mand,* S*)* drag (*fx* a man in drag).
kvindfolk *sb. (et, -)* woman; *(neds.)* female.
kvint[1] *sb. (et, -er)* **1.** *(mus.: interval)* fifth; *(violinstreng)* soprano string; **2.** *(i fægtning)* quinte.
kvint[2] *sb. (et, -)* five grammes.
kvintessens *sb. (en)* quintessence.
kvintet *sb. (en, -ter)* quintet(te).
kvirrevit *sb. (et)* **1.** twitter; **2.** *(lydord)* tweet-tweet.
kvist[1] *sb. (en, -e) (gren af busk el. træ)* twig; *(også af andet & mindre)* sprig (*fx* of heather, of fern); *(med blomster, til pynt)* spray.
kvist[2] *sb. (en, -e)* **1.** *(på tag)* dormer; **2.** *(i hus)* attic; *(især neds.)* garret;
□ *bo på -en* live in the attic.
kvistkammer *se loftsværelse.*
kvistlejlighed (flat in the) attic; attic flat.
kvistvindue dormer (window).
kvistværelse *se loftsværelse.*
kvit *adj.: blive en (, noget)* ~ *(ɔ: blive af med)* get rid of sby (, sth); *nu er vi* ~ now we are quits; *spille* ~ *eller dobbelt* play double or quits; ~ *og frit a)* free of debt; *b) (om ejendom)* unencumbered.
kvitte *vb. (give afkald på)* give up.
kvittere *vb.* **1.** *(give kvittering)* give a receipt; sign; **2.** *(gøre gengæld)* repay;
□ ~ *for a)* give a receipt for; sign for (*fx* a parcel, a key); *b) (gengælde)* repay; *-t regning* receipt.
kvittering *sb. (en, -er)* receipt (*for, på* for).
kvota *sb. (en, -er)* quota.
kvotaordning quota system.
kvote *sb. (en, -r)* quota.
kvoteordning quota system.
kvotere *vb.* fix a quota (, quotas) for.
kvotering *sb. (en)* **1.** the fixing of quotas; **2.** *(ordning)* quota system.
kvotient *sb. (en, -er)* quotient.
kvotientrække *(mat.)* geometric progression.
kvæde[1] *sb. (en, -r) (bot.)* quince.
kvæde[2] *vb. (kvad, kvædet)* chant, sing; *(neds.)* warble.
kvæg *sb. (et)* cattle pl. (*fx* his cattle were sold);
□ *meget* ~ a lot of cattle; F many cattle.
kvægavl 1. cattle breeding;
2. *(driftsform: husdyrbrug)* animal husbandry.
kvægavler *sb. (en, -e)* stockbreeder.
kvægbestand *(et lands)* cattle population.
kvægbesætning stock of cattle, livestock.
kvæge *vb.* refresh.
kvægflok herd of cattle.
kvægfoder (cattle) fodder.
kvæghjord herd of cattle.
kvæghyrde herdsman.
kvægmarked cattle fair.
kvægpest cattle plague.
kvægrace breed of cattle.
kvægtyv cattle thief; *(am. også)* cattle rustler.
kvæk *sb. (et, -) (af en frø)* croak;
□ *ikke et* ~ *(fig.)* not a word, not a thing.
kvæker *sb. (en, -e) (rel.)* Quaker.
kvækerfinke *(zo.)* brambling.
kvække *vb.* croak.
kvækken *sb. (en)* croaking.
kvæld *sb. (en)* eve; *(se også aften).*
kvæle *vb. (kvalte, kvalt) (se også kvælende)* **1.** choke (*fx* a fishbone almost choked him);
2. *(med hænderne)* choke (*fx* choke sby with one's hands); throttle;
3. *(ved manglende lufttilførsel)* suffocate, stifle (*fx* the smoke almost stifled (*el.* suffocated) me); *(specielt: ved tilstopning af mund og næse)* smother (*fx* smother (*el.* suffocate) sby with a pillow);
4. *(ved sammensnøring)* strangle (*fx* strangle sby with a rope); throttle;
5. *(ild)* smother (*fx* the fire); stifle (*fx* the flames);
6. *(undertrykke)* stifle (*fx* a yawn, their cries, a rebellion); *(om oprør også)* put down, suppress; *(litt.)* quell;
7. *(om rygte etc.)* kill (*fx* a rumour, new ideas); F scotch (*fx* a rumour);
□ *opstanden blev kvalt* ***i*** *blod* the rising was drowned in blood; *han blev kvalt i et fiskeben* he was choked by a fishbone; ~ *i fødslen (fig.)* nip in the bud; *være* ***ved at*** *-s af latter (, raseri)* be choking with laughter (, rage); *være ved at -s i a)* choke on (*fx* a fishbone); choke over (*fx* thick soup); *b) (fig.)* choke on (*fx* one's success).
kvælende[1] *adj.* stifling (*fx* heat; embrace); suffocating (*fx* heat, smoke); choking (*fx* smoke; sensation).
kvælende[2] *adv.:* ~ *varm* stifling (hot); sweltering (*fx* day).
kvælergreb *se kvælertag.*
kvælerslange *(zo.)* boa constrictor.
kvælertag *(især fig.)* stranglehold (*om* on, *fx* the dictator's stranglehold on the population);
□ *holde befolkningen i et* ~ have a stranglehold on the population; *han tog* ~ *på hende* he made to strangle her.
kvælning *sb. (en) (jf. kvæle)*
1. choking; **2.** choking; **3.** suffocation; **4.** strangulation; **5.** smothering; **6.** stifling.
kvælningsanfald choking fit.
kvælstof *(kem.)* nitrogen.
kværk *sb. (en, -e) (også sø.)* throat.
kværke *vb.* throttle.
kværn *sb. (en, -e)* **1.** grinding mill;
2. *(*S*: motorcykel)* chopper.
kværne *vb.* **1.** *(knuse)* grind;
2. *(snakke)* gabble, natter;
□ ~ ***løs*** *(jf. 2)* chatter away, natter

away, rattle on (*om* about); *(monotont)* drone on (*om* about); *(uforståeligt. ævle)* burble on (*om* about); S yak; *han -de i timevis (også,* T*)* he blethered on for hours; ~ ***rundt*** *a)* turn round; *b) (fig., om tanker)* mill around.
kværulant *sb. (en, -er)* grumbler.
kværulanteri *sb. (en, -er)* grumbling, grousing.
kværulantisk[1] *adj.* grumbling; *(og stridbar)* cantankerous.
kværulantisk[2] *adv.* cantankerously.
kværulere *vb.* grumble, grouse (*over* about).
kværuleren *sb. (en)* grumbling, grousing.
kvæstelse *sb. (en, -r)* injury (*fx* internal injuries); *(efter slag)* bruise; *(med.)* contusion.
kvæstet *adj.* **1.** injured; *(forslået)* bruised; *(med.)* contused; **2.** *(*T*: udkørt)* dead beat; *(efter druk)* hung over.
kvæstor *sb. (en, -er) (hist.: i Rom)* quaestor.
kvæstur *sb. (en) (hist.: i Rom)* quaestorship.
kybernetik *sb. (en)* cybernetics.
kybernetisk *adj.* cybernetic.
Kykladerne *sb.pl. (geogr.)* the Cyclades.
kykliky *interj.* cock-a-doodle-doo.
kyklop *sb. (en, -er) (myt.)* Cyclops (pl. -es, Cyclopes).
kyle *vb.* fling;
□ ~ *i sig (*S*: om drink)* knock back.
kylling *sb. (en, -er)* chicken.
kyllingehjerne*: have en* ~ *a) (være dum)* be bird-brained; *b) (være fjollet)* be feather-brained; *det kan hans* ~ *ikke forstå* he can't understand that with his tiny mind.
kyllingelår *(tilberedt)* (chicken) drumstick.
kyllingemoder **1.** mother hen; **2.** *(kunstig)* chicken brooder; **3.** *(fig.)* overanxious mother.
kyllingesorger *sb.pl.* trivial anxieties.
kyndelmisse Candlemass.
kyndig *adj.* **1.** *(dygtig)* skilled (*i* in); expert (*i* at); **2.** *(vidende)* well-informed, knowledgeable (*i* about).
kyndighed *sb. (en) (jf. kyndig)* **1.** skill, experience; **2.** knowledge.
kyniker *sb. (en, -e)* cynic.
kynisk[1] *adj.* cynical.
kynisk[2] *adv.* cynically.
kynisme *sb. (en)* cynicism.
kyper *sb. (en, -e) se vinkyper.*
kyras *sb. (et, -ser) (mil.)* cuirass.
kyrasser *sb. (en, -er) (mil.)* cuirassier.
kyrillisk *adj.* Cyrillic (*fx* alphabet).
kys *sb. (et, -)* kiss; *(flygtigt)* peck; *(smækkys)* smack.
kyse[1] *sb. (en, -r)* bonnet.
kyse[2] *vb. (kyste, kyst el. kyset)* **1.** *(skræmme)* scare; **2.** *(ved tilråb)* shoo (*fx* a cat).
kyshånd*: med* ~ eagerly; *han tog imod tilbuddet med* ~ he jumped (*el.* leaped) at the offer.
kysk[1] *adj.* chaste.
kysk[2] *adv.* in a chaste manner, chastely.
kyskhed *sb. (en)* chastity, chasteness.
kyskhedsløfte vow of chastity.
kysse *vb.* kiss; *(flygtigt)* peck; *(højlydt)* smack;
□ ~ *hinanden, -s* kiss; kiss each other; ~ *og kramme hinanden* T snog;
[med præp.] ~ *en* ***på*** *munden (, kinden)* kiss sby on the mouth (, cheek); ~ *en på hånden* kiss sby's hand; ~ *på fingeren ad en* blow a kiss to sby.
kysseri *sb. (et)* kissing.
kyssetøj T kisser.
kyst *sb. (en, -er)* **1.** *(kystlinie, kystland)* coast (*fx* follow (, sail along) the coast; the towns on the Pacific coast; the west coast of Jutland);
2. *(strand)* shore (*fx* walk along the shore; the shore was strewn with wrecks; the shores of the North Sea);
3. *(som feriested)* seaside (*fx* spend the summer at (*el.* by) the seaside);
□ *-en er klar* the coast is clear;
[med præp.] ***fra*** ~ ***til*** ~ *a) (over land)* from coast to coast; *b) (over vand)* from shore to shore; ***langs*** *-en a)* along the coast; *b)* along the shore; ***ud fra*** *-en* off shore; ***ved*** *-en a)* on the coast; *b)* at the seaside.
kystbanesocialist *(svarer til)* champagne socialist; *(am. svarer til)* limousine liberal.
kystbefæstning coast defences pl.
kystbo *sb. (en, -er),* **kystboer** *(en, -e)* person living on the coast.
kystby seaside town.
kystfart coasting trade.
kystfiskeri inshore fishing.
kystforsvar coastal defence.
kystklima maritime climate, oceanic climate.
kystlinie coast line.
kystsanatorium seaside sanatorium; *(am.)* seaside sanitarium.
kystsikring coast protection.
kyststrækning stretch of coast; *(geogr. etc.)* littoral (region).
kystvagt coastguard.
kysægte *adj. (om læbestift)* kissproof.
kæbe *sb. (en, -r)* jaw.
kæbeben jawbone.
kæbehule *(anat.)* maxillary sinus.
kæbehulebetændelse *(med.)* (maxillary) sinusitis.
kæbepose cheek pouch.
kæbestød punch on the jaw; *(i boksning)* hook to the chin.
kæde[1] *sb. (en, -r)* **1.** chain (*fx* a chain is no stronger than its weakest link);
2. *(fig.: række)* chain (*fx* of radar stations; of events); *(se også række*[1]*)*;
3. *(sø.: kætting)* cable, chain;
4. *(mil.)* line (*fx* a line of skirmishers).
kæde[2] *vb.:* ~ *sammen* connect, link (up) (*med* with).
kædebrev chain letter.
kædedans chain dance, ring dance.
kædeforretning chain store; *(med flere slags varer også)* multiple store (*el.* shop).
kædehus linked house.
kædekasse *(på cykel)* chain guard.
kædelås chainlock.
kædereaktion chain reaction.
kæderyge *vb.* chain-smoke.
kæderyger chain smoker.
kædesav chain saw.
kædesting chain stitch.
kædetræk chain drive.
kæfereret *adj.* T tight, plastered; S pissed.
kæfert *(en -er): have en* ~ *på* T be tight, be plastered; S be pissed; *sove -en ud* sleep it off.
kæft *sb. (en)* jaw;
□ *ikke en* ~ *a) (ingen)* not a (living) soul; *b) (intet)* not a thing; ~ *trit og retning (omtr.)* robot-like discipline;
[med vb.] bruge -en shoot one's mouth off, sound off; *have en beskidt* ~ be foul-mouthed; *hold* ~*! a)* belt up! *b) (i børnesprog)* shut your face! *hold da helt* ~*! (ɔ: overrasket)* good grief! *holde -en lukket* keep one's mouth shut; *(i børnesprog)* keep one's face shut.
kæfte *vb.:* ~ *op* sound off (*om* about); shoot one's mouth off.
kæk *adj.* **1.** *(modig)* brave, bold; **2.** *(rask)* spirited; **3.** *(uforknyt)* cheerful.
kækhed *sb. (en) (jf. kæk)* **1.** bravery, boldness; **2.** spirit; **3.** cheerfulness.
kælder *sb. (en, -e el. kældre)* **1.** *(-rum)* cellar; **2.** *(etage)* basement; **3.** *(stor, fx under bank)*

vault;
□ *være helt nede i -en (fig.: ked af det)* be down in the dumps.
kælderetage basement.
kælderhals *(omtr.)* cellarway.
kælderkold *adj.* cellar-cool.
kælderlejlighed basement flat.
kælderrum cellar.
kældertrappe basement stairs pl.
kæle *vb.: ~ for a)* pet (*fx* a dog, a cat, a child); *(kærtegne)* fondle (*fx* a baby, a doll, a kitten; he fondled her breasts); *(tage ind til sig)* cuddle (*fx* a baby); *b) (om plante)* nurse; *c) (fig.: udarbejde med omhu)* spend a lot of care on; *~ med hinanden* pet.
kælebarn *se kæledægge.*
kæledyr *(levende)* pet; *(legetøj)* soft toy.
kæledægge *sb. (en, -r)* darling (*fx* she was her father's darling); *(neds.)* pet (*fx* the teacher's pet).
kælen *adj.* **1.** *(om dyr, børn)* affectionate;
2. *(indsmigrende)* insinuating;
3. *(om stemme)* languishing; *(overtalende)* wheedling.
kælenavn pet name.
kælenskab *sb. (en)* **1.** affectionateness; **2.** *(forelsket)* amorousness.
kæleri *sb. (et, -er)* **1.** cuddling;
2. *(erotisk)* necking, petting.
kælk *sb. (en, -e),* **kælke** *vb.* toboggan, sledge; *(især am.)* sled.
kælkebakke toboggan (*el.* sledge) run.
kælketur toboggan (*el.* sledge) ride.
kælkning *sb. (en)* tobogganing, sledging.
kælling *sb. (en, -er)* **1.** *(skældsord)* cow (*fx* that silly cow!); **2.** *(skrap)* bitch;
□ *-en (*T*: ɔ: ens kone)* the old woman; *gammel ~ a)* old woman; *(grim)* hag; *(skældsord)* old cow; *b) (om mand)* old woman.
kællingeknude granny knot.
kællingetand *sb. (en, -) (bot.)* bird's-foot trefoil.
kæltring *sb. (en, -er)* scoundrel.
kæltringestreg dirty trick.
kælve *vb.* calve.
kælvetid calving time (*el.* season).
kæmme *vb.* comb.
kæmner *sb. (en, -e) (glds.)* city treasurer.
kæmpe[1] *sb. (en, -r)* **1.** giant;
2. *(i eventyr)* giant; *(grusom, uhyggelig)* ogre;
3. *(kriger)* warrior;
4. *(bot.)* plantain.
kæmpe[2] *vb.* fight (*fx* for freedom; against racial discrimination; to the bitter end; they fought bravely); *(hårdt, langvarigt)* struggle (*fx* to reach the shore; for freedom, for power); F battle (*fx* for first place; against ill-health);
□ *de -nde* the combatants;
[med præp., adv. & sig] ~ ***med*** fight against (*el.* with) (*fx* the enemy); struggle (, battle) against (*el.* with) (*fx* an enemy, great difficulties); *~ med gråden* fight back one's tears; *~ med sin samvittighed* struggle (, battle) with one's conscience; *~ med søvnen* fight against sleep; ~ ***om*** *(ɔ: for at opnå)* struggle (, battle) for (*fx* the leadership; power); *(i sport)* compete for (*fx* the gold); F contend for; ~ ***sig frem*** fight one's way; ~ ***sig igennem*** struggle through.
kæmpe[3] *adj.*, **kæmpe-** gigantic, colossal (*fx* effort, improvement, success, victory); giant (*fx* step; potato, kangaroo, panda); T great big.
kæmpedyr gigantic animal.
kæmpehøj barrow.
kæmpekarl giant.
kæmpeknus bear hug.
kæmpekræfter *sb.pl.* gigantic strength.
kæmpekvinde giantess.
kæmpeløgn colossal lie; T thumping lie.
kæmpemæssig[1] *adj.* gigantic, colossal (*fx* sum of money); *(stærkere; + vanskelig)* mammoth (*fx* corporation; project, task, undertaking).
kæmpemæssig[2], **kæmpemæssigt** *adv.* gigantically, colossally.
kæmpeskikkelse gigantic figure.
kæmpeskridt giant stride (*el.* step);
□ *gå frem med ~ (fig.)* advance by giant strides (*el.* with giant steps *el.* by leaps and bounds).
kæmpestor *adj.* gigantic; T great big.
kæmpestærk *adj. (efter sb.)* of giant strength.
kæmpestørrelse gigantic size.
kænguru *sb. (en, -er) (zo.)* kangaroo.
kængurusele baby carrier.
kængurustylte pogo stick.
kæntre *vb.* capsize.
kæp *sb. (en, -pe)* stick; *(tynd)* switch;
□ *munden gik på ham som ~ i hjul* he chattered away nineteen to the dozen; *stikke en ~ i hjulet* throw a spanner into the works; *stikke en ~ i hjulet for en* put a spoke in sby's wheel; T queer the pitch for sby, queer sby's pitch; *have en ~ i øret* T be plastered, be tight.
kæphest **1.** hobbyhorse; **2.** *(fig.: yndlingsemne)* hobbyhorse (*fx* he is riding (*el.* he is off on) his hobbyhorse again); *(fiks idé)* fad.
kæphøj *adj.* cocky, pert.
kæpskinner *sb.pl.* rack sg.
kær[1] *sb. (et, -)* **1.** *(dam)* pond, pool;
2. *(sump)* marsh, fen.
kær[2] *adj.* **1.** dear; **2.** *(sød)* sweet (*fx* she is sweet; what a sweet hat!); *(attr. også)* darling (*fx* what a darlig little girl (, house)!);
□ *(men) -e! (forbavset)* dear me! *(stærkere)* good heavens! good Lord! *Kære hr X (i brev)* Dear Mr X; *mine -e* my dear ones; those nearest and dearest to me;
[med sb.] hans -este eje his most cherished possession; *en ~ pligt* a pleasant duty; a privilege;
[med vb.] få ~ become attached to; *(blive forelsket i)* fall in love with; *have ~* be fond of; *(elske)* love; *have sit liv -t* value one's life; *være en ~* be dear to sby; *det ville være mig -t hvis* I should be glad if; *hun er ~ (også)* she is a dear.
kære *sb. (en) & vb. (jur.)* appeal.
kæreste *sb. (en, -r)* **1.** boy friend; *(formelt forlovet)* fiancé; **2.** *(kvindelig)* girl friend; *(formelt forlovet)* fiancée; **3.** *(om begge køn, let glds.)* sweetheart.
kærestebrev love letter.
kærestefolk *sb.pl.* lovers.
kæresteri *sb. (et, -er)* flirtation; F philandering.
kærestesorg unrequited love;
□ *have ~* be crossed in love.
kærhøg *(zo.)* harrier.
kærkommen *adj.* welcome (*fx* gift, interruption, visit).
kærlig *adj.* affectionate (*mod* towards); *(stærkere, især attr.)* loving (*fx* wife, words);
□ *tage sig -t af (ironisk)* take in hand; *(se også hånd).*
kærlighed *sb. (en)* **1.** love (*til* of, for, *fx* of (*el.* for) one's country, of literature, of music; his love for her, a mother's love for her children); *(svagere: hengivenhed)* affection (*til* for, *fx* his affection for his pupils);
2. *(næste-)* charity;
□ *af ~ til* for (the) love of; *tro, håb og ~* faith, hope and charity; *det er den store ~* it is a "grande passion"; *hun er hans store ~* she is his great love (*el.* the great love of his life); *(se også ulykkelig)*;
[med vb.] erklære hende sin ~ declare one's feelings to her; make a declaration of love to her; *fatte ~ til* fall in love with; *(svagere)* take

a fancy to, grow fond of; *få -en at føle* catch it, be in for it; ~ *gør blind* love is blind; *kaste sin ~ på se ovf.: fatte ~ til*; *kaste al sin ~ på* transfer all one's love to.
kærlighedsaffære love affair.
kærlighedsbrev love letter.
kærlighedsdigt love poem.
kærlighedserklæring declaration of love.
kærlighedseventyr, **kærlighedsforhold** love affair.
kærlighedsgerning work of charity.
kærlighedsgud god of love.
kærlighedshistorie 1. *(affære)* love affair; **2.** *(fortælling)* love story.
kærlighedsliv love life.
kærlighedspant pledge of love.
kærlighedsroman love story.
kærminde *sb. (en, -r) (bot.: tvefarvet ~)* navelwort.
kærne *sb. (en, -r) & vb. (smør-)* churn.
kærnemælk buttermilk.
Kärnten *(geogr.)* Carinthia.
kærre *sb. (en, -r)* cart; *(især bøddel-)* tumbrel, tumbril.
kærte *sb. (en, -r)* candle; *(tynd)* taper.
kærtegn *sb. (et, -)*, **kærtegne** *vb.* caress; *(se også kæle (for))*.
kærtepære candle bulb.
kæruld *sb. (en, -) (bot.)* cotton grass.
kærv *sb. (en, -e)* **1.** *(i skrue)* slot; **2.** *(indhak)* notch, nick; **3.** *(del af sigtemiddel)* notch of the rear sight.
kærvskrue slotted screw.
kætter *sb. (en, -e)* heretic.
kætterbål pyre;
□ *lide døden på -et* be burnt at the stake.
kætteri *sb. (et, -er)* heresy.
kættersk[1] *adj.* heretical.
kættersk[2] *adv.* heretically.
kætting *sb. (en, -er)* chain.
kæve *vb.: ~ den* S booze (up).
kævl *sb. (et) (jf. kævles)* wrangling; squabbling; bickering.
kævle *sb. (en, -r)* log.
kævles *vb. (højrøstet)* wrangle (*med* with; *om* over, about); *(om småting)* squabble (*med* with; *om* over, about); *(stadig småskændes)* bicker (*med* with; *om* over, about).
kø *sb. (en, -er)* **1.** *(række)* queue; *(især am.)* line;
2. *(bilkø)* tailback (*fx* there were long tailbacks on the motorway);
3. *(billard-)* cue;
□ *stille sig i ~* queue up, line up; *stå i ~* queue, stand in line.
køb *sb. (et, -)* **1.** purchase; *(det at købe)* buying; F purchase; **2.** *(det købte)* purchase; **3.** *(handel)* bargain;
□ *det er et godt (, billigt) ~* it is a good buy; *(endnu billigere)* it is a bargain; *give ~* give in, yield; *[med præp.] følge (, få det)* ***med i*** *-et* be (, have it) thrown in; ***oven i*** *-et a) (ɔ: desuden)* in addition; T into the bargain (*fx* it was cold, and it began to rain into the bargain); *b) (understregende)* at that (*fx* a grown-up, and a teacher at that; an idea, and a good one at that!); ***til*** *-s* for sale.
købe *vb. (købte, købt)* **1.** buy (*fx* buy a new car; nobody was interesting in buying (anything); buy and sell); F purchase;
2. *(bestikke)* buy (over), bribe;
3. *(T: acceptere)* buy (*fx* I don't buy that);
□ *~ en fri* ransom sby, purchase the freedom of sby; *~ sig fri* buy oneself off; *kunne -s* be obtainable (*fx* the book is obtainable from all booksellers); *jeg ved ikke om jeg er købt eller solgt* I don't know where I stand; *(se også kat)*;
[med præp. & adv.] ~ noget ***af*** *en* buy sth from sby; *~* ***for*** *a) (om beløb)* buy for (*fx* he bought it for £500); *b) (om middel)* buy with (*fx* he bought it with his pocket money); *c) (om pris)* buy at (*fx* he bought it at a reasonable price); *~ noget* ***hos*** *en* buy sth from sby (*fx* she bought the car from a local dealer); *~* ***ind*** *a) (gå i butikker)* go shopping; do some shopping; *b) (om andet)* buy; F purchase; *c) (for at have et forråd)* buy in (*fx* fuel for the winter); *~ sig* ***ind i*** *et firma* buy into a firm; *~* ***op*** *a)* buy; *b) (systematisk)* buy up; *~ noget* ***til*** *nedsat pris* buy sth at a reduced price; *~ noget* ***tilbage*** *a)* buy sth back; *b) (om sælger på auktion)* buy sth in.
købedygtig *adj. (præd.)* able to buy;
□ *et -t publikum* people with money to spend.
købekontrakt contract of sale.
købekort credit card.
købekraft 1. *(penges)* purchasing power; **2.** *(kunders)* spending power, purchasing power.
købelyst: *deres ~* their willingness to buy.
købelysten *adj. (præd.)* willing to buy.
København Copenhagen.
københavner *sb. (en, -e)* Copenhagener.
københavnerinde *sb. (en, -r)* Copenhagener; Copenhagen girl (, woman).
københavnsk *adj. (attr.)* Copenhagen.
køber *sb. (en, -e)* buyer; F purchaser;
□ *være ~ til* be in the market for.
køberkurs bid price.
køberstrejke buyers' strike.
købestævne fair.
købesum purchase price.
købetvang obligation to buy;
□ *uden ~ (også)* without commitment.
købmand 1. *(kolonialhandler)* grocer;
2. *(forretningsmand)* businessman;
3. *(grosserer)* merchant;
4. *(detaillist)* shopkeeper; *(am.)* storekeeper;
□ *hos -en (jf. 1)* at the grocer's.
købmandsbutik, **købmandsforretning**, **købmandshandel** grocer's (shop); *(am.)* grocer's store, grocery.
købmandskab *sb. (et)* business ability; *(dygtigt)* business acumen;
□ *godt ~* sound business practice.
købmandsmæssig *adj.* businesslike.
købmandsskole commercial school.
købmandsstanden 1. the business world; **2.** *(personerne)* businessmen.
købmandsvarer *sb.pl.* groceries.
købslå *vb.* bargain.
købstad market town.
købstadsagtig 1. *(mods. landlig)* town-like; **2.** *(mods. hovedstadsmæssig)* provincial.
købstadsrettigheder municipal charter.
kød *sb. (et)* **1.** *(levende & fig.)* flesh;
2. *(til føde)* meat (*fx* frozen meat; fresh meat);
3. *(af fisk)* flesh;
4. *(af frugter)* flesh; *(knust el. blødt)* pulp;
□ *~ og blod* flesh and blood; *gå al -ets gang* go the way of all flesh; *(se også pæl)*;
[med: på] gå i -et ***på*** *(fig.)* T go for; pitch (*el.* lam *el.* wade) into; *der er ikke meget ~ på den historie* there is very little to that story; *der var ikke noget ~ på det han sagde* what he said amounted to very little; *sætte ~ på (fig.: gøre mere udførligt)* flesh out; *~ på kroppen se sul.*
kødben bone.
kødbjerg mountain of flesh.
kødbolle meat ball.
kødelig *adj.* **1.** *(legemlig)* corporeal, bodily;

2. *(blodsbeslægtet)* own (*fx* my own brother);
3. *(sanselig)* carnal (*fx* lusts); *(bibelsk)* fleshly;
□ *-t beslægtet* related by blood; F consanguineous; ~ *slægtning* blood-relation.
kødfars *se fars.*
kødfarvet *adj.* flesh-coloured.
kødforgiftning ptomaine poisoning.
kødfuld *adj.* fleshy.
kødgryder *sb.pl.: længes efter de hjemlige* long for home; *blive ved -ne* stay in the kitchen; *Egyptens ~ (glds.)* the fleshpots of Egypt.
kødhakkemaskine = *kødmaskine.*
kødhammer meat tenderiser.
kødhoved T fathead.
kødkontrol meat inspection.
kødkvæg beef cattle.
kødløs *adj.* meatless.
kødmad meat.
kødmaskine mincer, mincing machine.
kødret meat course.
kødsuppe soup, meat broth; *(klar)* consommé.
kødsår flesh wound.
kødudsalg butcher's shop.
kødædende *adj. (zo., bot.)* carnivorous.
køer[1] *pl. af ko.*
køer[2] *pl. af kø.*
køje *sb. (en, -r)* **1.** *(i skib & tog)* berth;
2. *(i sommerhus etc.)* bunk;
3. *(hænge-)* hammock;
□ *gå til køjs* turn in.
køjeseng bunk bed.
køjesæk sea bag, kit bag.
køkken *sb. (et, -er)* **1.** kitchen;
2. *(mad(lavning))* cooking; F cuisine (*fx* French cuisine).
køkkenadgang kitchen facilities pl.;
□ *med ~* with access to kitchen.
køkkenaffald kitchen waste; *(am.)* garbage.
køkkenbord **1.** *(fast, oven på skabe)* worktop; *(am.)* kitchen counter; **2.** *(løst bord)* kitchen table.
køkkenchef chef.
køkkendør *(bagdør)* kitchen (*el.* back) door, back entrance.
køkkenelement kitchen unit.
køkkenhave kitchen (*el.* vegetable) garden.
køkkenkabinet kitchen cabinet.
køkkenkniv kitchen knife.
køkkenmaskiner *sb.pl.* kitchen aids (*el.* appliances).
køkkenmødding *(arkæol.)* kitchen midden.
køkkenrulle kitchen roll.
køkkensalt common salt, cooking salt.
køkkenskab kitchen cupboard, kitchen cabinet.
køkkenstige stepladder; steps pl.
køkkentrappe **1.** *(bagtrappe helt op)* backstairs pl.; **2.** *(i Engl.: udvendig, ned til køkken)* area steps pl.;
□ *ad -n* by the backstairs.
køkkentøj *se køkkenudstyr 2.*
køkkenudstyr **1.** *(fast)* kitchen equipment; **2.** *(gryder etc.)* kitchen utensils pl.; kitchen ware.
køkkenudstyrsforretning hardware shop.
køkkenur kitchen timer.
køkkenvask kitchen sink.
køkkenvej*: ad -en* by the backstairs.
køkkenventilator extractor fan.
køkultur queuing culture;
□ *have ~* wait one's turn.
køl[1] *sb. (en, -e)* keel;
□ *lægge -en til et skib* lay (down) the keel of a vessel;
[med præp.] ***på ret*** ~ on an even keel; *bringe et skib på ret ~* right a ship; *bringe ham på ret ~ a) (efter krise)* put him on an even keel (again); *b) (moralsk)* make him go straight; *c) (efter sygdom)* put him back on his feet (*el.* legs); *komme på ret ~ a) (fig.: moralsk)* make good; *b) (efter sygdom)* recover; *c) (økonomisk)* get back on an even keel.
køl[2] *sb.: lægge en flaske på ~ (ɔ: i køleskab)* put a bottle in the fridge.
kølbåd keelboat.
køle *vb.* cool (*fx* a cooling breeze); *(stærkt)* chill;
□ ~ ***af*** *a)* cool (down) (*fx* the milk, the wine); *(stærkt)* chill (*fx* chill the wine before serving); *b) (fig.: afdæmpe(s))* cool off (*fx* let them cool off; that will cool him off); cool down; ~ ***ned*** *a)* cool; chill; *b) (fig.)* cool down (*fx* the situation).
køleanlæg refrigerating (*el.* cold-storage) plant.
kølebil refrigerated van.
køleboks cold store.
køledisk cold counter, refrigerated counter.
kølehus cold storage warehouse.
køler *sb. (en, -e)* **1.** *(til vin etc.)* cooler; **2.** *(forparti af bil, kølerhjelm)* bonnet; *(am.)* hood; **3.** *(til motor)* radiator.
kølerfigur radiator mascot.
kølergitter radiator grille.
kølerhjelm bonnet; *(am.)* hood.
kølerum cold(-storage) room.
kølervæske radiator coolant.
køleskab refrigerator; T fridge;
□ *køle- fryseskab* fridge-freezer.
køleskib refrigerator ship, refrigerated ship.
køletaske insulated bag, cool bag.
køletekniker refrigeration engineer.
kølevand cooling water.
kølevogn *(jernb.)* refrigerator van; *(se også kølebil).*
kølevæske coolant; *(frostvæske)* anti-freeze.
kølhale *vb.* **1.** *(et skib)* careen; **2.** *(person)* keelhaul.
kølhaling *sb. (en, -er)* **1.** *(af skib)* careening; **2.** *(af person)* keelhauling.
kølig *adj.* **1.** cool; *(ubehageligt ~)* chilly; **2.** *(fig.)* cool; *(stærkere)* frosty; T chilly (*over for* towards);
□ *tag det -t* T keep your cool!
kølighed *sb. (en)* coolness; *(ubehagelig)* chill.
køling *sb. (en, -er) (jf. køle)* cooling; chilling.
kølle[1] *sb. (en, -r)* **1.** *(tyk stok, knippel)* club; *(sværere,* F*)* bludgeon;
2. *(stridskølle)* mace; **3.** *(træhammer)* mallet; **4.** *(golf-)* club;
5. *(kroket-)* mallet.
kølle[2] *sb. (en, -r) (af dyr)* leg (*fx* of lamb, of pork); *(se også dyrekølle).*
kølle[3] *sb. (en, -r) (malt-)* malt kiln.
kølleslag *(fig.): det ramte ham som et ~* it stunned him.
køllinie *(sø.)* middle line.
Køln *(geogr.)* Cologne.
kølne, kølnes *vb.* **1.** cool; *(stærkt)* chill; **2.** *(fig.)* cool off (*fx* his enthusiasm had cooled off).
kølsprængt *adj. (sø.)* hogged.
kølsvin *(sø.)* keelson.
kølvand wake;
□ *i -et på* in the wake of.
køn[1] *sb. (et, -)* **1.** sex (*fx* what sex is the rabbit? members of both sexes); (F *el. hvor* sex *kan misforstås)* gender (*fx* discrimination on the grounds of gender (*el.* sex); gender should not be a factor in elections for political office; this is nothing to do with gender);
2. *(gram.)* gender;
3. *(kønsdele)* private parts pl.;
□ *det andet ~* the opposite sex; *(se også smuk, stærk, svag).*
køn[2] *adj.* **1.** pretty (*fx* flower, poem, tune, village); *(om pige)* pretty; *(om dreng)* good-looking;
2. *(ironisk)* nice (*fx* nice friends you've got! it's a nice mess you've got us into); fine (*fx* he was in a fine state); *(let glds.)* pretty (*fx* this is a pretty state of affairs! it's

a pretty mess you've got into); □ *du er en ~ hjælper!* nice sort of helper you are! *det er en ~ én (el. en ~ kop te)* that's a pretty kettle of fish; *sidde -t i det* be in a nice (*el.* pretty) mess (*el.* fix); *han er ikke for ~ (selv)* he is not in a position to throw stones.

kønnet *adj.* sexual (*fx* reproduction).

kønrøg lampblack.

kønsakt sex act.

kønsbehåring pubic hair.

kønsbestemme *vb.* sex.

kønsbestemt *adj.* sex-linked.

kønsbøjning *(gram.)* inflection for gender.

kønscelle *(biol.)* gamete.

kønsdele *sb.pl.* private parts; S privates; F genitals.

kønsdiskrimination sex discrimination, sexism.

kønsdrift sex drive, sexual urge (*el.* instinct).

kønskarakter sexual character (*fx* primary and secondary sexual characters).

kønskirtel sexual gland.

kønskvotering quota system (to ensure a fair distribution of jobs etc. between men and women).

kønslig *adj.* sexual.

kønsliv sex life.

kønsløs *adj.* sexless.

kønsløshed *sb. (en)* sexlessness.

kønsmoden *adj.* sexually mature.

kønsorgan sex(ual) organ; *(se også kønsdele).*

kønsrolle sex role.

kønsrollemønster pattern of sex roles.

kønsskifte sex change.

kønssygdom venereal disease.

kønstest sex test.

køre[1] *sb. (en): (ud) i én ~ a) (uafbrudt)* continuously (*fx* talk continuously); *b) (efter hinanden)* on end, running (*fx* four days running).

køre[2] *vb. (kørte, kørt) (se også kørende)* **1.** *(være chauffør, kusk etc. på, selv styre)* drive (*fx* a car, a taxi, a carriage, a plough); *(cykel, motorcykel)* ride;

2. *(transportere, om personer)* drive, take (*fx* the taxi took him back to his house); T run (*fx* run sby to the station); *(i kørestol, på båre etc.)* wheel (*fx* wheel sby across the street (, to the operating theatre)); *(i barnevogn også)* push;

3. *(transportere, om varer etc.)* carry; F convey; *(på (tohjulet) arbejdsvogn)* cart (*fx* hay, dung); *(i trækvogn, på trillebør etc.)* wheel;

4. *(eje, om bil)* run (*fx* a sports car, a Jaguar);

5. *(lede, dominere)* run (*fx* he runs the school efficiently; he is run by his wife);

6. *(uden objekt: om person)* go (*fx* by train, by car, in a bus; go in his (, one's own) car; I went with him to Ely); ride (*fx* in a car, in a bus; I usually ride (*el.* go) home on the 5 o'clock bus);

(især når man selv bestemmer retningen) drive (*fx* he drives well; learn how to drive; we drove to Oxford; I drove with him to Oxford);

(på cykel) cycle, ride; *(på motorcykel)* ride;

(køre i bil, mods. gå, tage toget etc.) go by car (*fx* shall we walk or go by car?);

7. *(om køretøj: løbe)* run (*fx* run into a hedge; the trains (, buses) run every hour; trains run on rails); *(mht. hastighed)* go (*fx* fast, slow; 100 kms an hour);

(afgå) leave (*fx* the train leaves (*el.* goes) at 6; the train has just left; when do we leave?);

□ *begynde at ~* start;

[med adj.] ~ ***fast*** get bogged down, get stuck; *~* ***træt*** get tired; *~ en træt* tire sby out;

[med sb.] ~ ***bil*** drive a car; *~ en* ***film*** *(ɔ: forevise)* run (*el.* show) a film; *~ et* ***program*** *(edb)* run a program; *~ en* ***tur*** *se tur*[1];

[med præp. & adv.] ~ ***forbi*** go by (*fx* a car went by); pass; *~* ***forkert*** *a)* take the wrong road; *b) (~ vild)* lose one's way;

~ ***frem*** *(ved vejkryds etc.)* go forward (*fx* do not go forward until you are sure it is safe); *toget kørte frem* the train pulled in at the platform; *~* ***frem for*** *døren* drive up to the door; *~* ***frem med*** trot out (*fx* an old story; the usual arguments); wheel out; *~* ***frem mod*** *rødt (lys) se rødt (~ over for rødt)*;

~ ***galt*** *a) se ovf.: ~ forkert*; *b) (forulykke)* have an accident, crash; *bilen -r* ***godt*** the car runs well; *~ dem* ***hårdt*** *(ɔ: lade dem slide)* drive them hard;

~ ***i*** *bil (, bus, tog etc.) a)* go by car (, bus, train etc.) (*fx* shall we walk or go by bus?); *b) (sidde i)* travel in a car (, bus, train etc.) (*fx* it is very tiring to travel in a car for seven hours); *~ i elevator* go in a lift; *~ i ring se ring*; *~ i taxi* go in a taxi, go by taxi;

~ ***imod*** *noget* hit sth, run against sth, collide with sth; *(stærkere)* crash into sth;

~ ***ind i*** *a) (om sted)* drive into (*fx* the garage, the wood); *b) se ovf.: ~ imod*; *~* ***ind til*** *siden* pull in to the side;

~ ***løs*** *a) (snakke)* chatter away; *b) (starte)* go ahead;

*få lov til at ~ '****med*** get a lift; *vil du ~ 'med? a)* can I give you a lift? *b) (på tur etc.)* would you like to come with me (, us)? *'~ med en* lead sby by the nose; *~ med en barnevogn* push (*el.* wheel) a pram; *~ med bil (etc.), se ovf.: ~ i bil (etc.)*; *~ med underskud* run at a loss;

~ en ***ned*** *a)* run (*el.* knock) sby down; *b) (fig.: udmatte)* wear sby down;

være kommet godt ***op at*** *~* be in the soup;

~ en ***over*** *se ovf.: ~ en ned, a*; *~* ***over for*** *rødt se rødt*;

*~ '****på*** press on; *'~* ***på*** *a) (gentage)* keep on about (*fx* the same subject); *b) (kritisere)* get at (*fx* he is getting at me all the time); *bilen -r 15 km på literen* the car does (*el.* goes) 15 km to the litre; *bilen -r på blyfri benzin* the car runs on unleaded petrol; *~ på cykel (, knallert) a)* ride a bicycle (, moped) (*fx* teach her to ride a bicycle); *b) (sidde på)* ride on a bicycle (, moped) (*fx* he was riding on an old moped); *hun kørte hjem på cykel* she went home on her bicycle (*el.* by bicycle);

~ ***rundt*** *a) (snurre rundt)* go round (*fx* the whole room seemed to go round); *b) (i køretøj)* go round; *(i bil også)* drive round;

~ en ***stramt*** keep a tight rein on sby;

~ ***stærkt*** go fast; *(i bil også)* drive fast; *han fik en bøde for at ~ for stærkt* he was fined for speeding;

*~ '****til*** go faster; drive faster; *~ en bil til* run in a car; *(am.)* break in a car; *~* ***ud*** *a)* go out; drive out; *b) (varer)* deliver; *~ bilen ud* run out the car;

~ ***uden om*** bypass (*fx* the town);

~ ***videre*** go on.

køreanlæg *(for bilister)* practice ground.

kørebane 1. *(del af vej hvor biler kører)* roadway (*fx* don't walk on the roadway); **2.** *(en af de to modsatte -r)* carriageway (*fx* the northbound carriageway is closed; both carriageways are blocked);

3. *(spor på flersporet vej)* lane; *(se også skifte*[2]*).*

køredygtig *adj.: i ~ stand* roadworthy.

køreegenskaber *sb.pl. (bils)* driv-

ing properties.
køreelev learner.
køregård = *køreanlæg.*
køreklar *adj. (præd.)* ready to start.
kørekort (driving) licence (*fx* drive without a licence);
□ *tage ~ a) (undervisning)* take driving lessons; *b) (bestå prøven)* pass one's driving test; *han blev fradømt (el. frakendt) -et for to år* he had his (driving) licence suspended for two years; he was disqualified (*el.* banned) from driving for two years.
kørekran travelling crane.
kørelejlighed lift;
□ *få ~* get a lift.
kørelærer driving instructor.
kørende *adj.: godt ~ (fig.)* well off; *småt ~ a) (fattig)* hard up; *b) (ubegavet)* not over-bright; *komme ~ (i bil)* come by car; *~ trafik* wheeled traffic.
køreplan timetable.
kørepose *(til småbørn)* sleeping bag; *(am.)* bunting.
køreprøve driving test.
køreprøvesagkyndig *sb.* driving-test examiner.
køreskole driving school.
kørestol wheelchair; invalid chair;
□ *(som sidder) i ~* wheelchaired (*fx* polio victim).
kørestolslift wheelchair hoist.
køresyg *adj.* travel-sick.
køresyge *sb. (en)* travel sickness.
køretråd overhead (contact) wire.
køretur ride; *(i privat vogn)* drive; *(kort)* run; *(se også tur[1] 5).*
køretøj *sb. (et, -er)* vehicle.
kørevej carriage road; *(til privat hus)* drive.
kørsel *sb. (en, kørsler)* **1.** *(det at køre)* driving (*fx* reckless driving);
2. *(tur)* drive (*fx* three hours' drive);
3. *(transport)* haulage;
4. *(færdsel)* traffic;
5. *(i edb)* run.
kørselspenge *(for kørsel i egen bil, svarer til)* mileage allowance.
kørselsretning direction of travel(ling).
kørvel *sb. (en)* **1.** *(bot.)* chervil; **2.** *(S: piger)* crumpet;
□ *spansk ~* sweet cicely.
køter *sb. (en, -e)* cur.
kåbe *sb. (en, -r)* **1.** coat; **2.** *(fig.)* cloak (*fx* cover it with the cloak of charity).
kåd *adj.* **1.** *(overgiven)* playful, frisky;
2. *(tankeløs)* wanton;
3. *(rapmundet)* flippant.
kådhed *sb. (en) (jf. kåd)* **1.** playfulness, friskiness; **2.** wantonness;
3. flippancy;
□ *i ~* playfully, in fun.
kål *sb. (en)* **1.** *(bot.: især hvidkål & rødkål)* cabbage; **2.** *(grønkål)* (curly) kale; **3.** *(grønkålssuppe)* kale soup;
□ *gøre ~ på* make short work of; *søbe den ~ man selv har spyttet i* eat humble-pie.
kåldolme *sb. (en, -r)* stuffed cabbage leaf.
kålhoved cabbage; *(fagl.)* head of cabbage.
kålhøgen *adj.* cocky.
kålorm *(zo.)* caterpillar.
kålrabi *sb. (en, - el. -er),* **kålroe** *(bot.)* swede.
kålroulet stuffed cabbage leaf.
kålsommerfugl *(zo.)* cabbage white.
kålstok cabbage stalk.
kår *sb.pl.* circumstances, conditions;
□ *have gode ~ (ɔ: økonomisk)* be well off, be in comfortable circumstances; *små ~* straitened circumstances.
kårde *sb. (en, -r)* **1.** (light) sword, rapier; **2.** *(i fægtesport)* épée.
kårdestød sword thrust.
kåre *vb.* **1.** choose, elect; **2.** *(ved dyrskue)* select.
kåring *sb. (en)* **1.** election; **2.** *(ved dyrskue)* selection.

L

l *(fork. f. liter)* l *(fork.f.* litre(s)).
l. *(fork. f. linie)* l. *(fork.f.* line).
lab *sb. (en, -ber)* paw;
□ *suge på -ben* tighten one's belt.
laban *sb. (en, -er)* **1.** lout; **2.** *(overbærende, til barn)* rascal, scamp (*fx* you little rascal (*el.* scamp)!).
labbe *vb.: ~ det i sig* lap it up.
laber *adj.* **1.** *(sø.: om vind)* light; **2.** *(let glds.* T*: fortræffelig)* super; *(om pige)* luscious.
labil *adj.* labile, unstable.
laborant *sb. (en, -er)* **1.** laboratory technician; **2.** *(på apotek)* chemist's assistant.
laboratorium *sb. (et, laboratorier)* laboratory.
labskovs *sb. (en)* lobscouse; *(svarer i Engl. til)* stew.
labyrint *sb. (en, -er)* **1.** maze; F labyrinth (*fx* a maze (, labyrinth) of corridors); **2.** *(som haveanlæg)* maze.
labyrintisk *adj.* labyrinthine.
lad[1] *sb. (et, -)* **1.** *(på vogn)* truck body; **2.** *(stillads til tønder)* barrel stand.
lad[2] *adj.* lazy; F indolent;
□ *han lå ikke på den -e side* he didn't waste (his) time; he wasn't idle.
ladcykel carrier cycle.
lade[1] *sb. (en, -r) (til korn)* barn.
lade[2] *vb. (lod, ladet el. ladt)*
1. *(ikke hindre, tillade & om opfordring)* let, allow to (*fx* he let the prisoner escape; we cannot just let them die; will you let me (*el.* allow me to) go? let us pray; let us (*el.* let's) go);
2. *(ikke blande sig; efterlade)* leave (*fx* leave her to decide; leave the meat to cook; her tears left me cold); *(se også ndf.: med vb.)*;
3. *(bevirke, sørge for)* have *(+ pf. ptc.)* (*fx* he had the house pulled down; he had the child baptized);
4. *(sætte el. få til at)* have, get to *(+ inf.)* (*fx* he had the men march 50 miles; he had her (*el.* got her to) write it for him); have *(+ -ing)* (*fx* he had me waiting for hours; she had him writing her letters (, cooking her meals)); *(især: tvinge)* make *(+ inf.)* (*fx* he made her write the letter for him; the author makes the hero do foolish things);
5. *(foregive at være)* pretend to be (*fx* she pretends to be so innocent);
6. *(synes)* seem, appear;
□ *man må ~ ham at han er ærlig* you have to admit that he is honest;
[med sb.] ~ ***livet*** *a)* die; *b) (ofre sit liv)* lay down one's life (*for* for); *~* ***vandet*** urinate; F pass water;
[med sig + vb.] ~ ***sig*** *overtale til at* (allow oneself to) be persuaded to; *det -r sig ikke beskrive* it cannot be described; *det kan ikke ~ sig gøre* it cannot be done; it is impossible; *(se også byde, høre, lede*[3]*, mærke*[2] *(med))*;
[med vb.] ~ blive (, ligge, sidde, stå), ~ blive liggende (, siddende, stående) leave (*fx* I left the revolver in the drawer; he left me in the bar; leave the washing-up till tomorrow); *~ døren stå (åben)* leave the door open; *(se også forstå, hente, ligge, løbe, mangle (på), vente)*;
[med være] lad ***være!*** *a)* don't! *b) (hold op)* stop it! T cut it out! *de kunne ikke ~ være* they could not help it; *lad mig være!* leave me alone! *åh la' vær' se åh*; *~* ***være med at*** *gøre det a) (undlade)* not do it (*fx* he did not tell her; try not to get excited; don't laugh! don't interrupt me!); *b) (holde op)* stop doing it (*fx* stop teasing her! stop laughing! stop interrupting me! ask them to stop making that noise); *hvorfor lod du ikke bare være med at lukke op (, tage telefonen)?* why did you open the door (, answer the phone)? *jeg bliver nødt til at ~ være med at ryge* I shall have to give up smoking; *jeg* ***kunne*** *ikke ~* ***være med at*** *le* I could not help laughing;
[med adv., præp. & som] lad mig ***om*** *det!* leave that to me! *han lod* ***som ingenting*** *a)* he behaved as if nothing had happened; *b) (fortrak ikke en mine)* he did not turn a hair; *jeg lod* ***som om*** *jeg sov* I pretended to be asleep; *han lod som om han ikke hørte det* he behaved (*el.* acted) as if he did not hear it; *det -r* ***til at*** *være i orden* it seems to be all right; *det -r til at han ved det* it seems that (*el.* as if) he knows it; *~ meget* ***tilbage*** *at ønske se ønske*[2]; *~* ***ude*** *(af) se håb, betragtning.*
lade[3] *vb. (ladede, ladet)* **1.** *(skib, vogn)* load (*med* with); **2.** *(våben)* load; **3.** *(elek.)* charge;
□ *-t* ***med*** *(fig.)* charged with (*fx* emotion); *~* ***op*** *a) (om batteri)* recharge; *b) (om person)* recharge the (*el.* one's) batteries (*fx* he took a holiday to recharge the batteries).
ladeaggregat charger.
ladegreb*: tage ~ (mil.)* go through the loading motions; reload.
laden *sb. (en): ~ stå til* letting things slide; *(se også gøren).*
laderamme *(mil.)* clip.
ladestation *(elek.)* battery charging depot, charging point.
ladestok *(glds. mil.)* ramrod.
ladhed *sb. (en)* laziness; F indolence.
ladning[1] *sb. (en, -er)* **1.** *(vogn-)* load;
2. *(skibs-)* cargo (pl. -es);
3. *(våbens & elek.)* charge;
4. *(stor mængde)* lot; lots pl.
ladning[2] *sb. (en, -er) (jf. lade*[3]*)* **1.** loading; *(sø. også)* taking in cargo;
2. *(elek.)* charging.
ladningsfortegnelse *(sø.)* manifest.
ladningsmærke *sb. (et, -r) (sø.)* cargo mark.
ladningspapirer *sb.pl. (sø.)* shipping documents.
ladvogn platform truck.
lag *sb. (et, -)* **1.** layer (*fx* a layer of dust; the ozone layer; many layers of meaning);
2. *(af maling etc.)* coat, coating;
3. *(samfunds-)* class; F stratum (pl. strata) of society;
4. *(geol.)* stratum (pl. strata);
5. *(mil.: af skud)* salvo (pl. -es);
□ *i muntert ~* in merry company; *hvor på ~?* whereabouts?; *(se også bred*[2]*, glat (give det glatte ~))*;
[med vb. + i ~ med] gå (el. give

*sig) **i** ~ **med*** tackle (*fx* a problem); *han prøvede at komme i ~ med hende* T he made a pass at her; *være i ~ med at barbere sig* be shaving.

lagde *præt. af lægge.*

lagdeling stratification (*fx* social stratification).

lagdelt *adj.* stratified (*fx* society).

lage *sb. (en) (salt-)* brine; *(også om krydret ~)* pickle;
□ *lægge i ~* pickle.

lagen *sb. (et, -er el. lagner)* sheet (*fx* he was as white as a sheet);
□ *deres aktiviteter på -erne* their activities between the sheets.

lagenlærred sheeting.

lagenpose sheet sleeping bag.

lager *sb. (et, lagre)* **1.** *((privat) forråd, også fig.)* store, stock (*fx* of food, of wine; of anecdotes, of jokes);
2. *(butiks varelager)* stock; stocks pl. (*fx* clear the stocks);
3. *(beredskabs-, fx af korn, olie, våben)* stockpile;
4. *(lagerrum, fx fabriks)* storeroom, store; *(butiks)* stockroom;
5. *(bygning)* storehouse; *(pakhus)* warehouse;
6. *(edb)* storage, store (*fx* internal store);
□ *gøre -et op, opgøre -et* take stock; *have på ~* stock, keep in stock; *ikke (mere) på ~* out of stock; *tage på ~* stock, put in a stock of.

lagerarbejder storeman; warehouseman.

lagerbeholdning *se lager 2.*

lagerbygning *se lager 5.*

lagerchef stores manager; *(pakhus-)* warehouse manager.

lagerforvalter warehouse keeper.

lagerføre *vb. (hdl.)* stock.

lagerist *sb. (en, -er)* **1.** stores-clerk;
2. *(i pakhus)* warehouse assistant.

lageropbygning **1.** stock building;
2. *(om beredskabslager)* stockpiling.

lageropgørelse **1.** *(det at gøre lager op)* stocktaking; **2.** *(fortegnelse)* inventory;
□ *foretage en ~* take stock.

lagerrum **1.** storeroom; **2.** *(i butik)* stockroom.

lagervarer *sb.pl.* stock goods.

lagerøl dark beer.

lagkage **1.** layer cake, sandwich cake; **2.** *(som kasteskyts i komisk nummer)* custard pie;
□ *livet er ikke lutter ~* life is not all beer and skittles.

lagkagediagram pie chart.

lagre *vb.* **1.** store; *(i pakhus)* warehouse; **2.** *(for at forbedre kvaliteten)* season, mature;
□ *-t tømmer* seasoned timber; *-de vine* matured wines.

lagring *sb. (en, -er) (jf. lagre)*
1. storage; warehousing; **2.** seasoning; maturing.

lagt *pf.ptc. af lægge.*

lagune *sb. (en, -r)* lagoon.

lagvis *adv.* in layers; F stratified.

lak *sb. (en, -ker)* **1.** *(lakfernis, hårlak)* lacquer;
2. *(negle-)* nail varnish, nail polish;
3. *(til cykler)* enamel;
4. *(til bil)* (cellulose) paint; *(på bil)* paintwork (*fx* the paintwork is chipped (, is in good condition); clean the paintwork);
5. *(farve)* enamel paint;
6. *(rødt farvestof)* lake;
7. *(fx til bakker)* japan; Japanese lacquer;
8. *(læder)* patent leather;
9. *(segl-)* sealing wax;
□ *en stang ~* a stick of sealing wax.

lakaj *sb. (en, -er)* **1.** footman; *(neds.)* lackey, flunkey; **2.** *(fig., neds.: hjælper)* henchman, lackey.

lakere *vb.* **1.** lacquer;
2. *(negle)* varnish;
3. *(med cykellak)* enamel;
4. *(fx bakker)* japan;
5. *(bil)* spray;
□ *bilen blev -t op* the car had a respray.

lakfernis **1.** lacquer; **2.** *(fx til bakker)* japan; **3.** *(farve)* enamel.

lakfjerner **1.** lacquer remover;
2. *(til neglelak)* nail varnish remover.

lakke[1] *vb. (forsegle)* seal;
□ *-t til* S *a) (fuld)* plastered; *b) (tæsket)* worked over.

lakke[2] *vb.: det -r ad aften* night is drawing near; *det -r mod enden* the end is drawing near.

lakmus *sb. (en)* litmus.

lakmuspapir litmus paper.

lakonisk[1] *adj.* laconic.

lakonisk[2] *adv.* laconically.

lakrids *sb. (en)* liquorice.

lakridskonfekt liqourice allsorts pl.

lakridsrod liquorice root.

laks *sb. (en, -) (zo.)* salmon (pl. -).

laksativ *sb. (et, -er)* laxative; *(stærkt)* cathartic.

laksefarvet *adj.* salmon-coloured.

laksegl (wax) seal.

laksfarvet *adj. = laksefarvet.*

lakskо patent-leather shoe.

laksørred *(zo.)* salmon trout (pl. -).

lakune *sb. (en, -r)* gap; F lacuna (pl. -e, -s).

lala *adv.: det er sådan ~* it is only so-so.

lalle *vb.* **1.** *(om barn)* babble;
2. *(om olding)* maunder;
3. *(vrøvle)* drivel;
4. *(T: drive)* dawdle;
□ *-nde idiot* blithering idiot; gibbering idiot; *-nde sindssyg* (stark) raving mad.

lam[1] *sb. (et, -) (zo.)* lamb.

lam[2] *adj.* paralysed;
□ *en ~* a paralytic; *han er ~ i højre ben* he is paralysed in his (*el.* the) right leg; his right leg is paralysed; *han er ~ i højre side* he is paralysed down the right side.

lama *sb. (en, -er)* **1.** *(zo.)* llama; **2.** *(præst)* lama.

lamel *sb. (en, -ler)* **1.** *(fx i sengebund, persienne)* slat;
2. *(i kommutator)* segment;
3. *(i kobling)* disc;
4. *(anat.)* lamella;
5. *(bot.: i svamp)* gill.

lamelbund slatted bed case.

lamentere *vb.* lament, wail;
□ *~ over sin skæbne* bewail one's lot.

lamhed *sb. (en)* paralysis.

laminat *sb. (et, -er)* laminate.

lamineret *adj.* laminated.

lamme *vb.* **1.** paralyse; **2.** *(fig.)* paralyse (*fx* the strike paralysed the train service); freeze (*fx* she froze him with a single look);
□ *et -nde slag* a crippling blow; *-t af skræk* paralysed with fear.

lammefrom *adj.* meek; *(præd. også)* meek as a lamb;
□ *han ser så ~ ud* he looks as if butter would not melt in his mouth.

lammehale lamb's tail;
□ *en dikkende ~ (fig.)* a poodle.

lammekød lamb.

lammelever lamb's liver.

lammelse *sb. (en, -r)* **1.** *(det at lamme)* paralysation; **2.** *(lamhed)* paralysis (pl. paralyses); *(se også halvsidig).*

lammeskind lambskin; sheepskin.

lammeskinds- lambskin; sheepskin (*fx* coat, rug).

lammesky *sb. (meteor.)* altocumulus (pl. altocumuli);
□ *-er* fleecy clouds.

lammesteg **1.** *(som er stegt)* roast lamb; **2.** *(stykke kød til at stege)* joint of lamb; *(se også ugudelig).*

lammetæve *vb.* (S) make mincemeat of, wipe the floor with, trounce.

lammeuld lamb's wool.

lampe *sb. (en, -r)* lamp; *(se også blus).*

lampefatning *(elek.)* lamp holder, (lamp) socket.
lampefeber last-minute nerves; *(teat.)* stage fright.
lampeglas lamp glass, lamp chimney.
lampekuppel globe.
lampelys lamp light;
□ *ved* ~ by lamp light.
lamperøg: *det var ikke andet end* ~ it was a mare's nest; *det blev til* ~ it came to nothing.
lampeskærm lamp shade.
lampested *(elek.)* point.
lampet *sb. (en, -ter)* bracket lamp.
lampret *sb. (en, -ter) (zo.)* lamprey.
lamslået *adj.* **1.** *(af forbavselse)* dumbfounded; **2.** *(af skræk)* terror-stricken.
lancere *vb.* introduce (*fx* a new fashion); launch (*fx* a new product, a new model); *(om plan, idé etc.)* float (*fx* a project).
lancet *sb. (en, -ter)* lancet.
lancier *sb. (en, -er)* the lancers pl.
land *sb. (et, -e)* **1.** country (*fx* my country; foreign (, rich) countries);
2. *(mods. hav, vand, samt poet.)* land;
3. *(landejendom)* land; lands pl.;
□ *-ets egne børn* the original population of the country; *(poet.)* the sons and daughters of the country; *(se også varm)*;
[med vb.] ***fare*** *~ og rige rundt (fig.)* rush around; be driven from pillar to post; *finde ud af hvordan -et* ***ligger*** find out how the land lies; *som -et ligger* under the circumstances; *sådan ligger -et* that's how it is;
[med præp.] ***i*** ~ ashore (*fx* the body was washed ashore); *her i -et* in this country; *gå i* ~ go ashore; F disembark; *hale (el. trække) i ~ a)* backtrack, backpedal (*fx* they had promised to cut taxes, but now they are beginning to backpedal (on their promise)); *b) (helt opgive)* back down, climb down, back off; *få forslaget halet i* ~ pull the proposal through; *(se også torsk)*; *sætte i ~ (sø.)* put ashore, land; *by* ***inde i*** *-et* inland town; *langt (, længere) inde i -et* far (, further) inland; ***inde under*** ~ inshore; *rejse* ***over*** ~ go by land; *over hele -et* all over the country; nationwide; *(ude)* ***på*** *-et* in the country; *ligge på -et* stay in the country; spend one's holidays (*fx* he is spending his holidays in Jutland); *tage på -et* go into the country; *sætte en båd på* ~ beach a boat; *på tørt* ~ on dry land; ***til*** ***-s*** by land; *krig til -s se landkrig*; *her til -s* in this country; ***ud på*** *-et* (out) into the country; *den må du længere ud på -et med!* tell me another! tell that to the marines! pull the other one!
landadel landed gentry.
landafståelse cession of territory.
landarbejder farm worker (*el.* agricultural) worker, farm (*el.* agricultural) labourer.
landauer *sb. (en, -e)* landau.
landbefolkning rural population.
landbetjent village constable (*el.* policeman).
landbjørn *(zo.)* brown bear.
landbo *sb. (en, -er),* **landboer** *sb. (en, -e)* countryman; *(bonde)* farmer;
□ *landboer(e) (pl.)* country people.
landbohøjskole agricultural college;
□ *-n (i København)* the Royal Veterinary and Agricultural High School (of Denmark).
landbrug *sb. (et, -)* **1.** *(erhverv)* agriculture;
2. *(arbejde)* farming;
3. *(enkelt bedrift)* farm, (farm) holding; *(stort)* estate.
landbruger farmer.
landbrugs- agricultural (*fx* crisis, export, museum, reform, school, society).
landbrugsejendom *(gård)* farm; *(større)* estate.
landbrugsjord farm land; *(fagl.)* arable (land).
landbrugskandidat *(indtil 1961)* graduate in agriculture.
landbrugskonsulent agricultural adviser.
landbrugsmaskiner *sb.pl.* agricultural machinery sg.
landbrugsminister minister of agriculture, agriculture minister.
landbrugsministerium ministry of agriculture.
landbrugspolitik agricultural policy.
landbrugsprodukt agricultural product;
□ *-er (også)* agricultural produce.
landbrugsrådet the Agricultural Council of Denmark.
landbrugsstøtte farm subsidy; farm subsidies pl.
landbrugsstøtteordning agricultural support system.
landdag *(i Tyskland)* land parliament.
landdistrikt rural district.
landdyr terrestrial animal.
lande *vb.* **1.** land (*fx* he jumped and landed in the water; the ball landed on the roof);
2. *(flyv.)* land, come down, touch down; *(om rumskib også: i havet)* splash down;
3. *(med objekt)* land (*fx* fish at Grimsby); *(flyv.)* land, bring down.
landefred the king's (, queen's) peace.
landegrænse frontier.
landejendom farm, holding; *(stor)* estate.
landeplage *sb. (en, -r)* **1.** *(populær melodi)* hit; **2.** *(neds.: plage)* scourge (*fx* this tune is a national scourge); pest.
landesorg public (*el.* national) mourning.
landevej (country) road; *(større)* highway; *(glds.)* highroad;
□ *følge den slagne ~ (også fig.)* keep to the beaten track;
[med præp.] ***ad*** *-en* by road; ***på*** *-en* on the road (, highway; *gå* ***ud ad*** *-en* follow the road; *lige ud ad -en (ɔ: enkel, ligefrem)* easy, plain sailing; *(også om person)* straightforward.
landevejskro country pub; *(ældre)* roadside inn.
landevejsløb road race.
landevejsreklame *(skilt)* roadside hoarding.
landevejsrytter *(cykelrytter)* road racer.
landevejsrøver highwayman.
landeværn *(mil.)* militia, territorial force.
landfast *adj.: ~ med* connected with.
landflygtig *adj.* exiled; *(præd.)* in exile.
landflygtighed *sb. (en)* exile;
□ *drive en i* ~ exile sby; F banish sby; *gå i* ~ go into exile.
landgang **1.** *(det at gå i land)* landing; **2.** *(landgangsbro)* gangway.
landgangsbro **1.** gangway; **2.** *(anløbsbro)* landing stage.
landgangsbåd landing craft.
landgrænse *(mods. søgrænse)* land frontier.
landhandel **1.** *(butik)* general store;
2. *(mods. søhandel)* overland trade;
□ *mit arbejde er noget af en blandet ~ (ɔ: er mangeartet)* my job is a bit of a mixed bag.
landhusholdning farm household.
landing *sb. (en, -er)* landing, touchdown; *(om rumskib også: på havet)* splashdown; *(se også blød)*.
landingsbane **1.** *(i lufthavn)* runway; **2.** *(privat el. mil.)* landing strip, airstrip.
landingsforbud *(flyv.)* landing prohibition.

landingshjul *(flyv.)* landing wheel.
landingslys *(flyv.)* landing light.
landingsplads, landingssted 1. landing place; **2.** *(flyv.)* landing ground.
landingsstel *(flyv.)* undercarriage.
landingstilladelse *(flyv.)* landing clearance.
landinspektør chartered surveyor; *(am.)* registered land surveyor.
landjorden: *på ~* on (dry) land.
landkending *(sø.)* landfall;
□ *få ~* come in sight of land; *(sø.)* make a landfall.
landkommune *(svarer til)* rural district.
landkort map.
landkrabbe *(mods. sømand)* landsman; *(neds.)* landlubber.
landkrig land war; *(mods. luftogså)* ground war.
landlig *adj.* **1.** rural (*fx* idyll, surroundings, smells); **2.** *(som på landet, enkel, jævn)* rustic (*fx* charm, comfort, peace).
landligger *sb. (en, -e)* summer resident; *(feriegæst)* holidaymaker.
landliggerskat tax on second-home owners.
landliv life in the country.
landlov *(sø.)* shore leave.
landluft country air.
landmand farmer.
landmine *(mil.)* landmine.
landmærke *(sø.)* landmark.
landmåler surveyor.
landmåling surveying.
landområde territory.
landophold stay in the country.
landpostbud village postman.
landsarkiv regional archives pl.
landsblad national newspaper.
landsby village; *(mindre, især: uden kirke)* hamlet.
landsbyagtig *adj.* village-like.
landsbykirke village church.
landsbykro village inn.
landsbypræst country parson.
landsbyskole village school.
landsdel part of the country; province.
landsdelskommando *(mil.)* land command (*fx* eastern (, western) land command).
landsdommer High Court judge.
landsdækkende *adj.* national (*fx* newspaper); nationwide (*fx* campaign).
landsfader *(om politiker)* national father figure; *(hist.: om konge)* father of the country.
landsfaderlig *adj.* paternal.
landsforening national association (*el.* league).
landsforræder traitor.
landsforræderi treason.
landsforræderisk *adj.* treasonable.
landsforvise *vb.* exile; F banish.
landsforvisning exile; F banishment.
landshold national team (*fx* the Danish national team);
□ *han har været på -et tre gange (ɔ: det danske)* he has played for Denmark three times.
landsholdsspiller international;
□ *dansk ~* All-Denmark player.
landsindsamling nationwide collection; national subscription.
landskab *sb. (et, -er)* **1.** *(bestemt ~ man ser ud over)* landscape (*fx* admire the landscape; a beautiful (, desolate, typical) landscape);
2. *(mere generelt: om et områdes præg)* scenery (*fx* beautiful (, austere) scenery; we prefer to live here because of the scenery; admire the scenery; there is a lot of beautiful scenery in Jutland);
3. *(terræn)* ground (*fx* hilly ground); country (*fx* rolling country);
4. *(maleri)* landscape;
□ *-er* landscapes; scenery sg.; *live (el. lyse) op i -et (fig.)* brighten things up, be a bright spot; *pynte (op) i -et (fig.)* look decorative, look well in the picture.
landskabelig *adj.* scenic (*fx* beauty).
landskabsarkitekt landscape architect.
landskabsbillede landscape.
landskabsmaler landscape painter.
landskabsmaleri 1. *(det at male landskaber)* landscape painting;
2. *(billede)* landscape.
landskamp international (match);
□ *han har spillet otte -e for Danmark* he has played for Denmark eight times.
landskendt *adj. (attr.)* national (*fx* figure, politician); *(præd.)* known throughout the country (*fx* he was known throughout the country); *(efter sb. også,* F*)* of nationwide fame (*fx* a writer of nationwide fame).
landskildpadde *sb. (en, -r) (zo.)* tortoise.
landsknægt *(hist.)* lansquenet.
landsmand (fellow-)countryman; F compatriot;
□ *hvad ~ er han?* what nationality is he?
landsmøde national congress; *(politisk partis)* party conference.
landsnegl *(zo.)* land snail.
landsogn rural parish.
landsoldat soldier.
landsomfattende *adj. (attr.)* nationwide.
landsorganisation nationwide organisation;
□ *Den faglige Landsorganisation* the Federation of Danish Trade Unions; *(svarer delvis til i Engl.)* the Trades Union Congress; *(fork.)* TUC.
landsplan: *på ~* on a national (*el.* countrywide) basis, at the national level, nationwide.
landsplanlægning country planning.
landsret *(svarer til)* High Court.
landsskadelig *adj. (præd.)* injurious to the State.
landsstyre home government.
landssviger *sb. (en, -e) (omtr.)* quisling, traitor.
landsted country house.
landsting *(i Grønland)* parliament.
landstryger *sb. (en, -e)* tramp; *(glds.)* vagabond.
landstrækning tract.
landstræner national coach.
landstyrker *sb.pl. (mil.)* ground forces.
landsætning landing.
landsætte *vb.* land (*fx* troops).
landtange isthmus (pl. -es, isthmi).
landtunge spit (*el.* tongue) of land.
landvej: *ad -en* by land, over land.
landvin country wine.
landvinding 1. *(ved tørlægning etc.)* land reclamation; **2.** *(erobring, også fig.)* conquest.
landvæsen farming; *(fagl.)* agriculture.
landvæsenselev agricultural student.
landzone rural area.
landæg farm egg.
landøkonom agronomist.
landøkonomi agronomy.
lang *adj. (længere, længst) (se også langt, længere, længst)* **1.** long;
2. *(om støvle)* high;
3. *(høj, fx om person)* tall;
□ *han faldt så ~ han var* he fell flat on his face; he measured his length; *han lå så ~ han var* he was lying at full length; *lige -e se lige;*[3] *(se også kort*[2]*, syv);* *[med sb.] det -e lys (på bil)* main (*el.* full) beam (*fx* he was driving on main beam); *(se også ansigt, dag, ende*[1]*, kjole, kniv, løb, rente, tid, udsigt, vej, øre*[1] *(have -e ører)).*
langagtig *adj.* longish.
langbenet *adj.* long-legged.
langbold [a ball game].
langbølge *sb. (radio)* long wave.
langdistance- 1. long-distance (*fx* runner); **2.** long-range (*fx* bomber).
langdistanceraket 1. long-range

missile; **2.** *(interkontinental)* intercontinental ballistic missile; *(fork.)* ICBM.

langdrag*: trække i ~ a) (slæbe sig hen)* take a long time; T drag on; F make slow progress; *b) (blive ved)* go on and on; *trække noget i ~* drag sth out (*fx* a meeting, a debate).

langdysse *sb. (en, -r)* long barrow.

lange[1] *sb. (en, -r) (zo.)* ling.

lange[2] *vb.* **1.** *(række)* hand, pass; **2.** *(et slag)* land (*fx* land a blow on his nose); fetch (*fx* fetch him a slap in the face (, a clip on the ear));
□ *~ til fadet* fall to; *~ ham én* ***ud*** fetch him a blow; sock him one; *~* ***ud efter*** *a) (række efter)* reach (out) for; T make a grab for; *b) (angribe, også fig.)* hit out at; *(voldsomt)* lash out at.

langemand *(finger)* (the) middle finger.

langfart long voyage;
□ *drage på ~* set out on a long voyage.

langfinger middle finger.

langfingret *adj.* **1.** long-fingered; **2.** *(tyvagtig)* light-fingered.

langfredag Good Friday.

langfristet *adj. (attr.)* long-term (*fx* loan).

langhalm long straw;
□ *tærske ~ på et emne* wear a subject threadbare; ride a subject to death.

langhalset *adj.* long-necked.

langhornet *adj.* long-horned.

langhåret *adj.* long-haired.

langkål*: løjer og ~* fun; high jinks.

langlivet *adj.* **1.** *(som lever længe)* long-lived; **2.** *(lang i livet, efter sb.)* with a long waist.

langmodig *adj.* long-suffering, forbearing.

langmodighed *sb. (en)* long-suffering, forbearance.

langnæset *adj.* long-nosed.

langrend *sb.* **1.** cross-country skiing; **2.** *(i sport)* cross-country ski racing, cross-country; *(enkelt løb)* cross-country ski race, cross-country.

langs *adv. & præp.* along (*fx* sail along the coast);
□ *~ siden, ~ siden af (sø.)* alongside; *der stod træer ~ vejen* trees lined the road;
[med præp.] ~ ***ad*** *vejen (fig.)* as we (etc.) go (, went) along; *~* ***med*** along; ***på*** *~* lengthwise; F longitudinally; *tage den på ~* T put one's feet up; *på ~ og på tværs* lengthwise and crosswise.

langside long side;
□ *den billige ~ (svarer til)* the bleachers pl.

langsigtet *adj.* long-term (*fx* plan, planning, policy, investment); long-range (*fx* plan, policy, reform programme).

langskaftet *adj.* **1.** long-handled; **2.** *(om støvle)* high.

langskallet *adj.* dolichocephalic.

langskib 1. *(i kirke)* nave; **2.** *(vikingeskib)* longship.

langskibs[1] *adj. (sø.)* longitudinal.

langskibs[2] *adv.* longitudinally; fore-and-aft; *(langs siden)* alongside.

langskægget *adj.* **1.** long-bearded; **2.** *(T: ubarberet)* rough, stubbly.

langsom *adj.* slow; *(se også langsomt)*;
□ *være ~ til sit arbejde* be a slow worker; *være ~ til at* be slow to; be slow about (*el.* at *el.* in) -ing.

langsomhed *sb. (en)* slowness.

langsommelig *adj.* slow; F protracted.

langsomt *adv.* slowly;
□ *mit ur går for ~* my watch is slow; *(se også sikkert).*

langsomt- *(+ præs.ptc.)* slow- (*fx* slow-burning fire, slow-moving traffic).

langsomtvirkende *adj.* **1.** slow-acting (*fx* poison); **2.** *(om gødningsmiddel)* slow-release (*fx* fertilizer).

langstilket *adj.* long-stemmed.

langstrakt *adj.* lengthy, rather long; *(se også langtrukken).*

langsynet *adj.* long-sighted.

langsynethed *sb. (en)* long-sightedness.

langt *adv. (se også længere*[2]*, længst*[2]*)* **1.** *(+ komp.)* far (*fx* far better, far more difficult); by far (*fx* better by far);
2. *(+ sup.)* by far (*fx* by far the best (, biggest, most difficult));
3. *(om afstand)* a long way (*fx* we have travelled a long way; a long way from home); *(især i negative el. spørgende udtryk samt efter* too, so, as*)* far (*fx* how far did you get? not very far; too far away); *(se også nå*[1]*)*;
□ *~ de fleste* the vast majority;
[med: der] ***der*** *er ~* it is a long way (*til* to); it is quite far; *der er ikke ~* it is not far; *er der ~?* is it far (*til* to);
[med adv. & præp.] ~ ***bort****, ~* ***borte*** *se ndf.: ~ væk*;
~ ***fra*** *a) (+ sb.)* a long way from (*fx* Denmark); far away from (*fx* he was sitting far away from the others); remote from (*fx* civilization); *b) (negativt el. spørgende)* far from (*fx* it is not far from London); *c) (fig.)* remote from (*fx* reality); *det var ikke ~* ***fra at*** *han sparkede mig* he very nearly kicked me; *det være ~ fra mig at* far be it from me to (*fx* criticize him); *(se også langtfra)*;
halvt så *~* half as far, half that distance; *~* ***hen på*** *dagen* late in the day; *~* ***henne i*** *måneden* far into the month; *have ~* ***hjem*** have a long way home;
der er ~ ***igen*** there is still a long way to go; there is a long way yet; *der er ikke ~ igen a) (om afstand)* it isn't far (to go) now; *b) (om tid)* it won't be long now; *han har ikke ~ igen* he has not long to live; he won't last long; F he is not long for this world;
der er ~ ***imellem*** *hans besøg* his visits are few and far between; *der var ~ imellem lynet og skraldet* there was a long time between the lightning and the thunder;
~ ***inde i*** *a)* a long way into, deep in, in the heart of (*fx* the forest); *b) (fig.: optaget af)* deep in (*fx* they were deep in a discussion);
~ ***ned i*** far into; *~* ***nede*** *a)* low down; *b) (syg)* low; *c) (nedtrykt)* depressed, low-spirited; T (down) in the dumps; *d) (fattig)* down-and-out;
~ ***om længe*** at long last; F at length;
~ ***op i*** far into;
~ ***tilbage*** *a)* far back; *b) (~ bagefter)* far behind; *det ligger ~ tilbage (i tiden)* that was a long time ago;
~ ***ud*** a long way out; *~* ***ud på*** *natten se nat*;
~ ***ude*** far-fetched (*fx* that idea is rather far-fetched); *nu er du ~ ude!* now you are way out!
gå ~ ***udenom*** *en (, noget)* steer clear of sby (, sth); give sby (, sth) a wide berth;
~ ***væk*** *a)* far away (*fx* he is far away now); far off, a long way off; *b) (i det fjerne)* in the distance (*fx* they saw a ship in the distance); *han er ~ væk (fig.: åndsfraværende)* his thoughts are far away; his mind is elsewhere; *han ville løbe langt ~ hvis han så mig (fig.)* he would run a mile if he saw me.

langtfra *adv.* **1.** *(på afstand)* from a distance (*fx* observe them from a distance);
2. *(+ adj.: slet ikke)* far from (*fx* rich);
3. *(tværtimod)* far from it; on the contrary; T not a bit (of it); not by

a long shot (*el.* chalk);
□ *det er ~ den bedste* it is by no means the best; *han følte sig ~ træt* he was far from feeling tired; *~ så rig som* not nearly so rich as.
langtids- long-term (*fx* contract, planning, unemployment); long-range (*fx* forecast, plan).
langtidsholdbar *adj.* long-life (*fx* milk);
□ *være ~* have a long life.
langtidsledig *adj.* long-term unemployed.
langtidsmedicinsk *adj.*: *~ behandling* long-term medical treatment.
langtidsparkering **1.** *(det at)* long-term parking; **2.** *(sted)* long-term carpark.
langtidsplanlægning long-term planning.
langtidsvirkende *adj.* long-acting.
langtrukken *adj.* **1.** *(som varer (, varede) længe, attr.)* long-drawn-out (*fx* debate); prolonged; F protracted;
2. *(vidtløftig, attr.)* lengthy (*fx* negotiations);
3. *(ordrig)* long-winded (*fx* speech, story).
langtrækkende *adj.* *(om kanon etc., attr.)* long-range.
langtursbus long-distance bus.
langtursbåd **1.** cabin cruiser; **2.** *(robåd)* touring boat.
langturschauffør long-distance (truck) driver.
langvarig *adj.* long (*fx* illness); *(stærkere, ofte: unødig ~)* prolonged (*fx* applause, struggle; negotiations); F protracted (*fx* negotiations).
langvarighed *sb. (en)* (long) duration.
langvejsfra *adv.* from far away; F from afar.
langærmet *adj.* long-sleeved.
langøret *adj.* long-eared.
lanolin *sb. (en el. et)* lanoline.
lanse *sb. (en, -r)* lance;
□ *bryde en ~ for én (, noget) (let glds.)* take up the cudgels for sby (, sth), stand up for sby (, sth); *bryde en ~ med en (let glds.)* break a lance with sby, enter the lists against sby.
lansener *sb. (en, -er) (glds. mil.)* lancer.
lanterne *sb. (en, -r)* **1.** *(sø. & jernb.)* light; **2.** *(på kuppel)* lantern.
lap[1] *sb. (en, -per)* **1.** *(på tøj)* patch; **2.** *(af papir: stump)* scrap; *(seddel)* slip;
□ *en ~ papir* a scrap (, slip) of paper.
lap[2] *sb. (en, -per) (laplænder)* Lapp; *(se også same).*
lapidarisk[1] *adj.* lapidary, concise, succinct.
lapidarisk[2] *adv.* concisely, succinctly.
lapidarstil lapidary style.
lapis *sb. (en)* lunar caustic.
Lapland *(geogr.)* Lapland.
laplandsk *adj.* Lappish; *(se også samisk).*
laplænder *sb. (en, -e)* Laplander, Lapp; *(se også same).*
lapning *sb. (en, -er)* **1.** *(det at lappe)* patching; *(også af cykler)* mending; **2.** *(lappet sted)* mend.
lappe *vb.* **1.** *(sætte lap på)* patch (*fx* a hole, a pair of trousers);
2. *(reparere, også om cykler)* mend (*fx* bicycle punctures);
□ *~ på, ~ sammen (også fig.)* patch up.
lappedykker *(zo.)* grebe.
lappegrejer *sb.pl.* repair outfit, puncture outfit sg.
lappeløsning stop-gap solution.
lapperier *sb.pl. (fig.: dårlige løsninger)* half-measures, stopgap measures.
lappeskomager shoe repairer; *(glds.)* cobbler.
laps *sb. (en, -e) ((lidt for) fint klædt)* overdressed chap; *(let glds.)* fop.
lapset[1] *adj. (med fint tøj på, T)* dressy; *(forfængelig, let glds.)* foppish.
lapset[2] *adv.*: *~ klædt (flot klædt, T)* dressy; *(for flot)* overdressed; *(prangende)* flashily dressed.
lapsus *sb. (en, -)* **1.** slip; F lapse;
2. *(fejlskrivning)* slip of the pen;
3. *(fortalelse)* slip of the tongue.
large[1] *adj.* **1.** *(rundhåndet)* generous; **2.** *(mods. nøjeregnende)* broad-minded.
large[2] *adv. (jf. large*[1]*)* **1.** generously; **2.** broad-mindedly.
larm *sb. (en)* noise; *(vedvarende)* din; *(drøn)* roar (*fx* of traffic); *(skramlen)* clatter.
larme *vb.* make a noise; *(se også larmende)*;
□ *~ med (ɔ: skramle med)* clatter (with) (*fx* the knives and forks).
larmende[1] *adj.* noisy (*fx* crowd, music); *(+ munter)* boisterous (*fx* children, party, mirth); *(stærkere)* uproarious (*fx* hilarity *(munterhed)*);
□ *~ bifald* uproarious applause; *en ~ radio* a blaring radio.
larmende[2] *adv. (jf. larmende*[1]*)* noisily; boisterously; uproariously.
larve *sb. (en, -r) (stadium af insekts udvikling)* grub; *(af sommerfugl, møl etc.)* caterpillar; *(af spyflue)* maggot; *(fagl.)* larva (pl. larvae).
larvebånd caterpillar track (*el.* tread); crawler track.
larvefødder *sb.pl.* caterpillar tracks (*el.* treads); crawler tracks.
larvetilstand *(zo.)* larval state.
las *sb. (en, -er)* rag; *(lang smal afrevet)* shred;
□ *-er a) (slidt tøj)* rags (*fx* dressed in rags); *b) (løsrevne stumper tøj el. papir)* shreds; F tatters; *-er og pjalter* rags and tatters (*fx* dressed in rags and tatters);
[med præp.] flå **i** *-er* tear to shreds (, tatters); *hænge i -er* hang in ribbons (, tatters) (*fx* the wallpaper was (, his clothes were) hanging in ribbons (, tatters)); *slide i -er (om tøj)* wear to rags.
lasagne *sb. (en)* lasagne, lasagna.
laser *sb. (en, -e) (om lys)* laser.
lasere *vb.* glaze.
laserprinter laser printer.
laserstråle *sb.* laser beam.
laset *adj.* ragged; F tattered.
lask *sb. (en, -er) (forbindelsesskinne)* fishplate.
laske[1] *sb. (en, -r)* = *lask.*
laske[2] *vb. (skinner)* fish.
lasket *adj.* flabby.
laskethed *sb. (en)* flabbiness.
lasso *sb. (en, -er)* lasso (pl. -es, -s); *(især am.)* lariat;
□ *fange med ~* lasso.
last[1] *sb. (en, -er)* **1.** *(ladning)* cargo (pl. -es);
2. *(lastrum)* hold;
3. *(byrde)* weight; *(mere F)* burden;
□ *lægge én noget til ~* blame sby for sth; blame sth on sby; hold sth against sby; *det blev regnet ham til ~* F it was laid to his charge.
last[2] *sb. (en, -er) (fejl, synd)* vice;
□ *stå ~ og brast* stand shoulder to shoulder (*med* with).
lastbil **1.** *(åben, let)* truck; *(tung, især: med mindst 6 hjulpar)* lorry; *(am.)* truck; **2.** *(lukket)* van.
lastbilchauffør truck driver; lorry driver; *(am.)* trucker.
lastdyr beast of burden.
laste[1] *vb.* **1.** *(sø.: indlade)* load;
2. *(rumme)* carry.
laste[2] *vb. (dadle)* blame (*for* for).
lasteevne cargo-carrying capacity.
lastefuld *adj.* depraved.
lastefuldhed *sb. (en)* depravity.
lasteklar *adj. (præd.)* ready to load.
lastelinie load line, Plimsoll line.
lasteliniemærker *sb.pl.* load marks.
lastepram lighter.
lasting *sb. (et, -er) (tekstil)* lasting.

lastning *sb. (en, -er)* loading.
lastpalle (cargo) pallet.
lastpumpe *(sø.)* bilge pump.
lastrum 1. *(sø.)* hold; **2.** *(flyv.)* cargo compartment.
lastskib = *fragtskib.*
lastvogn = *lastbil.*
lastvognschauffør *se lastbilchauffør.*
lastvognstog lorry with trailer(s); *(sættevogn)* articulated lorry.
lasur *sb. (en)* glaze.
lasurblå *adj.* azure.
lasurfarve *sb.* glazing colour.
latenstid *(psyk.)* latent time, latency, reaction time.
latent *adj.* latent;
□ ~ *tilstand* latent condition, latency.
laterna magica *sb. (en)* magic lantern.
latin *sb. (et)* Latin;
□ *på* ~ in Latin.
Latinamerika *(geogr.)* Latin America.
latinamerikaner *sb.*, **latinamerikansk** *adj.* Latin American.
latiner *sb. (en, -e)* **1.** *(kyndig i latin)* latinist; **2.** *(hist.: fra Latium)* Latin.
latinerkvarter Latin Quarter.
latinersejl *(sø.)* lateen sail.
latinisere *vb.* Latinize.
latinlærer Latin master.
latinsk *adj.* Latin;
□ *det -e alfabet* the Roman alphabet; *-e bogstaver (typ.)* Roman type.
latinskole *(svarer til)* grammar school.
latrin *sb. (en, -er)* **1.** *(retirade)* latrine; **2.** *(ekskrementer)* night soil.
latrintønde soil tub.
latrinær *adj.* lavatorial (*fx* humour); ~ *vittighed* lavatory joke.
latter *sb. (en)* **1.** *(leen)* laughter (*fx* we heard loud laughter from the next room; he roared with laughter);
2. *(enkelt udbrud; måde at le på)* laugh (*fx* "No," he said with a laugh; he has an infectious laugh);
□ *jeg havde -en* ***på min side*** I had the laugh on my side; the laugh was on the other chap(s) (*el.* on him etc.); ***slå*** *en høj* ~ ***op*** burst into a loud laugh; *være* ***til*** ~ be a laughing-stock; *være* ***til*** ~ ***for*** be the laughing-stock of.
latteranfald fit of laughter.
latterbrøl roar of laughter.
lattergas laughing gas.
latterhjørne*: være i -t* have an uncontrollable fit of laughter; *(fnise)* have the giggles.
latterkrampe convulsive laughter;
□ *få* ~ go (off) into fits of laughter.
latterlig[1] *adj. (urimelig, overdreven, idiotisk)* ridiculous (*fx* idea, price; the fines for this offence are ridiculous; he looked ridiculous in that hat); *(stærkere: grotesk,* F*)* preposterous (*fx* idea, situation; price);
(tåbelig, til at le ad; ~ lille) laughable (*fx* attempt, price; the fines for this offence are laughable); *(stærkere: absurd etc.,* F*)* ludicrous (*fx* idea, mistake; the facilities for cooking were ludicrous).
latterlig[2], **latterligt** *adv. (jf. latterlig*[1]*)* ridiculously; preposterously (*fx* a preposterously high price); laughably; ludicrously (*fx* a ludicrously (, ridiculously) low price).
latterliggøre *vb.* **1.** *(om person)* make (sby) look a fool; F ridicule (sby); hold (sby) up to ridicule; **2.** *(om ting)* ridicule;
□ ~ *sig selv* lay oneself open to ridicule.
latterliggørelse *sb. (en, -r)* ridicule.
lattermild *adj. (omtr.)* cheerful; *(præd. også)* always ready to laugh; easily provoked to laughter;
□ *hun er* ~ *(også)* she has a ready laughter.
lattermuskler *sb.pl.: få rørt -ne* have a good laugh.
lattersalve burst of laughter.
lattervækkende *adj.* laughable; *(stærkere)* hilarious.
latyrus *sb. (en, -) (bot.)* sweet pea.
laurbær[1] *sb. (en, -)* **1.** *(træ)* bay tree, laurel; **2.** *(løv)* laurel; **3.** *(pl.: fig.)* laurels;
□ *hvile på sine* ~ rest on one's laurels; *høste* ~ gain (*el.* win) one's laurels.
laurbær[2] *sb. (et, -)* bayberry.
laurbærblad *(brugt som krydderi)* bay leaf.
laurbærkrans laurel wreath.
laurbærkranse *vb.* laurel.
lav[1] *sb. (en el. et, -er) (bot.)* lichen.
lav[2] *sb. (et, -) (håndværker-)* guild, company.
lav[3] *adj. (se også lavere*[1]*, lavt)* **1.** low (*fx* ceiling, table, wall);
2. *(om vand: ikke dyb)* shallow (*fx* water);
3. *(nedrig)* low (*fx* behaviour); mean; F base;
4. *(om tone)* low.
lava *sb. (en, -er)* lava.
lavaagtig *adj.* lavatic.
lavadel lesser nobility.
lavalder minimum age;
□ *den kriminelle* ~ *a) (ɔ: den seksuelle ~)* the age of consent; *b) (mht. straf)* the age of criminal responsibility.
lavbenet *adj.* short-legged.
lave[1] *sb.: af* ~ out of order; *(litt.)* out of joint; *i* ~ in order, all right; *bringe i* ~ set (*el.* put) right; *trække sig i* ~ straighten itself out.
lave[2] *vb.* **1.** *(fremstille etc.)* make (*fx* a dress, a mistake, a noise, a report, a translation; an appointment *(en aftale)*); *(fremstille også)* produce (*fx* cars, furniture, teaching materials); *(se også ulykke, tilbygning)*;
2. *(om mad, måltid)* make (*fx* a cake, a salad, his breakfast; tea, coffee, a drink); *(kun om varm mad)* cook (*fx* their breakfast); *(tilberede,* F*)* prepare (*fx* a meal, a salad, a drink); T get (*fx* a meal, dinner); get ready (*fx* get the tea ready); *(se også mad, middagsmad)*;
3. *(foretage sig, arbejde med)* do (*fx* what are you doing here? he was doing a translation (, an exercise, his homework, repairs));
4. *(kunstnerisk etc.)* do (*fx* a portrait, a translation, an article);
5. *(opdigte)* make up; F fabricate (*fx* a story);
6. *(reparere)* repair; *(især om mindre ting & med håndkraft)* mend (*fx* a broken toy, a fountain pen, a watch; she mended (*el.* repaired) her bicycle); T fix;
[med præp. & adv.] -t ***af*** *a) (om fremstiller)* made by (*fx* it was made by my father); *b) (om materiale)* made (out) of (*fx* made of wood; artificial meat made out of soya-bean protein); *(når materialet er helt ændret)* made (up) from (*fx* a table made from scrap timber; a meal made from leftovers; a necklace made up from silver coins); *c) (om ingredienser)* made with (*fx* a stew made with apples and sugar);
~ ***efter*** *se efterlave*;
~ ***i*** *bukserne* mess one's pants; ~ *noget i stand se stand*[1] *(gøre i stand)*;
~ ***om*** *a) (uden objekt)* change things; make changes; *b) (med objekt: ændre)* change; *(*F *& om mindre ændring)* alter; *c) (~ igen)* redo (*fx* you'll have to redo the whole exercise); ~ ***om på*** = ~ *om, b*; ~ ***om til*** make into, turn into; F convert into (*fx* make (*el.* turn *el.* convert) the loft into a flat);
~ **'til** *a)* prepare, make; *b) (grise til)* mess up; ~ *sig til (ɔ: snavse*

sig til) dirty oneself; make a mess of oneself.
lavement *sb. (et, -er)* enema.
lavendel *sb. (en, lavendler) (bot.)* lavender; *en ~* a lavender bush.
lavenergihus low-energy (*el.* energy conservation) house.
lavenergipære low-energy bulb.
lavere[1] *adj.* **1.** lower; **2.** *(i rang, værdi)* lower, inferior; **3.** *(slettere)* lower (*fx* instincts); meaner; F baser;
□ *~ dyr* lower animals.
lavere[2] *vb. (i kunst)* wash.
lavestbydende *adj.: den ~ a)* the lowest bidder; *b) (ved licitation)* the lowest tenderer.
lavestlønnet *adj.: de lavestlønnede* the lowest-paid.
lavet *sb. (en, -ter)* gun carriage.
lavfrekvens low frequency.
lavhed *sb. (en)* **1.** lowness; **2.** *(nedrighed)* meanness; F baseness.
lavindkomst- low-income (*fx* families).
lavine *sb. (en, -r)* avalanche;
□ *-n begyndte at rulle (fig.)* it set off an avalanche of events.
lavkomisk *adj. (attr.)* low-comedy; slapstick.
lavkonjunktur recession; *(stærkere)* depression.
lavkultur lowbrow culture.
lavland low-lying country; lowlands pl.
lavloftet *adj.* low(-ceilinged).
lavlønstillæg = *lavtlønstillæg.*
lavmælt[1] *adj.* **1.** *(sagte)* low-voiced (*fx* discussion); F muted (*fx* complaint, criticism, protest); **2.** *(om person)* quietly spoken.
lavmælt[2] *adv.* in a low (*el.* subdued (, muted)) voice.
lavmål minimum;
□ *under -et a) (meget dårlig)* too bad for words; F beneath contempt; *b) (for primitiv, vulgær etc.)* disgusting, outrageous.
lavning *sb. (en, -er)* hollow.
lavpandet *adj.* **1.** low-browed; **2.** *(fig.)* stupid; T dense, thick.
lavprisbutik cut-price shop.
lavprisvarehus discount store (*el.* house).
lavpuldet *adj.* low-crowned.
lavpunkt **1.** lowest point; **2.** *(fig.)* low (*fx* the dollar has fallen to a new low); (F *el. litt.)* nadir (*fx* it was the nadir of his career; their fortunes reached their nadir);
□ *det har nået et ~ (2, også)* it is at a low ebb.
lavsindet *adj.* mean.
lavspænding *(elek.)* low tension.
lavstammet *adj.* **1.** *(bot.)* bushy; **2.** *(fig.)* short, stocky; T chunky.
lavt *adv.* **1.** low; **2.** *(nedrigt, slet)* meanly, basely;
□ *~ regnet* at a low estimate; *stå ~ (også fig.)* be low.
lavsæson low season.
lavtliggende *adj.* low(-lying).
lavtlønnet *adj.* low(er) -paid.
lavtlønstillæg supplement for low(er) -paid workers.
lavtryk **1.** low pressure; **2.** *(meteor.)* depression, low.
lavtryksområde *(meteor.)* low-pressure area.
lavtryksrende *(meteor.)* trough.
lavtstående *adj.* **1.** primitive (*fx* cultures); **2.** *(bot., zo.)* lower.
lavttænkende *adj.* base.
lavvande *sb. (et)* **1.** low water; **2.** *(ebbe)* low tide, ebb;
□ *have ~ i kassen* be in low water; be short of cash (*el.* funds); *der er ~ i kassen* funds are low.
lavvandet *adj.* shallow.
lavvandsmærke low-water mark.
layout *sb. (en el. et, -s el. -)* layout.
layoute *vb.* **1.** lay out; **2.** *(uden objekt)* do layout work.
lazaret *sb. (et, -ter)* **1.** *(mil.)* (camp) hospital; *(ambulant)* first-aid station; **2.** *(sø.)* sick bay.
lazaretskib hospital ship.
lazaron *sb. (en, -er) (laset person)* ragamuffin; *(vagabond)* tramp.
le[1] *sb. (en, -er)* scythe;
□ *manden med -en (ɔ: døden)* the Grim Reaper.
le[2] *vb. (lo, let)* laugh;
□ *den der -r sidst -r bedst* he who laughs last laughs longest (*el.* loudest); *være den der -r sidst* have the last laugh;
[med præp. & adv.] ~ **ad** *(el. af)* laugh at; *det er ikke noget at ~ ad* it is no laughing matter; *~* ***højt*** laugh loudly, give a loud laugh; *~* ***for*** *sig selv, ~* ***i skægget****, ~* ***indvendig*** laugh to oneself, laugh inwardly; T laugh in (*el.* up) one's sleeve; *~ ham* ***lige op i*** *ansigtet* laugh in his face; *~* ˈ***med*** join in the laughter; *både til at ~ og græde* ***over*** tragicomic; *(ynkelig)* pathetic; *~ en* ***ud*** *a)* laugh at sby; *b) (om taler)* laugh sby down.
leben *sb. (et)* life, bustle.
lebendig *adj.* lively; *(især om ældre)* sprightly.
led[1] *sb. (en, -er) (retning)* side, direction;
□ *på alle -er og kanter* in all directions; all over; *3 meter på hver ~ (ɔ: i kvadrat)* 3 metres square; *på den korte ~* across; *på den lange ~* lengthwise; *på den rigtige ~* the right way.
led[2] *sb. (et, -)* **1.** *(anat.: knæ-, albue- etc.)* joint;
2. *(tekn.: bevægelig forbindelse)* joint, link;
3. *(af kæde)* link;
4. *(slægtskabsgrad)* generation;
5. *(mat.)* term;
6. *(arkit., gram.)* member;
7. *(mil.)* unit;
□ *det er et ~ i* it forms (*el.* is) part of (*fx* his plan); *det manglende ~ (biol.)* the missing link;
[med vb. + præp.] gå ***af*** *~* be dislocated; *vride af ~ se vride*; *være af ~* be out of joint; *sætte* ***i*** *~ (med.)* set.
led[3] *sb. (et, -) (låge)* gate.
led[4] *adj. (afskyelig)* disgusting; F odious; *(stærkere)* loathsome; T nasty, beastly;
□ *en ~ ka'l* a nasty piece of work;
[med præp.] være ~ og ked ***af*** be sick and tired of, be fed up with; *være ~* ***ved*** *(afsky)* hate; *(stærkere)* be disgusted with, loathe.
led[5] *præt. af lide.*
ledbus articulated bus.
ledbånd *(anat.)* ligament.
leddegigt = *ledegigt.*
leddeling articulation.
leddelt *adj.* articulate(d).
leddeløs = *ledeløs.*
leddyr *(anat.)* arthropod (pl. arthropods, arthropoda).
lede[1] *sb. (en) (afsky)* disgust (*ved* at); *(stærkere,* F*)* loathing (*ved* for); *(svagere)* distaste (*ved* for);
□ *føle ~ ved* be disgusted with; loathe; have a distaste for.
lede[2] *vb. (ledede, ledt) (se også ledende)* **1.** *(være direktør etc. for)* manage; T run (*fx* a business, an organisation, a theatre); *(stå i spidsen for)* head (*fx* an expedition, a firm); *(have overopsyn med)* direct (*fx* a course, the work);
2. *(føre; vejlede)* lead, guide;
3. *(i rør; varme, elektricitet)* conduct;
□ *~ forhandlingerne* preside over the negotiations; *~ et møde* chair (*el.* preside at) a meeting; *~ et orkester* conduct an orchestra;
[med præp. & adv.] lade sig ~ ***af*** *(ɔ: om motiv)* be guided by; F be actuated by; *~ vand* ***bort*** drain off water; *~ samtalen* ***hen på*** *noget* turn the conversation on to sth; *(med en bagtanke)* lead up to sth; *~ tanken hen på* suggest; *~ trafikken* ***om ad*** divert the traffic via; *~* ***på*** *sporet se spor*; *~* ***ud*** *(om spildevand, røg etc.)* discharge (*i* into).
lede[3] *vb. (ledte, ledt) (søge)* look (*efter* for); *(grundigere)* search (*ef-*

ter for); *(ivrigt,* T*)* hunt (*efter* for); □ ~ *frem* dig out; ~ *i* search (*fx* one's pockets); *(grundigere)* ransack; *(ivrigt,* T*)* hunt in (*fx* one's pockets).

ledebånd *sb.pl.: føre en i ~ (fig.)* keep sby in leading strings; *gå i hendes ~ (ɔ: hænge i skørterne på)* be tied to her apron-strings; *han gik i deres ~* they had him on a string.

lededukke 1. jointed doll; **2.** *(kunstners)* lay figure.

ledefyr *sb. (et, -) (sø.)* leading light.

ledegigt *(med.)* (rheumatoid) arthritis.

ledelse *sb. (en)* **1.** *(det at lede, måde at lede på)* management (*fx* bad management; the management of the company); direction; F stewardship (*fx* his stewardship of foreign policy (. of the economy); the company has been successful under his stewardship); **2.** *(førerskab)* leadership (*fx* a new style of leadership; the technique of leadership; a challenge to his leadership); **3.** *(personer: i firma)* management (*fx* appoint a new management); managers pl.; *(i parti, organisation)* leadership (*fx* elect a new leadership); **4.** *(af møde)* chairing a meeting; chairmanship; **5.** *(af orkester)* conductorship; **6.** *(vejledning)* guidance (*fx* they were without guidance); □ *have -n af* be in charge of; *overtage -n af* take over the management of; *under ~ af a)* under the leadership (*el.* management) of; *b) (om møde)* chaired by, under the chairmanship of; with ... in the chair; *c) (om musik)* conducted by.

ledelsesfunktion management (function).

ledelsesstil managerial style (*fx* there were complaints about his managerial style).

ledeløs *adj.* **1.** loose-jointed; **2.** *(vaklevorn)* rickety (*fx* chairs); **3.** *(fig.)* weak-kneed, flabby.

ledemotiv leitmotif.

ledende *adj.* **1.** leading; **2.** *(for varme, elektricitet)* conductive; **3.** *(om motiv)* guiding; □ ~ *artikel (i avis) se leder; det ~ princip* the guiding principle; ~ *stilling a)* leading position; *b) (i firma)* executive position; *(højere)* managerial position, top position.

leder *sb. (en, -e)* **1.** leader (*fx* political leaders; leaders of industry); *(chef)* head; *(erhvervsleder)* manager; **2.** *(af varme etc.)* conductor; **3.** *(i avis)* leader, leading article, editorial; *(am. kun)* editorial; □ *-e (jf. 1, også)* top people, top executives, top businessmen.

lederegenskaber, lederevner *sb.pl.* qualities of leadership, gifts as a leader, ability to lead; *(for erhvervsleder)* management skills.

lederkursus *(hdl.)* management course.

lederskab *sb. (et)* leadership.

lederskribent leader writer.

lederspalte leader column.

lederuddannelse management training.

ledestjerne guiding star; F lodestar.

ledetone leading note (*el.* tone).

ledetråd 1. clue; **2.** *(vejledning)* guide.

ledig *adj.* **1.** *(om person: ikke optaget)* free (*fx* are you free tonight?); F disengaged (*fx* could I see the manager if he is disengaged?); **2.** *(arbejdsløs)* unemployed; *(præd. også)* out of work, out of a job; **3.** *(ubeskæftiget)* idle (*fx* hands); **4.** *(om plads)* free (*fx* chair, seat, table; a free space where we can park the car); F vacant (*fx* chair, seat); **5.** *(om bolig, embede)* vacant (*fx* flat, room; post); *(om værelse: ikke i brug)* free, available; **6.** *(om tid)* free; □ *løs og ~ a)* at a loose end; *b) (ugift)* single; *[med vb.] blive ~ a) (om stilling)* fall vacant; *b) (om person: blive arbejdsløs)* be made redundant, lose one's job; *gå ~ a) (jf. 5)* be unemployed (etc.); *b) (jf. 6)* be idle; *[med sb.] -e penge* idle money; *i -e stunder* in one's spare time; *jeg har aldrig et -t øjeblik* I never have a moment to spare (*el.* a spare moment *el.* a moment to myself).

lediggang idleness; □ ~ *er roden til alt ondt* idleness is the root of all evil.

lediggænger *sb. (en, -e)* idler, loafer.

ledighed *sb. (en) (arbejds-)* unemployment.

leding *sb. (en)* war; □ *drage i ~* go to the wars.

ledning *sb. (en, -er)* **1.** *(elek., fx luft-)* wire; *(fx til lampe, støvsuger)* flex, lead; *(især am.)* cord; *(kraftig, fx til varmeovn, computer)* cable; **2.** *(telefon-)* wire, line; *(på apparatet)* cord; **3.** *(rør)* pipe (*fx* gas pipe); **4.** *(fys.)* conduction, transmission.

ledningsevne *(elek.)* conductivity; *(konduktans)* conductance.

ledningsmodstand *(elek.)* (conductor) resistance.

ledningsrør *(installationsrør)* conduit.

ledningssnor flex, flexible cord.

ledningstråd *(elek.)* wire.

ledorm *(zo.)* annelid.

ledsage *vb.* **1.** accompany; *(fornem person,* F*)* attend; **2.** *(til beskyttelse, hjælp el. for at hindre flugt)* escort; **3.** *(sø.)* convoy; **4.** *(mus.)* accompany; □ *være -t af (fig.* F*)* be attended by (, with) (*fx* he set out, attended by good wishes; a cold attended with fever); *foredraget er -t af lysbilleder* the lecture will be illustrated by slides; *-nde omstændighed* attendant circumstance.

ledsagebåd accompanying boat.

ledsagefænomen attendant (*el.* concomitant) phenomenon; concomitant.

ledsagelse *sb. (en) (jf. ledsage)* **1.** accompaniment; attendance; **2.** *(til beskyttelse)* escort; **3.** *(mus.)* accompaniment.

ledsagemusik incidental music.

ledsager *sb. (en, -e)* **1.** companion, partner (*fx* Mr X and companion (*el.* partner)); **2.** *(underordnet)* attendant; **3.** *(som eskorterer)* escort.

ledsagetekst *(til film)* commentary.

ledskål *(anat.)* socket.

ledtog*: i ~ med* in collusion with (*fx* be (*el.* act) in collusion with sby); *være i ~ med (også)* be an accomplice of.

ledvogter *(jernb.)* level-crossing keeper.

lefle *vb.: ~ for a) (indynde sig hos)* curry favour with; *b) (smigre)* flatter; *c) (søge at tilfredsstille)* pander to (*fx* their lowest instincts).

leg *sb. (en, -e)* **1.** *(det at lege)* play (*fx* play is important for children); **2.** *(en leg efter bestemte regler)* game (*fx* children's games; a singing game); **3.** *(om fisks forplantning)* spawning; □ *holde op mens -en er god* stop while the going is good; *en ~ med ord a) (ordspil)* a play on words; *b) (tomme ord)* a play with words; *enden på -en* the end of it; *det gik som en ~* it went swimmingly.

legal *adj.* legal.
legalisere *vb.* legalize.
legalisering *sb. (en, -er)* legalization.
legalitet *sb. (en)* legality.
legat[1] *sb. (et, -er)* **1.** grant; **2.** *(studie-, fra det offentlige)* grant, scholarship; *(fra undervisningsinstitution)* scholarship; *(fra fond, engangsbeløb)* bursary;
□ *uddele et ~* give a grant (, bursary, scholarship); *(se også stifte*[1]*).*
legat[2] *sb. (en, -er) (pavelig)* legate.
legatbestyrelse trustees pl.
legation *sb. (en, -er)* legation.
legatstifter founder of an endowment.
lege *vb. (se også legende*[2]*)* **1.** play (*fx* what shall we play?);
2. *(~ at man er el. udfører)* play at (*fx* play at Indians; *(fig.)* Mr Brown is playing at detectives);
3. *(foregive)* pretend (*fx* they pretended the chairs were a train; let's pretend we are soldiers);
4. *(om fisks forplantning)* spawn;
□ *sådan -r vi* ***ikke*** *a) (det vil jeg ikke være med til)* no thank you! that is not good enough! *b) (nej du kan tro nej)* no you don't!
*~ '****med*** *(deltage)* join in; *jeg vil ikke ~ 'med længere!* I have had (quite) enough of this!
'~ ***med*** *a)* play with (*fx* a doll); *b) (pille ved)* toy with (*fx* a pencil); *c) (fig.: overveje)* play with, toy with (*fx* an idea; the thought of doing it); *d) (letsindigt)* trifle with (*fx* one's health; a girl's affections); *~ med ilden (fig.)* play with fire.
legebarn*: han er et stort ~* he is just a big boy.
legecykel *(trehjulet)* tricycle; T trike.
legegade play street.
legehus playhouse.
legekammerat playmate, pal.
legeme *sb. (et, -r)* body;
□ *fast ~ (fys.)* solid; *flydende ~ (fys.)* fluid.
legemlig *adj.* bodily (*fx* contact, functions, needs); physical (*fx* needs; presence);
□ *-t arbejde* manual work.
legemliggøre *vb.* embody.
legemliggørelse *sb. (en)* embodiment.
legemsbeskadigelse grievous bodily harm.
legemsbygning build.
legemsdel part of the body.
legemsstilling posture.
legemsstørrelse*: et portræt i (fuld) ~* a life-size portrait.
legemsvægt the weight of the body.
legemsøvelser *sb.pl. (skolefag)* physical education; *(fork.)* PE.
legendarisk *adj.* **1.** legendary;
2. *(fig.)* proverbial, legendary (*fx* generosity).
legende[1] *sb. (en, -r)* legend.
legende[2] *adj.* playing;
□ *~ børn* children at play; *med ~ lethed* with effortless ease.
legeonkel games organizer.
legeplads 1. playground; **2.** *(fisks)* spawning ground;
□ *på -en* in the playground.
legepladsleder playground supervisor.
legere *vb.* **1.** *(metal)* alloy; **2.** *(mad)* thicken with egg;
□ *-t suppe* thick soup.
legeredskaber *sb.pl. (på legeplads)* playground equipment sg.
legering *sb. (en, -er)* alloy.
legestue 1. *(legeværelse)* playroom;
2. *(slags børnehave)* playgroup.
legesyg *adj.* playful (*fx* kitten).
legesøster playmate.
legetante games organizer.
legetid *(fisks)* spawning time.
legetøj *sb. (et)* toys pl.;
□ *et stykke ~* a toy; *(også fig.,* F*)* a plaything (*fx* she was merely a plaything); *meget ~* a lot of toys.
legetøjsbutik toyshop.
legetøjspistol toy pistol.
legevogn toy cart.
legeværk child's play;
□ *det er ikke det bare ~* it is no picnic.
legio*: deres tal er ~* their name is legion.
legion *sb. (en, -er)* legion.
legionær *sb. (en, -er)* legionary.
legionærsygdom *(med.)* Legionnaires' disease.
legitim *adj.* legitimate.
legitimation *sb. (en, -er) (det at legitimere sig; bevis)* identification (*fx* have you got any identification?).
legitimationskort identity card.
legitimere *vb. (gøre lovlig)* legitimate, legitimize;
□ *~ sig* identify oneself, prove one's identity.
legitimitet *sb. (en)* legitimacy.
leguan *sb. (en, -er) (zo.)* iguana.
lejde *sb. (et, -r): frit ~* safe passage; *give en frit ~ a)* grant sby safe passage; *b) (om politiet)* promise sby immunity from prosecution.
lejder *sb. (en, -e) (sø.: stige)* ladder.
leje[1] *sb. (en, -r)* **1.** *(betaling, for bolig)* rent (*fx* let the flat at a rent of £75 a week; the rent for the flat is £75 a week); *(for ting)* rental, rent;
2. *(det at leje)* renting (*fx* pay for the renting of (*el.* for renting) a room); *(for kort tid)* hire (*fx* pay for the hire of a car (, room)); *(om langtidsleje)* leasing; *(om fly, skib)* chartering; *(se også lejemål);*
□ *hvad betaler du* ***i*** *~* how much rent do you pay? *betale mere i ~* pay more rent; ***til*** *~ a) (om bolig)* to let; *b) (om andet)* for hire; *bo til ~* rent a room (, a flat, a house); *bo til ~ hos (ɔ: i værelse)* lodge with; *bo til ~ i* rent (*fx* a house, a flat); T have taken (*fx* a house, a flat).
leje[2] *sb. (et, -r)* **1.** *(som man ligger på)* bed; *(læges)* couch;
2. *(vildt dyrs)* lair, den; *(hares)* form, seat;
3. *(aksel-)* bearing;
4. *(flod-)* bed;
5. *(geol.)* layer, bed; *(fagl.)* stratum (pl. strata);
6. *(færge-)* berth;
7. *(fisker-)* fishing hamlet;
8. *(stemmens)* pitch; *(omfang)* range;
9. *(foster-)* presentation;
□ *finde sit naturlige ~* find its own level;
[med præp.] komme ***i*** *et fast ~* assume a (more) permanent form; *bringe* ***ud af*** *~* dislocate; ***ved*** *hans ~* at his bedside.
leje[3] *vb.* **1.** *(for længere tid)* rent (*fx* a television); *(for kortere tid)* hire (*fx* a boat, a car, clothes, a horse) (*af* from); *(am.)* rent;
2. *(en bolig)* rent (*af* from); T take;
3. *(en person)* hire (*fx* a butler, a waiter for a reception);
4. *(om langtidsleje)* lease (*fx* a car, a house, an office, a field) (*af* from);
5. *(om fly, skib)* charter;
□ *~ sig ind* take lodgings (*hos* with); *~* ***ud*** *se udleje.*
lejebibliotek subscription library.
lejeforhold tenancy.
lejeindtægt rental income.
lejekaserne tenement house.
lejekontrakt 1. *(for lejlighed, hus)* tenancy agreement; *(for langtidsleje)* lease;
2. *(for ting)* hire agreement (*el.* contract); *(for længere tid)* rental agreement.
lejelejlighed *(mods. ejer-)* rented flat.
lejemord contract killing.
lejemorder hired killer, contract killer; *(am.* S*)* hit man.
lejemål tenancy; *(langtids-)* lease.
lejer *sb. (en, -e)* **1.** *(af bolig)* tenant; *(for lang årrække)* lease-holder;
2. *(af værelse)* lodger;
3. *(af ting)* hirer; *(for længere tid)* renter.

lejerforening tenants' association.
lejesoldat mercenary.
lejesvend *(neds.)* tool, henchman; F hireling.
lejetjener hired waiter.
lejetropper *sb.pl.* mercenaries.
lejeværdi rental value.
lejlighed[1] *sb. (en, -er)* **1.** *(bolig)* flat; *(am.)* apartment;
2. *(møbleret, midlertidig, fx ferie-)* apartment;
□ *leje en* ~ rent a flat (etc.); T take a flat (etc.); *se på* ~ *(jf. 1)* go flat-hunting.
lejlighed[2] *sb. (en, -er)* **1.** *(gunstig* ~*)* opportunity (*til* for, *fx* a visit; *til at* to, of -ing, *fx* to visit her, of visiting her; I had no opportunity of talking with him; find an opportunity); chance (*til* of; *til at* to, of -ing);
2. *(grund, anledning,* F*)* occasion (*til* for; *til at* to, *fx* I have had no occasion to visit him);
□ *når* ~ *byder sig se byde (sig)*; ~ *gør tyve* opportunity makes a (*el.* the) thief;
[med vb.] ***benytte*** *(el. gribe) -en* take (*el.* seize) the opportunity; ***forsømme*** *-en se forsømme*; *når De* ***får*** *tid og* ~ F at your convenience; ***få*** ~ ***til*** have an opportunity (, occasion) for; *når jeg får* ~ *til det* when I get the (*el.* an) opportunity; ***give*** *en* ~ ***til at*** give sby an opportunity (*el.* a chance) to (*el.* of -ing);
[med præp.] ***ved*** ~ some day; some time; *(når det passer dig)* any time it suits you; F at your convenience; *ved den* ~ on that occasion; *ved enhver (given)* ~ *a)* whenever he (, she etc) gets the chance; F on every occasion; every time an opportunity offered (, offers); *b) (i tide og utide)* in and out of season (*fx* he protested in and out of season); *ved flere -er* on several occasions; *ved første* ~ at the first opportunity; *ved given* ~ F if and when an opportunity offers; *ved en senere* ~ later; F on a later occasion.
lejlighedsdigt occasional poem.
lejlighedskøb (chance) bargain.
lejlighedsvis *adv.* occasionally, on occasion.
lejr *sb. (en, -e)* camp (*fx* a scout camp; a prison camp; they were divided into two rival camps);
□ *bryde -en* break camp; *ligge i* ~ camp; *slå* ~ make camp, set up camp, pitch one's camp; *(se også ben (have et ben i))*.
lejrbål campfire.
lejre *vb.:* ~ *sig* camp; ~ *sig i græsset* lie down on the grass.
lejrliv camping.
lejrpas camping carnet.
lejrplads campsite.
lejrskole camp school.
lejrsport camping.
lejrtur: *tage på* ~ go camping.
leksikalsk[1] *adj.* lexical.
leksikalsk[2] *adv.* lexically.
leksikograf *sb. (en, -er)* lexicographer.
leksikon *sb. (et, -er el. leksika)*
1. *(konversations-)* encyclop(a)edia;
2. *(ordbog)* dictionary; *(glds.: over gammelt sprog)* lexicon;
□ *han er et levende (el. omvandrende)* ~ he is a walking dictionary (, encyclop(a)edia).
lektie *sb. (en, -r)* piece of homework (*fx* a long piece of homework); task (*fx* the teacher gave them holiday tasks);
□ ***-r*** *(især)* homework sg.; *mange -r* a lot of homework;
[med vb.] han ***afleverede*** *bare sin* ~*, det var bare en* ~ *han lirede af (fig.)* he was only saying his piece; ***give*** *ham en* ~ ***for*** set him a piece of homework; ***have*** *mange -r* ***for*** have a lot of homework; ***kunne*** *sin* ~ *= have læst på -n*; ***lave*** *-r*, ***læse*** *-r*, ***læse på*** *sine -r* do one's homework; *have læst på -n (også fig.)* have done one's homework (*fx* the Minister had not done his homework).
lektiehjælp coaching.
lektion *sb. (en, -er)* **1.** lesson;
2. *(undervisningsperiode)* lesson, period.
lektionskatalog lecture list.
lektor *sb. (en, -er)* **1.** *(ved universitet)* senior lecturer; *(am. omtr.)* associate professor;
2. *(ved gymnasium, kan gengives)* senior master;
□ *indfødt* ~ *(ved sprogstudium)* lector.
lektorat *sb. (et, -er)* **1.** *(ved universitet)* lectureship; *(am. omtr.)* associate professorship;
2. *(ved gymnasium)* post as senior master;
3. *(indfødt lektors)* lectorship.
lekture *sb. (en)* reading.
lektør *sb. (en, -e)* [purchasing consultant for libraries].
lem[1] *sb. (en, -me)* **1.** *(~ i gulv, serveringslem)* hatch;
2. *(falddør i gulv el. loft, i scenegulv)* trapdoor;
3. *(klap for vindue)* shutter;
4. *(sø.)* hatch;
□ *ud af -men!* T out (*el.* off) you go!
lem[2] *sb. (et, -mer)* **1.** *(arm el. ben)* limb; **2.** *(glds.: på stiftelse)* inmate;
□ *risikere liv og -mer* risk life and limb; *det mandlige* ~ the male member (*el.* organ).
lemfældig *adj.* **1.** *(mods. grundig)* careless (*fx* administration); F perfunctory; *(overfladisk)* superficial (*fx* search); *(slap)* slack (*fx* control, security);
2. *(let glds.: mods. streng)* lenient (*over for* with).
lemfældighed *sb. (en) (jf. lemfældig)* **1.** carelessness; perfunctoriness; superficiality; slackness;
2. lenience.
lemlæste *vb.* **1.** *(kvæste)* injure; *(stærkere)* maul (*fx* he was severely mauled by the tiger); *(for livet,* F*)* mutilate, maim; **2.** *(fig.)* mangle;
□ *blive -t (for livet) (også)* lose a limb.
lemlæstelse *sb. (en)* injury; mutilation.
lemmedasker *sb. (en, -e)* **1.** overgrown young man; gangling youth; **2.** *(drivert)* loafer, layabout.
lemming *sb. (en, -er) (zo.)* lemming.
lemon *sb. (en, -er)* lemon.
lemonade = *limonade.*
lempe[1] *sb. (en): med* ~ gently; *(se også list)*; *fare med* ~ *a)* do things gently, be lenient; *b) (være forsigtig)* watch one's step.
lempe[2] *vb.* **1.** *(tilpasse)* adapt (*efter* to); F accommodate (*efter* to);
2. *(lette)* ease (*fx* restrictions, taxation, taxes); relax (*fx* control, rules);
□ ~ *sig efter* adapt oneself to; *(ved at give efter,* F*)* accommodate oneself to; ~ *sig frem (, igennem) a)* do things gently; *b) (være forsigtig)* watch one's step.
lempe[3] *vb.* **1.** *(flytte)* ease (*fx* the box into the corner; the sofa up the stairs; *(fig.)* ease him out of his post);
2. *(sø.)* trim (*fx* the ballast).
lempelig *adj.* gentle;
□ *-e betingelser (el. vilkår)* easy terms; *en* ~ *overgang* a gradual transition.
lempelse *sb. (en, -r)* **1.** *(lettelse)* relaxation (*fx* of control; in the rules (, laws)); easing (*fx* of restrictions);
2. *(tilpasning)* modification (*i* of).
len *sb. (et, -)* **1.** entailed estate;
2. *(hist.)* fief;
□ *afløse et* ~ disentail an estate; ~ *og stamhuse* entailed estates.
lensgreve count (who holds from

the Crown).
lensherre feudal overlord.
lensmand vassal.
lensvæsen feudalism, feudal system.
leopard *sb. (en, -er) (zo.)* leopard.
ler *sb. (et)* clay.
leragtig, **leret** *adj.* clayey.
lerdue clay pigeon.
lerfad earthenware dish.
lergrav clay pit.
lergulv earthen floor.
lerholdig *adj.* clayey (*fx* soil); *(geol.)* argilliferous.
lerhytte mud hut.
lerjord **1.** clay(ey) soil; **2.** *(kemisk ren)* alumina.
lerklinet *adj.* mud-built.
lerklining wattle-and-daub.
lerkrukke earthenware jar (*el.* pot).
lervarer *sb.pl.* earthenware, pottery sg.
lesbisk *adj.* lesbian.
let[1] *adj.* **1.** *(mods. tung)* light (*fx* burden, sleep; as light as a feather);
2. *(mods. vanskelig)* easy (*for* for, *fx* it was not easy for him; an easy task);
3. *(mods. kraftig)* slight (*fx* pain, headache; attack of influenza); *(med.: let)* mild (*fx* a mild attack of asthma);
4. *(mods. stærk, om tobak)* mild;
□ ~ ***at*** *reparere (, fornærme etc.)* easy to repair (, offend etc.); easily repaired (, offended etc.);
[med sb.] ~ ***kompagni*** *(mil.)* rifle company; *det er en* ~ ***sag*** it is easy (enough); T it is a piece of cake; *det er ikke nogen* ~ *sag* it is no easy matter; it takes a lot of doing; *det er den -teste sag af verden* it is as easy as falling off a log; it is as easy as pie.
let[2] *adv. (jf. let*[1]*)* **1.** lightly (*fx* armed, dressed, salted; float lightly on the water);
2. easily (*fx* easily done; he might easily forget it);
3. slightly (*fx* damaged, wounded); mildly (*fx* cynical, ironic);
4. mildly (*fx* retarded);
□ *-tere syg* not very ill; slightly ill; *det er -tere åndssvagt* it is rather silly; *(se også påklædt, samt: letantændelig, letfattelig (etc.));*
[med vb.] det ***falder*** *mig* ~ *se falde*; *det* ***gik*** *meget* ~ it was very easy; *han* ***har*** *det (ikke)* ~ things are (not) easy for him; *hvad der* ***kommer*** ~ *går* ~ easy come easy go; *det er -tere* ***sagt*** *end gjort* it is easier said than done; *(se også sove, tage (sig));*
[med vb. + præp.] ***gå*** ~ ***hen over*** pass lightly over; T skate over; ***have*** ~ ***til*** *tårer* be easily moved to tears; ***have*** ~ ***ved*** *noget* have a talent (*el.* gift) for sth; do sth easily; *have* ~ *ved at* find it easy to; have no difficulty in -ing; *han har* ~ *ved det (også)* it comes easy to him; *have* ~ *ved at lære* be a quick learner; *have* ~ *ved at holde taler* be a ready speaker.
letal *adj.* lethal.
letantændelig *adj.* inflammable.
letbane *sb.* light railway.
letbenet *adj. (overfladisk)* shallow.
letbevæbnet *adj.* lightly armed.
letbevægelig *adj.* **1.** mobile; **2.** *(sjæleligt)* impressionable; **3.** *(som let bliver rørt, præd.)* easily moved to tears.
letfattelig *adj.* easily understood, plain, simple; *(præd. også)* easy to understand.
letflydende *adj.* **1.** fluid; **2.** *(fig.)* fluent.
letfordærvelig *adj.: -e varer* perishable goods.
letfordøjelig *adj.* digestible.
letforståelig *se letfattelig.*
letfængelig *adj.* **1.** inflammable;
2. *(fig.: som let bliver forelsket)* susceptible.
letfærdig *adj.* **1.** *(umoralsk)* loose (*fx* woman); **2.** *(ualvorlig)* frivolous; *(respektløs)* flippant (*fx* remarks);
□ ~ *kvinde (også, glds.)* woman of easy virtue; *omgås -t med* be careless with; ~ *omgang med sandheden* disregard for the truth.
letfærdighed *sb. (en) (jf. letfærdig)* **1.** loose morals pl.; **2.** frivolousness; flippancy.
lethed *sb. (en)* **1.** *(mods. tyngde)* lightness;
2. *(mods. vanskelighed)* easiness (*fx* the easiness of the task); ease (*fx* with the greatest ease); *(se også legende*[2]*).*
letkøbt *adj. (fig.)* cheap (*fx* joke, argument); easy (*fx* optimism).
Letland *(geogr.)* Latvia.
letlandsk *adj.* Latvian, Lettish.
letlevende *adj.* loose; *(efter sb. også)* of easy virtue.
letlæselig *adj.* **1.** easily read, very readable (*fx* book); **2.** *(tydelig)* legible (*fx* handwriting).
letløbende *adj.* **1.** smooth-running;
2. *(fig.: flydende)* fluent.
letmatros *(sø.)* ordinary seaman.
letmetal light(-alloy) metal.
letmælk semi-skimmed milk; low-fat milk.
letpåklædt *adj.* **1.** lightly dressed; *(litt.)* lightly clad; **2.** *(afklædt)* scantily dressed (, clad).
letpåvirkelig *adj.* impressionable.
letsind *se letsindighed.*
letsindig *adj.* **1.** *(uansvarlig)* irresponsible (*fx* girl, action; it was irresponsible of him);
2. *(skødesløs)* careless; *(især mht. penge)* improvident;
3. *(uforsigtig)* rash (*fx* promise); *(stærkere)* reckless (*fx* spending of money; he was reckless in his private life);
□ *omgås -t med* be careless with (*fx* the truth).
letsindighed *sb. (en)* **1.** irresponsibility; **2.** carelessness; improvidence; **3.** rashness; recklessness.
letsværvægt light heavyweight; *(i Engl. også)* cruiserweight.
letsælgelig *adj.* saleable, marketable; *(præd. også)* easy to sell.
lette[1] *sb. (en, -r) (indbygger i Letland)* Latvian, Lett.
lette[2] *vb. (se også lettet)* **1.** *(gøre mindre tung)* lighten (*fx* a burden; his workload); relieve (*fx* distress);
2. *(gøre mindre besværlig)* make (*fx* their task) easier; F lighten (*fx* his duties); facilitate (*fx* access to alcohol; understanding);
3. *(mildne)* ease (*fx* restrictions, the pressure);
4. *(om tåge)* lift; F disperse;
5. *(om fly)* take off;
6. *(om skib: afsejle)* get under way;
□ *det -de! a)* what a relief! *b) (ɔ: at blive fri for ham (, det))* good riddance!
[med sb.] ~ ***anker*** weigh anchor; ~ ***ben*** *(om hund)* cock its leg (*op ad* against); ~ *sit* ***hjerte*** unburden one's heart (*el.* one's mind *el.* oneself) (*for en* to sby); *få -t* ***rumpen*** *(T: komme i gang)* get off one's behind (*el.* backside); ~ *sin* ***samvittighed*** *(ɔ: tilstå)* clear one's conscience; ~ *hans samvittighed (ɔ: fri ham for bekymring)* ease his conscience; *(se også sind);*
[med præp.] ~ *en* ***for*** *noget* relieve sby of sth (*fx* he relieved her of the heavy bag she was carrying; *(spøg.)* the thief relieved me of my purse (, money)); ~ *skibet for noget af lasten a)* lighten the ship of part of the cargo; *b) (kaste den overbord)* jettison part of the cargo; ~ *en* ***i*** *hans arbejde* make sby's work easier; ~ ***på*** raise (*fx* one's hat, the lid); ~ *på benet (om hund)* cock its leg.
lettelse *sb. (en, -r)* relief; *(se også lempelse, suk).*
lettet *adj.* relieved (*fx* he felt re-

lieved);
□ *han smilede* ~ he smiled with relief; *han sukkede* ~ he heaved a sigh of relief; *(se også ånde²).*
lettilgængelig *adj.* **1.** (readily) accessible; **2.** *se letfattelig.*
lettisk *adj.* Latvian, Lettish.
lettjent *adj.: -e penge* easy money; T money for jam.
lettroende *adj.* credulous.
lettroenhed *sb. (en)* credulity.
letvægt lightweight.
letvægter *sb. (en, -e)* **1.** *(cykel)* light roadster; **2.** *(bokser & fig.)* lightweight.
letvægts- lightweight (*fx* suit, dry iron, scooter; boxer, champion).
letvægtscykel *se letvægter 1.*
letøl low-alcohol beer.
leukæmi *sb. (en)* leukaemia.
leve¹ *sb. (et)* cheers pl.;
□ *et ~ for kongen!* long live the King! *et ~ for hæren!* three cheers for the army! *udbringe et ~ for* call for three cheers for.
leve² *vb. (se også levende)* **1.** live (*fx* we cannot live without water; we only live once; as long as I live);
2. *(være i live)* be living; be alive (*fx* my mother is still alive);
□ *hvordan -r De?* how are you? *han -r og har det godt* he is alive and well; *kongen ~!* long live the King! *hr. X skal ~! længe ~ hr. X!* three cheers for Mr X! ~ ***livet*** *a) (leve fuldt ud)* live life fully; *b) (nyde livet)* enjoy life; *c) (T: more sig)* live it up; ~ *livet farligt* live dangerously; ~ *et elendigt liv* lead a miserable life; *så **sandt** jeg -r* upon my life; *lev **vel**!* goodbye! F farewell!
[med præp. & adv.] ~ ***af*** *a) (spise)* live on, live off (*fx* vegetables, fish); *b) (om dyr)* feed on; *c) (om penge)* live on (*fx* his wages, one's savings, very little, charity); *d) (ernære sig ved)* live by (*fx* fishing; one's pen, one's writing); earn one's living by (*el.* from), make a living by (*el.* from) (*fx* she makes a very good living from writing; can you make a living by it?); *han har intet at ~ af* he has no means of subsistence; *hverken til at ~ eller dø af* not enough to keep body and soul together; ~ *af sine penge* have a private income; ~ ***for*** *a) (om beløb)* live on (*fx* very little money; £100 a week); *b) (fig.)* live for (*fx* one's children, pleasure, one's work); *han -r og ånder kun for det* it is his whole life; that is all he lives for;
~ ***højt*** have a good time; live on the fat of the land; ~ ***højt på*** *se ndf.: ~ på;*
~ *sig **ind i*** enter into the spirit of; identify oneself with (*fx* a role); familiarize oneself with (*fx* a subject);
'~ ***med*** *(ɔ: finde sig i)* live with; ~ '***med i*** *hvad der sker* take an active interest in what is going on;
~ ***op*** *igen* revive; ~ ***op til*** live up to (*fx* expectations, one's reputation); come up to (*fx* his expectations); ~ ***over evne*** *se evne¹;*
~ ***på*** live on (*fx* one's memories);
~ *på en løgn* base one's life on a lie; *den fest kan vi ~ (højt) på længe* we'll remember that party for a long time; ~ *højt på (neds.: udnytte)* batten on (*fx* the social services);
~ ***sammen*** live together; ~ ***sammen med*** live (together) with.
levealder **1.** age; duration of life;
2. *(psyk., mods. intelligensalder)* chronological age, calendar age, life age;
□ *forventet ~* life expectancy.
levebrød **1.** *(stilling)* job; **2.** *(udkomme)* livelihood (*fx* it threatens our livelihood; deprive sby of his livelihood; politics as a livelihood); living, bread-and-butter (*fx* it is his bread-and-butter; earn one's bread-and-butter (*el.* livelihood *el.* living) by writing).
levebrødspolitiker (professional) politician.
levedag*: alle mine -e* all my life.
levedygtig *adj.* **1.** capable of living (*el.* surviving) *(præd.)*; *(kraftig)* vigorous; **2.** *(med. el. fig.,* F*)* viable (*fx* foetus; firm);
□ *de mest -e overlever* the fittest survive.
levedygtighed **1.** vitality; chances of surviving; **2.** viability.
levefod standard of living.
levemand **1.** man-about-town;
2. *(udhaler)* rake, roué.
levemåde *(dannelse)* (good) manners pl.; breeding.
levende¹ *adj.* **1.** living (*fx* a living creature; everything living; a living language (, hope, faith); he is still living; the living and the dead); *(kun attr., ikke om person)* live (*fx* cattle, fish, plant; a real live elephant); *(kun præd.)* alive (*fx* he is still alive; they were buried alive; keep hope alive);
2. *(livlig, intens)* lively (*fx* children; interest, admiration);
3. *(virkelighedstro)* lifelike (*fx* portrait);
4. *(klar etc.)* vivid (*fx* recollection, description); graphic (*fx* description);
□ *de ~* the living; *blive ~* come alive; *komme (el. slippe) ~ fra det* escape with one's life; survive; *[med sb.] ~ billeder* moving pictures; *(se også film)*; ~ *hegn* quickset hedge; *i ~ live* while alive; *(mere* F*)* during one's lifetime; ~ *lys* candles; *(om belysning)* candle light; *med ~ lys* lit by candles, candle-lit; *efter ~ model* from (the) life; *det ~ ord a)* the spoken word; *b) (rel.)* the Word; *ikke et ~ ord* not a (blessed) word; *ikke vide sine ~ råd* be at one's wits' end; ~ *vægt* live weight; *(se også unge).*
levende² *adv. (klart)* vividly (*fx* describe it vividly); graphically (*fx* it graphically ilustrates my point);
□ *være ~ interesseret i* take a lively interest in.
levendegøre *vb.* vitalize (*fx* a subject); make (*fx* a scene) come alive.
leveomkostninger *sb.pl.* cost sg. of living.
lever *sb. (en, -e)* liver;
□ *tale frit fra -en* speak one's mind.
leverance *sb. (en, -r) se levering.*
leverandør *sb. (en, -er)* supplier; *(ifølge kontrakt)* contractor; *(se også hofleverandør).*
leverbetændelse *(med.)* hepatitis;
□ *smitsom ~* infectious hepatitis.
levere *vb.* **1.** supply (*en noget* sby with sth, sth to sby); F furnish (*en noget* sby with sth, sth to sby);
2. *(bidrage med, (frem)skaffe)* provide (*fx* ideas; he provided the wine for the party; "Champagne? That I can't provide");
3. *(bidrage)* contribute (*fx* an article to a paper);
4. *(producere)* produce (*fx* it produces a third of the nation's oil);
5. *(aflevere, udbringe, også hdl.)* deliver (*fx* your order will be promptly delivered);
□ *du er -t (*T*: fortabt)* you have had it; *så var han -t (ɔ: måtte le)* then he couldn't help laughing; ~ *varen (fig.: opfylde forventningerne)* deliver (the goods);
[med adv.] ***frit*** *-t* carriage paid; delivered free; ~ ***ind*** *se indlevere;*
~ ***tilbage*** return, give back (*fx* sth borrowed); hand back (*fx* essays to pupils).
leveregel rule (of conduct).
levering *sb. (en, -er)* **1.** *(det at levere)* delivery (*fx* immediate delivery);
2. *(varemængde)* supply, delivery (*fx* a large supply (*el.* delivery));

(ordre) order;
□ *overtage -en af* contract for the supply(ing) of; *påtage sig ~ af* undertake to supply;
[med præp.] ***på*** ~ forward; ***til*** ~ *pr. maj* for delivery in May, to be delivered in May; *til omgående (, senere)* ~ for immediate (, forward) delivery; *at betale* ***ved*** ~ payable on delivery.
leveringsbetingelser *sb.pl.* conditions (*el.* terms) of delivery.
leveringsdag day of delivery.
leveringsdygtig *adj.: være ~ i noget* be in a position to (el. be able to) deliver (el. supply) sth.
leveringsfrist date of delivery, delivery date, deadline;
□ *med en ~ af 10 dage* to be delivered within 10 days.
leveringsomkostninger *sb.pl.* costs of delivery.
leveringstid delivery time; *(se også leveringsfrist)*;
□ *hvad er -en?* when can you deliver? *der er lang ~* there is a long wait for delivery.
leveringstidspunkt time of delivery.
leverpostej 1. liver pâté; **2.** *(gåse)* pâté de foie gras.
leversygdom disease of the liver; *(fagl.)* hepatic disease.
levertran cod-liver oil.
leverurt *(bot.)* grass-of-Parnassus.
leveråb *sb.pl.* cheers.
levestandard living standards pl. (*fx* a fall in living standards); standard of living.
levested habitat.
levesæt mode of life, life style.
levetid 1. lifetime (*fx* in my lifetime; it cannot be done within the lifetime of the present Government);
2. *(om ting)* life (*fx* a roof of better quality and with a longer life); life span (*fx* this type of caravan has a life span of thirty years);
□ *forventet ~* life expectancy; *lang ~* long life; F longevity; *i Henrik VIII's ~* in the days of Henry VIII.
levevej 1. career (*fx* choose crime as a career); *(om håndværk)* trade; *(om liberalt erhverv)* profession;
2. *(stilling)* job (*fx* it is a dangerous job).
levevilkår *sb.pl.* conditions of life.
levevis *sb. (en)* (mode of) life; habits pl.
leveår year (of one's life).
levkøj *sb. (en, -er) (bot.)* stock.
levn *sb. (et, -)* survival (*fra* from); relic (*fra* of, *fx* this custom may be a survival from (*el.* a relic of) the Middle Ages; the wall is a relic of an earlier building; she is a relic of (*el.* survival from) Victorian times); *(også om person)* leftover (*fx* a leftover from Victorian times).
levne *vb.* leave (*til* for);
□ *han -de hende ikke ære for to skilling* he had not one (*el.* a) good word to say for her; *(stærkere)* he tore her character to rags.
levned *sb. (et)* life.
levnedsbeskrivelse life, biography.
levnedsløb life, career.
levnedsmiddeltekniker food technologist.
levnedsmiddelvidenskabelig *adj.: ~ kandidat (svarer til)* B.Sc. in Food Science.
levnedsmidler *sb.pl.* foodstuffs, provisions; food sg.
levning *sb. (en) se levn, fortidslevning, levninger.*
levninger *sb.pl.* **1.** remains (*fx* of an old castle, of an ancient civilization; of a meal); *(små)* remnants (*fx* of a meal); *(især neds.)* leavings; *(se også jordisk, fortidslevninger)*;
2. *(madrester)* scraps; *(især neds.)* leavings (*fx* give the leavings to the dog); *(som skal bruges senere)* left-overs.
levret *adj.* coagulated, clotted.
levvel *sb. (et)* goodbye; F farewell.
leydnerflaske *(fys., hist.)* Leyden jar.
l'hombre *sb. (en)* ombre.
lian *sb. (en, -er) (bot.)* liana.
libaneser *sb. (en, -e)*, **libanesisk** *adj.* Lebanese.
Libanon *(geogr.)* Lebanon.
libelle *sb. (en, -r) (vaterpas)* level.
liberal *adj.* **1.** liberal, broad-minded; **2.** *(pol.)* Liberal;
□ *de -e* the Liberals.
liberalisere *vb.* liberalize.
liberalisering *sb. (en, -er)* liberalization.
liberalisme *sb. (en)* liberalism.
liberalitet *sb. (en)* liberality.
liberi *sb. (et, -er)* livery.
libero *sb. (en, -er)* sweeper, libero.
libertiner *sb. (en, -e)* libertine; *(glds.)* rake.
libido *sb. (en) (psyk.)* libido.
libretto *sb. (en, -er) (mus.)* libretto, book.
Libyen *(geogr.)* Libya.
libyer *sb. (en, -e)*, **libysk** *adj.* Libyan.
licens *sb. (en, -er)* **1.** licence; **2.** *(tv, radio)* licence fee (*fx* the licence fee will be raised);
□ *betale ~ (jf. 2)* pay the licence fee; *give ham ~ til at (jf. 1)* license him to.
licensafgift 1. licence fee; **2.** *(af patent)* royalty.
licensbetalende *adj.: ~ seer* licensed viewer.
licitation *sb. (en, -er)* **1.** invitation to submit tenders; **2.** *(systemet)* competitive tendering;
□ *udbyde i ~* invite tenders for; put out to competitive tendering.
licitationstilbud tender.
licitere *vb.: ~ bort se udlicitere.*
lid *sb. (en): fæste ~ til a)* lend (*el.* give) credence to (*fx* rumours); *b) (om person)* put (*el.* place) confidence in; *sætte sin ~ til* trust in, put one's trust (*el.* faith) in.
lide[1] *vb. (led, lidt) (se også lidende)* **1.** *(pines)* suffer (*fx* he suffered terribly; he didn't suffer much);
2. *(gennemgå)* suffer (*fx* pain, great losses; she suffered the same fate);
□ ~ *meget* suffer greatly, be in great pain; ~ *ondt se ond (døje ondt); (se også havari, nederlag, nød*[1]*, skade*[2] *(tage skade), skibbrud, straf, tab, uret)*;
[med præp.] ~ ***af*** suffer from (*fx* headaches; defects); ~ ***for*** suffer for (*fx* one's sins); *(se også stads)*; ~ ***under*** *a)* suffer from (*fx* the heat); *b) (fig.)* suffer from (*fx* the conference suffered from bad planning); F be (injuriously) affected by; *hans arbejde (, helbred) led under det* his work (, health) suffered; ~ ***ved*** suffer by; be affected by.
lide[2] *vb.: kunne ~* like; *det kan jeg ~!* that's right! that's what I like! *ja, det kunne du ~!* you would like that, wouldn't you? *jeg kan bedre ~ A end B* I prefer A to B; I like A better than B;
jeg ***kan godt*** ~ I like (*fx* her; music); *(stærkere)* I am fond of (*fx* her; music; playing golf); *jeg kan vældig godt ~ ham* I like him very much; T I like him a lot; *jeg* ***kan godt*** ~ ***at*** *a) (+ inf.)* I like -ing (*el.* to) (*fx* playing golf; to play golf); *b) (+ sætn.)* I like the fact that (*fx* he is honest); I am glad that, I appreciate that (*fx* he comes so often); I like it when (*fx* they ask me; he is nice); *hun kunne godt ~ at de kom tidligt (også)* she liked them to come early;
jeg ***kan ikke*** ~ I dont't like, I dislike; *(stærkere)* I hate (*fx* her; music); *jeg* ***kan ikke*** ~ ***at*** *(+ inf.)* I don't like, I dislike (, I hate) -ing (*el.* to) (*fx* being late, to be late);

jeg kan ikke ~ at han... I don't like him to (*fx* know about it); *(stærkere)* I hate him -ing (*fx* coming so often).
lide[3] *vb.: ~ på* rely on, trust; *ikke til at ~ på* unreliable.
lideform *(gram.)* the passive (voice).
lidelse *sb. (en, -r)* **1.** suffering; *(legemlig også)* pain; **2.** *(sygdom)* illness; *(mindre alvorlig)* disorder;
□ *det var en ~ at høre på ham* it was painful to listen to him; *(stærkere)* it was torture to listen to him; *gøre en ende på dets -r (om dyr)* put it out of its misery.
lidelsesfælle fellow sufferer.
lidelseshistorie tale of one's sufferings; tale of woe;
□ *han fortalte mig sin ~* he told me about his sufferings; *Kristi ~* the Passion.
liden *adj. (lidet, små)* little; *(se også lidet)*;
□ *lidet eller intet* little or nothing.
lidende *adj.* suffering (*af* from);
□ *være meget ~* suffer greatly; *hun så ~ ud a) (så ud til at lide)* she seemed to be in pain; *b) (så fornærmet ud)* she looked pained.
lidenhed *sb. (en)* **1.** smallness; **2.** *(ubetydelighed)* insignificance.
lidenskab *sb. (en, -er)* passion.
lidenskabelig *adj.* **1.** passionate (*fx* person, speech, hatred); impassioned (*fx* speech, appeal); **2.** *(begejstret)* enthusiastic (*fx* admirer); *(glødende)* ardent (*fx* admirer, supporter).
lidenskabelighed *sb. (en)* passion.
lidenskabsløs *adj.* dispassionate.
liderlig *adj.* **1.** *(lysten)* over-sexed; T randy; *(am.)* raunchy; *(neds., især om mand)* lecherous; F lascivious;
2. *(sjofel)* bawdy; F lewd (*fx* song).
lidet *adv.* little (*fx* he is little known; he little suspected that it was too late; little did he suspect that it was too late); not very (*fx* a not very satisfactory solution); *(se også liden)*.
lidkøb *sb. (et): drikke ~* seal the bargain with a drink.
lidse *sb. (en, -r)* **1.** *(snor)* string; *(tykkere)* cord; **2.** *(kantning)* edge; border; **3.** *(besætning)* braid; **4.** *(snøre-)* lace.
lidt[1] *adj.* **1.** a little (*fx* money, bread; would you like a little whisky?); T a bit of (*fx* bread); **2.** *(kun lidt)* only a little (*fx* there is only a little bread left); not much; F little; but little; *(se også kun)*;
□ *~ har også ret a) (man må være glad for det lidt man kan få)* half a loaf is better than no bread; *b) (om rest, kan gengives)* a little is better than nothing; *c) (om bidrag)* every little helps; *ikke så ~* quite a lot; a good deal; *lige så ~ som* no more than;
[med præp. & adv.] ~ ***af*** *en (, et)* something of a (*fx* poet, surprise); *(især om noget negativt)* a bit of a (*fx* he is a bit of a fool (, coward); it was a bit of a mess (, shock)); *~* ***af hvert*** *a)* a little of everything; *b) (om noget lige nævnt)* a little of each; *han har prøvet ~ af hvert* he has knocked about a good deal; *(var det godt eller skidt?) sådan ~ af hvert* sort of betwixt and between; *~* ***efter*** a little later, shortly after, after a while; *~ efter ~* gradually, little by little; T bit by bit; ***for*** *~* too little; not enough; *have for ~ (+ sb.)* be short of (*fx* time, money); *vi har en stol for ~* we are one chair short; ***for*** *~* ***siden*** a moment ago; just now; *(lidt længere)* a short while ago; *~* ***i*** *7* a few minutes to 7; T a bit before 7; *klokken er ~ i 7 (også)* it is nearly (*el.* almost) 7; ***om*** *~* in a moment; *~* ***over*** *7* a few minutes past 7; just past 7; *klokken er ~ over 7* it is a few minutes past 7; it is just turned 7; *~* ***senere*** *se ovf.: ~ efter; og ~* ***til*** and then some (*fx* he knew all there was to know about that - and then some).
lidt[2] *adv.* **1.** a little (*fx* surprised, tired); slightly; T a bit; F somewhat;
2. *(om tid)* a little, a moment (*fx* wait a little; wait a moment); T a bit (*fx* stay on a bit);
□ *~* ***for*** *lang (etc.)* slightly too long (etc.); T a bit too long (etc.); *ikke* ***så*** *~ (+ adj.)* quite (*fx* surprised); F not a little (*fx* surprised); more than a little (*fx* curious); *lige så ~ som* no more than (*fx* I know him no more than you).
lidt[3] *pf.ptc. af lide; (se også ilde, vellidt)*.
liebhaver *sb. (en, -e)* **1.** intending purchaser; **2.** *(særlig interesseret)* purchaser with special interest; **3.** *(samler)* collector;
□ *være ~ til* be in the market for.
liebhaveri *sb. (et, -er)* fancy.
lied *sb. (en, -er) (mus.)* lied (pl. lieder).
liedsanger lieder-singer.
liere *vb. (jævne fx sauce)* thicken.
liflig *adj.* delicious.
liflighed *sb. (en)* deliciousness.
lift[1] *sb. (en, -e(r))* **1.** *(babylift)* carrycot; **2.** *(elevator)* lift.
lift[2] *sb. (et, -)* **1.** *(kørelejlighed)* lift (*fx* give sby a lift; get a lift with a friend); **2.** *(skub opad)* boost.
lifte *vb. se blaffe.*
lig[1] *sb. (et, -)* **1.** (dead) body; *(nøgternt: med., jur.)* corpse;
2. *(gammel cykel etc.)* crock (*fx* an old crock of a bike);
□ *et levende ~ (fig.)* a living corpse; *ligge ~ (let glds.)* lie dead; *(på lit de parade)* lie in state; *kun over mit ~!* over my dead body!
lig[2] *sb. (et, -)* **1.** *(sø.)* leech; **2.** *(ligtov)* bolt rope.
lig[3] *adj.* **1.** *(identisk med)* equal to; **2.** *(lignende)* like, similar to;
□ *være sig selv ~* be just the same as ever; *2 + 2 ~ 4* 2 + 2 are 4; *et pund var ~ ca. 20 kroner* a pound was equal (*el.* equivalent) to about 20 kroner; *være ~ med* be equal to, be equivalent to; equal (*fx* 50 minus 10 equals 40).
liga *sb. (en, -er)* **1.** league; **2.** *(forbryder-)* gang (*fx* of criminals); ring (*fx* a drug ring, a spy ring).
ligatur *sb. (en, -er)* ligature.
ligbegængelse *sb. (en, -r)* funeral; *(mere* F*)* obsequies pl.
ligbleg *adj.* deathly pale; *(præd. også)* white as a sheet.
ligbrænding cremation.
ligbærer bearer.
ligbål (funeral) pyre.
ligbåre bier.
lige[1] *sb. (en, -)* **1.** *(sidestykke)* like, match; **2.** *(ligemand)* equal, peer;
□ *søge (el. ikke have) sin ~* be unequalled; *uden ~ a) (rosende)* unequalled (*fx* beauty); F peerless; *b) (neds.)* unheard-of (*fx* rudeness); F unprecedented (*fx* rudeness); *der var et rod (, en ballade) uden ~* there was no end of a mess (, row).
lige[2] *adj.* **1.** *(ret)* straight (*fx* line); **2.** *(ens; ligeberettiget)* equal (*fx* opportunities, pay, rights; all men are equal);
3. *(jævnbyrdig; ligelig)* even (*fx* match; distribution);
4. *(om tal)* even (*fx* dates);
5. *(i tennis)* deuce;
□ *alt andet ~* other things being equal;
[med sb.] i ~ ***linie*** *a)* in a straight line; as the crow flies; *b) (om nedstamning)* in direct line of descent; *~* ***penge*** the exact amount; *(se også barn, fod (stå på ~ fod), grad, måde)*;
[med præp.] alle borgere er ~ ***for*** *loven* all citizens are equal before

the law; *give ~ for ~* give as good as one gets; *det var ~ for ~* T it was tit for tat; *~ for ~ når venskab skal holdes! (omtr.)* fair is fair! *holde* **ved** *~ se vedligeholde.*

lige[3] *adv.* **1.** *(direkte, ikke skævt)* straight (*fx* go straight home; walk straight);
2. *(ligeligt; på ~ fod)* equally (*fx* divide it equally between them; treat them equally);
3. *(jævnt)* evenly (*fx* distribute it evenly);
4. *(præcis, netop)* just (*fx* just here (, there); it is just two o'clock; just what I said); exactly (*fx* exactly 20 pounds; exactly the opposite; he is exactly the right man); T right (*fx* right here (, there); right in the middle);
5. *(om tid, sted: umiddelbart)* just (*fx* just round the corner); immediately; T right (*fx* right over our heads; right in front of us; right after lunch);
6. *(om tid: for lidt siden)* just (*fx* I've just seen him; he had just left);
7. *(helt, hele vejen)* all the way (*fx* to (, from) London); T right (*fx* right to the end; right from childhood);
8. *(i høflig anmodning)* would you mind -ing (*fx* would you mind waiting here?); *(ved bydemåde,* T*)* just (*fx* just wait here!);
9. *(ved adj.: i ~ grad)* equally (*fx* good, mad, strong, thick); *(se også ndf.: med adj.)*;
□ *det var ~* ***alt det*** *vi kunne løfte den* it was all we could do to lift it; we were hardly able to lift it; *~* **da** just as (*fx* just as he arrived); *vil du* **ikke** *~* won't you just (*fx* won't you just wait); *(irriteret)* oh do (*fx* oh do stop it!); ***kun*** *~ se kun*;
~ ***meget*** *a)* the same quantity (of) (*fx* they bought the same quantity (of wheat)); *b) (+ vb.: i ~ grad)* equally much (*fx* they work (, cheat, weigh) equally much); *c) (+ spørgesætn.: ligegyldigt)* no matter (*fx* no matter what you say (, who he is etc.)); *det er ~ meget* it doesn't matter; never mind; *det er mig ~ meget* I don't mind (*el.* care); it's all the same to me; *vil du* ***så*** *~ komme her!* come here this minute! *~* ***så*** *glad han var hjemme, ~ så ulykkelig var han i skolen* happy as he was at home, he was miserable at school; *~* ***så*** ... ***som*** as ... as (*fx* as pure as snow); *~ så god som* (just) as good as; *jeg arbejder ~ så hårdt som han* I work just as hard as he does; *(se også så*[3] *2, lidt*[2]*)*;
[med adj.] ~ ***gamle*** *(præd.)* (of) the same age (*fx* they are (of) the same age; two trees of the same age); *~* ***høje*** *(præd.)* (of) the same height; *~* ***lange*** *(attr.)* equal (*fx* cut it into five equal pieces); *(præd.)* (of) the same length (*fx* they are (of) the same length); *(også efter sb.)* of equal length (*fx* five pieces of equal length); *~* ***store*** *(attr.)* equal (*fx* divide it into five equal parts); *(præd.)* (of) the same size;
[med vb.] ***stille*** *~ med a)* place on an equal footing with; *b) (give samme løn)* give parity with; ***stå*** *~* be equal (*fx* the votes are equal); be even (*fx* the two teams (, parties) are even);
[med præp. & adv.] ~ ***efter*** just (*el.* immediately) after;
~ ***foran*** *huset* just (*el.* immediately) in front of the house; T right in front of the house; *han stod ~ foran* he stood just (*el.* immediately, right) in front of me (, them etc.) *(kræver styrelse)*;
~ ***fra*** *a) (sted: direkte)* straight from (*fx* England); *(hele vejen)* all the way from (*fx* London); *b) (tid)* right from (*fx* the start, childhood);
~ ***frem*** straight on, straight ahead (*fx* walk straight on (*el.* ahead)); *(jf. ligefrem)*;
~ ***før*** just now (*fx* you said just now that you were tired); just (*fx* you just said that you were tired); *~ før krigen* just (*el.* immediately) before the war; *det var ~ før hun slog mig* she very nearly hit me;
~ (op) ***i*** *ansigtet se ansigt*; *~ i midten* right in the middle, in the very middle; *~* ***ind i*** straight into; *~* ***ned*** straight down; *~* ***netop*** *se netop*;
~ ***nu*** just now; this very moment; T right now;
~ ***op og ned*** *(om kjole)* straight up and down; *det var ~* ***oppe over*** *(lige ved at gå galt)* it was a near thing (*el.* a close call *el.* a close shave);
~ ***på*** *det rigtige sted* just on the right spot; *~ på midten, se ovf.: ~ i midten*; *~* ***på og hårdt*** straight from the shoulder;
~ ***siden*** ever since;
~ ***til*** *a) (om tid)* (right) up to (*fx* 1995; right to the end); *b) (om sted)* all the way to (*fx* London); *gå ~ til sagen* come straight to the point; *skulle ~ til at se skulle*; *gå ~* ***ud*** walk straight on; *(jf. ligeud)*;
~ ***ved*** *a) (i nærheden)* near by, nearby; *(nærmere)* close by (*fx* he lives near by (, close by)); close at hand; *b) (+ sb.: i nærheden af)* near, close to (*fx* live near (, close to) the station); *(om tal)* close on (*fx* he is close on 40);
jeg ***er*** *~* ***ved at*** *skrive et brev (ɔ: netop)* I'm just writing a letter; *vandet er ~ ved at koge (ɔ: næsten)* the water is almost boiling; *jeg er ~ ved at håbe at det mislykkes* I almost hope it turns out a failure; *han* ***var*** *~* ***ved at*** *a) (skulle ~ til at)* he was on the point of -ing (*fx* leaving, jumping); *b) (ɔ: men gjorde det ikke)* he very nearly (*fx* he very nearly fell out of the window (, hit me); he was very nearly run over by a bus); *det var ~ ved at han* he almost, he very nearly (*fx* accused me of lying); *~* ***ved siden af*** *mig* right beside me.

ligebenet *adj. (mat.)* isosceles (*fx* triangle).

ligeberettigelse equal right(s); equality of rights.

ligeberettiget *adj.* equal (*fx* partners);
□ *være (, blive) ~* have (, get) equal rights.

ligedan *adv.* (in) the same way;
□ *gøre ~* do likewise.

ligedannet *adj. (mat.)* similar (*fx* triangles).

ligefor *adv. se ligge.*

ligefrem[1] *adj.* **1.** *(klar)* plain (*fx* a plain answer); simple;
2. *(naturlig)* straightforward (*fx* he is straightforward);
□ *stå i -t forhold til (mat.)* be in direct ratio to; *(se også ordstilling)*.

ligefrem[2] *adv.* **1.** *(simpelt hen)* simply, absolutely (*fx* it was absolutely marvellous); *(om noget negativt)* downright (*fx* he was downright rude; it was downright disgusting);
2. *(bogstavelig talt)* literally (*fx* we could literally see him grow smaller); actually (*fx* he actually kicked me; the price has actually fallen);
□ *ikke ~* not exactly (*fx* it was not exactly a pleasure; he is not exactly popular); *du havde ikke behøvet ~ at slå ham* you needn't actually have hit him.

ligefremhed *sb. (en) (jf. ligefrem*[1]*)* **1.** simplicity; **2.** straightforwardness.

ligefuldt *adv.* all the same; still.

ligeglad *adj.* **1.** *(skødesløs)* careless

(*med* about, *fx* she is careless about her clothes);
2. *(uinteresseret)* indifferent (*med* to, about, *fx* to their feelings; about their fate);
3. *(ubekymret)* happy-go-lucky;
□ *jeg er ~* I don't care (*med* about, *fx* about your opinion); *jeg er ~ med hvad der sker (, hvornår du kommer, hvordan det går)* I don't care what happens (, when you come, how it goes); *jeg er fuldstændig (el. komplet) ~* I couldn't care less.
ligegodt *adv.* all the same;
□ *det er ~ rart* it is nice, though.
ligegyldig *adj.* **1.** *(uvæsentlig)* unimportant (*fx* details); trivial;
2. *(uinteresseret)* indifferent (*over for* to, *fx* he is indifferent to the feelings of others);
3. *(skødesløs)* careless (*med* about, *fx* she is careless about her clothes);
□ *det er -t* it doesn't matter; *~ hvem (, hvad, hvordan)* no matter who (, what, how); *hun er* ***mig*** *temmelig ~* I am not particularly interested in her; *det er mig -t* it is all the same to me; I don't care.
ligegyldighed *sb. (en)* **1.** *(ligegladhed)* indifference (*for, over for* to);
2. *(skødesløshed)* carelessness;
□ *-er* trivialities.
ligeledes *adv.* **1.** too, as well; *(NB kun efterstillet, fx* and his father too *(el.* as well*))*; also; *(mere* F*)* likewise;
2. *(indledende en sætn.)* equally (*fx* equally, you must remember that...); F likewise.
ligelig *adj.* **1.** equal (*fx* equal representation; a more equal distribution of wealth);
2. *(retfærdig)* fair, even-handed (*fx* treatment);
3. *(jævn)* even (*fx* distribution).
ligeløb *(om perlekæde): i ~* uniform.
ligeløn equal pay.
ligemand **1.** equal (*fx* be the first among equals); F peer; **2.** *(i konkurrence)* match; *han traf sin ~* he met his match.
lige op-og-ned *se lige*[3].
ligesidet *adj. (mat.)* equilateral.
ligesindet *adj.* **1.** similarly disposed; like-minded; **2.** *(brugt som sb.)* kindred spirit.
ligesom[1] *adv.* **1.** *(på en måde)* T sort of, kind of (*fx* he sort (*el.* kind) of hinted that...; it was sort (*el.* kind) of odd; it is sort (*el.* kind) of better); F as it were (*fx* she moves in a world apart, as it were);
2. *(meningsløst pause- el. fyldeord,* T*)* like (*fx* he is, like, a great chap, you know);
□ *det er ~ jeg hører* I seem to hear.
ligesom[2] *konj.* **1.** *(ordsammenlignende)* (just) like (*fx* he is a poor man (just) like you);
2. *(foran sætn. el. præpositionsled)* (just) as; T like (*fx* he is a poor man (just) as you are (, like you are); just as (, like) in the old days);
3. *(idet da)* just as (*fx* I came just as he was about to leave);
4. *(alt efter som)* according as (*fx* we paid according as we were able to);
□ *vi betalte ~ vi var i stand til (også)* we paid what we could afford; *~ han også foreslog at ...* and he also suggested that...; besides which he suggested that...; *~ om* (just) as if; as though; *~ ... således* as ... so.
ligestille *vb. se lige*[3] *(stille lige).*
ligestillet *adj.* equal; *(præd. også)* of the same standing, on the same footing;
□ *være ~ (også)* enjoy the same status (*el.* right).
ligestilling **1.** equality (of status);
2. *(på arbejdsmarkedet)* equal opportunity.
Ligestillingsrådet *(svarer til)* the Equal Opportunities Commission.
ligeså *adv.* the same; F likewise;
□ *gøre ~* do the same; F follow suit; do likewise; *gå hen og gør ~ (bibl.)* go, and do thou likewise; *~ hos os!* same here!
ligesådan *adv.* the same.
ligetil *adj.* straightforward (*fx* he (, the job) is straightforward); *(enkelt også)* simple; *(let)* easy;
□ *det er ganske ~ (også)* that is plain sailing.
ligeud *adv. (uden omsvøb)* point-blank, outright (*fx* tell (, ask) him point-blank (*el.* outright)); T straight out; flatly (*fx* he flatly accused me of lying);
□ *100 kr. ~* exactly 100 kr.; *for at sige det ~* to put it bluntly; not to put too fine a point on it; *han sagde det ikke ~, men...* he did not tell me in so many words, but...
ligevægt **1.** balance (*fx* upset the ecological balance); *(fys. &* F*)* equilibrium (*fx* keep the forces in equilibrium);
2. *(ro)* equilibrium (*fx* nothing could disturb his equilibrium); composure;
□ *bevare (, miste) -en a)* keep (, lose) one's balance (, equilibrium); *b)* keep (, lose) one's composure;
[med præp.] ***i*** *~ a)* in equilibrium; *b) (om sind)* calm; *bringe i ~* balance; *bringe ham* ***ud af*** *~* throw him off his balance.
ligevægtig *adj.* well-balanced, even-tempered, calm; F equable.
ligevægtsbom balance beam.
ligevægtsøvelse balancing exercise.
ligeværdig *adj.* equal.
ligfald *(glds.)* falling-sickness; *(se også epilepsi).*
ligfærd funeral; F obsequies pl.
ligfølge *sb. (et)* funeral procession; F funeral cortège;
□ *-t (også)* the mourners pl.
ligge *vb. (lå, ligget) (se også liggende)* **1.** *(~ ned, ~ fladt)* lie (*fx* he (, the book) was lying on the floor; snow was lying everywhere);
2. *(om stedsangivelse)* be (*fx* he is in hospital; the book is in the drawer (, on the table); Elsinore is north of Copenhagen; Ireland is to the west of England); lie (*fx* the town lies only 25 kilometres from the frontier; the desert lies to the west of us) *(se også 3)*; *(om hus især)* stand (*fx* the house stands on a hill); F be situated (*fx* the house (, the village) is beautifully situated);
3. *(strække sig,* F*)* lie (*fx* the sea lay all round us; the big city lay beneath us; the valley lay before us);
4. *(sove om natten)* sleep (*fx* he sleeps in the drawing room (, on the floor));
5. *(mil.: være indkvarteret)* be stationed;
6. *(om høne)* sit;
7. *(hdl.: om stof etc.)* come (*fx* the material comes one metre wide);
8. *(hdl.: om børspapirer etc.)* rule (*fx* wheat rules firm);
□ *lade ~ a)* leave (*fx* I left the book on the table); let lie (*fx* let the dog lie); *b) (fig.: ikke komme ind på)* leave (alone), pass over (*fx* the details); *c) (glemme)* forget (*fx* let us forget it); *~* ***og*** *sove (, læse, hoste)* be (*el.* lie) sleeping (, reading, coughing); *(se også flyde, rede*[4]*)*;
[med adj.] ~ ***fast*** *a)* be firm (*fx* prices are firm); *b) (være fastgjort)* be firmly fixed; *min beslutning -r fast* my decision stands; *(se også brak, nær*[2]*, stille*[2]*, syg)*;
[med præp. & adv.] ~ ***bag*** *se ndf.: ~ bag ved; der ligger noget bag* there is something behind it; *der*

-r en bil lige bag os there is a car just behind us (*el.* sitting on our tail); ~ ***bag ved*** *(fig.)* lie (*el.* be) behind (*fx* I don't know what lies (*el.* is) behind his refusal); F underlie (*fx* personal problems underlie his behaviour; the idea underlying the poem);
~ ***bi*** *(sø.)* lie to, lie by;
~ ***dybt*** *(sø.)* be low in the water, draw a great deal of water; *det -r dybt i ham* it is deeply ingrained in him;
det '-r ikke ***for*** *ham* it is not his strong point; *den sag der nu -r 'for* the matter now before us; *det (spørgsmål) -r ikke 'for* that is not the point; that is not relevant; *det -r lige 'for* it is obvious; *(se også anker*[1]*, død*[1]*)*;
~ ***forrest*** *(i sport)* lead;
~ ***fremme*** be lying about;
-r du ***godt****?* are you comfortable?
~ *godt i hånden a) (om værktøj)* fit the hand well; fit well (*el.* nicely) into the hand; *b) (om noget der er rart at føle på)* feel good in the hand (*fx* the box feels good in the hand); *bilen -r* ***godt på*** *vejen* the car holds the road well; the car has good road-holding qualities;
~ ***hen*** *a) (ufuldendt)* be awaiting completion; *b) (forsømt)* be neglected;
~ ***hos*** *(sove sammen med)* sleep with; *magten -r hos dem* the power lies with them; *(se også skyld)*;
~ ***højt*** *på vandet (sø.)* ride high on the water;
~ ***i*** *(ɔ: findes)* lie in (*fx* the difficulty lies in their lack of skill); *jeg ved ikke hvad der -r i det ord* I don't know what that word implies; *deri -r at* this implies that;
~ *i spidsen* be in the lead; *det -r i tiden (ɔ: nutiden)* it is characteristic of our time; *(se også baisse, forhandling, hausse, lejr, luft, ruin, seng)*; *fejlen -r* ***i at*** what is wrong is that; the mistake is that; *det -r deri at* it is due to the fact that;
~ ***ihjel*** overlie (*fx* a child);
~ ***i med*** *(ɔ: seksuelt)* be having it off with;
~ ***inde*** *(som soldat)* be doing one's military (*el.* national) service; ~ ***inde med*** *a)* hold (*fx* the solution); F be in possession of (*fx* important documents); *b) (have på lager)* have on hand, have in stock;
det -r ***ligefor*** it is obvious; T it stares you in the face;
~ ***ned*** be lying down;
vi -r ***på*** *90 (km i timen)* we are doing 90; *hønen -r på æg* the hen is sitting (*el.* brooding); *(se også hospital, land, yderst*[2]*)*;
det -r ***til*** *ham* it is (in) his nature; *det -r til familien* it runs in the family;
det -r lang tid ***tilbage*** it is a long time ago;
~ ***under for*** give in to, yield to (*fx* a temptation); F succumb to; *han -r under for hende* she dominates him;
huset -r ***ved*** *floden* the house stands by (*el.* on) the river.

liggedage *sb.pl. (sø.)* lay-days.

liggedagspenge *sb.pl. (sø.)* demurrage.

liggehal open-air shelter.

liggehøne sitting (*el.* brood) hen.

liggende *adj.* **1.** lying; F *(på maven)* prone, prostrate; *(på ryggen)* supine; *(i kunst)* reclining;
2. *(her.)* couchant (*fx* a lion couchant);
□ *blive ~ a)* stay (*fx* you had better stay in bed; the snow didn't stay); *b) (blive efterladt)* be left (*fx* the money was left on the table); *c) (om legeme i bevægelse)* come to rest (*fx* the ball came to rest on the roof); *han (faldt og) blev ~* he (fell and) did not get up; F he (fell and) did not rise again; *lade blive ~* leave;
[med sb.] ~ ***gæst*** visitor for (*el.* staying) the night; *vi har ~ gæster* we have some people staying with us; *i ~* ***stilling*** lying down; F in a reclining position; *(på maven)* prostrate, in a prone position (*fx* fire a shot in a prone position).

liggendefæ property.

liggeplads 1. *(i liggevogn)* couchette; **2.** *(sø.)* berth.

liggestol deck chair.

liggesår bedsore (*fx* he developed a bedsore).

liggevogn couchette coach.

liggift ptomaine.

lighed *sb. (en, -er)* **1.** likeness (*med* to; *mellem* between, *fx* between father and son; he had a strong likeness to his father; a family likeness); *(svagere)* similarity (*med* to; *mellem* between); *(mere* F*)* resemblance (*med* to; *mellem* between, *fx* the story had no resemblance to the facts; there was a strong (, faint) resemblance between them; family resemblance);
2. *(i rettigheder)* equality (*fx* equality before the law);
3. *(overensstemmelse)* conformity (*med* with);
□ *i ~ med* like; *forskelle og -er* differences and similarities.

lighedspunkt point of resemblance (*el.* similarity); similarity (*fx* there are many similarities between them).

lighedstegn equals sign, equality sign, sign of equation;
□ *sætte ~ mellem (fig.)* equate with (*fx* you cannot equate wealth with happiness).

ligkapel *(fx på hospital)* mortuary; *(på kirkegård)* chapel of rest.

ligkiste coffin; *(am.)* casket; *(se også pind (til min ~))*.

ligkistesøm *(også* S *= cigaret)* coffin nail.

ligklæde *sb. (over kisten)* hearse cloth; *(se også ligklæder, liglagen)*.

ligklæder *sb.pl.* grave clothes.

liglagen shroud, winding sheet.

ligne[1] *vb. (se også lignende)* **1.** *(om udseende)* look like (*fx* he looks like a tramp; she looks like her mother; it looks like salt); *(mere* F*)* resemble;
2. *(om væsen)* be like (*fx* it is not like him to do such things; she is like her mother: kind and cheerful); resemble; *(slægte på)* take after (*fx* she takes after her mother);
3. *(om billede)* be like (*fx* I didn't think his portrait was very like); look like (*fx* the picture doesn't look like me);
4. *(være af samme art)* be similar to (*fx* his problems were similar to mine);
□ *en* ***der*** *-r den her (også)* one similar to this one; *ih* ***hvor det*** *-r Peter! det -r rigtig Peter!* that's Peter all over! that's just like Peter! *hvor det -r Peter at glemme nøglen* it is just like Peter to forget the key; trust Peter to forget the key;
det -r ***ikke*** *dig at gøre det* it is not like (*el.* it is unlike) you to do that; *ikke det der -r* T not a bit; *det -r* ***ikke noget*** *(at)* it is ridiculous (to); *det* ***kunne godt*** *~ ham (ɔ: at gøre sådan etc.)* I would not put it past him;
de -r hinanden ***meget*** they are very much alike; they are very like each other (*el.* very similar); *(se også dråbe)*; ~ ***på*** *et hår se hår*;
han -r ***sig selv*** he is just the same as ever; *han -r ikke sig ~* he is not himself; *han -r ikke mere sig ~* he is not his old self.

ligne[2] *vb. (om skatter)* assess.

lignelse *sb. (en, -r) (bibelsk)* parable;

□ *tale i -r* speak in parables.
lignende *adj.* similar (*fx* he has a similar problem);
□ *eller* ~ or the like; *noget* ~ something like that; *jeg har aldrig set noget* ~ I never saw anything like it; I never saw the like of it; *og* ~ and the like; etc.; *på* ~ *måde* in a similar way, similarly; F in like manner.
ligning *sb. (en, -er)* **1.** *(mat.)* equation; **2.** *(af skat)* assessment;
□ *løse en* ~ solve an equation; *en* ~ *af anden (, nte) grad* an equation of the second (, nth) degree; *en* ~ *af første grad* a simple equation.
ligningskommission assessment committee.
ligningsmand (tax) assessor.
ligplet livor.
ligpose *(mil.)* body bag.
ligrøver **1.** grave robber; **2.** *(som stjæler lig)* body snatcher.
ligsyn [inspection of the body by a medical officer];
□ *legalt* ~ *(svarer til)* (coroner's) inquest.
ligtog funeral procession; *(af biler)* funeral cortège.
ligtorn corn.
ligtorneplaster corn plaster.
ligtøj *se ligklæder.*
liguster *sb. (en, ligustre) (bot.)* privet.
ligusterhæk privet hedge (*fx* the Conservatives retire behind a privet hedge).
ligustersværmer *(zo.)* privet hawk-moth.
ligvogn hearse.
likvid *adj.* **1.** *(om penge)* liquid, available; **2.** *(om person el. firma, kun efter sb.)* having available funds;
□ *han er ikke* ~ he has no available funds; *-e midler* available funds, liquid assets.
likvidation *sb. (en, -er)* winding-up, liquidation;
□ *træde i* ~ go into liquidation, be wound up.
likvidere *vb.* **1.** liquidate, wind up; **2.** *(henrette, udrydde)* liquidate.
likvidering *sb. (en, -er)* liquidation.
likviditet *sb. (en)* liquidity.
likviditetskrise liquidity crisis.
likviditetsproblemer, **likviditetsvanskeligheder** *sb.pl.* liquidity problems, cash-flow problems (*el.* difficulties).
likør *sb. (en, -er)* liqueur.
likørfabrik liqueur distillery.
lilje *sb. (en, -r)* **1.** *(bot.)* lily; **2.** *(fransk ~)* fleur-de-lis.
liljekonval *sb. (en, -ler) (bot.)* lily-of-the-valley.
lilla *adj.* purple; mauve, lilac.
lille *adj. (pl. små) (se også mindre, mindst, små)* **1.** *(kun om størrelse, mods.* large*)* small (*fx* country, house, family; change, mistake, problem, businessman); *(mere følelsesbetonet, mods.* big*)* little (*fx* garden, problem, smile; we had a little discussion; a nice little house; he is a nasty little brute);
(let) slight (*fx* change, difference, error, improvement, increase, mishap);
2. *(om persons højde; om varighed, afstand)* short (*fx* a short fat man; a short interval (, trip, way));
3. *(i lille format)* miniature (*fx* a miniature Napoleon);
4. *(om bogstav)* small, lower-case; *(se også bogstav)*;
5. *(knap)* rather less than, just under (*fx* a week); not quite (*fx* a million);
□ ~ *bitte se bitte*; *da jeg var* ~ when I was a little boy (, girl); when I was quite young (*el.* small *el.* little); *fra* ~ *af* from childhood; since I (, he etc.) was a child; *[med pron.]* ***den*** ~ *(ɔ: barnet)* baby (*fx* baby is crying); ***en*** ~ a baby (*fx* she is going to have a baby); *få en* ~ have a baby; *en* ~ *en (ɔ: drink)* a quick one; *have en* ~ *en på* be tiddly; *en* ~ *dreng (, pige) a) (kun om størrelse)* a small boy (, girl); *b) (også om alder)* a little boy (, girl); *en* ~ *uge (etc.), se 5.*
Lilleasien *(geogr.)* Asia Minor.
lillebitte *adj. se bitte.*
lillebro(de)r little brother; *(om den yngste også)* baby brother.
Lillebælt *(geogr.)* the Little Belt.
lillefinger little finger;
□ *hvis man rækker ham en* ~ *tager han hele armen* give him an inch and he will take a yard (*el.* a mile); *det er som at række fanden en* ~ it is the thin end of the wedge; *hun kan vikle ham om sin* ~ she can twist (*el.* turn) him round her little finger.
lillehjernen *(anat.)* the cerebellum.
lillejuleaften the night before Christmas Eve.
lilleput[1] *sb. (en, -ter)* midget; *(litt.)* Lilliputian.
lilleput[2] *adj.* midget; *(litt.)* lilliputian.
lilleputstat midget state.
lilleskole little (private) school.
lilleslem *(i kortspil)* little slam.
lillesøster little sister; *(om den yngste også)* baby sister.
lilletromme *(mus.)* side drum, snare drum.
lilletå little toe.
lim *sb. (en)* **1.** glue; **2.** *(fugle-)* birdlime; **3.** *(til papir etc.)* size.
limbo[1] *sb. (et) (rel. & fig.)* limbo;
□ *befinde sig i et* ~ be in limbo.
limbo[2] *sb. (en, -er) (dans)* limbo.
lime[1] *sb. (en, -s) (frugt)* lime.
lime[2] *vb.* glue;
□ ~ *sammen* glue together; *-t papir* sized paper.
limfarve *sb. & vb.* distemper.
limitere *vb.* limit;
□ ~ *en pris* limit a price.
limitum *sb. (et, limita el. -er)* limit.
limning *sb. (en)* gluing;
□ *gå op i -en a)* come unstuck; *b) (gå i opløsning)* come apart at the seams; *c) (*T*: bryde sammen)* crack up; *d) (blive rasende)* fly off the handle.
limonade *sb. (en, -r)* lemonade.
limpind lime twig;
□ *hoppe på -en se limstang.*
limpotte glue pot.
limstang: *løbe med -en* swallow the bait, be led up the garden path, be taken in.
limstift glue stick.
limtræ laminated wood.
lind[1] *sb. (en, -e) (bot.)* lime.
lind[2] *adj.* **1.** *(blød)* soft; **2.** *(tynd)* thin;
□ *en* ~ *strøm* a steady flow (*el.* stream).
linde *vb.* loosen;
□ ~ *på døren* open the door a little.
lindetræ **1.** lime, lime tree; **2.** *(materiale)* lime wood.
lindre *vb.* relieve (*fx* pain, suffering, distress, hardship); ease (*fx* pain, suffering, sorrow); *(om smerte også, mere* F*)* soothe (*fx* pain, a toothache; soothing medicine); *(kun for en tid,* F*)* alleviate (*fx* pain, suffering, grief, sorrow).
lindring *sb. (en, -er)* relief; F alleviation.
line *sb. (en, -r)* **1.** line; **2.** *(linedansers)* tightrope;
□ *gå på* ~ walk the tightrope; *løbe -n ud* go the whole hog; *lade ham løbe -n ud* give him enough rope to hang himself; *på slap* ~ *se slap*[1].
lineal *sb. (en, -er)* ruler.
linear = *lineær.*
linedans tightrope walking.
linedanser tightrope walker.
lineær *adj.* linear.
lingeri *sb. (et, -er)* lingerie.
lingvist *sb. (en, -er)* linguist.

lingvistik *sb. (en)* linguistics.
lingvistisk[1] *adj.* linguistic.
lingvistisk[2] *adv.* linguistically.
linie *sb. (en, -r)* **1.** line;
2. *(bus-)* service, route (*fx* a map of all the services (*el.* routes)); *(nummer)* number (*fx* take number five);
3. *(typ.)* rule;
□ *passere -n (sø.)* cross the line; *slå -r* rule;
[med adj.] i ***første*** *~, se ndf.; i* ***lige*** *~ se lige*[2]*; den* ***nederste*** *~ (i regnskab)* the bottom line; ***ny*** *~ (i diktat)* new paragraph; ***punkteret*** *~* dotted line; *vi må have* ***rene*** *-r* we must have this straight; *lad os få rene -r* let's put things straight; *i* ***store*** *-r se ndf.; (se også varm);*
[med præp.] ***i*** *første ~* first of all; F primarily; *i store -r (fig.)* in (broad) outline; *læse* ***mellem*** *-rne (fig.)* read between the lines; ***over*** *hele -n* all along the line (*fx* reductions all along the line); *(ens for alle)* across the board (*fx* a pay rise of 10 per cent across the board); *ligge* ***på*** *~* be in line; *vi ligger på ~ (også, fig.)* we see eye to eye; *partierne ligger næsten på ~ (også)* the parties run each other close; ***på*** *~* ***med*** in line with; *ligge på ~ med a) (også fig.: stemme overens med)* be in line with; *b) (være enig med)* be in agreement with; T see eye to eye with; *stille på ~ (ɔ: lige) med* put on an equal footing with, treat on a par with.
linieafstand *(på skrivemaskine etc.)* line spacing.
liniebetaling payment by the line.
liniedommer *(i tennis)* linesman.
liniefag main subject.
linieføring *(om trafikrute)* layout.
linieofficer *(mil.)* officer of the line.
liniere *vb.* rule;
□ *-t papir* ruled paper.
linieskib ship of the line.
linieskriver *(edb)* line printer.
linietropper *sb.pl.* troops of the line, regulars.
linietæller *(typ.: tal i margen)* runner.
linieudgang 1. *(typ.)* end of a line;
2. *(udgangslinie)* break-line.
linievogter *(i fodbold)* linesman.
linje = *linie.*
linjere = *liniere.*
linned *sb. (et)* linen;
□ *i det blotte ~* in his (, her etc.) underwear; *vaske sit snavsede ~ for uvedkommendes øjne* wash one's dirty linen in public.
linnedskab linen cupboard.
linning *sb. (en, -er)* **1.** band;
2. *(hals-)* neckband; **3.** *(bukse-)* waistband;
□ *bukser med lav ~* hipster trousers.
linoleum *sb. (et)* linoleum; T lino.
linoleums- linoleum (*fx* carpet, layer).
linoleumssnit, linoleumstryk linocut.
linolie linseed oil.
linotype *sb. (en)* linotype.
linse *sb. (en, -r)* **1.** *(frugt)* lentil; **2.** *(glas-, øjets, foto.)* lens; **3.** *(i ur)* bob;
□ *franske -r* chocolate beans; *sælge sin førstefødselsret for en ret -r* sell one's birthright for a mess of pottage.
lire[1] *sb. (en, -) (mønt)* lira (pl. lire).
lire[2] *vb.: ~ af a) (hurtigt)* reel (*el.* rattle) off (*fx* a speech, a poem, a story); *b) (utydeligt)* gabble (*fx* a story, prayers).
lirekasse barrel organ.
lirekassemand organ grinder;
□ *slå en til ~* knock the living daylights out of sby.
lirke *vb.* coax (*fx* the key into the lock); work (*fx* work a stone into place; work 'in the key);
□ *~ sig* ***frem*** feel one's way; *~ noget* ***ud*** *(ɔ: som sidder fast)* winkle (*el.* tease) sth out; *~ oplysninger* ***ud af*** *se liste*[3]*; ~* ***ved*** *låsen a)* try the lock; *b) (for at få den op)* coax the lock.
lirumlarum *sb. (en) (om tale)* rigmarole;
□ *den samme ~* the old story.
lise *sb. (en) (lindring)* relief (*fx* it was a great relief); F solace (*fx* it was a solace to me).
Lissabon *(geogr.)* Lisbon.
list *sb. (en)* **1.** *(snedighed)* cunning;
2. *(listigt påfund)* trick, dodge; F stratagem;
□ *klare (el. ordne) noget med ~ og lempe* manage sth (very) smoothly.
liste[1] *sb. (en, -r)* **1.** *(langt smalt stykke)* strip (*fx* of wood, of rubber); *(af træ også)* fillet; *(profil-, fx til billedramme)* moulding; *(omkring rude, over samling)* beading;
2. *(kantstrimmel)* list, selvage;
3. *(glds.: til spædbørn)* swaddling-band.
liste[2] *sb. (en, -r) (fortegnelse; også om kandidat-)* list; *(se også valgliste)*;
□ *lave (el. opstille el. udfærdige) en ~* ***over*** make (*el.* draw up) a list of; *på -n* on the list.
liste[3] *vb. (se også listende)* **1.** walk softly (*fx* we must walk softly, he is asleep); *(på tåspidserne)* walk on tiptoe;
2. *(med retningsangivelse)* steal, creep (*fx* into (, out of) the room, past the door, up the stairs); *(lumskt)* sneak; *(på tåspidserne)* tiptoe; *(smutte)* slip;
3. *(søgende)* prowl (*fx* prowl about);
4. *(anbringe (, fjerne) ubemærket)* slip (*fx* he slipped the knife into (, out of) his pocket); *(fjerne også)* lift (*fx* he lifted (*el.* slipped) the purse out of her bag);
□ *~* ***af*** *a)* steal away; *(smutte)* slip away; *b)* (T: *gå sin vej)* push off (*fx* I'll be pushing off, then); *(neds.)* slope off; *~ noget* ***fra*** *en* trick sby out of sth; *~ en kniv* ***op af*** *lommen* slip a knife out of one's pocket; *~ oplysninger* ***ud af*** *en* tease information out of sby; *(listigt, lidt efter lidt)* worm information out of sby; T wangle information out of sby; *(am.)* pry information out of sby; *han prøvede at ~* ***udenom*** *(fig.)* he tried to dodge the issue;
[med sig] ~ ***sig bag på*** *en* steal (, sneak) up behind sby; *~* ***sig bort*** steal (, slip) away; *~* ***sig ind på*** steal (, creep, sneak) up on; *~* ***sig til at*** *gøre noget* do sth on the quiet; *~ sig til at se (på) noget* steal a glance at sth; T have a peep at sth.
liste[4] *vb. (lave en liste over, opføre)* list.
listearien *(mus.)* the catalogue song.
listeforbund *(ved valg)* electoral pact.
listefører *(ved valg)* polling clerk.
listeloft panelled ceiling.
listende *adj.* stealthy (*fx* footsteps);
□ *komme ~* creep (stealthily) up.
listesko *sb.pl.: gå på ~ a)* walk softly; *b) (neds.)* prowl; *c) (fig.)* watch one's step; tread cautiously.
listetyv sneak thief.
listig *adj.* sly; F wily.
listighed *sb. (en)* slyness; F wiliness.
litani *sb. (et, -er)* litany.
Litauen *(geogr.)* Lithuania.
litauer *sb. (en, -e),* **litauisk** *sb. (et) & adj.* Lithuanian.
lit de parade*: ligge på ~* lie in state.
liter *sb. (en, -)* litre (*fx* two litres of milk);
□ *køre 15 km på -en se køre*[2]*.*
litermål litre measure.
litium *sb. (et) (kem.)* lithium.
litograf *sb. (en, -er)* lithographer.

litografere *vb.* lithograph.
litografi[1] *sb. (et, -er) (billede)* lithograph.
litografi[2] *sb. (en) (litografering)* lithography.
litografisk[1] *adj.* lithographic.
litografisk[2] *adv.* lithographically.
litra *sb. (et el. en)* letter; schedule.
litterat *sb. (en, -er)* man of letters.
litteratur *sb. (en, -er)* literature.
litteraturforsker literary scholar.
litteraturhistorie literary history, history of literature.
litteraturhistoriker literary historian.
litteratursøgning information retrieval.
litterær *adj.* literary.
litterært *adv.* from a literary point of view (*fx* write on a subject from a literary point of view); viewed as literature;
□ ~ *interesseret* interested in literature.
liturgi *sb. (en)* liturgy.
liturgisk *adj.* liturgical.
liv *sb. (et, -)* **1.** life (pl. lives);
2. *(talje)* waist; T middle;
3. *(overdel af kjole)* bodice;
□ ***-et*** *a) (generelt)* life (*fx* life is wonderful; enjoy life); *b) (ens eget ~)* one's life (*fx* lose one's life; risk one's life); *-et er andet end arbejde* there's more to life than just working; *hele -et* all one's life; *sådan er -et* that's life;
[forsk. forb.] ***hårdt*** *~ (med.)* constipation; *så* ***længe*** *der er ~ er der håb* while there's life there's hope; *det er* ***mit*** *(, dit etc.)* ***-s*** *store chance* it's the chance of a lifetime; *jeg fik mit -s forskrækkelse* I got the fright of my life; ***i moders*** ~ in the womb; *(se også offentlig)*;
[med vb.] det ***gælder*** *-et, det gælder ~ eller død* it is a matter of life and death; *holde fast (, løbe) som om det gjaldt -et* hang on (, run) for dear life; *jeg kunne ikke gøre det om det så gjaldt -et* I couldn't do it to save my life; *det er vel ikke -et* ***om at gøre*** is it all that important? is it all that desparately urgent? ***sætte*** *~* ***i*** *a) (gøre mere aktiv)* put life into (*fx* them); F vitalize (*fx* Danish industry); *b) (gøre mere munter)* liven up; F enliven (*fx* a party); *(se også klud)*; *sætte nyt ~ i* give (*fx* the shipbuilding industry) a new lease of life; F revitalize (*fx* the shipbuilding industry); ***tage*** *-et* ***af*** *a) (dræbe)* kill; *b) (fig.: være for meget for)* be the death of (*fx* those children will be the death of me); *c) (om et rygte)* kill, stamp out (*fx* a rumour); *tage -et af sig* take one's own life, commit suicide; *(se også lade*[2]*, leve*[2]*, nyde, opretholde, plage*[2]*, skræmme)*;
[med præp.] ***for*** *(hele) -et* for (the whole of one's) life; *~ for ~* a life for a life; *løbe for -et* run for dear life; *holde en tre skridt* ***fra*** *-et* keep sby at arm's length, keep sby at a distance; *bliv mig fra -et!* keep off! ***i -e*** alive; *aldrig* ***i -et*** never in my life (*fx* will I try that again); *(se også skræk)*; *aldrig i -et!* over my dead body! *rykke* ***ind på*** *-et af en* close in on sby; *han fik problemet ind på -et* the problem came closer to him, the problem affected him more closely; *slippe fra det* ***med -et*** *i behold* escape with one's life (*el.* in one piece); *vi sad med -et i hænderne* we had our hearts in our mouths; *arbejde* ***med*** *~* ***og lyst*** work with a will; *han gik op i sit arbejde* ***med*** *~* ***og sjæl*** he devoted himself to his work heart and soul; *vandet gik ham til* ***midt på*** *-et* he was waist-deep in water;
om -et round one's waist (*fx* she had a sash round her waist);
T round one's (*el.* the) middle (*fx* he is 50 inches round the middle; you are getting a bit fat round the middle); *de gik med hinanden om -et* they walked with their arms round each other (*el.* each other's waists); *tage en om -et* put an (*el.* one's) arm round sby's waist; *hun er slank om -et* she has a slender waist; *-et om at gøre, se ovf.*; *kamp* ***på*** *~ og død* life-and-death struggle; ***på -et løs*** for dear life (*fx* they were arguing for dear life); for all one is worth (*fx* they were singing (, competing) for all they were worth);
kalde ***til -e*** call into existence (*el.* being); *kalde til -e igen* revive; F resuscitate; *(se også vække (til -e))*; *komme* ***til -s*** *a) (en person)* get at; *b) (et onde)* get rid of; put down (*fx* drug pushing); stamp out (*fx* a disease); *sætte til -s* devour; T put away; *ville en til -s* T have it in for sby, have one's knife into sby; *gå* ***ud i*** *-et* go out into the world.
livagtig *adj.* lifelike (*fx* picture).
livagtigt *adv.* to the life (*fx* imitate sby to the life).
live[1] *adj. & adv.* live (*fx* broadcast, recording; it was recorded live).
live[2] *vb.: ~ op* cheer up; *(se også landskab)*.
livegen *adj.* **1.** adscript; **2.** *(brugt som sb.)* serf.
livegenskab *sb. (et)* serfdom.
livfuld[1]*: et ~ hug (let glds.)* a (good) beating.
livfuld[2] *adj.* vivid (*fx* description).
livgarde household troops pl.;
□ *-n* the Royal Life Guards.
livlig *adj.* **1.** lively; *(stærkere)* animated (*fx* discussion, conversation, party); spirited (*fx* discussion);
2. *(rask, hurtig)* brisk (*fx* movements, traffic, trade);
3. *(om person)* lively; *(især om kvinde)* vivacious (*fx* a vivacious little lady); *(om ældre person også)* sprightly; F spry (*fx* old gentleman);
□ *en ~ fantasi* a lively (*el.* vivid) imagination.
livlighed *sb. (en) (jf. livlig)* **1.** liveliness; animation; **2.** briskness; **3.** liveliness; vivacity; sprightliness;
4. *(munterhed)* gaiety.
livline lifeline.
livlæge physician-in-ordinary;
□ *dronningens ~* the queen's personal physician.
livløs *adj.* **1.** lifeless (*fx* his lifeless body; lifeless machines (, stones)); F inanimate; **2.** *(kedelig etc.)* lifeless.
livløshed *sb. (en)* lifelessness.
livmo(de)r womb; *(fagl.)* uterus.
Livorno *(geogr.)* Livorno; *(let glds.)* Leghorn.
livré, livre *sb. (et, livreer)* livery.
livredder lifeguard, life-saver.
livredning life-saving.
livréklædt, livreklædt *adj.* liveried.
livrem belt;
□ *spænde -men ind (også fig.)* tighten one's belt; *gå både med ~ og seler (fig.)* wear both belt and braces.
livrente annuity.
livret *sb. (en, -ter)* favourite dish;
□ *det er ikke min ~ (fig.)* it is not my cup of tea; *det forslag er ikke deres ~* they are not very keen on that proposal; that proposal will take a lot of swallowing.
livsaften the evening of one's life (*fx* they are approaching the evening of their lives).
livsalig *adj.* blissful (*fx* peace); delicious.
livsanskuelse outlook on life; philosophy (of life).
livsappetit zest.
livsarving heir of the body; *-er* issue sg.
livsbane 1. course of (sby's) life;
2. *(karriere)* career.

livsbekræftende[1] *adj.* optimistic; life-affirming.
livsbekræftende[2] *adv.* optimistically.
livsbetingelse vital necessity; F sine qua non;
□ *en ~ for* of vital importance to, vital to.
livseliksir elixir of life.
livserfaren *adj.* experienced.
livserfaring experience of life.
livsfange *se livstidsfange.*
livsfare: *han er i ~ a)* his life is in danger; he is in mortal danger; *b) (om syg)* he is in a critical state.
livsfarlig *adj.* highly dangerous;
□ *det er -t (også)* it could be fatal; *-t kvæstet* critically injured.
livsfjern *adj.* **1.** *(om person: upraktisk)* impractical; *(kun optaget af åndelige ting)* otherworldly;
2. *(om tænkning)* purely theoretical (*fx* speculations).
livsform **1.** way of life, life style; **2.** *(biol.)* form of life.
livsfornødenhed necessity (of life), vital necessity.
livsforsikre *vb.*: *~ en* insure sby's life; *~ sig* insure one's life; F assure one's life.
livsforsikring life insurance; F life assurance;
□ *tegne en ~ (ɔ: om forsikringstager)* take out a life insurance.
livsforsikringsanstalt life-insurance office; F life-assurance office.
livsforsikringspolice life-insurance policy; F life-assurance policy.
livsforsikringspræmie life-insurance premium; F life-assurance premium.
livsforsikringsselskab life-insurance company; F life-assurance company.
livsførelse (conduct of) life.
livsgerning **1.** *(erhverv)* occupation; F calling; **2.** *(livsværk)* life work.
livsglad *adj.* happy, cheerful.
livsglæde happiness, cheerfulness; F joie de vivre.
livsgnist spark of life.
livshistorie: *hendes ~* the story of her life.
livsholdning **1.** attitude to life; **2.** *(filosofi)* philosophy (of life).
livsindstilling *se livsholdning.*
livskabt *adj.*: *aldrig i mine -e dage* never in all my life.
livskraft vitality.
livskraftig *adj.* vigorous.
livskvalitet quality of life.
livslang lifelong (*fx* friendship);
□ *~ uddannelse* continuing (*el.* permanent) education; lifelong learning (*el.* education).
livslede deep depression.
livsledsager: *min ~* the partner of my life; *(spøg.)* the light of my life.
livslyst *se livsglæde.*
livsløb *se livsbane.*
livsløgn life lie.
livsløn lifetime salary (, wage); T lifetime's pay (*fx* this is more than the lifetime's pay of a skilled worker).
livsmod courage; spirits pl.;
□ *berøve ham -et* break his spirit.
livsmønster way of life, life style.
livsnerve **1.** *(livsbetingelse)* lifeblood (*fx* self-confidence is the lifeblood of democracy); **2.** *(vigtig forbindelse)* life nerve, lifeline.
livsnær *adj.* *(mods. teoretisk)* practical, down-to-earth.
livsopfattelse *se livsholdning.*
livsopgave mission (*el.* business) in life; *(især iron.)* vocation in life.
livsophold **1.** subsistence; **2.** *(udkomme)* living, livelihood.
livsprincip **1.** vital principle; **2.** *(grundsætning)* principle (of one's life).
livsrum lebensraum.
livssag: *det er en ~ for ham* it is of vital importance to him; *det blev en ~ for ham* he devoted his whole life to it.
livsstil life style.
livsstilling **1.** occupation; *(især om "finere" erhverv)* profession (*fx* he was a teacher by profession);
2. *(fast stilling)* permanent post;
□ *mænd i alle -er* men in all walks of life; *vælge en ~* choose a career.
livsstilssygdomme *sb.pl.* diseases resulting from one's life style.
livsstraf *se dødsstraf.*
livssyn *se livsanskuelse.*
livstegn sign of life;
□ *give et ~ fra sig* show sign(s) of life.
livstestamente living will.
livstid life (time);
□ *på ~* for life (*fx* imprisonment for life; president for life).
livstidsfange *sb.* life prisoner; T lifer.
livstruende *adj.* life-threatening (*fx* disease); potentially fatal.
livstræ tree of life.
livstræt *adj.* world-weary; *(præd. også)* weary of life.
livstråd thread of life.
livstykke *(undertøj)* bodice;
□ *hun er et ~ (ɔ: livsglad person)* she is full of fun; she is a live wire.
livsudfoldelse **1.** self-expression; self-realization; **2.** *(livlighed)* liveliness.
livsvarig *adj.* lifelong (*fx* friendship); *(præd.)* for life (*fx* imprisonment for life);
□ *blive idømt -t fængsel (også)* get a life sentence.
livsvigtig *adj.* vital.
livsvilje will to live.
livsvilkår *sb.pl.* conditions of life, living conditions.
livsværdier *sb.pl.* values.
livsværk life's work.
livsytring manifestation of life.
livsånder: *styrke de sunkne ~* revive one's sagging (*el.* drooping) spirits.
livtag: *tage ~ med* wrestle with.
livvagt bodyguard.
livvidde waist (measurement).
lix *sb. (et)* readability index.
LO *se landsorganisation.*
lo[1] *sb. (en, -er)* threshing floor; *(lade)* barn.
lo[2] *præt. af le*[2].
lobbyisme *sb. (en)* lobbyism.
lobbyist *sb. (en, -er)* lobbyist.
lobhudle *vb.* overpraise; *(am.)* boost.
lockout *sb. (en, -er)* lock-out.
lockoute *vb.* lock out.
loco **1.** *(mus.)* loco; **2.** *(hdl.)* (on the) spot;
□ *~ København* spot Copenhagen.
loco- *(hdl.)* spot (*fx* market, price, rate, trade).
lod[1] *sb. (en, -der)* **1.** *(skæbne)* fate; F lot (*fx* he is content with his lot);
2. *(andel)* portion, share;
3. *(jord-)* plot, lot;
□ *det faldt i min ~ at* it was my fate to; F it fell to my lot to; *jeg har hverken ~ eller del i dette* I have no part or lot in this.
lod[2] *sb. (et, -der) (seddel i lotteri, tombola etc.)* ticket;
□ *-det faldt på (el. traf) ham* the lot fell on him;
[med vb.] ***kaste*** *~ om* cast (*el.* throw) lots for; ***trække*** *~ om* draw lots for; *trække ~ med ham om hvem der skal begynde* draw lots with him to decide who is to begin.
lod[3] *sb. (et, -der)* **1.** *(til vejning; i ur)* weight;
2. *(til at måle om noget er lodret, i byggeri)* plumb bob;
3. *(til dybdemåling, sø.)* lead;
4. *(i fiskeri)* sinker;
□ *lægge det afgørende ~ i vægtskålen* turn the scale;
[med præp.] være ***i*** *~ (ɔ: lodret)* be plumb; *den er i ~* (T, *let glds.)*

OK; *få bund* **med** *-det (sø.)* obtain soundings; *uret går med -der* the clock is worked by weights; *det gik med -der og trisser a) (det var ikke retfærdigt)* it was wheels within wheels; *b) (det gik med besvær)* it took a lot of doing; ***ude af*** ~ out of plumb.

lod[4] *præt. af lade.*

lodde[1] *sb. (en, -r) (fisk)* capelin, caplin.

lodde[2] *vb.* **1.** *(sø.)* take soundings; *(med objekt: måle dybden af)* sound;
2. *(fig.: prøve at finde ud af)* gauge (*fx* gauge the mood of a meeting); test (*fx* the atmosphere *(stemningen)*);
3. *(fig.: forstå)* fathom (*fx* a mystery I cannot fathom); *(litt.)* plumb (*fx* his soul).

lodde[3] *vb. (metal)* solder;
□ ~ *sammen* solder.

loddebolt soldering iron.

loddekolbe soldering iron.

loddelampe soldering lamp.

loddeline *(sø.)* sounding line.

loddemetal solder.

lodden *adj.* **1.** *(behåret)* hairy (*fx* legs);
2. *(med pels)* furry (*fx* tail; furry little creatures);
3. *(langhåret, pjusket)* shaggy (*fx* dog);
4. *(om stof)* fleecy;
□ ~ *hue* fur cap; *vende det lodne ud (fig.)* cut up rough.

loddenhed *(jf. lodden)* **1.** hairiness; **2.** furriness; **3.** shagginess; **4.** fleeciness.

loddetin tin solder.

lodline *(sø.)* lead line.

lodlinie, lodlinje plumb line, vertical.

lodning *sb. (en, -er)* **1.** *(af metal)* soldering; **2.** *(sø.)* sounding.

lodret[1] *adj.* vertical (*fx* line, cliff, take-off); *(også: stejl)* perpendicular (*fx* descent, fall; cliff, mountain side); *(meget stejl)* sheer (*fx* cliff, drop);
□ *en* ~ *løgn* a downright lie.

lodret[2] *adv. (jf. lodret*[1]*)* vertically; perpendicularly; sheer;
□ ~ ***ned*** vertically down; straight down (*fx* fall straight down); *(se også arkivere).*

lods *sb. (en, -er)* pilot.

lodsafgift pilotage.

lodsbåd pilot boat.

lodse *vb.* pilot;
□ ~ *en hjem* guide (*el.* steer) sby home; ~ *en over gaden* ferry sby across the street.

lodseddel (lottery) ticket.

lodsejer 1. plot owner; **2.** *(af bebygget grund)* site owner.

lodsformand *(sø.)* foreman pilot.

lodskaptajn *(sø.)* chief pilot.

lodskud *(sø.)* **1.** *(udkastning af loddet)* cast of the lead; **2.** *(dybdemåling)* sounding;
□ *tage* ~ take soundings.

lodsning *sb. (en, -er) (sø.)* pilotage, piloting.

lodsnor plumb line.

lodsoldermand chief pilot.

lodspatent pilotage certificate.

lodspligt compulsory pilotage.

lodsstation pilot station.

lodstjeneste pilotage duty.

lodstvang compulsory pilotage.

lodsvæsen pilotage authority.

lodtrækning 1. *(det at trække lod)* drawing lots; **2.** *(enkelt)* draw (*om* for, *fx* the draw for the first round of the European cup);
□ *foretage (, holde)* ~ make (, hold) a draw; *afgøre (, vælge) ved* ~ decide (, choose) by lot.

loft *sb. (et, -er)* **1.** *(under taget: især med lem)* loft (*fx* they converted the loft into a suitable room); *(rum med trappe)* attic;
2. *(i værelse)* ceiling;
3. *(fig.: maksimum)* ceiling (*fx* price ceiling);
□ *lægge* ~ *over (fig.)* put a ceiling on; fix a ceiling for; F impose a ceiling on;
[med præp.] ***fra*** ~ *til gulv* from (the) floor to (the) ceiling; *lyset* ***i -et*** the light in the ceiling; *lampen var fastgjort i -et* the lamp was fixed on the ceiling; *lampen hang i -et* the lamp hung from the ceiling; *ryge helt* ***op i -et*** (T: *af raseri)* hit the ceiling; *sætte noget (op)* ***på -et*** *(jf. 1)* put sth away in the loft; *(se også rotte*[1]*); der er højt (, lavt)* ***til -et*** the room (etc.) has a high (, low) ceiling.

loftbelysning, lofthøjde *(etc.) se loftsbelysning, loftshøjde (etc.).*

loftsbelysning ceiling light.

loftshøjde room height; floor-to-ceiling height.

loftskammer *se loftsværelse.*

loftsmaleri ceiling painting; ceiling fresco.

loftstrappe loft stairs pl.

loftsvindue skylight.

loftsværelse 1. room in the attic; **2.** *(lille, mørkt)* garret.

log *sb. (en, -ger) (sø.)* log;
□ *sætte -gen ud* heave the log.

logaritme *sb. (en, -r)* logarithm; T log.

logaritmetabel table of logarithms; T log table.

logaritmisk *adj.* logarithmic(al).

logbog log book;
□ *føre -en* keep the log.

loge *sb. (en, -r)* **1.** *(i teater)* box; **2.** *(frimurer-)* lodge.

logebroder member of a lodge.

logeplads *(teat.)* box seat.

logere *vb.* lodge; *(am.)* room.

logerende *sb.* lodger; *(am.)* roomer.

logge *vb. (sø.)* heave the log.

loggia *sb. (en, -er)* loggia.

logi *sb. (et, -er)* **1.** *(husly)* lodging, accommodation (*fx* find lodging (*el.* accommodation) for the night; free lodging);
2. *(sted hvor man bor)* lodgings pl. (*fx* he took me to his lodgings).

logihus *(for subsistensløse)* doss house; *(am.)* flophouse.

logik *sb. (en)* logic;
□ *det er der* ~ *i* that is logical; *det er* ~ *for perlehøns* it is as plain as a pikestaff.

logiker *sb. (en, -e)* logician.

logisk[1] *adj.* logical.

logisk[2] *adv.* logically.

logistik *sb. (en)* logistics.

logistisk[1] *adj.* logistic(al).

logistisk[2] *adv.* logistically.

logline *(sø.)* log line.

logo *sb. (et el. en, -er)* logo.

logogrif *sb. (en, -fer)* logogriph.

logopæd *sb. (en, -er)* speech therapist.

logre *vb.: hunden -de (med halen)* the dog wagged its tail; ~ *for en (fig.: krybe for)* crawl to sby, cringe to sby; *(litt.)* fawn on sby.

logulv threshing floor.

lok *sb. (en, -ker)* **1.** lock (*fx* a lock of hair); **2.** *(krølle)* curl; *(som hænger ned)* ringlet;
□ *-ker (ɔ: hår; glds., litt.)* locks (*fx* his dark locks); *(kvindes også)* tresses (*fx* her golden tresses).

lokal *adj.* **1.** local; **2.** *(tele.: brugt som sb.)* extension (*fx* extension 83).

lokalavis local paper.

lokalbane *(sidebane)* branch line.

lokalbedøve *vb.* apply a local anaesthetic (to);
□ *jeg blev -t* I had a local anaesthetic.

lokalbedøvelse 1. local anaesthesia; **2.** *(middel til ~)* local anaesthetic (*fx* I had a local anaesthetic).

lokalbefolkningen the local people, the locals pl.

lokale *sb. (et, -r)* room; *(større)* hall; *(kontor)* office;
□ *-r (ɔ: forretnings- etc.)* premises (*fx* move to new premises; the club had its own premises).

lokaleforhold *sb.pl.* accommodation sg. (*fx* poor accommodation).

lokalhistorie local history.

lokalisere *vb.* **1.** *(stedfæste)* locate (*fx* his hiding place); **2.** *(begrænse)* localize (*fx* the damage).
lokalisering *sb. (en, -er) (jf. lokalisere)* **1.** location; **2.** localization.
lokalitet *sb. (en, -er)* locality.
lokalkendskab local knowledge.
lokalkendt *adj. (præd.)* acquainted with the place.
lokalkolorit local colour (*fx* give (*el.* add) local colour to the description).
lokalløn [pay on an individual basis].
lokalnummer *(tele.)* extension number.
lokalnævn *(svarer til)* Police Complaints Board.
lokalpatriot local patriot.
lokalpatriotisk *adj.: være ~* be a local patriot.
lokalpatriotisme local patriotism.
lokalplan[1] *sb. (en, -er)* district plan.
lokalplan[2] *sb. (et): på ~* at the local level, locally.
lokalpolitik local politics.
lokalradio local radio.
lokalråd neighbourhood council.
lokalsamfund local community.
lokaltog local (*el.* suburban) train.
lokke[1] *vb. (se også lokkende)* **1.** tempt (*fx* the sunshine tempted them (to go) out; can't you tempt him (to come) over? tempt a child to eat up its carrots); *(især neds.)* entice (*fx* sby to do (*el.* into doing) sth; entice her away from her duties); *(neds.,* F*)* lure; *(mere neds.)* seduce (*fx* lure (, seduce) her away from her duties; seduce sby into doing sth);
2. *(overtale, besnakke)* persuade (*fx* sby to do (*el.* into doing) sth); *(blidt & gradvis)* coax (*fx* sby to do (*el.* into doing) sth); *(ved smiger, mere* F*)* cajole (*fx* sby into doing sth); *(og bedrag, mere* T*)* wheedle (*fx* sby into doing sth); F inveigle (*fx* sby into doing sth);
3. *(i jagt)* decoy;
□ *lade sig ~* T rise to the bait; *[med præp. & adv.] ~ noget* ***fra*** *en* wheedle sth out of sby; *~ et smil* ***frem*** F elicit a smile; *~ én* ***i*** *et baghold* ambush sby; *~ én i en fælde* trap sby, lead sby into a trap; *~ maden i ham a) (jf. 1)* tempt him to eat; *b) (jf. 2)* coax him into eating; *~ noget* ***ud af*** *en (jf. 2)* coax (, cajole, wheedle) sth out of sby (*fx* coax the information out of him; cajole a confession out of her; she wheedled the money out of her father); *(listigt, lidt efter lidt)* worm sth out of sby (*fx* worm the information (, the secret, the truth) out of him); *(se også liste*[3]*); jeg kunne ikke ~ en stavelse ud af ham* I could not get a word (*el.* sound) out of him.
lokke[2] *vb. (slå huller i)* punch.
lokke[3] *vb.: ~ sig (om hår)* curl.
lokkedue decoy; T stoolpigeon.
lokkemad bait.
lokkemaskine *(jf. lokke*[2]*)* punching machine.
lokkemiddel incentive (*fx* financial incentives); *(se også lokkemad).*
lokkende[1] *adj.* attractive, tempting, enticing (*fx* invitation, offer, smell); F alluring (*fx* prospects).
lokkende[2] *adv.* attractively, temptingly, enticingly.
lokker[1] *sb. (en, -e) se børnelokker.*
lokker[2] *pl. af lok.*
lokket *adj.* curly.
lokketoner *sb.pl. (fig.)* siren call sg.
lokkevare *(hdl.)* loss leader.
lokomobil *sb. (et, -er)* traction engine.
lokomotiv *sb. (et, -er)* **1.** (railway) engine; *(*F *el. fagl.)* locomotive; **2.** *(fig.)* locomotive (*fx* an economic locomotive).
lokomotivfører engine driver; *(am.)* engineer.
lokum *sb. (et, -mer) (vulg.)* bog; *(udendørs)* privy;
□ *-met brænder (fig., omtr.)* the fat's in the fire.
lollik *sb. (en, -ker)* Lollander.
lom *sb. (en, -mer) (zo.)* diver.
Lombardiet *(geogr.)* Lombardy.
lomme *sb. (en, -r)* pocket;
□ *betale det* ***af*** *sin egen ~* pay it out of one's own pocket; *gå* ***i*** *andre folks -r (ɔ: for at stjæle)* pick pockets; *stikke i -n se stikke; (se også greb*[2]*); komme* ***i*** *-n* ***på*** *en (fig.)* end in sby's pocket; *de er i -n på ham* he has them in his pocket; *have penge* ***på*** *-n* be flush (with funds), be in funds.
lommebog **1.** (pocket) notebook; **2.** *(kalender)* (pocket) diary.
lommefilosof homespun philosopher.
lommefilosofi homespun philosophy.
lommeformat pocket-size;
□ *i ~* pocket-size (*fx* a pocket-size edition (, dictator)).
lommekalender (pocket) diary.
lommekam pocket comb.
lommekniv pocket knife; *(mindre)* penknife; *(større)* jack knife.
lommelygte (electric) torch; *(især am.)* flashlight.
lommelærke hip flask.
lommepartitur *(mus.)* miniature score.
lommepenge *sb.pl.* pocket money sg.; *(am.)* allowance sg.;
□ *hvad får du i ~?* how much pocket money do you get? *han får £5 ~* he gets £5 pocket money.
lommeprokurator pettifogger; *(især am.)* shyster.
lommeregner pocket calculator.
lommesmerter *sb.pl.: have ~* be hard up, be strapped for cash.
lommespejl pocket mirror.
lommetyv pickpocket.
lommetyveri *(generelt)* pickpocketing;
□ *begå et ~* pick a pocket; *antallet af -er er steget 30 %* pickpocketing has gone up 30 per cent; *der har været mange -er* there have been many examples of pickpocketing; T there has been a lot of pickpocketing.
lommetørklæde (pocket) handkerchief; T hankie.
lommeudgave pocket edition.
lommeuld fluff.
lommeur (pocket) watch.
lomvi *sb. (en, -er) (zo.)* guillemot.
londoner *sb. (en, -e)* Londoner.
londonsk *adj. (attr.)* London (*fx* accent, bus).
look *sb. (et, -) (om tøj)* look (*fx* this year's look).
loop *sb. (et, -),* **loope** *vb. (flyv.)* loop.
loppe[1] *sb. (en, -r) (zo.)* flea.
loppe[2] *vb.: ~ en* ***op*** ginger sby up; *~* ***sig*** rid oneself of fleas; scratch oneself; *~* ***sig op til at*** pull oneself together and (*fx* do something about it).
loppefrø fleawort seed.
loppehalsbånd flea collar.
loppemarked **1.** *(til velgørenhed)* jumble sale; *(am.)* rummage sale; **2.** *se loppetorv.*
loppespil tiddlywinks.
loppestik flea bite.
loppetjans soft job; T cushy (*el.* jammy) job.
loppetorv flea market.
lord *sb. (en, -er)* lord;
□ *~ kansler (Engl.)* Lord (High) Chancellor; *~ seglbevarer (Engl.)* Lord (Keeper of the) Privy Seal.
loren *adj.: være ~ ved det* be uneasy about it.
lorgnet *sb. (en, -ter)* **1.** pincenez; **2.** *(stang-)* lorgnette.
lort[1] *sb. (et) (vulg.)* **1.** *(afføring)* shit, crap;
2. *(skidt, bras)* muck, crap; *(pænere udtryk)* rubbish;
□ *det er noget ~ a) (ærgerligt)* it is a bloody mess; *b) (dårligt)* it is a

load of shit (*el.* crap); *sikke noget ~!* shit!

lort[2] *sb. (en, -e) (vulg.)* **1.** piece of shit; *(fra dyr)* turd; **2.** *(om person)* bastard; *(grovere)* shit, turd.

los[1] *sb. (en, -ser) (zo.)* lynx.

los[2] *sb. (et, -) (T: spark)* kick; S boot (*fx* give him a kick (, boot) up the backside); *(se også røv).*

los[3] *adj. (sø.)* loose;
□ *give ~* let go; *kaste ~* cast off; *hvad er der ~?* what's up?

losning *sb. (en) (jf. losse*[1]*)* unloading; discharging.

losningsattest landing certificate.

losningshavn port of discharge.

losse[1] *vb. (læsse af)* unload (*fx* a cargo, a ship, a lorry); *(om last også)* discharge.

losse[2] *vb. (T: sparke)* kick; S boot (*fx* kick (, boot) him up the backside).

lossebom derrick.

lossepIads 1. *(til affald)* rubbish dump, rubbish tip; *(mere F)* refuse dump, landfill (site); waste (disposal) site; *(am.)* garbage dump;
2. *(fig.)* scrapheap (*fx* throw sth on the scrapheap); dumping ground (*for* for);
3. *(sø.: til at losse ved)* discharging berth.

lossepram lighter.

Lothringen *(geogr.)* Lorraine.

lotte *sb. (en, -r)* member of the Women's Army Corps.

lottekorps*: Danmarks ~* Women's Army Corps.

lotteri *sb. (et, -er)* **1.** lottery;
2. *(mindre, privat, for at skaffe penge til bestemt formål)* raffle;
□ *det er det rene ~, se lotterispil; (se også vinde*[2] *(i)).*

lotterigevinst prize.

lotterikollektion lottery agency.

lotterikollektør lottery agent.

lotteriseddel lottery ticket.

lotterispil*: det er et ~* it is a lottery (*el.* a gamble).

lotto *sb. (et, -er)* [national lotto].

lotus *sb. (en, -) (bot.)* lotus.

lotusstilling lotus position (*fx* sit in the lotus position).

lov[1] *sb. (en) (tilladelse)* permission;
□ *bede om ~ til at* ask permission to; *få ~ til at a) (få tilladelse)* be allowed to; F be permitted to, get permission to; *b) (uden at nogen gør noget)* be allowed to (*fx* the houses were allowed to fall into disrepair; here no one is allowed to starve); *frugten får ~ til at rådne (også)* the fruit is left to rot; *give én ~ til at (ɔ: tilladelse)* let sby, allow sby to (*fx* go away); F give sby permission to, permit sby to; *man* ***har*** *vel ~ at... se vel*[2].

lov[2] *sb. (en, -e)* **1.** *(retsbestemmelse)* law (*fx* laws passed by Parliament; there is no law forbidding it; there ought to be a law against that); *(jur.)* statute; *(om bestemt lov, især i titler)* act (*fx* Parliament has passed an act which makes it illegal; within the meaning of the Act; the Road Traffic Act); *(i Engl.)* Act of Parliament;
2. *(lovforslag)* bill (*fx* debate a bill; the bill was passed (, defeated));
3. *(retssystem)* law (*fx* law and order; Danish law; is there one law for them and one for us?);
4. *(regel, naturlov etc.)* law (*fx* an unwritten law; the law of gravity; Newton's laws);
□ **-e** *a) (forenings)* rules; constitution sg.; *b) (aktieselskabs)* articles of association; *c) (i sport)* laws, rules (*fx* the laws (*el.* rules) of football);
-en *(generelt)* the law (*fx* break the law, respect the law); *på -ens grund* within the law;
[med vb.] hans ord ***er*** *~* his word is law; *dit ønske er min ~* your wish is my command; ***give*** *-e* make (*el.* enact) laws; legislate;
[med sb.] uden ~ og ***dom*** without trial; without the form of law; *blive skudt uden ~ og dom* be shot out of hand; *~ og* ***orden*** law and order; *~ og* ***ret*** justice; law and order; *uden for lands ~ og ret* miles from anywhere, at the back of beyond, in the middle of nowhere; right off the map;
[med præp.] ***ifølge*** *-en* according to law; lawfully; ***uden*** *~ og dom, se ovf.*; *sætte* ***uden for*** *-en* outlaw; *uden for lands ~ og ret, se ovf.*; ***ved*** *~* by statute; *det er bestemt ved ~* it is provided by statute, it is statutory; it is laid down by law; *(se også forbyde).*

lov[3] *sb. (en el. et) (ros, pris)* praise;
□ *Gud ske ~!* thank God!

lovbefalet *adj.* statutory (*fx* age limit, minimum); *(præd.)* fixed by law.

lovbestemmelse legal (*el.* statutory) provision.

lovbog Statute Book; *(især am. & ikke-eng)* code.

lovbrud *sb. (et, -)* violation of the law.

lovbryder law-breaker.

lovbunden *adj.* **1.** *(lovbefalet)* statutory; *(præd.)* fixed by law; **2.** *(regelbunden)* regular.

love[1] *vb. (se også lovende) (give løfte)* promise (*fx* he promised me a job; he promised me to come (*el.* that he would come));
□ *det -r jeg dig! det vil jeg ~* ***dig!*** *(ɔ: det kan du stole på)* you bet your life! *jeg skal ~* ***for*** *at han blev glad* you bet he was glad; *det -r* ***godt*** it looks promising; *det -r godt (, dårligt) for* it bodes well (, ill) for; *jeg har -t mig* ***ud*** I have accepted another invitation; I am otherwise engaged.

love[2] *vb. (prise)* praise;
□ *Gud være -t ! a)* thank God; *b) (rel.)* God be praised!

loven *sb.: ~ er ærlig, holden besværlig (kan gengives)* it is easier to make promises than to carry them out; *(svarer delvis til)* promises are like piecrusts, made to be broken.

lovende *adj.* **1.** promising (*fx* young writer (, actor, pianist)); up-and-coming (*fx* politician);
2. *(om ikke-person)* promising (*fx* career; it looks promising); F auspicious (*fx* start);
□ *være ~ (også)* show promise (*fx* she showed promise as a violinist; her performance (, the campaign) shows promise); *lidet ~* unpromising; *~ udsigter* hopeful (*el.* bright) prospects.

lovformelig *adj.* lawful (*fx* marriage); legal (*fx* contract).

lovformeligt *adv.* lawfully (*fx* married); legally; duly (*fx* elected).

lovforslag bill.

lovfæste *vb.* **1.** *(fastsætte ved lov)* fix by law; **2.** *(gøre til lov)* put on the Statute Book;
□ *-t* statutory (*fx* age limit; right).

lovgivende *adj.* legislative (*fx* assembly);
□ *~ magt se lovgivningsmagt.*

lovgiver legislator, lawmaker.

lovgivning *sb. (en, -er)* legislation.

lovgivningsmagt 1. legislative power; **2.** *(parlament etc.)* legislature.

lovhjemmel legal authority.

lovkyndig *adj.* **1.** learned in the law; **2.** *(brugt som sb.)* jurist.

lovlig[1] *adj. (se også lovligt)* **1.** *(fastlagt, bestemt el. godkendt i loven)* legal (*fx* contract, right);
2. *(som ikke strider mod loven)* legal (*fx* it is perfectly legal to do it); F lawful (*fx* arrest, decision, marriage; by lawful means);
3. *(gyldig,* F*)* valid, legitimate (*fx* excuse, reason);
□ *-t forfald se forfald*[2]; *landets -e regering* the legitimate (, lawfully

elected) government of the country; *i -t ærinde se ærinde.*
lovlig[2] *adv. (lidt for)* rather (too) (*fx* expensive); a bit (too) (*fx* it is a bit far; he is a bit (too) cheeky).
lovliggøre *vb.* legitimize.
lovlighed *sb. (en) (jf. lovlig)* **1.** legality; **2.** lawfulness.
lovligt *adv. (jf. lovlig)* **1.** legally; **2.** lawfully, duly (*fx* elected);
□ *være ~ forhindret* have a valid excuse for being absent; *(se også undskylde).*
lovlydig *adj.* law-abiding (*fx* citizen).
lovlydighed respect for the law.
lovløs *adj.* lawless;
□ *-e tilstande* lawlessness, anarchy sg.
lovløshed *sb. (en)* lawlessness.
lovmedholdelig *adj.* legal; lawful; *(jf. lovlig).*
lovmæssig *adj.* **1.** *(lovfæstet)* legal, statutory (*fx* right);
2. *(regelbunden)* regular (*fx* sound changes).
lovmæssighed *sb. (en) (jf. lovmæssig)* **1.** legality; **2.** regularity.
lovmæssigt *adv. (jf. lovmæssig)*
1. legally; statutorily (*fx* statutorily defined responsibilities);
2. regularly.
lovning *sb. (en): få ~ på noget* be promised sth.
lovord word(s) of praise;
□ *han havde kun ~ tilovers for det* he was full of praise for it.
lovovertrædelse offence; F breach of the law.
lovovertræder *sb. (en, -e)* offender.
lovpligtig *adj.* statutory; compulsory (*fx* insurance).
lovprise *vb.* praise; F extol; *(glds.)* laud.
lovprisning *sb. (en)* praise; F eulogy.
lovsamling body of laws, code.
lovsang **1.** paean; **2.** *(rel.)* hymn of thanksgiving.
lovskraft legal validity (*el.* force).
lovstridig *adj.* illegal.
lovstridighed *sb. (en)* illegality.
lovsynge *vb.* praise; *(se også lovprise).*
lovtale *sb. (en, -r)* eulogy; *(stærkere)* panegyric;
□ *udbrede sig i -r over en* sing sby's praises.
lovtrækkeri *sb. (et, -er)* pettifogging.
lovudkast draft Bill.
lovændring **1.** amendment to an Act; **2.** *(ny lov)* law reform.
loyal *adj.* loyal (*over for, mod* to).
loyalitet *sb. (en)* loyalty.
lp-plade LP record.
lucerne *sb. (en) (bot.)* lucerne; *(am.)* alfalfa.
lud *sb. (en)* lye;
□ *gå for ~ og koldt vand* be neglected; *lade én gå for ~ og koldt vand* neglect sby; *der skal skarp ~ til skurvede hoveder* desperate diseases must have desperate remedies.
ludder *se luder.*
luddoven *adj.* bone-idle, bone-lazy.
lude *vb.* stoop;
□ *~ ud over (om klippe)* project over; F overhang.
luden *sb. (en)* stooping.
luder *sb. (en, -e)* prostitute; *(gade-)* streetwalker; *(vulg.)* whore; S tart, pro; *(am.)* hustler, hooker.
ludfattig *adj.* penniless;
T dirt-poor;
□ *han er ~ (også)* he hasn't got a penny to his name.
ludkedelig *adj.* deadly dull.
ludo *sb. (et)* ludo; *(am.)* parcheesi.
ludomani *sb. (en)* pathological gambling; gambling mania.
Ludvig *(hist.: fransk kongenavn)* Louis.
lue[1] *sb. (en, -r)* flame;
□ *gå op i -r* go up in flames; be consumed by fire; *slå ud i lys ~* burst into flames; *(også fig.)* flare up; *stå i lys ~* be ablaze.
lue[2] *vb.* flame; *(stærkere)* blaze.
lueforgyldning fire gilding.
lueforgyldt *adj.* fire-gilt.
luffe[1] *sb. (en, -r)* **1.** *(vante)* mitten;
2. *(zo.)* flipper.
luffe[2] *vb. (sø.)* luff; haul to the wind.
luft *sb. (en)* **1.** air;
2. *(plads, mellemrum)* space;
3. *(tarm-)* wind;
□ *hun var ~ for ham* he looked straight through her; he cut her dead;
[med adj.] den ***blå*** *~ se blå, forsvinde; i* ***fri*** *~* in the open (air); *trække* ***frisk*** *~* get some fresh air; have a breath of fresh air; *(se også kold);*
[med vb.] ***få*** *~* breathe; *få (el. give) ~ for (fig.)* give vent to; *give sine følelser ~* give vent to one's feelings, relieve one's feelings; ***grebet*** *ud af -en se gribe; de ønskede at* ***lægge*** *~ mellem sig og præsidenten (el. lægge ~ til præsidenten)* they wanted to put themselves at a distance from the President (*el.* put some distance between themselves and the President); *(se også rense);*
[med (vb. +) i -en] ***gå*** *i -en a) (flyv.)* take off; *b) (radio, tv)* go on the air; ***hænge*** *frit i -en* be suspended in mid-air; *ordene blev ligesom hængende i -en* it was as though the words, once spoken, refused to go away; *det* ***ligger*** *i -en* it is in the air (*fx* that he's going to be fired); ***ryge*** *i -en = springe i -en; et* ***slag*** *i -en se slag;* ***springe*** *i -en* go up, blow up; ***sprænge*** *i -en* send up, blow up; ***svæve*** *(frit) i -en se svæve.*
luftalarm air-raid warning, alert (*fx* an alert was sounded);
□ *afblæse ~* sound the all-clear.
luftangreb air raid.
luftansamling accumulation of air.
luftantenne outdoor aerial.
luftart gas.
luftballon balloon.
luftblære **1.** *(i væske, glas etc.)* bubble; **2.** *(i maling)* bubble, blister.
luftbombardement aerial bombardment, bombing.
luftbor pneumatic drill.
luftbro airlift.
luftbøsse airgun.
luftbåret *adj.* airborne (*fx* troops).
lufte *vb.* **1.** air (*fx* linen);
2. *(fig.: give udtryk for)* air (*fx* one's opinions); F ventilate;
3. *(om tøj: gå med, vise)* sport (*fx* a new dress);
□ *det -r* there is a light breeze;
T there is a bit of a breeze; *~ hunden* take the dog (out) for a walk, walk the dog; *~ sig (let glds.)* get a breath of fresh air; *~* ***ud*** *(i værelset)* air the room, give the room an airing; let in some fresh air.
luftfart **1.** *(flyvning)* aviation;
2. *(flyvetrafik)* air transport.
luftfartsselskab airline (company).
luftfartsmedarbejder air correspondent.
luftfartøj aircraft (pl. -).
luftflåde air fleet.
luftforandring change of air.
luftform gaseous state.
luftformig *adj.* gaseous.
luftforsvar **1.** air defence; **2.** *(materiel etc.)* air defences pl.
luftforurening air (*el.* atmospheric) pollution.
luftfoto = *luftfotografi.*
luftfotografering aerial photography.
luftfotografi aerial photo(graph); aerial view.
luftfragt air freight.
luftfyr beacon.
luftgynge swing boat.
lufthammer pneumatic hammer.
lufthavn airport.
lufthul **1.** *(åndehul)* breathing hole; **2.** *(flyv.)* air pocket.

luftig *adj.* **1.** airy (*fx* room; plans); **2.** *(om tøj)* light; *(især neds.)* flimsy.
luftindtag air intake.
luftkamp *(større)* aerial combat; *(mindre)* dogfight.
luftkaptajn captain.
luftkastel: *bygge -ler* build castles in Spain (*el.* castles in the air).
luftkonditionering *sb. (en)* air-conditioning.
luftkorridor air corridor.
luftkrig **1.** air war, aerial war; **2.** *(krigsførelse)* aerial warfare.
luftkølet *adj.* air-cooled.
luftlag stratum (pl. strata) of air; □ *han svæver i de højere ~ (fig.)* he has his head in the clouds.
luftledning overhead line (*el.* wire).
luftlinie: *i ~ (ɔ: fugleflugtslinie)* as the crow flies.
luftmadras airbed, air mattress; lilo.
luftmeldecentral visual observer centre.
luftmeldekorps visual observer corps.
luftmeldetjeneste air defence warning service.
luftmodstand air resistance.
luftning *sb. (en, -er)* **1.** breeze; **2.** *(udluftning)* airing.
luftpirat hijacker, air pirate.
luftpost air mail.
luftpude **1.** air cushion; **2.** *(under luftpudefartøj)* cushion of air.
luftpudefartøj hovercraft.
luftpumpe air pump.
luftring pneumatic tyre.
luftrod *sb. (en, -rødder) (bot.)* aerial root.
luftrum *(over et land)* airspace.
luftrute air route.
luftrør **1.** *(anat.)* windpipe; *(fagl.)* trachea; **2.** *(tekn.)* air pipe; ventilator.
luftskib airship.
luftskyts anti-aircraft artillery.
luftslag air battle.
luftslange **1.** air tube; **2.** *(i cykeldæk etc.)* inner tube.
luftspejling mirage.
luftstyrke air force.
luftsyg *adj.* airsick.
luftsyge airsickness.
lufttaxi taxiplane.
lufttilførsel supply of air; ventilation.
lufttom *adj.* evacuated; □ *-t rum* vacuum.
lufttrafik air traffic.
lufttryk (atmospheric) pressure.
lufttæt[1] *adj.* airtight.
lufttæt[2] *adv.* hermetically (*fx* sealed).
lufttørret *adj.* air-dried.
luftvej: *ad -en* by air; *-e (anat.)* respiratory passages, airways.
luftværn air defence.
luftværnskanon anti-aircraft gun.
luftværnsraket interceptor missile.
luftværnsskyts anti-aircraft artillery; anti-aircraft guns pl.
luftvåben *(et lands)* air force.
luge[1] *sb. (en, -r)* **1.** *(lem)* hatch (*fx* a serving hatch); *(vandret)* trapdoor (*fx* in the ceiling); *(sø., flyv.)* hatch;
2. *(åbningen)* hatchway, hatch.
luge[2] *vb.* weed.
lugejern hoe.
lugekarm *(sø.)* coaming.
lugeklo hand fork, weed(ing) fork.
lugt *sb. (en, -e)* smell (*fx* a bad (, sweet) smell); F odour (*fx* a delicious (, unpleasant) odour); *(ubehagelig også,* T*)* niff; *(duft)* scent (*fx* of roses).
lugte *vb.* smell (*fx* the meat smells; he smelt gas);
□ *det -r dårligt (, godt)* it smells bad (, good); *det kunne jeg jo ikke ~! (fig.,* T*)* how was I to know!; *(se også lunte*[1]*, penge)*;
[med præp.] ~ ***af*** smell of (*fx* he smelt of tobacco); *der -de af hvidløg* there was a smell of garlic; ~ ***til*** *a)* smell (*fx* the flowers); *b) (prøvende)* smell at (*fx* the meat).
lugteflaske *(glds.)* smelling bottle.
lugteorgan olfactory organ.
lugtesalt *(glds.)* smelling salts pl.
lugtesans sense of smell; F olfactory sense.
lugtfri = *lugtløs.*
lugtgener *sb.pl.* obnoxious smells.
lugtløs *adj.* odourless.
lukaf *sb. (et, -er) (sø.)* cabin; *(folke-)* forecastle.
Lukas *(bibelsk)* Luke.
Lukasevangeliet St Luke's Gospel, the Gospel according to St Luke.
lukke[1] *sb. (et, -r)* **1.** *(til at lukke med)* fastening; *(lås)* lock; *(se også lås)*; **2.** *(dække)* cover; **3.** *(fon.)* closure.
lukke[2] *vb. (se også lukket)* **1.** shut; *(mere* F*)* close;
2. *(spærre)* close (*fx* a road to traffic);
3. *(om virksomhed: standse)* close (*el.* shut) down (*fx* a factory; the factory closed (*el.* shut) down);
4. *(om butik: ved lukketid)* close (*fx* we close at six);
5. *(hane)* turn off;
6. *(klistre til)* seal (*fx* an envelope, a letter; a parcel with tape);
[med sb.] ~ *butikken se butik*; ~ *en dør* shut (, close) a door; *døren -r selv (ɔ: tekst på skilt)* self-closing door; ~ *døren for a)* shut (, close) the door on (*fx* him); *b) (fig.)* close the door on (*fx* further negotiations); ~ *døren for næsen af én* shut the door in sby's face; *for (, bag) lukkede døre se dør*; ~ *et låg* shut (*el.* close) a lid; *(se også mund, øje)*;
[med sig] ~ ***sig*** shut, close (up) (*fx* the door shut (, closed); the wound closed (up)); ~ ***sig ind*** let oneself in; ~ ***sig inde*** lock (*el.* shut) oneself in; ~ ***sig op*** *a)* open (*fx* the door opened); *b) (fig., om person)* open up; ~ ***sig ud*** let oneself out; ~ ***sig ude*** lock (*el.* shut) oneself out; ~ *sig ude fra verden* shut oneself away;
[med præp. & adv.] ~ ***af*** *a)* lock (up) (*fx* the house); *b) (fig.)* switch off (*fx* he just switches off when you try to reason with him); *c) (i strikning)* cast off; ~ ***af for*** *a) (afbryde forsyningen)* shut off, cut off (*fx* the gas, the water); *b) (fig.: ikke ville tænke på)* shut one's mind to (*fx* he shut his mind to the terrible things that were going on);
~ ***efter*** *en* close the door behind sby; *luk døren efter dig!* shut the door after you!
~ ***for*** turn off (*fx* the gas, the water, the radio, the television); *(elektrisk apparat også)* switch off (*fx* the radio; a radio (, television) programme); ~ *døren for, se ovf.*;
~ '***i*** shut (up); close; ~ *i lås* lock;
~ ***ind*** let in; ~ ***ind i*** let into (*fx* they were let into the hall);
~ ***inde*** *a)* lock in, shut in; *b) ((som) i et fængsel)* lock up, lock away; *c) (indkapsle)* enclose; *-t inde ((som) i et fængsel, også,* T*)* cooped up (*fx* in a cell; sit cooped up in one's room all day);
~ ***op*** *a)* open (*fx* the door, the box, a bottle, one's mouth); *b) (om flaske med kapsel)* uncap; *c) (uden objekt)* open the door; *(når det ringer)* answer the door (*el.* the bell); *han bankede på døren men hun -de ikke op* he knocked on the door, but she didn't open it; *luk op!* open up!
~ ***op for*** *a)* turn on (*fx* the gas, the water, the radio, the television, the news); *(om elektriske apparater også)* switch on (*fx* the radio; a radio (, television) programme); *b) (lade slippe ind)* open the door to (*fx* him);
~ ***til*** shut; *luk døren til efter dig!* pull the door to after you!
~ ***ud*** *a)* let out (*fx* let the cat out); F release (*fx* a mouse from a trap);

b) (T: ytre) spout (*fx* a lot of nonsense); ~ *varmen ud* let in the cold;
~ *en **ude*** shut sby out.
lukkelov trading law; shopping act, shops act.
lukkelyd *(fon.)* stop, plosive.
lukkemekanisme closing mechanism, closing device.
lukkemuskel 1. *(anat.)* sphincter; **2.** *(muslings)* adductor muscle.
lukker *sb. (en, -e)* **1.** fastener; **2.** *(foto.)* shutter.
lukkertid *(foto.)* shutter speed.
lukket *adj.* **1.** closed;
2. *(om person)* reserved; T buttoned up; *(utilnærmelig)* unapproachable;
3. *(hemmelighedsfuld)* secretive (*fx* organization);
4. *(om lufthavn, am.)* socked in;
□ ~ *for* closed to (*fx* traffic); *vi har ~ (om forretning)* we are closed; *holde ~ se holde*; ~ *inde se lukke*[2] *(inde)*;
[med sb.] ~ *afdeling (på hospital)* locked ward; ~ *bil* closed car; *en ~ bog (fig.)* a closed book (*fx* it is a closed book to him); *en ~ institution (for kriminelle unge)* safe accommodation; ~ *kirtel* ductless gland; *han er en ~ natur* he has a reserved nature; ~ *vej* dead end; F cul de sac; *(se også dør, øje)*.
lukkethed *sb. (en)* **1.** *(tilbageholdenhed)* reserve; **2.** *(utilnærmelighed)* unapproachableness;
3. *(hemmelighedsfuldhed)* secretiveness.
lukketid closing time;
□ *efter* ~ after hours.
lukketøj *se lukkemekanisme.*
lukning *sb. (en, -er) (jf. lukke*[2]*)* shutting; closing; *(af vej)* closure; *(af fabrik, forretning)* shutdown; F closure.
lukningstrussel closure threat.
lukrativ *adj.* lucrative.
lukrere *vb.* profit (*ved* by).
luksuriøs *adj.* luxurious.
luksus *sb. (en)* luxury (*fx* live in luxury; it is a luxury).
luksus- luxury (*fx* flat, goods, hotel).
luksusartikel (article of) luxury; de luxe article;
□ *luksusartikler (også)* luxury goods, luxuries.
luksuskahyt luxury cabin.
luksustilværelse life of luxury.
luksusudgave de luxe edition.
luksuøs *adj.* luxurious.
lukt *adv.: lige* ~ straight (*fx* go straight to hell).
lukullisk[1] *adj.* sumptuous (*fx* a sumptuous repast).
lukullisk[2] *adv.* sumptuously.
Lukøje: *Ole ~ (svarer til)* the sandman; Wee Willie Winkie.
lulle *vb.* lull (*fx* lull him to sleep);
□ ~ *sig ind i* let oneself be lulled by (*fx* optimistic dreams).
lumbago *sb. (en) (med.)* lumbago.
lumbalpunktur *sb. (en, -er) (med.)* lumbar puncture.
lummer *adj.* **1.** *(trykkende, om vejr)* close, heavy; *(og hedt)* sultry; T muggy (*fx* day, weather);
2. *(indelukket)* close (*fx* room);
3. *(fig.: erotisk)* suggestive (*fx* remarks); *(om bog, film etc.)* steamy (*fx* jokes).
lummerhed *sb. (en)* **1.** sultriness;
2. closeness; **3.** *(fig.)* suggestiveness; steaminess.
lumpen *adj.* **1.** *(nedrig)* mean;
2. *(ringe)* poor; F paltry.
lumpenhed *sb. (en)* **1.** meanness;
2. *(lumpen handling)* dirty trick.
lumsk[1] *adj.* **1.** *(om person: snedig)* crafty; F foxy; *(forræderisk)* treacherous;
2. *(om andet: ikke til at stole på)* treacherous (*fx* road, weather; the ice is treacherous); *(uærlig,* F*)* underhand(ed) (*fx* methods); *(snigende)* insidious (*fx* plot, disease);
□ *have en ~ mistanke* have a sneaking suspicion, have a shrewd idea (*om at* that); *et ~ ord* a tricky word; *et ~ spørgsmål* a catchy question.
lumsk[2] *adv.* **1.** craftily; treacherously; **2.** in an underhand way; insidiously;
□ ~ *kedelig* pretty dull.
lumske *vb.: gå og ~* be up to some dirty trick; ~ *sig fra noget* shirk sth; ~ *sig til noget* obtain sth by trickery.
lumskeri *sb. (et, -er)* crookedness; *(se også luskeri).*
lumskhed *sb. (en) (jf. lumsk)*
1. craftiness; **2.** treachery.
lun *adj.* **1.** warm, mild (*fx* weather);
2. *(~ og hyggelig)* cosy, snug (*fx* corner);
3. *(som giver læ)* sheltered;
4. *(om person: med lune)* humorous; *(underfundig)* pawky (*fx* chap);
□ *ligge -t i svinget* T be in Easy Street; ~ ***på*** *(T: forelsket i)* soft on; *(stærkere)* gone on; *det er jeg ikke særlig ~ på* T I'm not very keen on that.
lunch *sb. (en, -er)* lunch; F luncheon.
lund *sb. (en, -e)* grove.
lune[1] *sb. (et, -r)* **1.** *(sindsstemning)* mood (*fx* in a good (, bad) mood);
2. *(nykke)* whim (*fx* the whims of fashion; he is dependent on the moods and whims of his superiors); F caprice;
3. *(humor)* humour (*fx* full of humour);
□ *-r (jf. 2, også,* F*)* vagaries (*fx* the vagaries of the weather (, of fashion)); *i dårligt (el. ondt) ~ (jf. 1, også)* in a bad temper.
lune[2] *vb.* **1.** *(varme)* warm; **2.** *(yde læ)* give shelter;
□ *det -r (fig.: hjælper på det)* that's a comfort; *det -de med de penge* that money came in handy.
lunefuld *adj.* **1.** *(uberegnelig)* capricious (*fx* dictator); unpredictable (*fx* she (, the weather) is rather unpredictable); temperamental (*fx* the gas heater is rather temperamental);
2. *(omskiftelig)* changeable (*fx* weather, temper; he is very changeable).
lunge *sb. (en, -r)* lung; *(se også kraft (af sine -rs...)).*
lungebetændelse *(med.)* pneumonia (*fx* he died of pneumonia);
□ *en voldsom ~* a severe attack of pneumonia.
lungehinde *(anat.)* pleura (pl. -e).
lungehindebetændelse *(med.)* pleurisy.
lungekirurgi pulmonary (*el.* thoracic) surgery.
lungekræft *(med.)* lung cancer.
lungepest *(med.)* pneumonic plague.
lungepiber *sb. (en, -e)* whistler.
lungespids *(anat.)* apex of the lung.
lungesygdom lung disease; F pulmonary disease.
lungetuberkulose (pulmonary) tuberculosis; *(fork.)* tb.
lunhed *sb. (en)* **1.** warmth;
2. *(lune)* humorousness.
lunken *adj.* lukewarm (*fx* water, tea, coffee; support); *(mere* F*)* tepid (*fx* water; welcome); *(fig. også)* half-hearted (*fx* support).
lunkenhed *sb. (en)* lukewarmness; tepidity; *(fig. også)* half-heartedness.
luns *sb. (en, -er)* chunk, hunk (*fx* of meat).
lunte[1] *sb. (en, -r)* **1.** *(til antændelse)* fuse; **2.** *(rævehale)* brush;
□ *have en kort ~ (fig.)* have got a short fuse; *lugte -n (fig.)* smell a rat.
lunte[2] *vb.* **1.** *(traske)* plod, trudge (*fx* wearily along); *(tungt)* lumber (*fx* elephants lumbered past);
2. *(løbe langsomt)* jog;
□ ~ *af* jog along.

luntetrav jog-trot.
lup *sb. (en, -per)* magnifying glass;
□ *sætte noget under ~ (fig.)* take a long hard look at sth; F scrutinize sth, subject sth to a close scrutiny.
lupin *sb. (en, -er) (bot.)* lupin.
luplampe illuminated magnifier.
lupus *sb. (en) (med.)* lupus.
lur[1] *sb.: ligge på ~ efter* lie in wait for.
lur[2] *sb. (en) (slummer)* nap;
T snooze;
□ *tage sig en ~* take a nap; have a snooze; *(glds.)* have forty winks.
lur[3] *sb. (en, -er) (blæseinstrument)* lure, lur.
lurblæser lure player.
lure *vb.* **1.** *(lytte)* eavesdrop;
2. *(kigge)* peep;
3. *(ligge på lur)* lie in wait (*på* for);
4. *(om skjult fare etc.)* lurk (*fx* lurking dangers; a sinister figure was lurking behind a tree);
5. *(narre)* take in;
□ *jeg har -t ham (ɔ: ved hvordan han er)* I've got wise to him, I've got his number;
[med adv. & præp.] ~ ham hemmeligheden ***af*** find out his secret; *~ ham kunsten af* pick up the trick from him; *~* ***på*** *en lejlighed* watch for an opportunity.
lurendrejer *sb. (en, -e)* sly fox.
lurendrejeri *sb. (et, -er)* tricks pl.; trickery.
lurepasse *vb.* **1.** *(i kortspil)* make a trap pass; **2.** *(fig.)* sit on the fence.
lurer *sb. (en, -e)* **1.** *(lytter)* eavesdropper; **2.** *(kigger)* peeping Tom; F voyeur.
lurifaks *sb. (en, -er)* slyboots.
lurmærke Lur mark.
lurvet[1] *adj.* **1.** *(tarveligt klædt; slidt)* shabby; *(snavset og uordentlig)* scruffy; **2.** *(nedrig)* mean, shabby (*fx* trick).
lurvet[2] *adv.* shabbily (*fx* shabbily dressed; treat sby shabbily).
lus *sb. (en, -)* **1.** louse (pl. lice);
2. *(menneske)* louse (pl. -s); worm;
□ *fattig ~* pauper; *sidde som en ~ mellem to negle* be squeezed between two sides; T be pig in the middle; *(se også skindpels).*
luset *adj.* **1.** lousy; **2.** *(nedrig etc.)* mean; **3.** *(ussel)* mingy, measly (*fx* salary).
lusk *sb. (et) se luskeri.*
luske *vb.* **1.** *(flovt, slukøret, bange)* slink (*fx* out; into a corner);
2. *(fejt, lumsk)* sneak (*fx* out, past);
3. *(snige sig, søgende)* prowl (*fx* there is somebody prowling around in the garden);
□ *~* ***af*** *a) (jf. 1)* slink away (*el.* off) (*fx* the dog slunk off); *b) (jf. 2)* sneak away (*el.* off); *c) (især fra pligt etc.,* T*)* slope off (*fx* let's slope off); *~ noget* ***fra*** *en* T sneak sth from sby; *~ noget* ***igennem*** work (*el.* fiddle) sth;
[med sig] ~ ***sig fra*** *noget* shirk sth (*fx* an obligation); *~* ***sig til*** *noget* wangle sth; *~* ***sig til at*** *gøre noget* do sth on the sly.
luskepeter *sb. (en, -e)* sneak.
luskeri *sb. (et, -er)* underhand dealing; T hanky-panky;
□ *der er noget ~ ved det* there is something at the bottom of it;
T there is something fishy about it; *(stærkere)* there is some dirty work going on there.
lusket *adj.* shifty (*fx* person, look); underhand (*fx* methods, procedure);
□ *der er noget ~ ved det se luskeri.*
lussing *sb. (en, -er)* **1.** slap in the face; clip on (*el.* over) the ear; *(straf)* box on the ear;
2. *(fig.: skuffelse)* slap in the face; *(økonomisk)* smack in the eye;
□ *give (el. smække) ham en ~ (også)* slap his face; clip him on the ear.
lut *sb. (en, -ter) (mus.)* lute.
lutheraner *sb. (en, -e) (rel.)* Lutheran.
lutheranisme *sb. (en) (rel.)* Lutheranism.
lutheransk, luthersk *adj. (rel.)* Lutheran.
lutre *vb.* purify.
lutring *sb. (en, -er)* purification.
lutter *adj.* sheer (*fx* it was a sheer delight; in sheer shock (, despair)); nothing but (*fx* misery); all (*fx* it wasn't all happiness);
□ *af ~ godhed* out of sheer kindness; *være ~ smil (, øre)* be all smiles (, ears); *(se også lagkage).*
luv[1] *sb. (en) (sø.)* windward;
□ *holde -en* keep the luff; *tage -en fra en a)* take the wind out of sby's sails; *b) (overgå én)* outdistance (*el.* outstrip) sby.
luv[2] *sb. (en) (på tøj)* nap, pile.
luv[3] *adj. (sø.)* weather (*fx* bow); windward.
luvart *sb. (sø.): til ~ (af)* to windward (of).
luvartside *(sø.)* weather side.
luve *vb. (sø.)* luff;
□ *~ op til vinden (sø.)* haul the wind.
luvslidt *adj.* threadbare.
ly *sb. (et)* shelter;
□ *i ~ af a) (beskyttet af, skærmet af)* under the shelter of, sheltered by (*fx* a tree); *b) (skjult af)* under cover of (*fx* darkness, the bushes); *krybe i ~, søge ~* get under cover, take cover (*el.* shelter), seek shelter; *krybe i (el. søge) ~ for* take shelter from (*fx* the rain); F seek shelter from.
lyd **1.** *(en -e)* sound (*fx* the sound of voices); **2.** *(støj)* noise (*fx* strange noises);
□ *han* ***gav*** *ikke en ~ fra sig* he did not utter (*el.* make) a sound; *jeg har ikke* ***hørt*** *en ~ fra ham* I haven't heard (*el.* had) a word from him; ***skrue*** *ned (, op) for -en (på radio, tv)* turn down (, up) the volume; ***slå til*** *~ for* advocate.
lydavis newspaper on tape.
lydbibliotek *(for blinde)* talking-book library, audio library.
lydbog talking book, audio book.
lydbølge sound wave.
lydbånd (audio)tape;
□ *optage på ~* (tape-)record;
T tape.
lyddæmper silencer; *(am.)* muffler.
lyddåse sound box.
lyde[1] *sb. (en, -r) (fejl)* flaw, blemish;
□ *uden ~ se lydefri.*
lyde[2] *vb. (lød, lydt)* **1.** *(give lyd)* go, sound (*fx* the alarm went at 8; the bell (, the siren) sounded);
2. *(have en bestemt klang)* sound *(NB følges af adj.)* (*fx* it sounds true (, good, incredible); it sounds like a car (, like a good idea); it sounds as if he does not know); *(om udtalelse også)* ring (*fx* it rings false (, hollow, true));
3. *(have en vis ordlyd etc.)* go (*fx* how does the poem (, tune) go?); be (*fx* "We won't come," was the answer); F read (*fx* the letter reads as follows);
□ ***der*** *lød et skud a)* there was a shot; *b) (pludseligt, kraftigt)* a shot rang out; *der lød en stemme* a voice was heard; *(pludseligt etc.)* a voice rang out; *det -r af* ***af noget*** it sounds impressive; *det -r endnu* ***i*** *mine ører* it is still ringing in my ears; *checken lød* ***på*** *£50* the cheque was for £50; *anklagen lød på røveri* the charge was robbery; *~ på ihændehaveren* be payable to bearer; *~ på navn* be made out in sby's name; *aktierne -r på navn* the shares are registered; *værdipapirer -nde på navn* registered securities.
lyde[3] *vb. (lød, lydt) (adlyde)* obey;
□ *~ navnet X* answer to the name of X; *lyd mit råd* take my advice.
lydefri *adj.* faultless; F flawless; *(præd. også)* without blemish.

lydelig *adj.* loud.
lydforhold 1. acoustics; 2. *(sprogv.)* phonetics.
lydforskydning *(sprogv.)* sound shift.
lydhimmel sounding-board.
lydhør *adj.* 1. *(agtpågivende)* attentive (*over for* to); 2. *(venligt indstillet)* sympathetic (*over for* to, *fx* the problem, their request);
□ ~ *over for deres ønsker* ready to meet their wishes; sensitive to their wishes; ~ *over for råd (, kritik)* F amenable to advice (, criticism).
lydig *adj.* obedient (*mod* to); dutiful (*fx* son).
lydighed *sb. (en)* obedience; dutifulness; *(se også blind).*
lydighedsnægtelse insubordination.
lydighedspligt duty of obedience.
lydighedstræning obedience training.
lydisolerende *adj.* sound-absorbing.
lydisoleret *adj.* soundproof.
lydisolering soundproofing, sound insulation.
lydkulisser *sb.pl. (radio)* noises off; sound effects.
lydland *(underlagt)* vassal state; *(afhængigt, især neds.)* satellite state.
lydlig *adj.* 1. acoustic; 2. *(sprogv.)* phonetic.
lydligt *adv. (jf. lydlig)* 1. acoustically; 2. phonetically.
lydlov *(sprogv.)* sound law; phonetic law.
lydløs *adj.* soundless (*fx* laugh, movements); noiseless (*fx* steps); silent (*fx* the dishwasher (, the lift etc.) is almost silent).
lydmalende *adj.* onomatopoe(t)ic.
lydmand *(i tv etc.)* soundman.
lydmetode *(ved læseundervisning)* phonic method.
lydmur sound barrier (*fx* break the sound barrier).
lydmursbrag sonic boom; supersonic bang.
lydpotte *(i bil, motorbåd etc.)* silencer.
lydsiden *(i film, tv)* the soundtrack.
lydskrift 1. *(omskreven tekst)* phonetic transcription; 2. *(tegnsystem)* phonetic script, phonetic notation.
lydspor soundtrack.
lydstat *se lydland.*
lydstyrke volume.
lydsvag *adj.* quiet.
lydt *adj.: huset her er så* ~ you hear every sound in this house; sounds travel in this house.
lydtegn phonetic symbol.
lydtekniker *(i tv)* sound technician.
lydtæt *adj.* soundproof.
lydvold baffle.
lygte *sb. (en, -r)* 1. *(lomme-)* (electric) torch; *(især am.)* flashlight;
2. *(cykel-)* lamp;
3. *(bil-)* light; *(forlygte)* headlight; *(baglygte)* rear light;
4. *(glds.: petroleums-, stald- etc.)* lantern;
5. *(gade-)* (street) lamp; *(se også rød).*
lygtemand will-o'-the-wisp.
lygtepæl 1. lamp post; 2. *(selve pælen)* lamp standard.
lygteskær lamp light.
lygtetænder *(glds.)* lamp lighter.
lykke *sb. (en)* 1. *(-følelse)* happiness;
2. *(held)* (good) fortune, (good) luck;
3. *(et gode)* blessing;
□ ~ *på rejsen!* have a good journey!
[med sb.] -n var bedre end forstanden it was more by good luck than (by) good management; it was more by accident than by design; *det var en Guds* ~ *at* it was a blessing (*el.* a mercy) that; *(se også smed²);*
[med vb.] det ***betyder*** ~ it means luck; ***gøre*** ~ be a success (*hos* with); make a hit; *(se også stormende);* ***have*** *-n* ***med sig*** be lucky, be successful; *jeg har -n med mig i dag* this is one of my lucky days; ***prøve*** *-n a)* try one's luck; *b) (søge sin* ~*)* seek one's fortune; *prøve -n med (, i) noget* try one's hand at sth; *-n* ***står*** *den kække bi* fortune favours the brave; *stå sin egen* ~ *i vejen* stand in the way of one's own fortune; ***søge*** *sin* ~ F seek one's fortune; *[med: til]* ~ ***til!*** good luck! ***til*** ~*!* congratulations (*med* on, *fx* congratulations on your new job!) *(også,* T*)* well done (*fx* "I passed my exam." "Well done!"); good for you (*fx* "I've got a letter," "Good for you!"); ***til*** ~ ***med*** *fødselsdagen* happy birthday; many happy returns (of the day); ***ønske til*** ~ congratulate him (, her, them) (*med* on); *(se også lykønske).*
lykkefølelse happiness.
lykkehjul *(lotteri-)* lucky wheel.
lykkejæger fortune hunter.
lykkelig *adj.* 1. *(glad)* happy (*over* about; *over at* to (, that), *fx* to see him; that he has come); *(stærkere)* delighted (*over* with; *over at* to (, that));
2. *(heldig)* fortunate (*fx* coincidence);
□ ~ *og vel* safely (*fx* I wish she was safely married); *(se også prise², uvidende, uvidenhed).*
lykkeligvis *adv.* happily; fortunately.
lykkepose lucky bag.
lykkeridder soldier of fortune.
lykkes *vb.* succeed (*fx* the plan succeeded); be a success (*fx* the experiment was a success); be successful (*fx* his attempt was successful); T come off (*fx* the plan (, the experiment) did not come off);
□ ***det*** *lykkedes ham at gøre det* he succeeded in doing it; *(med besvær)* he managed to do it; *det lykkedes at overtale ham* it was possible to persuade him; *jeg prøvede at få det men det lykkedes mig ikke* I tried to get it, but failed (*el.* but without success *el.* but did not succeed); *få det til at* ~ make a success of it; ~ ***med*** make a success of, have success with, be successful with.
lykkeskilling lucky penny.
lykkestjerne lucky star.
lykketal lucky number.
lykketræf piece of good luck; stroke of luck;
□ *ved et rent* ~ as luck would have it; T by a pure fluke.
lyksalig *adj.* happy; F blissful.
lyksaliggøre *vb.* make happy.
lyksalighed *sb. (en)* bliss.
lykønske *vb.* congratulate (*med, til* on, *fx* congratulate him on his new job *(NB kræver objekt)*);
□ ~ *en a)* congratulate sby; *b) (med fødselsdagen)* wish sby a happy birthday; wish sby many happy returns (of the day).
lykønskning *sb. (en, -er)* congratulations pl. (*med* on).
lykønskningstelegram 1. message of congratulation; 2. *(blanket)* greetings telegram.
lymfe *sb. (en)* lymph.
lymfekar lymphatic (vessel).
lymfekirtel lymph node (*el.* gland).
lyn *sb. (et, -)* lightning (*fx* lightning never strikes the same place twice);
□ *et* ~ a flash of lightning; ~ *og torden* thunder and lightning; *som* ~ *og torden, se ndf.; -et slog ned i huset* the house was struck by lightning; *(se også skyde (lyn)); [med præp. & som] dræbt (, ramt)* ***af*** *-et* killed (, struck) by lightning; *som ramt af -et* thunderstruck; ***med*** *-ets fart* with light-

ning speed; ***som*** *et forsinket ~, som ~ og torden* like greased lightning; with lightning speed; ***som*** *et ~* ***fra*** *en klar himmel* like a bolt from the blue.
lynafleder *sb. (en, -e)* lightning conductor.
lynangreb **1.** lightning attack; **2.** *(fly-)* lightning raid.
lynbrand fire caused by lightning.
lynche *vb.* lynch.
lynchjustits lynch law.
lyne[1] *vb. (se også lynende)* **1.** lighten (*fx* it thundered and lightened); **2.** *(glimte)* flash (*fx* his eyes flashed (with anger));
□ *det -r* it is lightening.
lyne[2] *vb. (om lynlås): ~ ned (el. op) (ɔ: åbne lynlåsen)* unzip (*fx* a dress, one's trousers); *~ op (el. til) (ɔ: lukke lynlåsen)* zip up (*fx* zip up one's trousers; he zipped her up at the back).
lynende *adj. & adv.: i en ~ fart* with lightning speed; *~ gal (el. vred)* furious; T hopping mad.
lynfrossen *adj.* quick-frozen.
lynfryse *vb.* quick-freeze.
lyng *sb. (en) (bot.)* heather.
lynghede heath, moor.
lynghonning heather honey.
lyngklædt *adj.* heathered; *(præd. også)* covered with heather.
lynglimt flash of lightning.
lynhurtig *adj.* prompt, lightning quick.
lynhurtigt *adv.* quick as lightning, with lightning speed, like lightning.
lynild lightning.
lynjustits*: gennemføre ~ over for dem* bring them quickly to justice.
lynkrig blitzkrieg, lightning war.
lynkursus crash course.
lynlås zip (fastener); *(især am.)* zipper;
□ *lukke -en* zip up.
lynnedslag (stroke of) lightning.
lynskud *(foto.)* snapshot.
lynsnar *adj. se lynhurtig.*
lyntempo*: i ~* at lightning speed.
lyntog high-speed train.
lynvisit lightning (*el.* flying) visit.
Lyon *(geogr.)* Lyons.
lyre *sb. (en, -r)* lyre.
lyrik *sb. (en)* **1.** lyric poetry; **2.** *(fig.)* high-falutin nonsense.
lyriker *sb. (en, -e)* lyric poet.
lyrisk[1] *adj.* **1.** *(om digtning)* lyric (*fx* poem); **2.** *(sentimental etc.)* lyrical (*fx* description, mood; he became quite lyrical about it).
lyrisk[2] *adv.* lyrically.
lys[1] *sb. (et, -)* **1.** light (*fx* strong (, faint, artificial) light; light and heat; the light(s) went out);
2. *(stearin-, voks-)* candle;
□ *der var ~ i huset* the lights were on in the house; *der var ~ i værelset* the light was on in the room; *inklusive ~ og varme* inclusive of light(ing) and heat(ing); *gå ud* ***som*** *et ~ (ɔ: falde i søvn etc.)* go out like a light; *så rank som et ~* straight as a poker; *(se også dag, grøn, lang, levende, rød)*;
[med vb.] han **er ikke** *noget ~* he is not very bright (*el.* clever); he is not on the bright side; *der* ***gik*** *et ~ op for mig* a light dawned on me; ***kaste*** *~ over (fig.)* throw light on; ***slukke*** *-et a) (jf. 1)* switch off (*el.* put out) the light; *b) (jf. 2)* put out the candle; ***sætte*** *~ (teat.)* set the lights; ***tænde*** *-et a) (jf. 1)* switch (*el.* put) on the light; *b) (jf. 2)* light the candle; *(se også brænde*[2]*)*;
[med (vb. +) præp.] **gå af** *-et* get out of the light; ***føre*** *en* ***bag*** *-et* deceive sby, take sby in, pull the wool over sby's eyes; *føle sig ført bag -et* feel put upon; ***stille*** *en (, noget)* **i** *et ugunstigt (, skævt) ~* put sby (, sth) in an unfavourable (, false) light; *stille noget i et nyt ~* put sth in a new (*el.* fresh) light, throw new light on sth; ***stå*** *sig selv* **i** *-et* stand in one's own light; ***i -et af*** *(fig.)* in the light of; ***stå i*** *-et* ***for*** stand in sby's light; *lede (el. søge)* **med** *~* **og lygte** hunt (*el.* search) high and low (*efter* for); *arbejde* **ved** *~* work by artificial light.
lys[2] *adj.* **1.** *(ikke mørk)* light (*fx* colour, room, sky; oak); *(stærkere: klar, strålende)* bright (*fx* colour, room, sky);
2. *(om hår, teint)* fair, blond; *(om kvinde også)* blonde;
3. *(om stemme, lyd, vokal)* clear;
4. *(håbefuld)* bright (*fx* future, prospects);
5. *(munter)* cheerful (*fx* disposition); sunny (*fx* he has a sunny nature);
□ *det er ved at* ***blive*** *-t* it is getting light; *før det blev -t* before daybreak, before dawn; *det* **er** *-t (ɔ: dag)* it is light;
[med sb.] -e minder happy memories; *-e nætter (kan gengives)* light summer nights; *jeg tæller kun de -e timer* I only count the light hours; *(se også hoved, idé, indfald, lue*[1]*, side (fra den -e side), øjeblik (i hans lyse...), øl)*.
lysavis illuminated sign.
lysbehandling light treatment.
lysbilledapparat slide projector.
lysbillede slide.
lysbilledforedrag lecture with slides.
lysbombe flare.
lysbrydning refraction.
lysbue (electric) arc.
lysbøje light buoy.
lysbølge light wave.
lysdæmper dimmer.
lyse[1] *vb. (lyste, lyst) (udsende lys)* shine; give out light; *(se også lysende)*;
□ *lampen -r godt* the lamp gives a good light;
[med præp. & adv.] ~ ***af*** *a)* shine with; *b) (fig., om person)* be radiant with (*fx* joy); *~* ***for*** *ham (ɔ: så han kan se)* shine the light for him; *~* ***op*** *a) (oplyse)* light up; *b) (fig.)* brighten up (*fx* he brightened up when he saw me); light up (*fx* his face lit up); *~* ***op i*** brighten (*fx* the room; his drab existence); *(se også landskab)*; *~ en* ***ud*** light sby out; *skuffelsen lyste ham* ***ud af*** *øjnene (el. lyste ud af ham)* disappointment was written all over his face; *vanviddet lyste ham ud af øjnene* madness shone in his eyes.
lyse[2] *vb. (lyste, lyst): der er blevet lyst tredje gang for dem* they have had their banns read for the third time; *~ til ægteskab* publish (*el.* read) the banns;
[med sb.] ~ forbandelse over anathematize; *~ fred (, velsignelse) over* bless; *~ velsignelsen* pronounce the blessing.
lyseblå *adj.* light blue.
lysebrun *adj.* light brown.
lysedug table centre, mat.
lysegrøn *adj.* light green; *(se også håb)*.
lysegrå *adj.* light grey.
lysegul *adj.* light yellow.
lysekrone chandelier.
lysemanchet *se lysmanchet.*
lysende[1] *adj.* **1.** *(skinnende)* shining (*fx* eyes); **2.** *(som udsender lys, selvlysende)* luminous (*fx* the luminous hands of the clock; the sky was luminous with stars);
□ *et ~ eksempel* a shining example; *svagt ~* faintly luminous.
lysende[2] *adv.: ~ intelligent* brilliant; *~ klar* crystal clear.
lyserød *adj. (også fig.)* pink; *(se også sky*[2]*)*.
lysesaks snuffers pl.; *en ~* a pair of snuffers.
lyseslukker *sb. (en, -e)* **1.** snuffer; **2.** *(om person)* spoilsport; *(som altid er trist,* T*)* wet blanket.
lysestage candlestick.
lysestump candle end, stump of a candle.

lysestøber chandler.
lysestøbning candle-making.
lysfattig *adj.* dim, dark.
lysfølsom *adj.* light-sensitive.
lysglimt *(svagt)* gleam; *(stærkt)* flash.
lyshåret *adj.* fair(-haired).
lyskasse *(omtr.)* light well.
lyskaster searchlight; *(se også projektør).*
lyske[1] *sb. (en, -r) (anat.)* groin.
lyske[2] *vb.* scratch.
lyske- inguinal.
lyskegle cone of light.
lyskilde source of light, light source.
lyskopi *(blåtryk)* blueprint; *(se også fotokopi).*
lyskryds traffic lights pl. (*fx* turn left at the next traffic lights); set (*el.* lot) of traffic lights (*fx* the third lot of traffic lights).
lyskugle *(mil.)* flare.
lyskurv 1. *(enkelt)* traffic light, traffic signal; **2.** *se lyskryds.*
lysleder optical fibre.
lyslederkabel fibre-optic cable.
lyslevende *adj. (attr.)* living, live; *(præd.)* alive; T alive and kicking; □ *og der stod han ~* T and there he was as large as life.
lyslære theory of light; optics.
lysmanchet drip pan; *(løs)* candle ring, drip ring.
lysmast lamp standard.
lysmåler light meter.
lysmåling light measurement.
lysne *vb.* **1.** grow light; *(stærkere)* brighten; **2.** *(gry)* dawn; **3.** *(om vejret)* clear up, brighten up; □ *det -r a) (jf. 2)* it is dawning; *b) (jf. 3)* it is clearing (*el.* brightening) up; *c) (fig.: i situationen)* things are looking up; we are beginning to see daylight; there is light at the end of the tunnel.
lysnet *(elektr)* mains pl. (*fx* the equipment can be run from mains or batteries).
lysnetmodtager *(radio)* mains receiver.
lysning[1] *sb. (en, -er)* **1.** light; **2.** *(daggry)* dawn; **3.** *(bedring)* improvement (*fx* in the situation); **4.** *(i skov)* glade.
lysning[2] *sb. (en, -er) (til ægteskab)* (publication of the) banns.
lysol *sb. (en)* lysol.
lyspen *(edb)* light pen.
lyspunkt 1. bright spot (*fx* in the situation); **2.** *(trøst)* ray of comfort (*fx* her visit was a ray of comfort); □ *øjne et ~* see a ray of hope.
lysreguleret *adj. (om gadekryds, præd.)* controlled by traffic lights.
lysregulering *(om gadekryds)* control by traffic lights.
lysreklame *(skilt)* electric sign; *(neonskilt)* neon sign; *(tagreklame)* sky sign.
lyssej *(zo.)* pollack.
lysshow light show.
lysside 1. light (*el.* luminous) side; **2.** *(fig.)* bright side.
lyssignal 1. light signal; **2.** *(trafiklys) se lyskurv.*
lyssky *adj. (fig.)* shady (*fx* methods, transactions); *(attr. også)* hole-and-corner.
lysskær gleam; *(stærkt, ubehageligt)* glare; *(se også skær*[2]*).*
lyssporgranat *(mil.)* tracer shell.
lyssporprojektil *(mil.)* tracer bullet.
lysstofrør strip light; *(fagl.)* fluorescent tube.
lysstribe streak of light.
lysstråle ray of light.
lysstyrke 1. brightness; *(stjernes)* luminosity; **2.** *(fagl., ved måling)* luminous intensity.
lyssyn optimism.
lyssætning *(teat.)* (stage) lighting.
lyst *sb. (en, -er)* **1.** *(tilbøjelighed)* inclination (*fx* follow one's inclination; do it from inclination *(af lyst)*);
2. *(ønske)* desire (*til at* to, *fx* that cured me of all desire to try again; I lost all desire to go there again); wish (*til at* to, *fx* I have no wish to repeat his mistake);
3. *(begær)* lust (*fx* satisfy one's lust); *(lidenskab)* passion;
4. *(fryd)* delight (*fx* it is his chief delight); *(svagere)* pleasure;
□ *hver sin ~* everyone to his taste; *kødets ~* the pleasures of the flesh; *(mere neds.)* the lusts of the flesh;
[med vb.] -en driver værket willing hands make light work; *hvis du har ~* if you like; *få sin ~ styret se styre*[2];
[med (vb. +) til] ***af ~ til*** out of a desire for; ***have*** *(, få) ~* ***til*** feel like (*fx* a cup of tea, a walk); *har du ~ til en kop te? (også)* would you like (*el.* care for) a cup of tea? *gøre hvad man har ~ til a)* do as one likes; *b) (ɔ: leve frit,* T*)* do one's own thing; ***have*** *(, få) ~* ***til at*** have a good mind to; feel like -ing (*fx* feel like going for a walk); *har du ~ til at (også)* would you like (*el.* care to) (*fx* go for a walk); *jeg har ikke ~ til at (også)* I am not prepared to (*fx* listen to any more of that nonsense); ***miste*** *-en* ***til at*** lose interest in -ing (*fx* reading), *(se også 2 ovf.)*; *det fik mig til at miste -en til at flyve* it put me off flying.
lystavle *(pointstavle)* scoreboard; □ *det gik ikke ind på -n (fig.,* T*)* it did not register; *det er gået ind på -n* they (, I etc.) have got the message; *det gik lige ind på -n* it went right in.
lystbetonet *adj.: ~ arbejde* work done con amore.
lystbåd pleasure boat; yacht.
lystbådehavn yachting harbour, marina.
lyste *vb.* like (*fx* as long as you like); wish;
□ *så meget man -r* to one's heart's content.
lystelig *adj.* pleasant.
lysten *adj.* lascivious, lustful;
□ *~ efter* covetous of.
lystenhed *sb. (en)* lasciviousness, lust.
lyster *sb. (en, lystre)* leister, eel spear.
lystfartøj pleasure craft.
lystfisker angler.
lystfiskerhistorie fisherman's story.
lystfiskeri angling.
lystfølelse pleasurable sensation.
lystgård 1. hobby farm; **2.** *(landsted)* country house.
lysthus 1. summerhouse; **2.** *(løvhytte,* F*)* arbour.
lystig *adj.* merry;
□ *gøre sig ~ over* poke fun at.
lystighed *sb. (en)* merriment.
lystkutter yacht.
lystmord sadistic murder, sex murder.
lystre *vb.* obey;
□ *~ roret* answer the helm.
lystryk collotype.
lystsejlads yachting.
lystspil comedy.
lystæt *adj.* lightproof.
lysvirkning light-effect.
lysvågen *adj.* wide awake.
lysægte *adj.* fast (*fx* colour).
lysår *(også fig.)* light year (*fx* we are light years away from ...).
lytte *vb.* **1.** listen; **2.** *(lure)* eavesdrop, listen in;
□ *hun er god (, ikke god) til at ~* she is a good (, bad) listener;
[med præp. & adv.] ~ **'efter** listen; *'~ efter noget a) (~ til)* listen to sth (*fx* the music); *b) (ventende)* listen for sth (*fx* his footsteps); *~* ***med på*** eavesdrop on, listen in on (*el.* to) (*fx* police communication); *~* ***på*** listen to (*fx* the doctor listened to my heart); *(med.)* auscultate; *~* ***til*** *a)* listen to (*fx* the music, him, his advice); *b) (jf. 2)* eavesdrop on, listen in on (*fx* their conversation); *lyt til mit råd* take my advice.

lytteapparat *(mil.)* sound locator.
lytteforståelse listening-comprehension.
lyttepost *(mil.)* listening post.
lytter *sb. (en, -e) (også radio-)* listener.
lytteøvelse listening exercise.
lyv *sb. se løgn.*
lyve *vb. (løj, løjet)* lie (*fx* I knew he was lying; the camera does not lie); *(om person også)* tell a lie, tell lies; *(om lille løgn,* T*)* fib;
□ *~ **for** en* tell sby a lie, lie to sby; *~ sig **fra** det* get out of it by (telling) a lie; lie one's way out of it; *~ **om*** lie about, tell a lie (, lies) about.
læ[1] *sb. (et)* **1.** shelter; **2.** *(sø.)* leeward, lee;
□ *i ~ a)* sheltered, under cover; *b) (sø.)* to leeward; *roret i ~!* helm a-lee! *i ~ af* sheltered by (*fx* a house); in the lee of (*fx* a rock, a hedge).
læ[2] *vb.* shelter (*for* from).
læbe *sb. (en, -r)* lip;
□ *han kunne ikke få ordet over sine -r* he could not get the word over his lips; *jeg kunne aldrig få sådan et ord over mine -r* I would never let such a word pass my lips; *ikke et ord kom over hendes -r* not a word passed her lips; *være på alles -r* be on everybody's lips; *(se også bide (sig i), hænge*[1] *(ved)).*
læbefisk *(zo.)* wrasse.
læbelyd *(fon.)* labial.
læbeløs *sb. (en, -) (bot.)* bugle.
læbepomade lip salve, lip balm.
læbestift *sb. (en, -er)* lipstick.
læbælte *(fx plantning)* windbreak (belt).
læder *sb. (et)* leather.
læderagtig *adj.* **1.** leathery; **2.** *(bot.)* coriaceous.
læderarbejde leatherwork.
læderbind full leather (binding).
lædere *vb.* **1.** injure; **2.** *(typ.)* damage, batter.
læderhals *(am. mil.)* leatherneck.
læderhandel leather shop (, trade).
læderhandler leather dealer.
læderhud *(anat.)* corium.
læderjakke 1. leather jacket; **2.** *(om person omtr.)* rocker.
læderrem leather strap; *(smal)* leather thong.
lædertør *adj. (om ler)* leather-hard.
lædervarer *sb.pl.* leather goods.
læg[1] *sb. (en, -ge) (på ben)* calf (pl. calves).
læg[2] *sb. (et, -) (fold)* pleat; *(syet)* tuck;
□ *lægge i ~* pleat; tuck.
læg[3] *adj.* lay;
□ *lærd og ~* the learned and the unlearned.
lægben *(anat.)* fibula.
lægbroder lay brother.
lægd *sb. (et, -er)* [recruiting area].
lægdommer lay judge.
lægdskontor *(svarer til)* recruiting office.
lægdsrulle conscription register.
læge[1] *sb. (en, -r)* doctor; *(mediciner)* physician; *(kirurg)* surgeon;
□ *jeg har været hos -n* I have been to the doctor's; *gå til ~, søge ~* go to (*el.* see) a doctor; F consult a doctor.
læge[2] *vb. (se også lægende)* **1.** cure; *(glds.)* heal; **2.** *(om sår: læge(s))* heal (up);
□ *~ et sår* heal a wound; *tiden -r alle sår (fig.)* time heals all wounds (*el.* sorrows); time is a (*el.* the) great healer.
lægeassistent paramedic.
lægeattest medical (*el.* doctor's) certificate (*fx* he got a medical certificate stating (*el.* saying *el.* to the effect) that he had a weak heart); T doctor's note.
lægebaldrian *(bot.)* common valerian.
lægebehandling medical treatment.
lægebesøg 1. *(som lægen aflægger)* doctor's call (*el.* visit); **2.** *(besøg hos en læge)* visit to a doctor.
lægebesøger *sb. (en, -e)* drugs rep (*el.* salesman).
lægebog home medical adviser.
lægedom *sb. (en) (helbredende kraft)* healing power.
lægeerklæring *se lægeattest.*
lægeforening medical association.
lægehjælp 1. *(behandling)* medical treatment; **2.** *(råd)* medical advice;
□ *søge ~* consult a doctor; seek medical advice.
lægehonorar doctor's fee (pl. doctors' fees).
lægehus health centre.
lægeigle *(zo.)* medicinal leech.
lægekittel doctor's white coat (pl. doctors' white coats).
lægekorps medical corps.
lægekyndig *adj. (kun efter sb.)* with medical knowledge.
lægelaboratorium pathological laboratory.
lægelig *adj.* medical;
□ *der var ikke noget -t forbud imod* there were no doctor's orders against.
lægeløftet the Hippocratic oath.
lægemiddel 1. drug, medicine; F medicament; **2.** *(kur)* remedy.
lægende *adj.* healing; F curative.
lægeplante medicinal plant, medicinal herb.
lægeroman medical romance.
lægesekretær medical secretary.
lægesjusk medical carelessness.
lægestanden the medical profession.
lægetaske doctor's bag.
lægetermometer clinical thermometer.
lægetilsyn 1. medical attention; **2.** *(inspektion)* medical inspection.
lægeundersøgelse medical examination; T check-up; medical.
lægeurt *se lægeplante.*
lægevagt 1. *(institution, svarer til)* emergency treatment service, emergency medical service; **2.** *(person) se vagtlæge.*
lægevidenskab (science of) medicine, medical science.
lægevidenskabelig *adj.* medical.
lægfolk *sb.pl.* laymen; the laity sg.
lægge *vb. (lagde, lagt)* **1.** put (*fx* he put it on the table); *(mere* F*)* lay (*fx* he laid it on the table; lay him on his back; lay a carpet on the floor); *(omhyggeligt)* place (*fx* he placed it on the table);
2. *(efterlade, ~ når man går)* leave (*fx* he has left a letter for you; leave a message with the secretary);
3. *(kartofler etc.)* plant;
4. *(æg)* lay;
5. *(tage (tøj) af)* take off (*fx* he took off his coat); *(ophøre med at bruge)* leave off (*fx* winter clothing);
□ *~ kartofler* plant potatoes; *~ pres på se pres; ~ æg* lay eggs; *(se også kabale);*
*[med præp. & adv.] ~ **af** (om vane)* drop, get out of; *~ **an** (mil.: sigte)* (take) aim; *~ en stige an (om brandstige)* rest a ladder head against a wall (etc.); *~ **an på** a) (sigte efter, også fig.)* aim at; *b) (erotisk)* make a pass at, try to get off with; *(am.)* put the make on; *~ noget **bag** sig (fig.)* put sth behind one; *~ **bi** (sø.)* heave to, lay to; *~ **bort*** put aside; *~ '**for** (begynde)* start, begin;
*~ '**fra** (sø.)* put off, set out; *~ noget fra* put sth aside (*til en* for sby); *~ noget fra sig* put sth down;
*~ **frem*** put out (*fx* she put out clean clothes for him); lay out; *(se også fremlægge);*
*~ **hen** a)* put aside; *b) (opspare)* lay up, put by; *~ sagen **hen til** ham (ɔ: til hans afgørelse)* refer (*el.* submit) the matter to him;
*~ **i** seng* put to bed; *du -r mere i*

mine ord end you are putting (*el.* reading) more into what I say than; *(se også aske, grav, kakkelovn, lænke*[1]*)*;
~ *gas (, vand etc.)* **ind** lay on (*el.* install) gas (, water etc.); ~ *en kjole ind* take in a dress; ~ *et godt ord* **ind for** *en* put in a good word for sby;
~ **ned** *a)* put down, lay down; *b) (besejre)* get the better of; *c) (om kjole etc.: forlænge)* let down; *(se også nedlægge)*;
~ **om** *se omlægge*; ~ *bind om en bog* put a cover on a book; ~ *en vej om* re-site a road; *(se også ror)*; ~ *vejen* **om ad** go round by;
~ **op** *a)* put up, lay up; *b) (spare)* save, put by; *c) (om kjole, bukseben etc.: gøre kortere)* turn up, take up; *d) (om skib etc.)* lay up, put out of commission; *e) (uden objekt: standse sin virksomhed)* cease work, give up business, retire; ~ *kortene op* put down one's cards; *(se også kabale, råd*[1]*)*; ~ **op til** set the scene (*el.* stage) for (*fx* a hard struggle); ~ *(bolden) op til en* pass the ball forward to sby; *en bog der -r op til en diskussion* a book that provides material (, an opportunity) for a discussion; *vi -r ikke* **op til at** we are not proposing that (*fx* he should be dismissed);
~ *ansvaret* **over på** *en* put (*el.* throw) the responsibility on to sby;
~ '**på** *a) (forhøje priser)* raise (*el.* put up) prices; *b) (fyre)* mend the fire; ~ *skat (, told) på* put a tax (, duty) on; F impose a tax (, duty) on; ~ *mere brænde på* put some more firewood on; ~ *tæppe på (gulvet)* lay a carpet; *(se også hånd, is (~ på is), ren*[2] *(~ rent på), rør)*;
~ **sammen** *a)* put together (*fx* put your hands together); *b) (om tøj: folde)* fold (up) (*fx* sheets, clothes, laundry); *c) (om tal, også uden objekt)* add up (*fx* add the figures up; 20% of them can't add up); *hvis I -r hovederne sammen vil I nok finde ud af det* if you put your heads together, you'll probably work it out; *(se også sammenlægge, to (og to))*;
~ '**til** *a) (tilføje)* add; *b) (fryse til)* freeze over; *c) (sø.: om skib, i havn)* berth, land, put in (*fx* at a port); *d) (levere)* provide (*fx* we'll provide the wine); *jeg vil ikke ~ navn til det* I won't lend my name to that;
~ *ørerne* **tilbage** *(om dyr)* lay its ears back; ~ *bolden* **tilbage til** *en* pass the ball back to sby; ~ **til side** *a)* put aside, put on one side; *b) (spare op)* put aside, put away; ~ **til ved** *flere øer* call at several islands;
~ **ud** *a)* lay out (*fx* money, food for the birds); *b) (gøre fx en kjole videre)* let out (*fx* a dress, a jacket); *c) (starte)* start, begin; *(se også)*; *kan du ~* **ud for** *mig?* will you pay for me for the time being?
[med sig] ~ **sig** *a)* lie down; *(gå i seng)* go to bed; *b) (sprede sig som et lag)* settle (*fx* dust settled everywhere); *c) (stilne af)* die down (*fx* the excitement died down); F subside; *vinden lagde sig* the wind dropped; *han kan godt gå hjem og ~ sig* he doesn't stand a chance;
~ **sig efter** go in for; *han ville ikke ~* **sig fast på** he wouldn't commit himself to (*fx* an opinion); ~ **sig imellem** intervene; ~ **sig om på siden** *a)* turn over on one's side; *b) (om skib)* heel over; ~ **sig** *overskæg* **til** grow a moustache; *(se også)*; ~ **sig til at** *dø* lie down and die; ~ **sig tilbage** lean back; ~ **sig ud** *(blive tykkere)* put on weight; ~ **sig ud med** *en* fall out with sby.

læggebrod *(zo.)* ovipositor.

læggehøne laying hen.

læggekartoffel seed potato.

lægget *adj.* pleated.

lægmand layman.

lægmuskel *(anat.)* muscle of the calf.

lægprædikant lay preacher.

lægte[1] *sb. (en, -r)* lath; *(svær)* batten.

lægte[2] *vb. (beklæde)* cover with laths.

lægtehammer [type of claw hammer].

lægter *sb. (en, -e) (sø.)* lighter; *(pram)* barge.

lægterpenge *sb.pl. (sø.)* lighterage sg.

lægtertransport *(sø.)* lighterage.

læhegn windbreak.

læhytte shelter.

læk[1] *sb. (en, -ker)* leak;
□ *få en ~* spring a leak.

læk[2] *adj.* leaky;
□ *springe ~* spring a leak.

lækage *sb. (en, -r) (utæthed, hul)* leak.

lækat *(zo.)* stoat.

lække *vb.* leak (*fx* the boiler leaks; leak the news to the press).

lækker *adj.* **1.** *(velsmagende)* delicious; T tasty, scrumptious; S yummy;
2. *(dejlig etc.)* super, smashing (*fx* car); yummy (*fx* clothes, girl); *(om person også)* dishy;
3. *(neds. om kunst)* glossy;
□ *gøre sig ~ for en* make up to sby.

lækkerbisken *sb. (en, -er)* titbit; *(se også lækkeri)*.

lækkeri *sb. (et, -er)* delicacy;
□ *-er (også)* T goodies; F dainties.

lækkermund: *være en ~* have a sweet tooth.

lækkersulten *adj.*: *jeg er ~* I could fancy something good (to eat).

læmme *vb.* lamb.

læmmetid lambing season.

lænd *sb. (en, -er)* loin;
□ *smerter over -en* pains in the loin.

lænde- lumbar (*fx* muscle).

lændegigt lumbago.

lændeklæde loincloth; *(hindus)* dhoti.

læne *vb.* lean;
□ ~ *sig* lean (*fx* forward); ~ *sig op ad (el. til) a)* lean against (*fx* a wall); *b) (fig.: søge støtte hos)* lean on (*fx* him); ~ *sig tilbage* lean back; ~ *sig ud* lean out.

lænestol easy chair, armchair.

længde *sb. (en, -r)* **1.** length;
2. *(geogr.)* longitude;
□ *i -n a)* in length, long (*fx* two metres long); *b) (fig.)* in the long run (*fx* she'll get tired of it in the long run); *i en ~ af ni kilometer* for (a distance of) nine kilometres; *i sin fulde ~* at full length; *40° vestlig ~* longitude 40° W.

længdegrad degree of longitude.

længdeminut minute of longitude.

længdemål linear measure.

længderetning longitudinal direction.

længdesekund second of longitude.

længdesnit longitudinal section.

længdespring **1.** *(det enkelte spring)* long jump; **2.** *(øvelsen)* the long jump (*fx* he is good at the long jump);
□ *springe ~* do the long jump.

længdetegn *(fon.)* length mark.

længe[1] *sb. (en, -r) (bygning)* wing.

længe[2] *adv. (se også længere*[2]*, længst*[2]*)* for a long time (*fx* he has been here for a long time); *(især negativt el. spørgende & efter* as, so, too*)* long (*fx* have you been waiting long? not very long);
□ *'bliv nu ikke væk så ~* don't be long; **hvor** ~ how long (*fx* how long have you been waiting?); **varer** *det ~?* will it be (*el.* take)

long?; *(se også gøre, sove, vare[3]); [med præp. & adv.] blive* ***for*** *~* stay too long; *(om gæst)* outstay one's welcome; ***for ~ siden*** a long time ago (*fx* I met him a long time ago); T long since *(+ perf.)* (*fx* I've long since forgotten what it means); F long ago; *for ikke ~ siden* not long ago; *~* ***før*** long before (*fx* he had been told long before; long before his death); ***inden*** *~* before long; *være ~* ***om*** *noget* take a long time over sth; be a long time doing sth (*fx* he was a long time coming); *være ~* ***oppe*** stay up late; *det er ~* ***siden*** *a)* that was a long time ago; *b) (sagt når man mødes)* what a long time it has been! T long time no see! *det er ~ siden han har skrevet til mig* it is a long time since he wrote to me; he has not written to me for a long time; ***så*** *~ jeg er borte* while I am away; *bliv så ~ du vil* stay as long as you like; *sid ned så ~* sit down while you wait; sit down till I have finished; *det barn hun så ~ havde ønsket sig* the child she had been wanting for so long (*el.* for such a long time); *(se også farvel); der er ~* ***til*** *jul* it's a long time to Christmas; *der er ikke ~ til jul* Christmas is not far off.

længehus *(omtr.)* ranch-style house.

længere[1] *adj.* **1.** *(komp. af lang)* longer (*fx* they want longer holidays);
2. *(ret lang)* (rather) long (*fx* way); T longish; *(om tid også)* prolonged (*fx* visit);
□ *så er den ikke ~!* (well,) that's (the end of) that! that's it! *~ tid* longer (*fx* it took me longer than I had expected); *i ~ tid* for a rather long time.

længere[2] *adv.* **1.** *(om sted, afstand)* farther, further (*fx* farther (*el.* further) down the road; he walked farther (*el.* further) than ever before);
2. *(om tid)* longer (*fx* it took me longer than I had expected);
□ *~* ***hen*** farther on, further on; *~* ***hen på*** *året* later in the year; *~* ***henne i*** *bogen* further on in the book; ***ikke*** *~ (om tid)* no longer, no more, not any more; *hertil og ikke ~* so far and no further; *for ikke ~ siden end i går* only yesterday.

længerevarende *adj.: ~ uddannelser* courses of long duration.

længes[1] *vb. (længtes, længtes) (føle længsel)* long; *(især efter noget uopnåeligt,* F*)* yearn;
□ *~* ***efter*** miss; *(stærkere)* long (, yearn) for; *jeg ~* ***efter at*** *se ham* I am longing to see him; T I am dying to see him; *~* ***hjem*** be homesick; *(stærkere)* long (, yearn) for one's home; *~* ***tilbage til*** long for, long to be back in; F feel a nostalgia for (*fx* one's childhood).

længes[2] *vb. (blive længere)* lengthen, grow longer.

længsel *sb. (en, længsler)* longing; *(især efter noget uopnåeligt,* F*)* yearning;
□ *være ved at dø af ~ se dø; hun ventede det med ~* she was eagerly expecting it.

længselsfuld *adj.* **1.** longing (*fx* look); **2.** *(vemodigt ~, efter noget uopnåeligt)* wistful (*fx* smile; she had a last wistful look round the house she was leaving).

længselsfuldt *adv.* **1.** longingly (*fx* I began to think longingly of bed; he gazed longingly at the drinks);
2. *(efter noget uopnåeligt)* wistfully (*fx* sigh wistfully; he looked wistfully at her).

længst[1] *adj.* longest; *(af to også,* F*)* longer.

længst[2] *adv.* **1.** *(om afstand)* farthest, furthest (*fx* farthest (*el.* furthest) away);
2. *(om tid)* longest (*fx* he had been there longest); for the longest time;
□ *for ~* long ago (*fx* we had finished long ago); T long since (*fx* I have long since forgotten what it was all about).

længstlevende *adj.: den ~* the one who lived longest, the survivor; F the longest-lived.

lænke[1] *sb. (en, -r)* **1.** chain;
2. *(til armbåndsur)* bracelet, watchband;
3. *(fod-)* fetter; *(om ankel el. håndled)* shackle, manacle;
□ *lægge i -r, belægge med -r* put in irons (, fetters, shackles, manacles); *(se også løse).*

lænke[2] *vb.* chain; *(med fodlænke)* fetter; *(om ankel el. håndled)* shackle, manacle;
□ *-t til a)* chained to (*fx* the prisoners were chained to the wall); shackled to, manacled to (*fx* manacled to the floor); *b) (fig.)* chained to (*fx* one's desk all day); tied to (*fx* one's bed by illness).

lænkebinde *vb.* chain; *(litt.)* fetter (*fx* fettered by a nine-to-five existence).

lænkehund chained dog, watchdog.

læns *adj.* **1.** empty (*for* of); *(glds.: for penge)* broke; **2.** *(sø.)* dry;
□ *sejle ~* run before the wind; *(se også øse[2]).*

lænse *vb.* **1.** *(tømme)* empty; **2.** *(sø.)* bale out; **3.** *(sejle)* run before the wind.

lænseport 1. *(sø.)* freeing port; **2.** *(spygat)* scupper.

læplante *sb.* shelter plant.

læplantning 1. *(det at)* shelter planting; **2.** *(planterne)* windbreak.

lærd *adj.* **1.** learned; F erudite; **2.** *(brugt som sb.)* scholar;
□ *~ skole* grammar school; *de -e er uenige* doctors disagree.

lærdom *sb. (en)* learning; scholarship; F erudition;
□ *-me (ɔ: læresætninger)* doctrines, tenets.

lære[1] *sb. (en) (håndværks- etc.)* apprenticeship;
□ *komme i ~ hos* be apprenticed to; *stå i ~* serve one's apprenticeship (*hos* with); *sætte en i ~ hos* apprentice sby to.

lære[2] *sb. (en)* **1.** *(undervisning, forkyndelse)* teachings pl. (*fx* the teachings of the church);
2. *(læresætning, fastslået ~)* doctrine (*fx* the doctrine of the Trinity); *(dogme)* dogma (*fx* the dogma of papal infallibility);
3. *(teori)* theory (*fx* Freud's theory);
4. *(advarsel)* lesson (*fx* let that be a lesson to you!);
□ ***drage*** *~ af* learn (a lesson) from; ***tage ved*** *~* learn (*af* from); *tage ved ~ af ham (også)* take a leaf out of his book; *forstå at tage ved ~* learn one's lesson.

lære[3] *vb. (lærte, lært)* **1.** *(undervise, ~ fra sig)* teach (*fx* he taught me English; he taught me (how) to swim; my parents taught me never to tell lies);
2. *(selv ~)* learn (*fx* I learnt to swim; he'll never learn to keep his mouth shut);
□ *han har meget at ~ (endnu)* he has got a lot to learn;
[med vb.] ~ ***at kende*** *a)* get to know; *(mere* F*)* become (*el.* get) acquainted with; *(møde også)* meet; *b) (erfare)* experience (*fx* hardship, poverty); *~ hinanden at kende* get to know each other; become (*el.* get) acquainted; *~ nærmere at kende* get to know better; become (*el.* get) better acquainted with; *jeg* ***skal*** *~ dig (at svare igen)!* I'll teach you (to answer back)! *man skal ~ så længe man lever* you are never too old to learn; we live and learn;

[med præp. & adv.] ~ ***af*** learn from (*fx* learn from one's mistake; I learnt it from him); ~ *ham kunsten af* pick up the trick from him; ~ ***fra sig*** teach; ~ *noget* ***udenad*** learn sth by heart (*fx* learn a poem by heart); *(mekanisk, ofte neds.)* learn sth by rote (*fx* he learnt the work (, the poem) by rote); *man -r selv* ***ved*** *at ~ andre* one learns by teaching.
læreanstalt college; school; □ *højere ~* institution of higher education, higher education institution.
lærebog textbook.
lærebogsforfatter textbook writer.
lærebogsforlag educational publishers pl.
lærebogssystem course.
lærebrev certificate of completed apprenticeship.
læredigt didactic poem.
læredreng apprentice.
lærekontrakt *se lærlingekontrakt.*
lærelyst desire to learn.
læremester 1. teacher; **2.** *(i håndværk)* master.
lærenem *adj.* quick; F apt; *(om dyr)* easily trained.
lærepenge *sb.pl.: det var dyre ~ for ham* the lesson cost him dear; *jeg har måttet betale dyre ~* I have learned it to my cost.
læreplads 1. *(i industrien)* training place; **2.** *(håndværker-)* apprenticeship (*fx* he got an apprenticeship).
lærer *sb. (en, -e)* **1.** teacher (*i* of); **2.** *(skole-)* school teacher; F master (*fx* the maths master); *(ofte neds.)* schoolmaster; **3.** *(hus-)* tutor.
lærercentreret *adj.* teacher-centred.
lærereksamen*: have ~* be a qualified teacher; *tage ~* qualify as a teacher.
lærereksemplar specimen copy; *(am.)* desk copy.
lærerembede teaching post.
lærergerningen teaching (*fx* teaching is a demanding profession); the teaching profession (*fx* prepare for the teaching profession).
lærerhøjskole*: Danmarks Lærerhøjskole* the Royal Danish School of Educational Studies.
lærerig *adj.* educational, instructive (*fx* experience); □ *en ~ oplevelse (også)* a worth-while experience.
lærerinde *sb. (en, -r)* teacher; *(ofte neds.)* schoolmistress.
lærerkollegium, lærerkorps (teaching) staff.
lærerkræfter *sb.pl.* teachers; teaching staff sg.
lærerløn teacher's salary.
lærermøde staff meeting.
lærerpersonale (teaching) staff.
lærerråd staff council.
lærerrådsmøde staff meeting.
lærerseminarium *se seminarium.*
lærerstand teaching profession.
lærerstuderende *sb.* student teacher.
lærerstyret *adj.* teacher-controlled, teacher-directed.
læreruddannelse *(faglig)* teacher training; *(i videre forstand)* teacher education.
lærervejledning *(til lærebog)* teacher's book.
lærerværelse staff room.
lærestof*: der er meget ~ i det fag* there is a lot of learning to do in that subject.
lærestol chair.
lærestreg*: give ham en ~* teach him a lesson; *lad det være dig en ~* let that be a lesson to you.
læresætning doctrine; tenet (*fx* the central Christian tenets; it was the first tenet of his professional code that...); *(dogme)* dogma.
læretid apprenticeship; □ *udstå sin ~ hos* serve one's apprenticeship with.
lærevillig = *lærvillig.*
læreår *sb.pl.* years of apprenticeship.
lærk *sb. (en, -e) (bot.)* larch.
lærke *sb. (en, -r)* **1.** *(zo.)* lark, skylark; **2.** *(flaske)* flask.
lærkefalk *(zo.)* hobby.
lærkerede lark's nest (pl. larks' nests).
lærkespore *(bot.)* corydalis.
lærketræ 1. *(bot.)* larch tree; **2.** *(materiale)* larch wood.
lærling *sb. (en, -e)* **1.** trainee; **2.** *(om håndværkslære)* apprentice.
lærlingekontrakt 1. *(i industrien)* contract as a trainee; **2.** *(hos håndværksmester)* contract of apprenticeship.
lærlingeuddannelse the training of trainees (, apprentices).
lærred *sb. (et, -er)* **1.** linen; **2.** *(groft, fx til teltdug, sæk)* canvas; **3.** *(maleri)* canvas; **4.** *(film- etc.)* screen; □ *det hvide ~ (jf. 4)* the silver screen; *indbunden i ~* cloth-bound.
lærreds- linen (*fx* shirt); canvas (*fx* bag).
lærredsbind cloth binding.
lærredsbukser *sb.pl.* canvas trousers; *(hvide, til sport)* ducks.
lærredsryg cloth back.
lærredssko *sb.pl.* canvas shoes; *(am.)* sneakers.
lærvillig *adj.* teachable; *(præd. også)* willing to learn; *(medgørlig)* docile.
læs *sb. (et, -)* **1.** load; *(se også vognlæs)*; **2.** *(mængde)* lot; T load (*fx* a lot (, load) of problems); □ *trække -set (fig.)* do all the hard work; F bear the brunt; *et sløvt ~* T a slowcoach; *et stort ~* T a big hulk of a man.
læsbar *adj.* readable.
læsbarhed *sb. (en)* readability.
læse *vb. (læste, læst)* **1.** read (*for* to); **2.** *(gennemlæse)* read through; F peruse; **3.** *(holde forelæsning)* lecture (*over* on); **4.** *(studere)* study (*fx* chemistry); F read (*fx* he is reading law); *(se også lektie)*; □ *~ højt se højt*; *denne forfatter -s* ***meget*** this author is widely read; *~ videre se videre*[2];
[med andre adv. & med præp.] *(sidde og) ~* ***i*** *en bog (, avis etc.)* be reading a book (, newspaper etc.); *han har læst det i en bog* he has read it in a book; *(neds.)* he has got it out of a book; *rædslen stod at ~ i (el. på) alles ansigter* horror was depicted in all faces; *~* ***ind*** *se indlæse*; *~* ***med*** *en* give sby lessons; coach sby; *~* ***op*** read aloud; *~* ***op af*** *en bog* read from a book; *~* ***op for*** read to (*fx* the children); *~ et stof* ***op til*** *en eksamen* get up a subject for an examination; *~* ***over på*** *det* give it a quick look-over, glance through it; *~ på sin lektie se lektie*; *~* ***til*** *eksamen* prepare (*el.* read) for an examination; *~ til læge (, jurist)* study (, read) for a medical (, law) degree; *~ bogen* ***ud*** finish the book;
[med sig] ~ ***sig i*** *søvn* read oneself to sleep; *~* ***sig til*** read (*fx* it is something I have read); *det er bare noget du har læst dig til (også)* it is just something you have got out of a book.
læsealder *(mht. læsefærdighed)* reading age.
læsebog reader.
læsebriller *sb.pl.* reading glasses.
læsedrama closet drama.
læsefag *(mods. færdighedsfag)* content subject.
læsefejl misreading.
læseferie *(svarer til)* reading week.
læseforening book club.

læseglas reading glass.
læsegæld study debt.
læsehastighed reading speed.
læsehest 1. *(ivrig læser)* bookworm; **2.** *(flittig til studier, især neds.)* swot.
læsehæmmet *adj.: være ~* be a slow reader; *læsehæmmede (pl.)* slow readers.
læsejl 1. *(læskærm)* (canvas) windshield; **2.** *(sø.)* studding-sail.
læseklasse remedial class.
læsekreds book club; *(se også læserkreds).*
læselampe reading lamp.
læse-let bog easy reader.
læselig *adj.* **1.** legible (*fx* handwriting); **2.** *(læseværdig)* readable (*fx* book).
læselighed *sb. (en) (jf. læselig)* **1.** legibility; **2.** readability.
læselyst *sb. (en)* love of reading.
læsemåde reading.
læseplan *sb. (en, -er)* curriculum (pl. -s, curricula); syllabus.
læseprøve *(teat.)* reading rehearsal.
læsepult 1. reading desk; **2.** *(i kirke)* lectern.
læsepædagog reading teacher.
læser *sb. (en, -e)* **1.** reader; **2.** *(forfatter af læserbrev)* correspondent;
□ *-e se også læserkreds 2.*
læserbrev reader's letter (pl. readers' letters); letter to the editor.
læserbrevkasse *se brevkasse (3, 4).*
læseretarderet *se læsehæmmet.*
læserkreds 1. *(forfatters)* circle of readers, audience; **2.** *(avis', tidskrifts)* readership (*fx* the paper has a very faithful readership; a magazine aimed at a young readership).
læserspalte correspondence column.
læsesal reading room.
læservenlig *adj.* reader-friendly.
læsestof reading (matter).
læsestue reading room.
læsestykker *sb.pl.* selected passages.
læsesvag *adj. se læsehæmmet.*
læseværdig *adj.* readable; *(præd. også)* worth reading.
læseøvelse reading excercise.
læside 1. *(af hus etc.)* sheltered side; **2.** *(sø.)* lee side (*fx* on the lee side).
læsion *sb. (en, -er)* injury; *(fagl.)* lesion.
læske *vb.* **1.** *(tørst)* slake (*fx* one's thirst); F quench;
2. *(forfriske)* refresh (*fx* refresh oneself with a cool drink);
3. *(kalk)* slake;
□ *~ ganen med* refresh oneself with; *-t kalk* slaked lime.
læskedrik refreshing drink; soft drink.
læskende *adj.* refreshing.
læskur shelter (*fx* bus shelter).
læskærm 1. shelter; **2.** *(lærreds-)* (canvas) windshield.
læsning[1] *sb. (en, -er) (jf. læse)* reading; *(gennemlæsning,* F*)* perusal.
læsning[2] *sb. (en, -er) (jf. læsse)* loading.
læspe *vb.* lisp.
læspen *sb. (en)* **1.** *(det at læspe)* lisping; **2.** *(talefejl)* lisp (*fx* have a bad (, slight) lisp; speak with a lisp).
læsse *vb.* load;
□ *~* ***af*** *a)* unload; *(især om affald, uautoriseret)* tip, dump; *b) (fig.)* get one's problems (, worries etc) off one's chest; *~ et arbejde (, ansvaret for noget)* ***over på*** *én* shift a task (, the responsibility for sth) on to sby; *~ mere arbejde over på ham* load more work on him; *~* ***på*** load; *~ møblerne på lastbilen* load the furniture onto the truck.
læssemaskine loading shovel.
læssevis*: bøger i ~, ~ af bøger* loads of books.
læst *sb. (en, -er)* **1.** *(skomagers)* last; **2.** *(skostiver)* shoetree;
□ *blive ved sin ~* stick to one's last.
læsterlig *adj.: -e tæsk* a sound beating.
løb[1] *sb. (et, -)* **1.** *(det at løbe, også i sport)* running (*fx* running is good for your heart; running and jumping);
2. *(enkelt løb)* run (*fx* a five-minute run);
3. *(konkurrence-, vædde-)* race (*fx* a 100 metre race; win a race);
4. *(gevær-)* barrel; *(indvendigt)* bore;
5. *(ben af vildt)* leg;
6. *(mellemfod hos fugle)* shank;
7. *(trappe-)* flight (of stairs);
8. *(vands, tidens)* course (*fx* the course of the Thames); *(flods også)* channel; *(se også sejlløb)*; *ændre flodens ~* rechannel the river;
[med adj.] ***dødt*** *~* a dead heat *(mellem* between); *give (, lade få)* ***frit*** *~* give way to (*fx* one's tears, one's anger);
[med vb. (+ præp.)] ***gå med i*** *-et* go by the board; be lost; ***køre*** *sit eget ~* go one's own way; paddle one's own canoe; *-et er kørt* the party is over; ***sætte i*** *~ a) (begynde at løbe)* start running; *b) (slå over i ~)* break into a run; *[med præp.]* ***i det lange*** *~* in the long run; ***i tidens*** *~ a) (i den forløbne tid)* over the years (*fx* this has happened many times over the years); *b) (efterhånden)* in the course of time (*fx* he will grow wiser in the course of time);
i *-et* ***af*** *a) (inden udløbet af)* in (*fx* he finished it in less than an hour); *(kun)* in a matter of, in the space of (*fx* a few minutes; only a year); *b) (på et tidspunkt i løbet af)* during (*fx* he mentioned it during our conversation; a shower of rain fell during the evening); in (*fx* I woke up three times in (*el.* during) the night); over (*fx* over the last year it has been decreasing); F in the course of (*fx* our conversation; the year).
løb[2] *præt. af løbe.*
løbe[1] *sb. (en, -r)* **1.** *(oste-)* rennet; **2.** *(drøvtyggermave)* abomasum.
løbe[2] *vb. (løb, løbet) (se også løbende)* **1.** run (*fx* he ran down the road; the road runs between hills; the contract runs to March 31);
2. *(om kondiløb)* jog;
3. *(om vand)* run, flow;
4. *(om skibs fart)* do (*fx* she can do 20 knots);
5. *(om strømpe)* ladder (*fx* those stockings ladder easily);
□ *lade ham ~* let him go;
[med sb.] lade munden ~ jabber away; *hans næse (, vandhanen) -r* his nose (, the tap) is running; *en næse der -r* a running (*el.* runny) nose; *mine strømper er -t* my stockings are laddered; I have laddered my stockings; *(se også maske*[1]*)*; *tønden -r* the barrel leaks;
[med adj.] ~ ***fuld af*** *vand* fill with water; *(sø. også)* be swamped; *~* ***tør*** run dry; *~* ***tør for*** run out of (*fx* ideas); *~* ***varm*** *(om maskindel)* get hot, run hot; *~ sig varm* run to get warm; run until you get warm;
[med præp. & adv.] ~ ***af*** run off; *lade glassene (, tallerknerne) ~ af* let the glasses (, dishes) drain; *~ af sporet (el. skinnerne)* leave the rails; *(se også spor)*; *~* ***af med*** run away with (*fx* his feelings (, imagination, temper) ran away with him; he ran away with the prize (, the money, my wife)); *(vinde også)* carry off (*fx* a girl; the prize, the victory);
~ ***an*** tarnish; *~* ***an på*** *a) (stole på)* bank on (*fx* his help; his (*el.* him) coming); *b) (tage chancen)* gamble on (*fx* getting the job; his (*el.* him) being on time);

~ **bort med** run away (*el.* off) with; *(for at blive gift også)* elope with (*fx* he eloped with the squire's daughter; she eloped with him at the age of 17);
~ '**efter** *(forfølge)* run after (*fx* he ran after me out of the door); '~ *efter (ɔ: for at hente)* run for (*fx* help);
det kan du ikke ~ **fra** you can't get away from that; ~ *fra ansvaret* shirk the responsibility; ~ *fra et løfte* go back on a promise; *(mere neds.)* welsh on a promise; ~ *fra sit ord* go back on one's word; *tiden er -t fra ham (ɔ: han er gammeldags)* he is (hopelessly) behind the times; *tiden er -t fra de bøger* those books are (hopelessly) out of date; *tiden var -t fra mig (ɔ: jeg havde glemt tiden)* I did not notice how late it was; I had lost count of the time;
~ **i** *se pen*[1]*, strand, vejr*; ~ *i vand se tand, øje*;
~ **igennem** run through (*fx* the main points); ~ *avisen igennem* glance through the paper;
~ **ind i** *a) (om havn etc.)* put into, run into, enter (*fx* the harbour); *b) (tilfældigt træffe)* run into (*fx* I ran into him in the street); come across; *c) (om problemer etc.)* run into, come up against (*fx* difficulties, problems);
~ **med** *a) se ovf.: ~ af med, ~ bort med; b) (udsprede)* spread (*fx* rumours); *(se også rende*[2] *(med), limstang, vind (halv vind))*; *give ham en historie at ~ med* fob him off with a story;
det løb mig koldt **ned ad** *ryggen* a shiver ran down my spine (*el.* back); *det fik det til at ~ mig koldt ned ad ryggen* it sent a shiver down my spine (*el.* back);
~ **om** run about, run around; *(se også hjørne, kap*[2]*)*;
~ '**op** *a) (også = vokse)* run up; *b) (om syning)* come undone; *c) (indhente)* overtake; *det -r 'op (om beløb)* it mounts up;
~ '**over** *(om kar, væske)* run over; ~ *over gaden* run across the street; *(se også bred*[1]*, ende*[1]*)*; *munden løb* **over på** *ham* his tongue ran away with him; he blurted out the secret (etc.); ~ **over til** *fjenden se fjende*;
~ '**på** *a) (støde imod)* run against, run into; *(se også mine*[2]*)*; *b) (tilfældigt træffe)* run into, come across; *have noget at '~ på* have a margin; *så har vi ti minutter at ~ på* that leaves us ten minutes;
~ **rundt** *a)* run about, run around; *b) (rotere)* rotate; revolve; *få det til at ~ rundt a) (få pengene til at slå til)* make (both) ends meet (*fx* it is difficult to make ends meet these days); *b) (få regnskabet til at balancere)* break even (*fx* the company will probably just break even); *det kan lige ~ rundt (ɔ: betale sig)* it only just pays; *det løb* **rundt for** *ham a) (han var svimmel)* his head was swimming; *b) (han var forvirret)* he was dazed; *c) (han var småtosset)* he wasn't all there;
~ **sammen** *a) (om linier, veje)* meet; F converge; *b) (om farver)* run together; *c) (om mælk)* curdle; *d) (stimle sammen)* collect;
~ '**til** *(ɔ: hurtigere)* spurt; *folk kom -nde 'til* people came running up; *mælken -r 'til* the milk rises; *det er ikke sådan at '~ til* it takes some doing;
~ **ud** *a) (om ur)* run down; *b) (om farver, blæk)* run; *(blandes)* run together; *c) se udløbe*; ~ **ud i** *a)* run into (*fx* the garden); *b) (om vandløb)* run into, flow into (*fx* the river runs (*el.* flows) into the sea); *c) (fig.)* end in (*fx* confusion, failure); *(se også sand*[1]*, spids*[1]*)*;
~ **væk** run away, run off; *(se også ovf.: ~ bort)*.

løbebane 1. *(bane til løb)* racecourse; running track; **2.** *(fig.)* career (*fx* a literary career).

løbebille *(zo.)* ground beetle.

løbebro catwalk.

løbedage *sb.pl. (respitdage)* days of grace.

løbefod *(zo.)* cursorial foot.

løbegang *(i tøj)* drawstring hem, casing.

løbegrav trench.

løbehjul 1. *(legetøj)* scooter; **2.** *(jernb.)* bogie wheel; **3.** *(i pumpe)* impeller.

løbeild *(i skov)* ground fire, running fire;
□ *brede sig som en ~* spread like wildfire.

løbeknude running noose.

løbekran travelling crane.

løbende[1] *adj.* **1.** running; **2.** *(indeværende)* current (*fx* expenses, prices, payments, sales; the current financial year);
□ ~ *evaluering* continuous assessment; *de ~ forhandlinger* the current (*el.* ongoing) negotiations; the negotiations in progress; *de ~ forretninger* current business; *passe de ~ forretninger (også)* manage the day-to-day business; *være i ~ kontakt med* be in regular contact with; *pr. ~ meter* per linear metre; ~ *regning* current (*el.* open) account; ~ *sager* pending cases; ~ *udgifter* current expenses.

løbende[2] *adv. (til stadighed)* continuously (*fx* the figures are continuously updated);
□ *holde ham ~ underrettet om udviklingen* keep him up to date on developments.

løbenummer serial number.

løbepas: *få ~ (ɔ: blive afskediget)* get the sack, be sacked; *give ham ~ (ɔ: afskedige, også om kæreste)* give him his marching orders; *(am.)* give him his walking papers; *hun gav ham ~ (også,* T*)* she threw him over.

løber *sb. (en, -e)* **1.** *(idrætsmand, møllesten, bordløber, smalt tæppe)* runner; *(se også trappeløber, rød)*;
2. *(skak)* bishop;
3. *(mursten)* stretcher.

løbeseddel handbill.

løbesod tarry soot.

løbetid *(hdl.)* currency, term;
□ *hunden er i ~* the dog is in season; the dog is in (*el.* on) heat.

løbetræning jogging; *(distanceløb)* distance running.

løbetur run.

løbsk *adj.* runaway (*fx* horse; epidemic, inflation);
□ ~ *fantasi* unbridled imagination; *løbe ~* bolt, run away.

lød[1] *sb. (en)* complexion; *(litt.)* hue.

lød[2] *præt. af lyde.*

lødig *adj.* valuable (*fx* book); *(præd. også)* of good quality; *(kun attr.)* quality (*fx* magazine, newspaper, programme);
□ ~ *litteratur (omtr.)* serious literature.

lødighed *sb. (en)* **1.** fineness;
2. *(fig.)* value; quality.

løft *sb. (et, -)* **1.** *(det at løfte)* lift;
2. *(fig.: opmuntring)* lift (*fx* it gave us a lift; the psychological lift of the conference); *(også = forøgelse)* boost (*fx* it gave her self-esteem (, the economy) a boost);
3. *(lønforhøjelse)* rise; *(am.)* raise.

løfte[1] *sb. (et, -r)* promise (*om* of; *om at* to (, that)); F pledge, vow (*om* of; *om at* to (, that));
□ *under tavsheds ~* under promise (, pledge) of secrecy; under the seal of silence;
[med vb.] **aflægge** *et ~* make a promise; F make a pledge (*fx* to abstain from wine); make a vow (*fx* of poverty); **bryde** *et ~* break a promise; **give** *et ~, se ovf.: aflægge et ~*; *give en ~ om noget*

promise sby sth; *jeg* ***har*** ~ *om (el. på)* I have been promised; ***holde*** *et* ~ keep a promise; ***tage*** *det* ~ ***af*** *en at* make sby promise that.

løfte[2] *vb. (se også løftet)* **1.** *(~ højere, ~ i vejret)* raise (*fx* one's glass (, arm, finger, hand, eyebrows); lift (*fx* he lifted his hand to ring the bell; lift a heavy weight);
2. *(fra underlag, flytte)* lift (*fx* lift one's foot to kick; help me lift the table; I can't lift it; lift a box (up) from the floor (, onto the table); lift the child out of the pram);
3. *(virke opløftende på)* elevate (*fx* their minds);
□ ~ *sig* rise; *det fik taget til at ~ sig* it raised the roof;
[med sb.] ~ arven efter én follow in sby's footsteps; *~ benet (om hund) se lette*[2] *(ben)*; *~ blikket se hæve (hæve blikket)*; *~ en finger se finger (røre en finger)*; *~ hovedet (også fig.)* raise one's head;
[med adv. & præp.] ~ noget ***ned*** lift sth down; *~* ***op i*** *kjolen* lift up one's dress; *~* ***på*** *(ɔ: veje i hånden)* try the weight of; *~ på hatten* raise one's hat.

løftearm lifter.

løftebrud *sb. (et, -)* **1.** breach of faith; **2.** *(brud på ægteskabsløfte)* breach of promise.

løftelse *sb. (en) (fig.)* uplift; exaltation.

løfteparagraf promissory clause.

løfterig *adj.* promising; *(præd. også)* full of promise.

løftestang lever.

løftet *adj.* raised (*fx* hand); *(se også pande*[2]*, pegefinger, stemning*[1]*)*.

løg *sb. (et, -)* **1.** *(spise-)* onion; **2.** *(blomster-)* bulb.

løgformet *adj.* **1.** bulb-shaped; **2.** *(om kuppel)* onion-shaped.

løgholder onion holder.

løgkarse *(bot.)* garlic mustard.

løgknold *(bot.)* corm.

løgkuppel onion dome.

løgn *sb. (en, -e)* **1.** lie (*fx* he told me a lie; a blatant lie; white lies); *(mildere,* F*)* falsehood; *(lille ~,* T*)* fib;
2. *(det at lyve)* lying (*fx* lying was a way of life for him; he accused me of lying);
□ *det* ***er*** ~ that is a lie; *(mildere)* that is not true; *det er ~ altsammen* it is all lies (*el.* a lie); *og det* ***er ikke engang*** ~ T and that's a fact; *jeg ventede i seks timer, og det er ikke engang ~* without a word of a lie, I waited for six hours; *så smuk (, dum) at man* ***skulle tro det var*** ~ too beautiful (, stupid) to be believed; unbelievably beautiful (, stupid); T so beautiful (, stupid) it isn't true, so beautiful (, stupid) you wouldn't believe it; *for at det ikke* ***skulle være*** *~ a) (ɔ: tilmed)* for good measure; *b) (som det allerværste)* to crown (*el.* cap) it all (*fx* and then, to crown it all, the car broke down); ***stikke*** *en ~* tell a lie;
[med præp.] han er fuld ***af*** ~ he is a born liar; *du er fuld af ~ (ɔ: du lyver groft)* you are telling a pack of lies; *beskylde én* ***for*** ~ accuse sby of lying; F give sby the lie; *fare* ***med*** ~ tell lies; *(se også fylde*[2] *(med))*; *skelne* ***mellem*** *~ og sandhed* distinguish between truth and lies; *(se også gribe (i))*.

løgnagtig *adj.* lying; F mendacious.

løgnagtighed *sb. (en)* untruthfulness; F mendacity.

løgnedetektor lie detector; polygraph.

løgnehistorie lie; fairy story, fairytale, tall story.

løgner *sb. (en, -e)*, **løgnhals** liar.

løgplante *(bot.)* bulbous plant.

løgring onion ring.

løgskæl *(bot.)* bulb scale.

løgsovs onion sauce.

løgsuppe onion soup.

løgurt *(bot.)* water germander.

løj *præt. af lyve.*

løjbænk couch.

løje[1] *sb. (en, -r) (zo.)* bleak.

løje[2] *vb. (om vind)* fall;
□ *~ af* fall.

løjer *sb.pl.* fun sg.;
□ *det er grove ~!* that's a bit stiff! *så skal du se ~!* and then you'll see (fun and games)! *gøre ~ med en (glds.) se sjov*[1] *(lave sjov med)*.

løjerlig *adj.* odd, funny.

løjert *sb. (en, -er)* **1.** *(sø.: af tovværk)* cringle; **2.** *(zo.) se løje*[1].

løjet[1] *pf.ptc. af lyve.*

løjet[2] *pf.ptc. af løje*[2].

løjpe *sb. (en, -r)* ski run.

løjser *sb. (en, -e)* good-for-nothing.

løjtnant *sb. (en, -er)* lieutenant.

løjtnantshjerte *sb. (en, -r) (bot.)* bleeding heart.

løkke *sb. (en, -r)* loop; *(til at trække sammen)* noose.

lømmel *sb. (en, lømler)* lout.

lømmelagtig *adj.* loutish.

lømmelalder*: i -en* at an awkward age.

løn[1] *sb. (en)* **1.** *(arbejdsløn, generelt)* pay (*fx* I lost three months' pay; the pay is not very good);
2. *(arbejders, især uge-)* wages pl.; *(med nærmere bestemmelse)* wage (*fx* a good wage; work at a weekly wage of £180; they paid him a wage that would be scorned by a schoolboy);
3. *(funktionærs etc., måneds-, års-)* salary (*fx* an annual salary of £17,000); T pay;
4. *(mil.)* pay;
5. *(belønning)* reward;
□ *arbejderen er sin ~ værd (bibl.)* the labourer is worthy of his hire; *han er sin ~ værd* he is worth his pay; T he is worth his salt; *(se også utak)*;
[med vb.] ***bære*** *-nen i sig selv* carry (*el.* be) its own reward (*fx* virtue (, charity) is its own reward); ***få*** *~* ***for*** be paid for; *hvad* ***får*** *han* ***i*** *~? a)* what are his wages? T how much does he make (*el.* get)? what does he get? *b) (om gage)* what is his salary? ***få*** *~* ***som forskyldt*** get one's (just) deserts; T get what one asks for; *der fik han ~ som forskyldt* it served him right; T he was asking for it; he deserved all he got.

løn[2] *sb. (en, -ne) (træ)* maple.

løn[3] *sb.: i ~ (hemmeligt)* in secret, secretly; F clandestinely.

lønaftale **1.** *(enkelt)* wage contract; **2.** *(kollektiv)* wage agreement.

lønarbejder wage earner.

løndom *sb. (en, -me)* secret;
□ *i ~ se løn*[3].

lønfastsættelse wage fixing, pay determination; the fixing of wage rates.

lønforbedring = *lønforhøjelse.*

lønforhandlinger *sb.pl.* wage (*el.* pay, salary) negotiations (*el.* talks).

lønforhøjelse wage (*el.* pay) increase, increase of salary, rise (*fx* he got a rise); *(am.)* raise.

lønforlig wage settlement; pay deal.

lønforskel differential.

lønførende *adj.: være ~* give the lead as regards (*el.* on) wages.

løngang secret passage.

lønglidning wage drift.

lønindtægt income from employment.

lønkammer closet.

lønklasse wage group, pay grade; salary class (*el.* grade *el.* bracket).

lønkonflikt wage (*el.* pay) dispute.

lønkonto wage account.

lønkrav pay (*el.* wage, salary) claim.

lønlig *adj.* secret;
□ *nære det -e håb at* have a secret hope that.

lønligt *adv.* secretly, in secret.

lønmodtager wage earner; salary earner.

lønmodtagerfradrag *(svarer til)* earned income relief.

lønne *vb. (se også lønnende, lønnet)* **1.** pay; **2.** *(belønne)* reward;
□ *~ ondt med godt* return good for evil; *~ sig* pay.
lønnedgang decrease of wages (, salary).
lønnedskæring, lønnedsættelse reduction of wages (, salary); pay cut.
lønnende *adj.* profitable;
□ *lidet ~* unprofitable.
lønnet *adj.* paid (*fx* staff; work).
lønning[1] = *løn*[1].
lønning[2] *sb. (en, -er) (sø.: ræling)* gunwale.
lønningsdag pay day.
lønningskontor wages office; pay office.
lønningsliste payroll.
lønningslov [statute regulating salaries];
□ *den jernhårde ~ (økon. hist.)* the Iron Law of Wages.
lønningspose pay packet.
lønningsseddel pay slip.
lønningsskala wage (, salary) scale.
lønpause pay pause.
lønpolitik wage(s) policy, pay policy.
lønramme *se lønklasse.*
lønreform reform of the salary scale.
lønregulering regulation of wages (, salaries).
lønsats wage rate.
lønseddel pay slip.
lønskala wage (, salary) scale.
lønslave wage slave.
lønsom *adj.* profitable.
lønsomhed *sb. (en)* profitability.
lønstop wage freeze;
□ *indføre ~* freeze wages.
lønstrid *se lønkonflikt.*
løntilbageholdenhed wage (*el.* pay) restraint.
løntillæg **1.** bonus, allowance;
2. *(anciennitets-)* increment;
□ *personligt ~* personal increment.
løntrin salary grade.
løntrykker *(om arbejdsgiver)* sweater;
□ *han fungerer som ~ (ɔ: om arbejder)* he undercuts the others.
løntrykkeri sweating (system).
løntung *adj. (omtr.)* labour-intensive.
lønudjævning reduction of pay differentials.
lørdag Saturday; *(NB udtryk med ugedagene står under fredag).*
lørdagsfri*: have ~* have Saturday off.
løs *adj.* **1.** loose (*fx* button, tooth);
2. *(slap)* slack (*fx* knot, screw);
3. *(aftagelig)* detachable (*fx* hood);
4. *(om ansættelse)* temporary (*fx* employment); casual (*fx* labour, staff, work);
5. *(skønsmæssig)* rough (*fx* calculation, estimate);
6. *(ubegrundet)* baseless, groundless (*fx* assertion, rumours, supposition); vague (*fx* rumours);
7. *(mil.)* blank (*fx* ammunition, cartridge, shot);
8. *(med vb. = vedholdende etc.)* away (*fx* chatter away, fire away, hammer away);
□ *det -e (ɔ: ekstra udgifter)* extras pl.; *snakke om -t og fast* talk of this, that and the other;
[med sb.] en ~ ***forbindelse*** *a) (seksuelt)* a casual affair; *b) (elek.)* a loose connection; *-e* ***penge*** loose cash; *(se også ende, forkant, højrekant, krudt, ryg (~ i ryggen, med ~ ryg), snak, vægt);*
[med vb.] hvad **er der** *~?* what's up? ***gå*** *~ a) (løsne sig)* come loose; *(om noget limet)* come unstuck; *b) (være på fri fod)* be at large (*fx* we cannot have that kind of psychopath at large); *c) (begynde)* begin; *da det gik ~ (T: om noget ubehageligt)* when the balloon went up; *nu går det ~ (ɔ: nu starter vi)* now we are off; ***gå ~ på*** *a) (gå i gang med)* go at (*fx* a job); pitch (*el.* pile) into (*fx* the food); *b) (overfalde)* go at (*fx* each other); go for (*fx* the dog went for the postman); pitch (*el.* pile) into (*fx* one's opponent); fly at; *gå lige ~ på* go straight at; *(se også bryde*[1]*, køre*[2]*, komme*[2]*, rive*[2] *(sig), slå*[2] *(slå ~ på, slå sig ~)).*
-løs *(endelse = uden, svarer til)* -less (*fx* bottomless, cashless, snowless).
løsagtig *adj.: ~ kvinde* loose woman; woman of easy virtue; *~ person* loose liver.
løsagtighed *sb. (en)* looseness.
løsarbejder casual labourer; *-e (fx i postvæsnet)* casual staff sg.
løsblad loose leaf.
løsblads- loose-leaf (*fx* notebook).
løsdrift *(agr)* loose housing (system).
løse *vb. (løste, løst)* **1.** *(problem, gåde, ligning)* solve;
2. *(knude)* undo, untie;
3. *(sætte fri)* loose (*fx* the dog); let loose; *(frigøre)* release (*fra* from, *fx* an oath, an obligation, a promise);
4. *(skaffe sig)* take out (*fx* a dog licence *(hundetegn)*; a game licence *(jagttegn)*); *(se også billet);*
□ *problemet vil ~ sig (af sig) selv* the problem will solve itself (*el.* sort itself out);
[med præp. & adv.] ~ **'af** *(uden objekt) a)* step in, take his (, her etc.) place; *b) (mil.)* relieve him (, them etc.); *~ en 'af a)* take sby's place; *b) (mil. etc.)* relieve sby; *~ en af hans lænker* release sby from his fetters; *~ hunden af lænken* unchain the dog; let the dog off its chain; *~ ham* ***fra*** release him from (*fx* his oath, his promise); *~* ***hjem*** *(om pant)* redeem; *~* ***op*** undo, untie (*fx* a knot, his shoelaces); *~ håret op* let down one's hair; *(flettet)* unbraid one's hair; *~* ***op for*** untie, open (*fx* open a bag); *det løste op for problemet (, forhandlingerne)* it broke the impasse.
løselig *adj.* rough (*fx* estimate).
løseligt *adv.* roughly;
□ *berøre et emne ~* touch on a matter; *gennemse ~* run over.
løsen *sb. (et, -er)* watchword;
□ *tidens ~* the order of the day.
løsepenge *sb.pl.*, **løsesum** ransom;
□ *forlange ~ for at frigive én* hold sby to ransom; *forlange £100.000 i ~* demand a ransom of £100,000.
løsgænger *sb. (en, -e)* **1.** *(politiker)* independent; *(am.)* mugwump;
2. *(jur.)* vagrant.
løsgængeri *sb. (et) (jur.)* vagrancy.
løsgøre *vb.* loosen, disengage, detach.
løsgående *adj.* **1.** *(ikke tøjret)* untethered (*fx* cattle); **2.** *(omstrejfende)* stray (*fx* dogs).
løshed *sb. (en)* looseness.
løsholt *sb. (et, -er) (i bindingsværk)* intertie.
løskøb*: varen fås i ~* the article is sold loose.
løskøbe *vb.* ransom; F redeem.
løslade *vb.* release (*fx* he was released after questioning); set free, free; *(i passiv også, mere F)* discharge (*fx* he was acquitted and discharged);
□ *~ på prøve* release on parole, parole (*fx* the prisoner was paroled).
løsladelse *sb. (en, -r)* release;
□ *~ på prøve* release on parole.
løsne *vb.* **1.** loosen (*fx* a screw);
2. *(greb, tag)* loosen (*fx* one's grip); relax (*fx* one's hold);
3. *(beklædning)* loosen (*fx* one's belt, one's tie); *(knappe op)* unbutton (*fx* one's collar);
□ *~ et skud* fire a shot; *~ sig* work loose.
løsning[1] *sb. (en, -er)* **1.** *(svar)* solution (*på* to, *fx* a problem); *(også i præmiekonkurrence)* answer (*på*

to, *fx* a riddle; there is no easy answer to the problem; answers should be sent to the magazine's address);
2. *(det at løse, fx et problem)* solution (*fx* of a problem); *(bevilling etc.)* taking out (*fx* of a licence);
□ *halve -er* half measures; *hurtig (el. nem) ~* quick fix (*fx* I am suspicious of these quick fixes).
løsning[2] *sb. (en) (jf. løsne)* **1.** loosening; **2.** relaxation.
løsrevet *adj.* detached (*fx* from its context);
□ *løsrevne citater* quotations out of context.
løsrive *vb.* detach;
□ *~ sig (fra en stat)* break away (*fx* Bangladesh broke away from Pakistan); F secede; *(se også rive*[2] *(sig løs)).*
løsrivelse *sb. (en, -r) (fra en stat)* breakaway (*fx* the breakaway of Bangladesh from Pakistan); F secession.
løssalg selling by the piece; sale of single copies;
□ *avisen koster 25p i ~* the paper costs 25p a copy.
løssluppet *adj.* **1.** *(ubehersket)* unrestrained; **2.** *(kåd)* abandoned, wild (*fx* dance);
□ *~ munterhed* (unrestrained) hilarity.
løsthængende *adj.* loose.
løstsiddende *adj. (om tøj)* loose-fitting.
løsøre *sb. (et)* movables pl.; personal property.
løv *sb. (et)* **1.** leaves pl.; F foliage; **2.** *(enkelt blad)* leaf.
løve *sb. (en, -r) (zo.)* lion;
□ *-n (astr.)* Leo; *han er ~ (ɔ: født i -ns tegn)* he is a Leo; *kaste én for -rne (fig.)* throw sby to the lions (*el.* wolves); *kæmpe som en ~* fight like a tiger; *unge -r (fig.)* young lions; *(se også gab).*
løvefod[1] *sb. (en, løvefødder) (ornament)* lion's claw.
løvefod[2] *sb. (en, -) (bot.)* lady's mantle.
løvehjerte lion's heart;
□ *Rikard Løvehjerte (hist.)* Richard Coeur de Lion; Richard the Lion Hearted.
løvehud lion's skin.
løvehule lion's den.
løvejagt lion hunting.
løvejæger lion hunter.
løvemanke 1. lion's mane; **2.** *(om mennesker)* (leonine) mane.
løvemund *sb. (en, -) (bot.)* snapdragon.
løvetand *sb. (en, -) (bot.)* dandelion.
løvetæmmer *sb. (en, -e)* lion tamer.
løveunge lion cub, young lion.
løvfald leaf fall; *(fagl.)* defoliation; *(poet.)* the fall of the leaf, falling leaves.
løvfrø *sb. (en, -er) (zo.)* tree frog.
løvfældende *adj.* deciduous.
løvhytte *sb.* bower.
løvinde *sb. (en, -r)* lioness.
løvrig *adj.* leafy.
løvrive *sb.* lawn rake.
løvsalsfest *(rel.)* Feast of Tabernacles.
løvsanger *(zo.)* willow warbler.
løvsav fretsaw.
løvsavsarbejde fretwork.
løvskov hardwood (*el.* deciduous) forest.
løvspring leafing; F foliation.
løvstikke *sb. (en, -r) (bot.)* lovage.
løvtag leafy canopy.
løvtræ hardwood (*el.* deciduous) tree.
lå *præt. af ligge.*
låg *sb. (et, -)* **1.** lid; *(større, fx over brønd)* cover;
2. *(skruelåg)* top;
3. *(T: hat)* lid;
□ *lægge ~ over (el. på) (fig.: afslutte, skjule)* put the lid on (*fx* the quarrel); *holde under ~ (fig.)* keep the lid on.
låge *sb. (en, -r)* **1.** gate; **2.** *(del af port)* wicket; **3.** *(skabs-, ovn- etc.)* door.
lågfad covered dish.
lån *sb. (et, -)* loan;
□ *et ~ på £500* a loan of £500;
[med vb.] bringe et ~ i stand arrange a loan; *få et ~* obtain a loan; *optage et ~* raise a loan; *tage et ~ i huset* take out a mortgage on the house; *yde ham et ~* grant him a loan; *yde ham et ~ på £500* lend him £500; *(se også tegne)*;
*[med præp.] tak **for** ~* thank you; *(ɔ: skriftlig tak)* returned with thanks; *tak for ~ af bogen* thank you for the loan of (*el.* for lending me) the book; ***til** -s* as a loan; on loan; *få til -s* borrow; have the loan of.
låne *vb. (lånte, lånt)* **1.** *(modtage som lån)* borrow (*af, hos* from, *fx* money from sby, ideas from a book, books from a library; they borrowed heavily; could I borrow your car?); *(bøger hjem fra bibliotek også)* take out;
2. *(om noget man ikke tager med)* use (*fx* sby's piano; we used their house for our party; may I use (*el.* borrow) your telephone?);
3. *(udlåne)* lend (*fx* lend sby money (*el.* money to sby); he lent me his car); *(am.)* loan (*fx* loan sby money (*el.* money to sby));
4. *(række)* pass (*fx* would you pass me the salt?);
5. *(forære)* spare (*fx* could you spare me a cigarette (, some petrol, some sugar)?);
6. *(i regning)* borrow (*fx* borrow one);
□ *leve på lånt tid* live on borrowed time;
*[med præp. & adv.] ~ **mod** prioritet* borrow on mortgage; *~ **på** noget a)* pawn sth; *b) (fast ejendom)* mortgage sth; *~ på sin police* borrow on one's policy; *~ øre **til*** listen to, lend an ear to; *~ **ud*** lend (*fx* lend them money); *han -r aldrig sin bil ud* he never lets anyone borrow his car.
lånebank loan bank.
lånebehov borrowing requirement.
lånegaranti loan guarantee.
lånekontor pawnshop;
□ *sætte noget på -et* pawn sth.
låneloft lending ceiling, credit ceiling.
lånemarked loan market; *(for korte lån)* money market.
låneord loan word.
låner *sb. (en, -e) (også i bibliotek)* borrower.
lånerfortegnelse borrowers' register.
lånerkort library ticket; *(am.)* reader's ticket.
låneseddel pawn ticket.
långiver lender.
låntager *sb. (en, -e)* borrower.
lår *sb. (et, -)* **1.** thigh; **2.** *(af slagtet dyr)* leg; **3.** *(af fjerkræ)* leg; T drumstick.
lårben thigh bone.
låring *sb. (en, -er) (sø.)* quarter.
lårkort *adj.* thigh-length;
□ *~ kjole (, nederdel)* miniskirt.
lårtunge *(omtr.)* silverside.
lås *sb. (en, -e)* **1.** *(også i skydevåben)* lock;
2. *(hænge-)* padlock;
3. *(på taske, armbånd etc.)* catch;
4. *(til benzintank) se benzintank*;
□ *lukke i ~* lock; *under ~ og lukke (el. slå)* under lock and key.
låse *vb. (låste, låst)* **1.** lock; **2.** *(med hængelås)* padlock;
□ *~ **af** a)* lock (*fx* the door); *b) (om hus etc.)* lock up (*fx* the house, the garage, the shop; lock up when you leave); *~ **af for*** lock up; *~ **fast** se fastlåse*; *låst fast se fastlåst*; *de har låst sig fast på* they have got themselves fixed on (*fx* this principle); *~ sig **ind*** let oneself in; *~ sig ind i* let oneself into; *~ **inde** a)* lock in (*fx* lock

her in her room; I locked myself in); *b) (gemme væk)* lock away, lock up (*fx* the silver); ~ *sig inde* lock oneself in; ~ ***ned*** lock away (*fx* the silver); ~ ***op*** unlock; ~ ***ud*** let out; ~ *sig* ***ude*** lock oneself out.

låsesmed locksmith.

låsetøj lock.

M

m *(fork.f. meter)* m *(fork.f.* metre, metres) (*fx* 5,000m).
macho *sb. (en, -er) & adj.* macho.
mad *sb. (en)* food (*fx* lots of food; I like Danish food; food and drink); T grub; *(se også kost*[1]*, madlavning 2)*;
□ *en ~ (pl. -der)* a piece of bread and butter (, bread and cheese etc.); *(sammenlagt)* a sandwich; *-der (også)* bread and butter (*fx* she put a plate of bread and butter on the table); *(se også mund (med ~ i munden), ret*[1]*, stykke*[1]*, tak*[2]*)*;
[med adj.] -en er ***færdig*** dinner (, lunch) is ready; T grub's up; ***varm*** *~ a) (enkelt måltid)* a hot meal; *b) (generelt)* hot meals pl.; *[med vb.] har fuglene (, fiskene)* ***fået*** *~?* have the birds (, the fish) been fed? ***give*** *fuglene (, fiskene) ~* feed the birds (, the fish); *vil du* ***have*** *noget ~?* would you like something to eat? ***lave*** *(varm) ~ a)* cook (*fx* learn how to cook); *b) (sørge for maden)* do the cooking (*fx* he does the cooking; it is your turn to do the cooking); *c) (lave middagsmad) se middagsmad*; *han laver god ~* he is a good cook; *selv lave sin ~* cook one's own meal(s); ***sætte*** *-en på bordet* put the dinner (, etc.) on the table; *(se også smøre*[2]*)*.
Madagaskar *(geogr.)* Madagascar.
madagasker *sb. (en, -er),* **madagaskisk** *adj.* Madagascan.
madamme *sb. (en, -r) (neds.)* (common) woman.
maddike *sb. (en, -r)* **1.** *(zo.)* maggot, grub; **2.** *(fig.: ussel person)* worm.
madding *sb. (en)* bait;
□ *sætte ~ på* bait (*fx* a line).
made *vb.* feed.
madeira *sb. (en -er) (vin)* Madeira.
madekspert 1. cookery expert; **2.** *(i avis)* cookery editor.
madforgiftning food poisoning.
madglad *adj.: være ~* be fond of good food.
madglæde *sb.* love of good food.
madjord tilth.
madkasse lunch box.
madkulør (gravy) browning.
madkurv lunch basket, picnic basket; *(større, med låg)* hamper.
madkæreste cupboard lover.
madlavning *sb. (en)* **1.** *(det at lave mad)* cooking (*fx* he does the cooking; I like cooking); cookery (*fx* they learned cookery at school);
2. *(måde at lave mad på; tilberedt mad)* cooking (*fx* I like her cooking; French cooking); *(finere)* cuisine (*fx* French cuisine).
madlede *sb. (en)* loathing for food;
□ *få ~* go off food.
madlugt smell of food.
madlyst appetite.
madmo(de)r mistress.
madolie cooking oil.
madonna *sb. (en, -er)* **1.** (the) Madonna; **2.** *(flaskeåbner)* bottle opener.
madonnaansigt Madonna face.
madonnabillede Madonna, madonna.
madopskrift recipe.
mados (unpleasant) smell of cooking.
madpakke lunch pack, packed lunch.
madpapir 1. sandwich paper, greaseproof paper; **2.** *(brugt)* sandwich wrappings pl.; *(som ligger og flyder)* litter.
madras *sb. (en, -ser)* **1.** mattress; **2.** *(i brydning)* (wrestling) mat.
madrasdommer *(i brydning)* mat chairman.
madrester *sb.pl.* **1.** bits of food, scraps (*fx* give the scraps to the dog); *(især neds.)* leavings;
2. *(som skal bruges senere)* left-overs.
madro *sb.* peace during meals;
□ *lad os få ~* let us have our meal in peace.
Mads*: eller du må kalde mig ~* or I'm a Dutchman; *hvis det sker, må du kalde mig ~* if that happens I'll eat my hat.
madsherry cooking sherry.
madskab food cupboard.
madskribent *(i avis etc.)* cookery editor; *(prøvespiser også)* restaurant critic.
madskål *(til hund etc.)* feeding bowl.
madsminke *sb.* cosmetic additives pl.
madspand dinner pail.
madsted eating place; T eatery;
□ *det er et godt ~* it is a good place to eat; the food is good there.
madudbringning 1. delivery of meals; **2.** *(fx kommunal, til ældre etc.)* meals on wheels.
madvarer *sb.pl.* **1.** *(mad)* food sg. (*fx* buy food; lack of food);
2. *(slags ~)* foods (*fx* frozen foods);
3. *(til at lave mad af, råvarer)* foodstuffs;
4. *(forsyninger)* provisions.
madæble cooking apple; T cooker.
mafia *sb. (en, -er)* mafia.
mag *sb.: i ro og ~ se ro*[1]*.*
mag. *se cand., stud.; mag.art. se magister.*
magasin *sb. (et, -er)* **1.** *(lagerbygning)* store(house), warehouse;
2. *(stormagasin)* department store;
3. *(krudt-, & i gevær, ovn, kamera)* magazine;
4. *(tidsskrift)* magazine; T mag.
magasinere *vb.* store, warehouse.
magasinformat tabloid size *(el.* format).
mage[1] *sb. (en, -r)* **1.** *(den ene del af et par, fx om handske, strømpe)* fellow;
2. *(dyrs)* mate;
3. *(ægtefælle)* husband, wife; F spouse;
4. *(sidestykke)* match;
□ *jeg har aldrig kendt (el. hørt el. set) ~!* well I never! I never heard (, saw) the like of it! *krage søger ~* birds of a feather flock together; *[med: til] -n* ***til*** *frækhed!* what a nerve! *den er ~ til én jeg har* it is exactly like one I have; *der findes ikke ~ (el. -n) til ham* there is no one like him; he hasn't his equal on earth; *jeg har (en) -n til* I have one exactly like it; *skaffe -n til* match.
mage[2] *vb. (indrette)* arrange;
□ *~ det således at* arrange matters (*el.* it) so as to; manage to.
magelig[1] *adj.* **1.** comfortable (*fx* chair; job); easy (*fx* job);
2. *(om person)* indolent, easy-go-

ing;
□ *gøre sig det -t* make oneself comfortable; *i et -t tempo* at a leisurely pace.

magelig[2], **mageligt** *adv.* **1.** *(bekvemt)* comfortably (*fx* sit (, lie) comfortably);
2. *(sagtens)* easily (*fx* I can easily do it);
3. *(dovent)* indolently;
□ ~ *anlagt* indolent, easy-going; *sidde ~ henslængt i en stol* be lolling in a chair; *sidde ~ tilbagelænet* sit back; *sætte sig ~ til rette* settle, make oneself comfortable.

magelighed *sb. (en)* **1.** comfort, ease; **2.** *(dovenskab* F*)* indolence;
□ *pleje sin ~* look after (*el.* see to) one's own comfort.

mageløs *adj.* **1.** *(vældig god)* exceptional; F unequalled; **2.** *(enestående)* unique;
□ ~ *frækhed* unheard-of cheek.

mager *adj.* **1.** *(om kød, dyr: uden fedt)* lean (*fx* bacon, beef, meat; cow, cattle);
2. *(om person)* thin (*fx* he was pale and thin after his illness); *(positivt)* lean (*fx* he was tall and lean); *(mere* F*)* spare; *(neds.: radmager,* T*)* skinny; *(stærkere)* scrawny;
3. *(fig.: ringe, tarvelig)* poor; F meagre (*fx* contribution, earnings, result); *(ikke fyldig)* thin (*fx* report); *(om tidsrum: ikke udbytterigt)* lean (*fx* season, winter, year);
□ ~ *jord* poor soil; ~ *kost se kost*[1]; *det er en ~ trøst* that is a poor consolation; that is cold comfort.

mageskifte[1] *sb. (et, -r)* exchange of property (*el.* real estate).

mageskifte[2] *vb.* exchange property (*el.* real estate).

magi *sb. (en)* magic.

magisk[1] *adj.* **1.** magic(al) (*fx* formula, ring, ritual, trick; she has magical powers);
2. *(fig.: stærk etc.)* magical (*fx* it had a magical effect on him; she has a magical influence on him);
□ *det -e tal (ɔ: afgørende etc.)* the magic figure.

magisk[2] *adv.* magically.

magister *sb. (en, magistre)* **1.** *(i humanistiske fag: omtr. =)* Master of Arts; *(fork.)* MA; *(am.)* AM;
2. *(i naturvidenskabelige fag: omtr. =)* Master of Science; *(fork.)* MSc;
□ ~ *bibendi* toastmaster.

magisterkonferens *sb. (en, -er)*
1. *(eksamination)* examination for the MA (, MSc) degree; **2.** *(grad)* MA degree; MSc degree.

magistrat *sb. (en, -er)* (municipal) corporation; executive.

magnat *sb. (en, -er)* magnate, tycoon; *(se også industrimagnat).*

magnesia *sb. (en) (kem.)* magnesia.

magnesium *sb. (et) (kem.)* magnesium.

magnet *sb. (en, -er)* **1.** magnet;
2. *(tænd-)* magneto.

magnetbånd magnetic tape.

magnethoved *(i båndoptager)* magnetic head.

magnetisere *vb.* magnetize.

magnetisering *sb. (en, -er)* magnetization.

magnetisk[1] *adj.* magnetic.

magnetisk[2] *adv.* magnetically.

magnetisme *sb. (en)* magnetism.

magnetjernsten *(geol.)* magnetic iron ore, magnetite.

magnetlås magnetic catch.

magnetnål magnetic needle.

magnetplade magnetic disc.

magnettavle magnetic board, magnetboard.

magnifik *adj.* magnificent.

magnium *sb. (et) (kem.)* magnesium.

magnolie *sb. (en, -r) (bot.)* magnolia.

magnumflaske magnum.

magsvejr *(sø.)* fair weather.

magt *sb. (en, -er)* **1.** *(formåen, herredømme)* power (*fx* the power of love; military power; the power of the Crown; the struggle for power; he mustn't get too much power);
2. *(fysisk magt, vold)* force (*fx* we had to use force);
3. *(stat)* power;
□ *eksemplets (, vanens) ~* the force of example (, habit); *onde -er* powers of evil;
[i juridisk sprog] den dømmende ~ a) the judicial power; *b) (domstolene)* the judiciary; the courts pl.; *den lovgivende ~ a)* the legislative power; *b) (parlamentet)* the legislature; *den udøvende ~ a)* the executive power; *b) (myndighederne)* the excecutive;
[med vb.] ***få*** *(, have) -en a) (herredømmet)* seize (, be in) control (*fx* the dictator was in complete control of the country); *b) (overtaget)* get (, have) the upper hand; *c) (parl.: regeringsmagten)* come to (, be in) power; *~* ***går*** *for ret* might is right; ***have*** *-en, se ovf.;* ***have ~ over*** *en* have power over sby; *hun har ~ over tingene* she has everything under control; she is on top of things; ***have ~ til at*** have (the) power to;
tage *-en a)* take over, take power; *b) (ved regeringsskifte)* come to power; *c) (med vold)* seize power; *børnene tog -en fra ham* the children got out of control; *gråden tog -en fra ham* he was overcome with tears; *vreden tog -en fra ham* he was carried away by his anger;
[med præp.] ***af*** *al ~* with all one's might; *være* ***i ens*** *~* be in sby's power; *jeg vil gøre alt hvad der står* ***i min*** *~* will do everything that is (*el.* lies) in my power; *få en* ***i sin*** *~* get sby into one's power; *have en i sin ~* have sby in one's power; *have ordet i sin ~* be a fluent (*el.* ready *el.* good) speaker; T have the gift of the gab; *det står ikke i min ~ at* it is not within my power to (*fx* help you); ***med*** *~* by force; *åbne døren med ~* force the door open; *komme* ***til -en*** come to power; *(efter valg også)* take office; *stå* ***ved*** *~* be in force, remain in force, stand (*fx* my offer (, the agreement) still stands); *vel ved ~* stout; *være* ***ved -en*** be in power.

magtanvendelse (use of) force.

magtapparat power apparatus (*fx* the Chinese power apparatus); machinery of power.

magtbalance balance of power.

magtbase power base.

magtbegær lust for power.

magtbegærlig *adj.* power-hungry; *(se også magtsyg).*

magtblok power block.

magtbud diktat; fiat.

magtcentrum centre of power.

magte *vb.* manage, cope with (*fx* I can't manage (*el.* cope with) him any more; I can't cope with all the work);
□ ~ *at* be able to, be equal to -ing; *han kunne ikke ~ opgaven* he was not equal to the task.

magtelite power elite.

magtesløs *adj.* **1.** powerless (*over for* against); F impotent; **2.** *(ugyldig)* void;
□ *død og ~* null and void.

magtesløshed *sb. (en)* powerlessness; F impotence.

magtfaktor force; T power.

magtfordrejning misuse of power.

magtfuld *adj.* powerful; F compelling.

magtfuldkommenhed absolute power;
□ *af egen ~* on one's own authority.

magthaver *sb. (en, -e)* **1.** *(hersker)* ruler; **2.** *(en der udøver magt)* man of power, power broker;
□ *-ne* those in power; *de politiske -e* the politicians in power; *(spøg.)* the powers that be.

magtkamp power struggle.
magtmenneske power seeker; □ *han er et* ~ he loves power.
magtmiddel resource (*fx* we shall oppose it with all the resources at our disposal; the Government has other resources); □ *bruge magtmidler* use force.
magtmisbrug abuse of power.
magtmonopol monopoly of power.
magtområde domain, sphere.
magtovertagelse takeover (*fx* the Communist takeover in China); F assumption of power; *(voldelig)* seizure of power.
magtposition = *magtstilling.*
magtpåliggende *adj.* important; *(stærkere)* urgent; □ *det var dem* ~ *at* they were very concerned to, they were anxious to; they made a point of -ing.
magtspil 1. power game; **2.** *(udfoldelse af magt)* power play.
magtsprog = *magtbud.*
magtstilling dominating position; position of power.
magtsyg *adj.* power-seeking, power-hungry; *(præd. også)* greedy for power.
magtudfoldelse display of force.
magyar *sb. (en, -er),* **magyarisk** *adj.* Magyar.
mahogni *sb. (en el. et)* mahogany.
mahognitræ mahogany.
maj May; *(se også først); (NB datoangivelser er opført under april).*
maje *vb.:* ~ *sig ud* doll oneself up; *(mere neds.,* S*)* tart up; *-t ud* dolled up, tarted up; *(også: forklædt)* rigged out (*som* as).
majestæt *sb. (en, -er)* majesty; □ *Deres Majestæt* Your Majesty; *(med vb. i 3. person, fx* Your Majesty is right*); i ensom* ~ in lonely majesty.
majestætisk[1] *adj.* majestic.
majestætisk[2] *adv.* majestically.
majestætsfornærmelse lese-majesty.
majet *adj.:* ~ *ud se maje.*
majolika *sb. (en)* majolica.
majonæse = *mayonnaise.*
major *sb. (en, -er) (mil.)* major.
majorisere *vb.* (make use of one's majority to) vote down.
majoritet *sb. (en, -er)* majority; □ *være i* ~ be in a majority; *(se også flertal, absolut*[2]*, simpel).*
majs *sb. (en)* **1.** *(bot.)* maize; *(am.)* (Indian) corn; **2.** *(som spise, i Engl.)* sweetcorn; *(am.)* (Indian) corn.
majskolbe 1. corncob; **2.** *(som ret)* corn on the cob.
majsmel cornflour; *(am.)* cornstarch.
majsolie corn oil.
majspibe corncob pipe.
majstang maypole.
makaber *adj.* macabre; *(stærkere)* ghoulish.
makadamisere *vb.* macadamize.
makaroni *sb. (en, -er el. -)* macaroni sg.
makedoner *sb. (en, -e)* Macedonian.
Makedonien *(geogr.)* Macedonia.
makedonier *sb. (en, -e),* **makedon(i)sk** *sb. (et) & adj.* Macedonian.
makeup *sb. (en, -per)* make-up (*fx* she wore heavy make-up).
maki *sb. (en, -er)* **1.** *(krat)* maquis; **2.** *(zo.: abe)* lemur; □ *-en (hist.)* the maquis.
makkabæer *sb. (en, -) (hist.)* Maccabee.
makke *vb.:* ~ ***med*** tinker with; ~ ***ret*** *a) (opføre sig ordentligt)* behave (oneself); *b) (om ting)* work; *c) (lystre)* toe the line, come to heel; *få en til at* ~ *ret a) (ɔ: gå ind på noget)* bring sby round; *b) (opføre sig ordentligt)* make sby behave; *c) (lystre)* make sby toe the line, bring sby to heel; ~ ***sammen*** rig up.
makker *sb. (en, -e)* **1.** *(partner)* partner; **2.** *(*T*: kammerat, også i tiltale)* mate; □ *blind* ~ *(i kortspil)* dummy; *spille med blind* ~ *(fig.)* take a leap in the dark.
makkerskab *sb. (et, -er)* partnership.
makrel *sb. (en, -ler el. -) (zo.)* mackerel.
makrelfangst, makrelfiskeri mackerel fishery.
makrobiotisk *adj.* macrobiotic.
makron *sb. (en, -er)* macaroon; □ *gå til -erne* T get down to it.
makroskopisk[1] *adj.* macroscopic.
makroskopisk[2] *adv.* macroscopically.
maksimal *adj.,* **maksimal-** maximum (*fx* price, speed, value).
maksimalt *adv.* **1.** *(højst)* (at the) maximum (*fx* twice a week maximum; £10,000 a year (at the) maximum); **2.** *(mest muligt)* to the maximum (*fx* exploit it to the maximum).
maksime *sb. (en, -r)* maxim.
maksimere *vb.* maximize.
maksimum *sb. (et, maksima)* maximum (pl. maxima) (*fx* four times a year is the maximum; a maximum of four times a year; you can come twice a week maximum).
maksimum(s)- *se maksimal.*
makulator *sb. (en, -er)* shredder.
makulatur *sb. (en, -er)* **1.** waste paper; **2.** *(fig. om litteratur)* trash; □ *et ark* ~ a waste sheet.
makulere *vb.* **1.** *(om dokumenter, i makulator)* shred; **2.** *(kassere bøger etc.)* mark for destruction, throw away; *(sende til papirmøllen)* pulp; **3.** *(tilsmudse)* dirty; □ *-t (også)* untidy (*fx* exercise book).
makværk bad job, mess; T botched job.
malabarisk *adj.* outlandish; □ ~ *sprog* gibberish.
malaj *sb. (en, -er)* Malay.
Malaja *(geogr.)* Malaya.
malajisk[1] *sb. (et)* Malay.
malajisk[2] *adj.* Malayan; *(attr. også)* Malay.
malaria *sb. (en) (med.)* malaria.
malawier *sb. (en, -e),* **malawisk** *adj.* Malawian.
Malaya *(geogr.)* Malaya.
Malaysia *(geogr.)* Malaysia.
malaysier *sb. (en, -e),* **malaysisk** *adj.* Malaysian.
maldiver *sb. (en, -e)* Maldiv(i)an.
Maldiverne *sb.pl. (geogr.)* the Maldives.
maldivisk *adj.* Maldiv(i)an.
male[1] *vb. (se også malende)* **1.** *(med maling)* paint; **2.** *(grifle)* scribble, scrawl; □ *malet!* wet paint! *lade sig* ~ have one's portrait painted; ~ *byen rød* paint the town red; *[med præp. & adv.]* ~ ***efter*** *naturen se natur*; *rædselen stod -t* ***i*** *hans ansigt* terror was depicted in his face; ~ ***med*** *stærke farver (, oliefarve)* paint in bold colours (, in oils); ~ ***op*** repaint; ~ *sig* ***op i*** *et hjørne (el. en krog) se hjørne*; ~ ***over*** *(skjule)* paint out; ~ ***på*** *et landskab* be painting a landscape; ~ ***fanden på væggen*** be alarmist (*fx* there is no need to be alarmist); *du -r altid fanden på væggen* you always look on the dark side; you always paint things in the darkest colours; you are just an alarmist.
male[2] *vb.* **1.** *(på kværn)* grind; **2.** *(på mølle)* mill; **3.** *(hvirvle) se kværne (rundt b).*
malebog colouring book, crayoning book.
malende[1] *adj.* graphic, vivid (*fx* description).
malende[2] *adv.* graphically, vividly.
maler *sb. (en, -e)* **1.** *(kunst-)* painter; **2.** *(håndværker)* (house) painter, (painter and) decorator.
malerbøtte paint pot; *(dåse)* tin (*el.*

can) of paint.
maleri *sb. (et, -er)* painting, picture.
maleriauktion picture sale.
malerihandler *sb. (en, -e)* picture dealer.
malerikrog picture hook.
malerinde *sb. (en, -r)* (woman) painter.
maleriramme picture frame.
malerisamling **1.** collection of pictures (*el.* of paintings) (*fx* he showed me his private collection of paintings); **2.** *(offentlig tilgængelig)* gallery, collection.
malerisk[1] *adj.* **1.** picturesque (*fx* village); **2.** *(kunstnerisk)* painterly.
malerisk[2] *adv.* **1.** picturesquely; **2.** in a painterly manner.
maleriudstilling picture exhibition (*el.* show).
malerkasse box of colours, sketch box, colour box.
malerkost paintbrush.
malerkunst (art of) painting.
malerlærling painter's apprentice (pl. painters' apprentices).
malerlærred painter's canvas.
malermester (master) painter.
malerpensel paintbrush.
malerrulle paint roller.
malerskole **1.** art school; **2.** *(kunstretning)* school of painters.
malersvend *(kan gengives)* painter's assistant (pl. painters' assistants).
malerulle paint roller.
malerværksted painter's workshop (pl. painters' workshops).
malice *sb. (en)* **1.** malice; **2.** *(drilagtighed)* mischievousness.
maliciøs *adj.* **1.** malicious; **2.** *(drilagtig)* mischievous.
malign *adj. (med.)* malignant.
maling *sb. (en)* **1.** *(farve)* paint (*fx* a tin of paint);
2. *(det malede)* paintwork (*fx* the paintwork had been damaged; wash the paintwork);
3. *(det at male)* painting.
malke *vb.* milk.
malkeko **1.** milking cow; **2.** *(fig.)* milch cow;
□ *en god* ~ a good milker.
malkekvæg dairy cattle.
malkemaskine milking machine.
malkepige milkmaid.
malkeskammel milking stool.
malkespand milk pail.
malkestald milking parlour.
malkestol milking stool.
malkning *sb. (en, -er)* milking.
malkonduite clumsiness.
malle[1] *sb. (en, -r) (zo.: europæisk ~)* wels, sheatfish; *(om arten)* silurid.
malle[2] *sb. (en, -r) (til hægte)* eye.
mallemuk *sb. (en, -ker) (zo.)* fulmar.
malm *sb. (en, -e)* **1.** *(erts)* ore; **2.** *(kobberlegering)* bronze.
malmfuld *adj. (klangfuld)* ringing; F sonorous.
malmlysestage brass candlestick.
malmskib ore carrier.
malmåre lode (of ore).
malplaceret *adj.* ill-timed (*fx* remark, comments); F untimely; *(præd. også)* out of place (*fx* your remark (, criticism) was out of place).
malproper *adj.* **1.** dirty; **2.** *(sjusket)* slovenly.
malstrøm **1.** whirlpool; *(*F *el. fagl.)* vortex (pl. vortices, -es); **2.** *(fig.)* whirlpool; F vortex, maelsstrom (*fx* he was drawn (*el.* sucked) into the maelstrom of the revolution).
malt *sb. (et el. en)* malt;
□ *gøre* ~ make malt.
maltbolche, **maltbolsje** piece of barley sugar.
malte *vb.* malt;
□ *-t brød* malt(ed) bread.
maltekstrakt extract of malt, malt extract.
malteri *sb. (et, -er)* malt house.
malteserkors Maltese cross.
malteserordenen the Order of Malta.
malteserridder Knight of Malta.
maltesisk *adj.* Maltese.
maltgører *sb. (en, -e)* maltster.
maltgøreri *sb. (et, -er)* malt house.
maltraktere *vb.* **1.** *(person)* ill-treat, manhandle; F maltreat;
2. *(ting)* treat roughly;
3. *(fig.: musik, sprog)* murder (*fx* a piece of music); mangle.
maltøl malt beer.
malurt *(bot.)* wormwood;
□ *komme ~ i bægeret (for en) (fig.)* embitter sby's joy.
malurtbæger *(fig.)* cup of bitterness.
mama *sb. (en)* mummy; *(især am.)* mamma; *(glds.)* ma'ma.
mamelukker *sb.pl. (bukser)* pantalettes.
mam-mam *sb. (barnesprog: mad)* din-din(s).
mammografi[1] *sb. (en, -er) (med.)* mammography.
mammografi[2] *sb. (et, -er) (med.)* mammograph, mammogram.
mammon *sb. (en el. et)* **1.** mammon; **2.** *(neds. om penge)* filthy lucre;
□ *hans urette* ~ his ill-gotten gains pl.
mammondyrkelse Mammon worship.
mammut *sb. (en, -ter) (zo.)* mammoth.
mammut- mammoth (*fx* project, undertaking).
Man *(geogr.: øen)* (the) Isle of Man.
man *pron.* **1.** *(den tiltalte medregnet)* you (*fx* you should always be polite);
2. *(den talende og den tiltalte ikke medregnet)* they, people (*fx* they say he is rich);
3. *(den talende medregnet, den tiltalte ikke medregnet)* we (*fx* that is how we do it in Denmark); T a chap; F one (*fx* what is a chap (, one) to do? one must always be on one's guard);
[ofte bruges passiv:] ~ fangede ham he was caught; *man fortæller os* we are told; *man må håbe at* it is to be hoped that; *(se også mene, sige)*;
[undertiden uoversat:] ~ bedes ringe to gange please ring twice; *ser ~ det!* indeed!
management *sb. (et)* management.
manager *sb. (en, -e)* manager.
manchet *sb. (en, -ter)* **1.** cuff;
2. *(om bog)* band;
3. *(i avis, omtr.)* introductory paragraph;
4. *se lysmanchet*;
□ *blive stødt på -terne* take offence (*over* at); T get miffed, get huffed.
manchetknap cuff link.
manchetskjorte dress shirt.
Manchuriet *(geogr.)* Manchuria.
manchurisk *adj.* Manchurian.
mand *sb. (en, mænd)* **1.** man (pl. men);
2. *(ægtemand)* husband;
3. *(arbejder, matros)* hand;
4. *(i tiltale)* man (*fx* do something, man!);
□ *-en (i al alm.)* men (*fx* men have special problems now); F man (*fx* woman was created to be the companion, not the slave, of man);
[forsk. forb.] alle ~ everybody; *(sø.)* all hands; *50 ~* fifty men; *tag det som en ~* take it like a man; T take it on the chin; *(se også dag, minde*[1]*)*;
[med adj.] den ***bløde*** *~ se blød*[2]; ***ene*** ~ single-handed; *min* ***gode*** *~ (nedladende)* my man; *(uforskammet)* my good man; *den* ***jævne*** *~ se jævn*; *den* ***lille*** ~ the "little" (*el.* small) man (*fx* reduce income tax for the "little" man); ***ung*** *~ se ung*;
[med præp.] -en ***for*** *det hele* the boss (of the show); *han er ~* ***for***

at he is the sort of chap who can; *-en* ***fra*** *gaden* the man in the street; *-en* ***i*** *huset* the man of the house; F the master of the house; the gentleman of the house (*fx* could I speak to the gentleman of the house, please?); *det siges ~ og ~* ***imellem*** it is whispered; *kæmpe ~* ***imod*** *~* fight man to man; *gå under* ***med*** *~ og mus (sø.)* be lost with all hands; *en flaske* ***pr.*** *~* one bottle per head.

mandag Monday; *(NB udtryk med ugedagene står under fredag)*;
□ ***blå*** *~ a) (tømmermænd, kan gengives)* Monday hangover; *b) (uheldig dag)* one of those days; *holde blå ~ (ɔ: holde fri)* take Monday off.

mandagsvogn *(ɔ: dårlig vogn)* rogue (*el.* Friday) car.

mandarin *sb. (en, -er) (kinesisk ~ samt fig. & om frugt)* mandarin.

mandat *sb. (et, -er)* **1.** *(plads i folketinget, parlamentet)* seat (*fx* the party won (, lost) 30 seats);
2. *(beføjelse)* authority;
3. *(pol.)* mandate (*fx* have a mandate from the electors);
4. *(som styrer af et landområde)* mandate;
□ *give én ~ til* authorize sby to; give sby a mandate to; *nedlægge sit ~ a)* resign one's seat; *b) (om underhusmedlem)* apply for (, accept) the (Stewardship of the) Chiltern Hundreds.

mandatar *sb. (en, -er)* agent.

mandatområde mandate.

manddom *sb. (en)* manhood.

manddomskraft: *i sin fulde ~* in his prime.

manddomsår *sb.pl.* years of manhood.

manddrab homicide; *(overlagt mord)* murder; *(uoverlagt)* manslaughter;
□ *uagtsomt ~ se uagtsom.*

mande *vb. (sø.)* man (*fx* man the yards *(~ ræer)*);
□ *~ sig op til at gøre det* pull oneself together and (*el.* to) do it.

mandebevægelse men's movement.

mandeblad men's magazine.

mandefald *sb. (et) (myrderi)* slaughter;
□ *der var stort ~ a) (ɔ: til eksamen)* there was a high failure rate; T the exam was an absolute massacre; *b) (ɔ: mange syge)* they were dropping like flies.

mandegruppe men's group.

mandehader *sb. (en, -e)* man-hater.

mandehul manhole.

mandel *sb. (en, mandler)* **1.** *(frugt)* almond; **2.** *(anat.)* tonsil;
□ *få mandlerne fjernet* have one's tonsils removed.

mandelbudding almond pudding.

mandelformet *adj.* almond-shaped.

mandelmælk almond milk.

mandelolie almond oil.

mandfolk man (pl. men);
□ *et rigtigt ~* a masculine person; T a he-man.

mandhaftig *adj.* mannish.

mandig *adj.* **1.** manly; **2.** *(overdrevent)* macho.

mandigt *adv. (jf. mandig)* in a manly (, macho) way.

mandkøn male sex.

mandlig *adj.* **1.** *(af hankøn)* male (*fx* nurse, voice); **2.** *(typisk for en mand)* masculine (*fx* voice, pride).

mandolin *sb. (en, -er) (mus.)* mandolin.

-mands *(om orkester)* -piece (*fx* a six-piece band).

mandschauvinisme male chauvinism.

mandschauvinist male chauvinist (pig).

mandsdomineret *adj.* male dominated.

mandsdragt man's (, men's) clothes; F male attire.

mandshjerte: *mod og ~* courage; T pluck.

mandshøj *adj. (præd.)* as tall as a man.

mandshøjde the height of a man.

mandskab *sb. (et, -er)* **1.** men pl.; manpower (*fx* the police service lacked manpower); *(mil. også)* troops pl.; *(sø. & flyv.)* crew;
2. *(hold)* team, side.

mandskor male-voice choir.

mandsling *sb. (en, -er)* manikin.

mandslinie male line.

mandsmod courage; T pluck.

mandsnavn man's name, masculine name.

mandsopdække *vb.* tightmark.

mandsopdækning man-to-man marking.

mandsperson man.

mandssamfund male-dominated society.

mandsside **1.** *(i slægt: sværdside)* male line; **2.** *(i kirke)* men's side.

mandsstemme male (*el.* man's) voice.

mandstro *sb. (en, -) (bot.)* eryngo; *(strand-)* sea holly.

mandstugt discipline.

mandstærk *adj.* numerous;
□ *møde -t op* turn up (*el.* turn out) in large numbers; turn up (*el.* turn out) in force.

mandtal census;
□ *holde ~* take a census (*over* of).

mandtalsliste *sb. (en, -r)* census paper.

mane *vb. (se også manende): ~* ***bort*** *(, ned)* lay, exorcise; *~* ***frem*** raise (*fx* a ghost; the spectre of war); *(også fig.)* conjure up (*fx* the spirit of a dead person; a picture of the scene); *~* ***i jorden*** *a)= ~ bort*; *b) (fig.)* kill (*fx* their hopes, a rumour); *dette -r* ***til*** *eftertanke* this gives food for thought; *dette -r til forsigtighed* this calls for careful handling (, for circumspection).

manege *sb. (en, -r) (cirkus-)* ring;
□ *drive (el. koste el. trække) en rundt i -n (fig.)* order sby about.

manegeklovn (circus) clown; *(fagl.)* fill-in.

manende *adj.* admonitory (*fx* remarks); *(indtrængende)* urgent (*fx* appeal).

manér, maner *sb. (en, -er)*
1. *(måde)* manner, way;
2. *(vane)* trick (*fx* he has a trick of rubbing his hands together); *(særhed)* mannerism;
3. *(kunstners teknik)* manner;
□ *-er (ɔ: opførsel)* manners (*fx* good manners); *underlige -er* odd ways;
[med præp.] ***med*** *~ a) (sømmeligt)* properly; *b) (flot)* in style; ***på*** *min egen ~* in my own way.

manérlig, manerlig *adj.* decent;
□ *vær nu ~!* behave yourself!

mangan *sb. (et) (kem.)* manganese.

mange *adj.* **1.** many (*fx* many (hundred) people; many of them; in many ways); *(stærkere)* a good (*el.* great) many; T a lot (of), lots (of); *(i negative el. spørgende udtryk, samt efter* too, so, as*)* many (*fx* how many? not very many; one too many; as many as you like);
2. *(foran ikke-tælleligt sb.)* a great deal of; F much (*fx* much advice goes unheeded); T a lot of, lots of (*fx* furniture, money, information, advice); *(især negativt el. spørgende etc., jf.* many *ovf.)* much (*fx* how much money? too much furniture);
3. *(= mange mennesker)* a lot of people, many people (*fx* a lot of people think he is right); F many (*fx* there are many who think that it is not right);
□ *de ~ mennesker han kender* all the many people he knows; *(se også klokke*[1]*, tak*[2]*).*

mangeartet *adj.* multifarious (*fx* activities, duties, hobbies).

mangedobbelt[1] *adj.* multiplied.

mangedobbelt[2] *adv.* many times (over).
mangefold[1] *sb. (et, -)* multiple; □ *mindste fælles* ~ least (*el.* lowest) common multiple; *(fork.)* LCM.
mangefold[2] *adj.* manifold.
mangefold[3] *adv.* many times (over).
mangehovedet *adj.* many-headed (*fx* monster).
mangekant *sb. (en, -er)* polygon.
mangel *sb. (en, mangler)* **1.** *(fejl)* defect (*ved* in); *(mindre)* flaw (*ved* in, *fx* in the construction); F deficiency (*ved* in, *fx* in the plan; his deficiencies as a teacher); *(især i pl.)* shortcomings (*fx* I admit that the plan has its shortcomings, but...);
2. *(mods. fordel)* disadvantage (*ved* of, to, *fx* the advantages and disadvantages of the plan; there are several disadvantages to the plan); drawback (*ved* of, to);
3. *(fravær el. for lidt)* lack (*på* of, *fx* lack of experience (, interest)); F want (*på* of, *fx* their complete want of foresight); *(fravær også)* absence (*på* of, *fx* the absence of concrete evidence was worrying; in the absence of definite proof); *(NB = fravær udtrykkes ~ ofte ved forstavelse, fx ~ på erfaring (, moral, respekt, aktivitet)* inexperience, immorality, disrespect, non-activity*)*;
4. *(knaphed)* shortage (*på* of, *fx* teachers); *(mere* F*)* scarcity (*på* of);
□ *afhjælpe en ~* supply a want; make good a deficiency; *lide af mangler* have (*el.* suffer from) defects (, flaws, shortcomings);
[med præp.] ***af ~ på*** for lack (*el.* want) of (*fx* the plant died for lack of (*el.* want) of water); owing to (*el.* through) lack of, from want of; ***i ~ af*** for want (*el.* lack) of; *i ~ af bedre* for want of a (, something) better (*fx* I'll take this chair for want of a better); *i ~ deraf* failing that; *~* ***på*** *se ovf.: 3, 4*; *der er ingen ~ på* there is no lack of (*fx* ideas); *~* ***ved*** *se ovf.: 1, 2*; *der er en ~ ved det (også)* it has a defect (, flaw, drawback).
mangelfuld *adj.* **1.** *(med fejl)* faulty, defective; **2.** *(utilstrækkelig)* insufficient (*fx* education).
mangelfuldhed *sb. (en)* faultiness, defectiveness.
mangelsygdom deficiency disease.
mangelunde *adj. (glds.)* multifarious.
mangelvare article in short supply; □ *-r (også)* short-supply goods; *det er en ~* it is in short supply; *nye talenter er en ~* new talent is thin on the ground.
mangemillionær multi-millionaire.
mangen *adj.* many a (*fx* many a poor man; many a time);
□ *~ en* many a one.
mangesidig *adj.* many-sided (*fx* problem; personality); *(alsidig)* versatile.
mangesidighed *sb. (en)* many-sidedness; *(alsidighed)* versatility.
mangeårig *adj.* many years' (*fx* experience); long-standing (*fx* reputation; a long-standing debt of gratitude);
□ *et -t arbejde* many years' work; *et -t venskab* a friendship of long standing.
mangfoldig *adj. (mangeartet)* multifarious (*fx* life is multifarious); *(se også mangfoldige)*.
mangfoldige *adj.* **1.** *(talrige)* many (*fx* in many ways); a great many;
2. *(mangeartede,* F*)* multifarious (*fx* demands, forms); manifold (*fx* his manifold talents);
□ *~ gange* (a great) many times, time and (time) again.
mangfoldiggøre *vb.* **1.** *(kopiere)* duplicate, make copies of; **2.** *(øge, formere)* multiply.
mangfoldiggørelse *sb. (en, -r) (jf. mangfoldiggøre)* **1.** duplication; **2.** multiplication.
mangfoldighed *sb. (en)* **1.** *(mangeartethed)* diversity (*fx* the diversity of nature; the cultural diversity of the country);
2. *(talrighed, mange forskellige)* variety (*fx* he offered a (great) variety of excuses); *(stærkere,* F*)* multiplicity (*fx* the tool has a multiplicity of uses);
□ *skjule syndernes ~* cover a multitude of sins.
mangle *vb. (se også manglende)*
1. *(ikke have nok af)* be short of (*fx* ideas, money, sugar, staff); want (*fx* capital); *(især foran abstrakt sb.)* lack (*fx* experience, initiative, courage); *(især om egenskab)* be lacking in, be deficient in (*fx* courage, intelligence);
2. *(være helt uden)* have no (*fx* money, time); be without (*fx* the necessities of life); F lack (*fx* the country lacks natural resources); be devoid of (*fx* humour);
3. *(om bestemt mængde el. ting)* be ... short (*fx* we were two men short; we are one chair short); be missing (*fx* many of them are missing a limb; he is missing two front teeth; our team is missing a goalkeper); *(se også ndf.: med sb.)*;
4. *(trænge til)* need (*fx* practice; someone to talk to); *(især ved nægtelse,* F*)* want for (*fx* they want for nothing);
5. *(savnes, være væk)* be missing (*fx* the book is missing from the shelf; important information is missing from the report; who is missing today?); F be lacking (*fx* the signature is lacking; enthusiasm was lacking); be wanting;
6. *(være fraværende)* be absent (*fx* who is absent today?);
□ *jeg -r* ***at*** *male soveværelset* I still have the bedroom to paint; I just have the bedroom left; *jeg -r at læse tre sider* I have three more pages to read; *jeg -r kun at sige at* F it only remains for me to say that ...; *det vi -r at gøre* what remains to be done;
[med sb.] han -r to fortænder two of his front teeth are missing, he has two front teeth missing; *han -r aldrig svar* he is never at a loss for an answer;
[med: der] ***der*** *-r vand a) (der er ikke nok)* water is short; there is not enough water; *b) (der er intet)* there is no water; *der -r en stol* there is one chair short; *der -r to sider i bogen* there are two pages missing from the book; *der -r en knap i jakken* there is a button missing from the jacket; the jacket is missing a button; *der -r meget endnu* there is a long way to go yet; S much remains to be done; *der -r noget, der -r et eller andet* something is missing, there is something missing (*fx* there is something missing in my life);
[med adv.] det -de ***bare!*** *a) (misbilligende)* that's a bit stiff! *b) (positivt)* of course! why not! that's only natural! *det -de bare du ikke skulle hjælpe* why on earth shouldn't you help; *jeg -r* ***kun*** *en side så er jeg færdig* I have only got one more page to read (, write) and I have finished; *det var* ***lige*** *det der -de! (ved uheld etc.)* it needed only this!
[med præp.] klokken -r 2 ***minutter i*** *4* it is 2 minutes to 4; *han lader det ikke ~* ***på*** he is not sparing of (*fx* praise).
manglende *adj.* lacking, missing;
□ *det ~* the deficiency, what is wanting; *~ accept* non-acceptance; *det ~ beløb* the deficiency, the deficit; *for ~ betaling* for non-payment; *~ erfaring* lack of experience, inexperience; *på*

grund af ~ for want of; because of insufficient (*fx* he was discharged because of insufficient evidence).
mango *sb. (en, -er) (bot.)* mango.
mangt*: ~ og meget* a great many things.
mani *sb. (en, -er)* **1.** *(med.)* mania; **2.** *(overdreven lyst)* mania (*for* for);
3. *(kortvarigt modefænomen)* rage, craze (*for* for);
□ *han har en ~ med at* he has a mania for -ing (*fx* for hoarding old boxes).
manicure *sb. (en)* manicure.
manicuredame manicurist.
manicurere *vb.* manicure.
maniereret *adj.* mannered.
maniereretthed *sb. (en)* mannerism.
manieret *adj. = maniereret.*
manifest *sb. (et, -er)* **1.** *(erklæring)* manifesto; **2.** *(sø.)* manifest.
manifestation *sb. (en, -er)* manifestation.
manifestere *vb.* manifest;
□ *~ sig a) (vise sig)* manifest itself; *b) (om person: hævde sig)* assert oneself.
maniodepressiv *adj.* manic-depressive.
manipulation *sb. (en, -er)* manipulation.
manipulatorisk *adj.* manipulative.
manipulerbar *adj.* manipulable.
manipulere *vb.: ~ med a)* manipulate (*fx* the controls; the students); *b) (forfalske)* tamper with (*fx* statistics, evidence); T massage (*fx* statistics, the figures); doctor (*fx* the accounts, the evidence); *c) (om valgresultat)* rig (*fx* election results); *d) (give en bestemt drejning)* slant (*fx* news, information).
manisk[1] *adj.* manic.
manisk[2] *adv.* in a manic way (*el.* fashion).
manke *sb. (en, -r) (også om hårpragt)* mane; *(uredt) se paryk 2.*
mankefår *(zo.)* aoudad, Barbary sheep.
manko *sb. (en, -er)* **1.** *(mangel)* deficiency; **2.** *(beløb)* deficit;
3. *(vægt)* short weight; **4.** *(mål)* short measure.
manna *sb. (en)* **1.** manna; **2.** *(vingefrugt af elm)* elm seeds pl.
mannequin *sb. (en, -er)* **1.** model;
2. *(voks-)* (shop) dummy;
3. *(lededuke)* lay figure;
□ *gå ~* model.
mannequinopvisning fashion show.
manometer *sb. (et, manometre)* **1.** manometer; **2.** *(på dampmaskine)* steam gauge.
mansardetage mansard.
mansardtag mansard roof.
mantisse *sb. (en, -r) (mat.)* mantissa.
manual[1] *sb. (en, -er) (edb)* manual.
manual[2] *sb. (et, -er) (mus.: i orgel)* manual.
manuducend *sb. (en, -er)* student who is coached.
manuducere *vb.* coach.
manuduktion *sb. (en, -er)* coaching;
□ *tage ~ hos* be coached by.
manuduktør *sb. (en, -er)* coach.
manuel *adj.* manual;
□ *-le fag* practical subjects.
manufakturhandel draper's (shop); *(am.)* dry-goods store.
manufakturhandler *sb. (en, -e)* draper; *(am.)* dry-goods dealer.
manufakturvarer *sb.pl.* drapery (goods); *(ofte =)* textiles, fabrics; *(am.)* dry goods.
manus *sb. (et, -(s)er el. -) se manuskript.*
manuskript *sb. (et, -er)* **1.** manuscript; *(fork.)* MS (pl. MSS);
2. *(typ.)* copy; **3.** *(films-)* script;
□ *trykt som ~* printed for private circulation.
manuskriptforfatter *(til film)* scriptwriter.
manøvre *sb. (en, -r)* manoeuvre.
manøvredygtig *adj.* manoeuvrable; *(præd. også)* in working order.
manøvrere *vb.* manoeuvre.
manøvrering *sb. (en, -er)* **1.** *(det at manøvrere)* manoeuvring; **2.** *(manøvrer)* manoeuvres pl.
manøvreudygtig *adj.* unmanageable; disabled.
m.a.o. *(fork.f. med andre ord)* in other words.
maoflip Mao collar, mandarin collar.
maoisme *sb. (en)* Maoism.
maoist *sb. (en, -er),* **maoistisk** *adj. (attr.)* Maoist.
maori *sb. (en, -er) (også om sprog)* Maori.
maosko Chinese sandal.
mappe *sb. (en, -r)* **1.** briefcase;
2. *(stor, til tegninger, kort)* portfolio; **3.** *(chartek)* folder.
marabu *sb. (en, -er),* **marabustork** *(zo.)* marabou.
maraton- marathon (*fx* session, speech).
maratonløb marathon race.
march *sb. (en, -er)* march;
□ *på ~* on the march; *det er en ~ på stedet* they (etc.) are just marking time.
marchal *sb. (en, -ler) se marskal.*
marchere *vb.* march;
□ *~ på stedet* mark time.
marchfærdig *adj. (præd.)* ready to march.
marchhastighed **1.** (marching) pace; **2.** *(flys, bils)* cruising speed.
marchhøjde *(flyv.)* cruising altitude (*el.* level).
marchkolonne marching column.
marchorden marching order.
marchordre marching orders pl.;
□ *få ~ (fig.)* get one's marching orders; *(am.)* get one's walking papers.
marcipan *sb. (en)* marzipan.
marcipanbrød chocolate-covered marzipan bar.
marcipanmasse almond paste.
mare *sb. (en, -r)* nightmare; F incubus (pl. -es *el.* incubi);
□ *det red mig som en ~* it was a nightmare.
marehalm *(bot.)* lyme grass.
marekat *(zo.)* guenon.
marelok **1.** elflock; **2.** *(med.)* plica.
marengs *sb. (en, -)* meringue.
mareridt *(også fig.)* nightmare.
mareridtsagtig *adj.* nightmarish.
margarine *sb. (en, -r)* margarine.
margen *sb. (en, -er) (også fig. & hdl.)* margin;
□ *i -(en)* in the margin; *note i -en* marginal note.
margerit *sb. (en, -ter) (bot.)* marguerite, ox-eye daisy.
margin = *margen.*
marginal[1] *sb. (en, -er) (hdl.)* margin, differential.
marginal[2] *adj.* marginal.
marginalgruppe marginal group.
marginalisere *vb.* marginalize.
marginaljord marginal land.
marginalnote marginal note.
marginalskat marginal (rate of) tax.
marginalvælger floating voter;
□ *-ne (også)* the floating vote sg.
marginforretning margin transaction.
marguerit = *margerit.*
Maria *(hist. & bibelsk)* Mary; *(se også jomfru).*
marieglas mica.
mariehøne *(zo.)* ladybird.
marihuana marihuana; T pot.
marihuanacigaret marihuana cigarette; T reefer.
marin, marin- marine (*fx* marine biology).
marina *sb. (en, -er) (lystbådehavn)* marina.
marinade *sb. (en, -r)* **1.** *(til fisk, kød)* marinade; **2.** *(til salat)* dressing.
marine *sb. (en, -r)* **1.** navy; **2.** *(billede)* seascape.
marine- naval (*fx* artillery, attaché, hospital); navy (*fx* surgeon).
marinebillede seascape.

marineblå *adj.* navy blue.
marineinfanterist marine; *(am.* T*)* leatherneck.
marinekorps: *kvindeligt* ~ Women's Navy Corps.
marinemaler marine painter.
marineminister minister of naval affairs; *(i Engl.)* First Lord of the Admiralty; *(i USA)* Secretary of the Navy.
marineministerium ministry of naval affairs; *(i Engl.)* Admiralty; *(i USA)* Department of the Navy.
mariner *sb. (en, -e)* = *marinesoldat*;
□ *kvindelig* ~ member of the Women's Navy Corps.
marinere *vb.* marinate, pickle (*fx* pickled herring).
marinesoldat **1.** *(orlogsgast)* seaman; **2.** *(marineinfanterist)* marine.
marionet *sb. (en, -ter)* **1.** puppet; F marionette; **2.** *(fig.)* puppet.
marionetregering puppet government.
marionetspil puppet show.
marionetteater puppet theatre.
maritim *adj.* maritime.
mark[1] *sb. (en, -er)* field;
□ *slå* ***af*** *-en (fig.)* oust, drive from the field; ***i*** *-en* in the field; *føre i -en a) (mil.)* bring into the field; muster (*fx* we can muster 50,000); *b) (fig.)* put forward (*fx* a new argument); *gøre studier i -en* work in the field, do field work; *stå i -en (kricket)* field; ***på*** *-en* in the field.
mark[2] *sb. (en, -) (mønt)* mark;
□ *5* ~ 5 marks.
markant[1] *adj.* **1.** *(tydelig)* marked (*fx* difference, improvement, rise); striking (*fx* contrast, demonstration); pronounced (*fx* features; views);
2. *(karakteristisk)* characteristic (*fx* examples);
□ *en* ~ *personlighed a) (fremtrædende)* an outstanding personality; *b) (stærk)* a forceful personality; *c) (excentrisk)* a character.
markant[2] *adv. (jf. markant*[1]*)*
1. markedly, strikingly (*fx* different); **2.** characteristically.
markarbejde *sb.* fieldwork.
markarbejder field hand.
markblomst wild flower.
marked *sb. (et, -er)* **1.** market;
2. *(med forlystelser etc., messe)* fair;
3. *(handelscentrum,* F*)* emporium (*fx* Hong Kong is a great emporium);
□ *forfængelighedens* ~ Vanity Fair; *[med adj.] frit* ~ open market; *det indre* ~ *(i EF)* the single (European) market; *(mindre alm.)* the internal market; *trægt* ~ slack market; *uroligt* ~ turbulent market; *åbent* ~ open market; *[med vb.] afholde et* ~ hold a fair; *erobre et* ~ capture a market; *åbne nye -er for deres varer* open up new markets for their goods; *[med præp.] bringe el. sende (, komme)* ***på*** *-et* put (, come) on the market; bring (, come) out; *sælge på -et* sell in the market.
markedsanalyse market analysis.
markedsandel *(hdl.)* share of the market, market share (*fx* capture (, lose) market shares).
markedsberetning market report.
markedsdag fair day.
markedsføre *vb. (hdl.)* market.
markedsføring marketing.
markedsgøgl entertainment at a fair; the fun of the fair.
markedsgøgler performer (at a fair); *(neds.* F*)* mountebank.
markedskræfter *sb.pl.* market forces.
markedsmekanisme market mechanism.
markedsminister minister for market affairs.
markedsorienteret *adj.* market-oriented.
markedsplads **1.** *(for handel)* market place; **2.** *(med forlystelser)* fairground.
markedspris market price.
markedsrente market rate.
markedsudvalget *(i Folketinget, kan gengives)* the EU committee.
markedsundersøgelse **1.** *(enkelt undersøgelse)* market survey (*fx* make a market survey); **2.** *(generelt: det at undersøge)* market research.
markedsøkonomi **1.** market economy; **2.** *(systemet)* market economics.
markere *vb.* **1.** *(afmærke; fejre)* mark (*fx* a cross on the map marks the spot; buy a bottle of wine to mark the occasion (, anniversary));
2. *(betegne)* show; F indicate (*fx* railways are indicated by a line);
3. *(i skole)* put up one's hand;
4. *(i boldspil: dække op)* mark;
5. *(tilkendegive)* demonstrate (*fx* one's dissatisfaction);
6. *(~ point i billard)* mark; *(ved -skydning)* be a marker;
□ ~ ***sig*** *a) (skabe sig et image)* create an image for oneself; *b) (blive kendt)* make one's mark; make a name for oneself; ***-de træk*** pronounced features.
markering *sb. (en, -er)* **1.** *(jf. markere)* marking; indication; demonstration;
2. *(plet, aftegning)* marking;
3. *(ɔ: for at markere sit standpunkt)* marker;
□ *lave en* ~ *(jf. 3)* put down a marker.
markeringsblus *(mil.)* target indicator.
marketender *sb. (en, -e)* canteen man.
marketenderi *sb. (et, -er)* canteen.
markfrø *sb.pl.* field seeds.
markis *sb. (en, -er)* marquis.
markise[1] *sb. (en, -r)* **1.** *(solsejl)* awning; **2.** *(foran butik etc.)* sunblind.
markise[2] *sb. (en, -r) (markis' hustru)* marchioness.
markmus *(zo.)* field vole.
markredskab agricultural implement.
markskel field boundary.
markskrigerisk *adj.*: ~ *reklame* ballyhoo.
markspiller fielder, fieldsman;
□ *være* ~ field.
Markus *(bibelsk)* Mark.
Markusevangeliet St Mark's Gospel, the Gospel according to St Mark.
markvej *(omtr.)* track; F earth road, unmade-up road; *(am.)* dirt road.
markør *sb. (en, -er)* **1.** marker;
2. *(edb)* cursor.
Marmarahavet *(geogr.)* the Sea of Marmara (*el.* Marmora).
marmelade *sb. (en, -r)* **1.** *(af citrusfrugter)* marmalade; **2.** *(af andre frugter)* jam.
marmor *sb. (et)* marble;
□ *bryde* ~ quarry marble.
marmoreret *adj.* marbled (*fx* paper; edges of a book).
marmorering *sb. (en, -er) (også om kød)* marbling.
marmorkugle *(til leg)* marble.
marmorplade **1.** marble slab;
2. *(på bord etc.)* marble top.
marodør *sb. (en, -er)* marauder.
marokkaner *sb. (en, -e)*, **marokkansk** *adj.* Moroccan.
Marokko *(geogr.)* Morocco.
maroquin *sb. (et)* morocco (leather).
Mars Mars.
marsboer *sb. (en, -e)* Martian.
Marseille *(geogr.)* Marseilles.
marsk *sb. (en, -er) (lavt kystland)* marsh(land).
marskal *sb. (en, -ler)* **1.** marshal; *(i den eng. hær)* field marshal;
2. *(fest-, ordens-)* steward.
marskalstav marshal's baton.

marskandiser *sb. (en, -e)* second-hand dealer; *(neds.)* junk dealer.
marskandiserbutik second-hand shop; *(neds.)* junk shop.
marskandiservarer *sb.pl.* second-hand goods; *(neds.)* junk.
marskegn, marskland marshland.
marsvin *(zo.)* **1.** *(gnaver)* guinea pig; **2.** *(tandhval)* porpoise.
mart *sb. (et, -er) (hdl.)* mart.
marterpæl stake.
marterredskab instrument of torture.
martialsk[1] *adj.* martial.
martialsk[2] *adv.* martially.
martre *vb.* torture.
marts *sb. (en)* March; *(NB datoangivelser er opført under april).*
martsviol *(bot.)* sweet violet.
martyr *sb. (en, -er)* martyr;
□ *dø som ~ for en sag* die a martyr to a cause; *spille ~* play the martyr.
martyrdød martyrdom;
□ *lide -en* suffer martyrdom.
martyrium *sb. (et, martyrier)* martyrdom.
martyrmine martyred expression.
marv *sb. (en)* **1.** *(i knogle)* marrow; **2.** *(i træ)* pith;
□ *kulden gik mig gennem ~ og ben* I was frozen to the marrow (*el.* to the bone *el.* through and through); *lyden gik gennem ~ og ben* the sound went right through you; *han er officer helt ind til -en* he is an officer to the bone (*el.* through and through).
marvben marrow bone.
marvfuld *adj.* pithy.
marvolie marrow oil.
marxisme *sb. (en)* Marxism.
marxist *sb. (en, -er),* **marxistisk** *adj. (attr.)* Marxist.
mas *sb. (et) (besvær)* trouble, bother;
□ *vi havde et farligt ~ med det* it gave us a lot of trouble; *vi havde et farligt ~ med at få ham hjem* we had a dreadful job to get (*el.* getting) him home.
mase[1] *vb.* **1.** *(ase)* slog (*fx* up the hill); **2.** *(anstrenge sig)* struggle (*fx* to get it done);
□ *~ og regere* heave and struggle; *~* ***med*** *a)* slog (away) at (*fx* a job); *b) (have besvær med)* struggle with (*fx* a heavy bag).
mase[2] *vb.* **1.** *(knuse)* crush (*fx* don't crush the eggs); *(flad el. til en våd masse)* squash (*fx* the car was squashed under the heavy lorry; squash the berries into a pulp);
2. *(knase)* crunch;
3. *(presse, trykke)* press; *(stærkere)* squeeze, squash (*fx* clothes into a trunk);
4. *(~ og skubbe, fx om menneskemængde)* jostle;
[med adv.] ~ sig ***frem*** press (*el.* push) forward, push one's way forward; *~ (sig)* ***igennem*** push through; *(stærkere)* squeeze through; *~ (sig)* ***ind*** squeeze in; *(om flere)* pile in; *komme -nde ind (uvelkommen)* come barging in; *~ sig* ***op ad*** *en* press against sby; *~* ***'på*** press on, push; *~ sig 'på* push (oneself forward); butt in.
mask *sb. (en) (af malt)* draff, mash.
maske[1] *sb. (en, -r)* **1.** *(i net)* mesh; **2.** *(strikket, hæklet)* stitch;
□ *der løb en ~ i strømpen* the stocking laddered; *der er løbet en ~ på min strømpe* there is a ladder in my stocking; *(am.)* there is a run in my stocking; *strømpe hvor der er løbet -r* laddered stocking; *samle en ~ op* take up a (dropped) stitch; *tabe en ~* drop a stitch.
maske[2] *sb. (en, -r)* **1.** *(for ansigtet)* mask; **2.** *(skuespillers sminke)* make-up;
□ *holde -n* keep a straight face; *rive -n af én* unmask sby; *tabe -n a) (afsløre sig)* show one's true colours; *b) (begynde at le)* burst out laughing; *han tabte -n (også)* he couldn't keep a straight face; *under venskabs ~* F under a show of friendship.
maskebal masked ball.
maskefang *sb. (et, -) (i strømpe)* ladder-stop course(s).
maskefast *adj. (om strømpe)* ladderproof, run-resistant; *(am.)* runproof.
maskepi *sb. (et, -er)* **1.** dealings pl. (*fx* I have no dealings with him); **2.** *(hemmelig forståelse)* collusion (*med* with);
□ *der er altid så meget ~ mellem dem* they have always got their heads together.
maskerade *sb. (en, -r)* masquerade, masked ball.
maskere *vb.* mask;
□ *~ sig a)* mask; *b) (om skuespiller)* make up.
maskering *sb. (en)* **1.** *(det at maskere)* masking; **2.** *(maske)* mask; *(skuespillers)* make-up.
maskespil **1.** masque; **2.** *(fig.)* masquerade.
maskevers dummy.
maskinarbejde *sb.* machine work.
maskinarbejder *(montør)* fitter; *(mekaniker)* mechanic.
maskinbroderi machine embroidery.
maskinchef chief engineer.
maskine *sb. (en, -r)* **1.** *(som udfører et arbejde)* machine (*fx* a sewing (, type-setting, washing) machine);
2. *(som leverer kraft, fx damp-; motor)* engine;
3. *(skrive-)* typewriter;
4. *(flyve-)* aeroplane; T plane (*fx* take the plane to Paris); *(rutefly)* airliner;
5. *(te-)* tea urn;
6. *(stor, klodset person)* hulk;
□ *lavet på ~* machine-made; *skrive på ~* type; *sy på ~* use a sewing machine; *sy noget på ~* machine sth; *(se også øre*[1] *(få ørerne i...)).*
maskinel[1] *sb. (et)* **1.** machinery; **2.** *(edb)* hardware.
maskinel[2] *adj.* mechanical; *(attr. også)* machine (*fx* machine sorting).
maskineri *sb. (et, -er)* **1.** machinery; **2.** *(fig.)* machinery (*fx* the machinery of law (, of government)); apparatus; *(se også grus, hjul).*
maskinfabrik engine (, machine) works (pl. -).
maskinfagene *sb.pl.* the engineering trades.
maskinfolk *sb.pl.* **1.** engineers; **2.** *(teat.) se scenetekniker.*
maskingevær machine gun.
maskingeværrede machine-gun nest; *(bunker)* pillbox.
maskinhammer power hammer.
maskiningeniør mechanical engineer.
maskinist *sb. (en, -er)* engineer.
maskinkanon cannon.
maskinklippet *adj.* close-cropped, machine-cut.
maskinknuser *se maskinstormer.*
maskinkonstruktør mechanical engineer.
maskinkraft engine power;
□ *ved ~* by machinery.
maskinlavet *adj.* machine-made.
maskinlæsbar *adj. (edb)* machine readable.
maskinmand *(teat.) se scenetekniker.*
maskinmester engineer;
□ *første ~ (sø.)* first engineer; *anden ~ (sø.)* second engineer.
maskinmæssig *adj.* mechanical.
maskinolie lubricating oil.
maskinoversættelse machine translation.
maskinpapir machine-made paper.
maskinpark machinery, mechanical equipment.

maskinpasser *sb. (en, -e)* engineman.
maskinpistol submachine gun.
maskinrum engine room.
maskinsats *(typ.)* machine composition.
maskinsav power saw.
maskinskade engine trouble; breakdown.
maskinskrevet *adj.* type-written, typed.
maskinskriver typist.
maskinskrivning typewriting, typing.
maskinskåret *adj.* machine-cut.
maskinsnedkeri woodworking factory.
maskinsprog *(edb)* machine language.
maskinstation *(med landbrugsmaskiner)* machine pool.
maskinstormer machinebreaker; *(især hist.)* Luddite.
maskinstrikning machine-knitting.
maskinsyet machine-made.
maskinsyning machining.
maskinsætter machine compositor.
maskintelegraf engine-room telegraph.
maskinværksted machine shop.
maskinvæv *sb. (en, -e)* power-loom.
maskot *sb. (en, -ter)* mascot.
maskulin *adj.* masculine.
maskulinum *sb. (et) (gram.)* the masculine (gender).
masochisme *sb. (en)* masochism.
masochist *sb. (en, -er)* masochist.
masochistisk[1] *adj.* masochistic.
masochistisk[2] *adv.* masochistically.
massage *sb. (en, -r)* massage.
massageklinik massage parlour.
massakre *sb. (en, -r)* massacre.
massakrere *vb.* **1.** *(myrde)* massacre; *(lemlæste)* mangle; **2.** *(fig.: mishandle)* mangle (*fx* a piece of music).
masse *sb. (en, -r)* **1.** *(kompakt stof)* mass;
2. *(papir-)* pulp;
3. *(folke-)* crowd; *(neds.)* mob;
□ ***en*** *~ a) (ɔ: mængde)* a lot, lots (*fx* he did a lot; we had lots to eat); *(mere* T*)* heaps; *b) (+ sb.)* a lot (, lots, heaps) of (*fx* food, potatoes, people); *en hel ~ a)* a whole lot; *b) (+ sb.)* a whole lot of (*fx* letters, food);
-r af *a) (meget)* lots (, heaps, masses) of (*fx* food, potatoes, people; I've tried it lots (, heaps) of times); *b) (rigeligt)* plenty of (*fx* we've got plenty of time (, money, food));
-rne, *de brede -r* the masses.

masse- mass (*fx* arrests, attack, culture, hysteria, party, suicide, unemployment).
massedrab massacre (*på* of); mass killings pl. (*på* of).
massefabrikation mass production.
massefremstille *vb.* mass-produce.
massefylde *(fys.)* density.
massegods *(sø.)* bulk cargo.
massegodsskib *(sø.)* bulk carrier.
massemedier *sb.pl.* mass media *(pl. el. sg.).*
massemord mass murder.
massemorder mass murderer.
massemøde mass meeting; *(offentligt, især politisk)* mass rally.
masseoptrin crowd scene.
masseproducere *vb.* mass-produce.
masseproduktion mass production.
massere *vb.* massage.
massesuggestion mass suggestion.
masseudnævnelse wholesale appointment.
masseudskrivning general levy.
masseudvandring wholesale emigration.
massevirkning **1.** mass effect;
2. *(fys.)* mass action.
massevis: *~ af, i ~ se masse (masser af); i ~ (også)* in large numbers; wholesale (*fx* he sends out invitations wholesale).
masseødelæggelsesvåben weapon of mass destruction.
massiv *adj.* **1.** *(af samme materiale helt igennem)* solid (*fx* gold, oak; wall); **2.** *(tung, svær; kraftig)* massive (*fx* oak door, walls; attack, efforts, resistance).
massør *sb. (en, -er)* masseur.
massøse *sb. (en, -r)* masseuse.
mast *sb. (en, -er)* **1.** mast; **2.** *(til elek. ledninger)* pylon.
masteknap *sb. (en)* truck.
mastekran rigging-sheers pl.
master *sb. (en, -e) (til duplikering etc.)* master.
mastetop masthead.
mastetræ tree suitable for a mast.
mastiks *sb. (en)* **1.** *(plante & stof)* mastic; **2.** *(til maskering)* megilp.
mastodont *sb. (en, -er)* **1.** *(uddød elefant)* mastodon; **2.** *(fig.)* giant; F behemoth.
mastodontisk *adj. (uhyre stor)* gigantic; *(stærkere, attr.)* mammoth.
masturbation *sb. (en, -er)* masturbation.
masturbere *vb.* masturbate.
mat[1] *sb. (en, -er)* **1.** *(sø.: medhjælper)* mate (*fx* cook's mate);
2. *(mil.: lønnet fast menig)* enlisted private; **3.** *(sø.: i flåden)* able seaman first class.

mat[2] *sb. (en) (i skak)* (check) mate.
mat[3] *adj.* **1.** *(svag)* weak (*fx* smile, voice; he felt weak); *(ved at besvime, især efter vb.)* faint (*fx* feel faint); *(sløv)* dull; *(energiløs)* listless (*fx* the heat made them listless); *(træt)* tired;
2. *(glansløs)* dull (*fx* eyes, glow); F lacklustre, lustreless (*fx* eyes); *(om farve)* dull (*fx* blue); dead; *(mods. blank, fx om foto)* mat;
3. *(klangløs)* dull, dead;
4. *(kedsommelig)* dull, flat, tame; *(ikke strålende,* F*)* lacklustre (*fx* performance);
5. *(om glas)* frosted, mat;
6. *(hdl.)* dull, flat;
7. *(i skak)* mated;
□ *~!* mate!; *(se også knæ (~ i knæene), sok).*
matador *sb. (en, -er)* **1.** *(tyrefægter)* matador;
2. *(stor mand)* magnate;
3. *(spil, svarer til)* Monopoly.
match *sb. (en, -er)* match.
matchbold match ball.
matche *vb. (passe sammen)* match (*fx* the curtains and the carpet don't match);
□ *~ med* match (*fx* a bag that matches the dress); *~ to spillere* match two players against one another.
matchpoint match point.
matematik *sb. (en)* mathematics (*fx* mathematics is his favourite subject; his mathematics are weak); *(om skolefaget,* T*)* maths; *(am.)* math.
matematiker *sb. (en, -e)* **1.** mathematician; **2.** [pupil in the science side of the "gymnasium"].
matematisk[1] *adj.* mathematical;
□ *~ retning (i gymnasiet, kan gengives)* science side.
matematisk[2] *adv.* mathematically (*fx* demonstrate sth mathematically).
materiale *sb. (et, -r)* **1.** material;
2. *(videnskabeligt etc.)* material, data.
materialeforvalter store clerk.
materialeskur tool shed, store shed.
materialevandring *(geol.)* drift of material.
materialforvalter = *materialeforvalter.*
materialhandel **1.** *(butik, omtr. =)* chemist's (not dispensing drugs on prescription); **2.** *(am. omtr.)* drugstore.
materialhandler *(omtr.)* chemist; *(am.)* druggist.
materialisation *sb. (en, -er)* materialization.

materialisere *vb.: ~ sig* materialize.
materialisme *sb. (en)* materialism.
materialist *sb. (en, -er)* **1.** materialist; **2.** *se materialhandler.*
materialistisk *adj.* materialistic.
materialskur = *materialeskur.*
materialvandring = *materialevandring.*
materie *sb. (en, -r)* **1.** *(i betændt sår)* pus, matter; **2.** *(emne)* subject;
□ *en bog i ~* a book in sheets.
materiedannelse suppuration.
materiel[1] *sb. (et)* **1.** materials pl. (*fx* war materials); equipment; supplies pl. (*fx* school supplies); *(se også rullende)*;
2. *(edb)* hardware;
3. *(mil.: mods. personel)* matériel.
materiel[2] *adj.* material;
□ *-le behov* material needs; *-le goder* material comforts (*el.* advantages *el.* benefits *el.* things).
mathed *sb. (en) (jf. mat*[3]*)* **1.** weakness; faintness; dullness; listlessness; tiredness; **2.** dullness; deadness; **3.** dullness, deadness;
4. dullness, flatness, tameness.
matiné, matine *sb. (en, matineer)* matinée.
matriarkalsk *adj.* matriarchal.
matriarkat *sb. (et)* matriarchy.
matrice *sb. (en, -r)* matrix (pl. -es*el.*matrices).
matrikel *sb. (en, matrikler)* land register.
matrikelkontor **1.** land registry;
2. *(ved universitet)* registry.
matrikelnummer title number (in the land registry).
matrikulere *vb.* register.
matrikulering *sb. (en, -er)* registration.
matrix *sb. (en, -er el. matrices)* matrix (pl. matrices, -es).
matrone *sb. (en, -r)* (big) hefty woman.
matroneagtig *adj. (neds.)* stout, matronly.
matros *sb. (en, -er)* sailor; able seaman.
matrosbluse sailor blouse.
matrostøj sailor suit.
matslebet *adj. (om glas)* ground, frosted.
mattere *vb.* **1.** matt, give (*fx* a surface) a matt finish; **2.** *(glas)* frost.
Mattæus *(bibelsk)* Matthew.
Mattæusevangeliet St Matthew's Gospel, the Gospel according to St Matthew.
maurer *sb. (en, -e)* Moor.
Mauretanien *(geogr.)* Mauritania.
mauretanier *sb. (en, -e)*, **mauretansk** *adj.* Mauritanian.
maurisk *adj.* Moorish.
mausoleum *sb. (et, mausoleer)* mausoleum.
mave[1] *sb. (en, -r)* **1.** stomach; T tummy; *(grovere)* belly (*fx* he has a big belly);
2. *(underliv)* belly; *(anat.)* abdomen;
3. *(tyk ~)* potbelly; midriff bulge; *(større: borgmester-)* paunch (*fx* he is getting (*el.* developing) quite a paunch); *(let glds.* S*)* corporation;
□ *-n bliver mæt før øjnene* your (, his etc.) eyes are bigger that your (, his etc.) stomach (, belly); *[med adj.] have* ***dårlig*** *~ a) (længerevarende)* have indigestion, have stomach trouble; *b) (mavetilfælde)* have a stomach upset; ***hård*** *~* constipation; *have hård ~* be constipated; ***tyk*** *~ se ovf.: 3*; *have* ***tynd*** *~ (ɔ: diarré)* have diarrhoea;
[med præp.] han har en forfatter ***i*** *-n (kan gengives)* he aspires to be a writer; he is a would-be writer; *have* ***ondt i*** *-n a) (især heftigt, kortvarigt)* have a pain in the stomach; *b) (vedvarende)* have (a) stomach ache; *ligge* ***på*** *-n* lie flat on one's stomach; F lie prostrate; *ligge på -n for a) (beundre)* idolize; *b) (krybe for)* cringe to, grovel before; *på tom ~* on an empty stomach.
mave[2] *vb.: ~ sig frem* crawl forward (on one's stomach).
mave- stomach (*fx* trouble); *(fagl.)* gastric (*fx* catarrh).
mavebiødning gastric haemorrhage.
mavebælte **1.** *(uldent)* abdominal belt; **2.** *(på cigar)* band; **3.** *(på bog)* book band.
mavedans belly dance.
mavedanserinde belly dancer.
maveforkølelse chill on the stomach.
mavekatar gastric catarrh.
mavekneb colic; T the gripes pl.
mavekrampe stomach cramp.
mavekræft cancer of the stomach, stomach cancer.
mavelanding *(flyv.)* belly landing.
maveonde stomach trouble (*fx* have stomach trouble); *(se også mavetilfælde)*.
mavepine stomach ache (*fx* have (a) stomach ache).
maveplasker *se maveplaster.*
maveplaster *(*T*: ved udspring)* belly flop.
mavesaft gastric juice.
maveskylning washing out of the stomach.
mavesonde stomach tube.
mavesur *adj. (fig.)* bilious.
mavesvær *adj.* stout; *(neds.)* pot-bellied; *(stærkere)* paunchy.
mavesygdom disease of the stomach.
mavesyre gastric juice, gastric acid;
□ *for meget ~* acidity (of the stomach).
mavesæk stomach.
mavesår stomach ulcer; *(fagl.)* gastric ulcer.
mavetilfælde stomach upset.
maxi *sb. (om kjole)* maxi(-skirt).
mayonnaise *sb. (en, -r)* mayonnaise.
mazurka *sb. (en, -er)* mazurka.
med[1] *sb.: uden mål og ~* aimlessly.
med[2] *præp.* **1.** with (*fx* he said it with a smile; fight (, play, dine) with sby; he that is not with me is against me; do it with care; fill a glass with water; cut sth with a knife; made with apples and sugar); *(NB tælleligt sb. har ubestemt artikel, fx* write with a pencil*)*;
2. *(om middel)* by (*fx* divide by five; take by force (, storm); pay by cheque; kill him by a blow on the head);
3. *(om befordringsmiddel)* by (*fx* arrive (, go) by bus (, train, ship, car); go up by (a) lift; it is a six-hour journey by car); *(om bord på)* on (*fx* he was not on the train (, bus, ship); he left on (*el.* by) the 9 o'clock train);
4. *(om udtryksmiddel)* in (*fx* he said it in a friendly voice; written in ink (, pencil); printed in red; painted in vivid colours; in his own words, in other words);
5. *(om påklædning)* in (*fx* gentlemen in bowler hats; a girl in spectacles; *(+ ubestemt artikel:)* a man in a grey coat, a girl in a blue dress); *(om udseende)* with (*fx* a girl with blue eyes, a man with a beard); *(kan undertiden gengives med endelsen)* -(e)d (*fx* blue-shirted workers; blue-eyed girls, bearded men);
6. *(som har el. er fyldt af)* of (*fx* a man of principles (, of liberal views); a long stretch of bad road; a week of snow; a bag of potatoes);
7. *(indbefattet)* including, counting (*fx* there'll be ten of us, including (*el.* counting) your brother and sister);
8. *(om forskel i omfang)* by (*fx* win by two goals; increase (, re-

duce) the price by 10 per cent; the population decreased by 20,000; devalue by 5 per cent);
[= og] hr Johnson ~ familie Mr Johnson and family; *du ~ dine frimærker!* you and your stamps; *[efter adj.] det er trist ~ John* it is sad about John; *er det nødvendigt ~ alle de maskiner?* is it necessary to have all those machines? *det ville være praktisk (, rart) ~* it would be useful (, nice) to have (*fx* a map, a screwdriver); *det ville være rart ~ en kold øl (også)* a cold beer would be just the thing.
med[3] *adv.* **1.** along (*fx* are you coming along?); (along) with me (, you etc.) (*fx* are you coming with me?);
2. *(også)* also; too (*fx* he went in too); T as well;
□ ***være*** *~ a) (forstå)* understand; *b) (deltage)* take part; *c) (være til stede)* be there; *er du ~? (ɔ: forstår du?)* you see? T all right? got it? *(am.)* get me? *der kan jeg ikke være ~ (ɔ: i konkurrencen)* I can't compete; *vil du være ~?* will you join us? *jeg vil ikke være ~* count (*el.* leave) me out; *(se også de ord hvormed ~ forbindes, fx gå, have, køre, tage)*;
[+ præp.] være ~ ***i*** *a)* take part in (*fx* the discussion); *b) (især om noget negativt)* be a party to (*fx* a crime); *han var ~ i krigen* he was (*el.* fought *el.* served) in the war; *er du ~* ***på*** *den?* see? OK? *(se også ovf.: er du ~?)*; *han er ~ på den værste se værst*; *han var ~* ***til*** *festen* he was (present) at the party; *være ~* ***til at*** *a)* take part in -ing (*fx* he took part in building the house); help (to) (*fx* she helped (to) arrange the party); *b) (om noget forkasteligt)* be a party to -ing.
med. *(medicinæ) se doctor, stud.*
medalje *sb. (en, -r)* medal;
□ *bagsiden (el. reversen) af -n a)* the reverse of the medal; *b) (fig.: det ufordelagtige)* the reverse (*el.* the other) side of the picture (*el.* coin).
medaljevinder medallist.
medaljon *sb. (en, -er)* **1.** medallion; **2.** *(smykke)* locket.
medaljør *sb. (en, -er)* medallist.
medanklaget *adj.* fellow prisoner.
medansvar F coresponsibility (*for* for, *fx* they have a political coresponsibility for the plan);
□ *han har et ~* he has a share in the responsibility.
medansvarlig *adj.* F coresponsible; □ *være ~* share the responsibility.
medansøger fellow applicant (*el.* candidate).
medarbejder 1. *(i firma: ansat)* employee, staff member;
2. *(ved blad)* correspondent (*ved* of); reporter (*fx* air correspondent; sports reporter); *(se også fast, udsende)*;
3. *(samarbejdspartner, om bestemt projekt)* collaborator (*fx* one of my closest collaborators);
4. *(let glds.: kollega)* colleague;
5. *(forretnings-)* associate;
□ *være ~ ved et blad* be on the staff of a paper; *mine -e (i firma, = personalet)* my staff.
medarbejderaktie employee share.
medarbejderdemokrati, medarbejderindflydelse staff participation, employee participation.
medarbejderrepræsentant *(i bestyrelse)* employee director.
medarbejdersamtale appraisal interview.
medarrestant fellow prisoner.
medbejler rival.
medbestemmelse, medbestemmelsesret participation (in decision making);
□ *give dem ~* give them a say (*el.* a voice) in the matter (, in the running of the firm, in the management, in the decision); *have ~* have a say (*el.* a voice) in the matter (etc.).
medborger 1. fellow citizen;
2. *(landsmand)* (fellow) countryman; *(se også ældre)*.
medborgerhus *(omtr.)* community centre.
medborgerkundskab civics.
medbringe *vb.* **1.** bring (along) (*fx* bring your own books); carry along (*fx* he came, carrying along a black suitcase);
2. *(væk fra den talende)* take (along) (*fx* remember to take your bathing things when you go to the beach);
□ *dette kort bedes medbragt* please bring this card; *min medbragte mad* my (own) sandwiches.
medbyggerhus [house part of which the owner builds himself].
medbør 1. fair wind; **2.** *(fig.)* prosperity.
meddelagtig *adj.* **1.** accessary;
2. *(brugt som sb.)* accomplice;
□ *være ~ i* be an accessary to, be a party to.
meddelagtighed *sb. (en)* complicity (*i* in).
meddele *vb.* **1.** *(lade vide)* inform (*en noget* sby of sth); T tell (*en noget* sby sth, sth to sby); let know (*en noget* sby sth, *fx* let him know what has been decided);
F communicate (*en noget* sth to sby); *(noget hemmeligt)* impart (*fx* one's plans to sby); disclose;
2. *(om avis)* state, report;
3. *(bekendtgøre)* announce (*fx* announce changes in the Government; it has been announced that the foreign minister will visit Moscow);
4. *(~ til offentlig myndighed)* notify (*fx* notify the authorities of sth);
5. *(give)* give, grant (*fx* permission);
□ *~* ***at*** *(jf. 1)* inform them (, him etc.) that; tell them (, him etc.) that; *(personsobjekt skal med)*; *et brev som -r at* a letter to the effect that; *det -s herved at (i brev)* this is to inform you that; *(mere* F*)* notice is hereby given that; *~* ***resultatet*** *a)* announce (, report) the result; *b) (ved valg)* declare the poll;
~ ***sig til*** *a)* open one's heart to; *b) (forplante sig til)* be imparted to (*fx* the motion is imparted to the wheels); impart itself to.
meddelelse *sb. (en, -r)* **1.** message (*om* about); piece of information;
F communication (*om* about);
2. *(brev)* letter;
3. *(i avis: rapport)* report; *(kortere ~)* paragraph, notice;
4. *(erklæring)* statement;
5. *((officiel) bekendtgørelse)* announcement, notice (*om* of);
6. *(til offentlig myndighed,* F*)* notification (*om* of);
□ *-r (jf. 1, også)* information, news sg.; *give ~ om a)* inform them (etc.) about; *(personsobjekt skal med)*; *b) (officielt)* announce;
[med adj.] nærmere ~ further particulars pl.; *skriftlig ~* written message (, communication); F notification in writing; *telefonisk ~* a telephone message.
meddelelsesbog *(i skole)* message book.
meddelelsesmiddel means (pl. -) of communication; medium (pl. -s *el.*media) of communication.
meddeler *sb. (en, -e)* informant.
meddelsom *adj.* communicative.
meddelsomhed *sb. (en)* communicativeness.
meddirektør *(i firma)* co-manager, joint manager; *(i institution etc.)* co-director.
meddomsmand assessor.
mede[1] *sb. (en, -r) (på slæde)* runner.
mede[2] *vb.* angle (*efter* for).
medejer joint owner.

medens *konj.* **1.** *(om tid)* while; **2.** *(hvorimod)* whereas, while.
medfange fellow prisoner.
medfart treatment; handling;
□ *få en slem (el. ilde) ~* be roughly handled.
medforfatter joint author, co-author.
medforsikret *adj.* co-insured.
medfødt *adj.* **1.** inborn (*fx* musical ability, talent for painting); *(kun attr.)* native (*fx* ability, tact); F innate (*fx* musical ability, talent, courtesy; ideas; they believe that intelligence is innate); *(naturlig)* natural (*fx* charm, talents);
2. *(fagl. om sygdom, handikap)* congenital (*fx* deafness, deformity);
□ *det er ~* it is inborn (, innate); he (, she etc.) was born with it; *-e egenskaber (biol.)* inborn characters.
medfølelse *sb. (en)* sympathy; F compassion;
□ *have ~ med* sympathize with.
medfølende[1] *adj.* sympathetic.
medfølende[2] *adv.* sympathetically.
medfølge *vb. (om bilag)* be enclosed.
medfølgende *adj. (vedlagt)* enclosed.
medfør *sb.: i ~ af* pursuant to, in pursuance of; *i ~ deraf* consequently; *(se også embede).*
medføre *vb.* **1.** *(involvere)* involve (*fx* a certain risk); F entail (*fx* great expense);
2. *(have til følge)* cause (*fx* damage; it caused him to lose the case); result in (*fx* it will result in disaster; it resulted in his losing the case);
3. *(straf)* carry (*fx* a jail sentence; the death penalty);
4. *(om transportmiddel)* carry (*fx* the bus was carrying 80 passengers; the ship carried provisions for six months); F convey (*fx* a train conveying both passengers and goods);
5. *(bringe med)* bring along with one; bring (*fx* he brought his dog);
□ *~ døden* be fatal.
medgang *sb. (en)* success;
□ *have ~* be successful; *(især økonomisk)* prosper; *~ og modgang* good and bad luck; T ups and downs; *i ~ og modgang a)* in good times and bad; *b) (i vielsesritualet)* for better or for worse.
medgift *sb. (en)* dowry.
medgive *vb.: ~ en noget (ɔ: sende med)* send sth (along) with sby; *jeg -r at (ɔ: indrømmer)* I grant you that; *(se også indrømme).*
medgørlig *adj.* **1.** *(imødekommende)* accommodating; T easy-going; *(præd. også)* easy to get on with;
2. *(som retter sig efter hvad der bliver sagt)* T biddable; F acquiescent, compliant, tractable;
3. *(samarbejdsvillig)* co-operative;
4. *(om ikke-person)* manageable (*fx* hair).
medgørlighed *sb. (en) (jf. medgørlig)* **1.** amenability; **2.** compliance, tractability; **3.** co-operativeness; **4.** manageability.
medgå *vb.* be used; *(forbruges)* be consumed; *(om tid, penge)* be spent.
medhjælper assistant.
medhold*: han fik ~ a)* his views were accepted; *b) (jur.)* the court upheld his contention; *han fik ~ hos alle* everybody agreed with him; *hans anskuelser fandt ~ hos dem* his opinions were accepted by them; *give én ~ a)* agree with sby (*i at* that); *b) (støtte)* back sby up; *give sagsøgte ~* find for the defendant.
medhustru concubine, secondary wife.
medhør *sb.* monitoring.
mediacenter, **mediatek** *sb. (et, -er)* media centre.
median *sb. (en, -er) (mat.)* median.
medicin *sb. (en, -er)* **1.** medicine; *(medikament også)* drug; **2.** *(fag)* medicine (*fx* study medicine).
medicinaldirektør chief medical officer.
medicinalfabrik medical factory, drugs factory.
medicinalfirma pharmaceuticals firm, pharmaceutical company.
medicinalindustri pharmaceutical industry.
medicinalvarer *sb.pl.* medical goods, medical drugs; *(fagl.)* pharmaceuticals.
mediciner *sb. (en, -e)* **1.** *(medicinsk student)* medical student; T medic; **2.** *(læge: mods. kirurg)* physician.
medicinere *vb.* medicate.
medicinflaske medicine bottle; F phial.
medicinglas *(til at drikke af)* medicine glass; *(se også medicinflaske).*
medicinmand medicine man.
medicinsk *adj.* **1.** *(læge- el. mods. kirurgisk)* medical (*fx* medical student; a medical ward *(afdeling)*); **2.** *(tjenende som lægemiddel)* medicinal;
□ *~ embedseksamen a)* final examination in medicine; *b) (graden)* degree in medicine; *det -e fakultet* the Faculty of Medicine.
medicinskab medicine cupboard (*el.* cabinet).
medie *sb. (et, -r)* **1.** *(udtryksmiddel etc.)* medium (pl. media *el.*-s) (*fx* the electronic media); *(NB* media *kan også være sg.)*; **2.** *(spiritistisk)* medium (pl. -s);
□ *de trykte -r* the print media.
mediebegivenhed media event.
mediebevidst *adj.* media-conscious.
mediedækning media coverage.
medieforskning media research.
mediekundskab media studies pl.
medier *sb.pl. se medie.*
medieuddannelse media and communication studies pl.
medikament *sb. (et, -er)* medicine, drug; F medicament.
medikamentel *adj.* medicamentary.
medikoteknik medical engineering.
medinddrage *vb.* involve (*i* in).
medindehaver partner, joint owner.
medindflydelse participation (*på* in); *(se også indflydelse 2, medbestemmelse)*;
□ *have ~ (også)* have a say.
medio*: ~ marts* in the middle of March.
medisterpølse *(omtr.)* Cumberland sausage.
meditation *sb. (en, -er)* meditation.
meditere *vb.* meditate.
medium *sb. (et, medier) se medie.*
medkristen fellow-Christian.
medlem *sb. (et, -mer)* member;
□ *-merne (også)* the membership (*fx* the union is to consult its membership on the question).
medlemskab *sb. (et, -er)* membership.
medlemskontingent subscription; dues pl.
medlemskort *sb.* membership card.
medlemsland member country.
medlemsliste list of members.
medlemstal number of members; membership (*fx* falling (, rising) membership).
medleven *sb. (en)* sympathy (*i* with).
medlidende[1] *adj.* sympathetic; F compassionate.
medlidende[2] *adv.* sympathetically; F compassionately.
medlidenhed *sb. (en)* pity; F compassion;
□ *af ~ (med)* out of pity (for); *føle ~ med* pity, feel pity for; *få ~ med* take pity on; *have ~ med* be

(*el.* feel) sorry for, pity; *hav ~!* take pity on us!
medlidenhedsdrab mercy killing; euthanasia.
medlyd *(fon.)* consonant.
medlæse- monitoring (*fx* equipment).
medløber 1. *(uselvstændig tilhænger)* camp follower; **2.** *(kommunistisk)* fellow traveller.
medmenneske fellow creature, fellow human being.
medmenneskelig *adj.* **1.** *(broderlig)* brotherly (*fx* feelings); **2.** *(human)* humane (*fx* treatment).
medmenneskelighed *sb. (en) (jf. medmenneskelig)* **1.** brotherliness; **2.** humanity.
medmindre *konj.* unless.
medpassager = *medrejsende.*
medproduktion co-production.
medredaktør co-editor.
medreder co-owner.
medregent co-regent.
medregne *vb.* **1.** count (in), include; **2.** *(på regning etc.)* reckon in.
medregnet *adj.* including (*fx* everybody, including the children); inclusive of (*fx* inclusive of light and heating).
medrejsende *sb.* travelling companion, fellow traveller.
medrivende *adj.* spell-binding.
medsammensvoren *sb.* (fellow) conspirator, co-conspirator.
medskabning fellow creature.
medskyld complicity (*i* in).
medskyldig *adj.* **1.** accessary; **2.** *(brugt som sb.)* accomplice;
□ *være ~ i* be an accessary (*el.* a party) to.
medspiller fellow player; *(i tennis, kortspil)* partner;
□ *-ne (også)* the other players; the rest of the team.
medstifter co-founder, founder member.
medstuderende *sb.* fellow student.
medtage *vb. (ikke forbigå)* include (*fx* in a list); *(se også hund, tage (med)).*
medtaget *adj.* **1.** *(om ting: beskadiget)* damaged; *(ramponeret)* battered; *(slidt)* worn;
2. *(om person: træt)* exhausted, worn out; T done in; *(efter sygdom, tortur etc.)* weak (*af* with, from); *(bekymret)* careworn;
□ *de hårdest medtagne* the worst sufferers; *de hårdest medtagne krigsinvalider* the most severely disabled servicemen; *medtagne nerver* shattered nerves.
medudgiver joint editor.
medunderskrift counter-signature.
medunderskriver signatory (*på* to).
medusahoved *(myt.)* gorgon's head; Medusa's head.
medvidende *adj.* F privy (*om* to);
□ *et ~ smil* a conspiratorial smile.
medvider *sb. (en, -e): være ~ i* F be privy to.
medvind (a) following wind, (a) tailwind; *(sø. også)* (a) fair wind;
□ *have ~ a)* have the wind behind one; *b) (fig.)* be successful, be in luck.
medvirke *vb. (se også medvirkende)* **1.** *(deltage)* take part (*i* in, *fx* he took an active part in the discussion);
2. *(om skuespiller)* appear (*i* in, *fx* a television series); *(om musiker, sanger)* perform (*ved* in, *fx* a concert);
3. *(hjælpe)* co-operate (*fx* he refused to co-operate); assist (*ved* in); *(bidrage,* F*)* contribute (*til* to, *fx* to his downfall);
□ *~ **til** a) (om person)* assist in (*el.* with) (*fx* the solution of the problem); *b) (om ting)* contribute to (*fx* this mistake contributed to his downfall); *~ **til at** a)* assist in -ing (*fx* in solving the problem); *b)* contribute to -ing, help (to) (*fx* it contributed to making (*el.* helped (to) make) it a success).
medvirken *sb. (en),* **medvirkning** *sb. (en) (hjælp)* co-operation, assistance;
□ *under ~ af* with the co-operation (*el.* assistance) of; assisted by.
medvirkende *adj.* contributory (*fx* cause; it has been a contributory factor in making it a success);
□ *de ~ a)* those taking part; *b) (skuespillerne)* the actors; *c) (musikerne, sangerne)* the performers; *være ~, se medvirke.*
medynk pity; F compassion.
medynkvækkende[1] *adj.* pathetic; *(stærkere)* pitiful.
medynkvækkende[2] *adv.* pathetically; *(stærkere)* pitifully.
mefistoansigt Mephistophelean face.
mefistofelisk *adj.* Mephistophelean.
mega- *(forstavelse)* mega- (*fx* hertz, ton, watt, weapons).
megafon *sb. (en, -er)* megaphone.
megen *adj.* F much (*fx* with much care);
□ *(al) den ~ tale om ...* all the talk of ...; *med ~ takt* very tactfully.
meget[1] *adj.* **1.** *(+ sb.)* a lot of (*fx* noise, time, bread); plenty of; *(mere* F*)* a good (*el.* great) deal of;
2. *(uden sb.)* a lot, a great deal (*fx* that is a lot (*el.* a great deal); he knows a lot (*el.* a great deal) about it);
3. *(især i negative el. spørgende udtryk, samt efter* too, so, as*)* much (*fx* how much did you get? not very much; as much as you like); F much (*fx* much time has been wasted on this);
□ *~ andet se andet*[2]; *vi har set ~ smukt* we have seen a lot of beautiful things; *det **var** ~ **at** han kom sig* it was a wonder that he recovered;
*[med adv.] **for** ~* too much; *det er for ~!* T that's a bit much! that's too much of a good thing! *der var en for ~* there was one too many; *en gang for ~* once too often; *han har fået lidt for ~ (at drikke)* he has had a drop too much; *gøre for ~ ud af det se gøre (ud af); det er alt for ~ (ɔ: elskværdigt)* it is too kind of you; *det er ved at blive for ~ for mig (ɔ: jeg kan ikke klare det)* it is getting too much for me, it is getting on top of me; *det er **ikke** ~* that is not much; *jeg er **ikke** ~ **for at** gøre det* I am not very keen on doing it; *der er **ikke** ~ **ved** filmen* the film is not up to much; ***lige** ~ se lige*[3].
meget[2] *adv.* **1.** *(ved adj. & adv. i grundform samt ved part. opfattet som adj.)* very (*fx* very strong (, afraid, quickly); very interesting (, bored)); *(ved visse adj. også)* deeply (*fx* depressed); highly (*fx* critical); greatly (*fx* exaggerated);
2. *(ved komparativ)* much (*fx* much stronger; much more easily); *(stærkere)* far (*fx* far more difficult);
3. *(ved vb.)* very much, a great deal (*fx* he surprised us very much; I was very much surprised by this; it mattered a great deal); T a lot (*fx* he talked a lot); *(stærkere,* F*)* greatly (*fx* I admire him greatly; he was greatly impressed by what he saw);
*(*F *el. negativt & spørgende samt efter* too, so, as*)* much (*fx* a much discussed book; she doesn't talk much about it; does he come here much? you talk too much);
4. *(temmelig)* quite (*fx* the play was quite good, but the acting was poor);
□ *det var ~ godt (også)* it was all right; ***så** ~ mere dumt er det af dig (at gøre det)* the more fool you (to do that); *(se også desto); **så** ~ mere **som*** the more so as (*el.* because); *så ~ mindre som* the less so as (*el.* because); *han ikke så ~*

som svarede he did not even answer, he did not so much as answer.
megetsigende *adj.* meaning (*fx* look); expressive.
meje *vb.* mow; *(høste)* reap;
□ ~ *ned* (ɔ: *dræbe)* mow down (*fx* with a machine gun); *(især om forsvarsløs(e))* gun down.
mejemaskine reaper, reaping machine.
mejer *sb. (en, -e)* **1.** *(zo.)* harvestman; **2.** *(person)* reaper, mower.
mejeri *sb. (et, -er)* **1.** dairy; **2.** *(-virksomhed)* dairywork, dairying.
mejeribrug *se mejeri 2*;
□ *-et* (ɔ: *branchen)* the dairy sector.
mejeriprodukter *sb.pl.* dairy produce sg.
mejerist *sb. (en, -er)* dairyman.
mejeriudsalg dairy.
mejeriudstilling dairy show.
mejetærsker combine (harvester).
mejs *sb. (en, -er) (rygsæk)* (framed) rucksack; *(am.)* backpack.
mejse *sb. (en, -r) (zo.)* tit (*fx* blue tit *(blåmejse)*).
mejsel *sb. (en, mejsler)* chisel.
mejsle *vb.* chisel;
□ *-de træk* chiselled features.
mekanik *sb. (en)* **1.** *(lære)* mechanics; **2.** *(maskineri)* mechanism; **3.** *(automatisk virken)* mechanical action.
mekaniker *sb. (en, -e)* mechanic.
mekanikerværksted mechanical workshop; *(bilværksted)* repair shop, garage.
mekanisere *vb.* mechanize.
mekanisk[1] *adj.* mechanical; *(uvilkårlig også)* automatic (*fx* reaction).
mekanisk[2] *adv.* mechanically; automatically (*fx* he did it automatically);
□ ~ *legetøj* clockwork toys pl.
mekanisme *sb. (en, -r)* mechanism.
Mekka *sb. (et)* **1.** *(geogr.)* Mecca; **2.** *(fig.)* Mecca, mecca (*fx* a Mecca for tourists).
mekka *sb. (et) (møbelstof)* moquette;
□ *uopskåren* ~ uncut moquette.
mel *sb. (et)* flour; *(grovere)* meal (*fx* a cake of barley meal or wheat flour);
□ *have rent* ~ *i posen (fig., kan gengives)* have a clear conscience.
melankoli *sb. (en)* melancholy.
melankoliker *sb. (en, -e)* melancholiac.
melankolsk[1] *adj.* sad; F melancholy; *(stærkere)* gloomy.
melankolsk[2] *adv.* sadly; *(stærkere)* gloomily.
melasse *sb. (en)* molasses.
melbærris *sb. (en, -) (bot.)* bearberry.
melde *vb. (meldte, meldt)* **1.** *(meddele)* report (*fx* that everything is well); *(med obligatorisk personsobjekt)* inform (*fx* inform them (, him etc.) that she has arrived); **2.** *(anmelde til myndighed)* notify (*fx* notify the authorities (, the police) of it; notify the police that it has been stolen); *(person el. forbrydelse)* report (*fx* report her (, the theft) to the police); **3.** *(gæst, tog)* announce; **4.** *(i kortspil)* bid, call;
□ ~ ***at*** announce that; ***lade*** *sig* ~ send in one's name;
[med præp. & adv.] ~ ***fra*** *a) (sende afbud)* excuse oneself, send one's apologies; *b) (trække sig ud)* back out; opt out; ~ *en* ***ind*** enter sby (*fx* enter a child in a school); ~ ***til*** *se tilmelde*; ~ *det til myndighederne* notify the authorities of it; ~ *en til eksamen* put sby in for an examination; ~ *en til politiet* report sby to the police; ~ ***tilbage*** report back;
~ ***ud*** *a) (meddele)* announce (*fx* what they intend to do); *b) (meddele sin stillingtagen)* state one's position (*fx* they have already stated their position clearly); ~ *ham* ***ud af*** *skolen* take him out of the school, remove him from school;
[med sig:] ~ ***sig*** *a)* report (*hos* to); *b) (om eftersøgt: til politiet etc.)* give oneself up; T turn oneself in; *c) (tilbyde sig)* volunteer (*til* for; *til at* to); come forward; *d) (til konkurrence)* enter; *e) (til kursus etc.)* enrol; T sign up; *f) (indtræffe)* arise (*fx* difficulties arose; the question of money arose); *g) (mærkes)* make itself felt (*fx* hunger and thirst began to make themselves felt); *trætheden meldte sig* they began to feel tired; ~ *sig selv, se ovf.:* ~ *sig b; (se også frivillig, rask*[1]*, syg)*;
~ ***sig ind*** (ɔ: *i forening etc.)* enter one's name, join; ~ ***sig ind i*** join (*fx* a club, a society); ~ ***sig til*** *a) (kursus etc.)* enrol for, sign up for (*fx* evening classes); *b) (konkurrence, eksamen)* enter for (*fx* a beauty contest, an examination); ~ *sig til sit regiment* report to one's regiment; ~ *sig til tjeneste (mil.)* report for duty; ~ ***sig ud*** resign (one's) membership, withdraw one's name; ~ *sig ud af* (ɔ: *forlade)* withdraw from (*fx* the EU); ~ *sig ud af samfundet* opt (*fx* out).
meldecentral reporting station.
meldepost *(luftværn)* report post.
meldetjeneste *(luftværn)* reporting service.
melding *sb. (en, -er)* **1.** report; **2.** *(i kortspil)* bid.
meldrøje *sb. (en, -r) (bot.)* ergot (of rye).
meldug *sb. (en) (bot.)* mildew.
mele *vb.* (sprinkle with) flour;
□ ~ *sin egen kage* feather one's (own) nest; look after number one.
meleret *adj.* mixed.
melet *adj.* mealy.
melis *sb. (en)* (refined) sugar;
□ *stødt* ~ granulated sugar, castor sugar.
melklister flour-and-water paste; (flour) paste.
mellem *se imellem.*
mellemakt interval; *(am.)* intermission;
□ *i -erne (også)* between the acts.
mellemaktsmusik entr'acte.
Mellemamerika *(geogr.)* Central America.
mellemblond *adj.* medium blond(e).
mellemblå *adj.* medium blue.
mellembygning middle building.
mellembys *adj.* interurban;
□ ~ *samtale* trunk call; *(også am.)* long-distance call.
mellembølger *sb.pl. (radio)* medium waves.
mellemdistanceraket intermediate-range (*el.* medium-range) ballistic missile; *(fork.)* IRBM.
mellemdæk **1.** between-deck; **2.** *(passagerklasse)* steerage.
mellemdækspassager steerage passenger.
mellemdør communicating door.
Mellemeuropa *(geogr.)* Central Europe.
mellemeuropæisk *adj.* Central European;
□ ~ *tid* Central European Time; *(fork.)* CET.
mellemfin *adj.* medium.
mellemfinansieringslån bridging loan.
mellemfod *(anat.)* metatarsus (pl. metatarsi).
mellemfolkelig *adj.* international.
mellemfornøjet *adj.* disgruntled; *(præd. også)* not very pleased.
mellemgrund **1.** *(på maleri)* middle distance; **2.** *(på teater)* mid-stage.
mellemgulv **1.** *(om sted på kroppen)* midriff (*fx* a punch in the midriff); pit of the stomach (*fx* hit sby in the pit of the stomach);

2. *(anat.: indvendig)* midriff; *(fagl.)* diaphragm.
mellemhandler middleman.
mellemhandleravance middleman's profit.
mellemhånd 1. *(i kortspil)* second hand; **2.** *(anat.)* metacarpus (pl. metacarpi).
mellemistid *(geol.)* interglacial period.
mellemkam *(omtr.)* loin.
mellemkjole afternoon dress.
mellemkommunal *adj.* inter-municipal.
mellemkomst *sb. (en)* **1.** *(indgriben)* intervention; **2.** *(formidling)* mediation.
mellemkrigstiden *(hist.)* the inter-war period.
mellemkvalitet medium quality.
mellemlag 1. intermediate layer; **2.** *(socialt)* middle class.
mellemlande *vb.* **1.** land; **2.** *(gøre ophold)* stop over.
mellemlanding *(om fly)* **1.** landing, touchdown; *(fagl.)* intermediate landing; **2.** *(ophold)* stopover;
□ *foretage en ~, se mellemlande*; *flyvning uden ~* non-stop flight.
mellemlang *adj. (kun efter sb.)* of medium length;
□ *~ kredit* medium-term credit; *~ uddannelse se mellemuddannelse.*
mellemled *sb.* **1.** *(bindeled)* connecting link; **2.** *(person)* intermediary; **3.** *(stadium)* intermediate stage (*fx* pass through many intermediate stages);
□ *med noget som ~* through the medium of sth.
mellemleder middle manager, mid-level manager;
□ *-e (også)* middle management.
mellemleje *sb. (et, -r)* **1.** intermediate bearing; **2.** *(mus.)* middle register (of the voice).
mellemliggende *adj.* intervening (*fx* days);
□ *~ tid* interval.
mellemlægspapir greaseproof paper.
mellemlægsserviet doily.
mellemmand 1. *(budbringer, fx i forhandling)* intermediary; *(mere* T*)* go-between;
2. *(mægler)* mediator;
3. *(hdl.: mellemhandler)* middleman.
mellemmåltid snack (between meals).
mellemnavn middle name.
mellemproportional *sb.* mean proportional.
mellemregning *(hdl.)* current account;
□ *-er (i regnestykke)* (rough) workings, calculations.
mellemret side dish.
mellemrum 1. *(sted; også typ.)* space (*fx* he had spaces between his teeth; leave two spaces after the word); *(stort)* gap (*fx* between two houses; he whistled through a gap between his front teeth);
2. *(tid)* interval;
□ *anbringe noget* ***i*** *-mene* put sth in between; ***i*** *-mene* ***mellem*** in the spaces between (*fx* plant trees in the spaces between the houses); ***med*** *~* at intervals; *med en meters ~ a)* one metre apart; *b) (om flere)* at intervals of one metre; *med regelmæssige ~* at regular intervals; *de døde med en uges ~* they died within a week of each other.
mellemrumstangent space bar.
mellemsalg *(hdl.): ~ forbeholdt* subject to the goods being unsold.
mellemskær *adj.: -t kød* clod (of beef).
mellemspil interlude.
mellemst *adj.* middle.
mellemstand middle class.
mellemstandpunkt intermediate position.
mellemstation 1. intermediate station; **2.** *(fig.: kompromis)* halfway house.
mellemstatlig *adj.* **1.** *(mellem suveræne stater)* international; **2.** *(mellem enkeltstater i forbundsstat)* inter-state.
mellemstilling intermediate position.
mellemstor *adj.* middle-sized, medium(-sized).
mellemstykke 1. middle piece;
2. *(af fisk)* middle cut.
mellemstørrelse medium size;
□ *af ~* medium-sized.
mellemsvær *adj.* medium (heavy).
mellemtekniker middle-ranking technician.
mellemtid interval, intervening time;
□ *i -en* in the meantime, meanwhile.
mellemtime 1. intervening hour;
2. *(fritime)* hour off (*fx* I have an hour off between 11 and 12); free period.
mellemting half-way house (*imellem* between); *en ~ mellem (også)* something between, a cross between; *det er nærmest en ~* it is a sort of half-way house, it is something between (the two); *(spøg.)* it is something betwixt and between.
mellemtæppe *(teat.)* tableau curtain, tab.
mellemuddannelse middle-range training;
□ *folk med -r* people with middle-range training (*el.* skills).
mellemvare: *den bløde ~ (fig.)* the run of the mill.
mellemvej middle course;
□ *gå en ~* take a middle course.
mellemvæg partition wall.
mellemvægt middleweight.
mellemvægter *sb. (en, -e)* middleweight.
mellemvægts- middleweight (*fx* champion, boxer).
mellemværende *sb. (et, -r)* **1.** *(hdl.: tilgodehavende)* (outstanding) account;
2. *(strid)* disagreement, dispute; F difference;
□ *jeg har et gammelt ~ at afgøre med ham (jf. 2)* I have an old score (*el.* an account) to settle with him; *udligne et ~ (jf. 1)* settle (*el.* clear) an account.
mellemværk *(håndarbejde)* insertions pl.; *(enkelt stykke)* insertion.
mellemøre *(anat.)* middle ear.
mellemørebetændelse inflammation of the middle ear.
Mellemøsten *(geogr.)* the Middle East; *(am.)* the Mideast.
mellemøstlig *adj.* Middle Eastern; *(am.)* Mideastern.
melodi *sb. (en, -er)* **1.** tune; *(glds.)* air; **2.** *(velklang etc.)* melody;
□ *den går på -en "Home Sweet Home"* it is sung to the tune of "Home Sweet Home"; *køre på den samme ~ (fig.)* harp on the same string.
melodisk, melodiøs *adj.* tuneful; F melodious.
melodrama melodrama.
melodramatisk[1] *adj.* melodramatic.
melodramatisk[2] *adv.* melodramatically.
melon *sb. (en, -er) (bot.)* melon.
melonkaktus *(bot.)* melon thistle.
melorm *(zo.)* meal worm.
membran *sb. (en, -er)* **1.** membrane; **2.** *(i telefon etc.)* diaphragm.
memo *sb. (et, -er) (fk.f. memorandum)* memo.
memoirer *sb.pl.* memoirs.
memorandum *sb. (et, memoranda)* memorandum (pl. memoranda, -s).
memorere *vb.* memorize.
men[1] *sb. (en el. et)* injury;
□ *varig ~* injury of a permanent character, permanent injury; permanent ill-effects pl.; *han har endnu ~ af (el. efter) ulykken* he

is still suffering from the after-effects of the accident.
men[2] *sb. (et, -ner)* but;
□ *jeg tænkte jo nok der var et ~!* I thought there was a catch (*el.* snag) somewhere!
men[3] *konj.* but;
□ *~ dog!* tut-tut! dear me!
menage *sb. (en -r)* **1.** set-up; F ménage, menage; **2.** *(roderi)* mess.
menageri *sb. (et, -er)* menagerie.
mene *vb. (mente, ment)* **1.** *(tænke, tro)* think (*fx* John thinks we ought to stay); F hold (*fx* they hold that it never happened); *(især om begrundet mening)* consider (*fx* Professor X considers that the painting is a fake);
2. *(sigte til, have en vis hensigt med, om den virkelige mening bag ord el. handling)* mean (*fx* do you mean John? I don't understand what you mean; he meant every word);
□ *man -r **at**, det menes at (+ sætn.)* they say that, it is said that; the theory is that; *~ at (+ inf. må omskrives til sætn., se flg. exx)*; *han -r at kunne gøre det* he thinks he can do it; *han mente at gøre mig en tjeneste* he thought he was doing me a service; *han -s at være rig* he is thought to be rich; ***hvad** -r du! (forarget udbrud)* I ask you! *~ hvad man siger* mean what one says; *jeg forstår hvad du -r* I see what you mean; *(især om argument)* I take your point;
*[med præp.] hvad -r du **med** det?* what do you mean by that? *~ **om*** think of (*fx* what do you think of this book?);
*[med vb.] du **kan** da ikke ~ at du giver op* you don't mean to tell me (*el.* say) that you are giving up; *det **skulle** jeg ~!* I should think so! rather! *(mere* T*)* I'll say it is (, she has etc.)!
*[med adv. & adj.] ~ det **alvorligt*** be in earnest; *(især om noget negativt,* T*)* mean business (*fx* he has threatened to kill me, and I'm afraid he means business); *jeg mente det ikke alvorligt (også)* I was only joking; *~ det **godt*** mean well (*med en* by sby); *ikke ~ noget **ondt** med det* mean no harm.
mened perjury;
□ *begå ~* commit perjury, perjure oneself.
menig *adj.* **1.** *(mil.)* private (*fx* a private soldier); **2.** *(brugt som sb.)* private (*fx* three privates); *(sø.)* ordinary seaman;
□ *-t medlem (af parti, fagforening etc.)* rank-and-file member; *(i parlamentet også)* backbencher; *de -e medlemmer* the rank and file sg.
menighed *sb. (en)* **1.** *(præsts, i sognet)* parishioners pl.; parish; *(i kirken)* congregation;
2. *(trossamfund)* Church (*fx* the Church of Christ);
3. *(om sekter & ikke-kristne -er)* community (*fx* the Jewish community); communion (*fx* the Roman Catholic communion);
4. *(fig.: tilhængere)* disciples, devotees pl.
menighedsblad 1. parish magazine; **2.** *(fig.)* magazine written for the faithful.
menighedshus parish hall.
menighedsråd *(omtr.)* parochial church council.
menigmand the man in the street.
mening *sb. (en, -er)* **1.** *(anskuelse)* opinion (*om* about, of, *fx* that's my opinion about it);
2. *(betydning, indhold)* meaning (*med* of, *fx* I didn't understanding the meaning of what he said);
3. *(fornuft, logisk sammenhæng)* sense (*i* in, *fx* there is no sense in what he says); point (*i* in, *fx* there is no (, not much) point in doing that);
4. *(formål)* meaning (*med* of, *fx* what is the meaning of his behaviour? the meaning of life); idea (*med* of, *fx* the idea of this arrangement); purpose (*med* of, to, *fx* the purpose of his visit; there is a purpose to what we are doing; *med at* in -ing);
5. *(hensigt)* intention (*fx* it wasn't my intention to offend you);
□ *hvad **er** -en? a)* what's the intention? *b) (hvad skal det gøre godt for?)* what is the (big) idea? what is that in aid of? *er det virkelig din ~?* do you really mean that? ***er** det din ~ **at** a)* do you mean to say that; *b) (ɔ: hensigt)* do you intend to (*fx* visit him); *det er vel ikke din ~ at* you don't mean to say that; *det var ikke min ~ at* I didn't mean to, it was not my intention to (*fx* offend him); *det er -en at I skal* you are supposed to (*fx* help him); you are meant to (*fx* pay before you leave);
*[med vb.] **berøve** det sin ~* take the meaning out of it; ***give** ~* make sense; ***have** den ~ at* believe that, take the view that; F be of the opinion that; *dengang havde det en ~ at gøre det* at that time it made sense to do it; *det har ingen ~ længere* it has no meaning any longer; *hvis du vil **høre** min ~* I you want my opinion; if you ask me; ***sige** sin ~* speak one's mind; *når jeg skal sige min ~* if you ask me; ***skifte** ~* change one's mind; *er det virkelig din ~?* do you really mean that? are you in earnest?
*[med præp.] være **af** en anden ~* be of a different opinion, hold a different opinion, think differently; *være af den ~ at* believe that, take the view that; F be of the opinion that, hold that; ***efter** min ~* in my opinion;
i** den bedste ~* with the best of intentions; *han gjorde (, sagde) det **i en god** ~* he meant well; *(se også optage)*; *det er der god ~ i* that makes sense; *der er **ikke meget** ~ **i at there is not much point in -ing; *jeg gjorde (, sagde) det **ikke i nogen ond** ~* I meant no harm; *der er **ikke** ~ **skabt i** det* there is neither rhyme nor reason to it;
*~ **med** se ovf. 2, 4; er der en ~ med livet?* is there a meaning to life?
*~ **om*** opinion about (*el.* of); *hvad er din ~ om det?* what do you think of it? *det kan der ikke være to -er om* there can be no two opinions about it.
meningitis *sb. (en)* meningitis.
meningsdannelse opinion formation.
meningsdannende *adj.* opinion-forming.
meningsforskel difference of opinion.
meningsforstyrrende *adj.: det er ~* it completely alters the sense.
meningsfrihed freedom of thought.
meningsfuld, **meningsfyldt** *adj.* meaningful.
meningsfælle 1. person of the same opinion; **2.** *(partifælle)* party colleague;
□ *han er min ~* he shares my views.
meningsløs *adj.* **1.** *(urimelig, tåbelig)* senseless (*fx* act of cruelty, violence); *(stærkere)* absurd;
2. *(formålsløs)* pointless (*fx* crime, violence; his death seems so pointless);
3. *(uden indhold)* meaningless (*fx* words);
□ *det er -t at a) (jf. 1, også)* it makes no sense to (*fx* go on); *b) (jf. 2, også)* there is no point in -ing (*fx* in trying to persuade him); *-t ord* nonsense word.
meningsløshed *sb. (en, -er) (jf. meningsløs)* **1.** senselessness; absurdity; **2.** pointlessness; **3.** meaninglessness; nonsense.

meningsmåling 1. (opinion) poll (*fx* carry out a poll; F conduct a poll); **2.** *(det at)* testing opinion.
meningstilkendegivelse expression of opinion.
meningsudveksling 1. exchange of views (*el.* opinions); exchange (*fx* the Minister was involved in sharp exchanges with Opposition members); **2.** *(diskussion)* debate.
menneske *sb. (et, -r; bestemt form i pl.: menneske(r)ne)* **1.** person (*fx* she felt like a different person; he is not a very friendly person; I like her as a person); man, woman (pl. men, women) (*fx* he is a good man; he'll never be a man again; she is a good woman); **2.** *(især mods. dyr el. overnaturligt væsen)* human being (*fx* we are human beings, not animals); human;
□ **et** ~ *(jf. 1 også)* somebody (*fx* she needs somebody to talk to); *vi mødte* ***ikke et*** ~ we did not meet a soul;
-t *(i al almindelighed)* man (*fx* God created man in his own image; man was born free);
[udtryk med pl.] **-ne** mankind, the human race; **-r** *(jf. 1 især)* people (*fx* he knows a lot of people); ***alle -r*** everybody (*fx* everybody knows that); *alle -r er skabt lige* all men are created equal;
[med adj. & pron.] han (, hun) er blevet et ***andet*** ~ he has become a different man (, she has become a different woman); *han (, hun) blev et* ***nyt og bedre*** ~ *a)* he became a new man (, she became a new woman); *b) (moralsk)* he (, she) turned over a new leaf; he (, she) reformed; *jeg føler mig som et -t og bedre* ~ I feel like a new (*el.* different) man (, woman); *et* ***ungt*** ~ a young man; *(ganske ung)* a young boy; *(ofte neds.)* a youth; *unge -r* young people; F young persons; *(som gruppe også)* the youth (*fx* the youth of today; high unemployment among the youth of the country); ***voksent*** ~ grown-up; *(mere* F*)* adult.
menneskeabe *(zo.)* anthropoid (ape).
menneskealder *(ca. 30 år)* generation.
menneskeblod human blood.
menneskefjendsk[1] *adj.* misanthropic.
menneskefjendsk[2] *adv.* misanthropically.
menneskeforagt misanthropy.
menneskeforstand human intelligence;
□ *sund* ~ (ordinary (*el.* plain)) common sense.
menneskeføde*: (u)egnet til* ~ (un)fit for human consumption.
menneskehad misanthropy.
menneskehader misanthrope.
menneskeheden mankind (*fx* one small step for a man, one giant leap for mankind); humanity (*fx* a crime against humanity; a triumph for humanity); *(se også velgører).*
menneskehænder *sb.pl.* human hands (*fx* untouched by human hands);
□ *komme i* ~ *(*T*: fig.)* be put through it.
menneskehår human hair.
menneskejagt manhunt.
menneskekender judge of character.
menneskekundskab knowledge of human nature.
menneskekærlig *adj.* humane; *(overbærende)* charitable; *(godgørende)* philanthropic.
menneskekærlighed love of mankind; *(godgørenhed)* philanthropy.
menneskekød human flesh.
menneskelig *adj.* **1.** human (*fx* being, error, weaknesses);
2. *(menneskekærlig)* humane (*fx* treatment);
3. *(ordentlig)* decent (*fx* living conditions, wage); *(rimelig)* reasonable (*fx* price);
□ *det -e* human nature; *hvis der hænder (el. sker) ham noget -t (ɔ: hvis han dør)* if anything should happen to him; *de -e omkostninger* the cost in human terms.
menneskeliggøre *vb.* humanize.
menneskelighed *sb. (en) (jf. menneskelig)* **1.** humanity; **2.** humaneness; **3.** human decency (*el.* kindness) (*fx* couldn't they show a little human decency?).
menneskeliv (human) life (*fx* the loss of 150 lives);
□ *uden tab af* ~ without loss of (human) life.
menneskemateriale human material.
menneskemængde crowd (of people).
menneskeoffer, **menneskeofring** human sacrifice.
menneskepenge *sb.pl.* **1.** real money; **2.** *(kontanter)* cash.
menneskerace race.
menneskeret, **menneskerettighed** human right;
□ *det er en* ~ *at (også)* people have a right to.
menneskesjæl human soul.
menneskeskabt *adj.* man-made.
menneskeskikkelse human form;
□ *en djævel i* ~ a devil incarnate; a fiend in human shape.
menneskesky *adj.* shy;
□ *være* ~ shun human society; T be a loner.
menneskeskæbne fate.
menneskeslagteri butchery.
menneskeslægten mankind, the human race.
menneskesmugler people smuggler.
menneskestemme human voice.
menneskesyn view of human nature.
menneskesønnen *(rel.)* the Son of Man.
mennesketom *adj.* deserted, empty; *(og trist)* desolate.
mennesketype human type.
menneskevenlig *adj.* humane; human;
□ *gøre* ~ humanize.
menneskevrimmel crowd; F throng (of people).
menneskeværd (human) worth.
menneskeværdig *adj.* decent.
menneskeværdighed human dignity; dignity as a human being.
menneskeværk work of man.
menneskeædende *adj. (om dyr)* man-eating.
menneskeæder *sb. (en, -e)* **1.** cannibal; **2.** *(dyr)* man-eater.
menneskeæderi cannibalism.
menneskeånd human intellect (*el.* mind).
mens *se medens.*
menses = *menstruation.*
menstruation *sb. (en, -er)* **1.** period (*fx* she has got her period; the start of her period); **2.** *(generelt)* periods pl.; *(især fagl.)* menstruation.
menstruationsbind sanitary towel; T san pad.
menstruere *vb.* menstruate.
mensvoren *adj.* perjured.
mental *adj.* mental.
mentalerklæring psychiatric report.
mentalhygiejne mental health.
mentalitet *sb. (en, -er)* mentality.
mentalundersøge *vb.* subject to a mental examination (*el.* to mental tests).
mentalundersøgelse mental examination; mental tests pl.;
□ *sende til* ~ *(jur.)* remand for a medical (*el.* psychiatric) report.
mente *sb. (en, -r)* number carried;
□ *1 op og 4 i* ~ (put) 1 down and carry 4.
mentol *sb. (en)* menthol.

mentolbolche, **mentolbolsje** mentholated sweet.
mentolcigaret menthol cigarette.
mentor *sb. (en, -er)* mentor.
menu *sb. (en, -er)* menu; *(let glds.)* bill of fare.
menuet *sb. (en, -ter) (mus.)* minuet.
menukort *se menu.*
mer *se mere.*
merbeskatning *sb. (en),* **merbeskatte** *vb.* surtax.
mere *adj. & adv.* more;
□ *en grund ~* one more reason; an additional reason; *aldrig ~ se aldrig; meget ~ se meget;*
[med vb.] vil du ***have*** *~ te?* would you like some more tea? *~ vil have ~* the more you get the more you want; ***holde*** *~ af* be more fond of; like better; ***var der*** *~ (du ville)?* was there anything else?
[med pron.] ***hvad*** *~? a)* what more? *b) (hvad andet)* what else? *hvad ~ er* what is more (*fx* and, what is more, he paid for it himself); more important (*fx* he is good at teaching and, more important, he enjoys it); ***hvem*** *~?* who else?
[med end & ikke] klokken er ~ ***end*** *jeg troede* it is later than I thought; *~ end nok* more than enough; plenty (*fx* we have plenty of fuel); *der er ~ end nok (også)* there is enough and to spare; *~ for æren end for pengenes skyld* for the honour of it rather than for money's sake;
ikke *~ a)* no more (*fx* he thought no more about it); not any more (*fx* he did not say any more); *b) (om tid)* no longer (*fx* he is no longer a teacher); not any longer; *c) (ɔ: aldrig igen)* no more (*fx* we saw him no more); *jeg har ikke ~ tobak (også,* T*)* I am out of tobacco; *jeg kan ikke ~* I can't go on; I give up; *ikke et ord ~* not another word; *så er der ikke ~* that's all; T that's the lot; that's it, then;
ikke *~* ***end*** *a) (kun)* no more than (*fx* it isn't far, it is no more than two kilometres); *b) (ikke over)* not more than (*fx* I don't know how far it is, but it is not more than two kilometres); *det er ikke ~ end rimeligt* it is only fair; *(han kalder sig professor, men) han er ikke ~ professor end jeg er* he is no more of a professor than I am.
merforbrug 1. *(ekstra)* additional consumption, increase in consumption; **2.** *(for meget)* overconsumption.
mergel *sb. (en)* marl.
mergelgrav marl pit.
mergelholdig *adj.* marly.
mergeljord marly soil.
mergle *vb.* marl.
merian *sb. (en, -er el. -) (bot.)* marjoram.
meridian *sb. (en, -er)* meridian.
merimport, **merindførsel 1.** *(ekstra)* increase in imports;
2. *(større end udførsel)* import surplus; excess of imports (over exports).
merindkomst excess profits pl.
merindkomstskat excess profits tax.
merindskrivning increased intake.
merino *sb. (et)* merino.
merinofår merino (sheep).
merit *sb. (en)* qualification.
meriter *sb.pl.* **1.** doings; *(gale streger)* escapades; **2.** *(forbryders)* crime sheet sg.
meritokrati *sb. (et)* meritocracy.
meritokratisk *adj.* meritocratic.
meritoverførsel course concession; *(am.)* transfer of credits.
merkantil *adj.* commercial.
Merkur *(myt., astr.)* Mercury.
merpris extra charge, additional charge.
merskum *sb. (et)* meerschaum.
merudbytte extra profit, increased profit.
merudgift additional expenditure.
merværdi 1. increased value; **2.** *(til beskatning)* value added; **3.** *(i marxistisk teori)* surplus value.
merværdiafgift value added tax; *(fork.)* VAT.
mesalliance *sb. (en, -r)* misalliance.
mesan *sb. (en, -er) (sø.)* spanker.
mesanmast mizzen mast.
Mesopotamien *(hist.)* Mesopotamia.
mesopotamisk *adj.* Mesopotamian.
messe[1] *sb. (en, -r) (hdl.)* fair.
messe[2] *sb. (en, -r)* **1.** *(katolsk & om musikværk)* Mass; **2.** *(protestantisk: det at messe)* intoning (of the lesson);
□ *holde ~* celebrate Mass; *høre ~* attend Mass; *læse ~* say Mass.
messe[3] *sb. (en, -r)* **1.** *(mil., sø.)* mess; **2.** *(lokale)* messroom;
□ *holde ~ sammen* mess together.
messe[4] *vb.* **1.** *(rel.)* chant, intone (*fx* a prayer); **2.** *(fremsige monotont)* drone (out) (*fx* a poem).
messebog 1. *(katolsk)* missal;
2. *(protestantisk) se alterbog.*
messedreng 1. *(rel.)* server; **2.** *(sø.)* cabin boy, messroom boy.
messefald: *der er ~* there is no service.
messehagel *sb. (en, -er el. -hagler) (rel.)* chasuble.
messeskjorte *(rel.)* alb.
Messias the Messiah, the messiah.
Messinastrædet *(geogr.)* the Strait of Messina.
messing *sb. (et)* brass.
messingblæser *(mus.)* brass player, brass instrumentalist;
□ *-ne* the brass sg.
messinginstrument brass (wind) instrument.
messingskilt brass plate.
messingsuppe T brass-band music.
mest *adj. & adv.* **1.** most; *(om to også,* F*)* more; **2.** *(for størstedelen, især)* for the most part (*fx* the victims were for the most part Muslims); mostly, mainly, chiefly (*fx* he writes a lot, mostly short stories); F in the main;
□ *~ af alle* more than anyone else; *~ af alt* most of all; more than anything else; *det -e af a)* most of (*fx* he slept most of the day; he ate most of the chicken); the better (*el.* best) part of (*fx* he ate the best part of a chicken); *b) (ved tidsangivelse)* for the better (*el.* best) part of (*fx* he was away for the better (*el.* best) part of an hour (, a week, a year)); *for det -e* generally, mostly; *holde ~ af* like best; prefer; *det ~ mulige* as much as possible.
mestbegunstigelsesklausul *(hdl.)* most-favoured-nation clause.
mestendels *adv.* for the most part.
mester *sb. (en, mestre)* **1.** *(håndværksmester etc.)* master;
2. *(i sport)* champion;
3. *(fremragende dygtig person)* master (*i* of, at); past master (*i* of, in, at);
4. *(sø.: maskin-)* engineer;
5. *(i omtale af chef,* T*)* the boss;
□ *-eren (bibelsk)* the Master; *anden ~ (sø.)* second engineer; *første ~ (sø.)* chief engineer; *en satirens ~* a master of satire;
[med præp.] være ~ ***for*** *a) (ɔ: udføre)* be the author of; *b) (udtænke)* devise (*fx* a plan); *c) (anstifte)* be the ringleader of (*fx* a mutiny); F instigate; *hvem har været ~ for dette her?* who did this? who is responsible for this? *det har han været ~ for* that is his doing; *han er en ~* ***i at*** he is a dab hand at -ing (*fx* cheating, finding excuses, entertaining the children); F he is a master at -ing (*fx* playing the flute).
mesterbokser boxing champion.
mesterkok chef.

mesterlig *adj.* masterly.
mesterligt *adv.* in a masterly manner, brilliantly.
mesterlære craft's apprenticeship.
mesterskab *sb. (et)* **1.** *(stor dygtighed)* mastery (*fx* do it with complete mastery); **2.** *(i sport)* championship.
mesterskud masterly shot.
mesterskytte **1.** *(dygtig skytte)* crack shot; **2.** *(mesterskabsskytte)* champion marksman.
mesterspion master spy.
mesterstykke masterpiece.
mesterværk masterpiece.
mestiz *sb. (en, -er)* mestizo.
mestre *vb.* master.
metafor *sb. (en, -er)* metaphor.
metaforik *sb. (en)* imagery, use of metaphors.
metaforisk[1] *adj.* metaphorical.
metaforisk[2] *adv.* metaphorically.
metafysik *sb. (en)* metaphysics.
metafysisk[1] *adj.* metaphysical.
metafysisk[2] *adv.* metaphysically.
metal *sb. (et, -ler)* metal.
metalagtig *adj.* metallic.
metalbørste wire brush.
metaldetektor metal detector.
metalglans metallic lustre.
metalindustrien the metallic industries pl.
metalklang metallic sound, clang.
metallak metallic paint.
metallegering alloy.
metallisk *adj.* **1.** metallic (*fx* taste; voice); **2.** *(om ~ lyd, fx i radio)* tinny (*fx* tinny music from a transistor radio; a tinny piano).
metallurg *sb. (en, -er)* metallurgist.
metallurgi *sb. (en)* metallurgy.
metallurgisk *adj.* metallurgic(al).
metalsløjd metalwork.
metalstøber founder.
metalsvamp wire pad; Brillo pad.
metaltræthed metal fatigue.
metaltråd wire.
metaltrådsbørste wire brush.
metalvarer *sb.pl.* metal goods.
metalværdi metal value.
metamorfose *sb. (en, -r)* metamorphosis (pl. metamorphoses).
metan *sb. (et) (kem.)* methane.
metastase *sb. (en, -r) (med.)* metastasis (pl. metastases).
meteor *sb. (et, -er)* meteor.
meteorfald meteoric fall.
meteorit *sb. (en, -ter)* meteorite.
meteoritnedslag meteorite impact.
meteorjern meteoric iron.
meteorolog *sb. (en, -er)* meteorologist.
meteorologi *sb. (en)* meteorology.
meteorologisk[1] *adj.* meteorological;
□ *~ institut (svarer til)* the Meteorological Office; T the Met Office; *(am.)* the Weather Bureau.
meteorologisk[2] *adv.* meteorologically.
meteorregn meteor(ic) shower.
meteorsten meteorite.
meter *sb. (en, -)* metre (*fx* five metres).
metermål *(målebånd)* tape measure;
□ *sælge noget i ~* sell sth by the metre.
metersystemet the metric system;
□ *gå over til ~* go metric; *indføre -et i* metricate (*fx* the currency; weights and measures).
metervarer *sb.pl.* fabrics sold by the metre.
metervis *adv.* by the metre (*fx* sell it by the metre);
□ *i ~ af (svarer til)* yards and yards of.
metier *sb. (en, -er)* trade (*fx* follow one's trade); job (*fx* know one's job).
metode *sb. (en, -r)* method (*til* for; *til at* for -ing, *fx* for teaching languages);
□ *bringe ~ i* methodize, reduce to a method; *vi har vore -r!* we have (our) ways!; *(se også galskab).*
metodefrihed freedom of choice in teaching methods.
metodik *sb. (en, -ker)* methodology.
metodiker *sb. (en, -e)* methodical person.
metodisk[1] *adj.* methodical.
metodisk[2] *adv.* methodically.
metodisme *sb. (en) (rel.)* Methodism.
metodist *sb. (en, -er) (rel.)* Methodist.
metrik *sb. (en)* prosody.
metriker *sb. (en, -e)* prosodist.
metrisk[1] *adj.* **1.** metric (*fx* system); **2.** *(i verslære)* metrical.
metrisk[2] *adv. (jf. metrisk*[1] *2)* metrically.
metronom *sb. (en, -er)* metronome.
metropol *sb. (en, -er)* metropole.
metropolit *sb. (en, -ter) (rel.)* metropolitan.
metrum *sb. (et, metra el. metre(r))* metre.
Metusalem *(bibelsk)* Methuselah.
metylalkohol *(kem.)* methyl alcohol.
meute *sb. (en, -r)* pack (of hounds).
mexicaner *sb. (en, -e)* Mexican.
mexicansk *adj.* Mexican.
Mexico *(geogr.)* Mexico.
mezzanin *sb. (en, -er)* mezzanine.
mezzosopran mezzo-soprano.
MF *sb. (en, -'er) (fork.f. medlem af Folketinget, svarer til)* MP (*fork.f.* Member of Parliament).
mia. *(fork.f. milliard)* b. (*fork.f.* billion).
midaldrende *adj.* middle-aged.
middag **1.** *(tidspunkt)* noon, midday;
2. *(måltid)* dinner; *(officiel)* banquet; *(måltid midt på dagen kaldes også)* lunch;
□ *i går -(s)* yesterday (at) noon; *stor (el. fin) ~* big dinner; *(se også give)*;
[med præp.] invitere ham (, komme) ***til*** *~* invite him (, come) to dinner; *blive til ~* stay for (*el.* to) dinner; *hvad fik I til ~ ?* what did you have for dinner? *vi var fem til ~* we were five for dinner; *sove til ~* take a nap after dinner, take an after-dinner nap; *spise til ~* have dinner; F dine; *spise kylling til ~* dine on (*el.* off) chicken; have chicken for dinner; *de er* ***ude til*** *~* they have gone out for dinner, they are dining out; ***ved*** *-en* at dinner.
middagsbord dinner table;
□ *ved -et* at dinner.
middagsgæst dinner guest; *(i restaurant,* F*)* diner;
□ *vi skal have -er* we are having guests for dinner.
middagshede midday heat.
middagsherre diner-out.
middagshvile siesta.
middagshøjde **1.** meridian altitude; **2.** *(fig.)* zenith.
middagskøkken catering establishment.
middagslur after-dinner nap.
middagsmad dinner;
□ *lave ~* cook the dinner; T get dinner ready.
middagsmåltid dinner.
middagspause lunch break, lunch hour.
middagsselskab dinner party.
middagssol midday sun.
middagssøvn after-dinner nap;
□ *sove ~* take a nap after dinner; take an after-dinner nap.
middagstid **1.** *(midt på dagen)* noon, midday; **2.** *(tid til middagsmad)* dinner time.
middel[1] *sb. (et, midler) (se også midler)* **1.** *(hjælpe-)* means (pl. -) (*fx* an effective means; we will use every means at our disposal to fight terrorism);
2. *(læge-)* remedy (*mod* for; *(forebyggende)* against, *fx* for flu, for toothache; against malaria);
3. *(rense-) se rensemiddel*;
□ *ikke lade noget ~ uforsøgt* try all possible means; leave no stone unturned; *(se også hellige, sky*[4]*)*;

[med præp.] **med** *alle midler* by every means; by any (available) means; *et* ~ ***til at*** a means of -ing (*fx* devise a means of storing heat); a means to (*fx* find a means to help them).
middel[2] *adj.* medium (*fx* neither short nor tall, but medium);
□ *over (, under)* ~ above (, below) (the) average.
middel- 1. medium (*fx* medium size); **2.** *(gennemsnits-)* average, mean (*fx* temperature).
middelalder*: -en* the Middle Ages pl.; *den tidlige (, sene)* ~ the Early (, Late) Middle Ages pl.
middelalderlig *adj.* medieval.
middelbar *adj.* indirect.
middelengelsk *sb. (et) & adj.* Middle English.
middelgod *adj.* medium; *(præd. også)* of medium quality.
Middelhavet *(geogr.)* the Mediterranean.
middelhavs- Mediterranean (*fx* countries).
middelhøj *adj. (præd.)* of average height.
middelhøjde average (*el.* medium) height;
□ *over (, under)* ~ above (, below) (the) average height.
middelhøst average harvest; medium crops pl.
middelklasse middle class;
□ *-n* the middle class(es).
middelmådig *adj.* mediocre; run-of-the-mill; indifferent.
middelmådighed *(en)* mediocrity.
middelstanden the middle class(es).
middelstor *adj.* medium(-sized); *(præd. også)* of average size;
□ *-e indtægter* middle-range incomes.
middelstørrelse medium size.
middeltal mean, average.
middeltemperatur mean temperature;
□ *den årlige* ~ the mean annual temperature.
middelvej middle course; *(se også gylden*[2]*).*
mide *sb. (en, -r) (zo.)* mite.
midje *sb. (en, -r)* waist.
midler *sb.pl. (se også middel*[1]*)*
1. *(penge: persons)* money (*fx* he paid it with his own money);
F means (*fx* have the means to buy it; he bought it with his own means); T funds (*fx* I haven't got enough funds for that);
2. *(penge: offentlige)* money;
F funds (*fx* financed out of public (, Government) funds);
3. *(forholdsregler)* measures (*fx* take strong measures to combat inflation (, to curb football violence));
□ *leve af sine* ~ have a private income.
midlertidig[1] *adj.* temporary, provisional (*fx* appointment, arrangement); F interim (*fx* measure *(foranstaltning)*).
midlertidig[2], **midlertidigt** *adv.* temporarily, provisionally.
midnat midnight (*fx* the ghost appeared at midnight).
midnatsforestilling midnight performance, midnight show.
midnatssol midnight sun.
midnatstid midnight.
midnatstime midnight hour.
midsommer midsummer.
midt *adv.:* ~ ***ad*** along the middle of; ~ ***for*** *huset* straight (*el.* right) in front of the house;
~ ***i*** *a) (om sted)* in the middle of (*fx* the forest, the room, the town); *(mere præcist)* in the centre of (*fx* the town); *b) (om tid)* in the middle of, in mid- (*fx* July, week; in the middle of dinner; in the mid-nineteen eighties); *c) (om situation)* in the midst of (*fx* the confusion, the scandal; in the midst of his grief he thought of her); *han er* ~ *i 40'rne* he is in his middle forties; *være* ~ ***i at*** be in the middle (*el.* midst) of -ing (*fx* washing one's car);
~ ***iblandt*** among;
~ ***igennem*** through the middle of; straight through;
~ ***imellem*** *a) (om to)* halfway (*el.* midway) between (*fx* Esbjerg and Hull); *b) (blandt)* among (*fx* he was sitting among the children); *c) (uden styrelse)* half-and-half (*fx* Is it good or bad? Well, half-and-half);
~ ***ind i*** straight into (the middle of); *(mere præcist)* into the centre of; ~ ***inde i*** in the middle of; *(mere præcist)* in the centre of;
~ ***om*** *dagen* in broad daylight; ~ *om natten* in the middle of the night; ~ *om sommeren* in the middle of the summer; in mid-summer;
brække (, knække) ~ ***over*** break in two;
~ ***på*** in the middle of (*fx* the street);
~ ***under*** *a) (sted)* immediately (*el.* right) below; *b) (tid)* in the middle of (*fx* his speech, the meal); in mid- (*fx* the show was cancelled in mid-production).
midtbanespiller midfield player.
midte *sb. (en)* middle; *(mere præcist)* centre (*fx* the centre of the town);
□ ***af*** *vor* ~ from among us; *til venstre* ***for*** *-n* left of centre; ***i*** *vor* ~ in our midst; among us; *i -n,* ***på*** *-n* in the middle; *(se også lige*[3]*).*
midtengland Middle England.
midter- middle; central.
midtergang 1. (central) gangway; *(am.)* aisle; **2.** *(i kirke)* aisle.
midterlinie, **midterlinje 1.** centre line (*fx* on a road); **2.** *(på fodboldbane)* halfway line.
midterparti 1. central part; **2.** *(i politik)* centre party, middle-of-the-road party, middle-ground party.
midterrabat central reservation; *(am.)* median strip.
midterskilning centre parting.
midterst *adj.* middle; central.
midterstilling*: i* ~ in the centre position.
midterstykke central piece.
midtfor *adv.* straight in front.
midtlinie = *midterlinie.*
midtover *adv.* in two, in half (*fx* break in half);
□ *få noget til at gå* ~ split sth down the middle.
midtpunkt centre.
midtpunktflyende *adj.* centrifugal.
midtpunktsøgende *adj.* centripetal.
midtskibs[1] *adj.* midship.
midtskibs[2] *adv.* amidships.
midtstilling = *midterstilling.*
midtstrøms *adv.* in midstream.
midtvejs *adv.* halfway, midway.
midtvejsvalg *(am.)* mid-term election.
midvinter midwinter.
mig *pron.* **1.** me; **2.** *(refleksivt)* myself (*fx* I enjoyed myself); *(efter præp.)* me (*fx* I took it with me);
□ *en ven af* ~ a friend of mine;
[andre refleksive udtryk] jeg vaskede (, barberede) ~ I washed (, shaved) (myself); *jeg bed* ~ *i tungen (, skar mig i fingeren)* I bit my tongue (, cut my finger); *(se også sig);*
[med være] det **er** ~ *a)* it's me; *b) (svar i telefon)* speaking (*fx* Could I speak to John? Speaking!); *det er* ~ *der har gjort det* I did it; *(mere* F*)* it was I who did it; *det* ***er ikke*** ~ *(ɔ: jeg bryder mig ikke om det)* it's not me; S it's not my scene; *godt det ikke er* ~*!* I'm glad I'm not in your (, his etc.) shoes! rather you (, him etc.) than me!
migræne *sb. (en)* migraine.
migræniker *sb. (en, -e)* migraine sufferer.
mikado *sb. (en, -er)* **1.** *(japansk kejser)* Mikado, mikado; **2.** *(spil)*

spillikins pl.
Mikkel: ~ *Mus* Mickey Mouse; ~ *ræv (i dyrefabel)* Reynard.
mikkelsaften Michaelmas Eve.
mikkelsdag Michaelmas Day.
mikrobe *sb. (en, -r)* microbe.
mikrobiolog microbiologist.
mikrobiologi microbiology.
mikrobølge microwave.
mikrobølgeovn microwave oven; T microwave.
mikrocomputer microcomputer; T micro.
mikrofiche *sb. (en, -r)* microfiche.
mikrofilm microfilm.
mikrofon *sb. (en, -er)* microphone; T mike;
□ *skjult ~ (til aflytning)* bug.
mikrofonprøve audition.
mikrofonskræk microphone nerves pl.
mikrofontække radio appeal.
mikrogram microgram(me).
mikromakro- macrobiotic (*fx* food, restaurant).
mikrometer *sb. (et, mikrometre)* micrometer.
mikronæringsstoffer *sb.pl.* micronutrients.
mikroprocessor *sb. (en, -er)* microprocessor.
mikrorille microgroove.
mikroskop *sb. (et, -er)*, **mikroskopere** *vb.* microscope.
mikroskopisk[1] *adj.* microscopic.
mikroskopisk[2] *adv.* microscopically (*fx* examine it microscopically).
mikse *vb. (blande, også musik)* mix;
□ *~ sammen (ɔ: i en fart)* throw together.
mikser *sb. (en, -e)* **1.** *(køkkenmaskine)* mixer; **2.** *se mikse(r)pult.*
mikse(r)pult mixing console.
mikstur *sb. (en, -er)* mixture.
mil *(en -(e)): dansk ~* Danish mile (= 4.68 statute miles); *engelsk ~* (statute) mile (= 1.6 km).
Milano *(geogr.)* Milan.
mild *adj. (se også mildt)* **1.** *(ikke voldsom el. skarp)* mild (*fx* cigar, cheese, soap; protest; weather, winter); *(blid)* gentle (*fx* nature, breeze, voice); soft (*fx* breeze, voice);
2. *(ikke streng)* mild (*fx* punishment, sanctions); light (*fx* punishment; he was only fined £150, which was too light); F lenient (*fx* punishment);
□ *være ~ mod* be gentle with (*el.* to); F be lenient with;
[med sb.] -e gaver charitable donations; *give -e karakterer* mark generously; *for at bruge et -t udtryk* to put it mildly; to say the least (of it); *ikke se med -e øjne på se øje.*
mildhed *sb. (en) (jf. mild)* **1.** mildness, gentleness, softness;
2. mildness, lightness; F lenience.
mildne *vb.* **1.** *(lindre)* relieve (*fx* pain, distress, hardship); *(mere* F*)* soothe (*fx* pain); F alleviate (*fx* pain);
2. *(formilde)* mitigate (*fx* pain, suffering; the punishment, his anger);
3. *(afbøde)* cushion (*fx* the effects);
4. *(om ytring)* tone down (*fx* an expression);
5. *(om temperatur)* take the edge off (*fx* the sun took the edge off the frost); *(*F *el. litt.)* temper;
□ *Gud -r luften for det klippede får* God tempers the wind to the shorn lamb.
mildt *adv. (jf. mild)* **1.** mildly, gently, softly; **2.** mildly, lightly; F leniently;
□ *et ~ bebrejdende blik* a glance of gentle reproof; *~ sagt, mildest talt* to put it mildly; to say the least (of it); *se ~ til* look kindly at; *(fig. også)* smile on.
mile *sb. (en, -r)* **1.** *(klit)* dune; **2.** *(kul-)* charcoal stack; **3.** *(atom-)* atomic pile.
milepæl **1.** milestone; **2.** *(fig.)* milestone, landmark (*fx* in the history of mankind; in one's life).
milevidt *adv.* for miles;
□ *~ fra (fig.)* a world away from.
miliegræs *(bot.)* (spreading) millet grass.
milieu *se miljø.*
militant[1] *adj.* militant.
militant[2] *adv.* militantly.
militarisere *vb.* militarize.
militarisering *sb. (en)* militarization.
militarisme *sb. (en)* militarism.
militarist *sb. (en, -er)* militarist.
militaristisk[1] *adj.* militaristic; *(attr. også)* militarist (*fx* regime).
militaristisk[2] *adv.* militaristically.
milits *sb. (en, -er)* militia.
militær[1] *sb. (et)* army (*fx* they do not have an army; he is in the army); troops pl.;
□ *-et* the army; F the military (*fx* the military were called in).
militær[2] *sb. (en, -e)* military man, soldier.
militær[3] *adj.* military (*fx* discipline, precision; aid).
militærattaché, **militærattache** military attaché.
militærdiktatur military dictatorship.
militærflyver air-force pilot.
militærhospital military hospital.
militærkup military coup.
militærlæge army surgeon; *(betegnes i England med den militære grad, fx)* Lieutenant (, Captain, Major, Colonel) RAMC (*fork.f.* Royal Army Medical Corps).
militærmusik military music; *(let neds.)* martial music.
militærnægter *sb. (en, -e)* conscientious objector; *(fork.)* CO; S conchie; *(am. også)* draft resister.
militærorkester military band.
militærregime military regime.
militærtjeneste military service.
militæruddannelse military training.
miljø *sb. (et, -er)* **1.** *(biol., også mht. forurening)* environment (*fx* heredity and environment; protect (, pollute) the environment);
2. *(som præger en)* environment (*fx* an environment which encourages the children's development; he grew up in a stimulating environment; see them in their natural environment); *(socialt)* background (*fx* children in our school come from all social backgrounds; people with (*el.* of) different backgrounds *(fra forskellige -er)*); *(også om kunstnerisk ~,* F*)* milieu (*fx* it also happens in that milieu; come from (, live in) different milieus);
3. *(omgivelser)* surroundings pl. (*fx* live in beautiful surroundings); F ambience (*fx* create the right ambience for the negotiations);
4. *(hvor noget foregår)* setting (*fx* the story takes place in a South African setting; a university setting); scene (*fx* the drug scene; the jazz scene);
5. *(atmosfære)* atmosphere (*fx* the old inn has atmosphere);
□ *stedet mangler ~ (jf. 5, også)* the place lacks a soul; there is no soul to the place; *se dyrene i deres naturlige ~* see the animals in their natural habitat.
miljø- environmental (*fx* biology, considerations, crisis, laws, planning, policy, pollution, pressure group, problems, refugee).
miljøaktivist environmentalist.
miljøbelastning environmental impact (*fx* assess the environmental impact of a product).
miljøbeskyttelse environmental protection, protection of the environment.
miljøbestemt *adj.* environmental (*fx* changes).

miljøbevidst *adj.* environmentally conscious (*el.* aware); environment conscious, ecoconscious.
miljøbevidsthed environmental consciousness, consciousness of the environment; ecoconsciousness.
miljøbevægelsen the environmental movement.
miljøforkæmper environmentalist.
miljøforsker environmentalist.
miljøgift environmental poison.
miljøgruppe environmental group.
miljøkatastrofe environmental disaster.
miljøkrav *sb.pl.* environmental requirements.
miljølære environmental studies pl.
miljøminister minister for the environment, environment minister; *(i Engl.)* Secretary of State for the Environment.
miljøministerium ministry of the environment, environment ministry; *(i Engl.)* Department of the Environment.
miljømæssig *adj.* environmental.
miljørigtig *adj.* environmentally correct.
miljøskade *sb.* **1.** *(skade på miljøet)* environmental harm, damage to the environment; **2.** *(psyk.)* maladjustment.
miljøskadet *adj.* maladjusted.
miljøtekniker environmental engineer.
miljøvej traffic-calmed route.
miljøvenlig *adj.* environmentally friendly, environment friendly.
miljøvenlighed environmental friendliness.
miljøvurdering environmental appraisal.
milliard *sb. (en, -er)* a thousand millions; *(am. & nu også alm. i Engl.)* billion;
□ *-er af stjerner* billions of stars; *flere -er (om beløb)* several billions; *flere -er pund* several billion pounds; *mange -er pund* many billions of pounds.
milliardær *sb. (en, -er)* multi-millionaire, billionaire.
millibar *sb. (en, -)* millibar.
milligram(me) milligram.
millimeter millimetre; *(fork.)* mm.
millimeterpapir graph paper.
millimeterretfærdighed overscrupulous justice.
million *sb. (en, -er)* million (*fx* two million books);
□ *flere -er (om beløb)* several millions; *flere -er mennesker* several million people; *mange -er mennesker* many millions of people; *[med præp.] -er* ***af*** *bøger* millions of books; *en befolkning* ***på*** *10 -er* a population of 10 million(s).
millionby town of (over) a million inhabitants.
millionbøf beefsteak mince, minced beef stew.
milliondel millionth.
millionformue: *han ejer en ~* his fortune runs into millions.
millionte *adj.*, **milliontedel** millionth.
millionvis *adv.*: *i ~* by the million; *bøger i ~ (også)* millions and millions of books.
millionær *sb. (en, -er)* millionaire;
□ *tror du jeg er ~? (*T*: svarer til)* do you think I'm made of money?
milt *sb. (en) (anat.)* spleen.
miltbrand anthrax.
mime[1] *sb. (en, -r)* mime play; *(hist.)* mime.
mime[2] *vb.* mime (*fx* mime to a recording); *(om sanger også)* lip-synch.
mimik *sb. (en)* **1.** mime (*fx* express sth by mime); **2.** *(ansigtsudtryk)* facial expression; *(skiftende)* facial expressions pl.
mimiker *sb. (en, -e) (kunstner)* mime, mime artist.
mimisk[1] *adj.* mimic; *(fagl.)* mimetic (*fx* go through the mimetic actions of lighting a cigarette).
mimisk[2] *adv.*: *~ fremstillet* mimed; *udtrykke det ~* mime it.
mimose *sb. (en, -r) (bot.)* mimosa, sensitive plant;
□ *han er en ~* he is over-sensitive.
mimoseagtig *adj. (fig.)* (over-)sensitive.
mimre *vb.* **1.** *(om person)* twitch one's mouth; **2.** *(om læber)* quiver, twitch ; **3.** *(om kanin)* quiver its nose;
□ *en -nde olding* a dotard.
mimrekort S *(kan gengives)* OAP bus pass.
min *pron. (mit, mine)* my (*fx* it is my book); *(stående alene)* mine (*fx* if you haven't got your book, take mine);
□ *hatten er ~* it is my hat; *(mere* F*)* the hat is mine.
minaret *sb. (en, -er)* minaret.
minde[1] *sb. (et, -r)* **1.** *(erindring)* memory (*om* of, *fx* I have only happy memories of my stay in England; it is only a memory now; cherish one's memories); F remembrance (*fx* happy remembrances); reminiscence (*om* of, about, *fx* we exchanged reminiscences about him);
2. *(eftermæle)* memory (*fx* praise his memory; his memory is still alive);
3. *(ting til ~ om noget, souvenir)* souvenir (*om* of, *fx* he bought the vase as a souvenir of his visit to Paris); F remembrance (*om* of, *fx* take this ring as a remembrance of my mother); memento (*om* of, *fx* keep this ring as a memento of my visit); *(kun til ~ om person)* keepsake (*fx* she gave him a lock of her hair as a keepsake);
4. *(mindesmærke)* memorial (*for* to); monument (*for* to);
5. *(levn)* relic (*om* of, *fx* visible relics of the past);
□ *sætte ham et ~ (også fig.)* erect a monument in his memory; *[med præp.] -r* ***fra*** *ens barndom* memories (, mementos) of one's childhood; *have det* ***i*** *frisk ~* have a vivid recollection of it; *i mands ~* within living memory;
til ~ om *a) (afdød)* in memory of (*fx* they erected a monument in memory of the late king); F in remembrance of; *b) (begivenhed)* in commemoration of (*fx* the revolution); as a memorial to; *c) (oplevelse, fx rejse)* as a reminder of (*fx* he kept the tickets as a reminder of the journey).
minde[2] *sb. (et) (glds.: samtykke)* consent, permission.
minde[3] *vb.*: *~ en om noget a) (få til at huske)* remind sby of sth (*fx* remind him of his sister's birthday); *b) (gøre opmærksom på)* draw sby's attention to sth (*fx* I feel it is my duty to draw your attention to the following facts); *c) (advare)* warn sby of sth; *-r det dig om noget? (også,* T*)* does that ring a bell? *det -r om* it reminds me (, you etc.) of *(personsobjekt skal med)*; you are reminded of; it suggests; F it is reminiscent of; *det -r svagt om* it reminds one (, me etc.) a little (*el.* a bit) of; F it has (*el.* bears) a faint resemblance to; *han -r (mig) om dig* he reminds me of you; *jeg må ~* ***om at*** I must remind (, warn) you that; I must draw your attention to the fact that; *~ en om at* remind (, warn) sby that; draw sby's attention to the fact that; *~ en om at han (, hun) skal* remind sby to (*fx* buy some food); *(se også mindes)*.
mindedigt commemorative poem.
mindefest commemoration.
mindegudstjeneste memorial service, service of remembrance.
mindehøjtidelighed **1.** memorial ceremony; **2.** *se mindegudstjeneste*;

□ *en ~ for (jf. 1)* a ceremony in commemoration of.
mindekrans memorial wreath.
mindelig *adj. (fredelig)* amicable (*fx* settlement).
mindelighed*: i ~* amicably.
mindeligt[1] *adv. (fredeligt)* amicably.
mindeligt[2] *adv. (indtrængende)* earnestly, urgently;
□ *bede ham ~ om at* request him urgently to; entreat him to.
mindelse *sb. (en, -r)* trace (*om* of); F vestige (*om* of).
mindelund memorial grove (*el.* park).
mindeord *sb.pl.* **1.** commemorative words; **2.** *(nekrolog)* obituary sg.
mindepark memorial park.
mindeplade *se mindetavle.*
minderig *adj. (præd.)* rich in memories (of the past).
mindes *vb.* **1.** *(erindre)* remember; *(genkalde sig)* recollect;
2. *(~ gamle dage)* reminisce about (*fx* reminiscing about one's youth);
3. *(fejre mindet om)* commemorate;
□ *om jeg ~ ret* if my memory serves me right, if I remember rightly; *jeg ~ ikke at have truffet Dem før* I do not remember having met you before.
mindesmærke 1. memorial (*for* to, *fx* there is a memorial to Churchill in Westminster Abbey); **2.** *(monument)* monument (*for* to);
□ *rejse et ~ for en* set up (, erect) a monument in memory of sby.
mindesten memorial stone.
mindestøtte memorial column.
mindetavle plaque, memorial (*el.* commemorative) tablet.
mindeudstilling commemorative exhibition.
mindeværdig *adj.* memorable.
mindre[1] *adj.* **1.** *(om størrelse)* smaller (*fx* a smaller house than ours);
2. *(yngre)* younger (*fx* brother, sister);
3. *(mods.: mere)* less (*fx* less noise; less than fifty; in less than a year);
4. *(temmelig lille)* (rather) small (*fx* town); T smallish;
5. *(om betydning, rang,* F*)* minor (*fx* event, injuries, offences, operation; a minor official; minor poets);
□ *gøre ~ se mindske.*
mindre[2] *adv.* **1.** *(ved sammenligning)* less (*fx* work less; less noisy);
2. *(+ adj. = ikke særlig)* not very (*fx* agreeable, convincing, fortunate, good);
□ *~ god a) (ved sammenligning)* less good (*end* than); inferior (*end* to); *b) (ikke ret god)* not very good (*fx* result); rather inferior (*fx* quality); *(se også meget*[2] *4)*;
[med ikke, intet] ***ikke desto*** *~* nevertheless, all the same; T even so; ***ikke*** *~* ***end*** *£500 a) (hele £500)* no less than £500; *b) (mindst £500)* not less than £500; ***intet*** *~* ***end*** nothing less than (*fx* it was nothing less than a miracle); F nothing short of (*fx* it was nothing short of a miracle; nothing short of a revolution can alter it).
mindrebemidlet *adj.* **1.** *(præd.)* of limited means; **2.** *(lavtlønnet)* low-paid; low-income (*fx* families).
mindretal minority;
□ *være i ~* be in the minority.
mindretalsregering minority government.
mindretalsudtalelse *(omtr.)* note of dissent.
mindreværd *sb. (et)* inferiority.
mindreværdig *adj.* inferior.
mindreværdsfølelse inferiority feeling.
mindreværdskompleks inferiority complex.
mindreårig *adj.* **1.** *(attr.)* underage; **2.** *(brugt som sb., jur.)* minor, infant.
mindreårighed *sb. (en)* minority.
mindske *vb. (se også mindskes)* reduce (*fx* speed, tension, the risk; expenses, the number); *(svagere)* lessen (*fx* the danger, the effect; the importance of sth); F diminish (*fx* his influence, his power; his energy, his fear); *(især gradvis)* decrease (*fx* the number); *(om noget ubehageligt,* F*)* abate (*fx* the noise, pollution, the smoke nuisance in the cities).
mindskelse *sb. (en, -r)* reduction; F diminution.
mindskes *vb.* diminish, lessen; *(især gradvis)* decrease; *(om noget ubehageligt,* F*)* abate (*fx* inflation showed no signs of abating).
mindst[1] *adj.* **1.** *(om størrelse)* smallest (*fx* I got the smallest piece); *(af to også,* F*)* smaller (*fx* the smaller of them);
2. *(om alder)* youngest (*fx* the youngest child); *(af to også,* F*)* younger (*fx* the younger of them);
3. *(om mængde: mods. mest)* least (*fx* he had least success);
4. *(ubetydeligst)* least (*fx* that was the least of my worries); *(især i negative, betingende & spørgende sætn.)* slightest (*fx* without the slightest regret; don't do it if you have the slightest doubt about it; on the slightest provocation; at the slightest touch);
□ *ikke den -e smule* not the least bit; *(se også enkelthed, måde (i -e måde))*;
[med: det] ***det*** *-e a)* the least (*fx* that is the least you can do); *b) (adverbielt)* at all, the least bit (*fx* if you feel at all (*el.* the least bit) tired); *det -e af to onder se onde*; ***i det*** *-e* at least (*fx* you might at least be polite); at any rate (*fx* at any rate I am politer than you);
ikke det *-e a) (ɔ: intet)* nothing at all (*fx* there was nothing left at all); *b) (slet ikke)* not at all, not in the least (*fx* it does not matter in the least).
mindst[2] *adv.* **1.** least (*fx* he is not the least intelligent of them; when I least expected it);
2. *(ikke under)* at least, not less than (*fx* 50); a minimum of (*fx* 50); at the minimum, minimum (*fx* 50 (at the) minimum);
□ *~ af alt* least of all; *ikke ~* especially; not least; *(se også sidst)*; *~ mulig* smallest (, least) possible; *det ~ mulige* as little as possible.
mindstebeløb minimum sum.
mindsteløn minimum wage (, salary); *(jf. løn*[1]*)*.
mindstemål 1. miminum; **2.** *(for fisk til markedet)* minimum size limit.
mine[1] *sb. (en, -r) (udtryk)* look (*fx* a stern (, angry) look); *(ofte påtaget)* air (*fx* with an innocent (, a weary) air); F mien (*fx* with a thoughtful (, melancholy, solemn) mien);
□ *ikke* ***fortrække*** *en ~ se fortrække*; ***give sig*** *~* ***af*** *at være* pretend to be; ***gøre*** *gode -r* ***til*** *slet spil* put a good face on it; make the best of a bad job; *gøre ~ til at* make as if to (*fx* he made as if to go); make a move to (*fx* he made no move to rise from his chair);
sætte *en alvorlig ~* ***op*** put on a grave face; *sætte en uskyldig ~ op* put on an innocent air, assume an air of innocence.
mine[2] *sb. (en, -r) (mil., sø.)* mine;
□ *drivende ~* drifting mine; *løbe (el. støde) på en ~* strike (*el.* hit) a mine.
mine[3] *sb. (en, -r) (grube)* mine, pit.
minearbejde mining.
minearbejder miner.
mineby mining town; *(mindre)* mining village.

minedistrikt mining district.
minedrift mining.
minefelt *(mil., sø.)* minefield.
minegang gallery.
minelægger minelayer.
mineral *sb. (et, -er)* mineral.
mineralkilde mineral spring.
mineralog *sb. (en, -er)* mineralogist.
mineralogi *sb. (en)* mineralogy.
mineralogisk *adj.* mineralogical.
mineralolie mineral oil.
mineralriget the mineral kingdom.
mineralsalt mineral salt.
mineralsk *adj. (attr.)* mineral.
mineraluld mineral wool.
mineralvand mineral water.
minere *vb.* mine.
mineskakt shaft.
minespil shifting facial expressions pl.
minesprængning explosion of a mine;
□ *der var 16 -er* 16 ships struck mines.
minesprængt *adj.: skibet blev ~* the ship struck (, was blown up by) a mine.
minestryger minesweeper.
minestrygning **1.** minesweeping; **2.** *(enkelt)* sweep.
minesøger mine detector.
minetræ **1.** *(tømmer)* mining-timber; **2.** *(props)* pit props pl.
mineudlægger *sb. (en, -e) (sø.)* minelayer.
mineudlægning minelaying.
mingelere *vb.* arrange things to suit one's own ends; manage;
□ *~ det sådan at* work things so that.
miniature *sb. (en, -r)* miniature;
□ *i ~, en ~* in miniature, on a small scale.
miniatureformat*: i ~* in miniature.
miniaturemaler miniature painter, miniaturist.
miniaturemaleri **1.** *(det at male)* miniature painting; **2.** *(billede)* miniature (picture).
minibil minicar.
minibus minibus.
minicykel folding bicycle.
minigolf crazy golf.
minimal *adj. (se også minimalt)* **1.** *(meget lille)* minimal (*fx* the damage (, the expense) was only minimal); negligible (*fx* results, damage); *(især neds.)* insignificant (*fx* contribution);
2. *(mindst mulig el. tilladt)* minimum (*fx* wage);
□ *med ~ udgift for staten* at a minimal (*el.* at negligible) expense to the State.
minimalløn minimum wage (, salary).
minimalpris minimum price, floor price.
minimalt *adv.* at the minimum (*fx* £150 at the minimum); a minimum of (*fx* a minimum of £150; for a minimum of 15 minutes a day).
minimere *vb.* minimize.
minimum *sb. (et, minima)* minimum (pl. -s *el.*minima).
minimum(s)- minimum (*fx* minimum thermometer).
minishorts *sb.pl.* hotpants.
minister *sb. (en, ministre)* **1.** minister (*for* for, of); **2.** *(gesandt)* envoy, minister.
ministerchef prime minister; premier.
ministeremne prospective minister.
ministerialkontor government office.
ministeriel *adj.* **1.** ministerial;
2. *(vedrørende det enkelte departement)* departmental.
ministerium *sb. (et, ministerier)*
1. *(departement)* ministry; government department; **2.** *(regering)* Cabinet.
ministerkrise *(regeringskrise)* Cabinet crisis, ministerial crisis.
ministerpost ministerial office (*el.* post).
ministerpræsident prime minister; premier.
ministerrokade Cabinet reshuffle.
ministerrådet *(i EU)* the Council of Ministers.
ministersekretær personal secretary (to a minister).
ministerskifte *sb.* **1.** *(regeringsskifte)* change of government;
2. *(enkelt post)* change of minister, ministerial change.
ministertaburet ministerial office.
ministrant *sb. (en, -er) (rel.)* server.
ministrere *vb. (rel.)* serve.
minitaxi minicab.
mink *sb. (en, -er) (zo.)* mink.
minkfarm mink farm.
minoritet *sb. (en, -er)* minority.
minoritets- minority (*fx* problems).
minsandten *adv.* really (*fx* really, this is too bad!); actually (*fx* he actually wanted me to pay for it!); *(glds.)* upon my word; why (*fx* why, it is real gold!);
□ *det er ~ John!* well, if it isn't John!
minus[1] *sb. (et, -ser)* **1.** *(mat.)* minus;
2. *(underskud)* deficit (*på* of, *fx* a deficit of £40,000);
3. *(mangel)* drawback (*ved* of, to, *fx* the only drawback of (*el.* to) the plan; there are certain drawbacks to the plan); disadvantage; *(se også plus*[1]*)*.
minus[2] *adv.* minus, less;
□ *~ 10 grader* minus ten degrees; ten degrees below zero; *seks ~ fire er to* six minus four equals (*el.* is) two; 6 - 4 = 2.
minusgrader *sb.pl.* degrees below freezing-point.
minuskel *sb. (en, minuskler) (typ.)* lower-case letter.
minut *sb. (et, -ter)* minute;
□ *ti -ters pause a)* a ten-minute break; *b) (i teater etc.)* ten minutes' interval, an interval of ten minutes, a ten-minute interval; *[med præp.] 5 gange* ***i*** *-tet* 5 times a (*el.* per) minute; *tre -er i (,* ***over****) seks* three minutes to (, past) six; *ti -ter i (, over) seks* ten to (, past) six *(NB* minutes *kan udelades efter* five, ten, twenty, twenty-five*); (se også i*[1] *9, over*[1] *7)*; *ti (, tyve) -ter i (, over) halv se halv*; ***på*** *-ten a) (præcis)* on the dot (*fx* he arrived on the dot); to the minute (*fx* it is 6 o'clock to the minute); *b) (straks)* in a minute (*fx* I'll be back in a minute).
minutiøs *adj.* close, thorough; *(stærkere,* F*)* minute (*fx* examination).
minutskud *sb.pl. (mil., sø.)* minute guns.
minutviser minute hand.
mio. *(fork. million(er))* m., mill. (*fork.f.* million(s)).
mirabel *sb. (en, -ler)* cherry plum.
mirakel *sb. (et, mirakler)* miracle;
□ *gøre mirakler* work (*el.* perform) miracles; *miraklernes tid er ikke forbi* wonders never cease; *ved et ~* by a miracle, miraculously.
mirakeldoktor **1.** miracle man;
2. *(kvaksalver)* quack.
mirakelkur miracle cure.
mirakelmager *sb. (en, -e)* **1.** miracle-worker; **2.** *(neds.)* miracle-monger.
mirakuløs *adj.* miraculous.
mis *sb. (en, -ser) (kat)* puss, pussycat; *(i børnesprog også)* kitty;
□ *som en ~* easily; *han var der som en ~* he came like a shot.
misantrop *sb. (en, -er)* misanthrope.
misantropisk[1] *adj.* misanthropic.
misantropisk[2] *adv.* misanthropically.
misbillige *vb.* disapprove of, frown on; *(stærkere)* resent;
□ *~ at han kommer* resent his coming.
misbilligelse *sb. (en)* disapproval; F disapprobation; *(stærkere)* re-

sentment.

misbrug *sb. (en el. et, -)* **1.** *(til dårligt formål)* abuse (*fx* of power; of narcotics); *(udnyttelse)* exploitation (*fx* of children in factories); **2.** *(forkert brug)* misuse (*fx* of a word; of drugs; the minister would call it misuse rather than abuse of the immigration laws);
□ ~ *af tillid* breach of trust.

misbruge *vb.* **1.** *(neds.: udnytte)* abuse (*fx* sby's confidence (, hospitality); one's power); take advantage of (*fx* her inexperience); trade on (*fx* his kindness); exploit (*fx* child labour, sby's generosity); **2.** *(bruge forkert)* make wrong use of, misuse (*fx* a word);
3. *(forfejle, om chance)* muff.

misbruger *(jf. misbruge)* **1.** abuser; **2.** misuser.

misdannelse *(legemlig)* (congenital) deformity, malformatiom;
□ *som medfører ~ (fagl.)* teratogenic.

misdannet *adj.* **1.** misshapen; **2.** *(legemligt)* (congenitally) deformed, malformed.

misdæder *sb. (en, -e)* malefactor;
□ *-en (ɔ: den skyldige)* the culprit; the offender.

miserabel *adj.* miserable; *(stærkere,* F*)* wretched.

misere *sb. (en, -r)* wretched state of affairs; wretched business;
□ *hele -n* the whole wretched business.

misfarvet *adj.* discoloured.

misforhold **1.** disproportion (*mellem* between, *fx* income and expenditure);
2. *(ulighed)* disparity (*mellem* between, *fx* their ages);
□ *stå i ~ til* be disproportional to; be out of proportion to.

misfornøjelse **1.** displeasure (*med, over* at); *(stærkere)* dissatisfaction (*med, over* with); **2.** *(politisk)* discontent.

misfornøjet *adj.* displeased (*med* with); *(stærkere)* dissatisfied (*med* with).

misforstå *vb. (se også misforstået)* misunderstand (*fx* him, his intentions, what he says); *(tage fejl af)* mistake (*fx* his intentions, what he says); T get wrong (*fx* don't get me wrong; you've got it all wrong).

misforståelig *adj. (præd.)* liable to be misunderstood.

misforståelse *sb. (en, -r)* **1.** misunderstanding (*fx* this seems to rest on a misunderstanding; we must clear up this misunderstanding; there had been a slight misunderstanding between them);
2. *(forkert opfattelse)* misconception (*fx* it is a widespread misconception that...).

misforstået *adj. (som ikke er blevet forstået)* misunderstood (*fx* work of art; genius);
□ *-et iver (, idealisme) (ɔ: fejlagtig)* misguided zeal (, idealism).

misfortolke *vb.* misinterpret.

misfoster *(stor grim ting)* monstrosity;
□ *et ~ af en (spøg.: mislykket)* a misbegotten (*fx* car, house, novel, plan).

misgerning misdeed; evil deed.

misgreb mistake; *(grovere)* blunder.

mishag *sb. (et)* **1.** *(misfornøjelse)* displeasure; **2.** *(misbilligelse)* disapproval.

mishage *vb.* displease.

mishagsytring expression of displeasure;
□ *-er (ɔ: tilråb etc.)* heckling, booing.

mishandle *vb.* **1.** *(person, dyr)* ill-treat (*fx* a child, a dog); abuse (*fx* a child); *(øve vold mod)* beat up; *(især baby el. kvinde)* batter;
2. *(ting)* treat roughly;
3. *(fig.: musik, sprog)* murder (*fx* a piece of music); mangle.

mishandling *(jf. mishandle)*
1. ill-treatment, abuse (*fx* child abuse); beating up; battering (*fx* baby (, wife) battering);
2. rough treatment;
3. murder (*fx* of the English language);
4. *(grusomhed)* cruelty (*af* to, *fx* to animals, to children).

misinformation misinformation.

miskende *vb.* fail to appreciate.

miskendt *adj.* unappreciated; misunderstood (*fx* genius); *(undervurderet)* underrated (*fx* writer).

misklæde *vb.: det -r hende a) (om tøj)* it does not suit her; F it does not become her; *b) (om opførsel)* it does not become her (*fx* to behave like that); *(mere* F*)* it is unbecoming in her.

miskmask *sb. (et)* jumble, hotchpotch.

miskredit: *bringe i ~* bring into disrepute; bring discredit on; *komme i ~* fall into disrepute; *komme i ~ hos dem* forfeit their good opinion; get into bad odour with them.

miskreditere *vb.* discredit, bring discredit on.

miskundhed *sb. (en)* mercy; *(i bibelsk sprog også)* loving-kindness.

misliebig *adj.* **1.** *(fordægtig)* dubious, shady (*fx* he is a shady character); **2.** *(ubehagelig)* objectionable.

mislig *adj.* dubious, shady (*fx* transaction);
□ *en ~ affære (også,* T*)* a fishy business.

mislighed *sb. (en, -er)* **1.** *(bedrageri)* fraud; **2.** *(i embedsførelse)* misconduct; malpractices pl.;
□ *-er* irregularities, malpractices; *(stærkere)* abuses.

misligholde *vb.* **1.** *(ikke overholde)* fail to fulfil (*fx* an agreement); break (*fx* a contract); violate (*fx* an agreement, an obligation); **2.** *(om lån)* default on; **3.** *(om bygning)* not keep in repair, neglect;
□ *misligholdt (jf. 3)* neglected; *(præd. også)* in bad repair.

misligholdelse *sb. (en, -r) (jf. misligholde)* **1.** non-fulfilment; breach of contract; violation; **2.** default.

mislyd *(fig.: uenighed)* unpleasantness; sign of disagreement.

mislykkes *vb.* fail;
□ *dømt til at ~* doomed to failure; *det mislykkedes for ham* he failed; *forsøget mislykkedes* the attempt failed (*el.* miscarried);
T the attempt misfired.

mislykket *adj.* **1.** unsuccessful (*fx* attempt, experiment); failed (*fx* coup attempt); abortive (*fx* attempt, coup, efforts, robbery);
2. *(spøg.: dårlig)* misbegotten (*fx* plan);
□ *et ~ foretagende* a failure.

mismod dejection; F despondency.

mismodig *adj.* downhearted; F dispirited; *(stærkere)* dejected; F despondent.

misopfatte *vb.* misunderstand; *(misfortolke)* misinterpret.

mispasning mismatch.

mispryde *vb.* disfigure.

misregimente misgovernment, misrule.

misrekommandere *vb.* F disparage.

misrøgt *sb. (en),* **misrøgte** *vb.* neglect.

misse[1] *vb.: ~ med øjnene a) (blinke)* blink; *b) (knibe øjnene sammen)* screw up one's eyes.

misse[2] *vb.* S **1.** *(gå glip af)* miss; **2.** *se misbruge 3.*

missekat pussycat; *(i børnesprog)* kitty.

missil *sb. (et, -er)* missile.

mission *sb. (en, -er)* mission;
□ *indre ~* [an evangelical wing of the Church of Denmark]; *i særlig ~* on a special mission; *opfylde sin ~* accomplish one's mission; *den har opfyldt sin ~ (fig.)* it has served its turn.

missionere *vb.* **1.** *(rel.)* do missionary work; evangelize; **2.** *(søge at hverve tilhængere)* proselytize.
missionsarbejde missionary work.
missionsfolk *sb.pl. (rel., omtr.)* Evangelicals.
missionsk *adj. (rel., omtr.)* Evangelical.
missionsstation mission station.
missionær *sb. (en, -er)* missionary.
missionærstilling missionary position.
misstemning 1. *(uvenlig stemning)* bad feeling, bad atmosphere; **2.** *(uenighed)* disagreement; **3.** *(nedslåethed)* despondency; □ *det vakte megen ~* it caused a good deal of bad blood; *der var megen ~ mod loven* the Act was very unpopular; feeling ran high against the Act.
mistanke suspicion (*om* of; *om at* that); □ *lumsk ~ se lumsk*; *[med vb. (+ præp.)] -n* ***faldt på*** *ham* he was suspected; he fell (*el.* came) under suspicion; ***fatte*** *~,* ***få*** *~* be suspicious, smell a rat; *han begyndte at fatte ~* he began to have his suspicions; ***fatte*** *(el.* ***få****) ~* ***til*** *en* begin to suspect sby; ***have*** *~* ***om*** suspect; *det havde jeg ingen ~ om* I had no idea; *det har jeg ingen ~ om* T I haven't a clue; ***have*** *~* ***om at*** suspect that, have a suspicion that (*fx* something is wrong); ***have*** *~* ***til*** *en* suspect sby; ***nære*** *~ (om, til) se ovf.: have ~*; ***vække*** *~* arouse (*el.* cause *el.* create) suspicion; *det* ***vækker*** *~* ***om*** it raises the suspicion of, it makes one suspect, it suggests (*fx* fraud); ***vække*** *~* ***om at*** make one suspect that, suggest that (*fx* something is wrong).
mistbænk 1. garden frame, cold frame; **2.** *(varmebænk)* hotbed; □ *dyrkning i ~* forcing.
miste *vb.* lose (*fx* one's job, a leg, one's life, money; he lost his father when he was 8); □ *~ interessen (, modet, tålmodigheden)* lose interest (, courage, patience); *~ lysten til at se lyst.*
mistelten *sb. (en, -e) (bot.)* mistletoe; □ *han havde glemt at tage -en i ed (omtr.)* he had left a chink in his armour.
mistillid mistrust (*til* of, *fx* she has a deep mistrust of anything new); *(stærkere)* distrust (*til* of, *fx* have a distrust of strangers; mutual distrust); □ *betragte det med ~ (også)* regard it with suspicion; *have (el. nære) ~ til (også)* mistrust (*fx* his motives); distrust (*fx* distrust him deeply); *have ~ til sig selv (, sine evner)* mistrust oneself (, one's abilities).
mistillidsforslag, mistillidsdagsorden no-confidence motion.
mistillidsvotum vote of no confidence, no-confidence vote.
mistro[1] *sb. (en) se mistillid.*
mistro[2] *vb.* distrust; *(svagere)* mistrust.
mistroisk[1] *adj.* **1.** distrustful; *(svagere)* mistrustful; **2.** *(mistænksom)* suspicious.
mistroisk[2] *adv. (jf. mistroisk*[1]*)* **1.** distrustfully; mistrustfully; **2.** suspiciously.
mistroiskhed *sb. (en) (jf. mistroisk*[1]*)* **1.** distrustfulness; mistrustfulness; **2.** suspiciousness.
mistrøstig *adj.* **1.** depressing (*fx* prospects); **2.** *(om person) se mismodig.*
mistvivle *vb.: ~ om* doubt (*fx* his good intentions).
mistyde *vb.* misinterpret; F misconstrue.
mistydning *sb. (en, -er)* misinterpretation, false interpretation; F misconstruction.
mistænke *vb.* suspect (*for* of; *for at* of - ing, *fx* suspect him of having done it); □ *en mistænkt* a suspect; *have ham mistænkt* suspect him.
mistænkelig *adj. (se også mistænkeligt)* suspicious (*fx* behaviour; there is something suspicious about him; he looked suspicious).
mistænkeliggøre *vb.* throw suspicion on.
mistænkeligt *adv.* suspiciously (*fx* the house was suspiciously quiet; he looked suspiciously like a policeman); □ *en ~ udseende mand* a suspicious-looking man.
mistænksom *adj.* **1.** suspicious (*over for* of); **2.** *(mistroisk)* distrustful (*over for* of).
mistænksomhed 1. suspiciousness; **2.** *(mistroiskhed)* distrustfulness; □ *betragte en med ~* regard sby with suspicion.
misunde *vb.* envy (*fx* I envy him his courage; Do you have an exam? I don't envy you); *(for noget man finder ufortjent,* F*)* begrudge (*fx* I begrudge him the prize; I don't begrudge him his wealth, but I sometimes envy him a little).
misundelig *adj.* envious (*over* of); □ *være ~ på en for noget* envy (, begrudge) sby sth *(se misunde)*; *jeg er ~ på ham for hans held* I envy (him) his luck; I am envious of his luck.
misundelse *sb. (en)* envy (*over for en* of sby; *over noget* at sth, of sth); □ *(gul og) grøn af ~* green with envy.
misundelsesværdig *adj.* enviable; □ *lidet ~* unenviable (*fx* situation).
misunder *sb. (en, -e): have -e* be envied, meet with envy.
misvisende *adj.* misleading (*fx* information); □ *~ kurs (, pejling) (sø.)* magnetic course (, bearing).
misvisning *sb. (en, -er) (sø.)* variation.
misvækst failure of (the) crops; crop failure(s).
mit *se min.*
mitte *sb. (en, -r) (insekt)* midge.
mjav *sb. (et),* **mjave** *vb.* miaow, mew.
mjød *sb. (en)* mead.
mjødurt *(bot.)* spiraea.
m/k *(fork.f. mandlig el. kvindelig)* m/f (*fork.f.* male or female).
mm *(fork.f. millimeter)* mm (*fork.f.* millimetre, millimetres) (*fx* 35mm(s)).
m.m. *(fork.f. med mere)* etc.
mnemoteknik mnemonics.
mnemoteknisk *adj.* mnemonic.
mobbe *vb.* bully, victimize; *(angribe i flok)* gang up on.
mobber *sb. (en, -e)* bully.
mobil *adj.* mobile.
mobilisere *vb.* **1.** mobilize (*fx* the army); **2.** *(fig.: samle)* mobilize, summon up (*fx* all one's strength; all one's energy); **3.** *(om følelse)* summon, get up (*fx* I can't summon (*el.* get up) any pity for them); work up (*fx* I could not work up any interest in it); □ *han -de alle sine venner* he organized all his friends.
mobilisering *sb. (en, -er)* mobilization.
mobilitet *sb. (en)* mobility.
mobiltelefon mobile (tele)phone.
mobning *sb. (en, -er)* (collective) bullying; victimization; *(chikane)* harassment.
Mocambique *(geogr.)* Mozambique.
mocambiquer *sb. (en, -e),* **mocambiquisk** *adj.* Mozambiquan.
mod[1] *sb. (et)* courage; T pluck; □ *han viste et imponerende ~* he showed impressive courage; *frisk ~!* cheer up! never say die! F courage! *~ på livet* zest (for

life);
[med vb. (+ præp.)] ***fatte*** *~* take courage, take heart; *tage -et fra en* discourage sby; F dishearten sby; ***give*** *ham ~* encourage him; T cheer him up; *jeg* ***har*** *ikke rigtig ~* ***på*** *det* I don't feel up to it; I don't feel like it; ***have*** *~* ***på at*** have a mind to; ***have*** *~* ***til at*** have the courage to; *hans ~* ***sank*** *(,* ***steg)*** his spirits sank (, rose); ***sætte*** *~* ***i*** *ham, se ovf.: give ham ~*; ***tabe*** *-et* lose courage; lose heart; ***tage*** *~* ***til sig*** screw (*el.* pluck) up one's courage;
[med præp.] ilde ***til -e*** ill at ease; *vel til -e* at ease; *være* ***ved*** *godt ~* be in good spirits; F take heart, be of good heart.
mod[2] *adj.: ~ i hu* sad.
mod[3] *præp. se imod*[1].
modangreb counterattack.
modarbejde *vb.* oppose.
modbeskyldning counteraccusation; F recrimination.
modbevis (piece of) counterevidence; disproof.
modbevise disprove; F refute.
modbydelig[1] *adj.* **1.** *(frastødende)* disgusting (*fx* sight, smell; you are disgusting!); *(stærkere)* sickening (*fx* sight, smell); F odious (*over for* to, *fx* why was he so odious to me? an odious little squirt; an odious crime); loathsome (*fx* disease, creature);
2. *(rædsom)* atrocious, abominable; T beastly (*fx* weather).
modbydelig[2], **modbydeligt** *adv. (jf. modbydelig*[1]*)* **1.** disgustingly; sickeningly; odiously; **2.** atrociously, abominably (*fx* they treated me abominably); beastly (*fx* it was beastly cold).
modbydelighed *sb. (en)* disgust; *(stærkere,* F*)* loathing;
□ *få ~ for* take an intense dislike to; F conceive a loathing for; *have ~ for* dislike intensely; F loathe.
moddemonstration counterdemonstration.
mode *sb. (en, -r)* fashion;
□ *det er ~* it is fashionable, it is the fashion (*el.* the thing); T it is in; *følge -n* follow (the) fashion; keep up with fashion; *sidste ~* the latest fashion; *(se også højest*[1]*)*;
[med præp.] gå ***af*** *~* go out (of fashion); *være* ***med på*** *-n, se ovf.: følge -n;* ***på*** *~* in fashion; *(*F *el. spøg.)* in vogue; T in; *bringe på ~* bring into fashion (, vogue); *komme på ~* become the fashion; come into fashion (, vogue).
modeartikler *sb.pl.* millinery.
modebevidst *adj.* fashion-conscious.
modeblad fashion magazine.
modebutik fashion shop, boutique.
modedukke *sb.* doll; fashion plate.
modefarve *sb.* fashionable colour;
□ *blåt er ~* blue is in fashion; T blue is (all) the rage.
modeflip *sb. (et, -)* (passing) fad.
modeforretning *se modebutik.*
modehandler milliner.
modeherre man of fashion.
modehus fashion house.
modeindustrien the fashion industry; T the rag trade.
modejournal fashion magazine.
modeksempel counter-example.
model *sb. (en, -ler)* model (*fx* she works as a model; the latest Paris models; the car is a 1995 model; a model of the Tower; a mathematical model of the physical universe);
□ *sidde ~ for en kunstner* sit for (*el.* to) an artist; *stå ~* pose; *det vil jeg ikke stå ~ til (*T*: fig.)* I won't stand for that; *(se også levende)*.
modelbureau model agency.
modelfly model plane, model aircraft.
modeljernbane model railway.
modellere *vb.* model.
modellerer *sb. (en, -e)* modeller.
modellering *sb. (en, -er)* modelling.
modellerpind modelling tool.
modellervoks plasticine.
modelsnedker pattern maker.
modeltog model train.
modelune whim of fashion; *(kortvarigt,* F*)* passing vogue; *(neds.,* T*)* (passing) fad.
modem *sb. (et, -(m)er) (edb)* modem.
moden *adj.* **1.** *(om frugt, korn, ost)* ripe; *(om ost & vin)* mature;
2. *(om person)* mature (*fx* she is very mature for her age; behave in a mature way);
3. *(parat, rede)* ready (*til* for, *fx* countries that were not ready for democracy); F ripe (*til* for, *fx* the country was ripe for revolution);
□ ***blive*** *~ a)* ripen; mature; F come to maturity; *b) (om byld)* come to a head;
[med sb.] i en ~ ***alder*** at a ripe age; *en person i ~ alder* a person of mature years; *da* ***tiden*** *var ~* when time was ripe (*til* for; *til at* to); *(se også overvejelse)*.
modenhed *sb. (en)* **1.** ripeness; **2.** *(om person)* maturity.
modeopvisning fashion show.
modeord vogue word; T buzz word.
modepræst fashionable preacher.
modepynt millinery.
moder *sb. (en, mødre)* **1.** mother; **2.** *(dyrs, fagl.)* dam;
□ *blive ~* become a mother; *de måtte gøre det, der hjalp ingen kære ~* they had to do it, like it or not (*el.* willy-nilly); *som ~ lavede det (om mad)* (just) like mother used to make it;
[med sb.] -s dag Mother's Day; *-s dreng* mother's darling (*el.* boy); *Deres fru ~* F your mother; *hver eneste -s sjæl* every mother's son;
[med præp.] gå ***i sin*** *~ igen* be abortive, come to nothing; be dropped; *hun var som en ~* ***for*** *ham* she was like a mother to him; *hun var ~* ***til*** *tre børn* she was the mother of three children.
moderat[1] *adj.* moderate; *(rimelig)* reasonable.
moderat[2] *adv.* moderately; *(rimeligt)* reasonably.
moderation *sb. (en, -er)* **1.** moderation; **2.** *(pris-)* reduction.
moderbinding *(psyk.)* mother fixation.
moderbundet *(psyk.)* mother-fixated.
moderere *vb.* moderate;
□ *~ sine udtryk* moderate one's language.
moderetning (fashionable) trend.
moderfølelse maternal feeling.
modirglæde joy of motherhood.
moderigtig *adj.* fashionable, trendy.
moderinstinkt maternal instinct.
moderkage placenta.
moderkirke mother church.
moderkærlighed mother's love.
moderland mother country; *(i forhold til kolonier også, fagl.)* metropolitan country;
□ *det franske ~* metropolitan France.
moderlig *adj.* motherly (*fx* care, kiss, love); F maternal (*fx* feelings).
moderlighed *sb. (en)* motherliness.
moderløs *adj.* motherless.
modermord, **modermorder** matricide.
modermælk breast milk;
□ *få ind (el. indsuge) det med -en* drink it in with one's mother's milk.
modermælkserstatning breast milk substitute; formula.
modermærke birthmark, mole; *(rødligt)* strawberry mark.
moderne *adj.* **1.** *(nutids-)* modern (*fx* literature); contemporary; *(ef-*

ter sb.) of today;
2. *(på mode)* fashionable, trendy; T in;
□ *ikke ~ mere* no longer in fashion, out of fashion; F dated; T out; *~ indstillet* progressive; *(præd. også)* modern in outlook; *~ mennesker* people nowadays.
modernisere *vb.* modernize; *(om hus etc. også)* renovate.
modernisering *sb. (en, -er)* modernization; *(af hus etc.)* renovation.
modernisme *sb. (en, -r)* modernism.
modernist *sb. (en, -er)* modernist.
modernistisk *adj.* modernistic; *(om kunst også, fagl., kun attr.)* modernist.
moderplante mother plant.
moderselskab parent company.
moderskab motherhood; maternity.
moderskede vagina.
moderskib *(for mindre skibe)* mother ship.
moderskikkelse mother figure.
modersmål native language; F mother tongue.
modersmålsundervisning mother-tongue teaching.
modersprøjte vaginal syringe.
moderstat parent state.
modesag*: det er en ~* it is just the fashion; *(neds.,* T*)* it is a (passing) fad.
modesalon boutique.
modeskaber fashion designer; F couturier.
modestrømning (fashion) trend, fashionable trend.
modetegning fashion plate.
modevarer *sb.pl.* millinery sg.
modfalden *adj.* downhearted; F dispirited; *(nedtrykt)* dejected.
modfaldenhed *sb. (en)* dejection; low spirits pl.
modforanstaltninger, **modforholdsregler** *sb.pl.* **1.** countermeasures; **2.** *(som gengældelse)* retaliatory measures.
modforslag counterproposal.
modforvrængning *(radio)* equalizing.
modgang 1. *(uheld)* bad luck; F adversity; *(skuffelser)* disappointments pl.; **2.** *(nød)* hardship (*fx* he has seen a lot of hardship in his life); *(se også medgang).*
modgift *sb. (en)* antidote (*mod* to).
modgående *adj.* **1.** *(som går i modsat retning)* contrary (*fx* current); *(efter sb.)* in the opposite direction (*fx* a train in the opposite direction); **2.** *(som kommer imod en) se modkørende.*
modhage barb;
□ *forsynet med -r* barbed.
modificere *vb.* **1.** *(ændre, tilpasse)* modify; **2.** *(afdæmpe)* moderate.
modifikation *sb. (en, -er) (jf. modificere)* **1.** modification; **2.** moderation;
□ *det er sandhed med ~* that is a qualified truth.
modig *adj.* brave (*fx* soldier, attempt; it was brave of him to do that); courageous; *(om person også,* T*)* plucky (*fx* girl; it was plucky of him);
□ *græde sine -e tårer* weep bitterly.
modigelsesfyldt *adj. (præd.)* full of contradictions.
modild counterfire.
modist *sb. (en, -er)* milliner; F modiste.
modkandidat rival (candidate);
□ *stille sig som ~ (ved valget)* contest the election; *valg uden ~* uncontested election.
modkrav counterclaim;
□ *stille ~* set up a counterclaim.
modkøb counterpurchase.
modkørende *adj.* oncoming (*fx* car, traffic); *(efter sb.)* coming towards one (*fx* give way to vehicles coming towards you).
modlys *(foto.)* backlighting;
□ *tage et billede i ~* take a picture against the light.
modlysblænde *(foto.)* lens hood.
modløs *adj.* discouraged; F disheartened, dispirited; *(stærkere)* despondent;
□ *gøre ~* discourage; F dishearten.
modløshed *sb. (en)* despondency.
modne, **modnes** *vb. (om frugt, korn, ost)* ripen; *(om vin, ost & om person)* mature.
modning *sb. (en, -er) (jf. modne)* ripening; maturation.
modningstid ripening (, maturation) period.
modoffensiv counteroffensive.
modpart 1. opponent (*fx* his opponent); opposite party (*fx* the opposite party); **2.** *(person i tilsvarende stilling)* counterpart, opposite number;
□ *-en (jur.)* the other side.
modparti opposite party; *(i sport)* opposing side.
modpol contrast;
□ *hun er hans ~* she is a complete contrast to him.
modreaktion backlash.
modregne *vb.* set off, offset (*i* against).
modregning set-off;
□ *føres i ~ mod* be set off against.
modrevolution counter-revolution.
modsat[1] *adj.* **1.** opposite (*fx* the opposite sex; it had the opposite effect (from what they intended); on the opposite side of the road (, bank of the river); on the opposite side from us; I am of the opposite opinion to you);
2. *(omvendt, modsat hvad man venter)* reverse (*fx* in reverse order; the reverse tendency);
3. *(modstridende)* opposing (*fx* points of view, tendencies);
□ ***det -te*** the opposite (*fx* high is the opposite of low; she is dark, he is the opposite); the reverse (*fx* Is he clever? No, quite the reverse; "with respect" usually means just the reverse); the contrary (*fx* the contrary of high is low); *eksempler (, beviser)* ***på det -te*** examples (, proof) to the contrary;
[med sb.] i ~ ***fald*** otherwise; if not; F failing this (, that) (*fx* notice must be given within 24 hours; failing this ...); *i den -te* ***retning*** in the opposite direction (*fx* they walked in the opposite direction); *udtale sig i ~ retning* express oneself to the contrary.
modsat[2] *adv. (omvendt)* the other way round (*fx* 'she supports 'him, not the other way round);
□ *det gik mig ~* it was the opposite for me; *han reagerede ~* he reacted in the opposite way.
modsat[3] *præp.* **1.** *(til forskel fra)* unlike (*fx* unlike his brother he is a very pleasant person); in contrast to (*fx* in contrast to the others he was completely calm); *(se også modsætning (i modsætning til, b));*
2. *(stik imod)* contrary to (*fx* what we had expected).
modsige *vb.* contradict.
modsigelse *sb. (en, -r)* contradiction.
modsigelsesfri *adj.* noncontradictory, consistent.
modsigelsesfuld *adj. (præd.)* full of contradictions.
modskrift *sb. (et, -er)* rejoinder (*mod* to).
modspil 1. *(i kortspil)* defence;
2. *(fig.: reaktion)* response (*fx* he gets no response from them);
□ *give en ~ (jf. 2, også)* challenge sby.
modspiller opponent; F adversary.
modstand *sb. (en, -e)* **1.** opposition (*mod* to); *(mere aktiv også)* resistance (*mod* to, *fx* there was a lot of opposition (, resistance) to his plan; his plan met with strong opposition (, resistance));

2. *(mod angreb etc.)* resistance (*mod* to, *fx* the police, new technology; passive resistance);
3. *(fys., elek.)* resistance;
□ *passiv* ~ passive resistance; *(se også hård)*;
[med vb.] ***gøre*** ~ *a)* resist (*fx* it is no use resisting any longer); put up a resistance; *(mere* F*)* offer resistance (*fx* he offered no resistance when I caught him; they began to offer resistance); *b) (slå igen)* fight back (*fx* the guerillas are still fighting back); *c) (sprælle etc.)* struggle (*fx* he hit her when she struggled); put up a struggle (*fx* she didn't put up much of a struggle); ***gøre*** ~ ***mod*** *a)* oppose (*fx* reforms); *b) (mere aktivt)* resist (*fx* reforms; a robber); put up a resistance to (*fx* they put up a strong resistance to the proposals (, the enemy).
modstander *sb. (en, -e) (også i sport)* opponent (*af* of); F adversary (*af* of);
□ *være en* ~ *af* be an opponent (, adversary) of; be opposed to (*fx* reintroducing the death penalty); T be against.
modstandsbevægelse resistance movement;
□ *-n (også)* the Resistance.
modstandsdygtig *adj.* resistant (*over for* to); *(præd. også)* capable of resistance.
modstandsevne (power of) resistance.
modstandskamp resistance.
modstandskraft resistance (*mod* to, *fx* a disease).
modstandsmand resister.
modstille *vb.* **1.** oppose; **2.** *(til sammenligning)* contrast (with).
modstrid*: være i* ~ *med a) (være stik imod)* be contrary to (*fx* our interests); *b) (stride imod)* be inconsistent with, be in conflict with (*fx* the evidence; the information we have received from other quarters; what he said earlier); *i skærende* ~ *med* in sharp conflict with; *der er* ~ *mellem de to beretninger* the two accounts conflict with each other.
modstridende *adj.* conflicting (*fx* accounts, interests, views).
modstræbende[1] *adj.* reluctant, grudging (*fx* admission).
modstræbende[2] *adv.* reluctantly, grudgingly.
modstrøm countercurrent.
modstykke 1. counterpart (*til* of);
2. *(person i tilsvarende stilling)* counterpart, opposite number;
3. *(modsætning)* contrast (*til* to).
modstød 1. counterattack; **2.** *(i boksning)* counter.
modstå *vb.* **1.** *(gøre modstand mod)* resist (*fx* temptation); F withstand; *(trodse)* defy (*fx* the door defied (*el.* resisted) all attempts to open it);
2. *(klare sig over for)* stand up to (*fx* pressure, threats; him);
3. *(kunne tåle at udsættes for)* be proof against (*fx* the fire);
□ *ikke til at* ~ irresistible.
modstående *adj.* **1.** opposite (*fx* the opposite sides of the square);
2. *(om side i trekant)* subtending.
modsvare *vb.* correspond to.
modsvarende *adj.* corresponding.
modsvarighed *sb. (en, -er)* **1.** correspondence; **2.** *(modstykke)* equivalent.
modsætning *sb. (en, -er)* **1.** contrast (*fx* the contrast between his words and his actions);
2. *(noget stik modsat)* complete contrast (*fx* she is a complete contrast to him); *(se også ndf.: -er)*;
3. *(uenighed)* division (*fx* this deepened the division between employers and workers);
□ *-er (ɔ: modsatte ting, personer)* opposites (*fx* black and white are opposites); *-er mødes* opposites attract each other; *(se også diametral, grel)*;
[med præp.] ***danne*** *en* ~ ***til*** contrast with, form a contrast to; ***i*** ~ ***til*** *a) (stik imod)* contrary to (*fx* what we had expected); *b) (til forskel fra)* unlike (*fx* unlike his brother, he is a very pleasant person); in contrast to (*fx* in contrast to the others he was completely calm); *(om stærkere modsætning)* as opposed to (*fx* teaching practice, as opposed to theory); as distinct from (*fx* whales, as distinct from fish, are mammals); ***stå i*** ~ ***til*** *a) (være stik imod)* be contrary to; *b) (danne kontrast)* contrast with; *c) (stride imod)* conflict with (*fx* what he said earlier).
modsætningsforhold *(interessemodsætning)* conflict (*el.* clash) of interests;
□ *komme i* ~ *til a)* come into conflict with; *b) (person)* get at cross purposes with, get on bad terms with; *der er et* ~ *mellem dem* they are on bad terms.
modsætningsvis *adv.* by contrast, in contrast.
modsætte *vb.:* ~ *sig* oppose; *(aktivt også)* resist (*fx* arrest).
modtage *vb.* **1.** *(få)* receive (*fx* a letter, a blow, impressions);
2. *(hilse)* greet, receive (*fx* the news was greeted (*el.* received) with enthusiasm (, applause));
3. *(om person)* greet (*fx* she greeted him with a smile (, kiss)); *(mere* F*)* receive (*fx* a guest, a foreign ambassador); *(ved ankomst)* welcome; *(ved tog, skib etc.)* meet (*fx* there was no one to meet me at the airport);
4. *(radio etc.)* receive; *(opfange)* pick up (*fx* receive (*el.* pick up) a signal; I can pick up a lot of foreign stations);
5. *(ikke afslå, sige ja til)* accept (*fx* an invitation, an offer; please accept our thanks);
□ *blive godt -t* receive a warm welcome; *forslaget blev godt -t* the proposal met with a favourable reception;
[med sb.] ~ *bestikkelse* take (*el.* accept) bribes; ~ *bestillinger (hdl. etc.)* take orders; ~ *bestilling på (hdl.)* receive an order for; *vi har -t Deres brev af 4. maj* we have received your letter of May 4.
modtageforhold *sb.pl. (for radio, tv)* reception (conditions).
modtagelig *adj.* **1.** *(åben)* receptive (*for* to, *fx* proposals, their overtures);
2. *(påvirkelig)* susceptible (*for* to, *fx* flattery; infection); amenable (*fx* to reason);
3. *(følsom)* sensitive, impressionable;
□ *i en* ~ *alder* at an impressionable age; *et -t publikum* a responsive audience;
[med: for] ~ ***for*** *indtryk* impressionable; ~ *for en sygdom a)* liable to catch a disease; *b) (på grund af anlæg)* predisposed to a disease; ***ikke*** ~ ***for*** *en sygdom a)* resistant to a disease; *b) (immun)* immune to a disease.
modtagelighed *sb. (en) (jf. modtagelig)* **1.** receptiveness; **2.** susceptibility; **3.** sensitiveness; **4.** *(for sygdomme)* predisposition (*for* to).
modtagelse *sb. (en, -r)* **1.** reception (*fx* the reception of the guests (, of radio signals); get (*el.* be given *el.* meet with) a kind (, cool, warm) reception; give (*el.* hold) a reception);
2. *(af ting)* receipt (*fx* acknowledge receipt of the money);
3. *(mods. afslag)* acceptance;
4. *(afdeling på hospital)* admission ward;
□ *efter -n af Deres brev* on receipt of your letter; *få en hjertelig* ~ receive a hearty welcome.
modtagelsesklasse reception class.

modtagelsestid **1.** office hours pl.; **2.** *(læges)* surgery hours pl.; *(am.)* office hours pl.;
3. *(en ministers)* time at which a minister is available to the public.
modtagelsesværelse reception room.
modtager *sb. (en, -e)* **1.** *(person, land)* recipient; **2.** *(radio, tv)* receiving set, receiver;
□ *samtale som -en betaler (tele.:)* reverse-charge call; *(am.)* collect call.
modtagerland *(økon.)* recipient (country).
modterror counterterror.
modtryk counterpressure.
modtræk countermove; *(fig. også)* countermeasure;
□ *foretage et ~* make a countermove.
modul *sb. (en el. et, -er)* module.
modul- modular (*fx* system).
modulation *sb. (en, -er)* modulation.
modulere *vb.* modulate.
modus *sb. (en, modi)* mood;
□ *~ vivendi* modus vivendi.
modveksel *(hdl.)* re-draft.
modvilje dislike (*mod* of); *(stærkere,* F*)* aversion (*mod* to);
□ *fatte ~ mod* take a dislike (, an aversion) to.
modvillig *adj.* reluctant;
T foot-dragging.
modvillighed reluctance.
modvind headwind, contrary wind;
□ *jeg havde ~* the wind was against me;
[med vb. + præp.] cykle ***i*** *~* cycle against a headwind; ***komme i ~*** *a) (møde modstand)* meet with opposition; *b) (møde kritik)* come under fire (*fx* he (, the plan) came under heavy fire).
modvirke *vb.* **1.** *(ophæve)* counteract (*fx* their influence); **2.** *(prøve at begrænse)* discourage (*fx* monopolies; vanity).
modvirkning *(jf. modvirke)*
1. counteraction; **2.** discouragement.
modvægt counterbalance;
□ *danne en ~ til* counterbalance; *virke som ~ til* act as a counterbalance to.
modværge *sb. (et): sætte sig til ~* resist, offer resistance; *(forsvare sig)* defend oneself.
mohikaner *sb. (en, -e)* Mohican;
□ *den sidste ~* the Last of the Mohicans.
moiré, moire *sb. (en el. et, moireer)* moiré.
mokka *sb. (en, -er) (kaffe)* mocha.
mokkakop demitasse.
mokkasin *sb. (en, -er)* moccasin.
mokke *sb. (en, -r)* S cow; *(arrig)* bitch.
mol[1] *sb. (et) (tøj)* (fine) muslin.
mol[2] *sb. (en) (mus.: toneart)* minor;
□ *a (, c etc.)-mol* A (, C etc.) minor ; *h-mol* B minor.
molakkord *(mus.)* minor chord.
molbo *sb. (en, -er)* inhabitant of Mols;
□ *-erne (svarer til)* the wise men of Gotham.
molboagtig *adj.* daft.
molbohistorie *(svarer til)* story about the wise men of Gotham.
Moldova *(geogr.)* Moldavia.
moldover *sb. (en, -e),* **moldovisk** *adj.* Moldavian.
mole *sb. (en, -r)* **1.** *(ved havn)* mole, breakwater; **2.** *(tværs på kysten & ofte landingsbro)* pier; *(mindre)* jetty.
molekyle *sb. (et, -r) (fys.)* molecule.
molekylær *adj.* molecular.
moler *sb. (et) (geol.)* moler.
molesteret *adj.* battered; *(præd. også)* knocked about.
molevitten*: hele ~* the whole lot (*el.* caboodle).
molok *sb. (en) (i biblen)* Moloch.
molskala *(mus.)* minor scale.
molskind moleskin.
molukkaner *sb. (en, -e),* **molukkansk** *adj.* Moluccan.
Molukkerne *sb.pl. (geogr.)* the Moluccas.
molybdæn *sb. (et) (mineral)* molybdenum.
moment *sb. (et, -er)* **1.** *(faktor)* factor (*fx* a decisive (, an important) factor); element; **2.** *(punkt)* point (*fx* an interesting point); feature.
momentan *adj.* momentary.
momentvis *adv. (et kort øjeblik)* for a moment; F momentarily.
moms *(en)* value added tax; *(fork.)* VAT.
momsfri *adj.* zero-rated; *(præd. også)* exempt from VAT.
momsfritagelse VAT exemption; zero-rating.
momsnummer VAT number.
momsregistreret *adj.* VAT registered.
momsregistrering VAT registration.
momsregnskab VAT account.
mon *adv.* I wonder;
□ *~ han lever endnu* I wonder if he is still alive; *er hun ~ gået?* do you think she has left? *ja ~ ikke a)* I suppose so; *b) (*T*: ɔ: det kan du tro)* you bet! you can say 'that again!
monark *sb. (en, -er)* monarch.
monarki *sb. (et, -er)* monarchy.
monarkisk *adj.* monarchical.
monarkist *sb. (en, -er),* **monarkistisk** *adj. (attr.)* monarchist.
mondæn *adj.* fashionable.
monegasker *sb. (en, -e),* **monegaskisk** *adj.* Monegasque.
monetarisme *sb. (en) (økon.)* monetarism.
monetarist *sb. (en, -er),* **monetaristisk** *adj. (økon., attr.)* monetarist.
mongol *sb. (en, -er)* Mongol.
mongolbarn *(med.)* Down's syndrome child; *(neds.)* mongol child.
mongolid *adj. (om race)* Mongoloid.
Mongoliet *(geogr.)* Mongolia.
mongolisme *sb. (en)* Down's syndrome.
mongoloid *adj. = mongolid.*
mongolsk *adj.* Mongolian.
monierglas wire(d) glass.
monitor *sb. (en, -er)* monitor.
monogam *adj.* monogamous.
monogami *sb. (et)* monogamy.
monografi *sb. (en, -er)* monograph.
monogram *sb. (et, -mer)* monogram;
□ *skjorter med ~* monogrammed shirts.
monokel *sb. (en, monokler)* monocle.
monolog *sb. (en, -er)* **1.** *(enetale)* monologue; *(til sig selv,* F*)* soliloquy;
2. *(teat.)* monologue; *(for person alene på scenen)* soliloquy (*fx* Hamlet's soliloquies).
monoman *adj.* monomaniac(al) (*med* about).
monomani *sb. (en)* monomania.
mononukleose *sb. (en) (med.)* glandular fever.
monopol *sb. (et, -er)* monopoly;
□ *have ~ på* have a monopoly of; *(am.)* have a monopoly on.
monopolisere *vb.* monopolize.
monopolkapitalismen monopoly capitalism.
monopolstilling monopoly position (*fx* the company enjoys a monopoly position).
monopoltilsynet *(svarer til)* the Monopolies and Mergers Commission.
monoton *adj.* monotonous.
monotoni *sb. (en, -er)* monotony.
monster *sb. (et, monstre)* monster.
monstrans *sb. (en, -er) (rel.)* monstrance.
monstro *se mon.*
monstrum *sb. (et, -(m)er)* **1.** *(vanskabning)* monster;

2. *(noget stort og klodset)* hulk; *(og grimt)* monstrosity;
3. *(om person)* hulk.
monstrøs *adj.* monstrous.
monsun *sb. (en, -er)* monsoon.
montage *sb. (en, -r)* **1.** *(samling)* assembly (*fx* the assembly of motor cars);
2. *(opstilling, anbringelse)* erection (*fx* of a machine);
3. *(i film)* montage.
montagebyggeri industrialized building.
montere *vb.* **1.** mount (*fx* a machine, a gun; a photograph on cardboard; butterflies in a showcase; a cushion); *(opstille også)* erect (*fx* a machine);
2. *(installere)* install (*fx* machinery);
3. *(samle)* assemble;
4. *(udstyre)* fit (up) (*fx* a room);
5. *(i madlavning)* cream (*fx* a sauce); add butter to;
□ *~ et broderi* mount a piece of needlework.
montering *sb. (en) (jf. montere)* **1.** mounting; erection; **2.** installation; **3.** assembly; **4.** fitting.
montre *sb. (en, -r)* **1.** showcase; *(glas-)* glasscase; **2.** *(i museum)* exhibition case.
montør *sb. (en, -er)* **1.** (machine) fitter; erector; *(am.)* millwright;
2. *(elektriker)* electrician.
monument *sb. (et, -er)* monument (*over* to).
monumental *adj.* monumental; imposing.
mop *sb. (en, -per)* mop.
moppe[1] *sb. (en, -r) (hunderace)* pug (dog).
moppe[2] *sb. (en, -r) (redskab)* mop.
moppe[3] *vb. (bearbejde med en mop)* mop.
moppedreng T whopper.
mops *se moppe*[1].
mopset *adj.* **1.** *(sur)* huffy; *(svagere)* miffed; **2.** *(overlegen)* snooty.
mor[1] *sb. (en, -er) (morian)* Moor.
mor[2] *sb. (en) (geol.)* raw humus.
mor[3] *se moder.*
morads *sb. (et, -er)* bog, marsh; *(især fig.)* morass.
morakke *vb.* **1.** work like a horse; slave (away); **2.** *(arbejde for stærkt)* force the pace; **3.** *(læse flittigt)* swot.
morakker *sb. (en, -e) (neds.)* eager beaver; worker who forces the pace at piecework; S tear-arse.
moral *sb. (en)* **1.** *(livsførelse, principper)* morals pl. (*fx* low (, high) morals; loose morals; he has no morals);
2. *(belæring i fabel etc.)* moral (*fx* the moral of all this is ...);
3. *(ånd i hær, i skole etc.)* morale (*fx* the morale in the army was high (, low));
4. *(moralsystem)* morality (*fx* an attack on accepted morality; a new morality; commercial (, sexual) morality);
5. *(moralsk standard el. stade)* moral standard(s) (*fx* he has a high moral standard; a fall in moral standards; sexual moral standards);
□ *højne -en* raise moral standards; *hun har ingen ~ (også)* she has no principles; F she is absolutely unprincipled; *den offentlige ~* public morals pl.; *prædike ~* moralize (*for* to).
morale *sb. (en, -r)* moral (*fx* the moral of all this is ...).
moralisere *vb.* moralize.
moralisme *sb. (en)* moralism.
moralist *sb. (en, -er)* moralist.
moralitet *sb. (en, -er)* morality.
morallov moral law.
morallære ethics.
moralprædikant moralizer.
moralprædiken *(neds.)* lecture.
moralsk[1] *adj.* moral (*fx* courage, duty, support, victory).
moralsk[2] *adv.* morally (*fx* morally wrong (, responsible); live morally).
moralvogter guardian of morals (*fx* self-appointed guardians of our morals).
morarenter *sb.pl.* interest on overdue payments, default interest.
moratorium *sb. (et, moratorier)* moratorium (pl. -s *el.*moratoria).
morbroder, **morbror** (maternal) uncle; *(se også fanden).*
morbær *(bot.)* mulberry.
morbærtræ mulberry tree.
mord *sb. (et, -)* **1.** murder (*på* of);
2. *(snigmord, attentat)* assassination (*på* of, *fx* the assassination of President Kennedy);
□ *hun havde ~ i blikket* she looked daggers at me (, him etc.).
mordbrænder *sb. (en, -e)* incendiary.
morder *sb. (en, -e)* **1.** murderer, killer; **2.** *(snig-)* assassin.
morderisk[1] *adj.* murderous.
morderisk[2] *adv.* murderously.
morderlig, **morderligt** *adv.* awfully (*fx* good); dead (*fx* clever); *(se også meget*[2]*)*;
□ *~ træt* dog-tired; *det ville jeg ~ gerne* I'd love to.
mordforsøg **1.** attempted murder;
2. *(attentatforsøg)* (assassination) attempt, attempted assassination.
mordinstrument murderous instrument; *(se også mordvåben).*
mordlyst bloodthirstiness.
mordlysten *adj.* bloodthirsty, murderous.
mordpatrulje **1.** death squad; **2.** *(af lejemordere,* S*)* hit squad.
mordstedet the scene of the murder.
mordvåben **1.** *(farligt våben)* murderous weapon; **2.** *(hvormed mord er begået)* murder weapon.
more *vb.* **1.** *(underholde etc.)* amuse, entertain (*fx* the children with tricks); F divert;
2. *(få til at smile etc.)* amuse (*fx* the incident (, the story) seemed to amuse her);
□ *det -r mig at* it amuses me to (*fx* write); I enjoy -ing (*fx* writing); *det -de mig at (ɔ: jeg lo)* I was amused to (*fx* hear what had happened); *~* ***sig*** *a) (have det sjovt)* enjoy oneself, have a good time; T have fun; *b) (smile, le)* be amused (*over* at, by); *gør det bare, hvis det kan ~ dig!* please yourself! *~* ***sig med*** amuse oneself with; *~ sig med at* amuse oneself (by) -ing (*fx* they amused themselves (by) smashing window panes); *~* ***sig over*** *(også)* enjoy.
morel *sb. (en, -ler) (bot.)* morello.
morfader, **morfar** (maternal) grandfather.
Morfeus *(myt.)* Morpheus (*fx* rest in the arms of Morpheus).
morfin *sb. (en)* morphine.
morfinbase morphine base.
morfinhunger craving for morphia.
morfinindsprøjtning morphia injection.
morfinist *sb. (en, -er)* morphinist.
morfinsprøjte hypodermic syringe.
morfologi *sb. (en)* morphology.
morfologisk *adj.* morphological.
morganatisk *adj.* morganatic.
morgen *sb. (en, -er)* morning;
□ *god ~!* good morning! *~ middag og aften (ɔ: altid)* morning, noon and night; *mandag (, tirsdag etc.) ~ a) (om bestemt ~)* on Monday (, Tuesday etc.) morning (*fx* he left on Monday morning); *b) (generelt)* on Monday (, Tuesday etc.) mornings (*fx* he usually washed his car on Monday mornings);
[med præp. & adv.] -en ***efter*** (the) next morning, the following morning; ***fra*** *~* ***til*** *aften* from morning till night; ***i*** *~* tomorrow (*fx* never put off till tomorrow what you can do today); *i ~ er der atter en dag* tomorrow is another day; *tænke på dagen i ~* think of tomorrow; ***i*** *~* ***aften*** to-

morrow night (*el.* evening); ***i ~ tidlig*** tomorrow morning; *straks i ~ tidlig* first thing tomorrow; ***i morges*** this morning; *i går morges* yesterday morning; ***om** -en a) (om bestemt ~)* in the morning; *b) (generelt)* in the morning(s) (*fx* I always read the papers in the morning; the museums are open only in the mornings); *kl. 3 om -en* at 3 o'clock in the morning, at 3 a.m.; *den 2. maj om -en* on the morning of 2 May.
morgenandagt morning prayers pl.
morgenavis, morgenblad morning paper.
morgenbord 1. breakfast table; **2.** *(måltid)* breakfast;
□ *sætte sig til -et* sit down to breakfast; *ved -et* at breakfast.
morgenbøn morning prayers pl.
morgendagen the next day; *(poet.)* the morrow (*fx* take no thought for the morrow);
□ *hvad ~ vil bringe* what the future (*el.* the next day) has in store for us.
morgenduelig *adj.: være ~* be an early riser.
morgendæmring (early) dawn.
morgenfrisk *adj. (præd.)* fresh from a good night's sleep.
morgenfrue *(bot.)* marigold.
morgengave morning gift.
morgengnaven *adj. (præd.)* grumpy in the morning.
morgengry dawn, daybreak.
morgengymnastik morning exercises pl.
morgenkvalme morning sickness.
morgenkvist*: på -en* in the early morning.
morgenluft morning air;
□ *vejre ~ a)* begin to see one's chance; *b) (om noget negativt)* raise its ugly head (, their ugly heads) (*fx* Nazism raised its ugly head; neo-Nazis raised their ugly heads).
morgenmad breakfast.
morgenmand early riser.
morgenposten the morning post; this morning's mail (*el.* post).
morgenrøde *sb. (en)* dawn.
morgensamling *(i skole)* (morning) assembly.
morgensang 1. morning song; **2.** *(andagt i skoler)* morning prayers pl.; *(morgensamling)* (morning) assembly.
morgensko slipper.
morgensol morning sun.
morgenstjerne 1. morning star; **2.** *(hist.: vægters)* (spiked) mace.
morgenstund the early morning;
□ *~ har guld i mund (svarer ofte til)* it is the early bird that catches the worm.
morgenvækning *(på hotel)* wake-up call.
morges *se morgen.*
morian *sb. (en, -er) (glds.)* blackamoor.
morild phosphorescence.
morlille *sb. (en, -r)* little old woman; granny.
mormoder (maternal) grandmother; T grandma.
mormon *sb. (en, -er) (rel.)* Mormon.
mormonisme *sb. (en) (rel.)* Mormonism.
mormor *se mormoder.*
moro *sb. (en)* amusement;
□ *til stor ~ for* to the great amusement of; *det vakte ~* it caused laughter.
morse *vb.* morse.
morsealfabet Morse alphabet, Morse code.
morsetegn Morse signal.
morskab *sb. (en)* amusement; T fun;
□ *finde ~ i at gøre noget* derive amusement from doing something; T think it fun to do something; *for -s skyld* for the fun of the thing, for fun; T for kicks.
morskabsautomat arcade game.
morskabsbog book of light reading; *(roman)* light novel; *(spændende)* thriller.
morskabslæsning light reading.
morsom *adj.* **1.** *(underholdende)* amusing (*fx* person, story, incident); entertaining (*fx* person, story);
2. *(til at le ad)* humorous (*fx* remark, situation); funny (*fx* story; this is not funny); *(se også sjov*[2]*)*;
3. *(neds.: anstrengt ~)* facetious (*fx* remark);
4. *(interessant)* interesting (*fx* it was interesting to see how they did it);
5. *(rart)* pleasant (*fx* that was pleasant for you); nice (*fx* it is not so nice to travel alone);
□ *~ bemærkning se morsomhed*; *et -t tilfælde* a curious coincidence; *hvad -t er der **ved** det?* what is funny about that? where does the fun come in? *jeg kan ikke se det -me ved det* I can't see the joke;
*[med vb.] det skal **blive** -t* it will be fun; *det er ved at **blive lidt for** -t* this is getting a bit thick; this is getting past a joke; *det **var -t at** se Dem* I am delighted to see you; *det **var da** -t!* how amusing! how interesting! how nice!
morsomhed *sb. (en, -er)* joke; *(neds.,* T*)* wisecrack;
□ *sige -er* crack jokes.
morsyg *adj.: han er ~* he is a mother's boy; he always wants his mother; *hun er ~* she is a mother's girl; she always wants her mother.
mortensaften Martinmas eve.
mortensdag Martinmas.
morter *sb. (en, -e) (til stødning & mil.)* mortar.
mortér *sb. (en, morterer) (mil.) se morter.*
mortificere *vb.* declare null and void.
mortifikation *sb. (en, -er): ~ af noget* declaration by the court that sth is null and void.
moræne *sb. (en, -r) (geol.)* moraine.
moræneaflejring glacial deposit.
moræneler moraine clay.
mos[1] *sb. (en)* **1.** *(kartoffelmos)* mashed potatoes pl.; T mash; **2.** *(frugtmos)* puree (*fx* apple puree); sauce (*fx* apple sauce).
mos[2] *sb. (et, -ser) (bot.)* moss.
mosagtig *adj.* mossy.
mosaik *sb. (en, -ker)* mosaic.
mosaikarbejde mosaic work.
mosaikgulv tessellated floor; mosaic floor.
mosaikrude stained-glass window.
mosaiksyge *sb. (en) (bot.)* mosaic disease.
mosaisk *adj. (rel.)* Mosaic;
□ *det -e trossamfund* the Jewish community.
mosbegroet *adj.* mossy.
mose[1] *sb. (en, -r) (tørve-)* bog; *(højereliggende)* moor.
mose[2] *vb.* **1.** mash (*fx* potatoes); **2.** T *(ase)* slog (*fx* slog through the mud); *(løbe)* zip.
moseand *(zo.)* mallard.
Mosebog*: de fem Mosebøger* the Pentateuch; *1. ~* Genesis; *2. ~* Exodus; *3. ~* Leviticus; *4. ~* Numbers; *5. ~* Deuteronomy.
mosebund boggy (*el.* marshy) ground.
mosedrag stretch of boggy land.
moseeg bog oak.
mosefund 1. bog find; **2.** *(neds. om gammel)* museum piece.
mosegris *(zo.)* water vole.
mosejord bog earth, peat soil.
mosekone*: -n brygger* there is a ground mist.
Moseloven *(bibl.)* the Mosaic law, the Law of Moses.
moselvin moselle.
mosgroet *adj.* **1.** mossy; **2.** *(fig.)* moss-grown (*fx* traditions); hoary (*fx* joke).
moské, moske *sb. (en, moskeer)*

(rel.) mosque.
moskito *sb. (en, -er)* mosquito (pl. -es).
moskitonet mosquito net.
moskus *sb. (en)* musk.
moskusokse *(zo.)* musk ox.
moskusrotte *(zo.)* musk rat.
Moskva *(geogr.)* Moscow.
mosle *vb. se mose² 2.*
most *sb. (en)* **1.** juice (*fx* grape juice, apple juice); *(se også pæremost, æblemost)*; **2.** *(drue-, til vinfremstilling)* must;
□ *han kunne ikke tåle (el. klare) -en* (T, *fig.)* he couldn't stand it.
moster *sb. (en, mostre)* (maternal) aunt;
□ *snakke for sin syge* ~ have an eye to number one.
mosteri *sb. (et, -er) (omtr.)* cider mill.
motel *sb. (et, -ler)* motel.
motet *sb. (en, -ter) (mus.)* motet.
motion *sb. (en)* exercise (*fx* you must get more exercise).
motionere *vb.* **1.** take exercise; **2.** *(med objekt)* exercise.
motionist *sb. (en, -er)* jogger.
motionscykel exercise cycle, exercise bike.
motionsgymnastik keep-fit exercises pl.
motionsløb jogging.
motionsribbe *(svarer til)* wall bars pl.
motionssti exercise track.
motiv *sb. (et, -er)* **1.** *(bevæggrund)* motive (*til* for);
2. *(emne, fx for billede)* subject;
3. *(tema i musik & kunst)* motif.
motivation *sb. (en, -er)* **1.** motivation (*for* for; *for at* to, for -ing, *fx* to study, for studying);
2. *(noget der giver ~)* incentive.
motivere *vb.* **1.** *(begrunde)* give (*el.* state) the reason for, give reasons for (*fx* a decision); give the grounds for;
2. *(tilskynde, psyk.)* motivate (*til at, for at* to, *fx* motivate them to work harder);
3. *(berettige)* justify;
□ *-t anmodning* reasoned request; ~ *en skål for* propose the toast (*el.* health) of; *være -t for* be motivated towards.
motivering *sb. (en, -er) (jf. motivere)* **1.** statement of reasons;
2. *(psyk.)* motivation; **3.** *(berettigelse)* justification; **4.** *(ved prisuddeling)* citation;
□ *med den ~ at* on the plea that.
motivisk *adj. (mus.)* motivic.
motocross *sb. (et, -)* motocross.
motor *sb. (en, -er)* engine (*fx* car engine, aircraft engine); *(især mindre, især elektrisk)* motor (*fx* outboard motor; the motor of a washing machine).
motorbølle roadhog; cowboy.
motorbåd motor boat.
motorcykel motor cycle.
motorcyklist motor cyclist.
motorfører (certified) driver.
motorgade urban motorway; urban expressway.
motorhjelm bonnet; *(am.)* hood.
motorik *sb. (en) (fysiol.)* motor function; motor coordination.
motorisere *vb.* motorize;
□ *-t a)* motorized; *b) (mil.)* mechanized (*fx* unit); *(motortransporteret)* motorized; *(med lastbil)* lorry-borne.
motorisering *sb. (en, -er)* motorization.
motorisk *adj. (attr.)* motor.
motorkøretøj motor vehicle.
motorkørsel motoring.
motorlære *(omtr.)* car maintenance.
motorløb **1.** motor racing; **2.** *(enkelt løb)* motor race.
motorordonnans *(mil.)* dispatch rider.
motorrum engine room.
motorsav power saw; *(kædesav)* chain saw.
motorskade engine trouble.
motorskib motor ship.
motorsport motoring; motor sports pl.
motorsprøjte motor fire-engine, motor pump.
motorstop engine failure, breakdown.
motortog diesel multiple unit; *(fork.)* DMU.
motortorpedobåd fast patrol boat; *(fork.)* FPB.
motortrafikvej expressway.
motorvej motorway; *(am.)* superhighway.
motorvogn *(sporvogn)* motor car.
motorvæddeløb *se motorløb.*
motorvæddeløbsbane racing circuit.
motto *sb. (et, -er)* motto (pl. -es).
mouilleret *adj.* palatalized.
mousse *sb. (en, -r)* mousse.
moussere *vb.* sparkle; F effervesce; T fizz.
mousserende *adj.* sparkling; F effervescent; T fizzy.
moustache *sb. (en, -r)* moustache.
movere *vb.: ~ sig (ɔ: flytte sig)* move.
mudder *sb. (et)* **1.** mud; F mire; **2.** *(utilfreds mumlen)* grumbling; T grousing; **3.** *(støj)* noise; *(stærkere,* T*)* row.
mudderkastning mudslinging, mudthrowing.
mudderklire *sb. (en, -r) (zo.)* common sandpiper.
muddermaskine dredger.
mudderpram **1.** mud boat; **2.** *(selvlænsende)* hopper barge.
mudderpøl **1.** puddle; **2.** *(fig.)* slough.
mudderskred mudslide, mud avalanche.
mudre *vb.* **1.** *(gøre mudret)* stir up the mud; **2.** *(mumle)* mumble; *(se også murre)*;
□ *~ op (ɔ: uddybe)* dredge; *~ til* silt up.
mudret *adj.* muddy.
muffe *sb. (en, -r)* **1.** *(til at varme hænder)* muff; **2.** *(rørstykke)* socket;
□ *være ved -n* T be flush.
muffedise *sb. (en, -r)* (woollen) wristlet.
mug *sb. (en el. et)* mould.
muge *vb.* clean out, muck out (*fx* a stable);
□ *~ ud* clear away the dung, muck out.
muggen *adj.* **1.** *(med mug på)* mouldy (*fx* bread, cheese);
2. *(om lugt af fugt og ælde)* musty (*fx* old books); fusty (*fx* old clothes);
3. *(gnaven)* sulky, moody; *(se også sur¹ 3)*;
□ *være ~ over noget (, på en)* be cross about sth (, with sby); *der er noget -t ved det* there is something fishy about it.
muggenhed *sb. (en) (jf. muggen)* **1.** mouldiness; **2.** mustiness; **3.** sulkiness.
mugne *vb.* go mouldy.
mugplet mould spot, spot of mould.
muh *interj.* moo.
Muhamed Mohammed; *(let glds.)* Mahomet (*fx* if the mountain will not come to Mahomet, Mahomet must go to the mountain).
muhamedaner *sb. (en, -e)* Moslem, Muslim; *(ofte opfattet neds.)* Mohammedan.
muhamedanismen Islam; *(ofte opfattet neds.)* Mohammedanism.
muhamedansk *adj.* Moslem, Muslim; *(ofte opfattet neds.)* Mohammedan.
muk *sb. (et)* word (*fx* she never says a word);
□ *han forstår ikke et (levende) ~* he does not understand a word (of it all).
mukke *vb.* grumble; T grouse; *(neds.,* S*)* bellyache.
mukken *sb. (en)*, **mukkeri** *sb. (et)* grumbling(s); T grousing;

□ *mukken i geledderne* grumbling; grousing.
mukkert *sb. (en, -er)* maul, club hammer.
mulat *sb. (en, -ter)* mulatto (pl. -es).
muld *sb. (en)* **1.** (vegetable) mould; F humus; **2.** *(det dyrkbare jordlag)* top soil;
□ *under -e* under the sod.
mulden *adj. (om lugt)* musty.
muldfjæl mouldboard.
muldjord mould; F humus.
muldvarp *sb. (en, -e)* mole.
muldvarpearbejde underground work.
muldvarpeskud molehill.
muldyr mule.
mule[1] *sb. (en, -r) (snude)* muzzle.
mule[2] *vb. (prygle)* pummel, pommel, pound; T lick.
mulepose nosebag.
mulig *adj.* possible; *(gørlig også,* F*)* feasible, practicable (*fx* is it feasible (*el.* practicable) to grow wheat there?);
□ *er det -t at du kan hjælpe mig?* is it possible for you to help me? could you possibly help me? *det er meget (el. nok) -t* that is quite possible, that is very likely; *om -t* if possible;
[med superlativ] den bedst -e løsning the best possible solution; *bedst -t* in the best possible way; *de flest -e* as many as possible; the greatest possible number; *hurtigst -t* as soon (*el.* quickly) as possible; *højest ~* highest possible, maximum; *mindst ~ se mindst*; *snarest ~* as soon as possible; as soon as may be; *størst ~* the greatest possible;
[med al:] ***al*** *~* all possible, every (possible) (*fx* there is every reason to believe that he was right); ***alle*** *-e (slags)* all sorts of (*fx* people; gadgets); F any and every (*fx* gadget); *på alle -e måder* in every possible way; *(se også tidspunkt)*; ***alt*** *-t* all sorts of things; everything imaginable; *(hvad det skal være)* anything; *alt -t andet* anything else (you like); *jeg ønsker Dem alt -t godt* I wish you every happiness;
[med: så] ***så*** *meget som -t* as much as possible; *så snart det er mig -t, så snart jeg på nogen ~ måde kan* as soon as I possibly can; *så vidt -t* as far as possible.
muliggøre *vb.* make possible;
□ *~ det (også,* F*)* enable it to be done; *~ det for ham at* enable him to.
mulighed *sb. (en, -er) (se også muligheder)* **1.** *(udsigt; hvad der 'kanske)* possibility (*for* of, *fx* the possibility of a miracle (, of success, of war); "He might come." "Yes, that's a possibility"); chance (*for* of; *fx* of success);
2. *(lejlighed)* opportunity (*for* for, *fx* there is an opportunity for a visit); chance (*for* of, *fx* I have a chance of a trip to Paris);
3. *(den ene af to -er)* alternative;
4. *(valg-)* option (*fx* that is my only option; I have no option but to agree; go for the first option);
5. *(en (, noget) som er en ~)* possible (*fx* he sounds like a possible; the houses we saw were all possibles);
□ *inden for -ens grænser* within the bounds of possibility; *(se også åbne)*;
[med adj.] der er ingen ***anden*** *~* there is no alternative, there is no other possibility, there is no other option; *en* ***fjern*** *~ se fjern*;
[med præp.] -en ***af at*** the possibility that; *~* ***for at*** *(+ sætn., jf. 1)* a possibility (*el.* chance) that (*fx* there is a slight possibility that he will come; there is a chance that you will win); *~* ***for at gøre det*** *a) (jf. 1)* (a) possibility (*el.* chance) of doing it (*fx* there is no possibility (*el.* chance) of seeing him today; you have a good chance of winning); *b) (jf. 2)* an (*el.* the) opportunity to do it, a (*el.* the) chance to do it (*fx* it gave me the (*el.* an) opportunity to see him; I had no opportunity to visit you; it gave me the (*el.* a) chance to see him); *(med adj. også)* an opportunity for -ing (*fx* we had a marvellous (, an excellent) opportunity for starting something new).
muligheder *sb.pl.* **1.** possibilities (*fx* the plan is not ideal, but it has possibilities);
2. *(valg-)* options (*fx* there were not many options open to him);
3. *(persons: udsigter)* opportunities, chances (*fx* he never had your opportunities (*el.* chances); the fight for equal opportunities);
4. *(fremtids-)* prospects;
5. *(evner)* abilities (*fx* every person has his own abilities); talents; *(evner som kan udvikles)* potential sg. (*fx* he shows potential as a politician; girls should learn at school about women's abilities and potential);
□ ***have*** *gode -er for at* stand a good chance of -ing (*fx* of being elected); *han har så mange -er* T he has so much going for him; ***holde*** *alle ~* ***åbne*** keep (*el.* leave) (all) one's options open.
muligvis *adv.* possibly, perhaps; T maybe.
mulkt *sb. (en, -er),* **mulktere** *vb.* fine; F mulct.
mulm *sb. (et): i nattens ~ og mørke* in the (*el.* at) dead of night.
multe *sb. (en, -r) (zo.: fisk)* mullet.
multebær *(bot.)* cloudberry.
multi- multi- (*fx* multicultural, multiethnic).
multibiograf multiplex cinema.
multietnisk *adj.* multi-ethnic.
multihandicappet *adj. (kun efter sb.)* with (*el.* suffering from) multiple handicaps.
multikunst mass-produced art.
multinational *adj.* multinational;
□ *-t selskab* multinational company; *(am.)* multinational corporation; multinational.
multiplicere *vb.* multiply;
□ *~ 5 med 3* multiply 5 by 3.
multiplikand *sb. (en, -er)* multiplicand.
multiplikation *sb. (en, -er)* multiplication.
multiplikationstegn multiplication sign.
multiplikator *sb. (en, -er)* multiplier.
multiplum *sb. (et, multipla el. multipler)* multiple.
mulæsel *(zo.)* hinny.
mumie *sb. (en, -r)* mummy.
mumieagtig *adj.* mummy-like; F mummified.
mumle *vb.* **1.** *(utydeligt)* mumble (*fx* a prayer; stop mumbling, I can't understand you);
2. *(sagte, for sig selv el. for ikke at blive hørt)* mutter (*fx* a prayer; an excuse, threats);
3. *(enstonigt, dæmpet)* murmur (*fx* murmur in one's sleep; murmur prayers; he murmured something in her ear and she smiled);
□ *~ hen for sig* mumble (, mutter) to oneself; *~ i skægget* mumble (, mutter) in one's beard.
mumlen *sb. (en) (jf. mumle)* **1.** *(enkelt)* mumble; mutter; murmur;
2. *(det at mumle)* mumbling; muttering; murmuring.
mummespil *(fig.)* farce.
mums *interj.* T yum-yum.
mund *sb. (en, -e)* mouth;
□ ***bruge*** *~ a)* shout (*over for* at); *b) (skælde ud)* scold; *c) (være grov)* be rude (*over for* to); ***holde*** *~ a) (holde op med at tale)* shut one's mouth; *b) (forholde sig tavs)* keep one's mouth shut; hold one's tongue (*el.* peace); *hold ~!* T shut up! dry up! belt up! *(børnesprog)* shut your face! *holde ren ~* keep

a secret; ***lukke (, stoppe)*** *-en på en a)* shut sby up; T choke sby off; F silence sby; *b) (med magt)* gag sby, muzzle sby (*fx* critics, newspapers); ***tage*** *-en for fuld a) (overdrive)* exaggerate; *(glds.)* draw the long bow; *b) (love for meget)* bite off more than one can chew; *det er at tage -en for fuld* that is saying too much; *(se også løbe[2], segl[1]);*
[med præp.] ***af*** *hans egen ~* from his own mouth; *(se også tygge); snakke ham* ***efter*** *-en a)* play up to him; *b) (om en der er urimelig)* humour him; *beholde noget* ***for*** *sin egen ~* keep sth for oneself; *sætte glasset for -en* put the glass to one's lips; *(se også holde (sig for)); tage bladet* ***fra*** *-en* speak one's mind; *han har det mest* ***i*** *-en* his bark is worse than his bite; *holde tungen lige i -en (fig.)* watch one's step; tread carefully; *lægge en ordene i -en* put the words into sby's mouth; *jeg vil ikke tage det ord i min ~* I won't use that word; *tale med mad i -en* speak with one's mouth full; *tale* ***i -en på*** *hinanden* speak all at once; ***med*** *én ~* with one voice; *slikke (, tørre) sig* ***om*** *-en se slikke, tørre[2]; pas* ***på*** *din ~!* mind what you are saying! *slå sig selv på -en (fig.)* contradict oneself; *fra næse* ***til*** *~ se næse; tage brødet (, ordet)* ***ud af*** *-en* ***på*** *se brød[1], ord.*

mundaflæsning lip-reading;
□ *bruge ~* lip-read.

mundbid *sb. (et, -) (bidsel)* bit.

munddiarré, munddiarre*: han har ~* he is always talking his head off; he can talk the hind leg off a donkey; he is suffering from verbal diarrhoea.

munde *vb.: ~ ud i a) (om flod)* flow into; *b) (om gade)* join, open into, open onto; *c) (fig.)* end in; F conclude in (*fx* his speech concluded in an appeal to the Government).

mundering *sb. (en, -er)* equipment; T kit; *(neds.)* get-up (*fx* what are you doing in that get-up ?); rig-out.

munderingseftersyn *(mil.)* kit inspection; kit layout.

mundfuld *sb. (en, -e)* mouthful (*fx* a mouthful of coffee (, cake));
□ *det var en ordentlig ~! (om noget stort etc.)* that was quite a thing!

mundgodt *sb. (et)* goodies pl.

mundharmonika mouth organ, harmonica.

mundheld 1. saying; F saw (*fx* the old saying (, saw) that you should look before you leap); *(glds.)* adage; **2.** *(ordsprog)* proverb.

mundhuggeri *sb. (et, -er)* **1.** *(det at)* quarrelling; *(arrigt)* wrangling; **2.** *(enkelt)* quarrel; wrangle; T set-to; *(stærkere)* slanging match.

mundhugges *vb.* quarrel; *(arrigt)* wrangle; *(om småting)* squabble, bicker.

mundhule *(anat.)* oral cavity.

munding *sb. (en, -er)* **1.** *(flod-)* mouth; *(tragtformet, større område)* estuary; **2.** *(til sejlløb)* mouth, entrance; **3.** *(på skydevåben)* muzzle.

mundkurv 1. muzzle; **2.** *(fig.)* muzzle, gag;
□ *give ~ på a)* muzzle; *b) (fig.)* muzzle, gag.

mundlam *adj.: han er ikke ~* he certainly knows how to express himself; *er du blevet ~?* have you lost your tongue? *det gjorde dem -me* it left them speechless.

mundlæder*: have et godt ~* have the gift of the gab.

mund- og klovsyge foot-and-mouth disease.

mundret[1] *adj.* idiomatic.

mundret[2] *adv.* idiomatically.

mundskænk *(hist.)* cupbearer.

mundsmag taste.

mundstykke 1. mouthpiece; **2.** *(cigaret-)* tip; **3.** *(på rør, slange)* nozzle.

mundsvejr idle talk; T gas, hot air.

mund til mund-metoden *(mht. genoplivning)* the mouth-to-mouth method; T the kiss of life;
□ *ved ~ (ɔ: ved at fortælles videre)* by word of mouth (*fx* I heard about it by word-of-mouth).

mund til næse-metode mouth-to-nose method.

mundtlig *adj. (se også mundtligt)* oral (*fx* invitation, instruction, tradition); verbal (*fx* agreement, explanation, warning);
□ *~ eksamen* oral examination; *(på universitet også)* viva voce examination; T oral (*fx* he failed the oral); viva.

mundtlighed *sb. (en): ~ i retsplejen* oral proceedings pl. in the courts.

mundtligt *adv.* by word of mouth (*fx* were you informed of it by letter or by word of mouth?); F orally; verbally (*fx* reply verbally).

mundtøj*: have -et i orden* have the gift of the gab.

mundvand saliva.

mundvig corner of the (, one's) mouth (*fx* he had a cigarette in the corner of his mouth; he whispered out of the corner of his mouth); *(anat.)* commissure of the lips.

munk *sb. (en, -e)* monk.

munkebind *(bogbind)* monastery binding.

munkecelle (monk's) cell.

munkekloster monastery.

munkekutte monk's habit; *(med hætte)* cowl.

munkeorden monastic order.

munter *adj.* **1.** *(glad, fornøjet)* cheerful (*fx* conversation, smile); **2.** *(livlig)* lively (*fx* music, party); *(støjende,* F*)* hilarious; **3.** *(lystig)* merry (*fx* laugh, party; Robin Hood and his merry men); *(om person også, præd.)* in high spirits;
□ *muntre farver* cheerful (*el.* gay) colours; *hold dig ~!* keep smiling! *(de er allesammen syge,) det er -t! (iron.)* how cheerful!

munterhed *sb. (en) (jf. munter)* **1.** cheerfulness; **2.** liveliness; *(støjende)* hilarity; **3.** merriment; **4.** *(latter)* laughter (*fx* the remark caused laughter); *(mere støjende)* hilarity.

muntre *vb.: ~ én op* cheer sby up; *~* ***sig*** *a) (lege)* play; *(voldsomt)* lark about (*el.* around); *b) (boltre sig)* romp about; T cavort; *c) (more sig)* have one's fling (*fx* let him have his fling while he is young).

mur *sb. (en, -e)* wall;
□ *en ~ af tavshed* a wall of silence; *(se også kinesisk);*
[med præp.] kæmpe med ryggen ***mod*** *-en* fight with one's back to the wall; *stille* ***op (i)mod*** *en ~ a)* stand (*el.* put) up against a wall (*fx* he stood (*el.* put) the ladder up against the wall); *(om flere)* line up against a wall; *b) (for at skyde)* put up against a wall (*fx* he ought to be put up against a wall and shot).

muranker anchor.

murbor masonry drill.

murbrokker *sb.pl.* rubble sg.

murbrækker *sb. (en, -e) (mil. hist.)* (battering) ram.

mure *vb.* **1.** build (*fx* a house, a wall); **2.** *(udføre murerarbejde)* do bricklaying;
□ *~ ind* build into a wall; *~ inde* wall up; F immure; *sidde -t inde (fig.)* sit cooped up; *~ til* wall up.

murer *sb. (en, -e)* bricklayer.

murerarbejde bricklaying.
murerarbejdsmand bricklayer's assistant; T brickie's labourer.
murerhammer bricklayer's hammer.
murerhåndlanger *se murerarbejdsmand.*
murerhåndværk bricklaying.
murerlav **1.** master builders' association; **2.** *(hist.)* masons' guild.
murerlære: *sætte en i ~* apprentice sby to a bricklayer.
murerlærling bricklayer's apprentice.
murermester (master) builder.
murersvend bricklayer; S bricky.
muret *adj.* brick (*fx* house, wall).
murhammer bricklayer's hammer.
muring *sb. (en, -er)* **1.** *(det at mure)* building; bricklaying; **2.** *se murværk.*
murkalk (brickwork) mortar.
murkonstruktion brickwork construction.
murkrans **1.** battlement; **2.** *(gesims)* cornice.
murkrone **1.** *(arkit.)* battlement; **2.** *(her.)* mural crown.
murmeldyr **1.** *(zo.)* marmot; **2.** *(fig.: sovetryne)* sleepyhead; *(let glds.)* sluggard.
murpille pier.
murre *vb.* grumble (*over* at); T grouse;
□ *det -r i min tand* there is a dull ache in my tooth; my tooth is throbbing.
murren *sb. (en)* **1.** grumbling; **2.** *(smerte)* dull ache, throbbing.
mursejler *(zo.)* swift.
murske trowel.
mursten brick.
murstens- brick (*fx* house, wall).
murstensroman *(omtr.)* fat volume.
mursvale *(zo.)* swift.
murtag coping.
murtinde merlon.
murværk masonry; *(af mursten)* brickwork.
mus *sb. (en, -) (også edb)* mouse (pl. mice); *(se også drukne, kat, mand (med mand og ~)).*
musak *sb. (en)* ® muzak.
musaka *sb. (en, -er)* moussaka.
muse[1] *sb. (en, -r) (myt.)* Muse.
muse[2] *vb. (om rovfugl)* hover.
museal *adj.* museological; *(attr. også)* museum.
musefælde mousetrap.
musehul mousehole;
□ *jage ham i et ~* frighten him out of his wits; *jeg var lige ved at krybe i et ~ a) (af skræk)* I was frightened out of my wits; *b) (af skam)* I wished the earth would swallow me up.
muselmand **1.** *(rel., glds.)* Mohammedan, Moslem; **2.** *(fig.)* human skeleton.
muserede mouse's nest.
musestille *adj. (om person, præd.)* as quiet as a mouse (*fx* the children were as quiet as mice);
□ *der var ~* you could have heard a pin drop.
musetænder *sb.pl. (små tænder)* baby teeth.
museum *sb. (et, museer)* museum (*for* of);
□ *~ for kunst* art gallery; museum of art.
museumsbesøg visit to a museum.
museumsdirektør curator of a museum.
museumsgenstand exhibit; *(også fig.)* museum piece.
museumsinspektør museum keeper.
museumspædagog *(omtr.)* education officer (in a museum).
musicere *vb.* play; make music.
musik *sb. (en)* music;
□ *med fuld ~ (fig.) a) (helt og holdent)* wholeheartedly; *b) (flot)* in style; *sætte ~ til et digt* set a poem to music; *nyheden om rivalens nederlag var som sød ~ i hans ører* the news of the defeat of his rival was music to his ears; *han er noget ved -ken* (T, *fig.)* he is a big noise.
musikaften musical evening.
musikalier *sb.pl.* music sg.
musikalitet *sb. (en)* musicality.
musikalsk[1] *adj.* musical;
□ *være ~ (også)* have an ear for music, have a musical ear; be fond of music.
musikalsk[2] *adv.* musically.
musikanlæg music centre.
musikanmelder music critic.
musikant *sb. (en, -er)* musician.
musikbibliotek **1.** *(med plader)* record library; **2.** *(med noder)* music library.
musikdirigent conductor; *(for et band)* bandmaster.
musiker *sb. (en, -e)* musician.
musikforening musical society.
musikforlag music house, music publishing firm.
musikforlægger music publisher.
musikforståelse musical appreciation.
musikhandel *(butik)* music shop.
musikhandler music dealer.
musikhistorie musical history; musicology.
musikhistoriker musical historian; musicologist.
musikindustri music industry.
musikinstrument musical instrument.
musikkonservatorium academy (*el.* school) of music, conservatoire.
musikkorps band.
musikliv musical scene (*fx* the current musical scene in Denmark).
musiklærer music teacher.
musikolog *sb. (en, -er)* musicologist.
musikpædagog music teacher.
musikskole school of music.
musikstykke piece of music.
musikterapeut music therapist.
musikterapi music therapy, musicotherapy.
musiktime music lesson.
musikudøvelse musical performance.
musikudøver *sb. (en, -e)* performer.
musikundervisning music teaching;
□ *give (, gå til) ~ (ɔ: privat)* give (, take) music lessons.
musikus *sb. (en, musici)* musician.
musikvideo music video.
musisk[1] *adj. (kunstnerisk, interesseret i kunst)* artistic;
□ *-e fag* aesthetic subjects.
musisk[2] *adv. (jf. musisk*[1]*)* **1.** artistically; **2.** aesthetically.
muskat *sb. (en) (bot.)* nutmeg.
muskatblomme mace.
muskateller *sb. (en, -e)* muscatel.
muskatnød nutmeg.
muskedonner *sb. (en, -e)* **1.** *(bøsse)* blunderbuss; **2.** *(bot.: dunhammer)* reedmace, cat's tail.
muskel *sb. (en, muskler)* muscle; *(se også spille (med)).*
muskelbundt bundle of muscles.
muskelfiber *(anat.)* muscle fibre.
muskelkraft muscle power, muscular strength; T brawn.
muskelkrampe muscular cramp; muscular spasm; *(jf. krampe*[2]*).*
muskelmand T muscleman, strong-arm man.
muskelsmerter *sb.pl.* muscle pain sg.
muskelsprængning rupture of a muscle.
muskelstærk *adj.* muscular; T brawny.
muskelsvind **1.** progressive muscular atrophy; **2.** *(sygdom)* muscular dystrophy.
muskeltræning muscular training.
muskelvæv *sb. (et)* muscular tissue.
musket *sb. (en, -ter) (hist. mil.)* musket.
musketer *sb. (en, -er) (hist. mil.)* musketeer.

muskulatur *sb. (en)* musculature, muscular system; *(muskler)* muscles pl.
muskuløs *adj.* muscular; T brawny.
muslet *adj.* conchoidal.
muslim *sb. (en, -er),* **muslimsk** *adj. (attr.)* Muslim, Moslem.
musling *sb. (en, -er) (zo.)* **1.** bivalve; **2.** *(blå-)* mussel; **3.** *(hjerte-)* cockle; **4.** *(kam-)* scallop.
muslingeskal 1. shell; **2.** *(af hjertemusling)* cockleshell; **3.** *(af kammusling)* scallop (shell).
musselin *sb. (et, -er)* **1.** muslin; **2.** *(uld-)* mousseline de laine.
musselmalet *adj.: ~ porcelæn* blue fluted china.
mustang *sb. (en, -er) (zo.)* mustang.
musvit *sb. (en, -ter) (zo.)* great tit.
musvåge *sb. (en, -r) (zo.)* common buzzard.
mut *adj. (surmulende)* sulky (*fx* child); *(sur og indesluttet)* moody, sullen; *(i bestemt anledning)* glum.
mutant *sb. (en, -er) (biol.)* mutant.
mutation *sb. (en, -er) (biol.)* mutation.
mutter *sb. (en)* **1.** old woman; **2.** *(moder)* mummy, ma; **3.** *(min kone)* my missus.
mutters *adv.: ~ alene* all alone.
my *sb. (en, -)* micrometre.
mycelium *sb. (et, mycelier)* spawn (of fungi); mycelium (pl. mycelia).
myg[1] *sb. (en, -)* mosquito (pl. -es); *(lille)* gnat, midge;
□ *gøre en ~ til en elefant (svarer til)* make a mountain out of a molehill.
myg[2] *adj.* **1.** *(smidig)* supple, lissom; **2.** *(føjelig)* pliant;
□ *få en gjort ~* bring sby to heel.
myggebalsam *se myggemiddel.*
myggemiddel insect (*el.* mosquito) repellant.
myggespiral mosquito coil.
myggestik mosquito bite; gnat bite; *(jf. myg*[1]*).*
myggesværm swarm of mosquitoes (, gnats, midges); *(jf. myg*[1]*).*
mylder *sb. (et)* **1.** *(af mennesker)* crowd; F throng; T swarm; **2.** *(af insekter)* swarm.
myldre *vb.* swarm (*fx* the children swarmed round him);
□ *~* ***af*** *a) (være fuld af)* teem with, be teeming with (*fx* the river teemed with fish; his head teemed with ideas; the book is teeming with errors); *b) (om noget der er i bevægelse)* swarm with, be swarming with (*fx* tourists, flies); *(især neds.)* be crawling with (*fx* insects, tourists); *~* ***ind*** *(,* ***ud****)* swarm (*el.* crowd *el.* flock *el.* troop) in (, out); *det -r* ***med*** *røvere i bjergene* the mountains are swarming with brigands.
myldrende *adv.: ~ fuld af (jf. myldre (af))* swarming with, crawling with (*fx* insects, tourists); teeming with, bristling with (*fx* errors).
myldretid rush hour(s), peak hour(s);
□ *i -en* during peak (*el.* rush) hours, during the rush hour.
myldretidstrafik rush-hour traffic.
München *(geogr.)* Munich (*fx* the Munich Agreement).
mynde *sb. (en, -r) (zo.)* greyhound;
□ *slank som en ~* as slender as a withy; svelte.
myndig *adj.* **1.** *(respektindgydende)* masterful (*fx* person, tone of voice); authoritative (*fx* voice);
2. *(jur., præd.)* of age;
□ *blive ~* come of age.
myndighed *sb. (en, -er)* **1.** *(respektindgydende væsen)* authority (*fx* "No!" he said with great authority); authoritativeness;
2. *(alder)* majority;
3. *(offentlig ~)* authority (*fx* responsible authorities);
4. *(bemyndigelse)* authority, competence (*til at* to); powers pl. (*til at* to);
□ *-erne* the authorities; *kommunale -er* municipal authorities.
myndighedsalder age of majority.
myndling *sb. (en, -e(r))* ward.
mynte *sb. (en, -r) (bot.)* mint;
□ *grøn ~* spearmint.
myoser *sb.pl. (med., omtr.)* myalgia sg.
myr *sb.: det lille ~* the little thing.
myrde *vb.* **1.** murder; *(om stort antal, brutalt)* butcher; **2.** *(ved attentat)* assassinate (*fx* the President was assassinated).
myrderi *sb. (et, -er)* massacre; *(brutalt)* butchery.
myre *sb. (en, -r) (zo.)* ant.
myrebo ants' nest.
myreflittig *adj.* hardworking; *(præd. også)* as busy as a bee.
myrekryb*: det giver mig ~* it gives me the creeps; it makes my flesh creep (*el.* crawl).
myremalm bog iron ore.
myresluger *sb. (en, -e) (zo.)* anteater.
myresyre formic acid.
myretue 1. anthill; **2.** *(fig.)* anthill, beehive.
myreæg *sb. (et, -)* ant egg.
myriade *sb. (en, -r)* myriad.
myrra *sb. (en)* myrrh.
myrraessens tincture of myrrh.
myrte *sb. (en, -r) (bot.)* myrtle.
myrtekrans 1. myrtle wreath;
2. *(som brudesmykke bruges i Engl.)* (spray of) orange blossom.
myseost [whey cheese].
mysterium *sb. (et, mysterier)* mystery.
mysteriøs *adj.* mysterious.
mysticisme *sb. (en) (rel.)* mysticism.
mystificere *vb.* mystify.
mystifikation *sb. (en, -er)* mystification.
mystik *sb. (en)* **1.** *(gådefuldhed)* mystery;
2. *(rel.)* mysticism;
□ *omgivet (el. omgærdet) af ~, hyllet i ~* wrapped (*el.* enveloped *el.* shrouded) in mystery; *(se også brede (sig)).*
mystiker *sb. (en, -e) (rel.)* mystic.
mystisk[1] *adj.* **1.** *(gådefuld)* mysterious (*fx* crime);
2. *(mistænkelig)* suspicious (*fx* person);
3. *(rel.)* mystic(al) (*fx* experiences).
mystisk[2] *adv.* **1.** mysteriously; **2.** suspiciously; **3.** mystically.
myte *sb. (en, -r) (også fig.)* myth.
mytisk[1] *adj.* mythical.
mytisk[2] *adv.* mythically.
mytologi *sb. (en, -er)* mythology.
mytologisk[1] *adj.* mythological.
mytologisk[2] *adv.* mythologically.
mytteri *sb. (et, -er)* mutiny;
□ *gøre ~* mutiny.
mytterist *sb. (en, -er)* mutineer.
mæanderbort Greek key pattern, meander pattern.
mæcen *sb. (en, -er)* patron of art or literature; F Maecenas.
mæfikke *sb. (en, -r)* **1.** *(zo.)* turbit;
2. *(skældsord)* goose.
mægle *vb.* mediate.
mægler *sb. (en, -e)* **1.** *(forligs-)* mediator, conciliator;
2. *(vare-)* broker;
3. *(veksel-)* stockbroker.
mæglerforretning broker's business.
mæglergebyr, **mæglerløn** brokerage.
mæglervirksomhed broking.
mægling *sb. (en, -er)* **1.** mediation;
2. *(i arbejdsstrid)* mediation, conciliation; **3.** *(ved skilsmisse)* conciliation.
mæglingsforslag (proposed) compromise, compromise proposal; draft settlement.
mæglingsforsøg attempt at mediation.
mæglingsmand mediator, conciliator.
mægte *vb.: ~ at gøre noget* be able

to do sth.
mægtig[1] *adj.* **1.** *(med stor magt)* powerful; F mighty (*fx* ruler); **2.** *(stor)* huge (*fx* effort, number, profit); enormous (*fx* force, house); T tremendous; **3.** *se mægtig*[2] *(~ god)*; □ *~ kraft* enormous force; *være noget ~* master something; *han er ikke sig selv ~* he is not master of himself.
mægtig[2], **mægtigt** *adv. (jf. mægtig*[1]*)* **1.** powerfully; **2.** hugely, enormously, tremendously; **3.** *(meget)* immensely, greatly, tremendously; □ *~ god* jolly good, great, splendid, marvellous (*fx* idea; he is great at football).
mæh *interj.* baa.
Mæhren *(geogr.)* Moravia.
mæhæ *sb. (et, -er)* fool, simpleton.
mælam *sb.* baa-lamb.
mælde *sb. (en, -r) (bot.)* orache.
mæle[1] *sb. (et)* speech; voice; □ *få sit ~ igen* recover one's voice; F find one's tongue; *han er grov i -t* his voice is gruff; *tabe (el. miste) -t* be left speechless, be struck dumb; *have tabt -t (også)* be tongue-tied.
mæle[2] *vb.* utter (*fx* he did not utter a word).
mælk *sb. (en)* milk; □ *en ~* a carton (, bottle) of milk; *give ~* yield milk; *et land der flyder med ~ og honning* a land flowing with milk and honey.
mælke *sb. (en) (hos fisk)* milt, soft roe.
mælkeagtig *adj.* milky; *(fagl.)* lacteous.
mælkebar milk bar.
mælkebøtte *(bot.)* dandelion.
mælkedannelse lactation.
mælkedreng milkboy.
mælkefisk milter.
mælkeflaske milk bottle.
mælkeforsyning 1. milk supply; **2.** *(butik)* dairy.
mælkehvid *adj.* milk-white.
mælkejunge milk can.
mælkekande milk jug.
mælkekapsel milk bottle top.
mælkekarton milk carton.
mælkekirtel *(anat.)* mammary gland.
mælkekusk milkman.
mælkelignende *adj.* milky.
mælkemad milk foods pl.
mælkemand milkman.
mælkepulver milk powder, powdered milk.
mælkeri *sb. (et, -er)* milk bar.
mælkespand milk pail.
mælkesukker milk sugar, lactose.
mælkesyre lactic acid.
mælket *adj.* milky.
mælketand milk tooth; *(især am.)* baby tooth.
mælkeudsalg dairy.
mælkevej *(astr.)* galaxy; □ *-en* the Milky Way.
mælkevogn 1. *(tankvogn)* milk tanker; **2.** *(mælkemands vogn)* milk float.
mælkeydelse milk yield.
mænade *sb. (en, -r) (myt.)* maenad.
mænd *pl. af mand.*
mængde *sb. (en, -r)* **1.** *(især om nøjagtig målelig ~)* quantity (*fx* a small quantity of the drug); **2.** *(om ikke-tælleligt sb. & om varer)* amount (*fx* the large amount of refuse (, luggage, work) there was; we imported large amounts of potatoes (, oranges); even in small amounts (*el.* quantities) this poison is dangerous); **3.** *(om tælleligt sb.: antal)* number (*fx* the large number of letters we have received; a large number of people have applied); **4.** *(menneske-)* crowd (*fx* he disappeared in the crowd); **5.** *(især fagl.: omfang)* volume (*fx* of trade, of traffic); **6.** *(fys.)* quantity (*fx* of heat, of light); **7.** *(mat.)* set (*fx* empty (*el.* null) set *(tom ~)*); □ ***en*** *~ a) (uden sb.: mange, meget)* a lot, lots (*fx* we had lots to eat); *b) (+ sb.: meget)* a good deal of; a large quantity (*el.* amount) of; T a lot of, lots of (*fx* butter, food); *c) (+ sb.: mange)* a great many; a large number of; T a lot of, lots of (*fx* flowers, friends, letters, people); *(talrigere)* a host of, hosts of (*fx* flowers, friends); *en forfærdelig ~ a)* an awful lot of; *b) (uden sb.)* an awful lot; *en hel ~ a)* quite a number of (*fx* letters); a large quantity of (*fx* beer); T a whole lot of (*fx* letters, beer); *b) (uden sb.)* a whole lot; *[med præp.] -r* ***af*** large amounts (*el.* quantities) of; T lots of; ***i*** *rigelig ~* in large numbers (*el.* quantities); abundantly; *findes i rigelig ~* abound; *i tilstrækkelig ~* in sufficient quantities, sufficiently.
mængdelære *(mat.)* set theory.
mængderabat quantity discount.
mængdetal cardinal number.
mænge *vb.: ~ sig med* mix with, rub shoulders with; *~ sig* muscle in.
mær *sb. (en, -e) (neds. om kvinde)* bitch.
mærkat *sb. (et, -er)* ® sticker.
mærkbar *adj.* perceptible, appreciable.
mærke[1] *sb. (et, -r)* **1.** *(tegn, spor)* mark; *(kontrol-, hak)* tick; **2.** *(indsnit)* notch, cut; **3.** *(påhæftet el. påsyet)* label (*fx* on a T-shirt; on new products in the supermarket); tag (*fx* tags stapled to the clothes by the dry-cleaners); *(påbundet)* tag; *(pris-)* price tag, price label; **4.** *(hdl.: om kortvarige produkter, fx fødevarer)* brand (*fx* cigars (, soap, tea, tobacco, whisky) of the best brand); *(om varige: fabrikat)* make (*fx* a bicycle (, car, watch) of the best make); **5.** *(emblem)* badge; **6.** *se frimærke, rabatmærke, rationeringsmærke*; **7.** *(sø.) se sømærke*; □ *blåt ~ (ɔ: efter slag)* bruise; *der var -r efter hundens tænder på hans ben* their were marks from the dog's teeth on his leg; *[med vb. + præp.]* ***bide*** *~* ***i*** note; ***bære*** *~* ***af*** be marked by (*fx* suffering); show signs of (*fx* having been roughly treated); ***lægge*** *~* ***til*** notice; *værd at lægge ~ til a)* noteworthy; *b) (om person)* worth watching; ***sætte*** *~* ***ved*** put a mark against; *sætte ~ ved de enkelte poster* tick off each item; *[med præp.] være oppe* ***på*** *-rne* T be on one's toes; be on the ball; *få dem op på -rne* put them on their mettle; *skrive* ***under*** *-t X* write over the signature of X.
mærke[2] *vb.* **1.** *(fornemme)* feel (*fx* she felt that it (, she) was getting cold; he felt himself blushing; I felt there was something wrong; he was beginning to feel his age); *(svagt, ubestemt)* sense (*fx* he sensed there was someone standing behind him); **2.** *(bemærke)* notice, be aware of (*fx* he was not aware of what was happening around him); *(ofte =)* see, hear, smell, taste (*fx* I could see (, hear) that he was scared); **3.** *(blive klar over)* become aware of (*fx* I became aware of a sudden movement; he became aware that he had hurt her); realize (*fx* he realized that he had lost his way); **4.** *(forsyne med mærke)* mark (*fx* all your clothes must be marked with your name); *(med etikette, påhæftet el. påsyet)* label (*fx* products in the supermarket); *(påbundet)* tag; *(om kvæg: brænde-)* brand; **5.** *(præge)* mark (*fx* this experience marked him for the rest of his life; a face marked by (*el.*

with) suffering); leave one's (, its) mark on (*fx* the terrible experience had left its mark on him);
□ *mærk!* note! *billet -t X (svarer til)* apply box X; *det* ***kunne*** *-s a) (jf. 1)* it could be felt; *b) (jf. 4)* it was beginning to tell (*fx* the strain was beginning to tell on him); ***vel at*** *~ a) (husk på)* mind you (*fx* this is a secret, mind you); *b) (det vil sige)* that is (*fx* he'll do it, that is if you ask him politely); *c) (hvad mere er)* what is more (*fx* several people and, what is more, experts on the subject, doubt its authenticity);
[med præp. & sig] lade sig ~ ***med*** show (*fx* he did not show that he knew already); F betray (*fx* he did not betray his surprise); *han lod sig ikke ~ med noget* he behaved as if nothing had happened; T he didn't let on; *man kan ~* ***på*** *ham at han ved det* you can tell that he knows; *~* ***sig*** note; *det skal jeg ~ mig* I will bear that in mind; *mærk dig hvad jeg siger* mark my words; *~ noget* ***til*** notice; *det kunne jeg ikke ~ noget til* I did not notice that.

mærkeblæk marking ink.

mærkedag 1. red-letter day;
2. *(hvor der sælges mærker)* flag day.

mærkelig[1] *adj.* **1.** *(usædvanlig)* strange, remarkable (*fx* coincidence); *(stærkere)* extraordinary (*fx* sight);
2. *(besynderlig)* odd (*fx* behaviour); queer (*fx* feeling; there was something queer about the place); T funny; *(oftest misbilligende)* peculiar (*fx* smell, taste, behaviour);
□ *det var da -t* that is odd (, strange); how odd (, strange).

mærkelig[2], **mærkeligt** *adv. (jf. mærkelig*[1]*)* **1.** strangely (*fx* he behaved strangely; he was strangely calm; strangely enough);
2. oddly (*fx* he spoke oddly; oddly enough); queerly (*fx* he looked at me queerly); peculiarly.

mærkepæl 1. *(grænsepæl)* boundary post; **2.** *(fig.)* landmark.

mærkesag *(politisk omtr.)* leading issue, key issue.

mærkeseddel label; *(påbunden)* tag.

mærkevarer *sb.pl.* branded goods; *(dyrt tøj)* designer clothes.

mærkeår memorable year.

mærkning *sb. (en)* marking; *(med etikette)* labelling.

mærkværdig[1] *adj.* **1.** *(påfaldende)* odd, peculiar; **2.** *(bemærkelsesværdig)* striking, remarkable; *(stærkere)* extraordinary.

mærkværdig[2], **mærkværdigt** *adv. (jf. mærkværdig*[1]*)* **1.** oddly, peculiarly (*fx* he behaved rather oddly (*el.* peculiarly)); **2.** strikingly (*fx* they were strikingly different); remarkably; extraordinarily.

mærkværdighed *sb. (en, -er)* oddity, peculiarity.

mærkværdigvis oddly enough; strange to say, strange as it may seem.

mærs *sb. (et, -) (sø.)* top.

mærsefald *(sø.)* topsail halyard.

mærseskøder *sb.pl. (sø.)* topsail sheets.

mærsestang *(sø.)* topmast.

mærssejl *(sø.)* topsail.

mæsk *sb. (en)* mash.

mæske *vb.* **1.** *(ved brygning)* mash;
2. *(fede)* fatten;
□ *~ sig med* gorge oneself on.

mæskekar mash tub.

mæskning *sb. (en, -er)* mashing.

mæslinger *sb.pl.* measles sg.

mæt *adj.* satisfied; *(i børnesprog)* full up;
□ *~* ***af*** *(ɔ: overmæt)* satiated with (*fx* rich food; success); *~ af dage* full of days;
[med vb.] ***blive*** *~* have enough to eat; *jeg* ***er*** *~ (ɔ: svar på spørgsmål om man vil have mere)* I have done very well, thank you; I have had sufficient (*el.* plenty); *han kunne ikke* ***se sig*** *~ på billedet* he never tired of looking at the picture; ***spise sig*** *~* have enough to eat; eat one's fill; *man kan ikke mere end spise sig ~* enough is as good as a feast.

mæthed *sb. (en)* satiety.

mætning *sb. (en, -er) (kem.)* saturation.

mætningspunkt *(også fig.)* saturation point (*fx* reach saturation point).

mætte *vb. (se også mættende)*
1. satisfy; *(især overmætte,* F*)* satiate; **2.** *(kem. & fig.)* saturate (*fx* a saturated solution; the market is saturated);
□ *det -r (om mad)* it is filling; it fills you up (*fx* brown bread fills you up better than white); *der er mange munde at ~* there are many mouths to feed.

mættende *adj.* **1.** *(om måltid)* satisfying; **2.** *(om mad)* filling.

mø *sb. (en, -er)* **1.** maid, maiden;
2. *(uberørt)* virgin.

møbel *sb. (et, møbler)* piece of furniture; *møbler* furniture sg.; *mange møbler* a lot of furniture.

møbelarkitekt furniture designer.

møbelbetræk 1. *(løst)* furniture cover, loose cover; **2.** *se møbelstoffer.*

møbelhandler furniture dealer.

møbellak cabinet varnish.

møbellandskab interior landscape.

møbelmagasin furniture shop.

møbelopbevaring furniture storage.

møbelovertræk furniture cover, loose cover.

møbelplade blockboard.

møbelpolstrer *sb. (en, -e)* upholsterer.

møbelsnedker cabinet-maker.

møbelstoffer *sb.pl.* furnishing fabrics, upholstery fabrics.

møblement *sb. (et, -er)* **1.** *(sæt af møbler)* suite (*fx* a bedroom suite);
2. *(møbler)* furniture (*fx* the furniture in the room was old and battered).

møblere *vb.* furnish;
□ *~ om* rearrange the furniture; *~ værelset om a)* rearrange the room; *b) (med nye møbler)* refurnish the room; *-t lejlighed* furnished flat; *delvis -t* part-furnished.

møblering *sb. (en, -er)* **1.** furnishing; **2.** *(møblement)* furniture.

mødding *sb. (en, -er)* dunghill;
□ *smide på -en (fig.)* scrap.

møde[1] *sb. (et, -r)* **1.** *(sammentræf)* meeting (*mellem* between; *med* with, *fx* her first meeting with him); *(tilfældigt, uventet,* F*)* encounter (*med* with, *fx* I had a strange encounter with a policeman);
2. *(aftale)* appointment (*med* with, *fx* I had an appointment with the manager);
3. *(forsamling, drøftelse)* meeting (*fx* a meeting at the club; a staff meeting; declare the meeting open); *(mere* F*)* conference (*fx* they have a conference every morning; a staff conference);
4. *(stort, offentligt, især politisk)* rally (*fx* there was a big rally in Trafalgar Square);
5. *(parlaments-, i organisation etc., rets-)* sitting, session (*fx* of the Security Council; an all-night sitting (*el.* session) of Parliament; the court is still in session);
□ *give ~* appear; *holde ~* hold a meeting; *(om forsamling også)* be sitting;
[med præp.] gå ***i*** *~ (styre imod)* be heading for (*fx* dissolution); *(se også undergang)*; *gå (, løbe) en i ~* go (, run) to meet sby; *(se også slå*[2] *(i ~))*; *sidde i et ~* be at a

meeting; be in conference; ***på*** *et* ~ at a meeting; *gå* ***til*** *et* ~ go to a meeting; F attend a meeting; *være til (ɔ: overvære) et* ~ be at a meeting; F attend a meeting; *han er (gået) til* ~ he has gone to a meeting; he is in a meeting (*el.* in conference); ***under*** *-t* during the meeting.

møde[2] *vb. (mødte, mødt) (se også mødes)* **1.** meet; *(tilfældigt også)* come across, run across (*el.* into); F come upon, encounter;
2. *(i sport)* meet, compete against (*fx* Britain will compete against France at fencing); play (*fx* the Russian team is to play Arsenal next week); take on;
3. *(blive genstand for, komme ud for)* meet with (*fx* kindness, criticism, opposition, resistance); *(om noget ubehageligt også,* F*)* encounter (*fx* difficulties);
4. *(stå over for, være udsat for)* face (*fx* danger, criticism);
5. *(indfinde sig)* be there, be at school (, at the office etc.) (*fx* when do you have to be at school tomorrow?); *(se også ndf.: ~ på arbejde)*; *(især jur.)* appear (*fx* appear before a committee; appear as a witness; appear for him in court); *(se også vidne*[1]*)*;
□ *~ éns blik* meet sby's glance; *vel mødt!* welcome! *(glds.)* hail! well met!
[med præp. & adv.] ~ ***frem***, *se ndf.: ~ op*; *(ikke)* ~ ***i*** *retten* (fail to) appear before the court; *~ i skolen se ovf.: 5*; ~ ***op*** appear, arrive; *(især efter forsinkelse)* turn up; ~ ***op med*** present, bring forward; *(neds.,* T*)* trot out (*fx* all the old arguments); ~ ***på*** *arbejde* be at work (*fx* when do you have to be at work?); start work, turn up for work; F report for work; *(se også halvvej)*; ~ ***til*** *tiden* be there on time.

mødeaften: *torsdag er vores ~* we meet on Thursday nights.

mødedille conference mania, conferencitis.

mødeindkalder convener.

mødekalender appointments diary.

mødeleder chairman; chairperson; *(kvindelig)* chairwoman.

mødelokale meeting room, conference room.

mødepligt compulsory attendance;
□ *have ~* be under an obligation to attend.

mødeprocent turn-out (*fx* a large turn-out).

mødeprotokol, **mødereferat** minutes pl.

mødes *vb.* meet;
□ *aftale at ~ med én se aftale*[2]; *vi ~ i morgen!* T see you again tomorrow!

mødesal *se mødelokale.*

mødested 1. meeting place; **2.** *(for bestemt gruppe)* rendezvous (pl. -) (*fx* the pub is a rendezvous for journalists).

mødeteknik conference leadership.

mødetræt *adj. (præd.)* tired of meetings.

mødig *adj.* weary.

mødighed *sb. (en)* weariness.

mødom virginity (*fx* he took (, she lost) her virginity).

mødomshinde hymen.

mødre *pl. af moder.*

mødrehjem mother-and-baby home.

mødrene *adj.* maternal; *(efter sb.)* on the mother's side.

møf *sb. (en)* T fug.

møg *sb. (et)* **1.** *(bras)* rubbish, trash; T muck;
2. *(snavs)* dirt; *(stærkere)* filth; T muck;
3. *(agr)* dung; T muck;
□ *sprede ~* spread dung.

møgbeskidt *adj.* filthy; T mucky.

møgblad *(ɔ: avis)* rag.

møgbør *sb. (en, -e)* dung barrow.

møgfald *(*T*: overhaling)* blowing-up, rocket; *(grovere)* bollocking;
□ *give en et ~* blow sby up, bawl sby out.

møggreb *sb. (en, -e)* dung (*el.* manure) fork.

møgkedelig *adj.* deadly (dull).

møgspand *(om bil,* S*)* crate.

møgspredning dung spreading.

møgsvin filthy swine.

møgvejr vile (*el.* foul *el.* filthy) weather.

møje *sb. (en)* pains pl. (*fx* that was all I got for my pains); trouble;
□ *med ~ og besvær* with difficulty.

møjsommelig *adj.* laborious.

møl *sb. (et, -) (zo.)* (clothes) moth;
□ *der er gået ~ i frakken* the moths have got into the coat; the coat is moth-eaten.

mølbehandlet *adj.* mothproof(ed).

mølkugle mothball.

møllarve *(zo.)* moth larva (pl. moth larvae).

mølle *sb. (en, -r)* mill;
□ *hele -n* T the whole lot; *vende ~* turn cartwheels;
[med præp.] det er vand ***på*** *hans ~* that suits him (down to the ground); that is grist to his mill; *den der kommer først* ***til*** *~ får først malet* first come, first served.

møllebygger *sb. (en, -e)* millwright.

møllebyggeri windmill construction.

møllebæk mill stream.

mølledam millpond.

mølledæmning milldam.

møllehjul mill wheel.

møllepark wind farm.

møller *sb. (en, -e)* miller.

mølleri *sb. (et, -er)* **1.** milling;
2. *(mølle)* mill.

møllesten millstone.

møllevinge arm (of a windmill).

mølleværk millwork.

mølleå mill stream.

mølpose moth(proofed) bag;
□ *lægge i ~ (fig.)* put in mothballs, mothball.

møltablet mothball.

møltæt *adj.* mothproof.

mølædt *adj.* moth-eaten.

mønje *sb. (en, -r)* red lead, minium.

mønning *sb. (en, -er)* ridge.

mønster *sb. (et, mønstre)* **1.** pattern;
2. *(tegning til at arbejde efter)* design; *(udklippet til kjole etc.)* pattern;
3. *(forbillede, eksempel)* model; F paragon;
□ *være et ~* ***på*** be a model of (*fx* good behaviour; industry *(flid)*); F be a paragon of (*fx* virtue); *tage en* ***til*** *~* take sby for one's model, copy sby.

mønsterbarn model child.

mønsterbeskyttet *adj.* registered.

mønsterbog pattern book.

mønstergyldig *adj.* exemplary (*fx* behaviour); ideal (*fx* solution); *(kun attr.)* model (*fx* behaviour; wife).

mønstergård model farm.

mønsterstrikning pattern knitting.

mønstertegner (pattern) designer.

mønsterværdig *se mønstergyldig.*

mønstervævning fancy weaving.

mønstre *vb.* **1.** *(undersøge, betragte)* examine (critically); inspect;
2. *(tropper)* review, inspect (*fx* the troops);
3. *(samle)* muster (*fx* they could not muster much support for the proposal); collect (*fx* people to help);
4. *(sø.: tage hyre)* ship, sign on;
□ *~ en fra top til tå* eye (*el.* look) sby up and down.

mønstret *adj.* figured;
□ *~ stof (også)* fancy material.

mønstring *sb. (en, -er)* **1.** critical examination; inspection;
2. *(af tropper)* review, inspection;
3. *(sø.: påmønstring)* signing on;

(afmønstring) paying off;
□ *holde* ~ make a muster.
mønstringskontor *(sø.)* seamen's employment bureau.
mønt *sb. (en, -er)* **1.** coin (*fx* a few coins);
2. *(valuta)* currency (*fx* in Danish (, foreign) currency);
3. *(penge)* money;
4. *(møntanstalt)* mint;
□ ~, *mål og vægt* money, weights and measures;
[med vb.] ***betale*** *ham med samme* ~ pay him back in his own coin; T give him tit for tat; ***slå*** ~ coin money; *slå* ~ *af noget (fig.)* make capital out of sth (*fx* they tried to make political capital out of the affair); *slå politisk* ~ *af det* make political profit out of it.
møntboks coinbox.
møntdirektør mintmaster.
møntenhed currency unit, monetary unit, unit of coinage.
møntet *adj.*: *det var* ~ *på dig* that was aimed at you; that was one for you; *mine ord er ikke* ~ *på dig* I am not referring to you.
møntfod monetary standard.
møntguardein assay master.
møntkonvention monetary convention.
møntkort *(til telefon)* phonecard.
møntmester = *møntdirektør.*
møntreform monetary reform.
møntrens *sb. (en),* **møntrenseri** self-service dry-cleaners.
møntsamler collector of coins.
møntsamling collection of coins.
møntsort species of coin.
møntstempel die.
møntsystem monetary system.
mønttelefon coinbox, coin-operated telephone; *(am.)* pay station.
møntunion monetary union.
møntvask *sb. (en),* **møntvaskeri** (coin-operated) launderette (*el.* washerette); coin laundry; *(am.)* laundromat.
møntvidenskab numismatics.
møntvæsen coinage.
mør *adj.* **1.** *(om kød)* tender;
2. *(hensmuldrende, skør)* crumbling (*fx* bricks, walls); F mouldering;
3. *(træt, præd.)* done in (*fx* I was quite done in after the football match);
4. *(føjelig)* submissive;
□ *gøre én* ~ *(fig.)* soften sby up; *jeg er helt* ~ *i armene* my arms are aching; *koge* ~ boil till tender.
mørbanke *vb.* beat up, beat black and blue;
□ *-t (ɔ: udmattet)* done in.
mørbrad *sb. (en, - el. -e) (omtr.)* fillet, tenderloin.
mørdej shortcrust pastry.
mørk *adj.* dark (*fx* room, hair, eyes, sky);
□ *det var for -t til at jeg kunne se ham* it was too dark for me to see him; *før det bliver -t* before (it gets) dark; *det var ved at blive -t* it was getting dark;
[med sb.] ~ *arrest se arrest;* ~ *mine se dyster (mine); et -t punkt i hans fortid* a black spot in his past; *-t tøj a)* dark clothes pl.; *b) (sæt tøj)* dark suit; *-e udsigter* gloomy prospects.
mørkblond *se mørkeblond.*
mørke *sb. (et)* **1.** darkness (*fx* the room was in darkness; there was only darkness before us; we heard somebody moving in the darkness);
2. *(ɔ: når det er mørkt)* the dark (*fx* he is afraid of the dark; I can't see in the dark; sit in the dark);
□ *-ts gerninger* deeds of darkness, dark deeds; *(se også falde (på), frembrud, kat, mulm).*
mørkeblond *adj.* medium fair.
mørkeblå *adj.* dark blue.
mørkebrun *adj.* dark brown.
mørkekammer *(foto.)* darkroom.
mørkelægge *se mørklægge.*
mørkeræd *adj. (præd.)* afraid of the dark.
mørkerød *adj.* dark red.
mørkhudet *adj.* dark(-skinned); swarthy.
mørkklædt *adj. (præd.)* dressed in dark clothes.
mørkladen *adj.* darkish; *(om teint)* swarthy.
mørklægge *vb.* black out (*fx* the town was blacked out);
□ ~ *sagen (fig.)* keep the matter secret (*el.* under wraps); impose a news blackout (on the matter); *operationen er blevet mørklagt* there is a news blackout on the operation.
mørklægning *sb. (en, -er)* **1.** blackout; **2.** *(fig.)* (news) blackout (*af* on).
mørklægningsgardin blackout curtain.
mørklødet *se mørkhudet.*
mørkne *vb.* darken;
□ *det begynder at* ~ it is getting dark.
mørkning *sb. (en)* twilight; *(mørkere,* F*)* dusk;
□ *holde* ~ sit in the dark; *i -en* at dusk.
mørkøjet *adj.* dark-eyed.
mørne *vb.* **1.** *(om kød)* become tender; *(med objekt)* make tender, tenderize;
2. *(smuldre)* crumble;
3. *(om tøj, læder, gummi)* perish;
□ *tøjet er -t* the fabric has perished.
mørtel *sb. (en)* mortar.
mørtelværk mortar mill.
møtrik *sb. (en, -ker)* nut.
møve *vb.* T push;
□ ~ ***sig frem*** *a)* elbow one's way; *b) (fig.)* push oneself forward; ~ ***sig ind*** worm (one's way) in; ~ ***sig ind på*** muscle in on (*fx* them, their territory); muscle one's way into (*fx* the Mafia has muscled its way into legitimate banks).
må[1]*: på* ~ *og få* at random.
må[2] *præs. af måtte*[2]*.*
måbe *vb.* gape, gawp, gawk (*over* at);
□ *stirre -nde på* gape at, gawp at, gawk at, goggle at.
måde *sb. (en, -r)* **1.** way; *(mere* F*)* manner;
2. *(gram.)* mood;
□ *hans* ~ ***at*** *gøre det på* his way of doing it; the way he did (, does) it; *den bedste* ~ *at gøre det på* the best way to do (*el.* of doing) it; *det er '-n han gør det på* it is the way he does it; *hendes* ~ *at være på* the way she behaves; her behaviour; *tak for din* ~ *at være på* thank you for being the way you are; ***holde*** ~ be moderate (*med* in); *han kan ikke holde* ~ he does not know when to stop;
[med præp.] ***i alle*** *-r* in all respects, in every way; ***i lige*** ~*! a) (svar på ønske)* the same to you! *b) (svar på skældsord)* the same to you! you are another! fool (etc.) yourself! *ikke* ***i mindste*** ~ not (in) the least; ***med*** ~ moderately, in moderation; *alt med* ~ moderation in all things; *der er* ~ *med det* more or less; only moderately; ***over*** *al* ~ beyond (all) measure; inordinately (*fx* he is inordinately proud);
på *alle (mulige) -r* in every (possible) way; ***på en*** ~ in a way (*fx* I am disappointed, in a way); ***på en anden*** ~ in another way, differently, otherwise; *på en eller anden* ~ somehow (or other); ***på den*** ~ in that way, like that; *det var på den* ~ *(at) det begyndte* that was how it began; ***på denne*** ~ in this way, like this; F thus; ***på ingen*** ~, *ikke* ***på nogen*** ~ by no means, not in the least, not at all; *så snart jeg på nogen* ~ *kan* as soon as I possibly can; *han har det* ***på samme*** ~, *det er på*

samme ~ med ham it is the same with him; *hver **på sin*** each in his (, her) own way~; ***på en vis*** ~ in some ways (*el.* respects).
mådehold *sb. (et)* moderation.
mådeholden, mådeholdende *adj.* moderate.
mådeholdenhed *sb. (en)* moderation.
mådelig[1] *adj.* mediocre, indifferent.
mådelig[2], **mådeligt** *adv.* indifferently.
mådesadverbium *(gram.)* adverb of manner.
måge *sb. (en, -r) (zo.)* (sea)gull.
mågekoloni colony of (sea)gulls.
mågerede gull's nest.
mål[1] *sb. (et, -)* **1.** *(skydeskive, ~ for bombardement etc.)* target;
2. *(ved kapløb)* finishing line; *(ved hestevæddeløb)* winning post;
3. *(fodbold- etc.)* goal;
4. *(bestemmelsessted)* destination (*fx* their destination was the South Pole);
5. *(mil.: angrebsmål)* objective (*fx* our troops reached all their objectives);
6. *(som man stiler imod; konkret ~)* objective (*fx* we hope to achieve our economic objectives); *(~ som kan udtrykkes i tal)* target (*fx* the Government has set itself the target of building 300,000 houses a year; production targets);
7. *(formål)* purpose (*fx* the purpose of his visit); *(mere veldefineret)* aim (*fx* the aim of our policy; his aim in life); *(mere* F*)* object (*fx* the object of his visit (, of his desires); his object in life); *(især fjernere, som kræver udholdenhed)* goal (*fx* the party seems to have no clear idea of its goal; his goal in life; the goal of his desires); *(*F*: endemål)* end (*fx* with this end in view); *(i undervisning)* objective;
□ *et ~ i sig selv* an end in itself; *militære ~ a) (jf. 5)* military objectives; *b) (jf. 1: for luftangreb)* military targets;
[med vb.] ***forfølge*** *et ~* pursue an aim (, object, end); ***få*** *~,* ***lave*** *~* score (a goal); ***nå*** *sit ~, nå sine ønskers ~ se nå*[1]; ***skyde*** *over -et (, på ~, til -s), se ndf.: med præp.; kunne* ***stå*** *~* ***med*** come up to, bear comparison with, compare (favourably) with; ***sætte sig*** *et ~* have an end in view; *sætte sig det ~ at* set oneself to; *sætte sig høje ~* set one's sights high;
[med præp.] springe ***i*** *-et (fig.: trække sig ud, kan gengives)* withdraw at the last moment; ***med*** *det ~ at* with the purpose (, object) of -ing; *skyde* ***over*** *-et a) (også fig.)* overshoot the mark; *b) (i fodbold)* shoot too high; *skyde* ***på*** *~* shoot at goal; *skyde* ***til*** *-s* shoot (, fire) at a target; *skyde til -s efter* shoot (, fire) at; ***uden*** *~ og med* aimlessly.
mål[2] *sb. (et -)* **1.** *(måleenhed, måleredskab)* measure (*fx* the metre is a measure of length; a litre measure);
2. *(størrelse)* measurement (*fx* her measurements round the chest, waist and hip; the inside (, outside) measurements of the box); dimension (*fx* the inside (, outside) dimensions of the box);
□ *syet efter ~* made to measure; *tage ~ af en a)* take sby's measurements, measure sby (*til* for); *b) (fig.: se på)* look sby up and down; *(vurdere)* size sby up, take sby's measure; *~ og vægt* weights and measures;
[med adj.] i fuldt ~ in full measure, to the full (*fx* enjoy life to the full); *for at gøre -et fuldt (fig.)* for good measure (*fx* for good measure I was told that my car had been stolen); to crown (*el.* cap) it all; *største fælles ~ (mat.)* greatest common measure; *knapt ~* short measure; *i rigt ~* abundantly, in abundance.
mål[3] *sb. (et, -)* **1.** *(dialekt)* dialect;
2. *(mæle)* speech.
målbevidst[1] *adj.* purposeful, determined.
målbevidst[2] *adv.* purposefully, determinedly.
målbevidsthed determination; F singleness of purpose.
måldommer 1. judge; **2.** *(i ishockey)* goal judge.
måle *vb. (målte, målt)* **1.** measure;
2. *(rumindhold)* gauge;
□ *værelset -r 20 x 12 fod* the room measures 20 feet by 12;
[med præp. & adv.] ~ ***af*** *a) (ɔ: af et større stykke)* measure off (*fx* a dress length from a roll of material; a piece of wood); *b) (udmåle)* measure out (*fx* a double whisky); *~ '****efter*** *(kontrollere)* check; *~ en* ***fra top til tå*** look sby up and down; *det kan ikke -s* ***i*** *penge* you can't put it in money terms; *kunne ~ sig* ***med*** compare with; come (*el.* be) up to; *~ en med øjnene* look sby up and down, size sby up; *~* ***op*** *a)* measure; *b) (land)* survey.
målebordsblad topographical map on the scale of 1:20,000; *(ofte =)* ordnance map.
målebæger measuring cup.
målebånd tape measure.
måleenhed unit of measurement.
måleglas graduated (*el.* measuring) glass, measuring cylinder.
måleinstrument measuring instrument, measure.
målelig *adj.* measurable.
måler *sb. (en, -e)* **1.** *(gas-, elektricitets-, vand-)* meter;
2. *(zo.: larve)* looper; *(sommerfuglen)* carpet moth;
3. *(en der måler)* measurer.
måleraflæser *sb. (en, -e)* meter inspector.
måleraflæsning meter reading.
målerkontrollør *se måleraflæser.*
målerlarve *(zo.)* looper.
måleske measuring spoon.
målestok 1. *(målestoksforhold)* scale;
2. *(sammenligningsgrundlag)* yardstick (*fx* he used conditions in the USA as his yardstick; apply the same yardstick to all the cases); benchmark (*fx* the Tay is used as a benchmark for river cleanliness); standard (*for* of, *fx* their standard of wealth is different);
3. *(udstrækning)* scale, extent; *(se også ndf.: efter en større ~);*
4. *(meterstok etc.)* rule, measure;
□ *anlægge en anden ~* apply (*el.* measure by) another standard;
[med præp.] ***efter*** *dansk ~ var han rig* by Danish standards he was rich; *efter en større ~ a)* on a large scale, to a great extent; T in a big way; *b) (ɔ: i store mængder)* in enormous quantities; ***i*** *formindsket (, forstørret) ~* on a reduced (, an enlarged) scale; *i stor ~, se ovf.: efter en større ~; kort i stor ~* large-scale map.
målfelt *(sport)* goal area.
målfest goal spree.
målforskel *(sport)* goal difference.
målforskning target (*el.* mission-oriented) research.
målgruppe target group.
måling *sb. (en, -er)* **1.** measuring, measurement; **2.** *(af rumindhold)* gauging.
målkast *(sport)* goal throw.
mållinie, mållinje 1. *(fodbold)* goal line; **2.** *(løb)* finishing line.
målløs[1] *adj.* speechless; dumbfounded;
□ *det gjorde mig ~* it left me speechless; I was struck dumb.
målløs[2] *adj. (sport)* goalless.
målmand *(sport)* goalkeeper; T goalie.
målorgie goal spree.

målrette *vb.* target (*mod* at, on).
målrettet *adj.* **1.** *(som har et bestemt formål: om person)* purposeful; goal-oriented; *(om handling etc.)* purposive;
2. *(rettet mod en bestemt gruppe etc.)* targeted (*mod* at); *(specific også)* specific (*fx* information, list);
3. *(psyk.)* goal-directed (*fx* behaviour);
□ ~ *forskning se målforskning.*
målscore *sb. (en, -r): samlet ~ (i sport)* aggregate of goals.
målscorer *sb. (en, -e) (sport)* (goal) scorer.
målskydning *(mil.)* target practice.
målsnor *(sport)* tape;
□ *bryde -en* breast the tape.
målspark *(sport)* goal kick.
målsprog target language.
målstang, **målstolpe** *(sport)* goal post.
målsætning object, objective.
målsøgende *adj. (mil.)* homing.
måltid *sb. (et, -er)* meal;
□ *et let ~* a light meal; *(hurtigt)* a snack; *et ordentligt (ɔ: tilstrækkeligt) ~* a square (*el.* proper) meal; *et overdådigt ~* F a sumptuous repast; T a slap-up meal; *de mødtes kun ved -erne* they only met at mealtimes.
målvogter goal-keeper; T goalie.
måne *sb. (en, -r)* **1.** moon; **2.** *(skaldet plet)* bald spot, bald patch (on the top of sby's head).
måneansigt moon face.
månebelyst *adj.* moonlit.
månebil moon buggy, moonrover.
måned *sb. (en, -er)* month;
□ *august ~* the month of August; *tre -ers ferie (, fravær)* three months' holiday (, absence); *flere -ers uvished (, kamp, demonstrationer)* several months of uncertainty, (, fighting, demonstrations); *(se også forrige, tid)*;
[med præp. & adv.] ***i** denne ~* this month; *i næste ~* next month; *hun er i sjette ~ (om gravid)* she is five months pregnant (*el.* gone); ***om** en ~* in a month; *i dag om en ~* a month from today; *på søndag om en ~* a month on Sunday; *to gange om -en* twice a month; *-en* ***ud*** (for) the rest of the month; *(se også først (på,) sidst (på)).*
månedlang *adj. (som varer en måned)* month-long.
månedlig[1] *adj.* monthly (*fx* monthly payments);
□ *hun har sit -e* she has her period.
månedlig[2], **månedligt** *adv.* monthly (*fx* they are paid monthly); by the month.
månedsblad monthly (magazine).
månedsdag day of the month;
□ *hver ~* every month.
månedskort monthly season ticket.
månedsløn (monthly) salary.
månedslønnet *adj. (præd.)* paid by the month; *(attr.)* salaried.
månedsvis *adj. & adv.* monthly;
□ *i ~* for months (and months).
månefase phase of the moon.
måneformet *adj. (bot.)* lunate.
måneformørkelse eclipse of the moon; F lunar eclipse.
måneklar *adj.* moonlit (*fx* night).
månekrater lunar crater.
månelanding landing on the moon, lunar landing.
månelandingsfartøj lunar landing vehicle; *(i Apolloprogrammet)* lunar excursion module; *(fork.)* LEM.
månelandskab lunar landscape.
månelys[1] *sb.* moonlight.
månelys[2] *adj.* moonlit.
månerejse lunar flight.
måneskib mooncraft.
måneskifte *sb.* change of the moon.
måneskin moonlight.
måneskinsarbejde **1.** *(det at lave ~)* moonlighting; **2.** *(arbejde der ikke opgives til skattevæsnet)* undeclared work, "black" work;
3. *(enkelt stykke ~)* moonlight(ing) job; fiddle job;
□ *lave ~* moonlight.
måneskinsarbejder moonlighter.
måneskinstur walk (, drive etc.) by moonlight; moonlight walk (, drive etc.).
måneskælv moonquake.
måneskær moonlight.
månesonde lunar probe.
månesten moonstone.
månestråle moonbeam.
månestøvle moonboot.
månevandring moonwalk.
måneår lunar year.
mår *sb. (en, -e(r)) (zo.)* marten.
mås *sb. (en, -e)* bottom, behind; *(am.)* fanny.
måske *adv.* perhaps (*fx* it is perhaps the best we can do); possibly; *(mere* T, *kun i begyndelsen af sætn.)* maybe (*fx* well, maybe you are right);
□ *han kan ~ måske gøre det (også)* he may (perhaps) be able to do it; *han kommer ~ (også)* he may come; *det er ~ sandt (også)* it may be true.
måtte[1] *sb. (en, -r)* mat;
□ *holde sig på -n a) (beherske sig)* control oneself, keep one's temper; T keep one's cool; *b) (opføre sig godt)* behave oneself; *c) (overholde et forbud)* toe the line.
måtte[2] *vb. (må, måtte, måttet)*;
1. *(om tilladelse)* be allowed to; *(må)* can; *(mere* F*)* may (*fx* can (, may) I help you on with your coat? can (, may) I go now?); *(se også ndf.: må gerne, må ikke)*;
2. *(om nødvendighed)* have (got) to (*fx* I've got to go now; I had to go); *(om personlig opfattelse: må)* must (*fx* I must go now);
3. *(om logisk nødvendighed)* be bound to (*fx* it was bound to be a failure); *(må, også)* must (*fx* it must be wrong; I must have forgotten it);
4. *(om ønske: må, måtte)* may (*fx* may your life be happy);
□ *jeg sagde at jeg ~ gå (jf. 2)* I said that I must go; *jeg ~ le (jf. 2)* I could not help laughing; *(se også bede*[3] *(om))*;
[med gerne & ikke] må ***gerne*** can; *(mere* F*)* may (*fx* you can (, may) go now); *det må du gerne* you are welcome (to do that); F you may; *jeg måtte (gerne) gøre det* I was allowed to do it; *han sagde jeg (gerne) måtte gøre det* he told me I might (*el.* could) do it;
må ***ikke*** *a)* must not (*fx* you must not do it; I must not forget to write; it must not be forgotten); *b) (om nægtet tilladelse)* F may not; T can't (*fx* may (, can) I go? no you may not (, can't); cars may not be parked here); ***der*** *må* ***ikke*** *ryges her* smoking is not allowed here; ***han*** *må* ***ikke*** *forstyrres* he is not to be disturbed; *må* ***ikke for***, *se ndf.: med præp. & adv.*; *åh far, må vi* ***ikke nok***? please daddy, won't you let us? *jeg må* ***vel ikke*** *tale lidt med dig?* could I speak to you for a moment?
[med præp. & adv.] jeg må ***af sted*** I must go; I must be off; *jeg må ikke* ***for*** *ham* he won't let me; *hvis vi må for ham* if he'll let us; *for mig må han gøre hvad han vil* he can do whatever he likes for all I care; *jeg må* ***hen*** *til bageren* I have got to go to the baker's; *jeg må* ***hjem*** I must go home, I must be getting home; *jeg må* ***ind*** I must go (*el.* get) in; *det må han* ***om*** that's his look-out; that's up to him; *der må tid* ***til*** it takes time; *jeg må* ***tilbage (, ud)*** I must go (*el.* get) back (, out); *(se også hellere, nok*[1]*).*

N

N. *(fork.f. nord)* N. (*fork.f.* North).
nabo *sb. (en, -er)* neighbour;
□ *optræde som en god ~* be neighbourly; *nærmeste ~ a)* nearest (*el.* closest) neighbour (*fx* our nearest neighbour is half a mile away); *b) (lige ved siden af)* next-door neighbour;
[med præp.] inde ***hos*** *-en* next door; *vor ~* ***mod*** *syd* our southern neighbour; *gå ind* ***til*** *-en* go next door; *han er ~ til mig* he lives next door to me, he is my next-door neighbour.
nabo- 1. neighbouring (*fx* country, farm, town); **2.** *(lige ved siden af)* next-door (*fx* entrance, flat).
nabohjælp *(ɔ: overvågning)* neighbourhood watch.
nabohus house next door; F adjoining house;
□ *han bor i -et* he lives next door.
nabokone neighbour.
nabolag *sb.* neighbourhood; F vicinity.
naboskab *sb. (et, -er)* neighbourhood;
□ *godt ~* neighbourliness.
nabovenlig *adj.* neighbourly.
nabovinkel adjacent angle.
nadir *sb. (et)* nadir.
nadver *sb. (en)* supper;
□ *den hellige ~* Holy Communion, the Eucharist, the Lord's Supper.
nadverbord communion table.
nadverbrød Host.
nadvergæst communicant.
nadverkalk *sb. (en, -e)* chalice.
nafta *sb. (en)* naphtha.
naftalen, **naftalin** *sb. (en el. et)* naphthalene.
nag *sb. (et): bære ~* bear a grudge, hold a grudge (*fx* I hold no grudge); *bære ~ til en* have a grudge against sby; bear (*el.* owe) sby a grudge (*for* for, *fx* I bear him no grudge for it); *jeg bærer ikke ~ (også)* I have no hard feelings; *jeg bærer ikke ~ til ham (også)* I bear him no hard feelings (*el.* ill-will); F I bear him no malice; *du bærer vel ikke ~?* no hard feelings, I hope; *lade gammelt ~ være glemt* let bygones be bygones.
nage *vb.: det -de ham* it rankled in his mind; *-t af tvivl* troubled by doubt; F beset by doubt; *(se også nagende).*
nagelfast *adj.* fixed;
□ *mur- og ~ tilbehør* fixtures pl.
nagende *adj.* rankling (*fx* envy); gnawing (*fx* hunger, pains).
nagle[1] *sb. (en, -r)* **1.** *(stort søm)* spike; *(rel.)* nail;
2. *(af træ)* pin; *(større)* peg;
3. *(nitte)* rivet.
nagle[2] *vb.* **1.** *(med søm)* nail; **2.** *(nitte)* rivet;
□ *~ en dør til* nail up a door; *stå som -t til stedet* stand rooted to the spot.
naglegab*: -ene i hans hænder* the prints of the nails in his hands.
naglehoved rivet head.
naiv *adj.* **1.** naive; **2.** *(umiddelbar, troskyldig)* ingenuous, artless.
naivitet *sb. (en)* **1.** naivety, naiveté; simplicity (*fx* childlike simplicity); **2.** *(umiddelbarhed, troskyldighed)* ingenuousness, artlessness.
nakke[1] *sb. (en, -r)* **1.** *(baghoved)* back of the head (*fx* he was shot in the back of the head);
2. *(bag på halsen)* back (*el.* nape) of the neck (*fx* she tickled him at the back of the neck);
□ *bøje -n* bow the neck (*for* to); T knuckle under;
[med præp.] hun har øjne ***i -n*** she has got eyes at the back of her head (*el.* neck); *kortklippet i -n* (with one's hair) short at the back; *med hatten i -n* with one's hat on the back of one's head; *(se også ånde*[1] *(hede ånde)); kilde ham i -n (jf. 2 også)* tickle his neck; *klø sig i -n* scratch (the back of) one's head; *puste i -n se puste*; *tage ham i -n* take him by the scruff of the neck; *tage sig selv i -n (fig.)* take a grip on oneself; pull oneself together;
slå ***med -n*** toss one's head;
hun går med håret ***ned ad -n*** she wears her hair loose; *stå med håret ned ad -n (fig.) a) (ladt i stikken)* be left high and dry; *b) (flov)* have egg on one's face; *regnen løb dem ned ad -ken* the rain was dripping down their necks;
få ham ***ned med*** *-n* sit on him; put him in his place; get him where one wants him (*fx* I'll soon get him where I want him!);
et drag ***over -n*** *se drag*[1];
han er ***på -n*** *af mig* he has got his knife into me; he is down on me; *få ham på -n* get him down on one; *skaffe sig alle på -n* set everybody against oneself; *de stod på -n af hinanden for at* they were falling over each other to (*fx* get the contract; see what was going on); *tage noget på -n* shoulder sth; *(se også ben (tage benene på -n)).*
nakke[2] *vb.* **1.** *(om fisk)* cut off the head(s) of; **2.** S *(myrde)* bump off, knock off; *(slå ned)* floor.
nakkebånd neckband.
nakkedrag 1. clout on the head; **2.** *(fig.: irettesættelse)* rap over the knuckles.
nakkehår 1. hair at the back of one's head, back hair; **2.** *(på hund)* hackles pl.
nakkekam 1. *(hår)* back comb; **2.** *(kød)* neck; **3.** *(anat.)* external occipital crest.
nakkeknude *(hår; mindre)* bun; *(længere)* chignon.
nakkekrøller *sb.pl.* back curls.
nakkeskilning parting of the hair at the back of the head.
nakkeskind scruff of the neck (*fx* he took the boy (, the cat) by the scruff of the neck).
nakkeskud shot in the back of the head.
nakkespejl hand mirror.
nakkestivhed stiffness of the neck.
nakkestøtte *(i bil)* headrest, head restraint.
naller *sb.pl.* T fingers;
□ *brænde -ne* burn one's fingers; *-ne væk!* fingers off!
namnam *interj.* yum-yum.
nankin(g) *sb. (en el. et)* nankeen.
nankin(g)sbukser *sb.pl.* nankeens.
nap[1] *sb. (et, -)* **1.** *(kniben)* pinch (*fx* he gave the boy a pinch on the cheek);
2. *(snappen)* nip (*fx* the dog gave him a nip on the leg);
□ *tage et ordentligt ~ (om arbejdsydelse)* put one's back into it; *tage*

et ~ '*med* lend a hand.
nap[2] *adv.: knap og* ~ barely.
napalmbombe napalm bomb.
Napoleonskrigene *sb.pl. (hist.)* the Napoleonic wars.
Napoli *(geogr.)* Naples.
nappe *vb. (se også nappes)* **1.** *(knibe)* pinch (*fx* he pinched my cheek); **2.** *(bide)* nip (*fx* the dog nipped me on the leg); **3.** *(snappe)* snatch (*fx* an apple); **4.** *(stjæle)* pinch; **5.** *(arrestere)* nick.
nappes *vb.* **1.** *(slås)* fight; **2.** *(skændes)* quarrel; *(om småting)* bicker, squabble; □ *han er ikke god at* ~ *med* he is a hard nut to crack, he is a tough customer; *komme op at* ~ *med* have a tiff with.
nar *sb. (en, -re)* **1.** fool; **2.** *(professionel: hofnar)* jester; □ ***gøre*** ~ mock; *(godmodigt)* banter; ***gøre*** ~ ***af*** poke fun at, make fun of; F ridicule, mock; *(se også tykt)*; ***holde*** *en* ***for*** ~ *a) (narre)* make a fool of sby, fool sby; play the fool with sby; *b) (holde hen med snak)* mess sby about, mess about with sby (*fx* don't mess him about; don't mess about with him); ***være til*** ~ be made to look a fool; *være til* ~ *for* be a laughing-stock to, be the laughing stock of (*fx* the whole town).
naragtig *adj.* **1.** foolish; **2.** *(latterlig)* ridiculous; *(stærkere,* F*)* ludicrous.
naragtighed *sb. (en)* foolishness, folly.
narcis *sb. (en, -ser) (bot.)* narcissus.
narcissisme *sb. (en)* narcissism.
narcissist *sb. (en, -er)* narcissist.
narcissistisk *adj.* narcissistic.
nardus *sb. (en)* (spike)nard.
narhval *(zo.)* narwhal.
narhvalstand narwhal tusk.
narko *sb. (en) = narkotika.*
narkobagmand *(omtr.)* drug(-trade) kingpin, drug lord, drug baron.
narkoforhandler **1.** *(på gaden)* drug (*el.* dope) peddler; S pusher; **2.** *(i større stil)* drug trafficker.
narkohandel **1.** *(på gaden)* drug peddling; **2.** *(i større stil)* drug traffic.
narkoluder prostitute on drugs.
narkoman *sb. (en, -er)* **1.** drug taker, drug (*el.* dope) addict; T druggie; S junkie; **2.** *(i sms.)* addict (*fx* a comic-strip addict, a television addict).
narkomani *sb. (en)* drug addiction.
narkomiljøet the drug scene.
narkose *sb. (en, -r)* **1.** *(tilstand)* general anaesthesia (*fx* the patient was under general anaesthesia); **2.** *(middel)* general anaesthetic (*fx* the patient was given a general anaesthetic); □ *give* ~ *(også)* anaesthetize.
narkoselæge anaesthetist.
narkoseoverlæge consultant anaesthetist.
narkosesygeplejerske anaesthetic nurse.
narkotika *sb.pl.* **1.** narcotics, drugs; T dope; **2.** *(til bedøvelse)* anaesthetics.
narkotikaforhandler *se narkoforhandler.*
narkotikahandel *se narkohandel.*
narkotikaliga drugs ring.
narkotikamisbrug drug abuse; *(neutralt udtryk)* misuse of drugs.
narkotikapoliti narcotics police; anti-narcotics squad, drugs squad.
narkotikasag drugs case.
narkotikavrag drugged-out wreck; *(se også narkoman).*
narkotisere *vb.* narcotize.
narkotisk *adj.* narcotic; □ ~ *middel a)* narcotic, drug; *b) (til bedøvelse)* anaesthetic.
narkotisør *sb. (en, -er)* anaesthetist.
narre *vb.* **1.** fool, take in; *(bedrage også)* deceive, delude (*fx* don't let yourself be deceived (*el.* deluded) about his feelings for her); *(især en der er godtroende)* dupe; **2.** *(snyde)* cheat; T do; **3.** *(skuffe)* fail, disappoint; □ *nu må du ikke* ~ *mig (fx ved ikke at komme)* you must not let me down; *lade sig* ~ *af* be taken in by; be deceived by; ~ *sig selv* deceive (*el.* delude) oneself (*fx* she deluded herself into believing that he cared for her); *[med præp. & adv.]* ~ *en* ***bort*** F lure sby away; ~ *en* ***for*** *noget a) (franarre)* trick (*el.* do) sby out of sth (*fx* he tricked me out of my money); *b) (ikke lade få)* do (*el.* cheat) sby out of sth (*fx* he did me out of a trip to the USA which he had promised me); ~ *noget* ***fra*** *en* trick sby out of sth; *den bil er du ikke -t* ***med*** you have got your money's worth with that car; you won't regret having bought that car; ~ *en* ***til at*** *gøre noget* trick (, dupe) sby into doing sth; ~ *en til at tro at* trick (, dupe) sby into believing (, thinking) that; F delude sby into believing (, thinking) that.
narrebjælde fool's bell.
narrebriks bauble.
narredragt clown's dress; *(glds.)* fool's motley.
narrehue fool's cap.
narreri *sb. (et)* tomfoolery.
narrestreger *sb.pl.* **1.** *(tossestreger)* tomfoolery, nonsense sg. (*fx* stop that tomfoolery (*el.* nonsense)); **2.** *(gavtyvestreger)* tricks; *(let glds.)* pranks; □ *fuld af* ~ full of fun; always up to some trick; *lad os være fri for flere* ~ let's have no more nonsense; *lave* ~ play tricks (, pranks).
narresut **1.** *(fig.: til at narre folk med)* sop; **2.** *(til barn) se sut 2.*
narv *sb. (en)* grain (side).
narve *vb.* grain.
nas: *leve på* ~ *se nasse.*
nasal *adj. & sb. (en, -er) (fon.)* nasal.
nasalere *vb.* nasalize.
nasalering *sb. (en, -er) (fon.)* nasalization.
nasse *vb.* **1.** *(snylte)* sponge (*på* on); *(især am.)* freeload; **2.** *(tigge, låne)* scrounge, cadge, bum (*fx* a cigarette); □ *kan jeg* ~ *en cigaret?* can I scrounge (*el.* cadge *el.* bum) a cigarette off you? '~ *sig til (ɔ: få ved at* ~*)* scrounge, cadge, bum (*fx* a cigarette, a lift); ~ *sig* '*til (ɔ: blive nasset)* get messy.
nasser *sb. (en, -e) (jf. nasse)* **1.** sponger; *(især am.)* freeloader; **2.** scrounger.
nasset *adj.* **1.** messy; **2.** *(klistret)* gooey.
nasturtie, **nasturtium** *sb. (en, nasturtier) (bot.)* nasturtium.
nat *sb. (en, nætter)* night; □ *god* ~*!* good night! *hele -ten* all night (long), the whole night; *[med sb.] så forskellige som* ~ *og* ***dag*** as different as chalk and cheese; *gøre* ~ *til dag* turn night into day; *-tens* ***dronning*** *(bot.)* night-blooming cereus; *i -tens* ***mulm og mørke***, *i -tens* ***stilhed*** in the dead of night; *[med præp. & adv.] -ten* ***efter*** *den 5. maj* (on) the night of May 5; ***i*** ~ *a) (foregående)* last night (*fx* he came last night); *b) (indeværende, kommende)* tonight (*fx* there won't be any more trouble tonight); *-ten* ***igennem*** all night long, throughout the night; *nu er det* ~ ***med*** *det* now that is finished (*el.* done with); *det er* ~ *med ham* he has had it, he is done for; *-ten* ***mellem*** *mandag og tirsdag* Monday night; ***om*** *-ten a)* at night (*fx* sleep (, work) at night; don't go out at

night); F by night; *b) (i løbet af -ten)* in the night (*fx* he woke up several times in the night); *(se også midt)*; *blive -ten* **over** stay the night, stay overnight; *han lever ikke -ten over* he won't live through the night; *-ten* **til** *i går* the night before last; ~ *til søndag* Saturday night; *-ten til 8. august* the night of August 7; *langt* **ud på** *-ten* late in the night, late at night; *til langt ud på -ten* far into the night; till the small hours; **ved** ~ by night.
natangreb night attack.
natarbejde *sb.* nightwork.
natbord bedside table.
natdragt 1. night clothes, night things pl.; **2.** *(pyjamas)* pyjamas pl.; *(am.)* pajamas pl.; **3.** *(natkjole)* nightdress; T nightie; **4.** *(til barn)* sleeping suit; *(am.)* sleeper.
natdyr nocturnal animal.
natflyver night-flying aircraft; *(ruteflyver)* night plane.
natflyvning 1. night flying; **2.** *(tur)* night flight.
natherberg *se natteherberg.*
nathimmel night sky.
nathold night shift.
nathue *sb.* **1.** nightcap; **2.** *(person)* spineless person; T wimp.
nathus *(sø.)* binnacle.
nation *sb. (en, -er)* nation; *(se også forene).*
national *adj.* **1.** *(som angår (hele) landet, kun attr.)* national (*fx* interests, problems); **2.** *(patriotisk)* patriotic (*fx* he is very patriotic).
nationalbank national bank, central bank.
nationalbankdirektør national (*el.* central) bank governor.
nationalbevidsthed national consciousness.
nationaldag national day.
nationaldragt national costume.
nationalflag national flag.
nationalformue national wealth.
nationalforsamling National Assembly.
nationalfølelse national feeling.
nationalhelt national hero.
nationalindkomst national income.
nationalisere *vb.* **1.** nationalize; **2.** *(give indfødsret)* naturalize.
nationalisering *sb. (en, -er) (jf. nationalisere)* **1.** nationalization; **2.** naturalization.
nationalisme *sb. (en)* nationalism.
nationalist *sb. (en, -er)* nationalist.
nationalistisk *adj.* **1.** *(attr.)* nationalist (*fx* movement); **2.** *(især neds.)* nationalistic (*fx* feelings; he is very nationalistic).
nationalitet *sb. (en, -er) (om person)* nationality (*fx* people of different nationalities);
□ *skibe (, biler) af forskellig* ~ ships (, cars) from different countries.
nationalitetsmærke 1. *(flyv. etc.)* (nationality) markings pl. (*fx* the aeroplane had German markings); **2.** *(på bil)* nationality plate.
nationalitetsproblem nationalities problem (*fx* Russia will always have a nationalities problem).
nationalkarakter national character.
nationalmuseum national museum.
nationalpark national park.
nationalprodukt national product; *(i Engl.)* domestic product.
nationalråd national council.
nationalsag matter of national importance.
nationalsang national anthem.
nationalsocialisme National Socialism.
nationalsocialist *sb. (en, -er),* **nationalsocialistisk** *adj. (attr.)* National Socialist; Nazi.
nationalsport 1. national sport (*fx* football is the British national sport); **2.** *(fig.)* national pastime (*fx* tax evasion has become a national pastime).
nationalteater national theatre.
nationaløkonom economist.
nationaløkonomi economics.
nationaløkonomisk[1] *adj.* economic.
nationaløkonomisk[2] *adv.* economically.
natjager *(flyv.)* night fighter.
natkafé all-night café; T all-nighter; *(am.* T*)* nitery.
natkikkert night glass.
natkjole nightdress; T nightie.
natklokke night bell.
natklub night club.
natkvarter 1. accommodation for the night; **2.** *(mil.)* billet(s).
natlampe bedside lamp; night light.
natlig *adj.* nightly (*fx* the watchman on his nightly rounds); F nocturnal.
natlogi lodging (*el.* accommodation) for the night; night's lodging (*fx* find him a night's lodging).
natlys *(bot.)* evening primrose.
natlæge 1. *se vagtlæge*; **2.** *(på hospital)* doctor on night duty.
natmad midnight snack.
natmanøvre night manoeuvre.
Nato NATO, Nato (*fork.f.* North Atlantic Treaty Organization).
natostilling *(for tilskadekommen) se sideleje.*
natportier night porter.
natpotte chamber pot; S jerry.
natravn *(zo.)* nightjar.
natrenovation 1. night soil; **2.** *(bortskaffelse heraf)* removal of night soil.
natrenovationsvogn night cart.
natrium *sb. (et) (kem.)* sodium.
natron *sb. (et el. en)* **1.** soda; **2.** *(til bagning)* bicarbonate of soda, baking soda.
natronlud *(kem.)* soda lye.
natside dark side.
natskjorte nightshirt.
natskygge *(bot.)* nightshade.
natstol *(glds.)* nightstool.
natsværmer *(zo.)* moth.
natsygeplejerske night nurse.
natsænkning [lowering of the temperature at night].
natte- night; F nocturnal.
natteblind *adj.* night-blind.
nattefrost night frost.
nattegn *(mil.)* late-pass.
natteherberg 1. shelter for the night; **2.** *(for hjemløse)* doss-house; *(am.)* flophouse.
nattehimmel night sky.
nattekulde cold of the night.
nattekvarter *se natkvarter.*
natteleje *sb.* bed (for the night).
natteliv night life.
natteluft night air.
nattely shelter for the night;
□ *give ham* ~ *(også)* put him up for the night.
nattelæsen studying late at night; burning the midnight oil.
nattemøde *sb. (jf. møde*[1] *5)* late-night (, all-night) session.
natteravn 1. *(om person)* night bird, night owl; **2.** *(zo.) se natravn.*
natteregn rain in the night.
nattergal *sb. (en, -e) (zo.)* nightingale.
nattero night's rest;
□ *kan vi så få* ~*!* can't you let us get some sleep!
nattesjov *sb. (et): holde* ~ keep late hours; *være ude på* ~ *(ɔ: bumle)* have a night on the tiles.
nattesved night sweats pl.
nattesæde *(i værtshus)* serving customers after closing time;
□ *holde* ~ *(ɔ: sidde længe oppe)* keep late hours.
nattesøvn night's sleep;
□ *det forstyrrede ikke hans* ~ *(ɔ: bekymrede ham ikke)* he did not lose any sleep over that.
nattetid*: ved* ~ in the night time, by night.
nattetime hour of the night;
□ *i en sen* ~ late at night.

nattetåge night mist.
nattevagt 1. night watch;
2. *(i fabrik etc.)* night watchman;
3. *(natsygeplejerske)* night nurse;
4. *(nattjeneste)* night duty;
5. *(bevogtning om natten)* night watch;
□ *have* ~ be on night duty; *holde* ~ keep night watch.
nattevandrer night wanderer.
nattevind night wind.
nattevågen *sb.* **1.** *(det at våge)* vigil; **2.** *(det at gå sent i seng)* keeping late hours.
nattillæg extra pay for night work.
nattjeneste night duty.
nattog night train.
nattrøje *(pyjamas)* pyjama jacket (*el.* top).
nattøj night clothes, night things pl.
natugle *(zo.)* tawny owl.
natur *sb. (en, -er)* **1.** *(art)* nature (*fx* the nature of their work (, of the new drug));
2. *(menneskes)* disposition (*fx* his generous disposition); nature (*fx* it is his nature; it revealed his real nature); *(temperament)* temper (*fx* his fiery (, mild) temper);
3. *(mods. byer)* countryside (*fx* the beauty of the Danish countryside; there is some beautiful countryside around Cambridge; it is beautiful countryside around there); *(landskab generelt)* scenery (*fx* admire the scenery; the beautiful scenery of Devon); *(omgivelser)* surroundings pl. (*fx* live in beautiful surroundings); *(geografi)* geography (*fx* the geography of the country makes it difficult to defend);
□ ***-en*** *(som begreb)* nature (*fx* the interrelationship of man and nature; the beauty of nature); *(se også ndf.: forb. med præp.)*; *-ens gang* the course of nature; *-ens orden* the natural order of things; the course of nature; *(se også optugtelse, træde[1] (af))*;
[med være & adj.] det ***er*** *hans* ~ it is in his nature; T he is made that way; *han er en glad (, lidenskabelig etc.)* ~ he has a happy (, passionate etc.) disposition (*el.* nature); he is happy (, passionate etc.) by nature; *den* ***menneskelige*** ~ human nature;
[med præp.] ***af*** ~ by nature, by disposition (*fx* I am an optimist by nature); naturally (*fx* she is naturally cheerful); *holde af -en* be a nature lover; *male* ***efter*** *-en* paint from the life; *godt udrustet* ***fra*** *-ens* ***hånd*** naturally gifted; well endowed by nature; *det ligger* ***i sagens*** ~ *at vi må hjælpe* naturally we have to help; it follows naturally that we have to help; ***ifølge sagens*** ~ in the nature of the case; naturally; ***ifølge sin*** ~, *se ovf.: af* ~; *vende* ***tilbage til*** *-en* return to nature; *tage* ***ud i*** *-en* go out into the open; ***ude i*** *-en* in the open; in the countryside.
naturalier *sb.pl. (levnedsmidler)* provisions; natural produce sg.;
□ *betale i* ~ pay in kind.
naturalisere *vb.* naturalize.
naturalisering *sb. (en, -er)* naturalization.
naturalisme *sb. (en)* naturalism.
naturalist *sb. (en, -er)* naturalist.
naturalistisk[1] *adj.* naturalistic; *(attr. også)* naturalist.
naturalistisk[2] *adv.* naturalistically.
naturalydelse payment in kind.
naturaløkonomi barter economy; subsistence economy.
naturbarn child of nature.
naturbegavelse: *han er en* ~ he has natural gifts; *han er en musikalsk* ~ he has a natural bent for music.
naturbesjæling animism.
naturbeskrivelse description of scenery (*el.* of nature).
naturbænk rustic seat.
naturel *sb. (et, -ler)* nature, disposition; *(karakter)* character.
nature morte still life.
naturfag (natural) science.
naturfaglig *adj. (attr.)* science.
naturfarvet *adj.* natural-coloured.
naturfilm nature film.
naturfilosofi philosophy of nature.
naturfolk primitive people.
naturforhold *sb.pl.* natural conditions.
naturforsker naturalist, natural scientist.
naturforskning (natural) science.
naturfredning nature conservancy, nature conservation.
naturfredningsforening nature conservancy association.
naturfænomen natural phenomenon.
naturfølelse feeling for nature.
naturgas natural gas.
naturglæde delight in natural beauty.
naturhistorie 1. natural history;
2. *(skolefag)* nature study.
naturhistoriker natural historian, naturalist.
naturhistorisk *adj. (efter sb.)* of natural history.
naturisme *sb. (en)* naturism.
naturist *sb. (en, -er)* naturist.
naturkatastrofe natural disaster (*el.* catastrophe); F cataclysm.
naturkraft natural force; force of nature; *naturkræfterne* the forces of nature.
naturkundskab *(skolefag)* nature study.
naturlig *adj.* natural (*for* for, to); *(se også naturligt)*;
□ ~ *afgang se afgang*; *dø en* ~ *død* die a natural death; *i* ~ *størrelse a)* full-scale (*fx* illustration); *b) (om portræt etc.)* life-size.
naturlighed *sb. (en)* naturalness.
naturligt *adv.* naturally;
□ ~ *nok (ɔ: naturligvis)* naturally; *[med vb.] det falder ham* ~ it comes naturally to him; *det går ganske* ~ *til* there is nothing mysterious about it.
naturligvis *adv.* of course, naturally.
naturlov law of nature.
naturlyd natural sound.
naturlæge *(en)* nature healer, naturopath; *(som bruger urtemedicin)* herbalist.
naturlære physics.
naturmedicin alternative medicine; *(urte-)* herbal medicine.
naturmenneske 1. child of nature;
2. *(naturelsker)* nature lover;
□ *han er et* ~ *(jf. 2, også)* he loves being out in the open (, in the country).
naturmyte nature myth.
naturnødvendig *adj.* absolutely necessary, inevitable.
naturnødvendighed physical necessity.
naturopfattelse view of nature.
naturpark *se naturreservat.*
naturprodukt natural product.
naturreligion nature worship.
naturreservat nature reserve.
naturret *(retslære)* natural law.
natursans feeling for nature.
natursilke real silk.
naturskøn *adj.* scenic (*fx* area, journey, place, road); beautiful; *(præd. også)* remarkable for the beauty of its scenery;
□ *-ne områder (også)* areas of natural beauty.
naturskønhed beautiful scenery (*fx* Wales is famous for its beautiful scenery); *(ofte i reklamesprog)* scenic beauty.
natursten unhewn stone.
natursti nature trail.
naturstridig *adj.* unnatural; *(præd. også)* contrary to nature.
naturstridighed unnaturalness.
naturtalent: *han er et* ~ he is a natural.
naturtilbedelse nature worship.
naturtilbeder worshipper of na-

ture.
naturtilstand natural state;
□ *leve i* ~ live in a state of nature.
naturtoner *sb.pl. (mus.)* natural tones.
naturtro *adj.* life-like, realistic.
naturtræ: *af* ~ rustic.
naturvejleder *(am.)* ranger.
naturvidenskab (natural) science.
naturvidenskabelig *adj.* scientific.
naturværdier *sb.pl.* natural amenities.
natviol *(bot.)* night-smelling rocket.
natvægter night watchman.
naurisk *adj.*, **nauruer** *sb. (en, -e) (geogr.)* Nauruan.
nautil *sb. (en, -er) (zo.)* nautilus.
nautisk *adj.* nautical.
nav *sb. (et, -)* hub.
navbremse hub brake.
navel *sb. (en, -)* navel orange.
navigation *sb. (en, -er)* navigation.
navigationskunst art of navigation.
navigationslærer navigation instructor.
navigationsskole navigation school.
navigationstabel nautical table.
navigatør *sb. (en, -er)* navigator.
navigere *vb.* navigate.
navkapsel hub cap.
navle *sb. (en, -r)* navel; *(børnesprog)* belly button;
□ *verdens* ~ the hub of the Universe.
navlebeskuelse self-centredness, narcissism; navel contemplation, navel gazing.
navlebeskuende *adj.* self-centred, narcissistic.
navlebeskuer narcissist, navel contemplator, navel gazer.
navlebind umbilical bandage.
navlebrok umbilical hernia.
navlesnor, **navlestreng** umbilical cord.
navlesvin *(zo.)* peccary.
navn *sb. (et, -e)* **1.** name (*fx* what is your name? my name is Jones; the great names of history);
2. *(rygte, berømmelse)* reputation, name (*fx* have a good reputation (*el.* name) as a writer);
□ *skade ens* ***gode*** ~ *og rygte* damage one's good name (*el.* one's reputation); *ødelægge éns gode* ~ *og rygte* destroy one's good name (*el.* one's reputation); ruin one's character; *han var et* ***kendt*** ~ *i byen* he was a well-known figure in town; *mange kendte -e var til stede* many distinguished people were present; T many famous names were there;
[med vb.] han ***fik*** *-et John a)* he was named John; *b) (i dåben)* he was christened John; ***give*** ~ give a name to, name; *alt hvad der* ***har*** ~ *(ɔ: kendte mennesker)* everybody who is anybody; everybody with a name; *han ville ikke* ***have*** *sit* ~ ***frem*** he refused to be named; *(se også lyde*[3]*, lægge (til), nævne, skabe (sig), sætte (under)); [med præp.] som kun eksisterer* ***af*** ~ existing in name only; nominal; *jeg kender ham kun af* ~ I know him only by name; *af* ~ *og af gavn* in name and in fact; *mere af* ~ *end af gavn* more in name than in actual fact; *(se også kende*[3]*)*; ***i*** *Guds* ~ in God's name; *i Guds* ~ *da!* well if you must! *i hans* ~ in his name; *hvorfor i himlens* ~ why in the name of heaven; why in heaven's name; *i kongens* ~ in the name of the King; *i lovens* ~ in the name of the law; ***med*** ~ ***på*** *a)* with one's (, his etc.) name on it; *b) (påtrykt etc.)* personalized (*fx* pencil, notepaper); *pengene står* ***på*** *hans* ~ the money is (deposited) in his name; *(se også lyde*[2] *(på))*; *-et på forfatteren* the name of the author; *han går* ***under*** *-et Smith* he goes under (*el.* passes by) the name of Smith; *under falsk* ~ under an assumed name; ***under*** ~ ***af*** under the name of; *det går under* ~ *af* it goes by the name of, it is known as; *en mand* ***ved*** ~ *Smith* a man called Smith; a man by the name of Smith; *kalde (el. nævne) en ting ved dens rette* ~ call a thing by its right name; call a spade a spade.
navne *sb. (en, -r)* namesake.
navneattest *(svarer til)* birth certificate.
navnebog *(tele.)* phone book; F telephone directory.
navnebroder, **navnebror** namesake.
navnebræt *(sø.)* nameboard.
navnedag name day.
navneforandring change of name;
□ *søge* ~ apply for permission to change one's name; *tage* ~ change one's name.
navneforbud: *der er* ~ *(omtr.)* he (, they etc.) cannot be named for legal reasons.
navnefælle namesake.
navneklud sampler.
navneliste list of names.
navnemåde *(gram.)* the infinitive (mood).
navneopråb roll call;
□ *afstemning ved* ~ roll-call vote.
navneord noun.
navneplade nameplate.
navneregister 1. *(navneliste)* list of names; **2.** *(register i bog)* index of names.
navneskilt 1. *(fx på dør)* nameplate;
2. *(ved butik etc.)* sign(board);
3. *(til at bære)* name badge (*fx* the staff had to wear name badges);
4. *(til at sy el. sætte på tøj)* name tag.
navnetræk *sb. (et, -) (underskrift)* signature.
navngive *vb.* name (*fx* a child, a ship);
□ ~ *sig* state one's name, reveal one's identity.
navngiven *adj.* named;
□ *ikke* ~ anonymous.
navnkundig *adj.* renowned.
navnkundighed *sb. (en)* renown.
navnlig *adv.* particularly; especially; *(se især)*.
navnløs *adj.* nameless (*fx* the nameless thousands who died in the war; a nameless grave); *(anonym)* anonymous;
□ ~ *rædsel* nameless (*el.* unspeakable) horror.
navnløshed *sb. (en)* namelessness; anonymity.
navr *sb. (en, -e) (bot.)* small-leaved maple, common maple; *(am.)* English maple.
navra *interj.* **1.** gosh! **2.** *(ɔ: du får klø)* you'll catch it!
nazaræer *sb. (en, -e)* Nazarene.
nazi *sb. (en, -er)* Nazi.
nazi- Nazi (*fx* hunter, meeting, party, salute).
nazificere *vb.* Nazify.
nazisme *sb. (en)* Nazism.
nazist *sb. (en, -er)*, **nazistisk** *adj. (attr.)* Nazi (*fx* he is a Nazi; Nazi methods).
Neapel *(geogr.)* Naples (*fx* see Naples and die).
neapolitaner *sb. (en, -e)* Neapolitan.
neapolitansk *adj.* Neapolitan.
ned *adv.* down;
□ ~ ***ad*** down (*fx* the slope, the stairs, the street); ~ ***af***, ~ ***fra*** down from (*fx* it was not very dangerous to fall down from that tree); off (*fx* she fell off her chair); ~ ***i*** (down) into; ~ ***med*** *...!* down with ...! (*fx* down with the tyrant! down with the King!); ~ *med hænderne!* hands down! ~ ***over*** down (*fx* the tears were streaming down her face).
nedad *adv.* downwards, downward;
□ *med hovedet* ~ head down.
nedadgående[1] *sb.*: *for* ~ going

down; F on the decline (*fx* the birthrate (, the number of accidents) is on the decline).
nedadgående[2] *adj.* **1.** descending (*fx* curve, scale);
2. *(om bevægelse)* downward (*fx* movement);
3. *(om pris, temperatur)* falling.
nedadtil *adv.* downwards, downward.
nedadvendt *adj.* **1.** turned downwards *(præd.)*; **2.** *(her.: om figur på skjold)* reversed.
nedarves *vb. (biol.)* be inherited; be transmitted (*til* to); *(se også arv (gå i arv (til))).*
nedarvet *adj.* inherited (*fx* characteristic).
nedbede *vb.* invoke;
□ ~ *velsignelse over* invoke a blessing on; pray for.
nedblændet *adj.: ~ lys (på bil) se nærlys.*
nedblænding **1.** dipping; **2.** *(foto.)* stopping down (the lens).
nedblændingskontakt dip switch.
nedblæst *adj. (præd.)* blown down (by the wind);
□ ~ *frugt* windfall(s).
nedbringe *vb. (nedsætte)* reduce (*fx* the costs, expenses).
nedbrudt *adj. (om person)* broken down;
□ ~ *på sjæl og legeme* broken in body and mind.
nedbryde *vb. (se også nedbrudt, nedbrydende)* **1.** *(ødelægge)* destroy (*fx* discipline); F subvert (*fx* morals; our form of government); *(gradvis)* undermine (*fx* authority, his health);
2. *(fjerne)* remove (*fx* a wall; distrust); do away with (*fx* customs barriers);
3. *(kem.)* break down;
□ ~ *deres modstandskraft* wear down their resistance.
nedbrydelig *adj. (kem.)* degradable (*fx* packaging);
□ *biologisk* ~ biodegradable (*fx* detergent); T soft.
nedbrydende *adj.* **1.** *(ødelæggende)* destructive; **2.** *(undergravende)* subversive (*fx* forces);
□ *menneskeligt* ~ degrading.
nedbrydning *sb. (en, -er) (jf. nedbryde)* **1.** destruction; subversion; undermining; **2.** removal; **3.** *(kem. & om forrådnelse)* decomposition.
nedbrænde *vb.* burn down, be burnt down, be destroyed by fire.
nedbøjet *adj. (af sorg)* brokenhearted; *(præd. også)* bowed down (with grief).
nedbør *sb. (en)* fall of rain (, snow etc.), rainfall, snowfall; *(fagl.)* precipitation.
nedbørsmængde precipitation.
neddykket *adj.* submerged.
neddykning submergence, submersion.
neddysse *vb.* hush up (*fx* a scandal).
nede *adv.* down;
□ *længere* ~ ***ad*** *floden* further down the river, further downstream; ~ ***fra*** *gaden* from the street; ***langt*** ~ *se langt*; ~ ***under*** *a) (neden for)* below; *b) (dækket af)* under, underneath (*fx* the table, the snow).
nedefra *adv.* from below; from the bottom.
nedefter *adv.* downwards.
neden *adv.: ~* ***for*** below; F beneath; ***fra*** ~ *(af)* from below; from the bottom (of) (*fx* the third line from the bottom of the page); *begynde fra ~ (ɔ: og blive noget stort)* start from the bottom of the ladder; ~ ***under*** *a) (neden for)* below (*fx* the knee); *b) (dækket af)* under, underneath (*fx* the table, the snow).
nedenanført *adj.* below *(efter sb.)* (*fx* the information (, illustration) below); *(se også nedennævnt).*
nedenfor *adv.* **1.** below (*fx* they were waiting below); **2.** *(længere nede i teksten)* below (*fx* see below); *(nederst på siden også)* at the foot of the page.
nedenfra *adv.* from below; from the bottom.
nedennævnt *adj.* mentioned below *(efter sb.)* (*fx* the persons mentioned below); F undermentioned (*fx* the undermentioned (persons) have passed the examination).
nedenom *adv.* round the foot, round below;
□ *gå ~ og hjem a) (gå til grunde)* go to the dogs; *b) (gå fallit)* go bust.
nedenstående *adj.* mentioned (, given etc.) below; *(se nedennævnt).*
nedentil *adv.* below, in the lower parts.
nedenunder *adv.* **1.** *(nedenfor)* below; **2.** *(underneden)* underneath; **3.** *(i huset)* below (*fx* the room below, the floor below); downstairs.
nederdel skirt.
nederdrægtig[1] *adj.* **1.** *(ondsindet)* mean; T rotten; **2.** *(væmmelig)* beastly, nasty (*fx* weather).
nederdrægtig[2], **nederdrægtigt** *adv. (jf. nederdrægtig*[1]*)* **1.** meanly, rottenly (*fx* treat him meanly (*el.* rottenly)); **2.** beastly (*fx* cold).
nederdrægtighed *sb. (en, -er)*
1. *(om egenskab)* meanness;
2. *(om handling)* mean trick.
nederlag *sb. (et, -)* **1.** defeat (*for* for, *fx* it was a defeat for the Government);
2. *(det ikke at kunne klare noget)* failure (*fx* a sense of failure; he succeeded after many failures);
□ *lide ~ a) (jf. 1)* be defeated; F suffer defeat; *b) (jf. 2)* fail; *(se også erkende, tilføje).*
Nederlandene *sb.pl. (geogr.)* the Netherlands.
nederlandsk *adj.* Dutch.
nedersaksisk *adj.* **1.** Low Saxon;
2. (T*: ækel)* nasty.
nederst[1] *adj.* **1.** lowest; *(kun attr.)* bottom (*fx* the bottom shelf);
2. *(af to el. mods. højere)* lower (*fx* the lower half of his face; the lower branches of the tree);
□ *det -e af* the lowest (, lower) part of; the bottom of; *de -e etager* the lower stories; *det -e hjørne til venstre* the bottom left-hand corner.
nederst[2] *adv.* at the bottom;
□ ~ *på siden* at the bottom of the page; ~ *ved bordet* at the bottom of the table.
nedertysk *adj. & sb. (et)* Low German.
nedfald *(radioaktivt)* fallout.
nedfalden *adj.* fallen;
□ ~ *frugt, nedfaldne æbler* windfalls.
nedfaldsfrugt windfalls pl.
nedfart descent (*til* into).
nedfisket *adj. (præd.)* depleted of fish.
nedfotografere *vb.* reduce.
nedfryse *vb.* freeze; *(se også nedkøle).*
nedfælde *vb. (mat.)* drop (*på* on, *fx* drop a perpendicular on *(~ en linie vinkelret på)*);
□ ~ *på papiret* commit to writing (*el.* to paper); ~ *sig a) (i bevidstheden)* settle in one's mind; *b) (trænge ind)* sink in.
nedføring *(radio etc.)* lead-down.
nedføringstråd lead-down wire.
nedgang **1.** *(trappe etc.)* way down; stairs pl.;
2. *(tilbagegang, fald)* fall (*fx* in prices; of wages); decrease (*fx* in prices, in production); F decline (*fx* of income);
3. *(det at gå ned)* going down; F descent;
4. *(himmellegemes)* setting;
□ *ved solens ~* at sunset.
nedgangstid **1.** *(økonomisk)* recession; *(stærkere)* slump; **2.** *(åndelig)* period of decline.

nedgravning burying, burial (*fx* of waste).
nedgroet *adj.*: ~ *negl* ingrowing nail.
nedgøre *vb.* **1.** *(kritisere)* tear to pieces;
2. *(ydmyge)* put down, flatten;
3. *(knuse, tilintetgøre)* crush, wipe out, flatten;
□ ~ *en fuldstændigt (ɔ: besejre)* beat sby hollow; wipe the floor with sby.
nedgående *adj. (om solen)* setting.
nedhaler *sb. (en, -e) (sø.)* downhaul.
nedhængende *adj.* hanging; F pendent; *(slapt)* drooping.
nedise *vb.* cover with ice.
nedkalde *vb.* call down, draw down (*fx* call (*el.* draw) down the wrath of God on their heads; draw down sby's anger on one's head); F invoke (*fx* vengeance on sby).
nedkaste *vb.* drop (*fx* bombs, supplies).
nedkastning *sb. (en, -er) (af forsyninger)* **1.** *(det at nedkaste)* dropping; **2.** *(enkelt)* (air) drop.
nedkomme *vb.* give birth (*fx* she gave birth yesterday); *(mere* F*)* be delivered;
□ ~ *med* give birth to (*fx* a son; *(fig.)* a brilliant idea); be delivered of.
nedkomst *sb. (en)* delivery; F confinement;
□ *vente sin* ~ *i april* expect one's baby in April; F expect one's confinement in April.
nedkule *vb.* pit (*fx* vegetables); clamp (*fx* potatoes); *(se også kule*[3] *(ned)).*
nedkæmpe *vb.* **1.** *(mil.)* defeat (*fx* the enemy); neutralize (*fx* a hostile force, a battery); destroy;
2. *(oprør)* put down; F suppress;
3. *(følelse)* curb; F restrain (*fx* one's anger).
nedkøle *vb.* **1.** cool (down); *(stærkt)* chill; **2.** *(patient)* freeze down; **3.** *(fig.: afspænde)* cool down (*fx* the situation).
nedkørsel **1.** *(vej)* way down; *(rampe)* ramp; **2.** *(det at køre én over)* running down.
nedlade *vb.*: ~ *sig til at* stoop to -ing (*fx* I won't stoop to using such methods); condescend to (*fx* give an answer); ~ *sig til at svare* *(også,* F*)* vouchsafe a reply.
nedladende[1] *adj.* condescending, patronizing (*over for* to).
nedladende[2] *adv.* condescendingly, patronizingly.
nedladenhed *sb. (en)* condescension.
nedlægge *vb.* **1.** *(lukke)* close (down) (*fx* a department, a mine, a railway line, a school); shut down; *(afskaffe)* abolish (*fx* a department, a post);
2. *(frasige sig, opgive)* resign (*fx* one's office; he resigned the chairmanship);
3. *(konservere, sylte)* preserve; *(i salt etc.)* pickle (*fx* herrings);
4. *(dræbe)* kill (*fx* an adversary);
5. *(på jagt)* bring down, bag, kill;
6. *(lægge fra sig)* lay down (*fx* one's arms);
7. *(rør etc.)* lay (*fx* cables, pipes; the foundation stone);
□ *en nedlagt landbrugsejendom* an abandoned farm;
[med sb.] ~ *arbejdet* stop work; *(strejke)* (go on) strike, come out, walk out; T down tools; ~ *arbejdspladser* abolish jobs; F shed jobs; ~ *en krans på en grav* lay a wreath on a grave; ~ *protest imod* protest against; make a protest against; F lodge a protest against; ~ *bestemt protest imod* protest emphatically against; ~ *påstand (jur.)* submit (*el.* set up) a claim; ~ *en stilling* abolish a post; *(ved universitet)* disestablish a post; *(se også forbud, mandat, veto)*; *[med præp.]* ~ ***i*** *jorden* put into (*el.* place in) the earth; *det arbejde der er nedlagt i bogen* the work put into the book; *hans principper er nedlagt i denne bog* this book embodies his principles; ~ *protest* ***imod***, ~ *en krans* ***på*** *se ovf.*
nedlæggelse *sb. (en, -r)* **1.** *(lukning)* closing (down), closure (*fx* closures of unprofitable mines); shutting down; *(afskaffelse)* abolition;
2. *(af sit embede)* resignation;
□ ~ *af arbejdet* strike; ~ *af grundsten* laying of the foundation stone.
nedlægning *sb. (en, -er)* **1.** laying down; **2.** *(konservering)* preservation; *(med salt)* pickling.
nedløbsrør downpipe, drainpipe.
nedpløje *vb.* plough in.
nedprioritere *vb.* give a lower priority to, downgrade.
nedrakke *se rakke (ned).*
nedrakning *sb. (en, -er)* **1.** running down; T knocking; **2.** *(om kritikken af en bog)* slating (*fx* the book got a good slating); rubbishing; hatchet job.
nedramme *vb. (pæle)* drive in.
nedre *adj.* lower (*fx* limit);
□ *Donaus* ~ *løb* the Lower Danube.
nedrig *adj.* mean, base.
nedrighed *sb. (en, -er)* **1.** *(egenskab)* meanness, baseness;
2. *(handling)* mean trick.
nedringet *adj.* **1.** *(om kjole)* low-necked, low-cut, décolleté;
2. *(om kvinde)* décolletée; *(præd. også)* wearing a low-necked dress.
nedrive *vb. se rive*[2] *(ned).*
nedrivning *sb. (en, -er) (af huse etc.)* demolition.
nedrullet *adj.*: *for nedrullede gardiner* with the blinds down.
nedruste reduce armaments; *(helt)* disarm.
nedrustning arms reduction, arms limitation; *(fuldstændig)* disarmament.
nedrustningskonference conference on disarmament.
nedrykning *sb. (en, -er) (om sportshold)* relegation (*fx* to the second division).
nedsable *vb. se sable (ned).*
nedsabling *sb. (en, -er)* **1.** *(drab)* cutting down; massacre; **2.** *(hård kritik)* slating, rubbishing; hatchet job.
nedsalte *vb.* salt (down), pickle.
nedsat *adj.* reduced;
□ *-te bøger* books offered at reduced prices; *(restoplag)* remainders; *til* ~ *pris* at a reduced price; *arbejde på* ~ *tid* be on short time.
nedsivning *sb. (en, -er)* seepage.
nedskrift *sb. (en, -er)* **1.** *(det at skrive)* writing down; **2.** *(det skrevne)* manuscript; notes pl.
nedskrive **1.** *(hdl.: i værdi)* write down; **2.** *(valuta)* devalue (*fx* devalue the krone by 6%); *(se også skrive (ned))*; **3.** *(notere etc.) se skrive (ned).*
nedskrivning *(jf. nedskrive)* **1.** writing down; **2.** devaluation.
nedskyde *se skyde (ned).*
nedskydning **1.** shooting; **2.** *(af fly, pilot)* shooting down.
nedskære *vb. (formindske)* reduce; *(mere* T*)* cut (down) (*fx* public expenditure); cut back (*fx* defence spending, investment, production);
□ ~ *med 6%* reduce (*el.* cut) by 6%.
nedskæring *(en -er)* reduction (*af* in, of); cut (*af* in, *fx* in public expenditure, in wages); cutback (*af* in, *fx* staff); F retrenchment.
nedskæringspolitik policy of reduction.
nedslag **1.** *(projektils, meteors)* impact;
2. *(fx stempels)* downstroke;
3. *(mus.)* down(ward) beat; *(taktdel)* thesis;

4. *(nedsættelse)* reduction (*i* in, *fx* the price); rebate (*fx* a rebate of tax, a tax rebate); F abatement (*fx* of tax);
□ ~ *i prisen (hdl.: på grund af forringet kvalitet etc.)* allowance; F abatement.
nedslagen *adj.: nedslagne øjne* downcast eyes.
nedslagte *vb.* **1.** *(dyr)* kill, slaughter; **2.** *(mennesker)* massacre, slaughter; *(mere brutalt)* butcher.
nedslagtning *(jf. nedslagte)* **1.** killing, slaughtering; **2.** massacre, slaughter; butchery.
nedslidt *adj.* **1.** run-down (*fx* house); **2.** *(fig.)* run-down (*fx* she felt run-down); worn-out (*fx* old man; words);
□ *-e dæk (på bil)* worn-down tyres; *(helt -e)* bald tyres.
nedslå *vb. (håb etc.)* destroy; F dash; *(se også slå (ned), nedslående, nedslået)*;
□ ~ *ens mod* dampen sby's spirits, discourage sby; F dishearten sby.
nedslående *adj.* discouraging; *(stærkere)* dispiriting, depressing; F disheartening.
nedslået *adj.* **1.** *(ked af det)* upset, down-hearted; *(stærkere)* dejected; *(deprimeret)* depressed;
2. *(om markise, visir etc.)* lowered;
3. *(om kaleche)* down;
4. *(om paraply)* closed.
nedslåethed *sb. (en)* dejection; *(depression)* depression.
nedsmeltning *(i reaktor)* meltdown.
nedsparing *sb. (en) (økon.)* dissaving.
nedspille *vb. (i sport)* outplay.
nedspring *(sidste del af spring)* landing.
nedstamme *vb.:* ~ *fra* come from (*el.* of); F descend from, be descended from; *dette ord -r fra latin* this word is derived from Latin.
nedstamning *sb. (en)* descent (*fra* from).
nedstemme *vb.* **1.** *(ved afstemning: forslag)* vote down, reject; T throw out; *(person)* vote down, outvote;
2. *(afdæmpe)* tone down;
3. *(nedslå)* depress;
□ ~ *sine fordringer* moderate one's demands; ~ *et veto (am. pol.)* override a veto.
nedstemt *adj.* **1.** *(afdæmpet)* subdued; **2.** *se nedslået.*
nedstigende *adj.* descending;
□ *i* ~ *linie* in direct line of descent.
nedstigning descent.
nedstreg down stroke.
nedstryger *sb. (en, -e)* hacksaw.
nedstyrtning *sb. (en, -er) (flyv.)* crash.
nedstyrtningsskakt *(til affald)* rubbish chute; *(am.)* garbage shoot.
nedsvælge *vb.* swallow, gulp down.
nedsynke *vb.* sink;
□ ~ *i armod* sink into poverty.
nedsænke *vb.* **1.** lower (*fx* the coffin into the grave); **2.** *(i væske)* sink; F submerge, immerse.
nedsænkning *(jf. nedsænke)* **1.** lowering; **2.** sinking; immersion.
nedsætte *vb. (se også nedsat, nedsættende)* **1.** *(formindske)* reduce (*fx* the price, the rent of the house, speed, the value of sth); lower (*fx* the price, the rent of a house);
2. *(nedskære)* reduce; *(mere* T*)* cut back, cut down (*fx* expenses);
3. *(vare)* reduce (*til* to, *fx* the shirt was reduced to £10); mark down (*fx* mark the shirts down by 25%); *(bog)* remainder;
4. *(udnævne)* appoint, set up (*fx* a committee);
□ ~ *diskontoen* reduce (*el.* lower) (the) bank rate; ~ *ens fortjenester* detract from sby's merits; ~ *en straf a)* reduce a punishment; F mitigate a punishment; *b) (jur.)* reduce a sentence (*fx* the sentence was reduced to three years); *(se også arbejdstempo)*;
[med præp. & sig] ~ *én* ***i*** *folks omdømme* lower sby in people's estimation; ~ *prisen* ***med*** *6%* reduce the price by 6%; ~ ***sig*** establish oneself; ~ *sig som læge* set up as a doctor.
nedsættelse *sb. (en)* **1.** *(formindskelse)* reduction; lowering;
2. *(udnævnelse)* appointment; setting up (*fx* of a committee);
3. *(etablering, bosættelse)* establishment;
□ ~ *af priserne* cut in (*el.* reduction of) prices; ~ *af straffen a)* reduction of the punishment; F mitigation of the punishment; *b) (jur.) se strafnedsættelse.*
nedsættende[1] *adj.* slighting (*fx* remark); F derogatory (*fx* term); disparaging.
nedsættende[2] *adv.* slightingly (*fx* speak slightingly about it); F disparagingly;
□ *tale* ~ *om (også)* run down.
nedtage *vb.* **1.** *(fjerne)* take down (*fx* the pictures, the scaffolding);
2. *(modtage)* receive (*fx* pictures from a satellite).
nedtagelse *sb. (en, -r)*, **nedtagning** *(en, -er) (jf. nedtage)* **1.** taking down; **2.** reception;
□ *-n fra korset (rel.)* the Deposition.
nedtone *vb.* **1.** *(om udtryk)* tone down; **2.** *(få til at tage sig mindre farlig ud)* play down (*fx* the crisis, the danger).
nedtrampe *se trampe (ned).*
nedtrapning *sb. (en, -er) (jf. nedtrappe)* **1.** stepping down (*fx* of the dose); scaling down (*fx* of security); de-escalation (*fx* of the bombing);
2. *(gradvis)* gradual reduction (*fx* of the dose);
3. *(mht. narkotika)* (slow) withdrawal; S drying out; *(behandlingsforløb)* reduction course.
nedtrappe *vb.* **1.** step down (*fx* import duties; the dose of medicine); scale down (*fx* security); de-escalate (*fx* bombing, the war);
2. *(gradvis)* reduce (*fx* the dose) gradually;
3. *(mht. narkotika)* withdraw slowly from drugs; S dry out.
nedtrykt *adj.* depressed; *(præd. også)* in low spirits; T (down) in the dumps; down (*fx* I felt very down);
□ *i* ~ *sindstilstand* suffering from mental depression; in a depressed state of mind.
nedtrykthed *sb. (en)* depression.
nedtrådt *adj.:* ~ *græs* trampled-down grass; *-e sko* down-at-heel shoes.
nedtur *sb. (en, -e)* **1.** down trip; journey south;
2. *(fra bjergbestigning, rumflyvning)* descent;
3. *(tilbagegang)* decline (*fx* the country's economic decline);
4. *(mht. narkotika)* down trip, downer; bad trip;
5. *(psykisk)* depression; T down (*fx* coming back was a down);
6. *(social)* comedown;
□ *opleve en social* ~ come down in the world; *på -en (jf. 1, 2)* on the way down.
nedtælle *vb.* count down.
nedtælling count-down.
nedvej: *på -en* on the way down.
nedvurdere *vb.* cry down (*fx* their achievement); devalue (*fx* his work); F disparage, belittle.
nedvurdering *(jf. nedvurdere)* devaluation; disparagement, belittlement.
nedværdige *vb.* degrade (*fx* I felt degraded);

□ ~ *sig* degrade oneself, cheapen oneself (*fx* by cheating); *(kun negativt & spørgende,* F*)* demean oneself (*fx* I will not demean myself by arguing with him); ~ *sig til at* stoop to -ing (*fx* cheating); *(*F*, se ovf.)* demean oneself to (*fx* I will not demean myself to ask for a favour from him).

nedværdigelse *sb. (en, -r)* degradation.

nedværdigende[1] *adj.* degrading, humiliating (*fx* treatment).

nedværdigende[2] *adv.* degradingly, humiliatingly.

neg *sb. (et, -)* sheaf (pl. sheaves); □ *binde (i)* ~ sheaf.

negation *sb. (en, -er)* negation.

negativ[1] *sb. (et, -er) (foto.)* negative.

negativ[2] *adj.* negative; □ *have en* ~ *virkning* have an adverse effect.

negativisme *sb. (en)* negativism.

negativist *sb. (en, -er)* negativist.

neger *sb. (en, -e)* **1.** black, Black (pl. -s); black person (pl. black people); Afro-American; *(sjældnere)* Negro (pl. -es); *(NB* Negro *opfattes som neds.)*; *(i Afrika)* African; **2.** *(en der skriver for en anden)* ghostwriter.

neger- black, Negro (*fx* population).

negerbolle, **negerkys** *se flødebolle 2.*

negl *sb. (en, -e)* nail; □ *han er en hård* ~ he is a tough nut; *(am.)* he is a tough guy; *som en lus mellem to -e se lus*; *[med vb. (+ præp.)] bide (, klippe, rense) -e* bite (, cut, clean) one's nails; ***få** noget **op under** -ene a)* get sth under one's nails; *b) (*T*: stjæle)* pinch sth, nick sth; *ikke så meget som der kan* **ligge på** *en* ~ not a scrap.

negle *vb. (stjæle)* pinch, nick.

neglebider *sb. (en, -e)* nail biter.

neglebørste nail brush.

neglebånd cuticle.

neglefil nail file.

neglegarniture manicure set.

negleklipper *sb. (en, -e)* nail clipper.

neglelak nail varnish, nail polish.

neglepind orange stick, manicure stick.

neglerenser *sb. (en, -e)* nail cleaner.

neglerod **1.** root of the nail; **2.** *(løsrevet stykke hud)* agnail, hangnail.

neglesaks nail scissors pl.; (pair of) nail scissors (*fx* where are the nail scissors? I need some (*el.* a pair of) nail scissors).

negligé, **neglige** *sb. (et, negligeer)* négligé; □ *i* ~ undressed.

negligere *vb.* **1.** *(forsømme)* neglect; **2.** *(ignorere)* ignore, overlook.

negroid *adj.* Negroid.

nej[1] *sb. (et, -er)* no (pl. noes); □ *få* ~ be refused; *sige* ~ *til* refuse, turn down (*fx* an offer, a request); *(høfligere,* F*)* decline (*fx* an invitation, an offer); *jeg siger ikke* ~ *(*T*: svar på tilbud)* I won't say no (*til* to, *fx* a drink); *han tager ikke et* ~ *for et* ~ he won't take no for an answer; *(se også takke).*

nej[2] *interj.* **1.** no; **2.** *(overrasket)* oh! oh no! □ ~ *da!* really? indeed? is that so?; *(se også tak*[2]*)*; *[med vb.]* ~ *hør nu! a) (protesterende)* really now! *b) (vantro)* come off it! *jeg mener* ~ I don't think so; F I think not; ~ *se engang!* just look!; *(se også tak*[2]*, tro*[3]*, vist).*

neje *vb.* **1.** curtsy, curtsey; make a curtsy (*el.* curtsey) (*for* to); **2.** *(sø.)* pitch.

nejsiger *sb. (en, -e)* no-man.

nejstemme *sb. (en, -r)* negative vote, vote against (it); no (pl. noes).

nekrofil *adj.* **1.** necrophilic; **2.** *(brugt som sb.)* necrophile.

nekrolog *sb. (en, -er)* obituary (notice).

nekromanti *sb. (en)* necromancy.

nektar *sb. (en)* nectar.

nellike *sb. (en, -r)* **1.** *(bot.)* pink; *(have-)* carnation; **2.** *(krydder-)* clove; *-r* cloves.

nellikeolie oil of cloves.

nellikerevolutionen *(hist.)* the carnation coup.

nellikerod *sb. (en, -) (bot.)* avens.

nem *adj.* **1.** easy (*fx* an easy task; he is an easy child); *(ukompliceret)* simple (*fx* task); **2.** *(~ at omgås, præd.)* easy to get on with; **3.** *(~ at bruge)* handy; *(mere* F*)* convenient; □ ~ *at kurere (, lære etc.)* easy to cure (, learn etc.); easily cured (, learned etc.); *det er -t gjort* it is easily done; *han kunne -t glemme det* he could easily forget it; *[med præp.] det er så -t* **med** *det* that's all there is to it; (and) that's that; *have -t* **ved** *se let (have let ved); (se også slippe (fra)).*

nemesis **1.** *(myt.)* Nemesis; **2.** *(fig.)* nemesis.

nemhed *sb. (en)* easiness (*fx* the easiness of the task); ease (*fx* do sth with ease); □ *for -s skyld a)* for the sake of convenience; *b) (om forkortelse)* for short (*fx* Abraham, called Abe for short).

nemlig *adv.* **1.** *(forklarende)* that is (to say) (*fx* there is only one thing to do, that is to go away); **2.** *(foran opremsning)* namely (*fx* he left two sons, namely John and Henry); *(skrives også, let glds. &* F*)* viz.; *(kan også gengives med kolon, fx* he left two sons: John and Henry*)*; **3.** *(begrundende)* because, as (*fx* he didn't come because he was ill); F for; *(ofte gengivet ved ing-form, fx* the town was deserted, it being Sunday, *eller udeladt)*; **4.** *(*T*: netop)* right! exactly! you said it! □ *han var* ~ *meget træt (jf. 1, også)* (the fact is that) he was very tired; he was very tired, you see; F for he was very tired.

nemme[1] *sb. (et):* ~ *for* aptitude for.

nemme[2] *vb.: hvad man i ungdommen -r man ikke i alderdommen glemmer* [one does not forget one's earliest lessons].

neo- neo-.

neolitisk *adj.* neolithic.

neon *sb. (en el. et)* neon.

neonlys neon light.

neonrør neon tube.

neonskilt neon sign.

nepaleser *sb. (en, -e)*, **nepalesisk** *sb. (et) & adj.* Nepalese, Nepali.

nepotisme *sb. (en)* nepotism.

Neptun *(myt., astr.)* Neptune.

nereide *sb. (en, -r)* **1.** *(myt.)* Nereid; **2.** *(zo.)* nereid.

nerie, **nerium** *sb. (en, nerier) (bot.)* oleander.

nertz *sb. (en, -er) (pelsværk)* mink.

nertzpels mink coat.

nerve *sb. (en, -r)* **1.** nerve; **2.** *(energi, livfuldhed)* vigour, spirit; □ *dårlige -r* bad nerves; *stærke -r* strong nerves; *[med vb.]* **berolige** *-rne* calm one's nerves; *jeg* ***får*** *(dårlige) -r af det* it gets on my nerves; *hun* ***får*** *-r* ***på*** *hver gang* she gets nerves every time; ***have*** *(dårlige) -r* have bad nerves; ***har*** *du -r* ***til*** *det?* have you the nerves for that? *-rne* ***stod på*** *højkant, der* ***var*** *-r* ***på*** nerves were on edge; *[med præp.] han er blottet* ***for*** *-r* he does not know what nerves are; *det går mig* ***på*** *-rne* it gets on my nerves; *han kender ikke* ***til*** *-r*

he does not know what nerves are.
nerveafdeling neurological ward.
nerveanspændelse nervous strain, strain on one's nerves.
nerveberoligende *adj.* sedative (*fx* it had a sedative effect);
□ ~ *midler* sedatives; tranquillizers.
nervebetændelse *(med.)* neuritis.
nervebundt bundle of nerves (*fx* she is one bundle of nerves).
nervecentrum nerve centre.
nervechok nervous shock.
nervefiber nerve fibre.
nervegas nerve gas.
nerveklinik nerve clinic; *(hvilehjem)* rest home.
nerveknude *(anat.)* ganglion.
nervekrig war of nerves.
nervelidelse nervous disease.
nervelæge nerve specialist.
nervemedicin *se nerveberoligende (midler).*
nervenedbrudt *adj.: være ~* have shattered nerves; F suffer from nervous prostration.
nervepille sedative; tranquillizer.
nervepirrende[1] *adj.* **1.** *(spændende)* thrilling; **2.** *(uhyggelig)* hair-raising; T hairy.
nervepirrende[2] *adv.* *(jf. nervepirrende*[1]*)* **1.** thrillingly; **2.** in a hair-raising manner.
nervesammenbrud nervous breakdown.
nervesmerter *sb.pl.* neuralgia sg.
nervespecialist nerve specialist.
nervespids nerve end.
nervestyrkende *adj.* bracing; F neurotonic.
nervesvækket *adj. (præd.)* suffering from a nervous disorder; *(attr.)* unbalanced.
nervesygdom nervous disorder.
nervesystem nervous system.
nervetråd nerve fibre.
nervevrag nervous wreck.
nervevæv *sb. (et, -)* nervous tissue.
nervøs *adj.* **1.** nervous; T jittery, jumpy; **2.** *(~ og irritabel)* edgy; **3.** *(forfjamsket)* fidgety, flurried;
□ *gøre en ~ a) (bange)* make sby nervous; *b) (irritabel)* irritate sby (*fx* he kept jumping up and down, which irritated me); *(stærkere)* get on sby's nerves; *~ ophidselse* nervous excitement; *(se også trækning);*
[med præp.] ~ for a) (bange for) nervous of (*fx* strangers); *b) (bekymret mht.)* nervous about (*fx* his health); *~ for at (+ inf.,* ɔ: *bange)* nervous of -ing (*fx* flying); *jeg var ~ for at han skulle komme* I was nervous in case he should come.
nervøsitet *sb. (en) (jf. nervøs)* **1.** nervousness; **2.** edginess; **3.** fidgetiness.
net[1] *sb. (et, -)* **1.** *(fangst-, beskyttelses-, mål-)* net (*fx* he sent the ball into the back of the net; the police net was closing in on him; he slipped through the net);
2. *(af trafiklinier, årer etc.)* network, system;
3. *(edderkops)* web;
4. *(fig.)* web (*fx* of lies, of intrigue); tissue (*fx* of lies);
5. *(taske)* string bag;
6. *(bagage- i tog, svarer til)* rack.
net[2] *adj.* **1.** *(pæn, rar)* nice (*fx* girl; *(iron.)* nice friends you've got!);
2. *(ordentlig)* neat (*fx* room);
□ *en ~ sum* a tidy sum; *~ uden at være pralende* neat without being ostentatious.
net[3] *adv.* *(jf. net*[2]*)* **1.** nicely;
2. neatly (*fx* dressed);
□ *synge ganske ~* sing tolerably well.
netbold *(i tennis)* let (ball).
netdommer net-cord judge (*el.* umpire).
netfiskeri netting.
netformet *adj.* reticular.
netgardin net curtain, sheer.
nethinde *(i øjet)* retina.
nethindeløsning detachment of the retina.
netkort [season ticket covering road and rail transport in the Copenhagen area].
netmave *(zo.)* reticulum (pl. reticula).
netmelon netted melon.
netnylon net nylon.
netop *adv.* **1.** *(lige præcis)* just, exactly (*fx* that's just (*el.* exactly) what I was about to say);
2. *(om tid)* just (*fx* he had (, has) just arrived); *(lige nu)* just now (*fx* he's repairing the car just now; he phoned just now);
3. *(tværtimod)* on the contrary (*fx* clever? no, on the contrary he is stupid);
4. *(helt sikkert)* certainly (*fx* if you tell him not to, he will certainly (*el.* he is sure to) do it);
□ *~! se ndf.: ja ~; ~* ***da*** *han kom* just as he came; at the very moment he came; *~* ***derfor*** that is exactly why; *~* ***det*** the very thing; *~ det emne* that particular subject; *~* ***det at*** *du betænker dig viser at du ikke er overbevist* the very fact of your hesitating proves that you are not convinced; ***hvorfor*** *(lige) ~ i dag?* why today of all days? *hvorfor ~ i Norge?* why in Norway of all places? *hvorfor ~ ham?* why him of all people? ***ikke*** *~* not exactly; ***ja*** *~!* exactly! precisely! that's it! F quite so; ***lige*** *~ a) se ovf.: ja ~; b) (om tid & = lige akkurat)* only just (*fx* they have only just arrived; it is only just enough; he only just succeeded); *c) se ovf.: hvorfor ~; ~* ***nu*** just now; this very moment; *jeg* **skulle** *~ til at se skulle ((lige el. netop) til at).*
netstrømper *sb.pl.* net stockings; T nets.
nette *vb.: ~ sig* tidy oneself (up); T tit(t)ivate oneself.
netto net (*fx* it weighs 750 g net; he made a profit of £10,000 net);
□ *~ kontant* net cash; *det indbragte mig £1.000 (også)* it made me a clear thousand pounds.
nettobeløb net sum.
nettofortjeneste net profit.
nettoindtægt net income.
nettoløn net pay; T take-home pay.
nettopris net price.
nettotab net loss.
nettoudbytte net proceeds pl.
nettovægt net weight.
netvinger *sb.pl. (zo.)* neuroptera.
netværk network.
neuralgi *sb. (en)* neuralgia.
neuralgisk neuralgic.
neurasteni *sb. (en)* neurasthenia.
neurasteniker *sb. (en, -e)* neurasthenic.
neurokirurgi neurosurgery.
neurokirurgisk *adj.* neurosurgical.
neurolog *sb. (en, -er)* neurologist.
neurologi *sb. (en)* neurology.
neurologisk[1] *adj.* neurological.
neurologisk[2] *adv.* neurologically.
neurose *sb. (en, -r)* neurosis (pl. neuroses).
neurotiker *sb. (en, -e)* neurotic.
neurotisk[1] *adj.* neurotic.
neurotisk[2] *adv.* neurotically.
neutral *adj.* neutral;
□ *holde sig ~* stay neutral; F remain neutral.
neutralisation *sb. (en, -er)* neutralization.
neutralisere *vb.* neutralize.
neutralist *sb. (en, -er),* **neutralistisk** *adj.* neutralist.
neutralitet *sb. (en)* neutrality.
neutralitetserklæring declaration of neutrality.
neutralitetskrænkelse violation of sby's neutrality.
neutralitetsmærke mark of neutrality.
neutralitetspolitik policy of neutrality.
neutron *sb. (en, -er) (fys.)* neutron.
neutronbombe *sb.* neutron bomb.

neutrum *sb. (et) (gram.)* the neuter.
neutrums- neuter.
nevø *sb. (en, -er)* nephew.
newfoundlænder *sb. (en, -e) (hund)* Newfoundland dog.
ni *num.* nine;
□ *slå alle ~ (i keglespil)* knock down all the pins.
nicaraguaner *sb. (en, -e),* **nicaraguansk** *adj.* Nicaraguan.
niche *sb. (en, -r)* **1.** *(i mur, væg)* recess (*fx* a recess for a cupboard; a window recess); alcove; *(mindre, til udsmykning)* niche (*fx* a niche for a vase);
2. *(hdl. & økologisk)* niche.
nichemarked niche market.
nicheproduktion niche production.
nid *sb. (et)* **1.** *(misundelse)* envy; jealousy; **2.** *(ondskabsfuldhed)* spite.
nidding *sb. (en, -er)* knave; caitiff.
niddingsdåd piece of villainy.
nidkær *adj.* **1.** zealous; **2.** *(bibelsk)* jealous (*fx* I the Lord thy God am a jealous God);
□ *~ i tjenesten* officious.
nidkærhed *sb. (en)* zeal.
nidobbelt *adj.* ninefold.
nidstirre *vb.: ~ én* stare hard at sby.
nidvise *sb.* (verse) lampoon, libellous song.
niece *sb. (en, -r)* niece.
niende *adj.* ninth (*fx* on the ninth floor; for the ninth time); *(se også bud[1]).*
niendedel ninth (part).
nier *sb. (en, -e)* **1.** nine; **2.** *(bus etc.)* number nine.
nifoldig *adj.: et -t hurra* nine cheers.
nihilisme *sb. (en)* nihilism.
nihilist *sb. (en, -er)* nihilist.
nihilistisk *adj.* nihilistic; *(attr. også)* nihilist.
nik *sb. (et, -)* nod.
nikke *vb.* **1.** nod;
2. *(falde i søvn)* nod off, drop off;
3. *(i fodbold)* head (*fx* head the ball into goal);
□ *~ med hovedet* nod one's head; *~ til en* nod to sby, give sby a nod (*fx* she gave him an encouraging nod); *~ til bolden* head (the ball); *(se også skalle[2]).*
nikkedukke *sb.* **1.** *(ubetydelig person)* nonentity; **2.** *(jasiger)* yes-man.
nikkel *sb. (et)* nickel.
nikkelallergi nickel allergy.
nikkelholdig *adj.* nickelous.
nikotin *sb. (en)* nicotine.
nikotinforgiftet *adj.* nicotine-poisoned.
nikotinforgiftning nicotine poisoning.
nikotinfri *adj.* nicotine-free; *(præd. også)* free from nicotine.
nikotinsvag *adj.* low-nicotine.
Nilen *(geogr.)* the Nile.
nimbus *sb. (en) (glorie)* nimbus, halo; *(stråleglans)* glory.
nip *sb. (et, -) (lille slurk)* sip;
□ *han var på -pet til at (ɔ: skulle lige til at)* he was on the point of -ing (*fx* of giving up, of leaving); *det var på -pet til at gå galt* it very nearly went wrong.
nipflod neap tide.
nippe *vb.* **1.** *(tage små slurke)* sip;
2. *(tage små bidder)* nibble;
3. *(knibe)* pinch, nip;
4. *(om bær)* top and tail;
□ *~ ståltråd over* cut wire; *~ til maden* pick (*el.* peck) at one's food; nibble; *~ til vinen* sip (at) one's wine.
nippel *sb. (en, nipler)* nipple.
nips *sb. (et)* knick-knacks pl.; bric-a-brac.
nipse *vb.* play pushpin.
nipsenål pushpin.
nipsgenstand knick-knack;
□ *hun er en lille ~ (ɔ: lille og køn)* she is petite.
niptang **1.** pliers pl.; **2.** *(bidetang)* (cutting) nippers pl.;
□ *en ~* a pair of pliers (, nippers).
nirvana *sb. (et) (rel. & fig.)* nirvana, Nirvana.
nisse *sb. (en, -r) (myt., omtr.)* pixy; *(ondsindet)* goblin; *(have-)* gnome;
□ *en gammel ~ (om en mand)* an old fogey; *-n flytter med (fig.)* the problem remains the same.
nissehue pixy hat.
nist *sb. (en, -er)* fleck.
nistret *adj.* flecked.
nital nine.
niti *num.* ninety.
nitid *adj.* elegant, dainty.
nitiden*: ved ~* at about nine o'clock; T round about nine (o'clock).
nitning *sb. (en, -er)* riveting.
nitrat *sb. (et, -er) (kem.)* nitrate.
nitrit *sb. (et, -ter) (kem.)* nitrite.
nitroglycerin nitroglycerine.
nitte[1] *sb. (en, -r)* **1.** *(nagle)* rivet;
2. *(i lotteri)* blank.
nitte[2] *vb.* rivet.
nitten *num.* nineteen.
nittende *adj.* nineteenth (*fx* on the nineteenth floor).
nitter *sb. (en, -e)* riveter.
nitterdreng rivet boy.
nive *vb. (nev, nevet) (om person: med to fingre)* pinch (*fx* the hinge pinched my skin; he pinched her cheek); *(skarpt, med neglene)* nip;
□ *~ en i armen* pinch sby's arm.
niveau *sb. (et, -er)* **1.** *(også fig.)* level (*fx* the book can be enjoyed on several levels);
2. *(kvalitets-)* standards pl. (*fx* exam standards; raise (, lower) the standards in the schools);
□ *bringe* ***i*** *~* level; *være* ***i*** *~* ***med*** be on a level with; ***på*** *det ~* at that level; *på højeste ~* at the highest level; *en konference på højeste ~* a top-level conference; *på internationalt ~* at international level; *på lokalt ~* at the local level.
niveaudeling *(i undervisning)* ability grouping;
□ *de havde ~ i nogle fag* they setted in some subjects.
niveaudelt *adj.* ability-grouped;
□ *-e hold* graded ability groups; *-e tekster* graded texts.
niveauoverskæring level crossing.
niveausænkning lowering of the level (, standards) *(jf. niveau).*
nivellere *vb.* level.
nivellering *sb. (en, -er)* levelling.
nivellerinstrument levelling instrument.
niårig, niårs *adj. se -årig.*
N.N.*: hr ~* Mr So-and-so.
Noahs ark Noah's ark.
nobel *adj.* **1.** *(om udseende)* distinguished; **2.** *(om handling)* generous, noble, fine.
nobelprisen the Nobel Prize (*i* for, *fx* literature).
nobelpristager *sb. (en, -e)* Nobel Prize winner.
noblesse *sb. (en)* nobility.
nocturne *sb. (en, -r)* nocturne.
node *sb. (en, -r)* note; *-r (nodeark etc.)* music sg. (*fx* have you brought your music?);
[med præp.] spille ***efter*** *-r* play from music (*el.* from a score); *få klø efter -r* get a sound drubbing; *skælde en ud efter -r* give sby a proper dressing-down; *(am.)* bawl sby out; *være* ***med på*** *-rne* know what is what.
nodebibliotek music library.
nodeblad sheet of music.
nodebog music book.
nodehæfte music book; sheets pl. of music.
nodelinie line;
□ *de fem -r* the staff.
nodelæsning music reading.
nodemappe music case.
nodenøgle clef.
nodepapir music paper.
nodepult music desk.
nodeskrift *sb. (en)* musical nota-

tion.
nodeskriver music copyist.
nodestativ music rest; *(fritstående)* music stand.
nodestikker *sb. (en, -e)* music engraver.
nodestol music rest.
nodesystem **1.** notation; **2.** *(nodelinier)* staff.
nodetegn note.
nodetrykker music printer.
nodevender *sb. (en, -e)* leaf turner.
nodeværdi value (of a note).
nogen *pron. (noget, nogle) (se også noget, nogle)* **1.** *(attr. & efter forudnævnt sb.: en vis mængde)* some; *(nogen som helst)* any (*fx* they could not give us any help; have you any money left? he has no money - have you any?); **2.** *(substantivisk: en eller anden)* somebody (*fx* somebody must have seen it); someone; *(nogen som helst)* anybody, anyone (*fx* is anyone here?);
□ ~ **af** *a) (jf. 1)* some of (*fx* I saw some of them); *b)* any of (*fx* I never saw any of them); *sko var der ikke ~ af* there were no shoes; **der** *var ~ der fortalte mig det* somebody told me;
ikke ~ *a) (stående alene)* not ... anybody, not ... anyone (*fx* he had not told (it to) anyone; there has not been anyone here); *b) (attr.)* not a (*fx* he is not a good father; it was not an easy task); *(= ikke just,* F*)* no (*fx* she is no beauty; it was no surprise); *(+ utælleligt sb.)* not any, no (*fx* there is no money left); *c) (skilt fra sit sb. el. foran of)* none (*fx* none of them knew); *her har ikke været ~* nobody has been here; *(kan jeg låne din cykel?) jeg har ikke ~* ... I haven't got one; *~ løsning er endnu ikke fundet* no solution has yet been found; *ikke uden ~ vanskelighed* not without some difficulty;
så god **som** *~* as good as any; second to none; T as good as they come; *han spiller så godt som ~* T he can play with the best of them (*el.* as well as the next man);
~ **som helst** *a) (jf. 1. attr. etc.)* any; *b) (jf. 2: substantivisk)* anyone, anybody; *ikke ~ som helst a) (attr.)* no...at all, no...whatever (*fx* no reason at all (*el.* whatever)); *b) (efter forudnævnt sb.)* none at all, none whatever; *c) (substantivisk)* nobody at all; **uden** *~ (som helst) vanskelighed* without any difficulty.
nogenlunde[1] *adj. (~ god)* fairly good (*fx* the result was fairly good); fair; T fair to middling; F tolerable (*fx* the food was tolerable);
□ *i ~ ro* in relative quiet.
nogenlunde[2] *adv.* **1.** *(temmelig)* fairly (*fx* accurate, certain, correct, good); reasonably (*fx* happy; within a reasonably short time); F tolerably (*fx* certain, well; he can't give even a tolerably exact description);
2. *(tilnærmelsesvis)* more or less (*fx* agreed, finished); (just) about (*fx* they are (just) about the same age); roughly; F approximately (*fx* correct);
□ *han har det ~ (godt)* he is fairly well; T he is not too bad.
nogensinde *adv.* ever (*fx* it is as cold as ever; it is colder than ever); at any time;
□ *har du ~ hørt sådan noget vrøvl?* did you ever hear such nonsense?; *(se også aldrig).*
noget[1] *pron.* **1.** *(attr. & efter forudnævnt sb.: en vis mængde)* some, a little; *(noget som helst)* any;
2. *(substantivisk: et eller andet)* something (*fx* he knows something); *(noget som helst)* anything (*fx* has anything happened?);
□ *sådan ~ se sådan*[2];
[med adj.] der var sket ~ usædvanligt something unusual had happened; an unusual thing had happened; *~ andet, ~ helt andet se andet*[2]*, helt*[3];
[med vb.] han tror han **er** *~* he thinks he is somebody; *(se også gøre, sige, skulle);*
[med: ikke & som helst] **ikke** *~ a)* not ... anything, nothing (*fx* he did not say anything; he said nothing); *b) (+ sb.)* not a (*fx* he is not a genius; it is not a good proposal); *(ikke just, aldeles ikke,* F*)* no (*fx* he is no genius; he is no fool); *(+ utælleligt sb.)* not any, no (*fx* bread); *(han vil leje et værelse, men) vi har ikke ~* ... we haven't got one; *det er ikke ~ for mig, se ndf.*; **ikke** *~* **som helst** *a) (attr.)* not...any (*fx* we haven't got any material); no...at all, no...whatever (*fx* no evidence at all (*el.* whatever)); *b) (efter forudnævnt sb.)* none at all, none whatever; *c) (substantivisk)* not...anything (*fx* I didn't know anything); nothing at all, nothing whatever;
[med præp.] ~ **af** *a)* some (, any) of (*fx* some of the cake is left; is any of it left?); *b) (et stykke, en del)* part of (*fx* walk part of the way; part of the house burnt down; we spent part of our holiday in England); *c) (~ i retning af)* something of; T a bit of (*fx* he is something (, a bit) of a carpenter; it was something (, a bit) of a surprise); *det er ~ af det bedste man kan få* that is about the best you can get;
~ '**efter** after a while; some time later (*el.* after);
~ **for** *~* one good turn deserves another; *det er ikke ~ for mig* that is not my cup of tea; *det er lige ~ for mig* that is just the thing for me; *være ~ for andre* be something for others; *finde en at være ~ for* find somebody to take care of; *han er ~ for sig (selv)* he is a bit unusual; he is quite a character; *hvad for ~?* what? *hvad er det for ~?* what is that? *få ~ for pengene se penge*;
der er ~ **i** *det han siger* there is something (*el.* some truth) in what he says;
hun har ~ **med** *hjertet* she has some heart trouble; *det var ~ med penge* it was something to do with money; *ikke ~* **med at** *snyde!* no cheating!
der er ~ **om** *se ovf.: der er ~ i;*
han er ~ **på** *et kontor* he has a job in an office; T he is something or other in an office; *de har ikke ~ på ham se have*[2];
blive **til** *~ se blive*;
der er ikke ~ **ved** *det* it is not much good; *der er ikke ~* **ved at** there is no fun in -ing (*fx* in visiting him).
noget[2] *adv.* **1.** *(i nogen grad)* a little; F somewhat; T a bit (*fx* deaf); **2.** *(i nogen tid)* (for) some time (*fx* it lasted some time); for a while (*fx* he thought it over for a while); **3.** *(et stykke vej)* some distance (*fx* some distance from the town); not far (*fx* not far from here);
□ *hun er ~* **så** *sød* she is such a nice girl; she is awfully (*el.* terribly) nice.
nogetsteds *adv.* anywhere.
nogle *pron.* **1.** *(attr. & efter forudnævnt sb.)* some (*fx* there are some books here; Do you want books? I have some here); **2.** *(substantivisk: ~ mennesker)* some people, some (*fx* some (people) say he is ill);
□ *~ af* some of; *~ enkelte, ~ få* a few, some few; *~* **og** *tyve (, tredive etc.)* twenty (, thirty etc.) odd; *~ minutter* **til** a few more minutes.
nok[1] *sb. (en, -ker) (sø.: af rå)* yard arm; *(af gaffel)* peak.
nok[2] *adj.* enough (*fx* enough

money (, time); *(glds. el.* F*)* money (, time) enough); F sufficient (*fx* sufficient food; sufficient reason);
□ ***have*** *~* ***at gøre*** have one's hands full; *han har ~ at gøre med at* he has his work cut out to; he has his hands full -ing (*fx* he has his hands full getting the house ready); it is all he can do to; *have ~ af (, i) se ndf.: med præp.*; ***være*** ~ be enough; F suffice, be sufficient; *det kan være ~* that will do; *nu kan det være ~!, så er det ~!* that's enough! enough of that! that does it! enough is enough! *~ er det at* the fact remains that; *være sig selv ~* be self-sufficient; F be sufficient unto oneself;
[med (vb. +) præp.] ~ ***af*** *a) (tilstrækkeligt)* enough of (*fx* they have enough of everything); *b) (mange, meget)* plenty of (*fx* there are plenty of people who want a job); T lots of; *jeg har* ***fået*** *~* ***af*** *din uforskammethed* I have had (quite) enough of your impudence; *penge kan han aldrig få ~ af* he can never get enough money; *vi* ***har*** *~* ***af*** *penge (, mad) a) (tilstrækkelig)* we have enough money (, food); *b) (mange, meget)* we have lots of money (, food); *han* ***har*** *~* ***i*** *sin egen familie* he is only concerned with his own family; *han har ~ i sine egne problemer* he has problems enough of his own; *hver dag har ~ i sin plage (ɔ: bibelcitat)* sufficient unto the day is the evil thereof; *ikke ~* ***med det*** *a)* that wasn't all; *b) (om noget negativt)* to make matters worse; *~* ***om det*** enough said; enough of that; *~* ***til*** enough (, sufficient) for (*fx* there is enough room for everybody); *der er tid ~* ***til at*** there is enough time to; *(glds. el.* F*)* there is time enough to.
nok[3] *adv.* **1.** *(tilstrækkelig)* enough (*fx* you have slept enough; she is old enough to be your mother); F sufficiently;
2. *(sandsynligvis)* probably (*fx* he will probably come tomorrow; it is probably a mistake); very likely; *(mere sikkert: konstrueres med)* be sure to (*fx* he is sure to come tomorrow);
3. *(vel nok; kan man hævde)* arguably (*fx* he is arguably the greatest expert on the subject; he is arguably a better pianist than his brother);
□ *~ én* one more; another; *~ en gang* once more, once again; *[med adv.] besynderligt (el. mærkeligt el. sært el. underligt) ~* oddly (*el.* curiously *el.* strangely) enough; strange to say; *godt ~ se god;*
~ ***så*** *a) (mindst lige så)* rather more (*fx* rather more tired than yesterday); *b) (meget)* very, quite (*fx* quite nicely *(= ~ så net)*); *om han havde ~ så mange penge* however much money he had; *~ så stor som* at least (*el.* fully) as big as;
[med adj.] man kan ikke være ***forsigtig*** *~* you can't be too careful; *det er* ***let*** *~ for dig at* it is easy enough (*el.* all right) for you to (*fx* laugh); *det er* ***lige skrapt*** *~* T it's a bit thick; *kaffen er* ***lige stærk*** *~* the coffee is rather strong; T the coffee is a bit on the strong side; *han er* ***lige smart*** *~* T he is too clever by half; *det er* ***varmt*** *~* ***til at*** *vi kan gå ud og bade* it is warm enough for us to go swimming;
[med vb.] du ***forstår*** *mig ~* you know what I mean; *gad ~ se gide*; *det* ***går*** *~* it will be all right, don't you worry; *du* ***kan*** *~ tænke* you can imagine; *det* ***kan*** *~* ***være*** *han blev vred* he was angry and no mistake! and wasn't he angry! *det kan ~ være du er vokset!* my (word), how you have grown! *det* ***mente*** *jeg ~* I thought so (*el.* as much); *jeg* ***må*** *~* ***hellere*** I suppose I had better (*fx* tell you); *åh far,* ***må*** *vi* ***ikke*** *~?* please daddy, won't you let us? (*el.* do let us!); *det må jeg (, du) ~ sige se sige*; ***sagde*** *jeg det* ***ikke*** *~!* I told you so! didn't I tell you; *du* ***skal*** *~ høre fra mig* you'll hear from me; *jeg skal ~ gøre det* I'll do it (all right); *det* ***tænkte*** *jeg ~,* ***tænkte*** *jeg det* ***ikke*** *~* I thought so (*el.* as much); ***vil*** *du* ***ikke*** *~ svare?* won't you give me an answer, please? *vil De ikke ~ fortælle mig hvad der er sket (også,* F*)* would you be kind enough to tell me what has happened.
nokke *vb.* edge (*fx* he edged his chair closer to the table); inch (*fx* he inched the car into an empty space).
nokkefår T twit, nitwit.
noksagt *(som omskrivning for et andet ord)* so-and-so (*fx* that dirty so-and-so); blankety-blank.
noksom *adv.* enough (*fx* I can't praise her enough); F sufficiently;
□ *~ bekendt* famous; *(berygtet)* notorious; *det var som at lede efter en nål i den ~ bekendte høstak* it was like looking for a needle in the proverbial haystack.
nole *vb.* T pinch, nick.
nomade *sb. (en, -r)* nomad.
nomadefolk nomadic people; *(pl. også)* nomads.
nomadeliv nomadic life.
nomenklatur *sb. (en, -er)* nomenclature.
nominativ *sb. (en, -er) (gram.)*
1. *(kasus)* the nominative (case);
2. *(ord i ~)* nominative;
□ *stå i ~* be in the nominative.
nominel *adj.* nominal.
nominere *vb.* nominate.
nominering *sb. (en, -er)* nomination.
nonchalance *sb. (en) (jf. nonchalant)* nonchalance; off-hand manner.
nonchalant[1] *adj.* nonchalant; *(stærkere)* off-hand.
nonchalant[2] *adv.* nonchalantly; *(stærkere)* off-handedly, in an off-hand manner.
nonfigurativ *adj.: ~ kunst* non-figurative art.
nonkombattant *sb. (en, -er)* noncombatant.
nonne *sb. (en, -r)* **1.** *(rel.)* nun; **2.** *(zo.: insekt)* nun moth.
nonnedragt nun's habit.
nonnekloster convent.
nonneorden order of nuns.
nonsens *sb. (et)* nonsense.
nonstop *adv.*, **nonstop-** non-stop.
nopret *adj.* nubbly (*fx* surface); granulated.
nor[1] *sb. (et, -) (lille barn)* mite.
nor[2] *sb. (et, -) (vig)* cove.
nord *sb. & adv.* north;
□ *det høje ~* the far North;
[med præp.] ~ ***for*** (to the) north of; ***fra*** *~* from the north; ***i*** *~* in the north; *lige i ~* due north; ***mod*** *~ a) (vendende mod ~)* facing (the) north; north-facing; *b) (nordpå, i den nordlige del af landet etc.) se nordpå*; *~* ***om*** *øen* north of the island; *~* ***til*** *vest* north by west.
nord- 1. north (*fx* the north side); northern (*fx* the northern frontier; the northern side);
2. *(med stednavne)* Northern (*fx* England, France); the North of (*fx* England, France); *(om afgrænset enhed)* North (*fx* America, Korea, Vietnam).
Nordafrika North Africa.
Nordamerika North America;
□ *-s forenede Stater* the United States of America.
nordamerikansk *adj.* North American.
nordatlantisk *adj.* North Atlantic.

nordbagge *sb. (en, -r) (zo.)* Norwegian pony.
nordbo *sb. (en, -er)* Scandinavian.
nordefter *adv.* northwards; *(am.)* northward.
Norden the North; *(Skandinavien)* Scandinavia.
norden *adv.: ~ for* northward of, north of; *~ om Skotland* (round the) north of Scotland.
nordende north end.
nordengelsk *adj.* Northern English.
Nordengland the North of England, Northern England.
nordenvind north wind, northerly wind.
Nordeuropa Northern Europe.
nordeuropæisk *adj.* North European.
nordfra *adv.* from the north.
Nordfrankrig the North of France, Northern France.
nordgrænse northern limit (, frontier, boundary); *(se grænse¹).*
nordgående *adj.* northbound (*fx* express); northerly, northward (*fx* current).
Nordhavet *(geogr.)* the Norwegian Sea.
Nordirland Northern Ireland.
nordisk *adj.* **1.** Scandinavian (*fx* language); **2.** *(om statsforhold, race)* Nordic (*fx* the Nordic countries; he looks Nordic);
□ *Nordisk Råd* the Nordic Council.
nordist *sb. (en, -er)* Scandinavian philologist.
Norditalien Northern Italy, the North of Italy.
Nordkap *(geogr.)* the North Cape.
Nordkorea North Korea.
nordkyst north coast.
nordlig *adj. (se også nordligere, nordligst)* **1.** northern (*fx* frontier; the northern part of the country); **2.** *(om vind & retning)* northerly (*fx* a strong northerly wind; in a northerly direction);
3. *(vendende mod nord)* northward (*fx* on the northward slope); north (*fx* the north side);
□ *i det -e England* in the North of England; *vinden er ~* the wind is in the north; *(se også bredde, halvkugle, Ishav, polarkreds, vendekreds).*
nordligere *adj. & adv.* more northerly (*fx* a more northerly route); further north;
□ *~ end* farther north than, to the north of, northward of.
nordligst *adj. & adv.* northernmost, most northerly;
□ *det ligger ~* it is furthest (to the) north.
nordlys *sb. (et, -)* northern lights pl.; F aurora borealis.
nordmand Norwegian.
nordost north-east.
nordover *adv.* northwards; *(am.)* northward.
nordpol north pole.
nordpolar- Arctic.
Nordpolen the North Pole.
nordpolsekspedition Arctic expedition.
nordpolsfarer *sb. (en, -e)* Arctic explorer.
nordpå *adv.* **1.** north, to(wards) the north (*fx* it lies far to the north); northwards (*fx* he took the road northwards); *(am.)* northward;
2. *(i den nordlige del af landet etc.)* in the north (*fx* he lives in the north); up north;
3. *(i nordligere egne)* further north (*fx* it is cold further north);
4. *(ved den nordlige grænse)* on the north (*fx* bounded on the north by a river).
nordre *adj.* northern.
nordside north side, northern side.
Nordsjælland North Zealand.
Nordslesvig North Schleswig.
Nordstaterne *sb.pl. (i USA)* the Northern States; the North sg.
Nordstjernen *(astr.)* the North Star.
nord-syd dialog North-South dialogue.
Nordsøen *(geogr.)* the North Sea.
nordtysk, nordtysker North German.
Nordtyskland the North of Germany, Northern Germany.
nordvendt *adj.* north-facing.
nordvest north west.
nordvestlig *adj.* north western; *(om vind & retning)* northwesterly.
Nordvestpassagen the North-West Passage.
nordvestvind northwester.
nordøst north east.
nordøstlig *adj.* north eastern; *(om vind & retning)* north easterly.
Norge Norway.
norm *sb. (en, -er)* **1.** standard (*fx* the standards of society; moral standards; standards of behaviour); F norm (*fx* social norms; norms of behaviour);
2. *(arbejds-)* norm;
3. *(målestok)* standard, benchmark (*fx* the Tay is used as a benchmark for river cleanliness).
normal¹ *sb. (en, -er)* normal;
□ *over (, under) -en* above (, below) normal.
normal² *adj. (se også normalt)*
1. *(almindelig)* normal (*fx* on a normal day);
2. *(godkendt, vedtaget)* standard (*fx* charge, size); *(se også arbejdstid);*
3. *(åndeligt)* normal, sane.
normalhastighed normal speed.
normalhøjde standard height.
normalisere *vb.* normalize.
normalitet *sb. (en)* normality; *(især am.)* normalcy.
normalkontrakt standard contract.
normalløn standard wage (, salary); *(se løn¹).*
normallønsområde standard wage sector.
normalside standard page.
normalspor *(jernb.)* standard gauge.
normalsynet *adj. (efter sb.)* with normal sight.
normalt *adv.* normally;
□ *forløbe ~* take a (, its, their) normal course; *(se også begavet¹).*
normaltemperatur normal temperature.
normaltid standard time.
normalvægt standard weight.
Normandiet *(geogr.)* Normandy.
normanner *sb.pl. (hist.)* Normans.
normannisk *adj. (hist.)* Norman (*fx* Norman architecture).
normativ *adj.* normative (*fx* grammar).
normeret *adj.* prescribed (*fx* the prescribed number of rooms); fixed (*fx* the fixed prices).
normering *sb. (en, -er) (mht. personale)* staffing (*fx* inadequate staffing).
normgivende *adj.* normative.
norne *sb. (en, -r) (myt.)* Norn.
norrøn *adj.* Norse.
norsk *sb. (et) & adj.* Norwegian;
□ *på ~* in Norwegian.
northumbrisk *adj.* Northumbrian.
nosse *vb. (vulg.): ~ i det* make a mess of things; *(meget groft udtryk)* fuck things up; *~ rundt* mess about; *(grovere)* fart about; *(meget groft)* fuck about.
nosser *sb.pl. (vulg.)* balls.
nostalgi *sb. (en)* nostalgia.
nostalgiker *sb. (en, -e)* nostalgist.
nostalgisk¹ *adj.* nostalgic.
nostalgisk² *adv.* nostalgically.
not¹ *sb. (en, -er) (fure)* groove.
not² *sb. (en el. et, -er el. -) (fiskegarn)* seine.
nota *sb. (en, -er)* **1.** *(regning)* bill; *(am.)* check; **2.** *(salgs-)* sales note; *(am.)* sales check.
notabel *adj.* notable.
notabene *adv.* **1.** (please) note; NB; **2.** *(vel at mærke)* mind you;
□ *sætte ~ ved (fig.)* express a reservation about.
notabilitet *sb. (en, -er)* **1.** *(betyd-*

ningsfuld) dignitary; **2.** *(berømt)* celebrity;
□ *-er (jf. 1 også, ofte spøg.)* notables.
notar *sb. (en, -er)* notary.
notarial *adj.* notarial.
notarialforretning notarial act.
notarialkontor notariate.
notarialprotokol notarial register.
notarialsegl notarial seal.
notarius publicus *sb. (en)* notary public.
notat *sb. (et, -er)* **1.** *(optegnelse)* note; **2.** *(officiel redegørelse)* minute (*fx* from the Minister to a committee); memorandum (pl. -s, memoranda);
□ *gøre -er* take notes.
note *sb. (en, -r)* **1.** *(officiel skrivelse)* note (*fx* a diplomatic note); **2.** *(forklarende, fx i bog)* note, annotation;
□ *~ i margen* marginal note; *forsyne en bog med -r* annotate a book.
notere *vb.* **1.** *(skrive op)* make a note of, take down;
2. *(bemærke)* note, take note of;
3. *(opnå, konstatere)* record (*fx* a victory; a decline in sales); F register (*fx* the party registered an advance);
4. *(debitere)* put down, debit;
5. *(føre på konto)* enter (on an account); charge (to an account);
6. *(indføre, om ordre)* enter, book (*fx* an order);
7. *(en check)* certify;
8. *(kurs, pris)* quote (*i, til* at);
9. *(aktie etc. på navn)* register;
□ *~ én (om politiet)* take (down) sby's name, book sby, report sby; *~ sig* make a note of.
notering *sb. (en, -er)* **1.** *(det at skrive op)* noting; *(notat)* note;
2. *(på børsen; valuta-)* quotation;
3. *(notering på navn)* registration;
4. *(om politiet)* booking;
□ *-en (tele.)* [booking] *(findes ikke i Engl.)*.
noteringsberettiget *adj.: ~ vekselerer* member of the Stock Exchange.
noteringskalender diary.
noteringspris quoted price.
notesblok note pad; T scribbling block (*el.* pad); jotter; *(am.)* scratch pad.
notesbog notebook; T jotter.
noteudveksling exchange of notes.
nothøvl grooving plane.
notificere *vb.* notify.
notifikation *sb. (en, -er)* notification.
notits *sb. (en, -er)* **1.** *(i avis)* paragraph; **2.** *(notat)* note;
□ *(ikke) tage ~ af* take (no) notice of; pay (no) attention to.
notorisk[1] *adj.* **1.** *(oplagt, tydelig)* patent (*fx* a patent untruth);
2. *(bekendt)* well-known; **3.** *(berygtet)* notorious (*fx* swindler);
□ *det er ~ at (jf. 2)* it is a well-known fact that.
notorisk[2] *adv.* notoriously (*fx* he is notoriously unreliable); patently (*fx* untrue).
nougat *sb. (en)* nougat.
novelle *sb. (en, -r)* short story.
novellefilm short feature.
novelleforfatter = *novellist.*
novellesamling collection of short stories.
novellist *sb. (en, -er)* short-story writer.
november *sb. (en)* November; *(NB datoangivelser er opført under april).*
novice *sb. (en, -r)* novice.
noviciat *sb. (et)* noviciate.
nr. *(fork. nummer)* no., No. (pl. nos., Nos.).
nu[1] *sb. (et)* **1.** present (moment); now; **2.** *(øjeblik)* moment; *(kortere)* instant;
□ *i et ~* in a moment, in the twinkling of an eye, in a flash; *leve i -et* live in the present; *i samme ~* (at) that very instant.
nu[2] *adv.* **1.** now;
2. *(forklarende)* you know (*fx* you know, I never really understood him);
3. *(forstærkende)* really (*fx* it really is a bit thick!); indeed;
4. *(formanende)* now (*fx* now, don't stay up too late!);
5. *(indtrængende)* do (*fx* do tell us!);
□ *hvad ~?* what next? what now? *hvad er der ~?* what is it now? *[ofte uoversat] hvad var det ~ jeg ville* what was it I wanted; *lad mig ~ se* let me see;
[med adv. & konj.] ~ eller ***aldrig*** now or never (*fx* it was now or never for him to achieve his goal); *~ har jeg aldrig (hørt så galt)!* well, I never (heard the like)! *~ er han* ***allerede*** *langt borte* by now he is far away; *han er ~* ***alligevel*** *rar* he is nice, though; *~* ***da*** *a) (om tidspunkt)* now (that) (*fx* now (that) you are here); *b) (om periode)* now when (*fx* now when young people don't marry); *~ og da* now and then; *sådan er det ~* ***engang*** well, that's how it is (*el.* goes); that's the way it goes;
T that's how things are; that's the way the cookie crumbles; *da det ~ engang er sådan* this being so (*el.* the case); *de sygdomme som børn ~ engang får* the diseases which children are bound to catch (*el.* 'will catch); *bild dig ~ bare* ***ikke*** *ind at* (now) don't go and imagine that; ***men*** *~ barnet?* but what about the child? *~ også se også*; *~* ***vel*** very well; well, then;
[med præp.] ***fra*** *~* ***af*** from now on; *tre uger fra ~ af* three weeks from now, three weeks on; ***indtil*** *~* till (*el.* up to) now; *~* ***til*** *(ɔ: når man skifter emne)* now for (*fx* and now for something completely different); *~ til dags* nowadays.
nu[3] *konj.* now (*fx* now you are here, we might as well talk it over).
nuance *sb. (en, -r)* **1.** *(af farve, mening)* shade; F nuance; **2.** *(forskel)* slight difference; F nuance.
nuancere *vb.* vary, differentiate; introduce light and shade into.
nuanceret *adj.* **1.** *(varieret)* varied, differentiated (*fx* description, language, style); F nuanced, nuancé (*fx* expression, judgment, understanding of sth);
2. *(mangesidig)* many-faceted, multi-faceted (*fx* knowledge, picture);
3. *(mods. ensidig)* balanced (*fx* description, judgment, view);
4. *(mods. forenklet)* sophisticated (*fx* we need a more sophisticated debate on this issue).
Nubien *(hist.)* Nubia.
nubier *sb. (en, -e)*, **nubisk** *adj.* Nubian.
nubret *se nopret.*
nudansk present-day Danish.
nudisme *sb. (en)* nudism.
nudist *sb. (en, -er)* nudist.
nudler *sb.pl.* noodles.
nugældende *adj.* present; *(efter sb.)* now in force.
nuklear *adj.* nuclear.
nul[1] *sb. (et, -ler) (se også nul²)* **1.** nought (*fx* the figure 1000 has three noughts in it; twice nought is nought); *(fagl.)* zero (*fx* three zeros; the quotient of zero and any nonzero number is zero); *(am.)* naught, zero;
2. *(når tal læses ciffer for ciffer, fx i telefonnummer, kontonummer)* 0 *(udtales som bogstavet o)* (*fx* 3.04; the account number is 40705); *(am.)* zero;
3. *(i fodbold etc.)* nil (*fx* they won 2-0 = two nil); *(am.)* zero;
4. *(i tennis, badminton, bordtennis etc.)* love (*fx* 30-0 = thirty love);
5. *(karakter)* nought;

6. *(om punkt på skala, nulpunkt)* zero (*fx* the scale goes from zero to a hundred; the thermometer stands at zero);
7. *(om person)* nobody (*fx* he is just a nobody); F nonentity;
□ *(NB 0,07 skrives* .07 *el.* 0.07 *og læses:* (nought) point oh seven; .0007, 0.0007 *læses* (nought) point three ohs seven*); i løbet af ~ komma ~ (el. fem)* in no time; T in two shakes; *lig ~ (fig.)* nil (*fx* his influence is nil).
nul[2] *adj.* **1.** nought, zero (*fx* nought (*el.* zero) degrees centigrade);
2. *(slet ingen)* no ... at all, absolutely no (*fx* no chance at all, absolutely no chance); T zero (*fx* zero growth; 633 indictments resulted in zero convictions); nil (*fx* nil growth);
□ *~ grader celsius* nought (*el.* zero) degrees centigrade.
nulenergihus nil energy house.
nulevende *adj. (attr.)* living (*fx* our greatest living writer); *(efter sb.)* now living (*fx* the only person now living who remembers him).
nulindkomst zero income.
nullermand dust mouse; *(se også nullermænd).*
nullermænd *sb.pl.* fluff, lint sg.; dust mice.
nullitet *sb. (en, -er)* **1.** nullity;
2. *(person)* nonentity.
nulløsning zero solution; zero option.
nulpunkt zero (point);
□ *det absolutte ~* absolute zero; *mit humør var* ***på*** *-et* my spirits were at zero; ***under*** *-et* below zero.
nulre *vb.* **1.** *(gnide)* rub (*fx* she rubbed her toes); *(mellem fingrene)* rub between thumb and forefinger (*fx* he rubbed the cloth between thumb and forefinger);
2. *(klappe)* stroke;
3. *(kærtegne)* fondle, caress.
nulstille *vb.* **1.** zero, reset (to zero point) (*fx* a counter); **2.** *(i edb)* zerofill.
nulvækst no growth; T zero (*el.* nil) growth.
numerisk[1] *adj.* numerical.
numerisk[2] *adv.* numerically.
numismatik *sb. (en)* numismatics.
numismatiker *sb. (en, -e)* numismatist.
numismatisk *adj.* numismatic.
nummer *sb. (et, numre)* **1.** number;
2. *(størrelse af tøj, sko)* size (*fx* what size do you take in shoes?);
3. *(af blad, tidsskrift)* number, issue (*fx* this week's number (*el.* issue) of the magazine); *(af avis)* issue (*fx* the article had appeared in the previous day's issue);
4. *(garderobe-)* cloakroom ticket;
5. *(som man optræder med, fx i variete, cirkus)* act, turn (*fx* a comedy turn); *(musik, sang)* number (*fx* give us a number on the piano; his next number is ...);
6. *(på program)* item, number (*fx* the next item on the programme; the next number);
7. *(post på liste etc.)* item;
8. *(på auktion)* lot;
9. *(fupnummer)* trick;
□ *det er* ***et*** *~* ***for*** *groft* T it's a bit thick; *han er et ~ for smart* T he is too clever by half; *lave* ***et*** *~* ***med*** *en a)* play a trick on sby; *b) (bilde en noget ind)* pull sby's leg; S put (*el.* slip) one over on sby; *hun (, det) er ikke* ***mit*** *~* she (, it) is not my cup of tea; *det er ikke mit ~ (også,* S*)* it's not my scene; *[med talord] Oxford Street ~ 25* number 25 Oxford Street; *~* ***et*** *a)* number one; *b) (førstemand)* (the) first; *blive ~ et* come first; *stå som en smuk ~ et* stand an easy first; *blive ~* ***to*** *(, tre)* come (*el.* finish) second (, third); *komme ind som en kneben ~ to* be a poor second; *~ et (, to) i klassen se ndf.: med præp.*;
[med adj.] en kneben ~ to, en smuk ~ et, se ovf.; *gøre et* ***stort*** *~ ud af a) (fetere)* make a fuss of; *b) (overdrive betydningen af)* make a fuss about; make a big thing of; *(spøg.)* make great play with, make a meal of; *c) (overdrive besværet ved)* make heavy weather of; *det var hans store ~ a)* it was a favourite trick of his; *b) (som han altid underholdt med)* it was his party piece;
[med præp.] ~ ***i*** *klassen* position in class; *han er ~ et (, ~ sidst) i klassen* he is top (, bottom) of the form (*el.* class); *han er ~ tre i klassen* he is third in his class; *hvad ~ i rækken er han?* whereabouts does he come in? *du kan træffe ham* ***på*** *det ~ (tele.)* you can get him at that number; *hvis han* ***finder på*** *numre* if he starts anything; *træde* ***uden for*** *~ (om embedsmand)* get leave of absence without pay; ***sådan uden for*** *~ (ɔ: imod reglerne)* as a special favour; *lade dem få lov, sådan uden for ~* stretch a point.
nummeratør *sb. (en, -er) (typ.)* numbering machine.
nummerere *vb.* number;
□ *-t plads* (numbered and) reserved seat.
nummerering *sb. (en, -er)* numbering.
nummerkontoret *(tele.)* directory enquiries.
nummerorden numerical order.
nummerplade number plate; *(am.)* license plate.
nummersender *(tele.)* call maker.
nummerskive *(på telefon)* dial.
nummertavle annunciator.
numse *sb. (en, -r)* bottom; T botty; *(am.)* fanny.
nuntius *sb. (en, nuntier) (pavelig udsending)* nuncio.
nuppe *vb.* lift, pinch, nick.
nurse *sb. (en, -r)* (children's) nurse; T nanny.
nus *sb. (et): et sødt lille ~* a sweet little thing; *(se også nussehoved).*
Nuser Snoopy.
nusse *vb. (se også nusset)* **1.** *(kæle for)* fondle, caress; *(klappe)* stroke;
2. *(ikke lave noget særligt)* potter about, fiddle about;
□ *~ med* potter at; *~ om en* cosset sby; *~ rundt* potter about, fiddle about.
nussehoved*: han er et ~* he is always pottering (*el.* fiddling) about.
nusseri *sb. (et, -er)* fiddling, pottering.
nusset *adj.* **1.** *(snavset)* a bit dirty *(kun præd.)*; *(stærkere)* dingy, tatty (*fx* skirt); **2.** *(sjusket)* untidy.
nutid 1. present; **2.** *(gram.)* the present (tense);
□ ***-en*** the present (time) (*fx* live in the present); the present day (*fx* from the Middle Ages to the present day); *-ens ungdom* (the) young people of today.
nutidig *adj.* modern, contemporary.
nutids- 1. modern, contemporary (*fx* art, novel); **2.** *(gram.)* present, present-tense.
nutidsmenneske modern (*fx* we moderns).
nutria *sb. (en)* nutria (fur).
nuttet *adj.* sweet, cute, dainty;
□ *en ~ hat* a sweet little hat.
nuvel *adv.* very well; well then.
nuværende *adj.* present (*fx* the present situation); existing (*fx* the existing laws (, system)).
ny[1] *sb. (et)* new moon;
□ *i ~ og næ* now and then, off and on; at long intervals.
ny[2] *adj. (se også nyere, nyest)*
1. new;
2. *(yderligere, ~ og frisk)* fresh (*fx* capital, attempt; begin a fresh chapter; give me a fresh piece of paper; throw fresh light on the

subject); new;
3. *(anden)* other (*fx* this knife is no good, give me another);
4. *(anderledes)* different (*fx* she wears a different dress every day);
5. *(nylig fremkommet, sket etc.)* recent (*fx* development, problem, report);
6. *(hidtil ukendt, ~ og mærkelig)* new; F novel (*fx* idea, experience);
7. *(om grøntsager)* new (*fx* carrots, potatoes);
□ *som en ~ Napoleon* like a second Napoleon; *(se også dato, linie, år)*;
[med pron.] ***alt*** *-t* all that is new; all innovations; ***det*** *nyeste -e* the latest thing; the last word (*fx* in radio sets); *det -e i (el. ved)* what is new about (*fx* his attitude, their proposal); the novelty of (*fx* the experience, his surroundings);
hvad *-t?* what's the news? what is new? *der er* ***intet*** *~ under solen* there is nothing new under the sun; *intet -t er godt -t* no news is good news; *det er* ***noget*** *-t* that is something new; that is a novelty (*fx* seeing camels in the streets was a novelty); *det er ikke noget -t* it is nothing new; *er der noget -t om hans skæbne?* is there any news about his fate?
[med adj.] begynde et ***-t og bedre*** *liv* turn over a new leaf; *(se også menneske)*; ***sidste*** *-t* the latest news; *(i avis)* stop-press news;
[med præp.] ~ ***for*** new to (*fx* that story (, place) is new to me; he saw a lot that was new to him); *det er -t for mig (ɔ: om en overraskende meddelelse)* that's news to me; *hvad kostede den* ***fra*** *~ (af)?* what did it cost originally (*el.* when new)? *~* ***i*** *tjenesten* new to the job; *det -e i (el. ved), se ovf.: med pron.*; ***på*** *~* once more; F afresh; *(glds.)* anew; *undersøge det på ~* re-examine it.
ny- 1. newly (*fx* newly appointed, newly arrived, newly married); *(i visse forbindelser)* new (*fx* new-born, new-laid, new-mown); *(især om fødevarer)* freshly (*fx* freshly baked; freshly picked strawberries; freshly shaven);
2. *(på ny)* re- (*fx* re-establish a system);
3. *(om sprog)* Modern (*fx* Modern English);
4. *(geografisk)* New (*fx* New England);
5. *(om politisk el. filosofisk bevægelse)* neo- (*fx* neo-classicism, neo-colonialism, neo-liberal, neo-Marxism).
nyankommen *adj.* **1.** newly (*el.* just) arrived; **2.** *(brugt som sb.)* fresh arrival, newcomer.
nyanskaffelse new purchase, new acquisition.
nybagt *adj.* **1.** *(om brød etc.)* freshly baked; **2.** *(fig.)* newly fledged (*fx* doctor); new (*fx* father, parents);
□ *hun er ~ kandidat* she is fresh from the university.
nybarberet *adj.* freshly shaven.
nybegynder (absolute) beginner, novice.
nybrud *sb. (et, -)* new departure.
nybygd settlement.
nybygger *sb. (en, -e)* settler.
nybyggeri 1. new building; **2.** *(ny bebyggelse)* development.
nybygning 1. *(hus)* new building; **2.** *(skib)* new ship.
nydannelse 1. new formation; **2.** *(med.)* regeneration; **3.** *(sproglig)* neologism; new coinage.
nydannet *adj.* new; recently formed;
□ *~ ord se nydannelse 3.*
nydansk Modern Danish.
nyde *vb. (nød, nydt)* **1.** *(glæde sig over)* enjoy (*fx* a book, a holiday, the view); take pleasure in (*fx* she takes great pleasure in her work); *(stærkere,* F*)* relish (*fx* a meal; a good fight; he relished his moment of triumph); *(skadefro)* gloat over (*fx* one's victory, his failure);
2. *(spise, drikke)* have, take (*fx* a meal; I don't take alcohol); *(som en luksus)* indulge in (*fx* on Sundays he indulged in a bottle of wine);
3. *(besidde, have)* enjoy (*fx* good health);
4. *(*F*: få, modtage)* receive (*fx* hospitality); meet with (*fx* kindness, success);
□ *~* ***at*** *(+ inf.)* enjoy -ing (*fx* he enjoys sitting in the sun); take pleasure in -ing (*fx* in seeing her suffer); *han -r at sønnen er kommet hjem* he is delighted that his son has come home; he enjoys his son's having come home; *~* ***godt af*** *a) (have gavn af)* benefit by (*el.* from); *(også økon.)* profit by (*el.* from); *b) (have til sin rådighed)* have the benefit of (*fx* his advice); *jeg skal ikke ~* ***noget*** *(fig.)* I am not having any;
[med sb.] ~ stor agtelse be greatly respected; *han nød sin hævn* he enjoyed taking his revenge; *(skadefro)* he gloated over his revenge; *~ livet* enjoy life; *~ det privilegium at* enjoy the privilege of -ing; *~ tillid* be trusted; *jeg -r hans tillid* he trusts me; F I enjoy his confidence; *~ publikums tillid* possess (*el.* command) the confidence of the public; *~ udsigten* enjoy (*el.* admire) the view (*el.* the scenery); *~ den ære at* have the honour to.
nydelig[1] *adj.* **1.** pretty (*fx* girl, house); attractive; *(stærkere)* lovely (*fx* dress);
2. *(velklædt, velplejet)* well-groomed (*fx* elderly gentleman);
□ *en ~ historie (el. redelighed)* a nice state of affairs; a pretty kettle of fish; *en ~ udtale* an extremely good (*el.* very fine *el.* excellent) pronunciation; *et -t resultat* a very satisfactory result.
nydelig[2], **nydeligt** *adv. (jf. nydelig*[1] *1)* prettily, attractively; in a lovely way;
□ *opføre sig -t* behave beautifully.
nydelse *sb. (en, -r)* **1.** *(fornøjelse)* pleasure (*fx* it was a pleasure to hear her sing); *(stærkere)* delight (*fx* culinary delights);
2. *(det at nyde)* enjoyment (*fx* it spoiled my enjoyment of the play);
3. *(af mad, drikke)* taking, eating, drinking;
4. *(besiddelse)* enjoyment (*fx* the enjoyment of equal rights); possession;
□ *en sand ~ (jf. 1)* a (real) treat; *det var en stor ~ (jf. 1, også)* it was delightful; *efter -n af denne kage (, vin) (jf. 3)* after eating (, drinking) this cake (, wine).
nydelsesmiddel stimulant; *(se også næringsmiddel)*.
nydelsessyg *adj.* pleasure-loving.
nydelsessyge *sb. (en)* love of pleasure.
nyere 1. *(komp.)* newer; **2.** *(nylig fremkommet, sket etc.)* recent (*fx* development, event; in recent times); **3.** *(moderne)* modern (*fx* literature);
□ *af ~ dato se dato.*
nyerhvervelse new (*el.* recent) acquisition.
nyerhvervet *adj.* recently acquired.
nyest 1. *(sup.)* newest; **2.** *(senest)* latest (*fx* the latest fashion);
□ *den -e tids historie* contemporary history.
nyfalden *adj.* newly fallen, new-fallen;
□ *så hvid som ~ sne* as white as the driven snow.
nyfigen *adj.* inquisitive; *(neds.)* prying, prurient.
nyfigenhed *sb. (en)* inquisitive-

ness; *(neds.)* prurience.
nyforlovet *adj.* newly engaged; □ *de nyforlovede* the newly engaged couple.
nyfødt *adj.* new-born; □ *en ~* a new-born baby.
nygift *adj.* newly married; □ *de -e* the newly married couple; T the newly-weds.
nygræsk Modern Greek.
nyhed[1] *sb. (en, -er) (se også nyhed*[2]*)*;
1. *(ny ting, tanke etc.)* novelty (*fx* it was a novelty to see elephants; one of the novelties that fascinated me there); *(ny bog)* new book, new title; *(ny fremgangsmåde)* innovation (*fx* this was an innovation in English publishing);
2. *(efterretning)* piece (*el.* bit) of news (*fx* a piece of good news; an exciting piece of news);
-er news sg. (*fx* this news was alarming; I have good news for you);
-en the news (*fx* the news was all over the town); ***den*** *glade ~* the glad (*el.* joyful) news;
en *~ a) (en bestemt ~, jf. 2)* a piece (*el.* bit) of news; *b) (generelt)* news (*fx* when a man bites a dog, that is news); *det er en ~ (ɔ: noget nyt)* that is something new; that is a novelty;
det er ***ingen*** *~* that's not new; that is no news.
nyhed[2] *sb. (en) (det at være ny)* newness, novelty (*fx* the novelty of the experience);
□ *have -ens interesse* have (*el.* possess) the charm of novelty; *det havde ikke længere (el. det havde tabt) -ens interesse* the novelty had worn off.
nyhedsbrev newsletter.
nyhedsbureau news agency.
nyhedsdækning news coverage.
nyhedsformidling the dissemination of news.
nyhedsoplæser newsreader; F newscaster.
nyhedsstof news sg.; copy (*fx* the affair will make good copy).
nyhedstjeneste news service.
nyhedsudsendelse **1.** *(radio)* news broadcast; **2.** *(tv)* television news.
nyis new ice.
nyk *sb. (et, -)* **1.** *(ryk)* jerk, tug; **2.** *(lille stykke)* bit.
nykalket *adj.* freshly whitewashed.
nykker *sb.pl.: få ~ a)* get ideas into one's head; *b) (gøre sig vanskelig)* make difficulties; *c) (om maskine: ikke fungere)* play up; *de ~ skal vi snart få pillet ud af ham* we'll soon cure him of that nonsense.
nykogt *adj.* freshly boiled, fresh-boiled.
nykonfirmeret *adj.* newly confirmed.
nykritik new criticism.
nylagt *adj.: -e æg* new-laid eggs.
nylavet *adj.* freshly made.
nylig[1] *adj.* recent (*fx* their recent trip to the USA).
nylig[2], **nyligt** *adv.* recently;
□ *~ indtruffen* recent; *~ udkommen* recently published;
[med: for] ***for*** *~ a) (om tidspunkt)* recently (*fx* he was here recently; recently, I went to England to see him); *b) (om tidsrum: i den senere tid)* recently (*fx* I haven't heard from her recently); *(i negative & spørgende sætninger også)* lately (*fx* he hasn't been here lately; has he been here lately?); F of late; *først for ~* only recently, only lately; *for ganske ~* quite recently, just now; a short time ago.
nylon *sb. (en el. et)* nylon.
nylonforstærket *adj.* nylon reinforced.
nylonstrømper *sb.pl.* nylons.
nymalet *adj.* **1.** *(med maling)* freshly painted; **2.** *(på mølle)* freshly ground, fresh-ground (*fx* coffee);
□ *~! (ɔ: på skilt)* wet paint.
nymalket *adj.: ~ mælk* milk fresh from the cow.
nymfe *sb. (en, -r) (myt.& fig.)* nymph.
nymfoman *sb. (en, -er) & adj.* nymphomaniac.
nymodens *adj.* new-fangled.
nymåne new moon.
nynazisme neo-Nazism.
nynazist *sb.*, **nynazistisk** *adj.* neo-Nazi.
nynne *vb.* hum.
nynorsk *sb. & adj.* New Norwegian.
nyomvendt *adj.* **1.** newly converted; **2.** *(brugt som sb.)* new (*el.* recent) convert; F neophyte.
nyopdaget *adj.* recently discovered.
nyopført *adj.* newly built.
nyoprettet *adj.* newly established.
nyordne *vb.* reorganize, reform.
nyordning reorganization, reform.
nyplantning **1.** *(det at)* afforestation; **2.** *(det plantede)* young plantation.
nypresset *adj.* newly pressed.
nyre *sb. (en, -r)* kidney;
□ *kunstig ~* kidney machine; *(se også granske).*
nyrebark *(anat.)* renal cortex.
nyrebetændelse *(med.)* inflammation of the kidneys; *(fagl.)* nephritis.
nyrebækken *(anat.)* renal pelvis.
nyrebælte *(for motorcyklist)* body belt.
nyrefedt **1.** suet; **2.** *(anat.)* kidney fat.
nyregrus gravel.
nyreligiøs *adj.* neo-religious (*fx* movements).
nyreligiøsitet neo-religious movements pl.
nyreragout kidney stew.
nyresteg, **nyrestykke** (kidney end of) loin.
nyresten *(med.)* kidney stone.
nyresvigt *(med.)* kidney failure, renal failure.
nyresygdom kidney disease.
nyretransplantation **1.** *(enkelt)* kidney transplant (*fx* do a kidney transplant); **2.** *(det at)* transplantation of the kidney, kidney transplantation.
nyrig *adj.* nouveau riche, new rich.
Nürnberg *(geogr.)* Nuremberg.
nyrøget *adj.* freshly smoked.
nys[1] *sb. (et): få ~ om* get wind of.
nys[2] *sb. (et, -) (nysen)* sneeze.
nyse *vb. (nøs el. nyste, nyst)* sneeze.
nysen *sb. (en)* **1.** sneezing; **2.** *(et nys)* sneeze;
□ *det kom som en ~* it came over me (, him etc.) all of a sudden.
nysepulver sneezing powder.
nyserøllike *(bot.)* sneezewort.
nysgerrig *adj.* curious (*efter at* to, *fx* I was curious to know what had happened; I didn't want to seem curious); *(især neds.)* inquisitive; *(stærkt neds.)* prying; T nosy (*fx* she was not nosy, just inquisitive);
□ *jeg er ~ efter at vide hvad han vil gøre (også)* I wonder what he will do.
nysgerrighed *sb. (en)* curiosity (*med hensyn til* about, for); *(især neds.)* inquisitiveness; T nosiness;
□ *han spurgte af ~* he asked out of curiosity; *være ved at revne (el. forgå el. dø) af ~* be dying with curiosity; *(især neds.)* be eaten up with curiosity; *være ved at revne (el. forgå) af ~ efter at få det at vide* be dying to know it.
nyskabe *vb. (se også nyskabende)* **1.** *(skabe fra ny af)* create; **2.** *(genskabe)* re-create.
nyskabelse *sb. (en, -r)* **1.** innovation; **2.** *(nyt ord)* neologism, new coinage.

nyskabende *adj.* innovative, innovatory.
nyslået *adj.* **1.** *(græs)* new-mown; **2.** *(mønt)* newly struck;
□ *skinne som en ~ toskilling* shine like (*el.* be as bright as) a new penny.
nysnævnt *adj.* just mentioned.
nysselig[1] *adj.* cute, dainty.
nysselig[2], **nysseligt** *adv.* cutely, daintily.
nystegt *adj.* freshly roasted.
nystrøget *adj.* newly ironed.
nysølv German silver.
nyt *sb. (et)* news;
□ *hvad (, intet, sidste) ~ se ny*[2].
nytestamentlig *adj. (attr.)* New Testament.
nytilkommen *se nyankommen.*
nytte[1] *sb. (en)* **1.** *(nyttighed)* usefulness (*fx* it has lost its usefulness); use (*fx* of limited use); F utility (*fx* of limited utility);
2. *(fordel)* advantage, benefit;
□ ***drage ~ af*** profit by (*fx* the experience of others); ***gøre*** ~ be of use; *(om person også)* make oneself useful (*fx* I tried to make myself useful); ***have ~ af*** benefit from (*fx* he would benefit from your help); *jeg har haft meget ~ af den* it has been very useful to me;
[med: til] ***til*** *ingen ~ (adv.)* in vain (*fx* he had waited in vain); ***komme til*** ~ come in useful (*el.* handy); F prove of use; ***være til*** ~ be useful, be of use (*for* to); *kan den være til nogen ~ for dig?* can it be (of) any use to you? *hvad ~ er det til?* what is the use of that? *det er ingen ~ til* it is no use (*el.* good) (*at vente* waiting).
nytte[2] *vb.* be of use;
□ *det -r ikke* it is no use (*el.* good) (*at græde* crying); *hvad -r det? hvad kan det ~?* what is the use (of that)?
nyttegenstand useful object.
nyttehave kitchen garden.
nyttelast *(flyv.)* payload.
nytteløs *adj.* useless (*fx* it is useless to argue (, arguing) with him; it is useless trying to discuss it with him).
nyttemoral utilitarianism.
nytteplante utility plant.
nyttevirkning useful effect, efficiency.
nytteværdi utility value.
nyttig *adj.* **1.** useful (*fx* tool; idiots); **2.** *(udbytterig)* profitable (*fx* experience);
□ *~ for* useful for, useful to; *forene det -e med det behagelige* combine the useful with the agreeable; *gøre sig ~ (i huset)* make oneself useful (about the house).
nyttiggøre *vb.* turn to account, utilize.
nytænkning new thinking (*fx* on education policy).
nytår *sb. (et)* New Year (*fx* he came just after New Year);
□ *godt ~!, glædeligt ~!* (a) Happy New Year! *med ønsket om et godt ~* with best wishes for the New Year; *skyde ~ ind* let off fireworks on New Year's Eve; celebrate the New Year with fireworks.
nytårsaften New Year's Eve.
nytårsdag New Year's Day.
nytårsfest New Year celebration.
nytårsforsæt New Year resolution.
nytårshilsen New Year's greeting.
nytårskort New Year card.
nytårsløjer *sb.pl.* New Year jollifications.
nytårsmorgen the morning of New Year's Day.
nytårsnat the night before New Year's Day.
nytårsny *sb. (et)* the first new moon of the year.
nytårsregning New Year bill.
nytårsønske *sb.* wish for the New Year.
nyuddannet *adj.* newly qualified (*fx* dentist, teacher).
nyudkommen *adj.* recent.
nyvalg new election.
nyvurdere *vb.* reassess.
nyvurdering reassessment.
nyværdi *(assur.)* replacement value.
nyværdiforsikring replacement value insurance.
næ[1] *sb. se ny*[1].
næ[2] *interj. se næh.*
næb *sb. (et, -)* **1.** beak; *(fagl.)* bill;
2. *(på hammer)* peen;
□ *hænge* ***med*** *-bet* be down in the mouth; *angribe (, bekæmpe, forsvare)* ***med ~ og kløer*** go for (, fight, defend) tooth and nail; *et svar med ~ og kløer* a scathing reply; *bleg* ***om*** *-bet a) (syg)* green about the gills; *b) (bange)* white about the gills; *få en* ***over*** *-bet* get one's knuckles rapped; be told off.
næbbes *vb.* **1.** *(om fugle)* bill;
2. *(skændes)* bicker.
næbbet *adj. (næsvis)* saucy, pert.
næbdyr *(zo.)* duckbill.
næbes = *næbbes.*
næbet = *næbbet.*
næbhval *(zo.)* bottle-nosed whale.
nægte *vb. (se også nægtende)*
1. *(afvise)* deny (*fx* he denied that it would be possible for him to do it; he denied any knowledge of the plan; you can't deny it); *(uden objekt)* deny it (*fx* he was accused of stealing but he denied it) *(NB* deny *skal have objekt)*; *(jur.)* deny the charge;
2. *(afslå)* refuse; *(høfligere,* F*)* decline;
□ *~ én noget* refuse sby sth; *(blidere,* F*)* deny sby sth (*fx* he was refused admittance; he denies her nothing; it would be wrong to deny it to him);
~ ***at*** *gøre det* refuse (, decline) to do it; *~ at have gjort det* deny having done it; *~ at modtage* refuse; *(høfligere,* F*)* decline;
det ***kan ikke*** *-s* there is no denying it; it cannot be denied; T there is no getting away from it;
[med: sig] ~ ***sig*** *hjemme* refuse to see anybody; *~ sig det nødvendige* deny oneself the necessaries of life; *han -r sig ikke noget* he denies himself nothing; *~ sig skyldig se skyldig.*
nægtelse *sb. (en, -r)* **1.** denial; **2.** *(afslag)* refusal; **3.** *(gram.)* negative.
nægtende *adj.* negative;
□ *i ~ fald, i ~ tilfælde* if not; *give et ~ svar* answer in the negative.
nægter *sb. (en, -e) (militær-)* conscientious objector.
næh *interj.* **1.** *(nægtende)* (well,) no; **2.** *(overrasket)* oh! my!
□ *~ hør nu se nej*[2]; *sige ~ og åh (el. ih og ~)* ooh and aah (*fx* they oohed and aahed).
nælde *sb. (en, -r) (bot.)* nettle;
□ *gøre i -rne* put one's foot in it; make a gaffe; *gribe om -n, tage fast om -n* grasp the nettle.
nældefeber *(med.)* nettle rash.
nænne *vb.: jeg kan ikke ~ at gøre det* I have not the heart to do it; *hvor kan du ~ det!* how 'can you!
nænsom *adj.* gentle.
nænsomhed *sb. (en)* gentleness.
næppe *adv.* **1.** hardly (*fx* I hardly know him; he is hardly the right person to ask); scarcely; **2.** *(dårligt nok)* barely (*fx* he has barely arrived);
□ ~ ... ***før*** hardly (*el.* scarcely) ... when (*fx* he had hardly (*el.* hardly had he) entered the room when the telephone rang); hardly ... before (*fx* we had hardly arrived before we had to go back); no sooner ... than; *(se også nød*[2]*).*
nær[1] *adj. (se også nærmere*[1]*, nærmest*[1]*)* near (*fx* Christmas is near); *(tættere & om venskab etc.)* close (*fx* co-operation; in close contact; a close friend);

□ *så ~ og dog så fjern* so near and yet so far; *øjeblikket er ~* the moment is at hand;
[med sb.] i (en) ~ fremtid in the near future; before long; *~ slægtning* close relative; *i ~ tilknytning til* closely connected with; *(se også hold²).*

nær² *adv. (se også nærmere², nærmest³)* **1.** near *(fx* I sat near enough to hear him); **2.** *(næsten)* nearly;
□ *-t beslægtet* closely related; *~ forestående* approaching, coming; F impending; *(især om noget truende)* imminent; *noget ~* almost, little short of *(fx* it was almost *(el.* little short of) a catastrophe);
[med nægtelse] jeg var ~ ***aldrig*** *blevet færdig* I had an awful job finishing it; ***ikke*** *~ (rig) nok* not nearly (rich) enough; nothing like *(el.* nowhere near) rich enough; ***ikke*** *~* ***så*** *rig som* nothing like as rich as; not nearly so rich as; *jeg vil skam gerne komme, det er* ***ikke*** *~* ***sådan****, men...* not that I am unwilling to come, but...; of course I'd like to come, but...;
[med præp. & adv.] det var ~ ***på*** (T*: lige ved at gå galt)* it was a near thing; T it was a close call *(el.* shave); *(se også tæt² (tæt på)); på én ~, på ~ én* except one; T bar one; *på nogle få undtagelser ~* with a few exceptions; *ikke på langt ~* not at all; not by a long chalk; *på en tomme ~* less an inch; but for an inch; *~ hen* ***til*** close to; *have ~ til skolen* live near the school; *~* ***ved*** near, close to *(fx* he lives near (, close to) the school); *han er ~ ved de fyrre* he is close on forty, he is getting on for forty; *jeg var ~* ***ved at*** *falde (ɔ: men gjorde det ikke)* I very nearly fell, I almost fell; *(se også lige³ (ved at)); ~ ved at græde* on the brink *(el.* verge) of tears; *det er jeg ~ ved at tro* I am (rather) inclined to think so; I rather think so;
[med vb.] det ***gik*** *ham ~ til hjerte* he felt it deeply; he took it to heart; *jeg* ***havde*** *~ dræbt ham* I very nearly killed him; *det havde jeg ~ glemt* I almost forgot; *denne - forbryder havde jeg ~ sagt* this, I am tempted to say criminal; this, I almost said criminal; *det* ***ligger*** *~* ***at*** *antage* it seems probable; *det ligger ~ at gøre det* it seems the obvious thing to do; *det ligger ~ at tænke at* it seems natural to think that; ***stå*** *en ~* be close to sby; *kilder der står præsidenten ~ oplyser at* sources close to the President report that; *arter som står hinanden ~* closely related species; ***tage sig*** *noget (meget) ~* take sth (greatly) to heart; *jeg* ***var*** *~ faldet* I very nearly fell.

nær³ *præp. (se også nærmere³, nærmest²)* near; *(tættere)* close to;
□ *være ~ de fyrre* be close on forty; be getting on for forty; *være døden ~* be at death's door, be dying; *han var døden ~ af skræk* he was frightened to death; T he was scared stiff; *være gråden (, undergangen) ~* be on the verge of tears (, ruin).

nærbeslægtet *adj.* closely related.

nærbillede *(film.)* close-up.

nærbutik convenience shop.

nærdemokrati 1. *(lokalt)* local democracy; **2.** *(medbestemmelse)* participatory democracy.

nære¹ *vb. (give næring til)* feed *(fx* the fire); *(se også nærende)*;
□ *~ éns had* keep sby's hatred alive.

nære² *vb. (følelser etc.)* have *(fx* doubts, illusions, respect, a suspicion, a wish; have confidence in him); feel *(fx* friendship for him); F entertain *(fx* a hope, schemes); *(om positive følelser også)* cherish *(fx* tender feelings, a hope); *(om negative også)* harbour *(fx* suspicions, treacherous designs);
[~ + sb. oversættes ofte ved det tilsvarende vb., fx:] ~ afsky for hate, loathe; *~ agtelse for* respect; *~ frygt for* fear; *~ kærlighed til* love;
[andre udtryk] ~ en anskuelse hold a view; *~ bekymring for* be uneasy about; *~ foragt for noget* hold sth in contempt; *~ interesse for* take an interest in; *(se også mistillid, ringeagt, tillid, tvivl).*

nære³ *vb.: ~* ***sig*** *(dy sig)* behave oneself; resist the temptation; *jeg kunne ikke ~ mig for at gøre det* I could not resist doing it; I simply had to do it; *jeg kan ikke ~ mig for varme* this heat is more than I can stand; *kan du ~ dig!* behave (yourself)! no you don't! *du kan tro jeg kan ~ mig!* you won't catch me doing it!

nærende *adj.* nourishing; *(*F *el. fagl.)* nutritious.

nærforestående *adj.* approaching; F impending; *(især om noget truende)* imminent.

nærgående *adj.* **1.** *(indiskret)* tactless *(fx* question); **2.** *(borende)* searching *(fx* question); intimate *(fx* description, portrait);
□ *~ bemærkninger* offensive remarks, personalities; *komme med ~ bemærkninger* make offensive *(el.* personal) remarks; *være ~* ***over for*** *en pige (ɔ: gøre tilnærmelser)* make advances to a girl; T make passes (, a pass) at a girl.

nærgåenhed *sb. (en)* **1.** *(jf. nærgående 1)* tactlessness; **2.** *(over for en pige)* unwelcome attentions pl.

nærhed *sb. (en)* **1.** nearness; *(større,* F*)* proximity; **2.** *(nær foreståen)* imminence;
□ ***i*** *-en* in the neighbourhood, near by, nearby; F in the vicinity; T somewhere around, around somewhere *(fx* she is around somewhere); round here *(fx* is there a post office round here?); *en landsby her i -en* a neighbouring village, a village near by *(el.* nearby), a nearby village; *lige i -en* close by, close at hand; ***i -en af*** in the neighbourhood of, near; *(tættere)* close to; *han er ikke rar at komme i -en af* you had better keep clear of him; he is best avoided.

nærhedsprincippet *(i EU)* the principle of subsidiarity.

nærig *adj.* mean; T stingy, close-fisted; *(stærkere)* tight-fisted, tight, cheese-paring.

nærighed *sb. (en)* meanness; T stinginess.

næring¹ *sb. (en) (føde)* food; *(*F *el. fagligt)* nourishment;
□ *give ilden (ny) ~* feed the fire; *give ~ til (fig.)* fuel *(fx* speculations about his retirement; resentment among the staff); *give hadet ~* keep sby's hatred alive; *hente (, suge) ~ fra* draw nourishment from; *tage ~ til sig* take nourishment.

næring² *sb. (en, -er) (erhvervsvirksomhed)* trade, business;
□ *gå en i -en* poach on sby's preserves; *(se også tæring).*

næringsbevis, næringsbrev licence to trade.

næringsdrivende *adj.* **1.** *(præd.)* in trade; **2.** *(brugt som sb.)* tradesman (pl. tradesmen, tradespeople).

næringsfrihed freedom of trade.

næringsliv trade, economic life.

næringsmiddel food(stuff), article of food;
□ *næringsmidler (også)* provisions, supplies; *nærings- og nydelsesmidler* food, drink and tobacco.

næringssalt *(fysiol.)* nutrient salt.

næringssorger *sb.pl.* financial difficulties.

næringsstof nutrient.

næringsvej 1. industry *(fx* the prin-

cipal industries of Denmark); (branch of) trade; **2.** *(beskæftigelse)* occupation;
□ *pas din ~!* mind your own business!

næringsværdi food value; F nutritional value.

nærjager interceptor.

nærkamp 1. close combat, hand-to-hand fighting; **2.** *(uden våben)* unarmed combat.

nærkontakt close contact.

nærliggende *adj.* **1.** neighbouring, nearby (*fx* village, town); **2.** *(fig.)* obvious (*fx* an obvious conclusion; for obvious reasons); natural (*fx* conclusion, questions);
□ *det var en ~ tanke* it was an obvious conclusion.

nærlys dipped headlights, dipped beams pl.; *(am.)* low beam.

nærlæse *vb.* read closely; T read (*el.* study) the small (*el.* fine) print in (, of) (*fx* in a contract; of an announcement).

nærlæsning close reading.

nærme *vb.* bring nearer (*el.* closer) to;
□ *~ sig a) (uden objekt)* get (, come) nearer (*el.* closer) (*fx* as they got closer we saw that they were unarmed); get near, approach, draw near (*fx* the enemy (, Christmas, the end) is getting near (*el.* approaching *el.* drawing near)); *b) (med objekt)* get (, come) nearer (to) (*fx* they got nearer (to) the town); approach (*fx* the town); *c) (om alder, antal)* be getting on for (*fx* she is getting on for 70; the population is getting on for 5 million); be approaching; *klokken -de sig tolv* it was getting on for (*el.* approaching) twelve; *pågåenhed som -r sig uforskammethed* forwardness that verges on insolence.

nærmere[1] *adj.* **1.** *(komp. af nær)* nearer; *(tættere)* closer;
2. *(yderligere)* further (*fx* details, information, instructions, orders, particulars); additional (*fx* details);
3. *(nøjere)* more definite (*fx* information); more specified (*fx* account, explanation, instructions); more explicit;
□ *en ~ vej* a shorter way, a short cut; *han er ~ til det end jeg* it concerns him more than me; *(se også det sb. hvormed ~ forbindes, fx besked, eftertanke, hold, overvejelse).*

nærmere[2] *adv.* **1.** nearer; *(tættere)* closer (*fx* come nearer (*el.* closer); look closer at it); more closely (*fx* examine it more closely);
2. *(nøjere)* more precisely, more definitely, more explicitly;
3. *(snarere)* rather (*fx* he is not lazy, rather the opposite; it is grey rather than white); more like (*fx* more like 500; he was more like a father than a friend; Was it a success? No, more like a failure);
□ *han bor ~ ved* he lives nearer (*el.* closer); *~ ved at* closer to -ing;
[med vb.] ***angive*** *~* specify, state more precisely; *~* ***angivet*** specified; given (*fx* a given address); *ikke ~ angivet* unspecified; *~* ***bekendt*** *med* better acquainted with; ***bestemme*** *~* specify; *visse ord, ~* ***bestemt*** *adjektiver* certain words, or more specifically (*el.* more precisely *el.* to be more explicit *el.* to be precise *el.* to be specific) adjectives; *~* ***betegnet*** *se ovf.: ~ bestemt;* ***betragte*** *~ se ndf.: se ~ på; datoen vil senere blive ~* ***fastsat*** the (exact) date will be fixed later; ***komme*** *~ se nærme (sig); vi kan vist ikke komme det ~* that is about the nearest we can get to it; ***komme*** *~* ***ind på*** *se komme*[2] *(ind på);* ***se*** *~* ***på*** *a)* look more closely (*el.* closer) at; take a closer look at; *b) (undersøge)* examine more closely; *når man* ***ser*** *~ 'til* when you take a closer look; on closer inspection; *man* ***ved*** *(endnu) ikke noget ~* (further) details are not (yet) known (*el.* available).

nærmere[3] *præp.* nearer (to) (*fx* situated nearer to London); closer to.

nærmest[1] *adj. (sup. af nær)* nearest (*fx* the nearest town (, police station)); closest (*fx* his closest advisers);
□ *mine -e* my closest relatives; *[med sb.] en af de -e dage* within a day or two; one day in the (very) near future; *i de -e dage* within the next few days; *den -e familie* the closest relatives; *hans -e foresatte* his immediate superior(s); *i den -e fremtid* in the very near future; *(se også konkurrent, nabo, omegn);*
[med præp.] ***på det*** *-e* (just) about, nearly; F approximately; *på det -e rigtig* about right; F approximately correct; *på det -e det samme* very much the same thing; *på det -e sikker* fairly certain.

nærmest[2] *adv.* **1.** nearest (*fx* he got nearest);
2. *(snarest)* rather (*fx* he is not lazy, rather the opposite; I rather envy him); if anything (*fx* if anything, he is too conscientious); on the (*fx* good-looking, small etc.) side; *(gengives ofte med* not un-, *fx* she is not unattractive*)*;
3. *(næsten)* almost (*fx* he is almost a professional);
4. *(omtrent)* about (*fx* he is about my height);
□ *~ foregående* (immediately) preceding; *~ følgende* next, following; *~ liggende, ~ tilstødende* adjoining, adjacent; *~* ***ved*** nearest to; *(lige ved siden af)* next to.

nærmest[3] *præp.* nearest (to) (*fx* he lives nearest to the school); *(lige ved siden af)* next to;
□ *komme sandheden ~* get nearest to the truth; *enhver er sig selv ~* everyone looks after his own interests; *(glds.)* near is my shirt, but nearer is my skin.

nærmiljø community; neighbourhood.

nærpoliti *(svarer til)* community policing.

nærpå *adv.* close to (*fx* close to, he looks old); at close range.

nærradio community radio.

nærstående *adj.* near; closely related.

nærsynet *adj.* short-sighted, near-sighted; (F *el. fagl.)* myopic.

nærsynethed *sb. (en)* short-sightedness, near-sightedness; (F *el. fagl.)* myopia.

nærtagende *adj. (let at fornærme)* touchy; *(følsom)* sensitive.

nærtforestående = *nærforestående.*

nærtliggende = *nærliggende 1.*

nærtog local (*el.* suburban) train.

nærtrafik local (*el.* suburban) traffic.

nærtstående = *nærstående.*

nærved *adv. (i nærheden)* near by, nearby (*fx* he lives nearby); *(tættere)* close at hand, close by;
□ *~ skyder ingen hare, ~ og næsten skyder ingen mand af hesten* a miss is as good as a mile.

nærværelse *sb. (en)* presence;
□ *i ~ af* in the presence of (*fx* the Queen); *i børnenes ~* in front of the children; *i vidners ~* before witnesses.

nærværende *adj.* **1.** *(tilstedeværende)* present; **2.** *(nuværende)* existing; **3.** *(mods. åndsfraværende)* attentive;
□ *~ brev* this letter; F the present letter; *for ~* at the present time.

næs *sb. (et, -)* foreland; *(med stejl klint)* headland; *(forbjerg)* promontory; *(større)* cape.

næse *sb. (en, -r)* **1.** nose;

2. *(på fly)* nose;
3. *(på fodtøj)* toe;
4. *(irettesættelse)* reprimand;
□ *have en* ***fin*** ~ *(fig.)* have flair; *få en* ***lang*** ~ be disappointed;
[med vb. + ~ (+ præp. el. adv.)] *det* ***gik*** *hans* ~ ***forbi*** it passed by him; he just missed it; ***have*** ~ ***for*** *a) (være god til at finde)* have a nose for (*fx* news, scandal); *b) (have sans for)* have a flair for (*fx* politics); ***stikke*** *sin* ~ ***i*** poke (*el.* stick) one's nose into; *stikke (el. sætte) -n i sky (fig.)* stick one's nose in the air; ***sætte*** *sin* ~ ***op efter*** *a)* aim at; *b) (neds.)* fondly hope to get; ***tabe*** ~ *og mund* gape, be dumbfounded; ***tage*** *-n* ***til sig*** back out; ***vende*** *-n* ***hjemad*** turn one's face towards home; *(se også pille*[2]*, pudse*[1]*, række*[2]*, snyde)*;
[med præp. + ~] gå lige ***efter*** *-n* follow one's nose;
holde lommetørklædet ***for*** *-n* hold one's handkerchief to one's nose; *lige* ***for*** *-n* ***af*** *os* under our (very) noses (*fx* he stole it from under our (very) noses); *lige for -n af ham (også)* right under his nose; *det lå lige for -n af mig (også)* it was staring me in the face; *lukke (, smække) døren for -n af én* shut (, slam) the door in sby's face; *ikke kunne huske* ***fra*** ~ ***til mund*** have a memory like a sieve;
i *-n se ben (have ben i -n,) bide (sig,) rive*[2];
med *-n* ***i*** *sky* with one's nose in the air; *han ligger med -n i vejret a) (er syg)* he is flat on his back; *b) (er død)* he has snuffed it; *sidde med -n i bøgerne* be (*el.* sit) buried in one's books; pore over one's books; *han sidder altid med -n i en bog* he always has his nose in a book;
få en ***over*** *-n* get a rap on (*el.* over) the knuckles;
pr. ~ per head, each (*fx* one bottle per head (*el.* each));
falde (el. gå) ***på*** *-n* fall flat on one's face; *falde på -n over (ɔ: af beundring)* go into raptures about; *spille en på -n a) (narre)* fool sby, take sby in; *b) (være fræk over for)* be pert to sby; *(se også rynke*[2]*, skind (holde skindet på -n))*;
tage en ***ved*** *-n* fool sby, take sby in; *(i handel,* T*)* sell sby a pup; *trække en om ved -n* lead sby by the nose.
næseben nose bone.
næseblod nosebleed;
□ *have* ~ have a nosebleed; *jeg har* ~ *(også)* my nose is bleeding.
næsebor *sb. (et, -)* nostril.
næsebrusk nasal cartilage.
næsedråber *sb.pl.* nose drops.
næsefløj wing of the nose.
næsegrus *adj. (om stilling)* flat on one's face (*fx* lie flat on one's face); F prostrate;
□ *kaste sig* ~ *(af ærbødighed) for en* prostrate oneself before sby; *[med sb.]* ~ *beundring* uncritical admiration; ~ *tilbedelse* abject adoration.
næsehjul *(flyv.)* nose wheel.
næsehorn *(zo.)* rhinoceros, rhino.
næsehornsfugl *(zo.)* hornbill.
næsehule *(anat.)* nasal cavity.
næseklemmer *sb.pl.* pince-nez sg.
næselyd nasal (sound).
næserod *sb. (en)* root of the nose.
næseryg bridge of the nose.
næsestyver *sb. (en, -e)* punch on the nose.
næsetip *sb. (en, -pe(r))* tip of the nose;
□ *han kan ikke se ud over sin egen* ~ he can't see further than (*el.* beyond) the end of his nose.
næst[1] *adv.:* ~ *efter* next to, after (*fx* after oil, gas is the most important fuel).
næst[2] *præp.* next to; under, after (*fx* under (*el.* after) God I owe my preservation to you).
næst- second, next (*fx* second (*el.* next) largest; the second most important town); but one (*fx* the longest but one).
næstbedst *adj.* next best, second best;
□ *du skal ikke lade dig nøje med det -e* don't settle for second best.
næste[1] *sb. (en)* neighbour;
□ *du skal elske din* ~ *som dig selv* thou shalt love thy neighbour as thyself.
næste[2] *adj.* **1.** next; **2.** *(følgende)* next; the following;
□ *værsgo, den* ~*!* next, please! *hvad bliver det* ~*! a) (forbløffet, om noget nyt)* what will they think of next! *b) (forarget)* where is he (, it) going to stop?
[med sb.] (den) ~ *dag* (the) next day, the following day; *han bor i det* ~ *hus* he lives next door; *(i)* ~ *måned* next month; *den fjerde i* ~ *måned* on the fourth of next month; *på* ~ *side* overleaf; *på* ~ *søndag* next Sunday; *til* ~ *år* next year.
næste[3] *vb. (sy)* tack.
næstekærlig *adj.* charitable.
næstekærlighed (Christian) charity.
næsten *adv.* nearly; *(ikke helt, men* ~*)* almost (*fx* she nearly (*el.* almost) suffocated me with her embrace; we are nearly (*el.* almost) finished (, ready); nearly (*el.* almost) 20 miles (, pounds, years)); *(NB kun:* almost immediately (, incredible, completely); it is almost better (, too late, too much); I almost envy you; I almost hoped (, wished) he would fail; it is almost a pleasure*)*;
(stærkere) all but (*fx* empty, ready, useless, inevitable); *(praktisk talt)* practically (*fx* practically all of them); *(foran negative udtryk også)* next to (*fx* next to nothing; it is next to impossible);
□ *jeg synes* ~ *det er synd* I rather think it's a shame; *jeg tror* ~ *du har ret* I am inclined to think you are right;
[med adv. & pron.] ~ *aldrig* hardly ever; F almost never, seldom if ever; ~ *altid* nearly always; ~ *ikke* hardly; ~ *ingen a)* hardly anybody; F almost nobody; *b) (attr.)* hardly any; F almost no; ~ *intet a)* hardly anything; next to (*el.* almost) nothing; *b) (attr.)* hardly any; F almost no (*fx* hope); ~ *overalt* almost everywhere; ~ *umuligt* hardly possible, almost impossible.
næstformand **1.** *(i forening)* vice-president; **2.** *(i bestyrelse)* deputy chairman.
næstkommanderende *sb.* **1.** second in command; **2.** *(overstyrmand)* first officer.
næstmindst *adj.* smallest but one.
næstnederst *adj.* second from the bottom.
næstsidst *adj.* last but one.
næststørst *adj.* second largest, next largest.
næstsøskendebarn (second) cousin.
næstyngst *adj.* second youngest, youngest but one.
næstældst *adj.* second oldest, oldest but one;
□ *den -e søn a)* the second son; *b) (af to)* the younger son.
næstøverst *adj.* second from the top.
næsvis *adj.* impertinent; T cheeky; *(let glds.)* saucy; *(am.)* sassy.
næsvished *sb. (en, -er)* **1.** *(egenskab)* impertinence; T cheekiness; **2.** *(handling)* piece of impertinence; T bit of cheek.
nætter *pl. af nat.*
næve *sb. (en, -r)* fist; T paw;
□ *han slår en proper* ~ he is a handy man with his fists; *(se også bar*[2]*, knytte, pansret, spytte (i), stikke (på))*.

nævefuld *sb. (en, -e)* handful.
nævenyttig *adj.* busy; *(mere* F*)* officious.
nævenyttighed *sb. (en)* officiousness.
nævn *sb. (et, -)* board; tribunal (*fx* rent tribunal *(huslejenævn)*).
nævne *vb. (-de el. nævnte, -t el. nævnt) (se også nævnt)* **1.** *(omtale)* mention (*for* to, *fx* don't mention it to her; he was mentioned in the report; he didn't mention that he had seen her (*el.* having seen her));
2. *(fremføre, oplyse)* give (*fx* a price, a reason; he didn't give his name);
3. *(oplyse navnet på; opregne)* name (*fx* a person I don't want to name; name the last five prime ministers; name your own price!);
□ ~ *ved navn* call by name;
[med sb.] ~ *sit* ***navn*** state (*el.* give) one's name; ~ *navne* name names; *en hvis navn jeg ikke vil* ~ one whose name I will not tell; F one who shall be nameless; *ikke* ~ *et* ***ord*** *om det, ikke* ~ *det med et ord* not breathe a word about it; *han nævnte ikke ordet "Gud"* he did not utter the word "God".
nævnelse: *med navns* ~ by name; *uden navns* ~ without giving any name(s).
nævner *sb. (en, -e) (mat.)* denominator.
nævneværdig *adj.* worth mentioning *(kun efter sb.)* (*fx* no damage worth mentioning); F appreciable (*fx* no appreciable difference).
nævning *sb. (en, -e(r))* juror, juryman, jurywoman;
□ *-e(r)ne (ɔ: i en retssag)* the jury sg.
nævningedomstol court sitting with a jury.
nævningekendelse verdict.
nævningeliste (jury) panel.
nævningesag case tried by a jury.
nævningeting court sitting with a jury.
nævnt *adj.* mentioned *(kun efter sb.)* (*fx* the book mentioned);
□ *-e firma* the said firm, the firm in question.
nød[1] *sb. (en, -der)* **1.** *(bot.)* nut;
2. (S: *hoved)* nut (*fx* hit him on the nut);
□ *en hård* ~ *at knække* a hard (*el.* tough) nut to crack; T a poser.
nød[2] *sb. (en)* **1.** *(fare etc.)* distress (*fx* a ship in distress; help them in their distress; relieve their distress);
2. *(fattigdom etc.)* need (*fx* help them in their need; be in great need); *(stærkere)* necessity (*fx* necessity drove him to steal);
□ ~ *bryder alle love* necessity knows no law; ~ *lærer nøgen kvinde at spinde* necessity is the mother of invention; *når -en er størst er hjælpen nærmest* the darkest hour is just before the dawn;
[med vb.] det ***har ingen*** ~ never mind; ***klage*** *sin* ~ *se klage*[2]; ***lide*** ~ be in want, suffer; suffer hardships; F suffer distress;
[med præp.] ***af*** ~ out of necessity; *en ven* ***i*** *-en* a friend in need; *i -en skal man kende sine venner* a friend in need is a friend indeed; *i -ens stund* in the hour of need; ***med*** ~ *og* ***næppe*** with difficulty, only just (*fx* he only just succeeded); *undslippe med* ~ *og næppe* have a narrow escape; T have a close shave; escape by the skin of one's teeth; *han undgik med* ~ *og næppe at drukne* he narrowly escaped drowning; T he escaped drowning by the skin of his teeth; ***til*** ~ *a)* in an emergency; T at a pinch (*fx* at a pinch I could lend you £50; at a pinch I can understand that you hit him, but ...); *b) (med kniberi)* barely, only just (*fx* he could only just make ends meet).
nød[3] *præt. af nyde.*
nødanker *(sø.)* jury anchor.
nødbelysning emergency light(ing).
nødblus *(sø.)* flare.
nødbremse **1.** emergency brake;
2. *(grebet svarer i Engl. til)* communication cord;
□ *trække i -n* pull the communication cord.
nøddebrun *adj.* nut-brown, hazel.
nøddebusk hazel (shrub).
nøddefrugt *(bot.)* achene.
nøddegang hazel walk.
nøddekerne kernel of a nut.
nøddeknækker *sb. (en, -e)* nutcracker, pair of nutcrackers.
nøddeknækkeransigt nutcracker face.
nøddekoks nut coke.
nøddekul nut coal; nuts pl.
nøddeolie nut oil.
nøddeskal **1.** nutshell; **2.** *(båd)* cockleshell;
□ *det er problemet i en* ~ *(fig.)* that is the problem in a nutshell.
nøddetræ walnut (wood).
nøddetur: *tage på* ~ go nutting.
nøde *vb. (nødte, nødt) (se også nødt)* **1.** *(overtale)* press, urge;
2. *(tvinge)* compel, oblige, constrain;
□ *-s til at* be obliged to; ~ *en til at tage (imod) noget* press sth (*fx* food, a gift) on sby.
nøden *sb. (en)* pressing, urging.
nødflag *(sø.)* distress signal.
nødforanstaltning emergency measure.
nødforbinding first-aid dressing.
nødforbindingskasse first-aid dressing-case.
nødforordning emergency decree.
nødforsyninger *sb.pl.* emergency supplies; *(se også nødhjælp 1).*
nødhavn port of refuge;
□ *søge* ~ put into a port of refuge.
nødhjælp **1.** *(nødforsyninger)* (humanitarian) relief (*el.* aid); emergency aid; relief deliveries, relief supplies pl.;
2. *(nødudvej)* temporary expedient, makeshift (*fx* use it as a makeshift);
3. *(med.)* emergency treatment.
nødhjælpsarbejde relief work.
nødhjælpsarbejder relief worker, aid worker.
nødhjælpsorganisation relief agency.
nødig[1] *adj. (let glds.)* necessary, needful;
□ *det gøres ikke* ~ it is not necessary; *have* ~ *at* need, have to.
nødig[2] *adv. (ikke gerne)* reluctantly;
□ *jeg gør det* ~ I do it reluctantly; *(stærkere)* I hate to do it; *det skulle* ~ *ske* that would be very unfortunate; I hope it won't come to that; *jeg vil* ~ I don't like to; *(stærkere)* I hate to (*fx* disturb you); *jeg ville* ~ I would not like to; *(stærkere)* I would hate to.
nødlande *vb.* make a forced landing, force-land; *(voldsomt)* crash-land.
nødlanding *sb. (en, -er)* forced (*el.* emergency) landing; *(voldsom)* crash landing;
□ *foretage en* ~ make a forced landing (, crash landing); *(se også nødlande).*
nødlidende *adj.* **1.** *(fattig)* destitute, needy; **2.** *(nødstedt)* distressed (*fx* area); **3.** *(om lån: misligholdt, præd.)* in default;
□ ~ *veksel* dishonoured bill.
nødløgn white lie.
nødløsning emergency solution; improvised (*el.* makeshift) solution; *(foreløbig løsning)* temporary solution, short-term solution.
nødmast *(sø.)* jury mast.
nødplan contingency plan.
nødraket distress rocket.
nødror *(sø.)* jury rudder.
nødråb cry for help.
nødsaget *adj.*: *se sig* ~ *til at* be (*el.* find oneself) compelled (*el.*

forced) to; have to; *vi ser os desværre ~ til at* we regret to have to.
nødsfald: *i ~* in an emergency; T at a pinch; *i yderste ~* in the last resort; in extreme cases.
nødsignal distress signal (*fx* hoist (, send) a distress signal); *(udsendt også)* distress call, SOS; *(over radio også)* mayday call (*el.* signal).
nødsituation emergency.
nødskilling nest egg;
□ *lægge en ~ hen* put something by; provide for a rainy day.
nødskrig cry for help; F cry of distress.
nødspor *(ved motorvej)* hard shoulder.
nødstedt *adj.* distressed; *(præd. også)* in distress.
nødstilfælde *se nødsfald.*
nødstop *(på maskine etc.)* emergency stop device.
nødstrømsanlæg standby power apparatus.
nødt *adj.*: *være ~ til at* have to; *(mere* F*)* be obliged to; *(stærkere)* be compelled to; *du bliver ~ til at* you will have to (*fx* get up early); *sig ikke mere end du er ~ til (også)* don't say more than you can help.
nødteleton *(ved motorvej)* emergency roadside telephone.
nødtvungent *adv.* **1.** *(modstræbende)* reluctantly; **2.** *(under tvang)* under compulsion.
nødtørft: *forrette sin ~* relieve oneself.
nødtørftig *adj.* scanty (*fx* light);
□ *kun det -ste* only what is strictly necessary; F the bare necessities; *-t påklædt* scantily dressed.
nødtørftsanstalt public lavatory, public convenience; *(am.)* comfort station.
nødudgang 1. emergency exit;
2. *(ved brand)* fire exit, fire escape.
nødvendig *adj.* **1.** necessary (*for* to, for, *fx* solitude is necessary to him; it is necessary for (*el.* to) his health; these weapons are necessary for the defence of the country);
2. *(som kræves,* F*)* requisite (*fx* the requisite capital (, formalities));
□ *foretage det -e* take the necessary steps; do what is necessary; *er det -t med ... se med*[2] *(efter adj.)*; *en ~ følge* a necessary (*el.* inevitable) consequence; *et -t onde* a necessary evil; *(se også absolut, bydende, højst, strengt).*
nødvendiggøre *vb.* **1.** make necessary; F necessitate; **2.** *(kræve)* demand.
nødvendighed *sb. (en)* necessity;
□ *-en af* the necessity of; *(se også bydende, dyd).*
nødvendighedsartikel necessity.
nødvendigvis *adv.* necessarily; F of necessity.
nødværge self-defence;
□ *drab i ~* homicide in self-defence.
nøgen *adj.* **1.** naked (*fx* body; person); *(mildere & i kunst)* nude (*fx* person; model); *(i ~ tilstand)* in the nude (*fx* sunbathe (, swim, pose) in the nude);
2. *(bar, utildækket)* bare (*fx* feet, shoulders; rocks);
3. *(om fugleunge: uden fjer)* bald, featherless;
4. *(fig.: ubesmykket)* bare (*fx* the bare facts); *(chokerende)* naked (*fx* the naked facts (, truth));
□ *i ~ vægt* stripped; *(se også overkrop).*
nøgenbadning nude bathing; T skinny-dipping.
nøgendans nude dancing.
nøgendanserinde nude dancer.
nøgenfrøet *adj. (bot.)* gymnospermous;
□ *de nøgenfrøede* the gymnosperms.
nøgenhed *sb. (en) (jf. nøgen 1)* nakedness; nudity.
nøgenkultur nudism;
□ *dyrke ~* be a nudist.
nøgle[1] *sb. (en, -r)* **1.** *(til lås)* key (*til* to, *fx* the house, the door, the box; he put the key in the lock);
2. *(mus.)* clef;
3. *(fig.)* key (*til* to, *fx* the mystery, the problem, the exercises; the Mediterranean); clue (*til* to, *fx* the mystery); *(se også fordelingsnøgle, dreje (om)).*
nøgle[2] *sb. (et, -r) (garn- etc.)* ball.
nøglebarn latchkey child.
nøgleben collarbone; *(anat.)* clavicle.
nøglebræt key rack.
nøglefigur key figure.
nøglefærdig *adj. (præd.)* ready to move into;
□ *leveret -t* delivered on a turn-key basis (*el.* as a turn-key job).
nøglehul keyhole.
nøgleindustri key industry.
nøglekam bit (of a key).
nøgleknippe bunch of keys.
nøgleord keyword.
nøgleperson key figure.
nøglepost *se nøglestilling.*
nøglepung key case.
nøglering keyring.
nøglerolle key role.
nøgleroman roman à clef.
nøgleskikkelse key figure.
nøgleskilt 1. *(på dør)* keyhole plate; **2.** *(på nøgle)* key tag.
nøglestilling key position, key post.
nøgletal *sb.pl.* key figures.
nøgtern *adj.* **1.** matter-of-fact (*fx* account, statement, attitude); down-to-earth (*fx* attitude); F sober (*fx* account, description); *(om person også)* sober-minded, level-headed;
2. *(praktisk)* hard-headed (*fx* businessman);
□ *ved en ~ betragtning* on sober consideration.
nøjagtig[1] *adj.* **1.** *(omhyggelig)* accurate (*fx* account, measurements; take accurate aim); *(helt præcis)* exact (*fx* the exact amount (, measurements, date, time); an exact copy (, likeness)); *(pinligt ~)* precise (*fx* instructions, meaning; measurements);
2. *(om person)* accurate (*med* about); *(stærkere,* F*)* precise (*med* about, *fx* he is always very precise about dates);
□ *for at være helt ~* to be precise.
nøjagtig[2], **nøjagtigt** *adv. (jf. nøjagtig*[1]*)* accurately; exactly; precisely;
□ *gå ~ (om ur)* keep perfect time; *~ kl. 10* at ten o'clock sharp (*el.* exactly); T on the dot of 10; *hvad er klokken ~?* what is the exact time?
nøjagtighed *sb. (en) (jf. nøjagtig)* accuracy; exactness; precision;
□ *med en tiendedels ~* accurate to a tenth; with an accuracy of one tenth.
nøje[1] *adj.* **1.** *(nær)* close (*fx* connection); *(tæt etc.,* F*)* intimate (*fx* connection);
2. *(omhyggelig)* careful (*fx* examination, investigation); *(stærkere,* F*)* scrupulous (*fx* attention to details); *(se også nøjest)*;
□ *ved ~ eftersyn* on close inspection; *stå i ~ forbindelse med* be intimately connected with; *~ overvejelse* careful consideration; *~ regnskab* exact account; *~ undersøgelse* careful investigation (, examination).
nøje[2] *adv.* **1.** *(nært)* closely (*fx* closely connected with the problem); intimately;
2. *(omhyggeligt)* carefully (*fx* consider sth carefully);
3. *(nøjagtigt)* exactly, accurately; strictly;
□ *iagttage ham ~* watch him closely; *kende ~* know inti-

mately; *kende en (, noget) meget ~* know sby (, sth) through and through; *overholde reglerne ~* observe the rules strictly, keep strictly to the rules; *han tager det ikke så ~* he is not particular (*med* about); *~ underrettet om* well informed of.

nøje[3] *vb.: lade sig ~ med* be content (*el.* satisfied) with; *(se også nøjes).*

nøjeregnende *adj.* **1.** scrupulous, particular (*med* about); **2.** *(påholdende)* close(-fisted).

nøjes *vb.: ~ med a) (stille sig tilfreds med)* be content (*el.* satisfied) with; content oneself with (*fx* we had to content ourselves with dry bread); settle for (*fx* a low price; being number two); *b) (begrænse sig til)* restrict oneself to (*fx* smoking two cigarettes a day); *det vil jeg ikke ~ med* that is not enough; *han nøjedes ikke med det* he did not stop at that; *kan du ~ med ét spejlæg?* can you do with one fried egg? *jeg kan ~ med lidt* I am easily satisfied; *~ med at se 'til a)* content oneself with looking on; *b) (ɔ: ikke blande sig)* remain a passive spectator.

nøjest *adj. (af nøje): på det -e (omhyggeligt)* scrupulously.

nøjsom *adj.* **1.** *(om person)* modest; *(præd. også)* easily satisfied; *(sparsommelig)* thrifty; *(også om andet end person,* F*)* frugal (*fx* habits, life);
2. *(om plante, dyr)* hardy.

nøjsomhed *sb. (en) (jf. nøjsom 1)* modesty; thrift; frugality.

nøk = *nyk.*

nøkke *sb. (en, -r) (myt.)* nix.

nøkkerose *(bot.)* white waterlily.

nøl *sb. (i boldspil)* delay of the game.

nøle *vb. (se også nølende)* **1.** *(betænke sig)* hesitate; **2.** *(trække tiden ud)* play for time;
T shilly-shally; F temporize;
□ *~ med at* hesitate over -ing; *uden at ~* without hesitating, unhesitatingly; without delay.

nølen *sb. (en) (jf. nøle)* **1.** hesitation; **2.** shilly-shallying; delay.

nølende[1] *adj.* hesitating; *(uvillig)* reluctant.

nølende[2] *adv.* hesitatingly; *(uvilligt)* reluctantly.

nølespil *se nøl.*

nørd *sb. (en, -er)* nerd.

nørkle *vb.: ~ med* potter at; niggle over (*el.* about); fiddle with.

nørklearbejde niggling job.

nøs *præt. af nyse.*

nå[1] *vb.* **1.** *(komme til)* reach, come to (*fx* Copenhagen, the hotel, the shore, the top); *(med besvær)* get to (*fx* the top); make one's way to; F gain (*fx* the shore);
2. *(ankomme til)* arrive at (*fx* the hotel, the town);
3. *(komme tidsnok til)* be in time for (*fx* the overture);
4. *(tog, bus etc.)* catch (*fx* the train); make (*fx* make the nine-thirty);
5. *(indhente)* catch up with (*fx* the others);
6. *(komme på højde med)* come (*el.* get) up to (*fx* the standard required);
7. *(nå frem til, fig.)* reach, arrive at (*fx* a solution, a decision); *(opnå,* F*)* achieve (*fx* one's purpose, a result, a solution; he has not achieved much); attain (*fx* a high degree of accuracy; the highest offices; the great age of 92);
8. *(kunne række hen til, få fat i)* reach, get at (*fx* can you reach (*el.* get at) that branch? we cannot reach him by phone);
9. *(strække sig til)* reach to (*fx* his fields reach to the lake);
10. *(få gjort)* get done (*fx* I got a lot of work done today); get through; *(overkomme)* manage (*fx* that was all I could manage);
□ *~* ***at*** *a) (ɔ: i tide)* be in time to (*fx* I was in time to see him off); *b) (trods besvær)* manage to (*fx* I just managed to get it done); *c) (have tid til)* have time to (*fx* I hadn't time to read his letter); *han kan endnu ~ at gøre det* there is still time for him to do it; *han -ede* **det** he made it;
[med sb.] ~ en høj alder reach a great age; F attain a great age; *~ sit mål a) (formål)* succeed, achieve one's aim (*el.* purpose *el.* goal); F attain one's end; *b) (bestemmelsessted)* reach one's destination; *~ sine ønskers mål* reach (, attain) the object (*el.* goal) of one's desires;
[med adv.] ~ ***frem*** *a)* get there; *b) (ankomme)* arrive; *~* ***frem til*** *se ovf.: 7;* **ikke** *~ toget (, bussen etc.)* miss the train (, the bus etc.); *vi -ede ikke ret* **langt** *sidste gang* we did not get very far last time; *han vil ~ langt (fig.)* he will go far; *han er -et langt (fig.)* he has come a long way; *han -ede det* **lige** he just made it; *han -ede lige at* he had (only) just time to; *han vil ~* ***vidt****, se ovf.: ~ langt;*
[med præp.] ~ ***frem til*** *se ovf.: 1 & 7; jakken kan ikke ~* **om** *dig* the jacket won't meet; *~* ***op på*** reach (*fx* the total reached £25,000); come to (*fx* the bill came to £100); *~* ***op til*** reach (*fx* the ladder doesn't quite reach the window); come up to (*fx* the water (, he) came up to my chin); *~* ***til****, se 1 & 2 ovf.; ~ til en afgørelse (, til enighed)* reach (*el.* come to *el.* arrive at) a decision (, an agreement); *vandet (, han) -ede mig til hagen* the water (, he) came up to my chin; *(se også knæ (til knæene)).*

nå[2] *interj.* **1.** well (*fx* well, what do you think?);
2. *(forundret)* oh (*fx* oh, is it you?);
3. *(som svar)* I see (*fx* "He won't come". "I see."); *(skeptisk)* really (*fx* "He loves me". "Really?");
4. *(~ lad os høre)* now then (*fx* now then, what did you want?);
□ *~ ~! a) (beroligende, trøstende)* there there! now, now! *b) (bebrejdende)* come, come! now, now! *c) (mildt advarende)* now, now! *~* ***da!*** *a) (forundret)* well, well! indeed! I say! *b) (advarende)* now then! *~* ***ja*** *(resigneret)* oh well; *~* ***så*** *det siger han!* so that's what he says, is it? *~* ***sådan!*** oh, that's it, is it? I see! so that's the way it is!

nåd *sb. (en, nådder) (sø.)* seam.

nåde[1] *sb. (en)* **1.** *(gunst)* grace, favour;
2. *(rel.)* grace;
3. *(mildhed, barmhjertighed)* mercy;
4. *(som titel)* Lordship (, Ladyship) (*fx* Your (, His) Lordship; Your (, Her) Ladyship); *(om hertug)* Grace (*fx* Your (, His, Her) Grace);
□ *~!* mercy!
[med vb.] ***finde*** *~ for ens øjne* find favour in sby's eyes; *lade ~* ***gå*** *for ret* show mercy; F temper justice with mercy; T stretch a point;
[med præp.] ***af*** *~ og barmhjertighed* out of mercy; *af Guds ~* by the grace of God; *bede* **om** *~ a)* beg for mercy; *b) (mil.)* ask for quarter; *overgive sig* **på** *~ og unåde* surrender unconditionally; *tage en* **til** *~ a)* restore sby to favour; *b) (tilgive)* forgive sby; *c) (lade én slippe)* let sby off; **uden** *~ og barmhjertighed* without mercy, mercilessly.

nåde[2] *vb.: Gud ~ (og trøste) dig hvis (ɔ: truende)* God (*el.* heaven) help you if; *(glds. el. spøg.)* woe betide you if.

nådegave *(i teologi)* (gift of) grace;
□ *ydmyghedens ~* the grace of hu-

mility.
nådeløs = *nådesløs.*
nådesbevisning favour.
nådesløs *adj.* merciless.
nådessag favour.
nådestød **1.** coup de grace; **2.** *(fig.)* coup de grace (*fx* this gave the coup de grace to the firm); deathblow (*fx* this dealt a deathblow to his plans).
nådig *adj.* gracious (*fx* smile); □ *vor -ste konge* our most gracious Sovereign; *en ~ skæbne* a merciful fate; *slippe -t* be let off lightly; get off lightly; *Gud være mig synder ~!* God be merciful to me, a sinner!
nådle *vb.* close.
nådler *sb. (en, -e)* (boots and shoes) closer.
nådsensbrød: *spise ~ hos en* live on sby's charity.
någenerationen the couldn't-care-less generation.
nåh *interj. se nå*[2].
nål *sb. (en, -e)* **1.** *(sy-, strikke-, hækle-, kompas-, gran- etc.)* needle;
2. *(knappe-, pynte-, hatte-, sikkerheds-)* pin;
3. *(grammofon-)* stylus; *(glds.)* needle;
□ *et brev -e* a packet of pins (, needles); *det er som at lede efter en ~ i en høstak* it is like looking for a needle in a haystack; *sidde (, stå) som på -e* be on tenterhooks.
nålebog needle book.
nålefilt needle felt.
nålefisk *(zo.)* pipefish.
nålehus needle case.
nålemager *sb. (en, -e)* needlemaker.
nålepenge *sb.pl.* pin money.
nålepude pincushion.
nåleskov coniferous (*el.* softwood) forest.
nålespids *(jf. nål)* **1.** needle point; **2.** pinpoint.
nålestik *(også fig.)* pinprick.
nålestribet *adj.* pin-striped.
nålestøj surface noise; *(glds.)* needle scratch.
nåletryk stylus pressure.
nåletræ coniferous tree, conifer.
nåleøje eye of a needle;
□ *slippe igennem -t* get through, make it.
når *konj.* when (*fx* when he comes, I'll tell him; when he came he was always full of fun; when he does speak, he speaks well; why should I complain when I have all I need?); *(+ præsens = ~ endelig)* by the time (*fx* by the time he arrives it will all be over);
□ *~ jeg ikke kan lide ham er grunden den* the reason why I dislike him is that;
[med adv. & konj.] *~ **bare**, ~ **blot*** if only; *~ **engang**, ~ **først*** once; *~ vi først kommer i land kan vi hvile* once on shore, we can rest; *~ og **hvis*** if and when; *~ **som helst** a) (konj.)* whenever (*fx* I'll see him whenever he likes to come); *b) (adv.)* any time (*fx* you may come any time between two and four).

O

o *interj.* oh! F O!
o. *(fork.f. omkring)* abt *(fork.f.* about).
o.a. 1. *(fork.f. og andre)* and others; **2.** *(fork.f. oversætterens anmærkning)* trans. note *(fork.f.* translator's note).
oase *sb. (en, -r)* oasis (pl. oases).
oasis *sb.* ® green foam moss.
obducere *vb.* perform (*el.* carry out) a post-mortem on; *(fagl.)* perform an autopsy on.
obduktion *sb. (en, -er)* post-mortem (examination); *(fagl.)* autopsy.
obelisk *sb. (en, -er)* obelisk.
oberst *sb. (en, -er) (mil.)* colonel.
oberstinde *sb. (en, -r)* colonel's wife;
□ ~ *Smith* Mrs Smith.
oberstløjtnant *(mil.)* lieutenant colonel.
objekt *sb. (et, -er) (også gram.)* object (*for* of).
objektiv[1] *sb. (et, -er) (foto.: linse)* lens.
objektiv[2] *adj.* objective;
□ *-t set* objectively; ~ *genitiv (gram.)* objective genitive.
objektivere *vb.* objectify.
objektivfatning *(foto.)* lens attachment.
objektivitet *sb. (en)* objectivity, objectiveness.
oblat *sb. (en, -er) (alterbrød; papirstykke på brev)* wafer.
obligat *adj.* **1.** customary (*fx* reward); *(neds.)* inevitable (*fx* joke); **2.** *(mus.)* obbligato;
□ *med ~ obo* with oboe obbligato.
obligation *sb. (en, -er)* bond; *(selskab-, kun britisk)* debenture; *(se også statsobligation).*
obligationsejer bondholder.
obligationskurs bond price.
obligationsmarked bond market.
obligationsrente bond interest (rate); *(se også rente (effektiv rente)).*
obligatorisk *adj.* compulsory (*for* for, *fx* sports are compulsory for all pupils; a compulsory examination (, course); compulsory subjects *(fag)*); *(ved eksamen især)* prescribed (*fx* books, text);
(især præd., F*)* obligatory (*fx* evening dress (, attendance at school) is obligatory); *(efter skik og brug)* de rigueur (*fx* evening dress is de rigueur);
(lovfæstet, F*)* mandatory (*fx* the teaching of a foreign language was made mandatory in all schools; mandatory attendance at meetings).
obo *sb. (en, -er) (mus.)* oboe.
oboist *sb. (en, -er)* oboist.
obs *(fork.f. observer)* note; NB.
observans *sb. (en, -er)* **1.** *(overbevisning)* conviction; views pl. (*fx* of conservative views; they held different views); **2.** *(rel.: klosterregel)* rule, observance.
observation *sb. (en, -er)* observation (*fx* astronomical observations; keep him under observation);
□ *foretage -er* make observations; *indlægge en til ~ a)* send sby to a hospital for observation; *b) (for mentalobservation)* remand sby for a medical report.
observationsballon *(mil.)* observation balloon.
observationsfly *(mil.)* reconnaissance aircraft.
observationshjem *(omtr.)* assessment centre.
observationsklasse, observationsskole [observation class(, school) ; special class(, school) for children with behavioural problems].
observationsklinik *(svarer til)* special unit.
observationspost observation post.
observator *sb. (en, -er)* observer.
observatorium *sb. (et, observatorier)* observatory.
observatør *sb. (en, -er)* observer; *(som skal overvåge fredsaftale etc. også)* monitor.
observere *vb.* **1.** *(iagttage)* observe (*fx* the stars; their movements); **2.** *(få øje på)* sight (*fx* an enemy plane; the car had been sighted in Jutland); F observe;
3. *(sø.)* take sights;
□ *-t længde (sø.)* longitude by observation.
obskur *adj. (neds.)* shady (*fx* character, organization, methods); doubtful (*fx* character, neighbourhood); disreputable (*fx* character, part of the town, methods).
obskurantisme *sb. (en)* obscurantism.
obskøn *adj.* indecent, obscene.
obskønitet *sb. (en, -er)* indecency, obscenity.
obsternasig *adj.* contrary; F recalcitrant.
obsternasighed *sb. (en)* contrariness; F recalcitrance.
obstetrik *sb. (en) (med.)* obstetrics.
obstruktion *sb. (en, -er)* obstruction;
□ *lave ~* be obstructive; *lave ~ mod* obstruct.
obstruktionspolitik obstructionism.
OB-vogn *(radio, tv)* OB-van.
occidental(sk) *adj.* Occidental.
occidenten the Occident.
ocean *sb. (et, -er)* ocean;
□ *-er af* oceans of (*fx* money, time).
oceandamper (ocean) liner.
oceangående *adj.* ocean-going.
Oceanien *(geogr.)* Oceania.
oceanier *sb. (en, -e)* Oceanian.
oceanisk *adj.* oceanic.
oceanograf *sb. (en, -er)* oceanographer.
oceanografi *sb. (en)* oceanography.
od *sb. (en, -de)* point.
odalisk *sb. (en, -er)* odalisque.
odde *sb. (en, -r)* spit; *(større)* point; F tongue of land.
odder *sb. (en, -e)* **1.** *(zo.)* otter; **2.** *(skældsord)* fool, twit.
oddfellow *(en -er el. -s)* Oddfellow.
odds odds;
□ *~ er ti* the odds are ten to one.
ode *sb. (en, -r)* ode.
odiøs *adj.* **1.** *(ubehagelig)* unpleasant (*fx* the word has an unpleasant ring); *(stærkere,* F*)* invidious; **2.** *(moralsk forkert)* reprehensible (*fx* there is nothing reprehensible about this procedure).
Odysseen the Odyssey.
Odysseus Ulysses, Odysseus.
odør *sb. (en, -er)* **1.** *(ilde lugt)* bad smell; *(stærkere)* foul smell; F bad (, foul) odour; **2.** *(undertiden = duft) se duft.*
offensiv[1] *sb. (en, -er)* offensive;
□ *tage -en* take the offensive.
offensiv[2] *adj.* **1.** offensive (*fx*

weapons); 2. *(i fodbold)* attacking (*fx* full-back);
□ *gå -t til værks* act on (*el.* take) the offensive.

offentlig *adj. (se også offentligt)* public;
□ ***det*** *-e (ɔ: myndighederne)* the authorities pl.; *(staten også)* the State; *(lokalmyndighed også)* the local authority; *på det -es bekostning* at the public expense; *[med sb.] -e arbejder* public works; *minister for -e arbejder* minister of public works; *en ~ hemmelighed* an open secret; *~ hjælp (bistandshjælp)* social security benefit(s); *det -e liv* public life; *den -e mening* public opinion; *forstyrre den -e orden (jur.)* break the peace; *en ~ person* a public figure; *(se også trafikmiddel).*

offentliggøre *vb.* 1. *(udgive, lade trykke)* publish (*fx* a book, an article);
2. *(udsende)* issue (*fx* a communiqué, an official statement);
3. *(mods. holde tilbage)* make public (*fx* the confidential memorandum was made public); F publish (*fx* the news of his death has not yet been published (, made public)); release (*fx* the statement to the press; figures released yesterday are depressing; the police have released no further details); *(om oplysning der har været holdt tilbage)* disclose (*fx* the name of the buyer, the price, the terms).

offentliggørelse *sb. (en, -r) (jf. offentliggøre)* 1. publication; 2. issue, issuing; 3. publication; release; disclosure.

offentlighed *sb. (en)* 1. *(offentlig opmærksomhed)* publicity (*fx* he avoids publicity; I don't want a lot of publicity about it);
2. *(åbenhed)* openness (*fx* they demanded greater openness concerning foreign policy);
□ *-en a) (publikum)* the public; *b) (den offentlige mening)* public opinion; *i -ens interesse* in the public interest; *~ i forvaltningen* open administration; *i fuld ~* in the full daylight of publicity; *(mere* T*)* for all the world to see.

offentligt *adv.* publicly, in public;
□ *~ ansatte* public employees, public servants; *~ tilgængelig (præd.)* open to the public.

offer *sb. (et, ofre)* 1. *(offergave: til guddom & fig.)* sacrifice (*fx* they offered sacrifices to their god; demand fresh sacrifices from the taxpayers); *(især i sms. el. til præst)* offering (*fx* small offerings of food to the rain god; burnt (, thank) offering);
2. *(om person)* victim (*fx* the murderer had strangled his victim; victims of religious persecution; send aid to the victims of the disaster); *(død el. såret ved ulykke også)* casualty (*fx* the number of casualties is not known);
(mål for drillerier, satire) butt (*for* of, for, *fx* teasing, a practical joke); target (*for* of, *fx* derision, scorn; he was an easy target);
□ *trafikkens ofre* the toll on the roads;
[med vb.] ***blive*** *~ for a)* be the (, a) victim of (*fx* she may have been the victim of a crime); *(også fig.)* fall victim to (*fx* a disease; one's own foolishness); be a casualty of (*fx* he was an early casualty of the new wave of reform); *b) (drillerier etc.)* be the butt of (*el.* for) (*fx* numerous practical jokes); be the target of; ***bringe*** *et ~ a)* offer a sacrifice (*fx* to a god); *b) (fig.)* make a sacrifice; *bringe som ~ se ofre*; *ulykken* ***krævede*** *mange ofre* the disaster claimed many victims (*el.* a heavy toll).

offerdyr sacrificial animal.

offergave *se offer 1.*

offerlam 1. sacrificial lamb; 2. *(fig.)* innocent victim.

offermåltid sacrificial feast.

offerpræst sacrificial priest.

offervilje spirit of self-sacrifice; generosity.

offervillig *adj.* self-sacrificing; generous.

offervillighed = *offervilje.*

officer *sb. (en, -er)* 1. *(mil., sø.)* officer; 2. *(i skak)* piece.

officersaspirant cadet.

officershæl military heel.

officerskollega brother officer.

officersmesse officers' mess.

officersrang rank of an officer.

officersskole military academy (*el.* college).

officersuniform officer's uniform.

official *sb. (en, -s) (i sport)* official.

officiel *adj.* official;
□ *-t besøg* official visit; *(af statsoverhoved)* state visit; *-t forlovet* officially engaged (to be married); *ved -le lejligheder* on official occasions; *(højtideligere)* on ceremonial occasions.

officin *sb. (et, -er)* 1. *(trykkeri)* printing house; 2. *(i apotek)* dispensary.

officiøs *adj.* semi-official.

offset *sb. (et) (typ.)* offset.

offside *adj. (i fodbold etc.)* off side.

ofre *vb.* 1. *(til guddom)* sacrifice (*fx* a lamb);
2. *(opofre)* sacrifice (*for* for, to, *fx* sacrifice one's career for a woman; she sacrificed her career to his work);
3. *(anvende)* spend (*på* on, *fx* spend money (, time, care, energy) on sth); devote (*på* to, *fx* devote all one's time to sth);
4. *(kaste op)* be sick; *(om søsyg,* T*)* feed the fishes;
□ *~ sit liv* give (*el.* sacrifice) one's life (*for* for, *fx* a principle); F lay down one's life (*for* for, *fx* one's country, a cause); *han -de det ikke megen opmærksomhed (, mange tanker)* he did not give much attention (, thought) to it; *~* ***sig for*** *a) (glemme sig selv)* sacrifice oneself for (*el.* to) (*fx* for one's family; to sby else's interests); *b) (hellige sig)* devote oneself to (*fx* a cause).

ofring *sb. (en, -er)* sacrifice.

ofte *adv.* often; *(mere* F*)* frequently.

oftere *adv.* 1. *(komp. af ofte)* more often; *(mere* F*)* more frequently;
2. *(igen)* again (*fx* that must not happen again).

oftest *adv. (sup. af ofte)* most often; *(mere* F*)* most frequently;
□ *(som) ~* as a rule, usually, generally; more often than not.

og *konj.* and; *(efter nægtende udtryk oftest)* or (*fx* she had nothing to eat or drink; houses without electricity or running water);
□ *to ~ to se to*; *han sad ~ spiste sin kage* he sat (*el.* was) eating his cake.

også *adv.* 1. also; *(mere understregende)* too (*fx* he also stole, he stole, too *(han 'stjal ~)*; he, too, stole *(~ 'han stjal)*); T as well (*fx* I'll come as well);
2. *(endog)* even (*fx* even 'he can make a mistake; even without that);
[i udbrud:] det er ~ din skyld! it's all your fault! *det var ~ en måde at opføre sig på!* a pretty way to behave! *det var ~ et spørgsmål!* what a question!
[med vb.] og han kom ~ (virkelig) and he (really) did come; and come he did; and he actually came; *og det gjorde 'du ~* and so did you; *ja det 'gjorde jeg ~* well, so I did; *jeg ville ~ gerne løbe på ski* also, I would like to ski; I would also like to ski; I would like to ski, too;
[med adv.] og han var ***da*** *~ den første der kom* and he was in fact the first to come; *han er da ~ en idiot* really, he 'is a fool; ***ikke*** *~?*

se ikke; ***nu*** ~ *a) (ɔ: virkelig)* really (*fx* do you really mean that? is it really true?); *b) (forklarende)* you see (*fx* he was somewhat tired, you see); ***om*** ~ even if; though.
oh *interj.* oh! F O!
ohm *sb. (en, -)* ohm.
oho *interj.* oh! oho! I see!
ohøj *interj.* **1.** *(sø.)* ahoy! **2.** *(under arbejde)* heave ho! hey-ho!
ok *interj.* oh (*fx* oh yes! oh no!); □ ~ *dog*, ~ *herregud* dear me; tut tut.
okapi *sb. (en, -er) (zo.)* okapi.
okarina *sb. (en, -er)* ocarina.
okker *sb. (en)* ochre.
okkerfarvet *adj.* ochreous.
okkergul *adj.* ochre-yellow.
okkult *adj.* occult.
okkultisme *sb. (en)* occultism.
okkultist *sb. (en, -er)* occultist.
okkupation *sb. (en, -er)* occupation.
okkupationsmagten the occupying power.
okkupere *vb.* occupy.
okkupering *sb. (en, -er)* occupation.
okse[1] *sb. (en, -r)* ox (pl. oxen).
okse[2] *vb.* T slog; □ ~ *af sted a) (møjsommeligt)* slog along; *b) (hurtigt)* tear along; *jeg har -t rundt hele dagen* I've been at it all day.
okseblod, **okseblodsfarve** *sb.* oxblood.
oksebremse *sb. (zo.)* ox warble-fly.
oksebryst brisket (of beef).
oksefilet sirloin (steak).
okseforspand team of oxen.
oksefrø *sb. (en, -er) (zo.)* bullfrog.
oksehalesuppe oxtail soup.
oksehoved 1. head of an ox; **2.** *(rummål, omtr. =)* hogshead.
oksehud oxhide.
oksekærre oxcart.
oksekød beef.
oksekødsuppe *(omtr.)* consommé (of beef).
oksemørbrad *(omtr.)* fillet, tenderloin.
oksesteg 1. *(som er stegt)* roast beef; **2.** *(stykke kød til at stege)* joint of beef.
oksetunge 1. oxtongue; **2.** *(bot.)* bugloss.
okseøje *sb. (en, -r) (bot.)*: *gul* ~ corn marigold; *hvid* ~ oxeye daisy.
oktant *sb. (en, -er)* octant.
oktantal octane number, octane rating.
oktav *sb. (en, -er)* **1.** *(format)* octavo; **2.** *(mus.)* octave.
oktavformat octavo.
oktet *sb. (en, -ter)* octet.
oktober *sb. (en)* October; *(NB datoangivelser er opført under april).*
oktrojeret *adj.* chartered.
okular *sb. (et, -er)*, **okularglas** eyepiece, ocular.
okulere *vb. (i havebrug)* bud.
okulering *sb. (en, -er)* budding.
okulerkniv grafting knife.
ol *sb. (en, -): en* ~ eighty.
o.l. *(fork.f. og lignende)* and the like, etc.
olddansk *sb. (et) & adj.* Old Danish.
oldebarn great-grandchild.
oldefa(de)r great-grandfather.
oldeforældre *sb.pl.* great-grandparents.
oldemo(de)r great-grandmother; *(se også fanden).*
olden *sb. (en, -)* mast.
oldenborgerne *sb.pl. (hist.)* the House of Oldenburg.
oldenborre *sb. (en, -r) (zo.)* cockchafer.
oldengelsk *sb. (et) & adj.* Old English.
oldermand master of a guild.
oldfransk *sb. (et) & adj.* Old French.
oldfrue matron.
oldgammel *adj.* ancient; *(neds.)* geriatric.
olding *sb. (en, -e)* (very) old man; *(neds.)* geriatric.
oldingeagtig *adj.* **1.** *(præd.)* (looking) like an old (, a very old) man; **2.** *(aldrende)* aged; **3.** *(ærværdig)* venerable.
oldkirke early Church.
oldkirkelig *adj. (efter sb.)* of the early Church.
oldnordisk *sb. (et) & adj.* **1.** Old Norse; **2.** *(fig.)* antediluvian (*fx* ideas, methods); ancient (*fx* hat); *(mere neds.)* geriatric (*fx* machine).
oldsag *(fig., neds.)* fossil, museum piece; *(mere neds.)* geriatric.
oldsager *sb.pl.* antiquities.
oldtid: *Danmarks* ~ prehistoric Denmark; *den grå* ~ hoary antiquity; *fra den grå* ~ very ancient; F hoary; *den klassiske* ~ classical antiquity; *en af -ens store forfattere* one of the great writers of antiquity; *-ens historie* ancient history.
oldtidsfolk ancient people; □ *-ene* the nations of antiquity.
oldtidsfund 1. prehistoric find; **2.** (T, *om person)* museum piece; *(mere neds.)* geriatric.
oldtidshistorie ancient history.
oldtidskundskab *(skolefag)* classical (*el.* Greek and Roman) civilization; classical studies pl.
oldtidslevning *(fig., neds.)* fossil, museum piece; *(mere neds.)* geriatric.
oldtidsminde relic of antiquity; □ *-r (også)* antiquities.
oleander *sb. (en, oleandre) (bot.)* oleander.
Ole Lukøje the sandman; □ ~ *natkjole* shortie nightdress.
olie *sb. (en, -r)* oil; □ *få (, give) den sidste* ~ receive (, administer) the last rites; *(let glds.)* receive (, administer) extreme unction; *(se også bore (efter), glide (i), gyde).*
olieagtig *adj.* oily.
oliebad oil bath.
oliebadskædekasse oil bath.
oliebillede oil painting.
oliebjerget the Mount of Olives.
olieblokade oil embargo.
olieboring oil drilling.
oliefarve oil colour, oil paint; □ *male med -r* paint in oil(s).
oliefelt oilfield.
olieforekomst oil deposit.
oliefrakke oilskin (coat).
oliefrø *sb. (et, -)* oilseed.
oliefund oil strike.
oliefyr oil-fired burner; □ *centralvarme med* ~ oil-fired central heating.
oliefyret *adj.* oil-fired.
oliefyring oil-burning.
oliegren olive branch.
olieholdig *adj.* oil-containing, oily; *(fagl.)* oleaginous.
oliekage oilcake.
oliekilde oil well.
oliekridt crayon.
olielampe oil lamp.
oliemaleri oil painting.
oliemalet *adj.* painted (with oil).
oliemaling oil-based paint.
oliemølle oil mill.
olieplet 1. oil stain; **2.** *(på havet)* oil slick.
oliepresse oil press.
olieraffinaderi oil refinery.
oliere *vb.* oil; □ *-t papir* oil paper.
olierig *adj.* oil-rich.
oliering *sb. (en, -er)* oiling.
olieselskab oil company.
oliesheik oil sheik.
olieskift change of oil.
olietank oil tank.
olietankskib (oil) tanker.
olietryk 1. *(billede)* oleograph; **2.** *(trykning)* oleography; **3.** *(i maskine)* oil pressure.
olietræ olive (tree).
olietøj 1. *(dragt)* oilskins pl.; **2.** *(stoffet)* oilskin.
olietønde oil drum.

olieudslip oil spill, oil spillage.
oligarki *sb. (et)* oligarchy.
oligarkisk[1] *adj.* oligarchic(al).
oligarkisk[2] *adv.* oligarchically.
oliven *sb. (en, -)* olive.
olivenfarvet *adj.* olive.
olivengrøn *adj.* olive-green.
olivenlund olive grove.
olivenolie olive oil.
olivensten olive pit.
oliventræ **1.** olive; **2.** *(materiale)* olive wood.
olm *adj.* mad, angry.
olmerdug fustian.
Olympen *(geogr., myt.)* (Mount) Olympus.
olympiade *sb. (en, -r)* **1.** *(olympiske lege)* Olympic Games; T Olympics; **2.** *(hist.: periode)* Olympiad;
□ *-n i 1996* the 1996 Olympic Games (*el.* Olympics).
olympiadevinder Olympic champion.
olympisk *adj.* **1.** *(fra eller i Olympia & i sport)* Olympic (*fx* record); **2.** *(fra el. på Olympen)* Olympian (*fx* gods);
□ *de -e lege* the Olympic Games; T the Olympics; ~ *mester* Olympic champion; ~ *ro* Olympian calm.
om[1] *præp.* **1.** *(rundt om)* round (*fx* it is just round the corner; sit down round the table; with a blanket round her); about (*fx* with a shawl about her shoulders; with a sash about her waist);
2. *(om emne: angående)* about (*fx* a book about gardening; a story about dogs; we had a discussion about it); *(især: mere præcist)* of (*fx* what are you talking about (*el.* of)? have you ever heard of Clive? what have you heard about him? he told us the story of his life); *(om saglig, grundig redegørelse)* on (*fx* a book on gardening; my opinion on free trade; he gave lectures on economics);
3. *(på grund af)* over (*fx* a dispute over the ownership; fall out (, quarrel) over money; haggle over pennies);
4. *(for at få, opnå)* for (*fx* fight for freedom; ask for higher pay; apply for a job);
5. *(pr.)* a (*fx* once a month; £10,000 a year);
6. *(tiden når noget sker)* in (*fx* in the evening (, afternoon, morning); in (the) summer (, winter)); *(foran dages navne)* on (*fx* we left on Monday at 7.30); *(se også fredag, dag, nat)*;
7. *(efter forløbet af)* in (*fx* he will be back in two days);
□ *de måtte være to mand ~ et tæppe* one blanket had to do for two men;
[med: at] et telegram (, en erklæring) ***om at*** a cable (, a statement) to the effect that; *det er mig meget ~* ***at gøre*** I am very keen on it; *det er mig meget ~ at gøre at du ser det* I am very anxious that you should see it (*el.* for you to see it); *nu er* ***det*** *~* ***at*** *finde ham* now the great thing is to find him;
[med: det] lad mig ~ ***det*** leave that to me; *det må han ~, ham ~ det* that's up to him; that's his lookout; *der har været flere ~ det* it is the work of several persons; *han var tre timer ~ det* it took him three hours (to do it); he was three hours doing it; *(se også alene*[1]*, længe*[2]*, noget, ude)*;
[med: sig] være ~ ***sig*** *a) (aktiv)* be up and doing; *b) (foretagsom)* be a go-getter; *c) (egoistisk)* have an eye to the main chance; look after number one.
om[2] *adv.* **1.** *(omkring)* about, around (*fx* run about, run around); *(se også omkring)*;
2. *(omkuld)* down, over (*fx* fall down, fall over);
3. *(igen, på ny)* over again, once more (*fx* do it over again, do it once more);
□ ~ ***igen*** *a)* once more; *b) (når man retter sig selv)* correction (*fx* a Christmas dinner - correction: lunch); *en park* ***med*** *en mur ~* a park surrounded by a wall; a park with a wall all around (*el.* round it).
om[3] *konj.* **1.** *(betingende)* if (*fx* do it if you dare; if necessary; if possible);
2. *(spørgende)* if; *(lidt mere* F*)* whether (*fx* he asked if (*el.* whether) you were at home; I don't know if (*el.* whether) we should phone or write; let us know whether you intend coming); *(efter præp. & sb. kun)* whether (*fx* it depends on whether you can come; it is your choice whether you will do it);
[i udbrud:] ~ han var! you bet he was! I should say he was! *~ jeg gør! (også)* rather! *~ jeg vil!* will I! won't I just!
[foran gentaget spørgsmål: udelades] ~ jeg har set ham? have I seen him? *~ jeg (, de) kan lide øl? ja det kan du tro* do I (, they) like beer? you bet I (, they) do!
[andre forb.] om ... ***eller*** whether ... or (*fx* I don't care whether you like it or not); *~ (da)* ***ellers*** *se hvis*[1]; ~ ***end*** (even) if, even though, although; *(*F*, ikke foran hel sætning)* albeit (*fx* they did it, albeit not very well); ***hvad*** *~ se hvad*; ~ ***ikke*** *for andet, så for at* if (it was) only to (*fx* I will do it, if only to annoy him); *~ ikke ... så dog* (even) if not ... at any rate (*fx* (even) if they are not wealthy, at any rate they are very well off); ***selv*** *om se selv*[3]; ***som*** *~ se som*[2]; *~* ***så*** *(selv om)* (even) if, even though; *~ det så er hans fjender* even his enemies; his very enemies; *~ der så er aldrig så mange* no matter how many there are; *~ så var* if so; F if such were the case; *~ nu så var?* what if it is (, if he does etc.); T so what? *~ så skal være* if necessary; *~ jeg så må sige* so to speak; *(mere* F*)* as it were.
omadressere *vb.* forward; F redirect;
□ *bedes -t* please forward.
omarbejde *vb.* **1.** *(bog etc.: skrive helt om)* rewrite; *(ændre, revidere)* revise;
2. *(for teatret, filmen)* adapt;
□ *-t udgave* revised edition.
omarbejdelse *sb. (en, -r)* **1.** *(det at omarbejde, jf. omarbejde 1)* rewriting; revising; adaptation;
2. *(omarbejdet værk)* rewrite; revision; adaptation.
ombejlet *adj.* much courted; *(fig. også)* popular, much sought-after.
ombestemme *vb.: ~ sig* change one's mind.
ombetrække *vb.* re-cover.
ombinde *vb.* **1.** bind *(med* with);
2. *(en bog)* rebind.
omblad *(i cigar)* binder.
omboende *adj. se omkringboende.*
ombordværende *adj.: de ~* those on board; *(i fly også)* the occupants.
ombringe *vb. (dræbe)* put to death.
ombrust *adj.: ~ af bifald* surrounded by applause; *(hilst)* greeted with a storm of applause.
ombryde *vb. (typ.)* make up; *(se også bryde (om)).*
ombryder *(typ.)* maker-up.
ombrydning *(typ.)* (page) make-up.
ombrydningsfejl *(typ.)* misplaced line(s).
ombud*: borgerligt ~* public duty.
ombudsmand **1.** *(i Skandinavien)* ombudsman; **2.** *(parlaments-, i Engl.)* Parliamentary Commissioner (for Administration); T ombudsman; **3.** *(om andre)* ombudsman; watchdog (*fx* consumer watchdog).

ombygge *vb.* **1.** *(til andet formål, også om skib)* convert (*fx* convert a barn into workshops);
2. *(renovere)* renovate; *(reparere grundigt)* rebuild.
ombygning *sb. (en, -er)* **1.** *(forandring)* alteration(s); *(til andet formål)* conversion; **2.** *(renovering)* renovation; *(omfattende reparation)* rebuilding;
□ *huset er under ~ (jf. 2)* the house is being rebuilt.
ombygningsudsalg renovation sale.
ombytning 1. exchange; **2.** *(indbyrdes)* interchange; **3.** *(mht. rækkefølge)* inversion; **4.** *(erstatning)* replacement.
ombytte *vb.* **1.** exchange, change (*med* for, *fx* he (ex)changed his hat for a cap; goods are exchanged free of charge);
2. *(indbyrdes)* interchange (*fx* the two names on the list);
3. *(mht. rækkefølge)* reverse (*fx* the order of the names);
4. *(erstatte)* replace (*med* by, *fx* replace the worn-out parts by new ones).
ombyttelig *adj.* **1.** exchangeable;
2. *(indbyrdes)* interchangeable.
ombære *vb.* carry round; *(postsager)* deliver.
ombæring *sb. (en, -er)* delivery;
□ *i denne (, næste) ~ se omgang*[1].
ombøje turn down, fold down.
ombøjning 1. folding; **2.** *(fold)* fold, turning.
ombølget *adj. (fig.)* surrounded (*fx* surrounded by applause).
omdanne *vb.* **1.** *(forvandle)* change, turn (*til* into); F convert (*til* into, *fx* turn (, convert) the firm into a joint stock company; convert rags into paper); *(fuldstændigt)* transform (*til* into, *fx* transform (, convert) the house into a museum);
2. *(fys., kem.)* convert (*til* into, to, *fx* water into ice, coal (in)to gas; sulphur to sulphuric acid); transform (*til* into, to, *fx* energy into motion, benzene to phenol);
3. *(lave om på)* remodel, reshape (*fx* society, the system);
4. *(omordne)* reorganize; F reconstitute (*fx* the board, the committee); *(regering også)* reconstruct; T reshuffle.
omdannelse *(jf. omdanne)*
1. change (*til* into); conversion (*til* into); transformation (*til* into, to);
2. conversion; transformation;
3. remodelling; reshaping; **4.** reorganization; reconstitution; *(regerings også)* reconstruction; T reshuffle.
omdebatteret *adj.* much debated; *(se også omdiskuteret).*
omdele *vb.* **1.** distribute, hand out;
2. *(post)* deliver.
omdeling *sb. (en, -er)* **1.** distribution; **2.** *(af post)* delivery.
omdigte *vb.* rewrite; *(se også digte (om på)).*
omdirigere *vb.* **1.** redirect (*fx* sby's mail); **2.** *(trafik, fly, skib)* divert (*fx* a plane to another airport); *(fly også, & tog)* reroute; **3.** *(tele.)* switch.
omdiskuteret *adj.* **1.** much discussed (*fx* the most discussed film in London); **2.** *(omstridt)* controversial;
□ *et ~ spørgsmål (også)* a vexed question; F a moot point.
omdisputabel *adj.* debatable, disputable.
omdisputeret *adj.* disputed; *(se også omdiskuteret).*
omdrejning *sb. (en, -er)* **1.** rotation (*fx* the rotation of the earth round its axis); revolution;
2. *(den enkelte ~)* turn; *(fagl.)* revolution (*fx* 1500 revolutions (*el.* revs) per minute);
□ *foretage en ~* (execute a) turn; revolve once; *komme i -er* T get cracking; *se at komme i -er!* T get a move on!
omdrejningshastighed speed of rotation.
omdrejningspunkt pivotal point.
omdrejningstal number of revolutions.
omdrejningstap pivot.
omdrejningstæller revolution counter; T rev counter.
omdøbe *vb.* **1.** *(give andet navn)* rename (*fx* a ship; the town was renamed "Terraville"); **2.** *(rel.)* rechristen, rebaptize.
omdømme *sb. (et)* **1.** *(anseelse, rygte)* reputation; **2.** *(dømmekraft)* judgement; **3.** *(mening)* opinion, estimation (*fx* it lowered her in people's estimation);
□ *skade én i folks ~* injure sby's reputation; *nyde et godt ~* have a good reputation; *sundt ~* sound judgment; common sense (*fx* have common sense).
omega *sb. (et, -er)* omega.
omegn *sb. (en)* neighbourhood, surrounding country; F vicinity; *(af by)* environs pl. (*fx* York (, Paris etc.) and environs);
□ *i -en af a)* in the neighbourhood of; *b) (fig.)* in the neighbourhood of, in the region of (*fx* £50,000; 35 degrees centigrade); *i den nærmeste ~* in the immediate neighbourhood (, vicinity).
omegnskommune suburban municipality.
omelet *sb. (en, -ter)* omelette; *(am.)* omelet.
omendskønt *konj.* although.
omfang *sb. (et)* **1.** *(størrelse)* size (*fx* the size of our business); dimensions, proportions pl. (*fx* an undertaking of vast dimensions (*el.* proportions); unemployment is assuming alarming proportions);
2. *(udstrækning)* extent (*fx* the extent of his knowledge; the full extent of the damage (, the problem, his goodness)); *(stort ~,* F*)* magnitude (*fx* we did not realize the magnitude of the disaster (, the problem, the task, the tragedy, the epidemic);
3. *(af arbejde etc.: rækkevidde)* scope (*fx* the scope of the enquiry);
4. *(mus.)* range, compass (*fx* beyond the compass of her voice);
5. *(omkreds)* circumference, girth (*fx* the girth of a tree);
[med præp.] ***af*** *stort ~* extensive; ***i*** *stort ~ a)* to a great extent; *b) (i stor målestok)* on a large scale; *i det ~ det er muligt* as far as possible.
omfangsrig *adj.* **1.** extensive;
2. *(tyk)* bulky; *(større,* F *el. spøg.)* voluminous.
omfartsvej by-pass.
omfatte *vb. (se også omfattende)*
1. *(indbefatte, tillige ~)* take in, include (*fx* the tour took in (*el.* included) a visit to Oxford);
2. *(bestå af)* consist of; T be made up of; F comprise (*fx* Great Britain consists of (, is made up of, comprises) England, Scotland and Wales);
3. *(dække)* cover (*fx* the book covers a vast range of subjects (, the whole period); the enquiry covers 1,000 people); F encompass, embrace (*fx* the term "aesthetic subjects" embraces such subjects as art, music, drama and literature);
4. *(berøre, angå)* affect (*fx* the factories affected by the strike);
5. *(om følelser)* regard (*fx* regard him with benevolence);
□ *~ det med interesse* take an interest in it.
omfattende *adj.* **1.** *(som omfatter meget)* comprehensive (*fx* account, explanation, knowledge, programme);
2. *(vidtstrakt)* extensive (*fx* damage, enquiries, knowledge, list, preparations, search); far-reaching (*fx* influence);
3. *(grundig)* thorough (*fx* prepara-

tions, search);
4. *(bred)* wide (*fx* experience, interests, reading, selection).
omfavne *vb.* embrace; *(tættere)* hug; *(beskyttende,* F*)* clasp in one's arms.
omfavnelse *sb. (en, -r)* embrace; *(tættere)* hug.
omflakken *sb. (en)* wandering; F roaming; ramblings pl.
omflakkende *adj.* wandering; F roaming; vagrant (*fx* a vagrant life);
□ *føre en ~ tilværelse* move about a lot (*fx* I've been moving about a lot over the last few months); float about; *han fører en ~ tilværelse (også)* he is a rolling stone.
omflytning *sb. (en, -er)* **1.** *(det at flytte)* shifting, moving; *(enkelt)* move; **2.** *(på konti)* transfer.
omflytte *vb.* **1.** shift, move; **2.** *(på konti)* transfer.
omflyve *vb.* fly round.
omfordele *vb.* redistribute.
omfordeling redistribution (*fx* redistribution of income by taxation).
omforme **1.** *(elek.)* convert; **2.** *se omdanne.*
omformer *sb. (en, -e) (elek.)* converter.
omformerstation *(elek.)* substation.
omformning **1.** *(elek.)* conversion; **2.** *se omdannelse.*
omformulere *vb.* reword, recast (*fx* a sentence); *(mundtligt)* rephrase (*fx* a question, a remark).
omfortolke *vb.* reinterpret.
omgang[1] *sb. (en, -e)* **1.** *(runde, også i boksning)* round (*fx* a new round of talks; he was knocked out in the second round);
2. *(baneomgang, ved væddeløb)* lap (*fx* he led during the first lap);
3. *(af drikkevarer)* round (*fx* he stood a round (of drinks));
4. *(tur mht. arbejde)* turn;
5. *(omdrejning)* revolution, turn;
6. *(prygl)* beating;
7. *(skænd)* dressing-down, rocket; S wigging;
8. *(kvantum)* lot (*fx* give the wheel another lot of oil);
9. *(behandling)* going-over (*fx* he gave the car a thorough going-over);
□ *en ~ maling* a coat of paint; *[med adj.] en drøj ~* a tough job; *en dyr ~* an expensive affair (*el.* business);
[med præp.] ***i*** *denne ~* this time round; *i første ~ a)* the first time round; *b) (i begyndelsen)* to begin with; *i næste ~* next time round; ***på*** *~* by turns; *flasken gik på ~* the bottle was passed round; *vagten går på ~ mellem dem* they take the watch by turns.
omgang[2] *sb. (en)* **1.** *(samkvem)* dealings pl. (*med* with, *fx* he was always polite in his dealings with people);
2. *(kønslig)* intercourse (*med* with);
3. *(omgangskreds)* associates pl.;
4. *(måde at håndtere noget på)* handling (*med* of, *fx* careful handling of explosives);
□ *uforsigtig ~* ***med*** carelessness with; *pleje ~ med* keep company with; F associate with, have commerce with; *(neds.)* consort with (*fx* criminals).
omgangsform social convention; manners pl.
omgangsfælle companion.
omgangshøjde*: holde sig på ~ med a)* keep abreast of (*fx* the latest developments); *b) (en person)* keep up with (*fx* him); *være på ~ med a) (i cykelløb)* be level with; *b) (ɔ: udviklingen)* be abreast of; *c) (en person)* be on a par with.
omgangskreds set; circle (of acquaintances); acquaintances pl.
omgangssprog everyday language, colloquial language.
omgangstone*: deres ~* the tone they use among themselves.
omgive *vb. (se også omgivet)* surround (*fx* a high wall surrounded the garden);
□ *~ sig med* surround oneself with.
omgivelser *sb.pl.* **1.** surroundings (*fx* live in pleasant (, beautiful) surroundings; the town and its surroundings); *(omegn også)* surrounding country; *(om by også,* F*)* environs;
2. *(levevilkår, miljø)* environment sg.;
3. *(om fornem persons ledsagere,* F*)* entourage sg.;
□ *hans ~* his entourage; *(mere* T*)* those around him, people around him (*fx* people around him were worried about his health); *hans nærmeste ~* those closest to him; his immediate surroundings;
[med præp.] han er farlig ***for*** *sine ~* he is a danger to his surroundings (*el.* to those around him); ***i*** *sine naturlige (, vante) ~* in one's natural (, usual) surroundings; *i deres naturlige ~ (ɔ: om dyr)* in their natural habitat.
omgivet *pf.ptc.: ~ af a)* surrounded by (*el.* with) (*fx* a wall); *b) (fig.)* surrounded by (*el.* with) (*fx* dangers); F beset with (*fx* dangers); *~ af mystik se mystik.*
omgruppere *vb.* **1.** re-arrange, regroup; **2.** *(mil.)* regroup.
omgængelig *adj.* sociable, amiable; *(præd. også)* easy to get on with.
omgængelighed *sb. (en)* sociability.
omgænger *sb. (en, -e) (i skole)* repeater.
omgærde *vb. (fig.)* surround; *(se også mystik).*
omgøre *vb.* reverse (*fx* a decision).
omgå *vb. (se også omgående, omgås)* **1.** get round, sidestep (*fx* the tax laws); skirt (*fx* the law, a question); F circumvent (*fx* the law, the regulations); *(se også vige (uden om));*
2. *(mil.)* outflank; *(gå uden om)* bypass (*fx* an enemy stronghold).
omgåelse *sb. (en)* **1.** circumvention; **2.** *(mil.)* outflanking; bypassing.
omgående[1] *adj.* **1.** *(hurtig)* immediate (*fx* reply); prompt (*fx* reaction); **2.** *(mil.)* outflanking (*fx* execute an outflanking movement);
□ *pr. ~ a) (straks)* immediately, at once; *b) (pr. post)* by return (of post).
omgående[2] *adv.* immediately, at once;
□ *svare ~ a)* reply immediately; *b) (pr. post)* reply by return (of post).
omgås *vb.* **1.** *(komme sammen med)* mix with; F associate with; *(neds.)* consort with (*fx* criminals, prostitutes);
2. *(behandle)* handle (*fx* he does not know how to handle children); deal with;
3. *(komme ud af det med)* get on with (*fx* she is good at getting on with people; he is easy to get on with);
□ *sig mig* ***hvem*** *du ~, og jeg skal sige dig hvem du er (svarer til)* a man (, woman) is known by the company he (, she) keeps; *vi ~* ***ikke*** we don't see anything of each other; *vi ~* ***meget*** we see a good deal of each other;
[med præp.] ~ det ***med*** *forsigtighed* handle it with care; *han forstår at ~ med penge* he is good with money; he is a good manager; *(se også selvmordstanker, skummel).*
omhandle *vb.* treat of, deal with;
□ *den -de sag* the matter in question.
omhu *sb. (en)* care (*for* for); *(nøjagtighed også)* precision;
□ *kærlig ~* loving care; F solicitude; *vise ~ for* be careful (, solicitous) about.
omhugge *vb.* cut down; F fell.

omhyggelig *adj.* careful; *(meget ~)* painstaking; *(pedantisk ~)* meticulous;
□ *være ~ med* be careful about (*fx* details; be careful (about) what you say); be careful with (*fx* one's work; be careful with the glasses).
omhæng *sb. (et, -)* curtain.
ominøs *adj.* ominous.
omkalfatre *vb.* **1.** transform (radically); T shake up, upend; **2.** *(sø.)* recaulk.
omkalfatring 1. transformation, radical change; T shake-up, upending; **2.** *(sø.)* recaulking.
omkamp *(ny kamp)* replay, play-off.
omkartere *vb.* resort.
omkarteringspostkontor sorting office.
omklamre *vb.* **1.** *(omfavne, også fig.)* embrace; **2.** *(klynge sig til)* cling to; *(gribe fat i)* clutch;
□ *-nde (ɔ: besiddelysten)* possessive (*fx* love).
omklædning *sb. (en, -er)* **1.** *(det at klæde sig om)* changing; **2.** *(enkelt ~)* change (of dress).
omklædningsrum 1. *(til flere, fx til sport)* changing room; *(med skabe)* locker room; **2.** *(til en, fx i svømmehal)* cubicle.
omklædt *adj.* dressed.
omkomme *vb. (se også omkomne)* die (*fx* five lifeboatmen died when their boat capsized; five people died in the fire); be killed; F perish (*fx* in the flames);
□ *~ af kulde se fryse (ihjel)*; *være ved at ~ af sult se sult*; *være ved at ~ af kedsomhed (etc.) se forgå (være ved at forgå af)*.
omkomne *adj. pl. (brugt som sb.)* victims; casualties;
□ *der var 45 ~* 45 people lost their lives.
omkostninger *sb.pl.* costs (*fx* of production); *(udgifter)* expenses; *(jur.)* costs;
□ *blive dømt til at betale sagens ~* be ordered to pay costs; *(se også hæve)*.
omkostningsbevidst *adj.* cost-conscious.
omkostningsfri *adj.* cost free; *(præd. også)* free of charge.
omkostningskonto expense account.
omkranset *adj.: ~ af* encircled by.
omkreds circumference;
□ *i ~* in circumference (*fx* the island is four kilometres in circumference); *(mere* T*)* round (*fx* the tree is four metres round); *i vid ~* for (many) miles around.
omkring *præp. & adv.* **1.** about, (a)round (*fx* the world about (*el.* (a)round) us; sit (a)round the table; wander (, run, travel) about (*el.* around));
2. *(cirka)* about (*fx* about 5,000; about three o'clock); round (about); around; in the region of (*fx* 30 degrees; £100,000);
3. *(ved årstal)* about; *(især hist.)* circa; *(fork.)* c. (*fx* born c. 1340);
4. *(vedrørende)* about (*fx* a discussion about the problem);
□ *~! (kommando)* about turn! ***her** ~* hereabouts, around here; in this neighbourhood;
[med præp.] ~ ***i*** about (*fx* walk about the streets (, the castle)); (a)round (*fx* walk (a)round the room; travel around the world); about (etc.) in; ***med** en mur ~* with a wall all around (*el.* round it); *~* ***på*** *markerne* about the fields; *(se også gøre, gå, rundt, se (sig))*.
omkringboende *adj.* neighbouring;
□ *de ~* the neighbours.
omkringliggende *adj.* surrounding.
omkringstående *adj.* surrounding;
□ *de ~* the bystanders.
omkringsædig *adj. (bot.)* perigynous.
omkuld *adv.* down (*fx* fall down; knock him down); over (*fx* fall over; throw him over).
omkvæd *sb. (et, -)* **1.** refrain, chorus; **2.** *(fig.)* refrain (*fx* that was his constant refrain);
□ *synge med på -et* join in singing the refrain; join in the chorus.
omkørsel *sb. (en, omkørsler)*
1. *(midlertidig omvej)* diversion; *(am.)* detour; **2.** *(permanent)* bypass.
omlade *vb.* transship.
omladning transshipment.
omladningshavn port of transshipment.
omladningsomkostninger *sb.pl.* transshipment charges.
omliggende *adj.* surrounding (*fx* countryside, hills); neighbouring (*fx* villages).
omlyd *(sprogv.)* (vowel) mutation, umlaut;
□ *få ~* be mutated.
omlydt *adj.* mutated.
omlægge *vb.* **1.** *(forny: helt)* replace, re-lay (*fx* a floor); *(delvis)* renew (*fx* a floor);
2. *(forandre)* change (*fx* a system); *(omordne)* rearrange (*fx* a timetable; working hours); reorganize (*fx* a system; the work of the department);
3. *(i en anden retning)* reorientate (*fx* our foreign trade);
4. *(omfordele)* redistribute (*fx* constituencies);
5. *(grænser)* adjust;
6. *(vej)* relocate;
7. *(lån)* reschedule.
omlægning *sb. (en, -er) (jf. omlægge)* **1.** replacement, relaying; renewal; **2.** change; rearrangement; reorganization; **3.** reorientation; **4.** redistribution; **5.** adjustment; **6.** relocation; **7.** rescheduling.
omløb 1. circulation; **2.** *(astr.)* revolution; **3.** *(typ.)* overrun;
□ *have ~ i hovedet* be clever, be smart; ***sætte i** ~ a) (penge etc.)* put into circulation; *b) (rygte)* circulate; ***være i** ~ a) (om penge etc.)* be in circulation; *b) (om rygte)* be circulating.
omløbende *adj.* **1.** *(omstrejfende)* itinerant, vagrant; **2.** *(roterende)* revolving, rotating; **3.** *(om sats)* overrunning.
omløbshastighed 1. *(astr., om satellit)* orbital velocity; **2.** *(maskines)* speed of rotation; **3.** *(penges)* rate of turnover.
omløbstid 1. *(astr.)* period of revolution; **2.** *(penges)* circulation period.
omløbsventil by-pass valve.
omme *adv. (til ende)* over, at an end;
□ *jeg var ~* ***at*** *se til ham* I went round to see him; *tiden* ***er*** *~* time is up; *før året er ~* before the year is out;
[med præp. & adv.] ~ ***bag*** *huset* behind the house; ***der*** *~* over there; *~* ***i*** *en anden gade* in another street.
ommøblere *vb.* **1.** *se møblere (om)*; **2.** *(fig., pol.)* reshuffle (*fx* the Cabinet).
ommøblering 1. *(omflytning af møbler)* rearrangement of the furniture; *(fornyelse af møbler)* refurnishing; **2.** *(fig., pol.)* reshuffle (*fx* a Cabinet reshuffle).
omnibus *sb. (en, -ser)* bus.
omordne *vb.* rearrange, reorganize.
omordning rearrangement, reorganization.
omplacere *vb.* **1.** move; F relocate (*fx* workers); **2.** *(om aktiver)* redeploy; **3.** *(på konti)* transfer;
□ *~ spillerne* re-form the team.
omplacering *(jf. omplacere)*
1. moving; relocation; **2.** redeployment; **3.** transfer.
omplante *vb.* **1.** *(en plante)* transplant; *(en potteplante)* repot;
2. *(fig.: flytte)* transplant (*til* to, *fx* a different environment);
□ *~ til et andet sprog* turn into

another language (*fx* Shakespeare's plays are difficult to turn into any other language).
omplantning transplanting; transplantation; *(om potteplante)* repotting.
ompostere *vb.* transfer.
ompostering transfer.
omprioritere *vb.* **1.** change the order of priorities, reorder priorities; **2.** *(hus)* re-mortgage.
omredaktion **1.** *(det at)* rewriting; **2.** *(det omredigerede)* new version; rewrite.
omredigere *vb.* rewrite.
omregne *vb.* *(omsætte)* convert (*til* into).
omregning conversion.
omregningskurs rate of exchange.
omregningstabel conversion table; ready reckoner.
omrejsende *adj.* travelling (*fx* circus); F itinerant (*fx* preacher); *(teat.: som er på turne)* touring (*fx* actors, company).
omrids *(også fig.)* outline;
□ *i* ~ in (brief) outline; *Englands historie i* ~ an outline of English history; *tegne (, give) et* ~ *af* outline; *tegne sig i* ~ be outlined, be silhouetted (*imod* on, against).
omringe *vb.* surround; *(mil. el.* F*)* encircle.
omrokere *vb.* **1.** *(flytte rundt)* move about, switch around; **2.** *(i organisation, regering)* reshuffle; *(kraftigt)* shake up (*el.* out).
omrokering *sb. (en, -er)* **1.** moving about; **2.** *(i organisation, regering)* reshuffle; *(kraftig)* shake-out, shake-up.
omryste *vb.* shake (up).
omrystning *sb. (en, -er)* shaking.
omrøre *vb.* stir.
omrøring *sb. (en, -er)* stirring.
område *sb. (et, -r)* **1.** territory (*fx* the territory around the South Pole; disputed (, unknown) territory); *(mere afgrænset)* area (*fx* an area of the skin; the Copenhagen area; the whole area was bombed; a depressed area); *(større, uafgrænset)* region (*fx* tropical regions; the richest region in England);
2. *(som tilhører en)* territory (*fx* Danish territory; a salesman's territory; the seagull's territory is simply a small area around the nest);
3. *(fig.)* area (*fx* within the area of literature (, politics); areas where we disagree; a growth area); *(interesse-, studie-, arbejds- også)* field (*fx* he is an expert in his field; this is outside my field; her field of research); F sphere; *(ens særlige ~)* domain (*fx* the kitchen is his domain; economic history is really outside his domain (*el.* sphere)); *(som man tager sig af)* province (*fx* money matters are my wife's province);
4. *(som hører til institution etc.)* grounds pl. (*fx* the hospital grounds; the school grounds; the grounds of the Vatican); *(universitets)* campus;
□ *grønne -r (i by)* green spaces; *(nær by)* green belts; ***på*** *alle -r (fig.: henseender)* in all respects; *på det ~ a) (jf. 3)* in that field (, area, domain); *b) (i den henseende)* in that respect.
områdenummer *(tele.)* area code.
områdestudier *sb.pl.* area studies.
oms *sb. (en)* purchase tax; *(am.)* sales tax.
omsadling *sb. (en, -er)* **1.** *(af hest)* re-saddling; **2.** *(fig.)* change of policy; *(pludselig)* turnabout; F volte-face.
omsagnsled complement;
□ ~ *til grundled* subjective complement; ~ *til genstandsled* objective complement.
omsejle *vb.* circumnavigate (*fx* the earth); *(et næs)* round, double.
omsejling *sb. (en, -er)* circumnavigation; rounding.
omsider *adv.* at (long) last; F at length.
omsiggribende *adj.* growing, spreading.
omskabe *vb.* **1.** reshape (*fx* society); **2.** *(forvandle)* transform (*til* into).
omskabelse transformation; metamorphosis (pl. metamorphoses).
omskiftelig *adj.* **1.** changeable (*fx* moods); *(om person også,* F*)* inconstant;
2. *(om vejrforhold)* changeable, unsettled (*fx* weather); variable (*fx* winds, climate).
omskiftelighed *sb. (en)* **1.** changeableness; F inconstancy; **2.** *(om vejr)* changeableness; unsettled state.
omskiftelser *sb.pl.: livets ~* the ups and downs of life; F the vicissitudes of life.
omskifter *sb. (en, -r) (elek. kontakt)* switch; *(til skifte af kørselsretning)* reverser.
omskole *vb.* **1.** re-educate; **2.** *(til andet arbejde)* retrain; **3.** *(handicappede)* rehabilitate; **4.** *(mil.)* retrain.
omskoling *sb. (en) (jf. omskole)* **1.** re-education; **2.** retraining; **3.** rehabilitation; **4.** retraining.
omskrift *sb. (en, -er) (på mønt)* legend.
omskrive *vb.* **1.** *(udtrykke anderledes)* paraphrase;
2. *(skrive på ny)* rewrite;
3. *(fonetisk)* transcribe;
4. *(i geometri)* circumscribe;
□ *omskrevne former (gram.)* periphrastic forms.
omskrivelig *adj.* *(i geometri)* circumscribable.
omskrivning *sb. (en, -er) (jf. omskrive)* **1.** *(med andre ord)* paraphrase; *(med mange ord)* circumlocution;
2. *(det at omskrive)* rewriting; *(det omskrevne)* rewrite;
3. *(fonetisk)* transcription;
4. *(geometrisk)* circumscription.
omskære *vb.* circumcise.
omskærelse *sb. (en, -r)* circumcision;
□ *kvindelig* ~ female circumcision.
omslag[1] *sb. (et, -)* **1.** *(til bog)* cover; *(smuds-)* dust cover, (dust) jacket;
2. *(til løse papirer: chartek)* folder;
3. *(til postforsendelse)* wrapper;
4. *(plade-)* sleeve, cover;
5. *(med.)* compress (*fx* a cold compress); *(varmt)* hot compress; *(grød-)* poultice;
□ *lægge ~ på foden* apply a compress to the foot.
omslag[2] *sb. (et, -) (forandring)* sudden change (*fx* in the weather); F reversal (*fx* a reversal of fortune);
□ *der er ~ i vejret* the weather is changing; *et ~ til det værre* a change for the worse, a setback.
omslagstegning cover design.
omslagstitel cover title.
omslutte *vb.* surround; F encircle.
omslynget *adj.: tæt omslyngede (præd.)* locked in an embrace.
omsmelte *vb.* melt down.
omsnøre *vb.* *(med.)* ligate.
omsnøring *sb. (en, -er) (med.)* ligature.
omsonst *adv.* in vain.
omsorg *sb. (en)* care; *(for person også,* F*)* solicitude;
□ *drage ~ for se drage*[2]; *kærlig ~* loving care; *(spøg.)* tender loving care.
omsorgsfuld *adj.* considerate; F solicitous.
omspændt *adj.: ~ af flammer* enveloped (*el.* engulfed) in flames.
omstemme *vb.: ~ ham* make him change his mind; bring him round to another opinion; *lade sig ~* change one's mind; come round to another opinion.

omstemple *vb.* re-stamp.
omstigning *sb. (en, -er) (til andet tog etc.)* change.
omstille *vb.* **1.** *(ændre)* change; *(omorganisere)* reorganize; *(se også stille[4] (om))*;
2. *(~ produktion etc.)* switch over; *(til fredsproduktion)* reconvert;
□ *~ sig til nye forhold* adapt (*el.* adjust) oneself to new conditions.
omstilling *sb. (en, -er)* **1.** *(ændring)* change; *(omorganisering)* reorganization;
2. *(af produktion etc.)* change-over, switch-over; *(til fredsproduktion)* reconversion;
3. *(tele.)* putting through, switching-through;
□ *-en (tele.)* the switchboard.
omstillingsbord *(tele.)* switchboard.
omstoppe *vb.* re-stuff.
omstrejfende *adj.* **1.** wandering; F vagrant; **2.** *(om dyr)* stray.
omstrejfer *sb. (en, -e)* tramp; *(F el. jur.)* vagrant; *(især glds. & neds.)* vagabond.
omstridt *adj.* **1.** *(som man strides om)* disputed (*fx* territory); *(præd. også)* in dispute;
2. *(som fremkalder diskussion)* controversial (*fx* figure, politician);
□ *et ~ spørgsmål* a much debated (*el.* a vexed) question.
omstrukturere *vb.* restructure.
omstrukturering *sb. (en, -er)* restructuring.
omstyrte *vb.* overthrow (*fx* overthrow the lawful government of the country).
omstændelig *adj.* **1.** *(omfattende)* elaborate (*fx* preparations);
2. *(detaljeret)* detailed (*fx* description); F circumstantial (*fx* account);
3. *(ordrig)* lengthy, long-winded (*fx* account); F prolix;
4. *(besværlig)* troublesome (*fx* procedure);
5. *(indviklet)* complicated;
6. *(om person: alt for omhyggelig)* over-particular, fussy;
□ *forklare noget -t* explain something at great length.
omstændelighed *sb. (en) (jf. omstændelig)* **1.** elaborateness; **2.** circumstantiality; **3.** lengthiness, long-windedness; prolixity;
4. troublesomeness; **5.** complicated character; **6.** fussiness.
omstændighed *sb. (en, -er)* **1.** *(forhold)* circumstance (*fx* a fortunate circumstance; special circumstances);
2. *(kendsgerning)* fact (*fx* an important fact; the fact that he was very young; give me all the facts);
□ *-er (overdreven høflighed etc.)* (a) fuss; ceremony; *på grund af indtrufne -er* owing to unforeseen circumstances; *de nærmere -er* the details; F the particulars; *[med præp.] et sammentræf* ***af*** *-er* a coincidence; ***efter*** *-erne* in the circumstances (*fx* in the circumstances he has been lucky); comparatively (*fx* he did comparatively well); *han har det efter -erne godt* he is as well as can be expected (under the circumstances); ***alt efter*** *-erne* as the case may be (*el.* may require) (*fx* you may come here or go to London as the case may require); according to the circumstances; *være* ***i*** *-er* be expecting; *(let glds.)* be in the family way; ***under*** *alle -er a) (alligevel)* anyhow (*fx* we have got to do it anyhow); at any rate, in any case (*fx* he is at any rate the best man for the job; at any rate, we have to do it); at all events; *b) (hvad der end sker)* whatever happens (*fx* whatever happens, be sure to be there at 5); *under disse -er* under (*el.* in) the circumstances; this being the case; *under ingen -er* under no circumstances; on no account; *du må under ingen -er løbe (også)* don't run, whatever you do.
omstændighedskjole maternity dress.
omstøbe *vb.* recast.
omstøbning recasting.
omstøde *vb. (ophæve)* set aside (*fx* a contract, a decision, a will); annul (*fx* a contract); invalidate (*fx* an election, a will);
□ *~ en dom a)* reverse (*el.* set aside) a judgment; *b) (i kriminalsag)* quash a conviction.
omstødelse *sb. (en, -r) (jf. omstøde)* **1.** invalidation; annulment; **2.** *(af en dom)* reversal (of a judgment); *(i kriminalsag)* quashing (of a conviction).
omstående *adv. (på næste side)* overleaf (*fx* see overleaf; overleaf you will find a list);
□ *de ~* the bystanders.
omsving *(fig.)* sudden change; reversal (*fx* a sudden reversal of feeling); F revulsion (*fx* of public opinion).
omsværmet *adj.* popular.
omsvøb *sb.pl.* **1.** *(vidtløftighed)* beating about the bush; F circumlocution(s); **2.** *(kontorpedanteri)* red tape; **3.** *(udflugter)* evasions;
□ *bruge ~* beat about the bush; ***uden*** *~ a)* straight out; without beating about the bush; *b) (for ligefremt)* bluntly (*fx* he told them bluntly that their plan was impossible).
omsvøbsdepartement circumlocution office; red-tape department.
omsy *vb.* remake (*fx* a dress); *(om mindre ændring)* alter;
□ *-et tøj* cast-offs which have been altered.
omsætning *sb. (en)* **1.** *(handel)* trade; business (*fx* it does not provide enough business);
2. *(af en enkelt vare)* sale;
3. *(forretnings ~ i en vis periode)* turnover (*fx* we have had a good turnover (, an annual turnover of £100,000); we have increased our turnover; annual turnover is about £100,000);
4. *(på børsen)* transactions pl.;
5. *(af veksel: salg)* negotiation; *(fornyelse)* renewal;
6. *(omregning)* conversion (*fx* of securities into cash);
7. *(omdannelse)* transformation (*fx* of energy);
8. *(cirkulation)* circulation (*fx* the coin went out of circulation);
9. *(biol.: stofskifte)* metabolism;
10. *(kem.: nedbrydning)* decomposition;
11. *(typ.)* resetting;
□ *-en med udlandet* the foreign trade.
omsætningsafgift turnover tax.
omsætningsaktiver *sb.pl.* current assets.
omsætningshastighed *(hdl.)* rate of turnover.
omsætningstabel *se omregningstabel.*
omsætte *vb.* **1.** *(sælge)* sell; *(realisere)* realize;
2. *(veksel: sælge)* negotiate; *(forny)* renew;
3. *(omregne)* convert (*til* into, *fx* convert kroner into dollars);
4. *(omdanne)* transform (*til* into);
5. *(typ.)* reset;
6. *(mus.)* transpose;
□ *vi -r* ***for*** *(hdl.)* we turn over, we have a turnover of (*fx* a million a year; 10,000 a month); *~ sine ord* ***i*** *handling* translate one's words into action; *~ det i penge* turn it into cash.
omsættelig *adj. (om værdipapir)* negotiable, transferable.
omtale[1] *sb. (en, -r)* mention (*fx* the incident got a brief mention in the newspapers);
□ *få en god (, dårlig) ~ (ɔ: i pressen)* get a good (, bad) press; *hel-*

lere dårlig ~ end slet ingen (svarer til) any publicity is good publicity;
[med præp.] jeg kender ham (, det) ***af*** ~ I have heard of him (, it); *hans ~ af* his reference to; *være genstand* ***for*** ~ be the subject of conversation (*el.* of comment); *(blive nævnt)* be mentioned.
omtale[2] *vb. (se også omtalt)*
1. *(nævne)* mention, refer to (*fx* he only mentioned (*el.* referred to) it in passing);
2. *(tale om)* speak about, speak of (*fx* they spoke about him with respect; I have heard him well spoken of);
□ ~ *noget* ***for*** *en* mention sth to sby.
omtalt *adj.* **1.** *(nævnt)* mentioned *(efter sb.)* (*fx* the book mentioned costs £10);
2. *(diskuteret)* discussed (*fx* a much discussed book);
□ *-e firma* the said firm, the firm in question; *bogen blev godt ~ i pressen* the book had a good press; *en meget ~ affære (ɔ: i pressen)* a much publicized affair.
omtanke *sb. (en)* **1.** *(forsigtighed, omhu)* care (*fx* choose it with care); F circumspection;
2. *(hensynsfuldhed)* consideration (*fx* show consideration; lack of consideration); thoughtfulness;
3. *(overvejelse)* thought (*fx* it requires a good deal of thought); F reflection;
4. *(tanke på fremtiden,* F*)* forethought (*fx* lack of forethought);
□ ***mangel på*** ~ *(jf. 3)* thoughtlessness; ***uden*** ~ *(jf. 3)* thoughtlessly, without thinking.
omtrent *adv.* **1.** about; **2.** *(næsten, lidt mindre end)* nearly, almost; *(se næsten)*;
□ ~ *ens* almost identical; ~ *det samme* (very) much the same (thing); *eller sådan* ~ or so, or thereabouts; ~ *sådan* something like this; ~ *ved denne tid* about this time.
omtrentlig *adj.* approximate.
omtrentligt *adv.* approximately, roughly.
omtumlet *adj.: ~ af stormen* storm-tossed; *en ~ barndom* a chaotic childhood; *han har ført en ~ tilværelse* he has had a chequered career; T he has knocked about a good deal.
omtvistelig *adj.* disputable, debatable.
omtvistet *se omstridt.*
omtælling re-count.
omtænksom *adj.* thoughtful, considerate.
omtåget *adj. (uklar)* dazed (*fx* with drugs); *(let ~)* woozy (*fx* from a long sleep, from whisky); *(af alkohol også)* fuddled (*fx* with drink); muzzy.
omtågethed *sb. (en) (jf. omtåget)* dazed state; wooziness; (be)fuddled state; muzziness; *(stærkere,* F*)* stupor.
omvalg *sb. (et, -)* second ballot.
omvandrende *adj.* **1.** travelling; F itinerant (*fx* preacher); peripatetic; *(især hist.)* strolling (*fx* minstrel, musician, player);
2. *(legemliggjort)* walking (*fx* he is a walking dictionary (, encyclopaedia); he is a walking advertisement for health food).
omvej *sb. (en, -e)* **1.** *(længere vej)* long way round (*fx* the taxidriver cheated him by going a long way round); detour (*fx* we had to make a detour of 10 miles because the road was blocked);
2. *(afstikker)* detour (*fx* we made a detour through the mountains);
3. *(fig.: besværlig fremgangsmåde)* roundabout way (*el.* method);
□ *gå (el. gøre el. køre) en ~ a) (ufrivilligt)* go the long way round; *b) (med vilje)* make a detour;
[med præp.] ***ad*** *-e a) (jf. 1)* by a roundabout route; *b) (jf. 3)* by roundabout methods; *c) (indirekte)* in a roundabout way, indirectly; *jeg hørte det ad -e* I learnt it indirectly; *hvis det er en* ~ ***for*** *dig* if it takes you out of your way.
omveksle *vb.* change (*til* into).
omveksling *sb. (en, -er)* **1.** *(af penge)* change; **2.** *se omskiftelser.*
omvende *vb.* convert;
□ ~ *sig* be converted (*til* to); see the light.
omvendelse *sb. (en, -r) (rel.)* conversion.
omvending *(mus.)* inversion.
omvendt[1] *adj.* **1.** *(vendt op og ned)* upturned (*fx* he was sitting on an upturned bucket); F inverted (*fx* shaped like an inverted cone);
2. *(byttet rundt)* turned round, reversed (*fx* their situations are now reversed: she is the master and he the slave);
3. *(om rækkefølge)* reverse (*fx* in reverse order);
4. *(mat.)* inverse;
5. *(rel.)* converted; *(brugt som sb.)* convert;
□ *blive* ~ be converted; see the light; *det -e af* the opposite (*el.* reverse) of; *stå i ~ forhold til* be inversely proportional to; *det er lige* ~ it is the other way round; *det er den -e verden* it is putting the cart before the horse; *(se også ordstilling).*
omvendt[2] *adv.* **1.** *(vendt op og ned)* upside down (*fx* the picture had been hung upside down);
2. *(med bagsiden op)* face down(wards) (*fx* she placed the cards face downwards on the table);
3. *(med bageste del frem)* back to front (*fx* he wore his hat back to front);
4. *(i omvendt rækkefølge)* in reverse order;
5. *(modsætningsvis, på den modsatte måde)* the other way round (*fx* 'she supports 'him, not the other way round); vice versa (*fx* he thought it was all right for him to be unfaithful to her, but not vice versa);
6. *(indledende en sætning = på den anden side)* conversely (*fx* we helped them; conversely, we benefited from their advice);
□ ***og*** ~ and vice versa.
omverden *sb. (en)* surrounding world, outside world; surroundings pl.;
□ *afskåret fra -en* cut off from the outside world; *(om fange)* incommunicado.
omvikle *vb.* wrap (up) (*med* in); wind (*med* with).
omviser *sb. (en, -e)* guide; F cicerone.
omvisning *sb. (en, -er)* conducted tour (*fx* of a museum).
omvurdere *vb.* revalue; *(også fig.)* reassess, reappraise.
omvurdering revaluation; *(også fig.)* reassessment, reappraisal.
omvæltning *sb. (en, -er)* radical change; upheaval; *(stærkere)* revolution (*fx* a social upheaval (, revolution));
□ *bevirke en ~ i* revolutionize (*fx* the industry).
onanere *vb.* masturbate; *(vulg.)* wank.
onani *sb. (en)* masturbation.
onanist *sb. (en, -er)* masturbator; *(vulg.)* wanker.
ond *adj.* **1.** wicked (*fx* deed, man, stepmother; we live in a wicked world); *(stærkere,* F*)* evil (*fx* deeds, man; good and evil);
2. *(dårlig)* bad (*fx* conscience, dream);
□ *den -e* the Devil;
[med sb.] ~ cirkel vicious circle (*el.* spiral); *~ fe* bad fairy; *i -t lune* in a bad mood; *der har aldrig væ-*

ret et -t ord imellem os there has never been a cross (*el.* wrong) word between us; *-e tider* hard times; *det -e øje (i overtro)* the evil eye; *(se også anelse, hensigt, tro*[1]*, vilje, ånd, år)*;
[med vb.] ***ane*** *-t* suspect mischief; T smell a rat; ***døje*** *(el. lide) -t* have a hard time; F suffer hardship(s); *med -t skal -t* ***fordrives*** *(omtr.)* desperate diseases must have desperate remedies; ***få*** *-t a) (få kvalme)* feel sick; *b) (besvime)* faint; *jeg fik -t i armene af det* it made my arms ache; ***give*** *-t af sig* grumble; T grouse; *det* ***gør*** *-t* it hurts; *det gør -t i min finger* my finger hurts; *(se også ndf.: jeg har -t i); hvor gør det ondt?* where does it hurt? where is the pain? *det gør kun -t værre* it only makes matters worse; *det* ***gør mig -t at*** *høre det* I am sorry to hear it; *hvor -t det end gør mig at sige det* however sorry I am to say it; reluctant as I am to say it; *det* ***gør mig -t for*** *ham* I feel (*el.* am) sorry for him; *det* ***skulle gøre mig -t*** *hvis* I should be sorry if;
have -t af *a) (ynke)* feel (*el.* be) sorry for (*fx* him; he feels sorry for himself); *b) (misbillige)* be upset by (*fx* nobody will be upset by that); *hvad øjet ikke ser har hjertet ikke -t af* what the eye doesn't see the heart doesn't grieve over (*el.* crave for); *jeg* ***har -t i*** *fingeren (, armen, benet etc.)* my finger (, arm, leg etc.) hurts; *have -t i (også) a) (især heftigt, kortvarigt)* have a pain in (*fx* one's arm (, chest, leg, stomach)); *b) (vedvarende)* have a ...ache (*fx* a headache, (a) backache, (a) stomachache); *(se også hals, sind)*; *jeg* ***har -t ved at*** *tro det* I find it difficult to believe;
lide *-t, se ovf.: døje -t*; ***sætte*** *-t for en* speak ill of sby; *sætte -t blod imellem dem* make bad blood between them; *man må* ***tage det -e*** *med det gode* one must take the rough with the smooth; ***være af det -e*** be a bad thing; *det* ***er*** *der ikke noget -t* ***i*** there is no harm in that; ***være*** *~* ***imod*** *(el. ved) en* be cruel to sby; ***være*** *~* ***på*** *en* T be mad at (*el.* with) sby.

ondartet *adj.* **1.** vicious (*fx* lies); **2.** (T*: fæl)* foul, atrocious; **3.** *(med., om sygdom: farlig)* virulent (*fx* form of pneumonia); *(vedvarende)* persistent (*fx* cough); *(om svulst)* malignant (*fx* tumour); □ *en ~ forbryder* a dangerous criminal.

onde *sb. (et, -r)* **1.** evil (*fx* a necessary evil); *(svagere)* nuisance; **2.** *(sygdom)* complaint; □ *vælge det mindste af to -r* choose the lesser of two evils.

ondsindet *adj.* ill-natured (*fx* remark, person); malicious (*fx* gossip); *(stærkere, småligt ~)* spiteful.

ondsindethed *sb. (en) (jf. ondsindet)* ill-nature; malice; spite.

ondskab *sb. (en)* **1.** wickedness; evil (*fx* there is so much evil in the world); **2.** *(ondskabsfuldhed)* malice (*fx* he did it out of pure malice).

ondskabsfuld *adj.* **1.** *(ondsindet)* malicious (*fx* remark, rumours); *(stærkere, småligt ~)* spiteful; F malevolent (*fx* face, smile, criticism, curiosity);
2. *(stærkere: som gerne vil volde skade & om dyr)* vicious (*fx* horse; kick, lies; it was a vicious thing to do).

ondskabsfuldhed *sb. (en, -er)* **1.** *(jf. ondskabsfuld)* malice; spitefulness; malevolence; viciousness; **2.** *(ondskabsfuld bemærkning)* malicious (, spiteful) remark; T nasty crack; *(se også indpakket)*.

ondulation *sb. (en, -er)* waving.

ondulere *vb.* **1.** wave; **2.** (S*: ordne)* polish off.

onestep *sb. (en, -per)* one-step.

onkel *sb. (en, onkler)* uncle; □ *hos ~ (glds.: om lånekontor)* at uncle's; *~ Joakim (tegneseriefigur)* Scrooge McDuck; *~ Sam* Uncle Sam.

onkel- avuncular.

onkologi *sb. (en) (med.)* oncology.

onkologisk *adj.* oncological.

onomatopoietikon *sb. (et, onomatopoietika)* onomatopoeia.

onsdag Wednesday; *(NB udtryk med ugedagene står under fredag)*.

ontologi *sb. (en) (i filosofi)* ontology.

ontologisk[1] *adj.* ontological.

ontologisk[2] *adv.* ontologically.

onyks *sb. (en, -er)* onyx.

op *adv.* **1.** up;
2. *(op i en højere etage)* upstairs;
3. *(åbnet)* open (*fx* break open the box; the window flew open; push the door (, window) open); *(modsat "i" el. "til" udtrykkes det ofte ved forstavelsen)* un- (*fx* unbutton, unlock, unpack, unravel, unscrew);
4. *(fuldstændigt)* up (*fx* burn up, drink up, eat up);
□ *op og ned* up and down; *(se også vende)*;
[med vb.] male noget op (ɔ: på ny) repaint sth; *skal du ikke op?* aren't you going to get up?; *(se også pudse*[1]*, rense (etc.))*;
[med præp.] op ***ad*** *bakken (, floden, stigen etc.)* up the hill (, the river, the ladder, etc.); *op ad bakken (, floden) (også)* uphill (, upstream); *op ad dagen se dag*; *stå op ad en væg* lean against a wall; *op* ***af*** out of (*fx* out of the water; he took his hands out of his pockets); *op* ***fra*** *a)* up from (*fx* he came up from the basement); *b) (ud af)* out of (*fx* the water); *op* ***i*** into (*fx* pour water into a glass; he climbed into the helicopter); *op* ***imod*** *en million* close on a million; *op* ***med*** *døren!* open the door! *op med humøret* ! cheer up! *jeg måtte op med £500* T I had to stump up £500; *klatre (, træde, løfte) op* ***på*** climb (, step, lift) onto; *op* ***til*** *25* up to 25; *det er op til dig* that's up to you; T that's down to you; *(se også eksamen)*.

opad *adv.* **1.** up, upwards; uphill (*fx* water cannot flow uphill); **2.** *(på emballage)* This Side Up.

opadbøjet *adj. (præd.)* turned up, bent upwards.

opadgående *adj.* upward, rising; □ *være for ~ a)* be on one's way up; *b) (om priser etc.)* have an upward tendency.

opadstigende *adj.* rising; F ascending.

opadstræbende *adj.* **1.** ambitious; *(socialt)* upwardly mobile; **2.** *(om næse)* upturned; F retroussé.

opadtil *adv. (for oven)* above, at the top.

opadvendt *adj.* upturned.

opal *sb. (en, -er)* opal.

opalglans opalescence.

opalisere *vb.* opalesce.

opankret *adj. (præd.)* (lying) at anchor.

opankring *sb. (en, -er)* anchoring.

oparbejde *vb.* **1.** work up (*fx* a business, a connection, a market); build up (*fx* a practice);
2. *(bearbejde)* work up, process (*fx* raw materials); *(brugt atombrændsel)* reprocess;
3. *(fig.)* work up (*fx* I can't work up any enthusiasm for this);
□ *~ et lager* build up a stock; *han -de et sandt raseri* he worked himself up into a rage.

oparbejdelse, oparbejdning *sb. (en) (jf. oparbejde)* **1.** working-up, building-up; **2.** processing; reprocessing (*fx* nuclear fuel reprocessing).

oparbejdningsanlæg *(for brugt atombrændsel)* reprocessing plant.
opbagning roux.
opbagt *adj.: ~ sovs* sauce thickened with roux.
opbakning *sb. (en, -er)* backing (*fx* he has complete backing from his party in what he said); support;
□ *bred ~* wide support; *få ~ fra* be backed (up) by; get support from, be supported by.
opbevare *vb.* keep; *(oplagre)* store.
opbevaring *sb. (en)* **1.** keeping; storage (*fx* storage of radioactive materials); **2.** *(af værdier)* safekeeping.
opbevaringsmagasin *(for møbler)* furniture repository.
opbevaringssted 1. depository, repository (*for* for); **2.** *(neds.)* warehouse (*for* for, *fx* the place is just a warehouse for old people);
□ *det er ikke noget godt ~ for værdisager* it is not a good place to keep valuables.
opbinde *vb.* prop up (*fx* roses); tie up, stake.
opblandet *adj.* **1.** blended, mixed (*med* with); **2.** *(fortyndet)* diluted (*med* with).
opblomstrende *adj.* flourishing, rising.
opblomstring 1. rise, growth; prosperity; **2.** *(af alger)* bloom.
opblussen 1. fresh outbreak (*fx* of a fire); **2.** *(af følelse)* flash;
□ *en kort ~ (fig.)* a flash in the pan; *en kort ~ af fjendtlighederne* a brief renewal of hostilities.
opblussende *adj.* blazing up *(præd.)*; *(også fig.)* rising (*fx* anger).
opblæst *adj.* puffed-up, conceited;
□ *en ~ nar* a stuffed shirt.
opblæsthed *sb. (en)* conceit.
opbløde *vb.* **1.** *(gøre blød)* soften; **2.** *(lægge i blød)* soak; *(mere* T*)* steep;
3. *(fig.: mildne)* relax (*fx* the rules); soften (*fx* his attitude);
□ *opblødt (ɔ: våd)* soggy (*fx* ground).
opblødning *sb. (en, -er) (jf. opbløde)* **1.** softening; **2.** soaking; steeping; **3.** *(fig.)* relaxation (*fx* of the rules); softening (*fx* of their attitude).
opbragt[1] *pf.ptc. af opbringe.*
opbragt[2] *adj. (vred)* indignant; *(stærkere,* F*)* incensed, irate.
opbremsning 1. braking; **2.** *(fig.)* slowing down (*fx* of the economy);
□ *han lavede en hård ~* he braked hard; *efter en hård ~* after braking hard.
opbringe *vb. (et skib)* arrest (*fx* a fishing vessel); *(som prise)* capture, seize.
opbringning *sb. (en, -er) (jf. opbringe) (af skib)* arrest; capture.
opbrud *sb. (et)* **1.** departure; **2.** *(fra bordet)* rising; **3.** *(fig.)* change, new departure;
□ *der var almindeligt ~* everybody was leaving; there was a general exodus.
opbrugt *adj.* spent; *(præd. også)* used up.
opbrusende *adj. (om person)* quick-tempered, hot-headed.
opbud *sb. (et): et imponerende ~ af berømtheder* an impressive array of celebrities; *et stort ~ af politi* a strong (*el.* large) force of police; *et stort ~ af talent* a feast of talent; *med ~ af al sin energi* summoning all one's energy.
opbyde *vb.* exert, summon up (*fx* exert (*el.* summon up) all one's strength; summon up one's courage).
opbydelse *sb. (en): med ~ af* exerting, summoning (*fx* all one's strength; summoning all one's energy).
opbygge *vb.* **1.** build (up), construct; **2.** *(moralsk)* edify.
opbyggelig *adj.* **1.** edifying (*fx* not a very edifying spectacle); **2.** *(om bog)* devotional.
opbyggelse *sb. (en)* edification;
□ *til ~ for* for the edification of.
opbyggelsesskrift *sb. (et)* devotional book.
opbygning *sb. (en)* **1.** *(måde noget er bygget op på)* structure (*fx* a pyramidal structure);
2. *(komposition)* composition;
3. *(det at bygge op)* building (up), construction;
4. *(mil.)* build-up (*fx* of military forces).
opdage *vb.* **1.** *(finde)* discover (*fx* Columbus discovered America);
2. *(opspore)* detect (*fx* a crime; a foreign aircraft had been detected in our airspace);
3. *(få øje på)* see; T spot (*fx* a friend in the crowd); F spy;
4. *(blive klar over)* discover, find (out), realize (*fx* I discovered (*el.* found (out) *el.* realized) that I had been mistaken);
5. *(gennemskue)* find out (*fx* he tried to cheat but he was found out).
opdagelse *sb. (en, -r) (jf. opdage)* **1.** discovery; **2.** detection;
□ *gøre en ~* make a discovery; *gå ud på ~* go exploring.
opdagelsesrejse expedition; *(sø.)* voyage of discovery.
opdagelsesrejsende *sb.* explorer.
opdager *sb. (en, -e)* **1.** *(detektiv)* detective; **2.** *(en der opdager noget)* discoverer (*af* of, *fx* the discoverer of America).
opdatere *vb.* update.
opdele *vb.* divide up (*i* into); split up (*i* into, *fx* groups); break down (*i* into, *fx* break a film down into shots; break the figures down by gender).
opdigt *sb. (et) se opspind.*
opdigte *vb.* invent, make up; F fabricate.
opdigtet *adj.* **1.** fictitious (*fx* name; all the characters in the book are fictitious); fictional (*fx* character; the events in the book are mostly fictional);
2. *(usand)* made-up (*fx* story);
F fabricated; *(neds.)* trumped-up (*fx* story).
opdrag *sb. (et, -): få i ~ at* be entrusted with -ing; be commissioned to.
opdrage *vb.* bring up; *(se også opfostre)*;
□ *dårligt -t* badly brought up; *-t til at tro at* brought up to believe that.
opdragelse *sb. (en)* **1.** upbringing (*fx* she had had a very strict upbringing);
2. *(levemåde)* manners pl. (*fx* he has no manners);
□ *tage sig af éns ~* take sby in hand.
opdragelsesanstalt *(glds.)* reformatory.
opdragelsesmetode method of upbringing; child-rearing method.
opdrager *sb. (en, -e)* **1.** *(børne-)* child rearer (*fx* help parents to keep confidence in their own skills as child rearers); **2.** *(pædagog)* educationalist.
opdrift *sb. (en)* buoyancy; *(flyvemaskines)* lift;
□ *der er ~ i ham* he is ambitious; he is bound to go far.
opdrive *vb.* **1.** *(fremskaffe)* procure;
2. *(vildt)* start;
□ *~ penge* raise funds; *det er ikke til at ~* it is impossible to get hold of, it is not to be had for love or money.
opdræt *sb. (et)* **1.** *(opfødning)* breeding; **2.** *(ungkvæg)* young stock.
opdrætning *sb. (en, -er)* breeding.
opdrætte *vb.* breed.
opdrætter *sb. (en, -e)* breeder.
opdukkende *adj.: et ~ geni* a new (*el.* emergent) genius.

opdynge *vb.* pile up, heap up; F amass;
□ ~ *rigdomme* pile up wealth.
opdyrke *vb.* **1.** cultivate; **2.** *(bringe under kultur)* bring under cultivation; *(om moser, heder etc.)* reclaim; **3.** *(fig.)* cultivate.
opdyrkning 1. cultivation; **2.** *(af heder etc.)* reclamation.
opdækket *adj.* **1.** *(i fodbold etc.)* marked; **2.** *(om et bord)* ready laid.
opdækning 1. *(det at dække bord)* laying (a table);
2. *(kuvert)* setting; *(fagl.)* cover;
3. *(mad)* spread; *(enkelt ret)* course;
4. *(i fodbold etc.)* marking (*fx* close (*el.* tight) marking);
□ *en smuk* ~ a beautiful table arrangement.
opdæmme *vb.* dam.
opdæmning *sb. (en, -er)* damming.
opefter *adv.* upwards.
opelske *vb.* **1.** *(plante)* raise;
2. *(fig.: fremme)* encourage; F foster.
opelskning *sb. (en) (jf. opelske)*
1. raising; **2.** encouragement, promotion.
opera *sb. (en, -er)* **1.** opera; **2.** *(bygning)* opera house.
opera- opera (*fx* company, singer); operatic (*fx* repertory).
operarepetitør *se repetitør.*
operation *sb. (en, -er) (med., mil., tekn. etc.)* operation (*fx* a massive police operation; a military operation; the operation was successful but the patient died);
□ *en* ~ *for (med.)* an operation for (*fx* for appendicitis; for the removal of gallstones); *en* ~ *i knæet* an operation on the knee;
[med vb.] gennemgå en ~ *(med.)* have an operation, have surgery; F undergo an operation, undergo surgery; *udføre en* ~ *a) (med.)* perform an operation (*på* on); *b) (mil.)* carry out (*el.* conduct) an operation.
operationsbasis *(mil.)* operational base.
operationsbord operating table.
operationsklar *adj.* operational.
operationskniv operating knife.
operationsplan *sb. (en, -er) (mil.)* plan of operations.
operationsstue operating room, operating theatre.
operationssygeplejerske theatre sister (*el.* nurse).
operativ *adj.* **1.** *(mil.)* operational (*fx* command, control); **2.** *(med.)* operative, surgical;
□ ~ *behandling* surgery; *-t indgreb* surgical operation.
operativsystem *(edb)* operating system.
operatør *sb. (en, -er)* **1.** *(i biograf)* projectionist; **2.** *(kirurg)* operating surgeon.
operatørrum *(i biograf)* projection room.
operere *vb.* **1.** *(mil.)* operate (*fx* they operate from bases across the border);
2. *(med.)* operate (*fx* I am afraid we will have to operate); *(med objekt)* operate on (*fx* a patient; he operated on her for appendicitis);
□ *blive -t, lade sig* ~ be operated on; have an operation, have surgery; F undergo an operation, undergo surgery;
[med præp.] ~ *bort* remove; ~ *for* operate for; *(se også 2 ovf.)*; ~ *med (arbejde med)* operate with, work with.
operette *sb. (en, -r) (ɔ: om de klassiske)* operetta.
opfanatisere *vb.* stir up.
opfange *vb.* **1.** catch (*fx* drops; a look from sby; a blow);
2. *(opsnappe)* intercept (*fx* a message);
3. *(i radio)* pick up (*fx* an SOS);
4. *(mil.)* intercept (*fx* an attack).
opfarende[1] *adj.* quick-tempered; F irascible, testy.
opfarende[2] *adv.* irascibly, testily.
opfatte *vb.* **1.** *(forstå)* understand, grasp (*fx* the meaning); take in (*fx* I read the words without really taking them in; how much did he take in of what was said?);
2. *(opfange)* catch (*fx* I did not catch your name (, your remark)); get (*fx* I did not get the meaning);
3. *(betragte på en vis måde)* understand, regard, see (*som* as, *fx* I regard it as a threat);
4. *(tyde)* take (*som* as, *fx* I take it as a compliment); F interpret, read (*som* as, *fx* I read her reply as a refusal);
5. *(forestille sig,* F*)* conceive of (*fx* the world was conceived of as flat);
6. *(psyk.)* perceive (*fx* it cannot be perceived by our senses);
□ ~ *forkert* misunderstand; ~ *hurtigt (, langsomt)* be quick (, slow) to understand; T be quick (, slow) on the uptake.
opfattelse *sb. (en, -r)* **1.** *(forståelse)* understanding;
2. *(mening)* view (*af* of, *fx* that is my view of it); opinion (*af* about, *fx* form an opinion about it);
3. *(begreb)* idea (*af* of, *fx* their idea of life after death; that would give them a wrong idea of our intentions); notion; F concept (*af* of, *fx* their concept of democracy); conception (*af* of, *fx* I have no clear conception of the part I am going to play);
4. *(tydning)* interpretation, reading (*af* of);
5. *(psyk.)* perception (*fx* visual perception);
□ *bibringe ham den* ~ *at* give him the impression that;
*[med adj.] den **almindelige*** ~ the general opinion; *det er den almindelige* ~ *at* it is generally believed that; *jeg tillader mig at have en **anden*** ~ I beg to differ; *ifølge den **traditionelle*** ~ according to conventional wisdom; *den traditionelle* ~ *af* the traditional idea (*el.* view) of;
*[med præp.] være **af** den* ~ *at* be of the opinion that; ***efter** min* ~ in my opinion, as I see it; to my mind (*fx* to my mind, this is nonsense); *hurtig (, langsom)* ***i*** *-n* quick (, slow) to understand; T quick (, slow) on the uptake.
opfattelsesevne *sb.* understanding; F perception;
□ *have en hurtig* ~ be quick to understand; T be quick on the uptake.
opfede *vb.* fatten.
opfej *sb. (et) (noget der er fejet op)* sweepings pl.
opfejning *sb. (en, -er)* **1.** *(det at feje)* sweeping up; **2.** *se opfej.*
opfinde *vb.* **1.** invent; **2.** *se opdigte*;
□ *han har ikke opfundet krudtet (el. den dybe tallerken)* he is not particularly bright.
opfindelse *sb. (en, -r)* invention.
opfinder *sb. (en, -e)* inventor.
opfindsom *adj.* **1.** inventive;
2. *(snild)* ingenious, resourceful;
3. *(fantasifuld)* imaginative.
opfindsomhed *sb. (en)* **1.** inventiveness; **2.** *(snildhed)* ingenuity, resourcefulness;
□ *med stor* ~ with great ingenuity; very ingeniously.
opflamme *vb.* fire (*fx* fired with enthusiasm); inflame (*fx* inflame popular feeling).
opflaske *vb.* bottle-feed;
□ *blive (, være) -t med (fig.)* be brought up on.
opflytning *(i skole)* promotion; being moved up.
opflytte *se flytte (op).*
opfodre *vb.* feed.
opfodring feeding.
opfordre *vb.* **1.** *(bede, forlange)* ask (*til at* to, *fx* ask him to reconsider the matter);

2. *(anmode: høfligt)* request (*til at* to, *fx* request him to stay away); *(indtrængende)* urge (*til at* to, *fx* urge him to do it at once);
3. *(appellere)* call on (*til at* to, *fx* call on him to fulfil his promise; call on the President to resign);
4. *(opmuntre)* encourage (*til at* to, *fx* she didn't encourage them to stay; encourage him to apply for the post);
5. *(om tilbud)* invite (*til at* to, *fx* he invited them to comment on (, criticize) the proposal; invite them to sing);
□ ~ ***til*** *a)* call for (*fx* new negotiations); *b) (fig.: indbyde til)* invite (*fx* crime, criticism); *det -r ikke til gentagelse* it does not encourage repetition.

opfordring *sb. (en, -er)* **1.** *(anmodning)* request (*til* for; *til at* to);
2. *(appel)* call (*til* for; *til at* to, *fx* for a strike, for negotiations; to end the strike);
3. *(indbydelse)* invitation (*til (at)* to);
□ *rette en ~ til (jf. 2)* appeal to; *[med præp.]* ***på*** ~ by (*el.* on) request; when requested; *på hans ~* at his request; *genoptaget på ~ (teat., film.)* back by public demand.

opforgylde *vb.* regild.

opformere *vb.* propagate.

opforsølve *vb.* resilver.

opfostre *vb.* bring up, rear; *(især am.)* raise (*fx* she has brought up (*el.* reared *el.* raised) six children).

opfostring *sb. (en)* bringing up, rearing.

opfostringshus orphanage.

opfriske *vb.* **1.** *(i erindringen)* revive (*fx* a memory); **2.** *(kundskaber)* brush up; **3.** *(bekendtskab)* renew; *(se også friske (op)).*

opfriskende *adj. (om vind)* freshening.

opfrossen *adj.* **1.** *(fx om vindue)* frosted over; **2.** *(om plante)* lifted by the frost.

opfrysning *(af planter)* frost-lifting.

opfylde *vb. (se også opfyldt)*
1. *(leve op til)* meet (*fx* the conditions, his demands, the requirements, a need); F satisfy;
2. *(om ønske, håb etc.)* fulfil (*fx* a dream, a hope, a prayer, a wish); F comply with (*fx* sby's request, sby's wish); grant (*fx* sby's request; *(rel.)* his prayer was granted);
3. *(udføre, indfri, om løfte, forpligtelse etc.)* fulfil (*fx* a contract, one's obligations, a promise, the conditions of the contract); F honour (*fx* an agreement, a contract; Britain will honour its international obligations); *(kontrakt også)* perform;
4. *(fylde)* fill (up), fill in; *(arkæol. udgravning)* backfill;
5. *(sindet)* fill (*fx* the thought of revenge filled his mind);
□ ~ *sin bestemmelse* serve its purpose; ~ *forventningerne* come up to expectations; *få sit ønske opfyldt* have one's wish; get what one wants; *(se også mission).*

opfyldelse *sb. (en)* **1.** *(jf. opfylde 1)* satisfaction (*fx* of a need);
2. *(jf. opfylde 2)* fulfilment; *(af kontrakt også)* performance;
□ *gå i ~* come true.

opfyldning *sb. (en, -er)* **1.** *(jf. opfylde 4)* filling up, filling in; *(af udgravning)* backfilling;
2. *(deponering af affald)* landfill;
3. *(fyld)* filling, earth; *(affald)* landfill.

opfyldt *adj.: ~ af* full of; filled with (*fx* indignation).

opføde *se opfostre.*

opfølgning *sb. (en, -er)* follow-up.

opføre *vb.* **1.** *(skuespil etc.)* perform (*for* for, before, *fx* they performed the play for (*el.* before) the children); act;
2. *(bygge)* build (*fx* a house, a church); F construct (*fx* constructed of brick *(i mursten)*); erect;
3. *(optegne)* put down (*fx* on a list); enter (*fx* in a book, in a list);
□ *stå opført* be entered; be included (in a list); be listed (*fx* the book is listed under History); *[med sig]* ~ ***sig*** behave, act (*fx* foolishly); *~ sig dårligt (, godt) a)* behave badly (, well); *b) (til stadighed)* be badly (, well) behaved; *~ sig dårligt (også)* misbehave; *opfør dig ordentligt!* behave (yourself)! *lære dem at ~ sig ordentligt (el. pænt)* teach them (good) manners; ~ ***sig som*** behave like (*fx* a gentleman; they were behaving like children (, animals)).

opførelse *sb. (en, -r)* **1.** *(om skuespil)* performance; *(opsætning)* production;
2. *(om bygning)* building; F construction, erection;
□ *huset er under ~* the house is being built; F the house is under (*el.* in process of) construction; *huse under ~* houses in construction.

opførelsesret performing rights pl.

opførsel *sb. (en)* **1.** behaviour (*over for* towards); F conduct;
2. *(manerer)* manners pl. (*fx* teach them good manners; apologize for their bad manners);
□ *det var dog en besynderlig ~* what peculiar behaviour; what a peculiar way of behaving; *præmie for god ~* good-conduct prize.

opgang *sb. (en, -e)* **1.** *(stigning)* rise (*fx* in prices); **2.** *(forøgelse)* increase (*fx* in the birthrate);
3. *(trappe)* staircase;
□ *vi bor i samme ~ (omtr.)* we use the same stairs; *solens ~* sunrise.

opgangstid **1.** *(om handel)* time of prosperity; boom (period);
2. *(astr.)* time of rising.

opgave *sb. (en, -r)* **1.** *(hverv)* job (*fx* I've got a job for you; that's not your job; there are plenty of jobs you could tackle); task (*fx* undertake (, set him) a difficult task); *(pålagt også,* F*)* assignment (*fx* the primary assignment of the troops was to protect the mines);
2. *(som man sendes ud på: mil., diplomatisk etc.)* mission (*fx* send him on a dangerous mission);
3. *(pligt)* duty (*fx* one of her duties was to answer telephone calls); business (*fx* it is the business of a teacher to help his pupils);
4. *(formål)* object, purpose (*fx* the main object (*el.* purpose) of the society is to promote international understanding);
5. *(i skole: matematisk)* problem (*fx* solve a mathematical problem); *(regne-)* sum (*fx* do a sum); *(stil, skriftlig ~)* (written) exercise;
6. *(eksamens-)* paper; *(besvarelse også)* script (*fx* mark scripts *(rette opgaver)*);
7. *(i konkurrence, fx i avis)* problem (*fx* a chess problem); puzzle (*fx* a crossword puzzle);
8. *(kunstnerisk arbejde)* commission (*fx* his first commission as an architect);
□ ***stille*** *en en ~ a) (jf. 1)* set sby a task; *b) (jf. 5, 7)* set sby a problem; *få* ***til*** ~ ***at*** be commissioned to (*fx* buy a present; write a book); *(am. også)* be assigned to; F be charged with (the task of) (*fx* supervising production); *han har til ~ at* it is his job (*el.* business) to.

opgejle *vb. se gejle (op).*

opgive[1] *vb. (se også opgivet[1])* **1.** *(oplyse, meddele)* give (*fx* give your name and address); F state; *(pris)* quote;
2. *(til skattevæsenet, til told)* declare (*fx* income which he had

not declared (to the tax authorities);
3. *(til eksamen)* offer;
□ *han opgav* ***at være*** *slået oven i hovedet* he stated that he had been struck on the head;
~ ***for*** *højt* overstate; ~ *for lavt* understate; ~ *sin indkomst* ***til*** *100.000* give (*el.* state) one's income at 100,000; ~ *til eksamen* offer; ~ *til skattevæsnet, se ovf.: 2.*

opgive[2] *vb. (ikke gennemføre) (se også opgivende², opgivet²)* **1.** give up (*fx* I give up);
2. *(med objekt)* give up, drop (*fx* the idea, the plan; the doctors had given her up); *(mere* F*)* abandon (*fx* the idea, the plan);
3. *(ret, krav)* give up; F relinquish, waive;
□ ~ ***at*** give up -ing (*fx* I gave up trying to persuade her);
[med sb.] ~ ***forretningen*** close down; go out of business; ~ ***håbet*** give up (, abandon) hope; despair; ~ *håbet om* give up the hope of; despair of; ~ ***ånden*** give up the ghost.

opgivelse[1] *sb. (en, -r) (jf. opgive¹)* **1.** statement; quotation; **2.** declaration;
□ *-r a) (til eksamen)* books (, subjects etc.) offered; prepared texts offered; *b) (til skattevæsen)* returns; *i henhold til* ~ as stated.

opgivelse[2] *sb. (en) (jf. opgive²)* **1.** giving up; abandonment; **2.** relinquishment; waiver.

opgivende[1] *sb. (et, -r)* statement;
□ *i henhold til* ~ as stated.

opgivende[2] *adj.* despairing; despondent; *(svagere)* resigned.

opgivende[3] *adv.* despairingly, despondently (*fx* "It is no use", he said, despondently); defeatist (*fx* attitude; they seemed defeatist); *(svagere)* resignedly.

opgiverkast *(i håndbold)* throw-off.

opgivet[1] *pf.ptc. & adj. (jf. opgive¹) (angivet)* given (*fx* within the given time);
□ *da vi kom til den opgivne adresse* when we got to the address we had been given; *med* ~ *emne* on a set subject.

opgivet[2] *pf.ptc. & adj. (jf. opgive²)* dropped; abandoned;
□ ~ *af lægerne* given up by the doctors.

opgravning *sb. (en, -er)* **1.** digging up; *(af kartofler)* digging, lifting; **2.** *(af lig, for undersøgelse)* exhumation.

opgæld *sb. (en)* agio.

opgør *sb. (et, -)* **1.** *(scene)* scene (*fx* it came to a scene between them);
2. *(sammenstød)* clash; *(væbnet)* encounter;
3. *(styrkeprøve)* showdown (*om* over, *fx* if it comes to a showdown between the Government and the Trade Unions over the new act);
□ *-ets dag* the day of reckoning; *have et* ~ *med en (også)* have it out with sby.

opgøre *vb.* **1.** *(regnskab)* make up, balance (*fx* an account);
2. *(tælle sammen)* add up, sum up;
3. *(beregne)* work out (*fx* the cost, one's income); F calculate (*fx* he calculated his income (, the costs) to be £20,000);
4. *(anslå)* estimate (*til* at, *fx* estimate his income at £20,000);
□ ~ *et bo* wind up an estate; ~ *sit lager* take stock; *det kan ikke -s i penge* you can't put it in money terms.

opgørelse *sb. (en, -r) (jf. opgøre)* **1.** *(det at opgøre)* making up; *(opgjort regnskab)* statement; **2.** adding up; **3.** calculation; **4.** estimation; **5.** *(af bo)* winding up;
□ ~ *af lager* stock-taking; *specificeret* ~ specification.

opgående[1] *sb.: for* ~ ascending.

opgående[2] *adj.* rising (*fx* sun).

ophale *vb.* haul up.

ophalingsbedding slipway.

ophav *sb. (et, -) (oprindelse)* source; *(begyndelse)* beginning; *(årsag)* (primary) cause;
□ *fædrene* ~ father; *mit fædrene* ~ T the old man.

ophavsmand **1.** originator (*til* of, *fx* an idea); author (*til* of, *fx* a scheme); **2.** *(anstifter)* instigator (*til* of).

ophavsret **1.** intellectual property right; **2.** *(forfatters etc.)* copyright.

ophede *vb.* heat;
□ ~ *for stærkt* overheat.

ophedet *adj.* heated (*fx* debate).

ophedning *sb. (en, -er)* heating.

ophidse *vb. (se også ophidsende, ophidset)* **1.** excite (*fx* him); *(især om folkemængde)* work up, stir up (*fx* the crowd);
2. *(irritere)* irritate; T rile; *(gøre rasende)* put into a temper; *(stærkere,* F*)* infuriate (*fx* it infuriates me);
3. *(seksuelt)* arouse, excite;
□ *lad dig ikke* ~ don't get excited; don't lose your temper; *det kan ikke* ~ *mig* it leaves me cold.

ophidselse *sb. (en)* **1.** excitement; *(nervøs ~)* agitation; **2.** *(raseri)* fury; **3.** *(seksuel)* (sexual) arousal.

ophidsende[1] *adj.* **1.** exciting (*fx* sight);
2. *(fx om tale)* inflammatory;
3. *(seksuelt)* sexually stimulating, sexually arousing.

ophidsende[2] *adv. (jf. ophidsende¹)* in an exciting (, an inflammatory, a sexually arousing) manner.

ophidset[1] *adj.* **1.** *(oprørt)* excited; *(nervøst ~)* agitated; *(kun præd.,* T*)* steamed up; *(især om diskussion, skænderi)* heated (*fx* argument, discussion; he got very heated);
2. *(stærkt irriteret)* exasperated;
3. *(rasende)* furious; F infuriated;
4. *(seksuelt)* (sexually) aroused, excited;
□ ***blive*** ~ *a)* get excited (, exasperated, furious) (*over* at); *b) (pludseligt)* fly into a temper (*el.* rage); *c) (blive nervøs og ~)* get agitated, get (all) worked up (*over* over, about); *d) (seksuelt)* be aroused.

ophidset[2] *adv. (jf. ophidset¹)* **1.** excitedly; **2.** exasperatedly; **3.** furiously; **4.** excitedly.

ophjælpe *vb.* **1.** encourage (*fx* exports); promote (*fx* economic recovery); **2.** *(hjælpe)* aid (*fx* developing countries).

ophjælpning *sb. (en) (jf. ophjælpe)* **1.** encouragement; promotion; **2.** aid.

ophobe *vb.* heap up, pile up (*fx* wealth); F accumulate; *(stærkere)* amass;
□ ~ *sig* mount up, pile up; F accumulate.

ophobning *sb. (en, -er)* accumulation.

ophold *sb. (et, -)* **1.** *(på et sted: midlertidigt)* stay; *(fast)* residence;
2. *(standsning, holden stille undervejs)* stop (*fx* we made no stop on the way; a twenty minute(s') stop at Oxford); *(venten på forbindelse)* wait;
3. *(rejseafbrydelse)* break; *(om flyrejse & am.)* stopover;
4. *(pause)* pause (*fx* after a short pause they continued); *(afbrydelse)* break (*fx* in the rain);
5. *(forsinkelse)* delay;
6. *(kost og logi)* board and lodging;
□ *det nødvendige til livets* ~ the necessaries of life; ***uden*** ~ *a) (jf. 2)* without stopping; F incessantly; *b) (ufortøvet)* without delay; *c) (jf. 4)* without a pause (*fx* he spoke for an hour without a pause); without a break; *en rejse uden* ~ a non-stop (*el.* through)

journey;
[med vb.] ***gøre*** *~ a) (under rejse)* break one's journey; stop off (*fx* stop off for a few days); *b) (om flyrejse & am.)* stop over; *gøre et ~ på 10 minutter* stop for ten minutes; ***tage*** *fast ~ der* take up (one's) residence there; ***tjene til*** *livets ~* earn one's living (*fx* as a waiter).

opholde *vb. (sinke)* delay, hold up; F detain (*fx* I need not detain you any longer);
□ *~* ***sig*** *a) (midlertidigt)* stay; *b) (fast)* live; F reside; *~ sig over* take exception to; *~ sig ved et emne* dwell on a subject.

opholdskommune *(omtr.)* district of residence.

opholdsrum 1. living room; **2.** *(for vagt)* guard room; **3.** *(i skyttegrav)* dug-out.

opholdssted 1. *(midlertidigt)* whereabouts (*fx* his whereabouts is (*el.* are) unknown);
2. *(fast)* residence;
3. *(hvor man holder til)* haunt (*fx* the pub is his favourite haunt); *(hvor man søger tilflugt)* resort;
□ *kattens foretrukne ~ var sofaen* the cat's favourite position was in the sofa.

opholdsstue 1. living room; **2.** *(mil. & på hospital)* day room.

opholdstilladelse residence permit.

opholdsvejr spell of good weather;
□ *hvis det bliver ~* if it stops raining.

ophovnet *adj.* swollen.

ophovning *sb. (en, -er)* swelling.

ophugge *vb.* **1.** break up (*fx* a car; a ship); **2.** *(skrotte)* scrap; **3.** *(tage ud af drift)* decommission.

ophugger *sb. (en, -e) (af biler)* car breaker; *(af skibe)* ship breaker.

ophugning *sb. (en, -er) (jf. ophugge)* **1.** breaking up; **2.** scrapping; **3.** decommissioning;
□ *sende til ~* send to the breakers.

ophængning *sb. (en, -er)* **1.** hanging (*fx* of curtains, of pictures);
2. *(tekn.)* suspension.

ophængt *adj.* **1.** hung; F suspended; **2.** *(af arbejde)* overwhelmed with work;
□ *~ i loftet* hanging (, suspended) from the ceiling; *~ på et søm* hung up on a nail.

ophæve *vb.* **1.** *(hæve, fjerne etc.)* lift (*fx* a ban, a blockade, a curfew, an embargo, sby's immunity, sanctions, a state of emergency, a tax); remove (*fx* restrictions); abolish (*fx* the death penalty, a monopoly, restrictions);
2. *(belejring)* raise (*fx* a siege);
3. *(lov)* repeal; F rescind;
4. *(annullere)* annul (*fx* a contract, a marriage); cancel (*fx* a contract, an insurance, their privileges); F rescind (*fx* an agreement, a decision, an order); *(tilbagekalde)* revoke (*fx* regulations); *(gøre ugyldig)* invalidate (*fx* a marriage, a will);
5. *(midlertidigt)* suspend;
6. *(om forretning)* give up; *(kompagniskab)* dissolve;
7. *(opveje, neutralisere)* neutralize (*fx* the effect);
□ *de -r hinanden* they neutralize each other, they cancel out.

ophævelse *sb. (en, -r) (jf. ophæve)* **1.** lifting, removal, abolition;
2. raising; **3.** repeal; rescission;
4. annulment, cancellation; rescission, invalidation; **5.** suspension; **6.** closure; dissolution;
7. neutralization;
□ *gøre -r over* make a fuss about; grumble about.

ophøje *vb. (se også ophøjet)*
1. raise (*fx* mediocre people to positions of authority); F elevate;
2. *(lovprise)* praise; F exalt;
□ *~ i adelsstanden* ennoble; *(i Engl. også)* raise to the peerage; *~ til lov* put on the Statute Book.

ophøjelse *sb. (en, -r)* raising; promotion;
□ *~ i adelsstanden* ennoblement; *(i Engl. også)* raising to the peerage.

ophøjet *adj.* **1.** high; F elevated (*fx* his elevated position in the profession; in such elevated company);
2. *(ædel etc., F)* lofty (*fx* aims, ideals); sublime (*fx* there is a short step from the sublime to the ridiculous);
□ *~ arbejde* relief, raised work; *ophøjede bogstaver* embossed letters; *~ ligegyldighed* lofty indifference.

ophøjethed *sb. (en) (jf. ophøjet 2)* loftiness; sublimity;
□ *i hans ~* in his elevated (*el.* exalted) position.

ophør *sb. (et)* **1.** *(afslutning)* end (*fx* of hostilities);
2. *(standsning, F)* cessation (*fx* of hostilities); discontinuance (*fx* of his visits);
3. *(forretnings)* closing down; F closure;
4. *(udløb)* expiry (*fx* of a lease); termination;
□ *bringe til ~* stop, bring an end to; F terminate; *uden ~ se uophørlig.*

ophøre *vb.* **1.** *(standse)* stop; F cease (*fx* hostilities ceased); *(endeligt også)* come to an end; F terminate;
2. *(om forretning)* close down;
3. *(udløbe)* run out; F expire;
□ *få til at ~* stop; *(endeligt også)* put an end to; F terminate; *~* ***med*** stop (*fx* they stopped work); F desist from (*fx* such activities, irresponsible behaviour); *~* ***med at*** stop -ing; F cease -ing, desist from -ing.

ophørsudsalg closing-down sale.

opildne *vb.* **1.** *(anspore)* stir up (*fx* they need stirring up); stimulate (*fx* stimulate them to new efforts); incite (*fx* incite them to rebel); rouse; **2.** *(ophidse)* excite; F fire.

opinion *sb. (en, -er)* public opinion.

opinionsdannelse opinion formation.

opinionsdannende *adj.* opinion-forming.

opinionsdanner *sb. (en, -e)* opinion former.

opinionsleder opinion leader.

opinionstal *sb.pl.* opinion poll figures;
□ *-lene er dårlige* the polls are bad.

opinionsmåling *(handlingen)* opinion sampling.

opinionsundersøgelse opinion poll (*fx* carry out an opinion poll for a newspaper); *(det at undersøge)* opinion sampling.

opirre *vb.* **1.** irritate; *(stærkere, F)* exasperate; **2.** *(provokere)* provoke.

opium *sb. (en el. et)* opium (*fx* religion is the opium of the people).

opium(s)dråber tincture of opium; laudanum.

opium(s)hule opium den.

opium(s)ryger opium smoker.

opium(s)valmue *(bot.)* opium poppy.

opkald *sb. (et, -) (tele.)* call.

opkalde *vb.: ~ efter* call (*el.* name) after; *(am. også)* name for.

opkast *sb. (et) (bræk)* vomit; T sick.

opkaste *vb.* raise (*fx* doubt, a question);
□ *-t blod* vomited blood;
~ ***sig til*** set oneself up as (*fx* ruler; I won't set myself up as a judge of that); constitute oneself (*fx* the leader); *~ sig til dommer* set oneself up as a judge (*over* of).

opkastning *sb. (en, -er)* **1.** vomiting; **2.** *(det opkastede)* vomit;
□ *have -er* vomit; T be sick.

opkastningsfornemmelser *sb.pl.*

(kvalme) nausea;
□ *have ~ a) (have kvalme)* feel sick; *b) (være lige ved at kaste op)* retch; *det gav ham ~* it made him retch.

opkiltet *adj.* tucked-up;
□ *med ~ skørt* with one's skirt tucked-up.

opklare *vb.* **1.** *(mysterium, problem etc.)* clear up (*fx* a crime, a misunderstanding, a murder, a problem); solve (*fx* a crime, a problem); *(forbrydelse også)* detect; **2.** *(mil.)* reconnoitre, scout;
□ *det bliver sikkert aldrig -t* it will probably remain a mystery; *hans ansigt -des* his brow cleared; his face lit up with a smile.

opklaring *sb. (en, -er) (jf. opklare)* **1.** clearing up, solution; *(forbrydelse også)* clear-up, detection; **2.** *(mil.)* reconnaissance, scouting;
□ *der er ~ i vejret* the weather is clearing up; *der vil komme ~ fra vest* brighter weather will spread eastwards.

opklaringsfase *(i forhandlinger)* exploratory stage.

opklaringspatrulje *(mil.)* reconnaissance patrol.

opklaringsprocent *(mht. forbrydelser)* clear-up rate, detection rate.

opklaringsvogn *(mil.)* reconnaissance car, scout car.

opklodse *vb. se klodse (op).*

opklæbe *vb. se klæbe (op).*

opklæbning *sb. (en, -er)* **1.** pasting, sticking; **2.** *(af billeder etc.)* mounting;
□ *~ forbudt* stick no bills; bill-posting prohibited.

opknappet *adj.* unbuttoned.

opkog *sb. (et, -)* **1.** *(let kogning)* parboiling; **2.** *(ny kogning)* reboiling; **3.** *(fig.)* rehash (*fx* of an old speech); warmed-up version (*fx* of the old slogans).

opkogt *adj. (om person, præd.)* flushed in the face.

opkomling *sb. (en, -e)* upstart.

opkomst *sb. (en, -er)* **1.** beginning, rise; **2.** *(fremkomst,* F*)* emergence;
□ *i ~* growing; F progressing.

opkræve *vb.* **1.** *(inddrive)* collect (*fx* taxes, a debt); **2.** *(om gebyr)* charge.

opkræver *sb. (en, -e)* collector.

opkrævning *sb. (en, -er) (jf. opkræve)* **1.** collection; **2.** charging; **3.** *(post-)* cash on delivery; *(fork.)* COD; *(blanket)* trade charge form.

opkvikkende *adj.* stimulating;
□ *virke ~* be stimulating; act as a tonic; *det virker ~ (også)* it sets you up.

opkvikker *sb. (en, -e) se opstrammer.*

opkæftet *adj.* loud-mouthed.

opkøb **1.** buying; **2.** *(systematisk)* buying up.

opkøbe *vb.* **1.** buy; **2.** *(systematisk)* buy up.

opkøber buyer.

opkørsel **1.** *(vej)* drive; **2.** *(opkørselsrampe)* approach ramp (*fx* to a bridge).

opkørt *adj. (om vej)* churned up, rutted.

oplade[1] *vb. (-de, -t) (elek.)* charge; *(igen)* recharge.

oplade[2] *vb. (oplod, opladt) (glds.: åbne)* open (*fx* one's mouth);
□ *~ sin røst* raise one's voice, speak.

opladning *sb. (en, -er) (elek.: det at oplade)* charging; *(igen)* recharging.

opladt *adj.: med ~ sind* with an open mind.

oplag *sb. (et, -)* **1.** *(af en bog)* impression; *(antal trykte eksemplarer også)* issue, number printed; print run (*fx* do a print run of 3000 copies);
2. *(af avis)* circulation; *(udgave)* edition;
3. *(af magasin, ugeblad etc.)* circulation, print run (*fx* a magazine with a large print run);
4. *(hdl.) se lager*;
□ *nyt ~ (jf. 1)* new impression.

oplagre *vb.* **1.** store, store up; *(i pakhus)* warehouse; **2.** *(til beredskabslager)* stockpile (*fx* ammunition, chemical weapons).

oplagring *sb. (en) (jf. oplagre)* **1.** storing, storage; warehousing; **2.** stockpiling.

oplagsafgift *(for vare)* warehouse dues pl.; *(pakhusleje)* warehouse rent.

oplagsnæring *(bot.)* (food) reserves pl.

oplagsplads storage yard;
□ *vi har rigelig ~* we have ample storage space.

oplagsrum storeroom.

oplagt[1] *adj.* **1.** *(om varer)* stored; *(i pakhus)* warehoused; **2.** *(om skib etc.)* laid up.

oplagt[2] *adj.* **1.** *(i godt humør)* in a good mood *(præd.)*; *(i form)* fit; *(præd. også)* in form (*fx* I am not in form today);
2. *(afgjort, selvfølgelig)* obvious (*fx* advantage, candidate, chance); *(kun om noget negativt, kun attr.,* F*)* flagrant (*fx* injustice, breach of the rules);
□ *være ~ til* feel like, be in the mood for (*fx* a chat); *være ~ til at* feel like -ing, be in the mood for -ing (*fx* I don't feel like dancing, I'm not in the mood for dancing); *han var ikke ~ til spøg* he was in no mood for joking; *jeg føler mig ikke ~ til det* I don't feel like it; *[med sb.] en ~ fiasko* a complete failure; *en ~ sag* an open-and-shut case; *sagen er ~* the case is open and shut; *~ vinder (i væddeløb,* T*)* (dead) cert.

oplagthed *sb. (en)* **1.** *(energi)* energy, spirit; **2.** *(humør)* high spirits pl.

opland **1.** surrounding area; *(til by, havn)* hinterland;
2. *(hdl.)* trade area;
3. *(mht. forsyning etc.)* catchment area (*fx* children within the school's catchment area);
□ *byen har et stort ~* the town (, city) serves a large area.

opleve *vb.* **1.** *(lære at kende)* experience (*fx* poverty); *(få at føle)* learn (*fx* I have learned what it means to be poor);
2. *(være ude for)* meet with (*fx* many adventures); have (*fx* a happy time; an unhappy love affair);
3. *(gennemgå)* live (*el.* be *el.* go) through (*fx* he has lived through two world wars); F undergo (*fx* a crisis);
4. *(overvære)* see; F witness (*fx* many curious scenes);
5. *(blive gammel nok til at ~)* live to see (*fx* he did not live to see the end of the war; I never thought I would live to see that);
6. *(psyk. om kunstværk)* experience (*fx* a poem);
□ *det man har -t* one's experiences; *jeg -r aldrig noget* nothing ever happens to me; *jeg har aldrig -t noget lignende* I never saw (, heard) anything like it; *han -r sit liv* ***som*** *tomt* he feels his life to be empty.

oplevelse *sb. (en, -r)* **1.** experience (*fx* an artistic experience; it was a painful (, an unforgettable) experience for me); **2.** *(eventyr)* adventure;
□ *fuld af -r* eventful; *det var en ~ at høre ham* it was quite an experience to listen to him; *(stærkere)* it was a treat to listen to him; *tage det som en ~* treat it as an experience; *uden særlige -r* uneventful.

oplevelsesrig *adj.* eventful.

oplive *vb. (se også oplivende, oplivet)* **1.** *(opmuntre)* encourage; **2.** *(gøre glad(ere))* cheer up; F enliven; **3.** *(stimulere)* stimulate, tone up; **4.** *(tilværelsen)* brighten

up.
oplivende *adj.* **1.** stimulating; *(stærkere)* bracing; **2.** *(morsom)* amusing;
□ ~ *moment* bright spot (*fx* one of the bright spots of the evening).
oplivet *adj.* animated;
□ *han blev kendelig ~ ved tanken* he brightened visibly at the idea.
oplivning *sb. (en, -er)* resuscitation.
oplivningsforsøg attempt at resuscitation, resuscitation attempt.
oplukker *sb. (en, -e)* opener; *(til flaskekapsel)* bottle opener; *(se også dåseoplukker).*
oplukning *sb. (en, -er)* opening.
oplyse *vb. (se også oplysende, oplyst)* **1.** light (up) (*fx* a room); *(F, især om festbelysning)* illuminate; **2.** *(give kendskab om)* throw light on (*fx* the matter); F elucidate; **3.** *(med personsobjekt: gøre klogere)* enlighten (*fx* this book will enlighten as well as entertain the reader);
4. *(meddele)* state (*fx* he stated that he was a British citizen); explain; *(melde)* report (*fx* our correspondent reports that fighting has stopped; sources close to the President report that a solution is imminent);
5. *(offentliggøre, om noget der har været hemmeligholdt)* disclose (*fx* the exact figure (, his identity) has not been disclosed; the minister disclosed that the talks had been resumed);
□ *han oplyste **at*** he stated (, explained, reported, disclosed) that; he informed me (, them, her etc.) that; *han kunne ~ at* he was able to inform us (, them etc.) that; *~ **en om** noget a) (meddele)* inform sby of sth; *b) (påpege)* point out sth to sby.
oplysende[1] *adj.* instructive, informative;
□ ~ *eksempel* illustration; ~ *foredrag* popular lecture.
oplysende[2] *adv.* instructively, informatively.
oplysning[1] *sb. (en, -er) (se også oplysning*[2]*) (meddelelse)* piece of information; T bit of information (*fx* an interesting piece (*el.* bit) of information);
□ **-er** *a)* information sg. (*om* about, on, *fx* a subject; the information is not correct; my information is that he will resign); *b) (fakta)* facts (*fx* his facts are not correct); *mange interessante -er* a great deal of interesting information; T a lot of interesting information; *nærmere -er* further information; further details pl.; *personlige -er* personal data; personal information sg.;
[med vb.] ***få*** *-er* get information; ***give*** *en -er* give sby information, inform sby; ***indhente*** *-er a)* obtain information; *b) (foretage en undersøgelse)* make enquiries; ***tage*** *-er på en* make enquiries about sby; *(se også søge).*
oplysning[2] *sb. (en) (det at oplyse)* **1.** *(information)* information (*om* about, on, *fx* nuclear energy, AIDS); *(opklaring, F)* enlightenment (*fx* for the sake of general enlightenment this question must be answered; bring culture and enlightenment to the people);
2. *(undervisning)* education (*fx* sex education); *(voksenundervisning)* adult education;
3. *(belysning)* lighting; *(især om festbelysning, F)* illumination;
4. *(folke-)* educational level (*el.* standard);
□ *få ~ om at* be informed that.
oplysningsarbejde educational work.
oplysningsbureau *(kredit-)* credit rating agency.
oplysningsforbund adult education association.
oplysningskontor enquiry office, information office.
oplysningstiden *(hist.)* the (Age of) Enlightenment.
oplyst *adj.* **1.** *(med lys, attr.)* lighted (*fx* a lighted window); *(efter adv.)* lit (*fx* a brightly lit room); *(præd.)* lit-up (*fx* the whole house was lit-up);
2. *(velinformeret)* well-informed; *(uddannet)* educated;
3. *(fordomsfri)* enlightened;
□ *efter det -e* according to information received; *sagen foreligger fuldt ~* the matter is fully cleared up; *svagt ~* dimly lit (*fx* a dimly lit street);
[med sb.] ~ enevælde enlightened despotism; *i vore -e tider* in our enlightened age.
oplæg *sb. (et, -)* **1.** *(til diskussion)* introductory presentation, introduction;
2. *(forslag)* proposal;
3. *(tilbud)* offer;
4. *(måde hvorpå sag lægges op)* presentation.
oplægge *vb.* **1.** *(skib)* lay up, take out of commission, decommission; **2.** *(varer)* store up; *(i pakhus)* warehouse; **3.** *(penge)* put by.
oplægning *sb. (en)* **1.** *(af skib)* laying up, decommissioning; **2.** *(af varer)* storage; warehousing; **3.** *(af kabale)* lay-down.
oplægningsstøtte *(i EU)* decommissioning payment.
oplægsholder introductory speaker.
oplære *vb.* **1.** *(opdrage)* bring up; educate; **2.** *(opøve, uddanne)* train.
oplæring *sb. (en) (jf. oplære)* **1.** bringing up; education; **2.** training.
oplæse *vb.* **1.** read out; **2.** *(recitere)* recite.
oplæser **1.** reader; **2.** *(nyheds-)* newsreader.
oplæsning **1.** reading; **2.** *(recitation)* recitation.
opløb *sb. (et)* **1.** *(menneskemængde)* crowd;
2. *(ved væddeløb)* finish; *(sidste del af banen)* straight;
3. *(i fodbold)* attack;
□ *tage (el. standse) det i -et (fig.)* nip it in the bud; *han er med i -et (ɔ: om ansøger: blandt favoritterne)* he is on the short-list.
opløben *adj. (som er vokset for stærkt)* overgrown; *(ranglet)* lanky.
opløfte *vb. (se også opløftende) (mat.: til potens)* raise (*fx* to the third power);
□ ~ *sin røst* lift up one's voice; ~ *et skrig* utter a cry; *(se også ramaskrig).*
opløftende *adj.* **1.** *(opmuntrende)* heartening; **2.** *(inspirerende)* inspiring; **3.** *(som forbedrer en, F)* elevating (*fx* sermon);
□ *det var ikke noget ~ syn* it was not a very edifying spectacle.
opløse *vb. (se også opløsende, opløst)* **1.** *(i væske)* dissolve (*fx* sugar in water);
2. *(splitte)* break up (*fx* a home, a demonstration, a meeting);
3. *(sammenslutning, firma, ægteskab, parlament etc.)* dissolve;
4. *(hær, organisation)* disband;
5. *(mus.)* resolve (*fx* a discord);
6. *(ødelægge)* disorganize (*fx* a system);
□ *-s, ~ sig a)* dissolve (*fx* stir until the sugar has dissolved); be dissolved; *b) (om forsamling)* break up (*fx* the assembly (, the crowd, the meeting) broke up); *c) (falde fra hinanden)* disintegrate; *~ sig i sine bestanddele* disintegrate.
opløselig *adj.* soluble.
opløsende *adj. (kem.)* solvent;
□ ~ *tendenser* disintegrating (*el.* subversive) tendencies.
opløsning *sb. (en, -er)* **1.** dissolu-

tion (*fx* of salt in water; of a marriage, of a partnership, of Parliament);
2. *(produkt opstået ved ~)* solution (*fx* a sugar solution);
3. *(det at falde fra hinanden)* disintegration (*fx* the disintegration of an empire); decay (*fx* moral (, political) decay);
4. *(mangel på organisation)* disorganization (*fx* the country was in a state of disorganization);
5. *(forrådnelse)* decay; F decomposition;
6. *(mus.)* resolution (*fx* of a discord);
□ *gå i ~ a)* disintegrate (*fx* the home (, the organization) disintegrated); *b) (om person)* go to pieces; *c) (forrådne)* decay, rot; F decompose.

opløsningsmiddel solvent (*fx* organic solvents).

opløsningsproces (process of) disintegration.

opløsningstegn *(mus.)* natural (sign).

opløsningstilstand 1. state of decomposition; **2.** *(uorden)* state of disorganization.

opløst *adj. (jf. opløse)* **1.** dissolved; **2.** *(om organisation, hær)* disbanded; **3.** *(uden organisation)* disorganized;
□ *et ~ hjem* a broken home; *være ~ i gråd* be dissolved in tears; *et stærkt ~ lig* a body in an advanced state of decomposition; *få sit ægteskab ~ (ved skilsmisse)* get a divorce.

opmagasinere *vb. se oplagre.*

opmagnetisere *vb.* excite (*fx* a dynamo).

opmand arbitrator; *(i sport etc.)* umpire.

opmarch 1. *(strategisk)* concentration (*fx* of troops); **2.** *(taktisk ~, bringen i stilling)* deployment; **3.** *(march)* march, marching up.

opmarchere *vb. (jf. opmarch)* **1.** concentrate; **2.** deploy (*fx* troops were deployed along the frontier); **3.** march (up).

opmarchfelt *(ved vejkryds)* turn-out lane.

opmarchområde *(jf. opmarch)* **1.** concentration area; **2.** deployment area.

opmaske *vb.* re-mesh;
□ *~ en strømpe* mend a ladder in a stocking; *(am.)* mend a run in a stocking.

opmaskning *sb. (en, -er)* re-meshing; mending of ladders (, of runs).

opmudre *vb. (rense)* dredge.

opmudring *sb. (en, -er)* dredging.

opmuntre *vb. (se også opmuntrende)* **1.** *(gøre munter)* cheer up; F enliven;
2. *(tilskynde)* encourage (*fx* sby to do sth; sby in his work; sby to renewed efforts);
3. *(fremme)* promote (*fx* the arts and sciences);
□ *det -r til at* it encourages you to, it is an incentive to (*fx* work harder; borrow money).

opmuntrende *adj.* encouraging; F heartening;
□ *lidet ~* discouraging; F disheartening; T not very cheerful.

opmuntring *sb. (en, -er)* **1.** *(tilskyndelse)* encouragement (*fx* he needs some encouragement);
2. *(noget der opmuntrer)* incentive (*fx* the money was an incentive to work harder); *(opmuntrende bemærkning)* encouraging remark (*fx* he made encouraging remarks);
3. *(adspredelse)* recreation.

opmærksom *adj.* **1.** *(høflig og hjælpsom)* attentive (*mod, over for* to); *(hensynsfuld)* considerate (*mod, over for* to, towards);
2. *(vågen, som følger med)* attentive (*fx* audience, class, listener); *(som ser alt)* observant (*fx* spectator);
□ *~ iagttager* close observer; *for den -me iagttager* to the watchful observer;
[med vb. + ~ + præp.] ***blive ~ på*** notice, become aware of; *blive ~ på at* become aware that, realize that; *vi er blevet ~ på at* F it has come to our attention that; ***gøre*** *ham ~* ***på*** *at a)* draw his attention to the fact that; point out to him that; *b) (advarende)* warn him that; alert him to the fact that;
være ~ på be aware of, realize.

opmærksomhed *sb. (en, -er)* **1.** *(vågenhed, høflighed)* attention;
2. *(gave)* present;
□ *følge noget* ***med*** *~* follow sth attentively; *(nøje)* follow sth closely; ***under*** *stor ~* amidst great attention;
[med vb.] ***aflede*** *ens ~* divert (*el.* distract) sby's attention; ***samle*** *sin ~ om* concentrate (*el.* focus) one's attention on; *-en samlede sig om* attention focused on; *han* ***skænkede*** *det ingen ~* he paid no attention to it; ***vise*** *én ~* show attention to sby; *vise hende små -er* pay her little attentions; ***vække*** *~* attract attention; *(se også aflede, undgå).*

opmåle *vb.* **1.** measure; **2.** *(kortlægge)* survey.

opmåling *sb. (en, -er)* **1.** measuring; **2.** *(kortlægning)* surveying.

opnormere *vb.* upgrade.

opnotere *vb.* put (*el.* take) down; make a note of.

opnå *vb.* **1.** *(få)* get (*fx* higher wages, permission); *(ved anstrengelse,* F*)* obtain (*fx* an advantage, an arrangement, permission, a high price);
2. *(efterhånden)* gain (*fx* an advantage, control, independence; he gained nothing by it);
3. *(mål, resultat)* achieve (*fx* one's aim, good results; achieve what one set out to do);
4. *(nå til,* F*)* attain (to) (*fx* a high rank, perfection);
□ *han -ede* ***at*** *blive valgt* he managed to be elected, he succeeded in being elected; *ikke ~ at (også)* fail to; *han -ede at det blev ændret* he managed to have it changed, he succeeded in having it changed;
[med sb.] ~ en høj alder live to a great age; *~ enighed* reach (*el.* arrive at) an agreement; *~ en fuldtræffer (mil.)* score a direct hit; *~ sin hensigt* achieve one's purpose, succeed.

opnåelig *adj.* **1.** *(jf.opnå 1)* obtainable; **2.** *(jf. opnå 4)* attainable;
□ *~ for* within the reach of, open to.

opnåelse *sb. (en, -r)* **1.** *(jf. opnå 1)* obtaining; **2.** *(jf. opnå 4)* attainment;
□ *til ~ af dette formål (jf. opnå 3)* in order to secure (*el.* achieve) this end.

opofre *vb.: ~ sig* make sacrifices (*fx* for one's children); give oneself up (*for en sag* to a cause); *(se også ofre (sig for)).*

opofrelse *sb. (en, -r)* **1.** *(handling)* sacrifice; **2.** *(egenskab)* devotion; self-sacrifice;
□ *med ~ af* at the sacrifice of.

opofrende[1] *adj.* devoted; self-sacrificing.

opofrende[2] *adv.* devotedly; self-sacrificingly.

oppakning *sb. (en, -er)* pack; *(mil.)* kit;
□ *fuld ~* full marching equipment.

oppasser *sb. (en, -e)* batman, orderly.

oppe[1] *adv.* **1.** up;
2. *(ovenpå i huset)* upstairs;
3. *(om patient)* up and about;
4. *(om teaterstykke)* on;
□ *broen er ~* the bridge is up; *få lov at være ~ a) (om patient)* be

allowed up; *b) (om barn)* be allowed to stay up; *være ~ at slås* be fighting; *(se også højt, tidlig², øverst²)*;
[med præp.] ~ ***fra*** *taget* from the roof; *være ~* ***i*** *fransk (til eksamen)* have an examination in French; *være ~ i årene se år*; *være ~* ***til*** *eksamen se eksamen.*

oppe² *vb.: ~ sig a)* pull oneself together, make an effort; *b) (gøre fremskridt)* make progress.

oppebære *vb. (modtage)* be in receipt of (*fx* an annual income).

oppebørsel *sb. (en, oppebørsler)* (collection of) revenue.

oppefra *adv.* **1.** from above; **2.** *(~ i huset)* from upstairs.

oppegående *adj.: ~ patienter* walking cases; *hun er ~* she is not confined to bed.

oppiske *vb.* whip up (*fx* hatred for the enemy).

oppisket *adj.* excited (*fx* atmosphere).

opplantet *adj.: med opplantede bajonetter* with fixed bayonets.

opponent *sb. (en, -er)* **1.** opponent; **2.** *(ved disputats)* official opponent.

opponere *vb.* **1.** raise objections; **2.** *(ved disputats svarer til)* act as official opponent;
□ *~ imod* oppose, raise objections to.

opportun *adj.* expedient, opportune.

opportunisme *sb. (en)* opportunism.

opportunist *sb. (en, -er)* opportunist.

opportunistisk *adj. (attr.)* opportunist; *(også præd.)* opportunistic.

opposition *sb. (en, -er)* opposition;
□ *-en (parl.)* the Opposition;
[med præp.] være ***i*** *~ (pol.)* be in opposition; *komme i ~ (pol.)* go into opposition; *være* ***i*** *~* ***til*** be opposed to; *komme i ~ til* come into conflict with (*fx* one's parents; the rest of the party).

oppositionel *adj. (attr.)* opposition.

oppositionslyst argumentativeness.

oppositionspartierne *sb.pl.* the opposition parties.

oppresning *sb. (en, -er)* pressing.

oppresse *vb. se presse² (op).*

opprioritere *vb.* give a higher priority to, upgrade.

oppudsning *sb. (en, -er)* **1.** polishing-up; **2.** *(med maling etc.)* renovation; F refurbishing; T smartening up.

oppustelig *adj.* inflatable (*fx* life raft, rubber dinghy).

oppustet *adj.* **1.** *(om ballon etc.)* inflated;
2. *(opsvulmet)* bloated (*fx* he felt bloated after all that food);
3. *(indbildsk)* pompous (*fx* he is a pompous ass);
4. *(kunstigt ~, om priser etc.)* inflated (*fx* prices, statistics); *(stærkere)* bloated (*fx* estimate; a bloated and inefficient organization);
□ *han var ~ i ansigtet* his face was puffed up (*el.* puffy).

oprakt *adj.: med -e hænder* with raised hands.

opredning *sb. (en, -er)* **1.** *(improviseret, fx på gulvet)* shakedown; **2.** *(i hotel, svarer til)* extra bed.

opredt *adj.* made-up (*fx* bed);
□ *sengen står ~* the bed is made up (*el.* ready).

opregne *vb.* enumerate.

opregning *sb. (en, -er)* enumeration.

oprejse *vb. (mat.)* raise.

oprejsning *sb. (en, -er)* **1.** *(for krænkelse)* satisfaction (*fx* obtain satisfaction for unfair treatment); *(erstatning)* redress (*fx* for unfair dismissal, for a loss); **2.** *(æres-)* rehabilitation; **3.** *(ved duel)* satisfaction; **4.** *(revanche)* revenge;
□ *give (, skaffe) ham ~ (jf. 2)* rehabilitate his good name.

oprejst *adj.* upright;
□ *holde sig ~* keep on one's feet, keep upright; *med ~ pande se pande²*; *~ stilling* upright position.

opreklamere *vb.* advertize; T boost, hype.

opreklameret *adj.* much publicized; *(overdrevent,* T*)* cracked-up.

opremse *vb.* **1.** list, catalogue (*fx* all his mistakes); **2.** *(lire af)* rattle off, reel off.

opremsning *sb. (en, -er)* **1.** *(det at remse op)* listing, enumeration; *(afliren)* rattling off, reeling off;
2. *(remse)* list, catalogue (*fx* he recited a catalogue of all my mistakes); *(se også remse¹).*

oprense *vb.* **1.** clean out; **2.** *(opmudre)* dredge (*fx* a harbour, a river); **3.** *(kem.)* purify.

oprensning **1.** cleaning out; **2.** *(for mudder)* dredging; **3.** *(kem.)* purification (*fx* of proteins).

opret *adj.* upright; *(om ting også, præd.)* on end.

opretholde *vb.* **1.** maintain (*fx* discipline, employment, order in the town, a price, the status quo); keep up (*fx* our contacts, production, the attack);
2. *(bevare)* preserve (*fx* one's neutrality, world peace, standards);
3. *(fastholde,* F*)* abide by (*fx* a decision); uphold (*fx* a ban, a verdict);
□ *~ livet* subsist; *nok til at ~ livet* enough to keep body and soul together; *sigtelsen kunne ikke -s* the charge had to be dropped.

opretholdelse *sb. (en)* **1.** maintenance (*fx* of employment, of order);
2. *(bevarelse)* preservation (*fx* of world peace, of law and order).

opretning *sb. (en)* **1.** *(udretning)* straightening out; **2.** *(af buler)* beating out; **3.** *(tekn.)* truing up.

opretstående *adj.* upright (*fx* piano); vertical (*fx* engine).

oprette *vb.* **1.** *(begynde, etablere)* set up (*fx* a crisis centre, a court of law, an office, a private school); *(mere* F*)* establish (*fx* a business, a firm, a fund, an institution, military bases; diplomatic relations with a country);
2. *(grundlægge)* found (*fx* a school); form, create (*fx* an army);
3. *(lade skrive)* draw up (*fx* a document, a contract);
4. *(indgå, slutte)* make, enter into (*fx* an agreement); *(mere* F*)* conclude (*fx* a contract);
5. *(rette ud)* true up (*fx* a wheel); *(buler i bil etc.)* beat out;
□ *~ det forsømte se indhente*; *~ en konto* open an account; *~ en telefon* install a telephone.

oprettelse *sb. (en) (jf. oprette)* **1.** establishment;
2. foundation;
3. drawing up;
□ *~ af en konto* the opening of an account; *~ af telefon* installation of a telephone.

oprettelsesafgift *(tele.)* installation charge.

oprevet *adj.* upset (*over* by); agitated; *(stærkere)* shocked; T cut up.

oprevethed *sb. (en)* agitation.

opridse *vb.* **1.** *(tegne)* sketch;
2. *(fig.)* sketch, outline (*fx* a plan).

oprigtig *adj.* **1.** *(ægte)* sincere (*fx* admiration, apology, friend, hope, wish); genuine (*fx* astonishment, concern, joy); heartfelt (*fx* joy);
2. *(ligefrem)* frank, candid (*over for* with, *fx* I will be frank (*el.* candid) with you);
□ *min -e mening* my frank opinion; *sige sin -e mening* speak one's mind; *~ talt* (quite) frankly; honestly.

oprigtighed *sb. (en) (jf. oprigtig)* **1.** sincerity; **2.** frankness, candour.

oprinde *vb. (indtræffe)* come;
□ *en ny tid oprandt for dem* a new age dawned for them.
oprindelig[1] *adj.* original;
□ *den -e befolkning (ɔ: urbefolkningen)* the indigenous population.
oprindelig[2], **oprindeligt** *adv.* originally.
oprindelighed *sb. (en)* originality.
oprindelse *sb. (en, -r)* origin (*til* of).
oprindelsescertifikat certificate of origin.
oprindelsesland country of origin.
opringning *sb. (en, -er) (tele.)* call, (tele)phone call.
oprivende *adj.* harrowing.
oprulle *vb. (se også, oprullet)*
1. *(mil.)* roll up;
2. *(afsløre)* uncover (*fx* a spy ring);
3. *(skildre)* unfold (*for* to, *fx* unfold one's plans to sby);
□ ~ *sig* unfold (itself); *(se også rulle*[3] *(op)).*
oprullet *adj.* **1.** *(om gardin)* rolled up; **2.** *(om tov)* coiled up.
opruste *vb.* arm; *(igen)* rearm.
oprustning *sb. (en, -er) (jf. opruste)* (re)armament;
□ *moralsk* ~ moral rearmament.
oprydning *sb. (en, -er)* **1.** clean-up (*fx* after a storm); clear-up (*fx* after a fire);
2. *(og kassering af ting)* clear-out (*i* of, *fx* a room, a drawer, a medicine cupboard).
oprykning *sb. (en, -er)* promotion (*fx* to the first division).
oprømning *sb. (en, -er)* **1.** *(af hul)* reaming; **2.** *(glds. hdl.)* clearance.
oprømt *adj. se opstemt.*
oprør *sb. (et, -)* **1.** rebellion (*fx* against the government); *(af noget mindre omfang)* revolt (*fx* the peasants rose in revolt); F insurrection; *(opstand)* (up)rising;
2. *(protestaktion)* revolt, rebellion (*fx* a revolt (*el.* rebellion) within the party; the students' revolt (*el.* rebellion));
3. *(røre, fx i hus, by)* commotion;
4. *(i sindet)* excitement;
□ ***gøre*** ~ rebel, revolt, rise, rise in rebellion (*el.* revolt) *(imod* against); *komme* ***i*** ~ *(om lidenskaber)* flare up; *være i* ~ *a)* be in (a) turmoil (*fx* the town (, his mind) was in (a) turmoil); *b) (om hav)* be rough; *sindene er i stærkt* ~ feelings run high.
oprøre *vb. (chokere)* shock; *(se også oprørende, oprørt);*
□ *-s over* revolt at; be shocked at; *(stærkere)* be outraged at.
oprørende *adj.* shocking (*fx* sight); *(stærkere)* outrageous (*fx* treatment).
oprører *sb. (en, -e)* rebel; F insurgent.
oprørsbevægelse rebel movement.
oprørsfane*: rejse -n* raise the standard of rebellion (*el.* of revolt).
oprørshær rebel army.
oprørsk[1] *adj.* rebellious (*fx* speeches, thoughts, subjects *(undersåtter)*); mutinous (*fx* soldiers, subjects); *(neds.)* seditious (*fx* speeches, writings).
oprørsk[2] *adv.* rebelliously.
oprørsleder rebel leader.
oprørsregering rebel government.
oprørsånd disaffection; spirit of rebellion.
oprørt *adj.* **1.** *(om hav etc.)* rough, troubled; **2.** *(harmfuld)* indignant (*over* at; *over at* that); *(stærkere,* F*)* incensed (*over* by, at); **3.** *(ophidset, oprevet)* agitated (*fx* crowd).
opråb **1.** *(proklamation)* proclamation; **2.** *(ved auktion)* announcement (of a lot); **3.** *(navne-)* roll-call.
opsadlet *adj.* saddled.
opsadling *sb. (en, -er)* saddling.
opsagt *adj. (om personale, præd.)* under notice;
□ *blive* ~ *a) (om ansat)* be given (*el.* get) one's notice; *b) (om lejer)* get notice to quit.
opsamle *vb.* **1.** *(tage op)* pick up; *(samle sammen)* collect, gather together; **2.** *(dråber)* catch;
3. *(samle lager af)* accumulate.
opsamling **1.** picking up; gathering;
2. *(ophobning)* accumulation.
opsamlingsheat repêchage.
opsamlingslejr reception camp.
opsang **1.** *(overhaling)* telling-off; T rocket; S wigging; **2.** *(sang)* song; *(sømandssang)* shanty.
opsat *adj.:* ~ ***på*** *a) (ivrig efter)* eager for (*fx* success, victory); *b) (fast besluttet på)* intent on (*fx* revenge); ~ ***på at*** *a) (ivrig)* eager to (*fx* meet her); *(stærkere)* keen to, keen on -ing (*fx* on meeting her); *b) (fast besluttet)* set on -ing, intent on -ing; F determined to, bent on -ing;
hun gik med ~ ***hår*** *(el. frisure)* she had her hair taken up; ***stort*** ~ *(om avisartikel)* splashed; *(præd. også)* in banner headlines.
opsats *sb. (en, -er)* **1.** *(bord-)* centrepiece;
2. *(overdel af møbel)* top;
3. *(gevir)* antlers pl.;
4. *(afhandling)* article, essay, paper; *(mindre, i avis)* short article, paragraph.
opsejling*: være under* ~ be under way, be in the offing; *et uvejr er under* ~ there is a storm brewing (*el.* gathering).
opsende *vb.* **1.** launch (*fx* a rocket, a spaceship); send up (*fx* smoke signals, a spaceship); **2.** *(bøn)* offer up.
opsendelse *sb. (en, -r)* launch.
opsige *vb. (se også opsagt)* **1.** *(ansat)* give notice;
2. *(lejer)* give notice to quit;
3. *(kontrakt)* give notice to terminate (*fx* a contract);
4. *(abonnement)* cancel;
5. *(lån)* call in;
□ ~ *én med en måneds varsel* give sby a month's notice;
[med sb.] ~ *et lejemål* give notice to terminate a tenancy (, a lease);
~ *sin plads* give (in one's) notice;
~ *en traktat* denounce a treaty.
opsigelig *adj.* **1.** *(om obligation, fordring)* redeemable;
2. *(om kontraktforhold)* terminable;
3. *(om ansat)* subject to dismissal *(præd.)*; *(om embedsmand)* removable.
opsigelse *sb. (en, -r)* **1.** *(til ansat)* notice; *(til arbejdsgiver)* (notice of) resignation;
2. *(til lejer)* notice to quit; *(til udlejer)* notice;
3. *(af kontrakt)* termination; *(af traktat)* denunciation;
4. *(af abonnement)* cancellation;
5. *(af lån)* calling in;
□ ~ *med en måneds varsel, en måneds* ~ a month's notice; *på seks måneders* ~ *(om bankkonto)* at six months' notice; *skriftlig* ~ notice in writing; *uden* ~ without (previous) notice.
opsigelsesfrist, **opsigelsesvarsel** term of notice.
opsigt *sb. (en)* **1.** *(opmærksomhed)* stir, sensation *(se ndf.)*; **2.** *se opsyn;*
□ *vække* ~ attract attention; create (*el.* cause) a stir; *(stærkere)* create (*el.* make) a sensation.
opsigtsvækkende[1] *adj.* sensational, dramatic.
opsigtsvækkende[2] *adv.* sensationally, dramatically.
opskreget *adj.* cracked-up;
□ ~ *i pressen* written (*el.* played) up by the press.
opskrift *sb. (en, -er)* **1.** *(mad-)* recipe (*på* for, *fx* a cake, a dish);
2. *(strikke-)* pattern;
3. *(til blandingsprodukt, til drik)* formula (*til* for, *fx* baby food, a cough mixture, a new drink);

4. *(fig.)* recipe, formula (*på* for, *fx* a happy marriage, success); prescription (*på* for, *fx* a happy marriage, economic recovery);
□ *tilberede noget efter en ~ a) (jf. 1)* make sth from a recipe; *b) (jf. 3)* make sth on the basis of a formula.

opskrive *vb.* **1.** *(forhøje værdien af)* write up; **2.** *(om valuta)* revalue.

opskrivning *sb. (en, -er)* **1.** *(i værdi)* writing-up; **2.** *(om valuta)* revaluation.

opskruet *adj.: ~ is* ice pack; *~ pris* exorbitant price.

opskræmme *vb.* startle; *(om vildt, fugl også)* start.

opskræmt *adj.* alarmed.

opskyllet *adj. (på stranden)* washed up (*el.* ashore).

opskære *vb. se skære (op).*

opskørtet *adj.* tucked-up.

opskåret *adj.* **1.** cut up; **2.** *(om glds. dragt)* slashed;
□ *~ bog* book with the pages cut; *~ fløjl* cut velvet; *~ mekka* moquette.

opslag *sb. (et, -)* **1.** *(bekendtgørelse på opslagstavle)* notice; *(plakat)* bill, poster;
2. *(på ærme)* cuff; *(på bukser)* turn-up; *(am. også)* cuff;
3. *(i bog)* reference (*i* to, *fx* find out by reference to a dictionary); look-up;
4. *(typ.: to sider over for hinanden)* opening;
□ *bukser uden ~* trousers without turn-ups; trousers with plain bottoms.

opslagsbog **1.** reference book; **2.** *(leksikon)* encyclop(a)edia.

opslagsord headword.

opslagstavle **1.** *(især med meddelelser)* noticeboard; *(am.)* bulletin board; **2.** *(til tegninger etc., fx i skole)* display board.

opslagsværk work of reference; *(se også opslagsbog).*

opslidende *adj.* wearing; F fatiguing.

opslidningskrig war of attrition.

opslidse *vb. (især tøj)* slit; *(især metal)* slot.

opslidt *adj.* worn-out (*fx* clothes).

opsluge *vb.* **1.** *(sluge)* swallow up (*fx* he wished the earth would swallow him up);
2. *(fig.: optage i sig)* swallow up (*fx* the big companies swallow up the small ones; he was swallowed up by the crowd; the expenses swallow up the profits); T gobble up (*fx* the comprehensives gobbled up the grammar schools; the large countries tend to gobble up their weaker neighbours);
3. *(fig.: lægge beslag på)* absorb (*fx* his work absorbed all his energy);
□ *opslugt* ***af*** *(ɔ: helt optaget af)* wrapped up in (*fx* each other; one's work, a book); *(mere* F*)* absorbed in, engrossed in (*fx* one's work, a book); *~ af bølgerne* F engulfed by the waves.

opslæmme *vb.* suspend (*fx* suspended in water).

opslæmning *sb. (en, -er)* suspension.

opslå *vb. (ledig stilling)* advertise (*fx* a post); *(se også slå (op));*
□ *en -et bog* an open book; *~ sin bolig* take up residence; *~ sit kvarter* take up one's quarters; *med -ede paraplyer* with umbrellas up.

opsmøget *adj.* tucked-up (*fx* sleeves, trousers).

opsnappe *vb.* **1.** *(få fat på)* get hold of (*fx* news); **2.** *(høre tilfældigt)* overhear (*fx* a remark); **3.** *(brev, melding)* intercept (*fx* a message).

opsnuse *vb. (opspore)* ferret out (*fx* a rare book, an interesting piece of news); nose out (*fx* a piece of scandal); sniff out (*fx* a quiet place).

opspare *vb.* save (up);
□ *det -de* the savings pl.; *-de reserver* accumulated reserves.

opsparing *sb. (en, -er)* **1.** *(det at spare op)* saving up; **2.** *(det opsparede)* savings pl.;
□ *bunden ~* compulsory saving (, savings); *negativ ~* dissaving.

opsparingskonto savings account.

opspilet *adj.* **1.** wide open (*fx* eyes, mouth); **2.** *(oppustet)* distended (*fx* stomach).

opspind *sb. (et): det er ~* it is a fabrication; *det pure ~* a pure (*el.* complete) fabrication; pure invention (*fx* Government sources dismissed the report as pure invention); pure fiction.

opsplitning *sb. (en, -er)* split-up, split (*i* into).

opsplitte *vb.* split up, split (*i* into).

opsplittet *adj.* split up (*i* into); fragmented (*fx* society).

opspore *vb.* **1.** track down (*fx* a fox, a criminal); **2.** *(finde)* discover, detect; *(ved ihærdigt arbejde)* ferret out (*fx* the truth).

opsporing *sb. (en, -er)* **1.** tracking down; **2.** discovery, detection.

opsprætte *vb. se sprætte (op).*

opsprætte(r)kniv **1.** *(til tøj)* ripper; **2.** *(papirkniv)* paperknife.

opspurgt *pf.ptc.: få én ~* find sby, discover sby's whereabouts.

opspyt sputum.

opspæde *vb. se spæde (op).*

opspænde *vb.* **1.** stretch; **2.** *(tekn.)* fix, mount.

opstablet *adj.* stacked; *(og rodet)* piled (up).

opstadset *adj. (præd.)* rigged out; dressed up to the nines.

opstalde *vb.* **1.** *(hest)* stable; **2.** *(kvæg)* stall.

opstalt *sb. (en, -er)* **1.** *(tegning, plan)* elevation; **2.** *(sø.)* sheer plan.

opstand *sb. (en, -e)* (up)rising, revolt; F insurrection; *(større)* rebellion;
□ *gøre ~* revolt; F rise (in revolt).

opstandelse *sb. (en)* **1.** *(larm, uro)* commotion; *(unødig)* fuss;
2. *(ståhej)* excitement, stir; T to-do (*fx* there was a great to-do about it);
3. *(fra de døde)* resurrection;
□ *det vakte stor ~* it caused great commotion (, excitement).

opstanden *adj. (præd.)* risen from the dead.

opstander *sb. (en, -e)* **1.** stanchion, standard; **2.** *(stor, til elek. ledninger)* pylon.

opstart *sb. (en, -er)* start-up.

opstemme *vb. (vand)* dam (up).

opstemt *adj.* **1.** *(meget glad)* exhilarated (*fx* by the news); F elated; *(nervøst ~)* excited; *(i godt humør, præd.)* in high spirits;
2. *(af spiritus)* merry (*fx* get merry on a glass of wine); *(let glds.)* elevated.

opstemthed *sb. (en) (jf. opstemt)* **1.** elation; excitement; high spirits pl.; **2.** elevation.

opstigende *adj.* rising; F ascending;
□ *i ~ linie (om slægt)* in lineal ascent.

opstigning **1.** ascent; *(bjergbestigning også)* climb; **2.** *(af væsker etc.)* rising.

opstille *vb.* **1.** *(stille op)* set up (*fx* a camera, a telescope); T put up;
2. *(rejse)* set up (*fx* a roadblock, a shed, a tent, a statue); T put up; F erect (*fx* a monument, a roadblock);
3. *(anbringe)* place; *(ordne)* arrange (*fx* arrange (, place) books in alphabetical order; arrange (, place) chairs in a row); *(på række)* line up;
4. *(stille frem)* set out (*fx* chairs for the guests; the pieces on a chessboard);
5. *(montere)* mount (*fx* a machine);
6. *(mil.: vagtposter)* post (*fx* sen-

tries); *(soldater i formation)* draw up (*fx* soldiers in battle line); F dispose; *(raketter)* install, deploy; *(etablere militære enheder)* set up (*fx* an army; four battalions);
7. *(udfærdige etc.)* draw up (*fx* a budget, a contract, a list, a programme); *(ordbogsartikel)* lay out (*fx* the entries are clearly laid out);
8. *(fastlægge)* lay down (*fx* conditions, a plan, principles, rules);
9. *(fremsætte)* put forward (*fx* a claim, a theory, a plan); F advance (*fx* a theory);
10. *(mat.)* set up (*fx* a formula, an equation);
11. *(til valg)* nominate, put up (*til* for, *fx* four people were nominated for president; they put him up for chairman; they put up several candidates); run (*fx* how many people are they running in the election?);
(uden objekt = lade sig ~) stand (*til* for); *(især am.)* run (*til* for, *fx* he is running for President);
□ ~ *en* ***som*** *et ideal* set sby up as an ideal; *ti partier -r* ***ved*** *valget* candidates from ten parties are standing (for election); ten parties are putting forward candidates (for election).

opstiller *sb. (en, -e) (tekn.)* erector.

opstilling *sb. (en, -er) (jf. opstille)*
1. setting up;
2. *(det at rejse)* setting up; erection;
3. *(anbringelse)* arrangement; *(på række)* lining up;
4. *(sætten frem)* setting out;
5. *(montering)* mounting;
6. *(af vagter etc.)* posting; *(af soldater (i formation))* disposition; *(af raketter)* installation, deployment; *(af militære enheder)* establishment; formation;
7. *(formulering)* drawing up; lay-out;
8. *(af betingelse, regel etc.)* laying down;
9. *(af krav, teori etc.)* putting forward;
10. *(af valgkandidat)* nomination;
11. *(kandidatur)* candidature; *(også am.)* candidacy;
12. *(oversigt)* list, statement;
13. *(salgs-, ved huskøb)* estate agent's sheet of information;
14. *(i fodbold etc.: hold-)* line-up;
15. *(i kunst)* arrangement; *(stilleben)* still life (pl. -s);
□ *tage ~ se stille[3] (sig op).*

opstillingsmøde *(i parti)* selection meeting.

opstoppernæse snub nose, turned-up nose; F retroussé nose.

opstrammer *sb. (en, -e)* **1.** *(drik)* tonic; *(F el. spøg.)* restorative; T pick-me-up; **2.** *(spiritus)* stiff drink, stiffener; a quick one; **3.** *(reprimande)* ticking-off, talking-to.

opstreg upstroke.

opstrenge *vb.* restring (*fx* a tennis racket, a guitar).

opstrøget *adj.: ~ hår* brushed-back hair.

opstyltet *adj.* stilted.

opstød burp; F eructation;
□ *give ~* T repeat (*fx* onions repeat); *få (, have) ~* burp; *jeg får ~ af løg* T onions repeat on me; *få moralske ~* have fits of moral rectitude; *surt ~ a)* waterbrash; sour eructation; F acid regurgitation; *b) (om person)* sourface, sourpuss; *c) (om bemærkning)* sour comment, tart remark.

opstøve *vb.* **1.** *(om hund)* track down; **2.** *(fig.: opspore)* track down; *(ved ihærdig søgen)* ferret out, hunt up.

opstå *vb.* **1.** *(indtræffe)* be (*fx* there was a pause; there has been a mistake; there will be a new situation); *(vise sig)* arise (*fx* if a new situation arises); *(pludseligt, T)* crop up (*fx* new difficulties (, problems) cropped up);
2. *(begynde)* arise (*fx* a conflict (, a difficulty, a quarrel, a storm) arose); break out (*fx* a fire (, an epidemic) broke out);
3. *(blive til)* come into existence (*fx* new factories come into existence every year); come into being; *(hurtigt)* spring up (*fx* new towns (, new factories, a rumour) sprang up);
4. *(af graven)* rise (from the dead);
□ *~ af* result from, arise from; be caused by; *der opstod en pause (også, F)* a pause ensued.

opståen *sb. (en)* **1.** *(begyndelse)* beginning(s), start;
2. *(tilblivelse)* rise; F emergence, birth; origin (*fx* the origin of the universe);
3. *(af brand etc.)* outbreak.

opsuge *vb.* absorb;
□ *~ ledige penge* mop up loose money.

opsugning absorption.

opsummere *vb.* sum up;
□ *~ sig* accumulate.

opsummering *sb. (en)* summing up; summary.

opsving *(fremgang)* improvement, upswing; upturn (*fx* there are no indications of an upturn in the economy); T pick-up (*fx* a significant pick-up in business); *(pludseligt)* boom; *(efter nedgang)* recovery;
□ *tage et ~* turn up (*fx* the economy is turning up).

opsvulmet *adj.* swollen, puffed up (*fx* eye, face); *(udspilet)* distended (*fx* stomach).

opsyn *sb. (et, -)* **1.** *(tilsyn med arbejde)* superintendence, supervision (*med* of);
2. *(med person: overvågen)* surveillance (*fx* keep them under surveillance); *(fx med børn)* care (*med* of);
3. *(en der holder ~)* attendant; *(inspektør)* inspector; *(ved eksamen)* invigilator; *(am.)* proctor;
□ *-et (ɔ: ved eksamen)* the invigilators pl.; *(am.)* the proctors pl.; *have (el. holde) ~ med a) (jf. 1)* superintend, supervise; *b) (fx med børn)* look after; *efterladt uden ~* left unattended.

opsynsmand 1. attendant; *(i park også)* keeper; **2.** *(ved sportsplads)* groundsman.

opsætning *sb. (en, -er) (jf. opsætte[2])*
1. putting up, setting up, fixing, mounting;
2. *(af stykke på teater)* putting up, mounting; *(iscenesættelse)* production, staging;
3. *(affattelse)* drawing up;
4. *(lay-out)* lay-out (*fx* of an advertisement);
5. *(af nyhed etc. i avis)* display;
6. *(typ.)* setting up, type-setting;
□ *~ af fliser* tiling; *bringe en artikel i stor ~* splash an article.

opsætsig *adj.* disobedient; F insubordinate.

opsætsighed *sb. (en)* disobedience; F insubordination.

opsætte[1] *vb.* **1.** *(udsætte)* put off (*til* until, till, *fx* never put off till tomorrow what you can do today); *(mere F)* postpone (*til* until, till, *fx* the trip (, the journey) till next week); F defer (*til* until);
2. *(udskyde, tøve med)* delay (*fx* publication of a book till next year; he often delays repairs until it is too late); *(især am. el. jur.)* stay;
□ *-nde virkning* delaying effect.

opsætte[2] *vb.* **1.** *(sætte op)* put up, fit up (*fx* a lamp, a shelf); set up, fix (*fx* a television aerial; fix a ceiling); *(montere også)* mount;
2. *(teaterstykke)* put up; F mount; *(iscenesætte)* produce, stage;
3. *(affatte)* draw up (*fx* a contract, a will);
4. *(typ.)* lay out.

opsættelse *sb. (en) (jf. opsætte*[1]*)* **1.** postponement; F deferment; **2.** delay; *(især jur. el. am.)* stay; □ *uden* ~ without delay.

opsøge *vb.* **1.** *(besøge)* go to see (*fx* I went to see him when I was in London); T look up; **2.** *(lede efter og finde)* seek out (*fx* he sought out his ex-wife; there is no need to seek out trouble); *(med besvær)* hunt up.

opsøgende *adj. (i socialt arbejde, attr.)* outreach (*fx* staff, worker); □ ~ *arbejde (i socialforsorg etc.)* outreach; ~ *journalistik* investigative reporting; ~ *teater a) (omtr.)* itinerant theatre; *b) (gruppe)* touring company.

optag *sb. (et)* intake.

optage *vb. (se også optaget)* **1.** *(i forening, skole etc.)* admit (*i, på* to, *fx* admit him to the society (, the school); admit him as a member); *(på universitet etc.)* take in (*fx* 3,000 students a year); *(i sit hjem)* take in; **2.** *(ombordtage, også om tog, bus etc.)* pick up (*fx* shipwrecked men, passengers, freight); **3.** *(af jorden)* dig up; *(kartofler etc. også)* lift; **4.** *(trykke i blad)* accept, print, publish; **5.** *(på liste etc.)* enter (*fx* on a list); **6.** *(indføre)* adopt (*fx* loanwords, new ideas); **7.** *(~ i sig, opsuge)* absorb (*fx* food substances); *(fordøje)* digest; **8.** *(opfatte)* take (*som* as, *fx* take it as an insult (, a compliment, a joke); take it seriously); **9.** *(lægge beslag på, om tid, opmærksomhed, plads)* take up (*fx* it took up all his time (, attention); the table takes up a lot of room); F occupy (*fx* it occupied him for hours; the books occupy (*el.* take up) a whole shelf); *(om plads også)* fill (*fx* it filled the space available); *(interesse)* absorb (*fx* it absorbed him completely); **10.** *(fotografere)* take (*fx* a photo); *(film)* take, shoot; **11.** *(på bånd, plade)* record (*fx* record it on tape); *[med sb.]* ~ *diplomatisk forbindelse med* establish diplomatic relations with; ~ *en diskussion med* enter into a discussion with; ~ *kontakt med dem* contact them; ~ *et lån* raise a loan; ~ *ordrer* take orders; ~ *rapport* make a report; *(se også rapport)*; ~ *ens sind* F exercise one's mind (*fx* the problem which has so exercised their minds); *det optog hendes tanker* it occupied her mind (*el.* thoughts); *[med præp.]* ~ ***i*** *adelsstanden se ophøje*; ~ *i familien* receive into the family; ~ *det* ***i en god*** *mening* put a good construction on it; take it in good part; ~ *det* ***på*** *bånd (også)* take it on tape, tape it; ~ *hende på holdet* include her in (*el.* put her on) the team; ~ *hende på listen* enter her on the list; ~ *det på sit program* include it in one's programme; F embody it in one's programme.

optagelse *sb. (en, -r) (jf. optage)* **1.** *(i forening, skole etc.)* admission (*i* to); *(se også optagelsestal)*; **2.** *(opsamling)* picking up; **3.** *(af jorden)* digging up, lifting; **4.** *(offentliggørelse i blad)* publication; **5.** *(indførelse)* adoption (*fx* of loanwords (, ideas, fashions); **6.** *(i sig)* absorption; *(fordøjelse)* digestion; **7.** *(foto.)* taking (of photographs); *(eksponering)* exposure; *(snapshot)* snap(shot); **8.** *(af film det at)* shooting; *(enkelt)* take; *(scene, indstilling)* shot (*fx* it is usual to make several takes of each shot); **9.** *(grammofon-)* recording; **10.** *(sted på hospital hvor patienter modtages)* admission ward; □ ~ *af et lån* the raising of a loan.

optagelseshjem *(svarer omtr. til)* community home.

optagelsesprøve entrance examination.

optagelsestal *(af studerende)* intake (*fx* a yearly intake of 1500 students; a 10 per cent cut in the intake).

optagelsesudvalg admissions board.

optager *sb. (en, -e) (bånd-)* tape recorder.

optaget *adj.* **1.** *(om person)* busy; F engaged; T tied up; *(fordybet i noget)* absorbed, engrossed (*af* in, by); F preoccupied (*af* with); *(bekymret)* concerned (*af* about); **2.** *(taxi, telefon, wc etc.)* engaged; *(telefon også)* busy; *(bord, (sidde)plads, parkerings-)* taken; *(plads, telefonboks)* occupied; *(i brug)* in use, being used (*fx* the washing machine is being used); *(bus, restaurant, parkeringshus etc.)* full (up); □ *alt* ~ full up; *der er* ~ *(tele.)* the number (*el.* line) is engaged (*el.* busy); *stillingen er* ~ the post has been filled; *[med: af] være* ~ ***af*** be busy with (*fx* she was busy with her homework); be occupied with (*el.* in) (*fx* a problem); *(fordybet)* be absorbed by (*el.* in) (*fx* a book); *være stærkt* ~ *af* be intensely concerned about; *være* ~ ***af at*** be busy -ing (*fx* he was busy clearing the table); be occupied with (*el.* in) -ing (*fx* writing a letter).

optagethed *sb. (en)* **1.** being busy; busyness; **2.** *(fordybelse)* absorption (*af* in); F preoccupation (*af* with); **3.** *(interesse)* interest (*af* in).

optagettone *(tele.)* engaged tone (*el.* signal).

optagning *sb. (en, -er) (af roer etc.)* lifting, digging up.

optakt **1.** *(mus.)* upbeat; **2.** *(indledning)* prelude (*fx* to the war); run-up (*fx* to the election); *(til essay etc.)* introduction; **3.** *(i metrik)* anacrusis (pl. anacruses); □ *det var -en til (ɔ: begyndelsen)* it was the beginning of.

optegne *vb. (nedskrive)* note down, put down; *(mere omfattende)* record; *(især mens det siges)* take down.

optegnelse *sb. (en, -r) (kort)* note; memorandum (pl. memoranda, -s); *(mere omfattende)* record; □ *gøre -r* take notes.

optere *vb.* opt (*for* for).

optik *sb. (en)* **1.** optics; **2.** *(optiske instrumenter)* optical instruments; **3.** *(på kamera)* lens system.

optiker *sb. (en, -e)* optician.

optimal *adj. (attr.)* optimal, optimum (*fx* dose; under optimum conditions); □ *når betingelserne er -e* when conditions are at their optimum.

optimere *vb.* optimize.

optimisme *sb. (en)* optimism.

optimist *sb. (en, -er)* optimist (*fx* he is an eternal optimist).

optimistisk[1] *adj.* optimistic (*med hensyn til* about).

optimistisk[2] *adv.* optimistically; □ *se* ~ *på det* take an optimistic view of it.

optimistjolle *(sø.)* optimist dinghy.

option *sb. (en, -er)* option.

optisk[1] *adj.* optical; □ ~ *bedrag* optical illusion; ~ *(skrift)læser* optical character-reader; ~ *nerve* optic nerve; ~ *telegraf* semaphore.

optisk[2] *adv.* optically.

optog *sb. (et, -)* **1.** procession; **2.** *(historisk etc.)* pageant; **3.** *(cirkus-)* (circus) parade; **4.** *(rytter-)*

cavalcade.
optometri *sb. (en)* optometry.
optometrist *sb. (en, -er)* optometrist.
optrapning *sb. (en, -er) (jf. optrappe)* stepping-up; escalation.
optrappe *vb.* step up (*fx* the campaign, the conflict, the dose, one's efforts, the propaganda, security precautions); *(om noget negativt også)* escalate (*fx* violence, the war).
optrevle = *optrævle.*
optrin *sb. (et, -)* **1.** *(scene)* scene; **2.** *(hændelse)* incident;
□ *et pinligt ~* a painful scene (, incident).
optrukket *adj. (om flaske)* uncorked, opened;
□ *~ linie* full-drawn line; *(på ny)* touched-up line; *fuldt ~ linie (på vej etc.)* unbroken white line; *optrukne øjenbryn a)* pencilled eyebrows; *b) (hævede)* raised eyebrows.
optryk new impression, reprint.
optrykke *vb.* reprint.
optræde *vb.* **1.** *(teat.: på scenen)* appear (*fx* he only appears in the last act; he cannot appear tonight on account of illness); act (*fx* he has never acted before); perform (*fx* perform live on television; they had to perform on a makeshift stage); *(om dresserede dyr)* perform;
2. *(opføre sig)* behave (*fx* with tact); be (*fx* careful, provocative, resolute, rude); *(handle)* act (*fx* bravely, correctly, foolishly, responsibly);
3. *(opføre sig teatralsk)* pose, act a part; *(om barn: være uartigt)* play up;
4. *(forekomme)* occur (*fx* this disease does not occur in Denmark); be found, appear (*fx* his name does not appear on the list; the news appeared on the front page);
5. *(vise sig)* appear (*fx* a new leader appeared; apes first appeared 20 million years ago);
□ *de -nde* the performers; *(skuespillerne)* the actors; *~ for første gang a)* make one's début; *b) (om fænomen, sygdom etc.)* occur for the first time;
[med præp. & som] ~ ***i*** *"Hamlet"* act (*el.* appear) in "Hamlet"; *~* ***med*** *a) (ɔ: sammen med)* appear with; *(om "stjerne")* costar with; *b) (udføre)* do (*fx* conjuring tricks); *~ med et nummer* do an act (*el.* a turn); *~* ***på*** *éns vegne* represent sby, act for sby; *~* ***som*** act as (*fx* host); *~* ***under*** *falsk navn* assume a false name.
optræden *sb. (en)* **1.** *(teat. etc.)* appearance;
2. *(opførsel)* behaviour (*over for* towards, *fx* his strange behaviour towards me); F conduct;
3. *(handlemåde, indgriben)* action;
4. *(forekomst)* occurrence;
□ *første ~ (jf. 1)* first appearance, début; *en mærkelig ~ (jf. 2)* a strange way of behaving.
optræk: *der er ~ til ballade (, uvejr)* there is trouble (, a storm) brewing; *langsom (, hurtig) i -ket a) (om bil)* slow (, quick) to accelerate; *b) (om person: til at reagere)* slow (, quick) off the mark; *c) (til at forstå)* slow (, quick) on the uptake.
optrækkende *adj.: ~ uvejr* gathering storm; *jeg har en ~ forkølelse* I have got a cold coming on.
optrækkeri *sb. (et, -er)* extortion;
□ *det er ~* it is sheer extortion; T it is daylight robbery; we (etc.) are being ripped off.
optræne *vb.* train.
optrævle *vb.* unravel (*fx* a stocking; a mystery); uncover (*fx* a spy ring).
optugte *vb.* bring up.
optugtelse *sb. (en)* upbringing;
□ *naturen gik over -n* (the) temptation became too strong (*el.* too much) for him (, her etc.).
optur ascent;
□ *på -en* on the way up.
optælle *vb.* **1.** count (*fx* the votes); **2.** *(opregne)* enumerate.
optælling **1.** counting; count; **2.** *(opregning)* enumeration;
□ *~ af lager* stocktaking.
optændingsblok firelighter.
optændingsbrænde kindling.
optændt *adj.: ~ af* inflamed with (*fx* passion); fired with (*fx* desire); devoured by (*fx* hate); *~ af harme* furious.
optænkelig *adj.* imaginable, conceivable.
optø *vb. se tø² (op).*
optøjer *sb.pl.* riots; a riot; F disturbance(s);
□ *lave ~* riot; cause disturbance(s).
optøning *sb. (en)* **1.** thawing out; *(af madvarer også)* defrosting; **2.** *(fig.)* thaw.
opulent¹ *adj.* opulent.
opulent² *adv.* opulently.
opus *sb. (et, -)* **1.** *(mus.)* opus (pl. -es, *(fagl.)* opera); **2.** *(litterært værk)* production.
opvakt *adj.* **1.** bright (*fx* child, pupil); **2.** *(som tænker hurtigt)* quick-witted.
opvakthed *sb. (en)* brightness; intelligence.
opvarme *vb. se varme² (op)*;
□ *-t mad* warmed-up food; *(am.)* warmed-over food.
opvarmning *sb. (en)* **1.** heating; **2.** *(i sport & fig.)* warm-up.
opvarmningskamp warm-up match.
opvarmningsøvelse warm-up exercise.
opvarte *vb.* **1.** *(med objekt)* wait on; F attend on; *(servere for)* serve; **2.** *(uden objekt)* wait, serve;
□ *~ en med (ironisk)* regale sby with (*fx* improper stories); *(se også varte (op)).*
opvarter *sb. (en, -e)* waiter.
opvartning *sb. (en)* **1.** waiting; service; **2.** *(for fornem person,* F*)* attendance;
□ *gøre en sin ~* pay one's respects to sby.
opvask *sb. (en, -e)* **1.** *(det at)* washing-up; *(am.)* dishwashing; **2.** *(det som vaskes)* washing-up; dishes pl.
opvaskebakke draining tray.
opvaskebalje washing-up bowl; *(am.)* dishpan.
opvaskebørste washing-up brush.
opvaskemaskine (automatic) dishwasher.
opvaskemiddel washing-up liquid.
opvasker *sb. (en, -e)* washer-up.
opvaskestativ dish drainer.
opvaskevand dishwater.
opveje *vb.* **1.** counterbalance; **2.** *(fig.)* offset (*fx* a loss; the shortcomings; the reductions will be offset by increases in grants); make up for, compensate for (*fx* a loss).
opvigle *vb.* stir up.
opvigler *sb. (en, -e)* agitator; *(mere neds.)* rabble-rouser.
opvind: *termisk ~* thermal.
opvise *vb.: have at ~, kunne ~* have (to show); F boast (*fx* the village boasted a very fine view (, only one small shop)); *man vil ikke kunne ~ magen dertil* you won't find the like of it.
opvisning *sb. (en, -er)* display, show.
opvisningskamp exhibition match (, game) *(jf. kamp 4)*; exhibition.
opvokse *vb.* grow (up);
□ *den -nde ungdom (el. slægt)* the rising generation; *hun er -t i England* she grew up (*el.* was brought up) in England; *hun er -t på landet (også)* she is country-bred.
opvurdere *vb.* **1.** *(opskrive)* write up; *(om valuta)* revalue; **2.** *(fig.)*

upgrade.
opvurdering *(jf. opvurdere)* **1.** writing up; revaluation; **2.** upgrading.
opvække *vb. (kalde til live)* restore to life; F resuscitate;
□ ~ *de døde a)* raise the dead; *b) (fig.)* wake the dead (*fx* they made enough noise to wake the dead); *blive opvakt fra de døde* rise from the dead.
opvækkelse *(fra de døde)* resurrection.
opvækst *sb. (en)* **1.** *(barndom)* childhood; *(tidlig ungdom)* adolescence, youth; **2.** *(i skov)* reproduction, regeneration;
□ *i sin* ~ while growing up.
opvågnen *sb. (en)* awakening;
□ *en brat* ~ *(fig.)* a rude awakening.
opvågningsstue *(på hospital)* recovery room.
opæde *vb.* eat up; F devour (*fx* the revolution devours its children).
opægge *vb.* **1.** *(provokere)* provoke; **2.** *(opildne)* stir up.
opøser *sb. (en, -e)* **1.** *(ske)* ladle; **2.** *(person)* the one who serves.
opøve *vb.* **1.** train; **2.** *(øve sig på)* practise.
opøvelse training; practice.
orakel *sb. (et, orakler)* oracle.
orakelagtig *adj.* oracular.
orakelsvar **1.** oracle; **2.** *(fig.)* oracular reply.
orange *sb. (en, -r) & adj.* orange.
orangeade *sb. (en, -r)* orangeade.
orangegul *adj.* orange.
orangemarmelade (orange) marmalade.
orangeri *sb. (et, -er)* orangery.
orangutang *sb. (en, -er) (zo.)* orang-utan.
Oranien *(hist.)* Orange.
Oranje-Fristaten *(geogr.)* the Orange Free State.
oratorisk[1] *adj.* oratorical.
oratorisk[2] *adv.* oratorically.
oratorium *sb. (et, oratorier) (mus.)* oratorio.
ord *sb. (et, -)* **1.** word (*fx* the word "horse"; his word is law);
2. *(talemåde)* saying; F saw (*fx* the old saying (*el.* saw) that an Englishman's word is his bond);
□ **-et** *a) (taleret i forsamling)* the floor (*fx* have (, get, give up, hand over, hold, take) the floor); *(se også ndf. med vb.)*; *b) (bibelsk)* the Word; *træt? det er ikke -et!* tired isn't the word for it!
det er **et** ~ that is a bargain; *et* ~ *er et* ~ a bargain is a bargain; a promise is a promise; *han kan ikke et* ~ *dansk* he does not know a word of Danish; *et par* ~ *se par*;
[med adj.] der er et **gammelt** ~ *der siger at* there is an old saying that; *for et* **godt** ~ *a)* on the slightest provocation, on the least excuse; T at the drop of a hat; *b) (så det står efter)* like anything; *(se også igen (godt ord igen), lægge (ind))*; *det kan ikke fås hverken for gode* ~ *eller betaling* it is not to be had for love or money; *det er* **rene** ~ *for pengene a)* that is plain speaking; *b) (iron.)* that is short and sweet; *for at sige det med rene* ~ to put it bluntly; *jeg sagde ham med rene* ~ *at* I told him in so many words that; *det var et* **sandt** ~*!* you never spoke a truer word! *få (el. beholde) det* **sidste** ~ have the last word; *have det sidste* ~ *(ɔ: det afgørende* ~*)* have the final say; *det er et* **stort** ~ *(at bruge)* that is a big word; *føre det store* ~ *a) (være dominerende)* be cock of the walk; *b) (være den der snakker)* do the talking; *(se også borgerlig, ond)*;
[med vb.] **bede om** *-et* ask permission to speak; F request leave to speak; **bryde** *sit* ~ break (*el.* go back on) one's word; *dirigenten* **fratog** *ham -et* the chairman stopped him (*el.* ordered him to sit down); **føre** *-et a) (være ordfører)* act as spokesman; *b) (tale meget)* do the talking; **få** *-et (ɔ: i debat)* get (*el.* be given) the floor; *må jeg få -et?* may I say a few words? **få** ~ **for** get a reputation for; **give** *ham -et a) (i debat)* give him the floor, call on him to speak; *b) (om foredragsholder, taler)* ask him to address the meeting; *jeg* **giver** *dig mit* ~ **på** *det* I give you my word for it;
have *-et (ɔ: i debat)* have the floor (*fx* allow me to finish, I have the floor); *Mr Jones har -et (ɔ: opfordring til at tale)* it is Mr Jones to speak; Mr Jones may speak; *(se også magt (i sin magt))*; *have et* ~ *at skulle have sagt* have a say in the matter; **have** ~ **for** *at være pålidelig* have a reputation for being reliable; *have hans* ~ *for det* have his word for it;
holde *sit* ~ keep one's word (*el.* promise); be as good as one's word; **lægge** *en -ene* **i** *munden* put the words into sby's mouth; **nægte** *en -et* refuse sby leave to speak; **tage** *-et a)* begin to speak; *b) (i debat)* rise; take the floor; *det ene* ~ *tog det andet* one word led to another; *(se også tage (i sig))*; *han* **tog** *-et* **ud af** *munden på mig a) (afbrød)* he interrupted me, he broke in; *(grovere)* he butted in; *b) (sagde det jeg ville sige)* he took the word out of my mouth; *før jeg* **vidste** *et* ~ *af det* before I knew where I was;
[med præp.] han er ikke **af** *mange* ~ he is a man of few words; ~ **for** ~ word for word; *(se også ovf.: have* ~ *for)*; **med** *andre* ~ in other words; *med et* ~ in a word; *med disse* ~ *forlod han værelset* with these words (*el.* so saying) he left the room; *med få* ~ briefly; *det er en strid* **om** ~ it is a quibble; it is quibbling (*el.* hairsplitting); *tage ham* **på** *-et* take him at his word; take him up on it; *du må tro mig på mit* ~ you'll have to take my word for it; ~ **til** *andet* word for word; F verbatim; *jeg kunne næsten ikke komme til -e* I could hardly get a chance to speak; T I couldn't get a word in edgeways; **tage til** *-e* begin to speak; *tage til -e for* advocate; *tage til -e imod* oppose, speak against; **uden** *et* ~ without a word.
ordbilledmetode *(ved læseundervisning)* look-and-say method.
ordblind *adj.* dyslexic.
ordblindhed dyslexia.
ordbog dictionary; *(se også slå*[2] *(op))*.
ordbogsforfatter dictionary-maker; F lexicographer.
ordbøjning inflexion.
orddannelse word formation.
orden *sb. (en, -er)* **1.** *(mods. uorden; rækkefølge; munke-, nonne-, ridder-)* order;
2. *(udmærkelse)* decoration;
3. *(med skriftlige arbejder i skolen)* neatness;
□ **få** ~ **på** *det* sort it out; *få* ~ *på sin tilværelse* get one's life organized; S get it all together; **genoprette** *-en* restore order; *han* **har** ~ **i** *sine pengesager* his finances are in order; he has his finances under control; **holde** ~ keep things tidy;
[med præp.] **for** *en -s skyld a)* as a matter of form; *b) (for en sikkerheds skyld)* to make sure; *for god -s skyld (ɔ: for at der ikke skal være nogen misforståelser)* to keep the record straight;
i ~ *a) (ordnet)* in order; *b) (om værelse etc.)* tidy; *c) (om maskine)* in working order, working; *ikke i* ~ *(om maskine)* out of order; not working; *det er i* ~ that's all right (*el.* OK) (*med mig* with me, by me); right you are; fair enough; *alt*

er i ~ everything is all right (*el.* O.K.);
bringe i *~, bringe ~ i a)* arrange; get in order (*fx* get his papers in order); sort out (*fx* one's stamp collection; the problem); adjust (*fx* please adjust your dress before leaving); *b) (rydde op)* tidy up; *få sagen bragt i ~* get the matter settled; ***gå i*** *~* be arranged; be agreed upon (*fx* the treaty was agreed upon); *det skal nok gå i ~* that will be all right;
kalde til *~* call to order.
ordensbroder brother of an order.
ordensbånd ribbon (of an order).
ordensdekoration decoration.
ordensdragt habit (of an order).
ordensduks *(kan gengives)* monitor.
ordensgejstlig *sb.* regular.
ordenshåndhæver *sb. (en, -e)* representative of law and order; law enforcement officer; *(neds.)* minion of the law.
ordensmagten the forces of law and order, the police pl.
ordensmarskal steward.
ordensmenneske methodical person.
ordenspolitiet the uniformed police.
ordensregel rule, regulation.
ordenssans love of order.
ordenstal ordinal number (*el.* numeral), ordinal.
ordentlig[1] *adj.* **1.** *(som er i god orden, korrekt)* orderly, correct, regular (*fx* procedure); well-ordered (*fx* home); well-regulated (*fx* business, family; lead a well-regulated life);
2. *(pæn, ryddelig)* tidy, neat (*fx* desk, house);
3. *(med ordenssans)* tidy, orderly, methodical;
4. *(sober etc.)* steady; *(præd. også)* of regular habits;
5. *(punktlig, nøjagtig)* accurate, careful;
6. *(anstændig)* decent (*fx* hotel, girl); nice;
7. *(tilbørlig, rigtig)* proper (*fx* children need a proper home; have a proper meal (, job));
8. *(som forslår)* regular, thorough, proper (*fx* going-over); *(meget stor)* colossal (*fx* blunder; sum); T whacking (great) (*fx* car, bill); S some (*fx* some cigar (that)!);
9. *(om vare, præstation etc.: god)* good; decent;
10. *(mods. overordentlig)* ordinary;
□ *han bestiller ikke noget -t* he doesn't do any real work; *en ~ omgang klø* a sound (*el.* good) beating; *komme hjem i ~ tid* get home at a decent (*el.* reasonable) hour.
ordentlig[2], **ordentligt** *adv. (jf. ordentlig*[1]*)* **1.** correctly, regularly;
2. tidily, neatly (*fx* neatly arranged in a row);
3. methodically (*fx* list the items methodically);
4. steadily;
5. accurately, carefully;
6. decently (*fx* live decently; pay them decently);
7. properly (*fx* properly dressed; he did his work properly; he hasn't eaten properly for a week; sit properly! pay them properly);
8. thoroughly, properly; awfully, like anything;
9. well (*fx* speak the language well; play well);
□ *opfør dig -t!* behave yourself!
ordfattig *adj.* having a limited vocabulary *(kun efter sb.).*
ordflom torrent of words; *(pludselig)* spate of words.
ordforklaring explanation of a word (, of words).
ordforråd vocabulary (*fx* a rich vocabulary).
ordføjning syntax.
ordfører *sb. (en, -e)* **1.** spokesman;
2. *(for nævninger)* foreman;
□ *han var forsvarspolitisk ~* he was the spokesman on defence.
ordførerskab *sb. (et, -er): han har haft flere -er (pol., kan gengives)* he has acted as spokesman in various fields.
ordgas S hot air.
ordgyder *sb. (en, -e)* windbag.
ordgyderi *sb. (et, -er)* **1.** *(mange ord)* verbiage; **2.** *(det at bruge mange ord)* verbosity.
ordholdende *adj. (omtr.)* honest;
□ *han er ~* his word is as good as his bond.
ordholdenhed *sb. (en) (omtr.)* honesty.
ordinat *sb. (en, -er) (mat.)* ordinate.
ordinatakse *(mat.)* axis of ordinates.
ordination *sb. (en, -er)* **1.** *(rel.)* ordination; **2.** *(læges)* prescription.
ordinere *vb.* **1.** *(rel.)* ordain; **2.** *(om læge)* prescribe;
□ *lade sig ~, blive -t (jf. 1)* take (holy) orders, be ordained.
ordinær *adj.* **1.** *(mods. ekstraordinær)* ordinary; **2.** *(tarvelig)* common (*fx* manners); vulgar.
ordklasse part of speech, word class.
ordkløver *sb. (en, -e) (jf. ordkløveri)* hairsplitter; quibbler.
ordkløveri *sb. (et, -er)* hairsplitting; *(diskussion om småting)* quibbling;
□ *det er ~ (også)* that is a quibble.
ordknap *adj.* **1.** *(om person)* taciturn, reticent; *(præd. også)* sparing of words; **2.** *(om meddelelse)* brief, laconic (*fx* answer).
ordknaphed *(jf. ordknap)* **1.** taciturnity, reticence; **2.** briefness.
ordliste list of words, word list.
ordlyd wording, text;
□ *efter -en (ɔ: bogstavelig)* literally; *efter kontraktens ~* according to the terms of the contract.
ordløs *adj.* wordless.
ordne *vb.* **1.** *(bringe orden i)* put in order (*fx* put his papers (, the garden) in order); *(sortere)* sort out (*fx* stamps); *(rette på)* put straight (*fx* put one's hair (, tie) straight); adjust (*fx* one's clothes (, tie)); *(am.)* fix (*fx* one's hair); *(rydde op i)* tidy (up) (*fx* a room); *(regulere)* regulate (*fx* conditions in the oil market);
2. *(anbringe)* arrange (*fx* arrange the books alphabetically; arrange flowers in groups);
3. *(organisere)* arrange, organize (*fx* talks; a trip to the USA); T fix up;
4. *(sørge for, tage sig af)* see to, take care of (*fx* the arrangements, the matter; I'll see to (*el.* take care of) that! I'll take care of him! that has all been taken care of (*el.* seen to)); do (*fx* the garden, the washing, the windows);
5. *(klare)* straighten out, sort out (*fx* his affairs, the difficulties, the mess, the situation); put right; *(også = betale)* settle (*fx* the account, the bill; his affairs, a few details, the matter);
6. *(uden objekt: rydde op)* put things in order, tidy up;
□ *-de forhold* orderly conditions; *~ sine tanker* order (*el.* marshal) one's thoughts;
[med præp. & sig] ~ ***om på*** rearrange (*fx* the books); change (*el.* move) about, shift round (*fx* shift the furniture round); *~* ***sig*** *(blive godt, komme i orden)* turn out all right, adjust itself; *tingene -r sig af sig selv* things will work (*el.* sort) themselves out; *~* ***sig med*** come to an arrangement with.
ordning *sb. (en, -er)* **1.** arrangement (*fx* a temporary arrangement);
2. *(løsning)* solution (*fx* a peaceful solution);
(om betaling) settlement;
3. *(system)* system;

4. *(penge, tilskud etc.)* scheme (*fx* a pension scheme; a loan guarantee scheme);
□ *træffe en* ~ make an arrangement.

ordonnans *sb. (en, -er) (mil.)* orderly, runner; *(motor-)* dispatch rider.

ordre *sb. (en, -r)* **1.** *(befaling)* order (*fx* carry out an order; this is an order!); orders pl. (*fx* I must obey his orders; he received orders to leave at once); *(instruks)* instruction(s);
2. *(bestilling)* order;
□ *betal til X eller* ~ pay to X or order; *ikke* ~ *(ɔ: på check)* account payee (only); A/C payee (only);
[med vb. + præp.] ***afgive*** *en* ~ ***til*** *(hdl.)* place an order with; ***få*** ~ ***til*** *at* be ordered to, be instructed to; ***give*** ~ ***til*** give the order for (*fx* a retreat); *give* ~ *til at* give the order to (*fx* retreat); ***have*** ~ ***til*** *at* have orders to; ***placere*** *en* ~ ***på*** *noget hos en (hdl.)* place an order for sth with sby;
[med præp.] ***efter*** ~ *a)* according to orders; on orders (*fx* they were acting on orders); *b) (efter bestilling)* to order (*fx* made to order); *(se også højere*[1]*)*; ***efter*** ~ ***fra*** by order of, on the orders of; *have noget* ***i*** ~ have sth on order.

ordrebeholdning volume of orders;
□ *en stor* ~ a large (*el.* long) order book.

ordrebekræftelse confirmation of an order.

ordrebog order book.

ordreseddel *(blanket)* order form.

ordret[1] *adj. (attr.)* literal, word-for-word (*fx* translation); verbatim (*fx* quotation).

ordret[2] *adv.* literally, word for word, verbatim.

ordretilgang intake of orders, order intake.

ordrig *adj.* **1.** *(rig på ord, præd.)* rich in words;
2. *(neds.: vidtløftig)* wordy (*fx* speech); *(også om person,* F*)* verbose.

ordskifte exchange (of words) (*fx* there were loud (, heated) exchanges in the House of Commons); *(skænderi)* argument.

ordskvalder verbiage (*fx* patriotic verbiage); T gas; *(vrøvl)* bunkum.

ordspil play on words; pun.

ordsprog proverb.

ordsprogsleg charades sg.; *(enkelt)* game of charades.

ordstilling *(gram.)* word order;
□ *ligefrem* ~ normal word order; *omvendt* ~ inversion.

ordstrid dispute.

ordstrøm *(jævn)* flow of words; *(voldsom)* torrent of words; *(pludselig)* spate of words.

ordstyrer *sb. (en, -e)* **1.** chairman; chairperson; *(kvindelig)* chairwoman; **2.** *(ved paneldiskussion)* moderator.

ordvalg choice of words.

ordveksling *sb. (en, -er)* exchange of words.

oregano *sb. (en)* oregano.

oret *adj.* mity.

organ *sb. (et, -er)* **1.** *(anat.)* organ;
2. *(institution)* organ; *(under FN etc.)* agency;
3. *(avis)* organ (*fx* a Government organ; the chief organ of the party);
4. *(stemme)* voice, organ.

organdi *sb. (en)* organdie.

organisation *sb. (en, -er)* **1.** organization; **2.** *(fagforening)* trade union.

organisationsevne organizing ability, organizational talent; organizational skills pl.;
□ *have* ~ *(også)* be a good organizer.

organisationsplan organization chart.

organisationstalent *se organisationsevne.*

organisationstvang (the principle of) the closed shop.

organisator *sb. (en, -er)* organizer.

organisatorisk[1] *adj.* organizational;
□ *-e evner* organizing ability, organizational skills.

organisatorisk[2] *adv.* organisationally.

organisere *vb.* **1.** organize; **2.** *(*S*: skaffe)* organize;
□ ~ *sig a)* organize; *b) (i fagforening)* unionize; *være -t (i en fagforening)* be unionized; *-de arbejdere* union labour sg.

organisk[1] *adj.* organic (*fx* disease, life; chemistry);
□ *et* ~ *hele* an organic whole.

organisk[2] *adv.* organically.

organisme *sb. (en, -r)* organism;
□ *-n (ɔ: den menneskelige)* the system (*fx* it is harmful to the system).

organist *sb. (en, -er)* organist.

orgasme *sb. (en, -r)* orgasm.

orgastisk *adj.* orgastic, orgasmic.

orgel *sb. (et, orgler)* organ.

orgelbygger *sb. (en, -e)* organ builder.

orgelkoral organ chorale.

orgelpibe organ pipe.

orgelpulpitur organ loft.

orgelregister organ stop.

orgelspiller organ player, organist.

orgelværk organ.

orgie *sb. (et, -r)* **1.** *(fest)* orgy (*fx* a drunken orgy); **2.** *(slåen sig løs, også om enkeltperson)* orgy (*fx* an orgy of destruction (, of drinking, of shopping)); binge, spree (*fx* a shopping binge (*el.* spree), a drinking spree).

orient*: -en* the East; *(litt.)* the Orient; *Den fjerne (, Den nære)* ~ the Far (, the Near) East.

orientaler *sb. (en, -e)* **1.** Oriental;
2. *(i den nære Orient)* Levantine.

orientalist *sb. (en, -er)* orientalist.

orientalsk *adj.* Oriental.

orientere *vb. (se også orienteret)*
1. *(med objekt)* brief (*om* on, *fx* the President will brief his allies on the outcome of the talks); supply with information (*om* about, *fx* supply them with information about it); inform (*om* of, about);
2. *(uden objekt)* give (*el.* provide) information (*om* about);
□ *han -de om sagen* he briefed us (, them etc.) on the matter, he informed us (, them etc.) about the matter *(personligt objekt skal med)*;
[med sig] ~ ***sig*** *a) (finde vej)* find (*el.* get) one's bearings (*fx* he could not find his bearings in the fog; we stopped to get our bearings); orientate oneself (*fx* on a map); *b) (forhøre sig)* make enquiries (*om* about); *c) (få oplysninger)* inform oneself (*om* of, about, *fx* the Minister wanted to inform himself about the attitude of the Unions); *han kunne ikke* ~ *sig (jf. a også)* he had lost his bearings; ~ ***sig efter*** go by (*fx* a map, the stars); be guided by; ~ ***sig i*** *et emne* familiarize oneself with a subject.

orienteret *adj.*, **-orienteret** oriented (*fx* an export-oriented business; family-oriented); orientated (*fx* product-orientated, family-orientated, politically orientated);
□ *socialistisk* ~ Socialist-inclined; *(efter sb.)* of a Socialist outlook; *være amerikansk (, kommunistisk)* ~ have American (, Communist) sympathies; ~ ***i*** informed of; *(grundigt)* familiar with; ~ ***mod*** *syd (fx om hus)* facing south.

orientering *sb. (en)* **1.** *(oplysning)* information (*fx* we enclose a prospectus for your information); briefing (*fx* after a short briefing);
2. *(skolefag omtr.)* environmental studies;
3. *(sport)* orienteering;

4. *(om måde man er orienteret på)* orientation (*fx* discrimination on grounds of sexual orientation);
□ *miste -en* lose one's bearings; *til ~* for your information.
orienteringsevne sense of locality.
orienteringsløb 1. *(om sporten)* orienteering; **2.** *(enkelt løb)* orienteering race.
orienteringsløber orienteer.
original[1] *sb. (en, -er)* **1.** *(ved kopiering)* master (copy) (*fx* I left the master (copy) in the photocopier); **2.** *(ved maskinskrivning)* top copy (*fx* type one top copy and two carbons);
3. *(særling)* eccentric, character (*fx* he is quite a character);
□ *en langhåret ~* a long-haired freak.
original[2] *adj.* **1.** *(oprindelig)* original; **2.** *(sær)* eccentric; *(stærkere)* freakish;
□ *~ aftapning se aftapning.*
originalitet *sb. (en)* originality.
originalsprog original (language);
□ *på -et* in the original.
originaltegning original (drawing).
originaludgave first (*el.* original) edition.
orkan *sb. (en, -er)* hurricane.
orkanagtig *adj. (præd.)* like a hurricane;
□ *-t bifald* a storm of applause; *~ storm* storm.
orkansikker *adj.* hurricane-proof.
orke *vb.* be (*el.* feel) up to (*at* -ing, *fx* I don't feel up to doing it now);
□ *~ at (også)* have the energy to; *spise alt hvad man -r* eat all that one can manage; *han -r ikke mere* he is exhausted; T he is all in.
orkere *vb.* tat.
orkering *sb. (en, -er)* tatting.
orkester *sb. (et, orkestre)* **1.** orchestra; **2.** *(populært ~; blæser-)* band (*fx* a jazz band; a brass band).
orkestergrav orchestra pit.
orkesterkoncert orchestral concert.
orkesterleder *(jf. orkester 2)* bandleader.
orkestermusiker orchestral player.
orkesterplads (orchestra) stall (*fx* I bought two stalls); *(am.)* orchestra seat.
orkidé, **orkide** *sb. (en, orkideer) (bot.)* orchid.
orkis *sb.* tatting;
□ *knytte ~* tat.
orkisnål tatting shuttle.
Orkneyøerne *sb.pl. (geogr.)* the Orkney Islands, the Orkneys.
Orleans: *Jomfruen fra ~ (hist.)* the Maid of Orleans.
orlogsflag naval flag.
orlogsgast (naval) rating.
orlogskaptajn *(svarer til)* commander.
orlogspræst navy chaplain.
orlogsskib warship; *(hist.)* man-of-war.
orlogsværft naval dockyard.
orlov *sb. (en, -er)* leave (of absence);
□ *have ~* be on leave.
orm *sb. (en, -e) (zo.)* **1.** worm; **2.** *(larve)* grub; **3.** *(maddike)* maggot;
□ *han har ~ (med.)* he has worms; *der er ~ i æblet* the apple is worm-eaten.
ormeformet *adj.* vermiform.
ormefrø wormseed.
ormegård snake pit.
ormemiddel anthelmintic, vermifuge.
ormstukken, **ormædt** *adj.* **1.** worm-eaten; **2.** *(om tænder)* decayed.
ornament *sb. (et, -er)* ornament.
ornamental *adj.* ornamental, decorative.
ornamentere *vb.* ornament.
ornamentering *sb. (en, -er)*, **ornamentik** *sb. (en)* ornamentation; decorations pl.; decoration.
ornat *sb. (et, -er) (præstekjole, svarer til)* cassock; *(båret under gudstjenesten)* vestment;
□ *i fuldt ~* in vestments.
orne *sb. (en, -r) (zo.)* boar.
ornitolog *sb. (en, -er)* ornithologist.
ornitologi *sb. (en)* ornithology.
ornitologisk[1] *adj.* ornithological.
ornitologisk[2] *adv.* ornithologically.
ortodoks *adj.* orthodox.
ortodoksi *sb. (en)* orthodoxy.
ortodonti *sb. (en)* orthodontics.
ortografi *sb. (en, -er)* orthography.
ortografisk[1] *adj.* orthographic(al).
ortografisk[2] *adv.* orthographically.
ortopæd *sb. (en, -er)* orthopaedist.
ortopædi *(en)* orthopaedy.
ortopædisk *adj.* orthopaedic;
□ *~ sko* surgical shoe.
os[1] *sb. (en)* **1.** smoke; **2.** *(lugt)* reek; **3.** *(indelukket luft,* T*)* fug.
os[2] *pron.* **1.** us; **2.** *(refleksivt)* ourselves; *(pluralis majestatis)* Ourself; *(efter præp.)* us (*fx* we took it with us);
□ *det er ~* it is us; *det var ~ der gjorde det* we did it; F it was we who did it; *mellem ~ sagt se imellem.*
oscillator *sb. (en, -er)* oscillator.
oscillere *vb.* oscillate.
oscillograf *sb. (en, -er)* oscillograph.
ose *vb.* **1.** smoke; **2.** *(lugte)* reek; **3.** (T*: kigge uden at købe)* inspect goods without buying; *(svarer delvis til)* browse (*fx* in a bookshop).
oser *sb. (en, -e) (jf. ose 3)* person who inspects goods without buying; browser.
osmose *sb. (en, -r)* osmosis.
osmotisk *adj.* osmotic (*fx* pressure).
ost[1] *sb. (en, -e)* cheese;
□ *tro at månen er lavet af en grøn ~* believe that the moon was made of green cheese.
ost[2] *sb. se øst.*
oste *vb.: ~ sig* curdle.
osteanretning cheeseboard.
ostebue cheese wire.
osteforretning cheese shop.
ostehandler *sb. (en, -e)* cheesemonger.
ostehøvl cheese slice.
osteklokke 1. cheese-dish with dome; **2.** *(selve klokken)* dome (of a cheese dish).
ostelærred cheesecloth.
osteløbe rennet.
ostemad *(svarer til)* cheese sandwich;
□ *-der* bread and cheese.
ostemide cheese mite.
Ostende *(geogr.)* Ostend.
ostepind 1. *(stang)* cheese straw; **2.** *(osteanretning)* bread and cheese.
osteri *sb. (et, -er) (kro)* osteria.
osteskorpe cheese rind; *(afskåret)* cheeseparing.
osteskærer cheesecutter.
ostestang cheese straw.
ostestof *(kasein)* casein.
ostet *adj.* **1.** cheesy; **2.** *(om mælk)* curdled.
Ostindien *(geogr.)* the East Indies pl.
ostindisk *adj.* East Indian.
osv., o.s.v. *(fork.f. og så videre)* etc. (*fork.f.* etcetera).
otium *sb. (et) (pensionisttid)* retirement.
otte *num.* eight;
□ *~ dage (ɔ: en uge)* a week; *i dag ~ dage* a week today; *i morgen ~ dage* a week tomorrow; *på søndag ~ dage* a week on Sunday; *om en ~ dages tid* in a week's time, in a week or so; *~ timers arbejdsdag* (the) eight-hour day; *~ og tyve* twenty-eight.
ottearmet *adj.* eight-armed;
□ *~ blæksprutte (zo.)* octopus.
ottekant *sb. (en, -er)* octagon.
ottekantet *adj.* octagonal.
ottende *adj.* eighth (*fx* for the eighth time; on the eighth floor);
□ *hver ~ dag* once a week.
ottendedel eighth.
ottendedelsfinalen the last sixteen.
ottendedelsnode *(mus.)* quaver;

(am.) eighth note.
ottendedelspause *(mus.)* quaver rest; *(am.)* eighth rest.
otter *sb. (en, -e)* **1.** *(også om båd)* eight; **2.** *(bus etc.)* number eight.
ottesang *(rel.)* matins.
ottesidet *adj.* octagonal.
ottetal 1. eight; **2.** *(i skøjteløb)* figure of eight.
ottetiden*: ved ~* at about eight o'clock; T round about eight (o'clock).
ottetimersdagen the eight-hour day.
otteårig, **otteårs** *adj.* **1.** *(otte år gammel)* eight-year-old; **2.** *(som varer 8 år)* octennial.
otti *num.* eighty.
ottoman *sb. (en, -er)* ottoman, couch.
output *sb. (et, -)* output.
outreret *adj.* exaggerated; F outré.
outrigger *sb. (en, -e)* outrigger.
outsider *sb. (en, -e)* outsider.
ouverture *sb. (en, -r)* overture.
oval *sb. (en, -er) & adj.* oval.
ovation *sb. (en, -er)* ovation.
oven[1] *adv.: ~* ***for*** above; ***fra*** *~ (af) a)* from above; *b) (fra himmelen)* from on high; *c) (i bog)* from the top; ***fra*** *~* ***nedad*** *a)* downwards; *b) (overlegent)* superciliously; *c) (nedladende)* patronizingly, condescendingly (*fx* treat him condescendingly); *~* ***i*** on top of; in addition to; *de fik tre børn lige ~ i hinanden* they had three children in rapid succession; *et slag ~ i hovedet* a blow on the head; *~ i købet se køb*; *~* ***om*** round (by) the top of; *~* ***over*** above; *~* ***på*** *a)* on top of (*fx* the cupboard); on; *(på væske også)* on the surface of; *b) (efter)* after (*fx* dinner).
oven[2] *præp.: ~ senge se seng; ~ vande se vand.*
ovenanført *adj.* above(-mentioned);
□ *-e liste* the above list, the list above.
ovenfor *adv.* above.
ovenfra *adv.* **1.** from above; **2.** *(på side, fx i bog)* from the top.
oveni *adv.* on top.
ovenlys light from above; toplighting.
ovenlysvindue skylight.
ovennævnt *adj.* above(-mentioned).
ovenom *adv.* round by the top.
ovenover *adv.* above.
ovenpå *adv.* **1.** above, on top; **2.** *(i højere etage)* upstairs (*fx* he went upstairs; a room upstairs, an upstairs room); **3.** *(bagefter)* afterwards, after that; T on top of that;
□ *en kuppel med et kors ~* a dome surmounted by a cross; *[med vb.] flyde ~ a)* float (on the surface); *b) (fig.)* manage; fall on one's feet; *komme ~ (fig.)* come out on top; *svømme ~, se ovf.: flyde ~; være ~ a) (have overtaget)* have the upper hand; T be top dog; *b) (være gunstigt stillet el. velstillet)* be well off; T be in clover; *c) (være strålende glad)* be on top of the world.
ovenstående *adj.* the above;
□ *~ liste* the above list, the list above.
ovenud *adv.* **1.** *(ud foroven)* out above; **2.** *(overmåde)* extremely, exceedingly (*fx* happy).
over[1] *præp.* **1.** *(udbredt ~, hen(ne) over, lige ~)* over (*fx* a rug lying over the sofa; pull a blanket over sby; hold an umbrella over sby's head; roast sth over a slow fire);
2. *(oven ~, hævet ~, højere end)* above (*fx* the stars above us; 1,000 metres above sea level; a general is above a colonel in rank; children above the age of five);
3. *(mere end)* over; *(mere nøgternt)* above (*fx* over 5 miles long; above (*el.* over) 200 members; 10 degrees above zero; he is over 50; above the normal price);
4. *(ud ~)* beyond (*fx* pass beyond this line; go beyond that price; far beyond his expectations);
5. *(tværs ~)* across (*fx* a bridge across the river; walk across the lawn; swim across the river; run across the street); *(hen ~)* over (*fx* walk over the moor; pass over the frontier);
6. *(via)* via (*fx* to London via Esbjerg); by (way of), through (*fx* through York to London, not through Leeds);
7. *(om klokkeslæt)* past (*fx* it is three (, nine, twelve etc.) minutes past ten; it is a quarter (, five, ten, twenty, twenty-five) past ten; it was past (*el.* after) ten o'clock); *(am.)* after;
8. *(herskende ~)* over (*fx* these people want a strong man over them);
9. *(om retning for følelse: på grund af)* at (*fx* angry (, astonished, disappointed, impatient, offended) at his behaviour); about (*fx* angry (, annoyed, anxious) about her lack of interest); with (*fx* pleased with sth; disappointed with sby); of (*fx* glad (, proud) of sth; complain of sth); *(foran inf. el.* that-*sætn. udelades præp., fx* she was astonished (, disappointed, pleased, proud) to see him (, that he came));
10. *(angående)* on (*fx* lecture on Dickens);
11. *(om præg, egenskab)* about (*fx* there is something nervous (, aristocratic) about him);
12. *(om indhold)* of (*fx* a catalogue of the pictures; a list (, register, survey) of the members; a map of England);
[om brøk] 13 ~ 7 ($^{13}/_{7}$) 13 over 7.
over[2] *adv.* **1.** over (*fx* come over); **2.** *(om klokkeslæt)* past (*fx* it is five (minutes) past);
3. *(tværs ~)* across (*fx* they jumped across);
4. *(itu)* in two (*fx* cut (, break) it in two); *(skære (, klippe) ~, også)* cut (*fx* cut the thread);
□ *~* ***for*** *a)* opposite, facing (*fx* he sat opposite (*el.* facing) me); *b) (stående ~ for)* face to face with (*fx* an opponent); *(fig.)* in the face of (*fx* his courage in the face of difficulties); *c) (imod)* towards (*fx* their attitude towards the Government); to (*fx* his kindness to me; be responsible to sby); with (*fx* be frank (, gentle, strict) with sby; she took a sharp tone with him); *(se i øvrigt de ord hvor ~ forbindes).*
overadministration excessive administration.
overall *sb. (en, -s el. -) (arbejdstøj)* (bib-and-brace) overalls, bib overalls pl.; *(kraftig også)* dungarees pl.;
□ *en ~* a pair of overalls (, dungarees).
overalt *adv.* everywhere;
□ *~ hvor de kom* everywhere (*el.* wherever) they went; *~ i byen* all over the town; in all parts of the town; *~ på jorden* all over the world; in every part of the globe.
overanstrenge *vb.* overwork (*fx* one's people);
□ *~ sig* overstrain (*el.* overtax) oneself (*fx* I'm afraid you'll overtax yourself); overexert oneself (*fx* he doesn't overexert himself); *(med arbejde også)* overwork, work too hard; T overdo it (*fx* don't overdo it!).
overanstrengelse over-exertion; overwork.
overanstrengt *adj.* overworked.
overarbejde overtime;
□ *have ~* work (*el.* do) overtime.
overarbejdsbetaling overtime (pay).
overarm upper (part of the) arm.
overbalance*: få ~* lose one's balance.

overbebyrde *vb.* overburden (*fx* with work).
overbefaling supreme command.
overbefolket *adj.* overpopulated.
overbefolkning overpopulation.
overbegavet *adj.: han er ikke just* ~ he is not particularly bright.
overbeglo *vb.: ~ én* look sby up and down.
overbegramse *vb.* paw over.
overbegreb superordinate.
overbelaste *vb.* **1.** *(om apparat etc.)* overload; **2.** *(fig.)* overtax (*fx* one's brain).
overbelyse *(foto.)* overexpose.
overbeskytte *vb.* overprotect (*fx* a child).
overbeskyttelse overprotection.
overbeskæftigelse over-full employment.
overbetjent *(omtr.)* (police) sergeant;
□ *tjenstgørende* ~ desk sergeant.
overbevise *vb. (se også overbevisende, overbevist) (få til at indse)* convince (*om* of; *om at* that, *fx* the accident (, he) convinced me that something must be done about it);
(ved overtalelse også, F*)* persuade (*om* as to, of; *om at* that, *fx* he tried to persuade the court that he was innocent);
(fuldstændigt) satisfy (*om* of; *om at* that, *fx* you will have to satisfy them that you are the best man for the job);
□ ~ ***sig om*** convince oneself of; ~ *sig om at a)* convince oneself that; *b) (sikre sig)* satisfy oneself that, make sure that (*fx* the door is locked).
overbevisende[1] *adj.* convincing; persuasive;
□ *virke* ~ carry conviction.
overbevisende[2] *adv.* convincingly; persuasively.
overbevisning *sb. (en, -er)* conviction;
□ *han er socialist* ***af*** ~ he is a Socialist by conviction; *være af den ~ at* be convinced that; ***efter*** *min bedste* ~ to the best of my belief (*fx* I declare to the best of my knowledge and belief that the answers given above are true); *handle efter sin bedste* ~ act as one thinks best; ***i*** *den sikre ~ at* in the firm conviction that; confident that; ***uden*** *større* ~ without much conviction.
overbevist *adj.* convinced (*om* of); *(fuldstændigt)* satisfied (*om* as to, of);
□ *han er ~ socialist* he is a confirmed Socialist; he is a Socialist by conviction; *jeg føler mig ~ om at* I am convinced (, satisfied) that; *(stærkere)* I am positive that; *jeg føler mig* ***ret*** *~ om at* I am pretty sure that.
overbibliotekar chief librarian.
overbid overbite; *(ofte =)* protruding front teeth pl.
overblik 1. general view (*el.* idea), overview (*over* of);
2. *(undersøgelse)* survey (*over* of, *fx* after a brief survey of the damage); *(skøn)* estimate (*over* of, *fx* the cost); *(se også oversigt)*;
3. *(evne til at se på helheden)* breadth of view (*el.* of outlook);
□ *mangle* ~ lack a broad view of things; *miste -ket* lose track of things; lose oneself in details; *[med vb. + over]* ***danne sig*** *et* ~ ***over*** form a general view (*el.* idea) of (*fx* the case); estimate (*fx* the cost); ***give*** *et* ~ ***over*** give a survey of (*fx* the events of the day); ***have*** *et godt* ~ ***over*** *(ɔ: greb om)* have a good grasp of (*fx* the details, the situation); ***tage*** *et* ~ ***over*** survey (*fx* the damage); review (*fx* the position, the cost); *(skønne over)* estimate (*fx* the cost).
overblænde *vb. (i film)* dissolve (*til* to).
overblænding *sb. (en, -er)* dissolve.
overbo *sb. (en, -er)* person living in the flat above.
overbooke *vb.* overbook.
overborgmester *(kan gengives)* Chief Burgomaster.
overbringe *vb.* **1.** *(aflevere)* deliver (*fx* letters, a message); give (*fx* give her my congratulations);
2. *(bringe)* bring (*fx* a message to sby); F convey (*fx* a message (, one's thanks) to sby);
3. *(viderebringe)* pass on (*fx* greetings to sby).
overbringelse *sb. (en)* delivery; F conveyance.
overbringer *sb. (en, -e)* bearer (*fx* of a letter).
overbroderet *adj.* **1.** embroidered (*med* with, *fx* pearls); **2.** *(fig.)* fussy;
□ ~ *stil (også)* ornate style; *(mere neds.)* overelaborate style.
overbruse *vb.* sprinkle.
overbrusning *sb. (en, -er)* sprinkling.
overbud higher bid.
overbudgettere *vb.* overbudget.
overbudspolitik policy of going one better.
overbyde *vb.* **1.** *(ved auktion etc.)* outbid; **2.** *(fig.)* outdo, outbid; T go one better than (*el.* over).
overbygge *vb. (med tag)* roof, cover.
overbygning 1. superstructure; **2.** *(i skole)* [classes 8, 9 and 10]; *(kan gengives)* senior school; **3.** *(i videregående uddannelse)* superimposed courses.
overbærende[1] *adj.* **1.** *(tilgivende)* forbearing (*imod* towards); charitable (*imod* to);
2. *(mild)* lenient (*imod* towards, with);
3. *(tolerant)* tolerant (*imod* towards).
overbærende[2] *adv. (jf. overbærende*[1]*)* **1.** forbearingly, charitably; **2.** leniently; **3.** tolerantly.
overbærenhed *sb. (en) (jf. overbærende)* **1.** forbearance (*imod* towards); charity (*imod* to);
2. *(mildhed)* lenience (*imod* towards, with);
3. *(tolerance)* tolerance (*imod* towards).
overdel upper part, top.
overdimensionere *vb.: ~ noget* get sth out of (all) proportion.
overdimensioneret *adj.* **1.** oversized, overlarge (*fx* church);
2. *(fig.: overdreven)* exaggerated (*fx* fear).
overdommer *(i sport)* chief referee; *(i baseball)* umpire-in-chief.
overdosis *(med.)* overdose; *(fork.: af narkotika)* OD;
□ *han døde af en* ~ S he OD'd.
overdrage *vb.* **1.** hand over (*til* to, *fx* he handed over the money (, the responsibility, the command) to her); *(især om ledelse)* turn over (*fx* turn over the management of the firm to him; he turned over the business to his daughter); *(om ejendom)* make over (*fx* make over one's house to sby); F transfer (*til* to, *fx* the power (, the responsibility, the property) to sby);
2. *(myndighed)* delegate (*fx* one's power to sby);
3. *(police)* assign;
4. *(betro)* entrust (*fx* entrust the task to him; entrust him with the task);
□ *som kan -s* transferable.
overdragelse *sb. (en) (jf. overdrage)* **1.** transfer; making over; **2.** delegation; **3.** assignment.
overdramatisere *vb.* overdramatize.
overdrev *sb. (et, -)* **1.** *(fælled)* common; **2.** *(fig.: yderområde)* fringe.
overdrevet *adj.* **1.** exaggerated (*fx* account of an event); excessive (*fx* interest in art; modesty; use of force);
2. *(om pris)* exorbitant;

3. *(urimelig,* F*)* undue (*fx* caution, haste);
□ ~ *nydelse af* over-indulgence in; ~ *samvittighedsfuldhed* over-scrupulousness.

overdrive *vb. (se også overdrevet)* 1. *(sige for meget)* exaggerate (*fx* now you are exaggerating!); T come it a bit strong; *(i fremstilling, argumentation,* F*)* overstate one's case;
2. *(gøre for meget)* overdo it (*fx* take exercise but don't overdo it);
3. *(med objekt)* exaggerate (*fx* the importance of sth); overdo (*fx* one's sympathy); F carry ... to excess (*fx* she carried her modesty to excess);
□ *-r du nu ikke lidt?* isn't that putting it rather strongly? isn't that overdoing it a bit? *han har det med at (også)* ~ all his geese are swans; *uden at* ~ without exaggeration; T without a word of a lie.

overdrivelse *sb. (en, -r)* 1. exaggeration (*fx* that would be an exaggeration; I can say without exaggeration that he is indispensable); *(udtalelse også)* overstatement (*fx* that was something of an overstatement); 2. *(mht. nydelse)* over-indulgence;
□ *forsigtig indtil* ~ cautious to a fault.

overdrysse *vb.* sprinkle; *(med sukker, mel etc. også)* dredge.

overdyne *se dyne.*

overdæk upper deck.

overdækket *adj.* roofed, covered (*fx* a covered verandah).

overdænge *vb.: ~ en med noget* pelt sby with sth (*fx* mud, snowballs, stones); rain sth on sby (*fx* rain blows (, abuse, curses) on him); heap sth on sby (*fx* heap abuse on him).

overdødelighed *sb. (en)* excess mortality; excessively high death rate.

overdøve *vb.* 1. *(være højere end)* drown (out) (*fx* the noise drowned the speech);
2. *(tale højere end)* make oneself heard above (*fx* he tried to make himself heard above the noise);
□ ~ *en (ved at råbe)* shout sby down; ~ *samvittighedens stemme* stifle the voice of conscience.

overdådig[1] *adj.* 1. sumptuous (*fx* meal); lavish (*fx* party); luxurious (*fx* living);
2. *(rigelig)* abundant, lavish (*fx* portion); F opulent (*fx* beard, ornaments);
□ *i -t humør* in exuberant spirits.

overdådig[2], **overdådigt** *adv. (jf. overdådig*[1]*)* 1. sumptuously, lavishly (*fx* he entertained all visitors lavishly); luxuriously (*fx* live luxuriously); 2. abundantly;
□ ~ *illustreret* profusely illustrated.

overdådighed 1. sumptuousness; luxuriousness; 2. *(rigelighed)* abundance, profusion (*fx* of flowers).

overeksponeret *adj.* 1. *(foto.)* overexposed; 2. *(om person)* highly-strung; 3. *(overdrevet)* exaggerated (*fx* criticism).

overekstremiteter *sb.pl. (med.)* upper extremities.

overens *adv.: komme* ~ agree, come to an agreement (*med* with; *om* on); *stemme* ~ agree, tally, be consistent (*med* with); *stemme* ~ *med (også)* conform to; *(se også overensstemmelse (være i overensstemmelse med)).*

overenskomst *sb. (en, -er)* 1. *(aftale)* agreement;
2. *(ordning)* arrangement;
3. *(forlig)* compromise;
4. *(med kreditorer)* composition;
□ *efter fælles* ~ by common consent; *efter gensidig* ~ by mutual agreement; *(af)slutte en* ~ make an agreement (*med* with); F conclude an agreement (*med* with).

overenskomstansat *adj. (præd.)* appointed on a group contract basis.

overenskomstforhandlinger *sb.pl. (mellem fagforeninger og arbejdsgivere, omtr.)* collective bargaining sg.

overenskomststridig *adj. (præd.)* contrary to the agreement;
□ ~ *strejke* unofficial strike, wildcat strike.

overensstemmelse *sb. (en)* 1. agreement; 2. *(identitet)* identity;
□ *mangel på* ~ incongruity;
i* ~ *med *a) (som passer med)* in agreement with (*fx* what was said); in line with (*fx* the principles laid down); F in keeping with (*fx* his promise; his character); in conformity with (*fx* the law, the regulations); *b) (ifølge)* in accordance with, according to (*fx* your instructions (, orders, wishes); the terms of the treaty; English law); *i* ~ *med sandheden* in accordance with the truth; ***bringe i* ~ *med*** bring into agreement with; bring into line with; ***være i* ~ *med*** agree with, tally with, be consistent with; be in agreement (, keeping, accordance) with.

overensstemmende[1] *adj.* 1. *(som passer sammen)* concordant (*med* with); 2. *(ens)* identical (*fx* descriptions, statements);
□ *efter alles* ~ *mening* by common consent.

overensstemmende[2] *adv.* in agreement (*med* with).

overernære *vb.* overfeed.

overernæring overfeeding.

overfald 1. *(voldeligt)* attack, assault (*på* on); *(røverisk)* mugging (*på* of);
2. *(klap fx over lomme)* flap;
□ *voldeligt* ~ *(jur.)* assault and battery.

overfalde *vb.* 1. *(voldeligt)* attack, assault; *(røverisk)* mug; *(voldsomt,* F*, også fig.)* assail (*fx* assail sby with fierce blows (, abuse, questions));
2. *(fig.: give sig i lag med, skælde ud)* tackle (*fx* I was tackled by a man who wanted to sell me a pamphlet; he tackled me about an article I had written);
□ *blive -t af en byge* be caught in a shower.

overfaldsmand 1. assailant; 2. *(røver)* mugger.

overfart 1. passage; *(oftest kortere,* T*)* crossing; 2. *(skibstrafik)* service.

overfartssted ferry (station).

overfiske *vb.* overfish.

overflade *sb. (en, -r)* surface;
□ *han har kun set problemets* ~ he has only scratched the surface of the problem;
[med præp.] forsvinde ***fra jordens*** ~ disappear off the face of the earth; *tusind fod* ***over havets*** ~ a thousand feet above sea level.

overfladebehandling surface treatment.

overfladehærdning surface hardening.

overfladespænding surface tension.

overfladetemperatur surface temperature.

overfladisk[1] *adj.* 1. superficial (*fx* wound);
2. *(fig.)* superficial (*fx* character, treatment, view); shallow (*fx* argument, character, mind, talk, view); *(hastig)* cursory (*fx* examination, inspection); F perfunctory;
□ *have et* ~ *kendskab til* have a superficial knowledge of; T have a nodding acquaintance with (*fx* physics).

overfladisk[2] *adv. (jf. overfladisk*[1]*)* 1. superficially; 2. superficially, shallowly; cursorily, perfuncto-

rily;
□ ~ *set* superficially, on the surface (*fx* on the surface, it is not very important).
overfladiskhed *sb. (en)* superficiality; *(fig. også)* shallowness.
overflod *sb. (en)* abundance, profusion (*fx* an abundance (*el.* profusion) of flowers; flowers in abundance (*el.* profusion)); plenty (*fx* flowers in plenty; live in plenty);
□ *til ~ a)* abundantly (*fx* it is abundantly clear); *b) (tilmed)* for good measure.
overflodssamfund affluent society.
overflytning *sb. (en, -er)*, **overflytte** *vb.* transfer.
overflyve *vb.* **1.** fly over; F overfly; **2.** *(overgå)* excel, surpass.
overflyvning 1. overflight (*fx* overflights by foreign aircraft); **2.** *(det at)* overflying.
overflyvningsrettigheder *sb.pl.* overflying rights.
overflødig *adj.* superfluous (*fx* advice; that remark was superfluous); *(overskydende)* surplus (*fx* capacity); *(unødvendig)* unnecessary (*fx* caution, work);
□ *det ville være -t at bemærke at han ikke kom* needless to say, he did not come; *kommentarer er -e* it speaks for itself; *komme af med -e pund* get rid of surplus fat (*el.* excess pounds).
overflødiggøre *vb.* render superfluous.
overflødighed *sb. (en)* superfluity; *(se også overflod)*.
overflødighedshorn 1. cornucopia (*fx* there was a cornucopia of exotic dishes); horn of plenty;
2. *(kage)* [a cake shaped like a cornucopia].
overfløje *vb. (overgå)* surpass, excel.
overfodre *vb.* overfeed;
□ *de blev -t med (fig.)* they were stuffed (to the gills) with (*fx* Marxism); *de er blevet -t med det (fig., også)* they have had too much of it.
overfor *adv.* opposite (*fx* the house opposite).
overforbrug overconsumption; overspending.
overforenkling oversimplification.
overforfinelse overrefinement.
overforfinet *adj.* overrefined.
overformynder *(kan gengives)* public trustee.
overformynderi *(kan gengives)* public trustee's office.
overforsikret *adj.* overinsured.
overfortolke *vb.* overinterpret.
overfortolkning overinterpretation.
overfrakke overcoat.
overfrisk *adj. (om person)* hearty.
overfuse *vb.: ~ én* jump on sby, let fly at sby; F heap abuse on sby.
overfylde *vb.* **1.** *(fylde i for høj grad)* fill to overflowing; **2.** *(læsse for stærkt)* overload; **3.** *(med mennesker)* (over)crowd, pack;
□ *~ markedet (med varer)* flood (*el.* swamp) the market; *~ sig med mad* stuff (oneself).
overfyldt *adj.* **1.** crammed (*fx* suitcase); T chock-full; *(med mennesker især)* packed (*fx* bus, train, theatre); (over)crowded (*fx* bus, room, street; overcrowded prisons); **2.** *(overlæsset)* overloaded (*fx* lorry); **3.** *(med mad)* gorged.
overfølsom *adj.* **1.** hypersensitive; **2.** *(allergisk)* allergic (*over for* to).
overfølsomhed *sb. (en)* **1.** hypersensitivity; **2.** *(allergi)* allergy.
overføre *vb. (se også overført)*
1. *(flytte, overdrage)* transfer (*til* to, *fx* money to sby's account; information to a disk; one's loyalty to another party; the rights to sby else; the picture to paper, the design to the wall; I was transferred to another department);
2. *(smitte, kraft etc.)* transmit (*til* to, *fx* the disease can be transmitted to humans by insects; sexually transmitted diseases; store and transmit energy; transmit the information from one computer to another; water transmits sound);
3. *(tele.: om samtale gennem kabel)* carry (*fx* the cable will carry nearly 4000 conversations);
4. *(til ny side i regnskab)* carry (*el.* bring) forward;
5. *(bringe til anvendelse)* apply (*på* to, *fx* you cannot apply the rules of the drama to a novel; the results of the study cannot be applied to Danish conditions);
□ *~ en roman til tv-skærmen* adapt a novel for television.
overførelse *sb. (en, -r) (jf. overføre)* **1.** transfer; *(F & om billede)* transference; **2.** transmission; **3.** carrying; **4.** *(i regnskab) se overførsel*; **5.** *(anvendelse)* application (*fx* of the rules of the drama to a novel).
overføring *sb. (en, -er)* **1.** *(jernb.)* overhead crossing; **2.** *(af vej)* flyover, overpass; *(se også overførelse)*.
overføringsbillede transfer (picture).
overførsel *sb. (en, overførsler)* **1.** *(af pengesum)* transfer; **2.** *(i regnskab)* amount brought forward; *(se også overførelse, overføring)*.
overførselsindkomst 1. *(mht modtager)* transfer income; **2.** *(mht betaler)* transfer payment.
overført *adj. (fig.)* figurative (*fx* in a figurative sense); transferred.
overgang 1. *(også om stedet)* crossing;
2. *(forandring)* transition, change;
3. *(elek. afledning)* leak;
4. *(nuance)* shade;
□ ***en*** *~ (ɔ: i kort tid)* for a (short) time (*fx* I had that job for a time); for some time (*fx* he lived in England for some time); *det er kun en ~* it won't last; it is only a passing phase;
[med præp.] gå ***i*** *~ (om stemme)* break, crack; *hans stemme er i ~* his voice is breaking (*el.* cracking); ***uden*** *~* without transition (*fx* pass from one idea to another without transition).
overgangsalder 1. *(hos børn)* (years of) puberty; **2.** *(kvindens)* change of life; F menopause, climacteric;
□ *mandens ~* the male menopause.
overgangsbestemmelse interim provision.
overgangsform transitional form.
overgangsled (connecting) link.
overgangsløsning interim solution.
overgangsordning interim arrangement.
overgangsperiode transitional period, period of transition.
overgangsregering transitional government.
overgangsstadium transitional stage.
overgangssted 1. crossing; **2.** *(ved grænse, med kontrol)* checkpoint.
overgangssum *(for fodboldspiller)* transfer fee.
overgangstid *se overgangsperiode.*
overgartner head gardener.
overgear overdrive.
overgearet *adj. (fig.: om person)* overstrung.
overgemt *adj.* stale.
overgeneral commander-in-chief.
overgive *vb.* **1.** *(overlevere)* hand over (*til* to, *fx* hand over power (, the command, the money) to him); *(se også overdrage, overrække)*;
2. *(til afgørelse)* refer (*til* to, *fx* refer the case to the complaints board);
3. *(betro)* entrust (*en noget* sth to sby, sby with sth, *fx* entrust the task (, the money) to him; entrust him with the task (, the money));
4. *(mil.)* surrender (*noget til en* sth to sby, *fx* a fort to the enemy);
□ *~* ***sig*** *a)* surrender (*fx* to the

enemy); give oneself up (*fx* to the police); *b) (opgive sin strenge holdning)* relent, give in; ~ *sagen* ***til*** *sin advokat* place the matter in the hands of one's solicitor.
overgivelse *sb. (en, -r)* surrender; *(se også overdragelse).*
overgiven *adj.* high-spirited; F ebullient; *(larmende munter)* hilarious.
overglasur overglaze.
overgramse *vb.* paw over.
overgreb 1. *(uretfærdighed)* unjust measure, injustice (*fx* they protested against the injustices of the Government);
2. *(overfald)* assault (*fx* rape and sexual assaults);
3. *(grusom handling)* atrocity, outrage (*fx* the atrocities (*el.* outrages) committed by the troops).
overgroet *adj.* overgrown (*med* with).
overgæret *adj. (om øl)* top-fermented.
overgæring top fermentation.
overgå[1] *vb.* **1.** *(overbyde)* do better than (*fx* the others); F outdo (*fx* they tried to outdo each other in telling crazy jokes); T beat (*fx* he got a car, you can't beat that);
2. *(være bedre end)* surpass (*fx* all the others; oneself);
3. *(forventninger)* surpass (*fx* all expectations); exceed, go beyond (*fx* it went beyond my wildest dreams);
4. *(forandres)* be changed, be transformed (*til* into);
□ *Guds fred som -r al forstand* the peace of God that passeth all understanding.
overgå[2] *vb. (ske for)* happen to (*fx* that this should happen to me!); *(om uheld etc.,* F *el. glds.)* befall (*fx* a great misfortune befell him; the fate (, disgrace) that befell him); come upon (*fx* many misfortunes came upon us that winter);
□ *der overgik ham en ulykke* he was overtaken by an accident.
overgå[3] *vb.:* ~ ***til*** *a) (om person: blive flyttet)* be transferred to (*fx* another department); *b) (om ejendom: til ny ejer)* pass to (*fx* the house passed to his son); ~ *til statsejendom* become state property;
huset er -et ***på*** *fremmede hænder* the house has passed into the hands of strangers.
overhale *vb.* **1.** *(indhente)* overtake; **2.** *(sø.: om skib)* overhaul;
□ ~ *højre (, venstre) om* overtake on the right (, left); ~ *indenom* overtake on the inside.
overhaling *sb. (en, -er)* **1.** *(det at indhente)* overtaking;
2. *(irettesættelse)* talking-to, rocket; S wigging;
3. *(sø.: reparation)* overhaul; *(rullen)* lurch;
□ *foretage en* ~ overtake; *få en* ~ *(fig.)* be hauled over the coals, be ticked off.
overhalingsbane *sb.* overtaker lane, fast lane.
overhead *sb. (en, -er el. -s)* transparency sheet.
overheadprojektor overhead projector.
overhede *vb.* **1.** overheat; **2.** *(om damp)* superheat.
overhedning *sb. (en)* **1.** overheating; **2.** *(af damp)* superheating.
overherredømme supremacy (*over* over); *(mellem stater også)* hegemony.
overholde *vb.* keep (*fx* a diet, obligations; one's side of the bargain); F observe (*fx* rules, neutrality, a tradition); respect (*fx* the Constitution, a tradition);
□ ~ *køreplanen (om tog)* run on time, run on schedule.
overholdelse *sb. (en)* observance.
overhoved 1. head (*fx* of a family);
2. *(for stamme etc.)* chief.
overhovedet *adv.* **1.** at all (*fx* did you see it at all? if he comes at all);
2. *(i det hele taget)* altogether (*fx* altogether, he is not a very reliable person); on the whole;
□ ~ *ikke* not at all, not in the least (*fx* afraid); ~ *intet* nothing at all, absolutely nothing, nothing what(so)ever; ~ *intet motiv* no motive at all (*el.* what(so)ever); *han kommer hvis han* ~ *kan* he will come if he possibly can; *hvis det* ~ *er muligt* if (it is) at all possible; *vi vil gøre så meget som* ~ *muligt* we will do as much as is humanly possible (*el.* as we possibly can).
overhud epidermis.
overhus upper house;
□ *-et (i Engl.)* the House of Lords.
overhælde *vb.:* ~ *med vand* pour water over; *(stærkere)* drench with water.
overhængende *adj. (truende)* imminent (*fx* danger); F impending.
overhængt *adj. (om kød)* high;
□ *vi er* ~ *med arbejde* we have too much work on our hands; we are snowed under with work; ~ *med smykker* overloaded with jewels.
overhøjhed suzerainty.
overhøre *vb.* **1.** *(ikke ville høre)* ignore (*fx* he ignored my protests); F disregard; *(ikke høre)* miss;
2. *(høre tilfældigt)* overhear (*fx* I happened to overhear their conversation);
3. *(eksaminere)* test (orally); F examine; *(i kirken)* catechize;
□ ~ ***at*** *(jf. 1)* ignore (, disregard) the fact that.
overhørig *adj.: sidde noget* ~ ignore sth.
overhøring *(eksamination)* examination.
overhånd: *få* ~ *over* get the better of; *tage* ~ get out of hand, get out of control.
overhåndtagen *sb. (en)* prevalence.
overhåndtagende *adj.* growing, spreading; F rampant.
overilelse *sb. (en, -r)* **1.** rashness;
2. *(om handling)* rash action.
overilet[1] *adj.* rash, hasty.
overilet[2] *adv.* rashly, hastily.
overindlæring *(psyk.)* overlearning.
overingeniør chief engineer.
overiset *adj.* iced-up, iced-over; *(præd. også)* covered with ice.
overjeg *(psyk.)* super-ego.
overjordisk *adj.* **1.** *(oven på jorden)* above ground; **2.** *(overnaturlig)* supernatural; *(himmelsk)* celestial; *(guddommelig)* divine.
overkant 1. upper edge; **2.** *(fig.)* upper limit;
□ *prisen ligger i -en* the price is a bit on the high side.
overkapitalisere *vb.* overcapitalize.
overkirurg consultant surgeon.
overklasse- upper-class; *(neds.)* posh (*fx* accent, part of the town, voice).
overklasseløg stuck-up so-and-so.
overklassen the upper classes pl.
overklistre, overklæbe *vb.* plaster all over, cover.
overkommando *sb. (en, -er)*
1. *(overbefaling)* supreme command; **2.** *(institution)* General Headquarters; *(personerne også)* (the) High Command.
overkomme *vb.* **1.** manage (to do) (*fx* how does he manage to do all that work?); cope with (*fx* he can't cope with all that work); T get done;
2. *(få tid)* find the time (*fx* he can't even find the time to visit his mother once a week);
3. *(have råd)* afford (*fx* he can't afford to buy a car);
4. *(undertiden = overvinde)* overcome (*fx* a problem, a difficulty).
overkommelig *adj.* **1.** *(gørlig)* practicable;

2. *(ikke for stor)* manageable (*fx* size, sum); *(om problem, vanskelighed)* surmountable (*fx* the problems were surmountable);
3. *(mht. pris)* affordable, reasonable.

overkompensere *vb.* overcompensate.

overkonstabel *(mil.)* lance corporal; *(sø.)* able seaman.

overkop cup.

overkorrekt[1] *adj.* overcorrect (*fx* pronunciation);
□ ~ *væsen* punctilious manner.

overkorrekt[2] *adv.* overcorrectly.

overkradse *vb.* **1.** scratch all over;
2. *(med skrift)* scribble all over (*fx* somebody had scribbled all over the book).

overkrop upper part of the body; F torso (*fx* his bronzed torso);
□ *med nøgen* ~ stripped to the waist; bare from the waist upwards.

overkurs premium;
□ *til* ~ at a premium.

overkæbe upper jaw.

overkøje upper berth.

overkørsel 1. *(sted)* crossing; *(jernbane-, i niveau)* level crossing;
2. *(det at køre én over)* running over.

overkørt *adj.* *(udaset)* exhausted, worn out.

overlade *vb.* **1.** *(afgive)* hand over (*fx* the money (, the command, the responsibility) to him);
2. *(lade få)* let have (*fx* let her have the last word (, the rest of the money);
3. *(lade tage sig af)* leave (*fx* leave the decision (, all the hard work) to him);
4. *(betro)* leave (*fx* leave him with the difficult decisions (, the responsibility)); F entrust (*fx* entrust the job (, the money) to her; entrust her with the job (, the money));
5. *(sælge)* let have;
6. *(låne)* lend;
□ *overlad det* **til** *mig (ɔ: lad mig om det)* leave it to me; *jeg -r til dig at bestemme hvad der skal gøres* I leave it to you to decide what is to be done; ~ *en til sig selv a) (lade i fred)* leave sby alone; *b) (ikke hjælpe etc.)* leave sby to his own devices; leave sby to himself (*fx* the children were left very much to themselves); *(se også skæbne)*.

overlagen top sheet.

overlagt *adj.* *(overvejet)* premeditated (*fx* murder);
□ ~ *tå* overlaid toe.

overlappe *vb.* *(gribe ind over hinanden)* overlap.

overlast *sb.* *(en)* **1.** *(fortræd)* harm;
2. *(beskadigelse)* damage;
□ *lide* ~ *a) (om person)* be harmed; *(seksuelt)* be molested (*fx* the girl had been sexually molested); *b) (om ting)* be damaged (*fx* the furniture had not been damaged).

overlaste *vb.* overload.

overlegen *adj.* **1.** *(storsnudet)* supercilious (*fx* attitude, manner, smile); haughty; T sniffy; *(som føler sig bedre)* superior (*fx* attitude, smile);
2. *(som er bedre, stærkere etc.)* superior (*fx* his superior strength; superior in numbers; attack with superior forces);
3. *(glimrende)* brilliant (*fx* mind);
□ *være én* ~ be superior to sby; be more than a match for sby; *langt* ~ greatly superior;
[med sb.] ~ *dygtighed* consummate skill; *en* ~ *præstation* an accomplished performance; *en* ~ *sejr* a sweeping victory.

overlegenhed *sb.* *(en)* *(jf. overlegen)* **1.** superciliousness; haughtiness; superiority; F hauteur;
2. superiority; **3.** brilliance.

overleve *vb.* *(se også overlevende)*
1. *(ulykke etc.)* survive;
2. *(leve længere end)* survive, outlive (*fx* one's children; she survived (*el.* outlived) him by eight years);
□ ~ *sig selv* outlive one's day (*el.* usefulness).

overlevelse *sb.* *(en)* survival.

overlevelsesdragt survival suit.

overlevelsesevne survival capacity.

overlevelseskursus survival course.

overlevelsesrente survivorship annuity.

overlevelsesudstyr survival kit.

overleven *sb.* *(en)* survival (*fx* the survival of the fittest).

overlevende *adj.* **1.** surviving;
2. *(brugt som sb.)* survivor (*fx* there were no survivors).

overlever *sb.* *(en, -e)* survivor.

overlevere *vb.* **1.** hand over; *(mere* F*)* deliver; **2.** *(til eftertid)* hand down (*fx* traditions that have been handed down through generations).

overlevering *(jf. overlevere)* **1.** delivery; handing over; **2.** handing down; **3.** *(sagn etc.)* tradition;
□ *ifølge -en* according to tradition.

overliggedag *(sø.)* demurrage day.

overliggedagspenge *sb.pl.* demurrage sg.

overliggende *adj.* **1.** overlying;
2. *(delvis dækkende)* overlapping;
□ *de* ~ *etager* the upper storeys, the storeys above; ~ *tæer* overlaid toes.

overligger *sb.* *(en, -e)* **1.** *(i højdespring)* bar;
2. *(i fodboldmål)* crossbar;
3. *(i kricket)* bail;
4. *(i telt)* ridgepole;
5. *(dæksten)* cover stone;
6. *(over dør)* lintel;
7. *(tekn.: drager)* girder.

overliste *vb.* **1.** *(narre)* outwit;
2. *(liste sig ind på)* steal upon;
3. *(overrumple)* take by surprise (*fx* they took us by surprise).

overlyds- supersonic (*fx* jet plane; speed).

overlydsbrag sonic boom.

overlæbe upper lip.

overlæder *(på skotøj)* uppers pl.; *(forreste del)* vamp.

overlæg *sb.* *(et)*: *med* ~ deliberately; *efter modent* ~ after careful consideration; F after due deliberation.

overlæge *sb.* *(en, -r)* **1.** consultant;
2. *(mil.)* major (MC); *(sø.)* surgeon commander;
□ ~ *i psykiatri* consultant psychiatrist, psychiatric consultant.

overlægestilling consultancy.

overlærer *(kan gengives)* senior teacher.

overlæs overload.

overlæsse *vb.* *(se også overlæsset)*
1. overload (*fx* one's stomach); crowd (*fx* a room with furniture);
2. *(overbebyrde)* overburden (*fx* him with work);
3. *(med udsmykning)* overdecorate;
□ ~ *med (også)* load with (*fx* they loaded him with honours).

overlæsset *adj.* **1.** overloaded;
2. *(om person: overbebyrdet)* overburdened (*fx* with work);
3. *(med udsmykning)* overdecorated; *(overpyntet)* fussy;
□ ~ *med møbler* overfurnished; ~ *stil* ornate style.

overløber 1. *(politisk etc.)* renegade; defector; **2.** *(desertør)* deserter.

overmagt 1. superiority; **2.** *(mil.)* superior force.

overmale *vb.* **1.** *(skjule med maling)* paint over (*fx* the cracks);
2. *(oversmøre)* daub (*fx* the wall had been daubed with graffiti);
3. *(overkradse med skrift etc.)* scribble (*el.* scrawl) over (*fx* a book).

overmand superior;
□ *han er min* ~ *(ɔ: mig overlegen)*

he is more than a match for me; *finde sin ~* come off second-best; *han har fundet sin ~ (også)* he is up against more than his match.
overmande *vb.* overpower;
□ *blive -t af træthed* be overcome by fatigue.
overmenneske superman.
overmenneskelig *adj.* superhuman (*fx* effort).
overmod 1. *(overlegenhed)* arrogance; **2.** *(dumdristighed)* rashness, recklessness.
overmoden *adj.* overripe.
overmodig *adj.* **1.** *(overlegen)* arrogant; **2.** *(dumdristig)* reckless, rash.
overmorgen: *i ~* the day after tomorrow.
overmund 1. upper part of the mouth; **2.** *(kunstigt tandsæt)* upper dental plate;
□ *han har ingen tænder i -en* he has no upper teeth.
overmægtig *adj.* superior.
overmæt *adj.* overfull; more than satisfied; F satiated; *(stærkere: til lede)* surfeited.
overmæthed *sb. (en)* satiety; *(stærkere)* surfeit.
overmætte *vb.* **1.** satiate; *(stærkere)* surfeit; **2.** *(kem.)* supersaturate.
overmåde *adv.* exceedingly.
overmål *sb. (et)* excess;
□ *i (, til) ~ a)* to excess; *b) (så det er for galt)* to a fault (*fx* generous (, modest) to a fault).
overnational *adj. (om internationalt organ)* supranational (*fx* authority).
overnatning *sb. (en, -er)* **1.** *(det at overnatte)* staying (*el.* spending) the night;
2. *(enkelt ~)* overnight stay;
□ *hotellet havde kun 15 -er sidste uge* the hotel had only 15 people staying overnight (*el.* 15 overnight guests) last week; *muligheder for ~* overnight accommodation; *~ i det fri* sleeping in the open.
overnatningsmuligheder *sb.pl.* overnight accommodation sg.
overnatte *vb.* stay overnight, stay (for) the night (*fx* you can stay the night with us); spend the night (*fx* at a hotel).
overnaturlig *adj.* supernatural (*fx* beings, forces, power);
□ *i ~ størrelse* larger than life.
overnervøs *adj.* overstrung.
overophedet *adj.* **1.** superheated (*fx* steam); **2.** *(fig.)* overheated (*fx* economy).
overophedning 1. superheating; **2.** *(fig.)* overheating (*fx* of the economy).
overopsyn supervision, superintendence;
□ *føre ~ med* supervise, superintend.
overordentlig[1] *adj.* extraordinary.
overordentlig[2], **overordentligt** *adv.* *(meget)* extremely (*fx* important);
□ *~ mange* a very large number.
overordnet *adj.* **1.** *(som har en højere stilling)* superior;
2. *(vigtigere end andet)* overriding (*fx* need; considerations *(hensyn)*; of overriding importance);
3. *(brugt som sb.)* superior (*fx* his superiors);
□ *det overordnede mål* the overall objective; *~ stilling* senior post; responsible position.
overpolstret *adj.* overstuffed.
overpris 1. *(for høj pris)* too high a price (*el.* charge); overcharge;
2. *(højere pris)* higher price;
3. *(tillægspris)* surcharge;
□ *betale ~ (jf. 1)* be overcharged (*for* for); T be ripped off; *forlange ~ af en (jf. 1)* overcharge sby; T rip sby off; *sælge varerne til -er* sell the goods at exorbitant prices.
overproduktion 1. overproduction; **2.** *(det producerede)* surplus production.
overrabbiner Chief Rabbi.
overraske *vb. (se også overraskende, overrasket)* surprise; *(stærkere)* astonish; *(komme bag på også,* F*)* take by surprise (*fx* it took me by surprise);
□ *det -r at der ikke er blevet gjort mere* it is surprising that not more has been done; *det -r mig (ikke)* I am (not) surprised; *regnen -de os se ndf.: vi blev -t;*
[med præp.] vi blev -t ***af*** *regnen* we were caught in the rain; *~ en* ***i at*** *gøre noget* catch sby (in the act of) doing sth.
overraskelse *sb. (en, -r)* **1.** *(følelse)* surprise (*over* at); *(stærkere)* astonishment (*over* at);
2. *(noget der overrasker)* surprise (*fx* it was a pleasant surprise for (*el.* to) me);
□ *til min store ~* to my great surprise; much to my surprise.
overraskelsesangreb surprise attack (*el.* raid).
overraskelsesmoment element of surprise.
overraskende[1] *adj.* surprising; *(stærkere)* astonishing.
overraskende[2] *adv.* surprisingly (*fx* surprisingly good); *(stærkere)* astonishingly (*fx* he was astonishingly ignorant);
□ *~ hurtigt* with surprising speed.
overrasket[1] *adj. (jf. overraske)* surprised, astonished (*over* at; *over at (+ inf.)* to; *(+ sætn.)* that);
□ *blive ~* be surprised, be astonished.
overrasket[2] *adv.* surprisedly, in surprise (*fx* he looked at her in surprise); in astonishment.
overreagere *vb.* overreact.
overreaktion overreaction.
overrende *vb. (plage)* pester; *(se også overrendt)*;
□ *han -r os ikke (ɔ: kommer sjældent)* he is a rare visitor.
overrendt *adj.*: *~ af a)* pestered by (*fx* beggars); *b) (fuld)* crowded with (*fx* tourists).
overrisle *vb.* **1.** *(lede vand hen over)* irrigate; **2.** *(overbruse)* sprinkle;
□ *-t (*T*: fuld)* tipsy.
overrisling *sb. (en, -er)* **1.** irrigation; **2.** sprinkling.
overrislingsanlæg irrigation system.
overrumple *vb.*: *~ en a)* take (*el.* catch) sby unawares; *(mere* F*)* take sby by surprise; *b) (i et ubevogtet øjeblik)* catch sby off his guard (*el.* off balance); T catch sby napping.
overrumpling *sb. (en, -er)* surprise; *(mil. også)* surprise attack.
overrække *vb.* present (*én noget* sby with sth).
overrækkelse *sb. (en)* presentation.
oversanselig *adj.* **1.** extrasensory;
2. *(overnaturlig)* supernatural;
3. *(i filosofi)* transcendental;
□ *læren om det -e* metaphysics.
oversave *vb.* saw off;
□ *-t haglgevær* sawn-off shotgun; *(am.)* sawed-off shotgun; *den -de dame (i cirkus)* the lady who gets sawn in half.
oversavle *vb. (også fig.)* slobber over, slaver over.
overse *vb. (se også overset)* **1.** *(ikke se)* overlook, miss (*fx* there is a detail you have overlooked (*el.* missed)); fail to see;
2. *(ikke ville se)* ignore (*fx* she ignored me completely); F disregard;
3. *(ringeagte)* look down on, slight;
4. *se overskue;*
□ *~* ***at*** *(+ sætn.)* overlook (, ignore) the fact that; *det er* ***til at*** *~ (ɔ: ikke meget)* it is nothing to speak of; it is negligible; *deres begejstring er til at ~* there is a limit to their enthusiasm.
oversejl *(til telt)* flysheet.
oversende *vb.* **1.** send; F transmit; *(penge)* remit; **2.** *(videresende)* send on; *(til afgørelse)* refer (*til* to,

fx refer the case to the complaints board).
oversergent *(mil.)* staff sergeant; *(sø.)* petty officer, 1st class.
overset *adj.* neglected (*fx* author, book).
oversidder *sb. (en, -e)* **1.** *(ikke opflyttet i næste klasse)* repeater; **2.** *se eftersidder*; **3.** *(i kortspil, dans)* sitter out.
overside top side.
oversidning *sb. (en, -er) (jf. oversidder)* **1.** not being moved up; **2.** detention; **3.** sitting out.
oversigt *sb. (en, -er)* **1.** survey, review (*over* of); *(resumé også)* summary (*over* of); *(skitse)* outline (*over* of); **2.** *(nyhedsoversigt)* news summary;
□ *give en ~ over a) (redegøre for)* give a survey of, survey, review (*fx* the political situation); *b) (sammendrage)* summarize (*fx* the contents); *c) (skitsere)* outline (*fx* one's plans).
oversigtsartikel survey.
oversigtskort key map.
overskab **1.** top cupboard; **2.** *(vægskab)* wall cupboard.
overskride *vb.* **1.** *(gå over, krydse)* cross (*fx* the frontier); **2.** *(fig.: gå ud over)* go beyond (*fx* what is reasonable); *(mere* F*)* exceed (*fx* an amount, a limit);
□ *~ grænsen for det sømmelige* go beyond the bounds of propriety; *~ hastighedsbegrænsningen* exceed the speed limit (*med 20 km* by 20 km); *~ sin kompetence* exceed (*el.* go beyond *el.* overstep) one's powers; *(jur.)* act ultra vires; *~ tiden* overrun (*fx* the programme overran by five minutes).
overskridelse *sb. (en, -r)* **1.** *(beløb)* excess; **2.** *(af tid)* overrun; **3.** *(det at overskride)* going beyond; F exceeding.
overskrift *sb. (en, -er)* **1.** heading; **2.** *(i avis)* headline; **3.** *(til digt, sang)* title;
□ *stor ~ (i avis)* splash headline; *(over flere spalter)* banner headline (*fx* the event made banner headlines all over the world).
overskrævs *adv.: ~ på* astride (*fx* sit astride a chair (, a horse)); *sidde ~ på (også)* straddle (*fx* a horse; he sat straddling a wall).
overskud *sb. (et, -)* **1.** *(fortjeneste)* profit; **2.** *(ud over det nødvendige, fx i produktion; på statsregnskab, handelsbalance)* surplus; **3.** *(fig.)* energy (*fx* he hasn't got the energy to take an interest in politics; if you have any energy left); reserves of energy (*fx* the job requires great reserves of energy); strength (*fx* now I have enough strength to look at it again);
□ *give ~ (jf. 1)* give (*el.* yield) a profit; *have ~ (jf. 1)* make a profit, be in the black;
[med præp.] ~ ***af*** *korn* a surplus of grain, a grain surplus; *~ af kraft* reserve of strength (, power); *der er én* ***i*** *~* there is one too many; *~* ***på*** *handelsbalancen* a surplus in the balance of trade, a trade surplus; *der er ~ på regnskabet* the accounts show a profit; *have et ~ på en million* make a profit of a million.
overskudsdeling profit sharing.
overskudslager surplus stock(s).
overskue *vb.* **1.** *(forudse)* foresee, see (*fx* he could not foresee the consequences; it is impossible to (fore)see what the result may be); **2.** *(klare)* cope with (*fx* he couldn't cope with all the work); **3.** *(se ud over)* survey (*fx* the situation); take in (*fx* the scene, the surroundings).
overskuelig *adj.* **1.** *(klar)* clear; *(om fremstilling også)* well-arranged; **2.** *(overkommelig)* manageable (*fx* size, task);
□ *i (el. inden for) en ~ fremtid a)* in the foreseeable future (*fx* it will not happen in the foreseeable future); *b) (inden længe)* in the not too distant future (*fx* the problem will be solved in the not too distant future).
overskuelighed *sb. (en)* **1.** clarity, clearness; *(om opstilling etc.)* good layout (, arrangement etc.); **2.** manageability.
overskydende *adj.* surplus, extra (*fx* capacity, points);
□ *det ~ beløb (, antal etc.)* the surplus; *~ skat* overpaid tax.
overskyet *adj.* **1.** *(om himmel)* overcast; **2.** *(om vejr)* cloudy.
overskygge *vb.* overshadow.
overskylle *vb.* **1.** flood; **2.** *(~ og fylde)* swamp (*fx* the deck, the boat).
overskæg moustache; *(am.)* mustache.
overskære *vb.* **1.** *(skære over)* cut (through); **2.** *(krydse)* cross;
□ *et stykke overskåret (kan gengives)* a slice of Danish pastry.
overskæring *sb. (en, -er)* **1.** *(jernbane-)* (level) crossing; **2.** *(det at skære over)* cutting.
overslag *sb. (et, -)* **1.** *(foreløbig beregning)* (rough) estimate, rough calculation (*over* of); **2.** *(i gymnastik)* handspring; **3.** *(elek.)* flashover;
□ *gøre et ~ over* make an estimate (*el.* a rough calculation) of, estimate, calculate roughly.
oversmøre *vb.* **1.** smear, daub (*fx* her face was smeared with red make-up; smear mud over the wall; the wall had been daubed with blood (, graffiti)); **2.** *(dække)* coat (*fx* the car was coated with mud); **3.** *(med skrift)* scrawl.
overspille *vb.* **1.** *(grammofonplade)* re-record; **2.** *(en rolle)* overact;
□ *~ på bånd* record onto tape.
overspringe *vb. se springe[1] (over).*
overspringelse *sb. (en, -r)*, **overspringning** *(en, -er) (udeladelse)* omission.
overspringshandling displacement activity.
oversprøjte *vb.* **1.** spray (*med* with, *fx* water); **2.** *(overstænke)* spatter (*med* with, *fx* blood, oil).
overspænding *(elek.)* overvoltage.
overspændt *adj.* **1.** *(overdreven)* exaggerated (*fx* hopes); **2.** *(om mennesker)* highly strung; overwrought; **3.** *(om ideer)* high-flown, quixotic.
overspændthed *sb. (en) (jf. overspændt 2)* overwrought state.
overstadig *adj.* overexcited;
□ *~ af glæde, i -t humør* bubbling over with joy; F in exuberant spirits.
overstadighed *sb. (en)* overexcitement.
overstat(s)lig *adj.* supranational.
overstemme[1] *sb. (mus.)* upper part.
overstemme[2] *vb.* outvote.
overstemple *vb. (om frimærke)* overprint; *(ændre værdien)* surcharge.
overstige *vb.* surpass (*fx* one's expectations); exceed;
□ *det -r mine evner* it is beyond my powers; *det -r min fatteevne* it is beyond me.
overstrege *vb.* cross out, strike out, delete; *(se også ønsket).*
overstregning *sb. (en, -er)* deletion.
overstregningspen highlighter.
overstryge *vb.* coat, give a coat of paint.
overstrø *vb.* sprinkle.
overstrømmende[1] *adj.* **1.** brimming over (*fx* with joy); F exuberant (*fx* joy); **2.** *(neds.: (over)elskværdig)* effusive (*fx* praise, welcome);
□ *~ taknemmelighed* effusions of gratitude.
overstrømmende[2] *adv.* **1.** exuberantly; **2.** *(neds.)* effusively;

□ ~ *taknemlig* overflowing with gratitude; ~ *venlig (neds.)* effusive, gushing.
overstråle *vb. (overgå)* outshine, eclipse.
overstyret *adj.* oversteered;
□ *være* ~ oversteer.
overstyrmand *(sø.)* chief officer.
overstænket *adj.: ~ med* (be)spattered with (*fx* dirt, mud).
overstørrelse*: i ~ a) (stor)* outsize (*fx* an outsize dress); *b) (i overnaturlig størrelse)* larger than life (*fx* a statue larger than life); *c) (opfotograferet)* blown-up (*fx* picture).
overstå *vb. (se også overstået)* get over (*fx* an illness; the initial problems); get through (*fx* a crisis, a hard winter).
overstået *adj. (præd.)* (all) over; *(stærkere)* over and done with;
□ *det er et ~ stadium* it is a thing of the past;
[med vb.] det **er** *~ a) (det er forbi)* it is over (*fx* the danger (, the worst) is over now; next week our troubles will be (all) over); *b) (ɔ: og lad os glemme det)* it is over and done with; ***få*** *det ~* get it over (with); get it over and done with; *når vi har ~ julen* when we get over Christmas; ***have*** *~ en eksamen* have passed an examination.
oversvømme *vb. (se også oversvømmet)* **1.** flood; **2.** *(fig.)* flood, swamp (*fx* the market with cheap goods; flooded (*el.* swamped) with letters).
oversvømmelse *sb. (en, -r)* flood; floods pl.
oversvømmet *adj.* flooded; F inundated;
□ *~ af a)* flooded with (*fx* complaints, letters); F inundated with (*fx* letters, requests, orders); *b) (om levende væsner)* overrun by (*fx* tourists, rats).
oversygeplejerske *(svarer omtr. til)* nursing officer.
oversædig *adj. (bot.)* epigynous.
oversætte *vb.* translate (*fx* translate a text into English; translate from Danish into English; he can't translate).
oversættelse *sb. (en, -r)* **1.** translation (*fx* do a translation of an English novel);
2. *(bibeloversættelse)* version;
3. *(oversættelsesstil)* text for translation; translation exercise; *(til eksamen)* translation paper.
oversættelseslån *(sprogv.)* loan translation.
oversætter *sb. (en, -e)* translator.
oversøisk *adj.* overseas (*fx* trade).
oversået *adj.: ~ med* strewn with (*fx* the floor was strewn with broken glass); *(som pletter)* dotted with (*fx* flowers); *(mere spredt)* sprinkled with; *(tæt,* F*)* studded with (*fx* diamonds, flowers, stars).
overtag*: få -et* get the upper hand (*over* of); *have -et* have the upper hand (*over* of); T be top dog.
overtage *vb.* **1.** take over (*fx* a business, a loan, the command, the helm, his job, the leadership, the watch *(vagten)*); F assume (*fx* control, one's duties, the direction, the leadership);
2. *(fx ved huskøb)* take possession of (*fx* the house);
3. *(påtage sig)* take on, undertake (*fx* a job, a task); F assume;
□ *~ ledelsen (også)* take over (*efter en* from sby); *~ ledelsen af* take over the management of; take charge of; *~ magten a)* take over; take (, assume) control (, power); *b) (ved regeringsskifte)* come into power; *c) (med vold)* seize power; *(se også regering).*
overtagelse *sb. (en, -r)* **1.** taking over; F assumption;
2. *(ved huskøb)* (entering into) possession (*fx* immediate possession *(~ straks)*);
3. *(hdl.: af selskab)* takeover (*fx* a hostile takeover); *(køb)* purchase;
□ *~ af magten se magtovertagelse.*
overtagelsesforsøg *(hdl.)* takeover bid.
overtagelsespris **1.** purchase price;
2. *(ved licitation)* contract price.
overtal*: være i ~ (ɔ: udgøre flertallet)* be in the majority; *de er i ~ (ɔ: for mange)* there are too many of them.
overtale *vb.* persuade; *(trods modstand,* F*)* prevail upon;
□ *~ en (ɔ: trods vægring)* talk sby round; *han lod sig ~* he let himself be persuaded;
[med præp.] ~ en **til** *(også)* talk sby into, persuade sby to; *~ en* ***til at*** talk sby into -ing, persuade sby to; *han var ikke til at ~* he was not to be persuaded.
overtalelse *sb. (en, -r)* persuasion;
□ *efter mange -r* after a great deal of persuasion.
overtalelsesevne persuasive powers *pl.*; persuasiveness.
overtallig *adj.* extra, spare (*fx* copies).
overtand upper tooth.
overtandlæge *(mil.)* major (Dental Corps); *(sø.)* surgeon commander (dentist).
overtegnet *adj. (lån, liste)* oversubscribed.
overtegning oversubscription.
overtid overtime.
overtime*: en ~* an hour's overtime; *(i skole etc. også)* an extra period.
overtjener head waiter.
overtone[1] *sb. (en, -r)* overtone.
overtone[2] *vb. (i film)* mix, dissolve.
overtoning dissolve.
overtro superstition;
□ *former for ~* superstitions.
overtroisk[1] *adj.* superstitious.
overtroisk[2] *adv.* superstitiously.
overtrukket *adj.* **1.** *(himmel)* overcast; **2.** *(konto)* overdrawn;
□ *~ med chokolade* coated with chocolate.
overtrumfe *vb. (fig.)* go one better than; F outdo.
overtryk **1.** *(stærkere end atmosfærens)* pressure above the atmosphere;
2. *(for stort tryk)* overpressure;
3. *(på frimærke: som ændrer værdien)* surcharge; *(påtryk)* overprint.
overtræde *vb.* **1.** *(forse sig mod)* break (*fx* the law, God's laws (, Commandments), the rules, the speed limit); offend against (*fx* the rules); F infringe (*fx* the regulations, a law); breach (*fx* a convention, the conditions, the law); violate (*fx* an order, a prohibition, the rules); *(jur.)* contravene (*fx* he was fined for contravening the Food Hygiene Regulations);
2. *(i håndbold)* overstep the goal area line.
overtrædelse *sb. (en, -r)* offence (*af* against, *fx* the Police Discipline Code, the law, the rules); F infringement, breach (*af* of, *fx* the regulations); violation (*af* of); *(jur.)* contravention (*af* of).
overtræder *sb. (en, -e)* offender.
overtræffe *vb.* exceed (*fx* all expectations).
overtræk **1.** *(hylster)* cover;
2. *(lag)* coat, coating (*fx* of chocolate); *(glasur på kage)* icing;
3. *(af konto)* overdraft;
4. *(i bridge)* overtrick.
overtrække *vb. (se også overtrukket)* **1.** *(med chokolade etc.)* coat (*med* with);
2. *(konto)* overdraw (*fx* one's account by £100);
3. *(om sproglyd)* carry over, link.
overtræksbukser *sb.pl.* leggings, overall trousers.
overtrækschokolade chocolate for coating; *(fagl.)* couverture.
overtrækssko overshoe.
overtræksærme oversleeve.
overtræne *vb.* overtrain.

overtræt *adj.* overtired, worn out.
overtværs *adv.: bryde ~* cut the matter short; *bryde ~ med* break with; *sidde ~ på* sit astride.
overtyde *vb.* convince (*om* of; *om at* that).
overtænke *vb.* consider, think over.
overtøj (outdoor) things pl. (*fx* let me take your things); (hat and) coat;
□ *uden ~* without a coat.
overveje *vb.* **1.** *(tænke over)* think about (*fx* his proposal, what to do; I'll think about it); *(grundigt)* think over (*fx* think the matter over; I need more time to think it over); *(mere alvorligt,* F*)* consider (*fx* his offer, the possibility of doing it, his proposal, the situation); reflect (up)on (*fx* the situation, what to do); *(med henblik på en vigtig afgørelse)* deliberate (*fx* whether to accept an offer; what action to take);
2. *(påtænke)* contemplate (*fx* a trip to America; suicide);
□ *~ **at*** think about (*el.* of) -ing (*fx* buying a house); *(mere* F*)* consider -ing; *(alvorligt)* contemplate -ing (*fx* going to America);
*[med præp. & adv.] ~ **med** sig selv* debate with oneself; *~ **på ny*** reconsider; *alt vel -t* everything considered; *(se også velovervejet).*
overvejelse *sb. (en, -r)* consideration; F deliberation;
□ *gøre sig **mange** -r* consider it at length; ***regeringens** -r* the Government's deliberations; *det er en ~ **værd*** it is worth considering;
*[med præp.] **efter** moden ~, efter mange -r* after careful (*el.* mature) consideration (, deliberation); *efter nærmere ~* on thinking it over, on second thoughts; F on (further) consideration; *tage noget **med i** sine -r* take sth into consideration; *tage sagen **op til** ~* consider (*el.* look into) the matter; *tage sagen op til fornyet ~* reconsider the matter; *sagen er **under** ~* the matter is under consideration; *have noget under ~* have sth under consideration, be contemplating (*el.* considering) sth; *tage under ~, se ovf.: tage op til ~;* ***ved** nærmere ~, se ovf.: efter nærmere ~.*
overvejende[1] *adj.* predominant; F prevailing;
□ *den ~ del* the great (*el.* vast) majority.
overvejende[2] *adv.* predominantly (*fx* the population is predominantly Roman Catholic); chiefly, mainly;
□ *det er ~ sandsynligt at han glemmer det* most likely he will forget it; F there is every probability that he will forget it.
overvinde *vb.* **1.** *(modstander)* defeat (*fx* the enemy, an opponent); F conquer (*fx* an opponent); *(litt.)* vanquish; T beat, get the better of;
2. *(fig.)* overcome (*fx* a difficulty, an obstacle, one's fear, one's scruples, their resistance; a tendency to exaggerate); T get the better of (*fx* a difficulty); F surmount (*fx* a difficulty, an obstacle); conquer (*fx* one's passion);
□ *erklære sig for overvundet* concede defeat; *~ al modstand* overcome all resistance; carry everything before one; *~ **sig til at** give ham en undskyldning* bring oneself to apologize to him.
overvindelse *sb. (en)* overcoming; F surmounting (*fx* of an obstacle);
□ *det kostede mig megen ~* it cost me a great effort to do it; I had to force myself to do it; *med nogen ~* somewhat reluctantly.
overvintre *vb.* **1.** *(tilbringe vinteren)* spend (*el.* pass) the winter (*fx* in Africa); *(fagl.)* overwinter (*fx* the expedition overwintered in the Antarctic);
2. *(overleve)* live (*el.* last) through the winter, winter; *(fagl. om insekter)* overwinter;
3. *(ligge i hi)* hibernate.
overvintring *sb. (en)* **1.** wintering;
2. *(i hi)* hibernation.
overvurdere *vb.* **1.** overestimate (*fx* the importance of the problem; one's strength);
2. *(nære for høje tanker om)* overrate (*fx* that novel has been overrated; an overrated actor);
3. *(ansætte for høj en værdi for)* overvalue (*fx* the franc was overvalued);
□ *~ sig selv* have too high an opinion of oneself.
overvurdering *(jf. overvurdere)*
1. overestimate; **2.** overrating;
3. overvaluation.
overvægt **1.** excess weight;
2. *(fig.: hyppighed)* predominance (*fx* a predominance of old people in the population); F preponderance (*fx* their preponderance in land-based missiles);
3. *(majoritet)* majority;
□ *have -en (fig.)* have the upper hand (*over* of).
overvægtig *adj.* overweight (*fx* an overweight person; he is overweight); too heavy;
□ *~ bagage* excess baggage.
overvælde *vb.* overwhelm (*fx* the sight of her overwhelmed him); *(om følelser, smerter også)* overcome;
□ *~ én med* load sby with (*fx* presents, reproofs); shower (*fx* favours, honours) on sby.
overvældende[1] *adj.* overwhelming (*fx* impression, joy, majority); *(stærkere)* staggering (*fx* prospect, problem).
overvældende[2] *adv.* overwhelmingly; *(stærkere)* staggeringly.
overvære *vb. (-de, -t)* **1.** *(være med til)* be present at, attend (*fx* the ceremony, a concert, the execution, the funeral, the performance; attend a meeting);
2. *(se)* see (*fx* an accident, an execution); F witness (*fx* an accident, a ceremony, a curious scene, a robbery); *(følge)* watch (*fx* a football match).
overværelse *sb. (en)* presence, attendance;
□ *i ~ af* in the presence of.
overvættes[1] *adj.* exceeding.
overvættes[2] *adv.* exceedingly.
overvåge *vb.* **1.** *(holde øje med)* watch (*fx* the prisoner was watched day and night); *(en mistænkt)* keep under surveillance;
2. *(holde opsyn med)* watch over (*fx* their safety; the pupils); supervise (*fx* their activities, their work; the children when playing);
3. *(kontrollere løbende)* monitor (*fx* radioactivity, pollution, their activities);
□ *~ at* take care that; see to it that.
overvågning *sb. (en, -er) (jf. overvåge)* **1.** surveillance (*fx* electronic surveillance in supermarkets);
2. supervision; **3.** monitoring.
overøse *vb.: ~ en med noget (fig.)* load (*el.* shower) sby with sth, shower sth on sby; *(se også overvælde).*
ovn *sb. (en, -e)* **1.** *(bage-, stege-)* oven;
2. *(kakkel-, varme-)* stove;
3. *(centralvarmefyr, smelte-)* furnace;
4. *(til tørring, brænding)* kiln.
ovnfast *adj.* ovenproof (*fx* dish);
□ *-e fade* ovenware.
ovnlakere *vb.* stove-enamel.
ovntørre *vb.* kiln-dry; oven-dry; *(se ovn).*
ovre *adv.* **1.** over; **2.** *(forbi)* over; *(afsluttet)* at an end;
□ *her ~* here, over here, out here; *være ~ a) (ɔ: på den anden side)* have got across; *b) (overstået)* be over (*fx* the danger is over); *c)*

(ophørt) be at an end (*fx* the war is now finally at an end).
oxyd *sb. (et)* oxide.
oxydere *vb.* oxidize.
oxydering *sb. (en, -er)* oxidation.
ozon *sb. (et)* ozone.
ozonholdig *adj.* ozone-containing.
ozonhul ozone hole.
ozonlag ozone layer.
ozonlampe ozonizer; ozone apparatus.

P

pace[1] *sb. (en)* **1.** *(fart)* pace; **2.** *(det at pace)* pacing.
pace[2] *vb.* pace;
□ ~ *en frem til en eksamen* cram sby for an examination.
pacemaker *sb. (en, -e)*, **pacer** *sb. (en, -e) (også med.)* pacemaker.
pacificere *vb.* pacify.
pacifisme *sb. (en)* pacifism.
pacifist *sb. (en, -er)*, **pacifistisk** *adj. (attr.)* pacifist.
padde *sb. (en, -r) (zo.)* amphibian;
□ *sløv* ~ dullard; T zombie.
paddehat *(bot.) (især spiselig)* mushroom; *(uspiselig)* toadstool;
□ *skyde op som -te* spring up like mushrooms; mushroom.
paddehat(te)sky mushroom cloud.
padderok *sb. (en, -ker)*, **padderokke** *(en, -r) (bot.)* horsetail.
padle *sb. (en, -r) & vb.* paddle.
padleåre paddle.
paf[1] *adj.* put out; *(stærkere)* staggered, flabbergasted; *(stum)* dumbfounded;
□ *jeg var* ~ *(også)* you could have knocked me down with a feather.
paf[2] *interj. (lyd af skud)* bang.
pagaj *sb. (en, -er)* (double) paddle.
pagaje *vb.* paddle.
page *sb. (en, -r)* page (*hos* to).
pagehår pageboy hair.
pageklippet *adj. (kun efter sb.)* with pageboy hair.
pagina *sb. (en)* page.
paginere *vb.* page, paginate.
paginering *sb. (en)* pagination.
pagode *sb. (en, -r)* pagoda.
pagt *sb. (en, -er)* **1.** pact (*fx* the Atlantic pact); treaty (*fx* non-aggression treaty); **2.** *(bibelsk)* covenant (*fx* the Old Covenant);
□ *-ens ark* the Ark of the Covenant; *være i* ~ *med a)* be allied to; *b) (være i samklang med)* be in harmony (*el.* tune) with; agree with.
paillet *sb. (en, -ter)* spangle; *(rund)* sequin.
pak *sb. (et) (pøbel)* riff-raff, scum.
pakdyr *sb. (et)* pack animal;
F beast of burden.
paketbåd packet (boat).
pakhus warehouse; *(især am.)* storehouse.
pakhusafgifter *sb.pl.* warehouse charges; storage sg.
pakis pack ice.
pakistaner *sb. (en, -er)*, **pakistansk** *adj.* Pakistani.
pakkasse (packing) case; *(tremmekasse)* crate.
pakke[1] *sb. (en, -r)* **1.** package; *(også om post-)* parcel; *(am.)* package;
2. *(lille, fabrikspakket)* packet (*fx* of cigarettes, of cornflakes, of tea, of butter); *(am. også)* package, pack (*fx* of cigarettes);
3. *(bundt)* bundle (*fx* of letters);
4. *(fig. om aftaler, lovforslag)* package;
5. (T*: pige)* piece (of goods).
pakke[2] *vb.* **1.** pack (*fx* pack a suitcase; pack clothes into a suitcase; have you packed?); **2.** *(tætte med pakning)* pack;
[med adv.] ~ ***ind*** *a)* wrap up (*fx* goods; a child); do up (*fx* a parcel, books, a present in gift-wrapping paper); *b) (fig.)* wrap up (*fx* wrap the refusal up in polite phrases);
~ *sig ind* wrap oneself up (*fx* in a thick overcoat); ~ *en* ***ind i*** *vat (fig.)* wrap sby up in cottonwool; *-t ind i (om tøj)* wrapped up in, muffled up in (*fx* a thick overcoat);
~ ***ned*** pack, stow away;
~ ***op*** unpack; unwrap;
~ ***sammen*** *a) (gøre sig rejseklar)* pack (up) (*fx* one's things, one's books, one's clothes; you had better pack (up) at once); *b) (gå hjem; give op)* pack up (*fx* I think I'll pack up now; he may just as well pack up); *c) (rejse sin vej, forlade stillingen)* pack one's bags (and leave) (*fx* if he had said that to me I'd have packed my bags (and left)); *d)* (T*: stikke af)* clear out (*fx* we'd better clear out before he comes);
~ ***ud*** *a)* unpack (*fx* one's clothes; have you unpacked?); *b) (om noget indpakket)* unwrap (*fx* a present).
pakkeløsning package solution.
pakkenelliker *sb.pl.* things; *(småting)* odds and ends.
pakkepost parcel post.
pakker *sb. (en, -e) (indpakker)* wrapper.
pakkeri *sb. (et, -er)* packing room; *(større)* packing department.
pakkesmør pre-packed butter.
pakketur package tour, package holiday.
paklærred burlap.
pakmester **1.** *(i flyttefirma)* foreman; **2.** *(i postvæsen)* parcel-post foreman.
pakning *sb. (en, -er)* **1.** *(indpakning, emballage)* packing;
2. *(tætningsmiddel)* packing;
3. *(til vandhane etc.)* gasket;
4. *(pakningsskive)* washer.
pakningsskive washer.
pakrum store(room), depot.
paksæk kitbag.
pakvogn *(jernb.)* luggage van; *(am.)* baggage car.
pakæsel pack ass.
pal *sb. (en, -e)* pawl, catch.
palads *sb. (et, -er)* palace.
paladsagtig *adj.* palatial.
paladsrevolution palace revolution.
palatal *sb. (en, -er) & adj. (fon.)* palatal.
palaver *sb. (en,-e)* **1.** *(snak)* talk;
2. *(vrøvl)* waffle.
palet *sb. (en, -ter)* palette.
paletkniv palette knife, spatula.
paletspade (fish) slice.
palisade *sb. (en, -r)* palisade, stockade.
palisander *sb. (et) (bot.)* Brazilian rosewood.
palle[1] *sb. (en, -r)* pallet.
palle[2] *vb.* palletize.
palme *sb. (en, -r)* palm;
□ *stå med -rne i hænderne* get all the credit, triumph; *sejrens -r* the palm of victory.
palmegren palm branch.
palmehave palm court.
palmeolie palm oil.
palmesøndag Palm Sunday.
palmin *sb. (en)* vegetable fat.
palpe *sb. (en, -r) (zo.)* palp, feeler.
palpere *vb. (med.)* palpate.
palpering *sb. (en, -er) (med.)* palpation.
palæ *sb. (et, -er)* **1.** palace; **2.** *(fornemt hus)* mansion.
palæografi *sb. (en)* palaeography.
palæolitisk *adj.* palaeolithic.
palæontolog *sb. (en, -er)* palaeon-

tologist.
palæontologi *sb. (en)* palaeontology.
Palæstina Palestine.
palæstinenser *sb. (en, -e)*, **palæstinensisk** *adj.* Palestinian.
pamfilius: *en lykkens ~* a lucky devil.
pamflet *sb. (en, -ter)* lampoon.
pampas *sb. (en, -(s)er)* pampas.
pamper *sb. (en, -e) (kan gengives)* trade-union careerist.
panafrikansk *adj.* pan-African.
panamahat Panama hat.
Panamakanalen *(geogr.)* the Panama Canal.
panamaner *sb. (en, -e)*, **panamansk** *adj.* Panamanian.
Panamatangen *(geogr.)* the Isthmus of Panama.
panamerikanisme *sb. (en)* pan-Americanism.
panamerikansk *adj.* pan-American.
panarabisk *adj.* pan-Arab.
panarabisme *sb. (en)* pan-Arabism.
pande[1] *sb. (en, -r)* **1.** *(stege- etc.)* pan; **2.** *(leje-)* liner.
pande[2] *sb. (en, -r) (del af hovedet)* forehead (*fx* have a high forehead); brow (*fx* he mopped his sweating brow; Athene sprang, fully armed, from the brow of Zeus);
□ *løbe (el. rende) -n mod en mur* run one's head against a brick wall; *(se også rynke², rynket, åben)*;
[med præp.] slå en stud ***for*** *-n* fell an ox; *(se også kugle)*; *et ar* ***i*** *-n* a scar on one's forehead; ***med*** *løftet (el. oprejst) ~* with one's head held high; *(se også åben)*; *have sved* ***på*** *-en* have sweat on one's brow (*el.* forehead); *han fik sved på -en (fig.)* he got into a cold sweat; he broke out in a nervous sweat; *(se også sved¹)*.
pande[3] *vb.* (S: *slå)* clock (*fx* clock him one).
pandeben frontal bone.
pandebånd headband.
pandehule *(anat.)* frontal sinus.
pandehulebetændelse *(med.)* frontal sinusitis.
pandehår fringe.
pandekage pancake;
□ *flad som en ~* flat as a pancake; *(se også bage, vende)*.
pandekagehus *(svarer til)* gingerbread house.
pandekrølle 1. quiff; **2.** *(mands)* forelock.
pandelap *(af hjernen)* frontal lobe.
pandelok 1. *se pandekrølle*; **2.** *(hests)* forelock.
pandemi *sb. (en, -er)*, **pandemisk** *adj.* pandemic.
panderynke wrinkle (on the forehead).
panderynken *sb. (en)* frown.
pandeskal skull.
panegyrik *sb. (en, -ker)* panegyric.
panegyriker *sb. (en, -e)* panegyrist.
panegyrisk[1] *adj.* panegyrical.
panegyrisk[2] *adv.* panegyrically.
panel *sb. (et, -er)* **1.** *(gruppe personer)* panel;
2. *(træbeklædning)* wainscot; panel; *(fod-)* skirting board; *(am.)* baseboard;
3. *(instrument-)* panel;
4. *(i tøj)* panel;
□ *-er (jf. 2)* panelling sg.
paneldiskussion panel discussion.
panele, panelere *vb.* wainscot.
panelopvarmning panel heating.
panere *vb.* bread (*fx* breaded cutlets).
panfløjte *sb. (en, -r)* **1.** panpipes pl.; **2.** *(myt.)* syrinx.
pangermanisme *sb. (en)* pan-Germanism.
panhellenisme *sb. (en)* pan-Hellenism.
panik *sb. (en)* **1.** *(skræk)* panic; **2.** *(ballade)* hullabaloo;
□ *de blev grebet af ~, der gik ~ i dem* they got into a panic, they panicked; T they got panicky; *lave ~ (ɔ: ballade)* kick up a row; *der opstod ~* panic set in.
panikagtig *adj.* panicky;
□ *-e forholdsregler* panic measures.
panikreaktion panic reaction.
panikslagen *adj.* panic-stricken; T panicky.
panisk *adj.* panic;
□ *~ skræk* panic fear.
pankromatisk *adj. (foto.)* panchromatic.
panoptikon *sb. (et, -er)* waxwork show.
panorama *sb. (et, -er)* panorama; *(udsigt også)* view.
panoramavindue landscape window.
panorere *vb. (i film)* pan.
panser[1] *sb. (et, -e)* **1.** *(mil., på skib, ridders)* armour; **2.** *(på dyr)* carapace, shell.
panser[2] *sb. (en, -e) (betjent)* copper; *(også am.)* cop.
panserbeklædning armour(-plating).
panserbil armoured car.
panserbrydende *adj.* armour-piercing.
panserdivision *(mil.)* armoured division.
panserdør armour-plated door, steel door.
panserglas bullet-proof glass.
pansergranat armour-piercing shell.
panserkolonne armoured column.
panserkøretøj armoured vehicle.
panserplade armour plate.
panserskib armour-plated warship; *(hist.)* ironclad.
panserskjorte coat of mail.
panserstyrke *(mil.)* armoured force.
pansertog armoured train.
panservogn armoured car.
panserværns- anti-tank (*fx* gun, missile, rocket, shell).
panslavisme *sb. (en)* pan-Slavism.
pansret *adj.* armoured (*fx* vehicle); armour-plated (*fx* warship);
□ *den pansrede næve* the mailed fist.
pant *sb. (et, -er)* **1.** *(for lån)* security; *(i fast ejendom)* mortgage; *(håndpant)* pledge;
2. *(depositum fx for flaske)* deposit;
3. *(i panteleg)* forfeit;
4. *(symbol)* pledge (*fx* of love); token (*fx* take this ring as a token of our friendship);
□ *give ~ (i leg)* pay a forfeit; *give noget i ~ a)* give sth as security; *(håndpant)* pledge sth; pawn sth; *(se også pantsætte)*; *b) (i leg)* pay as a forfeit; *give 5 kr. i ~ for flasken* pay a deposit of 5 kr. on the bottle; *have ~ i ejendommen* have a mortgage on the property; *indløse et ~* redeem a pledge (, a forfeit); *tage ~ i noget* accept sth as security; *udlåne mod ~ se udlåne.*
pante *vb. se udpante.*
pantebrev *(i fast ejendom)* mortgage deed (*el.* bond).
pantefoged bailiff, sheriff's officer.
pantegæld *(i fast ejendom)* mortgage debt.
panteisme *sb. (en)* pantheism.
panteist *sb. (en, -er)* pantheist.
panteistisk *adj.* pantheistic.
panteleg (game of) forfeits.
pantelåner pawnbroker.
pantelånerforretning pawnshop.
panter *sb. (en, -e) (zo.)* panther;
□ *sort ~* black panther; *grå -e* Grey Panthers.
panteret *sb. (en)* **1.** lien (*i* on); *(i fast ejendom)* mortgage (right);
2. *(del af juraen)* law of mortgage and pledges.
panthaver *sb. (en, -e) (jf. pant 1)* mortgagee; pledgee;
□ *ufyldestgjort ~* holder of an unsatisfied mortgage.
pantograf *sb. (en, -er)* pantograph.

pantomime *sb. (en, -r)* **1.** pantomime, mime; *(NB* pantomime *er i Engl. alm. juleudstyrsstykke for børn);* **2.** *(indslag i stykke)* dumb show.
pantomimisk[1] *adj.* mimetic.
pantomimisk[2] *adv.* mimetically.
pantsætte *vb.* **1.** pledge, pawn; *(i pantelånerforretning)* pawn; T pop; **2.** *(fast ejendom)* mortgage; □ *være pantsat (jf. 1)* be in pawn; T be in pop.
pantsættelse *sb. (en, -r) (jf. pantsætte)* **1.** pledging; pawning; **2.** mortgaging.
pap *sb. (et, -per)* cardboard; *(tykt, fx til bogbind)* board, millboard; □ *limet ~* pasteboard; *skære (el. klippe) det ud i ~ a)* cut it out in cardboard; *b) (fig.)* spell it out.
papa *sb. (en)* papa; *(se også fader).*
papbind *sb. (et, -)* boards pl.
papbæger paper cup.
papegøje *sb. (en, -r)* **1.** *(zo.)* parrot; **2.** *(mål ved fugleskydning)* popinjay; **3.** *(sø.)* jigger; □ *have skudt -n* have struck lucky; have made a lucky hit.
papegøjesyge *(med.)* parrot disease; *(fagl.)* psittacosis.
papegøjetang *se vandpumpetang.*
papfigur **1.** *(legetøj)* cardboard cut-out; **2.** *(fx i roman)* cardboard character; **3.** *(leder uden betydning)* figurehead.
papfløde cream in a carton (, in cartons).
paphylster carton.
papil *sb. (en, -ler)* papilla (pl. -e).
papillot *sb. (en, -ter)* curl paper.
papir *sb. (et, -er)* **1.** *(materiale)* paper; *(skrive- etc. som handelsvare)* stationery; *(til avistryk)* newsprint; **2.** *(stykke ~)* piece (, sheet) of paper (*fx* he had a sheet of paper in his hand); *(som noget er (, har været) pakket ind i)* wrapper (*fx* chocolate wrappers, sweet wrappers); **3.** *(værdi-)* security; □ **-er** *a) (dokumenter, optegnelser etc.)* papers; *b) (jf. 3)* securities; *I må hellere* **få** *~* **på** *jeres forhold* you had better get your relationship legalized; *(se også fin)*; *[med præp.] kigge ham* **i** *-erne* T check up on him; *(se også stiv (i -erne))*; **på** *-et (fig.: teoretisk)* on paper; *få sin afsked på gråt ~* be summarily dismissed; T get the sack; *traktaten er ikke mere værd end det ~ den er skrevet på* the treaty is not worth the paper it is written on.
papiraffald **1.** wastepaper; **2.** *(som ligger og flyder)* litter.
papirarbejde *(kontorarbejde)* paperwork.
papirbakke paper tray.
papirfabrik paper mill.
papirfabrikant paper manufacturer.
papirflyver paper aeroplane, paper dart.
papirgang paper flow.
papirguld *(økon.)* paper gold; special drawing rights; *(fork.)* SDR.
papirhandel **1.** paper trade; *(med skrivepapir etc.)* stationery business; **2.** *(butik)* stationer's (shop).
papirhandler stationer.
papirhat party hat.
papirklemme clip.
papirkniv paper knife, paper cutter.
papirkrig *(fig. om bureaukrati) = papirnusseri.*
papirkugle **1.** paper ball; **2.** *(lille, fx til at kaste)* paper pellet.
papirkurv wastepaper basket; *(am. også)* wastebasket.
papirlap **1.** *(stump)* scrap of paper; **2.** *(seddel)* slip of paper.
papirlommetørklæde tissue.
papirløs *adj.: ~ far (, mor)* unmarried father (, mother); *-t par* unmarried couple; *-t ægteskab* F (nonmarital) cohabitation; *(kan gengives)* uncertified marriage; *leve i -t ægteskab* live together without marrying; F cohabit; *~ ægtefælle* (live-in) partner; F cohabiter, cohabitee.
papirmasse (paper) pulp.
papirmølle paper mill.
papirnusser *sb. (en, -e)* paper pusher.
papirnusseri **1.** *(unyttigt papirarbejde)* paper pushing, paper shuffling; **2.** *(bureaukrati)* red-tape.
papirpenge *sb.pl.* paper money sg.
papirrulle roll of paper.
papirsaks paper scissors pl.; (pair of) paper scissors (*fx* where are the paper scissors? I need a pair of paper scissors).
papirserviet paper serviette, paper napkin.
papirsløjd paper cutting.
papirspose paper bag.
papirstrimmel strip of paper.
papirstrøm paper flow.
papirtynd *adj.* wafer thin (*fx* slice of bread).
papirvarer *sb.pl.* paper articles; *(brevpapir etc.)* stationery sg.
papisme *sb. (en)* popery.
papist *sb. (en, -er)* papist.
papistisk *adj.* popish.
papkarton carton.
papkasse cardboard box, carton.
papkylling T battery broiler.
papmaché, papmache *sb. (en)* papier maché.
papmaske *(til dias)* cardboard mount.
papmundstykke *(på cigaret)* cardboard tip; □ *med ~* cardboard-tipped.
papmælk milk in a carton (, in cartons).
papnæse cardboard nose, false nose.
pappenheimer*: jeg kender mine -e* I know what he is (, they are etc.) up to.
paprika *sb. (en)* paprika.
paprør *(til plakat, kort etc.)* cardboard tube.
paptag felt roof.
paptallerken paper plate.
papvin wine in cartons (, in a carton).
papyrus *sb. (en, -(s)er el. -)* papyrus (pl. -es, papyri).
papæske cardboard box, carton.
par *sb. (et, -)* **1.** *(to sammenhørende ting)* pair (*fx* a pair of boots (, of gloves, of trousers)); **2.** *(om personer: forlovede, gifte)* couple (*fx* a married (, loving) couple; a dancing couple; a young couple were sitting on a bench); *(om to der arbejder, færdes etc. sammen, ofte spøg.)* pair (*fx* the brothers are a pair of criminals; a happy pair; a pair of lovers); **3.** *(om dyr)* pair (*fx* of ducks, of rabbits); *(om heste: spand)* pair, team; □ *det første ~ dage* the first few days; *[med et & to]* **et** *~ (ɔ: nogle få, + sb.)* a couple of, a few, one or two, two or three (*fx* pages, days); *(se også kasse (på kassen), kop)*; *et ~ dage (også)* a day or two; *et ~ gange* once or twice; a few times; *et ~ og tyve år* twenty-odd years; *send mig et ~ ord* drop me a line; *sige et ~ ord* say a few words; **to** *~ handsker (, sko etc.)* two pairs of gloves (, shoes etc).
parabel *sb. (en, parabler)* **1.** *(lignelse)* parable; **2.** *(mat.)* parabola.
parabol *sb. (en, -er)* **1.** *se parabolspejl*; **2.** *se parabolantenne.*
parabolantenne dish (aerial), satellite dish; *(am.)* dish antenna.
parabolspejl paraboloidal reflector.
parade[1] *sb. (en, -r) (mønstring, fx af soldater)* parade; □ *stille til ~ (mil.)* turn out for parade; *stå til ~ (fig.)* be paraded, be displayed.

parade[2] *sb. (en, -r)* **1.** *(i fægtning)* parry; **2.** *(i boksning)* block.
paradeforestilling *(neds.)* charade; □ *det var en ren ~* it was merely show.
paradekårde dress sword.
parademarch *(strækmarch)* goose-step.
paradentose *se parodontose.*
paradenummer **1.** star turn; **2.** *(humbug etc.)* charade; (piece of) window-dressing.
paradeplads parade ground.
paradere *vb.* parade; □ *~ i gaderne* parade the streets; *~ med* parade (*fx* one's new clothes).
paradigme *sb. (et, -r)* paradigm.
paradigmeskift paradigm shift.
Paradis *(rel.)* Paradise; □ *-ets have* the Garden of Eden.
paradis *sb. (et)* **1.** paradise (*fx* it is a hunter's paradise); **2.** *(børneleg)* hopscotch; □ *hoppe ~* play hopscotch; *et ~ på jorden* an earthly paradise, (a) heaven on earth.
paradisfugl *(zo.)* bird of paradise.
paradisisk *adj.* heavenly; F paradisiac(al), paradisal.
paradisæble *(bot.)* crab apple.
paradoks *sb. (et, -er)* paradox.
paradoksal *adj.* paradoxical; □ *-t nok* paradoxically.
paradoksmager *sb. (en, -e)* paradox-monger.
parafere *vb.* **1.** countersign; **2.** *(underskrive foreløbigt)* initial.
parafering *sb. (en, -er) (jf. parafere)* **1.** countersignature; **2.** initialling.
paraffin *sb. (en el. et, -er)* **1.** paraffin; **2.** *(det tekniske produkt)* paraffin wax.
paraffinolie liquid paraffin; *(am.)* paraffin oil.
parafrase *sb. (en, -r)*, **parafrasere** *vb.* paraphrase.
paragraf *sb. (en, -fer)* **1.** *(afsnit, lov-)* section; **2.** *(i kontrakt, i lovforslag)* clause; *(i traktat, i vedtægter)* article; □ *klare -ferne* straighten (*el.* sort) out the situation, set things straight.
paragrafrytter stickler for the letter of the law.
paragraftegn section mark.
paraguayaner *sb. (en, -e)*, **paraguayansk** *adj.* Paraguayan.
parallakse *sb. (en, -r) (astr.)* parallax.
parallel[1] *sb. (en, -ler)* parallel; □ *drage en ~ imellem (fig.)* draw a parallel between; *drage -ler* draw parallels.
parallel[2] *adj.* parallel (*med* to); □ *-t forbundet (elek.)* arranged in parallel.
parallelimport parallel importing.
parallelisere *vb.* parallel.
parallelisme *sb. (en, -r)*, **parallellitet** *(en)* parallelism (*mellem* between).
parallelklasser *sb.pl.* parallel classes.
parallellineal parallel ruler.
parallelogram *sb. (et, -mer)* parallelogram.
paralyse *sb. (en, -r)* paralysis (pl. paralyses).
paralysere *vb.* **1.** paralyse; **2.** *(elek.)* neutralize.
paralytiker *sb. (en, -e)*, **paralytisk** *adj.* paralytic.
parameter *sb. (en, parametre)* parameter.
paramilitær *adj.* paramilitary; □ *-e (brugt som sb.)* paramilitaries.
paranød *(bot.)* Brazil nut.
paraply *sb. (en, -er)* umbrella; T brolly; □ *slå en ~ op* put up an umbrella; *slå en ~ ned* put down (*el.* close) an umbrella.
paraplyanker *(sø.)* mushroom anchor.
paraplyantenne umbrella aerial (, antenna) *(jf. antenne).*
paraplyhylster umbrella case.
paraplyorganisation umbrella organization.
paraplystativ umbrella stand.
paraplystel umbrella frame.
parasit *sb. (en, -ter)* parasite.
parasitisk *adj.* parasitic.
parasol *sb. (en, -ler)* sunshade.
parat *adj.* ready (*til* for; *til at gøre noget* to do sth, *fx* we are ready for the journey; we are ready to go; she is always ready to help; the meal was ready); *(villig også)* prepared (*til at* to, *fx* to make concessions; to let them go bankrupt; to help); □ *gøre sig ~* get ready; *have noget ~* have sth ready (*el.* in readiness *el.* at hand); *holde sig ~* be ready, be prepared, stand by; F hold oneself ready; *~ til alt* ready for anything; *~ til start - løb! (svarer til)* ready, steady, go!
parathed *sb. (en)* readiness.
paratviden *(kan gengives)* active knowledge; fingertip knowledge.
paratyfus *(med.)* paratyphoid (fever).
paravane *sb. (en, -r) (sø.)* paravane.
parcel *sb. (en, -ler)* **1.** lot; plot of land; **2.** *(til kolonihave)* allotment.
parcelhus (small) detached house.
parcelhusejer home owner; owner-occupier (of a house).
parcellist *sb. (en, -er)* small-holder.
pardans **1.** couple dancing; **2.** *(enkelt dans)* couple dance.
pardon *sb. (en) (mil.: glds. el.* F*)* quarter; □ *give ~* give quarter; *pardon! (let glds.)* beg your pardon! (I'm) sorry!
paré, **pare** *sb. (en, pareer)* wager, bet.
parentes *sb. (en, -er)* **1.** brackets pl.; *(fagl. & am.)* parentheses pl.; **2.** *(indskud)* parenthesis (pl. parentheses); **3.** *(mat.)* brackets pl.; □ *hæve -en (mat.)* remove the brackets; *~ slut! (ved diktat)* close the brackets; *[med adj.] firkantet ~* square brackets; *(am.)* brackets; *rund ~* round brackets; *(fagl. & am.)* parentheses; *skarp ~* square brackets; *(am.)* brackets; *[med præp.]* ***i*** *~* in brackets; *(især fig.)* in parenthesis (*fx* let me add, in parenthesis...); *i ~ bemærket* by the way; incidentally; *sætte ~* ***om*** *noget a)* put brackets round sth (*fx* put brackets round 2a + b); bracket sth, put sth in brackets; *b) (fig.)* leave sth out of account.
parentetisk[1] *adj.* parenthetical (*fx* remark).
parentetisk[2] *adv.* parenthetically (*fx* she mentioned it parenthetically).
parere *vb. (afværge)* parry, ward off (*fx* a blow, a thrust); □ *~ ordre* obey orders; T toe the line.
parerplade guard.
parese *sb. (en, -r)* paresis (pl. pareses).
parfait *sb. (en)* parfait.
parforcejagt **1.** hunting; riding to hounds; **2.** *(enkelt jagt)* hunt.
parforhold relationship (*fx* live in an unhappy (, a stable) relationship; the relationship did not work; she has had one relationship which has broken down); F one-to-one relationship (*fx* they live in a one-to-one relationship); □ *leve i fast ~* have a permanent relationship.
parfume *sb. (en, -r)* scent, perfume.
parfumeflaske scent bottle.
parfumeforretning perfumery.
parfumehandler *sb. (en, -e)* perfumer.
parfumere *vb.* scent.
parfumeret *adj.* scented.

parfumeri *sb. (et, -er)* perfumery.
pari *sb.* par;
□ *aktierne står i ~* the shares are quoted at par; *over ~* above par; at a premium; *til ~* at par; *under ~* below par; at a discount.
paria *sb. (en, -er)* pariah.
parikurs par (of exchange);
□ *til ~* at par.
Paris *(geogr., myt.)* Paris.
pariser *sb. (en, -e)* Parisian.
pariser- Paris (*fx* Paris fashions).
parisergrønt *adj.* Paris green.
pariserhjul big wheel, Ferris wheel.
pariserinde *sb. (en, -r)* Parisienne.
parisisk *adj.* Parisian; *(attr. også)* Paris.
paritet *sb. (en)* parity.
paritetisk *adj.: ~ nævn* committee with equal representation of parties.
pariværdi par value.
park *sb. (en, -er)* park.
parkant *sb. (en, -er)* parker.
parkere *vb.* **1.** *(længere tid)* park;
2. *(kort tid, fx uden for butik)* wait;
3. *(*T*, fig.)* park, dump (*fx* you can dump (*el.* park) your luggage here);
□ *stå -t* be parked (*fx* the car was parked in front of the house).
parkering *sb. (en, -er) (jf. parkere)* **1.** parking; **2.** waiting;
□ *~ forbudt a)* No Parking (Here); *b)* No Waiting.
parkeringsanlæg (large) carpark.
parkeringsbås parking bay; *(især am.)* parking slot.
parkeringsforbud parking ban.
parkeringshus multi-storey carpark.
parkeringskontrollør *(svarer til)* traffic warden.
parkeringskredsløb *(i rumfart)* parking orbit.
parkeringslygte, **parkeringslys** *(på bil)* parking light.
parkeringsplads **1.** *(til enkelt bil)* parking space; *(se også parkeringsbås)*; **2.** *(større plads)* carpark; parking ground (*el.* area); *(især am.)* parking lot.
parkeringsskive parking disc.
parkeringsvagt carpark attendant.
parket *sb. (et, -ter)* **1.** *(teat.)* stalls pl.; *(am.)* orchestra, parquet;
2. *(gulvbelægning)* parquet (flooring).
parketgulv **1.** parquet floor; **2.** *(materialet)* parquet flooring.
parketstav parquet block.
parkomat *sb. (en, -er)* ticket machine.
parkometer *sb. (et, parkometre)* parking meter.
parlament *sb. (et, -er)* parliament;
□ *-et (i Engl.)* Parliament.
parlamentariker *sb. (en, -e)* parliamentarian.
parlamentarisk[1] *adj.* parliamentary.
parlamentarisk[2] *adv.: optræde ~* observe parliamentary conventions.
parlamentarisme *sb. (en) (folketings-)* Cabinet responsibility.
parlamentere *vb.* **1.** parley, negotiate (*med* with); **2.** *(snakke frem og tilbage)* discuss the matter endlessly; *(om pris)* haggle.
parlamentsbygning Parliament building;
□ *-en (i London)* the Houses pl. of Parliament.
parlamentsferie recess.
parlamentslede *(omtr.)* disillusionment with parliament.
parlamentsmedlem member of Parliament; *(fork.)* MP.
parlamentsmøde sitting of Parliament.
parlamentssamling session.
parlamentsvalg (Parliamentary) election, general election.
parlamentær *sb. (en, -er)* negotiator.
parlamentærflag flag of truce.
parløb **1.** *(cykelløb)* partner race;
2. *(skøjteløb)* pair skating.
parlør *sb. (en, -er)* phrase book.
parmesanost Parmesan cheese.
parnas *sb. (et) (myt. & fig.)* Parnassus.
parodi *sb. (en, -er)* **1.** *(litterær el. mus.)* parody (*på* of, *fx* of Tennyson, of Dickens, of Wagner); *(lettere, ofte satirisk sketch)* skit (*på* on, *fx* on "Hamlet"; on politicians); T spoof (*på* of, on, *fx* a horror film, hospital life);
2. *(personimitation)* impersonation, impression (*af* of, *fx* do an impression of the Prime Minister); *(satirisk,* T*)* take-off (*på* of, *fx* the history teacher);
3. *(fig.)* parody (*på* of, *fx* a parody of a school); travesty (*på* of, *fx* a travesty of justice); caricature (*på* of, *fx* he is a caricature of a teacher);
□ *det er en ren ~ (fig.)* it is a farce; it is farcical (*fx* it is farcical to teach music in that way).
parodiere *vb.* **1.** parody (*fx* his style);
2. *(imitere en person)* impersonate, do an impression of (*fx* a famous actor); T do (*fx* he does the Prime Minister very well); *(gøre grin med,* T*)* take off (*fx* have you heard him take off the headmaster?).
parodisk[1] *adj.* parodic;
□ *det er helt ~* it is a farce; it is farcical.
parodisk[2] *adv.* parodically.
parodist *sb. (en, -er)* impersonator, impressionist.
parodontose *sb. (en)* parodontal disease; T receding gums.
parole *sb. (en, -r)* **1.** *(ordre)* order;
2. *(parade)* (daily) parade;
3. *(glds.: feltråb)* password; *(løsen)* watchword;
□ *lystre -n* obey orders; T toe the line.
parre *vb.* **1.** *(om dyr)* mate;
2. *(sætte sammen)* match;
□ *~ sig, -s* mate; F copulate.
parring *sb. (en, -er) (om dyr)* mating; F copulation.
parringsakt copulation.
parringsdans, **parringsleg** mating dance.
parringstid mating season; *(om vildt)* rutting time.
parringsvalg sexual selection.
parse *vb. (edb)* parse.
parser *sb. (en, -e) (edb)* parser.
part *sb. (en, -er)* **1.** *(i konflikt, aftale etc.)* side (*fx* they sold arms to both sides in the war; the two sides in the conflict (, deal)); *(især jur.)* party (*fx* the two parties in the lawsuit; he discussed it with the interested parties);
2. *(del)* part (*fx* the greater part of the work); F portion; *(andel)* share (*fx* he did his share of the work);
□ *alle -er* everybody concerned; all the parties concerned;
[med præp.] hver ***af*** *-erne* each party, each of the parties, each side; *jeg* ***for*** *min ~* as for me, I (*fx* as for me, I forgive him); I for one; I for my part; *have ~* ***i*** *a)* have a share in; *b) (forretning etc.)* have an interest in; *være ~ i sagen* be a party to the case.
partere *vb.* **1.** cut up, cut into pieces;
2. *(skære for)* carve;
3. *(hist.: en henrettet)* quarter.
partering *sb. (en, -er) (jf. partere)* **1.** cutting up; **2.** carving; **3.** quartering.
parterre *sb. (et, -r)* **1.** *(i teater)* rear stalls pl.; *(am.)* parquet circle, parterre;
2. *(lav stueetage)* ground floor.
parthaver *sb. (en, -e)* partner, participant.
parti *sb. (et, -er)* **1.** *(del, stykke)* part;

2. *(vare-)* lot (*fx* in lots of 50); quantity (*fx* in large quantities); *(til forsendelse etc.)* consignment;
3. *(politisk etc.)* party;
4. *(i leg; i uenighed)* side (*fx* pick sides);
5. *(rolle; stemme)* part;
6. *(spil)* game (*fx* a game of chess (, whist));
7. *(kortspillere)* table, four;
8. *(i tennisregnskab)* game;
9. *(billedmotiv)* view (*fx* view of Dartmoor);
□ *et godt ~ (ɔ: ægteskab)* a good match (*fx* he made a good match; she is a good match);
[med vb.] ***give*** *-et* show off; *give -et som millionær* play (*el.* act) the millionaire; ***tage*** *~* take sides; *tage sit ~* make one's choice; ***tage ~ for*** *en* side with sby, take the side (*el.* part) of sby, take sby's side;
[med præp.] de delte sig ***i*** *to -er a)* they split up into two groups; *b) (ɔ: stridende)* they split up into two factions; *c) (ɔ: for at lege)* they split up into two sides; *være* ***på*** *hans ~* be on his side, side with him.
partialobligation debenture.
partiapparat party apparatus.
partiarbejder party worker.
participere *vb.* participate.
participium *sb. (et, participier) (gram.)* participle.
particulier *sb. (en, -er)* retired businessman (, farmer etc.); rentier.
partidannelse 1. the formation of parties (, of a party); **2.** *(parti)* party.
partidisciplin party discipline.
partiejer party boss.
partiel *adj.* partial.
partifarve party colour.
partiformand party leader.
partifunktionær party official; *(neds.)* party functionary.
partifælle fellow party member, party colleague.
partigænger *sb. (en, -e)* party man, party-liner.
partikel *sb. (en, partikler)* particle.
partikelforurening solid particle pollution.
partikularisme *sb. (en)* particularism.
partikulær *adj.* particular.
partiledelse *(bestyrelse)* party committee.
partiløs *adj.* independent.
partiparole *(generelt)* party line.
partipolitik party politics.
partipolitisk *adj.* party-political;
□ *~ strid se partistrid.*
partiprogram party programme, platform.
partisan *sb. (en, -er)* partisan.
partisansøm caltrop, crowfoot.
partisantørklæde PLO scarf.
partisekretær party secretary.
partisk[1] *adj.* bias(s)ed, one-sided; F partial.
partisk[2] *adv.* in a bias(s)ed (*el.* partial) manner, one-sidedly.
partiskhed *sb. (en)* bias, one-sidedness; F partiality.
partispørgsmål party issue.
partistilling position (*el.* strength) of the parties.
partistrid party conflict, party quarrel.
partitroskab party loyalty.
partitur *sb. (et, -er) (mus.)* score.
partivarer *sb.pl.* job goods.
partivis *adv.* by the lot, in lots.
partner *sb. (en, -e)* partner.
partout *adv.* by all means;
□ *han ville ~ se billedet* he insisted on seeing the picture.
partoutkort (permanent) pass.
partreder part owner, joint owner.
partsforklaring *(jur.)* evidence by one of the parties.
partsindlæg 1. *se partsforklaring*; **2.** *(fig.)* piece of special pleading.
parvenu *sb. (en, -er)* upstart; F parvenu.
parvenuagtig *adj.* jumped-up; F parvenu.
parvis *adv.* in pairs, two by two.
paryk *sb. (en, -ker)* **1.** wig; **2.** *(uredt hår)* shock of hair, thatch, mop;
□ *gå med ~* wear a wig.
parykmager *sb. (en, -e)* wigmaker.
pas[1] *sb. (et, -) (rejsepas)* passport.
pas[2] *sb. (et, -) (bjergpas)* pass; *(snævert)* defile.
pas[3] *(i kortspil)* pass;
□ *melde ~ a)* say pass; pass; *b) (fig.)* give (it) up, throw up the game; *være (, blive) ~* ***på*** T be (, get) fed up with.
paseftersyn 1. passport examination; **2.** *(person(er))* passport official(s); *(i Engl.)* immigration officer(s).
pasform *(om klæder)* fit.
pasfoto passport photo.
pasgang amble;
□ *gå i ~* amble.
pasgænger *sb. (en, -e)* ambler, pacer.
pasha *sb. (en, -er)* pasha.
pasindehaver holder of a passport.
paskontor passport office.
paskontrol 1. *se paseftersyn*; **2.** *(sted)* passport control; *(i Engl.)* immigration control; T immigration (*fx* we passed through immigration).
pasning *sb. (en, -er)* **1.** *(pleje)* care; **2.** *(i fodbold)* pass; **3.** *(pasform)* fit.
paspoleret *adj.: ~ knaphul* bound buttonhole; *~ lomme* jetted (*el.* piped) pocket.
passabel *adj. (farbar; antagelig)* passable.
passage *sb. (en, -r)* passage;
□ *skaffe fri ~* clear a passage (*el.* the way).
passager *sb. (en, -er)* passenger (*fx* in a car, on a train (, ship), on board a ship);
□ *blind ~* stowaway.
passagerbåd *se passagerskib.*
passagerfart passenger traffic.
passagerfly, passagerflyvemaskine passenger plane; *(stor)* airliner.
passagerflyvning 1. *(det at flyve)* passenger flying; **2.** *(enkelt flyvning)* passenger flight.
passagerliste passenger list.
passagermaskine *se passagerfly.*
passagerskib passenger ship; *(stor)* passenger liner.
passagerterminal passenger terminal.
passagertrafik passenger traffic.
passagervogn *(jernb.) se personvogn.*
passant*: en ~ se en passant.*
passat *sb. (en, -er)* trade wind.
passe[1] *vb.* **1.** *(tage sig af)* take care of (*fx* the children, the dog, the garden); look after (*fx* the children);
2. *(midlertidigt, mens nogen er væk)* look after, mind (*fx* the baby, the children, the dog; look after the garden for them);
3. *(en syg)* look after (*fx* he was well looked after in hospital); *(pleje)* nurse;
4. *(maskine etc.: betjene)* operate;
5. *(have ansvar for, fx forretning)* be in charge of; *(for kortere tid)* look after, mind (*fx* the shop, the office);
6. *(arbejde, pligter)* go about (*fx* one's work, one's duties); F attend to (*fx* one's work, one's duties);
□ *ikke ~* neglect (*fx* one's duties, one's health); *~* ***sit*** mind one's own affairs (*el.* business);
[med sb.] ~ ***børn*** *a)* take care of (*el.* look after) children; *b) (mens forældrene er ude)* baby-sit; *c) (have børnepasningsordning)* be a child-minder; *~* ***huset*** *a)* look after the house; *b) (stå for det hele)* run the house; *~* ***telefonen*** answer the telephone; *~* ***tiden*** *a) (være præcis)* be punctual,

be a good timekeeper; *b) (holde øje med tiden)* keep an eye on the time;
[med præp.] ~ *'***på** *(ɔ: uden objekt) a) (være opmærksom)* pay attention; *b) (være forsigtig)* look out, take care, be careful (*fx* be careful when you cross the road); *(se også smed[1]); pas på!* look out! watch out! take care! *(truende)* watch it!
~ **på** *(ɔ: med objekt) a) (passe godt på)* take (good) care of, be careful with (*fx* one's new clothes, one's health, one's money; take care of yourself!); *b) (tage sig af), se ovf.:1; c) (tage sig i agt for)* take care of, be careful of (*fx* take care of (*el.* be careful of) the cars when you cross the road); mind (*fx* mind the step (, your head)!); beware of (*fx* beware of the dogs (, of pickpockets)!); *du må ~ på tiden (ɔ: ikke være for længe om det)* you must watch your time;
~ **på at** *(sørge for)* take care to (*fx* do it correctly); ~ *på ikke at* take care (*el.* be careful) not to (*fx* say too much); ~ *på (at) du ikke falder* be careful (*el.* mind) (that) you don't fall; *pas* **på hvad** *du siger!* be careful what you say! *pas* **på med** be careful about (*fx* be careful (about) what you eat); *pas på med hvad du siger* be careful (about) what you say; F watch your language (*el.* tongue).

passe[2] *vb. (se også passende)*
1. *(have rigtigt mål)* fit (*fx* the coat does not fit (me));
2. *(være sand)* be true (*fx* that is (, isn't) true);
3. *(gælde)* apply (*fx* the argument does not apply in this case);
4. *(være belejligt)* be convenient; *(med objekt)* be convenient to, suit (*fx* if it is convenient to you, if it suits you; will Friday suit you?);
□ **det** *-r mig glimrende* it suits me fine; T it suits me down to the ground; *når det -r dig* when it suits you, when you like; at your leisure; *(ɔ: det haster ikke)* in your own good time (*fx* you can do it in your own good time); *-r det dig i morgen?* would tomorrow suit you (*el.* be all right)? *det ku' lige ~!* that's (asking) a bit much! *gøre som det -r en, gøre* **hvad der** *-r en (ɔ: uden hensyn til andre)* suit oneself; *de gjorde hvad der -de dem* they did what they saw fit; **pengene** *-r a) (beløbet er rigtigt)* that is the correct amount; *b) (behold resten)* keep the change;
[med sig] ~ **sig** *(være -nde)* be proper; ~ **sig for** become, be becoming for; *det -r sig ikke for mig at kritisere ham* it is not for me to criticize him; ~ **sig selv** *a)* mind one's own business (*fx* mind your own business!); *b) (holde sig for sig selv)* keep oneself to oneself;
[med præp. & adv.] ~ **for** *a) (tilfredsstille)* suit (*fx* a job (, house) that suits him); *b) (egne sig for)* be suitable for (*fx* a film that is suitable for children); be suited to (*fx* music suited to the occasion; they are not well suited to each other);
~ **i** fit (*fx* the key fits the lock);
~ **ind i** fit into; ~ **med** fit in with (*fx* it fits in with what he said earlier); be consistent with;
~ **ham op** *a)* seek him out; *b) (ligge på lur efter ham)* waylay him; *c) (antaste,* F*)* accost him;
'~ **på** *(gælde, beskrive rigtigt)* fit (*fx* the description does not fit him); apply to (*fx* this does not apply to him);
~ *godt* **sammen** *a) (om personer)* be well matched, be suited to each other; *b) (om ting)* go well together, match; '~ **til** *a)* fit (*fx* the key fits the lock); *b) (om farve, stil etc.: stå til)* match, go (well) with (*fx* the blouse matches (*el.* goes with) the skirt); tone in with; *c) (være egnet til)* be suited for; *d) (være i overensstemmelse med)* conform to (*fx* the specifications, the standards); *et slips der -r til skjorten* a tie to match the shirt; *og kuverter der -r til* and envelopes to match; ~ *noget 'til* adjust sth.

passe[3] *vb. (i kortspil)* say pass; pass.

passe[4], passé *adj.* **1.** *(umoderne)* out of date, outmoded; *(neds.,* F*)* passé; **2.** *(om person)* passé; past one's prime.

passende[1] *adj.* **1.** suitable (*for* for, *fx* a book suitable for his age; find a suitable place (, time); at a suitable opportunity; at suitable intervals);
F appropriate (*for* to, for, *fx* clothes appropriate (*el.* suitable) for the occasion; make appropriate arrangements; an appropriate answer); *(om udsagn etc. også)* apposite (*fx* title, image); *(bekvem også)* convenient (*fx* time, place);
2. *(som passer sig)* proper (*fx* the proper time to sow; proper behaviour); *(se også anse)*;
3. *(rimelig)* suitable, reasonable (*fx* price, salary);
4. *(tilstrækkelig)* adequate (*fx* pay, solution).

passende[2] *adv. (jf. passende[1])* **1.** suitably (*fx* dressed); appropriately;
2. properly (*fx* behave properly);
3. suitably, reasonably (*fx* priced);
4. adequately (*fx* paid);
□ *han kunne ~ have sagt undskyld* it wouldn't have hurt him to apologize.

passer *sb. (en, -e)* **1.** *(til at tegne cirkel med)* compass; compasses pl.;
2. *(til geometri, stik-)* dividers pl.;
3. *(til tekn. måling, krum- el. hulpasser)* calipers pl.;
□ *en ~ a) (jf. 1)* a pair of compasses, a compass; *b) (jf. 2)* a pair of dividers; *c) (jf 3)* a pair of calipers.

passerben leg of a pair of compasses (etc.) *(jf. passer)*.

passere *vb.* **1.** *(gå forbi)* pass, pass by (*fx* they passed (by) the house);
2. *(gå igennem)* pass through (*fx* the village);
3. *(gå over)* cross (*fx* the border, the Equator, the river);
4. *(gå an)* pass muster; T do;
5. *(let glds.: hænde)* occur, happen (*fx* it never happened to me before);
□ *hun har -t de fyrre* she is past (*el.* turned) forty; she will never see forty again; ~ *forbi* pass, pass by; *passér gaden!* move along! *vejen kan ikke -s* the road is not passable (*el.* is impassable); *lade det (, ham) ~* let it (, him) pass; *(se også revy)*.

passerseddel pass, permit.

passiar *sb. (en, -er)* chat, talk;
□ *å ~! (let glds.)* fiddlesticks!

passiare *vb.* chat, talk.

passion *sb. (en, -er)* **1.** *(lidenskabelig interesse)* passion (*for* for); *(stærkere)* mania (*for* for); **2.** *(Kristi)* the Passion.

passioneret *adj.* keen; *(stærkere)* enthusiastic;
□ ~ *ryger* confirmed smoker.

passionsblomst *(bot.)* passionflower.

passionsfrugt passionfruit.

passionshistorien *(rel.)* the Passion.

passionsskuespil passion play.

passionsugen *(rel.)* Holy Week.

passiv[1] *sb. (et, -er) (hdl.)* liability; debt.

passiv[2] *sb. (en, -er) (gram.)* the passive (voice).

passiv[3] *adj.* passive (*fx* resistance);
□ *forholde sig -t* remain passive; *se -t til (ɔ: uden at gøre noget)* re-

main a passive spectator, stand by (*fx* we cannot stand by while they are ruining the country); *-t medlem (omtr.)* associate member; *(se også kompagnon)*.
passivisere *vb.* **1.** *(berolige)* pacify; **2.** *(gøre passiv)* make passive; *(holde i ro)* keep quiet (*fx* keep the children quiet).
passivisk *adj.* passive.
passivitet *sb. (en)* passivity, passiveness.
passus *sb. (en, -)* passage.
pasta *sb. (en, -er)* **1.** *(makaroni etc.)* pasta; **2.** *(blød masse)* paste (*fx* toothpaste).
pastel *sb. (en, -ler)* **1.** pastel; **2.** *(-stift)* pastel crayon.
pastelfarve pastel;
□ *i -r* in pastel shades.
pastelmaleri pastel painting.
pastelstift *sb. (en, -er)* pastel crayon.
pasteurisere *vb.* pasteurize.
pasteurisering *sb. (en)* pasteurization.
pastiche *sb. (en, -r)* pastiche.
pastil *sb. (en, -ler)* pastille, lozenge.
pastinak *sb. (en, -ker) (bot.)* parsnip.
pastor *sb. (en, -er): ~ Brown a) (i omtale)* the Reverend John (*el.* Mr) Brown; *b) (i tiltale)* Mr Brown; *-en a) (i omtale)* the Rector, the Vicar (etc.); *(se præst)*; *b) (i tiltale)* Mr Brown; T Rector, Vicar (*fx* "Good morning, Vicar").
pastoral *adj.* pastoral.
pastorale *sb. (en, -r)* **1.** *(mus.)* pastorale; **2.** *(digt)* pastoral (poem).
pastorat *sb. (et, -er)* **1.** living; **2.** *(sogn)* parish.
pasunion passport union.
pat *adj. (i skak)* stalemate;
□ *gøre ~* stalemate; *være ~* be stalemated.
paté, pate *sb. (en, pateer)* pâté.
patent *sb. (et, -er)* patent;
□ *anmelde et ~* apply for a patent; *have ~ på a)* hold a patent for; *b) (fig.)* have a monopoly of (*fx* the truth); *tage ~ på a)* take out a patent for; *b) (fig.)* claim to have a monopoly of.
patentafgift **1.** *(til indehaveren)* royalty; **2.** *(for at få et patent)* patent fee.
patentanmeldelse application for a patent.
patentbeskyttet *adj.* patented; *(præd. også)* protected by patent.
patentbureau patent agency.
patentere *vb.* patent.
patenthaver *sb. (en, -e)* patentee.
patentidiot prize idiot.
patentlog *(sø.)* patent log.
patentlov Patents Act.
patentløsning *(universalløsning)* cure-all, patent solution (*fx* this is no patent solution); panacea (*på* for, *fx* all our problems);
□ *der er ingen ~ på det problem* there is no easy (*el.* obvious) answer to that problem.
patentmedicin patent medicine.
patentrettighed patent right.
patentskruetrækker ratchet screwdriver.
patentstrikning raised ribbing.
pater *sb. (en, -e) (rel.)* Father.
paternitet *sb. (en)* **1.** paternity, fatherhood; **2.** *(forfatterskab)* authorship.
paternitetssag affiliation case.
paternoster *sb. (et)* **1.** *(katolsk)* the Our Father; **2.** *(rosenkrans)* rosary; beads pl.
paternosterbånd endless chain conveyor.
paternosterelevator paternoster (lift).
patetisk[1] *adj.* **1.** *(følelsesfuld)* passionate;
2. *(bombastisk)* high-flown;
3. *(rørende)* pathetic.
patetisk[2] *adv. (jf. patetisk[1])* **1.** passionately, with intense feeling;
2. in a high-flown manner; **3.** pathetically.
patient *sb. (en, -er)* patient; *(læges også)* case.
-patient *(i sms)* **1.** *(som behandles for)* patient (*fx* a heart patient);
2. *(som lider af)* sufferer (*fx* an Aids sufferer); *(som er ramt af)* victim (*fx* a polio victim).
patina *sb. (en)* **1.** patina; **2.** *(fig.)* mellowness.
patineret *adj.* patinated.
patolog *sb. (en, -er)* pathologist.
patologi *sb. (en)* pathology.
patologisk[1] *adj.* pathological; *(sygelig)* morbid.
patologisk[2] *adv.* pathologically; *(sygeligt)* morbidly.
patos *sb. (en)* **1.** oratorical effect;
2. *(lidenskab)* passion; **3.** *(svulstighed)* bombast.
patriark *sb. (en, -er)* patriarch.
patriarkalsk[1] *adj.* patriarchal.
patriarkalsk[2] *adv.* patriarchally.
patriarkat *sb. (et, -er)* patriarchate.
patricier *sb. (en, -e)* patrician.
patricier-, patricisk *adj.* patrician (*fx* home, family).
patriot *sb. (en, -er)* patriot.
patriotisk[1] *adj.* patriotic.
patriotisk[2] *adv.* patriotically.
patriotisme *sb. (en)* patriotism.
patron[1] *sb. (en, -er)* **1.** *(mil.)* cartridge; **2.** *(til kuglepen)* refill;
□ *blind (, løs) ~* dummy (, blank) cartridge; *skarp ~* ball (*el.* live) cartridge.
patron[2] *sb. (en, -er)* **1.** *(beskytter)* patron, protector; **2.** *(skytshelgen)* patron saint;
□ *en sær ~* T a queer fish.
patronat *sb. (et, -er)* patronage.
patronbælte cartridge belt.
patronhylster cartridge case.
patronisere *vb.* patronize.
patrontaske cartridge pouch.
patrulje *sb. (en, -r)* patrol.
patruljebåd patrol boat.
patruljeleder patrol leader.
patruljere *vb.* patrol.
patruljering *sb. (en, -er)* **1.** *(det at patruljere)* patrolling; **2.** *(enkelt)* patrol (*fx* they make hourly patrols of the area);
□ *på ~* on patrol.
patruljevogn patrol car; *(lille politivogn)* panda car; *(am.)* squad car.
patte[1] *sb. (en, -r)* **1.** *(på dyr)* teat; **2.** *(vulg.: bryst(vorte))* tit; **3.** *(die)* breast;
□ *falde til -n (ɔ: makke ret)* come to heel; *få en til at falde til -n* bring sby to heel.
patte[2] *vb.* suck;
□ *~ på* suck (*fx* a pipe).
pattebarn *(neds.)* baby (*fx* don't be such a baby!);
□ *lad være med at opføre dig som et ~! (også)* be (*el.* act) your age!
pattedyr mammal.
pattegris sucking pig.
pattevorte teat.
pauke *sb. (en, -r) (mus.)* kettledrum.
paukeslager *sb. (en, -e)*, **paukist** *(en, -er)* timpanist.
paulun *sb. (et, -er): opslå sit ~* pitch one's tent.
Paulus *(i biblen)* St. Paul.
pause *sb. (en, -r)* **1.** *(afbrydelse, ~ hvor man holder fri)* break (*fx* in the conversation; let's have a break now; a coffee break; a five-minute break); *(hvile-)* rest; *(se også frikvarter)*;
2. *(i forestilling, sportskamp etc.)* interval; *(am.)* intermission (*fx* we had a drink at (*el.* during) the interval (, intermission));
3. *(standsning, kort ophold)* pause (*fx* there was a pause in the conversation); *(i storm, kamp etc.: stille periode)* lull (*fx* in the fighting, in the conversation; after a lull of one month the bombing has been resumed);
4. *(i radio)* interval;
5. *(i musikstykke, også om pausetegn)* rest;

6. *(teat.: i regibemærkning)* silence;
□ *ti minutters ~ se minut*; *[med vb.] gøre en ~* make a pause, pause (*fx* he paused and then continued his speech); *holde ~ a)* have (*el.* take) a break; *b) (hvile)* have (*el.* take) a rest; *[med præp.]* ***med*** *-r (imellem)* at intervals; ***uden*** ~ without a pause (*el.* break); non-stop; incessantly; ***ved*** *-n (i sportskamp med 2 halvlege)* at half-time; *det stod 3-2 ved -n* the score at half-time was 3-2; the half-time score was 3-2.
pauseklovn 1. *(i cirkus)* fill-in; **2.** *(fig.)* comic figure.
pausekommatering [the use of commas to indicate pauses].
pausere *vb.* pause, make a pause.
pausesignal call signal.
pauver *adj.* poor (*fx* result).
pave *sb. (en, -r)* pope (*fx* Pope Pius XII);
□ *stolt som en ~* (as) proud as a peacock.
pavebulle (papal) bull.
pavedømme *sb. (et, -r)* papacy.
pavekrone (papal) tiara.
pavelig *adj.* papal.
pavestaten 1. *(kirkestaten)* the Papal States pl.; **2.** *(vatikanbyen)* the Vatican City.
pavestolen the Holy See.
pavevalg papal election.
pavillon *sb. (en, -er)* **1.** pavilion; **2.** *(midlertidig bygning i skole etc.)* (temporary) hut.
PC, pc *sb. (en, -'er) (fork.f.* personal computer*)* PC.
peb *præt. af pibe*[2].
peber[1] *sb. (et) (krydderi)* pepper;
□ *ønske en hen hvor -et gror (kan gengives)* wish sby far away; *gid han var hvor -et gror* I wish he were at Jericho; *(se også salt*[1]*)*.
peber[2] *sb. (en, -e) (plante, frugt)* pepper;
□ *grøn ~* green pepper; *rød ~* red pepper.
peberbøf steak au poivre.
peberbøsse pepper pot.
peberfrugt pepper, capsicum.
peberfugl 1. *(zo.)* toucan; **2.** *(fig.)* culture vulture.
peberkorn peppercorn.
peberkværn *(til bordbrug)* pepper quern, pepper mill.
pebermynte peppermint.
pebermyntebolche peppermint (sweet), mint.
pebermø old maid, spinster.
pebernødder *sb.pl.* **1.** [a kind of Christmas biscuits]; **2.** *(fig.: småpenge)* chickenfeed, peanuts.
peberrod *sb. (en, -) (bot.)* horse radish.
peberrodssovs horse-radish sauce.
pebersvend bachelor.
pebet *pf.ptc. af pibe*[2].
pebre *vb.* pepper.
pebret *adj.* **1.** peppery; **2.** *(dyr)* expensive; *(om pris)* stiff.
pedal *sb. (en, -er)* pedal;
□ *træde i -erne* pedal; *trampe i -erne* pedal hard.
pedalspand pedal bin.
pedant *sb. (en, -er)* pedant.
pedanteri *sb. (et, -er)* pedantry.
pedantisk[1] *adj.* pedantic; T finicky.
pedantisk[2] *adv.* pedantically.
peddigrør (centre) cane.
pedel *sb. (en, -ler)* caretaker; *(især am.)* janitor.
pedicure *sb. (en)* pedicure.
pege *vb.* point;
□ *~* ***fingre ad*** *a)* point (derisively) at; *b) (fig.: gøre nar af)* point the finger of scorn at; *~* ***frem imod,*** *~* ***i retning af*** point to(wards) (*fx* all the signs point to(wards) an early election; all the evidence points to his guilt); *~* ***i samme retning*** *(fig.)* point in the same direction; *~* ***mod*** point to (*fx* he pointed to the door);
~ ***på*** *a)* point at (*el.* to) (*fx* he pointed at (*el.* to) me); *b) (påpege)* point out, call attention to (*fx* an important fact); *c) (som bevisgrund)* point to (*fx* the minister pointed to the increase in the crime rate); *hun får alt hvad hun -r på* she gets anything she asks for; F everything is hers for the asking; *~ på ham med en pistol* point a pistol at him.
pegefinger forefinger, index finger (*fx* he raised his index finger);
□ *løftede pegefingre (ɔ: formanende)* raised fingers.
pegepind pointer.
pejle *vb.* **1.** *(sø.)* take a bearing, take bearings;
2. *(bestemme retningen mod)* take bearing of (*fx* the land);
3. *(om flyver: ved radiopejling)* locate;
4. *(bestemme væskehøjden i)* sound;
5. *(lodde)* sound.
pejleantenne direction finding antenna.
pejleapparat *(sø.)* direction finder.
pejlerør *(sø.)* sounding pipe.
pejlestok *se pejlstok.*
pejlevogn detector van.
pejling *sb. (en, -er)* **1.** taking a bearing; *(resultatet)* bearing; **2.** *(lodskud)* sounding; **3.** *(radio-)* radio location.
pejlingsmodtager direction finder.
pejlingssender radio beacon.
pejlkompas bearing compass.
pejlrør sounding pipe.
pejlstok 1. gauge, sounding rod; **2.** *(til olie etc.)* dipstick.
pejs *sb. (en, -e)* (open) fireplace.
pekingeser *sb. (en, -e) (zo.)* pekinese; T peke.
pektin *sb. (en el. et, -er)* pectin.
pekuniær *adj.* financial.
pelargonie *sb. (en, -r) (bot.)* geranium.
pele-mele *sb. (en) & adv.* pell-mell.
pelikan *sb. (en, -er) (zo.)* pelican.
Peloponnes *(geogr.)* the Peloponnese.
peloponnesisk *adj.* Peloponnesian.
pels *sb. (en, -e)* **1.** *(dyrs)* fur (*fx* fox fur); coat (*fx* the dog's shaggy coat); **2.** *(klædningsstykke)* fur coat;
□ *i ~* in a fur coat; *redde -en* save one's skin; *vove -en* risk one's skin (*el.* neck); stick one's neck out.
pelsbereder *sb. (en, -e)* furrier.
pelsbræmmet *adj.* fur-trimmed.
pelsdyr 1. furred animal; **2.** *(kollektivt)* fur (*fx* fur and feather).
pelsdyravl fur farming.
pelsdyravler fur farmer.
pelsfarm fur farm.
pelsfor fur lining.
pelsforet *adj.* fur-lined.
pelsfrakke fur coat.
pelshandel fur trade.
pelshandler *sb. (en, -e)* furrier.
pelshue fur cap.
pelsjæger trapper.
pelskrave fur collar.
pelskåbe fur coat.
pelsværk furs pl.
pemmikan *sb. (et)* pemmican.
pen[1] *sb. (en, -ne)* **1.** pen; *(selve pennen uden skaft også)* nib; **2.** *(fjer-)* quill;
□ *leve af sin ~* live by one's pen; *ordet løb mig i -nen* the word just slipped in; *gribe -nen* take up one's pen; *skrevet med ~ og blæk* written in pen and ink; *sætte -nen til papiret* set pen to paper.
pen[2] *sb. (en) (på hammer)* pane; *(am.)* peen.
penalhus pencil case; *(af træ)* pencil box.
pencil *sb. (en, -er el. -s)* propelling pencil.
pendant *sb. (en, -er)* **1.** *(sidestykke)* counterpart (*til* to, of);
2. *(noget der passer til)* match (*fx* can you find a match for this ornament?);
3. *(en af et sæt af to)* fellow (*fx* I can't find the fellow to this glove);

4. *(om kunstværk etc.)* companion, companion piece (*el.* picture etc.);
□ *danne ~ til a) (jf. 1)* form a counterpart to; *b) (jf. 2)* match; *være -er* make a pair.
pendel *sb. (en, pendler)* pendant.
pendle *vb.* commute.
pendling *sb. (en)* commuting.
pendul *sb. (et, -er)* pendulum.
penduldiplomati shuttle diplomacy.
pendulfart shuttle service;
□ *gå i ~ mellem* shuttle between.
pendulkørsel shuttle service.
pendulsvingning swing of the pendulum.
penge *sb.pl.* money sg. (*fx* where is the money? it is here);
□ *-ne eller livet!* your money or your life!
[med pron.] disse ~ this money; *kun få ~* only a little money; *mange ~* a great deal of money; T a lot of money; *ikke ret mange ~* not much money; *de mange ~* the large sum of money;
[med adj. & adv.] i danske ~ in Danish money (*el.* currency); *~ tilbage (byttepenge)* change (*på* for, *fx* give change for a pound note); *det er alle -ne værd (fig.)* it is (absolutely) priceless; *(se også aftalt*[2]*, billig, løs, rede, sort*[2]*)*;
[med vb.] ~ lugter ikke money has no smell; *tjene ~ se tjene*; *tjene nogle hurtige ~* T turn a fast buck; *(se også gifte (sig), passe*[2]*, stå*[2] *(i, imod), sætte (i))*;
[med (vb. +) præp.] den er fundet ***for*** *de ~* it is a bargain at that price; *hvad* ***fik*** *du* ***for*** *dine ~?* what did you get for your money? *jeg fik den for ingen ~* I got it for a song; *den bedste bil der kan* ***fås for*** *~* the best car money can buy; *lykke kan ikke fås (el. købes) for ~* money can't buy you happiness; ***få*** *noget* ***for -ne*** *a)* get value for money; get one's money's worth; *b) (fig.,* T*: få noget ud af det)* get a (good) run for one's money; *man får noget for -ne* it is good value for (your) money; *man får mere for -ne* it is better value for (your) money; *de ville* ***have*** *noget* ***for -ne*** they wanted their money's worth; *han* ***købte*** *en cykel* ***for*** *-ne* he bought a bicycle with the money; *købes for ~, se ovf.: fås for ~*; ***tabe*** *~* ***på*** lose money on (*el.* over); *(se også gøre (i), komme*[2] *(til), svømme (i))*.
pengeafpresning blackmail.
pengeafpresser *sb. (en, -e)* blackmailer.
pengeanbringelse investment.
pengearistokrati plutocracy.
pengeautomat *(ved bank)* cash dispenser, cash point.
pengebegærlig *adj. se pengegrisk.*
pengebeholdning cash in hand.
pengebeløb sum (*el.* amount) (of money).
pengeforbrug spending; F expenditure.
pengeforhold *sb.pl.* financial affairs *(etc., se forhold)*.
pengeforlegenhed financial embarrassment;
□ *være i ~* be short of money; T be strapped for cash, be hard up.
pengeforsendelse remittance.
pengefyrste money baron.
pengegave present (*el.* gift) of money.
pengeglad *adj.: han er ~* he likes money.
pengegrisk *adj.* grasping; *(stærkere,* T*)* money-grubbing; F avaricious.
pengegriskhed *sb. (en)* avarice.
pengeinstitut financial institution.
pengekasse cash box;
□ *sidde på -n (fig.)* hold the purse strings; *-n er tom a)* T there is nothing in the kitty; *b) (om statens, firmas etc.,* F*)* the coffers are empty.
pengekat *(om halsen)* neck purse; *(om livet)* money belt.
pengekiste money chest; F coffer.
pengeknaphed shortage (*el.* scarcity) of money.
pengekrise financial crisis.
pengeløs *adj.* penniless, moneyless;
□ *-t samfund* cashless society.
pengemand capitalist.
pengemangel *se pengeforlegenhed, pengeknaphed.*
pengemarked money market; *(se også stram)*.
pengemaskine *(noget der giver penge)* money-spinner.
pengemidler *sb.pl.* funds; capital, money sg.
pengemængde money supply.
pengeombytning currency reform.
pengeoverførsel funds transfer (*fx* electronic funds transfer).
pengepolitik monetary policy.
pengepose money bag.
pengepuger *sb. (en, -e)* **1.** money grubber; **2.** *(gnier)* miser.
pengepung purse;
□ *ramme en på -en* hit sby's pocket.
pengerigelighed abundance of money;
□ *når der er ~* when money is easy.
pengesager *sb.pl.* money matters;
□ *hans ~* his financial affairs.
pengeseddel bank note; *(am.)* bill.
pengeskab safe, strongbox.
pengeskabstyv safe breaker.
pengeskrin money chest.
pengeskuffe *(i butik)* till.
pengesorger *sb.pl.* financial worries.
pengespørgsmål question of money; money matter.
pengestrøm cash flow.
pengestykke coin.
pengestærk *adj.* financially strong; F affluent.
pengesum sum (of money).
pengesæk moneybag.
pengetrang *sb.* lack of money;
□ *i ~ se pengeforlegenhed.*
pengeudlåner *sb. (en, -e)* moneylender.
pengeurt *(bot.)* pennycress.
pengevanskeligheder *sb.pl.* financial difficulties (*el.* embarrassment); *(se også pengeforlegenhed)*.
pengevask money laundering.
pengeverden financial world.
pengeværdi monetary value.
pengevæsen 1. monetary matters, finances pl.; **2.** *(møntsystem)* monetary system.
penibel *adj.* **1.** *(pinlig)* painful (*fx* situation); **2.** *(vanskelig)* awkward, tricky (*fx* problem).
penicillin *sb. (et)* penicillin.
penis *sb. (en, -(s)er)* penis.
penismisundelse *(psyk.)* penis envy.
pennalhus *se penalhus.*
pennefejde controversy.
pennefjer quill.
pennekniv penknife.
penneskaft penholder.
penneslikker *sb. (en, -e)* pen-pusher.
pennestrøg*: med et ~* with a stroke of the pen.
pennetegning pen drawing.
penneven pen friend; *(am.)* pen pal.
pennevisker *sb. (en, -e)* pen wiper.
penny *sb. (en)* **1.** penny; **2.** *(pl.: om beløbet)* pence; *(om mønterne)* pennies; *(NB* penny, pence *skrives og siges ofte* p*)*;
□ *to pence* two pence (*el.* p).
pennystykke penny (pl. pennies).
pensakrav *sb.pl. (til eksamen)* examination requirements.
pensel *sb. (en, pensler)* (paint)brush;
□ *male med den brede ~ (fig.)* paint with a broad brush.
penselstrøg stroke of the brush,

brushstroke.
pension *sb. (en, -er)* **1.** (retirement) pension;
2. *(kost)* board;
3. *(pensionat) se pensionat;*
□ *bo i ~ hos* board with; *afskedige med ~* dismiss with a pension, pension off; *gå af med ~, gå på ~* retire on (*el.* with) a pension; *sætte på ~ (også fig.)* pension off.
pensionat *sb. (et, -er)* boarding house; *(finere)* guesthouse; *(på kontinentet)* pension.
pensionatsarm boarding-house reach.
pensionatsværtinde (boarding-house) landlady.
pensionere *vb.* pension off; *(en officer)* place on the retired list.
pensioneret *adj.* retired (*fx* colonel).
pensionist *sb. (en, -er)* **1.** *(en der modtager pension)* pensioner; *(om folkepensionist også, officielt)* old-age pensioner *(fork.* OAP*)*; *(= ældre person)* senior citizen;
2. *(en der er gået på pension)* retired person; *(især am.)* retiree; *(om embedsmand)* retired official.
pensionistboliger *sb.pl.* old people's flats (, houses).
pensionistforening pensioners' association.
pensionistkort *(til bus)* senior citizen's bus pass, OAP pass.
pensionsalder **1.** *(hvor man går af)* retirement age;
2. *(hvor man har ret til pension)* pensionable age, pension age (*fx* change the state pension age);
3. *(optjent ~)* reckonable service (for pension purposes);
□ *han er i -en (ɔ: går snart af)* he is nearing retirement.
pensionsberettiget *adj.* pensionable (*fx* job, position); *(om person, præd.)* entitled to a pension.
pensionsbidrag contribution to a pension fund; superannuation sg. (*fx* pay superannuation).
pensionsfond pension fund; F superannuation fund.
pensionsforsikring **1.** deferred annuity assurance; **2.** *(organiseret af firma)* pension scheme.
pensionskasse *se pensionsfond.*
pensionsordning pension scheme;
□ *~ som arbejdsgiveren betaler* non-contributory pension scheme.
pensionspris price for full board.
pensionsret pension entitlement.
pensionær *sb. (en, -er)* boarder; *(logerende)* paying guest.
pensle *vb.* **1.** paint, swab (*fx* a wound with iodine); **2.** *(bagværk)* glaze, brush;
□ *blive -t i halsen* have one's throat painted (*el.* swabbed); *~ en i halsen* paint (*el.* swab) sby's throat; *~ et brød med mælk* brush a loaf with milk; brush milk on a loaf.
pensling *sb. (en, -er) (jf. pensle)* **1.** painting, swabbing; **2.** brushing.
pensum *sb. (et, pensa)* **1.** syllabus; *(også om læseplan)* curriculum (pl. -s, *(fagl.)* curricula);
2. *(daglig lektie)* task; *(især am.)* assignment;
3. *(eksamens-)* examination requirements pl.
pensumkrav *se pensum 3.*
pentagram *sb. (et, -mer)* pentagram.
pep *sb.* go, pep.
peppe *vb.: ~ op* pep up, jazz up.
pepsin *sb. (et)* pepsin.
Per*: ~ og Poul (ɔ: alle og enhver)* (every) Tom, Dick and Harry.
per **1.** *(befordrings-, meddelelsesmiddel)* by (*fx* by letter, by post, by telephone);
2. *(om fordeling)* per (*fx* 30 p per pound, £50 per inhabitant); a (, an) (*fx* twice a week (, an hour); 90p a dozen);
3. *(om enhed)* by the (*fx* be paid by the hour (, week, month); rent a car by the day);
4. *(ved dato)* on (*fx* my salary falls due on July 1);
5. *(i adresse)* near *(fork.* nr*)* (*fx* Binsey nr Oxford (*el.* Binsey, Oxford));
□ *~ bane* by rail; *~ mand* per man, per head; *opgørelse ~ 1. januar* statement as on (*el.* as of) Jan. 1; *60 pence ~ stk.* 60p each; F 60p apiece; *(se også efterkrav, kontant, omgående, post*[2]*).*
perfekt[1] *adj.* perfect (*i* in).
perfekt[2] *adv.* perfectly.
perfektibel *adj.* perfectible.
perfektionere *vb.* perfect;
□ *~ sig* improve one's knowledge (*i et sprog* of a language).
perfektionist *sb. (en, -er)* perfectionist.
perfektionistisk *adj. (attr.)* perfectionist;
□ *være ~* be a perfectionist.
perfektum *(gram.)* the perfect (tense); the present perfect;
□ *~ participium* the past participle.
perfid *adj.* **1.** *(insinuerende)* insinuating; T snide (*fx* remarks);
2. *(ondskabsfuld)* vicious (*fx* accusation); *(bagtalerisk)* slanderous (*fx* accusation, account);
3. *(bevidst fordrejet)* consciously distorted (*fx* account).
perfidi, perfiditet *sb. (en, -er)* **1.** *(ondskabsfuldhed)* viciousness; **2.** *(ondsindet beskyldning)* vicious (, slanderous) accusation.
perforator *sb. (en, -er)* perforator.
perforere *vb.* perforate.
perforering *sb. (en, -er)* perforation.
pergament *sb. (et)* **1.** *(til manuskript)* parchment; *(finere)* vellum; **2.** *(til bogbind)* vellum; **3.** *se pergamentpapir.*
pergamentagtig *adj.* parchment-like.
pergamentbind vellum binding.
pergamentgul *adj.* parchment-coloured.
pergamentpapir **1.** parchment (paper), vellum; vegetable parchment; **2.** *(smørrebrødspapir)* greaseproof paper.
pergamentrulle parchment (, vellum) roll.
pergamentsbind = *pergamentbind.*
pergola *sb. (en, -er)* pergola.
perialiseret *adj. (glds.* T*)* drunk, plastered.
perifer *adj.* **1.** *(afsidesliggende)* remote, outlying; **2.** *(underordnet, overfladisk) se periferisk.*
periferi *sb. (en, -er)* **1.** *(af cirkel)* circumference;
2. *(udkant,* F*)* periphery (*fx* of the group, of the movement; along the periphery of the car park);
3. *(af by)* outskirts pl.; F periphery; *(forstæder)* suburbs pl.;
□ ***i** -en a) (jf. 2)* on the periphery (*fx* of his field of interest); *b) (jf. 3)* on the outskirts (*fx* live on the outskirts of the town); on the periphery; in the suburbs.
periferisk[1] *adj.* **1.** *(underordnet)* subordinate; *(præd.)* of secondary importance; F peripheral (*fx* issue; of peripheral interest);
2. *(overfladisk)* superficial (*fx* a superficial knowledge of the subject).
periferisk[2] *adv. (overfladisk)* superficially.
perifrase *sb. (en, -r)* periphrasis (pl. periphrases).
perifrastisk[1] *adj.* periphrastic.
perifrastisk[2] *adv.* periphrastically.
perikon, perikum *sb. (en, -er) (bot.)* St. John's wort.
perimeter *sb. (en, perimetre)* perimeter.
periode *sb. (en, -r)* **1.** *(tidsrum; i ishockey; gram.)* period; *(om vejr også)* spell (*fx* of rain, of dry weather; a dry spell); *(i undervisningsforløb også)* module, unit;

2. *(præsidents etc. embedstid)* term (*fx* he wants to serve another term).
periodeklasse withdrawal unit; T sin bin.
periodelæsning thematic studies pl.
periodevis *adj. & adv. se periodisk.*
periodisk[1] *adj.* **1.** periodic; **2.** *(om tidsskrift)* periodical;
□ *det -e system (kem.)* the periodic system.
periodisk[2] *adv.* periodically.
periskop *sb. (et, -er)* periscope.
peristaltik *sb. (en) (fysiol.)* peristalsis, peristaltic movement.
peristaltisk *adj.* peristaltic.
perkolator *sb. (en, -er)* percolator.
perkussion *sb. (en, -er) (mus.)* percussion.
perkussionist *sb. (en, -er) (mus.)* percussionist.
perle[1] *sb. (en, -r)* **1.** pearl; *(af glas, træ etc.)* bead; *(se også kaste*[2] *(for), trække (på))*;
2. *(dråbe)* bead (*fx* beads of sweat); drop (*fx* of dew);
3. *(fig.: udsøgt ting)* gem (*fx* the book is a gem); beauty (*fx* the goal was a beauty);
4. *(fig. om person)* jewel, gem, treasure.
perle[2] *vb. (moussere)* sparkle;
□ *sveden -de på hans pande* beads of perspiration covered his forehead; *hendes -nde latter* her silvery laugh.
perlebroderi **1.** beadwork; **2.** *(med ægte perler)* pearl embroidery.
perledør bead curtain.
perlefisker pearl diver, pearl fisher.
perlefiskeri pearl fishing, pearling.
perlegarn pearl cotton.
perlehalsbånd pearl necklace.
perlehumør excellent spirits pl.
perlehøne *(zo.)* guinea fowl.
perlekrans, perlekæde string of pearls (, beads); *(jf. perle*[1] *1).*
perleløg pearl onion.
perlemor mother-of-pearl.
perlemorsknap pearl button.
perlemorssommerfugl *(zo.)* fritillary.
perlemusling *(zo.)* pearl oyster.
perlerad row of pearls (, beads); *(jf. perle*[1] *1).*
perlestrikning moss stitch.
perlevenner: *de er ~* they are the best of friends.
perlon *sb. (en el. et)* ® perlon.
perm[1] *sb. (en, -er) (bogbind)* board, side, cover.
perm[2] *sb. (geol.)* Permian.
permanent[1] *sb. (en, -er)* perm; *(am.)* permanent.
permanent[2] *adj.* permanent.
permanentbølge *vb. = permanente.*
permanentbølgning perm; F permanent wave; *(am.* T*)* permanent.
permanente *vb.* perm; F give a permanent wave (to).
permission *sb. (en) (orlov)* leave (of absence).
permissioner *sb.pl. (glds.: benklæder)* unmentionables.
permissiv *adj.* permissive.
permissivitet *sb. (en)* permissiveness.
permittere *vb.* **1.** *(give orlov)* grant leave (of absence);
2. *(hjemsende)* send home;
3. *(sende bort)* dismiss, send away.
perniciøs *adj.* pernicious (*fx* anaemia).
pernitten *adj.* fussy, pernickety.
pernittengryn *sb. (en, -er)* pedant; T fusspot; *(am.* T*)* fussbudget.
perpendikel *sb. (en, perpendikler) (glds. el. spøg.)* pendulum.
perpendikulær *sb. (en, -er) & adj.* perpendicular (*på* to).
perpetuum mobile perpetual motion (machine), perpetuum mobile.
perpleks *adj.* bewildered; *(stærkere)* nonplussed; T flummoxed.
perron *sb. (en, -er)* platform.
perronbillet platform ticket.
perronovergang (station) footbridge.
perrontunnel, perronundergang subway; *(am.)* underpass.
perronvogn luggage truck.
perse *sb. (en, -r) & vb.* press.
perser *sb. (en, -e)* Persian.
persianer *sb. (en, -e)* **1.** Persian lamb; **2.** *(persianerpels)* Persian lamb coat.
Persien *(hist.)* Persia.
persienne *sb. (en, -r)* Venetian blind.
persiflage *sb. (en, -r)* persiflage.
persiflere *vb.* ridicule.
persille *sb. (en) (bot.)* parsley.
persillekværn parsley mincer.
persillerod *sb. (en, - el. -rødder) (bot.)* Hamburg parsley.
persisk *sb. (et) & adj.* Persian.
person *sb. (en, -er)* **1.** person (*fx* there was just room for one person; I like her as a person; an important (, a weak) person; a suspicious person was lurking in the gateway); *(om type også,* T*)* character (*fx* he is a strange (, an unpleasant, a pathetic) character);
2. *(kendt skikkelse)* figure (*fx* a controversial figure *(omstridt ~)*; a public figure; he was a central (, a key) figure in the affair);
3. *(i skuespil, roman etc. & om historisk ~)* character (*fx* the central character in the book (, film); King Arthur was probably not a historical character);
4. *(gram.)* person;
□ **-er** *(pl. af tyd 1)* people (*fx* there were 30 people present); F persons (*fx* sufficient for 6 persons; the lift carries a maximum of 5 persons); *en 6-personers bil* a six-seater;
-erne *(overskrift til personliste)* characters; *(i skuespil også)* the persons of the play; dramatis personae;
[med præp.] jeg ***for*** *min ~ vil ikke protestere* as for myself, I won't protest; personally, I won't protest; ***i*** *egen (høje) ~* in person; personally; *i en og samme ~* in one (and the same) person; ***uden*** *-s anseelse se anseelse.*
persona: *~ grata* persona grata (*hos* with); *(se også pro).*
personage *sb. (en, -r)* person; T individual;
□ *en mistænkelig ~ (også,* T*)* a suspicious character.
personale *sb. (et, -r)* staff, personnel;
□ *-r (*T*: personer)* staff (*fx* ten staff).
personaleblad house magazine.
personalechef personnel manager.
personalefest staff party.
personaleindskrænkning staff reduction.
personalekonsulent employee adviser.
personaleloft [personnel ceiling].
personalemangel staff shortage.
personalhistorie biography.
personalia *sb.pl.* biographical data.
personalunion personal union.
personbefordring the conveyance of passengers.
personbil (passenger) car.
persondyrkelse personality cult.
personel[1] *sb. (et)* personnel.
personel[2] *adj.* personal.
personelevator (passenger) lift; *(am.)* elevator.
personfradrag personal (income tax) allowance.
persongalleri gallery of characters;
□ *Dickens' ~ (også)* the characters of Dickens.
personificere *vb.* personify;
□ *han er den -de hæderlighed* he is honesty personified, he is honesty itself, he is the soul of honesty.
personifikation *sb. (en, -er)* personification.
personlig[1] *adj.* personal (*fx* proper-

ty, reasons; give one's personal opinion; make personal remarks; don't be personal!);
□ ~ *frihed* personal liberty; liberty of the individual; ~ *samtale a)* personal interview; *b) (i telefon)* personal call; *(am.)* person-to-person call; *-t stedord* personal pronoun.
personlig[2], **personligt** *adv.* personally (*fx* I know him personally; personally, I don't mind); *(i egen person også)* in person (*fx* he talked to them in person).
personlighed *sb. (en, -er)* **1.** *(væsen)* personality (*fx* it changed (, influenced) her whole personality);
2. *(karakter)* character (*fx* tell a person's character from his handwriting);
3. *(fremstående person)* figure (*fx* a controversial figure; a public figure); personality (*fx* prominent personalities); *(glds. el. ironisk)* personage;
□ ***-er*** *(bemærkninger)* personalities, personal remarks; *gå over til -er* get personal;
han er ***en*** ~ he has personality; *en historisk* ~ a historical character; *en stærk* ~ a man (, woman) of strong character; a forceful personality (*fx* he has a forceful personality).
personlighedsspaltning split personality.
personliste 1. *(i skuespil)* list of characters; **2.** *(skuespillerne)* cast.
personnavn personal name.
personnummer civil registration number.
personregister *(i bog)* index of names.
personskifte change (in personnel); replacement.
personskildring 1. *(det at)* delineation of character; **2.** *(konkret)* character sketch.
personsøgeanlæg paging system.
personsøger *sb. (en, -e)* pager, paging receiver; T (paging) bleeper.
persontog 1. passenger train;
2. *(mods. hurtigtog)* stopping train.
persontrafik passenger traffic.
personvogn 1. *(bil)* (passenger) car; *(am. også)* automobile; **2.** *(i tog)* passenger coach (*el.* carriage).
personvægt scales pl. (*fx* bathroom scales); *(enkelt)* pair of scales; *(am. også)* scale (*fx* bathroom scale).
perspektiv *sb. (et, -er)* **1.** *(også fig.)* perspective (*fx* see it in its right (, its proper, a different) perspective);
2. *(udsigt)* prospect (*fx* it is an interesting (, a sad) prospect).
perspektivere *vb.* put into perspective.
perspektivering *sb. (en, -er)* putting into perspective.
perspektivisk[1] *adj.* perspective.
perspektivisk[2] *adv.* perspectively;
□ ~ *forkortet* foreshortened.
perspektivløs *adj.* lacking perspective *(præd.)*; unimaginative.
perspektivplan long-term plan.
perspektivplanlægning long-term (*el.* forward) planning.
perspektivrig *adj.* with interesting perspectives *(efter sb.)*; promising.
perspektivtegning perspective drawing.
pertentlig *adj.* meticulous.
pertentlighed *sb. (en)* meticulousness.
Peru *(geogr.)* Peru.
peruaner *sb. (en, -e)*, **peruansk**, **peruviansk** *adj.* Peruvian.
perubalsam Peru balsam.
pervers *adj.* perverted.
perversitet *sb. (en, -er)* sexual perversion.
pessar *sb. (et, -er)* diaphragm, pessary.
pessimisme *sb. (en)* pessimism.
pessimist *sb. (en, -er)* pessimist.
pessimistisk[1] *adj.* pessimistic (*med hensyn til* about).
pessimistisk[2] *adv.* pessimistically;
□ *se* ~ *på det* take a pessimistic view of it.
pest *sb. (en)* plague; *(glds. el. spøg.)* pestilence;
□ *hade det som -en* hate it like poison; *sky en som -en* avoid sby like the plague; *måtte vælge mellem* ~ *og kolera (svarer til)* be between the devil and the deep blue sea; F be between Scylla and Charybdis.
pestbefængt *adj.* **1.** plague-stricken;
2. *(smittebærende)* pestiferous.
pestbyld bubo.
pesticid *sb. (et, -er)* pesticide.
pestilens *sb. (en)* nuisance; *(*F *el. glds.)* abomination;
□ *det er mig en* ~ *(også)* I loathe it.
Peterskirken St. Peter's (Cathedral); St. Peter's Basilica.
petit *sb. (en) (typ.)* brevier.
petitesse *sb. (en, -r)* trifle.
petitfour *sb. (en, -s)* petit four.
petitjournalist 1. paragraphist, par-writer; **2.** *(som skriver societynyheder)* gossip writer, gossip columnist.
petitjournalistik, **petitstof 1.** small news items pl.; causeries pl.;
2. *(societynyt)* chat, gossip;
□ *spalte med petitstof* gossip column.
petriskål Petri dish.
petrodollar petrodollar.
petrokemisk *adj.* petrochemical.
petroleum *sb. (en)* **1.** kerosene; *(i Engl. også kaldt)* paraffin (oil);
2. *(råpetroleum)* petroleum.
petroleumsapparat paraffin cooking stove, oil cooker.
petroleumsdunk paraffin (*el.* kerosene) can.
petroleumslampe paraffin (*el.* kerosene) lamp.
petroleumsmotor kerosene engine.
petroleumsovn oil (*el.* paraffin) stove, paraffin heater.
p-fag practical and aesthetic subjects.
Pfalz *(geogr.)* the Palatinate.
pfalzgreve *(hist.)* Count Palatine.
phil. *se cand., doctor.*
pianette *sb. (et, -r)* pianette.
pianist *sb. (en, -er)* pianist.
piano[1] *sb. (et, -er)* piano; F pianoforte.
piano[2] *adv.* piano; softly.
pianofabrikant piano-maker.
pianoforte *sb. (et, -r)* pianoforte.
pianostemmer *sb. (en, -e)* piano tuner.
pib *sb. (et, -) (jf. pibe*[2]*)* **1.** squeak;
2. whine; **3.** whistle.
pibe[1] *sb. (en, -r)* **1.** *(tobaks-, orgel- etc.)* pipe;
2. *(sø.)* whistle, pipe;
3. *(mil.: brugt sammen med tromme)* fife (*fx* fifes and drums);
4. *(bøsse-)* barrel;
5. *(skorstens-)* chimney pot;
6. *(læg i tøj)* fluting;
□ *-n fik en anden lyd* that made him (etc.) change his (etc.) tune; he (etc.) sang a different tune;
ryge ~ smoke a pipe; *(generelt)* be a pipe smoker; *stikke -n ind (fig.)* climb down, change one's tune; *(se også danse).*
pibe[2] *vb. (peb, pebet) (se også pibende)* **1.** *(om hængsel, mus, flagermus etc.)* squeak;
2. *(om hund etc.)* whine; *(klynke)* whimper;
3. *(fløjte, om vind, åndedræt, kugler)* whistle (*fx* the wind whistled in the chimney; the bullets whistled about our ears);
4. *(om fugle, om insekter)* chirp;
5. *(om person: sige med -nde stemme)* pipe (*fx* "Where is my mum?" piped the boy); *(beklage sig) se pive*;
□ *hvad enten han -r eller synger*

whether he likes it or lumps it; *[med præp. & adv.]* ~ ***i fingrene*** whistle through one's fingers; ~ *en skuespiller* ***ud*** hiss an actor (off the stage); T give an actor the bird.
pibeand *(zo.)* widgeon.
pibebræt pipe rack.
pibefræser carbon cutter.
pibehoved **1.** pipe bowl; **2.** *se pivehoved.*
pibekoncert catcalls pl.; hissing.
pibekradser *sb. (en, -e)* pipe-bowl scraper.
pibekrave ruff.
pibeler pipeclay;
□ *rense med* ~ pipeclay.
pibeløg *(bot.)* Welsh onion.
piben *sb. (en) (jf. pibe²)* **1.** squeaking; *(enkelt)* squeak; **2.** whining; *(enkelt)* whine; whimpering; *(enkelt)* whimper; **3.** whistling; *(enkelt)* whistle; **4.** chirping; *(enkelt)* chirp; **5.** piping; *(enkelt)* pipe; **6.** *se piven*; **7.** *(udpibning)* catcalls pl.; hissing.
pibende¹ *adj. (jf. pibe²)* **1.** *(om åndedræt)* wheezy; **2.** *(om stemme)* squeaky.
pibende² *adv. (jf. pibende¹)* **1.** wheezily; **2.** squeakily, in a squeaky voice.
piberenser *sb. (en, -e)* pipe cleaner.
piberi *sb. (et, -er) se piven.*
piberør pipe stem.
pibespids mouthpiece (of a pipe).
pibestemme squeaky voice.
pibestilk pipe stem;
□ *-e (ɔ: tynde ben)* spindleshanks.
pibestrimmel frill, ruche.
pibesvane *(zo.)* Bewick's swan.
pibet¹ *adj. (om tøj)* goffered.
pibet² *adj. se pivet.*
pibetobak smoking tobacco.
pibetøj: *hele -et* T the whole caboodle.
pibeudkrads scrapings pl.; *(klump)* dottle.
pible *vb.* trickle (*frem* out).
piblen *sb. (en)* trickle.
piccoline *sb. (en, -r)* **1.** *(på kontor)* girl messenger; **2.** *(på hotel)* page girl.
piccolo *sb. (en, -er)* **1.** *(på kontor)* messenger; **2.** *(på hotel)* page (boy); T bellboy; *(am.)* bellhop.
piccolofløjte *(mus.)* piccolo.
pickles *sb. (en, -)* pickles pl.
pickup *sb. (en) (til pladespiller & om bil)* pick-up.
pickup-arm tone arm.
pidginsprog pidgin.
piedestal *sb. (en, -er)* **1.** *(fodstykke)* pedestal; **2.** *(glds. skab)* cylindrical cupboard;
□ *pille ham ned af -en* knock him off his pedestal; *anbringe ham (el. sætte ham op) på en* ~ *(fig.)* put (*el.* place) him on a pedestal.
pietet *sb. (en)* respect (*fx* show respect for old customs); *(stærkere: ærbødighed)* reverence, veneration;
□ *vise* ~ *for (også)* venerate; *sønlig* ~ filial respect; F filial piety.
pietetsfuld *adj.* respectful; F reverent.
pietetshensyn: *af* ~ out of respect (, reverence).
pietetsløs *adj.* irreverent.
pietisme *sb. (en) (rel.)* pietism.
pietist *sb. (en, -er) (rel.)* pietist.
pietistisk *adj. (rel.)* pietistic(al).
pif¹ *sb. (et, -)* zest;
□ *give det et* ~ *se pift.*
pif² *interj.*: ~ *paf* bang, bang.
piffe *vb.*: ~ *op a) (sætte fut i)* pep up, jazz up; *b) (pynte)* spruce up, smarten up.
pift *sb. (et)* **1.** whistle; **2.** *(mishagsytring)* catcall; **3.** *(beundrende, efter en pige)* wolf whistle;
□ *give det et* ~ pep it up; *det trænger til et* ~ it needs pepping up.
pifte *vb.* **1.** whistle; **2.** *(som mishagsytring)* catcall;
□ ~ *en cykel* T let down the tyres of a bike; ~ *et dæk* T let down a tyre;
[med præp.] ~ *efter en pige* whistle at a girl; ~ *i fingrene* whistle through one's fingers.
pig *sb. (en, -ge)* **1.** *(af metal: på mur, på sko)* spike; *(på pigtråd)* barb;
2. *(pindsvins & på hundestejle)* spine; *(hulepindsvins)* quill;
3. *(på plante)* prickle.
pigdæk *sb.pl.* studded tyres.
pige *sb. (en, -r)* **1.** girl; *(se også gadepige, tjenestepige, ung)*; **2.** *(kæreste)* girlfriend.
pigebarn *(ung pige)* girl; *(neds.)* chit.
pigecykel girl's bicycle (pl. girls' bicycles).
pigegarde drum majorettes pl.
pigehjerte girl's heart (pl. girls' hearts).
pigejæger womanizer;
□ *han er* ~ *(også)* he is one for the girls.
pigekammer **1.** maid's room (pl. maids' rooms); **2.** *(bagsæde på motorcykel)* pillion.
pigenavn **1.** girl's name (pl. girls' names); **2.** *(navn før ægteskab)* maiden name.
pigeon *sb. (en, -er) (slags æble; omtr.)* lady apple.
pigesjov: *gå på* ~ go with girls; be after (the) girls.
pigeskole girls' school, school for girls.
pigespejder girl guide; *(am.)* girl scout.
pigespejderchef Chief Guide.
pigeværelse maid's room (pl. maids' rooms).
pigfinne spiny fin.
pigfinnefisk spiny-finned fish.
pigget *adj. (jf. pig)* **1.** spiky; **2.** *(zo.)* spined, spiny; **3.** *(bot.)* prickly.
pighaj *(zo.)* piked dogfish.
pighudet *adj.*: *de pighudede (zo.)* the echinoderms.
pighvar *sb. (en, -rer) (zo.)* turbot.
pigkæp **1.** spiked stick; **2.** *(kvægdrivers)* goad.
pigment *sb. (et, -er)*, **pigmentere** *vb.* pigment.
pigmentdannelse pigmentation.
pigsko spiked shoe; *(pl. også)* spikes.
pigtråd barbed wire.
pigtrådshegn barbed-wire fence.
pigtrådssaks wire-cutter.
pigtrådsspærring barbed-wire entanglement.
pigæble *(bot.)* thorn apple.
pik¹ *sb. (en -ke) (sø.)* peak.
pik² *sb. (en, -ke) (vulg.)* prick, cock.
pik³ *sb. (et, -) (fugls)* peck.
pikant *adj.* **1.** *(krydret)* piquant (*fx* sauce);
2. *(interessant)* piquant (*fx* face; bit of gossip);
3. *(vovet)* spicy (*fx* stories, details); risqué (*fx* story, blouse).
pikanteri *sb. (et, -er)* piquancy;
□ *-er a)* piquant incidents (, stories etc.); *b) (sammentræf)* quirks (*fx* one of the quirks of the affair was ...).
piké, pike *sb. (et, pikeer)* piqué.
pikeret *adj.* nettled (*over* at).
pikke *vb.* **1.** *(banke med fingeren)* tap; **2.** *(om fugl)* peck.
pikkelhue spiked helmet.
pikpak *sb. (et)* traps pl.; paraphernalia sg.
pil¹ *sb. (en, -e) (bot.)* willow.
pil² *sb. (en, -e)* **1.** *(til bue & på skilt)* arrow;
2. *(kastepil & til luftbøsse)* dart;
3. *(fig.)* shaft (*fx* shafts of wit); dart (*fx* darts of irony);
□ *grøn* ~ *(ved trafiklys)* green arrow; filter light.
pilaster *sb. (en, pilastre) (arkit.)* pilaster.
Pilatus *(i biblen)* Pilate; *(se også Herodes).*
pile *vb.*: ~ *af a)* dart off (*el.* away); *b) (forskrækket)* scurry off (*el.* away).

pilefletning wickerwork.
pilehegn willow hedge.
pilekogger quiver.
pilekrat willow scrub.
pilekvist 1. willow twig; *(til kurvefletning)* osier; **2.** *(ønskekvist)* divining rod.
pileregn shower of arrows.
pileskud 1. arrow shot;
2. *(glds., om afstand)* bowshot (*fx* within a bowshot of the house);
3. *(bot.)* young shoot of a willow tree.
pilespids arrowhead.
pilespil *se dartspil.*
piletræ willow (tree).
pilfinger fiddle-fingers sg.
pilgrim *sb. (en, -me)* pilgrim.
pilgrimsfærd, **pilgrimsrejse** pilgrimage.
pilgrimsstav pilgrim's staff (pl. pilgrims' staves, pilgrims' staffs).
pilk *sb. (en, -e)*, **pilke** *vb.* jig.
pille[1] *sb. (en, -r)* **1.** *(støtte)* pillar, column;
2. *(bro-)* pier;
3. *(med.)* pill;
□ *en bitter ~ (fig.)* a bitter pill (*fx* it was a bitter pill (for him) to swallow); *tage -r* take pills; *(om vane,* T*)* pop pills.
pille[2] *vb.* **1.** pick (*fx* pick the meat from the bone; pick the bone clean);
2. *(skrælle, tage skal etc. af)* peel (*fx* an orange, potatoes); shell (*fx* peas, shrimps, an egg);
3. *(tage stilk af)* stem (*fx* red currants);
4. *(røre ved ting man ikke må)* fiddle; *ikke ~!* don't touch! hands off! keep your fingers off!
[med sb. & sig] ~ næse, ~ sig i næsen pick one's nose; *fuglen -de sig* the bird preened itself (*el.* its feathers); *~ stikkelsbær* top and tail gooseberries; *~ tæer* pick one's toes;
[med præp. & adv.] ~ ***af*** *(*T*: forsvinde)* buzz off, clear out; *~ noget af* pick (, peel) sth off;
~ ***fra*** *se ndf.: ~ ud; ~ fra hinanden* take (*fx* a toy, his arguments) apart (*el.* to pieces); *(om argumenter etc. også)* pick holes in; *(fuldstændigt)* demolish (*fx* his arguments, the plan);
~ ***i*** pick (*fx* he was picking a spot on his skin); pick at (*fx* a sore spot);
gå og ~ ***med*** *noget* potter about sth; busy oneself with sth; *(se også ndf.: ~ ved)*;
~ ***ned*** *(skyde)* pick off, bring down; *~ en ned (fig.)* take sby down a peg; put sby down; *(helt ned)* cut sby down to size; *(se også piedestal)*;
~ ***op*** *a) (samle op)* pick up; *b) (om knude, strikning, syning)* undo, unpick;
~ ***ud*** *a) (fjerne)* pick out (*fx* a thorn from (*el.* out of) one's foot); take out; *b) (udvælge)* pick out, choose (*fx* the best pieces for oneself);
~ ***ved*** *a)* fiddle with (*fx* she sat nervously fiddling with her hair (, necklace)); toy with, finger; *(nervøst)* fidget with; *b) (for at forbedre, reparere)* fiddle with (*fx* new translators fiddling with the text of the Bible; he fiddled with the engine and got it going); *c) (ødelægge, bringe uorden i; gribe ind i)* tamper with (*fx* a machine, the lock, sby's papers; their rights); *d) (kritisere)* pick holes in (*fx* his arguments, the plan); *e) (drage i tvivl)* question (*fx* his reputation).
pillearbejde niggling (*el.* fiddling) work;
□ *det er et ~* it is a finicky job.
pilleform*: i ~* in the form of pills.
pilleglas pill bottle.
pillekartofler *sb.pl.* potatoes suitable for boiling in their jackets.
pillen *adj.* **1.** neat; **2.** *(overpertentlig)* pernickety.
pilleri *sb. (et, -er)* **1.** *(det at pille)* fiddling; **2.** *se pillearbejde.*
pillesikker *adj.* childproof, child-resistant.
pillesluger *sb. (en, -e)* pill popper.
pillespejl pier glass.
pilot *sb. (en, -er)* pilot.
pilotere *vb.* pile, drive piles.
pilotering *sb. (en, -er)* **1.** piling, pile-driving; **2.** *(pæleværk)* pilework.
pilotforsøg pilot experiment.
pilotofficer pilot officer.
pilotprojekt pilot project.
pilrådden *adj. (præd.)* rotten right through, rotten to the core.
pilskaldet *adj. (præd.)* as bald as an egg (*el.* a coot).
pilskæv *adj.* completely skew (*el.* lopsided); T cock-eyed.
pilsner *sb. (en, -e)*, **pilsnerøl** lager.
pilsur *adj. (præd.)* sour as vinegar.
pimpe *vb. (smådrikke)* tipple.
pimpinelle *sb. (en, -r) (bot.)* burnet saxifrage.
pimpsten pumice (stone).
pinagtig[1] *adj.* painful; *(stærkere)* agonizing.
pinagtig[2], **pinagtigt** *adv. (jf. pinagtig*[1]*)* painfully, agonizingly (*fx* difficult).
pincenez *sb. (en, -er)* pince-nez.
pincet *sb. (en, -ter)* tweezers pl. (*fx* I took the thorn out with tweezers); *en ~* a pair of tweezers.
pincher *sb. (en, -e) (zo.): ruhåret ~* wire-haired German terrier; schnauzer.
pind *sb. (en, -e)* **1.** stick;
2. *(til fugl)* perch;
3. *(pløk)* peg;
4. *(i strikning: strikke-)* (knitting) needle; *(række masker)* row (*fx* knit 3 rows);
5. *(kniple-)* bobbin;
6. *(i kricketgærde)* stump;
7. *(i krocket)* peg;
8. *(i spillet "pind")* cat; *(spillet)* tipcat (*fx* play tipcat);
9. *(ror-)* tiller;
10. *(blomster-) se blomsterpind*;
□ *ikke en ~* T not a bit; *det bliver en ~* ***til min ligkiste*** it will be another nail in my coffin;
[med adj.] det kan du skyde en ***hvid*** *~ efter* you may whistle for that; *så* ***stiv*** *som en ~* as stiff as a poker; ***vandrende*** *~ (zo.)* stick insect;
[med præp. & adv.] ryge ***af*** *-en a) (blive styrtet)* be toppled; *b) (blive fyret)* get the push; *vippe (el. vælte) en af -en se vippe*[2]; *stå* ***på*** *-e for en a) (være parat til at lystre éns mindste vink)* be at sby's beck and call; *b) (hoppe og springe for én)* wait on sby hand and foot.
pinde *vb. (kløve)* chop;
□ *~ ud a) (brænde)* chop up; *b) (fig.: forklare tydeligt)* spell out.
pindebrænde firewood; *(til optænding)* kindling;
□ *blive slået til ~* be smashed to smithereens.
pindehuggeri *sb. (et, -er)* **1.** *(ordkløveri)* hairsplitting, quibbling;
2. *(smålig kritik)* nitpicking.
pindemadder *sb.pl.* canapés on cocktail sticks.
pindeværk *sb. (et): det er noget ~* it is rickety (*el.* flimsy).
pindsvin 1. *(zo.)* hedgehog;
2. *(hule-)* porcupine; **3.** *(til blomstervase)* fakir, pinholder.
pindsvinestilling *(mil.)* hedgehog position.
pine[1] *sb. (en)* torment;
□ *gøre -n kort* get it over quickly; get it over and done with; *holde -n ud* stick it (out), sweat it out; *trække -n ud* prolong the agony.
pine[2] *vb. (pinte, pint)* **1.** *(~ og plage)* torment (*fx* stop tormenting the poor dog; tormented with suspicions (, anxiety));
2. *(tynge,* F*)* prey on one's mind (*fx* the thought of his failure preyed on his mind; there is

something that preys on his mind);
3. *(tortere)* torture;
□ *det -r mig* it pains me (*fx* to see him so depressed); F it gives me pain;
[med præp. & adv.] ~ *livet* ***af*** *en* make life a burden to sby; worry sby to death; ~ ***frem*** force (*fx* a smile); ~ *maden* ***i sig*** force the food down; ~ *en tilståelse* ***ud af*** *en* extort a confession from sby.
pinebænken *(torturinstrument)* the rack (*fx* like a prisoner stretched on the rack);
□ *spænde en på* ~ *a)* put sby on the rack; *b) (fig.: holde i uvished)* keep sby on tenterhooks.
pinedød *interj.* by Jove;
□ *det bliver han* ~ *nødt til* he will jolly well have to.
pinefuld *adj.* painful; *(stærkere)* agonizing.
pinegal *adj.* *(forkert)* completely wrong; *(præd. også)* all wrong;
□ *den er* ~*!* the fat's in the fire!
ping *sb. (en, -er)* bigwig; *(ekspert)* pundit.
pingpong ping-pong;
□ *spille* ~ *med (fig.: behandle skødesløst)* play around with.
pingvin *sb. (en, -er) (zo.)* penguin.
pinje *sb. (en, -r) (bot.)* stone pine.
pinkode PIN code.
pinlig[1] *adj.* **1.** *(ubehagelig)* painful (*fx* a painful scene; it made a painful impression on him);
2. *(generende, flov)* embarrassing (*fx* question, situation; prevent the release of embarrassing information); awkward (*fx* an awkward silence; this poses awkward questions);
□ ~ *for a) (jf. 1)* painful to; *b) (jf. 2)* embarrassing for, awkward for; *underkaste én -t forhør a) (glds.)* torture sby; *b) (fig.)* give sby a grilling.
pinlig[2], **pinligt** *adv.* painfully (*fx* it was painfully clear that he was drunk);
□ *føle sig* ~ *berørt* feel embarrassed; ~ *korrekt* meticulously correct; ~ *ren* scrupulously clean, spotlessly clean; ~ *ædru* (stone) cold sober.
pinol *sb. (en, -er) (på drejebænk)* (lathe) centre.
pinse *sb. (en)* Whitsuntide, Whitsun.
pinsebevægelsen *(rel.)* the Pentecostal Movement;
□ *tilhænger af* ~ Pentecostalist.
pinsedag*: første* ~ Whit Sunday; *anden* ~ Whit Monday.
pinseferie Whitsun holidays pl.;
□ *Underhuset tager* ~ *i morgen* the House of Commons rises for the Whitsun(tide) recess tomorrow.
pinsel *sb. (en, pinsler)* torture; F torment.
pinselilje *(bot.)* (white) narcissus.
pinselørdag Whit Saturday.
pinsemorgen Whitsunday morning.
pinsetid Whitsuntide.
pinseugen Whit week.
pioner *sb. (en, -er) (også fig.)* pioneer.
pionerarbejde pioneer(ing) work;
□ *gøre et* ~ *(også)* break new ground; *(og vise vejen)* blaze a trail.
pionerbil *(brandbil)* emergency tender.
pip[1] *sb. (et, -)* **1.** *(fugls lyd)* chirp, tweet; *(fugleunges)* peep; **2.** *(dut)* bleep;
□ *ikke et* ~ *a) (ikke en lyd)* not a peep (*fx* I don't want to hear a peep out of you); *b) (ikke et ord)* not a word (*fx* I haven't heard a word from him); *tage -pet fra én a) (pille ned)* deflate sby; *b) (overvælde)* overwhelm sby; *det tog helt -pet fra mig (, ham) (ɔ: det tog på mig)* it took it out of me (, him).
pip[2] *sb. (en) (fuglesygdom)* pip.
pip[3] *sb.: få* ~ go bats; *det er til at få* ~ *af* it is enough to give you the pip; *have* ~ be bats; *det er det rene* ~ that is completely crazy (*el.* daft).
pipette *sb. (en, -r)* pipette.
pipfugl dickybird.
piphans canary.
pippe *vb. (om fugl)* chirp, tweet; *(om fugleunge)* peep;
□ ~ *frem* peep (out).
pique *sb. (en, -) (i kortspil)* spade(s).
piqué *se piké.*
pirat *sb. (en, -er)* **1.** pirate; *(hist.)* buccaneer; **2.** *(fig.)* pirate.
piratfisk *(zo.)* piranha.
piratforlægger pirate.
piratjolle pirate dinghy.
piratkopi *(edb)* pirate copy.
piratradio pirate radio.
piratudgave pirated edition.
pirke *vb.* poke, prod;
□ ~ *op i* stir; ~ *til,* ~ *ved a)* poke at, prod; *b) (fig.)* prod.
pirol *sb. (en, -er) (zo.)* oriole.
pirre *vb. (se også pirrende)*
1. tickle (*fx* the palate *(ganen)*); *(stærkere)* stimulate (*fx* one's appetite); *(se også pirke)*; **2.** *(seksuelt)* titillate; *(stærkere)* excite;
□ ~ *ens nysgerrighed* rouse sby's curiosity, intrigue sby; ~ *op i* stir.
pirrelig *adj.* irritable; *(og opfarende)* tetchy.
pirrelighed *sb. (en) (jf. pirrelig)* irritability; tetchiness.
pirrende[1] *adj. (seksuelt)* titillating (*fx* pictures); *(stærkere)* sexually stimulating.
pirrende[2] *adv.* in a titillating manner.
pirring *sb. (en)* **1.** excitation, stimulation; **2.** *(seksuel)* titillation.
pirringsmiddel 1. stimulant;
2. *(seksuelt)* aphrodisiac.
pirringstærskel stimulus threshold.
piruet *sb. (en, -ter),* **piruettere** *vb.* pirouette.
pis *sb. (et) (vulg.)* **1.** *(urin)* piss; **2.** *(fig.: skidt)* shit;
□ *det er noget* ~ *(jf. 2)* it is a load of shit; *tage* ~ *på* take the piss out of.
pisang *sb. (en, -er) (bot.)* plantain.
pisk[1] *sb. (en, -e)* **1.** *(redskab)* whip; **2.** *(hårpisk)* pigtail.
pisk[2] *sb. (et, -) (jf. piske 1)* **1.** *(det at prygle)* whipping, flogging, lashing;
2. *(omgang* ~*)* a whipping, a flogging, a lashing (*fx* give sby a whipping (etc.)).
piske *vb.* **1.** whip; *(om pryglestraf)* flog, lash; *(med svøbe)* scourge;
2. *(madl.)* beat (*fx* eggs); *(til skum)* whip (*fx* cream); whisk (*fx* egg whites);
3. *(om regn etc.)* beat, lash;
□ *-nde regn* pelting rain; *græde som man var -t* cry one's eyes (*el.* heart) out;
[med præp. & adv.] ~ ***af*** *sted* tear along; *koen -de* ***med*** *halen* the cow lashed its tail; *regnen -de* ***mod*** *ruden* the rain lashed (against) (*el.* beat against) the window pane; ~ ***op*** *(fig.)* whip up (*fx* whip them up into a frenzy of rage); ~ ***på*** *hestene* whip the horses; ~ ***rundt*** *i byen* tear about (in) the town; *være -t* ***til*** *at* be forced to.
piskefløde double cream; *(mindre fed)* whipping cream; *(am.)* heavy cream.
pisker *sb. (en, -e) (hjul-)* (egg) beater.
piskeris *sb. (et, -)* whisk.
piskeskaft whip handle.
piskeslag 1. cut (of a whip); *(let)* flick; **2.** *(som straf)* lash (*fx* he received ten lashes).
piskesmæld crack of a whip.
piskesnert 1. whiplash; **2.** *(slag med piskesnert)* flick.
pisse *vb. (vulg.)* piss;

□ ~ *i bukserne* piss one's trousers; ~ *på én (fig.)* piss on sby.
pissedårlig *adj. (vulg.)* bloody awful.
pissefuld *adj. (vulg.)* pissed.
pissesur *adj. (vulg.)* pissed-off.
pissoir *sb. (et, -er)* lavatory; F urinal; *(i officielt sprog)* public convenience; *(am.)* comfort station.
pist[1] *sb. (en, -er)* **1.** *(spor, bane)* piste, track; **2.** *(i fægtning)* piste.
pist[2] *adv.: hist og* ~ here and there; ~ *væk! (opfordring til at forsvinde)* shoo! *så var han* ~ *væk* zip (*el.* whoosh) - he was gone; *så er pengene* ~ *væk* zip goes the money.
pist[3], **pst** *interj. (i tiltale)* hey (you)! *(især am.)* hi!
pistacie *sb. (en, -r)* pistachio.
pistol *sb. (en, -er)* **1.** pistol; *(især am.)* handgun; **2.** *(sprøjte-)* spray gun;
□ *sætte ham -en for brystet (fig.)* hold a pistol (*el.* gun) to his head.
pistolhylster holster.
pistolløb barrel of a pistol.
pistolrøver hold-up man (*el.* bandit); T stick-up man.
pitabrød pit(t)a (bread).
pittoresk[1] *adj.* picturesque.
pittoresk[2] *adv.* picturesquely.
pive *vb.* **1.** *(beklage sig)* whine, moan (*over* about); *(med ynkelig stemme)* bleat (*over* about);
2. *(klynke)* whimper.
pivehoved **1.** *(en der altid beklager sig)* whiner, moaner; **2.** *(en der klynker)* crybaby.
piven *sb. (en)*, **piveri** *(et, -er) (jf. pive)* **1.** whining; whine; moaning; bleating; **2.** whimpering; whimper.
pivet *adj.* **1.** soft; **2.** *(svag, fej)* wet;
□ *han er* ~ *(ɔ: beklager sig)* he is always moaning.
pivotere *vb.* pivot.
pivset *adj. se pivet.*
pivåben *adj.* wide open.
pizza *sb. (en, -er)* pizza.
pizzeria *sb. (et, -er)* pizzeria.
pjadder *sb. (et)*, **pjadre** *vb.* twaddle, drivel, blether.
pjalt *sb. (en, -e) (person)* coward, wimp.
pjalter *sb.pl. (laser)* rags; *(se også las)*;
□ *de slog deres* ~ *sammen a) (hjalp hinanden)* they combined forces; *b) (delte udgifter)* they shared expenses; they clubbed together (*fx* to buy her a present); *c) (flyttede sammen)* they shacked up (together); *d) (giftede sig)* they got spliced (*el.* hitched).
pjaltet *adj. (laset)* ragged, tattered.
pjank *sb. (et)* **1.** *(fjasen)* giddiness; **2.** *(flirt etc.)* hanky-panky; *(se også pjat)*.
pjanke *vb.* **1.** fool about; **2.** *(flirte)* flirt; *(glds.)* dally;
□ ~ *tiden væk* fritter away one's time.
pjankehoved *se pjathoved.*
pjanket *adj.* **1.** *(fjollet)* silly; **2.** *(sprælsk)* skittish; **3.** *(ikke alvorlig nok)* frivolous (*fx* remarks, behaviour).
pjask *sb. (et, -)* **1.** *(plask)* splash; **2.** *(søle)* slush; **3.** *(tynd drik)* slush, dishwater.
pjaske *vb.* splash.
pjaskeri *sb. (et)* splashing.
pjaskregne *vb.: det -r* it is pouring (with rain), it is bucketing; it (*el.* the rain) is pouring down.
pjaskvåd *adj.* dripping wet; drenched.
pjat *sb. (et)* nonsense; *(se også pjank)*;
□ *det er noget* ~ *at* it is nonsense to (*el.* -ing) (*fx* it is nonsense letting that upset you); it is silly to (*fx* tease him).
pjathoved **1.** *(fjollet)* clown;
2. *(dum)* twit; nitwit;
□ *hold op, dit* ~! *(også)* stop it, silly!
pjatte fool about;
□ ~ *med a) (fjolle)* clown around with (*fx* the girls); *b) (ikke tage alvorligt)* be flippant about (*fx* serious matters).
pjattegås, **pjattehoved** *se pjathoved.*
pjattet *se pjanket*;
□ *han er helt* ~ *med* he is crazy about (*fx* her; football).
pjece *sb. (en, -r)* **1.** booklet, pamphlet; *(enkelt ark)* leaflet;
2. *(skyts)* piece of ordnance, gun.
pjerrette *sb. (en, -r)* pierette.
pjerrot *sb. (en, -er)* pierrot.
pjevs *sb. (en el. et, -e el. -er el. -)* weed, weakling.
pjevset *adj.* T weedy, weakly.
pjok *sb. (et, -)*, **pjokkehoved** wimp; *(pylret)* softie.
pjokket *adj.* wimpy; *(pylret)* soft.
pjusket *adj.* **1.** tousled (*fx* hair); rumpled; F dishevelled (*fx* hair, clothes); **2.** *(om skæg: tyndt og* ~*)* straggly.
pjække *vb. (fra skole)* play truant; *(i skolesprog)* bunk off; *(am.)* play hooky;
□ ~ *den* = ~; ~ *fra arbejde* shirk one's work; S skive; ~ *fra en forelæsning* cut a lecture; ~ *fra skolen* = ~.
pjækker **1.** *(fra skolen)* truant;
2. *(fra arbejde)* shirker, skiver.
pjækkeri *sb. (et)* **1.** *(i skolen)* truancy;
2. *(på arbejdspladser)* absenteeism;
3. *(det at pjække: fra skolen)* playing truant, truanting; *(fra arbejde)* shirking.
pjækkert *sb. (en, -er)* **1.** pea jacket;
2. *(dame-)* reefer.
pjækkerøv *se pjækker.*
placere *vb.* **1.** place;
2. *(penge)* place, invest;
3. *(bygning etc.,* F*)* site (*fx* decide where to site the missiles (, the power station, the school));
4. *(person: bestemme, identificere)* place (*fx* he is a difficult man to place);
□ *blive -t a) (i sport)* be placed; *b) (om vagt etc.)* be stationed (*fx* two guards were stationed at the door); *være -t (jf. 3)* be located (*fx* the school is badly located); be sited (*fx* the factory was sited next to a railway line);
[med sig] ~ **sig** *a)* plant oneself (*fx* in a chair); *b) (som vagt etc.)* station oneself (*fx* in front of the door);
[med sb.] jeg ved ikke hvor ansvaret skal -s I do not know where to place the responsibility (*el.* whom to hold responsible); ~ *en ordre hos* place an order with; ~ *et stød* land a blow.
placering *sb. (en, -er)* **1.** *(det at placere)* placing; placement;
2. *(plads)* place (*fx* these subjects should have a better place in school); *(også i sport)* position (*fx* the top five positions);
3. *(for bygning, anlæg)* location (*fx* a suitable location for a camp); situation (*fx* a beautiful situation for a house);
□ *opnå en* ~ *(i sport)* be placed.
pladask *interj.* flop (*fx* he fell flop into the water);
□ *han faldt* ~ *for hende* he fell for her hook, line and sinker (*el.* like a ton of bricks); *han faldt* ~ *på maven* he fell flat on his stomach.
pladder *sb. (et)* **1.** *(pløre)* slush; **2.** *(sludder)* rubbish.
pladderfuld *adj.* **1.** *(fyldt)* cram-full; **2.** *(beruset)* sloshed.
pladderhumanisme flabby humanitarianism.
pladdersentimental *adj.* T slushy, sucky.
pladdervåd *adj.* sopping wet.
plade *sb. (en, -r)* **1.** plate (*fx* steel plates; photographic plates);
2. *(tynd, af metal etc.)* sheet (*fx* of glass, of aluminium, of asbestos); *(rund)* disc;

3. *(tyk, især firkantet)* slab (*fx* of marble, of wood);
4. *(bord-)* top; *(til forlængelse)* leaf;
5. *(i ovn)* shelf, rack; *(bage-)* baking sheet;
6. *(grammofon-)* record; T disc;
7. *(af tobak)* slice, flake;
8. *(T: løgn)* fib;
□ *en ~ chokolade* a block of chocolate; *(mindre)* a bar of chocolate; *[med vb.] lægge (el. sætte) en ~ på* put on a record; *lægge (el. sætte) en anden ~ på (også fig.)* put on another record, change the record; *stikke ham en ~* T tell him a fib.
pladehylster *se pladeomslag.*
pladeindspilning recording.
pladejern sheet iron.
pladeklædning *(sø.)* plating.
pladekondensator *(elek.)* plate capacitor.
pladekøl *(sø.)* plate keel.
pladeomslag record sleeve (*el.* cover).
pladeoptagelse disc recording.
pladesaks plate shears pl.; *en ~* a pair of plate shears.
pladeskifter *sb. (en, -e)* record changer.
pladespiller record player; *(til stereoanlæg)* turntable (section).
pladestøj *(fra grammofonplade)* needle scratch, surface noise.
pladestål sheet steel.
pladetallerken *(på pladespiller)* turntable, platter.
pladetobak plug tobacco, sliced tobacco.
pladevender *(i radio)* disc jockey.
pladre *vb.* **1.** *(plaske)* slop, slosh (*fx* he sloshed the water all over the floor); **2.** *(snakke)* prattle, yatter;
□ *~ om (også)* prate about.
plads *sb. (en, -er)* **1.** *(sted hvor nogen el. noget skal være; rette ~)* place (*fx* a place for everything and everything in its place; the children were all in their places; his place at the table (, in the queue); he said that (a) woman's place is in the home);
2. *(~ i teater, kirke, tog, fly etc.)* place; *(sidde-)* seat (*fx* there were several empty places (, vacant seats); I got an excellent place (, seat) in the theatre; a corner seat; is this place (, seat) taken? are there any places left on that flight?);
3. *(~ i bestyrelse etc.)* seat (*i* on, *fx* on a board, on a committee);
4. *(placering i rækkefølge, konkurrence)* place (*fx* he was in second place); position (*fx* he was lying in third position after two rounds; what is his position in class?); *(~ på hold)* position (*fx* he played in six different positions);
5. *(sø.: position)* position; *(liggeplads)* berth;
6. *(by etc.)* place, town;
7. *(~ til noget)* room (*til* for, *fx* there is room for one more in the car; there is no room for any more furniture; *(fig.)* there is room for improvement);
space (*fx* there is not enough space to work in; we need more space (*el.* room) if we're going to play here; there are 500 spaces in the car park) *(se også ndf.: tage ~ op)*;
8. *(i avis)* space;
9. *(mellemrum)* space (*fx* leave more space between the words; they left a space for my car);
10. *(husrum)* accommodation (*fx* find accommodation for 50 people);
11. *(åben ~ i skov, by etc.)* open space (*fx* an open space among the trees);
12. *(firkantet torv)* square;
13. *(lege-)* playground;
14. *(til bestemt virksomhed)* yard (*fx* timber yard);
15. *(lønnet stilling)* job; *(som hushjælp etc.)* place; F situation;
□ *der er god ~* there is plenty of room; *ledig ~ (ɔ: sidde-)* free seat; F vacant seat;
[med vb.] ***bestille*** *~ a) (i fly, tog, teater)* book a seat (, seats); *b) (på hotel)* book a room; *c) (om begge dele, også am.)* make reservations; *d) (på skib)* book a passage; ***bytte*** *~ se bytte*[3]; ***få*** *~ a)* find room (*til* for); *b) (sidde-)* get a seat; *c) (lønnet)* get a job; ***give*** *~ for se ndf.: gøre ~; det giver ikke ~ for nogen tvivl* it leaves no room for doubt; ***gøre*** *~* ***for*** *a)* make room (*el.* way) for; *b) (afløses af)* give place to (*fx* he ought to give place to a younger man); ***har*** *~* ***til*** *(ɔ: kan modtage, rumme)* (can) take (*fx* the classroom takes up to 35 children); *(mere* F*)* (can) accommodate (*fx* a classroom which accommodates up to 35 children); F afford(s) accommodation for; ***have*** *~* ***til at*** *røre sig på* have room to move; ***søge*** *~ a)* look for a job; *b) (ansøge)* apply for a job; ***tage*** *~ (ɔ: sætte sig)* sit down, take a seat; ***tage*** *meget ~* ***(op)*** take up a lot of room (*el.* space); *(mere* F*)* occupy a lot of room (*el.* space); ***tiltræde*** *sin ~* take up one's duties; F enter upon one's duties; ***vige*** *-en* ***for*** *se vige (for)*; *[med (vb.+) præp.]* ***på*** *~ a)* in place (*fx* the statue is in place); *(især: planmæssigt)* in position (*fx* we waited until the groups were in position); *b) (fig.: ordnet)* in place; *på ~! (til hund) a) (gå bagefter)* heel! *b) (ned)* down! *det er* ***på sin*** *~ (fig.)* it is appropriate (*el.* suitable); *det er ikke på sin ~* it is inappropriate; it is out of place; ***banke*** *en* ***på*** *~* make sby toe the line; bring sby to heel; *(stærkere)* whip sby into line; ***falde på*** *~* fall into place (*fx* when I read his letter everything fell into place); *(se også brik)*; ***gå på*** *~!* take your places (, seats)! ***lægge*** *noget* ***på*** *~* put sth in its place, put sth away (*el.* back); F replace sth; ***sætte*** *noget* ***på*** *~ = lægge noget på ~*; *sætte en på ~ (ɔ: irettesætte)* put sby in his place (*fx* he put us in our place); T tell sby where he gets off (*el.* where to get off); *sætte tingene på ~ (fig.)* put the record straight; *fyldt* ***til sidste*** *~* filled to (its utmost) capacity; full to overflowing.
pladsangst *(psyk.)* agoraphobia.
pladsbesparende *adj.* space-saving.
pladsbestilling seat reservation; *(for bil på færge)* car reservation.
pladsbillet seat reservation (ticket).
pladsforhold *sb.pl.: have dårlige ~* be cramped (for room); *have gode ~* have plenty of room.
pladshensyn *sb.pl.: af ~* for reasons of space; to save space.
pladshund watchdog.
pladskrævende *adj.: det er ~* it takes up a lot of space.
pladsloge [centre of the dress circle].
pladsmangel 1. *(jf. plads 7)* lack of room (*el.* space); **2.** *(jf. plads 10)* lack of accommodation.
pladsreservation *se pladsbestilling.*
plaf *sb. (et, -) & interj.* pop.
plaffe *vb.* pop, shoot;
□ *~ ned a)* gun down; *b) (en efter en)* pick off.
plafferi *sb. (et)* popping, shooting.
plag *sb. (en, -e)* colt.
plage[1] *sb. (en, -r)* **1.** *(besvær, gene)* nuisance (*for* to, *fx* that boy is a nuisance to his surroundings; it was a nuisance for me to visit her; the mosquitoes (, the tourists) are a nuisance); T pest (*fx* that child is a pest); *(svagere)* bother (*fx* it's a bit of a bother);

2. *(pine)* torment (*for* to, *fx* that child is a torment to his parents; school (, his life there) was a torment to him);
3. *(lande-)* pest, plague; *(bibelsk)* plague (*fx* the plagues of Egypt);
□ *hver dag har nok i sin ~ (bibelsk)* sufficient unto the day is the evil thereof; T it is no use meeting trouble half-way; *han er en ~ (også,* T*)* he is a pain in the neck; *det er mig en ~ at læse den bog* I hate reading that book; *(stærkere)* I detest reading that book.

plage[2] *vb. (se også plaget)* **1.** *(tyrannisere)* bully (*fx* he bullied the other pupils);
2. *(genere)* pester (*fx* sby with questions (, requests); the horses were pestered by flies); *(stærkere)* plague (*fx* sby with questions (, requests, letters); the problems that have plagued the government); *(ihærdigt)* badger (*fx* sby with questions); F harry (*fx* sby with questions (, requests)); *(stadigt forfølge)* harass (*fx* harass and persecute minority groups);
3. *(for at få el. opnå noget)* pester (*om* for; *om at* to, *fx* they pestered their father for an ice cream (*el.* to let them have an ice cream); beggars pestered us for money); badger (*fx* he badgered his mother to buy him (, until she bought him) a new bicycle; he badgered me into doing what he wanted); F harry (*om* for, *fx* he has been harrying me for that money);
4. *(bekymre, irritere)* worry (*fx* the thought of it kept worrying him); *(se også nage)*;
5. *(pine)* torture; F torment;
□ *~ livet af én a)* worry sby to death; *b) (med anmodninger etc.)* pester the life out of sby.

plageri *sb. (et, -er)* **1.** *(børns etc.)* pestering; **2.** *(anmodninger,* F*)* importunity.

plaget *adj.* **1.** *(generet, fortravlet)* harassed (*fx* housewife; harassed by financial problems); harried (*fx* expression);
2. *(forpint)* plagued (*fx* by a toothache, by rheumatism *(gigt)*; by doubts); racked (*fx* by doubts, by feelings of guilt); *(stærkere,* F*)* tormented (*fx* by worries, by doubts);
3. *(i vanskeligheder)* beleaguered (*fx* company, government);
□ *~ af samvittighedsnag* tormented by a bad conscience.

plageånd **1.** *(som piner og plager en)* tormentor (*fx* he tried to escape his tormentors); **2.** *(besværlig)* nuisance, pest (*fx* that child is a pest); **3.** *(kedelig)* bore.

plagiat *sb. (et, -er)* **1.** *(det at plagiere)* plagiarism (*fx* he was accused of plagiarism);
2. *(enkelt tilfælde)* piece of plagiarism (*fx* the book was a piece of plagiarism); slavish imitation.

plagiator *sb. (en, -er)* plagiarist.

plagiere *vb.* plagiarize.

plagsom *adj.* annoying, tiresome; F irksome.

plaid *sb. (en, -er)* (travelling) rug.

plak *sb. (en) (på tænder)* plaque.

plakat *sb. (en, -er)* **1.** *(som sættes op, især illustreret)* poster; *(trykt)* bill; *(teater-)* playbill;
2. *(som bæres, fx ved demonstration)* placard;
3. *(kundgørelse)* public notice;
□ *sætte stykket på -en* bill the play; *tage stykket af -en* take the play off.

plakatfuld *adj.* T plastered.

plakatkunst poster design.

plakatopklæber *sb. (en, -e)* billsticker.

plakatsøjle advertising pillar.

plakattavle advertisement board, hoarding; *(am.)* billboard.

plamage *sb. (en, -r)* blot; *(større)* blotch, splodge; *(udtværet)* smear, smudge.

plan[1] *sb. (en, -er)* **1.** plan (*om* for; *om at* to, for-ing); *(løsere: projekt)* project; *(detaljeret)* design (*for* for, *fx* he has ambitious designs for his son); *(program)* programme; *(am.)* program;
2. *(større, offentlig; ordning)* scheme (*for* for; *for at* to, *fx* a scheme to help immigrants (, to build more houses));
3. *(neds.)* scheme, design;
4. *(tegning)* plan (*til* for, *fx* the plans for our new house); design (*til* for, *fx* a design for a new theatre);
5. *(kort)* plan, map (*over* of);
6. *(køre-)* timetable, schedule (*fx* the trains run on schedule);
□ *det gik efter -en* it went according to plan;
[med vb.] der er ingen ~ ***i*** *det (, i at)* it does not make sense (to); ***have*** *-er* ***om at*** *(jf. 1, også)* plan to; ***lægge*** *en ~* make a plan; ***lægge*** *-er* ***for*** make plans for; ***lægge*** *hemmelige -er* ***om*** *(neds.)* plot (*fx* a bomb attack on sby); ***nære*** *-er* ***om***, ***omgås med*** *-er* ***om*** *a)* consider; F contemplate (*fx* buying a house); *b) (neds.)* entertain schemes of (*fx* revenge); *(se også skummel).*

plan[2] *sb. (et, -er)* **1.** *(niveau)* level;
2. *(mat. & om ideer, tone)* plane (*fx* on a horizontal plane; the joint can only move in one plane; keep the debate on a reasonable (, higher) plane);
3. *(vinge på fly)* wing;
□ ***i*** *et andet (, i samme) ~* on (*el.* at) a different (, the same) level; ***i*** *~* ***med*** on a level with; ***på*** *et højt ~* at (*el.* on) a high level (*fx* at a high philosophical level); *på højeste (, på lokalt) ~* at (*el.* on) the highest (, the local) level; *en konference på højeste ~ a)* a top-level conference; *b) (mellem regeringschefer)* a summit conference; *på minister- (, embedsmands-) ~* at ministerial (, official) level; *fortællingen kan læses på to -er* the story can be read at two levels.

plan[3] *adj.* **1.** *(uden buler)* even, level (*fx* surface, road);
2. *(flad)* flat (*fx* give him something flat to write on);
□ *~ med a)* level with; *b) (glat med)* flush with.

planche *sb. (en, -r)* **1.** *(i bog)* plate; **2.** *(på væg)* wall sheet, wall picture.

plane *vb. (om motorbåd)* plane.

planere *vb.* **1.** smooth; **2.** *(vej, terræn)* level.

planering *sb. (en, -er) (jf. planere)* **1.** smoothing; **2.** levelling.

planet *sb. (en, -er)* planet;
□ *slå ham på -en* knock him on the block.

planetarisk planetary.

planetarium *sb. (et, planetarier)* **1.** planetarium (pl. -s, planetaria); **2.** *(model af solsystemet)* orrery.

planetby satellite town.

planetsystem planetary system.

plangeometri plane geometry.

planke *sb. (en, -r)* plank;
□ *beklæde med -r* plank; *gå -n ud* walk the plank.

plankeværk hoarding; *(am.)* billboard.

plankeværkslytter pirate (listener).

plankton *sb. (et)* plankton.

planlagt *adj.* planned.

planlægge *vb.* **1.** plan, make plans for (*fx* a journey);
2. *(neds.: om mord etc.)* plot (*fx* an assassination attempt);
3. *(påtænke)* consider (*at* -ing, *fx* he seriously considered emigrating); F contemplate (*at* ing-).

planlægger *sb. (en, -e)* planner.

planlægning *sb. (en, -er)* planning.

planlægningskalender planner.

planløs *adj.* planless; *(usystematisk)* aimless; F desultory (*fx* reading); *(rodet)* disorganized.

planløshed *sb. (en) (jf. planløs)* planlessness; aimlessness; absence of method; F desultoriness; disorganization.
planmæssig *adj. (se også planmæssigt)* **1.** *(metodisk)* methodical, systematic;
2. *(mil., præd.)* according to plan (*fx* a retreat according to plan);
3. *(efter fartplanen)* scheduled; *(præd.)* according to schedule.
planmæssighed *sb. (en)* method; *(regelmæssighed)* regularity.
planmæssigt *adv.* methodically (*fx* work methodically); systematically; according to plan (*fx* everything went according to plan); on schedule (*fx* the trains run on schedule); *(om tog især)* on time.
plantage *sb. (en, -r)* **1.** plantation; **2.** *(frugt-)* orchard.
plantageejer *sb. (en, -e)* **1.** planter; **2.** *(frugtavler)* fruit grower.
plante[1] *sb. (en, -r)* plant;
□ *en køn ~ (om person)* a nice specimen.
plante[2] *vb. (også =anbringe)* plant (*fx* a tree, a flag; an agent, a bomb; he planted his feet on my doorstep);
□ *~ om* replant, transplant; *~ sig* plant oneself (*fx* in front of sby); *~ ud* plant out, bed out.
planteanatomi plant anatomy.
planteavl cultivation of plants.
plantecelle plant cell.
plantefarver *sb.pl.* vegetable dyes.
plantefedt vegetable fat.
plantefiber vegetable fibre.
planteføde vegetable food.
plantegaffel hand fork.
plantegift **1.** *(som findes i planter)* vegetable poison; **2.** *(som dræber planter)* herbicide.
planteliv *se planteverden, plantevækst.*
plantemargarine vegetable margarine.
planteolie vegetable oil.
plantepind **1.** *(til udplantning)* dibble; **2.** *(til afstivning)* stick; *(tykkere)* stake.
planter *sb. (en, -e)* planter.
planteriget the vegetable kingdom.
plantesamfund plant community.
planteske garden trowel.
planteskole nursery; *(havecenter: med planter, haveredskaber etc.)* garden centre.
planteskoleejer nurseryman.
planteskulptur **1.** *(kunsten)* topiary art; **2.** *(enkelt skulptur)* piece of topiary art.
plantesygdom plant disease.
planteverden *(lands, egns)* flora.
plantevækst vegetation.
planteædende *adj.* herbivorous; *(især om skadelige insekter etc.)* plantivorous;
□ *~ dyr* herbivore.
plantning *sb. (en, -er)* **1.** *(det at plante)* planting; **2.** *(plantage)* plantation.
plantør *sb. (en, -er)* planter.
planøkonomi planned economy.
plapre *vb.* **1.** *(indholdsløst)* prattle; **2.** *(hurtigt, uforståeligt)* gabble, babble; *(og ophidset)* jabber;
□ *~ efter* parrot; *~ løs a)* prattle on; *b)* babble on, jabber away; *~ ud med a)* blab out (*fx* a secret); blab (*fx* he blabbed the story); *b) (pludseligt)* blurt out; *~ ud med det (også)* blab; let the cat out of the bag.
plask *sb. (et, -)* splash.
plaske **1.** splash (*fx* the children were splashing in the water; she splashed water on (*el.* over) the floor (, paint on the wall); she splashed the floor with water (, the wall with paint));
2. *(om lyden af vand: plaske)* splash; *(sagtere)* plash (*fx* a plashing fountain (, stream)); *(skvulpe)* lap (*fx* the waves lapped against the shore);
□ *regnen -de ned* it was pouring (with rain).
plaskregn heavy shower, downpour.
plaskregne *vb.: det -r* it is pouring (with rain); it is raining cats and dogs.
plaskvåd *adj.* **1.** dripping wet, sopping wet; **2.** *(gennemblødt)* drenched.
plasma *sb. (et, -er)* plasma.
plast *sb. (en el. et, -)* plastic.
plaster *sb. (et, plastre)* plaster;
□ *lægge ~ på (et sår)* apply a plaster (to a wound); *et ~ på såret (fig.)* a consolation; *som et ~ på såret (fig.)* by way of consolation.
plastfolie plastic film, plastic wrap.
plastic *sb. (en el. et, -er)* plastic.
plasticfabrik plastics factory.
plasticitet *sb. (en)* plasticity.
plasticlaminat laminated plastic.
plasticmaling emulsion paint.
plasticmappe folder.
plasticpose plastic bag; *(bærepose)* carrier bag.
plastik *sb. (en)* **1.** *(kunst)* plastic art; **2.** *(gymnastik)* plastic gymnastics.
plastisk[1] *adj.* **1.** plastic (*fx* arts); **2.** *(formfuldendt)* beautifully modelled (*fx* figure); finished; **3.** *(let at forme)* plastic (*fx* clay);
□ *~ kirurgi* plastic surgery; *~ operation* plastic operation; *~ træ* plastic wood.
plastisk[2] *adv.* plastically.
plastmaling emulsion paint.
plastpose *se plasticpose.*
plastre *vb.: ~ til med a) (klistre til)* plaster with (*fx* the wall was plastered with posters); *b) (dække)* cover with (*fx* the coast was covered with ugly hotels).
plat[1] *sb.: ~ eller krone* heads or tails; *slå ~ og krone* toss (*el.* flip) a coin; *slå ~ og krone om* toss up for.
plat[2] *sb.: leve af ~* live by one's wits; *slå ~* swindle.
plat[3] *adj.* **1.** *(vulgær)* vulgar (*fx* joke); **2.** *(primitiv)* crude (*fx* behaviour); **3.** *(elendig)* rotten (*fx* argument, treatment);
□ *~ kort (sø.)* plane chart; *det er ~ umuligt* it is absolutely impossible.
platan *sb. (en, -er) (bot.)* plane (tree).
platbor bradawl.
plat-de-ménage *sb. (en, -r)* cruet-stand.
plateau *sb. (et, -er)* plateau; *(afgrænset af bratte skrænter)* tableland.
plateausko platform shoe.
plateausål platform sole.
platfod flat-foot.
platfodet *adj.* flat-footed.
platfodsindlæg arch support.
platform *sb. (en, -e)* platform.
plathed *sb. (en, -er) (jf. plat)* **1.** *(det at være plat)* vulgarity; crudeness; rottenness; **2.** *(plat bemærkning)* vulgar (, crude) remark.
platin *sb. (et)* platinum.
platinblond *adj.* platinum blonde.
platinræv platinum fox.
platmenage *sb. (en, -r)* cruet-stand.
Platon *(hist.)* Plato.
platoniker *sb. (en, -e)* Platonist.
platonisk[1] *adj.* **1.** *(i filosofi)* Platonic (*fx* school); **2.** *(fig.)* Platonic, platonic (*fx* love).
platonisk[2] *adv.* Platonically, platonically.
platte *sb. (en, -r)* **1.** *(til pynt)* plaque; *(lille)* plaquette; **2.** *(anretning, kan gengives)* cold dish.
plattenslager *sb. (en, -e)* **1.** swindler; **2.** *(bondefanger)* confidence man (*el.* trickster); S con-man.
plattenslageri *sb. (et, -er)* **1.** swindling; **2.** *(enkelt tilfælde)* swindle, fraud; confidence trick.
plattysk Low German.
platugle *se plattenslager.*
plausibel *adj.* plausible (*fx* excuse, reason); reasonable.
playback *sb. (et)* playback.

playboy *sb. (en, -s)* playboy.
plebejer *sb. (en, -e),* **plebejisk** *adj.* plebeian.
plebiscit *sb. (et, -ter)* plebiscite.
plebs *sb. (en el. et)* the mob; the plebs pl.
Plejaderne *sb.pl. (astr.)* the Pleiades.
pleje[1] *sb. (en, -r)* care (*fx* care of the sick and wounded; care of the elderly; customer care); *(syge-, barne- også)* nursing;
□ *rettens* ~ the administration of justice; *(se også røgt)*;
[med vb. + præp.] ***have*** *et barn* ***i*** ~ foster a child; ***sætte*** *et barn* ***i*** ~ *a)* place a child with fosterparents, foster out a child; *(om mindre barn)* put a child (, baby) out to nurse; *b) (for kort tid)* leave a child (*fx* with friends, with its grandparents); *sætte en hund i* ~ *a)* board a dog (*fx* in a kennel); *b)* leave a dog (*fx* with friends); ***tage*** *et barn* ***i*** ~ foster a child.
pleje[2] *vb.* **1.** *(passe)* nurse (*fx* a patient; an influenza); take care of (*fx* oneself; one's skin); **2.** *(hænder, negle)* manicure; **3.** *(interesser etc.)* cultivate;
□ ~ *sit helbred* take care of oneself; look after one's health; *(se også magelighed, omgang*[2]*)*.
pleje[3] *vb.: han -r* ***at*** *gøre det a)* he usually does it; *b) (ɔ: har for vane)* he is in the habit of doing it; F he makes a practice of doing it; *man -r at gøre det* it is usually done; F it is customary to do it; *vi -r ikke at gøre det* we don't usually do it; F it is against our practice to do it; *han -de at gøre det a)* he usually did it; *b) (om vane)* he would do it; *c) (ɔ: gjorde det engang)* he used to do it;
han kom senere ***end*** *han -r* he arrived later than usual; *han kom for sent* ***som*** *han -r* he was late as usual; *jeg gør som jeg -r* I'll do as I usually do (*el.* as I'm used to).
plejebarn 1. foster child; **2.** *(adopteret)* adopted child.
plejebroder, **plejebror** foster brother.
plejedatter 1. foster daughter; **2.** *(adopteret)* adopted daughter.
plejefader, **plejefar** foster father.
plejefamilie foster family.
plejeforældre *sb.pl.* foster parents.
plejehjem 1. *(for ældre)* residential home (for elderly people); home; old-age home, rest home; *(klinik etc.)* nursing home;
2. *(for barn: hos plejeforældre)* foster home.
plejemoder, **plejemor** foster mother.
plejeorlov [paid leave of absence for terminal care of family member].
plejepatient *(ældre)* long-stay geriatric patient.
plejer *sb. (en, -e)* [psychiatric nursing aid].
plejesøn 1. foster son; **2.** *(adopteret)* adopted son.
plejesøster foster sister.
plejl *sb. (en, -e)* flail.
plejlskaft handstaff of a flail.
plejlstang connecting rod; *(am. også)* pitman (pl. pitmans).
plekter *sb. (et, plektre)* **1.** plectrum; **2.** *(i cembalo)* quill.
plenarforsamling plenary assembly; *(i FN)* General Assembly.
plenarmøde plenary session (*el.* meeting).
pleno*: in* ~ in full force.
plenum *sb. (et)* plenum (pl. -s, plena); *(se også plenarmøde)*.
pleonasme *sb. (en, -r)* pleonasm.
pleonastisk[1] *adj.* pleonastic.
pleonastisk[2] *adv.* pleonastically.
plet[1] *sb. (et)* plateware.
plet[2] *sb. (en, -ter)* **1.** *(lille ~)* spot (*fx* of grease, of dirt, of mud; rust spots; a damp spot on the wall); *(ganske lille)* speck (*fx* of soot, of dirt; he saw specks in front of his eyes);
(større) patch (*fx* a damp patch on the wall; a bald patch on his head; he had a patch on the lung); *(udtværet)* smear (*fx* lipstick smears on his cheek); smudge;
2. *(som er trængt ind)* stain (*fx* a blood (, ink, paint, tea, wine) stain); *(stænk)* splash (*fx* there were splashes of paint on his coat);
3. *(del af en flade med afvigende farve)* patch (*fx* a patch of sunlight on the floor; a white patch on the dog's head); *(lille)* fleck (*fx* flecks of sunlight (, of powder on her face)); speck (*fx* little specks of blue sky); *(i mønster; på dyrs skind)* spot (*fx* a white blouse with red spots; the leopard's spots); *(lille, uregelmæssig, også fx på æg)* speckle;
4. *(på huden: af sygdom)* spot (*fx* red spots on the skin); *(skæmmende)* blemish; *(af stød: blå ~)* bruise;
5. *(på frugt)* blemish; *(af stød)* bruise; *(sygdoms-)* speck;
6. *(moralsk)* stain, blot (*fx* on one's reputation (, character)); F blemish (*fx* his reputation (, character) is without (a) blemish);
7. *(centrum i skydeskive)* bull's eye, bull (*fx* he scored 15 bulls in 20 shots);
8. *(sted)* spot (*fx* a beautiful (, peaceful) spot);
□ *en* ~ *jord* a patch of ground; a plot;
[med vb.] ***ramme*** ~ hit the bull's eye; score a bull's eye (*el.* a bull); *bemærkningen ramte* ~ the remark went home; *beskrivelsen ramte* ~ the description was spot-on; ***sætte*** *en* ~ *på hans rygte* stain his reputation; *det satte en* ~ *på hans rygte (også)* it left a blemish on his reputation; *sætte -ter* leave stains; make spots;
[med præp.] rør dig ikke ***af*** *-ten!* don't stir! *(som trussel)* don't move! *han rørte sig ikke af -ten* he did not budge; *han var første mand* ***på*** *-ten* he was the first man on the spot; he got there first; *møde på -ten (ɔ: præcis)* arrive on the dot.
pletfjerner stain remover.
pletfri *adj.* **1.** spotless (*fx* shirt); F immaculate;
2. *(fig.)* spotless (*fx* reputation); F unblemished (*fx* reputation); T squeaky clean (*fx* his squeaky clean public image).
pletmale *vb.* touch up.
pletmiddel stain remover.
pletrense *vb.* spot-clean.
pletrensning spot-cleaning.
pletskud bull's-eye;
□ *det var et* ~*! (fig.)* that remark went home!
plette *vb.* **1.** *(sætte pletter)* stain, leave stains; make spots; **2.** *(fig.)* stain; F blemish (*fx* his reputation).
plettere *vb.* plate.
plettering *sb. (en, -er)* plating.
plettet *adj.* **1.** spotted (*fx* dog); *(spættet)* speckled;
2. *(snavset)* stained;
3. *(om stødt frugt)* bruised.
plettyfus *(med.)* typhus fever, spotted fever.
pletvarer *sb.pl.* plateware.
pletvis[1] *adj.* patchy; F sporadic.
pletvis[2] *adv.* in places, in spots; F sporadically;
□ *det er* ~ *glat føre* there are some icy patches on the roads; there is black ice on the roads.
plexiglas ® *(am.)* Plexiglas; *(svarer i Engl. til)* Perspex.
pli *sb. (en)* polish; good manners pl.
plidderpladder *sb. (et)* nonsense, rubbish, piffle.
pligt[1] *sb. (en, -er)* duty;
□ *gøre sin* ~ do one's duty (*imod*

to, by); *han har ~ til at* he has a duty to; it is his duty to; F he is under an obligation to; *-en kalder* duty calls; *(se også opfylde, udføre[1] 1)*;
[med adj.] hans forbandede ~ se ndf.: hans simple ~; *huslige -er* (household) chores, domestic chores; *en kedelig ~* a chore; *en moralsk ~* a moral duty; *det er hans simple ~* it is his simple duty; it is no more than his duty; F it is his bounden duty; *en tung ~* a painful duty; *(se også kær[2], uafviselig)*.
pligt[2] *sb. (en, -er) (sø.)* foresheets pl.
pligtaflevering*: ~ af korn* compulsory deliveries of grain; *~ af tryksager* statutory delivery of publications.
pligtanker *(sø.)* sheet anchor.
pligtarbejde *sb.* **1.** duties pl.; *(neds.)* (piece of) drudgery, chore; **2.** *(om litterært værk)* potboiler.
pligtbesøg duty visit, duty call.
pligtdans duty dance.
pligtforsømmelse dereliction of duty.
pligtfølelse sense of duty.
pligthugger *sb. (en, -e) (sø.)* bow(man).
pligthugst compulsory felling.
pligtig *adj.: ~ til at* under an obligation to; *~ til at betale £50* liable to pay £50; *~ til militærtjeneste* liable for military service.
pligtmenneske*: han er et ~* he has a strong sense of duty.
pligtmæssig *adj.* compulsory.
pligtmæssigt *adv.* as in duty bound.
pligtopfyldende *adj.* conscientious.
pligtopfyldenhed *sb. (en)* devotion to duty.
pligtskyldigst *adv.* as in duty bound, dutifully.
pligttro *adj.* **1.** faithful (to duty); dutiful; **2.** *(samvittighedsfuld)* conscientious; dedicated, devoted (*fx* service).
pligttroskab *(samvittighedsfuldhed)* conscientiousness; dedication; devotion to duty.
pligtvisit duty call.
pligtåre *(sø.)* bow oar.
plim *adj.* T barmy, daft.
plimsoller *sb. (en, -e) (udtjent fartøj)* crock; *(livsfarligt)* coffin ship, floating coffin.
Plinius *(hist.)* Pliny (*fx* Pliny the Younger).
plint *sb. (en, -er)* **1.** *(gymnastikredskab)* (Swedish) box; **2.** *(af søjle)* plinth.
plire *vb.* blink.
pliren *sb. (en)* blinking.
plissé, **plisse** *sb. (en, plisseer)* **1.** pleat; **2.** *(stykke plisseret tøj)* pleating.
plissere *vb.* pleat.
plissering *sb. (en, -er)* pleating.
plombe *sb. (en, -r)* **1.** *(blysegl)* lead seal; **2.** *(i tand)* filling.
plombere *vb.* **1.** *(lukke med blysegl)* seal (with a lead seal, with lead seals); **2.** *(tand)* fill.
plombering *sb. (en, -er) (jf. plombere)* **1.** sealing; **2.** filling.
plot *sb. (et)* plot.
plotte *vb.* plot, track.
plov *sb. (en, -e)* plough; *(am.)* plow;
□ *lægge hånd på -en (også fig.)* put one's hand to the plough; *bringe under -en* put under (the) plough; *land under ~* land under the plough (*el.* under cultivation).
plovfure *sb.* furrow.
plovhest plough horse.
plovjern coulter; *(am.)* colter.
plovmand ploughman.
plovskær ploughshare.
pludder *sb. (et) (dynd)* mud.
pludderbukser *sb.pl.* plus fours.
pludre *vb.* **1.** *(småsnakke)* chat; **2.** *(neds.)* chatter; *(vrøvle)* burble; **3.** *(barnligt)* prattle; *(om spædbarn også)* babble; **4.** *(om kalkun)* gobble; **5.** *(om bæk)* babble.
pludren *sb. (en)* **1.** chatting; **2.** chatter; burbling; **3.** prattle; babble, babbling; **4.** gobble; **5.** babble, babbling.
pludselig[1] *adj. (se også pludseligt)* sudden; *(især attr.)* abrupt.
pludselig[2] *adv. (med ét)* suddenly, all of a sudden.
pludselighed *sb. (en)* suddenness, abruptness.
pludseligt *adv. (brat)* suddenly, abruptly;
□ *standse ~* stop short (*el.* dead).
pluk *sb. (et, -) (udpluk)* scraps pl.;
□ *jeg forstår ikke et ~* I don't understand a word.
plukfisk stewed codfish;
□ *slå en til ~* beat sby into a pulp.
plukke *vb.* **1.** pick (*fx* flowers, apples, mushrooms, strawberries); *(gå rundt og samle)* gather (*fx* berries, flowers, nuts, mushrooms); *(træfrugt også)* pluck (*fx* he plucked an apple from the tree); **2.** *(fjerkræ)* pluck; **3.** *(tage penge fra)* fleece; *(ved at tage ublu pris også)* rip off;
□ *~ af* pick off; *~ i stykker* pick to pieces; *~ ud* pick out; *(se også høne)*.
plukker *sb. (en, -e)* **1.** *(af frugt)* picker; *(også om redskab)* fruit-gatherer; **2.** *(af fjerkræ)* plucker.
plukning *sb. (en) (jf. plukke)* **1.** picking; gathering; plucking; **2.** plucking; **3.** fleecing; ripping off.
plukveer *sb.pl.* premonitory pains.
plumbudding Christmas pudding.
plump[1] *sb. (et, -) & interj.* plop; *(plask)* splash.
plump[2] *adj.* **1.** *(rå)* coarse, rude; *(om person også)* boorish; **2.** *(klodset)* clumsy.
plumpe *vb.* plump (*fx* into a chair, down on the floor); *(udmattet)* flop (*fx* (down) into an armchair, down on a bed);
□ *~ '**i** a) (ɔ: i vandet)* fall in (with a plop); *(gennem is)* fall through; *b) (dumme sig)* put one's foot in it, make a gaffe; *c) (lade sig narre)* be fooled, fall for it, rise to the bait; *~ **ud med** hemmeligheden* blurt out the secret; T let the cat out of the bag, spill the beans.
plumphed *sb. (en, -er) (jf. plump[2])* **1.** coarseness, rudeness; boorishness; **2.** clumsiness;
□ *-er* rude remarks; F vulgarities.
plumre *vb.* muddy (*fx* the water).
plumret *adj.* muddy; F turbid;
□ *en ~ kilde (fig.)* a doubtful source.
plumrådden = *pilrådden*.
plums *interj.* plop; *(plask)* splash.
pluralis *sb. (en, -(s)er)* the plural (number);
□ *~ majestatis* the plural of majesty, the royal plural.
pluralisme *sb. (en)* pluralism.
pluralistisk *adj.* pluralistic; *(attr. også)* pluralist.
plus[1] *sb. (et, -ser)* **1.** *(mat.)* plus; **2.** *(fordel)* advantage; T plus (*fx* it is a definite plus);
□ *~ minus fem dage* plus or minus five days, give or take five days; *-ser og minusser (jf. 2)* advantages and disadvantages (*ved* of, *fx* the plan); T pluses and minuses (*ved* of, *fx* consider the pluses and minuses of waiting).
plus[2] *adv.* plus (*fx* 3 plus 4 (= 3 + 4); John plus a few others).
plusfours *sb.pl.* plus-fours.
plusgrader *sb.pl.* degrees above zero.
pluskvamperfektum *(gram.)* the pluperfect (tense); the past perfect.
pluskæbet *adj.* jowly; *(buttet)* chubby.
plutokrat *sb. (en, -er)* plutocrat.
plutokrati *sb. (et, -er)* plutocracy.
plutonium *sb. (et)* plutonium.

pluviusin *sb. (et)* imitation leather.
plyndre *vb.* **1.** *(i krig el. ved gadeoptøjer)* loot; *(i krig også,* F*)* plunder (*for* of);
2. *(ved røveri)* rob (*for* of, *fx* they robbed him of his money, valuables and passport; rob a bank);
3. *(træ)* strip (*for* of);
4. *(fig.: ~ for penge)* fleece; *(ved at tage ublu pris også)* rip off.
plyndring *sb. (en, -er)* **1.** looting; **2.** *(fig.)* fleecing; F spoliation (*fx* of taxpayers).
plyndringsgods loot; F plunder.
plyndringstogt raid; F predatory expedition.
plys *sb. (et)* plush.
plysklippe, plysse *vb.* crew-cut;
□ *blive -t (også)* get a crew cut.
plædere *vb.* plead;
□ *~ for én* plead sby's cause; *(i retten)* appear for sby; *~ for at det skal gøres* argue for doing it.
plæne *sb. (en, -r)* lawn.
plæneklipper *sb. (en, -e)* lawn mower.
plænevander *sb. (en, -e)* lawn sprinkler.
pløje *vb.* **1.** plough; *(am.)* plow; **2.** *(et bræt)* tongue and groove;
□ *-de brædder* tongued and grooved boards; *~ brædder sammen* match boards;
[med præp. & adv.] ~ (sig) ***gennem*** *noget* plough one's way through sth; *(om læsning også)* wade through sth (*fx* a book, a report); *~* ***sig ind i*** plough into (*fx* the lorry ploughed into the shop); *~* ***ned*** plough in; *~* ***op*** plough up.
pløjejord, pløjeland arable land.
pløjemark ploughed field.
pløjning *sb. (en, -er)* **1.** ploughing; *(am.)* plowing; **2.** *(af bræt)* tonguing and grooving.
pløk *sb. (en, -ke)* peg.
pløkke *vb.* peg;
□ *~ ned (*T*: skyde ned)* plug.
pløre *sb. (et)* mud; F mire.
pløret *adj.* **1.** muddy; **2.** *(*T*: fuld)* plastered, stoned.
pløs *sb. (en, -e) (i sko)* tongue.
pneumatisk[1] *adj.* pneumatic (*fx* hammer).
pneumatisk[2] *adv.* pneumatically.
pneumoni *sb. (en, -er) (med.)* pneumonia.
pochere *vb.* poach (*fx* poached eggs).
pocketbog pocketbook.
podagra *sb. (en)* podagra; gout.
podagristisk *adj.* podagral, podagrous; gouty.
pode[1] *sb. (en, -r) (barn)* offspring (pl. -).
pode[2] *vb.* **1.** graft; **2.** *(med.: med smitstof)* inoculate.
podekniv grafting knife.
podekvist scion.
podevoks grafting wax.
podium *sb. (et, podier)* **1.** *(forhøjning)* platform; **2.** *(til taler, dirigent)* podium (pl. -s); F rostra; *(til taler også)* rostrum (pl. -s, F rostra); dais.
podning *sb. (en)* **1.** grafting; **2.** *(med.)* inoculation.
poesi *sb. (en)* poetry (*fx* epic (, lyric) poetry); verse (*fx* in verse and in prose).
poesibog *(svarer til)* autograph album (*el.* book).
poesiforladt[1] *adj.* prosaic.
poesiforladt[2] *adv.* prosaically.
poet *sb. (en, -er) (digter)* poet.
poetik *sb. (en)* poetics; theory of poetry.
poetisere *vb. (romantisere)* poeticize, poetize.
poetisk[1] *adj.* poetic.
poetisk[2] *adv.* poetically.
pogrom *sb. (en, -er)* pogrom.
point *sb. (et, -s)* **1.** point; **2.** *(ved eksamen)* mark;
□ *få ~, score ~ (også fig.)* score points; *score billige ~ (fig.)* score cheap points; *vinde (, besejre en) på ~* win (, beat sby) on points; *vinde (, føre) med tre ~* win (, lead) by three points.
pointberegning calculation of points.
pointe *sb. (en, -r) (i anekdote etc.)* point (*fx* he did not understand (*el.* he missed) the point); *(sidste sætning, der rummer -n)* punch-line.
pointere *vb.* emphasize.
pointillisme *sb. (en)* pointillism.
pointløb point race.
pointsejr victory on points.
pointsystem point system.
pointtavle scoreboard.
pokal *sb. (en, -er)* cup.
pokalkamp cup tie.
pokalløb cup race.
poker *sb. (en)* poker.
pokeransigt, pokerfjæs poker face.
pokker*: det bryder jeg mig ~ om* I don't care two hoots (*el.* a damn); *(så) for ~! (svagere)* oh, blast; *(stærkere)* damn! *han gav ~ i fremtiden* he did not give a damn about the future; *hvad (, hvem, hvorfor) ~?* what (, who, why) the blazes? *~ er løs* there is the devil to pay; *det var som ~!* well, I'll be damned! *løbe som bare ~* run like hell; *ja det tror ~!* I('ll) bet! *~ stå i ham!* confound him! *gå ~ i vold!* go to blazes! *det ligger langt ~ i vold* it's miles from anywhere; it is at the back of beyond; it's in the middle of nowhere.
pokkers *adj.* blasted; *(stærkere, også adv.)* damned (*fx* the damned (, blasted) fool; he is damned silly); *(se også karl)*;
□ *han er så ~ klog* he thinks he knows all the answers; *~ også!* blast! rats! *(stærkere)* damn!
pol *sb. (en, -er) (også elek.)* pole (*fx* negative pole).
polak *sb. (en, -ker)* Pole.
polar *adj.* polar.
polarcirkel *se polarkreds.*
polaregn polar region;
□ *de nordlige (, sydlige) -e* the arctic (, antarctic) regions.
polarekspedition **1.** *(nord-)* arctic expedition; **2.** *(syd-)* antarctic expedition.
polarforsker polar (*el.* arctic (, antarctic)) explorer.
polarforskning polar exploration.
polarhare *(zo.)* polar hare.
polarhav circumpolar ocean;
□ *det nordlige (, sydlige) ~* the Arctic (, Antarctic) Ocean.
polaris polar ice.
polarisation *sb. (en, -er)* polarization.
polariseret *adj.* polarized.
polarisering *sb. (en, -er)* polarization (*fx* political polarization).
polarklima arctic climate.
polarkreds polar circle;
□ *den nordlige (, sydlige) ~* the Arctic (, Antarctic) Circle.
polaroidkamera ® polaroid camera.
polarræv *(zo.)* arctic fox.
Polarstjernen *(astr.)* the Pole Star.
polarvinter polar winter.
polemik *sb. (en, -ker)* **1.** controversy, polemic; **2.** *(som begreb)* polemics.
polemiker *sb. (en, -e)* controversialist, polemist.
polemisere *vb.* carry on a controversy (*imod* against).
polemisk[1] *adj.* polemical, polemic.
polemisk[2] *adv.* polemically.
Polen *(landet)* Poland.
polere *vb.* polish; *(med blødt materiale også)* buff (*fx* shoes, nails); *(især metal)* burnish;
□ *-t (også fig.)* polished (*fx* wood; rice; manners, style); *~ op* polish up; *~ vinduer* clean windows.
polerer *sb. (en, -e)* polisher.
polervoks wax polish.
polet *sb. (en, -ter)* token.
police *sb. (en, -r)* policy;
□ *-n lyder på £50.000* the policy is for £50,000; *tegne en ~* take out a policy.

poliklinik out-patients' department.
polio *sb. (en)* polio.
polioramt *adj.: en ~* a polio victim.
poliovaccinere *vb.* immunize against polio.
polisk[1] *adj.* sly.
polisk[2] *adv.* slyly.
polit. *se cand., stud.*
politbureau politburo.
politi *sb. (et)* **1.** police pl. (*fx* the police were called; the police are after him);
2. *(korps)* police force (*fx* a national police force; place the police force under political control; join the police force);
□ *meget ~* a lot of police; F many police.
politiadvokat [police official charged with preliminary examinations and the presenting of cases in court]; *(am. omtr.)* district attorney.
politiafspærring police cordon.
politiassistent *(omtr.)* police inspector.
politibeskyttelse police protection.
politibetjent policeman; (police) constable; T copper; *(også am.)* cop;
□ *kvindelig ~* policewoman.
politibil 1. police car; **2.** *(lille patruljevogn)* panda car.
politichef chief of police, police chief.
politidirektør *(svarer omtr. til)* commissioner of police.
politifuldmægtig *(svarer omtr. til)* assistant chief constable.
politigård police headquarters.
politihund police dog.
politiinspektorat *(svarer omtr. til)* police department.
politiinspektør *(svarer omtr. til)* chief superintendent.
politik *sb. (en, -ker)* **1.** *(generelt)* politics (*fx* vote for personalities rather than politics; practical politics; local politics; politics is the art of the possible; politics have always interested him);
2. *(en bestemt ~)* policy (*fx* our policy on education; Conservative policy);
□ *føre en ~* follow a policy; F pursue a policy; *der er gået ~ i sagen* the issue has become a political one, the issue has become politicized.
-politik policy (*fx* family policy, nationalities policy, refugee policy).
politiker *sb. (en, -e)* politician; *(rosende)* statesman; *(NB navnlig i USA er* politician *ofte neds.).*
politikerlede *sb.* disgust (, disillusionment) with politicians.
politiknippel *se politistav.*
politikommissær *(omtr.)* superintendent (of police).
politikorps police force; *(lokalt)* constabulary.
politikreds police district.
politilæge police surgeon.
politimand police officer.
politimester chief constable; *(am.)* commissioner of police.
politiopbud force of police.
politipatrulje police patrol.
politirapport policeman's report.
politirapportsprog policese.
politisag [police prosecution].
politisere *vb.* **1.** *(gøre politisk)* politicize (*fx* the issue; the proletariat); **2.** *(drive politik, neds.)* politic.
politiseren *sb. (en)* politicking.
politisering *sb. (en)* politicization.
politisk[1] *adj.* political.
politisk[2] *adv.* politically.
politiskilt policeman's badge.
politiskjold *(til gadekamp)* riot shield.
politiskole police training school.
politistat police state.
politistation police station;
□ *tage ham med på -en* take him to the police station; T run him in.
politistav truncheon; *(mindre)* baton; *(am.)* night stick.
politistikker police informant, stool pigeon; S grass.
politistyrke police force.
polititilhold [restriction imposed by the police];
□ *han fik et ~ om ikke at opholde sig der* he was forbidden by the police to frequent the place.
politivagt 1. police post; police station; **2.** *(betjente)* police guard.
politivedtægt police regulation(s).
politivold police violence.
politolog *sb. (en, -er)* political scientist.
politologi *sb. (en)* political science.
politur *sb. (en, -er)* polish.
polka *sb. (en, -er)* polka;
□ *danse ~* dance the polka.
pollen *sb. (et, -)* pollen.
pollenanalyse pollen analysis.
pollental pollen count.
polo *sb. (en, -er)* polo.
polonæse *sb. (en, -r) (mus.)* polonaise.
poloskjorte sports shirt.
polsk *sb. (et) & adj.* Polish;
□ *leve på ~* cohabit; live in sin.
polskrue *sb. (elek.)* terminal.
polspænding *(elek.)* terminal voltage.
polster *sb. (et, polstre) (hynde)* cushion.
polstre *vb.* **1.** pad; **2.** *(møbler)* upholster;
□ *han er godt -t (ɔ: tyk)* he is well padded; *-de møbler* upholstered furniture.
polstring *sb. (en, -er) (jf. polstre)* **1.** padding; **2.** upholstery.
polsøger *(elek.)* pole finder.
polt *sb. (en, -e)* young pig, porker.
polterabend *sb. (en)* **1.** *(for mand)* stag party, stag night; **2.** *(for piger)* hen party, hen night.
polyandri *sb. (et)* polyandry.
polyeder *sb. (et, polyedre) (mat.)* polyhedron.
polyester *sb. (en el. et, -e)* polyester.
polyfon *adj.* polyphonic.
polyfoni *sb. (en)* polyphony.
polygam *adj.* polygamous.
polygami *sb. (et)* polygamy.
polyglot *sb. (en, -ter)* polyglot.
polygon[1] *sb. (en, -er)* polygon.
polygon[2], **polygonal** *adj.* polygonal.
polyhistor *sb. (en, -er)* polyhistor, polymath.
polykrom *adj.* polychrome.
polykromi *sb. (en)* polychromy.
Polynesien *(geogr.)* Polynesia.
polynesier *sb. (en, -e)*, **polynesisk** *adj.* Polynesian.
polynomium *sb. (et, polynomier) (mat.)* polynomial.
polyp *sb. (en, -per)* **1.** *(zo.)* polyp; **2.** *(med.)* polypus (pl. polypi); polyp;
□ *-per (i næsen)* adenoids.
polyt. *se cand., stud.*
polyteisme *sb. (en)* polytheism.
polyteist *sb. (en, -er)* polytheist.
polyteknik *sb. (en) (omtr.)* technology.
polytekniker *sb. (en, -e)* [student or graduate of a college of engineering].
polyteknisk *adj. (omtr.)* technological.
polær *adj.* **1.** polar; **2.** *(om modsætning)* diametrical.
pomade *sb. (en, -r)* **1.** *(til håret)* pomade; **2.** *(læbe-)* lip salve.
pomadiseret *adj.* pomaded.
pomerans *sb. (en, -er) (bot.)* Seville orange, bitter orange.
pomeransfugl *(zo.)* dotterel.
pomeransskal Seville orange peel.
pomfritter, **pommes frites** *sb.pl.* (potato) chips; *(især am.)* French fries.
Pommern *(geogr.)* Pomerania;
□ *det er ad ~ til* it is awful.
pommersk *adj.* Pomeranian.

pomp *sb. (en)* pomp;
□ *~ og pragt* pomp and circumstance.
Pompeji *(hist.)* Pompeii.
Pompejus *(hist.)* Pompey.
pompon *sb. (en, -er)* bobble; pompom.
pompøs *adj.* grandiose.
pompøsitet *sb. (en)* grandiosity.
poncho *sb. (en, -er)* poncho.
pondus *sb. (en)* weight.
pontifikat *sb. (et, -er)* pontificate.
ponton *sb. (en, -er)* **1.** pontoon; **2.** *(flyv.)* float.
pontonbro pontoon bridge.
pony *sb. (en, -er)* pony.
ponyvogn pony chaise.
pop *sb. (en)* pop.
popcorn *sb.pl.* popcorn sg.
popgruppe pop group.
popidol pop idol.
popkorn *sb.pl.* popcorn sg.
popkunst pop art.
poplin *sb. (et)* poplin.
popmusik pop music.
popo *sb. (en, -er) (glds. el. spøg.)* behind, bottom.
poppedreng poll (parrot); Polly.
poppel *sb. (en, popler) (bot.)* poplar.
poppelpil **1.** *(Populus alba)* white poplar, abele; **2.** *(Populus nigra)* black poplar.
poppet *vb.* **1.** *(billig)* cheap (*fx* argument); **2.** *(overfladisk)* superficial (*fx* description);
□ *det er noget ~* it's a bit popped up.
popsang pop song.
popsanger pop singer.
popularisator *sb. (en, -er)* popularizer.
popularisere *vb.* popularize.
popularisering *sb. (en, -er)* popularization.
popularitet *sb. (en)* popularity.
population *sb. (en, -er)* population.
populisme *sb. (en)* populism.
populist *sb. (en, -er)* populist.
populistisk *adj.* populistic; *(attr. også)* populist.
populær *adj.* popular (*hos* with).
populærvidenskab popular science.
populærvidenskabelig *adj.* popular.
porcelæn *sb. (et)* **1.** *(stoffet)* china; *(finere)* porcelain;
2. *(genstande af ~)* china; *(især kunst-)* porcelain;
3. *(tallerkener etc. af fajance el. ~)* crockery (*fx* there was a good deal of crockery to wash up).
porcelænsblomst *(bot.)* London pride.
porcelænsdukke china doll.
porcelænsfabrik porcelain factory.
porcelænsfigur porcelain (*el.* china) figure (*el.* statuette); F porcelain (*el.* china) figurine.
porcelænsisolator porcelain insulator.
porcelænsjord china (*el.* porcelain) clay, kaolin.
porcelænsmaler china painter.
porcelænsmaling china painting.
porcelænssnegl *(zo.)* cowry.
pore *sb. (en, -r)* **1.** pore; **2.** *(bot.: i cellevæg)* pit.
poresvamp *(bot.)* bracket (*el.* shelf) fungus.
porfyr *sb. (en, -er)* porphyry.
porno *sb. (en)* T porn (*fx* hard porn; soft porn).
pornobillede porn picture.
pornoblad porno magazine.
pornobutik porn shop.
pornofilm porno (*el.* porn *el.* blue) film (*el.* movie).
pornoforretning porn shop.
pornografi *sb. (en)* pornography.
pornografisk[1] *adj.* pornographic.
pornografisk[2] *adv.* pornographically.
pornoindustri pornography industry.
porre *sb. (en, -r) (bot.)* leek.
pors *sb. (en, -)*, **porse** *(en, -r) (bot.)* bog myrtle, sweet gale.
port *sb. (en, -e)* **1.** gate (*fx* he left the gate open);
2. *(åbning, portrum)* gateway (*fx* the car was parked in the gateway);
3. *(i dok el. sluse)* gate;
4. *(i skibsside)* port;
5. *(fig.)* gateway (*til* to, *fx* the gateway to Europe);
□ *jage en på -en* send sby packing.
portal *sb. (en, -er)* portal.
portalkran gantry crane.
portbygning gatehouse.
portefølje *sb. (en, -r)* portfolio;
□ *minister uden ~* minister without portfolio.
portemonnæ *sb. (en, -er)* purse.
portepé, **portepe** *sb. (en, portepeer)* sword knot.
porter *sb. (en, -e) (øl)* stout, porter.
portfløj leaf (of a gate).
porthvælving archway.
portier *sb. (en, -er)* hall porter.
portiere *sb. (en, -r)* door curtain, portière.
portion *sb. (en, -er)* **1.** *(af mad)* serving (*fx* it is enough for six servings; a large (, small) serving; another serving of soup); *(som øses op ved bordet også)* helping (*fx* she gave me a large helping of soup; may I give you another helping?); *(mere* F*, på restaurant etc.)* portion (*fx* he ordered an extra portion of salad; he asked for a small (, large) portion);
2. *(mængde)* lot; *(som kommer (, fremstilles) på en gang)* batch (*fx* a fresh batch of letters (, ham sandwiches));
3. *(~ vasketøj til vaskemaskine)* load (*fx* put a new load in the washing machine);
4. *(andel)* share; F portion (*fx* a large portion of the money went to his sister);
5. *(del)* part; F portion; *(som udleveres efterhånden)* instalment (*fx* the money will be paid in three instalments);
□ *en god ~ (+ sb.)* a considerable amount of (*fx* scepticism); *med en god ~ held* with a fair share of luck; *i små -er* in (*el.* by) instalments.
portionsglas sherbet glass; dessert dish.
portionsvis *adv.* in (*el.* by) instalments.
portner *sb. (en, -e)* **1.** porter; **2.** *(vicevært, pedel)* caretaker; *(især am.)* janitor.
portnerbolig porter's lodge.
portnerkone **1.** porter's wife; **2.** *(kvindelig portner)* (woman) caretaker; *(am.)* janitress.
portnerloge porter's lodge.
porto *sb. (en)* **1.** postage; **2.** *(takster)* rate.
portoforhøjelse increase of postal rates (*el.* charges).
portofri, **portofrit** *adj. & adv.* post free, free of postage (*el.* of charge).
portonedsættelse reduction of postal rates (*el.* charges).
portræt *sb. (et, -ter)* **1.** portrait; **2.** *(kort personskildring, fx i avis)* profile.
portrætbuste portrait bust.
portrætgalleri *(også fig.)* portrait gallery.
portrætlighed exact likeness.
portrætlinse *(foto.)* portrait lens.
portrætmaler portrait painter.
portrætmaleri portrait painting.
portrættere *vb.* portray.
portrætudsendelse *(omtr.)* profile.
portstolpe gatepost.
porttårn gate tower.
Portugal *(geogr.)* Portugal.
portugiser *sb. (en, -e)* Portuguese (pl. -).
portugisisk *sb. (et) & adj.* Portuguese;
□ *på ~* in Portuguese.
portulak *sb. (en, -ker) (bot.)* purslane.
portvagt gatekeeper.
portvin port (wine).

portør *sb. (en, -er)* **1.** *(jernbane-)* [railwayman in one of the lower income brackets]; **2.** *(hospitals-)* hospital porter.
portåbning gateway.
porøs *adj.* porous.
porøsitet *sb. (en)* porousness, porosity.
pose[1] *sb. (en, -r)* **1.** bag; **2.** *(lille, til shampoo etc.)* sachet (*fx* of shampoo, of sugar, of lavender); **3.** *(under øjnene)* bag, pouch (*fx* have bags (*el.* pouches) under one's eyes);
□ *en ~ bolsjer* a bag of sweets; *en ~ penge a)* a bag of money; *b) (fig.)* a sum of money; *(bevilling)* a grant; *problemet kan ikke løses med en ~ penge* you don't solve the problem by throwing money at it;
[med præp.] rent mel **i** *-n se mel*; *man kan ikke få både i ~ og i sæk* you cannot eat your cake and have it; you cannot have it both ways; *han vil have både i ~ og sæk* he really wants jam on it; *snakke rent* **ud af** *-n* speak one's mind.
pose[2] *sb. (en, -r)* **1.** *(attitude)* pose; **2.** *(poseren)* attitudinizing.
pose[3] *vb.* **1.** *(hænge løst, fx om bukser)* bag; **2.** *(om bluse: være for vid)* puff out.
poseblåt 1. blue; **2.** *(i pose)* a blue-bag.
posedame (shopping-)bag lady.
posefuld *sb. (en, -e)* bagful.
posekigger *sb. (en, -e)* busybody, nosey-parker.
posekiggeri *sb. (et, -er)* prying, snooping.
posekikker = *posekigger.*
poselukker twist-tie.
posere *vb.* **1.** *(fx foto.)* pose; **2.** *(neds.)* pose, attitudinize; F posture.
poset *adj. (om tøj)* baggy, puffy.
posetæppe convertible sleeping bag.
poseur *sb. (en, -er)* poseur; T windbag.
position *sb. (en, -er)* position;
□ *skabe sig en ~* make one's mark; establish a position for oneself; *overhale i tredje ~* overtake three abreast; *parkere i anden ~* double-park.
positionere *vb. (hdl.)* position.
positionsliste *(sø.)* position list.
positionslys 1. *(på bil)* parking light, sidelight; **2.** *(sø.)* position light.
positiv[1] *sb. (en, -er) (gram.)* the positive (degree).
positiv[2] *sb. (et, -er)* **1.** *(foto.)* positive; **2.** *(lirekasse)* barrel organ.
positiv[3] *adj.* **1.** *(velvillig)* favourable (*fx* attitude, reaction, reply, review); sympathetic (*fx* attitude); **2.** *(bekræftende)* positive, affirmative (*fx* answer, reply); **3.** *(fys., mat., med. etc.)* positive (*fx* electricity, pole; number; the test was positive);
□ *være -t indstillet til forslaget* be favourably disposed to (*el.* favourable to) the proposal; *vi vil se -t på det* we will give it favourable (*el.* positive) consideration; *jeg ved det -t* I know it for certain.
positivisme *sb. (en)* positivism.
positivist *sb. (en, -er)* positivist.
positivistisk *adj.* positivistic; *(attr. også)* positivist.
positivspiller organ grinder.
positur *sb. (en, -er)* posture;
□ *stille sig i ~ a)* strike an attitude (*el.* pose); *b) (generelt)* strike attitudes (*el.* poses), attitudinize; F posture.
possementarbejde passementerie; trimmings pl.
possementmager *sb. (en, -e)* trimming maker.
possessiv *sb. (et, -er) & adj. (gram.)* possessive.
post[1] *sb. (en, -er)* **1.** *(mil.: vagt, stilling)* post (*fx* he left his post; an observation post); *(skildvagt)* sentry (*fx* they posted sentries at the door);
2. *(i orienteringsløb)* control;
3. *(jernb.: blokpost)* block station; signalbox;
4. *(embede, stilling)* post;
5. *(i bogføring)* entry;
6. *(enkelt punkt i opregning)* item;
7. *(aktie etc.)* block;
□ *det er da en ~ (ɔ: meget)* that is quite a lot; *fremskudt ~ (mil.)* advanced post, outpost; *udstille -er* post sentries;
[med: på] politibetjent **på** *~* policeman on point duty; *blive på sin ~* remain at one's post; *stå på ~* stand sentry; be on guard; *være på sin ~ a)* be at one's post; *b) (fig.)* be on one's guard (*over for* against).
post[2] *sb. (en)* **1.** *(postvæsen, postbesørgelse)* post; *(især am.)* mail; **2.** *(breve etc.)* post, mail; *(am.)* mail; **3.** *(postbud)* postman; *(am. også)* mailman;
□ *er der ~ til mig ?* any post (*el.* mail) for me? *sende* **med** *-en* post, send by post; *(am.)* mail; *med -en i dag* by today's post (*el.* mail); *med næste ~* by the next post (*el.* mail); **pr.** *~* by post, by mail.
post[3] *sb. (en, -e)* **1.** *(pumpe)* pump; **2.** *(vandhane)* tap; *(am.)* faucet.
post[4] *sb. (en, -er) (vindues-)* (window) post.
post[5]*: ~ festum* very late in the day; a day after the fair.
post- *(ɔ: efter-)* post- (*fx* postindustrial, postfeminism).
postadresse postal address.
postadressebog post office directory.
postal *adj.* postal.
postament *sb. (et, -er)* pedestal.
postanvisning *(svarer til)* postal order; *(især am.)* money order.
postarbejder postal worker.
postassistent post-office clerk.
postbefordring 1. *(pr. post)* conveyance by post; **2.** *(af posten)* transport of mail.
postbevis certificate of posting.
postbil mail van.
postboks post-office box; *(fork.)* PO box.
postbrevkasse = *postkasse.*
postbud postman; *(am. også)* mailman.
postbåd mail boat.
postdatere *vb.* post-date.
postdistrikt postal district.
postdistriktbetegnelse district initials pl.
poste *vb.* **1.** *(vand etc.)* pump; **2.** *(sende med posten)* post; *(am. oftest)* mail;
□ *~ penge i* pump money into.
postej *sb. (en, -er)* pâté.
postekspedition *(brevsamlingssted)* branch post office, sub post office.
postelin T = *porcelæn.*
postere *vb.* **1.** *(vagt etc.)* station, post; **2.** *(i regnskab)* post, enter.
poste restante to be called for; poste restante; *(am.)* general delivery.
postering *sb. (en, -er)* **1.** posting; **2.** *(i bøger)* entry, item.
postevand tap water; *(spøg.)* Adam's ale.
postflag mail flag.
postflyver 1. *(pilot)* air-mail pilot; **2.** *(maskine)* mailplane.
postflyvning air-mail service.
postforbindelse postal service(s); postal communication.
postforsendelse postal packet.
postfrimærke postage stamp.
postførende *adj.* mail-carrying;
□ *~ tog (, skib)* mail train (, boat).
postgang post;
□ *en ~ for sent* too late in the day, a day after the fair.
postgiro *se giro.*
postgymnasial *adj.* post-secondary.
posthemmeligheden the secrecy of

the mails.
posthorn post horn.
posthum *adj.* posthumous (*fx* work).
posthus post office;
□ *bringe det på -et* take it to the post (office).
posthåndbog post-office guide.
postil *sb. (en, -ler)* book of sermons.
postillon *sb. (en, -er)* mail-coach driver;
□ ~ *d'amour* lovers' messenger.
postkasse letter box; *(i Engl.: fritstående)* pillar box; *(am.)* mail box;
□ *lægge et brev i -n* post (, mail) a letter.
postkontor post office.
postkort 1. postcard; *(am.)* postal card; **2.** *(prospektkort)* picture postcard.
postkvittering 1. certificate of posting; **2.** *(for postanvisning)* certificate of issue.
postludium *sb. (et, postludier)* postlude.
postmester postmaster; *(kvindelig)* postmistress.
postmodernisme postmodernism.
postmodernist *sb.*, **postmodernistisk** *adj.* postmodernist.
postmuseum postal museum.
postnummer postal code, postcode; *(am.)* zip code.
postombæring (mail) delivery.
postopkrævning *(blanket)* trade charge form.
postordre mail order.
postpakke *sb. (en, -r)* (postal) parcel; *(am.)* package;
□ *som* ~ by parcel post.
postrute mail route.
postscriptum *sb. (et, postscripta)* postscript; *(fork.)* PS.
postsparekasse post-office savings bank; *(am.)* postal savings bank.
poststempel postmark;
□ *poststemplets dato* date as postmark.
postsæk mail bag.
posttakst postal rate;
□ *-er (også)* post-office (*el.* postal) charges.
postterminal main post office.
posttjenestemand post-office employee.
posttog mail train.
postulat *sb. (et, -er)* **1.** *(påstand)* assertion (*fx* unsubstantiated assertions); *(hypotese)* hypothesis (pl. hypotheses); **2.** *(i filosofi)* postulate.
postulere *vb.* **1.** *(påstå)* assert; **2.** *(i filosofi)* postulate, posit.
postunion postal union.
postvogn 1. *(diligence)* mail coach; **2.** *(jernbane-, postbil)* mail van.
postvæsen mail services pl.; post-office authorities;
□ *-et (i Engl.)* the Post Office; *være ansat ved -et* be a post-office employee, work for the Post Office.
postyr *sb. (et)* **1.** *(uro)* commotion; *(stærkere,* T*)* row (*fx* there was great commotion (, a huge row) outside);
2. *(anstalter)* fuss (*fx* there was a lot of fuss over his visit);
3. *(ståhej)* excitement, stir;
T to-do (*fx* there was a great to-do about it).
posør *sb. (en, -er)* poseur.
pot *sb. (en, -ter) (glds. mål, omtr.)* quart;
□ *halv* ~ *(omtr.)* pint; *de er* ~ *og pande* they are hand in glove; they are as thick as thieves.
potageske *sb.* (soup) ladle.
potaske *sb. (en)* potash.
pote *sb. (en, -r)* paw;
□ *give* ~ *a) (om hund)* shake hands; *b) (S: lykkes etc.)* pay off, pay a good dividend.
potemkinkulisser *sb.pl.* a Potemkin village.
potens *sb. (en, -er)* **1.** *(mat.)* power; **2.** *(avlekraft)* potency, sexual power;
□ *i højeste* ~ *(fig.)* to the highest degree;
[mat. udtryk] ***anden*** ~ *af et tal* the square of a number; *y i anden* ~ the square of y; y squared; *opløfte til anden* ~ square; ***tredje*** ~ *af et tal* the cube of a number; *y i tredje* ~ the cube of y; y cubed; *opløfte til tredje* ~ cube; raise to the third power; ***fjerde (, n'te)*** ~ *af et tal* the fourth (, nth) power of a number; *y i fjerde (, n'te)* ~ the fourth (, nth) power of y; y to the fourth (, nth).
potenseksponent *(mat.)* (power) index, exponent.
potensere *vb.* intensify.
potensopløftning *(mat.)* involution.
potent[1] *adj.* potent.
potent[2] *adv.* potently.
potentat *sb. (en, -er)* potentate.
potentiale *sb. (et, -r)*, **potentiel** *adj.* potential.
potentil *sb. (en, -ler) (bot.)* cinquefoil.
potentiometer *sb. (et, potentiometre)* potentiometer.
potpourri *sb. (et, -er)* **1.** potpourri; *(mus. også)* medley; **2.** *(fig.)* medley.
potte[1] *sb. (en, -r)* **1.** pot; **2.** *(nat-)* chamber pot; *(i børnesprog)* potty;
□ ~ *og pande se pot*; *så er den* ~ *ude!* that's an end to that!
potte[2] *vb. (i gartneri)* pot;
□ ~ *om* repot.
pottemager *sb. (en, -e)* potter.
pottemagerarbejde pottery.
pottemagerhjul potter's wheel.
pottemagerler potter's clay.
pottemagerværksted pottery, potter's workshop.
potteplante pot(ted) plant.
potteskår *sb.pl.* broken pottery sg.; *(arkæol.)* potsherds;
□ *et* ~ a piece of broken pottery; *(arkæol.)* a potsherd.
pottestol potty chair.
poulard *sb. (en, -er) (svarer omtr. til)* broiler, spring chicken.
poussere *vb.:* ~ *en frem* push sby on; ~ *sig frem* elbow one's way to the front.
p-pille contraceptive pill, birth-control pill;
□ *-n* the pill (*fx* fewer women take the pill; she is on the pill).
pr. *se per.*
Prag *(geogr.)* Prague.
pragmatik *sb. (en)* pragmatics.
pragmatiker *sb. (en, -e)* pragmatist.
pragmatisk[1] *adj.* pragmatic.
pragmatisk[2] *adv.* pragmatically.
pragmatisme *sb. (en)* pragmatism.
pragt *sb. (en)* magnificence, splendour;
□ *i al sin* ~ in all its glory.
pragtbind de luxe binding.
pragteksemplar 1. *(om ting)* magnificent specimen; T beauty;
2. *(om person)* jewel, treasure.
pragtelskende *adj.* splendour-loving; *(præd. også)* fond of display.
pragtfuld *adj.* magnificent, splendid; T gorgeous, glorious.
pragtlilje *(bot.)* **1.** agapanthus;
2. *(Gloriosa)* glory lily.
pragtlyst *sb. (en)* love of display.
pragtskær *sb. (en, -) (bot.)* blazing star.
pragtspir *sb. (en, -) (bot.)* astilbe.
pragtstjerne *(bot.)* campion.
pragtstykke *(genstand)* showpiece; T beauty.
pragtudfoldelse display.
pragtudgave de luxe edition.
praj *sb. (et, -)* **1.** *(råb)* call, hail; **2.** *((ad)varsel)* warning; **3.** *(vink)* tip-off;
□ *give en et* ~ *a)* warn sby; *b)* give sby a tip-off.
praje *vb.* hail.
prajehold*: på* ~ within hail.
prakke *vb.:* ~ *en noget på* palm (*el.* foist) sth off upon sby; T fob sth off onto sby; fob sby off with sth.
praksis *sb. (en, -(s)er el. -) (i alle betydninger)* practice;

□ *almen ~ (med.)* general practice;
[med præp.] ***i*** *~ (mods. teori)* in practice; *føre* ***ud i*** *~* put into practice (*fx* put one's ideas into practice); practise; *lægen er* ***ude i*** *~* the doctor is out on his calls.
praktik *sb. (en)* **1.** practice; **2.** *(som del af uddannelse)* practical experience, work experience, trainee service; *(periode)* trainee (service) period;
3. *(seminariefag)* teaching practice, practice teaching;
4. *(i skole: erhvervs-)* work experience.
praktikabel *adj.* **1.** practicable; **2.** *(teat.)* practical.
praktikant *sb. (en, -er)* **1.** trainee; *(am.)* intern; **2.** *(lærling)* apprentice; **3.** *(lærer-)* trainee teacher; *(am.)* intern;
□ *være ~ (med.)* do ward work, be on the wards.
praktikanttjeneste **1.** trainee work; **2.** *(med.)* ward work.
praktiker *sb. (en, -e)* practical person; F practician.
praktikleder *(på seminarium)* supervisor of teaching practice.
praktikplads **1.** *(omtr.)* placement; training place; **2.** *(for skoleelev, til erhvervspraktik)* work-experience place(ment).
praktikskole **1.** *(knyttet til seminarium)* demonstration school, practice school; *(am.)* laboratory school; **2.** *(skole der modtager lærerstuderende i praktik)* practice school.
praktisabel *adj.* practicable, feasible.
praktisere *vb.* **1.** *(som læge, advokat)* practise; **2.** *(bruge i praksis)* practise (*fx* practise a rule); put into practice (*fx* put one's ideas into practice);
□ *-nde læge* (general) practitioner *(fork.* GP*).*
praktisk[1] *adj.* **1.** practical (*fx* difficulties; experience, knowledge; my husband is not very practical); **2.** *(bekvem)* convenient (*fx* kitchen, size; at a more convenient time; it is very convenient for you to live so near the school); practical (*fx* tool; tiles are very practical in a kitchen); handy (*fx* tool; an electric kettle is a handy thing to have);
3. *(om tøj: mods. til pynt)* serviceable (*fx* clothes, shoes);
□ *han er den -e gris* he is the handyman; *-e vink* useful hints.
praktisk[2] *adv. (jf. praktisk*[1]*)* practically; conveniently;
□ *~ talt, ~ taget* practically (*fx* deserted, full, unknown; practically everybody); virtually (*fx* nothing; impossible; virtually all of them); as good as (*fx* finished); F for all practical purposes, to all intents and purposes (*fx* the same).
pral *sb. (et)* boasting; *(mere neds.)* bragging.
pralbønne *(bot.)* scarlet runner (bean).
prale *vb. (se også pralende)* boast (*af* of, about); *(mere neds.)* brag (*af* of, about);
□ *ikke noget at ~* ***af*** nothing to write home about (*el.* to shout about); *~* ***af at*** boast (, brag) that; ***kunne ~ af*** boast (*fx* the town boasts a brand-new library); *jeg kan ikke ~ af at* I can't boast that; *~* ***med*** show off, parade (*fx* one's car, one's knowledge, one's wealth); make a show of; *~* ***med at*** boast (, brag) that.
pralende[1] *adj.* **1.** *(om person, udtalelse)* boastful; *(mere neds.)* bragging; **2.** *(prangende)* showy; F ostentatious; *(se også net*[2]*).*
pralende[2] *adv. (jf. pralende*[1]*)* **1.** boastfully; **2.** showily; F ostentatiously.
praleri *sb. (et, -er)* **1.** *(det at prale)* boasting; *(mere neds.)* bragging; **2.** *(enkelt ~)* boast; piece of bragging.
pralhals *sb. (en, -e),* **pralhans** *(en, -er)* boaster.
praliné, praline *sb. (en, pralineer)* praline.
pram *sb. (en, -me)* **1.** barge; **2.** *(lægter)* lighter.
pramfører, prammand *(jf. pram)* **1.** bargee; *(am.)* bargeman; **2.** lighterman.
prampenge lighterage.
prange *vb. (sjakre)* bargain, haggle;
□ *~* ***med*** *a) (handle med)* deal in; *b) (fremvise pralende)* F flaunt; T show off, parade.
prangende[1] *adj.* **1.** showy; F ostentatious; **2.** *(med ~ farver)* gaudy.
prangende[2] *adv.* **1.** showily; ostentatiously; **2.** gaudily.
pranger *sb. (en, -e)* dealer (*fx* horse dealer).
prekær *adj.* **1.** *(vanskelig)* precarious; **2.** *(pinlig)* embarrassing.
prelle *vb.: ~ af* glance off (*imod* from); *~ af på (fig.)* be lost on (*fx* arguments (, my entreaties) were lost on him); bounce off (*fx* political scandal seemed to bounce off him).
premiere *sb. (en, -r)* first night, opening night, first performance (*på* of, *fx* a new play); premiere (*på* of, *fx* the Danish (, world) premiere of the new play);
□ ***have*** *~ (om stykke)* be given its first performance (*el.* its premiere); receive its premiere, be premiered; ***have ~ på*** *et stykke (ɔ: om teater)* give a play its first performance (*el.* its premiere); *han har haft ~ på sit nye stykke (ɔ: om forfatter)* he has seen the first performance of his new play.
premiereaften first night, opening night.
premierebiograf *(am.)* first-run movie theater.
premieregæst first-nighter.
premierenervøsitet first-night nerves pl.
premierløjtnant **1.** first lieutenant; **2.** *(sø.)* lieutenant.
premierminister Prime Minister; *(kun uden for Engl.)* Premier (*fx* the French Premier).
pren *sb. (en, -e) (til huller)* stiletto.
prent*: på ~* in print.
prente *vb.* write carefully;
□ *det har -t sig i min erindring* it remains stamped on my memory.
pres *sb. (et, -)* **1.** *(fysisk & om overtalelse etc.)* pressure (*mod* against, on, *fx* the pressure of the crowd against the barrier; the pressure on the krone mounted; he resisted the pressure to leave the country);
2. *(anspændelse, arbejdspres)* strain (*fx* all that work (, his illness) has been a great strain on him);
□ *-set fra ekstremister* the pressure of extremists; *være under (stærkt) ~ a) (jf. 1)* be under (strong) pressure; *b) (jf. 2)* be under (great) strain;
[med vb.] lette -t ease (*el.* relieve) the pressure (, strain); *lægge ~ på en* put pressure (, strain) on sby, bring pressure to bear on sby, pressure sby, pressurize sby; T lean on sby; *modstå -t a) (jf. 1)* resist the pressure; *b) (jf. 2)* stand the strain.
presbyterianer *sb. (en, -e),* **presbyteriansk** *adj. (rel.)* Presbyterian.
presenning *sb. (en, -er)* tarpaulin.
present *sb. (en, -er)* present; *(især større)* gift.
presning *sb. (en)* **1.** pressing; **2.** *(glds.: til krigstjeneste)* impressment.
presse[1] *sb. (en, -r)* **1.** *(redskab til presning, trykkemaskine)* press; **2.** *(pressefolk)* newsmen pl.; reporters pl.; T pressmen pl.;
□ *-n a) (ɔ: aviserne)* the press; *b)*

(+ tv, radio) the news media; *få en god ~* have a good press.

presse[2] *vb.* **1.** *(trykke, trænge, også fig.)* press (*fx* press the lid down; press one's nose against a window; he was hard pressed; the enemy pressed them hard);
(ind i, gennem, ud etc. også, kraftigere) squeeze (*fx* try to squeeze (, press) too much into a suitcase; they were squeezed out of the job market by younger men);
(skubbe også) push (*fx* push a brush through the pipe; push one's finger through a hole; you can't push more people into the room; they were hard pushed academically; push the government in the direction of reform);
2. *(trykke sammen, også om frugt)* press (*fx* flowers; olives; press grapes to extract the juice); *(kraftigere)* squeeze (*fx* a lemon, an orange);
3. *(om tøj)* press, iron; *(lave pressefolder i)* press;
4. *(tilskynde, søge at tvinge)* press (*til at* to, *fx* press him to stay); *(stærkere)* pressure, pressurize (*til at* to, into -ing, *fx* pressurize them to produce more; he was pressured into signing the contract); T push (*til at* to, into -ing, *fx* push him to join the party; she was pushed into going to university); *(tvinge)* force (*til at* to, *fx* force him to pay up);
5. *(forcere)* press (*fx* one's voice);
6. *(glds.: til krigstjeneste)* press;
□ *~ citronen til sidste dråbe (fig.)* squeeze him (, them etc.) till the pips squeak; *-t glas* pressed glass; *en -t situation* a difficult situation;
[med præp. & adv.] ~ penge ***af*** *en* blackmail sby;
~ ham ***for*** *flere oplysninger* press him for more information; *~ en for penge, se ndf.: presse penge ud af en*;
~ noget ***ned over*** *dem (ɔ: påtvinge)* force sth on them; F impose sth on them; *(se også hoved)*;
~ bukserne ***op*** give the trousers a press; *~ bilen* ***op til*** *120 km i timen* push the car up to 120 km an hour;
*~ '****på*** *a) (være presserende)* be pressing; *(stærkere)* be urgent; *b) (udøve tryk)* press; *de -r 'på for at få en afgørelse* they are pressing for a decision;
~ ***sammen*** *a)* press; *(kraftigere)* squeeze (*fx* press the snow hard to make snowballs; squeeze the snow into snowballs); F compress; *b) (med objekt i pl.)* press (, squeeze) together (*fx* press one's lips together); F compress (*fx* one's lips);
~ ***ud*** *a)* press (, squeeze) out; *b) (folder i tøj)* iron out; *~ saft* ***ud af*** press (, squeeze) juice out of; *~ oplysninger ud af en a)* squeeze information out of sby; *b) (ved vold, trusler)* extort information from sby; *~ penge ud af en a)* squeeze money out of sby (*fx* I'll squeeze every penny out of him); *b) (ved trusler)* extort money from sby; *c) (ved pengeafpresning)* blackmail sby; *~ en tilståelse ud af en (ved vold, trusler)* extort a confession from sby;
[med sig] ~ ***sig*** press one's way, push (*fx* he pressed his way through the crowd; the crowd pushed (*el.* pressed) forward); *(kraftigere)* squeeze (*fx* he squeezed through the narrow opening); *~* ***sig ind*** *a)* squeeze in; *b) (om bil, efter overhaling)* cut in.

presseangreb press attack.

presseattaché, **presseattache** press attaché.

pressebureau press bureau.

pressechef public relations officer (*el.* manager).

pressedækning press coverage.

presseetik the ethics of journalism, journalistic ethics.

pressefold *sb. (en, -er)* crease; □ *skarp ~* knife-edge crease.

pressefolk *sb.pl.* pressmen, journalists.

pressefotograf press photographer, cameraman.

pressefrihed freedom (*el.* liberty) of the press.

pressegær compressed yeast.

pressejern pressing iron.

pressekampagne press campaign.

pressekonference press conference; *(især am.)* news conference.

pressekort reporter's pass, press pass, press card.

presseloge press box.

pressemeddelelse 1. *(i pressen)* newspaper announcement, notice; **2.** *(til pressen)* press release; T press handout.

pressemøde *se pressekonference.*

pressenævn *(svarer omtr. til)* press complaints commission.

presseomtale *sb. (en)* (press) coverage, (newspaper) publicity (*fx* the show got quite a lot of publicity).

presserende *adj.* urgent, pressing.

presserepræsentant press representative.

pressesekretær press secretary.

presseudsendelse *(radio)* news broadcast.

presseveer *sb.pl.* second-stage labour pains.

pression *sb. (en, -er)* pressure.

pressionsgruppe pressure group.

pressionsmiddel means of exerting pressure.

prestige *sb. (en)* prestige;
□ *som har høj ~* prestigious.

prestigebyggeri 1. *(generelt)* prestige building; **2.** *(konkret)* prestige building project.

prestigeprojekt prestige project.

prestigereklame prestige advertising.

prestigesag*: det er en ~ for ham* it is a matter of prestige for him.

prestigetab loss of prestige; T loss of face.

pretiosa *sb.pl.* valuables.

pretiøs *adj.* affected, artificial.

Preussen *se Prøjsen.*

prik[1] *sb. (et, -) (let stik)* prick.

prik[2] *sb. (en, -ker)* **1.** *(lille rundt mærke)* dot; *(punkt også)* point;
2. *(lille plet, fx i mønster)* spot;
3. *(sø.)* perch, beacon;
□ *-ker og streger (i morse)* dots and dashes;
[med præp.] have en ~ ***med*** T have a thing about; *sætte -ker* ***over*** *i'erne* dot one's i's; *det vil sætte -ken over i'et (fig.)* that will give it the finishing touch; ***på*** *en ~* to a T (*fx* the dress suits her to a T); *det ligner ham på en ~* that's him to a T; *han ligner sin far på en ~* he is the very (*el.* living) image of his father; T he is the spitting image of his father; *det stemmer på en ~* it's spot on; *(se også punkt).*

prikdiagram scatter diagram.

prikke *vb.* **1.** *(sætte prikker (på))* dot;
2. *(stikke)* prick (*fx* prick holes in a piece of paper); *(se også hul*[1]*)*;
3. *(sige op)* give notice;
□ *det -de i huden* my (, his etc.) skin prickled; *~ en på skulderen* tap sby on the shoulder; *~ til én* be sarcastic at sby's expense; T get at sby.

prikken[1] *sb. (en) (i hud etc.)* prickly sensation.

prikken[2] *adj.* prickly, tetchy.

prikket *adj.* spotted (*fx* dress); dotted (*fx* tie).

prikle *vb.: ~ ud (om planter)* prick out, prick off.

priklekasse pricking-out tray.

priklepind dibble, pricking-out (*el.* -off) stick.

prim *sb. (en)* **1.** *(i fægtning)* prime; **2.** *(mus.)* unison, prime; **3.** *(tide-*

bøn) prime.
prima *adj.* first-class, first-rate;
□ ~ *kvalitet* top quality.
primadonna *sb. (en, -er)* **1.** *(ved teater)* leading lady; **2.** *(ved opera & fig.)* prima donna.
primadonnanykker: *have* ~ put on airs.
primalskrig *(psyk.)* primal scream.
primalterapi *(psyk.)* primal therapy.
primas *sb. (en, -(s)er) (rel.)* primate.
primat *sb. (en, -er) (zo.)* primate.
primaveksel first of exchange.
primfaktor *(mat.)* prime factor.
primitiv *adj.* primitive;
□ *leve -t* rough it.
primitivisme *sb. (en)* primitivism.
primitivitet *sb. (en)* primitiveness.
primo: ~ *maj* at the beginning of May; *(se også pro).*
primtal prime number.
primula *sb. (en, -er) (bot.)* **1.** *(kodriver: storblomstret)* primrose; *(hulkravet)* cowslip; **2.** *(om forskellige importerede havearter)* primula.
primus *sb. (en, -(s)er)*, **primusapparat** ® primus (stove).
primus motor *sb. (en)* **1.** *(drivende kraft)* moving spirit, driving force; **2.** *(igangsætter)* prime mover.
primær *adj.* primary (*fx* purpose, reason);
□ *det -e* the main thing; the prime consideration.
primærgade radial road.
primærkommune municipality.
primært *adv.* primarily.
primærvalg primary.
princip *sb. (et, -per)* principle;
□ *af* ~ on principle; *efter dette* ~ according to (*el.* on) this principle; *i -pet* in principle.
principal[1] *sb. (en, -er)* **1.** *(arbejdsgiver)* employer; **2.** *(chef for et firma)* head; T boss.
principal[2] *adj.* principal, chief.
principbeslutning decision in principle;
□ *træffe* ~ *om at* decide in principle to.
principerklæring declaration of principle.
principfast *adj.* firm (*fx* a firm character); principled (*fx* a principled man; he is high-principled); *(efter sb. også)* of principle (*fx* a man of principle).
principfasthed *sb. (en)* principledness.
principiel *adj.* **1.** *(angående principper, efter sb.)* in principle (*fx* a decision (, solution) in principle; agreement in principle); as to principles (*fx* disagreement as to principles);
2. *(baseret på principper)* principled (*fx* position, objection);
3. *(fundamental)* fundamental (*fx* question; objections);
□ *af -le grunde* on grounds of principle; as a matter of principle (*fx* he refused to do it as a matter of principle); *det -le i sagen* the principle at stake; *-le hensyn* considerations of principle.
principielt *adv.* **1.** *(i princippet)* in principle (*fx* it is, in principle, the same thing; we agree in principle); *(fundamentalt)* fundamentally (*fx* fundamentally you are right);
2. *(af princip)* on principle (*fx* on principle I never accept presents from them); as a matter of principle.
principløs *adj.* unprincipled.
principløshed *sb. (en)* lack of principle.
principrytter stickler for one's principles.
principrytteri going on about principles.
principsag, **principspørgsmål** question (*el.* matter) of principle.
prins *sb. (en, -er)* prince.
prinselig *adj.* princely.
prinsesse *sb. (en, -r)* princess.
prinsgemal Prince Consort.
prinsregent Prince Regent.
printe *vb. (edb)* print out.
printer *sb. (en, -e) (edb)* printer.
printplade printed circuit (board).
prior *sb. (en, -er) (rel.)* prior.
priorinde *sb. (en, -r) (rel.)* prioress, mother superior.
prioritere *vb.* **1.** *(om hus)* mortgage;
2. *(give fortrinsret)* give priority to (*fx* one's job);
3. *(finde ud af en rækkefølge)* fix an order of priority, prioritize (*fx* you've got to fix an order of priority (*el.* prioritize));
(med objekt) put in order of priority, prioritize (*fx* put the tasks in order of priority; prioritize the tasks (differently));
□ *-t liste* prioritized list;
[med adv.] ~ *A **frem for** B* give A a higher priority than B; ~ *noget **højt*** give sth a high priority; give a high priority to sth; *højt (, lavt) -t* with a high (, low) priority; high (, low) in the list of priorities; ~ ***rigtigt*** get one's priorities right.
prioritering *sb. (en, -er) (jf. prioritere)* **1.** *(af hus)* mortgaging;
2. *(om rækkefølge)* fixing an order of priority;
□ *det er et spørgsmål om* ~ it is a question of priorities.
prioritet *sb. (en, -er)* **1.** *(forret)* priority (*fx* it has a high (, low) priority); precedence; **2.** *(pant)* mortgage;
□ *have første* ~ *(om sag)* be a top priority; *have første* ~ *i* have a first mortgage on.
prioritetsgæld mortgage debt.
prioritetshaver *sb. (en, -e)* mortgagee.
prioritetslån mortgage loan;
T mortgage.
pris[1] *sb. (en, -er)* **1.** *(i penge; ved køb, salg)* price (*på* of, *fx* the price of oil; what is the price of that car?);
2. *(krævet betaling)* price (*for* for, *fx* what is their price for a barrel of oil?); charge (*for* for, *fx* what is the charge for a telephone call?); terms pl. (*fx* sell at reasonable terms; if your terms are competitive); quotation (*fx* please send us your quotation for ...); *(for befordring)* fare;
3. *(omkostning, udgift)* cost (*for* of, *fx* the cost of our holiday (, of sending him to a boarding school));
4. *(prismærke)* price label, price tag (*fx* put price labels (*el.* price tags) on the goods); *(prisskilt i vindue)* show card;
5. *(belønning, præmie)* prize (*for* for);
*[med vb.] **betale** -en for (fig.)* pay the price for; ***bære** -en* be best; ***forlange** for høje -er* charge too much, overcharge; *forlange for høje (, ublu) -er af dem* charge them too much, overcharge them; T rip them off; *alt **har** sin* ~ *(fig.: man får ikke noget gratis)* you don't get something for nothing; ***opgive** -en på* quote a price for; ***spørge om** -en på* ask the price of; T price (*fx* price it in a number of shops before you buy it); ***sætte*** ~ ***på*** appreciate (*fx* her advice); value (*fx* he valued her skill as a nurse); *sætte stor* ~ *på* value highly; *sætte en* ~ *på ens hoved* set a price on sby's head; *jeg **sætter*** ~ ***på at** han er præcis* I value the fact that he is punctual, I value his being punctual, I appreciate his punctuality; *jeg ville sætte* ~ *på at du kom* I would appreciate it if you would come;
*[med præp.] **for** enhver* ~ *(fig.)* at any price, at all costs; *ikke for nogen pris a)* not at any price; *b) (fig.)* not at any price, on no ac-

count; *for halv ~* at half price; *for en høj ~* at a high price; *for en ~ af, se ndf.: til en ~ af*; **i** *1989 -er* at 1989 prices; *(udtrykt) i faste -er* at constant prices, in real terms; ***til*** *en ~ af* at a price of; *til en høj (, lav) ~* at a high (, low) price (*el.* rate *el.* figure); *give til ~ for* abandon to (*el.* to the mercy of); *(se også nedsat).*
pris[2] *sb. (en) (lov, ros)* praise;
□ *synge ens ~* sing sby's praises; *til ens ~* in praise of sby.
pris[3] *sb. (en, -er) (snustobak)* pinch of snuff.
prisafhandling prize essay, prize dissertation.
prisafslag reduction (in price); discount; *(se også afslag 2).*
prisaftale *sb.* price agreement; price-fixing arrangement.
prisangivelse quotation; statement of price.
prisbelønne *vb.* award a prize to.
prisbelønnet *adj.* prize (*fx* a prize novel).
prisbevidst *adj.* price-conscious.
prisbillig *adj.* inexpensive, low-priced.
prise[1] *sb. (en, -r) (sø.: opbragt skib)* prize.
prise[2] *vb. (priste, prist)* praise;
□ *~ sig lykkelig* count oneself lucky.
prisedomstol *(sø.)* prize court.
priseksplosion price explosion.
prisemandskab *(sø.)* prize crew.
prisepenge *(sø.)* prize money.
prisfald 1. fall in price; **2.** *(generelt)* fall in prices; *(pludseligt)* slump;
□ *et kraftigt ~* a heavy fall in price(s).
prisforhøjelse 1. rise in price, price increase; T mark-up (*fx* a mark-up of 10 per cent on these goods); **2.** *(generel)* rise in (*el.* of) prices;
□ *en kraftig ~* a steep rise in price(s).
prisforlangende asking price.
prisforskel difference in price, price difference, price differential.
prisgive *vb.* abandon (*til* to, to the mercy of);
□ *være -t* be at the mercy of (*fx* the waves; the tyrant).
prishop price leap.
prisidé, priside suggested price.
prisindeks price index.
prisklasse price range (*fx* goods in various price ranges); T price bracket (*fx* in a lower price bracket).
priskontrol price control.
priskrig price war.
priskurant *sb. (en, -er)* **1.** price list; **2.** *(over lønsatser)* schedule of wages.
prislag price level; T price bracket.
prisliste price list.
prisloft price ceiling.
prismatisk *adj.* prismatic.
prisme *sb. (et, -r)* **1.** prism; **2.** *(i lysekrone)* drop, crystal.
prismekikkert prism(atic) binoculars pl.
prismekrone crystal chandelier.
prisnedsættelse 1. reduction in price; T mark- down (*fx* a mark-down of 10 per cent on these goods); **2.** *(generel)* reduction in prices.
prisniveau price level.
prisnotering quotation.
prisopgave 1. subject for a prize essay; **2.** *(besvarelse)* prize essay; *(afhandling)* prize dissertation.
prispolitik price policy.
prisreguleret *adj.* price-regulated; controlled.
prisseddel price label, price tag.
prisskilt price ticket.
prisskred *(pludseligt fald)* slump.
prisstigning 1. rise in price, price increase; **2.** *(generel)* rise in prices; *(pludselig)* boom.
prisstop price freeze.
prissvingning fluctuation in prices.
prissætning pricing.
pristager *sb. (en, -r)* prize winner.
pristal 1. price index; **2.** *(for leveomkostninger)* cost-of-living index (*fx* the cost-of-living index rose by 4 points).
pristalsregulere *vb.* index(-link).
pristalsreguleret *adj.* index-linked (*fx* pension, wage scheme).
pristalsregulering 1. *(generel)* automatic adjustment to the cost-of-living index; index linkage, indexing, indexation; **2.** *(enkelt)* cost-of-living adjustment.
prisuddeling prize-giving.
prisværdig *adj.* commendable; *(stærkere)* laudable; *(ofte iron.)* praiseworthy.
privat[1] *adj.* private;
□ *-e* private persons (*fx* sell to private persons); *min -e mening* my personal opinion.
privat[2] *adv.* privately; in private.
privatanliggende private affair.
privataudiens private audience.
privatbane private railway.
privatbil private car; *(am. også)* private automobile.
privatbolig private residence.
privatchauffør chauffeur.
privatdetektiv private detective; S private eye.
privateje*: i ~ a)* privately owned; *b) (om kunstværk)* in a private collection; *overgå til ~* pass into private ownership.
privatejendom private property.
privatejet *adj.* privately owned;
□ *være ~* be private property.
privatformue private fortune.
privatisere *vb.* privatize.
privatisering *sb. (en, -er)* privatization.
privatklinik private clinic.
privatkontor private office.
privatliv 1. private life (*fx* keep one's work and one's private life apart); **2.** *(uforstyrrethed)* privacy (*fx* you don't get any privacy here);
□ *-et* private life (*fx* retire into private life); *krænkelse af -ets fred* invasion of privacy.
privatlærer private teacher, tutor; *(manuduktør)* coach.
privatmand = *privatperson.*
privatnummer *(tele.)* private number.
privatperson private individual (*el.* person).
privatret civil (*el.* private) law.
privatsag private matter.
privatsekretær private secretary (*for* to).
privatskole private school.
privatundervisning private lessons pl.
privilegeret *adj.* privileged;
□ *~ fordring* preferential claim.
privilegium *sb. (et, privilegier)* **1.** privilege; **2.** *(monopol)* monopoly;
□ *have ~ på at* have a monopoly of -ing.
pro*: ~ et contra* pro and con; *alt hvad der kan siges både ~ et contra* all the pros and cons.
pro anno per annum.
probat *adj. (virkningsfuld)* effective.
probere *vb. (prøve)* try; T have a try (at).
problem *sb. (et, -er)* problem; *(vanskelighed også)* difficulty (*fx* he has difficulties finding a job);
□ *det volder mig -er* it causes (*el.* gives) me problems;
[med præp.] jeg ser ikke noget ~ ***i at*** *han kommer* I see no problem in his coming; *de har -er* ***med*** *barnet* they have problems with the child; *der er -er med det* it causes problems; *han har -er* ***med at*** *få det gjort* he has problems (, difficulties) (in) getting it done.
problematik *sb. (en)* **1.** (complex of) problems; *(problem)* problem; **2.** *(i sociologi)* problematic.

problematisere *vb.* **1.** *(sætte spørgsmålstegn ved)* query; **2.** *(behandle som et problem)* turn into a problem, make a problem of, problematize.
problematisk[1] *adj.* problematic.
problematisk[2] *adv.* problematically.
problembarn problem child.
problemfamilie problem family.
problemfri *adj.* unproblematic; problem-free.
problemfyldt *adj.* problematic.
problemløs = *problemfri.*
problemløsning *(det at løse)* problem solving.
problemorienteret *adj.* problem-oriented.
problemskuespil problem play.
problemstilling 1. *(problem)* problem; **2.** *(måde at stille problemet op på)* way of presenting the (, a) problem; formulation of the (, a) problem.
procedere *vb.* **1.** plead; **2.** *(føre proces)* litigate;
□ *~ en sag* conduct a case; *~ til frifindelse* ask for the case to be dismissed.
procedure *sb. (en, -r)* **1.** *(fremgangsmåde)* procedure (*fx* follow the correct procedure);
2. *(retslig fremgangsmåde)* procedure;
3. *(en sags behandling)* hearing;
4. *(advokatens ~)* pleading;
□ *mundtlig ~* oral proceedings (, pleading).
procent *sb. (en, -er)* **1.** per cent; *(am. oftest)* percent; *(fork.)* p.c.; *(udtrykkes ofte som)* pence in the pound (*fx* food prices have risen by 6p in the pound);
2. *(procentdel)* percentage (*fx* the percentage of alcohol in the wine);
3. *(i sms. især)* rate (*fx* failure rate *(dumpeprocent)*; divorce rate; suicide rate; unemployment rate);
4. *(afgift til forfatter, patenthaver etc.)* royalty;
□ *få* **-er** *(ɔ: rabat)* get a discount; *få (, betale) -er af (ɔ: afgift)* get (, pay) a percentage on (*fx* each copy sold); *udtrykt i -er* expressed in (*el.* as) percentages;
[med talord] fem ~ five per cent; *10 ~ i rente, 10 -s rente* 10 per cent interest; *10 -s papirer* 10 per cents; *100 ~ (også fig.)* one hundred per cent, 100 per cent (*fx* American; certain; I am 100 per cent on your side); *et 100 -s mandfolk* a real he-man.
procentdel percentage (*fx* a large percentage of the population has voted; a large percentage of the people are Chinese).
procentpoint percentage point.
procentsats rate per cent; percentage.
procentvis[1] *adj. (attr.)* percentage (*fx* distribution, growth); *~ andel* percentage.
procentvis[2] *adv.* in percentage terms (*fx* the number of deaths is small, in percentage terms);
□ *udtrykt ~ (også)* expressed in percentages.
proces *sb. (en, -ser)* **1.** process (*fx* a chemical (, technical) process);
2. *(civil retssag)* lawsuit, action, case (*fx* lose (, win) the case); *(kriminel retssag)* trial, case;
3. *(procesordning)* (rules of) procedure;
□ *fri ~* legal aid (*fx* grant sby legal aid); *-sen mod X a) (civil)* the action against X; *b) (kriminel)* the trial of X;
[med vb.] føre ~ carry on a lawsuit; *ligge i ~ med* be involved in a lawsuit with; *gøre kort ~* settle the question (*el.* it) out of hand; *gøre kort ~ med én* give sby short shrift; make short work of sby.
procesret law of legal procedure.
procession *sb. (en, -er)* procession (*fx* walk in procession).
producent *sb. (en, -er)* **1.** *(film., teat.)* producer; **2.** *(af varer)* producer (*fx* oil producers; producers of consumer goods); *(fabrikant)* manufacturer, maker.
producer *sb. (en, -e) (tv)* director.
producerassistent production assistant.
producere *vb.* produce; *(fabrikere)* manufacture, make.
produkt *sb. (et, -er)* **1.** product; *(fabrikat også)* manufacture;
2. *(mat.)* product;
□ *-er (især natur-, landbrugs-)* produce; *det færdige ~* the finished product.
produktansvar product liability.
produkthandler *sb. (en, -e)* scrapdealer, scrap merchant; T rag and waste dealer; *(især am.)* junkman.
produktion *sb. (en, -er)* **1.** *(af varer etc.)* production; *(mængde af producerede varer også)* output (*fx* the output of the factory was larger than in 1994; output (*el.* production) will increase next year);
2. *(forfatters værker)* works pl.;
□ *fabrikken har startet en ~ af nye biler* the factory has started production of a new line of cars; *sætte noget i ~* put sth into production.
produktionsapparat production machinery.
produktionsevne productive capacity.
produktionsforhold *sb.pl.* conditions of production.
produktionsfremmende *adj. (efter sb.)* which encourages increased production.
produktionsmidler *sb.pl.* means of production.
produktionsnedgang decline in production.
produktionsomkostninger *sb.pl.* production costs, costs of production.
produktionsplatform *(olie-)* production platform.
produktionssted place of production (*el.* of origin).
produktiv *adj.* productive (*fx* labour, worker, writer); *(meget ~, især om kunstner)* prolific (*fx* writer).
produktivitet *sb. (en)* productivity;
□ *en høj ~* a high level of productivity.
produktivitetsforøgelse, **produktivitetsstigning** increase (*el.* rise) in productivity.
produktsikkerhed product safety.
produktudvikle *vb.* develop (new) products.
produktudvikling product development.
prof *sb. (en, -fer)* S pro.
profan *adj.* **1.** *(respektløs)* profane (*fx* utterances); **2.** *(verdslig)* profane, secular (*fx* art, history).
profanation *sb. (en, -er)* profanation.
profanere *vb.* profane.
profanering *sb. (en, -er)* profanation.
profession *sb. (en, -er)* **1.** *(beskæftigelse)* occupation; **2.** *(håndværk)* trade; **3.** *("finere" el. liberalt erhverv)* profession;
□ *af ~* by trade (*fx* he is a carpenter by trade); by profession (*fx* he is an architect by profession).
professional *sb. (en, -s)* professional; T pro.
professionalisme *sb. (en)* professionalism.
professionel *adj.* professional (*fx* skill; tennis player, spy, agitator);
□ *han er ~ (ɔ: i sport)* he is a professional; *~ forbryder* career criminal.
professor *sb. (en, -er)* professor (*i engelsk* of English; *ved et universitet* in a university, at a university).
professorat *sb. (et, -er)* professorship (*fx* he got a professorship at

the University of Copenhagen); chair (*i* of, *fx* he holds the chair of Biology at this university).
professorvælde professorial power.
profet *sb. (en, -er)* prophet;
□ *en ~ er aldrig agtet i sit fædreland* no one is a prophet in his own country; *(bibelsk)* a prophet is not without honour save in his own country; *de små -er* the minor (*el.* lesser) prophets; *de store -er* the major prophets.
profetere *vb.* prophesy.
profeti *sb. (en, -er)* prophecy.
profetinde *sb. (en, -r)* prophetess.
profetisk[1] *adj.* prophetic.
profetisk[2] *adv.* prophetically.
profil[1] *sb. (en, -er)* **1.** profile;
2. *(kort karakteristik)* profile;
3. *(særpræg)* image; *(se også profilere (sig))*;
□ *holde en lav ~ (fig.)* keep (*el.* maintain) a low profile; *skærpe -en* raise one's profile.
profil[2] *sb. (et, -er)* profile; *(snit også)* section; *(dekorativ, fx på liste)* moulding.
profilere *vb.* profile;
□ *~ sig a)* create an image for oneself; *b) (om institution etc.)* raise (*el.* heighten *el.* establish) its profile.
profilering *sb. (en)* **1.** *(jf. profilere 1)* profiling; raising one's profile;
2. *(profil) se profil*[2].
profiljern sectional iron.
profilliste moulding.
profit *sb. (en)* profit;
□ *med ~* at a profit; *gå af med -ten* get all the benefit; *ren ~* net profit.
profitabel *adj.* profitable.
profitbegær love of gain.
profitere *vb.* profit (*af* by).
profitmager profit-monger.
proforma[1] *adj.* pro forma.
proforma[2] *adv.* as a matter of form; pro forma.
proformafaktura pro forma invoice.
proformaægteskab *(ɔ: for at skaffe partneren indfødsret)* bogus marriage; F marriage of convenience.
prognose *sb. (en, -r)* **1.** forecast, projection; **2.** *(forudsigelse)* prediction; **3.** *(især med.)* prognosis (pl. prognoses).
prognosticere *vb.* prognosticate.
prognostisk *adj.* prognostic.
program *sb. (et, -mer)* **1.** programme (*fx* a television programme; what is on the programme for the concert?); *(am.)* program;
2. *(parti-)* programme; *(partis programerklæring)* manifesto (pl. -es) (*fx* an election manifesto); platform;
3. *(arbejds-)* programme (*fx* a building programme); schedule (*fx* what is on the programme (*el.* schedule) for today?);
4. *(trykt ~ for skole, kursus etc.)* prospectus;
5. *(til datamaskine)* program;
6. *(hdl.: af varer)* range.
programchef *(radio, tv)* programme controller.
programerklæring manifesto (pl. -es); policy statement.
programflade *(radio, tv)* range of programmes.
programleder *(radio, tv)* producer.
programlægning *sb. (en, -er)* programming.
programmel *sb. (et, -ler) (i edb)* software.
programmerbar *adj.* program(m)able.
programmere *vb.* program(me);
□ *-t undervisning* programmed instruction.
programmeringssprog programming language.
programmeter audience meter.
programmusik programme music.
programmæssig *adj. (præd.) & adv.* according to programme (*el.* schedule).
programmør *sb. (en, -er)* (computer) programmer.
programoversigt *(radio, omtr.)* programme news.
programpunkt 1. item of a programme; **2.** *(i partiprogram)* plank of a platform; item (*el.* point) in a manifesto.
programsat *adj.* scheduled (*fx* concert); *(radio, tv også, præd.)* due to be transmitted (*fx* it was due to be transmitted at 9 pm, but has been moved to 10.30).
programsælger programme seller.
programsætte *vb. (radio, tv)* time.
programtale manifesto speech.
programudvalg programme committee.
programvælger *(på vaskemaskine)* dial.
progression *sb. (en, -er)* progression.
progressiv *adj.* **1.** progressive;
2. *(brugt som sb.)* progressive (*fx* the progressives).
progressivitet *sb. (en)* progressiveness.
projekt *sb. (et, -er)* **1.** project (*for* for); *(mere udarbejdet)* scheme; *(plan)* plan; **2.** *(i undervisning)* project;
□ *det er hans ~ (fig.: forehavende)* that is his project (*el.* affair).
projektere *vb.* project, plan; *(mere detaljeret)* design.
projektil *sb. (et, -er)* projectile; *(gevær-)* bullet.
projektilbane trajectory.
projektion *sb. (en, -er)* projection (*på* on (to)).
projektionsapparat *(lysbilledapparat)* projector.
projektionsplan *sb. (et, -er) (mat.)* plane of projection.
projektleder project manager.
projektmager *sb. (en, -e)* crank.
projektor *sb. (en, -er) (til lysbilleder)* (slide) projector.
projektstyring project management.
projektør *sb. (en, -er)* **1.** *(især om mil. & politi)* searchlight;
2. *(til facadebelysning)* floodlight projector;
3. *(teater-)* spotlight;
4. *(på bil etc.: forlygte)* headlight.
projektørbelysning *(af bygninger etc.)* floodlighting.
projektørbelyst *adj.* floodlit.
projektørlys 1. *(på bygninger etc.)* floodlight; **2.** *(teat.)* spotlight;
3. *(mil.)* searchlight.
projicere *vb.* project (*på* on (to)).
proklama *sb. (et, -er)* notice to creditors; advertisement for creditors.
proklamation *sb. (en, -er)* proclamation.
proklamere *vb.* proclaim (*fx* proclaim him King; proclaim a state of emergency).
prokrustesseng *(myt.)* Procrustean bed.
prokura *(en)* authority to bind the company (, firm etc.);
□ *meddele én ~* entitle sby to sign for the firm (etc.); *han har ~ i firmaet* he signs for the firm; *pr. ~* by procuration; *(fork.)* per pro.
prokurator *sb. (en, -er)* attorney; *(neds.)* pettifogger.
prokuratorkneb (piece of) sharp practice.
prokurist *sb. (en, -er)* [person entitled to sign for the firm]; *(omtr.)* confidential clerk.
proletar *sb. (en, -er)* proletarian.
proletariat *sb. (et, -er)* proletariat;
□ *-ets diktatur* the dictatorship of the proletariat.
proletarisere *vb.* proletarianize.
proletarisk[1] *adj.* proletarian.
proletarisk[2] *adv.* in a proletarian manner.
prolog *sb. (en, -er)* prologue.
prolongere *vb.* **1.** prolong, extend;
2. *(veksel, lån)* renew.
prolongering *sb. (en)* **1.** prolongation, extension; **2.** *(af veksel, lån)*

renewal.
promenade *sb. (en, -r)* promenade; *(se også strandpromenade).*
promenadedæk promenade deck.
promenadevogn *(barnevogn)* push chair; *(am.)* stroller.
promenere *vb.* **1.** promenade, stroll; **2.** *(vise sig med)* parade, display; *(spøg.)* sport (*fx* a new suit).
promille *sb. (en)* **1.** per thousand (*fx* 5 per thousand); per mille; **2.** *(spiritus- svarer til)* blood alcohol level (*fx* a blood alcohol level of 0.08 per cent).
promillekørsel drunk(en) driving, drink driving.
prominent *adj.* prominent.
promiskuitet *sb. (en)* promiscuity.
promotion *sb. (en, -er)* **1.** the conferring of degrees; **2.** *(ceremonien)* degree-giving, degree ceremony; **3.** *(hdl.)* promotion.
promotor *sb. (en, -er)* promoter.
promovere *vb. (fremme)* promote; *(se også fremme²)*;
□ ~ *én (jf. promotion 1)* confer a (doctor's) degree on sby.
prompte[1] *adj.* prompt.
prompte[2] *adv.* promptly;
□ *ordrer udføres* ~ orders receive prompt attention.
pronomen *sb. (et, -er)* pronoun.
prop *sb. (en, -per)* **1.** *(til flaske: af kork)* cork; *(af træ, gummi, glas etc.)* stopper, bung;
2. *(til kumme, badekar etc. & om øreprop)* plug;
3. *(elek.: sikrings-)* fuse (*fx* a fuse has blown);
4. *(tyk person)* dumpling;
□ *fare op som en* ~ jump up like a jack-in-the-box; *få en* ~ *(*T*, fig.: blive rasende)* throw a fit (*fx* he'll throw a fit when he hears it); have a (blue) fit; *lade -perne springe (ɔ: holde fest)* pop the corks.
propaganda *sb. (en)* **1.** propaganda; public relations pl. *(fork.* PR*)*; **2.** *(reklame)* advertising, publicity; *(salgs-)* sales promotion.
propagandamaskine propaganda machine.
propagandaminister minister of propaganda.
propagandanummer piece of propaganda; *(reklamenummer)* publicity stunt; *(neds.)* gimmick.
propagandere *vb.* make propaganda (*for* for); advertise.
propagandistisk[1] *adj. (attr.)* propagandist.
propagandistisk[2] *adv.* in a propagandist manner.
propel *sb. (en, -ler)* propeller; *(flyv. også)* airscrew.
propeldrevet *adj.* propeller-driven.
proper *adj.* **1.** *(renlig)* cleanly; **2.** *(ordentlig)* tidy;
□ *-t arbejde* good workmanship; *(se også næve).*
pro persona each, per head, per person.
propfuld *adj.* packed (*af* with, *fx* the book is packed with useful information; the theatre (, the restaurant) was packed); crammed (*af* with, *fx* the room was crammed with furniture (, people)); *(kun præd.,* T*)* chock-full (*af* of); chock-a-block (*af* with, *fx* the room was chock-a-block (with people)); *(om person)* brimful (*af* of, *fx* he is brimful of ideas).
propmæt *adj.* T full up *(præd.)*; *(stærkere)* crammed.
proponere *vb.* propose.
proportion *sb. (en, -er)* proportion; *(forhold også)* ratio.
proportional *sb. (en, -er) & adj.* proportional;
□ *ligefrem (, omvendt)* ~ *med* directly (, inversely) proportional to; in direct (, inverse) ratio to.
proportionalskat flat-rate tax.
proportioneret *adj.* proportioned.
proportionsforvrængning: *det er* ~ that is getting it out of (all) proportion.
proportionssans sense of proportion;
□ *have* ~ have a sense of proportion.
proposition *sb. (en, -er): -er (i sport)* conditions.
proppe *vb.* **1.** *(stoppe)* stuff (*ind i, ned i* into, *fx* he stuffed the papers into his pocket (, the sweets into his mouth));
2. *(presse)* cram (*ind i, ned i* into, *fx* I can't cram more clothes into the bag; don't cram so much food into your mouth); pack, squeeze (*ind i, ned i* into, *fx* they couldn't pack more people into the car);
□ ~ ***sig*** gorge (oneself); ~ ***sig med*** cram (*el.* stuff) oneself with, gorge oneself on (*fx* food);
[med præp.] ~ ***fuld af*** stuff (, cram) with; ~ ***til*** *a) (om flaske)* cork; *b) (om hul, åbning)* plug (up), stuff up.
proppenge *sb.pl.* corkage sg.
proprietær *sb. (en, -er)* (large) farmer.
pro primo in the first place, firstly.
proptrækker *sb. (en, -e)* corkscrew.
proptrækkerkrølle corkscrew curl.
propylalkohol *(kem.)* propyl alcohol.
pro rata pro rata.
prorektor *(ved universitet, svarer til)* pro-vice chancellor.
prosa *sb. (en)* prose;
□ *på* ~ in prose.
prosadigt prose poem.
prosaisk[1] *adj.* **1.** prosaic, mundane; **2.** *(på prosa)* in prose.
prosaisk[2] *adv.* prosaically, mundanely.
prosaist *sb. (en, -er)* prose writer.
proscenium *sb. (et, proscenier) (teat.)* proscenium.
prosektor *sb. (en, -er)* **1.** *(med.)* anatomy demonstrator, prosector; **2.** *(som foretager obduktioner)* pathologist; *(am.)* medical examiner.
proselyt *sb. (en, -ter)* proselyte, convert;
□ *hverve -ter* make proselytes, proselytize.
prosit *interj.* bless you! *(am.)* gesundheit!
proskribere *vb.* proscribe;
□ *en -t* a proscript.
proskription *sb. (en, -er)* proscription.
proskriptionsliste proscription list.
prosodi *sb. (en, -er)* prosody.
prospekt *sb. (et, -er)* prospectus.
prospektkort picture postcard.
prostata *sb. (en, -er)* the prostate (gland).
prostataforstørrelse enlargement of the prostate.
prostituere *vb.* **1.** prostitute; **2.** *(vanære)* disgrace; **3.** *(latterliggøre)* stultify;
□ ~ *sig a)* prostitute oneself; *b) (gøre sig latterlig)* make a fool of oneself.
prostitueret *sb.* prostitute; T pro.
prostitution *sb. (en, -er)* **1.** prostitution; **2.** *(vanære)* disgrace.
protegé, protege *sb. (en, protegeer)* protégé; *(kvindelig)* protégée.
protegere *vb.* patronize.
protein *sb. (et, -er)* protein.
proteinrig *adj. (attr.)* high-protein (*fx* diet); *(præd.)* high in protein.
protektion *sb. (en, -er)* **1.** patronage; **2.** *(urimelig, fx ved besættelse af stilling)* favouritism;
□ *under* ~ *af* under the patronage of.
protektionisme *sb. (en)* protectionism.
protektionist *sb. (en, -er),* **protektionistisk** *adj. (attr.)* protectionist.
protektor *sb. (en, -er)* **1.** patron; *(kvindelig)* patroness; **2.** *(hist.)* protector.
protektorat *sb. (et, -er)* **1.** patronage; **2.** *(politisk, om område)* protectorate.
protektrice *sb. (en, -r)* patroness.
protese *sb. (en, -r)* **1.** *(arm, ben etc.)* artificial limb; *(fagl.)* prosthe-

sis (pl. prostheses); **2.** *(tand-)* denture; *(helt gebis)* dentures pl.
protest *sb. (en, -er)* protest;
□ *nedlægge ~ se nedlægge;* *[med præp.] i ~ mod* in (*el.* as a) protest against; *under ~* under protest.
protestadresse protest petition.
protestant *sb. (en, -er),* **protestantisk** *adj. (attr.) (rel.)* Protestant.
protestantisme *sb. (en) (rel.)* Protestantism.
protestere *vb.* protest (*imod* against; *over* about, at);
□ *~ imod (am. også)* protest; *~ en veksel (for manglende betaling)* protest a bill (for non-payment); *lade en veksel ~* have a bill protested.
protestkampagne campaign of protest.
protestmarch protest march.
protestmøde protest meeting, meeting of protest.
protestnote protest note, note of protest.
protestsang protest song.
protestskrivelse letter of protest.
proteststrejke protest strike; *(hvor arbejderne forlader arbejdspladsen)* walk-out.
protestvælger protest voter.
protokol *sb. (en, -ler)* **1.** *(forhandlings-)* minute book; *(mødereferat)* minutes pl. (*fx* read the minutes of the last meeting); record;
2. *(navneliste)* register; *(klasse- i skole)* school register;
3. *(regnskabs-)* ledger;
4. *(hdl.: journal)* journal;
5. *(diplomatisk)* protocol;
6. *(tillægsaftale)* protocol;
□ ***føre*** *~ (i skole)* mark the register; *(ved navneopråb)* call the register; *føre -len (ved møde)* keep the minutes (*el.* record); take the minutes; *føre ~ over mødet* keep the minutes of the meeting, take minutes of the meeting; F minute the meeting; *føre noget til -s a)* enter sth (in the minute book), record sth in the minutes; F minute sth; *b) (jur.)* take sth down.
protokolchef chief of protocol.
protokolfabrik ledger factory.
protokollat *sb. (et, -er)* entry.
protokollere *vb. se protokol (føre til protokols).*
protokolsekretær *(ved domstol)* clerk of the court.
protokoludskrift extract from the records.
proton *sb. (en, -er) (fys.)* proton.
protoplasma *sb. (et)* protoplasm.
prototype prototype.
protozo *sb. (en, -er) (zo.)* protozoan.
protuberans *sb. (en, -er) (astr.)* solar prominence.
provencaler *sb. (en, -e),* **provencalsk** *adj.* Provençal.
proveniens *sb. (en)* origin; *(især om kunstværk)* provenance.
provenu *sb. (et, -er)* proceeds pl.; *(af skat)* yield.
proviant *sb. (en)* provisions pl.
proviantdepot 1. provision depot; stores pl.; **2.** *(opdagelsesrejsendes)* cache.
proviantere *vb. (forsyne sig med proviant)* take (*el.* buy) in supplies, provision.
proviantering *sb. (en, -er)* provisioning.
provins *sb. (en, -er)* province;
□ *-en (mods. hovedstaden)* the provinces pl.
provins- provincial.
provinsby provincial town.
provinsianer *sb. (en, -e),* **provinsiel** *adj.* provincial.
provinsturné, **provinsturne** provincial tour.
provision *sb. (en) (en agents)* commission.
provisionslønnet *adj. (præd.)* paid on a commission basis.
provisionssalg sale on commission.
provisor *sb. (en, -er)* assistant dispenser.
provisorisk[1] *adj.* provisional (*fx* government); temporary (*fx* solution); *(i mangel af bedre)* makeshift (*fx* arrangement).
provisorisk[2] *adv.* provisionally, temporarily.
provisorium *sb. (et, provisorier)* provisional measure; provisional law.
provo *sb. (en, -er)* troublemaker.
provokation *sb. (en, -er)* provocation.
provokatorisk[1] *adj.* provocative.
provokatorisk[2] *adv.* provocatively.
provokatør *sb. (en, -er) (politisk el. politi-)* agent provocateur.
provokere *vb.* provoke.
provokerende[1] *adj.* provocative.
provokerende[2] *adv.* provocatively.
provokeret *adj.: ~ abort* induced abortion.
provst *sb. (en, -er)* **1.** rural dean;
2. *(regens-)* warden.
provsti *sb. (et, -er)* deanery.
prr *interj.* whoa!
pruhest gee-gee.
prunk *sb. (en)* ostentation, pomp.
prunkløs *adj.* unostentatious.
prunkløshed *sb. (en)* absence of ostentation, unostentatiousness.
prust *sb. (et, -),* **pruste** *vb.* snort.
prut *sb. (en, -ter)* fart.
prutte *vb.* **1.** *(slippe en vind)* fart, break wind, let off;
2. *(ved handel: ~ om prisen)* haggle, bargain; *(am. også)* dicker;
□ *~ én ned* beat sby down.
prutten *sb. (en) (jf. prutte)* **1.** farting; **2.** haggling, bargaining.
pryd *sb. (en)* ornament;
□ *en ~ for* an ornament to (*fx* he is an ornament to his profession); *være en ~ for (også)* adorn; *til ~* ornamental.
pryd- ornamental (*fx* garden).
pryde *vb.* **1.** *(udsmykke)* decorate; *(om varig udsmykning)* ornament; F embellish (*med* with); *(også om person)* adorn (*med* with); *(ofte ironisk)* bedeck (*fx* jewel-bedecked evening gowns (, ladies));
2. *(være en pryd for)* adorn, ornament.
prydelse *sb. (en, -r)* ornament; F embellishment.
prydhave ornamental garden.
prydplante ornamental plant.
prygelknabe *sb. (en, -r)* scapegoat, whipping-boy.
prygl[1] *sb.pl.* (a) beating; *(grundigere)* (a) thrashing, (a) drubbing; *(som straf, med pisk el. stok)* (a) flogging;
□ *mange ~* a good beating (etc.).
prygl[2] *sb. (en, -e): en stor ~* a big strapping fellow.
prygle *vb.* beat; *(grundigere)* thrash; *(som straf, med pisk el. stok)* flog.
pryglestraf corporal punishment; flogging.
præ *sb. (et, -er)* (a first with) distinction; *(am.)* summa cum laude.
præambel *sb. (en el. et, præambler)* preamble.
præcedens *sb. (et, -er)* precedent (*for* for);
□ *danne (, skabe) ~* create (, set up) a precedent; *uden ~* without precedent; unprecedented.
præcis[1] *adj.* **1.** *(nøjagtig)* exact (*fx* answer, measurements; the exact date (, time); his exact words); *(stærkere)* precise (*fx* measurements; definition, translation; his precise words); *(omhyggelig)* accurate (*fx* account, translation); *(se også nøjagtig)*;
2. *(som kommer til tiden)* punctual;
□ *uret går -t* the watch (, clock) keeps good (, perfect) time.
præcis[2] *adv.* **1.** *(lige)* exactly (*fx* I know exactly what you mean; that is exactly what you shouldn't do); precisely (*fx* I'll tell you precisely why I dislike him; that is

precisely what I mean; precisely!);
2. *(på klokkeslæt)* exactly (*fx* it is exactly five minutes past one); promptly (*fx* he arrived promptly at one o'clock);
□ *~ klokken et (også,* T*)* at one o'clock sharp (*el.* prompt); *~ lige så* just as, every bit as (*fx* bad, good); *komme ~* be punctual, be on time; *han kom ~ på minuttet* he was dead on time.
præcisere *vb.* **1.** *(udtrykke præcist)* define, specify (*fx* the conditions); state exactly (*el.* precisely) (*fx* what one wants);
2. *(udtrykke mere præcist)* state more exactly (*el.* precisely) (*fx* what one wants); give a more explicit formulation of (*fx* one's claims, one's objections); F clarify (*fx* one's position);
3. *(påpege)* point out (*fx* I would like to point out that I have not accepted the conditions).
præcision *sb. (en) (jf. præcis)* **1.** exactness; precision; accuracy; F exactitude (*fx* military exactitude);
2. *(punktlighed)* punctuality.
præcisions- precision (*fx* machine, tool, work; bombing).
prædestination *sb. (en) (rel.)* predestination.
prædestinationslære *(rel.)* doctrine of predestination.
prædestinere *vb.* predestine; F predestinate.
prædikant *sb. (en, -er)* preacher.
prædikat *sb. (et, -er)* **1.** *(betegnelse)* name; F designation;
2. *(gram.)* predicate; *(omsagnsled) se prædikatsled*;
□ *give ham -et svindler* describe him as a swindler.
prædikativ[1] *sb. (et, -er) (gram.)* complement.
prædikativ[2] *adj.* predicative.
prædikatsled *sb. (et, -)* complement.
prædike *vb.* **1.** *(rel.)* preach (*over* on, *fx* a text; *for* to, *fx* the congregation); *(se også præst)*;
2. *(tilråde, propagandere for)* preach (*fx* caution, Socialism; preach peace while preparing for war);
3. *(neds.) se præke.*
prædiken *sb. (en, -er)* **1.** sermon;
2. *(neds.)* lecture;
□ *holde en ~* preach (*el.* deliver) a sermon (*over* on; *for* to).
prædiker*: -ens bog* Ecclesiastes.
prædikestol pulpit;
□ *på -en* in the pulpit; *gå op på -en* ascend the pulpit.
prædisponere *vb.* predispose (*til* to).
præfabrikation prefabrication.
præfabrikeret *adj.* prefabricated; T prefab.
præfekt *sb. (en, -er)* prefect.
præfektsystem prefectorial system.
præference *sb. (en, -r)* preference.
præferenceaktie preference share.
præferencestilling preferential position.
præferencetold preferential duty.
præfiks *sb. (et, -er) (gram.)* prefix.
præg *sb. (et, -)*;
1. *(udseende)* look (*fx* the house had a look of neglect); F air (*fx* it gave her an air of innocence);
2. *(på mønt etc.)* stamp;
3. *(karakter)* character; F stamp;
□ ***bære** ~ af a) (være mærket af)* be marked by (*el.* with) (*fx* years of suffering); *b) (give indtryk af)* have a look of (*fx* the house had a look of neglect); show signs of (*fx* having been used); F bear the impress (*el.* stamp) of (*fx* his account bears the impress of truth; a work bearing the stamp of genius); *c) (være karakteriseret af)* be characterized by (*fx* his performance was characterized by uncertainty); ***sætte** sit ~ på* leave one's stamp on (*fx* a writer who has left his stamp on a whole generation); *(se også præge).*
præge *vb.* **1.** *(sætte sit præg på)* mark (*fx* this experience marked him for the rest of his life; a face marked by (*el.* with) suffering); leave one's (, its) mark on (*fx* the terrible experience had left its mark on him; his ideas have left their mark on the school); *(stærkere,* F*)* stamp; leave one's (, its) stamp on (*fx* a writer who has left his stamp on a whole generation);
2. *(svagere: påvirke)* influence (*fx* he influenced his pupils); *(ofte: uheldigt)* affect (*fx* it affected his decision);
3. *(være karakteristisk for)* characterize, be characteristic of (*fx* the frankness which was characteristic of him);
4. *(mønt)* strike;
5. *(i dyrepsykologi)* imprint (*på* on);
□ *være -t af se præg (bære præg af); det er uudsletteligt -t i min erindring* it remains indelibly stamped (*el.* printed) on my memory.
prægetang label maker.
prægnans *sb. (en)* conciseness, pithiness.
prægnant[1] *adj.* concise, pithy.
prægnant[2] *adv.* concisely, pithily.
prægning *sb. (en, -er)* **1.** *(af mønter)* striking; **2.** *(i dyrepsykologi)* imprinting.
prægtig *adj.* fine (*fx* young man); *(stærkere)* magnificent (*fx* sight, costume).
præjudicere *vb.* prejudice.
præk *sb. (et)* nonsense, twaddle.
præke *vb.* **1.** T = *prædike*; **2.** *(neds.)* preach; F sermonize;
□ *~ for en* preach at sby (*fx* he is always preaching at me); *~ for en om noget a)* preach at sby about sth (*fx* about the proper way to behave); *b) (især: skælde ud)* lecture sby on sth; *~ moral* moralize; *~ om* preach about; *(missionerende)* evangelize about.
prælat *sb. (en, -er)* prelate.
præliminær *adj.* preliminary.
præludere *vb.* **1.** (play a) prelude; **2.** *(før gudstjeneste)* play a voluntary.
præludium *sb. (et, præludier)* **1.** prelude; **2.** *(før gudstjeneste)* voluntary.
præmie *sb. (en, -r)* **1.** *(prisbelønning; gevinst)* prize;
2. *(belønning)* reward; *(også om eksport- etc.)* bounty;
3. *(assurance- etc.)* premium.
præmiekonkurrence (prize) competition.
præmieliste prize list.
præmieobligation premium bond.
præmieopgave prize question; *(i avis etc.)* competition.
præmiere *vb.* **1.** award a prize to;
2. *(belønne)* reward;
□ *-t* prizewinning (*fx* novel).
præmieskydning shooting match.
præmietager *sb. (en, -e)* prizewinner.
præmietyr prize bull.
præmieuddeling prize giving, distribution of prizes.
præmiewhist whist drive (with prizes).
præmisser *sb.pl.* **1.** *(for logisk slutning)* premises, premisses; **2.** *(jur.)* grounds (*fx* the grounds of a judgment);
□ *på deres (, sine egne) ~* on their (, one's own) terms.
præparat *sb. (et, -er)* **1.** preparation (*fx* a chemical preparation); **2.** *(til mikroskop)* slide.
præparatglas **1.** specimen tube; **2.** *(til mikroskop)* slide.
præparere *vb.* **1.** *(mod fugtighed etc.)* proof;
2. *(instruere)* brief (*fx* you will have to brief him in advance); prime;
3. *(bearbejde)* work on (*fx* he might accept if you work on him

properly).
præposition *sb. (en, -er) (gram.)* preposition.
præpositionsled *sb. (et, -) (gram.)* prepositional group (*el.* phrase).
prærafaelitisk *adj. (attr.)* Pre-Raphaelite.
prærie *sb. (en, -r)* prairie.
præriebrand prairie fire.
præriehund *(zo.)* prairie dog.
prærieindianere *sb.pl.* Plains Indians.
prærieulv *(zo.)* coyote.
prærievogn prairie wagon; *(am. også)* covered wagon, prairie schooner.
prærogativ *sb. (et, -er)* prerogative.
præsenil *adj.* presenile.
præsens *(gram.)* the present (tense);
□ ~ *konjunktiv* the present subjunctive; ~ *participium* the present participle.
præsensform *(gram.)* present-tense form.
præsent *adj.: have noget* ~ remember sth; T have sth at one's fingertips; *jeg har det ikke* ~ I can't tell on the spur of the moment.
præsentabel *adj.* presentable; *(om person også, let glds.)* personable.
præsentation *sb. (en, -er)* **1.** *(det at forestille to for hinanden)* introduction (*for* to); **2.** *(fremlæggelse, forevisning etc.)* presentation;
□ *ved* ~ *(hdl.)* on presentation, at sight (*fx* pay a bill at sight).
præsenterbakke salver; *(am.)* platter.
præsentere *vb.* **1.** *(forestille to for hinanden)* introduce (*for* to); *(mere formelt)* present (*fx* be presented at court);
2. *(fremlægge, vise etc.)* present (*fx* a bill); *(se også forelægge)*;
□ ~ *gevær* present arms;
[med for & sig] ~ *en **for** noget* present sby with sth (*fx* present them with a different view); introduce sby to sth (*fx* introduce them to the new proposals); *må jeg* ~ *hr. Thomsen for Dem* may I (*el.* allow me to) introduce Mr Thomson to you; *(mindre formelt)* this is Mr Thomson; T meet Mr Thomson; ~ ***sig** a)* introduce oneself; *b) (se ud)* look (*fx* to advantage); *c) (tage sig godt ud)* look fine; ~ *sig for en* introduce oneself to sby; make oneself known to sby.
præservativ *sb. (et, -er) (kondom)* condom; T French letter; *(am.)* rubber.
præservere *vb.* preserve.
præserveringsmiddel preservative.
præses *sb. (en)* candidate (for the doctorate).
præsident *sb. (en, -er)* president.
præsidentembede presidency.
præsidentemne potential president, presidential prospect.
præsidentkandidat candidate for the presidency, presidential candidate.
præsidentpalæ presidential palace.
præsidentperiode, **præsidenttid** presidency.
præsidentvalg presidential election.
præsidere *vb.* preside (*ved* at, over); be in the chair.
præsidium *sb. (et, præsidier)*
1. *(bestyrelse)* board of governors; *(pol.)* presidium; **2.** *se formandskab.*
præst *sb. (en, -er)* **1.** clergyman; F minister of religion; *(*T*: især neds.)* parson;
2. *(eng. statskirke-)* clergyman; *(sogne-)* rector; vicar;
3. *(skotsk & frikirkelig)* minister (*fx* a Methodist minister);
4. *(katolsk el. ikke-kristen)* priest (*fx* a Catholic (, heathen) priest);
5. *(hospitals-, felt- etc.)* chaplain;
□ *-erne* the clergy pl.; *kvindelig* ~ woman priest (pl. women priests); *[med vb.] blive* ~ enter the Church; F take (holy) orders; *gå til* ~ go to confirmation classes; be prepared for confirmation; *det går ikke altid så som -en prædiker* things do not always work out as you expect them to.
præstation *sb. (en, -er)* **1.** *(ydelse)* performance (*fx* what was his performance like in the test? he put up a good performance; the team gave a poor performance);
2. *(om resultat af anstrengelser, især iron.)* effort (*fx* that was a good (, poor) effort);
3. *(god ~)* achievement (*fx* that was quite an achievement; his athletic achievements).
præstationsevne capacity.
præstationsløn payment by results.
præstationsniveau level of achievement.
præstationssamfund achievement-oriented society.
præstebolig *se præstegård.*
præsteflip *(båret af eng. præster)* clerical collar; T dog collar.
præstegård **1.** rectory; vicarage;
2. *(i Skotland & for frikirkepræst)* manse; **3.** *(katolsk)* presbytery.
præstegårdsjord glebe.
præstekald living, benefice.
præstekjole *(kan gengives)* gown, cassock.
præstekone clergyman's wife (pl. clergymen's wives).
præstekrave **1.** clergyman's ruff;
2. *(bot.)* oxeye daisy; **3.** *(zo.)* plover;
□ *almindelig* ~ *(zo.)* ringed plover.
præstelig *adj.* priestly (*fx* duties).
præstere *vb.* **1.** *(udføre)* do (*fx* do a great amount of work; do one's best; is that really the best you can do?);
2. *(opnå)* achieve (*fx* great results);
3. *(fremskaffe)* produce; *(levere)* supply; F furnish (*fx* proof);
□ *han -de at a) (det lykkedes ham)* he managed to (*fx* finish it in record time); *b) (iron.)* he went and (*fx* he went and lost all the money); ~ *det utrolige* do wonders.
præsteseminarium (theological) seminary.
præsteskab, **præstestand** clergy, priesthood.
præstesyge *sb. (en)* clergyman's sore throat.
præstevie *vb.* ordain;
□ *blive -t (også)* take holy orders.
præstevielse ordination.
præstinde *sb. (en, -r)* priestess.
prætendent *sb. (en, -er)* pretender.
prætendere *vb.* pretend, claim (*fx* I do not pretend (*el.* claim) to be an expert).
prætention *sb. (en, -er)* pretension.
prætentiøs *adj.* pretentious.
præteritum *sb. (en el. et, -(m)er)* the preterite.
prævention *sb. (en, -er)* **1.** *(svangerskabsforebyggelse)* contraception; **2.** *(middel hertil)* contraceptive(s), birth control (*fx* they have difficulty in obtaining birth control).
præventiv *adj.* preventive; *(mod sygdom også)* prophylactic;
□ *-t middel (mod svangerskab)* contraceptive (device); *-t angreb (mil.)* pre-emptive strike.
Prøjsen *(geogr.)* Prussia.
prøjser *sb. (en, -e)*, **prøjsisk** *adj.* Prussian.
prøve[1] *sb. (en, -r)* **1.** trial; *(mere indgående)* test;
2. *(i undervisning)* test (*fx* a test in arithmetic); *(eksamen)* examination (*fx* an oral (, a written) examination);
3. *(på teaterstykke etc.)* rehearsal;
4. *(som aflægges af skuespiller etc.)* audition; *(til film)* (screen) test;
5. *(af tøj, hos skrædder)* fitting (*fx*

have a fitting);
6. *(i regneopgave)* proof;
7. *(til demonstration)* sample (*på* of, *fx* he showed samples of his work; he gave us a sample of his skill); specimen (*på* of, *fx* his handwriting);
8. *(til undersøgelse)* sample (*af* of, *fx* take samples of their blood); specimen (*af* of, *fx* his urine);
9. *(vare-)* sample; *(af tekstil, tapet etc., mønster)* pattern; *(afklip af stof)* swatch;
10. *(bevis)* proof (*på* of, *fx* of one's courage);
11. *(forsmag)* taste (*på* of, *fx* a taste of what was in store for us);
[med vb.] ***aflægge*** *~ a)* do (*el.* submit to) a test; *b) (bestå)* pass a test (, an examination); *c) (ved teater)* be given (*el.* do) an audition; *d) (ved film)* have a screen test; ***anstille*** *en ~* make an experiment; *anstille ~ med* try; test; ***bestå*** *-n se bestå*; ***holde*** *~ (på teater)* rehearse, hold a rehearsal; *holde ~ på et stykke* rehearse a play; ***stå sin*** *~* stand the test; *(gennem tiden)* stand the test of time (*fx* this method has stood the test of time);
[med: på] ***på*** *~ a)* on trial (*fx* we had the television on trial for a week); *(hdl.)* on approval (*fx* you can have it on seven days' approval); T on appro; *b) (om person)* on probation; *(se også løslade)*; *ansætte en på ~* appoint sby for a trial period; *blive flyttet op på ~ (i skole)* get a conditional remove; *lade det* ***komme an på*** *en ~ se komme² (an på)*; ***sætte på*** *~ a)* put to the test, test (*fx* his strength); *b) (udsætte for prøvelse)* try (*fx* his patience); *hans tålmodighed blev sat på en hård ~* his patience was severely tried (*el.* taxed).

prøve² *vb. (se også prøvende, prøvet)* **1.** *(forsøge)* try (*fx* we have tried; try again); *(~ at, se ndf.)*;
2. *(underkaste en prøve)* try (*fx* one's strength; another hotel; another method); *(mere indgående)* test (*fx* his eyesight; test the ice to see if it is safe); *(se også kraft, lykke)*;
3. *(i undervisning)* test (*fx* test the pupils in arithmetic); *(eksaminere)* examine;
4. *(prøve i brug)* try, try out (*fx* a method; a new typewriter (, car));
5. *(tøj etc.)* try on (*fx* a pair of shoes); *(hos skrædder etc.)* be fitted for (*fx* a new suit);
6. *(tage en prøve af, smage på)* sample (*fx* the wine);
7. *(udsætte for prøvelser)* try;
8. *(erfare, døje)* experience (*fx* hardship); go through (*fx* difficult times);
9. *(på teater: holde prøve)* rehearse;
□ *~* ***at*** *a) (forsøge at)* try to (*fx* he tried to sell his car, but nobody wanted it; he tried to write a letter, but gave it up; they have been trying for hours to open the door); *(gøre et forsøg også,* F*)* attempt to (*fx* escape, beat the record); *b) (forsøge sig med at)* try -ing (*fx* he tried selling cars, but he wasn't a success; have you ever tried writing to him?); *prøv at gøre det a)* try to do it; T try and do it; *b)* try doing it;
[andre forb.] prøv en gang! T have a try! have a go! *han har -t det hele (fig.)* he has seen it all; *jeg har -t hvad det vil sige* I know what it is (*el.* means) (*fx* to be poor); *jeg har -t lidt af hvert* I have been through the mill; I have tried a bit of everything;
[med præp. & adv.] ~ ***ad*** try; T have a try; *~ sig* ***frem*** feel one's way; *~ dem* ***i*** *regning* test them in arithmetic; *det kan du bare ~* ***på****!* you just try! don't you dare! *~ på et skuespil* rehearse a play.

prøveafstemning test ballot; straw vote (*el.* poll).
prøveanstalt testing (and research) laboratory.
prøveballon 1. pilot balloon; **2.** *(fig.)* kite, trial balloon;
□ *opsende en ~ (fig.)* fly a kite.
prøvebillede 1. *(foto.)* proof; **2.** *(i tv)* test card.
prøvebog 1. *(med prøver)* sample book; **2.** *(attrap)* dummy.
prøveboring test drilling.
prøveeksemplar 1. specimen, sample; **2.** *(af bog)* specimen copy.
prøvefilm *(for aspirant)* screen test.
prøvefilme *vb.: blive -t* have a screen test.
prøveflyve *vb. (indflyve)* test-fly.
prøveflyvning 1. *(før flyet er færdigt)* test flight; **2.** *(efter)* proving flight; *(fx for pressen)* demonstration flight.
prøvehus *(til forevisning)* show house.
prøvehæfte specimen (copy).
prøveklud *(forsøgskanin)* guinea pig;
□ *jeg vil ikke være ~* I won't be a guinea pig; I refuse to be experimented on.
prøvekollektion collection of samples; sample assortment.
prøvekuffert sample case.
prøvekøre *vb.* **1.** *(bil før man køber)* test-drive; **2.** *(fra fabrikken)* road-test; **3.** *(fig.: afprøve)* test; try out.
prøvekørsel 1. *(af bil før man køber)* trial run, test drive; **2.** *(fra fabrikken)* road test, test run;
3. *(fig.)* trial run; **4.** *(edb)* test run.
prøvelejlighed *(i nybyggeri)* show flat.
prøvelse *sb. (en, -r)* **1.** *(undersøgelse)* examination; *(nøje)* scrutiny;
2. *(fig.)* trial (*fx* the trials of his life; that child is a trial to its parents); *(stærkere)* ordeal (*fx* the journey had been a terrible ordeal);
□ *det var en ~ at høre på ham* it was painful to listen to him; *(stærkere)* it was torture to listen to him; *det kan ikke stå for en nærmere ~* it does not bear close examination; *blive udsat for svære -r* be sorely tried.
prøveløslade, prøveløsladelse *se løslade (på prøve), løsladelse (på prøve).*
prøveløsladt *sb.* parolee.
prøvemåltid *(med.)* test meal.
prøvende¹ *adj.* searching (*fx* a searching glance).
prøvende² *adv.* searchingly.
prøvenummer *(fx af avis)* specimen (*el.* sample) copy.
prøvenummerplade *(til bil)* trade plate.
prøveoptagelse 1. *(film.)* test shot; **2.** *(af skuespiller)* screen test.
prøvepakke *sb.* sample package.
prøveregning *(i skole)* **1.** arithmetic test; **2.** *(opgaven)* test paper.
prøverum *(i tøjbutik etc.)* fitting room.
prøvesag test case.
prøvesagkyndig *sb.* driving-test examiner.
prøvesejlads trial run; trials pl.
prøvesending *(af varer)* trial lot; F trial consignment.
prøveside specimen page.
prøveskud trial shot.
prøveskydning test firing.
prøvesmage, prøvespise *vb.* sample.
prøvesprængning *(af kernevåben)* nuclear test;
□ *forbud mod -er* ban on nuclear testing, nuclear test ban.
prøvestation *(for biler)* vehicle testing centre.
prøvesten *(også fig.)* touchstone.
prøvestil test paper.
prøvestop *(for atomvåben)* (nucle-

ar) test ban.
prøvesølv standard (*el.* hallmarked) silver; *(i Engl.)* sterling silver.
prøvet *adj.* **1.** tried (*fx* friendship); tested (*fx* steel);
2. *(erfaren)* experienced;
3. *(om guld el. sølv)* standard, hallmarked;
□ *han er hårdt* ~ he has been sorely tried.
prøvetid 1. trial period;
2. *(for ansat & jur.)* (period of) probation;
3. *(teat.)* rehearsal time;
□ *lærere har to års* ~ teachers are on probation for two years.
prøvetogt *(sø.)* trial cruise.
prøvetryk 1. *(typ.)* specimen sheet; **2.** *(af grafik)* specimen proof, trial proof.
prøvetur trial trip; *(se også prøvekørsel 1, prøvesejlads).*
prøvevejning trial weighing.
prøveværelse *(i tøjbutik etc.)* fitting room.
prøveægteskab trial marriage.
prøveæske sample box (*el.* case).
prøveår year of probation, probation year.
prøvning *sb. (en, -er) (jf. prøve²)* **1.** trying; **2.** trying; testing; **3.** testing; examination; **4.** trying (out); **5.** trying on.
prås *sb. (en, -e)* **1.** *(lille lys)* dip; **2.** *(let glds.: lille dreng)* nipper;
□ *der gik en ~ op for ham* a light dawned on him.
PS, p.s. *(fork.f. post scriptum)* PS.
pseudo- pseudo- (*fx* pseudo-scientific).
pseudobegivenhed pseudo-event, non-event.
pseudonym¹ *sb. (et, -er)* pseudonym, pen name; F nom de plume.
pseudonym² *adj.* pseudonymous.
p-skive parking disc.
psoriasis *sb. (en) (med.)* psoriasis.
pst *interj.* hey (you)! *(am.)* hi!
psyke *sb. (en, -r)* **1.** *(sindelag)* mentality; **2.** *(sjæl, ånd)* psyche, mind.
psykedelisk¹ *adj.* psychedelic.
psykedelisk² *adv.* psychedelically.
psykiater *sb. (en, -e)* psychiatrist.
psykiatri *sb. (en)* psychiatry.
psykiatrisk *adj.* psychiatric (*fx* hospital, nurse, patient, treatment).
psykisk¹ *adj.* mental (*fx* development, handicap, health, illness; the mental and physical effects of chemotherapy); psychological (*fx* consequences, difficulties, effects, pressure, problems, wounds); *(i sjælen også)* psychic (*fx* damage, experience, pain, stress);
□ ~ *afhængighed* psychological dependence; ~ *belastning* mental load; ~ *forskning* psychic(al) research.
psykisk² *adv.* mentally (*fx* handicapped, ill); psychologically (*fx* disturbed, strong, weak).
psykoanalyse psychoanalysis.
psykoanalysere *vb.* psychoanalyze.
psykoanalytiker psychoanalyst.
psykoanalytisk¹ *adj.* psychoanalytic.
psykoanalytisk² *adv.* psychoanalytically.
psykodelisk *adj.* = *psykedelisk.*
psykofarmaka *sb.pl.* psychoactive drugs.
psykohistorie psychohistory.
psykolingvistik psycholinguistics.
psykolog *sb. (en, -er)* psychologist.
psykologi *sb. (en)* psychology.
psykologisere *vb.* psychologize.
psykologisk¹ *adj.* psychological;
□ *det -e øjeblik* the psychological moment.
psykologisk² *adv.* psychologically.
psykopat *sb. (en, -er)* psychopath; T psycho.
psykopatisk¹ *adj.* psychopathic.
psykopatisk² *adv.* psychopathically.
psykose *sb. (en, -r)* psychosis (pl. psychoses).
psykosomatisk *adj.* psychosomatic.
psykoteknisk *adj.* psychotechnical (*fx* test).
psykoterapeut psychotherapist.
psykoterapi psychotherapy.
psykotisk¹ *adj.* psychotic.
psykotisk² *adv.* psychotically.
p.t. *(fork.f. pro tempore)* pro tem.; for the present, at present.
pubertet *sb. (en)* puberty.
pubertetsalder age of puberty.
pubesbehåring pubic hair.
publicere *vb.* publish.
publicist *sb. (en, -er)* writer; *(politisk)* publicist.
publicitet *sb. (en)* publicity.
publikation *sb. (en, -er)* publication.
publikum *sb. (et)* **1.** *(tilhørere; teater-)* audience (*fx* an audience of schoolchildren; an appreciative audience *(et taknemligt publikum)*);
2. *(ved sportskamp)* spectators pl.; crowd (*fx* a typical British football crowd);
3. *(bestemt kunstners etc.)* public (*fx* the writer and his public; this singer has a large public; there is no public for that kind of entertainment); audience (*fx* he had a large audience; the writer wants to reach a wider audience);
□ ~ *(ɔ: i almindelighed) a) (jf. 1)* the audience (*fx* the audience applauded; the actor addressed the audience; the audience was (*el.* were) delighted); *b) (jf. 2)* the spectators pl.; the crowd; *c) (offentligheden, folk)* the public (*fx* the public was (*el.* were) reluctant to buy the book; give the public what they want; the book was well received by the public).
publikumssport spectator sport.
publikumssucces hit.
publikumstække: *have* ~ have popular appeal.
puddel *sb. (en, pudler) (zo.)* poodle.
puddelhund = *puddel.*
pudder *sb. (et)* powder.
pudderdåse powder box; *(lille)* compact.
pudderkvast powder puff.
pudderpung vanity (bag).
puddersukker *(omtr.)* soft brown sugar.
pude *sb. (en, -r)* **1.** cushion (*fx* she sat on a cushion on the floor; a cushion of moss);
2. *(hoved-)* pillow (*fx* I only want one pillow in my bed);
3. *(til beskyttelse el. udfyldning)* pad (*fx* shoulder pads).
pudebetræk 1. cushion cover;
2. *(hoved-)* pillow case, pillow slip.
pudekamp pillow fight.
pudevår *sb. (et, -)* **1.** pillow case, pillow slip; **2.** *(bolster)* pillow tick.
pudre *vb.* powder;
□ ~ *sig* powder oneself.
puds¹ *sb. (et) (på mur)* plaster;
□ *i stiveste ~ (ɔ: stadstøj)* dressed up (to the nines).
puds² *sb. (et, -) (påfund)* trick;
□ *spille én et* ~ play a trick on sby; play sby a trick.
pudse¹ *vb.* **1.** *(gøre blank)* polish (*fx* the silver);
2. *(rense)* clean (*fx* rifles, windows);
3. *(fjerne overflødige dele fra)* trim (*fx* meat);
4. *(træflade)* smooth; *(med sandpapir)* sandpaper;
5. *(lægge kalkpuds på)* plaster; *[med sb.] ~ et lys* trim a candle; ~ *næse(n)* blow one's nose (*i* on, *fx* a handkerchief); ~ *næse på et barn* wipe a child's nose; ~ *sko* polish (, clean) shoes; *(am.)* shine shoes (*fx* he shined my shoes); *[med adv.]* ~ ***af*** *a) = pudse*; *b) (om tekst)* put the finishing touch-

es to; ~ **op** *a)* polish up (*fx* the silver); *b) (male op etc.)* renovate (*fx* an old shop); F furbish up; T smarten up; *c) (fig.: genopfriske)* polish (*el.* brush) up (*fx* one's English); furbish up (*fx* one's skill); T rub up (*fx* one's English).

pudse[2] *vb. (hidse): ~ en hund på én* set a dog on sby; *puds ham!* at him! go for him!

pudse[3] *vb. (let glds.: narre, snyde)* cheat, take in, trick.

pudsecreme polish.

pudsegrejer *sb.pl.* polishing kit sg.

pudseklud polishing cloth; cleaning rag.

pudsemaskine sander.

pudsepomade polish.

pudserlig *adj.* droll.

pudshøvl smoothing plane.

pudsig *adj.* funny; F droll;
□ *-t nok* curiously enough.

pudsning *sb. (en, -er) (jf. pudse*[1]*)* **1.** polishing; **2.** cleaning; **3.** trimming; **4.** smoothing; **5.** plastering.

pueril *adj.* puerile.

puerilitet *sb. (en, -er)* puerility.

puf[1] *sb. (et, -)* **1.** *(skub)* push; **2.** *(let, med albuen, som påmindelse)* nudge; *(kraftigere, humoristisk, jovialt)* dig (in the ribs); **3.** *(fig.)* incentive; stimulus (pl. stimuli);
□ *give en et ~ a) (jf. 2)* give sby a nudge; *b) (jf. 3: sætte gang i en,* T*)* get sby going, put a bit of go in(to) sby; *give en et ~ i siden se puffe (en i siden).*

puf[2] *sb. (en, -fer)* **1.** *(møbel)* pouf(fe); **2.** *(på ærme)* puff.

puffe *vb.* **1.** push; **2.** *(let, især med albuen)* nudge (*fx* he nudged her out of the way); **3.** *(kraftigt, for at komme frem)* elbow, thrust (*fx* sby aside);
□ *~ en i siden (med albuen) a) (let: som påmindelse)* nudge sby; *b) (kraftigere: humoristisk, jovialt)* dig sby in the ribs; *~ til en a) (jf. 1)* push sby; *b) (jf. 2)* nudge sby.

puffer *sb. (en, -e)* buffer.

pufseng box couch.

pufærme puff sleeve.

puge *vb.: ~ penge sammen* hoard up money.

puh, **puha** *interj.* **1.** *(af afsky)* ugh! pooh! (*fx* pooh! It stinks); **2.** *(af hede)* phew! (*fx* phew! It's hot in here); **3.** *(af foragt)* pooh! (*fx* pooh! What nonsense); **4.** *(af lettelse)* whew! (*fx* whew! It's over).

pukke *vb.: ~ på a)* insist on (*fx* one's rights); *b) (hele tiden tale om)* keep on about.

pukkel *sb. (en, pukler)* **1.** hump; **2.** *(fig., i statistik etc.)* bulge; **3.** *(overskud)* surplus; **4.** *(af ugjort arbejde)* backlog;
□ *få på puklen* catch it, get it in the neck; *slide sig en ~ til* work like a slave; T slave (*el.* sweat *el.* slog) one's guts out; *æde sig en ~ til* eat until it comes out of one's ears; *ærgre sig en ~ til* fret one's life out.

pukkelokse *sb. (zo.)* zebu.

pukkelryg hunchback;
□ *person med ~* hunchback.

pukkelrygget *adj.* hunchbacked;
□ *~ person* hunchback.

pukle *vb.* slog (away), graft (away), slave (away) (*med* at);
□ *~ løs med (, på) (ɔ: bevidstløst)* beaver away at; *~ sig halvt fordærvet* slave (*el.* slog *el.* sweat) one's guts out.

pukleri *sb. (et)* graft.

puklet *adj.* humpy.

puld *sb. (en, -e) (på hat)* crown.

pule *vb. (vulg.)* screw.

pulje *sb. (en, -r)* pool; *(om penge også)* funds pl. (*fx* funds set aside for research).

pullert *sb. (en, -er) (sø.: på kaj)* bollard; *(på skib)* bitt.

pullimut *sb. (en, -ter)* T plonk.

pullover *sb. (en, -e)* pullover.

pulpitur *sb. (en, -er)* **1.** gallery; **2.** *(orgel-)* organ loft.

puls *sb. (en, -e)* pulse (*fx* a rapid (, slow, steady, an irregular) pulse; her pulse was beating rapidly);
□ *have fingeren på -en (fig.)* have one's finger on the pulse (of the public, of the organization); have one's ear to the ground; ***føle** ens ~* feel sby's pulse; *føle en på -en (fig.)* sound sby out.

pulse *vb. (ryge)* puff;
□ *han -de løs på sin cigar* he puffed away at his cigar.

pulsere *vb.* throb; F pulsate (*fx* a pulsating rhythm);
□ *byens -nde liv* the throbbing life (*el.* the human tide) of the town.

pulsslag pulse beat; *(pl. også)* pulsation sg.

pulsåre *(anat.)* artery.

pult *sb. (en, -e)* desk.

pulterkammer lumber room, boxroom.

pulver *sb. (et, -e)* powder;
□ *få et ordentligt ~ (let glds., fig.: overhaling)* get a dressing-down.

pulverform: *i ~* powdered.

pulverheks hag; old bitch.

pulverisere *vb.* **1.** pulverize; **2.** *(sprænge i småstykker)* blow to bits; **3.** *(smadre)* smash up; T smash to smithereens.

pulverkaffe instant (*el.* powdered) coffee.

pulverslukker dry-powder extinguisher.

puma *sb. (en, -er) (zo.)* puma.

pump *sb. (en, -s) (sko)* court shoe; *(am.)* pump.

pumpe[1] *sb. (en, -r)* pump;
□ *køre på -rne (fig.)* be on one's last legs.

pumpe[2] *vb.* **1.** *(også = udspørge)* pump; **2.** *(fylde med luft)* pump up; F inflate (*fx* the tyres of a bicycle);
□ *~ en for oplysninger* pump sby for information; *~ op* pump up; *~ ud (også efter forgiftning etc.)* pump out.

pumpernikkel *sb. (en)* pumpernickel.

pumpeslag stroke of a pump.

pumpestang **1.** pump rod; **2.** *(håndgreb)* pump handle.

pumpestation pumping station.

pumpestok: *og fanden og hans ~* and what not; and what have you.

pumpeventil pump valve.

pumpeværk pumping apparatus; pump.

pumpning *sb. (en, -er)* pumping.

punch[1] *sb. (en, -e(r)) (drik)* punch.

punch[2] *sb. (en el. et, -) (slagkraft, stød)* punch.

punchebolle punch bowl.

pund *sb. (et, -)* **1.** *(glds. vægtenhed, svarer til)* pound; *(fork.)* lb (pl. lb, lbs) (*fx* two pounds (*el.* 2 lbs) of butter); *(NB et ~ = 500,45 g, et pound = 453,6 g)*; **2.** *(møntenhed)* pound (sterling); *(fork.)* £ (*fx* it costs five pounds (*el.* £5); a five-pound-note); **3.** *(evner)* talent(s) (*fx* make the most of one's talents).

pundevis *adv.: i ~* by the pound (*fx* sell sth by the pound); *have ~ af* have pounds and pounds of.

pung *sb. (en, -e)* **1.** *(penge-)* purse; **2.** *(pose, fx tobaks-; pungdyrs)* pouch; **3.** *(anat.: testikel-)* scrotum (pl. -s, scrota).

pungdyr *(zo.)* marsupial.

punge *vb.: ~ ud (med)* fork out, shell out, cough up; *lade ham ~ ud (ɔ: betale meget)* make him pay through the nose.

pungrotte *sb. (zo.)* (carnivorous) opossum.

punisk *adj. (hist.)* Punic (*fx* the Punic Wars).

punkt *sb. (et, -er)* **1.** *(prik)* point, dot; **2.** *(trin i udvikling)* point (*fx* I have reached (*el.* come to) the point when I can't stand it any longer); *(stadium)* stage;

3. *(afsnit, post)* point (*fx* the most important points in his speech; a four-point plan);
4. *(på program, liste, dagsorden etc.)* item (*fx* the next item on the programme (, the agenda)); *(i redegørelse etc.: overskrift)* head (*fx* this belongs under another head);
5. *(i anklage)* count (of an indictment) (*fx* he was found guilty on all counts; a 15 count indictment);
□ *dødt ~ se død;*[2] *(se også springende, svag, øm)*;
[med præp.] ~ ***for*** *~* point by point; ***på*** *alle -er a)* at all points; in every particular; *b) (i alle henseender)* in all respects; *c) se ovf.: 6*; *han har ret på dette ~* he is right on this point; *de ligner hinanden på nogle -er* they are similar in some respects; ***til*** *~ og prikke* to the letter (*fx* follow the instructions to the letter); in every particular; exactly; *kun til et vist ~* only up to a point.
punktafgift excise duty.
punktere *vb.* **1.** *(om dæk, bold)* be punctured, puncture; *(voldsommere)* burst;
2. *(om bil, cykel, bilist, cyklist)* have a puncture; *(voldsommere)* have a blow-out; *(am.)* have a flat;
3. *(stikke hul på, også med.)* puncture; *(vable)* prick;
4. *(fig.)* explode (*fx* a myth, a theory); T shoot down (*fx* his idea, his proposal);
5. *(tegne med prikker)* dot;
□ *jeg (, min cykel) er -t* I have (had) a puncture; I have a flat tyre; *(am.)* I have a flat; *-t linie* dotted line; *-t node* dotted note.
punkterfri *adj.* punctureproof.
punktering *sb. (en, -er)* **1.** *(hul)* puncture; *(am.)* flat; **2.** *(det at prikke hul)* puncture; pricking;
3. *(det at tegne prikker)* dotting.
punktformet *adj.* punctiform;
□ *punktformede blodudtrædninger (med.)* petechiae.
punkthus tower block.
punktlig *adj.* punctual (*med* in).
punktlighed *sb. (en)* punctuality.
punktskrift *sb. (en)* embossed printing; the Braille system.
punktskriver *(i edb)* stylus (*el.* dot) printer.
punktstrejke selective strike (action).
punktuel *adj.* scattered, sporadic.
punktum *sb. (et, -(m)er)* full stop; *(især am.)* period;
□ *sætte ~ for noget* put a stop to sth; *(især am.)* put a period to sth; *og dermed ~! a)* full stop! *(am.)* period! *b) (ved afslag)* and that's flat!
punktur *sb. (en, -er) (med.)* puncture; *(af vable etc.)* pricking.
punktvis[1] *adj.* scattered, sporadic.
punktvis[2] *adv.* here and there; sporadically.
punsel *sb. (en, punsler)* punch.
punsle *vb.* **1.** punch; **2.** *(ciselere)* chase.
pupil *sb. (en, -ler) (anat.)* pupil.
puppe *sb. (en, -r)* pupa (pl. pupae); *(især sommerfugle-)* chrysalis (pl. -es, *(fagl.)* chrysalides).
puppehylster cocoon.
puppestadium pupal stage.
pur[1] *sb. (et) (krat)* scrub;
□ *med håret i et ~* with frizzy hair; *(pjusket)* with rumpled hair.
pur[2] *adj.* **1.** *(ren)* pure (*fx* gold);
2. *(ubetinget)* absolute, flat (*fx* refusal); **3.** *(kun)* pure (*fx* malice); sheer (*fx* nonsense).
pure[1] *sb. (en, -er)* puree.
pure[2] *adj. se pur*[2].
pure[3] *adv.* completely (*fx* he was completely acquitted (*el.* cleared)); flatly, point-blank (*fx* refuse flatly (*el.* point-blank)).
puré *sb. (en, pureer)* puree.
purere *vb.* puree.
purisme *sb. (en)* purism.
purist *sb. (en, -er)* purist.
puristisk *adj. (attr.)* purist; *(også præd.)* puristic.
puritaner *sb. (en, -e)* Puritan.
puritanisme *sb. (en)* Puritanism.
puritansk[1] *adj. (attr.)* Puritan; *(også præd., især neds.)* puritanical.
puritansk[2] *adv.* puritanically.
purk *sb. (en, -e)* little fellow, nipper.
purløg 1. *(bot.: om planten)* chive; chives sg.; **2.** *(brugt i mad)* chives pl.
purpur *sb. (et)* **1.** *(blårød)* purple;
2. *(højrød)* crimson.
purpurfarvet *adj.* **1.** *(blårød)* purple; **2.** *(højrød)* scarlet.
purpurhejre *(zo.)* purple heron.
purpurrød *se purpurfarvet.*
purpursnegl *(zo.)* dog whelk; murex (pl. murices).
purre *vb. (vække)* call; F rouse;
□ *han -de op i håret* he ran his fingers through his hair; *hun -de op i hans hår* she ruffled (*el.* rumpled) his hair; *~ ud* call; F rouse.
purser *sb. (en, -e) (flyv., sø.)* purser.
purung *adj.* very young.
pus[1] *sb. (et, -): et lille ~ (ɔ: barn)* a tiny tot; *det stakkels lille ~* the poor little mite; *lille ~!* darling!
pus[2] *sb. (en) (kat)* puss(y).
pus[3] *sb. (et) (materie)* pus.
pusdannelse suppuration.
pusher *sb. (en, -e)* pusher.
pusle *vb.* **1.** *(bevæge sig)* move about (*fx* I heard a small animal moving about in the bushes);
2. *(om støj)* rustle (about);
3. *(om spædbarn: gøre i stand)* wash and dress; *(skifte)* change;
□ *gå og ~* potter about (*fx* in the garden); *der er noget der -r (ɔ: i gære)* there is something in the wind; *jeg hørte det ~ a) (jf. 1)* I heard something moving about; *b) (jf. 2)* I heard a rustle (*el.* a rustling noise);
[med præp.] ~ ***med*** *(nusse)* fiddle with, potter at; *han -r med planer om at* he is toying with the idea of -ing (*fx* opening a shop); *~* ***om*** nurse.
puslebord *(omtr.)* (baby) dressing table; changing table.
pusleri *sb. (et, -er)* **1.** *(beskæftigelse)* pottering; **2.** *(lyd)* rustling; faint noise.
puslerum *(svarer til)* baby changing facilities pl.
puslespil *(sammenlægnings-)* jigsaw (puzzle);
□ *lægge et ~* do (, put together) a jigsaw (puzzle).
pusling *sb. (en, -er el. -e)* **1.** *(barn)* little one; (tiny) tot; **2.** *(mandsling)* manikin.
pusselanker *sb.pl.* tootsies.
pussenusset *se puttenuttet.*
pust *sb. (et, -)* **1.** *(vindpust)* breath of air (*el.* wind); F puff;
2. *(åndepust)* breath;
3. *(hvil)* breathing spell, breather;
□ *et frisk ~ (også fig.)* a breath of fresh air; *et ~ fra den store verden (omtr.)* a glimpse of the outside world;
[med vb.] ***få*** *-en igen* get one's breath back, recover one's breath; ***tabe*** *-en a) (om person)* get out of breath, get winded; T get puffed; *b) (fig.: om foretagende)* run out of steam; *han taber let -en* he is short-winded; *det* ***tog*** *-en* ***fra*** *mig a) (gjorde mig forpustet)* it puffed me out; *b) (overvældede mig)* it took my breath away.
puste *vb.* **1.** blow; *(med afbrudte pust)* puff (*bort* away);
2. *(ånde tungt)* pant; T puff;
3. *(hvile)* pause (for breath), stop for breath; T take a breather;
4. *(i damspil)* huff;
5. *(med.: tuberkulosepatient)* apply pneumothorax;
□ *~ glas* blow (*el.* make) glass; *~ (nyt) liv i* breathe new life into; *~ og stønne* puff and blow; pant and puff;
[med præp. & adv.] ~ en ***i nak-***

ken *(ɔ: være lige i hælene på)* be breathing down sby's neck;
~ ***op*** *a) (spile ud)* puff out (*fx* one's cheeks); *b) (fylde med luft)* blow up; F inflate (*fx* a balloon, a boat); *c) (fig.: overdrive)* blow up; *affæren blev -t op* the affair was blown up out of all proportion; ~ *sig op a) (om fugl)* puff out its feathers; *b) (om person)* puff oneself up; blow oneself out;
~ ***på*** blow on (*fx* the hot soup); ~ *på det (ɔ: når barn har slået sig)* kiss it better;
~ ***til ilden*** *(fig.)* add fuel to the flames (*el.* fire); fan the flames;
~ ***ud*** *a) (røg etc.)* blow out, puff out; *b) (holde hvil)* pause for breath; T take a breather; *c) (et lys etc.)* blow out, puff out (*fx* a candle); *d) (rense ved blæsning)* blow (out) (*fx* eggs, gas pipes); *de -de ud efter kampen* they were recovering their breath after the fight (, match).
pustel *sb. (en, pustler) (med.)* pustule.
pusterum breathing space.
pusterør **1.** *(våben)* blowpipe; *(am. også)* blowgun; **2.** *(legetøj)* pea shooter.
put[1] *sb. (et, -)* S nooky.
put[2] *interj. (til høns)* chuck-chuck.
putte[1] *sb. (en, -r)* **1.** *(høne)* chuck-chuck; **2.** *(kælenavn)* ducky.
putte[2] *vb.* **1.** *(anbringe)* put; *(om noget fladt, så det er sikkert anbragt)* tuck (*fx* tuck one's shirt into one's trousers; he tucked the letter under his pillow);
2. *(stoppe dynen ned om)* tuck up, tuck in;
3. *(lægge i seng)* put to bed;
4. *(S: bolle)* screw;
□ *(tag kassen og) put pengene* ***i*** put the money in; ~ *i hovedet (ɔ: spise)* tuck in; ~ *noget i lommen* put sth in one's pocket; *(også fig.)* pocket sth; ~ *et brev i postkassen* post a letter; *(am.)* mail a letter; ~ *et barn i seng* put a child to bed;
[med sig] ~ ***sig*** *a) (i sengen)* snuggle down in bed; *b) (gå i seng)* go to bed; *(i barnesprog)* go to bye-byes; ~ ***sig ind til*** *en* nestle against (*el.* close to) sby; T snuggle (*el.* cuddle) up to sby.
puttehøne chuck-chuck.
puttenuttet *adj.* cute; *(overdrevent ~)* twee;
□ ~ *sprog* affected language, baby language.
py *sb. (en, -er) se pyjamas.*
pygmæ *sb. (en, -er)* pygmy.
pyh *interj. se puh.*
pyjamas *sb. (en, -(s)er el. -)* pyjamas pl. (*fx* my pyjamas are blue); *(am.)* pajamas pl.;
□ *en* ~ a pair (*el.* suit) of pyjamas (, pajamas).
pyjamasbukser pyjama (, pajama) trousers.
pyjamasjakke pyjama (, pajama) jacket (*el.* top).
pykniker *sb. (en, -e),* **pyknisk** *adj.* pyknic.
pylre *vb.: ~ om en a) (overbeskytte)* fuss over sby; *b) (overforkæle)* coddle sby.
pylrehoved coddle.
pylret, pylrevorn *adj.* **1.** *(pivet)* soft;
2. *(klynkende)* whimpering, snivelling; T grizzling;
3. *(overbeskyttende)* fussing (*fx* mothers).
pynt[1] *sb. (en, -er) (næs)* point;
□ *klare -en a)* round (*el.* weather) the point; *b) (fig.)* weather the storm.
pynt[2] *sb. (en)* **1.** *(udsmykning)* decoration (*fx* a plain dress without decoration; decoration on a cake); decorations pl. (*fx* Christmas decorations);
2. *(besætning, fx på kjole)* trimming; trimmings pl.;
3. *(stads)* finery;
□ *(kun) til ~* only for decoration; *(især iron.)* purely ornamental.
pynte *vb.* **1.** *(smykke)* decorate (*fx* a Christmas tree, a room, a street with flags); smarten up (*fx* a room); *(spøg., T)* deck out (*med* in); F adorn (*med* with); *(let glds.)* deck (*fx* deck the hall with holly);
2. *(butiksvindue)* dress;
3. *(mad)* garnish (*fx* garnish the fish with slices of lemon; garnish the meat with parsley); *(kage)* decorate;
4. *(dametøj)* trim (*fx* a hat);
5. *(klæde pænt på)* dress up, smarten up;
6. *(tage sig pænt ud)* look decorative, be ornamental; T look nice (*fx* the vase looks nice on the table);
□ ~ ***op*** *a) (tage sig pænt ud)* look decorative (*fx* candles always look decorative on a table); T look nice; *b) (gøre det pynteligt)* smarten up the place (, the room, the hall etc.); decorate the place (etc.); *c) (med objekt: smykke)* smarten up, decorate (*fx* the room); *(se også landskab)*; ~ ***på*** *(udseende)* smarten up; *(fig.)* embroider (*fx* a story); F embellish (*fx* he did not exactly lie, he only embellished the truth a little); ~ *på regnskaberne* doctor the accounts; cook the books;
[med sig] ~ ***sig*** make oneself smart, smarten oneself up; ~ ***sig med*** *(spøg., T)* deck oneself out in; F adorn oneself with; ~ *sig med titlen leksikograf* affect the title of lexicographer.
pyntedukke doll.
pynteforklæde fancy apron.
pyntegrønt decorative greenery.
pyntelig *adj.* **1.** *(ordentlig)* neat; **2.** *(dekorativ)* decorative.
pyntenetstok *(sø.)* dolphin striker, martingale.
pyntesyg *adj. (præd.)* fond of finery.
pyntet *adj.* **1.** *(klædt fint på)* dressed up; **2.** *(beruset)* tipsy, tiddly; *(stærkere)* plastered.
pyntning *sb. (en, -er)* decoration.
pyramidal, pyramidalsk *adj.*
1. *(pyramideformet)* pyramidal;
2. *(kolossal)* colossal.
pyramide *sb. (en, -r)* **1.** pyramid;
2. *(af geværer)* pile of arms;
□ *stille geværerne i ~* pile arms.
pyramideformet *adj.* pyramidal.
pyramidesalg, pyramidesystem *(hdl.)* pyramid selling.
pyramidetelt pyramid tent.
Pyrenæerne *sb.pl. (geogr.)* the Pyrenees.
pyrenæisk *adj.* Pyrenean;
□ *den -e halvø* the Iberian Peninsula.
pyrolyse *sb. (en)* pyrolysis.
pyrolyseværk pyrolysis works sg.
pyroman *sb. (en, -er)* **1.** *(brandstifter)* fire raiser; T fire bug; F arsonist; **2.** *(person med sygelig trang til at se ild)* pyromaniac.
pyromanbrand fire caused by a pyromaniac (, arsonist) *(se pyroman)*;
□ *det menes at være en ~* it is thought to be arson (*el.* the work of an arsonist); the fire is believed to have been started deliberately.
pyromani *sb. (en)* pyromania.
pyrrhussejr Pyrrhic victory.
pyssenysset *se puttenuttet.*
pyt[1] *sb. (en, -ter)* puddle; F pool.
pyt[2] *interj.* pooh!
□ ~ *med det!* never mind!
pythagoræisk *adj.: den -e læresætning* Pythagoras' theorem.
pyton *sb. (en, -er) (zo.)* python.
pædagog *sb. (en, -er)* **1.** teacher; *(se også børnehavepædagog, fritidspædagog, socialpædagog)*;
2. *(især teoretiker,* F*)* educator, educationalist (*fx* professional educationalists (*el.* educators) have resisted the demand for

more selection and segregation; American educators from Dewey to Conant);
3. *(neds., glds.)* pedagogue.
pædagogik *sb. (en)* **1.** *(teori)* education; F pedagogy; **2.** *(fag)* theory of education.
pædagogisk[1] *adj.* **1.** *(vedrørende pædagogik)* educational (*fx* research); F pedagogic(al);
2. *(fornuftig, fx over for børn)* sensible (*fx* talk to him in a more sensible way);
□ *-e evner (ɔ: hos lærer)* teaching ability sg.; ~ *legetøj* educational toys pl.
pædagogisk[2] *adv. (jf. pædagogisk*[1]*)* **1.** educationally (*fx* suitable); F pedagogically; **2.** sensibly (*fx* treat him sensibly).
pædagogsprog *(neds.)* educationese.
pæderast *sb. (en, -er)* pederast.
pæderasti *sb. (en)* pederasty.
pædiater *sb. (en, -e)* paediatrician.
pædiatri *sb. (en)* paediatrics.
pægl *sb. (en, -e) (glds., omtr.)* half a pint.
pæl *sb. (en, -e)* **1.** stake (*fx* boundary stake; tie the dog to a stake); *(kraftigere: stolpe)* post (*fx* boundary post, fence post); *(se også fortøjningspæl)*;
2. *(lang tynd; stang)* pole (*fx* telegraph (, telephone) pole);
3. *(teltpløk, kroketpæl)* peg;
4. *(til fundamentering)* pile;
□ *en ~* ***i kødet*** a thorn in one's flesh (*el.* side); *bygget* ***på*** *-e* built on piles; *(hævet over jorden el. vandet)* built on stilts; *hele huset (etc.) stod* ***på gloende*** *-e (fig.)* everything was in a frenzy of excitement; ***ramme*** *en ~ gennem rygtet* stamp out (*el.* nail) the rumour.
pælebro pile bridge.
pælebygning pile dwelling.
pælemusling *(zo.)* common mussel.
pæleorm *(zo.)* shipworm.
pælerod *sb. (en, pælerødder) (bot.)* tap root.
pælestik bowline knot.
pæleværk **1.** pilework, piling;
2. *(mil.)* stockade.
pæn *adj. (se også pænt)* **1.** *(om udseende)* nice (*fx* face, dress); *(om person)* nice-looking (*fx* she is nice-looking); *(~ og ordentlig)* neat (*fx* figure, handwriting; planted in neat rows);
2. *(om præstation: rosende)* good (*fx* result); *(svagere)* decent; *(mere forbeholdent)* quite good (*fx* quite a good result); fair;
3. *(ret stor)* siz(e)able (*fx* income, increase, number, sum); *(om penge,* T*)* tidy (*fx* a tidy sum);
4. *(moralsk ~, anstændig)* nice (*fx* girl; the nice part of the town; "arse" is not a nice word); decent (*fx* girl); respectable (*fx* young people from respectable homes);
5. *(velopdragen)* nice (*fx* he has nice manners); *(præd.)* good form (*fx* it is not good form to reach across the table);
□ *ren og ~* nice and clean;
[med sb.] -e mennesker respectable (*el.* nice) people; *vis dig fra din -e side* be on your best behaviour; *hans -e tøj a) (mods. arbejdstøj etc.)* his good clothes; *b) (søndagstøj)* his best clothes;
[med præp.] hvor var det -t ***af*** *dig at komme* how nice of you to come; *det er -t af dig* it is very nice (*el.* kind) of you; *~* ***i*** *tøjet* nicely (, neatly) dressed.
pænt *adv. (jf. pæn)* **1.** nicely, neatly (*fx* dressed); **2.** well; quite well (*fx* he is doing quite well *(han klarer sig (rigtig) pænt)*); fairly well; **3.** a good deal; **4.** nicely, decently; respectably; **5.** nicely (*fx* behave nicely);
□ *opføre sig ~ (også)* behave well; *for at sige det ~* to put it mildly; *aktierne er steget ~* shares have risen appreciably; *han tog det ~* he was very nice about it; *de måtte ~ vente* they had to wait in patience.
pæon *sb. (en, -er) (bot.)* peony.
pæonrød *adj. (præd., svarer til)* as red as a beetroot.
pære *sb. (en, -r)* **1.** *(frugt)* pear; **2.** *(elektrisk)* (light) bulb; **3.** *(*T*: forstand)* noddle (*fx* use your noddle!);
□ *han har -n i orden* he has got brains; *blød på (el. i) -n* soft-headed, barmy.
pæredansk *adj.* very Danish; *(præd. også)* Danish through and through.
pæreformet *adj.* pear-shaped.
pærefuld *adj.* dead drunk; *(præd. også)* drunk as a lord.
pærelet *adj.* quite easy;
□ *det er ~ (også)* it is a piece of cake; it is as easy as falling off a log; T it is a doddle.
pæremost *(gæret)* perry.
pæreskude *(klodset skib, omtr.)* old tub.
pæretræ **1.** *(bot.)* pear tree; **2.** *(veddet)* pearwood.
pærevælling **1.** pear soup; **2.** *(sammensurium)* hotchpotch;
□ *i én ~* higgledy-piggledy.
pø*: ~ om ~* little by little; bit by bit.
pøbel *sb. (en)* mob, rabble.
pøbelagtig *adj.* vulgar; F plebeian.
pøbelregimente mob rule.
pøj *interj.* ugh; T yuk.
pøj-pøj *interj. (ɔ: held og lykke)* good luck!
pøjt *sb. (et) (drik)* dishwater; *(vin)* plonk.
pøl *sb. (en, -e)* **1.** pool (*fx* of blood, of oil; take a swim in the pool);
2. *(af vand, mudder)* puddle.
pølle *sb. (en, -r)* (cylindrical) cushion.
pølse *sb. (en, -r)* **1.** sausage; T banger; **2.** *(varm ~ med brød)* hot dog; **3.** *(bajersk ~)* frankfurter;
□ *-r (børnesprog)* pooh (pooh), poo-poo sg.; *lave -r (børnesprog)* pooh; do (*el.* go *el.* make) pooh; go properly; *sorte -r (svarer til)* black pudding sg.
pølsegilde sausage feast.
pølsemager *sb. (en, -e)* sausage maker.
pølsepind*: koge suppe på en ~* [get a lot out of next to nothing]; *(ofte)* spin a long yarn about nothing.
pølseskind sausage casing, sausage skin.
pølsesnak nonsense, rubbish.
pølsetaske barrel bag.
pølsevogn hot-dog stand.
pønse *vb.: ~ på a)* meditate (*fx* meditate revenge); plan (*fx* how to get away); *b) (om noget negativt)* be up to (*fx* he is up to his tricks again); *~ på ondt* be up to mischief.
pøs *sb. (en, -e) (sø.)* bucket.
pøse *vb.: det -r ned* it is pouring (down).
på[1] *præp.* **1.** *(oven på, med noget som baggrund el. underlag)* on (*fx* on the ground (, floor, wall, ceiling, coast, beach, chair, table); on one's knees; on a bicycle; lie on one's back; kiss her on the mouth); F upon;
2. *(i, inden for et område)* in (*fx* in bottles; in the toilet, in his room; in a field (, meadow), in the churchyard (, market place, playground, square); in the picture, in the sky); *(NB* on the football field; on the battlefield);
3. *(om øer)* in (*fx* in the Isle of Wight; in Sicily); *(om små el. fjerne øer)* on (*fx* on a desert island; on an island in the Pacific);
4. *(ved navne på bydele, gader, pladser)* in (*fx* he lives in Oxford Street); *(am.)* on (*fx* he lives on Fifth Avenue);
5. *(om sted af ringe udstrækning,*

punkt; stedet hvor noget sker, bygning, adresse etc.) at (*fx* at the top (, bottom); at the corner, at the station; the thermometer stood at 40°; let us stop at this place; he is at his office (, at the university); at (, in) a café (, restaurant)) *(NB* in *bruges hvis stedet opfattes som rum el. der tænkes på aktiviteten, fx* he can't stay in one place all the time; she works in an office; what happened in the university?);
6. *(om mål for bevægelse)* at (*fx* look (, stare, gaze, glance) at sth; shoot (, throw stones) at sby; knock at (*el.* on) the door); *(om flade etc.)* on (*fx* drop sth on the floor; hang a picture on the wall); onto (*fx* we stepped up onto the deck; she climbed up onto his lap); *(om rum, område)* into (*fx* put it into a bottle; go out into the country); *(om sted)* to (*fx* go to the (post) office (, the station); go to market);
7. *(om mål for fjendtlig følelse)* with (*fx* be annoyed (, cross, angry, furious) with sby);
8. *(om tiden hvorlænge; om tidsrum)* in (*fx* it was over in less than five minutes; for the third time in a week);
9. *(om tidspunkt)* at (*fx* at this time of the year; dinner was served at different hours); *(ved dato, dag)* on (*fx* on the first day of the year; on a Friday); *(se også fredag)*;
10. *(foran beløb, målsangivelser etc.)* of (*fx* a sum of £500; a yearly wage of £12,000; a discount of 5 p.c. on future orders; a delay of 20 minutes; a farm of 100 acres; a lead of five metres *(et forspring på)*; a book of 500 pages); *(NB* a cheque (, bill, receipt) for £50*)*;
11. *(om samhørighed)* of (*fx* the roof of the house; the title of the book; the colour of the car; he was captain of the "Eagle");
12. *(om sygdom etc. & = med hensyn til)* in (*fx* blind in one eye; deaf in one ear; ill in body and mind; a country rich in minerals);
13. *(om sprog)* in (*fx* in Danish, in English);
14. *(ved hjælp af)* on (*fx* the car runs on petrol; the radio works on batteries); by (*fx* recognize him by his voice; I could see (*el.* tell) by (*el.* on) his face that he was tired);
15. *(for at få etc.)* for (*fx* call (, ring) for the waiter; wait (, hope) for an order; clamour for revenge; an order for 25 machines; a recipe for a cake);
[for at færdiggøre] sy (, strikke, skrive) ~ be sewing (, knitting, writing) (*fx* she is knitting a blouse (, sewing a dress, writing a novel)); *hun arbejder (, skriver) ~ en afhandling (også)* she is working on a thesis;
[andre udtryk] bogen er ~ 500 sider, han er ~ den se være; ~ ***sig*** *(ɔ: på sin person)* on one, about one (*fx* do you have a pencil on (*el.* about) you?); *(se også bære, have*[2]*, nær*[2]*, inde, omkring, ud, ude)*.

på[2] *adv.* on (*fx* the lid is not on; I want to watch the TV news, my son is going to be on); *(se endvidere de verber hvormed ~ forbindes)*;
□ *med frakke (, briller, ur) ~* wearing a coat (, spectacles, a watch); *med frakke på (også)* with a coat on; *~ med frakken!* on with your coat!

påanke *vb. (jur.)* appeal against;
□ *~ en dom* appeal against a sentence (*til* to).

påbegynde *vb.* begin, start; F commence;
□ *for hver påbegyndt meter* for each meter or part (*el.* fraction) thereof.

påbegyndelse beginning; F commencement.

påberåbe *vb.: ~ sig a) (henvise til)* refer to (*fx* the contract); quote; F invoke (*fx* the terms of the contract, a principle, a law, the Fifth Amendment); *b) (anføre som undskyldning)* plead (*fx* ignorance).

påberåbelse *sb. (en, -r): under ~ af a) (jf. påberåbe (sig) a)* referring to, quoting; invoking; *b) (jf. påberåbe (sig) b)* pleading.

påbud *sb. (et, -)* order; F command.

påbudstavle mandatory sign.

påbudt *adj.* **1.** prescribed; **2.** *(reglementeret, attr.)* regulation (*fx* uniform, speed).

påbyde *vb.* order; F command.

pådrage *vb.: ~ sig a)* incur (*fx* his displeasure); *b) (sygdom)* catch; F contract; *~ sig gæld* run into debt; F contract debt, incur debt.

pådutte *vb.: ~ en noget a) (tillægge)* attribute (*el.* ascribe) sth to sby (*fx* I am attributed opinions which I do not hold); *b) (prakke på)* palm (*el.* fob) sth off on sby.

pådømme *vb.* judge (*fx* a case); decide (*fx* a dispute).

pådømmelse *sb. (en, -r)* judgment; decision; F adjudication.

påfaldende[1] *adj.* **1.** remarkable, striking (*fx* appearance, contrast, likeness); extraordinary; **2.** *(mærkelig)* strange (*fx* behaviour);
□ *virke ~* attract attention.

påfaldende[2] *adv.* **1.** remarkably, strikingly (*fx* late, similar); markedly (*fx* silent); extraordinarily;
2. *(mærkeligt)* strangely (*fx* excited);
□ *~ tit* with remarkable frequency; markedly often.

påfugl *(zo.)* peacock, peafowl; *(hun)* peahen.

påfuglefjer peacock feather.

påfuglehan (male) peacock.

påfuglehøne peahen.

påfund *sb. (et, -)* **1.** *(indfald)* idea (*fx* that was his idea);
2. *(lune)* whim (*fx* it was just a whim);
3. *(opdigt)* fabrication;
4. *(opfindelse etc.)* invention.

påfylde *vb.* fill (up) with (*fx* fill the car up with petrol);
□ *~ benzin* fill up.

påfyldning *sb. (en)* filling (up);
□ *efter flere -er* after filling up several times.

påfølge *vb.* follow; F ensue.

påfølgende *adj.* **1.** following (*fx* the following Sunday); F ensuing (*fx* the ensuing debate);
2. *(senere)* following; F subsequent;
3. *(deraf følgende)* resulting; F consequent;
□ *med ~ middag* with a dinner to follow.

påføre *vb.* **1.** *(indføje)* insert in; *(tilføje)* add to (*fx* add one's comments to the report); supply with (*fx* supply the document with one's name and address);
2. *(anbringe på)* put on; F apply to (*fx* apply paint to the surface);
3. *(forårsage)* cause (*fx* cause sby a loss); F inflict on (*fx* inflict heavy losses on the enemy);
□ *~ én krig* force (*el.* inflict) a war on sby; *-s éns regning* be charged to sby's account; T be put on sby's bill; *~ én smitte* infect sby; *~ én udgifter* put sby to expense.

-påført *(jf. påføre 3) (især om sygdom)* -induced (*fx* drug-induced allergic reactions).

pågribe *vb.* **1.** *(fange)* catch, capture (*fx* a thief); **2.** *(anholde)* arrest; F apprehend.

pågribelse *sb. (en) (jf. pågribe)* **1.** capture; **2.** arrest; F apprehension.

pågældende *adj.* in question, concerned *(sættes efter sb., fx* the firm in question, the firm concerned*)*;
□ *den ~* the person concerned;

det ~ tilfælde the case in question.
pågå *vb. (finde sted)* take place; *(være i gang)* be in progress.
pågående[1] *adj.* aggressive; *(neds.,* T*)* pushing, pushy; *(se også påtrængende).*
pågående[2] *adv.* aggressively.
pågåenhed *sb. (en)* aggressiveness.
påhit *sb. (et, -) se påfund.*
påholdende *adj.* careful (with one's money); T close(-fisted), tight-fisted; F parsimonious.
påholdenhed *sb. (en)* close-fistedness, tight-fistedness; F parsimoniousness.
påhvile *vb.* **1.** rest with (*fx* the decision rests with you); lie with (*fx* it lies with them to prove his guilt); be the responsibility of;
2. *(være ens moralske pligt)* be incumbent on;
3. *(om udgifter)* be chargeable to, fall on.
påhæng *sb. (et, -)* **1.** *(kærester etc.)* partners (*fx* they were invited with partners);
2. *(familie etc.)* appendages pl.; F encumbrances pl.;
3. *(besværlig person)* hanger-on.
påhængsmotor outboard motor.
påhængsvogn trailer.
påhør *sb. (et): i hans ~* in his presence; in front of him (*fx* don't swear in front of the children).
påhøre *vb.* listen to, hear;
□ *som forsamlingen påhørte stående* which the assembly received standing.
påkalde *vb.* invoke (*fx* God for help; the law for protection; invoke their help);
□ *~ ens opmærksomhed* attract sby's attention.
påkaldelse *sb. (en, -r)* **1.** invocation; **2.** *(bibelsk)* supplication.
påklistre *vb.* **1.** paste on(to);
2. *(fig.)* superimpose (on);
□ *-t (ɔ: kunstig)* contrived.
påklæbe *vb.* stick on(to); F affix to (*fx* affix stamps to the envelope).
påklæder *sb. (en, -e),* **påklæderske** *(en, -r)* dresser.
påklædning *sb. (en, -er)* **1.** *(det at klæde (sig) på)* dressing; **2.** *(tøj)* dress; clothes pl.; F attire;
□ *tvangfri ~* informal dress, day dress; *være længe om sin ~* take a long time to dress.
påklædningsdukke *(papirdukke)* cut-out doll.
påklædningsværelse dressing room.
påklædt *adj.* dressed (*fx* fully (, warmly) dressed); F clothed (*fx* fully clothed); *(litt.)* clad (*fx* warmly (, poorly) clad);
□ *let ~ se letpåklædt.*
påkomme *vb.* come over, seize;
□ *der påkom mig en stærk lyst til at* I was seized by a great desire to.
påkommende *adj.: i ~ tilfælde a)* should the occasion arise; if necessary; *b) (i nødstilfælde)* in an emergency.
påkrav claim, demand.
påkrævet *adj.* **1.** *(nødvendig)* necessary; **2.** *(forlangt)* required;
□ *stærkt ~* urgent; F imperative.
påkære *vb. (jur.)* appeal against.
påkøre *vb.* **1.** *(køre imod)* run into; *(svagere)* bump into;
2. *(støde sammen med)* collide with;
3. *(køre over)* run over, run down, knock down.
påkørsel **1.** *(sammenstød)* collision; **2.** *(det at køre over)* running over.
pålandsvind on-shore wind, sea wind.
pålidelig *adj.* **1.** reliable (*fx* servant, witness; washing machine); dependable (*fx* ally, friend); *(stærkere)* trustworthy (*fx* servant, friend); *(sandfærdig)* truthful;
2. *(om efterretning etc.)* reliable; authentic (*fx* account, data); *(om referat etc.)* faithful;
□ *fra ~ kilde* on good authority; from a reliable source.
pålidelighed *sb. (en) (jf. pålidelig)* **1.** reliability; dependability; trustworthiness; truthfulness; **2.** authenticity; faithful character.
påligne *vb.* assess.
påligning *sb. (en, -er)* assessment.
pålydende[1] *sb. (et, -r)* **1.** *(om pengeseddel, mønt)* face value (*fx* forged notes with a face value of £100,000); denomination (*fx* two banknotes of the same denomination; notes (, coins) of small denominations);
2. *(mods. markedskurs)* nominal (*el.* face *el.* par) value;
□ *tage det for ~ (fig.)* take it at (its) face value.
pålydende[2] *adj.: ~ værdi = pålydende*[1].
pålæg[1] *sb. (et)* **1.** *(på brød)* (sliced) cold meat (, cheese, etc.);
2. *(i sandwich)* filling;
3. *(smørepålæg)* (sandwich) spread;
□ *brød uden ~* plain bread and butter; *(se også afskåret).*
pålæg[2] *sb. (et, -)* **1.** *(forhøjelse)* increase, rise; *(am.)* raise;
2. *(befaling)* instruction; *(stærkere)* order; *(jur.)* injunction;
□ *han fik ~ om at* he was given instruction to; he was ordered to; *med ~ om at* with instructions (, orders) to.
pålægge *vb.* **1.** *(befale)* instruct (*fx* him to do it); *(stærkere)* order (*fx* him to do it); F direct, charge (*fx* him to do it); *(også jur.)* enjoin (*fx* enjoin him to obey the rules; enjoin silence on him);
2. *(lægge på)* lay on (*fx* tiles); put on;
3. *(afgift, pligt)* impose (*fx* a duty on them; a tax on petrol);
□ *~ én diskretionspligt* enjoin secrecy on sby; *~ sig tvang* put a restraint on oneself; *det blev ham pålagt at* he was instructed (, ordered, directed, enjoined) to.
pålæggelse *sb. (en, -r)* **1.** *(det at lægge på)* laying on; **2.** *(af afgift, pligt)* imposition.
pålægger *sb. (en, -e) (typ.)* layer-on, feeder.
pålægschokolade [chocolate in thin slices for sandwiches].
pålægsforretning delicatessen (shop).
pålægsgaffel serving fork.
pålægsmaskine, **pålægsskæremaskine** (meat) slicer, slicing machine.
pålæsning loading.
påløben *adj.: påløbne omkostninger* expenses incurred; *påløbne renter a)* accrued interest; *b) (over flere terminer)* accumulated interest.
påløbende *adj.: den ~ rente* the accruing interest.
påmale *vb.* paint on.
påminde *vb.* **1.** *(formane)* admonish; **2.** *(minde)* remind (*om* of);
3. *(advare)* warn.
påmindelse *sb. (en, -r) (jf. påminde)* **1.** admonition; **2.** reminder; **3.** warning.
påmontere *vb.* fit on.
påmønstre *vb. (sø.)* sign on.
påmønstring *sb. (en) (sø.)* engagement; signing on.
pånøde *vb.: ~ en noget* press (*el.* force) sth on sby; *~ en sit selskab* F impose one's company on sby.
påpasselig *adj.* **1.** *(samvittighedsfuld)* careful (*med* about);
2. *(årvågen)* watchful; F vigilant;
3. *(økonomisk)* careful; F thrifty.
påpasselighed *sb. (en) (jf. påpasselig)* **1.** care(fulness); **2.** watchfulness; vigilance; **3.** care; thrift.
påpege *vb.* point out, call attention to;
□ *~ at* point out that, call attention to the fact that.
påpegende *adj. (gram.)* demonstra-

tive (*fx* pronoun).
påregne *vb.* count on, reckon on, expect.
pårørende *sb.pl.* **1.** relatives (*fx* his closest relatives); relations; **2.** *(som man forsørger)* dependants (*fx* houses for servicemen and their dependants);
□ *deres nærmeste ~* their nearest relations; F (the) next of kin (*fx* next of kin have been informed).
påsat *adj.: med ~ bajonet* with fixed bayonet(s); *branden var ~* the fire had been started deliberately; *ilden menes ~* the fire is believed to have been started deliberately (*el.* to be the work of an arsonist); F arson is suspected; *~ lomme* patch pocket.
påse *vb.: ~ at* see (to it) that; take care that.
påsejle *vb.* run into, run foul of, collide with.
påsejling *sb. (en, -er)* collision.
påske *sb. (en)* **1.** Easter; **2.** *(jødisk)* Passover;
□ *i -n, til ~* at Easter (, Passover).
påskeaften Easter Eve.
påskebryg *sb. (en, -)* [extra strong beer brewed at Easter]; *(omtr.)* special brew.
påskedag: *første ~* Easter Day, Easter Sunday; *anden ~* Easter Monday.
påskeferie Easter holidays pl.; Easter vacation; *(jf. ferie).*
påskehelligdag Easter holiday.
påskekaktus *(bot.)* Easter cactus.
påskelam **1.** *(jødernes)* paschal lamb; **2.** *(naivt menneske)* young innocent; lamb; *(se også uskyldig).*
påskelilje *(bot.)* daffodil.
påskemorgen Easter Morning.
påskesøndag Easter Sunday.
påsketid Easter.
påskeugen Easter week.
påskeæg Easter egg.
Påskeøen *(geogr.)* Easter Island.
påskrevet *vb.: få både læst og ~* be ticked off, be given a good telling off.
påskrift *sb. (en, -er)* **1.** inscription; **2.** *(påtegning)* endorsement; **3.** *(på brev: adresse)* address; **4.** *(på flaske etc.)* label.
påskud *sb. (et, -)* **1.** pretext (*fx* find a pretext for not going); *(falsk foregivende)* pretence;
2. *(undskyldning)* excuse (*fx* it it just an excuse);
□ *et ~ til at fremføre (el. komme med)* a peg on which to hang (*fx* one's complaints, one's own ideas, a sermon);
under ~ af under the pretext (, pretence) of; *(med det som undskyldning)* on the plea of; *under ~ af at a) (+ sætn.)* on the pretext that; *b) (+ inf.)* on the pretext (, pretence) of -ing.
påskønne *vb.* appreciate;
□ *~ at se pris*[1] *(sætte pris på at)*; *blive -t efter fortjeneste* be properly appreciated.
påskønnelse *sb. (en, -r)* appreciation;
□ *han har fået mange -r* he has received many expressions of appreciation.
påskønnelsesværdig *adj.* commendable.
påsmøre *vb.* **1.** apply (*fx* apply the paint evenly); *(neds.: tykt)* daub on; **2.** *(noget fedtet)* smear on.
påstand *sb. (en, -e) (jf. påstå)*
1. claim (*om at* that); allegation (*om* of; *om at* that);
2. assertion (*om at* that); insistence (*om at* that);
3. argument, insistence; contention (*fx* it is my contention that...);
4. *(jur.: erklæring)* declaration; *(krav)* claim (*om* for);
□ *det er ~ mod ~* it is one person's word against another's; *tage sagsøgerens ~ til følge* find for the plaintiff.
påstryge *vb.* apply (*fx* apply the paint carefully); coat with (*fx* coat wood with paint).
påstå *vb. (se også påstået)*
1. *(hævde)* claim (*fx* he claimed to be (*el.* that he was) the rightful owner; he claimed to have (*el.* that he had) done it alone); *(med tvivlsom ret,* F*)* allege (*fx* he alleged to be (*el.* that he was) an American citizen);
2. *(fastholde)* maintain (*fx* that one is innocent); *(selvsikkert, aggressivt,* F*)* assert; *(vedholdende)* insist (*fx* insist (, assert) that one is right);
3. *(i diskussion etc.)* argue (*fx* that it is not the case); *(vedholdende)* insist; F contend;
4. *(erklære)* declare; *(forklare)* state (*fx* the witness stated that he had not seen the accused);
□ *han -r at (ɔ: men det passer ikke)* he will have it that (*fx* we were late); *du vil da vel* ***ikke*** *~ at* surely you don't mean to say that (*fx* he is a thief); *jeg vil ikke just ~ at* I can't say that (*fx* I enjoyed the trip); *~* ***sig*** *frifundet* plead not guilty.
påståelig *adj. (stædig)* stubborn, obstinate; T pig-headed.
påståelighed *sb. (en)* stubbornness, obstinacy.
påstået *adj.* alleged (*fx* the alleged crime).
påsvejse *vb.* weld on (to).
påsy *vb.* sew on;
□ *-et lomme* patch pocket.
påsyn: *i hans ~* in his presence; F before him; *i alles ~* in public, publicly.
påsætte *vb.* put on, fix; *(se også påsat).*
påtage *vb. (se også påtaget): ~* ***sig*** *a)* take on; F undertake (*fx* a job, a task, too much (work)); *(om noget tyngende også)* shoulder (*fx* the costs, the duties, the responsibility); *b) (mine, væsen)* put on; F assume (*fx* an innocent air); *~* ***sig at*** undertake to (*fx* provide for the child); F take it upon oneself to;
[med sb.] ~ ***sig ansvaret for*** *a)* take (the) responsibility for (*fx* take the responsibility for the children; take responsibility for their education; I take full responsibility for the mistake); *(om noget uheldigt også)* assume responsibility for; *b) (for terrorhandling)* take (*el.* admit *el.* claim) responsibility for (*fx* a bombing); *~* ***sig skylden*** take (*el.* accept *el.* bear) the blame.
påtaget *adj.* affected (*fx* cheerfulness, politeness); T put-on (*fx* accent); F feigned (*fx* anger, innocence, surprise); simulated (*fx* anger, interest);
□ *under ~ navn* under an assumed name; *have et ~ væsen* be affected.
påtale[1] *sb. (en)* **1.** *(indsigelse)* protest; **2.** *(anklage)* action, indictment;
□ *offentlig ~* public prosecution.
påtale[2] *vb. (kritisere)* criticize; *(påpege)* point out (*fx* I must point out that you have been late repeatedly); call attention to (*fx* an error); *(protestere imod)* protest against.
påtalefrist limitation period.
påtalemyndighed prosecuting authority.
påtaleret right to take proceedings.
påtegne *vb.* **1.** endorse (*fx* an application);
2. *(visere)* visa (*fx* a passport);
3. *(attestere)* certify;
□ *-t broderi* traced needlework.
påtegning *sb. (en, -er) (jf. påtegne)*
1. endorsement; **2.** visa; **3.** certificate; **4.** *(tilføjelse)* note.
påtrykt *vb.: konvolut med ~ adresse* envelope with printed address; *varer ~ fabrikantens navn*

goods stamped with the maker's name; *med ~ navn (om kuglepen, brevpapir, lommetørklæde etc.)* personalized.

påtrængende[1] *adj.* **1.** *(om person: som ikke lader sig afvise)* insistent; F importunate (*fx* beggar); T pushing, pushy; *(især over for en af modsat køn)* fresh (*over for* with); *(som maser sig på)* intrusive (*fx* neighbour); *(som trænger ind i ens privatliv)* prying (*fx* I couldn't go on watching it (, I didn't like to ask), it seemed indecent, prying);
2. *(uafviselig)* urgent (*fx* necessity, need); pressing (*fx* problem);
□ *være ~ over for en pige* force one's attentions on a girl; T get fresh with a girl.

påtrængende[2] *adv. (jf. påtrængende*[1]*)* **1.** insistently; F importunately; T pushily; intrusively; in a prying manner; **2.** urgently;
□ *~ nødvendig* urgent; urgently necessary.

påtrængenhed *sb. (en) (jf. påtrængende*[1] *1)* insistence; importunity; unwelcome attentions pl.; intrusiveness; prying.

påtvinge *vb.: ~ én noget* force sth on sby.

påtvungen *adj.* enforced (*fx* inactivity).

påtænke *vb.* think of; F contemplate; *(se også påtænkt)*;
□ *~ at besøge én* think of visiting sby; contemplate visiting (*el.* a visit to) sby.

påtænkt *adj.* projected (*fx* visit, repairs).

påvirke *vb. (se også påvirket)*
1. *(udøve påvirkning på)* influence (*fx* a witness; try to influence public opinion (, their policy, the politicians); don't be influenced by bad examples; Shaw was influenced by Ibsen; influence him to behave badly); have an effect on (*fx* prices and wages);
2. *(~ og ændre)* have an effect on (*fx* prices and wages); *(ofte negativt)* affect (*fx* their job prospects; the climate affects their health; the slightest vibration can affect the delicate instruments; my arguments did not affect them; factors that affect family life for the good; how does one set about influencing decisions that affect the community to which one belongs?);
3. *(få til at skifte mening)* sway (*fx* a jury, the voters; don't let yourself be swayed by what they say);
□ *ikke lade sig ~ af (også)* remain unaffected by; be proof against.

påvirkelig *adj.* impressionable (*fx* young people); *(præd. også)* susceptible to influence;
□ *let ~* very impressionable; *(præd. også)* easily influenced (*af* by).

påvirket *adj. (jf. påvirke)* **1.** influenced; affected; **2.** *(af spiritus)* intoxicated; *(præd. også)* under the influence of drink; T under the influence.

påvirkning *sb. (en, -er)* **1.** influence; **2.** *(fysisk)* action (*fx* exposed to the action of the air);
□ *under ~ af* under the influence of, influenced by.

påvise *vb.* **1.** *(påpege)* show, point out (*fx* his mistakes);
2. *(gøre indlysende)* show; F demonstrate (*fx* how important it is);
3. *(bevise)* prove (*fx* that he is innocent);
4. *(endeligt fastslå)* establish (*fx* the cause of death);
5. *(tilstedeværelsen af i kemisk forbindelse)* detect, show the presence of (*fx* arsenic in the body).

påviselig *adj.* demonstrable;
□ *uden nogen ~ grund* for no apparent reason.

påvisning *sb. (en, -er) (jf. påvise)*
1. pointing out; **2.** demonstration; **3.** proof; **4.** establishing; **5.** detection; **6.** *(på gerningssted)* confrontation.

Q

q *sb.: quinde med ~* womanly woman.
qua *konj.* **1.** *(som)* as; *(i sin egenskab af)* in his capacity as (*fx* he spoke in his capacity as chairman);
2. *(i kraft af)* by virtue of (*fx* by virtue of his position as chairman);
3. *(gennem)* through, by.
quartier latin *(i Paris)* the Latin Quarter.
quasi- quasi- (*fx* quasi-scientific).
quiche *sb. (en, -r)* quiche.
quickstep *sb. (en, -per)* quickstep.
quilte *vb.* quilt.
quiltning *sb. (en, -er)* quilting.
quisling *sb. (en, -er)* quisling.
quiz *sb. (en el. et, -zer)* quiz.

R

rabalder *sb. (et)* **1.** *(brag)* crash (*fx* the chair fell with a loud crash); **2.** *(skramlen)* clatter (*fx* she washed the dishes with a clatter); **3.** *(larm, uro)* din (*fx* I heard a terrible din outside); T hullabaloo.
rabaldermøde tumultuous meeting.
rabarber *sb. (en, -)* **1.** *(bot.)* rhubarb; **2.** *(-stilk)* stick of rhubarb, rhubarb stalk (*fx* five rhubarb stalks).
rabarberdråber *sb.pl.* tincture of rhubarb.
rabarbergrød *(omtr.)* stewed rhubarb.
rabarberkvarter poor district; *(uroligt)* rowdy district.
rabarberstilk stick of rhubarb.
rabat[1] *sb. (en, -ter) (hdl.)* discount (*på noget* on sth);
□ *give* ~ allow a discount; *give 5% (i)* ~, *give en* ~ *på 5%* allow (*el.* grant *el.* give) a 5 per cent discount; ~ *mod kontant betaling* discount for cash.
rabat[2] *sb. (en, -ter)* **1.** *(langs vej)* verge; *(nødspor)* shoulder; *(se også midterrabat)*; **2.** *(i have)* border;
□ *-ten er blød (på skilt)* soft verge.
rabatkort *(buskort etc.)* [reduced price ticket].
rabatkupon coupon.
rabatmærke trading stamp.
rabbiner *sb. (en, -e)* rabbi.
rabiat[1] *adj.* rabid.
rabiat[2] *adv.* in a rabid manner, wildly.
rabies *sb. (en) (hundegalskab)* rabies.
rable *vb.:* ~ *af sig a) (hurtigt)* rattle off, reel off (*fx* a speech); *b) (utydeligt)* gabble off (*fx* a poem); *det -r for ham* he is going off his head; he is losing his marbles.
rablende[1] *adj.* **1.** *(som taler usammenhængende, skør)* raving (*fx* a raving lunatic); ranting; **2.** *(uhæmmet)* free-wheeling (*fx* fantasy);
□ ~ *udgydelser* ravings.
rablende[2] *adv.:* ~ *gal* raving mad; *det er* ~ *vanvittigt* it is completely daft.
rabulist *sb. (en, -er) (demagog)* demagogue; *(agitator)* agitator; *(folkeophidser)* rabble-rouser.
rabundus: *gå* ~ *a)* go to the dogs; *b) (gå fallit)* go bust.
race *sb. (en, -r)* **1.** *(om mennesker)* race; **2.** *(om (hus)dyr)* breed;
□ *af ren* ~ pure-bred.
raceadskillelse racial segregation.
raceansigt thoroughbred (*el.* aristocratic) face.
racebiolog racial biologist.
racebiologi racial biology.
racebiologisk *adj.:* ~ *spørgsmål* question of racial biology; ~ *undersøgelse* study in racial biology.
raceblanding **1.** mixture of races; **2.** *(det at)* miscegenation.
racediskrimination racial discrimination.
racedyr pure-bred animal.
racefordom racial prejudice.
racefælle co-racialist.
racehad racial hatred.
racehest thoroughbred.
racehund pure-bred dog, pedigree dog.
racehygiejne eugenics.
racehygiejnisk *adj.* eugenic.
racekamp racial struggle.
racekvæg pedigree cattle.
raceoptøjer *sb.pl.* race riots.
raceproblem racial problem.
racer *sb. (en, -e) (bil, cykel)* racer.
racerbil racing car.
racercykel racing bicycle; T racing bike, racer.
raceren *adj.* pure-bred.
racerkører **1.** *(i bil)* racing driver; **2.** *(på motorcykel)* racing motorcyclist.
racerstyr *(på cykel)* racing handlebars pl.
raceskel colour bar.
racisme *sb. (en)* racism.
racist *sb. (en, -er)* racist.
racistisk *adj. (attr.)* racist.
rack *sb. (et, -)* rack.
rad[1] *sb. (en, -e) (fyr)* chap;
□ *en snu (el. udspekuleret)* ~ a sly fox; *(se også skør).*
rad[2] *sb. (en, -er)* **1.** *(række)* row, line; **2.** *(om rækker bag hinanden, fx i teater)* tier; **3.** *(af perler)* string, row;
□ *-en kommer snart til dig* it will soon be your turn; *i* ~, *på* ~ in a row; *tre dage i* ~ three days running (*el.* in a row *el.* in succession); *stille op på* ~ *og række* line up; *det har været -en rundt* it has gone the rounds; it has been round the whole family (etc.).
radar *sb. (en, -er)* radar.
radaranlæg radar installation.
radarfyr radar beacon.
radarmodtager radar receiver.
radarskærm radar screen.
radbrække *vb.* **1.** *(et sprog)* murder; **2.** *(hist.: som straf)* break on the wheel;
□ *jeg føler mig helt -t* I am aching all over.
radere *vb.* **1.** *(et billede)* etch; **2.** *(slette)* erase;
□ *der var -t i teksten* there was an erasure (, erasures) in the text.
radergummi (ink) eraser.
radering *sb. (en, -er)* **1.** *(billede)* etching; **2.** *(udkradsning)* erasure.
raderkniv eraser.
radernål etching needle.
radervand ink eradicator.
-radet **1.** *(adj. -endelse)* -rowed (*fx* six-rowed barley); **2.** *(om jakke etc.)* -breasted (*fx* single-breasted; double-breasted).
radial- radial (*fx* drill, nerve, turbine).
radialdæk radial-ply tyre, radial.
radiator *sb. (en, -er)* radiator.
radiatorpensel radiator brush.
radikal *adj. (se også radikalt)* **1.** *(yderliggående)* radical (*fx* views, politician); **2.** *(grundig)* radical (*fx* reforms, change); thoroughgoing (*fx* reforms); **3.** *(tilhørende det danske radikale parti, kan gengives)* Radical Liberal, Social Liberal; *de -e* the Radical Liberals, the Social-Liberals.
radikalisme *sb. (en)* radicalism.
radikalt *adv.* radically, thoroughly;
□ *gå* ~ *til værks* adopt drastic measures; strike at the root of the matter.
radio *sb. (en, -er)* radio; *(se også radioapparat, radiostation)*;
□ *høre* ~ listen to the radio; *i -en* on (*el.* over) the radio (*fx* hear sth on the radio); *tale i -en* be on the radio; *udsende i* ~ broadcast; *pr.*

~ by radio.
radioaktiv *adj.* radioactive (*fx* dust, material, waste);
□ *nedfald af -t støv* radioactive fall-out; ~ *stråling* radiation.
radioaktivitet radioactivity.
radioamatør radio amateur; T radio ham.
radioanlæg radio installation.
radioantenne aerial; *(am.)* antenna.
radioapparat radio (set).
radioavis news bulletin;
□ *-en* the news; *i -en* on the news (*fx* there was nothing interesting on the news).
radiobearbejdelse radio version.
radiobil 1. *(til forlystelse)* bumper car, dodgem; **2.** *(politiets)* radio car.
radiobølge radio wave.
radiofoni *sb. (en)* **1.** broadcasting; **2.** *(institution)* broadcasting service.
radiofonisk[1] *adj.* radio.
radiofonisk[2] *adv.* by radio.
radioforbindelse radio communication;
□ *få ~ med en* get in touch with sby by radio; F make (*el.* establish *el.* obtain) radio contact with sby; T raise sby on the radio.
radioforedrag radio talk.
radioforhandler radio dealer.
radioforretning radio shop.
radioforsats *(til stereoanlæg)* tuner.
radiofyr *sb. (et, -)* radio beacon.
radiogrammofon radiogram; *(am.)* radiophonograph.
Radiohuset *(svarer i Engl. til)* Broadcasting House.
radioinstallation radio installation.
radiokoncert broadcast concert.
radiolicens 1. radio licence; **2.** *(beløb)* radio licence fee.
radiolog *sb. (en, -er)* radiologist.
radiologi *sb. (en)* radiology.
radiologisk *adj.* radiological.
radiolytter listener.
radiomast radio tower.
radiomedarbejder broadcaster.
radiomodtager *se radioapparat.*
radioorkester radio orchestra.
radiopejleapparat radio direction finder.
radiopejling radio direction finding.
radioprogram radio programme; *(am.)* radio program.
radioreklame 1. radio advertising; **2.** *(udsendelse)* commercial.
radioreportage *se reportage 4.*
radioroman (radio) serial;
□ *udsende som ~* serialize.
radiorør valve; *(am.)* tube.
radiosender (radio) transmitter.
radiospredning broadcasting.
radiostation radio station.
radiostyret *adj.* radio-controlled, radio-guided.
radiotale broadcast address.
radiotekniker radio engineer.
radiotelefoni radio telephony.
radiotelefonist radio telephonist.
radiotelegraf radio telegraph.
radiotelegrafere *vb.* radio;
□ *~ til en* radio sby.
radiotelegrafi radio telegraphy.
radiotelegrafisk *adj.* radio-telegraphic.
radiotelegrafist radio operator; *(sø.,* T*)* sparks.
radiotelegram radiotelegram.
radioterapi radiotherapy.
radiotilbehør radio accessories pl.
radiotransmission, radioudsendelse 1. *(det at udsende)* radio broadcasting, radio transmission; **2.** *(den enkelte)* broadcast, radio programme.
radiovogn 1. *(til optagelse)* recording car; *(til direkte udsendelse)* radio car; **2.** *(politiets)* radio car.
radise *sb. (en, -r) (bot.)* radish;
□ *"-rne" (tegneserie)* the Peanuts.
radium *sb. (et)* radium.
radiumbehandling radium treatment.
radiumholdig *adj. (efter sb.)* containing radium.
radiumstation radium station.
radius *sb. (en, radier)* radius (pl. radii);
□ *i (el. inden for) en ~ af 20 km* within a radius (*el.* range) of 20 km.
radmager *adj.* **1.** skinny; *(præd. også)* as thin as a rake (*el.* lath); **2.** *(afpillet)* scrawny (*fx* she was not so much slim as scrawny).
radon *sb. (et) (kem.)* radon.
radrense *vb.* hoe; *(med hest)* horse-hoe.
radrenser *sb. (en, -e)* hoe, weeder; *(med hest)* horse hoe.
radså *vb.* drill.
radsåmaskine seed drill.
Rafael *(bibelsk)* Raphael.
raffinaderi *sb. (et, -er)* refinery.
raffinement *sb. (et, -er)* **1.** refinement (*fx* an added refinement); **2.** *(det at være raffineret)* sophistication; **3.** *(elegance)* (piece of) studied elegance.
raffinere *vb.* refine.
raffineret *adj.* **1.** *(kompliceret)* sophisticated (*fx* equipment, weapon, technique); refined (*fx* apparatus, methods); **2.** *(spidsfindig)* subtle (*fx* method, plan); **3.** *(elegant)* smart; *(efter sb.,* F*)* of studied elegance; **4.** *(ikke naiv)* sophisticated; **5.** *(om produkt: renset)* refined (*fx* oil, sugar).
raffinering *sb. (en, -er)* refining.
rafle *vb.* dice, play (*el.* throw) dice (*om* for); *(am. svarer til)* shoot craps;
□ *der er ikke noget at ~ om a) (der er ikke noget at gøre)* there are (*el.* is) no two ways about it; *b) (der er intet valg)* there is no choice.
raflebæger dice cup, dice box, shaker.
rafraichisseur *sb. (en, -er)* scent spray, atomizer.
rafte *sb. (en, -r)* **1.** lath; **2.** *(gran-)* thin undressed spruce stem.
raftehegn lath fence; *(gran-)* fence of undressed spruce stems.
rage[1] *vb. (sø.): ~ på grund* run aground; ~ ***sammen*** collide; ~ ***uklar af*** *(sø.)* run foul of; ~ ***uklar med*** *(fig.)* fall out with, get at loggerheads with; F fall foul of.
rage[2] *vb. (om udstrækning): ~* ***frem*** jut out; F project (*fx* a rock jutted out (*el.* projected)); *(især iøjnefaldende el. generende)* stick out; F protrude (*fx* his nose stuck out (*el.* protruded)); ~ ***op*** rise, stand out; *(højt)* tower; ~ ***op over*** *a)* rise above; *(højt)* tower above; *b) (fig.)* excel, surpass; *(højt)* tower above; ~ ***ud over*** project over, overhang.
rage[3] *vb. (rode, famle)* rummage (*fx* in a drawer); grope (*efter* for);
□ *~ noget* ***frem*** draw sth out; *(ved ihærdig søgen,* T*)* rake sth out; ~ *uklar* ***med*** *se rage*[1]; ~ ***ned*** tear down; knock down (*fx* he knocked down a vase); *han -de vasen ned af bordet* he knocked the vase off the table; ~ ***op i*** stir up; ~ ***på*** grope, paw over; ~ ***sammen*** scrape (*el.* rake) together; ~ ***sig ind i*** *noget* get oneself mixed up in sth; ~ ***sig*** *en sygdom* ***til*** catch a disease; ~ *noget* ***til sig*** grab sth; *han skal altid ~ til sig (ɔ: om penge)* he is out for anything he can get.
rage[4] *vb. (vedkomme): det -r mig en bajer (el. en fjer)* I couldn't care less; *(stærkere)* I don't care a damn; ***hvad*** *-r det dig ? a)* what has it to do with you? *b) (pas dig selv)* mind your own business; *hvad -r det mig ? a)* what has it got to do with me? *b) (ɔ: jeg er da ligeglad)* what do I care? why should I care?

rage[5] *vb. (barbere)* shave.
ragekniv razor.
ragelse *sb. (et) (værdiløst)* junk, rubbish; *(småting)* odds and ends pl.
ragnarok *sb. (et)* **1.** *(myt.)* the twilight of the Gods;
2. *(om storkrig)* Armageddon;
3. *(hvor mange dør)* a holocaust (*fx* a nuclear holocaust);
□ *et ~ (fx af ild og støj)* an inferno.
ragout *sb. (en, -er)* ragout, stew.
ragsok ski sock.
raid *sb. (en el. et, - el. -er)* raid.
raillere *vb.: ~ over* mock (at).
rajah *sb. (en, -er)* rajah.
rajgræs *(bot.)* rye grass;
□ *giftig ~* darnel.
rak *sb. (et)* rabble, riff-raff;
□ *det er noget ~* they are a bad lot.
raket *sb. (en, -ter)* **1.** *(fyrværkeri; rumraket)* rocket; **2.** *(mil.)* rocket (*fx* attack a town with rockets; anti-tank rockets); *(især større)* missile (*fx* ground-to-air missiles; nuclear missiles);
□ *affyre en ~* fire a rocket; *opsende en ~* launch a rocket.
raketbase missile base.
raketdrevet *adj.* rocket-propelled.
raketfly rocket plane.
raketkanon rocket-firing gun.
raketsilo silo (for a missile).
raketspids nose cone; *(med krigsladning)* warhead.
raketstart **1.** *(antændelse)* blast-off; **2.** *(opstigning)* lift-off.
raketstok rocket stick.
raketstyr *(mil.)* rocket launcher.
rakettrin stage.
raketværn antimissile system.
raketvåben (military) rocket, rocket weapon; missile.
rakitis *sb. (en) (med.)* rachitis, rickets.
rakitisk *adj.* rachitic.
rakke *vb.: ~* ***ned*** *(ɔ: kritisere sønder og sammen i anmeldelse etc.)* take apart (*fx* the play was taken apart); tear to pieces, slate, do a hatchet job on; *~* ***ned på*** *a) (kritisere)* rubbish, pan; *b) (bagtale)* run down; T knock; *(ligge og) ~* ***omkring*** *(ɔ: rejse)* travel about; T knock about; bum around; *~* ***til*** *a) (mishandle)* knock about; *(ødelægge)* ruin (*fx* one's clothes); *(snavse til)* dirty; *b) (maje ud)* tart up; *c) (bagtale)* run down; T knock; *være slemt -t til (fx af sygdom)* be in an awful state.
rakker *sb. (en, -e)* executioner's assistant.
rakkerarbejde **1.** *(hårdt)* back-breaking work (, job); **2.** *(beskidt, fig.)* dirty work (*fx* he made others do the dirty work).
rakkeri *sb. (et) (rejseri)* travelling about; T knocking about.
rakkerliv knock-about life.
rakkerpak *se rak.*
rakle *sb. (en, -r) (bot.)* catkin.
raklebærende *adj. (bot.)* amentaceous.
rakleformet *adj. (bot.)* amentiform.
rakt *pf.ptc. af række*[2].
rakte *præt. af række*[2].
ral *sb. (en el. et)* (pebble) gravel.
ralle *vb.* rattle (in the throat).
rallen *sb. (en)* (death) rattle.
rallik *sb. (en, -ker)*, **rallike** *(en, -r) (krikke)* jade.
ram[1]*: få ~ på en* get sby; *gå ~ forbi* escape.
ram[2] *adj. (om lugt, smag)* pungent; *(skarp)* acrid; *(harsk)* rancid;
□ *for (el. i) -me alvor* in dead earnest; *det er mit -me alvor* I am quite serious; I am in dead earnest.
ramasjang *sb. (en el. et)* **1.** *(spektakel)* rumpus, shemozzle, hullabaloo; **2.** *(larmende fest)* shindig;
□ *lave ~* kick up a row.
ramaskrig outcry, hue and cry;
□ *opløfte et ~ over* raise an outcry (*el.* a hue and cry) about.
rambuk *sb. (en, -ke)* pile driver.
rambukklods pile hammer, ram.
ramle *vb.* **1.** *(falde)* fall (down); *(tungt)* tumble (down); *(med et brag)* crash down; **2.** *(krakke)* crash;
□ *~* ***ind i*** *a) (støde ind i)* run into; *(hårdere)* crash into; *b) (fig.: støde på)* run into, come up against (*fx* difficulties); *~* ***sammen*** *a) (falde sammen)* fall down, fall in, tumble down; *b) (kollidere)* collide (*med* with); *(om to)* run into each other; *(hårdere)* smash into each other; *c) (skændes)* have a row, clash (*med* with); *~ ham én ud* (T*: slå)* sock him.
ramme[1] **1.** *(en -r)* frame;
2. *(inden for hvilken noget foregår, omgivelser)* setting (*fx* of a story);
3. *(omfang, grænser)* scope; *(se også ndf.: -r)*;
□ ***-r*** *a) (grænser)* limits (*fx* within narrow limits); *b) (betingelser)* conditions (*fx* if the practical conditions are right; create better conditions for them); framework (*fx* create the framework for a meaningful life; within the framework of the system); parameter (*fx* set the parameter within which the discussion is to take place); *(se også ndf.: inden for -rne af)*; *c) (retningslinier)* guidelines (*fx* the Government laid down guidelines for pay settlements);
[med vb.] ***sprænge*** *-rne* exceed the limits laid down; *det sprængte -rne (også)* it could not be contained within the framework (of the system); ***udstikke*** *-rne for* lay down guidelines for;
[med præp.] lægge ***i*** *faste -r* regulate; *sætte i ~* frame; ***inden for*** *-rne af* within the framework (*el.* parameter) of (*fx* the system); within the limits imposed by; *inden for (, uden for) denne bogs -r* within (, outside) the scope of this book.
ramme[2] *vb.: ~ ind* frame.
ramme[3] *vb. (med rambuk etc.)* drive, ram;
□ *~ ned* drive in.
ramme[4] *vb. (ramte, ramt) (se også rammende)* **1.** *(slå imod, træffe)* hit (*fx* the ball hit the ceiling; the blow hit him on the head; the bullet hit him in the arm; the house was hit by a bomb);
2. *(om naturfænomen, sygdom, missil)* strike (*fx* the hurricane (, the earthquake) struck the town at dawn; the house was struck by lightning; he was struck by illness; several missiles struck the town);
3. *(om begivenhed, lov, etc.: berøre)* affect (*fx* affected by the strike (, drought, the new taxes); the new law will not affect industry); *(skade)* hit (*fx* the new law will hit all sections of the population; her death hit him hard; he was hard hit by her death);
4. *(om ulykke: hænde)* overtake (*fx* overtaken by disaster); F befall (*fx* the fate which befell him; ill luck (, disaster) befell him);
5. *(om bemærkning, kritik etc.: berøre pinligt)* touch on the raw (*fx* that remark touched him on the raw);
6. *(om lys)* fall on;
7. *(uden objekt; også fig.)* go home, tell (*fx* the remark (, the shot) went home (*el.* told));
□ *skuddet ramte (også)* the shot hit him (, the target etc.); *~ ved siden af, ikke ~* miss (the mark); *der ramte du det rigtige (fig.)* you've hit it; you got it;
[med sb.] lyset ramte hans ansigt (jf. 6, også) the light caught his face; *~ (i) centrum* hit the bull's eye; *(se også plet)*; *~ ved siden af* be (*el.* go) wide (*fx* the first shot went wide); *(også fig.)* be wide of

the mark (*fx* his guess was wide of the mark); be off target (*fx* the idioms they use are hopelessly off target); ~ *deres smag* suit their taste;
[med pf.ptc.] føle sig ramt feel stung (*af* by, *fx* by their criticism); *hårdt ramt* hard hit; *ramt af lynet* struck by lightning.
rammeaftale framework agreement.
rammeantenne frame aerial.
rammebelagt *adj. (præd.)* set within clearly defined limits.
rammefabrikant (picture-)frame maker.
rammeliste frame moulding.
rammelov 1. framework law;
2. *(bemyndigelseslov)* enabling act.
rammende *adj.* **1.** very much to the point *(præd.)* (*fx* your remark was very much to the point); F apposite (*fx* remark); apt (*fx* reply); incisive (*fx* criticism, remark);
2. *(præcis)* precise (*fx* definition).
rammeøkonomi mixed economy.
rampe *sb. (en, -r)* **1.** *(skrå bane)* ramp, slope;
2. *(læsserampe)* loading platform;
3. *(til raketaffyring)* launching pad;
4. *(teat.)* footlights pl.
rampelys *(teat.)* footlights pl.;
□ *være i -et (fig.)* be in the limelight, be in the public eye.
ramponere *vb.* damage; T knock about.
ramponeret *adj.* damaged, battered.
ramsaltet *adj.* **1.** *(skarp)* caustic (*fx* wit); **2.** *(grov)* racy (*fx* jokes).
ramse *se remse.*
ran *sb. (et, -)* open theft.
rand *sb. (en, -e)* **1.** *(yderste kant)* edge (*fx* of the cliff); F brink (*fx* of the cliff);
2. *(stykke langs kanten)* border (*fx* a gold border; a card with a black border); *(margin)* margin (*fx* notes in the margin);
3. *(på noget rundt)* rim (*fx* of a coin);
4. *(på bæger, glas, kop)* rim; *(indvendig, mht. fyldthedsgrad)* brim (*fx* fill his glass to the brim);
5. *(af sår)* lip, edge;
6. *(plet efter flaske etc.)* ring;
7. *(på sko)* welt;
□ *sorte -e under øjnene* dark rings under one's eyes;
[med præp.] ***på*** *afgrundens* ~ on the brink (*el.* verge) of the precipice; *på fallittens* ~ on the brink (*el.* verge) of ruin; *gå på gravens* ~ have one foot in the grave; ***på*** *-en* ***af*** on the brink (*el.* verge) of (*fx* disaster, ruin, war; on the verge of a collapse (, a nervous breakdown, suicide)); ***med*** *sort* ~ black-edged; *fyldt* ***til*** *-en* filled (*el.* full) to the brim, brimful.
randbebyggelse *(langs veje)* ribbon development.
randbemærkning marginal note.
randform circular mould, ring mould.
randnote marginal note.
randomisere *vb.* randomize.
randstat border state;
□ *-erne* the Baltic States.
randsyet *adj. (om sko)* welted.
randsyning welting, welt-sewing.
randt *præt. af rinde.*
randøje *sb. (en, -r): okkergul* ~ *(zo.)* small heath.
rane *vb.* steal (openly).
rang *sb. (en)* **1.** rank; **2.** *(forrang)* precedence;
□ *af* ~ first-rate, first-class (*fx* a first-rate show (, swindler)); *af første* ~ first-rate, first-class; *af høj* ~ high-ranking (*fx* officer); *stige i* ~ be promoted.
rangerbanegård shunting (*el.* marshalling) yard; *(am.)* switchyard.
rangerbjerg shunting incline.
rangere *vb.* **1.** *(i rang)* rank (*fx* he ranks among our best conductors); **2.** *(jernb.)* shunt; *(am.)* switch;
□ ~ *med (jf. 1)* rank with; ~ *over* rank over (*el.* above); ~ *under* rank under (*el.* below).
rangering *sb. (en, -er) (jernb.)* shunting, marshalling; *(am.)* switching.
rangerlokomotiv shunting engine, shunter; *(am.)* switching engine.
rangforordning rules pl. governing rank and precedence.
rangfølge order of precedence.
rangklasse rank.
rangle *sb. (en, -r)* rattle.
ranglet *adj.* lanky, gangling.
rangsperson person of rank.
rangstige: *den sociale* ~ the social ladder.
rank *adj.* **1.** straight (*fx* keep your back straight); straight-backed; upright (*fx* his upright posture (*el.* bearing)); erect (*fx* a tall, but erect man);
2. *(stolt)* proud;
3. *(frygtløs)* fearless;
4. *(selvstændig)* independent;
5. *(hæderlig,* F*)* upright;
6. *(sø.)* crank;
□ *holde ryggen* ~ *(også)* hold oneself erect; *(se også lys*[1] *(~ som et lys)).*
ranke[1] *sb. (en, -r)* **1.** *(bot.: vin- etc.)* vine; **2.** *(udløber på jordbær etc.)* runner.
ranke[2]: *ride* ~ ride on the knee, be dandled; *lade et barn ride* ~ dandle a child.
ranke[3] *vb. (gøre rank)* straighten;
□ ~ *ryggen,* ~ *sig a)* straighten oneself, draw oneself up; *b) (fig.: være stolt)* hold one's head high.
rankhed *sb. (en) (jf. rank)*
1. straightness; **2.** pride; **3.** fearlessness; **4.** independence; **5.** uprightness; **6.** *(sø.)* crankiness.
ransage *vb.* search (*fx* a house, one's pockets; one's conscience, one's memory);
□ ~ *sig selv* search one's heart.
ransagelse *sb. (en, -r) se ransagning.*
ransagning *sb. (en, -er)* search.
ransagningskendelse search warrant.
ransel *sb. (en, ransler)* knapsack.
ranunkel *sb. (en, ranunkler) (bot.)* buttercup; *(vand-)* crowfoot.
rap[1] *sb. (et, -)* **1.** *(slag)* rap, whack; *(kraftigere)* clip; *(med pisk)* flick;
2. (S: *"knald")* screw, nooky;
□ *i* ~ (T: *efter hinanden)* in a row, on the trot; *(hurtigt)* in rapid succession; *få et* ~ *over fingrene* get a rap over the knuckles.
rap[2] *sb. (et, -) (en ands lyd)* quack.
rap[3] *sb. (en, -) (mus.)* rap.
rap[4] *adj.* **1.** *(hurtig)* quick; F swift;
2. *(adræt)* nimble; **3.** (S: *smart)* smart, trendy (*fx* colours);
□ *et -t svar a)* a ready answer; a quick repartee; *b) (næsvist)* a pert reply;
være ~ *i munden a)* be quick at repartee; always have a ready answer; *b) (næsvis)* be pert; *være* ~ *på fingrene* be quick with one's fingers.
rapand quack-quack.
rapert *sb. (en, -er) (mil.)* (gun) carriage.
rapfodet *adj.* swift-footed, fleet-footed.
rapgræs *(bot.)* meadow grass; *(am.)* bluegrass.
raphed *sb. (en) (jf. rap*[4]*)* **1.** quickness; swiftness; **2.** nimbleness;
3. smartness, trendiness.
rapkæftet, **rapmundet** *adj.* cheeky.
rapmusik rap music.
rappe[1] *vb. (om and)* quack.
rappe[2] *vb.*: ~ *sig* be quick; hurry up; *rap dig (, jer)! (også)* get a move on! make it snappy!
rappe[3] *vb. (mur etc.)* roughcast.
rappenskralde *sb. (en, -r)* battleaxe.
rapport[1] *sb. (en, -er)* report;
□ *aflægge* ~ report, make a report

(om on); *optage ~ (om politi)* make a report; *(af enkelt vidne)* take a statement.
rapport[2] *sb. (en) (kontakt)* contact; F liaison;
□ *komme (el. sætte sig) i ~ med en* make contact (, liaison) with sby, contact sby; *stå i ~ med en* be in contact with sby; F liaise with sby.
rapport[3] *sb. (en, -er) (i mønster)* repeat.
rapportere *vb.* report.
rapportør *sb. (en, -er)* **1.** *(observatør)* observer; **2.** *(referent fra udvalg til plenum)* rapporteur.
raps *sb. (en) (bot.)* rape.
rapsang rap song.
rapse *vb.* **1.** *(generelt: småstjæle)* pilfer (*fx* he pilfered from supermarkets); **2.** *(enkelt ting: hugge)* snitch, filch, nick.
rapseri *sb. (et, -er)* pilfering; *-er* pilfering sg.
rapsfrø *sb. (et, -)* rapeseed.
rapsode *sb. (en, -r) (hist.)* rhapsode, rhapsodist.
rapsodi *sb. (en, -er)* rhapsody.
rapsodisk *adj.* rhapsodic.
rapsolie rape (seed) oil, colza oil.
raptus *sb. (en, -(s)er el. -)* fit; *(hos flere)* craze.
rar *adj.* **1.** pleasant; T nice; **2.** *(venlig)* kind; **3.** *(brugt ironisk)* nice (*fx* nice sort of helper you are!); pretty;
□ ***der var*** *-t (at være)* it was pleasant (, nice) there; ***det var*** *da -t* I am glad to hear that; that's good; how nice; ***have det*** *-t (ɔ: hygge sig)* have a nice time; *have det -t sammen* get on well together; ***vær nu*** *~!* (now) be a good boy (, girl); *det* ***ville være -t med*** *se med*[2] *(efter adj.).*
raritet *sb. (en, -er)* curiosity.
raritetskabinet **1.** collection of curios; **2.** *(fig.)* curiosity shop.
raritetssamler collector of curiosities.
rase *vb. (se også rasende)* **1.** *(om uvejr, krig etc.)* rage (*fx* a battle (, an epidemic, a storm) was raging);
2. *(være vred)* be in a rage; *(stærkere)* be in a fury, be furious; *(ofte tavst,* T*)* fume; *(af utålmodighed)* chafe;
3. *(skælde ud)* rage (*imod* against); storm (*imod* at);
4. *(rable)* rave, rant;
□ *jeg tror du -r!* you must be crazy (*el.* mad *el.* out of your mind)!
[med præp. & adv.] ~ ***af sted*** tear along; *~* ***over*** *a) (jf. 3)* rage about (*el.* at); *b) (jf. 2)* fume at; chafe at (*fx* the delay); *~* ***ud*** *a) (blive rolig)* calm down, cool down; *b) (om uvejr)* spend itself; *c) (om ungdommen)* sow one's wild oats.
rasen *sb. (en)* raging; *(stærkere)* fury.
rasende[1] *adj.* **1.** *(vred)* furious (*over* at, about; *over at* that (, at -ing); *på* with); T (hopping) mad (*over* at, about; *på* with);
2. *(voldsom)* furious (*fx* attack, gale, hatred; at a furious pace); *(heftig)* raging (*fx* hunger, thirst; blizzard);
3. *(vanvittig)* mad;
□ ***blive*** ~ fly into a rage; *det er til at blive ~ over* it is enough to drive one mad; *i ~* ***fart*** at (a) breakneck (*el.* a terrific) speed; ***som*** ~ furiously; *(stærkere)* frantically; *opføre sig som en ~* behave like a madman (, madwoman).
rasende[2] *adv.* **1.** furiously (*fx* he protested furiously); madly (*fx* in love, jealous); *(stærkere)* ferociously (*fx* the lion defended its young ferociously);
2. *(i høj grad,* T*)* awfully (*fx* clever, good);
□ *~ sulten* ravenous.
rasere *vb.* **1.** *(jævne med jorden)* flatten (*fx* several towns were flattened by the earthquake); level with the ground; *(med personssubjekt,* F*)* raze (to the ground) (*fx* the army razed the town (to the ground));
2. *(hærge)* ravage; F devastate (*fx* ravaged (, devastated) by fire); lay waste;
3. *(tømme, plyndre)* strip (*for* of, *fx* the house was stripped of furniture).
raseri *sb. (et)* rage; *(stærkere)* fury;
□ *elske en til ~* F love sby to distraction.
raserianfald fit of rage; *(voldsomt)* paroxysm of rage.
rask[1] *adj.* **1.** *(generelt: sund og rask, ved godt helbred)* healthy (*fx* healthy children; he seems very healthy); *(præd. også)* in good health;
2. *(mods. syg)* fit (*fx* he is not a fit man; feel fit); *(især præd.)* well (*fx* feel well; she looked well; he is well again; he is not a well man);
3. *(om del af kroppen)* sound (*fx* his one sound eye); good (*fx* he used his good arm (, eye, leg));
□ *de -e* those who are well;
[med vb.] ***blive*** ~ get well; *(mere* F*)* recover one's health; ***melde sig*** ~ report fit for work (*el.* duty);
[med adv. & adj.] han er ***fuldstændig*** *~ a)* he is in perfect health; *(mere* T*)* he is as fit as a fiddle; *b) (efter sygdom)* he is fully recovered; *jeg er ikke* ***rigtig*** ~ I am not (feeling) very well; *er du rigtig ~? (ɔ: rigtig klog)* are you out of your mind? are you off your head? *~ og* ***rørig*** *(sagt om ældre)* sprightly, spry; F hale and hearty; *stadig ~ og rørig* still going strong.
rask[2] *adj.* **1.** *(hurtig)* quick (*fx* pace, walk, movement; decision; worker); *(mere* T*)* speedy (*fx* answer, reaction; worker); *(mere* F*)* rapid (*fx* decision; movement; worker); F swift (*fx* movement, pace);
2. *(livlig)* brisk (*fx* movements, walk, manner);
3. *(som bevæger sig hurtigt)* fast (*fx* horse, worker); F swift;
4. *(munter)* lively;
5. *(overlegen)* offhand (*fx* manner);
[med sb.] tage en ~ beslutning a) make a quick decision; take the bull by the horns; *b) (tage mod til sig)* take one's courage in both hands; grasp the nettle; *en ~ dreng a) (kæk)* a plucky boy; *b) (ikke pylret)* a big boy (*fx* big boys don't cry); *med -e skridt* at a rapid pace; *(fig. også)* rapidly; *(litt.)* apace (*fx* winter is coming on apace); *~ svar* ready answer, quick repartee;
[med præp.] være ~ ***i*** *replikken se replik; ~* ***på*** *det (ɔ: næsvis)* pert; *være lidt for ~ på det (ɔ: overilet,* T*)* be quick on the draw; *være ~* ***til at*** *gøre noget* be quick to do sth; *være ~ til sit arbejde* be quick about one's work; *(se også ben).*
rask[3] *adv. (jf. rask*[2]*)* **1.** quickly; speedily; rapidly; swiftly;
2. briskly; **3.** fast; swiftly; **4.** in a lively manner; **5.** in an offhand manner;
□ *~ væk* without ceremony, just like that;
[med vb.] lad det nu ***gå*** *lidt ~!* hurry up! be quick! T get a move on! *gå ~ 'til a)* walk briskly; *b) (forøge farten)* quicken one's pace; *arbejdet* ***skrider*** *~* ***fremad*** the work is making rapid progress.
raskmelding **1.** *(fra ansat)* note reporting fit for work; **2.** *(fra læge)* final certificate.
raskvæk *adv.* without ceremony, just like that.
rasle *vb.* **1.** rattle (*fx* the coins rattled in the tin, the stones rattled on the roof; the car rattled along);

2. *(om maskineri, tallerkener etc.)* clatter;
3. *(sagte, om tørre blade, papir, silke etc.)* rustle;
4. *(om tunge metalting)* clank (*fx* the chains clanked);
5. *(klirre, om mønter, glas)* clink, chink; *(fortsat lyd, om mønter, nøgler etc.)* jingle (*fx* her charm bracelet jingled);
6. *(indsamle penge)* collect money (in a box); shake (*el.* rattle) a collecting box;
□ ~ ***med*** *a)* rattle; *b)* clatter; *c)* rustle; *d)* clank; *e)* clink; jingle; *~ med sablen (fig.)* rattle the sabre; *~* ***ned*** *a)* rattle down; come clattering down (*fx* roof tiles came clattering down); crash to the ground; *b) (om priser)* slump.
raslebøsse collecting box.
raslen *sb. (en) (jf. rasle)* **1.** rattling; *(enkelt)* rattle; **2.** clattering; *(enkelt)* clatter (*fx* a clatter of dishes being washed); **3.** rustling; *(enkelt)* rustle (*fx* I heard a rustle behind me); **4.** clanking; *(enkelt)* clank; **5.** clinking, chinking; jingling; *(enkelt)* clink, chink; jingle.
rasp[1] *sb. (en, -e) (fil)* rasp.
rasp[2] *sb. (en) (brød)* breadcrumbs pl.
raspe *vb.* **1.** *(file)* rasp; **2.** *(rive)* grate;
□ *~ af sig* rattle off, reel off.
rast *sb. (en, -er)* **1.** *(hvil)* rest; **2.** *(standsning)* halt;
□ *holde ~ se raste.*
raste *vb.* **1.** *(hvile)* rest; **2.** *(standse)* stop; F halt, make a halt.
rasteplads 1. *(vigeplads)* lay-by; **2.** *(med borde etc.)* picnic area.
raster *sb. (en, -e)* **1.** *(typ.)* screen; **2.** *(tv)* raster.
rastløs *adj.* restless.
rastløshed *sb. (en)* restlessness.
rastplads = *rasteplads.*
rat *sb. (et, -)* (steering) wheel;
□ *sidde bag (el. ved) -tet* be behind (*el.* at) the wheel; *tage -tet (sø. & i bil)* take the wheel; *sætte sig til -tet* sit down behind the wheel.
rate *sb. (en, -r)* **1.** instalment; **2.** *(fragt-)* (freight) rate;
□ *i -r* by (*el.* in) instalments.
ratebetaling payment by (*el.* in) instalments.
ratevis *adv.* by (*el.* in) instalments.
ratgear *(på bil)* steering-column gear lever.
ratificere *vb.* ratify.
ratificering, ratifikation *sb. (en, -er)* ratification.
ration *sb. (en, -er)* ration;
□ *sætte på ~* ration; *sætte dem på halv ~* put them on half rations.
rationalisere *vb.* rationalize.
rationalisering *sb. (en, -er)* rationalization.
rationaliseringsekspert efficiency expert.
rationaliseringsgevinst efficiency saving.
rationaliseringskampagne efficiency drive.
rationalisme *sb. (en)* rationalism.
rationalist *sb. (en, -er)* rationalist.
rationalistisk *adj.* rationalistic; *(attr. også)* rationalist.
rationalitet *sb. (en)* rationality.
rationel *adj.* rational.
rationere *vb.* ration.
rationeringskort ration card;
□ *hæfte med ~* ration book.
rationeringsmærke coupon.
ratlås steering-column lock.
ratslør play (in the steering wheel).
ratstamme, ratsøjle 1. *(sø.)* barrel of the steering wheel; **2.** *(i bil)* steering column;
□ *kollisionssikker ~* collapsible steering column.
rav[1] *sb. (et)* amber.
rav[2] *sb.: lave ~ i den (T: forstyrrelse)* stir things up; rock the boat.
ravage *sb. (en, -r)* **1.** *(skade)* damage; *(ødelæggelse,* F*)* havoc;
2. *(forstyrrelse)* disturbance, disorder; **3.** *(ulejlighed)* trouble, inconvenience;
□ *lave ~ a) (jf. 1)* cause damage; F wreak havoc; *b) (jf. 2)* cause disturbance; *c) (jf. 3)* cause trouble, cause inconvenience; *lave ~ i foretagendet se rav*[2].
rave *vb.* **1.** *(svaje af svimmelhed el. fuldskab)* reel (*fx* he reeled from the blow; he came reeling down the street);
2. *(gå usikkert)* stagger; *(være lige ved at falde om)* totter (*fx* he staggered (, tottered) sleepily upstairs); *(gå klodset el. tungt: tumle)* lurch (*fx* he came lurching towards us on the deck).
ravelin *sb. (en, -er) (mil.)* ravelin.
ravende *adv.: ~ fuld* dead (*el.* blind) drunk; *(se også revnende).*
ravgal *adj. se ravruskende.*
ravgul *adj.* amber.
ravjysk broad Jutlandic.
ravn *sb. (en, -e) (zo.)* raven;
□ *den ene ~ hakker ikke øjnene ud på den anden* dog does not eat dog; *stjæle som en ~* steal like a magpie; *(se også hæs*[2]*).*
ravndug duck.
ravneforældre *sb.pl.* unnatural parents.
ravnekrog hole; *(især am.)* one-horse town.
ravnemoder, ravnemor unnatural mother.
ravneskrig 1. croaking of ravens (, of a raven); **2.** *(enkelt)* croak of a raven.
ravnesort *adj.* raven(-black).
ravneunge young raven.
ravnorsk broad Norwegian.
ravnsort *adj.* raven(-black).
ravperle amber bead.
ravruskende *adj.: ~ gal (ɔ: forkert)* completely wrong.
ravrør amber (cigar) holder.
ravspids *(på pibe)* amber mouthpiece.
rayon *sb. (en el. et)* rayon.
razzia *sb. (en, -er)* raid;
□ *lave ~ i* make (*el.* carry out) a raid on, raid.
reagens *sb. (en el. et, -er)* reagent.
reagensglas test tube.
reagensglasbarn test-tube baby.
reagere *vb.* react; *(på udfordring, udspil også, især positivt,* F*)* respond (*fx* we appealed to people to come forward and they responded);
□ ~ ***imod*** react against; ~ ***med*** *(kem.)* react with; ~ ***over for***, ~ ***på*** react to; respond to; ~ ***positivt*** react positively (*over for* to).
reaktion *sb. (en)* **1.** reaction (*mod* against; *over for, på* to);
2. *(svar på udfordring el. udspil, måde at reagere på)* response (*på* to, *fx* he got no response to his suggestion; his suggestion met with no response; a flexible (, firm) response).
reaktionsdrevet *adj.* jet-propelled.
reaktionshastighed reaction velocity (*el.* speed).
reaktionstid response time.
reaktionær *adj.* reactionary;
□ *de -e* the reactionaries.
reaktivere *vb.* reactivate.
reaktor *sb. (en, -er) (atom-)* reactor.
reaktorkerne reactor core.
real *adj.* real.
realia *sb.pl.* **1.** *(realiteter)* facts, realities; **2.** *(mht. tekst)* historical (, geographical, biographical etc.) commentaries.
realindkomst real income.
realisabel *adj.* **1.** *(gennemførlig)* practicable, feasible; **2.** *(salgbar)* realizable.
realisation *sb. (en, -er)* **1.** *(gennemførelse)* realization, carrying out; F implementation; **2.** *(salg)* realization, sale.
realisere *vb.* **1.** *(gennemføre)* carry out (*fx* plans); realize (*fx* one's dreams, one's possibilities); F implement; **2.** *(sælge)* realize, sell;

□ ~ *sig selv* realize oneself, fulfil oneself.
realisering *sb. (en, -er) se realisation.*
realisme *sb. (en)* realism.
realist *sb. (en, -er)* realist.
realistisk[1] *adj.* realistic.
realistisk[2] *adv.* realistically.
realiter *adv.* really; in actual fact.
realitet *sb. (en, -er)* reality;
□ **-er** facts (*fx* you'll have to face facts; the facts of life);
blive en ~ become a reality, be realized; *i -en* in reality; for all practical purposes; F to all intents and purposes.
realitetsforhandlinger *sb.pl.* discussions of substance, substantial negotiations.
realitetssans*: have* ~ have a sense of reality (*el.* of the realities of the situation).
realitetsterapi *(psyk.)* reality therapy.
realkredit mortgage credit, credit secured on real property.
realleksikon encyclopaedia.
realløn real wages pl.
realpolitik realpolitik.
realrente real rate of interest, real interest rate.
realværdi actual value.
reassurance *sb. (en)* reinsurance.
reassurandør *sb. (en, -er)* reinsurer.
reassurere *vb.* reinsure.
reb[1] *sb. (et, -) (tov)* rope; *(tyndere)* cord; *(om livet)* girdle.
reb[2] *sb. (et, -) (sø.: i sejl)* reef;
□ *stikke et ~ ind (, ud)* take in (, shake out) a reef; *tage ~ i sejlene a)* reef the sails; *b) (fig.)* watch one's step.
rebe *vb. (sejl)* reef.
rebel *sb. (en, -ler)* rebel.
rebellere *vb.* rebel.
rebelsk[1] *adj.* **1.** *(oprørsk)* rebellious; **2.** *(besværlig)* refractory.
rebelsk[2] *adv. (jf. rebelsk*[1]*)* **1.** rebelliously; **2.** refractorily.
rebende *sb. (en, -r)* **1.** end of a rope; **2.** *(stykke tov)* piece of rope.
reberbane ropewalk.
rebning *sb. (en, -er) (sø.)* reefing.
rebslager *sb. (en, -e)* ropemaker.
rebslagerbane ropewalk.
rebslageri *sb. (et, -er)* ropewalk.
rebstige rope ladder.
rebus *sb. (en, -ser)* picture puzzle; rebus.
recensent *sb. (en, -er)* reviewer, critic.
recensere *vb.* review.
recension *sb. (en, -er)* review.
recept *sb. (en, -er)* **1.** *(læge-)* prescription; **2.** *(opskrift)* recipe;
□ *en ~ på (også fig.)* a prescription for (*fx* medicine; a happy marriage, economic recovery);
[med vb.] ekspedere en ~ make up a prescription; *skrive en ~* make out a prescription (*på* for); *skrive ~ på noget* prescribe sth;
[med præp.] ***efter*** *-en (fig.)* according to the rules of the game; *det er ikke efter min ~ (fig.)* it does not suit my book; *det fås kun* ***på*** ~ it can only be obtained on (*el.* by) prescription.
receptafgift prescription charge.
receptblanket prescription form.
reception *sb. (en, -er)* **1.** reception (*fx* he gave (*el.* held) a reception);
2. *(sted i hotel)* reception desk;
□ *-en (også)* reception (*fx* leave your keys at reception).
receptionschef reception manager.
receptiv *adj.* receptive.
receptivitet *sb. (en)* receptivity.
receptpligtig *adj.: ~ medicin* prescription drugs pl.
receptur *sb. (en, -er)* dispensary.
reces *sb. (en, -ser)* recess.
recessiv *adj.* recessive.
recidiv *sb. (et, -er)* **1.** *(nyt sygdomsanfald)* recurrence; **2.** *(jur.)* relapse into crime.
recidivere *vb.* **1.** *(om sygdom)* recur; **2.** *(jur.)* relapse (into crime).
recidivist *sb. (en, -er)* recidivist.
recipient *sb. (en, -er)* recipient.
reciprok *adj.* reciprocal;
□ *-t testamente (svarer til)* mutual wills pl.
recitation *sb. (en, -er) (fremsigelse)* recitation; *(optræden)* recital (*fx* a poetry recital).
recitativ *sb. (et, -er) (mus.)* recitative.
recitator *sb. (en, -er),* **recitatrice** *sb. (en, -r)* reciter.
recitere *vb.* recite (*for* to).
reck *sb. (en, -er) (til gymnastik)* horizontal bar.
rector magnificus *se rektor 3.*
red[1] *sb. (en, -e) (sø.)* roads pl.; roadstead;
□ *på -en* in the roads.
red[2] *præt. af ride.*
redaktion *sb. (en, -er)* **1.** *(kontor)* editorial office;
2. *(redaktører)* editors pl.;
3. *(redaktionspersonale)* editorial staff (*fx* he is on the editorial staff *(i -en)*);
4. *(affattelse)* drawing up, drafting;
5. *(udgave)* form, version (*fx* the final form (*el.* version)); *(ordlyd)* wording;
6. *(det at redigere)* editing;
□ *nyheder indløbet efter -ens slutning* stop-press news; *ved -ens slutning* as we go to press; *under ~ af* edited by.
redaktionel *adj.* editorial;
□ *-le ændringer (i tekst)* verbal alterations; *~ artikel* editorial, leader, leading article; *(am.)* editorial.
redaktionschef chief sub-editor.
redaktionskontor editorial office.
redaktionspersonale editorial staff.
redaktionssekretær sub-editor; T sub.
redaktør *sb. (en, -er)* editor.
redaktørstilling editorship.
redde *vb.* **1.** save (*fx* sby's (, one's) life, one's marriage, one's honour, one's face, one's skin, the situation; he was saved by the bell);
2. *(fra øjeblikkelig fare)* rescue (*fx* trapped miners, a shipwrecked crew, sby from a burning house);
3. *(bjærge)* salvage (*fx* sth from a wreck; one's furniture from the fire);
4. *(ud af en vanskelighed, især økon.,* T*)* bail out;
5. *(i fodbold)* save;
6. *(skaffe sig)* wangle (*fx* I wangled a month's leave); *(stjæle, tigge)* scrounge (*fx* a meal);
□ *de -de a)* those rescued; *b) (de overlevende)* the survivors; *så var dagen -t (for ham)* that made his day; *(se også skin)*;
[med præp. & adv.] ~ ***fra*** save from (*fx* save him from drowning; save the firm from bankruptcy); rescue from (*fx* rescue the house from destruction; rescue sth from oblivion; rescue (*el.* save) the project from failure);
~ ***i land*** *a)* bring safely to land (*fx* bring the passengers safely to land); *b) (fig.)* pilot to safety; *c) (skaffe sig)* wangle, scrounge (*fx* a meal);
~ *en* ***igennem*** *a)* get sby through; *b) (vanskelighed, krise, også økonomisk)* see sby through;
ikke stå (el. være) ***til at*** ~ *a)* be beyond (*el.* past) hope; *b) (uigenkaldelig tabt)* be irretrievably lost; *c) (om person)* be past praying for; *(fig.: uforbederlig)* be past redemption;
~ ***ud af*** save (*el.* rescue, salvage) from (*fx* sby (, sth) from a burning house); *~ en ud af en knibe* get sby out of a scrape; bail sby out;
[med sig] ~ ***sig*** escape, make one's escape, save oneself; *~ sig noget a) (en sygdom)* (go and) catch sth (*fx* he went and caught a cold); *b) (skaffe sig)* wangle sth,

scrounge sth (*fx* a meal);
~ ***sig i land*** manage to reach the shore;
~ ***sig igennem*** *(ɔ: ved eksamen etc.) a)* get through; *b) (lige akkurat)* scrape through;
~ ***sig ud af*** get out of.

redder *sb. (en, -e)* **1.** salvage-corps man; **2.** *(i ambulance)* ambulanceman; *(am.)* paramedic.

rede[1] *sb. (en, -r)* **1.** *(også fig.)* nest (*fx* the children had left the parental nest); **2.** *(rovfugle- , højt oppe i bjerge)* eyrie; *(am.)* aerie;
□ *bygge en* ~ build (*el.* make) a nest; *bygge* ~ nest (*fx* birds were nesting in the trees); *(se også besudle).*

rede[2] *sb.:* ***gøre*** ~ ***for*** *a) (fremstille)* set out (*fx* the Government views, the alternatives, a theory, their arguments); state (*fx* one's case); give an account of (*fx* his movements on the day of the murder); *b) (forklare nærmere)* explain (*fx* a scheme); F expound; *c) (aflægge regnskab for, svare for)* account for (*fx* a sum of money; one's conduct); ***finde*** *(el.* ***hitte)*** ~ ***i*** make out; ***få*** ~ ***på*** *noget a) (blive klar over)* realize sth, grasp sth, find out sth; *b) (få orden på)* get sth straight; ***have*** ~ ***på*** *noget a) (have kendskab til noget)* know (about) sth; *b) (have orden i noget)* have sth in order; ***holde*** ~ ***på*** *noget a) (holde øje med)* keep track of sth (*fx* I can't keep track of all the things that are happening); T keep tabs on sth; *b) (finde ud af)* make sth out (*fx* I can't make out whether they are in love or not); *c) (holde orden på)* keep sth in order (*fx* he tried to keep all the papers he received in order); *jeg kan ikke holde ~ på alle de børn (ɔ: skelne fra hinanden)* I can't tell all those children apart.

rede[3] *vb. (redte, redt)* **1.** *(hår)* comb; **2.** *(seng)* make;
□ ~ ***seng*** make a bed; ~ ***sig*** comb one's hair; ***som*** *man -r, så ligger man* as you make your bed, so you must lie on it; *han ligger som han har redt* he has made the bed, now he must lie on it; T serves him right;
[med præp. & adv.] ~ ***op*** make a bed; ~ *op til en på gulvet (, på en sofa etc.)* make up a bed for sby on the floor (, on a settee etc.); give sby a shakedown; ~ ***ud*** *a) (hår)* comb out; *b) (garn)* untangle, unravel; *(se også udrede)*; ~ *sig* ***ud af*** get out of; F extricate oneself from.

rede[4] *adj.* **1.** *(parat)* ready, prepared; **2.** *(villig)* ready, prepared (*til* for; *til at* to);
□ *holde sig* ~ be ready, be prepared; F hold oneself ready; ~ *penge* ready money, cash; *på ~ hånd se svar*[1].

redebon *adj.* ready, willing;
□ *ånden er vel ~ men kødet er skrøbeligt (bibelcitat)* the spirit indeed is willing, but the flesh is weak.

redebonhed *sb. (en)* readiness, willingness.

redefuld *sb. (en, -e): en ~ unger* a brood of children.

redegøre *vb. se rede*[2] *(gøre rede for).*

redegørelse *sb. (en, -r)* statement (*for* of, *fx* the facts); *(skrevet, trykt, formuleret)* account (*for* of, *fx* the events; his account was a poor statement of the case); *(rapport)* report (*for* of); *(oversigt)* review (*for* of, *fx* the situation).

redekam comb;
□ *spille på* ~ play a comb-and-paper.

redekasse nesting box.

redelig *adj.* honest; F upright; *(se også ærligt).*

redelighed[1] *sb. (en) (ærlighed)* honesty; F integrity; uprightness.

redelighed[2] *sb. (en) (virvar)* mess (*fx* what a mess!);
□ *hele -en* the whole lot (*el.* caboodle); the lot; *det er en køn ~* that's a nice mess; that's a pretty (*el.* nice) kettle of fish.

reder *sb. (en, -e)* shipowner, owner.

rederi *sb. (et, -er)* **1.** *(selskab)* shipping company; firm of shipowners; **2.** *(-virksomhed)* shipping business, shipping;
□ *-et (også)* the owner(s).

rederiflag houseflag.

rederiforening shipowners' association.

rederikontor shipping office.

rederivirksomhed *se rederi 2.*

redet *pf.ptc. af ride.*

redigere *vb.* **1.** edit; **2.** *(affatte)* draw up.

rediskontere *vb.* rediscount.

redning[1] *sb. (en, -er) (jf. rede*[3]*)* **1.** *(af hår)* combing; **2.** *(af seng)* making.

redning[2] *sb. (en, -er) (jf. redde)* **1.** *(det at redde)* saving; rescuing (*fx* the rescuing of the miners (*el.* rescuing the miners) was a difficult job); salvation (*fx* work for the salvation of one's country); **2.** *(det at være reddet)* rescue (*fx* after her rescue she was taken to hospital); salvation; **3.** *(bjærgning)* salvage, rescue; **4.** *(middel til at redde, frelse)* salvation (*fx* she was his salvation); **5.** *(udvej)* hope (of salvation) (*fx* there is no hope (of salvation); that was his last hope); **6.** *(i fodbold)* save;
□ *det blev hans ~* that was his salvation; that was the saving of him; *medalje for druknendes ~* life-saving medal; *søge ~ ved flugt* seek safety in flight.

redningsaktion 1. rescue (*fx* he took part in three rescues); salvage operation; **2.** *(fig.)* salvage operation; *(især økonomisk,* T*)* bailout.

redningsapparat salvage apparatus, life-saving apparatus.

redningsarbejde rescue work; salvage work.

redningsbælte lifebelt, lifebuoy.

redningsbåd lifeboat.

redningsekspedition rescue expedition.

redningsfartøj rescue craft.

redningsflåde life raft.

redningsfolk *sb.pl. se redningsmandskab.*

redningsforsøg rescue attempt.

redningshelikopter rescue helicopter.

redningshold rescue party (*el.* team); salvage party (*el.* team).

redningskorps 1. rescue service; **2.** *(til havarerede biler)* breakdown service; **3.** *(ambulancekorps)* ambulance corps.

redningskrans lifebuoy.

redningslagen jumping sheet.

redningsline lifeline.

redningsløst *adv.: ~ fortabt* irretrievably lost.

redningsmand 1. rescuer; **2.** *(befrier)* deliverer; **3.** *(sø.: cf. redningsmandskab 3)* lifeboatman.

redningsmandskab 1. rescue party (*el.* team); rescuers, rescue workers pl.;
2. *(fra redningskorps)* salvage men pl.; *(ambulance-)* ambulancemen pl.;
3. *(sø.)* lifeboatmen pl.; lifeboat crew.

redningsmateriel rescue materials, life-saving appliances pl.

redningsplan rescue plan.

redningsplanke lifeline (*fx* the new order was a lifeline to the firm); sheet anchor (*fx* he was my sheet anchor);
□ *min sidste ~* my last hope.

redningsraket life rocket.

redningssejl *se redningsslisk.*

redningsslisk 1. *(ved brand)* rescue

chute; **2.** *(i fly)* escape slide, evacuation slide.
redningsstation lifeboat station.
redningsstige fire escape; telescopic ladder.
redningsstol breeches buoy.
redningstjeneste rescue service.
redningsudstyr rescue equipment.
redningsvest life jacket.
redningsvogn rescue vehicle.
redningsvæsen lifeboat service.
redningsøvelse life-saving drill; *(på skib)* boat drill.
redoble *vb.* redouble.
redoute *sb. (en, -r) (mil.)* redoubt.
redressere *vb.* **1.** redress, rectify, right; **2.** *(med.)* reduce (*fx* a dislocation, a fracture).
redskab *sb. (et, -er)* **1.** tool (*til* for, *fx* a tool for digging); *(især køkken el. landbrugs-,* F*)* implement (*fx* farming (, garden, household) implements); *(lille, især køkken-)* utensil (*fx* cooking utensils, writing utensils); *(instrument)* instrument (*fx* instruments of torture; a measuring instrument);
2. *(zo. etc.: organ)* organ;
3. *(fig.)* tool (*fx* textbooks (, computers) are indispensable tools for the teacher); instrument (*til* for, *fx* use incomes policy as an instrument for reducing inflation);
4. *(om person)* instrument (*fx* he was an instrument of fate (, an instrument for good)); *(neds.)* tool (*fx* he was a willing tool in the hands of the tyrant); *(se også viljeløs)*;
5. *(til gymnastik)* apparatus (*fx* competitors must perform two sets of exercises on each apparatus);
□ *et* ~ *(jf. 5)* a piece of (gymnastic) apparatus; an apparatus; *-er* apparatuses; apparatus; *mange -er* a lot of apparatus.
redskabsfag tool subject.
redskabsgymnastik *se redskabsøvelser.*
redskabsrum **1.** tool shed; **2.** *(i gymnastiksal)* storage room.
redskabsskur tool shed.
redskabsøvelser *sb.pl.* exercises on apparatus; apparatus work sg.
reduble *vb.* redouble.
reducere *vb.* reduce (*med* by; *til* to); *(se også reduceret)*;
□ *kunne -s til (også fig.)* come down to (*fx* the whole difficulty comes down to this question); T boil down to.
reduceret *adj. (forhutlet)* down-at-heel.
reduktion *sb. (en, -er)* reduction.
reduplicere *vb.* reduplicate.
reduplikation *sb. (en, -er)* reduplication.
reeksamination *sb. (en, -er)* retake; *(skriftlig)* resit.
reeksport **1.** *(det at eksportere)* re-exportation, re-export; **2.** *(det eksporterede)* re-exports pl.
reel[1] *sb. (en, -er) (dans)* reel.
reel[2] *adj. (se også reelt)* **1.** *(virkelig)* real (*fx* chance, difficulties); **2.** *(ordentlig)* proper (*fx* two proper rooms); solid (*fx* work); **3.** *(om person: pålidelig)* reliable; *(stærkere)* trustworthy; *(ærlig)* honest; *(retfærdig, rimelig)* fair;
□ ~ *behandling* fair treatment; *-le hensigter* honourable intentions.
reelt *adv.* **1.** in reality, in actual fact; **2.** *(hæderligt, ærligt)* honestly, fairly.
reetablere *vb. = retablere.*
refektorium *sb. (et, refektorier)* refectory.
referat *sb. (et, -er)* **1.** *(rapport)* report (*fx* of the events);
2. *(ved møde)* minutes pl. (*fx* take the minutes; read out the minutes of the last meeting);
3. *(sammendrag)* summary; *(især af artikel, bog)* abstract; *(øvelse i skole)* précis;
4. *(i radio, fx af sportskamp) se reportage*;
□ *have direkte* ~ *til* report direct to (*fx* the Minister); *uden for* ~ off the record; *(om udtalelse også)* unattributable.
referatforbud ban on reporting; T gagging order, gag order.
referatstil *(omtr.)* précis.
reference *sb. (en, -r)* **1.** *(henvisning)* reference; **2.** *(person man henviser til)* referee (*fx* use him as a referee);
□ *have* ~ *til a) (henvise til)* refer to; *b) (om embedsmand: til overordnet)* report to.
referencegruppe reference group.
referenceramme frame of reference.
referendum *sb. (et, -(m)er el. referenda)* referendum.
referensgruppe reference group.
referensramme frame of reference.
referent *sb. (en, -er)* **1.** *(journalist)* reporter; **2.** *(som fører protokol ved møde)* keeper of the minutes; **3.** *(i gruppe, udvalg: til plenum)* rapporteur.
referere *vb.* **1.** report, give an account of (*fx* what happened); *(i journalistsprog)* cover (*fx* the event);
2. *(føre protokol over, om møde)* take the minutes of (*fx* a meeting);
3. *(fortælle)* tell (*fx* she told them (, me, him etc.) what had happened) *(personsobjekt skal med)*; F relate (*fx* the events of the week);
4. *(genfortælle)* repeat (*fx* what he said);
5. *(i radio)* give a running commentary on, commentate on (*fx* a football match);
□ ~ *til a) (henvise til)* refer to; *b) (om embedsmand: til overordnet)* report to.
refill *sb. (en, -er)* refill.
reflatorisk *adj.* reflationary (*fx* measures).
refleks *sb. (en, -er)* **1.** *(tilbagekastet lys, svagere billede)* reflection;
2. *(refleksglas)* reflector;
3. *(refleksbrik)* reflector (tag);
4. *(uvilkårlig bevægelse)* reflex;
□ *betinget* ~ conditioned reflex.
refleksbevægelse reflex movement.
refleksbrik reflector (tag).
refleksbånd reflector strip.
refleksglas reflector.
refleksion *sb. (en, -er)* reflection;
□ *-er over* reflections on.
refleksiv *adj. (gram.)* reflexive.
refleksmæssig *adj.* reflexive;
□ ~ *reaktion (også,* T*)* knee-jerk reaction.
reflektant *sb. (en, -er)* **1.** *(ansøger)* applicant; **2.** *(køber)* prospective buyer.
reflektere *vb.* reflect;
□ ~ ***over*** reflect on; ~ ***på*** *a) (annonce)* reply to; *b) (tilbud, forslag)* entertain; *c) (søge om)* apply for (*fx* a job).
reflekterende *adj.* reflective (*fx* reflective number plates; in a reflective mood).
reflekteret *adj.* reflective, meditative.
reflektor *sb. (en, -er)* **1.** reflector; **2.** *(kikkert)* reflecting telescope, reflector.
reform *sb. (en, -er)* reform.
reformation *sb. (en, -er)* reformation.
reformator *sb. (en, -er)* reformer.
reformatorisk *adj.* reformatory.
reformere *vb.* reform;
□ *den reformerte kirke* the Reformed Church; *de reformerte* members of the Reformed Church.
reformisme *sb. (en)* reformism.
reformist *sb. (en, -er),* **reformistisk** *adj. (attr.)* reformist.
reformiver reforming zeal.
reformivrig *adj.* reforming; *(præd. også)* avid for reform.
reformven *sb.,* **reformvenlig** *adj. (attr.)* reformist.
refraktion *sb. (en, -er)* refraction.
refræn *sb. (et, -er)* refrain;

□ *synge med på -et* join in the chorus.
refrænsang crooning.
refrænsanger crooner.
refuge *sb. (en, -r) (helle)* street island, refuge.
refugium *sb. (et, refugier)* retreat.
refundere *vb.* **1.** *(betale tilbage)* refund (*fx* refund him the money; he got his ticket refunded);
2. *(godtgøre udgifter)* reimburse (*fx* reimburse him (for) his travel expenses).
refusere *vb.* refuse.
refusering *sb. (en, -er)* refusal.
refusion *sb. (en, -er)* **1.** *(godtgørelse af udgifter)* reimbursement; **2.** *(tilbagebetaling)* repayment; *(af beløb der er betalt for meget)* rebate.
refusionsopgørelse completion statement.
regale *sb. (et, -r)* royal prerogative.
regatta *sb. (en, -er)* regatta.
regel *sb. (en, regler)* **1.** rule;
2. *(officiel forskrift)* regulation (*fx* safety (, traffic) regulations);
3. *(~ for handlemåde)* precept (*fx* moral precepts);
□ *som ~* as a rule, usually; *(se også undtagelse)*;
[med vb.] ***følge*** *reglerne* follow the rules; *følge spillets regler (fig.)* play the game; ***give*** *(el.* ***opstille****) regler* lay (*el.* set) down rules; make rules;
[med præp.] ***efter*** *reglerne* according to the rules; T by the book; *(se også kunst)*; *arbejde efter reglerne (ɔ: som pressionsmiddel)* work to rule; *spille efter andre regler* play by different rules; ***i*** *-en* as a rule, usually; ***imod*** *reglerne* contrary to the rules; *det er imod spillets regler (fig.)* that is not playing the game; ***gøre*** *sig det* ***til*** *en ~ at* make it a rule to; make a practice of -ing.
regelbundet *adj.* regular.
regelbundethed *sb. (en)* regularity.
regelmæssig[1] *adj.* regular.
regelmæssig[2], **regelmæssigt** *adv.* regularly.
regelmæssighed *sb. (en, -er)* regularity.
regelret[1] *adj.* regular.
regelret[2] *adv. (efter reglerne)* according to the rules.
regelsanering deregulation.
regeneration *sb. (en, -er)* regeneration.
regenerationsevne power of regeneration.
regenerator *sb. (en, -er)* regenerator.
regenerere *vb.* regenerate.
regent *sb. (en, -er)* **1.** *(hersker)* ruler; *(konge el. dronning)* sovereign; **2.** *(rigsforstander)* regent.
regentparret the royal couple.
regentskab *sb. (et, -er)* regency.
regere *vb. (se også regerende)*
1. *(styre)* govern (*fx* a country); *(fastere, mere* F*)* rule (*fx* he ruled the country with an iron hand; computers rule the world); *(lede,* T*)* run (*fx* the big organizations are running the country);
2. *(være konge etc.)* reign (*over* over);
3. *(støje etc.)* carry on;
□ *~* ***med*** *a) (herse med)* order about; *b) (tyrannisere)* bully; *~* ***over*** *a)* rule (*fx* the country); rule over; *b) (jf. 2)* reign over.
regerelysten *adj. (fig.)* domineering.
regerende *adj.* **1.** ruling, governing (*fx* the ruling (*el.* governing) Socialist party);
2. *(om monark)* reigning (*fx* the reigning queen).
regering *sb. (en, -er)* **1.** government;
2. *(ministerium)* government; *(især am.)* administration;
3. *(regeringstid)* reign;
□ ***-en*** the Government; *(især am.)* the Administration; *overtage -en (om ministre)* come into office, take office; T take over;
danne ~ form a government; *under denne konges ~* during (*el.* in) the reign of this king.
regeringsblad government organ.
regeringsbænk *(i* House of Commons*)* Treasury bench.
regeringschef head of government.
regeringsfjendtlig *adj.* anti-government (*fx* demonstrations).
regeringsform (form of) government.
regeringsforslag government bill.
regeringskonference *(mellem flere regeringer)* intergovernmental conference.
regeringskontor government office.
regeringskredse *sb.pl.* government circles.
regeringskrise government crisis.
regeringsmagten*: have ~* be in power; *overtage ~* come into power.
regeringsomdannelse government reconstruction; T government reshuffle.
regeringsparti *(regeringsdygtigt parti)* party of government (*fx* the Socialists were not considered a party of government);
□ *-et* the party in power; *det konservative ~* the ruling (*el.* governing) Conservative party.
regeringspresse government press.
regeringssystem system of government.
regeringstid reign (*fx* in the reign of George IV).
regeringstro *adj. (attr.)* loyalist.
regeringstropper *sb.pl.* government troops.
regeringsår*: i hans fjerde ~* in the fourth year of his reign.
regi *sb. (en el. et)* **1.** *(regissørs arbejde)* stage management; **2.** *(iscenesættelse)* production, staging;
□ *i ...'s ~ a) (arrangeret (, ledet) af)* arranged (, conducted by (*fx* the university); *b) (under beskyttelse, ledelse af)* under the auspices (*el.* aegis) of (*fx* the talks are taking place under the auspices of the UN (, of the Government); under the aegis of the German Government); *c) (inden for rammerne af)* within the framework of (*fx* within the framework of the EU); *d) (om myndighedsområde)* within the field of responsibility of; F within the ambit of (*fx* this should be discussed within the ambit of Nato); *e) (i sammenhæng med)* in the context of; *i offentligt (, privat) ~* under public (, private) management.
regibog property list.
regime *sb. (et, -r)* regime.
regiment *sb. (et, -er) (mil.)* regiment.
regimente *sb. (et, -r)* **1.** rule; **2.** *(regime)* regime;
□ *føre -t* rule.
regiments- regimental (*fx* surgeon).
regimentschef regimental commander.
regimentsmærke regimental lapel badge.
region *sb. (en, -er)* region.
regional *adj.*, **regional-** regional (*fx* geography, plan, planning, policy, politics, radio, train).
regionalisme *sb. (en, -r)* regionalism.
regissør *sb. (en, -er)* stage manager; *(over-)* stage director.
regissørassistent assistant stage manager.
register *sb. (et, registre)* **1.** *(i bog: indholdsfortegnelse)* table of contents; *(alfabetisk)* index; *(til atlas: sted-)* gazetteer;
2. *(protokol; fortegnelse)* register (*over* of, *fx* a public register of computer systems; a ship's register);
3. *(samling oplysninger)* file (*fx* data files, public files, secret files);
4. *(orgel-)* stop;

5. *(toneleje)* register;
6. *(skala af følelser etc.)* gamut (*fx* a rich gamut of facial expressions);
□ *gennemløbe hele -et (jf. 6)* run the gamut (*fx* she ran the whole gamut of emotions from surprise to terror).

registercertifikat *(sø.)* certificate of registry.

registerknap *(på orgel)* stop knob.

registerton *(sø.)* register ton.

registertonnage *(sø.)* register tonnage.

registrator *sb. (en, -er)* **1.** *(person)* registrar; **2.** *(på maskine)* registering apparatus, recorder.

registrere *vb.* **1.** register, record; **2.** *(fig.: bemærke)* notice; T register (*fx* I registered his angry tone of voice (, that he was tired)).

registrering *sb. (en, -er)* **1.** *(det at)* registration, recording; **2.** *(det skrevne)* registration, record.

registreringsafgift *(for bil)* vehicle registration fee.

registreringsapparat registering apparatus, recorder.

registreringsmærke *(sø.)* registration mark.

reglement *sb. (et, -er)* regulations pl.

reglementeret *adj. (attr.)* regulation (*fx* lights, speed, uniform);
□ *det er ikke ~* it is against the regulations.

regn *sb. (en)* **1.** rain; **2.** *(om ting)* shower (*fx* of gifts, of invitations, of sparks); *(voldsom)* hail (*fx* of bullets, of abuse);
□ *efter ~ kommer solskin (svarer til)* every cloud has a silver lining; if winter comes, can spring be far behind?

regnbue rainbow;
□ *i alle -ns farver* in all the colours of the rainbow.

regnbuehinde *(anat.)* iris.

regnbueørred *(zo.)* rainbow trout.

regnbyge shower; *(kraftig, med vindstød)* squally shower, rain squall.

regndråbe raindrop.

regne[1] *vb. (om regn)* rain;
□ *det -r voldsomt* it is raining heavily; it is pouring;
[med præp. & adv.] det har -t ***af*** it has stopped raining; *malingen er -t af* the paint has come off in the rain; *det -de* **med** *indbydelser* there were streams of invitations; *hædersbevisningerne (, slagene) -de* ***ned over*** *ham* honours (, blows) rained on him.

regne[2] *vb.* **1.** *(en opgave)* work out, solve (*fx* a problem *(en opgave)*); T do (*fx* a sum *(et stykke)*);
2. *(vurdere)* estimate (*til* at, *fx* estimate the cost at £10,000);
3. *(tage hensyn til)* consider (*fx* he doesn't consider other people's feelings);
4. *(bryde sig om)* care (*fx* I don't care what he says);
5. *(uden objekt)* calculate (*fx* he calculated for a moment); make a calculation; *(om færdighed)* reckon (*fx* the boy can't reckon yet); T do sums;
□ *lære at ~* learn arithmetic; T learn to do sums; *lære at læse, skrive og ~* learn to read, write and reckon; learn the three R's (ɔ: reading, (w)riting and (a)rithmetic); *være god til at ~* be good at figures (*el.* arithmetic); T be good at sums;
[med perf. part.] højt -t at the most, at the outside; *lavt -t* at least; F at a low estimate; *rundt -t a)* about, around, roughly, in round figures; F approximately; *b) (gennemsnitligt)* on (an) average;
[med præp. & adv.] ~ ***blandt*** *a)* count (*el.* number) among, include among (*fx* we include him among our friends); *(mere* T*)* reckon among; *b) (anse for)* consider to be one of (*fx* I consider him to be one of our best scientists); '*~* ***efter*** *(bedømme ud fra)* judge by; *~ 'efter a) (kontrollere)* check (up); *b) (gøre overslag)* make a calculation; *~* ***fejl*** make a mistake (in reckoning); T get it wrong;
~ ***for*** *a)* consider (to be) (*fx* I consider him (to be) a fool; I consider it my duty to help him); regard as, count as; *(mere* T*)* reckon to be, reckon as; *b) (fejlagtigt)* take for (*fx* I took him for a fool; what do you take me for? he is not the man I took him for); *det er* ***for intet*** *at ~ imod* it is nothing (compared) to; *de er aldrig blevet -t* ***for noget*** they have never counted for much; F they have never been held in any esteem; *ikke ~ det for noget at* think nothing of -ing;
~ ***forkert***, *se ovf.: ~ fejl*;
~ ***'fra*** *(fradrage)* subtract; F deduct; *fra i dag at ~* counting from today; as from today;
~ ***i hovedet*** *a)* do a sum in one's head; F make a mental calculation; *b) (regne hovedregning)* do mental arithmetic; *~ det i hovedet* do it in one's head;
~ ***'med*** *(ɔ: medregne)* include (in one's reckoning), count (in); reckon in;
'*~* ***med*** *a) (beregne)* allow (*fx* one bottle per head; an hour for lunch); *b) (tage med i beregningen)* allow for (*fx* a delay, a fall in prices); provide for (*fx* extra expenses); *c) (tillægge betydning)* reckon with (*fx* he is a man to be reckoned with); *d) (stole på)* count on (*fx* him, his help; you can't always count on his promises); reckon on; *(mere* F*)* depend on; *e) (forvente)* expect (*fx* I hadn't expected that!); *det ka' du rolig ~ med!* T that's for sure! *~* ***med at*** *han gør det a) (forvente)* expect him to do it, expect that he will do it; *b) (gå ud fra)* take it for granted that he will do it; *c) (stole på)* depend (*el.* count) on his (*el.* him) doing it; *~* ***med til***, *se ovf.: ~ blandt*;
~ ***om til*** convert (in)to (*fx* convert pounds into kroner; convert miles to kilometres);
~ ***sammen*** add up, sum up, reckon up;
han -s ***til*** *de mindre digtere* he is numbered among (*el.* classed with *el.* counted among) the minor poets; *~ sig det til fortjeneste* take the credit for it; *(se også last*[2]*)*;
~ ***ud*** *a) (beregne)* work out (*fx* the cost, one's income, how much to pay him); F calculate, compute; *(især am.,* T*)* figure out; *b) (finde ud af)* think out (*fx* the best method, a solution); *(ved grundig eftertanke)* puzzle out (*fx* a solution, a code, how to do it); *(især am.,* T*)* figure out; *c) (især i nægtende el. spørgende udtryk)* make out (*fx* I can't make out how it happened; as far as I can make out); *forstå at ~ den ud* know a trick or two.

regneark *(edb)* spreadsheet.

regnebog arithmetic book.

regnefejl miscalculation; arithmetical error (*på* of, *fx* they made an arithmetical error of £25,000 in estimating the cost); *(i sammentælling)* adding mistake (*fx* there was an adding mistake in the bill).

regnekunst arithmetic.

regnelærer arithmetic teacher, teacher of arithmetic.

regnemaskine **1.** calculating machine; **2.** *(elektronisk)* computer.

regnemåde method of calculation.

regneopgave arithmetical problem.

regnestok slide rule.

regnestykke sum; F arithmetical problem.

regnetime arithmetic lesson.

regnfang *sb. (en, -) (bot.)* tansy.

regnfrakke raincoat, waterproof coat; *(oprindelig af en særlig slags stof med gummi)* mackintosh; T mac.
regnfuld *adj.* rainy (*fx* season); wet (*fx* a wet day).
regnhætte hood.
regning[1] *sb. (en)* **1.** *(fag)* arithmetic; **2.** *(af opgave etc.)* working out.
regning[2] *sb. (en, -er)* **1.** *(nota for enkelt køb, fortæring etc.)* bill (*for, på* for, *fx* the bill for the repairs; a bill for £500; a big (*el.* heavy) bill; waiter, could I have the bill, please!); *(især am.)* check;
2. *(nota for flere køb, månedsregning etc.)* account;
3. *(konto)* account;
□ *-en var på £500* the bill was (*el.* came to) £500; *gøre ~ på* count on, depend on; T reckon on; *gøre ~ uden vært* reckon without one's host; *(se også betale)*;
[med præp.] ***for*** *egen ~* at one's own expense (*fx* she travelled at her own expense); on one's own account (*fx* he works on his own account); *(se også risiko)*; *det synspunkt må stå for hans egen ~* that is his personal opinion; he is only speaking for himself;
en streg ***i*** *-en se streg*; *føre i ny ~* carry forward; *købe (, sælge) i fast ~* buy (, sell) outright;
på *ens ~* at sby's expense; on sby's account; *på firmaets ~* on the firm; *føre på ens ~ se ndf.: skrive på ens ~*; *skrive noget på ens ~ (også fig.)* put sth down to sby (*el.* sby's account); *tage på ~* buy on credit.
regningsart*: de fire -er* the four basic arithmetical operations.
regningsenhed unit of account, accounting unit.
regnkløft gully.
regnmængde rainfall.
regnmåler rain gauge; F pluviometer.
regnorm *(zo.)* earthworm.
regnskab *sb. (et, -er)* **1.** account; *(samlet ~)* accounts pl. (*for* of, *fx* his expenses);
2. *(selskabs balance)* balance sheet;
3. *(mellemværende i spil)* score;
4. *(fig.: for ens synder etc.)* reckoning (*fx* some day there will be a reckoning with him);
□ *-ets dag (el. time)* the day of reckoning;
[med vb.] ***afgøre*** *sit ~* ***med*** *a)* settle (*el.* square) one's account with; *b) (fig.)* settle (*el.* square) accounts with; ***aflægge*** *~ a)* give (*el.* submit) an account (*for* of); F render an account; *b) (ved generalforsamling)* present the accounts; ***aflægge ~ for*** give (, render) an account of, account for; ***føre*** *~ a)* keep (the) accounts; *b) (i kortspil)* keep the score; ***føre ~ med*** keep an account of; ***gennemgå*** *-et a)* go over (*el.* examine) the accounts; *b) (revidere regnskabet)* audit the accounts; ***gøre ~ for*** give an account of, account for; ***gøre*** *et ~* ***op*** *a)* make up (*el.* balance) an account; *b) (fig.)* settle an old score; *(se også ovf.: afgøre sit ~)*; ***opstille*** *et ~* draw up a statement of accounts; *(se også fremlægge)*;
[med præp.] der er overskud (, underskud) ***på*** *-et* the accounts show a profit (, loss); T we (, they etc.) are in the black (, red); *kræve (el. stille) en* ***til*** *~* call sby to account; bring sby to book; T put sby on the spot; *stå til ~ for* account for; answer for; *jeg skal ikke stå ham til ~ for hvad jeg gør* I am not accountable to him for what I do.
regnskabsafdeling accounts department.
regnskabsaflæggelse presentation of accounts.
regnskabsanalyse accounts analysis.
regnskabsbilag voucher.
regnskabsblok *(til bridge)* (bridge) scorer.
regnskabsbog account book.
regnskabschef chief accountant.
regnskabsførelse = *regnskabsføring.*
regnskabsfører **1.** accountant; **2.** *(i hær, flåde)* paymaster; **3.** *(i spil)* scorer.
regnskabsføring keeping of accounts, accounting.
regnskabsperiode accounting period.
regnskabspost item (of an account).
regnskabsvæsen bookkeeping; accountancy.
regnskabsår financial year; *(am.)* fiscal year.
regnskov rain forest.
regnsky rain cloud.
regnskyl *sb. (et, -)* downpour, heavy shower.
regnslag *(af tøj etc.)* waterproof cape; *(poncho)* poncho.
regnspove *(zo.): stor ~* curlew; *lille ~* whimbrel.
regntid rainy season;
□ *-en (også)* the rains pl.
regntung *adj.* rainy; *(præd.)* heavy with rain; F laden with rain.
regntæt *adj.* rainproof; *(i mindre grad)* showerproof; *(helt vandtæt)* waterproof.
regntøj waterproof clothes pl.; F rainwear.
regntåge rainy mist.
regnvand rainwater.
regnvejr rainy weather;
□ *det er ~* it is raining.
regnvejrsdag rainy day, wet day.
regres *sb. (en, -ser)* recourse;
□ *søge ~ hos* have recourse against.
reguladetri *sb. (en)* the rule of three.
regulativ *sb. (et, -er)* regulations pl.
regulator *sb. (en, -er)* regulator.
regulerbar *adj.* adjustable.
regulere *vb.* **1.** regulate (*fx* the radiator; the economy); *(indstille også)* adjust (*fx* one's watch; wages);
2. *(en grænse)* adjust; F rectify;
3. *(en vej: udjævne stigninger)* grade; *(omlægge linieføring)* re-align;
4. *(linie)* straighten;
5. *(overflade)* true (up);
6. *(udjævne forskelle mellem)* equalize.
regulering *sb. (en, -er) (jf. regulere)* **1.** regulation; adjustment; **2.** adjustment; rectification; **3.** grading; re-alignment; **4.** straightening; **5.** truing (up); **6.** equalization.
reguleringsfond *(for dividende)* dividend equalization fund.
reguleringsmekanisme regulator.
reguleringspristal [wage regulating price index].
reguleringspult console.
reguleringsspjæld throttle valve.
reguleringstillæg cost-of-living bonus.
regulær *adj.* **1.** regular (*fx* army);
2. *(rigtig)* downright (*fx* he is a downright scoundrel; it is a downright shame);
3. *(fuldstændig)* full-blown (*fx* military operation, war, fight *(slagsmål)*);
4. *(om person: ærlig)* straight;
□ *der stod et -t slag* there was a pitched battle.
rehabilitere *vb.* rehabilitate.
rehabilitering *sb. (en, -er)* rehabilitation.
reificere *vb.* reify.
reificering, **reifikation** *sb. (en, -er)* reification.
reineclaude *sb. (en, -r) (bot.)* greengage.
reinkarnation *sb. (en, -er)* reincarnation.
reinvestere *vb.* reinvest; *(overskud også)* plough back.

reinvestering *sb. (en, -er)* reinvestment; *(om overskud også)* ploughback.
reje *sb. (en, -r)* shrimp; *(stor; nordsøreje)* prawn;
□ *pille -r* shell shrimps; *(se også rød).*
rejecocktail prawn cocktail.
rejefiskeri shrimping.
rejehop skip.
rejekælling *(neds.)* fishwife.
rejemad [bread and butter with a layer of shrimps].
rejicere *vb.* fail.
rejnfan *sb. (en, -) (bot.)* tansy.
rejse[1] *sb. (en, -r)* **1.** *(længere)* journey (*fx* go on a long journey; it is three days' journey); *(frem og tilbage,* T*)* trip (*fx* go on a trip to London (, Africa));
2. *(længere sørejse)* voyage; *(overfart)* passage (*fx* pay for one's passage to New York by working); *(oftest kortere)* crossing;
3. *(rundrejse)* tour (*i* of); *(til søs)* cruise;
□ **-r** *a) (også, om større rejser)* travels (*fx* his travels took him all over the world; he is off on his travels again); *b) (det at rejse)* travel (*fx* travel at that time was slow and dangerous);
foretage en ~ til Tyskland make a journey to Germany; pay a visit to Germany; *god ~!* have a good (*el.* pleasant) journey! T have a good trip!
[med præp.] ***på*** *-n* on the journey (, trip, voyage etc.); *(undervejs)* on the way (*fx* nobody has been seasick on the way); *lykke på -n, se ovf.: god ~*; *tage på ~* go on a journey (, voyage etc.); *være på ~* be travelling; be on a journey (, voyage etc.); ***på ~ til*** *(sø.)* bound for; *tage* ***ud på*** *en ~* set out (*el.* go) on a journey (, voyage etc.).
rejse[2] *vb. (rejste, rejst) (se også rejsende)* **1.** *(fra et sted til et andet)* go (*til* to, *fx* go abroad; he goes to England twice a year);
2. *(~ omkring, være på rejse, også om sælger)* travel (*fx* travel for a firm; travel abroad; travel round the world; she has travelled a lot; we have travelled 700 km);
3. *(afrejse)* leave (*til* for, *fx* he left for London yesterday); set out (*til* for); F depart (*til* for);
4. *(forlade sin plads)* leave (*fx* my secretary left yesterday);
□ *jeg -r i morgen* I am leaving tomorrow; T I'm off tomorrow; *tage* ***ud at*** *~* go on a journey (, voyage etc. *jf. rejse*); go away; *(til udlandet også)* go abroad; *være* ***ude at*** *~* be on a journey, be away; *(i udlandet også)* be abroad;
[med præp. & adv.] *~* ***bort*** go away; *~* ***frem og tilbage*** *mellem* travel backwards and forwards between; *~* ***i*** *(ɔ: i en vare)* travel in (*fx* wine, groceries); *~ i forretninger* travel on business; *~* ***med*** *toget* go by train; F travel by rail; *~ med fly(vemaskine)* go (, travel) by plane (*el.* by air); *~* ***omkring*** *se ndf.: ~ rundt*; *~* ***på*** *1. (, 2.) klasse* travel first (, second) class; *~* ***rundt*** *(i)* go about (*el.* around), travel about (*el.* around) (*fx* she travelled around Africa); *~ rundt i (også)* tour (in) (*fx* he toured the French Alps); *~* ***til*** *fods* travel on foot; *~ til søs* travel by sea; *~* ***udenlands*** go abroad; *~* ***videre*** go on; F continue one's journey; *~ videre til* go on to; F proceed to.
rejse[3] *vb. (rejste, rejst)* **1.** *(opstille, opføre)* put up (*fx* a ladder, a house, a statue); set up (*fx* a monument); F erect (*fx* a building, a statue); raise (*fx* a statue); *(om telt)* pitch, put up;
2. *(hvirvle op)* raise (*fx* the dust);
3. *(fremføre)* raise (*fx* objections, a problem; raise doubts about sth); bring up (*fx* a question, a problem);
4. *(fremkalde, vække)* raise (*fx* a storm of protest); stir up (*fx* strife); F instigate (*fx* a revolt);
5. *(skaffe til veje)* raise (*fx* money, an army);
□ *~ stolen (, ham) op (efter fald)* stand the chair (, him) upright;
[med sb.] *~ en anklage mod* make an accusation against, accuse; *~ børster se børste*[1]; *~ en farve (i kortspil)* establish a suit; *~ hovedet a) (også fig.: gøre sig gældende)* raise one's head; *b) (efter ydmygelse: holde hovedet højt)* hold one's head high; *c) (neds.: stikke hovedet frem)* rear its (ugly) head (*fx* Nazism reared its ugly head); *~ kegler se kegle*; *~ kritik (ɔ: vække)* provoke criticism; *~ kritik mod* criticize; *~ sag mod en a) (om straffesag)* prosecute sby; *b) (om civilsag) se anlægge*; *~ et spørgsmål (også,* F*)* pose a question (*fx* this poses the question of what we can do); *~ spørgsmålet over for ham* raise the question with him;
[med sig] *~* ***sig*** *a)* get up (*for hende* for her); stand up (*fx* they stood up when the Queen entered); F rise (to one's feet); *b) (efter fald)* pick oneself up; *c) (blive bygget)* be built, go up (*fx* new houses go up all over the town); F rise; *d) (fig.: komme på fode)* recover (*efter* from, *fx* a defeat, a failure, an illness); pick oneself up (*efter* after, *fx* a defeat, a failure); *e) (om vind)* rise, spring up; *f) (rage i vejret)* rise; *(højt)* tower (*fx* the church towered above the surrounding houses); *g) (opstå)* arise; *~* ***sig fra*** *bordet* leave the table, rise from table; *~* ***sig i*** *sengen* sit up in bed; *~* ***sig imod*** *(ɔ: gøre oprør)* rise against; *~* ***sig op*** *se ovf: ~ sig a, b*; *hesten -r* ***sig på*** *bagbenene* the horse rears; *(se også hår).*
rejseafbrydelse break of journey; *(am.)* stopover.
rejseakkreditiv letter of credit.
rejseapotek (portable) medicine chest.
rejsearrangør *(rejsebureau)* tour (*el.* travel) operator, package travel organizer.
rejsebeskrivelse **1.** account of a journey; **2.** *(film, foredrag)* travelogue; **3.** *(bog)* travel book.
rejsebrochure travel brochure, holiday brochure.
rejsebureau travel agency; *(se også rejsearrangør).*
rejsecheck traveller's cheque.
rejsefeber excitement before a journey.
rejseforberedelser *sb.pl.* preparations for departure; T preparations for off.
rejseforsikring travel insurance.
rejsefælle = *rejsekammerat.*
rejsefærdig *adj. (præd.)* ready to leave; F ready to depart.
rejsefører **1.** guide; **2.** *(bog)* guide(book).
rejsegilde *(svarer til)* topping-out ceremony; ceremony of raising the rooftree;
□ *holde ~ (også)* raise the rooftree.
rejsegods luggage; *(am.)* baggage.
rejsegodsekspedition *(lokale)* luggage (, baggage) office.
rejsegodsforsikring luggage (, baggage) insurance.
rejsegodtgørelse allowance for travelling expenses.
rejsegrammofon portable gramophone; *(am.)* portable phonograph.
rejsehjemmel travel document, travel authority.
rejsehold *(politiets)* flying squad.
rejsehåndbog guidebook.
rejsekammerat travelling companion.

rejsekuffert *se kuffert.*
rejseleder courier.
rejselyst desire for travelling, wanderlust; *(stærkere)* urge to travel.
rejsemål destination.
rejsende *sb. (en, -)* **1.** passenger; F traveller; **2.** *(hdl.)* representative; **3.** *(på landevejen)* traveller; *(se også omrejsende).*
rejseomkostninger, **rejsepenge** *sb.pl.* travelling expenses.
rejseplan *sb. (en, -er) (rute etc.)* itinerary;
□ *opgive sine -er* give up one's plans for travelling.
rejseselskab 1. *(rejsefæller)* travelling companions pl.; **2.** *(turister på selskabsrejse)* (conducted) party; **3.** *se rejsearrangør.*
rejseskrivemaskine portable typewriter.
rejsestipendium travelling scholarship.
rejsetaske travel bag.
rejsetæppe travelling rug.
rejseudgifter *sb.pl.* travelling expenses.
rejsevant *adj.: være ~* be an experienced traveller.
rejsning *sb. (en, -er)* **1.** *(det at rejse op el. opføre)* raising; F erection; **2.** *(opstand)* rising, revolt;
3. *(rank holdning)* erect (, proud) carriage;
4. *(rigning)* rigging;
5. *(tag-)* pitch, rise, slope;
6. *(af penis)* erection.
rekambioregning account of re-exchange.
rekambioveksel redraft.
rekapitulation *sb. (en, -er)* recapitulation, summing up.
rekapitulere *vb.* recapitulate, sum up.
reklamation *sb. (en, -er)* **1.** *(klage)* complaint (*over* about); **2.** *(indsigelse)* objection; **3.** *(krav)* claim (*på* on).
reklame *sb. (en, -r)* **1.** advertising; *(også: presseomtale etc.)* publicity;
2. *(annonce etc.)* advertisement (*fx* there were advertisements on every page);
3. *(indslag i radio, tv)* commercial; *(indirekte, ved omtale,* T*)* plug;
4. *(tryksag)* (advertising) circular (*fx* we got a lot of circulars in the post); handout; *(seddel)* flier, handbill; *(brochure)* brochure;
5. *(plakat, illustreret)* poster;
□ *han (, det) er ikke nogen god ~ for firmaet* he (, it) is not a very good advertisement for the firm; *gøre ~ for se reklamere (for); ærlig ~* truth in advertising.
reklameafdeling publicity (*el.* advertising) department.
reklamebrochure advertising circular (, folder, pamphlet); F brochure; *(seddel)* flier, handbill; *(især am.)* throwaway.
reklamebrøl *(kraftig reklame)* hype.
reklamebureau advertising agency.
reklamechef advertising manager.
reklamefif *se reklamenummer.*
reklamefilm advertising film, publicity film; *(kort)* screen advertisement.
reklamekalender commercial calendar.
reklamekampagne publicity campaign (*el.* drive).
reklamemager self-advertiser.
reklamemand advertising expert.
reklamenummer publicity stunt; *(neds.)* (advertising) gimmick.
reklameplakat 1. *(som sættes op, især illustreret)* poster; *(trykt)* bill; **2.** *(som bæres, fx af sandwichmand)* placard.
reklamepris bargain price.
reklamepsykologi advertising psychology.
reklamere *vb.* **1.** *(klage)* complain (*over* about; *over for* to); **2.** *(gøre reklame)* advertise;
□ *~* ***for*** *noget* advertise sth; T boost sth; *(indirekte ved omtale, især i radio, tv)* plug sth, give sth a plug (*fx* give the new series a plug);
~ ***med*** *a) (avertere etc., også fig.)* advertise (*fx* a new product; they advertise three for the price of two; you needn't actually advertise your ignorance); *b) (tilbyde)* offer (*fx* they offer reduced prices); *de -r* ***med at*** their advertisements say that.
reklamering *sb. (en, -er)* advertising.
reklameseddel advertising circular, flier, handbill; *(især am.)* throwaway.
reklameskilt 1. advertising sign; **2.** *(i vindue)* showcard.
reklametavle billboard, hoarding.
reklametegner commercial artist; advertising designer.
reklametekst (advertisement) text; □ *-er (fagl.)* advertising copy sg.
reklametrick = *reklamenummer.*
reklameværdi advertising value.
reklameøjemed*: i ~* for advertising purposes; with a view to publicity.
rekognoscere *vb.* reconnoitre, scout.
rekognoscering *sb. (en, -er)* reconnaissance, scouting.
rekognoscerings- reconnaissance (*fx* expedition, patrol).
rekommandere *vb. (brev)* register.
rekommandør *sb. (en, -er) (udråber)* barker.
rekonstruere *vb.* **1.** reconstruct (*fx* a vase from fragments; a crime); **2.** *(hdl.: om firma)* reorganize, reconstruct (*fx* a company that is having financial difficulties).
rekonstruktion *sb. (en, -er)* reconstruction.
rekonvalescens *sb. (en, -er)* convalescence.
rekonvalescent *sb. (en, -er)* convalescent.
rekord *sb. (en, -er)* record;
□ *have -en, være indehaver af -en* hold the record (*i* for); *slå en ~* beat (*el.* break) a record; T crack a record; *sætte en ~* set (up) a record.
rekord- record (*fx* price, speed; he did it in record time).
rekordagtig *adj. (attr.)* record.
rekordforsøg attempt to set up (, break) a record, record attempt, attempt on the record.
rekordhøj *adj.* record high.
rekordhøst record harvest, bumper harvest.
rekordindehaver record holder.
rekordjageri craze for record-breaking.
rekordlav *adj.* record low.
rekreation *sb. (en, -er)* **1.** *(efter sygdom)* convalescence;
2. *(hvilekur)* rest cure;
3. *(adspredelse)* recreation;
□ *rejse til Norge på ~* go to Norway for a holiday (*el.* for a break *el.* for one's health).
rekreationshjem convalescent home.
rekreationsrejse journey for the sake of one's health.
rekreativ *adj.* recreational (*fx* activities, area).
rekreere *vb.: ~ sig a)* take a rest (*el.* a holiday); *b) (efter sygdom)* convalesce.
rekrut *sb. (en, -ter)* recruit; S rookie.
rekrutskole training school.
rekruttere *vb.* recruit.
rekruttering *sb. (en, -er)* recruiting, recruitment; *(skoles også)* catchment.
rekrutteringsgrundlag *(for skole: område hvorfra eleverne kommer)* catchment area.
rektangel *sb. (et, rektangler)* rectangle.
rektangulær *adj.* rectangular.
rektor *sb. (en, -er)* **1.** *(for skole)*

headmaster (, headmistress) (*for* of); head, principal; (*am.*) principal; (*især for privatskole*) headmaster (, headmistress);
2. (*for seminarium etc.*) principal (*for* of);
3. (*ved universitet: uden for Engl. & USA*) rector; (*svarer i Engl. til*) vice chancellor; (*svarer i USA til*) president.
rektorat *sb.* (*et, -er*) (*jf. rektor*) **1.** headship; (*am. især*) principalship; **2.** principalship; **3.** vice-chancellorship; (*am.*) presidency.
rekursiv *adj.* recursive.
rekviem *sb.* (*et, -(m)er*) requiem.
rekvirent *sb.* (*en, -er*) (*jur.*) claimant.
rekvirere *vb.* **1.** (*udbede sig*) ask for; (*skriftligt*) write for (*fx* more information);
2. (*bestille, om varer*) order; (*om redegørelse etc.*) commission;
3. (*mil.*) requisition (*fx* vehicles).
rekvireret *adj.* (*bestilt udefra*) commissioned (*fx* research).
rekvisit *sb.* (*en, -ter*) (*teat.*) prop;
□ *-ter a)* accessories; (F *el. spøg.*) requisites (*fx* toilet requisites); *b)* (*teat.*) properties; T props.
rekvisition *sb.* (*en, -er*) requisition.
rekvisitionsseddel written requisition.
rekvisitliste (*teat.*) property list.
rekvisitør *sb.* (*en, -er*) property master (, mistress); assistant stage manager.
rekyl *sb.* (*en, -er*), **rekylere** *vb.* recoil.
rekylfri *adj.* recoilless.
rekylgevær light machine gun.
rekylkanon recoil gun.
relatere *vb.*: ~ *til* relate to.
relation *sb.* (*en, -er*) relation;
□ *i ~ til* in relation to; *stå i* (*el. have*) *~ til* (ɔ: *vedrøre*) be relevant to, be connected with; F be relative to; have a bearing on (*fx* what he said has no bearing on the subject).
relativ[1] *sb.* (*et, -er*) relative pronoun.
relativ[2] *adj.* **1.** relative; **2.** (*forholdsvis*) relative, comparative (*fx* in relative (*el.* comparative) quiet);
□ *-t pronomen* relative pronoun.
relativisme *sb.* (*en*) relativism.
relativist *sb.* (*en, -er*) relativist.
relativistisk *adj.* relativistic; (*attr. også*) relativist.
relativitet *sb.* (*en*) relativity.
relativitetsteori theory of relativity.
relativpronomen *se relativ*[1].
relegere *vb.* send down, expel.
relevans *sb.* (*en*) relevance (*for* to).
relevant[1] *adj.* relevant (*for* to).
relevant[2] *adv.* relevantly.
relief *sb.* (*et, -fer*) relief;
□ *stille* (*el. sætte*) *noget i ~* throw sth into relief, set sth off.
reliefkort relief map.
religion *sb.* (*en, -er*) **1.** religion; (*tro*) faith (*fx* the Christian faith (*el.* religion));
2. (*skolefag*) religious education; (*fork.* RE).
religionsfilosofi philosophy of religion, religious philosophy.
religionsforfølgelse religious persecution.
religionsfrihed religious liberty, freedom of conscience.
religionshistorie history of religion.
religionshistoriker religious historian.
religionskrig religious war.
religionsløs *adj.* religionless.
religionssociolog sociologist of religion.
religionssociologi sociology of religion.
religionsstifter founder of a religion.
religionsstrid religious dispute.
religionsudøvelse religious worship;
□ *fri ~* liberty of worship.
religionsundervisning religious instruction.
religiøs *adj.* **1.** religious; **2.** (*om litteratur*) devotional.
religiøsitet *sb.* (*en*) religiousness; (*fromhed*) piety.
relikt *sb.* (*en el. et, -er*) **1.** (*zo., bot.*) relict;
2. (*levn*) relic (*fra* of, *fx* the idea is a relic of Victorian morality); survival (*fra* from, *fx* the ceremony is a survival from pre-Christian times).
relikvie *sb.* (*en el. et, -r*) relic.
relikvieskrin reliquary.
relæ *sb.* (*et, -er*) (*elek.*) relay.
rem *sb.* (*en, -me*) **1.** strap; (*smal*) thong;
2. (*driv-, liv-*) belt;
3. (*stryge-, slibe-*) strop;
4. (*under tagspær*) head;
□ *have en ~ af huden* be tarred with the same brush; *ride alt hvad -mer og tøj kan holde* ride hell for leather.
rembours (*etc.*) *se remburs* (*etc.*).
remburs *sb.* (*en, -er*) documentary credit;
□ *lang ~* acceptance credit; *uigenkaldelig ~* irrevocable credit.
rembursere *vb.* reimburse;
□ *~ sig* reimburse oneself.
rembursering *sb.* (*en, -er*) reimbursement.
remedier *sb.pl.* (*ting*) things, paraphernalia.
reminiscens *sb.* (*en, -er*) reminiscence (*fra* of).
remis *sb.* (*en*) drawn game, draw;
□ *spillet er ~* it is a draw.
remise *sb.* (*en, -r*) **1.** (*sporvognsetc.*) depot; (*am.*) carbarn; **2.** (*lokomotiv-*) engine shed, roundhouse.
remisse *sb.* (*en, -r*) *se rimesse.*
remittent *sb.* (*en, -er*) payee.
remittere *vb.* remit, send.
remmesko strap shoe.
remmesæl (*zo.*) bearded seal.
remontant *sb.* (*en, -er*) (*bot.*) remontant.
remonte *sb.* (*en, -r*) (*hest*) remount.
remontere *vb.* **1.** remount; **2.** (*om plante*) be remontant.
remoulade *sb.* (*en, -r*) (*svarer til*) tartar(e) sauce.
remplacere *vb.* replace (*med* by, with).
remse[1] *sb.* (*en, -r*) **1.** long string (, list) of words (, names etc.);
2. (*neds.: lang kedelig beretning*) screed; (*forvirret, uforståelig, især mundtlig*) rigmarole;
3. (*monotont fremført opremsning*) litany (*fx* geography used to be a dreary litany of towns, rivers and principal crops; he reeled off a litany of all his wrongs);
4. (*børne-*) jingle; (*tælleremse*) counting-out rhyme;
□ *kunne* (*, lære*) *navnene på ~* know (, learn) the names by rote.
remse[2] *vb.*: *~ op a)* (*regne op*) list, catalogue (*fx* all his mistakes); *b)* (*lire af, efter hukommelsen*) reel off, rattle off (*fx* all the kings of England).
remskive pulley.
remtræk belt drive.
remulade *se remoulade.*
ren[1] *sb.* (*en, -er*) (*zo.: rensdyr*) reindeer.
ren[2] *adj.* (*se også rent*) **1.** (*mods. snavset*) clean;
2. (*ublandet, uforfalsket; moralsk ~; strengt teoretisk*) pure (*fx* pure gold (, wool); chemically pure; pure thoughts; chaste and pure; pure mathematics); (*om sprog: korrekt*) pure;
3. (*netto*) net (*fx* profit);
4. (*mus.: ~ og klar*) pure (*fx* voice, note); (*om tonehøjde*) true (*fx* pitch); (*om interval*) perfect (*fx* fourth (*kvart*); fifth (*kvint*));
5. (*om omrids*) clean-cut, clear,

clean (*fx* the clean lines of a motor car);
6. *(ligefrem, ~ og skær)* sheer (*fx* ignorance, madness; it was a sheer delight); pure (*fx* kindness, nonsense; it was a pure accident); plain (*fx* guesses; the plain truth); *(også om person)* absolute (*fx* he is an absolute fool (, genius)); *(kun neds.)* downright (*fx* scoundrel; rudeness);
7. *(blot og bar)* mere (*fx* a mere boy (, child));
8. *(som kun består af)* all (*fx* an all-boys class; an all-women team; an all-girls school);
□ *det er* ***den -e (, det -e)*** ... it is sheer (*fx* luck, madness); it is pure (*fx* nonsense); it is plain (*fx* foolishness); *for den -e er alting -t* to the pure all things are pure; *det er det -e vrøvl (også)* it is so much nonsense; ***gøre*** ~ clean; *gøre -t* clean (house); *(se også rent)*; *gøre -t bord se ndf.: med sb.*; *få (el. bringe)* ***på det -e*** clear up (*fx* the matter, the point); get straight (*fx* let's get this straight); *få tingene på det -e a) (ɔ: få klarhed over)* get things clear; *b) (fjerne misforståelser)* put things (*el.* the record) straight; *være på det -e med* realize; *give et barn* ***-t på*** change a baby's nappie; *lægge -t på sengene* change the bed linen; ~ ***og skær*** sheer (*fx* folly, ignorance); pure and simple *(kun efterstillet)* (*fx* it was laziness (, carelessness, envy etc.) pure and simple) *(se også ovf.: 6)*;
[med sb.] give ~ besked speak plainly, speak out; *give ham ~ besked* give him a piece of one's mind; *gøre -t bord a) (blive færdig)* get through all one's work; *b) (tilstå)* make a clean breast of it; T come clean; ~ *chokolade* plain chocolate; ~ *fortjeneste* a clear profit (*fx* a clear profit of £5,000); *det er ~ fortjeneste* it is all profit; *have ~ samvittighed* have a clear conscience; ~ *skønhed* perfect beauty; ~ *smag* pure taste; *ved et -t tilfælde* by pure (*el.* the merest) chance, by sheer accidence; *af -este vand* of the first (*el.* purest) water; *(se også elendighed, idyl, linie, mel, ord)*.

rend *sb. (et)* **1.** run, running;
2. *(føjten om)* gadding about;
□ *der var et forfærdeligt ~ hele dagen* people kept coming and going (, running in and out) all day; *vi har et ~ af tiggere* we are overrun by beggars; *stikke i ~* start (*el.* set off) running.

rende[1] *sb. (en, -r)* **1.** *(rille, fure)* groove;
2. *(afløbs-)* drain;
3. *(grøft)* ditch;
4. *(anden gravet fordybning)* furrow;
5. *(sejlløb)* channel (*fx* make a channel through the ice); fairway;
6. *(slisk til styrtegods)* shoot.

rende[2] *vb. (rendte, rendt)* **1.** *(om væske)* run; *(dråbevis)* trickle;
2. *(være utæt)* leak;
3. *(om person, dyr)* run; *(stikke af)* bolt (*fx* the burglars bolted when they saw the policeman); *(med små hurtige skridt)* scurry (*fx* the mouse scurried across the floor; everybody scurried for cover); *(+ kluntet)* scuttle (*fx* the crab scuttled away); *(se også ndf.: ~ væk)*;
4. *(føjte om)* gad about;
□ *komme -nde* come running; *han kommer altid -nde* he is always on my doorstep; *du kan ~* ***mig!*** stuff it! *(grovere)* stick it!; *(se også røv)*; *du kan ~* ***og hoppe!*** go and jump in the lake (*el.* river *el.* sea)! go and take a running jump! *(groft)* get stuffed! ~ ***sin vej*** *se ndf.: ~ væk*;
[med præp. & adv.] ~ ***af*** *med* run away with; ~ ***efter*** *en* run after sby; ~ *efter piger (også)* chase (around) after girls; '~ ***fra*** *a)* run away from; *b) (et løfte)* go back on; *c) (ansvar)* shirk; *vandet -r* '*fra* the water runs off; ~ ***i*** *vejret (ɔ: vokse)* shoot up; ~ *sværdet* ***igennem*** *ham* run him through with one's sword; ~ *en* ***ind*** *(ɔ: indhente)* run sby down, catch up with sby; *(se også dør)*; ~ ***med*** *sladder* tell tales, gossip; ~ ***om*** *hjørner med se hjørne*; ~ '***på*** *a) (træffe)* run across, run into; T bump (*el.* bang) into; *b) (kollidere med)* run into; *(hårdere)* bump (*el.* bang) into; ~ *en på dørene se dør*; ~ ***rundt*** run about (*el.* around); *det -r rundt for ham se rundt (løbe rundt)*; ~ ***væk*** run away; *(hurtigt)* make off, bolt; *(fordægtigt)* scuttle away (*el.* off).

rendegarn warp.
rendegraver JCB digger, trencher.
rendeløkke running noose (*el.* knot).
rendemaske 1. *(person)* gadabout;
2. *(maske)* ladder; *(am.)* run.
renderi *sb. (et) se rend.*
rendesten gutter;
□ *smide sine penge i -en (let glds.)* pour one's money down the drain (*el.* the sink).
rendezvous *sb. (et, -er)* rendezvous, assignation.

rendyrke *vb.* cultivate.
rendyrket *adj. (fig.)* thorough(-going), pure (*fx* selfishness);
□ *han er en ~ egoist* he is an egoist through and through.
rendyrkning (pure) cultivation.
renegat *sb. (en, -er)* renegade.
renfærdig *adj.* **1.** *(renlig)* cleanly;
2. *(hæderlig)* honest.
renfærdighed *sb. (en) (jf. renfærdig)* **1.** cleanliness; **2.** honesty.
rengøre *vb.* clean.
rengøring *sb. (en, -er)* (house) cleaning; *(grundig)* clean-up.
rengøringsassistent cleaner.
rengøringsdame, rengøringshjælp domestic (help); cleaning lady.
rengøringskone *(glds.)* charwoman; T char.
rengøringsmaskiner *sb.pl.* cleaning machines.
rengøringsmiddel cleansing agent, cleanser.
rengøringsselskab cleaning service; cleaning contractors pl.
rengøringsvanvid*: hun har ~* she has a mania for turning out her rooms; she is terribly houseproud.
rengøringsvogn cleaning cart.
renhed *sb. (en) (jf. ren²)* **1.** cleanness; **2.** purity;
□ ~ *i tanken* purity of mind.
renholde *vb.* keep clean.
renholdelse *sb. (en)* cleaning.
renholdningsselskab = *rengøringsselskab.*
renkultur 1. *(rendyrkning)* cultivation; **2.** *(resultat)* pure culture;
□ *i ~ se rendyrket.*
renlig *adj.* cleanly;
□ *han er blevet ~ (om barn)* he has learnt to use the toilet.
renlighed *sb. (en)* cleanliness;
□ ~ *er en god ting (omtr.)* cleanliness is next to godliness.
renlighedstræning 1. *(for børn)* habit training; *(til at gå på wc)* toilet training; **2.** *(for hund)* house training.
renlivet *adj. (gennemført)* staunch.
renommé, renomme *sb. (et, renomeer)* reputation;
□ *godt ~ (også)* (a) good name; *leve på -et* live on one's reputation.
renonce *sb. (en, -r) & adj.* void;
□ *være ~ i hjerter* be void of hearts.
renoncere *vb.* give it up;
□ ~ *på* do without; *(krav, ret etc.)* waive; ~ *på at gøre noget* give up the idea of doing sth; F renounce the idea of doing sth.
renovation *sb. (en, -er)* **1.** *(dag-)* removal of refuse, refuse disposal (*el.* collection); **2.** *(nat-)* removal

of night soil; **3.** *(det fjernede)* refuse; *(nat-)* night soil.
renovationsarbejder 1. *(dag-)* refuse collector; T dustman; *(am.)* garbage collector; T garbage man; **2.** *(nat-)* nightman.
renovationsvogn *(bil)* refuse-collection truck; refuse lorry (*el.* van); *(am.)* garbage truck.
renovatør *sb. (en, -er) se renovationsarbejder.*
renovere *vb.* renovate.
renovering *sb. (en, -er)* renovation.
rensdyr *(zo.)* reindeer (pl. -).
rensdyrlav *(bot.)* reindeer moss.
rense *vb.* **1.** clean (*fx* clothes, a pipe, one's nails, a wound); *(især: desinficere)* cleanse (*fx* a wound, one's skin); *(skylle)* rinse (*fx* bottles); *(~ ceremonielt)* cleanse;
2. *(for beskyldning)* clear (*for* of, *fx* he was cleared of all charges); F exculpate, exonerate (*for* from);
3. *(moralsk etc.)* cleanse (*for* of, *fx* guilt, iniquity, wickedness); purify, purge (*for* of, *fx* one's mind of wicked thoughts); *(am.: tekst for anstødelige udtryk el. følsomme oplysninger)* sanitize;
4. *(om fisk, fjerkræ)* clean; *(tage indvoldene ud af fjerkræ også)* draw (*og binde op* and truss);
5. *(om væske, luftart)* purify (*fx* water, the blood); *(om spildevand også)* treat;
6. *(sigte)* screen, sift;
7. *(rør etc.)* clean out, clear;
8. *(korn)* clean; *(med blæser el. vind)* winnow;
9. *(for radioaktivitet, giftgas)* decontaminate;
□ *kemisk ~ (ɔ: tøj)* dry-clean; *~ luften a)* purify the air; *b) (fig.)* clear the air; *~ sig a)* clean oneself; *b) (for beskyldning)* clear oneself, clear one's name;
[med præp. & adv.] ~ ***for*** *a)* clear of (*fx* clear the harbour of mines); F rid of; *(stærkere)* purge of; *b) se ovf.: 2, 3; ~ ham for beskyldningen (, mistanken)* clear him; *~ en kjole for pletter* remove stains (, spots) from a dress; *~* ***op*** *se oprense; ~* ***ud*** *a)* clean; F cleanse; *b) (i skov)* weed, clean; *c) (ved afføring)* purge (*fx* the bowels); *d) (fig.: uønskede elementer)* weed out; *~* ***ud i*** *(politisk)* purge (*fx* the party, the organisation); *~ ud i personalet* get rid of superfluous staff.
renseanlæg *se rensningsanlæg.*
rensecreme cleansing cream, cleanser.
renselem clean-out (door).
renselse *sb. (en, -r)* **1.** *(rel.)* purification; **2.** *se rensning.*
renselsesproces cleansing process; purification.
rensemiddel 1. cleaning preparation (*el.* agent); cleaner; **2.** *(plet-)* stain remover.
renseri *sb. (et, -er)* (dry-)cleaner's (*fx* send a coat to the (dry-) cleaner's); dry-cleaning plant.
renseserviet cleansing tissue.
rensevæske cleaning fluid.
renskrift *sb. (en)* **1.** fair copy; **2.** *(af stenogram)* transcript.
renskrive *vb.* **1.** make a fair copy of; **2.** *(stenogram)* transcribe.
renskuret *adj.* well-scrubbed.
rensning *sb. (en, -er) (jf. rense)*
1. cleaning; cleansing;
2. clearing; exculpation;
3. cleansing; purification, purging;
4. cleaning; drawing (and trussing);
5. purification; treatment (*fx* wastewater treatment);
6. screening, sifting;
7. clearing;
8. cleaning, winnowing;
9. decontamination;
□ *biologisk ~ (af spildevand)* biological purification; *kemisk ~ a) (af spildevand)* chemical purification; *b) (af tøj)* dry-cleaning; *mekanisk ~ (af spildevand)* physical treatment; *sende en kjole til ~* send a dress to the (dry-)cleaner's.
rensningsanlæg *(for spildevand)* (waste)water treatment plant (*el.* works); sewage treatment works.
rent *adv.* **1.** *(moralsk)* purely, cleanly;
2. *(helt, aldeles)* quite, completely (*fx* wrong); absolutely (*fx* awful);
3. *(udelukkende)* purely (*fx* a purely practical thing; from a purely linguistic point of view);
4. *(som kun består af)* all (*fx* an all-Danish team);
□ *~ historisk (, juridisk etc.)* from a purely historical (, legal etc.) point of view; *~ tilfældigt se tilfældig; ~* ***ud*** *a) (med vb.: uforbeholdent)* point-blank (*fx* ask sby (, deny sth) point-blank; tell him point-blank that he is a fool); outright; T straight out; *(stærkere)* bluntly; *b) (+ adj.: fuldkommen)* absolutely (*fx* amazing, terrible); *~ ud sagt* to put it bluntly; to use plain language; *sige sin mening ~ ud* speak one's mind;
[med vb.] ***give*** *~ på se ren*[2]; ***gøre*** *~* clean (house); *gøre ~ i huset* clean the house; T do the house; *gøre ~ i et værelse* clean (out) a room; T do (out) a room; *han havde ~* ***glemt*** *det* he had clean forgotten it; ***lægge*** *~ på se ren*[2]; ***skrive*** *~ se renskrive;* ***synge*** *~* sing in tune, sing true; ***tale*** *~ (om børn)* speak properly.
rentabel *adj.* profitable; *(attr. også)* paying (*fx* it is a paying business); □ *gøre landbruget -t* make farming pay.
rentabilitet *sb. (en)* profitability.
rente *sb. (en, -r)* **1.** interest (*af* on); **2.** *(rentefod)* rate of interest, interest rate; **3.** *(understøttelse)* pension;
□ *-r* interest sg.; *(se også afdrag); rentes ~* compound interest;
[med adj.] ***direkte*** *~ (af obligation: rente i procent af kursværdi)* flat yield, current yield; ***effektiv*** *~ a) (af obligation: inklusive udtrækningsgevinst)* redemption yield; *b) (af lån)* true rate (of interest); *den* ***korte*** *(,* ***lange****) ~* short-term (, long-term) interest rates pl.; *lån til* ***variabel*** *~* variable-interest loan;
[med vb. (+ præp.)] ***betale*** *-r (om låneren)* pay interest (*af* on); ***forlange*** *(fx 12%)* ***i*** *~* charge (*fx* 12 per cent) interest; ***give*** *~ (om kapitalen)* give (*el.* bear *el.* return *el.* yield) interest; ***give*** *(fx 12%)* ***i*** *~* earn (*fx* 12 per cent) interest; ***give igen med*** *~ (fig.)* return (*fx* a blow) with interest; ***svare*** *-r se ovf.: betale -r;* ***sætte*** *penge* ***på*** *~* put money out at interest; ***tage*** *10% (i) ~* charge ten per cent interest; ***trække*** *-r se ovf.: give -r;* ***udlåne*** *penge* ***mod*** *~* lend money at interest.
renteafkast yield.
renteberegning calculation of interest.
rentebyrde interest burden.
rentebærende *adj.* interest-bearing.
rentedød*: lide -en (kan gengives)* go to the wall because of the burden of interest.
rentefald fall in interest rates.
rentefod rate of interest.
rentefradrag *(mht. skat)* tax relief on interest; *(for hus)* mortgage tax relief *(fork.* MTR*).*
rentefri *adj.* interest-free (*fx* loan); *(præd. også)* free of interest.
rentefrihed exemption from interest.
renteindtægt income from securities (etc.), investment income.
rentekupon interest coupon.
rentemarginal interest margin, interest differential; margin between deposit and lending rates.
rentepenge *sb.pl.* interest sg.
rentesats rate of interest.

rentesregning computation of interest.
rentetab loss of interest.
rentetabel table of interest.
rentetillæg added interest.
rentier *sb. (en, -er)* person of independent means; rentier, independent gentleman.
rentryk perfect impression;
□ *bogen foreligger i ~* the book is in sheets.
rentrykke *vb.* print.
renvasket *adj.* **1.** clean; **2.** *(fig.)* whitewashed.
renæssance *sb. (en)* renaissance;
□ *-n* the Renaissance.
renæssancestil Renaissance style.
reol *sb. (en, -er)* (book) shelves pl.; bookcase;
□ *i -en* on the shelves; in the bookcase.
reolgrave *vb. (kulegrave)* trench.
reolseng cupboard bed.
reorganisation *sb. (en, -er)* reorganization.
reorganisere *vb.* reorganize.
reparation *sb. (en, -er)* **1.** *(det at reparere)* repair sg. (*fx* the road is under repair); repairs pl. (*fx* he left the car for repairs at a garage); *(omfattende)* reconditioning; *(om småreparationer)* mending;
2. *(enkelt ~)* repair (*fx* we have done the necessary repairs); repair job;
3. *(istandsat sted, fx på tøj)* mend; *(lap)* patch.
reparationsalderen *(kan gengives)* the maintenance age.
reparationsværksted repair shop, maintenance shop; *(bilværksted også)* service station, garage.
reparatør *sb. (en, -er)* service mechanic, engineer; T repairman.
reparere *vb.* repair (*fx* a fountain pen, a watch, a road, a car, a ship); *(gennemgribende)* recondition; *(især om mindre ting & med håndkraft)* mend (*fx* a broken toy, a fountain pen, a watch, a bicycle, a fence, a shirt); T fix.
repatriere *vb.* repatriate.
repertoire *sb. (et, -r)* **1.** *(teat., mus.)* repertoire; F repertory;
2. *(fig.)* repertoire (*fx* he has a limited repertoire of jokes);
□ *hans faste ~ (jf. 2, ofte neds.)* his stock-in-trade; *hans faste ~ af anekdoter* his stock anecdotes; *på -t* in one's (, their etc.) repertoire.
repetere *vb.* **1.** *(læse igen)* read again, re-read;
2. *(pensum)* revise; *(uden objekt)* do revision;
3. *(gentage)* repeat.
repetition *sb. (en, -er)* **1.** *(af pensum)* revision; **2.** *(teat.: musikprøve)* musical rehearsal.
repetitionstegn *(mus.)* repeat.
repetitør *sb. (en, -er) (teat.)* rehearser; *(for kor)* chorus master.
replicere *vb.* reply; *(skarpt)* retort; F rejoin.
replik *sb. (en, -ker)* **1.** *(gensvar)* reply; F rejoinder; *(skarp)* retort; *(kvik)* repartee;
2. *(ytring i samtale)* remark;
3. *(teat.)* line; lines pl.; *(længere)* speech;
4. *(jur.)* replication;
□ *være kvik (el. rask) i -ken* always have a ready answer; be quick at repartee; *(se også afsides[1]).*
replikskifte *sb. (et)* **1.** exchange (of words); **2.** *(i drama)* dialogue.
report *sb. (en) (hdl.)* contango.
reportage *sb. (en, -r)* **1.** *(det at)* reporting;
2. *(meddelelse)* report;
3. *(tv, radio)* on-the-spot report;
4. *(radio-, løbende ~, fx af sportskamp)* running commentary (*fra* on, *fx* a football (, tennis) match).
reporter *sb. (en, -e)* reporter.
repos *sb. (en, -er) (trappe-)* landing.
repremiere first night of a revival.
repressalier *sb.pl.* reprisals, retaliatory measures;
□ *tage ~* carry out reprisals (*mod* against).
repressiv *adj.* repressive.
reprimande *sb. (en, -r)* reprimand; *(skarp)* rebuke; *(mildere)* reproof;
□ *give én en ~* reprimand (, rebuke, reprove) sby.
reprimandere *vb.* reprimand; *(skarpt)* rebuke; *(mildere)* reprove.
reprise *sb. (en, -r)* **1.** *(af skuespil)* revival; **2.** *(af radioudsendelse)* repeat; **3.** *(mus.)* reprise, recapitulation.
repriseteater repertory cinema.
reproducerbar *adj.* reproducible.
reproducere *vb.* reproduce.
reproduktion *sb. (en, -er)* **1.** *(det at)* reproduction; **2.** *(billede)* reproduction, print (*fx* van Gogh prints).
reprograf *sb. (en, -er)* reprographer.
reprografi *sb. (en)* reprography.
repræsentant *sb. (en, -er)* **1.** representative (*fx* a representative of the older generation; send a representative to a conference); *(i forsamling også)* delegate; *(stedfortræder også)* deputy;
2. *(for firma: agent)* representative, agent; *(sælger)* representative; T rep;
□ *Repræsentanternes Hus (i USA)* the House of Representatives.
repræsentantskab *sb. (et, -er)* council; *(svarer i eng. aktieselskab omtr. til)* shareholders' committee.
repræsentation *sb. (en, -er)* **1.** representation; **2.** *(hdl.)* agency (*fx* sole agency for a firm); **3.** *(selskabelighed)* entertainment.
repræsentationskonto entertainment account; expense account.
repræsentationstillæg entertainment allowance.
repræsentationsudgifter *sb.pl.* entertainment expenses.
repræsentativ *adj.* **1.** representative (*for* of);
2. *(præsentabel)* presentable, distinguished (*fx* partner); stately, impressive (*fx* house);
□ *-t demokrati* representative democracy; *-e pligter a) (til at invitere)* obligations to entertain; *b) (til at gå ud)* social obligations; *c) (fx om kongehuset)* ceremonial duties; *han har mange -e pligter a)* his job entails a considerable amount of entertainment; *b)* he has many social obligations; *være ~ (ɔ: præsentabel)* have a good presence.
repræsentere *vb.* **1.** represent;
2. *(være)* be (*fx* this is a good example of his early work); F constitute (*fx* a serious risk);
3. *(beløbe sig til)* amount to (*fx* his fees amount to a considerable sum);
4. *(udgøre)* make up, account for (*fx* repairs make up (*el.* account for) half the expenditure);
5. *(i parlament)* represent, be member for, sit for;
6. *(uden objekt: give selskaber)* entertain;
□ *lade sig ~ ved* be represented by.
reps *sb. (et, -) (tøjsort)* repp, rep.
reptil *sb. (et, -er) (zo.)* reptile.
republik *sb. (en, -ker)* **1.** republic;
2. *(eng. hist.: Cromwells)* the Commonwealth.
republikaner *sb. (en, -e)* **1.** republican; **2.** *(am. pol.)* Republican.
republikansk *adj.* **1.** republican;
2. *(am. pol.)* Republican.
reseda *sb. (en, -er) (bot.)* mignonette.
reservat *sb. (et, -er)* **1.** *(for mennesker)* reserve, reservation (*fx* the Indian reservations in the USA);
2. *(for dyr)* reserve; *(for fugle især)* sanctuary.
reservation *sb. (en)* **1.** *(forbehold)* reservation (*fx* accept it without

reservation);
2. *(forbeholdenhed)* reserve;
3. *(forudbestilling)* reservation, booking; *(am.)* reservation.
reserve *sb. (en, -r)* **1.** *(også bank-, hdl., mil.)* reserve; **2.** *(i sport)* substitute (player), reserve;
□ *i* ~ in reserve; *en mand i* ~ a spare hand; *-n (mil.)* the Reserve; *officer af -n* Reserve officer.
reserve- 1. spare (*fx* anchor, wheel, propeller); reserve (*fx* ammunition, bunker, engine); **2.** *(nød-)* emergency, stand-by (*fx* generator).
reservebeholdning reserve.
reservedel spare (part) (*til* for).
reservedæk spare tyre.
reservefond reserve fund.
reservefondsaktie bonus share.
reserveforråd reserve; reserves pl.
reservehjul spare wheel.
reservekirurg assistant surgeon.
reservelæge 1. (senior) registrar; *(am.)* (senior) resident; **2.** *(mil.)* second lieutenant (MC); *(sø.)* surgeon sublieutenant.
reservemandskab spare hands pl.; *(mil.)* reserve(s).
reserveofficer Reserve officer.
reservepostbud auxiliary postman.
reservere *vb.* **1.** reserve; **2.** *(forudbestille)* reserve, book; *(am.)* reserve;
□ ~ *en noget* reserve sth for sby; *det er -t nogle få* it is reserved for a few people.
reserveret *adj.* **1.** *(bestilt)* reserved (*fx* seat, table); **2.** *(tilbageholdende) se reservert.*
reservering *sb. (en, -er) (jf. reservere)* **1.** reservation; **2.** reservation, booking; *(am.)* reservation.
reservert *adj. (tilbageholdende)* reserved (*fx* he is very reserved; he has a reserved nature (, manner)); F withdrawn.
reserverthed *sb. (en)* reserve.
reserveskrue *(sø.)* spare propeller.
reservestyrke *(mil.)* reserve.
reservetandlæge *(mil.)* second lieutenant (Dental Corps); *(sø.)* surgeon sublieutenant (Dentist).
reserveudgang emergency exit.
reservoir *sb. (et, -er)* reservoir.
residens *sb. (en, -er)* **1.** *(-slot)* (royal) residence; **2.** *(-by)* [seat of a reigning monarch];
□ *forlægge -en (spøg.)* adjourn (*til* to).
resident *sb. (en, -er)* minister resident.
residere *vb.* reside, live.
resignation *sb. (en, -er)* resignation.
resignere *vb.* **1.** *(opgive at gøre noget)* give up; **2.** *(finde sig i sin skæbne)* resign oneself to one's fate.
resigneret[1] *adj.* resigned, uncomplaining.
resigneret[2] *adv.* resignedly.
resistens *sb. (en)* resistance (*over for* to).
resistent *adj.* resistant (*over for* to).
reskontro *sb. (en, -er) (hdl.)* account-current book.
reskript *sb. (et, -er)* rescript, ordinance.
resocialisere *vb.* rehabilitate (*fx* delinquents).
resolut[1] *adj.* **1.** *(beslutsom)* resolute, determined; **2.** *(uden nølen)* prompt, unhesitating.
resolut[2] *adv. (jf. resolut*[1]*)* **1.** resolutely, determinedly; **2.** promptly, unhesitatingly.
resoluthed *sb. (en) (jf. resolut*[1]*)* **1.** resoluteness, determination; **2.** promptitude, promptness.
resolution *sb. (en, -er)* resolution.
resolvere *vb.* **1.** resolve; **2.** *(om øvrighed)* decide, decree.
resonans *sb. (en, -er)* resonance;
□ *give* ~ reverberate.
resonansbund sounding board.
resonansrum resonance chamber.
respekt *sb. (en)* respect (*for* for); *(høflig ~ over for overordnet, højerestillet etc.* F*)* deference (*for* to);
□ *have ~ for en a)* have respect for sby, respect sby; F hold sby in respect; *b) (frygte)* stand in awe of sby;
[med præp.] sætte sig **i** ~ make oneself respected; ***med*** ~ *at melde* not to put too fine a point on it; *(glds.)* saving your reverence; ***med*** *al* ~ ***for*** with all (due) respect to; F with all deference to; *med ~ for sig selv* self-respecting (*fx* no self-respecting liberal would sign that declaration); *enhver lærer med ~ for sig selv kan gøre det* any teacher worthy of (*el.* worth) the name can do it.
respektabel *adj.* respectable.
respektabilitet *sb. (en)* respectability.
respektere *vb.* **1.** respect (*fx* him, his wishes, the rules); **2.** *(en afgørelse)* abide by.
respektfuld *adj.* respectful.
respektindgydende *adj.* **1.** *(ærefrygtindgydende)* awe-inspiring; **2.** *(imponerende)* impressive; *(ved sin størrelse etc.,* F*)* imposing.
respektiv *adj.* respective (*fx* they were sent to their respective rooms); F several.
respektive *adv.* respectively (*fx* John and Henry were third and fourth respectively).
respektløs *adj.* disrespectful (*mod* to).
respektløshed *sb. (en)* disrespect.
respektstridig *adj.* disrespectful (*over for* to).
respiration *sb. (en)* respiration.
respirator *sb. (en, -er)* respirator;
□ *ligge i* ~ be on a respirator; *slukke for -en* turn off the respirator, pull the plug.
respit *sb. (en)* respite.
respitdag day of grace.
respons *(en el. et, -er)* response.
responsum *sb. (et, responsa)* (expert) opinion;
□ *afgive* ~ give an opinion.
ressort *sb. (en, -er)* **1.** *(område)* province; **2.** *(ansvarsområde)* field of responsibility.
ressortministeren the minister responsible.
ressortministeriet the relevant department.
ressourcekrævende *adj.: det er* ~ it demands considerable resources.
ressourcer *sb.pl.* resources (*fx* financial (, natural) resources); *(økonomiske også)* funds.
ressourcespild waste of resources (*fx* it is a waste of resources).
rest *sb. (en, -er)* **1.** *(lille smule der er tilbage; også om stofrest)* remnant (*fx* of an old custom, of strength; of the material); *(stump)* scrap (*fx* a scrap of silk; scraps of food); *(se også ndf.: -en, -er)*;
2. *(i regnestykke)* remainder (*fx* add the remainder to the original figure);
3. *(restbeløb)* balance;
4. *(kem.)* residue; F residuum (pl. residua);
□ *der er (endnu)* ***en*** ~ there is something left;
-en *a)* the rest (*fx* of the day, of his life; you can keep the rest); what is left; *(mere* F *& om mindre rest)* the remainder (*fx* of his life, of the year; of a company; of a debt); *(*T *& om restbeløb også)* the balance (*fx* the balance of my holidays; the balance must be paid within 10 days); *b) (om personer)* the rest (*fx* the rest were asleep); the others; *(mere* F*)* the remainder;
-er *a)* remains (*fx* of a building; of a prehistoric animal; of a past civilization; of a meal); *(smårester, især stofrester)* remnants (*fx* buy carpet remnants); *(stumper)* scraps (*fx* of metal, of paper, of food); *(se også madrester)*; *b) (kem.)* residues (*fx* pesticide

residues in food);
[med adj.] ***jordiske*** *-er* mortal remains; *den* ***sidste*** *~ a)* the last bit (that was (, is) left over) (*fx* the last bit of the cake (, of my confidence)); *b) (om væske)* the last drop (*fx* of whisky); *den sidste ~ af mine penge* the last of my money; ***sørgelige*** *-er* sad remains; *(ubetydelige)* sad remnants (*fx* of former glory);
[med præp.] ***for*** *-en a) (tilfældigvis)* incidentally, as it happens (*fx* as it happens, he is my brother); *b) (apropos)* incidentally, by the way (*fx* by the way, are you coming tonight?); that reminds me; (now I) come to think of it; *c) (for den sags skyld)* for that matter (*fx* it was not a bad idea, for that matter); *d) (desuden)* besides; *blive* ***til*** *~* be left (over), remain; *have (, få) noget til ~* have sth left; *stå til ~* remain.

restance *sb. (en, -r)* arrears pl.;
□ *være i ~ med* be in arrears with.

restant *sb. (en, -er)* person in arrears.

restaurant *sb. (en, -er)* **1.** restaurant; **2.** *(på jernbanestation)* refreshment room; **3.** *(i hotel)* restaurant, dining room.

restauration *sb. (en, -er)* **1.** *se restaurant, restaurering;* **2.** *(politisk)* restoration.

restaurationspersonale catering staff.

restauratør *sb. (en, -er)* restaurant-keeper; *(finere,* F*)* restaurateur.

restaurere *vb.* restore.

restaurering *sb. (en, -er)* restoration.

restbeholdning remainder.

restbeløb balance.

restemad leftovers pl.

restere *vb.* be left over; F remain.

resterende *adj.* remaining;
□ *det ~* the rest; *(mere* F *& om mindre rest)* the remainder.

restgruppe residual group.

restgæld remaining debt.

restituere *vb. (helbrede)* cure; F restore to health;
□ *-t (rask)* recovered; restored to health.

restitution *sb. (en)* **1.** restoration; **2.** *(helbredelse)* recovery.

rest-Jugoslavien rump Yugoslavia.

restkoncentration *(kem.)* residue (*fx* pesticide residues in food).

restlager surplus stock.

restoplag **1.** *(af bog)* remaining copies pl.; **2.** *(som sælges nedsat)* remainders pl.

restparti remainder.

restriktion *sb. (en, -er)* restriction;
□ *-er (også)* controls (*over for* on).

restriktiv *adj.* restrictive.

restsalg *(af tøj etc.)* remnant sale.

restskat underpayment of tax.

resultat *sb. (et, -er)* **1.** result (*fx* with a good (, negative) result; without result; they want quick results; the result of the election (, the competition, the examination, the war, his foolishness); scientific results; football results); *(udfald, produkt, også)* outcome (*fx* the outcome of the election (, the conference, the war); the book is the outcome (*el.* result) of many years' hard work); *(endeligt resultat også,* T*)* upshot (*fx* the upshot of their long quarrel);
2. *(bedrift etc.)* achievement (*fx* the achievements of modern science);
3. *(virkning)* effect (*fx* it had no effect);
4. *(udbytte)* profit, return;
5. *(logisk slutning)* conclusion (*fx* after considering the matter we have reached (*el.* arrived at) the conclusion that ...);
□ *-er (af undersøgelse etc.)* findings; *det* ***gav*** *~* it gave results, it was a success; *det var* ***et*** *~* ***af*** it was the result of, it resulted from; *(se også meddele).*

resultatløs *adj.* futile (*fx* attempt); fruitless (*fx* efforts); abortive (*fx* attempt, negotiations); *(kun attr.)* vain (*fx* attempt);
□ *være ~* be futile (etc.); result in nothing, be in vain, fail; *ende -t* end without a result.

resultatorienteret *adj.* result(s)-oriented.

resultatrig *adj.* effective; successful.

resultere *vb.* result (*i* in).

resumé, **resume** *sb. (et, resumeer)* summary; synopsis (pl. synopses).

resumere *vb.* sum up, give a summary of.

ret[1] *sb. (en, -ter)* **1.** *(mad)* dish (*fx* a cold (, hot) dish; a Danish dish); **2.** *(del af et større måltid)* course (*fx* the first (, second) course; the main course);
□ *dagens ~ (på restaurant)* today's special; *tre -ter mad* three courses; *en middag med seks retter* a six-course dinner; *(se også tage (for sig)).*

ret[2] *sb. (en, -ter)* **1.** *(mods. uret & om rettighed)* right;
2. *(retfærdighed)* justice;
3. *(lovgivning, jura)* law (*fx* Danish (, English) law);
4. *(domstol)* court (of justice), lawcourt;
5. *(retslokale)* court(room);
□ *-ten a)* the Court; *b) (dommeren, dommerne)* the Bench; *lov og ~ se lov; (se også pleje*[1]*);*
[med vb.] ***få*** *~ a) (vise sig at have ~)* prove right; be right after all; *b) (fx i diskussion)* carry one's point; *få sin ~* come into one's own; *jeg* ***giver*** *ham ~* I agree with him (*i at* that); I must admit that he is right; *undersøgelsen vil give mig ~* the investigation will vindicate me; *jeg giver ham ~ i hans betragtning* I admit that he is right; F I admit the justice of his view; *give ~ til* give the right to; entitle sby to; *kuponen giver ~ til en gratis billet* the coupon entitles you to a free ticket; *hvis jeg* ***gjorde*** *dig din ~* if you had your deserts; *(se også skel);* ***gå*** *-tens vej* take legal action, take the matter to court; T go to law; *(se også ndf.: i -te, til -ten);* ***have*** *~* be right (*i at* that); *(se også lidt*[1]*); det har du ~ i* you are right there; *det kan du have ~ i (også)* there is that; *have ~ til (at)* have a (*el.* the) right to, be entitled to; ***skaffe sig*** *sin ~* take the law into one's own hands; *~* ***skal være*** *~ a)* fair is fair; *b) (om modstræbende ros)* I (, we etc.) must give the devil his due; *(se også fyldest (ske fyldest) hæve, kræve);*
[med præp.] ***efter*** *dansk ~* according to (*el.* in) Danish law; ***for*** *-ten* before the court; *bringe sagen for -ten* take the matter to court; *komme for -ten a) (om sag)* come on; *b) (om person)* stand trial; *stille ham for -ten* put him on trial; ***i*** *-ten* in court; *være* ***i sin gode*** *~* be (quite) within one's rights; *gå* ***i -te*** *med en* remonstrate with sby (*for* about, over); ***med*** *nogen (el. en vis) ~* with some justice; *med fuld ~* with perfect justice; *med hvilken ~ kommer De herind?* what right have you to come in here? ***med -te*** *a)* rightly (*fx* he rightly feared that it would be too late); justly, with justice (*fx* he was justly called the greatest); *b) (fortjent)* deservedly (*fx* the school is very famous, and deservedly so); *med -te eller urette* rightly or wrongly; *komme* ***til*** *sin ~ a) (tage sig godt ud)* show to the best advantage; *b) (komme til fuld udfoldelse)* do justice to oneself; *c) (få sin ~)* come into one's own; *gå* ***til -ten*** go to law;

[med vb. + til -te] ***finde*** *sig* ***til -te*** *a) (blive vant til forholdene)* find one's feet, settle in; *b) (blive tilfreds)* be satisfied with conditions; *c) (slå sig til ro)* settle down; ***hjælpe*** *en* ***til -te*** help sby (*med* with); lend sby a helping hand; *han er ikke nem at* ***komme til -te*** *med* he takes some handling; he is not easy to get on with; ***lægge til -te*** *a)* arrange, organize; *b) (forberede)* get ready, prepare; ***sætte sig til -te*** settle oneself (*fx* in front of the television); ***tage*** *sig selv* ***til -te*** take the law into one's own hands; ***tale*** *en* ***til -te*** make sby listen to reason; T talk sby round; ***vise*** *en* ***til -te*** *a) (hjælpe)* show sby his way about; T show sby the ropes; *b) se tilrettevise.*

ret[3] *sb. (en) (retside)* right side.

ret[4] *adj.* **1.** *(lige)* straight (*fx* back, line);
2. *(rigtig)* right (*fx* road); proper (*fx* everything in its proper place);
3. *(retmæssig)* rightful (*fx* heir, owner); *(lovlig)* lawful (*fx* heir, owner);
4. *(i strikning)* plain (*fx* knit plain);
□ *alle ~! (mil.)* attention! *den -te* the proper person (*fx* he is not the proper person to criticize me); *jeg er ikke den -te til at (også)* it is not for me to, who am I to (*fx* criticize him); *det -te* the right thing; *det er ikke mere end ~ og rimeligt* it is only right and proper, it is only fair; *det var ~!* well done! good!
[med sb.] på ~ ***køl*** *se køl*[1]*; han har hjertet på -te* ***sted*** his heart is in the right place; *i -te* ***tid*** *a) (tidsnok)* in time (*fx* we were just in time); *b) (til den rigtige tid)* in due time (*fx* they all arrived in due time); *komme i -te tid til* come (*el.* be) in time for; *et ord i -te tid* a word in season; *på -te tid og sted* at the proper time and place; *være på -te* ***vej*** be on the right road (*el.* track); *(se også vinkel).*

ret[5] *adv. (se også rettere)* **1.** *(lige)* straight (*fx* he stood up straight);
2. *(rigtig)* rightly (*fx* if I remember rightly); correctly; properly;
□ *~ forude (sø.)* right ahead; *~ nord* due north; *slet og ~ se slet*[2]; *~ som* just as;
[med vb.] ~ beset se bese; forstå mig ~ don't misunderstand me; T don't get me wrong; *det gjorde du ~ i* you were right in doing that; T you did the right thing; *hvis jeg husker ~ (også)* if my memory serves me right; *hvis jeg kender ham ~* if I know him; *stå ~ a) (mil.)* stand at attention; *b) (indtage retstilling)* come to attention.

ret[6] *adv.* **1.** *(temmelig)* rather (*fx* bad, brutal, easy, long, nice, rude, tall, unlikely, unpleasant; rather good but not outstanding); *(*rather *er ofte = lidt for, fx* it was rather hot; he is rather young for a headmaster*)*; T pretty (*fx* good, bad, sure, hopeless); F tolerably (*fx* well, certain);
(kan ofte udtrykkes ved tilføjelse af -ish, *fx* latish, reddish, soonish, tallish*)*;
2. *(svagere)* quite (*fx* enjoyable, good, nice, pleased, rude, unpleasant, warm); *(*quite *+ absolut adj. el. adv. betyder "aldeles", fx* quite impossible, quite right*)*; *(svagere, kun + positivt adj. el. adv.)* fairly (*fx* common, easy, good, large, satisfied);
□ ***ikke*** *~* not very (*fx* far, good, many, much); *(svagere: ofte uoversat)* not (*fx* it is not far; without (very) much hope); *~* ***mange****, ~* ***meget*** *se temmelig (mange, meget)*; *~* ***så***... rather, quite (*fx* complicated).

retablere *vb.* **1.** re-establish; **2.** *(fx efter byggeri)* make good.

retarderet *adj.* mentally retarded.

retfærdig *adj.* **1.** just (*fx* judge; cause, decision, war);
2. *(berettiget)* righteous (*fx* anger);
3. *(rimelig)* fair (*fx* treatment);
4. *(rel.)* righteous; *(bibelsk også)* just;
□ *det -e i mine krav* the justice of my claims; *~ harme* righteous indignation; *sove de -es søvn* sleep the sleep of the just.

retfærdiggøre *vb.* justify;
□ *det kan ikke ~* ***at*** *de har afskediget ham* this cannot justify their having dismissed him; *~* ***sig*** *a)* justify one's conduct; *b) (rense sig)* clear oneself.

retfærdiggørelse *sb. (en, -r)* justification.

retfærdighed *sb. (en) (jf. retfærdig)* **1.** justice; **2.** *(berettigelse)* righteousness; **3.** *(billighed, rimelighed)* fairness; F equity;
□ *yde én ~* do sby justice, do justice to sby; *ikke yde ham fuld ~* do him less than justice; *(se også fyldest, vederfares).*

retfærdighedssans sense of justice.

retfærdigvis *adv.* in justice, in (all) fairness.

rethaveri *sb. (et)* obstinacy; T pig-headedness.

rethaverisk *adj. (påståelig)* (self-) opinionated.

retirade *sb. (en, -r) (glds.)* privy.

retirere *vb. (mil.)* withdraw; F retire; *(under pres)* retreat.

retlede *vb.* set right.

retlig *adj.* legal.

retlinet *adj.* upright.

retliniet *adj. (mat.)* straight; *(fagl.)* rectilinear.

retmaske plain stitch.

retmæssig *adj.* **1.** *(berettiget, som tilkommer en)* rightful (*fx* heir, owner; share; his rightful inheritance; he could now take his rightful place as president);
2. *(juridisk berettiget)* lawful (*fx* heir, owner); legitimate (*fx* claim).

retmæssighed *sb. (en) (jf. retmæssig)* **1.** rightfulness; **2.** lawfulness, legitimacy.

retning[1] *sb. (en, -er)* **1.** direction (*fx* I went in the opposite direction);
2. *(henseende)* respect (*fx* satisfactory in every respect);
3. *(tendens)* trend;
4. *(ånds-)* movement (*fx* religious (, philosophical) movements);
5. *(skole)* school (of thought) (*fx* there are several schools of thought; a new school of poets (, artists));
6. *(underafdeling, fløj)* wing (*fx* an evangelical wing of the Church);
7. *(linie i gymnasium)* side;
[med præp.] ***i*** *alle -er a)* in all directions; *b) (ɔ: henseender)* in all respects, in every way; *eller noget i den ~* or something like that; *påvirke i gunstig ~* influence favourably; *i nordlig ~* northwards; *et skridt i den rigtige ~* a step in the right direction;
i samme *~ a)* in the same direction; the same way; *b) (af samme art)* to the same effect; of the same (, that) kind; *noget i samme ~* something along (*el.* on) the same lines;
i ~ af *a)* in the direction of (*fx* run in the direction of the sound); towards; *b) (med hensyn til)* in the way of, by way of (*fx* what can I do in the (*el.* by) way of helping you?); *noget i ~ af* something like, something in the nature of; something along the lines of; *ikke noget i ~ af* nothing like, nothing in the way of;
i ~ mod in the direction of; moving towards (*fx* traffic moving towards London);
~ ***til*** *højre! (mil.)* right dress!

retning[2] *sb. (en, -er) (jf. rette*[2]*)* **1.** *(af fejl)* correction; F rectification;
2. *(af stile)* correction; *(og bedømmelse)* marking; *(am.)* grading;

3. *(af kompas)* adjustment.
retningsantenne directional aerial; *(am.)* directional antenna.
retningsbestemt *adj.* directional (*fx* microphone).
retningsciffer *(tele.)* local dialling code.
retningsgivende *adj.* normative; *(se også vejledende).*
retningslinie line of direction;
□ **-r** *(fig.: forskrifter)* guidelines (*for* for, on); *(fastere)* instructions (*for* for); *fastlægge (el. udstikke) -r for* lay down guidelines for; ***efter** de -r* along (*el.* on) those lines.
retningsmikrofon directional microphone.
retningssans sense of direction.
retningsviser *(på bil)* direction indicator.
retor *sb. (en, -er) (hist.)* rhetor.
retorik *sb. (en)* rhetoric.
retorisk[1] *adj.* rhetorical.
retorisk[2] *adv.* rhetorically.
retort *sb. (en, -er) (kem.)* retort.
retouche *sb. (en, -r)* retouch.
retouchere *vb.* retouch.
retouchering *sb. (en, -er)* **1.** *(det at)* retouching; **2.** *(den enkelte)* retouch.
retouchør *sb. (en, -er)* retoucher.
retransmission retransmission.
retransmittere *vb.* retransmit.
retrograd *adj.* retrograde.
retrospektiv *adj.* retrospective.
retræte *sb. (en, -r) (mil.)* **1.** *(tilbagetog)* retreat; **2.** *(glds.: tappenstreg)* tattoo;
□ *være på ~* be on the retreat.
retrætepost (comfortable) job to retire to.
retsafgifter *sb.pl.* court fees.
retsassessor [senior deputy judge].
retsbegreb concept of justice, idea of justice.
retsbelæring summing up, charge (to the jury).
retsbeskyttelse legal protection.
retsbetjent (court) usher, tipstaff.
retsbevidsthed sense of justice.
retsbog records pl. of the court.
retsbrud *sb. (et, -)* breach of the law.
retsforfølge *vb.* **1.** proceed against; **2.** *(i straffesag)* prosecute.
retsforfølgning *sb. (en, -er)* **1.** (legal) proceedings pl.; **2.** *(strafferetslig)* prosecution;
□ *indlede ~ mod* institute (legal) proceedings against, proceed against.
retsforhandling proceedings pl.
retsformand presiding judge.
retsfølelse sense of justice.
retsgrundlag legal basis.
retsgyldig *adj.* valid.
retsgyldighed *sb. (en)* validity.
retshandling judicial act.
retshistorie history of law, legal history.
retshjælp *(for ubemidlede)* legal aid.
retshjælpsforsikring legal expenses insurance.
retside right side (*fx* most fabrics have a right side and a wrong side); face.
retsind uprightness; *(litt.)* righteousness.
retsindig *adj.* upright, honourable.
retsinstans court (*fx* a higher (, lower) court).
retskaffen *adj.* **1.** upright; **2.** *(hæderlig)* honest.
retskaffenhed *sb. (en)* **1.** uprightness; F rectitude; **2.** *(hæderlighed)* honesty; F integrity.
retskendelse *se kendelse.*
retskraft the force of law.
retskrav legal claim.
retskreds jurisdiction.
retskrivning orthography; spelling.
retskrivningsordbog spelling dictionary, dictionary of spelling.
retskrivningsreform spelling reform.
retskrivningsregel orthographic rule.
retslig *adj.* judicial (*fx* decision, inquiry); legal (*fx* documents, protection);
□ *~ set* from a legal point of view; *[med sb.] -e midler* legal remedies; *~ tiltale* legal proceedings pl.; *~ undersøgelse* a judicial inquiry; *ad ~ vej* by legal means.
retslokale court(room).
retslægeråd medico-legal council.
retslærd *adj.* **1.** *(præd.)* learned in the law; **2.** *(brugt som sb.)* jurist.
retsløs 1. *(om samfund: uden love)* lawless, anarchic; **2.** *(om person: uden retsbeskyttelse; præd.)* without legal rights (*el.* protection);
□ *han er ~* he has no legal rights (*el.* protection).
retsløshed *sb. (en)* **1.** *(lovløshed)* lawlessness, anarchy; **2.** *(persons)* lack of legal rights (*el.* protection).
retsmaskineri machinery of justice.
retsmedicin forensic medicine.
retsmediciner medico-legal expert.
retsmedicinsk *adj.: ~ institut* medico-legal institute.
retsmiddel legal remedy.
retsmøde 1. sitting, session (of a court); **2.** *(retsforhandling)* hearing.
retsopfattelse conception of law.
retsorden legal system.
retspleje 1. administration of justice; **2.** *(som fag)* procedure.
retspraksis case law.
retsprincip principle of law.
retssag case; *(kriminal- også)* trial; *(civil- også)* lawsuit;
□ *-en mod X (om kriminalsag)* the trial of X.
retssal court(room).
retssamfund community founded on the rule of law.
retssikkerhed 1. *(i samfundet)* law and order; the rule of law; **2.** *(den enkeltes)* legal rights pl.; the protection of the law.
retssprog 1. language of the courts; **2.** *(jur. fagsprog)* legal language.
retsstat constitutional state; state governed by law.
retsstilling 1. legal position; **2.** *(persons)* legal status.
retsstridig *adj.* unlawful.
retssystem system of justice.
retstilling *(mil.)* position of attention;
□ *stå i ~* stand at attention.
retstjener (court) usher, tipstaff.
retsvidenskab jurisprudence.
retsvirkning legal effect.
retsvæsen administration of justice; judicial system.
rette[1]*: i ~, med ~, til ~ se ret*[3]*.*
rette[2] *vb.* **1.** *(fejl)* correct; F rectify; **2.** *(opgaver)* correct; *(~ & bedømme)* mark; *(am.)* grade; **3.** *(kompas)* adjust.
rette[3] *vb.* **1.** *(gøre lige, glatte)* straighten (*fx* one's tie, one's hair);
2. *(give retning)* aim, turn; F direct; *(se ndf.: ~ mod, ~ til)*;
3. *(henvende)* address (*fx* a few words to sby);
[med præp. & adv.] ~ ***af*** *(gøre jævn)* level off; *(træ også)* smooth; *~* ***an*** serve up; T dish up; *der er -t an* dinner (etc.) is served;
~ ***ind*** *a) (mil.: rækker)* dress (the ranks); *b) (kanon)* train; *ret ind til højre!* right dress!
~ ***mod*** *a) (sigte med våben)* aim at; *(mindre omhyggeligt)* point at (*el.* towards) (*fx* he aimed (, pointed) his gun at me; missiles aimed at Western Europe; with a loaded gun pointed towards me); *b) (ved at hæve el. sænke)* level at (*fx* he levelled the gun at the tiger; a pistol was levelled at his head; she levelled her lorgnette at him); *c) (om kikkert, sigtemiddel)* train on (*fx* train the telescope (, the gun) on the tower); *d) (om blik, gang)* turn towards (*fx* he turned his glance (, steps) towards the house); F direct towards; *e) (opmærksomhed, tan-*

ker) turn to, focus on (*fx* turn one's thoughts (, attention) to sth; focus one's thoughts (, attention) on sth); F direct to (*fx* direct his attention to the problem); ~ *et angreb mod se angreb*[1]; ~ *beskyldninger mod* make allegations against (*fx* serious allegations were made against the police); level accusations against; ~ *kritik mod* level criticism at, criticize; *kritikken var -t mod mig* the criticism was aimed at me; ~ *mistanken mod en (ɔ: bevidst)* direct the suspicion towards sby; ~ *sin vrede mod* direct one's anger at; *(se også ndf.: ~ sig mod)*;
~ ***op*** *a) (bringe i lodret stilling, bringe på ret køl)* right (*fx* the boat); *b) (om bil, mht styring)* put the wheel straight, straighten out; *c) (kvikke op)* set up (*fx* a holiday will set you up); ~ *en op (ɔ: moralsk)* make sby go straight; ~ *økonomien op* put the finances on a sound basis; ~ ***op på*** *skævheden* rectify the imbalance;
~ ***på*** *a)* adjust (*fx* one's clothes, one's tie); straighten (*fx* one's tie, one's hair); *b) (korrigere)* correct (*fx* sby's spelling); *hun -r hele tiden på ham* she is always on at him;
~ ***'til*** adjust; *'~ til (ɔ: stile til)* address (*fx* address a question to sby); F direct to (*fx* you must address (, direct) your complaints to the manager; his remarks were addressed (, directed) to the parents); *(se også opfordring)*;
~ *det* ***tilbage*** correct it back; F cancel the correction; ~ ***ud*** straighten (out);
[med sig] ~ ***sig*** *a) (~ ryggen)* straighten (*el.* draw) oneself up; *b) (om skib)* right itself; *c) (blive rask)* get better, recover; *d) (moralsk)* make good, go straight; *e) (om pris, kurs)* recover; ~ ***sig efter*** *a) (adlyde)* obey, conform to (*fx* the rules); F comply with (*fx* his instructions, his requests, the rules, his wishes); *b) (lade sig lede af)* be guided by (*fx* him, his wishes); go by (*fx* he always goes by the rules; go by what he says; I need something to go by); go along with (*fx* what he says; his suggestion); *c) (bestemmes af)* be determined by (*fx* his views are determined by his surroundings; wages are determined by qualifications); *d) (tilpasses efter)* be regulated by (*fx* wages were regulated by the price index); *e) (gram.)* agree with; *jeg må vide hvad jeg har at ~ mig efter* I must know where I stand; ~ *sig efter ham a) (adlyde ham)* do as he tells one; *b) (føje ham)* give in to him; F comply with his wishes; *mistanken -de* ***sig mod*** *ham* suspicion centred on him; he came under suspicion; ~ ***sig op*** *se ovf.: ~ sig.*

retteblæk, rettelak correction fluid.

rettelig *adv.* rightfully (*fx* it rightfully belonged to me); by rights (*fx* by rights, he ought to be promoted).

rettelse *sb. (en, -r) (ændring)* correction.

rettere *adv.: jeg husker* ***ikke*** *~* ***end*** *at han var der* as far as I remember he was there; to the best of my recollection (, knowledge) he was there; *jeg ser ikke ~ end at du bør gøre det* as I see it, you ought to do it; *eller ~* ***sagt*** or rather.

rettergang legal proceedings pl.;
□ *holde ~ over (fig.)* sit in judgment on.

rettersted place of execution.

rettesnor 1. *(mønster)* benchmark (*fx* this pay deal will be a benchmark for the whole public sector); **2.** *(ledende princip)* guiding principle (*for* of, *fx* his actions);
□ *tage noget til ~ (også)* take sth as an example (*el.* as a guide).

rettidig[1] *adj.* punctual (*fx* payment).

rettidig[2]**, rettidigt** *adv.* **1.** *(præcist)* punctually, on time (*fx* the train arrived on time);
2. *(tidsnok)* in time (*fx* he arrived in time for dinner (, to see her off)).

rettighed *sb. (en, -er)* **1.** right; **2.** *(forret)* privilege;
□ *-erne til bogen* the copyright for (*el.* on *el.* of) the book; *-erne til filmen* the rights for the film.

rettroende *adj.* orthodox.

rettroenhed *sb. (en)* orthodoxy.

rettænkende *adj.* right-minded, right-thinking.

retur[1] *sb. (en)* return;
□ *være på ~ a) (i tilbagegang)* be on the decline; F be on the wane; *b) (til års)* be past one's prime; *c) (i aftagende)* be declining; *d) (om kulde, feber)* be abating; *(se også tur-retur)*.

retur[2] *adv.* back;
□ *gå ~* be returned; *komme ~* be returned (*fx* the letter was returned); come back; *sende ~* return, send back; *tage ~* take back (*fx* a defective article); *udbedes ~ (ɔ: påskrift)* please return after use.

returbillet return (ticket); *(am.)* round-trip ticket.

returekseplarer *sb.pl.* returns.

returflaske 1. *(som kan sendes retur)* returnable bottle; **2.** *(som er kommet retur)* returned bottle.

returfragt return freight.

returgods returns pl.;
□ *tomt ~* returned empties pl.

returkamp *(i sport)* return match.

returkommission secret commission; T kickback.

returnere *vb.* return.

returnering *sb. (en, -er)* return; *(det at returnere også)* returning.

returpostkontor dead-letter office.

returret right of return;
□ *med ~ (hdl.)* on sale or return.

returskat refund for overpaid tax.

returveksel redraft, return draft.

retvinklet *adj.* rectangular, right-angled.

retvisende *adj.* **1.** *(sø.)* true (*fx* course, north); **2.** *(hdl.)* true and fair (*fx* present a true and fair view of the company's financial position).

reumatisk *adj.* rheumatic.

reumatisme *sb. (en)* rheumatism.

reussere *vb.* succeed.

rev[1] *sb. (et, -)* reef.

rev[2] *præt. af rive*[2].

revaccination *sb. (en, -er)* revaccination.

revaccinere *vb.* revaccinate.

revalidend *sb. (en, -er)* rehabilitee.

revalidere *vb.* rehabilitate.

revalidering *sb. (en, -er)* rehabilitation.

revalideringscenter local rehabilitation agency.

revalideringskonsulent disablement rehabilitation officer.

revaluere *vb.* revalue.

revaluering *sb. (en, -er)* revaluation.

revanche *sb. (en, -r) (også i sport)* revenge;
□ *få ~* have one's revenge; *give ham ~* give him his revenge; *tage ~ a)* take one's revenge; *b) (indhente det forsømte)* make up for lost time.

revanchekamp return match.

revanchekrig war of revenge.

revanchere *vb.: ~ sig* retaliate, take one's revenge.

revanchist *sb. (en, -er),* **revanchistisk** *adj. (attr.)* revanchist.

reveille *sb. (en)* reveille;
□ *blæse -n* sound the reveille.

reverens *sb. (en, -er)* **1.** *(buk)* bow; **2.** *(nejen)* curtsey.

reverenter *adv.: ~ talt* not to put

too fine a point on it; *(glds.)* saving your reverence.
revers *sb. (en, -er)* **1.** *(på jakke)* lapel; **2.** *(af mønt)* reverse; *(se også medalje).*
reversibel *adj.* reversible.
revet *pf.ptc. af rive[2].*
revidere *vb.* **1.** *((gennemgå og) ændre)* revise (*fx* a book, a price list; one's opinion of sby); **2.** *(regnskab)* audit, check.
revir *sb. (et, -er) (jagt-)* (game) preserves pl.
revision *sb. (en, -er)* **1.** *(ændring)* revision; **2.** *(af regnskab: det at)* auditing; *(enkelt)* audit; **3.** *(som erhverv)* accounting;
□ *-en (ɔ: revisor(erne))* the auditor(s).
revisionisme *sb. (en)* Revisionism.
revisionist *sb. (en, -er),* **revisionistisk** *adj. (attr.)* revisionist.
revisionsafdeling audit department.
revisionsanmærkning auditor's comment.
revisionsark revise.
revisionsfirma firm of accountants.
revisionskontor audit department.
revisionsprotokol auditor's records pl.
revisionspåtegning auditor's report.
revisor *sb. (en, -er)* **1.** *(som stillingsbetegnelse, uddannet ~)* accountant;
2. *(i forbindelse med et regnskab)* auditor;
3. *(tog-)* ticket inspector;
4. *(sprog-)* reviser;
□ *statsautoriseret ~ (svarer til)* chartered accountant; *(am.)* certified public accountant.
revisorat *sb. (et, -er) (kontor)* audit department.
revl *sb.: ~ og krat* lock, stock and barrel.
revle *sb. (en, -r) (sand-)* sandbank.
revling *sb. (en, -er) (bot.)* crowberry.
revne[1] *sb. (en, -r)* **1.** *(lille ~, brud, fx i glas, is, maling, porcelæn, rude, tapet, væg, æg)* crack;
2. *(større, fx i klippe, mur)* crack (*fx* the largest cracks in the wall have grown two centimetres wider); crevice (*fx* plants were growing in the crevices in the cliff (, wall)); F cleft, fissure;
3. *(lille åbning, sprække)* chink (*fx* he peered through a chink in the wall);
4. *(lang, især i træ)* split (*fx* in a table top);
5. *(i metal, smykkesten)* flaw;
6. *(i tøj)* split; *(revet)* tear;
7. *(i hud)* crack; F fissure (*fx* in one's lip);
8. *(fig.)* split (*fx* in the party);
□ *jeg fik -r i hænderne* my hands became chapped; *slå -r* crack; *alliancen begyndte at slå -r* cracks began to appear in the alliance.
revne[2] *vb. (se også revnende)*
1. crack (*fx* the cup (, the window) cracked);
2. *(midt ned igennem, især om træ, tøj)* split (*fx* the shelf split; his coat split down the back);
3. *(om hud)* chap, become chapped;
4. *(sprænges)* burst (*fx* the balloon burst);
5. *(fig.)* break up; T split up (*fx* their marriage broke (, split) up);
□ *være* ***ved at*** *~ (ɔ: af mæthed)* be bursting; be ready to burst (*fx* he had eaten so much that he was ready to burst); *være* ***ved at*** *~* ***af*** be bursting with (*fx* curiosity, pride); *(se også nysgerrighed)*; *være ved at ~ af grin* nearly split one's sides laughing (*el.* with laughter).
revnefærdig *adj.* bursting (*af* with, *fx* curiosity).
revnende *adv.* completely;
□ *jeg er ~ ligeglad, det er mig ~ ligegyldigt* I don't care a damn; *(svagere)* I couldn't care less.
revolte *sb. (en, -r)* revolt.
revoltere *vb. (gøre oprør)* revolt, rebel (*imod* against).
revolution *sb. (en, -er)* revolution.
revolutionere *vb.* revolutionize.
revolutionerende *adj.* revolutionary (*fx* results).
revolutions- revolutionary (*fx* council, leader, spirit).
revolutionær *adj.* revolutionary.
revolver *sb. (en, -e)* revolver; *(se også pistol).*
revolverdrejebænk *(tekn.)* turret lathe.
revolverjournalistik hard-hitting journalism.
revolverkugle revolver bullet.
revolverrøver hold-up bandit; T stick-up man.
revolverskud revolver shot.
revse *vb.* **1.** *(straffe)* punish; *(korporligt: glds. el.* F*)* chastise;
2. *(irettesætte skarpt,* F*)* castigate, chastise.
revselse *sb. (en, -r) (jf. revse)*
1. punishment; chastisement;
2. castigation, chastisement;
□ *korporlig ~* corporal punishment.
revselsesret [the right to inflict corporal punishment].
revy *sb. (en, -er)* **1.** *(teat.)* revue; **2.** *(mil.)* review; **3.** *(tidsskrift)* review;
□ *holde ~ (jf. 2)* hold a review; inspect the troops; *holde ~ over* review, inspect; *passere ~ a) (jf. 2)* march past; *b) (fig.)* pass in review (*fx* his whole life passed in review); *lade passere ~ a)* review (*fx* the troops); *b) (fig.)* pass in review (*fx* the events of one's life).
revyforfatter writer of revues.
revyteater revue theatre.
revyvise song from a revue.
rhesusabe *(zo.)* rhesus monkey.
rhesusbarn rhesus baby.
rhesusnegativ *adj.* rhesus negative, Rh negative.
rhesuspositiv *adj.* rhesus positive, Rh positive.
rhesustype rhesus type, Rh type.
Rhinen *(geogr.)* the Rhine.
rhinskvin hock, Rhine wine.
Rhodos *(geogr.)* Rhodes.
ri *vb.* **1.** *(sy)* tack, baste; **2.** *(sø.: lidse)* lace; *(surre)* lash.
ribbe[1] *sb. (en, -r)* **1.** *(også i insektvinge & i blad)* rib;
2. *(på bælg)* string;
3. *(fjer-)* quill and shaft of a feather;
4. *(sø.)* batten; *(dæks-)* ledge;
5. *(til gymnastik)* wall bar; *i øverste ~* on the top bar.
ribbe[2] *vb.* **1.** *(bælgfrugter)* string (*fx* beans);
2. *(plyndre)* strip (*for* of, *fx* the house was stripped of furniture); rob (*for* of, *fx* rob them of their money);
□ *-t for illusioner* completely disillusioned.
ribbebort *se ribbort.*
ribbehvælving *(arkit.)* ribbed vault.
ribben rib.
ribbens- *(anat.)* costal (*fx* muscle).
ribbensteg *(kan gengives)* streaky belly joint.
ribbet *adj.* **1.** *(bot., arkit. etc.)* ribbed; **2.** *(nålestribet)* pin-striped;
□ *-t for se ribbe[2].*
ribbort ribbing, ribbed edge.
ribning *sb. (en, -er) (jf. ribbe[2])*
1. stringing; **2.** stripping; robbing.
ribs *sb. (et, -)* **1.** *(bot.)* redcurrant;
2. *(fig.: sur person)* sourface.
ribsbusk redcurrant bush.
ribsgelé, ribsgele redcurrant jelly.
ribssaft redcurrant juice; *(sukret)* redcurrant syrup.
ribstrikket *adj.* ribbed.
ribstrikning rib stitch.
ricinusolie castor oil.
rickshaw *sb. (en, -er)* rickshaw.
rickshawkører rickshaw puller.
ridder *sb. (en, -e)* knight;

□ ~ *af æreslegionen* Knight of the Legion of Honour; *vandrende* ~ knight-errant; *(se også bedrøvelig)*;
[med vb. + til] ***slå*** *en* ***til*** ~ knight sby; *(se også ndf.: udnævne en til* ~*)*; *slå sig til* ~ *på noget a)* score a cheap point by ridiculing sth; *b) (prale af noget)* boast of sth; *c) (tage æren for noget)* take the credit for sth; ***udnævne*** *en* ***til*** ~ make sby a knight, knight sby; F confer a knighthood on sby.
ridderborg baronial castle.
ridderdigtning *(hist.)* poetry of chivalry.
ridderfærd knightly expedition, quest.
ridderkors cross of an order of chivalry; *(dannebrogskors)* Knight's Cross of the Order of the Dannebrog.
ridderlig *adj.* chivalrous.
ridderlighed *sb. (en)* chivalry.
ridderorden order of chivalry.
ridderroman romance of chivalry.
ridderromantik 1. romance of chivalry; **2.** *(litteratur)* literature of chivalry.
riddersal great hall, banqueting hall.
ridderskab knighthood, chivalry.
ridderslag accolade.
ridderspore *(bot.)* larkspur.
ridderstand 1. knighthood, chivalry; **2.** *(i oldtidens Rom)* equestrian order; equites pl.
riddertiden *(hist.)* the Age of Chivalry.
ride *vb. (red, redet) (se også ridende) (til hest)* ride *(fx* he rides every Sunday); ride (, go, travel) on horseback; *(med objekt)* ride *(fx* ride a horse to death);
□ *(lære at)* ~ *hos en* take riding lessons from sby; ~ *en tur* go for a ride; *han -r ikke den dag han sadler* [he takes his time in starting];
[med præp. & adv.] ~ *stormen* ***af*** *a) (sø.)* ride out the gale (, storm); *b) (fig.)* ride (out) the storm, weather the storm; ~ ***for*** *anker (sø.)* ride at anchor; ~ *én* ***ned*** ride sby down; ~ ***på*** *a) (beherske, klare etc.)* ride *(fx* he rode a skittish young horse; a ship riding the waves); *b) (sidde på)* ride on *(fx* a horse; he rode on his father's back); sit astride *(fx* a horse; a chair, a wall); ~ *på en bølge (også fig.)* ride on a wave *(fx* he rode on a wave of sympathy); ~ *på veksler* fly kites; *(se også jagt²)*; ~ *'**til** (ɔ: hurtigere)* quicken one's pace; ~ *en hest 'til* break (in) a horse; *(se også vand)*.
ridebane riding ground.
ridebanespringning show jumping.
ridebukser *sb.pl.* riding breeches.
ridedragt riding dress; *(dames)* riding habit.
rideelastik cavalry twill.
ridefoged bailiff.
ridefærdighed horsemanship.
ridehest 1. horse; *(am.)* saddle horse; *(fagl.)* hack; F mount; **2.** *(til jagt)* hunter.
ridehjelm riding cap; *(kraftigere)* helmet.
rideknægt groom.
ridekunst horsemanship.
ridelærer riding master, riding instructor.
ridende *adj.* **1.** *(bereden)* mounted *(fx* police); **2.** *(brugt som sb.: rytter)* rider;
□ *komme* ~ come riding along; come on horseback; *være* ~ be riding, be mounted; be on horseback; *være godt* ~ be well mounted.
ridepisk horsewhip; *(kort)* crop.
rideskole riding school.
ridesport riding.
ridesti bridle path.
ridestævne horse show.
ridestøvle riding boot.
ridetime riding lesson.
ridetur ride.
rideundervisning riding lessons pl.
ridning *sb. (en, -er)* riding;
□ *gå til* ~ take riding lessons *(hos* from).
rids *sb. (et, -)* **1.** sketch; **2.** *(grundrids)* ground plan; **3.** *(kontur)* outline.
ridse¹ *sb. (en, -r)* scratch, score.
ridse² *vb.* **1.** scratch, score; **2.** *(tegne)* sketch (out); **3.** *(afmærke træer)* mark, blaze;
□ ~ *i bordet* scratch the table; ~ *ned (ɔ: tegne)* sketch (out); ~ *op (fig.)* sketch, outline.
ridsefjer drawing pen.
ridset *adj.* scratched.
ridt *sb. (et, -)* ride *(fx* a three days' ride).
riffel *sb. (en, rifler) (gevær)* rifle.
riffelgang groove.
riffelkugle rifle bullet.
riffelskydning rifle shooting.
rifle *vb.* **1.** *(gevær)* rifle; **2.** *(søjle)* flute, channel.
riflet *adj.* **1.** *(om fløjl etc.)* ribbed; **2.** *(om gevær)* rifled; **3.** *(om søjle)* fluted, channelled;
□ ~ *rand (på mønt)* milling.
rift *sb. (en, -er)* **1.** *(i huden)* scratch; *(større)* cut; **2.** *(i tøj)* tear; *(større)* rip;
□ *der er* ~ *om det* there is a great demand for it; it is in great demand.
rig¹ *sb. (en) (sø.)* rigging; *(type af rigning)* rig *(fx* Bermuda rig).
rig² *adj.* **1.** *(velhavende)* rich, wealthy *(fx* they were not wealthy, but well-off); F affluent *(fx* the affluent society);
2. *(rigelig, righoldig)* rich *(fx* harvest, vein of gold);
3. *(yppig,* F*)* exuberant, luxuriant *(fx* foliage; imagination);
□ *den -e* the rich man; *de -e* the rich;
[med sb.] en ~ *høst (også)* a plentiful *(el.* an abundant) harvest; *have* ~ *lejlighed til* have plenty of *(el.* ample) opportunity for; *der er -e muligheder* there are plenty of opportunities; *i -t mål* abundantly; *et -t udvalg af* a large selection of;
[med vb.] ***blive*** ~ get (, become, grow) rich; *(jf. blive 2)*; *de blev en oplevelse (, erfaring) -ere* they were that much wiser; ***være*** ~ ***på*** *a) (om værdier)* be rich in *(fx* forests, oil); F abound in; *b) (være fuld af)* be full of *(fx* surprises).
rigdom *sb. (en, -me)* **1.** *(velstand)* wealth *(fx* wealth does not always bring happiness); F riches pl. *(fx* all his riches did not make him happy; the road to riches);
2. *(rigelighed, righoldighed)* richness *(fx* the richness of our language);
3. *(yppighed,* F*)* exuberance;
4. *(overflod,* F*)* abundance;
□ *-me* riches *(fx* he amassed vast riches; the earth's riches);
en ~ ***på*** *a)* a wealth of *(fx* details, ideas, information); *b) (overflod,* F*)* an abundance of *(fx* raw materials).
rige *sb. (et, -r)* **1.** *(konge-)* kingdom *(fx* the Kingdom of Denmark); F realm *(fx* the defence of the Realm);
2. *(omfattende flere nationer)* empire *(fx* the Roman (, German) Empire);
3. *(fig.: område)* realm *(fx* the realm of the dead (, of dreams, of Nature)); *(om dyre-, plante-, mineralriget)* kingdom *(fx* the animal (, vegetable, mineral) kingdom);
4. *(rel.)* kingdom *(fx* the Kingdom of God; my kingdom is not of this world);
□ *det tredje* ~ *(i Tyskland)* the Third Reich; *komme dit* ~ thy kingdom come.
rigel *sb. (en, rigler)* **1.** *(slå)* (sliding) bolt; **2.** *(i stol etc.)* rail; **3.** *(tværtræ)* crossbar.

rigelig[1] *adj.* **1.** *(attr.: mere end nok)* plenty of (*fx* we have plenty of time; there is plenty of room); F ample (*fx* opportunity; we have ample food for three days; there is ample time to do it); abundant (*fx* we have abundant proof of his guilt);
2. *(mere end stor nok)* ample (*fx* ample supplies of food; supplies were ample); abundant;
(om tøj) a bit on the large side (*fx* the coat is a bit on the large side);
3. *(meget stor)* plentiful (*fx* supplies of food); *(især attr.,* F*)* copious;
(om noget der gives: ikke sparsom) generous (*fx* meal, reward); F liberal (*fx* helping, reward, share);
□ *i ~ mængde se mængde*; *~ plads (jf. 1 også)* room and to spare; *(se også udkomme*[1]*)*;
[med vb.] det ***er*** *-t* that is more than enough; T that is plenty (*fx* £50 is plenty); *vi* ***fik*** *-t at spise* we had plenty to eat; ***have*** *~* have plenty (*fx* we don't need any more money, we have plenty);
[med vb. + præp.] ***have*** *-t* ***af*** *(el.* ***med****)* have plenty of; *(mere* F*)* be amply (, liberally) supplied with; *der* ***er*** *-t* ***med*** *arbejde (, stillinger)* there is plenty of work (, there are plenty of jobs); work is (, jobs are) plentiful; *det* ***er*** *-t* ***til*** *mig* that is more than enough for me; T that is plenty for me.
rigelig[2], **rigeligt** *adv. (jf. rigelig*[1]*)*
1. *(mere end nok)* amply (*fx* rewarded); abundantly;
2. *(i rigelig mængde)* plentifully (*fx* they are plentifully supplied with everything they need); F copiously;
3. *(ikke sparsomt)* generously (*fx* she paid generously); F liberally;
4. *(lidt for)* rather too (*fx* large, long); a bit (*fx* it is a bit far);
5. *(mindst)* at least (*fx* he has at least £80,000 a year); or more (*fx* £80,000 a year or more).
rigge *vb. (sø.)* rig (*fx* rig a pump);
□ *~ af* unrig; *~ til a) (sø.)* rig (up); *b) (sætte up)* rig (up) (*fx* a shelter, a tent); *c) (pynte)* rig out.
rigger *sb. (en, -e)* rigger.
righoldig *adj.* **1.** *(omfattende)* extensive (*fx* collection); *(især attr.,* F*)* copious; **2.** *(varieret)* varied (*fx* programme).
rigid *adj.* rigid.
rigiditet *sb. (en)* rigidity.
rigmand rich man; *(neds.,* F*)* plutocrat.
rigmandssøn*: han er ~* he comes from a rich family.
rigning *sb. (en, -er)* rigging;
□ *entre op i -en* go aloft.
rigorisme *sb. (en)* rigorism.
rigorist *sb. (en, -er)* rigorist.
rigoristisk[1] *adj.* rigorous.
rigoristisk[2] *adv.* rigorously.
rigsadvokat *(i ikke-engelsktalende lande)* public prosecutor; *(svarer til: i Engl.)* Director of Public Prosecutions; *(i Skotland)* Lord Advocate; *(i USA)* Attorney General.
rigsantikvar keeper of national antiquities.
rigsarkiv (public) record office.
rigsarkivar keeper of the public records.
rigsbibliotekar national librarian.
rigsdag *sb. (en)* parliament;
□ *den tyske ~ (hist.)* the Reichstag; *-en i Worms (hist.)* the Diet of Worms.
rigsdagsbygning parliament house.
rigsdaler *(hist.)* rix-dollar.
rigsdansk *(om sproget)* standard Danish.
rigsforstander regent.
rigsforstanderskab regency.
rigsgrænse frontier; *(i USA)* border.
rigskansler chancellor.
rigsmål standard language; *(norsk)* Riksmål.
rigspolitichef commissioner of police.
rigsregalier *sb.pl.* regalia.
rigsret [court for the trial of high crimes and misdemeanours];
□ *blive stillet for -ten (svarer til)* be impeached.
rigsretsanklage impeachment.
rigsrevisionen the Audit Department; *(svarer til)* the National Audit Office.
rigssprog standard language;
□ *dansk ~* standard Danish.
rigsstænder *sb.pl.* estates of the realm.
rigsvåben national (coat of) arms.
rigsæble orb.
rigt *adv.* richly (*fx* equipped, furnished, gilt, ornamented; rewarded); abundantly (*fx* supplied with sth); F copiously;
□ *~ illustreret* lavishly illustrated.
rigtig[1] *adj.* **1.** *(mods. forkert; også: moralsk rigtig)* right (*fx* the right answer (, direction, solution); the right way to Norwich; is it right to do it? that dress is just right for you);
(passende også, kun attr.) proper (*fx* dress; the proper (*el.* right) word for it; in the proper (*el.* right) order; not the proper (*el.* right) time (for drinking); not the proper (*el.* right) way to do it);
2. *(uden fejl, korrekt)* correct (*fx* answer, pronunciation; the information proved correct; five correct answers; it is correct that he has left);
3. *(sand)* true (*fx* the true explanation; is it really true?);
4. *(mods. efterligning el. erstatning, virkelig)* real (*fx* pearls, wine, autumn weather; his real father; that is not his real name);
T proper (*fx* you should go to a proper doctor; he hasn't got a proper job);
5. *(neds.)* real; T proper (*fx* he is a real (*el.* proper) snob (, fool));
□ *~!* quite right! quite true! *det er -t (ɔ: du har ret)* that's it; quite right; *det er noget af* ***det -e*** that's something like; *gøre det -e* do the right thing; *ramme det -e* hit the mark; *det (, den)* ***(eneste)*** *-e* 'the (*fx* it is 'the place to go; it is 'the drink for hot weather); ***ganske*** *-t!* quite right! quite true! *(ofte ironisk el. forbeholdent,* F*)* quite so; *(se også rigtig*[2]*)*; *han er* ***helt*** *~ a) (fin)* he is one of the best; *b) (ærlig)* he is all right;
[med præp.] det var -t ***af*** *ham at gøre det* he was right to do it; *det er ikke -t af dig* you ought not to do that; *der er noget -t* ***i*** *hvad han siger* he has a point; *han er* ***ikke*** *~* ***i*** *hovedet* he is not right in the head; *det er ikke -t* ***imod*** *ham* it is not fair on him.
rigtig[2], **rigtigt** *adv.* **1.** *(mods. forkert)* correctly, rightly (*fx* pronounce (, spell) the word correctly; if I am correctly (*el.* rightly) informed; if I remember rightly); T right (*fx* guess right, remember right, spell the word right; he can't do it right);
2. *(ordentligt)* properly (*fx* pronounce it properly; treat her properly; behave properly); T right;
3. *(for alvor)* really (*fx* that's when it really begins); T for real (*fx* have you tried doing it for real?);
4. *(programmæssigt)* duly (*fx* duly received);
5. *(i høj grad)* really (*fx* they really enjoyed themselves; it was really stupid (, bad));
6. *(efter nægtelse: fuldt ud)* quite (*fx* he was not quite satisfied; I don't quite understand; I don't quite know);
7. *(foran adj. = temmelig)* quite (*fx* it was quite good; he is quite nice);
□ ***ganske*** *~ a) (som du sagde)* in-

deed (*fx* the car was indeed where you said it was); *b) (som ventet)* sure enough (*fx* and sure enough - there he was!); ***ikke*** ~ *se 6 ovf. & ndf.: gå -t til; jeg ved ikke ~ se vide*; ~ ***mange***, ~ ***meget*** *a)* quite a lot, a whole lot; *b) (+ sb.)* quite a lot of, a whole lot of (*fx* people, wine);
[med vb.] ***gøre*** *-t i at* be right to; *uret* ***går*** *-t* the watch (, clock) is right; *sørge for at det går -t til* see to it that it is done right; *hvis det gik -t til skulle han i fængsel* he ought to be in prison by rights; *det går ikke -t til* there is something wrong.

rigtighed *sb. (en)* **1.** correctness, accuracy;
2. *(sandhed)* truth;
3. *(berettigelse)* justice;
□ *afskriftens ~ bekræftes (el. bevidnes)* I certify this to be a true copy; *bevidne -en af* confirm (the truth of); F bear out, verify (*fx* his statement; what he said); *bestride -en af* contest, dispute (*fx* his statement); *det har sin ~* it is quite correct (*el.* true); it is a fact.

rigtignok *adv.* **1.** *(sandelig)* certainly, indeed (*fx* he is certainly (*el.* indeed) a good pianist); I must say (*fx* I must say you are a clever boy);
2. *(ganske vist)* certainly, indeed (*fx* he is certainly (*el.* indeed) clever, but...);
□ *ja det gør (, er, vil, etc.) jeg ~! (jf. 1, også)* rather!

rijsttafel *sb. (et)* rijsttafel.

Rikard *(hist.)* Richard.

rikochettere *vb.* ricochet.

rikse *sb. (en, -r) (zo.)* water rail.

rille[1] *sb. (en, -r)* **1.** groove; **2.** *(til såning)* drill.

rille[2] *vb.* groove;
□ ~ *op* furrow.

rillekultur strip planting.

rilleplov drill plough.

rillesåning *(forst.)* strip sowing.

rim[1] *sb. (en)* **1.** hoar frost; (white) frost (*fx* the trees were covered with frost); **2.** *(grovere, afsat af rimtåge)* rime;
□ *dækket af ~ a) (jf. 1 også)* frosted over; *b) (jf. 2)* rimy.

rim[2] *sb. (et, -) (i vers)* rhyme.

rimbrev rhymed epistle.

rime *vb.* **1.** *(om verselinier; også = digte)* rhyme (*på* with);
2. *(stemme, passe)* agree, tally (*med* with).

rimelig[1] *adj.* **1.** *(fornuftig)* reasonable (*fx* chance, demand, explanation; buy it at a reasonable price; within reasonable limits; they have reasonable grounds for suspecting that he is a fraud); *(retfærdig)* fair (*fx* treatment);
2. *(tilfredsstillende)* satisfactory (*fx* compromise, result);
3. *(sandsynlig)* probable (*fx* explanation, theory).

rimelig[2], **rimeligt** *adv.* **1.** *(fornuftigt)* reasonably (*fx* behave reasonably); *(retfærdigt)* fairly (*fx* treat her fairly);
2. *(temmelig, kun foran positivt adj. el. adv.)* reasonably (*fx* cheap, good, intelligent, satisfied); fairly (*fx* big, common, easy, good, satisfied);
(stærkere, også foran negative ord) rather (*fx* expensive, angry, badly, poor); quite (*fx* expensive).

rimelighed *sb. (en)* **1.** *(fornuft)* reasonableness; *(retfærdighed)* fairness; **2.** *(sandsynlighed)* probability, likelihood;
□ *alt inden for -ens grænser* anything within reason; *det kan (nok) have sin ~* it is quite likely; *med ~* reasonably.

rimeligvis *adv.* probably, very likely; in all probability.

rimeri *sb. (et)* **1.** rhyming; **2.** *(digt)* doggerel.

rimesse *sb. (en)* remittance;
□ *sende én en ~* send sby a remittance, remit a sum to sby.

rimet *adj. (om vers)* rhymed.

rimfri *adj.* unrhymed.

rimfrost *se rim.*

rimnød: *være i ~* be in need of a rhyme.

rimordbog rhyming dictionary.

rimpe *vb.* baste, tack;
□ *~ munden sammen se snerpe*[2].

rimskema rhyming scheme.

rimsmed rhymester.

rimtåge freezing fog.

rinde *vb. (randt, rundet) (se også rindende)* **1.** run, flow; **2.** *(fig.: om tiden)* pass, slip by;
□ *være runden af* be descended from; *runden af kongeligt blod* sprung from royal blood; *det -r mig i hu* I remember; it comes to my mind; *~ ud a) (om tid)* run out; *b) (være ved at være forbi)* be drawing to a close (*fx* the old year is drawing to a close).

rindende *adj.: ~ vand* running water; *~ øjne* watery (*el.* bleary) eyes.

ring *sb. (en, -e)* **1.** ring (*fx* a gold ring; they formed a ring round him; a ring of light round the sun; he had dark rings under his eyes; the police have exposed a drug ring; the boxer leaped into the ring); *(kreds også)* circle; *(om solen el. månen også)* halo;
2. *(til ringspil)* hoop;
3. *(af tov, slange)* coil;
4. *(plet)* ring (*fx* the glass left a ring on the table); circular stain;
5. *(hjul-, bil-)* tyre; *(am.)* tire;
6. *(lille bølge i vand)* ripple (*fx* the ripples spread across the water);
□ ***brede sig*** *som -e i vandet a)* spread like ripples in a pond; *b) (fig.)* spread further and further; ***gå med*** ~ wear a ring; ***køre i*** *~ a)* drive in a circle; *b) (ikke komme videre)* go round in circles; *c) (fig.: i argumentation)* argue in a circle; *køre i ~ med én (fig.)* lead sby a dance.

ringbind ring binder.

ringbog loose-leaf book.

ringbogsblade *sb.pl.* loose leaves.

ringbrynje *(hist.)* chain mail.

ringdrossel *(zo.)* ring ouzel.

ringdue *(zo.)* wood pigeon.

ringe[1] *adj. (se også ringere, ringest)*
1. *(lille)* small (*fx* cost, price, profit, quantity, extent; of small importance); *(lidt)* little (*fx* hope; there is little probability that he will succeed);
2. *(utilstrækkelig)* scanty (*fx* income); F scant (*fx* pay scant attention to sth);
3. *(betydningsløs)* trifling (*fx* loss, sum); insignificant (*fx* amount); slight (*fx* offence);
4. *(dårlig)* poor (*fx* ability, quality, understanding); inferior (*fx* quality); *(ikke overbevisende)* feeble (*fx* argument, excuse, performance);
5. *(beskeden)* lowly, humble (*fx* birth, station in life; my humble cottage);
□ *det er* ***for*** ~ it is too bad; ***ikke*** *~ a)* not bad; *b) (foran sb.: glimrende)* no mean (*fx* he is no mean pianist); *(betydelig)* no small (*fx* he exposed them to no small danger; he has no small part in our success); *af ikke ~ dygtighed* of no mean ability; *i ikke ~ grad* in no slight degree; considerably; *[med sb.] ~ afstand* a short distance; *i ~ grad* not much; only slightly; *i ikke ~ grad, se ovf.*; *efter min ~ mening* in my humble opinion; *have ~ tanker om* have a low opinion of; *det er en ~ trøst* it is a poor consolation, it is small comfort.

ringe[2] *vb.* **1.** *(forsyne med ring)* ring; **2.** *(om træ: skære barkring af)* girdle;
□ *~ ud se udringe.*

ringe[3] *vb.* **1.** *(om el. med klokke)*

ring;
2. *(telefonere)* ring up (*fx* somebody rang up while you were out); phone; *(mere* F*)* telephone; *(am.)* (tele)phone, call;
□ ~ *en besked* (tele)phone a message; *det -r* the bell (, telephone) is ringing; there's the bell (, telephone); *har det -t?* has the bell (, telephone) gone? ~ *hjem* ring home;
[med præp. & adv.] ~ ***af*** *(tele.)* ring off; hang up;
'~ ***efter*** *a) (telefonere)* (tele)phone for (*fx* a taxi); *b) (med klokke)* ring for (*fx* a servant, a cup of tea);
det må ~ ***for*** *hans ører* his ears must be burning;
det -r ***ind*** *(i skole)* the bell is ringing;
~ ***med*** *en klokke* ring a bell;
~ *solen* ***ned*** ring the evening bell;
~ ***op*** *(i telefon)* ring (up), (tele)phone (*fx* he rang up (*el.* phoned) but there was no answer); *(med objekt også)* call (*fx* ring me up (*el.* call me) tomorrow); *(am.)* (tele)phone, call (up); *ring mig op (også)* give me a call (*el.* ring);
~ '***på*** ring (the bell); ~ *på klokken* ring the bell; ~ *på tjeneren* ring for the waiter;
~ ***til*** *en* ring sby (up), (tele)phone sby, call sby; *(am.)* (tele)phone sby, call sby (up); ~ *til et nummer* (tele)phone (*el.* call) a number; ~ *til gudstjeneste* ring the bells for church; ~ *til begravelse* toll (the funeral bell);
~ ***tilbage*** ring back; *(især am.)* call back;
det -r ***ud*** *a) (til frikvarter)* the bell is ringing for break; *b) (til at gå hjem)* it is ringing for going home; it is the going-home bell ringing.
ringeagt *sb. (en)* **1.** *(foragt)* contempt (*for* for); *(stærkere)* scorn (*for* for); *(overlegen,* F*)* disdain (*for* for, *fx* his disdain for people less clever than himself);
2. *(ignoreren)* disregard (*for* for, *fx* the rules, other people's feelings);
□ *med* ~ contemptuously; scornfully; *nære* ~ *for* hold in contempt, despise; *vise* ~ *for* show contempt (, disregard) for.
ringeagte *vb.* despise, scorn; T look down on.
ringeagtende[1] *adj.* contemptuous.
ringeagtende[2] *adv.* contemptuously (*fx* speak contemptuously of sby).
ringeapparat, ringeklokke 1. bell (*fx* an electric bell); **2.** *(knappen)* bell push.
ringer *sb. (en, -e)* (bell)ringer.
ringere *adj. (komp.) (jf. ringe*[1]*)*
1. smaller (*end* than); less (*fx* of less importance *(end* than*)*);
2. *(dårligere)* inferior (*end* to); poorer (*end* than);
3. *(mere beskeden)* lower, humbler (*fx* position);
□ *blive* ~ worsen; F deteriorate; *blive* ~ *og* ~ go from bad to worse; *ingen* ~ *end* no less a person than.
ringest *adj. (sup.) (jf. ringe*[1]*)*
1. smallest; least; slightest;
2. *(dårligst)* poorest; worst; **3.** *(lavest)* lowest, humblest;
□ *i det -e* at (the very) least; *ikke i -e måde* not in the least; by no means; *(se også anelse).*
ringetid *(i skole)* time for the bell.
ringetone *(tele.)* ringing tone.
ringfinger ring finger, third finger.
ringforlovet *adj.* formally engaged.
ringformet *adj.* ring-shaped; F annular.
ringhed *sb. (en)* **1.** smallness; littleness; **2.** *(i kvalitet)* inferiority;
□ *min* ~ my humble self.
ringle *vb. (som nøgler etc.)* jingle; *(lettere, som små klokker)* tinkle;
□ ~ *med sine nøgler* jingle one's keys.
ringlinie circular line, circle.
ringmur ring wall.
ringmærke *vb.* ring.
ringning *sb. (en, -er)* **1.** *(klokke-)* ringing; **2.** *(enkelt)* ring.
ringorm *(med.)* ringworm.
ringridning riding (*el.* tilting) at the ring.
ringvej ring road, circular road.
rining *sb. (en)* **1.** tacking, basting; *(under fransk broderi)* padding;
2. *(sø.)* lacing.
rinke *vb. (tov etc.)* coil;
□ ~ *sig op* pull oneself together; ~ *sig op til at gøre noget* make up one's mind to do sth; get down to doing sth.
ripost *sb. (en, -er)* **1.** *(i fægtning)* riposte;
2. *(svar: vittig)* repartee; *(skarp)* retort;
3. *(i fodbold: bolds tilbagespring)* rebound.
ripostere *vb.* **1.** *(i fægtning)* riposte;
2. *(svare)* retort.
rippe *vb.:* ~ *op i (fig.)* rake up (*fx* old scandals); ~ *op i såret* reopen the wound.
ris[1] *sb. (en) (bot.)* rice;
□ *løse* ~ *a)* boiled rice; *b) (~ til at lave løse ris af)* long-grained rice.
ris[2] *sb. (et, -)* **1.** *(kviste)* brushwood; twigs pl.;
2. *(til at binde ærter op med)* sticks pl.;
3. *(til straf)* (birch) rod;
□ *lave* ~ *til sin egen bag (el. rumpe)* make a rod for one's own back; lay up trouble for oneself; *få* ~ be whipped; *give* ~ whip, birch.
ris[3] *sb. (et, -) (kvantum papir)* ream.
risbrænde brushwood.
risbrændevin *(japansk)* saké.
rise *vb. (slå med et ris)* birch.
risengryn *sb.pl.* rice sg.;
□ *et* ~ a grain of rice.
risengrød [rice porridge]; *(omtr.)* rice pudding.
risfletning wattle.
risgærde wattle.
risikabel *adj.* **1.** *(farlig)* risky; F hazardous; **2.** *(usikker,* T*)* chancy, dicey.
risikere *vb.* **1.** *(sætte på spil; udsætte sig for)* risk (*fx* he risked his life; we risk a defeat);
2. *(~ at miste)* risk losing (*fx* you risk losing your money (, job));
□ ~ ***at*** risk -ing (*fx* being seen; meeting him); run the risk of -ing, be in danger of -ing (*fx* of being seen); *vi -r at han flygter* there is a (*el.* the) risk that he might run away; *jeg vil ikke* ~ ***noget*** I am not taking any risks (*el.* chances); *der er ikke noget at* ~ *ved det* there is no risk; it is perfectly safe.
risiko *sb. (en, -er el. risici)* risk (*for noget* of sth, *fx* of failure; *for én* to sby, *fx* there is no risk to you);
□ *løbe en stor* ~ run a great risk;
[med præp.] ~ ***for at*** *a) (+ inf.)* a risk of -ing (*fx* of being seen); *b) (+ sætn.)* a risk that (*fx* there is a risk that you will be arrested); ***for egen*** *(regning og)* ~ at one's own risk; ***med*** ~ ***for*** at the risk of; ***på egen*** ~, *se ovf.: for egen* ~; ***uden*** ~ without risk; safely; *der er en* ~ ***ved*** *det* it involves a risk; F it entails a risk.
risikobetonet *adj. se risikabel.*
risikofri *adj.* safe.
risikofyldt *adj. se risikabel.*
risikogruppe risk group.
risikomoment element of risk.
risikotillæg *(til løn)* danger money.
risikovillig *adj.:* ~ *kapital* risk (*el.* venture) capital.
risikovurdering risk assessment.
risklatter *sb.pl.* rice fritters.
risknippe bundle of brushwood.
riskost besom.
risle *vb.* **1.** run, flow; *(i tynd strøm)* trickle; **2.** *(om lyden af bæk,* F*)* babble; *(søvndyssende)* murmur,

purl;
□ ~ *koldt ned ad ryggen se løbe*[2].
rislen *sb. (en)* **1.** the sound of running water; trickle; **2.** *(af bæk, jf. risle 2)* babbling; murmur, purl.
rismark rice field; *(i Østen)* paddy field.
rismel rice flour.
risotto *sb. (en, -er)* risotto.
rispapir rice paper.
risstivelse rice starch.
rist[1] *sb. (en, -e)* **1.** *(gitter)* grating;
2. *(i fyrsted)* grate;
3. *(fodskraberist)* scraper mat;
4. *(i afløb)* grating;
5. *(til at riste på)* grill, gridiron.
rist[2] *sb. (en) (ro): han har hverken ~ eller ro førend han har set det* he cannot rest until he has seen it; *hun undte ham ikke ~ eller ro* she gave him no peace.
riste[1] *vb.* **1.** *(stege på rist)* grill; *(am.)* broil;
2. *(på pande el. i ovn)* roast;
3. *(kastanjer)* roast;
4. *(brød)* toast;
□ *-t brød* toast; *-t brød med sardiner (, bønner)* sardines (, beans) on toast; *et stykke -t brød* a slice of toast.
riste[2] *vb. (indridse)* cut, carve (*fx* runes).
risting *(i syning)* tacking stitch.
ristning[1] *sb. (en, -er) (jf. riste*[1]*)* **1.** grilling, broiling; **2.** roasting;
3. *(af brød)* toasting.
ristning[2] *sb. (en, -er) (jf. riste*[2]*)* carving.
ristorno *sb. (en, -er) (assurance)* return of premium.
risvandgrød [rice boiled in water].
ritmester *(glds. mil.)* captain (of horse).
ritornel *sb. (en, -ler)* ritornelle.
ritråd tacking thread.
ritte *sb. (en, -r) (på væv)* reed.
ritual *sb. (et, -er)* ritual.
ritualmord ritual murder.
rituel *adj.* ritual.
ritus *sb. (en, -)* rite.
rival *sb. (en, -er)* rival.
rivalisere *vb.* compete (*med* with).
rivaliserende *adj.* rival (*fx* groups); competing.
rivalisering *sb. (en, -er)* rivalry, competition.
rive[1] *sb. (en, -r)* rake.
rive[2] *vb. (rev, revet) (se også rivende)* **1.** *(kradse)* scratch;
2. *(flænge, ~ hul)* tear (*fx* he tore his finger on a nail); *(voldsommere)* rip (*fx* I ripped my trousers on a nail);
3. *(fjerne voldsomt)* tear (*fx* tear one's clothes off; I tore the gun from him); *(hurtigt)* snatch (*fx* snatch a purse from an old lady); *(voldsomt)* rip (*fx* I ripped the gun from his hand; the roof of the car was ripped off in the crash); *(om vand, vind etc.)* sweep (*fx* the wind swept off my hat; the bridge had been swept (*el.* torn) away by the river);
4. *(på rivejern)* grate (*fx* grated cheese (, carrots));
5. *(med rive)* rake (*fx* a garden path; rake the dead leaves into a pile);
6. *(farver)* grind;
7. *(tændstik)* strike;
□ **-s** *a) (slås)* fight; *b) (kævles)* quarrel;
[med præp., adv., adj.] ~ ***af*** *a)* tear off (*fx* a leaf from a calendar); *b) (forsigtigt)* detach (*fx* a coupon); ~ *hovedet af en (fig.: vrisse)* snap (*el.* bite) sby's head off; ~ *tøjet af ham* tear (, rip) off his clothes, strip him; ~ *vittigheder af sig* crack jokes;
~ ***bort*** *a)* tear (*el.* snatch *el.* rip) away; *b) (om vand, vind)* carry away, sweep away; *c) (om døden)* carry off; *blive revet bort (ɔ: om varer)* be snapped up; sell like hot cakes;
~ *(og slide)* ***i*** tear at; *trænge til noget at ~ i (ɔ: arbejde med)* need something to get one's teeth into; *have nok at ~ i* have one's hands full; ~ ***i halsen*** *(om drik)* burn one's throat; ~ *ham det* ***i næsen*** throw it in his teeth, bring it up against him; ~ ***i stykker***, ~ ***itu*** tear up; *(voldsommere)* rip up; *(se også stump*[1]*)*;
~ ***løs*** *se ovf.:* ~ *af*;
~ ***med*** *(sig) a) (også fig.)* carry away; *b) (om vand etc.)* carry away, sweep away (*fx* the flood swept away the bridge; the avalanche swept away the house); ~ *en med sig i faldet a)* pull sby down with one; *b) (fig.)* involve sby in one's fall;
~ ***ned*** *a)* tear down (*fx* notices, posters, wallpaper); *b) (om bygning etc.)* pull down, knock down, tear down (*fx* a wall, a house); F demolish; *c) (få til at falde)* knock down (*fx* a vase; the horse knocked down the last fence);
~ ***omkuld*** knock over, knock down;
~ ***op*** *a)* tear up (*fx* tear it up by its roots); *b) (åbne)* tear open (*fx* a letter); *(voldsomt)* rip open; *c) (et sår)* reopen; ~ ***op i*** *såret* reopen the old wound;
~ *hø* ***sammen*** rake up hay;
~ *noget* ***til sig*** snatch up sth, grab sth; ~ *hånden til sig* snatch away one's hand;
~ ***ud*** tear out; ~ *en side* ***ud af*** *bogen* tear a page out of the book; ~ *det ud af hånden på ham* snatch (*el.* tear) it from his hand; ~ *ham ud af hans sløvhed* rouse him from his stupor; ~ *hende ud af hendes vildfarelse* undeceive her, disillusion her;
~ ***væk*** *se ovf.:* ~ *bort*;
[med sig] ~ ***sig*** *a)* get scratched; scratch (, tear) oneself (, one's hand etc.) (*på* on); *b) (få flænge i sit tøj)* tear (, rip) one's coat (, dress etc.) (*på* on); *han har ordentlig revet sig (ɔ: flottet sig)* he has really splashed out; ~ ***sig i*** *håret* tear one's hair; ~ ***sig løs*** *a)* break loose, break away (*fra* from, *fx* the prisoner broke away from his guards); *(se også løsrive (sig))*; *b) (fig.: fra noget spændende)* tear oneself away (*fra* from, *fx* I could hardly tear myself away from the television programme).
rivegilde 1. *(skænderi)* row; **2.** *(efterfølgende diskussion af fiasko)* post mortem, inquest;
□ *holde ~ (ɔ: rakke ned på andre)* pull the others (, the guests etc.) to pieces.
rivejern 1. grater; **2.** *(arrig kvinde)* bitch; T battleaxe;
□ *hun er et rigtigt ~ (også)* she is a proper tartar.
rivende[1] *adj.* **1.** *(hastig)* rapid (*fx* decline, development); **2.** *(om strøm)* violent, tearing;
□ ~ *fart* tearing (*el.* furious) speed; *i ~ hast* very fast; at a great rate; ~ *tungefærdighed* terrific volubility; *i ~ udvikling* developing rapidly; progressing by leaps and bounds; *(se også afsætning)*.
rivende[2] *adv.: det er ~ galt* it is completely wrong; *den er ~ gal!* the fat's in the fire!
Rivieraen *(geogr.)* the Riviera;
□ *ved ~* on the Riviera.
rivning *sb. (en, -er)* **1.** *(med rive)* raking; **2.** *(af farver)* grinding;
□ *-er (ɔ: strid)* friction (*mellem* between).
ro[1] *sb. (en)* **1.** *(hvile)* rest (*fx* she needs rest);
2. *(fred, uforstyrrethed)* peace (*fx* give me some peace); F tranquillity (*fx* live in undisturbed tranquillity);
3. *(stilhed)* quiet (*fx* peace and quiet; he asked (, shouted) for quiet); stillness (*fx* the stillness (*el.* quiet) of the countryside; the

stillness was broken by a shout); □ ~ *og orden* law and order; *(se også ndf.: opretholde ~ og orden, i ~ og orden)*;
[med vb.] **bevare** *-en* keep calm; F keep one's composure; *der* **blev** *~ om sagen* things quietened down; *han kunne aldrig* **få** *~ for naboerne* his neighbours would never leave him in peace (*el.* give him any peace); *han får ikke ~ før man giver ham det* he will not be happy till he gets it; *ikke* **have** *~ på sig* be restless; *(ikke) have ~ i sit sind* be (un)easy in one's mind; *så har sjælen ~* that's an end to it; *tag det (bare), så har sjælen ~!* take it and let us hear no more about it! take it if you must! **opretholde** *~ og orden* maintain order; **skabe** *~ om sagen* quieten things down; lay the matter to rest;
[med (vb. +) præp.] **i** *~ a)* at rest; *b) (i fred)* in peace; *c) (om geværlås)* at half-cock; **holde sig i** *~ a) (være stille)* keep quiet; *b) (ikke arbejde)* take a rest; **i** *~* **og mag** *a)* comfortably; *b) (uden hast)* at (one's) leisure; **i** *~* **og orden** in an orderly manner;
tage *noget* **med** *~* keep calm (*el.* cool) about sth; *(se også knusende, stoisk*[1]*)*; *tage den med ~ (ɔ: ikke arbejde for hårdt)* take it (*el.* things) easy; go easy; *tag den med ~! a) (ikke hidsig)* steady! T keep your cool! keep your hair on! *b) (ikke nervøs, ikke for travl)* take it easy! easy does it! *c) (du behøver ikke at skynde dig)* there's no hurry!
falde til *~ a)* calm down; *b) (slå sig ned, blive)* settle down; *få dem til at ~ til ro* calm (, settle) them down; **gå til** *~, begive sig til ~* go to bed; F retire; **slå sig til** *~ a)* calm down; *b) (slå sig ned, blive)* settle (down); *slå sig til ~ med at* resign oneself to the fact that; *hun slog sig til ~ med at han nok bare var blevet forsinket* she decided that he had only been delayed and left it at that.

ro[2] *vb.* row, pull; *(med to lette årer)* scull;
□ *tage én med ud at ~* take sby for a row; *~ en båd* row a boat; *~ godt (også)* pull a good oar; *~ i takt* pull together, keep stroke; *~ en tur* go for a row.

roastbeef *sb. (en, -)* roast beef.

robe *sb. (en, -r)* evening gown.

robot *sb. (en, -ter)* robot.

robotforskning, **robotteknik** robotics.

robust *adj.* robust, sturdy (*fx* man; furniture).

robåd rowing boat.

rockmusik rock music.

rockwool *sb. (en)* ® rock wool, mineral wool.

rod[1] *sb. (en, rødder)* **1.** *(bot., mat., fig. etc.)* root; **2.** *(bølle)* tough, yob;
□ *rødderne (*T*, spøg.: gutterne)* the boys, the lads; *ondets ~* the root of the trouble; *-en til alt ondt* the root of all evil;
[med præp.] rykke op **med** *-e* pull up by the roots; *(voldsomt)* tear up by the roots; *(fig. også)* wipe out; *sæd* **på** *-en* standing crop; *sælge korn på -en* sell the crop standing; *træ på -en* standing timber;
[med vb.] **have** *~ i (ɔ: være grundfæstet i)* be rooted in; *have sin ~ i (ɔ: stamme fra)* originate in, be rooted in, have its root in; **slå** *~ (el. rødder) a) (bot. & fig. om ideer: fæste sig)* take root, strike root; *b) (om person: på nyt sted)* put down roots; *skal vi stå og vente her til vi slår rødder?* T are we to wait here till the cows come home? *slå dybe rødder* become firmly rooted, take deep root; *(se også uddrage)*.

rod[2] *sb. (et)* **1.** *(generelt: mangel på orden)* disorder (*fx* he hates disorder);
2. *(konkret ~: uordentligt)* muddle; *(stærkere)* mess (*fx* everything was in a muddle (, mess); let us clear up this muddle (, mess)); *(af ting også)* jumble (*fx* the room was a jumble of books, papers and beer cans); *(ufremkommeligt)* clutter (*fx* he could not find anything in the clutter of books and papers on his desk; her room was in a clutter);
□ *lave ~ i* muddle up, mess up; clutter up; *der var ~ i regnskaberne* the accounts were in a mess; *det er noget ~* it is a mess.

rodbehandle *vb. (en tand)* give root treatment to (a tooth).

rodbehandling *(tandl.)* root(-canal) treatment; *(fagl. el. am.)* root-canal therapy; *(am. også)* root canal.

rodbetændelse *(tandl.)* periodontitis.

rode[1] *sb. (en, -r) (mil.)* file;
□ *blind ~* blank file.

rode[2] *vb. (se også rodet)* **1.** *(lave roderi)* make a mess of things (*fx* stop making a mess of things!);
2. *(gå og nusse)* potter about, mess about (*fx* in the garden, in the kitchen);
3. *(søgende)* rummage (*fx* in a drawer, in a handbag; among the papers; he rummaged until he found it); T poke about (*el.* around), root about (*el.* around); *(ivrigt, ved at flytte rundt på tingene)* ferret about (*fx* he ferreted about in the cupboard (, the loft)); *(med ivrige hænder)* scrabble (around) (*fx* scrabble in one's handbag; scrabble around on the floor);
4. *(i jorden etc., om svin)* root;
[med præp. & adv.] ~ **efter** *a) (jf. 3)* rummage (, poke about etc.) for; *b) (jf. 4)* root for; ~ **frem** rake out; ~ *sig* **ind i** get mixed up in; ~ **med** *a) (arbejde med)* busy oneself with; *b) (nusse med)* potter about with (*fx* one's stamp collection); *c) (lave rod i)* mess about with (*fx* somebody has been messing about with my papers); *d) (reparere på)* tinker with (*fx* a lamp, a clock); ~ **op i** *(ɔ: rippe op i)* rake up (*fx* old scandals); ~ **rundt i** rummage (, rake, poke etc.) about in; ~ **sammen** *a) (forveksle)* mix up, muddle up (*fx* their names); *b) (lave rod i)* muddle up, mess up (*fx* his things); *c) (lave i en fart)* knock up, throw together (*fx* a meal).

rodebutik mess.

rodehoved untidy person;
□ *han er et ~* he leaves everything in a mess.

rodekasse **1.** glory hole; **2.** *(fig.)* mixed bag, ragbag.

rodekontor tax collector's office.

rodemester tax collector.

roderi *sb. (et) se rod*[2].

rodeskuffe *se rodekasse.*

rodet *adj.* **1.** *(uryddelig)* untidy, disorderly; *(stærkere)* messy;
2. *(uorganiseret)* badly organized (*fx* book);
3. *(om tankegang)* muddled.

rodfrugter *sb.pl.* **1.** root crops, roots; **2.** *(mad)* root vegetables.

rodfyldning root filling.

rodfæste *vb.: ~ sig* take root.

rodfæstet *adj.* **1.** well-rooted;
2. *(fig.)* (deep-)rooted (*fx* conviction); ingrained (*fx* belief, habit).

rodknold *(bot.)* tuber.

rodløs *adj.* rootless.

rododendron *sb. (en, -er) (bot.)* rhododendron.

rodord root word.

rodsammen *sb. (et) se sammensurium.*

rodskud (root) sucker; *(på græs)* tiller;
□ *skyde ~ a)* stool; *b)* tiller.

rodstavelse root syllable.

rodstok *(bot.)* rhizome.
rodtegn *(mat.)* radical sign.
roduddragning *(mat.)* extraction of a root (, of roots); evolution.
rodzone *(bot.)* root zone.
roe *sb. (en, -r)* **1.** *(bot.)* beet; **2.** *(turnips)* turnip; **3.** *(kålroe)* swede; **4.** *(sukkerroe)* sugar beet.
roedyrkning beet growing.
roekampagne sugar-beet season.
roekule clamp.
roelygte turnip lanterne.
roeoptager beet lifter.
roeoptagning beet lifting.
roer *sb. (en, -e)* **1.** *(en der ror)* rower; **2.** *(sportsroer: mand)* oarsman; *(kvinde)* oarswoman;
□ *den bageste* ~ (the) stroke; *den forreste* ~ (the) bow.
roesukker beet sugar.
rogn *sb. (en)* roe; *(gydt)* spawn;
□ *gyde* ~ spawn.
rognfisk spawner.
Rok *(myt.: fugl)* Roc.
rok *sb. (en, -ke) (spinderok)* spinning wheel.
rokade *sb. (en) (i skak)* castling; *(se også ministerrokade).*
rokere *vb. (i skak)* castle;
□ ~ *med (fig.)* move about; reshuffle (*fx* the Cabinet).
rokke[1] *sb. (en, -r) (zo.)* ray.
rokke[2] *vb.* **1.** *(gynge)* rock; *(hurtigere)* wobble (*fx* the chair wobbled as I stood on it); *(langsomt)* sway;
2. *(flytte (sig))* move; *(kun i negative udtryk)* budge (*fx* I can't budge it; he refused to budge);
3. *(stavre)* dodder;
4. *(svække)* shake (*fx* my faith in him has been shaken);
□ *han lader sig ikke* ~ he won't budge; *uden at lade sig* ~ without budging an inch; *ikke til at* ~ *se urokkelig*;
[med præp.] han lader sig ikke ~ ***fra*** *sin overbevisning* he cannot be shaken in his conviction; ~ ***med*** *hovedet* rock one's head; *han kan* ~ *med ørerne* he can waggle his ears; *jeg var så mæt at jeg ikke kunne* ~ *med ørerne* I was stuffed; ~ ***på*** *stolen* rock the chair; ~ ***ved*** *(fig.)* shake (*fx* sby's faith).
rokkesten rocking stone, loganstone.
roklub boat club, rowing club.
rokoko *sb. (en)* rococo.
rokokostil rococo style.
rokokotiden *(hist.)* the Rococo Period.
rolig[1] *adj.* **1.** *(stille, fredelig)* quiet (*fx* evening, sea, streets; life, neighbourhood, neighbours, sleep; colours, pattern; now keep quiet!); *(især om dybere ro,* F*)* tranquil (*fx* air, life, sleep);
2. *(ikke ophidset)* calm (*fx* he kept calm in all the confusion); composed;
3. *(ubevægelig)* still (*fx* keep your feet still! still water);
4. *(som ikke ryster el. svinger)* steady (*fx* hand, flame, voice; tendency; keep the glass steady);
5. *(jævn, regelmæssig)* regular (*fx* breathing, pulse);
6. *(ikke oprørt; om vejr, vand)* calm (*fx* weather, sea);
7. *(ubekymret, præd.)* at ease (*fx* I never feel at ease with him); easy in one's mind (*fx* he won't be easy in his mind till he knows);
□ ***bare*** *~! a) (hids dig ned)* steady on! take it easy! keep your cool! *b) (vær ikke bekymret)* don't worry! *du kan være* ~ ***for at*** you may be sure that; F you may rest assured that; T you can take it from me that; *du kan være* ***ganske*** ~ you can set your mind at rest; you needn't worry; *så er jeg* ***mere*** ~ *(ɔ: som svar)* that's all right, then;
[med sb.] ~ *samvittighed* an easy conscience; *jeg har ikke haft et -t øjeblik* I haven't had a moment's peace; *jeg havde ikke et -t øjeblik mens han var borte* I kept worrying (*el.* I was on edge) all the time while he was away.
rolig[2], **roligt** *adv. (jf. rolig*[1]*)*
1. quietly;
2. *(uden ophidselse)* calmly (*fx* "No", he said calmly);
3. *(uden at bevæge sig)* still (*fx* sit (, lie) still);
4. *(uden at ryste etc.)* steadily (*fx* he looked steadily at me);
5. *(regelmæssigt)* regularly (*fx* breathe regularly);
6. *(trygt)* safely (*fx* you can safely leave it to him);
7. *(uden at gribe ind)* passively (*fx* we can't look on passively while they do that);
□ ***ganske*** ~ *(ɔ: uden videre)* deliberately; as a matter of course; T just like that (*fx* he took the money, just like that);
[med vb.] du kan ~ ***regne med*** *at* you can safely assume that; *man kan* ~ ***sige*** *at* it may be safely said that; ***sove*** *-t* sleep soundly; *du kan sove* ~ you may sleep in peace; ***tag*** *det* ~ *se rolig*[1] *(bare ~).*
roligan *sb. (en, -er el. -s)* [non-violent supporter].
rolle *sb. (en, -r)* **1.** *(teat.)* part; *(mere* F*)* role;
2. *(fig., også psyk. & i sociologi)* role (*fx* USA's role as the world policeman; help the father become secure in his new role; culturally defined roles);
3. *(andel, betydning)* part (*fx* his part in the demonstration);
□ ***blive i*** *-n* keep up one's part; ***bytte*** *-r se bytte*[3]; ***falde ud af*** *-n a) (glemme den)* forget one's part; *b) (spille ukarakteristisk)* act out of character; *c) (røbe sin sande karakter)* give oneself away; ***fordele*** *-rne a) (teat.)* cast (*el.* distribute) the parts; *b) (fig.: pligter, jobs etc.)* arrange duties; ***få*** *en* ~ *(teat.)* get (*el.* be cast for) a part; ***give*** *-n som, se ndf.: spille -n som*; ***se sig i*** *-n som* see oneself in the part of (*fx* a detective);
spille *en* ~ *a) (teat.)* play a part (, role); *b) (fig.: være af betydning)* play a part (*fx* luck played a part in his success); *det spiller en stor* ~ it is of great importance; it matters very much; *spille en vigtig* ~ *i* play an important part in (*fx* the decision); *det spiller ingen* ~ it does not matter; *penge spiller ingen* ~ money is no object; ***spille -n som*** *Macbeth, spille Macbeth's* ~ play (*el.* take) the part of Macbeth, play Macbeth; *spille -n som velgører* act the part (*el.* role) of benefactor; *spille -n som millionær* act the millionaire; *(se også gå (op i,) tildele, udspille).*
rollebesætning **1.** *(skuespillere)* cast; **2.** *(det at besætte rollerne)* casting.
rollefag (special) line.
rollefordeling *se rollebesætning.*
rolleforventning role expectation.
rollehavende *adj.: de* ~ the cast.
rollehefte, **rollehæfte** part.
rolleliste cast list.
rollespil **1.** *(det at)* role playing;
2. *(enkelt)* role play.
rolling *sb. (en, -er)* toddler, tiny tot.
rollmops *sb. (en, -)* rollmop.
roll-on *sb. (en, -er)* girdle, roll-on.
roll-on-roll-off-skib rool-on roll-off ship.
Rom *(geogr.)* Rome;
□ ~ *blev ikke bygget på én dag* Rome was not built in a day.
rom *sb. (en) (spiritus)* rum.
Roma Rome;
□ *tale* ~ *midt imod (omtr.)* oppose established authority; stand up for what one thinks is right.
roman *sb. (en, -er)* **1.** novel;
2. *(middelalderlig, eventyrlig; også fig. om romantisk hændelse)*

romance;
□ *det er en hel ~ (ɔ: vidtløftig fortælling)* it is a long story; *hendes liv var en hel ~ (ɔ: eventyrligt)* her life was like a novel.
romance *sb. (en, -r)* **1.** *(digt, omtr.)* ballad, romance; **2.** *(mus.)* romance, romanza.
romanfigur character in a novel.
romanforfatter novelist.
romanist *sb. (en, -er)* Romance specialist.
romanlitteratur novels pl.
romansk *adj.* **1.** *(sprogv.)* Romance; **2.** *(arkitektur, kunst)* Romanesque;
□ *-e sprog* Romance languages; *~ stil* Romanesque (style); *(svarer i Engl. ofte til)* Norman (*fx* a Norman Church).
romantik *sb. (en)* romance (*fx* the romance of life in the South Sea Islands);
□ *-ken (hist.)* Romanticism; the Romantic Movement.
romantiker *sb. (en, -e)* **1.** romanticist, romantic; **2.** *(hist.)* Romantic.
romantisere *vb.* romanticize.
romantisk[1] *adj.* romantic.
romantisk[2] *adv.* romantically.
rombe *sb. (en, -r)* rhombus.
rombisk *adj.* rhombic.
rombudding *(kan gengives)* rum and egg custard.
romer *sb. (en, -e)* Roman.
romerinde Roman lady.
romerkirken the Roman (Catholic) Church; the Church of Rome.
romerret Roman law.
romerriget *(hist.)* the Roman Empire.
romersk *adj.* Roman;
□ *~ bad (svarer til)* Turkish bath; *~ næse* Roman nose.
romerskkatolsk *adj.* Roman Catholic.
romertal Roman numeral.
romertiden *(hist.)* the Roman period.
rommy *sb. (en, -er) (et kortspil)* rummy.
romtoddy rum toddy.
Romtraktaten the Treaty of Rome.
rondo *sb. (en, -er) (mus.)* rondo.
roning *sb. (en, -er)* rowing.
roquefort *sb. (en, -er),* **roquefortost** Roquefort (cheese).
ror *sb. (et, -)* **1.** rudder (*fx* like a ship without a rudder); *(om hele styreapparatet, især i faste ordforbindelser, se ndf.)* helm;
2. *(rorpind)* tiller;
3. *(rat)* steering wheel;
4. *(fig.)* helm (*fx* the helm of state);
□ *lægge -et bagbord* port the helm; *lægge -et om a)* shift the helm; *b) (fig.)* turn over a new leaf; *komme til -et (fig.)* come into power; *overtage -et a)* take the helm; *b) (fig.)* take over the helm; *stå ved -et (også fig.)* be at the helm.
rorbænk thwart.
rorgænger *sb. (en, -e)* helmsman.
rorpind **1.** *(sø.)* tiller; **2.** *(flyv.)* stick; control column.
rorsmand helmsman.
ros[1] *sb. (en)* praise;
□ *få ~* be praised; *tjene til ens ~* be to sby's credit.
ros[2] *sb. (et) (pak)* riff-raff, scum.
rosa *adj.* (rose-)pink.
rose[1] *sb. (en, -r) (bot.)* rose;
□ *ingen -r uden torne* no rose without a thorn; *livet er ikke en dans på -r* life is no bed of roses (*el.* not all roses); *vild ~* wild rose, brier, briar.
rose[2] *sb. = rosé.*
rose[3] *vb. (roste, rost) (se også rosende)* praise (*for* for); F commend (*for* for);
□ *~ én i høje toner* be loud in sby's praise, sing sby's praises, raise sby to the skies; *~ sig af a) (være stolt af)* pride oneself on; *b) (prale af)* boast of; *det er ikke noget at ~ sig af* that is not a thing to be proud of (, to boast of); *kunne ~ sig af at have* boast (*fx* the house boasts a fine view); *uden at ~ mig selv* without wishing to boast.
rosé *sb. (en, roseer)* rosé.
roseklub mutual admiration (*el.* congratulation) society.
rosen *sb. (en) (med.)* erysipelas.
rosenbusk rose bush.
rosende[1] *adj.* laudatory (*fx* speech).
rosende[2] *adv.: omtale én ~* speak highly of sby; *(stærkere)* sing sby's praises.
rosenfarvet *adj. (også fig.)* rose-coloured, rosy.
rosenfingret *adj.* rosy-fingered;
□ *den rosenfingrede dagning* the rosy-fingered morn.
rosenflor mass of roses (in bloom).
rosenhave rose garden.
rosenknop rosebud.
rosenkrans *(rel.)* rosary;
□ *bede sin ~* say one's rosary.
rosenkål *(bot.)* (Brussels) sprouts pl.
rosenolie rose oil, attar.
rosenrød *adj.* rosy (*fx* light; prospects);
□ *se alt i et -t skær* see everything through rose-coloured spectacles.
rosenskær rosy hue; *(se også rosenrød (rosenrødt skær)).*
rosentræ **1.** rose tree; **2.** *(materiale)* rosewood.
roset *sb. (en, -ter)* **1.** rosette; **2.** *(knaphuls-)* favour.
rosin *sb. (en, -er)* raisin;
□ *som -en i pølseenden (ɔ: som det bedste)* as the climax; as the last treat; *han kom sidst, som -en i pølseenden (kan gengives)* he brought up the rear.
rosinbrød *(omtr.)* currant loaf.
rosinkage sultana cake.
roskildesyge *(med.)* acute gastroenteritis.
rosmarin *sb. (en, -er) (bot.)* rosemary.
rosport rowing.
rostbøf roast beef.
rosværdig *adj.* praiseworthy, laudable.
rotarianer *sb. (en, -e)* Rotarian.
rotaryklub Rotary Club.
rotation *sb. (en, -er)* rotation.
rotationsakse axis of rotation.
rotationsbevægelse rotary motion.
rotationshastighed speed of rotation.
rotationspresse rotary press.
rotationsstilling *(for læge)* rotating hospital post.
rotere *vb. (se også roterende)* **1.** *(om en akse)* rotate; *(hurtigt)* spin; **2.** *(omkring noget andet)* revolve (*fx* the earth rotates about its axis and revolves around the sun);
□ *han ville ~ i sin grav hvis han vidste det* T he would be revolving in his grave if he knew.
roterende *adj. (jf. rotere)* **1.** rotatory, rotary; **2.** revolving.
rotor *sb. (en, -er)* rotor.
rotorklipper *(til græs)* rotary mower.
rotte[1] *sb. (en, -r) (zo.)* rat;
□ *en gammel ~ (fig.)* an old hand; *-rne forlader den synkende skude* the rats leave (*el.* desert) the sinking ship; *have ~* ***på loftet*** *(fig.)* have bats in the belfry; *han er helt* ***til*** *-rne a) (han er færdig)* he is done for; *b) (han er ruineret)* he is down and out; *c) (han er syg)* he is in a terrible state (*el.* way).
rotte[2] *vb.: ~ sig sammen a) (slutte sig sammen)* gang up (*imod* against, on); *(især hemmeligt)* band together; *b) (lave komplot,* F*)* conspire (*imod* against).
rottefælde rat trap.
rottefænger *sb. (en, -e)* ratcatcher.
rottegift rat poison.
rottehale **1.** rat's tail (pl. rats' tails); **2.** *(fletning)* pigtail.
rottehund **1.** ratter; **2.** *(terrier)* rat terrier.

rottekrudt white arsenic.
rotteplage rat nuisance.
rotterede **1.** rat's nest (pl. rats' nests); **2.** *(lejekaserne)* warren.
rotteræs S ratrace.
rotteudryddelse extermination of rats.
rotteunge young rat.
rotting *sb. (en)* **1.** *(spanskrør)* rattan; **2.** *(straf)* flogging.
rotunde *sb. (en, -r)* rotunda.
rotur row;
□ *tage en ~* go rowing, go for a row.
rouge *sb. (en) (kosmetik)* rouge.
roulade *sb. (en, -r)* **1.** *(kage)* swiss roll; **2.** *(mus.)* roulade.
roulet *sb. (en, -ter) (til spil)* roulette; *(se også russisk).*
rouletspil roulette.
roulette *sb. (en, -r) = roulet.*
rov *sb. (et): blive flammernes ~* be consumed by fire; *dele -et (ɔ: fortjenesten)* divide the spoils; *(om to)* go fifty-fifty; *gå på ~* go in search of prey; *gå på ~ efter* go in search of.
rovbegærlig *adj.* rapacious.
rovbegærlighed *sb. (en)* rapacity.
rovdrift **1.** ruthless exploitation; *(mere* F*)* rape (*fx* of the world's resources); **2.** *(på landbrugsjord)* soil exhaustion;
□ *drive ~ på jorden* exhaust the soil; *drive ~ (også)* exploit ruthlessly; *(mere* F*)* rape (*fx* the land); *han driver ~ på sig selv (el. sine kræfter)* he is wearing himself out, he is driving himself too hard.
rovdyr *(zo.)* beast of prey; *(fagl.)* predator; *(pattedyr også)* carnivore.
rovdyrhus carnivores' house.
rovdyrinstinkt predatory instinct.
rover *sb. (en, -e)* venture scout.
rovfisk carnivorous fish.
rovfiskeri overfishing; *(stærkere, mere* F*)* raping the seas;
□ *drive ~* overfish; rape the seas.
rovfugl *(zo.)* bird of prey.
rovgrisk *adj.* rapacious.
rovmord *sb. (et)* murder with intent to rob.
rovmorder *sb. (en, -e)* person who has murdered with intent to rob; robber and murderer.
royalisme *sb. (en)* royalism.
royalist *sb. (en, -er)* royalist.
royalistisk *adj. (attr.)* royalist;
□ *han er ~* he is a royalist.
royalty *sb. (en, -er el. royalties) (afgift)* royalty.
ru *adj.* **1.** *(ujævn)* rough (*fx* hands, surface); *(stærkere)* rugged (*fx* bark, surface); *(kornet)* granular (*fx* surface); *(bot.)* scabrous; **2.** *(om stemme: hæs)* hoarse; *(skurrende)* rasping, gravelly (*fx* the gravelly voice of Louis Armstrong).
rub *sb.: ~ og stub* lock, stock and barrel.
rubbe *vb.: ~ noget af sig* knock off a good deal of work; get things done; *~ neglene, ~ sig* look sharp; hurry up; *rub jer! (også)* get a move on! make it snappy! *~ sig med noget* be quick about sth.
rubber *sb. (en, -e)*, **rubbert** *(en, -er) (i kortspil)* rubber.
rubel *sb. (en, rubler)* rouble.
rubin *sb. (en, -er)* ruby.
rubinrød *adj.* ruby.
rubladet *adj. (bot.)* rough-leaved.
rubricere *vb.* classify, label.
rubricering *sb. (en, -er)* classification, labelling.
rubrik *sb. (en, -ker)* **1.** *(plads til udfyldning)* space, blank;
2. *(overskrift)* heading, headline;
3. *(afdeling)* section.
rubrikannonce classified advertisement, small ad.
ruche *sb. (en, -r)* ruche.
rude[1] *sb. (en, -r)* **1.** pane (of glass) (*fx* there was not a whole pane in the house);
2. *(vindue, også i konvolut)* window;
3. *(firkantet felt, fx på skakbræt)* square; *(rombe)* lozenge, diamond;
4. *(i hinkeleg)* compartment;
□ *-rne dugger* the windows are misting (*el.* steaming) up; *slå en ~ ud, knuse en ~* break a window; *(kraftigere)* smash a window.
rude[2] *sb. (en, -r) (bot.)* rue.
rudeglas window glass.
rudeknuser *sb. (en, -e)* **1.** window breaker; **2.** *(tyv)* smash-and-grab thief.
rudeknusning *sb. (en, -er)* **1.** window breaking; **2.** *(tyveri fra butik)* smash-and-grab raid.
rudekonvolut window envelope.
ruder *sb. (en, -e) (i kortspil)* **1.** *(farven)* diamonds pl. (*fx* diamonds are trumps);
2. *(om enkelt kort)* diamond (*fx* I played my last diamond);
□ *~ es (, konge, to, tre etc.)* the ace (, king, two, three etc.) of diamonds; *på ~ konges tid* in the year dot.
rudestige *(til gymnastik)* window ladder.
rudet *adj.* diapered, lozenged; *(her.)* lozengy.
rudiment *sb. (et, -er)* **1.** rudiment;
2. *(levn)* survival (*fx* it is a survival of an age long gone).
rudimentær *adj. (jf. rudiment)* **1.** rudimentary; **2.** surviving.
ruelse *sb. (en) (glds.)* contrition.
ruf[1]*: i en ~* in no time.
ruf[2] *sb. (et, -)* **1.** *(sø.; kahyts overbygning)* cabin top, doghouse;
2. *(dækshus)* deckhouse.
ruffer *sb. (en, -e)* procurer.
rufferi *sb. (et)* procuring.
rufferske *sb. (en, -r)* procuress.
rug *sb. (en) (bot.)* rye.
rugaks ear of rye.
rugbrød **1.** rye bread; **2.** *(enkelt brød)* rye loaf.
ruge *vb.* **1.** *(om fugle etc.)* brood, sit; *(fagl.)* incubate; **2.** *(udruge)* hatch (out);
□ *~ over a) (grunde på)* brood over; *b) (om mørke)* brood over; *den gerrige -r over sine penge* the miser guards his money jealously; *~ ud* hatch (out).
rugehøne sitting hen.
rugekasse **1.** sitting box; **2.** *(fig.) se udklækningsanstalt 2.*
rugemaskine incubator.
rugemoder, **rugemor** surrogate mother.
rugeplads hatching place.
rugetid **1.** brooding season; **2.** *(udrugningstid)* brooding time; *(fagl.)* incubation period.
rugkiks rye biscuit.
rugmel rye flour.
rugning *sb. (en, -er)* brooding; *(fagl.)* incubation.
rugsigtebrød [bread (, loaf of bread) made of sifted rye flour].
Ruhr, **Ruhrdistriktet** *(geogr.)* the Ruhr.
ruhåret *adj. (om hund)* wire-haired.
ruin *sb. (en, -er)* ruin;
□ *ligge i -er* be (*el.* lie) in ruins; *slot som ligger i -er* ruined castle.
ruinere *vb.* ruin.
ruinerende *adj.* ruinous (*for* to).
ruineret *adj.* ruined; T broke;
□ *blive ~* be ruined; T go broke.
rulamspels sheepskin coat.
rulle[1] *sb. (en, -r)* **1.** roll (*fx* of cloth, of paper, of plaster, of wallpaper; of coins); *(se også skrå*[1]*)*;
2. *(tov- etc.)* coil (*fx* of rope, of barbed wire);
3. *(skrift-)* scroll (*fx* the Dead Sea scrolls);
4. *(valse, cylinder)* roll, roller, cylinder;
5. *(til møbelfod)* castor;
6. *(til at vikle noget om, fx film: spole)* reel, spool;
7. *(med optaget film el. til kamera)* roll;

8. *(til hår)* curler, roller;
9. *(til at rulle tøj: glds. type)* mangle; *(strygerulle)* rotary ironer.
rulle[2] *sb. (en, -r)* **1.** *(sø.: fortegnelse)* bill;
2. *(lægds-)* conscription register;
□ *indføre én i -n* register sby for national service; *blive slettet af -n (mil.)* [be taken off the conscription register].
rulle[3] *vb. (se også rullende)*
1. *(også om skib, bølger, øjne, køretøj, lyd)* roll;
2. *(om blodet)* roll; F course;
3. *(tøj)* mangle; *(drive rulleforretning)* run a mangling business;
4. *(med kagerulle)* roll (out) (*fx* roll out the pastry very thin);
5. *(vikle omkring stok etc.)* wind, roll;
6. *(S: plyndre)* roll, mug;
□ ~ *(sig) en cigaret* roll (oneself) a cigaret; ~ *en film (ɔ: forevise)* run a film; *få blodet til at ~ raskere* stir one's blood; *der vil komme til at ~ hoveder* heads will roll;
[med præp. & adv.] ~ *en* ***ind*** *i et tæppe* wrap sby (up) in a blanket;
~ ***med*** *øjnene* roll one's eyes; ~ ***ned*** *a)* roll down; *b) (~ ned for vinduet)* draw the blind; ~ *et bilvindue ned* wind (*el.* roll) down a car window; ~ *gardinet ned* draw the blind; ~ *tæppet ned (i teater)* lower the curtain;
~ ***op*** *a) (~ sammen)* roll up; *b) (omkring en stok etc.)* wind up (*fx* a map); *c) (tov, haveslange etc.)* coil up; *d) (~ ud)* unroll; unwind; uncoil; ~ *et bilvindue op a) (lukke)* wind (*el.* roll) up a car-window; *b) (åbne)* wind (*el.* roll) down a car window; ~ *et gardin op* pull up a blind; ~ *op for vinduet* pull up the blind; ~ ***på*** *r'erne* roll one's r's; ~ ***rundt*** roll (over); ~ ***sammen*** *a)* roll up (*fx* a napkin, a sheet of paper); *b) (tøj, haveslange etc.)* coil up; ~ ***ud*** roll out (*fx* a map; pastry);
[med sig] ~ ***sig*** roll; ~ ***sig sammen*** *a)* roll up (*fx* the map rolled up); *b) (om pindsvin etc.)* curl up;
~ ***sig ud*** *a)* come unrolled (*fx* the map came unrolled); *b) (uventet flotte sig)* lash out; *c) (udfolde sig)* let oneself go (*fx* she really let herself go); *d) (tage på veje)* get worked up.
rullebord trolley (*fx* projector trolley, tea trolley); *(til servering også)* dinner wagon.
rullebræt skateboard.
rullefilm roll film.
rulleforretning mangling business.
rullefortov *se rullende (fortov).*
rullegardin (roller) blind; *(am.)* roller (window) shade.
rullehåndklæde roller towel.
rullekone woman who keeps a mangle; mangler.
rullekrave **1.** roll collar; **2.** *(på sweater)* polo neck; *(am.)* turtle neck.
rullekravesweater polo neck sweater.
rulleleje roller bearing.
rullemadras **1.** *(til seng)* bed pad; **2.** *(til gymnastik)* floor exercise mat.
rullende *adj.* rolling;
□ ~ *fortov* travelator, travolator; moving walkway; *(am.)* moving sidewalk; ~ *materiel* rolling stock; ~ *trappe se rulletrappe; (se også togkiosk).*
rullepølse [kind of sausage made of rolled meat].
rullesele inertia reel belt.
rulleskøjte roller skate;
□ *løbe på -r* roller-skate.
rullesteg rolled joint.
rullesten pebble; *(større)* cobble.
rullestige extension ladder.
rullestok *(til rulletøj)* mangling roller; *(af rulletøj)* roll of mangling.
rullestol wheelchair;
□ *køre i ~* go about in a wheelchair.
rullestrømpe roll-top stocking.
rulletekst *(film. etc.)* crawling title, roll-up title, creeper title.
rulletrappe escalator; moving staircase.
rulletøj **1.** *(som skal rulles)* clothes for mangling; *(som kan rulles, am.)* flatwork; **2.** *(som er rullet)* clothes that have been mangled.
rullevej *(i lufthavn)* taxiway, taxi strip.
rulning *sb. (en, -er)* **1.** rolling;
2. *(af tøj)* mangling.
rum[1] *sb. (et, -)* **1.** *(værelse)* room;
2. *(afgrænset del)* compartment; *(i hylde, reol)* pigeon hole;
3. *(frit ~, område, plads til noget)* space;
4. *(mil.)* area;
□ *-met (ɔ: verdensrummet)* space (*fx* travel in space; time and space);
[med adj.] ***lufttomt*** ~ vacuum; ***tomt*** ~ *a) (jf. 1)* empty room; *b) (jf. 3)* empty space; *c) = lufttomt ~*; *det tomme ~* space (*fx* the parachutist jumped into space); F the void; *stirre ud i det tomme ~* stare into space; *det* ***ydre*** ~ outer space.
rum[2] *adj.: i ~ sø* in (*el.* on) the open sea; *en ~ tid* (quite) a long time.
rumaflytning bugging.
rumba *sb. (en, -er)* rumba.
rumdeler room divider.
rumdragt spacesuit.
rumfang *sb. (et)* volume, cubic content.
rumfart space travel.
rumfartøj *se rumskib.*
rumflyvning **1.** space travel; **2.** *(enkelt)* space flight.
rumforskning space research.
rumfærge space shuttle.
rumindhold cubic content, capacity.
rumkabine cabin (of a spacecraft).
rumkapløb space race.
rumkapsel space capsule.
rumlaboratorium space laboratory.
rumle *vb. (også om mave)* rumble;
□ ~ *med (ɔ: snakke om)* make noises about.
rumlefelt *(i vej)* rumble strip, serrated strip.
rumlen *sb. (en)* rumble, rumbling.
rumlepotte rumbling pot.
rumleri **1.** *se rumlen*; **2.** *se rumlerier.*
rumlerier *sb.pl.* **1.** *(beklagelser, rygter)* rumblings; **2.** *(uro)* unrest *sg.*;
□ *politiske ~ a) (udtalelser)* political rumblings (*el.* noises); *b) (uro)* political unrest.
rumlig *adj.* spatial (*fx* relations); *(efter sb.)* relating to space, of space.
rumme *vb.* **1.** contain (*fx* the tank contains 500 litres; the urban areas contain some 90 million people); *(også: kunne rumme)* hold (*fx* the bottle holds 3 litres; the hall can (*el.* will) hold 500 people);
2. *(om bog etc.)* contain (*fx* that book contains all you need to know);
3. *(fig.)* hold (*fx* life holds many surprises; the dangers that the future holds; my brain cannot hold all that information);
4. *(medføre)* involve (*fx* this procedure involves a danger (, a certain risk));
5. *(indebære)* imply (*fx* his statement implies a contradiction).
rummedicin space medicine.
rummel *sb. (en)* **1.** rumble (*fx* of carriages, of thunder, of a truck);
2. *(politisk)* agitation; *(se også rumlen, rumlerier 2)*;
□ *hele -en* the whole lot; *du kender -en* you know (how it is); it's the usual story.
rummelig *adj.* **1.** *(stor)* roomy (*fx* house, car); *(større, mere F)* spa-

cious (*fx* residence);
2. *(som der kan være meget i)* roomy (*fx* cupboard, pockets); F capacious (*fx* bag, pockets);
3. *(om tøj)* loose-fitting, roomy (*fx* coat);
4. *(fig.)* broad (*fx* term, definition); elastic (*fx* definition).
rummelighed *sb. (en) (jf. rummelig)* **1.** spaciousness; **2.** capaciousness; **3.** *(fig.)* broadness.
rummeter stere.
rummål cubic measure, measure of capacity.
rumopvarmning space heating.
rumpe *sb. (en, -r)* **1.** behind (*fx* he slapped her behind; fall on one's behind); bottom (*fx* she wriggled her bottom); *(spøg.)* backside, rump; **2.** *(på dyr)* rump;
□ *et spark i -n* a kick in the pants.
rumpet *sb. (en)* backside; F posterior.
rumpilot space pilot, astronaut.
rumraket space rocket.
rumrejse space flight.
rumskib **1.** spacecraft; **2.** *(som styres af besætningen)* space ship.
rumskøds *adj.: sejle ~ (sø.)* run free.
rumsonde space probe.
rumstation space station.
rumstere *vb.* **1.** *(lave støj)* make a noise;
2. *(bevæge sig rundt)* move about (*fx* there is somebody moving about upstairs);
3. *(være travlt beskæftiget)* bustle about (*fx* she was bustling about in the kitchen);
4. *(lede)* rummage;
□ *tanken -de i hans hjerne* he was haunted by the idea.
rumtermostat room thermostat.
rumtid space-time.
rumvandring space walk.
rumvirkning spatial effect.
rumvægt *(fys.)* specific weight.
rumvæsen extraterrestrial, alien.
rumvåben space weapon.
rumæner *sb. (en, -e)* Romanian, Rumanian.
Rumænien *(geogr.)* Romania, Rumania.
rumænsk *sb. (et) & adj.* Romanian, Rumanian.
run *sb. (et): der var ~ på banken* there was a run on the bank.
rund *adj. (se også rundt)* **1.** *(også om tal)* round (*fx* ball, table, arm, arch, back; sum, figures, numbers);
2. *(om person)* well-rounded, plump; *(lille og ~)* chubby; *(kraftigere,* F*)* rotund;
3. *(om smag)* smooth;
4. *(fig.)* easy (to get on with);
□ *en ~ fødselsdag* [birthday on which a round figure: 50, 60, 70, 75 etc., is reached]; *holde ~ fødselsdag* pass a milestone.
rundbordssamtale round table discussion (, conference).
rundbue round arch.
rundbuestil Romanesque style; Norman style;
□ *i ~ (om person) se rund 2.*
rundbælg *(bot.)* kidney vetch.
runddel *(plads)* circus; *(am.)* circle.
runddysse *sb. (en, -r)* **1.** *(arkæol.)* stone circle; **2.** *(gravhøj)* round barrow.
runde[1] *sb. (en, -r)* **1.** round (*fx* a postman's round; the final round of talks);
2. *(spadseretur)* stroll; *(glds.* T*)* turn;
□ *gå en ~ i byen* take a stroll round the town.
runde[2] *vb.* **1.** *(gøre rund)* round;
2. *(passere)* round (*fx* a corner, a cape); double (*fx* a cape);
3. *(være krum)* curve;
□ *have -t de tres* have turned sixty, be past (*el.* over) sixty; *(se også hjørne)*; *~ ryggen* stoop; *[med adv.] ~ af* round off; *~ ned* round down; *~ op* round up.
rundelig *adj.* ample (*fx* reward); *(stærkere)* abundant.
runden, **rundet** *pf.ptc. af rinde.*
rundfart sightseeing excursion.
rundflyvning pleasure flight.
rundgang *(spadseretur)* walk round (*fx* take a walk round the museum).
rundhed *sb. (en)* roundness; F rotundity.
rundholt *sb. (et, -er) (sø.)* spar.
rundhorisont *(teat.)* cyclorama.
rundhovedet *adj.* round-headed;
□ *~ skrue* round-head screw.
rundhåndet *adj.* generous, liberal;
□ *~ med sine penge* free with one's money.
rundhåndethed *sb. (en)* generosity, liberality.
runding *sb. (en, -er)* **1.** *(det at gøre rund)* rounding; **2.** *(krumning)* bending, bend; **3.** *(vejbanes)* camber.
rundkaste *vb.* broadcast.
rundkastning *sb. (en, -er)* broadcasting.
rundkirke round church.
rundkreds circle, ring.
rundkørsel *(plads)* roundabout; *(am.)* rotary, traffic circle.
rundorm *(zo.)* roundworm.
rundpind *(strikkepind)* circular needle.
rundpuldet *adj.* round-crowned;
□ *~ hat* bowler (hat); *(am.)* derby.
rundrejse tour.
rundrejsebillet circular ticket.
rundrygget *adj.* round-shouldered, stooping;
□ *være ~ (også)* stoop.
rundryggethed *sb. (en)* stoop.
rundsav circular saw; *(am.)* buzz saw;
□ *han har -e på albuerne (fig.)* he's got elbows.
rundskrift *sb. (en)* round hand.
rundskrivelse circular (letter).
rundskue *(panorama)* panorama.
rundskåret *adj. (om kjole)* flared.
rundspørge *sb. (et el. en, -r)*
1. *(uformel meningsundersøgelse)* enquiry; *(især am.)* straw poll (*fx* a straw poll around the office showed that...);
2. *(mere omfattende)* poll;
□ *lave et ~ a) (jf. 1)* make enquiries, sound out opinion; T ask round; *(især am.)* take a straw poll; *b) (jf. 2)* take a poll.
rundstok pole, round stick.
rundstrikket *adj.* circular knitted.
rundstrikning circular knitting.
rundstykke *(brød)* crusty roll.
rundt[1] *adv.* **1.** *(i en kreds: hele vejen ~)* round (*fx* send (, hand, pass) it round; turn round); around; *(am. især)* around;
2. *(hid og did; i forskellige retninger)* about, around (*fx* travel (, rush, wander, look) about (*el.* around)); round; *(am. især)* around;
[med vb.] **gå** *~ a)* walk about, go round; *b) (dreje sig)* turn round (*fx* the arms of the windmill were turning round); *c) (rotere)* rotate, revolve; *lade noget gå ~* pass sth round; *flasken gik ~* the bottle went round; *lade flasken (, hatten) gå ~* pass round the bottle (, hat); *gå ~ i, se ndf.: ~ i; gå ~ og* go (a)round -ing (*fx* he goes around thinking he is someone; you can't go around saying things like that); ***komme*** *~* get around, get about; *han **kommer** godt ~ **om** emnet* he covers the subject very well; *(se også byde, dele, finde, flytte, løbe*[2]*, regne*[2] *(etc.))*; *[med præp. & adv.] ~* **i** about, around (*fx* look (, wander) about (*el.* around) the house; clothes were lying about (*el.* around) the room); about in, around in (*fx* walk about (*el.* around) in the house (, the streets)); *~* **om** *a) (præp.)* round (*fx* they were sitting round the table; walk round the lake); around; *b) = ~ omkring*

a; ~ **omkring** *a) (adv.)* all around, round about (*fx* they were sitting round about, on chairs and benches); around, about (*fx* they were just standing around (*el.* about)); *(hist og her)* here and there (*fx* here and there we saw burning houses); *b)* = ~ *om a.*
rundt[2] *præp.* round (*fx* round the world; all the year round).
rundtenom *sb. (en, -(m)er)* slice of bread, round (of bread).
rundtosset *adj.* **1.** *(svimmel)* dizzy, giddy; **2.** *(forvirret)* confused.
rundtur tour (*i* of); *(se også runde*[1]*).*
rundvisning *sb. (en, -er)* **1.** *(det at vise rundt)* showing round; **2.** *(rundgang på museum etc.)* guided tour; F conducted tour (*i, på* of).
rune *sb. (en, -r)* rune, runic letter; □ *riste -r* carve runes.
runealfabet runic alphabet.
runeindskrift runic inscription.
runesten runic stone, rune stone.
runge *vb. (se også rungende)* **1.** *(genlyde)* echo, ring, resound (*fx* their cheers echoed (*el.* rang *el.* resounded) through the hall; the hall echoed (*el.* resounded) with cheers); F resonate (*fx* the noise of the bell resonated through the empty building); **2.** *(lyde hult)* boom; *(metallisk)* clang.
rungen *sb. (en)* ringing; *(enkelt)* ring.
rungende *adj.* **1.** resounding (*fx* cheers, voice); F resonant (*fx* sound, voice); **2.** *(buldrende)* booming; □ ~ *latter* peal of laughter.
runkelroe *(bot.)* mangold, mangel(-wurzel).
runken *adj.* **1.** *(om frugt etc.)* shrivelled, wizened; **2.** *(om person)* wizened.
runolog *sb. (en, -er)* runologist.
runologi *sb. (en)* runology.
rus[1] *sb. (en, -ser) (student)* freshman, first-year student.
rus[2] *sb. (en)* **1.** *(beruselse)* intoxication; **2.** *(fig.)* ecstasy; □ *få sig en* ~ get drunk; *sove -en ud* sleep it off; *i en* ~ in a state of intoxication; *i (en) begejstringens* ~ in a frenzy of enthusiasm.
ruse *sb. (en, -r) (fiske-)* trap.
rusgift (habit-forming) drug.
rusk[1] *sb. (et) (uroligt vejr)* rough weather.
rusk[2] *sb. (et, -) (jf. ruske)* **1.** shake; **2.** pull; jerk.
ruske *vb.* **1.** *(ryste)* shake; **2.** *(trække)* pull; *(pludseligt, hårdt)* jerk; □ ~ *hør* pull flax; *[med præp. & adv.]* ~ **i** *a) (ryste)* shake; *(larmende)* rattle (*fx* he shook (, rattled) the door handle (, the bars of the cage); the wind shook the trees (, rattled the shutters)); *b) (trække i)* pull (at); *(kraftigere)* tug at (*fx* pull at (, tug at) his arm); ~ *en i armen* shake sby by the arm; ~ *en i håret* pull sby's hair; *han sidder og -r i tremmerne* (S: *er i fængsel)* he is (sitting it out) behind bars; ~ **op** *a) (trække op)* pull up (*fx* a plant); *b) (åbne)* jerk open (*fx* jerk the door open); *c) (vække)* rouse; ~ *en op,* ~ **op i** *en* shake sby up.
ruskind suède.
ruskinds- suède (*fx* gloves).
ruskomsnusk *sb. (et) (også fig.)* hotchpotch.
ruskregn *sb. (en)* squally shower(s).
ruskvejr rough weather.
Rusland Russia.
ruslæder Russia leather.
russer *sb. (en, -e)* Russian.
russerbluse Russian tunic; Cossack blouse.
russerstøvle Russian boot.
russervin *(bot.)* kangaroo vine.
russisk *sb. (et) & adj.* Russian; □ *på* ~ in Russian; *[med sb.]* ~ *bad* Turkish bath; ~ *roulet(te)* Russian roulette.
russisk-fransk *adj.* Franco-Russian, Russo-French.
russisk-japansk *adj.* Russo-Japanese (*fx* the Russo-Japanese War).
rust *sb. (en)* **1.** rust; *(korrosion)* corrosion; **2.** *(på planter)* rust; □ *sætte* ~ rust.
rustbehandle *vb.* treat against rust (*el.* corrosion); rustproof.
rustbehandling anti-corrosion treatment, anti-rust treatment, rustproofing.
rustbeskyttelse corrosion protection, rustproofing.
rustbeskyttende *adj.* anti-rust *(attr.)* (*fx* paint); rustproofing (*fx* paint); rust-preventing, corrosion preventing (*fx* grease, oil).
ruste[1] *vb. (blive rusten)* rust, become rusty, corrode; □ ~ *op* rust away; *gammel kærlighed -r ikke* [one returns to one's old love].
ruste[2] *vb. (se også rustet) (forberede til krig)* arm, prepare for war; □ ~ *sig a)* arm oneself; *b) (forberede sig)* prepare (oneself) (*til* for).
rusten *adj.* rusty; □ *blive* ~ rust, become rusty; ~ *stemme* hoarse voice.
rustet *adj.* **1.** armed; **2.** *(forberedt)* prepared; □ ~ *til tænderne* armed to the teeth.
rustfarvet *adj.* rust-coloured, rusty.
rustfast *adj.* rustproof.
rustfri *adj. se rustfast*; □ *-t stål* stainless steel.
rustificeret *adj.* countrified.
rustik *adj.* rustic.
rustning *sb. (en, -er)* **1.** *(krigsforberedelse)* armament; **2.** *(brynje etc.)* armour (*fx* a knight in armour); □ *en* ~ *(jf. 2)* a suit of armour.
rustningsbegrænsning arms control.
rustningsindustri armament industry.
rustningskapløb arms race, armaments race.
rustningskontrol arms control.
rustplet rust stain.
rustrød *adj.* rust-red.
rustvogn *(ligvogn)* hearse.
rusår first year (at the university).
rute *sb. (en, -r)* **1.** *(vej)* route; **2.** *(trafikforbindelse)* service (*fx* there is a regular service between A and B); route; □ *gå i fast* ~ *mellem se rutefart.*
ruteangivelse itinerary.
rutebil **1.** *(udenbys)* coach; **2.** *(bybus)* bus.
rutebilcentral, rutebilstation coach (, bus) station.
rutebåd liner.
rutefart regular service; □ *gå i fast* ~ *mellem a) (om skib)* ply (*el.* run) between; *b) (fig.)* shuttle between; run backwards and forwards between.
ruteflyver airliner.
ruteflyvning air service.
rutine *sb. (en, -r)* routine; □ *have* ~ *i* be experienced (*el.* skilled) in.
rutinearbejde routine work.
rutinemæssig *adj. (attr.)* routine (*fx* a routine inspection); *(præd.)* according to routine.
rutinemæssigt *adv.* by routine, routinely.
rutineret *adj. (dygtig)* skilled; *(erfaren)* experienced; *(øvet)* practised.
rutsche *vb.* **1.** slide (*fx* along the ice, down a slope; slide down the banisters); *(usikkert)* slither (*fx* down a muddy slope); **2.** *(om køretøj: skride)* skid (*fx* the car skidded across the road and hit a fence).
rutschebane **1.** *(op og ned)* switchback, big dipper, roller coaster; *(am. kun)* roller coaster;

2. *(kun ned)* chute; *(mindre, på legeplads)* slide;
3. *(i spiral)* helter-skelter;
□ *køre i ~ (jf. 1)* ride on a switchback (etc.); ride on the roller coaster.

rutschebanetur roller-coaster ride.

rutschetur slide.

rutsje *(etc.) se rutsche (etc.).*

rutte *vb.: ~ med sine penge* spend one's money freely; T splash one's money about; *der er ikke noget at ~ med* there is nothing to play around with.

rwander *sb. (en, -e),* **rwandisk** *adj.* Rwandan.

ry *sb. (et)* **1.** *(omdømme)* reputation; **2.** *(berømthed)* fame (*fx* his fame spread over the world); F renown;
□ *der* ***gik*** *stort ~ af hans bedrifter* his exploits were on everybody's lips; ***have*** *et godt ~* enjoy a good reputation; ***have*** *~* ***for at*** *være a)* have a reputation for being; *b) (menes at være)* have the reputation of being; ***komme i*** *dårligt ~* get a bad name (*el.* reputation).

ryatæppe rya.

rydde *vb.* clear (*fx* an attic, land, the slums; a road through a forest);
□ *~* ***af*** *(i restaurant etc.)* clear the table(s); *(am.)* bus; *~* ***af vejen*** *a)* remove, clear away (*fx* the difficulties); *b) (ɔ: dræbe)* put out of the way; *~* ***for*** clear of (*fx* clear the roads of snow); *~* **op** tidy up, clear up, clean up (*fx* tidy (*el.* clean) up after them); *~* ***op i*** *a)* tidy up (*fx* a room); *(og gøre rent)* clear up, clean up (*fx* a mess, a room); *(og kassere ting)* clear out (*fx* a drawer, a medicine cupboard, a room); *b) (fig.)* clean up (*fx* the cities, an organization); *~* ***ud af*** *et skab* clear out a wardrobe (, cupboard) *(se skab)*; *~* ***væk****, se ovf.: ~ af vejen.*

ryddelig *adj.* orderly, tidy.

rydning *sb. (en, -er)* **1.** *(åben plads)* clearing; **2.** *(det at rydde)* clearing, clearance.

rydningsmandskab **1.** *(i civilforsvar)* demolition squad; **2.** *(efter togulykke etc.)* break-down gang.

ryg *sb. (en, -ge)* **1.** *(også stoleryg)* back;
2. *(bog-)* back; *(fagl.)* spine;
3. *(bjerg-, tag-)* ridge;
[med adj.] have ***dårlig*** *~* have a bad back; *for at have -gen* ***fri*** to secure one's retreat; *jeg vil have min ~ fri* I won't take any responsibility; ***løs i*** *-gen (om bog)* with a broken back; *bind* ***med løs*** *~* loose (*el.* hollow *el.* open) -back binding; *(se også rank)*;
[med vb.] ***lægge*** *~ til a) (tage ansvaret)* take the responsibility (for); *b) (være den det går ud over)* bear the brunt (of); T be at the receiving end (of) (*fx* the cuts); *(se også ranke*[2]*, skyde, vende)*;
[med (vb. +) præp.] ***bag*** *hans ~ (også fig.)* behind his back; ***falde*** *en* ***i -gen*** *a)* attack sby from behind; *b) (mil.)* attack sby in the rear; *c) (fig.)* stab sby in the back; *han* ***har*** *indflydelsesrige mænd* ***i -gen*** he has powerful backers; *han har betydelige midler i -gen* he has considerable resources to draw on; *han har ministeren i -gen (fig.: som støtte)* he has the minister behind him; *han havde vinden i -gen* the wind was behind him; *løs i -gen,* ***med*** *løs ~ se ovf.*; ***med*** *-gen* ***mod*** *muren se mur*; *sidde* ***med*** *-gen* ***til*** *(én)* sit with one's back to sby; *~* ***mod*** *~* back to back; ***på*** *-gen* on one's back (*fx* have a rucksack on one's back; take the sack on one's back); *han stod med hænderne på -gen* he stood with his hands behind him (*el.* behind his back); *(se også løbe*[2] *(ned ad -gen)).*

rygdækning*: have ~ a) (mil.)* have one's rear covered; *b) (fig.)* have backing; *have ~ fra* have the backing of.

ryge[1] *vb. (røg, røget) (se også rygende, røget)* **1.** smoke (*fx* a smoking chimney; do you smoke? smoke a pipe; smoked ham);
2. *(desinficere)* fumigate;
□ *~* ***på*** *en cigar* be smoking a cigar; *~ en pibe* ***til*** season a pipe; *~ en ræv* ***ud*** smoke out a fox.

ryge[2] *vb. (røg, røget)* **1.** *(fare)* rush, tear; shoot (*fx* he shot in (, off, out, up));
2. *(falde)* fall (*fx* the vase fell on the floor);
3. *(forsvinde)* go (*fx* there went the sail (, your chance)!);
4. *(gå tabt)* be lost (*fx* all the money is lost);
5. *(gå i stykker)* go phut (*fx* my radio (, their marriage) went phut);
□ *der røg den chance (, de penge)!* goodbye to that chance (, money)! *lade det ~* let it go; *ryg og rejs!* get lost! *der er røget en pære* a bulb has fused; *der er røget en sikring* a fuse has gone (*el.* blown);
[med præp. & adv.] ~ ***af*** *a)* come off (*fx* the button came off); *b) (flyve af)* fly off (*fx* his hat (, glasses) flew off); *bogen røg* ***hen ad*** *gulvet* the book flew across the floor; *døren røg* ***i*** the door banged to (*el.* banged shut); *~ i luften* go up, blow up; *(se også tot*[1]*, vejr)*; *den røg lige* ***ind*** *(ɔ: man forstod det)* it went right in; *~* ***løs på*** go for; *~* ***ned*** *a) (fare ned)* rush down; *b) (falde ned)* fall down; *c) (om temperatur)* drop suddenly; *(om pris)* slump; *døren røg* ***op*** the door flew open; *~* ***ud*** *a) (ɔ: fare ud)* rush out, shoot out; *b) (forsvinde)* disappear; *c) (glds.: blive uvenner)* fall out; *det røg mig* ***ud af*** *munden* I blurted it out; it just slipped out; *~* ***ud over*** *cykelstyret* be thrown (*el.* pitched) over the handlebars.

rygebord smoker's table.

rygeforbud*: der er ~* smoking is prohibited; *han har fået ~ (af lægen)* he is under doctor's orders not to smoke.

rygekupé, rygekupe smoker.

rygelig *adj.* smokable.

rygelse *sb. (en)* something to smoke.

rygende[1] *adj.* smoking (*fx* chimney);
□ *~ ruiner* smouldering ruins; *~ salpetersyre* fuming nitric acid; *~ svovlsyre* fuming sulphuric acid.

rygende[2] *adv.: de er ~ uenige* they totally disagree.

rygepause smoking break.

ryger *sb. (en, -e)* smoker;
□ *-e (opslag i tog)* Smoking; *ikke-rygere (opslag i tog)* No Smoking.

rygesalon *(sø.)* smoking room, smoke room.

rygfelt *sb. (et) (på bogbind)* panel.

rygfinne *(zo.)* dorsal fin.

rygflyvning inverted flying.

ryggesløs *adj.* profligate, dissolute.

ryggesløshed *sb. (en)* profligacy, dissoluteness.

ryghvirvel *(anat.)* thoracic vertebra.

ryghynde bolster.

rygklapper **1.** *(som altid giver ret)* yesman; **2.** *(som gør tjenester og venter gengæld)* backscratcher; **3.** *(snylter)* hanger-on (pl. hangers-on).

ryglæn back (rest).

rygmarv *(anat.)* spinal cord.

rygmarvsbetændelse *(med.)* inflammation of the spinal cord; *(fagl.)* myelitis.

rygmarvsprøve lumbar puncture.

rygmarvsreaktion *(fig.)* knee-jerk reaction.

rygmuskel muscle of the back, back muscle.

rygmærke insignia on the back.

rygning[1] *sb. (en, -er)* **1.** *(tobaks- etc.)* smoking; **2.** *(desinfektion)* fumigation;
□ ~ *forbudt* No Smoking.

rygning[2] *sb. (en, -er) (på tag)* ridge.

rygrad 1. spine, spinal column; **2.** *(fig.)* backbone (*fx* he has no backbone; the backbone of the organization).

rygskade back injury.

rygskilt *(på bogbind)* label.

rygskjold *(zo.)* carapace.

rygskævhed curvature of the spine; *(med.)* scoliosis.

rygsmerter *sb.pl.* **1.** back pain sg.; **2.** *(vedvarende)* backache sg.

rygstykker *sb.pl.: garve ens* ~ tan sby's hide.

rygstød 1. back (of a seat etc.); **2.** *(fig.)* support.

rygstøtte *(til seng)* bed rest.

rygsvømning backstroke (swimming);
□ *svømme* ~ do the backstroke.

rygsæk rucksack; *(især am.)* backpack; *(lille)* knapsack; *(se også mejs).*

rygsækturist backpacker.

rygsøjle spinal column.

rygte *sb. (et, -r)* **1.** *(forlydende)* rumour (*om* of; *om at* that); F report (*om* of; *om at* that); **2.** *(omdømme)* reputation (*fx* have a bad reputation);
□ *han er bedre end sit* ~ he is not so bad as he is made out to be; he is not so black as he is painted; *et løst* ~ a baseless (*el.* an unfounded) rumour; a vague rumour; *(se også navn (gode navn og ~));*
[med vb.] -t ***går*** *at, der går -r om at* it is rumoured that; rumour has it that; T the story goes that; *-t har* ***løjet*** the rumour is untrue.

rygtes *vb.* **1.** *(blive kendt)* get about (*fx* it got about that he had been in gaol); **2.** *(forlyde)* be rumoured;
□ *det rygtedes viden om* news about it spread far and wide.

rygtesmed rumour-monger.

rygvind following wind.

ryk *sb. (et, -)* **1.** *(pludseligt træk)* tug (*i* at, *fx* he felt a tug at his sleeve); *(hårdt)* jerk (*fx* he pulled the tooth out with a jerk; the train started with a jerk);
2. *(sæt)* start (*fx* I woke with a start); *(mere* T*)* jump; *(voldsommere)* jerk (*fx* he sat up with a jerk);
3. *(spjæt)* twitch, jerk;
4. *(travlhed)* rush;
□ *give et* ~ *i rebet* tug (*el.* give a tug) at the rope; *det gav et* ~ *i ham* he started, he gave a start; *(mere* T*)* he jumped, he gave a jump; *bevæge sig frem i* ~ move forward by fits and starts.

rykind *sb. (et)* invasion (*fx* of tourists); F influx (*fx* of visitors);
□ *et stadigt* ~ *af kunder* a constant stream of customers.

rykke *vb.* **1.** *(trække)* tug; *(hårdere)* jerk; T yank (*fx* yank a button off; yank the door open); F pluck;
2. *(bevæge sig; flytte fx brikker)* move;
3. *(sende rykkerbrev)* send a reminder (*fx* we have sent several reminders); *(med objekt)* send a reminder to (*fx* you'd better send him a reminder); *(også mundtligt)* remind (*fx* I'll have to remind him); T jog sby's memory (*for* about, *fx* a letter); *(glds. el.* F*)* dun (*for* for, *fx* he was dunned for £50,000 in mortgage payments and taxes) *(se også ndf.: ~ for);*
4. *(bakke)* back;
□ ~ *nærmere a)* move closer, move up; *b) (nærme sig)* approach; ~ *sin stol nærmere* draw up one's chair;
[med præp. & adv.] ~ ***for*** *svar* request a reply; *(stærkere)* press for a reply; ~ *dem for svar* remind them that one has not had a reply; *(stærkere)* press them for a reply; ~ *en for penge* demand payment from sby; *(stærkere)* press sby for payment; *(se også ovf.: 3);*
~ ***frem*** *(ɔ: avancere)* advance, move forward; ~ *frem imod Paris* advance on Paris; ~ *frem med en indvending* advance an objection;
~ ***i*** *a)* tug (, jerk, yank, pluck) at (*fx* his sleeve, the handle); *(let)* twitch (*fx* the curtain, his sleeve); *b) (holde om med to fingre og dreje)* tweak (*fx* the cat's tail, her hair, his nose); ~ *én i håret* pull sby's hair;
~ ***ind*** *a) (flytte ind)* move in; *b) (typ.: en linie)* indent; ~ ***ind i*** *(mil.) a)* advance into, enter; *b) (invadere)* invade; ~ *en annonce ind i en avis* insert an advertisement in a newspaper; T put an advertisement in a newspaper;
~ ***ned*** *a)* move down; *b) (om sportshold)* be relegated (*i* to, *fx* to the second division);
~ ***op*** *a)* move up; *b) (om sportshold, elev)* be promoted (*i* to, *fx* to the first division; to the next form); *c) (trække op)* pull up (*fx* a plant); *(stærkere)* tear up; *(se også rod*[1] *(med rode));*
~ ***sammen*** *(ɔ: nærmere til hinanden)* sit closer, close up, move up;
~ ***tilbage*** *a)* draw back, move back; *b) (mil.)* fall back (*til* on, *fx* prepared positions); *(under pres)* retreat (*til* to);
~ ***ud*** *a) (hår etc.)* pull out; *(hårdt,* F*)* pluck out; *b) (om brandvæsen etc.)* turn out; ~ ***ud med*** *sandheden* come out with the truth; ~ *ud med sproget* come out with it, make a clean breast of it; T come clean; *få ham til at* ~ *ud med nogle penge* make him cough up some money.

rykker *sb. (en, -e),* **rykkerbrev** reminder.

rykvis[1] *adj.* intermittent (*fx* movement); spasmodic (*fx* efforts).

rykvis[2] *adv.* in jerks (*fx* the traffic moved along in jerks); by fits and starts; spasmodically.

ryle *sb. (en, -r) (zo.)* sandpiper;
□ *almindelig* ~ dunlin.

rynke[1] *sb. (en, -r)* **1.** wrinkle (*fx* wrinkles round the eyes); *(lille)* crinkle (*fx* there were crinkles at the corners of his eyes); *(dyb, fx i panden)* furrow;
2. *(i stof)* gather.

rynke[2] *vb. (se også rynket)* **1.** wrinkle (up), pucker up (*fx* one's forehead; he wrinkled his forehead, trying to remember);
2. *(i håndarbejde: om stof)* gather (*fx* a skirt at the waist);
3. *(blive rynket, utilsigtet)* wrinkle (up) (*fx* this material wrinkles rather easily); pucker (up), crease; *(med små rynker)* crinkle (up);
□ ~ *brynene, se ndf.: ~ panden;*
~ *på næsen* wrinkle up one's nose (*fx* at a bad smell); crinkle one's nose; ~ *på næsen ad (fig.)* turn up one's nose at (*fx* the food, the job offered); *(overlegent også)* look down one's nose at (*fx* working class people); ~ *panden a) se ovf. 1; b) (vredt el. eftertænksomt)* frown; F knit one's brow(s).

rynket *adj. (jf. rynke*[2]*)* **1.** wrinkled, wrinkly (*fx* face, skin); puckered; crinkled, crinkly (*fx* face); *(furet)* furrowed; **2.** gathered; **3.** wrinkled, wrinkly; puckered; creased; crinkled, crinkly;
□ ~ *pande* frown; *med* ~ *pande* frowning, with a frown; *(eftertænksomt,* F*)* with knitted brows.

rype *sb. (en, -r) (zo.)* grouse (pl. -);
□ *skotsk* ~ red grouse.

ryste *vb. (se også rystende, rystet)* **1.** *(om person, legemsdel)* shake (*af* with, *fx* laughter, fear, nervousness; his hands were shaking; his voice was shaking); *(lettere, hastigere: skælve)* tremble (*af* with, *fx* anger, cold, excitement,

fear, nervousness; his hand was trembling); *(især af kulde, frygt også)* shiver (*af* with, *fx* cold, fear, fever); *(af frygt også, ofte spøg.)* quake; *(om stemme også,* F*)* quaver; *(vakle,* T*)* wobble (*fx* my legs were wobbling under me); *(se også knæ, dirre)*;
2. *(om ting)* shake (*fx* the whole house shook when the bomb exploded; the table shook when he banged his fist on it); *(lettere: skælve)* tremble (*fx* the bridge (, the house) trembled as the train went by); *(om jorden også, stærkere,* F*)* quake (*fx* the earth shook (, quaked) under us); *(vakle, dirre,* T*)* wobble (*fx* the jelly wobbled);
3. *(ruske etc.)* shake (*fx* an apple tree, a bottle of medicine, a cocktail, a carpet, a duster);
4. *(svække)* shake (*fx* his faith);
5. *(chokere)* upset; *(stærkere)* shock, shake up (*fx* the bad news shook me up; they were severely shaken up by the accident); jar (*fx* the thought jarred me; he was jarred by my appearance);
□ *det -de mig at se ham* it gave me a shock to see him; ~ *sig* shake oneself; *(se også espeløv)*; *[med præp. & adv.]* ~ '***af*** shake off (*fx* the snow); '~ *af, se 1 ovf.*; ~ ***af sig*** shake off (*fx* the snow; the pursuers); *(se også støv)*;
~ ***for*** *én* be scared of sby; ~ *for at han skal opdage det* tremble at the thought of his finding out;
~ ***over hele*** *kroppen* shake (, tremble) all over, tremble in every limb;
han -de ***på*** *hånden* his hand was shaking; *uden at* ~ *på hånden (ɔ: koldt og roligt)* without flinching;
~ ***på hovedet*** shake one's head (*over, ad* at);
~ ***sammen*** shake up; *blive -t sammen* get together;
~ ***ud af ærmet*** *(fig.: producere uden besvær)* toss off (*fx* an article, a poem, a song); *han -r digte ud af ærmet* he produces poems at the drop of a hat; *han -r vittigheder ud af ærmet* he has an inexhaustible fund of jokes.

rystebånd vibrating conveyor.

rystelse *sb. (en, -r)*;
1. *(kulde-)* shiver;
2. *(dirrende bevægelse)* vibration;
3. *(af jorden)* tremor; *(større)* shock (*fx* the shocks were felt hundreds of miles away);
4. *(i vogn)* jolt, bump.

rysten *sb. (en)* **1.** shaking; *(enkelt)* shake; **2.** *(skælven)* tremor.

rystende[1] *adj.* **1.** *(jf. ryste 1)* shaking, trembling (*fx* hands);
2. *(rædselsfuld)* shocking (*fx* accident, experience); *(stærkere)* appalling (*fx* cruelty); *(sørgelig, oprivende)* harrowing (*fx* experience);
□ ~ *stemme a) (af angst, vrede)* trembling (*el.* shaking) voice; *b) (hos gammel,)* shaking voice; F quavering voice.

rystende[2] *adv.* shockingly, appallingly (*fx* bad);
□ *være* ~ *angst* be shaking all over with fear, be in an agony of fear; T be scared stiff; *det er mig* ~ *ligegyldigt* I don't care two hoots (*el.* a toss).

rystepudser *sb. (en, -e)* shuffle sander, orbital sander.

rysteribs 1. red currants with sugar; **2.** *(*T*: fig. om person)* dodderer.

rysterist shaking grate.

rystet *adj.* shaken (*fx* he was badly shaken by the news); *(forfærdet)* shocked; *(stærkere)* appalled (*over* by; *over at høre det* to hear it); *(svagere)* upset;
□ ~ *i sin sjæls inderste se sjæl.*

rystetur 1. *(anfald af rystelser)* shiver; a fit of the shakes; *(med.)* rigor; **2.** *(køretur)* rough ride, shake-up;
□ *få en* ~ *(jf. 1, også)* get the shakes.

rytme *sb. (en, -r)* rhythm.

rytmeboks rhythm box.

rytmegruppe rhythm group (*el.* section).

rytmeinstrument percussion instrument.

rytmik *sb. (en)* rhythmics.

rytmisk[1] *adj.* rhythmical.

rytmisk[2] *adv.* rhythmically.

rytter *sb. (en, -e)* **1.** rider; horseman (*fx* he is a fine horseman);
2. *se tagrytter*;
□ *spansk* ~ *(mil.)* cheval de frise; *uden* ~ riderless (*fx* horse).

rytterangreb cavalry charge.

rytteri *sb. (et, -er) (mil.)* cavalry.

rytterske *sb. (en, -r)* horsewoman.

rytterstatue equestrian statue.

ræb *sb. (et, -),* **ræbe** *vb.* belch.

ræben *sb. (en)* **1.** belching; **2.** *(enkelt ræb)* belch.

ræd *adj.* **1.** *(bange)* afraid; *(forskrækket,* T*)* scared; **2.** *se frygtsom*;
□ *være* ~ be afraid (*for* of).

rædderlig *adj. se rærlig.*

ræddes *vb. (glds. el.* F*)* be afraid (*for* of); fear.

ræddike *sb. (en, -r) (bot.)* black radish.

rædsel *sb. (en, rædsler)* **1.** *(følelse)* horror (*for* of); *(stærkere)* terror (*for* of);
2. *(noget rædselsfuldt)* nightmare (*fx* the journey was a nightmare); *(om ting: stor og grim)* monstrosity (*fx* that sofa is a monstrosity); *(især om påklædning)* fright (*fx* her hat is a fright);
□ *indgyde* ~ terrify; *det er min* ~ it is my pet aversion; *nære* ~ *for* have a horror of; *til min* ~ to my horror; *(se også male[1] (stod malet i))*.

rædselsbudskab terrible news.

rædselsfuld *adj.* **1.** awful, horrible; *(stærkere)* appalling, horrifying; T horrific;
2. *(dårlig, grim etc.)* awful, frightful; *(stærkere)* appalling, hideous, ghastly; F vile;
□ *-t dårlig* horrible; *(præd. også)* too bad for words.

rædselsgerning atrocity.

rædselsherredømme reign of terror.

rædselshistorie tale of atrocities.

rædselskabinet chamber of horrors.

rædselspropaganda atrocity propaganda.

rædselsregimente reign of terror.

rædselsskrig cry of horror; *(stærkere)* shriek of terror.

rædselsslagen *adj.* terrified; in terror (*fx* they fled in terror); F horror (*el.* terror) -struck (*el.* -stricken); *(*F *el. spøg.)* petrified.

rædselsvækkende *se rædselsfuld.*

rædsom *adj. (dårlig, grim etc.)* awful, frightful; *(stærkere)* ghastly; *(se også rædselsfuld 2).*

ræer *pl. af rå.*

rækel *sb. (en, rækler)* lanky fellow.

række[1] *sb. (en, -r)* **1.** *(især: ved siden af hinanden)* row (*fx* of buttons, of teeth; of trees, of houses; a seat in the front row; plant them in two rows);
(tættere og længere, især: bag hinanden) line (*fx* of trees, of houses, of cars);
(oven over hinanden) row; tier (*fx* tiers of seats (, of shelves));
2. *(om personer: ved siden af hinanden)* row (*fx* they stood in a row; they sat in two rows);
(især: bag hinanden) line (*fx* stand in (a) line; they formed themselves into a line);
(gående bag hinanden) file (*fx* they walked in a file down the road); *(geled)* rank, file;
3. *(tallerken-)* rack;
4. *(antal)* number (*fx* of books, of losses, of operations, of successes, of years, of prominent persons);
5. *(serie)* series (*fx* of discoveries,

of misfortunes, of operations; of articles, of books, of lectures); *(i tidsfølge)* succession (*fx* of kings, of losses, of misfortunes, of successes); F sequence (*fx* of events, of misfortunes);
6. *(suite)* suite (*fx* of rooms);
7. *(mat.)* series (*fx* of numbers); *(af tal under hinanden)* column (*fx* add long columns of figures); *(differens-, kvotient-)* progression;
□ ***i*** *forreste (el. første)* ~ *a)* in the front row; *b) (fig.: blandt de bedste)* in the front rank; *i første* ~ *må jeg nævne (ɔ: først og fremmest)* first of all (*el.* first and foremost) I must mention; *komme i første (, anden)* ~ *(fig.)* be of primary (, secondary) importance; *i* ~ *og geled* in serried ranks; drawn up in ranks; *stille sig i* ~ *a) (bag hinanden)* line up, queue up; *b) (side om side)* fall into line, fall in; ***inden for*** *vore -r (fig.)* in our ranks; *stå* ***på*** ~ *a)* stand in a row; *b)* stand in (a) line; *opstille på* ~ line up.

række[2] *vb. (rakte, rakt)* **1.** *(give, lange)* hand (*fx* hand the apples down; hand me that book); pass (*fx* pass me that book; pass me the salt, please; pass sth out through the window); *(ved at strække sig)* reach (*fx* reach me that book; reach the apples down);
2. *(nå)* reach (*fx* as far as the eye can reach); *(om stemme)* carry; *(om skydevåben)* have a range of (*fx* 1,000 metres);
3. *(slå til)* be enough; F suffice;
□ *det -r langt (jf. 3)* it goes a long way; *det -r ikke langt (jf. 3)* it does not go far; *så vidt min evne -r* as far as it is in my power;
[med sb.] ~ *én* ***hånden*** offer sby one's hand; shake hands with sby; ~ *hånden frem (, ud) se ndf.*; ~ *hånden frem (, ud)* hold out one's hand; ~ *hånden i vejret* put up one's hand; ~ *hånden ud efter noget* reach out for sth; ~ ***næse*** cock a snook (*ad* at); ~ *næse ad (også)* thumb one's nose at; ~ ***tunge*** put (*el.* stick) out one's tongue (*ad* at); *suppen smager som at* ~ *tungen ud ad vinduet* the soup is very bland;
[med præp., adv. & sig] ~ ***efter*** reach (out) for; ~ ***frem*** hold out (*fx* one's hand; he held out his plate for a second portion); ~ ***over*** *(ɔ: ved bordet)* reach over (*fx* you don't mind if I reach over, do you? he reached over me); ~ ***sig*** *(blive længere)* stretch; ~ ***'til*** be enough, suffice; *vinen rakte ikke 'til* there was not enough wine to go round; ~ ***ud*** hold out (*fx* one's arm, one's hand); ~ ***ud efter*** reach out for.

rækkefølge *sb. (en)* order (*fx* arrange the books in alphabetical order; do the things in the correct (*el.* proper) order); F sequence (*fx* keep the cards in the correct sequence; in chronological sequence (, order));
□ *i* ~ *a)* in succession; *b) (efter tur)* by turns, in rotation; *i hurtig* ~ in rapid succession; *i omvendt* ~ in reverse order.

rækkehus terrace(d) house; *(moderne)* (non-detached) town house; *(am.)* row house.

rækkevidde **1.** reach (*fx* of an arm; have it within reach; place it within (, out of) their reach; place it out of (the) reach of children; he is beyond the reach of the police);
2. *(om skydevåben, radiosender, lyd)* range (*fx* within (, out of, beyond) the range of their guns; a gun with a range of 150 km);
3. *(flyv.)* cruising range;
□ *han var ikke klar over -en af sin handling (, beslutning)* he was not aware of the possible consequences of his action (, decision); *det ligger uden for min* ~ *(fig.) a) (mine evner)* it is beyond my powers; *b) (økonomisk)* it is beyond my means.

rækværk *sb. (et, -er)* **1.** *(på bro etc.)* parapet, railing; *(overkanten heraf)* (guard) rail (*fx* don't lean over the rail);
2. *(med tremmer, søjler)* balustrade; *(trappegelænder)* banisters pl.

rælig *adj. = rærlig.*

ræling *sb. (en, -er)* **1.** *(i åben båd)* gunwale; **2.** *(det opstående omkring dækket)* bulwark; *(overkanten deraf)* rail;
□ *lænet ud over -en* leaning over the rail.

rænkefuld *adj. (jf. rænker)* **1.** scheming; **2.** wily.

rænker *sb.pl.* **1.** *(hemmelige planer)* schemes;
2. *(snedige metoder)* wiles (*fx* a woman's wiles);
3. *(lyssky metoder)* underhand methods;
□ *smede* ~ *(jf. 1)* scheme.

rænkesmed schemer.

rænkespil *se rænker.*

rær *sb. (et, -) (*S*: prostitueredes kunde)* punter;
□ *et langt* ~ a tall lanky fellow, a beanpole.

rærlig *adj.* awful, ghastly.

ræs *sb. (et, -)* T race, rush;
□ *stå af -et* opt out.

ræse *vb.* race, rush (*fx* through the town, after the others);
□ ~ *gennem (ɔ: gennemgå hurtigt)* race through, rattle through (*fx* the rest of the meeting; the list, one's speech).

ræson *sb. (en)* reason, sense;
□ *tage imod* ~ listen to reason.

ræsonnabel *adj.* reasonable, sensible.

ræsonnement *sb. (et, -er)* **1.** *(tankegang)* chain of reasoning;
2. *(begrundelse)* reason; *(argument)* argument;
3. *(ræsonneren)* reasoning, argumentation.

ræsonnere *vb.* reason (*over* about).

ræsonnør *sb. (en, -er)* **1.** reasoner;
2. *(i skuespil)* philosophizing character.

ræv *sb. (en, -e)* **1.** *(også fig. om person)* fox (*fx* he is a sly old fox);
2. *(hunræv)* vixen; **3.** *(pelskrave)* fox (fur);
□ *have en* ~ *bag øret* be up to some trick; *Mikkel* ~ Reynard (the Fox); *sætte -en til at vogte gæs (svarer til)* let the fox into the henhouse (*el.* chicken coop); *(se også sur*[1]*).*

ræveagtig *adj.* foxy, foxlike.

rævefarm fox farm.

rævegrav fox's den (*el.* earth).

rævehale **1.** fox brush; **2.** *(bot.)* foxtail grass.

rævejagt **1.** *(til hest)* fox-hunting; *(enkelt)* fox hunt; **2.** *(med bøsse)* fox-shooting; *(enkelt)* fox shoot.

rævekage scheme; *(politisk)* backroom deal;
□ *lave en* ~ hatch a scheme; make a backroom deal.

rævelumsk *adj.* foxy, wily.

rævepels *(person)* fox (*fx* he is a sly old fox).

ræverød *adj.* foxy, fox-red.

rævesaks fox trap.

ræveskind **1.** fox skin; **2.** *(pelsværk)* fox fur.

rævestolt *adj. (præd.)* as proud as a peacock, beaming with pride.

rævestreger *sb.pl.* tricks; funny business, hanky-panky sg.;
□ *der er ingen* ~ *ved det* it is all fair and above-board (*el.* fair and square).

rævesøvn: *sove* ~ sleep with one eye open.

ræveunge fox cub, kit.

røbe *vb.* **1.** *(afsløre, åbenbare)* reveal (*fx* a secret, one's identity, one's plans, one's ignorance; that one knows); *(i negative, spør-*

gende & betingende udtryk, T) let on (about) (fx don't let on that I told you (, where he is hiding, too much); why did you let on about the plan? he knew more about it than he let on);
2. *(noget man hidtil har holdt hemmeligt,* F*)* disclose (*fx* a secret; one's identity, one's intentions, one's plans; the journalist refused to disclose his sources);
3. *(noget man burde have tiet med,* F*)* divulge (*fx* the plans, a secret; he had never divulged classified information to an unauthorized person); T give away (*fx* the ending of a detective story, a secret; where he is hiding); *(kun neds.: forråde)* betray (*fx* the conspiracy, a secret);
4. *(afsløre ufrivilligt)* betray; T give away (*fx* his accent gave him away (*el.* betrayed him); betray one's ignorance (, fear); her tone of voice betrayed what she really felt; give oneself away);
5. *(vise)* show (*fx* talent; an interest in sth, a taste for sth); F display (*fx* he displayed no sign of emotion); betray (*fx* an interest in sth; he never betrays his real feelings);
□ ~ *sig* give oneself away; F betray oneself.

rød *adj. (se også rødt)* **1.** red; **2.** *(stærkt ~)* scarlet; *(karmoisin)* crimson;
3. *(lyserød)* pink (*fx* a white rabbit with pink eyes; pink and white skin);
4. *(om hår)* red; T carroty; *(rødblond)* sandy; *(rødbrun)* ginger;
□ *de -e (om politisk parti)* the Reds; *hellere ~ end død* better red than dead; *i dag ~ i morgen død* here today and gone tomorrow;
[med vb.] blive ~ turn red, become red, redden; *male byen ~* paint the town red;
[med præp.] ~ **i** *ansigtet (permanent)* red-faced, ruddy; *blive ~ i ansigtet = blive ~ i hovedet*; *blive ~* **i hovedet** *a) (af forlegenhed)* blush; *b) (af anstrengelse, stolthed)* flush; *c) (af vrede)* go red in the face, flush; *~ i kammen se kam*;
[med sb.] Det -e Hav the Red Sea; *-e hunde (med.)* German measles; *(fagl.)* rubella; *det virker som en ~ klud på en tyr* it is like a red rag to a bull; *Røde Kors* (the) Red Cross; *det -e kort se kort*[1]; *~ lygte (teat., svarer til)* full house; *-t lys* red light; *der er -t lys* the lights are red; *køre over for -t lys se rødt (køre over for -t)*; *vi vil have den -e løber lagt ud til jer* we will have the red carpet out for you; *rulle den -e løber ud* roll out the red carpet; *han har ikke en ~ reje* he hasn't a bean, he hasn't a penny to his name; *den -e tråd (fig.)* the main thread; *det går som en ~ tråd igennem hans historie* it runs all through his story; *(se også øre*[1]*)*.

rødalger *sb.pl.* red algae.
rødbede *sb. (en, -r) (bot.)* beetroot; *(am.)* beet.
rødben *sb. (en, -) (zo.)* redshank.
rødblisset *adj.* **1.** *(om person)* red-faced, blotchy; **2.** *(om hest, præd.)* sorrel with a blaze;
□ *~ hest* blazed sorrel.
rødblond *adj.* sandy.
rødblå *adj.* reddish blue.
rødbrun *adj.* reddish brown; *(kastaniebrun)* chestnut.
rødbøg **1.** *(blodbøg)* copper beech; **2.** *(fagl.: bøg)* beech.
rødder *pl. af rod*[1].
rødfisk redfish, rockfish.
rødglødende *adj. (også fig.)* red-hot.
rødglødhede red heat.
rødgran *(bot.)* common (*el.* Norway) spruce.
rødgrød *(kan gengives)* stewed fruit (with thickening).
rødgul *adj.* orange(-coloured).
rødhaj *(zo.)* lesser spotted dogfish.
rødhals = *rødkælk.*
rødhud *(neds. om indianer)* Redskin.
Rødhætte: *den lille ~* Little Red Ridinghood.
rødhåret *adj.* red-haired; T carroty; *(rødblond)* sandy; *(rødbrun)* ginger.
rødkløver *(bot.)* red clover.
rødkridt red chalk; *(med olie)* red crayon.
rødkælk *sb. (en, -e) (zo.)* robin; *(am.)* European robin.
rødkål *(bot.)* red cabbage.
rødkålshoved head of red cabbage.
rødler red clay.
rødlig *adj.* reddish.
rødløg *(bot.)* (red) onion.
rødmalet *adj. (præd.)* painted red.
rødme[1] *sb. (en)* **1.** blush, flush; **2.** *(af feber)* flush.
rødme[2] *vb.* **1.** *(af forlegenhed)* blush (*af* with, *fx* embarrassment, shame); colour (up) (*af* with, *fx* embarrassment); **2.** *(af stolthed)* flush (*af* with, *fx* pride);
□ *~ dybt* blush deeply, blush scarlet; flush crimson; *~ over (el. ved)* blush at (*fx* the thought); colour at (*fx* she coloured at his remarks); *~ over at* blush to (*fx* think of it); *uden at ~* without blushing, without a blush.
rødmende *adj.* blushing.
rødmosset *adj.* red-cheeked, ruddy; F rubicund.
rødmossethed *sb. (en)* red cheeks pl.; ruddiness.
rødnæset *adj.* red-nosed.
rødplettet *adj.* red-spotted.
rødrandet *adj.* red-rimmed (*fx* eyes).
rødskimlet *adj.* roan.
rødskjoldet *adj.* **1.** *(om teint)* blotchy; **2.** *(forbrændt af solen)* sunburnt.
rødskægget *adj.* red-bearded.
rødsprængt *adj.* **1.** *(om teint)* red-veined; **2.** *(om øjne)* bloodshot.
rødspætte *sb. (en, -r) (zo.)* plaice.
rødsten *(mursten)* red brick.
rødstjært *(zo.)* redstart.
rødstribet *adj.* red-striped.
rødstrømpe *(ivrig kvindesagsforkæmper)* women's libber.
rødt *sb.* **1.** red; **2.** *(rød sminke)* rouge;
□ *gå over for ~* cross while the traffic lights are red, cross against a red light; *køre over for ~* drive through lights at red, drive through a (, the) red light, pass a (, the) red light; *se ~* see red; *standse for ~* stop at a (, the) red light.
rødtjørn *(bot.)* red hawthorn.
rødtunge **1.** *(zo.)* smear dab; **2.** *(som ret)* lemon sole.
rødvin red wine; *(bordeaux)* claret; *(bourgogne)* burgundy.
rødvinsglas red wine glass.
rødøjet *adj.* red-eyed.
røffel *sb. (en, røfler)* reprimand; *(skarpere)* rebuke; T telling-off, rocket; S wigging;
□ *give én en ~* reprimand sby; T tell sby off, give sby a rocket, have sby on the carpet.
røg[1] *sb. (en)* smoke;
□ *en sort ~* black smoke; *der går ikke ~ af en brand uden der er ild i den* there is no smoke without fire; *gå op i ~ a)* be consumed by fire; *b) (fig.)* go up (*el.* end) in smoke (*fx* their chances of winning went up in smoke); *der er ~ i køkkenet (fig.)* there is domestic trouble.
røg[2] *præt. af ryge.*
røgbombe *(mil.)* smoke bomb.
røgdetektor smoke detector.
røgdykker fireman with breathing apparatus.
røge *vb. (se også røget)* **1.** *(madva-*

rer) smoke, smoke-cure; **2.** *(mod smitte)* fumigate.
røgelse *sb. (en, -r)* incense.
røgelseskar censer, thurible.
røgeri *sb. (et, -er)* smokehouse.
røget *adj.* smoked (*fx* bacon, ham, fish);
□ ~ *sild* smoked herring; *(saltet og røget)* kipper; *(koldrøget)* bloater.
røgfane wisp of smoke.
røgfang *sb. (et, -) (i kamin)* mantel.
røgfarvet *adj.* smoke-coloured.
røgforgiftet *adj.* overcome by the smoke *(præd.)*; F asphyxiated.
røgforgiftning asphyxiation.
røgforurening smoke pollution.
røgfri *adj.* smokeless (*fx* zone);
□ ~ *dag* no-smoking day.
røgfyldt *adj.* smoky, smoke-filled.
røghætte chimneypot, cowl; *(drejelig)* turncap.
røgkammer **1.** smoke box; **2.** *(i røgeri)* smoking chamber.
røgkanal flue.
røgmaske smoke mask.
røgning *sb. (en, -er)* smoking, smoke-curing.
røgplage smoke nuisance.
røgskade damage by smoke.
røgskrift *sb. (en)* skywriting.
røgsky cloud of smoke, smoke cloud.
røgslør *(mil.& fig.)* smokescreen;
□ *udlægge* ~ lay (down) a smokescreen.
røgsværtet *adj.* smoke-blackened.
røgsøjle column of smoke.
røgt *sb. (en):* ~ *og pleje* care (*fx* of animals); tending (*fx* of plants, of sheep).
røgte *vb.* tend (*fx* cattle);
□ ~ *(fiske)krogene* check the hooks; ~ *sit hverv* carry out one's task.
røgter *sb. (en, -e)* cattleman, cowman.
røgtobak smoking tobacco.
røgtæppe *se røgslør.*
røjser *sb. (en, -e) (gummi-)* rubber boot, Wellington boot, gumboot; *(i barnesprog)* wellie.
røllike *sb. (en, -r) (bot.)* yarrow.
rømme *vb.* **1.** *(flygte)* run away, escape (*fra* from); *(*F *el. spøg.)* decamp; *(desertere)* desert (*fra* from); *(fra skib)* jump ship;
2. *(forlade)* leave; T quit; *(rykke ud af)* vacate (*fx* a flat, a house, a room); *(mil.: opgive)* evacuate (*fx* a position);
3. *(rydde)* clear (*fx* a room; one's stock *(lager)*);
□ ~ *fra borde* jump ship; ~ ***sig*** clear one's throat; cough slightly.
rømmen *sb. (en)* slight cough.
rømning *sb. (en, -er) (jf. rømme)* **1.** escape; desertion; **2.** vacating; evacuation; **3.** clearing.
rømningsmand runaway, deserter.
røn *sb. (en, -ne el. -) (bot.)* mountain ash, rowan tree.
rønne *sb. (en, -r)* hovel.
rønnebær *(bot.)* rowanberry; *(se også sur¹).*
rønnebærtræ *se røn.*
røntgen¹ *sb. (en)* **1.** *(stråler)* X-rays pl.; **2.** *(behandling)* X-ray treatment.
røntgen² *sb. (en, -) (enhed)* roentgen.
røntgenafdeling radiotherapy department.
røntgenapparat X-ray machine;
□ *-er (også)* X-ray apparatus.
røntgenbehandle *vb.* X-ray.
røntgenbehandling X-ray treatment, radiotherapy.
røntgenbillede X-ray (picture) (*fx* they took an X-ray of his leg); radiograph.
røntgenfotografere *vb.* X-ray.
røntgenfotografering X-ray photography, radiography.
røntgenfotografi *se røntgenbillede.*
røntgengennemlysning screening; *(fagl.)* radioscopy.
røntgenlæge radiologist.
røntgenograf *sb. (en, -er)* radiographer.
røntgenolog *sb. (en, -er)* radiologist.
røntgenologi *sb. (en)* radiology.
røntgenrør X-ray tube.
røntgenstråler *sb.pl.* X-rays.
røntgenterapi radiotherapy.
røntgenundersøge *vb.* X-ray, examine by X-rays.
røntgenundersøgelse X-ray examination; T X-ray; *(fagl.)* radioscopy.
røntgenøjne *sb.pl.: han har* ~ T he is sharp-eyed.
rør¹ *sb. (et, -)* **1.** *(lednings-, til vand, gas etc., ofte underjordisk)* pipe (*fx* gas pipe, heating pipe, water pipe); *(kollektivt)* piping (*fx* lead piping);
2. *(til andre formål)* tube (*fx* a glass tube; steel tubes for bicycles (, furniture)); *(kollektivt)* tubing;
3. *(telefon-)* receiver; *(se også afløbsrør, billedrør, cigaretrør, cigarrør, kakkelovnsrør, kloakrør, radiorør, sugerør);*
□ *se så at* ***komme ud af*** *-et!* get a move on! get cracking! *(vulg.)* get your finger out! ***lægge*** *-et på* put the receiver down, replace the receiver, hang up; ***tage*** *-et af a)* lift the receiver; *b) (og lægge det på bordet)* take the receiver off the hook.
rør² *sb. (et, -)* **1.** *(plante)* reed;
2. *(bambus-, sukker-)* cane.
rør³ *(mil. etc.): stå* ~ stand at ease (*el.* easy); *rør!* stand at ease! stand easy!
rørblad *(mus.)* reed.
rørbladsinstrument *(mus.)* reed pipe.
rørbombe pipe bomb.
rørdrum *sb. (en, -mer) (zo.)* bittern.
røre¹ *sb. (et)* stir, commotion;
□ *vække stærkt* ~ make a great stir (*el.* commotion); *(se også andedam).*
røre² *vb. (rørte, rørt) (se også rørende, rørt)* **1.** *(bevæge, sætte i bevægelse)* move (*fx* I couldn't move my arm); *(se også finger);*
2. *(give motion)* exercise (*fx* a horse);
3. *(madl.: blande)* mix (*fx* a cake; the dough); *(i madopskrift:* ~ *rundt)* stir (*fx* add hot water and stir gently);
4. *(berøre)* touch (*fx* don't touch the electric wire; he did not touch his food);
5. *(fig.: bevæge, vække medfølelse etc. hos)* touch; *(dybere)* move (*fx* it moved him deeply);
□ *jeg vil ud og* ~ *benene lidt* I am going out to stretch my legs a bit; *det -r ham ikke* it leaves him cold; it does not affect him; he does not care; *ikke* ~*!* do not touch! *lade sig* ~ *a)* be moved (to pity); *b) (formildes)* relent;
[med præp. & adv.] '~ ***i*** *noget* stir sth (*fx* the soup, the tea; the pot); ~ *noget* '***i*** stir sth 'in (*fx* stir 'in the flour, stir the flour 'in); ~ *det* ***op med*** *sukker* stir 'in some sugar; ~ ***på sig*** move; *(let)* stir (*fx* she stirred in her sleep); *begynde at* ~ *på sig (fig.) a)* make itself (, themselves etc.) felt; *b) (neds.)* rear its ugly head (*fx* Nazism reared its ugly head); ~ ***rundt*** stir the tea (, it, the pot etc.) (*fx* he put sugar in his tea and stirred it); ~ ***rundt i***, *se ovf.:* '~ *i;* ~ ***sammen*** mix up (*fx* milk and flour); ~ *mel* ***ud i*** *vand* mix flour with water; ~ ***ved*** touch (*fx* don't touch anything until the police arrive); *det må vi hellere lade være med at* ~ *ved* we had better leave that alone;
[med sig] ~ ***sig*** *a)* move (about) (*fx* something was moving about in the bushes; you cannot move in this place; he was so scared he couldn't move); *(let)* stir (*fx* she stirred in her sleep; not a wind

was stirring); *b) (få motion)* take exercise; *du trænger til at ~ dig* you need some exercise.
rørelse *sb. (en, -r)* **1.** *(sindsbevægelse)* emotion; **2.** *(medfølelse)* pity; **3.** *(åndelig strømning, bevægelse)* movement, current.
røremaskine (food) mixer.
rørende[1] *adj.* **1.** touching; *(stærkere)* moving; **2.** *(og ynkelig)* pathetic;
□ *tage ~ afsked med en* bid sby a fond farewell; *~ historie (ɔ: som man fortæller for at vække medlidenhed)* sob story; *slå på de ~ strenge* appeal to the emotions.
rørende[2] *adv. (jf. rørende*[1]*)* **1.** touchingly; movingly; **2.** pathetically;
□ *de er ~ enige* they agree completely.
røreskål mixing bowl.
rørfletning canework.
rørfløjte *(mus.)* reed pipe.
rørformet *adj.* pipe-shaped; *(fagl.)* tubular.
rørhat *(bot.)* boletus.
rørhøne *(zo.): grønbenet ~* moorhen.
rørig *adj.* agile; *(se også rask*[1]*).*
rørklokker *sb.pl. (mus.)* tubular bells.
rørknogle tubular bone.
rørledning pipeline.
rørlig *adj.: -t gods a)* movables pl.; *b) (jur.)* chattels pl. personal.
rørlægger *sb. (en, -e)* pipe fitter.
rørpost pneumatic dispatch.
rørpostledning pneumatic tube.
rørsanger *(zo.)* reed warbler;
□ *lille ~* paddy-field warbler.
rørspurv *(zo.)* reed bunting.
rørstilling stand-at-ease position;
□ *i ~* at ease.
rørstol cane chair.
rørstrømsk *adj.* sloppy.
rørstrømskhed *sb. (en)* sloppy sentiment.
rørsukker cane sugar.
rørsæde cane seat.
rørt *adj. (bevæget)* touched; *(stærkere)* moved;
□ *dybt (el. meget) ~ over* greatly touched by; deeply moved by; *~ til tårer* moved to tears;
[med sb.] ~ smør creamed butter; *fiske i ~ vand (el. vande)* fish in troubled waters.
rørtag reed-thatched roof.
rørtang pipe wrench.
rørtrækker *sb. (en, -e)* tube drawer.
rørtækket *adj.* reed-thatched.
rørvagtel *(zo.): lille ~* little crake; *plettet ~* spotted crake.
røræg scrambled eggs pl.
røst[1] *sb. (en, -er)* voice;
□ *med én ~* with one voice; *med høj ~* in a loud voice; *lade sin ~ lyde* make one's voice heard; *opløfte sin ~* lift up one's voice.
røst[2] *sb. (et, -er) (sø.)* chains pl.
røstjern *(sø.)* chain plate.
røstværk grating.
røv *sb. (en, -e) (vulg.)* bum; *(grovere)* arse;
□ *han har -en fuld af penge* he is stinking rich;
[med vb.] ***let*** *-en! (ɔ: se at komme i gang)* shift your arse! ***pukle*** *-en ud af bukserne,* ***slide*** *sin ~ i laser (fig.: pukle)* work one's arse off; *de* ***tog*** *-en* ***på*** *ham (ɔ: snød ham)* he got screwed;
[med præp.] du kan rende mig ***i -en*** you can put it up your arse; kiss my arse; *et spark (, los) i -en* a kick (, boot) up the arse; ***op i*** *-en!* stuff it! up yours! up your arse! *være* ***på -en*** be on one's arse; *gå (el. ryge) på -en a) (falde)* fall on one's arse; *b) (gå fallit)* go bust.
røve *vb.* **1.** *(stjæle)* steal (*fx* a kiss; his money); *(et barn)* kidnap;
2. *(plyndre)* rob (*fx* a bank);
3. *(uden objekt: ~ og plyndre)* loot; *(glds.,* F*)* pillage;
□ *~ det fra ham* steal it from him, rob him of it.
røver *sb. (en, -e)* **1.** robber; *(landevejs- også)* highwayman; *(glds.: i øde (bjerg)egne)* brigand;
2. *(bibelsk)* thief (*fx* the thief on the Cross);
3. *(spøg. om barn)* rascal (*fx* you little rascal!);
□ *falde iblandt -e* fall among thieves; *lege -e og soldater* play cops and robbers.
røverbande gang of robbers.
røverhistorie *(løgn)* cock-and-bull story.
røverhule *se røverrede.*
røverhøvding robber chief.
røveri *sb. (et, -er)* robbery; *(væbnet)* hold-up.
røveriforsøg attempted robbery.
røverisk *adj.: ~ overfald* robbery; T mugging; *(væbnet)* hold-up.
røverkaptajn robber chief.
røverkule *se røverrede;*
□ *ikke gøre en ~ af sit hjerte* make no secret of one's feelings.
røverkøb*: det er ~* it is a bargain; T it's dirt-cheap; *(især am.)* it's a steal.
røverrede den of thieves, robbers' den; *(let glds.)* thieves' kitchen.
røvfuld *sb. (en, -e) (vulg.)* going-over.
røvhul *(vulg., også fig.)* arsehole.
røvrende *vb. (vulg.): ~ én a) (snigløbe)* stab sby in the back; do the dirty on sby; *b) (fuppe)* do sby in the eye; *vi er blevet røvrendt (også)* we've got screwed.
røvslikker bumlicker; *(grovere)* arselicker.
rå[1] *sb. (en, ræer) (sø.)* yard.
rå[2] *sb. (en, -er) (rådyr)* roe, roe deer.
rå[3] *adj.* **1.** raw (*fx* raw meat; eat it raw);
2. *(ikke forarbejdet)* raw (*fx* hides *(huder)*; sugar); crude (*fx* oil, sugar); *(om træ: ikke bearbejdet)* rough (*fx* boards, timber);
3. *(grov)* coarse (*fx* behaviour, joke);
4. *(brutal)* brutal (*fx* joke, treatment); brutish;
5. *(barsk)* tough;
6. *(om vejr)* raw;
□ *sluge det -t (fig.)* swallow it raw (*el.* uncritically); *(om løgn)* swallow it hook, line and sinker; *give -t for usødet* give tit for tat; give as good as one gets.
råb *sb. (et, -)* call; *(højere)* shout;
□ *et ~ om hjælp* a cry (*el.* call) for help.
råbalance trial balance.
råbe *vb. (råbte, råbt)* call (out), cry out; *(stærkere)* shout;
□ *~ og skrige a)* bawl, yell; *b) (råbe op, skælde ud etc.)* carry on; rant and rave;
[med præp. & adv.] ~ en ***an*** *(mil.)* challenge sby; *~ en taxi an* hail a taxi;
~ ***efter*** *en a) (ɔ: skældsord etc.)* call (, shout) after sby; *b) se ndf.: ~ på;*
~ ***med*** *aviser (, fisk etc.)* cry papers (, fish etc.);
~ ***om*** *hjælp* call (*el.* cry, shout) for help;
~ ***op*** *a) (tale højt)* shout; *b) (snakke vidt og bredt)* sound off; *c) (med objekt: sige højt)* call out (*fx* the names); *han (el. hans navn) blev råbt op* his name was called; *han var ikke længere borte end at man kunne ~ ham op* he was within earshot (*el.* within call); *han skal altid ~ op (ɔ: vigte sig)* he is always throwing his weight about; *jeg kan ikke ~ ham op (ɔ: få ham til at forstå)* I can't get through to him;
~ ***op om*** *a)* shout about; *b) (udbrede sig om)* sound off about; *c) (gøre et stort nummer ud af)* make great play with; make a great fuss about;
~ ***på*** *a) (person)* call (for) (*fx* the waiter); *b) (ting)* call out for (*fx*

food, help); call for (*fx* some beer); *(stærkere)* shout for; *(kræve)* clamour for (*fx* they are clamouring for revenge (, reforms)); *c) (fig.: trænge til)* cry out for (*fx* the door is just crying out for paint (, crying out to be painted)); ~ ***til*** *en* call (, shout) to sby; *(se også himmel).*

råben *sb. (en)* shouting; □ ~ *og skrigen* yells pl.; uproar.

råber *sb. (en, -e)* **1.** megaphone; **2.** *(moderne, elektrisk)* loud-hailer; T bullhorn.

råbuk *sb. (en, -ke) (zo.)* roebuck.

råbåndsknob reef knot.

råcreme *(kan gengives)* vanilla cream.

råd[1] *sb. (et, -)* **1.** *(vejledning)* advice (*fx* the advice was good; this excellent advice was not heeded); *(om enkelt ~)* piece (*el.* bit *el.* word) of advice (*fx* let me give you a piece of advice; this piece of advice was not taken); *(F: om mere betydningsfulde ting)* counsel (*fx* give him good counsel; sage counsels); **2.** *(middel til at bøde på noget)* remedy (*for, mod* for, *fx* a remedy for rheumatism); **3.** *(rådsforsamling)* council, board; □ *det er der ~ for* that can be managed; something can be done about that; *der er ~ til det* we (, they etc.) can afford it; *[med adj.] et* ***godt*** *~* a piece of good advice; *lyt til et godt ~!* T take my advice! *mange gode ~* a lot of good advice; *her var gode ~ dyre* this was a difficult situation; *nu er gode ~ dyre!* T the fat is in the fire! *[med vb.]* ***finde på*** *~* find a way (out); F think of some expedient; ***følge*** *ens ~* follow (*el.* take) sby's advice; ***have*** *~* ***til*** be able to afford (*fx* he can afford an expensive car); *han har ikke ~ til det* he cannot afford it; *han har dårligt ~ til det* he cannot very well afford it; *han har godt ~ til det* he can easily afford it; *han* ***har*** *~* ***til at*** *holde bil* he can afford to run a car; ***lægge*** *~* ***op*** *a)* take counsel together; *b) (lave sammensværgelse)* plot (*mod* against); F conspire (*mod* against); *lægge ~ op om a)* plan; *b) (neds.)* plot; *han* ***ved*** *altid ~* he is never at a loss (what to do); *(se også levende)*; *[med præp.] stå bi* ***med*** *~ og dåd* assist by word and deed; *tage en* ***med på*** *~* consult sby, hear sby (*fx* we must hear him first); *spørge en* ***om*** *~* ask sby's advice; consult sby; ***på*** *ens ~* on sby's advice; *spørge en* ***til -s*** *= spørge en om ~.*

råd[2] *sb. (et) (i tømmer)* (dry) rot.

rådden *adj.* **1.** rotten (*fx* fruit, meat, wood); *(~ og stinkende)* putrid (*fx* water); **2.** *(om tænder)* decayed; **3.** *(fig.,* T*: elendig)* rotten (*fx* him and his rotten books); stupid (*fx* the stupid door won't open); □ *~ lugt* putrid smell, smell of decay; *-t æg* bad egg, rotten egg (*fx* they pelted the speaker with rotten eggs); *behandle én som et -t æg* handle sby with kid gloves.

råddenskab *sb. (en) (jf. rådden)* **1.** rottenness; *(mere* F*)* decay; *(+ stank,* F*)* putrescence; **2.** *(fig.: korruption)* corruption.

råde *vb.* **1.** advise; F counsel; **2.** *(herske)* rule; be master (, mistress); **3.** *(bestå, findes)* obtain (*fx* the conditions obtaining in the private sector); *(være fremherskende)* prevail (*fx* the mood which prevailed among them); be prevalent; reign (*fx* a complete silence reigned in the house); □ *~ bod på* remedy (*fx* a deficiency, an injustice, a mistake, the wrongs); F redress (*fx* an injustice, the wrongs); *lad blot mig ~* leave it to me; *lade sig ~* be advised, listen to reason; *hvis jeg måtte ~* if I had my way; *[med præp.] ~* ***for*** be master (, mistress) of, control; *det -r jeg ikke for* it is beyond my control; *~ ham* ***fra*** *det* advise him against it; *~ ham* ***fra at*** *at gøre det* advise him not to do it; advise him against doing it; *~* ***over*** have at one's disposal; F command; *~* ***til*** advise, recommend (*fx* caution, great care); *~* ***til at*** *gøre det straks* advise (*el.* recommend) doing it at once; *~ en til at gøre noget* advise (*el.* recommend) sby to do sth; *hverken ~* ***til eller fra*** be non-committal; *jeg vil hverken ~ til eller fra* I won't advise either way.

rådelig *adj.* advisable, safe.

råderum free scope, liberty of action, latitude.

rådføre *vb.: ~ sig med* consult.

rådgive *vb.* advise (*om, angående* on).

rådgivende *adj.* **1.** consultative, advisory (*fx* committee, assembly; an advisory body; in an advisory capacity); **2.** *(om firma etc.)* consulting (*fx* architect, engineer).

rådgiver adviser.

rådgivning *sb. (en)* **1.** *(det at give råd)* advising; F counselling; **2.** *(konsulentvirksomhed)* consultancy; **3.** *(vejledning)* guidance; □ *personlig ~ (fx til elever)* pastoral care and guidance.

rådgivningslærer guidance teacher, school counsellor.

rådhus town hall; *(i større by & am.)* city hall.

rådhusbryllup *(svarer til)* registry-office wedding.

rådhuskælder [(restaurant in the) town hall vaults].

rådhusplads town hall square.

rådhusvin *(bot.)* Japanese ivy.

rådig *adj.: være ~ over sine midler (jur.)* be in full capacity.

rådighed *sb. (en)* disposal; □ *have ~ over* have at one's disposal; F command; *han havde fri ~ over pengene (, bilen)* the money (, the car) was at his disposal; *stille* ***til*** *~* provide (*fx* the money); *stille (, stå) til ens ~* place (, be) at sby's disposal; make (, be) available for sby; *som står til ~* available; *forsøge alle til ~ stående midler* try every available means; leave no stone unturned; ***til*** *~* ***for*** at the disposal of; *til ~ for ham* at his disposal.

rådighedsbeløb*: han fik et ~* a sum of money was put at his disposal.

rådighedsvagt*: have ~* be on call.

rådløs *se rådvild.*

rådmand *(omtr.)* alderman.

rådne *vb.* rot; *(mere* F*)* decay; *(og stinke)* putrefy; □ *~ op a)* rot away; *(mere* F*)* decay; *(og stinke)* putrefy; *b) (om person: blive nedbrudt)* rot (*fx* they left him to rot in jail; I'm going to rot in this hole).

rådplante *(bot.)* saprophyte.

rådsformand president of a council (, a board).

rådsforsamling council, board.

rådsherre councillor, senator.

rådslagning *sb. (en, -er)* deliberation, consultation; □ *holde ~* deliberate (*fx* they have been deliberating for hours); consult (*med* with; *om* about).

rådslå *vb.* deliberate, consult; *(se rådslagning (holde rådslagning)).*

rådsmedlem councillor, member of a council.

rådsmøde council meeting, board meeting.

rådsnar *adj.* **1.** *(hurtig)* quick-wit-

ted;
2. *(resolut)* resolute;
3. *(god til at finde på råd)* resourceful.
rådspørge *vb.* consult (*fx* a doctor).
rådvild *adj.* **1.** *(forvirret)* puzzled; *(stærkere)* perplexed;
2. *(ubeslutsom)* irresolute;
3. *(fortabt, præd.)* at a loss.
rådvildhed *sb. (en) (jf. rådvild)* **1.** perplexity; **2.** irresolution.
rådyr *(zo.)* roe, roe deer.
rådyrkølle haunch of venison.
råemne blank.
råfilm raw stock, film stock.
råge *sb. (en, -r) (zo.)* rook.
rågekoloni rookery.
råglas rough plate.
rågummi raw rubber; *(til såler etc.)* crêpe rubber.
rågummisål crêpe(-rubber) sole.
råhed *sb. (en, -er)* **1.** *(brutalitet)* brutality; **2.** *(grovhed)* coarseness;
□ *en ~ a) (handling)* a brutal act; *b) (ord)* a coarse expression.
råhus *(arkit.)* carcase, carcass.
råhygge *vb. (kan gengives)* have a smashing time.
råjern pig iron.
råkalv, **råkid** fawn.
råkold *adj.* raw.
råkost raw (*el.* uncooked) vegetables and fruit, raw food;
□ *være på ~* be on a raw food diet.
råkostjern grater.
råkostspiser raw-food eater.
rålam *(zo.)* fawn.
råmateriale raw material.
råmetal crude metal.
råmur exposed brickwork wall.
rånok *(sø.)* yardarm.
råolie crude oil.
råprodukt raw product.
råsejl *(sø.)* square sail.
råsilke raw silk.
råsprit crude alcohol.
råstof raw material.
råstyrke brawn; brute strength.
råstærk *adj.* brawny.
råsukker unrefined (*el.* raw *el.* crude) sugar.
råsylte *vb.* preserve raw.
råvare raw material.
råvildt **1.** *(zo.)* roe deer; **2.** *(kødet)* venison.

S

s. *(fork.f. side)* p. *(fork.f.* page).
Saar *(geogr.: flod, distrikt)* the Saar.
sabbat *sb. (en, -er)* Sabbath; □ *bryde (, holde) -en* break (, keep) the Sabbath.
sabbatsår, sabbatår sabbatical (year).
sabel *sb. (en, sabler)* **1.** sword; **2.** *(rytter- & fægtesabel)* sabre; **3.** *(krumsabel)* scimitar; *(se også rasle (med)).*
sabelben *sb.pl.* sabre legs.
sabelfægtning *(sport)* sabre fencing.
sabelgehæng sword belt.
sabelhug sabre (, sword) cut.
sabelraslen sabre-rattling.
sabelsluger *sb. (en, -e)* sword swallower.
sable *vb.: ~ ned a) (dræbe)* cut down; *(i stor mængde)* massacre; *b) (kritisere sønder og sammen)* take (*el.* tear) apart, tear to pieces, slate, rubbish, pan, do a hatchet job on.
sabotage *sb. (en, -r)* sabotage; □ *øve ~ mod* sabotage.
sabotagevagt anti-sabotage guard.
sabotere *vb.* sabotage.
sabotør *sb. (en, -er)* saboteur.
Sachsen *(geogr.)* Saxony.
sad *præt. af sidde.*
saddel *se sadel.*
saddeldækken *(etc.) se sadeldækken (etc.).*
sadel *sb. (en, sadler)* saddle; □ *sidde fast i -en a)* have a firm seat, be firmly seated; *b) (fig.)* be firmly in the saddle, be secure; *kaste af -en* unhorse; *(se også svinge (sig i)).*
sadeldækken saddle cloth.
sadelgjord saddle girth; *(am. også)* cinch.
sadelknap pommel (of the saddle).
sadelmager *sb. (en, -e)* **1.** *(møbelpolstrer)* upholsterer; **2.** *(som laver sadler)* saddler.
sadelmagerarbejde *(jf. sadelmager)* **1.** upholstery; **2.** saddlery.
sadelnæse saddle nose.
sadelpind *(på cykel)* seat pin.
sadelplads *(ved væddeløb)* paddock; *(tilskuerplads omtr.)* the enclosure.
sadeltag *(arkit.)* double-pitch(ed) roof; gable roof.
sadeltaske **1.** saddle bag; **2.** *(på cykel)* tool bag.
sadisme *sb. (en)* sadism.
sadist *sb. (en, -er)* sadist.
sadistisk[1] *adj.* sadistic.
sadistisk[2] *adv.* sadistically.
sadle *vb.* saddle; □ *~ af a)* unsaddle (*fx* a horse); *b) (stige af)* dismount; *~ om (fig.) a) (skifte mening)* change one's mind; *b) (skifte parti)* change sides; *c) (skifte politik)* change one's policy; *d) (ændre taktik)* shift one's ground.
safari *sb. (en, -er)* safari.
safaripark safari park.
safarisæt safari suit.
safian *sb. (et, -er),* **safiansskind** morocco.
safir *sb. (en, -er)* **1.** sapphire; **2.** *(i pladespiller)* sapphire (stylus).
safran *sb. (en)* saffron.
safrangul *adj.* saffron (yellow).
saft *sb. (en, -er)* **1.** juice; **2.** *(i træer, planter)* sap; **3.** *(indkogt med sukker)* syrup; □ *~ og kraft (fig.)* vigour; *(fynd)* pith; *uden ~ og kraft* insipid; *-erne stiger om foråret a) (jf. 2)* the sap rises in springtime; *b) (fig.)* people get frolicsome in springtime.
saftevand [fruit syrup and water].
saftig *adj.* **1.** juicy (*fx* pear; meat); F succulent; **2.** *(om planter)* sappy; *(fagl.)* succulent; □ *-t græs* lush grass; *en ~ historie* a racy (*el.* juicy) story.
saftiggrøn *adj.* lush green.
saftighed *sb. (en, -er)* **1.** *(jf. saftig)* juiciness; succulence; sappiness; **2.** *(grovhed)* raciness; *(ytring)* racy remark.
saftpresser *sb. (en, -e)* juice extractor.
saftrig *adj. se saftig.*
saftstigning *(i planter)* ascent of sap.
sag *sb. (en, -er)* **1.** *(anliggende)* matter (*fx* a difficult (, private, serious, an important) matter); business, affair (*fx* an awkward (, risky, strange) business (*el.* affair)); *(mere ubestemt)* thing (*fx* that thing is settled); **2.** *(som man skal tage sig af)* affair, business (*fx* that's not my affair (*el.* business); that's his own affair (*el.* business)); **3.** *(som man interesserer sig el. kæmper for)* cause (*fx* collect money (, fight) for a good cause; fight for the cause of freedom); **4.** *(rets-)* case (*fx* a criminal case; lose the case); *(proces også)* lawsuit (*fx* lose one lawsuit after another); **5.** *(papirerne i en sag)* file (*fx* send the file to the Minister); **6.** *(T: om tøj, bil etc. & om pige)* number (*fx* she was wearing a chic green number; he was driving a fast little number; she is a sweet little number); □ ***-en*** *a) (jf. 1: generelt)* matters *pl.* (*fx* that simplifies matters; that only made matters worse); *b) (enkelt ~)* the matter (*fx* dicuss the matter); *-en er at (ɔ: problemet)* the thing is (*fx* the thing is, you can't trust him); *-en er den at (ɔ: det forholder sig sådan)* it is like this; the fact (of the matter) is that; *det er lige -en (ɔ: det helt rigtige)* that's just the thing (*el.* ticket); *det er ikke lige -en* that's not quite the thing; *det er netop -en!* that's just the point! ***-er*** *a) (jf. 1)* matters (*fx* money matters); *b) (jf. 2)* affairs (*fx* don't meddle in other people's affairs); *c) (i ministerium etc.)* business (*fx* he is responsible for business relating to education); *d) (ting)* things (*fx* pack your things); *bortkomne (, fundne) -er* lost property; *kontor for fundne -er* lost-property office; *det er -er!* that's something like! *store -er, se ndf.: med adj.; gøre sine -er godt, se ndf.: med vb.;* *det er en* ***anden*** *~* that is a different matter; that is quite a different story; that's different; that's a horse of another (*el.* a different) colour; *det er en ~* ***for sig*** *se ovf.: det er en anden ~; det er* ***ingen*** *~* it is as easy as anything (*el.* as pie); *det er ingen ~ at* it is an

easy matter to; *for den -s* **skyld** for that matter; T if it comes to that; come to that (*fx* come to that, he is no better); *det var kun et* **øjebliks** ~ it only took a moment; it was the work of a moment (*el.* an instant) (*fx* to find the boy and send him off was the work of an instant); *(se også kerne[1])*; *[med adj. (se også 1)] (NB ofte uoversat, fx: det er en frivillig (, kendt, tvivlsom)* ~ it is voluntary (, well known, doubtful)); *en* **bedre** ~ *værdig se værdig*; *det er en* **kendt** ~ *(også)* it is a well-known fact; *en* **let** ~ *se let[1]*; *det er* **samme** ~ it is the same thing; *det er to sider af samme* ~ it is two sides of the same coin; *det er sådan* **sin egen** ~ it is an awkward matter (*el.* business); *det er ikke* **store** *-er* it is not much; *det er store -er hvis vi kan redde halvdelen* it is already something if we can save half of it; **søde** *-er se sød*; *[med vb.]* **anlægge** ~ *se anlægge*; *det* **bliver** *hans* ~ that's his affair (*el.* look-out); that's up to him; T that's down to him; *det må blive din* ~ *at afgøre* that is for you (*el.* up to you) to decide; *det bliver en* ~ *mellem de to* they must settle that between themselves; *det* **forandrer** *-en* that alters things; *hvis -en* **forholder** *sig sådan* if that is the case, if (that is) so; **føre** *en* ~ *se føre[2]*; **få sin** ~ **for** *(fig.)* be in for it, be up against it; be put through the hoops; **gøre** *sine -er godt* do a good job; F acquit oneself well; **klare** *-en* do the trick (*fx* a little paint will do the trick); *klare -erne se ært (klare ærterne)*; *det* **kommer** *ikke -en* **ved** it is beside the point, it is not (to) the point, it is irrelevant; T that's neither here nor there; *enhver* ~ *kan* **ses** *fra to sider* there are two sides to every question; *som -erne* **står** as matters stand; *(se også anlægge, rejse[3], tale[2])*; *[med præp.] lide* **for** *en god* ~ *(også spøg.)* suffer in a good cause; *afgøre det* **fra** ~ *til* ~ settle (, deal with) it on a case-by-case basis; **i** *-en H kontra V* in the case of H versus V; *(jur.)* in re H versus V; *sikker i sin* ~ *se sikker*; *-en* **mod** *X (ɔ: om kriminalsag)* the trial of X; *gå* **til** *-en* (T: *lægge kræfterne i)* put one's back into it; *gå lige til -en* come straight to the point; *komme til -en a)* come to the point; *b)* (T: *komme i gang)* get down to business; *det gør intet til -en* it makes no difference.

saga *sb. (en, -er)* saga;
□ *det er en* ~ *blot* that is a thing of the past; *han er ude af -en a)* he is out of the picture; *b) (ɔ: har ingen chance for at vinde)* he is out of the running.
sagatiden the time of the sagas.
sagde *præt. af sige.*
sageslos *adj. (uden skyld)* blameless;
□ *overfald på* ~ *person* unprovoked violence.
sagfører *sb. (en, -e) se advokat.*
sagkundskab expert knowledge;
□ *-en (ɔ: de sagkyndige)* the experts.
sagkyndig *adj. & sb.* expert;
□ ~ *bistand* expert advice; skilled assistance.
saglig *adj.* **1.** *(nøgtern)* matter-of-fact (*fx* account); businesslike (*fx* manner, talks);
2. *(upartisk)* objective (*fx* account, estimate); impartial;
3. *(lidenskabsløs,* F*)* dispassionate (*fx* discussion, statement);
4. *(vedrørende fakta)* factual (*fx* discussion, explanation, question, statement).
saglighed *sb. (en) (jf. saglig)* **1.** matter-of-factness; businesslike manner; **2.** objectivity, impartiality.
sagn *sb. (et, -)* legend; *(myte)* myth;
□ *-et fortæller* tradition says; *få syn for* ~ see for oneself.
sagnagtig *adj.* legendary; *(mytisk)* mythical.
sagnfigur legendary figure.
sagnkreds cycle of legends.
sagnomspunden *adj.* storied, fabled.
sagntid legendary age (*el.* period).
sago *sb. (en, -)* sago.
sagogryn pearl-sago.
sagomel sago flour.
sagområde = *sagsområde.*
sagopalme sago palm.
sagprosa factual (*el.* non-literary) prose; *(mods. skønlitteratur)* non-fiction.
sagregister subject index.
sagsanlæg legal action; legal proceedings pl.;
□ *true med* ~ threaten proceedings.
sagsbehandler *sb. (en, -e)* **1.** *(især i socialsager)* caseworker (*fx* he was a caseworker at a vocational training centre); **2.** *(i offentlig administration omtr.)* case officer, officer in charge;
□ *hans* ~ *(jf. 1, i socialsag)* the social worker in charge of his case.
sagsbehandling 1. *(i socialsager)* case work; **2.** *(generelt)* consideration (of a case);
□ *-en vil vare tre måneder* it will take us (, them etc.) three months to consider the case (, to reach a decision).
sagsfremstilling 1. *(jur.)* statement of claim; **2.** *(ikke-jur.)* presentation (of a subject), account.
sagsomkostninger *sb.pl. (jur.)* costs.
sagsområde field of responsibility.
sagsøge *vb.* sue, bring an action against, take legal action against; F proceed against, take (*el.* start) legal proceedings against;
□ ~ *en (også,* T*)* take sby to court.
sagsøger *sb. (en, -e)* plaintiff.
sagsøgte the defendant.
sagt *pf.ptc. af sige.*
sagte[1] *adj.* **1.** *(om lyd)* soft (*fx* a soft whisper, soft music); low, subdued (*fx* in a low (*el.* subdued) voice);
2. *(svag, let)* slight, gentle (*fx* touch);
3. *(om ild)* slow (*fx* boil sth over a slow fire (*el.* a low heat)).
sagte[2] *adv. (om lyd)* softly; *(om tale)* in an undertone (*fx* "Let's go", he said in an undertone); under one's breath; F sotto voce; *(blidt)* gently;
□ *uret går 10 minutter for* ~ the watch is ten minutes slow; *så* ~*!* gently!
sagtens 1. *(let)* easily; **2.** *se velsagtens*;
□ *han kan* ~ he is a lucky fellow; *du kan* ~ *snakke (, le), men* it's all very well for you to talk (, laugh), but.
sagtmodig *adj.* **1.** *(spagfærdig)* meek; **2.** *(blid)* mild, gentle.
sagtmodighed *sb. (en) (jf. sagtmodig)* **1.** meekness; **2.** mildness, gentleness.
sagtne *vb.:* ~ *sin gang,* ~ *sine skridt* slacken one's pace; ~ *farten* slacken (*el.* reduce) speed, slow down.
Sahara *(geogr.)* the Sahara.
sakkarin *sb. (et)* saccharin.
sakke *vb.:* ~ *agterud (el. bagud) a)* fall (*el.* lag) behind; *b) (sø.)* fall (*el.* drop) astern.
sakral *adj.* sacred.
sakramental *adj.* sacramental.
sakramente *sb. (et, -r)* sacrament; *(se også alter).*
sakristi *sb. (et, -er)* vestry, sacristy.
sakrosankt *adj.* sacrosanct.
saks *sb. (en, -e)* **1.** (pair of) scissors (*fx* where are my scissors? I need a pair of (*el.* some) scissors); *(stor)* (pair of) shears;
2. *(billet-)* ticket punch;

3. *(fælde)* trap;
4. *(dyreklo)* claw;
□ *tre -e* three pairs of scissors (, shears); *gå i -en* fall into the trap.
sakse *vb.* **1.** *(klippe ud, fx fra avis)* clip;
2. *(i skiløb)* herringbone;
3. *(i skihop)* cross the skis.
sakser *sb. (en, -e)* Saxon.
saksespark scissors kick.
saksisk *adj.* Saxon.
sal *sb. (en, -e)* **1.** hall; **2.** *(etage)* floor; **3.** *(publikum)* house, audience;
□ *på første (, anden etc.) ~* on the first (, second etc.) floor; *(am.)* on the second (, third etc.) floor; *(jf. stue 5).*
salamander *sb. (en, salamandre) (zo.)* newt.
salami *sb. (en, -er)* salami.
salamimetoden the salami technique.
salamitaktik salami tactics pl.
salat *sb. (en, -er)* **1.** *(bot.: plante)* lettuce; **2.** *(ret)* salad;
□ *blande (el. vende) -en* toss the salad.
salatbar salad bar.
salatdressing salad dressing.
salatfad **1.** salad bowl; **2.** *(T: fangetransportvogn)* Black Maria; *(am.)* paddy wagon.
salathoved head of lettuce.
salatolie salad oil.
salatslynge salad washer.
salatsæt salad servers pl.
saldere *vb.* balance;
□ *~ en konto* balance an account.
saldering *sb. (en, -er)* balancing of accounts.
saldo *sb. (en, -er el. saldi)* balance;
□ *-en fra 1994* the balance brought forward from 1994.
saldokvittering receipt in settlement of all claims.
salep *sb. (en)* arrowroot.
salg *sb. (et, -)* **1.** sale; **2.** *(solgt mængde)* sales pl. (*fx* our sales are growing (, falling) by 5 p.c. a year; car sales are 5 p.c. up (, down));
□ *til ~* for sale.
salgbar *adj.* sal(e)able, marketable.
salgbarhed *sb. (en)* sal(e)ableness, sal(e)ability, marketableness, marketability.
salgsassistent shop assistant; *(am.)* salesclerk.
salgsautomat vending machine.
salgsbetingelser *sb.pl.* terms of sale.
salgschef sales manager, sales director.
salgsdag, salgsdato date of sale;
□ *sidste ~ (for fødevarer)* sell-by date.
salgsdirektør = *salgschef.*
salgsfremmende *adj.* promotional;
□ *~ foranstaltninger a) (over for kunder)* sales promotion; *b) (over for sælgere)* sales incentives.
salgsfremstød sales drive.
salgskampagne sales campaign.
salgskontor sales office.
salgskontrakt sales contract.
salgslokale salesroom.
salgsmateriale sales literature.
salgsmetode sales (*el.* marketing) method.
salgsmulighed prospective market;
□ *der er ingen ~ for* there is no market for.
salgsnota sales note.
salgsopstilling *(ved huskøb)* estate agent's sheet of information.
salgspris selling price.
salgsprognose **1.** sales forecast;
2. *(det at lave -r)* sales forecasting (*fx* it had a catastrophic effect on sales forecasting).
salgsregning account sales.
salgssucces sales success; *(om bog også)* bestseller.
salgstal *sb.pl.* sales figures.
salgsværdi market value.
salicyl *sb. (et)* salicyl.
salicylsyre salicylic acid.
salig *adj.* **1.** blessed; **2.** *(lyksalig)* blissful; **3.** *(beruset)* exhilarated;
□ *~ fryd* bliss; *blive ~ (rel.)* be saved; *min ~ mand (glds.)* my poor husband.
saliggørelse *sb. (en)* salvation.
saliggørende *adj.* saving;
□ *det er det eneste ~* it is absolutely the only thing.
salighed *sb. (en)* **1.** salvation;
2. *(lykke)* bliss; **3.** *(beruselse)* exhilaration;
□ *nej min ~ om jeg gør (neds.)* I'll be hanged if I do; *-s ed* (Bible) oath (*fx* I will take my Bible oath on that).
saligkåre *vb. (katolsk)* beatify.
saligprisningerne *sb.pl. (bibelsk)* the Beatitudes.
saling *sb. (en) (sø.: lang-)* trestle trees pl.; *(tvær-)* cross trees pl.
salme *sb. (en, -r)* hymn;
□ *Davids -r (i biblen)* the Psalms (of David).
salmebog hymn book.
salmedigter hymn writer.
salmedigtning **1.** hymn writing;
2. *(salmer)* hymns.
salmesang hymn singing.
salmetavle hymn board.
salmevers verse (*el.* stanza) of a hymn (*fx* hymn no. 444, verses 1-4).
salmiak *sb. (en)* ammonium chloride, sal ammoniac.
salmiakpastil *(omtr. =)* licorice lozenge.
salmiakspiritus ammonia water.
Salomon *(bibelsk navn)* Solomon;
□ *-s ordsprog (bibelsk)* the Book of Proverbs.
salomonisk *adj.* Solomonic (*fx* decision).
Salomonsøerne *(geogr.)* the Solomon Islands.
salon *sb. (en, -er)* **1.** *(dagligstue)* drawing room; *(am.)* parlor;
2. *(i hotel etc.)* lounge, salon;
3. *(billard-, barber- etc.)* saloon; *(am.)* parlor;
4. *(sø.)* saloon;
5. *(litterær etc. ~)* salon;
□ *-en (kunstudstilling i Paris)* the Salon.
salonbøsse saloon gun.
salondæk *(sø.)* saloon deck.
salonfyrværkeri indoor fireworks.
salonfæhig *adj.* presentable.
salonkomedie drawing-room comedy.
salonkommunist parlour Communist.
salonmusik salon music.
salonriffel saloon (*el.* gallery) rifle.
salonvogn saloon car; *(am.)* parlor car.
salpeter *sb. (et)* saltpetre, nitre.
salpeterholdig *adj.* nitrous.
salpetersyre nitric acid.
salt[1] *sb. (et, -e)* salt;
□ *tage (el. forstå) det med et gran (el. korn) ~* take it with a grain (*el.* pinch) of salt; *livets ~* the salt of life; *~ og peber (om tøj)* pepper-and-salt;
[med vb.] han ***ejer ikke*** *~ til et æg* he hasn't got a penny to his name; ***lægge i*** *~ se salte;* ***strø*** *~* ***i*** *såret (fig.)* rub salt into his (, her etc.) wounds.
salt[2] *adj.* salt.
saltagtig *adj.* saltish; *(fagl.)* saline.
saltbøsse salt cellar; *(am.)* salt shaker.
saltdannelse salification.
salte *vb.* **1.** salt; **2.** *(i lage)* pickle; *(flæsk)* cure.
saltetønde brine tub.
saltgrube salt pit.
saltholdig *adj.* saline.
saltholdighed *sb. (en)* salinity.
saltkar **1.** salt cellar; **2.** *(stort, i køkkenet)* salt box; **3.** *(til nedsaltning)* brine tub.
saltkorn grain of salt.
saltkringle pretzel.
saltlage brine; *(også om krydret ~)* pickle.
saltmandel salted almond.
saltning *sb. (en, -er)* salting, cur-

ing.
salto *sb. (en, -er) = saltomortale.*
saltomortale *sb. (en, -r)* somersault;
□ *slå en ~* turn (*el.* do) a somersault.
saltopløsning saline solution; *(se også saltlage).*
saltstøtte *(i biblen)* pillar of salt.
saltsyre hydrochloric acid.
saltsø salt lake.
Saltsøstaden *(geogr.)* Salt Lake City.
salttønde salt barrel.
salturt *(bot.)* glasswort.
saltvand salt water; *(til nedsaltning)* brine.
saltvandsfisk salt-water fish.
saltvandsindsprøjtning 1. saline injection; **2.** *(fig.)* shot in the arm (*fx* the company needs a shot in the arm).
salut *sb. (en, -ter)* **1.** *(mil.)* salute; **2.** *(vred tale)* tirade; *(overhaling)* dressing-down; *(afskedssalut)* parting shot.
salutere *vb.* salute.
salutering *sb. (en, -er)*, **salutskydning** the firing of a salute (, of salutes).
salvadoraner *sb. (en, -e)*, **salvadoransk** *adj.* Salvadoran, Salvadorian, Salvadorean.
salve[1] *sb. (en, -r)* **1.** *(skud affyret samtidig)* volley; *(især om salut el. fra krigsskib)* salvo;
2. *(række af skud fra maskingevær etc.)* burst;
3. *(skældsord)* volley (of abuse); *(se også salut 2).*
salve[2] *sb. (en, -r) (til indgnidning)* ointment.
salve[3] *vb. (indvie)* anoint (*fx* anoint him king);
□ *Herrens -de* the Lord's Anointed.
salvekrukke ointment jar.
salvelse *sb. (en)* unction.
salvelsesfuld *adj.* unctuous.
salvere *vb.: ~ sig* get out of harm's way.
salveten*: i ~* out of harm's way; T home and dry; *(især økonomisk)* sitting pretty.
salvie *sb. (en, -r) (bot.)* sage.
salving, **salvning** *sb. (en, -er)* anointment.
salær *sb. (et, -er)* **1.** fee; **2.** *(ved auktion)* buyer's premium.
samarbejde[1] *sb. (et)* **1.** co-operation (*mellem* between (, among); *om* on, *fx* the close co-operation among the Nordic countries; there is need for more co-operation between staff members; Anglo-American cooperation on nuclear matters; international co-operation; we had a good (, fruitful) co-operation);
2. *(især om bestemt opgave)* collaboration (*mellem* between (, among); *om* on, *fx* close collaboration among industrial firms; their collaboration on the book ended abruptly);
3. *(partnerskab)* partnership;
4. *(neds.: med fjenden)* collaboration (*med* with);
□ *i ~ med* in collaboration (*el.* co-operation) with; *~ med fjenden* collaboration with the enemy;
[med adj.] han takkede for (et) godt ~ he thanked them for their co-operation; *nært (, nærmere) ~* close co-operation (*el.* collaboration); *vi havde et nært ~* we worked closely together; *(et) politisk ~* political co-operation;
[med vb.] ***indlede*** *et ~ med a) (jf. 1)* start working together (*el.* co-operating) with; *b) (jf. 3)* establish a partnership with; *indlede et udenrigspolitisk ~* institute co-operation in the field of foreign policy.
samarbejde[2] *vb.* **1.** *(hjælpe (hinanden))* co-operate (*med* with; *om at* in -ing, *fx* co-operate with them in finishing the project; he refused to co-operate with the police);
2. *(udføre noget sammen, ~ om bestemt opgave)* collaborate (*med* with; *om* on; *om at* in -ing, *fx* collaborate with him on a novel; they collaborated on a paper for the conference; I collaborated with him in writing the film script); work together (*fx* we must work together to create a better world; the two colleagues can't work together);
3. *(neds.: med fjenden)* collaborate (*med* with, *fx* the enemy);
4. *(til en helhed) se sammenarbejde.*
samarbejdsevner *sb.pl.* interpersonal skills (*fx* candidates should have good interpersonal skills).
samarbejdspartner collaborator.
samarbejdsudvalg 1. liaison committee; **2.** *(på arbejdsplads)* joint council, works committee, works council.
samarbejdsvanskeligheder *sb.pl. (kan gengives)* collegial difficulties; lack of cooperation.
samarbejdsvilje cooperativeness.
samarbejdsvillig *adj.* cooperative.
samarit *sb. (en, -ter)* first-aider; *(mand også)* first-aid man.
samaritan *sb. (en, -er)* **1.** *(i biblen)* Samaritan; *(se også barmhjertig)*; **2.** *(sted hvor fattige bespises)* soup kitchen.
samariterkursus first-aid class (*el.* course).
samaritertjeneste ambulance service.
sambeskatning joint taxation.
sambladet *adj. (bot.)* sympetalous.
sambo *sb. (en, -er)* (live-in) partner; F cohabitee, cohabiter.
samboplante *sb. (en, -r) (bot.)* monoecious plant.
samdrægtig *adj.* concordant, harmonious; *(kun præd.)* in unison.
samdrægtighed *sb. (en)* harmony; *(mere* F*)* concordance.
samdrægtigt *adv.* concordantly; in unison.
same *sb. (en, -r)* Sami (pl. Sami).
sameksistens *sb. (en)* co-existence.
samfuld *adj.: i -e fem dage* for five whole days.
samfund *sb. (et, -)* **1.** *(generelt)* society (*fx* the affluent (, permissive) society; a classless (, free) society; Danish society; racism is harmful to the whole society; industrialized societies);
2. *(mindre samfund, fællesskab)* community (*fx* Denmark is a country of small communities; the local community);
3. *(tros-)* religious community;
4. *(plante-)* community;
□ *de helliges ~* the Communion of Saints; *det internationale ~* the international community;
-et *a)* society (*fx* change society; our duties towards society); *b)* the community (*fx* our duties towards the community; what is taught in schools is for the community, not the teachers, to decide); *(se også melde (sig ud)).*
samfundsanliggende public matter.
samfundsbevidst *adj.* social-minded.
samfundsborger citizen.
samfundsfag *(omtr.)* social studies pl.
samfundsfarlig *adj.* anti-social; *(præd. også)* dangerous to society;
□ *være ~ (også)* be a public danger.
samfundsfjende public enemy, enemy of society.
samfundsfjendtlig *adj.* anti-social.
samfundsforhold *sb.pl.* social conditions.
samfundshjælper (T*: kapselåbner)* bottle opener.
samfundsklasse social class.
samfundskritik criticism of society, social criticism.

samfundskritisk *adj. (præd.)* critical of society.
samfundskundskab social studies pl.; civics.
samfundslag social class; F stratum (pl. strata) of society; social stratum;
□ *folk fra forskellige (, alle)* ~ people from different (, all) walks of life.
samfundslære = *samfundskundskab.*
samfundsmaskineri social organization.
samfundsmæssig *adj.* social; F societal (*fx* problems);
□ *-t set* from a social point of view.
samfundsnedbrydende *adj.* subversive.
samfundsnyttig *adj.* socially useful; *(præd. også)* useful to society.
samfundsomvæltning revolution.
samfundsonde social evil.
samfundsopgave social task; task incumbent on the community; *(se også samfundssag).*
samfundsorden social order.
samfundsorienteret *adj.* socially orient(at)ed.
samfundsorientering social education.
samfundsreformator social reformer.
samfundsrelevant *adj.* socially relevant (*fx* a socially relevant curriculum).
samfundssag cause of national importance; *(se også samfundsanliggende).*
samfundssind public spirit;
□ *vise* ~ be public-spirited.
samfundsstige social ladder.
samfundsstilling social position.
samfundstaber social loser.
samfundstjeneste community service.
samfundsvidenskab social science.
samfundsøkonomi *(fag)* economics;
□ *-en* the economy.
samfundsøkonomisk *adj.* economic.
samfærdsel communication(s); traffic.
samfærdselsmiddel, **samfærdselsmidler** means of communication.
samfølelse fellow-feeling, solidarity.
samgift *adj. (præd.)* married to each other.
samhandel trade (*fx* expand trade with the African countries).
samhørighed solidarity.
samhørighedsfølelse feeling of solidarity; feeling of belonging.
samisk *adj.* Sami.
samklang harmony.
samkvem *sb. (et)* **1.** *(omgang)* communication (*med* with; *mellem* between, among);
2. *(med skilsmissebørn, svarer til)* access (*med* to);
□ *have ~ med se omgås 1.*
samkvemsret *(mht. børn, svarer til)* right of access.
samkøre *vb.* **1.** *(koordinere)* co-ordinate; **2.** *(køre flere i samme bil til arbejde)* pool-drive; **3.** *(edb: data)* link, combine, pool.
samkøring *sb. (en, -er) se samkørsel (3, 4).*
samkørsel *sb. (en, samkørsler) (jf. samkøre)* **1.** co-ordination;
2. *(det at køre sammen i bil)* car-pooling, pool-driving;
3. *(edb: af data)* linkage of data (, of records); combination (*el.* pooling) of data;
4. *(edb: samtidig kørsel af programmer)* multi-programming; multiple processing.
samle *vb. (se også samles, samlet)*
1. gather (*fx* berries, mushrooms, wood; wealth, information, experience); *(især mere systematisk)* collect (*fx* material for a book; information, signatures);
2. *(om personer)* gather (*fx* she gathered the children about her); *(mere* F*)* collect, assemble (*fx* collect (*el.* assemble) all the pupils in the big hall; assemble the members of the committee; assemble people for a meeting);
3. *(tiltrække)* attract (*fx* he stood on a box to attract an audience; the competition attracted many participants);
4. *(maskindele etc.)* assemble (*fx* a car engine, a gun);
5. *(opdynge)* accumulate (*fx* a lot of books; enormous riches);
F amass (*fx* a fortune);
6. *(til en enhed)* unite (*fx* a country); F unify;
[med sb.] ~ *appetit* get (*el.* work) up an appetite; ~ *en hær* raise an army; ~ *kræfter (ɔ: komme sig)* recuperate; ~ *alle sine kræfter* gather all one's strength; ~ *mod* get (*el.* pluck) up courage; *bøgerne står og -r støv* the books are gathering (*el.* collecting) dust; *prøv at ~ dine tanker* try to (*el.* and) collect (*el.* gather) your thoughts; try and get your thoughts together; ~ *tankerne om, se ndf.*;
[med præp. & adv.] ~ ***ind*** *(foretage indsamling)* collect (*til* for); *(fx på arbejdsplads,* T*)* pass the hat round; ~ *tankerne* ***om*** focus one's thoughts on; *(se også opmærksomhed)*; ~ ***om sig*** gather (*fx* the children) about one; surround oneself with (*fx* friends); ~ ***op*** pick up; ~ ***på*** *bøger (, frimærker etc.)* collect books (, stamps etc.); *ikke noget at ~ på (iron.)* nothing to write home about; ~ ***sammen*** gather (together) (*fx* he gathered his papers and left); get together (*fx* get your things together); collect up;
[med sig] ~ ***sig*** *a) (om personer)* gather (*om* round, *fx* the children gathered round him); *(og danne en gruppe,* F*)* congregate (*om* round, *fx* a crowd congregated round the villa); *(for bestemt formål)* assemble (*fx* they assembled for a meeting); *b) (ophobes)* gather (*fx* dust gathered on the books); collect (*fx* water collected in the hollows); *(gennem lang tid)* accumulate (*fx* books (, dust) had accumulated on his desk); *c) (tage sig sammen)* collect oneself (*fx* you must try to collect yourself); *d) (koncentrere sig)* concentrate (*om* on); ~ *sig en formue* accumulate a fortune; F amass a fortune; *interessen (, mistanken) -r* ***sig om*** *ham* the interest (, suspicion) centres on him; *de -de sig om deres fører (ɔ: for at støtte)* they rallied round their leader.
samlebånd assembly line, production line;
□ *lave melodier på* ~ make one tune after the other, mass-produce tunes.
samledåse junction box.
samlefabrik assembly plant.
samleje *sb. (et, -r)* **1.** *(generelt)* sexual intercourse; F coitus; **2.** *(enkelt)* act of sexual intercourse; *(mindre* F*)* sex act;
□ *have* ~ have sexual intercourse; T have sex.
samlelinse convex lense.
samlemani = *samlermani.*
samlemappe folder; *(stor, til tegninger)* portfolio.
samlemuffe *(elek.)* terminal strip.
samler *sb. (en, -e)* collector;
□ *-e (om visse naturfolk)* food gatherers; *jægere og -e* hunter-gatherers.
samlermani mania for collecting.
samlerobjekt collector's item (*el.* piece); collectible, collectable.
samles *vb.* gather, meet (*fx* the family met at Christmas); *(se også samle (sig)).*
samleskinne *(elek.)* bus bar.
samlesæt 1. (do-it-yourself) kit;

2. *(legetøj)* assembly kit;
□ *sælge noget som* ~ sell sth in kit form.
samlet[1] *adj.* **1.** *(hel)* total, whole (*fx* the total (*el.* whole) amount (, cost, debt));
2. *(fælles)* joint (*fx* efforts);
3. *(forsamlet)* assembled;
□ *mens parlamentet er* ~ while Parliament is sitting (*el.* in session);
[med sb.] ~ *beløb* total (amount), sum total; *et* ~ *beløb på* a total of; *med samlede fødder* with one's feet together; ~ *løsning* package solution, overall solution; ~ *optræden* joint action; ~ *overenskomst* package deal; *samlede værker (el. skrifter)* complete (*el.* collected) works.
samlet[2] *adv.* **1.** *(alt i alt)* taken together (*fx* many details which, taken together, give a good picture of the situation); *(mere* F*)* in the aggregate;
2. *(i fællesskab)* jointly;
3. *(i flok og følge)* in a body (*fx* they marched in a body to the town hall);
□ *optræde* ~ act in concert; act as a body.
samleve *vb.* cohabit (*med* with).
samlever *sb. (en, -e)*, **samleverske** *sb. (en, -r)* cohabiter, cohabitee; *(se også sambo).*
samleværk composite work.
samleværksted assembly shop.
samling[1] *sb. (en, -er)* **1.** *(det som er samlet)* collection (*fx* of paintings);
2. *(af mennesker)* gathering, crowd; *(mindre)* lot (*fx* they are an odd lot); *(især neds.)* bunch (*fx* of amateurs, of criminals, of idiots); *(bande)* gang, pack (*fx* of thieves);
3. *(parlaments-)* session;
4. *(sammenføjning, fx på møbel)* joint.
samling[2] *sb. (en) (jf. samle)* **1.** *(det at samle)* gathering; collection; F assembling;
2. *(af maskindele)* assembling, assembly;
3. *(ophobning)* accumulation;
4. *(af et rige)* unification;
□ *få* ~ ***på*** gather together (*fx* the boys; one's thoughts); get together (*fx* he hopes he can get his life together; give me some time to get my thoughts together); *blæse* ***til*** ~ *(mil.)* blow the assembly.
samlingsmærke symbol of unity; standard bearer (*fx* of a party).
samlingspunkt rallying point.
samlingsregering coalition government.
samlingssted *(hvor man tit kommer)* stamping ground, haunt (*for* of, *fx* the pub was a haunt of football fans); F rendezvous (*for* of, *fx* artists).
samlingsstue common room; *(mil.)* day room.
samliv *sb. (et)* **1.** life together, common life;
2. *(uden for ægteskab)* living together; F cohabitation;
3. *(ægteskabeligt)* married life; *(jur.)* matrimonial cohabitation; *(seksuelt)* marital relations pl.;
□ *genoptage -et* resume marital relations.
samlivsformer *sb.pl.* living arrangements.
samlæsning joint teaching; joint lessons pl.
samme *adj.* **1.** the same (*fx* at the same time; in the same way);
2. *(lige stor)* equal (*fx* of equal height; with equal skill);
3. *(omtalte)* the said (*fx* the said gentleman);
□ ***den*** ~ the same; *den selv* ~ the very same, the self-same, the identical; *jeg har (, der er) kun den* ~ it's the only one I've got (, there is);
det er mig ***det*** ~ it is all the same to me; *det kan være det* ~ it doesn't matter; never mind; *det er det* ~ *som at sige* it is as much as to say; it is the same as saying; F it is tantamount to saying; *det er* ***godt det*** ~ it is just as well; and a good thing too!
[med præp.] ***i det*** ~ just then; ***med det*** ~ *(ɔ: straks)* at once; *den er* ***til det*** ~ that is what it is for; *alt er* ***ved det*** ~ everything is much as usual; *(se også øjeblik (i* ~ *øjeblik)).*
sammen *adv.* **1.** *(i fællesskab)* together, jointly; *(ved fælles hjælp)* between them (, us, you) (*fx* they did the job between them);
2. *(så det bliver mindre)* up (*fx* fold the letter up, roll the map up);
□ *alle* ~ *se allesammen*; *alt* ~ all (of it); *bo i hus* ~ live in the same house; *(se i øvrigt de vb. hvormed* ~ *forbindes, fx gå, komme, løbe, tage (sig));*
[med præp.] ~ ***med*** *a)* with (*fx* spend the day with him; live with him); *b) (tillige med)* along with, together with (*fx* he gave me the book along with (*el.* together with) a lot of loose sheets; we can manage it along with (*el.* together with) all the others; together with about 50 people I was turned away); *være* ~ *med (ɔ: seksuelt)* be together with, be intimate with.
sammenarbejde *vb.* **1.** *(til en helhed)* unify; **2.** *(kombinere)* combine; **3.** *(koordinere)* coordinate;
□ *de er godt -de* they pull well together.
sammenbidt *adj.* **1.** grim; **2.** *(hårdnakket)* dogged, obstinate;
□ *med -e tænder* with clenched (*el.* set) teeth.
sammenbinde *vb. se binde (sammen).*
sammenblande *vb. se blande (sammen).*
sammenblanding **1.** mixture;
2. *(forveksling)* confusion.
sammenbragt *adj.: -e børn* children of different marriages.
sammenbrud *sb. (et, -)* breakdown (*fx* a breakdown in negotiations; a nervous breakdown).
sammenbygget *adj. (præd.)* built together.
sammenbøjet *adj. (præd.)* bent double, doubled up.
sammendrag *sb. (et)* summary (*fx* of the speech, of the arguments, of the events); F resumé; *(især af artikel, bog)* abstract; *(forkortet udgave)* abridged version.
sammendrage *vb.* summarize, sum up.
sammenfald *sb. (et, -)* **1.** *(sammentræf)* coincidence;
2. *(opgåen i ét)* merging;
3. *(identitet)* identity (*mellem* between);
4. *(sammenstyrtning)* collapse.
sammenfaldende *adj. (ens)* identical (*fx* views); F coincident (*fx* his views are coincident with mine);
□ *deres synspunkter var* ~ *(også)* their views coincided.
sammenfatte *vb.* summarize, sum up.
sammenfiltret *adj.* tangled (*fx* hair, threads); matted (*fx* hair, fibres).
sammenflikke *vb. se flikke (sammen).*
sammenfolde *vb.* fold (up).
sammenfoldelig *adj.* folding; collapsible; *(se også sammenklappelig).*
sammenføje *vb.* join (together).
sammenføjning *sb. (en, -er)* **1.** *(det at føje sammen)* joining; **2.** *(stedet)* joint.
sammenhobe *vb.* accumulate;
□ *-t (om personer)* huddled together.
sammenhobning *sb. (en, -er)* accumulation.
sammenhold *sb. (et)* solidarity (*fx*

national solidarity); *(det at danne en enhed)* cohesiveness (*fx* group cohesiveness; doubts about the cohesiveness of the rebel army);
□ *der må være ~ mellem os* we must stick together; *der er et stærkt ~ i familien* it is a close-knit family; *~ giver styrke* union is strength.
sammenholde *vb. (sammenligne)* compare.
sammenhæfte *vb. se hæfte[4] (sammen).*
sammenhæng *sb. (en el. et, -e el. -)* **1.** connection (*fx* there is a connection between the two events);
2. *(indre, logisk)* coherence (*fx* the argument lacks coherence);
3. *(omgivende tekst, forhold)* context (*fx* guess the meaning from the context; consider sth in its social context (, in a European context));
□ ***-en*** *(kendsgerningerne)* the facts; the truth (of the matter); *sagens* ***rette*** *~* the true facts of the case; the truth of the matter;
[med præp.] ***i*** *~ a) (i rækkefølge)* consecutive (*fx* three consecutive days); *(adverbielt)* consecutively (*fx* for three days consecutively); *b) (som et hele)* as a whole (*fx* taken as a whole); ***i denne*** *~* in this connection (, context); *se det* ***i en større*** *~* see it as part of a greater whole; ***mangel på*** *~* incoherence; ***uden*** *~ (jf. 2)* incoherent (*fx* an incoherent account); *(adverbielt)* incoherently (*fx* speak incoherently); ***uden*** *~* ***med*** unconnected with.
sammenhængende[1] *adj.* **1.** coherent (*fx* mass; explanation, system);
2. *(uafbrudt)* continuous, unbroken (*fx* series);
3. *(umiddelbart følgende hinanden i tid)* consecutive (*fx* three consecutive weeks);
4. *(forbundne)* connected (*fx* events);
5. *(stødende op til hinanden)* adjoining (*fx* houses);
□ *en ~ fortælling a) (som udgør et hele)* a connected narrative; *b) (logisk ~)* a coherent narrative; *et ~ hele* a connected whole.
sammenhængende[2] *adv. (jf. sammenhængende[1])* **1.** coherently (*fx* he was unable to talk coherently);
2. continuously; **3.** consecutively.
sammenhørende *adj. (efter sb.)* belonging together.
sammenkalde *vb.* call (together) (*fx* call the members together; call a press conference); *(mere officielt,* F*)* convene, summon (*fx* the members, a conference; a specially convened meeting; convene the Security Council); convoke (*fx* a parliament);
□ *~ til et møde* call (, summon, convene) a meeting; *~ medlemmerne til et møde* call a meeting of the members.
sammenkitte *vb.* cement (together).
sammenklappelig *adj.* folding (*fx* stool); fold-up (*fx* bicycle); collapsible (*fx* bed, chair).
sammenklemt *adj. se sammenpakket.*
sammenklistre *vb. se klæbe (sammen).*
sammenklumpet *adj. (om personer)* huddled together.
sammenklæbe *vb. se klæbe (sammen).*
sammenkneben *adj.: med sammenknebne læber* close-lipped, tight-lipped; *med sammenknebne øjne* with one's eyes screwed up.
sammenknytte *vb. se knytte (sammen).*
sammenkoble *vb. se koble (sammen).*
sammenkog *sb. (et) (fig.) se sammensurium.*
sammenkogt *adj.: ~ ret* (mixed) stew, casserole.
sammenkomst *sb. (en, -er)* **1.** gathering; T get-together;
2. *(efter adskillelse)* reunion (*fx* of old former pupils, of old friends);
3. *(møde)* meeting;
□ *selskabelig ~* social gathering.
sammenkrøben *adj.* crouching, huddled-up.
sammenkrøllet *adj.* crumpled (up).
sammenkæde *vb. (fig.)* link up, connect (*med* with);
□ *-t* connected.
sammenkædning *sb. (en, -er)* linking.
sammenlagt *adj.* **1.** put together, combined;
2. *(i alt)* in all, altogether (*fx* he had been away for three weeks in all (*el.* altogether));
3. *(sammenfoldet)* folded (up);
□ *en ~ mad* a sandwich; *~ sum* total.
sammenligne *vb.* compare; *(se også sammenlignende)*;
□ *de kan slet ikke -s* there is no comparison (between them);
[med præp.] ~ ***med*** *a) (sammenholde)* compare with (*fx* compare the copy with the original); compare to (*fx* I have nothing I can compare it to); *b) (sidestille)* compare to (*fx* compare a writer to Dickens); *c) (billedligt)* compare to (*fx* compare wisdom to gold); F liken to; *det kan -s med* it is comparable with; *det kan ikke -s med* it cannot compare with, it cannot be compared with.
sammenlignelig *adj.* comparable.
sammenlignende *adj.* comparative.
sammenligning *sb. (en, -er)* comparison;
□ *anstille (el. drage el. foretage) en ~* make a comparison; *tåle ~ med* bear comparison with; *det tåler ikke ~ med* it cannot compare with, it cannot be compared with;
[med præp.] ***i*** *~* in (*el.* by) comparison (*fx* he seemed almost friendly, in comparison); ***i*** *~* ***med*** in comparison with (*el.* by); as compared with; ***uden*** *~ (ved adj. i sup.)* far and away, easily (*fx* the best).
sammenligningsgrundlag standard of reference.
sammenligningsled term of a comparison.
sammenligningsvis *adv.* by way of comparison.
sammenlime *vb. se lime (sammen).*
sammenlægge *vb.* **1.** *(slå sammen)* join (*fx* two flats); unite (*fx* two organisations);
2. *(især hdl.)* merge, amalgamate (*fx* firms); combine (*fx* farms);
3. *(lægge sammen)* put together; *(sammenfolde)* fold up;
4. *(sammentælle)* add (up).
sammenlægning *sb. (en, -er) (jf. sammenlægge)* **1.** joining; uniting; **2.** merger, amalgamation; **3.** putting together; folding (up); **4.** addition.
sammenløb **1.** *(af floder)* confluence; **2.** *(af linier, veje)* convergence.
sammenløben *adj. (om mælk)* curdled;
□ *~ hob* mob.
sammenløbende *adj. (jf. sammenløb)* **1.** confluent; **2.** convergent.
sammenpakket *adj.: tæt ~* closely packed.
sammenplantning *(skål med planter)* made-up bowl.
sammenpresning compression.
sammenpresse *vb.* compress.
sammenrend **1.** gathering; **2.** *(hob)* mob, bunch; **3.** *(klike)* clique.
sammenrotning *sb. (en, -er)* conspiracy, plot.
sammenrotte *vb. se rotte[2] (sig sammen).*
sammenrullet *adj.* rolled.
sammenryste shake up;
□ *blive -t (fig.)* get together.

sammensat *adj.* **1.** compound (*fx* word; eye); **2.** *(indviklet)* complex;
□ ~ *af* composed of; T made up of; F compounded of;
[med sb.] en ~ natur a complex character; ~ *ord (også)* compound; ~ *tid (gram.)* compound tense.

sammenskrive *vb.* **1.** *(ord)* write in one word, write solid; **2.** *(tekster)* compile.

sammenskudsgilde *(omtr.)* Dutch treat; *(hvor hver medbringer en flaske)* bottle party.

sammenslutning *sb. (en, -er)*
1. union, fusion (*fx* of two parties; of the EEC and EFTA);
2. *(hdl.: af firmaer)* amalgamation, merger; *(trust)* combine, trust;
3. *(forening)* association, union, league.

sammenslutte **1.** unite, fuse;
2. *(hdl.: om firmaer)* merge, amalgamate.

sammenslynget *adj.* interlaced, intertwined;
□ *tæt ~ (om elskende)* in a close embrace.

sammensmelte *vb.* **1.** melt (*el.* fuse) together; **2.** *(fig.)* amalgamate, merge.

sammensmeltning *sb. (en, -er)*
1. melting together; *(fagl.)* fusion;
2. *(fig.)* merger, amalgamation; fusion (*fx* of the EEC and EFTA; the fusion of his ideas into a complete plan).

sammensnerpende *adj.* astringent.

sammensnerpet *adj.* pursed up (*fx* lips, mouth).

sammensnøre *vb. se snøre*[2] *(sig sammen).*

sammensparet *adj.: sammensparede penge* savings.

sammenspil **1.** *(mus.)* ensemble playing; **2.** *(i sport etc.)* teamwork; **3.** *se samspil.*

sammenspillet *adj.: være godt ~* play well together.

sammenspist *adj.* intimate; clannish;
□ *en ~ klike* an intimate (*el.* a tight) clique; *de er -e (også)* they are as thick as thieves; *være ~ med* be (well) in with.

sammenspisthed *sb. (en)* cliquishness; *(hjælp til gamle venner)* cronyism.

sammenstikke *vb. (om vin)* blend.

sammenstille *vb.* **1.** *(anbringe sammen)* place together; F juxtapose;
2. *(i gruppe(r))* group; **3.** *(sammenligne)* compare; **4.** *se sammensætte.*

sammenstilling *sb. (en, -er) (jf. sammenstille)* **1.** juxtaposition;
2. grouping; **3.** comparison.

sammenstimling *sb. (en, -er)* crowd; F concourse.

sammenstuvet *adj.* **1.** closely packed; *(om personer også, præd.)* huddled together; **2.** *(sø., præd.)* stowed close.

sammenstykke *vb. se stykke*[2] *(sammen).*

sammenstyrtning *sb. (en, -er)* collapse; *(om jord etc.)* falling in;
F subsidence.

sammenstød **1.** *(kollision)* collision (*fx* between two cars; of public and private interests);
T smash-up;
2. *(skænderi)* clash, angry exchange (*fx* between the Prime Minister and the leader of the Opposition); F skirmish;
3. *(kamp)* clash (*fx* between police and demonstrators); *(mil. også)* encounter, engagement;
4. *(uoverensstemmelse, fx mellem begreber)* clash;
□ *et ~ af uheldige omstændigheder* an unfortunate coincidence;
F an unfortunate concatenation of circumstances.

sammenstødende *adj.: ~ omstændigheder* a combination of circumstances, a coincidence.

sammensunken *adj.* **1.** collapsed (*fx* house, wall); fallen in; **2.** *(om person: foroverbøjet)* hunched; *(sammenfaldet)* slumped; *(indsunket)* sunken;
□ *sidde ~* sit hunched up; sit slumped (*fx* he sat slumped over the steering wheel).

sammensurium *sb. (et, -(m)er el. sammensurier)* hotchpotch, jumble; T ragbag.

sammensvejse *vb.* **1.** weld; **2.** *(fig.)* weld together.

sammensvejsning **1.** welding;
2. *(svejset sted)* weld.

sammensvoren *adj.: de sammensvorne* the conspirators.

sammensværge *vb.: ~ sig* conspire (*imod* against; *om at* to, *fx (fig.)* everything conspired to prevent the journey).

sammensværgelse *sb. (en, -r)* conspiracy, plot.

sammensy *vb. se sy (sammen).*

sammensyning **1.** sewing together;
2. *(af sår)* suture; **3.** *(søm, syning)* seam.

sammensætning *sb. (en, -er)*
1. composition (*fx* the chemical composition of a substance; the social composition of the classes in the school); make-up (*fx* the make-up of a theatre audience; change the make-up (*el.* composition) of a committee);
2. *(gram.: sammensat ord)* compound.

sammensætte *vb. (se også sammensat)* **1.** put together (*fx* a team); make up (*fx* a programme); compile (*fx* a list; the programme was compiled and presented by John Smith);
2. *(udfærdige)* draw up (*fx* a report); F compose (*fx* a letter);
3. *(gram.: ord)* compound.

sammentrykke *vb. se trykke*[1] *(sammen).*

sammentrykning compression.

sammentræde *sb. (et, -r)* assembly.

sammentræf coincidence (*fx* a happy (, an unhappy) coincidence).

sammentræffende *se sammenstødende.*

sammentrække *vb. se trække (sammen).*

sammentrækning contraction.

sammentrækssyning pulled-thread work.

sammentrænge *vb. (se også sammentrængt)* **1.** press together;
2. *(til mindre omfang)* compress;
3. *(fig.)* condense (*til* into, *fx* condense the report into a brief summary).

sammentrængning *sb. (en, -er) (jf. sammentrænge)* **1.** pressing together; **2.** compression; **3.** condensation.

sammentrængt *adj.* **1.** *(om fremstilling)* compact; *(kort og klar)* concise;
2. *(forkortet)* condensed; *(meget ~)* compressed.

sammentælle *vb.* **1.** add up; **2.** *(om stemmer)* count.

sammentælling **1.** addition, summing up; **2.** *(af stemmer)* counting, count.

sammentømret *adj.* framed;
□ *fast ~ (fig.)* close-knit.

sammenvokset *adj.* **1.** grown together, united; **2.** *(sår)* healed (up);
□ *hans øjenbryn er sammenvoksede* his eyebrows meet.

sammenvoksning *sb. (en, -er)*
1. growing together; coalescence;
2. *(af sår)* healing (up); **3.** *(med.: uønsket ~, adhærence)* adhesion.

sammesteds *adv.* in the same place; *(om citat)* ibidem; *(fork.)* ibid.

sammestedsfra *adv.* from the same place.

sammestedshen *adv.* to the same place.

samnordisk *adj.* inter-Scandina-

vian.
Samoaøerne *sb.pl. (geogr.)* the Samoan Islands; Samoa sg.
samojede *sb. (en, -r)* Samoyed.
samordne *vb.* co-ordinate.
samovar *sb. (en, -er)* samovar.
samråd *sb. (et, -)* consultation;
□ *efter ~ med ham* having consulted him; *i ~ med* in concert with.
samsende *vb.: udsendelsen -s med fjernsynet* the programme is being transmitted simultaneously on TV.
samsending simultaneous transmission (*el.* broadcast).
samskrivning *(edb, telex)* call.
samspil 1. *(vekselvirkning)* interaction (*mellem* between); F interplay (*mellem* between);
2. *(forhold)* correlation (*mellem* between, *fx* form and ornament);
3. *se sammenspil.*
samspilsproblemer *sb.pl. (for pensionister etc.)* the problem of the poverty trap;
□ *ramt af ~* caught in the poverty trap.
samspilsramt *adj. (om barn)* (socially) maladjusted.
samstemmende *adj.* concurrent;
□ *efter alles ~ mening* by common assent (*el.* consent).
samstemmig *adj.* = *samstemmende.*
samt *konj.* and, and also, plus;
□ *med ~* together with.
samtale *sb. (en, -r)* **1.** conversation; *(mere uformel)* talk; F discourse;
2. *(dialog)* dialogue;
3. *(interview)* interview (*fx* call the applicants in for an interview);
4. *(tele.: opkald)* call (*fx* put through a call to Oxford); *(snak)* (telephone) conversation (*fx* I had a long telephone conversation with him); *(se også telefonsamtale)*;
□ *føre en ~ a)* carry on (*el.* hold) a conversation (*fx* few pupils are capable of holding an ordinary conversation in French); *b) (tale sammen)* have a conversation (, talk); *i ~ med* in conversation with; *(se også personlig).*
samtaleafgift *(tele.)* call charge.
samtaleanlæg intercommunication system; T intercom.
samtaleemne subject of conversation; F topic of conversation, conversational topic.
samtaleform: *i ~* in the form of a dialogue.
samtalepartner interlocutor;
□ *min ~* T the person I was talking to.
samtalestof subjects pl. for (*el.* of) conversation; conversation (*fx* we soon ran out of conversation).
samtaleterapi talk therapy.
samtid: *hans (, vor) ~* his (, our) age; his (, our) contemporaries pl.; *-en (ofte)* that age, that time.
samtidig[1] *adj.* **1.** contemporary (*med* with, *fx* he was contemporary with Shakespeare);
2. *(samtidigt indtræffende)* simultaneous (*fx* attack, movements); *(synkron)* synchronous;
□ *vore -e* our contemporaries.
samtidig[2], **samtidigt** *adv.* **1.** at the same time; *(mere præcist)* simultaneously; **2.** *(på den anden side)* at the same time; on the other hand;
□ *~ med at* at the same time as; while.
samtidshistorie contemporary history.
samtidshistoriker contemporary historian.
samtidsorientering *se samfundsfag.*
samtlige *adj. pl.* all.
samtykke[1] *sb. (et)* consent;
□ *give sit ~* give one's consent, consent (*til* to).
samtykke[2] *vb.* consent;
□ *den der tier, -r* silence gives consent; *nikke -nde* nod assent; *[med præp.] ~* ***i*** consent to; *(mindre* F*)* agree to; *~* ***i at*** consent to -ing; *~* ***med*** agree with.
samurai *sb. (en, -er)* samurai (pl. -).
samvirke[1] *sb. (et)* **1.** *(samarbejde)* co-operation; **2.** *(sammenslutning)* association, union.
samvirke[2] *vb.* co-operate, work together.
samvirkende *adj.* co-operative;
□ *~ årsager* concurrent causes.
samvittighed *sb. (en)* conscience;
□ *berolige (el. dulme el. døve) sin ~* ease one's conscience; F soothe one's conscience; *lytte til -s røst (el. stemme)* listen to the voice of conscience;
[med (vb. +) adj.] (en) ***dårlig*** *~* a bad (*el.* guilty) conscience; *få dårlig ~* get a bad conscience, feel guilty; *have dårlig ~* have a bad (*el.* guilty) conscience (*over* about, over); feel guilty (*over* about); *give ham dårlig ~* give him a bad conscience, make him feel guilty; *(en)* ***god*** *~* a clear conscience; *med god ~, se ndf.*; ***ond*** *~* a bad conscience; *(en)* ***ren*** *~* a clear conscience;
[med præp.] handle ***imod*** *sin ~* act against (the promptings of) one's conscience; ***med*** *god ~* with a clear conscience; *have noget* ***på*** *sin ~* have sth on one's conscience; *hvad har du på -en?* what's on your mind?; *(se også ære)*; *tale* ***til*** *éns ~* appeal to sby's conscience.
samvittighedsfange prisoner of conscience.
samvittighedsfuld *adj.* conscientious; *(omhyggelig)* painstaking; *(stærkere,* F*)* scrupulous.
samvittighedsfuldhed *sb. (en)* conscientiousness; *(stærkere,* F*)* scrupulosity.
samvittighedsgrund: *af -e* for reasons of conscience; on grounds of conscience.
samvittighedskrise crisis of conscience.
samvittighedskvaler *sb.pl.* pangs (*el.* qualms) of conscience.
samvittighedsløs *(uden skrupler)* unscrupulous; *(uden moral)* unprincipled.
samvittighedsnag remorse; pangs pl. of conscience; *(især i negative forbindelser)* compunction (*fx* he didn't have the slightest compunction about doing it);
□ *plaget af ~* filled with remorse; racked by a bad conscience.
samvittighedssag matter of conscience.
samvittighedsspørgsmål 1. = *samvittighedssag*; **2.** *(nærgående spørgsmål)* indiscreet question; personal question.
samvær *sb. (et, -)* **1.** *(det at være sammen)* being together;
2. *(kammeratskab)* fellowship;
3. *(tid sammen)* time together (*fx* we had a pleasant time together);
4. *(sammenkomst)* gathering;
5. *se samkvem;*
□ *selskabeligt (el. socialt) ~* a social gathering; *tvangfrit ~* an informal gathering.
sanatorieophold stay in a sanatorium.
sanatorium *sb. (et, sanatorier)* sanatorium; *(am. også)* sanitarium.
sand[1] *sb. (et)* sand;
□ *strø ~ på a)* sand (*fx* the floor); *b) (fig.: glatte ud; uden objekt)* smooth things over; *(dække over uenigheden)* paper over the cracks;
[med præp.] vi lå ***i*** *-et* we were lying on the sand; *løbe* ***ud i*** *-et a) (ikke blive til noget)* come to nothing; be abortive; *(gradvis)* peter out; *b) (fuse ud)* fizzle out.
sand[2] *adj.* **1.** true;
2. *(virkelig)* true (*fx* a true Christian); real (*fx* the real reason);

3. *(ligefrem)* regular (*fx* you are a regular hero; that child is a regular nuisance); (F *el. spøg.)* veritable (*fx* you are a veritable Sherlock Holmes);
□ *-t* ***at*** *sige* to tell (you) the truth, truth to tell; *det* **er** *-t a)* it is true; *b) (ɔ: for resten)* by the way; T come to think of it; *-t* ***for dyden*** upon my word; *det er* ***for godt til at*** *være -t* it is too good to be true; *det skal være mig en ~* ***glæde*** *at* I shall be delighted to; *der er noget -t* ***i det*** there is some truth in it; *det var et -t* **ord** you never spoke a truer word; *ikke et -t ord* not a word of truth;
[med adv. & konj.] ***ikke*** *-t? se ikke*; *det* ***er da ikke*** *-t!* surely not! don't say that! *det er* ***kun alt for*** ~ it is only too true; *-t* ***nok!*** true enough! ***så*** *-t jeg hedder George* as sure as my name is George; as sure as I am standing (*el.* sitting) here; *så -t hjælpe mig Gud* so help me God; *så -t jeg lever!* as I live and breathe! *det er så -t som det er sagt!* you (, he etc.) never said (*el.* spoke) a truer word!
sandal *sb. (en, -er)* sandal.
sandart *sb. (en, -er) (zo.)* zander.
sandbanke **1.** sand bank; **2.** *(sandhøj)* sandhill.
sandblæsning sandblasting.
sandbund sandy bottom.
sanddru *adj.* truthful; F veracious.
sande[1] *vb.: ~ til* sand up.
sande[2] *vb.: jeg måtte ~ a)* I experienced the truth of (*fx* what he predicted); *b) (om bitter erfaring)* I found to my cost (*fx* that it was too difficult).
sandelig *adv.* indeed; F in truth; *(bibelsk)* verily.
sandeltræ *(bot.)* sandalwood.
sandet *adj.* sandy.
sandflugt sand drift.
sandfærdig *adj.* truthful; F veracious.
sandfærdighed *sb. (en)* truthfulness; F veracity.
sandgrav sand pit.
sandgrund*: bygge sit hus på ~* build one's house on sand.
sandhed *sb. (en, -er)* truth (*fx* the naked truth; scientific truths; eternal truths);
□ *-ens øjeblik* the moment of truth;
[med vb.] -en **er** *at* the fact of the matter is that; *-en er* ***ilde hørt*** nothing hurts like the truth; ***sige*** *-en* speak (*el.* tell) the truth; *sig mig -en!* tell me the truth! *når jeg skal sige -en* to tell the truth; *sige én nogle ubehagelige -er* tell sby a few home truths; ***tale*** ~ speak (*el.* tell) the truth;
[med præp.] ***i*** ~ indeed; ***i -ens interesse*** *må jeg tilføje* in fairness I must add; ***i overensstemmelse med*** *-en* in accordance with the truth.
sandhedskærlig *adj.* veracious, truth-loving.
sandhedskærlighed *sb. (en)* veracity, love of truth.
sandhedsserum truth drug, truth serum.
sandhedssøger *sb. (en, -e)* seeker after truth.
sandhedsvidne martyr.
sandinist *sb. (en, -er)*, **sandinistisk** *adj.* Sandinista.
sandjord sandy soil.
sandkage *(omtr.)* Madeira cake.
sandkasse **1.** *(til leg)* sandpit, (playground) sandbox (*fx* Parliament often has the manners of a playground sandbox);
2. *(kasse med sand)* sandbox; *(til brandslukning)* sand bin.
sandkasseleg*: det er ~ (fig.)* it is a charade.
sandkorn grain of sand.
sandkutling *(zo.)* sand goby.
sandorm *(zo.)* lug worm.
sandpapir sandpaper;
□ *slibe med ~* sandpaper.
sandpumper sand-pump dredger.
sandsiger *sb. (en, -e)* soothsayer.
sandskorn grain of sand.
sandsten sandstone.
sandstorm sandstorm.
sandstrand sandy beach.
sandsynlig *adj.* probable; likely;
□ *højst -t* most likely, more likely than not; *det -ste er at* it is most likely that, the odds are that.
sandsynliggøre *vb.* make probable; F render probable.
sandsynlighed *sb. (en)* probability, likelihood;
□ *efter al ~* in all probability; *der er ~ for at* it seems probable that; *(se også vished).*
sandsynlighedsberegning calculation of probability, probability calculation.
sandsynligvis *adv.* probably, in all probability, very likely;
□ *han kommer ~ (også)* he is likely to come.
sandsæk sandbag.
sandwich *sb. (en, -er el. -)* sandwich.
sandwichmand sandwich man.
sandørken sandy desert.
sanere *vb.* **1.** *(bringe orden i)* reorganize (*fx* finances); reconstruct; *(om gæld)* reschedule;
2. *(om beboelseskvarter)* redevelop;
□ *~ beboelseskvarterer* carry out slum clearance.
sanering *sb. (en, -er) (jf. sanere)* **1.** reorganization; reconstruction; *(af gæld)* rescheduling; **2.** *(af beboelseskvarter)* (slum) clearance; redevelopment.
saneringsejendom condemned house.
saneringsmoden *adj. (præd.)* ready (*el.* ripe) for redevelopment.
saneringsselskab redevelopment company.
sang[1] *sb. (en, -e)* **1.** song (*fx* sing a song);
2. *(det at synge)* singing (*fx* we heard singing from next door); song (*fx* he burst into song);
3. *(digt)* song; *(del af større digt)* canto, book;
□ *tage (el. få) undervisning i ~* take singing lessons.
sang[2] *præt. af synge.*
sangaften *(koncert)* recital (*fx* of Schubert songs).
sangbar *adj.* singable.
sangbog song book.
sangbund sounding board;
□ *det fandt ingen ~ hos tilhørerne* it met with (*el.* called forth) no response in the audience.
sangdrossel *(zo.)* song thrush.
sanger *sb. (en, -e)* **1.** singer;
2. *(digter)* poet, bard;
3. *(troubadour)* minstrel;
4. *(sangfugl)* songbird; *(poet.)* songster; *(zo.: Sylviidae)* warbler.
sangerinde *sb. (en, -r)* singer.
sangforening choral society; *(mindre, let glds.)* glee club.
sangfugl songbird.
sangglad *adj. (præd.)* fond of singing.
sangkor choir.
sangleg singing game.
sanglig *adj.* vocal.
sanglærer singing master.
sanglærke *(zo.)* skylark.
sangskriver writer of lyrics, lyric writer, lyricist.
sangspil vaudeville.
sangstemme **1.** (singing) voice;
2. *(del af musikstykke)* vocal part.
sangsvane *(zo.)* whooper swan.
sangtekst *(til popsang etc.)* lyrics pl. (*fx* he wrote the lyrics for the song); lyric.
sangtime singing lesson.
sangundervisning *(privat)* singing lessons pl. (*fx* give (, take) singing lessons).
sangviniker *sb. (en, -e)* sanguine person, optimist.
sangvinsk[1] *adj.* sanguine.
sangvinsk[2] *adv.* sanguinely.

sanikel *sb. (en, sanikler) (bot.)* sanicle.
sanitetsartikler *sb.pl.* sanitary appliances.
sanitetsdeling *(mil.)* medical platoon.
sanitetskompagni *(mil.)* medical company.
sanitær *adj.* sanitary (*fx* conditions);
□ *-e installationer* sanitary facilities.
sanitør *sb. (en, -er)* (house) cleaner.
sank *præt. af synke.*
sanke *vb.* gather;
□ ~ *aks* glean; ~ *i lade* gather into barns; *(se også kul).*
sankt Saint, St (*fx* St (*el.* Saint) Bernard, St Croix, St Helena, St Peter).
sanktbernhardshund St Bernard dog.
Sankt(e) Gertrud: *glansen er gået af* ~ the gilt is off the gingerbread.
sankthans *(24. juni)* Midsummer Day.
sankthansaften Midsummer Eve.
sankthansbål Midsummer Eve bonfire.
sankthansdag Midsummer Day.
sankthansorm *(zo.)* glow-worm.
sankthansurt *(bot.)* orpine.
sanktion *sb. (en, -er)* **1.** *(godkendelse)* sanction, assent; **2.** *(straffeforanstaltning)* sanction (*fx* the most effective sanction against an offender; impose economic sanctions against a country).
sanktionere *vb.* sanction.
sanktvejtsdans St Vitus's dance.
sans[1] *sb. (en, -er)* sense;
□ *have* ~ *for* have a sense of (*fx* humour, timing); be alive to (*fx* beauty); appreciate (*fx* literature); *(se også eje*[2]*, humoristisk, sund*[2]*, vid)*;
[med præp.] drikke sig ***fra*** ~ ***og samling*** drink oneself silly, drink oneself into a stupor; *gå (, være) fra* ~ *og samling* lose (, be out of) one's senses (*el.* mind); *være* ***ved*** *sine -ers* ***fulde brug*** be in possession of all one's faculties.
sans[2] *(i kortspil)* no trump(s);
□ *én* ~ one no trumps; *melde* ~ call no trumps.
sanse *vb.* **1.** *(opfatte)* perceive (by the senses); **2.** *(kunne modtage sanseindtryk)* have sensation;
□ *han -de ikke at lukke for vandet* he hadn't the presence of mind to turn off the tap; *jeg -de ikke hvad der skete* I was not aware of what was happening; *jeg -de ingenting* I felt nothing; *han kunne hverken* ~ *eller samle* he was out of his senses; he did not know where he was.
sansebedrag sense illusion, hallucination.
sanseindtryk sense impression.
sanselig *adj.* **1.** *(som angår sansningen)* sensuous; **2.** *(erotisk etc.)* sensual (*fx* enjoyment, pleasures; person, lips); F carnal (*fx* desire);
□ *den -e verden* the material world.
sanselighed *sb. (en)* sensuality.
sanseløs *adj.* distracted, frantic;
□ ~ *af skræk* frantic with terror.
sanseorgan, sanseredskab sense organ.
sanskrit *sb. (et)* Sanskrit.
sansmelding *(i kortspil)* no-trump call.
sansning *sb. (en, -er)* sense perception, sensation.
sapphisk *adj.* Sapphic (*fx* stanza).
sarabande *sb. (en, -r) (mus.)* saraband(e).
saracener *sb. (en, -e)*, **saracensk** *adj.* Saracen.
sardel *sb. (en, -ler)* anchovy.
sardin *sb. (en, -er)* sardine.
sardindåse sardine tin.
Sardinien *(geogr.)* Sardinia.
sardinier *sb. (en, -e)* Sardinian.
sardonisk[1] *adj.* sardonic.
sardonisk[2] *adv.* sardonically.
sarg *sb. (en, -e)* apron.
sari *sb. (en, -er)* sari.
sarkasme *sb. (en, -r)* sarcasm.
sarkastisk[1] *adj.* sarcastic.
sarkastisk[2] *adv.* sarcastically.
sarkofag *sb. (en, -er)* sarcophagus (pl. sarcophagi *el.*-es).
sart *adj.* **1.** *(svagelig)* delicate (*fx* young lady, flower, colour);
2. *(følsom)* sensitive (*fx* have a sensitive skin);
3. *(som ikke kan lide snavs etc.)* fastidious (*fx* he is too fastidious to change a baby's nappie);
4. *(som ikke tåler voldsomheder etc.)* squeamish (*fx* the film is not for the squeamish);
5. *(som let bliver fornærmet)* sensitive; T touchy;
6. *(om stof: som let tager imod snavs)* delicate.
sat[1] *adj.* sedate; *(især neds.: lidt for* ~*)* staid;
□ *han er* ~ *(også)* he is set in his ways; *i* ~ *alder* of mature years; ~ *væsen* sedateness; staidness.
sat[2] *pf.ptc. af sætte.*
satan Satan;
□ *en (ren)* ~ a devil (incarnate); *for* ~*!* damn! *så for* ~*! -s også!* damn (it)! bloody hell! (oh) shit! *kør som bare* ~*!* drive like hell! *ubekvem som bare* ~ damned (*el.* bloody) uncomfortable; ~ *til tid* a hell of a long time; *-s flot* damned smart; *en -s* a hell of a (*fx* business, noise); *en -s tid* a hell of a long time; *det var -s!* well, I'll be damned!; *(se også fanden).*
satanisk[1] *adj.* satanic (*fx* schemes); diabolic (*fx* cruelty); *(stærkere)* fiendish.
satanisk[2] *adv. (jf. satanisk*[1]*)* satanically, diabolically; fiendishly;
□ *han smilede* ~ he gave a satanic smile.
satellit *sb. (en, -ter)* satellite.
satellitfjernsyn satellite television.
satellitfoto satellite photo (*el.* picture).
satellitstat satellite (state).
satellit-tv satellite television.
satin *sb. (et)* sateen.
satinere *vb.* calender.
satire *sb. (en, -r)* satire (*over* on).
satiriker *sb. (en, -e)* satirist.
satirisere *vb.: ~ over* satirize.
satirisk[1] *adj.* **1.** *(spottende)* satirical (*fx* comment, laughter, person); **2.** *(om skrift, forfatter etc.)* satiric (*fx* poem, style).
satirisk[2] *adv.* satirically.
satisfaktion *sb. (en)* satisfaction;
□ *give (, kræve)* ~ give (, demand) satisfaction.
sats *sb. (en, -er)* **1.** *(takst etc.)* rate;
2. *(typ.)* matter (*fx* standing matter); type (*fx* a legible type); *(det at sætte)* composition;
3. *(mus.)* movement;
4. *(brændbar ladning)* combustible composition;
5. *(på tændstik)* head.
satsbillede *(typ.)* arrangement, layout.
satse *vb.: ~ på a) (vædde på)* bet on, put one's money on (*fx* a horse); *b) (sigte efter)* aim at (*fx* an overall settlement); have in view; *c) (sætte ind på)* concentrate (one's efforts) on (*fx* research, export); *d) (løbe an på)* gamble on (*fx* him; a quick victory); *e) (stole på)* count on; T bank on; *f) (med objekt: sætte på spil)* stake on (*fx* he has staked a fortune on it); ~ ***på at*** *a) (jf. b)* aim to (*fx* we aim to finish the project in May); *b) (jf. c)* concentrate on -ing (*fx* on exporting); *c) (jf. d)* gamble on -ing; *d) (jf. e)* count on -ing; ~ *på at John er villig* gamble on John being willing; ~ ***meget på*** *(jf. f)* stake a lot on; ~ ***udelukkende på*** go all out for; T go nap on; ~ ***stort*** play for high stakes.
satsning *sb. (en, -er)* **1.** *(ved væd-*

demål) betting; **2.** *(det at sigte efter)* aiming (*på* at); **3.** *(dristigt forehavende)* gamble, venture;
4. *(indsats)* effort.
satte *præt. af sætte.*
Saturn *(myt., astr.)* Saturn.
satyr *sb. (en, -er) (myt.)* satyr.
satyragtig *adj.* satyr-like.
satyrspil satyric drama.
sauce *se sovs.*
saudiaraber *sb. (en, -e)* Saudi (Arabian).
Saudi-Arabien *(geogr.)* Saudi Arabia.
saudiarabisk *adj.* Saudi (Arabian).
sauna *sb. (en, -er)* sauna.
sautere *vb.* sauté.
sauterne *sb. (en)* Sauterne.
sav *sb. (en, -e)* saw.
savanne *sb. (en, -r)* savanna.
savblad saw blade.
savbuk *sb. (en, -ke)* sawbench, sawhorse.
save *vb.* saw;
□ ~ *igennem* saw through; ~ *op* saw up; ~ *over* saw through; *(i to stykker)* saw in two; *(se også gren).*
savfisk *se savrokke.*
savl *sb. (et) (jf. savle)* dribble; slobber, drool; slaver.
savle *vb.* dribble (*fx* baby has dribbled on his bib); *(voldsommere, især neds.)* slobber, drool; *(især om dyr)* slaver (*fx* the dog was slavering all over me);
□ '~ *over (fig.)* slobber over; *(stærkere)* drool over; ~ *'til* slobber.
savlesmæk *sb. (en, -ker)* bib.
savn *sb. (et, -)* **1.** *(behov)* need (*fx* a deeply felt (, long-felt) need; he felt the need of a home);
2. *(mangel)* want (*fx* he felt the want of a good teacher); lack;
3. *(nød)* want, privation (*fx* suffer want (*el.* privation));
□ *afhjælpe et* ~ meet (*el.* supply) a need (, want); *efterlade et* ~ leave a void; *føle -et af (også)* miss; *det vil ikke være noget* ~ *for mig* I shall not miss it; *et stort* ~ *(ɔ: tab)* a great loss.
savne *vb. (se også savnes, savnet)*
1. *(føle el. opdage savnet af)* miss (*fx* they miss one another very much (*el.* badly); he will be missed; we missed you at the meeting; when did you miss the letter?);
2. *(trænge til)* want (*fx* the house wants a coat of paint); need (*fx* he needs practice; he needs someone to talk to); be in want (*el.* need) of;
3. *(ikke have nok af)* be short of (*fx* ideas); *(om egenskab)* be lacking in (*fx* confidence, courage);
4. *(ikke have)* be without (*fx* the necessities of life); *(mere* F*)* lack (*fx* the country lacks natural resources); *(især i negative forbindelser)* want for (*fx* she shall never want for money while I am alive);
□ *rygtet -r ethvert grundlag* the report is completely without foundation; *(mere* F*)* the report is devoid of all foundation (*el.* is utterly groundless); *han -r ikke noget* he wants for nothing; *(mere* T*)* he has all he wants; *jeg -r ord* words fail me, I am at a loss for words; *jeg -r ord til at udtrykke det* I am at a loss for words to express it.
savnes *vb.* **1.** be missed (*fx* it won't be missed); **2.** *(ikke være til stede)* be missing (*fx* two people are still missing; some important points are missing from the report).
savnet *adj.* **1.** missed (*fx* you were greatly missed); **2.** *(fraværende, ikke fundet)* missing;
□ *de savnede (mil.)* the missing; *han blev meldt* ~ he was reported missing.
savoir-vivre *sb. (en)* savoir-vivre.
savojard *sb. (en, -er)* Savoyard.
Savojen *(geogr.)* Savoy.
savojkål *(bot.)* Savoy (cabbage).
savrokke *(zo.)* sawfish.
savskærer *sb. (en, -e)* sawyer.
savskæreri *sb. (et, -er)* sawmill.
savsmuld sawdust.
savsnit kerf.
savtakket *adj.* **1.** serrated (*fx* knife); **2.** *(uregelmæssigt)* jagged (*fx* edge, rocks).
savtand saw tooth.
savudlægger *sb. (en, -e)* saw set.
savværk sawmill.
saxofon *sb. (en, -er)* saxophone.
saxofonist *sb. (en, -er)* saxophonist.
S-banen [the electrified metropolitan railways of Copenhagen].
scenario *sb. (et, -er el. scenarier),* **scenarium** *sb. (et, scenarier)* scenario.
scene *sb. (en, -r)* **1.** *(del af skuespil, film etc.; scenebillede)* scene (*fx* scene II; the balcony scene of "Romeo and Juliet"; the scene changes from London to a country inn; the next scene is a street in Rome);
2. *(optrin; opgør)* scene (*fx* an idyllic domestic scene; there were horrible scenes after the earthquake; an embarrassing scene; don't make a scene!);
3. *((del af) teater, også fig.)* stage (*fx* put a play on the stage; retire from the stage);
□ *sætte i* ~ *se iscenesætte*; *gå over -n (om stykke)* be acted, be performed; *gå til -n* go on the stage; *det kom til en* ~ there was a scene; *uden for -n* off (the) stage.
sceneangivelser, **sceneanvisninger** *sb.pl.* stage directions.
scenearbejder *se scenetekniker.*
scenebillede scene.
sceneforandring *se sceneskift.*
sceneinstruktør director.
scenekunstner actor; *(kvindelig også)* actress.
scenemester *(teat.)* stage manager.
sceneri *sb. (et, -er)* **1.** *(teat.)* setting;
2. *(natur-)* scenery;
3. *(situation, syn)* scene (*fx* a peaceful (, colourful) scene).
sceneskift, **sceneskifte** change of scene, set change.
scenetekniker *(teat.)* stagehand; *-e* stage crew sg.
scenevant *adj.* confident, experienced.
scenisk *adj. (attr.)* scenic, stage.
scenograf *sb. (en, -er)* set designer.
scenografi *sb. (en)* set design.
scepter *sb. (et, sceptre)* **1.** sceptre;
2. *(sø.)* stanchion.
schattere *vb.* **1.** *(lægge skygger på)* shade; **2.** *(spille i nuancer)* shimmer.
schattering *sb. (en, -er)* **1.** *(det at)* shading; **2.** *(nuance)* shade.
Schelde, **Scheldefloden** *(geogr.)* the (river) Scheldt.
schellak shellac.
schenkel *sb. (en, schenkler)* leg.
scherzo *sb. (en, -er) (mus.)* scherzo.
schlager *sb. (en, -e) (let glds.)* hit.
Schlesien *(geogr.)* Silesia.
schlesisk *adj.* Silesian.
schuft *sb. (en, -er)* scoundrel; *(let glds.)* cad.
Schwaben *(geogr.)* Swabia.
schwabisk *adj.* Swabian.
Schwarzwald *(geogr.)* the Black Forest.
Schweiz *se Svejts.*
schæferhund German shepherd (dog), Alsatian (dog).
scilla *sb. (en, -er) (bot.)* squill, scilla.
scirocco *sb. (en, -er)* sirocco.
scooter *sb. (en, -e)* scooter.
score *vb.* **1.** score (*fx* a goal);
2. (T: *få fat i)* land (*fx* a fat contract; a dishy bloke);
3. *(hugge)* nick;
□ ~ *kassen* make a packet.
scorer *sb. (en, -e)* scorer.
scoring *sb. (en, -er)* score (*fx* there was a score just before the end of

the first half).

scrapbog scrapbook, press-cutting book.

se *vb. (så, set) (se også seende, ses, set)* **1.** *(have synsevnen, få øje på, træffe, opfatte, indse)* see (*fx* he can't see; I saw him fall; have you seen the paper? I don't see him very often; I could see he was interested; I see what you mean);
2. *(bruge synsevnen, se sig om, rette blikket, søge)* look (*fx* he could see it if he would only look; he looked and saw that I was right; I looked in at the window; look over there! look under the bed);
3. *(om noget der foregår)* watch (*fx* watch a football match; we watched him climb (, climbing) into the house; watch them playing tennis);
4. *(om fjernsyn)* watch (*fx* television; a television programme; the news); see (*fx* we saw it on television; "Do you know that serial?" "Yes, I've seen (*el.* watched) it a couple of times.");
5. *(prøve)* see (*fx* I'll see what I can do);
□ *-r* ***du*** *(indledende)* well, you see; *der kan du selv ~, der -r du* there you are; there you see; there it is; I told you so; *-r* ***man*** *det!* indeed! really! *man så ham smile* he was seen to smile; ***nok*** *~, men ikke røre (kan gengives)* you can see but not touch; *men ~* ***om*** *han gør!* catch him doing it! you just see if he does it! *~* ***rødt*** see red; *[med vb.] vi* ***får*** *~* we'll see, we shall see (*om* if); that remains to be seen; *vi får ~ om (også)* it remains to be seen whether; *nu* ***har*** *jeg-t det med! nu har jeg aldrig -t så galt!* well, I never! ***kan*** *~ af, kan se det for sig, se ndf.;* ***lade*** *sig ~* appear; *lad mig ~ a)* let me see; *b) (vent et øjeblik)* let me see; now (*fx* now, where was I); *jeg* ***skal*** *~ om jeg kan hjælpe* I'll see if I can help; *jeg skal ~ ad, se ndf.; nej,* ***vil*** *du ~!* just look! *vil du ~ du kommer ud!* out you go! *det vil jeg ~ før jeg tror det* I'll believe that when I see it;
[bydemåde] ***se!*** look! see! *se, se!* indeed! really! *~ ham!* look at him! *~ selv!* look for yourself! *~ side 50* see page 50; *~ engang!* (just) look! *~ nu hvad du har gjort!* look what you have done! *~ nu at blive færdig!* hurry up! T get a move on! *~ nu at komme i gang!* get going! *~ så! a) (ɔ: det var 'det)* there now! *b) (for at påkalde opmærksomhed)* now then! *[med præp. & adv.] jeg skal ~* ***ad*** *a) (hvad det er)* I'll (go and) see; *b) (hvad der kan gøres)* I'll see what can be done;
man kan ~ det ***af*** *hans breve* you can see it from his letters; it appears from his letters; *heraf -r man* F hence it appears;
~ en mand ***an*** size up a man; *~ tiden an* wait and see;
~ ***bort fra*** leave out of account, ignore; *(mere* F*)* disregard (*fx* the facts); F discount (*fx* the evidence of the police; that possibility may be discounted); *~* ***bort fra at*** not take into account that, ignore (, disregard) the fact that (*fx* they completely ignored the fact that he was the rightful owner); ignore (, disregard) the possibility that (*fx* he might be right);
'~ ***efter*** *a) (følge med øjnene)* look after (*fx* he stood looking after me); *b) (tage sig af)* look after (*fx* will you look after the children (, the garden)?); *c) (holde øje med)* keep an eye on (*fx* the children); *d) (søge efter)* look for (*fx* I looked for him in all the rooms);
*~ '****efter*** *a) (+ bisætn.)* see (*fx* what he is doing; if she is at home); *b) (uden objekt el. bisætn.)* look (*fx* I'll go and look in the cupboard); *c) (efterse)* examine, check (*fx* their luggage; check the letter for spelling mistakes); look through; *d) (gøre i stand)* mend; *(grundigt)* overhaul; *~ noget 'efter (i en bog)* look sth up; *~ '****efter i*** *bogen* consult the book; *(se også søm²)*; *~ '****efter om*** see (*el.* check) if; *~* ***langt efter*** *(ɔ: længselsfuldt)* look wistfully at;
jeg kan ~ det ***for*** *mig* I can see it; *for mig at ~* as far as I can see; *han sad og så* ***frem for*** *sig* he sat looking straight in front of him; *~* ***frem til*** *a) (glæde sig til)* look forward to (*fx* his visit); *b) (neutralt)* anticipate (*fx* I anticipate it with some anxiety (, with pleasure));
~ ***godt*** have good eyesight; *jeg -r ikke godt med venstre øje* I don't see very well with my left eye;
~ ***hen til*** *se ovf.: ~ frem til;*
~ en ***i*** *ansigtet (, øjnene) se ansigt, øje; jeg gad vist hvad hun -r i ham* I wonder what she sees in him; *~ det i fjernsynet* see (*el.* watch) it on television;
~ artiklen ***igennem*** *a) (flygtigt)* look over the article; *b) (grundigt)* look through the article; *c) (revidere)* revise the article;
~ ***ind til*** *mig en dag* drop in (and see me) some day;
~ det ***med*** *andre øjne se ndf.: ~ på det med;*
~ ***ned på*** *(også fig.)* look down on;
~ ***op til*** *(fig.)* look up to;
~ ***over på*** *lektien* look one's homework over;
~ ***på*** *a)* look at, have (*el.* take) a look at; *(flygtigt)* glance at (*fx* one's watch); *b) (grundigt)* eye (*fx* eye sby jealously (, with suspicion)); *c) (som tilskuer, om noget der foregår)* watch (*fx* watch what they are doing; watch them playing football); *d) (undersøge, om sag etc.)* look at, review (*fx* the security arrangements); *e) (opfatte, betragte)* look at (*fx* I look at it differently); look on, regard (*som* as, *fx* we look on (*el.* regard it) as a great improvement; how do you look on the situation? I regard it with growing concern); F view (*som* as, *fx* we view it as an advantage; they view these activities with growing concern); *f) (lægge vægt på)* be particular about (*fx* he is very particular about correct behaviour); *~ '****på*** *(være tilskuer)* look on, watch (*fx* he was merely looking on (*el.* watching)); *~ lyst (, kritisk, optimistisk, meget alvorligt) på det* take a bright (, critical, optimistic, very grave) view of it; *(se også nærmere², stort); jeg kunne ~* ***på*** *hans ansigt* ***at*** *det var alvorligt* I could see from (*el.* tell by) his face that it was serious; *~* ***på det med*** look on it with (*fx* disapproval, mistrust); regard (*el.* view) it with (*fx* favour, some suspicion, growing concern); *~ på det med andre øjne* see it in a different light; *~ på det med deres øjne* look at it through their eyes;
*~ '****til*** *(være tilskuer)* look on, watch (*fx* they were watching indifferently as the others were arrested); *'~* ***til*** *en a) (besøge)* (go and) see sby; *b) (passe)* look after sby; *~ meget til en (ɔ: ofte se en)* see much of sby; *han har meget at ~ til* he has got a lot on his plate; *har du -t noget til ham?* have you seen anything of him?; *(se også nærmere²)*; *~ til højre (, venstre) a)* look right (, left); *b) (kommando)* eyes right (, left)! *~* ***til at*** *(sørg for at)* see that, look to it that; *han er ikke til at ~ nogen steder* he is nowhere to be seen;
~ ***tilbage*** look back; *~* ***tilbage på*** look back on;

~ **'ud** *a) (om udseende)* look (*fx* you look tired; she looks beautiful (, Danish)); *b) (virke)* seem, appear (*fx* he seemed (*el.* appeared) (to be) tired; he seems hardly human; the stars appear small to us); '~ **ud** see out (*fx* the window is so dirty that I can't see out); look out (*fx* I didn't see him when I last looked out); ~ *godt ud se godt*; *hvor -r du ud!* what a sight you are! *hvordan -r han ud? a) (generelt)* what does he look like? *b) (ved en bestemt lejlighed)* how does he look? *det -r sådan ud! (ɔ: det synes at være tilfældet)* it looks like it! ~ **ud ad** *vinduet* look out of the window; *det -r ikke* **ud af** *meget* it is not much to look at; *han kunne ikke ~ ud af øjnene* he could not see out of his eyes; ~ **ud som om** look (*el.* seem *el.* appear) as if (*fx* you look as if you have seen a ghost; it seems (*el.* appears) as if it will never end);
det *-r* **ud til** *regn* it looks like rain; *det -r du også ud til* you look it (too); *det er ikke så slemt (, let etc.) som det -r ud til* it is not as bad (, easy etc.) as it seems (*el.* appears *el.* as it looks to be); **det** *-r* **ud til at** it looks (*el.* seems) as if; it appears that;
[med sig] ~ **sig for** *a)* look where one is going (*fx* look where you are going!); *b) (fig.)* look out, watch one's step; ~ **sig i** *spejlet se spejl*; ~ **sig om** *a)* look (a)round, have a look round; *b) (se sig tilbage)* look round; *c) (rejse omkring)* travel around; T get around; *inden man får -t sig om* before you know where you are; ~ **sig om efter** look (a)round for, look about for; *han har -t* **sig om i** *verden* he has seen the world, he has travelled a great deal; ~ **sig om på** *et sted* take a look at a place, take a look round; ~ **sig omkring** *se ovf.: ~ sig om*; ~ **sig** *gal (, mæt)* **på** *se gal, mæt.*
seance *sb. (en, -r)* séance.
secernere *vb.* secrete.
sedan *sb. (en) (bil)* saloon; *(am.)* sedan.
sedativ *sb. (et, -er) (med.)* sedative.
seddel *sb. (en, sedler)* **1.** slip (of paper);
2. *(penge-)* (bank) note; *(am.)* bill;
3. *(lotteri-, låne-, garanti-)* ticket;
4. *(mærke-)* label (*fx* stick a label on a parcel); *(vedhængt)* tag;
5. *(lille brev)* note (*fx* he wrote a sick note in his mother's handwriting).
seddelautomat *(ved benzintank)* banknote-operated (petrol) pump.
seddelcirkulation note circulation.
seddelmappe note case.
seddelmængde note issue, note circulation.
seddelpenge *sb.pl.* paper money sg.
seddelpresse printing press (for bank notes).
seddeludstedelse note issue.
sediment *sb. (et, -er)* sediment.
sedimentær *adj.* sedimentary.
seende *adj.* **1.** seeing; **2.** *(mods. blind)* sighted;
□ *blive ~* recover one's eyesight.
seer *sb. (en, -e)* **1.** *(tv)* viewer; **2.** *(profet)* prophet; *(glds.)* seer.
seerblik, seergave gift of prophecy.
seertal number of viewers; *(som udtryk for popularitet)* (audience) ratings pl.
segl[1] *sb. (et, -)* seal;
□ *lukke med ~* seal; *min mund er lukket med syv ~* my lips are sealed.
segl[2] *sb. (en, -e) (krumkniv)* sickle (*fx* the hammer and sickle).
seglformet *adj.* sickle-shaped; *(fagl.)* falciform.
segllak sealing wax.
seglring seal ring.
segment *sb. (et, -er)* segment.
segmentere *vb.* segment.
segne *vb. (falde om)* drop; *(langsomt)* sink (*fx* sink under the burden).
segnefærdig *adj. (præd.)* ready to drop (*fx* with fatigue).
Seinen *(geogr.)* the Seine.
seismisk *adj.* seismic.
seismograf *sb. (en, -er)* seismograph.
seismografisk *adj.* seismographic.
seismologi *sb. (en)* seismology.
sej[1] *sb. (en, -er) (zo.)* coalfish, saithe.
sej[2] *adj.* **1.** tough (*fx* meat);
2. *(om metal)* ductile;
3. *(om væske)* viscous;
4. *(vanskelig)* tough (*fx* job);
5. *(T: vigtig)* swanky; *(fin)* great;
6. *(stædigt vedholdende)* dogged (*fx* application *(flid)*; resistance); stubborn (*fx* will, resistance); F tenacious;
□ *lange, -e forhandlinger* tough and protracted negotiations; *en ~ kamp* an uphill struggle; *(se også sålelæder).*
sejhed *sb. (en) (jf. sej*[2]*)* **1.** toughness; **2.** ductility; **3.** viscosity; **4.** swank; **5.** doggedness, stubbornness; tenacity.
sejl *(et)* sail;
□ *for fulde ~* at full sail; all sails set; *sætte ~* set sail; *sætte alle ~ til (fig.)* put every ounce of energy into it (*el.* into the work); T pull out all the stops; *under ~* under sail; *(se også vind*[1] *(i -ene)).*
sejlads *sb. (en, -er)* **1.** *(generalt: søfart)* navigation; **2.** *(sørejse)* sail (*fx* a week's sail from Hull); *(især længere sørejse)* voyage;
□ *farlig for -en* dangerous to navigation.
sejlareal sail area.
sejlbar *adj.* navigable.
sejlbræt sailboard.
sejlbåd sailing boat.
sejldug canvas.
sejle *vb.* **1.** sail;
2. *(afsejle)* sail, leave (*til* for);
3. *(dyrke sejlsport)* yacht;
4. *(~ i robåd)* row; *(i kano, kajak)* go canoeing; F canoe;
5. *(gennem luften)* sail;
6. *(skride, komme -nde)* sail (*fx* into the room);
7. *(T: ligge i rod)* be in a mess (*fx* the kitchen was in a mess);
□ *klar* **til at** *~ kl. 10* ready to leave at 10 o'clock; *tage* **ud at** *(el. og) ~ a)* go for a sail; *b) (i robåd)* go for a row; *(se også sø)*;
[med præp. & adv.] gulvet -de **af** *vand* the floor was swimming with water; ~ **agterud** *(ɔ: komme bagud)* lag behind; ~ *en agterud a) (sejle fra)* leave sby behind, outstrip sby; F outdistance sby; *b) (sø.: efterlade)* leave sby astern; *det hele -de* **for** *mig* everything was swimming before my eyes; ~ **i** *kano (, kajak)* go canoeing; F canoe; ~ *i ballast* sail in ballast; ~ *i sænk se sænk*; *komme -nde* **ind i** *værelset (fig.)* sail (*el.* sweep) into the room; *han -de* **med** *"Fiona" til Skotland* he went to Scotland on board the "Fiona"; ~ *med olie* carry oil; *gulvet -de med vand* the floor was swimming with water; ~ **mellem** *Esbjerg og Harwich* run (*el.* ply) between Esbjerg and Harwich; ~ **over** *Atlanten* cross the Atlantic; ~ **på** *Kina* be in the China trade; *han er -t* **til** *Skotland* he has left for Scotland.
sejler *sb. (en, -e)* **1.** *(sejlskib)* sailing ship;
2. *(sejlsportsmand)* yachtsman;
□ *10 -e (ɔ: skibe; fagl.)* 10 sail; *en god ~ (om skib)* a good sailer.
sejlfærdig *adj. (præd.)* ready for sea.
sejlføring *sb. (en, -er)* (spread of) canvas.
sejlgarn 1. *(almindelig snor)* string (*fx* she tied the parcel up with string);

2. *(kraftigere, også som varebetegnelse)* (packing) twine; *(grovere)* packthread;
3. *(sø.)* twine;
□ *et stykke ~ (jf. 1)* a piece of string.
sejlivet *adj.* tenacious of life *(præd.)*; T tough;
□ *et ~ rygte* a persistent rumour; *være ~ (fig.)* die hard (*fx* old habits die hard).
sejlivethed tenacity of life.
sejlklar *adj. (præd.)* ready to sail.
sejlklub yacht club.
sejlløb fairway, channel.
sejlmager *sb. (en, -e)* sailmaker.
sejlordre sailing orders pl.
sejlrende = *sejlløb.*
sejlrute shipping route; *(meget befærdet)* sea (*el.* ship) lane.
sejlskib sailing ship;
□ *20 -e (fagl.)* 20 sail.
sejlsport yachting.
sejlsportsforening = *sejlklub.*
sejlsportsmand yachtsman.
sejltur sail.
sejpine *vb.* keep on the rack; F torment;
□ *~ én (med venten etc.)* keep sby on tenterhooks.
sejpineri *sb. (et, -er)* slow torture.
sejr *sb. (en, -e)* **1.** victory (*fx* over the enemy; in an election; it was a victory for common sense); *(fuldstændig ~, triumf)* triumph (*fx* over the enemy; over adversity; it was a personal triumph for him);
2. *(i sport)* win (*fx* a home win; they had three wins);
□ *gå af med -en a)* be victorious, carry the day; *b) (i konkurrence etc.)* win; *c) (fig.)* prevail; *(efter hård kamp)* triumph; *vinde ~ a)* gain the victory, be victorious; *b) (fig.)* triumph (*over* over).
sejre *vb. (se også sejrende)* **1.** win, gain the victory; F be victorious;
2. *(i konkurrence etc.)* win, come out the winner; **3.** *(fig.)* prevail; *(efter hård kamp)* triumph;
□ *fornuften (, retfærdigheden) -de* common sense (, justice) prevailed;
[med præp.] ~ ***i*** *en konkurrence* win a competition; *~* ***over*** *a)* win a victory over; F triumph over, defeat; *b) (i sport)* beat, defeat, win against; *c) (fig.)* overcome (*fx* disease, one's fear); prevail over (*fx* the forces of evil; political considerations prevailed over common sense); triumph over (*fx* adversity, a handicap, an illness).
sejrende *adj.* winning (*fx* the winning team); F victorious (*fx* the victorious army).
sejrherre 1. victor; **2.** *(sport etc.)* winner;
□ *-n fra Waterloo* the victor of Waterloo.
sejrrig *adj.* victorious, triumphant.
sejrsbudskab news of a victory.
sejrsgang triumphal progress;
□ *gå sin ~ a)* go from strength to strength; *b) (blive dominerende)* establish itself.
sejrsikker *adj. (præd.)* confident of victory (*el.* of winning *el.* of success).
sejrsparade victory parade.
sejrssikker = *sejrsikker.*
sejrsstolt, sejrstolt *adj.* triumphant.
sejrstrofæ trophy.
sejtflydende *adj.* viscous.
sejtørre *vb.* dry slowly.
sekant *sb. (en, -er)* secant.
sekel *sb. (et, sekler)* century.
sekondløjtnant 1. second lieutenant; **2.** *(sø.)* sublieutenant.
sekret *sb. (et, -er)* secretion.
sekretariat *sb. (et, -er)* **1.** *(i stor organisation)* secretariat; **2.** *(i firma)* general office; **3.** *(mindre)* clerical staff.
sekretion *sb. (en, -er)* secretion;
□ *indre ~* internal secretion.
sekretær *sb. (en, -er)* **1.** secretary (*for* to, *fx* he is secretary to the manager); **2.** *(møbel)* escritoire, secretaire.
sekretærfugl *(zo.)* secretary bird.
seks *num.* six.
sekscifret *adj. se -cifret.*
seksdageskrigen *(hist.)* the Six-Day War.
seksdagesløb six-day (bicycle) race.
seksdobbelt *adj.* sixfold; F sextuple.
seksdoble *vb. se -doble.*
sekser *sb. (en, -e)* **1.** *(i kortspil, i terningespil)* six; **2.** *(bus etc.)* number six.
seksfodet *adj.* six-footed;
□ *~ vers* hexameter.
sekskant hexagon.
sekskantet *adj.* hexagonal.
sekskantnøgle hexagonal socket wrench.
seksløber *sb. (en, -e)* six-shooter.
sekspersoners*: ~ bil* six-seater.
seksradet *adj.: ~ byg* six-rowed barley.
sekst *sb. (en, -er) (mus.)* sixth.
sekstal six.
sekstant *sb. (en, -er)* sextant.
seksten *num.* sixteen.
sekstende *adj.* sixteenth.
sekstendedel sixteenth.
sekstendedelsnode semiquaver; *(am.)* sixteenth note.
sekstener *sb. (en, -e) (om bus)* number sixteen.
sekstenårig sixteen-year-old; of sixteen;
□ *de seksten- til nittenårige* the sixteen to nineteen-year-olds; *(NB* 16 to 19 education*).*
sekstet *sb. (en, -ter)* sextet.
seksti *num.* sixty.
sekstiden*: ved ~* at about six o'clock; T round about six (o'clock).
seksual- sexual (*fx* crime, hygiene, life, orientation); sex (*fx* crime, criminal, life, murder, object).
seksualundervisning sex education; sex teaching.
seksuel *adj.* sexual.
seksårig, seksårs *se -årig.*
sekt[1] *sb. (en) (mousserende hvidvin)* sparkling hock.
sekt[2] *sb. (en, -er) (kirkesamfund)* sect.
sekterer *sb. (en, -e)* sectarian.
sekterisk *adj.* sectarian.
sekterisme *sb. (en)* sectarianism.
sektion *sb. (en, -er)* **1.** section;
2. *(med.) se obduktion.*
sektor *sb. (en, -er)* sector (*fx* the private (, public) sector).
sektorforskning research within the public sector.
sektvæsen *sb. (et)* sectarianism.
sekularisere *vb.* secularize.
sekularisering *sb. (en, -er)* secularization.
sekund[1] *sb. (et, -er)* second.
sekund[2] *sb. (en, -er)* **1.** *(mus.)* second; **2.** *(fægtning)* seconde.
sekunda *adj. (andenklasses)* second-rate.
sekundant *sb. (en, -er)* second.
sekundavarer *sb.pl.* second-rate goods, seconds.
sekundaveksel second (bill) of exchange.
sekundere *vb.* second.
sekundviser *(i ur)* second hand.
sekundær *adj.* secondary.
sekundærlitteratur secondary literature.
sekvens *sb. (en, -er)* sequence.
sele *sb. (en, -r)* **1.** *(fx på forklæde, rygsæk)* shoulder strap;
2. *(remme til fastspænding, fx på faldskærm el. ved klatring)* harness (*fx* a seat and harness for a child in a car);
3. *(gåsele til barn)* harness; *(som man holder i)* reins pl.;
4. *(til at løfte el. bære med)* sling (*fx* she carried the baby on her back in a sling);
5. *(svømme-)* swimming belt;
6. *(sikkerheds-)* seat belt;
7. *(til hest: seletøj)* harness;
□ *-r (bukseseler)* braces; *(am.)* su-

spnders;
[med præp.] lægge sig **i -n** *(fig.)* put one's back into it; put one's shoulder to the wheel; *lægge sig i -n for at* spare no efforts to; make a special effort to; *lægge ~* **på** *en hest* harness a horse; *(se også livrem).*
selektiv *adj.* selective.
selektivitet *sb. (en)* selectivity.
selen *sb. (et) (kem.)* selenium.
selepude *(i bil, til barn)* booster seat.
selestrop brace(s) end.
seletøj harness;
□ *lægge ~ på en hest* harness a horse.
selleri *sb. (en)* **1.** *(selleriknold)* celery root; **2.** *(plante)* celeriac; *(se også bladselleri).*
selleriknold celery root.
selleritop celery leaves pl.
selskab *sb. (et, -er)* **1.** *(forening)* society, association;
2. *(hdl.)* company; *(især am.)* corporation (*fx* a multinational corporation);
3. *(selskabelig sammenkomst)* party;
4. *(gæster)* company (*fx* entertain the company);
5. *(rejseselskab etc.)* party (*fx* a party of tourists);
6. *(samvær)* company; F society (*fx* I enjoyed his company (, society));
7. *(omgang)* company (*fx* he is not fit company for you);
□ *gøre os ~* join us; *have (el. holde) ~* give (*el.* have *el.* throw) a party;
[med adj.] komme i ***dårligt*** *~* get into bad company; *det* ***gode*** *~* Society; *være uden for det gode ~* be an outsider; *sætte sig uden for det gode ~ (ɔ: opføre sig upassende)* go beyond the pale; *være i godt ~* be in good company;
[med præp.] ***for*** *-s* ***skyld*** for company ('s sake); to keep him (, me etc.) company; ***i*** *~* ***med*** together with; in the company of; F in the society of (*fx* one's friends); *jeg har set dig i ~ med ham* I have seen you in his company; *holde en* ***med*** *~* keep sby company.
selskabelig *adj.* **1.** social (*fx* gathering); **2.** *(som kan lide selskab)* sociable; *(om dyr & spøg. om mennesker)* gregarious;
□ *~ dannelse* good manners pl.; *-e forpligtelser* social obligations; *-e talenter* (drawing-room) accomplishments.
selskabelighed *sb. (en)* **1.** *(selskaber)* parties pl. (*fx* he likes parties); **2.** *(det at omgås)* socializing (*fx* there was very little socializing between the various groups);
□ *dyrke ~ (ɔ: gå ud)* go out a great deal, socialize; *dyrke megen ~ (ɔ: som vært)* entertain a great deal.
selskabsbeskatning company taxation, corporate taxation.
selskabsdame (lady's) companion.
selskabsdans ball-room dancing.
selskabskjole *(dame-)* evening dress, party dress; F evening gown.
selskabsklædt *adj. (efter sb.)* in evening dress (*fx* people in evening dress).
selskabsleg parlour game, party game.
selskabslivet society.
selskabslokaler *sb.pl.* **1.** assembly rooms;
2. *(i hotel, restaurant)* rooms for private parties, private rooms, function rooms.
selskabsmand*: han er en god ~* he is a pleasant man to have at a party; *han er den fuldkomne ~* F he has every social accomplishment.
selskabsmenneske*: han er et ~* he is the party type; he loves parties.
selskabspapegøje **1.** *(zo.: undulat)* budgerigar; **2.** *(fig. neds.)* chatterer.
selskabsrejse conducted tour; T package tour.
selskabsskat corporation tax.
selskabstaske evening bag.
selskabstøj **1.** evening dress;
2. *(fint tøj)* finery.
selskabstømmer *sb. (en, -e) (omtr.)* asset stripper.
selters, seltersvand seltzer water.
selv[1] *sb. (et)* self (pl. selves).
selv[2] *pron. (se også selve)* myself, yourself, himself, herself, itself, oneself, ourselves, yourselves, themselves (*fx* I did it myself; one had better do it oneself; you saw it yourselves);
□ *(den, det) ~ samme* the very same, the selfsame; *~ tak! se tak*[2]; *[efter pers. pron.] jeg ~* I myself (*fx* I myself find it odd); *når jeg ~ skal sige det* though I say it myself; *du ~* you yourself; *det må du ~ om* that's up to you; that's your look-out; *(du er et fjols!) det kan du ~ være!* (the) same to you! you are another! fool yourself! *dig ~ (, hende ~ etc.)* yourself (, herself etc.); *mig ~* myself (*fx* I will only hurt myself if I do it); *jeg kunne have sagt mig ~ at* I might have known that; *bide sig ~ i fingeren* bite one's own finger; *han er ikke sig ~* he is not himself; *han er ikke mere sig ~* he is not his old self; *(se også ligne*[1]*, nok*[2]*, sige);*
[ved vb.] vi bager ~, vi bager ~ vores brød we bake our own bread; *de har ~ et hus* they have a house of their own; *han kører ~* he drives his own car; *du kan ~ lave mad* you can cook your own food; *døren lukker ~* the door shuts automatically; *(på skilt:)* self-closing; *hun maler ~* she paints her own house; *barnet kan spise ~* the child can eat on its own; *hun syr ~, hun syr ~ sit tøj* she makes her own clothes;
[efter sb.] se ud som sundheden ~ look the picture of health; *han var uskyldigheden (, venligheden etc.) ~* he was innocence (, kindness etc.) itself; *han er ærligheden (, venligheden etc.) ~ (også)* he is the soul of honesty (, kindness etc.);
[med præp.] ***af*** *sig ~* of its (, one's) own accord (*fx* they left of their own accord; the noise stopped of its own accord); of itself (*fx* the pane cracked of itself); on its own (*fx* your leg will get better on its own; the book can't disappear on its own); *som virker af sig ~* automatic, self-acting; *(se også følge*[3]*, ude);* ***for*** *sig ~ (ɔ: alene)* alone, by oneself (*fx* she stood by herself; she lives by herself); on one's own (*fx* she lives on her own); *(se også begynde, noget); han havde huset for sig ~* he had the house to himself; ***hos*** *mig ~* in my own house; ***i*** *sig ~* in itself; on its own (*fx* it was a meal on its own); *gå i sig ~ se gå; gå ind* ***til*** *sig selv* go into one's own room; *komme til sig ~ igen se komme*[2]*.*
selv[3] *adv.* even (*fx* even you can make a mistake; not even his father knew; she worked even when she was ill);
□ *~ hans fjender* even his enemies; his very enemies; *~* ***om*** *a)* (even) though (*fx* I say it (even) though he is my brother); in spite of the fact that; *b) (om hypotese)* (even) if (*fx* I would say it even if he were (*el.* was) my brother).
selvafrydning self-clear.
selvagtelse self-respect, self-esteem;
□ *som har ~* self-respecting.
selvangivelse **1.** *(til skat)* (income) tax return; **2.** *(blanket)* (income) tax form.
selvanklage self-accusation.

selvantændelse spontaneous ignition, self-ignition.
selvbebrejdelse self-reproach.
selvbedrag self-deception; F self-delusion.
selvbehag (self-)complacency; *(stærkere)* smugness.
selvbehagelig *adj.* (self-)complacent; *(stærkere)* smug.
selvbeherskelse 1. self-control; **2.** *(fattethed)* self-possession.
selvbeskuelse introspection.
selvbesmittelse self-abuse.
selvbestaltet *adj.* self-appointed.
selvbestemmelsesret (right of) self-determination.
selvbestøve *vb.* self-pollinate.
selvbestøvning self-pollination; *(fagl.)* autogamy.
selvbetjening self-service.
selvbetjeningsforretning self-service store.
selvbetjeningsvaskeri launderette, self-service laundry.
selvbevidst *adj.* **1.** *(overlegen)* arrogant; **2.** *(selvsikker)* self-assured.
selvbevidsthed *sb. (en)* **1.** *(overlegenhed)* arrogance; **2.** *(selvsikkerhed)* self-assurance.
selvbinder reaper-binder.
selvbinderslips tie-your-own.
selvbiografi autobiography.
selvbiografisk[1] *adj.* autobiographical.
selvbiografisk[2] *adv.* autobiographically.
selvbrænding self-immolation.
selvbuden *adj.:* ~ *gæst* intruder; T gatecrasher; *komme som* ~ *gæst* intrude; T gatecrash.
selvbygger do-it-yourself builder; T do-it-yourselfer.
selvbyggerhus do-it-yourself house.
selvcensur self-censorship.
selvcentreret *adj.* self-centred.
selvdisciplin self-discipline.
selvdramatisering self-dramatization.
selvdød *adj. (om kreatur)* dead (from accident or disease).
selve 1. the actual (*fx* in the actual hall; during the actual ceremony); itself (*fx* the house itself is quite large); **2.** *(om person)* himself; herself;
□ ~ *den (, det)* the very (*fx* the very air she breathes; the very fact that ...); *i* ~ *dette hus* in this very house; *-ste kongen* the king himself.
selveje freehold.
selvejende *adj.:* ~ *institution* independent (*el.* self-governing) institution.
selvejer 1. *(af jord)* owner-occupier (*fx* all the farmers there are owner-occupiers); freeholder; **2.** *(af bil)* owner-driver.
selvejerbil private car.
selverhverv independent employment.
selverhvervende *adj.* **1.** *(selvstændig)* self-employed; **2.** *(selvforsørgende)* self-supporting (*fx* wife).
selverkendelse self-knowledge;
□ *have* ~ *(ɔ: kende sin begrænsning)* know one's own limitations.
selvfinansierende *adj.* self-financing.
selvforglemmende *adj.* self-forgetful.
selvforgudelse self-worship.
selvforherligelse self-glorification.
selvfornedrelse self-abasement.
selvfornægtelse self-denial.
selvfornægtende[1] *adj.* self-denying.
selvfornægtende[2] *adv.* self-denyingly.
selvforskyldt *adj.* self-inflicted, self-caused (*fx* problems);
□ *hans -e problemer (også)* the problems he had (, has) brought on himself.
selvforstærkende *adj.* self-perpetuating (*fx* process).
selvforståelse *se selvopfattelse.*
selvforsvar self-defence (*fx* do it in self-defence; learn self-defence).
selvforsvarskursus self-defence course.
selvforsynende *adj.* self-sufficient.
selvforsyning self-sufficiency.
selvforsørgende *adj.* self-supporting, independent.
selvforvaltning self-management.
selvforyngelse *(i skov)* natural reproduction.
selvfølelse 1. self-esteem; *(stolthed)* pride; *(overlegenhed)* arrogance; **2.** *(psyk.) se selvopfattelse.*
selvfølge *sb. (en)* matter of course; *(se også turde (være));*
□ *tage noget (, en) som en* ~ *(ɔ: ikke påskønne))* take sth (, sby) for granted (*fx* I don't want to be taken for granted; he took it for granted that dinner was always ready when he came).
selvfølgelig[1] *adj.* **1.** *(naturlig)* natural; **2.** *(uundgåelig)* inevitable (*fx* result); **3.** *(indlysende)* obvious;
□ *en* ~ *sag* a matter of course.
selvfølgelig[2] *adv.* of course, naturally.
selvfølgelighed *sb. (en, -er)* **1.** *(selvfølge)* matter of course; **2.** *(banalitet)* truism; **3.** *(naturlighed)* naturalness (*fx* with complete naturalness); **4.** *(ting der tages som en selvfølge)* thing that is taken for granted (*fx* we had to live without the things that are taken for granted in Denmark).
selvgjort *adj. (præd.)* of one's own making.
selvglad *adj.* pleased with oneself *(præd.)*; self-satisfied.
selvglæde self-satisfaction.
selvgod *adj.* self-righteous; *(stærkere)* smug.
selvhad self-hatred.
selvhader self-hater.
selvhersker autocrat.
selvhjulpen *adj.* **1.** *(som kan klare sig selv)* self-reliant; **2.** *(selvforsørgende)* self-supporting, independent; **3.** *(som selv har arbejdet sig frem)* self-made.
selvhjælp self-help;
□ *give dem hjælp til* ~ help them so that they can help themselves.
selvhjælpsgruppe self-help group.
selvhævdelse self-assertion.
selvhævdende[1] *adj.* self-asserting, self-assertive.
selvhævdende[2] *adv.* self-assertingly, self-assertively.
selvhøjtidelig *adj.* self-important, pompous.
selvindlysende[1] *adj.* self-evident, obvious.
selvindlysende[2] *adv.* self-evidently, obviously.
selvinduktion *(elek.)* self-induction.
selvinstruerende *adj.* self-instructional (*fx* material).
selvironi self-irony.
selvisk[1] *adj.* selfish.
selvisk[2] *adv.* selfishly.
selviskhed *sb. (en)* selfishness.
selvkarakteristik self-characterization.
selvklar *adj.* self-evident.
selvklog *adj.* **1.** self-opinionated; **2.** *(indbildsk)* conceited.
selvklæbende *adj.* **1.** self-adhesive; **2.** *(om konvolut)* self-sealing.
selvkopierende *adj.:* ~ *papir* carbonless (transfer) paper.
selvkritik self-criticism.
selvkørende *adj.* **1.** self-propelled (*fx* gun); **2.** *(som kører i egen bil)* who drives his (, her) own car; *(som kommer i bil)* coming by car.
selvlavet *adj.* home-made; *(præd. også)* of one's own making.
selvlukkende *adj.* **1.** self-closing; **2.** *(om konvolut)* self-sealing.
selvlyd *(fon.)* vowel.
selvlysende[1] *adj.* luminous.
selvlysende[2] *adv.* luminously.
selvlært *adj.* self-taught, self-educated.

selvmedlidenhed self-pity;
□ *være fuld af* ~ feel very sorry for oneself.
selvmodsigelse 1. (self-)contradiction; *(se også vikle (sig ind i))*; **2.** *(logisk ~)* contradiction in terms (*fx* a poor millionaire is a contradiction in terms).
selvmodsigende *adj.* (self-)contradictory.
selvmord suicide (*fx* he committed suicide).
selvmorder suicide.
selvmorderisk[1] *adj.* suicidal.
selvmorderisk[2] *adv.* suicidally.
selvmordsforsøg attempted suicide, suicide attempt.
selvmordskandidat 1. *(som forsøger selvmord)* would-be suicide; **2.** *(som kunne tænkes at forsøge)* potential suicide.
selvmordstanker *sb.pl.: omgås med* ~ contemplate (, meditate) suicide.
selvmordstruet *adj.* suicidal.
selvmål *(i sport & fig.)* own goal (*fx* a political own goal);
□ *lave* ~ score an own goal.
selvom *se selv*[2].
selvopdragelse self-education.
selvopfattelse self-concept, self-perception, self-image.
selvopfyldende *adj.* self-fulfilling (*fx* prophecy).
selvopgivelse despair; *(især national)* defeatism.
selvopgivende[1] *adj.* despairing; defeatist.
selvopgivende[2] *adv.* despairingly.
selvopholdelsesdrift instinct of self-preservation.
selvoplevet *adj.* personally experienced;
□ *selvoplevede begivenheder* personal experiences.
selvopofrelse self-sacrifice.
selvopofrende[1] *adj.* self-sacrificing.
selvopofrende[2] *adv.* self-sacrificingly.
selvoptaget *adj.* self-centred; *(stærkere)* self-obsessed.
selvoptagethed self-centredness.
selvoptrækkende *adj.* self-winding.
selvovervindelse self-conquest; *(resigneren)* resignation.
selvplager *sb. (en, -e)* someone who torments himself (, herself).
selvplageri self-torture.
selvplagerisk[1] *adj.* self-tormenting.
selvplagerisk[2] *adv.* in a self-tormenting manner.
selvpluk *sb. (et)* PYO (*fork.f.* pick your own).
selvportræt self-portrait.
selvransagelse soul-searching.
selvrealisering self-realization, self-fulfilment.
selvregistrerende self-registering, self-recording.
selvregulerende *adj.* self-regulating.
selvrespekt self-respect.
selvretfærdig *adj.* self-righteous.
selvretfærdighed self-righteousness.
selvrisiko *(assur.)* **1.** own risk; **2.** *(det man selv skal betale)* excess.
selvros self-praise;
□ ~ *stinker* self-praise is no recommendation.
selvrådig *adj.* self-willed, wilful.
selvrådighed *sb. (en)* wilfulness.
selvsagt *adv.* of course, obviously.
selvsikker *adj.* (self)-confident, self-assured; *(præd. også, ofte let neds.)* sure of oneself; *(neds.,* T*)* cocksure.
selvsikkerhed (self-)confidence, (self-)assurance; *(neds.,* T*)* cocksureness.
selvskabt *adj.* self-created, self-contrived (*fx* difficulties, problems); *(præd. også)* of one's own making.
selvskreven *adj. (oplagt)* obvious (*fx* he is the obvious candidate for the post);
□ *være ~ som leder af ekspeditionen, være ~ til at lede ekspeditionen* be the very (*el.* the obvious) person to lead the expedition; *være ~ til* be the obvious choice for, be the very (*el.* the obvious) person for.
selvskyldner *(jur.)* surety.
selvsmagende[1] *adj.* unctuous, complacent.
selvsmagende[2] *adv.* unctuously, complacently.
selvspillende *adj.: ~ klaver* player-piano.
selvstarter self-starter.
selvstudium private (*el.* independent) study;
□ *til* ~ for self-tuition.
selvstyre *sb. (et)* self-government, home rule; F autonomy (*fx* university autonomy).
selvstyrende *adj.* self-governing; F autonomous (*fx* group).
selvstændig *adj.* **1.** independent (*fx* research, work; she is very independent);
2. *(original)* original (*fx* contribution);
3. *(med egen virksomhed)* independent (*fx* businessman); self-employed (*fx* craftsman; he is self-employed);
4. *(særskilt)* separate (*fx* under separate management; the house is divided into two separate flats); self-contained (*fx* system, flat);
5. *(egen)* independent (*fx* have independent means); *(efter sb.)* of one's own (*fx* have a fortune of one's own);
□ ~ *erhvervsdrivende* self-employed person; *en ~ kunstart* an art form in its own right; ~ *landmand* farmer owning and working his own farm.
selvstændighed *sb. (en)* independence.
selvsuggestion self-suggestion.
selvsupplerende *adj.* co-opting.
selvsyn personal inspection;
□ *kende noget af* ~ know sth from personal experience; *konstatere det ved* ~ see for oneself.
selvsået *adj.* self-sown, self-seeded.
selvtilfreds *adj.* self-satisfied, (self-)complacent; *(stærkere)* smug.
selvtilfredshed self-satisfaction, (self-)complacency; *(stærkere)* smugness.
selvtillid self-confidence;
□ *mangel på* ~ lack of self-confidence; diffidence.
selvtilstrækkelig *adj.* self-sufficient.
selvtilstrækkelighed *sb. (en)* self-sufficiency.
selvtægt *sb. (en)* taking the law into one's own hands (*fx* we cannot tolerate taking the law into one's own hands);
□ *gribe til* ~ take the law into one's own hands.
selvudfoldelse self-realization, self-fulfilment.
selvudslettende[1] *adj.* self-effacing.
selvudslettende[2] *adv.* self-effacingly.
selvvalg *(tele.)* direct dialling.
selvvalgt *adj.* **1.** self-imposed (*fx* live in self-imposed isolation (, exile)); self-elected;
2. *(tele.)* self-dialled;
□ *over ~ emne* on a subject chosen by the candidate himself.
selvvirkende *adj.* automatic, self-acting.
selvvurdering self-estimation; self-image (*fx* a low self-image).
selvværd self-worth.
selvødelæggelse self-destruction.
selvødelæggende *adj.* self-destructive.
semafor *sb. (en, -er)* semaphore.
semantik *sb. (en)* semantics.
semantiker *sb. (en, -e)* semanticist.
semantisk[1] *adj.* semantic.
semantisk[2] *adv.* semantically.

semester *sb. (et, semestre)* semester.
semifinale 1. *(kamp)* semifinal; **2.** *(runde)* semifinals pl. (*fx* they lost in the semifinals);
□ *deltager i* ~ semifinalist.
semifinalist semifinalist.
semikolon semicolon.
seminar *sb. (et, -er)* seminar.
seminarieadjunkt *(svarer til)* lecturer (at a college of education).
seminarieelev = *lærerstuderende.*
seminarielektor *(svarer til)* senior lecturer (at a college of education).
seminarierektor principal of a college of education.
seminarieuddannet *adj.* trained in a college of education; college-trained.
seminarisme *sb. (en) (neds.)* sciolism.
seminarist *sb. (en, -er)* person with a training college education; *(se også lærerstuderende).*
seminarium *sb. (et, seminarier)* teacher-training college; *(hedder nu officielt i Engl.)* college of education; *(am.)* teachers' college.
semit *sb. (en, -ter)* Semite.
semitisk *adj.* Semitic.
semuljegryn semolina.
sen *adj. (se også senere, senest, sent)* **1.** late (*fx* hour, dinner); **2.** *(noget ~, forsinket)* belated (*fx* recognition, reward; the belated spring *(forår)*); tardy (*fx* admission *(indrømmelse)*);
3. *(langsom, sendrægtig)* slow (*fx* slow work); F tardy;
□ *i en ~ alder* late in life; F at an advanced age; ~ ***til at*** slow to, slow in -ing (*fx* he was slow to react (*el.* in reacting); he was not slow to take (*el.* in taking) the chance); F tardy in -ing (*fx* in acting, in offering help).
senat *sb. (et, -er)* senate.
senator *sb. (en, -er)* senator.
senblind *adj.* newly blind.
senblindhed acquired blindness.
sende *vb. (sendte, sendt)* **1.** send; *(hdl. også,* F*)* forward, dispatch; **2.** *(i radio, tv)* broadcast (*fx* the next episode will be broadcast on Monday);
3. *(om radiosignal etc.)* send (*fx* a distress signal); *(fagl.)* transmit (*fx* a distress signal; they transmit on different frequencies; the match was transmitted live by satellite to over 50 countries);
□ *holde op med at ~ (om radio)* go off the air; *(se også bud²)*; *[med præp. & adv.]* ~ ***af sted*** *a)* send off; F dispatch; *b) (brev)* post; ~ ***retur*** send back, return; ~ ***tilbage*** *a)* = ~ *retur*; *b) (om flygtning, turist etc.: til sit eget land)* repatriate.
sendebud messenger.
sendelse *sb. (en, -r)* mission.
sendemand *(delegeret)* delegate.
sender *sb. (en, -e) (radio-, tv-)* transmitter.
sendetid *(radio, tv)* broadcasting time, air time; *(tv også)* viewing time;
□ *den bedste ~ (i tv) a)* peak viewing time; *b) (mht. reklamer)* prime time.
sending *sb. (en, -er)* **1.** *(vareparti)* consignment, shipment; **2.** *(med skib)* cargo (pl. -es); **3.** *(i telegrafi)* transmission.
sendrægtig *adj.* slow; F dilatory, tardy; *(nølende,* T*)* footdragging.
sendrægtighed *sb. (en)* slowness; F dilatoriness, tardiness; T footdragging.
sene *sb. (en, -r) (anat.)* sinew; *(fagl.)* tendon.
senegræs *se kvikgræs.*
senehinde *sb. (en, -r) (anat.)* **1.** synovial membrane; **2.** *(øjets)* sclera, sclerotic.
senehindebetændelse *(med.)* **1.** synovitis; **2.** *(i øjet)* sclerotitis.
senere[1] *adj.* **1.** *(komp. af sen 1)* later; **2.** *(fremtidig)* future (*fx* generations);
□ *i den* ~ ***tid*** recently, lately (*fx* he hasn't been writing recently (*el.* lately); we have received a lot of letters lately); during the last few weeks; in recent times; F of late; *i de* ~ ***år*** *a) (i disse år)* during (*el.* in) the last (*el.* past) few years (*fx* he has lived here during the last few years); *b) (for kort tid siden)* in recent years (*fx* there have been many demonstrations in recent years).
senere[2] *adv.* later (*fx* three years later); *(bagefter)* afterwards (*fx* he regretted it afterwards);
□ *før eller ~* sooner or later; ~ *hen* later on.
seneskede *(med.)* synovial sheath.
senest[1] *adj.* **1.** *(sup. af sen 1)* latest; **2.** *(i den fjerneste fremtid)* remotest (*fx* remotest posterity; the remotest generations).
senest[2] *adv.* at the latest (*fx* on 15 June at the latest; on Wednesday evening, or, at the latest, on Thursday morning);
□ ~ *fredag* not later than Friday, by Friday; *i den -e tid* quite recently; *i de -e år* in recent years; during (*el.* in) the last (*el.* past) few years.
senestærk, senet *adj.* sinewy.
seng *sb. (en, -e)* **1.** bed; **2.** *(uden sengeklæder etc.)* bedstead;
□ *holde -en* stay in bed, keep to one's bed;
[med vb., præp.] ***gå i*** ~ go to bed; ***gå i*** ~ ***med*** *en* go to bed with sby; T bed sby; ***ligge i*** *-en a)* be in bed; *b) (være syg)* be ill in bed; ***ligge i*** *-en* ***med*** *influenza* be laid up with the flu; ***lægge*** *(el. putte) et barn* ***i*** ~ put a child to bed; *være* ***oven*** *-e* be up and about; be on one's feet again; *få te* ***på*** *-en* have tea in bed; *tage en på -en a)* find sby in bed; *b) (fig.: overrumple)* catch sby napping; *(overraske)* take sby by surprise; *gå* ***til*** *-s, se ovf.: gå i ~*; *stå* ***ud af*** *-en* get out of bed; *(se også ben (få det forkerte ben))*; *sidde* ***ved*** *hans* ~ sit at his bedside.
sengebord 1. *(ved sengen)* bedside table; **2.** *(som går ind over sengen)* overbed table; **3.** *(som sættes på sengen)* bed table.
sengeforligger (bedroom) rug.
sengehest bed guard.
sengehimmel tester, canopy.
sengekammerat bedfellow.
sengekant edge of the bed; bedside (*fx* sit at his bedside).
sengeklæder *sb.pl.* bed clothes; bedding sg.
sengelampe bedside lamp.
sengeleje *sb. (et): der venter ham et længere ~* he will be confined to his bed for some length of time; *en uges ~* a week's illness, a week in bed.
sengeliggende *adj.* confined to (one's) bed; *(langvarigt)* bedridden;
□ *syg og ~* ill in bed.
sengelinned bed linen.
sengeløber rug.
sengepladser *sb.pl. (på hospital)* beds;
□ *huset har 8 -er* the house can sleep 8.
sengested bedstead.
sengestolpe bedpost.
sengetavle *(på hospital)* bed chart.
sengetid bedtime.
sengetæppe 1. *(på sengen til pynt om dagen)* bedspread, bed cover, counterpane;
2. *(til at have over sig: uldtæppe)* blanket; *(vatteret)* quilt; *(duntæppe)* eiderdown.
sengetøj 1. bed clothes pl.; bedding; **2.** *(lagner og pudebetræk)* bed linen, sheets (*fx* clean sheets).
sengevæder *sb. (en, -e)* bed-wetter.
senil *adj.* senile;
□ ~ *demens* senile dementia.

senilitet *sb. (en)* senility.
senior *sb. (en, -er) & adj.* senior.
seniorchef senior partner.
seniorforsker senior research associate.
seniorsergent senior sergeant.
seniorspejder **1.** *(drenge-)* senior scout, venture scout, venturer; **2.** *(pige-)* senior guide, ranger.
senkapitalismen late capitalism.
senkapitalistisk *adj.* late-capitalistic.
sennep *sb. (en)* **1.** *(krydderi)* mustard; **2.** *(bot.: gul ~)* white mustard; *(agersennep)* charlock.
sennepsfrø *sb. (et, -)* mustard seed.
sennepsgas mustard gas.
sennepskorn mustard seed.
sennepskrukke mustard pot.
sennepsplaster mustard plaster.
sennesblade *sb.pl.* senna leaves.
sensation *sb. (en, -er)* sensation;
□ *skabe ~ om noget* make a sensation of sth; *vække ~* cause (*el.* make *el.* create) a sensation.
sensationel *adj.* sensational.
sensationsblad *(smudsblad)* yellow paper.
sensationsjournalistik sensation mongering; yellow journalism.
sensationslysten *adj.* sensation-seeking.
sensationspræget *adj.* sensational.
sensibel *adj.* sensitive; *(se også sart).*
sensibilitet *sb. (en)* sensitivity.
sensitivitetskursus *(psyk.)* sensitivity training course.
sensitivitetstræning *(psyk.)* sensitivity training.
sensommer late summer (*fx* a day in (the) late summer).
sensor *sb. (en, -er)* sensor.
sensorisk *adj.* sensory.
sensualisme *sb. (en)* sensualism.
sensualist *sb. (en, -er)* sensualist.
sensualitet *sb. (en)* sensuality.
sensuel *adj.* sensual.
sent *adv.* late;
□ *bedre ~ end aldrig* better late than never; *en oplevelse som man ~ vil glemme* an experience not soon to be forgotten;
[med præp. & adv.] ***for*** *~ a)* too late (*fx* I got there too late; it is too late to do anything now); *b) (forsinket)* late (*fx* 10 minutes late); *komme for ~ a)* come (*el.* arrive) too late (*fx* I came too late to meet him); *b) (være forsinket)* be late (*fx* he was ten minutes late; I was late for work); *komme for ~ til en time* be late for a class; *komme (10 minutter) for ~ til toget* miss the train (by 10 minutes); *~* ***om*** *aftenen* late in the evening, late at night; *~* ***på*** *dagen* late in the day; *~ på sommeren* in (the) late summer; *være ~* ***på den*** be late; ***så*** *~* ***som*** *i går* as late (*el.* as recently) as yesterday, only yesterday.
sentens *sb. (en, -er)* maxim, apophthegm.
sententiøs *adj.* sententious.
sentimental *adj.* **1.** sentimental; T slushy, sloppy; **2.** *(flæbende)* maudlin.
sentimentalisere *vb.* sentimentalize.
sentimentalist *sb. (en, -er)* sentimentalist.
sentimentalitet *sb. (en)* **1.** sentimentality; T sloppiness, slush; **2.** *(mindre neds.: følelser)* sentiment.
senviktoriansk *adj.* late Victorian.
S. E. & O. *(fork.f. salvo errore et omissione)* E. & O. E. (*fork.f.* errors and omissions excepted).
separat[1] *adj.* separate.
separat[2] *adv.* **1.** separately; **2.** *(i en konvolut for sig selv)* under separate cover.
separatfred separate peace;
□ *slutte ~* make a separate peace.
separation *sb. (en, -er)* (judicial) separation;
□ *få (, søge) ~* obtain (, apply for) a (judicial) separation.
separationsangst *(psyk.)* separation anxiety.
separationsbevilling separation order.
separatisme *sb. (en)* separatism.
separatist *sb. (en, -er)* **1.** separatist; **2.** *(hdl.)* secured creditor.
separatistisk *adj. (attr.)* separatist.
separatkabinet private room.
separatkonto separate account.
separator *sb. (en, -er)* separator.
separatudstilling one-man (, one-person) exhibition.
separere *vb.* separate (judicially);
□ *-t* separated; *(se også fraseparere͏t).*
sepia *sb. (en)* sepia.
september *sb. (en)* September; *(NB datoangivelser er opført under april).*
septet *sb. (en, -ter)* septet.
septiktank septic tank.
septim *sb. (en, -er) (mus.)* seventh.
septisk *adj.* septic.
seraf *sb. (en, -er)* seraph.
serafisk[1] *adj.* seraphic.
serafisk[2] *adv.* seraphically.
serail *sb. (et, -er)* seraglio.
serber *sb. (en, -e)* Serb.
Serbien *(geogr.)* Serbia.
serbisk *adj. & sb. (et)* Serbian.
serenade *sb. (en, -r)* serenade;
□ *bringe én en ~* serenade sby.
serge *sb. (en el. et)* serge.
sergent *sb. (en, -er)* **1.** *(mil.)* sergeant; **2.** *(sø.)* petty officer.
serie *sb. (en, -r)* **1.** series (pl. series); **2.** *(række)* number (*fx* a number of accidents);
3. *(tv-serie: fortsat)* serial; *(række uafhængige udsendelser)* series;
4. *(om varer af samme udførelse etc.)* range (*fx* she designed a new range of bedlinen; a new car in the VW range); line;
5. *(fabrikations-)* batch, run.
serieforbindelse *(elek.)* series connection.
serieforbundet *adj. (elek., præd.)* (connected) in series.
seriefremstillet *adj. (præd.)* produced in batches.
seriefremstilling batch production.
seriel *adj. (mus.)* serial.
serielån serial loan.
seriemorder serial killer.
serieproduktion *se seriefremstilling.*
serigrafi[1] *sb. (en, -er) (trykkemetode)* serigraphy.
serigrafi[2] *sb. (et, -er) (billede)* serigraph.
seriøs *adj.* **1.** serious (*fx* discussion, offer);
2. *(mods. populær)* serious (*fx* music); *(kun attr.)* quality (*fx* newspaper, magazine, bookshop);
□ *~ køber* bonafide buyer.
serpentine *sb. (en, -r)* **1.** *(af papir)* (paper) streamer; **2.** *(bugtning)* serpentine winding.
serpentinevej *(ad bjergside)* corkscrew road.
serum *sb. (et, -(m)er, (fagl.) sera)* serum (pl. -s, *(fagl.)* sera).
serumbehandling serum treatment; *(fagl.)* serotherapy.
serumlaboratorium serum laboratory.
servante *sb. (en, -r)* washstand.
servantespand slop pail.
servantestativ washstand, washhand stand.
servantestel washstand set.
serve[1] *sb. (en, -r) (i tennis etc.)*
1. *(tur)* service (*fx* lose one's service; it is your service next);
2. *(måde at serve på, bold)* serve, service (*fx* the serve went into the net; he has a good (, powerful, fast) serve (*el.* service)).
serve[2] *vb. (i tennis etc.)* serve;
□ *du skal ~* it is your turn to serve, it is your service.
servebold service.
servere *vb.* **1.** *(varte op)* serve (*fx* let me serve); *(generelt)* wait at table (*fx* learn to wait at table);

2. *(sætte på bordet)* serve (*fx* breakfast); serve up (*fx* the food); 3. *(fig.)* serve up (*fx* the same old stories); T trot out;
□ *der er -t, middagen er -t* dinner is served; ~ ***for*** *en a) (en ret)* serve sby (*fx* the waiter served them with soup); *b) (generelt)* wait on sby (*fx* they were waited on by two servants).
servering *sb. (en, -er)* service.
serveringsdame waitress.
serveringsgryde *(ovnfast)* oven-to-table pot; casserole.
serveringslokale refreshment room.
serveringspersonale waiters (and waitresses) pl.
service[1] *sb. (et, -r)* 1. *(spisestel)* service, dinner set; 2. *(hvad der bruges til borddækning)* tableware (*fx* wash the tableware);
□ ~ *udlejes* tableware for hire.
service[2] *sb. (en)* 1. *(betjening)* service (*fx* they provide good service);
2. *(tjenesteydelse)* service (*fx* this service is free);
3. *(eftersyn, fx for bil)* service; *(det at give service)* servicing; *(vedligeholdelse)* maintenance (*fx* they are cutting down on servicing and maintenance);
□ *levere bilen til* ~ take the car in for (a) service (*el.* to be serviced).
serviceerhverv, **servicefag** service trade;
□ *-ene (også)* the services.
serviceindustri service industry.
servicemodul *(i rumfart)* service module.
serviceniveau level of service(s), standard of service.
servicere *vb.* service.
servicestation service station, garage.
servicetårn *(for raket)* gantry.
serviceydelse service.
serviet *sb. (en, -ter)* 1. *(bordserviet)* (table) napkin, serviette;
2. *(gazestykke)* swab;
3. *(rense-, af papir)* (paper) tissue;
4. *(barber-)* towel;
□ *sætte -ter op (jf. 1)* fold napkins into fancy shapes.
servietmappe napkin holder.
servietring napkin ring.
servil *adj.* servile.
servilitet *sb. (en)* servility.
servitrice *sb. (en, -r)* waitress.
servitut *sb. (en, -ter)* easement (*fx* positive (, negative) easement; create an easement).
servobremse power(-assisted) brake.
servomotor servomotor.
servostyret *adj.* servo-controlled.
servostyring power(-assisted) steering.
ses *vb.* 1. *(passiv af se)* be seen (*fx* he is often seen here; they were often seen together);
2. *(træffes)* meet (*fx* we often meet); see each other (*fx* they don't see each other);
□ *kan det ~?* does it show? *vi ~!* *(ɔ: på gensyn)* see you!
sesam *sb. (en) (bot.)* sesame;
□ ~ *luk dig op!* open sesame!
sesamfrø *sb.pl.* sesame seeds.
session *sb. (en, -er)* 1. session;
2. *(mil.)* examination of men liable for military service; 3. *(udskrivningsmyndigheder omtr.)* medical board; *(am.)* draft board;
□ *komme på* ~ appear before a medical board (, draft board).
set *adj.* seen;
□ *det -e afhænger af øjnene der ser (kan gengives)* it all depends on how you look at it; it's all in the eye of the beholder; *(jf.* "Is she beautiful?" "Beauty is in the eye of the beholder"*); sådan* ~ in a way;
[med adv.] maskinen (etc.) ~ *bagfra (, forfra)* rear (, front) view of the machine (etc.); *dybest* ~ basically; *ilde* ~ unwelcome, disliked; *politisk* ~ politically; *(se også stort).*
setter *sb. (en, -e) (hund)* setter.
settlement *sb. (et, -er)* settlement.
Sevilla *(geogr.)* Seville.
seværdig *adj. (præd.)* worth seeing (*fx* a place worth seeing).
seværdighed *sb. (en, -er)* sight;
□ *se på -er, besøge -er* go sightseeing.
sex *sb.* sex.
sex- *se også seksual-.*
sexappeal sex appeal.
sexchikane sexual harassment.
sexet *adj.* sexy.
sexindustri sex industry.
sexisme *sb. (en)* sexism.
sexist *sb. (en, -er)*, **sexistisk** *adj.* sexist.
sexliv sexual life, sex life.
sexobjekt sex object.
sexskandale sex scandal.
sexterapeut sex therapist.
sfinks *sb. (en, -er)* sphinx.
sfinksagtig *adj.* sphinx-like.
sfære *sb. (en, -r)* sphere.
sfærisk[1] *adj.* spherical.
sfærisk[2] *adv.* spherically.
sgu *(kan gengives)* damned (*fx* that's damned funny (, annoying)); damned if not (*fx* I'm damned if that is not Peter); damned well (*fx* I should damned well hope so); bloody (*fx* it's a bloody shame; it's bloody (well) raining again; he is bloody wonderful).
s/h *(fork.f. sort-hvid)* b/w (*fork.f.* black and white).
shag *sb. (en)* (smoking) tobacco; *(billigere, fintskåret)* shag.
shagpibe (short) pipe.
shagtobak = *shag.*
shah *sb. (en, -er)* shah.
shaker *sb. (en, -e)* shaker.
shakespearesk *adj.* Shakespearian.
shampo, **shampoo** *sb. (en)* shampoo.
shampooe *vb.* shampoo.
shanghaje *vb.* 1. *(om søfolk)* shanghai;
2. *(fig.: til at hjælpe)* rope in (*fx* I was roped in to help with the preparations).
shantung *sb. (et)* shantung.
shaver *sb. (en, -e)* shaver.
sheik *sb. (en, -er)* 1. sheik; 2. *(let glds.: charmør)* glamour boy; *(kæreste)* young man.
sheikdømme *sb. (et, -r)* sheikdom.
sheiket *adj. (let glds.)* swanky.
shellak *sb. (en, -ker)* shellac.
shelterdæk *(sø.)* shelter deck.
shelterdækker *sb. (en, -e) (sø.)* shelter-deck vessel.
sherif *sb. (en, -fer)* sheriff.
sherry *sb. (en, -er)* sherry.
shetlandsk *adj.* Shetlandic; *(attr. også)* Shetland.
shetlandspony Shetland pony.
Shetlandsøerne *sb.pl. (geogr.)* the Shetland Islands; Shetland sg.
shetlænder *sb. (en, -e)* Shetlander.
shiit *sb. (en, -ter) (rel.)* Shiite.
shiitisk *adj. (rel.)* Shiitic; *(attr. også)* Shiite (*fx* militia).
shine *vb.:* ~ *op* smarten up.
shirting *sb. (en el. et, -er) (til bogbind)* cloth;
□ *indbundet i* ~ cloth-bound; *(præd. også)* in cloth.
shop *sb. (en, -per)* (small) shop.
shoppe *vb.* shop.
shorts *sb.pl.* shorts.
show *sb. (et, -s el. -)* show.
shrapnel *sb. (en, -s el. -) (mil.)* shrapnel.
shunt *sb. (en, -er) (elek.)* shunt.
si[1] *sb. (en, -er)* 1. sieve; 2. *(især til væske)* strainer (*fx* tea strainer, milk strainer); 3. *(dørslag)* colander.
si[2] *vb.* sieve (*fx* the sauce; soil); *(om væske også)* strain (*fx* the sauce); *(om mel, sand etc.)* sift;
□ ~ *'fra* sieve out (*fx* the lumps from the sauce; the stones from the soil); strain off (*fx* barley boiled in water and then strained

off); sift out.
siameser *sb. (en, -e) (kat)* Siamese cat; T Siamese (pl. -).
siamesisk *adj.* Siamese (*fx* cat, twins).
Sibirien *(geogr.)* Siberia.
sibirisk *adj.* Siberian.
sibylle *sb. (en, -r)* sibyl.
sibyllinsk *adj.* sibylline.
sicilianer *sb. (en, -e),* **siciliansk** *adj.* Sicilian.
Sicilien *(geogr.)* Sicily.
sid *adj.* **1.** *(langt nedhængende)* long and loose; **2.** *(vid)* ample, full.
sidde *vb. (sad, siddet) (se også siddende)* **1.** sit;
2. *(om ting: være anbragt)* be (*fx* the key was in the door);
3. *(om tøj)* fit;
4. *(om hund)* sit up;
5. *(være i fængsel)* be in prison; T be inside, do time;
□ ~ *og læse (, skrive, snakke etc.)* be (*el.* sit) reading (, writing, talking etc.); *hvordan -r mit hår (, slips)?* is my hair (, tie) all right? *den sad! (om skarp bemærkning)* that remark went home! *en lussing der sad* a well-aimed box on the ear; *(se også model)*;
[med præp. & adv.] ~ '**af** *(stå af hest)* dismount; ~ *en bøde af* T work off a fine;
~ '**efter** *(især glds.)* be kept in; F be detained; *lade ham ~ efter* keep him in; detain him; *han har -t efter* he has been in detention;
~ ***fast*** *a) (klæbe)* stick (*fx* the stamps won't stick); *b) (ikke kunne komme fri)* stick, get stuck (*fx* he was stuck in a lift; the car got stuck in the mud); *c) (blive fanget)* catch (*fx* her dress caught on a nail); be caught; *(se også sadel)*;
~ ***for*** *en maler* sit to an artist; *jakken -r* ***godt*** the jacket is a good fit;
~ ***i*** *græsset (, sandet)* sit on the grass (, sand); ~ *i en stol* sit in a chair; *(se også ndf.: ~ på)*; ~ *i et udvalg* sit (*el.* serve *el.* be) on a committee; *(se også held, uheld)*;
~ *dårligt (el. småt)* ***i det*** be badly off; ~ *hårdt i det* be hard up; *vi -r kønt (el. net) i det se køn²*;
~ ***inde*** *(ɔ: i fængsel)* be in prison; T be inside, do time; ~ ***inde med*** hold, possess;
~ ***ned*** *a)* be sitting (down); *b) (sætte sig)* sit down; F take a seat;
'~ **op** be sitting up; ~ *'op a) (stige til hest)* mount; *b) (op i vogn)* get in; *(mil.: i lastvogn)* entruck; ~ ***oppe*** sit up;
~ '***over*** *a) se ovf.: ~ efter*; *b) (i kortspil)* be dummy, sit out; *c) (i dans)* sit out (*fx* the next dance); *(hele aftenen)* be a wallflower; *d) (glds.: ikke blive rykket op i næste klasse)* repeat a year, not go up;
'~ *(og hænge) over bøgerne* be poring over one's books;
'~ ***på*** *a)* sit on (*fx* a chair); *b) (være på)* be on (*fx* there is a fly on the wall); *c) (ikke ville give fra sig)* hold on to, sit on (*fx* the information); *d) (underkue)* sit on (*fx* he sits on her); walk (all) over (*fx* she lets the children walk all over her; she won't allow herself to be walked over); ~ *'på* be on (*fx* the lid is not on properly); ~ *på pengene (el. kassen)* hold the purse strings; *det vil jeg ikke lade ~ på mig* I won't have anybody believe that of me;
~ ***tilbage*** *(ɔ: efterladt)* be left behind; *hun sad* ***tilbage med*** *to børn* she was left with two children; ~ *tilbage med smerten* be left to foot the bill; T be left holding the baby.
siddebadekar sit-down bathtub, hip bath, sitz bath.
siddende *adj.* **1.** sitting, seated;
2. *(om regering, efter sb.)* in office (*fx* the government in office);
3. *(om person som sidder i et embede)* incumbent (*fx* President, governor); *(nuværende)* present;
□ *blive ~ a)* not get up; F stay seated, remain sitting (*el.* seated); keep one's seat; *b) (~ fast)* stick (*fx* the car stuck in the mud; the burrs (, the nickname) stuck); *c) (forblive)* stay; F remain; *bliv endelig ~!* please don't get up! F please stay seated!
siddeplads seat;
□ *der er ~ til 500 i salen* the hall can seat 500; *26 -er (opslag i rutebil etc.)* seating capacity 26; to seat 26 passengers.
side *sb. (en, -r)* **1.** side (*fx* of bacon; of the body; of a ship, of a house, of a mountain);
2. *(i bog)* page;
3. *(mil.)* flank;
4. *(af en sag)* aspect, side (*fx* look at all sides of the problem (, question));
5. *(parti)* side (*fx* whose side are you on? he is on our side);
6. *(kant, hold)* quarter (*fx* we cannot expect help from that quarter);
7. *(karakteristisk træk)* point (*fx* his good (, bad, weak) points);
□ *en sag har altid to -r* there are two sides to every question; *skifte ~ a) (i fodbold etc.: af banen)* change ends; *b) (i konflikt)* change sides; *vælge ~ a) (i fodbold etc.: af banen)* choose one's end; *b) (i konflikt)* take sides;
[med adj.] fra ansvarlig ~, fra sin bedste ~, fra den humoristiske (, lyse, uheldige) ~, se ndf.; *den juridiske ~ af sagen* the legal aspect of the matter; *se den lyse ~ ved det* look on the bright side of things; *på den sikre ~ se sikker*; *hans stærke ~* his strong point (*el.* suit); F his forte; *hans svage ~* his weak point; *der er visse uheldige -r ved det* there are certain unfortunate aspects to it;
[med præp.] ***fra*** *dansk (, engelsk etc.) ~ hævdes det at* the Danes (, British etc.) claim that; *en erklæring fra deres ~* a statement from them; *det var en fejl fra deres ~* it was a mistake on their part; *angribe* ***fra -n*** *(mil.)* attack in the flank; ***fra alle*** *-r* from all sides, from every side; F from all quarters; ***fra ansvarlig*** ~ from responsible quarters; *vise sig* ***fra sin bedste*** ~ *a)* show oneself in the most favourable light; *b) (om opførsel)* be on one's best behaviour; *vi må se sagen* ***fra begge*** *-r* we must see both sides of the question; *jeg kender ham ikke* ***fra den*** ~ I have not seen that side of him; I do not know that side of his character; *set fra den ~ a)* seen from that side; *b) (fig.)* looked on in that light; *bestræbelser* ***fra hans*** ~ endeavours on his part; *udtalelser fra hans ~* statements from him; *se det* ***fra den humoristiske*** ~ see the funny side of it; ***fra hvilken*** ~ *man end ser sagen* whichever way you look at it; *se alt* ***fra den lyse*** ~ look on the bright side of everything; *han viste sig* ***fra den uheldige*** ~ he showed himself from his less attractive side;
med hænderne ***i*** *-n* arms akimbo; *køre i højre (, venstre) ~* drive on the right (, left);
~ ***om*** ~ side by side (*med* with);
på ~ *5* on page 5; *på den anden ~ a)* on the other side (*fx* of the street); *b) (fig.)* on the other hand (*fx* on the other hand, he didn't know); but then (*fx* but then it is not difficult to see it); *på den ene ~...på den anden (~)* on the one hand...on the other (hand); *vi rejser ikke på denne ~ (af) jul* we are not going this side of Christmas; ***på hver sin*** ~ *se hver*; *jeg*

på min ~ *ønsker ikke at* speaking for myself, I don't want to; F for my part, I don't want to; ***på næste*** ~ on the next page, overleaf (*fx* continued overleaf); *(se også lad², latter, lægge (sig), nederst, sikker, øverst)*;
en ***på -n af*** *hovedet* a box on the ear; *på den forkerte (, rigtige)* ~ *af* on the wrong (, right) side of (*fx* of forty; of the law; get on the wrong side of him; keep on the right side of him (, of the law)); *komme* ***op på -n af*** catch up with; *den kan ikke komme op på -n af min (ɔ: er ikke så god som)* it can't compare with mine, it can't touch mine;
til ~ aside (*fx* he jumped aside); *(se også spøg)*; *hun så ikke til den side hvor han var* she did not so much as look at him; she ignored him completely; ***til alle*** *-r a)* in all directions (*fx* scattered in all directions); *b) (på alle sider)* on all sides (*fx* surrounded on all sides by trees); *han er* ***lidt til en*** ~ he is a little odd; *(se også lægge, stikke, sætte)*;
stå ***ved*** *ens* ~ stand by sby;
ved -n af *a)* beside (*fx* she stood beside his chair); by the side of; *b) (foruden)* besides (*fx* he has a bookshop besides being a teacher); *c) (i sammenligning med)* compared with (*el.* to) (*fx* he is nothing compared to you); *d) (som bibeskæftigelse)* on the side (*fx* he had a night job on the side); *ved -n af mig* beside me, next to me, at (*el.* by) my side; *det er* ***helt ved -n af*** *a) (kommer ikke sagen ved)* it is completely beside the point; *b) (er forkert)* it is far wide of the mark; *ikke helt ved -n af* not wide of the mark (*fx* the description is not wide of the mark); ***inde ved -n af*** *a)* next door (*fx* he lives next door); *b) (i værelset ved siden af)* in the next room; ***ingenting ved -n af*** *se ingenting*; ***lige ved -n af*** *os* next door to us; ***ramme ved -n af*** *se ramme⁴*.
sideantal number of pages.
sidebane branch line.
sidebemærkning 1. *(i forbifarten)* passing remark; **2.** *(afsides)* aside.
sidebenene *sb.pl.: det sætter sig på* ~ it sticks to your ribs; *det skulle ud, om det så var gennem* ~ he (, I etc.) could not resist saying it.
sidebidetang side-cutting nippers pl.
sideblik sidelong glance.
sidebygning (side) wing.
sidedør side door.
sidefag subsidiary subject; *(am.)* minor subject.
sidegade side street;
□ *en* ~ *til Oxford Street* a side street off Oxford Street.
sidegang *(i tog)* corridor.
sidegevinst added bonus; spinoff.
sidegren 1. (lateral) branch; **2.** *(på stamtræ)* collateral branch.
sidehandling secondary plot.
sidehængt side-hinged (*fx* window).
sidekammerat [pupil with whom one shares a desk];
□ *min* ~ the boy (, girl) I sit next to.
sidekapel side chapel.
sideleje *sb.: aflåst* ~ recovery (*el.* coma) position.
sidelinie 1. *(af boldbane)* sideline; *(i fodbold, håndbold, rugby)* touchline;
2. *(slægts)* collateral branch;
3. *(jernb.)* branch line;
□ *stå på -n (fig.)* stand on (, keep to) the sidelines.
sidelomme side pocket.
sidelygte, sidelys sidelight.
sidelæns *adv.* sideways.
sideløbende *adj.* parallel.
sidemand person standing (, sitting etc) next to one; neighbour; *(se også sidekammerat)*.
sidemoræne lateral moraine.
siden¹ *adv.* **1.** since (*fx* he disappeared and has not been seen since; better than ever before or since);
2. *(derefter, senere)* later (on) (*fx* he confessed, but later on he denied it; we'll talk about that later); afterwards; *(lidt senere, glds.)* by and by;
□ *det er to år* ~ that was two years ago; ***for*** *en måned* ~ *a)* a month ago (*fx* he was here a month ago); *b) (set i forhold til datiden)* a month before (*fx* I had already done it a month before); *i dag for en uge* ~ a week ago today; ***lige*** ~ ever since; *det er* ***længe*** ~, *for længe* ~ *se længe;²* *(se også længere²)*.
siden² *præp. & konj.* **1.** since (*fx* since Christmas; I have been very busy since I returned from my holiday);
2. *(i betragtning af at)* since (*fx* since he wants it so much let him have it); seeing that (*fx* seeing that (*el.* since) he wants to leave, let him go);
□ *det er mange år* ~ *jeg har set ham* it is years since I saw him; *det er 20 år* ~ *han døde* it is 20 years since he died; he died 20 years ago; *(NB* it is 20 years ago today since he died; it was 20 years ago yesterday that he died*)*;
~ ***sidst*** *a)* since (the) last time (*fx* the hotel has raised its prices since the last time I was there; what have you read since last time?); *b) (siden vi sås sidst)* since we last met (*fx* a lot of things have happened since we last met).
sidenet *(i fodboldmål)* side netting.
sideordnet¹ *adj.* co-ordinate.
sideordnet² *adv.* co-ordinately.
sideror rudder.
sideskib *(i kirke)* aisle.
sidespejl *(på bil)* external rear-view mirror; side-view mirror; *(på skærm)* wing mirror.
sidespor side track, siding;
□ *føre ind på et* ~ *(fig.: afspore)* sidetrack (*fx* the conversation); *komme ind på et* ~ *(fig.: bort fra emnet)* get sidetracked; wander from the point; *blive kørt ud på et* ~ *(fig.: holdt udenfor)* be sidelined, be pushed to the sidelines; be marginalized.
sidespring 1. side leap; **2.** *(fig.)* digression;
□ *foretage et (ægteskabeligt)* ~ have an affair on the side; F stray; leave (*el.* stray from) the straight and narrow; T have a bit on the side.
sidespørgsmål side issue.
sidestille *vb.* **1.** *(sammenligne)* compare (*med* with); **2.** *(ligestille)* put on the same footing (*med* as);
□ *kunne -s med* be comparable with.
sidestillet *adj.* co-ordinate; *(præd. også)* on the same footing.
sidesting *sb.: jeg har* ~ I have got a stitch (in my side).
sidestykke 1. side (piece); **2.** *(fig.)* parallel, counterpart;
□ *uden* ~ *a) (enestående)* unequalled; *b) (uden fortilfælde,* F*)* unprecedented.
sidetal 1. *(antal)* number of pages;
2. *(nummer)* page number.
sidetallerken side plate.
sidevej side road.
sidevind side wind, cross wind (*fx* beware of cross winds).
sidevogn *(til motorcykel)* side car.
sideværts *adv.* sideways; broadside.
sidevåben side arm.
sidst¹ *adj.* **1.** *(absolut sidste)* last (*fx* his last words; the last page; the last bus; for the last time);
2. *(forrige, sidste i rækken)* last (*fx* thank you for your last letter; the last time we met you promised to

do it; I think her last book is her best);
3. *(nyeste, seneste)* latest (*fx* the latest edition; the latest fashion; his latest book); *(om to også, mere* F*)* latter (*fx* I prefer the latter version to the former);
4. *(om tid: som netop er gået)* last, past (*fx* the last (*el.* past) few years);
□ **den -e** *a)* the last; *b) (den sidstnævnte af to)* the latter; *han var den -e der gik* he was the last to leave; **det -e** the last thing (*fx* that was the last thing I should do; the last thing he said); the last (*fx* that was the last I heard (, saw) of him); *det -e var værre end det første* the second alternative was worse than the first; **til det -e** to the last (*fx* faithful to the last); to the end; *kæmpe til det -e* fight to a finish; **de -e** *skal blive de første* the last shall be the first;
[med sb.] de to (, tre etc.) -e **dage** the last two (, three etc.) days; *de -e 14 dage* the last (*el.* this) fortnight; *(am.)* the last two weeks; *de -e dages hellige* the Latter-Day Saints; *-e* **halvdel** *af* the latter half of; *til -e* **mand** to the last man; *-e* **måned** last month; *i den -e* **tid** recently, lately (*fx* he hasn't been writing recently (*el.* lately); we have received a lot of letters lately); during the last few weeks; in the last few days; F of late; *han troede hans -e* **time** *var kommet* he thought his last hour had come; *-e* **uge** last week; *-e* **år** last year; *i de -e år a) (i disse år)* during the last (*el.* past) few years (*fx* he has lived here during the last few years); in the last (*el.* past) few years; *b) (for kort tid siden)* in recent years (*fx* there have been many demonstrations in recent years); *i de -e ti år* during (*el.* in) the last ten years; for ten years past; *(se også mohikaner, olie, ord, sommer, vilje, vinter, ære*[1] *(vise den -e ære), øjeblik (i -e øjeblik)).*

sidst[2] *adv.* last (*fx* Peter came last; when did you see him last (*el.* last see him)?);
□ ~ *men ikke mindst* last (but) not least;
[med præp.] det havde jeg ~ **af alt** *ventet af dig* that is the last thing I expected of you; ~ **i** *juli* late in July; ~ *i tyverne (, trediverne etc.) a) (om alder)* in his (, her) late twenties (, thirties etc.); *b) (om årstal)* in the late twenties (, thirties etc.); ~ **på** *måneden* at the end of the month; ~ *på sommeren* late in the summer; **siden** ~ *se siden*[2]; **til** ~ *a) (til slut)* finally (*fx* finally I want to point out that...); lastly; *b) (efter de andre, som den sidste)* last (*fx* he came last); *c) (ved slutningen)* at the end (*fx* at the end they played the national anthem); *d) (endelig, omsider)* at last (*fx* we waited and waited and at last he turned up); finally (*fx* he finally turned up); *(langt om længe)* at long last, at length; *e) (efter en lang udvikling)* in the end (*fx* in the end he gave up); eventually (*fx* he hesitated for a long time, but eventually he decided to try); *fra først til ~ se først.*

sidst[3] *konj.* when ... last (*fx* when I was there last);
□ ~ *jeg så ham* when I saw him last, when I last saw him.

sidstlevende *adj.* sole surviving.

sidstnævnte the last-mentioned; *(af to)* the latter.

siesta *sb. (en, -er)* siesta;
□ *holde* ~ take a siesta.

sifon *sb. (en, -er)* siphon.

sig *pron.* **1.** himself (*fx* he enjoyed himself); herself, oneself, itself, themselves;
2. *(efter præp.)* him (*fx* he had no money on him); her, one, it, them;
□ ~ *selv se selv*[2];
[forb. med vb., se disse, fx barbere, gifte, skynde, vaske, være] rejse ~ se rejse[3]; *vise ~ se vise*[2]; *[forb. med vb. + præp. + betegnelse for legemsdel] bide ~ i tungen* bite one's tongue; *klø ~ i hovedet* scratch one's head; *skære ~ i fingeren* cut one's finger; *slå ~ på låret* slap one's thigh; *vaske ~ i ansigtet* wash one's face;
[med præp.] bange **af** ~ *se bange*; *god af ~ se god*; *af ~ selv se selv*[2]; **for** ~ *a) (som adv.)* separately (*fx* send each book separately); *b) (som adj.)* separate (*fx* he sat in a separate room); *han er i en klasse for ~* he is in a class apart; *holde piger for ~ og drenge for ~* keep girls and boys apart; *det er en sag for ~* that is another matter; *i og for ~ se i;*[1] *(se også hver, noget).*

sige *vb. (sagde, sagt) (se også sigende)* **1.** *(om ordene)* say (*fx* "No", he said; say thank you; say goodbye (to him); say (to me) what you know; say his name);
2. *(om indholdet: fortælle, oplyse)* tell (*fx* can you tell me the name of this lake? tell us what you know; tell me, did you really do it? tell the truth);
3. *(betyde)* mean (*fx* it means a lot);
4. *(om dyr)* say, go (*fx* what do ducks say? ducks say (*el.* go) quack quack);
5. *(om ting)* go (*fx* crack went the whip; the guns went boom);
□ *man kan ikke ~* **andet end at** *han gør fremskridt* there is no denying that he is making progress; *han* **-s at** *være rig* he is said to be rich; **hvad** *-r du? a) (forbavset)* do you (really) mean that? *b) (spørgende) se hvabehar*; *hvad -r du så?* how about that? *hvad sagde jeg! (ɔ: der kan du se)* I told you so! what did I tell you! *gør hvad der bliver sagt, hvad skal det ~ se ndf.: med vb.*; *det -r du* **ikke** you don't really mean that! you don't say! no! *det -r jeg ikke!* I won't tell! that would be telling! *var det ikke det jeg sagde, se ovf.: hvad sagde jeg*; *det -r mig* **ikke noget** that does not mean anything to me; F that does not convey anything to me; *sagde jeg det* **ikke nok**! *se ovf.: hvad sagde jeg*; **man** *har sagt mig at* I have been told that; *man -r at* it is said that, people (*el.* they) say that; *som man -r a)* as they say; *b) (som ordsproget -r)* as the saying goes (*fx* more haste less speed as the saying goes); *man -r så meget* people 'will talk; *du -r* **noget!** a good idea! *(am.)* you said it! **når** '**det** *er sagt* having said that; *det -r mig ikke noget, se ovf.*; *jeg skal ~ dig noget, se ndf.: med vb.*; *det -r* **sig selv** that goes without saying; *det -r sig selv at han sagde nej* needless to say he refused; *det kan du ~ dig selv* that goes without saying; **som** *sagt* as I said before, as I told you; *(som nævnt)* as already mentioned; *som sagt så gjort* no sooner said than done; *som man -r, se ovf.*; **så at** ~ *a)* so to speak; F as it were (*fx* he is the king of the village, as it were); *b) (næsten)* practically (*fx* practically non-existent); *så -r vi* '*det* all right, then; *hvad -r du så? se ovf.*; *[med vb.] gør hvad der* **bliver** *sagt* do as you are told; **have** *meget* **at** ~ *a) (om person)* have a great influence; *b) (om forhold)* be very important; *det har intet at ~* it does not matter; never mind! *jeg har* **hørt** ~ *at* I have heard (it said) that; *jeg har* **ladet** *mig ~ at se ovf.: man har sagt mig at*; *det* **lod** *han sig* **ikke** *sige to gange* he did not need (*el.* wait) to be told twice; *om jeg så* **må** ~ so to

speak; *man må ~ det er lykkedes* you can't deny (*el.* it must be said) that it has been a success; *det* ***må*** *jeg* ***nok*** *~! a) (forbavset)* well, how about that! what do you know! *b) (forarget)* I like that! *det må du nok ~* you may well say so; yes (, no) indeed; T you can say 'that again; *(hvad skal vi gøre?) ja det må du ~ sige!* what indeed! *hun har ikke noget (, meget) at* ***skulle have*** *sagt i den sag* she has no (, not much) say in the matter; *han er - hvad* ***skal*** *jeg ~ - lidt træt* he is - how can (*el.* shall) I put it - a bit tired; *jeg skal ~ dig noget* I'll tell you what; *(han er doven) doven? hvad skal det ~?* what do you mean, lazy? *når jeg selv skal ~ det* though I say it myself (*fx* I was, though I say it myself, very good at it); *hvad jeg* ***ville*** ~ what I was going to say; ***det vil*** *~ a) (forklarende)* that is (to say); *b) (om forbehold)* at least (*fx* I know him - at least I have spoken to him); *ved du hvad det vil ~?* do you know what that means? *jeg ved hvad det vil ~ at være fattig* I know what it means (*el.* is) to be poor; *hvad vil du ~ med det? se ndf.*;
[med præp. & adv.] ~ en avis ***af*** cancel one's subscription to a newspaper;
*~ noget '****efter*** repeat sth; *sig det efter mig* repeat it after me;
-s ***for og imod*** *se for*[4];
*~ '****fra*** *a) (melde fra)* back out, cry off; *b) (protestere)* object; F demur; *~ fra over for (jf. b)* object to;
~ ***god for*** *a) (garantere)* vouch for (*fx* him; his ability); *b) (godkende)* agree to (*fx* the arrangement); go along with (*fx* the proposal); approve (*fx* the plan);
sig ***frem****!* speak out!
~ en ***imod*** contradict sby;
~ det ***ligeud*** *se ligeud*;
~ det ***med*** *få (, med enkle) ord* say it in a few (, in simple) words; *sig det med blomster* say it with flowers; *hvad vil du ~ med det?* what do you mean by that? *vil du dermed ~ at du rejser?* do you mean to say that you are leaving? *det er alt hvad der er at ~* ***om*** *det* that is all there is to be said about that; *det samme kan -s om ham* the same is true of him;
~ ***op*** give notice; *han blev sagt op a) (om ansat)* he was given (*el.* he got) his notice; *b) (om lejer)* he got notice to quit; *~ op til 1 maj* give notice to leave on 1 May; *(se også opsige)*;
du har ikke noget at ~ ***over*** *mig* I don't take my orders from you; *det eneste der kan -s ham* ***på*** the only thing that can be said against him; *der kan ikke -s ham noget på* he is all right;
*~ '****til*** say so (*fx* if you want anything, say so); say (*fx* don't open your eyes until I say); say the word (*fx* you have only got to say the word); *sig 'til når han er gået* tell me when he has left; *~* ***det til ham*** *a) (om ordene)* say it to him (*fx* don't say such things to her); *b) (om indholdet)* tell her (*fx* don't tell (it to) her); *jeg -r det til mor!* I'll tell Mum!
hvad -r du ***til det****?* what do you say to that? what have you got to say about that? *han sagde ikke noget til det (ɔ: protesterede ikke)* he did not object; *det er der ikke noget at ~ til a) (det er i orden)* that is only fair; T fair enough! *b) (det kan jeg ikke kritisere)* I don't blame you (, him etc.); *han så forskrækket ud, og det er der ikke noget at ~ til* he looked frightened, as well he might (*el.* and that is not surprising); *hvad -r du til et parti skak?* what do you say to (*el.* how would you like) a game of chess? T how about a game of chess?
~ ***til ham at*** *a)* say to (, tell) him that (*fx* I said to him (, told him) that it was too late); *b) (om ordre)* tell him to *(+ inf.)* (*fx* I told him to go); *~ (det)* ***videre*** *se videre*[2].
sigel *sb. (en, sigler)* symbol, sign.
sigende[1] *sb. (et): efter ~* by (*el.* from) all accounts; *efter ~ er han den skyldige (, rig, kunstner etc.)* he is said to be the culprit (, rich, an artist etc.); *en efter ~ bedre udgave* a reputedly better version.
sigende[2] *adj.: (meget) ~* meaning (*fx* look, smile); expressive (*fx* silence); significant; F eloquent (*fx* gesture, look).
signal *sb. (et, -er)* **1.** signal; *(horn-, tromme- også)* call; **2.** *(fig.)* signal (*fx* that would not be a very good signal to send to them);
□ *på et givet ~ se given*; *nye -er (i kunst etc.)* new trends;
[med vb.] give ~ til afgang give the signal for departure; *-et er sat* the signal is up; *udsende -er* send signals, give signals (*fx* the US government gave mixed signals); signal; *ændre -er a)* change the signals; *b) (fig.)* change signals; *(skifte politik)* reverse one's policy.
signalement *sb. (et, -er)* description; *(se også udsende)*.
signalere *vb.* signal;
□ *~ til dem at de skal standse* signal them to stop.
signalering *sb. (en, -er)* signalling.
signalflag signal flag.
signalfløjte signal whistle.
signalhorn 1. *(mil.)* bugle; **2.** *(bilhorn)* horn.
signalhus *(jernb.)* signal box.
signalisere *vb.* = *signalere*.
signalklokke signal bell.
signalkontor *(mil.)* communications (*el.* signal) centre.
signallygte *(jernb.)* signal lantern, signal lamp.
signallys signal light.
signalmand signalman.
signalmast signal mast.
signalmateriel *(mil.)* communications equipment.
signalpasser *sb. (en, -e)* signalman.
signalstation signal station.
signaltjeneste *(mil.)* communications pl.
signaltrompet *(mil.)* bugle.
signalvinge signal arm.
signatarmagt signatory (power).
signatur *sb. (en, -er)* **1.** *(underskrift, mus., typ.)* signature; **2.** *(på landkort etc.)* sign, symbol.
signe *vb. (glds.)* bless, pronounce a blessing on.
signere *vb.* sign;
□ *-t eksemplar (af bog)* inscribed copy; *-t krans* inscribed wreath.
signet *sb. (en el. et, -er)* signet, seal.
signetring seal (*el.* signet) ring.
signifikant[1] *adj.* significant.
signifikant[2] *adv.* significantly.
sigt *sb. (et)* **1.** sight; **2.** *(sigtbarhed)* visibility;
□ ***efter*** ~ after sight; ***på*** ~ in the long term (*el.* view); *på 40 dages ~ (hdl.)* at forty days' sight; *på kort (, langt) ~ (fig.)* in the short (, long) term (*el.* view); *arbejde på langt (, kort) ~* take the long (, short) view; *betale* ***ved*** ~ pay at sight.
sigtbar *adj.* clear;
□ *-t vejr* good visibility; a clear day.
sigtbarhed *sb. (en)* visibility.
sigte[1] *sb. (et, -r)* **1.** *(det at sigte)* aim;
2. *(sigtemiddel)* sight;
3. *(formål)* aim, object;
□ *have videre ~ (fig.)* aim further; ***tage*** ~ take aim; *tage ~ på (fig.)* aim at; have as an object; *(angå)* concern; *tage ~ på at* aim at -ing, be aimed at -ing (*fx* our measures aim at (*el.* are aimed at) improv-

ing conditions);
[med præp.] tabe noget ***af*** *~* lose sight of sth; ***i*** *~ (også fig.)* in sight; *få i ~* sight, catch sight of; ***ude af*** *~* out of sight.
sigte[2] *sb. (en, -r) (si)* sieve; *(til mel)* bolter; *(til væske)* strainer.
sigte[3] *vb. (anklage)* charge (*for* with);
□ *den sigtede a)* the suspect; *b) (i retten)* the prisoner; *-t for* charged with, on a charge of.
sigte[4] *vb.* **1.** *(si)* sift; **2.** *(mel)* bolt;
□ *~ fra* sift out.
sigte[5] *vb. (tage sigte)* take aim (*fx* he took aim and fired);
□ *~ højt a)* aim high; *b) (fig.)* set one's sights high;
[med præp.] ~ ***efter*** aim at, aim for (*fx* his head); *~* ***imod***, *~* ***mod*** *a) = ~ efter*; *b) (fig.)* aim at, aim for (*fx* a seat in Parliament); *c) (styre hen imod)* aim for (*fx* a vacant seat); *~ imod at* aim to (*fx* we aim to finish the job by Thursday); aim at -ing; *~* ***på*** *= ~ efter*; *~* ***til*** *(ɔ: hentyde til)* talk about; F refer to; *(indirekte)* allude to; *jeg ved ikke hvad du -r til* I don't know what you are talking about; T I don't know what you are driving at (*el.* getting at); *jeg -de ikke til dig* my remark wasn't aimed at you; I wasn't referring to you.
sigtebrød [bread (, loaf of bread) made of bolted rye flour (and wheat flour)].
sigtekorn *(på skydevåben)* fore sight.
sigtelinie line of sight.
sigtelse *sb. (en, -r) (anklage)* charge.
sigtemel bolted rye flour.
sigtemidler *sb.pl. (mil.)* sights.
sigtning *sb. (en, -er) (jf. sigte*[4]*)* **1.** sifting; **2.** bolting.
sigtveksel bill payable at sight, sight bill, sight draft.
sigøjner *sb. (en, -e)* gipsy; *(sigøjnere kalder sig selv)* Romany.
sigøjneragtig *adj.* gipsyish.
sigøjnerliv gipsy life.
sigøjnermusik gipsy (*el.* tzigane) music.
sigøjnerorkester gipsy (*el.* tzigane) band.
sigøjnerske *sb. (en, -r)* gipsy woman.
sigøjnervogn gipsy caravan.
sikahjort *(zo.)* sika.
sikkativ *sb. (et, -er)* siccative.
sikke[1] *pron. se sikken*[1].
sikke[2] *adv.* how (*fx* how dirty (, tall, smart) he is);
□ *~ mange mennesker* what a lot of people; *~ noget vrøvl* what nonsense.
sikken[1] *adj. (sikket, sikke)* what (a) (*fx* what a fool (he is)! what an idea! what fools!);
□ *sikke tider!* what a world! I don't know what the world is coming to!
sikken[2] *adv.* how (*fx* (see) how they run!).
sikker *adj. (se også sikkert)*
1. *(overbevist)* sure (*fx* I'm quite sure; how can you be so sure?); *(stærkere)* certain (*fx* I'm quite certain); *(helt sikker,* F*)* positive;
2. *(utvivlsom)* certain (*fx* certain knowledge; it is certain that he is not coming; so much is certain: he is not coming; victory seemed certain); *(stærkere,* F*)* positive (*fx* proof);
3. *(i sikkerhed; ufarlig)* safe (*fx* my money is safe; at last we are safe; keep it in a safe place; safe sex; a safe form of energy; a safe investment (, method); is the ice safe?);
4. *(uden bekymringer el. frygt; tryg; fast)* secure (*fx* future, job, foothold, base; at last we can feel secure);
5. *(pålidelig, attr.)* sure (*fx* sign, method); *(om person)* safe (*fx* driver);
6. *(usvigelig)* unerring (*fx* instinct, judgment, taste);
7. *(som ikke ryster el. vakler)* steady (*fx* hand; supporter);
8. *(selvsikker)* confident (*fx* he has become much more confident); self-assured; *(ofte let neds., præd.)* sure of oneself;
9. *(dygtig)* competent;
□ *det er både -t og vist, det er helt -t* that is absolutely certain;
[med sb.] have et -t blik for have an unerring eye for; *på ~ grund se grund*[1]; *med ~ hånd* with a steady hand; *være i sikre hænder* be in safe hands; *for at være på den sikre side* to be on the safe side; *han er en ~ vinder a) (vil sikkert vinde)* he is a sure winner, he is sure to win; T he is a dead cert; *b) (har vundet sikkert)* he is a clear winner; *(se også forvaring, kilde*[1]*, overbevisning)*;
[med præp.] ~ ***for*** *se ndf.: ~ imod*;
være ~ ***i*** be good at, be proficient at (*fx* arithmetic, English); *være ~ i sin sag* be sure of what one is saying, be certain that one is right;
~ ***imod*** safe from, secure from; F proof against (*fx* an assassin's bullet); *(stærkere)* immune from (*fx* attack, persecution); *~ imod bomber (, jordskælv, stråling etc. også)* bomb (, earthquake, radiation etc.)-proof;
være ~ ***på*** be sure (, certain, positive) of (*el.* about); *det er jeg ikke ~ på (ɔ: det ved jeg ikke)* I don't know about that; *det er jeg nu ikke så ~ på (ɔ: det tror jeg ikke)* I'm not so sure about that; *det skal du nu ikke være så ~ på* don't be too sure (about that);
være ~ ***på en*** *(stole på en)* rely on sby, depend on sby; *han var ikke helt ~* ***på benene*** he was not quite steady on his legs; *være ~* ***på hånden*** have a steady hand; *~* ***på sig selv,*** *se 8 ovf.*;
jeg er ~ ***på at*** *(+ sætning) a) (helt sikker)* I am certain (, positive, confident) that (*fx* he will come); *b) (mere usikkert)* I am sure that, I dare say that (*fx* it will be all right); *jeg er ikke ~ på at* I am not sure (*el.* certain) that; *være ~ på at (+ inf.)* be sure (*el.* certain) of -ing (*fx* I got up early to be sure (*el.* certain) of getting there in time); *han er ~ på at få stillingen a) (mener han)* he is sure (*el.* certain) of getting the job; *b) (mener alle)* he is sure (*el.* certain) to get the job; *være ~* ***på hvad*** *(,* ***hvordan*** *etc.)* be sure (, certain, positive) (of) what (, how etc.) (*fx* I am not certain (of) what she means)); *jeg er ikke ~* ***på om*** I am not sure (*el.* certain) if (*el.* whether).
sikkerhed *sb. (en)* **1.** *(hvad angår fare, risiko)* safety (*fx* he is responsible for their safety; there are fears for their safety; doubts about the safety of nuclear energy);
2. *(mht. spionage, forsvar, attentat)* security (*fx* our national security; the police could not guarantee his security);
3. *(tryghed)* security (*fx* live in security);
4. *(vished)* certainty;
5. *(selvtillid)* confidence, assurance;
6. *(dygtighed)* skill; proficiency (*fx* in English);
7. *(garanti)* guarantee (*for* for); *(mht. lån)* security (*for* for); F collateral (*fx* use one's house as (a) collateral for a loan);
□ *få ~ for at a)* obtain a guarantee that (*fx* they will do it); *b) (vished)* get proof that (*fx* he is safe); *stille ~* provide (*el.* give) security;
[med præp.] ***for*** *en -s skyld* for safety's sake; as a precaution (*fx* I took a gun with me, as a precau-

tion); *bringe dem* **i** *~ a) (om personer: transportere)* carry them to safety; *(føre)* lead them to safety; *b) (om ting)* remove them to a safe place; *være i ~* be in safety, be safe, be out of harm's way (*fx* he (, the jewels) are safe (*el.* out of harm's way)); ***med*** *~* with certainty, for certain, for sure (*fx* I cannot say (, do not know) with certainty (*el.* for certain *el.* for sure) whether he will come); *et lån med ~ i hans ejendom* a loan secured on his property; *~* ***mod*** safety (*el.* security) from (*el.* against) (*fx* attack).

sikkerhedsafstand safety distance.

sikkerhedsbestemmelser *sb.pl.* **1.** *(mht. ulykker)* safety regulations; **2.** *(mht. spionage)* security regulations.

sikkerhedsbælte *(i fly)* seat belt; □ *spænde -t* fasten one's seat belt.

sikkerhedsforanstaltning 1. *(jf. sikkerhed 1)* precaution, safety measure, precautionary measure; **2.** *(jf. sikkerhed 2)* security precaution.

sikkerhedsforvaring preventive detention.

sikkerhedsgodkendelse *(mil. etc.)* security clearance.

sikkerhedskonference security conference.

sikkerhedskontrol *(jf. sikkerhed 2)* **1.** security control; **2.** *(enkelt)* security check.

sikkerhedskopi back-up (copy).

sikkerhedskæde 1. safety chain; **2.** *(på dør)* door chain.

sikkerhedslampe safety lamp.

sikkerhedslås 1. safety lock; **2.** *(på armbånd etc.)* safety clasp.

sikkerhedsmargin safety margin.

sikkerhedsnet *(også fig.)* safety net (*fx* the social safety net); □ *spænde et ~ ud under* stretch out a safety net under.

sikkerhedsnål safety pin.

sikkerhedspoliti security police.

sikkerhedspolitik 1. *(mht. forsvar)* security policy; **2.** *(til sikring mod ulykker)* safety policy.

sikkerhedsrepræsentant safety representative.

sikkerhedsrisiko *(jf. sikkerhed 2)* security risk.

sikkerhedsrådet *(i FN)* the Security Council.

sikkerhedssele *(i bil)* seat belt (*fx* compulsory wearing of seat belts); □ *spænde -n* fasten one's seat belt; T belt up.

sikkerhedssko safety shoe.

sikkerhedstjeneste *(jf. sikkerhed 2)* security service.

sikkerhedsvagt 1. *(mil.)* security guard; **2.** *(brandmand)* fire picket.

sikkerhedsventil *(i kedel & fig.)* safety valve.

sikkert *adv.* **1.** *(formodentlig)* probably (*fx* he will probably be late); *(mere sikkert)* no doubt, without doubt, very likely; *(se også ndf.: helt ~)*; **2.** *(i god behold)* safely (*fx* they got safely into port); **3.** *(uden at ryste el. vakle)* steadily; **4.** *(om optræden)* (self-)confidently; *(stærkere)* with complete self-assurance; □ ***helt*** *~* (most) certainly, undoubtedly (*fx* he will certainly (*el.* undoubtedly) be late); with certainty, for certain, for sure (*fx* I know with certainty (*el.* for certain *el.* for sure) that he will come); *han* ***kommer*** *~ a)* he is sure to come; *b) (mere usikkert)* I dare say he will come; ***langsomt men*** *~* slowly but surely; *(se også virkende).*

siklinge *sb. (en, -r)* scraper.

sikre *vb.* **1.** make sure; F ensure (*fx* that it is done properly); **2.** *(garantere)* guarantee (*fx* guarantee them regular employment (, a living wage)); F ensure (*fx* ensure them a say in the matter); **3.** *(få fat i, skaffe)* get (*fx* get them good seats); F secure (*fx* secure him a good wage); **4.** *(beskytte)* protect (*imod* against, from, *fx* attack, bombs, exploitation); make safe (*imod* against, *fx* make your home safe against burglary); safeguard (*imod* against, *fx* a fence to safeguard the house against intruders; safeguard sby's interests (, future)); F secure (*imod* against, from, *fx* secure the house against burglars; secure them from being disturbed); **5.** *(hindre i at bevæge sig)* fasten; F secure (*fx* the doors, the windows); **6.** *(om skydevåben)* put at safety (*fx* put the gun at safety); □ *~* ***at*** *a) (jf. 1)* make sure that; *b) (jf 2)* guarantee (, ensure) that; *~* ***en noget*** *a) (jf. 1 også)* ensure sth for sby; ensure that sby gets sth; *b) (jf. 2 også)* get (, secure) sth for sby; *~* ***sig*** *a) (jf. 3)* get hold of (*fx* a good seat); F secure; *b) (forvisse sig om)* make sure (*fx* that all the doors are locked); F ensure; *~* ***sig imod*** *a) (træffe foranstaltninger imod)* provide against (*fx* a new oil crisis); guard against (*fx* illness, suspicion, mistakes); *b) (beskytte sig imod)* protect oneself against (*fx* attack); ***-t imod*** safe (*el.* secure) from; *(stærkere)* immune from (*el.* against) (*fx* attack, criticism, persecution).

sikring *sb. (en, -er)* **1.** *(elek.)* fuse (*fx* a fuse has blown); **2.** *(på skydevåben)* safety catch; **3.** *(det at sikre, jf. sikre 4)* protection, safeguarding, securing; *(jf. sikre 5)* fastening, securing; **4.** *(mil.)* protection; *(am.)* security (*fx* protection (, security) on the march); □ *til ~ imod* as a protection (*el.* precaution) against.

sikringsanordning safety device.

sikringsrum shelter.

sikringsskab fuse box; *(am.)* cut-out box.

sikringsstyrelsen the National Social Security Office.

siksak*: i ~* in a zigzag (*fx* the road runs in a zigzag).

siksakke *vb.* zigzag.

siksakkurs zigzag course.

siksaklinie zigzag line.

siksaklyn forked lightning.

sild *sb. (en, -)* **1.** *(zo.)* herring (*fx* have herring for dinner; a tin of herrings; a smoked herring); **2.** (S*: pige)* bird; □ *død som en ~* (as) dead as a doornail (*el.* as mutton); *en død ~ (fig.)* a dead duck; a dud; *røget ~ se røget*; *ikke en sur ~ værd* not worth a scrap; *han var ikke mange sure ~ værd a) (træt)* he was completely done in; *b) (ydmyget)* he felt very small; *vi sad (, stod) som ~ i en tønde* we were packed like sardines (in a tin).

silde *adv.* late; □ *tidlig og ~* at all hours; early and late.

sildeanretning assorted herring dishes pl.; selection of spiced herring.

sildeben herringbone.

sildebensmønster herringbone pattern.

sildebensvævet *adj. (attr.)* herringbone.

sildebord *se sildeanretning.*

sildefiskeri herring fishery.

sildefødning *sb. (en, -er)* late-born child; T afterthought.

sildegarn herring net.

sildeolie herring oil.

silderøgeri herring smokehouse.

sildesalat 1. [herring and beetroot salad]; **2.** (S*: ordner)* fruit salad.

sildestime shoal of herring.

sildig *adj. & adv.* late.
sile *vb.: det (el. regnen) -de ned* the rain was pouring down monotonously; *(se også sive).*
silhuet *sb. (en, -ter)* silhouette;
□ *i* ~ in silhouette; *tegne sig i* ~ *mod aftenhimlen* be silhouetted against the evening sky.
silhuetklipper *sb. (en, -e)* silhouettist.
silicium *sb. (et) (kem.)* silicon.
silikat *sb. (et) (kem.)* silicate.
silikone *sb. (en, -r)* silicone.
silikose *sb. (en) (med.)* silicosis.
silke *sb. (en)* silk.
silkeabe *(zo.)* marmoset.
silkeagtig *adj.* silky.
silkeblød *adj.* silky.
silkebånd silk ribbon.
silkefor *sb. (et)* silk lining.
silkekjole silk dress.
silkeorm silkworm.
silkepapir tissue paper.
silkesnor silk cord;
□ *sende en -en* invite sby to resign.
silkestof silk, silk fabric.
silkestrømpe silk stocking.
silketryk 1. *(kunsten)* silk screen printing, serigraphy; **2.** *(billede)* serigraph.
silkevæver silk weaver.
silo *sb. (en, -er)* silo.
simili *sb. (et)* imitation.
simili- artificial, imitation (*fx* pearls).
similidiamant paste diamond.
similismykker *sb.pl.* imitation jewellery sg.
simle *sb. (en, -r)* roll.
simpel *adj. (se også simpelt)* **1.** *(enkel, ligefrem)* simple (*fx* a simple method (, problem); it is quite simple);
2. *(blot og bar)* mere (*fx* mere justice demands it); common (*fx* honesty);
3. *(vulgær)* common, vulgar (*fx* manners);
4. *(nedrig)* low, mean;
□ *af den simple grund at* for the simple reason that; *af* ~ *høflighed* out of common courtesy; *en* ~ *karl* a vulgar fellow; *-t flertal,* ~ *majoritet* a simple (*el.* an ordinary) majority; *en* ~ *soldat* a common soldier; *(se også pligt[1]).*
simpelhed *sb. (en) (jf. simpel)* **1.** *(enkelhed)* simplicity; **2.** *(vulgaritet)* vulgarity; **3.** *(nedrighed)* meanness.
simpelt *adv. (ufint)* meanly;
□ *ganske* ~ *a)* very simply (*fx* he explained it very simply); *b) (slet og ret, absolut)* simply (*fx* he simply walked away; you were simply wonderful); ~ *hen se simpelthen.*
simpelthen *adv.* simply (*fx* simply because I didn't know; it was simply awful (, wonderful)).
simplificere *vb.* simplify.
simplifikation *sb. (en, -er)* simplification.
simulant *sb. (en, -er)* malingerer.
simulation *sb. (en, -er)* simulation.
simulator *sb. (en, -er)* simulator.
simulere *vb.* **1.** pretend to be (*fx* deaf, indifferent); sham (*fx* deaf, deafness; he is only shamming);
2. *(spille syg)* pretend to be ill; *(for at slippe for pligt,* F*)* malinger.
simultan *adj.* simultaneous.
simultanoversættelse simultaneous translation.
simultanparti *(skak)* simultaneous game.
simultantolk simultaneous interpreter.
simultantolkning simultaneous interpreting.
sin *pron. (sit, sine)* his, her *(, stående alene:* hers*)*; its; one's (*fx* he took his bicycle; she took hers; hurt one's finger); *(se også betale (enhver sit), grund[2], hver, passe[1] (sit), sag (~ egen sag, få ~ sag for,) sted (på -e steder,) tid (i ~ tid,) tænke (sit), vis[1] (på ~ vis)).*
sind *sb. (et, -)* **1.** *(tanke, sjæl)* mind (*fx* the thought of it filled her mind; a child's mind; an open mind; change one's mind; open one's mind);
2. *(sindelag)* disposition (*fx* a cheerful disposition);
□ *lette sit* ~ unburden oneself; *[med adj.] et heftigt* ~ a violent temper; *et lyst* ~ a sunny (*el.* happy) disposition; *et tungt* ~ a brooding disposition; *et vanskeligt* ~ a difficult temperament; *[med præp.] ung* ***af*** ~ young at (*el.* in) heart; *(se også øje (ude af øje));*
i *~ og skind* through and through (*fx* Danish through and through); *få* ***i -e*** *at* take it into one's head to; *have i -e at* intend to, mean to; *have ondt i -e* be up to no good; *give en ro* ***i -et*** set sby's mind at rest; ***i sit stille*** ~ inwardly, secretly;
det ligger mig ***på -e*** it is near to my heart; *hvad der ligger mig mest på -e* what I have most at heart; *lægge en på -e at* strongly advise sby to; F exhort sby to; *lægge sig det på -e* bear it in mind;
være ***til*** *-s at a) (have til hensigt)* mean to; *b) (være tilbøjelig til)* be inclined to.
sindbillede emblem, symbol (*på* of).
sindbilledlig *adj.* emblematic, symbolic.
sinde *(gang): ingen* ~ never; *(se også nogensinde).*
sindelag *sb. (et)* disposition.
sindelagskontrol 1. mind control; **2.** *(enkelt)* loyalty test.
sindelagsskifte change of heart.
sindet *adj.* disposed (*fx* I wonder how he is disposed towards me);
□ *være* ~ *at* intend to; F propose to.
sindig *adj.* **1.** *(ligevægtig)* sedate, sober-minded; **2.** *(rolig)* steady; **3.** *(langsom)* slow (*fx* at a slow pace).
sindighed *sb. (en) (jf. sindig)* **1.** sedateness; **2.** steadiness; **3.** slowness.
sindrig *adj.* ingenious, clever.
sindrighed *sb. (en)* ingenuity, cleverness.
sindsbevægelse 1. emotion (*fx* he spoke with deep emotion); **2.** *(ophidselse)* excitement;
□ *efter alle disse -er* after all this excitement.
sindsforvirret *adj.* deranged.
sindsforvirring derangement.
sindslidelse mental disorder.
sindslidende *adj.* **1.** mentally ill; **2.** *(brugt som sb. især)* psychiatric patient.
sindsligevægt composure (*fx* keep (, lose, regain) one's composure); F equanimity, equilibrium (*fx* it did not disturb his equanimity (*el.* equilibrium));
□ *bringe en ud af* ~ upset sby; ruffle sby's temper.
sindsligevægtig *adj.* **1.** placid; *(uforstyrrelig,* F*)* imperturbable; **2.** *(uanfægtet, især præd.)* cool.
sindsoprivende *adj.* nerve-racking; F harrowing.
sindsoprør tumult of mind; state of agitation.
sindsro 1. peace of mind; **2.** *(uanfægtethed)* coolness; F equanimity (*fx* I face the prospect of having to retire with complete equanimity; it upset his equanimity);
3. *(uforstyrrelighed)* imperturbability;
□ *bevare sin* ~ remain calm.
sindsstemning mood; F frame of mind.
sindssvag *adj. (urimelig)* absurd (*fx* idea);
□ *med* ~ *fart* at a terrific speed; *en* ~ *pris* an exorbitant price; *-t*

grinagtig hilarious; *det var -t grinagtigt (også)* it was a scream.
sindssyg *adj.* **1.** mentally sick (*fx* care for the mentally sick); mentally ill;
2. *(skør)* lunatic, insane (*fx* idea); *(se også vanvittig¹)*;
3. *(brugt som sb.: patient)* mental patient; *(vanvittig person)* madman, madwoman; lunatic.
sindssygdom mental illness, mental disorder.
sindssyge *sb.* **1.** *(galskab)* insanity, madness; **2.** = *sindssygdom.*
sindssygehospital mental hospital.
sindssygt *adv. se vanvittig².*
sindstilstand state of mind; F frame of mind; *(se også nedtrykt).*
sindsudvidende *adj.* mind-expanding.
sinecure *sb. (en, -r)* sinecure.
singaleser *sb. (en, -e)*, **singalesisk** *sb. (et) & adj.* Sin(g)halese.
singaporeaner *sb. (en, -e)*, **singaporeansk** *adj.* Singaporean.
singels *sb.pl. (sten)* shingle sg.
single *sb. (en, -r)* **1.** *(i tennis)* singles pl. (*fx* play singles; she won the singles); *(enkelt kamp)* singles match (*fx* her first singles match); game of singles (*fx* play a game of singles);
2. *(grammofonplade)* single.
singleton *sb. (en, -er)* singleton.
singrøn *sb. (en, -) (bot.)* periwinkle.
singularis *sb. (en, -(s)er)* the singular (number).
sinkadus *sb. (en, -er) (slag)* blow;
□ *en på -en* a clip over the ear; a blow on the head; *give ham en på -en (også)* clout him, land him one.
sinke¹ *sb. (en, -r)* **1.** *(glds. psyk.)* mentally retarded person; **2.** *(mindre begavet barn)* backward child (*el.* pupil);
□ *jeg er en ren ~ ved siden af ham* I simply am not in it with him.
sinke² *sb. (en, -r) (i fodtøj)* heel plate.
sinke³ *sb. (en, -r) & vb. (i snedkeri)* dovetail.
sinke⁴ *vb.* hold up (*fx* we were held up by the snow; production was held up by strikes); delay (*fx* the bad weather delayed us; their disagreement delayed the reform); *(om person også = holde tilbage,* F*)* detain (*fx* I won't detain you any longer).
sinolog *sb. (en, -er)* Sinologist.
sinologi *sb. (en)* Sinology.
sinologisk *adj.* Sinological.
sintre *vb.* sinter.
sinus *sb. (en, -(s)er)* **1.** *(mat.)* sine; **2.** *(med.)* sinus.
sippe *sb. (en, -r)* prude.
sippenippet *adj.* = *sippet.*
sippet *adj.* **1.** prissy; **2.** *(pertentlig)* prim; **3.** *(overdrevent ærbar)* prudish; **4.** *se sart 3.*
sippethed *sb. (en) (jf. sippet)* **1.** prissiness; prudery; **2.** primness; **3.** fastidiousness.
sirat *sb. (et, -er)* ornament.
sirbusk ornamental shrub.
sirene *sb. (en, -r)* siren;
□ *-rne lød* the sirens sounded (*el.* went).
sirenesang siren song.
sirlig *adj.* **1.** *(pyntelig)* neat (*fx* handwriting); F dapper (*fx* a dapper little man);
2. *(pertentlig)* meticulous (*fx* she is meticulous about her dress); *(neds.,* T*)* finical, finicky.
sirlighed *sb. (en)* **1.** neatness;
2. *(pertentlighed)* meticulousness.
sirplante ornamental plant.
sirts *sb. (en el. et, -er)* chintz.
sirup *sb. (en)* **1.** *(mørk)* treacle; *(am.)* molasses;
2. *(helt mørk: melasse)* molasses;
3. *(fin, lys)* golden syrup;
4. *(plantesaft, sukkersaft)* syrup.
sisal *sb. (en)* sisal.
sisken *sb. (en, -er) (zo.: grøn-)* siskin.
Sisyfos *(myt.)* Sisyphus.
sisyfosarbejde Sisyphean task.
sit *se sin.*
sitdownstrejke sit-down strike.
sitre *vb.* quiver; *(skælve)* tremble.
sitren *sb. (en)* quivering; *(skælven)* trembling.
situation *sb. (en, -er)* situation;
□ *redde -en* save the situation; *(se også højde (på højde med))*; *[med adj.] være i en fortvivlet ~* be in a desperate situation; have one's back to the wall; *vanskelig ~* difficult situation; F predicament (*fx* he was in a terrible predicament); T fix (*fx* we are in the same fix); *(se også voksen).*
situationsfornemmelse **1.** *(takt)* tact; **2.** *(forståelse af en situation)* sense of occasion.
situationskomedie situation comedy; T sitcom.
situationsplan site plan.
situationsrapport situation report.
situationssans = *situationsfornemmelse.*
situationsspil role playing.
situeret *adj.: dårligt ~* badly off; *hvordan er han ~?* how is he situated financially?
siv *sb. (et, -) (bot.)* rush;
□ *det gamle ~ (om person)* the old bird.
sive *vb.* **1.** *(om væske)* seep (*fx* water seeped through the roof); *(mere tyktflydende især)* ooze (*fx* the oil oozed away; blood oozed (*el.* seeped) through the bandage); *(i en tynd strøm)* trickle (*fx* water trickled down the wall);
2. *(om røg, gas etc.)* seep;
3. *(om lys)* filter (*fx* light filtered through the curtains);
4. *(om oplysninger)* seep (*fx* strange rumours seeped out of the country); filter, trickle (*fx* ideas (, news) filtered (*el.* trickled) into the country);
5. *(om personer)* trickle (*fx* people began to trickle back to the village); *(*T*: liste af)* slope off (*fx* I sloped off when the lecture began to get boring);
□ *~* ***bort*** *a) (jf. 1,2)* ooze (, seep, trickle) away; *b) (jf. 5)* trickle away (*fx* people began to trickle away);
~ ***ind*** *a)* ooze (*el.* seep) in; *b) (fig.: blive forstået)* sink in (*fx* it took time for the warning to sink in); *(am.)* soak in;
~ ***ud*** *a) (jf. 1, 2, 3)* seep (, ooze, trickle, filter) out; *b) (ved utæthed)* leak out (*fx* the water (, the oil, the gas) leaked out); *c) (fig.)* filter out (*fx* the news filtered out); *(komme el. gå ud lidt efter lidt)* trickle out (*fx* information (, people) trickled out); *(ved utæthed: fordi nogen sladrer)* leak out (*fx* the secret (, the news) leaked out); *lade det ~ ud* leak it (*fx* to the press).
sivebrønd cesspool.
sivkranset *adj. (præd.)* fringed with rushes.
sivmåtte rush mat.
sivsanger *(zo.)* sedge warbler.
sivsko rush shoe.
sivtæppe rush carpet.
sixpence *sb. (en, -r) (kasket)* cloth (, tweed) cap.
sixtinsk *adj.: det -e kapel* the Sistine Chapel.
sj. *(fork.f. sjælden)* rare; *(fork.f. sjældent)* rarely.
sjagger *sb. (en, -e) (zo.)* fieldfare.
sjak *sb. (et, -)* gang;
□ *hele -ket* the whole lot of them.
sjakal *sb. (en, -er) (zo.)* jackal.
sjakbajs *sb. (en, -er)*, **sjakformand** ganger.
sjakre *vb.* **1.** barter; **2.** *(om gadehandel)* hawk, peddle; **3.** *(tinge)* haggle (*om* over);
□ *~ med* buy and sell, deal in.
sjal *sb. (et, -er)* shawl.

sjalskrave shawl collar.
sjap *sb. (et)* slush.
sjapis *sb. (en)* slush ice.
sjappe *vb.* slosh.
sjappet *adj.* slushy.
sjask[1] *sb. (et)* slush.
sjask[2] *interj.* splash!
sjaske *vb.* splash, slop.
sjasket *adj.* **1.** *(våd)* slushy; **2.** *(sjusket)* sloppy (*fx* work, dress).
sjaskregn downpour.
sjat *sb. (en, -ter)* **1.** drop, spot (*fx* of coffee, of whisky); **2.** *(efterladt i glas, let glds.)* heeltap;
□ *drikke alle -terne* empty all the glasses; *(let glds.)* drink the heeltaps.
sjette *adj.* sixth (*fx* for the sixth time; on the sixth floor); *(se også bud*[1]*).*
sjettedel sixth;
□ *fem -e* five sixths.
sjippe *vb.* skip; *(am.)* jump (*el.* skip) rope.
sjippetov skipping rope; *(am.)* jump rope.
sjofel *adj.* **1.** *(uanstændig)* dirty, smutty, bawdy (*fx* story); *(stærkere)* filthy;
2. *(gemen)* beastly (*fx* behaviour); shabby (*fx* treatment);
3. *(lurvet)* shabby (*fx* clothes, dress).
sjofelhed *sb. (en, -er)* **1.** *(sjofel historie etc.)* dirty (*el.* smutty (, filthy)) story (, joke etc.);
2. *(sjofelt udtryk etc.)* obscenity;
3. *(svinestreg)* dirty trick.
sjofle *vb.* **1.** *(forsømme)* neglect (*fx* one's work); **2.** *(behandle sjofelt)* treat shabbily.
sjok*: nummer* ~ the last (one).
sjokke, sjoske *vb. (usikkert)* shamble; *(slæbende)* shuffle.
sjov[1] *sb. (et)* **1.** *(morskab)* fun; **2.** *(besvær)* trouble (*fx* we had a lot of trouble getting him home);
□ *det er ikke* ~ ***at*** *se sjov*[2] *(-t at)*; *det er* ***bare*** ~ I am only kidding; *det er ikke bar* ~ it is not all beer and skittles; ***lave*** ~ have fun, lark about; *de lavede en masse* ~ they had lots of fun; *man har ikke andet* ~ *end det man selv laver (kan gengives)* the only fun you have is what you make for yourself; ***lave*** *(el. holde)* ~ ***med*** *en a)* play a trick (, tricks) on sby (*fx* on the teacher); make fun of sby; T kid sby; *b) (bilde ham noget ind)* pull sby's leg; have sby on; ***tilfældig*** ~ *(ɔ: arbejde)* odd jobs;
[med præp.] ***for*** ~*, for -s skyld a) (i spøg)* in fun (*fx* I said it (, ran after him) only in fun); for a lark; for a laugh; *b) (for fornøjelsens skyld)* for the fun of it; for fun (*fx* he does it for fun, not to make money); T for kicks; *det er der ikke meget* ~ ***ved*** that is not much fun, there is not much fun in that; *der er ikke noget* ~ *ved at se sjov*[2] *(-t ved at).*
sjov[2] *adj.* **1.** *(morsom)* funny (*fx* this is not funny; he looked funny; a funny story); *(præd. især)* fun (*fx* he (, the play) was great fun; it is great fun to go skiing);
2. *(interessant)* interesting (*fx* it was interesting to hear);
3. *(underlig)* funny (*fx* noise, smell); odd;
□ *det er (vældig) -t* ***at*** it is great fun to; *det er ikke (særlig) -t at a)* there is no fun in -ing (*fx* in washing up); *b) (det er en alvorlig sag)* it is no fun -ing (*fx* it is no fun losing one's job); ***have det*** *vældig -t* have great fun; *-t* ***nok*** funnily (*el.* oddly) enough; funny thing you know (*fx* funny thing you know, the light was on); *det -e* ***ved*** *det a)* the fun of it, the joke (*fx* I don't see the fun of it (*el.* the joke)); *b) (ɔ: det mærkelige)* the funny thing (*fx* the funny thing is that he didn't notice); *der er ikke noget -t ved at* there is no fun in -ing.
sjover *sb. (en, -e)* **1.** bastard;
2. *(spøg.)* skunk;
□ *din lille* ~*! (spøg. til barn)* you little rascal!
sjoverstreg dirty trick;
□ *lave en* ~ *mod en* play sby a dirty trick, play a dirty trick on sby.
sjus *sb. (en, -ser)* whisky (, gin etc.)-and-soda; *(am.)* highball.
sjusk *sb. (et)* scamped (*el.* slovenly) work.
sjuske[1] *sb. (en, -r) se sjuskedorte.*
sjuske[2] *vb.* be careless (*med* about).
sjuskedorte untidy (*el.* slovenly) woman (, girl);
□ *hun er en* ~ she is careless.
sjuskefejl careless mistake.
sjuskehoved careless person.
sjuskemalene = *sjuskedorte.*
sjuskeri *sb. (et)* **1.** carelessness; *(stærkere)* sloppiness, slovenliness; **2.** *(sjusket arbejde)* slipshod work; *(stærkere)* sloppy work.
sjusket[1] *adj.* **1.** *(om person)* careless (*med* about);
2. *(om udseende)* untidy; *(stærkere)* slovenly;
3. *(om arbejde etc.)* slipshod; *(stærkere)* sloppy (*fx* spelling); slovenly (*fx* speak slovenly English).
sjusket[2] *adv. (jf. sjusket*[1]*)* **1.** carelessly; **2.** untidily; **3.** sloppily; in a slovenly way (*el.* manner).
sjuskethed *sb. (en) (jf. sjusket*[1]*)* **1.** carelessness; **2.** untidiness; **3.** sloppiness; slovenliness.
sjusse *vb.* make an informed guess; ~ *sig frem til* T guesstimate.
sjækkel *sb. (en, sjækler)* shackle.
sjæl *sb. (en, -e)* **1.** soul (*fx* his immortal soul; a wound in the soul);
2. *(person)* soul (*fx* he is a merry (, thirsty) soul; don't tell it to a soul); *(ofte iron.)* creature (*fx* a gentle (, helpful, thirsty) creature);
3. *(svømmeblære i sild)* sound;
□ *alle -s dag* All Souls' Day; *min* ~ *og salighed* upon my soul; *to -e og én tanke* two minds with but a single thought; *(ofte siges)* great minds think alike; *(se også ro)*; *[med adj., se også 2] ikke en levende* ~ not a living soul; *svage -e* weak-willed people;
[med vb. + præp.] han ***er*** *-en* ***i*** *foretagendet* he is the moving (*el.* driving) spirit of the enterprise; *hans* ~ ***er ikke med i*** *det* his heart is not in it; ***lægge*** *hele sin* ~ ***i*** put one's whole heart into; put one's heart and soul into; put everything one has into;
[med præp.] ***af*** *hele* ***min*** ~ with all my heart; *jeg får ikke fred* ***i min*** ~ *før det er forbi* I shall have no peace of mind until it is over; *rystet* ***i sin*** *-s inderste* shaken to the core of one's soul; ***på*** ~ *og legeme* in mind and body.
sjælden *adj.* **1.** *(mods. almindelig)* rare (*fx* bird, book, visit); *(-t indtræffende også, svagere)* infrequent (*fx* event, visit);
2. *(bemærkelsesværdig)* rare (*fx* beauty); remarkable; *(stærkere)* exceptional (*fx* ability, loyalty);
3. *(mods. rigelig)* scarce (*fx* first editions of this writer are (getting) scarce);
□ *det er -t* ***at*** *han kommer for sent* it is a rare thing for him to be late; he is rarely (*el.* hardly ever) late; *en* ~ ***gang*** at rare intervals; T once in a blue moon; *(se også grad).*
sjældenhed *sb. (en, -er) (jf. sjælden)* **1.** rarity; infrequency;
2. *(sjælden ting)* rarity, rare thing;
□ *det hører til -erne* it is a rare thing.
sjældent *adv.* **1.** *(ikke tit)* rarely; T hardly ever (*fx* I hardly ever meet him); F seldom; **2.** *(overordentlig)* remarkably (*fx* good); exception-

ally (*fx* gifted);
□ *ikke så (helt)* ~ as often as not; *meget* ~ F seldom if ever.
sjæle *vb.* **1.** *(skabe sig)* sentimentalize, attitudinize; **2.** *(om skuespiller)* emote; **3.** *(om dans)* smooch.
sjælefred peace of mind;
□ *det forstyrrede ikke hans* ~ he did not lose any sleep over that.
sjæleglad *adj.* delighted, overjoyed.
sjælekvaler *sb.pl.* *(ɔ: moralske)* moral qualms.
sjælelig *adj.* mental;
□ *-e lidelser* mental sufferings.
sjæleliv mental life.
sjæler *sb. (en, -e)* **1.** *(dans)* smoochy dance; **2.** *(melodi)* smoochy tune.
sjæleri *sb. (et)* sentimentalizing, attitudinizing.
sjælesorg cure of souls, pastoral care.
sjælesørger *sb. (en, -e)* spiritual adviser.
sjælevandring transmigration of souls; metempsychosis.
sjælevarmer *sb. (en, -e)* bed jacket.
sjælfuld *adj.* *(udtryksfuld)* expressive; *(vemodig)* soulful.
Sjælland Zealand.
sjællandsk[1] *sb. (et) (dialekt)* Zealand dialect.
sjællandsk[2] *adj. (attr.)* Zealand;
□ *den -e syge* laziness.
sjællænder *sb. (en, -e)* Zealander.
sjælløs *adj.* soulless.
sjælløshed *sb. (en)* soullessness.
sjælsadel nobility of soul.
sjælsrenhed purity of soul.
sjælsrå *adj.* cynical; brutal.
sjælsråhed cynicism; brutality.
sjælsstorhed greatness of soul; *(se også sjælsadel).*
sjælsstyrke strength of mind; F fortitude.
skab[1] *sb. (et, -e)* **1.** cupboard; *(am. også)* closet;
2. *(finere, ofte med glasdør, også radio-)* cabinet;
3. *(klæde-)* wardrobe;
4. *(penge-, mad-)* safe;
5. *(bog-)* (closed) bookcase;
6. *(lille aflåseligt væg-)* locker;
□ *sige ham hvor -et skal stå* tell him where he gets off; *det er hans kone der bestemmer hvor -et skal stå* it is his wife who wears the trousers (*el.* pants).
skab[2] *sb. (et)* **1.** *(sygdom)* scab; *(især hos hunde)* mange;
2. *(skadedyr)* vermin;
3. *(om ting)* muck.
skabagtig *adj.* affected.
skabagtighed *sb. (en)* affectation.
skabe *vb. (skabte, skabt) (se også skabende, skabt)* **1.** *(frembringe)* create (*fx* a work of art, a new language, better conditions, new jobs, new possibilities);
2. *(fremkalde)* create (*fx* confusion, great interest, new problems); cause (*fx* bitterness, difficulties, dissatisfaction); give rise to (*fx* dissatisfaction); bring about;
3. *(gøre berømt)* make (*fx* that film made him);
□ ~ *om til* transform into;
[med sb.] ~ *forandring* bring about a change; ~ *interesse for* create (*el.* arouse) an interest in; ~ *kontakt med* establish contact with; ~ *tillid a)* build confidence; *b) (indgyde)* inspire confidence; *(se også historie, sensation)*;
[med sig] ~ ***sig*** *a) (være skabagtig)* be affected, attitudinize; *b) (opføre sig tåbeligt)* play the fool (*fx* stop playing the fool); T create, carry on; *c) ("spille komedie")* put on an act (*fx* he is not hurt, he is only putting on an act); *d) (stille sig an)* put it on; *e) (tage på vej)* make a fuss (*over* over, about); *f) (gøre knuder etc.)* play up (*fx* my leg has been playing up all week); ~ *sig en karriere* make a career (for oneself); F carve out a career (for oneself); ~ *sig et navn* make a name for oneself; ~ *sig om* transform oneself.
skabekrukke affected person, poseur.
skabelon *sb. (en, -er)* **1.** *(model, til tegning)* templet, pattern;
2. *(til farvelægning)* stencil;
3. *(form)* shape.
skabelonagtig *adj.* stereotyped.
skabelse *sb. (en, -r)* creation, making.
skabelseshistorien **1.** the Story of the Creation; **2.** *(1. Mosebog)* Genesis.
skabende *adj.* creative (*fx* artist, art).
skaber *sb. (en, -e)* creator, maker; *(fig. også)* architect (*fx* the architects of the alliance).
skaberak *sb. (et, -ker) (sadeldækken)* caparison.
skaberevne creative power.
skaberglæde creative zest.
skaberi *sb. (et, -er)* **1.** *(skabagtighed)* affectation; **2.** *(komediespil)* play-acting.
skaberkraft creative power.
skabertrang creative urge.
skabet *adj.* **1.** *(om hund)* mangy, scabby; **2.** *(væmmelig)* beastly;
3. *se skabagtig.*
skabhals *se skabekrukke.*
skabilken *sb. (et, -er)*, **skabilkenhoved** **1.** (milliner's) block, barber's block; **2.** *(fig.)* scarecrow, fright.
skabiose *sb. (en, -r) (bot.)* scabious.
skabning *sb. (en, -er)* **1.** *(væsen)* creature; **2.** *(det skabte)* creation;
□ *-ens herre (ɔ: mennesket, manden)* the Lord of Creation.
skabrøs *adj.* scabrous.
skabs- *(ɔ: i det skjulte)* closet (*fx* he is a closet liberal).
skabsbøsse closet queen.
skabsdør cupboard door, wardrobe door *(etc.); (jf. skab*[1]*).*
skabsfryser upright freezer.
skabskuffert wardrobe trunk.
skabslåge *se skabsdør.*
skabsmodel *(af radio etc.)* cabinet model.
skabsplads cupboard (, wardrobe) space.
skabsseng wardrobe bed.
skabt *adj.* created, made;
□ *være godt* ~ have a good figure;
[med (sb. +) præp.] ikke ***begreb*** ~ ***om*** *se begreb (har ikke begreb om)*; *der er ikke* ***mening*** ~ ***i*** it does not make sense at all; there is neither rhyme nor reason in it; *den er som* ~ ***til*** *dig* it might have been made for you; *være som* ~ ***til at*** *være lærer* be cut out to be a teacher; be a born teacher.
skade[1] *sb. (en, -r) (zo.)* **1.** *(fugl)* magpie; **2.** *(fisk)* skate.
skade[2] *sb. (en, -r)* **1.** *(på ting etc.)* damage (*på* to, *fx* the damage done to the car (, their marriage, his reputation));
2. *(fortræd)* harm (*fx* what harm can it do?); F mischief (*fx* the bombs (, the speech) did a lot of mischief);
3. *(på legemet)* injury (*på* to, *fx* severe injuries to the legs);
4. *(skavank)* trouble (*fx* I have got a bit of the old trouble);
5. *(maskinskade)* breakdown;
6. *(forsikringsskade, tab)* loss;
□ ~ *at han ikke kom* what a pity he did not come; *det er* ~ it is a pity; *det er ingen* ~ *til, se ndf.: med præp.*;
[med adj.] en gammel ~ *(ɔ: sygdom)* an old trouble; *det er kun en lille* ~ the damage isn't great; *store -r* great damage; *(se også halv)*;
[med vb.] vi har ***fået*** *en (lille)* ~ *(ɔ: på bilen)* the car has been (slightly) damaged; ***gøre*** ~ *a)* do (*el.* cause) damage; *b) (fortræd)* do harm; *det gør mere* ~ *end gavn* it does more harm than good; ***lide*** ~, *se ndf.: tage* ~; *-n er* ***sket*** the damage (, harm, mischief) has

been done; *forhindre -n i at ske* prevent damage from being done; *der er ingen ~ sket* there is no harm done; ***tage*** *~ a) (om ting)* be damaged, suffer damage; *b) (om person)* be hurt; *c) (blive påvirket)* be affected (*fx* his brain has not been affected); *han havde ikke taget nogen ~ af sit uheld* he was none the worse for his accident; *han tager ingen ~ af at arbejde* work will do him no harm; it won't hurt him to do some work; *[med præp.]* ***af*** *~ bliver man klog* once bitten twice shy; *han er blevet klog af ~ (kan gengives)* he has been taught by bitter experience; *han kom* ***for*** *~* ***at*** *vælte vasen* he was unfortunate enough to upset the vase; as ill-luck would have it he upset the vase; *dække* **imod** *al ~* cover against all risks; *komme* ***til*** *~* be hurt, be injured; *og det er ingen ~ til (ɔ: det er godt)* and a good job too; *det er ingen ~ til at* there is no harm in -ing (*fx* in trying; in being a little before time); *(især iron.)* it never hurts to (*fx* use your brain; give a good impression); ***til*** *~* ***for*** F to the detriment of; *være til ~ for* be harmful to, be injurious to; F be detrimental to; *du kan* **uden** *~ nævne hans navn* you can safely mention his name; *du kunne uden ~ være lidt høfligere* a little more politeness would not do any harm; F a little more politeness would not come amiss.

skade[3] *vb. (se også skadet)* **1.** *(om materiel skade)* damage (*fx* the car, the crops);
2. *(om legemsskade)* injure (*fx* he injured his leg);
3. *(om helbred)* harm (*fx* one's health; breast milk substitute may harm the baby); *(stærkere)* damage (*fx* one's health); *(svække, også om funktion,* F*)* impair (*fx* growth; one's health; one's hearing, one's eyesight);
4. *(fig.)* damage, injure (*fx* his reputation; our trade); hurt (*fx* it will hurt his chances; sanctions will hurt the black population); *(svagere)* harm (*fx* his business, his reputation; he will only harm himself); do harm to; *(stærkere,* F*)* be detrimental to (*fx* our interests);
□ *det -r ikke* it will do no harm, there is no harm in it; *det -r ikke at, det kan aldrig ~ at* it never hurts to (*fx* be polite); *det vil ~ mere end gavne* it will do more harm than good; *hvad kan det ~ at forsøge?* where is the harm in trying? what harm is there in trying?

skadedyr 1. pest; *(pl.)* pests; vermin; **2.** *(om menneske)* threat to society; *(pl.)* vermin.

skadedyrsbekæmpelse pest control.

skadedyrslaboratorium pest control laboratory.

skadeforsikring general insurance.

skadefri *adj.: bonus for -t år* no-claims bonus.

skadefro[1] *adj.* gleeful, malicious;
□ *være ~ over noget* gloat over sth.

skadefro[2] *adv.* gleefully, maliciously.

skadefryd (malicious) glee, malicious pleasure;
□ *betragte noget med ~* gloat over sth.

skadelidt *adj.* injured;
□ *den -e a)* the sufferer, the injured person; *b) (assur.)* the claimant, the insured.

skadelig *adj.* harmful (*for* to, *(om person også)* for, *fx* this food can be harmful for (*el.* to) you; it is harmful to the eyes (, your health, the environment); a harmful effect (, influence, substances)); *(stærkere)* damaging (*for* to, *fx* drinking is damaging to your liver; a damaging effect); F injurious (*fx* to one's health (, career); injurious substances); detrimental (*for* to, *fx* our interests); *(meget stærkt, ofte snigende)* pernicious (*fx* influence, lies, propaganda);
□ *~ for (også,* T*)* bad for (*fx* the digestion, one's eyes, one's health).

skadelighed *sb. (en)* harmfulness.

skadesanmeldelse notification (*el.* advice) of claim.

skadeserstatning 1. compensation; **2.** *(tilkendt ved retten)* damages pl.; **3.** *(krigs-)* (war) indemnity; reparations pl.

skadesforsikring = *skadeforsikring.*

skadesløs *adj.: holde ~* indemnify.

skadesløsholdelse *sb. (en)* indemnification.

skadestue casualty department; T casualty.

skadet *adj. (om sportsmand)* injured.

skadevirkning harm; F adverse effect (*fx* the adverse health effect of air pollution); deleterious effect.

skadevolder *sb. (en, -e) (assur.)* person causing the loss.

skaffe[1] *vb.* **1.** *(få fat i)* get (*fx* I'll try to get you a job; get a taxi (, tickets) for them); F obtain (*fx* I have been unable to obtain the book for you; his ability obtained him the post); T put in the way of (*fx* he put me in the way of a good job (, offer)); *(ved særlige anstrengelser,* F*)* procure (*fx* tickets (, seats) for them); *(om noget eftertragtet)* secure (*fx* two good seats);
2. *(finde, fx om penge)* find (*fx* a job, a buyer; I have to find £2,000); *(om penge også)* raise (*fx* we hope to raise £5,000);
3. *(levere)* provide (*fx* accommodation; they had to provide their own food; he provided me with information); supply (*fx* supply him with information);
4. *(fig.: vinde etc.)* gain (*fx* this gained him the job (, a nickname)); win;
5. *(volde)* cause (*fx* it caused me endless worry);
6. *(transportere)* get (*fx* get him out of the country);
[med sb.] ~ en bryderier give sby (a lot of) trouble; *~ lindring* bring relief; *~ plads* find room;
[med præp. & adv.] ~ en ***af med*** *noget* get rid of sth for sby; *~ en* ***af vejen*** *a)* get sby out of the way; *b) (dræbe)* put sby out of the way; *~ noget af vejen* remove sth, take sth away; get rid of sth; *jeg vil ikke have noget* **med** *dem at ~ (glds.)* I will have no truck with them; *(ikke)* ***til at*** *~* (un)obtainable; *~* ***til veje*** get (hold of); F obtain; *(med særligt besvær)* procure;
[med sig] ~ ***sig*** get; F obtain, secure, procure *(se 1 ovf.); ~ sig adgang a)* gain admission; *b) (om tyv etc.)* gain entry; *~ sig fjender (, venner)* make enemies (, friends); *~ sig af med* get rid of; *~ sig at vide* find out; F ascertain.

skaffe[2] *vb. (sø.)* eat, mess;
□ *pibe til at ~ (sø.)* pipe dinner.

skaffedyr T provider.

skaffegrejer *sb.pl.* mess gear.

skaffetid *(sø.)* mess time.

skafot *sb. (et, -ter)* scaffold;
□ *bestige -tet* mount the scaffold; *dø på -tet* die on the scaffold.

skaft *sb. (et, -er)* **1.** *(på redskab)* handle;
2. *(spyd-, søjle-)* shaft;
3. *(støvle-, strømpe-)* leg;
4. *(på anker, nøgle etc.)* shank;
5. *(koste-) se kosteskaft;*
□ *hans hænder sidder godt på -erne* he is handy; *hans hænder sidder løst på -erne* he is free with

his fists.
skaftestøvle top boot.
skaftevæv foot-powered loom.
Skagen the Skaw.
Skagerrak the Skagerrak.
skagle *sb. (en, -r)* trace;
□ *slå til -rne a) (more sig)* have a fling; *b) (gå på sjov)* go on the spree.
skak *sb.* chess (*fx* play chess);
□ *et parti* ~ a game of chess; *[med vb.] holde én i* ~ *a)* hold sby in check; *b) (med skydevåben)* keep sby covered; *sige* ~ give check.
skakbrik chessman, chess piece.
skakbræt chessboard.
skakke*: på* ~ aslant.
skakklub chess club.
skakmat *adj.* **1.** checkmate; **2.** *(udmattet, præd.)* fagged out, done in;
□ *gøre én* ~ *a)* checkmate sby; *b) (fig.)* drive sby into a corner.
skakmester chess champion.
skakopgave chess problem.
skakspil **1.** *(bræt og brikker)* chess set; **2.** *(om selve spillet)* chess.
skakspiller chessplayer.
skakt *sb. (en)* **1.** *(mine-, elevator-)* shaft; **2.** *(trappe-)* well; **3.** *se affaldsskakt.*
skaktræk move.
skakturnering chess tournament.
skal[1] *sb. (en, -ler)* **1.** *(ægge-, muslinge-, østers-, skildpadde-, nødde- etc.)* shell; *(halvdel af muslingeskal)* valve;
2. *(frugt-, fx banan-, drue-)* skin; *(på citrusfrugt)* peel, rind (*fx* grated lemon rind); *(det yderste farvede lag, brugt i mad)* zest; *(melon-)* rind;
3. *(på korn)* husk;
4. *(af hus)* shell;
5. *(hjerne-)* skull;
6. *(= hoved)* nut;
□ *gal* ***i*** *-len* mad; *trække sig* ***ind i*** *sin* ~ *(også fig.)* go into one's shell; *få en* ***på*** *-len* get a sock in the face; get a blow on the head; *give ham en på -len* sock him one; *give den en på -len (ɔ: arbejde hårdt)* pitch into the job.
skal[2] *præs. af skulle.*
skala *sb. (en, -er)* **1.** *(målestoksforhold)* scale;
2. *(mus.: tonerække)* scale; *(spændvidde)* gamut;
3. *(på radio)* dial;
□ *efter en stigende* ~ on an ascending scale, progressively; *hele -en af følelser* the whole gamut of emotions; *spille -er* practise scales.
skaldepande **1.** bald head; **2.** *(person)* baldhead, baldpate.
skaldet *adj.* **1.** *(på hovedet)* bald(headed); **2.** *(sølle)* measly (*fx* one measly pencil; a measly five pounds).
skaldethed *sb. (en)* baldness.
skaldynge shell heap.
skaldyr *(zo.)* shellfish;
□ *toskallede* ~ *(zo.)* bivalves; *de lækre* ~ *(ɔ: østers)* the succulent bivalves.
skalkagtig *adj.* roguish, arch.
skalkagtighed *sb. (en)* roguishness, archness.
skalke *vb.: ~ lugerne (sø.)* batten down the hatches.
skalkejern *(sø.)* batten.
skalkekile *(sø.)* batten wedge.
skalkeklampe *sb. (en, -r) (sø.)* batten cleat.
skalkeliste *(sø.)* batten.
skalkeskjul blind;
□ *et* ~ *for* a blind for, a cloak for.
skalle[1] *sb. (en, -r) (zo.)* roach.
skalle[2] *sb. (en, -r): nikke én en* ~ nut sby, butt sby; *de gav den en ordentlig* ~ *(ɔ: arbejdede hårdt)* they pitched into the job.
skalle[3] *vb. (om sted)* peel (*fx* the wall (, my nose, my back) is peeling); flake;
□ ~ *af (om maling, hud)* peel off, flake off.
skallesluger *sb. (en, -e) (zo.)* merganser;
□ *lille* ~ smew; *stor* ~ goosander.
skallesmækker *sb. (en, -e)* rough, hooligan.
skalmeje *sb. (en, -r) (mus. hist.)* shawm.
skalmur facing wall.
skalotteløg *(bot.)* shallot.
skalp *sb. (en, -e)* scalp;
□ *være ude efter hans* ~ *(fig.)* be gunning for him.
skalpejagt*: være på* ~ be scalp-hunting.
skalpejæger scalp-hunter.
skalpel *(en -ler)* scalpel.
skalpere *vb.* scalp.
skalte *vb.: ~ og valte med noget* deal with sth in a very high-handed way; *de -r og valter med vores penge* they do as they like with our money.
skalten *sb. (en): ~ og valten med* high-handed treatment of.
skam[1] *sb. (en)* **1.** *(vanære)* shame; *(stærkere)* disgrace (*fx* you are a disgrace to your school); F dishonour;
2. *(skamfølelse)* shame;
3. *(anstændighedsfølelse)* sense of decency;
□ *det er* ***en*** ~ *a) (kedeligt)* it is a pity (*fx* it is a pity you did not see him); *(i udbrud)* what a pity! *b) (skammeligt)* it is a shame (*fx* it is a shame to waste all that money); *(i udbrud)* what a shame! ***for -s skyld*** in common decency; (if only) for the sake of appearances; *[med vb.] have* ***bidt*** *hovedet af al* ~ be lost to all sense of decency; have thrown decency to the winds; ***bringe*** ~ ***over*** bring shame on; disgrace; F bring dishonour on (*fx* one's family); ***få*** ~ ***til tak*** reap ingratitude; ***gøre*** *ham* ~ disgrace him, be a disgrace to him; ***gøre*** *ens forhåbninger (, håb)* ***til -me*** *(ɔ: skuffe)* disappoint sby's expectations (, hopes); *gøre ens frygt (, tvivl) til -me (ɔ: overflødiggøre)* show sby's fear (, doubt) to be groundless; *gøre ens ord til -me* belie sby; *hun* ***har*** ~ *af ham* he is a disgrace to her; *han* ***har ikke*** ~ ***i livet*** he does not know what shame is; he is without any sense of shame; *med* ~ *at* ***melde*** much to my shame (*fx* much to my shame, I didn't protest).
skam[2] *adv.* really (*fx* I really mean it; I really don't know); *(svagere)* you know (*fx* that is not so easy, you know; he is clever, you know).
skamben *(anat.)* pubis (pl. pubes).
skambide *vb.* savage.
skambyde *vb.: ~ én* make sby a disgracefully low offer.
skamfere *vb.* **1.** *(beskadige)* damage (*fx* the furniture); **2.** *(vansire)* disfigure (*fx* his nose);
□ *hun fik ansigtet -t* she was disfigured.
skamfering *sb. (en, -er)* disfiguration.
skamfile *vb. (sø.)* fret, chafe.
skamfiling *sb. (en, -er) (sø.)* chafing.
skamfilingsliste *(sø.)* rubbing strake.
skamfuld *adj. (præd.)* ashamed (*fx* he felt ashamed); *(stærkere: dybt beskæmmet,* F*)* mortified; *(attr.)* shamefaced (*fx* with a shamefaced smile);
□ *gøre én* ~ make sby feel ashamed; make sby blush; ~ *ved (el. over) noget* ashamed of sth; ~ *ved (el. over) at a) (+ inf.)* ashamed to (*fx* he was ashamed to tell her); *b) (+ sætn.)* ashamed that.
skamfuldhed *sb. (en)* (feeling of) shame; *(stærkere,* F*)* mortification.
skamfølelse sense of shame.
skamhår pubic hair.
skamlæber *sb.pl.* labia.

skamløs *adj.* **1.** shameless; **2.** *(~ og fræk)* impudent, barefaced (*fx* lie).
skamløshed *sb. (en) (jf. skamløs)* **1.** shamelessness; **2.** impudence.
skamme *vb.: ~ ham ud* tell him to be ashamed of himself; take him to task; *~* ***sig*** be ashamed (of oneself); *du skulle ~ dig! skam dig!* you ought to be ashamed of yourself! *~* ***sig for at*** be ashamed to (*fx* he is ashamed to tell); *~* ***sig over*** be ashamed of; *~ sig* ***over at*** *a) (+ inf.)* be ashamed to; *b) (+ sætn.)* be ashamed that (*fx* I am ashamed that you should see this); *hun -de sig* ***over for*** *ham* she was ashamed in face of him (*el.* when faced with him).
skammekrog: *stille én i -en* put sby in the corner; *stå i -en* stand in the corner.
skammel *sb. (en, skamler)* stool, footstool; *(se også bedeskammel).*
skammelig[1] *adj.* **1.** disgraceful, scandalous (*fx* behaviour, treatment); *(stærkere)* outrageous (*fx* lie); T sinful (*fx* waste);
2. *(grov)* gross (*fx* deception);
□ *det var -t (ɔ: en skam)* what a shame.
skammelig[2], **skammeligt** *adv. (jf. skammelig*[1]*)* **1.** disgracefully (*fx* behave (, treat her) disgracefully); scandalously; outrageously;
2. grossly;
□ *~ nok (ɔ: og det er en skam)* more's the pity (*fx* they tore the old house down, more's the pity).
skamplet: *sætte en ~ på én* cast a stain on sby's honour; *være en ~ på* be a reproach to; *(stærkere)* be a disgrace to.
skamride *vb.: ~ en hest* founder (*el.* override) a horse; *han har skamredet den vittighed* that joke is wearing thin.
skamrose *vb.* praise fulsomely.
skamrødme *sb. (en)* blush (of shame).
skamskyde *vb.* maim.
skamskænde *vb. (vansire)* disfigure.
skamslå *vb.* **1.** manhandle, beat up; **2.** *(invalidere)* cripple.
skamstøtte [monument of infamy].
skandale *sb. (en, -r)* scandal (*fx* it is a scandal);
□ *lave ~ (ɔ: en scene)* make a scene; *vække ~* cause a scandal.
skandalehistorie piece of scandal; *-r* scandal sg.
skandaleombrust *adj.* scandal-ridden.
skandalesucces succès de scandale.
skandalisere *vb.* **1.** *(vanære)* disgrace; **2.** *(afsløre)* expose.
skandaløs *adj.* scandalous, disgraceful (*fx* behaviour, treatment).
skandere *vb.* scan.
skandering *sb. (en, -er)* scanning.
skandinav *sb. (en, -er)* Scandinavian.
Skandinavien Scandinavia.
skandinavisk *adj.* Scandinavian.
skandinavisme *sb. (en)* Scandinavism.
skandskrift *sb. (et, -er)* lampoon.
skank *sb. (en, -er) (på slagtet kvæg)* shank, shin;
□ *-er (på menneske: ben)* shanks (*fx* long, thin shanks); legs; *bruge sine -er, røre -erne* stir one's stumps; *stryge ~ (om heste)* interfere.
skanne *vb.* scan.
skanner *sb. (en, -e)* scanner.
skanse *sb. (en, -r)* **1.** *(feltbefæstning)* fieldwork, entrenchment; *(udenfor liggende)* redoubt;
2. *(sø.)* quarterdeck;
□ *holde -n (fig.)* hold the fort (*el.* the field); keep the flag flying; *dø som den sidste på -n* die in the last ditch.
skanseklædning *(sø.)* bulwark.
skansepæl palisade.
skar *præt. af skære.*
skarabæ *sb. (en, -er) (zo.)* scarab.
skare[1] *sb. (en, -er)* **1.** band, flock; *(større)* crowd (*fx* a large crowd (of people) collected in the square); *(flok i bevægelse)* troop (*fx* of children); **2.** *(hærskare)* host (*fx* of admirers).
skare[2] *vb.: ~ sig om* flock round.
skarevis *adv.* in crowds.
skarlagen *sb. (et)*, **skarlagenrød** *adj.* scarlet.
skarlagensfeber scarlet fever; *(med.)* scarlatina.
skarn *sb. (et)* **1.** *(snavs)* dirt; *(stærkere)* filth; *(gade-)* mud; *(affald)* refuse;
2. *(ekskrementer)* dung; droppings pl.; F excrement(s);
3. *(slet person)* beast; F wretch;
□ *man kan også gøre et ~ uret* one must give the devil his due; *dit lille ~!* you little mischief! *et utaknemligt ~* an ungrateful wretch; *hjælpe en op af -et (fig.)* raise sby from the gutter; *kaste ~ på (fig.)* throw mud at.
skarnbasse *(zo.)* dung beetle.
skarnbøtte, **skarnkasse** dustbin; *(am.)* garbage can.
skarnsknægt scamp.
skarnskvinde hussy.
skarnsstreger *sb.pl.* mischievous tricks; *(grovere)* dirty tricks.
skarntyde *sb. (en, -r) (bot.)* hemlock.
skarp[1] *sb. (en) (æg)* edge.
skarp[2] *adj. (se også skarpt)*
1. sharp (*fx* knife, teeth); *(stærkere,* F*)* keen (*fx* knife, edge);
2. *(om sanser etc.)* keen (*fx* eyesight, hearing, intelligence);
3. *(tydelig)* sharp (*fx* image, picture); clear-cut (*fx* features, profile, division);
4. *(hvas, streng)* sharp (*fx* attack, tone, tongue, rebuke); keen (*fx* satire); severe (*fx* attack, rebuke); *(bidende)* biting, cutting (*fx* reply, satire);
5. *(om smag)* sharp; F pungent; *(bidende ~)* acrid;
6. *(om frost, vind)* keen, piercing;
7. *(om ammunition)* live (*fx* ammunition);
□ *en ~ (*T*: spiritus)* a glass of the strong stuff; *skyde med -t a)* fire live rounds; *b) (skælde ud etc.)* give him (, them etc.) the rough edge of one's tongue;
[med sb.] under ~ bevogtning closely guarded; *have et -t blik for* have a keen eye for; *en ~ drejning* a sharp turn; *~ forfølgelse* close (*el.* hot) pursuit; *-e forholdsregler* severe (*el.* harsh) measures; *en ~ grænse* a sharp (*el.* well-defined) limit (, boundary); *et -t hjørne* a sharp corner; *runde et -t hjørne (fig.: om fødselsdag)* pass a milestone; *en ~ iagttager* a keen observer; F an acute observer; *en ~ kant* a sharp edge; *have -e kanter (fig.: om person)* be abrasive; *~ konkurrence* keen (*el.* intense) competition; *~ kontrast* sharp contrast; *~ lyd* shrill (*el.* piercing) sound; *-t lys* harsh light; *~ ost* strong cheese; *~ patron* live cartridge, ball cartridge; *en ~ protest* a strong protest; *-t skud* live round (*fx* the police fired several live rounds); *med ~ stemme a)* in a sharp voice; *b) (skinger)* in a strident voice; *i -t trav* at a smart trot; *holde -t udkig* keep a sharp look-out.
skarphed *sb. (en) (jf. skarp*[2]*)* sharpness; keenness; *(strenghed også)* severity; *(om smag)* sharpness, pungency.
skarpladt *adj. (præd.)* loaded with live cartridges.
skarpretter *sb. (en, -e)* executioner.
skarpsindig *adj.* **1.** acute (*fx* observer, thinker, observation); *(*F *el. iron.)* perspicacious (*fx* critic, remark; how perspicacious of you to notice that!);
2. *(indtrængende)* penetrating (*fx* analysis);

3. *(skønsom)* discerning (*fx* critic);
4. *(kløgtig)* shrewd (*fx* observer, remark).

skarpsindighed *sb. (en) (jf. skarpsindig)* **1.** acuteness; (F *el. iron.)* perspicacity; **2.** penetration; **3.** discernment; **4.** shrewdness.

skarpskydning 1. live firing; **2.** *(øvelse)* live-firing exercise.

skarpskytte sharpshooter; *(dygtig skytte også)* marksman.

skarpskåren *adj.* **1.** sharp-cut; **2.** *(om profil)* clear-cut.

skarpsleben *adj.* sharp-edged.

skarpsyn 1. sharp eyes pl.; **2.** *(fig.)* penetration, acuteness.

skarpsynet *adj.* **1.** sharp-sighted, keen-sighted; **2.** *(fig.)* penetrating, acute (*fx* observer).

skarpt *adv.* sharply, keenly; *(strengt også)* severely;
□ *dreje ~* turn sharply; *dreje ~ til venstre* turn sharp left; *~ forfulgt af en politibetjent* with a policeman in hot pursuit; *se ~ på* look keenly at; *skelne ~ mellem* make a sharp distinction between; *stille ~ på* focus on.

skarv *sb. (en, -e el. -er) (zo.)* cormorant.

skat[1] *sb. (en, -te)* **1.** treasure (*fx* art treasures; a buried treasure; a priceless treasure);
2. *(forråd)* store (*fx* of learning);
3. *(arkæol.)* hoard (*fx* of coins);
4. *(om person: kæreste)* sweetheart; *(i tiltale) se ndf.*;
□ *~! min ~* darling! sweetheart! dear! (my) love! *(især am.)* honey!

skat[2] *sb. (en, -ter)* **1.** tax (*på* on, *fx* on tobacco, alcohol and petrol; pay (income) tax to the government; increase (, reduce) taxes by 5 per cent);
2. *(især hist.: tribut)* tribute (*fx* they had to pay (a) tribute to the conqueror);
□ *-ter og afgifter* taxes and dues; *-tens mønt* the tribute money; *udbytte før ~* pre-tax profit(s); *[med vb.]* ***betale ~ af*** pay tax (, taxes) on; ***betale i ~*** pay in tax (*fx* pay £5,000 (, 30 per cent) in (income) tax); *hvad betaler du i ~?* how much income tax do you pay? ***lægge ~ på*** *se lægge*; ***sætte en i ~*** *af £20.000* assess sby at £20,000; ***trække fra i ~*** deduct from tax; set off against tax.

skatkammer 1. treasury; **2.** *(fig.)* storehouse.

skatkammerbevis treasury bill.

skatkiste treasure chest.

skatmester treasurer.

skatskyldig *adj.* tributary.

skatte *vb. (værdsætte)* appreciate; F cherish; *(stærkere)* hold in high esteem;
□ *(højt) -t* highly esteemed.

skatteansættelse assessment.

skattebillet *(opkrævning)* tax demand note; income tax demand.

skatteborger taxpayer.

skattebyrde burden of taxation (*el.* of taxes) (*fx* shift the burden of taxes on to the poor); tax burden, tax load (*fx* the tax load has increased).

skattecirkus *se skattefidus.*

skattedepartement inland revenue department.

skatteevne ability to pay taxes.

skattefar T the taxman.

skattefidus tax dodge; *(ulovlig)* tax fiddle.

skatteflugt exodus of taxpayers.

skatteflygtning tax exile.

skattefordel tax advantage.

skatteforhøjelse increase of taxation.

skattefradrag 1. *(ved indtægtsangivelse)* deduction; **2.** *(fra skattevæsenets side, fx forsørgerfradrag)* allowance.

skattefri *adj.* tax-free; *(se også bundgrænse).*

skattefrihed exemption from taxation.

skattegodtgørelse tax credit.

skattegraver treasure hunter.

skattegrundlag tax base.

skatteindtægt 1. *(statens)* tax revenue; tax receipts pl.; **2.** *(skatteyders)* taxable income.

skattekilde source of taxation.

skattekrone krone paid in tax;
□ *-rne a) (skatteydernes penge)* the taxpayers' money; *b) (skatteindtægten)* the tax revenue.

skattelettelse tax relief, tax break; *(se også skattenedsættelse)*;
□ *-r (også) a)* tax concessions; *b) (generelt)* reduction of taxation.

skatteligning assessment (of taxes).

skatteloft tax ceiling.

skattelovgivning fiscal legislation.

skattely tax haven;
□ *leve i ~ (ɔ: i udlandet)* live in tax exile.

skatteminister [minister for taxation].

skatteministerium [ministry for taxation].

skattemæssig *adj.* fiscal.

skattenedsættelse tax reduction, tax cut.

skattenægtelse 1. refusal to pay taxes; **2.** *(lovgivende forsamlings)* refusal to grant supplies.

skattenægter tax refuser.

skatteobjekt object of taxation.

skatteopkræver tax collector.

skatteoprør tax revolt.

skatteparadis tax haven.

skatteplanlægning tax planning.

skattepligtig *adj.* **1.** *(om person, præd.)* liable to pay taxes; *(brugt som sb.)* taxpayer; **2.** *(om ting el. værdier)* taxable;
□ *~ indtægt* taxable income.

skatteplyndring the fleecing of taxpayers.

skattepolitik fiscal policy.

skatteprocent rate of taxation.

skatteprovenu tax revenue.

skatterestance unpaid (balance of) taxes; tax arrears pl.; T back taxes pl.

skatteskruen*: stramme ~* increase the tax burden.

skattesmæk tax shock.

skattesnyd *sb. (et) se skattesnyderi.*

skattesnyder *(der udnytter smuthuller)* tax avoider; T tax dodger; *(ulovlig)* tax evader; T tax cheat.

skattesnyderi *(ved at udnytte smuthuller)* tax avoidance; T tax dodging; *(ulovligt)* tax evasion; *(enkelt, T)* tax fiddle.

skattesvig, skattesvindel tax fraud.

skattetryk pressure (*el.* burden) of taxation; *(se også skattebyrde).*

skattetræk tax deduction.

skattetænkning *(kan gengives)* thinking in terms of tax advantages.

skatteudskrivning imposition of taxes; taxation.

skatteunddragelse tax evasion; *(se også skattesnyderi).*

skattevæsen 1. *(myndigheder)* taxation authorities pl.; **2.** *(system)* system of taxation;
□ *-et (i Engl.)* the Inland Revenue; T the taxman; *(am.)* the Internal Revenue.

skatteyder *sb. (en, -e)* taxpayer.

skatteår tax year, fiscal year.

skavank *sb. (en, -er)* **1.** defect; *(mindre)* flaw (*ved* in, *fx* in his character, in the scheme);
2. *(ulempe)* drawback (*ved* of, to, *fx* the only drawback of the plan; there are certain drawbacks to the plan);
3. *(legemlig)* disability.

ske[1] *sb. (en, -er)* **1.** spoon; **2.** *(stor, med langt skaft)* ladle; **3.** *(mur-, plante-)* trowel;
□ *han er ikke nem at* ***bide*** *-er med* he is a tough customer; ***give*** *ham det ind* ***med*** *-er* din it into his head; spoon-feed him; ***tage*** *-en i en anden hånd a) (ændre metode)* take another line; *b) (forbedre sig)* turn over a new leaf.

ske[2] *vb. (skete, sket)* **1.** *(indtræffe)* be (*fx* there has been an accident (, a change in the plan, an improvement, a mistake)); *(især med ubestemt subjekt)* happen (*fx* has anything happened? a strange thing happened; tell me what happened); F occur (*fx* an unfortunate incident occurred; he was away when the explosion occurred; it has never occurred before);
2. *(foregå)* take place (*fx* these events took place many years ago; it takes place very slowly; he was amazed by the changes that had taken place);
3. *(opstå)* come about (*fx* a change has come about; how did the accident (, the misunderstanding) come about?);
4. *(overgå)* happen to (*fx* what has happened to him? something dreadful has happened to me);
5. *(udføres)* be done (*fx* it shall be done! Thy will be done); be made (*fx* a mistake was made);
□ *-t er -t* what is done cannot be undone; *det -r **at** han kommer for sent* he is sometimes late; ~ ***hvad der** vil* come what may; *det er hvad der kan* ~ these things will happen; worse things happen at sea; *sørg for at der ikke -r ham **noget** (ondt)* see to it that he comes to no harm; *det -r der ikke noget ved, se ndf.: med præp.*; *der er -t ham **uret*** he has been wronged; *(se også skade*[2]*)*; *[med præp. & adv.] det kan ~ **for** enhver* that can happen to anybody; *det kan **godt** ~ du har ret* you may be right; *lad det ~ lidt **hurtigt*** be quick about it; T get a move on; make it snappy; ~ ***med** a) (tilstøde)* happen to (*fx* what has happened to him (, his car)?); *b) (om indre ændring)* happen with (*fx* something has happened with her, she used to be such a cheerful girl); *det er -t med ham* T he has had it; it is all up with him; *der er -t en forandring med ham* he has changed; *det -r der ikke noget **ved*** that cannot do any harm; *der kan ikke ~ noget **ved at*** it does no harm to (*fx* try); there is no harm in -ing (*fx* asking).
skeand *(zo.)* shoveler.
skeblad[1] *sb. (et, -) (blad på ske)* bowl.
skeblad[2] *sb. (en, -) (bot.)* water plantain.
skede *sb. (en, -r)* **1.** sheath; **2.** *(moder-)* vagina;
□ *trække af -n* unsheathe; *stikke i -n* sheathe.
skedekniv sheathknife.
skeetskydning skeet shooting.
skeformet *adj.* spoon-shaped.
skefuld *sb. (en, -e)* spoonful.
skehejre *(zo.)* spoonbill.
skeje *vb.: ~ ud a) (gøre mærkelige ting)* go off the rails; *b) (svire etc.)* live it up, have one's fling; *c) (sø.)* knock off.
skejs *sb. (en, -er): -er* T dough sg.; *ikke en ~* not a bean.
skel *sb. (et, -)* **1.** *(grænse)* boundary (line) (*mellem* between, *fx* two farms, two houses; there is no sharp boundary line between the categories); *(fig. også)* dividing line;
2. *(adskillelse)* barrier (*fx* the class barrier);
3. *(skelnen)* distinction (*mellem* between, *fx* rich and poor, illusion and reality; make the distinction between the two words clear);
□ ***bygge i** ~* build on the boundary (line); ***gøre** ret og ~ til alle sider* give everyone his due; ***sætte** ~ a) (jf. 2)* put up a barrier (*mellem* between); *b) (være skelsættende)* mark an epoch, mark a watershed (*i* in).
skele *vb.* squint; *(se også skelende)*;
□ *han -r **på** venstre øje* he has a squint in his left eye; *~ til a)* squint at; *b) (fig.)* have an eye to (*fx* one's own interests).
skelen *sb. (en)* **1.** *(det at skele)* squinting; **2.** *(øjefejl)* squint; *(fagl.)* strabismus.
skelende *adj.* squinting, squint-eyed.
skelet *sb. (et, -ter)* **1.** skeleton;
2. *(af en konstruktion, roman etc.)* framework;
□ *-ter i skabet (fig.)* a skeleton in the cupboard; skeletons in the cupboards; *indre ~* internal skeleton, endoskeleton; *ydre ~* exoskeleton.
skelettere *vb.* skeletonize.
skellig *adj.: ~ grund* good reason.
skelne *vb.* **1.** *(skimte)* make out (*fx* we could just make out the ship in the distance); *(også = opfatte,* F*)* distinguish (*fx* a faint sound; his face in the dark); *(ved anstrengelse)* discern (*fx* I could dimly discern a figure);
2. *(kende forskel på)* distinguish (*fx* the different colours (, scents); he could distinguish even minute differences);
3. *(gøre forskel)* make a distinction (*fx* here we must make a distinction); discriminate (*fx* bombs don't discriminate, they kill everybody);
□ *~ a **fra** b* tell a from b; F distinguish (*el.* differentiate) a from b; *jeg kunne ikke ~ dem fra hinanden* I could not tell them apart (*el.* from each other); *ikke til at ~ fra hinanden* indistinguishable; *~ **mellem** a) (kende forskel på)* distinguish between (*fx* right and wrong, facts and opinions; he can't distinguish between colours); differentiate between (*fx* can you differentiate between a blackbird and a starling? differentiate between two varieties); *b) (gøre forskel på)* discriminate between (*fx* good and bad writing; the law discriminates between accidental and intentional killing).
skelneevne discrimination.
skelnelig *adj.* distinguishable, discernible.
skelnen *sb. (en)* distinction (*mellem* between, *fx* make a distinction between two synonyms); differentiation (*mellem* of); discrimination (*mellem* between).
skelsættende *adj.* epoch-making (*fx* event); *(kun attr.)* landmark (*fx* decision, judgment, speech);
□ *det blev ~* it was a watershed.
skelsår: *komme til ~ og alder* come to (*el.* reach) the years (*el.* age) of discretion.
skeløjet *adj.* cross-eyed, squint-eyed;
□ *ikke så ~* T not bad.
skeløjethed *sb. (en) se skelen 2.*
skema *sb. (et, -er)* **1.** *(skole- etc.)* timetable; *(am.)* schedule;
2. *(plan)* schedule (*fx* a work schedule);
3. *(blanket)* form; *(am.)* blank; *(spørge-)* questionnaire;
4. *(tegning til forklaring)* diagram, chart;
□ *lægge ~ (i skole)* arrange (*el.* draw up) a (, the) timetable.
skemad spoon food.
skemafri *adj.: ~ dag* day without fixed lessons.
skemalagt *adj.* timetabled (*fx* subject, lesson).
skemalægger *sb. (en, -e)* timetabler.
skemalægning *sb. (en, -er) (i skole)* timetabling.
skemamæssig *adj.* schematic;
□ *af -e grunde* on account of the timetable.
skematisk[1] *adj.* schematic;
□ *~ fremstilling* schematic (*el.* general) outline; *~ tegning* dia-

gram.
skematisk[2] *adv.* schematically.
skepsis *sb. (en)* scepticism; *(tvivl også)* doubt (*fx* religious doubt).
skepticisme *sb. (en)* scepticism.
skeptiker *sb. (en, -e)* sceptic.
skeptisk[1] *adj.* sceptical (*over for* of).
skeptisk[2] *adv.* sceptically.
sketch *sb. (en, -er el. -)* sketch.
ski *sb. (en, -)* ski;
□ ***på*** ~ on skis (*fx* he came (, moved about) on skis); *løbe (el. stå) på ~ a)* ski, go on skis; *b) (tage på skitur)* go skiing; ***spænde** -ene* ***på*** fasten one's skis; *vi må hellere spænde -ene på (fig.: skynde os)* we had better get our skates on (*el.* get weaving).
skib *sb. (et, -e)* **1.** ship; F vessel; T boat;
2. *(i kirke)* nave; *(side-)* aisle;
3. *(typ.)* galley;
□ *dødt ~* derelict; *pr. ~* by sea; *ørkenens ~ (ɔ: kamelen)* the ship of the desert; *brænde sine -e* burn one's boats; *tage med -et til Hull* take the ship to (, for) Hull.
skibakke ski slope.
skibbrud *sb. (et, -)* shipwreck;
□ *fælles ~ trøster* misery loves company; ***lide*** *~ a) (om person)* be shipwrecked; *b) (fig.)* fail (*fx* their plans failed); F founder (*fx* the project foundered); *(om ægteskab, parforhold også)* go on the rocks; *lide ~ i livet* fail in life.
skibbruden *adj.* **1.** shipwrecked;
2. *(brugt som sb.)* shipwrecked man (, woman); *(som har reddet sig i land)* castaway; **3.** *(fig.)* failed (*fx* a failed artist).
skibsagent shipping agent.
skibsaktie shipping share.
skibsapotek (ship's) dispensary.
skibsbesætning (ship's) crew.
skibsbygger *sb. (en, -e)* shipbuilder.
skibsbyggeri **1.** *(værft)* shipyard;
2. *(bygning af skibe)* shipbuilding.
skibsbygningsingeniør shipbuilding engineer, naval architect.
skibsbygningskunst naval architecture.
skibsdreng (ship's) boy.
skibsdæk deck (of a ship).
skibsefterretninger *sb.pl.* shipping news.
skibsfart **1.** *(det at sejle)* navigation; **2.** *(som erhverv)* shipping (trade).
skibsfører shipmaster.
skibsførerbevis master's certificate.
skibshandler *sb. (en, -e)* ship('s) chandler.
skibsingeniør naval architect.
skibsinspektør **1.** *(i rederi)* (marine) superintendent; **2.** *(i skibstilsyn etc.)* ship surveyor.
skibsjolle dinghy.
skibsjournal logbook.
skibskammerat shipmate.
skibskanon naval gun.
skibskaptajn (ship)master, sea captain.
skibskiste sea chest.
skibsklarerer *sb. (en, -e)* shipbroker.
skibsklokke ship's bell.
skibskok ship's cook.
skibskompas ship's compass.
skibskonstruktør naval architect.
skibskronometer marine chronometer.
skibsladning **1.** *(sending)* shipment; **2.** *(last)* cargo (pl. -es); shipload.
skibslanterne (navigation) light.
skibslejlighed shipping opportunity;
□ *få ~ til* obtain a passage to.
skibslæge ship's doctor.
skibslængde ship's length.
skibsmandskab crew.
skibsmodel model of a ship; ship's model (pl. ships' models).
skibsmotor marine engine.
skibsmægler shipbroker.
skibsofficer ship's officer.
skibspapirer *sb.pl.* ship's papers.
skibsprovianteringsforretning marine stores.
skibsprovianteringshandler ship('s) chandler.
skibspræst chaplain.
skibsreder (ship) owner.
skibsrederi shipping company.
skibsregister ship's register.
skibsrum *(tonnage)* tonnage.
skibsside ship's side.
skibsskrog hull (of a ship).
skibsskrue (screw) propeller, screw.
skibssætning *(arkæol.)* stone ship.
skibstilsyn inspection of ships.
skibstvebak ship's biscuit.
skibstømrer ship's carpenter.
skibsudrustning marine equipment.
skibsværft shipyard, shipbuilding yard.
skid *sb. (en, -e el. -er) (vulg.)*
1. *(prut)* fart; **2.** *(som skældsord)* twerp; *(grovere)* turd (*fx* he is a little turd); shit (*fx* you big shit; he is a crazy shit);
□ *en dum ~* a twerp; *(grovere)* a silly bastard; *ikke en ~ (ɔ: intet)* damn all; *ikke en ~ værd* not worth a shit (*el.* damn); *have en lille ~ på* be tipsy; *slå en ~* fart.
skide *vb. (sked, skidt) (vulg.)* shit, crap;
□ *han sked i bukserne* he shit his trousers; *det vil jeg ~ på* I don't give a damn; *(grovere)* I don't give a shit; *han er ude at ~ (fig.)* he is in the shit; *~ være med det!* what the hell! *~ være med prisen!* to hell with the price! *(grovere)* screw the price!
skide- *(vulg.: forstærkende)* bloody (*fx* good, exciting).
skideangst *adj.: jeg blev ~* it scared the shit out of me.
skideballe bollocking.
skidefuld *adj.* pissed.
skideligeglad *adj.: jeg er ~* I don't give a damn; *(grovere)* I don't give a shit.
skiden *adj. (snavset)* filthy.
skidengrå *adj.* dirty grey.
skiderik *sb. (en, -ker) (vulg.)* shit, turd.
skidesur *adj. (vulg.)* pissed off.
skidragt ski suit; *(mere* F*)* skiing costume.
skidt[1] *sb. (et)* **1.** *(snavs)* dirt; *(stærkere)* filth; **2.** *(fig.)* trash, rubbish;
□ *hele -et* the whole lot; *komme med i -et* go to the bad; *det lille ~* poor little mite; *~ med det!* never mind (about that)! *have penge som ~* have money to burn; be stinking rich; *man skal have syv pund ~ om året (svarer til)* we must eat a peck of dirt before we die; *ikke regne ham for det ~ man træder på* treat him like dirt.
skidt[2] *adj.* bad; *(stærkere,* T*)* rotten;
□ *en ~ fyr (el. knægt)* a good-for-nothing; T a bad lot; S a nasty piece of work.
skidt[3] *adv.* badly;
□ *komme ~ fra noget (ɔ: kludre med det)* make a mess of sth; *det kom han ~ fra (ɔ: det lykkedes ikke)* he did not get away with it; *~ stillet* badly off; *(se også dårlig*[2]*, tilpas).*
skidt[4] *interj.* never mind! all right!
skidteras *sb. (et)*, **skidteri** *(et, -er)* rubbish, trash.
skidtfisk trash fish.
skidtvigtig *adj.* stuck-up, bumptious.
skifer *sb. (en)* slate;
□ *tække med ~* slate.
skiferbrud *sb. (et, -)* slate quarry.
skiferdækker *sb. (en, -e)* slater.
skiferie skiing holiday.
skiferler shale.
skifersten slate.
skifertag slate(d) roof.
skifertavle slate.
skifertækker *sb. (en, -e)* slater.
skiffer, **skifferbrud** *(etc.) se skifer,*

skiferbrud (etc.).
skift *sb. (et, -) (forandring)* change; *(se også skifte¹);*
□ *på ~* by turns (*fx* work by turns); in turn (*fx* they pulled in turn); alternately; *gøre det på ~ (også)* take turns at it; *(se også skiftes).*
skifte¹ *sb. (et, -r)* **1.** *(forandring)* change;
2. *(arbejdshold, arbejdsperiode)* shift (*fx* work in 3 shifts);
3. *(sø.: vagthold)* watch;
4. *(i mur)* course;
5. *(spor-)* changing of the points; *(skiftespor)* points pl.; *(am.)* switch;
6. *(del af stafetløb)* lap;
7. *(afløsning)* relief (*fx* of the watch); relay (*fx* of horses);
8. *(jur.: arve-)* administration of a deceased person's estate; *(deling)* division (*el.* distribution) of an estate.
skifte² *vb. (se også skiftende, skiftes)* **1.** *(forandre)* change (*fx* colour, course, direction; one's address, one's clothes, one's shoes, one's job, one's lifestyle, one's nationality);
(gå fra en ting til en anden; NB objektet i pl.) change, switch (*fx* jobs, parties, places, schools, seats, sides);
2. *(forandre sig)* change (*fx* the weather (, wind, traffic light) changed); *(mere* F; *især om mindre ændring)* alter;
(variere) vary (*fx* prices vary from place to place; the temperature varies from hour to hour);
3. *(veksle)* alternate (*imellem* between, *fx* alternate between work and sleep; rain and sunshine alternated);
4. *(stige om)* change (*fx* change at Windsor);
5. *(jur.)* administer an estate; *(udlodde)* divide (*el.* distribute) an estate;
□ *rejsende til Windsor -r her* change here for Windsor;
[med sb.] ~ ble se ble; ~ et bo, se ovf.: 5; ~ farve se farve¹; ~ dæk change a tyre; *~ gear* change gear(s); *~ kanal* change the channel, change (*el.* switch) channels; *~ kørebane* change lane(s), change from one lane to the other; *(pludseligt)* cut out; *~ lagener* change the sheets; *~ retning* change (one's) direction; change (*el.* alter) one's course; *~ sengelinned* change the bed linen; *~ tænder* cut one's second teeth; *(se også ejer, ham¹, mening, sol (og vind), spor, vadested);*
[med præp. & adv.] ~ ***fra*** *...* ***til*** *(om fag etc.)* change (*el.* switch) from...to (*fx* change (*el.* switch) from biology to physics);
~ ***imellem*** *se ovf. 3;*
~ ***om på*** change round;
~ ***over til*** *(om fag)* change to, switch to (*fx* biology);
~ ***på*** *et barn* change a baby; *~ på sengen* change the bed;
~ ***til*** *a)* change to, switch to (*fx* the lights changed (*el.* switched) to green); *b) (om tøj)* change into (*fx* evening dress);
~ ***ud*** *a)* replace (*fx* all the bulbs; a broken lock); renew (*fx* the water in the swimming pool; a tyre); *b) (i sport)* substitute; *~ det* ***ud med*** *noget andet* replace it with (*el.* by) sth else; substitute sth else for it.
skiftebehandling *se skifte¹ 8.*
skiftedag [day on which servants used to change jobs]; *(omtr.)* quarter-day.
skiftehold shift.
skifteholdsarbejde shiftwork.
skifteholdsarbejder shift worker.
skifteholdstillæg shift bonus, shift allowance.
skiften *sb. (en)* **1.** change; **2.** *(vekslen)* alternation (*imellem* between, *fx* working and sleeping; the alternation of the seasons).
skiftende *adj.* **1.** changing, varying (*fx* conditions, temperature; with varying success); shifting;
2. *(foranderlig, som tit skifter)* changeable (*fx* moods, weather);
3. *(som afløser hinanden)* alternate (*fx* alternate rain and sunshine); alternating;
□ *~ regeringer* successive governments.
skiftenøgle **1.** *(svensknøgle)* adjustable spanner, monkey wrench;
2. *(på skrivemaskine)* shift key.
skifteramme snap frame.
skifteret **1.** probate court; **2.** *(konkurs-)* bankruptcy court.
skiftes *vb.* take turns (*fx* you can't do it all at once, you have to take turns);
□ *~ til det* take it in turns; do it by turns; *~ til at gøre det* take (it in) turns to do it (*fx* they take it in turns to speak); take turns at doing it, do it by turns (*fx* they work by turns).
skiftesamling **1.** *(om dødsbo)* meeting of heirs; **2.** *(ved konkurs)* meeting of creditors.
skiftesko *sb.pl.* spare shoes; a change of shoes.
skiftespor **1.** switch; **2.** *(sporskifte)* points pl.; *(am.)* switch.
skiftetast shift key.
skiftetøj spare clothes pl.; a change (of clothes).
skiftevis *adv.* by turns (*fx* she laughed and cried by turns); alternately (*fx* alternately in Copenhagen and London).
skifting *sb. (en, -er)* changeling.
skiftning *sb. (en, -er)* changing, change.
skiføre*: det er godt ~* the snow is good for skiing.
skihop **1.** *(enkelt hop; hopbakke)* ski jump;
2. *(det at hoppe)* ski jumping;
3. *(disciplin)* the ski jump (*fx* she won the ski jump).
skik *sb. (en, -ke)* **1.** custom (*fx* ancient (, religious) customs; it is a Danish custom); F practice (*fx* the ancient Japanese practice of binding the feet from birth; practices of cultures different from our own); *(tradition også)* usage (*fx* an ancient usage);
2. *(vane)* custom; F practice;
□ *det er ~ hos araberne* it is a custom among the Arabs; *~ og brug* common practice; *det er ~ og brug (også)* it is the custom, it is customary; T it is the done thing;
[med vb.] ***få*** *~* ***på*** *se ndf.: sætte ~ på;* ***have for*** *~ at se vane (have for vane at); (man skal) ~* ***følge*** *eller land fly* when in Rome do as the Romans do; ***sætte*** *~* ***på*** *en (, noget)* get (*el.* lick) sby (, sth) into shape.
skikke¹ *vb. (sende)* send.
skikke² *vb.: ~ sig a) (opføre sig ordentligt)* behave properly, behave oneself; *b) (passe sig) se anstå (sig).*
skikkelig *adj.* **1.** *(godmodig)* good-natured;
2. *(fredelig, uskadelig)* inoffensive (*fx* citizen); harmless (*fx* chap, dog);
3. *(fredsommelig)* placid (*fx* child; as placid as a cow);
4. *(rimelig)* reasonable (*fx* price);
□ *opføre sig -t* behave properly; *(se også skrog).*
skikkelse *sb. (en, -r)* **1.** *(legemsform)* shape (*fx* he has a handsome shape; she has a fine shape); form (*fx* her beautiful (, graceful, well-proportioned) form);
2. *(person)* figure (*fx* a well-known figure; I saw a (dark) figure approaching); *(utydelig også)* shape, form (*fx* we saw a dark (, strange) shape (*el.* form) in the distance);

3. *(i drama, maleri, historien etc.)* figure (*fx* the greatest figure of our time; he was fascinated by the figure of Jesus); *(i litteratur også)* character;
4. *(fremtrædelsesform)* shape (*fx* a fiend in human shape); form (*fx* the god appeared in various forms);
5. *(tilstand)* state (*fx* restore the house to its original state);
□ *antage menneskelig* ~ assume human shape;
[med præp.] høj ***af*** ~ tall of stature; *(se også bedrøvelig)*; ***i*** ~ ***af*** in the shape of.
skikket *adj.* **1.** *(egnet)* fit, suitable (*til* for); **2.** *(kvalificeret)* qualified (*til* for).
skilderhus sentry box.
skilderi *sb. (et, -er)* picture.
skilderikrog picture hook.
skildpadde *sb. (en, -r)* **1.** *(zo.)* tortoise; *(hav-)* turtle; *(se også forloren)*; **2.** *(om materialet)* tortoiseshell.
skildpaddeskal tortoiseshell.
skildpaddesuppe turtle soup.
skildre *vb.* **1.** *(fortælle om)* describe (*fx* a landscape, one's journey, what happened); *(levende)* portray; F depict (*fx* portray (*el.* depict) the life of a country family; depict a landscape (, a character)); paint a picture of; *(indgående,* F*)* delineate (*fx* a character);
2. *(om maleri etc.)* portray (*fx* a naval battle; the death of Nelson); F depict;
□ ~ *noget i glødende farver* paint a glowing picture of sth; ~ *ham som (også)* picture him as.
skildrer *sb. (en, -e)* portrayer; F delineator.
skildring *sb. (en, -er)* description, picture.
skildvagt sentry; *(glds., litt.)* sentinel;
□ *stå* ~ stand sentry, mount guard.
skilift ski lift.
skille *vb. (skilte, skilt) (se også skilles)* **1.** *(adskille)* separate (*fx* the Sound separates Denmark and Sweden; separate an egg); F part (*fx* until death parts us);
2. *(dele)* divide (*fx* a word; the war divided many families);
3. *(om hår)* part (*fx* one's hair in the middle);
4. *(om to personer)* separate (*fx* two fighters, two lovers; a child from its mother; only a few minor points separate us); F part; *(fjerne fra hinanden, gøre til uvenner)* come between (*fx* husband and wife; no one can come between us; don't let a little thing like that come between us);
5. *(uden objekt: om mælk, sovs)* separate; *(om tøj etc.: åbne sig)* come apart;
□ *blive skilt* (ɔ: *om ægtepar)* be divorced, get a divorce (*fx* he was divorced (*el.* got a divorce) some years ago);
[med præp. & adv.] ~ ***ad*** *a)* separate (*fx* I can't separate the pages of the book, they stick together; separate the white and yolk of an egg; separate two fighters); *b) (tage fra hinanden)* take to pieces, take apart (*fx* a toy, an engine); *(om maskine også)* take (*el.* strip) down; F disassemble; *c) (uden objekt: om mælk, sovs)* separate; *(om mælk også)* curdle;
~ *en* ***af med*** *noget* relieve sby of sth, take sth off sby's hands;
~ *noget* ***'fra*** *a) (holde adskilt fra resten)* separate sth off; *b) (sortere fra)* separate sth out, sift sth out; '~ *fra* separate from, divide from (*fx* separate chaff from grain (, fact from fiction); the Sound separates (*el.* divides) Denmark from Sweden; a fence to separate (*el.* divide) the garden from the field); F part (*fx* the war had parted them from their family); *(brat, voldsomt,* F*)* sever (*fx* the head from the body); *(se også får)*;
~ *fra hinanden, se ovf.:* ~ *ad*; *lade sig* ~ *fra sin mand (, kone)* divorce one's husband (, wife);
~ *noget* ***ud*** *se ovf.:* ~ *noget 'fra*;
[med sig] ~ ***sig af med*** *a) (sælge, give væk)* part with (*fx* he had to part with his car); T get rid of (*fx* he had got rid of his car and bought a van); *b) (tage af, fx frakke)* take off;
~ ***sig godt fra*** *sit hverv* acquit oneself well;
~ ***sig ud fra*** *a) (være anderledes end)* be different from; *b) (fjerne sig fra)* break away from, detach oneself from;
~ ***sig ved*** part with.
skillelinie dividing line, boundary.
skillemur partition wall.
skillemønt *(småpenge)* (small) change; small coins pl.
skillerum partition.
skilles *vb.* **1.** *(om personer)* separate; F part; T split; *(ved skilsmisse)* be divorced;
2. *(om ting)* part (*fx* the waters parted; their ways parted);
3. *(om mælk)* curdle;
□ *da vi skiltes* when we separated; F when we parted; at parting; *hun vil* ~ she wants a divorce; ~ *ad* = *skilles*; *den kan* ~ *ad* it can be taken apart; it pulls apart; ~ *som venner* part friends.
skilletegn punctuation mark.
skillevej crossroads (pl. -); *(fig. også)* parting of the ways;
□ *stå på -en* be at the parting of the ways, be at the crossroads.
skillevæg **1.** *(i rum)* partition (wall); *(indvendig væg)* interior wall; **2.** *(anat.)* septum (pl. septa).
skilling *sb. (en, -er)* [old Danish coin];
□ *han ejer ikke en* ~ he hasn't got a penny (to his name); *holde på -en* be close-fisted; *holde (el. spare) på -en og lade daleren rulle* be penny-wise and pound-foolish; *det koster -er* (ɔ: *mange penge)* it costs a packet; *tjene en net* ~ make a packet; *(se også levne, smæk*[1]*, tobak)*.
skillinge *vb.:* ~ *sammen* club together.
skillingsvise broadside (ballad), broadsheet ballad.
skilning *sb. (en, -er)* parting; *(am.)* part;
□ *lægge en* ~ make a parting; *med* ~ *i midten* with a parting in the middle.
skilre *vb.:* ~ *af (el. fra)* partition off.
skilsmisse *sb. (en, -r)* **1.** *(opløsning af ægteskab)* divorce; **2.** *(glds.: afsked)* parting, separation;
□ *søge* ~, *ansøge om* ~ apply for a divorce; F file (*el.* present) a petition for divorce; *få* ~ obtain a divorce.
skilsmissebarn child of divorced parents; child from a broken home (pl. children from broken homes).
skilsmissebegæring petition for divorce.
skilsmissebevilling, skilsmissedom divorce decree.
skilsmissegrund ground(s) for divorce.
skilsmissesag divorce case.
skilt *sb. (et, -e)* **1.** *(med oplysning, fx butiks-, gade-, færdsels-)* sign (*fx* a shop sign, a pub sign, a sign saying "Private"); *(vej-, fx byskilt også)* signpost; *(tavle, også på bus etc.)* board (*fx* the television director held up a board in front of the audience); *(se også reklameskilt)*;
2. *(navne- på dør)* (name) plate;
3. *(mærke, kendetegn)* badge (*fx* a policeman's badge);
4. *(tekst i tv)* caption.
skilte *vb.:* ~ *med* display; *(prale*

med) show off, make a show of, parade (*fx* he never parades his learning (, knowledge)).
skiltefabrikant sign maker.
skiltemaler sign writer.
skiltepræger *sb. (en, -e)* label maker.
skiltning *sb. (en, -er) (ved vej)* signposting.
skilærer ski instructor.
skiløb skiing.
skiløber skier.
skimlet *adj.* **1.** *(muggen)* mouldy; **2.** *(med meldug)* mildewed, mildewy.
skimme *vb.* skim.
skimmel[1] *sb. (en)* **1.** *(mug)* mould; **2.** *(meldug)* (downy) mildew.
skimmel[2] *sb. (en, skimler) (hest: gråskimmel)* dapple-grey; *(hvidskimmel)* roan.
skimmelost moulded cheese; *(rochefort-type)* blue cheese.
skimmelsvamp *(bot.)* mould fungus.
skimte *vb.* **1.** see dimly; **2.** *(få et glimt af)* catch a glimpse of;
□ *jeg kunne lige ~ det i det fjerne* I could just make it out in the distance; F I could just discern it in the distance; *~ lys a)* see (a) light; *b) (fig.: øjne håb)* see the light at the end of the tunnel.
skin *sb. (et)* **1.** *(lys)* light; *(stærkt, ubehageligt)* glare;
2. *(noget tilsyneladende)* semblance (*af* of, *fx* he kept a semblance of integrity; without even a semblance of justice);
□ *under ~ af venskab* under a show of friendship;
[med vb.] -net bedrager appearances are deceptive; *bevare -net* keep up appearances; *han har -net imod sig* appearances are against him; *redde -net* keep up appearances; save one's face.
skinangreb feint.
skinbarlig *adj.: den -e djævel* the devil incarnate; *det er den -e sandhed* it is God's own truth.
skind *sb. (et, -)* **1.** skin (*fx* of a bear (, a calf, a leopard, a snake, a sausage); on boiled milk, on a drum); **2.** *(dyrs pels)* coat; *(til pelsværk)* fur (*fx* they sold the furs of the animals they had trapped); pelt; **3.** *(læder til beklædning, bogbind etc.)* leather;
4. *(om person: stakkels ~)* poor thing;
□ *han er ikke andet end (el. lutter) ~ og ben* he is all skin and bones; he is a bag of bones; *redde -et* save one's skin; *trække ~ (fx om kogt mælk)* skin over, form a skin; *(se også gylden*[2]*, sind (i sind og ~));*
[med adj. el. vb. + præp.] være ***bange for*** *sit ~* fear for one's skin; *være ved at* ***gå ud af*** *sit gode ~ af* be bursting with (*fx* curiosity, impatience); be beside oneself with (*fx* vexation); ***holde sig i*** *-et a) (opføre sig ordentligt)* behave oneself; *b) (beherske sig)* control oneself; ***holde*** *-et* ***på*** *næsen a) (ɔ: klare sig)* keep one's end up; *b) (økonomisk)* scrape by, make ends meet; ***trække*** *-et* ***af*** *et dyr* skin (*el.* flay) an animal; ***våd til*** *-et* wet to the skin; wet through; *(se også klæde*[2] *(af (til -et)))*.
skindbind leather cover; *(helbind)* full leather (binding).
skindbåd skin boat.
skindhandske leather glove.
skindpels fur coat;
□ *sætte lus i -en* make mischief.
skindryg *(på bog)* leather back;
□ *med ~* quarter-bound.
skindød[1] *sb. (en)* apparent death; suspended animation; *(med.)* asphyxia.
skindød[2] *adj.* **1.** apparently dead; *(præd. også)* in a state of suspended animation; *(med.)* asphyxiated; **2.** *(brugt som sb.)* asphyxiated person.
skinfægtning sham fight.
skinger *adj. se skingrende.*
skingrende[1] *adj.* shrill (*fx* voice, scream); *(skærende, ubehagelig,* F*)* strident (*fx* voice).
skingrende[2] *adv. (jf. skingrende*[1]*)* shrilly; stridently;
□ *~ skør* stark raving mad.
skinhellig *adj.* sanctimonious; *(hyklerisk)* hypocritical.
skinhellighed false piety, sanctimoniousness; *(hykleri)* hypocrisy.
skinke *sb. (en, -r)* ham.
skinkeærme leg-of-mutton sleeve.
skinmanøvre demonstration, feint.
skinne[1] *sb. (en, -r)* **1.** *(jernbane- etc.)* rail; **2.** *(til forstærkning)* (iron) band; **3.** *(til brækket lem)* splint; *(se også benskinne)*;
□ *løbe af -rne se spor (løbe af sporet)*; *køre på -r (fig.: gå glat)* go smoothly; *få noget sat på -r (fig.: i gang)* get sth going; get sth off the ground.
skinne[2] *vb. (se også skinnende)*
1. shine (*fx* the sun shone all day; her hair shone like gold);
2. *(blødt, dæmpet)* gleam (*fx* the silk gleamed like silver; her eyes gleamed in the candlelight; polish it until it gleams);
3. *(svagt og flakkende,* F*)* glimmer (*fx* a faint light glimmered in the distance);
4. *se glinse*;
□ *~* ***af*** *renhed* be clean and shiny; *(være helt ren)* be spotlessly clean; *solen -r mig* ***i*** *øjnene* I have the sun in my eyes;
~ ***igennem*** *a) (kunne ses)* show through (*fx* the spots (, his true character) showed through); *b) (blive tydelig)* be (*el.* become) apparent (*fx* his disappointment was apparent); *lade det ~ igennem* let it show (*fx* she never let her dissatisfaction show); *lade det ~ igennem at* hint that; let it be understood that.
skinneben shin(bone); *(anat.)* tibia (pl. -e, -s).
skinnebensbrud *sb. (et, -)* fracture of the tibia.
skinnebenssår leg sore.
skinnebremse rail brake.
skinnebrud *sb. (et, -)* a broken rail; *(fagl.)* rail breakage.
skinnebus rail car.
skinnecykel cycle trolley.
skinnekøl *(sø.)* bar keel.
skinnelegeme permanent way.
skinnende[1] *adj.* shining, bright; *(se også blank 1).*
skinnende[2] *adv.: ~ ren* clean and shiny; *(helt ren)* spotlessly clean.
skinnerømmer *sb. (en, -e) (på lokomotiv)* cowcatcher; *(am. også)* fender, pilot.
skinnestød (rail) joint.
skinproces *(skueproces)* show trial.
skinsyg *adj.* jealous (*på* of).
skinsyge *sb. (en)* jealousy.
skippe *vb.* **1.** *(*T*: opgive)* throw up, drop; **2.** *(forlade)* quit (*fx* one's job).
skipper *sb. (en, -e)* skipper; master (of a ship).
skippereksamen examination for the master's certificate.
skipperhistorie yarn.
skipperskæg Newgate fringe.
skisma *sb. (et, -er)* schism.
skismatiker *sb. (en, -e)* schismatic.
skismatisk[1] *adj.* schismatic(al).
skismatisk[2] *adv.* schismatically.
skisport skiing.
skisportsted ski resort.
skistav ski stick.
skistøvle ski boot.
skitropper *sb.pl.* ski troops.
skitse *sb. (en, -r)* **1.** *(tegning)* sketch; **2.** *(til plan, bog etc.)* draft, (rough) outline.
skitsebog sketch book.
skitsemæssig *adj.* rough, sketchy.
skitseplan sketch plan, draft plan, outline plan.
skitsere *vb.* **1.** *(tegne)* sketch (out);

2. *(give udkast til)* sketch out, outline (*fx* a plan).
skitur skiing trip;
□ *tage på* ~ go skiing.
skive[1] *sb. (en, -r)* **1.** *(af brød, kød, frugt etc.)* slice;
2. *(rund plade)* disc;
3. *(pottemager-)* potter's wheel;
4. *(i blok)* sheave;
5. *(pakning)* washer;
6. *(ur-)* face, dial;
7. *(skyde-)* target;
8. *(tele.) se nummerskive*;
9. *(*T*: grammofonplade)* disc;
10. *(*T*: omgang)* round (*fx* he stood a round (of drinks));
□ *være* ~ *for hans vittigheder* be a butt for his jokes; *skære i -r* slice (up).
skive[2] *vb. (en åre)* feather.
skivebremse disc brake.
skiveskydning target practice.
skizofren *adj. & sb. (med.)* schizophrenic; T schizo.
skizofreni *sb. (en) (med.)* schizophrenia.
skjald *sb. (en, -e)* **1.** *(digter)* bard;
2. *(om oldtidsforhold)* scald.
skjaldedigtning scaldic poetry.
skjalv *præt. af skælve.*
skjold[1] *sb. (et, -e)* **1.** *(dækvåben)* shield; *(mindre)* buckler;
2. *(zo.)* shield, shell; *(rygskjold)* carapace.
skjold[2] *sb. (en, -er) (plet)* blotch; *(misfarvning)* discoloration.
skjoldbrusk *(anat.)* thyroid cartilage.
skjoldbruskkirtel thyroid gland.
skjolddrager *sb. (en, -e)* **1.** shield-bearer; **2.** *(bot.)* skullcap.
skjoldet *adj.* blotched; *(misfarvet)* discoloured.
skjoldformet *adj.* shield-shaped.
skjoldholder *(her.)* supporter.
skjoldlus *(zo.)* scale insect.
skjoldmø *(hist.)* valkyrie.
skjorte *sb. (en, -r)* shirt;
□ *hvid stivet* ~ dress shirt; *(se også bar*[2]*, klæde*[2] *(af)).*
skjortebluse shirtblouse; *(am.)* shirtwaist.
skjorteblusekjole shirtdress.
skjortebryst shirt front.
skjorteknap shirt button; *(kraveknap)* stud.
skjortepullover knit shirt.
skjorteærme shirt sleeve;
□ *i -r* in (one's) shirt sleeves; *trække i -r* take off one's coat.
skjul *sb. (et, -)* **1.** *(ly)* cover, shelter; **2.** *(skjulested)* hiding place, hide-out; **3.** *(til dyreiagttagelse)* hide;
□ *i* ~ *af* under cover of (*fx* darkness);
[med vb.] ***komme frem af*** *sit* ~ come out of hiding; ***krybe i*** ~ *a)* seek shelter; *b) (skjule sig)* hide (oneself) (*for* from); ***lege*** ~ play hide-and-seek; *ikke* ***lægge*** ~ ***på*** make no secret of; *ikke lægge* ~ *på at* make no secret of the fact that; not hide (*el.* disguise *el.* conceal) the fact that.
skjule *vb. (skjulte, skjult) (se også skjult)* **1.** hide (*for* from, *fx* she hid the letter from him; I have nothing to hide); F conceal (*for* from);
2. *(fig.)* hide (*for* from, *fx* hide one's feelings from sby; you are hiding something from me); F conceal (*for* from);
3. *(tilsløre)* disguise (*fx* one's intentions, one's true feelings, one's anxiety, one's anger; he could not disguise (*el.* hide) his disappointment; she did not try to disguise her age);
4. *(dække over)* cover up (*fx* a mistake, one's lack of knowledge);
□ ~ ***at*** hide (, conceal, disguise) the fact that (*fx* he could not hide (, disguise) the fact that he was disappointed); ~ ***sig*** *a) (gemme sig)* hide (*for* from); hide oneself; *b) (holde sig skjult)* be (in) hiding; *c) (om ting: være skjult)* lie hidden; *(se også spor).*
skjulested hiding place; *(for person også)* hide-out.
skjult *adj.* **1.** hidden (*fx* treasure, reserves, defect, meaning, quotation); F concealed;
2. *(let tilsløret)* veiled (*fx* hostility, threat);
3. *(lurende)* latent (*fx* danger);
4. *(hemmelig)* secret (*fx* enemy, influence, hostility, signal); F covert;
□ *holde noget* ~ keep sth hidden, hide (, conceal) sth (*for* from); *holde sig* ~ be (in) hiding; *i det -e* secretly.
sklerose *sb. (en, -r) (med.)* sclerosis (pl. scleroses);
□ *dissemineret* ~ multiple sclerosis.
sko[1] *sb. (en, -)* shoe;
□ *over en lav* ~ indiscriminately (*fx* criticize them indiscriminately);
[med vb. (+ præp.)] ***gå i*** *for små* ~ *(fig.)* be smallminded; ***skyde*** *en noget* ***i*** *-ene* attribute (*el.* ascribe) sth to sby; *skyde ham i -ene at han har snydt* suggest that he has cheated; *vide hvor -en* ***trykker*** know where the shoe pinches; *(se også kridte, pudse*[1]*).*
sko[2] *vb.* shoe (*fx* a horse).
skobørste shoe brush.
skobånd shoe lace; *(am. også)* shoestring.
skocreme shoe polish.
skod *sb. (et, -)* stump, butt; *(cigaret- også)* dog end, fag end.
skodde[1] *sb. (en, -r) (vindues-)* shutter; *(se også sætte (for)).*
skodde[2] *vb.:* ~ *vinduerne til* shutter the windows.
skodde[3] *vb. (med årerne)* back the oars, back water.
skodde[4] *vb.:* ~ *en cigaret a) (slukke)* put out (*el.* stub out *el.* butt) a cigarette; *b) (for at gemme resten)* top a cigarette.
skoggerlatter roar of laughter; *(neds.)* guffaw.
skoggerle *vb.* roar with laughter; *(neds.)* guffaw.
skohorn shoehorn.
skolastik *sb. (en)* scholasticism.
skolastiker *sb. (en, -e)* scholastic.
skolastisk *adj.* scholastic.
skolde *vb.* **1.** scald (*fx* she scalded herself with the coffee); **2.** *(om solen:* ~ *huden)* burn; *(stærkere)* scorch;
□ *-t ihjel* scalded to death.
skoldhed *adj.* scalding (hot).
skoldkopper *sb.pl.* chicken pox sg.; *(fagl.)* varicella sg.
skole[1] *sb. (en, -r)* **1.** school (*fx* build a new school; the whole school knew it); *(højere* ~ *ofte)* college;
2. *(uddannelse)* training;
3. *(lærebog i musik, fx klaver-, violin-)* tutor;
4. *(i kunst)* school (*fx* the Romantic school);
□ *sort* ~ strictly academic school; *[med vb.] -n begynder kl. 8* school begins at 8 o'clock; *danne* ~ *(ɔ: ny skik)* set a fashion; *-n fik fri* the school was given a holiday; *gå fra (, i, til)* ~, *se ndf.*;
[med præp.] ***af*** *den gamle* ~ *se gammel*; *gå* ***fra*** ~ walk home from school; ***i*** *-n* at school; *(am.)* in school (*fx* what did you learn at (, in) school today?); *gå i* ~ go to school; F attend school (*fx* he attended grammar school ten years ago); *(generelt også)* be at school (*fx* my youngest son is still at school); *hvor går du i* ~*?* what school do you go to? *sende (el. sætte) i* ~ send to school; *tage en i* ~ *(fig.: irettesætte)* take sby to task; *være i* ~ be at school; *gå* ***til*** ~ walk to school; *gå* ***ud af*** *-n* leave school.
skole[2] *vb.* school, train.
skoleafgift school fee(s).
skoleafslutning *se afslutning 3.*
skolealder school age;

□ *børn i -en* children of school age; school-age children.
skolearbejde school work.
skolebal school dance.
skolebarn school child.
skolebespisning school meals service.
skolebestyrelse board of governors (of a school).
skolebestyrer principal, head.
skolebetjent school porter, caretaker; *(især am.)* janitor.
skolebibliotek school library.
skoleblad school magazine.
skolebog *(lærebog)* textbook.
skolebogsforfatter (school) textbook writer.
skolebogsforlag educational publishers pl.
skolebord desk.
skolebrug*: til* ~ for (the use of) schools; for use in schools; *en Englandshistorie til* ~ a school history of England.
skolebus school bus.
skolebænk form;
□ *sidde på -en* go to school.
skolecentral resource(s) centre.
skoledag school day.
skoledirektion *(svarer i Engl. til)* local education authority.
skoledirektør director of education; chief education officer; *(am.)* superintendent of schools.
skoledistrikt catchment area; *(am.)* attendance area (*el.* zone).
skoledreng schoolboy.
skoleeksempel classic example, object lesson (*fx* an object lesson in how not to do it).
skoleelev schoolchild, schoolboy, schoolgirl; F pupil; *(am. også, på højere trin)* student.
skoleengelsk school English.
skolefag school subject.
skoleferie holidays pl.; *(am.)* vacation.
skolefjernsyn schools (*el.* educational) television.
skolefly trainer aircraft.
skolefobi *(psyk.)* school phobia.
skoleform type of school.
skoleforvaltning school management.
skolegang 1. *(undervisning)* schooling (*fx* after 9 years' schooling; who paid for his schooling? he has had very little schooling); **2.** *(det at gå i skole)* school attendance (*fx* compulsory school attendance);
□ *ingen* ~ *i dag* no school today; *6 timers* ~ 6 hours' school.
skolegård school yard; *(legeplads)* playground.
skolehjem *(omtr.)* community home.
skolehue school cap.
skolehygiejne school hygiene.
skoleinspektør head teacher.
skolekammerat school friend;
□ *vi var -er* we were at school together.
skoleklasse *se klasse.*
skolekomedie school play;
□ *spille stykket som* ~ give a school performance of the play.
skolekommission education committee.
skolekundskaber *sb.pl.* knowledge acquired at school;
□ *have gode* ~ be well educated.
skoleleder *se skolebestyrer.*
skolelov Education Act.
skolelæge school medical officer.
skolelærer *sb. (en, -e)* schoolteacher; *(ofte neds.)* schoolmaster.
skoleløb *(omtr.)* school career.
skolemad packed lunch.
skolemand *(lærer)* teacher; *(teoretiker)* education(al)ist.
skolemester schoolmaster.
skolemodenhed school readiness.
skolepasningsordning [leisure-time care facilities at a school].
skolepatrulje school crossing patrol, school safety patrol; *(am.)* school (crossing) guard, crossing guard.
skolepenge *sb.pl.* school fees.
skolepige schoolgirl.
skolepligt compulsory school attendance.
skolepligtig *adj. (præd.)* of (legal) school age;
□ ~ *alder* compulsory school age; *forlængelse af den -e alder* raising of the (compulsory) school age; *børn i den -e alder* children under school-leaving age.
skoleprogram annual report of a school; school prospectus.
skolepsykolog school psychologist.
skolepsykologisk *adj.* school psychological.
skoleradio schools broadcasting, broadcasting for schools.
skolereform school reform.
skolerejse school trip, school journey.
skoleret*: stå* ~ *(fig.)* be taken to task; be called to account; *jeg vil ikke stå* ~ *for ham* I don't owe him an explanation.
skoleridning dressage.
skolesekretær school secretary.
skoleskema timetable.
skoleskib training ship.
skoleskovtur school picnic.
skolestue classroom.
skolesundhedsplejerske school nurse.
skolesøgende *adj.* schoolgoing;
□ *jeg har to* ~ *børn* I have two children at school.
skoletandlæge school dentist.
skoletandpleje school dental service.
skoletaske school bag; *(skuldertaske)* satchel.
skoletavle 1. blackboard; **2.** *(glds.: elevs skifertavle)* slate.
skoletid 1. school hours pl.;
2. *(skoleforløb)* school life (*fx* she never missed a day in the whole of her school life);
3. *(den tid man gik i skole)* school days pl.;
□ *efter* ~ after school; *i -en* during school hours.
skoletime lesson.
skoletræt *adj. (præd.)* tired of going to school.
skoletræthed [school fatigue].
skole-tv = *skolefjernsyn.*
skoleudsendelse schools broadcast.
skolevalg*: frit* ~ *(svarer til)* open enrolment.
skolevej way to (and from) school.
skolevejleder guidance teacher, careers teacher.
skolevogn learner car, tuition car; *(vognen er mærket:* L*).*
skolevæsen 1. school system, educational system; **2.** *(skolemyndighed)* education authority.
skoleår school year.
skoling *sb. (en, -er)* schooling, training.
skolopender *sb. (en, skolopendre) (zo.)* centipede.
skolæst 1. *(skomagers)* last; **2.** *(skostiver)* shoe tree.
skomager *sb. (en, -e)* shoemaker; *(som reparerer sko også)* shoe repairer; *(glds.)* cobbler;
□ ~ *bliv ved din læst* cobbler stick to your last; *-ens kone og smedens hest har de dårligste sko (svarer til)* the shoemaker's son always goes barefoot.
skomagerdreng shoemaker's apprentice;
□ *det regner -e ned* it is raining cats and dogs.
skomagermester master shoemaker.
skomagersvend journeyman shoemaker.
skomagerværksted shoemaker's (shop).
skoning *sb. (en, -er)* **1.** *(af hest)* shoeing; **2.** *(på nederdel)* bottom lining.
skonnert *sb. (en, -er) (sø.)* schooner.

skonæse toe (of a shoe).
skopudser *sb. (en, -e)* shoeblack; *(am.)* shoeshine.
skorpe *sb. (en, -r)* **1.** *(brød-, jord-, lava-, is- etc.; også fig.)* crust; **2.** *(på sår)* scab; **3.** *(oste-)* (cheese) rind; *(afskåren)* cheese paring; □ *med en ~ af snavs* (en)crusted with filth; *sætte ~ a)* crust; *b) (med.)* form scabs; produce a scab.
skorpedannelse encrustation.
skorpet *adj.* **1.** crusty; **2.** *(med.)* scabby.
skorpion *sb. (en, -er) (zo.)* scorpion; □ *-en (astr.)* Scorpio; *jeg er ~* I am a Scorpio.
skorsten *sb. (en, -e)* **1.** chimney; **2.** *(lokomotiv-)* chimney; T funnel; *(am.)* smokestack; **3.** *(skibs-)* funnel, smokestack; **4.** *(fabriks-)* chimney, smokestack; □ *ryge som en ~ (fig.)* smoke like a chimney; *belånt (el. prioriteret) til op over -en* mortgaged to the rooftop.
skorstensfejer *sb. (en, -e)* chimney sweep.
skorstensild chimney fire.
skorstenspibe chimney pot.
skorstensrør **1.** flue; *(se også skorstenspibe)*; **2.** (T: *høj hat)* stovepipe (hat).
skorte *vb.: det -r på* there is a lack of; *det -r ham på* he is short of (*fx* money); he lacks; *ikke lade det ~ på* be liberal with.
skorzonerrod *(bot.: planten)* viper's grass; *(roden)* scorzonera.
skose[1] *sb. (en, -r)* gibe; *(skarpere)* taunt.
skose[2] *vb.* gibe at; *(skarpere)* taunt.
skosnude toe (of a shoe).
skospænde shoe buckle.
skosse *sb. (en, -r) (af is)* floe.
skostiver shoe tree.
skosværte shoe polish.
skosål sole (of a shoe).
skot *sb. (et, -ter) (sø.)* bulkhead.
Skotland Scotland.
skotsk[1] *sb. (et) (dialekt)* Scots.
skotsk[2] *adj.* **1.** Scottish (*fx* accent, customs, towns, universities; the Scottish Symphony); *(kun om personer)* Scots (*fx* lawyer); **2.** *(i visse faste forb. især om produkter)* Scotch (*fx* tomatoes, wool); □ *~ whisky* Scotch whisky, Scotch (*fx* a bottle of Scotch).
skotskternet *adj.* tartan, plaid (*fx* shirt); □ *~ stof* tartan, plaid.
skotte[1] *sb. (en, -r)* **1.** Scot; *(om mand også)* Scotsman; *(om kvinde også)* Scotswoman; **2.** *(terrier)* Scotch terrier; □ *-rne (generelt = nationen, holdet)* the Scots; *fem -r* five Scotsmen (, Scotswomen); *han er ~* he is Scottish, he is Scots.
skotte[2] *vb.: ~ til noget* steal a glance at sth; look at sth out of the corner of one's eye.
skottehue **1.** (highland) bonnet; **2.** *(skråhue)* glengarry; **3.** *(rund)* tam-o-shanter.
skotøj boots and shoes pl.; F footwear.
skotøjsfabrikant (boot and) shoe manufacturer.
skotøjsforretning shoe shop.
skotøjsæske shoe box.
skov *sb. (en, -e)* **1.** *(stor)* forest (*fx* large areas were covered with forest; Sherwood Forest); *(mindre)* wood (*fx* there is a wood behind the house); **2.** *(fig.)* forest (*fx* a forest of masts); □ *-en (ɔ: i almindelighed)* the woods (*fx* a walk in the woods; the woods are lovely in (the) autumn); *han kan ikke se -en for bare træer* he cannot see the wood for the trees; *tage i -en* go out into (*el.* go to) the woods; *(med madpakke)* go for (*el.* on) a picnic; *helt i -en (fig.)* wide of the mark.
skovarbejder forest worker; *(især am.)* lumberjack.
skovareal forest area.
skovbevokset *adj.* (well-)wooded.
skovbrand forest fire.
skovbrug *sb. (et, -)* forestry.
skovbryn edge of a (, the) wood.
skovbund forest floor.
skovbørnehave [itinerant kindergarten].
skovdistrikt forest district.
skovdue *(zo.)* **1.** *(ringdue)* wood pigeon; **2.** *(huldue)* stock dove.
skovdød forest dieback.
skove *vb. (fælde træer)* cut down trees; F fell (and sort) timber; log.
skovegn woodland area.
skovejer forest owner.
skovfattig *adj.* sparsely (*el.* poorly) wooded.
skovfoged (forest) ranger.
skovfredning forest preservation.
skovfyr *(bot.)* Scotch pine.
skovgrænse timber line.
skovhugger *se skovarbejder.*
skovhugst cutting; F felling.
skovjordbær *(bot.)* wild strawberry.
skovkant = *skovbryn.*
skovklædt *adj.* wooded; F forest-clad.
skovl *sb. (en, -e)* **1.** shovel; *(mindre, også øse-)* scoop (*fx* coal scoop, grain scoop); *(legeskovl til spand)* spade (*fx* he was playing with a bucket and spade); **2.** *(på hjulskib)* paddle; **3.** *(på vandhjul)* bucket; **4.** *(på turbine)* blade; **5.** *(på gravemaskine)* bucket; **6.** *(skovlfuld)* shovelful (*fx* a shovelful of earth); □ *~ og spand (ɔ: som legetøj)* bucket and spade; ***få** -en **under** (ɔ: tage kraftigt fat på)* crack (*el.* clamp) down on; put the clampdown on (*fx* tax evasion); *få -en under ham (få krammet på ham)* get him where one wants him.
skovlandbrug agroforestry.
skovlblad blade.
skovle *vb.* shovel, scoop; *(jf. skovl)*; □ *~ mad i sig* shovel food into one's mouth; *~ ind* rake in (*fx* huge profits); *han -r penge ind* he is raking it in; he is making heaps of money; *~ sne (ɔ: rydde)* clear the snow; *~ sneen væk* shovel the snow away.
skovlfuld *sb. (en, -e)* shovelful; scoopful; *(jf. skovl).*
skovlhjul paddle wheel.
skovlskaft handle of a shovel.
skovløber forest guard.
skovløs *adj.* treeless, woodless.
skovmus *(zo.)* long-tailed field mouse.
skovmyre *(zo.)* wood ant.
skovmærke *(bot.)* woodruff.
skovmår *(zo.)* pine marten.
skovnatur woodland scenery.
skovomkranset *adj. (poet.)* wood-embosomed.
skovparti **1.** piece of woodland; **2.** *(maleri)* woodland scene.
skovrejsning afforestation.
skovrider *sb. (en, -e)* forester.
skovrig *adj.* (well-)wooded.
skovrydning forest clearing, deforestation.
skovsanger *(zo.)* wood warbler.
skovsav *(skørsav)* crosscut saw.
skovskade *(zo.)* jay.
skovslette glade.
skovsnegl *(zo.)* black slug.
skovsneppe *(zo.)* woodcock.
skovspurv *(zo.)* tree sparrow.
skovstjerne *(bot.)* chickweed wintergreen.
skovstrækning woodland.
skovsvin litter lout; *(am.)* litterbug.
skovsyre *(bot.)* wood sorrel.
skovsø forest lake.
skovtrold woodland troll.
skovtræ forest tree.

skovtur outing in the woods; *(med madpakke)* picnic.
skovtursstemning: *i ~* in an outing mood.
skovtykning thicket.
skovvej forest road, road through a wood.
skovviol *(bot.)* wood violet.
skovæble crab (apple).
skovøkse felling axe.
skrab *sb. (et)* **1.** *(lyd)* scrape, scraping; **2.** *(ragelse)* trash.
skrabe *vb. (se også skrabet)* **1.** scrape (*fx* a carrot; a ship's bottom, hides, a dish; scrape with one's feet; the branches scraped against the window); **2.** *(~ huden af)* scrape, skin, graze (*fx* he fell and scraped (*el.* skinned *el.* grazed) his knee); **3.** *(kradse)* scratch (*fx* the hens were scratching (about) for food); □ *~ en fisk (ɔ: fri for skæl)* scale a fish; *~ østers* dredge for oysters; *[med præp. & adv.] ~* ***af*** scrape off (*fx* scrape the mud off; scrape paint off the wall); scrape away; *det kan lige ~ af* it will just do; *~ '****på*** catch (*fx* the wheel catches); *hunden -de på døren* the dog was scratching at the door; *han -de sit knæ på en sten* he scraped his knee on a stone; *~* ***sammen*** scrape together, scrape up (*fx* a lot of money; he couldn't scrape up the price of a plane ticket); *han er kun ude på at ~* ***til sig*** he is out for what he can get.
skrabelod scratch ticket.
skrabeplade scratch card.
skraber *sb. (en, -e)* **1.** scraper; *(trekantet)* shave hook; **2.** *(vindues-)* squeegee; **3.** *(til at fiske med)* dredge; □ *tage sig en ~* take a nap; *(glds.)* have forty winks.
skrabet *adj.* **1.** *(nedskåret)* pared(-down) (*fx* budget); **2.** *(spartansk, uden pynt)* T no-frills (*fx* model of a car); *(efter sb. også)* without frills; F austere (*fx* house); □ *brød med ~ smør* bread and scrape.
skrabeæg *sb.pl.* barn eggs.
skrabnæsespil spillikins pl.
skrabsammen *sb. (et)* scratch collection; *(ragelse)* trash.
skrabud *sb. (et, -)* a bow and a scrape.
skral *adj. (om vinden)* scant; □ *det er -t med ham* he is poorly, he is in a bad way; *det er -t med forretningerne* business is slack.
skrald[1] *sb. (et, -)* **1.** *(brag)* crash (*fx* of thunder); *(se også torden-skrald)*; **2.** *(af trompet etc.)* blare, blast; □ *tage -et* T face the music.
skrald[2] *sb. (et) (affald)* rubbish; F refuse; *(am.)* trash; *(køkkenaffald)* garbage.
skralde[1] *sb. (en, -r)* **1.** rattle; **2.** *(på værktøj)* ratchet; □ *blive gal i -n* T blow one's top.
skralde[2] *vb. (om trompet etc.)* blare; □ *en -nde latter* a roar of laughter; a belly laugh; *(neds.)* a guffaw.
skraldebøtte **1.** *(udendørs)* dustbin; *(am.)* trash can; garbage can; **2.** *(i køkken)* waste bin; *(am.)* garbage pail.
skraldemand refuse collector; T dustman; *(am.)* garbage collector; T garbage man.
skraldende *adj. se skralde*[2].
skraldespand *se skraldebøtte.*
skraldevogn refuse collection truck, refuse van; T dustcart; *(am.)* garbage truck.
skraldgas landfill gas.
skraldgrine *vb.* guffaw.
skralle *vb. (sø.)* haul forward.
skramle *vb.* rattle (*fx* the car rattled along; a shower of stones rattled on the roof); clatter (*fx* pots and pans clattered in the cupboard; a clattering machine); *(om tunge metalting)* clank (*fx* the chains (, the train) clanked); □ *~ med* rattle (*fx* the chains); clatter (*fx* the dishes); *~ med stolene* clatter (*el.* bang) the chairs.
skramlekasse *(om bil)* banger; *(am. også)* jalopy.
skramlen *sb. (en) (jf. skramle)* rattling; clattering; clanking, clank (*fx* the clank of metal on stone).
skramme[1] *sb. (en, -r)* **1.** *(rift, ridse)* scratch (*fx* he escaped without a scatch; there were scratches on the table top (, in the car's paintwork)); **2.** *(efter slag, stød, kun på person)* bruise; □ *få en ~, få -r a)* get scratched (*fx* his knee (, the car) got scratched); *b) (fig.)* be dented (*fx* his reputation (, the image of the firm) was dented); *han er ude på -r* T he is asking for it.
skramme[2] *vb. (jf. skramme*[1]*)* **1.** scratch; **2.** bruise; *(se også skrammet).*
skrammel *sb. (et)* **1.** rubbish; T junk; **2.** *(om større ting)* lumber.
skrammellegeplads adventure (*el.* junk) playground.
skrammet *adj. (med rifter)* scratched; *(forslået)* battered (*fx* furniture; a battered old car); *(kun om person)* bruised; *(arret)* scarred.
skranke *sb. (en, -r)* **1.** *(disk)* counter; **2.** *(spærring, også fig.)* bar, barrier; **3.** *(jur.)* bar; **4.** *(alter-)* altar rail; □ *-r (ɔ: grænser)* bounds; *sætte -r for* set bounds (*el.* limits) to; *træde i -n for* take up the cudgels for, champion.
skrankepave *(omtr.)* petty official; tin god.
skrante *vb.* be sickly, be in poor health.
skrantende *adj.* sickly (*fx* child); *(også om ikke-person)* ailing (*fx* child; economy, factory).
skrap *adj.* **1.** *(streng, hård, om person)* tough (*mod, over for* with, *fx* with the pupils; a tough teacher (, mother-in-law)); hard (*mod, over for* on, *fx* don't be too hard on him; a hard father (, master)); *(stærkere, mere* F*)* severe (*mod, over for* with, on, *fx* don't be too severe on him; a severe critic (, father, judge); severe criticism (, laws, measures, rules)); *(~ og ufølsom)* harsh (*mod, over for* with, *fx* he is too harsh with the children; a harsh critic (, father, judge)); **2.** *(i ord)* sharp (*over for* with, *fx* don't be so sharp with him; a sharp rebuke (, reply)); *(hvas i munden)* sharp-tongued (*fx* wife); **3.** *(dygtig)* sharp, smart (*til* at); **4.** *(streng, om ikke-person)* tough (*fx* discipline, measures, laws, rules, economic policy); stiff (*fx* competition, demands, letter, penalty, price, terms; sentence *(dom)*); *(mere* F*)* severe (*fx* discipline, measures, laws); F rigorous (*fx* discipline, peace terms); **5.** *(vanskelig)* tough (*fx* job, negotiations); stiff (*fx* climb; examination); heavy (*fx* it's been a heavy week); sticky (*fx* job); *(mere* F*)* severe (*fx* test); **6.** *se vovet;* □ *det er lige -t nok!* it's a bit stiff! *[med sb.] en ~ dosis* a stiff dose; *et -t forlangende* a tall order; *en ~ farve* a harsh (*el.* garish) colour; *~ kulde* sharp (*el.* hard) cold; *(stærkere)* severe cold; *en ~ kur* a drastic (*el.* tough) treatment; *bruge -pe midler a)* adopt tough measures; *b) (ved rengøring)* use very strong cleaning agents; *i en ~ tone* in a sharp tone.
skratte *vb.* **1.** *(om trompet)* blare; **2.** *(om pen, pickup)* scratch; **3.** *(om maskingevær, skralde)* rattle;

4. *(om fugl)* chatter;
5. *(le)* roar with laughter; guffaw;
□ *det -de i højttaleren* the loudspeaker crackled; *en -nde stemme* a grating voice.
skratten *sb. (en) (jf. skratte)* 1. blare; 2. scratching; 3. rattle, rattling; 4. chatter; 5. guffaw.
skravere *vb.* hatch.
skravering *sb. (en, -er)* 1. hatching; 2. *(højdeangivelse på kort)* hachures pl.
skravl *sb. (et, -)* weakling.
skred[1] *sb. (et, -)* 1. *(jord-)* landslide; *(mindre)* land slip;
2. *(sammenstyrtning)* subsidence;
3. *(pris-, kurs-)* slide; *(voldsomt)* plunge;
□ *komme i ~ a) (om sne etc.)* start to slip; *b) (om bil)* go into a skid; *c) (fig.)* begin to move, get going, get off the ground; *der er kommet ~ i forhandlingerne* the negotiations have got under way; *være i ~ (ɔ: fremgang)* make progress.
skred[2] *præt. af skride.*
skredet *pf.ptc. af skride.*
skreg *præt. af skrige.*
skreget *pf.ptc. af skrige.*
skrev *præt. af skrive.*
skrevet *pf.ptc. af skrive.*
skribent *sb. (en, -er)* writer; F man of letters.
skribentvirksomhed literary activity.
skrible *vb.* scribble.
skribler *sb. (en, -e)* scribbler.
skribleri *sb. (et, -er)* scribbling.
skride *vb. (skred, skredet)* 1. *(glide)* slip (*fx* his foot (, the ladder) slipped); *(om bil, motorcykel)* skid (*fx* on a wet road; round the corner); *(+ være ved at falde)* slither (*fx* we slithered down the muddy slope);
2. *(ændre sig)* slip (*fx* the norms are slipping); *(blive undergravet)* be eroded (*fx* the principle (, the basis) is being eroded);
3. *(gå langsomt)* walk (*el.* pass) slowly (*fx* the procession passed slowly through the streets); *(hurtigere, med lange skridt)* stride; *(stolt, vredt)* stalk (*fx* he strode (, stalked) out of the room);
4. *(om tid)* pass; *(langsomt)* wear on;
5. *(sætte aks)* ear;
6. *(om stof)* give way;
7. (T: *gå sin vej)* clear out (*fx* I'm clearing out now; you'd better clear out); *(flygte fra noget ubehageligt)* make oneself scarce (*fx* we'd better make ourselves scarce);
8. (T: *dumpe til eksamen)* be ploughed; *(am.)* be flunked;
9. (T: *gå fallit)* go bust;
10. (T: *dø)* pop off;
□ *~!* buzz off! clear off! *nu -r det (fig.)* now we are getting somewhere;
*[med præp. & adv.] ~ **frem(ad)** a)* proceed; *b) (gøre fremskridt)* progress; *arbejdet -r rask fremad* the work is making rapid progress;
*~ **ind*** take action; step in; F intervene; *~ **ind mod*** take measures (*el.* action) against; *~ hårdt ind mod* crack (*el.* clamp) down on;
*~ **sammen*** fall in; *(også fig.)* collapse;
*~ **til** a) (tage fat på)* proceed to (*fx* the next point; they proceeded to divide the money); *b) (ty til)* resort to (*fx* other measures); *~ til handling* take action; *~ til værket* set to work;
*~ **ud** a) (om stof)* give way; *b) (om bilhjul)* skid.
skridfast, **skridfri**, **skridsikker** *adj.* non-skid (*fx* tyre).
skridt *sb. (et, -)* 1. step (*fx* with quick steps); *(om lyd også)* footstep (*fx* she heard (foot)steps outside);
2. *(om afstand)* step, pace (*fx* two steps (*el.* paces) behind); *(om måleenhed)* pace (*fx* plant the trees ten paces apart);
3. *(anat.: hvor benene mødes; også om ~ i bukser)* crotch, crutch (*fx* touch her in the crotch; the trousers are too tight in the crotch); *(lysken)* groin (*fx* a kick in the groin; she brought her knee up into his groin (*el.* crotch));
4. *(foranstaltning)* step, measure; *(som opfordrer til svar)* move (*fx* the first real move towards detente);
□ *et lille ~* a small step; *(kort)* a short step; *retslige ~* legal proceedings;
*[med vb.] **foretage** de nødvendige ~* take the necessary steps (*el.* measures); ***gøre** et ~* take a step; ***tage** det første ~ (fig., jf. 4)* take the first step; make the first move; *tage -et fuldt ud (fig.)* go the whole length; T go the whole hog; *tage (el. gøre) ~ til at (fig.)* take steps to;
*[med præp. & adv.] de vogtede på hvert **af** hans ~* they watched his every move; *~ **for** ~* step by step; *være (, holde sig) et ~ **foran** (fig.)* be (, stay) one jump ahead (of); *tre ~ **fra** livet se liv*; *et ~ **frem** og to tilbage* one step forward (and) two steps backward; *et ~ i den rigtige retning* a step in the right direction; ***med** raske ~* at a brisk pace.
skridte *vb.: ~ af (ɔ: afmåle)* pace out; *~ fronten af (mil.)* walk down the front; *~ ud* step out.
skridtgang: *i ~* at a walking pace, at a walk.
skridtmåler, **skridttæller** pedometer.
skridtvis *adv.* step by step.
skrift[1] *sb. (en, -er)* 1. *(hånd-)* (hand)writing (*fx* I know his handwriting; I can't read his writing); *(se også håndskrift*[1]*)*;
2. *(skriftform)* script (*fx* Arabic script, Russian script);
3. *(typ.)* type (*fx* in bold (, Gothic) type); *(se også skrifttype)*;
4. *(mods. tale)* writing;
□ *-en, den hellige ~* (Holy) Scripture; *(glds.)* Holy Writ; *læse -en på væggen* read the writing on the wall.
skrift[2] *sb. (et, -er)* 1. *(trykt)* publication; 2. *(afhandling)* paper; *(længere)* treatise; 3. *(pjece)* pamphlet;
□ *-er a) (arbejder)* writings (*fx* his political (, scientific) writings); *b) (værker)* works (*fx* his collected works).
skriftbillede *(typ.)* type face.
skrifte[1] *sb. (et)* confession;
□ *gå til ~* go to confession (*hos* with); *tage en i ~* hear sby's confession, confess sby.
skrifte[2] *vb.* confess (*for* to).
skriftebarn penitent.
skriftefader (father) confessor.
skrifteekspert handwriting expert; *(fagl.)* graphologist.
skriftemål *sb. (et, -)* confession;
□ *privat ~* auricular confession; *modtage ens ~* hear sby's confession.
skriftestol confessional.
skriftform script.
skriftfortolkning exegesis (pl. exegeses).
skriftkasse *(typ.)* type case.
skriftklog *adj. (brugt som sb., bibelsk)* scribe.
skriftlig *adj.* written (*fx* confirmation, examination, reply, request);
□ *~ afstemning* (a) ballot (*fx* they demanded a ballot); *~ opgave* exercise, (written) paper.
skriftligt *adv.* 1. in writing (*fx* I want your promise in writing; you must get the offer in writing); in black and white;
2. *(pr. brev)* by letter (*fx* inform him by letter).
skriftlinie 1. *(skreven)* written line; 2. *(typ.)* alignment (of type).
skriftprøve specimen of handwrit-

ing (, of type).
skriftrulle scroll.
skriftsproget the written language.
skriftsted text.
skriftstøber type founder.
skriftstøberi *(ɔ: fabrik)* type foundry.
skriftstøbning type founding.
skriftstørrelse size of type.
skrifttegn character (*fx* Chinese characters).
skrifttræk *sb. (et, -)* stroke.
skrifttype 1. *(kursiv etc.)* type;
2. *(Caslon etc.: font)* fount; *(am.)* font.
skrig *sb. (et, -)* **1.** *(råb)* cry (*fx* a cry of joy (, horror); a cry for help);
2. *(højt, især uartikuleret)* scream; *(højere)* shriek (*fx* a scream (, shriek) of terror (, delight, laughter)); *(skingrende, ubehageligt)* screech; *(se også skrål)*;
3. *(protest-)* outcry;
4. *(af dyr)* cry, call, caw *(etc., se skrige 3)*;
□ ***give*** *et ~ (fra sig) a) (jf. 1)* give (*el.* utter) a cry, cry out; *b) (jf. 2)* scream (out); shriek (out); *det **sidste*** *~ (ɔ: nyeste nye)* the last word (*i hatte* in hats); the latest craze.
skrige *vb. (skreg, skreget) (se også skrigende)* **1.** *(råbe)* cry, shout; *(stærkere)* scream; *(endnu stærkere)* shriek (*fx* "No", she screamed (, shrieked)); *(hyle)* yell; *(brøle)* bawl (*fx* a command);
2. *(uartikuleret)* cry (out) (*af* with, *fx* pain); *(højere)* scream, shriek (*af* with, *fx* pain, laughter; baby has been screaming all night); *(skingrende)* screech; *(brøle)* bawl; *(hyle)* yell; *(skråle)* squall;
3. *(om dyr)* cry, call, scream; *(om krage)* caw; *(om papegøje)* screech; *(om ravn)* croak; *(om påfugl)* scream; *(om ugle)* hoot; *(om svin)* squeal;
4. *(om ting)* squeak (*fx* the door squeaked on its hinges); *(højere)* squeal (*fx* squealing brakes);
□ *~ sig hæs* shout oneself hoarse; *~ og skabe sig* kick and scream;
[med præp. & adv.] ~ ***af*** *a) (jf. 1)* shout with (*fx* joy); *b) se ovf.: 2*; *~* ***op*** cry out; *(højere)* scream; *~* ***op om*** raise an outcry about; *(se også råbe (op om))*; *~* ***på*** *a) (kalde på)* bawl for (*fx* the waiter); *b) (~ for at få)* scream for (*fx* the baby was screaming for food); *c) (forlange højlydt)* clamour for (*fx* revenge); *døren skreg på sine hængsler* the door squeaked on its hinges.
skrigeballon squeaking balloon; *(se også skrigedukke 2)*.
skrigedukke 1. squeaking doll;
2. *(om person)* squaller; *(især om barn)* cry-baby.
skrigen *sb. (en)* screaming *(etc., se skrige)*.
skrigende *adj.* **1.** screaming *(etc., se skrige)*;
2. *(meget iøjnefaldende)* glaring (*fx* contrast); flagrant (*fx* injustice);
3. *(som kræver handling)* crying (*fx* need, shortage);
4. *(om farve)* loud; *(stærkere)* glaring, gaudy (*fx* colours); garish, screaming (*fx* he wore a screaming tie; a garish red tie).
skrigeri *sb. (et)* screaming *(etc., se skrige)*.
skrighals squaller; *(især barn)* cry-baby.
skrin *sb. (et, -) (mindre)* box, case (*fx* a jewel box (*el.* case)); *(større)* chest (*fx* a money (, treasure, sea) chest); *(se også relikvieskrin)*;
□ *stikke ham en på -et* T sock him; give him a knuckle sandwich.
skrinlægge *vb. (opgive)* abandon, shelve.
skrive *vb. (skrev, skrevet)* **1.** write (*fx* learn to write; write well; write one's name (, a letter, a book); she writes for a living);
2. *(på maskine)* type;
3. *(udfærdige)* write (out), make out (*fx* an application, a bill, a cheque, a list, a receipt, a report); *(opstille)* draw up (*fx* a contract, a list);
4. *(om politiet)* book (*fx* he was booked for speeding);
5. *(føre på éns regning)* put down to sby (*fx* put it down to me); *(mere* F*)* charge to sby's account (*fx* she ordered it to be charged to her account);
□ *bogen er skrevet i 1890* the book was written in 1890; *hvad -r vi i dag?* what date is it (today)? *nu da vi -r 1995 er det endnu ikke færdigt* now it is 1995 it has not been finished yet; *den der -r disse linier* the present writer; *hvordan -s dit navn?* how do you spell your name? *det skrevne ord* the written word; *~ rent se renskrive*; *som skrevet står* as it says in Holy Writ;
[med sig:] ~ ***sig*** *noget bag øret* make a mental note of sth; *~* ***sig for*** *£50 (ɔ: ved indsamling)* put one's name down for £50; *(mere* F*)* subscribe £50; *~* ***sig fra*** *a) (skyldes)* be derived from, be due to (*fx* it was all due to a mistake); *b) (stamme fra)* originate in (*fx* beliefs originating in the 19th century); *(fra person)* originate with (*fx* the idea originates with her); *c) (datere sig fra)* date from; *~* ***sig fri*** *af det (ɔ: om forfatter)* get it out of one's system;
[med præp.] ~ ***af*** *a)* copy out, make a copy of (*fx* a text); *b) (lave udskrift af)* transcribe (*fx* a tape recording); *c) (snyde)* crib (*efter* from); *d) (på regnskab)* write off;
~ ***bag på*** *en check* endorse a cheque; *~ sig det* ***bag øret*** make a mental note of it;
'*~* ***efter*** *(ɔ: rekvirere)* write for; *(se også diktat)*; *~ ens håndskrift 'efter* imitate sby's handwriting; *~ ens underskrift 'efter (ɔ: ved bedrageri)* forge sby's signature;
~ ham ***for*** *det (ɔ: debitere)* put it down to him; *(mere* F*)* charge it to his account; *~ hende for £50 (ɔ: ved indsamling)* put her down for £50;
~ ***i*** *et blad a)* contribute to a paper; *b) (fast)* write for a paper; *skrevet i hånden* written by hand, hand-written; *det stod skrevet i hans ansigt* it was written all over his face;
~ ***ind*** *a) (i en bog)* enter; *b) (renskrive, fx en stil)* make a fair copy of; *(se også indskrive)*;
~ ***med*** *a) (om redskab)* write with (*fx* a pen, a pencil, a piece of chalk); *b) (om resultat)* write in (*fx* write your essay in ink and not in pencil; written in capital letters); *c) (om stavning)* spell with, write with (*fx* the name is spelt with an h); *d) se ndf.: ~ sammen med*; *ordet -s med stort (, småt el. lille)* the word is spelt (*el.* written) with a capital (, small) letter; *~ med stort (også)* capitalize;
~ ***ned*** *a) (notere)* write down; *(især efter diktat)* take down; *b) (i værdi)* write down; *(sænke prisen på)* mark down;
~ ***'om*** *(igen)* rewrite; '*~ om a) (berette om)* write about (*fx* one's childhood); *b) (behandle)* write on (*fx* the history of printing);
~ ***op*** *a) (notere)* write down; *b) (ordinere)* prescribe (*fx* medicine); *c) (i værdi)* write up; *(forhøje prisen på)* mark up;
~ ***på*** *en bog* be working on a book, be writing a book; *~ på maskine* type;
~ ***'sammen*** *(i en fart)* knock off (*fx* an article); '*~ sammen* correspond; '*~ sammen med* correspond with;
~ ***til*** *en* write to sby; write sby (*fx* she wrote me a very nice letter);

(am. især) write sby (*fx* if there is anything you want, write me); ~ *noget 'til (ɔ: tilføje)* add sth; *det skal -s til Mr Jones* put it down to Mr Jones, please; *(mere* F*)* charge it to Mr Jones' account, please;
~ ***ud*** *a) (skrive af)* copy out (*fx* the names from a list); *b) (fra båndoptagelse)* transcribe; *c) (fylde med skrift)* write full (*fx* write the notebook full); *d) (om person i serie: fjerne)* write out (*fx* she was written out (of the television serial)); ~ *ordet helt ud* write the word in full;
~ ***uden på*** *et brev* address a letter;
~ *(noget)* ***under*** sign (sth); *det navn han -r under (om pseudonym)* his pen name; *skrevet under et falsk navn* written under a false name; ~ ***under på*** *a) (underskrive)* sign (*fx* an agreement); *b) (fig.: være enig i)* go along with (*fx* I don't go along with everything he has said); *jeg vil gerne* ~ ***under på at*** I agree that.
skriveangst writer's block.
skriveblok writing pad.
skriveblæk writing ink.
skrivebog exercise book; *(med forlæg)* copybook.
skrivebord (writing) desk; *(stort)* writing table.
skrivebords- 1. desk (*fx* drawer);
2. *(fig.: teoretisk)* armchair (*fx* strategist); theoretical.
skrivebordsarbejde 1. paperwork;
2. *(fig., omtr.)* theoretical work.
skrivebordsstol desk chair.
skrivefast *adj.:* ~ *papir* sized paper.
skrivefejl slip of the pen.
skrivegarniture writing set.
skrivehjul *(på elektrisk skrivemaskine)* daisy wheel.
skrivehæfte *se skrivebog.*
skrivekløe itch to write;
□ *have* ~ have an itch to write.
skrivekrampe writer's cramp.
skrivekridt white chalk.
skrivelse *sb. (en, -r)* letter (*fx* in reply to your letter of 25th April).
skrivelærer writing teacher.
skrivemaskine typewriter;
□ *skrive på* ~ type, typewrite.
skrivemaskinedame typist.
skrivemaskinepapir typing paper.
skrivematerialer *sb.pl.* **1.** writing materials; **2.** *(papir)* stationery.
skrivemåde 1. *(stil)* style (of writing); **2.** *(stavemåde)* spelling.
skrivepapir writing paper, notepaper.
skrivepult (writing) desk.
skriver *sb. (en, -e)* **1.** *(kontorist)* clerk; **2.** *(hist.)* scribe; *(glds.)* scrivener; **3.** *(edb)* printer.
skriverekvisitter *sb.pl.* writing materials.
skriveri *sb. (et, -er)* writing (*fx* his writings; there has been a lot of writing back and forth); *(neds.)* scribbling;
□ *der har været meget* ~ *i aviserne om det* the papers have written (, printed) a lot about it.
skrivesager *sb.pl. se skrivematerialer.*
skrivestue *(kontor)* office.
skrivetavle (writing) slate.
skrivetime writing lesson.
skrivetøj writing set; inkstand.
skriveunderlag blotting pad.
skrivning *sb. (en, -er)* writing.
skrofulose *sb. (en) (med.)* scrofula.
skrofuløs *adj.* scrofulous.
skrog *sb. (et, -)* **1.** *(af skib)* hull; *(af fly)* fuselage;
2. *(af gås etc.)* carcass;
3. *(af æble)* core;
4. *(svækling)* weakling;
□ *et gammelt* ~ an old crock; *et skikkeligt* ~ a poor harmless fellow; *et stakkels* ~ a poor thing; F a poor wretch.
skroget *adj.* miserable; sickly.
skrot *sb. (en el. et)* scrap.
skrotbunke scrapheap; *(gammel bil)* wreck, crate, old crock.
skrotte *vb. (også fig.)* scrap.
skrub *sb. (et): tage -bet a) (det ubehagelige)* do the dirty work; *b) (det tunge)* do the donkey work.
skrubbe[1] *sb. (en, -r) (børste)* scrubbing brush.
skrubbe[2] *sb. (en, -r) (zo.: fisk)* flounder.
skrubbe[3] *vb.* scrub; *(se også skrubhøvle);*
□ *skrub af!* get lost! clear out! hop it! *(vulg.)* bugger off! *(am.)* scram! *skrub i seng med dig!* go to bed and be quick about it! ~ *ud* clear out.
skrubbet *adj. (ru, også fig.)* rough.
skrubhøvl *sb. (en)* roughing plane.
skrubhøvle *vb.* rough-plane.
skrubtudse 1. *(zo.)* toad;
2. *(fyrværkeri)* jumping Jack;
3. *(ed etc.)* swearword, coarse word;
□ *have en* ~ *i halsen* have a frog in the (*el.* one's) throat.
skrud *sb. (et, -)* robes pl.;
□ *i sit fineste* ~ all dressed up.
skrue[1] *sb. (en, -r)* **1.** screw;
2. *(sø.)* screw, propeller;
3. *(på violin etc.)* peg;
□ *have en* ~ *løs (fig.)* have a screw loose; *det er en* ~ *(el. -en) uden ende* it is a vicious spiral.
skrue[2] *vb. (se også skruet)*
1. screw;
2. *(om is)* pack (*fx* the ice packs round the ship); be packed together;
3. *(i sport)* spin, put spin on (*fx* a ball);
□ ~ *det fast* screw it tight; *(se også ndf.:* ~ *på);* ~ *det løs* unscrew it, loosen it;
[med præp. & adv.] ~ ***af***, ~ ***fra*** unscrew, screw off;
~ ***'i*** screw in; ~ *i bund* screw home; ~ *i vejret, se ndf.:* ~ *op;*
~ ***ned*** turn down the radio (, the sound); *skibet blev -t ned af isen* the ship was pressed down by the ice; ~ ***ned for*** turn down (*fx* the gas, the radio, the sound);
~ ***op*** *a) (~ i vejret)* screw up (*fx* the rents); force up, drive up; *b) (åbne, ~ løs)* unscrew; *c) (om radio, lyd)* turn up the radio (, the sound); ~ ***op for*** *a) (lukke op for)* turn on (*fx* the water); *b) (lukke mere op for)* turn up (*fx* the gas, the radio, the sound);
'~ ***på*** *(ɔ: dreje på)* screw, turn; ~ *noget 'på* screw sth on; fasten sth with screws;
~ *låget* ***'til*** *(ɔ: lukke med skruer)* screw the lid down;
~ *tiden (el. udviklingen)* ***tilbage*** put the clock back (*til* to);
~ ***ud*** screw out, unscrew.
skrueaksel propeller shaft.
skruebakterier *sb.pl.* spirilla.
skrueblad *(sø.)* propeller blade.
skrueblyant propelling pencil.
skruebrækker *sb. (en, -e)* blackleg, scab.
skruegang, skruegænge (screw) thread.
skruehoved screw head.
skrueis pack ice.
skruelåg screwcap, screw top.
skruenøgle spanner, wrench; *(se også svensknøgle).*
skrueskib screwship.
skruestik *sb. (en, -ker)* vice; *(am. oftest)* vise;
□ *holde noget fast som i en* ~ hold sth like a vice.
skruet *adj.* **1.** *(højstemt)* high-flown, bombastic; *(se også forskruet);* **2.** *(om bold)* spinning; *(i opspringet)* screwed.
skruetrækker *sb. (en, -e)* screwdriver.
skruetvinge clamp.
skruk *adj. (liggesyg)* broody.
skrukhøne *(liggesyg høne)* broody hen; *(rugende)* brooding hen; *(med kyllinger)* hen with chickens.
skrumle *vb.* rumble.

skrumlekasse = *skramlekasse.*
skrummel *sb. (et, skrumler)* **1.** *(ting)* big unwieldy thing; *(grim)* monstrosity; **2.** *(hus)* big barn of a house; **3.** *(vogn)* lumbering vehicle; **4.** *(person)* big lump of a man (, woman).
skrump *sb.: være på ~* T be slimming.
skrumpe *vb.: ~ ind, ~ sammen a)* shrink; *b) (blive rynket el. sammenkrøllet)* shrivel (up); *c) (fig.)* shrink.
skrumpelever *(med.)* cirrhosis of the liver.
skrumpenyre *(med.)* cirrhosis of the kidney.
skrumple *vb.* jolt; *(kraftigere)* bump.
skruning *sb. (en, -er)* **1.** *(pres af is)* packing; **2.** *(samling af is)* ice pack;
□ *give en bold ~* put spin on a ball.
skrupelløs *adj.* unscrupulous.
skrupforelsket *adj.: være ~ i hende* be head over heels in love with her; *(let glds.)* be completely gone on her.
skrupforkert *adj.* completely wrong (*fx* guess);
□ *det er ~ (også)* it is all wrong.
skrupforvirret *adj.* **1.** *(om egenskab)* scatterbrained; **2.** *(øjeblikkeligt)* flustered.
skrupgal *adj.* **1.** *(skrupforkert)* all wrong; **2.** *se skrupskør.*
skrupgrine *vb.: vi -de* we were laughing our heads off.
skrupkedelig *adj.* deadly dull.
skrupkulret *adj.* **1.** *se skrupskør;* **2.** *se skruptosset 2.*
skrupler *sb.pl.: jeg gør mig ingen ~ ved at gøre det* I have no scruples about doing it; I don't scruple to do it; *uden ~* without scruple (*fx* he spends her money without scruple); *han er uden ~* he has no scruples; *han ville uden ~ dræbe hende* he wouldn't scruple to kill her.
skruppelløs *adj.* unscrupulous.
skrupskør completely crazy (*fx* idea; person); *(om person også, præd.)* stark staring mad; mad as a hatter.
skrupsulten *adj.* ravenous; *(især præd. også)* famished;
□ *jeg er ~ (også)* I could eat a horse.
skruptosset **1.** *se skrupskør;* **2.** *(rasende)* livid;
□ *blive ~ (2, også)* hit the ceiling.
skruptude *vb.* T howl one's head off.
skrupuløs *adj.* scrupulous.
skrut *sb. (en, -ter): få noget i -ten* have a good tuck-in (*el.* feed).
skrutrygget *adj.* round-shouldered.
skryde *vb.* **1.** *(om æsel)* bray; **2.** *(prale)* brag (*af* of).
skryden *sb. (en)* **1.** braying; *(enkelt)* bray; **2.** *(pralen)* bragging.
skryder *sb. (en, -e)* braggart.
skrædder *sb. (en, -e)* **1.** tailor; *(dame-)* dressmaker; **2.** *(skrog)* weakling; **3.** *(kujon)* coward;
□ *det forslår som en ~ i helvede* it is like a snowball in hell.
skrædderbutik tailor's shop.
skrædderere *vb.* tailor.
skrædderi *sb. (et, -er)* **1.** *(håndværket)* tailor's trade, tailoring; **2.** *(det udførte arbejde)* tailoring; **3.** *(butik)* tailor's shop.
skrædderkridt tailor's chalk.
skrædderlære*: blive sat i ~* be apprenticed to a tailor.
skræddermester (master) tailor.
skrædderregning tailor's bill.
skræddersaks tailor's shears pl.; *en ~* a pair of tailor's shears.
skrædderstilling*: sidde i ~* sit cross-legged.
skræddersvend tailor.
skræddersy *vb. (også fig.)* tailor.
skræddersyet *adj.* **1.** tailored; F bespoke; *(især am.)* custom-made; **2.** *(fig.: (som) lavet til formålet)* tailored; tailor-made (*fx* cargo ships are tailor-made to suit their particular buyers; the job is tailor-made for you); custom-made.
skræddersyning **1.** dressmaking; **2.** *(om herretøj)* bespoke tailoring; *(am.)* custom tailoring.
skrædderværksted tailor's workshop.
skræk *sb. (en)* **1.** *(frygt)* fear (*for* of, *fx* heights, rats; I was trembling with fear); *(stærkere)* terror (*for* of, *fx* rats); **2.** *(pludselig)* fright, scare; *(svagere,* F*)* alarm;
□ *han er min ~* he is my pet aversion; *få en ~ i livet* get frightened; get a fright (*el.* scare); *jage én en ~ i livet* give sby a fright (*el.* scare); put the fear of God into sby; *panisk ~* panic terror, panic; *~ og rædsel* fear and dread; *[med præp.] være ved at dø* ***af*** *~* be frightened to death; T be scared stiff; ***af ~ for*** for fear of; ***af ~ for at*** *a) (+ inf.)* for fear of -ing; *b) (+ sætn.)* for fear that; *have en ~ for a)* be mortally afraid of; *b) (uvilje)* have a violent aversion to; *slippe* ***med*** *-ken* be more frightened than hurt; ***til*** *min ~* to my horror; *til ~ og advarsel* as a deterrent (to others); *straffe en til ~ og advarsel* make an example of sby.
skrækfilm horror film.
skrækindjagende[1] *adj.* terrifying.
skrækindjagende[2] *adv.* terrifyingly.
skrækkampagne scare campaign.
skrækkelig[1] *adj.* awful, terrible; *(dårlig også)* frightful (*fx* play, mistake, smell); *(stærkere)* ghastly.
skrækkelig[2], **skrækkeligt** *adv.* awfully, terribly; frightfully.
skrækslagen *adj.* terror-stricken.
skræl *sb. (en, -ler)* peel (*fx* of an apple, of an orange, of a potato); *(af citrusfrugt, melon også)* rind (*fx* grated lemon rind); *(af kartoffel, frugt også, & af banan, løg)* skin (*fx* boil the potatoes in their skins; pear skin; he slipped on a banana skin); *(det yderste farvede lag af citrusfrugt, brugt i mad)* zest;
□ *en ~* a piece of peel (, rind); a skin; *-ler* peelings; *(afskårne også)* parings.
skrælle *vb.* **1.** peel (*fx* apples, oranges, potatoes); **2.** *(banan)* peel, skin; **3.** *(løg)* skin;
□ *~ af a)* peel off, remove; *b) (~ et tyndt lag af)* pare off (*fx* the outer layer); *c) (flå af)* rip off; *-t for (fig.)* stripped of.
skrællekniv (potato) peeler; *(urtekniv)* paring knife.
skrælling *sb. (en, -er) (person)* weakling.
skræmme *vb. (skræmte, skræmt) (se også skræmmende)* **1.** *(gøre forskrækket)* frighten, scare; *(gøre rædselsslagen)* terrify; **2.** *(ved trusler, til at makke ret,* F*)* intimidate (*fx* I am not going to be intimidated);
□ *være ved at ~ livet* ***af*** *en* nearly scare the life out of sby; T scare sby stiff; *~ en* ***fra*** *at gøre noget* frighten sby from (*el.* out of) doing sth; *(se også vid); ~ en agerhøne* ***op*** start a partridge; *~ en* ***til at*** *gøre noget* frighten (, intimidate) sby into doing sth; *~* ***væk*** frighten away, frighten off (*fx* you'll frighten the customers off if you put up prices); *~* ***væk fra*** frighten off (*fx* frighten the hares off the kitchen garden); *(svagere)* put off (*fx* that is what puts people off Christianity).
skræmmebillede bogey.
skræmmekampagne scare campaign.
skræmmende[1] *adj.* frightening (*fx*

prospects); T scary; F chilling (*fx* report); *(stærkere)* terrifying.
skræmmende[2] *adv. (jf. skræmmende*[1]*)* frighteningly, terrifyingly (*fx* close); chillingly.
skræmmepistol dummy pistol.
skræmmeskud warning shot.
skræmmetaktik scare tactics.
skrænt *sb. (en, -er)* **1.** *(skråning)* (steep) slope; **2.** *(ved kyst)* cliff.
skræntvind slope lift.
skræppe[1] *sb. (en, -r) (bot.)* dock.
skræppe[2] *vb. (om dyr: ænder)* quack; *(gæs)* cackle; *(skader)* chatter;
□ ~ **op** *(om person)* chatter, cackle; *(udbrede sig)* sound off (*om* about).
skræv *sb. (et, -)* crotch, crutch; *(se også skridt 3).*
skræve *vb.* straddle;
□ *med -nde ben* with legs far apart; ~ *mere end bukserne kan holde (omtr.)* bite off more than one can chew; ~ **over** *a) (stå el. sidde over)* straddle (*fx* a chair); *b) (passere)* stride over (*fx* a ditch).
skrøbelig *adj.* **1.** *(skør)* fragile (*fx* bones, glass, teacup; built of fragile materials); *(og hård)* brittle (*fx* bones, china, glass);
2. *(spinkel)* frail (*fx* canoe, chair); *(neds.)* flimsy (*fx* canoe, chair, hut);
3. *(om person: svagelig)* frail (*fx* old lady; health; he is getting old and frail); *(svag også)* weak; *(stærkere ord)* feeble;
4. *(om karakteren)* frail, weak (*fx* human nature is frail (*el.* weak)); *(se også kar)*;
5. *(uholdbar)* fragile (*fx* alliance, peace).
skrøbelighed *sb. (en, -er) (jf. skrøbelig)* **1.** fragility; brittleness;
2. frailty; flimsiness; **3.** frailty; weakness; feebleness; **4.** frailty, weakness; **5.** fragility;
6. *(svagt punkt)* weakness, weak point;
□ *menneskelig* ~ human frailty (*el.* weakness).
skrømt *sb.: gøre noget på* ~ pretend to do sth; make a show (*el.* a pretence) of doing sth; *gøre modstand på* ~ make a show of resistance.
skrøne *sb. (en, -r)* cock-and-bull story, tall story.
skrå[1] *sb. (en, -er)* **1.** *(tobak)* chewing tobacco; **2.** *(enkelt)* plug, quid;
□ *en rulle* ~ a twist of chewing tobacco.
skrå[2] *sb. (en el. et) (korn)* crushed corn; grits pl.
skrå[3] *vb.* chew tobacco.
skrå[4] *vb.: ~ over gaden* cross the street diagonally.
skrå[5] *vb. (male groft)* crush.
skrå[6] *adj. (se også skråt)* **1.** *(hældende)* slanting (*fx* roof, handwriting); sloping (*fx* line, roof, shoulders); *(mere* F*)* inclined (*fx* plane, roof); F oblique (*fx* line, rays);
2. *(om noget der skal rettes op,* T*)* cock-eyed (*fx* the picture on the wall is cock-eyed); *(spøg.)* skew-whiff;
□ *på* ~ *(adv.)* on a (*el.* the) slant, at a slant (*fx* hung on a slant; written at a slant); *(se også skråt)*; *gå med hovedet på* ~ carry one's head on one side; *lægge hovedet på* ~ cock one's head, tilt one's head on one side; *klippe stof på* ~ cut material on the bias; *[med sb.] de* ~ *brædder* the boards; the stage sg.; *optræde på de* ~ *brædder (spøg.)* tread the boards; ~ *kant* chamfered edge, bevel; *i* ~ *stilling* sloping, slanting.
skråbjælke **1.** diagonal brace;
2. *(her.)* bend.
skråbånd **1.** *(i håndarbejde: materiale)* bias binding; **2.** *(enkelt stykke)* bias strip.
skråhue **1.** *(mil.)* forage cap; *(am.)* garrison cap; **2.** *(skotsk)* glengarry.
skrål *sb. (et, -)* bawl; *(hyl)* yell; *(babys)* squall.
skråle *vb.* **1.** bawl; *(hyle)* yell; *(om baby)* squall; **2.** *(græde)* howl;
□ ~ *en ordre* bawl out an order; ~ *op = skråle*; *(i protest)* clamour.
skrålhals **1.** bawler; **2.** *(om barn)* cry-baby.
skråne *vb.* slant, slope (*fx* the floor slants (*el.* slopes) a little); *(om terræn også: ~ let)* shelve (*fx* the shore shelves down to the sea);
□ *-nde* slanting, sloping (*fx* roof; sloping hills, a sloping ceiling); shelving (*fx* sands).
skråning *sb. (en, -er)* **1.** slope; *(hævning også)* rise; *(sænkning også)* declivity;
2. *(stejlhedsgrad)* gradient;
3. *(bakke, skrænt)* slope, hillside.
skråparkering angle parking.
skråpe *sb. (en, -r) (zo.)* shearwater.
skråplan *sb. (et)* **1.** inclined plane;
2. *(fig.)* slippery slope (*fx* the country is going down the slippery slope); downward path (*fx* be on the downward path);
□ *komme ind på et* ~ get on the (, a) slippery slope; *det er et* ~ *at komme ind på (også)* it is the thin end of the wedge.
skråpude wedge-shaped bolster.
skrårem *(mil.)* crossbelt.
skrås *adv.: ~ over for* diagonally opposite.
skråsikker *adj.* cocksure.
skråskrift *sb. (en, -er)* italics pl.
skråstreg slanted (*el.* oblique) stroke, oblique; T slash, stroke (*fx* "and" stroke "or" (ɔ: and/or)).
skråstrimmel *(i håndarbejde)* bias strip.
skråt *adv.* **1.** *(hældende)* at a tilt (*fx* he wore his hat at a tilt; the shelf was set at a tilt); on a (*el.* the) slant, at a slant (*fx* the shelf was set on a slant); slantingly, slantwise (*fx* a picture hanging slantwise); **2.** *(ikke lige, ikke parallelt)* obliquely (*fx* the sun shone obliquely through the window);
□ *du kan stikke det ~ op (vulg.)* you can stuff (*el.* shove) it (up your arse); ~ *op!* shove it! stuff it! up yours! ~ *over for* diagonally opposite.
skråtobak chewing tobacco.
skråt op-tegn the finger (*fx* give him the finger).
skråtstillet *adj.* oblique.
skråvæg sloping wall.
Skt. *se sankt.*
skub *sb. (et, -)* push (*fx* he gave me a push); T shove (*fx* he gave the door a shove);
□ *give forskningen et ~* ***fremad*** give impetus to research; *der er ~* ***i*** *ham* he has plenty of go; ***sætte*** *~* ***i*** *ham* put some go into him, get him going; *sætte ~ i noget* push sth on, get sth going; *sætte ~ i tingene* get things moving; ***sætte*** *~* ***på*** (ɔ: *skynde sig)* push on, get a move on.
skubbe *vb.* push; T shove (*fx* he pushed (, shoved) me aside; they were all pushing (, shoving) to get a place on the boat); *(voldsomt, kun med objekt, mere* F*)* thrust (*fx* he thrust me aside);
□ ~ *og mase* push and shove; *[med præp. & adv.]* ~ ***bag på*** push; ~ *bag på bilen* push the car; ~ *ansvaret (, pligterne)* ***fra sig*** shirk one's responsibility (, one's duties); ~ *bilen* ***i gang*** push-start the car; ~ *noget* ***over på*** *en anden* push sth on to sby else; ~ ***til*** *en a)* push sby, give sby a push; *b) (i trængsel)* shove sby, jostle (against) sby; *c) (for at påkalde opmærksomhed)* nudge sby; *d) (tilskynde)* push sby on; *e) (sætte skub i)* get sby going; ~ *til den hældende vogn (omtr. =)* make bad worse; hit a man when he is down; ~ ***til side*** *a)* push

(, thrust, shove) aside; *b) (fig.)* brush (*fx* his objections) aside.

skubber *sb. (en, -e)* pusher.

skud *sb. (et, -)* **1.** *(med skydevåben & i fodbold etc.)* shot;
2. *(T: indsprøjtning)* jab; *(med angivelse af stoffet også)* shot (*fx* give him a shot of morphine);
3. *(ladning, patron)* round;
4. *(af plante)* shoot;
5. *(af cigaret etc.) se skod*;
6. *(i vævning) se skudgarn*;
□ *et ~ for boven se bov*; *løst ~* blank shot; *skarpt ~* round; *(se også tåge)*;
*[med vb.] der **faldt** et ~* a shot was fired; ***få** et ~ i armen (ɔ: blive skudt)* be shot in the arm; *få et ~ morfin* get a shot of morphine; *-det **gik af*** the gun (, the pistol etc.) went off;
*[med præp.] kunne stå **for** ~ (ɔ: være skudvant)* be steady under fire; *måtte stå for ~ a) (være udsat for kritik etc.)* come under fire; *b) (være den det går ud over)* be on the receiving end; *jeg er ikke rigtig **i** -det* I am (just) not in the mood; *komme **på** ~ af (ɔ: inden for skudvidde)* get within range of.

skudbane trajectory.

skuddag leap day; F intercalary day.

skuddermudder: *gå i ~ a) (blive rodet)* get into a muddle; *b) (blive spoleret)* be ruined; T go to pot.

skude *sb. (en, -r)* **1.** (small) craft; ship (*fx* desert the sinking ship); *(neds.)* old tub; **2.** *(kvinde)* big lump of a woman.

skudefuld *sb. (en, -e): en ~ suppe* a big helping of soup.

skudepisode shooting incident.

skudgarn weft, woof.

skudhastighed rate of fire.

skudhold: *komme på ~ af* get within (firing) range of.

skudklar *adj. (præd.)* ready to fire;
□ *med -e geværer* with rifles at the ready.

skudlinie 1. *(sigtelinie)* line of sight; **2.** *(skudfelt)* field of fire;
3. *(kuglebane)* trajectory;
□ *komme i -n (fig.)* come under fire; *være i -n (fig.)* be in the line of fire (*el.* the firing line).

skudrigel tower bolt.

skudsikker *adj.* **1.** bulletproof (*fx* glass, waistcoat);
2. *(fig.: helt sikker)* cast-iron (*fx* alibi, guarantee); watertight (*fx* alibi, theory).

skudsmål character.

skudsmålsbog *(glds.)* servant's conduct book.

skudsår bullet wound; gunshot wound.

skudt *adj.: være ~ i én (forelsket i)* have a crush on sby (*fx* she has a crush on her teacher); *(let glds.)* be sweet on sby.

skudveksling exchange of shots (*el.* of fire).

skudvidde range;
□ *inden for ~* within range; *uden for ~* out of range.

skudvinkel *(mil.)* angle of fire.

skudår leap year.

skue[1] *sb. (et, -r)* **1.** *(syn)* sight; F spectacle (*fx* it was a magnificent sight (*el.* spectacle)); **2.** *(udstilling)* show;
□ *bære til ~* make a display of; *bære sine følelser til ~* wear one's heart on one's sleeve; *stille til ~ a)* display; *b) (med stolthed)* show off, make a display of; *c) (frækt)* flaunt (*fx* one's vices).

skue[2] *vb.* see; look (*fx* look into the future); F behold (*fx* my eyes had never beheld such splendour);
□ *det er pragtfuldt at ~* it is a magnificent sight; *man skal ikke ~ hunden på hårene* you can't tell (*el.* never judge) a book by its cover; appearances are deceptive.

skuebrød shewbread.

skueplads 1. *(teater)* theatre;
2. *(fig.)* scene (*fx* the police arrived on the scene; he disappeared from the scene).

skueproces show trial.

skueret 1. [show dish]; **2.** *(bordpynt)* table ornament;
□ *det er kun en ~* it is just for show.

skuespil 1. play; **2.** *(optrin)* scene, spectacle; **3.** *(fig.: tomt ~)* empty show, charade; *(se også brød*[1]*)*.

skuespilforfatter playwright; *(dramatiker)* dramatist.

skuespilkunst 1. dramatic art;
2. *(det at spille)* acting (*fx* acting of the very first rank).

skuespiller actor; *(kvindelig også)* actress.

skuespillerfaget the theatrical profession.

skuespillerfoyer greenroom.

skuespillerinde *sb. (en, -r)* actress.

skuespillerselskab theatrical company; troupe of actors.

skuffe[1] *sb. (en, -r)* **1.** *(i møbel etc.)* drawer (*fx* he opened (*el.* pulled out) a drawer); *(penge- også)* till;
2. *(aske-)* ash pan;
3. *(skovl)* scoop (*fx* coal scoop);
4. *(S: mund)* trap (*fx* shut one's trap);
□ *lukke en ~* close (*el.* push in) a drawer;
*[med præp.] **af** første ~ (fig., attr.)* out-and-out (*fx* an out-and-out scoundrel); *af samme ~ (fig.)* of the same kind; ***hænge med** -fen (jf. 4)* be down in the mouth.

skuffe[2] *vb. (med skuffejern)* hoe;
□ *~ sne* clear the snow.

skuffe[3] *vb. (se også skuffende, skuffet)* **1.** *(ikke opfylde forventning)* disappoint (*fx* you disappoint me; disappoint his expectations);
2. *(uden objekt)* be disappointing (*fx* the result was disappointing);
□ *det -r mig at du siger nej* I am disppointed that you refuse; *~ ens tillid* let sby down.

skuffedarium *sb. (et, skuffedarier) se skuffemøbel.*

skuffejern Dutch hoe.

skuffelse *sb. (en, -r)* disappointment (*over en* with sby; *over noget* about sth, at sth, over sth); T letdown;
□ *det var en ~ for ham* it was a disappointment to him.

skuffemøbel 1. *(kommode)* chest of drawers; **2.** *(kartotek)* card-index (cabinet).

skuffende[1] *adj.* **1.** disappointing (*for* for, to); **2.** *(om lighed)* deceptive; *(slående)* striking (*fx* likeness).

skuffende[2] *adv. (jf. skuffende*[1]*)* **1.** disappointingly (*fx* a disappointingly small number of people);
2. deceptively; strikingly;
□ *ligne noget (, én) ~* be remarkably like sth (, sby); *det ligner ~* it is true to the life.

skuffeselskab *(hdl.)* shell company.

skuffet *adj.* disappointed (*fx* disappointed expectations (, love); he was a disappointed man);
*[med præp.] ~ **i** kærlighed* disappointed (*el.* crossed) in love; *han vil blive ~ i sine forventninger (, forhåbninger)* it will disappoint his expectations (, hopes);
*~ **over** a) (person)* disappointed with (*el.* in) (*fx* him); *b) (om andet end person)* disappointed at (*el.* about *el.* over) (*fx* the result);
*~ **over at** a) (+ inf.)* disappointed to (*fx* to see it); *b) (+ sætn.)* disappointed that (*fx* that he did not come).

skulder *sb. (en, skuldre)* shoulder;
□ *have brede skuldre (også fig.)* have broad shoulders; *skæve skuldre* crooked shoulders; *(se også kold)*;
*[med præp.] lægge armen **om** -en på en* put one's arm round sby's

shoulder; *bære noget* **på** *-en* carry sth on one's shoulder; *der hviler en tung byrde på hans skuldre* he has a heavy burden on his shoulders; F a heavy burden rests on his shoulders; *tage noget på -en* shoulder sth; *trække på skuldrene* shrug one's shoulders; *trække på skuldrene ad noget* shrug sth off; *(se også klap², klappe)*; *han når ikke John* **til** *skuldrene a)* he does not come up to John's shoulders; *b) (fig.)* John is head and shoulders above him; ~ **ved** ~ shoulder to shoulder; *(se også græde)*.

skulderblad shoulder blade; *(anat.)* scapula (pl. -s, -e).

skulderbred *adj.* broad-shouldered.

skulderfri *adj.* off-the-shoulder (*fx* sun dress).

skulderklap *sb. (et, -)* **1.** pat on the shoulder; **2.** *(fig.: opmuntring)* pat on the back.

skulderlang *adj.: -t hår* shoulder-length hair.

skulderled *sb. (et, -)* shoulder joint.

skulderstrop shoulder strap.

skuldersøm *sb. (en, -me)* shoulder seam.

skuldertaske shoulder bag.

skuldertræk *sb. (et, -)* shrug (of the shoulders);
□ *affærdige noget med et* ~ shrug off sth.

skuldre *vb.* shoulder;
□ *godt -t (fig.)* well done.

skule *vb.* scowl (*til* at);
□ *et -nde blik* a scowl.

skulen *sb. (en)* scowl.

skulke *vb.* **1.** shirk (one's duty); S skive; **2.** *(fra skolen)* play truant, truant (*fx* he played truant, he truanted); *(am. også)* play hooky;
□ ~ *fra en forelæsning* cut a lecture.

skulkeri *sb. (et, -er)* **1.** shirking; **2.** *(i skole)* truancy, truanting.

skulle *vb. (skal, skulle, skullet)*
1. *(om nødvendighed)* have (got) to (*fx* I have (got) to be there at five); *(skal: også om personlig opfattelse)* must (*fx* I must go now);
2. *(om aftale, bestemmelse)* be to (*fx* who is to do it? I am to meet him at the station; they are to be married in May);
(som (måske) ikke opfyldes) be supposed to (*fx* aren't you supposed to be at work? I am supposed to meet him at the station);
3. *(om fremtid, skæbnebestemmelse)* be to (*fx* a novel which was to make him famous; the girl he was later to marry; they were never to meet again);
4. *(om hensigt)* be meant to (*fx* this is meant to make it easier for you);
(især hvis hensigten ikke opfyldes) be supposed to (*fx* it was supposed to make it easier, but it only became more difficult; what is that supposed to mean?);
5. *(befaling: skal)* must, is (, are) to (*fx* you must do as you are told; you must (*el.* are to) be home at six); F shall (*fx* payment shall be made by cheque);
(især mil.) will (*fx* you will (*el.* are to) report at headquarters at once);
6. *(løfte: skal)* will (*fx* I will ask him tomorrow; you (, he) will be told soon); *(i 2. & 3. person* F *el. glds.)* shall (*fx* you (, he) shall be told soon; if you are a good boy (, girl) you shall have the book; *(NB* T if you are a good boy (, girl) I'll give you the book*)*);
7. *(= bør, burde, om pligt, råd, mulighed)* should, ought to (*fx* I should (*el.* ought to) have been more careful; you should not (*el.* ought not to) speak like that; they should (*el.* ought to) be punished severely; he should (*el.* ought to) be here now; it should (*el.* ought to) be easy);
8. *(om bestemmelsessted)* be going (*fx* I am going home; they are going to London); *(være på vej til)* be bound (for) (*fx* he (, the ship) is bound for England);
9. *(om rygte, forlydende)* be said to (*fx* many are said to have been arrested); be supposed to (*fx* he is supposed (*el.* said) to be the best doctor in town);
□ *mor, jeg 'skal (ɔ: på wc)* mum, I want to go to the loo; *du skal* **altid** *kritisere* you are always criticizing; you have always got to criticize; *hvorfor skal du altid kritisere?* why must you always criticize? *skal* **have**, ~ *have se have²*; **hvis** *jeg* ~ *forklare hvad det er* if I was asked to explain what it is; *hvis du* ~ *møde ham* if you happen to meet him; F if you should meet him; *hvis det skal være, se ndf.*; *det skal du* **ikke** *sige (, gøre etc.)* don't say (, do etc.) that; *det skal jeg ikke kunne sige* I couldn't tell (*el.* say); *du 'skal ikke gøre det* you don't have to do it; you need not do it; *for at hun ikke* ~ *høre det* in order that she should not hear it; *skal du* **noget** *i aften?* are you doing anything tonight? have you anything on tonight? are you going out tonight? *alt gik* **som** *det* ~ everything went right; **så** ~ *da også!* oh bother! *du* ~ **tage og** why don't you (*fx* ask him, try); you want to (*fx* be more careful); ~ **tro** *se tro³*; *du* ~ **vel ikke** *have (, vide etc.)* do you by any chance have (, know etc.);
[i spørgsmål] **skal jeg** *...? a) (hvad synes du)* shall I, should I (*fx* should I give her the money? who shall (*el.* should) I ask?); *b) (hvad ønsker du)* shall I (*fx* shall I help you?); do you want me to, would you like me to (*fx* help you?);
hvad skal *jeg gøre?* what am I to do? what shall I do? T what do I do (now)? *hvad skal jeg der, hvad skal jeg med... se ndf.: med præp. & adv.*; *hvad skal du i aften?* what are you doing tonight? *hvad skal det være? se ndf.: med være*; *hvad vil du have jeg skal gøre?* what do you want me to do? ***hvordan*** ~ *jeg vide det?* how was I to (*el.* should I) know?
[med være] ~ *det være en anden gang!* oh any time! *det* ~ *være en vittighed* it was meant to be a joke; *det* ~ *da være i Kina* except perhaps in China; ***hvad*** *det skal være* anything; *hvad skal det 'være? (ɔ: sagt i butik)* can I help you, sir (, madam)? yes please? *hvad skal 'det være?* what is that supposed to be? **hvis** *det skal være* if necessary, if need be; '**hvor** *det skal være* anywhere; **nu** *skal jeg være der* coming! '**når** *det skal være* any time (you like); *når det nu 'skal være* since I (, you etc.) must; *det* ~ *ikke* **så** *være* it was not to be; **så længe** *det skal være* as long as you like; any length of time; **så meget** *det skal være* as much as you like; *så meget hjælp det skal være* any amount of help;
[med præp. & adv.] *jeg skal* **af** *her* I want to get off here; *jeg skal af sted nu* I must be off now; *hvad skal jeg* **der**? what am I (supposed) to do there? *hvor skal du* **hen**? where are you going? *hvad skal du* **her**? what are you doing here? *jeg skal* **hjem** I'm going home; *jeg skal* **med** I am going with him (, them etc.); *jeg skal med toget* I am going by train; *jeg skal med toget kl. 8.15* I am going on the 8.15; *hvad skal jeg med den?* what am I (supposed) to do with that? *hvad skal du med den?* what do you want with that? *jeg skal* **op** *klokken syv* I have to get

up at seven; *han skal* **op til** *eksamen se eksamen*; **der** *skal* ... **til** *(at)* it takes ... to (*fx* it takes a lot of courage (, money); it takes time; he has got what it takes; it takes two to make a quarrel; it takes so little to make a child happy; it took four men to hold him); *det er lige hvad der skal til* that is just what is needed; **det** *skal* '**til** it is necessary; *hvad skal det til? a) (hvad nytter det)* what is the good of that? *b) (hvad skal det gøre godt for)* what's the idea? T what's that in aid of? *han skal til England* he is going to England; ~ *(lige el. netop)* **til at** be about to, be going to (*fx* I was just about to (*el.* going to) begin); *der skal ... til at, se ovf.*; *jeg skal* **ud** *i aften* I'm going out tonight; *jeg skal ud at gå en tur* I'm going out for a walk; *skal* **væk** *se væk.*

skulpe *sb. (en, -r) (bot.)* silique.

skulptur *sb. (en, -er)* sculpture.

skulpturel *adj.* sculptural.

skulptør *sb. (en, -er)* sculptor.

skum *sb. (et)* **1.** foam (*fx* there was foam on the waves);
2. *(sæbe-)* foam; *(med vand)* lather;
3. *(om munden)* foam, froth; *(hos hest også)* lather;
4. *(på øl)* froth, foam; *(oven på øl i glas)* head;
5. *(urenheder på vandoverflade, på saft, på kogende suppe)* scum;
6. *(til brandslukning)* foam (*fx* mechanical (, chemical) foam);
7. *(T: champagne)* bubbly (*fx* a bottle of bubbly).

skumbad bubble (*el.* foam) bath.

skumbedækket *adj. (præd.)* covered with foam; *(om hest også)* (all) in a lather.

skumgummi foam rubber.

skumkam = *skumtop.*

skumkanon foam monitor, foam cannon.

skumle *vb.* grumble (*over* about);
□ *der -s om at* it is whispered that.

skumler *sb. (en, -e)* grumbler.

skumleri *sb. (et, -er)* grumbling.

skumme[1] *vb. (se også skummende)*
1. *(om havet, om øl)* foam, froth;
2. *(om sæbe, vaskemiddel)* lather;
3. *(om vin etc.: moussere)* sparkle; F effervesce; *(skumme)* foam;
4. *(om hest)* foam, be in a lather;
□ ~ *af raseri* be foaming with rage, be fuming (with rage).

skumme[2] *vb. (mælk etc.)* skim;
□ ~ *fløden a) (af mælken)* skim the cream off the milk; *b) (fig.: tage det bedste)* cream off the best part (*fx* the grammar schools creamed off the best pupils).

skummel *adj.* **1.** *(truende)* sinister (*fx* face, house, look); sinister-looking;
2. *(mørk, dyster)* gloomy (*fx* house, room; prospects); murky (*fx* room, street); F sombre;
□ *en* ~ *fyr* an ugly(-looking) customer; ~ *hensigt* sinister purpose; *have skumle hensigter (også,* T*)* be up to no good; *omgås med skumle planer om at* harbour sinister designs to (*el.* of -ing).

skummende *adj. (jf. skumme)*
1. foaming, frothy;
2. *(om vin: mousserende)* sparkling; F effervescent; *(skummende)* foaming (*fx* he poured foaming champagne into her glass);
3. *(om hest)* foaming, lathered;
4. *(af raseri)* fuming.

skummeske skimmer.

skummetmælk skimmed milk.

skumpelskud outcast; *(syndebuk)* scapegoat.

skumple *vb.* jolt; *(stærkere)* bump.

skumre *vb.: det -r* it is growing dark; night is falling.

skumring *sb. (en, -er)* twilight; *(mørkere,* F*)* dusk; *(poet.)* gloaming;
□ *holde* ~ sit in the twilight.

skumske skimmer.

skumslukker *sb. (en, -e)* foam extinguisher.

skumsprøjt spray.

skumstribe foam streak.

skumsved *(på hest)* lather.

skumtop *(på bølge)* foam crest;
□ *bølger med -pe* white horses.

skunk[1] *sb. (en, -e) (zo.)* skunk.

skunk[2] *sb. (en, -er) (arkit.)* [space under the roof slope].

skur *sb. (et, -e)* **1.** *(fx til redskaber, cykler)* shed; *(tilbygget, med halvtag)* lean-to;
2. *(læskur)* shelter;
3. *(primitiv hytte)* shack, shanty.

skure[1] *sb. (en, -r) (rille)* groove;
□ *alt går i den gamle* ~ *(fig.)* everything is still in the old groove.

skure[2] *vb.* **1.** *(for at rense etc.)* scrub, scour (*fx* the floor, the table, the sink); *(sø.: dæk med skuresten)* holystone;
2. *(gnide hårdt)* scrape (*mod* against, *fx* the boat scraped against the rock); *(med en skarpere lyd)* grate (*mod* on, *fx* the wheels grated on the kerbstone);
3. *(ridse etc.)* score.

skurebørste scrubbing brush.

skurekone charwoman.

skurepulver scouring powder.

skuresten 1. *(sø.: til at skure dæk med)* holystone; **2.** *(geol.)* striated stone.

skurestriber *sb.pl. (geol.)* glacial striae.

skurk *sb. (en, -e)* villain; T baddy;
□ *-en (ɔ: den hvis skyld det er, glds. el. spøg.)* the villain of the piece; *din lille* ~*! (spøg.)* you little rascal!

skurkagtig *adj.* villainous.

skurkagtighed *sb. (en)* villainy.

skurkefjæs hang-dog face.

skurkerolle*: han fik tildelt -n (glds. el. spøg.)* he was cast as the villain of the piece.

skurkestreg piece of villainy; T dirty trick.

skurpenge *sb.pl.* [shelter allowance].

skurre *vb.* jar; *(skarpere)* grate;
□ ~ *i ørerne* grate (, jar) on the ear; *en -nde lyd* a grating (*el.* rasping) sound.

skurren *sb. (en) (jf. skurre)* jarring; grating.

skurv *sb. (en)* **1.** *(med.)* favus; **2.** *(bot.)* common scab.

skurvogn workmen's hut (on wheels).

skutte *vb.:* ~ *sig* shudder slightly.

skvadder *sb. (et)* cackle, prattle.

skvadderhoved twit, twerp.

skvadre *vb.* cackle, prattle.

skvadronere *vb.* bluster.

skvadronør *sb. (en, -er)* blusterer.

skvalder *sb. (en)* cackle.

skvalderkål *(bot.)* goutweed.

skvaldre *vb.* = *skvadre.*

skvat[1] *sb. (et, -)* wimp;
□ *han er et* ~ *(også)* he has got no guts.

skvat[2] *sb. (en, -) se skvæt 1.*

skvatte *vb.* fall;
□ ~ **ned** fall down; *(tungt)* tumble down; ~ **om** *a)* keel over; *b) (besvime)* flake out; '~ **over** fall over; ~ **sammen** collapse.

skvattet *adj.* **1.** *(svag, forskræmt)* wimpish;
2. *(holdningsløs)* weak-kneed; T wet;
3. *(træt, syg)* groggy (*fx* I feel a bit groggy today); *(præd. også)* under the weather.

skvulp *sb. (et, -)* **1.** *(lyd)* splash; **2.** *(bevægelse)* lapping; ripple.

skvulpe *vb.* **1.** *(om bølger)* lap;
2. *(plaske, sprøjte)* splash;
3. *(om væske i beholder)* slop (*el.* slosh) around;
□ *ligge og* ~ *a)* be soaking (*fx* in a bath); *b) (plaske)* be splashing about; be sloshing about (*fx* in a bath tub); *c) (om båd)* be rocking gently; ~ '**over** slop over.

skvulpen *sb. (en) (jf. skvulpe)* **1.** lapping; **2.** splashing; **3.** slopping, sloshing.
skvæt *sb. (et, -)* **1.** *(lille portion)* splash (*fx* a splash of soda water); spot, drop (*fx* of whisky, of coffee); **2.** *(plask)* splash.
skvætte *vb.* splash, slosh.
sky[1] *sb. (en)* **1.** *(kødsaft)* gravy; **2.** *(kraftsuppe)* stock; **3.** *(stivnet)* jelly.
sky[2] *sb. (en, -er) (på himlen)* cloud;
□ *med næsen* ***i*** *~ se næse;* ***i vilden*** ~ at the top of one's voice (*fx* she screamed at the top of her voice; they sang at the tops of their voices); *svæve* ***oppe i*** *-erne a) (fig.: være virkelighedsfjern)* have one's head in the clouds; *b) se ndf.: på en lyserød ~; svæve* ***på en lyserød*** *~ (fig.: være lykkelig)* be up in the air (*fx* she was completely up in the air because he had kissed her); *hæve* ***til*** *-erne (fig.: rose)* praise to the skies.
sky[3] *adj.* shy (*for* of);
□ *blive ~ for (om hest)* shy at.
sky[4] *vb.* shun (*fx* he has always shunned publicity);
□ *ikke ~ nogen anstrengelse* spare no pains (*el.* effort); *han -r ingen midler (el. intet middel) for at* he will stick (*el.* stop) at nothing to; *~ vand* repel water; *(se også brændt, pest).*
skybanke mass of clouds.
skybrud *sb. (et, -)* cloudburst.
skyde *vb. (skød, skudt)* **1.** *(om og med skydevåben)* shoot (*fx* with a gun; with a bow and arrows; don't shoot! he shot the burglar; shoot a hare); *(med ildvåben også, = afgive skud)* fire (*fx* he fired two or three times);
2. *(i boldspil)* shoot (*fx* he shot a goal);
3. *(om planter: vokse)* shoot, grow; *(udsende)* put out, send out (*fx* leaves);
4. *(skubbe)* push; T shove;
5. *(om muldvarp)* throw up earth;
6. *(stjæle)* pinch, scrump (*fx* apples);
7. *(typ.)* lead (out);
□ *skyd! a)* fire! *b) (i fodbold etc.)* shoot!
[med sb.] ~ en god fart make good headway; *~ ham (om slange) se ham*[1]; *hans øjne skød lyn* his eyes flashed; *katten -r ryg* the cat arches its back; *~ et skud* fire a shot; *(se også nærved);*
[med præp. & adv.] ~ **'af** *a) (affyre)* fire (*fx* a gun; a shot); let off (*fx* a gun; fireworks, a rocket); *(glds.)* discharge (*fx* a gun); *b) (pil)* shoot; *c) (fjerne ved skud)* shoot off (*fx* his leg);
~ ***efter*** shoot (*el.* fire) at;
~ ***for*** *se kugle, slå*[1];
~ ***forbi*** miss (the mark);
~ ***fra*** *hoften* shoot from the hip; *(se også slå*[1]*); ~ ansvaret* ***fra sig*** *a) (ikke ville tage)* refuse to accept responsibility; *b) (opgive)* abdicate one's responsibility; *~ tanken fra sig* dismiss the idea;
~ ***frem*** *a) (rage frem)* jut out; F project; *b) (gro frem)* shoot; *(se også nedf.: ~ op); ~ noget frem* push sth forward; *~ brystet frem a)* expand one's chest; *b) (af stolthed)* puff out one's chest;
~ ***i*** *se fod, sænk, vejr;*
som ikke er til at ~ ***igennem*** watertight (*fx* alibi, excuse); *han var ikke til at ~ igennem (ɔ: stolt)* he was cock-a-hoop;
~ ***ind*** *se indskyde, nytår; ~* ***sig ind*** *(mil.)* find the range (by straddling the target); *~* ***sig ind på*** *a) (fig.)* try to find out (*fx* what they want); guess (*fx* the correct answer); *b) (mil.) se indskyde (sig på); ~* ***sig ind under*** *(undskylde sig med)* plead;
hun skød ***med*** *mig* T she winked at me, she made eyes at me;
~ ***ned*** *a) (dræbe)* shoot (dead); *(om forsvarsløs)* gun down; *b) (i luften)* bring down (*fx* a bird, an aeroplane); *(om fly, pilot også)* shoot down; *c) (fig.: om ide etc.)* shoot down (*fx* an idea, a proposal);
~ *vildt* ***omkring sig*** fire indiscriminately;
~ ***op*** *a) (vokse)* shoot up; *b) (vokse frem)* sprout up, spring up; *(brede sig hastigt)* mushroom; *(se også hjerte); ~ ammunitionen op* use up (*el.* expend) the ammunition; *~ en dør op* push open a door; *~ en ende op (sø.)* coil a rope;
~ ***over*** *se mål*[1];
~ **'på** *(skubbe)* push; *'~ på a) (med skydevåben)* shoot at; *(med ildvåben også)* fire at; *b) (fig.: angribe)* hit out at (*fx* the politicians); *c) (gætte på)* guess at (*fx* the price); *(se også skyld); jeg -r* ***på at*** *(ɔ: gætter på)* my guess is that; *~* ***på mål*** *(i fodbold etc.)* shoot at goal;
~ ***sammen*** *(skillinge sammen til en gave)* club together (*fx* club together to buy a present);
~ **'til** *(bidrage)* contribute; *'~ til en, se ovf.: ~ med; ~ døren 'til* push the door to; *~ lidt til (ɔ: bidrage)* make a small contribution; T give something towards it; *~ til skive* shoot at a target; *(se også mål*[1]*);*
~ ***ud*** *a) (skubbe ud)* push out; *b) (opsætte)* put off; *c) (fare ud)* shoot out, dart out; *d) (affyre)* fire; F discharge.
skydebane 1. shooting range; *(mil.)* rifle (*el.* firing) range; **2.** *(overdækket)* shooting gallery.
skydebomuld guncotton.
skydedæksel *(foto.)* sliding lens cover.
skydedør sliding door.
skydefærdighed marksmanship.
skydegal, **skydeglad** *adj.* trigger-happy.
skydehul *se skydeskår 1.*
skydelære *(måleværktøj)* Vernier (calliper) gauge.
skydelåg sliding lid.
skydemodstand *(elek.)* variable resistor, rheostat.
skydepram shooting punt.
skyder *sb. (en, -e)* **1.** *(på instrument)* slide; **2.** *(T: skydevåben)* shooting iron; **3.** *(slå)* sliding bolt.
skyderi *sb. (et, -er)* **1.** shooting (*fx* stop that shooting!); firing; **2.** *(ildkamp)* shooting incident; T shoot-out;
□ *-er* shooting sg. (*fx* there was shooting in the streets).
skyderigel sliding bolt.
skydesejl *(til jagt)* camouflage sail.
skydeskive 1. target; **2.** *(fig.)* butt (*for* of, *fx* he was the butt of their teasing); Aunt Sally.
skydeskår 1. *(smal åbning)* gun slit; *(i borgmur)* arrow slit (*el.* loop); loophole; **2.** *(til kanon i brystværn)* embrasure.
skydespænde hair slide; *(am.)* barrette.
skydestige extension ladder.
skydestilling firing position.
skydetelt shooting booth, shooting gallery.
skydeterræn target range.
skydevindue 1. *(op og ned)* sash window; **2.** *(til siden)* sliding window.
skydevold stop butt.
skydevåben firearm.
skydeøvelse 1. target practice; **2.** *(fægtningsskydning)* musketry practice; **3.** *(artilleri-)* gunnery practice.
skydning *sb. (en, -er)* **1.** shooting; *(med ildvåben også)* firing, fire; **2.** *(typ.)* leading;
□ *begynde -en* open fire; *holde inde med -en* cease fire.
skydække cloud (ceiling), cloud cover.

skydækket, **skyet** *adj.* cloudy, clouded.
skyformation cloud formation.
skyfri *adj.* cloudless, unclouded.
skygge[1] *sb. (en, -r)* **1.** *(mods. sollys; kølighed)* shade (*fx* light and shade; keep in the shade; let's go into the shade; sit in the shade of a tree (, wall));
2. *(område med skygge)* shadow (*fx* his face was in deep shadow; if you stand in the shadow of the wall (, tree), nobody will see you);
3. *(skyggeomrids)* shadow (*fx* be afraid of one's own shadow; I could see his shadow on the wall; the shadows grew longer towards evening);
4. *(på hat)* brim; *(på kasket)* peak, visor;
5. *(genfærd)* shade; ghost;
6. *(antydning)* shadow (*fx* a shadow of a smile; if there is a shadow of doubt (, suspicion)); F ghost (*fx* a ghost of a smile);
□ ***ikke*** ~ ***af*** not a shadow of (*fx* doubt, suspicion); F not a particle of (*fx* truth); *han har ikke ~ af chance for at vinde* he hasn't got the ghost of a chance of winning; *han så ikke -n af et menneske (ɔ: slet intet)* he saw no trace of a human being; *jeg har ikke set -n af ham* I haven't seen a trace of him; *[andre forb.] han er kun en ~* ***af*** *sig selv* he is a mere shadow of himself; he is only the shadow of his former self; *15 grader* ***i*** *-n* 15 degrees in the shade; *stille en i ~ (fig.)* throw sby into the shade; outshine sby; ***i*** *-n* ***af*** *a) (jf. 1, 2)* in the shade (, shadow) of (*fx* a tree, the wall); *b) (fig.: fordunklet af)* in the shadow of (*fx* he lived for years in the shadow of his father); *c) (fig.: truet af)* under the shadow of (*fx* the nuclear bomb); *stå i -n af (fig.: overstrålet af)* be overshadowed by; ***kaste*** ~ throw a shadow; F cast a shadow; *kaste en ~ over (fig.)* cast a shadow (*el.* cloud) over; *følge en* ***som*** *en ~* follow sby like his shadow; *have -r* ***under*** *øjnene* have shadows under one's eyes.
skygge[2] *vb.* **1.** *(yde skygge)* give shade (*fx* there wasn't a tree which could give shade); F afford shade; **2.** *(udspionere)* shadow; T tail;
□ ~ ***for*** *a)* shade (*fx* the tree shades the house); *b) (stå i lyset for)* stand in sby's light (*fx* he stood in her light); *~ for solen* give shade from the sun; *~ med hånden for øjnene* shade one's eyes with one's hand.
skyggeagtig *adj.* shadowy.
skyggebillede shadow figure (*el.* picture).
skyggeboksning shadow boxing.
skyggefuld *adj.* shady.
skyggekabinet shadow Cabinet.
skyggekomedie galanty show.
skyggeside **1.** shady side (*fx* the shady side of the street); **2.** *(mangel)* drawback (*ved* of, to, *fx* the plan);
□ *de der lever på livets ~* the outcasts of fortune.
skyggetilværelse: *føre en ~ a) (upåagtet)* live in obscurity; *b) (trist)* drag on a miserable existence.
skyggeverden **1.** *(indbildt)* shadowy (*el.* imaginary) world; **2.** *(beboet af skygger)* world of shades.
skyhed *sb. (en)* shyness.
skyhøj *adj.* sky-high (*fx* prices).
skyhøjde height of cloud, cloud base.
skyklapper *sb.pl. (også fig.)* blinkers;
□ *med ~ på* blinkered.
skylag (layer of) cloud.
skyld *sb. (en)* **1.** *(forseelse, fejl)* fault (*fx* it is not my fault);
2. *(ansvar)* blame (*for* for, *fx* I am ready to take the blame for it); guilt (*fx* find out where the guilt (*el.* blame) lies; the guilt lies with the parents; I must take my part of the guilt (*el.* blame));
3. *(det at være skyldig)* guilt (*fx* he admitted his guilt; prove his guilt);
[med vb.] ***bære*** *-en* be to blame, be responsible; *det* ***er hans*** *~* it is his fault, he is to blame (for it); *det* ***er hans egen*** *~* it is his own fault, he has only himself to blame (for it); ***hvis er*** *-en?* whose fault is it? who is to blame? ***forlad*** *os vor ~ (ɔ: i fadervor)* forgive us our trespasses; ***føle*** ~ feel guilt; ***få*** *-en* get the blame; ***give*** *én -en for noget* put (*el.* lay) the blame for sth on sby, blame sby for sth; hold sby responsible for sth; T blame sth on sby; *hvor* ***ligger*** *-en?* whose fault is it? who is to blame? *-en ligger hos ham* he is to blame; the blame is his; F the guilt lies with him; ***påtage sig*** *-en se ndf.: tage -en*; ***skyde*** *-en på én* put (*el.* lay) the blame on sby; ***tage*** *-en* take (*el.* bear *el.* accept) the blame; ***være*** *~* ***i*** *a)* be to blame for, be responsible for; *b) (være årsag til)* be the cause of; *han er ~ i det* he is to blame for it, it is his fault; *han er selv ~ i det* he has only himself to blame, it is his own fault; *han er selv ~ i sine vanskeligheder (også)* he has brought his troubles on himself; *det* ***var*** *~* ***i at*** *de gav op* this caused them to give up;
[med præp.] ***for*** *Johns ~* for John's sake, for the sake of John; *for nogets ~ a) (af hensyn til)* for the sake of sth (*fx* for the sake of the rhyme); *b) (på grund af)* for (*fx* he married her for her money); *(se også form*[2]*, gang, gud, morskab, nemhed, orden, sag, selskab, sikkerhed, skam*[1]*, syn, tilfælde)*; *for begges ~* for both their sakes; ***for min*** *~ a)* for my sake (*fx* do it for my sake); *b) (ɔ: jeg er da ligeglad)* for all I care (*fx* he can go hang for all I care); as far as I am concerned; *for min ~ gerne se gerne*;
uden ~ blameless; *han var uden ~ i ulykken* he did not cause the accident; he was not to blame for the accident; T the accident wasn't his fault; *uden egen ~* through no fault of one's own.
skyldbetynget *adj.* conscience-stricken, guilty.
skyldbevidst *adj.* guilty; *(præd. også)* conscious of guilt.
skyldbevidsthed guilty conscience; consciousness of guilt.
skylde *vb. (skyldte, skyldt) (se også skyldes)* **1.** owe (*fx* I owe £500; you owe me an explanation (, an apology, a letter)); *(se også ndf.: ~ én noget)*;
2. *(være i gæld)* owe money (*fx* he owes money all round);
□ *~ én noget* owe sby sth, owe sth to sby (*fx* I owe my brother £500, I owe £500 to my brother; *(fig.)* I owe him my life; I owe everything to him); *hvad jeg -r mine lærere* what I owe to (*el.* my indebtedness to) my teachers; *du -r dig selv at tage ferie* you owe it to yourself to take a holiday; *hvad -r jeg fornøjelsen (af Deres besøg)?* to what do I owe this pleasure? *[med præp. & adv.] ~* ***for*** *kost og logi* owe for one's board and lodging; *han -r* ***hos*** *købmanden* he has run up a bill at the grocer's; *han -r over £500* ***væk*** he owes more than £500.
skyldes *vb.* **1.** *(være forårsaget af)* be due to (*fx* her death is due to natural causes; the difficulty is due to our ignorance); be caused by (*fx* the delay was caused by an accident); be because of (*fx* it was because of an accident that we were delayed); be the result of (*fx*

his limp is the result of an accident; the mistake is the result of his carelessness);
2. *(stamme fra)* stem from (*fx* the pain stems from a tumour);
3. *(være skabt af)* be the work of (*fx* the bust is the work of Thorvaldsen);
4. *(være ubetalt)* be owing (*fx* a large sum is still owing); be due, be outstanding;
□ *fejlen ~ ikke ham* he is not to blame for the mistake.
skyldfri *adj.* guiltless, blameless, innocent.
skyldfølelse sense of guilt.
skyldig *adj.* **1.** guilty (*i* of); **2.** *(tilbørlig)* due (*fx* with due respect);
3. *(som skyldes bort)* owed;
□ *den -e* the culprit (*fx* they are the real culprits); the offender;
ikke ~ not guilty; *være én noget ~ se skylde (en noget)*;
[med sb.] det -e beløb the amount due; *med -t hensyn til* with due regard to; *han blev hende svar ~* he could not think of an answer; *han blev aldrig nogen svar ~* he was never at a loss for an answer; *være én tak ~ se tak*[2];
[med vb.] dømme én ~ find sby guilty; *gøre sig ~ i* be (, render oneself) guilty of (*fx* a mistake); commit (*fx* theft, an unforgivable error); *nægte sig ~ a) (i en sigtelse)* deny the charge; *b) (i retten)* plead not guilty.
skyldighed *sb. (en)* duty.
skyldner *sb. (en, -e)* debtor.
skyldsbevidst, skyldsfølelse *se skyldbevidst, skyldfølelse.*
skyldspørgsmål, skyldsspørgsmål question of guilt (*fx* the question of guilt has not been decided).
skylight *sb. (et, -er)* skylight.
skylle[1] *sb. (en, -r) (regnbyge)* (heavy) shower; downpour;
□ *give én en ~ (ɔ: skælde ud)* give sby a good dressing-down.
skylle[2] *vb.* **1.** *(strømme)* pour; *(stærkere)* rush (*fx* the water rushed in over the top of his boots);
2. *(plaske)* wash (*fx* the water washed over her ankles (, over the deck));
3. *(med objekt: for at rense)* rinse (*fx* the plates, a cup, a glass; clothes; one's hands, one's mouth; after washing your hair rinse it with clean warm water); *(om noget hult også)* rinse out (*fx* one's mouth; a cup, a glass); *(rør, wc, motordele)* flush;
□ *værsgo' at ~!* rinse your mouth out, please!
[med præp., adv.] ~ ***af*** *a) (rense)* rinse (*fx* the plates, a cup, a glass); *b) (skylle væk)* rinse away (*fx* the dirt);
~ ***bort*** *a)* rinse away; *b) (om strøm etc.: fjerne)* wash away; *(voldsomt)* sweep away (*fx* a bridge); *c) (blive skyllet bort)* be washed (, swept) away (*fx* the leaves were washed away);
~ **'*efter*** *(efter vask)* rinse; *~ efter med øl a)* wash it down with beer; *b) (om spiritus)* drink beer as a chaser;
~ ***i*** *land* be washed ashore; *~ i sig* gulp down (*fx* a cup of tea);
~ ***ned*** *a) (øsregne)* pour (down); *b) (drikke)* gulp down (*fx* a cup of tea); *c) (få til at glide ned)* wash down (*fx* wash the medicine down with a whisky);
~ ***op*** *a) (vaske)* rinse through (*fx* rinse the stockings through); *b) (ɔ: på stranden)* wash ashore, wash up; *c) (blive -t op)* be washed ashore (*el.* up) (*fx* the body was washed ashore);
bølgerne -de ***over*** *dækket* the waves washed over the deck; *~ en (, noget)* ***over bord*** wash sby (, sth) overboard;
~ ***ud*** *a) (rense med vand)* rinse out (*fx* a bottle); flush (out) (*fx* a drain); *b) (~ ud på toilettet)* flush (the lavatory, the toilet), pull the plug.
skyllefarve *(til hårfarvning)* rinse.
skyllemiddel **1.** *(til tøjvask)* fabric softener; **2.** *(til opvaskemaskine)* rinse aid.
skylleskål finger bowl.
skyllevand rinsing water.
skyllevæske rinsing fluid.
skylning *sb. (en, -er) (jf. skylle*[2] *3)* **1.** *(det at skylle)* rinsing; *(wc etc.)* flushing; **2.** *(enkelt ~)* rinse; flush.
skylregn downpour.
skylregne *vb.: det -r* it is pouring (down).
skynde *vb.: ~ på en* hurry sby up; *(få til at gå hurtigere også)* urge sby on (*el.* along); *~* ***sig*** hurry; F make haste; *skynd dig!* hurry up! T get a move on! *~ sig at a)* be quick to (*fx* get dressed); *(ivrigt)* rush to (*fx* get a seat, buy the book); *b) (for ikke at blive misforstået)* hasten to (*fx* apologize; he hastened to say (*el.* add) that it was no ultimatum); lose no time in -ing; *jeg skal ~ mig a)* I am in a hurry; *b) (jeg må af sted)* I have to rush; *~ sig af sted (, op, ud etc.)* hurry along (, up, out, etc.); *~ sig langsomt* hasten (*el.* make haste) slowly.
skynding *sb. (en): i -en* in one's hurry.
skyndsomst *adv.* quickly, hastily (*fx* he dressed hastily).
skypumpe waterspout.
skyskraber **1.** *(højt hus)* skyscraper; **2.** *(sejl)* skysail.
skysovs gravy.
skyts *sb. (et)* guns pl.; artillery;
□ *køre op med -et (også fig.)* bring one's guns into position; *svært ~* heavy guns.
skytsengel guardian angel.
skytsgud, skytsgudinde tutelary deity.
skytshelgen patron saint.
skytsånd guardian (*el.* tutelary) spirit.
skytte *sb. (en, -r)* **1.** *(en der kan ramme)* marksman (*fx* he is an excellent marksman); *(se også ndf.: god (, dårlig) ~)*;
2. *(den der skyder)* shooter (*fx* the shooter stands erect on both feet);
3. *(erhvervsskytte, fx på herregård)* gamekeeper;
4. *(mil.)* rifleman;
□ *Skytten (stjernebillede)* Sagittarius; the Archer; *jeg er Skytte* I am a Sagittarius; *en god (, dårlig) ~* a good (, poor) shot.
skytteforening rifle club.
skyttegrav trench.
skyttegravskrig trench warfare.
skyttekorps rifle corps.
skyttekæde *(mil.)* line of skirmishers.
skyttel *sb. (en, skytler)* shuttle.
skæbne *sb. (en, -r)* **1.** *(livsskæbne etc.; hvad der er sket)* fate (*fx* a hard (, cruel, sad, tragic) fate; that decided his fate; he had deserved a better fate; a fate worse than death; nothing is known about their fate); *(livsskæbne, lod i tilværelsen,* F*)* lot (*fx* his lot has been a hard one; he is content with his lot);
2. *(hvad der skal (, skulle) ske; især om større begivenheder, personer,* F*)* destiny (*fx* no man can escape his destiny; the events that shaped his destiny; it was his destiny to conquer half the world);
□ ***-n*** *a) (forsynet)* fate (*fx* fate had decided otherwise); F destiny (*fx* no one can fight against destiny); *b) (lykken, skiftende ~)* fortune (*fx* those favoured by fortune; you can thank your good fortune for that); *c) (tilfældet)* chance (*fx* chance brought them together); *ved* ***-ns*** *ugunst* by ill-luck; as ill-luck would have it;

er der noget **nyt om** hans ~? is there any news of what has happened to him? ***tak*** ~! oh heavens!; *(se også ironi, krank², tilskikkelse, ublid, ugunstig)*; *[med vb.] det* ***afgjorde*** *hans* ~ that decided his fate; *hun* ***blev*** *hans* ~ she was to be his fate; ***dele*** ~ *med de andre* share the fate of the others; ***forfulgt*** *af -n* dogged by misfortune; ***friste*** *-n se udfordre (-n)*; ***få*** *samme* ~ suffer the same fate; *få en sørgelig* ~ suffer a sad fate; ***gå*** *en trist* ~ ***i møde*** be heading for a sad fate; *han* ***har haft*** *en hård* ~ life has been hard on him; ***lide*** *samme* ~ *se ovf.: få samme* ~; ***møde*** *sin* ~ meet one's fate; ***overlade*** *ham til sin* ~ leave him to his fate; ***udfordre*** *-n se udfordre; (se også finde (sig i), undgå).*

skæbnebestemt *adj.* destined (*til* for; *til at* to); fated (*til at* to).

skæbnefællesskab shared (*el.* common) fate (*el.* destiny).

skæbnegudinderne *sb.pl. (myt.)* the Fates.

skæbnesvanger *adj.* **1.** *(afgørende)* fateful (*fx* day, decision; this proved fateful to (*el.* for) them); **2.** *(ødelæggende)* fatal (*fx* mistake); **3.** *(ulykkelig)* ill-fated (*fx* expedition); *(katastrofal)* disastrous.

skæbnetime fateful hour, hour of destiny.

skæbnetro fatalism.

skæbnetung *adj.* fateful; F momentous.

skæfte¹ *sb. (et, -r) (på gevær)* stock.

skæfte² *vb.* **1.** *(forsyne med skaft)* haft, helve; **2.** *(forsyne med skæfte)* stock.

skæg¹ *sb. (et, -)* **1.** *(fuldskæg,* ~ *hos ged, østers)* beard; **2.** *(overskæg)* moustache; **3.** *(kind- , også om knurhår)* whiskers pl.; **4.** *(sø.)* cutwater; **5.** *(sjov)* fun (*fx* he is full of fun); □ ~ *og ballade* fun and games; high jinks; *være ude på* ~ be out to have fun; *[med vb.]* ***anlægge*** ~, ***få*** ~, ***lade*** *-get* ***stå*** grow a beard; ***lave*** ~ *se sjov¹ (lave sjov)*; ***le i*** *-get se le²*; ***mumle i*** *-get* mumble (under one's breath); ***tage*** *en* ***i*** *-get (ɔ: snyde en)* have sby on; lead sby up the garden path; *(se også kejser).*

skæg² *adj.* funny; *(se også sjov²)*; □ *det er vældig -t at* it is great fun to (*el.* -ing).

skægabe **1.** *(zo.)* lion-tailed macaque; **2.** *(skægget person)* beaver.

skægget *adj.* **1.** bearded; **2.** *(ubarberet)* unshaven.

skæghår hair of the beard.

skægløs *adj.* beardless.

skægmejse *(zo.)* bearded tit.

skægpest barber's itch; *(med.)* sycosis.

skægstubbe *sb.pl.* stubble sg.

skægvækst*: han har en kraftig* ~ his beard grows fast.

skægværling *(zo.)* rock bunting.

skæl *sb. (et, -)* **1.** *(på fisk, slanger, kogler etc.)* scale; **2.** *(~ i håret, generelt)* dandruff, scurf; *(enkelt)* grain of scurf; □ *der faldt som* ~ *fra hans øjne* the scales fell from his eyes.

skældannelse squamation.

skælde *vb. (skældte, skældt)* scold; □ ~ *og smælde a)* storm and rage; rant and rave; *b) (stadig småskænde)* nag; ~ *én huden fuld,* ~ *én hæder og ære fra* blow sby up, tear sby apart; give sby a jolly good telling-off; *[med adv. & præp.]* ~ ***ud*** *(brokke sig)* grumble; *hun -r altid ud (ɔ: skænder)* she is always going on at me (, the children etc.); ~ *én* ***ud*** *a) (irettesætte)* tell (*el.* tick) sby off (*fx* for being lazy; I hate being told off); *(let glds.)* scold sby; F berate sby; *b) (bruge skældsord)* call sby names; F abuse sby; ~ *én ud for en tyv* call sby a thief; ~ ***ud over*** grumble about (*fx* the food); T go on about; *(tvært)* grouse about; ~ ***ud over at*** *han kommer for sent* grumble about his (*el.* him) being late; ~ ***ud på*** *a)* go on at (*fx* the children); *b) (kritisere)* run down (*fx* the Government).

skælden*:* ~ *og smælden* scolding; storming and raging; *(stadig)* nagging.

skældsord **1.** term of abuse; F invective; **2.** *(pl.)* abuse sg.; F invectives.

skældud *sb. (en, -)* telling-off, talking-to (*fx* I got a real talking-to); □ *få* ~ *(også)* be told off.

skældyr *(zo.)* pangolin.

skællet *adj.* scaly; *(fagl.)* squamous.

skælm *sb. (en, -e el. -er)* rogue; □ *have en* ~ *i øjet* have a (roguish) twinkle in one's eye.

skælmeri *sb. (et, -er)* roguishness; roguery.

skælmsk¹ *adj.* arch.

skælmsk² *adv.* archly.

skælve *vb. (-de el. skjalv, -t)* **1.** tremble (*af* with, *fx* anger, cold, excitement, fear, rage; his lips trembled; the leaves trembled); **2.** *(stærkere: ryste)* shake (*af* with, *fx* fear, nervousness); *(voldsomt,* F*)* quake (*fx* the earth shook (, quaked) under us); **3.** *(dirre,* F*)* quiver (*af* with, *fx* delight, fear; his lips quivered); **4.** *(især af kulde, frygt)* shiver; *(stærkere)* shudder; *[med præp.]* ~ ***for*** *en (ɔ: af angst)* tremble before sby; *jeg -r for at møde ham* I tremble at the thought of meeting him; ~ ***over*** *hele kroppen* tremble all over; tremble in every limb.

skælven *sb. (en) (jf. skælve)* **1.** *(det at skælve)* trembling; shaking; quaking; shivering; shuddering; **2.** *(enkelt ~)* tremble; shake; quake; shiver; shudder; **3.** *(nervøsitet, angst,* F*)* trepidation (*fx* I viewed the prospect with some trepidation).

skæmme *vb.* disfigure (*fx* the building disfigured the landscape); mar (*fx* a face marred (*el.* disfigured) by a scar; a book marred by numerous misprints; this mars but does not spoil the work; a wall marred by graffiti); *(svagere)* blemish (*fx* a face blemished by pimples); *(med skrift)* deface (*fx* a wall defaced by inscriptions); □ ~ ***sig*** *a)* lose one's looks; *b) (blive mager)* lose flesh, grow thin.

skæmt *sb. (en)* jest; □ *for* ~ in jest.

skæmte *vb.* jest.

skænd *sb.pl.* a talking-to, a ticking-off sg.; □ *få* ~ be reprimanded (*af* by); T be told (*el.* ticked) off (*af* by).

skænde¹ *vb. (skændte, skændt) (skælde ud)* scold (*fx* "Why don't you ever come to see us?" she scolded); □ ~ *på (mere* T*)* go on at, nag (*fx* she is always going on at (*el.* nagging) the children); *(let glds.)* scold.

skænde² *vb. (krænke, voldtage)* violate; *(vanhellige)* desecrate.

skænderi *sb. (et, -er)* argument; *(stærkere,* T*)* quarrel; *(voldsomt)* row; *(neds.)* wrangle; □ *komme i* ~ *med* start arguing (, quarrelling etc.) with; *ligge i* ~ *med* be arguing (, quarrelling etc.) with; have an argument (, a quarrel etc.) with; be at loggerheads with.

skændes *vb.* argue; *(stærkere,* T*)* quarrel (*med* with; *om* over, about); *(voldsomt)* row, fight (*med*

with; *om* over, about); *(se også kævles)*;
□ *komme op at ~ med* start arguing (, quarrelling etc.) with; *der skal to til at ~* it takes two to make a quarrel; *~ så det ryger om ørerne* be (*el.* go) at it hammer and tongs.
skændig *adj.* disgraceful, scandalous (*fx* behaviour, treatment); *(stærkere)* outrageous (*fx* lie); F nefarious (*fx* activities, criminal, plan).
skændsel *sb. (en, skændsler)* disgrace (*fx* you are a disgrace to your school); *(stærkere,* F*)* infamy (*fx* this day will live in infamy; guilty of infamies);
□ *bringe ~ over* bring disgrace on.
skændselsgerning infamous action (*el.* deed), outrage; *(stærkere,* F*)*.
skænk[1] *sb. (en, -e)* **1.** *(møbel)* sideboard; **2.** *(i restaurant)* bar counter.
skænk[2] *sb. (en, -e)* **1.** *(drik)* drink; **2.** *(gave)* gift.
skænke[1] *vb.* **1.** *(give)* give;
2. *(til velgørenhed)* donate (*fx* money to a project; he donated his books to the local library);
3. *(om højere magt)* grant (*fx* God granted him a long life); bless with (*fx* God blessed them with many children);
□ *~ noget bort* give sth away; *~ en noget* present sby with sth; make sby a present of sth;
[med sb.] hun -de ham et barn she bore him a child; *~ en sin fortrolighed* take sby into one's confidence; *~ en sit hjerte* give one's heart to sby; *~ en livet (ɔ: lade en leve)* spare sby; *jeg -de det ingen opmærksomhed* I paid no attention to it; *resten -r jeg dig* never mind the rest; *hans skældsord -r jeg ham* as for his abuse I shall ignore it; *jeg havde aldrig -t ham (, det) en tanke* I had never given him (, it) a thought.
skænke[2] *vb. (hælde)* pour (*fx* let me pour);
□ *~ fuld* fill (*fx* the cup, the glass); *~ te* pour (out) the tea;
[med præp. & adv.] ~ ***af*** *flasken* pour out of the bottle; *~* ***for*** *en a)* pour out a drink (, the wine, the tea etc.) for sby; *b) (som opvarter)* serve sby; *~* ***i*** *glasset* fill the glass; pour wine (etc.) into the glass; *~* ***op*** pour (*fx* the tea, the wine; will you pour?); pour out (*fx* he poured out two glasses of whisky); *~* ***op for*** *ham* pour him a drink; *(se også ovf.: ~ for)*.
skænkeprop pourer.
skænkestue *(i kro)* taproom, bar.
skæppe[1] *sb. (en, -r): han sætter ikke sit lys under en ~* he does not hide his light under a bushel.
skæppe[2] *vb.* **1.** *(om jord, korn: give udbytte)* yield; **2.** *(give fortjeneste)* pay, be profitable;
□ *det -r i kassen* it pays; *det -r ikke* there is no money in it.
skær[1] *sb. (et, -)* **1.** *(på kniv)* cutting edge; **2.** *(på bor)* bit; **3.** *(plov-)* ploughshare.
skær[2] *sb. (et, -)* **1.** *(svagt lysskær)* gleam; *(flakkende,* F*)* glimmer (*fx* the glimmer of a candle (, a lamp));
2. *(glød)* glow (*fx* the glow of the coal in the fire; the soft glow from the oil lamp; a red glow in the sky);
3. *(stærkt, ubehageligt)* glare (*fx* the glare of the searchlight);
4. *(lys)* light (*fx* in the light of the moon; they saw it in a romantic light);
5. *(glans)* sheen (*fx* a silvery sheen; her face glowed with a healthy red sheen); *(farvetone,* F*)* tinge (*fx* there is a grey tinge to her hair);
6. *(fig.: anstrøg)* touch (*fx* of irony, of melancholy); F tinge.
skær[3] *sb. (et, -) (klippe)* rock; *(især skotsk)* skerry;
□ *klare -ene (fig.)* pull through; *løbe på et ~* strike a rock; *(se også blind)*.
skær[4] *adj.* **1.** *(sart)* tender; **2.** *(klar)* clear, bright;
□ *-t kød (kan gengives)* meat without bones, fat and sinews; *ren og ~ se ren[2] 6.*
skære *vb. (skar, skåret) (se også skærende)* **1.** cut; **2.** *(forme i træ etc.)* carve;
□ *~ ansigt* make (*el.* pull) faces (*ad* at); grimace (*ad* at; *af* with, *fx* disgust, pain); *(tegn på væmmelse også)* make a wry face; *~ hinanden (om linier, veje)* cross; *(*F *el. fagl.)* intersect; *~ sig* cut oneself (*på* on); *~ sig i fingeren* cut one's finger; *~ tænder* grind one's teeth;
[med præp. & adv.] ~ **'*af*** *a)* cut off; *b) (afbryde brat)* cut short (*fx* she cut him short); *~ en skive af stegen* carve a slice off the joint; *~* **'*for*** carve;
lyset -r mig ***i*** *øjnene* the light hurts my eyes; *det -r mig i hjertet* it breaks my heart; F it wrings my heart;
~ ***igennem*** *a) (trænge igennem)* cut through, penetrate; *b) (ɔ: ~ igennem det uvæsentlige)* go straight to the point; go to the heart of the matter; cut things short;
~ ***i stykker*** cut up, cut to pieces;
~ ***ned*** *a) (reducere)* cut (down) (*med* by, *fx* cut public expenditure by 6 per cent; cut production); cut back; *(mere* F*)* reduce; *b) (roser etc.)* cut back, prune; *~ en ned (ɔ: ydmyge)* put sby down, take sby down a peg or two; *(stærkere: til sokkeholderne)* cut sby down to size; *~* ***ned på*** cut down on, cut back on;
~ ***op*** *a) (åbne)* cut open, slit open (*fx* a letter); *b) (~ i stykker)* cut up (*fx* a loaf of bread); *~ en bog op* cut the pages of a book;
~ ***over*** cut (through); *(se også kam)*; *~ halsen over på ham* cut his throat;
~ sig ***på*** *en kniv* cut oneself on a knife;
~ ***til*** *a) (tøj etc.)* cut out; *b) (træ)* cut up, cut into shape; *(tildanne, forme)* carve;
~ ***tilbage*** *(om planter)* cut back, prune;
~ ***ud*** *a)* cut out; *b) (~ i stykker)* cut up (*fx* a cake, meat); *c) (tildanne, forme)* carve (*fx* a design, a figure); *(se også pap)*.
skærebrænder cutting torch.
skærebræt *(til brød)* breadboard; *(forskærerbræt)* carving board.
skærekage cake.
skærekasse *(med savsnit)* mitre box (*el.* block).
skæremaskine paper cutter, guillotine.
skærende *adj.* **1.** cutting; **2.** *(om lyd, stemme)* strident; *(skinger)* shrill; **3.** *(grel)* glaring (*fx* contrast);
□ *~ ironi* scathing irony; *~ lys* glaring light, glare; *i ~ modstrid med* in sharp conflict with.
skæreolie cutting oil, soluble oil.
skærf *sb. (et, -)* sash.
skærfe *vb.* **1.** *(læder)* scarf; **2.** *(fodtøj)* skive.
skærgård skerries pl.; F archipelago.
skæring *sb. (en, -er)* **1.** *(det at skære, jf. skære)* cutting; carving; **2.** *(liniers)* intersection; **3.** *(på grammofonplade: bånd)* cut, track; *(optagelse)* recording.
skæringsdag **1.** *(om salg)* date of completion, completion date; **2.** *(om overtagelse & fig.)* appointed day; terminal date, deadline.
skæringspunkt (point of) intersection.
skærm *sb. (en, -e)* **1.** *(skærmbræt, data-, radar-, røntgen-, tv)* screen;

(se også dataskærm);
2. *(for øjnene & lampe-)* shade;
3. *(på cykel, bil)* mudguard; *(på bil også)* wing; *(am.)* fender;
4. *(bot.)* umbel;
5. *(værn, beskyttelse)* protection; F shield;
6. *(for plantning)* shelter, cover;
7. *(mod radioaktiv stråling)* shield;
□ *på -en (ɔ: tv)* on the (small) screen; *sort ~ (tv)* blackout.

skærmbevoksning nurse crop.
skærmbillede *(edb)* frame.
skærmblomstret *adj. (bot.)* umbelliflorous.
skærmbræt (folding) screen.
skærme *vb.* **1.** protect (*mod* against, from, *fx* protect them from danger); *(stærkere,* F *el. fagl.)* shield (*imod* from, against, *fx* the parasol shielded her from the sun; a lead apron shields the nurse from radiation; shield the child from the harsh realities);
2. *(uden objekt)* give protection, give shelter (*mod, for* from, against, *fx* the trees give protection (*el.* shelter) from the wind);
□ *~ mod (også,* F *el. fagl.)* be (*el.* provide) a shield against.
skærmgitter *(radio)* screen grid.
skærmplante *(bot.)* umbelliferous plant; *(fagl.)* umbellifer.
skærmterminal *(edb)* **1.** *se dataskærm*; **2.** *(med tastatur)* visual display terminal; *(fork.)* VDT.
skærmtrold television personality.
skærmydsel *sb. (en, skærmydsler) (skænderi)* tiff; *(stærkere)* quarrel; *(se også sammenstød)*.
skærpe[1] *sb. (en, -r) (æg)* edge.
skærpe[2] *vb.* **1.** sharpen (*fx* an axe);
2. *(gøre strengere)* tighten (up) (*fx* the control, the rules, security measures; the police have been tightening up on security); toughen up (*fx* the laws, the fight against crime); F intensify (*fx* the blockade, competition, the control, the fight, restrictions); make (*fx* the terms) more rigorous;
3. *(forværre)* deepen; F aggravate (*fx* the crisis, the conflict);
□ *-nde omstændigheder* aggravating circumstances;
[med sb.] ~ appetitten sharpen (*el.* whet) one's appetite; *~ sin holdning* harden one's attitude; *~ sine krav* increase (*el.* stiffen) one's demands; *~ en straf* increase a sentence.
skærpelse *sb. (en, -r) (jf. skærpe)*
1. sharpening; **2.** tightening (*fx* of the rules, of the control); F intensification (*fx* of the blockade, of the control); **3.** aggravation (*fx* of the crisis, of the conflict);
□ *~ af dommen* increase of the sentence; *en ~ af deres holdning* a hardening in their attitude.
skærpning *sb. (en, -er)* sharpening.
skærsild *sb. (en)* purgatory; *(fig. også)* ordeal;
□ *-en (rel.)* Purgatory.
skærsliber = *skærslipper.*
skærslipper *sb. (en, -e)* knife-grinder.
skærsommer midsummer;
□ *En Skærsommernatsdrøm* A Midsummer-Night's Dream.
skærtorsdag Maundy Thursday.
skærv *sb. (en)* mite (*fx* give (*el.* contribute) one's mite to sth);
□ *enkens ~* the widow's mite.
skærveballast *(jernb. & til vej)* ballast (of broken stone).
skærveknuser *sb. (en, -e)* **1.** *(maskine)* stonebreaker; **2.** *(*T*: cykel)* boneshaker.
skærver *sb.pl.* broken stones;
□ *slå ~* break stones.
skærveslager *sb. (en, -e)* stonebreaker.
skærvevej metalled road.
skætning *sb. (en, -er)* scutching.
skætte *vb.* scutch.
skættemaskine scutching machine.
skætteri *sb. (et, -er)* scutching mill.
skæv[1] *sb. (en, -e): slå -e a) (i keglespil)* roll the ball(s) wide; *b) (fig.) se skæver.*
skæv[2] *adj. (se også skævt)* **1.** *(skrå)* oblique (*fx* angle, pyramid; glance); slanting;
2. *(ikke regelmæssig, ikke lige)* wry (*fx* face, neck, nose); crooked (*fx* back, legs, nose, shoulders); lopsided (*fx* chair, window); skew (*fx* teeth); T cock-eyed;
3. *(fig.: ensidig)* one-sided; lopsided (*fx* give a lopsided impression of the matter); *(forvrænget)* distorted (*fx* account, view); *(forkert)* wrong;
4. *(ulige)* unequal (*fx* distribution);
5. *(*S*: af hash etc.)* stoned;
□ *lade tingene gå deres -e gang* let things slide (*el.* ride); *-e helligdage* [holidays as distinct from Sundays]; *hans (sko)hæle var -e* his heels had been worn down on one side; *~ kegle* oblique cone; *stille en i et -t lys* place sby in a false light; *~ opfattelse* distorted view; *-t smil* wry smile; *~ stilling (fig.)* false position; *gå sine støvler -e* wear one's boots down on one side; *det -e tårn i Pisa* the Leaning Tower of Pisa; *-e øjne* slanted eyes.
skævbenet *adj.* crooked-legged.
skævbider *sb. (en, -e)* side-cutting nippers pl.
skævdeling imbalance.
skæve[1]*: -n i din broders øje* the mote that is in thy brother's eye.
skæve[2] *vb.: ~ til a)* cast a sidelong glance at; look at out of the corner of one's eye; *b) (skule til)* scowl at; *c) (fig.: skele til)* have an eye to; *~ til sin egen fordel* have an eye to one's own interest.
skæver *sb. (en, -e): slå -e (fig.)* goof.
skævhalset *adj.* wry-necked.
skævhed *sb. (en, -er) (jf. skæv*[2]*)*
1. obliquity;
2. crookedness; lopsidedness; wryness;
3. *(fig.)* lop-sidedness; falseness;
4. *(ulighed)* inequality, imbalance (*fx* social imbalance in school attainment);
5. *(fejl)* fault;
□ *rette op på -en* rectify (*el.* redress) the imbalance.
skævrygget *adj.* crooked.
skævt *adv.* **1.** awry, askew (*fx* wear one's hat awry (*el.* askew)); T cock-eyed;
2. *(på skrå)* aslant (*fx* wear one's hat aslant); slantwise (*fx* cut it slantwise); obliquely;
3. *(forkert)* wrongly; *(ensidigt)* one-sidedly;
4. *(ulige)* unequally, unevenly;
□ *~ fordelt* unequally distributed; *[med vb.] gå ~ a)* go awry (*fx* our plans went awry); go wrong, turn (*el.* go sour) (*fx* it all started turning sour); *b) (gå dårligt)* go badly; *billedet hænger ~* the picture is hanging askew; T the picture is cock-eyed; F the picture is on the skew; *komme ~ ind på det* get off on the wrong foot; *se ~ til (ɔ: med uvilje)* frown on (*el.* at); F look askance at; *din hat (, dit slips) sidder ~* your hat (, your tie) is awry (*el.* askew); *smile ~* give a wry smile.
skævøjet *adj.* slant-eyed.
skød[1] *sb. (et, -)* **1.** *(del af legemet)* lap, knee (*fx* sit on her lap (*el.* knee); it is no use just waiting for a job to fall into your lap);
2. *(moder-)* womb;
3. *(fig.)* bosom (*fx* in the bosom of one's family);
□ *i Abrahams ~* in Abraham's bosom; *hvad fremtiden bærer i sit ~* what the future holds in store; *lægge hænderne i -et, sidde med hænderne i -et (fig.: være passiv)* sit back.
skød[2] *sb. (et, -er)* **1.** *(frakke-)* tail,

skirt; **2.** *(på damedragt)* basque.
skød[3] *præt. af skyde.*
skøde[1] *sb. (et, -r) (jur.)* deed (of conveyance);
□ *få ~ på et hus* receive the deed(s) of a house; *skrive ~* complete.
skøde[2] *sb. (et, -r) (sø.)* sheet.
skøde[3] *vb. (overdrage)* convey (*til* to).
skødebarn 1. baby; F infant;
2. *(som ikke optager plads i bus etc.)* baby in arms.
skødefrakke frock coat.
skødehund lap dog.
skødeskind = *skødskind.*
skødesløs *adj.* **1.** careless (*med* in, of, with, *fx* in one's work, of one's person, with one's money; a careless remark; with careless elegance);
2. *(forsømmelig,* F*)* negligent (*med* in, of, *fx* in one's work; of one's duties);
3. *(for rask på den)* slapdash (*med* with, *fx* she is rather slapdash with her work);
4. *(om arbejde)* sloppy, slapdash (*fx* her work is rather slapdash).
skødesløshed *sb. (en)* **1.** carelessness; **2.** *(forsømmelighed)* negligence; **3.** *(om arbejde)* sloppiness.
skødesynd besetting sin.
skødskind leather apron.
skøge *sb. (en, -r)* prostitute; *(glds., litt. el. bibelsk)* whore (*fx* the great whore); harlot (*fx* Babylon, the mother of harlots).
skøjte[1] *sb. (en, -r) (transportfartøj)* schuit.
skøjte[2] *sb. (en, -r) & vb.* skate;
□ *løbe på -r* skate; *~ hen over (fig.)* skate over, slide over.
skøjtebane ice rink.
skøjtedronning skating queen, ice queen.
skøjteløb skating.
skøjteløber skater.
Skøjteløbervalsen *(mus.)* the Skater's Waltz.
skøjtestøvler *sb.pl.* skating boots.
skøn[1] *sb. (et, -)* **1.** *(mening)* opinion, judgement (*fx* in my opinion (*el.* judgement) it would be too late);
2. *(vurdering)* estimate (*over* of, *fx* the cost, his chances); F assessment (*over* of);
3. *(forgodtbefindende)* discretion (*fx* I leave it to your discretion);
□ *danne sig et ~ over* form an estimate (*el.* opinion *el.* judgment) of, gauge; *(hurtigt,* T*)* size up (*fx* the situation, the chances); *sagkyndigt ~* expert opinion; *syn og ~ se syn;*
[med præp.] ***efter*** *mit ~* in my opinion (*el.* judgment); *efter mit bedste ~* to the best of my judgement; *handle efter bedste ~* act to the best of one's judgement; *handle efter sit eget ~* act at one's own discretion; *efter et løst ~* on a rough estimate; T at a rough guess; *jeg overlader det* ***til*** *dit ~* I leave it to your discretion.
skøn[2] *adj.* **1.** *(smuk)* beautiful, lovely;
2. *(dejlig)* lovely (*fx* it was a lovely party); T great; fantastic (*fx* holiday); *(lækker)* delicious (*fx* food);
3. *(ophøjet, ædel)* beautiful, noble (*fx* feelings);
□ *den -ne* the fair one; *det -ne* the beautiful;
[med sb.] en -ne dag a) (fortidigt) one day; *b) (fremtidigt)* one (fine) day, some day; *i ~ forening* in perfect harmony; *i den -neste orden* in perfect order; *(se også kunst).*
skønhed *sb. (en, -er)* beauty.
skønhedsdronning beauty queen.
skønhedsdyrkelse worship of beauty.
skønhedsekspert = *skønhedsspecialist.*
skønhedselskende *adj.* beauty-loving.
skønhedsfejl (slight) blemish, flaw, imperfection (*fx* a blemish on the carpet; a flaw in the vase (, contract); the goods have been reduced because of imperfections).
skønhedsforladt *adj. (præd.)* devoid of beauty.
skønhedsgudinde goddess of beauty.
skønhedsklinik beauty parlour.
skønhedskonkurrence beauty competition (*el.* contest).
skønhedsmiddel cosmetic.
skønhedspleje beauty culture;
□ *salon for ~* beauty parlour.
skønhedsplet 1. *(på huden)* mole; *(kunstig)* beauty spot; **2.** *se skønhedsfejl.*
skønhedspræparat beauty preparation, cosmetic.
skønhedssalon beauty parlour, beauty salon.
skønhedssans sense of beauty.
skønhedsspecialist beauty specialist, beautician.
skønhedssøvn beauty sleep (*fx* have (*el.* take) one's beauty sleep).
skønhedsåbenbaring marvel of beauty;
□ *han er ikke nogen ~* he is no oil painting.
skønjomfru fair maiden.
skønlitteratur [fiction, poetry and drama]; *(omtr.)* imaginative literature.
skønlitterær *adj. (omtr.)* fictional;
□ *~ forfatter (omtr.)* writer of fiction, fiction writer.
skønmaleri (false) idealization.
skønne *vb.* **1.** *(bedømme)* estimate (*fx* I estimate that the job will take a week); *(som skønsmand)* find (*fx* the experts found that...);
2. *(mene)* judge (*fx* they judged it necessary to begin at once); think, consider; *(*F *el. spøg.)* deem;
3. *(om spædbørn)* take notice (*fx* baby is beginning to take notice);
□ *tabene -s at beløbe sig til £10.000* the losses are estimated at £10,000; *så vidt jeg kan ~* as far as I can see; in my opinion; *så vidt man kan ~* to all appearances; as far as can be seen;
[med præp.] ~ **om**, *~* **over** *a)* estimate (*fx* the distance, the number); form an estimate of (*fx* you have formed a wrong estimate of the amount); *(mere præcist,* F*)* assess; *b) (danne sig en mening om)* judge (*fx* whether he was right or wrong); *~* ***på*** appreciate.
skønsang *(kan gengives)* sentimental song.
skønskrift *sb. (en)* **1.** *(omtr.)* copybook writing; **2.** *(kalligrafisk)* calligraphy.
skønsmand expert; valuer.
skønsmæssig *adj.* estimated (*fx* estimated price).
skønsmæssigt *adv.* on a rough estimate.
skønsom *adj.* judicious (*fx* selection, mixture); *(om person også)* discriminating (*fx* reader).
skønsomhed *sb. (en)* discretion, judiciousness; discrimination.
skønssag matter of opinion.
skønsvis *adv.* on a rough estimate.
skønt *konj.* **1.** *(på trods af at)* though, although (*fx* although he knew, he wouldn't tell me);
2. *(og dog)* (but) still (*fx* he seems very nice, but still, I don't think we can trust him); (but) no (*fx* come tomorrow, but no, better wait till Sunday).
skønånd bel-esprit (pl. beaux-esprits); aesthete.
skør *adj.* **1.** *(tosset)* crazy; *(mere* T*)* nutty, loony; *(kun præd.)* bonkers, crackers, nuts;
2. *(tåbelig)* daft, potty (*fx* he must have been potty to sell his car so cheaply);
3. *(skrøbelig)* fragile; *(og hård)* brittle (*fx* bones, glass, china);
4. *(let smuldrende)* friable (*fx*

sandstone);
□ *blive* ~ go crazy; *en* ~ *kule (el. rad)* a crackpot, a nut(ter); *(am. også)* a screwball;
[med præp.] det er til at blive ~ ***af*** it is enough to drive you crazy; ~ ***efter*** crazy about; nuts on; *han er* ~ ***i*** *bolden (el. knolden)* he is off his rocker; ~ ***med*** *se ovf.:* ~ *efter.*

skørbug *sb. (en) (med.)* scurvy;
□ *lidende af* ~ scorbutic; *middel mod* ~ anti-scorbutic.

skørhed *sb. (en) (jf. skør)* **1.** craziness; **2.** fragility; brittleness; **3.** friability.

skørlevned *(glds. el. spøg.)* debauchery.

skørne *vb.* **1.** *(gøre skør)* make brittle *(etc., se skør)*; **2.** *(blive skør)* become brittle *(etc., se skør)*; crumble.

skørost *(omtr.)* curds pl.

skørsav crosscut saw.

skørt *sb. (et, -er)* **1.** *(nederdel)* skirt;
2. *(underskørt)* half slip; *(glds.)* petticoat;
3. *(højskottes)* kilt (*fx* he wears the kilt);
4. *(fig.: pige)* skirt;
□ *hænge i sin moders -er (fig.)* be tied to one's mother's apron strings.

skørtejæger womanizer.

skørteregimente petticoat government (*el.* rule).

skøtte *vb.:* ~ *sig selv* shift for oneself; *lade det* ~ *sig selv* leave it to look after itself; *lade ham* ~ *sig selv* leave him to his own devices; *ikke* ~ *om at (glds.)* not be anxious to (, that).

skål *sb. (en, -e)* **1.** bowl (*fx* fruit bowl, mixing bowl, salad bowl); *(især fladere)* basin; *(mindre: drikke-)* cup;
2. *(skålfuld)* bowlful (*fx* a bowlful of apples); bowl (*fx* a bowl of cornflakes and milk);
3. *(vægt-)* scale;
4. *(i bh)* cup;
5. *(udbragt)* toast; *(for person også)* health;
□ ~*!* T cheers! F your (very good) health! *en bitter* ~ *(fig.)* a bitter cup; *udgyde sin vredes -er* pour out the vials of one's wrath;
[med (vb. +) præp.] ~ ***for*** ... a toast to (*fx* Mr Jones); T here's to (*fx* John; your new job); F let us drink to (*fx* Mr Jones; your new job); ***drikke*** *en* ~ ***for*** drink (a toast) to; drink the health of (*fx* Mr Jones); ***udbringe*** *en* ~ ***for*** propose a toast to (*fx* Mr Jones; the future); propose the health of (*fx* Mr Jones).

skåle *vb. (klinke)* touch glasses;
□ ~ ***for*** toast (*fx* the bride); *lad os* ~ *for* a toast to; F let us drink to; T here's to; ~ ***med*** *a)* drink (a toast) with; toast (*i* in, *fx* we toasted each other, first in vodka and then in wine); *(i vin også,* F*)* take wine with; *b) (klinke med)* touch glasses with.

skålformet *adj. (jf. skål 1)* bowl-shaped; cup-shaped.

skålfuld *sb. (en, -e)* bowlful (*fx* a bowlful of apples); bowl (*fx* a bowl of milk).

skålpund*: et* ~ *kød* a pound of flesh.

skåltale toast;
□ *holde en* ~ propose a toast.

skålvægt scales pl.; *en* ~ a pair of scales.

Skåne *(geogr.)* Scania.

skåne *vb.* **1.** spare (*fx* death spares nobody; spare my life! he does not spare himself; spare her feelings!);
2. *(behandle forsigtigt)* take care of (*fx* one's health); be careful of (*el.* about) (*fx* one's new clothes);
□ ~ *en for noget* spare sby sth (*fx* spare him the shame of having to ask for money; spare me the details); spare sby from sth (*fx* from a cruel fate); ~ *en for at* spare sby from -ing (*fx* spare him from having to read all the details).

skånejob light job.

skånekost light diet, protective diet.

skåning *sb. (en, -er)* Scanian.

skånsel *sb. (en)* mercy; *(mildhed,* F*)* leniency;
□ *uden* ~ *(adverbielt)* mercilessly, without mercy; *(stærkere)* ruthlessly.

skånselsløs *adj.* merciless (*over for* to, towards); *(stærkere)* ruthless (*over for* to, towards).

skånselsløst *adv.* mercilessly, without mercy; *(stærkere)* ruthlessly.

skånsk *adj.* Scanian.

skånsom *adj.* **1.** *(ikke streng)* gentle; F lenient; **2.** *(overbærende)* forbearing; **3.** *(varsom)* careful;
□ *meddele (el. fortælle) det -t* break it gently.

skånsomhed *sb. (en)* gentleness; leniency; care.

skår *sb. (et, -)* **1.** *(glas- etc.)* broken piece, broken fragment; *(am.)* shard;
2. *(hak)* chip; *(i metal også)* jag;
3. *(række afmejet korn)* swath;
4. (S*: pige)* bit of crumpet;
□ *gøre* ~ *i a) (fig.,* F*)* detract from, impair; *b) (spolere)* mar; *der er ikke gået* ~ *i deres venskab (på grund af det)* it has made no difference to their friendship; *det var et* ~ *i glæden (for ham)* F it marred his pleasure; T it was a fly in the ointment.

skåret[1] *pf.ptc. af skære.*

skåret[2] *adj. (med skår i)* chipped (*fx* cup); jagged (*fx* knife).

slacks *sb.pl.* slacks.

sladder *sb. (en) (løs)* gossip (*fx* don't pay any attention to that, it is only gossip); *(ondsindet også)* scandal;
□ *få en* ~ *med* have a chat with; *(se også rende*[2] *(med), sludder).*

sladderagtig *adj.* **1.** gossipy, gossiping; **2.** *(om barn)* sneaky, blabbing.

sladderhank *(skoleudtryk)* sneak, telltale.

sladderhistorie piece of gossip (, scandal).

sladderkælling gossip; scandalmonger.

sladderspalte gossip column.

sladre *vb.* **1.** *(snakke)* chatter, gossip;
2. *(løbe med sladder)* gossip (*om* about); talk scandal *(jf. sladder)*;
3. *(røbe hemmelighed)* tell (*fx* promise me not to tell; I won't tell; that would be telling!); tell tales (*fx* somebody has been telling tales); T blab (*fx* somebody has blabbed (to the press));
4. *(være angiver)* tell tales (*fx* I don't like children who tell tales); sneak; *(se også ndf.:* ~ *om,* ~ *til)*;
□ ~ *af skole* tell tales out of school; ~ ***om*** *en (jf. 4)* tell (*el.* sneak *el.* split *el.* peach *el.* rat) on sby; ~ ***til*** *en (jf. 4)* tell sby, sneak to sby (*fx* she told (*el.* sneaked to) the teacher); peach to sby.

sladrehank, **sladrekælling** = *sladderhank, sladderkælling.*

slag *sb. (et, -)* **1.** *(med hånd)* blow; *(hårdt)* knock; *(med flad hånd)* slap (*fx* a slap in the face (, on the back)); *(hurtigt, hårdt)* rap (*fx* a rap over the knuckles); *(let)* tap;
2. *(med våben, hammer etc.)* blow (*fx* of an axe; a swordblow); *(let glds.)* stroke;
3. *(med boldtræ, golfkølle, ketcher etc.)* stroke;
4. *(med pisk)* cut; *(let glds.)* stroke; *(især som straf)* lash (*fx* receive twenty lashes);
5. *(rytmisk: takt-, tromme-, hjerte-, puls-)* beat;
6. *(banken)* beating, pulsation;
7. *(af klokke, ur; stempel- etc.)*

stroke;
8. *(af bølger, vind etc.)* beating;
9. *(nederlag, sorg)* blow (*for* for, to, *fx* his death was a hard blow to her; we have inflicted a severe blow on the enemy); *(sorg også)* shock (*for* for, to);
10. *(mil.)* battle (*fx* there was a battle);
11. *(klædningsstykke)* cape;
12. *(okse-)* flank; *(svine-)* belly of pork;
13. *(let glds.: vending, lille gåtur)* turn (*fx* take a turn round the garden);
□ ***ikke et*** ~ not a bit; *han har ikke bestilt et* ~ he has not done a stroke (of work); *et* ~ ***kort*** a game of cards; ***slå*** *et* ~ *a) (om kørende: svinge ud)* swerve (*fx* the car swerved to avoid the cat); *b) se ovf.: 13*; *slå et* ~ *for* strike a blow for;
[med adj.] der er ***frit*** *~!* you can do as you please! *der er frit ~ over for ham* he is fair game; *der er frit ~ til at* you are free to (*fx* make other suggestions); ***små*** *~!* steady (on)! gently!
[med præp.] falde ***i*** ~ *(ɔ: om ur)* prepare to strike; *klokken er faldet i ~ (fig.)* the hour has struck; *det gik ~ i ~* there was no let-up; *komme ~ i ~* follow (each other) in rapid succession; *et ~ i ansigtet se ansigt*; *et ~ i hovedet* a blow (, knock) on the head; *et ~ i luften (fig., kan gengives)* an ineffectual gesture; *stor i -et (ɔ: vigtig)* high and mighty; *han er stor i -et (ɔ: flotter sig)* he likes to do things in style;
med *et ~ a)* with one stroke; *b) (fig.: uventet)* at a stroke, at a blow; *c) (i et nu)* all at once; *et ~ med halen* a flick of the tail;
-et ***om*** *England (i 1940)* the Battle of Britain;
lige ***på*** *-et (ɔ: præcis)* punctually; T on the dot; *være der på -et 9* be there on the stroke of 9; T be there at 9 o'clock on the dot;
-et ***ved*** *(fx Hastings, Waterloo)* the Battle of (*fx* Hastings, Waterloo).
slagbas *(mus.)* (string) bass.
slagbor hammer drill.
slagbænk [bench which can be used for sleeping]; *(omtr.)* settle.
slagen *adj. (glds. & poet. pf.ptc. af slå; overvundet)* beaten, defeated;
□ *den slagne landevej se landevej*; *~ af rædsel* horror-stricken; *~ med blindhed* struck blind.
slager *sb. (en, -e)* hit.
slagfast *adj.* impact strengthened; *(attr. også)* high-impact (*fx* plastic).
slagfejl *(i maskinskrivning)* typist's error; *(am.)* typo.
slagfærdig *adj.* quick-witted; *(præd. også)* quick at repartee.
slagfærdighed *sb. (en)* quickness at repartee; quick wit.
slaggebane cinder track.
slaggebelagt *adj. (præd.)* surfaced with cinders.
slaggedynge slag heap.
slaggefri *adj.* slagless.
slagger *sb.pl.* **1.** *(af metaller)* slag sg.;
2. *(af kul etc.: mindre)* cinders; *(sammenhængende masse)* clinker sg.;
3. *(fig.)* dross sg.
slaginstrument *(mus.)* percussion instrument.
slagkraft 1. striking power; effectiveness; **2.** *(om argument etc.)* trenchancy, cogency;
□ *det har ingen ~* it makes no impact; *for at opnå større ~* to be more effective.
slagkraftig *adj.* **1.** effective; **2.** *(om argument etc.)* trenchant (*fx* speech, argument); cogent (*fx* argument).
slagkrydser battle cruiser.
slaglodning brazing, hard-soldering.
slaglængde (length of) stroke.
slagmark battlefield;
□ *på -en* on the battlefield.
slagord 1. *(modeord)* catchword, catchphrase; *(neds.: tomt ~)* buzzword; **2.** *(politisk el. i reklame)* slogan.
slagorden battle order; *(poet.)* battle array.
slagplan *sb. (en, -er)* plan of action; *(fig. også)* scenario.
slags *sb. (en)* **1.** *(art)* kind, sort (*fx* all kinds (*el.* sorts) of people (, things); people of your kind (*el.* sort)); type; T description (*fx* people of that (, every) description (, type); a gun of some description);
2. *(præg)* stamp (*fx* people of your stamp; he is of a different stamp);
3. *(kvalitet)* quality;
□ ***den*** *~ (ting)* that sort of thing; something like that; *den ~ bøger* that kind (*el.* sort) of book; those kinds (*el.* sorts) of books; books of that kind (*el.* sort); T those kind (*el.* sort) of books; F such books; *han er* ***af den*** *~ mænd som* he is the kind of man that; *nå han er af den ~!* so that is the sort of man he is! so he is that sort, is he! *noget af den ~* something of the kind;
en *~ a)* a kind (*el.* sort) of (*fx* she was wearing a sort of cloak); *b) (neds.)* ...of a kind (*el.* sort), of sorts (*fx* he is a writer of a kind (*el.* sort *el.* of sorts));
hvad *~ a) (om art)* what kind (*el.* sort) of (*fx* what kind (*el.* sort) of soap would you like? what kind of teacher is he?); *b) (om kvalitet)* what kind (*el.* sort) of a (*fx* what kind (*el.* sort) of a teacher is he?); *(se også vejr)*.
slagsang 1. *(kampsang)* battle song; **2.** *(kendingssang)* (distinctive) song; *(for fodboldfans)* team song, anthem.
slagsbroder, **slagsbror** rowdy.
slagside 1. *(sø.)* a list; **2.** *(om konstruktionsfejl)* lopsidedness;
□ *få ~* take a list; *have ~ a)* have a list; *b) (fig.)* be out of proportion; *styrbords ~* a list to starboard; *et skib der er bygget med ~* a lopsider.
slagskib battleship;
□ *sænke -e (ɔ: spil)* play battleships.
slagskygge shadow.
slagsmål *sb. (et, -)* **1.** fight (*fx* a street fight, a dog fight); *(mindre: håndgemæng)* scuffle, scrap; *(larmende, voldsomt)* brawl;
2. *(for at få fat i noget)* fight (*om* for); *(voldsommere)* scramble (*om* for, *fx* oil, the best seats);
□ *de kom i ~* they began fighting, they came to blows.
slagstyrke *(mil.)* striking force.
slagsværd broadsword.
slagte *vb.* **1.** *(dyr)* kill, slaughter;
2. *(mennesker: slå ned for fode)* slaughter, massacre; *(mere brutalt)* butcher;
3. *(bog etc.: kritisere sønder og sammen)* do a hatchet job on;
□ *-t vægt se slagtevægt.*
slagtebænk*: føre en til -en* lead sby to the slaughter.
slagtehus slaughterhouse, abattoir.
slagtekvæg fat stock.
slagtekylling broiler.
slagter *sb. (en, -e)* **1.** butcher; *(rituel)* slaughterer; **2.** *(fig.: morder)* butcher.
slagterbutik butcher's (shop).
slagterbænk = *slagtebænk.*
slagterdreng butcher's boy.
slagterforretning butcher's shop.
slagterhund*: fræk som en ~* (as) bold as brass.
slagteri *sb. (et, -er)* **1.** slaughterhouse, abattoir; *(svine-)* bacon factory;
2. *(slagtning)* slaughtering;
3. *(fig.)* slaughter, massacre; *(brutalt)* butchery.

slagteriaffald offal.
slagteriarbejder slaughterhouse worker.
slagterkniv butcher's knife.
slagtermester butcher.
slagtersvend butcher's assistant.
slagtertrug butcher's tray.
slagterøkse pole axe.
slagtesvin *(opdrættet til slagtning)* hog; *(40-57 kg)* porker.
slagtetid killing season.
slagtevægt dead weight, dressed weight.
slagtilbud special offer.
slagtilfælde (apoplectic) stroke.
slagtning *sb. (en, -er)* killing, slaughtering.
slagtoffer 1. sacrifice; **2.** *(fig.)* victim.
slagtøj *sb. (et) (mus.)* percussion.
slagtøjspiller *(mus.)* percussionist.
slagvand *(sø.)* bilge water.
slagvare *(hdl.: lokkevare)* loss leader.
slagvolumen stroke volume.
slagværk striking train (*fx* of a clock); striking mechanism.
slalom *sb. (en)* **1.** slalom; **2.** *(disciplin)* the slalom (*fx* win the slalom).
slam *sb. (et)* **1.** *(dynd)* mud; *(tyndt, i flod)* ooze;
2. *(kloak-, olie-)* sludge;
3. *(krudt-)* fouling.
slamsuger slurry pump.
slambert *sb. (en, -er)* lout.
slang *sb. (et)* slang;
□ *bruge ~* talk (*el.* use) slang.
slangagtig *adj.* slangy.
slange[1] *sb. (en, -r)* **1.** *(zo.)* snake; *(litt., bibelsk)* serpent; *(se også barm)*;
2. *(skældsord om kvinde)* cat;
3. *(gummi-, plastic-)* tube;
4. *(cykel-, bil-)* inner tube;
5. *(brand-, have-)* hose(pipe).
slange[2] *vb.: ~ sig (ɔ: dase)* sprawl.
slangeagtig *adj.* snake-like.
slangeagurk snake cucumber.
slangebid *sb. (et, -)* snakebite.
slangebugtninger *sb.pl.* **1.** windings; twists and turns; **2.** *(om flod)* meandering sg.
slangebøsse catapult; *(am.)* slingshot.
slangegift snake poison (*el.* venom).
slangeklemme hose clip.
slangekrølle corkscrew curl.
slangeløs *adj.: -t dæk* tubeless tyre.
slangemenneske contortionist.
slangeskind snakeskin.
slangetromle hose reel.
slangetæmmer *sb. (en, -e)* snake charmer.
slangetårn hose tower.
slangevogn 1. *(til haveslange)* hose reel cart; **2.** *(til brandbil)* hose tender.
slank *adj.* slim (*fx* figure, waist); *(~ og spinkel)* slender (*fx* figure, fingers, legs, waist); *(om kvinde også,* F*)* svelte;
□ *holde sig ~, bevare den -e linie* keep one's figure; keep one's waistline down.
slanke *vb.* **1.** *(om tøj)* have a slimming effect; *(am. også)* slenderize; **2.** *(fig.: reducere omfanget af)* slim down (*fx* an organization);
□ *~* ***sig*** *a) (ɔ: blive slankere)* grow thinner; *b) (gå på slankekur)* slim, diet; *virke* ***-nde*** *(om tøj)* have a slimming (, slenderizing) effect.
slankekost (slimming) diet.
slankekur (slimming) diet;
□ *være på ~* be on a diet, be dieting (*el.* slimming); *en der er på ~* a dieter (*fx* dieters lose 3 to 5 pounds a week); *gå på ~ a)* go on a diet; *b) (fig.: om organisation etc.)* be slimmed down.
slankemiddel (slimming) diet; *(pulver også)* diet powder, formula.
slankepille diet pill.
slankeprodukt diet product.
slankhed *sb. (en) (jf. slank)* slimness; slenderness.
slap[1] *adj.* **1.** *(mods. stram, spændt)* slack (*fx* hold, muscles, rope; spring *(fjeder)*); loose (*fx* hold, joint, skin; spring);
2. *(kraftløs, hængende)* limp (*fx* body, hand); F flaccid (*fx* cheeks, muscles);
3. *(~ og fedladen)* flabby (*fx* breasts, cheeks, features, muscles, skin);
4. *(fig.)* slack; F lax (*fx* discipline, morals, principles);
□ *~ fyr* spineless individual (*el.* creature), wimp; *hænge -t ned* hang slack (*el.* limp); *optræde på ~ line a) (om akrobat)* perform on the slackrope; *b) (glemme sine hæmninger)* let oneself go; *c) (gøre sig til grin)* make an exhibition of oneself; *(se også knæ, kode*[2]*, tøjle).*
slap[2] *præt. af slippe.*
slaphed *sb. (en) (jf. slap*[1]*)* **1.** slackness, looseness; **2.** limpness; **3.** flabbiness; **4.** laxity.
slappe *vb. (se også slappes)* slacken, loosen (*fx* a rope, one's hold, one's grip); *(også fig.)* relax (*fx* the muscles; discipline);
□ *~ af* relax; T unwind.
slappelse *sb. (en, -r)* **1.** *(jf. slappe)* slackening; relaxation; **2.** *(svækkelse)* flagging (*fx* of energy, of interest).
slapper *sb. (en, -e) (pol.)* compromiser, dove; *(neds.)* wet.
slappes *vb.* **1.** slacken (*fx* his grip slackened);
2. *(om muskel etc.)* relax (*fx* his muscles (, his body) relaxed);
3. *(om disciplin, moral)* grow lax;
4. *(om interesse etc.)* fall off, flag; F abate.
slapsvans *sb. (en, -e)* **1.** *(doven)* slacker; **2.** *(skvattet)* wimp.
slaraffenland land of milk and honey, El Dorado; *(litt.)* Cockaigne.
slaraffenliv life of luxury;
□ *leve et ~* live on the fat of the land.
slaske *vb. (hænge løst)* flap, flop.
slaskedukke [(floppy) rag doll].
slasket *adj.* flappy, floppy.
slat *sb. (en, -ter) se sjat.*
slatten *adj.* **1.** limp (*fx* handshake);
2. *(~ og fed)* flabby (*fx* breasts);
3. *(eftergivende etc.)* weak-kneed;
□ *~ i benene, ~ i knæene* wobbly at the knees.
slave[1] *sb. (en, -r)* **1.** slave;
2. *(glds.: straffefange)* convict;
3. *(fyr)* beggar (*fx* that cheeky beggar!);
□ *være en ~ af (fig.)* be a slave to (*fx* fashion, nicotine, one's passions, one's work); *gøre dem til -r* reduce them to slavery; make slaves of them.
slave[2] *vb.* slave.
slaveanstalt *(fig.)* treadmill.
slavearbejde 1. slave work; **2.** *(fig.)* drudgery.
slavebinde *vb.* reduce to slavery.
slavehandel slave trade (*el.* traffic);
□ *hvid ~* white-slave trade.
slavehandler *sb. (en, -e)* slave dealer, slave trader.
slavejæger slave hunter.
slaveliv = *slavetilværelse.*
slavemarked slave market.
slavepisker slave driver.
slaver *sb. (en, -) (folkenavn)* Slav.
slaveri *sb. (et)* slavery.
slavesjæl slavish (*el.* servile) mind, slave.
slaveskib slaver, slave ship.
slavetilværelse *(fig.)* dog's life, life of drudgery.
slavinde *sb. (en, -r)* (female) slave, slave woman, slave girl.
slavisk[1] *sb. (et) & adj. (om sprog, folkeslag)* Slavonic; *(især am.)* Slavic.
slavisk[2] *adj. (nøje)* slavish (*fx* imitation).
slavist *sb. (en, -er)* Slavonic specialist.
sleb *præt. af slibe.*

sleben *adj. (slebent, slebne),* **slebet** *adj. (pf.ptc. af slibe)* **1.** *(skarp)* sharp-edged; **2.** *(poleret)* polished; **3.** *(om glas, ædelstene)* cut; **4.** *(om væsen)* polished; *(neds.)* smooth;
□ *karaffel af slebet glas* cut-glass decanter.
sled *præt. af slide.*
slem[1] *sb. (en, - el. -mer) (i kortspil)* slam;
□ *blive lille (, store) ~* get (*el.* make) a little (, grand) slam.
slem[2] *adj. (se også slemt, værre, værst)*;
1. bad; *(stærkere)* nasty;
2. *(om sygdom, smerte)* bad; *(stærkere)* severe;
3. *(uartig)* naughty (*fx* you naughty boy!); bad;
[med sb.] en ~ fejltagelse a bad (*el.* sad) mistake; *han er et -t fjols* he is a stupid fool; *en ~ forskrækkelse* a nasty shock; *det er en ~ historie* it is a bad business; *der går -me historier om ham* there are some nasty stories about him; *det er noget -t rod* it is rather a mess; *(se også medfart)*;
[med præp.] være ~ ***imod*** *a)* be hard on; *b) (uartig)* be naughty to; *være ~* ***til at*** *prale* be given to boasting; have a weakness for boasting; *være ~ til at drikke* be given to drink; *~* ***ved*** *se ovf.: ~ imod.*
slemt *adv. (jf. slem)* **1.** badly; nastily; **2.** badly; severely;
□ *have det ~* have a bad time of it; *komme ~ til skade* be badly hurt; *han mener det ikke så ~* he does not really mean it; *(han har det mest i munden)* his bark is worse than his bite.
slendrian *sb. (en) (sjuskeri)* carelessness;
□ *alting går i den gamle ~* things are (stuck) in a rut (*el.* groove); *komme ud af den gamle ~* get out of the (, one's) rut.
slentre *vb.* stroll (*fx* stroll down to the harbour; stroll through the town); *(sorgløst)* saunter (*fx* saunter along the street; saunter through life).
slentren *sb. (en) (jf. slentre)* strolling; sauntering.
slentretur *(jf. slentre)* stroll; saunter.
slesk[1] *adj.* **1.** *(indsmigrende)* wheedling, insinuating; T smarmy;
2. *(underdanig)* oily; F obsequious; *(krybende)* fawning.
slesk[2] *adv. (jf. slesk*[1]*)* **1.** insinuatingly; **2.** obsequiously.
sleske *vb.: ~ for* toady to; T make up to; F fawn on; *~ sig ind hos en* insinuate oneself into sby's favour.
sleskhed *sb. (en)* obsequiousness.
Slesvig Slesvig, Schleswig.
slesviger *sb. (en, -e)* Slesviger, Schleswiger.
slesvigsk *(attr.)* Slesvig, Schleswig; *(efter sb.)* of Slesvig, of Schleswig.
slet[1] *adj. (se også slet*[2]*)* **1.** *(dårlig)* bad; *(svagere)* poor; **2.** *(ond)* bad; *(let glds.)* wicked; F evil;
□ *~ og ret a) (adjektivisk)* pure and simple (*fx* it is envy pure and simple); sheer (*fx* it was sheer luck); *b) (adverbielt)* (purely and) simply (*fx* it is simply a lie); F merely (*fx* he is merely a servant).
slet[2] *adv.* badly; *(foran pf.ptc. også,* F*)* ill (*fx* ill-informed; with ill-concealed satisfaction); *(svagere)* poorly;
□ *~* ***ikke*** not at all, not in the least; *~* ***ingen*** none (, nobody) at all; *~ ingen grund* no reason whatever; *~* ***intet*** nothing at all, nothing whatever; *~* ***og ret*** *se slet*[1]; *ikke ~* ***så*** *stor (, morsom etc.)* not quite so big (, amusing etc.).
sletfil *sb. (en, -e)* smooth file.
slethed *sb. (en) (jf. slet*[1]*)* badness; wickedness.
slethugge *vb.* cut smooth.
slethvar *sb. (en, -rer) (zo.)* brill.
slethøvl smoothing plane.
sletning *sb. (en, -er) (jf. slette*[3]*)* **1.** deletion; **2.** erasure; **3.** erasure; **4.** cancellation.
slet-og-ret tast correcting key.
slette[1] *sb. (en, -r) (fladt land)* plain;
□ *på -n* in the plain.
slette[2] *sb. (en, -r) (zo.)* dab.
slette[3] *vb.* **1.** *(strege over)* delete; *(mere* T*)* strike out (*fx* a word);
2. *(viske ud)* erase; *(mere* T*)* rub out; *(med svamp)* sponge out;
3. *(på båndoptager & edb)* erase; *(mere* T*)* wipe (*fx* a tape);
4. *(annullere)* cancel (*fx* an order);
□ *blive -t af landkortet* be wiped off the map; *~ et navn på (el. af) en liste* strike a name off a list; *(se også spor).*
slettehoved *(på båndoptager)* erase head.
sletteland level country; plains pl.
slev *sb. (en, -e)* ladle.
slibe *vb. (sleb, slebet) (se også sleben)* **1.** *(skærpe)* sharpen, grind (*fx* a knife, an axe); *(på hvæssesten)* hone;
2. *(tildanne, polere)* grind (*fx* a lens); *(marmor etc.)* polish;
3. *(om ædelstene, glas)* cut;
4. *(med sandpapir)* sand (*fx* sand the surface gently);
□ *~ af a) (fjerne)* grind off; *b) (jf. 4)* sand away; *c) (polere, også fig.)* polish; *få kanterne slebet af (fig.)* have one's corners rubbed off; *~ 'til* grind (in) (*fx* grind a lens; grind in a glass stopper).
slibemaskine 1. grinding machine; **2.** *(til træ)* sanding machine.
slibemiddel abrasive.
slibepulver polishing powder.
slibeskive sanding disc.
slibesten 1. *(roterende)* grindstone; **2.** *(hvæssesten)* whetstone, hone.
slibning *sb. (en, -er) (jf. slibe)*
1. sharpening; grinding; honing;
2. grinding, polishing; **3.** cutting;
4. sanding.
slibrig *adj. (uanstændig)* obscene; T smutty; F salacious.
slibrighed *sb. (en, -er)* obscenity; T smuttiness; F salaciousness;
□ *en ~* an obscenity; T a smutty joke (, story etc.).
slid *sb. (et)* **1.** *(hårdt arbejde)* hard work; F toil; T graft;
2. *(kedsommeligt)* drudgery (*fx* washing all the floors was drudgery; machines now do the drudgery; the daily drudgery); T fag (*fx* it was a real fag to do it); grind (*fx* it was a terrible grind; the daily grind);
3. *(på ting ved brug)* wear (and tear);
4. *(geol.)* attrition;
□ *~ på (bil)dæk* tyre wear; *der går ~ på maskinen* the engine gets worn.
slidbane *(på bil- og cykeldæk)* tread.
sliddersladder *sb. (et el. en)* rubbish, piffle.
slide *vb. (sled, slidt) (se også slidt)*
1. *(arbejde hårdt)* work hard; F toil (and moil);
2. *(med kedeligt arbejde)* slave away; *(sejt og langsomt)* plod;
3. *(ved brug)* wear; *(~ ned)* wear out;
4. *(trække, rive)* pull (*fra hinanden* apart); *(stærkere)* tear (*fra hinanden* apart);
□ *-s* wear, be worn; *(helt)* wear out; *~ og slæbe, se ovf. 1 & 2*;
[med præp.] ~ ***af****, -s af* wear off; *~ (hårdt)* ***i*** *det a) se ovf. 1 & 2*; *b) (med lektier,* T*)* swot; *rive og ~ i* tear at; *~* ***ned*** wear down; *~* ***op*** wear out; *~* ***på*** *noget* wear sth; *det -r på en* it gets you down; *det sled på hans kræfter* it took it out of him; *det -r på nerverne* it tells on one's nerves;
[med sig] ~ ***sig ihjel*** work oneself

to death; ~ ***sig løs fra*** *(også fig.)* tear oneself away from; ~ ***sig op*** wear oneself down; *(se også pukkel).*

slider *sb. (en, -e)* **1.** hard worker; **2.** *(i skolen, neds.)* swot.

slidflade wearing surface.

slidgigt osteoarthritis; degenerative joint disease.

slids *sb. (en, -er) (i tøj)* slit; *(i jakke)* vent.

slidse *vb.* slit.

slidsom *adj. (besværlig)* laborious.

slidstyrke wearing qualities pl.

slidstærk *adj.* hard-wearing; *(holdbar)* durable;

□ *være ~ (også)* wear well.

slidt *adj.* **1.** worn; *(præd. også)* the worse for wear;

2. *(luv-)* threadbare, shabby;

3. *(om reb)* frayed;

4. *(om udtryk etc.: banal)* hackneyed (*fx* phrase).

slig *(F: sådan)* such;

□ *og -t* and the like.

slik[1] *sb. (et) (søde sager)* sweets, goodies pl.; *(am.)* candy.

slik[2] *sb. (en) (slam)* silt.

slik[3] *sb. (et, -) (med tungen)* lick.

slik[4] *sb. (en): købe noget for en ~* buy sth for a (*el.* an old) song.

slikasparges choice asparagus.

slikbutik sweet shop; *(am.)* candy store.

slikke *vb. (se også slikket)* **1.** lick (*fx* lick stamps);

2. *(spise slik)* eat sweets; *(am.)* eat candy;

□ *~ solskin* bask in the sun; *~ sine sår (fig.)* lick one's wounds;

[med præp. & adv.] ~ sig ***om*** *munden (også fig.)* lick one's lips; *~ sine penge* ***op*** spend all one's money on sweets (, candy); *~* ***op ad*** *a) (om flammer)* lick; *b) (om bølger)* lap; *~* ***på*** lick.

slikken *adj.* sweet-toothed; *(præd. også)* fond of sweets;

□ *han er ~ (også)* he has a sweet tooth; *jeg er ikke ~ efter det* I am not very keen on it.

slikkepind lollipop; *(am. også)* sucker.

slikkepot *sb. (en, -ter)* first finger.

slikkeri *sb. (et, -er) (søde sager) = slik*[1].

slikket *adj.* **1.** *(med for mange detaljer)* finicky; **2.** *(glat)* sleek;

3. *(om hår)* plastered down.

slikmund*: han er en ~* he has a sweet tooth.

slikmundet *adj.* sweet-toothed;

□ *være ~ (også)* have a sweet tooth.

slikpind lollipop.

slim *sb. (en)* **1.** *(slimet substans)* slime (*fx* in the sink);

2. *(fra mennesker: afsondret af slimhinde, fx i næsen)* mucus; *(ophostet)* phlegm;

3. *(af planter)* mucilage;

4. *(på snegle, fisk)* slime (*fx* the snail left a trail of slime); mucus.

slimafsondring mucous secretion.

slimet *adj.* slimy.

slimhinde mucous membrane.

slimkirtel mucous gland.

slimløsende *adj.* expectorant.

slinger*: der er ~ i valsen* there is a hitch somewhere; *der var ingen ~ i valsen* there were no problems; *uden ~ i valsen* without a hitch.

slingre *vb.* **1.** *(fx om beruset person)* reel, roll; *(tungt, klodset)* lurch;

2. *(om hjul, cyklist)* wobble;

3. *(om køretøj)* sway, rock; *(i stærk fart, am.)* careen;

4. *(sø.)* roll.

slingrebræt *(sø.)* fiddle.

slingrekurs erratic course.

slingrekøl *(sø.)* bilge keel.

slingren *sb. (en) (jf. slingre)* **1.** *(det at slingre)* reeling, rolling, lurching; *(enkelt)* reel, lurch; **2.** *(det at)* wobbling; *(enkelt)* wobble;

3. swaying, rocking; careening;

4. rolling.

slip *sb. (et, -)* **1.** *(ophold)* lull; **2.** *(afbrydelse)* break; **3.** *(fagl.: tab af hastighed etc.)* slip;

□ *give ~* let go; *give ~ på* let go (one's hold) of.

slipover *sb. (en, -e)* slipover.

slippe[1] *sb. (en, -r)* alley(way); passageway.

slippe[2] *vb. (slap, sluppet)* **1.** *(give slip på)* let go (one's hold) of (*fx* he let go (his hold) of the rope); F release (one's hold on) (*fx* he released (, let go of) her hand); *(uden objekt: give slip)* let go (*fx* he let go and she fell);

2. *(tabe)* drop (*fx* he dropped the bottle); let (*fx* the bottle) fall;

3. *(opgive)* give up (*fx* the hope of sth);

4. *(T: betale modstræbende)* cough up, fork out (*fx* I had to fork out £50);

5. *(glide, smutte)* slip (*fx* it slipped out of my hand);

6. *(blive fri for straf etc.)* be let off, get off (*fx* he got off (*el.* was let off) cheap(ly); you won't get off so easily);

7. *(holde op)* leave off (*fx* where did we leave off last time?);

□ *lade en ~ (ɔ: for straf)* let sby off;

[med sb.] kagen vil ikke ~ formen the cake sticks to the tin; *~ taget* let go (, release) one's hold; *(se også tøjle*[1]*, vind*[1]*);*

[med præp. & adv.] ~ ***af med*** get rid of; *~* ***af syne*** *se syn;*

~ ***billigt*** *fra det, se ovf.: 6; det var billigt sluppet (ɔ: var ikke dyrt)* it was cheap at the price;

~ ***bort*** *se ndf.: ~ væk;*

~ ***for*** *noget* escape sth; T get out of sth (*fx* we got out of a German lesson); *~ for straf* be let off; *lade ham ~ for* let him off (*fx* his homework); *~* ***for at*** *gøre det* escape doing it; be let off doing it; *lade ham ~ for at* let him off -ing (*fx* doing the dishes);

~ ***forbi*** get past;

~ ***fra*** *en* get away from sby, escape from sby; *~ billigt* ***fra det*** *se ovf.: 6; ~ godt fra det a) (om arbejde)* make a good job of it; *(om forehavende)* succeed; *b) (om noget dristigt el. frækt)* get away with it; *c) (om ulykke)* escape unhurt, have a lucky escape; *~ heldigt fra det = ~ godt fra det; ~ levende fra det, ~ fra det med livet (i behold)* escape with one's life, survive; *~* ***nemt fra det*** *(om arbejde)* have an easy job of it; *prøve at ~ nemt fra det* cut corners;

~ ***igennem*** *a)* manage to get through; *b) (ved eksamen)* pass; *(knebent)* squeeze (*el.* scrape) through; *c) (smutte igennem)* slip through (*fx* a net);

~ ***ind*** *a)* get in; *b) (med objekt)* let in, admit;

~ ***løs*** *a)* break loose; *b) (med objekt)* let loose, turn loose (*på* on, *fx* turn the dogs loose on them; let (*el.* turn) the prisoners loose); release (*fx* the prisoner); *(om fange også)* free, set free, let out;

~ ***med*** be let off with, get off with (*fx* a fine, a warning); *(se også skræk); lade ham ~ med* let him off with (*fx* a fine, a warning); *~ med en brækket arm* escape with a broken arm;

~ nemt ***om ved*** *det, se ovf. ~ nemt fra det;*

~ ***op*** give out, run out, come to an end; *mine penge (etc.) er sluppet op* I have run out of money (etc.);

~ ***ud*** *a)* get out; *b) (om hemmelighed)* leak out; *(ved en fortalelse)* slip out; *c) (flygte)* escape; *d) (om forurening)* escape; *(med objekt)* release (*fx* toxic materials); *~ en ud a)* let sby out; *b) (af fængsel)* release sby, free sby; *~ damp ud* let off steam; *nå, dér slap det ud!*

so that's it! ~ ***ud af*** *a)* get out of (*fx* the burning building); *b) (smutte)* slip out of (*fx* the net); ~ ***uden om*** get round (*fx* the obstacle, the question); T dodge; *han prøvede at* ~ ***udenom*** he tried to get round the question (, the obstacle etc.); ~ ***væk*** get away, escape (*fra* from).

slippers *sb. (en, -)* slipper.

slips *sb. (et, -)* tie; *(am.)* necktie; *(bindeslips)* four-in-hand.

slipseholder tie clasp, tie clip.

slips(e)nål tie-pin; *(am.)* stickpin, tie tac(k).

slipstrøm slipstream.

slisk *sb. (en, -er),* **sliske** *(en, -r)* **1.** skids pl.; **2.** *se redningsslisk.*

slitage *sb. (en, -r)* wear and tear.

slof *sb. (en, -fer)* room mate.

slog *præt. af slå.*

slogan *sb. (et, -er el. -s)* slogan.

sloges *præt. af slås.*

slot *sb. (et, -te)* **1.** palace; **2.** *(befæstet)* castle; **3.** *(herregård)* manor house, country mansion.

slotsaftapning chateau-bottling (*fx* this wine is superior to many chateau-bottlings).

slotsaftappet *adj.* chateau-bottled.

slotsforvalter **1.** *(på kongeligt slot)* palace steward; **2.** *(på herregård)* land steward; **3.** *(hist.)* castellan.

slotsgård *(jf. slot)* **1.** palace yard; **2.** castle yard.

slotshave palace garden.

slotskirke *(jf. slot)* chapel (of a palace (, castle)).

slotsplads *(foran slot)* palace square.

slotspræst (court) chaplain.

slotsruin *(jf. slot)* ruined palace (, castle).

slotstrappe palace steps pl.

slovak *sb. (en, -ker)* Slovak.

Slovakiet *(geogr.)* Slovakia.

slovakisk *adj. & sb. (et)* Slovak, Slovakian.

slovener *sb. (en, -e)* Slovene.

Slovenien *(geogr.)* Slovenia.

slovensk *adj. & sb. (et)* Slovene, Slovenian.

slubbert *sb. (en, -er)* lout; *(let glds.)* scoundrel.

slubre *vb.* **1.** slurp (*fx* he slurped the soup greedily); **2.** *(om fodtøj)* be loose, flop (*el.* flap) about;
□ ~ *i sig a) (grådigt)* guzzle, gulp down; *b) (støjende)* slurp.

slud *sb. (et)* sleet.

sludder[1] *sb. (et)* nonsense, rubbish; T drivel, guff;
□ *give ham en* ~ *for en sladder* put him off with a lot of talk; *sige en masse* ~ talk a lot of nonsense; *det er noget* ~ it is all nonsense; T it's a load of guff; *det slår* ~ *for ham* he trips over his words; *benene slog* ~ *under ham* his legs gave way; ~ *og vrøvl* (stuff and) nonsense, rubbish.

sludder[2] *sb. (en, -e) (samtale)* talk; T chat; *(mere* T*)* natter;
□ *slå en* ~ *af* have a chat (, natter) (*med* with).

sludfuld *adj.* sleety.

sludre *vb.* **1.** *(snakke)* talk; T chat; *(mere* T*)* natter; **2.** *(vrøvle)* talk nonsense;
□ ~ *løs* chat away; *(neds.)* rattle on (*fx* he rattled on for hours).

sludrechatol chatterbox.

sludrehoved **1.** *(som taler meget)* chatterbox; **2.** *(som vrøvler)* windbag; *(meget neds.,* T*)* gasbag;
□ *han er et* ~ *(2, også)* he talks a lot of nonsense.

sludrevorn *adj. (snakkesalig)* chatty.

sluge *vb. (slugte, slugt)* **1.** swallow (*fx* a pill; a syllable; it was a bitter pill to swallow); *(i hast, utygget)* bolt (*fx* one's dinner); *(spise el. drikke grådigt)* gulp (down) (*fx* don't gulp your food (down)! he gulped down the cake (, the coffee)); *(spise grådigt også,* T*)* wolf (down);
2. *(æde, fortære)* eat up; *(*F *el. spøg.)* devour (*fx* he was devoured by a lion);
3. *(tro på, finde sig i)* swallow (*fx* he will swallow anything you tell him; swallow an insult);
4. *(lytte opmærksomt til)* drink in (*fx* his every word);
5. *(læse hurtigt)* devour (*fx* a book);
6. *(opsluge, lægge beslag på)* swallow up (*fx* the house swallows up his whole income); eat up;
7. *(forbruge)* consume (*fx* this stove consumes a lot of coal);
□ *det var svært for dem at* ~ *(ɔ: acceptere)* they found it hard to swallow; it stuck in their throat; *bilen -r en masse benzin* the car is very thirsty; ~ *med øjnene* devour with one's eyes; *(se også kamel, rå*[3]*).*

slughals glutton.

slugt *sb. (en, -er)* ravine; *(med flod)* gorge.

slugvorn *adj.* greedy.

slukke *vb. (se også slukkes, slukket)* **1.** *(om ild)* put out (*fx* the candle, a cigarette, the fire); F extinguish;
2. *(ved kontakt, hane)* turn off; *(elek. også)* switch off, put off, put out (*fx* a torch);
□ ~ *sin tørst* quench one's thirst; *(litt.)* slake one's thirst;
[med præp.] ~ ***efter*** *(ved brand)* extinguish the fire finally; *drikke øl til at* ~ *efter med a) (efter mad)* wash down the food with beer; *b) (efter spiritus)* drink beer as a chaser; ~ ***for*** turn off (*fx* the gas, the heat, the light, the radio, the water); *(elek. også)* switch off, put off, put out (*fx* the light, the radio; switch off the engine).

slukkes *vb.* **1.** go out; **2.** *(om lidenskab)* die out.

slukket *adj.* out (*fx* the lights are out);
□ *lukket og* ~ dark and deserted; *med slukkede lanterner* without lights; *så er den sorg* ~ so that is all right.

slukning *sb. (en, -er)* **1.** putting out; F extinguishing; **2.** *(brandvæsens)* fire-fighting.

slukningsapparat extinguisher.

slukningsarbejde fire-fighting; fire-fighting operations pl.

slukningsforsøg attempt to extinguish a fire.

slukningsleder officer-in-charge.

slukningsmiddel extinguishing agent.

slukningsøvelse fire drill.

slukøret *adj.* **1.** *(nedslået)* downcast; **2.** *(skuffet)* crestfallen; **3.** *(skamfuld)* shamefaced;
□ *gå* ~ *bort (også)* go away with a flea in one's ear.

slum *sb. (en el. et, -)* slum.

slumkvarter slum (district).

slummer *sb. (en)* slumber; *(lur)* nap, doze.

slump*: på* ~ *a)* at random, haphazardly; *b) (efter et løst skøn)* at a rough estimate.

slumpe *vb.:* ~ *til* chance (*el.* stumble) on; ~ *til at* chance to.

slumpeskud random shot; T potshot.

slumpetræf chance, stroke of luck; T fluke;
□ *ved et rent* ~ by the merest chance; by a mere fluke.

slumpskud, **slumptræf** *se slumpeskud, slumpetræf.*

slumre *vb.* **1.** slumber; **2.** *(fig.: om vulkan etc.)* lie dormant;
□ ~ *hen,* ~ *ind a)* doze off; F fall into a slumber; *b) (dø stille)* pass away quietly; *-nde lidenskaber* dormant passions.

slumretæppe rug.

slumstormer *sb. (en, -e)* squatter.

slumsøster slum sister.

slunken *adj.: en* ~ *mave* an empty

stomach; *en ~ pung* a slender purse.
slup *sb. (en, -per)* **1.** *(skib)* sloop; **2.** *(båd)* pinnace.
sluppet *pf.ptc. af slippe.*
slurk *sb. (en, -e)* swallow (*fx* take a swallow from the glass); gulp (*fx* take a gulp of the tea); *(lille)* sip (*fx* take a sip of the wine); *(lang)* pull (*fx* take a pull at the bottle); T swig (*fx* take a swig from the bottle; a swig of the coffee); *(slubrende)* slurp;
□ *drikke det i én ~* drink it at one swallow (*el.* gulp *el.* in one gulp); *en lille ~* a drop (*fx* could I have a drop of tea?); a spot.
sluse[1] *sb. (en, -r)* **1.** *(til vandstandsregulering)* sluice (*fx* in a dam); **2.** *(til gennemsejling; lyd-, lys- etc.)* lock;
□ *åbne for -rne (fig.)* open the floodgates (*fx* of one's anger).
sluse[2] *vb.: ~* ***igennem*** get through, take through, guide through; *~* ***ind*** *a)* let in (gradually); *b) (hjælpe)* settle in (*fx* settle the new students in); *~* ***ind i*** *a)* let into; release into; *b) (hjælpe)* ease into (*fx* ease young offenders into society); guide into; *c) (optage)* absorb into (*fx* absorb immigrants into the country); assimilate into; *d) (smugle)* smuggle into (*fx* refugees into the country); *~* ***tilbage i***, *~* ***ud i*** reabsorb into (*fx* reabsorb former mental patients into society); *(se også ovf.: ~ ind i, b).*
slusekammer **1.** *(i sluse)* lock chamber; **2.** *(i undervandsbåd)* escape lock.
slusemester lock keeper.
slusepasser *sb. (en, -e)* locksman.
slusepenge *sb.pl.* lockage sg.
sluseport lock gate.
slusepris *(fig.)* sluice-gate price.
sluseventil sluice valve.
sluseværk (system of) locks (, sluices).
slut[1] *sb.* end;
□ *til ~ se sidst (til sidst); nu må det være ~* this cannot go on, this has got to stop; *det er ~ med krigen* the war is at an end; *det er ~ med gratis frokoster* there will be no more free lunches.
slut[2] *adj.* **1.** *(forbi)* over; **2.** *(afsluttet)* at an end, finished (*fx* the war was over but not finished);
□ *nu må det være ~ se slut*[1].
slutafregning final settlement.
slutakkord *(mus.)* final chord.
slutblik striking plate.
slutfase final phase, terminal phase, closing phase.
slutkamp *(i sport)* final;
□ *deltager i ~* finalist.
slutkurs closing price.
slutløn final salary (, pay).
slutning[1] *sb. (en, -er)* **1.** *(ende, ophør)* end (*fx* the end of the day (, his life); the end of the journey (, the month)); *(mere* F*)* close (*fx* of the day (, century)); conclusion (*fx* the meeting moved towards its conclusion);
2. *(måde hvorpå bog etc. ender)* ending (*fx* a humorous (, happy) ending);
3. *(af elek. strøm)* closing;
□ ***i -en af*** at the end (, close, conclusion) of (*fx* at the end (, close) of the day; at the conclusion of his speech); late in (*fx* May); *i -en af trediverne* in the late thirties; *han er i -en af trediverne* he is in his late thirties; ***mod*** *-en* ***af*** towards the end (, close) of (*fx* the day, century); ***ved*** *-en* ***af*** *se ovf.: i -en af.*
slutning[2] *sb. (en, -er)* **1.** *(logisk)* conclusion (*fx* she came to the conclusion that it was impossible); *(*F *& ofte på spinkelt grundlag)* inference;
2. *(i logik)* deduction;
□ *drage en ~ a)* draw a conclusion (*af* from); F draw (*el.* make) an inference (*af* from); *b)* make a deduction; *drage forhastede -er* jump to conclusions; *komme til en ~* come to (*el.* arrive at) a conclusion.
slutningseffekt final effect.
slutningsscene final scene.
slutopgørelse **1.** final settlement; **2.** *(mht. skat)* final assessment.
slutpris closing price.
slutprodukt end product.
slutresultat **1.** final result; **2.** *(slutprodukt)* end product.
slutrunde *(i sport)* finals pl.
slutseddel contract note; bought-and-sold note.
slutspil **1.** *(i bridge)* end play; **2.** *(i skak)* end game; **3.** *(i sport)* play-off.
slutspille *vb.* end-play.
slutspurt **1.** final spurt; **2.** *(fig.)* run-up (*fx* the run-up to the election).
slutsten **1.** keystone; **2.** *(fig.)* copestone (*fx* of his career).
slutsum (sum) total.
slutte[1] *vb. (se også sluttet)* **1.** *(afslutte)* end (*fx* a conference, a journey; he ended his letter with best wishes); *(mere* F*)* close (*fx* one's career, a meeting); conclude (*fx* one's speech, a meeting; a concert with an encore); T wind up (*fx* a debate, one's speech, a story; the evening with a song);
2. *(fuldføre, gøre helt færdig)* finish (*fx* the investigation, one's preparations; I have to end my letter here though it is not finished; the war was over but not finished); F conclude (*fx* the investigations, the preparations);
3. *(indgå)* make (*fx* an agreement (, an alliance, a contract, peace) with them); F conclude (*fx* an alliance (, an agreement, peace) with them); enter into (*fx* an alliance (, a contract) with them); *(se også forlig, fred, venskab (etc.));*
4. *(uden objekt)* end; *(mere* F*)* close, come to an end (*fx* the meeting came to an end); *(blive færdig)* finish (*fx* when does the film (, the concert) finish?);
[med sb. & adj.] ~ fast (om børs) close firm; *~ geledderne* close the ranks; *~ kreds se kreds; ~ optoget* bring up the rear; *~ regnskabet* close the accounts; *~ strømmen (elek.)* close the circuit; switch on the current; *~* ***tæt*** *a) (om tøj)* fit tightly (*el.* closely), be a tight fit, be tight-fitting; *b) (om vindue)* shut tight;
[med præp. & adv.] ~ **'*af*** *se ovf.: 1, 2; ~ bøgerne af* close the books; *~* ***af med*** end (up) with (*fx* we ended (the dinner) (up) with fruit and coffee); finish with (*fx* a song); F conclude with; *~ en* ***i*** *sine arme* clasp sby in one's arms; *~* ***med****, se ovf: ~ af med; ~* ***med at*** end (*el.* finish) by -ing; *~* ***op*** close up; *vi må ~* ***op om*** *ham* we must rally round him; *~* ***sammen*** *se sammenslutte;*
[med sig] ~ ***sig sammen*** *a)* unite, join hands, join forces, combine (forces); *b) (om firmaer)* merge, become merged;
~ ***sig til*** *a)* join (*fx* let us join the others; join a party); *b) (knytte sig til)* become attached to; *c) (holde med)* side with; *d) (være enig med)* agree with; T go along with; *e) (en erklæring)* associate oneself with, join in; T go along with; *(en mening)* subscribe to, endorse; T go along with; *f) (en tro, en lære)* adopt; F embrace, espouse (*fx* Christianity).
slutte[2] *vb.* **1.** *(drage slutning)* conclude (*af* from; *at* that *fx* from the evidence we can conclude that this is not the case); F infer (*af* from; *at* that); *(uden objekt)* draw a conclusion (, conclusions);
2. *(i logik)* deduce (*af* from; *at* that);
□ *~* ***fra*** *virkning* ***til*** *årsag* infer the cause from the effect; *~ fra sig*

selv til andre judge others by oneself; ~ **sig til** *a) (logisk)* deduce (*fx* what the problem is); infer (*fx* I had to infer what he meant); *b) (forestille sig)* imagine (*fx* you can imagine what the result was).
sluttekster *sb.pl. (til film)* end titles; *(med navnene på medvirkende også)* closing credits.
sluttelig, slutteligt *adv.* finally; in conclusion.
sluttet *adj.* **1.** *(endt)* closed, finished; F concluded; **2.** *(eksklusiv)* select, exclusive;
□ ~ *selskab* private party; *i* ~ *trop* in close order, in a body.
slynge[1] *sb. (en, -r)* **1.** *(våben)* sling; **2.** *(til arm)* sling (*fx* have one's arm in a sling).
slynge[2] *vb. (se også slynget)* **1.** hurl (*fx* stones (, a spear) at sby); *(især vredt)* fling (*fx* stones at sby; sby against a wall); T sling (*fx* stones); *(noget tungt)* heave (*fx* a brick through a window);
2. *(fig.) se udslynge*;
3. *(honning)* extract;
□ ~ *sig* wind; *(om plante også)* twine; *(om vandløb også,* F*)* meander;
[med præp.] ~ *ham sandheden* ***i*** *ansigtet* tell him the truth to his face; ~ *armene* ***om*** *en* fling one's arms round sby; ~ ***om sig med*** bandy about (*fx* generalizations); toss off (*fx* quotations); *(kendte navne også)* drop (*fx* he likes to toss off (*el.* drop) the names of important people he knows); *han blev -t* ***ud af*** *vognen* he was thrown (*el.* flung) out of the car.
slyngel *sb. (en, slyngler)* scoundrel.
slyngelagtig *adj.* scoundrelly.
slyngelagtighed *sb. (en)* scoundrelism.
slyngelstreg dirty (*el.* mean) trick.
slynget *adj.* **1.** *(sammenslynget)* interlaced (*fx* pattern); **2.** *(som slynger sig)* winding (*fx* road); *(se også bugtet)*.
slyngning *sb. (en, -er) (bugtning)* curve;
□ *-er (også)* winding sg.
slyngplante climber.
slyngrose *(bot.)* rambler (rose).
slyngtråd *(bot.)* tendril.
slæb *sb. (et, -)* **1.** *(på kjole)* train;
2. *(hårdt arbejde)* hard work; T graft; *(se også slid)*;
□ *jeg havde et farligt* ~ *med at få ham hjem* I had an awful job getting him home; *tage -et (ɔ: det hårde arbejde)* do the donkey work; *de måtte tage al -et (også)* they got the dirty end of the stick; *have (, tage)* ***på*** ~ have (, take) in tow.
slæbe *vb. (slæbte, slæbt)* **1.** *(trække møjsommeligt)* drag (*fx* we had to drag him to the dentist's); *(om tung, besværlig ting,* T*)* lug (*fx* lug (, drag) a heavy trunk along); *(i ryk)* tug (*fx* we tugged the drunk man to a bench);
2. *(bære møjsommeligt,* T*)* hump (*fx* furniture up and down the stairs); *(modstræbende)* lug, (*fx* I don't want to lug those books along with me); cart (*fx* his books around for him);
3. *(bugsere)* tow;
4. *(hænge ned, blive slæbt bagefter)* trail (*fx* the bottom of her dress trailed on the ground);
5. *(arbejde hårdt)* work hard; F toil; *(med kedeligt arbejde)* slave away;
□ ~ *sig* drag oneself, crawl (*fx* to bed); ~ *sig af sted a)* drag oneself along; *b) (om tid, møde etc.)* drag on; ~ *sig hen* = ~ *sig af sted b*; ~ *sig ihjel* work oneself to death;
[med præp., adv. & sig] det kan lige ~ ***af*** it will just do; it is only so so; ~ *af sted med noget* drag (, lug) sth along; *bilen blev slæbt* ***bort*** *(fx af politiet)* the car was towed away; ~ *noget* ***efter*** *sig* trail sth after (*el.* behind) one; ~ *fødderne efter sig* drag one's feet; ~ '***på*** drag (*fx* the wheel drags); ~ *på en tung kuffert* drag (, lug, cart) a heavy trunk; ~ *på fødderne* drag one's feet; ~ ***rundt med*** *en a) (en (besværlig) ledsager)* have sby in tow (*fx* she always has her little brother in tow); *b) (en som er modvillig)* drag sby around (*fx* he dragged me around to all the sights); T lug sby around; ~ ***rundt på*** *noget* drag (, lug) sth about with one.
slæbebåd tug (boat).
slæbegrejer *sb.pl.* towing gear sg.
slæbekrog towing hook.
slæbende *adj.* **1.** *(om gang)* shambling, shuffling; **2.** *(om stemme)* drawling.
slæber[1] *sb. (en, -e)* **1.** *(slæbebåd)* tug;
2. *(trosse)* towing hawser;
3. *(godstog)* goods train; *(bumletog)* slow train.
slæber[2] *sb.pl. (tøfler)* slippers, mules;
□ *smide -ne ind* (T, *fig.)* get one's foot in the door.
slæbetov *(til ballon)* trail rope;
□ *tage en på* ~ take sby in tow.
slæbevod trawl.
slæde *sb. (en, -r)* **1.** sledge; *(især am.)* sled; *(kælk)* toboggan;
2. *(på affutage & drejebænk)* slide;
3. *(på skrivemaskine)* carriage;
□ *køre i* ~ sledge, go sledging; sled; toboggan, go tobogganing; *der kom en mand med en* ~ *i vejen* there was a hitch.
slædeføre sledging (*fx* hard sledging).
slædehund sledge dog.
slædekørsel sledging; sledding.
slægt *sb. (en, -er)* **1.** family;
2. *(afstamning)* stock (*fx* of German (, noble) stock); *(især fornem,* F*)* lineage (*fx* of aristocratic lineage);
3. *(generation)* generation;
4. *(biol.)* genus (pl. genera);
□ *være i* ~ *med* be related to; *kommende -er* future generations; *den opvoksende* ~ the rising generation; *den sidste af sin* ~ the last of his race; ~ *og venner* friends and relations.
slægte *vb.:* ~ *en på* take after sby.
slægtled *sb. (et, -)* generation.
slægtning *sb. (en, -e)* relative, relation (*fx* a distant (, close, near) relative (*el.* relation); elderly relatives; rich (, poor) relations); *(glds.)* kinsman (, kinswoman);
□ *-e (også,* F*)* kith and kin.
slægtsforsker family history researcher; *(fagl.)* genealogist.
slægtsforskning family history research; *(fagl.)* genealogy.
slægtsfølelse family feeling.
slægtsgård family farm.
slægtshistorie family history; *(fagl.)* genealogy.
slægtshistoriker *sb. (en, -e)* family historian; *(fagl.)* genealogist.
slægtskab *sb. (et, -er)* **1.** relationship (*med* with); (F *el. fagl.)* kinship (*med* with, *fx* he claimed kinship with them; kinship terms); *(forbindelse også)* (family) connection (*med* with, *fx* his connection with a noble family);
2. *(biol.& fig.: sprogligt, åndeligt; samfølelse)* affinity (*med* with, to; *mellem* between, *fx* between the Scandinavian countries);
□ *åndeligt* ~ congeniality.
slægtskabsbånd *sb.pl.* ties of kinship.
slægtskabsforhold **1.** relationship;
2. *(pl., i etnografi)* kinship relations (*fx* the structure of kinship relations in primitive societies).
slægtsnavn **1.** family name, surname; **2.** *(dyrs & planters)* generic name.
slægtspræg family stamp.
slægtsregister genealogical table, genealogy.

slægtsstolthed family pride.
slægtstavle genealogical table, genealogy, table of descent.
slægtsvåben family arms pl.; family crest.
slække *vb.* slacken (*fx* a rope);
□ ~ *på (fig.: lempe)* relax (*fx* discipline, the rules); ~ *på reglerne (også)* stretch a point; ~ *på sine fordringer* reduce one's demands; T lower one's sights.
slæmme *vb.* **1.** *(væde planterødder med dynd)* puddle; **2.** *(rense)* wash; *(se også opslæmme).*
slæmmekridt precipitated chalk.
slæng *sb. (et)* gang, crowd;
□ *John og hans ~ (også, = hans slags)* John and his ilk.
slænge *vb. (slængte, slængt)* throw (*fx* a cloak over one's shoulders); *(overlegent)* toss (*fx* a coin to a beggar); pitch; *(ligegyldigt)* chuck (*fx* a bottle out of the window); *(voldsomt)* fling (*fx* he flung the book on the floor); hurl;
□ ~ *sig på en sofa* fling oneself down on a sofa; *ligge og ~ sig* sprawl; *sidde og ~ sig* lounge (*fx* he was found lounging on a sofa).
slængkappe cloak; (Inverness) cape.
sløj *adj.* **1.** *(dårlig, ringe)* poor (*fx* a poor performance);
2. *(ikke rask, præd.)* unwell (*fx* feel unwell); T under the weather; *(lettere ~)* out of sorts;
3. *(om tidsrum: mager)* lean (*fx* times were lean).
sløjd *sb. (en)* woodwork, carpentry.
sløjdlokale woodwork room.
sløje *vb.: ~ af* get slack.
sløjfe[1] *sb. (en, -r)* **1.** *(bundet)* bow; **2.** *(krum linie, sporvogns- etc.)* loop; **3.** *(mus.)* slur; **4.** *(i slutningen af avisartikel)* twist;
□ *binde ~ på sine snørebånd* tie one's shoelaces in a bow.
sløjfe[2] *vb.* **1.** *(jævne med jorden)* demolish; *(gravsted)* level; **2.** *(afskaffe)* abolish; **3.** *(udelade)* leave out, omit.
sløjfefilm cineloop.
sløjfning *sb. (en, -er) (jf. sløjfe*[2]*)* **1.** demolition; **2.** abolition; **3.** omission.
slør *sb. (et, -)* **1.** *(også fig.)* veil;
2. *(foto.: ved falsk lys)* fog;
3. *(tekn.: i lejer)* play; *(rat-)* play (*fx* there was considerable play in the steering wheel); *(mellem tandhjul)* backlash; *(i hjul)* wobble;
□ *drage et glemselens ~ over* draw a veil of oblivion over; *kaste et ~ over (fig.)* draw a veil over (*fx* his mistakes); *løfte -et* raise one's veil; *løfte -et for (fig.)* reveal, disclose, unveil; T take the wraps off (*fx* one's plans).
sløre *vb. (se også sløret)* **1.** *(gøre uklar)* blur (*fx* mist blurred the view; a blurred photo); *(også om lys)* dim (*fx* smoke dimmed the sunlight; tears dimmed (*el.* blurred) her eyes);
2. *(foto.: ved falsk lys)* fog;
3. *(om hjul)* wobble, be loose;
4. *(mil.)* camouflage.
sløret *adj. (jf. sløre 1)* blurred (*fx* photo); dimmed (*fx* her eyes were dimmed with tears);
□ *blive ~ (om øjne: af tårer)* mist over, dim (*fx* her eyes dimmed with tears); *med ~ stemme* in a husky voice; *~ tale (hos beruset)* slurred speech.
slørhale *(zo.)* veil-tail(ed goldfish).
sløring *sb. (en, -er) (mil.)* camouflage.
sløringsnet *(mil.)* camouflage net.
slørugle *(zo.)* barn owl.
sløse *vb.: ~* ***med*** *a) (sjuske med)* be careless about (*fx* one's spelling, one's work); *b) (ødsle med)* squander (*fx* one's money); *c) (klatte væk)* fritter away (*fx* one's money, one's time); *~ sin tid væk* fritter one's time away.
sløseri *sb. (et)* **1.** *(sjuskeri)* sloppiness, slovenliness; **2.** *(sjusket arbejde)* sloppy work; **3.** *(ødslen)* waste.
sløset *se sjusket.*
sløv *adj.* **1.** *(ikke skarp)* blunt (*fx* knife);
2. *(åndeligt)* dull (*fx* child, glance; feel dull); *(lad)* listless (*fx* the heat made them listless); sluggish (*fx* conversation; the heat made me feel sluggish); F torpid, lethargic; *(uinteresseret)* apathetic;
3. *(døsig)* drowsy (*fx* these tablets will make you drowsy).
sløve *vb. (se også sløvende)*
1. *(gøre uskarp)* blunt (*fx* a knife);
2. *(fig.)* blunt (*fx* one's senses, one's appetite); dull (*fx* one's brain, one's sensitivity);
3. *(åndeligt)* make listless, make sluggish (*fx* the heat made them listless (*el.* sluggish));
□ *gå og ~* lounge about; *sidde og ~* be lounging (*fx* in a chair); *de sad bare og -de* they just sat there doing nothing; *de -de tiden væk* they idled away their time.
sløvende *adj.* **1.** deadening (*fx* effect); **2.** *(om arbejde)* soul-destroying;
□ *virke ~ (om pille)* cause drowsiness, make one drowsy.
sløvhed *sb. (en) (jf. sløv)* **1.** bluntness; **2.** *(fig.)* dullness; listlessness; sluggishness; torpor, lethargy; **3.** drowsiness.
sløvhedstilstand torpor; *(forårsaget af stoffer, chok, druk)* stupor.
slå[1] *sb. (en, -er)* bolt;
□ *skyde -en for (døren)* bolt the door; *skyde -en fra (døren)* unbolt the door; *(se også lås).*
slå[2] *vb. (slog, slået) (se også slående, slås, slagen)* **1.** *(banke, ramme etc., om gentagne slag)* beat (*fx* he beats his wife; he beat the child with a stick); T whack;
2. *(om enkelt slag)* hit (*fx* hit a child with a stick; never hit a child in anger; has somebody hit you? hit below the belt); *(hårdt)* knock (*fx* knock him on the head; knock him unconscious); F strike (*fx* he struck (, hit) me in the face with his fist); T whack;
3. *(med flad hånd)* slap (*fx* slap him in the face (, on the cheek, on the back));
4. *(støde (en legemsdel) så det gør ondt)* hurt (*fx* one's finger, one's back); *(hårdt)* knock (*fx* one's head); *(mod el. på noget)* bang, knock (*fx* he banged (*el.* knocked) his head against the shelf);
5. *(besejre)* beat (*fx* he beat me at tennis; we beat them 6-0); *(mere F)* defeat; T lick;
6. *(i skak)* capture (*fx* a pawn);
7. *(overgå)* beat (*fx* that beats everything!);
8. *(eng, græs)* mow (*fx* the lawn); cut (*fx* grass);
9. *(tegne)* draw (*fx* a circle);
10. *(præge, om mønt etc.)* strike (*fx* a medal);
11. *(spille på et instrument)* strike (*fx* the lyre); play (*fx* the harp);
12. *(i terningspil)* throw (*fx* he threw 5);
13. *(om ur)* strike;
14. *(om fugl)* warble, sing;
15. *(om hjertet)* beat; *(hurtigt, F)* throb;
16. *(om sejl)* flap;
17. *(om alkohol)* be heady; T kick, have a kick in it (*fx* the cocktail had a kick like a mule);
18. *(om gevær)* kick;
□ *~ ham bevidstløs (jf. 2, også)* stun him; *det slog mig (fig.)* it struck me (*fx* that he had looked so serious; how foolish I had been); *slå en (ɔ: en prut)* drop one, let one off;
[med sb.] ~ sine folder se fold;[1] *(se også flue, gnist, hul*[1]*, klik, klokke*[1]*, knude, kolbøtte, kreds, lejr, mønt, rekord, rod*[1]*, skærver, slag, streg, takt*[2]*);*
[med sig] ~ ***sig*** *a)* hurt oneself (*fx*

did you hurt yourself?); be hurt (*fx* are you hurt?); *b) (om træ)* warp; *c) (om skinne etc.)* buckle; ~ ***sig for*** *brystet* beat one's breast; ~ ***sig igennem*** *a)* fight one's way through; *b) (klare sig)* manage, rub along; *(økonomisk)* make (both) ends meet, scrape by; ~ ***sig ihjel*** *se ihjel*; ~ ***sig løs*** *a)* break away; *b) (more sig)* have a fling; *c) (slippe hæmningerne)* let oneself go (*fx* she really let herself go last night); T let one's hair down; ~ ***sig ned*** *a) (sætte sig)* sit down; *b) (bosætte sig)* settle; ~ *sig ned i (også)* make one's home in; ~ ***sig op*** *(fig.)* prosper (*på* by); rise in the world; ~ ***sig på*** *a) (om sygdom)* affect (*fx* the lungs); *b) (om person: gå i gang med)* go in for, take up (*fx* gardening); *c) (støde sig på)* knock against, knock oneself on (*fx* the edge of the table); ~ *sig på en (ɔ: slutte sig til en)* attach oneself to sby; ~ *sig på flasken* take to (*el.* go on) the bottle, take to drink; ~ *sig på låret* slap one's thigh; ~ ***sig sammen*** *a)* join forces (*med* with; *imod* against); *b) (skyde penge sammen)* club together; ~ ***sig sammen om*** join together to, club together to (*fx* buy him a present); ~ ***sig til*** *se ridder, ro*[1];

[med præp. & adv.] ~ ***af*** *a) (fjerne ved slag)* knock off (*fx* knock his hat off); knock the ash off a cigarette; *b) (i pris)* knock off, take off; *c) (om dirigent)* break off; *han var ikke til at ~ et ord af* I (, they etc.) couldn't get a (single) word out of him; *(se også handel, hoved, hånd, sludder)*; ~ ***af på*** reduce (*fx* the price, one's demands); ~ *af på sine fordringer (også,* T*)* lower one's sights;

~ ***an*** *a) (tangent, tone)* strike; *b) (begynde at spille)* strike up; *c) (blive populær, gøre lykke)* catch on, take on (*fx* the fashion did not take (*el.* catch) on; if the idea takes on); make a hit, become popular (*hos* with); *d) (om vare)* find favour (*hos* with); *e) (om vaccination)* take;

~ ***bagud*** kick up; ~ ***bak*** *se bak*[2];

'~ ***efter*** *en* hit out at sby; strike at sby; ~ '***efter*** *(i) se ndf.: ~ op (i)*;

~ ***fast*** *a)* fix; *b) (påvise, erklære) se fastslå*;

~ ***fejl*** go wrong, fail (*fx* the crops failed);

~ *en* ***for*** *penge* touch (*el.* tap) sby for money; *(am.)* hit sby (up) for money; knock money from sby;

~ ***fra*** *a) (~ løs)* knock off; *b) (maskindel, fx bremse)* release; *c) (slukke for)* switch off (*fx* the engine); *d) (uden objekt: slukkes)* cut out (*fx* the heater cuts out when the temperature reaches 20 degrees); ~ ***fra sig*** fight back;

~ *det* ***hen*** *a)* pass it off; T shrug it off; *b) (bagatellisere det)* make light of it; T pooh-pooh it; ~ *det* ***hen i*** *spøg* pass it off with a laugh, make a joke of it;

~ *bremserne* '***i*** *a)* put the brakes on; *(hårdt)* jam (*el.* slam) 'on the brakes; *b) (fig.)* put the brakes on; ~ *døren 'i* slam the door; ~ *en klo i se klo*; ~ *et søm 'i* drive (*el.* knock *el.* hammer) in a nail;

~ ***i*** *bordet a)* bang the table; *b) (fig.: være bestemt)* put one's foot down; *et brøl slog os* ***i møde*** we were met (*el.* greeted) by a roar; *lugten slog os i møde* we were met by the smell; ~ *i stykker se stykke*[1]; ~ *et søm i væggen* drive (*el.* knock) a nail into the wall;

~ ***igen*** *a)* hit back; *b) (forsvare sig)* fight back;

~ ***igennem*** *a) (om ideer etc.)* become generally accepted; *b) (om bog)* make a hit; *c) (om kunstner)* make one's name (*fx* she made her name with that book); *d) (blive effektiv)* work through (*fx* the price rises will take two months to work through (to the shops); the reforms will take some time to work through);

~ ***imod*** *a)* strike against (*fx* the boat struck heavily against the pier); *b) (om bølger, regn)* beat against;

~ ***ind*** *a)* knock in, hammer in (*fx* a door); *b) (knuse)* break, smash in (*fx* a window, a door); *c) (tøndestaver, skibsside)* stave in; *d) (på kasseapparat)* enter; *e) (i gartneri)* heel in; *det slog* ***ind med*** *regn* rain set in; ~ ***ind på*** *a) (fx en vej)* turn into, take (*fx* a path, a road); *b) (en bane, levevej)* take up (*fx* gardening, music); F enter upon (*fx* a career);

~ ***itu*** *se itu*;

~ ***løs på*** *(med næverne)* pummel (*fx* him; the cushions); *(person også)* pitch into; *(også med kæp etc.)* beat;

~ ***med*** *døren* slam the door; ~ *med sten* throw stones (*efter en* at sby); *(se også nakke*[1]*, vinge)*;

~ ***ned*** *a) (få til at falde ned; ~ i gulvet)* knock down (*fx* a vase; he had been knocked down by a hooligan); *b) (sænke)* let down (*fx* the sunblind *(markisen)*); lower (*fx* one's visor); *c) (folde sammen)* put down (*fx* an umbrella, a hood *(kaleche)*); *d) (dyr: slagte)* put down, destroy; *e) (korn, om regn)* flatten; *f) (undertrykke)* put down (*fx* a rebellion, riots); *(stærkere)* crush (*fx* a coup attempt); F suppress; *g) (falde)* fall (*fx* bullets fell among the crowd); *h) (om lyn)* strike; ~ *feberen ned* get the temperature down; ~ *kraven ned* turn down one's collar; *vinden fik røgen til at ~ ned* the wind beat down the smoke; ~ *termometret ned* shake down the termometer; ~ *øjnene ned* drop (*el.* cast down) one's eyes;

det slog ***ned i*** *ham* it suddenly occurred to him, it struck him;

~ ***ned på*** *a) (om fugl: sætte sig)* alight on; *b) (om rovfugl: angribe)* swoop down on (*fx* its prey); *(fra kortere afstand)* pounce on; *c) (om person: for at kritisere)* pounce on (*fx* the slightest mistake); *d) (vælge, især til noget ubehageligt)* pick on (*fx* the teacher picked on me); ~ *hårdt ned på* clamp (*el.* crack) down on (*fx* tax evasion);

~ ***om*** *a) (vikle om)* wrap round (*fx* wrap a shawl round her); pass round (*fx* pass a rope round the box); *b) (om vejret)* change; *(om vinden)* shift; *c) (om person: skifte mening)* change one's mind; *(skifte tone)* change one's tune; *(skifte taktik)* change one's ground, reverse one's policy; ~ *armene om en* throw one's arms round sby;

~ ***om sig*** hit out (in all directions) (*fx* he hit out wildly); *(med stok etc.)* lay about (one); ~ ***om sig med*** *(når man taler)* bandy about (*fx* generalizations, statistics); toss off (*fx* quotations; he loves to toss off names of important people he knows); ~ *om sig med penge* throw (*el.* splash) (one's) money about;

det er -et ***om til*** *tø* thaw has set in; *hans kærlighed slog om til had* his love turned to hatred;

~ ***op*** *a) (åbne)* open (*fx* a book; she opened her eyes); *b) (plakat)* put up, stick up; *c) (kaleche, paraply, telt)* put up; *(telt også)* pitch; *d) (i strikning)* cast on; *e) (ord etc. i bog)* look up; *f) (smøge op)* turn up (*fx* one's collar); *g) (beløb på kasseapparat)* enter; *h) (opreklamere)* boost, hype; *i) (om flammer)* leap up; *j) (gå fra hinanden)* break it off; ~ *sin krave op* turn up one's collar; ~ *stilling op* advertise a post; ~ *æg op*

break eggs (*i* into); *(se også brød*[1], *latter)*;
~ *noget* **stort op** *(ɔ: i avis)* splash sth; ~ *forretningen (etc.) stort op* start in a grand style; ~ ***op i*** *en ordbog* consult a dictionary; ~ *det op i en ordbog* look it up in a dictionary; ~ ***op med*** *hende* break (off) with her; ~ ***op på*** *side 7!* open your book(s) on page 7! turn to page 7!
hans stemme slog **over** his voice broke; *bølgerne slog over dækket* the waves washed over the deck;
~ ***over i*** *a) (ændre sig til)* turn into; *b) (om sprog)* change into (*fx* English); *c) (om bevægelse)* break into (*fx* a gallop); ~ *over i en anden tone (fig.)* change one's tune;
~ ***på*** *a) (gentagne gange)* beat (on) (*fx* a drum); *b) (om enkelt slag)* hit (*fx* you shouldn't hit girls); F strike (on) (*fx* don't strike him; he struck me on the arm); *(let)* tap on (*fx* he tapped me on the shoulder); *c) (omtale)* mention; *(antyde)* hint at; *(fremhæve)* stress; *(se også flugt)*; ~ ***på at*** *(jf. c)* mention (, hint, stress) that;
~ ***sammen*** *a) (folde sammen)* fold up (*fx* a deck chair); *b) (forene)* combine (*fx* two groups); unite (*fx* two organizations); join (*fx* two flats); knock into one (*fx* knock the two rooms into one); *(hdl.: om firmaer)* merge (*fx* two companies); *c) (tage under ét)* lump (together) (*fx* various expenses; the separate items); bracket (together); *d) (lukke sig)* close; *e) (ramme hinanden)* knock together; ~ *hælene sammen* click one's heels; ~ *hænderne sammen a)* clap one's hands; *b) (i forfærdelse)* throw up one's hands in horror;
'~ ***til*** hit (*fx* the ball); *(se også jord, lyd, ridder, skagle, søren)*;
~ '**til** *a) (~ hårdt)* hit (out) hard; *(til bold)* hit out; *b) (gribe ind; angribe)* strike (*fx* the Government decided to strike; the murderer has struck again); *c) (være nok)* be enough, be sufficient (*fx* £50 will be enough); *("strække")* last (*fx* the food (, the money) will last till we get home); *d) (gå i opfyldelse)* come true (*fx* his prediction came true); prove correct; *e) (sige ja)* accept; accept the terms (, the offer); *det -r ikke 'til (ɔ: rækker ikke langt)* it does not go far; *få indtægterne (, pengene) til at ~ 'til* make (both) ends meet; *pengene slog* ***ikke 'til*** *a)* there was not enough money; *b) (rakte ikke langt)* the money did not go far; *han syntes ikke han slog 'til a)* he felt inadequate; *b) (i sit arbejde)* he did not feel equal to the job;
~ ***tilbage*** *a) (angreb)* beat off; F repel, repulse; *b) (springe tilbage)* rebound; *c) (om lyd)* be thrown back; F resound; *d) (om flamme)* flash back;
~ ***ud*** *a)* knock out (*fx* two teeth; an opponent; the news knocked him out completely); *b) (knuse, fx rude)* break, smash; *c) (rival, konkurrent)* cut out (*fx* I was getting on very well with her when he cut me out; the shop is going to cut out all its competitors); *d) (fortrænge, erstatte)* supplant, supersede; *e) (folde ud)* spread (*fx* the bird spread its wings); *f) (om hår)* let down; *g) (vand etc.: hælde ud)* pour out; *h) (spand)* empty; *i) (om flammer, røg)* burst out, pour out; *j) (om sygdom)* break out; *k) (få udslæt)* break (*el.* come) out in spots (, in a rash); *han var helt -et ud* he was quite done in; ~ *ørerne ud! (ɔ: lyt)* prick up your ears; *(hør godt efter!)* pin back your ears;
~ *glasset* ***ud af*** *hånden på ham* knock the glass out of his hand; ~ *det ud af hovedet* put it out of one's head; ~ ***ud efter*** hit out at;
~ ***ud med*** *armene* gesticulate; *(ubehersket)* fling one's arms about; ~ *ud med hånden* make a sweeping gesture; ~ *øjet* ***ud på*** *en* knock out sby's eye.

slåbrok *sb. (en, -ker)* dressing gown, robe.
slåen *sb. (en, -)* **1.** *(bot.)* sloe, blackthorn; **2.** *(frugt)* sloe.
slåenbusk sloe bush.
slåenbær sloe.
slående[1] *adj.* **1.** *(påfaldende)* striking (*fx* contrast, example, likeness); **2.** *(overbevisende)* convincing (*fx* argument).
slående[2] *adv. (jf. slående*[1] *1)* strikingly.
slåer *sb. (en, -e)* **1.** *(i kricket)* batsman; **2.** *(i baseball)* batter.
slået *adj.* **1.** *(mejet)* mown; **2.** *(overvundet)* defeated.
slåfejl *(i maskinskrivning)* typing error; *(am.)* typo.
slåmaskine mower; *(til havebrug)* lawn mower.
slåning *sb. (en, -er)* **1.** *(det at slå)* mowing; **2.** *(enkelt)* mow.
slå-om*: ~ frakke (, kjole, nederdel)* wraparound; ~ *nederdel (også)* wrap(around) skirt.
slås *vb. (sloges)* fight; *(kortvarigt, især mindre alvorligt)* scuffle; T scrap (*fx* the boys were scrapping (, scuffling)); *(larmende, voldsomt)* brawl;
□ ~ ***med*** *a) (person)* fight (, scuffle, scrap) with; *b) (problem etc.)* struggle with (*fx* difficulties, problems); F contend with; *han har meget at ~ med* he has many difficulties to contend with; T he has got a lot to put up with; ~ ***om*** *a) (på grund af)* fight over (*el.* about) (*fx* a girl, the money); *b) (for at få)* fight for (*fx* a girl, seats; fight another firm for the contract); *(voldsomt)* scramble for (*fx* the best seats); *(langvarigt, hårdt)* struggle for (*fx* the leadership, power); *komme* ***op at*** ~ start a fight, start fighting (*om* over); come to blows (*om* over); *være* ***oppe at*** ~ be fighting, be having a fight.
slåskamp scrap, scuffle, tussle; *(se også slagsmål)*.
smadder T*: gå i ~* be smashed; *slå i ~* smash up; *jeg havde et farligt ~ med det* it gave me a lot of bother; *jeg havde et farligt ~ med at* I had a dreadful job -ing (*fx* fixing it, getting him home).
smadder- *(forstærkende)* dreadfully (*fx* I am dreadfully sorry).
smadderfuld *adj.* chock-full.
smaddergod super, smashing.
smadderkasse 1. *(vogn)* banger, crate, old crock; **2.** *(hus)* old barn.
smadre *vb.* smash (up); T bust, bash;
□ *jeg var helt -t* (T*: udmattet)* I was knackered.
smadrekasse = *smadderkasse.*
smag *sb. (en)* **1.** taste (*fx* the soup had a sour taste; a taste of orange; she has a good taste in clothes); **2.** *(velsmag & særlig smag)* flavour (*fx* this will give the sauce more flavour; eight different flavours of icecream; our yoghurt is available in four natural flavours: strawberry, raspberry, apricot and black cherry);
□ ~ *og behag er forskellig* tastes differ; there is no accounting for taste(s); *dårlig ~ se dårlig*; *enhver sin ~* every man to his taste; *[med vb.] hun er ikke min ~* she does not appeal to me; T she is not my cup of tea; *få ~ for* acquire a taste for; *give ~ se ndf.: sætte ~ på*; *have (en god) ~* have good taste; *sætte ~ på (ɔ: krydre)* give flavour to, flavour (*fx* the soup with garlic); *(se også træffe)*; *[med præp.]* ***efter*** *min ~ a)* according to my taste (*fx* it is a bad picture according to my taste); *b)*

(som jeg kan lide det) to my taste (*fx* the house was not to my taste); to my liking; *noget* ***for*** *enhver* ~ something for every taste; *falde* ***i*** *éns* ~ please sby, be to sby's taste (*el.* liking); appeal to sby; *være besk i -en* have a bitter taste; *noget i den* ~ something of that sort; *noget* ***i*** ~ ***med*** something along the lines of; something like; ***med*** ~ in good taste (*fx* dress in good taste); *en mand med* ~ a man of taste.

smage *vb. (smagte, smagt)* taste;
□ *det -r godt (, dårligt)* it tastes nice (, bad); *-r middagsmaden dig?* do you like (*el.* are you enjoying) your dinner? *det -r mig ikke* I do not like it;
[med præp. & adv.] ~ ***af*** *a)* taste of (*fx* the wine tastes of cork); *b) (fig.)* savour of, smack of (*fx* this smacks of bribery); *hvad -r det af?* (ɔ: *hvordan -r det)* what does it taste like? *hvad skal det* ~ *af? (let glds.)* what's the big idea? *det -r ikke af noget* it does not taste of anything; there is no taste in (*el.* to) it; it is insipid; *det -r* ***efter*** *mere* it makes you want more; T it is moreish; ~ ***på*** *a)* taste, try (*fx* the soup); *b) (nyde)* enjoy; F savour (*fx* I savoured every mouthful; savour the wine); ~ *på ordene* savour one's words; *-s* ***til*** *med sukker (i opskrift)* add sugar to taste.

smagfuld *adj.* tasteful; *(præd. også)* in good taste;
□ *ikke særlig* ~ not in the best of taste.

smagfuldhed *sb. (en)* good taste, tastefulness.

smagløs *adj.* tasteless; *(præd. også)* in bad taste (*fx* a joke in bad taste).

smagløshed *sb. (en)* bad taste.

smagsdommer arbiter of taste.

smagsløg *(anat.)* taste bud.

smagsorgan organ of taste.

smagsprøve sample (*fx* we had samples of the wines); taste sg. (*fx* I had a taste of the wine).

smagssag matter of taste (*el.* opinion).

smagssans sense of taste.

smagsstof *(som tilsættes)* flavouring (*fx* artificial flavourings).

smakke *sb. (en, -r) (sø.)* smack.

smal *adj.* **1.** narrow (*fx* road); *(meget* ~*)* thin (*fx* his nose was long and thin; a thin (, narrow) grey stripe);
2. *(slank)* slim; *(og spinkel)* slender;
□ *det er en* ~ *sag* it is quite easy (*el.* simple) (*fx* to find it); it is a piece of cake; *der var ingen -le steder a)* there was enough and to spare; no expense had been spared; *b) (om traktement)* everything was on a lavish scale.

smalben small of the leg.

smalfilm narrow-gauge film.

smalfilmskamera cine camera.

smalhals, smalhans *(fattigdom)* poverty, want; *(se også smalkost).*

smalkost short commons;
□ *på* ~ on short commons.

smalne *vb.:* ~ *ind,* ~ *til a)* narrow (*fx* the road (, river) narrowed); *b) (især om noget rundt)* taper off (*fx* her fingers (, the animal's tail, the trouser legs) tapered off).

smalside narrow side, edge.

smalskuldret *adj.* narrow-shouldered.

smalskygget *adj.* narrow-brimmed.

smalsporet *adj.* **1.** *(jernb.)* narrow-gauge; **2.** *(åndeligt)* narrow-minded, shallow-brained.

smalstribet *adj.* narrow-striped.

smaragd *sb. (en, -er)* emerald.

smart[1] *adj.* **1.** *(flot)* smart (*fx* car); **2.** *(neds.: snedig)* clever (*fx* plan); slick (*fx* salesman, business methods);
□ *lovlig* ~ *(præd.)* too clever by half.

smart[2] *adv.* smartly (*fx* dressed).

smarthed *sb. (en)* smartness.

smash *sb. (et, -),* **smashe** *vb.* smash.

smask *sb. (et, -)* **1.** *(smasken)* noisy chewing; **2.** *(kys)* smack;
□ ~*!* smack (*fx* it hit him smack in the face).

smaske *vb.* **1.** chew (*el.* eat) noisily, champ one's food; **2.** *(smække med læberne)* smack one's lips.

smasken *sb. (en)* noisy chewing.

smattet *adj. (glat)* slippery, greasy; *(våd og snavset)* sloppy (*fx* road).

smed[1] *sb. (en, -e) (grov-)* blacksmith; *(se også klejnsmed, låsesmed)*;
□ *enhver er sin egen lykkes* ~ everyone is the architect of his own fortune; *passe på som en* ~ keep a sharp look-out; T keep one's eyes peeled (*el.* skinned).

smed[2] *præt. af smide.*

smede *vb.* **1.** forge; **2.** *(om hest)* forge, overreach;
□ ~ *mens jernet er varmt* make hay while the sun shines; strike while the iron is hot; *(se også rænker)*;
[med adv.] ~ ***sammen*** *a)* weld; *b) (fig.: vie)* splice, hitch; ~ ***om til*** forge into; ~ *sværdene om til plovjern* beat the swords into ploughshares.

smededreng smith's apprentice.

smedejern wrought iron.

smedejernsgitter wrought-iron lattice.

smedelære*: gå (, stå) i* ~ become (, be) apprenticed to a smith.

smedemester (master) smith.

smedje *sb. (en, -r)* forge, smithy.

smedning *sb. (en, -er)* forging.

smelte *vb. (se også smeltende, smeltet)* **1.** *(gøre (, blive) flydende)* melt (*fx* melt wax (, butter); the snow (, ice) melted);
2. *(metal, glas, ved stærk varme)* fuse;
3. *(ved opløsning)* melt (*fx* sugar melts in tea);
4. *(erts)* smelt;
5. *(fig.)* melt (*fx* his heart melted; it would melt a heart of stone);
[med præp. & adv.] ~ '***af*** *(afsmelte, fx fedt)* render, melt down; ~ ***bort*** *(også fig.)* melt away; ~ ***hen i*** *tårer* dissolve in(to) tears, melt into tears; ~ ***i*** *munden (om mad)* melt in one's mouth; ~ ***om*** melt down (*fx* melt the gold coins down into bars); remelt; ~ *noget* ***sammen*** fuse sth (together); ~ *sammen* (ɔ: *uden objekt a)* fuse together (*fx* the gold coins had fused together in the heat); *b) (fig.)* fuse (*fx* the sperm and egg fuse); become fused (*fx* the tribes became fused into a single nation); melt into each other (*fx* the colours melt into each other); ~ *sammen med* melt into; merge into.

smeltedigel crucible; *(også fig.)* melting pot.

smeltelig *adj.* fusible.

smeltende[1] *adj.* melting;
□ ~ *stemme* melting voice; ~ *hede (el. varme)* baking heat.

smeltende[2] *adv.:* ~ *hed* baking hot; T sweltering (*fx* day).

smelteost processed cheese.

smelteovn melting furnace.

smeltepunkt melting point.

smeltesikring fuse.

smeltet *adj.* **1.** melted (*fx* butter, chocolate, ice, snow, wax); **2.** *(ved stærk varme)* molten (*fx* glass, gold, iron, lava, lead, rock).

smeltevand meltwater.

smeltevandsflod *(geol.)* glacial stream.

smeltevandsler *(geol.)* glacial clay.

smeltevarme heat of fusion.

smeltning *sb. (en, -er) (jf. smelte)* **1.** melting; **2.** fusion; **3.** *(af erts)* smelting.

smergel *sb. (en)* emery.

smergellærred emery cloth.

smergelpapir emery paper.
smergelpind emery stick.
smerling *sb. (en, -er) (zo.)* loach.
smerte[1] *sb. (en, -r)* **1.** pain;
2. *(lidelse)* suffering;
3. *(sorg)* grief;
□ *have -r a) (lide)* be in pain (*fx* is he in pain?); *b) (have ondt)* have a pain (*fx* in the leg); *jagende -(r)* a shooting pain; *-r i maven (, knæet etc.)* a pain (*el.* pains) in the stomach (, the knee etc.); *have stærke -r* be in great pain; F suffer great pain; *med ~ skal du føde børn (bibelcitat)* in sorrow thou shalt bring forth children; *sidde tilbage med -n se sidde.*
smerte[2] *vb.* **1.** *(bedrøve)* grieve (*fx* it grieved me deeply);
2. *(berøre ubehageligt)* pain (*fx* it pains me to say (, admit) it);
3. *(legemligt: gøre ondt)* ache;
□ *det -de ham at høre at... (også, stærkere)* he was distressed to hear that...; *et -nde sår* an aching wound.
smertebehandling pain management.
smertefri *adj.* **1.** *(som ikke gør ondt)* painless (*fx* treatment);
2. *(som ikke har ondt, præd.)* without pain (*fx* he is never without pain).
smertefrit *adv.* **1.** painlessly;
2. *(fig.: let og ~)* without any (, too much) trouble.
smertefuld *adj.* painful.
smertegrænse *se smertetærskel.*
smerteklinik pain clinic.
smertelig[1] *adj.* **1.** *(sørgelig)* sad (*fx* loss); **2.** *(ubehagelig)* painful (*fx* duty).
smertelig[2], **smerteligt** *adv. (jf. smertelig*[1]*)* **1.** sadly; **2.** painfully (*fx* I was painfully aware that it had been a mistake).
smertensbarn *(omtr.)* problem child (*fx* the club is our problem child).
smertensleje: *ligge på sit ~* toss and turn on a bed of pain.
smertestillende *adj.* pain-relieving; *(med.)* analgesic;
□ *~ middel* pain-killing drug; T painkiller; *(med.)* analgesic.
smertetærskel **1.** *(hvor smerte begynder)* pain threshold (*fx* have a low pain threshold); pain perception threshold; **2.** *(hvor man ikke kan tåle mere)* pain tolerance (level).
smide *vb. (smed, smidt)* **1.** throw; T bung (*fx* a brick through a window); *(ligegyldigt)* chuck;
2. *(især: opad el. let, overlegent)* toss (*fx* a ball into the air; a few coins to a beggar);
3. *(voldsomt, evt. vredt)* fling (*fx* a book on the table); hurl (*fx* stones at sby; a bomb at a shop window);
4. *(sigte og kaste; ~ foragteligt)* pitch (*fx* she pitched the ball as far as she could; let's pitch those people out);
5. *(med et bump)* plonk (*fx* he plonked his books (down) on the table); *(neds., ligegyldigt)* dump (*fx* the books on the table);
6. *(fra fly)* drop (*fx* bombs on a town);
7. *(tage af)* take off (*fx* one's clothes);
□ *~ (alt) tøjet* strip (to the skin); *[med præp. & adv.] ~* ***af*** *(i kortspil)* throw off; *hesten smed ham af* the horse threw him; *~* ***med*** throw, chuck, hurl (*fx* empty bottles); *~ sig* ***ned*** throw oneself down; *(voldsomt)* fling (*el.* hurl) oneself down; *~* ***om sig*** *med penge* throw (, chuck) one's money about; *~ en* ***ud*** throw (, chuck, kick, fling, turf) sby out; *~ penge ud* throw one's money away; *~ en dreng* ***ud af*** *skolen* F expel a boy from the school; T throw (, chuck) a boy out of the school; *(se også vindue)*; *~ penge* ***ud på*** *(el.* ***til****)* waste (one's) money on (*fx* useless things); *~ noget* ***væk*** *a) (kassere)* throw (, chuck) sth away (*el.* out) (*fx* old books); *b) (miste)* lose (*fx* I've lost my watch).
smidig *adj.* **1.** supple (*fx* body; movements); F lithe (*fx* as lithe as a cat);
2. *(plastisk, som kan formes)* plastic, soft;
3. *(som kan tilpasses efter omstændighederne)* flexible (*fx* person; plans, rules); elastic (*fx* plans, policy);
4. *(behændig)* adroit;
□ *en ~ forhandler* a skilful negotiator.
smidiggøre *vb.* make supple; *(om læder også)* soften.
smidighed *sb. (en) (jf. smidig)* **1.** suppleness; F litheness; **2.** plasticity, softness; **3.** flexibility, elasticity; **4.** adroitness; skilfulness.
smidt *pf.ptc. af smide.*
smig *sb. (en, -e)* bevel.
smiger *sb. (en)* flattery; F adulation.
smigre *vb. (se også smigrende, smigret)* flatter *(NB kræver objekt)*;
□ *du -r!* you flatter me! *han forstår at ~* he knows how to flatter people; *~ for* flatter; *~ sig med det håb at* indulge in the hope that; *føle sig -t* feel flattered.
smigrende *adj.* flattering (*for* for);
□ *lidet ~* unflattering (*fx* description).
smigrer *sb. (en, -e)* flatterer; *(stærkere, neds.,* F*)* sycophant.
smigret *adj.* flattered (*fx* I felt flattered by his remark);
□ *~ over (også)* flattered at (*fx* the invitation); *~ over at* flattered to (, that) (*fx* to be invited; that they invited him).
smil *sb. (et, -)* smile (*fx* a happy (, cheerful, radiant, disarming, sardonic) smile; take it with a smile); *(bredt)* grin (*fx* a happy (, cheerful, triumphant, malicious) grin);
□ *et affekteret ~* a simper; *et selvtilfreds ~* a smirk; *sende en et ~* give sby a smile.
smile *vb. (se også smilende)* smile; *(bredt)* grin (*til* at, *fx* he smiled (, grinned) cheerfully at her);
□ *~ affekteret* simper; *~ selvtilfredst* smirk; *~ venligt* give a friendly smile;
[med præp.] ~ ***ad*** smile at; *~* ***op til*** *begge ører* grin from ear to ear; *~* ***over*** *hele ansigtet (el. hovedet)* be smiling all over one's face; be all smiles; *(mere litt.)* be wreathed in smiles; *~* ***til*** *en (også)* give sby a smile (*fx* he gave her an encouraging (, ironic) smile); *lykken har altid -t til ham* fortune has always smiled on him.
smilebånd: *trække på -et* give a little smile, smile a little; *han trak lidt på -et (også)* a smile flickered across his face.
smilehul dimple.
smilende[1] *adj.* smiling (*fx* face; landscape).
smilende[2] *adv.* smilingly, with a smile.
smilerynker *sb.pl.* crow's feet; laugh lines.
sminke[1] *sb. (en, -r)* **1.** make-up; **2.** *(teat.)* make-up; *(fedtsminke)* greasepaint.
sminke[2] *vb.* **1.** make up, paint;
2. *(fig.: pynte på)* doctor, massage (*fx* statistics; the figures; doctored information);
□ *~ sig* make up; *stærkt -t* heavily made up.
sminkekrukke make-up pot;
□ *hun er en ~* she is a painted doll.
sminkning *sb. (en, -er)* making-up.
sminkør *sb. (en, -er)* make-up artist.
smiske *vb.* smirk;
□ *~ for* make up to; F fawn on.

smitsom *adj.* infectious (*fx* disease); *(kun præd.,* T*)* catching (*fx* measles is very catching); *(ved direkte kontakt)* contagious.
smitsomhed *sb. (en)* infectiousness; contagiousness.
smitstof infectious matter; (disease) germs pl.
smitte[1] *sb. (en)* infection.
smitte[2] *vb. (se også smittende)* **1.** infect; **2.** *(uden objekt, også fig., jf. smitsom)* be infectious; be catching; be contagious;
□ *blive -t* ***af*** *en sygdom* catch a disease; *jeg blev -t af ham (ɔ: om sygdom)* I caught it off him; he gave it to me;
~ *'****af på*** *a) (om farve, ved berøring)* come (*el.* rub) off on(to) (*fx* the paint has come (*el.* rubbed) off on(to) her dress); *b) (i vask)* come out of ... onto (*fx* the colour has come out of the blouse onto the white handkerchief); *c) (fig.: brede sig til)* rub off on(to) (*fx* his openness may rub off onto the others; his sarcastic manner rubbed off on his pupils); infect (*fx* her high spirits infected all the others);
~ *en* ***med*** *en sygdom* infect sby with a disease; T give sby a disease.
smittebefængt *adj.* infected.
smittebærer (disease) carrier.
smittefare danger of infection.
smittefarlig *adj.* **1.** *(om person)* infectious, contagious (*fx* isolate patients who are contagious); **2.** *(om sygdom) se smitsom.*
smittefri *adj.* non-infectious.
smittekilde source of infection.
smittende[1] *adj.* infectious, contagious (*fx* enthusiasm, laughter); *(kun præd.,* T*)* catching (*fx* his enthusiasm was catching).
smittende[2] *adv.* infectiously, contagiously;
□ *virke ~ på* infect.
smittespreder (disease) carrier.
smocksyning smocking.
smoking *sb. (en, -er)* dinner jacket; T black tie; *(am. også)* tuxedo.
smovse *vb.: ~ i* feast on; (F *el. spøg.)* regale oneself with.
smuds *sb. (et)* dirt;
□ *drage ens navn i -et* drag sby's name in the mud; *kaste ~ på (fig.)* fling mud at.
smudsblad 1. *(neds. om avis)* gutter paper; **2.** *(typ.)* half-title page.
smudse *vb.: ~ til a)* soil; *(stærkere)* dirty; *b) (fig.,* F*)* sully (*fx* his reputation); defile (*fx* the mind); *~ sig til* get dirty.
smudsig *adj.* **1.** dirty; *(lettere, især ved brug)* soiled; **2.** *(sjofel)* dirty, smutty; **3.** *(lav)* sordid (*fx* business, affair); **4.** *(om farve)* dirty, dingy.
smudske *vb.: ~ til* soil.
smudslitteratur trash.
smudsomslag dust cover, (dust) jacket.
smudspresse gutter press, yellow press.
smudstillæg dirt(y) money.
smudstitel half title.
smug*: i ~* secretly; F clandestinely; T on the quiet.
smugdrikker secret drinker, closet drinker.
smughandel illicit traffic.
smugkro illicit drink-shop; *(am.)* speakeasy.
smugle *vb.* smuggle (*ind* in; *ud* out); *(til et andet land også, især om våben etc.)* run (*fx* run guns (, drugs) across the border (, to Germany, into Germany));
□ *~ ind (i, til) (fig.)* smuggle in (, into) (*fx* smuggle him into the meeting); *(liste ind også)* slip (*el.* sneak) in (, into) (*fx* slip in a remark about her; I can slip (*el.* sneak) you in (, into the house) after closing time).
smugler *sb. (en, -e)* smuggler.
smuglerbande gang of smugglers.
smuglerbåd smuggling boat.
smuglergods smuggled goods pl.
smugleri *sb. (et, -er)* smuggling;
□ *-er* smuggling sg.; *grebet i ~* caught smuggling.
smuglervarer *sb.pl.* smuggled goods.
smuk *adj. (se også smukt)* **1.** beautiful (*fx* face, picture, poem, rose, voice, weather, woman); *(om person også, svagere)* good-looking; *(især om mænd: statelig)* handsome (*fx* boy, building, man, woman);
2. *(prægtig, flot etc.)* fine (*fx* building, weather, result);
3. *(rigelig, flot,* F*)* handsome (*fx* reward, offer); *(ædel)* noble (*fx* endeavour, purpose);
□ *-t (på glds. barometer)* Fair; *det var -t af ham* that was very good (*el.* nice) of him; F that was very handsome of him; *en ~ gestus (fig.)* a handsome gesture; *det -ke køn* the fair sex.
smukkesere *vb.: ~ sig* smarten oneself up; titivate oneself.
smukt *adv.* beautifully (*fx* dance (, write, dress) beautifully);
F handsomely (*fx* behave (, reward sby) handsomely); *(ædelt)* nobly.
smuld *sb. (et)* **1.** dust (*fx* coal dust, sawdust); **2.** *(tørve-)* peat litter.
smuldre *vb.* **1.** crumble (*fx* one's bread);
2. *(uden objekt)* crumble (*fx* the walls are crumbling); *(litt.)* moulder (*fx* mouldering ruins);
3. *(fig.)* crumble (away) (*fx* our values are (, the opposition was) crumbling (away)); F erode (away) (*fx* confidence in the government is eroding; their insistence that the manager be removed is eroding); disintegrate (*fx* morale was (, our values are) disintegrating; the project disintegrated);
□ *~ bort (el. hen el. væk) se ovf.: 2, 3.*
smule *sb. (en, -r)* **1.** bit; *(af væske)* drop; **2.** *(brødkrumme)* crumb (*fx* the crumbs which fell from the rich man's table);
□ *-r er også brød* half a loaf is better than no bread;
[med pron.] ***den*** *~* that bit; F that trifle; *den ~ penge* that tiny amount; that trifling sum; T that piffling sum; ***den*** *~* ***som*** what little (*fx* I lost what little (money) I had; he had forgotten what little English he knew);
en *(lille) ~ a)* a little, a (little) bit (*fx* I only saw a (little) bit of it); *(af væske)* a (little) drop; *b) (foran sb.)* a little (*fx* kindness); a bit of (*fx* food); a drop of (*fx* coffee); *c) (adverbielt)* a little, a bit (*fx* tired, difficult); F somewhat;
ikke en *~ a) (substantivisk)* nothing at all; *b) (adjektivisk)* not a bit of (*fx* bread); not a drop of (*fx* whisky); *c) (adverbielt)* not at all (*fx* I am not at all surprised); not a bit.
smult *adj.: ~ vande* a smooth sea; *nu er vi i ~ vande (fig.)* we have turned the corner.
smurt *pf.ptc. af smøre.*
smurte *præt. af smøre.*
smut *sb. (et, -) (sviptur)* short trip (*fx* I took a short trip to Canterbury);
□ *jeg var et ~* ***inde*** *i byen (, hos købmanden)* I just popped into town (, into the grocer's); *jeg var et ~ inde hos ham* I dropped in on him;
slå *~* play ducks and drakes; skim stones; *(am. også)* skip stones; *slå ~ med* skim; *(am. også)* skip (*fx* a stone suitable for skipping); *slå ~ med øjnene* make eyes.
smuthul 1. *(skjulested)* hiding place, hide-out; *(tilflugtssted)* shelter; F refuge; **2.** *(fig.)* loophole (*fx* in the law).

smutte *vb.* **1.** *(hurtigt)* nip, pop (*fx* into town; off; out; over to see them);
2. *(ubemærket)* slip (*fx* away; into (, out of) the room);
3. *(vimse)* scurry (*fx* the mouse scurried into its hole);
4. *(om ting)* slip (*fx* the knife slipped and cut his finger);
□ *den -de (ɔ: det var en fejl)* that was a slip; *han -de (ɔ: stak af)* he slipped off; *jeg -r!* I'm off! ~ *mandler* blanch almonds;
[med adv. & præp.] det -de ***for*** *mig (ɔ: jeg gik glip af det)* I missed it; *kniven -de for ham* the knife slipped; ~ ***fra*** *en a)* slip out of sby's hands (*fx* the cat (, the cup) slipped out of my hands); *b) (om person)* give sby the slip; ~ ***i*** *(om tøj)* slip into (*fx* a nightdress); ~ ***med*** *øjnene* make eyes (*til* at); ~ ***uden om*** get round (*fx* an obstacle; a question); dodge, sidestep, bypass, skirt (*fx* a question); *prøve at* ~ ***udenom*** *a)* try to get round the obstacle; *b) (fig.)* try to get round (*el.* dodge) the question, be evasive; *(ikke tage stilling)* dodge (*el.* evade *el.* duck) the issue.
smutter *sb. (en, -e) (fejl)* slip(-up).
smutters *sb. (en, -)* slipper.
smuttur short trip.
smutvej short cut.
smyge *vb. (-de el. smøg, -t el. smøget):* ~ *noget af sig se smøge²;* ~ *sig ind til* nestle (*el.* snuggle) close up to; ~ *sig om* cling round (*fx* the dress clung round her forms); *katten smøg sig om benene på ham* the cat rubbed itself against his legs; ~ *sig ud af stuen* slip out of the room; ~ *(sig) udenom se smutte.*
smykke¹ *sb. (et, -r)* **1.** *(kostbart)* piece of jewellery; *(mindre kostbart)* trinket;
2. *(i videre betydning)* ornament (*fx* a bronze ornament; an ear ornament);
□ *-r a) (jf. 1)* jewellery sg. (*fx* all her jewellery was stolen); *(am.)* jewelry; *b) (jf. 2)* ornaments (*fx* personal ornaments).
smykke² *vb.* decorate (*med* with, *fx* the street was decorated with flags); *(især mere varigt)* ornament (*med* with, *fx* the bridle was ornamented with silver bells; the church was richly ornamented); *(også om person,* F*)* adorn (*med* with, *fx* the house was adorned with valuable paintings; the women were adorned with fine clothes and jewels);
□ ~ *med (= pynte også)* deck with; ~ *sig med titlen leksikograf* affect the title of lexicographer.
smykkeskrin jewel box, jewellery box.
smykkesten precious stone; *(halvædelsten)* semiprecious stone.
smæde *vb.* defame; *(kun i inf. & part.: skriftligt)* libel; *(mundtligt)* slander.
smædedigt pasquinade.
smædekampagne smear campaign.
smædeskrift *sb. (et, -er)* libel, lampoon.
smædeskriver libeller, lampoonist.
smædevers pasquinade.
smægte *vb.:* ~ *efter* pine for.
smægtende¹ *adj.* languishing;
□ ~ *toner* languorous (*el.* melting) notes.
smægtende² *adv.* languishingly.
smæk¹ *sb. (et, -)* **1.** *(lyd)* snap (*fx* the lid closed with a snap); *(stærkere)* bang (*fx* the door closed with a bang);
2. *(tab, knæk)* loss, blow;
□ *få* ~ be given a spanking, be spanked; *få* ~ *for skillingen* have a good run for one's money; *give drengen* ~ give the boy a spanking, spank the boy; *et* ~ *med tungen* a click of the tongue; *et* ~ *over fingrene se finger; (se også flue (slå to fluer)).*
smæk² *sb. (en, -ker)* **1.** *(hagesmæk,* ~ *på overall)* bib; **2.** *(bagsmæk på vogn)* tailboard.
smækbevidstløs *adj.: han var* ~ T he had passed out cold; he was dead to the world.
smækbukser *sb.pl.* bib(-and-brace) overalls; *(kraftige også)* dungarees.
smækfed *adj.* fat; F obese.
smækfornærmet *adj.* mortally offended; T huffy.
smækfuld *adj.* **1.** chock-full; **2.** *(beruset)* dead drunk;
□ *han er* ~ *af penge* he is loaded with money.
smække¹ *sb. (en, -r) = smæk².*
smække² *vb.* **1.** slam, bang (*fx* car doors slammed (*el.* banged)); *(om svagere lyd)* snap (*fx* the lid snapped);
2. *(slå)* smack, slap (*fx* a child); *(give endefuld)* spank, give a spanking; *(se også lussing);*
3. *(flue)* swat;
4. *(anbringe med en hurtig bevægelse)* clap (*fx* clap one's hat on);
5. *(anbringe med et bump el. tilfældigt)* slap (*fx* she slapped the plate (down) on the table; slap some paint (, a label) on it);
[med præp. & adv.] ~ *en bog* ***i*** shut a book with a snap, snap a book shut; ~ *en dør i a)* swing a door to; *(voldsomt)* slam a door (shut); *b) (så at låsen fanger)* latch a door; *døren -de i a)* the door swung to (, slammed shut); *(mindre voldsomt)* the door clicked shut; *(med et brag)* the door closed with a bang; *b) (ɔ: og låstes)* the door shut with the lock on; ~ *døren* ***i for*** *(fig.)* slam the door on (*fx* peace talks); *låget -de i* the lid snapped shut; *låsen -de i* the lock caught; *(se også fælde¹);*
~ *en i enden* smack sby's bottom;
~ *en* ***inde*** lock sby in;
~ ***med*** *døren* slam (*el.* bang) the door; ~ *med tungen* click one's tongue;
~ *døren* ***op*** throw the door open; *(voldsomt)* fling the door open; ~ *et hus op (ɔ: bygge hurtigt)* run (*el.* knock) up a house; ~ *en plakat op* stick (up) a bill; ~ *sædet op* tip up the seat;
~ *en* ***over*** *fingrene* rap sby on (*el.* over) the knuckles, rap sby's knuckles, give sby a rap on the knuckles; *(fig. også, om mild irettesættelse)* slap sby on the wrist, give sby a slap on the wrist;
~ *røret* ***på*** *(tele.)* slam down the receiver;
~ *hælene* ***sammen*** click one's heels; *hunden -de kæberne sammen* the dog snapped its jaws together;
~ *en* ***ude*** lock sby out;
[med sig] ~ ***sig inde*** lock oneself in; ~ ***sig ned i*** *en stol* flop down in a chair; ~ ***sig ude*** lock oneself out.
smækker *adj.* slender, slim.
smækkys smack; T smacker.
smæklås latch.
smæld *sb. (et, -)* click (*fx* of the tongue); snap (*fx* the lid closed with a snap; he turned over the cards with sharp snaps); *(højere)* crack (*fx* of a whip, of a rifle); *(endnu højere)* bang (*fx* of a door);
□ *slå* ~ *med* click (*fx* one's tongue); snap (*fx* one's fingers); crack (*fx* a whip).
smælde¹ *sb. (en, -r) (bot.)* bladder campion.
smælde² *vb.* crack (*fx* the whip cracked); *(svagere)* snap (*fx* the whip snapped); flap (*fx* the sail flapped in the wind);
□ ~ *i (ɔ: lukke sig) a)* close with a snap, snap shut; *b) (om dør)* slam (shut); ~ *døren i,* ~ *med døren* slam the door shut; ~ *med en pisk* crack (, snap) a whip; *skælde og* ~ *se skælde;* ~ *en march ud (med hornmusik)* blare out a

march.
smælden *sb. (en) (jf. smælde)* cracking; banging; slamming (*fx* of doors); flapping;
□ *skælden og ~ se skælden.*
smælder *sb. (en, -e) (zo.)* click beetle.
smældfed = *smækfed.*
smøg *sb. (en, -er) (cigaret)* ciggy, cig;
□ *få en ~* have a smoke.
smøge[1] *sb. (en, -r)* narrow passage, alley.
smøge[2] *vb.: ~ af (sig) a) (tøj etc.)* slip off; *(om dyr)* slip (*fx* the dog slipped its collar); *b) (fig.: unddrage sig)* shirk (*fx* one's duties); *~ ned (, op) a)* turn down (, up) (*fx* the collar of his overcoat was turned up against the wind); *b) (rulle, om ærme, bukseben)* roll down (, up); *~ ærmerne op (fig.: tage fat)* roll up one's sleeves.
smøge[3] *vb. (glds.: ryge)* smoke.
smøl *sb. (et, -)* slowcoach, dawdler; *(am.)* slowpoke.
smøle *vb.* dawdle; *(bevidst)* drag one's feet;
□ *~ med* take too much time over; T dawdle over; *(bevidst)* drag one's feet over; *~ med at* be too slow in -ing; *~ tiden væk* dawdle away one's time.
smøleri *sb. (et, -er)* dawdling.
smør *(et)* butter;
□ *det kommer ikke det ~ ved* that is quite another kettle of fish (*el.* another story).
smørblomst *(bot.)* buttercup.
smørbøtte butter tub.
smørdrittel butter cask.
smøre[1] *sb. (en, -r) (lang kedelig beretning)* screed (*fx* he wrote me a screed about it);
□ *hele -n* the (whole) lot.
smøre[2] *vb. (smurte, smurt)*
1. smear (*fx* smear vaseline (, mud) on one's face; smear jam (, blood) on one's shirt); *(tykt, ujævnt)* daub (*fx* daub paint on the wall; daub mud all over him; the child had daubed jam (, chocolate) all over its blouse);
2. *(indgnide)* rub (*fx* cream on one's face; oil into one's skin);
3. *(om brød)* spread (*fx* margarine on the bread); *(smøre smør på)* butter (*fx* a piece of bread);
4. *(om maskineri etc.: med smøreolie)* oil (*fx* the hinges); *(med fedt)* grease; *(fagl.)* lubricate; *(om bil især)* service;
5. *(skrive sjusket)* scribble;
6. *(male dårligt)* daub;
7. *(betale bestikkelser)* give bribes; T grease palms;
□ *~ en (fig.: bestikke)* grease sby's palm; *det gik som det var smurt* it went on oiled wheels; it went swimmingly; *~ maden* make the sandwiches; *(se også hase);*
[med præp. & adv.] ~ ***af på*** *(fig.) a) (om udgift, tab)* pass onto; *b) (om ansvar, skyld)* shift onto; *~ sig* ***i*** *ansigtet med noget a)* smear one's face with sth; *b) (gnide)* rub sth on one's face; *~* ***ind med****, ~* ***over med*** *a)* smear with; *b) (fedtstof)* grease with (*fx* grease the tin with butter before baking the cake); *c) (gnide med)* rub with; *d) (dække med)* coat with (*fx* mud, paint); *e) (med tykt ujævnt lag)* daub with; *~ en* ***om*** *munden (fig.)* butter sby up; *~ lim* ***på*** spread (*el.* put) glue on; *~ maling på a)* spread (*el.* put) paint on; *b) (tykt og ujævnt)* daub paint on; *c) (sjusket)* slap paint on; *~ to lag maling på det* give it two coats of paint; F apply two coats of paint; *~ smør på brødet* butter the bread; spread butter on the bread; *(se også tykt); ~ en artikel* ***sammen*** knock off an article.
smøreapparat lubricator.
smørebræt *(kan gengives)* buttering board.
smøregrav grease pit.
smørehul oil hole.
smørekande oil can.
smørekniv spreading knife.
smørekop oil cup.
smørelse *sb. (en, -r)* lubricant.
smøreolie lubricating oil.
smøreost cheese spread.
smører *sb. (en, -e)* **1.** oiler; greaser; **2.** *(apparat)* lubricator; **3.** *(forfatter)* scribbler; **4.** *(maler)* dauber.
smøreri *sb. (et, -er)* **1.** *(det at skrive)* scribbling; *(det at male)* daubing;
2. *(dårlig bog etc.)* (piece of) trash; *(dårligt billede)* daub.
smørfarve butter colour.
smørfedt butter fat.
smørgrosserer butter merchant.
smørhul *(fig.)* cosy little corner.
smøring *sb. (en, -er) (af maskine, bil)* lubrication.
smørkniv butter knife.
smørkrukke butter jar.
smørkærne churn.
smørkøler butter cooler.
smørnotering butter quotation.
smørnæb butter boat.
smørrebrød open sandwiches pl.;
et stykke ~ an open sandwich.
smørrebrødsjomfru *(omtr.)* sandwich maker.
smørrebrødspapir greaseproof paper.
smørrebrødsseddel menu.
smørret *adj.* pawky;
□ *et ~ smil* a knowing smile.
smørsiden the buttered side.
smørske butter pat.
smørskål butter dish.
smørsovs melted butter;
□ *skål til ~* butter boat.
smørsyre *(kem.)* butyric acid.
smørtenor lush tenor.
små *adj. (se også småt)* **1.** *(pl. af lille)* small (*fx* do you prefer large ones or small ones?); *(mere følelsesbetonet; mods.* big*)* little (*fx* little children; do you prefer big ones or little ones?); *(se også små-);*
2. *(knap)* just under, something under, nearly (*fx* it cost something under (*el.* nearly) £200);
□ *de ~* the children; *(*F *el. glds.)* the little ones; *de ~ i samfundet* the humbler members of the community; *pengene var ~* money was short; *vore tab var ~* our losses were light; *de ~ timer* the small hours (*fx* it went on into the small hours); the early hours (of the morning); *(se også kår, profet, stor, tryk*[2]*);*
[med adv. & præp.] ***for*** *-t fodtøj* tight shoes pl.; *(se også sko*[1] *(gå i));* ***i det*** *~* in a small way; on a small scale; *begynde i det ~* make a small beginning; *trykt* ***med*** *-t se trykt.*
små- 1. small (*fx* bushes, houses, tables, farmers, groups); *(mere følelsesbetonet)* little (*fx* houses, birds, verses, boys, girls); *(ofte neds.)* petty (*fx* fees, troubles, states, princes);
2. *(relativt små)* minor (*fx* authors, poets; expenses);
3. *(ved verber)* a little (*fx* complain a little *(småjamre)*; cry a little *(smågræde)*; be a little bored *(småkede sig)*).
småaks *(bot.)* spikelet.
småarbejder *sb.pl.* **1.** *(skribents etc.)* minor works; **2.** *(om alm. arbejde)* small jobs.
småartikler *sb.pl.* **1.** *(i forretning)* smallwares; *(især am.)* notions;
2. *(syartikler)* haberdashery.
småbitte *adj. se bitte.*
småblad *(bot.)* leaflet.
småbladet *adj. (bot.)* parvifolious.
småblomstret *adj.* **1.** *(bot.)* small-flowered; **2.** *(om tøj, efter sb.)* with a small floral pattern.
småblunde *vb.* doze.
småborgerlig *adj.* (lower) middle-class; *(neds., svarer til)* suburban (*fx* attitude, taste); *(især i marxistisk sprogbrug)* petit

bourgeois (*fx* their petit bourgeois prejudices).
småborgerskab lower middle class; petite bourgeoisie.
småbørn *(helt små)* babies; small children; F infants; *(lidt større)* young children.
småbørnsfamilie family with small children.
smådele *sb.pl.* small parts (*el.* bits).
smådrenge *sb.pl.* small boys, little boys.
småfed *adj.* *(præd.)* on the plump side.
småfisk *sb.pl.* **1.** small fishes; **2.** *(fig.)* small fry sg.; minnows.
småfolk *(børn)* babies; small children; *(se også småkårsfolk)*;
□ *de venter* ~ they are expecting (a baby).
småforbryder small-time criminal.
småforseelser *sb.pl.* peccadilloes.
småfryse *vb.* feel chilly, feel shivery.
småfyre *sb.pl.* kids, nippers.
smågader *sb.pl.* by-streets.
småhandlende *sb.pl.* small tradespeople (*el.* shopkeepers).
småhoste *vb.* cough slightly.
småkage *(svarer til)* sweet biscuit; *(am.)* cookie.
småkoge *vb.* simmer.
småkornet *adj.* small-grained.
småkravl **1.** small fry; **2.** *(børn)* tiny tots pl.
småkævl bickerings pl.
småkød diced meat.
småkårsfolk *sb.pl.* people of humble means, humble folk.
småle *vb.* chuckle.
smålig *adj.* **1.** *(snæversynet)* petty(-minded) (*fx* petty jealousy); small-minded (*fx* attitude);
2. *(påholdende)* stingy, cheese-paring;
3. *(for spidsfindig)* carping (*fx* criticism); captious (*fx* critics);
4. *(for nøjeregnende)* over-particular, fussy;
□ *uden -t hensyn til* regardless of; ~ *kritik (også)* nitpicking; F cavilling.
smålighed *sb. (en) (jf. smålig)* **1.** pettiness, small-mindedness; **2.** stinginess; **3.** captiousness; **4.** fussiness.
smålyve *vb.* fib, tell fibs.
småmønstret *adj.* small-patterned.
småmønt small coins pl.; small change.
småord *(gram.)* particle.
småpartier: *i* ~ in small lots.
småpenge *sb.pl.* (small) change sg.;
□ *det er kun* ~ *(fig.)* that is mere chickenfeed; that is peanuts; *det er ikke* ~ that is quite a lot of money.
småpengekort *(omtr.)* smart card, electronic purse.
småpillerier *sb.pl.* small jobs; *(se også småting)*.
småregne *vb.* drizzle.
småroller *sb.pl.* small (*el.* minor) parts; T bit parts.
småskillinger *se småpenge.*
småskænde grumble; *(til stadighed)* nag.
småskændes *vb.* bicker.
småsløjd *(omtr.)* handwork.
småsnakke *vb.* chat.
småsparere *sb.pl.* small savers.
småspise *vb.* eat snacks;
□ ~ *af* nibble at.
småsten *sb.pl.* pebbles.
småstumper, **småstykker** *sb.pl.* small pieces (*el.* bits); fragments.
småsynder *sb.pl.* peccadilloes.
småt *adv.* *(ɔ: så det bliver* ~*)* small, fine (*fx* cut the onions small (*el.* fine));
□ *så* ~ *a) (gradvis)* little by little, gradually (*fx* he was gradually improving); *b) (lidt)* a little (*fx* it began to annoy me a little); in a small way (*fx* I was able to help him in a small way); *jeg har så* ~ *lyst til at* I have half a mind to; *jeg begyndte så* ~ *at mistænke ham* I began to suspect him;
[med adj.] ~ *begavet* not very bright; *(se også kørende)*;
[med vb. (+ præp.)] det ***er*** ~ ***med*** we (etc.) are low on (*fx* supplies, fruit; enthusiasm); *det er* ~ *med frugt (også)* fruit is scarce; *det er* ~ *med hans flid* he is not over-industrious; ***gå*** *ganske* ~ walk quite slowly; *det går meget* ~ *(fremad)* we (etc.) are not making much headway (*med* with); ***have*** *det* ~, ***sidde*** ~ ***i*** *det* be badly off; *(stærkere)* be hard up; *det* ***står*** ~ ***til med*** *hans begavelse* he is not very bright; *det står* ~ *til med hans flid* he is not over-industrious; *det står* ~ *til med ham* he is in a bad way.
småternet *adj.* small-checked.
småting *sb.pl.* **1.** small things; bits and pieces;
2. *(uvæsentlige)* little things, trivial matters; F trifles;
3. *(i varehus)* smallwares; *(syartikler etc.)* haberdashery; *(især am.)* notions;
□ *det er* ***ikke*** ~ *a)* it is quite a lot; it is not to be sneezed at; *b) (om beløb)* it is quite a respectable sum; *det er* ***kun*** ~ *a)* it is nothing to speak of; F it is a mere trifle; T it is small beer, it is small potatoes; *b) (om beløb)* it is mere chickenfeed, it is peanuts; *(se også hænge*[2] *(sig i))*.
småtingsafdeling *(i varehus, med syartikler etc.)* haberdashery counter;
□ *det hører til -en (fig.)* that is a minor matter.
småtosset *adj.* dotty; *(præd. også)* not all there.
småtravlt *adj.*: *jeg har lidt* ~ *a) (har meget at gøre)* I am rather busy; *b) (skal skynde mig)* I am in a bit of a hurry.
småtrolde *sb.pl.* *(om børn)* kiddies, tiny tots.
småtryk booklet, leaflet, pamphlet.
småtskåren *adj.* *(-t, småtskårne) (fig.)* small-minded, petty.
småtskårenhed *sb. (en)* small-mindedness, pettiness.
småtskåret *adj.* *(skåret i små stykker, præd.)* cut small.
småtterier *sb.pl. se småting.*
småttærende *adj.*: *være* ~ be a poor eater.
småvarmt *sb.* [little hot dishes].
småvasken the smalls pl.
småøer *sb.pl.* small islands; F islets.
snabel *sb. (en, snabler)* **1.** *(elefants)* trunk; *(fagl., også om insekters)* proboscis;
2. *(næse)* nose; T conk;
3. *(hist.: på romersk krigsskib)* rostrum (pl. rostra); beak;
□ *dyppe snablen (*T*: drikke)* booze.
snack *sb. (en, -s)* snack.
snadde *sb. (en, -r)* short pipe; T nose-warmer.
snadre *vb.* **1.** *(om and)* grub; *(rappe)* quack; **2.** *(snakke)* chatter; *(mere neds.)* jabber.
snage *vb.* pry (*fx* she is not one to pry);
□ ~ *i* pry into, nose into; nose about among.
snagende[1] *adj.* prying, nosy.
snagende[2] *adv.* in a prying manner, nosily.
snak *sb. (en)* **1.** *(samtale)* talk; T chat (*fx* we had a long talk (, chat));
2. *(sladder)* gossip; T talk (*fx* there was a lot of talk about it);
3. *se snakken*;
4. *(vås)* nonsense, rubbish;
□ *sikke noget* ~*!* what nonsense! rubbish!
[med adj.] det er en anden ~ *a) (det er noget helt andet)* that is a different kettle of fish; that is a horse of a different colour; *b) (det lader sig høre)* now you are talk-

ing; *det er fornuftig ~!* now you are talking sense! *løs ~* idle talk, (idle) gossip; *det er den rene ~* it is all nonsense;
[med præp.] falde ***i*** *~* get talking; *(mere* F*)* get into conversation (*med* with); *der er noget* ***om*** *-ken* there is something in it; *det blev* ***ved*** *-ken* nothing ever came (out) of it.

snakke *vb.* **1.** talk (*fx* he was reprimanded for talking in class; he can talk for hours); *(hurtigt, larmende)* chatter; *(barnligt)* prattle;
2. *(~ sammen)* talk (*fx* they sat talking all evening); T chat;
3. *(vrøvle)* talk nonsense;
□ *~ engelsk* talk English; *(se også tale[2] 2)*; *~ politik* talk politics; *(se også sort[2])*;
[med præp. & adv.] han -r fanden et øre ***af*** he would talk the hind leg off a donkey; *~ bagvendt se bagvendt*; *~ godt* ***for*** *en* get round sby; *(let glds.)* coax sby, wheedle sby; *~ ham (, sig)* ***fra*** *det* talk him (, oneself) out of it;
de -de ***frem og tilbage*** *om det* they discussed it at great length; there was a lot of to-ing and fro-ing; *~ sig* ***frem til*** *en løsning* thrash out a solution;
~ ***løs*** talk away; *snak løs!* fire away!
'~ ***med*** *en* talk to (*el.* with) sby (*fx* I talked to (*el.* with) her about it; he has got nobody to talk to; talk to oneself); *(for at få råd el. irettesætte også)* have a word with sby; *~ 'med a)* join in the talk; *b) (afbryde,* T*)* chip in (*fx* who asked you to chip in?);
~ ***om*** *noget a)* talk about (*el.* of) sth; *b) (drøfte)* discuss sth, talk sth over; *der er ikke mere at ~ om* there is no point in discussing it further; *der er ikke noget at ~ om* there is nothing to discuss; *det er ikke noget at ~ om* it is nothing much; it is not worth mentioning; *du skulle nødig ~ om nogen!* you're a fine one to talk!
~ ***over*** *sig a) (røbe sig)* give oneself away; *b) (røbe hemmeligheden)* let the cat out of the bag; S blab;
du kan ***sagtens*** *~ se sagtens*; *~* ***sammen*** talk (to each other); T chat; *~* ***udenom*** beat about the bush, be evasive; T fudge (the issue); *vi -s* ***ved*** *senere* we'll talk it over later; *~* ***væk*** *se ovf.: ~ løs.*

snakkebutik talking shop.

snakkehjørnet*: være i ~* be in a talkative mood.

snakkehoved ceaseless talker; □ *han er et ~ (også)* he talks your head off.

snakken *sb. (en)* talk (*fx* laughter and talk); *(højrøstet, hurtig)* chatter (*fx* there was a lot of excited chatter).

snakkende[1] *adj.* **1.** *se snakkesalig*; **2.** *(om stil)* gossipy, chatty.

snakkende[2] *adv.* chattily.

snakkesalig *adj.* talkative, chatty; T gabby; *(neds.,* F*)* garrulous.

snakkesalighed *sb. (en)* talkativeness, chattiness; *(neds.,* F*)* garrulousness, garrulity.

snakketøj*: have et godt ~* have the gift of the gab.

snaksom *adj.* talkative, chatty; T gabby; F loquacious.

snalret *adj.* *(*T*: fuld)* fuddled, tiddly.

snappe *vb.* **1.** snatch (*fx* he snatched the letter out of my hand; the dog snatched the bone and ran off); **2.** *(uden objekt)* snap;
□ *~* ***efter*** *a) (gribe)* snatch at; *b) (bide)* snap at (*fx* the dog snapped at a fly); *~ efter vejret a)* gasp for breath; *b) (en enkelt gang, af overraskelse, smerte)* catch one's breath.

snaps *sb. (en, -e)* snaps, schnap(p)s;
□ *en ~* a glass of snaps; a dram; *der er langt mellem -ene (fig.)* the interesting (, relevant etc.) things are few and far between.

snapseglas, **snapsglas** *(omtr.)* liqueur glass.

snapshot *sb. (et, -)* snapshot, snap.

snare *sb. (en, -r)* **1.** snare (*fx* set a snare for rabbits);
2. *(fig.)* snare, trap;
□ *lægge en ~ for én* set a snare (*el.* trap) for sby.

snarere *adv.* **1.** *(nærmere, i højere grad)* more like (*fx* 50? It was more like 500); rather (*end* than, *fx* it is grey rather than white);
2. *(nærmest; tværtimod)* if anything (*fx* it is not getting warmer; it is colder, if anything);
3. *(glds.: hurtigere)* sooner (*fx* the more you work, the sooner you will get it finished);
□ *han vil ~ hjælpe dig* he is more likely to help you.

snarest *adv. (nærmest; tværtimod)* if anything (*fx* it is not getting warmer; it is colder, if anything);
□ *~ (muligt)* as soon as possible; *han vil ~ opgive det (ɔ: mest sandsynligt)* he is most likely to give it up; *(se også belejlig).*

snarlig[1] *adj.* **1.** early (*fx* they called for an early withdrawal of the troops; we await an early reply);
2. *(hurtig)* speedy (*fx* wish him a speedy recovery);
3. *(nær forestående)* approaching; F impending (*fx* his impending dismissal);
□ *på -t gensyn* I hope we shall meet again soon; T see you again soon.

snarlig[2], **snarligt** *adv.* soon, shortly.

snarrådig *adj.* **1.** *(opfindsom)* resourceful; **2.** *(hurtig)* quick-witted; **3.** *(beslutsom)* resolute.

snarrådighed *sb. (en) (jf. snarrådig)* **1.** resourcefulness, resource; **2.** quick wit; **3.** resolution; **4.** *(åndsnærværelse)* presence of mind.

snart *adv.* **1.** *(om kort tid)* soon, shortly;
2. *(kort efter)* soon, shortly after(wards);
3. *(~ sagt, næsten)* almost, nearly, practically;
□ *snart ... snart* sometimes ... sometimes, now ... now (fx now on one side, now on the other); *i ~ ti år* for nearly ten years; ***så*** *~ (som)* as soon as; *så ~ han hørte det (også)* directly he heard it; *ikke (el. aldrig) så ~ ... før* no sooner ... than;
[med vb.] det ***er*** *~ på tide* it is about time; *det er ~ ti år siden han rejste* it will soon be ten years since he left; *nu* ***kan*** *det ~* ***være*** *nok!* really, this is the limit!
~ ***sagt*** *(ɔ: så godt som)* pretty well (*fx* pretty well every country); *jeg* ***ved*** *~ ikke* well, I don't know.

snask[1] *sb. (en, -er) (knejpe)* joint, dive.

snask[2] *sb. (et)* **1.** *(griseri)* mess;
2. *(klistret stads)* goo.

snaske *vb.: ~ i* mess about with.

snav *sb. (et)* goo.

snavs *sb. (et)* **1.** dirt; *(stærkere)* filth;
2. *(gade-)* mud;
3. *(sort ~, fx i ansigt el. på hænder)* grime.

snavse *vb.: ~ til a)* dirty; *b) (*F*: tilsmudse, fx med afføring)* soil (*fx* the little boy soiled his trousers); *~ sig til* get dirty.

snavset *adj.* **1.** dirty (*fx* hands, water, clothes, linen, streets, windows); *(stærkere)* filthy; *(og ulækker,* T*)* grubby (*fx* banknotes, clothes, face, streets);
2. (F*: let tilsmudset, ~ ved brug)* soiled (*fx* goods, shirt, collar, linen);
3. *(snusket)* dingy (*fx* window, room, house);

4. *(dækket af indgroet sort snavs)* grimy (*fx* house, windows, clothes, cheeks, hands);
□ *han var ~ om (el. på) fingrene* he had dirty (, grubby) fingers, his fingers were dirty (, grubby).
snavsetøj washing; *(mere* F*)* soiled linen.
sne[1] *sb. (en)* snow;
□ *hvor er den ~ der faldt i fjor?* where are the snows of yesteryear?
[med adj.] ***høj*** *~* deep snow; *være ude i den* ***kolde*** *~ (fig.)* be (left) out in the cold;
[med vb.] ***kaste*** *~* clear snow; clear a road (, a street etc.) of snow; ***kaste med*** *~* throw snowballs; ***slås med*** *~* have a snowball fight.
sne[2] *vb.* snow;
□ *der hvor det -r (*T*: hvor det foregår)* where the action is;
[med adv.] ~ ***inde*** *a) (i hus etc.)* be snowed up (*el.* in), be snowbound; *b) (om bil, tog)* be stuck in the snow, be snowbound; *~ '****til*** be covered with snow.
sneblind *adj.* snow-blind.
sneblindhed snow blindness.
snebold snowball;
□ *kaste med -e* throw snowballs; *slås med -e* have a snowball fight; *vokse som en ~* snowball.
sneboldkamp snowball fight.
snebolle, snebolletræ *(bot.)* guelder rose.
snebriller *sb.pl.* snow goggles.
snebyge snow shower; *(let)* snow flurry; *(kraftig)* snow squall.
snebær *(bot.)* snowberry.
sned*: på ~* on one side; *med hatten på ~* with one's hat cocked over one ear.
snedig *adj.* **1.** *(udspekuleret)* cunning (*fx* plot, trick, method; person);
2. *(især: ~ og kløgtig)* crafty (*fx* politician, tactician; trick); artful; *(mere neds.: snu, listig)* sly; F wily;
3. *(snild)* clever; *(stærkere, mere* F*)* ingenious (*fx* idea, plan, method, solution).
snedighed *sb. (en) (jf. snedig)* **1.** cunning; **2.** craftiness; artfulness; slyness; wiliness; **3.** cleverness; ingenuity.
snedker *sb. (en, -e)* **1.** *(møbel-)* cabinetmaker; **2.** *(bygnings-)* joiner.
snedkerarbejde cabinetmaking; joinery.
snedkerere *vb.* **1.** do woodwork; **2.** *(lave)* put together, knock together.
snedkeri *sb. (et, -er) (jf. snedker)* **1.** *(håndværk)* cabinetmaker's (, joiner's) trade; **2.** *(værksted)* cabinetmaker's (, joiner's) workshop.
snedkerlim joiner's glue.
snedkerlære*: være i ~* be apprenticed to a cabinetmaker (, joiner).
snedkermester master cabinetmaker (, joiner).
snedkersvend cabinetmaker's (, joiner's) assistant; *(glds.)* journeyman cabinetmaker (, joiner).
snedkerværksted cabinetmaker's (, joiner's) workshop.
snedrive snowdrift.
snedække cover (*el.* blanket) of snow.
snedækket *adj.* snow-covered, snowy.
snefald snowfall;
□ *et kraftigt (el. voldsomt) ~* a heavy snowfall.
snefnug snowflake.
snefog *sb. (et, -)* driving snow; *(snestorm)* snowstorm.
sneg *præt. af snige.*
sneget *pf.ptc. af snige.*
snegl *sb. (en, -e)* **1.** *(zo.: med skal)* snail; *(uden skal)* slug;
2. *(anat.: i øret)* cochlea (pl. -e);
3. *(tekn.)* worm; *(vand-)* Archimedean screw; *(se også øresnegl)*;
□ *en gammel ~* an old buffer; *en sær ~* an odd fish.
sneglat *adj. (præd.)* slippery with snow.
snegle *vb.: ~ sig af sted a)* go along at (a) snail's pace, crawl along (*fx* the traffic crawled along); *b) (tage urimelig lang tid)* drag on (*fx* the meeting dragged on); *tiden -de sig af sted* time dragged.
sneglebor auger bit.
sneglebælg *sb. (en, -) (bot.)* medic.
sneglefart*: med ~* at (a) snail's pace; *(meget langsomt)* at a glacial pace (*fx* proceed at a glacial pace).
sneglegang **1.** spiral staircase; winding (*el.* corkscrew) stairs pl.; **2.** *(anat.)* cochlear duct.
sneglehus snail shell.
snegrænse snow line.
snehare *(zo.)* mountain hare.
snehegn snow fence.
snehvid *adj.* snow-white, snowy.
Snehvide Snow White.
snehytte snow hut; *(eskimoisk)* igloo.
snekanon snow cannon.
snekaster snow shoveller.
snekastning *sb. (en, -er)* snow clearing, snow shovelling.
snekke[1] *sb. (en, -r) (tekn.)* worm, screw.
snekke[2] *sb. (en, -r) (sø.: poet.)* ship, vessel.
snekkedrev *(tekn.)* worm drive.
snekkehjul *(tekn.)* worm wheel.
sneklædt *adj.* snow-clad, snow-covered, snowy.
snekæde snow chain, anti-skid chain.
snelandskab **1.** snow-covered landscape; **2.** *(maleri)* snowscape.
snemand snowman.
snemasse mass of snow.
sneplov snow plough; *(am.)* snowplow.
sneppe *sb. (en, -r) (zo.)* snipe.
sneppejagt snipe shooting.
snerle *sb. (en, -r) (bot.)* bindweed.
snerpe[1] *sb. (en, -r)* prude.
snerpe[2] *vb.: ~ sammen* contract, draw together; *~ munden sammen a)* purse (up) one's lips; *b) (om sure ting)* be astringent.
snerpende *adj.* astringent.
snerperi *sb. (et)* prudery, prudishness.
snerpet[1] *adj.* **1.** prudish; **2.** *(sippet, pertentlig)* prim, prissy.
snerpet[2] *adv. (jf. snerpet*[1]*)* **1.** prudishly; **2.** primly, prissily.
snerre[1] *sb. (en, -r) (bot.)* bedstraw.
snerre[2] *vb.* snarl (*ad* at).
snerren *sb. (en)* snarl.
snert[1] *sb. (en, -er)* **1.** *(piskesnor)* whiplash;
2. *(hib)* gibe; *(stærkere)* taunt;
3. *(antydning)* touch (*fx* a touch of cold in the air; a touch of envy (, malice)).
snert[2] *adv. se tæt*[2] *(på).*
snerte *vb.: ~ én* gibe at sby.
snerydning snow clearing, snow removal.
snes *sb. (en, -e) (let glds.)* score (pl. *(efter talord)* score) (*fx* two score years; five score of herring; scores of times; a score of policemen); *(NB æg købes i dusin i Engl.)*;
□ *en halv ~ (upræcis angivelse, svarer til)* some ten, a dozen or so, about a dozen.
snescooter snowmobile.
snesevis *adv.: i ~* by the score; *(i) ~ af biler* scores of cars, cars by the dozen.
snesjap slush.
snesko *sb.pl.* snowshoes.
sneskraber snow scraper.
sneskred avalanche.
sneskuffe *sb. (en, -r)* snow pusher.
sneskærm snow shield; *(stakit)* snow fence.
sneslynge snow thrower.
snespurv *(zo.)* snow bunting.
snestorm snowstorm; *(voldsom)* blizzard.
snetykning heavy snowfall.
sneugle *(zo.)* snowy owl.

snevejr **1.** snowy weather, snow; **2.** *(fejl på tv)* snow (*fx* there was snow on the screen).
snevejrsdag snowy day.
snevinter snowy winter.
SNG *(geogr.)* CIS (*fork.f.* the Commonwealth of Independent States).
sniffe *vb.* sniff.
sniffer *sb. (en, -e)* sniffer.
snifning *sb. (en, -er)* sniffing.
snige *vb. (sneg, sneget) (se også snigende):* ~ *sig (ɔ: liste)* steal, creep (*ind på* up on); *(lumskt)* sneak (*fx* sneak up on sby; sneak away); *han sneg sig lige* ***igennem*** *(ɔ: ved eksamen)* he only scraped (*el.* squeezed) through; ~ *sig* ***til at*** *gøre noget* do sth on the sly; ~ *sig til at se på det* steal a glance at it; ~ *sig* ***uden om*** *a)* sidle past (*fx* he sidled past his father); *b) (fig.)* try to get round (*fx* the problem); ~ *sig udenom (fig.)* take the easy way around, dodge the issue.
snigende *adj.* **1.** sneaking; **2.** *(fig.: langsom voksende)* creeping (*fx* decay, fear, socialization); F insidious (*fx* disease).
snigløbe *vb.* attack insidiously, stab in the back.
snigmord assassination.
snigmorder assassin.
snigmyrde *vb.* assassinate.
snigpatrulje *(mil.)* infiltration patrol.
snigskytte sniper.
sniksnak nonsense, rubbish; *(glds.)* fiddlesticks.
snild *adj. (se også snildt)* clever; *(stærkere, mere* F*)* ingenious;
□ *være* ~ *til noget* be clever at sth; T be a dab at sth; ~ *på fingrene* handy; F deft.
snilde *sb. (et)* ingenuity;
□ *have teknisk* ~ be technically gifted.
snildhed *sb. (en) (jf. snild)* cleverness; ingenuity.
snildt *adv.* **1.** *(jf. snild)* cleverly, ingeniously (*fx* constructed); **2.** *(let)* easily (*fx* you can easily make it in an hour).
snip *sb. (en, -per)* **1.** corner (*fx* of a handkerchief); end (*fx* of a scarf); **2.** *(spids)* point; **3.** *se blesnip.*
snirkel *sb. (en, snirkler)* **1.** *(ornament)* scroll; **2.** *(i skrift el. udtryksform)* flourish.
snirklet *adj.* **1.** scrolled; **2.** *(bugtet, fx om vej)* tortuous; **3.** *(om udtryksmåde etc.)* ornate, tortuous.
snit *sb. (et, -)* **1.** *(med kniv etc.)* cut; *(med.)* incision;
2. *(på bog)* edge;
3. *(facon i tøj)* cut;
4. *(præg)* style, stamp;
5. *(tvær- etc.)* section; sectional view;
□ *det hvide* ~ *(med.)* lobotomy, prefrontal leucotomy; *(se også gylden²); i* ~ *(*T*: gennemsnit)* on (an) average; *se sit* ~ *til at* see one's chance to.
snitmønster pattern.
snitsår cut; *(langt, dybt)* gash.
snittap *(tekn.)* tap.
snitte¹ *sb. (en, -r)* **1.** *(skive)* slice; **2.** *(smørrebrød, omtr. =)* canapé.
snitte² *vb.* **1.** *(skære i stykker)* cut up; *(i skiver)* slice; *(i strimler)* shred (*fx* cabbage);
2. *(skære spåner af)* whittle (*fx* he was whittling at a piece of wood);
3. *(tildanne)* carve (*fx* a head out of wood);
4. *(lige røre)* graze (*fx* the car just grazed the lamppost); *(i boldspil)* cut; *(i billard)* fine;
□ ~ ***af*** *a)* cut off; slice off (*fx* a piece of meat); *b) (spåner)* whittle away; ~ ***sig i*** *fingeren* cut one's finger; ~ ***til*** *a)* cut into shape; carve; *b) (gøre mindre)* whittle down (*fx* a piece of wood).
snittebønne *(bot.)* kidney bean, French bean.
snive *sb. (en) (hestesygdom)* glanders.
sno *vb. (se også snoet)* twist, wind (*fx* a rope around the post; twist the bed sheets into a rope);
□ ~ *sit overskæg* twirl one's moustache;
[med sig] ~ ***sig*** *a) (vride sig)* twist (oneself), wriggle (oneself) (*fx* the eel twisted (*el.* wriggled) to get free; the snake wriggled out of my fingers; he twisted himself (*el.* wriggled (himself)) free);
b) (omkring noget) twist (itself) (*om* (a)round, *fx* the rope had twisted itself around the wheel; the weeds twisted around his legs; the clematis twisted around the drainpipe); *(især om slange også)* coil (itself) (*fx* the python coiled itself around its prey; the cat coiled round his legs); *(om ranke også)* twine;
c) (bugte sig) wind (*fx* the snake wound through the grass; the river (, road, procession) wound through the town); *(om vej, flod også)* twist (*fx* the path twisted down the mountain); F meander;
d) (i trafik etc.) weave (*fx* in and out between the cars; through the traffic; through the crowd); *han forstår at* ~ *sig* he is a smooth operator; ~ ***sig fra*** wriggle out of.
snob *sb. (en, -ber)* snob.
snobbe *vb.* be a snob;
□ ~ *for* make up to; ~ *nedad* be an inverted snob.
snobberi *sb. (et, -er)* snobbery (*fx* it was a ridiculous piece of snobbery); snobbishness.
snobbet *adj.* snobbish, snobby.
snobrød twistbread.
snoet *adj.* **1.** twisted (*fx* rope, wire, column); **2.** *(bugtet etc.)* winding (*fx* road, staircase); *(om vej også,* T*)* bendy; F meandering (*fx* path); *(stærkt* ~*)* tortuous (*fx* path).
snog *sb. (en, -e) (zo.)* grass snake.
snohale *(zo.)* prehensile tail.
snolde *vb.* buy sweets; *(let glds.)* buy tuck; *(am.)* buy candy.
snoldet *adj.* **1.** measly (*fx* salary; one measly apple was all that was left); piffling (*fx* sum); **2.** *(for kort)* skimpy (*fx* dress);
□ ~ *by* one-horse town.
snoning *sb. (en, -er)* **1.** *(det at sno)* twisting;
2. *(bugtning)* winding; bend (*fx* of a river); coil;
3. *(i riffelgang)* twist;
□ *-er (ɔ: strikmønster)* cable stitch sg.
snor *sb. (en, -e)* **1.** string; *(tykkere)* cord;
2. *(telefon-, gardin-)* cord;
3. *(elek.) se ledning 1;*
4. *(tøj-)* (clothes-)line (*fx* hang the washing on the line);
5. *(til hund)* lead, leash;
6. *(mål- ved kapløb etc.)* tape;
7. *(til perler)* string;
8. *(pyntesnor på uniform, møbelbesætningssnor)* braid;
9. *(wc-)* chain;
□ *binde en* ~ *om en pakke* tie a parcel up with string; *give én en lang* ~ *(fig.)* give sby a long rope; *sprænge (el. bryde) -en (ved kapløb)* breast the tape;
[med vb. + præp.] det ***går*** *som* ***efter*** *en* ~ things are going like clockwork; ***føre*** *en hund* ***i*** ~ have (*el.* keep *el.* take) a dog on a leash (*el.* lead) (*fx* dogs must be kept on a leash in the park); ***holde*** *én* ***i kort*** *(el. stram)* ~ *(fig.)* keep a tight rein on sby; ***trække i*** *-en (på wc)* pull the chain (*el.* plug); flush the toilet; ***trække*** *perler* ***på*** *en* ~ string beads (, pearls); *(jf. perle¹).*
snorebesat *adj.* braided (*fx* uniform).
snorebesætning braiding.
snoreloft *(teat.)* flies pl.
snoretræk *sb. (et, -)* cord drive.
snork *sb. (et, -)* snore.
snorke *vb.* snore.
snorkel *sb. (en, snorkler)* snorkel.
snorken *sb. (en)* **1.** *(det at snorke)*

snoring; **2.** *(lyde)* snores pl.; *en* ~ a snore.
snorketræ *(om person)* sleepy-head.
snorksove *vb.* sleep like a log.
snorlige *adj.* dead straight, ruler-straight; *(præd. også)* straight as an arrow.
snot *sb. (et)* snot.
snotdum *adj.* bone-headed, thick.
snotforkølet *adj.* snotty.
snotforvirret *adj.: han var (, blev)* ~ he was in (, went into) a flat spin.
snothvalp snotty brat, lout.
snotklat blob of snot, gob.
snotklud snotrag.
snotnæse 1. snotty nose; **2.** *(barn)* snotty brat.
snottet *adj.* **1.** snotty; **2.** *se snoldet.*
snu *adj.* sly; F wily.
snubbe *vb.:* ~ *én af* cut sby short; ~ *ordene af* clip one's words.
snuble *vb.* **1.** *(træde forkert)* stumble, trip; **2.** *(miste fodfæstet)* trip up;
□ *det ligger -nde nær* it is obvious; *[med præp.]* ~ ***over*** *a)* stumble (*el.* trip) over (*fx* a stone); *b) (i udtale)* stumble over (*fx* one's words); trip over (*fx* a difficult word); *c) (finde tilfældigt)* stumble across (*el.* on) (*fx* an old letter).
snubletråd tripwire.
snude *sb. (en, -r)* **1.** *(dyrs)* nose; *(længere)* snout; *(næse + mund)* muzzle;
2. *(menneskes)* snout; *(let glds.)* conk;
3. *(på skotøj)* toe;
□ *få en over -n (fig.) a) (blive irettesat)* get a rap over the knuckles; *b) (blive afvist)* be snubbed; *give ham en på -n* sock him in the face; *stikke sin* ~ *i noget (fig.)* poke one's snout into sth.
snudebille *(zo.)* weevil.
snudeskaft *se snude 2.*
snue[1] *sb. (en)* a cold in the head, a head cold.
snue[2] *vb. (T: sove)* snooze.
snuhed *sb. (en)* slyness.
snuppe *vb.* **1.** snatch (*fx* he snatched the letter from me); grab (*fx* I think I'll grab a beer; he grabbed the best seat);
2. *(stjæle)* pinch;
3. *(anholde)* nab;
□ *jeg kan ikke* ~ *ham (T: holde ud)* I can't take him.
snuptag 1. quick pull; **2.** *(vrid)* wrench;
□ *i et* ~ in a jiffy.
snuptagsløsning snap solution.
snur*: på* ~ on one side; *sætte hatten på* ~ cock one's hat; *med hatten kækt på* ~ with one's hat at a jaunty angle.
snurre *vb.* **1.** *(om bevægelse)* spin, whirl; *(se ndf:* ~ *rundt a)*;
2. *(om lyd)* whirr (*fx* whirring insects (, machines)); *(om kedel)* sing; *(om kat: spinde; om motors jævne gang)* purr; *(se også summe)*;
3. *(småkoge)* simmer;
*[med præp. & adv.] det -r **i** mine fingre* my fingers are tingling;
~ ***på*** *r'erne* roll one's r's;
~ ***rundt*** *a)* spin (*fx* the wheels were spinning); *b) (voldsommere)* whirl (*fx* a whirling merry-go-round); *c) (hurtigt, elegant)* twirl (round) (*fx* the dancers twirled); *d) (om person etc.: vende sig pludseligt)* spin (, wheel, whirl, whip) round (*fx* he spun (etc.) round; the car spun round on the slippery road); *e) (med objekt)* spin (*fx* a top); whirl (*fx* a potter's wheel); twirl (*fx* the drum major twirled his baton); ~ *rundt på hælen* turn on one's heel.
snurreben *(albuespids)* funny-bone.
snurren *sb. (en) (jf. snurre)* **1.** *(bevægelse)* spinning, whirling;
2. *(lyd)* whirring, whirr; *(kedels)* singing; *(kats)* purring, purr;
3. *(fornemmelse, fx i fingrene)* tingling, tingle;
4. *(på r'erne)* rolling.
snurrepiberier *sb.pl.* curiosities; *(nips også)* knick-knacks.
snurretop top.
snurrevod Danish seine.
snurrig *adj.* **1.** *(pudsig)* droll; **2.** *(mærkelig)* funny, odd.
snurrighed *sb. (en, -er)* oddity.
snus *sb. (en)* snuff;
□ *ikke en* ~ not a scrap (*el.* sausage).
snuse *vb.* **1.** sniff; **2.** *(tobak)* take snuff; **3.** *(spionere)* snoop *(se også ndf.)*;
□ ~ ***efter*** nose about for; ~ ***i*** pry into; T nose into; *(mere neds.)* snoop into; ~ ***omkring*** nose (, snoop) about; ~ ***op*** *a) (i næsen)* sniff up; *b) (opspore)* sniff out, nose out; ~ ***rundt*** nose (, snoop) about; ~ ***til*** *a)* sniff (at) (*fx* the dog sniffed at me (, (at) the bone it had found)); *b) (fig.: lære overfladisk at kende)* dip into (*fx* a subject).
snusfornuft matter-of-fact outlook.
snusfornuftig *adj.* matter-of-fact.
snushane nosy parker.
snusket *adj.* **1.** *(snavset)* dirty; T grubby;
2. *(snavset og uordentlig)* scruffy (*fx* hotel; person); tatty (*fx* old clothes); *(om sted også)* grotty (*fx* café, hotel, restaurant, room); *(snavset og mørk)* dingy (*fx* room, house, street);
3. *(fig.: lusket, ulækker)* sordid; *(stærkere)* unsavoury (*fx* affair); T grubby (*fx* methods).
snustobak snuff.
snustobaksdåse snuffbox.
snut *sb. (en)* T sweetie (*fx* he is a sweetie);
□ *min* ~*!* sweetie!
snyd *sb. (et) = snyderi.*
snyde *vb. (snød, snydt)* **1.** *(narre)* cheat, take in; T do;
2. *(uden objekt)* cheat (*fx* cheat at cards; you are cheating!); *(i skole: skrive af)* crib;
□ ~ *en (også,* T*)* take sby for a ride; ~ *lyset* snuff the candle; ~ *næsen* blow one's nose (*i* on, *fx* a handkerchief); ~ *ham så vandet driver af ham* cheat him thoroughly;
[med præp.] ~ *ham **for*** cheat him (out) of, do him out of (*fx* his money, a holiday, a chance); *blive snydt for* be cheated (, done) out of (*fx* money, a chance); ~ *for betalingen* dodge paying; *(på tog, bus)* dodge the fare; ~ *for en time (ɔ: udeblive)* cut a lesson; ~ ***i*** *skat a) (ɔ: fuske med opgørelsen)* fiddle one's income tax; *b) (prøve at undgå)* dodge income tax; *den bil er du ikke snydt* ***med*** you've got your money's worth with that car; you won't regret having bought that car; ~ *med regnskaberne* fiddle the accounts; *han er som snydt **ud af** næsen på sin far* he is the spitting image of his father; ~ ***ved*** *eksamen* cheat in an examination;
[med sig] ~ ***sig*** *(selv)* ***for*** cheat oneself of, do oneself out of (*fx* an exciting experience); ~ ***sig fra*** shirk (*fx* one's duty, the responsibility); T dodge (*fx* the washing-up); ~ ***sig til*** *det* get it by cheating; ~ ***sig til at*** *gøre noget* do sth on the sly.
snydebluse dickey.
snydedum *adj.* thick.
snydefuld *adj. (beruset)* blind drunk.
snydekontakt *(elek.)* two-way adaptor.
snydeprop *(elek.)* lampholder plug.
snyder *sb. (en, -e)* cheat.
snyderi *sb. (et, -er)* **1.** *(det at snyde)* cheating;

2. *(enkelt tilfælde)* swindle; *(fx med regnskab)* fiddle;
□ *det er noget* ~ it is a cheat (, swindle, fiddle).
snydeseddel *(i skolen)* crib.
snylte *vb.* **1.** *(biol.)* be parasitic, be a parasite (*på* on); **2.** *(om menneske)* be a parasite, sponge (*på* on);
□ ~ *på (jf. 1, også)* parasitize.
snyltedyr parasite.
snyltegæst parasite; hanger-on (pl. hangers-on); T sponger.
snyltehveps *(zo.)* ichneumon fly.
snylteplante *(bot.)* parasitic plant, parasite.
snylter *sb. (en, -e)* parasite; *(se også snyltegæst).*
snylteri *sb. (et)* parasitism; T sponging.
snyltesvamp *(bot.)* parasitic fungus.
snære *vb.* be too tight (*fx* the collar is too tight);
□ ~ *sig ind i* cut into.
snærende *adj.* (too) tight; constricting;
□ ~ *bånd (fig.: hæmmende)* trammels.
snært *adv. se tæt² (på).*
snæver *adj.* **1.** narrow;
2. *(om tøj etc.)* tight, close-fitting;
3. *(intim, nøje)* close (*fx* connection, co-operation); intimate (*fx* connection);
□ *i snævrere forstand* in a narrower (*el.* more restricted) sense; *inden for snævre grænser* within narrow limits; F within narrow bounds; *den snævre port (bibelsk)* the strait gate; *i en* ~ *vending* at a pinch.
snæverhed *sb. (en) (jf. snæver)*
1. narrowness; **2.** tightness;
3. closeness.
snæversind narrow-mindedness.
snæversyn narrow-mindedness, narrow outlook.
snæversynet *adj.* narrow-minded.
snævre *vb.:* ~ *sig ind* narrow, grow narrower.
snævring *sb. (en, -er)* narrow passage (, part); *(bjergpas)* narrow (pass); *(af vej, gade også)* bottleneck.
snøbel *sb. (en, snøbler)* lout.
snød *præt. af snyde.*
snøft *sb. (et, -) (jf. snøfte)* snuffle, sniffle; sniff; *(prusten)* snort.
snøfte *vb.* **1.** *(af snue)* snuffle, sniffle;
2. *(af gråd)* snuffle, sniffle; *(ynkeligt)* snivel; *(sige -nde)* sniff (*fx* "She started it", he sniffed);
3. *(af foragt)* sniff; *(af harme) se fnyse;*
4. *(om dyr: snuse)* sniff (*til* at);
(pruste) snort.
snøre¹ *sb. (en, -r)* line;
□ *være ude med -n* (T, *fig.)* be fishing for sth.
snøre² *vb.* **1.** lace (up); **2.** (T: *narre) se narre;*
□ ~ *op* unlace; ~ *sammen* lace up; *(trække sammen)* draw together; ~ *sig* lace oneself (in); ~ *sig sammen* contract (*fx* his throat contracted).
snørebånd lace.
snørefiskeri angling.
snørehul eyelet.
snørelidse *sb. (en, -r)* lace.
snøresko lace-up shoe.
snørestøvle laced boot.
snørklet *adj.* **1.** tortuous (*fx* path);
2. *(om stil etc.)* tortuous (*fx* argument, essay, logic, style); involved (*fx* sentence).
snørliv stays pl.;
□ *et* ~ a pair of stays; *hendes* ~ her stays.
snøvl *sb. (et, -) (smøl)* slowcoach, dawdler; *(am.)* slowpoke.
snøvle *vb. (se også snøvlende)*
1. speak through one's nose;
2. *(smøle)* dawdle;
□ *han kan aldrig få -t sig færdig* he never manages to get finished (*el.* get to the end).
snøvlen *sb. (en)* nasal twang.
snøvlende *adj.* snuffling (*fx* person); nasal (*fx* sound); adenoidal (*fx* voice).
snøvleri *sb. (et)* dawdling.
snøvs*: gå fra -en* lose one's head.
so *sb. (en, søer)* **1.** sow; **2.** *(om kvinde)* slut.
sober *adj.* sober, sober-minded.
soberhed *sb. (en)* sober-mindedness.
social *adj.* **1.** social (*fx* problems, position, contacts);
2. *(socialt indstillet)* socially minded;
3. *(selskabeligt indstillet)* sociable;
□ ~ *nød* social deprivation; ~ *taber* social loser; *(se også ydelse).*
socialarbejder social worker.
socialbedrager social security fiddler (*el.* scrounger), benefit fraudster; *(am.)* welfare cheat, welfare chiseller.
socialbedrageri social security fraud.
socialbegivenhed *(omtr.)* life event.
socialdemokrat Social Democrat.
socialdemokrati **1.** social democracy; **2.** *(politisk parti)* Social Democratic Party.
socialdemokratisk *adj.* Social Democratic.
socialdirektør director of social services.
socialforskning social research.
socialforsorg social services pl.
socialforvaltning social services department.
socialgruppe social class.
socialhjælp social security benefit; *(am.)* relief.
socialinspektør director of social services.
socialisere *vb.* socialize.
socialisering *sb. (en, -er)* socialization.
socialisme *sb. (en)* socialism.
socialist *sb. (en, -er)* socialist.
socialistisk *adj.* socialistic; *(attr. også)* socialist.
socialkontor social security office.
sociallov social law.
sociallovgivning social legislation.
socialmedicin community medicine.
socialminister minister for social affairs, social minister.
socialministerium ministry for social affairs.
socialpolitik social policy.
socialpædagog *(kan gengives)* social education worker (working with physically, mentally and socially handicapped persons).
socialrealisme socialist realism.
socialreform social reform.
socialrådgiver social worker.
socialstyrelse directorate of social services.
socialudvalg *(svarer til)* social services committee.
societet *sb. (et, -er)* society.
sociolog *sb. (en, -er)* sociologist.
sociologi *sb. (en)* sociology.
sociologisk *adj.* sociological.
socionom *sb. (en, -er)* social worker.
socioøkonomisk *adj.* socioeconomic.
sod *sb. (en)* **1.** soot; **2.** *(i motor)* soot, carbon.
soda *sb. (en)* soda; *(se også sodavand).*
sodalud soda lye.
sodapastil soda mint.
sodavand **1.** *(kulørt: svarer til)* fizzy drink; *(generelt)* fizzy drinks pl.; *(let glds.* T*)* pop;
2. *(hvid, til at blande op med)* soda (water) (*fx* a whisky and soda);
□ *øl og* ~ *(svarer til)* beer and soft drinks.
sodavandsapparat fizzy drinks maker (*el.* machine).
sodavandsis ice lolly.
sodavandsmaskine *se sodavandsapparat.*
sode *vb.:* ~ *'til* soot.

sodet *adj.* sooty, sooted (*fx* a heavily sooted plug *(tændrør)*).
sodfarvet *adj.* sooty.
Sodoma *(bibelsk)* Sodom.
sofa *sb. (en, -er)* settee; *(større)* sofa.
sofabord coffee table.
sofagruppe *(sofa og to lænestole)* three-piece suite.
sofapude settee (*el.* sofa) cushion.
sofaseng sofa bed.
sofavælger armchair voter, non-voter.
soffitter *sb.pl. (teat.)* borders.
sofisme *sb. (en, -r)* sophism.
sofist *sb. (en, -er)* sophist.
sofisteri *sb. (et, -er)* sophistry.
sofistisk[1] *adj.* sophistic(al).
sofistisk[2] *adv.* sophistically.
sogn *sb. (et, -e)* parish.
sognebarn parishioner.
sognegrænse parish boundary.
sognegård parish community centre.
sognekirke parish church.
sognekommune rural district.
sognepræst 1. rector; vicar; **2.** *(katolsk)* parish priest.
sogneråd parish council.
soignere *vb.* trim, tidy up;
□ ~ *sig* tidy oneself (up).
soigneret *adj. (velplejet)* well-groomed; *(ordentlig)* neat, trim;
□ ~ *sprog* cultivated language.
soigneringsanstalt clean towel supply; linen supply service.
soiré, soire *sb. (en, soireer)* soirée.
soja *sb. (en)* **1.** soya; **2.** *(sovs: ægte)* soy(a) sauce; **3.** *(kulør)* (gravy) browning.
sojabønne soya bean; *(am.)* soybean.
sojakage soya-bean cake.
sojamel soy flour.
sojaolie soya-bean oil.
sok *sb. (en, -ker)* **1.** sock; **2.** *(fjerbeklædning)* stocking;
□ *få en (våd)* ~ get wet feet; *mat i -kerne a) (sløj)* under the weather; *b) (træt)* run down.
sokkeholder (sock) suspender; *(am.)* garter.
sokkel *sb. (en, sokler)* **1.** *(for statue, mur, møbel)* plinth;
2. *(for søjle)* base;
3. *(hvori noget er fastgjort)* socket;
4. *(til lyspære)* holder.
soklet *sb. (en, -ter)* anklet.
Sokrates Socrates.
sokratisk *adj.* Socratic.
sol *sb. (en, -e)* **1.** sun; **2.** *(fyrværkeri)* Catherine wheel;
□ *dele (el. skifte)* ~ *og vind lige* be fair; *når man taler om -en så skinner den* talk of the devil (and he is sure to appear);
[med præp.] en plads **i** *-en (også fig.)* a place in the sun; *intet nyt* ***under*** *-en* nothing new under the sun.
solarium *sb. (et, solarier) (apparat)* solarium, sunbed.
solarolie gas oil.
solar plexus *(anat.)* solar plexus.
solaveksel 1. *(i ét eksemplar)* sola bill (of exchange); **2.** *(egenveksel)* promissory note.
solbad sun bath;
□ *tage* ~ sun-bathe, take a sun bath.
solbatteri solar battery.
solbeskinnet *adj.* sunlit, sunny.
solbleget *adj.* sunbleached.
solbriller *sb.pl.* sun glasses; T shades.
solbrændt *adj.* (sun)tanned; sunburnt.
solbrændthed *sb. (en)* (sun)tan.
solbær *(bot.)* blackcurrant.
solbærrom blackcurrant-flavoured rum.
solcenter solarium; *(am.)* tanning salon (*el.* parlor).
solcreme 1. suntan lotion; **2.** *(beskyttelses-)* sunblock (*fx* a sunblock with a protection factor of fifteen).
sold[1] *sb. (en) (lønning)* pay;
□ *syndens* ~ *er døden* the wages of sin is death; *i en fremmed magts* ~ in the pay of a foreign power.
sold[2] *sb. (et, -) (drikkegilde)* blow-out, binge;
□ *gå ud på* ~ go on a drinking spree.
sold[3] *sb. (et, -) (sigte)* sieve; *(grovere)* riddle.
soldat *sb. (en, -er)* soldier;
□ *da jeg var* ~ when I was in the Army (, Navy, Air Force); *Tordenskjolds -er* the usual crowd; the mixture as before; *den ukendte* ~ the Unknown Warrior; *(se også ligge (inde))*.
soldaterbog *(omtr.)* service record.
soldaterbreve *sb.pl.* soldiers' letters.
soldaterhjem soldiers' institute.
soldaterkammerat fellow soldier.
soldatermæssig *adj.* soldierly;
□ *lidet* ~ unsoldierly.
soldaterpapirer *sb.pl.* service record.
soldatertid*: hans* ~ the time he was a soldier (*el.* was in the Army (, Navy, Air Force)).
solde *vb.* **1.** be on the spree; *(svire)* be drinking; T booze; **2.** *(om skolebørn)* buy sweets; *(let glds.)* buy tuck;
□ *gå ud og* ~ *a)* go on a spree; *b) (drikke)* go on a drinking spree; ~ *pengene* **op** *a) (smide ud til ingen nytte)* blow all one's money; *b) (købe slik)* spend the money on sweets; *c) (drikke)* spend the money on drink.
soldebroder T boozer; *(glds.)* toper;
□ *hans soldebrødre* his drinking companions.
solderi *sb. (et, -er)* **1.** *(drikkeri,* T*)* boozing; **2.** *(ødslen)* waste.
soldetur *se druktur.*
soldis heat haze.
soldug *(bot.)* sundew.
soldyrkelse sun worship.
soldyrker sun worshipper.
sole *vb.* sun;
□ ~ *sig* sun oneself; bask (, sit, lie) in the sun; ~ *sig i (fig.)* bask in (*fx* their admiration, his favour).
soleklar *adj.* obvious; crystal-clear; *(præd. også)* as clear as daylight;
□ *det er -t (også)* it stands to reason.
soleksem sun rash.
solemærker *sb.pl.: efter alle* ~ *at dømme* in all probability; *efter alle* ~ *at dømme vil det lykkes (også)* the signs are that it will be a success.
solenergi solar energy, solar power.
solfanger sunlight collector, solar collector.
solfattig *adj.* not very sunny.
solfege *sb. (en) (mus.)* solfeggio, solfège.
solformørkelse eclipse of the sun, solar eclipse.
solfyldt *adj.* sunny.
solgt *pf.ptc. af sælge.*
solgte *præt. af sælge.*
solgud sun god.
solgård *(ved hus)* patio.
solhat sunhat.
solhed *adj.* sun-baked, hot.
solhverv *sb. (et)* solstice.
solhvervs- solstitial.
solhøjde 1. altitude of the sun; **2.** *(toppunkt)* acme.
solid *adj.* **1.** *(svær)* solid, strong (*fx* furniture, foundation; reasons; work; majority); *(holdbar også)* robust (*fx* bicycle, camera); sturdy (*fx* furniture); substantial (*fx* table);
2. *(om måltid)* substantial (*fx* meal, dinner);
3. *(hdl.)* solid, well-established, sound;
4. *(pålidelig)* reliable;
□ *-t bygget* solidly (*el.* firmly) built; *-e kundskaber i et fag* a thorough knowledge of a subject.
solidarisere *vb.: ~ sig med a) (vise*

(, føle) solidaritet med) show (, feel) solidarity with; *b) (gøre fælles sag med)* make common cause with.
solidarisk[1] *adj. (jur.)* joint and several;
□ ~ *ansvar* joint and several liability; ~ *lønpolitik* wage policy that shows solidarity with low-paid workers;
[med vb.] føle sig ~ med feel solidarity with; *stille sig ~ med* make common cause with; *være ~ med* show solidarity with.
solidarisk[2] *adv. (jur.)* jointly and severally;
□ *hæfte ~* have joint and several liability.
solidaritet *sb. (en)* **1.** solidarity (*fx* show solidarity with them); **2.** *(jur.)* joint and several liability.
solidaritetsfølelse feeling of solidarity.
soliditet *sb. (en)* solidity.
soliditetsgrad solvency ratio.
soliditetsvurdering credit rating.
solidum*: in ~* jointly (and severally).
solipsisme *sb. (en) (i filosofi)* solipsism.
solist *sb. (en, -er)* **1.** *(mus.)* soloist; **2.** *(enkelt ting, fx på udsalg)* single item.
solistisk *adj. (attr.)* solo.
solistværelse artist's room.
solitaire *sb. (en, -r)* **1.** *(diamant)* solitaire; **2.** *(brætspil)* (peg) solitaire, pegboard.
solkjole sun dress.
sollys[1] *sb. (et)* sunlight.
sollys[2] *adj.* sunny, sunlit.
solmoden *adj.* sunripe, sunripened.
solnedgang sunset.
solo *sb. (en, -er)*, *adj. & adv.* solo (*fx* a clarinet solo; sing solo).
solo- solo (*fx* dance, flight, motor cycle, performance, singer).
solodanser male lead dancer, principal dancer; premier danseur, premier male dancer.
solodanserinde prima ballerina.
sololie suntan oil.
soloparti solo; *(mus. også)* solo passage.
solopgang sunrise.
solpanel solar panel.
solplet sunspot.
solrig *adj.* sunny.
solsejl *(sø.)* awning.
solside sunny side.
solsikke *sb. (en, -r) (bot.)* sunflower.
solskin 1. sunshine; **2.** *(sollys)* sunlight (*fx* take the photograph in bright sunlight).
solskinsbarn*: hun er et ~* she has a cheerful disposition.
solskinsdag sunny day.
solskinstag *se soltag.*
solskinsvejr sunny weather.
solskive 1. disc of the sun; **2.** *(solur)* sundial; **3.** *(arkæol.)* sun disc.
solskoldet *adj.* sunburnt, sun-scorched.
solskærm 1. *(øjenskærm)* eyeshade; **2.** *(parasol)* sunshade; **3.** *(i bil)* sun visor.
solsort *sb. (en, -er) (zo.)* blackbird.
solspektrum solar spectrum.
solstik sunstroke.
solstråle 1. sunbeam; *(fagl.)* ray of the sun; **2.** *(fig.)* ray of sunshine.
solstrålehistorie *(iron.)* charming little story.
solsystem solar system.
soltag *(i bil)* sunroof, sunshine roof.
soltilbedelse sun worship.
soltørret *adj.* sun-dried.
solur sundial.
solution *sb. (en, -er)* rubber solution.
solvarme 1. heat of the sun, solar heat; **2.** *(opvarmningssystem)* solar heating.
solvarmeanlæg solar heating system.
solvens *sb. (en)* solvency.
solvent *adj.* solvent.
solægte *adj.* fadeless, sunproof.
solår solar year.
som[1] *pron. (relativt; om person)* who; *(om alt andet)* which; *(i bestemmende relativsætninger også)* that; *(efter* such *el.* the same *også)* as; *(om person, som objekt & efter præp.,* F*)* whom;
(NB ofte bruges andre konstruktioner: en bil ~ kører (, kørte) forbi a car passing by; *en dreng ~ hed(der) John* a boy called John; *sko ~ passer (, passede) til kjolen* shoes to match the dress*)*.
som[2] *konj.* **1.** *(foran sb.: i egenskab af, fungerende som)* as (*fx* he was famous as a rock singer; he worked as a journalist; I had him as a teacher; use the stone as a paperweight; as introduction); *(om middel også)* by way of (*fx* introduction, punishment, reward); *(ligesom, i lighed med)* like (*fx* he worked like a horse; he climbed the tree like a cat; she was like a mother to me; they were behaving like children; like the gentleman he was, he declined);
(som for eksempel) like (*fx* animals like the horse and the cow; words like "piano"); such as (*fx* metals such as gold and silver);
2. *(foran sætning: ligesom)* as (*fx* as I said, it is impossible; he was late as I had expected; do as you are told); T like (*fx* like I said; like I had expected); *(på den måde som, sådan som, også)* the way (*fx* it can't be done the way you think; I remember him the way he was);
3. *(foran præpositionsled)* as, like (*fx* just as (*el.* like) in the old days; we lived as (*el.* like) on a desert island);
4. *(efter adj., + sb. el. sætning)* as (*fx* fresh as a daisy, pure as snow; foolish as he was, he tried to run away; wise as he was, he kept silent);
5. *(ved stavning, fx i telefon)* for (*fx* E for Ellen);
□ *det er ikke for folk ~ dig og mig* T it is not for the likes of us; *med en mine ~ en hertuginde* with the air of a duchess; *(se også dø)*;
[= som om] han stod ~ forstenet he stood as if petrified; *~ ved et mirakel* as (if) by a miracle;
[med konj. & adv.] ~ ***før*** as before; *~ han* ***dog*** *snorker!* how he snores! *~* ***om*** as if, as though; *det er sværere end ~* ***'så*** it is more difficult than you think; *han er ikke større end ~ 'så* he is only 'so tall; T he is only that tall; *~* ***sådan****, sådan ~ se sådan*[2]; *~ ...* ***således*** as ... so (*fx* as you treat them, so will they treat you).
somalier *sb. (en, -e)*, **somalisk** *adj.* Somali.
somikkel *sb. (en, somikler)* pig.
somme *pron.* some;
□ *~ tider a)* sometimes, at times; *b) (nu og da)* now and then.
sommer *sb. (en, somre)* summer;
□ *i ~ a)* this summer; *b) (sidste sommer)* last summer; *i -en 1995* in the summer of 1995; *om -en* in (the) summer, during the summer; *til ~* next summer; *(se også flyvende, svale*[1]*)*.
sommer- summer (*fx* dress, evening, heat, month, morning, pleasures, rain, season, visitor).
sommerbolig summer residence.
sommerbrug*: til ~ a)* for use in (the) summer; *b) (om tøj)* for summer wear.
sommerdag summer('s) day.
sommerferie 1. summer holidays pl.; *(am. oftest)* summer vacation; **2.** *(ved universitet)* long vacation.
sommerforkølelse summer cold.
sommerfrakke summer coat, light coat.
sommerfugl *(zo.)* butterfly;
□ *have -e i maven* have butterflies

in one's stomach.
sommerfuglelarve *(zo.)* caterpillar.
sommerfuglenet butterfly net.
sommerhus holiday cottage, weekend cottage.
sommerkursus summer school.
sommerland 1. *(sommerhusområde)* holiday cottage area; **2.** *(forlystelse, omtr.)* pleasure park;
□ *i -et (jf. 1)* in the holiday area.
sommerlastelinie *(sø.)* summer load line.
sommerlejlighed summer residence.
sommerlejr summer (*el.* holiday) camp.
sommerlig *adj.* summer-like, summery.
sommernat summer night.
sommerpensionat *(svarer til)* seaside boarding-house; *(uden for Engl.)* summer pension.
sommerpære summer pear, early pear.
sommersolhverv summer solstice.
sommertid 1. *(sæsonen)* summertime, summer season; **2.** *(forskudt tid)* summer time; *(am.)* daylight(-saving) time; *(fork.)* DST.
sommertøj summer clothes pl.
sommervejr 1. summer weather; **2.** *(sommeragtigt)* summery weather.
sommeræble summer apple, early apple.
sommetider *se somme.*
somnambulisme *sb. (en)* somnambulism.
sonate *sb. (en, -r) (mus.)* sonata.
sonatine *sb. (en, -r) (mus.)* sonatina.
sonde *sb. (en, -r)* **1.** probe; *(med. også)* sound; *(mave-)* stomach tube; **2.** *(tandlæges)* explorer;
□ *made med ~* feed through a tube.
sondere *vb.* **1.** probe (*fx* a wound); sound (*fx* the bladder); **2.** *(undersøge)* explore (*fx* the possibilities);
□ *~ stemningen* test the mood; *~ terrænet a)* reconnoitre; *b) (fig.)* see how the land lies.
sonderingsfase *(i forhandlinger)* exploratory stage.
sondre *vb. (skelne)* distinguish, make a distinction (*mellem* between).
sondring *sb. (en, -er)* distinction.
sone *vb.* atone for (*fx* one's sins); *(især ved straf)* pay the penalty of (*fx* a crime); F expiate (*fx* a crime, one's sins).
sonet *sb. (en, -ter)* sonnet.
soning *sb. (en, -er) (jf. sone)* atonement; F expiation;
□ *til ~ af* in atonement for; in expiation of.
sonoffer propitiatory sacrifice.
sonor *adj.* sonorous.
soppe *vb.* paddle.
soppebassin paddling pool; *(am.)* wading pool.
sopran *sb. (en, -er)* soprano; *(dreng også)* boy soprano, treble.
sopranfløjte descant recorder.
sopranstemme 1. soprano (, treble) voice *(jf. sopran)*; **2.** *(parti)* soprano part.
sorbet *sb. (en, -er)* sorbet.
sordin *sb. (en, -er) (mus.)* mute.
sorg *sb. (en, -er)* **1.** sorrow (*over* at, for, over, *fx* she felt deep sorrow at his death; his sorrow for having done it; cause sby sorrow, have many sorrows);
(stærkere, F*)* grief (*over* at, over, *fx* his death; it was a great grief to them; she died of grief);
2. *(beklagelse)* regret (*over* at, for, *fx* at a missed opportunity; at having done it; for what one has (not) done; it is with deep (*el.* great) regret that we announce the death of...);
3. *(bekymring)* worry (*fx* domestic (, financial) worries); care; *(stærkere,* F*)* distress (*fx* it caused them a great deal of distress);
4. *(officiel)* mourning (*fx* proclaim a period of mourning; wear it as a sign of mourning);
□ *den tid, den ~ se ndf.: du skal ikke tage -erne på forskud; til min store ~ a)* to my great sorrow; *b) (jf. 2)* much to my regret;
[med vb.] ***anlægge*** *~* go into mourning; ***bære*** *~* wear (*el.* be in) mourning (*for* for); *han* ***har*** *~ af sin søn* his son causes him many worries; *(svagere)* his son is a problem to him; *så er den ~* ***slukket*** that's all right, then; *du skal ikke* ***tage*** *-erne på forskud* don't cross your bridges before you get (*el.* come) to them; (it is) no use meeting trouble half-way; (it is) no good looking ahead for trouble.
sorgbetynget *adj.* care-laden, careworn.
sorgfri *adj.* **1.** carefree; **2.** *(økonomisk)* comfortable (*fx* old age);
□ *leve -t* be comfortably off.
sorgfuld *adj.* sad; *(mere* F*)* sorrowful.
sorgløs *adj.* carefree.
sorgløshed *sb. (en)* freedom from care(s).
sort[1] *sb. (en, -er)* **1.** *(slags)* sort, kind; **2.** *(kvalitet)* quality (*fx* of the best quality); **3.** *(mærke)* brand.
sort[2] *adj.* **1.** black; **2.** *(her.)* sable; **3.** *(brugt som sb.)* black, Black (pl. -s); black person (pl. black people); Afro-American;
[med sb.] ~ arbejde (ɔ: som ikke opgives til skattevæsenet) a) undeclared work, "black" work; *b) (job)* undeclared job; *c) (det at arbejde ~)* moonlighting; *det var en ~ dag for dem* it was a black day for them; *familiens -e får* the black sheep of the family; *~ humor* black humour; *~ kaffe* black coffee; *den -e kunst (ɔ: magi)* black magic; *(se også sortkunst)*; *den -e liste* the black list; *komme på den -e liste* be black-listed; *-e penge* black earnings; F illegally obtained money; *(se også vaske)*; *~ plet (også fig.)* black spot; *(mht. trafikulykker også)* accident blackspot; *~ sjæl* black soul; *(se også pølse, skole*[1]*)*;
[med præp.] ~ ***af*** black with (*fx* his hands were black with grime; the street was black with people); *det står her ~* ***på hvidt*** it is here in black and white; *være ~* ***på næsen*** have a smudge (*el.* a smut) on one's nose; *være ~* ***under*** *øjnene* be black under one's eyes; have dark rings round one's eyes;
[med vb.] ***arbejde*** *~* moonlight; ***gå i*** *~ a) (tv)* go black, be blacked out; *b) (få hukommelsestab)* black out, have a blackout; *c) (bryde sammen)* break down; ***gøre*** *~* ***til hvidt*** prove that black is white; ***klædt i*** *~* dressed in black; ***købe*** *~* buy on the black market; ***se*** *~* ***på*** *tingene* look on the dark side of things; *det* ***ser*** *~* ***ud*** things look black; the outlook is black; ***snakke*** *~* talk nonsense.
sortbroget *adj.* piebald.
sortbørs black market (*fx* buy it on the black market).
sortbørsgrosserer black-marketeer.
sorteblå *adj.* blackish blue.
sortebroder Black Friar, Dominican.
sortebær *(bot.)* crowberry.
Sortehavet *(geogr.)* the Black Sea.
sortehavsflåde Black Sea Fleet.
sortekunst *se sortkunst.*
sorteper Black Man;
□ *blive ~ (fig.) a) (sidde med ansvaret)* be left holding the baby; be left carrying the can; *b) (tabe)* lose out (*fx* they will lose out in the competition); *lade ~ gå videre (fig.)* pass the buck (*el.* the can).
sortere *vb.* **1.** sort (*fx* letters, apples); *(om varer: efter kvalitet)* grade;
2. *(ordne)* sort out (*fx* sort the

books out alphabetically; sort out the washing into white and coloured);
□ ~ ***efter*** sort (, grade) according to (*fx* sort the books according to size; grade the apples according to size and quality); sort out by (*fx* sort the subjects out by age and education);
~ ***fra*** *a)* sort out (*fx* all the rotten apples); *b)* screen out (*fx* the unqualified candidates); *(se også frasortere)*;
~ ***under*** *a) (om person)* be responsible to, be under the orders of; F be within the competence (*el.* purview) of; *b) (om sag)* belong under.
sorterer *sb. (en, -e)* **1.** *(jf. sortere 1)* sorter; grader; **2.** *(maskine)* separator, grader.
sortering *sb. (en, -er)* **1.** sorting; *(efter kvalitet)* grading; **2.** *(udvælgelse)* selection; **3.** *(klasse)* grade (*fx* grade A potatoes);
□ *koppen er anden ~* the cup is a second; *kopperne var anden ~* the cups were seconds.
sort-hvid *adj.* black and white;
□ *i ~* in black and white; *-t fjernsyn* black-and-white television.
sorthåret *adj.* black-haired.
sortie *sb. (en, -r)* exit.
sortiment *sb. (et, -er)* assortment, selection.
sortklædt *adj. (præd.)* (dressed) in black.
sortkridt black crayon; black chalk.
sortkridtstegning black-crayon drawing.
sortkunst mezzotint.
sortliste[1] *sb. (en, -r)* black list.
sortliste[2] *vb.* blacklist.
sortmalet *adj. (præd.)* painted black.
sortmejse *(zo.)* coal tit.
sortne *vb.* darken, grow dark;
□ *det -de for mine øjne* everything went black.
sortrandet *adj.* black-edged;
□ *have sortrandede øjne* have dark rings round one's eyes.
sortseer 1. pessimist; **2.** *(*T*: som ikke betaler tv-licens)* licence dodger, licence evader.
sortskjorte *(fascist)* Blackshirt.
sortsmudsket *adj.* **1.** swarthy; **2.** *(snavset)* sooty.
sortstribet *adj.* **1.** black-streaked; **2.** *(om tøj)* black-striped.
sortsyn pessimism.
sortøjet *adj.* black-eyed.
SOS *sb. (et, -'er) (nødsignal)* SOS; mayday; *(se også nødsignal)*.
sot *sb. (en)* **1.** disease; **2.** *(epidemi)* epidemic.
soufflé, souffle *sb. (en, souffleer)* soufflé.
souper *sb. (en, -er)* supper.
soupere *vb.* have supper.
souschef 1. deputy head; **2.** *(i politiet)* deputy commissioner.
soutenør *sb. (en, -er)* pimp.
souvenir *sb. (en, -er el. -s)* souvenir.
sove *vb. (sov, sovet) (se også sovende)* **1.** sleep (*fx* I slept all day; he sleeps in the kitchen);
2. *(mods.: være vågen)* be asleep (*fx* I was almost asleep when he came);
3. *(om legemsdel)* be asleep (*fx* my arm (, foot, leg etc.) is asleep);
□ *min fod (, arm etc.) -r (også)* my foot (, arm etc.) has gone to sleep; *lægge sig til at ~ a) (lægge sig til rette)* settle down to sleep; *b) (gå i seng)* go to bed; turn in; *(se også middagssøvn, sten)*;
[med præp. & adv.] ~ ***fast*** *(el. trygt) a)* be sound (*el.* fast) asleep; *b) (vanemæssigt)* be a sound sleeper; ~ ***fra*** *det hele* sleep through it (all); *jeg sov fra vækkeuret* I did not hear the alarm, I slept through the alarm; *sov* ***godt*** sleep well; T sleep tight; ~ ***hen*** *(dø)* pass away; ~ ***hos*** *én a)* sleep at sby's house; *b) (seksuelt)* sleep with sby; ~ ***i*** *timen se time*; ~ ***igennem*** *(om baby)* sleep through; ~ ***ind*** *a)* fall asleep; *b) (dø)* pass away; ~ ***let*** *a)* sleep lightly; *b) (vanemæssigt)* be a light sleeper; ~ ***længe*** sleep late; lie in; ~ ***over*** *sig* oversleep (oneself); *jeg vil ~* ***på*** *det* I'll sleep on it; *tage noget at ~ på* take sth to make one sleep; ~ ***sødt*** sleep soundly; ~ ***til*** *middag se middag*; ~ ***ud*** *(få udsovet)* get a good (night's) sleep; have one's sleep out; ~ *rusen ud* sleep it off; ~ ***videre*** *a) (ikke vågne)* sleep on; *b) (efter at være vågnet)* go back to sleep.
sovebriks plank bed.
soveby dormitory town (*el.* suburb).
sovedrik sleeping draught.
sovehjerte: *have et godt ~* be a good (*el.* sound) sleeper.
sovekammer bedroom.
sovekammerat bedfellow.
sovemedicin, sovemiddel sleeping medicine.
sovende *adj.* **1.** sleeping; **2.** *(brugt som sb.)* sleeper;
□ *en ~* someone asleep; *de ~* the sleepers; *hun er ikke kommet ~ til det* she has worked hard to get it.
sovepille sleeping pill.
soveplads *se sovested.*
sovepose sleeping bag.
sovepude *(fig.)* pretext for doing nothing.
sovesal dormitory.
sovesofa sofa bed.
sovested: *finde et godt ~* find good sleeping accommodation; *tre -er* sleeping accommodation for three; *der er tre -er i værelset (også)* the room can sleep three.
sovesyge *sb. (en) (afrikansk)* sleeping sickness; *(australsk)* sleepy sickness.
sovetablet sleeping tablet.
sovetryne sleepyhead.
sovevogn sleeping car, sleeper.
sovevognskonduktør sleeping-car attendant.
soveværelse 1. bedroom; **2.** *se soveværelsemøblement.*
soveværelsemøblement bedroom suite.
Sovjet *(hist.)* Soviet Russia.
sovjet *sb. (en, -ter) (hist.)* soviet.
sovjet- *(hist.)* Soviet (*fx* government, republic).
Sovjetrusland *(hist.)* Soviet Russia.
Sovjetunionen *(hist.)* the Soviet Union, the Union of Soviet Socialist Republics; *(fork.)* the USSR.
sovs *sb. (en, -er)* **1.** sauce; *(af kødsaft)* gravy; **2.** *(tobaks-)* tobacco juice.
sovse *vb. (om tobak)* be juicy;
□ *-t ind i* smothered in.
sovsekande, sovseskål *(jf. sovs 1)* sauceboat; gravy boat.
spade *sb. (en, -r)* **1.** spade; **2.** *(mil.)* entrenching tool; **3.** *(skældsord)* twit;
□ *kalde en ~ (for) en ~* call a spade a spade.
spadeblad blade of a spade.
spadefuld *sb. (en, -e)* spadeful.
spadeskaft handle of a spade.
spadestik spit (*fx* dig it two spits deep);
□ *tage det første ~ (ved nybygning etc.)* cut the first turf.
spadsere *vb.* **1.** walk; *(mageligt, kort)* stroll; **2.** *(om bil)* travel (*fx* the car was travelling along at 90 miles an hour; that car certainly travels!);
□ *gå ud at ~* go for a walk (, stroll).
spadseredragt (tailor-made) suit.
spadseresti footpath.
spadserestok walking stick.
spadseretur *(jf. spadsere 1)* walk; stroll.
spag *adj.* **1.** *(forsigtig)* mild (*fx* pro-

test); *(dæmpet)* subdued (*fx* voice); *(svag)* faint (*fx* attempt); *(endnu svagere)* feeble (*fx* attempt, opposition); *(halv-hjertet)* half-hearted (*fx* attempt);
2. *(om person)* meek; F submissive;
□ *et -t forsøg* a faint (*el.* feeble) attempt; *være ~ i mælet* speak small.
spagat the splits pl.;
□ *gå ned i ~* do the splits.
spage *sb. (en, -r) (svær stang)* handspike.
spagetti *se spaghetti.*
spagfærdig *adj.* **1.** mild (*fx* objection, protest); **2.** *(om person)* meek, quiet; F subdued.
spagfærdighed *sb. (en) (jf. spagfærdig)* **1.** mildness; **2.** meekness, quietness.
spaghetti[1] *sb. (en)* spaghetti.
spaghetti[2] *sb. (en, -er) (S, neds.)* Eyetie.
spaghettistrop spaghetti strap.
spaghettiwestern spaghetti western.
spagnum = *sphagnum.*
spalier *sb. (et, -er)* **1.** *(espalier)* espalier;
2. *(række)* lane (*fx* of police, of troops);
3. *(fx af hævede sabler)* arch (*fx* of swords);
□ *danne ~ (jf. 2)* form a lane; *(til beskyttelse)* line the streets (, the route).
spalt *sb. (en) (tyndt stykke hud)* split.
spalte[1] *sb. (en, -r)* **1.** *(revne)* crack; *(større)* crevice (*fx* in the rocks, in the wall); F cleft, fissure; *(se også revne*[1]*, sprække*[1]*)*;
2. *(i tøj, redskab etc.)* slit;
3. *(gletscher-)* crevasse;
4. *(typ., fx avis-)* column.
spalte[2] *vb.* **1.** split (up); **2.** *(kem.)* decompose;
□ *~ atomer* split atoms; *~ sig a)* split (up) (*i, ud i* into); *b) (kem.)* decompose.
spaltefrugt *(bot.)* schizocarp.
spaltekorrektur galley proof(s).
spaltelig *adj.* fissile.
spaltepodning cleft grafting.
-spaltet -column (*fx* two-column); in ... columns (*fx* in two columns).
spalteåbning *(bot.)* stoma (pl. stomata).
spaltning *sb. (en, -er)* **1.** splitting (up); *(enkelt)* split;
2. *(biol. & i atomfysik)* fission;
3. *(kem.)* decomposition;
4. *(deling i partier)* splitting up into factions; *(enkelt)* split; F schism.

spand[1] *sb. (en, -e)* **1.** bucket; *(let glds., dog altid om mælke-)* pail;
2. *(spandfuld)* bucketful; pailful;
3. *(dårlig bil)* crate, banger;
□ *være på -en a) (i forlegenhed)* be in a fix, be in the soup, be in a tight spot; *b) (i økonomiske vanskeligheder)* be hard up, be strapped (for cash); *(helt uden penge)* be broke.
spand[2] *sb. (et, -) (af trækdyr)* team; *(2 også)* pair; *(af okser)* yoke (pl. yoke);
□ *gå godt i ~ sammen (fig.)* pull well together.
spand[3] *sb. (et) (af tid)* span;
□ *et ~ af år* a number (*el.* span) of years.
spandevis *adv.: i ~* in buckets, by the bucketful; *det regner ~* it is coming down in buckets; T it is bucketing (down).
spandfuld *sb. (en, -e) (jf. spand)* bucketful; pailful.
spandgardin brise-bise.
spandt *præt. af spinde.*
spaniel *sb. (en, -er el. -s)* spaniel.
Spanien Spain.
spanier *sb. (en, -e)* Spaniard;
□ *-ne (generelt = nationen, holdet)* the Spanish.
spanke *vb. se spankulere.*
spankulere *vb.* strut.
spanner *sb. (en, -e) (vindueskigger)* peeping Tom.
spansk *sb. (et) & adj.* Spanish;
□ *på ~* in Spanish;
[med sb.] ~ flue a) (zo.) Spanish fly; *b) (lægemiddel)* cantharides; *~ peber* red pepper; *-e ryttere (mil.)* chevaux-de-frise; *~ syge* the Spanish flu; *den -e trappe (i Rom)* the Spanish Steps pl.
spanskgrønt verdigris.
spanskrør (rattan) cane;
□ *give én af -et* cane sby, give sby the cane.
spanskrørs- cane (*fx* furniture).
spant *sb. (et, -er)* **1.** *(sø.)* frame, rib; *(i træskib også)* timber; **2.** *(i fly)* rib.
spar *sb. (en, -) (i kortspil)* **1.** *(farven)* spades pl. (*fx* spades are trumps);
2. *(om enkelt kort)* spade (*fx* I played my last spade);
□ *~ es (, konge, to, tre etc.)* the ace (, king, two, three etc.) of spades.
spare *vb.* **1.** *(spare op, ikke bruge)* save (*fx* money, time, energy; that saved me £100);
2. *(skåne, ikke dræbe etc.,* F*)* spare (*fx* spare my life! he does not spare himself);
3. *(være sparsommelig)* economize (*fx* we all have to economize); practise economy; *(være sparsommelig med, se ndf.: ~ på)*;
4. *(lægge penge til side)* save (*fx* children should learn to save); save up;
5. *(foretage nedskæringer)* make economies, cut down expenses (*fx* cut down expenses by five per cent);
□ *hvad der er -t er (for)tjent* a penny saved is a penny gained; ***ikke*** *~ nogen...* spare no (*fx* he spared no expense (, trouble)); *ikke ~ nogen møje for at* F spare no pains to; *(se også ulejlighed)*; *[med præp. & adv.] ~ en* ***for*** *noget* save sby sth (*fx* save him the trouble; I phoned, that saved me a trip); *(også = forskåne for)* spare sby sth (*fx* spare him the trouble; spare me the details; you might have spared me that); spare sby from sth (*fx* that spared him from a cruel fate); *spar mig for dine bemærkninger* I'll thank you to keep your remarks to yourself; *spar mig for dine næsvisheder!* none of your cheek! *~ en* ***for at*** save sby (from) -ing (*fx* that saved me going there); spare sby from -ing (*fx* that spared him from having to read all the details);
~ ***op*** *a)* save (up) (*til* for, *fx* save up for a holiday); *b) (med objekt også)* lay up, put by (*fx* a small sum);
~ ***på*** *a)* economize on (*fx* fuel); T go easy on (*el.* with) (*fx* the sugar); *(for meget)* skimp (on) (*fx* don't skimp (on) the sugar when you make this cake); *b) (fig.)* go easy on (*el.* with) (*fx* go easy on all those swearwords!); F be sparing of (*fx* praise); *~ på energien a) (brændsel etc.)* save energy; F conserve energy; *b) (ɔ: kræfterne)* save (, conserve) one's energy; T go easy, take it easy; *~ på kræfterne (også)* save one's strength; F husband one's strength; *(se også krudt, skilling)*; *ikke ~ på, se ovf.: ikke ~*;
~ ***sammen*** *se ovf.: ~ op*; *~* ***sammen til*** *en bil* save up for (*el.* to buy) a car; *~* ***væk*** cut (*fx* 230 teachers' jobs have been cut); axe.
sparebøsse money box (*el.* bank).
spareforanstaltning economy measure.
sparegris piggy bank.
sparekampagne economy campaign (*el.* drive).
sparekasse savings bank.
sparekassebog savings bank book.

sparekniven the axe (*fx* the Government intends to use the axe);
□ *blive ramt af* ~ get the axe.
sparemærke savings stamp.
sparepakke *(besparelsesforslag)* savings packet.
sparepenge *sb.pl.* savings.
sparepolitik policy of economizing; F policy of retrenchment.
spareprogram *(på opvaskemaskine)* economy programme.
sparepære energy-saving bulb.
sparer *sb. (en, -e)* depositor, saver.
spareskillinger *sb.pl.* (modest) savings.
spark *sb. (et, -) kick;*
□ *et* ~ *bagi se bagi; få et* ~ *(fig.: blive smidt ud)* get kicked out; T get booted out; *få -et (ɔ: blive fyret)* get the boot (*el.* chop).
sparke *vb.* kick;
□ ~ ***af sig*** kick one's bedclothes off; ~ ***bagud*** lash out; ~ ***efter*** kick at; ~ *en* ***i*** *enden* kick sby in the pants, kick sby's behind; ~ *en* ***over*** *skinnebenet* kick sby's shin; '~ ***til*** *a)* kick (*fx* him; the ball); *b) (fig.: angribe, kritisere)* lash (out) at; ~ ***ud*** *a) (i fodbold)* kick out; *b) (fig.)* kick out; T boot out; *blive -t ud (ɔ: blive fyret også* T*)* get the boot, get the chop; ~ ***ud efter*** *a) (om hest)* kick (*el.* lash) out at; *b) (fig.: angribe, kritisere)* lash (out) at.
sparkedragt rompers pl.;
□ *en* ~ a pair of rompers, a romper suit.
sparre *sb. (en, -r)* chevron.
sparring(s)partner sparring partner.
sparsom *adj. (se også sparsomt)*
1. *(spredt)* scattered; *(mere* F*)* sparse (*fx* vegetation);
2. *(tynd)* thin (*fx* hair);
3. *(ringe)* slender (*fx* income, means);
4. *(utilstrækkelig)* scanty (*fx* clothing; supplies); *(stærkere,* F*)* meagre (*fx* income, salary; resources);
5. *(ikke ødsel)* sparing (*med* of, *fx* praise);
□ *i hans -me fritid* in the limited free time he had (, has).
sparsommelig *adj.* economical (*med* with); F thrifty.
sparsommelighed *sb. (en)* economy; F thrift;
□ *vise* ~ practise economy.
sparsomt *adv.* **1.** sparsely (*fx* furnished, populated); **2.** *(utilstrækkeligt)* scantily (*fx* furnished); **3.** *(ikke ødselt)* sparingly (*fx* use sth sparingly).
spartaner *sb. (en, -e) (hist.)* Spartan.
spartansk[1] *adj.* **1.** *(hist.)* Spartan; **2.** *(nøjsom)* spartan (*fx* existence, meal, room); austere (*fx* way of life; interior of a room).
spartansk[2] *adv. (jf. spartansk*[1] *2)*
1. in a spartan manner; austerely;
2. *(sparsomt)* sparsely (*fx* furnished);
□ *leve* ~ lead a spartan life.
spartel *sb. (en, spartler)* **1.** *(glarmesters kitkniv)* putty knife; **2.** *(malers)* stopping knife; **3.** *(kunstners)* spatula; *(smal)* palette knife.
spartelmasse filler.
spartle *vb.* fill, stop; *(med kit)* putty.
sparto*: sige* ~ *til* beat.
spas *sb. (en)* joke; *(glds. el. spøg.)* jest;
□ *drive* ~ *med* make fun of; play tricks on; *(se også spøg).*
spasmager *sb. (en, -e)* wag.
spasme *sb. (en, -r) (med.)* spasm.
spastiker *sb. (en, -e)* spastic.
spastisk *adj.* spastic;
□ ~ *lammelse* spastic paralysis; ~ *lammet* suffering from spastic paralysis.
spat[1] *sb. (en) (mineral)* spar.
spat[2] *sb. (en) (hos heste)* spavin;
□ *det er til at få* ~ *af (*T*, fig.)* it's enough to drive (*el.* send) you up the wall.
spatel *sb. (en, spatler) (læges, kemikers, kunstmalers)* spatula; *(se også spartel).*
spatie *sb. (en el. et, -r) (typ.)* space.
spatiere *vb.* space.
spatiering *sb. (en, -er) (typ.)* spacing.
spatium *sb. (et, spatier) (typ.)* space.
spattet *adj.* spavined (*fx* horse).
spe[1] *sb. (en) se spot.*
spe[2]*: in* ~ *se in spe (på alfabetisk plads).*
speak *sb. (en) (til tv-billeder, film)* voice-over; *(længere)* commentary, narration.
speake *vb.* **1.** *(radio, tv)* be the (, an) announcer; **2.** *(på film)* speak the commentary;
□ ~ *til (jf. speak)* speak over (*fx* the pictures); speak the commentary of, narrate (*fx* a film).
speaker *sb. (en, -e) (radio, tv)* announcer.
special- special (*fx* library, correspondent, steel); specialist (*fx* firm, treatment); specialized (*fx* knowledge, job).
specialarbejder semi-skilled worker.
specialbygget *adj.* **1.** *(om hus etc.)* custom-built, purpose-built;
2. *(om bil)* customized; *(se også specialfremstillet).*
speciale *sb. (et, -r)* **1.** *(også med.)* speciality (*fx* that is outside his speciality); *(am.)* specialty;
2. *(ved eksamen)* specially studied subject;
3. *(afhandling)* extended essay; *(større)* dissertation;
4. *(i skole)* term paper.
specialfremstillet *adj.* custom-made, purpose-made; *(præd. også)* made to order.
specialisere *vb.* specialize;
□ ~ *sig* specialize.
specialisering *sb. (en, -er)* specialization.
specialist *sb. (en, -er)* **1.** specialist (*i* in, *fx* Greek history); expert (*i* on, *fx* an obscure subject);
2. *(med.)* specialist (*i* in);
□ *han er* ~ *i at* he is an expert at -ing (*fx* at making silly mistakes).
specialitet *sb. (en, -er)* speciality; *(am.)* specialty;
□ *"Dagens* ~*" (på menukort)* today's special.
specialkommando *sb. (et, -er)* task force.
speciallæge specialist.
specialopgave **1.** special task; **2.** *(i skole) se speciale 4.*
specialskole special school.
specialuddannet *adj.* specially trained.
specialundervisning special education.
speciel *adj. (se også specielt)*
1. *(mods. generel)* particular (*fx* in this particular case; on this particular occasion; of particular interest; the general and the particular);
2. *(ganske* ~*)* special (*fx* this is a special case; on special occasions; my special friend; a very special Italian wine);
3. *(usædvanlig)* unusual (*fx* she had a very unusual name; the colour is rather unusual); *(sær)* peculiar (*fx* he is a bit peculiar; it has a peculiar taste);
□ *et meget -t emne* a highly specialized subject; ~ ***for*** peculiar to (*fx* the problem is not peculiar to this part of the country).
specielt *adv.* **1.** *(udtrykkelig)* specially (*fx* I came specially to see him; it was made specially for you; it was specially made for the occasion);
2. *(især, særlig)* particularly (*fx* he was particularly fond of you; I like it here, particularly in winter; it was not particularly difficult); (more) especially (*fx* the British

people, (more) especially the Scots; I like it here, especially in winter) *(NB efterstillet ved subjekt, fx* this is true of all British people. The Scots especially are...*)*;
□ ~ *i den hensigt* for that special purpose.
specificere *vb.* specify *(fx* the requirements); detail *(fx* the special features of the machine); itemize *(fx* an itemized list (, bill, account)).
specifik *adj.* specific.
specifikation *sb. (en, -er)* specification, detailed statement;
□ *-er* specifications.
spedalsk *adj.* **1.** leprous; **2.** *(brugt som sb.)* leper;
□ *han blev helt ~ (*T*: rasende)* he went spare, he hit the ceiling.
spedalskhed *sb. (en)* leprosy.
spedition *sb. (en, -er)* forwarding of goods.
speditionsforretning forwarding (*el.* shipping) agency.
speditør *sb. (en, -er)* forwarding (*el.* shipping) agent.
speed *sb. (en)* **1.** *(fart)* speed; **2.** *(*S*: amfetamin)* speed;
□ *for fuld ~* at full speed.
speedbåd speedboat, power boat.
speede *vb.: ~ op a) (sætte fart i)* speed up *(fx* production); *b) (gasse op) se gasse*[3].
speeder *sb. (en, -e) (i bil)* accelerator; *(am. også)* gas pedal;
□ *træde på -en* press down the accelerator; T put one's foot down (on the accelerator); *(am.)* step on the gas.
speedmarker *sb. (en, -e) se filtpen.*
speedometer *sb. (et, speedometre)* speedometer.
speedwaybane speedway track.
speedwaykører speedway rider.
spegepølse *(omtr.)* salami.
spegesild salt herring.
speget *adj.: spegede tråde* tangled threads; *en ~ affære* a complicated affair.
spejde *vb.* **1.** watch, be on the look-out; **2.** *(mil.)* scout, reconnoitre;
□ ~ *efter* watch (out) for, be on the look-out for; ~ *ud over havet a)* gaze out over the sea; *b) (afsøge)* scan the sea *(fx* he scanned the sea for enemy ships).
spejder *sb. (en, -e)* **1.** *(dreng)* (boy) scout;
2. *(pige)* girl guide; *(am.)* girl scout;
3. *(mil.)* scout;
□ *gå til ~* T *a) (gå til møde)* go to scouts (, guides); *b) (være ~)* be a scout (, girl guide); *være til ~* be at scouts (, guides).
spejderbevægelsen the Boy Scout (, Girl Guide) movement.
spejderbukser *sb.pl.* shorts.
spejderchef Chief Scout.
spejderdreng boy scout.
spejderfører *se spejderleder.*
spejderhytte scout (, girl guide) hut.
spejderkorps Boy Scout (, Girl Guide) Association.
spejderleder scout (, girl guide) leader.
spejderlejr scout (, girl guide) camp; *(jamboree)* jamboree.
spejderlov scout law.
spejderløfte scout promise.
spejdermøde scout (, girl guide) meeting.
spejderpige girl guide; *(am.)* girl scout.
spejl *sb. (et, -e)* **1.** mirror; *(glds.)* looking glass, glass;
2. *(hånd-)* hand mirror;
3. *(i bil)* driving mirror; *(se også bakspejl, sidespejl)*;
4. *(sø.)* stern;
5. *(på fuglevinge)* mirror, speculum;
6. *(på råvildt)* escutcheon;
□ *blank som et ~ se spejlblank*; *se sig i -et* look (at oneself) in the mirror.
spejlbelægning silvering.
spejlbillede **1.** reflection *(fx* he looked at his reflection in the water);
2. *(fig.: afspejling)* reflection *(fx* the novel is a reflection of life in the 19th century); *(nøjagtigt billede)* mirror image *(fx* the two houses are built in such a way that one is the mirror image of the other).
spejlblank *adj.* **1.** (as) smooth as a mirror *(præd.)*; **2.** *(om vand)* (as) smooth as a millpond *(præd.)*; glassy *(fx* a glassy sea); **3.** *(om metal, gulv)* shiny.
spejle *vb. (æg)* fry;
□ ~ *sig a)* be reflected (*el.* mirrored) *(i* in); *b) (se sig i et spejl)* look (at oneself) in a mirror; *han -de sig i butiksruden a) (blev afspejlet)* he saw himself reflected in the shop window; *b) (så på sig selv)* he looked at himself in the shop window.
spejlfabrikant mirror maker.
spejlgalleri gallery of mirrors.
spejlglas plate glass.
spejlglasvindue plate-glass window.
spejlglat *adj.* slippery; smooth (as a mirror).
spejling *sb. (en, -er)* **1.** reflection;
2. *(luft-)* mirage.
spejlkabinet **1.** *(i slot)* mirror room;
2. *(forlystelse)* hall of mirrors.
spejlklar *adj.* glassy; mirror-like.
spejlreflekskamera reflex camera *(fx* single-lens (, twin lens) reflex camera).
spejlskrift *sb. (en)* mirror writing.
spejlvendt *adj.* laterally reversed;
□ ~ *billede* mirror image.
spejlæg fried egg.
spektakel *sb. (et, spektakler) (støj)* noise; *(højere)* racket; *(vedvarende)* din; *(skramlen)* clatter;
□ *spektakler (ɔ: optøjer)* disturbances; *(voldsommere)* a riot, riots; *et arrigt ~* a crosspatch; *(især om kvinde også)* a tartar; *et langt ~* a tall lanky fellow; *lave ~ (ɔ: støj)* make a noise (, racket); *lave spektakler (ɔ: optøjer)* make a disturbance; create a riot.
spektakelmager *sb. (en, -e)*
1. noisy person; **2.** *(urostifter)* troublemaker, rioter.
spektakelmøde tumultuous meeting.
spektakulær *adj.* spectacular.
spekter *sb. (et, spektre(r)) se spektrum.*
spektralanalyse spectrum analysis.
spektralfarver *sb.pl.* spectral colours.
spektroskop *sb. (et, -er)* spectroscope.
spektrum *sb. (et, spektrer)* spectrum (pl. -s, *(fagl.)* spectra); *(fig.)* spectrum *(fx* a wide (*el.* broad) spectrum of political views; at both ends of the political spectrum; the whole spectrum of emotions);
□ *over et bredt ~* over a wide (*el.* broad) spectrum.
spekulant *sb. (en, -er)* speculator.
spekulation *sb. (en, -er)* **1.** *(overvejelse)* thought *(om* about, on);
2. *(gætteri)* speculation *(om* about);
3. *(på børsen)* speculation;
□ **-er** *a) (overvejelser)* thought sg. *(fx* he had given the matter plenty of thought; lost in thought); *b) (gætterier)* speculation sg. *(fx* there was speculation in the papers about his possible successor; it was a matter for interesting speculation); speculations *(fx* such speculations are futile); *c) (bekymringer)* worry sg. *(fx* it caused me a lot of worry); *d) (på børsen)* speculation sg. *(fx* ruined by speculation; speculation against the pound); *gøre sig -er se spekulere*;

[med præp.] ***på*** ~ on speculation; T on spec.
spekulations- speculative (*fx* enterprise, transaction).
spekulationsgevinst speculative profit(s).
spekulationspræget *adj.* speculative.
spekulativ *adj.* speculative.
spekulere *vb.* **1.** *(overveje)* think (*over, på* about, *fx* a problem); F ponder (*over, på* over, *fx* what had happened);
2. *(prøve at gætte, finde ud af)* speculate (*over, på* on, about, *fx* the reason for his behaviour; the future; what happened);
3. *(prøve at finde en løsning)* puzzle (*over, på* about, *fx* the best way to do it);
4. *(gøre sig bekymringer)* worry (*over, på* about, *fx* don't worry about the future (, the expense));
5. *(hdl.)* speculate (*i* in; *på børsen* on the stock exchange);
[med præp. & adv.] ~ ***på*** *(ɔ: omgås med tanker om)* think of; F meditate (*fx* a change; revenge); *(alvorligt)* contemplate (*fx* suicide); ~ ***på at*** think of (, meditate, contemplate) -ing; ~ ***på hvordan*** *(,* ***hvorfor*** *etc.)* wonder how (, why etc); ~ ***ud*** *a)* puzzle out (*fx* a solution); *b) (finde på)* invent, make up (*fx* an excuse).
spelt *sb. (en) (bot.)* spelt.
spencer *sb. (en, -e),* **spencerkjole** pinafore dress.
spendabel *adj. (præd.)* free with one's money.
spendere *vb. (give ud)* spend (*fx* spend fifty pounds on whisky);
□ ~ *noget på en* treat sby to sth (*fx* treat them to champagne (, to a dinner, to a taxi)); ~ *noget på sig selv* treat oneself to sth; ~ *mange penge på* T lash out on; *han -de en taxa* he treated himself (, them etc.) to a taxi.
spergel *sb. (en, -) (bot.)* spurrey.
sperling *sb. (en, -er) (zo.)* (Norway) pout.
spermacet *sb. (en el. et)* spermaceti.
spermacethval *(zo.)* sperm whale.
spermacetolie sperm oil.
sphagnum *sb. (en el. et)* sphagnum.
spid *sb. (et, -)* spit;
□ *stege på* ~ roast on a spit, spit-roast; *sætte på* ~ spit (*fx* spit a chicken).
spidde *vb.* **1.** *(gennembore)* pierce; *(med spyd etc.)* spear (*fx* he speared a piece of meat with his fork); spike (*fx* spiked on a stick);
2. *(og holde fast)* impale (*fx* a butterfly impaled on a pin; he fell down and was impaled on the railings);
3. *(fig.)* skewer (*fx* skewer sby with one's irony);
□ ~ *en på sin bajonet* run sby through (*el.* spike sby) with one's bayonet.
spids[1] *sb. (en, -er)* **1.** *(skarp, stikkende)* point (*fx* of a knife (, pin, pen, pencil, spear));
2. *(yderste ende)* tip (*fx* of a finger (, nose, tongue, wing)); end (*fx* cut the end of a cigar); *(af mole)* head; *(af fyldepen)* nib;
3. *(øverste ende)* top (*fx* of a mountain);
4. *(på gitter etc.)* spike;
5. *(pibespids)* mouthpiece;
6. *(gren af hjortegevir)* point, prong; *(*F *el. fagl.)* tine;
7. *(lungespids)* apex;
8. *(hunderace)* spitz;
9. *(mat.: på kurve)* cusp;
□ *-erne (pl., om personer)* the bigwigs; *en* ~ *(*T*: en drink)* a quick one; *i -en for* at the head of; leading;
[med vb. + præp.] ***gå i*** *-en* lead the way; *gå i -en for optoget* head the procession; ***gå op i*** *en* ~ T *a) (blive hysterisk)* go off the deep end; *b) (blive rasende)* blow one's top, hit the ceiling; *c) (om sag: tilspidse sig)* come to a head; *(gå i hårdknude)* come to a deadlock; ***løbe ud i*** *en* ~ taper off to a point (*fx* the upper part tapers (*el.* is tapered) off to a point); ***stille*** *en* ***i*** *-en for* put sby at the head of; *stille sig i -en for* place oneself at the head of, take charge of; ***stå i*** *-en for* be at the head of (*fx* a party); ***sætte*** *det* ***på*** *-en (fig.)* push it to extremes.
spids[2] *adj. (se også spidst)*
1. pointed (*fx* beard, chin, nose, gable); sharp (*fx* pencil, needle, teeth, thorn);
2. *(løbende ud i en spids)* tapering;
3. *(om ansigt: mager)* pinched;
4. *(spydig)* tart (*fx* answer, remark); pointed, cutting (*fx* remark); dry (*fx* smile);
□ ~ *pen a)* fine nib; *b) (fig.)* caustic pen; *i en* ~ *vinkel* at an acute angle.
spidsartikel *se leder 3.*
spidsbelastning 1. peak load;
2. *(mht. trafik)* peak hours, rush hours pl.
spidsborger philistine.
spidsborgerlig *adj.* philistine.
spidsborgerlighed philistinism.
spidsbue *(arkit.)* pointed (*el.* Gothic) arch, lancet arch.
spidsbuestil *(arkit.)* Gothic style.
spidsbukser *sb.pl.* breeches.
spidse *vb. (gøre spids)* sharpen (*fx* a pencil);
□ ~ *'til a) (blive spidsere)* taper; *b) (blive kritisk)* become critical (*fx* the situation became critical); come to a head;
[med sb.] ~ *munden* purse one's lips; pucker up one's lips (*fx* for a kiss); ~ *ører* prick up one's ears.
spidsfindig *adj.* quibbling, hairsplitting.
spidsfindighed *sb. (en, -er)* **1.** *(det at være spidsfindig)* quibbling, hairsplitting; **2.** *(spidsfindig bemærkning etc.)* quibble;
□ *komme med -er* quibble, split hairs.
spidskandidat frontrunner.
spidskommen cumin.
spidskål pointed cabbage.
spidsmus *(zo.)* shrew (mouse).
spidsnæset *adj.* **1.** sharp-nosed;
2. *(fodtøj)* pointed.
spidspuldet *adj.* steeple-crowned.
spidsrod*: løbe* ~ *(også fig.)* run the gauntlet.
spidst *adv. (jf. spids*[2] *4)* tartly (*fx* "I don't want to know" , she said tartly).
spidstege *vb.* spit-roast.
spidsvinklet *adj.* acute-angled.
spiger *sb. (en el. et, spig(e)re el. -)* nail; *(større)* spike.
spigre *vb.* spike.
spil[1] *sb. (et, -)* **1.** *(det at spille)* play (*fx* rain interfered with the play; the play of sunlight on water);
2. *(underholdningsspil, spil efter regler)* game (*fx* bridge (, chess) is an amusing game);
3. *(hasardspil,* ~ *på heste etc.)* gambling (*fx* he is too fond of gambling);
4. *(parti, omgang)* game (*fx* a game of cards (, chess, cricket));
5. *(teaterstykke)* play;
6. *(måde at spille på: skuespillers)* acting; *(musikers)* playing; F execution; *(boldspillers)* play (*fx* rough play);
□ *et* ~ ***kort*** *a) (en omgang)* a game of cards; *b) (kortblade)* a pack of cards; *(am.)* a deck of cards; *(se også hund, kegle, kort*[1]*)*;
[med adj.] ***falsk*** ~ cheating; *de spiller falsk* ~ they are not playing straight; *give ham* ***frit*** ~ give (*el.* allow) him a free rein; *give sin fantasi frit* ~ give a free rein to one's imagination; *spille* ***højt*** ~ *a)* play for high stakes; *b) (fig.)* play a dangerous game; *have* ***hele*** *-let,*

have **let** ~ have the game all to oneself; *de havde let ~ med ham* he was no match for them; he was an easy prey; *(se også aftalt*[1]*, klingende, ærlig)*;
[med vb.] **drive** *sit* ~ be at work; *drive sit ~ med en* play tricks on sby; **have** *hele -let, have let ~ se ovf.*; **spille** *et ~ skak (, billard)* play a game of chess (, billiards); *spille 'deres ~ (fig.)* play into their hands; *spille falsk (, højt) ~, se ovf.*; **stå (, sætte)** *på ~ se ndf.*; **tabe** *-let* lose the game; *-let er tabt (fig.)* the game is up; **vinde** *-let* win the game; **vælte** *-let* upset the applecart;
[med præp. & adv.] bolden er **i** ~ the ball is in play; *uheldig i ~* unlucky at cards; *have en finger* **med i** *-let* have a hand in it; have a finger in the pie; *være med i -let se spille (ind)*; *der var fup med i -let* there was foul play; **stå på** ~ be at stake; be on the line (*fx* his future is on the line); F be at risk; *der står meget på ~* the stakes are high; **sætte på** ~ stake, risk (*fx* one's life); put on the line (*fx* put one's job (, reputation) on the line); F hazard; **være på** ~ be at work; *de har været på ~ igen* they have been at it again; *gå* **til** ~ take music lessons; *sætte en* **ud af** *-let (fig.)* put sby out of the running, eliminate sby (*fx* a competitor); *-let er* **ude** the game is up; *bolden er* **ude af** *-let* the ball is out of play; *han er ude af -let* he is out of the running.

spil[2] *sb. (et, -)* **1.** *(hejseværk)* winch, windlass; **2.** *(sø.; med lodret aksel)* capstan.

spilbom *(sø.)* capstan bar.

spild *sb. (et)* **1.** *(ødslen)* waste (*fx* it is a waste of time and money);
2. *(affald)* refuse;
□ *gå til -e* go to waste; *lade noget gå til -e* waste sth.

spilddamp, **spildedamp** exhaust steam.

spilde *vb. (spildte, spildt)*
1. *(hælde, tabe)* spill (*fx* salt; soup on one's shirt; pour wine without spilling); *(let)* drop (*fx* pour wine without dropping any); *(voldsomt)* slop (*fx* milk all over the table); *(dråbevis)* dribble;
2. *(ødsle væk)* waste (*på* on, *fx* don't waste your energy (, words, time) on that); *(om tid også)* lose (*fx* lose an hour waiting);
□ *du har spildt* **på** *gulvet* you have spilt wine (, soup etc.) on the floor; *det er spildt på ham* it is lost (*el.* wasted) on him;
[med sb.] det nytter ikke at græde over spildt **mælk** it is no use crying over spilt milk; *du skal ikke ~* **tid** *med (el. på) at* don't waste your time -ing (*fx* trying to find it); *der er ingen tid at ~* there is no time to lose (*el.* to be lost); *(se også krudt, ulejlighed)*.

spildevand **1.** waste water, discharge water; **2.** *(kloakvand)* sewage.

spildolie waste oil.

spildprocent wastage rate.

spildprodukt waste product.

spildtid **1.** wasted time; **2.** *(for arbejder)* dead time; *(mens maskinen er i stå)* down time.

spildvarme waste heat.

spile *vb.: ~ ud* stretch (*fx* a skin); *(få til at svulme op,* F *el. fagl.)* distend (*fx* the stomach; one's cheeks); *(se også udspile)*; ~ *øjnene op* open one's eyes wide.

spiler *sb. (en, -e) (til sejlbåd)* spinnaker.

spilfægteri *sb. (et, -er)* humbug, pretence.

spilkoge *vb.* boil furiously.

spille *vb. (se også spillende)*
1. play (*fx* a sonata; the piano, the violin; a (gramophone) record, a CD; billiards, cards, football; goalkeeper);
2. *(teat.: opføre)* perform, give (*fx* they are giving "Hamlet" tonight); *(udføre (en rolle))* play, act (*fx* a part; Hamlet); do (*fx* Hamlet); *(optræde)* play, appear (*fx* in "Hamlet");
3. *(om biograf)* show (*fx* they are showing an old Hitchcock film);
4. *(give sig ud for at være)* pretend to be (*fx* a doctor; angry, ill, stupid); act, play (+ the) (*fx* the clown, the hero, the master; he is playing nervous);
5. *(~ musik etc.)* play (*fx* he plays well; the organ is playing);
6. *(~ hasard; ~ på heste etc.)* gamble (*fx* he gambles; he has gambled away a fortune);
7. *(om lys, flamme)* play (*fx* the sunlight played on the water); flicker;
8. *(funkle)* sparkle;
□ *hvad -r de? (i teater, biograf)* what is on?
[med sb.] ~ herre play the master; lord it; *~ hovedrollen* take the principal part, play the lead; *(se også bold, hovedrolle, komedie, kort*[1]*, puds*[2]*, rolle)*;
[med præp. & adv.] ~ **fallit** go bankrupt, fail; ~ **falsk** *a) (i musik)* play out of tune; *b) (i kortspil)* cheat (at cards); ~ **for** *en* play for (*el.* to) sby; *han -de en sang for mig* he played me a song; ~ **i** *lotteriet* have a lottery ticket;
~ **ind** *a) (spille en rolle)* enter into it (*fx* I think jealousy enters into it); play a part; *b) (gøre sig gældende)* make itself felt; *c) (indbringe)* bring in; *(se også indspille)*;
~ **'med** *a) (deltage)* join in the game; *b) (i kortspil)* take a hand; *~ med en* play with sby; *~ med musklerne a)* ripple one's muscles; *b) (fig.)* flex one's muscles;
~ **mod** play (against) (*fx* Denmark is to play (against) Norway);
~ **om** play for (*fx* money); *der -de et smil om hans mund* a smile played (*el.* hovered) on his lips;
~ **'op** *a) (om orkester)* strike up; *b) (om børn: lave ballade)* play up; *~ en formue op* gamble away a fortune; *~ sig op* warm up, get into one's stride; ~ **op til** *a) (om skuespiller)* play up to; *b) (prøve at gøre indtryk etc.)* play up to, make up to; *c) (om musik)* strike up (*fx* a waltz);
~ **over i** *(om farver)* shade into (*fx* green shading into blue);
~ **på** *a) (generelt)* play (*fx* the flute, the piano); *b) (om bestemt instrument)* play on (*fx* it is the best instrument I ever played on; he was playing on a drum); *c) (fig.)* play on (*fx* he played on their fear; she played on her charm); *d) (sætte penge på)* bet on (*fx* a horse); *~ på heste* gamble on horses; *~ på en lotteriseddel* have a lottery ticket;
~ **sammen** *(mus.)* play together;
~ **ud** *a) (i kortspil)* lead; *b) (fig.)* make the first move; *du -r ud* (it is) your lead; it is you to lead; ~ **ud med** *et forslag (fig.)* come up with a proposal; *~ den ene stat* **ud mod** *den anden* play off one state against another.

spilleautomat gambling machine, fruit machine; T one-armed bandit.

spillebord **1.** card table; **2.** *(i spillekasino)* gaming table; **3.** *(del af orgel)* console.

spillebrik gaming piece.

spillebule gambling den.

spilledåse musical box.

spillefilm feature film.

spillefugl gambler.

spillegæld gambling debt(s).

spillehal amusement arcade.

spillekasino gambling casino.

spillekort playing card.

spillelidenskab gambling mania.

spillelærer, **spillelærerinde** music

teacher.
spillemand 1. folk musician; *(violin-)* fiddler; **2.** *(musiker)* musician.
spillemandsmusik folk music.
spillemærke, spillemønt counter, token.
spillende *adj.: ~ øjne* dancing eyes.
spiller *sb. (en, -e)* **1.** player; **2.** *(hasard-)* gambler.
spilleregler *sb.pl.* **1.** rules (of the game); **2.** *(fig.: om hvordan man skal forholde sig)* ground rules.
spillerum 1. *(for maskindele)* clearance, play;
2. *(udfoldelsesmulighed)* scope (*for* for, *fx* one's abilities; *til at* to, *fx* evade taxes); play (*for* for, *fx* it gives full (, no) play for the imagination);
3. *(frihed)* leeway (*for* for, *fx* other interpretations; *til at* to, *fx* follow one's own inclination);
□ *frit ~* (a) free rein (*til at* to, *fx* give him (a) free rein to arrange things as he likes; he has (a) free rein to do it); *de har ikke meget ~ (også)* they have not got much room for manoeuvre.
spillesyge *(med.)* pathological gambling.
spilletid 1. *(kassettes etc.)* playing time; **2.** *(films)* running time;
□ *forlænget ~ (i sport)* extra time.
spilletime music lesson.
spillevende *adj. (præd.)* full of life; alive and kicking.
spilopmager *sb. (en, -e)* wag;
□ *en lille ~* a little mischief.
spilopper *sb.pl.* fun sg.; merry tricks; *(glds.)* pranks;
□ *lave ~* make fun, play tricks.
spilteori game theory.
spiltosset *adj.* **1.** (stark) raving (*el.* stark staring) mad; **2.** *(rasende)* hopping mad.
spilvågen *adj. (præd.)* wide awake.
spin *sb. (et) (flyv.)* spin;
□ *gå i ~* go down in a spin.
spinalvæske spinal fluid.
spinat *sb. (en)* spinach;
□ *træde (el. jokke) i -en (fig.)* put one's foot in it, drop a brick (*el.* a clanger); *(am.)* put one's foot in one's mouth.
spinatfugl *(omtr.)* culture vulture.
spinatgrøn *adj.* spinach-green.
spind *sb. (et, -)* **1.** *(edderkops)* web; **2.** *(flyv.) se spin*; **3.** *se hjernespind.*
spinde *vb. (spandt, spundet)*
1. spin; **2.** *(om kat)* purr;
□ *~ en ende* spin a yarn; *~ rænker* plot, scheme.
spindel *sb. (en, spindler)* spindle.
spindelvæv *sb. (et, -)* cobweb, spider's web.
spindelvævstynd *adj.* cobwebby (*fx* stockings); gossamer *(attr.)* (*fx* gossamer curtains).
spindemaskine spinning machine.
spinder *sb. (en, -e)* **1.** spinner;
2. *(zo.)* bombycid.
spinderi *sb. (et, -er)* spinning mill.
spinderok spinning wheel.
spindesiden the distaff side.
spinet *sb. (et, -ter) (mus.)* spinet.
spinke *vb.: ~ og spare* pinch and scrape, scrimp (*el.* pinch) and save.
spinkel *adj.* **1.** *(om person)* slight (*fx* a slight young girl; his slight figure); *(slank)* slender;
2. *(om ting)* slight (*fx* construction; argument, plot); *(slank)* slender (*fx* column, vase); *(fin, skrøbelig)* delicate (*fx* chain,, limbs, pattern, vase); *(usolid)* frail; *(neds.)* flimsy (*fx* canoe, chair, hut; argument, evidence, pretext);
3. *(fig.: ikke meget)* slender (*fx* chance, evidence, foundation, hope, majority); slim (*fx* chance, hope, majority); *(mere positivt)* slight (*fx* chance, hope); *(mere negativt)* flimsy (*fx* evidence).
spinner *sb. (en, -e) (i fiskeri)* spinner.
spion *sb. (en, -er)* spy.
spionaffære spy affair.
spionage *sb. (en)* spying; F espionage.
spionchef espionage chief.
spionere *vb.* spy.
spionrede nest of spies.
spionring spy ring.
spionroman spy novel, spy story.
spionsatellit spy satellite.
spir *sb. (et, -)* **1.** spire; **2.** *(sø.)* spar;
□ *langt ~* tall lanky fellow, beanpole.
spiral *sb. (en, -er)* **1.** spiral; helix (pl. -es, *(fagl.)* helices); **2.** *(svangerskabshindrende)* coil, loop; *(med.)* IUD (*fork.f.* intrauterine device).
spiralbind spiral binding.
spiralbor twist drill.
spiralbund spring base.
spiralfjeder spiral spring.
spiralformet *adj.* spiral; helical.
spiralgalakse *(astr.)* spiral galaxy.
spiralmadras spring mattress.
spire[1] *sb. (en, -r)* **1.** *(fx kartoffel-)* shoot, sprout; *(bønne-)* sprout;
2. *(fig.: spæd begyndelse)* beginnings pl. (*til* of, *fx* later developments); seed, seeds pl. (*til* of, *fx* a seed of doubt; the seeds of corruption (, doubt, rebellion); the seeds of criminal behaviour are sown early in life); germ (*til* of, *fx* an idea, a plan);
□ *gå med -n i sig til noget* carry the seeds of sth.
spire[2] *vb. (se også spirende)* **1.** *(om frø)* germinate; **2.** *(om plante, kartoffel, løg, skæg)* sprout;
□ *~ frem a)* sprout, come up; *b) (begynde at udvikle sig)* sprout (*fx* the horns (, feathers, beard) sprouted); begin to grow.
spiredygtig *adj.* viable; *(præd. også)* capable of germinating.
spireevne viability, germination capacity.
spirende *adj.* **1.** *(om frø)* germinating;
2. *(om plante, kartoffel, løg, skæg)* sprouting;
3. *(fig.: som begynder at udvikle sig)* budding (*fx* genius); *(ikke om person,* F*)* incipient (*fx* love, rebellion).
spiril *sb. (en, -ler)* spirillum (pl. spirilla).
spiring *sb. (en, -er) (jf. spire*[2]*)*
1. germination; **2.** sprouting.
spiritisme *sb. (en)* spiritualism.
spiritist *sb. (en, -er)* spiritualist.
spiritistisk *adj.* spiritualistic.
spiritualisme *sb. (en)* spiritualism.
spiritualist *sb. (en, -er)* spiritualist.
spiritualistisk *adj.* spiritualistic.
spirituel *adj.* witty.
spirituosa *sb.pl.* spirits (*fx* wines and spirits); alcoholic beverages.
spiritus *sb. (en)* **1.** *(drikke)* spirits pl. (*fx* he never drinks spirits); alcoholic beverages pl.; *(am.)* liquor;
2. *se sprit 1*;
□ *påvirket af ~* under the influence of alcohol; *sætte i ~* preserve in spirits; *drukne sine sorger i ~* drown one's sorrows in drink.
spiritusafgift duty on spirits.
spiritusbeskatning taxation of spirits.
spiritusbevilling licence (to sell beer, wines and spirits).
spiritusforbud prohibition.
spiritusindhold alcohol content.
spirituskørsel drunk driving, drink-driving (*fx* he lost his licence through drink-driving); drinking and driving (*fx* a campaign against drinking and driving; five cases of drinking and driving).
spiritusproblem: *have et ~* have a drink problem.
spirituspromille *se promille.*
spiritusprøve[1] *sb. (en, -r)* **1.** sobriety test; **2.** *(med spritballon)* breath test; **3.** *(blodprøve)* blood alcohol test; **4.** *(fig.: svært ord*

etc.) tongue twister.
spiritusprøve[2] *vb.* **1.** subject to a sobriety test; **2.** *(med spritballon)* breathalyze; **3.** *(tage blodprøve)* subject to a blood alcohol test.
spirituspåvirket *adj. (præd.)* under the influence of alcohol.
spirituøs *adj.* spirituous, alcoholic; □ *-e drikke* spirits; *(mere F)* alcoholic beverages.
spirrevip *sb. (en, -per)* lively little thing.
spiræa *sb. (en, spiræer) (bot.)* spiraea.
spis *sb. (en, -er) (typ.)* pick.
spise[1] *sb. (en, -r)* **1.** food; **2.** *(ret)* dish.
spise[2] *vb. (spiste, spist)* **1.** eat *(fx* bread, meat; there was nothing to eat); *(om måltid, ret, især)* have *(fx* breakfast, dinner, lunch; an egg, chicken);
2. *(uden objekt)* have breakfast (, dinner etc) *(fx* we have dinner at eight); have a meal *(fx* have a meal at a restaurant); eat *(fx* I'll eat at my hotel; he was too ill to eat);
(regelmæssigt; også = være på kost) have one's meals *(fx* he has his meals with the rest of the family; he has his meals at his sister's);
□ *en restaurant hvor man -r godt* a restaurant where the food is good; *han -r meget* he eats a lot; he is a great eater; *John kan ~* ***selv*** John can eat on his own; John can feed himself; *~* ***sig*** *ihjel* gorge oneself to death; *~ sig mæt se mæt; ~ sig igennem se ndf.*; *[om måltid(er)] hvornår skal vi ~?* what time are we eating (, having dinner etc.)? *hvornår -r I?* when do you have your meals (, dinner etc.)? when do you usually eat? *når vi -r* at mealtimes; *skal vi snart ~?* is dinner (etc.) nearly ready?
[med præp. & adv.] ~ ***af*** *en tallerken* eat off (*el.* out of) a plate; *~ af hånden (fig.)* eat out of his (, her etc.) hand *(fx* she had him eating out of her hand); *~ en* ***af med*** fob (*el.* palm) sby off with *(fx* promises);
~ ***hos*** *en a) (enkelt måltid)* have a meal with sby *(fx* come and have a meal with us); have dinner (etc.) with sby, dine (etc.) with sby; *b) (være på kost)* have one's meals (*hos* with); board (*hos* with); *~ sig* ***igennem*** eat one's way through *(fx* a five-course dinner);
vil du ikke ~ '***med****?* won't you join us? *~ 'med ved bordet* sit at table; *~ med kniv og gaffel se kniv*;
~ ***op*** eat up *(fx* you must eat up!); *~ noget op (også fig.)* eat sth up *(fx* she ate up the carrots; the interest has eaten up the capital); *~ pengene op a) (ɔ: bruge dem på mad)* spend all the money on food; *b) (bruge dem op)* spend all the money; *~ en formue op (ɔ: bruge den op)* run through a fortune;
~ ***til*** *aften (, middag)* have (one's) supper (, dinner); *~ kylling til middag* have chicken for dinner; *blive og ~ til middag* stay for dinner;
~ en ***ud af*** *huset* eat sby out of house and home; *~* ***ude*** *(ɔ: ikke hjemme)* eat out, dine out.
spisebestik *(kollektivt)* cutlery; *(am.)* flatware; silverware;
□ *et ~* a knife, fork and spoon.
spisebillet meals (, lunch, dinner) voucher.
spisebord dining table.
spisefisk edible fish.
spisefrikvarter lunch break.
spisegrejer *sb.pl.* eating utensils; *(mil.)* mess kit sg.
spisehus eating house; T eatery.
spisekammer 1. larder; *(også til service)* pantry; **2.** *(fig.)* breadbasket *(fx* Punjab, India's breadbasket).
spisekort menu.
spisekrog dining alcove; *(i køkken)* dinette.
spisekøkken kitchen-dining room.
spiselig *adj.* **1.** *(ikke giftig etc.)* edible *(fx* mushrooms); **2.** *(værd at spise)* eatable; **3.** *(fig.)* acceptable *(fx* a solution that is acceptable to them).
spiseolie cooking oil.
spisepause a break for a meal *(fx* compulsory breaks for meals in the workplace).
spisepind chopstick.
spiserør *(anat.)* gullet; *(fagl.)* oesophagus (pl. oesophagi).
spisesal dining hall.
spiseseddel 1. menu; **2.** *(for avis)* contents bill.
spiseske tablespoon.
spiseskefuld *sb. (en, -e)* tablespoonful.
spisested eating place;
□ *et godt ~* a place where the food is good.
spisestel dinner service (*el.* set).
spisestue 1. dining room; **2.** *se spisestuemøblement.*
spisestuemøblement dining-room suite.
spisetid mealtime; *(for middagsmad (, frokost))* dinnertime (, lunchtime) *(fx* it was long past dinnertime);
□ *overholde -erne* be here (, there) at mealtimes, turn up at mealtimes; *til -erne* at mealtimes.
spisevaner *sb.pl.* eating habits.
spisevogn dining car, restaurant car; *(til let servering)* buffet car.
spisevægring 1. refusal to eat; *(med.)* sitophobia; **2.** *(sygdom)* anorexia;
□ *som lider af ~ (jf. 2)* anorexic.
spiseæble eating apple, dessert apple.
spisning *sb. (en, -er)* **1.** *(det at spise)* eating;
2. *(lettere måltid)* refreshments pl. *(fx* refreshments will be served after the meeting);
3. *(festmåltid)* banquet.
spjæld *sb. (et, -)* **1.** *(på ovn, til regulering af røg, luft)* damper;
2. *(i dampmaskine)* throttle-valve;
3. *(i skjorte etc.)* gusset;
4. *(småreparationer)* odd jobs;
□ *sidde i -et (T: i fængsel)* be in jug (*el.* clink); do time.
spjæt *sb. (et, -)* **1.** start *(fx* he woke up with a start); *(kraftigere)* jerk;
2. *(spark)* kick;
□ *det gav et ~ i ham* he gave a start; *det gav et ordentligt ~ i ham* he nearly jumped out of his skin; *det gav et ~ i benet (på ham)* his leg twitched (, jerked).
spjætte *vb.* **1.** *(rykke)* twitch; *(kraftigere)* jerk; **2.** *(sparke)* kick;
□ *det -de i benet (på ham)* his leg twitched (, jerked); *han -de med benene* he kicked.
splat *interj.* splat.
splatter *sb. (en, -e) se splatterfilm.*
splatterfilm splatter film; *(am.)* splatter movie.
splattet *adj.: ~ ud (ɔ: mast)* squashed.
spleen *sb. (en)* spleen;
□ *have ~* have the spleen.
splejs *sb. (en, -e)* shrimp (of a man, of a boy), weed.
splejse *vb.* **1.** *(reb, gen)* splice *(fx* two ropes; a gene into an organism's genetic makeup; toxins into a plant);
2. *(skyde penge sammen)* club together (*til noget* to buy sth);
3. *(T: vie)* splice (up).
splejset *adj. (spinkel)* weedy.
splejsning *sb. (en, -er)* **1.** splicing;
2. *(det splejsede)* splice.
splendid *adj.* sumptuous *(fx* repast).
splid *sb. (en)* **1.** *(uenighed)* discord, dissension; **2.** *(kamp)* strife *(fx* internal strife);

□ *et hus som er i ~ med sig selv* a house divided against itself; *så ~* make mischief, make trouble; F sow discord; *så ~ mellem dem* make bad blood between them; set them by the ears.
splidagtig *adj.* quarrelsome.
splidagtighed *sb. (en)* quarrelsomeness; *(se også splid).*
splidse *vb.*, **splidsning** *sb. (en, -er) se splejse, splejsning.*
splint[1] *sb. (en, -er)* **1.** *(spids, lang, tynd)* splinter (*fx* of wood, of bone, of glass, of a shell; get a splinter in one's finger); *(se også granatsplint)*;
2. *(flis)* chip (*fx* of wood, of glass, of stone);
□ *der går ingen -er af dig af den grund* that won't do you any harm.
splint[2] *sb. (en) (bot.)* sapwood.
splinterny *adj.* brand-new.
splintfri *adj.*: *-t glas* safety glass, shatterproof glass.
splintre *vb.* splinter; *(i små bitte stykker)* shatter;
□ *-s* splinter; be shattered; *-t brud (på knogle)* comminuted fracture.
split *sb. (en, -ter)* **1.** *(til sikring af bolt)* split pin;
2. *(til papir)* paper fastener, paper binder;
3. *(slids)* slit; *(i pen)* slit; *(i flag)* cleft end.
splitflag swallow-tailed flag.
splitte *vb. (se også splittes, splittet)* **1.** *(gøre uenige, dele)* divide, break up; T split (*fx* it divided (*el.* split) the party);
2. *(sprede)* scatter; F disperse (*fx* a crowd; the enemy);
[med adv.] ~ **ad** *a) (tage fra hinanden)* take to pieces; *b) (sprede)* scatter; F disperse; *~* **op** divide; T split up (*fx* into groups).
splittelse *sb. (en, -r)* **1.** *(uenighed; adskillelse)* split (*fx* a split in the party); division (*fx* the division (, split) between right and left in the party; the division (, split) into East and West Europe);
2. *(opløsning)* split-up (*fx* of an empire); F disruption.
splittelsesparti splinter party.
splittelsespolitik divisive policy.
splittergal *adj.* **1.** *(skør)* (stark) raving (*el.* stark staring) mad;
2. *(forkert)* completely wrong; *(præd. også)* all wrong.
splitternøgen *adj.* stark naked; *(præd. også,* T*)* starkers.
splittes *vb.* **1.** *(spredes)* scatter; F disperse; **2.** *(dele sig)* divide, break up; T split.
splittet *adj.* **1.** divided; T split;
2. *(opdelt)* split up (*fx* into small groups);
□ *en ~ personlighed* a split personality, a divided mind; *partiet står ~ i dette spørgsmål* the party is divided (, split) on this issue.
spoiler *sb. (en, -e)* spoiler.
spole[1] *sb. (en, -r)* **1.** *(til garn, tråd, film etc.)* spool, reel (*fx* three spools (*el.* reels) of thread);
2. *(i sy- el. spindemaskine)* bobbin;
3. *(til båndoptager)* reel;
4. *(elek., radio)* coil.
spole[2] *vb.* **1.** wind; *(garn også)* spool, reel; **2.** *(film.)* reel; **3.** *(på båndoptager)* wind;
□ *~ frem* wind forward, wind on; *~ tilbage* wind back, rewind.
spoleapparat bobbin winder.
spoleben *(anat.)* radius (pl. radii).
spolebåndoptager reel-to-reel tape recorder.
spolere *vb.* spoil (*fx* one's looks, one's appetite, the fun, one's pleasure); T mess up (*fx* one's holiday, one's plan); *(stærkere)* ruin (*fx* one's health, one's pleasure); wreck (*fx* sby's career, sby's happiness).
spolorm *(zo.)* roundworm.
spondæ *sb. (en, -er) (litt.)* spondee.
spondæisk *adj.* spondaic.
sponsere *vb.*, **sponsor** *sb. (en, -er)* sponsor.
sponsorat *sb. (et, -er)* sponsorship.
sponsorere *vb.* sponsor.
sponsorering *sb. (en, -er)* sponsorship.
spontan *adj.* spontaneous (*fx* movement, demonstration).
spontanitet *sb. (en)* spontaneity.
spor *sb. (et, -)* **1.** *(som man følger; af dyr el. person: fodspor)* track (*fx* they found tracks in the snow of a bear; the bear had left no tracks);
(lang række; også om slæbespor, lugtspor) trail (*fx* we picked up his trail in the snow; we found the tracks and trails of a variety of animals; he had left a trail of blood);
(fært) scent (*fx* the dogs had lost the scent);
2. *(som vidner om noget; efterladt mærke, rest)* trace (*fx* traces of a struggle (, of blood on the floor, of poison in the coffee); he had been there but had left no trace; disappear without a trace; there is no trace of the missing child); F vestige; *(mærke også)* mark (*fx* leave a mark; marks of suffering);
3. *(til opklaring af forbrydelse)* clue (*fx* they found no clues; fingerprints are good clues); lead (*fx* a new lead in the case; the police have several (, no) leads);
4. *(hjul-)* (wheel) track (*fx* we followed the tracks of the car across the sands); *(dybt)* rut;
5. *(på vej: til bil)* lane;
6. *(jernbane-)* track (*fx* a double track; follow the track); line;
7. *(på lydbånd, på plade)* track;
8. *(i skole, kan gengives)* form;
□ *en skole med tre ~* a three-form entry school;
[med: ikke] ***ikke*** *~ a)* not a thing (*fx* I did not see a thing); nothing at all; *b) (slet ikke)* not at all (*fx* it doesn't matter at all; I am not at all angry); *(mere* F*)* not in the least; T not a bit; ***ikke*** *~* ***af*** not a trace of (*fx* fear); not the slightest (*fx* doubt);
[med vb.] ***følge*** *et ~* follow a track (, trail, scent, lead, clue) (*fx* they followed the tracks of the tiger into the jungle; the trail was easy to follow; the dog followed the scent; the police are following up several leads (*el.* clues)); ***skifte*** *~* change the points; *(am.)* throw the switches; ***skjule*** *sine ~*, ***slette*** *sine ~ (også fig.)* cover up one's tracks; ***sætte*** *deres ~* leave their mark (*fx* the years have left their mark); ***tabe*** ***-et*** *(også fig.)* lose (*el.* be thrown off) the track (, trail, scent);
[med vb. & præp.] ***bringe på*** *-et* ***af*** *se ndf.: lede på -et af*; ***bære*** *~* ***af*** bear (*el.* show) traces of; bear (*el.* show) marks of; ***følge i*** *ens ~* follow in sby's footsteps; ***lede*** *en* ***på*** *-et* put sby on the right track; give sby a clue; ***lede*** *dem* ***på*** *-et* ***af*** *a)* put them on the track of (*fx* the murderer); *b) (oplyse om)* put them onto (*fx* his plan); ***løbe af*** *-et* leave (*el.* go off) the rails; *(fagl.)* be derailed; ***komme på*** *-et* ***af*** *a)* get on the track of (*fx* the murderer); *b) (blive klar over)* get onto (*fx* their plan); ***sætte*** *hundene* ***på*** *-et* put the dogs on the scent; ***tabe*** *-et* ***af*** *en* lose track of sby; ***være på*** *-et* ***af*** *a)* be on the track of; *b) (fig.)* be on the scent of (*fx* an important discovery); ***være på rette*** *~* be on the right track.
sporadisk[1] *adj.* sporadic.
sporadisk[2] *adv.* sporadically.
spore[1] *sb. (en, -r)* **1.** *(rytters, ridders, hanes)* spur;
2. *(kage-)* jagger;
3. *(fig.)* incentive; stimulus (pl. stimuli); *(mere* F*)* spur;
4. *(bot.: formeringsorgan, fx svampe-)* spore;

□ *give hesten -rne* spur one's horse; *vinde sine -r* win one's spurs.
spore[2] *vb.* **1.** *(efterspore)* trace (*fx* he has been traced to London; telephone calls can be difficult to trace);
2. *(få færten af)* scent (*fx* the dog scented a rabbit);
3. *(mærke)* notice (*fx* a change); feel (*fx* the effects); F perceive;
4. *(hjul)* align;
5. *(kem.)* trace;
□ *kunne -s (jf. 3 også)* be perceptible;
[med adv.] ~ ***ind på*** *(fig.)* direct to, turn on to; ~ ***skævt*** *(om hjul)* be out of alignment; *det kan -s* ***tilbage til*** it can be traced back to.
spore[3] *vb. (en hest)* spur.
sporedannelse *(bot.)* spore formation.
sporehjul rowel.
sporehus *(bot.)* sporangium (pl. sporangia).
sporenstregs *adv.* **1.** *(straks)* at once, immediately, without delay; F forthwith; **2.** *(med stor hast)* with all possible speed; F post-haste.
sporeplante *(bot.)* spore plant.
-sporet 1. *(om vej)* -lane (*fx* a six-lane motorway); **2.** *(jernb. etc.)* -track (*fx* a single-track railway); **3.** *(om skole)* -form entry (*fx* a two-form entry school).
sporhund 1. tracker dog; **2.** *(fig., glds.)* sleuthhound.
sporleg paperchase.
sporløst *adv.* without leaving a trace;
□ *tiden er ikke gået ~ hen over det* time has left its mark on it; *(se også forsvinde).*
sporsans 1. *(hunds)* scent; **2.** *(persons)* flair.
sporskifte 1. points pl.; *(am.)* switch; **2.** *(det at skifte spor)* switching.
sporskifter *sb. (en, -e)* pointsman; *(am.)* switchman.
sporstoffer *sb.pl.* trace elements.
sport *sb. (en, sportsgrene)* **1.** *(generelt)* sports pl. (*fx* he is not interested in sports); *(boldspil også)* games pl. (*fx* he is good at games); **2.** *(sportsgren)* sport (*fx* hang gliding is a dangerous sport); *(boldspil også)* game (*fx* ice hockey (, rugby) is a rough game);
□ ***-en*** *a) (i tv etc.)* the sports news; *b) (i avis)* the sports section;
[med vb.] drive (el. dyrke) ~ go in for sports; T do a lot of sport; *der er gået ~ i det* it has become a sport.
sportler *sb.pl.* perquisites.
sportsanlæg sports centre.
sportsbedrift (athletic) feat.
sportsbegivenhed sporting event.
sportsdykker non-professional diver; *(med let udstyr)* skin diver, scuba diver.
sportsflyvemaskine sports plane.
sportsflyver 1. = *sportsflyvemaskine*; **2.** *(person)* amateur pilot.
sportsfodtøj athletic (*el.* sports) footwear.
sportsfolk *sb.pl.* athletes.
sportsforretning sports (goods) shop.
sportsgren sport.
sportshal sports centre.
sportshelt sports star, ace.
sportsidiot sports freak.
sportsinteresseret *adj. (præd.)* interested in sports.
sportsjournalist sports reporter, sports writer.
sportskamp match.
sportsklub sports club.
sportsklædt *adj. (præd.)* dressed in sports clothes.
sportslig *adj.* **1.** sporting, athletic (*fx* feat); **2.** *(fair etc.)* sportsmanlike (*fx* behaviour).
sportsmagasin sports (goods) shop.
sportsmand athlete;
□ *han er en god ~ (ɔ: fair etc.)* he is a good sportsman.
sportsmedarbejder sports reporter.
sportsmæssig *adj. se sportslig.*
sportsplads sports ground; *(skoles til boldspil)* playing field.
sportspræstation (athletic) feat.
sportsredaktør sports editor.
sportsside *(i avis)* sports page.
sportsstrømpe knee-high sock, knee-length sock.
sportsstævne sports meeting.
sportstaske sports bag.
sportstrænet *adj.* athletic.
sportstøj 1. sports clothes pl.; **2.** *(hdl.: som vare)* sportswear.
sportsudstyr sports equipment.
sportsudtryk sporting term.
sportsvogn *(bil)* sports car.
sportsånd sporting spirit; sportsmanship.
sporvejslinie tramline; *(am.)* trolley line.
sporvejsselskab tramway company; *(am.)* streetcar corporation.
sporvidde (railway) gauge.
sporvogn tram (car); *(am.)* streetcar;
□ *tage med -en* go by tram (, streetcar).
sporvognsbillet tram ticket; *(am.)* trolley ticket.
sporvognskonduktør tram conductor; *(am.)* streetcar conductor.
sporvognsskinne tram rail; *(am.)* trolley rail.
sporvognsstoppested tram stop; *(am.)* trolley stop.
spot[1] *sb. (en)* **1.** mockery (*fx* there was a note of mockery in his remarks); *(skarpere,* F*)* derision (*fx* the proposal was greeted with derision); *(latterliggørelse)* ridicule (*fx* he ignored their ridicule);
2. *(sarkasme)* sarcasm (*fx* he said it with biting sarcasm);
3. *(spottende bemærkninger)* sneers (*fx* the proposal was greeted with sneers; he ignored their sneers);
4. *(bidende bemærkning)* gibe, taunt;
□ *drive ~ med se spotte*; *føje ~ til skade* add insult to injury;
[med præp.] blive (, være) ***til*** *~ (og spe)* become (, be) a laughing stock; F become (, be) an object of derision (, ridicule); *være til ~ for hele byen* be the laughing stock of the whole town.
spot[2] *sb. (en, -s el. -) (spotlight)* spot.
spotlys spotlight.
spotmarked *(hdl.)* spot market.
spotpris 1. *(lav)* bargain price; **2.** *(kontant)* cash price;
□ *få det til ~* T get it dirt cheap; get it for a (mere) song.
spotsk[1] *adj.* mocking; *(skarpere,* F*)* derisive (*fx* smile); sneering (*fx* remark).
spotsk[2] *adv. (jf. spotsk*[1]*)* mockingly; derisively; with a sneer.
spotte[1] *vb. (se også spottende)* **1.** mock (at); *(skarpere,* F*)* deride; *(latterliggøre)* ridicule;
2. *(komme med hånlige bemærkninger)* sneer at;
3. *(føre ugudelig tale)* blaspheme;
4. *(trodse)* defy (*fx* the door defied all my efforts to open it);
□ *Gud lader sig ikke ~* God is not mocked; ~ *over* mock at, scorn at.
spotte[2] *vb. (få øje på)* spot.
spottefugl *(person)* mocker.
spotteglose taunt, gibe.
spottende[1] *adj.* mocking; *(skarpere,* F*)* derisive.
spottende[2] *adv.* mockingly; *(skarpere,* T*)* derisively.
spotter *sb. (en, -e)* mocker.
spove *sb. (en, -r) (zo.)* curlew.
spradebasse *sb. (en, -r)* fop, coxcomb.
spraglet *adj.* **1.** *(med stærke farver)* gaily coloured; *(neds.)* loud (*fx* shirt); gaudy;
2. *(broget)* multicoloured, particoloured; *(se også broget).*
sprak *præt. af sprække*[2].

sprang[1] *sb. (håndarbejde)* plaiting on stretched threads; sprang.
sprang[2] *præt. af springe.*
spraydåse spray can, aerosol can.
sprechstallmeister *sb. (en, -e)* ringmaster.
sprede *vb. (spredte, spredt) (se også spredt)* **1.** spread (*fx* manure over a field; payments over a longer period; disease, discontent, infection, knowledge, rumours, terror; one's fingers, one's legs); *(udbrede også,* F*)* diffuse (*fx* information, knowledge, learning, a feeling of happiness); *(mere* F*)* disseminate (*fx* ideas, knowledge; false information);
2. *(til forskellige sider, splitte)* scatter (*fx* he scattered the books all over the floor; the storm scattered the ships; scatter seed); *(fuldstændigt, over større område,* F*)* disperse (*fx* disperse the troops; the police dispersed the crowd; the examination scores are dispersed over a range from 3 to 11);
3. *(fordrive, fx tungsind,* F*)* dispel, dissipate;
4. *(udsende)* give out (*fx* heat, light, a delicious smell); F diffuse (*fx* heat, light, a scent);
5. *(om lys, mods. samle)* diffuse (*fx* the light was diffused by the leaves);
□ ~ ***sig***, *-s a) (jf. 1)* spread (*fx* the news (, rumour) spread quickly; the soldiers spread out over the plain); *b) (jf. 2)* scatter; *(og forsvinde, gå i opløsning)* disperse (*fx* the crowd scattered (, dispersed)); *han -r glæde* ***om sig*** he spreads happiness around him; *han -r* ***sig over*** *for meget* he spreads himself too much; *(se også vind*[1] *(for alle vinde)).*
spredelinse concave lens.
spredning *sb. (en,-er) (jf. sprede)* **1.** spreading; diffusion, dissemination; **2.** scattering; dispersal; **3.** dispelling; dissipation; **4.** diffusion; **5.** diffusion;
6. *(udbredelse)* spread; *(hastig)* proliferation (*fx* of chemical (, nuclear) weapons);
7. *(variation)* spread (*fx* the school has the same spread of ability as other schools); *(i statistik)* dispersion (*fx* of examination scores); *der er stor ~ i karaktererne* there is wide variation in the marks.
spredt *adj.* **1.** scattered (*fx* instances, showers, troops, villages);
2. *(~ og tilfældig)* stray (*fx* examples, remarks);
3. *(usystematisk)* desultory (*fx* reading, remarks);
4. *(~ og fåtallig,* F*)* sparse (*fx* population, vegetation);
5. *(ikke epidemisk)* sporadic;
□ *~ orden (mil.)* extended order.
spring *sb. (et, -) (jf. springe)*
1. jump; *(større)* leap (*fx* a new leap forward); bound (*fx* clear the gate in one bound);
2. *(med støtte for hænder)* vault (*fx* a vault over the horse; pole vault);
3. *(udspring)* dive, plunge;
4. *(geol.)* fault;
5. *(sø.: krumning i skibs dæk)* sheer;
□ *det store ~ fremad (i Kina)* the great leap forward; *vove -et* take the plunge;
[med præp.] ***i*** *~ (ɔ: springvis)* in (*el.* by) jumps (*el.* leaps); *i store ~* by leaps and bounds; *stå (, sidde)* ***på*** *~ a)* be ready, be poised (*til at* to); *b) (om rovdyr)* be poised ready to jump, be crouching for a spring; *et ~* ***ud i*** *det uvisse* a leap in the dark.
springavancement promotion over the heads of others.
springbalsamin *(bot.)* touch-me-not.
springbane *(for heste)* show jumping course.
springbind spring binder.
springbræt 1. springboard;
2. *(udgangspunkt)* jumping-off point (*fx* for a career); springboard (*fx* for military operations);
3. *(trin på vejen)* stepping stone (*fx* his present job is only a stepping stone to something else).
springe[1] *vb. (sprang, sprunget) (se også springe*[2]*, springende)* **1.** jump (*fx* into the air, over a fence, down from the roof, into a taxi; he jumped from one subject to the other); *(om enkelt, længere spring)* leap (*fx* into the air, over a fence, into a taxi; he leapt at me); *(pludseligt, rask,* F*)* spring (*fx* spring out of bed; spring upstairs; the cat sprang at the mouse); *(se også buk, højdespring, længdespring)*;
2. *(med støtte for hænderne)* vault (*fx* over a fence; over the horse);
3. *(bevæge sig i spring)* bound (*fx* the dog bounded down the road; they bounded off in all directions);
4. *(~ omkring)* jump about; *(litt.)* frisk;
5. *(løbe)* run (*fx* up the stairs; out of the house); T pop (*fx* pop down to the baker's and get some bread);
6. *(*S*: flygte fra fængsel etc.)* scarper;
7. *(*T*: ~ 'fra)* back out (of it);
8. *(om bold)* bounce;
9. *(om gnister)* fly;
10. *(om væske)* gush (out); *(i tynd stråle)* spurt;
11. *(om kilde)* well up;
12. *(om springvand)* play;
*[med præp. & adv.] ~ '****af*** *a) (af tog etc.)* jump off; *b) (om knap)* come off;
(hoppe og) ~ ***for*** *en* wait on sby hand and foot;
*~ '****fra*** back out (of it); *~ fra det ene emne til det andet* jump (*el.* skip) from one subject to another;
~ ***frem*** *a)* jump out; *b) (om sved)* start out; *c) (rage frem)* project, jut out;
~ ***i*** *luften se springe*[2]; *~ i vandet* jump into the water; *~ i øjnene* leap to the eye; *du kan lige så godt ~ som krybe i det (kan gengives)* you may as well get it over with at once;
*~ '****om*** *(om vinden)* shift; *(med uret)* veer round;
~ ***op*** jump up, spring (*el.* leap) to one's feet; *døren sprang op* the door flew open; *såret sprang op at bløde* the wound began to bleed; *hunden sprang* ***op ad*** *mig* the dog jumped up at me; *det vil jeg ~* ***op og falde ned*** *på* I couldn't care less;
~ ***over noget*** jump (over) sth, leap (over) sth; clear sth; *~ over hesten* vault over the horse; *(se også gærde)*; *~* ***noget over*** *a)* skip sth (*fx* a page, a meal); *b) (udelade)* leave out (*fx* all the dirty words); *c) (glemme)* miss out (*fx* a word); *~* ***en over*** *a) (i en række)* skip sby (*fx* you skipped him when you counted them); *b) (ikke medtage)* leave sby out (*fx* you can leave me out); *c) (gå uden om)* bypass sby (*fx* he bypassed his daughter and left the money to his granddaughter); *d) (ved forfremmelse)* pass sby over; *~ andre over (ɔ: når man bliver forfremmet)* be promoted over the heads of others;
~ ***på*** *toget* jump onto the train; *~ på en bus i farten* jump on a bus when it is moving; *(se også hoved (på hovedet ud i))*;
*~ '****til*** *a) (sige ja)* jump (*el.* leap) at the offer (, the chance); *b) (melde sig)* jump in, leap in (*fx* with an offer);
~ ***tilbage*** *a)* jump back; *b) (efter*

at have ramt noget) bounce back (*fx* the ball bounced back); ~ *tilbage fra (jf. b)* bounce off (*fx* the ball bounced off the wall);
~ ***ud*** *a)* jump out, leap out; *b) (i vandet)* jump in, leap in, dive in; *c) (om træ)* come into leaf; *d) (om knop)* burst; *e) (om blomst)* come out; *f) (om homoseksuel)* come out; ~ ***ud af*** jump out of (*fx* the window); ~ ***ud fra*** *femte sal* jump from the fifth floor; ~ ***ud i*** jump into, leap into, dive into (*fx* the river); ~ *lige* ***ud i det*** *(fig.)* take the plunge; ~ ***ud på*** *det dybe (fig.)* jump in at the deep end.
springe[2] *vb. (sprang, sprunget)* **1.** *(briste, sprænges)* break (*fx* all the panes broke; the rope broke); *(om snor, streng etc.: med et smæld)* snap (*fx* the rope snapped); *(om champagneprop)* pop;
2. *(ved tryk indefra)* burst (*fx* the balloon (, the bubble, the tyre, the waterpipe) burst);
3. *(eksplodere)* explode, go off (*fx* the bomb exploded (*el.* went off)); burst (*fx* shells burst over our heads);
□ *der er sprunget en sikring (, pære)* a fuse (, bulb) has blown (*el.* gone); ~ *i luften* blow up, explode.
springende *adj. (usammenhængende)* disconnected, incoherent (*fx* account);
□ *komme ~ (især: fornøjet)* come bouncing (*fx* he came bouncing into the room);
[med sb.] det ~ punkt the decisive factor; F the crux of the matter; *have en ~ tankegang* have a grasshopper mind.
springer *sb. (en, -e)* **1.** *(i skak)* knight; **2.** *(gymnast)* jumper; **3.** *(delfin)* dolphin.
springfinger *(med.)* trigger finger, snapping finger.
springfjeder spiral spring.
springflod spring tide.
springfyr *sb. (en, -e)* **1.** *(vigtigprås)* whippersnapper; **2.** *(laps)* fop;
□ *-ene (hos H.C. Andersen)* the Jumpers.
springgrav pit.
springklap *sb. (en, -per) (bot.)* bittercress.
springkniv flick knife; *(am.)* switchblade knife.
springlagen jumping sheet.
springmadras **1.** spring mattress; **2.** *(til gymnastik)* mat.
springmelding *(i bridge)* jump bid.
springsk[1] *adj.* **1.** *(kåd)* frisky; **2.** *(gejl: om handyr)* rutting; *(om hundyr, præd.)* in heat.
springsk[2] *adv. (jf. springsk*[1] *1)* friskily.
springsko jumping (*el.* spiked) shoe.
springstang (vaulting) pole.
springstøtte jumping post.
springtid *(sø.)* spring tide.
springtur *(flugt)* escape;
□ *være på ~* be on the run.
springvand fountain.
sprinkelværk *(usolidt kram)* gimcrack furniture (, ornaments etc.).
sprinkle *vb.* sprinkle.
sprinkler *sb. (en, -e)* **1.** sprinkler; **2.** *(i bil)* windscreen washer; *(am.)* windshield washer.
sprinkleranlæg *(til brandslukning)* sprinkler system.
sprinklervæske windscreen wash; *(am.)* windshield wash.
sprint *sb. (et)*, **sprinte** *vb.* sprint.
sprinter *sb. (en, -e)* sprinter.
sprit *sb. (en)* **1.** spirit, spirits pl. (*fx* denatured spirits; surgical spirit; a snake preserved in spirit); alcohol;
2. *(koge-, svarer til)* methylated spirits pl.; T meths;
3. *(spirituosa)* spirits pl.; *(am.)* liquor; T booze;
□ *sætte noget i ~ (jf. 1)* preserve sth in spirit.
spritapparat spirit stove.
spritballon breathalyzer; *(am.)* drunkometer.
spritbilist drink driver, drunken driver.
spritdom drink-driving conviction.
spritfabrik distillery.
spritfabrikant distiller.
spritkompas liquid compass.
spritkørsel *se spirituskørsel.*
spritlampe spirit lamp.
spritpen felt-tip (pen); *(tyk)* marker.
spritsmugler liquor smuggler, bootlegger.
spritte *vb.* wash with spirit.
spritter *sb. (en, -e)* methylated-spirit drinker; meths drinker.
sprog *sb. (et, -)* **1.** *(bestemt ~)* language (*fx* the languages of Europe; a living (, dead) language; the language of the heart; in a foreign language *(på...)*);
2. *(generelt)* language (*fx* language and literature; the way children acquire language); *(fremmedsprog)* languages pl. (*fx* be good at languages; learn languages);
3. *(stil)* language (*fx* poetic (, bad, foul, strong) language); *(bestemt forfatters stil)* diction, style;
4. *(talesprog, måde at tale på)* speech (*fx* the fluency of his speech; there was a slight German accent in his speech);
5. *(formsprog)* idiom;
□ ***-et*** *(generelt)* language (*fx* the origins of language); *ud med -et!* out with it!
et *~ a) (om bestemt ~)* a language (*fx* written in a language I could not understand); *b) (om stil)* language (*fx* written in language everybody can understand);
klart ~ se klar.
sprogbarriere language barrier.
sprogbehandling diction.
sprogblomst *(sprogfejl)* idiomatic blunder.
sprogbrug *sb. (en)* usage.
sprogbruger user of a language.
sprogbygning linguistic structure.
-sproget **1.** *(endelse: -talende)* -speaking (*fx* a German-speaking minority);
2. *(skrevet på ...)* -language (*fx* the English-language press in South Africa).
sprogforbistring *se sprogforvirring.*
sprogfornyer neologist.
sprogforsker linguist.
sprogforskning linguistics.
sprogforvirring confusion of languages;
□ *en babylonisk ~* a Babel of tongues.
sprogfællesskab community of language.
sprogfærdighed command of (*el.* proficiency in) a language;
□ *mundtlig ~* oral proficiency; *skriftlig ~* proficiency in the written language; *prøve deres ~ i engelsk* test their proficiency in English.
sprogfølelse linguistic instinct, feeling for language, sprachgefühl; intuition (*fx* rely on a native speaker's intuition).
sproggeni linguistic genius.
sproggruppe group of languages.
sproggrænse language boundary.
sproghistorie the history of (a) language; linguistic history;
□ *engelsk ~* the history of the English language.
sprogkløft language barrier.
sprogkort language map.
sprogkundskaber *sb.pl.* knowledge of languages (, of a language); language skills;
□ *have gode ~* be a good linguist.
sprogkursus language course.
sprogkyndig *adj.* **1.** *(præd.)* with a knowledge of foreign languages; **2.** *(brugt som sb.)* linguist.
sprogkyndighed linguistic proficiency.

sproglaboratorium language laboratory.
sproglig *adj.* linguistic (*fx* genius); language (*fx* skills, difficulties; from a language point of view);
□ ~ *retning (i gymnasiet, kan gengives)* modern side; *han er* ~ *(ɔ: i gymnasiet, kan gengives)* he is a modern linguist.
sprogligt *adv.* linguistically;
□ *være -t begavet* be a good linguist.
sproglyd speech sound.
sproglære grammar.
sproglærer language teacher.
sprogmand linguist.
sprognemme aptitude for languages.
sprognævn *(kan gengives)* language advisory committee.
sprogområde speech area, language area.
sprogrigtig *adj.* correct; *(idiomatisk)* idiomatic.
sprogrigtighed linguistic correctness.
sprogrøgt the care of the (, a) language.
sprogsamfund speech community.
sprogsans *se sprogfølelse.*
sprogstamme family of languages.
sprogstudium study of languages (, of a language);
□ *sprogstudier* linguistic studies.
sprogtalent: *have* ~ have a talent for language(s); *være et* ~ be a good linguist.
sprogtilegnelse language acquisition.
sprogundervisning language teaching (, lessons).
sprogvidenskab linguistics;
□ *sammenlignende* ~ comparative linguistics.
sprogæt family of languages.
sprogøre linguistic instinct.
sprosse *sb. (en, -r)* **1.** bar (*fx* window bar);
2. *(på stige)* rung;
3. *(i gelænder)* baluster;
4. *(på hjortegevir) se ende[1] 2.*
sprude *vb.* **1.** *(udsende,* F*)* emit (*fx* sparks); **2.** *(om vulkan)* vomit (*fx* fire); **3.** *(om drage)* breathe (*fx* the dragon breathed fire).
sprudle *vb. (moussere, også fig.)* bubble, sparkle;
□ ~ ***af*** bubble over with (*fx* high spirits, vitality); sparkle with (*fx* wit); ~ ***frem*** bubble up; *(kraftigt)* well out; *(pludseligt)* gush out.
sprudlende *adj.* **1.** sparkling (*fx* wine; wit); bubbling (*fx* laughter, spirits); **2.** *(om vandløb)* bubbling (*fx* brook); *(om kilde: pludseligt)* gushing (*fx* spring).
sprukken *adj. (se også sprække[2])* **1.** cracked (*fx* bell, voice); **2.** *(om hud)* chapped (*fx* hands, lips); cracked (*fx* lips); **3.** *(i glasuren)* crackled.
sprunget *pf.ptc. af springe.*
sprut[1] *sb. (et) (*T*: spiritus)* booze.
sprut[2] *sb. (et) (sprøjt)* squirt.
sprutmave: *have* ~ have the runs; S have the squitters.
sprutrød *adj.* scarlet (*fx* his face went scarlet);
□ ~ *af raseri* purple with rage.
sprutte *vb.* **1.** *(om person)* sputter, splutter (*fx* with laughter, with rage);
2. *(om noget der steges)* sizzle, sputter;
3. *(om vred kat)* spit.
sprække[1] *sb. (en, -r)* **1.** *(naturlig ~, revne)* crack;
2. *(større, fx i klippe el. mur)* crevice (*fx* plants were growing in the crevices in the cliff (, wall)); F cleft, fissure;
3. *(lille)* chink (*fx* he peered through a chink in the wall (, fence));
4. *(skåret)* slit, slot; *(brev-)* slot;
5. *(dør-)* chink;
6. *(i hud)* crack; F fissure.
sprække[2] *vb. (-de el. sprak, -t el. sprukket) (se også sprukken)* crack;
□ *mine hænder -r* my hands get chapped; *(se også revne[2]).*
spræl *sb. (et)*: *lave* ~ have fun; *der er* ~ *i ham* T he is full of life.
sprælle *vb.* **1.** *(med benene)* kick (*fx* baby was kicking happily in his cot); *(med arme og ben)* fling one's arms and legs about (*fx* she couldn't swim, she just flung her arms and legs about); *(plaske)* splash about;
2. *(med hele kroppen, voldsomt: for at komme løs)* struggle (*fx* she struggled and screamed); *(hjælpeløst, for at komme op etc.)* flounder (*fx* they floundered in the snow (, mud); the fish floundered in the shallow water);
(kaste sig rundt) thrash about (*el.* around) (*fx* the fish were thrashing about in the net; the children were thrashing about in the water);
3. *(vride sig)* wriggle (*fx* the cat wriggled in my arms); squirm (*fx* the eel squirmed; the little boy squirmed out of my grasp);
□ ~ *(sengetøjet) af sig* kick off one's bedclothes; *han -r i nettet (ɔ: er fanget)* he is caught.
sprællemand jumping jack.
sprællevende *adj. (præd.)* full of life; alive and kicking.
sprælsk[1] *adj.* lively (*fx* imagination); *(om person også)* frisky; *(ustyrlig)* unruly.
sprælsk[2] *adv. (jf. sprælsk[1])* in a lively manner; friskily.
sprængbombe *sb.* **1.** high-explosive (bomb); **2.** *(med splintvirkning)* fragmentation bomb.
sprænge *vb. (sprængte, sprængt) (se også sprængt)* **1.** *(få til at briste)* burst (*fx* a blood vessel, a waterpipe, a boiler); *(muskel etc.)* tear;
2. *(med sprængstof)* blow up (*fx* a house); *(en klippe etc.)* blast; *(bombe etc.)* explode;
3. *(åbne med magt)* break open, force open (*fx* a door);
4. *(opløse)* break up (*fx* a meeting, a coalition); F disrupt (*fx* a union);
5. *(ulovlig organisation, om politiet)* break, crack (*fx* a drug-smuggling ring);
6. *(farve, bogsnit)* sprinkle;
7. *(ride i stærk fart)* ride at full speed;
□ *blive sprængt se sprænges*; *[med sb.]* ~ *banken* break the bank; ~ *sine handsker* split one's gloves; ~ *et hus i luften* blow up a house; ~ *en tunnel gennem klippen* blast a tunnel through the rock; *(se også ramme[1], snor, stump, trommehinde).*
sprænges *vb.* **1.** *(gå i stykker)* break (*fx* the rope broke); *(med et smæld)* snap (*fx* the rope snapped);
2. *(eksplodere)* explode, go off (*fx* the bomb exploded (*el.* went off)); *(ved tryk indefra)* burst (*fx* the waterpipe (, the dam) burst);
3. *(dele sig)* split (*fx* the Cabinet split);
□ *mit hoved er ved at* ~ my head is splitting.
sprængfarlig *adj. (også fig.)* explosive (*fx* issue, situation).
sprængfuld, **sprængfyldt** *adj.* chock-full (*af* with);
□ *han var* ~ *af ideer* he was brimming over with ideas.
sprængkraft explosive force.
sprængladning **1.** bursting (*el.* explosive) charge; **2.** *(i raket)* warhead.
sprænglærd *adj.* immensely learned; F erudite.
sprængning *sb. (en, -er) (jf. sprænge)* **1.** bursting; tearing (*fx* of a muscle); **2.** blasting; *(eksplosion)* explosion; **3.** breaking open; **4.** breaking up; disruption; **5.** breaking, cracking;

6. *(jf. sprænges 3)* splitting, split; □ *-er (jf. 2)* blasting sg. (*fx* blasting in progress).
sprængningsekspert 1. *(der demonterer ueksploderede bomber)* bomb disposal expert; **2.** *(der sprænger broer etc.)* demolition expert.
sprængningskommando 1. bomb disposal squad; **2.** *(rydnings-)* demolition squad.
sprængsats explosive composition.
sprængskitse exploded view.
sprængstof 1. explosive; **2.** *(fig.)* dynamite (*fx* an issue full of political dynamite).
sprængstofekspert explosives expert.
sprængstoffabrik explosives factory.
sprængstykke splinter of a shell (, a bomb); piece of shrapnel; □ *-r* shrapnel sg.
sprængt *adj. (se også sprænge)* **1.** *(om bogsnit)* sprinkled; **2.** *(let saltet)* slightly salted.
sprængvirkning explosive effect, bursting effect.
sprætte *vb.: ~ af* rip off; *~ op a) (pille op)* unstitch (*fx* a seam); *b) (skære op)* slit up (*fx* a jacket, a seam); slit open (*fx* an envelope, a sack; a killed seal); *c) (ɔ: rive op)* rip up; *~ en bog op* cut the pages of a book; *~ maven op på en* slit sby's stomach.
sprød *adj.* **1.** brittle (*fx* clay, iron); **2.** *(om mad)* crisp (*fx* biscuit, lettuce); *(knasende)* crunchy; *(om flæskesvær)* crackly; **3.** *(om klang)* tinny, thin; *(om stemme)* frail.
sprøjt *sb. (et, -)* **1.** *(stænk)* splash; **2.** *(bølge-)* spray (*fx* a spray of salt water hit me in the face); **3.** *(om drik)* dishwater; *(billig vin)* plonk; **4.** *(om bog)* trash.
sprøjte[1] *sb. (en, -r)* **1.** *(til indsprøjtning)* syringe; **2.** *(forstøvnings-)* sprayer, syringe (*fx* a garden syringe); **3.** *(brand-)* fire engine; *(sø.)* fire pump; **4.** *(avis)* rag (*fx* the local rag); □ *få (, give ham) en ~ (ɔ: indsprøjtning)* get (, give him) a shot of morphine (etc.); *være på -n* S be on the needle.
sprøjte[2] *vb.* **1.** *(sprede, også om maling, parfume)* spray (*fx* spray water on a burning house; spray fruit trees (, roses)); *(i mindre stråle)* squirt; *(spule el. vande med slange)* hose; **2.** *(indsprøjte)* inject; *(om stof,* S*)* shoot (*fx* heroin); **3.** *(stænke)* spatter (*fx* he spattered wine on my shirt); *(plaske)* splash (*fx* water on sby); **4.** *(komme ud: i en kraftig stråle)* spout (*fx* blood spouted from the wound); *(pludseligt, i mindre stråle)* spurt (*fx* the blood spurted out); *(i en fin stråle)* squirt; *(spredt)* spray (*fx* the water sprayed all over us); *[med præp. & adv.] ~ vand **på** noget (jf. 1, med slange også)* play a hose on sth; *~ **sig med** (om narkotika,* S*)* shoot (up) (*fx* heroin); *~ **ud** a) (om væske) se ovf.: 4; b) (producere i mængde)* churn out (*fx* 100 copies a minute; lots of poems); *~ **ud af** (jf. 4)* spout from, spurt (out) from; squirt out of.
sprøjtebåd fire boat.
sprøjtegift pesticide (spray).
sprøjtehus engine house.
sprøjtelakere, sprøjtemale *vb.* spray-paint.
sprøjtemaling 1. *(det at male)* spray painting; **2.** *(selve malingen)* spray paint.
sprøjtemiddel spray (*fx* insect spray); pesticide (spray).
sprøjtenarkoman *se stiknarkoman.*
sprøjtepistol spray gun.
sprøjtepose icing bag.
sprøjtestøbning injection moulding.
sprøjtevæske spray liquid.
sprøjtning *sb. (en, -er) (med gift)* spraying.
spule *vb.* wash down (*fx* he washed down his car with the garden hose); sluice down (*fx* watercarts sluice down the streets); *(med slange også)* hose (down) (*fx* one's car, the floor); □ *~ dæk* wash down the decks.
spuling *sb. (en, -er) (jf. spule)* washing (down); sluicing; hosing.
spundet *pf.ptc. af spinde.*
spuns *sb. (en el. et, -er) (i tønde)* bung; □ *sætte ~ i en tønde* bung (up) a cask.
spunsbor bung borer.
spunse *vb.: ~ til* bung (up) (*fx* a cask).
spunshul bunghole.
spunsvæg sheet piling.
spurgt *pf.ptc. af spørge.*
spurgte *præt. af spørge.*
spurt *sb. (en, -er)* spurt.
spurte *vb.* spurt.
spurv *sb. (en, -e) (zo.)* sparrow; □ *skyde -e med kanoner (svarer til)* use a sledge hammer to crack (*el.* break) a (wal)nut; break a butterfly on a wheel; *en ~ i tranedans* a sparrow among hawks.
spurvefugl *(zo.)* passerine (bird).
spurvehagl small shot.
spurvehøg *(zo.)* sparrow hawk.
spurveugle *(zo.)* pigmy owl.
spurveunge young sparrow.
spy[1] *sb. (et)* flyblow.
spy[2] *adj. (let glds.* T*)* weird.
spy[3] *vb. (også spøg.: kaste op)* spew (*fx* the volcano spewed ash and lava); *(se også gift*[1]*, udspy)*; □ *~ ild* spew fire; *~ **ud** a) (producere i mængde)* churn out (*fx* lots of films); *b) (udstøde)* spit out (*fx* oaths).
spyd *sb. (et, -)* **1.** spear; **2.** *(kaste-, også til sport)* javelin; **3.** *(til at stikke regninger etc. på)* spike.
spydblad spearhead.
spydbærer spearman.
spydig *adj.* sarcastic.
spydighed *sb. (en, -er)* sarcasm; snide (*el.* barbed) remark.
spydkast 1. *(det at kaste)* throwing the javelin, javelin throw(ing); **2.** *(enkelt kast)* javelin throw.
spydspids spearhead.
spydstage shaft of a spear; □ *retten sidder i -n* might is right.
spyflue *(zo.)* bluebottle.
spygat *sb. (et, -ter) (sø.)* scupper.
spyt *sb. (et)* **1.** *(i munden)* spittle, saliva; **2.** *(som spyttes ud)* spittle, spit; *(se også savl).*
spytafsondring salivation.
spytkirtel salivary gland.
spytklat clot (*el.* gob) of spit.
spytkrølle kiss curl; *(am.)* spit curl.
spytslikker *sb. (en, -e)* crawler, toady.
spytslikkeri *sb. (et)* toadyism, bootlicking.
spytsuger *sb. (en, -e) (tandlæges)* saliva ejector.
spytte *vb.* spit; □ *~ en **i** ansigtet* spit in sby's face; *~ i bøssen se bøsse; ~ i næverne a)* spit on one's hands; *b) (fig.)* pull up one's socks; *~ **ud** a)* spit out (*fx* the medicine); *b) se spy (ud); spyt ud! (ɔ: sig det)* spit it out!
spyttebakke spittoon; *(am. også)* cuspidor.
spæd *adj.* **1.** tender; **2.** *(spinkel)* slender; **3.** *(lille)* tiny; □ *som ~* as a baby; *[med sb.] -t barn se spædbarn; ~ barndom* babyhood; F tender years pl.; infancy; *den første -e begyndelse til* the first hesitant beginnings of; *en ~ stemme* a frail (*el.* feeble) voice; *(barne-)* an infant voice.

spædbarn baby; F infant.
spædbørnsdødelighed infant mortality.
spædbørnshjem infant home.
spædbørnsudstyr baby things pl.; □ *et sæt* ~ a layette.
spæde *vb. (spædte, spædt): ~ op* thin (down), water down; F dilute; ~ *branderten op* have a hair of the dog (that bit one); ~ *'til* contribute, make a contribution.
spædekalv sucking calf; □ *som skidt fra en* ~ like shit from a shovel.
spædhed *sb. (en) (jf. spæd)* **1.** tenderness; **2.** slenderness; **3.** tininess.
spædlemmet *adj.* slight, slightly built.
spæge *vb.: ~ sig, ~ sit kød* mortify the flesh.
spægelse *sb. (en, -r)* mortification (of the flesh).
spæk *sb. (et)* **1.** *(hval- etc.)* blubber; **2.** *(hos svin)* fat.
spækbræt = *spækkebræt.*
spækhugger *sb. (en, -e) (zo.)* killer.
spækhøker *(glds.)* pork butcher.
spække *vb. (også fig.)* lard; □ ~ *en cigaret fra en* S bum a cigarette off sby; *-t med a) (især som pynt)* larded with (*fx* quotations, compliments, propaganda); *b) (fuld af)* studded with (*fx* pitfalls); bristling with (*fx* guns).
spækkebræt chopping board.
spækkenål larding needle.
spæklag layer of blubber.
spænd *sb. (et, -): sidde i ~* be firmly fixed; *(i presse)* be (kept) in press; *(se også spand[2]).*
spændbeton prestressed concrete.
spændbøjning span bending.
spænde[1] *sb. (et, -r)* **1.** *(på rem)* buckle (*fx* of a belt, of a shoe); **2.** *(lukkemekanisme)* clasp (*fx* of a book, of a necklace); **3.** *(hår-)* hair slide; *(am.)* barrette.
spænde[2] *vb. (spændte, spændt) (se også spændende, spændt)* **1.** *(stramme, trække til)* tighten (*fx* a screw, a spring, a muscle, one's belt); tauten (*fx* a muscle, a rope); **2.** *(fastgøre)* fasten (*fx* fasten your seat belts; he had an electrode fastened to his wrist); *(med spænde)* buckle (*fx* a belt, a shoe); clasp (*fx* a belt; a necklace round her neck); *(med rem)* strap (*fx* the sleeping bag was strapped on to the rucksack); **3.** *(udspænde)* stretch (*fx* a rope between two posts); **4.** *(være stram, klemme)* be tight; *(gå trangt)* work stiffly, be tight; *[med sb.] ~ ben for (fig.: lægge hindringer i vejen for)* put obstacles in the way of, block the way for (*fx* negotiations); ~ *ben for en a)* trip sby up; *b) (fig.)* upset sby's applecart; throw a spanner in the works; ~ *en bue* bend a bow; ~ *buen for højt (fig.) a)* make exaggerated demands; F overreach oneself; *b) (udfordre skæbnen)* push one's luck (too far); ~ *ens forventninger (, nysgerrighed)* raise sby's expectations (, curiosity); ~ *hanen på en bøsse (, pistol)* cock a gun (, pistol); *[med præp. & adv.] ~* ***af*** *a)* unbuckle, unclasp; *(rem)* unstrap; *b) (forløbe)* go off (*fx* how did your trip go off?); *c) (ende)* end, turn out (*fx* I wonder how it will end (*el.* turn out)); ~ *en hest '****for*** harness a horse; *(am.)* hitch up a horse; ~ *en hest for en vogn* harness (*el.* hitch) a horse to a carriage; *være hårdt spændt for a)* be hard-worked; *b) (økonomisk)* be hard up; ~ *'****fra*** *a) (om hestevogn)* unharness the horse(s); *b) (fig.: slappe af)* relax; T unwind; ~ *en hest fra* unharness a horse; ~ ***ind*** tighten (*fx* one's belt); ~ ***om*** *noget (med fingrene)* span sth; ~ ***over*** *a)* span (*fx* a bridge spans the river); *b) (fig.)* cover (*fx* a wide field); ~ *noget* ***på*** *a)* buckle on sth; *b) (med rem(me))* strap on sth (*fx* a wrist watch); *c) (på en maskine etc.)* mount sth; ~ ***ud*** stretch (*fx* a rope between two posts); ~ ***vidt*** *(fig.)* cover a wide field.
spændebøjle *(til vandslange)* hose clip.
spændende *adj.* **1.** exciting (*fx* book); *(lystbetonet)* thrilling (*fx* book, news); **2.** *(fængslende)* fascinating (*fx* shops, country); intriguing (*fx* story, face); □ *meget ~ a)* very (, terribly) exciting; very (, terribly) thrilling; *b)* absolutely fascinating, highly intriguing; *det er ~ om han når det* I am curious to know if he makes it.
spændeskive washer.
spændesko buckled shoe.
spændetamp **1.** *(i frakke)* half-belt; **2.** *(i bukser, vest)* backstrap.
spændetrøje *(også fig.)* straitjacket.
spænding *sb. (en, -er)* **1.** *(det at være anspændt, spændt forhold)* tension (*fx* between two countries; social tensions; international tension); **2.** *(spændt interesse, uro etc.)* excitement (*fx* a life full of excitement; we were breathless with excitement); **3.** *(forventning)* suspense (*fx* wait in great suspense; keep sby in suspense); **4.** *(det at spænde)* tightening; *(af bue)* bending; **5.** *(elek.)* voltage; **6.** *(spændingsvirkning i materialer)* stress.
spændingsfald *(elek.)* voltage drop.
spændingsfyldt, **spændingsladet** *adj.* tense, charged (*fx* atmosphere, silence); *(se også spændende).*
spændingsroman thriller.
spændkraft elasticity.
spændskive washer.
spændstig *adj. (smidig)* supple; □ *en ~ gang* a springy step.
spændstighed *sb. (en)* suppleness; springiness.
spændt[1] *adj.* **1.** *(strammet)* tight (*fx* rope); taut (*fx* muscles, wire); F tense (*fx* muscles; your neck is tense); **2.** *(nysgerrig)* curious; *(ivrig, nervøs)* anxious (*fx* I was very anxious until I knew the result); **3.** *(anspændt)* tense (*fx* atmosphere); *(anspændt opmærksom)* intent (*fx* expression); *(se også anspændt);* □ ~ *på (jf. 2)* curious (, anxious) to know (, see) (*fx* the result); ~ *på at* anxious to, keen to (*fx* he was anxious (*el.* keen) to meet her); *[med sb.] ~ forhold* strained relations pl.; tension; ~ *forventning* eager expectation; *(stærkere)* intent expectation; ~ *opmærksomhed* close attention.
spændt[2] *adv.* **1.** *(nervøst)* anxiously (*fx* she waited anxiously for news of him); **2.** *(i spænding)* in suspense (*fx* we waited in suspense for the result); **3.** *(anspændt opmærksom)* intently (*fx* he watched me intently).
spændvidde *sb. (en)* **1.** span; **2.** *(fig.: omfang)* scope.
spæne *vb.* T *(løbe)* run; *(løbe væk)* bolt, hare (off).
spær *sb. (et, -) (tag-)* rafter.
spærre *vb.* **1.** bar (*fx* the entrance, the exit); *(blokere)* block (*fx* fallen trees blocked the road); F obstruct; **2.** *(lukke)* close (*fx* a road to motor traffic; a frontier; the harbour was closed because of ice); **3.** *(hdl.)* block (*fx* an account); **4.** *(typ.)* space out; □ *gaden (, vejen) -t!* Closed to

Traffic! *-t skrift (jf. 4)* spacing; *[med præp., adv.]* ~ ***af*** *a)* block up (*fx* a door); *b) (med politi)* cordon off (*fx* an area); ~ ***for*** block; F obstruct (*fx* the traffic; the view); ~ *vejen for en* bar (, obstruct) sby's way; ~ ***inde*** *a)* shut up (*fx* shut him up in his room; the dog has been shut up in the house all day); shut in; *b) (i fængsel el. sindssygehospital)* shut up, lock up (*fx* he ought to be locked up); lock away; *(blidere udtryk,* T*)* put away; *(se også indespærre)*; *c) (ved ulykke etc.)* trap (*fx* they were trapped in the burning building); ~ *munden (, øjnene)* ***op*** open one's mouth (, eyes) wide.

spærreballon barrage balloon.

spærregrænse *(ved valg)* [the minimum percentage of votes required for representation]; the cutoff (*fx* the cutoff is 4 per cent).

spærreild *(mil.)* barrage.

spærreregel [rule about the minimum percentage of votes required for representation].

spærretid *(udgangsforbud)* curfew; □ *indføre* ~ impose a curfew; *ophæve -en* lift the curfew; *politisk ~ (i radio og tv)* a ban on political programmes (on radio and TV).

spærring *sb. (en, -er) (jf. spærre)* **1.** *(vej-)* road block; **2.** *(politi-)* cordon; **3.** *(blokade)* blockade; **4.** *(det at spærre, jf. spærre 1)* barring; blocking; obstruction; *(jf. 2)* closing; *(jf. 3)* blocking; *(jf. 4)* spacing.

spætmejse *(zo.)* nuthatch.

spætte *sb. (en, -r) (zo.)* woodpecker.

spættet *adj.* speckled (*fx* eggs).

spøg *sb. (en)* **1.** joke; F jest; *(spøgefuldhed)* pleasantry; **2.** *(i handling)* (practical) joke; □ *det her* ***er ikke*** ~ *a)* this is no laughing matter; *b) (ikke længere)* this is getting beyond a joke; *det* ***er ingen*** ~ *at være fange* it is no joke to be (*el.* being) a prisoner; *han* ***forstår ikke*** ~ *a)* he cannot take a joke; *b) (er ikke til at spøge med)* he is not to be taken lightly; F he is not to be trifled with; ***grov*** ~ *se grov*; *det* ***må være*** *din* ~ you must (*el.* have (got) to) be joking; T you must (etc.) be kidding; *det* ***var kun*** *min* ~ I was only joking; T I was only kidding; *[med præp.]* ***for*** ~ for (*el.* in) fun; as a joke; F in jest (*fx* there is many a true word spoken in jest); ***slå*** *det* ***hen i*** ~ *se slå²(hen)*; ***gå ind*** *(el. med)* ***på*** *-en,* ***være med på*** *-en* fall in with (*el.* go along with) the joke; ~ ***til side*** joking apart.

spøge[1] *vb. (spøgte, spøgt) (skæmte)* joke; F jest; □ ~ *med noget a) (sige vittigheder om det)* make jokes about sth; F jest about sth; *b) (slå det hen i ~)* make a joke of sth; *det er ikke noget at ~ med* it is no laughing matter; *han er ikke til at ~ med* he is not to be taken lightly; F he is not to be trifled with; ~ *med sit helbred* trifle with one's health.

spøge[2] *vb. (-de el. spøgte, spøgt) (gå igen)* haunt the place (, the house etc.) (*fx* they said that a murdered knight was haunting the castle); walk (*fx* the ghost walked by night); □ *det er det gamle problem der stadig -r* it is the old problem that keeps popping up; ~ ***i*** *ens fantasi* haunt sby's imagination; *det -r i huset* the house is haunted; *den tanke -r stadig i hans hjerne* he is haunted (*el.* obsessed) by that idea.

spøgefugl *(let glds.: som siger vittigheder)* wag; *(som laver sjov)* prankster.

spøgefuld *adj.* **1.** playful (*fx* remark); F jocular; **2.** *(humoristisk)* humorous (*fx* account, poem, remark); **3.** *(anstrengt ~)* facetious (*fx* remark); □ ~ *bemærkning (også, neds.* T*)* wisecrack (*fx* he is tired of wisecracks about his baldness).

spøgefuldhed *sb. (en, -er)* **1.** playfulness; F jocularity; **2.** *(spøgefuld bemærkning)* pleasantry; *(se også spøgefuld).*

spøgelse *sb. (et, -r)* **1.** ghost; T spook; F phantom; **2.** *(fig. om noget skræmmende)* spectre (*fx* the spectre of war (, poverty, unemployment)); □ *se -r ved højlys dag (fig.)* imagine things.

spøgelsesagtig *adj.* ghostly (*fx* figure, light, look, voice); *(uhyggelig)* eerie (*fx* light, silence); weird; T spooky.

spøgelseshistorie ghost story.

spøgelsesskib phantom ship.

spøgeri *sb. (et, -er)* (the appearance of) ghosts; haunting.

spøjs *adj.* T rum, funny.

spølkum *sb. (en)* **1.** bowl; **2.** *(til tebord)* slop basin.

spørge *vb. (spurgte, spurgt) (se også spørgende)* **1.** ask (*fx* if you don't know, you must ask); ask questions (*fx* he is always asking questions); *(bydende)* demand (*fx* "Why did you do it?" he demanded); *(*F*: forhøre sig)* inquire; **2.** *(med personobjekt)* ask; *(udspørge)* question (*fx* 30 per cent of those questioned in the survey); *(i opinionsundersøgelse især)* poll (*fx* 30 per cent of those polled); □ *-s (rygtes)* become known; F transpire; ~ *dumt* ask a silly question; *(generelt)* ask silly questions; ~ *nyt* hear news; *om jeg tør* ~ if I may ask; *[med præp. & adv.]* ~ ***ad*** ask; F inquire; ~ *ham ad* ask him; ~ ***efter*** ask for; F inquire about; ~ *sig* ***for*** ask; F inquire, make inquiries; *jeg skulle* ~ ***fra*** *far om De ville hjælpe ham* father (sends his compliments and) says, do you think you could help him? *skulle du ~ fra nogen? (afvisende, svarer til)* curiosity killed the cat; ~ ***om*** *a) (forhøre sig om)* ask (, inquire) about (*fx* he asked about my father's opinion; he asked about what had happened); *b) (udbede sig)* ask (*fx* permission, his opinion, his name); *det må du nok ~ om* you may well ask; *jeg spurgte ham om han kunne komme* I asked him if he could come; ~ *ham om prisen* ask him the price; ~ *om prisen på se pris¹*; ~ *en om råd, se ndf.: ~ en til råds*; ~ *om vej* ask one's (*el.* the) way; ~ *en politibetjent om vej* ask one's way of a policeman; ~ *ham om vej* ask him the way; ~ ***på*** *noget* ask the price of sth; ~ ***til*** *en* ask (, inquire) after sby; ~ *en til råds* ask sby's advice; consult sby; ~ *en* ***ud*** question sby.

spørgealder*: i -en* at the question (*el.* asking) stage.

spørgejørgen *(kan gengives)* inquisitive Tom.

spørgelyst inquisitiveness.

spørgemelding *(i kortspil)* asking bid.

spørgen *sb. (en)* questioning; asking questions.

spørgende[1] *adj.* inquiring, questioning; *(især gram.)* interrogative (*fx* interrogative pronoun).

spørgende[2] *adv.* inquiringly (*fx* he looked at me inquiringly); questioningly; □ *se ~ ud* look puzzled.

spørgepanel panel of interviewers (, journalists).

spørger *sb. (en, -e)* questioner; F inquirer.

spørgeskema questionnaire.

spørgesætning *(gram.)* interroga-

tive sentence; *(se også afhængig).*
spørgetid *(i parlamentet)* Question Time.
spørgetime question time.
spørgsmål *sb. (et, -)* **1.** question (*fx* answer my question); F query; **2.** *(problem etc.)* question (*om* of, *fx* it is a question of money (, time); political questions; the question is how we can achieve that; that is the burning question); **3.** *(vigtigt ~ som er under debat)* issue (*om* of, *fx* the issue of wages; an important issue; debate political issues); **4.** *(sag)* matter (*om* of, *fx* it is a matter of a few hundred pounds; it is a matter of willpower; a matter of life and death; discuss private matters);
□ *det er ikke det der er -et* that is not the point (*el.* question); *[med adj.] det er et* ***godt*** *~!* that is a good question! *det* ***store*** *~* the great question; *det er et stort ~ (ɔ: tvivlsomt) om han kan hjælpe os* it is very doubtful whether he can help us;
[med vb.] ***rejse*** *et ~ a)* bring up (*el.* raise) a question; F pose a question; *b) (for at drage noget i tvivl* F*)* raise a query; *rejse -et over for ham* raise the question with him; ***rette*** *et ~ til en = stille en et ~*; ***stille*** *en et ~* ask sby a question, put a question to sby; F address a question to sby; *stille ~ til fremmede* ask questions of strangers.
spørgsmålstegn question mark; F mark (*el.* note) of interrogation;
□ *sætte ~ ved noget (fig.)* call sth in question; question sth.
spå *vb.* **1.** *(forudsige)* foretell (*fx* his death; that he will die; what will happen); *(profetere)* prophesy (*fx* the result of the election); *(især: ud fra beregninger el. viden)* predict (*fx* the result of the election); forecast (*fx* a bad harvest; how many will fail the examination);
2. *(varsle)* bode, augur (*fx* it bodes (*el.* augurs) well (, ill) for his future career);
3. *(~ en person)* tell (sby's) fortune (*fx* tell his fortune in the cards);
4. *(generelt)* tell the future; F foretell (*el.* predict) the future; *(om spåkone)* tell fortunes; *(se også ndf.: ~ i)*;
□ *blive -et* have one's fortune told; *~ én en strålende fremtid* predict a glorious future for sby; *~* ***i*** read the future in (*fx* cards, the stars, coffee grounds, tea leaves);
[faste udtryk] mennesket -r, Gud rå'r man proposes, God disposes; *det er svært at ~, især om fremtiden (svarer til)* don't make predictions, particularly about the future.
spådom *sb. (en, -me)* prophecy.
spådomsgave gift of prophecy.
spåkone, **spåmand** fortune teller.
spån *sb. (en, -er)* **1.** *(høvl-)* shaving; **2.** *(flis)* chip; **3.** *(tag-)* shingle; **4.** *(sæbe-)* flake;
□ *gå i -er* T *a) (mislykkes)* fail; *b) (bryde sammen)* go to pieces, crack up.
spånkurv chip basket.
spånplade chip board.
spåntag shingled roof.
squash *sb. (en, -er el. -)* squash.
stab *sb. (en, -e)* staff.
stabejs *sb. (en, -er): gammel ~* old geezer; *sær ~* queer fish.
stabel *sb. (en, stabler)* **1.** pile (*fx* of books (, letters, newspapers, plates)); *(større, velordnet)* stack; **2.** *(sø.)* stocks pl.;
□ *løbe af stablen (også fig.)* be launched.
stabelafløbning *sb. (en, -er)* launch(ing).
stabelartikel staple commodity.
stabelplads trading centre; F emporium.
stabil *adj.* **1.** *(uden store udsving)* steady (*fx* prices, progress, speed; young man);
2. *(ikke vaklende el. usikker)* stable (*fx* currency, equilibrium, government, marriage, relationship; prices are stable; politically stable; mentally stable);
3. *(konstant)* constant (*fx* temperature);
4. *(om vejr)* settled;
□ *blive ~ se stabilisere (sig).*
stabilisator *sb. (en, -er)* stabilizer.
stabilisere *vb.* stabilize, steady;
□ *~ sig* steady (*fx* prices are steadying); settle (*fx* the weather settled).
stabilisering *sb. (en, -er)* stabilization.
stabilitet *sb. (en) (jf. stabil)* **1.** steadiness; **2.** stability.
stable *vb.: ~ brænde* stack wood; *~* ***op*** pile (up); *(omhyggeligt)* stack; *~ ham* ***på benene*** help him to his feet; *~ noget på benene a) (organisere)* get sth up (*fx* get up an exhibition); *b) (flikke sammen)* cobble sth together (*fx* cobble a compromise together).
stablestole *sb.pl.* stackable chairs, stacking chairs.
stabschef chief of staff.
stabskompagni *(mil.)* headquarters company.
stabslæge *(mil.)* **1.** *(af 1. grad)* colonel (M.C.); *(sø.)* surgeon captain; **2.** *(af 2. grad)* lieutenant colonel (M.C.); *(sø.)* surgeon commander (senior grade).
stabsofficer *(mil.)* staff officer.
stabsøvelse *(mil.)* command post exercise.
staccato *adj.* staccato.
stad *sb. (en, stæder)* city, town.
stade *sb. (et, -r)* **1.** *(salgsbod)* stall; *(især på udstilling)* stand;
2. *(bistade)* hive;
3. *(trin)* plane (*fx* be on the same plane as a savage; be on a higher plane of development);
□ *tage ~* take one's stand.
stadeplads stall; *(især på udstilling)* stand.
stadfæste *vb. (bekræfte)* confirm (*fx* his appointment); *(jur., om afgørelse)* uphold (*fx* the decision of a lower court);
□ *~ en dom a) (i kriminalsag)* confirm a sentence; *b) (i civilsag)* affirm a judgment; *loven blev -t af dronningen* the Bill received the Royal Assent.
stadfæstelse *sb. (en, -r) (jf. stadfæste)* confirmation; affirmation;
□ *kongelig ~ (af lov)* Royal Assent.
stadig[1] *adj.* **1.** *(uforandret, ens)* constant (*fx* attention, practice); *(om vejr)* settled;
2. *(uafbrudt)* continuous (*fx* flow, rain); steady (*fx* flow, improvement, increase, progress); incessant (*fx* attempts);
3. *(hyppigt gentaget, især om noget negativt)* continual (*fx* attacks, complaints, interruptions, warnings);
4. *(om persons karakter)* steady.
stadig[2] *adv. (jf. stadig*[1]*)* **1.** constantly; **2.** continuously, steadily, incessantly; **3.** continually;
4. *(endnu)* still (*fx* he is still here);
□ *~ væk* still; *(se også endnu)*; *[ved vb., omskrives ofte med* continue + *inf.] han er ~ leder* he continues to be the leader; *det volder ~ besvær* it continues to cause trouble;
[ved adj.] ~ bedre better and better; *~ mere* more and more, increasingly (*fx* difficult, painstaking, prosperous); F ever more; *~ tiltagende* steadily increasing, progressive.
stadighed *sb. (en)* steadiness;
□ *til ~ a) (permanent)* permanently; *b) (hele tiden)* constantly.

stadigvæk *adv.* still; *(se også endnu).*
stadion *sb. (et, -er)* stadium.
stadium *sb. (et, stadier)* stage (*fx* at an early (, advanced) stage; in the early stages of the disease);
F phase;
□ *indtræde i et nyt* ~ enter upon a new phase; *det er et overstået* ~ it is a thing of the past.
stads *sb. (en) (pynt)* finery; *(overflødig)* frills pl.;
□ *det er noget* ~ it is trash (*el.* rubbish); *gøre* ~ *af* make much of; make a fuss of;
[med præp.] man må lide ***for*** *-en (omtr.)* you don't get something for nothing; *(ofte bruges)* pour être belle il faut souffrir; *komme* ***i*** *-en* dress up; *være i -en se stadstøj; (kun)* ***til*** ~ purely ornamental; only for show; *sidde til* ~ parade.
stadsarkitekt city architect.
stadsarkiv city archives pl.
stadsbibliotek city library.
stadse *vb.:* ~ *en op* dress (*el.* get) sby up; *(neds.)* rig sby out.
stadsestue best room.
stadsgartner [city head gardener].
stadsgrav city (*el.* town) moat.
stadsingeniør city engineer.
stadslæge city medical officer; municipal officer of health.
stadsstue best room.
stadstøj*: i -et* in one's Sunday best; T in one's best bib and tucker.
stafet *sb. (en, -ter) (stav ved stafetløb)* baton.
stafetløb relay race.
stafetløber relay runner.
stafetstav baton.
staffage *sb. (en)* **1.** *(pynt etc.)* ornaments pl.; **2.** *(på maleri etc.)* figures in a landscape;
□ *det er kun til* ~ *(jf. 1)* it is purely ornamental.
staffeli *sb. (et, -er)* easel.
staffere *vb.* **1.** *(pynte)* ornament; **2.** *(med linier)* line; **3.** *(med striber)* stripe.
stafylokok *sb. (en, -ker) (med.)* staphylococcus (pl. staphylococci).
stag *sb. (et, -e) (sø.)* stay;
□ *gå over* ~ go about, tack.
stage[1] *sb. (en, -r)* **1.** pole; *(pæl også)* stake; **2.** *(lyse-)* candlestick.
stage[2] *vb. (drive båd frem)* pole, punt;
□ ~ *sig frem* pole, punt.
stagnation *sb. (en, -er)* stagnation.
stagnere *vb.* stagnate, be stagnant.
stagsejl *(sø.)* staysail.
stagvende *vb. (sø.)* tack, go about.
stak[1] *sb. (en, -ke)* **1.** *(rodet dynge, mængde)* heap (*fx* of letters (, newspapers, books); he read heaps of novels); *(mere ordnet)* pile (*fx* of books, of dirty plates); *(større, ordnet)* stack (*fx* of books, of newspapers);
2. *(agr.)* stack (*fx* of firewood (, hay, peat)); *(især tildækket)* rick (*fx* of straw, of hay).
stak[2] *sb. (en, -ke) (bot.)* awn.
stak[3] *præt. af stikke.*
stakater *sb.pl.* (T, *let glds.)* dibs.
stakit *sb. (et, -ter)* (picket) fence; palings pl.
stakittremme picket, paling.
stakke *vb.* stack, rick (*fx* hay).
stakkel *sb. (en, stakler)* poor thing, poor creature; *(mere* T*)* poor devil;
□ *den lille* ~*!* poor little thing! *din* ~ poor you! *en sølle* ~ a poor wretch.
stakkels *adj.* poor;
□ ~ *dig!* poor you! *de* ~ *unger* (the) poor little devils (*el.* kids).
stakket *adj.* brief, short-lived;
□ *en* ~ *frist* a brief respite; *en* ~ *stund* a brief hour (*el.* moment).
staklade Dutch barn.
stakle *vb.* pity.
stakåndet *adj.* breathless; *(præd. også)* out of breath; *(lettere)* short of breath.
stakåndethed *sb. (en) (jf. stakåndet)* breathlessness; shortness of breath.
stalagmit *sb. (en, -ter)* stalagmite.
stalaktit *sb. (en, -ter)* stalactite.
stald *sb. (en, -e)* **1.** stable; *(bygning også)* stables sg. (*fx* a house with a stables);
2. *(til køer)* cowhouse, cattle shed;
3. *(fig., fx forlæggers)* stable;
□ *-en i Bethlehem* the stable in Bethlehem; *sætte en hest på* ~ stable a horse.
staldbroder companion.
stalddreng stable boy, stable lad.
stalddør stable door;
□ *sælge ved -en* sell directly to the public; *salg ved -en (svarer til)* farmgate selling.
stalde *vb.:* ~ *op a) (heste)* stable; *b) (kvæg)* stall.
staldfidus straight tip.
staldfodre *vb.* stall-feed.
staldfodring stall-feeding.
staldgødning farmyard (*el.* stable) manure.
staldkarl **1.** groom; **2.** *(i kro)* ostler.
staldkåd *adj.* frisky.
staldtip straight tip.
stalinisme *sb. (en)* Stalinism.
stalinist *sb. (en, -er),* **stalinistisk** *adj. (attr.)* Stalinist.
stalle[1] *vb. (flyv.)* stall.
stalle[2] *vb. (om heste)* make water, stale.
stalling[1] *sb. (en, -er) (flyv.)* stalling.
stalling[2] *sb. (en, -er) (zo.)* grayling.
stamafdeling *(mil.)* parent unit.
stamaktie ordinary share.
stamaktionær ordinary shareholder; *(am.)* common stockholder.
stambesætning **1.** *(sø.)* skeleton crew; **2.** *(af kvæg)* breeding strain.
stambog **1.** *(for heste)* studbook; *(for kvæg og svin)* herdbook;
2. *(mil.)* muster roll; **3.** *(poesibog)* album.
stambord regular table.
stambrøk unit fraction.
stamenhed = *stamafdeling.*
stamfader, **stamfar** (first) ancestor (*fx* his ancestors; Adam our first ancestor); *(*F *el. fagl.)* progenitor (*til* of, *fx* of the human race, of modern architecture, of a horse);
□ *familiens* ~ the founder of the family.
stamgods entailed estate.
stamgæst regular customer; T regular; F habitué.
stamherre (son and) heir; eldest son.
stamhus entailed estate.
stamkafé, **stamkafe** regular pub, regular haunt;
□ *den lokale* ~ the local; *en* ~ *for kunstnere* a rendezvous of artists.
stamklasse basic form unit, basic class.
stamkunde regular customer;
T regular.
stamme[1] *sb. (en, -r)* **1.** *(træ-)* trunk; *(tyndere)* stem; *(fældet)* log;
2. *(folke-)* tribe;
3. *(herkomst)* stock;
4. *(af ord)* stem;
5. *(af husdyr)* strain;
6. *(fig.: kerne)* nucleus (pl. nuclei) (*fx* the nucleus of the collection);
□ *det sidste skud på -n (fig. om barn)* the latest addition.
stamme[2] *vb.:* ~ *fra a) (nedstamme fra)* come of (*el.* from) (*fx* a good family); F be descended from;
b) (hidrøre fra) come from (*fx* the information comes from him; the quotation comes from the Bible; they did not know where the sound came from); F originate from (*fx* the idea originated from him); be derived from (*fx* the word is derived from Latin);
c) (være forårsaget af) be due to; F stem from (*fx* it stems from an unhappy childhood); originate in (*fx* the quarrel originated in a business transaction);
d) (gå tilbage til i tid) date from, date back to; *han -r fra Berkshire* he comes from Berkshire; *(*T *el.*

am.) he hails from Berkshire.
stamme[3] *vb.* **1.** *(om talefejl)* stammer; *(ved gentagelse af enkeltlyd: klonisk, især)* stutter; **2.** *(af sindsbevægelse)* stammer, falter.
stammebåd dugout.
stammehøvding tribal chief.
stammekrige *sb.pl.* (inter)tribal wars.
stammen *sb. (en) (jf. stamme*[3]*)* stammer; stutter.
stammer *sb. (en, -e) (jf. stamme*[3]*)* stammerer; stutterer.
stammoder, **stammor** (first) ancestress.
stamord etymon.
stamp *sb. (et, -)* stamp.
stampe[1] *sb.: stå i ~ a) (ikke skride fremad)* be at a standstill, mark time, stagnate; *b) (ikke vokse)* be stunted, have stopped growing.
stampe[2] *vb.* **1.** stamp (one's foot) (*fx* I stamped my foot to keep warm);
2. *(gå tungt)* tramp; *(klodset el. vredt)* stomp, stump; *(vredt også)* stamp (*fx* he stamped upstairs in a rage);
3. *(om skib)* pitch, plunge, pound;
4. *(presse sammen)* stamp; *(jord, beton)* ram;
5. *(T: pantsætte)* pop (*fx* one's watch); put (*fx* one's watch) up the spout;
□ *~ i gulvet (ɔ: af vrede)* stamp one's foot; *~ mod brodden* kick against the pricks; *~ op af jorden* conjure up; *~ ilden ud* stamp out the fire.
stampemølle stamp(ing) mill.
stamper *sb. (en, -e) (jf. stampe*[2] *4)* stamper; rammer.
stampersonel *(mil.)* regulars pl.
stampublikum regular customers pl.; F habitués pl.
stamtavle pedigree; *(i tavleform)* genealogical table.
stamtræ genealogical tree; family tree.
stamværtshus *se stamkafé.*
stand[1] *sb. (en) (tilstand)* condition (*fx* the car was in very good condition); *(om bygning, bil etc. også)* (state of) repair (*fx* the house was in good repair);
□ *holde ~* stand (*el.* hold) one's ground, hold out, stand firm; *ude af ~ til at* unable to (*fx* come; help her); *(stærkere)* incapable of -ing (*fx* she is incapable of telling a lie);
[forb. med: i ~] ***bringe i*** *~ a) (få arrangeret)* bring about (*fx* a reconciliation, a settlement); negotiate; *b) (i orden)* put in order (*fx* put the room in order); ***i brugbar*** *~* fit for use; in working order; ***i dårlig*** *~ a)* in poor condition; *b) (dårlig vedligeholdt)* in poor repair; ***i god*** *~ a)* in good condition (*el.* order); *b) (godt vedligeholdt)* in good repair; *være* ***godt i*** *~* be stout; T be well covered;
gøre i *~ a) (ordne)* do (*fx* one's hair, a room); *b) (om barn)* wash and dress; *c) (om madvarer)* dress; *(om grønsager)* prepare; *d) (om værelse: gøre rent etc.)* do out; *e) (male etc.)* do up (*fx* a house, a flat, a room); redecorate; *f) (reparere)* repair (*fx* a house, a watch); *(om mindre reparation)* mend (*fx* a coat); T fix; *få lejligheden gjort i ~* have the flat done up (*el.* redecorated); ***gøre sig i*** *~ a) (vaske sig)* clean oneself up; *b) (klæde sig på)* dress;
holde i *~ a)* keep in order; *b) (om bygning etc.)* maintain, keep in repair; ***komme i*** *~ (ɔ: blive til noget)* come off, be arranged; ***lave i*** *~, se ovf.: gøre i ~*; ***se sig i*** *~* ***til at*** be in a position to, find oneself able to; *jeg ser mig ikke i ~ til at (også)* I can't see my way to -ing (*fx* to helping you, to paying the bill); ***sætte i*** *~, se ovf.: gøre i ~*; ***sætte*** *en* ***i*** *~* ***til at*** enable sby to (*fx* the money enabled him to buy a house); T make it possible for sby to (*fx* buy a house); ***være i*** *~* be in order; ***være i*** *~* ***til at*** be able to (*fx* read English; we hope you will be able to come); *(stærkere)* be capable of -ing (*fx* he is quite capable of doing it himself); F be in a position to (*fx* I am not in a position to help (, tell) you); *han er* ***i*** *~* ***til alt*** he is capable of anything.
stand[2] *sb. (en, stænder)* **1.** *(samfundsstilling)* (social) position, social status; *(glds.)* station;
2. *(samfundsklasse)* class, rank (*fx* a lady of (high) rank);
3. *(erhverv)* occupation, trade;
4. *(læge-, advokat- etc.)* profession;
5. *(en af de tre rigsstænder)* estate;
□ *den gejstlige ~* the clergy; *tredje ~* the third estate; ***ugift*** *~* unmarried state; *leve i ugift ~* be unmarried;
[med præp.] ***over*** *sin ~* above one's station; *gifte sig* ***under*** *sin ~* marry beneath one's station; marry beneath oneself.
stand[3] *sb. (en, -e) (på udstilling)* stand.
standard *sb. (en, -er)* **1.** *(mønster, norm)* standard;
2. *(niveau)* standard (*fx* of a high standard; below the standard required; he couldn't reach that standard); standards pl. (*fx* lower the standards in the schools).
standard- standard (*fx* edition, price, size, work).
standardeksempel stock (*el.* standard) example.
standardisere *vb.* standardize.
standardisering *sb. (en, -er)* standardization.
standart *sb. (en, -er) (fane)* standard.
standende *adj.: den ~ strid* the present dispute; the dispute in progress.
stander *sb. (en, -e)* **1.** standard (*fx* a lamp standard); *(lysmast etc.)* pylon;
2. *(benzin-)* petrol pump; *(am.)* gas pump;
3. *(trekantet flag)* pennant; *(yachts, handelsskibs)* burgee.
standerlampe standard lamp.
standfugl *(zo.)* resident, sedentary bird.
standhaftig *adj.* firm; F steadfast, staunch (*fx* the Staunch Tin Soldier); *(fast besluttet)* resolute.
standhaftighed *sb. (en) (jf. standhaftig)* firmness; steadfastness, staunchness; resolution.
standkvarter (fixed) quarters pl.; station.
standlejr permanent camp.
standpunkt **1.** *(i kundskaber)* standard, proficiency; *(om elev: fagligt standpunkt)* level of attainment;
2. *(holdning)* attitude (*til* to); position (*til* on); *(fastere)* standpoint, stand; F stance (*fx* the hard-line stance taken by Britain);
3. *(mening)* view (*fx* he has (*el.* takes) a different view); opinion (*fx* my opinion is that the law should be changed);
4. *(synspunkt)* point of view (pl. points of view) (*fx* he has (*el.* takes) a different point of view; see it from their point of view);
□ *man* ***har*** *et ~ til man tager et nyt (kan gengives)* you have a conviction until you change it; ***indtage*** *et klart ~* take up (*el.* adopt) an unambiguous attitude (*el.* position); *indtage det modsatte ~* take the opposite point of view; ***skifte*** *~* change one's mind; F take up another position; change (*el.* shift) one's ground; ***tage*** *~* make up one's mind; ***tage*** *~* ***til*** make up one's mind about; F take a stand on.
standret *sb. (en, -ter)* summary court; military court; *(i felten*

også) drumhead court martial.
standse *vb.* **1.** *(gå (, sætte) i stå)* stop (*fx* he stopped in the middle of a sentence; his heart stopped; I couldn't stop him); come (, bring) to a standstill (*fx* production (, operations, the traffic) came to a standstill; bring production (etc.) to a standstill); come to a stop; F halt (*fx* they offered to halt the attacks; population growth halted; measures to halt population growth); *(ikke gå videre med også)* discontinue (*fx* a project, one's visits, production of these goods);
2. *(om køretøj, rytter etc.)* stop, pull up, draw up (*fx* in front of the house, at a traffic light; he stopped (*el.* pulled up *el.* drew up) his horse); F halt; come (, bring) to a halt;
3. *(gøre tegn til en vogn om at standse, fx om politiet)* flag down (*fx* a suspect car; a taxi);
4. *(forsinke)* hold up (*fx* production, traffic);
5. *(~ midlertidigt, fx arbejde)* suspend;
6. *(sætte i stå,* F*)* arrest (*fx* his development (, growth); the spread of a disease);
7. *(ophøre)* stop; F cease (*fx* the noise ceased);
8. *(gøre en pause)* pause (*fx* he paused for a moment and then went on in a low voice);
□ *~ en pludseligt (el. med et ryk) se ndf.: få en til at ~ op; toget standser* ***ikke*** *før Hull* the train does not stop before Hull; next (*el.* first) stop Hull; non-stop train to Hull; *han er* ***ikke til at*** *~* nothing will stop him; there is no stopping him; he is unstoppable; *[med sb.] ~ sine betalinger* suspend payment; *~ blødningen* stop the bleeding; F arrest (*el.* staunch) the bleeding;
[med adv. & præp.] han lader sig ikke ~ ***af*** *noget se ovf.: han er ikke til at ~; ~* ***i*** *væksten se vækst; ~* ***op*** stop short, stop dead; *(brat,* T*)* stop in one's tracks; *få en til at ~ op* bring sby up short (*el.* with a jerk).
standsfordom class prejudice.
standsforskel class difference.
standsmæssig *adj. (efter sb.)* befitting one's rank.
standsmæssigt *adv.* in a manner befitting one's rank.
standsning *sb. (en, -er)* **1.** stopping; stoppage; *(også om tog)* stop;
2. *(ophør)* cessation;
3. *(i trafik)* hold-up;
4. *(pause)* pause;
5. *(afbrydelse)* interruption, break; suspension;
□ *bringe til ~* bring to a standstill (*el.* halt); *uden ~* without a stop.
standsperson person of rank.
standur grandfather clock, long-case clock.
stang *sb. (en, stænger)* **1.** bar;
2. *(fiske-, pumpe-, stempel-)* rod;
3. *(vogn-, telt-, maj-, spring-, stage)* pole; *(flag-)* pole, staff;
4. *(vandret ~ på cykel)* crossbar;
5. *(brille-)* side bar;
6. *(brændselselement til reaktor)* slug;
7. *(kort stykke)* stick (*fx* of liquorice, of sealing wax);
8. *(sø.)* top mast;
9. *(på sporvogn, til strøm)* trolley pole;
□ *holde én -en* hold one's own against sby, hold sby off (*fx* hold the enemy off);
*[pl.] stænger (*T*: ben)* stumps, pins; *der var stænger for vinduerne* there were bars to the windows; the windows were barred; *[om flag]* ***på*** *halv ~* at half mast (*fx* flags were flown at half mast); *sænke flaget på halv ~* lower the flag to half mast; *på hel ~* at full mast; *hejse flaget på hel ~* hoist the flag to the masthead.
stangbidsel curb bit.
stangdrukken *adj.* dead drunk.
stange *vb.* **1.** *(støde med hornene)* butt (*fx* the goat butted at me; the goat butted him in the chest; he was butted to death);
2. *(så det medfører sår)* gore (*fx* the bull gored him in the chest; he was gored to death);
3. *(*T*: give)* chuck, bung (*fx* bung me a cigarette);
□ *tyren -de* the bull butted (at) him (, me etc.); *~ tænder* pick one's teeth; *~ ål* spear eels; *[med præp. & adv.] ~* ***efter*** *en* butt at sby; *~ ham en flaske* ***ud*** T chuck him a bottle.
stangjern bar iron.
stanglakrids stick liquorice;
□ *solgt til ~* T done for.
stanglorgnet lorgnette.
stangmagnet bar magnet.
stangmaske (basic) treble;
□ *dobbelt ~* long treble; *halv ~* short treble.
stangspring **1.** pole vaulting;
2. *(enkelt spring)* pole vault;
3. *(øvelsen)* the pole vault (*fx* compete in the pole vault).
stangsæbe soap in bars.
stangtøj off-the-peg clothes pl.;
□ *et sæt ~* an off-the-peg suit.
stank[1] *sb. (en)* stink, reek; *(stærkere)* stench; T pong.
stank[2] *præt. af stinke.*
stankelben *sb. (en, -) (zo.)* crane fly, daddy longlegs.
stanniol *sb. (et)* (tin) foil.
stanse *vb. (præge)* punch.
stansemaskine punching machine.
stansning *sb. (en, -er)* punching.
stanze *sb. (en, -r)* stanza.
stap *sb. (en, -per) (grenstump)* stub.
star *sb. (en, -) (bot.)* sedge.
starblind *adj.* **1.** purblind; **2.** *(helt blind, præd.)* as blind as a bat.
stargræs *(bot.)* sedge.
starlet *sb. (en, -ter)* starlet.
start *sb. (en, -er)* **1.** start (*fx* of a race; of an engine; a good start in life);
2. *(flyvemaskines)* take-off;
3. *(af foretagende)* starting, launching;
□ *snuble i -en (fig.)* make a false start; *en god ~ på dagen* a good start to the day.
startbane *(flyv.)* runway;
□ *start- og landingsbane a)* runway; *(mindre)* airstrip; *b) (på hangarskib)* flight deck.
startblok starting block.
startboks stall.
starte *vb.* **1.** start (*fx* a car; a movement; we must start early); *(et foretagende også)* launch (*fx* a campaign);
2. *(om flyvemaskine: gå i luften)* take off;
□ *~ en bil med startsving* crank (up) a car; *~ op* start up.
starter *sb. (en, -e)* starter.
startforbud*: få ~ (om fly)* be grounded; *give ~* ground.
starthul starting hole;
□ *komme ud af -lerne (*T*: fig.)* get moving, get a move on, get cracking.
startkabel jump lead; jump leads pl.; *(am.)* jumper cables pl.
startkapital initial capital.
startklar *adj. (præd.)* **1.** ready to start; **2.** *(om fly)* ready to take off.
startkontakt starter (switch).
startlinie starting line.
startmotor *(i bil)* starter motor.
startnøgle ignition key.
startpistol starter's pistol.
startraket booster rocket.
startsignal starting signal.
startskammel starting block.
startskud starting signal.
startsving crank, starting handle.
starttilladelse *(flyv.)* take-off clearance.
starut *sb. (en, -ter)* T chap, guy.
stase *sb. (en, -r)* stasis (pl. stases).

stat *sb. (en, -er)* state;
□ *-en* the State, the Government; *(i monarki også, især jur.)* the Crown; *en ~ i staten* a state within the State; *-erne (ɔ: USA)* the States.
statelig *adj.* stately (*fx* mansion); imposing (*fx* building; lady); *(om person også)* dignified.
statelighed *sb. (en)* stateliness.
statholder *sb. (en, -e)* governor, vicegerent.
statholderskab *sb. (et, -er)* governorship, vicegerentship.
statik *sb. (en)* statics.
station *sb. (en, -er)* **1.** station; *(jernbane- am. også)* depot; **2.** *(telegraf-)* telegraph office; *(se også politistation)*;
□ *på -en* at the station; *en ~ på vejen (fig.)* a stage on the way; *fri ~* free board and lodging; all found.
stationcar *sb. (en, -s)* estate car; *(især am.)* station wagon.
stationere *vb.* station.
stationering *sb. (en, -er)* stationing.
stationsby *(svarer til)* market town.
stationsforstander *(glds.)* station master; *(ved større station)* station manager.
stationsleder head of a station.
stationær *adj.* stationary.
statisk[1] *adj.* static.
statisk[2] *adv.* statically.
statist *sb. (en, -er) (teat. etc.)* extra.
statistik *sb. (en, -ker)* **1.** *(videnskab)* statistics (*fx* statistics is a branch of mathematics);
2. *(statistiske oplysninger)* statistics pl. (*over* of, *fx* statistics of population; the latest marriage statistics show that...); *(enkelt oplysning)* statistic (*fx* an official unemployment statistic).
statistiker *sb. (en, -e)* statistician.
statistisk[1] *adj.* statistical;
□ *-e oplysninger* statistical information sg.; statistics.
statistisk[2] *adv.* statistically.
statistrolle walk-on part.
stativ *sb. (et, -er)* **1.** stand (*fx* umbrella stand); rack (*fx* drying rack, pipe rack); *(se også cykelstativ, tørrestativ)*;
2. *(til fotografiapparat, kikkert)* tripod.
stats- **1.** state, government; **2.** *(i USA)* government, federal; *(i enkeltstaterne)* state.
statsadvokat public prosecutor.
statsanerkendt *adj.* approved.
statsansat *adj.* **1.** state-employed; **2.** *(brugt som sb.)* government employee.
statsapparat state apparatus, apparatus of the state.
statsautoriseret *adj. (præd.)* approved by the (government) authorities; *(se også revisor)*.
statsbane state railway (*fx* the Danish State Railways);
□ *De engelske -r* British Rail.
statsbankerot national bankruptcy.
statsbesøg state visit.
statsborger citizen; subject (*fx* a British subject); F national.
statsborgerlig *adj.* civic.
statsborgerret, **statsborgerskab** *se indfødsret.*
statsbudget national budget.
statschef *se statsoverhoved.*
statsdreven *adj.* state-operated, state-run.
statsdrift state management (*el.* control).
statsejendom government property;
□ *gøre til ~* nationalize.
statsejet *adj.* state-owned.
statsfarlig *adj. (præd.)* dangerous to the state;
□ *~ virksomhed* subversive activities pl.
statsfjendtlig *adj.: ~ virksomhed* anti-State activities pl.
statsforbund **1.** federation; *(med større uafhængighed for medlemmerne)* confederation; **2.** *(løsere)* association of states; **3.** *(alliance)* alliance; **4.** *(union)* union.
statsforetagende government (*el.* state) enterprise.
statsforfatning constitution.
statsform form of government.
statsforvaltning public administration.
statsfængsel state prison.
statsgaranteret *adj. (præd.)* guaranteed by the state (*el.* government).
statsgaranti state (*el.* government) guarantee.
statsgæld national debt.
statsgældsbevis Treasury note.
statshemmelighed state secret.
statshjælp state aid.
statshusholdning public finance (administration).
statsindgreb government intervention.
statsindtægt (public) revenue.
statsinstitution government institution.
statskassen *(svarer til)* the Exchequer; the Treasury.
statskirke national (*el.* established) church;
□ *den engelske ~* the Church of England; the Established Church.
statskløgt statesmanship.
statskontrol state control.
statskundskab political science.
statskunst statesmanship.
statskup coup d'état (pl. coups d'état).
statslig *adj.* **1.** governmental, national; *(attr. også)* state, government; **2.** *(politisk)* political.
statsløs *adj.* stateless.
statslån government loan.
statsmagten the State, the Government.
statsmand statesman; *(kvindelig)* stateswoman.
statsmandskunst statesmanship.
statsmaskineri state machine.
statsmidler *sb.pl.* government funds.
statsminister prime minister, premier.
statsministeriel *adj.* prime ministerial.
statsministeriet the Prime Minister's Department.
statsministerpost premiership.
statsmonopol government (*el.* state) monopoly.
statsobligation government bond, state bond; *-er* government stock sg.; gilt-edged securities.
statsopfattelse conception of the State.
statsoverhoved head of state (*fx* foreign heads of state);
□ *-et* the Head of the State.
statspoliti state police.
statsprøveanstalten the National Institute for the Testing of Materials.
statsregnskab public accounts pl.
statsret *(forfatningsret)* constitutional law.
statsretlig *adj.* constitutional.
statsrevisor auditor of public accounts;
□ *-erne (svarer i Engl. til)* the Public Accounts Committee.
statsror helm of state.
statsråd *sb. (et)* [meeting of Ministers of State, presided over by the Queen (, King)].
statssager *sb.pl.* affairs of state.
statssamfund: *det britiske ~* the (British) Commonwealth (of Nations).
statssekretær Secretary of State.
statsskat tax.
statsskole state school.
statsskov state forest.
statsstøtte *sb. (en)* state subsidy (*el.* subsidies) (*fx* the project received 848 m. kroner in state subsidies).
statsstøttet *adj.* state-aided, state-supported, state-subsidized.
statsterrorisme state terrorism.
statstidende official gazette.
statstilskud a government grant

(*el.* subsidy); *(se også statsstøtte).*
statstjenestemand government official; *(i centraladministrationen)* civil servant.
statsunderstøttelse *se statsstøtte.*
statsunderstøttet = *statsstøttet.*
statsvidenskab 1. political science; **2.** *(nationaløkonomi)* economics.
statuarisk statuesque (*fx* beauty).
statue *sb. (en, -r)* statue.
statuere *vb.: ~ et eksempel se eksempel.*
statuette *sb. (en, -r)* statuette, figurine.
statur *sb. (en)* stature.
status *sb. (en)* **1.** *(persons position)* status;
2. *(i regnskab)* balance sheet;
3. *(lageropgørelse)* stocktaking; inventory;
□ *gøre ~ a) (jf. 2)* make out (*el.* draw up) the balance sheet; *b) (jf. 3)* take stock; *c) (fig.)* take stock.
statusopgørelse 1. *se status 3*;
2. *(fig.)* stocktaking.
statusoversigt statement of affairs.
status quo *sb. (en)* status quo (*fx* restore (, preserve) the status quo).
statussalg stocktaking sale.
statussymbol status symbol.
statutmæssig *adj.* statutory; *(hdl. også, præd.)* as prescribed in the articles; pursuant to the articles.
statutter *sb.pl.* **1.** *(aktieselskabs)* articles of association; *(am.)* by-laws;
2. *(forenings love)* rules; *(organisations)* regulations; *(am.)* by-laws;
3. *(institutions)* statute(s) (*fx* of a university).
staude *sb. (en, -r) (bot.)* herbaceous perennial.
staudebed *(svarer til)* herbaceous border.
stav *sb. (en, -e)* **1.** stick; *(kraftig; vandrings-)* staff;
2. *(politi-)* truncheon, baton (*fx* the police drew (, used) their truncheons (*el.* batons)); *(se også marskalstav, tryllestav)*;
□ *bryde -en over noget* denounce sth; *falde i -er se stave*[1].
stavantenne whip aerial.
stavbakterie bacillus (pl. bacilli).
stave[1] *sb. (en, -r) (til tønder etc.)* stave;
□ *falde i -r a)* drop to pieces; *b) (fig.)* be lost in one's own thoughts; go off into a trance; F be lost in reverie.
stave[2] *vb.* spell;
□ *~ noget forkert* mis-spell sth; *han kan både ~ og lægge sammen (fig.: er ikke dum)* he can put two and two together;
[med præp.] ~ sig ***igennem*** *noget* spell one's way through sth; *ordet -s* ***med*** *k* the word is spelt with a k; *~ sig* ***til*** *noget* spell out sth.
stavefejl mis-spelling, spelling mistake.
stavekontrol 1. *(det at kontrollere)* spell checking; *(enkelt)* spell check; **2.** *(funktion på computer)* spell(ing) checker.
stavelse *sb. (en, -r)* syllable;
□ *jeg forstod ikke en ~* I didn't understand a word; *et ord på tre -r* a word of three syllables; *en åben (, lukket) stavelse (fon.)* an open (, closed) syllable.
stavelse(s)deling word division.
stavemåde spelling.
staveplade message board.
staver[1] *sb. (en, -e) (en der staver)* speller.
staver[2] *sb.: løbe sig en ~ i livet a) (komme i vanskeligheder)* get into hot water; come a cropper; *b) (lave en bommert)* put one's foot in it; *falde i ~ se stave*[1].
stavformet *adj.* rod-shaped.
stavkirke stave church.
stavlygte torch.
stavning *sb. (en, -er)* spelling.
stavnsbunden *adj.* **1.** *(hist.)* adscript; **2.** *(fig.)* tied.
stavnsbånd 1. *(hist.)* adscription; **2.** *(fig.)* loss of freedom; being tied.
stavre *vb.* **1.** *(gå usikkert, om syg el. beruset)* totter; **2.** *(med stive ben)* stomp; **3.** *(om gammel)* dodder; **4.** *(om barn)* toddle.
stavrim *sb. (et, -)* alliteration.
stavspil *(mus., omtr.)* percussion instrument.
staværr *sb. (et, -er) (ting)* big unwieldy thing; long thingummybob.
stearin *sb. (en)* stearin.
stearinlys (stearin) candle;
□ *ved ~* by candlelight.
sted *sb. (et, -er)* **1.** place (*fx* fix a time and a place for the meeting; we have visited hundreds of places; find a good place to camp; this is not the place to go into that; a sore place on my arm);
2. *(mindre ~, mere præcist & T)* spot (*fx* show me the exact spot where it happened; they gathered at the spot where it had happened; a lovely spot for a picnic; a sore spot on my arm);
3. *(i bog: hvor man er kommet til)* place; *(afsnit)* passage (*fx* a difficult passage); *(bibel- også)* text (*fx* quote a passage (*el.* text) from the Bible);
4. *(hus etc.)* place (*fx* they bought a lovely place in the country);
5. *(gård)* homestead;
□ ***finde*** *~ a) (om noget arrangeret)* take place (*fx* when will the marriage take place? the talks will take place in Copenhagen); *b) (ske)* take place, happen (*fx* strange things have taken place (*el.* happened)); be (*fx* there have been changes (, abuses, injustices, mistakes));
[med pron. etc.] ***alle*** *-er (ɔ: overalt)* everywhere; ***de fleste*** *-er* in most places; almost everywhere; ***et*** *(eller andet) ~* somewhere (or other) (*fx* he tried to find somewhere to live); ***et andet*** *~* somewhere else, in another place; ***ikke nogen*** *-er* not anywhere (*fx* I could not see him anywhere); nowhere (*fx* he was nowhere to be seen); ***ingen*** *-er* nowhere; *jeg kan ikke være* ***to*** *-er på en gang* I can't be in two places at once; *(se også vis*[3]*)*;
[med præp.] ***af*** *~* along; *(væk)* off (*fx* run (, dash, rush, gallop) off (, along)); *af ~! a)* off we go! let us be off! *b) (af ~ med dig!)* off you go! be off! ***komme af*** *~* get off, start; F depart; ***komme galt af*** *~ a) (også om pige)* get into trouble; *b) (lave en bommert)* put one's foot in it; *c) (have et uheld)* have an accident; *d) (komme til skade)* get hurt; *hvis jeg kan* ***komme af*** *~* ***med*** *det a)* if I can manage it; *b) (uden at få vrøvl)* if I can get away with it (*fx* I'll leave early if I can get away with it); *jeg* ***må af*** *~* I must be off, I must be going; ***tage af*** *~* set out, start, leave (*til* for); T get off (*fx* we'd better be getting off); *vi kommer ikke* ***ud af*** *-et* we are not getting anywhere; we are not making any progress; *hesten ville ikke ud af -et* the horse refused to budge; *rør dig ikke ud af -et!* don't move! ***fra*** *det ~* ***hvor*** from (the place) where;
i -et *(for)* instead (*fx* he did not go to Paris, but went to London instead); ***i -et for*** *(+ sb. etc.)* instead of (*fx* he gave me water instead of beer; he wants to play instead of working); *(se også træde*[1]*)*; ***i dit*** *~ ville jeg betale* in your place (*el.* if I were you *el.* if I were in your shoes) I would pay; *(se også sætte (sig i))*;
på et *~* in (*el.* at) a place; on (*el.* at) a spot; ***på -et*** *a) (også fig.)* on the spot (*fx* we have a man on the spot; he was killed on the spot);

b) (øjeblikkelig) then and there (*fx* he demanded to be released then and there); outright (*fx* he was killed outright; he bought it outright); *løbe på -et* run on the spot; *han blev skudt på -et* he was shot out of hand; *(se også march, marchere)*; ***på sine** -er* in places; ***på højere** -er* in high places; *kunne ligge **på et meget lille** ~ (fig.)* be strictly limited (*fx* my confidence in him (, my sympathy for him) is strictly limited); *(se også ret⁴)*;
til** det ~ **hvor to (the place) where; ***til -e** a)* present (*fx* the Minister was present at the opening); there (*fx* if the will is there we can come to an agreement); *b) (hjemme)* in (*fx* is Mrs Frost in?); *komme til -e* arrive, appear; T turn up; *være til -e ved* be present at, attend (*fx* a meeting); *ikke være til -e ved* be absent from; *betingelserne herfor er ikke længere til -e* the conditions for it no longer obtain.

stedbarn stepchild;
□ *samfundets stedbørn* the underprivileged; those not favoured by fortune.

stedbroder, **stedbror** stepbrother.

steddatter stepdaughter.

stede *vb. (stedte, stedt): -s for kongen* be admitted into the King's presence; *-s i (el. være stedt i) fare* be in danger; *~ en til hvile (el. til jorden)* lay sby to rest; consign sby to the earth.

stedfader, **stedfar** stepfather.

stedfindende *adj. (præd.)* taking place, in progress (*fx* the negotiations taking place (*el.* in progress)); *(attr.)* ongoing (*fx* the ongoing negotiations).

stedfortræder *sb. (en, -e)* **1.** *(næstkommanderende)* deputy;
2. *(som træder i stedet for en anden)* substitute; *(midlertidig)* temporary substitute (*el.* replacement); T stopgap;
3. *(repræsentant)* representative; *(især ved stemmeafgivning)* proxy.

stedfunden *adj. (efter sb.)* having taken place;
□ *nylig ~* recent.

stedfæste *vb.* locate.

stedkendt *adj.: være ~* have a knowledge of local conditions; know the locality; *jeg er ikke ~ (her)* I am a stranger here.

stedlig *adj.* local.

stedmoder stepmother.

stedmoderblomst *(bot.)* pansy.

stedmoderlig *adj.: få en ~ behandling, blive -t behandlet a) (om person: blive forsømt)* be neglected; be left out in the cold; *b) (uretfærdigt)* be unfairly treated; *c) (om emne etc.)* be inadequately treated; *(ikke få opmærksomhed)* receive scant attention.

stedmor *se stedmoder.*

stednavn place name.

stedord *(gram.)* pronoun.

stedsadverbium *(gram.)* adverb of place.

stedsans 1. sense of locality (*fx* have a sense of locality); **2.** *(retningssans)* sense of direction (*fx* when I am in foreign cities I always rely on my sense of direction).

stedse *adv.* ever, always;
□ *for ~* for ever, for good.

stedsegrøn *adj.* evergreen.

stedsevarende *adj.* permanent.

stedsøn stepson.

stedsøster stepsister.

stedt *pf.ptc. af stede.*

stedtillæg local allowance;
□ *~ for London* London weighting (*el.* allowance).

stedvis¹ *adj.* local (*fx* showers, thunder).

stedvis² *adv.* locally; in places (*fx* rain in places).

steg¹ *sb. (en, -e)* **1.** *(kødstykke; især: til at stege)* joint (*fx* a joint of beef (, mutton)); *(som er stegt)* roast (*fx* a roast of lamb (, pork, veal); let's have a roast for dinner);
2. *(om retten)* roast meat (*fx* they always have roast meat for dinner on Sundays).

steg² *præt. af stige.*

stege *vb. (stegte, stegt)* **1.** *(i ovn el. gryde)* roast; *(langsomt, i lukket beholder)* braise;
2. *(på pande)* fry (*fx* bacon, fish, potatoes);
3. *(over åben ild, fx på spid)* roast; *(på rist)* grill; *(især am.)* broil;
□ *solen -r* the sun scorches; *-nde hed* baking hot; scorching hot; *[udtryk med stegt] jeg er ved at blive **stegt** (af varme)* I am roasting; *let stegt* underdone, rare; *(am.)* rare; *stegt for meget* overdone;
[med stegt + sb.] stegt kylling roast chicken; *stegt lever* fried liver; *stegte æbler* baked (*el.* roasted) apples.

stegefedt dripping.

stegeflæsk pork loin.

stegegaffel carving fork.

stegegryde stewpan.

stegeos smell of cooking.

stegeovn oven.

stegepande frying pan; *(især am.)* frypan.

stegepose roasting bag.

stegerist gridiron.

stegeso square roaster.

stegespid spit.

steget *pf.ptc. af stige.*

stegetermometer roastmeat (*el.* meat roasting) thermometer.

steghed *adj.* scorching (hot).

steghede scorching heat.

stegning *sb. (en, -er) (jf. stege)* **1.** roasting; braising; **2.** frying; **3.** roasting; grilling; broiling.

stegt *adj. se stege.*

stejl *adj.* **1.** steep (*fx* hill, stairs, street; rise, slope); *(meget ~,* F*)* precipitous (*fx* slope);
2. *(lodret)* sheer (*fx* cliff, rock);
3. *(fig.: stædig)* stubborn; *(ubøjelig)* unbending (*fx* attitude; he was unbending on this issue); unyielding, uncompromising; *(neds.,* F*)* intransigent;
□ *holde (el. stå) -t på (, på at)* insist on (, insist that); *stå -t over for hinanden* confront each other, be in confrontation with each other; *stige -t* rise steeply (*el.* sharply).

stejle¹ *sb. (en, -r) (til fiskenet)* stake (for drying nets);
□ *han blev dømt til ~ og hjul (hist.)* he was condemned to (be broken on) the wheel.

stejle² *vb.* **1.** *(om hest)* rear;
2. *(blive forbløffet)* be staggered (*fx* he was staggered to hear what it cost);
3. *(løbe)* run, tear along;
□ *~ over a) (blive krænket)* bridle at (*fx* the accusation); *b) (blive forbløffet)* boggle at (*fx* the price).

stejleplads drying ground.

stejlhed *sb. (en) (jf. stejl)* **1.** steepness; **2.** *(fig.: stædighed)* stubbornness; *(ubøjelighed)* unyielding (, uncompromising) attitude; *(neds.,* F*)* intransigence.

stejlskrift *sb. (en)* backhand.

stel *sb. (et, -)* **1.** *(til paraply, cykel, briller etc.)* frame; **2.** *(spise- etc.)* service, set.

stemme¹ *sb. (en, -r)* **1.** *(tale- etc.)* voice (*fx* a gentle (, good, fine, hard) voice);
2. *(mus.)* part (*fx* a flute (, violin etc.) part); *(i kor også)* voice (*fx* for three voices);
3. *(orgel-)* stop;
4. *(ved afstemning)* vote;
□ *han ejer ikke ~ i livet* T he can't sing for nuts (*el.* toffee); *-rne står lige* the voting is equal; *(se også afgive, afgørende, andenstemme, førstestemme, indre², skarp²)*;

[med præp.] **med** *høj (, lav)* ~ in (*el.* with) a loud (, low) voice; *(om flere)* in (*el.* with) loud (low) voices; *vedtaget* **med** *30 -r* **mod** *20* passed by 30 votes to 20; *vedtaget med alle -r mod en* passed with (only) one dissenting (*el.* dissentient) vote; *være* **ved** ~ be in voice (*fx* she is not in voice today).

stemme[2] *vb. (stemte, stemt) (se også stemt)* **1.** *(et instrument)* tune (*fx* a violin); *(uden objekt)* tune up (*fx* the orchestra was tuning up);
2. *(en person)* put in a (*fx* serious, solemn) mood;
3. *(være rigtig)* be correct (*fx* yes, that's correct); be right;
4. *(om tal, regnskab)* tally (*fx* the figures don't tally); balance (*fx* the accounts balance);
5. *(fon.)* voice;
□ ~ *en blidere (fig.)* soften sby; *der er noget der ikke rigtig -r (fig.)* something is not quite right; *kassen -r* the cash account balances; *(se også dørklokke)*;
[med præp., adv.] ~ *bøgerne* **af** balance (*el.* check off) the books; ~ **af efter** check with; *(se også afstemme)*; ~ *'***i** *a)* begin to sing; *b) (synge med)* join in; ~ **med** agree with, tally with; be in keeping with; *-nde med* consistent with; in keeping with; ~ *sine fordringer* **ned** moderate one's demands; ~ *tonen ned (ɔ: udtrykke sig mindre voldsomt)* tone down one's language (, remarks, criticism etc.); ~ **overens** agree, tally (*med* with); *(se også overens, overensstemmende)*.

stemme[3] *vb. (stemte, stemt) (afgive sin stemme)* vote (*om* on); *(i parlamentet i Engl.)* divide (*om* on);
□ ~ *blankt se blankt*;
[med præp. & adv.] ~ **for** vote for, vote in favour of; *de som -r 'for rækker hænderne i vejret* those in favour will raise their hands; *jeg -r* **for at** *vi skal gøre det* I vote that we (should) do it; ~ **imod** vote against the proposal (, the bill etc.); *de der* ~ *imod* those against; ~ **ind** vote in; *(om parti også)* vote into office (*el.* power); ~ *en* **ind i** *bestyrelsen* vote sby onto the board; ~ **ned** *a)* vote down (*fx* he was voted down); *b) (om forslag etc.)* vote down, reject; T throw out; ~ **om** *noget* vote on sth, take a vote on sth, put sth to the vote; ~ **på** *en* vote for sby; ~ *på de konservative (etc.)* vote Conservative (etc.); ~ **ud** vote out; *(om parti også)* vote out of office (*el.* power); ~ *en* **ud af** *bestyrelsen* vote sby out of the board.

stemme[4] *vb.* **1.** *(med stemmejern)* chisel (out);
2. *(~ op for)* stem, dam up (*fx* water, the current);
□ *det -de ham for brystet* he felt oppressed; he felt a weight on his chest; ~ *fødderne mod noget* put (*el.* thrust) one's feet against sth.

stemmeafgivning voting; *(ved valg også)* polling, poll.

stemmebegavet *adj.: være* ~ have a good voice.

stemmeberettiget *adj.* **1.** *(præd.)* entitled to vote; **2.** *(brugt som sb.: vælger)* elector;
□ ~ *vælger* eligible voter; ~ *medlem* voting member; *ikke* ~ nonvoting.

stemmebrug*: undervisning i* ~ speech training.

stemmebånd vocal chord.

stemmedannelse voice production.

stemmefiskeri vote catching; T vote grubbing.

stemmeflerhed *sb. (en)* majority of votes.

stemmegaffel tuning fork.

stemmejern wood chisel; *(med facet)* bevel-edge chisel; *(kortere, med tyndere blad)* firmer chisel.

stemmekvæg voting fodder.

stemmeleje *sb. (et)* vocal pitch.

stemmelighed *sb. (en) (ved afstemning)* parity of votes.

stemmelæber *sb.pl.* vocal chords.

stemmemidler *sb.pl.* voice sg.

stemmenøgle tuning key.

stemmeoptæller *(ved møde)* teller.

stemmeoptælling counting of (the) votes.

stemmeprocent *(valgdeltagelse)* poll (*fx* the poll was 73 per cent); turn-out;
□ *stor* ~ a heavy poll; a large turn-out.

stemmeret 1. *(politisk)* the right to vote; F franchise (*fx* franchise was confined to men); T the vote;
2. *(aktionærs)* voting right;
□ *almindelig* ~ universal suffrage; ~ *for kvinder* votes for women; F woman suffrage; *give én* ~ give sby the vote; F enfranchise sby; *uden* ~ *(i forsamling el. om aktie)* nonvoting (*fx* delegate, member; share).

stemmerum polling booth, voting booth.

stemmesamler *se stemmesluger.*

stemmeseddel voting paper, ballot paper.

stemmeskred swing (*fx* there was a big swing away from the Conservatives in some constituencies); *(landsomfattende)* landslide.

stemmesluger *sb. (en, -e)* vote getter, vote catcher.

stemmespild 1. *(det at spilde)* a waste of votes; **2.** *(spildte stemmer)* wasted votes.

stemmetab *(ved afstemning)* loss of votes.

stemmetal number of votes, poll;
□ *-lene (ɔ: statistikken)* the voting figures (*fx* the voting figures started to come in).

stemmeurne ballot box.

stemmeværk 1. *(spærredæmning)* dam; **2.** *(overfaldsdæmning)* weir.

stemning[1] *sb. (en, -er)* **1.** *(sindsstemning)* mood (*til* for, *fx* he was in no mood for jokes; I was in a sad mood); F frame of mind (*til* for, *fx* I am not in the right frame of mind for that kind of thing); *(lune)* whim;
2. *(blandt folk, på et sted)* (public) feeling (*fx* public feeling was against it); atmosphere (*fx* there was an atmosphere of optimism (, a gloomy atmosphere) everywhere; it spoiled the atmosphere); mood (*fx* the President was out of touch with the mood of the country); F sentiment (*fx* the sentiment of a meeting; there was strong anti-Government sentiment);
3. *(munter ~)* good (*el.* high) spirits pl. (*fx* everybody was in good (*el.* high) spirits);
4. *(begejstring)* enthusiasm;
5. *(på markedet)* tone (of the market), tendency;
□ *der er* ~ *for forslaget* the proposal has been well received; *er der* ~ *for en kop kaffe?* what about a cup of coffee? *der er* ~ *over billedet* there is quite an atmosphere to the picture;
[med adj. & vb.] begejstret ~ enthusiasm; *forhøje -en (ved sammenkomst)* help create a festive occasion (*fx* his speech helped create a festive occasion); *lys* ~ atmosphere of optimism; *i løftet (, nedtrykt, trykket)* ~*, se ndf.*; *-en var ophidset* feelings ran high; *der var en trykket* ~ there was a gloomy atmosphere; there was a feeling of depression;
[med præp.] være **i** ~ *a) (glad)* be in good (*el.* high) spirits; *b) (inspireret)* be in the vein; *i løftet* ~ *a) (glad)* in high spirits; *b) (beruset)* merry (*fx* get merry on a glass of wine); slightly intoxicated; *(let glds.)* slightly elevated; *i nedtrykt* ~ in low spirits, depressed; *jeg*

var i trykket ~ I was feeling depressed; *være* ***i*** ~ ***til at*** be in the mood to (*el.* for -ing).
stemning[2] *sb. (en -er) (jf. stemme*[2]*)* *(af instrumenter)* tuning;
□ *holde -en (om instrument)* keep in tune.
stemningsbølge wave of public feeling.
stemningsfuld *adj.* **1.** *(bevægende)* impressive, moving (*fx* ceremony); **2.** *(poetisk)* poetic (*fx* description); **3.** *(som vækker minder,* F*)* evocative.
stemningsmenneske impulsive person.
stemningsomslag 1. revulsion of (public) feeling; **2.** *(hdl.)* sudden turn of the market.
stempel *sb. (et, stempler)* **1.** *(til sværtepude; også om mærket)* stamp (*fx* a rubber stamp; he had no stamps in his passport);
2. *(til mønter)* die;
3. *(bogbinders)* tool;
4. *(i motor)* piston;
5. *(post-)* postmark;
6. *(præg)* stamp, hallmark (*fx* it bears the hallmark of genius);
□ *blåt* ~ *se blå.*
stempelafgift stamp duty.
stempelmærke revenue stamp.
stempelpapir stamped paper.
stempelpligtig *adj. (præd.)* subject to stamp duty.
stempelpude stamp pad.
stempelslag piston stroke.
stempelstang piston rod.
stemple *vb.* **1.** stamp;
2. *(med poststempel)* postmark (*fx* the letter was postmarked London); *(frimærke)* cancel;
3. *(karakterisere)* stamp;
4. *(om arbejdsløs)* sign on;
□ ~ *ind (, ud) (på arbejdsplads)* clock in (, out), clock on (, off); *(am.)* punch in (, out); ~ *som (fig.) a)* brand (as) (*fx* brand him (as) a liar); T tag as (*fx* tag him as reactionary); *b) (fordømme,* F*)* denounce as (*fx* he denounced it as a breach of trust).
stempling *sb. (en, -er)* **1.** stamping; **2.** *(med poststempel)* postmarking.
stemt *adj.* **1.** *(om musikinstrument, præd.)* in tune; **2.** *(om lyd)* voiced;
□ *vemodig* ~ in a sad mood; *[med præp.] være* ~ ***for*** *det* be in favour of it; *være* ~ ***for at*** *gøre det a) (have lyst til)* be disposed to do it; *b) (gå ind for)* be in favour of doing it; *være venligt* ~ ***mod*** *en* be kindly (*el.* well) disposed towards sby; *være uvenligt* ~ *mod* be unfavourably disposed towards.
sten *sb. (en, -)* **1.** stone; *(am. også)* rock; *(lille)* pebble; *(kampesten)* boulder;
2. *(mur-)* brick;
3. *(kedel-)* scale;
4. *(i cigarettænder)* flint;
5. *(nyre- etc.)* stone; *(med.)* calculus;
6. *(testikel)* stone;
7. *(i stenfrugt)* stone; *(am.)* pit; *(i druer etc.)* seed, pip;
8. *(i pære: hårdt sted)* grit; *(sygdom)* stony pit;
□ *kaste med* ~ throw stones; *kaste den første* ~ *(fig.)* throw the first stone; *han kan leve på en* ~ he can live on next to nothing; *det kunne røre en* ~ it would melt a heart of stone; *sove som en* ~ sleep like a log (*el.* top); *(se også hjerte (fra mit hjerte), ildfast).*
stenalder *(hist.)* Stone Age;
□ *den yngre* ~ the Late(r) Stone Age; *(fagl.)* the Neolithic Age; *den ældre* ~ the Early (*el.* Earlier) Stone Age; *(fagl.)* the Palaeolithic Age.
stenbider *sb. (en, -e) (zo.)* lumpsucker.
stenbro *(brolægning)* pavement.
stenbrud *sb. (et, -)* quarry.
stenbræk *sb. (en, -) (bot.)* saxifrage.
stenbuk *(zo.)* Alpine ibex;
□ *-ken (stjernebillede)* Capricorn; *jeg er* ~ I am a Capricorn; *-kens vendekreds* the Tropic of Capricorn.
stencelle *(i pærer)* grit cell.
stencil *sb. (en, -er el. -s),* **stencilere** *vb.* stencil.
stendige stone wall; *(lavet uden mørtel)* drystone wall.
stendrossel *(zo.)* rock thrush.
stendysse *sb. (en, -r)* dolmen.
stendød *adj.* stone-dead; *(præd. også,* T*)* dead as a doornail.
stene *vb.* stone (*fx* stone sby to death).
steneg *(bot.)* holm oak, evergreen oak.
stenet *adj.* stony.
stenflise 1. *(stor haveflise)* flagstone, stone flag; **2.** *(mindre, fx gulvflise)* (stone) tile.
stenfrugt stone fruit; *(fagl.)* drupe.
stengrund 1. stony soil; **2.** *(sø.)* stony bottom;
□ *falde på* ~ *(fig.)* fall on stony ground (*fx* his words fell on stony ground); *(bibelsk)* fall upon stony places.
stengulv stone floor.
stengærde stone fence (*el.* wall); *(lavet uden mørtel)* drystone wall.
stenhugger *sb. (en, -e)* stonemason; *(som hugger indskrifter)* monumental mason.
stenhøj *(haveparti)* rock garden, rockery.
stenhøjsplante rock plant.
stenhøne *(zo.)* rock partridge.
stenhård *adj.* (as) hard as (a) stone *(præd.); (fig. også)* stony.
stenkast 1. throw with a stone (pl. throws with stones); **2.** *(kort afstand)* stone's throw;
□ *politiet blev mødt med* ~ the police were met by people throwing stones (, by a hail of stones); *kun et* ~ *fra* within a stone's throw from.
stenkaster stone-thrower.
stenkiste 1. *(arkæol.)* stone cist; **2.** *(til afvanding)* culvert.
stenkul (pit) coal.
stenkulsnafta petroleum naphtha.
stenkulstjære coal tar.
stenmår *(zo.)* stone marten.
stenograf *sb. (en, -er)* shorthand writer.
stenografere *vb.* take down (*fx* a letter, a speech) in shorthand; write in shorthand;
□ *han kan* ~ he knows (*el.* does) shorthand.
stenografi *sb. (en)* shorthand.
stenografisk *adj.* shorthand.
stenogram *sb. (et, -mer)* shorthand report (, note).
stenotypist *sb. (en, -er)* shorthand typist.
stenpikker *sb. (en, -e) (zo.)* wheatear.
stenrig *adj.: være* ~ *(ɔ: velstående)* be rolling in money.
stensalt rock salt.
stensikker *adj.* T dead certain; *(attr. også)* sure-fire (*fx* guarantee, winner);
□ *det er -t (også)* it is a dead cert.
stenskærer *sb. (en, -e)* lapidary.
stenslag *(fra vej på biler)* stone impact.
stensætning *(arkæol.)* stone circle; *(se også skibssætning, stenhøj).*
stente *sb. (en, -r)* stile.
stentorrøst, **stentorstemme** stentorian voice.
stentrappe (flight of) stone steps.
stentryk 1. *(kunsten)* lithography; **2.** *(billede)* lithograph.
stentrykker lithographic printer.
stentøj stoneware.
stenvender *sb. (en, -e) (zo.)* turnstone.
stenørken stony desert; *(fig. om by også)* stone wilderness.
step, **stepdans 1.** *(det at danse)* tap-dancing; **2.** *(enkelt dans)* tap dance.

stepdanser tap dancer.
steppe[1] *sb. (en, -r)* steppe.
steppe[2] *vb.* do tap-dancing.
steppebrand: *brede sig som en ~* spread like wildfire.
steppehøg *(zo.)* pallid harrier.
stereo stereo.
stereoanlæg stereo (set); stereo equipment.
stereofonisk[1] *adj.* stereophonic.
stereofonisk[2] *adv.* stereophonically.
stereometri *sb. (en)* stereometry.
stereometrisk *adj.* stereometric.
stereoskop *sb. (et, -er)* stereoscope.
stereotyp[1] *sb. (en, -er)* stereotype.
stereotyp[2] *adj.* stereotyped (*fx* phrase).
stereotypere *vb.* stereotype.
stereotypi *sb. (en)* **1.** stereotype; **2.** *(det at)* stereotyping; **3.** *(biol.)* stereotypy.
steril *adj.* **1.** sterile; **2.** *(fig.)* sterile, antiseptic, aseptic (*fx* building).
sterilisator *sb. (en, -er)* sterilizer.
sterilisere *vb.* sterilize; *(am.: for bakterier også)* sanitize.
sterilisering *sb. (en, -er)* sterilization; sanitization.
sterilitet *sb. (en)* sterility.
sterling sterling.
sterlingområde sterling area.
sterlingsølv sterling silver.
stetoskop *sb. (et, -er)*, **stetoskopere** *vb.* stethoscope.
stetoskopi *sb. (en)* stethoscopy.
stetson *sb. (en, -s)*, **stetsonhat** stetson.
steward *sb. (en, -er)* steward; *(flyv.)* chief steward.
stewardesse *sb. (en, -r)* stewardess.
st. Hans *se sankthans.*
sti *sb. (en, -er)* **1.** *(vej)* path; **2.** *(fx vildtsti)* track; **3.** *(svine-)* sty;
□ *holde sin ~ ren* keep to the straight and narrow (path); T keep one's nose clean.
stifinder pathfinder.
stift[1] *sb. (en, -er)* **1.** *(trådsøm)* wire nail; *(med fladt hoved)* tack; *(med mindre hoved)* pin; *(uden hoved)* sprig;
2. *(forbindelses-)* wire dowel;
3. *(med.: til støtte i knogle)* pin;
4. *(grammofon-)* needle; *(safir- etc.)* stylus;
5. *(til blyant)* lead;
6. *(til cigarettænder)* flint;
7. *(læbestift etc.)* stick.
stift[2] *sb. (et, -er) (kirkeligt område)* diocese, see.
stift[3] *adj. se stiv.*
stift[4] *adv.* stiffly, rigidly;
□ *se (el. stirre) ~ på* look (*el.* stare) hard (*el.* fixedly) at.
stiftamtmand *(kan gengives)* prefect.
stifte[1] *vb. (se også stiftende)* **1.** *(oprette)* found (*fx* a school); establish (*fx* a firm, a party); set up (*fx* an organization);
2. *(fremkalde)* stir up; F instigate; *(se også fred, ufred)*;
[med sb.] ~ et aktieselskab a) found a company; *b) (ved tegning)* float (*el.* promote) a company; *~ bekendtskab med se bekendtskab*; *~ familie* marry and have (*el.* start) a family; *~ forlig* bring about a reconciliation; *~ gæld* contract (*el.* incur) debts (, a debt); *~ et legat til fordel for* establish a trust for the endowment of; *~ et lån* raise a loan.
stifte[2] *vb. (jf. stift*[1] *1) (fæstne med stifter)* nail; tack; pin; sprig.
stiftelse *sb. (en, -r) (jf. stifte*[1] *1)* **1.** *(det at stifte)* founding; establishing, establishment; setting up;
2. *(institution)* institution, foundation;
□ *velgørende ~* charitable institution.
stiftelsesbrev deed of foundation.
stiftelsesdag day of the foundation of sth; anniversary (of the foundation).
stiftelsesfest commemoration.
stiftende *adj.: ~ generalforsamling* first (*el.* statutory) general meeting; *~ møde* inaugural meeting.
stifter *sb. (en, -e)* **1.** *(grundlægger)* founder; **2.** *(af legat)* donor.
stiftning *sb. (en, -er) (jf. stifte*[2]*)* nailing; tacking; pinning; sprigging.
stiftsfuldmægtig chancellor (of a cathedral).
stiftsprovst *(glds.) = domprovst.*
stiftsøvrighed diocesan authorities pl.
stifttand pivot tooth.
stigbord sluice gate.
stigbøjle **1.** stirrup; **2.** *(i øret)* stirrup bone; *(anat.)* stapes.
stige[1] *sb. (en, -r)* ladder (*fx* put up a ladder).
stige[2] *vb. (steg, steget)* **1.** *(om pris etc.)* rise, go up (*fx* prices are (, the temperature, the barometer is) rising (*el.* going up); the dollar rose); *(om pris også: højt)* soar;
2. *(tiltage)* grow (*fx* dissatisfaction grew); increase (*fx* the noise (, the population) increased; an increasing (*el.* growing) number of people);
3. *(om terræn)* rise (*fx* the road rose sharply); go up; F ascend (*fx* the stairs began to ascend more steeply);
4. *(om fugl)* rise; *(højt)* soar;
5. *(om fly)* climb;
□ *~ og falde a)* rise and fall; *b) (være ustabil,* F*)* fluctuate (*fx* prices (, the cost of living) continually fluctuate(s)); *få til at ~* make (*fx* prices) rise; send up (*fx* prices, the cost, the temperature, one's weight); *(mere* F*)* raise (*fx* his blood pressure; the temperature; the value of gold); *(se også stejl)*;
[med sb.] et -nde antal a growing (*el.* an increasing) number; *humøret steg* his (, their etc.) spirits rose; *(se også aktie, grad, kunst)*;
*[med præp. & adv.] ~ '**af** a)* get off; *b) (af køretøj,* F*)* alight; *c) (af hest, cykel)* dismount; *d) (fra studium)* take an intermediate (, a lower) qualification; *e) (melde fra)* opt out (*fx* when they began to get violent I opted out); *'~ af (med objekt)* get off (*fx* a bus, one's bicycle); F alight from (*fx* a bus, a carriage); dismount from (*fx* a horse, one's bicycle);
*~ **frem*** emerge;
*~ **i** land* go ashore; *han steg 5.000 kr. i løn* he got a rise of 5,000 kr.; *(am.)* he got a raise of 5,000 kr.; *~ i pris* go up, rise (in price); *~ i værdi* rise (*el.* increase) in value; *(se også agtelse, grad, rang)*;
*~ **ind*** get in; *~ **ind i** en bus (, et tog)* get on a bus (, a train); board a bus (, a train);
*~ **med** 10 procent* rise (*el.* go up) by 10 percent;
*~ **ned*** come (, go) down; F descend;
*~ **om** (i andet befordringsmiddel)* change; F transfer;
*~ **op*** rise, go up; F ascend; *~ **op af** graven* rise from the grave; *~ op af havet* emerge from the sea;
*~ **op i** a) (befordringsmiddel)* get on, board (*fx* a bus, a train); *b) (klatre op i)* climb, get up (*fx* a tree); *~ **op på** a)* get on (*fx* one's horse); F mount (*fx* a chair, one's bicycle, one's horse, the pulpit); *b) (klatre op på)* climb (*fx* a mountain);
*~ '**på*** get on; *~ på (med objekt) a) = ~ op i; b) = ~ op på*;
*~ **til** hest* get on one's horse; F mount (one's horse); *(se også hoved)*;
*~ '**ud*** get off (*fx* I want to get off); F alight; *~ **ud af*** get off (*fx* get off the bus); F alight from.
stigen *sb. (en)* rise;
□ *~ og falden a)* rise and fall; *b) (mangel på stabilitet)* fluctuation.
stigevogn ladder truck.
stigma *sb. (et, -ta)* stigma (pl. -s,

(fagl.) -ta).
stigmatisere *vb.* stigmatize.
stigning *sb. (en, -er)* **1.** *(i pris)* rise, advance, increase;
2. *(forøgelse)* increase;
3. *(i terrænet)* rise; F ascent;
4. *(af en vej)* rise; *(stigningsgrad)* gradient (*fx* a gradient of 1 in 4); *(am.)* grade;
5. *(skrues)* pitch;
□ ~ *i værdi* rise (*el.* increase) in value; *være i* ~ be on the rise, be on the upgrade.
stigningstakt rate of increase.
stik[1] *sb. (et, -)* **1.** *(med nål etc.)* prick;
2. *(med våben)* stab;
3. *(af insekt: bi, hveps etc.)* sting; *(af myg, loppe etc.)* bite;
4. *(smerte, jag)* stab of pain, twinge (of pain) (*fx* he felt a twinge in the region of the heart);
5. *(fig.: om følelse)* pang (*fx* of grief, of remorse, of regret); *(svagere)* twinge (*fx* of conscience, of regret);
6. *(elek., tele.: på væggen)* socket, point (*fx* there are points in all the rooms); *(stikprop)* plug (*fx* a three-point plug);
7. *(i kortspil)* trick;
8. *(sø.: i tov etc.)* hitch, bend;
9. *(kobber-, stål-)* engraving;
□ ***holde*** ~ hold good; ***lade** en **i** -ken* leave sby in the lurch, leave sby high and dry; ***tage** -ket **ud** a)* take the plug out; *b) (tele.)* unplug the telephone.
stik[2] *adv.:* ~ *imod a)* dead against (*fx* the wind); *b) (fig.: lige modsat)* (directly) contrary to (*fx* what we had expected); F in diametrical opposition to; diametrically opposed to; *være (, gå)* ~ *imod (også)* fly in the face of (*fx* common sense, experience, public opinion); ~ *modsat* directly opposite; *det* ~ *modsatte* the very opposite; *have* ~ *modvind* have the wind dead ahead; ~ *øst (, nord etc.)* due east (, north etc).
stikbækken bedpan.
stikdåse *(elek.)* (wall) socket.
stikflamme spurt of flame, flash.
stikflue *(zo.)* stable fly.
stikirenddreng errand boy; *(også fig.)* messenger boy (*fx* he acted as a messenger boy to the Prime Minister); T gofer.
stikke *vb. (stak, stukket) (se også stikkende)*;
1. *(putte; anbringe)* put (*fx* put one's hands in one's pockets; put the book back on the shelf);
T stick (*fx* stick the letter in an envelope; stick one's head out of the window); *(se også putte*[2] *1)*; *(voldsomt,* F*)* thrust (*fx* one's hands into one's pockets);
T shove; *(ubemærket)* slip (*fx* a letter into one's pocket);
2. *(række)* hand (*fx* hand me that book, please!); T bung (*fx* bung me a cigarette, will you?); *(give)* give (*fx* give him a box on the ear);
3. *(~ med spids genstand)* stick (*fx* a needle (, a fork, a knife) into sth); *(voldsomt)* thrust (*fx* a bayonet into sby); *(let)* prick (*fx* oneself on a needle; a hole in sth); *(med finger, stok etc.)* prod, poke (*fx* he prodded (*el.* poked) me in the ribs; he nearly poked her in the eye with his umbrella); *(med kniv, dolk etc.)* stab;
4. *(slagte fx en gris)* stick;
5. *(om insekt: bi, hveps etc.)* sting; *(om loppe, myg)* bite;
6. *(i metal)* engrave;
7. *(om syning)* stitch; *(om vatteret arbejde)* quilt;
8. *(med bold)* hit;
9. *(i kortspil)* cover;
10. *(sø.: om dybgående)* draw;
11. *(*T*: overgå)* beat (*fx* can you beat that?);
12. *(*T*: løbe)* run, bolt (*fx* he ran (*el.* bolted) down the street); *(om kort tur til et sted)* pop, nip (*fx* nip across to the baker's);
13. *(angive)* inform against;
T peach on, rat on, split on; *(am.)* finger; *(til politiet,* S*)* grass on;
□ ~ *en* ***ihjel*** stab sby to death;
[med sb. & pron.] ~ ***asparges*** cut asparagus; *jeg ved ikke hvad der -r* ***ham*** I don't know what has got (into) him; I don't know what is biting him; *han gør det når det -r ham* he does it when he feels like it (*el.* when he chooses); *det stak* ***ham at*** he took it into his head to; ~ ***sig*** prick oneself (*fx* on a needle); ~ ***sig i*** *fingeren* prick one's finger; ***solen*** *-r (omtr.)* it is sultry; *(se også hale*[1]*, hul*[1]*, ild)*;
[med præp. & adv.] ~ ***af*** *a) (forsvinde)* clear out; *(især når man er uønsket)* take oneself off (*fx* I think I'll take myself off now); *b) (flygte)* make off, bolt; *(for at undgå noget ubehageligt)* make oneself scarce; *(i hemmelighed)* skip off (*fx* without paying one's bill); *c) (sø.: fraslå sejl)* unbend; *d) (afmærke) se afstikke*; ~ ***af fra*** *en* give sby the slip; ~ *af fra kone og børn* desert one's wife and family; ~ ***af imod*** form a glaring contrast to; *(om farver)* clash with; ~ ***af med*** run away (*el.* off) with (*fx* her husband, the jewels, the profit);
~ ***dybt*** *(sø.)* have a deep draught;
~ *for dybt* draw too much water; *skibet -r ikke dybt* the vessel has a shallow draught; *han -r ikke dybt (fig.)* there is not much in him; he is pretty shallow;
'~ ***efter*** *(med stok etc.)* prod at;
~ ***frem*** *a) (rage frem)* stick out (*fx* we saw a pair of feet sticking out); F project; *(ses)* peep out; *b) (iøjnefaldende, generende)* jut out; F protrude; *c) (med objekt)* put out (*fx* one's hand); stick out; *(med kraft)* thrust out; *(se også hoved)*;
~ ***hen til*** *en* nip round to sby;
~ ***i*** prod at, poke at (*fx* he poked at the meat with his fork); *(se også brand, rend)*; ~ *penge i* invest money in; *(se også ild, næse)*;
~ ***i at*** *se sætte (i at)*; ~ *fingeren* ***i jorden*** *se finger*; ~ *noget* ***i lommen*** *a)* put (, slip, thrust) sth in one's pocket; *b) (tilvende sig, hugge)* pocket sth (*fx* he pocketed the profits); ~ *en fornærmelse i lommen* swallow an insult; ~ ***i søen*** put out to sea; *solen stak mig* ***i øjnene*** the sun was in my eyes; *det -r i øjnene* it strikes (*el.* catches) the eye;
han stak hovedet ***ind ad*** *døren a)* he put (, stuck) his head in at the door; *b) (nysgerrigt)* he poked his head in at the door; ~ ***ind imellem*** (ɔ: *på snæver plads)* insert between (*fx* insert your hand between the back of the chair and the wall); *jeg stak min arm* ***ind under*** *hans* I slipped my arm through his;
~ ***ned*** *(dolke)* stab;
~ ***op*** *(rage op)* stick up; *han -r ikke* ***op for*** *nogen* he is not afraid of anybody; *(se også bollemælk)*;
~ ***på*** *næven (især om politiker)* press the flesh; ~ *en på næven* shake hands with sby; *(se også kasse, skrin)*;
~ *hovederne* ***sammen*** *se hoved*;
~ ***til*** *a) (prikke, støde)* prod at, poke at (*fx* he poked at the snake with his stick); *b) (stadig kritisere)* be getting at, get at (*fx* he is getting at me all the time; he got at me time after time); ~ *noget til en* slip sth into sby's hand; ~ ***til maden*** *a) (ikke spise)* toy with one's food; *b) (kun spise lidt)* peck at one's food; ~ ***til side*** *a) (gemme)* conceal; *b) (gemme til senere)* put by, put away; *c) (reservere)* put aside (*fx* for a good customer); ~ ***til sig*** pocket; ~ ***til søs*** *a) (om skib)* put out to sea; *b) (om per-*

son) go to sea; *(løbe bort og ~ til søs)* run away to sea;
~ ***ud*** *se ovf.: ~ frem; ~ en ud (ɔ: fortrænge)* cut sby out; *~ en noget ud (ɔ: prakke på)* palm (*el.* fob) sth off on sby; *~ et glas ud (ɔ: drikke hurtigt)* toss off a glass; *~ hovedet* ***ud ad*** *døren (, vinduet a)* put (, stick) one's head out of the door (, window); *b) (nysgerrigt)* poke one's head out of the door (, window); *~ øjnene ud på en* put out sby's eyes;
der -r noget ***under*** *a)* there is more in this than meets the eye; *b) (ɔ: en fælde etc.)* there is a catch in it somewhere; *(se også stol, vest[1]).*

stikkelsbær gooseberry.

stikkelsbærben *sb.pl.* (thin) hairy legs.

stikkelsbærbusk gooseberry bush.

stikkelsbærgrød *(omtr.)* stewed gooseberries.

stikken[1] *sb. (en)* **1.** *(stikkende fornemmelse)* pricking sensation;
2. *(jag)* shooting pain, twinge;
□ *lade i ~ se stik[1].*

stikken[2] *adj.* touchy, easily offended.

stikkende *adj.* **1.** pricking (*fx* sensation); **2.** *(om smerte)* stabbing, shooting;
□ *blive ~ i* get stuck in; *komme ~ med* proffer;
[med sb.] ~ blik (ɔ: gennemborende) penetrating eyes pl.; *~ lugt* pungent smell.

stikker[1] *sb. (en, -e)* **1.** *(angiver)* informer; S grass; **2.** *(professionel politi-)* stool pigeon.

stikker[2] *sb.pl. (T: ben)* pegs;
□ *være på -ne a) (ɔ: aktiv)* be on the go, be up and doing; *b) (neds.)* be on the make.

stikkesting backstitch.

stikkontakt 1. *(stikdåse)* socket (outlet), point; **2.** *(stikprop)* plug.

stiklagen drawsheet.

stikle *vb.: ~ til en* be sarcastic at sby's expense; T be getting at sby.

stikledning *(til vand, gas etc.)* service pipe; *(elek.)* service line.

stiklen *sb. (en),* **stikleri** *sb. (et, -er)* sarcasm(s).

stikling *sb. (en, -er) (bot.)* cutting.

stiknarkoman 1. injecting drug addict, injector; **2.** *(som indsprøjter stof intravenøst)* intravenous drug user; S mainliner;
□ *være ~* be on the needle.

stikning *sb. (en, -er)* **1.** *(syning)* stitching; **2.** *(søm)* seam.

stikord 1. *(skuespillers)* cue;
2. *(opslagsord)* headword.

stikordsregister subject index.

stikpille 1. *(med.)* suppository;
2. *(fig.)* sarcasm, snide remark.

stikprop plug.

stikprøve 1. spot test, random test (*fx* a random drug test);
2. *(det udtagne)* test sample, random sample;
3. *(stikprøvekontrol, fx i regnskaber & om toldvæsen, politi)* spot check, random check;
□ *tage en ~ (jf. 1)* take (*el.* make) a spot test; *foretage -r (jf. 3)* make spot checks (*el.* random checks).

stikprøvekontrol 1. *(det at kontrollere)* spot checking; **2.** *(enkelt)* spot check, random check.

stiksav compass saw.

stiksår stab wound.

stiktosset *adj.* T hopping mad.

stikvåben pointed weapon, stabbing weapon.

stil[1] *sb. (en, stilarter)* style (*fx* a clear style; the style of Shakespeare (, of Raphael); classical (, Gothic) style); *(malers også)* manner;
□ *bunden og ubunden ~* verse and prose; *den store ~* the grand style;
[med præp.] noget ***i den*** *~ (fig.)* something along (*el.* on) those lines; *noget* ***i*** *~* ***med*** something along (*el.* on) the lines of (*fx* what you gave her last year); something like (*fx* Elvis Presley); ***i stor*** *~* on a large scale; *i* ***den store*** *~* in the grand manner; *der er ~* ***over*** *ham* he has style; *der er ingen ~ over det* it lacks distinction (*el.* style).

stil[2] *sb. (en, -e)* **1.** *(fristil)* essay, composition; *(am.)* theme;
2. *(oversættelsesstil) se oversættelse 3.*

stilart style.

stilbar *adj.* adjustable.

stile *vb.: ~* ***efter*** aim at, aspire to; *~* ***hen imod*** *se ndf.: ~ mod a; ~* ***højt*** aim high, set one's sights high; *~* ***mod*** *a) (styre hen imod)* make for (*fx* the bar); *b) (fig.: tilstræbe)* aim at (*el.* for) (*fx* an early solution); *~ brevet* ***til*** *ham* address the letter to him; *ansøgninger -s til ministeren* application must be made to the Minister.

stilebog, **stilehæfte** exercise book.

stilet *sb. (en, -ter)* stiletto.

stilethæl stiletto heel.

stileøvelse *se stiløvelse.*

stilfuld *adj.* **1.** stylish (*fx* dress);
2. *(smagfuld)* tasteful (*fx* decoration); *(præd. også)* in good taste;
3. *(elegant)* elegant (*fx* dress); graceful (*fx* speech, manners).

stilfærdig *adj.* quiet, gentle.

stilfærdighed *sb. (en)* quietness, gentleness;
□ *i al ~* quietly, in a quiet way.

stilhed *sb. (en) (jf. stille[2])* **1.** *(fravær af støj)* stillness (*fx* the stillness of the evening was broken by a shout); quiet (*fx* the quiet of the evening (, of the forest); he shouted for quiet); quietness (*fx* the quietness of the church); *(pludselig, især efter larm)* hush (*fx* there was a sudden hush; a hush fell on (*el.* over) the room; a hush of expectation);
2. *(ro, også om vejr, vind)* calm (*fx* calm descended on the house when the guests had left; the calm was almost oppressive; the calm before the storm);
3. *(tavshed)* silence (*fx* observe a two minutes' silence);
□ *i ~ a)* quietly; privately; T on the quiet; *b) (i tavshed)* silently, in silence; *c) (i hemmelighed)* secretly; *begravelsen foregår i ~* the funeral will be private.

stilig *adj.* **1.** *(stilfuld)* stylish; **2.** *(korrekt)* correct.

stiliseret *adj.* stylized (*fx* flowers).

stilist *sb. (en, -er)* stylist.

stilistik *sb. (en)* stylistics.

stilistisk[1] *adj.* stylistic.

stilistisk[2] *adv.* stylistically.

stilk *sb. (en, -e)* **1.** *(blomster-, blad-, frugt-)* stalk (*fx* a flower stalk, a leaf stalk, a cherry stalk); *(især blomsterstilk, stængel)* stem (*fx* the hairy stem of a poppy; long-stemmed roses); *(rabarber-)* stick;
2. *(på glas, på pibe)* stem;
□ *hans øjne stod på -e* his eyes were popping out of his head.

stilket *adj.* stalky; *(bot.)* petiolate.

stilkonsulent image consultant, image-improvement specialist.

stillads *sb. (et, -er)* **1.** *(enkelt)* scaffold (*fx* put up (*el.* erect) a scaffold); **2.** *(generelt)* scaffolding; staging.

stilladsarbejder scaffolder, scaffold hand, rigger.

stilladsbrædder *sb.pl.* scaffold boards (*el.* planks).

stille[1] *sb. (et) (mods. storm)* calm (*fx* after a storm comes a calm);
□ *i storm og ~* in calm or stormy weather.

stille[2] *adj. (se også stille[3])* **1.** *(uden bevægelse)* still (*fx* the air was still);
2. *(rolig, uden støj el. ballade)* quiet (*fx* evening, life, street, village; it is very quiet out in the country; they were completely quiet; tell the boys to be quiet); still (*fx* a still night after a stormy

day; the forest was still; they were quite still);
3. *(om vejr, vand)* calm (*fx* evening; weather); *(om vand også)* still (*fx* the still water of the pond);
4. *(tavs)* silent (*fx* prayer); quiet (*fx* she was very quiet all evening; be quiet!);
5. *(hdl.)* slack, dull, quiet;
□ *stille!* be quiet! hush! *(i forsamling)* silence! *der er blevet ~ om det* nobody talks about it any more; there is no more talk about it; *han hører til de ~ i landet* he says very little; he belongs to the silent majority; *så ~ som en mus* as quiet as a mouse;
[med sb.] dø en ~ død a) die (*el.* pass away) peacefully; *b) (fig.)* die (quietly); *lade noget dø en ~ død (fig.)* let sth die (quietly) (*fx* they let the plan die (quietly)); *i sit ~ sind se sind*; *en ~ tid a)* a period of quiet; *b) (hdl.)* a slack period; *en ~ tvivl* a secret doubt; *det ~ vand har den dybe grund* still waters run deep.

stille[3] *adv. (jf. stille*[2]*)* **1.** *(ubevægeligt)* still (*fx* sit (, lie) still);
2. *(uden støj el. ballade)* quietly (*fx* go away quietly);
3. *(tavst)* silently, quietly;
□ *ganske ~, i det ~, lige så ~ a)* quietly; *b) (hemmeligt)* secretly; T on the quiet; *liste af lige så ~* slip away quietly;
[med vb.] **dø** ~ die (*el.* pass away) peacefully; **gå** ~ **med** *noget* keep sth quiet; *gå ~ med dørene (fig.) a) (være forsigtig)* watch one's step, tread cautiously; *b) (være diskret)* go about things quietly, keep a low profile; T soft-pedal (*fx* we had better soft-pedal on that question for a while);
holde ~ *a) (standse)* stop; F halt; *b) (være standset)* be standing (still);
ligge ~ *a)* lie still, be quiet; *b) (om forretning, produktion etc.)* be at a standstill; *(om fabrik)* be idle;
stå ~ *a)* stand still (*fx* time appeared to stand still; we have not stood still since then); *b) (om vand)* stagnate; *c) = ligge ~*; *ens forstand står ~ (ɔ: af forfærdelse)* one's (*el.* the) mind boggles; *hans forstand stod ~ (ɔ: han anede ikke hvad han skulle gøre)* he was at his wits' end; *luften stod ~* there was not a breath of air;
tie ~ *se tie.*

stille[4] *vb. (se også stillet)* **1.** *(anbringe)* put (*fx* he put the book back on the shelf); *(mere* F*, mere omhyggeligt: anbringe)* place; *(mindre alm.)* set (*fx* he placed (, set, put) the vase on the table); *(anbringe i lodret stilling, også)* stand (*fx* he stood the vase on the table; he stood (, put, placed) the ladder (, the bicycle) against the wall);
2. *(om kontrolknap, viser etc.: indstille)* set (*efter* by, *fx* he set his watch by the time signal; set the dial at 5; set the control at "cold"; I forgot to set the alarm *(vækkeuret)*);
3. *(indfinde sig)* turn up (*fx* he turned up with three helpers); *(mil.)* muster (*fx* the company mustered on a hill);
4. *(melde sig, også mil.)* report (*hos chefen* to the boss; *på kontoret* at the office); F present oneself (*fx* he presented himself at the office);
5. *(skaffe)* supply; F furnish (*fx* a witness); *(om penge også)* find (*fx* £5,000);
□ *~ lige se lige*[3]; *~ tilfreds se tilfreds*;
[med sb.] ~ en (eksamens)opgave set a paper; *(se også opgave)*; *~ et ur* set a watch (, a clock); *(se også ovf.: 2)*; *~ uret til at vække kl. 7* set the alarm for 7 o'clock; *(se også betingelse, depositum, fordring, fælde*[1]*, horoskop, krav, spørgsmål)*;
[med sig] ~ **sig** *a)* stand (*fx* come and stand here! he stood aside); *(anbringe sig)* place oneself (*fx* he placed himself in the doorway (, next to me)); *b) (indtage en vis holdning)* take up a(n) ... attitude (*fx* take up a friendly (, a defiant, an irreverent) attitude); *(se også afventende)*; *hvordan vil han ~ sig?* what will be his attitude? *~ sig en opgave* set oneself a task;
~ **sig an** strike an attitude (*el.* a pose); *(generelt)* strike attitudes (*el.* poses); attitudinize; F posture;
~ **sig an som om** *man er* pretend to be (*fx* ill, an expert); put on a show of being (*fx* ill);
~ **sig bag** *(fig.: støtte)* back up (*fx* a person, a statement); *(en person også, om flere)* line up behind (*fx* the members lined up behind the new leadership); *(en erklæring etc. også,* F*)* endorse; *(en politik også)* identify oneself with;
~ **sig i** *se kø, positur, spids*[1];
~ **sig op** *a)* place oneself (*fx* he placed himself in the doorway); take (up) one's position (*fx* the team took up their positions); *b) (for at passe på etc.)* station (*el.* plant) oneself (*fx* at the door); *c) (om flere: samle sig)* gather, collect (*fx* people collected in front of the palace); *d) (i række)* line up; *(i kø)* queue up; *tusinder af mennesker havde -t sig op langs ruten* thousands of people lined the route;
~ **sig på** *hans side* side with him;
~ **sig som** *kandidat* stand (as candidate); *(am.)* run (as candidate);
sagen -r **sig således** the facts (of the matter) are these;
hvordan -r han **sig til** *sagen?* what is his attitude to the matter? what are his views on the matter?
~ **sig under** *éns kommando* place oneself under sby's command (*el.* orders);
[med præp. & adv.] blive -t **for** *en dommer* be brought before a judge; *(se også ret*[2]*)*;
~ **fra sig** *a)* put down (*fx* one's glass); *b) (efterlade)* leave (*fx* one's bicycle in the street);
~ **frem** *a)* set out (*fx* chairs for the guests); *b) (udstille)* display (*fx* he displayed his collection of tin soldiers); *c) (et ur)* put forward;
~ dem **frit** *a)* give them a free hand; *b) (pol., ved afstemning i parlament)* give them a free vote; *det -r os* **gunstigere** it leaves us in a better position;
~ **hos** *se ovf.: 4*;
~ **i** *se bero*[1]*, lys*[1]*, relief, spids*[1]*, udsigt (etc.)*;
~ **ind** *se indstille*; *~ samtalen* **ind til** *ham (tele.) a)* put the call through to him; *b) (flytte den)* transfer the call to him;
~ **om** *(tele.)* transfer (sby, the call) (*fx* can you get me transferred? I'll transfer you); ~ **om til** *a) (tele.)* transfer the call to; *b) (på radio)* switch on to; *c) (under transmission)* go over to; *d) (ændre til)* switch over to (*fx* switch the cooker over to natural gas);
~ **op** *a) (~ sig op i rækker, også mil.)* form up (*fx* the schoolchildren had to form up before entering the school) *(se også ovf.: ~ sig op)*; *b) (til valg) se ovf.: ~ sig som kandidat*; *c) (gøre)* do (*med* with, *fx* what shall I (*el.* am I going to) do with them? he did not know what to do with himself); *d) (melde sig frivilligt)* volunteer; *(være parat)* show willing (*fx* he always shows willing when somebody asks him); *(deltage)* join in; *e) (med objekt) se opstille*; *der er ikke noget at ~ op* there is noth-

ing to be done (*el.* we (, I etc.) can do) about it; ~ ***op mod*** *(i sport)* take on; *(se også mur)*; ~ ***op på*** *række* line up; ~ ***op som*** *(ɔ: ved valg) a)* put (oneself) up as (*fx* he put (himself) up as treasurer); *b) (ved parlamentsvalg)* stand as (*fx* he stood as an Independent);
~ *en* ***over for*** face sby with (*fx* a challenge, a choice, a problem); F confront sby with (*fx* a challenge, a problem);
~ ***på*** *en skrue* adjust a screw; *(se også prøve*[1]*)*;
~ ***til*** *se disposition, rådighed, skue*[1];
~ ***tilbage*** put back (*fx* a book, the clock).
stille[5] *vb.* **1.** *(tilfredsstille)* satisfy (*fx* one's hunger, one's curiosity); **2.** *(tørst)* quench, slake; **3.** *(lindre, F)* allay, alleviate.
stilleben *sb. (et, -)* still-life (pl. still-lifes).
Stillehavet the Pacific (Ocean).
stillekupé, stillekupe *(kan gengives)* quiet compartment.
stilleleg *(svarer til)* dead donkey.
stillelæsning silent reading.
stillemøtrik adjusting nut.
stiller *sb. (en, -e) (kan gengives)* supporter.
stillesiddende *adj.* sedentary (*fx* life, work).
stilleskrue adjusting screw.
stillestående *adj.* **1.** stationary; **2.** *(om vand, handel etc.)* stagnant; **3.** *(om person: sløv etc.)* stolid.
stillet *adj.: være dårligt (, godt) ~ (ɔ: økonomisk)* be badly (, well) off; *være frit ~* have a free hand; *være uheldigt (, vanskeligt) ~* be in an unfortunate (, difficult) position; ~ *som jeg er* situated as I am; in my position.
stillids *sb. (en, -er) (zo.)* goldfinch.
stilling *sb. (en, -er)* **1.** *(legemsstilling)* position (*fx* in an upright position; sit (, lie) in an uncomfortable position; F: assume a sedentary position); *(mere F)* posture (*fx* a sitting (, kneeling, crouching) posture; working postures);
2. *(holdning, indstilling)* attitude (*til* to, *fx* his attitude to art); F position (*til* on, *fx* their position on the problem); stand (*til* on); stance (*til* on);
3. *(~ i terrænet; også mil.)* position (*fx* retire to a safer position; a fortified (, weak) position);
4. *(arbejde, plads)* job (*fx* get a job in a bank); *(F el. om højere stilling)* post, position (*fx* obtain a post in a bank; a teaching post; a top management post; a post (*el.* position) in a Ministry); *(som man udnævnes til)* appointment (*fx* get a teaching appointment at a school); *(om huslig ~)* place; F situation;
5. *(erhverv, i officielt sprog, fx på spørgeskema)* occupation (*fx* give your name, address and occupation);
6. *(samfundsstilling)* position (*fx* the position of women in society); *(politisk ~, retsstilling)* status;
7. *(situation)* situation (*fx* in an embarrassing situation); position (*fx* the financial position of the firm); state of affairs (*fx* the present state of affairs);
8. *(i sport)* score (*fx* what's the score?);
□ *sagernes ~* the state of affairs; *[med vb.] beklæde en ~ se beklæde 2*; *besætte en ~ se besætte*; *gøre -en op (fig.)* take stock (of the situation); *gå i ~ (mil.)* move into position; *holde -en a) (mil.)* hold the position; *b) (fig.)* hold one's own, hold one's ground; *indtage en ~ se indtage*; *tage ~ til a) (afgøre)* decide on (*fx* the matter); F come to a decision as to; *b) (finde ud af hvad man mener om)* make up one's mind about (*fx* I can't make up my mind about it); F take a stand on.
stillingsannonce job advertisement.
stillingsbeskrivelse job description.
stillingskrig *(skyttegravskrig)* trench warfare.
stillingtagen *sb. (en)* **1.** *(det at tage stilling)* making up one's mind (*til* about); F taking a stand (*til* on); **2.** *(holdning)* attitude (*til* to); *(standpunkt)* position (*til* on); stand (*til* on); F stance.
stillleben = *stilleben.*
stilløs *adj. (præd.)* without style; F devoid of style.
stilne *vb.: ~ af a) (aftage)* calm down (*fx* the wind is calming down); decrease, go off (*fx* the rain decreased (*el.* went off)); F abate (*fx* the storm (, the agitation) abated); subside; *b) (og forsvinde)* die down (*fx* the noise (, the wind) died down); *c) (om regn, trafik)* slacken off.
stilstand *sb. (en)* stagnation; *(pause)* lull;
□ *der er ~ i forhandlingerne* the negotiations are at a standstill.
stiltiende[1] *adj.* **1.** tacit (*fx* admission, agreement, consent); **2.** *(underforstået)* implied (*fx* agreement, criticism, promise);
□ *~ forbehold* mental reservation; *~ forudsætning* implied condition.
stiltiende[2] *adv.* tacitly.
stiløvelse 1. *(bog)* book of short passages for translation; **2.** *(øvelse)* exercise.
stimand *(glds.)* robber; *(landevejsrøver)* highwayman.
stime[1] *sb. (en, -r) (også fig.)* shoal; □ *i -r (fig.)* in shoals, in droves.
stime[2] *vb.: ~ sammen (om fisk)* shoal; *(se også stimle).*
stimle *vb.: ~ sammen* crowd (*om* round); F throng.
stimmel *sb. (en)* crowd; F throng.
stimulans *sb. (en, -er)* **1.** *(stimulerende middel)* stimulant; **2.** *(stimulerende påvirkning)* stimulus (pl. stimuli) (*for* to).
stimulere *vb.* stimulate (*til* into, *fx* into renewed efforts; *til at* to, *fx* to try again).
stimulerende *adj.* stimulating (*fx* the conference was stimulating, even bracing);
□ *~ middel* stimulant.
stimulering *sb. (en, -er)* stimulation.
sting *sb. (et, -)* stitch;
□ *have ~ i siden* have a stitch in one's side.
stinkadoros *sb. (en, -)* weed.
stinkbombe stink bomb.
stinkbrand *(bot.)* stinking smut.
stinkdyr *(zo.)* skunk.
stinke *vb. (stank, stinket)* stink;
□ '~ *af* stink of, reek of.
stinkende *adj.* stinking; F fetid.
stinkskab fume cupboard.
stinksvamp *(bot.)* stinkhorn.
stipendiat *sb. (en, -er) (jf. stipendium)* holder of a grant (, scholarship).
stipendium *sb. (et, stipendier) (fra det offentlige)* grant, scholarship; *(fra undervisningsinstitution)* scholarship; *(fra fond, kun om engangsbeløb)* bursary.
stiplet *adj.: ~ linie a)* dot-and-dash line; *b) (punkteret linie)* dotted line.
stipulere *vb.* stipulate.
stipulering *sb. (en, -er)* stipulation.
stirre *vb.* **1.** *(intenst)* stare (*på* at, *fx* she stared at him in horror; don't stare, it's rude);
2. *(vredt)* glare (*på* at, *fx* he glared at his opponent); *(skule)* glower (*på* at);
3. *(interesseret, henrevet, drømmende)* gaze (*på* at, *fx* at a lovely view; the child gazed at the Christmas tree; he gazed dreamily (, absent-mindedly) at the ceil-

ing);
□ *han sad og -de frem (el. hen) for sig* he sat staring (, gazing) in front of him (*el.* into space); ~ *sig blind på* become hypnotized (*el.* obsessed) by.
stirren *sb. (en) (jf. stirre)* **1.** *(det at)* staring; glaring; glowering; gazing; **2.** *(blik)* stare; glare; gaze.
stirrids *sb. (et, -er) (sø.)* pantry.
stiv *adj. (stift, stive) (se også stift[4])* **1.** *(mods. bøjelig el. blød)* stiff; *(stærkere,* F *el. fagl.)* rigid (*fx* spring *(fjeder)*; frame);
2. *(stivet)* starched (*fx* collar);
3. *(mods. lind)* stiff (*fx* beat the cream till it is stiff); thick; *(om gelé etc.)* firm;
4. *(om bevægelse)* stiff; *(om optræden)* stiff, formal;
□ *det er dog den -este !* T I like that! that's the limit! that beats everything! *blive ~ a)* grow stiff, stiffen; *b) (om gelé)* set; T jell; *gøre ~* make stiff, stiffen;
[med sb.] han tog det i ~ arm a) he took it in his stride; *b) (uden at kny)* he did not bat an eyelid; *vi må tage det i ~ arm* we must stick it out; *i stift bind* in boards; *et stift blik a) (ufravendt)* a fixed stare; *b) (udtryksløst)* a glassy stare; *en ~ kuling* a stiff breeze; *et stift led* a stiff joint; *en ~ pris* a stiff price; *stift skæg* bristly beard; *et stift (ɔ: anstrengt) smil* a forced smile; *det er et stift stykke* T that's a bit thick (*el.* stiff); *en ~ time* a solid hour; *en ~ whisky* a stiff whisky; *(se også pind, puds[1], øre)*;
[med præp.] ~ ***af*** *druk* paralytic; *~ af skræk* paralysed with fear; F petrified (with fear); *blive ~ af skræk se stivne (af skræk)*; *være ~* ***i*** *(ɔ: være dygtig til)* be well up in; *han er ~ i papirerne* he is well up in the subject.
stivarmet *adj.* stiff-armed.
stivbenet *adj.* stiff-legged.
stive *vb.* starch (*fx* a shirt);
□ *~ '****af*** *a)* prop up (*fx* a fence, the roof; a tree with a stake); *b) (væg)* shore up; *(med murværk)* buttress; *c) (styrke)* strengthen (*fx* one's self-confidence); *d) (støtte)* support (*fx* they supported each other); prop up (*fx* the ailing economy); bolster up (*fx* his courage, their morale; the ailing economy); buttress up (*fx* a weak government); *~ sig af a) (styrke)* fortify oneself (*fx* with a cup of tea, with a whisky); *b) (sætte mod i)* buck oneself up (*fx* he tried to buck himself up by swearing at the others).
stivelse *sb. (en, -r)* starch.
stivelse(s)holdig *adj.* starchy.
stivelse(s)korn starch grain.
stiver *sb. (en, -e)* **1.** *(støtte(bjælke))* brace; *(skrå)* shore; *(kort)* prop;
2. *(i skibs lastrum)* stanchion, pillar;
3. *(i paraply)* rib; *(se også flipstiver, korsetstiver)*.
stiverik *sb. (en, -ker) (vulg.)* hard-on.
stivetøj **1.** starched linen; **2.** *(som skal stives)* linen to be starched.
stivfrossen *adj. (præd.)* frozen stiff.
stivhed *sb. (en)* **1.** *(også fig.)* stiffness; *(mods. bøjelighed også,* F*)* rigidity; **2.** *(af dej, sovs etc.)* stiffness, thickness.
stivkrampe *(med.)* tetanus.
stivlærred buckram.
stivnakket = *stivsindet.*
stivne *vb.* **1.** stiffen, grow (*el.* get) stiff; *(om gelé etc.)* set; T jell;
2. *(om person: pludselig stå stille)* freeze (*fx* she froze when she heard a noise);
3. *(stagnere)* stagnate, settle into a rut; F fossilize;
□ *~ af skræk* become paralysed with fear; *det fik blodet til at ~ i mine årer* it made my blood run cold; *et -t smil* a fixed smile.
stivnen *sb. (en) (jf. stivne)* **1.** stiffening; setting; **2.** *(stagnation)* stagnation.
stivsind obstinacy, stubbornness.
stivsindet *adj. (stædig)* obstinate, stubborn; T pig-headed, bull-headed; *(egensindig)* headstrong; *(stædig og stolt)* stiff-necked.
stivskørt stiff underskirt, crinoline.
stivstikker *sb. (en, -e)* **1.** *(med et stift væsen)* stick, sourpuss;
2. *(stivsindet)* pigheaded fellow.
stjal *præt. af stjæle.*
stjerne *sb. (en, -r)* **1.** *(også fig.)* star; **2.** *(typ.)* asterisk;
□ *have en høj ~ hos én* stand high in sby's favour; *født under en uheldig ~* born under an unlucky star; *hans ~ er i dalen* his star is waning; *(se også kigge)*.
stjernebanneret the Stars and Stripes.
stjernebillede *(astr.)* constellation.
stjerneformet *adj.* star-shaped; F stellate.
stjernehimmel starry sky; *(glds. el. litt.)* firmament.
stjernekaster sparkler.
stjernekigger stargazer.
stjernekikkert (astronomical) telescope.
stjerneklar *adj.* starry.
stjernekort star atlas, astronomical chart.
stjernekrigsprojektet the Star Wars programme.
stjerneobservation stellar observation.
stjerneskruetrækker cross-point screwdriver, Phillips screwdriver.
stjerneskud shooting star, falling star.
stjernetegn *(i astrologi)* zodiac sign.
stjernetyder *sb. (en, -e)* astrologer.
stjernetydning astrology.
stjernetåge nebula (pl. -e, -s).
stjernevrimmel host of stars.
stjæle *vb. (stjal, stjålet) (se også stjålen)* steal; T pinch, swipe; F purloin; *(se også hugge 3, rapse)*;
□ *mit ur er blevet stjålet* somebody has stolen my watch; *~ sig til at gøre det* do it on the sly (*el.* furtively); *~ sig til at se på hende* steal a glance at her; *(se også billede, ravn)*.
stjært *sb. (en, -e)* **1.** *(hale)* tail; **2.** *(plov-)* plough handles pl.
stjålen *adj.* **1.** stolen (*fx* stolen cars); **2.** *(fig.)* stealthy (*fx* glance); *(neds.)* furtive (*fx* glance);
□ *kaste et -t blik på* take a stealthy (, furtive) glance at, steal a glance at; *kigge -t på* peep at.
stjålet *pf.ptc. af stjæle.*
Stockholm Stockholm.
stockholmsk *adj. (attr.)* Stockholm;
□ *det -e blodbad* the Stockholm Bloodbath.
stod *præt. af stå.*
stodder *sb. (en, -e)* **1.** *(tigger)* beggar;
2. *(*T*: fyr)* bloke; *(groft skældsord el. positivt,* S*)* bastard (*fx* a mean (, stupid) bastard; a lucky bastard); *(neds., vulg.)* bleeder.
stof *sb. (et, -fer)* **1.** *(tøj)* fabric, material;
2. *(fys.: om enkelt ~)* substance (*fx* chemical (, harmful, toxic) substances); *(generelt)* matter;
3. *(fig.)* material (*fx* collect material for a book); *(journalistisk)* copy (*fx* the case made good copy); *(i en bog)* subject-matter; *(emne)* subject;
4. *(narkotika, også: -fer)* drugs pl. (*fx* hard drugs); S junk;
□ *brændbare -fer* combustibles; *fast ~* solid, solid substance; *flydende ~* liquid;
[med præp.] der er godt ~ ***i*** *ham* he has got the right stuff in him; *der er ~ i ham til en digter* he has the makings of a poet; *være* ***på*** *-fer* be on drugs; *afgive ~* ***til*** *(fx*

samtale) provide a subject for; ~ *til eftertanke* food for thought.
stofbruger drug user, drug taker.
stoffri *adj.* drug-free (*fx* a drug-free environment; stay drug-free); *(præd. også)* off drugs (*fx* keep him off drugs).
stofhandske fabric glove.
stoflig *adj.* material;
□ ~ *virkning* textural effect.
stofmisbrug drug abuse; *(nøgternt)* drug misuse.
stofmisbruger drug abuser; *(nøgternt)* drug misuser.
stofmængde quantity of material (, of copy) *(se stof)*;
□ *på grund af overvældende ~* on account of pressure of material.
stofprøve swatch.
stofrulle roll of material, bolt of material.
stofskifte metabolism.
stofskiftesygdom metabolic disorder.
stoftryk textile printing.
S-tog [metropolitan and suburban electric train].
stoicisme *sb. (en)* stoicism.
stoiker *sb. (en, -e)* Stoic.
stoisk[1] *adj.* stoic;
□ *med ~ ro* stoically.
stoisk[2] *adv.* stoically.
stok *sb. (en, -ke)* **1.** stick; *(tynd spadsere-)* cane;
2. *(takt-)* baton;
3. *(til oprulning, fx af kort)* roller;
4. *(kål-)* stalk;
5. *(på svamp)* stem;
6. *(på anker)* stock; *(se også tømmerstok)*;
□ *den faste ~* the regular attendants (, customers), the old guard; *fare af sted over ~ og sten* tear along.
stokdøv *adj.* stone-deaf; *(præd. også)* (as) deaf as a post.
stokerfyr automatic stoker.
stokfisk stockfish.
stokkemetode strong-arm method.
stokkeprygl *sb.pl.* a caning.
stokkeslag blow with a stick.
stokkonservativ ultra-Conservative, stock-Conservative; T true blue;
□ *en ~* a diehard (Tory).
stokrose *(bot,.)* **1.** hollyhock;
2. *(læge-)* marshmallow.
stol *sb. (en, -e)* **1.** *(løs)* chair;
2. *(fast, fx i biograf, fly)* seat;
3. *(kirke-)* pew;
4. *(på strygeinstrument)* bridge; *(se også elevatorstol, vævestol)*;
□ *sætte ham -en for døren* put one's foot down (with him); tell him where to get off; *en varm ~ (fig.: udsat post)* a hot seat; *(se også hellig)*;
[med præp.] sætte sig ***mellem*** *to -e* fall between two stools; *sidde (, sætte sig)* ***i*** *en stol* sit (, sit down) in a chair; *jeg var ved at falde* ***ned af*** *-en (fig.: af grin, overraskelse)* I nearly fell off my chair; *sidde (, sætte sig)* ***på*** *en stol* sit (, sit down) on a chair; *stikke noget* ***under*** *-en* keep sth back; *ikke stikke noget under -en (ɔ: tale lige ud)* pull no punches.
stola *sb. (en, -er)* stole.
stole *vb.: ~* ***på*** *a) (være sikker på)* rely on (*fx* you can rely on his help (, loyalty, support); he is not to be relied on in such matters); depend on (*fx* you can depend on his support (, sympathy); depend on one's own judgment; if you get into trouble you can depend on him for help; you can depend on what he says); *(mere sikkert)* count on; T bank on (*fx* his help);
b) (om noget usikkert) trust to (*fx* chance, luck, fate; one's own judgment, one's memory, one's instinct);
c) (tro på, have tillid til) trust (*fx* one's own common sense, his advice; she said that you can never trust a man; nobody trusted him);
d) (sætte sin lid til) trust in (*fx* God, him, his experience, his judgment); *ikke ~ på (også)* distrust; *til at ~ på a) (jf. a)* reliable, dependable; *b) (jf. c)* trustworthy, to be trusted (*fx* he is a man to be trusted);
jeg -r ***på at*** *du gør det a) (regner med)* I rely (*el.* depend *el.* count) on you to do it (*el.* on your doing it); *b) (tror fuldt og fast på)* I trust you to do it (*fx* I trust you not to let me down); *du kan ~ på at jeg skal være præcis* you may rely on my being on time; ***det*** *kan De ~* ***på*** you can take my word for it; *ja det kan du lige ~ på!* you bet!
stolearm arm of a chair, chair arm.
stoleben leg of a chair, chair leg.
stolebetræk chair cover.
stolemager *sb. (en, -e)* chairmaker.
stoleryg back of a chair, chair back.
stolerække row of seats;
□ *-r (over hinanden)* tiers of seats.
stolesæde bottom (*el.* seat) of a chair, chair bottom.
stolle *sb. (en, -r)* gallery.
stolpe *sb. (en, -r)* post; *(som støtter, bærer også)* upright (*fx* uprights to support the walls);
□ *snakke op ad -r og ned ad vægge* talk nineteen to the dozen.
stolpre *vb. (om barn)* toddle.
stolt[1] *adj.* **1.** proud (*af, over* of; *af at, over at* to, of -ing (, that), *fx* to be (*el.* of being) his friend, that he is my friend);
2. *(herlig)* grand, splendid, glorious (*fx* sight);
□ *være ~ af (el. over) (også)* take pride in; *jeg var ikke ~ ved det* I did not like the look of it; I was not at all happy about it; *(svagere)* I was not quite happy about it.
stolt[2] *adv.* proudly (*fx* he proudly displayed his collection of paintings);
□ *klare sig ~* do splendidly; give a good account of oneself.
stolthed *sb. (en)* pride;
□ *han er sin moders ~* he is his mother's pride (and joy); *domkirken er byens ~* the cathedral is the boast (*el.* pride) of the town.
stoltsere *vb.* strut.
stop *sb. (et, -)* **1.** stop;
2. *(løn-, pris-)* freeze;
3. *(pibefuld)* fill;
□ *indføre ~ for* introduce a freeze on (*fx* wages, prices, rents); *køre på ~ (ɔ: blaffe)* hitch, hitchhike, thumb it; *sige ~ se stoppe*[2].
stopfodre *vb. (gæs etc.)* force-feed;
□ *~ en med litteratur* push (*el.* force, ram) literature down sby's throat; *de blev -t med* they were stuffed (to the gills) with (*fx* Marxism).
stopforbud *(for biler, svarer til)* no waiting.
stopfuld *adj.* crammed (*af* with); *(af mennesker også)* packed (*fx* the theatre (, bus, restaurant) was packed); *(kun præd.,* T*)* chock-full (*af* of); chock-a-block (*af* with, *fx* the room was chock-a-block (with people)).
stophane stop cock.
stopklods 1. stop;
2. *(bag dør)* door stop;
3. *(under hjul)* chock;
4. *(på skinner)* check block.
stoplygte *(på bil)* brake light, stoplight.
stoplys 1. stoplight; *(se også lyskurv)*; **2.** *se stoplygte.*
stopning *sb. (en, -er)* **1.** *(af strømper etc.)* darning, mending; *(på strømpe etc.: stoppet sted)* darn, mend;
2. *(af møbler)* padding; *(i møbler)* stuffing, padding;
3. *(det at fylde)* cramming;
4. *(af hul)* stopping.
stoppe[1] *vb.* **1.** *(stikke, putte)* tuck (*fx* one's shirt into one's trousers); *(proppe)* stuff (*fx* he stuffed the papers into his briefcase);
2. *(fylde)* fill; *(presse)* cram (*fx* I can't cram more clothes into the

bag; don't cram so much food into your mouth); *(med mad også)* stuff;
3. *(tilstoppe et hul, en læk)* stop up, plug (*fx* a hole, a leak); *(tætte)* seal up (*fx* cracks);
4. *(tilstoppe, spærre)* clog (up), block (up) (*fx* some leaves had clogged (up) (*el.* blocked (up)) the drain); choke; *(med en prop)* plug (up);
5. *(strømper etc.)* darn, mend;
6. *(møbler: polstre)* upholster, pad;
7. *(virke forstoppende)* be constipating;
□ *stop en halv!* hold it! ~ *fuld af* stuff (, cram) with (*fx* cram the bag with clothes); ~ *sig (ɔ: spise for meget) se proppe (sig (med))*; ~ *til se tilstoppe*;
[med sb.] ~ *munden på se mund*; *min næse var helt* ~ my nose was stuffed up (*el.* clogged); I was all stuffed up; ~ *en pibe* fill a pipe; ~ *sengeklæderne ned om en* tuck sby up (in bed), tuck sby in; ~ *vat i ørerne* stuff one's ears with cotton wool.

stoppe[2] *vb.* **1.** *(standse, holde pause, forsinke) se standse*;
2. *(køre på stop)* hitch, hitchhike, thumb it;
□ ~ *op se standse (op)*; **sige** *stop a)* call a halt; *b) (når der skænkes,* T*)* say when; *nu må vi sige stop (ɔ: holde op)* we must stop now.

stoppebom buffer stop.

stoppegarn 1. *(uld)* mending wool; **2.** *(bomuld)* darning cotton.

stoppenål darning needle.

stopper *sb. (en, -e)* **1.** stop; **2.** *(sø.: på tov)* stopper;
□ *sætte en* ~ *for noget* put a stop to sth.

stoppested *(bus- etc.)* stop (*fx* get off at the next stop).

stoppeæg *sb. (et, -)* darning egg.

stopprøve screening examination.

stopsignal 1. halt sign; **2.** *(for tog)* stop signal.

stopur stop watch.

stor *adj. (jf. større, størst, stort)*;
1. *(om omfang, størrelse,* T*)* big (*fx* ball, book, car, country, dog, family, heap, house);
(især om udstrækning, mål også, mere F*)* large (*fx* car, country, family, house, number, profit, sum; area, field, garden);
(om mængde el. mere følelsesbetonet: imponerende, uhyggelig, irriterende) great (*fx* in great (*el.* large) quantities; great speed; a great tree had fallen across the road; and then this great lorry overtakes me);
(især børnesprog) great big (*fx* dog, house, tree);
2. *(om noget ikke måleligt)* great (*fx* difficulty, disappointment, event, expectations, joy, loss, surprise; actor, poet, coward; she is a great beauty; Alexander the Great; Rubens' great, both literally and metaphorically, canvases);
(mere T*)* big (*fx* event, mistake, problem, surprise, swindle; don't cry, Joan, you're a big girl now, you know);
3. *(om hvad der kan opgøres i tal ofte)* heavy (*fx* bill, casualties, fine, gains, increases, losses, reductions, unemployment);
4. *(høj)* tall (*fx* boy, tree);
5. *(om bogstav)* capital (*fx* a capital A; he is Conservative with a capital (*el.* big) C); upper-case (*fx* an upper-case C); *(se også bogstav, stort)*;
□ *når du bliver* ~ *a)* when you are a big boy (, girl); *b) (ɔ: voksen)* when you grow up; *han er blevet* ~ *(ɔ: om højde)* he has grown tall; *hvor han er blevet* ~*!* how he has grown! *en check* ~ *£50* a cheque for £50; *ih du -e!* good Heavens! gosh! *lige -e* the same size; *(se også lige*[3]*)*; *-e og små* great and small; *så* ~ *som* the size of (*fx* it is about the size of a rabbit); *dobbelt så* ~ *som* twice the size of; *dobbelt så* ~ *som han* twice his size;
[med sb.] ~ *appetit* a good (*el.* hearty) appetite; *-e børn (ɔ: mht alder) a)* older children (*fx* the older children must take care of themselves); *b) (voksne)* grown-up children (*fx* they have two grown-up children); *det var en* ~ *dag for ham* it was a great day for him; it was his big day; *han havde en af sine -e dage* he had a field day; *det -e flertal* the great majority, the greater part; *i* ~ *højde* at a high altitude; *de -e højtider* the main festivals; *de -e klasser (ɔ: øverste, i skole)* the top classes; *en* ~ *mand a) (jf. 1)* a big man; *b) (jf. 2)* a great man; *c) (jf. 4)* a tall man; ~ *oktav* great (*el.* double) octave; *-e penge* big money; *det -e publikum* the general public; *denne verdens -e* the great ones of the earth; *gøre -e øjne* open one's eyes (wide) (*fx* they opened their eyes when they heard it); *(se også format, kanon*[2]*, nummer, profet, øjeblik, årgang)*;
[med præp.] **i** *det -e og hele* on the whole, by and large; ~ **i** *slaget se slag*; *skrive* **med** *-t se skrive*; ~ **på** *den* high and mighty; *han er ved at blive lidt for* ~ *på den* he is getting above himself; *spille* ~ *på den over for en* come it over sby; **til** *min -e beklagelse (, glæde, ærgrelse)* to my great regret (, delight, annoyance); much to my regret (, delight, annoyance).

stor- *(ved by- el. landsnavn)* Greater (*fx* Greater Copenhagen; they wanted to create a Greater Serbia (, Germany)).

storabonnent big subscriber.

storadmiral grand admiral.

storagtig *adj.* haughty.

storagtighed *sb. (en)* haughtiness.

storaktionær large shareholder.

storartet[1] *adj.* **1.** *(fortræffelig)* fine, splendid; *(stærkere)* gorgeous; *(glds.)* capital;
2. *(let glds.: storslået)* magnificent (*fx* view, building).

storartet[2] *adv. (fortræffeligt)* fine (*fx* I am doing fine; we got on fine); splendidly; *(stærkere)* gorgeously;
□ *jeg har det* ~ I feel (*el.* am) fine; *vi morede os* ~ we had a marvellous (*el.* gorgeous) time.

storbank large bank; high-street bank.

storbladet *adj.* large-leaved.

storblomstret *adj.* large-flowered.

storbonde large farmer.

storborger *(let glds.* T*)* toff.

storbrand big (*el.* large) fire; F conflagration.

Storbritannien Great Britain.

storby (large) city.

storbåd *(sø.)* longboat.

storcenter (large) shopping centre.

stordrift 1. large-scale operations pl.; **2.** *(landbrug)* large-scale farming.

stordriftsfordele *sb.pl. (økon.)* economies of scale.

stordåd great achievement, glorious deed.

store- *(sø.)* main (*fx* main topgallant sail *(storebramsejl)*).

storebro(de)r big brother.

Storebælt the Great Belt.

stores *sb. (en, -)* net curtain.

storeslem *(i kortspil)* grand slam;
□ *den er* ~ T it's awful.

storesøster big sister.

storetå big toe.

storfabrikant great (*el.* large-scale) manufacturer.

storfamilie *(i etnografi)* extended family; *(kollektiv også)* group family.

storfilm *(omtr.)* epic.

storforbruger large-scale consumer.

storforbryder big-time crook.
storfyrste grand duke.
storfyrstendømme grand duchy.
storfyrstinde grand duchess.
storhed *sb. (en)* **1.** greatness; **2.** *(storslåethed,* F*)* grandeur.
storhedstid great period, heyday (*fx* it was the great period (*el.* heyday) of Danish music);
□ *da han havde sin ~* in his heyday.
storhedsvanvid *(fagl.)* megalomania;
□ *han lider af ~ (ɔ: tror for meget om sig selv)* he has a swollen head; he is getting above himself.
storhertug grand duke.
storhertugdømme grand duchy.
storhertuginde grand duchess.
storhjernen *(anat.)* the cerebrum.
storindustri large-scale industry.
stork *sb. (en, -e) (zo.)* stork;
□ *han tror på -en (svarer til)* he thinks babies are found under gooseberry bushes.
storkapitalen *(svarer til)* Big Business.
storke *vb. (stolt)* stalk; *(hurtigere)* stride.
storkenæb 1. stork's beak; **2.** *(bot.)* cranesbill.
storkerede stork's nest.
storkeunge young stork.
storkornet *adj.* coarse-grained.
storkors Grand Cross.
storkøb 1. *(det at)* bulk buying; **2.** *(butik omtr.)* cash-and-carry store.
storkøbmand merchant.
storladen *adj.* grand, grandiose.
storleverandør large-scale supplier;
□ *han er ~ af (fig.)* he has a vast supply of (*fx* bad jokes).
storm *sb. (en, -e)* **1.** gale; **2.** *(med uvejr)* storm; *(voldsom,* F*)* tempest; **3.** *(fig.)* storm (*fx* of indignation); **4.** *(mil.: stormangreb, også fig.)* assault, storm;
□ *det rejste en ~* ***af*** *harme (, protest)* it raised (*el.* roused) a storm of indignation (, protest); *en ~* ***i*** *et glas vand* a storm in a teacup; *-en* ***på*** *byen (mil.)* the storming of the town; the assault on the town; *[med vb. + præp.]* ***løbe ~ mod*** *(mil.)* assault, make an assault on (*fx* the enemy position); *(fig. også,* F*)* make an onslaught on (*fx* the Government); ***tage med ~*** take (*el.* carry) by storm; *tage dem med ~ (fig. også,* T*)* carry (*el.* sweep) them off their feet; bowl them over; *(se også ride (af)).*
stormagasin department store.
stormagt big power, great power; *(supermagt)* superpower.
stormand magnate.
stormangreb assault, storm.
stormast *(sø.)* mainmast.
stormcentrum *(også fig.)* storm centre.
storme *vb. (se også stormende)* **1.** *(ile)* rush; *(rasende)* storm, charge (*fx* into (, out of) the room); **2.** *(angribe)* storm (*fx* a fortress; a hijacked aeroplane); *(mil. også)* assault; *(indtage med storm)* take (*el.* carry) by storm; **3.** *(om politiet)* raid;
□ *det -r* it is blowing a gale; *~ løs på* rush at.
stormende *adj. (også fig.)* stormy (*fx* weather; meeting); F tempestuous;
□ *~ bifald* a storm of applause; *det gjorde ~ lykke* it was a tremendous success; *det fremkaldte ~ bifald, det gjorde ~ lykke (også)* it brought the house down; *en ~ velkomst* a boisterous welcome.
stormester 1. *(i skak)* grandmaster; **2.** *(i loge)* Grand Master.
stormflod 1. *(højvande)* storm surge; **2.** *(oversvømmelse)* flood.
stormfugl *(zo.)* petrel; *(mallemuk)* fulmar petrel.
stormfuld *adj.* stormy (*fx* weather; meeting); F tempestuous.
stormhat *(zo.)* monkshood.
stormklokke tocsin.
stormkrog casement stay.
stormkur*: gøre ~ til* lay siege to.
stormløb storm, assault (*mod* on); *(voldsomt,* F*)* onslaught (*mod* on);
□ *løbe ~ mod* make an onslaught on (*fx* the Government).
stormmåge *(zo.)* common gull, mew.
stormogulen the (great) Mogul.
stormomsust, **stormpisket** *adj.* wind-swept.
stormsignal storm signal.
stormskade storm damage.
stormskadeforsikring storm and tempest insurance.
stormskridt*: gå frem med ~* advance by leaps and bounds; make great strides; *nærme sig med ~* draw nearer apace.
stormstige scaling ladder.
stormsvale *(zo.): lille ~* stormy petrel.
stormtag *(hist.)* mantelet; *(af skjolde)* testudo.
stormtropper *sb.pl.* **1.** *(mil.)* assault troops, shock troops; **2.** *(i politisk organisation)* storm troops.
stormtændstik fusee.
stormvarsel gale warning.
stormvejr stormy weather.
stormægtig *adj.* **1.** mighty; **2.** *(del af fyrstes titel el. = arrogant)* high and mighty.
stormøde public meeting, meeting for all concerned.
storpolitik 1. high politics; **2.** *(international)* international politics.
storpolitisk *adj.* **1.** high political; **2.** *(international)* international;
□ *-e spørgsmål (jf. 2)* issues of international importance.
storpralende *adj.* bragging.
storpraler braggart.
storryger heavy smoker.
storsejl *(sø.)* mainsail.
storsind magnanimity.
storsindet *adj.* magnanimous.
storskrald bulky refuse.
storslalom giant slalom.
storslået *adj.* magnificent, grandiose.
storsnudet *adj.* arrogant; T stuck-up, snooty, snotty.
storsnudethed *sb. (en)* arrogance; T snootiness, snottiness.
storstad (large) city.
storstilet *adj.* **1.** *(omfattende)* large-scale, comprehensive; **2.** *(storslået)* magnificent, grandiose.
storsvindler big-time swindler.
stort *adv.: ikke ~* not much (*fx* I don't care much about it; it does not matter much; not much better); little (*fx* little better); *ikke ~ andet end* little more than; little better than;
[med vb.] ~ anlagt se anlagt; *det var ~ gjort* it was nobly done; *se ~ på det* take a liberal view of it; *det ser vi ~ på* we don't worry about that; *~ set* on the whole, by and large; *tænke ~* T think big; *vinde ~* win easily, win by a large margin; T win hands down.
stortalende *adj.* bragging.
stortrives *vb.* have a splendid time (*med at* -ing).
stortromme bass (*el.* big) drum;
□ *slå på ~ for (fig.)* bang (*el.* beat) the big drum for.
stortrøje pea jacket.
stortude *vb.* blubber; *(stærkere)* howl.
stortysk *adj.: det -e rige (hist.)* the Greater German Reich.
Stortyskland Greater Germany.
storvask wash;
□ *holde ~ (fig.) a) (rense ud)* have a clean-up; *b) (tage et opgør)* have a showdown; *holde ~ for åbent tæppe (fig.)* wash one's dirty linen in public; *vi holder (el. har) ~ i dag* we are doing the washing to-

day.
storvesir Grand Vizier.
storvildt big game.
storværk great achievement; monumental work; F magnum opus.
stovt *adj.* **1.** *(kraftig)* burly, strapping; **2.** *(om sind)* stout-hearted.
strabadser *sb.pl.* hardships.
strabadsere *vb.* overwork; F fatigue; T put (sby) through it.
straf *sb. (en, -fe)* **1.** *(det at straffe)* punishment (*fx* punishment did not help; men have shown much ingenuity in devising forms of punishment);
2. *(måde at straffe på)* punishment (*fx* a cruel punishment; restriction of liberty would in this case be justified as a punishment; the most horrible punishments);
3. *(straf der er fastsat (i loven etc.))* penalty, punishment (*fx* the maximum penalty (*el.* punishment) for this offence is imprisonment up to fourteen days or a fine of £500; the courts have a range of penalties available to them);
4. *(dom)* sentence (*fx* receive a severe (, light) sentence; they called for stricter sentences);
□ *lovens strengeste* ~ the maximum penalty;
[med vb.] afsone en ~ *se afsone*; *få sin* ~, *lide* ~ be punished (*for* for); F undergo punishment; *udstå sin* ~ serve one's time (*el.* sentence);
[med præp.] ***til*** ~ by way of punishment, as a punishment; ***under*** ~ ***af*** F on pain of, under penalty of.
strafansvar liability to punishment;
□ *det medfører* ~ it involves criminal liability; it is a criminal offence.
strafarbejde imprisonment with hard labour; F penal servitude.
strafbar *adj.* punishable;
□ *det er -t at* it is a criminal offence to; *en* ~ *handling* a criminal offence.
straffe[1] *sb. (et, -r) (i fodbold)* penalty.
straffe[2] *vb.* **1.** punish (*for* for; *med* with);
2. *(ramme, stille dårligere)* penalize (*fx* the new law will penalize the unemployed; you are actually penalized for being poor);
□ *et* ***-nde*** *blik* a reproving look; *han er* ***tidligere -t*** he has got previous convictions (*el.* a criminal record); *en tidligere -t person* a previously convicted person; a person with previous convictions (*el.* a criminal record); *en ikke tidligere -t person* a first offender; *tidligere -t for vold* previously convicted of assault; with previous convictions for assault.
straffeanstalt penal institution; *(fængsel)* prison; *(am.)* penitentiary.
straffeattest *(svarer til)* criminal record;
□ *have en ren* ~ have no criminal record.
straffebestemmelse penalty clause.
straffeboks *(i sport)* penalty box.
straffeekspedition punitive expedition.
straffefange convict.
straffeforanstaltning punitive measure; penal sanction (*fx* the use of imprisonment as a penal sanction).
straffekast *(i håndbold)* penalty throw.
straffekoloni penal colony, convict settlement.
straffelov penal code, criminal code.
straffemiddel (means of) punishment; *(se også straffeforanstaltning)*.
straffeprædiken lecture;
□ *han gav dem en* ~ he read the riot act to them.
strafferet *(kriminalret)* criminal law.
straffesag criminal case.
straffespark penalty (kick).
straffespark(s)felt penalty area.
straffespark(s)konkurrence*: kampen blev afgjort ved* ~ the match was decided on penalties; *de tabte -n* they lost on penalties; *de vandt 3-1 i -n* they won 3-1 on penalties.
straffespark(s)plet penalty spot.
straffri *adj. (præd.)* exempt from punishment.
straffrihed exemption from punishment.
straffrit *adv.* with impunity (*fx* they should not be allowed to do such things with impunity).
strafnedsættelse **1.** *(før strafudmålingen)* mitigation of sentence (*fx* plead for mitigation of sentence);
2. *(efter strafudmålingen)* reduction of (the) sentence; **3.** *(under afsoningen)* remission (of punishment) (*fx* remission for good conduct).
strafpoint penalty point.
strafporto postage due; surcharge.
strafrenter *sb.pl.* penal interest sg.
strafskyldig *adj.* culpable; *(præd. også)* liable to a penalty.
strafudmåling sentencing, fixing of the sentence.
straks *adv.* **1.** at once, immediately; *(mere* T*)* straight away, right away; *(stærkere,* F*)* instantly;
2. *(snart)* presently, shortly;
□ *klokken er* ~ *tolv* it is close on (*el.* almost) twelve; *jeg kommer (lige)* ~ I won't be a minute (*el.* moment);
[med konj. & præp.] ~ *(da) jeg hørte det* directly (*el.* as soon as) I heard it; the moment I heard it; ~ ***efter*** *a)* immediately afterwards; *b) (+ sb.)* immediately after (*fx* the war); ~ ***fra*** *begyndelsen* right from the start, from the very start; ~ ***i*** *morgen tidlig* first thing tomorrow (morning); ~ ***når*** *jeg får det* directly I get it.
strakt *pf.ptc. af strække.*
strakte *præt. af strække.*
stram *adj.* **1.** tight (*fx* belt, rope, knot; the drawer is very tight, I can't open it); *(også sø.)* taut (*fx* rope, wire; haul a rope taut); *(om tøj)* tight(-fitting);
2. *(fig.)* tight (*fx* plan, schedule; budget, money market); *(om stil)* taut (*fx* style, film);
3. *(streng)* tight, strict (*fx* rule, control); F stringent (*fx* rule, control, discipline);
4. *(om person: stiv)* stiff; *(stramtandet)* severe, harsh; F forbidding; *(sur)* acid, sour;
5. *(om lugt, smag)* pungent, acrid;
□ *blive* ~ *i ansigtet (el. masken)* purse up one's lips; look disapproving; *være* ~ *i betrækket (ɔ: snerpet)* be strait-laced; *(se også tøjle)*.
stramaj *sb. (et)* canvas.
stramhed *sb. (en) (jf. stram)*
1. *(også fig.)* tightness; tautness;
2. *(strenghed)* tightness, strictness; F stringency; **3.** *(om person)* stiffness; *(stramtandethed)* severity, harshness; **4.** *(om lugt, smag)* pungency, acridness.
stramme *vb. (se også strammes)*
1. *(gøre stram)* tighten (*fx* a chain, a rope, a screw, a strap, a muscle);
2. *(fig.)* tighten up (*fx* regulations, requirements, rules, security arrangements; a definition, the style); stiffen (*fx* discipline; one's demands); F intensify (*fx* the blockade);
3. *(uden objekt: være for stram)* be too tight (*fx* the collar is too tight); feel tight (*fx* the rope felt tight round my wrists);
□ ~ *den* go too far; ~ *'til a)* tighten up (*fx* a knot, a screw); *b) (uden objekt)* tighten, become

tighter;
[med sb.] ~ *kreditten* tighten credit; *(se også greb², tøjle¹)*; *[med sig + adv.]* ~ ***sig an*** pull oneself together; ~ ***sig op*** *a)* pull oneself together; *(mentalt også)* psych oneself up; *b) (med spiritus etc.)* fortify oneself; ~ ***sig op til at*** *(ɔ: mentalt)* psych oneself up to (*fx* look for a job).
strammer *sb. (en, -e) (pol.)* hard-liner.
strammes *vb.* tighten, be tightened; □ *markedet strammedes (hdl.)* the market hardened (*el.* contracted).
stramning *sb. (en, -er)* **1.** tightening (*fx* of the regulations); *(stærkere)* squeeze (*fx* a credit squeeze; we are beginning to feel the squeeze); **2.** *(nedskæring)* cutback.
stramtandet *adj.* **1.** *(skrap)* severe, harsh; F forbidding; **2.** *(snerpet)* straitlaced.
stramtsiddende *adj.* tight(-fitting).
strand *sb. (en, -e)* **1.** *(sand-, bade-)* beach (*fx* the children were playing on the beach);
2. *(kyst)* (sea)shore (*fx* the body had been washed up on the (sea)shore); *(poet.)* strand;
3. *(om feriested)* seaside (*fx* go to the seaside; a house by the seaside);
□ *der er løbet meget vand i -en siden da* a lot of water has flowed under the bridge since then.
strandarve *(bot.)* sea purslane.
strandbred *se strand (1, 2).*
stranddragt beach dress (*el.* suit).
strande *vb.* **1.** *(om skib)* run aground, be stranded (*fx* on a beach); be beached (*fx* on a sandbank); *(forlise)* be wrecked; F founder;
2. *(om person: med skib)* be shipwrecked; *(blive efterladt)* be cast away (*fx* on a desert island); *(fig.: ikke kunne komme videre)* be (left) stranded (*fx* in a foreign town);
3. *(om forehavende: mislykkes)* fail, go wrong; F miscarry (*på* owing to, *fx* the plan failed (, miscarried) owing to his resistance); founder (*fx* the project miscarried (*el.* foundered)); *(om forhandlinger)* break down (*på* over, on);
□ *få til at* ~ *(fig.)* wreck (*fx* the plan).
strandeng tidal meadow.
strandfoged wreck master, receiver of wreck.
strandgrund beach lot.
strandhotel seaside hotel.
strandhugst poaching;
□ *gå på* ~ *(fig.)* poach; *gå på* ~ *hos én* poach on sby's preserves.
stranding *sb. (en, -er)* stranding; *(med forlis)* wreck.
strandingsgods wreckage.
strandingssted place of stranding.
strandjagt inshore shooting.
strandkant: *i -en* by the water's edge.
strandkjole beach dress.
strandkål *(bot.)* sea kale.
strandløber *(zo.)* buff-breasted sandpiper.
strandløve beach boy.
strandplante seashore plant.
strandpromenade (sea) front, promenade, esplanade.
strandsand beach sand.
strandskade *(zo.)* oystercatcher.
strandtøj *(hdl.)* beachwear.
strandvagt coastguard.
strandvasker *sb. (en, -e)* body washed ashore.
strandvej coast(al) road.
strangulation *sb. (en, -er) = strangulering.*
strangulere *vb.* strangle, throttle.
strangulering *sb. (en, -er)* strangulation.
strateg *sb. (en, -er)* **1.** strategist; **2.** *(hist.: i Athen)* strategus (pl. strategi).
strategi *sb. (en, -er)* strategy.
strategisk¹ *adj.* strategic.
strategisk² *adv.* strategically.
stratenrøver highwayman;
□ *han lignede en* ~ he looked like a scarecrow.
stratosfære *sb. (en)* stratosphere.
stratosfærisk *adj.* stratospheric(al).
streamer *sb. (en, -e) (fx på bils bagrude)* sticker.
stred *præt. af stride.*
streg *sb. (en, -er)* **1.** *(linie)* line (*fx* he drew a straight line across the page); *(typ.)* rule;
2. *(kort)* stroke (*fx* he drew her face with a few strokes; an oblique stroke; a stroke through the t);
3. *(tanke-; ~ i morse)* dash;
4. *(stribe)* streak (*fx* there was a black streak on his forehead);
5. *(kompas-)* point;
6. *(tegners stil)* manner, line;
7. *(påfund)* trick (*fx* a dirty trick; stupid tricks); *(se også gal)*;
□ *en* ~ *i regningen a) (skuffelse)* a disappointment; *b) (hindring)* an unforeseen obstacle, a setback; *det var mig en* ~ *i regningen* it upset my calculations;
[med vb.] ***slå*** *en* ~ *a)* draw a line; *(med lineal)* rule a line; *b)* (S: *tisse)* take a leak; ***slå*** *en* ~ ***over*** *a)* strike out, cross out (*fx* a word); *b) (eftergive)* cancel, wipe off (*fx* a debt); *c) (tilgive)* (forgive and) forget (*fx* his hard words); overlook; *d) (opgive)* abandon; T drop; *slå en* ~ *over fortiden a)* let bygones be bygones; *b) (begynde på en frisk)* wipe the slate clean; ***sætte*** ~ ***gennem*** *t* cross the t; ***sætte*** ~ ***under*** underline, underscore;
[med præp.] ***over*** *-en (i bridge)* above the line; *gå over -en (fig.)* overstep the mark; *det var lige* ***på*** *-en (fig.: til det tilladelige)* it was near (*el.* close to) the bone (*el.* mark *el.* wind); *blive reddet på -en (fig.)* be saved by the bell; *give dem kamp* ***til*** *-en* fight them to the last, fight them all the way; *gå lige til -en* come (*el.* go) near the bone.
strege *vb. (slette)* strike out, cross out, score out; *(mere* F*)* cancel, delete;
□ ~ *af (krydse af)* tick off; ~ *ind* underline, score; ~ *en bog ind* underline passages in a book; ~ *over,* ~ *ud* strike out *(etc., se ovf.)*; ~ *under* underline, underscore.
stregkode bar code.
stregmål marking gauge.
stregpapir lined (*el.* ruled) sheet (to place under plain writing paper).
strejf *sb. (et, -)* **1.** *(glimt)* gleam, ray (*fx* of sunshine); **2.** *(let berøring)* brush (*fx* of a wing).
strejfe *vb.* **1.** *(berøre let)* brush (*fx* her hand brushed his cheek); touch lightly;
2. *(såre let; skrabe imod)* graze (*fx* the bullet grazed his shoulder; the car grazed a tree);
3. *(omtale flygtigt)* touch on (*fx* in his speech he only touched on the causes for the conflict);
□ *tanken -de mig lige* the thought just crossed my mind;
[med præp.] ~ ***om*** wander (*fx* the dog has a tendency to wander); *(om person også)* ramble; *(vidt omkring,* F*)* roam, rove; ~ ***om i***, ~ ***om på*** wander (, roam) about (in) (*fx* the streets, the wood, the hills, the island); ~ *om i gaderne (også)* wander (, roam) the streets.
strejflys **1.** gleam of light; **2.** *(fig.)* sidelight (*fx* throw a sidelight on sth).
strejfskud grazing shot.
strejftog raid; F incursion.
strejke¹ *sb. (en, -r)* strike;
□ *erklære* ~ declare (*el.* call) a strike; *gå i* ~ *se strejke².*
strejke² *vb. (se også strejkende)* **1.** *(nedlægge arbejdet)* go on strike, come out (on strike) (*fx*

5,000 workers went (*el.* came out) on strike); *(ikke i præt.)* strike (*fx* they threatened to strike);
2. *(have nedlagt arbejdet)* be on strike, be striking, be out;
3. *(ikke fungere)* refuse to work (*fx* the engine refused to work); go on strike.
strejkebod fine for illegal striking.
strejkebryder strikebreaker; *(neds.)* blackleg; S scab.
strejkefond, **strejkekasse** strike fund.
strejkelammet *adj.* strikebound.
strejkeleder strike leader.
strejkende *adj.* **1.** striking; **2.** *(brugt som sb.)* striker; *de* ~ the strikers.
strejkeramt *adj.* strikebound; *(præd. også)* affected by a strike (*fx* the firms affected by the strike).
strejkeret the right to strike.
strejkeunderstøttelse strike pay (*el.* benefit).
strejkevagt picket;
□ *sætte (, gå) ~ ved en fabrik* picket a factory.
strejkevarsel strike notice.
streng[1] *sb. (en, -e)* **1.** *(violin-, klaver-, bue- etc.)* string;
2. *(klokke-)* bellpull;
3. *(i snor)* strand;
□ *anslå en ~ a)* touch a string; *b) (fig.)* strike a chord; *anslå de velkendte -e* strike a familiar chord; *gribe i -ene se gribe*; *have flere -e at spille på* have more than one string (*el.* have several strings) to one's bow; *slå (el. spille) på de patriotiske -e* touch patriotic chords.
streng[2] *adj. (se også strengt)*
1. *(ubøjelig, ufravigelig)* strict (*fx* discipline, neutrality; schoolmaster); *(stærkere,* F*)* stringent (*fx* controls, discipline, laws);
2. *(hård, ublid)* hard (*fx* discipline; father, master; life, times, work); *(stærkere)* severe (*fx* father, judge; look; discipline, laws, measures, punishment, test); *(endnu stærkere,* F*)* rigorous (*fx* discipline, peace terms, punishment);
3. *(*T*: anstrengende etc.)* stiff (*fx* climb, examination);
4. *(barsk, om væsen, udseende)* stern (*fx* man, moralist; look);
5. *(om levevis,* F*)* austere (*fx* life, morals; Puritan);
6. *(om vejrlig)* hard (*fx* frost, winter); *(stærkere)* severe (*fx* cold);
7. *(om kunstnerisk stil)* severe; F austere;
□ *~ over for a) (jf. 1)* strict with; *b) (jf. 2)* hard on; severe with; *det er vel nok -t!* it's a bit stiff! *du er vel nok ~!* you're a menace!
[med sb.] ~ faste a strict (*el.* rigid) fast; *i -este forstand* in the strictest sense of the word; *(se også bevogtning, diæt).*
strenge *vb. (strengte, strengt): ~ sig an* exert oneself.
strengeinstrument stringed instrument.
strenges *vb.* grow harder; grow more severe.
strenghed *sb. (en) (jf. streng*[2]*)*
1. strictness; F stringency;
2. *(hårdhed)* hardness; *(stærkere)* severity; *(endnu stærkere,* F*)* rigour;
3. *(barskhed)* sternness;
4. *(om levevis)* austerity;
5. *(om vejrlig)* hardness; severity;
6. *(om stil)* severity; F austerity.
strengt *adv. (jf. streng*[2]*)* **1.** strictly (*fx* strictly forbidden); F stringently;
2. *(hårdt)* hard (*fx* work hard); *(stærkere)* severely (*fx* he was severely punished); *(endnu stærkere,* F*)* rigorously (*fx* enforce the law rigorously);
3. *(barskt)* sternly (*fx* she looked sternly at him);
4. *(om levevis)* austerely;
□ *det ~ nødvendige* what is strictly necessary; *det er ~ nødvendigt* it is absolutely necessary; *ikke mere end ~ nødvendigt* no more than strictly necessary; *fortæl ham ikke mere end ~ nødvendigt (også)* don't tell him more than you can help; *~ retfærdig* scrupulously just; *~ taget* strictly speaking; *lad os ikke tage det så ~* let us stretch a point.
streptokok *sb. (en, -ker)* streptococcus (pl. streptococci).
stress *sb. (et)* stress (*fx* he is suffering from stress);
□ *få ~* come under stress.
stresse *vb. (se også stressende, stresset)* **1.** *(gøre stresset)* put under stress; **2.** *(fare)* rush; **3.** *(knokle)* slave away, graft;
□ *~ af* unwind; *~ rundt* rush about.
stressende *adj.* stressful (*fx* occupation); stressing (*fx* it is very stressing for them).
stresset *adj.* **1.** *(som giver stress)* stressful (*fx* situation, day);
2. *(som lider af stress)* stressed (*fx* a rest for stressed patients; it makes them stressed; he felt stressed); *(præd. også)* under stress, suffering from stress (*fx* people under (*el.* suffering from) stress);
□ *blive ~* come under stress.
stribe *sb. (en, -r)* **1.** *(regelmæssig, fx i mønster)* stripe; *(uregelmæssig, også om lys-)* streak;
2. *(serie)* succession (*fx* a succession of accidents (, failures, victories)); *(række)* (long) row (*fx* of cafés);
3. *((stort) antal)* (large) number (*fx* he broke a large number of rules);
4. *(*T*: tegneserie)* strip;
□ **på** *~ a) (på række)* in a row (*fx* they stood in a row; five times in a row); *b) (den ene efter den anden)* one after the other (*fx* they fainted (, confessed) one after the other); *stille op på ~* line up.
stribet *adj. (jf. stribe 1)* **1.** striped (*fx* blue- (, yellow-) striped); stripy; **2.** streaked, streaky; *~ flæsk* streaky bacon.
stribevis *adv.: ~ af* lots (and lots) of, droves of; *i ~* in droves.
strid[1] *sb. (en) (se også stridigheder)* **1.** *(uenighed)* dispute (*fx* a dispute about wages, a pay dispute; a religious dispute); *(stærkere)* quarrel (*fx* a quarrel between two brothers; the discussion warmed into a dispute, the dispute warmed into a quarrel); T row (*fx* a diplomatic row between two countries);
2. *(om længere ~,* F*)* conflict (*fx* the conflict between Church and State (, between love and duty); political conflicts);
3. *(generelt, kun utælleligt)* dispute (*fx* there has been much dispute over this question; a matter of dispute); *(stærkere)* conflict (*fx* an area of major political conflict; they have been in conflict for years); *(mere vagt, mere* F*)* strife (*fx* industrial (, political, religious, party) strife; strife in a family; a country torn by strife);
4. *(poet.: kamp)* fight; *(længere)* struggle;
□ *den sag hvorom -en står* the matter at issue; *(se også ord (en ~ om ord); æble)*;
[med præp.] **i** *~* **med** *(fig.) a) (som ikke passer med)* at variance with (*fx* facts); *b) (imod)* contrary to, against (*fx* against regulations); *c) (på trods af)* in contravention of; in defiance of (*fx* act in defiance of one's orders); *komme i ~ med* fall out with, quarrel with; T get at loggerheads with; *ligge i ~ med* be at odds with, have a dispute (, quarrel) with; T be at loggerheads with; *være i ~ med se stride (imod).*
strid[2] *adj.* **1.** *(stiv)* rough (*fx* fur, grass, hair); stiff (*fx* brush); *(strit-*

tende) bristly (*fx* beard, hair);
2. *(om strøm)* rapid; *(stærkere)* tearing;
3. *(om vind)* stiff;
4. *(*T*: besværlig)* stiff (*fx* climb, examination);
5. *(om person: skrap)* stroppy; *(stædig etc.)* stubborn; *(stærkere)* bloody-minded;
□ *han er ~ (ɔ: en plage)* he is a pain in the neck; *(stærkere)* he is a bit of a terror; *i -e strømme* in torrents (*fx* rain fell in torrents); *det regnede i -e strømme (også)* it was pouring (down); *tårer i -e strømme* a flood of tears.

stridbar *adj.* **1.** *(krigerisk)* aggressive, belligerent; *(*F *el. spøg.)* pugnacious;
2. *(som tit skændes)* quarrelsome, argumentative (*fx* old man); F contentious (*fx* family).

stride *vb. (stred, stridt) (se også stridende, strides)* **1.** *(kæmpe)* fight; *(hårdt, længe)* struggle; **2.** *(anstrenge sig)* struggle;
□ *~ den gode strid* fight the good fight;
[med adv. & præp.] ~ sig ***frem*** struggle onward; *~* ***imod*** *a) (være i modstrid med)* be (*el.* go) against (*fx* it is against my principles); be contrary to (*fx* our interests); *b) (ikke stemme med)* be inconsistent with, conflict with (*fx* the evidence, the facts); *han har stridt* ***ud*** he is at peace.

stridende *adj.: de ~ parter a)* the parties to the dispute; the contending parties; *b) (i retssag)* the litigants; *c) (krigsførende)* the warring parties; *(se også rivaliserende)*; *~ imod se strid[1] (i ~ med).*

strides *vb.* **1.** *(være uenige)* dispute (*om* about); *(stærkere)* quarrel (*om* about, over); **2.** *(slås)* fight (*om* about, over);
□ *et spørgsmål man kan ~ om* a question open to dispute; a moot point; *~ om kejserens skæg se kejser.*

stridhåret *adj.* rough-haired.

stridig *adj. (stædig)* stubborn; *(egensindig)* headstrong;
□ *gøre en noget -t* dispute sth with sby; *gøre en rangen ~ (fig.,* F*)* emulate sby.

stridighed *sb. (en, -er) (jf. stridig)* obstinacy, stubbornness.

stridigheder *sb.pl. (jf. strid[1])* **1.** dispute(s); quarrels; rows; **2.** conflict(s); **3.** strife sg.

stridshandske gauntlet (*fx* throw down the gauntlet to sby).

stridshest war horse; *(litt.)* charger.

stridskræfter *sb.pl.* (military) forces.

stridslysten *adj. (præd.)* eager to fight; *(se også stridbar).*

stridsmand warrior; *(fig. også)* champion.

stridspunkt 1. *(som diskuteres)* point in dispute; (matter at) issue; **2.** *(som forhindrer enighed)* sticking point.

stridsspørgsmål *(omstridt spørgsmål)* controversial question; *(se også stridspunkt).*

stridsvogn (war) chariot.

stridsøkse battle axe;
□ *begrave -n (fig.)* bury the hatchet.

stridt *pf.ptc. af stride.*

strigle[1] *sb. (en, -r)* **1.** *(til hest)* currycomb; **2.** *(*T*: arrig kvinde)* bitch, shrew.

strigle[2] *vb.* currycomb, groom.

strik[1] *sb. (en, -ke(r)) (om person)* (little) rogue.

strik[2] *sb. (en el. et) (strikvarer)* knitwear.

strikke[1] *sb. (en, -r)* **1.** *(reb)* rope; *(til hængning også)* halter;
2. *(snor)* cord.

strikke[2] *vb.* knit;
□ *~ på en strømpe* be knitting a stocking; *~ sammen (fig., neds.)* cobble together (*fx* a compromise); *(se også ret[4] 4, vrang[2]).*

strikkebog knitting book.

strikkegarn knitting yarn; *(uld)* knitting wool.

strikkekurv knitting basket.

strikkemaskine knitting machine.

strikkemønster 1. *(opskrift)* knitting pattern; **2.** *(strikket mønster)* design.

strikkeopskrift knitting pattern.

strikkepind knitting needle.

strikkepose knitting bag.

strikker *sb. (en, -e)* knitter.

strikketøj knitting (*fx* a bundle of knitting; she forgot her knitting at home); *et ~* a piece of knitting.

strikkjole sweaterdress.

strikning *sb. (en, -er)* knitting.

striks *adj.* strict.

strikte *adv.* strictly.

strikvarer *sb.pl.* knitted goods; knitwear sg.

strime *sb. (en, -r)* streak; *(efter slag)* weal.

strimet *adj.* streaked; *(efter slag)* wealed.

strimle *vb.* shred.

strimmel *sb. (en, strimler)* **1.** strip (*fx* of cloth, of paper, of bark, of land); *(mindre, uregelmæssig: las)* shred (*fx* of cloth, of paper, of bark); *(lille papir-)* slip (*fx* a slip to mark one's place in the book);
2. *(telegraf-, klæbe-, bændel)* tape;
3. *(*T*: film-)* reel;
□ *rive i strimler* tear to strips (, shreds), shred; *skære i strimler* shred (*fx* cabbage, a carrot).

strimmelsender *(telex)* tape transmitter.

stringens *sb. (en)* cogency; precision.

stringent[1] *adj.* **1.** *(strengt logisk)* strictly logical; *(overbevisende)* cogent (*fx* reasoning); **2.** *(om fremstilling)* closely reasoned (*fx* train of thought).

stringent[2] *adv.* logically; cogently.

strinte *vb.* squirt.

strippe[1] *sb. (en, -r) (slags spand)* piggin.

strippe[2] *vb.* strip.

stripper *sb. (en, -e)* stripper.

strippoker strip poker.

striptease *sb. (en, -r)* striptease.

strisser *sb. (en, -e)* T cop, copper.

stritte[1] *vb. (kaste)* chuck, bung; *(vand)* squirt;
□ *~ med sten* throw stones; *~ en ud* chuck sby out.

stritte[2] *vb. (se også strittende)*
1. *(om børster, hår etc.)* bristle;
2. *(rage frem)* stick out, jut out (*fx* his ears jut out);
□ *~* ***imod*** *a) (gøre modstand)* resist (*fx* it is no use resisting any longer); *b) (sprælle)* struggle (*fx* the dog struggled when I took it up); put up a struggle (*fx* he did not put up much of a struggle); *~ imod med hænder og fødder (el. arme og ben) a)* kick and struggle; *b) (fig.: opponere)* resist tooth and nail; *~* ***med*** stick out (*fx* an umbrella, one's arms); *~ med lillefingeren* extend one's little finger.

strittende *adj.* **1.** bristly (*fx* moustache); **2.** *(om ører el. hale)* erect (*fx* with ears erect); **3.** *(om yver)* distended;
□ *med ~ lillefinger* with one's little finger extended.

strofe *sb. (en, -r)* **1.** stanza; **2.** *(i græsk tragedie)* strophe.

strofisk *adj.* **1.** *(om digt)* stanzaic;
2. *(mus.)* strophic.

strop *sb. (en, -per)* **1.** strap;
2. *(støvle- etc.)* loop; **3.** *(til ophængning af frakke etc.)* hanger, loop;
□ *hænge i -pen (i bus etc.)* straphang (*fx* I have been straphanging on the way home).

stropløs *adj.* strapless.

stroppetur *(omtr.)* punishment drill, pack drill.

strube *sb. (en, -r)* **1.** throat; **2.** *se strubehoved;*
□ *skære -n over på en* cut sby's

throat; *(se også gribe (i), kniv).*
strubehoste *(med.)* croup; *(fagl.)* acute catarrhal laryngitis;
□ *falsk* ~ false croup.
strubehoved *(anat.)* larynx (pl. -es, *(fagl.)* larynges).
strubekræft *(med.)* cancer of the throat; *(fagl.)* cancer of the larynx.
strubelyd guttural (sound).
strubelåg *(anat.)* epiglottis.
strubespejl laryngoscope.
struds *sb. (en, -e) (zo.)* ostrich.
strudsefjer ostrich feather.
strudsemave*: have en* ~ have a stomach like an ostrich.
strudsepolitik ostrich policy.
strudseæg ostrich egg.
strudsfjer, **strudsmave** *(etc.) se strudsefjer, strudsemave (etc.).*
struggler *sb. (en, -e)* climber, careerist.
struktur *sb. (en, -er)* **1.** structure; **2.** *(om tekstils overflade)* texture.
strukturalisme *sb. (en)* structuralism.
strukturalist *sb. (en, -er)*, **strukturalistisk** *adj. (attr.)* structuralist.
strukturarbejdsløshed structural unemployment.
strukturel *adj.* structural.
strukturere *vb.* **1.** structure (*fx* one's arguments); **2.** *(bringe orden i)* organize (*fx* get one's life organized).
strukturrationalisering structural rationalization.
struma *sb. (en)* goitre; *(med.)* struma.
strunk *adj.* erect, upright;
□ *stiv og* ~ bolt upright.
strutmave potbelly.
strutskørt full skirt; *(se også stivskørt).*
strutte *vb.* **1.** *(bule ud)* bulge (out) (*fx* his stomach bulged (out)); **2.** *(om skørt)* be full;
□ ~ *af* be bursting with (*fx* health, energy, pride); ~ *med maven* stick out one's stomach; *-nde skørter* full skirts.
stryg *sb.pl. (prygl)* a thrashing.
stryge *vb. (strøg, strøget) (se også strygende, strøget)* **1.** *(med hånden, blidt)* stroke (*fx* he stroked his beard); *(feje med hånden)* brush (*fx* she brushed the hair away from her eyes; he brushed away a tear); *(om større bevægelse)* sweep (*fx* he swept the money off the table);
2. *(med strygejern)* iron (*fx* iron a shirt; she hates ironing); *(uden objekt også)* do the ironing (*fx* she does the ironing on Monday evenings);
3. *(violin)* bow;
4. *(male)* paint (*fx* paint the door); give (*fx* the door) a coat of paint;
5. *(fare)* shoot (*fx* he shot out of the door); streak (*fx* the dog streaked across the road);
6. *(om vinden)* sweep;
7. *(lade udgå)* cut (out) (*fx* a word, a sentence, a paragraph; a scene of a play); *(slette, strege over)* strike out, cross out, score out (*fx* a word); F cancel, delete;
8. *(afskaffe)* stop; F discontinue; T cut out (*fx* they cut out the tea break);
9. *(springe over)* skip;
10. *(hejse ned, om flag, sejl)* strike, lower;
[med sb.] ~ *en barberkniv* strop a razor; ~ *flaget (sø.)* strike one's colours; ~ *fortjenesten (el. gevinsten)* T pocket (*el.* bag) the profits; ~ *en le* sharpen (*el.* whet) a scythe; ~ *miner* sweep (for) mines; ~ *mursten (el. tegl)* mould bricks (, tiles); ~ *rejer* catch shrimps; shrimp; ~ *en tændstik* strike a match;
[med præp.] ~ *en (, ens navn)* ***af listen*** strike sby's name off the list; ~ **bort** brush away (*fx* a tear); ~ *et sejlløb* ***for*** *miner a)* sweep a channel for mines; *b) (rense det)* clear a channel of mines; ~ ***forbi*** *a)* sweep past; *b) (og lige strejfe)* brush past;
~ ***hen over*** *bølgerne* skim (over) the waves; ~ *en* ***med hårene*** humour sby; ~ *katten med hårene* stroke the cat the right way; ~ *en* ***mod hårene*** rub sby the wrong way; get his back up; ~ *katten mod hårene* stroke the cat the wrong way; ~ ***sig om*** *hagen* stroke one's chin; *katten strøg* ***sig op ad*** *mit ben* the cat rubbed against my leg; ~ ***over*** *(med farve)* coat; ~ *en over håret a) (en enkelt gang)* pass one's hand over sby's hair; *b) (flere gange)* stroke sby's hair;
~ *det* ***på*** *(med strygejern)* iron it on; *til at* ~ *på* iron-on; ~ *maling på* put paint on; ~ *håret* ***tilbage*** brush (, sweep) one's hair back.
strygebræt ironing board, ironing table;
□ *flad som et* ~ as flat as a board.
strygeflade *(på tændstikæske)* striking surface.
strygefri *adj. (om stof)* non-iron.
strygeinstrument *(mus.)* stringed instrument; *(fagl.)* bowed instrument.
strygejern iron.
strygekvartet *(mus.)* string quartet.
strygelet *adj. (attr.)* minimum-iron (*fx* shirt).
strygemønster transfer.
strygende[1] *adj.:* ~ *afsætning* a rapid (*el.* brisk) sale; *der var* ~ *afsætning på billetterne* the tickets were selling like hot cakes.
strygende[2] *adv.: det gik* ~ it went swimmingly, it went with a swing; *salget af billetterne gik* ~ the tickets were selling like hot cakes.
strygeorkester *(mus.)* string orchestra.
stryger *sb. (en, -e) (mus.)* string player;
□ *-ne* the strings.
strygerem (razor) strop.
strygerulle rotary ironer.
strygespån *(agr.)* scythe sharpener, strickle.
strygestål steel.
strygetøj clothes to be ironed, ironing.
strygetør *adj.* damp-dry, ironing-dry.
strygeunderlag *(til strygebræt)* ironing board cover.
strygning *sb. (en, -er) (jf. stryge)* **1.** *(med hånden)* stroking; *(enkelt)* stroke;
2. *(med strygejern)* ironing;
3. *(det at slette)* cutting-out, striking-out; F cancellation, deletion; *(det der er slettet, udeladelse)* deletion; *(i skuespil, bog, større)* cut.
stryknin *sb. (en)* strychnine.
stræb *sb. (et)* labour, toil;
□ *det daglige* ~ the daily grind.
stræbe *vb. (stræbte, stræbt)* exert oneself;
□ ~ ***efter*** *a) (ɔ: have som mål)* aim at (*fx* accuracy, better products, increased production, a seat in Parliament); *(især om højt el. uopnåeligt mål,* F*)* aspire to (*fx* fame, perfection, the position of managing director); *b) (efter at få el. opnå,* F*)* strive for (*fx* better conditions, freedom, power, recognition);
~ ***efter at*** *a) (ɔ: have som mål)* aim at -ing (*fx* at being number one); aim to; F aspire to (*fx* become an author); *b) (bestræbe sig på)* endeavour to (*fx* do one's best); *(stærkere)* strive to;
~ *én* ***efter livet*** seek sby's life;
~ ***opad*** be ambitious; F aspire to higher things.
stræbebue *(arkit.)* flying buttress.
stræben *sb. (en)* **1.** efforts pl.; F endeavour(s); **2.** *(ærgerrighed)* ambition;
□ ~ *efter* striving towards.
stræbepille *(arkit.)* buttress.

stræber *sb. (en, -e)* **1.** pushy person, pusher; *(som gerne vil gøre karriere)* careerist; **2.** *(social ~)* climber; **3.** *(i skole)* swot.
stræbsom *adj. (flittig)* hard-working; F industrious.
stræbsomhed *sb. (en)* industry.
stræde *sb. (et, -r)* **1.** narrow street, lane, alley; **2.** *(sund)* strait(s);
□ *på gader og -r* in highways and byways; *-t ved Gibraltar* the Strait(s) of Gibraltar.
stræk *sb. (et, -)* **1.** *(med.)* traction (*fx* a leg in traction); **2.** *(af vej)* stretch;
□ *i ét ~* without stopping (*fx* we drove from Newcastle to London without stopping); *jeg læste bogen i ét ~* I read the book at one sitting; T I read the book at one go.
strækbar *adj.* ductile; extensible.
strække *vb. (strakte, strakt)*
1. *(række ud el. frem)* stretch;
2. *(gøre længere)* stretch (*fx* a pair of gloves); draw out (*fx* a wire);
3. *(få til at slå bedre til)* make (*fx* the butter, the money) go further; stretch out (*fx* the money (, the ration) till the end of the month);
□ *lade sig ~ (om materiale)* stretch, give;
[med sb.] ~ benene stretch one's legs; *~ gevær* lay down one's arms; *~ hals a)* crane (*el.* stretch out) one's neck; *b) (glds.: lade sit liv)* put one's head on the block; *~ kølen* lay the keel;
[med adv.] ~ hånden ***frem*** hold (*el.* stretch) out one's hand; *det -r ikke* ***langt*** *(ɔ: slår ikke godt til)* it does not go far; *det -r godt* ***til*** it goes a long way; *vinen strakte ikke til* there was not enough wine (to go round); *~* ***ud*** *a) (gå 'til)* stretch out; *b) (om hest)* gallop at full speed;
[med: sig] ~ ***sig*** *a) (om person)* stretch (oneself) (*fx* he stretched (himself) and yawned); stretch (oneself) out (*fx* he stretched (himself) out full length on the sofa); *b) (om stof)* stretch, give; *c) (om slette etc.: ligge udstrakt)* stretch out, spread, lie; *~* ***sig så langt*** *man kan (fig.)* go to the greatest possible length; go as far as one can; *~* ***sig over*** *a) (i tid)* spread over (*fx* the negotiations spread over several years); last (for); *b) (i rum)* cover (*fx* the forest covered several acres).
strækkemuskel *(anat.)* extensor.
strækmarch goose step;
□ *gå ~* goose-step.
strækning[1] *sb. (en, -er)* **1.** *(distance)* distance (*fx* cover a long distance; we had a long distance to walk); way;
2. *(vej-)* stretch (*fx* a stretch of bad road; a new stretch of motorway);
3. *(jernbane-)* section;
4. *(stort område)* tract (*fx* a tract of forest (, desert));
□ *lige ~* level (, straight) stretch; *over en ~ på 10 km* over a distance of 10 km; for a stretch of 10 km.
strækning[2] *sb. (en, -er) (det at strække(s))* stretching; *(stramning)* tension.
stræknylon stretch nylon.
strø[1] *sb. (en, -er) (til gulv)* joist.
strø[2] *vb.* **1.** *(drysse)* sprinkle (*fx* sand over the floor); *(se også salt*[1]*)*;
2. *(sprede)* scatter (*fx* bread crumbs for the birds; he scattered his clothes all over the house); strew (*fx* his clothes were strewn (*el.* scattered) about all over the room; F they strewed flowers in his path);
[med præp.] han -r ***om sig*** *med citater* he loves to toss off quotations; *han -r om sig med løfter* he is very liberal with promises; *han -r om sig med penge* he throws (*el.* flings *el.* splashes) his money about; *~ sukker* ***på*** *en kage* sprinkle sugar on a cake; sprinkle a cake with sugar; *papirer lå -et* ***ud over*** *gulvet* there were papers strewn (*el.* scattered) all over the floor; the floor was strewn with papers; *~* ***under*** *en hest* litter down a horse.
strøelse *sb. (en)* litter, bedding.
strøg[1] *sb. (et, -)* **1.** *(let berøring)* touch;
2. *(med bue el. pen)* stroke;
3. *(egn, kvarter)* neighbourhood, part (of the country, of the town);
4. *(forretnings-)* main shopping street.
strøg[2] *præt. af stryge.*
Strøget [a row of shopping streets in central Copenhagen].
strøget *pf.ptc. af stryge, adj.: ~ mål a)* level measure; *b) (knapt)* scant measure; *en ~ skefuld* a level spoonful.
strøgkunde chance (*el.* stray) customer.
strøm *sb. (en, -me)* **1.** *(i hav, sø, luft etc., også elek.)* current;
2. *(jævn, rolig ~)* flow (*fx* the flow of water in a pipe; a flow of mud (, traffic, information)); *(se også jævn)*;
3. *(stadig ~, mængde)* stream (*fx* of cars, of lava, of immigrants, of visitors; of curses, of questions);
4. *(voldsom)* flood (*fx* of abuse, of immigrants, of letters, of tears); *(stærkere)* torrent (*fx* of abuse, of oaths, of questions, of tears); *(pludselig)* spate (*fx* of words, of new books, of letters);
5. *(vandløb, å)* stream; *(rivende bjergstrøm)* torrent;
□ *en ~ af eder (også)* a string of oaths; *-men vender* the tide turns; *(se også afbryde, slutte, stærk)*;
[med præp.] ***i*** *-me* in streams (*fx* wine flowed in streams); *blodet flød i -me* there were streams of blood; *(se også strid*[2]*)*; *følge med -men (fig.)* swim (*el.* go) with the tide; *gå mod -men* swim (*el.* go) against the tide.
strømafbrydelse *(elek.)* power cut.
strømafbryder *(elek.)* switch, contact breaker.
strømaftager *(på elek. tog etc.)* (current) collector.
strømer *sb. (en, -e)* **1.** *(politibetjent)* cop, copper; **2.** *(landstryger)* bum.
strømforbrug consumption of electric current, power consumption.
strømfordeler *sb. (en, -e)* **1.** *(elek.)* controller; **2.** *(i bil)* distributor.
strømforsyning power supply.
strømførende *adj.* live (*fx* wire, rail; don't touch power cables, they may be live).
strømhvirvel eddy; *(større)* whirlpool.
strømkreds *(elek.)* circuit.
strømkæntring turn of the tide.
strømlin(i)et *adj.* streamlined.
strømme *vb.* **1.** stream; *(voldsommere)* pour; *(mere stille)* flow;
2. *(om mennesker, i stort tal)* pour, flock, crowd;
[med præp. & adv.] ~ ***ind*** pour in (*fx* complaints (, letters) are pouring in); *(om mennesker også)* flock in, crowd in; *~* ***ind over*** *a) (om vand)* flood; *b) (om mennesker, dyr)* swarm over;
regnen har -t ***ned*** the rain has been pouring down; *tårerne -de* ***ned ad*** *hendes kinder* tears were streaming (, pouring) down her cheeks;
~ ***over*** overflow (*fx* the river overflowed (its banks)); *~* ***over af*** *(om følelse)* brim over with (*fx* high spirits, joy); bubble over with (*fx* enthusiasm, cheerfulness, joy); F overflow with (*fx* my heart was overflowing with gratitude); *~ over af lovord* be profuse in one's praise;
folk -de ***til*** people flocked (*el.* crowded) to the place; *blodet -de mig til hovedet* the blood rushed

to my head;
~ **ud** *a)* stream (, flow, pour) out (*fx* the water (, the pupils) poured out); *(pludseligt, voldsomt, kun om væske)* gush out; *b) (om gas, væske ved utæthed)* escape, leak out; ~ **ud af** stream (, flow, pour) out of; gush out of (*el.* from) (*fx* blood gushed from the wound); leak out of; escape from.

strømmevis *adv.*: ~ *af* streams of; *i* ~ in streams.

strømning *sb. (en, -er)* **1.** flow, stream; **2.** *(åndelig bevægelse)* current (*fx* main currents in 20th century thought).

strømpe *sb. (en, -r)* **1.** *(dame-, lang)* stocking; **2.** *(herre-)* sock.

strømpebukser *sb.pl.* tights; *(især am.)* panty hose sg.

strømpebånd 1. suspender; *(am.)* garter; **2.** *(rundt om benet)* garter.

strømpefod foot of a stocking;
□ *på strømpefødder* in one's stocking feet.

strømpeholder suspender belt.

strømpeskaft leg of a stocking, stocking leg.

strømpesokker *sb.pl.*: *på* ~ in one's stocking feet.

strømpil *(fig.)* straw in the wind.

strømretning direction of the current.

strømslutning *(elek.)* closing of the circuit.

strømstyrke *(elek.)* current strength, current intensity.

strømstød surge.

strømsvigt power failure.

strømtavle switchboard.

strøske dredging spoon, sugar sifter.

strøsukker castor sugar.

strøtanke 1. *(aforisme)* aphorism; **2.** *(indfald)* idea;
□ *-r* (ɔ: *tilfældige indfald)* (random) jottings; F obiter dicta.

strå *sb. (et, -)* straw;
□ *trække det korteste* ~ get the worst of it; come off second best; *komme højt på* ~ rise in the world; *være højt på* ~ be a high-up.

strådød: *dø -en (glds.)* die in one's bed.

stråfletning 1. straw plaiting; **2.** *(det flettede)* straw plait.

strågul *adj.* straw-coloured.

stråhat straw hat; *(flad)* boater.

stråle[1] *sb. (en, -r)* **1.** *(lys-)* beam (*fx* sunbeams, moonbeams; the beam of a searchlight); *(enkelt tynd)* ray (*fx* a ray of (sun) light);
2. *(varme- etc.)* ray (*fx* rays of heat; cosmic (, ultraviolet) rays, X-rays);
3. *(fig.: glimt)* ray, gleam; *(svagere)* glimmer (*fx* of hope);
4. *(zo.: i finne etc.)* ray; *(i fjer)* barb;
5. *(af vand, damp etc.)* jet; *(tynd)* squirt.

stråle[2] *vb. (se også strålende)*
1. shine (*fx* the sun was shining; his face (, eyes) shone with happiness);
2. *(funkle)* sparkle (*fx* the diamonds sparkled in the sunlight; her eyes sparkled with joy (, amusement)); **3.** *(om person: se glad ud)* beam (*fx* he beamed as he saw her; she beamed with satisfaction);
□ *hun (, hendes ansigt) -de af glæde (også)* she (, her face) was radiant with joy; ~ *ud fra* radiate from.

strålebehandling radiation treatment; *(fagl.)* irradiation.

strålebundt pencil of rays.

stråleglans radiance; *(stærkere,* F*)* refulgence.

strålekrans halo.

strålende[1] *adj.* **1.** *(glædes-)* radiant (*fx* a radiant smile; she looked radiant);
2. *(funklende)* sparkling (*fx* jewels); glittering (*fx* Christmas tree);
3. *(glimrende, herlig)* brilliant (*fx* idea, career, future, success; scientist, musician); glorious (*fx* victory); glittering (*fx* career, performance);
□ *et* ~ *eksempel på* a shining example of; *være i* ~ *humør* be in excellent spirits; ~ *solskin* brilliant sunshine.

strålende[2] *adv.* **1.** radiantly (*fx* beautiful, happy); **2.** *(glimrende)* brilliantly (*fx* he did brilliantly *(han klarede sig* ~*)*);
□ ~ *begavet* brilliant; ~ *oplyst* brilliantly illuminated.

strålerør jet pipe, nozzle.

strålesyge radiation sickness.

strålevarme radiant heat.

stråling *sb. (en, -er)* radiation.

strålingsfare radiation hazard.

strålingssyge radiation sickness.

stråmand *(fig.)* front man (*for* of); T stooge (*for* of).

stråmåtte straw mat.

stråtag thatched roof.

stråtækt *adj.* thatched.

stub *sb. (en, -be) (træ-)* stump;
□ *-be (af korn, skæg)* stubble sg.; *(se også rub).*

stubmark stubble field.

stud *sb. (en, -e)* **1.** bullock; *(ung)* steer; **2.** *(fig., om person)* boor, oaf; *(se også age, brøl).*

stud. *(fork.f. studiosus)*: *være* ~ *jur.* be a law student; *være* ~ *mag.* be an arts student; *være* ~ *med.* be a medical student, be studying medicine; *være* ~ *polit.* be a student of economics; *være* ~ *polyt.* be a student of engineering; *være* ~ *theol.* be a theology student.

studedrikke *vb.* drink oneself into a stupor.

studehandel *(politisk etc.)* **1.** *(det at)* horse trading; **2.** *(enkelt)* horse-trading deal; *(mindre neds.)* trade-off; **3.** *(am. jur.: for at få strafnedsættelse)* plea bargain.

student *sb. (en, -er)* **1.** *(studerende)* student (*fx* university student);
2. [person who has passed the "studentereksamen"];
□ *han er* ~ *(jf. 2)* he has passed the "studentereksamen"; *(svarer til)* he has his A-levels; *blive* ~ *(jf. 2)* pass the "studentereksamen" (, the A-levels).

studentereksamen [upper secondary school leaving examination]; *(i Engl. omtr. =)* A-levels pl.; *(am. omtr.)* high-school certificate.

studenterforening students' association.

studenterhue student's cap.

studenterkammerat fellow student, student friend.

studenterkursus upper secondary level evening school.

studenterliv student life.

studenterløn 1. *(takst hvorefter studerende betales)* student rate;
2. *se studieløn.*

studenternellike *(bot.)* sweet william.

studenteroprør student rebellion (*el.* revolt).

studenteroprører student rebel.

studenterrabat student discount.

studenterråd students' representative council.

studenterrådgivning 1. *(personlig)* student counselling; **2.** *se studievejledning.*

studentersangforening students' choral society.

studentikos *adj.* undergraduate (*fx* manner).

studepranger *sb. (en, -e)* cattle dealer.

studere *vb. (se også studerende)*
1. *(generelt & = granske)* study (*fx* he is studying for a degree; study a group of gorillas; study a map (, his face)); **2.** *(om bestemt fag)* study (*fx* chemistry, English, law); F read;
□ *lade ham* ~ send him to (a) university; *(am.)* send him to college; ~ *jura* be a law student, study for a law degree; ~ *medicin,* ~ *til*

læge be studying medicine, be a medical student, be studying to be a doctor; *(se også stud.)*; *en -t mand (glds.)* a scholar.
studerende *adj. (brugt som sb.)* student;
□ *den ~ ungdom* students.
studereværelse study.
studeringer *sb.pl. (let glds.)* studies.
studie[1] *sb. (et, -r) (atelier, radio, tv)* studio.
studie[2] *sb. (et el. en, -r) (udkast, undersøgelse)* study; *(se også studium)*.
studiebesøg study visit.
studieegnet *adj.* suitable.
studieegnethed academic ability.
studiefag subject.
studiegæld study debt.
studiekammerat fellow student.
studiekreds study circle, study group.
studielegat *se legat*[1] *2.*
studielektor [senior master with special duties].
studieløn student wage.
studielån student loan.
studienævn staff-student committee.
studieophold study visit;
□ *være på ~ i England* be studying in England.
studieplads student place.
studieplan *sb. (en, -er)* **1.** *(trykt)* syllabus; **2.** *(pensum)* curriculum.
studierejse study tour;
□ *tage på ~ til England* go to England to study.
studiescene studio theatre.
studieteknik study technique; study skills pl.
studietid 1. time (*el.* period) of study; **2.** *(studentertid)* student days pl.;
□ *i min ~* when I was at university; *-en er tre år* it is a three-year course (of study).
studievejleder 1. *(som vejleder om erhvervsmuligheder)* careers adviser (*el.* counsellor); **2.** *(som vejleder under et studium)* student adviser, tutor.
studievejledning 1. *(i skole)* study and vocational guidance; **2.** *(ved studium)* study guidance, student advising; **3.** *(kontor)* study guidance office.
studievært *(i radio, tv)* presenter; *(i diskussionsprogram)* host; *(i nyhedsprogram)* newsreader; *(am.)* anchor;
□ *med X som ~* presented (, hosted) by X.
studine *sb. (en, -r)* girl student.
studium *sb. (et, studier)* **1.** *(undersøgelse)* study; *(indgående, F)* scrutiny (*fx* subject the document to a close scrutiny);
2. *(læsning)* studies pl. (*fx* begin (, finish, pursue) one's studies);
3. *(studieforløb)* course (*fx* it is a three-year course; introduce a new course; complete (, leave) the course);
□ *drive studier* engage in studies, study; *gøre studier over* make (*el.* carry out) a study of; *(se også mark*[1]*)*; *det er et helt ~ (ɔ: er indviklet)* it takes a lot of time.
studs[1] *sb. (en, -er el. -e) (rørstykke)* connecting piece; *(lille rørstump)* pipe stub.
studs[2] *sb. (en): på en ~* straight off; off-hand.
studs[3] *adj. (affejende)* curt (*fx* reply); *(brysk)* brusque; *(gnaven)* gruff.
studse[1] *vb.* **1.** *(klippe)* trim (*fx* sby's beard, sby's hair); **2.** *(en hale)* dock (*fx* dock the tail of an animal); **3.** *(ører)* crop.
studse[2] *vb. (blive forbavset)* be puzzled (*over, ved* by); *(stærkere)* be startled (*over* at).
studsning *sb. (en, -er) (jf. studse*[1] *1)* trimming.
stue *sb. (en, -r)* **1.** room;
2. *(daglig-)* sitting room;
3. *(på hospital)* ward (*fx* a three-bed ward); bay (*fx* a three-bedded bay);
4. *(mil.) se belægningsstue*;
5. *(stueetage)* ground floor; *(am.)* first floor;
□ *i -n (jf. 5)* on the ground floor; *(am.)* on the first floor.
stueantenne indoor aerial; *(tv også)* rabbit('s) ears pl.
stuearrest*: have ~* be kept in.
stueetage *se stue 5.*
stueflue *(zo.)* housefly.
stuefugl cage bird.
stuegang 1. *(på hospital: enkelt)* ward round;
2. *(generelt)* (ward) rounds pl.; *gå ~* go (*el.* do) the rounds.
stuegulv floor.
stuehus *(agr.)* farmhouse.
stuelejlighed ground-floor flat; *(am.)* first-floor apartment.
stuelærd *adj. (brugt som sb.)* bookish person.
stueorgel harmonium.
stuepige 1. *(i et hjem omtr.)* (house)maid; **2.** *(i kro, hotel)* chambermaid.
stueplante 1. house plant; **2.** *(fig., om person)* homebody, stay-at-home.
stueren *adj. (om hund)* house-trained; *(am.)* house-broken;
□ *hans historier var ikke helt -e* his stories were not exactly (fitted for the) drawing-room.
stuetemperatur room temperature.
stuetermometer indoor thermometer.
stueur clock.
stuk *sb. (en el. et)* stucco;
□ *beklæde med ~* stucco.
stukkatur *sb. (en)* stucco (work).
stukkatør *sb. (en, -er)* stucco worker.
stukket *pf.ptc. af stikke; (se også gris)*.
stum *adj.* **1.** *(uden talens brug)* dumb (*fx* he was dumb from birth); *(glds.)* mute;
2. *(af sindsbevægelse)* speechless (*af* with, *fx* rage, terror); dumb (*af* with, *fx* terror);
3. *(tavs, som ikke udtrykkes)* mute (*fx* appeal, reproach; he gazed at her in mute admiration);
4. *(som ikke udtales)* silent (*fx* letter); *(fagl.)* mute;
□ *blive ~ af rædsel* be struck dumb with terror; *-t klaver* dumb piano; *-t spil (teat.)* byplay; *(hel scene)* dumb show.
stumfilm silent film; *(især am.)* silent movie.
stumhed *sb. (en) (jf. stum 1)* dumbness; *(glds.)* muteness.
stump[1] *sb. (en, -er)* **1.** *(lille stykke, smule)* bit; *(ubrugelig el. kasseret)* scrap (*fx* of cloth, of paper, of metal, of knowledge; there was not a scrap of food left);
2. *(brudstykke)* fragment (*fx* fragments of a vase (, of a shell, of glass); a fragment of an old play);
3. *(af samtale, sang)* snatch (*fx* snatches of conversation (, of music, of a song));
4. *(rest)* stump (*fx* of a candle (, cigar, pencil, arm, leg, tooth)); *(af cigaret, blyant også)* stub, end;
5. *(om barn)* tiny tot;
6. *(kælenavn til lille person)* shortie;
□ *rive i -er og stykker* tear to bits (*el.* shreds); *slå (, sprænge) i -er og stykker* smash (, blow) to bits (*el.* smithereens); *redde -erne, samle -erne op (fig.)* pick up the pieces; save something out of the wreck.
stump[2] *adj.* **1.** blunt; **2.** *(om vinkel)* obtuse.
stumpe *vb.* be too short.
stumpet *adj.* skimpy (*fx* dress).
stumpnæset *adj.* snub-nosed.
stumprumpet *adj.* short-tailed.
stumpvinklet *adj.* obtuse-angled.
stumtjener hatstand; *(am. også)*

clothes tree, hall tree.

stund *sb. (en, -er)* **1.** *(stykke tid)* while (*fx* for a short while); **2.** *(tidspunkt, time)* hour (*fx* in the hour of need (, of peril); in a happy hour, in an evil hour); □ *i samme* ~ at the same moment; *nu om -er* nowadays; *jeg har ikke -er til det* I have no time for it; *til min sidste* ~ to my dying day.

stunde *vb.: aftenen -r til* evening is drawing near.

stundesløs *adj.* restless.

stundom *adv.* at times.

stuntmand stunt man.

stup *sb. (en, -per) (til tegning)* stump.

stupid *adj.* oafish; *(dum også)* stupid.

stupiditet *sb. (en)* oafishness; *(dumhed også)* stupidity.

stutflag *(sø.)* square (flag).

stuts = *studs*[1].

stutteri *sb. (et, -er)* stud farm.

stuve *vb. (sø.)* stow; □ *dårligt -t* badly stowed; *(om lasten også)* out of trim; ~ *folk sammen i en kupé* pack (*el.* cram) people into a compartment; *-nde fuld* packed, crammed; T chock-full.

stuvet *vb. (om mad):* ~ *blomkål (etc.)* boiled cauliflower (etc.) in white sauce.

stuvning[1] *sb. (en. -er) (mad; omtr.)* white sauce.

stuvning[2] *sb. (en, -er) (sø.)* stowage, stowing.

styg *adj.* **1.** *(ubehagelig)* ugly (*fx* wound, rumour); T nasty (*fx* weather, remark, taste); **2.** *(let glds.: grim)* ugly; *(uartig)* naughty.

styk *sb. (et, -)* unit, item; *et* ~ one; *to* ~ two; *pr.* ~ per unit, each (*fx* they cost £1 each).

stykgods **1.** parcels pl.; **2.** *(sø.)* general cargo, mixed cargo.

stykke[1] *sb. (et, -r)* **1.** piece (*fx* a piece of paper (, cloth, music)); *(mindre)* bit; *(afmålt ~)* length (*fx* of cloth, of string, of wood; I need a length of cable (, chain, wire); cut it up into lengths of 10 cm); **2.** *(afskåren skive)* slice (*fx* of bread, of meat); *(udskåret ~ af kød)* cut; **3.** *(af appelsin etc.)* piece, segment; **4.** *(del af strækning)* part (*fx* walk part of the way); *(af jernbanelinie)* section; **5.** *(~ vej)* distance, way *(se også ndf.: ~ vej)*; **6.** *(lille mark)* patch (*fx* a patch of rye (, of beans)); **7.** *(tekst-)* passage (*fx* a passage from the Bible); **8.** *(del af lovparagraf)* subsection (*fx* section 4 subsection (2)); **9.** *(afsnit af tekstside)* paragraph; **10.** *(avisartikel)* piece, article; **11.** *(regnestykke)* problem; T sum (*fx* do a sum); **12.** *(dyr, ved optælling)* head (*fx* 20 head of cattle); **13.** *(kanon)* gun, piece; **14.** *(maleri; komposition; genstand i samling)* piece; **15.** *(skuespil)* play; T piece; **16.** *(enhed)* unit; *(se styk)*; **17.** *(om værdipapirer)* denomination; □ *50 pence -t (el. pr. stk.)* 50p each; F 50p apiece; *[i omtrentlig angivelse] nogle -r* some, a few; *en 30 -r* thirty or so, about thirty; *et par -r* one or two, a couple; *[med sb.] et ~ arbejde* a piece of work, a job; *et ~ brød* a piece of bread; *(afskåret også)* a slice of bread; *et ~ chokolade se chokolade*; *et ~ jord* a plot of land; *20 -r kvæg* 20 head of cattle; *et ~ mad* a piece of bread and butter; *(sammenlagt)* a sandwich; *et ~ papir* a piece of paper; *(las)* a scrap of paper; *et ~ sukker* a lump (*el.* cube) of sugar; *et ~ sæbe* a bar (*el.* cake) of soap; F a tablet of soap; *et ~ tid* some time; *et ~ vej a)* some distance; *b) (noget af vejen)* part of the way (*fx* I'll walk part of the way with you); *et godt ~ vej* a good way, some distance; *et lille ~ vej* a short way; *[med præp.] han er et ~* ***af*** *en digter* he is something of a poet; *et ~ af vejen* part of the way; *~* ***for*** *~* piece by piece, bit by bit; ***i -r*** *a) (itu)* broken (*fx* the window pane is broken); *b) (i uorden)* out of order (*fx* the lift is out of order); not working (*fx* the brakes are not working); *c) (efter vb. + objekt: i flere -r)* into pieces (*fx* break (, cut, tear) it into pieces); up (*fx* tear (, cut) it up); ***gå i -r*** *a)* break; *(i flere -r også)* go (*el.* come) to pieces; *b) (om maskine etc.)* break down (*fx* the washing machine broke down); T go on the blink; *c) (fig.: om aftale etc.)* break down (*fx* the agreement broke down); *d) (om person: i tale etc.)* break down; *(blive svækket; bryde sammen)* go to pieces; *e) (om ægteskab)* break up; T go on the rocks; *forlovelsen gik i -r* the engagement was broken off; *planen gik i -r på at* the scheme broke down over the fact that; ***slå i -r*** *a)* break; *(voldsomt)* smash, dash to pieces; *(stærkere)* shatter; *b) (fig.: ødelægge)* break up (*fx* their friendship (, marriage), his life); wreck (*fx* their plans); ruin (*fx* his life); *(stærkere,* F*)* shatter (*fx* his illusions, his life); *c) (om pengeseddel: veksle)* change (*fx* can you change a £100 note for me?); *(begynde at bruge)* break into, cut into (*fx* I don't want to break (*el.* cut) into my last £100 note); *obligationer* ***i -r på*** *£100* bonds in denominations of £100; *når det kommer* ***til -t*** after all, when it comes to the point, when all is said and done; T when it comes to the crunch, when the chips are down.

stykke[2] *vb.: ~ noget sammen* piece sth together; *(som et puslespil)* jigsaw sth together; *~ ud* parcel out.

stykkevis *adv.* **1.** *(enkeltvis)* by the piece (*fx* sell them by the piece); **2.** *(stykke for stykke)* piece by piece; *(ofte neds.)* piecemeal; **3.** *(delvis)* partially.

stykpris price per unit, unit price.

styksalg retail sale.

stykvis *se stykkevis 1.*

stylte[1] *sb. (en, -r)* stilt; □ *gå på -r* walk on stilts.

stylte[2] *vb.: komme -nde* come stalking; *~ sig op* become stilted.

stymper *sb. (en, -e)* **1.** poor wretch; **2.** *(fusker)* bungler.

styne *vb.* pollard (*fx* pollarded trees).

styr *sb. (et, -) (cykel-)* handlebars pl.; □ ***få*** *(, have) ~* ***på*** *a) (kontrol over)* get (, have) control of (*fx* an unruly class); get (, have) (*fx* the problems) under control; *b) (forstå)* get (, have) a good grip of (*fx* the facts); T have (, get) taped; *få ~ på sig selv* get a grip on oneself; *I må se at få ~ på tingene* you must get your act together; ***holde ~ på*** *a) (holde øje med)* keep a check on (*fx* expenses); *b) (have overblik over)* keep track of (*fx* a large family; what they are doing); *c) (have kontrol over)* control (*fx* a large class); keep (*fx* spending) in check; *d) (lede)* manage; *[med (vb. +) præp.]* ***gå over*** *~ (om forlovelse)* be broken off; ***sætte over*** *~ a) (tabe)* lose; *b) (bortødsle)* squander; T run through (*fx* a fortune); ***uden*** *~*

(sø.: ikke under kommando) not under control, unmanageable.
styrbar *adj.* dirigible;
□ *-t projektil (mil.)* guided missile.
styrbord starboard;
□ ~ *med roret!* starboard the helm! *om* ~ on the starboard side.
styrbords- starboard (*fx* light, side).
styre[1] *sb. (et, -r)* **1.** *(regering(sform))* government (*fx* a democratic government; government by the majority); *(især neds.)* regime (*fx* live under a totalitarian regime);
2. *(herredømme)* rule (*fx* under British rule);
3. *(ledelse)* management;
□ *stå for -t* be at the head of affairs, be at the helm; *sætte en fra -t* depose sby; *tage -t* take the helm.
styre[2] *vb.* **1.** steer (*fx* a car, a boat; steer a ship into the harbour; steer a course); *(uden objekt)* steer (*fx* we steered along the coast); *(i en bestemt retning)* head (*fx* we were heading for home (*el.* homewards));
2. *(regere)* govern (*fx* a country); *(fast, hårdt; herske over)* rule (*fx* he ruled the country with a firm hand; computers rule the world); *(stå for styret)* be at the helm, be at the head of affairs;
3. *(lede)* manage (*fx* a large firm, the economy, their money); direct (*fx* a project);
4. *(holde øje med)* keep a check on (*fx* expenditure);
5. *(holde styr på; regulere)* control (*fx* a class of boys; one's anger, one's feelings, one's temper, one's passions; expenditure, inflation); keep in check (*fx* keep expenditure in check); F restrain, curb (*fx* one's anger, one's passions, one's tongue);
6. *(tings el. redskabs bevægelse, maskine)* control (*fx* the machines were controlled by computers);
7. *(gram.)* govern, take (*fx* this preposition takes the dative);
□ *let at* ~ *(om personer)* manageable; F tractable; *han er ikke til at* ~ T he is quite a handful; *han har fået sin lyst -t* he has had enough; he has got more than he bargained for; ~ *sig* control oneself; F restrain oneself;
[med præp.] ~ ***efter*** *stjernerne* steer by the stars; *(se også kurs)*; ~ *hus* ***for*** *en* keep house for sby; ~ *landet* ***gennem*** *krisen* pilot the country through the crisis; ~ ***henimod***, ~ ***imod*** *a) (om skib, båd)* steer towards (*fx* steer towards the light; steer the boat towards the light); *b) (mod et mål)* steer for (*fx* the shore); *c) (for at komme væk)* make for (*fx* the ship made for the open sea; he made for the door); *d) (være på vej til)* head for (*fx* we are heading for London (, for an early solution)); ~ *imod land,* ~ ***indefter*** stand in; ~ *imod nord* steer (*el.* head) north; ~ ***lige imod***, ~ ***lige løs på*** head straight for, bear down on.
styreapparat steering gear.
styrearm steering arm.
styrefjer *(fugls)* tail feather.
styregrejer *sb.pl.* **1.** steering gear sg.; **2.** *(flyv.)* controls.
styregruppe steering committee.
styrehus *(sø.)* wheelhouse, pilot house.
styrekompas *(sø.)* steering compass.
styreline *(sø.)* tiller rope.
styreliste *(på skydedør)* guide.
styrelse *sb. (en, -r)* **1.** *(det at styre) se styring*;
2. *(de der styrer) se bestyrelse*;
3. *(offentlig myndighed)* agency;
4. *(gram.)* complement;
□ *ved forsynets* ~ by an act of Providence, providentially; *en guddommelig* ~ a divine dispensation.
styrelseslov statute.
styremaskine *(sø.)* steering engine.
styremekanisme steering gear.
styrepind **1.** *(sø.)* tiller; **2.** *(flyv.)* control column; T stick.
styreraket control rocket.
styrerille guideway.
styreskinne guide rail.
styresystem *(edb)* operating system.
styretøj steering gear;
□ *-et (også)* the steering.
styreåre steering oar.
styring *sb. (en)* **1.** *(ledelse)* management (*fx* financial management; management of the economy (, of a project)); government (*fx* students wanted more participation in the government of their lives and courses);
2. *(kontrol)* control (*fx* of public expenditure; political control of the universities (, of state enterprises));
3. *(af skib etc.)* steering;
□ *tabe -en* lose control.
styrke[1] *sb. (en)* **1.** strength (*fx* of a horse, of a man, of an army, of a fortress, of a rope; of the light, of a poison; of will, of his feelings);
2. *(voldsomhed)* force (*fx* of a blow, of an explosion, of the argument, of the wind);
3. *(virkende kraft, effektivitet)* power (*fx* of an explosion, of the wind, of an electric current; Germany's industrial power);
4. *(antal)* strength (*fx* of a regiment);
5. *(om magnet, linse, mikroskop)* power; *(om briller)* strength;
6. *(lydstyrke)* volume;
□ *han* ***har*** *ikke sin* ~ ***i*** *engelsk* English is not his strong point; *han har sin* ~ *i analysen, hans* ~ ***ligger i*** *analysen* his strength lies (*el.* is) in analysis; ***prøve*** *sin* ~ *se kræfter*;
[med præp.] tiltage ***i*** ~ grow stronger; F intensify; *solbriller* ***med*** ~ sunglasses with lenses; *hævde det med stor* ~ assert it vigorously (*el.* with great strength).
styrke[2] *sb. (en, -r) (afdeling etc.)* force (*fx* a strong force of police; land (, naval, military) forces; the armed forces).
styrke[3] *vb.* **1.** *(forstærke)* strengthen (*fx* the alliance, the dollar, the ties between the two countries, one's conviction); *(moral, selvtillid etc.)* boost (*fx* one's morale (, self-confidence, self-respect)); F fortify (*fx* one's spirit with prayer);
2. *(om noget vaklende: stive af; ofte neds.)* bolster (up) (*fx* their failing morale, one's self-confidence, the ailing economy);
3. *(oplive)* refresh (*fx* a refreshing cup of tea, refreshing sleep); *(stærkere)* brace (up) (*fx* the sea air braces you up; a bracing climate); F invigorate;
□ ~ ***sig*** F fortify oneself (*fx* with a glass of whisky); *du trænger til noget at* ~ *dig på* T you need something to pick you up; *få noget at* ~ *sig på (ɔ: spiritus,* T*)* have a quick one; *-nde middel* tonic; T pick-me-up.
styrkedrik cordial.
styrkeforhold relative strength.
styrkegrad degree of force, strength.
styrkeliste *(mil.)* muster roll.
styrkelse *sb. (en) (jf. styrke*[3]*)*
1. strengthening; boosting; **2.** refreshment.
styrkemæssigt *adv.:* ~ *står de lige* they are equal in strength.
styrkemål *(mil.)* force level.
styrkeposition position of strength.
styrkeprøve **1.** trial of strength;
2. *(mht. materiale)* strength test.
styrmand **1.** mate; **2.** *(i kapronings-båd)* coxswain; T cox;

□ *med ~ (jf. 2)* coxed (*fx* a coxed four); *uden ~ (jf. 2)* coxless.
styrmandsbevis certificate of competency as first mate.
styrmandseksamen mate's examination.
styrt *sb. (et, -)* **1.** *(med hest, cykel)* fall, spill; **2.** *(voldsomt, fx med fly, motorcykel)* crash.
styrtbombemaskine dive bomber.
styrtbøjle *(på motorcykel)* safety bar, crash bar.
styrtdyk 1. *(fig.)* nosedive (*fx* prices took a nosedive); **2.** *(flyv.) se styrtdykning.*
styrtdykke *vb.* **1.** *(flyv.)* nosedive; **2.** *(fig.)* nosedive, plummet (*fx* oil prices plummeted).
styrtdykning *(flyv.)* vertical dive, nose dive.
styrte *vb. (se også styrtende)* **1.** *(falde om, vælte)* fall (*fx* the horse fell); *(af træthed)* drop (*fx* work till one drops); *(om motorcykel)* crash;
2. *(dumpe)* fall; *(pludseligt, voldsomt)* plunge (*fx* he fell (, plunged) into the water); *(trimle)* tumble (*fx* into the water);
3. *(fare)* rush, race; *(med et sæt)* dash (*fx* they rushed (, dashed) out into the street);
4. *(kaste, lade falde)* throw; *(voldsomt,* F*)* precipitate; *(ad slisk etc.)* shoot (*fx* shoot coal into a cellar);
5. *(berøve magten)* overthrow, bring down (*fx* the Government, a dictator);
[med præp., adv.] ~ ***af*** *hesten* fall from (*el.* off) one's horse; *~ af sted* rush along; dash off; *~* ***frem*** rush (, plunge) forward; *~* ***en i*** *ulykke* bring disaster upon sby; *(se også grus)*; *~* ***ind i*** *stuen* burst into the room; *~* ***løs på*** rush at; *~* ***med*** *cyklen (, hesten)* have a fall (*el.* spill); *~* ***ned*** *a)* fall down; *(brat, hurtigt)* plummet; *b) (flyv.)* crash; *regnen (el. det) -r ned* the rain (*el.* it) is pouring down; *~* ***ned af*** *en stige* fall down from (*el.* fall off) a ladder; *~ noget* ***ned i*** *afgrunden* F cast (, precipitate) sth into the abyss; *~* ***om*** fall down; *~ død om* drop dead; *~* ***sammen*** *a)* fall down, collapse (*fx* the house collapsed); *b) (om jord etc.)* fall in, cave in; *~ landet* ***ud i*** *en krig* plunge the country into war; F precipitate the country into war;
[med sig] ~ ***sig i*** *hinandens arme* rush into one another's arms; *~* ***sig om halsen*** *på en* fling one's arms round sby's neck; *~* ***sig over*** *a)* rush at; *b) (mad, fjende etc.)* throw oneself on (*fx* the food, the enemy); *c) (arbejde)* throw oneself into (*fx* the task, the work); *~* ***sig ud i*** throw oneself into (*fx* life; the job); *(pludseligt, voldsomt)* plunge into (*fx* the cold water; an argument with sby; the country plunged into war).
styrtebad shower.
styrtegods *(sø.)* bulk cargo.
styrtende[1] *adj.* tremendous (*fx* a tremendous lot);
□ *gøre ~ lykke* be a huge (*el.* roaring) success.
styrtende[2] *adv.* tremendously (*fx* tremendously rich);
□ *tjene ~ med penge* T be raking it in, make a packet; *have ~ travlt a) (skulle skynde sig)* be in a terrible rush, be in a desperate hurry; *b) (have meget at gøre)* be terribly busy.
styrtflyver dive bomber.
styrthjelm crash helmet, safety helmet.
styrtløb downhill (race).
styrtløber downhiller.
styrtregn torrential rain.
styrtregne *vb.: det -de* it was pouring (*el.* bucketing) down.
styrtsø heavy sea;
□ *få en ~* ship a sea.
stædig *adj.* **1.** *(om person)* stubborn (*fx* child); *(mere* F*)* obstinate (*fx* child; I was not obstinate but persistent); *(egensindig)* headstrong; *(dum og ~)* pig-headed, bull-headed; *(æselagtig)* mulish;
2. *(om handling etc.)* stubborn (*fx* conviction, resistance, will); obstinate (*fx* resistance); *(~ og udholdende,* F*)* dogged (*fx* defence, determination, refusal, perseverance, resistance);
□ *~ som et æsel* stubborn as a mule.
stædighed *sb. (en) (jf. stædig)* stubbornness; obstinacy; pig-headedness, bull-headedness; mulishness; doggedness.
stække *vb.* clip (*fx* the wings of a bird);
□ *~ en fugl* clip the wings of a bird; *~ éns vinger (fig.)* clip sby's wings.
stænder *pl. af stand*[2].
stænderforsamling *(hist.)* Assembly of the Estates of the Realm.
stænge[1] *sb. (et, -r)* hayloft.
stænge[2] *vb.* **1.** *(lukke med tværstang)* bar; **2.** *(lukke med slå)* bolt;
□ *~ én inde a)* lock sby up; *b) (fig.)* coop sby up; *~ én ude* shut sby out.
stænge- *(sø.)* topmast.
stængel *sb. (en, stængler)* stem, stalk; *(se stilk).*
stængelblad *(bot.)* cauline leaf.
stænger *pl. af stang.*
stænk *sb. (et, -)* **1.** *(sprøjt)* splash (*fx* there were splashes of paint (, mud, wine) on his coat); *(dråbe)* drop, spot (*fx* a few drops (*el.* spots) of rain); *(fra bølge, vandfald etc.)* spray;
2. *(plet)* spot; *(mindre)* dot, speckle; *(som er trængt ind)* stain (*fx* of grease, of mud, of wine);
3. *(lille smule)* dash (*fx* of perfume, of vinegar, of angostura); spot (*fx* of whisky);
4. *(fig.: antydning)* touch (*fx* of irony, of bitterness);
□ *han har grå ~ i håret* he has got a touch (*el.* tinge) of grey in his hair; *der faldt et par ~ (også,* F*)* there was a spatter of rain.
stænke *vb.* spatter (*fx* spatter water (, paint) on his coat); *(lettere)* sprinkle (*fx* scent on one's handkerchief; linen with water; sby with holy water); *(kraftigere)* splash (*fx* water (, paint) on sby; gravy over the table; the car splashed mud on her dress);
□ *det -r (om regn)* it is spitting; *det -de* it was spitting (with rain); F there was a spatter of rain; *~ til med* spatter (, splash) with (*fx* mud, paint).
stænkekost *(katolsk)* aspergillum, aspergill.
stænkelap *(på cykel, bil)* mud flap; *(am.)* splash guard.
stænkeprop sprinkler top.
stænkeskærm mud guard.
stænklap, **stænkprop**, **stænkskærm** = *stænkelap, stænkeprop, stænkeskærm.*
stær[1] *sb. (en, -e) (zo.)* starling.
stær[2] *sb. (en) (øjensygdom): grå ~* cataract; *grøn ~* glaucoma; *sort ~* black cataract.
stærblind = *starblind.*
stærekasse (starlings') nest box.
stærk *adj. (se også stærkt)* **1.** strong (*fx* arm, nerves, boots, rope; likeness, character, faith, feeling, temptation; light bulb, poison, coffee, taste, smell);
2. *(om kulde, varme; om følelser)* intense (*fx* cold, heat; longing, hatred);
3. *(om lyd)* loud;
4. *(om mængde)* heavy (*fx* rain, snowfall, traffic);
5. *(om krydderi)* hot (*fx* curry, mustard, pepper);
6. *(energisk, livskraftig)* vigorous (*fx* attack, plant, applause);
7. *(kraftigt virkende, i besiddelse*

af stor kraft) powerful (*fx* adversary, battery, government, lens, telescope, weapon, remedy, argument);
□ *200 mand* ~ 200 strong; *være* ~ *i matematik* be good at mathematics; *det er lige -t nok!* it is a bit rich! *være* ~ *som en hest* be (as) strong as a horse;
[med sb.] ~ *blæst se blæst*[1]; ~ *efterspørgsel (hdl.)* brisk (*el.* strong) demand; *med* ~ *fart* at a high speed; ~ *farve a)* bright (*el.* vivid) colour; *b) (i kortspil)* strong suit; *det -e køn* the sterner sex; *-t lys* strong (*el.* bright *el.* intense) light; ~ *mand (også fig.)* strong man; *i kraft af den -eres ret* by (right of) superior force; *-e sager (om spiritus & fig.)* strong stuff (*fx* what they told me about him was strong stuff); *hans -e side se side*; *med -e skridt* rapidly; *-e smerter se smerte*[1]; ~ *sol a) (klar)* bright sunlight; *b) (varm)* strong sunlight; ~ *strøm a) (hurtig)* rapid current; *b) (kraftig)* powerful current; *c) (elek.)* strong current; *-t verbum (gram.)* strong verb.
stærkstrøm power current.
stærkstrømsanlæg power plant.
stærkstrømskabel power cable.
stærkstrømsledning power line.
stærkt *adv.* **1.** *(kraftigt)* strongly, powerfully;
2. *(i høj grad, meget)* greatly (*fx* exaggerated, improved, interested, tempted); heavily (*fx* armed, criticized, polluted, underlined); highly (*fx* coloured, discontented, recommended, specialized);
3. *(alvorligt)* seriously (*fx* damaged; we thought seriously of dropping the plan); severely (*fx* criticized, damaged, handicapped); badly (*fx* damaged, needed);
□ ~ *begrænset* severely limited; ~ *beruset* highly intoxicated; ~ *forkælet* thoroughly spoiled; ~ *efterspurgt (præd.)* in great demand;
[med vb.] det blæser (, fryser, regner) ~ it is blowing (, freezing, raining) hard; *bløde* ~ bleed profusely; *uret går for* ~ the watch (, clock) is fast (*el.* gains); *leve* ~ live it up; *løbe* ~ run fast; *tænke* ~ *på at gå hjem* think seriously of going home; have a good mind to go home; *vokse* ~ grow fast.
stæse *vb.* T *(løbe)* sprint; *(stikke af)* bolt; S scarper.
stævn *sb. (en, -e) se forstavn.*
stævne[1] *sb. (et, -r)* **1.** *(stort, især politisk, møde)* rally;
2. *(for at ses igen)* reunion (*fx* a family reunion);
3. *(sports-)* meeting;
□ *sætte én* ~ make an appointment with sby; *(ved ordre)* summon sby.
stævne[2] *vb.* **1.** *(indkalde)* summon;
2. *(jur.)* summons (*fx* he can summons you for assault); take out a summons against; serve a writ upon; *(se stævning)*;
□ ~ *som vidne* summon as a witness, subpoena; ~ *sammen (ɔ: kalde sammen)* summon, convene.
stævne[3] *vb. (styre)* head (*mod* for);
□ ~ *sammen* meet.
stævnemøde lovers' meeting; *(*F *el. spøg.)* assignation, tryst; T date.
stævning *sb. (en, -er)* **1.** writ; *(især i mindre sag)* (writ of) summons;
2. *(vidneindkaldelse)* witness summons, (writ of) subpoena; *(se også forkynde, udtage).*
stævningsmand bailiff, sheriff's officer.
støbe *vb. (støbte, støbt)* **1.** *(metal)* cast (*fx* a bell, guns; the statue was cast in bronze);
2. *(om beton)* pour, concrete;
□ ~ *lys* make candles; *(ved at dyppe)* dip candles; *frakken sidder som om den var støbt* the coat fits like a glove; ~ *'om* recast.
støbeform mould; *(am.)* mold.
støbegods castings pl.; cast iron.
støbejern cast iron.
støber *sb. (en, -e)* founder.
støberi *sb. (et, -er)* foundry.
støbesand moulding sand; *(am.)* molding sand.
støbeske (foundry) ladle;
□ *i -en (fig.)* in the melting pot.
støbestål cast steel.
støbning *sb. (en, -er) (jf. støbe)*
1. casting; concreting; **2.** *(fig.)* cast, mould; *(am.)* mold;
□ *han er af en anden* ~ he is cast in a different mould; *af samme* ~ *(spøg.)* of that ilk.
stød *sb. (et, -)* **1.** *(skub)* push;
2. *(med noget spidst, fx våben)* thrust; *(med dolk, kniv også)* stab;
3. *(boksestød)* blow, punch;
4. *(rystelse & elek.)* shock;
5. *(i vogn etc. under kørsel)* jolt, bump;
6. *(vind-)* gust;
7. *(i trompet, dampfløjte etc.)* blast (*i* on);
8. *(i billard)* stroke;
9. *(i vægtløftning)* clean and jerk;
10. *(fig.: slag, sorg)* blow, shock; *(tilskyndelse)* impulse;
11. *(fon.)* glottal stop;
12. *(trærod)* stump;
13. *(samling i træ)* butt, joint;
□ *et* ~ *i fløjten (også)* a blast of the whistle; *være i -et* be in (great) form; have got into one's stride; *[med vb.] give -et til* initiate; *det er et af de små* ~ *verden giver (omtr.)* that's just one of those things; *tage -et 'af a)* break the force of the blow, cushion the blow; *b) (parere)* ward (*el.* fend) off the blow (, the thrust).
stødbrænde stump wood.
støddæmper shock absorber.
støde *vb. (stødte, stødt) (se også stødende, stødt)* **1.** *(skubbe)* push;
2. *(med stødvåben)* thrust (*fx* with a sword); *(med kniv, dolk etc.)* stab;
3. *(med billardkø)* make a shot;
4. *(knuse)* pound; *(fint)* bray;
5. *(skumple)* jolt;
6. *(om gevær)* kick;
7. *(frugt)* bruise;
8. *(en legemsdel, så det gør ondt)* hurt (*fx* hurt one's finger);
9. *(virke ubehageligt på)* offend (*fx* the eye); *(især om lyd)* jar on (*fx* the ear);
10. *(krænke)* hurt (*fx* one's feelings); offend (*fx* offend one's sense of justice); *(stærkere)* affront (*fx* he felt offended (, affronted) at having his word doubted);
□ ~ *sig* hurt oneself; ~ *sig på et hjørne* knock oneself on a corner;
[med præp., adv.] ~ ***af*** *(ɔ: slå af)* knock off;
~ ***an*** give offence; ~ ***an mod*** offend against;
~ ***efter*** *én (jf. 2)* thrust (, stab) at sby;
~ ***'fra*** *(sø.)* put off, push off; ~ *fra sig a) (skubbe væk)* push back; thrust aside; *b) (fig.)* alienate (*fx* she had alienated her children);
~ ***frem*** *(mil.)* advance; ~ ***i*** *hornet* blow the horn;
~ ***imod*** *noget,* ~ ***ind i*** *noget* bump into sth (*fx* I bumped into a chair); *(hårdere)* hit (*fx* the car hit a tree); collide with (*fx* a bus); *(voldsomt)* crash against; *han stødte hovedet imod lampen* he knocked (*el.* bumped) his head against the lamp;
~ ***op til*** adjoin, be adjacent to; ~ *op til hinanden* be adjacent;
~ ***på*** *a) (komme op imod)* run into, come (*el.* run) up against (*fx* difficulties, opposition); F encounter (*fx* difficulties, obstacles, resistance); *b) (møde tilfældigt)* run into, come across (*fx* an old friend); T bump into; F chance on, come upon; *c) (finde tilfældigt)* come across (*fx* an old letter); happen on, light on (*fx* the

entrance to the cave); F chance on, come upon; *han stødte foden på en sten* he knocked his foot against a stone; ~ *på grund* strike (the ground), go aground (*fx* the ship went aground); ~ *på en klippe (, en mine)* strike a rock (, a mine);
~ ***sammen*** *a) (om biler etc.: ramme hinanden)* collide (*med* with, *fx* the car collided with a bus; I collided with him in the doorway); F come into collision, be in collision (*med* with); *b) (om interesser; om personer: komme op at skændes)* clash (*med* with); *c) (om linier, veje: mødes)* meet;
'~ ***til*** *(skubbe)* push; ~ *'til a) (om uheld etc.)* be (*fx* there were difficulties); F supervene (*fx* difficulties supervened); *b) (komme til, forene sig med de andre)* join the others (, us, the expedition etc.) (*fx* after three days' journey the rest of the party joined us; he joined us on the way); ~ *til dem* join them.
stødende[1] *adj.* **1.** *(fornærmelig)* offensive (*fx* remarks); **2.** *(om adfærd)* objectionable; abrasive (*fx* manner, criticism, tone of voice);
□ *virke* ~ be offensive; *virke* ~ *på* be offensive to, offend.
stødende[2] *adv. (jf. stødende*[1]*)* **1.** offensively; **2.** objectionably, abrasively.
støder *sb. (en, -e) (i morter)* pestle;
□ *en gammel* ~ T *(sær)* an old codger; *(forbenet)* an old fogey; *(let glds.: tåbelig)* an old buffer.
stødoptager *(på traktor)* stump-grubber, stumper.
stødpude buffer.
stødpudestat buffer state.
stødpudezone buffer zone.
stødsikker *adj.* shockproof.
stødt *adj.* **1.** *(knust)* ground (*fx* pepper); *(se også kanel, melis)*;
2. *(om frugt)* bruised;
3. *(fornærmet)* offended (*over* at); *(svagere,* T*)* miffed (*over* at);
□ *blive* ~ *(også)* take offence (*over* at).
stødtand tusk.
stødtrin *(i trappe)* riser.
stødtropper *sb.pl.* shock troops.
stødvis[1] *adj.* jerky; *(mere* F*)* intermittent.
stødvis[2] *adv.* **1.** by fits and starts; *(i ryk)* jerkily; *(med afbrydelser)* intermittently; **2.** *(om vind)* in gusts.
støj *sb. (en)* **1.** noise (*fx* don't make so much noise!); **2.** *(i radio)* noise; *(interferens)* interference;
□ *gøre (el. lave)* ~ make a noise.
støjbekæmpelse noise abatement, noise control.
støjdæmper silencer.
støje *vb.* make a noise; *(se også støjende).*
støjen *sb. (en)* noise, noisiness.
støjende[1] *adj.* noisy (*fx* children, crowd, engine); *(~ og munter)* boisterous (*fx* children, laugh, manner, mirth).
støjende[2] *adv. (jf. støjende*[1]*)* noisily; boisterously.
støjforurening noise pollution.
støjfri *adj.* noiseless, silent.
støjgener *sb.pl.* noise nuisance sg.
støjinstrument noisemaker.
støjkilde source of noise.
støjmur baffle.
støjmåler noise meter.
støjniveau noise level.
støjplage noise nuisance.
støjramt *adj. (præd.)* affected by noise.
støjsender **1.** jamming station;
2. *(om person)* noisemaker.
støjsvag *adj.* quiet.
støjvold baffle.
støjzone noise zone.
stønne *vb.* **1.** *(jamre)* groan (*af* with, *fx* pain); *(svagere, også af vellyst)* moan (*af* with); **2.** *(gispe)* pant; *(se også puste (og stønne)).*
stønnen *sb. (en) (jf. stønne)* **1.** *(det at stønne)* groaning; moaning; panting; **2.** *(enkelt støn)* groan; moan.
stønner *sb. (en, -e) (i telefon)* heavy breather.
stør *sb. (en, -er) (zo.)* sturgeon.
størkne *vb.* **1.** harden (*fx* the mud hardened); *(*F *el. fagl.)* solidify;
2. *(ved afkøling, fx om fedt)* congeal;
3. *(om cement, om gele)* set;
4. *(om blod)* clot; *(*F *el. fagl.)* coagulate.
størkning *sb. (en, -er) (jf. størkne)*
1. hardening; solidification;
2. congealment; **3.** setting; **4.** clotting; coagulation.
større *adj.* **1.** *(ved sammenligning, jf. stor)* bigger, larger, greater; heavier; *(om højde)* taller; *(ældre)* older (*fx* the older children);
2. *(temmelig stor)* (fairly) big, (fairly) large (*fx* house; sum); T biggish, largish;
3. *(om betydning, rang)* major (*fx* event, operation);
□ *uden* ~ *vanskelighed (, håb om forbedring)* without much difficulty (, hope of improvement); *(se også målestok).*
størrelse *sb. (en, -r)* **1.** size; dimensions pl.;
2. *(højde)* height;
3. *(omfang)* extent (*fx* of the damage); volume (*fx* of exports); *(stort omfang,* F*)* magnitude (*fx* the magnitude of the problem);
4. *(nr, fx om tøj)* size (*fx* jackets (, dresses) in several sizes; what size do you take?);
5. *(om æg)* class;
6. *(areal)* area, extent, size;
7. *(sum, beløb)* amount (*fx* the amount of my expenses);
8. *(mat.)* quantity (*fx* an unknown quantity);
9. *(astr.: stjernes)* magnitude;
□ *erstatningens* ~ the amount of compensation; *være på* ~ *med* be the size of; *han er på* ~ *med mig* he is my size;
[med adj.] en lille ~ *a) (om barn)* a tiny tot; *b) (om tøj)* a small size; *en underlig* ~ a queer specimen (*el.* fish); *(se også halv, naturlig).*
størrelsesforhold **1.** *(målestoksforhold)* scale (*fx* on the scale of 1:10); **2.** *(pl.: dimensioner)* dimensions.
størrelsesorden size; F magnitude;
□ *problemer* ***af den*** ~ problems of that magnitude; ***i den*** ~ on that scale; ***i -en*** of the order of (*fx* a loss (, saving) of the order of one million); to the tune of (*fx* £4 million a year); *det vil koste et beløb i -en 25 millioner* it will cost in the region of 25 million.
størst *adj.* **1.** *(sup. af stor)* biggest, largest, greatest; F maximum (*fx* it requires maximum security; at maximum speed (, depth));
2. *(om højde)* tallest;
3. *(ældst)* oldest (*fx* the oldest children);
4. *(af to,* F*)* bigger, larger, greater; taller; older;
□ *den -e del se størstedelen*; *med -e lethed* with the greatest ease; *(se også mulig).*
størstedelen *(ɔ: de fleste mennesker)* most people, the majority (*fx* the majority have voted Conservative);
□ ~ *af a) (foran sg.)* most of (*fx* the country, the day, the time); the main part of (*fx* the country); the greater (*el.* major) part of (*fx* the audience, his life); *b) (foran pl.)* most of, the majority of (*fx* the children, the teachers); *for* ~ for the most part, mostly, chiefly.
størsteparten *se størstedelen.*
støt[1] *adj.* steady.
støt[2] *adv.* steadily.
støtte[1] *sb. (en, -r)* **1.** *(hjælp, hjælper)* support (*fx* moral (, financial) support; you have my full support; she was a great support to

her mother); *(politisk, økonomisk også)* backing (*fx* he had the backing of the armed forces; get financial backing for the project);
2. *(statstilskud)* a grant; a subsidy; *(generelt)* grants pl. (*fx* to students, to research projects); subsidies pl. (*fx* to farmers, to shipyards);
3. *(pæl)* prop; *(til afstivning)* brace; *(skrå)* shore; *(se også støttepille, billedstøtte, bogstøtte)*;
□ *søge ~ hos en* seek sby's support;
[med adj.] han er en af foreningens bedste -r F he is a mainstay of the association; *han var en af kirkens faste -r* F he was a pillar of the Church; *han er en af partiets mest loyale -r* F he is one of the stalwarts of the party;
[med præp.] han er ***på*** *-n* T *a) (bistandshjælp)* he is on social security; *(am.)* he is on welfare; *b) (arbejdsløsheds-)* he is on unemployment; he is on the dole; *til ~ for (fig.)* in support of.

støtte[2] *vb.* **1.** *(give støtte til, stå bag)* support (*fx* a cause, a party, a policy, the war); back up (*fx* the regime was backed up by the army; he backed me up enthusiastically); *(politisk, økonomisk også)* back (*fx* the programme is backed by the UN; the candidate is backed by the Conservatives; an American-backed peace plan); *(med statstilskud)* subsidize;
2. *(holde oppe)* support (*fx* he was weak and I had to support him); *(understøtte)* prop up; *(med skråstøtte)* shore up;
3. *(lade hvile, læne)* rest (*fx* one's chin on one's hand); lean (*fx* one's head on sby's shoulder; a ladder against a wall);
4. *(anbefale)* support (*fx* a proposal); *(i debat)* second (*fx* a motion); *(princip, synspunkt)* endorse (*fx* a principle, a view);
5. *(bekræfte)* support (*fx* his statement; a theory which is not supported by the facts);
6. *(i bridge)* support;
□ *~* ***hovedet i*** *hænderne* rest one's head against one's hands; *hvad -r du det* ***på?*** *(om påstand etc.)* what do you base that on? *han kunne ikke ~ på benene* he could not stand up; *~* ***sig til*** *a)* lean on (*fx* a stick, sby's arm); *b) (fig.)* lean on (*fx* a rich friend); take one's stand on (*fx* the contract); *~ sig til et manuskript (ɔ: idet man holder tale)* speak from a manuscript.

støtteben 1. *(til cykel)* prop stand; *(dobbelt)* Y-stand; **2.** *(til maskingevær)* bipod.

støtteforanstaltninger *sb.pl.* support measures; *(sociale)* support services.

støttegruppe support group.

støttelærer 1. *(for klasselærer)* coteacher; *(am.)* assistant teacher;
2. *(for handicappede etc. i klassen)* support teacher;
3. *(som giver støtteundervisning)* remedial teacher.

støttemelding *(i bridge)* raise.

støtteopkøb intervention in support of (*fx* the pound, the krone);
□ *Bank of England foretog ~* the Bank of England intervened to support the pound.

støtteparti supporting party.

støttepille 1. buttress; **2.** *(fig.)* pillar (*fx* pillars of society).

støttepunkt 1. point of support;
2. *(mil.)* strongpoint; *(base)* base;
3. *(fig.: for en antagelse)* support.

støttepædagog *se støttelærer.*

støttestav 1. staff; **2.** *(fig.)* support (*fx* of one's old age).

støttestrømper *sb.pl.* support (*el.* elastic) stockings.

støtteundervisning remedial teaching (*el.* instruction).

støv *sb. (et)* **1.** dust (*fx* trample him in the dust);
2. *(på sommerfuglens vinger)* dust; *(fagl.)* scales pl.;
3. *(blomster-)* pollen;
4. *(jordiske levninger)* dust; ashes pl.;
□ *70 er -ets år* threescore and ten is the age of men;
[med vb. + præp.] ***kaste sig i*** *-et for en* prostrate oneself before sby; ***ryste*** *-et* ***af*** *sine fødder (fig.)* shake the dust off one's feet (*el.* shoes); *hun var ved at* ***tørre ~ af*** she was dusting (the room); *tørre ~ af møblerne* dust the furniture.

støvbold *(bot.)* puffball.

støvdrager *(bot.)* stamen (pl. -s, *(fagl.)* stamina).

støve[1] *vb. (se også støvet) (hvirvle støv op)* raise (the) dust;
□ *det -r* it is dusty; *~ 'af* dust; *~ noget af* dust sth (down); *~ til* collect dust.

støve[2] *vb. (lede): ~ huset igennem* search the house; *~ omkring* nose about; *~ op a) (om hund etc.)* track down; nose out; *b) (fig.: opspore)* track down; *(ved ihærdig søgen)* ferret out, hunt up.

støveklud duster.

støvekost hand brush; *(af fjer)* feather duster.

støver *sb. (en, -e) (omtr.)* hound.

støvet *adj.* **1.** dusty; **2.** *(fig.: forældet)* ancient, outmoded; **3.** *(S: beruset)* tight, tiddly.

støvfang *sb. (et, -)* stigma (pl. -s, *(fagl.)* -ta).

støvfnug = *støvgran.*

støvfrakke dust coat.

støvfri *adj.* dustfree; *(præd. også)* free from dust.

støvgran *sb. (et, -)* speck of dust, dust particle; *(især i solstråler)* mote.

støvhætte dust cap.

støvknap *(bot.)* anther.

støvkorn = *støvgran.*

støvle *sb. (en, -r)* boot.

støvlehæl boot heel.

støvleknægt bootjack.

støvlenæse toe of a boot.

støvleskaft bootleg.

støvlesnude toe of a boot.

støvlet *sb. (en, -ter)* bootee.

støvlunge *(med.)* pneumoconiosis; T black lung.

støvpartikler *sb.pl.* dust particles, specks of dust.

støvregn drizzle; *(fra vandfald etc.)* spray.

støvregne *vb.* drizzle.

støvsky cloud of dust.

støvstorm dust storm.

støvsuge *vb.* vacuum; T hoover;
□ *-t for (fig.)* stripped of (*fx* the country was stripped of specialists in that field).

støvsuger *sb. (en, -e)* vacuum cleaner; T vacuum.

støvsugerpose dustbag.

støvsugning vacuum-cleaning; *(omgang også,* T*)* vacuum (*fx* give the room a quick vacuum).

støvtråd *(bot.)* filament.

støvtæt *adj.* dustproof.

støvvej *(bot.)* pistil.

stå[1]*: gå i ~ a)* stop (*fx* he stopped in the middle of a sentence; the watch (, clock) stopped; his heart stopped); come to a standstill (*fx* production (, operations) came to a standstill); come to a stop; *(langsomt)* grind to a halt (*fx* the train ground to a halt; when the strike began, production ground to a halt);
b) (glemme hvad man skal el. vil sige, T*)* get stuck; dry up (*fx* he dried up in the middle of his speech);
c) (om motor) stop, stall; T conk out;
han er gået helt i ~ he is not getting any further; he has stopped making any progress; *han er gået åndeligt i ~* he has come to a mental halt; he is psychologically arrested; *sætte i ~* stop; bring (*fx* industry) to a standstill; *sætte*

uret i ~ (ved forhandling) stop the clock.

stå² *vb. (stod, stået) (se også stående)* **1.** stand (*fx* I had to stand all the way; a chair stood in the corner; the house stood empty; let us see how matters stand); *(mods. sidde, ligge især)* be standing (up) (*fx* I have been standing all day); **2.** *(være)* be (*fx* there is a tree in front of the house; the sun was high in the sky; the door was open; where are the chairs? the house has been empty for many years; the money is in the bank); **3.** *(finde sted)* be (*fx* when is the marriage (to be)? there was a debate about it; there was a battle); take place (*fx* when will the marriage take place?); **4.** *(om noget skrevet, trykt)* be (*fx* it is not in the book; it is in the paper; there is nothing about it in the paper); *(mere* F*)* appear (*fx* his name does not appear on the list; the article appeared in the previous issue of the magazine); *(se også ndf., med: der, det)*;
□ ~ *alene* be alone (*fx* I was alone in the world); *brylluppet stod i London* the wedding took place in London; F the wedding was celebrated in London; *brylluppet stod i domkirken* the wedding took place in the cathedral; F the wedding was solemnized in the cathedral; ~ *og, se ndf; som sagerne -r* as matters stand; ~ *stille se stille*³; *der stod et slag* there was a battle, a battle was fought; *uret -r* the watch (, clock) has stopped;
[med: der, det] **der** *-r at ... (i brev etc.)* it says that ...; **det** *-r 3-2 (om sportskamp)* the score (*el.* it) is 3-2 (*til os* to us); *det -r (om noget trykt også)* it says so (*fx* where does it say so?); *det -r hos Byron, det -r i avisen, se ndf.: med præp. & adv.*;
[med: og] han stod **og** *ventede på hende (, så på hende etc.)* he was (*el.* stood) waiting for her (, looking at her etc.); *det -r* **og falder** *med* it stands or falls with (*fx* him, his consent); it hangs on (*fx* the survival of the government hangs on tonight's vote); *det hele -r og falder med ham (også)* it all depends on him; *kom som du -r* **og går** come as you are; *det tøj jeg -r og går i* the clothes I stand up in; ~ **og skulle** *til at* be about to (*fx* leave); be on the point of -ing (*fx* of leaving);
[med vb.] **få** *det* **op** *at ~ (ɔ: i gang)* get it off the ground, get it going, get it up and running; get the show on the road; *få den op at ~* get it up; **lade** ~ *a) (efterlade)* leave (*fx* don't leave your bicycle in the rain; let's leave the washing-up till tomorrow); *b) (ikke spise, drikke)* leave untouched (*fx* he left the food (, his glass) untouched); *c) (ikke slette)* leave in (*fx* he left the word in); keep; *lade døren ~* leave the door open; *(se også skæg*¹*); hvor* **skal** *den bog ~?* where does that book belong (*el.* go)?
[med sig] ~ **sig** *(hævde sig)* hold one's own; ~ **sig godt** *(, dårligt) i sammenligning med* come off well (, badly) compared with; ~ **sig godt med** be on good terms with, stand well with; *kunne ~* **sig mod** *(el. over for) en* be a match for sby; ~ **sig ved** *(, ved at)* serve oneself well (, best) by (, by -ing); *jeg -r mig ved at vente (også)* it pays me to wait;
[med præp. & adv.] ~ '**af** *a) (af køretøj)* get off; *b) (af hest , cykel)* get off; F dismount; *c) (melde fra)* opt out (*fx* when they began to get violent I opted out); *d) (opgive)* give up (*fx* it became so complicated that I gave up); ~ *af bussen (etc.)* get off the bus (etc.); ~ *af cyklen (, hesten)* get off one's bicycle (, horse); F dismount (from one's bicycle (, horse));
~ **bag** *en* back sby up, be behind sby; *det er ham der -r* **bag ved** *(ɔ: er ophavsmanden)* he is the one behind it all; he is the one who pulls the strings;
~ *en* **bi** stand by sby; F aid sby; *(se også lykke)*;
så det -r **efter** with a vengeance, like anything;
~ **fast** stand firm; *det -r fast at* it is an established fact that, the fact remains that; ~ **fast på** *et krav* insist on a claim; ~ **fast ved** stick to;
~ '**for** screen them (, it etc.) from view; *(om flere)* stand round them (, it etc.) in a ring; '~ *for a) (betyde)* stand for (*fx* what do the letters NATO stand for?); *b) (mene)* stand for (*fx* I don't know what he stands for); *c) (lede)* be in charge of, be responsible for (*fx* the arrangement); manage (*fx* the house); *det synspunkt de -r for* the view they advocate (*el.* hold); *hans ansigt -r stadig for mig (ɔ: for mit indre blik)* his face is still before me (*el.* still haunts me); *hun er ikke til at ~ for* she is irresistible;
kunne ~ **for** *a) (modstå)* be able to resist (*fx* they made him an offer he could not resist); *b) (holde til)* stand up to (*fx* this furniture will stand up to any amount of rough treatment; the theory will not stand up to close examination); *kunne ~ for kritik a) (om person)* be proof against criticism; *b) (om bog etc.)* pass muster;
~ **foran** *en (, noget)* stand in front of sby (, sth); *når der -r en vokal foran* when preceded by a vowel;
~ **frem** *a)* stand forward; *b) (rage frem)* stand out; *(se også ndf.: ~ ud)*;
~ **frit** *a) (være uafhængig)* be independent; *b) (have handlefrihed)* have a free hand; *det -r dig* **frit for** you can do it if you like; *det -r dig* **frit for at** you are at liberty to (*fx* accept the offer if you wish); *det -r dig* **frit for om** *du vil gøre det eller ej* you can decide for yourself whether you will do it or not;
lade det ~ **hen** leave it open (*el.* undecided); F leave it in abeyance;
som der -r **hos** *Byron* as Byron has it; *det -r hos Byron* it is in Byron;
~ '**hos** stand by;
det -r **i** *avisen (, bogen)* it is (*el.* it says so) in the paper (, book); the paper (, book) says so; *det -r ikke i bogen* it is not in the book; the book does not have it; *det -r i avisen at han er her* it says in the paper (*el.* the paper says) that he is here; *huset stod mig i £75.000* the house cost me (*el.* set me back) £75,000; *pengene -r i en bank* the money is (deposited) in a bank; *pengene -r i landejendomme* the money is invested in landed property; *hvad -r pundet i?* what is the rate for the pound? *verbet -r i datid* the verb is in the past tense; *(se også blomst, fare*¹*, forhold, lue*¹*, lære*¹*, magt, pari, vej)*;
~ *noget* **igennem** get through sth, come through sth (*fx* an illness, a difficult period); *vi håber hun -r det igennem* we hope she will pull through;
~ **imod** resist; *få noget (ɔ: at spise) til at ~ imod med* have sth to put one on; *lægge lidt penge til side til at ~ imod med* put a little money away for a rainy day; build a (little) nest egg;
~ **ind mod** *land* head for the shore;
~ **inde for** answer for, vouch for; *(se også indestå)*;
~ **lige** *se lige*³;

~ **nær** *se nær*[2];
'~ **op** stand (*fx* I had to stand all the way); be standing up (*fx* he was standing up when I saw him); ~ '**op** *a) (af sengen)* get up; F rise (*fx* rise with the sun); *b) (om solen, månen)* rise; ~ *tidligt op (også fig.)* get up early (*fx* you will have to get up early to cheat him); ~ **op af** *døde,* ~ **op fra** *de døde* rise from the dead; ~ **op på** get (*el.* climb) up on (*fx* the table); F mount;
~ **over** *a) (overvåge)* stand over (*fx* you will have to stand over him until he learns it); *b) (være højere end)* be above (*fx* a colonel is above a captain in rank); *c) (være bedre end)* be superior to;
~ **over for** *a)* face (*fx* he had never faced a class before); *(især truende, mere* F*)* confront (*fx* a line of policemen confronted the strikers); be confronted by (*fx* when he left the house he was confronted by a policeman); *b) (fig.: om vanskelighed)* face (*fx* the government is facing growing opposition); be faced with (*fx* a choice, a difficult task); F be confronted by (*fx* a difficult task); *c) (kunne se frem til)* be able to look forward to (*fx* we can now look forward to falling unemployment); *jeg -r tvivlende (, tøvende) over for dette* I am doubtful (, hesitant) about this; I have my reservations about this; *jeg -r uforstående over for dette* I simply don't understand this;
~ '**på** *(stige ind)* get on (*fx* where did you get on?); *mens det stod 'på* while it lasted, while it was going on; *mens forhandlingerne -r 'på* during the negotiations; F pending the negotiations; *når solen -r 'på* when the sun is on it, when (it is) exposed to the sun; *den side hvor vinden -r 'på* the side exposed to the wind, the windward side;
~ *på (+ sb.) a) (om befordringsmiddel)* get on, board (*fx* a bus, a train); *b) (*T*: tilslutte sig)* join (*fx* the project); endorse (*fx* the idea); ~ *på sin ret* stand on one's rights; *barometeret -r på regnvejr* the barometer is at rain; *den -r på bøf hver dag* we (, they etc.) have steak every day; ~ *på cyklen* get on one's bicycle; F mount one's bicycle; *en plade på hvilken der stod* a tablet on which was written; F a tablet bearing the inscription; *termometeret -r på 90 grader* the thermometer stands at 90 degrees; *viseren -r på 3* the hand points to 3; *solen stod højt på himlen* the sun was high in the sky; *(se også ben, ende*[1] *(den anden ende), hoved, pind, vagt)*;
~ '**sammen** stand together, stick together;
~ **stærkt (, svagt)** be in a strong (, weak) position;
'~ **til** *(passe til)* go well with; *(om farver også)* match; *mit håb -r kun til dig* I set all my hopes on you; *det -r til dig at gøre det* it is up to you to do it; *han -r til fire år* he stands to get four years; *partiet -r til fremgang* the party stands to gain; *han -r til forfremmelse* he is up for promotion; *hvis det stod til mig* if I had my way; *ikke ~ til at redde se redde*; ~ *til søs (el. havs)* put to sea; *(se også ansvar, disposition, regnskab, rådighed)*; *hvordan -r det* '**til?** *a) (generelt)* how are things? *b) (med dig)* how are things with you? how are you (doing)? *det -r dårligt til* things are in a bad way; *det -r dårligt* '**til med** *ham (, økonomien i landet)* he (, the economy) is in a bad way (*el.* in bad shape);
~ **tilbage** *a) (være til rest)* be left; F remain; *b) (i udvikling)* be backward; ~ **tilbage for** be inferior to; *han -r ikke tilbage for nogen* he is second to none; *jeg ville ikke ~ tilbage for ham* I wanted to be as good as he;
~ **ud** *a) (fx af vogn)* get out; *b) (rage frem)* stick out; F project; *(iøjnefaldende)* jut out; F protrude; ~ **ud af** *sengen* get out of bed; ~ **ud fra** *land (sø.)* bear off;
~ **udenfor** *a) (ikke have noget at gøre med det)* have no part in it; *b) (være holdt ude)* be left out;
~ **under** *en a) (under ens kommando)* be under (the command of) sby (*fx* I was under his command); *b) (i rang)* rank below sby; *c) (være ringere end en)* be inferior to sby, be below sby;
~ **ved** *sit løfte* stand by one's promise; *han tør ~ ved hvad han mener* he has the courage of his convictions; ~ *ved hvad man har sagt,* ~ *ved sit ord* be as good as one's word; *(se også magt, ror)*.

stådreng *(vulg.)* hard-on.

stående *adj.* **1.** standing (*fx* in a standing posture);
2. *(stadig)* permanent, standing (*fx* committee, invitation); constant (*fx* complaint);
3. *(stereotyp)* stock (*fx* argument, answer); *(banal)* hackneyed;
[med sb.] på ~ fod a) (straks) on the spot; *b) (ud fra en pludselig indskydelse)* on the spur of the moment (*fx* decide sth on the spur of the moment); *c) (uden forberedelse)* offhand, off the cuff (*fx* I can't give you the figures offhand (*el.* off the cuff)); T right off the reel; ~ *hær* standing army; ~ *souper* buffet supper; ~ *vending* set (*el.* stock) phrase; ~ *vittighed* standing (, stock) joke;
[med blive] **blive** ~ *a) (standse)* stop (*fx* he stopped in front of the house); *b) (holde, ikke flytte sig etc.)* stand (still) (*fx* he stood for a while before moving on; the record stood for years); *c) (mods. sætte sig)* not sit down (*fx* he did not sit down); F remain standing; *d) (mods. blive flyttet, svinde bort)* stay; *(mere* F*)* remain (*fx* our luggage can stay (, remain) here; this visit will always stay (, remain) in my memory); *e) (om penge)* be left; *(mere* F*)* remain invested (*fx* the money was left (, remained invested) in the house); *f) (mods. blive nedrevet, vælte)* be left standing (*fx* not a column (, tree) was left standing); *g) (stadig gøre sig gældende)* stand (*fx* his philosophy will stand);
lade *noget* ***blive*** ~ *a)* leave sth (*fx* leave the bicycle in the garage; leave the money in the bank); *b) (i tekst etc.)* leave sth in, keep sth;
blive ~ **ved** *a)* stop at; *b) (holde fast ved)* stick to.

ståfod *se støtteben.*

ståhej *sb. (en)* **1.** fuss (*fx* there was a lot of fuss about it); **2.** *(støj)* noise; T hullabaloo;
□ *stor ~ for ingenting* much ado about nothing.

stål *sb. (et)* **1.** steel; **2.** *(på værktøjsmaskine)* tool;
□ *nerver af ~* nerves of steel.

stålampe 1. *(bordlampe)* table lamp; **2.** *(standerlampe)* standard lamp.

stålbørste wire brush.

stålfjeder steel spring.

stålgrå *adj.* steel-grey.

stålhjelm steel helmet; T tin hat.

stålmøbler *sb.pl.* tubular steel furniture.

stålorm *(zo.)* slow-worm.

stålplade steel plate.

stålrør steel tube.

stålsat *adj. (om karakter)* firm, staunch.

stålskelet steel framework.

stålskib steel ship.

stålstik steel engraving.

ståltov (steel) wire rope.

ståltråd (steel) wire.

ståltrådshegn wire fence.
ståltrådsnet *(generelt)* wire netting; *et* ~ a piece of wire netting.
ståluld steel wool.
stålvalseværk steel rolling mill.
stålvask stainless steel sink.
stålwire steel cable.
ståplads *(generelt)* standing room; □ *5 -er* standing room for 5; *jeg måtte nøjes med en* ~ I had to stand.
ståsted fixed place.
SU 1. *(fork. f. Statens Uddannelsesstøtte)* [the State Education Fund]; **2.** *(penge)* study grant(s), student grant(s).
s.u. *(fork. f. svar udbedes)* RSVP *(fork.f.* répondez s'il vous plaît); *(se også udbede).*
subjekt[1] *sb. (et, -er) (gram.)* subject.
sub'jekt[2] *sb. (et, -er) (neds. om person)* seedy individual.
subjektiv *adj.* subjective.
subjektivere *vb.* subjectify.
subjektivisme *sb. (en)* subjectivism.
subjektivitet *sb. (en)* subjectivity.
subjektsprædikat *(gram.)* subjective complement.
subkultur subculture.
subkutan *adj. (med.)* subcutaneous.
sublim *adj.* sublime.
sublimat *sb. (et, -er) (kem.)* corrosive sublimate.
sublimere *vb.* **1.** *(kem.)* sublime; **2.** *(psyk.)* sublimate.
sublimering *sb. (en, -er)* sublimation.
subordination *sb. (en, -er)* subordination.
subordinere *vb.* subordinate.
subsidiaritetsprincippet *(i EU)* the principle of subsidiarity.
subsidier *sb.pl.* a subsidy; □ *betale* ~ *til én* subsidize sby.
subsidiær *adj.* subsidiary; □ *-t (jur.)* in the alternative; *han blev idømt en bøde på £5.000, -t 6 måneders fængsel* he was fined £ 5,000, with the alternative of 6 months' imprisonment.
subsistensløs *adj.* destitute; *(præd. også)* without means; □ *-e (brugt som sb.)* destitute people; T down-and-outs.
subsistensmidler *sb.pl.* means (of subsistence).
subskribent *sb. (en, -er)* subscriber.
subskribere *vb.* subscribe (*på* for, to, *fx* for a book; to a journal).
subskription *sb. (en, -er)* subscription.
subskriptionsindbydelse prospectus.
substans *sb. (en, -er)* substance.
substantiel *adj.* substantial.
substantiv *sb. (et, -er) (gram.)* noun.
substantivere *vb.* substantivize.
substantivisk[1] *adj.* substantival, substantive.
substantivisk[2] *adv.* substantivally, substantively.
substituere *vb.* substitute.
substitut *sb. (en, -ter)* substitute.
substitution *sb. (en, -er)* substitution.
substrat *sb. (et, -er)* **1.** substratum (pl. substrata); **2.** *(til bakteriekulturer)* culture medium (pl. -s, *(fagl.)* culture media).
subtil *adj.* subtle.
subtilitet *sb. (en, -er)* subtlety.
subtilt *adv.* subtly.
subtrahend *sb. (en, -er)* subtrahend.
subtrahere *vb.* subtract.
subtraktion *sb. (en, -er)* subtraction.
subtraktionstegn minus (sign).
subtropisk *adj.* subtropical.
subvention *sb. (en, -er)* subsidy, subvention.
subventionere *vb.* subsidize.
succedere *vb.* succeed.
succes *sb. (en, -er)* success; *(om bog, skuespil etc. også)* hit; □ ~ *avler* ~ success breeds success; *få (, have)* ~ be a success, be successful.
succesfuld, **succesrig** *adj.* successful.
succession *sb. (en, -er)* succession.
successiv *adj.* successive.
successive *adv.* successively.
Sudan the Sudan.
sudaner, **sudaneser** *sb. (en, -e)*, **sudanesisk**, **sudansk** *adj.* Sudanese.
suder *sb. (en, -e) (zo.)* tench.
Sudeterne *sb.pl. (geogr.)* the Sudeten Mountains.
Suezkanalen the Suez Canal.
suffiks *sb. (et, -er) (gram.)* suffix.
suffisance *sb. (en)* self-importance, arrogance.
suffisant[1] *adj.* self-important, arrogant.
suffisant[2] *adv.* self-importantly, arrogantly.
sufflere *vb.* prompt.
suffli *sb. (en) (teat.)* prompt (*fx* he had to be given a prompt).
sufflør *sb. (en, -er) (teat.)* prompter.
suffIørbog *(teat.)* prompt book.
suffIørkasse *(teat.)* prompter's box.
suffløse *sb. (en, -r) (teat.)* prompter.
sug *sb. (et, -)* **1.** suck; **2.** *(af cigaret etc.)* suck, drag, draw (*fx* he took a long draw on his cigarette); □ *han følte et* ~ *i maven* he had a sinking feeling.
suge *vb.* **1.** suck (*fx* blood, honey; cider through a straw);
2. *(~ op)* suck up (*fx* liquid into a pipette; the dredger sucked up sand);
3. *(optage)* soak up (*fx* the spilt coffee with a dishcloth; ink with a blotting paper); absorb (*fx* blotting paper absorbs ink);
4. *(om pumpe)* draw;
□ *have en -nde fornemmelse i maven se sug*;
[med præp. & adv.] ~ *sig* ***fast*** *på* stick to, cling to (*fx* limpets cling to rocks near shore); F adhere to; ~ ***ind*** suck in; *(se også ndf.: ~ til sig)*; ~ ***ned*** suck down, suck under (*el.* in) (*fx* the current sucked him under (*el.* in)); ~ ***op***, *se ovf.: 2, 3*; ~ ***på*** suck at, pull at (*el.* on) (*fx* a cigarette, a pipe); *(se også lab)*; *han sad -t* ***til*** *tv-skærmen* he was glued to the TV-screen; ~ ***til sig*** *a)* suck in, drink in (*fx* the fresh air); *b) (fig.)* soak up (*fx* information, knowledge); drink in (*fx* every word; the atmosphere of the place); ~ ***ud*** *a)* suck out (*fx* the poison); *b) (tømme ved at ~)* suck (*fx* an egg).
sugefisk *(zo.)* sucking fish.
sugekop 1. *(sugeskive)* sucking (*el.* suction) disc; **2.** *(agr.)* teat cup; **3.** *(blodkop)* cupping glass.
sugemærke lovebite; *(am.)* hickey.
sugen *sb. (en)* sucking, suction.
sugepumpe suction pump.
sugerør 1. *(til drik)* (drinking) straw; **2.** *(tekn.)* suction pipe.
sugeskive, **sugeskål** sucking (*el.* suction) disc.
suggerere *vb.* use the power of suggestion; *(hypnotisere)* hypnotize; *(få til)* induce (*fx* induce them to believe in it).
suggestibel *adj.* suggestible.
suggestion *sb. (en, -er)* suggestion.
suggestiv *adj.* suggestive; □ *-t spørgsmål* leading question.
sugning *sb. (en, -er)* suction.
suite *sb. (en, -r)* **1.** *(værelser)* suite (of rooms);
2. *(følge)* retinue, suite;
3. *(mus.)* suite;
4. *(i kortspil)* sequence.
suk *sb. (et, -)* sigh (*fx* a deep sigh); □ *han forstår ikke et* ~ *(af det hele)* he does not understand a word (of it all);
drage *et* ~ heave (*el.* fetch) a sigh; *drage et lettelsens* ~ breathe (*el.* heave) a sigh of relief; *drage sit sidste* ~ breathe one's last, draw one's last breath.
sukat *sb. (en)* candied peel.

sukke *vb.* sigh;
□ ~ *dybt* fetch (*el.* heave) a deep sigh; ~ *og stønne* moan and groan;
[med præp.] ~ *af* sigh with (*fx* relief); ~ *efter* sigh for; F yearn for; *(stærkere)* pine for; ~ *over* sigh over (*el.* at *el.* about); F lament (*fx* lament one's misfortunes); ~ *under* groan under.
sukken *sb. (en)* sighing.
sukker *sb. (et)* sugar;
□ *komme ~ i kaffen* put sugar in one's coffee; *(se også hugge, stykke*[1]*).*
sukkerfabrik sugar mill.
sukkerfri *adj.* sugar-free.
sukkergodt *sb. (et)* sweets pl.; *(am.)* candy.
sukkerholdig *adj.* sugary, sugar-containing; *(fagl.)* sacchariferous.
sukkerindhold sugar content.
sukkerkugle 1. sugar plum; **2.** *(lille, til strøning)* dragée.
sukkerløn *(bot.)* sugar maple.
sukkermad piece of bread and butter and sugar.
sukkermajs sweetcorn.
sukkerovertræk 1. sugar coating; **2.** *(glasur)* icing;
□ *med ~* sugar-coated.
sukkerplantage sugar plantation.
sukkerraffinaderi sugar refinery.
sukkerroe sugar beet.
sukkerrør sugar cane.
sukkerskål sugar basin, sugar bowl.
sukkerstads 1. *(neds.)* sweet (*el.* sickly) stuff; **2.** *(slik)* sweets pl.; *(am.)* candy.
sukkerstang rock; *(am.)* stick candy.
sukkersyge *(med.)* diabetes.
sukkersyge- diabetic (*fx* food, patient).
sukkersød *adj.* sugary (*fx* smile); sugared (*fx* tone); saccharine (*fx* smile, film, story).
sukkertang sugar tongs pl.
sukkertop sugar loaf.
sukkervand sugar water.
sukkervarefabrik (sugar) confectionery factory.
sukkervarefabrikant (sugar) confectionery manufacturer.
sukkervarer *sb.pl.* sweets; confectionery sg.
sukkervat candy floss.
sukkerært sugar pea.
sukkulent *sb. (en, -er) (bot.)* succulent (plant).
sukre *vb.* sugar.
sul *sb. (et)* **1.** meat; **2.** *(svinekød)* pork;
□ *få ~ på kroppen* put on flesh; *han har ikke ~ på kroppen* he is all skin and bone(s); *ond i -et* like a bear with a sore head; *han var ond i -et på mig* he was mad at (*el.* with) me.
sule *sb. (en, -r) (zo.)* gannet.
sulfapræparat sulpha drug; *(am.)* sulfa drug.
sulfat *sb. (et, -er) (kem.)* sulphate; *(am.)* sulfate.
sulfid *sb. (et, -er)* sulphide; *(am.)* sulfide.
sulfonamid *sb. (et, -er) (kem.)* sulphonamide; *(am.)* sulfonamide.
sulfonere *vb.* sulphonate; *(am.)* sulfonate.
sulfosæbe *(omtr.)* detergent.
sulky *sb. (en, -er)* sulky.
sult *sb. (en)* hunger (*fx* he was suffering from ravenous hunger);
□ *dø af ~* die of starvation, starve to death; *være ved at dø (el. omkomme) af ~ a)* be starving; *b) (fig.,* T*)* be starving, be famished; *(se også dør (fra døren)).*
sultan *sb. (en, -er)* sultan.
sultaninde *sb. (en, -r)* sultana.
sulte *vb.* **1.** go hungry (*fx* when there was no food we had to go hungry); go without food (*fx* we had to go without food for three days); *(stærkere: ved at dø)* starve (*fx* people were starving in Africa);
2. *(med objekt)* starve (*fx* he is starving himself; they starved him to death);
□ ~ *ihjel* die of starvation, starve to death; ~ *en by ud* starve out a town.
sultedød death from starvation;
□ *dø -en* starve to death.
sultegrænsen subsistence level (*fx* above (, below) subsistence level);
□ *leve på ~* live at subsistence level, live on the breadline.
sultekost *sb. (en),* **sultekur** starvation diet.
sulteløn starvation wages pl.
sulten *adj.* hungry;
□ ~ *som en ulv* ravenously hungry, ravenous.
sultestrejke[1] *sb. (en, -r)* hunger strike.
sultestrejke[2] *vb.* go (, be) on hunger-strike.
sultestrejkende *adj. (brugt som sb.): en ~* a hunger striker.
sultfornemmelse sensation of hunger.
sum *sb. (en, -mer)* sum; *(ved sammentælling også)* total;
□ *en lille (, stor) ~ (penge)* a small (, large) sum (*el.* amount) (of money).
sumerer *sb. (en, -e),* **sumerisk** *adj. (hist.)* Sumerian.
summa *sb. (en)* sum;
□ ~ *summarum a)* total; *b) (kort sagt)* in short.
summarisk[1] *adj.* **1.** summary; **2.** *(i demografi)* crude (*fx* birthrate, deathrate).
summarisk[2] *adv.* summarily.
summe *vb.* **1.** hum (*fx* bees were humming);
2. *(mere snerrende, irriterende)* buzz (*fx* the alarm (, a bee, a fly) was buzzing);
3. *(dybere, ofte monotont)* drone (*fx* an aeroplane (, the traffic) was droning);
4. *(om el. som insektvinger: svirre)* whirr;
□ ~ *af a)* hum with (*fx* voices, activity); *b)* buzz with (*fx* insects, activity).
summemøde buzz group.
summen *sb. (en) (jf. summe)*
1. hum(ming) (*fx* of bees, of voices); **2.** buzzing (*fx* of an alarm); **3.** drone (*fx* of a machine, of an aeroplane); **4.** whirr (*fx* of insects, of a helicopter).
summer *sb. (en, -e) (elek.)* buzzer.
summere *vb.: ~ op* sum up.
summetone *(i automatisk telefon)* dialling tone.
sump *sb. (en, -e)* **1.** marsh; *(vådere)* swamp;
2. *(i motor)* sump;
3. *(fig.,* F*)* sink (*fx* of vice, of wickedness).
sumpbæver *(zo.)* coypu.
sumpet *adj.* marshy; *(vådere)* swampy.
sumpfeber marsh (*el.* swamp) fever, malaria.
sumpgas marsh gas.
sumpmejse *(zo.)* marsh titmouse.
sumpplante marsh plant.
sumpskildpadde *(zo.): europæisk ~* European pond tortoise.
sund[1] *sb. (et, -e)* sound, strait(s);
□ *alle -e er lukkede* there is no way out.
sund[2] *adj.* **1.** healthy (*fx* girl; body, skin, colour; she looks strong and healthy); *(om del af kroppen: som ikke fejler noget)* sound (*fx* lungs, teeth);
2. *(gavnlig for sundheden)* healthy (*fx* food, laughter); wholesome (*fx* exercise, food; milk (, spinach, exercise) is wholesome); *(om klima, luft etc. også,* F*)* salubrious; *(præd. også,* T*)* good for you (*fx* milk (, spinach, exercise) is good for you);
3. *(fig.: gavnlig)* healthy (*fx* respect, scepticism); F wholesome (*fx* fear); *(især om noget ubehage-*

ligt) salutary (*fx* effect, experience); *(rigtig, fornuftig)* sound (*fx* judgment, principle);
□ *være -t for* be good for; ~ *og rask* in perfect health, in the best of health; *(mere* T*)* as fit as a fiddle; ~ *på sjæl og legeme* sound in mind and body;
[med sb.] ~ *appetit* a healthy appetite; ~ *fornuft,* ~ *sans* common sense; *en* ~ *sjæl i et -t legeme* a sound mind in a sound body; a healthy mind in a healthy body.
sunde *vb.:* ~ *sig* collect oneself.
Sundet *(Øresund)* the Sound.
sundhed *sb. (en)* **1.** *(godt helbred)* health; **2.** *(gavnlighed for helbredet)* healthiness; wholesomeness; F salubrity;
□ *drikke på ens* ~ drink sby's health.
sundhedsapostel advocate of healthy living; *(neds.,* S*)* health freak.
sundhedsfare health risk (*fx* it represents a health risk);
□ *der er ingen* ~ there is no risk to health.
sundhedsfarlig *adj.* **1.** unhealthy (*fx* place); *(stærkere, præd.)* damaging to your health (*fx* smoking is damaging to your health); F injurious to health; **2.** *(om bolig etc.)* insanitary.
sundhedsforvaltning *(svarer til)* area health board.
sundhedshensyn*: af* ~ *a)* for the sake of one's health; *b) (generelt)* for sanitary reasons.
sundhedskommission health committee.
sundhedslære *(fag)* health education.
sundhedsminister minister of health, health minister.
sundhedsministerium ministry of health.
sundhedspleje health care; *(hygiejne)* hygiene.
sundhedsplejerske health visitor.
sundhedssandal health (*el.* exercise) sandal.
sundhedssektoren the health sector.
Sundhedsstyrelsen the National Health Service (of Denmark).
sundhedstilstand (state of) health.
sundhedsvedtægt, sundhedsvedtægter sanitary regulations.
sundhedsvidenskabelig *adj.: det -e fakultet (omtr.)* the faculty of medical sciences.
sundhedsvæsen 1. health service(s); **2.** *(myndigheder)* health authorities.
sundtolden *(hist.)* the Sound Dues pl.
sunget *pf.ptc. af synge.*
sunken, sunket *pf.ptc. af synke, adj.* sunken (*fx* a sunken ship);
□ *han var som* ~ *i jorden* he had disappeared from the face of the earth; he had vanished into thin air; *(se også livsånder).*
superb *adj.* superb.
superbenzin *(svarer til)* premium petrol.
superego superego.
superellipse superellipse.
superfosfat superphosphate.
superklog *adj.: han er* ~ *(iron.)* he is a wise guy.
superlativ *sb. (en, -er)* **1.** superlative (*fx* the reviews were full of superlatives); **2.** *(gram.)* the superlative (*fx* an adjective in the superlative; "best" is the superlative of "good").
superlativisk *adj.* superlative.
superleder *(elek.)* superconductor.
supermagt superpower.
supermand superman.
supermarked supermarket.
supermarkedskæde supermarket chain.
supersonisk *adj.* supersonic (*fx* jet plane).
superstat superstate.
supertanker supertanker.
suppe *sb. (en, -r)* soup; *(kødsuppe også)* broth; *(se også klar, koge, pølsepind).*
suppedas *sb. (en): en slem* ~ a nice mess (*el.* pickle); *sidde i -en* be in the soup; *hjælpe en op (el. ud) af -en* help sby out of the corner.
suppegryde soup pot.
suppehøne boiling fowl.
suppeske 1. soup spoon; **2.** *(øseske)* ladle.
suppetallerken soup plate.
suppeterning stock cube.
suppeterrin soup tureen.
suppeurter *sb.pl.* vegetables; potherbs.
suppevisk bunch of potherbs.
suppleant *sb. (en, -er)* substitute, deputy; *(i udvalg)* deputy member.
supplement *sb. (et, -er)* supplement; *(tilføjelser til bog også)* addenda.
supplements- 1. supplementary (*fx* volume); **2.** *(i geometri)* supplemental (*fx* arc, angle).
supplere *vb.* **1.** *(føje noget ekstra til)* supplement (*fx* one's income, one's stores) (*med* by);
2. *(føje noget manglende til, udfylde)* complement (*fx* drawings which complement the text);
□ ~ *hinanden* complement each other; be complementary (to each other) (*fx* their views are complementary).
supplerende *adj. (jf. supplere)* **1.** supplementary; **2.** complementary;
□ ~ *lån (ɔ: til statsstøtte)* top-up loan.
supplering *sb. (en, -er) (jf. supplere)* **1.** supplementing, supplementation; **2.** complementing, complementation;
□ *til* ~ *af vore lagre* in order to supplement our stores.
suppleringskursus supplementary course.
suppleringsvalg by-election.
supponere *vb.* **1.** suppose; **2.** *(mil.)* simulate (*fx* a bomb attack).
supponeret *adj.* **1.** imaginary; **2.** *(mil.)* simulated (*fx* bomb attack).
supposition *sb. (en, -er)* supposition.
supremati *sb. (et)* supremacy.
sur[1] *adj.* **1.** sour (*fx* taste, smell, apple, milk); *(syrlig)* acid (*fx* taste, wine);
2. *(kem.)* acid (*fx* salt, soil);
3. *(gnaven)* sour (*fx* person, expression, look); *(~ og uforskammet)* surly (*fx* person, answer); *(misfornøjet)* cross (*over* about; *på* with); *(irriteret)* annoyed (*over* about, at; *på* with); *(surmulende)* sulky (*over* about, *fx* the refusal; a sulky face; in a sulky mood); *(fornærmet, især am.)* sore (*over* about; *på* at);
4. *(besværlig)* hard; *(ubehagelig)* rotten (*fx* it's a rotten job); *(ærgerlig)* annoying;
□ *det er -t (ɔ: ærgerligt, også)* it's a bore; *de er -e, sagde ræven om rønnebærrene* the grapes are sour; sour grapes!
[med vb.] ***blive*** ~ *a) (om mælk)* go (*el.* turn) sour, go off; *b) (om person)* get cross (, annoyed, sore); *-t* ***fortjent*** hard-earned; ***gøre*** *én livet -t* make sby's life a misery; ***løbe*** ~ *for (, i) se sur*[2]; ***se*** *-t til* look sourly on, frown at; ***smage*** *-t* taste sour, have a sour taste; *man må* ***tage*** *det -e med det søde* you have to take the rough with the smooth; *-t* ***tjent*** hard-earned;
[med sb.] sætte en ~ ***mine*** *op* sulk; ~ ***pibe*** foul pipe; ~ ***regn*** acid rain; *-t* ***vejr*** dull weather, a dull day; *(se også opstød, sild, æble).*
sur[2] *adv.: det løber* ~ *for mig* my

head is all in a whirl; I am all at sixes and sevens; *løbe ~ i det* get confused; get it all mixed up.
surbrød [loaf of leavened bread made of bolted rye meal].
surdej sourdough; *(glds. el. bibelsk)* leaven;
□ *af samme ~ (svarer til)* tarred with the same brush; *af samme ~ som* of a piece with.
surfbræt surfboard.
surfer *sb. (en, -e)* surfer.
surhed *sb. (en) (jf. sur¹)* **1.** sourness; **2.** acidity; **3.** *(gnavenhed)* sourness; surliness; crossness; annoyance; sulkiness.
surkål sauerkraut.
surmule *vb.* **1.** *(være sur)* sulk; **2.** *(lave trutmund)* pout.
surmuleri *sb. (et) (jf. surmule)* **1.** sulkiness; **2.** pouting.
surmælk curdled milk.
surre¹ *vb. (summe) se summe.*
surre² *vb. (med tov)* lash, secure.
surrealisme *sb. (en)* surrealism.
surrealist *sb. (en, -er)* surrealist.
surrealistisk *adj.* surrealistic (*fx* painting; the whole scene was getting more and more surrealistic); *(attr. om kunst også)* surrealist (*fx* painter).
surring *sb. (en, -er)* lashing.
surrogat *sb. (et, -er)* substitute.
surrogatmo(de)r surrogate mother.
surrogatmoderskab surrogate motherhood, surrogacy.
sursød *adj.* sweet-and-sour.
sus *sb. (et, -)* **1.** *se susen*; **2.** *(af narkotika)* rush;
□ *leve i ~ og dus* T live it up; *der gik et ~ gennem forsamlingen* there was a stir; *det store ~* all the rage (*fx* it was all the rage in the thirties); *ikke det store ~* nothing sensational, nothing to write home about.
suse *vb.* **1.** *(hvisle, også om vinden)* whistle (*fx* the bullets whistled about our ears; the wind whistled across the lake); sing (*fx* a bullet sang past my ear; the wind was singing through the trees); *(om sagte vind)* whisper; F sough;
2. *(fare af sted)* tear (*fx* they tore down the road); whizz (*fx* cars whizzed past);
□ *det -r for mine ører* my ears are buzzing; *i -nde fart* at a terrific speed; *jeg havde -nde travlt* I was rushed off my feet.
susen *sb. (en) (jf. suse)* **1.** whistling, singing; whisper; soughing; **2.** whizz;
□ *have ~ for ørerne* have a buzzing in one's ears; *~ i løvet* rustling of the leaves.
suspekt¹ *adj.* suspect, suspicious.
suspekt² *adv.* suspiciously.
suspendere *vb.* **1.** suspend; **2.** *(et møde)* adjourn.
suspension *sb. (en, -er)* suspension.
suspensiv *adj.* suspensive (*fx* condition, veto).
suspensorium *sb. (et, suspensorier)* suspensory bandage.
sut *sb. (en, -ter)* **1.** *(på sutteflaske)* teat; *(am.)* nipple;
2. *(narresut)* dummy; comforter; *(am.)* pacifier;
3. *(sko)* (carpet) slipper;
4. *(drukkenbolt)* drunk, soak; *(let glds.)* sot;
□ *barnet havde en ~ i munden* the baby was sucking a dummy.
sutsko (carpet) slipper.
sutte *vb.* suck;
□ *~ på a)* suck (*fx* a toffee, a pencil, one's thumb); *b) (suge)* suck (away) at (*fx* a pipe).
sutteflaske feeding bottle; *(am.)* nursing bottle.
sutteklud **1.** [rag used by small children when sucking]; security blanket; **2.** *(fig.)* sop, baby soother.
suveræn¹ *sb. (en, -er)* sovereign.
suveræn² *adj. (se også suverænt)* **1.** sovereign (*fx* ruler; state);
2. *(meget dygtig)* brilliant, expert (*fx* he is an expert chess player); supreme (*fx* artist; skill, statesmanship);
□ *han er ~* he is in a class of his own (*el.* by himself); he is second to none; F he is unequalled; *han er ~ til at* he is expert at -ing (*fx* at dealing with difficult customers);
[med sb.] ~ beherskelse af complete mastery of; *~ foragt for* utter contempt of; *deres -e ret til at* their sovereign right to.
suverænitet *sb. (en)* **1.** sovereignty (*over* over); **2.** *(dygtighed)* complete mastery.
suverænt *adv.* **1.** *(dygtigt)* brilliantly, expertly;
2. *(uafhængigt, alene)* independently, all by oneself (*fx* he decided that all by himself);
3. *(+ superlativ)* by far, far and away (*fx* he is far and away the best);
□ *det er ~ hans afgørelse* that is exclusively his decision.
svaber *sb. (en, -e)* mop; *(især sø.)* swab.
svabergast swabber.
svabre *vb.* mop, swab (down).
svada *sb. (en, -er)* torrent of words; *(pludselig)* spate of words.
svag *adj. (se også svagt)* **1.** *(uden kraft)* weak (*fx* legs, heart, eyes, pulse, sight, voice; army, team, government, resistance; market); *(meget ~)* feeble (*fx* old man; pulse; attempt, attack; voice);
2. *(dårlig)* weak (*fx* argument; it is one of his weaker books); poor (*fx* book, excuse); *(meget ~)* feeble (*fx* argument, book, excuse, suggestion); *(middelmådig)* mediocre (*fx* book);
3. *(eftergivende)* weak, over-fond (*fx* parents); weakly indulgent;
4. *(ubetydelig, lille)* faint (*fx* hope, chance, resemblance, suspicion); *(svagere)* slender (*fx* chance, hope, prospects); *(positivt)* slight (*fx* chance, hope, improvement);
5. *(svær at opfatte, se, høre)* faint (*fx* colour, light, smell, sound, cry); *(om lys også)* dim (*fx* light); *(om lyd, lys også)* weak (*fx* light, signal, sound); *(meget ~)* feeble (*fx* cry, light);
[med sb.] ~ bøjning (gram.) a) (af sb. & adj.) weak declension; *b) (af vb.)* weak conjugation; *de -e elever* the weaker pupils; *en ~ erindring* a dim (*el.* vague) recollection; *en ~ forestilling om* a faint (*el.* vague) idea of; *stå på -e fødder* be shaky; *-t helbred* delicate health; *have et -t helbred* be delicate; *en ~ karakter* a weak character; *det -e køn* the weaker sex; *et -t punkt* a weak point; *sætte fingeren på det -e punkt* put one's finger on the weak spot; *hans -e punkt* his weak point; *et -t smil* a faint smile; *et -t verbum (gram.)* a weak verb; *~ vind* light breeze; *i et -t øjeblik* in a weak moment, in a moment of weakness;
[med præp.] ~ ***i*** *latin* weak in Latin; *~ i knæene se knæ*; *~* ***over for*** *a) (fx et barn)* weak with, indulgent to; *b) (fristelser)* unable to resist.
svagbørn *sb.pl.* delicate children.
svagelig *adj.* **1.** delicate (*fx* child); **2.** *(om ældre)* infirm (*fx* infirm or disabled people); **3.** *(kronisk syg)* invalid.
svagelighed *sb. (en, -er) (jf. svagelig)* **1.** delicate state of health; **2.** infirmity.
svagfør *adj.* **1.** *(svagelig)* infirm; **2.** *(invalid)* disabled, handicapped.
svaghed *sb. (en, -er)* **1.** *(kraftløshed)* weakness; *(stor ~)* feebleness;
2. *(eftergivenhed)* weakness (*over for* towards, *fx* he showed weakness towards the terrorists);
3. *(svag side)* weak point, weakness (*ved* of, *fx* the chief weak-

ness of the plan; the system has serious weaknesses; he has his little weaknesses); *(fejl)* failing; *(særhed,* F*)* foible;
4. *(forkærlighed)* weakness (*for* for, *fx* he has a weakness for ice cream (, fast cars)); F penchant (*for* for, *fx* French food);
5. *(mindre lidelse* F*)* infirmity (*fx* the infirmities of old age);
□ ~ *dit navn er kvinde* frailty, thy name is woman.
svaghedstilstand (state of) weakness.
svagstrøm low current.
svagsynet *adj.* weak-sighted; F visually impaired.
svagt *adv.* **1.** *(jf. svag 1, 2)* weakly; feebly;
2. *(jf. svag 3)* weakly;
3. *(jf. svag 4)* faintly (*fx* faintly amused); slightly (*fx* only slightly improved);
4. *(jf. svag 5)* faintly (*fx* I remember faintly; the stars glimmered faintly); dimly (*fx* dimly lit); feebly (*fx* the heater glowed feebly);
5. *(om farve)* pale (*fx* pale blue (, pink, green)); *(se også antyde, begavet*[1]*, lysende*[1]*, stå*[2]*).*
svagtbegavet *se begavet*[1] *(svagt begavet).*
svagthørende *adj.* hearing-impaired.
svagtseende *se svagsynet.*
svaj *sb. (et)* **1.** *(krumning)* curve, curvature; **2.** *(i bukser etc.)* flare;
□ *bukser med* ~ flared trousers; *ligge på* ~ *(sø.)* ride.
svaje *vb.* **1.** sway (*fx* he began to sway and was on the point of falling; the trees were swaying in the wind);
2. *(svinge)* swing (*fx* to and fro);
3. *(om beruset)* reel;
4. *(sø.)* swing;
□ ~ *for vinden (fig.)* bend with the wind.
svajerum *(sø.)* room to swing, swinging space.
svajning *sb. (en, -er)* **1.** swaying;
2. *(sø.)* swinging; **3.** *(af ryg)* curve.
svajryg 1. hollow back; **2.** *(hos hest)* sway-back.
svajrygget *adj.* **1.** hollow-backed;
2. *(om hest)* sway-backed.
sval *adj.* cool.
svale[1] *sb. (en, -r) (zo.)* swallow;
□ *én* ~ *gør ingen sommer* one swallow does not make a summer; *det er kun en enlig* ~ that is a one-off affair.
svale[2] *vb.* cool;
□ *-s af* cool down.
svalebajer*: en* ~ a cold beer.
svaledrik cooling drink.
svalegang *(arkit.)* (external) gallery.
svalehale 1. *(også om sommerfugl)* swallowtail; **2.** *(tap)* dovetail.
svalekar cooler, cooling vat.
svaleklire *sb. (en, -r) (zo.)* green sandpiper.
svalerede swallow's nest (pl. swallows' nests).
svaleskab chiller.
svamp *sb. (en, -e)* **1.** *(vaske-)* sponge;
2. *(bot.: især om spiselig)* mushroom; *(paddehat)* toadstool; *(fagl., især som artsbetegnelse)* fungus (pl. -es, fungi);
3. *(i tømmer)* dry-rot;
4. *(med.)* fungal (*el.* mycotic) infection;
□ ~ *i fødderne* athlete's foot; *han drikker som en* ~ he drinks like a fish.
svampeagtig *adj. (bot.)* fungous.
svampeforgiftning fungus (*el.* mushroom) poisoning.
svampejagt*: gå på* ~ go mushroom-picking.
svampejæger mushroom hunter.
svampemiddel fungicide.
svampet *adj.* **1.** spongy (*fx* the spongy character of the soil);
2. *(bot.)* fungous.
svandt *præt. af svinde.*
svane *sb. (en, -r) (zo.)* swan.
svanedun swan's down.
svanefjer swan's feather (pl. swans' feathers).
svanehals 1. swan's neck (pl. swans' necks); **2.** *(tekn., sø.)* gooseneck.
svaneham swan shift;
□ *i* ~ transformed into a swan.
svanesang *(fig.)* swan song.
svaneunge cygnet.
svang[1] *sb. (en)* arch (of the foot).
svang[2] *sb.: gå i* ~ be rife, be rampant.
svang[3] *præt. af svinge.*
svanger *adj.* **1.** pregnant; **2.** *(om luft)* heavy (*med* with);
□ *gå* ~ *med (fig.)* be brooding over.
svangerskab *sb. (et, -er)* pregnancy; *(se også afbryde).*
svangerskabsafbrydelse induced abortion; termination of pregnancy; *(se også ulovlig).*
svangerskabsforebyggelse contraception.
svangerskabsforebyggende *adj.* contraceptive;
□ ~ *midler* contraceptives.
svangreafsnit *(på hospital)* prenatal ward.
svanhop swan dive.
svans *sb. (en, -e)* tail.
svanse *vb.* swing the hips (in walking);
□ ~ *forbi dem (ɔ: for at blive beundret)* parade past them; ~ *ud af stuen (ɔ: i vrede)* flounce out of the room.
svar[1] *sb. (et, -)* **1.** answer (*på* to, *fx* a letter; a gruff (, polite) answer; the answer is no); *(mere* F*)* reply (*på* to, *fx* he had several replies to the advertisement; a gruff (, polite) reply; he hasn't sent a reply (*el.* an answer) to my letter; he called but there was no reply (*el.* answer)); F response (*på* to);
2. *(fyldestgørende ~)* answer (*på* to, *fx* there is no answer to that question; his reply was not really an answer to what I said; that is no answer!);
3. *(reaktion)* reply (*på* to, *fx* a challenge); response (*på* to, *fx* the Government's response to the report of the Royal Commission; their response to the provocation);
4. *(gensvar: skarpt)* retort; *(vittigt)* repartee;
□ ~ *betalt* reply paid; *bekræftende (, benægtende)* ~ answer in the affirmative (, in the negative); *give ham (et)* ~ give him an answer; *(se også skyldig, udbede); [med præp. & som]* ~ ***på*** *a) se ovf. 1, 2, 3; b) (fig.: om noget tilsvarende)* answer to (*fx* he is Denmark's answer to James Bond); ***give*** *ham* ~ ***på*** *hans spørgsmål* answer (*el.* reply to) his question; give him an answer (*el.* a reply) to his question; *(se også tiltale);* ***have*** ~ ***på*** *alt* have an answer for everything; *han har altid* ~ *på rede hånd* he is never at a loss for (*el.* is always ready with) an answer; **som** *(el.* **til***)* ~ in answer, in reply, by way of an answer, by way of reply (*fx* he nodded in reply (*el.* by way of reply)); *som (el. til)* ~ *på* in reply to (*fx* in reply to your letter of 10th July we would inform you that...).
svar[2] *adj. (let glds.)* sore, dire (*fx* distress).
svare *vb.* **1.** answer; *(mere* F*)* reply (*fx* he did not answer (, reply); he answered (, replied) that...; he answered with a nod (, by closing the door)); F respond (*fx* he did not respond; he responded that...; he responded with a kick (, laugh));
2. *(give svar på tiltale)* retort (*fx* "Mind your own business," he retorted);
3. *(med personsobjekt)* answer;

(mere F*)* reply to (*fx* I don't know how to answer (, reply to) her);
4. *(om gengældelsesforanstaltning)* reply, counter; *(se ndf.: ~ igen)*;
5. *(betale)* pay (*fx* pay interest on a loan);
□ *~ enhver sit* pay everyone his due; *den -r ikke (om telefon)* there is no reply; *~ regning, ~ sig* pay;
[med præp. & adv.] ~ ***for*** *a) (i stedet for)* reply for (*fx* he replied for the minister); *b) (garantere for)* answer for, vouch for, guarantee;
~ ***for sig*** *(ɔ: klare sig)* hold one's own;
~ ***igen*** *a) (næsvist)* answer back (*fx* don't answer (the teacher) back; don't attack someone who can't answer back); *b) (om modforanstaltning)* reply (*på* to, *fx* an attack); counter (*med* with, *fx* Britain countered (*el.* replied) with a blockade; he countered with another question); *c) (gøre gengæld)* retaliate (*fx* if we do that, they may retaliate);
~ ***på*** *a)* answer (*fx* a letter, an advertisement, a question); *(mere* F*)* reply to (*fx* an advertisement, a question; he did not reply to my letter); F respond to (*fx* a letter, a question); *b) (give fyldestgørende svar)* answer (*fx* you did not answer my question); *svar mig på mit spørgsmål* answer my question;
~ ***til*** *a) (være det samme el. noget lignende som)* correspond to (*fx* a county roughly corresponds to a Danish "amt"); *(se også: svarende (til))*; *b) (stemme med)* conform to (*fx* the ideal, the specifications); *c) (passe til)* match (*fx* shoes to match her dress); fit (*fx* it does not fit our needs; make the punishment fit the crime); *~ til beskrivelsen* answer to the description; *hvad -de han til det?* what did he reply to that? *det -de ikke til vore forventninger* it did not come up to (*el.* it fell short of) our expectations; *~ til hensigten* answer the purpose; *og konvolutter (, et tørklæde) der -r til* and envelopes (, a scarf) to match; *~ til sit navn* deserve its (, one's) name.
svarende *adj.: '~ til...* corresponding to..., analogous to...; *~ 'til se tilsvarende.*
svarkupon reply coupon.
svarkuvert*: frankeret ~* stamped (and) addressed envelope; *(fork.)* s.a.e.
svarlig *adv. (glds.)* grievously, sorely.
svarnote reply (note).
svarperson respondent.
svarporto stamps pl. for reply.
svarskrivelse reply.
svartbag *sb. (en, -e) (zo.)* greater black-backed gull.
svartelegram telegraphic reply.
svastika *sb. (et, -er)* swastika.
sved[1] *sb. (en)* sweat; F perspiration;
□ *angstens kolde ~ sprang frem på hans pande* a cold sweat broke on his forehead; *(se også blod, pande*[2]*)*;
[med præp.] ***i*** *sit ansigts ~ (fig.)* by the sweat of one's brow; *i dit ansigts ~ skal du æde dit brød (bibelsk)* in the sweat of thy face shalt thou eat bread; *badet i ~ se bade.*
sved[2] *præt. af svide, svie*[2]*.*
sveddryppende *adj. (præd.)* dripping with sweat.
sveddråbe drop (*el.* bead) of perspiration.
svede *vb. (svedte, svedt)* **1.** sweat; F perspire; **2.** *(glds.* T*: sidde efter)* be kept in, stop in;
□ *~ angstens sved* be in a cold sweat;
[med præp. & adv.] ~ ***af*** *angst* sweat with fear; *han svedte* ***om*** *hænderne* his hands were sweaty, he had sweaty hands; *~* ***over*** sweat over; T swot at (*fx* one's Latin); *~ over hele kroppen* sweat all over; *~* ***ud*** sweat out (*fx* a cold, a fever); *det havde jeg helt svedt ud (*T*: glemt)* it had slipped (*el.* gone right out of) my mind; *~* ***ud af*** exude from.
svedebad sweat(ing) bath.
svededug sudarium.
svedekur sweating treatment.
sveden *adj.* **1.** *(om mad, smag, lugt etc.)* burnt;
2. *(om hår, tøj etc.)* singed;
3. *(udspekuleret)* pawky, canny;
□ *der lugter -t* there is a smell of burning.
sveder *sb. (en, -e) (glds.* T*: eftersidning): få en ~* be put on detention; *give én en ~* put sby on detention.
svederem sweatband.
svedet *præt. af svide, svie;*[2] *(se også sveden).*
svedetime*: få en ~ (glds.* T*)* be kept in for an hour.
svedig *adj.* sweaty; F perspiring.
svedjebrug slash-and-burn method.
svedkirtel sweat gland.
svedlugt sweaty smell, smell of sweat; F smell of perspiration.
svedperle bead of perspiration.
svedt *adj.* **1.** sweaty; F perspiring;
2. *(fig., præd.)* in a sweat;
□ *jeg blev helt ~ (jf. 2)* I got into a cold sweat.
sveg *præt. af svige.*
sveget *pf.ptc. af svige.*
svejfet *adj.* curved.
svejsbar *adj.* weldable.
svejse *vb.* weld.
svejseapparat welding apparatus.
svejsebriller *sb.pl.* welder's goggles.
svejseflamme welding flame.
svejselig *adj.* weldable.
svejser *sb. (en, -e)* welder.
svejserobot robot welder.
svejseskærm welding shield.
svejsestang welding rod.
svejsestål weldable steel.
svejsesøm *sb. (en)* welding seam, weld.
svejsning *sb. (en, -er)* **1.** welding;
2. *(svejset sted)* weld.
Svejts Switzerland.
svejtser *sb. (en, -e)* **1.** Swiss (pl. -);
2. *(dørvogter)* commissionaire.
svejtserfrank Swiss franc.
svejtsergarde Swiss guards pl.
svejtserost Swiss cheese.
svejtsisk *adj.* Swiss.
svelle *sb. (en, -r) (jernb.)* sleeper; *(am.)* tie.
svend *sb. (en, -e)* **1.** *(håndværks-, let glds.)* journeyman; *(i forbindelse med håndværket bruges* skilled: a skilled smith (, joiner etc.)*); (om arbejder bruges)* assistant (*fx* the smith had an assistant with him);
2. *(poet. om ung mand)* swain;
3. *(følge-)* man (*fx* Robin Hood and his merry men);
4. *(let glds.: fyr)* fellow;
□ *han er en ~ (fig.)* he is a brick (*el.* a fine fellow); *(am.)* he is a great guy; *som herren er så følger hans -e* like master like man.
svendebrev certificate of completed apprenticeship; journeyman's certificate.
svendestykke [test piece of work for a person finishing his apprenticeship].
svensk *sb. (et) & adj.* Swedish;
□ *på ~* in Swedish.
svensker *sb. (en, -e)* Swede.
svensknøgle adjustable spanner, monkey wrench.
Sverige Sweden.
sveske *sb. (en, -r)* prune;
□ *du er en ~!* you are a brick!
sveskeblomme damson.
sveskesten plum stone.
svibel *sb. (en, svibler) (bot.)* bulb.
svibelglas hyacinth glass.
svide *vb. (sved, svedet) (se også sveden)*;

1. *(~ af, om hår etc.)* singe (*fx* one's hair (, beard, eyebrows); a chicken, a pig);
2. *(gøre brun, fx med strygejern)* scorch (*fx* a shirt with a hot iron); singe;
3. *(mad)* burn;
4. *se svie²*;
□ *~ af a)* singe off (*fx* all his hair); *b) (tørre ud)* scorch (*fx* the sun had scorched the grass); *c) (afbrænde)* burn (*fx* a stubble field); burn down (*fx* a house).

svie¹ *sb. (en)* (smarting) pain, sting;
□ *~ og smerte* pain and suffering.

svie² *vb. (sved, svedet) (se også sviende)* smart, sting;
□ *mine øjne -r, det -r* ***i*** *mine øjne* my eyes are smarting (*el.* stinging); *det -r i halsen a) (om drik etc.)* it burns the throat; *b) (ɔ: jeg er forkølet)* I have a sore throat; *røgen sved mig i øjnene* the smoke made my eyes smart (*el.* sting); *det sved* ***til*** *ham* he had to pay for it; he had to pay the penalty.

sviende *adj.* **1.** smarting (*fx* blow, pain); stinging (*fx* sensation);
2. *(fig.: skarp)* stinging, biting (*fx* sarcasm); *(stærkere)* scathing (*fx* remarks, criticism, sarcasm) blistering (*fx* attack, remark, reply, sarcasm, scorn);
□ *et ~ nederlag* a crushing defeat.

svig *sb. (en)* **1.** deceit; **2.** *(snedighed,* F*)* guile (*fx* they are full of guile); **3.** *(jur.)* fraud.

svigagtig *adj.* deceitful; *(*F *el. jur.)* fraudulent.

svigagtighed deceitfulness; F fraudulence.

svige *vb. (sveg, sveget) (være troløs mod)* be disloyal to, betray; *(se også svigte).*

svigefuld *adj.* faithless, deceitful.

sviger- ...-in-law (*fx* daughter-in-law, father-in-law, mother-in-law, son-in-law); *(NB i pl. sættes -s efter første led, fx* daughters-in-law*).*

svigerfamilie family-by-marriage; T in-laws pl.

svigerforældre *sb.pl.* parents-in-law.

svigerinde sister-in-law.

svigt *sb. (et, -)* desertion; letdown; *(skuffelse)* disappointment.

svigte *vb. (se også svigtende)*
1. *(skuffe etc.)* fail; T let down (*fx* a friend);
2. *(lade i stikken, forlade)* desert (*fx* one's party; all his friends had deserted him); F forsake (*fx* forsake her in her hour of need);
3. *(løfte etc.)* go back on (*fx* one's principles, a promise, one's word); F betray (*fx* one's principles, one's ideals; sby's confidence, sby's trust); *(forpligtelse)* disregard (*fx* one's obligations);
4. *(om mod, kræfter, hukommelse)* fail, desert (*fx* his courage (, strength) failed him, his courage deserted him *(personsobjekt skal med)*);
5. *(ikke fungere)* fail (*fx* the brakes failed, his voice failed; if everything else fails);
6. *(udeblive)* fail to appear; *(trække sig tilbage)* fall away (*fx* his supporters fell away);
7. *(bedrage)* deceive (*fx* she had been deceived by her lover);
□ *benene -de under ham* his legs gave way; *besøget -de* the attendance failed to come up to expectations; *forsyningerne -de* the supplies fell away; *~ kulør (i kortspil)* revoke, renege; *~ sin pligt* fail in one's duty;
[med adv. & præp.] ~ ham ***groft*** fail him (*el.* let him down) badly; *~* ***i*** *farens stund* be found wanting in the hour of peril.

svigten *sb. (en)* **1.** failure; **2.** *(udebliven)* failure to appear, non-appearance; **3.** *(frafald)* desertion; falling away.

svigtende *adj.* failing;
□ *~ helbred* failing health; *aldrig ~* unfailing (*fx* his unfailing kindness; with unfailing zeal).

svikkel *sb. (en, svikler) (på strømpe)* clock.

svikmølle *(i prisudvikling)* vicious spiral.

svime *sb. (spøg.): falde i ~* swoon (*fx* with joy); *falde i ~ over* go into raptures over (*el.* about); *(neds.)* gush over.

svimle *vb.: det -r for mig* I feel dizzy (*el.* giddy); my head is swimming.

svimlende *adj.* **1.** dizzy, giddy (*fx* height; at a dizzy speed);
2. *(enorm)* enormous, staggering (*fx* amount, losses); *(om pris også)* exorbitant.

svimmel *adj.* **1.** *(utilpas etc.)* dizzy, giddy (*fx* I began to feel dizzy (*el.* giddy)); *(af sult etc.)* faint; *(let omtåget)* woozy;
2. *(fig.)* dizzy, giddy (*af* with, *fx* excitement, success); *(stærkere)* delirious (*af* with, *fx* happiness).

svimmelhed *sb. (en)* dizziness, giddiness; *(af sult)* faintness.

svin *sb. (et, -)* **1.** *(zo.)* pig; *(især am.)* hog; **2.** *(urenlig person)* dirty pig, dirty beast; **3.** *(sjover)* swine;
□ *drikke (, æde) som et ~* make a pig of oneself; *(se også fodre, kaste² (for));*
[med adj.] det dumme ~ the silly ass; *(grovere)* the bloody fool; *(især am.)* the son of a bitch; *det fulde ~* the drunken swine; *dit heldige ~* you lucky devil.

svinagtig¹ *adj. (nederdrægtig)* beastly, rotten (*fx* job); mean, dirty (*fx* trick).

svinagtig², **svinagtigt** *adv.* meanly (*fx* treat him meanly; behave meanly).

svind *sb. (et)* **1.** waste, wastage; *(også om ~ ved skrumpning etc.)* shrinkage; *(tab)* loss; **2.** *(med.)* waste, atrophy;
□ *der gik ~ i se svinde (det svandt i).*

svinde *vb. (svandt, svundet) (se også svunden)* **1.** *(aftage, mindskes)* decline (*fx* his influence (, strength) declined; as the day declined he ...); fade (*fx* hopes of finding him alive are fading); *(stærkere)* dwindle (*fx* his hope dwindled);
2. *(skrumpe ind)* shrink (*fx* meat shrinks in cooking);
3. *(om hævelse)* go down (*fx* my ankle is going down); *(mere* F*)* decrease (*fx* the swelling decreased daily);
4. *(om lyd, lys: blive svagere)* fade (away) (*fx* the colours of the sky began to fade) *(se også ndf.: ~ bort);*
5. *(om tid: hengå)* pass;
□ *-nde kræfter* ebbing (*el.* waning) strength;
[med præp. & adv.] ~ ***bort***, *~* ***hen*** *a)* fade away (*fx* the voices faded away into the distance); die away; *b) (om tid)* pass; *(se også ndf.: ~ ind)*; *det svandt* ***i*** *beholdningerne* the stocks dwindled (*el.* shrank); *(stærkt)* the stocks began to give out; F the stocks were depleted; *~* ***ind*** *a) (blive mindre)* shrink (*fx* their earnings have shrunk almost to nothing); *(mere* F*)* decrease (*fx* the population of the village had decreased (*el.* shrunk) to a few hundred people); *b) (og (næsten) forsvinde)* dwindle (*fx* the boat dwindled to a speck; his money had dwindled away to nothing); *c) (skrumpe ind)* shrink (*fx* metal shrinks when cooling; business at his shop has shrunk almost to nothing); *d) (om person: svækkes)* fade away (*fx* during his illness he faded away to nothing).

svindel *sb. (en)* **1.** swindle, humbug (*fx* it is a swindle; it is hum-

bug); **2.** *(det at svindle)* swindling (*fx* accused of swindling);
□ *lave* ~ swindle; *lave* ~ *med a) (om penge)* misappropriate (*fx* trust funds); *b) (forfalske)* manipulate fraudulently; T fiddle (*fx* the accounts, the figures, the lists); *lave* ~ *med regnskaberne (også)* cook the books.
svindelnummer swindle; confidence trick; T con trick.
svinden *sb. (en) (jf. svinde)* **1.** decline, fading; dwindling;
2. shrinking; **3.** decrease; **4.** fading (away), dying away; **5.** passing.
svindle *vb.* swindle;
□ ~ *med se svindel (lave svindel med).*
svindler *sb. (en, -e) (som snyder folk for penge)* swindler; confidence trickster; *(se også bedrager).*
svindsot *sb. (en) (glds.)* consumption.
svindsot(t)ig *adj. (glds.)* consumptive.
svine *vb. (lave svineri)* make a mess (*fx* he made a mess with his dirty boots);
□ ~ ***med*** *noget* mess up sth (*fx* don't mess up the crayons); ~ ***til*** make a mess; ~ *noget til* dirty sth, mess up sth; *(stærkere)* filthy sth (up); ~ *en til (ɔ: rakke ned)* throw (*el.* sling) mud at sby, smear sby; ~ *sit tøj til med maling* splash paint on one's clothes; ~ ***sig til*** *a) (blive beskidt)* get dirty, get messed up; *b) (opføre sig som et svin)* make a pig of oneself.
svineavl pig breeding.
svinebestand *(gårds)* herd of pigs;
□ *Englands* ~ the pig population of England.
svinebinde **1.** *(især am.)* hog-tie;
2. *(fig.)* bind hand and foot, hog-tie; *(lamme)* paralyse.
svineblod pig's (*el.* hog's) blood.
svineblære pig's bladder, hog's bladder (pl. pigs' bladders, hogs' bladders).
svinebæst **1.** *(sjover)* swine;
2. *(gris)* pig, dirty beast.
svinebørster *sb.pl.* pig's (, pigs') bristles.
svinedrengen *(af H.C. Andersen)* The Swineherd.
svinefedt lard.
svineheld fluke.
svineheldig *adj.: han er* ~ he is a lucky devil.
svinehold pig keeping.
svinehyrde **1.** pig boy; **2.** *(glds.)* swineherd.
svinekam *(nakkekam)* neck of pork.
svinekotelet pork chop.
svinekød pork; *(som handelsvare, i EU)* pigmeat (*fx* pigmeat production).
svinelever pig's liver (pl. pigs' livers).
svinelæder pigskin.
svinemikkel *sb. (en, svinemikler)* pig.
svineproducent pig breeder.
svineri *sb. (et, -er)* **1.** mess; *(stærkere)* filth (*fx* look at the filth on the floor); **2.** *(fig.: svinsk opførsel, pornografi)* filth (*fx* the filth that these children have been exposed to; how can you read such filth);
□ *det er noget* ~ *a)* it is a mess; *b) (fig.: moralsk etc.)* it is outrageous (*fx* to treat him like that); it is a downright disgrace; *det er noget* ~ *at spise af samme fad* it is a dirty habit to eat out of the same dish.
svineskind pigskin.
svineslagteri bacon factory.
svinesti *(også fig.)* pigsty.
svinestreg dirty trick.
svinetønde swill tub.
sving *sb. (et, -)* **1.** *(svingning)* swing (*fx* of his arm; of a pendulum);
2. *(drejning, retningsændring)* turn;
3. *(vej- etc.)* curve; *(skarpere)* bend;
4. *(med hånd etc.)* sweep; *(flot, også i skrift)* flourish;
5. *(håndtag)* handle;
6. *(stil)* turn, ring (*fx* his sentences have not got an English ring (*el.* turn));
□ ***i*** *fuldt* ~ in full swing; *komme i* ~ *(ɔ: i gang)* get going; *(se også gang[1] (komme i gang)); sætte noget i* ~ set sth going; *sætte dem i* ~ set them to work; *det sætter fantasien i* ~ it stirs the imagination.
svingbar *adj.* pivoting, revolving.
svingdør **1.** swing door; **2.** *(drejedør)* revolving door.
svingdørs- *(ɔ: hurtigt skiftende, især am.)* revolving-door (*fx* governments).
svinge *vb. (-de el. svang, -t el. svunget) (se også svingende)*
1. *(frem og tilbage, op, ud etc.)* swing (*fx* one's arms, a bag, a stick; he swung the axe and hit the tree; she swung the child on to her back; swing the door open); *(uden objekt)* swing (*fx* the rope (, the door, the pendulum) was swinging; he was swinging on a rope; the door swung open);
2. *(vifte med)* wave (*fx* a flag, a handkerchief); *(med en flot bevægelse,* F*)* flourish (*fx* one's hat, one's stick); *(truende)* brandish (*fx* a sword);
3. *(om køretøj etc.: (lade) ændre retning)* swing, turn (*fx* the car swung (*el.* turned) into a side street; the road turns to the left; he swung (*el.* turned) his car into a side street); *(pludseligt: vige ud)* swerve (*fx* the car swerved out in front of him);
4. *(vibrere)* vibrate (*fx* a string (, a tuning fork) vibrates); *(fys.)* oscillate (*fx* a pendulum (, a wave) oscillates);
5. *(forandre sig)* vary (*fx* prices vary a lot);
6. *(være ustabil,* F*)* fluctuate (*fx* prices (, the temperature) fluctuated; his mood fluctuates with the weather);
[med præp.] ~ ***imellem*** *a) (jf. 5)* vary between (*fx* prices vary between £100 and £120 for one gramme; her feelings varied between joy and fear); *b) (jf. 6)* fluctuate between (*fx* we fluctuated between hope and fear); ~ ***med*** *a) (jf. 1)* swing (*fx* a bag, a stick; swing one's arms in walking); *b) (jf. 2)* wave (*fx* a flag, a handkerchief, one's arms); *(truende, triumferende)* brandish (*fx* a stick; a telegram); ~ ***om*** *hjørnet* swing round the corner, turn the corner; ~ ***over til*** *de konservative* swing to the Conservatives;
[med sig] ~ ***sig fra*** *gren til gren* swing (oneself) from branch to branch; ~ ***sig i*** *sadlen* swing oneself into the saddle, vault into the saddle; ~ ***sig ned fra*** swing oneself down from (*fx* a tree); ~ ***sig op*** rise (*fx* the bird rose into the air; she rose to the position of chief manager); ~ *sig højt op i luften (om fugl)* soar; ~ ***sig op til*** *(fig.)* summon up, work up; T get up (*fx* I can't summon (*el.* work, get) up any enthusiasm (, pity) for him).
svingefeber *(med.)* undulant fever.
svingel *sb. (en, svingler)* **1.** *(på vogn)* swingle tree; **2.** *(græs)* fescue grass.
svingende[1] *adj.* **1.** *(jf. svinge 1)* swinging; **2.** *(jf. svinge 4)* fluctuating; **3.** *(jf. svinge 5)* variable (*fx* the temperature is variable; the quality (, his performance) has been very variable); changeable (*fx* mood); **4.** *(jf. svinge 6)* fluctuating (*fx* demand, prices);
□ *en* ~ *tallerken se svingende[2].*
svingende[2] *adv.:* ~ *fuld (om glas*

etc.) brimming, brimful; *(præd. også)* full to overflowing; *en ~ fuld tallerken a)* a heaped plate; *b) (fx om suppe)* a brimming plate.
svingfeber *(med.)* undulant fever.
svingfjer flight feather.
svinghjul **1.** flywheel; **2.** *(på symaskine)* balance wheel.
svinglampe bracket lamp.
svingle *vb.* reel, stagger.
svingning *sb. (en, -er)* **1.** swing *(fx* of a pendulum);
2. *(retningsforandring)* swing, turn *(fx* to the right);
3. *(vibration)* vibration *(fx* of a string);
4. *(variation)* fluctuation *(fx* of prices; of public feeling);
5. *(fys., fx elek.)* oscillation.
svingningstal frequency.
svingom *sb. (en, -mer)* dance.
svingtaske shoulder bag.
svingtavle double-sided blackboard.
svinkeærende, **svinkeærinde** errand on the way;
□ *gøre sig et ~* pop in somewhere on the way.
svinsk[1] *adj.* **1.** *(snavset)* filthy *(fx* room, habits); **2.** *(sjofel)* filthy *(fx* book); **3.** *(gemen)* extremely shabby *(fx* behaviour); filthy *(fx* way of treating him);
□ *en ~ tankegang* a dirty mind.
svinsk[2] *adv.* filthily; *(tarveligt også)* very shabbily.
svip *sb. (et, -)* **1.** *(med pisk etc.)* flick; *(om lyd)* swish; **2.** *(lille tur)* (short) trip; *(køretur)* run;
□ *det er til at få ~ af* it's enough to drive you up the wall *(el.* round the bend); *jeg var et ~ henne hos købmanden* I just popped into the grocer's.
svippe *vb.* **1.** *(om hurtig bevægelse)* flick *(fx* the branch flicked up);
2. *(smutte)* pop, nip *(fx* down to the grocer's);
□ *~ med en stok (, pisk)* swish a cane (, whip).
svipse *vb.* fail, go wrong.
svipser *sb. (en, -e)* **1.** *(fejl)* slip; **2.** *(fiasko)* flop.
sviptur **1.** short trip; flying visit;
2. *(køretur)* run *(fx* he went (for) a run with her).
svir *sb. (en): det er en ren ~ a) (en fornøjelse)* it is a treat *(fx* to listen to him); it is a perfect delight; *b) (pærelet)* it is a piece of cake; T it is a doddle; *gå på ~ (ɔ: druk)* go on the booze.
svire *vb.* T booze.
svirp *sb. (et, -)* **1.** flick; **2.** *(lyd)* swish.
svirpe *vb.* **1.** flick *(fx* he flicked my back with the whip); **2.** *(om lyd)* swish *(fx* the whip swished through the air);
□ *-nde (ɔ: sviende)* stinging *(fx* blow).
svirre *vb.* **1.** whirr; *(summe)* buzz *(fx* insects were whirring and buzzing through the air; whirring wings); **2.** *(om kugler)* whiz;
□ *det -r med rygter* the air is thick with rumours.
svoger *sb. (en, svogre)* brother-in-law (pl. brothers-in-law).
svogerskab relationship by marriage.
svor *præt. af sværge.*
svoren, **svoret** *pf.ptc. af sværge, adj.: svorne fjender (, venner)* sworn enemies (, friends); *en svoren fjende af* a sworn enemy of.
svovl *sb. (et)* sulphur; *(am. også)* sulfur.
svovlagtig *adj.* sulphurous; *(am. også)* sulfurous.
svovlbad sulphur bath.
svovlblomme flowers pl. of sulphur.
svovlbrinte hydrogen sulphide.
svovle *vb.* **1.** *(bande)* curse and swear; **2.** *(behandle med svovl)* sulphur; *(am. også)* sulfur.
svovlet *adj.* sulphurous; *(am. også)* sulfurous.
svovlgul *adj.* sulphur yellow.
svovlholdig *adj.* sulphurous; *(også am.)* sulfurous; *(præd. også)* containing sulphur (, sulfur).
svovling *sb. (en, -er)* sulphuring, sulphuration.
svovlkis pyrites.
svovlmælk milk of sulphur.
svovlnatrium sodium sulphide.
svovlprædikant fire-and-brimstone preacher, hellfire preacher.
svovlpølen *(i helvede)* the lake of fire and brimstone.
svovlstik *sb. (en, -ker)* (sulphur) match;
□ *Den lille pige med -kerne (af H.C. Andersen)* The Little Match Girl.
svovlsyre sulphuric acid.
svullen *adj.* swollen; F tumid.
svulme *vb. (se også svulmende)* swell *(fx* the river swelled; the sails swell; his heart swelled with pride);
□ *~* ***op*** *a)* swell *(fx* the capital swelled to £50,000); *b) (stærkt, som en ballon)* balloon *(fx* his cheeks ballooned; the cost could balloon to £2m); *c) (om legemsdel)* swell up, puff up *(fx* his ankle (, face) swelled up *(el.* puffed up)); *(*F *el. fagl.)* distend, become distended *(fx* his stomach became distended); *få til at ~ (op)* swell *(fx* the rain swelled the river; the wind swelled the sails; the sight swelled her heart); *(*F *el. fagl.)* distend.
svulmen *sb. (en)* swelling.
svulmende *adj.* **1.** swelling *(fx* buds, river, sails); **2.** *(fyldig)* full *(fx* lips, bosom).
svulst[1] *sb. (en, -er) (med.)* growth; *(fagl.)* tumour.
svulst[2] *sb. (en) (svulstighed)* bombast.
svulstig *adj.* bombastic, high-flown.
svulstighed *sb. (en)* bombast.
svunden, **svundet** *pf.ptc. af svinde, adj.: svundne dage* bygone days; *svundne forhåbninger* vanished hopes; *i en ~ tid, i svundne tider* in times past, in days gone by.
svunget *pf.ptc. af svinge.*
svup *sb. (et, -)*, **svuppe** *vb.* pop, plop.
svupper *sb. (en, -e) (vaskesuger)* plunger.
svække *vb. (se også svækkes, svækket)* weaken *(fx* him, his authority, his position, the effect, the interest); F impair *(fx* his health, his hearing, his vision; the strength (, value) of sth); *(om helbred etc. også, stærkere)* debilitate *(fx* debilitated by disease);
□ *~ deres chancer* reduce their chances.
svækkelse *sb. (en, -r)* **1.** *(det at svække)* weakening; F impairment; *(stærkere)* debilitation;
2. *(svækket tilstand)* weakness; *(alderdomssvækkelse,* F*)* infirmity.
svækkes *vb.* **1.** be weakened, weaken *(fx* he weakened daily); **2.** *(fig.)* flag *(fx* his energy (, interest) flagged); **3.** *(om priser)* be going down.
svækket *adj.* **1.** weakened; **2.** *(om sanser, åndsevner)* impaired *(fx* impaired hearing; mentally impaired).
svækling *sb. (en, -e)* weakling.
svælg *sb. (et, -)* **1.** *(anat.)* throat; *(fagl.)* pharynx (pl. -es, pharynges);
2. *(fig.)* gap *(fx* between theory and practice; the gap between what we know and what we need to know; widen the gap between rich and poor; a gap had opened); *(dybere)* gulf *(fx* between them, between their opinions; the gulf that separates me from them); *(endnu dybere,* F*)* chasm *(imellem* between).

svælge *vb. (synke)* swallow;
□ ~ ***i*** *a) (om mad)* feast on (*fx* expensive food); *(fylde sig med)* gorge (oneself) on (*fx* they gorged (themselves) on rich cakes); *b) (fig.)* wallow in (*fx* self-pity; newspapers wallowing in sex crimes).

svær[1] *sb. (en) (flæske-)* rind; *(stegt)* crackling.

svær[2] *adj. (se også svært)* **1.** *(vanskelig)* difficult (*fx* case, problem, question, task); *(mere* T*)* hard (*fx* question, task); T stiff (*fx* examination); tough (*fx* problem);
2. *(tung, solid etc.)* heavy (*fx* artillery, calibre, timber; losses; sea); *(solid også)* solid, massive (*fx* doors);
3. *(alvorlig)* severe (*fx* illness, pain, problems);
4. *(om person: tyk)* stout; *(og værdig)* portly;
□ *det var -t! (ɔ: forbavsende)* good heavens! *have ~ lyst til at* be greatly tempted to;
[med: at] bogen er ~ ***at*** *læse* the book is difficult to read; it is a difficult book to read; *det er -t at vide (, sige)* it is difficult (*el.* hard) to know (, say, tell); *grunden er ikke ~ at finde* the reason (, cause) is not far to seek; *den historie er ~ at slå (ɔ: overgå)* that story takes some beating;
[med præp.] det var -t ***for*** *hende a)* it was difficult (*el.* hard) for her (*fx* to understand it); *b) (ɔ: tog hårdt på hende)* she took it badly (*fx* she took his death badly); *det er det -e* ***ved*** *det* that is the difficult part.

sværd *sb. (et, -)* **1.** sword; **2.** *(sø.: sænkekøl)* centreboard.

sværdfisk *(zo.)* swordfish.

sværdfæste hilt (of a sword).

sværdklinge sword blade.

sværdlilje *(bot.)* iris.

sværdside spear side, male line.

sværdslag*: uden ~* without striking a blow.

sværge *vb. (-de el. svor, -t el. svoret) (se også svoren)* **1.** swear (*fx* I swear that I will do it; he swore to tell the truth; swear fidelity to sby); **2.** *(love (sig selv) højtideligt)* vow;
□ *~ og bande* curse and swear; *~ falsk* commit perjury; *~ højt og helligt (el. højt og dyrt) at* swear by all that is holy (*el.* sacred) that; T swear blind that; *lade én ~ tavshed, lade én ~ på at holde noget hemmeligt* swear sby to secrecy;
[med præp. & sig] ~ ***på*** swear to (*fx* his innocence); *det tør jeg ~ på* I would swear to it; I will take my oath on it; *jeg tør ikke ~ på det* I would not swear to it; *~* ***på at*** swear that (, to) (*fx* I could swear that I saw him; you must swear to tell the truth); *~* ***sig sammen*** conspire (*imod* against; *om at* to, *fx (fig.)* everything conspired to prevent the journey); *~* ***til*** *(fig.)* swear by (*fx* he swears by herbal medicine); *~* ***ved*** swear by (*fx* I swear by all that I hold sacred).

sværgen *sb. (en)* swearing.

sværhed *sb. (en) (jf. svær*[2]*)* **1.** difficulty; **2.** heaviness; solidity; **3.** severity; **4.** stoutness.

sværindustri heavy industry, smokestack industry.

sværlemmet *adj.* strong-limbed.

sværm *sb. (en, -e)* swarm (*fx* of bees; of journalists); *(om mennesker også)* crowd.

sværme *vb.* **1.** *(om bier)* swarm;
2. *(drømme)* be day-dreaming;
3. *(om elskende)* go courting;
□ *~* ***for*** *a) (person,* T*)* have a crush on; *b) (for noget)* be very fond of (*fx* romantic music); *(stærkere)* be enthusiastic about; *~* ***omkring*** *én a) (om insekter etc.)* swarm (*el.* buzz) about sby; *b) (om mennesker)* swarm (*el.* crowd) round sby.

sværmer *sb. (en, -e)* **1.** *(drømmer)* visionary;
2. *(religiøs)* fanatic;
3. *(fyrværkeri)* serpent.

sværmeri *sb. (et, -er)* **1.** *(forelskelse)* crush (*for* on, *fx* her crush on the history teacher);
2. *(genstand for ens ~)* flame;
3. *(religiøst)* fanaticism;
□ *han er hendes ~* she has a crush on him.

sværmerisk[1] *adj.* **1.** romantic;
2. *(upraktisk)* visionary (*fx* ideas);
3. *(fanatisk)* fanatical.

sværmerisk[2] *adv. (romantisk)* romantically.

svært *adv.* **1.** *(tungt)* heavily;
2. *(særdeles)* very; *(stærkere)* tremendously (*fx* proud);
□ *~ bygget* heavily built, big-boned; *have det ~* have a hard time; have a lot to put up with; *have ~* ***ved at*** find it difficult (*el.* hard) to (*fx* understand it); have some difficulty in -ing; T be hard put (to it) to; *han havde ~ ved at (også)* it was difficult for him to.

sværte[1] *sb. (en, -r)* **1.** *(sko-)* shoe polish; **2.** *(ovn- etc.)* blacking;
3. *(tryk-)* ink.

sværte[2] *vb.* **1.** *(farve sort)* blacken (*fx* one's face); **2.** *(med tryksværte)* ink; **3.** *(tale ondt om)* smear, throw mud at;
□ *~ 'til, se ovf.: 3.*

sværtepude pad.

sværtning *sb. (en, -er)* **1.** blackening, blacking; **2.** *(med tryksværte)* inking.

sværvægt heavyweight.

sværvægter *sb. (en, -e) (også fig., om betydningsfuld person)* heavyweight (*fx* a literary heavyweight);
□ *filmen er ikke en ~* it is not a heavyweight film.

sværvægts- heavyweight (*fx* champion, boxer).

svæv *sb. (et)* plankton.

svæve *vb. (se også svævende)* **1.** *(i luften)* float (*fx* clouds (, particles of dust) were floating in the air; the leaf floated to the ground); *(drive)* drift; *(roligt)* sail (*fx* clouds drifted (, sailed) across the sky; smoke drifted above the trees);
2. *(om fugl, fly: hænge)* hover (*fx* an eagle (, a helicopter) hovered above us); *(glide gennem luften, også om svævefly)* glide (*fx* an owl glided past the window); *(svæve opad)* soar (*fx* a lark soared above us);
3. *(bevæge sig let)* float (*fx* she floated down the path); *(lydløst)* glide (*fx* the ghost glided through the room);
4. *(befinde sig)* be (*fx* in danger); *(se også uvidenhed, uvished)*;
[med præp.] ~ ***i luften*** float (, hang) in the air; hang in mid-air; *~* ***frit i luften*** *(fig.) a) (være uunderbygget)* have no foundation in fact; *b) (være urealistisk)* be completely unrealistic (*fx* his ideas are completely unrealistic); *c) (være uvis)* be in the air (*fx* our plans are still in the air); *frit i luften -nde (ɔ: urealistisk)* unrealistic, fanciful (*fx* ideas, schemes); F visionary; *~* ***mellem*** *liv og død* be hovering between life and death; *~* ***over vandene*** *se vand.*

svævebane *se tovbane.*

svæveflyver **1.** *(fly)* glider; **2.** *(pilot)* glider pilot.

svæveflyvning **1.** *(det at flyve)* gliding; **2.** *(flyvetur)* glide.

svævende[1] *adj.* **1.** floating, hovering (*fx* in the air); F suspended (*fx* in the air);
2. *(uafgjort)* open (*fx* leave the matter open);
3. *(ubestemt)* vague (*fx* explanation); ill-defined (*fx* concepts);

4. *(om gæld)* floating;
□ ~ *gang* light footstep; F airy tread.
svævende[2] *adv. (ubestemt)* vaguely.
svæveplan *sb. (et, -er)* glider.
svævestøv dust suspended in the air, float dust; *(fagl.)* airborne particulate matter; airborne fine particulates pl.
svøb *sb. (et, -)* **1.** receiving blanket; *(lille tæppe)* shawl; *(glds.)* swaddling-clothes pl.;
2. *(bot.: omkring blomsterstand)* involucre;
□ *ligge i ~ (fig.)* be in its infancy, be in embryo.
svøbe[1] *sb. (en, -r)* scourge.
svøbe[2] *vb. (svøbte, svøbt)* wrap; *(om barn: lægge i svøb, glds.)* swaddle;
□ ~ ***ind*** wrap (up) (*fx* wrap a baby (up) in a blanket); ~ *papir* ***om*** *flasken* wrap paper round the bottle, wrap the bottle up in paper; ~ *et tæppe om sig* wrap oneself up in a blanket; ~ ***sig om*** cling round (*el.* to) (*fx* a thin dress which clung round (*el.* to) her body).
svøbelse(s)barn baby in long clothes.
svømme *vb. (se også svømmende)*
1. swim; **2.** *(flyde)* float, swim;
□ *være ude at ~ (fig.) a) (ikke kunne klare det)* be out of one's depth; be in deep water; *b) (være forvirret)* be all at sea;
[med præp. & adv.] ~ ***hen*** *(i rørelse)* become sentimental; ~ ***hen i*** *tårer* be dissolved (*el.* bathed) in tears; ~ ***i*** *blod a) (om person)* be covered with blood; *b) (om gade etc.)* be running with blood; ~ ***i*** *penge* be rolling in money; ~ ***ovenpå*** *se ovenpå*; ~ ***over*** *en flod* swim (across) a river.
svømmebassin swimming pool.
svømmeblære sound, air bladder.
svømmebriller *sb.pl.* (diving) goggles.
svømmebukser *sb.pl.* swimming trunks.
svømmebælte swimming belt.
svømmedykker scuba diver.
svømmefod **1.** *(zo.)* webbed foot;
2. *(til frømand etc.)* swim fin, flipper;
□ *med svømmefødder (jf. 1)* web-footed.
svømmefugl web-footed bird.
svømmehal swimming bath.
svømmehud web;
□ *med ~* webbed.
svømmeklub swimming club.
svømmelærer swimming instructor.
svømmemaske swim mask.
svømmende *adj.* **1.** swimming;
2. *(flydende)* floating;
□ ~ *øjne* bleary eyes; *med ~ øjne* bleary-eyed.
svømmepige girl swimmer.
svømmeprøve swimming test.
svømmepøl T swimming pool.
svømmer *sb. (en, -e)* **1.** *(person)* swimmer; **2.** *(i cisterne)* ball float;
3. *(i motor)* float.
svømmesele swimming belt.
svømmestævne **1.** *(opvisning)* swimming gala; **2.** *(konkurrence)* swimming meet.
svømmetag (swimming) stroke.
svømmetur swim.
svømmeundervisning **1.** swimming instruction; **2.** *(privat)* swimming lessons pl.
svømning *sb. (en, -er)* swimming;
□ *fri ~* freestyle swimming.
sweater *sb. (en, -e)* sweater, jumper; *(mindre alm.)* pullover, jersey; *(tyk, som går op om halsen)* jersey (*fx* a fisherman's jersey).
sweeper *sb. (en, -e) (i fodbold)* sweeper.
sy *vb.* **1.** sew (*fx* she can't sew; teach the children to sew); *(fæste med sting også)* stitch (*fx* stitch (*el.* sew) a patch on a sleeve);
2. *(lave)* make (*fx* a dress, a shirt); sew;
3. *(reparere)* mend, sew up (*fx* there is a tear in my coat, could you sew it up (*el.* mend it) for me?);
□ *få -et en kjole (ɔ: hos en skrædder etc.)* have a dress made; ~ *noget færdigt* finish sth;
[med præp. & adv.] ~ *en kjole* ***af*** *stoffet* make the material into a dress;
hvem får De -et ***hos?*** who is your dressmaker (, tailor)? ~ *en knap* ***i*** sew (*el.* stitch) 'on a button; ~ *det i hånden* sew it by hand; ~ *en knap i skjorten* sew a button onto the shirt; stitch a button on the shirt; ~ *en lynlås i kjolen* sew (*el.* stitch) a zip into the dress; ~ *en kjole* ***ind*** take in a dress; ~ *en kjole* ***om*** remake a dress; ~ ***på*** *noget (ɔ: være ved at ~ noget)* be making sth; ~ *båndet på* sew (*el.* stitch) the ribbon on; ~ ***sammen*** *a) (ɔ: to stykker)* sew (*el.* stitch) together; *b) (lukke en åbning)* sew (*el.* stitch) up (*fx* a tear); *c) (om sår)* stitch up (*fx* a wound); *(fagl.)* suture; *d) (samle i en søm)* seam up; ~ *en kjole* ***ud*** let out a dress.
syartikler *sb.pl.* **1.** sewing materials; **2.** *(hdl.)* haberdashery sg.
sybarit *sb. (en, -ter)* sybarite.
sybaritisk[1] *adj.* sybaritic.
sybaritisk[2] *adv.* sybaritically.
sybord worktable.
syd *sb. & adv.* south;
□ ~ ***for*** (to the) south of; ***fra*** ~ from the south; ***i*** ~ in the south; *lige i ~* due south; *mod ~ a) (vendende mod ~)* facing (the) south (*fx* a window facing south); south-facing; *b) (sydpå, i den sydlige del af landet) se sydpå*; ~ ***om*** *øen* south of the island; ~ ***til*** *vest* south by west.
syd- **1.** south (*fx* the south side); southern (*fx* the southern side; the southern frontier);
2. *(med stednavne)* Southern (*fx* England, France); the South of (*fx* England, France); *(om afgrænset enhed)* South (*fx* Africa, Korea).
Sydafrika South Africa.
Sydamerika South America.
syde *vb. (se også sydende*[2]*)* **1.** *(om varmt fedt)* sizzle;
2. *(give brusende lyd)* fizz;
3. *(fig.)* seethe (*af* with, *fx* the whole town was seething with excitement).
sydefter *adv.* south; towards the south.
syden[1] *sb. (et) (de sydlige lande)* the South.
syden[2] *sb. (en) (det at syde)* sizzling; fizzing.
sydende[1] *sb. (en, -r)* south end.
sydende[2] *pf.ptc. af syde, adj.*
1. seething (*fx* seething with excitement); **2.** *(om lyd)* sizzling; fizzing.
Sydengland the South of England, Southern England.
Sydeuropa Southern Europe.
sydeuropæisk *adj.* South European.
sydfra *adv.* from the south.
Sydfrankrig the South of France, Southern France.
sydfrugt **1.** exotic fruit; **2.** *(appelsin etc.)* citrus fruit;
□ *pakke sine -er* T clear out.
sydgrænse southern limit (, frontier, boundary); *(se grænse*[1]*)*.
sydgående *adj.* south-bound (*fx* express); southerly, southward (*fx* current).
Sydhavet *(geogr.)* the South Seas.
Sydhavsøerne *sb.pl. (geogr.)* **1.** the South Sea Islands; **2.** *(spøg.)* Lolland and Falster.
Sydishavet *(geogr.)* the Antarctic Ocean.
sydkinesisk: *Det -e Hav (geogr.)* the South China Sea.
Sydkorea South Korea.
Sydkorset *(astr.)* the Southern Cross.

sydkyst south coast.
sydlandsk *adj.* southern; *(fra egnene omkring Middelhavet)* Mediterranean (*fx* he was a Mediterranean type).
sydlig *adj.* **1.** southern (*fx* frontier; the southern part of the country);
2. *(om vind & retning)* southerly (*fx* a southerly wind; in a southerly direction);
3. *(vendende mod syd)* southward (*fx* the southward slope); south (*fx* the south side);
□ *i det -e England* in the South of England; *vinden er ~* the wind is in the south; *(se også bredde, halvkugle, Ishav, polarkreds, vendekreds).*
sydligere *adj. & adv.* more southerly (*fx* a more southerly route); further south;
□ *~ end* further south than, to the south of, southward of.
sydligst *adj. & adv.* southernmost, most southerly;
□ *det ligger ~* it is furthest (to the) south.
sydlænding *sb. (en, -e) (omtr.)* Mediterranean;
□ *-e (også)* people from Southern Europe.
sydost south-east.
sydover *adv.* southwards.
sydpol south pole.
Sydpolarhavet *(geogr.)* the Antarctic Ocean.
Sydpolen the South Pole.
sydpolsekspedition Antarctic expedition.
sydpolsfarer *sb. (en, -e)* Antarctic explorer.
sydpå **1.** south, to(wards) the south (*fx* it lies far to the south); southwards (*fx* he took the road southwards); *(am.)* southward;
2. *(i den sydlige del af landet etc.)* in the south (*fx* he lives in the south); down south;
3. *(i sydligere egne)* further south (*fx* it is warm further south);
4. *(ved den sydlige grænse)* on the south (*fx* bounded on the south by a river).
sydside south side, southern side.
Sydsjælland South Zealand.
Sydslesvig South Schleswig.
Sydstaterne *sb.pl. (i USA)* the Southern States; the South sg.
sydtysk, sydtysker South German.
Sydtyskland the South of Germany, Southern Germany.
sydvendt *adj.* south-facing.
sydvest[1] *sb. (en, -e(r)) (sømandshat)* sou'wester.
sydvest[2] south west.
sydvestlig *adj.* south-western; *(om vind & retning)* south-westerly.
sydvestvind south-wester.
sydøst south east.
sydøstlig *adj.* south eastern; *(om vind & retning)* south easterly.
syerske *sb. (en, -r)* **1.** *(på fabrik)* machinist; **2.** *(ved institution)* seamstress; **3.** *(kjole-)* dressmaker.
syetui *(med nål, tråd etc.)* housewife, sewing kit.
syfilis *sb. (en)* syphilis.
syfilitiker *sb. (en, -e)*, **syfilitisk** *adj.* syphilitic.
syg *adj.* **1.** *(attr.)* sick (*fx* a sick child); *(efter adv.)* ill (*fx* mentally (, seriously) ill people; a very ill old man);
2. *(præd.)* ill (*fx* he is ill; he was looking ill); *(am. &* T*)* sick;
3. *(om legemsdel)* diseased; T bad;
4. *(fig., attr. & præd.)* sick (*fx* a sick imagination (, joke); society is sick; it is sick to do such a thing; it makes me sick the way they treat him);
□ *et -t sind* a sick (*el.* disordered) mind; *et -t smil* a sickly smile; *[brugt som sb.] en ~* a sick person; a patient; *(mere varigt)* an invalid; *de -e* the sick; *-e og sårede* sick and wounded;
[med vb.] blive ~ be taken ill, fall ill; *ligge ~* be ill in bed; *(se også ndf: ~ af)*; *lægge sig ~* take to one's bed; *melde sig ~* report sick; *være ~ a)* be ill (, sick); *b) (sygemeldt)* be on the sick list; *(se også sygemeldt)*;
[med præp.] ~ ***af*** *a)* ill with (*fx* cancer); *b) (fig.: ude af sig selv)* sick with (*fx* envy, fear, longing; vexation *(ærgrelse)*); *jeg blev ~ af maden a)* the food made me ill; *b) (kastede op)* the food made me sick; *ligge ~ af* be ill with; T be down with, be laid up with (*fx* flu); *være ~* ***efter*** be dying for (*fx* a cigarette); *være ~* ***efter at*** be desperately anxious to, be dying to.
sygarn sewing thread, sewing cotton.
sygdom *sb. (en, -me)* **1.** *(det at være syg)* illness, sickness (*fx* absent because of illness (*el.* sickness); there had been a great deal of illness (*el.* sickness) in the family; during his illness (*el.* sickness); in sickness and in health); *(sygelighed også)* disease (*fx* the spread of disease; disease is often caused by poor sanitation);
2. *(sygdomstilstand)* illness (*fx* a long (, short) illness; a serious (, light, bad, mysterious, painful) illness; suffering from various illnesses);
3. *(om bestemt ~)* disease (*fx* infectious diseases; heart (, lung) diseases; measles can be a dangerous disease);
4. *(funktionsforstyrrelse)* disorder (*fx* a disorder of the liver (, stomach); a nervous disorder; nutritional (, respiratory, blood) disorders);
5. *(lettere, kronisk svaghed,* T*)* complaint (*fx* he had an attack of his old complaint); *(ubetydelig)* ailment;
6. *(plante-, dyre-)* disease.
sygdomsbillede pathological picture.
sygdomskim disease germ.
sygdomstegn symptom.
sygdomstilfælde **1.** case (*fx* it was a mild (, an acute, an interesting) case); **2.** *(anfald)* (attack of) illness (*fx* suffer a slight (attack of) illness);
□ *i ~* in case of illness.
syge *sb. (en)* disease; *(se også engelsk*[2]*, spansk).*
-syge sickness (*fx* air (, sea, sleeping) sickness).
sygeafdeling **1.** infirmary; **2.** *(på kostskole etc.)* sick bay.
sygeattest sickness certificate; *(se også lægeattest).*
sygebesøg **1.** *(læges)* visit to a patient; **2.** *(præsts el. privat)* sick call;
□ *han er på ~ a) (om læge)* he is out on a call; he is visiting a patient; *(generelt)* he is on his rounds; *b) (om andre)* he is on a sick call.
sygebåre stretcher.
sygedage *sb.pl.* days lost through illness.
sygedagpenge *sb.pl.* sickness benefit sg.
sygeforsikring health insurance.
sygefravær absence due to illness.
sygegymnastik remedial gymnastics.
sygehjælper nursing aide, nursing auxiliary.
sygehus hospital (*fx* he is in hospital).
sygehuslærer hospital teacher.
sygehusundervisning hospital instruction.
sygehusvæsen hospital service.
sygejournal *se journal 2.*
sygekasse *(glds.)* sick-benefit association.
sygekassebriller *sb.pl. (omtr.)* granny glasses, John Lennon glasses.
sygekost (sick-)diet.

sygeleje *sb. (et, -r)* sickbed (*fx* he rose from his sickbed to receive the visitors); *(se også sengeleje).*
sygelig *adj.* **1.** *(svagelig)* sickly (*fx* look);
2. *(overdreven, abnorm)* morbid (*fx* curiosity, imagination; propensity *(tilbøjelighed)*); unhealthy (*fx* state of mind; an unhealthy interest in (, curiosity about) murder).
sygelighed *sb. (en)* **1.** sickliness, ill health; **2.** *(abnormitet)* morbidity; **3.** *se sygelighedsprocent.*
sygelighedsprocent sickness rate.
sygeløn sick pay.
sygelønsordning sick-pay scheme.
sygemelde *vb.: ~ sig* report sick.
sygemelding 1. *(til arbejdssted)* report that one is ill; **2.** *(attest)* sick note;
□ *sende en ~* report sick.
sygemeldt *adj.: han er ~ a) (fraværende)* he is absent owing to illness; he is on the sick list; T he is off sick; *b) (har meldt sig syg)* he has reported sick.
sygeorlov sick leave.
sygepasser *sb. (en, -e)* **1.** *(mil.)* medical orderly; **2.** *(sø.)* sick-berth attendant.
sygepleje nursing.
sygeplejeartikler *sb.pl.* nursing requisites.
sygeplejeassistent staff nurse.
sygeplejeelev student nurse.
sygeplejerske *sb. (en, -r)* (sick) nurse;
□ *autoriseret ~* State-registered nurse; *mandlig ~* male nurse.
sygeplejeskole nursing school.
sygeseng *se sygeleje.*
sygesikring *(omtr.)* (public) health insurance; *(svarer i Engl. til)* the National Health Service.
sygesikringsbevis *(svarer til)* (National Health Service) medical card.
sygevat absorbent cotton.
sygeværelse sick room.
sygne *vb.: ~ hen a)* waste away (*fx* he was wasting away for lack of food); F languish; pine away; *b) (om plante)* droop; *c) (fig.)* flag (*fx* their interest (, enthusiasm) flagged); F languish (*fx* the project (, the industry) languished).
syklub sewing circle; *(am.)* sewing bee.
sykurv workbasket.
syl *sb. (en, -e)* awl.
sylblad *(bot.)* awlwort.
sylespids *adj.* (sharply) pointed; *(præd. også)* as sharp as a needle.
sylfide *sb. (en, -r) (myt.)* sylph.
syllogisme *sb. (en, -r)* syllogism.
sylte[1] *sb. (en, -r)* brawn; *(am.)* headcheese.
sylte[2] *vb.* **1.** preserve (*fx* strawberries); *(i eddike)* pickle (*fx* cucumbers); *(lave syltetøj af)* make jam of (*fx* strawberries);
2. *(uden objekt)* make jam;
3. *(fig.: en sag)* shelve, put into cold storage;
□ *-de jordbær* strawberry jam.
sylteagurk gherkin.
syltebær *sb.pl.* berries for preserves.
syltegryde preserve pan.
syltekrukke 1. jam jar, jam pot;
2. *(til agurker etc.)* pickle pot.
syltetøj *sb. (et)* jam; F preserve(s).
syltetøjsglas (glass) jam jar.
syltetøjsmad*: en ~* a slice of bread and jam.
syltning *sb. (en, -er) (jf. sylte*[2] *1)* preserving; pickling; jam-making.
symaskine sewing machine.
symbol *sb. (et, -er)* symbol;
□ *være ~ for* be a symbol of, symbolize.
symbolik *sb. (en)* **1.** symbolism;
2. *(læren om symboler)* symbolics.
symbolisere *vb.* symbolize.
symbolisme *sb. (en)* symbolism.
symbolist *sb. (en, -er)* symbolist.
symbolistisk[1] *adj.* symbolistic; *(attr. også)* symbolist.
symbolistisk[2] *adv.* symbolistically.
symbolsk[1] *adj.* symbolic; *(attr. også)* token (*fx* effort, forces, gesture, payment, resistance, strike).
symbolsk[2] *adv.* symbolically.
symfoni *sb. (en, -er)* symphony.
symfonikoncert symphony concert.
symfoniorkester symphony orchestra.
symfonisk[1] *adj.* symphonic.
symfonisk[2] *adv.* symphonically.
symmetri *sb. (en, -er)* symmetry.
symmetrisk[1] *adj.* symmetrical.
symmetrisk[2] *adv.* symmetrically.
sympati *sb. (en, -er)* **1.** *(forståelse, medfølelse)* sympathy (*med* with);
2. *(det at kunne lide)* liking;
□ *-er og antipatier* likes and dislikes;
[med vb.] ***føle ~ for*** *a) (kunne lide)* feel attracted by (*el.* to) (*fx* his family); *b) (have medfølelse med)* feel sympathy for (*fx* his sufferings; his family); ***få ~ for*** take a liking to, take to; ***have ~ for*** *a) (synes om)* have a liking for (*fx* him); like (*fx* the proposal); *b) (have forståelse for)* have sympathy for (*fx* his attitude; what he is doing); *have tyske -er* have German sympathies; ***se på*** *det* ***med ~*** look sympathetically at it; F take a sympathetic view of it, view it with sympathy; ***vinde*** *ens ~* get oneself liked by sby; F engage sby's sympathy.
sympatisere *vb.: ~ med* sympathize with (*fx* his ideas); be in sympathy with; *jeg -r mest med ham i den sag* my sympathies are with him in this matter.
sympatisk[1] *adj.* **1.** likeable, pleasant (*fx* chap); sympathetic (*fx* he is a sympathetic character; I don't find him very sympathetic);
2. *(tiltrækkende)* attractive (*fx* idea, proposition);
□ *det -e nervesystem* the sympathetic nervous system.
sympatisk[2] *adv. (jf. sympatisk*[1]*)* **1.** pleasantly; **2.** attractively;
□ *være ~ indstillet over for* be favourably disposed towards, be in sympathy with (*fx* him, the idea); be sympathetic to (*fx* their request).
sympatistrejke[1] *sb. (en, -r)* sympathy strike.
sympatistrejke[2] *vb.* strike in sympathy.
sympatisør *sb. (en, -er)* sympathizer.
sympatitilkendegivelse demonstration of sympathy.
symposion, **symposium** *sb. (et, symposier)* symposium (pl. -s, *(fagl.)* symposia).
symptom *sb. (et, -er)* symptom (*på* of).
symptomatisk *adj.* symptomatic (*for* of).
syn[1] *sb. (et, -) (se også syn*[2]*)* **1.** *(synsevne)* sight (*fx* lose one's sight; cats have keen sight); eyesight (*fx* have good (, poor) eyesight; have one's (eye)sight tested); F vision (*fx* he has normal vision in both eyes);
2. *(noget man ser)* sight (*fx* a beautiful (, horrible, sad, grand, rare) sight); *(især storslået,* F*)* spectacle (*fx* it was a grand spectacle);
3. *(fig.: måde at se på)* view (*på* of, *fx* our view of the matter; we have (, take) a different (, an optimistic) view of the future); *(indstilling)* outlook (*på* on, *fx* his whole outlook on life had changed; a tolerant (, pessimistic) outlook);
(mening) view, views pl. (*på* on, *fx* what are your views on abortion?); opinion (*på* of);
4. *(synsforretning)* expert appraisal; *(sø.)* survey;
5. *(kontrol af bil, svarer til)* MOT-test;
□ *-et* ***af*** the sight of (*fx* she hates

(, loathes) the sight of him (, tanks)); ***få ~ for** sag(e)n* see for oneself; *få et andet ~ **på** det* get a different idea of it; see it in a different light; *have et **skarpt** ~* be sharp-sighted, be keen-sighted; *lade foretage ~ **og skøn*** submit the question to the opinion of experts appointed by the court; *[med præp.] hun slap ham ikke **af -e*** she did not let him out of her sight; *tabe det af -e* lose sight of it; *(se også forsvinde)*; ***for** et -s **skyld*** for the sake of appearances; *det ramte ham lige **i** -et* it hit him smack in the face; *bilen skal **til** ~ (svarer til)* the car has to have an MOT-test; T the car has to be MOT'ed; *komme **til -e*** appear (*fx* he suddenly appeared); come into view (*fx* the lake came into view); ***ude af -e*** out of sight; ***ved** -et **af** ham* at the sight of him.

syn[2] *sb. (et, -er)* **1.** *(drømmesyn)* vision; **2.** *(genfærd etc.)* apparition;
□ *høre -er* (T, *spøg.)* hear things; *se -er* T see things; F have visions.

synagoge *sb. (en, -r)* synagogue.

synd *sb. (en, -er)* sin;
□ ***-en*** *(generelt)* sin (*fx* the wages of sin is death); *han skal ikke dø i -en* he has not heard the last of it yet; *han fik ikke lov at dø i -en* he never heard the last of it; *som hjemsøger fædrenes **-er** på børnene (bibelsk)* visiting the iniquity of the fathers upon the children; *for mine -ers skyld (også fig.)* for my sins;
[med: det er] ***det er** ~ a)* (ɔ: *ærgerligt etc.)* it is a pity (*el.* shame), what a pity (*el.* shame) (*fx* that you missed the train); *b)* (ɔ: *det bør man ikke)* it is a shame (*fx* to tease him, to waste all that food); ***det er ~ at sige** at han blev glad* he was anything but pleased; *han gjorde sig virkelig umage, det er ~ at sige andet* he did try hard, you must give him that; ***det er ~ for** ham* I am sorry for him; T it is hard lines on him; ***det er ~ og skam*** it is a downright (*el.* crying) shame; it is a sin and a shame.

synde *vb.* sin.

syndebuk scapegoat; *(am.* T *også)* fall guy;
□ *gøre en til ~* make a scapegoat of sby.

syndefaldet the Fall (of Man).

syndefri *adj.* sinless.

syndefuld *adj.* sinful.

synder *sb. (en, -e)* sinner;
□ *-en* (ɔ: *den skyldige)* the culprit (*fx* who is the culprit?); the offender; *jeg arme ~* a poor sinner like me.

synderegister list (*el.* catalogue) of (one's) sins (*el.* crimes).

synderlig*: ikke ~ a) (adj.: ikke ret meget)* no particular (*fx* he showed no particular enthusiasm); not much, little (*fx* we have little (*el.* not much) to be thankful for); *b) (adv.: ikke særlig)* not particularly, not very (*fx* intelligent, keen about it); not much (*fx* I do not care much for him); little (*fx* she is little better); *ikke have ~ lyst til at* have no great mind to; *uden ~ vanskelighed* without much difficulty.

syndflod *(fig.)* flood (*fx* of letters, of refugees); *(pludselig tilstrømning)* tidal wave (*fx* of visitors, of complaints); *(stærkere,* F*)* deluge (*fx* of complaints, of letters);
□ *-en* the Flood; *fra før -en* antediluvian; *en ~ af skældsord* a torrent of abuse.

syndig *adj.* **1.** sinful; **2.** *(vældig)* awful (*fx* noise; lot of money).

syndikalisme *sb. (en)* syndicalism.

syndikalist *sb. (en, -er)* syndicalist.

syndikat *sb. (et, -er)* syndicate.

syndrom *sb. (et, -er)* syndrome.

syndsbevidsthed consciousness of sin; sense of guilt.

syndsforladelse absolution.

syne *vb.* **1.** *(besigtige)* inspect (*fx* a fire prevention officer inspected the building); **2.** *(undersøge)* examine (*fx* have the car examined by an expert); **3.** *(vurdere)* appraise; **4.** *(tage sig ud)* look;
□ *~ godt* look well; *det -r ikke af meget* it is not much to look at.

synergisme *sb. (en)* synergism.

synes[1] *vb. (syntes, syntes) (mene)* think (*fx* what do you think? I think we should do it);
□ *~ du det?* (do) you think so? ***hvis** du ~* if you think so, if you like; *gør som du **selv** ~* do as you like (*el.* think best); *~ du **vel**?* don't you agree?
*[med præp.] ~ **om**, ~ godt om* like (*fx* do you like it?); *hvad ~ du om det?* what do you think of it? how do you like it? T how does it strike you? *jeg ~ ikke **om** **at** han* I don't like his (, him) -ing (*fx* coming so often); I don't like him to (*fx* know about it); *(se også lide*[2] *(kunne lide))*.

synes[2] *vb. (syntes, syntes)* **1.** *(se ud til, se ud som om)* seem (*fx* the house seems larger than it is; he seems to think that I did it); appear (*fx* he appeared a little nervous; he appears to have a lot of money; when the plane takes off the earth appears to drop away); **2.** *(se ud)* look (*fx* he looked surprised);
□ *~ **at** være* seem (to be), appear to be (*fx* he seemed (to be) (*el.* he appeared to be) surprised to see me); *der ~ at foreligge en fejltagelse* there seems (*el.* appears) to be a mistake; *det ~ **mig*** it seems to me; *det ~ **som om*** it seems (*el.* appears *el.* looks) as if; *det ~ **så*** it seems so, so it seems (*el.* appears).

synge *vb. (sang, sunget)* sing; *(om fugl)* sing, warble; *(om cikade, græshoppe)* chirp;
□ *han fik en lussing så det sang* he got a resounding box on the ear; *med en -nde stemme* in a sing-song voice;
*[med præp. & adv.] ~ '**for** a) (føre an i sangen)* lead the singing; *b) (aflægge sangprøve)* audition, be auditioned; *tage til Bayreuth for at ~ 'for (jf. b)* go to Bayreuth for an audition; *'~ for en* sing to (*el.* for) sby; *~ '**med*** join in; join in the singing; *~ **med på** omkvædet* join in the chorus; *(se også vers)*.

syngepige cabaret singer.

syngespil singspiel; ballad opera.

syning[1] *sb. (en, -er) (det at syne)* expert appraisal.

syning[2] *sb. (en, -er)* **1.** *(det at sy, sytøj)* needlework; *(især reparation)* sewing;
2. *(syet sted)* seam;
3. *(med.)* suture;
□ *gå op i -en* come unstitched.

synke *vb. (sank, sunket) (se også sunken)*;
1. *(dale)* sink (*fx* the water sank; he sank back in his chair; his head sank helplessly down);
2. *(om jord, bygning)* sink, settle; F subside;
3. *(om tidevand)* ebb;
4. *(gå under, gå ned)* sink (*fx* the ship sank; the body sank to the bottom of the lake; the sun sank below the horizon); go down; F founder;
5. *(nedsvælge)* swallow; *(hurtigt)* gulp (down);
□ *~ noget a) (gøre en synkebevægelse)* swallow; *b) (overrasket, bange)* gulp;
*[med adv.] ~ **dybt** (fig.)* sink low; *~ **hen i*** fall into (*fx* a pleasant daydream); sink into (*fx* a deep sleep); *(se også hensynke)*;
*~ '**i*** sink in (*fx* up to the ankles); *(se også agtelse, grus, jorden, knæ)*;
*~ **ned*** sink (*i* into, *fx* mud, a chair, a depression); *(se også*

bukser); ~ *ned på bunden* sink to the bottom;
~ ***om*** sink down (*fx* on the floor; into a chair); *(tungt)* slump (*fx* into a chair); *(falde om også)* sink to the ground; *(pludseligt)* drop (*fx* with fatigue); ~ *om i en stol (også,* F *el. spøg.)* subside into a chair; ~ *død om* fall down (*el.* over) dead; T drop dead;
~ ***sammen*** *a)* collapse (*fx* the house collapsed; he collapsed in his chair); *(om person også, tungt)* slump (*fx* he was shot and slumped over the steering wheel; he slumped down in his chair and was dead); *b) (krumme sig sammen)* crumple up.

synkebevægelse swallowing;
□ *gøre en* ~ swallow.

synkefri *adj.* unsinkable.

synkefærdig *adj. (præd.)* in a sinking condition.

synkope *sb. (en, -r)* syncope.

synkoperet *adj.* syncopated.

synkron *adj.* **1.** synchronous; **2.** *(sprogv.)* synchronic (*fx* linguistics).

synkronisere *vb.* **1.** synchronize; **2.** *(film.) se eftersynkronisere.*

synkronisering *sb. (en, -er)* synchronization.

synkrotron *sb. (en, -er)* synchrotron.

synlig *adj.* **1.** visible (*for* to); **2.** *(mærkbar)* noticeable; **3.** *(iøjnefaldende)* conspicuous;
□ *-t bevis* visible proof; *blive* ~ come into view, become visible; *han var -t nervøs* he was visibly nervous.

synode *sb. (en, -r) (rel.)* synod.

synonym[1] *sb. (et, -er)* synonym.

synonym[2] *adj.* synonymous (*med* with).

synonymi, **synonymik** *sb. (en)* synonymy.

synopse *sb. (en, -r)*, **synopsis** *(en, synopser)* synopsis (pl. synopses).

synoptisk *adj.* synoptic.

synsbedrag optical illusion.

synsevne *sb.* visual power, faculty of vision.

synsfelt field of vision.

synsforretning expert appraisal.

synshandicap visual handicap.

synshæmmet *adj.* visually impaired.

synsindtryk visual impression.

synsk *adj.* psychic; F clairvoyant.

synskreds horizon.

synsmand surveyor.

synsmåde view.

synsnerve optic nerve.

synsorgan organ of sight, organ of vision.

synsprøve eye test.

synsprøvetavle eye chart.

synspunkt **1.** *(mening)* view (*fx* our views differ; I have (*el.* take) the view that we ought to try; others take a different view); opinion (*fx* I have the opinion that we ought to try);
2. *(måde at se på det, holdning)* point of view (*fx* we understand your point of view; he has (*el.* takes) a different point of view); viewpoint;
3. *(synsvinkel)* point of view, viewpoint (*fx* try to look at it from her point of view (*el.* viewpoint); from a practical point of view); *(se også synsvinkel)*;
□ *anlægge det* ~ *at* take the view that; adopt the attitude that.

synsrand horizon.

synssans (sense of) sight (*fx* cats have a keen sense of sight); F vision.

synsstyrke visual power.

synsvidde range of vision;
□ *inden for (, uden for)* ~ within (, out of) sight.

synsvinkel **1.** *(vinkel)* angle (*på* to, *fx* a new angle to the text; look at it from another angle);
2. *(synspunkt)* point of view (*fx* try to describe it from his point of view);
□ *anlægge en anden* ~ take another view; look at it from a different angle; *under den* ~ from that angle; from that point of view.

syntaks *sb. (en) (gram.)* syntax.

syntaktisk[1] *adj. (gram.)* syntactic(al).

syntaktisk[2] *adv.* syntactically.

syntese *sb. (en, -r)* synthesis (pl. syntheses).

syntetisere *vb.* synthesize.

syntetisk[1] *adj.* synthetic (*fx* rubber, paper, fibres, material); *(om tekstiler også)* man-made (*fx* fabrics, fibres);
□ *-e stoffer (også)* synthetics.

syntetisk[2] *adv.* synthetically;
□ *fremstille det* ~ produce it synthetically; ~ *fremstillet (også).*

synål sewing needle.

sypige *se syerske.*

sypigetips *sb.pl.* random forecasts.

sypose workbag.

syre *sb. (en, -r)* **1.** *(kem.)* acid; **2.** *(bot.)* sorrel.

syrebad acid bath.

syreballon carboy.

syrebestandig, **syrefast** *adj.* acid-proof.

syrefri *adj. (præd.)* free from acid.

syreholdig *adj.* acidiferous.

syreindhold *(i maven)* acid content, acidity.

syremangel *(i maven)* anacidity.

syren *sb. (en, -er) (bot.)* lilac.

syrer *sb. (en, -e)* Syrian.

syreregn acid rain.

Syrien *(geogr.)* Syria.

syrisk *adj.* Syrian.

syrlig *adj.* **1.** sourish; F acidulous; *(fagl.)* subacid (*fx* fruit);
2. *(fig.)* sourish; rather tart (*el.* acid) (*fx* reply); F acidulous;
□ *-e bolsjer* acid drops.

syrlighed *sb. (en)* sourness; *(kem. også, fagl.)* subacidity.

syrne *vb.* **1.** *(gøre sur)* sour, make sour; *(kem.)* acidify;
2. *(blive sur)* sour, turn sour (*fx* milk sours easily);
□ *-t brød* leavened bread; *-t fløde* soured cream.

sysager *sb.pl.* sewing things.

sysilke sewing silk.

syskrin *se syæske.*

sysle *vb.* be busy (*fx* in the kitchen);
□ ~ *med a)* be busy with, busy oneself with; *b) (nusse)* fiddle with, potter at; *han -r med store planer* F he is revolving ambitious schemes in his mind; ~ *med tanken om at* be thinking of -ing (*fx* he is thinking of writing a book).

syssel *sb. (en, sysler) (beskæftigelse)* pursuit (*fx* leisure pursuits, literary pursuits).

sysselsætte *vb.* occupy;
□ *være sysselsat med se sysle (med).*

system *sb. (et, -er)* **1.** system;
2. *(lærebogs-)* course (*fx* an English course);
□ *"-et"* the system (*fx* fight against the system); *sætte det i* ~ systematize it, organize it.

systemanalyse *(edb)* systems analysis.

systemanalytiker *(edb)* systems analyst.

systematik *sb. (en, -ker)* systematism.

systematiker *sb. (en, -e)* systematist.

systematisere *vb.* systematize, organize.

systematisk[1] *adj.* systematic, methodical.

systematisk[2] *adv.* systematically, methodically.

systembeskrivelse systems specification.

systemchef systems manager.

systemkritiker *(politisk)* dissident.

systemplanlægger *(edb)* systems engineer.

systemskifte *(pol.)* change of (po-

litical) system.
systemtipning *(svarer til)* permutation.
systue (dressmaker's) workroom.
sytråd sewing thread; *(bomulds- også)* sewing cotton.
sytten *num.* seventeen.
syttende *adj.* seventeenth (*fx* he lives on the seventeenth floor).
sytøj needlework (*fx* she kept her needlework in a basket); *(især om reparation)* sewing;
□ *et* ~ a piece of needlework (, sewing).
syv *num.* seven;
□ *det varede* ~ *lange og* ~ *brede* it lasted for ages; it was ages (*fx* before he arrived); ~ *ni tretten!* *(svarer til)* touch wood! *være i* ~ *sind* be in two minds about it.
syvarmet *adj.:* ~ *lysestage* seven-branched candlestick.
syvdobbelt *adj.* sevenfold.
syvende *adj.* seventh (*fx* for the seventh time; he lives on the seventh floor);
□ *i den* ~ *himmel* in the seventh heaven; T on cloud nine; *til* ~ *og sidst a) (når alt kommer til alt)* when all is said and done, after all, at the end of the day; *b) (til sidst)* at last; F ultimately.
syvendedel seventh.
syver *sb. (en, -e)* **1.** seven; **2.** *(bus etc.)* number seven.
syvmileskridt *sb.pl.* giant strides;
□ *gå fremad med* ~ *(fig.)* advance by leaps and bounds, make giant strides.
syvmilestøvler *sb.pl.* seven-league boots.
syvsover *sb. (en, -e)* **1.** sleepyhead; *(glds.)* slug-abed; **2.** *(zo.)* dormouse;
□ *-ne (myt.)* the Seven Sleepers.
Syvstjernen *(astr.)* the Pleiades pl.
syvtal **1.** seven; **2.** *(kludesamlers)* spike.
syvti *num.* seventy.
syvtiden*: ved* ~ at about seven o'clock; T round about seven (o'clock).
syvtommersøm *sb.pl.: slå det fast med* ~ ram it home.
syvårig *adj. se -årig.*
syvårskrigen *(hist.)* the Seven Years' War.
syæske workbox, sewing box.
sæbe[1] *sb. (en, -r)* soap;
□ *blød (el. grøn)* ~ soft soap; *jeg fik* ~ *i øjnene* the soap got in(to) my eyes; *(se også stykke*[1]*).*
sæbe[2] *vb.:* ~ *noget af* wash sth with soap; ~ *sig ind (ɔ: til barbering)* soap oneself.
sæbeautomat soap dispenser.
sæbeboble soap bubble (*fx* blow soap bubbles);
□ *briste som en* ~ burst like a soap bubble.
sæbefabrikation soap-making.
sæbekasse soapbox.
sæbekassebil soapbox car, go cart.
sæbelud lye.
sæbepulver soap powder.
sæbeskum lather.
sæbeskål soap dish.
sæbespåner *sb.pl.* soap flakes.
sæbevand soapsuds pl.; soapy water.
sæbevaske *vb.* wash with soap.
sæd[1] *sb. (en, -er) (skik)* custom;
□ *-er a)* manners; *b) (moral)* morals; *-er og skikke* manners and customs.
sæd[2] *sb. (en)* **1.** *(hos mennesker og dyr)* semen, sperm;
2. *(såsæd, også fig.)* seed;
3. *(korn med strå)* corn; *(am.)* grain; *(afgrøde)* crop.
sædafgang *(fysiol.)* ejaculation.
sædbank sperm bank.
sædcelle sperm cell.
sæddonor donor.
sæddræbende *adj.* spermicidal (*fx* cream);
□ ~ *midler* spermicides.
sæde *sb. (et, -r)* **1.** seat (*fx* a car with two seats; the seat of a chair; the family seat);
2. *(forretnings: hjemsted)* domicile;
3. *(legemsdel)* seat; buttocks pl. (*fx* he was hit on the buttocks);
4. *(plads, medlemskab)* seat (*fx* a seat on the board; he has a seat in Parliament);
□ *regeringens* ~ the seat of Government; *sygdommens* ~ the seat of the trouble; *en hare i -t* a sitting hare;
[med vb.] ***få*** ~ ***i*** obtain a seat in (, on) (*fx* in Parliament, on the board); ***have*** ~ ***i*** have a seat in (, on) (*fx* in Parliament, on the board, on a committee); ***komme til*** ~ get seated; ***vige sit*** ~ *a)* resign one's seat; *b) (om dommer)* vacate one's seat on the bench.
sædebad bidet.
sædefødsel breech presentation, breech birth.
sædekorn seed corn.
sædelig *adj.* **1.** moral; **2.** *(kysk)* chaste, virtuous;
□ ~ *renhed* chastity, purity.
sædelighed *sb. (en)* **1.** morality;
2. *(kyskhed)* chastity.
sædelighedsforbrydelse sex(ual) crime.
sædelighedsforbryder sexual criminal.
sædelighedspoliti vice squad.
sædemand *(glds.)* sower.
sædfim *se sædlegeme.*
sædflåd *(med.)* spermatorrhoea.
sædleder *se sædstreng.*
sædlegeme *(fysiol.)* spermatozoon (pl. spermatozoa).
sædoverføring*: kunstig* ~ (artificial) insemination.
sædskifte rotation of crops.
sædstreng *(anat.)* spermatic duct;
□ *overskæring af -en(e)* vasectomy.
sædudtømmelse *(fysiol.)* ejaculation.
sædvane custom; F practice; *(enkeltmands også)* habit;
□ ***efter*** ~ *a)* as is my (, his etc.) practice; *b) (generelt)* according to the usual practice; according to custom; ***imod*** ~ *a)* contrary to his (etc.) usual practice; *b) (generelt)* contrary to custom.
sædvanemæssig *adj.* customary.
sædvanlig *adj.* **1.** *(almindelig)* usual (*fx* the usual error; at the usual time; his usual objections);
2. *(som man har vænnet sig til, som er blevet en vane,* F*)* customary; *(stærkere)* habitual; *(kun attr.)* accustomed (*fx* she took her habitual (, accustomed, usual) seat at the table; his accustomed (, usual) cheerfulness);
3. *(som det er skik)* customary (*fx* the customary vote of thanks to the chairman);
□ *bedre* ***end*** ~ better than usual; ***som*** ~ as usual; *noget* ***ud over*** *det -e* something out of the ordinary.
sædvanligvis *adv.* usually (*fx* usually reliable sources; he usually comes at eight); generally, as a rule; in the ordinary way.
sædvæske *(fysiol.)* seminal fluid.
sæk *sb. (en, -ke)* **1.** sack (*fx* a sack of potatoes (, coal, grain)); *(mindre)* bag (*fx* a leather bag);
2. *(*T*, neds. om kvinde)* slut, slag, scrubber;
□ *i* ~ *og aske* in sackcloth and ashes; *(se også kat).*
sækfuld *sb. (en, -e)* sackful, bagful *(jf. sæk 1).*
sækkekjole sack dress.
sækkelærred sackcloth, sacking.
sækkepibe bagpipes pl. (*fx* play the bagpipes); *(især fagl.)* bagpipe (*fx* the bagpipe is a very old instrument);
□ *en* ~ a set of bagpipes; a bagpipe.
sækkestol sack chair.
sækkevogn sack truck.
sækkevæddeløb sack race.
sæl *sb. (en, -er) (zo.)* seal;

□ *den spættede* ~ the common seal.
sælfanger sealer, seal catcher.
sælfangst sealing.
sælge *vb. (solgte, solgt)* **1.** sell (*fx* buy and sell; I have sold my car (, house); I'll buy the house if he wants to sell; the book sells well); T flog;
2. *(fig.)* sell (*fx* sell the idea to them; sell one's life dearly);
3. *(forråde)* sell (*fx* sell one's liberty (, principles, country)); sell out (*fx* one's friends);
□ *være let at* ~ sell readily; ~ *godt (, dårligt) (om vare, også)* be a good (, poor) seller; *ikke til at* ~ unsaleable; *hus -s* house for sale;
[med præp. & adv.] ~ ***for*** *a) (om beløb)* sell for (*fx* I sold my car for £5,000); *b) (om pris)* sell at (*fx* sell apples at 50p a pound); ~ ***'fra*** sell off; ~ ***ud*** *(ɔ: helt ud)* sell out; T clear off (*fx* one's stock); ~ ***ud af*** *a)* sell off (*fx* dresses from last year); *b) (fig.)* sell out (*fx* one's ideals, one's principles); *de -s* ***under ét*** they are not sold separately.
sælgelig *adj.* saleable, marketable.
sælger *sb. (en, -e)* **1.** seller (*fx* the seller of the house; the buyer and the seller); **2.** *(af profession)* salesman, salesperson;
□ *han er den fødte* ~ he is a born salesman.
sælgerkurs 1. selling price; **2.** *(på kursliste)* ask price.
sælhund *(zo.)* seal.
sæljagt sealing.
sællert *sb. (en, -er)* T big seller (*fx* the new model is a big seller); *(om bog)* best seller.
sælskind sealskin.
sælsom *adj.* strange, mysterious; T weird.
sælunge seal pup.
sænk *sb.: bore et skib i* ~ scuttle a ship; *køre en forretning i* ~ wreck a firm; *løbe (el. sejle) et skib i* ~ run down a ship, sink a ship; *skyde i* ~ *a) (skib)* sink (by gunfire); *b) (fig.: ide, forslag etc.)* shoot down.
sænke *vb.* **1.** lower (*fx* one's arms, the flag; the price level, prices);
2. *(et fartøj)* sink; *(ved at bore huller i det)* scuttle;
□ ~ *blikket* look down; F cast down one's eyes; T drop one's eyes; *med -t blik* with downcast eyes; ~ *stemmen* lower (*el.* drop) one's voice;
[med adv. & sig] ~ ***ned i*** lower into (*fx* lower the coffin into the grave); *(hurtigt,* T*)* drop into (*fx* drop the bucket into the water); ~ ***sig*** *a) (skråne)* slope down; *b) (om mørke, tavshed etc.)* fall; F descend (*over* on).
sænkekasse caisson.
sænkekøl *(sø.)* drop keel.
sænkning *sb. (en, -er)* **1.** *(det at sænke, jf. sænke)* lowering; sinking; **2.** *(fordybning i terræn)* dip, hollow; F depression.
sær *adj.* **1.** *(underlig)* odd, queer (*fx* behaviour, taste; he does odd things; what an odd thing to say); peculiar (*fx* behaviour, noise, smell, taste); *(~ og grotesk,* T*)* weird (*fx* clothes, ideas);
2. *(om person)* odd, eccentric; peculiar (*fx* he is a bit peculiar); *(let skør)* dotty; *(sur)* cross, grumpy;
□ *-t nok* oddly enough; *det var da -t!* how odd! that is odd!
særaftale special agreement.
særbehandling special treatment;
□ *positiv* ~ preferential treatment; positive discrimination.
særbeskatning separate taxation.
særbeskatte *vb.* tax separately.
særdeles *adv.* particularly (*fx* interested); *(stærkere)* highly (*fx* delighted, interesting, suspicious); extremely (*fx* good, dangerous); *(svagere,* F*)* most (*fx* dangerous, generous, grateful, kind).
særdeleshed *sb.: i* ~ particularly, especially; *(efterstillet også)* in particular (*fx* particularly you, you in particular).
særegen *adj.* **1.** *(speciel)* specific (*for* to); **2.** *(typisk)* characteristic (*for* of); **3.** *(underlig) se sær*;
□ ~ *for (også,* F*)* peculiar to; *der er noget -t (ɔ: specielt) ved det* there is something special about it.
særegenhed *sb. (en, -er)* **1.** *(typisk træk)* characteristic; **2.** *(særhed)* peculiarity.
særeje 1. separate estate; **2.** *(det ejede)* separate property.
særforanstaltning special measure.
særforsorg the care of handicapped persons.
særfred separate peace.
særfrimærke special stamp.
særhed *sb. (en, -er) (jf. sær)* oddity, peculiarity; eccentricity (*fx* he has his little eccentricities); *(gnavenhed)* crossness, grumpiness.
særinteresse special interest; *(privat)* private interest; *(samfundsgruppes)* sectional interest.
særk *sb. (en, -e)* shift;
□ *i bar* ~ *(glds.)* in her shift.
særkende *sb. (et, -r)* characteristic; distinctive feature.
særklasse: *han er i* ~ he is in a class by himself (*el.* of his own *el.* apart); he stands alone (*fx* as a teacher he stands alone).
særlig[1] *adj.* **1.** special (*fx* agreement; this is a special case; on special occasions; as a special favour; there is something special about it); particular (*fx* of particular (*el.* special) interest); *(stærkere)* specific (*fx* tool, treatment, type; is there anything specific you would like to ask?);
2. *(netop denne el. dette)* particular (*fx* in this particular case; on this particular occasion);
3. *(særskilt)* separate (*fx* a separate entrance; a separate pocket for cigarettes); distinct (*fx* two distinct types); *(se også særskilt)*;
□ *ganske* ~ exceptional (*fx* under exceptional circumstances); *ikke noget -t* nothing (in) particular; nothing special;
[med sb.] i ~ *grad* particularly; *have sine -e grunde* have reasons of one's own; *-t kendemærke* distinctive mark; *ikke af* ~ *vigtighed* of no particular importance.
særlig[2], **særligt** *adv.* **1.** particularly (*fx* he particularly mentioned you; he was particularly fond of you; a particularly difficult question); especially (*fx* he is often away, especially on Sundays; the British people, especially the Scots) *(NB efterstillet ved subjekt, fx* this is true of all the British people. The Scots especially are...*)*; in particular (*fx* he mentioned one case in particular);
2. *(udtrykkelig)* specially (*fx* it was bought specially for you; he specially mentioned you; he was specially fond of you);
□ ***ganske*** ~ *a)* exceptionally (*fx* gifted); *b) (især)* particularly; ***ikke*** ~ not very, not particularly (*fx* good); F none too (*fx* good); *ikke* ~ *mange* not very many.
særling *sb. (en, -e)* **1.** eccentric;
2. *(med sære ideer)* crank, faddist;
□ *en* ~ *(jf. 1, også)* a character.
særnummer special issue.
særpris special price.
særpræg distinctive mark, distinctive character; *(fornemt)* cachet.
særpræget *adj.* **1.** distinctive, individual, characteristic; *(efter sb. også)* with a character of its (, his, etc) own;
2. *(sær)* odd, queer, peculiar (*fx* he has an odd (*el.* a queer *el.* a peculiar) sense of humour);
3. *(kuriøs)* curious (*fx* customs, habits).
særrabat special discount.

særret, særrettighed privilege.
særskilt[1] *adj.* **1.** *(hver for sig)* individual (*fx* give individual attention to the pupils; the individual parts of the system);
2. *(adskilt)* separate (*fx* three separate parts; a separate account);
3. *(tydelig adskilt fra andre)* distinct (*fx* a distinct species; the Tamils are a distinct nationality; the word is used in two distinct senses).
særskilt[2] *adv. (jf. særskilt*[1]*)* **1.** individually; **2.** separately; **3.** distinctly;
□ *sende det ~ (ɔ: i særlig konvolut)* send it under separate cover.
særstandpunkt individual point of view;
□ *indtage et ~ a)* take up a separate attitude; *b) (ved vedtagelse)* dissent; *medlem som indtager et ~* dissenting member.
særstilling special position; *(enestående)* exceptional position.
særsyn rare thing, rarity.
særtilfælde special case; *(enestående)* exceptional case.
særtjenester *sb.pl. (tele.)* (special) services.
særtog special (train).
særtold surcharge (*fx* a surcharge of 15 per cent on the value of imported goods).
særtryk offprint, reprint, separate.
særudstilling special exhibition; *(midlertidig)* temporary exhibition.
sæson *sb. (en, -er)* **1.** *(særligt tidsrum hvor noget foregår, findes)* season (*fx* the tourist season, the theatrical season, the strawberry season; the season will soon be over);
2. *(år)* year (*fx* the Arts and Crafts School has had 29 classes in its second year);
□ *det er ~ for jordbær* strawberries are in season; *i -en* in season (*fx* I never go there in season); *uden for -en* out of season (*fx* hotel prices are lower out of season).
sæsonarbejde seasonal employment; a seasonal job.
sæsonarbejder seasonal worker.
sæsonkorrigeret *adj.* seasonally adjusted.
sæsonledighed seasonal unemployment.
sæsonmæssig *adj.* seasonal.
sæsonrenset *adj.* seasonally adjusted.
sæt[1] *sb. (et, -)* **1.** *(ryk)* jump; *(mere* F*)* start (*fx* he woke with a start);
2. *(spring)* bound (*fx* he cleared the hedge in one bound);
□ *det gav et ~ i ham* he gave a jump (, start); he started.
sæt[2] *sb. (et, -)* **1.** *(sammenhørende dele)* set (*fx* of chessmen, of keys, of oars, of tools);
2. *(i tennis)* set; *(i badminton)* game;
3. *(*T*: en øl og en snaps, svarer til)* a nip and a pint;
□ *et ~ tøj* a suit; *et ~ undertøj a)* a set of underwear; *b) (ekstra ~)* a change of underwear.
sæt[3] *sb. (måde): på ~ og vis* in a way; *på samme ~* in the same way.
sæt[4] *(imperativ af sætte): ~ at se sætte.*
sæter *sb. (en, -e)* mountain (summer) pasture; alpine pasture.
sæterhytte mountain hut, alpine hut.
sætning *sb. (en, -er)* **1.** *(gram.)* clause (*fx* a subordinate (, main) clause); sentence (*fx* a simple (, complex) sentence; a complex sentence may consist of a main clause and a subordinate clause);
2. *(mat.)* theorem;
3. *(opstillet påstand)* thesis, proposition;
4. *(typ.: det at sætte)* composition.
sætningsbygning *(gram.)* sentence structure.
sætningskløvning *(gram.)* cleft sentence.
sætningsled *sb. (et, -) (gram.)* member of a sentence.
sætstykke *(teat.)* piece of scenery.
sætte *vb. (satte, sat)* **1.** put (*fx* put the flowers in a vase); *(mere* F*, mere omhyggeligt: anbringe)* place (*fx* you have placed the picture too high); *(mindre alm., især i faste forb.)* set (*fx* he put (, placed, set) the vase on the table; set him free; set it in motion; set a trap for him);
2. *(indstille)* set (*fx* set the dial at 5; set the camera on automatic);
3. *(fastsætte)* set (*fx* set a date (, a price); set a limit to it; set a target for production); *(mere* T*)* fix (*fx* a price);
4. *(som indsats)* stake, put (*fx* money on sth);
5. *(plante)* plant (*fx* potatoes);
6. *(antage, forudsætte)* suppose (*fx* let us suppose that this is the case); *(i logik)* posit;
7. *(om strøm)* set;
8. *(typ.)* set up (*fx* a page); F compose; *(uden objekt)* set up type;
□ *sæt* ***at*** suppose that; T what if (*fx* what if he isn't there?);
[med sb.] ~ aks se aks; *~ bo* settle; *(se også blomst, hår, rekord, sejl, tegn)*;
[med præp. & adv.] ~ ***af*** *a) (til en, til bestemt brug)* set apart, set aside (*fx* time (, twenty minutes) for discussion; money for one's holiday); *(om penge også)* earmark; *b) (amputere)* take off (*fx* they had to take his leg off); F amputate; *c) (til løb, spring)* take off; *d) (med båd)* shove off, push off; *~ passagerer af* set down passengers; *han satte mig af ved mit hotel* he dropped me (*el.* put me down) at my hotel; *~ ham af holdet* drop him from the team, leave him out of the team;
~ ***efter*** *en* run after sby; *(mere* F*)* set off in pursuit of sby;
~ ***fast*** *a)* fix, fasten (*fx* fasten it with a pin); *b) (arrestere)* arrest; F run in;
*~ sikkerhedskæden '****for*** put on the chain; *~ skodderne for* put up the shutters; *~ skodder for vinduerne* shutter the windows;
~ ***fra*** *med fødderne* push off with one's feet; *~* ***fra sig*** put down; *(se også bestilling, bord)*;
~ ***frem*** *a)* put out (*fx* some ashtrays); *b) (arrangere)* set out (*fx* chairs for the guests); *c) (udstille)* display (*fx* there were cakes displayed in the window); *d) (ur)* put forward;
~ ***hen*** *se ndf.: ~ til side*;
~ ***højere (, højt)*** *se højere*[2]*, højt*;
~ ***i*** put in (*fx* put him in a private school (, in jail); put it in the newspaper; put new glass in); *~ i fængsel se fængsle; (se også arbejde*[1]*, gang*[1]*, klasse, kraft, land, led*[2]*, lære*[1]*, løb*[1]*, pleje*[1]*, skat*[2]*, stand*[1]*, vand, vej, verden)*; *katten satte kløerne (, tænderne) i hans arm* the cat sank its claws (, teeth) into his arm; *~ penge i* put money in (*fx* a new firm); invest in (*fx* shares); *~ sine penge i banken* put (*el.* deposit) one's money in a bank; *~ liv i se liv*;
~ ***i at*** begin to, start to (*fx* laugh, cry); start -ing (*fx* laughing, crying; the dog started howling); *~ i at le (, græde) (også)* burst out laughing (, crying); *~* ***i med*** *en sang* break into a song; *musikken satte i med en march* the band struck up a march;
~ ***ind*** *a) (indføje)* put in; F insert; *b) (tage i brug, også mil.)* bring into action (*fx* the whole staff; the artillery, more troops); deploy; *c) (i bank, konto)* put in (*fx* I'll put the cheque in and draw some cash); *d) (som indsats)* stake (*fx* one's life); *e) (uden objekt: kon-*

centrere sine anstrengelser) concentrate one's efforts (*fx* we must know where to concentrate our efforts); *f) (begynde)* set in (*fx* winter set in); ~ *flere tog ind* put on (*el.* run) more trains; ~ *en* ***ind i*** *noget* explain sth to sby, brief sby about (*el.* on) sth; *det satte* ***ind med*** *regn (, sne)* it came on to rain (, snow); *vi må* ~ *ind med hjælp hurtigst muligt* we must start helping as soon as possible; *vi må* ~ *noget* ***ind på*** *det* we must put some effort into it; ~ *alle kræfter ind på at gøre det* concentrate one's efforts on doing it; F direct all one's efforts to(wards) doing it; ~ *penge ind på en konto* put (*el.* pay) money into an account;

~ *hårdt* ***mod*** *hårdt se hård*;

~ ***ned*** *(formindske)* reduce, lower (*med* by); *(se også nedsætte, fart)*;

~ ***om*** *a) (omordne)* rearrange; *b) (typ.)* reset; *(se også komma, parentes)*;

~ ***op*** *a)* put up (*fx* a shelf, a fence, a tent; a book on a shelf, an announcement on a notice board); fit up (*fx* a lamp, a shelf); fix (*fx* a television aerial); *(hænge op også)* hang (*fx* curtains, wallpaper); *b) (teaterstykke)* put on; *(iscenesætte)* produce, stage; *c) (priser)* put up, raise, increase (*med* by, *fx* increase the price by 10 per cent); *d) (skrivelse, kontrakt)* draw up; *(se også drage*[1]*, fart, hår, næse)*; ~ *en* ***op i*** *gage* raise sby's salary; ~ *dem* ***op mod*** *ham* set (*el.* turn) them against him;

~ ***over*** *a) (med et hop)* jump, clear (*fx* the hedge, the stream); *(mere* F*)* leap; *b) (selv sejle over)* cross (*fx* a river); *c) (færge (andre) over)* ferry across, carry across (*fx* ferry (*el.* carry) them across the river); *d) (foretrække for)* prefer to (*fx* prefer whisky to gin); put above (*fx* put theatre above film); ~ *kedlen over* put the kettle on; ~ *vand over (ɔ: til kaffe etc.)* put the water on;

~ ***på*** *a)* put on (*fx* put the lid on); *b) (fastgøre)* fix, fit on (*fx* a handle); ~ *ham på holdet* put him on the team; ~ *politiet på sagen* put the police on the case; ~ *sine penge på en hest* put (*el.* stake) one's money on a horse; *(se også bræt)*; ~ *en plade på (pladespilleren)* put on a record; *(se også diæt, fart, gade, grund*[1]*, ild, kort*[1]*, land, plads, pris*[1]*, rente, spids*[1]*, spil*[1]*)*;

~ ***sammen*** *a) (samle)* put together; F assemble; *b) (udarbejde)* draw up (*fx* a list); F compose (*fx* a letter); *c) (et brækket lem)* set (*fx* a broken leg);

~ '***til*** *a) (miste)* lose (*fx* money); *b) (tilføje)* add; *c) (til stikkontakt)* plug in (*fx* the radio, the shaver); '~ *til (anslå)* put at (*fx* I put her age at 30; put his income (, the cost, the loss, the value) at £20,000); *(mere præcist)* assess at (*fx* assess his income (, the cost etc.) at £20,000); ~ *prisen til £200* set (*el.* fix) the price at £200; ~ *en tændstik* '*til* apply a match; ~ *en* ***til at*** set sby to (*fx* clean the room); ~ ***til side*** put aside (*fx* put the chair (, some money) aside (*el.* away); would you like me to put the rest of the material aside (*el.* away) for you?); *(se også tilsidesætte)*;

~ ***tilbage*** *a)* put back (*fx* put the book back where you took it); F replace (*fx* a book on the shelf); *b) (være en hindring for)* handicap, retard (*fx* his development had been retarded by his traumatic experiences); *c) (om ur)* put back;

~ ***ud*** *(om motor)* misfire; *(gå i stå)* cut out; ~ *en ud (ɔ: af lokalet)* put sby out; ~ *en båd ud* put a boat out; ~ *en lejer ud* evict a tenant; ~ *vagter ud* post guards; ~ ***ud af*** *kraft (, kurs, spillet) se kraft, kurs, spil*[1];

~ *en* ***udenfor*** send sby out of the room; *han følte sig sat udenfor* he felt left out; T he felt out of things;

~ *sit navn* ***under*** *noget* sign sth, put one's name to sth; *(se også afstemning, debat, vand)*;

~ *kryds (, vagt)* ***ved*** *se kryds, vagt*;

[med sig] ~ ***sig*** *a) (tage plads)* sit down; *(mere* F*)* take a seat, seat oneself; *b) (om fugl)* perch (*fx* on a branch); *c) (om fundament)* settle, subside; ~ *sig et mål* set oneself a goal; ~ ***sig fast*** *a)* become fixed, stick, get stuck; *b) (i klemme)* jam (*fx* the brakes jammed); *han har sat* ***sig for*** *en stor husleje (om husejer)* he has taken on a large mortgage; ~ ***sig for at*** decide to, set oneself to (*fx* discover the truth); make it one's business to (*fx* visit every country in Europe; find out who did it); ~ ***sig i*** *ens sted* put oneself in sby's place (*el.* shoes) (*fx* try to put yourself in his place (*el.* shoes)); *(se også gæld, hoved, respekt)*; ~ ***sig imod*** *det* oppose it; *(mere aktivt)* resist it; F set one's face against it; *(se også hånd (med hænder og fødder))*; ~ ***sig ind*** *(fx i bil)* get in; ~ ***sig ind i*** *a) (lære at kende)* study (*fx* the proposal); familiarize oneself with (*fx* the rules); F make oneself acquainted with; *b) (forestille sig)* imagine, enter into (*fx* her feelings); ~ ***sig ned*** sit down; ~ ***sig op imod*** *a)* resist; *(stærkere)* stand up to (*el.* against) (*fx* he was too weak to stand up to his mother-in-law); *b) (trodse)* defy, challenge (*fx* his authority); *c) (gøre oprør mod)* rise (*el.* revolt) against (*fx* the government); ~ ***sig op på*** *a)* get on (*fx* one's bicycle); F mount; *b)* get onto (*fx* his shoulders, the roof);

~ ***sig på*** *a)* sit down on (*fx* a chair); *b) (tilrane sig)* monopolize (*fx* all the profits); T grab (*fx* he grabbed the post of chairman); *c) (kue)* sit on, keep under (*fx* he kept his children under); *(se også bagben)*; ~ *sig op på taget* climb onto the roof; ~ *sig op på sit værelse* go up to one's room; ~ *sig på markedet* corner the market; ~ ***sig til*** *klaveret (, rattet)* sit down at the piano (, behind the wheel); *(se også ret*[2] *(til rette))*; ~ ***sig til at*** begin to (*fx* read); ~ ***sig ud over*** ignore (*fx* the gossip); F disregard.

sættebakke, sættekasse type case.

sættemaskine type-setting machine.

sætter *sb. (en, -e) (typ.)* compositor.

sætteri *sb. (et, -er)* composing room.

sætternissen the misprint gremlin; □ ~ *har været på spil* (the) gremlins have been at work.

sætteskipper home-trade master.

sættevogn semitrailer.

sø *sb. (en, -er)* **1.** *(indsø)* lake; **2.** *(hav, bølge, søgang)* sea; **3.** *(pyt)* pool;

□ *-ens folk* sailors; *en forkert* ~ a freak wave;

[med vb.] vi fik en svær ~ *over os* we shipped a heavy sea; *lade ham sejle sin egen* ~ leave him to his own devices; *jeg tåler ikke -en særlig godt* I am not much of a sailor;

[med præp.] (ude) ***på*** *-en (ɔ: havet)* at sea; ***til -s*** at sea; *rejse til -s* travel by sea; *stikke til -s (, i -en) se stikke*; *så til -s!* oh, hang it!

søalperne *sb.pl. (geogr.)* the Maritime Alps.

søanemone *(zo.)* sea anemone.

søartilleri naval artillery.

søbad 1. bathe (in the sea); **2.** *(badeanstalt)* (public) baths pl.; **3.** *(badested)* bathing resort.
søbe *vb.* spoon up; eat (noisily) with a spoon; *(slubre)* slurp; *(se også kål).*
søbefæstning coast defence(s).
søbemad spoon food.
søbred edge of a lake, lakeside, shore.
sød *adj.* **1.** *(om smag)* sweet; **2.** *(nydelig)* pretty (*fx* a pretty little garden); *(især am.)* cute; **3.** *(lille og ~)* sweet (*fx* a sweet little baby (, house)); **4.** *(artig)* good; **5.** *(kær, rar)* nice (*mod* to, *fx* be nice to her); sweet (*fx* a sweet face (, smile); how sweet (*el.* nice) of you!);
□ *så er du ~* there's a dear (*fx* get me a drink, there's a dear);
[med sb.] hævnen er ~ revenge is sweet; *det -e liv* la dolce vita; *(omtr.)* high living; *~ musik se musik*; *-e sager* sweet things, sweets;
[med vb.] dufte -t smell sweet; *smage -t* taste sweet; *smile -t* smile sweetly; *sove -t* sleep soundly.
søde *vb.* **1.** sweeten; **2.** *(uden objekt)* have a sweetening effect.
sødelig *adv.: sove ~* sleep soundly, be sound asleep.
sødemiddel, **sødetablet** sweetener.
sødhed *sb. (en)* sweetness.
sødladen *adj.* **1.** *(oversød, sentimental)* sugary (*fx* love scene); saccharine (*fx* sentimentality, story); *(klicheagtig romantisk, attr.)* chocolate-box (*fx* painting, production of an operetta); **2.** *(om person, optræden: slesk)* sugary, saccharine; *(kvalmende)* cloying (*fx* smile, manner).
sødlig *adj.* **1.** sweetish; **2.** *(neds.) se sødladen.*
sødme *sb. (en)* sweetness; *(det liflige ved noget også)* sweets pl. (*fx* the sweets of revenge).
sødmælk whole milk, full-cream milk.
sødmælksost full-cream cheese.
sødsuppe 1. [a Danish kind of soup made af sago with fruit syrup etc]; **2.** *(fig.)* sweetish stuff; *(sentimentalt)* sentimental (*el.* mawkish) stuff.
sødtduftende *adj.* sweet-smelling.
sødygtig *adj.* seaworthy.
sødygtighed *sb. (en)* seaworthiness.
søelefant *(zo.)* elephant seal.
søer[1] *pl. af so.*
søer[2] *pl. af sø.*
søfarende *adj.* **1.** maritime; *(litt.)* sea-faring; **2.** *(brugt som sb.)* mariner.
søfart 1. navigation; **2.** *(virksomhed)* shipping; *handel og ~* trade and shipping.
søfartsbog discharge book.
søfartskredse *sb.pl.* shipping circles.
søfartssagkyndig *adj. (brugt som sb.)* marine expert.
søfartssskole sea training school.
søfolk *sb.pl.* sailors; F seamen.
søforhør (maritime) inquiry.
søforklaring 1. *(efter forlis)* (captain's) protest; *(efter anmeldt protest)* extension of protest; **2.** *(fig.)* long rambling story; *(udflugter,* F*)* prevarications pl.;
□ *afgive ~* extend the protest.
søforsikring marine insurance.
søfugl sea bird.
søfyrbøder stoker.
søgang sea;
□ *der er stærk ~* there is a heavy sea.
søge *vb. (søgte, søgt) (se også søgende, søgt)*;
1. *(lede)* look (*fx* I have looked everywhere); *(mere energisk)* search; **2.** *(prøve at finde)* look for (*fx* a job, an explanation, a peaceful solution); F seek (*fx* death, one's fortune, shelter; seek and ye shall find);
3. *(være på jagt efter)* be on the look-out for; be in search of; *(ivrigt,* T*)* hunt for; *(guld, olie etc.)* prospect for;
4. *(prøve at få, opnå)* seek (*fx* advice, international aid, reelection, a solution, support; agreement on the proposals; a vote of confidence);
5. *(ansøge)* apply (*fx* how many people have applied?); *(med objekt: ansøge om)* apply for (*fx* a post); *(mere* T*)* put in for (*fx* a job, a pay rise);
6. *(bevæge sig)* go (*fx* further inland); *(med objekt: flygte til)* take to (*fx* the woods);
7. *(besøge hyppigt,* F*)* frequent; *(skole også)* attend;
□ *~ at* try to; F seek to (*fx* get their co-operation); *(stærkere)* endeavour to; *hvem -r De?* who do you want to see? *jeg har søgt ham flere gange* I have called on him several times;
[med sb.] ~ arbejde be looking for a job (*el.* for work); F seek employment; *ekspedient -s* shop assistant wanted; *~ havn se havn*; *~ hjælp* ask for help; *~ hjælp hos en* ask sby to help one; F apply to sby for help; *~ læge se læge*[1]; *~ ly se ly*; *~ oplysninger* make enquiries; F seek information; *~ plads se plads*; *~ ens selskab* seek sby's company; *~ dårligt selskab* keep bad company;
[med præp. & adv.] ~ ***bort*** *se ndf.: ~ væk*; *~* ***efter*** *a)* look for; *(mere energisk)* search for (*fx* they are still searching for survivors); F seek for, seek; *b) (avertere efter)* advertise for (*fx* more staff); *~ efter ordene* search for words, falter; *gå ud for at søge efter noget* go in search of sth; *~* ***frem til*** *sandheden* try to get at the truth; *~* ***hen til*** *se ndf.: ~ til*; *~* ***i*** *sine lommer* search (*el.* go through) one's pockets; *(grundigt)* ransack one's pockets; *~* ***ind til***, *~* ***ind ved*** apply for a post in; *~* ***om*** apply for; *(se også benådning)*; *~ (hen)* ***til*** *a)* go to; *b) (for at slippe væk)* make for; *~* ***tilbage til*** *a)* return to (*fx* where one came from); go back to; *b) (fig.)* return to, go back to (*fx* the past); look back to (*fx* one's childhood); *~* ***ud*** *a) (prøve at komme ud)* try to get out; *b) (udvælge)* pick out; F select; *(se også udsøge)*; *andre udtryk må -s* ***under*** ... for other expressions see...; *~* ***væk*** *a)* go away; *b) (fra stilling)* apply for a job elsewhere.
søgegrøft *(arkæol.)* trial trench; *(dyb)* sondage.
søgelygte spotlight.
søgelys 1. *(projektør)* searchlight; **2.** *(på bil, på scene)* spotlight;
□ *være (, komme) i -et a) (blive genstand for opmærksomhed el. omtale)* be (, become) the focus of (public) attention (, of discussion, of interest); *b) (blive genstand for undersøgelse)* be (, come) under review; *være i offentlighedens ~ (også)* be in the public eye, be in the limelight; *han har længe været i politiets ~* the police have had an eye on him for a long time; *rette -et mod noget* bring sth into focus.
søgen *sb. (en)* search.
søgende[1] *adj.* searching (*fx* glance); inquiring (*fx* mind).
søgende[2] *adv.* searchingly; inquiringly.
søger *sb. (en, -e)* **1.** seeker; searcher (*fx* after truth); **2.** *(foto.)* viewfinder; **3.** *(til osteprøver)* taster.
søgerblade *sb.pl. (værktøj)* feeler gauges.
søgnedag weekday.
søgnehelligdag church holiday not

falling on a Sunday; *(omtr.)* public holiday.
søgning *sb. (en, -er)* **1.** *(det at søge)* searching; *(det at ansøge)* application;
2. *(ansøgere)* applicants pl. (*fx* there were no applicants for this course);
3. *(kunder)* custom; F patronage;
4. *(edb)* search;
□ *have god ~ a) (jf. 2)* have a large number of applicants; *b) (jf. 3)* have plenty of custom; F be well patronized.
søgræs *(bot.)* sea grass.
søgrøn *adj.* sea-green.
søgsmål *sb. (et, -)* action, suit; proceedings pl.;
□ *anlægge ~ mod én* bring an action against sby; start proceedings against sby.
søgt *adj.* **1.** *(populær, velbesøgt)* popular; *(om butik)* well-patronized;
2. *(kunstig)* far-fetched (*fx* argument); affected (*fx* language).
søgående *adj.* sea-going, ocean-going (*fx* vessel).
søhandel maritime trade.
søhandelsstad seaport (town).
søhelt naval hero.
søhest *(zo.)* sea horse.
søjle *sb. (en, -r)* column (*fx* a Doric column); *(pille)* pillar.
søjlefod base of a column.
søjlegang *(overdækket, rundt om klostergård etc.)* cloister.
søjlehal **1.** peristyle; **2.** *(foran indgang)* portico (pl. -es).
søjlehelgen stylite.
søjlehoved capital (of a column).
søkadet midshipman.
søkaptajn sea captain.
søkikkert (marine) telescope.
søko *(zo.)* sea cow.
søkonge **1.** *(zo.)* little auk; **2.** *(viking)* sea king.
søkort chart.
søkrig **1.** maritime war; **2.** *(søkrigsførelse)* naval warfare.
søkyndig *adj. (brugt som sb.)* marine expert.
sølaks [cured coalfish].
søle[1] *sb. (et) (mudder)* mud; *(snesjap)* slush;
□ *slæbe ens navn i -t* drag sby's name through the mud.
søle[2] *vb.: ~ til* dirty; *(med gadesnavs)* spatter; *~ ens navn til* drag sby's name through the mud.
sølet *adj.* **1.** dirty, muddy; **2.** *(sjappet)* slushy.
sølivet life at sea.
sølle[1] *sb. (en, -r) (til væv)* heddle.
sølle[2] *adj.* **1.** *(stakkels)* poor (*fx* the poor chap);
2. *(lurvet)* shabby (*fx* he looked shabby; it was shabby of him);
3. *(syg)* poorly;
4. *(ubetydelig)* piddling, piffling (*fx* a piffling 3,000 a year).
søluft sea air; *(se også tære).*
sølv *sb. (et)* silver; *(se også tale*[1]*).*
sølvagtig *adj.* silvery.
sølvalder silver age.
sølvamalgam (silver) amalgam.
sølvarbejde silver work.
sølvbakke silver tray; *(større,* F*)* silver salver;
□ *han fik det serveret på en ~ (fig.)* he had it handed (*el.* given) to him on a plate *(, (am.)* on a silver platter*).*
sølvbede chard.
sølvbeslag silver mounting.
sølvbeslået *adj.* silver-mounted.
sølvbronze *(maling)* aluminium paint; *(am.)* aluminum paint.
sølvbrudepar husband and wife celebrating their silver wedding.
sølvbryllup silver wedding (anniversary).
sølvbæger silver cup.
sølvdåse silver box.
sølverglød *(kem.)* litharge.
sølvfad silver dish.
sølvfod *(møntfod)* silver standard.
sølvforgyldt *adj.* silver-gilt.
sølvgaffel silver fork.
sølvglinsende *adj.* silvery.
sølvgrå *adj.* silver-grey;
□ *-t hår* silvery hair.
sølvholdig *adj.* **1.** *(præd.)* containing silver; **2.** *(om mineral)* silver-bearing; *(fagl.)* argentiferous.
sølvholdighed *sb. (en)* silver content.
sølvklar *adj.* **1.** silvery; **2.** *(om vand)* limpid.
sølvkræ *(zo.)* silver fish.
sølvmalm silver ore.
sølvmedalje silver medal.
sølvmedaljevinder silver medallist.
sølvmine silver mine.
sølvmærke (silver) hallmark.
sølvmønt silver coin.
sølvmøntfod silver standard.
sølvmåge *(zo.)* herring gull.
sølvnitrat *(kem.)* silver nitrate.
sølvpapir *(stanniol)* tinfoil; T silver paper.
sølvpenge *sb.pl.* silver (money) sg.;
□ *tredive ~* thirty pieces of silver.
sølvpil *(bot.)* white willow.
sølvplet silverplate.
sølvplombe silver amalgam filling.
sølvpoppel *(bot.)* white poplar.
sølvræv silver fox.
sølvske silver spoon;
□ *være født med en ~ i munden* be born with a silver spoon in one's mouth.
sølvskær silver sheen.
sølvsmed silversmith.
sølvsnor silver cord;
□ *-ene* [the medium and lower State functionaries].
sølvstribe silver stripe.
sølvstænk*: hår med ~* hair with silver threads.
sølvtråd **1.** *(af sølv)* silver wire;
2. *(omvundet med sølv)* silver thread.
sølvtøj *(af sølv el. plet)* silverware; *(af sølv også)* silver.
søløjtnant naval lieutenant;
□ *~ Brown (i Engl.)* Lieutenant Brown, R.N.
søløve *(zo.)* sea lion.
søm[1] *sb. (et, -)* **1.** nail;
2. *(lille med bredt hoved, tæppe-)* tack;
3. *(dekorativt, fx på kuffert, bælte)* stud;
4. *(i vej: færdselssøm)* stud;
5. *(med.: til støtte i knogle)* pin;
□ *ramme -met på hovedet* hit the nail on the head; *slå et ~ i se slå*[2]*; han var der som et ~* T he came like a shot; *du må jo have spist ~!* T you're off your rocker!
[med præp.] køre **med** *-met i bund* drive with one's foot right down; *hænge* **på** *et ~* hang on (*el.* from) a nail; *slå hovedet på -met* hit the nail on the head; *træde på -met (ɔ: speederen)* put one's foot down.
søm[2] *sb. (en, -me)* **1.** *(sammensyning)* seam;
2. *(ombøjet tøjkant)* hem;
3. *(bot., anat.)* suture;
□ *gå op i -mene (også fig.)* come apart at the seams; *se (el. gå el. kigge) noget efter i -mene* go carefully over sth, give sth a thorough going-over.
sømagt **1.** *(flåde)* naval (*el.* sea) power; **2.** *(nation)* maritime power.
sømand sailor; F seaman, mariner.
sømandshjem seamen's home (*el.* hostel).
sømandskab seamanship.
sømandsmissionen the Missions to Seamen.
sømandsmæssig *adj.* seamanlike.
sømandspræst minister to seamen.
sømandssang sailor's song (pl. sailors' songs).
sømandstøj sailor's dress.
sømbeslået *adj.* studded (*fx* belt); *(om støvler)* hobnailed.
sømil (nautical) mile.
sømine mine.
sømkasse nail box.
sømløs *adj.* seamless.

sømme[1] *vb. (slå fast med søm)* nail;
□ ~ *fast (, på, til) a)* nail down (*fx* the lid, the carpet); *b) (med tæppesøm)* tack down (*fx* the carpet, linoleum).
sømme[2] *vb. (ved syning)* hem.
sømme[3] *vb.: ~ sig* be proper, be fitting; *~ sig for en* be proper for sby; F befit sby; *det -r sig ikke for mig at (også)* it is not for me to (*fx* criticize him).
sømmelig *adj.* **1.** *(passende)* proper, fitting; **2.** *(anstændig)* proper, decent (*fx* behaviour); F seemly (*fx* conduct).
sømmelighed *sb. (en) (jf. sømmelig)* **1.** propriety; F decorum (*fx* behave with decorum); **2.** *(anstændighed)* propriety, decency.
sømmelighedsfølelse sense of decency (*el.* propriety); propriety.
sømmelighedshensyn*: af ~* for the sake of decency, for decency's sake.
sømmerum seam allowance.
sømpistol nail gun.
sømrum seam allowance.
sømudtrækker *sb. (en, -e)* nail puller.
sømærke **1.** seamark; **2.** *(flydende)* buoy;
□ *-r* seamarks, buoys and beacons.
søn *sb. (en, -ner)* son;
□ *Jones & ~* Jones & Son; *han er ~ af* he is the son of.
søndag Sunday; *(NB udtryk med ugedagene står under fredag).*
søndagsbarn child born on a Sunday;
□ *være et ~ (fig.)* be born under a lucky star.
søndagsbilist Sunday driver (*el.* motorist).
søndagsjæger week-end sportsman.
søndagskører = *søndagsbilist.*
søndagslukning Sunday closing.
søndagsmiddag Sunday dinner.
søndagsskole Sunday school.
søndagstillæg *(til avis)* Sunday supplement.
søndagstøj Sunday clothes pl.
sønden *adv.: ~ for* south of.
søndenvind south wind, southerly wind.
sønder *adv.: ~ og sammen* to bits, to fragments, to pieces; *(se også kritisere, tæve*[3]*).*
sønderbombe *vb.* bomb to pieces.
sønderbrudt *adj.* broken.
sønderbryde *vb.* break to pieces, break up; *(stærkere)* shatter.
sønderdele *vb.* **1.** cut up; **2.** *(kem.)* decompose.
sønderdeling **1.** cutting up; **2.** *(kem.)* decomposition.
sønderflænge *vb.* **1.** tear to pieces, tear up; F rend; **2.** *(tilføje sår etc.,* F*)* lacerate.
sønderjyde Southern Jutlander.
Sønderjylland South Jutland.
sønderknust *adj.* broken-hearted; *(stærkere)* devastated.
sønderlemmende *adj.: ~ kritik a)* scathing criticism; *b) (anmeldelser)* scathing reviews.
sønderreven *adj.* torn.
sønderrive *vb.* tear (to pieces), tear up; F rend.
sønderslide *vb.* tear to pieces, tear up.
sønderslå *vb.* smash (to pieces); *(stærkere)* shatter.
søndre *adj.* southern.
sønlig *adj.* filial.
sønnedatter granddaughter; son's daughter.
sønnesøn grandson; son's son.
sønnesønssøn great-grandson.
søofficer naval officer.
søofficersskole naval college; *(am.)* naval academy.
søpanteret maritime lien;
□ *~ i ladningen* a lien on the cargo.
søpapegøje *(zo.)* puffin.
søpindsvin *(zo.)* sea urchin.
søpølse *(zo.)* sea cucumber.
sørejse **1.** voyage; **2.** *(krydstogt)* cruise; **3.** *(overfart)* passage; *(især kortere, mere* T*)* crossing.
søreme *adv.* T jolly well (*fx* you'll jolly well have to); really (*fx* I really don't know).
søren T*: så for ~* hang it! oh bother! (oh) rats! *hvad ~ ...?* what ever ...? what on earth ...? *slå til ~* go on the spree, paint the town red; *(se også fy, fanden, satan).*
søret **1.** *(domstol)* maritime court; **2.** *(lov)* maritime law;
□ *sø- og handelsretten* [the Maritime and Commercial Court].
sørge[1] *vb. (føle el. vise sorg)* mourn (*fx* when he died the whole country mourned; after his death she mourned for many years); *(føle sorg,* F*)* grieve (*fx* she died a year ago and he is still grieving; she grieved to see him suffer);
□ *~ **over** a) (afdød person)* mourn for, mourn, grieve for (*fx* one's dead child (. wife)); *b) (dødsfald)* mourn, grieve over (*fx* sby's death; the loss of a friend); *c) (noget tabt)* mourn over, mourn for (*fx* the loss of one's money; what might have been); grieve over (*fx* one's misspent (, lost) youth); *d) (beklage, være ked af)* mourn (*fx* the destruction of the house); *(svagere)* be sad about (*fx* don't be sad about that); *de **-nde** a)* the mourners; *b) (de -nde efterladte)* the bereaved.
sørge[2] *vb.: ~ **for** a) (tage sig af)* take care of, look after (*fx* the arrangements, the children); *b) (ordne etc.)* see to (*fx* the arrangements, the dinner); arrange for (*fx* visas for them); provide for (*fx* their safety); *c) (forsørge)* provide for (*fx* one's wife and family); *d) (skaffe)* provide (*fx* food for everybody); *~ **for at** a) (+ sætn.: passe på at)* take care that (*fx* nobody sees you); *(ordne etc.)* see (to it) that (*fx* everything is ready); make sure that; F ensure that (*fx* the car arrives in time); *b) (+ inf.)* take care to, be sure to (*fx* lock the door); arrange to (*fx* have the car serviced); *~ for at han bliver hentet (også)* arrange for him to be picked up; *sørg for at komme i rette tid* make sure (*el.* mind) you come in time; *jeg skal ~ for det* I will see to it.
sørgebind black (arm)band.
sørgebudskab sad news.
sørgedigt elegy; *(i sangform)* dirge.
sørgedragt mourning; *(se også sorg).*
sørgefest memorial ceremony.
sørgeflor **1.** black mourning crape; **2.** *se sørgebind.*
sørgehøjtidelighed **1.** *(mindegudstjeneste)* memorial service; **2.** *se sørgefest.*
sørgeklædt *adj. (præd.)* (dressed) in mourning.
sørgelig[1] *adj.* **1.** sad (*fx* fate, loss, mistake, news, occasion; the sad remains); *(stærkere,* F*)* grievous (*fx* loss, mistake); distressing (*fx* experience, news, sight); woeful (*fx* tidings); *(tragisk)* tragic (*fx* accident);
2. *(ynkelig, jammerlig)* pitiful (*fx* sight; in a pitiful state); F sorry (*fx* in a sorry condition (*el.* state); cut a sorry figure); lamentable (*fx* performance, state of affairs; in a lamentable state); deplorable; *(stærkere)* woeful (*fx* sight, ignorance, lack of imagination);
□ *det er -t men sandt* it is unfortunately true; it is a regrettable fact; *[med sb.] i en ~ forfatning (også)* in a miserable condition; F in a sad (*el.* sorry) plight; *i en ~ grad* sadly; F deplorably; *(stærkere)* woefully; *(se også ende, rest).*
sørgelig[2], **sørgeligt** *adv. (jf. sørgelig*[1]*)* **1.** sadly; grievously, tragically; **2.** sadly (*fx* changed, neglected); pitifully; F lamentably,

deplorably; *(stærkere)* woefully (*fx* inadequate, unprepared);
□ *du tager ~ fejl* you are sadly mistaken.
sørgemarch funeral march; *(især mil.)* dead march.
sørgemusik *(i radioen, ved dødsfald)* solemn music.
sørgepil *(bot.)* weeping willow.
sørgerand black border (*fx* the newspapers appeared with black borders);
□ *med ~* black-edged (*fx* a black-edged card); *negle med ~* nails in mourning.
sørgeslør *se sørgeflor 1.*
sørgespil tragedy.
sørgetog funeral procession.
sørgmodig *adj.* sad; F melancholy.
sørgmodighed *sb. (en)* sadness; F melancholy.
sørgmunter *adj.* tragi-comic.
sørisiko marine risk.
sørøver pirate.
sørøveri piracy.
sørøverskib pirate ship.
søside: *fra -n* from the sea; *mod -n, på -n* seaward(s).
søskade *(assur.)* damage sustained at sea.
søskende *sb.pl.* **1.** brothers and sisters; *(hvis kun to)* brother and sister; **2.** *(biol., psyk.)* siblings;
□ *have tre ~* have three brothers and sisters; be one of a family of four.
søskendebarn **1.** *(nevø, niece)* nephew; niece; **2.** *(fætter, kusine)* (first) cousin.
søskendeflok family (of brothers and sisters).
søskendejalousi *(fagl.)* sibling jealousy.
søslag naval battle; *(mindre)* naval action.
søslange sea serpent, sea monster.
søspejder sea scout.
søstad seaport.
søster *sb. (en, søstre)* sister;
□ *søstrene Brontë* the Brontë sisters; *hun er ~ til John* she is sister to John, she is John's sister.
søsterby sister city.
søsterdatter niece; sister's daughter.
søsterkærlighed sisterly love.
søsterlig *adj.* sisterly.
søsterorganisation sister organization.
søsterparti sister party.
søsterselskab sister company, affiliated company.
søsterskib sister ship.
søstersøn nephew; sister's son.
søstjerne *(zo.)* starfish.
søstridskræfter *sb.pl.* naval forces.
søstykke seascape.
søstærk *adj. (om menneske, præd.)* a good sailor.
søstøvle sea boot.
søsyg *adj.* seasick.
søsyge *sb. (en)* seasickness.
søsætte *vb.* launch.
søterritorium territorial waters pl.
søtunge *(zo.)* sole.
søuhyre sea monster.
søulk *(sømand)* old salt.
søvand sea water.
søvant *adj. (præd.)* accustomed (*el.* used) to the sea.
søvej sea route (*fx* the sea route to India);
□ *ad -en* by sea; *ført ad -en* seaborne.
søvejsregler *sb.pl.* rules of the road at sea;
□ *internationale ~* international regulations for preventing collisions at sea.
søvn *sb. (en)* sleep;
□ *jeg har ikke fået ~* ***i øjnene*** *hele natten* I have not slept a wink all night; *(se også retfærdig)*; *have ~ i øjnene* (ɔ: *sekret)* have sleep in one's eyes;
[med vb. + i] ***dysse*** *en* ***i*** *~* put (*el.* lull) sby to sleep; ***falde i*** *~ a)* fall asleep, go to sleep; T go off; *b) (døse hen)* drop (*el.* doze) off; *falde i dyb ~* fall into a sound (*el.* deep) sleep; ***falde i*** *~* ***igen*** (ɔ: *efter en afbrydelse)* go back to sleep; ***gå i*** *-e* walk in one's sleep; ***ligge i*** *dyb ~* be sound (*el.* fast) asleep; ***læse sig i*** *~* read oneself to sleep; ***synge*** *en* ***i*** *~* sing sby to sleep; ***tale i*** *-e* talk in one's sleep.
søvndrukken *adj.* drowsy; *(præd. også)* heavy with sleep; T dopey.
søvndyssende[1] *adj.* sleep-inducing; *(mere* F*)* soporific; *(som gør en døsig)* drowsy (*fx* summer weather); *(monoton)* monotonous;
□ *virke ~* send one to sleep; F induce sleep; have a soporific effect.
søvndyssende[2] *adv.* soporifically; *(monotont)* monotonously.
søvngænger *sb. (en, -e)* sleepwalker; F somnambulist.
søvngængeragtig *adj.* somnambulistic;
□ *med ~ sikkerhed (omtr.)* with unerring instinct.
søvngængeri *sb. (et)* sleepwalking; F somnambulism.
søvnig *adj.* sleepy.
søvnighed *sb. (en)* sleepiness.
søvnløs *adj.* sleepless; *(hvor man ikke sover, også)* wakeful (*fx* night).
søvnløshed *sb. (en)* sleeplessness; F insomnia.
søværnet *(flåden)* the Navy.
søværnskommandoen the Naval Command; *(i Engl.)* the Admiralty; *(i USA)* the Navy Department.
søværts[1] *adj. (transporteret til søs)* seaborne (*fx* goods).
søværts[2] *adv.* by sea.
så[1] *vb. (også fig.)* sow;
□ *~ sig selv* reseed itself.
så[2] *præt. af se.*
så[3] *adv.* **1.** *(i den grad)* so (*fx* I am so glad; I was (not) so tired that I had to lie down; that's not so easy (, bad)); T that (*fx* I can't walk that far); *(foran adj. + sb.)* such (*fx* such good food, such great expense) *(se også ndf.: en ~ ...)*;
2. *(ved sammenligning)* as (*fx* twice as much; as much as possible; you are as good as he; it is not as easy as you think); *(efter nægtelse også, mindre alm.)* so (*fx* it is not so easy as you think);
3. *(om tid: derefter)* then (*fx* then he began to tell the story); next (*fx* what will you do next?);
4. *(i så fald)* then (*fx* then it must be a mistake; if you're ill then you must go home); *(NB som indledning til eftersætning ofte uoversat:* when I see him again I'll tell him; if you're ill you must go home);
5. *(derfor)* so (*fx* he was not there, so I came back); F therefore;
6. *(altså)* so (*fx* so you don't believe me?);
7. *(desuden)* then, besides (*fx* he has two cars, and then (*el.* besides) he has a private aeroplane);
8. *(efter imperativ for at indlede løfte el. trussel)* and (*fx* read it, and you will understand everything); *(se også ndf.: ~ er du)*;
9. *(omtrent)* so (*fx* a month or so); thereabouts;
10. *(let glds.: således)* thus (*fx* he spoke thus);
□ *hvad (...) ~ se hvad*; *men hvorfor gjorde du det ~?* but then, why did you do it? *ikke ~* (ɔ: *ikke ret)* not very (*fx* he doesn't play very well); *(se også ovf.: 1, 2)*; *vel ...~ se vel*[2];
[med konj.] ~ ***at*** so (that) (*fx* he forgot his key, so (that) he couldn't get in); *(se også så*[5]*)*; ***eller*** *~* or so (*fx* a month or so); ***enten*** *han ~ kommer eller ej* whether he comes or not; *~* ***og*** *~ mange* so and so many, such and such a number (of); *~ og ~ meget* (so and) so much; *~ meget (mere) som se meget*[2]; ***om*** *~ se om*[3]; *~ ...* ***som*** as ... as (*fx* as pure as snow); *~ som ~* so so; *som '~ se som*[2];

[med adj.] jeg var ~ dum ***at*** *tro på ham* I was foolish (*el.* fool) enough to believe him; *jeg var ikke ~ dum at jeg troede på ham* I was not so foolish (*el.* such a fool) as to believe him; I was not fool enough to believe him; *han er ~ dum at han* he is so foolish that he; *(se også dum)*; **en** *~ rig mand* such a rich man; F so rich a man (as he); *~ klog* ***som*** *du er kan du vel regne det ud* a clever person like you should be able to work it out; *det er* ***utroligt*** *~ dum (, dygtig etc.) han er* it is incredible how stupid (, clever etc.) he is; *være ~* ***venlig*** *se venlig*;
[med imperativ] ~ vent ***dog*** *(, vær dog stille etc.)!* do wait (, be quiet etc.)! can't you wait (, be quiet etc.)! *~* ***er du*** *(efter imperativ)* that's, there's (*fx* hand me that book, that's a good boy (, girl) (*el.* there's a dear)).

så[4] *interj.* **1.** *(beroligende)* come (*fx* come, dear, take it easy; come, it's not so bad); there, there; *(trøstende også)* there now; now, now (*fx* now, now, don't cry);
2. *(advarende)* now, now (*fx* now, now, there's no need to be rude); come, come (*fx* come, come, Mr Jones, be careful what you say);
3. *(befalende)* now then (*fx* now then, let's hear what you have to say);
4. *(lettet)* there now (*fx* there now, it's over);
5. *(ærgerligt)* there (*fx* there, you dropped it);
6. *(spørgende) se såh*;
□ *ja ~ se ja.*

så[5] *konj.* **1.** *(så at)* so (that) (*fx* I waited so (that) he could catch up with me); **2.** *(indtil)* till (*fx* he squeezed my hand till I cried out).

sådan[1] *adj.* **1.** *(fremhævende)* such (*fx* such a big one; such an idiot; such people, such things);
2. *(sammenlignende)* like this (, these), like that (, those) (*fx* one like this; a man like that; people like that (*el.* those); goods like those);
□ *~ en historie* a story like that; that kind of story; *sådan(ne)...som* such...as.

sådan[2] *adv.* **1.** *(på den(ne) måde)* like this, like that, in this (, that) way (*fx* do it like this (*el.* in this way)); so;
2. *(så meget)* so much (*fx* I loved him so much);
3. *(omtrent)* something like, about (*fx* something like ten years; about ten years);
4. *(tomt fyldeord)* sort of (*fx* he was sort of kicking the table; it was sort of recently, you know; she is sort of blonde);
□ *~! a) (ɔ: det var ret!)* good! that's it! *b) (konstaterende)* there! *han er en outsider og ~ føler han sig* he is an outsider and he feels like one;
[med: noget] ~ ***noget*** things (*el.* something) like that; that kind of thing; *eller ~ noget* or something, or whatever; *og ~ noget a) (og den slags ting)* and things like that; *(mere* T*)* and such (*fx* I don't like to talk about murders and such); *b) (og 'så fremdeles)* and what not, and what have you (*fx* they bought clothes and shoes and suitcases and what have you); *~* ***noget som*** *a) (cirka)* something like (*fx* he left something like a million); about, a matter of (*fx* five hundred pounds); F in the region of; *b) (for eksempel)* for instance, say (*fx* if we take, (let us) say, the fishing industry);
[med vb.] ~ ***er*** *det altid* that's the way (*el.* how) it always is; *~ er mænd! (forarget udbrud)* that's men for you! *~* ***set*** in a way; *(se også forholde*[2]*)*;
[med konj. & adv.] ~ ***at*** in such a way that, so that; *~* ***da*** *(ɔ: nogenlunde)* more or less, up to a point; after a fashion (*fx* he can speak French after a fashion); ***ikke*** *~ (at forstå) at han var fej* not that he was a coward; *det er ikke ~ a) (ikke på den måde)* it isn't like that; *b) (ikke let)* it isn't easy; *det er ikke ~ at klare (, finde) (også)* it takes some doing (, finding); *ikke nær ~ se nær*[2]; ***nå*** *~! se nå*[2]; **og** *~ (noget) se ovf.: og ~ noget a*; *~ og ~ a)* in such and such a way; *b) (det og det)* this and that; **som** *~ (ɔ: i sig selv)* as such; *~ som a)* such as (*fx* some metals, such as gold and silver); *b) (på den måde)* the way (*fx* it can't be done the way you think); *(se også nu*[2] *(engang))*.

såfremt *konj.* if; *(forudsat)* provided (that).

sågar *adv.* even.

sågu *interj.* certainly; I am sure; *(stærkere)* damned (*el.* bloody) well (*fx* I should damned well hope so); *(se også sgu)*.

såh *interj.* *(spørgende)* really? indeed?
□ *~, gør han det? (skeptisk:)* he does, does he? *~, er han det?* he is, is he? (etc.).

såkaldt *adj.* so-called.

sål *sb. (en, -er) (fodsål, ~ på fodtøj)* sole.

sålbænk *(arkit.)* sill.

således *adv.* **1.** *(på den måde)* like this, like that; in this (, that) way; F thus; **2.** *(for eksempel)* for instance; such as; *(se også sådan)*.

sålegænger *sb. (en, -e) (zo.)* plantigrade.

sålelæder sole leather;
□ *så sej som ~* as tough as leather (*el.* as old boots).

sålydende *adj. (efter sb.)* which ran (, runs) as follows (*fx* a letter which ran as follows).

såmaskine sowing machine; *(rad-)* drill.

såmænd *adv.* **1.** *(egentlig)* really (*fx* it is not so bad, really); actually (*fx* actually it is not so bad);
2. *(udtryk for ligegyldighed)* I am sure;
□ *det skal du ~ ikke bekymre dig om* don't you worry about that; *det ved jeg ~ ikke* well, I don't know; *det går ~ nok* it will be all right; *(se også ja, jo*[1]*)*.

såning *sb. (en, -er)* sowing.

sår *sb. (et, -)* **1.** *(tilføjet med våben)* wound; *(se også snitsår, stiksår)*;
2. *(betændt; varigt)* sore (*fx* he had sores around the mouth (, on his hands; he had a big open sore on his arm); *(mindre)* sore place (*fx* he kept picking at the sore place); *(især: som ikke vil læges)* ulcer (*fx* his legs were covered with ulcers);
3. *(indvendigt)* ulcer (*fx* ulcers in the mouth; a stomach ulcer);
4. *(fig.)* wound (*fx* deep psychological wounds); *(se også læge*[2]*, rippe (op i), slikke)*.

sårbar *adj.* **1.** *(udsat)* vulnerable (*over for* to); **2.** *(nærtagende)* sensitive;
□ *et -t punkt* a sore (*el.* weak) spot.

sårbarhed *sb. (en) (jf. sårbar)*
1. vulnerability; **2.** sensitivity.

sårbehandling treatment of wounds.

sårbetændelse sepsis.

sårdannelse ulceration.

såre[1] *adv. (meget)* very (*fx* sad); greatly (*fx* admired); highly (*fx* respected);
□ *så ~ han hørte det* directly he heard it.

såre[2] *vb. (se også sårende)* **1.** *(med våben)* wound;
2. *(skade)* injure, hurt (*fx* he was wounded in the attack, but not seriously hurt; clashes with the police left many people injured; he

was badly injured (*el.* hurt)); **3.** *(fig.: krænke)* hurt (*fx* his feelings); offend; *(stærkere)* wound (*fx* his remarks offended her (, wounded her deeply); wound his pride (, vanity)); □ *de -de (mil.)* the wounded; *dræbte og -de* killed and wounded; casualties; *hårdt ~ se hårdtsåret*; *let ~* slightly wounded; *~* ***over*** hurt (*el.* offended *el.* wounded) by (*fx* his remarks).

sårende[1] *adj.* hurtful, offensive (*fx* remarks); *(stærkere)* wounding (*for* to, *fx* to one's pride).

sårende[2] *adv.* hurtfully, offensively.

sårfeber wound fever.

sårklemme clip.

sårskorpe scab.

sårvæske pus.

såsom *adv.* **1.** *(eftersom)* as, since, seeing that; **2.** *(for eksempel)* as for instance, such as.

såsæd seed corn.

såtid sowing time.

såvel *adv.: såvel ... som* both ... and (*fx* both England and France); *(hvis første led skal fremhæves)* as well as (*fx* boys as well as girls can train as nurses).

T

t *(fork.f. ton(s))* t. *(fork.f.* ton(s)).
t. 1. *(fork.f. time(r))* hr(s) *(fork.f.* hour(s)); **2.** *(fork.f. til)* by *(fx N. t. Ø.* N by E).
tab *sb. (et, -)* loss *(af* of, *fx* without loss of human life; *på* of, *fx* a loss of £3,000; *for* to, *fx* his death was a sad (, great, irreparable) loss to our nation; profit and loss);
□ *store (el. svære) ~* heavy losses; *(mil. også)* heavy casualties; *vore ~ var små (mil.)* our losses were light;
[med vb.] ***erstatte*** *et ~ se erstatte*; ***give*** ~ make (*el.* involve) a loss; ***lide*** ~ suffer a loss; F sustain a loss; *uden selv at lide noget ~ (også mil.)* without loss to myself (, yourself, ourselves etc.); ***sælge*** *det* ***med*** ~ sell it at a loss.
tabe *vb. (tabte, tabt) (se også tabende)*;
1. *(mods. vinde)* lose *(fx* a battle, an election, a game, a lawsuit); *(uden objekt: lide nederlag)* lose, be defeated; T be beaten, get the worst of it;
2. *(miste)* lose *(fx* money on sth; patience; one's heart to sby; interest in sth; I have lost my ticket);
3. *(ud af hænderne)* drop *(fx* he dropped the vase; I have lost my purse, I must have dropped it somewhere);
4. *(om ur)* lose *(fx* my watch loses five minutes a day; the clock (, watch) loses (time));
[med sb.] ~ hovedet (el. besindelsen) lose one's head; *ikke ~ hovedet* keep one's head; *~ interessen for det* lose interest in it; *~ luften a) (om cykelslange etc.)* go down, go flat; *b) (om person) se vejr (~ vejret)*; *~ sin sag* lose the case; *(se også ansigt, fatning, næse, spil, spor, tråd)*;
[med vb. (+ præp.)] ***give tabt*** give in, give (it) up; ***gå tabt*** *a)* be lost *(fx* 300 jobs will be lost when the factory closes); *b) (om brev etc. under forsendelse)* get lost; *(mere* F*)* go astray *(fx* the letter has gone astray); *du er ikke* ***gået tabt af*** *noget* you did not miss anything; *det* ***gik tabt for*** *mig* I lost (*el.* missed) it; *der er* ***gået*** *en skuespiller* ***tabt i*** *ham* he would have made a good actor;
[med præp.] ~ ***af*** *se syn, vogn*; *gå tabt af, se ovf.*; *jeg har tabt meget* ***for*** *ham* he has gone down a lot in my estimation; *gå tabt for (, i) se ovf.*; *han tabte meget* ***i*** *anseelse* his reputation suffered greatly; *~ i tennis (etc.)* lose (*el.* be beaten) at tennis (etc.); *~ i vægt* lose weight; *~ i værdi* lose (in) value; *~* ***med*** *tre mål (, point, stemmer)* lose by three goals (, points, votes); *~* ***på*** *gulvet se gulv*; *~ penge på se penge*; *~* ***til*** lose to; *~* ***ved*** lose by *(fx* you will lose nothing by waiting);
[med sig] ~ ***sig*** *a) (forsvinde helt)* disappear *(fx* in the distance, in the dark); *b) (gradvis)* go off, wear off *(fx* the effect (, the charm, the novelty, the pain) will wear off); *(om lyd)* die away; *(om farve)* fade; *c) (forringes)* go off *(fx* her voice has gone off); *d) (om person: blive mager)* lose weight, become thinner; *(miste skønhed)* lose one's looks.
tabel *sb. (en, -ler)* table;
□ *kunne -len* know one's tables; *lære ~* learn one's tables; *to- (, tre-, fire-, etc.) tabellen* the two- (, three-, four-, etc.) times table; *den lille ~* the multiplication table (from 2 to 10), *(i Engl.:* up to 12 times 12*)*.
tabellarisk[1] *adj.* tabular.
tabellarisk[2] *adv.* tabularly, in tabular form.
tabende *adj.* losing;
□ *den ~, den ~ part* the loser.
taber *sb. (en, -e)* loser *(fx* a good loser);
□ *social ~* social loser.
tabernakel *sb. (et, tabernakler)* **1.** tabernacle; **2.** *(*T*: spektakel)* hullabaloo.
tabgivende *adj.* loss-making *(fx* company, coal mine);
□ *~ foretagende (el. virksomhed)* losing concern; *være ~* involve a loss *(for* to, for).
tableau *sb. (et, -er)* tableau (pl. -x).
tablet *sb. (en, -ter)* tablet.
tabsgivende *adj. = tabgivende.*
tabskonto*: tabs- og vindingskonto* profit and loss account.
tabsliste *(mil.)* casualty list.
tabstal *sb.pl. (mil.)* casualty figures.
tabu *sb. (et) & adj.* taboo;
□ *erklære for ~* taboo.
tabubelagt *adj.* tabooed;
□ *~ ord se tabuord.*
tabuemne taboo subject.
tabuere *vb.* taboo.
tabulator *sb. (en, -er)* tabulator.
tabuord taboo word; *(i eng. ofte)* four-letter word.
taburet *sb. (en, -ter)* **1.** stool; **2.** *(fig.)* (ministerial) office;
□ *klæbe til (el. ved) -ten* cling to office.
taburetklæber *sb. (en, -e)* limpet.
tachist *sb. (en, -er)*, **tachistisk** *adj.* tachist.
tackle *vb. (i fodbold & fig.)* tackle *(fx* a player; a problem).
tackling *sb. (en, -er)* tackle.
tadsjiker *sb. (en, -e)* Tadzhik, Tajik (pl. -).
tadsjikisk[1] *sb. (et)* Tadzhiki, Tajiki.
tadsjikisk[2] *adj.* Tadzhiki, Tajiki; *(attr. også)* Tadzik, Tajik.
Tadsjikistan *(geogr.)* Tadzhikistan, Tajikistan.
taekwondo *sb. (en)* tae kwon do.
taffel *sb. (et, tafler)* **1.** *(bord)* (royal) table; **2.** *(fest)* royal banquet;
□ *hæve taflet* rise from table; *være til -s* dine at court.
taffeland *(zo.)* pochard.
taffelformet *adj.: ~ klaver* square piano.
taffelmusik Tafelmusik, banqueting music.
taffelur mantel clock.
taft *sb. (et)* taffeta.
tag[1] *sb. (et, -)* **1.** *(med hånd)* hold, grasp; *(fast)* grip *(fx* he had a firm hold (, grasp, grip) on the rope);
2. *(åre-, svømme-)* stroke;
3. *(ryk)* tug; *(hårdt)* jerk;
4. *(håndelag, færdighed)* knack;
[med vb.] ***få*** *~* ***i*** *a) (gribe)* grip *(fx* the rope; the hearers); *b) (få fat i)* get hold of *(fx* him); ***have*** *~* ***på*** *at* have the knack of -ing *(fx* of baking cakes); *have et godt ~ på børn* have a way with children; ***miste*** *-et, miste sit ~ a)* lose one's hold (*el.* grip); *b) (fig.)* lose one's grip;

***slippe** -et se slippe*; **tage** *et ordentligt ~ (ɔ: nap)* put one's back into it; *tage et ~ 'med* lend (*el.* give) a hand.

tag² *sb. (et, -e) (på hus etc.)* roof;
□ *lægge ~ på* roof; *de larmede (, råbte etc.) så -et var ved at løfte sig* they nearly brought the house down; they raised the roof; *vi må have ~ over hovedet* we must have a roof over our heads; *under ~* under cover.

taganlæg roof garden.

tagantenne roof aerial; *(am.)* roof antenna.

tagbagagebærer *(til bil)* roof rack.

tagbeklædning roofing.

tagbjælke rafter.

tagbrand roof fire;
□ *der var ~* the (, a) roof was on fire.

tagdryp dripping from the eaves.

tage *vb. (tog, taget)* **1.** take (*fx* a book from the shelf, a fort, prisoners, medicine, a bath, a taxi, a photograph, a holiday, a risk, the consequences ; take one's own life; take things coolly);
2. *(om radio, tv)* get (*fx* can you get England on your radio? we can't get Channel 2); pick up (*fx* a foreign station);
3. *(om politiet: fange)* catch, pick up; T nab; *(arrestere)* arrest, seize; *(notere)* book (*fx* he was booked for speeding);
4. *(tåle, finde sig i)* take (*fx* take people as they are; I can't take any more; I can't take his eternal complaints); stand (*fx* I can't stand him; my nerves will not stand much more; he stood it very well);
5. *(kunne rumme)* hold;
6. *(om betaling, pris)* take, charge (*fx* how much do they charge? they charged £5);
7. *(behandle)* take, deal with, handle (*fx* he knows how to handle children);
8. *(snyde)* take in, do;
9. *(berøre)* graze (*fx* his front wheel grazed the kerb); just touch; *(sø.)* take;
10. *(rejse, begive sig)* go (*fx* go to England; go round the world);
11. *(om tid)* take (*fx* it takes time; how long will it take? it took (us) two days); *(lægge beslag på,* F*)* occupy (*fx* it occupied much of his time); *(se også tid)*;
12. *(springe over)* take, clear (*fx* a hurdle);
13. *(fag, kursus)* take; T do (*fx* you can do a lot of other subjects);
14. *(eksamen) se eksamen*;
15. *(stjæle)* take, steal; T pinch;
16. *(fjerne ved operation etc.)* remove (*fx* adenoids, tonsils);
□ *jeg kan ikke ~* ***at*** *han* I get sick of seeing (, hearing) him (*fx* I get sick of seeing him lying in bed all day (, hearing him complain)); *(stærkere)* I can't stand him -ing (*fx* I can't stand him telling me what to do all the time); *~* ***det*** *a)* take it (*fx* lightly, personally, seriously, with a smile); *b) (generelt)* take things (*fx* lightly, seriously (etc.)); *han tog det pænt* he took very well; he was very nice about it; *~ det tungt* take it hard (*el.* badly); *(se også nøje²)*; *~* ***det som*** *det kommer (el. som det kan falde) a)* take it in one's stride; *b) (generelt)* take things as they come; *det er som man -r det* it is a matter of opinion, it all depends; *tag* ***og*** *hjælp mig!* lend me a hand, will you? *værsgo at ~* ***selv*** *(ved bordet etc.)* do help yourself (, yourselves); *tag selv noget ost* (would you like to) help yourself (, yourselves) to some cheese;
[med præp. & adv.] ~ ***'af*** *a) (mindskes, svækkes) se aftage²*; *b) (i kortspil)* cut; *c) (i strikning)* slip; *d) (med objekt)* remove, take off (*fx* the lid); *(om tøj)* take off, pull off; *(hurtigt)* slip off; *der er nok at '~ af* there is enough (, plenty); *det -s af lønnen (ɔ: fratrækkes)* it is taken out of one's pay (, wages); *(se også bord, kasse, liv, sted)*; *~* ***af for*** *a) (give læ for)* give protection from (*fx* the wind); *b) (afbøde)* cushion (*fx* his fall, the blow);
~ ***bort*** *a) (rejse)* go away; *b) (fjerne)* take away, remove;
'~ ***efter*** *(med hånden) a)* reach for; *b) (famle efter)* grope for;
~ ***fat*** *(i, på) se fat*;
~ ***fejl*** *se fejl³*; *~ £100* ***for*** *noget* take (*el.* charge) £100 for sth; *jeg tog ham for hans broder* I took him for his brother; *han tog mig for £50* he did (*el.* cheated) me out of £50; *~ det for givet se given*; *~* ***for sig*** *(med hånden)* put out one's hand; *~* ***for sig af*** *retterne* help oneself, do justice to the food;
~ ***'fra*** *a) (spise kraftigt)* tuck in; *b) (drikke)* knock it back; *~ noget fra en* take sth (away) from sby; *(se også luv¹, magt, vejr)*; *~ fra hinanden (ɔ: skille ad)* take (*fx* a machine) to pieces;
~ ***frem*** bring (*el.* take) out, produce; *~* ***frem og tilbage*** *a)* travel backwards and forwards (*fx* between London and New York); *b) (om kortere, regelmæssig tur)* commute between (*fx* London and Oxford);
~ ***fri*** *se fri¹*;
~ ***i*** *døren* try the door; *~ en i armen (, hånden)* take sby by the arm (, hand); take (hold of) sby's arm (, hand); *(se også nakke¹, hånd, entre¹)*; *~ sine ord* ***i sig*** *igen* take back what one has said, withdraw (one's remarks); F retract; T eat one's words;
~ ***igennem*** *(gennemgå)* go through;
~ ***ilde op*** *se ilde²*;
~ ***imod*** *a)* receive (*fx* a visitor); *(møde ved ankomstt)* meet (*fx* meet him at the station); *b) (sige ja til)* accept (*fx* the invitation, the offer); *c) (finde sig i)* put up with (*fx* I won't put up with his rudeness); *d) (gribe, fx ved spring)* catch; *e) (uden objekt: være hjemme)* be at home; *ministeren -r ikke imod* the Minister is not available; *~ godt imod en* give sby a good reception; *jeg vil ikke ~ imod ordrer fra ham* I won't take orders from him; *stoffet -r ikke imod snavs* the material does not attract (*el.* hold) dirt; *(se også fornuft)*;
~ ***ind*** *a)* take in; *b) (i strikning)* decrease; *c) (sø.)* take in (*fx* water); *~ kjolen* ***ind i*** *livet* take in the dress at the waist; *~* ***ind på*** *et hotel* put up at a hotel; *(am.)* register at a hotel; *~* ***ind til*** *London* go up to London;
~ ***'med*** *a) (til den talende)* bring (along) (*fx* bring a friend (, your books) (along)); *b) (til et andet sted)* take with one, take (along) (*fx* take the children along to the Zoo; take her along to the concert); *c) (ikke forbigå el. udelade)* include (*fx* let's include him (, that sentence)); *d) (på en tur etc.)* come (, go) along (*fx* he came along to help me; she decided to go along); come (, go) with them (, us etc.) (*fx* we're going out tonight, would you like to come with us?); join them (, us etc.) (*fx* let's join them; why don't you join us?); *-r du med?* are you coming (too)? *~ med bus(sen) (, tog(et))* go by bus (, train), take the bus (, train); *jeg -r med toget 8.15* I'm going (, coming) on the 8.15; ***det*** *må man ~* ***med*** *(det er der ikke noget at gøre ved)* that's just one of those things; *han -r det ikke så nøje* ***med det*** he is not particular (*el.* not bothered) about

that; *han tog* ***med på*** *turen* he went on the trip; *(se også politistation)*;
~ *noget* **om** *(gentage)* repeat sth, do sth over again; ~ *en eksamen om* retake an examination; *(skriftlig)* resit an examination; ~ *scenen om (i film)* retake the scene; ~ *et sjal om skuldrene* take (*el.* throw) a shawl round one's shoulders;
~ **op** *a) (samle op)* pick up (*fx* a stone; a passenger); *b) (af lomme etc.)* take out; *c) (noget syet)* unpick; *d) (noget strikket)* unravel; *e) (et emne, en sag)* take up; *f) (en elev)* test, call on; *(se også kartoffel, plads, tråd)*; ~ *ilde op se ilde*[2]; ~ *noget* ***op af*** take sth out of (*fx* one's pocket, a drawer); ~ ***op igen*** *se genoptage*; *han kan* ~ *det* ***op med*** *dig* he is a match for you; ~ *sagen (, spørgsmålet) op med ham* discuss the matter with him; ~ ***op til*** *behandling (, overvejelse se behandling, overvejelse; (se også kamp)*; ~ *op til undersøgelse se undersøge (4, 5, 6)*;
~ **'over** *(overtage ledelsen)* take over (*efter* from); ~ *over Berlin* go via Berlin; ~ *over Nordsøen* cross the North Sea; ~ ***over til*** *Jylland* go (over) to Jutland;
~ **'på** *a) (tøj, mine, vægt)* put on (*fx* one's clothes (, hat, shoes); a grave face; he has put on two kilos); *(om tøj, hurtigt)* slip on; *b) (uden objekt:* ~ *på i vægt)* put on weight (*fx* he has been putting on weight lately); '~ *på a) (føle på)* touch, finger; *(kærtegne)* fondle (*fx* her breasts); *(neds.: befamle)* paw (about) (*fx* she disliked being pawed (about) by the boys); *b) (være hårdt for)* tell on (*fx* the hard work told on him a good deal); *(svagere,* T*)* take it out of (*fx* his refusal (, the long hours) took it out of her); *det -r på kræfterne* it is very exhausting; it takes it out of one; ~ *på i vægt* = ~ *'på, b; (se også ferie, lager, land, nakke*[1]*, ord, rejse*[1]*, seng, vej)*;
~ ***hårdt på*** *a)* handle roughly; *b) (anstrenge)* be hard on (*fx* the eyes); *c) (om sygdom)* tell severely on; *d) (svagere: trætte)* take a lot out of; *e) (være vanskeligt for)* go hard with (*fx* it goes hard with him to be alone); *hendes død tog hårdt på ham* her death was a severe blow to him;
~ ***let på*** *noget* take sth lightly;
~ **'til** *(forøges)* increase (*fx* crime has increased); *(i styrke også)* intensify (*fx* pressure intensified); *(se også tiltage)*; ~ *til (ɔ: rejse til)* go to (*fx* go to England); ~ *til huen* touch one's cap; ~ *hende til hustru* marry her, take her to wife; *(se også fange*[1]*, forbillede, ord)*; ~ *et barn* ***til sig*** *a)* take a child into one's home; *b) (adoptere)* adopt a child; ~ *hånden til sig* withdraw one's hand; *(se også mod*[1]*, næring)*;
~ ***tilbage*** *a) (noget man har udtalt)* take back, withdraw (*fx* an accusation, a confession); *b) (vare man har solgt)* take back; *(ved afbetalingskøb: når afdragene ikke betales)* repossess; *c) (uden objekt: rejse tilbage)* go back, return;
~ **ud** *a)* take out (*fx* take the dog out for a walk); *b) (fjerne)* take out; *(mere* F*)* remove; *c) (udvælge)* pick out; F select; *d) (uden objekt: rejse ud)* go out; *e) (i strikning)* increase; *f) (ɔ: af bordet)* clear away; *(se også udtage)*; ~ ***ud af*** take out of (*fx* take some cups out of the cupboard; take some money out of one's account); ~ *penge ud af banken se hæve 3*; ~ *ud af bordet* clear the table; ~ *ham ud af skolen* take him out of the school; *(mere* F*)* withdraw (*el.* remove) him from the school; *historien er som -t ud af en roman* it is a story straight out of a novel; *-t ud af livet* taken from real life; ~ ***ud at*** *(el. og)* go -ing (*fx* go fishing, go swimming); *(se også rejse*[2]*, sejle)*;
~ ***ud på*** *rejse se rejse*[1];
~ **ved** *(hjælpe)* lend a hand; *(se også fanden, hånd, lære*[1]*, næse)*;
~ **væk** *(rejse)* go away;
[med sig] ~ **sig** *(få)* have (*fx* a bath, a drink, something to eat); ~ ***sig af*** *a) (sørge for)* look after, take care of (*fx* the arrangements, the children); see to (*fx* the dinner, the guests; I'll see to it); F attend to (*fx* a customer, a complaint, a problem); *b) (få styr på)* take (*fx* the unruly boys, the plans) in hand; *c) (ordne)* deal with (*fx* complaints, noisy children; I'll deal with him!); ~ *sig af dage se dag*; **ikke** ~ ***sig af*** *a) (ignorere)* take no notice of (*fx* what he says; don't take any notice of him, he is always complaining); pay no attention to; T not mind (*fx* don't mind him; never mind what he says); not bother (*el.* care) about (*fx* what other people think); *b) (ikke være bekymret)* not worry about (*fx* don't worry about that); *c) (forsømme)* neglect (*fx* she neglected her children); ~ ***sig*** *noget* ***for*** do sth; ~ ***sig for at*** set oneself to (*fx* get it finished); ~ ***sig i det*** check oneself, think better of it; *det tog han* ***sig let*** he did not let that worry him; *han tog sig sit ansvar let* he took his responsibilities lightly; *(se også nær*[2]*)*; ~ ***sig sammen*** *a) (opføre sig fornuftigt)* pull oneself together (*fx* now, pull yourself together and stop crying); *b) (gøre en anstrengelse)* make an effort (*fx* I had to make an effort not to strike him); ~ ***sig til*** do (*fx* he has nothing to do); ~ ***sig*** *(godt)* ***ud*** look good (*fx* he looks good on TV); *(om ting også)* appear to advantage; *sådan -r det sig ud for ham* that is how he sees it; ~ *sig ud som* look like.

tagetage attic.

tagetes *sb. (en, -) (bot.)* marigold, tagetes.

tagfat *sb. (en) (leg)* tag;
□ *lege* ~ play tag.

taghave roof garden.

tagkammer garret.

tagkonstruktion roof construction.

taglagt *adj.* overlapping.

taglejlighed attic flat.

tagpap roofing felt.

tagreklame sky sign.

tagrende gutter; *(på bil)* drip moulding.

tagryg ridge of a roof.

tagrytter ridge turret.

tagrør *(bot.)* reed.

tagselvbord 1. buffet; **2.** *(fig.: hvor man selv forsyner sig)* grab bag (*fx* the social system is not a grab bag).

tagskæg eaves pl.

tagspån roofing shingle.

tagsten (roof(ing)) tile;
□ *få en* ~ *i hovedet* be hit by a falling tile.

tagterrasse roof terrace.

tagvindue 1. *(kvistvindue)* dormer window; **2.** *(i flugt med taget)* roof window.

tagåren the stroke.

taifun *sb. (en, -er)* typhoon.

taiwaner *sb. (en, -e),* **taiwansk** *adj.* Taiwanese.

tak[1] *sb. (en, -ker)* **1.** *(spids)* jag, point;
2. *(på tandhjul)* cog, tooth;
3. *(på sav; bot.: på blad)* tooth;
4. *(på stjerne)* point;
5. *(på gevir)* point; *(fagl.)* tine;
□ **-ker** *a) (gevir)* antlers; *b) (på frimærke)* perforation sg.; *c) (på sav; på blad)* serration sg.;
en ~ *(ɔ: en smule)* a bit (*fx* increase the speed a bit); *en* ~ *bedre end* a cut above (*fx* he is a cut above them); *være en* ~ *foran*

dem have the (*el.* an) edge on them.

tak[2] *sb. (en, -)* **1.** thanks pl. (*fx* I did not expect any thanks for it); thankyou (*fx* I did it as a thankyou to them for their help); **2.** *(som udråb)* thank you! T thanks! S ta!
□ *min bedste* ~ my best thanks; *ellers* ~ *se ellers*; ***ja*** ~*! a) (svar på tilbud)* yes please! *b) (svar på forespørgsel)* (yes,) thank you! T yes thanks! *sige ja* ~ *til* accept (*fx* an invitation, an offer); ***mange*** ~*!* thank you very (*el.* so) much! F many thanks! T thanks very much! *(ofte iron.)* thanks a lot! ***nej*** ~*!* no, thank you; T no thanks! *sige nej* ~ *til* refuse; *(høfligere)* decline (*fx* I have to decline your invitation); ***selv*** ~*! a)* thank 'you! *b) (ɔ: jeg be'r)* not at all! don't mention it!
[med vb.] det er den ~ *man **får**!* that's the reward you get! ~ *skal du **have**!* thank you! T thanks! ~ *'skal du have!, nu skal du snart have* ~*!* now really! heavens above! ***rette*** *en* ~ ***til*** *en* express (*el.* offer) one's thanks to sby; ***sige*** ~ say thank you (*fx* remember to say thank you); say one's thankyous (*fx* have you said your thankyous to her for the party?); *først vil jeg gerne sige* ~ *for gaven* first I should like to thank you for your present; *sige ham* ~ *(også)* thank him (*for* for); *sige ja (, nej)* ~ *til, se ovf.*; ***tage til*** *-ke med a) (være tilfreds med)* be content with, settle for (*fx* a low-paid job); *b) (klare sig med)* make do with (*fx* what there is); *tage til -ke med hvad huset formår* take potluck; ***være*** *en* ~ ***skyldig*** be indebted to sby (*for* for); owe a debt of gratitude to sby;
[med præp. & konj.] ~ ***for*** thank you for (*fx* your letter); ~ *for lån se lån*; ~ *for mad,* ~ *for sidst (tilsvarende siges ikke i Engl.)*; *det er en* ~ *for sidst* that's tit for tat; he (, she) is getting his (, her) own back; ~ *for nu (svarer til)* goodbye for now; ~ ***fordi*** *du hjalp mig* thank you for helping me; *modtage tilbuddet* ***med*** ~ accept the offer with thanks; ***som*** ~ ***for*** in return for; *som* ~ *for sidst (fig.)* by way of return; ***til*** ~ *for, se ovf.: som tak for*; *tage til -ke, se ovf.*

takke *vb.* **1.** thank (*fx* I don't know how to thank you *(NB objekt skal med)*); **2.** *(uden objekt: sige tak)* say thank you (*fx* remember to say thank you); *(besvare en tale)* reply;
□ *du behøver ikke **at*** ~ there is no need to thank me (, him etc.); ~ ***ja*** accept; ~ ***nej*** refuse; *(mere høfligt,* F*)* decline; *-t **være*** thanks to (*fx* thanks to him we were saved; *(iron.)* thanks to him we were late);
[med præp. & adv.] ~ *'**af*** resign; ~ ***for*** *gaven* thank him (, them etc.) for the present; *vi -r for Deres brev* we thank you for your letter; *ikke noget at* ~ *for!* don't mention it! not at all! ***have meget*** *at* ~ *en* ***for*** be much indebted to sby; *det* ***kan*** *du* ~ *dig selv* ***for*** you have only yourself to thank (*el.* blame) for that; you may thank yourself for that; *vi kan* ~ *ham for det a) (om noget godt)* we are indebted to him for it; we owe it to him; *b) (om noget dårligt)* we've got him to thank for it; *vi* ***kan*** ~ *ham* ***for at*** *det gik godt (, galt)* thanks to him it went well (, wrong); *du kan* ~ *din Gud og skaber for at du slap igennem!* T you can count yourself lucky that you got through!

takkebrev letter of thanks; *(til en man har boet hos)* thankyou letter; T bread-and-butter letter.

takkebøn (prayer of) thanksgiving.

takkefest *(helligdag i USA)* Thanksgiving (Day).

takkegudstjeneste service of thanksgiving.

takkekort thankyou card; *(mere* F*)* acknowledgement.

takkel *sb. (et, takler) (sø.)* tackle.

takkelage *sb. (en) (sø.)* rigging.

takkeskrivelse letter of thanks.

takket *adj.* **1.** jagged (*fx* rocks); **2.** *(savtakket)* serrated (*fx* edge); *(bot.: om blad)* serrate; **3.** *(om frimærke)* perforated; **4.** *(om stjerne)* pointed (*fx* a six-pointed star);
□ ~ *gavl* corbiestep gable.

takketale speech of thanks, reply.

takle *vb.* **1.** *(i fodbold & fig.)* tackle (*fx* a player; a problem); **2.** *(sø.: anbringe takkelagen på)* rig (*fx* a ship); *(omvikle)* whip (*fx* a rope).

takling *sb. (en, -er)* **1.** tackle; **2.** *(sø.)* rigging; whipping.

taknemlig *adj.* **1.** grateful (*for* for, *fx* his help; a grateful smile; he didn't seem very grateful); **2.** *(lettet;* ~ *over for forsynet)* thankful (*for* for, *fx* their rescue; *for at* that, *fx* we were thankful that it was over (, that nobody was killed)); **3.** *(om arbejde)* rewarding, worthwhile;
□ *dybt* ~ deeply (, profoundly) grateful; *jeg er ham meget* ~ I am very grateful to him; F I am very much obliged to him; *vise sig* ~ show gratitude; *være* ~ *for lidt* be thankful for small mercies;
[med sb.] et -t hverv a rewarding task; ~ *jord* productive soil; *han er et -t offer* he is an easy victim (*el.* target); *et -t publikum* an appreciative audience.

taknemlighed *sb. (en)* **1.** gratitude; **2.** *(lettelse;* ~ *over for forsynet)* thankfulness.

taknemlighedsgæld debt of gratitude;
□ *stå i* ~ *til en* owe sby a debt of gratitude; be indebted to sby.

taknemmelig *(etc.) se taknemlig (etc.)*.

takning *sb. (en, -er) (på frimærke)* perforation.

takoffer thank-offering.

taks *sb. (en, -) (bot.)* yew, yew tree.

taksation *sb. (en, -er) (jf. taksere 2)* valuation; appraisal; *(fx ved skade)* assessment.

taksationspris estimated value.

taksator *sb. (en, -er) (jf. taksere 2)* valuer; appraiser; *(ved skade)* assessor.

taksere *vb.* **1.** *(anslå)* estimate (*til* at, *fx* estimate the cost at £40,000); **2.** *(fastsætte værdien af)* value (*til* at, *fx* value the property at £40,000); *(om sagkyndig vurdering)* appraise (*til* at, *fx* the pearls were appraised at £3,000; appraise the property at £40,000); *(fx ved skade)* assess (*til* at, *fx* assess the cost (, the damage, the value) at 40,000);
□ ~ *for højt* overestimate; ~ *for lavt* underestimate; *jeg -r ham til at være officer (, 50 år)* I should take him to be an officer (, 50); *dommeren -de det til 5 år* the judge fixed (*el.* set) it at 5 years.

taksering *sb. (en, -er) (jf. taksere)* **1.** estimate; **2.** valuation; appraisal; assessment.

taksigelse *sb. (en, -r)* thanksgiving;
□ *-r (ɔ: overdreven takken)* outpourings of gratitude.

takskyldig *adj. se tak*[2] *(skyldig)*.

taksonomi *sb. (en, -er)* taxonomy.

taksonomisk[1] *adj.* taxonomic(al).

taksonomisk[2] *adv.* taxonomically.

takst *sb. (en, -er)* **1.** rate, charge (*fx* postal rates (*el.* charges)); **2.** *(for gas og el)* tariff; **3.** *(i bus, fly, taxi, tog)* fare; **4.** *(straf)* punishment (*fx* you know what the punishment is

for that).
takstforhøjelse *(jf. takst)* **1.** increase of rates; **2.** fare(s) increase.
takstgrænse *(jf. takst 3)* fare stage.
takstnedsættelse *(jf. takst)* **1.** reduction of rates; **2.** fare(s) reduction.
takstræ 1. *(bot.)* yew (tree); **2.** *(veddet)* yew (wood).
takstzone *(jf. takst 3)* fare stage.
takt[1] *sb. (en) (finfølelse)* tact, tactfulness;
□ ~ *og tone* etiquette, (rules of) good form.
takt[2] *sb. (en, -er)* **1.** *(rytme)* time; F measure;
2. *(mellem to taktstreger)* bar (*fx* play the last two bars again);
3. *(i roning; i motor)* stroke;
□ *to-takts motor* two-stroke engine;
[med vb.] angive -en mark the time; *holde -en* keep time; *slå* ~ beat time;
[med præp.] ***i*** ~ *a)* in time (*fx* dance in time to the music); *b) (om march)* in step (*fx* walk in step); *råbe i* ~ chant; ***i*** ~ ***med*** *a) (om musik, march)* in time (, step) with; *b) (i overensstemmelse med)* in line with (*fx* pay has risen in line with inflation); *c) (for at holde trit med)* to keep pace with (*fx* build more houses to keep pace with the growth in population); *en pause* ***på*** *tre -er* a rest of three bars; ***ude af*** ~ *a)* out of time; *b) (om march & fig.)* out of step (*med* with, *fx* developments).
taktangivelse *(i noder)* time signature.
taktart time, metre.
taktdel beat.
taktere *vb. (mus.)* beat time.
taktfast[1] *adj. (rytmisk)* rhythmical;
□ *-e råb* chanting sg.; *med -e skridt* with measured steps.
taktfast[2] *adv.* in time; *(om march)* in step.
taktfuld *adj.* tactful; *(diskret)* discreet.
taktfuldhed *sb. (en)* tactfulness; discretion.
taktfølelse (sense of) tact.
taktik *sb. (en)* **1.** tactics pl. (*fx* I dislike these tactics; a change of tactics; they changed their tactics);
2. *(fremgangsmåde)* tactic (*fx* a new (, clever) tactic; change from one tactic to another).
taktiker *sb. (en, -e)* tactician.
taktisk[1] *adj.* tactical.
taktisk[2] *adv.* tactically.
taktløs *adj.* tactless.
taktløshed *sb. (en, -er)* want of tact, tactlessness;
□ *en* ~ a piece of tactlessness; *(om udtalelse)* a tactless remark.
taktregulering wage-drift compensation.
taktslag beat.
taktstok baton.
taktstreg bar (line).
takvinge: *nældens* ~ *(zo.)* small tortoiseshell.
tal *sb. (et, -)* **1.** *(= antal & mat., gram.)* number (*fx* 13 is an unlucky number; multiply the number by 10; even and uneven numbers);
2. *(om pris, i statistik etc.)* figure (*fx* these figures speak for themselves; the unemployment figures);
3. *(taltegn)* figure (*fx* a car registration number includes letters as well as figures; write the amount in words as well as in figures);
4. *(ciffer i flercifret tal)* figure; F digit (*fx* the last digit of the telephone number);
5. *(måde at skrive tal på)* numeral (*fx* Arabic (, Roman) numerals);
6. *(talord)* numeral (*fx* cardinal (, ordinal) numerals);
□ *-let 13 a) (antallet)* the number 13; *b) (tegnet)* the figure 13;
[med adj.] binært ~ binary numeral (*el.* number); *et højt* ~ a high figure; *(se også blandet, hel (etc.))*;
[med vb. (+ præp.)] evne til at ***forstå*** ~ numeracy; *de* ***har ikke*** ~ ***på*** *hvad det har kostet* they can't put a figure on the cost; ***holde*** ~ ***på*** keep count of; ***sætte*** ~ ***på*** *(ɔ: udtrykke i ~)* put a figure on (*fx* it is difficult to put a figure on the loss); put figures on; ***tænk på*** *et* ~ think of a number (*fx* think of a number, double it and add your age);
[med præp.] fem ***i*** *-let* five in number; *i stort* ~ in large numbers; *have let* ***ved*** ~ have a good head for figures.
talar *sb. (en, -er)* robe, gown.
talblindhed *sb. (en) (psyk.)* acalculia.
tale[1] *sb. (en, -r)* **1.** speech (*fx* a long speech); *(højtidelig,* F*)* oration (*fx* a funeral oration); *(officiel, til forsamling, ofte af betydningsfuld person)* address (*fx* a presidential address; an inaugural address; the leader's annual address to the Party Conference);
2. *(snak)* talk (*om* of; *om at (+ inf.)* of -ing, *fx* he rejected all talk of giving up); *(se også eksempler ndf.)*;
3. *(gram.)* speech; *(se også daglig, direkte, indirekte)*;
□ ***i*** *en* ~ ***for*** *X sagde han* proposing X's health he said; ***ikke*** ~ ***om!*** certainly not! I'll (, you'll) do nothing of the kind! ~ *er* ***sølv*** *men tavshed guld* speech is silver, silence is golden;
[med vb.] ***holde*** *(en)* ~ make (*el.* deliver) a speech (, an address); ***miste*** *-ns brug a)* lose the faculty of speech; *b) (tabe mælet)* lose one's tongue;
[med vb. + ~ + præp.] ***holde*** ~ ***for*** *en (ɔ: ved bordet)* propose sby's health; *der* ***er*** ~ ***om*** *a) (man snakker om)* there is some talk of; *b) (det drejer sig om)* it is (*fx* a long journey); it is a question of (*fx* large sums of money); we are dealing with (*fx* a very difficult question); *der er* ~ *om store udgifter* the expense involved is considerable; *den mand der er* ~ *om* the man in question; *det eneste der kan være* ~ *om* the only possibility; *det er* ***ikke*** *det* ***der er*** ~ ***om*** that is not the point; *det kan der ikke være* ~ *om* that is out of the question; T that's not on; ***der er*** ~ ***om at*** there is some talk of -ing (*fx* of finding a new manager); *der er ikke* ~ *om at han* there is no question of his -ing (*fx* of his being appointed); ***høre*** ~ ***om*** hear of (*fx* I have heard of it; I won't hear of such a thing); *jeg vil ikke høre* ~ *om sådan noget* I won't hear of such a thing;
[med vb. + præp. + ~] kan jeg ***få*** *ham* ***i*** ~ *nu?* can I see him now? ***bringe på*** ~ bring up; *bringe emnet på* ~ *(også,* F*)* broach the subject; ***komme på*** ~ be mentioned (*fx* he has been mentioned as a possible new chairman); ***være på*** ~ *a) (blive nævnt)* be mentioned; *b) (blive diskuteret)* be talked of; *(mere* F*)* be under discussion.
tale[2] *vb. (talte, talt) (se også talende)* **1.** speak (*fx* speak fluently (, clearly); I was unable to speak); *(mere* T*)* talk (*fx* talk in one's sleep; you talk too much; learn to talk (*el.* speak); teach a parrot to talk (*el.* speak));
2. *(om sprog: kunne tale)* speak (*fx* he doesn't speak English); *(faktisk tale)* talk (*fx* they talked English all evening);
3. *(diskutere)* talk (*fx* business, golf, music);
4. *(sige, udtrykke)* speak (*fx* words of wisdom; the truth);
5. *(holde tale)* speak (*om* on);

make a speech;
□ *vel* ***talt!*** well spoken! *(NB adv. + talt oversættes ofte ved adv. alene); (se alvorlig*[2]*, bogstavelig*[2]*, egentlig*[2]*, praktisk*[2]*, ærligt);*
[med sig] ~ **sig** *hæs* talk oneself hoarse; ~ *sig varm* warm to one's subject;
[med sb.] ~ *ens* **sag** plead sby's cause, plead for sby; ~ *sin sag* plead one's cause; ~ *samme* ***sprog*** *(fig.)* speak (*el.* talk) the same language;
[med præp. & adv.] ~ ***for*** *a) (på éns vegne)* speak for; *b) (til gunst for)* speak for, speak in favour of; *(i retten)* plead for; *c) (tyde på)* point to, indicate; *d) (gøre tilrådelig)* call for; ~ *for en (ɔ: om bordtale)* propose sby's health; *der er meget der -r for det* there is a lot to be said in favour of it; there is a strong case for it; *alt -r* ***for at*** *han har ret* everything seems to show that he is right; everything points to his being right; *der er meget der -r for at gøre det sådan* there is a lot to be said for (*el.* there is a strong case for) doing it like that; *han -r godt* ***for sig*** he speaks well; he is a fine speaker; *dette -r* ***for sig selv*** this speaks for itself;
~ ***forbi*** *hinanden* talk past each other, talk at cross purposes; be on different wavelengths;
~ *ham* ***fra*** *det* talk him out of it;
~ ***frem og tilbage*** *om det* argue about it, discuss it at great length;
~ ***i*** *radio (, telefon)* be on the radio (, telephone) (*fx* he is (talking) on the telephone just now); ~ *i telefon med en* speak to sby on the telephone; *(se også gåde);*
~ ***imod*** speak against (*fx* a proposal); *der er meget der -r imod det* there is a lot to be said against it; there is a strong case against it;
'~ ***med*** *a)* speak to, talk to (*fx* I'll speak (*el.* talk) to her about it; he talked to himself); have a word (, a few words) with (*fx* can I have a word with you?); *(am.)* speak with, talk with; *b) (for at irettesætte)* talk to, have a word with; *(strengere)* speak to; *c) (for at rådspørge)* consult; T see (*fx* you ought to see a doctor); ~ *'med* join in the talk, put in a word; *jeg ønsker at ~ med ham (også)* I want to see him; *hvem -r jeg med? (ɔ: sagt i telefon)* who is speaking? *De -r med John Smith (ɔ: sagt i telefon) a) (når man ringer op)* my name is John Smith (*fx* my name is John Smith, could I speak to Mr Brown?); *(hvis man er bekendt)* this is John Smith; *b) (når man tager telefonen)* (this is) John Smith speaking; *han er* ***til at*** *~* ***med*** he is open to argument; *han er ikke til at ~ med* he will not listen to reason; *det kan han ~* ***med om*** he knows a thing or two about that;
~ ***med ham om*** *det (også: drøfte)* discuss it with him, talk it over with him;
~ ***om*** *a) (udtale sig om)* speak of (*fx* he spoke of his plans); *b) (nævne)* mention (*fx* he didn't mention the matter); refer to; *c) (holde foredrag om)* speak on, talk on; *d) (om to el. flere: snakke om)* talk about (*el.* of) (*fx* we've been talking about you); *e) (grundigere: drøfte)* talk over (*fx* let's talk it over); discuss; ~ *om noget andet* talk about sth else, change the subject; *hele byen -r om det* it is the talk of the town; *vi kan da ~ om det* let's talk it over; *siden vi -r om bøger* talking of books;
det er ***ikke*** *noget at ~* ***om***, *det er ikke værd at ~ om* it is nothing to speak of; it is not worth mentioning; *ikke ~ om! se tale*[1]*; for (slet) ikke at ~ om a)* to say nothing of; not to mention (*el.* speak of) (*fx* the other problems they have); *b) (og da slet ikke)* let alone, never mind (*fx* he was unable to walk, let alone (*el.* never mind) run);
det skal vi vist ikke ~ for højt om I wouldn't say too much about that; *så -r vi ikke mere om det!* let's say no more about it! T (let's) drop it!
~ ***over*** *en tekst* preach on a text;
~ ***over sig*** *a) (sige for meget)* say too much; let one's tongue run away with one; *b) (røbe hemmeligheden)* let the cat out of the bag; *c) (røbe sig)* give oneself away;
~ ***sammen*** talk; F converse; *de -r ikke sammen (ɔ: er uvenner)* they are not on speaking terms;
~ ***sandt*** tell the truth;
~ ***til*** *a)* speak to, talk to (*fx* nobody spoke (*el.* talked to him the whole evening)); F address (*fx* one of the guests addressed him); *b) (appellere til)* appeal to (*fx* sby's feelings); *(se også fornuft);*
~ ***ud*** finish speaking; *lad mig ~ ud* let me finish (what I have got to say), hear me out; ~ ***ud med ham*** *(om det)* have it out with him; ~ ***ud om*** *spørgsmålet* thrash out the question;
vi -s ***ved*** *senere* we'll discuss it (*el.* talk it over) later.

taleboble *(i tegneserie)* (speech) balloon.
taleevne power of speech.
talefejl impediment of speech, speech defect.
talefilm sound film; T talkie.
talefod*: komme (, være) på ~ med* get (, be) on speaking terms with.
talefrihed liberty (*el.* freedom) of speech, free speech.
talefærdighed 1. *(i et sprog)* fluency; **2.** *(veltalenhed)* eloquence.
talegaver *sb.pl.* oratorical gifts; eloquence sg. (*fx* he may have inherited his eloquence from his father);
□ *have gode ~ a)* be a fluent speaker; *b) (til at besnakke folk,* T*)* have the gift of the gab.
talekor chorus;
□ *de dannede ~ og råbte* they chanted (*fx* they chanted, "We are red, we are white").
taleksempel numerical example.
talekunst art of speaking; rhetoric.
talelidelse speech defect.
talelidende *adj.* speech-handicapped.
talelærer speech therapist.
talemaskine *(om en person)* chatterbox.
talemåde *(udtryk)* phrase; *(forslidt)* commonplace; F platitude; *(dagligdags)* colloquialism;
□ *det er kun en ~* it is just a figure of speech; *tomme -r* mere words, empty phrases; *smukke -r* fine words.
talen *sb. (en)* talking, talk.
talende *adj.* **1.** speaking; talking; **2.** *(udtryksfuld)* meaning (*fx* glance, look); expressive (*fx* glance); significant (*fx* gesture); F eloquent (*fx* silence);
□ *den ~* the speaker, the person speaking; *han er meget ~* he is a great talker, he is talkative.
-talende -speaking (*fx* German-speaking).
talent *sb. (et, -er)* talent;
□ *have ~ for* have a talent for; *han har ~* he is talented; *(stærkere)* he is gifted.
talentfuld *adj.* **1.** talented; *(stærkere)* gifted (*fx* writer); **2.** *(lovende)* promising (*fx* book, play).
talentløs *adj.* **1.** untalented, talentless; **2.** *(uinspireret)* uninspired.
talentløshed *sb. (en)* lack of talent.
talentspejder talent scout, talent spotter.
taleorgan speech organ.
taleplade recording of the spoken word.
talepædagog speech therapist.
taler *sb. (en, -e)* speaker; *(velta-*

lende) orator;
□ *den sidste (ærede)* ~ the last (*el.* previous) speaker.
talerkursus course in speech-making.
talerpult lectern.
talerstol rostrum; *(ved møde etc.)* platform;
□ *gå op på -en* mount the rostrum (, platform).
talerør **1.** *(glds.)* speaking tube; **2.** *(fig. om person el. avis)* mouthpiece;
□ *være* ~ *for* act (*el.* serve) as a mouthpiece for; be the mouthpiece of (*fx* the opposition).
talesproget the spoken language;
□ *udtrykket tilhører* ~ the phrase is colloquial (*el.* a colloquialism).
talestemme speaking voice.
talestrøm flow of talk; *(stærkere)* torrent of speech.
taleterapi talk therapy.
taletid: *overskride -en* exceed the time limit.
taleundervisning speech training.
talevanskeligheder *sb.pl.* speech disorders.
taleøvelse conversation lesson; conversation practice.
talforståelse numeracy;
□ *som har* ~ numerate.
talg *sb. (en)* tallow; *(nyre-)* suet.
talgkirtel sebaceous gland.
talisman *sb. (en)* talisman.
talje[1] *sb. (en, -r)* **1.** *(liv)* waist (*fx* a slender waist); **2.** *(omfang)* waistline (*fx* she need not worry about her waistline).
talje[2] *sb. (en, -r) (mekanisme)* tackle; *(sø. også)* purchase.
taljeblok *(sø.)* block.
talk *sb. (en)* talc.
talknuser *sb. (en, -e)* number cruncher.
talkum *sb. (et)* talcum powder.
tallerken *sb. (en, tallerk(e)ner)* plate;
□ *en* ~ *suppe* a plate(ful) of soup; *vende på en* ~ *a) (om bil)* turn in its own length (*fx* the car can turn in its own length); *b) (fig.: skifte mening)* do a U-turn; *(se også dyb*[2]*, flad, flyvende).*
tallerkenfuld *sb. (en, -e)* plateful.
tallerkenrække plate rack.
tallerkenvasker *sb. (en, -e)* washer-up.
tallotteri *(selskabsspil)* housey-housey.
talløs *adj.* countless (*fx* visitors); T any number of (*fx* things to do; I have told you any number of times not to do that); F innumerable (*fx* instances, occasions); *(litt.)* untold (*fx* millions).

talmagi number magic.
talmudisk *adj. (rel.)* Talmudic.
talmudist *sb. (en, -er) (rel.)* Talmudist.
talmæssig *adj.* numerical (*fx* superiority).
talon *sb. (en, -er)* **1.** *(i checkhæfte etc.)* counterfoil; *(am.)* stub; **2.** *(på kuponark)* talon; **3.** *(i kortspil)* stock, talon.
talord numeral.
talrig *adj.* numerous (*fx* as numerous as the stars in the sky);
□ *være -ere end* outnumber; *-t repræsenteret* represented in large numbers.
talrække **1.** series of numbers; **2.** *(i rækkefølge: 1, 2, 3 etc.)* sequence of numbers; **3.** *(under hinanden)* column of figures.
talskvinde spokeswoman; *(se også talsmand 2).*
talsmand **1.** spokesman (*for* for of, *fx* a spokesman for the government; he is the spokesman of the government);
2. *(som tilråder noget)* advocate (*for* of); *gøre sig til* ~ *for* advocate.
talstærk *adj.* numerous;
□ *de mødte -t op* they turned out in large numbers (*el.* in force).
talstørrelse number; numerical quantity.
talsystem system of (arithmetical) notation; scale (*fx* the decimal scale).
talt *pf.ptc. af tælle*[2]*, tale*[2]*.*
talte *præt. af tælle*[2]*, tale*[2]*.*
taltegn figure; numeral character; arithmetical symbol.
talværdi numerical value.
tam *adj.* **1.** tame; *(om husdyr også)* domestic (*fx* pigeons); **2.** *(kedelig)* tame (*fx* party); **3.** *(ikke overbevisende, svag)* lame (*fx* argument, excuse, reply);
□ *i* ~ *tilstand* when domesticated.
tam- domestic (*fx* goose, pig); tame (*fx* swan).
tamarinde *sb. (en, -r) (bot.)* tamarind.
tamarisk *sb. (en, -er) (bot.)* tamarisk.
tambur *sb. (en, -er) (trommeslager)* drummer.
tamburin *sb. (en, -er) (mus.)* tambourine.
tamburmajor *sb. (en, -er) (mil.)* drum major.
tamhed *sb. (en) (jf. tam)* tameness; domesticity.
tamil[1] *sb. (en, -er)* Tamil.
tamil[2] *sb. (et)* Tamil.
tamiler *sb. (en, -e)*, **tamilsk** *adj.* Tamil.
tamp *sb. (en, -e)* **1.** *(på tov)* (rope) end;
2. *(glds. straf)* flogging;
3. *(strafferedskab)* cat-o'-nine-tails;
4. *(kraftig fyr)* (big) strapping fellow;
□ *-en brænder* you are getting hot; *det er en ordentlig* ~ *(om ting)* it's a whacking great one; *(let glds.)* it's a thumping big one, it's a whopper.
tampe *vb.* flog, thrash;
□ ~ *i klaveret se hamre.*
tampon *sb. (en, -er)* tampon.
tamponere *vb.* tampon.
tamtam *sb. (en, -(m)er)* **1.** *(tromme)* tom-tom; **2.** *(T: ballade)* hullabaloo.
tand *sb. (en, tænder)* **1.** *(også på kam, sav, rive etc.)* tooth (pl. teeth);
2. *(på gaffel, fork etc.)* prong; *(F el. fagl.)* tine;
3. *(på tandhjul)* tooth, cog;
□ *en* ~ *bedre end* a cut above; F fractionally better than; *have en sød* ~ *(ɔ: være slikken)* have a sweet tooth; *tidens* ~ the ravages of time; *(mindre F)* wear and tear (*fx* there were signs of wear and tear);
[med vb.] ***bide*** *tænderne sammen a)* set one's teeth; *(stærkere)* clench one's teeth; *b) (ikke ville give sig)* grit one's teeth; *c) (ikke lade sig mærke med noget)* keep a stiff upper lip; ***børste*** *tænder se børste*[2]; ***få*** *tænder* cut (one's) teeth; *han er ved at få tænder (også)* he is teething; *han* ***hakkede*** *tænder* his teeth were chattering; ***holde*** ~ *for tunge* hold one's tongue; keep one's own counsel; *det fik mine tænder til at* ***løbe*** *i vand* it made my mouth water; ***skære*** *tænder* grind one's teeth; *(især fig.)* gnash one's teeth (*fx* he gnashed his teeth in (*el.* with) rage); ***sætte*** *tænderne i noget* dig (*el.* sink) one's teeth into sth; ***vise*** *tænder a)* show one's teeth; *b) (om dyr)* bare its teeth; *(se også skifte*[2]*);*
[med præp.] have ondt ***for*** *tænder* be teething; *føle en* ***på*** *tænderne* sound sby out; *få blod på -en se blod*; *bevæbnet* ***til*** *tænderne* armed to the teeth.
tandbehandling dental treatment.
tandben tooth bone.
tandbeskytter *(boksers)* mouthpiece.
tandbrud *sb. (et, -)* teething; *(fagl.)* dentition.
tandbyld gumboil.
tandbøjle (teeth) brace, orthodon-

tic brace.
tandbørste toothbrush.
tande *sb. (en, -r) (på lys)* snuff.
tandem *sb. (en, -(m)er) (om cykel & forspand)* tandem.
tandfyldning filling.
tandhals neck of a tooth.
tandhjul gear wheel, cogwheel.
tandhjulsbane rack-railway.
tandhjulsdrev pinion.
tandhval *(zo.)* toothed whale.
tandklinik dental clinic.
tandkrus tooth mug.
tandkød gum; *(se også gumme).*
tandlyd dental (sound).
tandlæge dentist; F dental surgeon.
tandlægebehandling dental treatment.
tandlægebor dentist's drill.
tandlægeskole school of dentistry.
tandlægeskræk fear of dentists.
tandlægestol dentist's chair.
tandløs *adj. (også fig.)* toothless.
tandløshed toothlessness.
tandpasta toothpaste.
tandpine toothache.
tandpleje care of the teeth, dental care.
tandplejer *(omtr.)* dental hygienist.
tandpulver tooth powder.
tandregulering *se tandretning.*
tandrensning *(tandl.)* scaling, tooth cleaning.
tandretning treatment (, straightening) of irregular teeth; straightening teeth; *(fagl.)* orthodontics.
tandrække row of teeth.
tandskifte secondary dentition.
tandsnit *(arkit.)* dentils pl.
tandstang *(tekn.)* rack.
tandsten tartar.
tandstikker *sb. (en, -e)* toothpick.
tandsæt set of teeth; *(kunstigt)* set of false teeth; F denture(s).
tandteknik dental mechanics.
tandtekniker dental technician.
tandtråd dental floss.
tandudtrækning extraction (of teeth).
tang[1] *sb. (en, tænger)* **1.** *(redskab)* tongs pl.; *(se også bidetang, billettang, fladtang, knibtang (etc.));* **2.** *(læges, tandlæges)* forceps pl. (*fx* the child was taken with forceps);
3. *(på høvlebænk)* (bench) vice;
□ *en ~ a) (jf. 1)* a pair of tongs; *b) (jf. 2)* a pair of forceps.
tang[2] *sb. (en) (bot.)* seaweed.
tanga *sb. (en, -er),* **tangatrusse** *(en, -r)* tanga.
tange *sb. (en, -r)* **1.** *(som forbinder)* isthmus; **2.** *(landtunge)* point; F tongue (of land).
tangens *sb. (en) (mat.)* tangent.
tangent *sb. (en, -er)* **1.** *(på klaver, skrivemaskine etc.)* key; **2.** *(mat.)* tangent;
□ *hvid ~* white key; *sort ~* black key; *den fik på alle -erne* (T, *fig.)* he (, they etc.) really went to town; *ryge ud ad -en (fig.)* go (*el.* fly) off at a tangent.
tangentiel *adj.* tangential.
tangere *vb.* **1.** *(berøre)* touch; **2.** *(fig.: grænse til)* border on (*fx* it borders on the absurd); **3.** *(en rekord)* equal (*fx* the world record).
tangforløsning *(med.)* forceps delivery.
tangnål *(zo.)* pipefish.
tango *sb. (en, -er)* tango;
□ *danse ~* dance the (, a) tango; tango.
tangplante seaweed plant.
tangskov forest of seaweed.
tangsnarre *sb. (en, -r) (zo.)* sea stickleback.
tangspræl *sb. (en, -) (zo.)* butterfish.
tank[1] *sb. (en, -e el. -s) (kampvogn)* tank.
tank[2] *sb. (en, -e)* **1.** *(beholder)* tank; **2.** *(benzinstation)* filling station; *(am.)* gas station; *(se også tankstation).*
tankbil (road) tanker.
tankbåd tanker.
tanke[1] *sb. (en, -r)* **1.** thought (*om, på* of, *fx* the thought of death);
2. *(mening)* idea (*om* about, *fx* I have my own ideas about it);
3. *(hensigt)* intention (*fx* that was not my intention); idea (*med* of, *fx* what is the idea of it?);
□ *-r (også)* mind sg. (*fx* it crossed my mind; I can't get it out of my mind; I went over the events of the day in my mind);
[med vb.] ***aflede*** *ens -r* divert sby's thoughts; *aflede ens -r fra* take sby's mind off (*fx* domestic problems); ***få*** *den ~ se ndf.: komme på den ~*; *kødet* ***har*** *en ~* the meat is a bit off (*el.* is going off); ***læse*** *ens -r* read sby's mind; ***skænke*** *en ~ se skænke*[1]; *det* ***var ikke*** *min ~ at gøre det* I did not mean (*el.* intend) to do it; I had no intention of doing it;
[med vb. + om, for] der ***er*** *-r* ***om at*** there is talk of -ing (*fx* of merging the two companies); ***gør*** *du dig nogen -r* ***om*** have you any ideas about (*fx* how it can be done?); *han* ***har*** *ikke ~* ***for*** *andet* he cannot think of anything else; *jeg havde overhovedet ikke ~ for det* I never gave it a thought; ***have*** *høje -r* ***om*** think highly of, have a high opinion of; *have høje -r om sig selv* have a high opinion of oneself, have a sense of one's own importance; *han har ikke høje -r om* he does not think much of (*fx* his son-in-law); ***komme i*** *~ (el. -r)* ***om*** remember (about), come to think of (*fx* an appointment); think of (*fx* can you think of a solution?); *han kom i ~ om at* it struck him that, it occurred to him that; *jeg kan ikke komme i ~ om* I can't think of (*fx* I can't think of his name; I can't think (of) what his name is);
[med præp.] ***i*** *-n, i -rne* in one's thoughts, mentally; *i ~, ord og handling* in thought, word and deed; *i den ~ at* thinking that (*fx* thinking that it might be useful, he put it in his pocket); *i dybe -r* deep in (*el.* absorbed in) thought; *gå i sine egne -r* be lost in thought; *falde i -r* be lost in thought; *jeg gjorde det i -r* I did it in a fit of absence of mind; *have en i -rne* have sby in mind;
med *~* ***på*** *a)* with a view to, with an eye to; *b) (i forventning om)* in expectation of;
bringe ham ***på*** *andre -r* make him change his mind; T change his mind for him; *hvordan kommer du på den ~?* where have you got that idea from? *hvordan kunne du komme på den ~ at* how could you take it into your head that; *jeg kom på den ~ at* it struck (*el.* occurred to) me that; *komme på andre -r* change one's mind; *komme på bedre -r* think better of it;
uden *~* ***på*** *a)* without thinking of; *b) (uden hensyn til)* regardless of; *det blev* ***ved*** *-n* it never came off, nothing came of it; ***ved*** *-n* ***om*** at the thought of.
tanke[2] *vb.: ~ op a) (om bil)* fill up (with petrol); T tank up; *b) (om fly, skib)* refuel.
tankebane train of thought.
tankeeksperiment supposition;
□ *lad os gøre det ~ at* let us suppose for the sake of argument that.
tankefattig *adj.* jejune.
tankeflugt **1.** lack of concentration; **2.** *(høj flugt)* flight of fancy;
□ *han lider af ~ (også)* his mind wanders.
tankeforbindelse association of ideas.
tankefuld *adj.* thoughtful; F pensive.
tankegang **1.** *(måde at tænke på)* way of thinking, way sby thinks (*fx* I don't understand the way

they think);
2. *(indstilling, mentalitet)* mentality (*fx* I don't understand such a mentality); mindset (*fx* enter into the mindset of one's adversaries; his mindset and mine are miles apart; the Swiss mindset); mind (*fx* a logical (, dirty) mind);
3. *(tankerække)* line of thought, train of thought (*fx* pursue another line of thought; interrupt his train of thought);
4. *(tanker)* ideas (*fx* enter into their ideas); thoughts.
tankelæser thought-reader.
tankelæsning thought-reading.
tankeløs *adj.* thoughtless, unthinking; *(se også ubetænksom).*
tankeløshed thoughtlessness; *en ~* a piece of thoughtlessness.
tankeoverføring telepathy.
tanker *sb. (en, -e)* tanker.
tankerække line of thought, train of thought.
tankespind fantasy.
tankespring 1. sudden transition; **2.** *(sidebemærkning)* digression.
tankesprog apophthegm.
tankestreg dash.
tanketom *adj.* empty-headed, vacant.
tanketorsk slip; *(grovere)* blunder.
tankeudveksling exchange of ideas.
tankevirksomhed thinking, mental activity.
tankevækkende[1] *adj.* thought-provoking;
□ *det er ~ (også)* it gives food for thought.
tankevækkende[2] *adv.* in a thought-provoking manner.
tankfælde *(mil.)* tank trap.
tankpasser *sb. (en, -e) (ved benzintank)* filling-station (*el.* petrol pump) attendant; garage forecourt attendant.
tankskib tanker.
tankspærring anti-tank defences pl.
tankstation 1. filling (*el.* petrol *el.* service) station; *(am.)* gas (*el.* service) station; **2.** *(med værksted)* garage.
tankvogn 1. *se tankbil*; **2.** *(jernb.)* tank car.
tant *sb. (en el. et)* vanity.
tantaluskvaler *sb.pl.* torments of Tantalus (*fx* suffer the torments of Tantalus).
tante *sb. (en, -r)* aunt.
tanteagtig *adj.* prim.
tantieme *sb. (en, -r)* commission on profits, bonus.
TAP *(fork.f. teknisk og administrativt personale; ved skole)* non-teaching staff; *(ved universitet også)* non-academic staff.
tap *sb. (en, -per)* **1.** *(i snedkerarbejde)* tenon; *(svalehaleformet, i sinkning)* dovetail; *(i hul ved samling)* dowel; *(løs)* pin;
2. *(mellem stenblokke)* gudgeon;
3. *(på aksel)* journal;
4. *(hvorom noget drejer)* pivot;
5. *(på pladespiller)* spindle;
6. *(i tønde)* bung; *(hane)* tap;
7. *se snittap.*
tape *sb. (en)* **1.** *(klæbestrimmel)* adhesive tape, sticky tape; **2.** *(magnetbånd)* tape.
tapet *sb. (et, -er)* **1.** *(papirs-)* wallpaper; **2.** *(vævet)* hangings pl.;
□ *en rulle ~* a roll of wallpaper; *[med vb.] bringe noget på -et* bring sth up for consideration; *være på -et a) (aktuelt)* be under discussion; *b) (forestående)* be in the pipeline; *sætte ~ op i se tapetsere.*
tapetbog pattern book.
tapetdør jib door.
tapetopsætning paperhanging.
tapetrulle roll of wallpaper.
tapetsere *vb.* **1.** *(uden objekt)* put up wallpaper, paper (*fx* he is good at papering); **2.** *(med objekt)* hang with paper, paper (*fx* a room, a wall); wallpaper (*fx* a room);
3. *(opsætte nyt tapet i)* repaper;
□ *værelset var -t med bøger* the room was lined with books.
tapetserer *sb. (en, -e)* **1.** *(sadelmager og ~)* upholsterer; **2.** *(tapetopsætter)* paperhanger; *(maler og ~)* decorator.
tapetsererarbejde *(jf. tapetserer)* **1.** upholstery; **2.** paperhanging.
tapetsering *sb. (en, -er)* paperhanging.
taphane drain cock; *(am.)* faucet.
taphvirvel *(anat.)* axis (pl. axes).
tapir *sb. (en, -er) (zo.)* tapir.
tapløbe *vb.* gush out.
tapning *sb. (en, -er) (jf. tappe)* **1.** drawing (off); bottling; **2.** mortising; **3.** taping.
tappe *vb.* **1.** *(væsker)* draw (*fx* water from a barrel); *(på flaske)* bottle; **2.** *(i snedkerarbejde)* tenon, mortise; **3.** *(radioudsendelse)* tape;
□ *~ et træ* tap a tree;
[med præp. & adv.] ~ ***af*** draw off (*fx* beer); draw (*fx* a glass of beer); *~* ***for*** *a)* drain of (*fx* the country was drained of its best scientists; he was drained of energy); *b) (for penge, oplysninger)* tap for (*fx* tap him for money (, information)); *~ for blod* bleed; *~ en for energi* drain sby's energy; *~ en for penge (ɔ: helt)* bleed sby white; *~ musik* ***fra*** *radioen* tape (*el.* take) music from the radio; *~* ***på*** *flaske(r)* bottle.
tappehal bottling plant.
tappenstreg *sb. (en, -er)* tattoo.
tapper *adj.* **1.** brave, courageous; T plucky; **2.** *(litt., især i krig)* valiant;
□ *holde sig ~ a) (over for smerte)* not flinch; keep a stiff upper lip; *b) (i modgang,* T*)* keep one's chin up.
tapperhed *sb. (en) (jf. tapper)* **1.** bravery, courage; T pluck; **2.** *(litt.)* valour; **3.** *(over for lidelser, sygdom,* F*)* fortitude.
tara *sb. (en) (hdl.)* tare.
tarantel *sb. (en, -ler)* **1.** *(zo.: edderkop)* tarantula; **2.** *(dans)* tarantella.
tarere *vb. (hdl.)* tare.
tarif *sb. (en, -fer)* **1.** *(told- & mht gas og el)* tariff; **2.** *(lønnings- etc.)* rates pl.
tarifløn wage according to agreed (*el.* trade union) rates; agreed rate(s).
tarifmæssig *adj. (præd.)* in accordance with the tariff (, rates) *(jf. tarif).*
tarm *sb. (en, -e)* intestine; *(mere* T*)* gut;
□ *-e (også)* bowels; *(til pølser)* casings.
tarmkanal *(anat.)* intestinal canal (*el.* tract).
tarmkatar *(med.)* enteritis.
tarmrenser *sb. (en, -e)* gut scraper, gut cleaner.
tarmslyng *sb. (en el. et) (med.)* volvulus.
tarmstreng 1. *(materiale)* catgut (*fx* a racket strung with catgut); **2.** *(enkelt)* gut string.
tarmsygdom *(med.)* intestinal disease.
tarmvæg *(anat.)* intestinal wall.
tarmåbning *(anat., endetarms-)* anus.
tarok *sb. (en, -ker)* (kortspil) tarot.
tartelet *sb. (en, -ter)* patty shell.
tarv *sb. (en el. et)* **1.** interests pl. (*fx* promote his interests); **2.** *(behov)* want, need (*fx* according to his need);
□ *det tjener hans ~* it serves his interests.
tarvelig *adj.* **1.** *(beskeden)* simple (*fx* furniture, habits); humble (*fx* dwelling); plain (*fx* food); modest (*fx* dress, livelihood);
2. *(primitiv)* primitive, rough (*fx* furniture);
3. *(ringe, dårlig)* poor (*fx* clothes);

cheap (*fx* hotel); shoddy (*fx* hotel, goods, clothes);
4. *(gemen)* mean (*fx* it was mean of him); shabby; T low-down;
5. *(vulgær)* common, vulgar (*fx* language); low (*fx* taste).
tarvelighed *sb. (en) (jf. tarvelig)* **1.** simplicity; plainness; modesty; **2.** primitiveness, roughness; **3.** poorness, cheapness, shoddiness; **4.** meanness, shabbiness; **5.** commonness, vulgarity.
taske *sb. (en, -r)* **1.** bag;
2. *(dame-)* handbag;
3. *(mappe)* briefcase;
4. *(let glds.: tøjte)* hussy;
□ *et slag på -n (fig.: løseligt skøn)* an offhand (*el.* a rough) estimate; a guesstimate; *(am.* T*)* a ball-park figure (*el.* guess).
taskekrabbe *(zo.)* edible crab.
taskenspiller conjurer.
taskenspillerkunst conjuring trick.
taskeparaply telescopic umbrella.
tasketyv bag-snatcher.
tasketyveri bag-snatching; *et ~* an instance (, a case) of bag-snatching.
tast *sb. (en, -er)* key.
tastatur *sb. (en el. et, -er)* **1.** keyboard; **2.** *(på telefon)* dial.
tastaturapparat *(tele.)* pushbutton telephone, keyphone.
taste[1] *sb. (en, -r)* key.
taste[2] *vb.* key;
□ *~ noget ind (ɔ: på en computer)* key sth in, type sth in; *~ et nummer ind* key in a number; *(på telefon også)* dial a number.
tasteassistent, tasteoperatør keyboard operator, keyboarder.
tatar *sb. (en, -er),* **tatarisk** *adj. (attr.)* Tartar, Tatar.
tater *sb. (en, -e)* gipsy.
tatovere *vb.* tattoo.
tatoverer *sb. (en, -e)* tattooist.
tatovering *sb. (en, -er)* **1.** tattooing; **2.** *(billede)* tatoo.
tatovør *sb. (en, -er)* tatooist.
tautologi *sb. (en, -er)* tautology.
tautologisk[1] *adj.* tautological.
tautologisk[2] *adv.* tautologically.
tav *præt. af tie.*
tave *sb. (en, -r)* fibre.
tavle *sb. (en, -r)* **1.** *(plade af sten, træ el. metal)* table; *(især tynd)* tablet; *(især tyk)* slab;
2. *(vægtavle: sort)* blackboard; *(hvid)* whiteboard;
3. *(skifer-)* slate;
4. *(i bistade)* comb;
5. *(planche i bog)* plate; *(tabel)* table; *(se også altertavle, instrumenttavle, mindetavle, opslagstavle, salmetavle)*;
□ *lovens -r* the tables of the law; *den sorte ~* the blackboard; *viske (el. vaske) -n ren a)* wipe (*el.* clean) the blackboard; *b) (fig.: begynde forfra)* wipe the slate clean.
tavleklud duster.
tavlet *adj.* chequered.
tavs *adj.* **1.** *(som ikke siger noget)* silent (*om* on, *fx* he was silent on his plans; they were silent for a moment);
2. *(ordknap)* silent (*fx* a strong silent man); F taciturn;
3. *(ikke udtalt)* mute (*fx* appeal, evidence, protest); silent (*fx* prayer);
□ *han er ~ af sig* he is silent (*el.* quiet) by nature; he hasn't got much to say; *det -e flertal* the silent majority; *gøre en ~* silence sby; *~ som graven* (as) silent as the grave.
tavshed *sb. (en)* **1.** silence; **2.** *(ordknaphed)* silence; F taciturnity;
3. *(hemmeligholdelse)* secrecy (*fx* he promised secrecy);
□ *der herskede ~* silence reigned; *en -ens sammensværgelse* a conspiracy of silence; *(se også forventningsfuld, løfte*[1]*)*;
[med præp.] ***i*** *~* in silence; silently (*fx* they finished the meal silently); *bringe en* ***til*** *~* silence sby, put (*el.* reduce) sby to silence.
tavshedsløfte promise of secrecy; F pledge of secrecy (*fx* under pledge of secrecy).
tavshedspligt *(læges etc.)* professional secrecy; confidentiality;
□ *bryde -en* breach confidentiality.
taxa *se taxi.*
taxachauffør taxi driver.
taxafly taxiplane.
taxameter *sb. (et, taxametre)* taximeter.
taxi *sb. (en, -er)* taxi; *(lidt mere* F*)* taxi cab, cab;
□ *køre med ~* go by taxi (*el.* cab); *køre hjem med ~* go home in a taxi (*el.* cab); *tage en ~* take a taxi (*el.* cab).
taxie *vb. (flyv.)* taxi.
taxifly taxiplane.
taxiholdeplads taxi rank, cab rank; *(am.)* taxi stand.
Tchad *(geogr.)* Chad.
tchader *sb. (en, -e),* **tchadisk** *adj.* Chadian.
te[1] *sb. (en, -er)* tea;
□ *to ~ (på restaurant)* two cups (, pots) of tea; two teas; *tynd ~* weak tea;
[med: kop] en ***kop*** *~* a cup of tea; *det er en køn kop ~!* this is a nice kettle of fish! *han er ikke min kop ~* he is not my cup of tea; *en tynd kop ~ (fig.)* a feeble affair.
te[2] *vb.: ~ sig a)* behave (*fx* strangely); *b) (neds.)* carry on.
teaktræ **1.** teak tree; **2.** *(veddet)* teak.
teater *sb. (et, teatre)* theatre;
□ *teatret (scenen, skuespillerprofessionen)* the stage (*fx* write for the stage; she has left the stage); *gå i teatret* go to the theatre; *gå til teatret (ɔ: blive skuespiller)* go on the stage; *det er det rene ~ (fig.)* it is nothing but show, it is just show; *spille ~ (fig.)* play-act.
teateraften visit to the theatre, evening at the theatre.
teateranmeldelse theatrical review.
teateranmelder drama critic.
teaterbillet theatre ticket.
teaterchef, teaterdirektør theatre manager.
teaterensemble theatre company.
teaterforestilling theatrical performance.
teaterforlag theatrical publisher.
teatergal *adj. (som gerne vil til scenen)* stage-struck.
teatergænger *sb. (en, -e)* theatregoer, playgoer.
teaterhistorie stage history, theatrical history.
teaterkikkert opera glasses pl.; *en ~* a pair of opera glasses.
teaterkritiker theatre critic, drama critic.
teatermaler scene painter.
teatermand theatre personality.
teaterplakat playbill.
teaterrekvisitter *sb.pl.* theatrical properties; T props.
teatersal auditorium.
teatersekretær theatre secretary.
teaterselskab theatre company.
teaterskole drama school, school of drama.
teaterskrædder **1.** tailor (at a theatre); **2.** *(fig.)* stage carpenter (*fx* Pinero was much more than the stage carpenter he was called).
teaterstykke (stage) play.
teatersæson theatrical season.
teatertorden **1.** stage thunder; **2.** *(fig.,* T*)* huffing and puffing; pure show.
teatralsk[1] *adj.* **1.** theatrical; **2.** *(neds.)* theatrical; *(især attr.,* F*)* histrionic.
teatralsk[2] *adv.* theatrically.
teblad tea leaf.
tebolle *(omtr.)* bun.
tebord **1.** tea table; **2.** *(på hjul)* tea trolley; *(am.)* tea wagon.
tebrev tea bag.
tebusk tea shrub.
teddybjørn teddy bear.
tedeum *sb. (et, -(m)er)* Te Deum.

tedug (afternoon) tea cloth.
tedåse tea caddy.
teenager *sb. (en, -e)* teen-ager.
teflon *sb. (en el. et)* ® Teflon.
tegl *sb. (en el. et)* **1.** *(til tag: generelt)* tiles pl.; *(enkelt sten)* tile;
2. *(til mur)* brick;
□ *stryge* ~ mould tiles (, bricks).
teglovn *(jf. tegl)* tile (, brick) kiln.
teglsten 1. *(til tag)* tile; **2.** *(til mur)* brick.
teglstensrød *adj.* brick red.
teglstrygning *(jf. tegl)* tile (, brick) moulding.
tegltag tiled roof.
tegltækker *sb. (en, -e)* tiler.
teglværk *(jf. tegl)* **1.** tileworks (pl. -); **2.** brickyard.
tegn *sb. (et, -)* **1.** *(som tyder på noget)* sign (*på* of; *på at* that, *fx* there was no sign of life; it is a sign of age; it is a sign that he is improving; a good (, bad) sign); *(svagere,* F*)* indication (*på* of; *på at* that, *fx* there is every indication that things are improving);
2. *(mærke, spor)* mark (*på* of, *fx* his face bore marks (*el.* signs) of suffering); evidence (*på* of, *fx* the room showed evidence of a struggle);
3. *(stjerne-, mat., mus. etc.)* sign (*fx* he is born under the sign of Leo; what is your sign? minus sign);
4. *(skrift-)* sign, character (*fx* Chinese characters);
5. *(i edb)* character;
6. *(skille-)* punctuation mark;
7. *(kem.)* symbol;
8. *(emblem)* badge;
9. *(undergerning)* sign (*fx* signs and wonders);
10. *(aftalt ~, signal)* signal, sign;
□ *korsets* ~ the sign of the cross; *et tidens* ~ a sign of the times; *[med præp. & som]* ~ ***på*** *(at), se 1, 2 ovf.*; *være* ~ *på noget* be a sign of sth, indicate sth; ***på et givet*** ~ at (*el.* on) a given sign; ***som*** ~ ***på***, ***til*** ~ ***på*** as a mark of (*fx* they stood up as a mark of respect); as a token of (*fx* he gave her a ring as a token of his affection (, gratitude)); F in token of (*fx* our gratitude);
[med vb. (+ præp.)] ***give*** ~ signal; ***gøre*** ~ ***til*** *en* make a sign (, signs) to sby; motion to sby (*fx* he motioned to the waiter); signal sby (*fx* the policeman signalled me to stop); *hun gjorde* ~ *til ham at han skulle sætte sig* she gave him a sign (*el.* motioned him) to sit down; ***sætte*** ~ add punctuation marks; ***sætte*** ~ ***i*** *en tekst* punctuate a text; *alle* ~ ***tyder på at*** all the signs (*el.* indications) are that; ***vise*** ~ ***til*** show signs of (*fx* he showed no signs of being angry).
tegne *vb.* **1.** draw; *(flygtigt)* sketch, outline;
2. *(fig.)* paint (*fx* paint a gloomy picture of the prospects for trade);
3. *(give tegning, udkast til)* design;
4. *(hdl.: underskrive)* sign; *(binde ved sin underskrift)* sign for, bind (*fx* the manager's signature binds the company);
□ *det -r godt* it looks promising; *[med sb.]* ~ *abonnement på* take out a subscription for; ~ *aktier til et beløb af* subscribe shares to an amount of; ~ *aktier i* take shares in; *(gå rundt og)* ~ *annoncer* canvass for advertisements; ~ *forsikring a) (om forsikringstageren)* take out a policy; *b) (om selskabet)* write insurance (*på* on); ~ *et lån* subscribe a loan; *det er ikke ham der -r partiet (fig.)* he does not represent the party;
[med sig & til:] ~ ***sig*** *a) (skrive sig)* put down one's name; *b) (begynde at vise sig)* begin to emerge (*fx* the possibility of a solution began to emerge); *der -de sig et billede af* a picture emerged of; ~ ***sig for*** *a) (aktier)* subscribe, apply for (*fx* shares); *b) (omfatte; gøre det af med)* account for (*fx* the elderly account for 13 per cent of the population; he accounted for three of the enemy aircraft); *c) (opnå)* score (*fx* a brilliant success, a glorious victory); ~ *sig for aktier* subscribe shares, apply for shares; ~ *sig for et beløb* subscribe an amount; put down one's name for an amount; *tegn mig for £50* put me down for £50; ~ ***sig imod*** *a)* stand out against (*fx* the houses stood out against the sky); *b) (i omrids)* be outlined (*el.* silhouetted) against; ~ ***til at*** show signs of -ing (*fx* he shows signs of becoming a great scholar); F bid fair to; *det -de til at blive varmt (den dag)* it promised to be a hot day, it looked like a hot day.
tegnebestik compass set, geometry set, drawing set.
tegneblok drawing pad.
tegneblyant drawing pencil.
tegnebog *(til penge etc.)* wallet, notecase;
□ *det er ikke for min* ~ *(ɔ: for dyrt)* it is beyond my pocket.
tegnebord drawing table.
tegnebræt drawing board;
□ *på -et (fig.: under forberedelse)* on the drawing board; *det kom aldrig længere end til -et (fig.)* it never got past the drawing board.
tegnefilm cartoon (film), animated cartoon.
tegnekridt drawing chalk.
tegnekunst 1. art of drawing;
2. *(den enkeltes dygtighed)* draughtsmanship.
tegnelærer drawing master.
tegnepapir drawing paper.
tegner *sb. (en, -e)* **1.** *(bladtegner: humoristisk, satirisk)* cartoonist; *(illustrator)* illustrator;
2. *(kunstner)* draughtsman (*fx* Seurat was one of the world's greatest draughtsmen); black-and-white artist;
3. *(model-)* designer;
4. *(teknisk)* (engineering) draughtsman.
tegneserie comic strip, strip cartoon;
□ *-r (også, især am.)* comics.
tegneseriealbum cartoon book.
tegneserieblad comic (*fx* read a comic); *(am.)* comic book.
tegneseriefigur strip character.
tegneseriehelt comic-strip hero.
tegneseriehæfte 1. *se tegneseriealbum*; **2.** *se tegneserieblad.*
tegneserieskaber, **tegneserietegner** creator of a comic strip.
tegnestift *sb. (en, -er)* drawing pin; *(am.)* thumbtack.
tegnestue drawing office.
tegnestup stump.
tegnetime drawing lesson.
tegnfejl error in punctuation.
tegning[1] *sb. (en, -er)* **1.** *(billede etc.)* drawing; *(skitse)* sketch;
2. *(~ til hvordan noget skal laves, mønster)* design (*til* for, *fx* a dress);
3. *(bygnings-)* plan;
4. *(i dyrs lød)* marking;
□ *spolere (el. ødelægge) -en for én (fig.)* upset sby's applecart.
tegning[2] *sb. (en) (det at tegne)*
1. *(af et billede)* drawing; *(af skitse)* sketching;
2. *(af lån, aktier, abonnement)* subscription;
3. *(af forsikring)* taking out; *(fra selskabets side)* writing;
□ *-en blev sluttet* the subscription was closed; the lists were closed; *der indbydes til* ~ *af £50.000 præferenceaktier* subscription is invited for £50,000 of preference shares.
tegningsberettiget *adj. (hdl.: underskriftberettiget, præd.)* authorized to sign for the firm (, company).
tegningsfrist subscription period.

tegningsgarant *(hdl.: for aktier)* underwriter.
tegningsindbydelse prospectus.
tegningsliste subscription list.
tegningsret 1. *(mht. værdipapirer)* right of subscription; **2.** *(ret til at underskrive)* power to sign for the firm (, company).
tegningsretsbevis *(hdl.)* rights certificate; *(am.)* subscription warrant.
tegnsprog sign language.
tegnsystem notation, set of symbols.
tegnsæt *(edb)* character set.
tegnsætning punctuation.
tehandel 1. tea trade; **2.** *(butik)* teashop.
tehandler *sb. (en, -e)* tea dealer; *(grossist)* tea merchant.
tehætte tea cosy.
tein *sb. (et) (kem.)* theine.
teint *sb. (en)* complexion (*fx* a healthy (, poor, dark) complexion);
□ *lægge ~* make up.
teisme *sb. (en)* theism.
teist *sb. (en, -er)* theist.
tejst *sb. (en, -er) (zo.)* black guillemot.
tekasse tea chest.
tekedel (tea) kettle.
teknik *sb. (en, -ker)* **1.** *(fremgangsmåde)* technique (*fx* apply a new technique; study his technique);
2. *(dygtighed, rutine)* technical skill, technique (*fx* his flawless technique);
3. *(som videnskab, som begreb)* technology (*fx* science and technology; modern technology; computer technology);
4. *(maskin-)* engineering;
□ *han har en god ~* he is a good technician; *ny ~* new technology; *-kens fremskridt* the advances of technology.
tekniker *sb. (en, -e)* technician; engineer.
teknikum *sb. (et, teknika) (omtr.)* engineering college.
teknisk[1] *adj.* technical (*fx* difficulty, education, skill); technological (*fx* advances);
□ *~ direktør* technical manager (*el.* director); *~ forvaltning (i kommune svarer til)* the Highways Department; *Danmarks -e Universitet* the Technical University of Denmark; *~ skole* technical school; *~ uheld* technical hitch, technical fault.
teknisk[2] *adv.* technically (*fx* possible); technologically (*fx* advanced);
□ *~ set* technically (*fx* he is a skilful artist technically).
teknokrat *sb. (en, -er)* technocrat.
teknokrati *sb. (et, -er)* technocracy.
teknolog *sb. (en, -er)* technologist.
teknologi *sb. (en, -er)* technology.
teknologisk[1] *adj.* technological;
□ *~ arbejdsløshed* technological unemployment; *~ institut* technological institute.
teknologisk[2] *adv.* technologically.
teknologivurdering technological assessment.
tekop teacup.
tekrus tea mug.
tekst *sb. (en, -er)* **1.** text;
2. *(sang-)* words pl.; *(til popsang etc.)* lyrics pl. (*fx* write the lyrics for a song; I like the lyrics but the tune is awful); lyric;
3. *(til opera) se libretto*;
4. *(mods. illustrationer)* text (*fx* too much text and too few pictures);
5. *(til illustration, vittighedstegning, stumfilm)* caption; *(om billedtekst,* F *el. fagl.)* legend;
6. *(ordlyd)* wording (*fx* of a letter, of a contract);
7. *(sammenhæng, omgivende ~)* context (*fx* the meaning appears from the context);
□ **-er** *a) (undertekster til film)* subtitles; *b) (reklame-, annonce-)* copy sg. (*fx* he writes advertising copy);
dagens ~ the text for the day; *læse én -en* lecture sby; *videre i -en!* go on! *vi må vel se at komme videre i -en* I suppose we had better get on with it.
tekstannonce reading notice.
tekstbehandling word processing.
tekstbehandlingsanlæg word processor.
tekstbehandlingsprogram word processor program.
tekstbehandlingssystem word processing package.
tekstbog 1. book of accompanying text; **2.** *(til opera)* libretto, book.
tekste *vb. (en film)* subtitle.
tekster *sb. (en, -e)* subtitler.
tekstfil *sb. (en, -er)* text file.
tekstforfatter 1. *(til popsang, musical etc.)* lyricist;
2. *(til opera)* librettist;
3. *(til reklametekster)* copywriter.
teksthistorie textual history.
tekstil *sb. (et, -er)* textile.
tekstilarbejder textile worker.
tekstilfabrik textile factory.
tekstilindustri textile industry.
tekstilingeniør textile engineer.
tekstilvarer *sb.pl.* textiles.
tekstkritik textual criticism.
tekstkritisk *adj.* critical.
tekstlig *adj.* textual.
tekstningsanlæg *(til at sætte undertekster ind)* subtitling work station.
tekstrettelse emendation.
tekstsideannonce 1. advertisement in the editorial section; **2.** *(sat op så den ligner almindelig tekst)* reading notice.
tekst-tv teletext.
tekstudtale articulation.
tekøkken kitchenette.
telebutik phone shop.
teledata *(svarer til)* viewdata.
telefax *sb. (en, -er)* **1.** *(meddelelse)* fax; **2.** *(apparat)* fax machine, fax; **3.** *(teknik)* telefacsimile transmission, fax.
telefon *sb. (en, -er)* phone; *(mere* F*)* telephone;
□ *der er ~ til dig* you are wanted on the phone; there is a call for you;
[med vb.] har du ~? are you on the phone? *må jeg låne din ~?* may I borrow (*el.* use) your phone? *lægge -en* put down the receiver; hang up; *tage -en a)* pick up the receiver; *b) (gå hen og tage den når den ringer)* answer the phone;
[med præp.] **i** *-en* on the phone (*fx* talk to him on the phone); over the phone (*fx* I heard it over the phone); *tale i ~ se tale*[2]; **pr.** *~ se ovf.: i -en*; *vente* **ved** *-en* hold the line.
telefonabonnent telephone subscriber.
telefonaflytning 1. *(det at aflytte)* wire tapping, phone tapping;
2. *(enkelt)* wire tap, phone tap.
telefonannonce advertisement booked by telephone.
telefonapparat telephone apparatus (*el.* instrument); *(se også apparat 4).*
telefonautomat pay phone, coinbox; *(se også telefonboks).*
telefonbesked telephone message.
telefonbog phone book; telephone directory (*el.* book).
telefonboks public telephone, (tele)phone box (*el.* booth); F telephone kiosk; *(am.)* telephone booth, pay station.
telefonbombe (telephoned) bomb threat, hoax bomb call, bomb hoax.
telefonbruser hand shower.
telefoncentral telephone exchange.
telefondame (telephone) operator.
telefonere *vb.* phone; *(mere* F*)* telephone;
□ *~ til en* (tele)phone sby, ring sby up, call sby; *(især am.)* call

sby up.
telefonering *sb. (en, -er)* **1.** *(det at telefonere)* telephoning; **2.** *(opringning)* telephone call; **3.** *(telefoni)* telephony.
telefonfagbog *se fagbog.*
telefonforbindelse telephone connection.
telefongaffel **1.** cradle (*fx* she smashed the phone down in the cradle); rest; **2.** *(på vægapparat)* (receiver) hook.
telefonhåndbog telephone directory.
telefoni *sb. (en)* telephony.
telefonisk[1] *adj.* telephonic;
□ *jeg har været i ~ forbindelse med ham* I have been on the telephone (*el.* line) to him; *~ meddelelse* telephone message; *~ ordre* telephoned order.
telefonisk[2] *adv.* over the telephone, by telephone.
telefonist *sb. (en, -er)* (telephone) operator.
telefonkiosk *se telefonboks.*
telefonkort phonecard.
telefonkæde *(svarer til)* telephone tree.
telefonledning **1.** *(på apparatet)* telephone cord; **2.** *(udendørs)* telephone line (*el.* wire).
telefonmontør telephone engineer (*el.* fitter).
telefonmøde conference call;
□ *holde ~* conference (*med* with).
telefonnet telephone network.
telefonnummer telephone number;
□ *du kan træffe mig på det ~* you can get me at that number.
telefonopringning (telephone) call.
telefonordre telephoned order.
telefonprogram *(radio, tv)* phone-in (programme); *(am.)* call-in (program).
telefonpæl telephone pole.
telefonsamtale *sb. (en, -r)* **1.** *(opringning)* phone call (*fx* there is a phone call for you);
2. *(samtale)* telephone conversation (*fx* I had a telephone conversation with him; confirming our telephone conversation this morning we are pleased to ...);
□ *han førte lange -er* he had long conversations over the phone.
telefonselskab telephone company.
telefonsex (tele)phone sex.
telefonsjov *(omtr.)* hoax telephone calls pl.
telefonsnor telephone cord.
telefonstik point (for a telephone).
telefonstorm a deluge of calls;
□ *der var ~ på radiohuset efter udsendelsen* the telephone lines were blocked at Broadcasting House by listeners protesting about the programme.
telefonsvarer *sb. (en, -e)* (automatic telephone) answering machine, answerphone.
telefontid telephone hours pl.
telefontråd telephone line (*el.* wire).
telefonvækning alarm call;
□ *bestille ~* book an alarm call.
telefonvæsen telephone service.
telefoto telephoto(graph).
telegraf *sb. (en, -er)* telegraph.
telegrafapparat telegraph apparatus, telegraphic instrument.
telegrafassistent telegraphist.
telegrafbestyrer telegraph manager.
telegrafbud telegraph messenger.
telegrafere *vb.* telegraph; *(især udenlands)* cable; *(især am.,* T*)* wire;
□ *~ til en* telegraph (etc.) sby.
telegrafi *(en)* telegraphy.
telegrafisk[1] *adj.* telegraphic.
telegrafisk[2] *adv.* telegraphically, by telegraph, by cable.
telegrafist *sb. (en, -er)* **1.** telegraphist, telegraph operator;
2. *(radio-)* radio operator; *(sø.)* radio officer; T sparks.
telegrafkabel telegraph cable.
telegrafkontor telegraph office.
telegrafnøgle telegraph key.
telegrafselskab telegraph company.
telegrafstation telegraph station (*el.* office).
telegrafstrimmel tape.
telegraftropper *sb.pl. (mil.)* Signal Corps sg.
telegraftråd telegraph wire.
telegrafvæsen telegraph service.
telegram *sb. (et, -mer)* telegram; *(især oversøisk)* cable(gram); *(især am.,* T*)* wire;
□ *pr. ~* by telegram (etc.).
telegramadresse telegraphic address.
telegramblanket telegram form; *(am.)* telegram blank.
telegrambureau news agency.
telegramstil telegraphic style; T telegraphese.
telekommunikation telecommunication.
telekort phone card.
telelinse telephoto lens.
telenet telecommunications network.
teleologi *sb. (en)* teleology.
teleologisk *adj.* teleological.
telepati *sb. (en)* telepathy.
telepatisk[1] *adj.* telepathic.
telepatisk[2] *adv.* telepathically.
teleskop *sb. (et, -er)* telescope.
teleskopantenne telescopic aerial.
teleskopi *sb. (en)* telescopy.
teleskopisk[1] *adj.* telescopic.
teleskopisk[2] *adv.* telescopically.
teleslynge wire loop (for pick-up coil).
teleteknik **1.** telecommunication;
2. *(begrebet)* telecommunications.
teletekst teletext.
television *sb. (en, -er)* television.
telex[1] *sb. (en, -er)* telex.
telex[2] *sb. (et, -er),* **telexe** *vb.* telex.
tellur *sb. (et) (kem.)* tellurium.
tellurisk *adj.* telluric.
telt *sb. (et, -e)* **1.** tent; **2.** *(stort, til havefest etc.)* marquee; **3.** *(markeds-)* booth;
□ *rejse et ~* put up (*el.* pitch) a tent; *ligge i ~* camp (out), be camping; *sove i ~* sleep in a tent, sleep under canvas, camp (out).
teltby tent city.
teltdug (tent) canvas.
teltdør tent door.
teltholder stall holder.
teltlejr camp (of tents).
teltligger *sb. (en, -e)* camper.
teltlærred *se teltdug.*
teltpløk tent peg.
teltpæl tent peg;
□ *rykke sine -e op (fig.)* strike camp; T up stakes; *(am.)* pull up stakes.
teltstang tent pole.
telttur: *tage på ~* go camping.
teltturist camper.
teltunderlag groundsheet.
teltvæg wall of a tent.
tema *sb. (et, -er)* **1.** *(emne)* subject; T topic; **2.** *(især kunstnerisk)* theme; **3.** *(mus.)* theme; *(i sonateform etc.)* subject.
temadag *(i skole)* project day.
temaskine **1.** tea urn; **2.** *(russisk)* samovar.
tematisere *vb.* thematize.
temauge project week.
temmelig *adv.* **1.** rather (*fx* nice, tall, brutal, silly, rude, unlikely, unpleasant; he was rather good, though not outstanding); *(*rather *er ofte = lidt for, fx* it was rather hot; he is rather young for a headmaster*)*; F somewhat (*fx* surprised, late, difficult); T pretty (*fx* bad, clever, cold, hopeless);
2. *(svagere: ganske)* quite (*fx* good, interesting, nice, pleased, rude, unpleasant, warm; it was quite a good story); *(*quite *+ absolut adj. el. adv. betyder "aldeles", fx* quite impossible, quite right*); (svagere, kun foran positivt adj. el. adv.)* fairly (*fx* clear, common, easy, good, large, satisfied, warm);
□ *~* ***mange*** *a)* quite a lot; *b) (+ sb.)* quite a lot of (*fx* boys); *~* ***meget*** *a)* a good (*el.* great) deal (*fx*

we heard a great deal about it; they talked a great deal); quite a lot; *b) (+ sb.)* a good (*el.* great) deal of, quite a lot of (*fx* noise).

tempel *sb. (et, templer)* temple (*for* to, *fx* a temple to Buddha).

tempelherre, tempelridder (Knight) Templar (pl. (Knights) Templars).

tempeltjener temple servant.

tempeltræ *(bot.)* ginkgo, gingko (pl. -es).

tempera *sb. (en)* tempera.

temperament *sb. (et, -er)* temperament;
□ *han har* ~ he has quite a temper; he is temperamental.

temperamentsfuld *adj.* temperamental.

temperatur *sb. (en, -er)* **1.** temperature; **2.** *(mus.)* temperament;
□ *have forhøjet* ~ have (*el.* run) a temperature; *tage ens* ~ take sby's temperature; *tage -en på (fig.)* feel the pulse of.

temperaturfald drop of (*el.* in) temperature.

temperaturforandring change of temperature.

temperaturkurve temperature curve.

temperaturstigning increase of temperature.

temperatursvingning variation of temperature.

temperere *vb. (rødvin etc.)* take the chill off, bring to room temperature;
□ *-t klima (, zone)* temperate climate (, zone).

tempo *sb. (et, -er el. tempi)* **1.** *(fart)* pace (*fx* an even (, a fast, furious, slow) pace; a change of pace);
2. *(mus.)* tempo (*fx* a change in tempo);
3. *(generelt: i livet etc.)* pace, tempo (*fx* the breathless pace (*el.* tempo) of our age; the rapid pace (*el.* tempo) of present-day life);
4. *(trin)* stage;
□ ***i** et ...* ~ at a ... pace (*fx* at an even (, a furious etc.) pace; the pupils work at their own pace); ***i tre** tempi a) (jf. 4)* in three stages; *b) (om bevægelse)* in three motions.

tempoangivelse *(mus.)* time signature.

temporær *adj.* temporary.

tempus *sb. (et, tempora) (gram.)* tense.

ten *sb. (en, -e)* **1.** *(til spinding)* spindle; *(håndten)* distaff; **2.** *(til udvalsning)* rod.

tendens *sb. (en, -er)* **1.** tendency (*til* to, towards, *fx* the tendency towards inflation; *til at* to, *fx* there is a tendency to ignore this problem; there is no tendency for interest rates to decline; prices show an upward tendency); *(især mere generelt: retning, i udviklingen, i mode, i den offentlige mening etc.)* trend (*til* towards, *fx* materialism, equal opportunities; a trend among young people towards marrying later; trends in modern literature; interest rates resumed their upward trend);
2. *(hos person)* tendency (*til* to, towards, *fx* melancholy, fatness; *til at* to, *fx* to exaggerate, to get fat; he showed unfortunate tendencies); *(se også tilbøjelighed)*;
□ *en fast (, faldende)* ~ *(hdl.)* a firm (, falling) tendency; *barometret har faldende* ~ the barometer is falling; *have* ~ *til at* have a tendency to, tend to, be inclined to.

tendenslodtrækning *(svarer til)* pools panel decision.

tendensskuespil play with a purpose; propaganda play.

tendentiøs *adj.* bias(s)ed, slanted; *(mere* F*)* tendentious.

tender *sb. (en, -e)* tender.

tendere *vb.* tend (*imod* towards).

tennis *sb. (en)* tennis.

tennisalbue tennis elbow.

tennisbane tennis court.

tennisbold tennis ball.

tennishal covered tennis court.

tenniskamp tennis match.

tennisketsjer tennis racket.

tennisnet tennis net.

tennissko tennis shoe.

tennisspiller tennis player.

tennisturnering tennis tournament.

tenor *sb. (en, -er)* tenor.

tenorbasun tenor trombone.

tenorfløjte tenor recorder.

tenornøgle *(mus.)* tenor clef.

tenorsanger tenor (singer).

tenorsaxofon tenor saxophone.

tenorstemme **1.** tenor voice;
2. *(parti)* tenor part.

tentakel *sb. (en, tentakler) (zo.)* tentacle.

tentativ *adj.* tentative.

tenvægt spindle whorl.

teolog *sb. (en, -er)* theologian; *(glds.)* divine.

teologi *sb. (en)* theology; *(let glds.)* divinity.

teologisk[1] *adj.* theological;
□ ~ *embedseksamen* (examination for a) degree in divinity.

teologisk[2] *adv.* theologically.

teoretiker *sb. (en, -e)* theorist.

teoretisere *vb.* theorize.

teoretisk[1] *adj.* theoretical;
□ *-e fag* academic subjects.

teoretisk[2] *adv.* theoretically;
□ ~ *set* theoretically, in theory.

teori *sb. (en, -er)* theory;
□ *i -en* in theory.

teosof *sb. (en, -fer)* theosophist.

teosofi *sb. (en)* theosophy.

teosofisk *adj.* theosophic(al).

tepause tea break.

teplante tea plant.

tepotte tea pot.

terapeut *sb. (en, -er)* therapist.

terapeutisk[1] *adj.* therapeutic.

terapeutisk[2] *adv.* therapeutically.

terapi *sb. (en, -er)* therapy.

term *sb. (en, -er)* (technical) term.

termer *sb.pl. (hist.)* thermae.

termik *sb. (en, -ker)* **1.** *(varmelære)* thermology; **2.** *(opvind ved svæveflyvning)* thermals pl.

termin *sb. (en, -er)* **1.** *(fast betalingsperiode for leje, lån)* settling period;
2. *(forfaldsdag)* due date, settling day;
3. *(betalingstid)* time fixed for payment;
4. *(frist, fx for udførelse af arbejde)* date, deadline;
□ *han kunne ikke klare -en (på huset)* he could not manage his mortgage repayments.

terminal[1] *sb. (en, -er)* **1.** *(data-)* data terminal; **2.** *(flyv.)* air terminal.

terminal[2] *adj.* terminal.

terminologi *sb. (en, -er)* terminology.

terminsdag settling day.

terminsforretning deal in futures; forward deal, forward transaction.

terminsprøve *(kan gengives)* mock examination.

terminsvidnesbyrd terminal report, end-of-term report.

terminsydelser *sb.pl.* payments (due) during settling periods; payments of instalment(s) and interest.

terminus *sb. (et, termini)* **1.** *(udtryk)* term; **2.** *(endepunkt)* terminus (pl. -es, termini).

termisk *adj.* thermal; *(se også opvind).*

termit *sb. (en, -ter) (insekt)* white ant, termite.

termitbo termitary.

termo- **1.** *(fys. etc.)* thermo- (*fx* thermoelectric); **2.** *(om tøj)* thermal (*fx* socks, suit).

termodynamik thermodynamics.

termodynamisk *adj.* thermodynamic.

termoflaske ® thermos (flask), vacuum flask; *(am.)* thermos bottle.

termografi *sb. (en)* thermography.

termokande vacuum jug.
termokernereaktion thermonuclear reaction.
termokontaktmelder heat detector.
termometer *sb. (et, termometre)* thermometer (*fx* the thermometer fell; the thermometer showed 100°).
termometerstand thermometer reading.
termorude double-glazed window, sealed unit.
termostat *sb. (en, -er)* thermostat.
termostatstrygejern iron with thermostatic control.
termostatstyret *adj.* thermostatically controlled.
termoundertøj thermal underwear.
tern *sb. (en el. et, - el. -er)* **1.** *(mønster)* check pattern; **2.** *se terne*[2].
terne[1] *sb. (en, -r) (zo.)* tern.
terne[2] *sb. (en, -r)* **1.** *(firkant)* square; **2.** *(spidsstillet)* diamond.
ternet *adj.* chequered, checked;
□ ~ *mønster* check (pattern); ~ *papir* squared paper.
terning *sb. (en, -er)* **1.** *(til at spille med)* dice (pl. dice) (*fx* throw a six on a dice; throw the dice; play dice); *(glds. el. am.)* die (pl. dice); **2.** *(om form, fx i geometri & madlavning)* cube (*fx* ice cubes);
□ *-erne er kastet (fig.,* F*)* the die is cast; *skære noget i -er a)* cube sth (*fx* bread, cheese, meat); cut sth into cubes; *b) (mindre)* dice sth (*fx* carrots, meat); cut sth into dice.
terningbæger dice cup, shaker.
terningformet *adj.* cubic(al).
terningkast throw of the dice.
terningside face of a die.
terningspil game of dice.
terose *(bot.)* tea rose.
terpe *vb.* **1.** *(*T*: slide)* swot, cram (*fx* for an examination);
2. *(slide for at lære)* swot up, mug up (*fx* one's German irregular verbs);
3. *(undervise i)* grind, din (*fx* German) into sby;
□ ~ *tysk ind i hovedet på en* din German into sby's head.
terpentin *sb. (en)* **1.** *(mineralsk)* white spirit; **2.** *(fransk)* turpentine; T turps.
terpentinolie oil of turpentine.
terperi *sb. (et)* **1.** *(undervisning)* grinding; **2.** *(udenadslæren)* rote learning.
terrakotta *sb. (en)* terracotta.
terrarium *sb. (et, terrarier)* terrarium, vivarium.
terrasse *sb. (en, -r)* terrace.
terrasseformet *adj.* terraced.
terrassehus terraced block.
terrazzo *sb. (en)* terrazzo.
terrazzogulv terrazzo flooring.
terrespil fivestones.
terrier *sb. (en, -e) (zo.)* terrier.
terrin *sb. (en, -er)* tureen.
territorial *adj.*, **territorial-** territorial.
territorialfarvand territorial waters pl.
territorialgrænse *(sø.)* limit of territorial waters.
territorium *sb. (et, territorier)* territory (*fx* on Danish territory).
terror *sb. (en)* terrorism;
□ *udøve ~ mod* terrorize.
terrorbalance balance of terror.
terrorbombning terrorist bombing.
terrorhandling act of terrorism, terrorist act.
terrorisere *vb.* terrorize.
terrorisme *sb. (en)* terrorism.
terrorist *sb. (en, -er)* terrorist.
terroristisk *adj.* terroristic; *(attr. også)* terrorist (*fx* activities).
terrorregimente reign of terror.
terræn *sb. (et, -er)* country, ground; *(*F *el. fagl.)* terrain;
□ *bakket* ~ hilly country (*el.* ground); *åbent* ~ open country; *i åbent* ~ in the open; *vinde (, tabe)* ~ gain (, lose) ground (*til* to); *(se også sondere).*
terrænbord relief model.
terrænforholdene *sb.pl.* the conditions of the ground.
terrængående *adj.: ~ køretøj* cross-country vehicle.
terrænløb **1.** *(sport)* cross-country (running); **2.** *(enkelt løb)* cross-country race.
terrænsport cross-country (running).
terrænøvelse *(mil.)* field practice.
ters *sb. (en, -er)* **1.** *(pind der stikkes gennem øje, til at fastgøre noget)* toggle; **2.** *(til at splejse tov)* fid; **3.** *(til at fastholde dæksel)* strongback.
tertiær *adj.* tertiary.
tertiærtid *(geol.)* tertiary (period).
terts *sb. (en, -er)* **1.** *(mus.)* third; **2.** *(i fægtning)* tierce;
□ *stor (, lille) ~ (jf. 1)* major (, minor) third.
terzet *sb. (en, -ter)* **1.** *(mus.)* trio, terzetto; **2.** *(i sonet)* tercet.
tese *sb. (en, -r)* thesis (pl. theses) (*fx* Luther's 95 theses).
tesi (tea) strainer.
tesis *sb. (en, teser)* thesis (pl. theses).
teske teaspoon.
teskefuld *sb. (en, -e)* teaspoonful.
test *sb. (en, -er el. -s)* test.
Testakten *(hist.)* the Test Act.
testamentarisk *adj.* testamentary (*fx* testamentary guardian); *(efter sb.)* by will (*fx* gift by will).
testamente *sb. (et, -r)* will;
□ *gøre ~, oprette (et) ~* make a will, draw up a will; *Det gamle (, Det ny) Testamente* the Old (, the New) Testament; *dø uden (at have gjort) ~* die intestate.
testamentere *vb.* leave (by will) (*fx* he left her his house); will (*fx* he willed her his house, he willed his house to her); *(*F *el. jur. om penge, løsøre)* bequeath (*fx* she bequeathed me her jewellery (, £10,000)); *(jur. om fast ejendom)* devise.
testator *sb. (en, -er)* testator.
teste *vb.* test.
testel tea set, tea service.
testikel *sb. (en, testikler) (anat.)* testicle.
testimonium *sb. (et, testimonier)* certificate (*fx* certificate of good conduct); *(vidnesbyrd)* testimony.
testpilot test pilot.
tete *sb. (en) (mil.)* head (*fx* march at the head);
□ *tage -n* take the lead.
tete-a-tete *sb. (en, -r) & adv.* tête-à-tête.
tetra- tetra- (*fx* tetrachord, tetrameter, tetravalent).
tetraeder *sb. (et, -e) (mat.)* tetrahedron.
tetraklorkulstof *(kem.)* carbon tetrachloride; T carbon tet.
teuton *sb. (en, -er)* Teuton.
teutonisk *adj.* Teutonic.
tevarmer *sb. (en, -e)* tea cosy.
teæg tea ball, tea infuser.
Theben *(hist. geogr.)* Thebes.
Themsen *(geogr.)* the Thames.
theol. *(theologiæ) se cand., doctor, stud.*
thespiskærre Thespian cart.
Thessalien *(geogr.)* Thessaly.
thi *konj.* for.
thraker *sb. (en, -e)* Thracian.
thraker *sb. (en, -e)* Thracian.
Thrakien *(geogr.)* Thrace.
thrakisk *adj.* Thracian.
Thule Thule;
□ *det yderste* ~ ultima Thule.
Thüringen *(geogr.)* Thuringia.
ti *num.* ten.
tiara *sb. (en, -er)* tiara.
Tiberen, **Tiberfloden** *(geogr.)* the Tiber.
Tibet *(geogr.)* Tibet.
tibetaner *sb. (en, -e)*, **tibetansk** *sb. (et) & adj.* Tibetan.
tid *sb. (en, -er)* **1.** *(begrebet tid; tidsrum)* time (*til* for; *til at* to, *fx* there is time for a visit; have we got time to visit him? we have time enough; time and space);

2. *(tidspunkt)* time (*til* for, *fx* it is time for a drink); moment (*fx* at the right time (*el.* moment)); hour (*fx* at the proper hour; at all hours of the day and night);
3. *(aftalt ~, fx hos læge)* appointment (*hos* with, *fx* I have an appointment at 11 o'clock with the doctor; I have an appointment for 11 o'clock);
4. *(tidsalder)* age (*fx* the Age of Puritanism); time; F days pl. (*fx* at the time of (*el.* in the days of) Queen Elizabeth); day (*fx* the questions of the day);
5. *(årstid)* season, time of the year;
6. *(gram.)* tense;
□ *en dags (, times, måneds, uges, et års)* ~ a day (, an hour, a month, a week, a year) or so; a day's (, an hour's etc.) time; *et stykke ~ se stykke*[1];
-en *a) (generelt)* time (*fx* time passed quickly; time is on our side); times pl. (*fx* move with the times); *b) (bestemt tid)* the time (*fx* the time has come to do it; the time between the two world wars); *c) (nutiden, datiden)* the time (*fx* one of the most important problems of the time); *-en læger alle sår se læge*[2]; *et -ens tegn* a sign of the times; *-en er ikke til det* this is not the time for it; *(se også vise*[2]*)*;
-er times (*fx* good and bad times); *det var -er!* those were the days! *det var* **alle -ers** (ɔ: *vældig godt)* it was out of this world; *alle -ers største chance* the chance of a lifetime; *alle -ers største maler* the greatest painter ever seen (*el.* of all time); *det var* **andre -er** things were different then; times (*el.* things) have changed; *andre -er andre skikke* other times, other manners; **sikke** *-er! se sikken*[1]; **somme** *-er se somme*; *i disse -er, til alle -er se ndf.*; *som* **-erne** *er* the way things are going; *fra* **-ernes** *morgen* since the beginning of time;
[med vb.] **bestille** *~ se ndf.: få ~*; **bruge** *sin ~ se bruge 6*; *-en* **falder** *ham lang se falde*; **få** *~ hos lægen* make an appointment with the doctor; *når jeg får ~* when I get (*el.* have) time; *få -en til at gå* kill time, while away (*el.* pass) the time; **giv** *nu bare ~!* all in good time! *giv mig ~ til i morgen* give me till tomorrow; **give sig** *~ til at høre på ham* take (the) time to listen to him; *han giver sig aldrig ~ til at tænke sig om* he never stops to think; *giv dig (god) ~!* take your time! **have** ~ have time (*til* for; *til at* to, *fx* I have plenty of time for sport (, to read books)); *jeg har ikke ~* I haven't got time, I can't spare the time; *jeg har ikke ~ til den slags pjat* I have no time for that kind of nonsense; *have bedre ~* have more time; *han har haft sin bedste ~* he is past his prime; *jeg har dårlig ~* I haven't got (the) time; *have god ~* have plenty of time; *vi har god ~ (også)* there is plenty of time; *en ny ~* **oprandt** *se oprinde*; **sætte** *~* **af** *til* set aside (*el.* apart) time for; *det* **tager** *~ a) (varer længe)* it takes time (*fx* to find the right man); *b) (lægger beslag på)* it takes up time (*fx* answering letters takes up a lot of time); *tage ~ på en* time sby; **tage sig** *~ til at* take (the) time to; *tage sig god ~* take one's time; **trække** *-en* **ud** *se trække*; **vinde** *~ se vinde*;
[med adj.] fra **gammel** *~ se gammel*; *have (, tage sig)* **god** *~ se ovf.*; *i god ~ se ndf.*; **hele** *-en a)* all along (*fx* I knew it all along); all the time; *b) (= ustandselig, + udvidet tid)* all the time (*fx* why are you complaining all the time?); forever (*fx* they are forever arguing; he was forever looking at his watch); *på* **høje** *~ se ndf.*; **kort** ~ a short time; **kort** *~ efter se kort*[3] *(kort efter)*; *om kort ~ se ndf.*; **lang** *~ a)* a long time (*fx* it takes a long time); *b) (især negativt el. spørgende & efter* as, so, too*)* long (*fx* it doesn't take long to get there); *(se også længe*[2]*)*; *hvor lang ~ ...? a) (om varighed)* how long (*fx* how long does it take? how long has he been here?); *b) (om tidsforbrug)* how much time (*fx* how much time do you need? how much time have we got?); *en ~ lang* for some (*el.* a) time; *for lange -er, i lang ~ se ndf.; (se også ret*[4]*, senere, sidst*[1]*)*;
[med præp. & adv.] **for** *-en a) (nutildags)* these days; *b) (lige nu)* at present, at the present time, at the moment; *c) (midlertidigt)* for the time being, for the moment; *for en ~* for a (*el.* some) time; *(se også evighed)*; *for lange -er* for a long time to come; **for** *nogen ~* **siden** some time ago; *være* **forud for** *sin ~ se forud*;
fra *den ~* **af** from that time; **fra** *~* **til** *anden* from time to time; *fire år* **frem i** *-en* four years in the future;
han blev gammel **før** *-en* he grew old before his time; F he grew prematurely old; **før i** *-en* formerly, in former times; *før i -en arbejdede han her (også)* he used to work here;
i *-e* in time (*fx* get there in time); *(se også utid)*; *i denne ~ se ovf.: for -en*; *i -ens løb se løb*; **i disse** *-er* in times like these, as things are at present; *(se også kommende)*; **i god** *~ a)* in good time (*fx* make sure you are in good time for the train); *b) (i forvejen)* well in advance (*fx* notify them well in advance of the date you want to come); **i lang** *~ a)* (for) a long time (*fx* he was away for a long time; he had to wait a very long time); *b) (i nægtende & spørgende udtryk)* for long (*fx* you will not be there for long before you find out that...); **i min** ~ in my time; **i nogen** ~ for some time, for a time; **i sin** *~ a) (engang)* at one time, some time ago; *(gengives ofte med)* used to (*fx* there used to be a house here); *b) (dengang)* at that time, in those days; *da han i sin ~ kom hertil, var han en ung mand* at the time when he came here he was a young man; *(se også ret*[4]*, senere, sidst)*;
med *-en a) (som -en gik)* in the course of time (*fx* he grew wiser in the course of time); *b) (efter nogen ~)* in time (*fx* in time he will forget); *c) (til sidst)* eventually (*fx* eventually he will be able to afford a bigger house); *(se også følge*[3]*)*;
om *et års ~* in a year or so, in a year's time; *(se også kort*[2]*)*;
det er **oppe i** *-en* it is topical; T it is in; *et problem der er oppe i -en* a problem very much in the public mind;
over ~ over time (*fx* over time we will be able to create a better organization); *blive* **over -en** (ɔ: *efter arbejdstid)* stay after hours; *gå over -en a) (vare for længe)* overrun (*fx* the programme overran by five minutes); *b) (ikke få menstruation; ikke føde)* be overdue;
på *Napoleons ~* at (*el.* in) the time of Napoleon; F in the days of Napoleon; *optagelse på ~ (foto.)* time exposure; *(se også fuld, halv, høj*[2]*, låne (på lånt ~), ubestemt)*; *det er (snart)* **på -e** it is (about) time; *og det var også på -e!* and about time too! and not before time! **på den** *~ a)* at the time, at that time; F in those days; *b) (i løbet af den ~)* in that time; *på den ~ da* at the time when; **på**

denne ~ *af året* at this time of the year; *sidste (, næste) år på denne* ~ this time last (, next) year; *komme* ***til*** *den fastsatte* ~ come at the appointed time; *til enhver* ~ at any time, at all times; T every time; *(se også evig)*; ***til -en*** on time (*fx* the train arrived on time); in time (*fx* I can't finish it in time); *komme lige til -en* be (*el.* arrive) dead on time; ***til -er*** at times; *til alle -er* at all times; ***til den*** ~ *a)* at that time; *b) (efter en udvikling)* by then (*fx* by then he will be ready to accept it); ***til sin*** ~ *a) (når den* ~ *kommer)* in due course; *b) (engang)* some time; *hver ting til sin* ~*!* all in good time!
næste år (, i morgen) ***ved*** *denne* ~ by this time next year (, tomorrow); *i fjor (, i går) ved denne* ~ at this time last year (, yesterday).
tidebønner *sb.pl.* hours.
tidehverv epoch, age.
tidende *sb. (en, -r)* tidings pl.; news sg.
tidevand tide.
tidevands- tidal (*fx* tidal wave); tide (*fx* tide signal).
tidfæste *vb.* date.
tidkrævende *adj.* time-consuming.
tidlig[1] *adj. (se også tidlig*[2]*)* early (*fx* breakfast, spring; potatoes);
□ *for* ~ too early; *(mere* F*)* premature (*fx* a premature birth); *hans alt for -e død* his untimely death; *(se også alder (i en* ~ *alder)).*
tidlig[2], **tidligt** *adv.* **1.** early (*fx* arrive (, get up) early);
2. *(i forløb etc.)* early on (*fx* early on in his career);
3. *(for* ~*)* prematurely (*fx* aged);
□ *i morgen* ~ tomorrow morning; ~ *og silde* at all hours; early and late;
[med præp. & adv.] ***for*** ~ too early; *(mere* F*)* prematurely (*fx* be born prematurely); *et for* ~ *født barn* a premature baby; *(fagl.)* a preterm baby; *barnet blev født 4 uger for* ~ the baby was 4 weeks premature; *komme for* ~ be (too) early; *komme fem minutter for* ~ be five minutes early; *og det var heller ikke for* ~*!* and about time, too! and not before time! *det er lige* ~ ***nok*** it's a bit too early (*el.* soon); T it's on the early side; *-t* ***om*** *foråret* in early spring; ~ *om morgenen* early in the morning; in early morning; *være* ~ ***oppe*** be up early; *være* ~ ***på*** *den* be early; be in good time; *være for* ~ *på den* be ahead of time; ~ *på sommeren* in early summer; ~ *på året* early in the year; *være* ~ ***ude*** *(fig.)* be quick off the mark (*med* with).
tidligere[1] *adj.* **1.** *(komp. af tidlig)* earlier (*fx* take an earlier train; at an earlier date);
2. *(forrige, forudgående)* previous (*fx* the previous prime minister (, owner); a previous attempt; on a previous occasion; a child from a previous marriage);
3. *(forhenværende)* former (*fx* a former prime minister; his former friends (, wife); he is a former teacher; the house was a former hotel; he had lost none of his former skill); *(om person også)* ex- (*fx* his ex-wife, her ex-husband, an ex-minister);
□ ~ *elev* old pupil; old boy (, girl); *(am.)* alumnus (, alumna) (pl. alumni (, alumnae)); *i* ~ *tider* in former (*el.* earlier) times.
tidligere[2] *adv.* **1.** *(mods. senere)* earlier (*fx* I'll come (, get up) earlier tomorrow);
2. *(på et* ~ *tidspunkt)* before (*fx* two years before; have you been here before?); F previously (*fx* two years previously; as previously mentioned); *(i forløb etc.)* earlier (on) (*fx* as I said earlier (on));
3. *(i* ~ *tid)* formerly (*fx* formerly this was a busy town; he is not as influential as formerly); F previously (*fx* he had previously lived in the USA; he was previously president of the company); *(gengives ofte med)* used to (*fx* this used to be a busy town; he used to live in the USA; he is not as good as he used to be);
□ ***end*** ~ than formerly (*fx* more children are being born than formerly); than before (*fx* we know each other better than before); *(ofte bruges udtryk med)* used to (*fx* we know each other better than we used to; it is better than it used to be);
[med pf.ptc.] som ~ ***nævnt*** *(også)* as mentioned above; *den* ~ *nævnte bog* the above-mentioned book; ~ ***straffet*** *se straffe.*
tidligst[1] *adj. (af tidlig)* earliest.
tidligst[2] *adv.* at the earliest;
□ ~ *muligt* as soon as possible.
tidløs[1] *sb. (en, -) (bot.)* meadow saffron.
tidløs[2] *adj.* timeless.
tidnød *(i skak)* time trouble;
□ *være i* ~ be pressed for time; work against the clock; T be pushed.
tidobbelt *adj.* tenfold;
□ *det -e beløb* ten times the amount.
tidoble *vb.* multiply by ten; increase ten times.
tidrøvende *adj.* time-consuming.
tids *adv.:* ~ *nok* early enough; in time; *komme* ~ *nok* be in time (*til* for; *til at* to); *det er* ~ *nok når jeg bliver gift* time enough when I am married.
tidsadverbium *(gram.)* adverb of time.
tidsafsnit period.
tidsalder 1. age (*fx* in our age; the Age of Enlightenment); **2.** *(langt tidsrum)* era (*fx* the Christian era).
tidsangivelse 1. indication of time; **2.** *(dato)* date.
tidsbegrænset *adj.* limited (in time); *(midlertidig)* temporary;
□ ~ *ansættelse* fixed-term appointment.
tidsbegrænsning time limit.
tidsbesparelse saving of time.
tidsbesparende *adj.* time-saving.
tidsbestemmelse 1. dating;
2. *(gram.)* indication of time.
tidsbillede picture of the period.
tidsel *sb. (en, tidsler) (bot.)* thistle.
tidsfordriv *sb. (en el. et)* pastime;
□ *til* ~ as a pastime, to pass (*el.* while away) the time.
tidsfornemmelse*: miste sin* ~ lose all track (*el.* sense) of time.
tidsforskel difference of time.
tidsfrist time limit, deadline.
tidsfæste *vb.* date.
tidsfølge chronological order.
tidshorisont time frame.
tidsindstillet *adj.:* ~ *bombe a)* time bomb; *b) (flyv.)* delayed action bomb.
tidskrævende *adj.* time-consuming.
tidsnok *se tids.*
tidsnød *se tidnød.*
tidsoptagelse *(foto.)* time exposure.
tidsplan timetable, schedule.
tidspunkt time (*fx* this is not the proper (, a good time) for doing it); moment (*fx* at the wrong (, at an inopportune) moment); date (*fx* at a later date);
□ *vælge det rette* ~ *til det* choose the right moment (*el.* time) for it; time it well;
[med præp.] ***på*** *dette* ~ *a)* at this point; *b) (nu)* at the present moment; *på det* ~ *da* at the time when; *på et* ~ at one time (*fx* at one time he forgot where he was); *på et sent* ~ late; *på et tidligt* ~ early on; *på alle mulige -er a) (tidligt og sent)* at all hours (*fx* he comes at all hours); *b) (i tide og utide)* in and out of season (*fx* he

talks about his travels in and out of season).
tidsramme time framework.
tidsregning 1. *(kalender)* calendar; **2.** *(epoke)* era (*fx* the beginning of the Christian era);
□ *i år 400 efter vor ~* in A.D. 400; *i år 400 før vor ~* in the year 400 B.C.; *ny (ɔ: gregoriansk) ~* Gregorian (*el.* new-style) calendar.
tidsrum period (*fx* for a period of 25 years); space (of time) (*fx* within a very short space of time); time span (*fx* the time span has been too short for any results to show).
tidsrøvende *adj.* time-consuming.
tidssignal time signal.
tidsskrift 1. periodical; **2.** *(videnskabeligt)* journal (*fx* a medical journal); **3.** *(lettere)* magazine.
tidsskrifthylde periodicals rack.
tidsspilde *sb. (et)* a waste of time.
tidsspørgsmål matter of time (*fx* it is only a matter of time).
tidsstemple *vb.* stamp with date and hour.
tidsstudium *(i bedriftsrationalisering)* time study.
tidssvarende *adj.* modern, up-to-date; *(præd. også)* in keeping with the times.
tidstavle chronological table.
tidstypisk *adj. (præd.)* typical (*el.* characteristic) of the period;
□ *den er ~ (om møbel, kunstværk etc. også)* it is a period piece.
tidsubestemt *adj.: ~ straf* indeterminate sentence.
tidszone time zone.
tidsånd spirit of the time(s), time-spirit, Zeitgeist.
tidtager *sb. (en, -e) (i sport)* timekeeper.
tidtagning *sb. (en, -er) (i sport)* timekeeping, timing.
tie *vb. (tav, tiet)* **1.** *(om person) se ndf.: ~ stille*;
2. *(ikke give lyd)* be silent (*fx* the trumpets were silent);
3. *(holde op med at give lyd)* fall silent (*fx* the guns fell silent);
□ *~* ***om*** be silent about (*fx* the newspapers were silent about the affair); *~* ***stille*** *a) (være tavs)* be (*el.* keep) silent; be (*el.* keep) quiet; *b) (holde op med at tale)* stop talking; become silent; *få til at ~ stille a) (lukke munden på)* silence (*fx* she silenced him with a gesture); put to silence; *b) (få til at være stille)* hush up (*fx* the children); *ti stille!* be quiet! *(til flere også)* silence! *(ɔ: hold mund,* T*)* shut up; *~* ***stille med*** *det* keep it quiet, keep quiet about it; T keep it under one's hat;
~ ***ihjel*** *(ɔ: dysse ned)* hush up (*fx* the Minister tried to hush up the affair); *man prøvede at ~ bogen ihjel* there was a conspiracy of silence against the book.
tiende[1] *sb. (en, -r)* tithe.
tiende[2] *num.* tenth; *(se også bud*[1]*)*.
tiendeafløsning commutation of tithes.
tiendedel tenth.
tier *sb. (en, -e)* **1.** *(i kortspil)* ten; **2.** *(tikrone)* ten-kroner piece;
3. *(bus etc.)* number ten;
4. *(i tipning: kan gengives)* ten right on the football pools.
tiere *adv. (komp. af tit)* oftener, more often; *(mere* F*)* more frequently.
tiest *adv. (sup. af tit)* most often; *(mere* F*)* most frequently.
tifold *adv.* ten times (*fx* ten times worse).
ti-gears*: en ~ cykel* a ten-speed bicycle; T a ten-speeder.
tiger *sb. (en, tigre) (zo.)* tiger.
tigerkat tiger cat.
tigerskind tiger skin.
tigerunge tiger cub.
tigge *vb.* beg;
□ *leve af at ~* live by begging; *~* ***og bede*** beg; *(stærkere,* F*)* entreat, beseech; *(endnu stærkere)* implore (*fx* I beg you, I beseech you, nay, I implore you);
[med præp. & adv.] ~ ***om*** beg for (*fx* food; forgiveness); *(trygle om også)* beg (*fx* mercy); *(stærkere)* implore (*fx* forgiveness); *~ en om noget a)* beg sby for sth (*fx* beg her for money); beg (for) sth from sby (*fx* beg (for) money from passers-by); *b) (trygle)* beg sby for sth (*fx* beg her for help (, forgiveness)); beg sth of sby (*fx* beg mercy of the king); *(stærkere)* beseech sby for sth (*fx* beseech the king for mercy); *~ hende om tilgivelse (også)* beseech (, implore) her forgiveness; *~ én* ***om at*** *gøre noget* beg (, entreat, beseech, implore) sby to do sth; *~ sig noget* ***til*** get sth by begging; *~* ***ved*** *dørene* beg from door to door.
tigger *sb. (en, -e)* beggar.
tiggerbrev begging letter.
tiggergang*: gå ~ a)* beg one's bread from door to door; *b) (fig.: ydmyge sig)* go cap in hand (*til* to).
tiggeri *sb. (et, -er)* begging.
tiggermunk mendicant friar.
tiggerpose beggar's wallet, scrip.
tiggerskål begging bowl.
tiggerstav beggar's staff;
□ *bringe én til -en* beggar sby, reduce sby to beggary.
tikamp decathlon.
tikant decagon.
tikantet *adj.* decagonal.
tikke *vb.* tick;
□ *en -nde bombe (fig.)* a ticking bomb (*under* under).
tikrone ten-kroner piece.
tik tak *(urets lyd)* tick-tock.
til[1] *præp.* **1.** to (*fx* wet to the skin; tied to a post; her last letter to me; the score was 2-1 to Denmark; 25-30 persons; with my back to the fire; sentenced to death; to my delight (, horror, despair, surprise));
2. *(bestemt til, beregnet til, med henblik på)* for (*fx* here is a letter for you; a basket for potatoes; give him money for a bicycle; book tickets for "Hamlet"; the boot for the left leg; for use in the kitchen; for sale; for your information; it is for your own good; it is good enough (, too much) for her; prepare for an examination; train for a competition);
3. *(om bestemmelsessted, mål)* to (*fx* go to London; go to a meeting (, party); return to England; walk (, drive) to the station; return to Denmark); *(i retning mod)* for (*fx* trains for Oxford; leave (*el.* depart) for Oxford); *(efter* arrive, arrival*)* at (, in) (*fx* arrive at the hotel (, in England)); *(jf. ankomme (til))*;
4. *(foran hensynsled)* to (*fx* give money to the poor; sell the house to him; write a letter to her (*el.* write her a letter)); *(jf. 2 ovf.)* for (*fx* buy a present for her (*el.* buy her a present); make tea (, a dress) for her);
5. *(om tid)* at (*fx* come at the same time tomorrow; he gave me a present at Christmas and on birthdays); *(inden, senest)* by (*fx* I'll be back by 10 o'clock; you must be ready by Thursday; by that time it will be over); *(næste)* next (*fx* I'll visit them next summer (, next Easter)); *(om aftaler, arrangementer, jf. 2 ovf.)* for (*fx* the ceremony was arranged for two o'clock; I have an appointment for two o'clock; I have invited them for Thursday); *(indtil)* until; *(mere* T*)* till (*fx* wait (, stay, postpone it) until (*el.* till) tomorrow; from morning till night; from Christmas until Easter); *(om hvor lang tid der er, også)* to (*fx* it is an hour to (*el.* until, till) his arrival; from 10 to 12 o'clock);
6. *(i forbindelse med måltiders navne: for at få)* for (*fx* he came

home for lunch; he stayed for tea; we were six for dinner); *(som man får)* to (*fx* he came to dinner; he stayed to dinner; invite sby to dinner); *(om det man spiser)* for (*fx* we had chicken for lunch; they serve bacon and eggs for breakfast; what did you have for dinner?); *(sammen med)* with (*fx* we drank wine with our dinner; they take tea with their meals; do you want anything else (to go) with your food?);
7. *(om samhørighed)* of (*fx* the author of the book; the door of the house; the mother of five children); to (*fx* the key to the door; the heir to the estate);
8. *(om pris, værdi, vurdering)* at (*fx* I bought 50 at £1 each; sell (, buy) sth at cost price; put sby's age at 40);
9. *(som)* for (*fx* I wouldn't like to have him for my father); by way of (*fx* by way of answer (, punishment, reward)); as (*fx* he had Smith as a teacher; as a reward); *(efter vb. der betegner udnævne etc.)* as *(eller udeladt)* (*fx* he appointed her (as) judge; he was elected (as) chairman; she was ordained (as a) minister);
10. *(om talforhold)* in (*fx* a one in five chance of winning; a slope of 1 in 3);
11. *(efter vb. der betegner forandring)* into (*fx* turn water into wine; make the book into a movie; translate a book into Danish; it developed into a catastrophe);
12. *(efter adj. der betegner (u)dygtighed)* at (*fx* good (, clever, bad) at history; he is great (, hopeless) at football);
□ ~ ***at** a) (jf. 12)* at -ing (*fx* he is marvellous at interviewing); *b) (andre tilfælde)* to (*fx* too good to be true; not fit to live; he was quick to help me); *det er ~ at lære (, gøre)* it is possible to learn (, do), it can be learnt (, done); *det er ~ at forstå* it is understandable; ***for** ... ~ **at** han kan* too ... for him to (*fx* the stone is too heavy for him to lift; it was too dark for him to see); *~ ... **for** (i nogle faste udtryk)* in ... of (*fx* in defence (, favour, honour, support) of); *(se også minde[1] (til minde om), tegn (til tegn på)); han er **ikke** ~ **at** standse (, hjælpe)* you can't stop (, help) him, it is impossible to stop (, help) him, there is no stopping (, helping) him; *det er ikke ~ at sige (, vide)* there is no saying (, knowing); *her er ikke ~ at være for fluer* you can't move for flies here; *her er ikke ~ at være for varme* it is unbearably hot here; *~ og **med** 15. maj* up to and including 15 May; *fra 1. ~ og med 15. maj* from 1 to 15 May inclusive; *(am.)* (from) 1 through 14 May; ***være** ~ (*T*: interesseret i etc.) se være; være ~ et møde (, et selskab en fest)* be at a meeting (, a party).

til[2] *adv.* **1.** *(yderligere)* more (*fx* three more bottles; four more years); additional (*fx* I bought three additional bottles); another (*fx* another drink; another three bottles);
2. *(efter vb. = energisk)* hard (*fx* run (, hit, bite) hard);
3. *(efter vb. = fuldstændigt)* up (*fx* freeze up *(fryse 'til)*);
□ *ad (byen) ~* towards (the town); *én ~* another (*fx* another cup of tea); a second; *én gang ~* once more; *en halv gang ~ så lang* half as long again; *~ og med (ɔ: tilmed)* even (*fx* he even kissed her); into the bargain (*fx* he kissed her into the bargain); *(se også de vb. hvormed ~ forbindes, fx blive, komme, være).*

til[3] *konj.* until; T till (*fx* wait till I come).

tilbage 1. back (*fx* go back to England; ride to Oxford and back; look back);
2. *(baglæns)* backwards (*fx* he stepped backwards);
3. *(bagude)* behind (*fx* stay behind; leave sby behind);
4. *(tilovers, endnu)* left (*fx* there are two bottles (, five minutes) left); *(om tid, afstand også)* to go (*fx* we have two miles (, two weeks) to go);
5. *(om byttepenge)* change (*fx* two pounds change, sir; I got two pounds change);
6. *(retarderet)* backward; *(mere* F*)* retarded;
□ *tilbage!* (stand) back! *(mil.)* fall back! *et barn der er ~* a backward child; *helt ~ i 1930* as far back as 1930, as long ago as 1930; *(se også de andre ord, hvormed ~ forbindes, fx betale, blive, frem, give (igen), holde, langt, tænke, vej, vende)* .

tilbagebetale 1. pay back, return; **2.** *(refundere)* refund.

tilbagebetaling 1. return; **2.** *(refundering)* refundment; *(sum)* refund.

tilbageblik *sb. (et, -)* **1.** retrospect (*på, over* of, *fx* he gave a short retrospect of recent events; in retrospect); **2.** *(i film, bog)* flashback.

tilbageerobre *vb.*, **tilbageerobring** recapture.

tilbagefald relapse.

tilbageføre *vb. (i regnskab)* reverse.

tilbageførsel *sb. (en, tilbageførsler)* reversal.

tilbagegang *(fig.)* falling-off; fall-off (*fx* in student numbers); F decline (*fx* a rapid decline; he was blamed for the decline of the party);
□ *i ~* falling off, declining.

tilbagegive *vb.* hand back, return; F restore (*fx* territory occupied in the war should be restored).

tilbagegivelse *sb. (en)* return; F restoration.

tilbagegående *adj.* backward; F retrograde.

tilbageholde *vb. (se også tilbageholdende)* **1.** hold (*el.* keep) back; *(hindre i at forlade et sted også,* F*)* detain;
2. *(følelser)* keep down (*el.* back); F restrain (*fx* one's anger); *(udbrud)* keep back; *(mere* F*)* suppress, stifle (*fx* a sigh, a yawn);
3. *(om politiet)* hold (*fx* he was held by the police for 24 hours); F detain;
4. *(ikke udlevere)* keep back, withhold (*fx* information); suppress (*fx* the newspaper has suppressed the name of the suspect);
□ *~ £25 i hans løn* stop £25 out of his wages; *hans navn -s (ved ulykke)* his name has not yet been released; the police are withholding his name (*fx* until his relatives have been informed); *med tilbageholdt åndedræt* with bated breath; *jeg kunne ikke ~ en bemærkning om at* I could not refrain from remarking that.

tilbageholdelse *sb. (en, -r) (jf. tilbageholde)* **1.** detention; **2.** restraining; suppression; **3.** detention; **4.** withholding.

tilbageholdende[1] *adj.* **1.** *(reserveret)* reserved (*over for* towards, with); F reticent, retiring;
2. *(beskeden)* modest; F unobtrusive;
3. *(tøvende)* reluctant (*med at* to, *fx* to show too much enthusiasm);
4. *(forsigtig)* cautious (*med at* about -ing, *fx* about giving promises);
□ *være ~ med lønkrav* exercise restraint with wage demands.

tilbageholdende[2] *adv. (jf. tilbageholdende[1])* **1.** in a reserved manner; reticently; **2.** modestly; unobtrusively; **3.** reluctantly; **4.** cautiously.

tilbageholdenhed *sb. (en)* **1.** reserve; F reticence; **2.** *(beskeden-*

hed) modesty; F unobtrusiveness; **3.** *(tøven)* reluctance; **4.** *(forsigtighed)* caution; **5.** *(mht. lønkrav)* restraint.

tilbagekalde *vb.* **1.** call back, recall (*fx* an ambassador);
2. *(ord, mening, løfte)* withdraw; F retract (*fx* one's remarks, a promise, a confession);
3. *(annullere)* cancel, annul; *(især om myndighed)* revoke (*fx* a decision, a permission, orders; a promise);
4. *(om vare på grund af fabrikationsfejl)* call in, recall (*fx* cars);
□ ~ *sine ord* take back (*el.* withdraw) one's words; F recant.

tilbagekaldelse *sb. (en, -r) (jf. tilbagekalde)* **1.** recall; **2.** withdrawal; retraction; **3.** cancellation, annulment; revocation; **4.** recall.

tilbagekaste *vb.* throw back; *(lys, varme også)* reflect.

tilbagekastning *sb. (en, -er)* throwing back; *(af lys, varme også)* reflection.

tilbagekobling *(i radio)* back-coupling, feedback.

tilbagekomst *sb. (en, -er)* return.

tilbagekøb 1. buy-back; **2.** *(af police)* surrender; **3.** *(ved auktion)* buy-in.

tilbagekøbe *se købe (tilbage).*

tilbagekøbsret right of repurchase.

tilbagekøbsværdi 1. repurchase value; **2.** *(polices)* surrender value.

tilbagelevere *vb.* hand back, return; F restore (*fx* stolen property).

tilbagelevering return; F restoration.

tilbagelægge *vb. (distance)* do (*fx* 150 km); cover, travel over (*fx* a long distance);
□ *tilbagelagt distance* distance covered; *det er et tilbagelagt stadium* that is a thing of the past; that is water under the bridge.

tilbagelægning *sb. (en, -er) (i fodbold)* back-pass.

tilbagelænet *adj.* **1.** recumbent, reclining; **2.** *(fig.: afslappet)* laid-back.

tilbagemelding *(reaktion)* response (*fx* we got a positive response from them).

tilbagerejse return journey (, passage, voyage); journey (etc.) home; *(jf. rejse[1]).*

tilbagesende *vb.* **1.** send back, return; **2.** *(sag, henvendelse)* refer back (*fx* refer the decision back to the committee); **3.** *(flygtning, turist etc. til sit eget land)* repatriate.

tilbageskridt step backwards; F retrograde step;
□ *et ~ i kultur* a step backwards culturally.

tilbageslag 1. *(det at springe tilbage)* rebound;
2. *(tekn., af stempel)* backstroke; *(af skydevåben: rekyl)* recoil; T kick;
3. *(økonomisk)* recession;
4. *(modgang)* setback;
5. *(voldsom reaktion)* backlash.

tilbagespoling *sb. (en, -er)* rewind(ing).

tilbagestrøget *adj. (om hår)* brushed back.

tilbagestående *adj. (underudviklet)* backward, underdeveloped.

tilbagetog *sb. (et)* **1.** *(mil.)* retreat;
2. *(fig.)* retreat (*fx* it marks a significant retreat from the Government's hard-line policy; the British retreat on the Suez issue); climb-down (*fx* a humiliating climb-down);
□ *foretage et ~ a)* retreat; *b) (fig.)* make a retreat (*fx* the minister made a retreat from his earlier position); *c) (stikke af,* T*)* beat a retreat (*fx* we beat a hasty retreat when we heard him coming);
være på ~ be on (*el.* in) retreat, be retreating.

tilbagetrukket *adj.* **1.** *(afsondret)* retired (*fx* lead a retired life); secluded (*fx* life); *(ensom)* solitary;
2. *(mods. fremtrædende)* unobtrusive; **3.** *(mods. fremspringende)* recessed.

tilbagetrukkethed *sb. (en) (jf. tilbagetrukket)* **1.** seclusion; solitude; **2.** unobtrusiveness.

tilbagetræden *sb. (en)* **1.** *(pensionering)* retirement; **2.** *(afgang)* resignation (*fx* the resignation of the Ministry).

tilbagetrækning *sb. (en)* pullback, pullout; *(mere* F*)* withdrawal (*fx* of troops).

tilbagetur way back (*fx* the way back was easier); return trip (, journey);
□ *på -en se tilbagevej.*

tilbagevej*: på -en* on the way back; *de var på -en (også)* they were on their way back, they were returning.

tilbagevenden *sb. (en)* return.

tilbagevendende *adj.* returning;
□ *stadig ~* continual (*fx* complaints); recurrent (*fx* problems); *(se også årlig).*

tilbagevirkende *adj.* **1.** retroactive; *(jur. især)* retrospective; **2.** *(gram.)* reflexive (*fx* pronoun);
□ *gensidig ~* reciprocal; *give ~ kraft (jur.)* make retrospective; *have ~ kraft (jur.)* have retrospective effect, be retrospective; *lov med ~ kraft* retrospective law; *lønforhøjelse med ~ kraft fra 1. marts* increase in salary back-dated to March 1.

tilbagevise *vb.* **1.** *(afvise)* dismiss (*fx* reports *(rygter)*); *(anklage, beskyldning,* F*)* repudiate;
2. *(modbevise)* disprove (*fx* arguments); F refute (*fx* arguments, criticism);
3. *(mil. etc.: slå tilbage)* beat off; F repel (*fx* an attack).

tilbagevisende *adj. (gram.: refleksiv)* reflexive (*fx* pronoun).

tilbagevisning *sb. (en, -er) (jf. tilbagevise)* **1.** dismissal; repudiation; **2.** refutation; **3.** repulse.

tilbageværende *adj.* remaining.

tilbede *vb.* **1.** worship (*fx* she worshipped her husband; he worships the ground she walks on); *(person også)* adore (*fx* he adored her);
2. *(rel.)* worship (*fx* God; an idol); *(især i den katolske kirke)* adore (*fx* the Virgin Mary);
□ *den tilbedte* the beloved object, the object of one's affections; *hans tilbedte* his beloved.

tilbedelse *sb. (en, -r)* adoration; worship.

tilbedelsesværdig *adj.* adorable.

tilbeder *sb. (en, -e) (beundrer): hendes -e* her admirers.

tilbehør *sb. (et)* **1.** accessories pl. (*fx* bicycle accessories); *(enkelt ting)* accessory (*fx* the turnip lantern is a favourite Halloween accessory);
2. *(til en ret mad)* accompaniment (*fx* green salad makes a perfect accompaniment to this dish); *(generelt)* accompaniments pl. (*fx* sauce and other accompaniments); *(am.)* fixings pl. (*fx* roast turkey and fixings);
3. *(noget underordnet)* adjunct (*fx* he thought of his wife as just an adjunct; women don't want to be just adjuncts to men).

tilberede *vb.* prepare, make; *(varm mad også)* cook; *(blandet drik)* mix (*fx* punch).

tilberedning *sb. (en, -er) (jf. tilberede)* preparation, making; cooking; mixing.

tilbinde *vb. (en krukke)* tie down; *(en sæk)* tie up;
□ *med tilbundne øjne* blindfolded.

tilblivelse *sb. (en)* **1.** coming into existence (*el.* being); *(om idé etc.)* birth; **2.** *(skabelse)* creation; F genesis; **3.** *(oprindelse)* origin

(*fx* the origin of the universe).
tilblivelseshistorie genesis.
tilblivelsessted place of origin.
tilbringe *vb. (tid)* spend (*fx* some weeks in England; the night at a hotel; I spent an evening with my brother); *(sammen med nogen også, let glds.* F*)* pass (*fx* we passed a pleasant afternoon together; they passed several weeks in the country);
□ *frit tilbragt (om varer)* carriage paid; delivered free;
~ ***tiden med at*** *a) (bruge)* spend the time (in) -ing (*fx* he spent the whole day (in) painting his room); *b) (få til at gå)* pass the time -ing (*fx* he passed the time doing a crossword puzzle).
tilbud *sb. (et, -)* **1.** offer (*om* of); **2.** *(billigt ~)* special offer; **3.** *(pris-)* quotation (*på* for); T quote (*på* for); **4.** *(overslag, ved reparationer etc.)* estimate; *(ved licitation)* tender, bid (*på* for, *fx* building a bridge; bids were tendered by 8 contractors); *(se også indhente)*;
□ *dagens ~* today's bargain (*el.* special offer);
[med vb. + præp.] ***få ~ om*** be offered (*fx* I was offered another room); ***give ~ på*** *a)* quote for (*fx* he quoted (£500) for repairing the car); *b) (ved licitation)* tender for; ***købe*** *det* ***på*** ~ buy it while it is on offer; buy it as a special bargain; *det* ***var på*** ~ it was on offer; it was a special offer; *(am.)* it was on sale, it was on special; *der er ~ på kaffe* there is a special offer on coffee; *(am.)* there is a special on coffee.
tilbudsfag elective (*el.* optional) subject, option.
tilbudsgiver *(ved licitation)* tenderer, bidder.
tilbundsgående[1] *adj.* thorough(going).
tilbundsgående[2] *adv.* thoroughly.
tilbyde *vb.* offer (*fx* one's help; to help; offer him a job); *(især uopfordret)* volunteer (*fx* a contribution; to help);
□ *~ sig a) (~ sin tjeneste)* offer one's services (*fx* as a mediator); F tender one's services; *b) (melde sig)* volunteer (*til* for; *til at* to); *c) (om lejlighed, chance)* present itself.
tilbygge *vb.* add.
tilbygning extension, addition;
□ *lave en ~* build an extension.
tilbytte *vb.: ~ sig noget* get sth by barter; *~ sig våben for guld* barter gold for arms; *(især am.)* trade gold for arms.
tilbøjelig *adj.: være ~ til at a) (være til sinds at)* be inclined to (*fx* accept the offer; believe him); F be disposed to (*fx* believe him; help him); *b) (have tendens til at)* be liable (*el.* apt) to (*fx* forget things; make mistakes; milk is liable (*el.* apt) to boil over); *(om person også)* be inclined to (*fx* be lazy; get angry without cause); be prone to (-ing) (*fx* to suspect(ing) others); be given to -ing;
være ~ til at få a) be liable (*el.* apt *el.* prone) to (*fx* fits of depression); *b) (om sygdom)* be liable (*el.* prone) to; F be predisposed to (*fx* colds).
tilbøjelighed *sb. (en, -er)* **1.** *(villighed)* inclination (*til* for; *til at* to, *fx* they showed no inclination for a compromise (, to enter into a compromise)); willingness (*til at* to);
2. *(lyst)* inclination (*fx* artistic inclinations; a natural inclination; follow one's own inclinations);
3. *(tendens)* tendency (*til, til at* to, *fx* he has a tendency to stoutness (, to exaggerate); there is a strong tendency to ignore unpleasant facts; criminal tendencies); *(neds.: hang)* propensity (*til* to; *til at* to, for -ing, *fx* to contradict; for getting drunk, for lying; a morbid propensity);
4. *(disposition for sygdom)* liability; F predisposition (*fx* have a predosposition to (*el.* towards) a disease);
5. *(let glds.: kærlighed)* affection (*for* for); attachment (*for* to);
□ *forbryderiske -er (også,* F*)* criminal proclivities; *have kunstneriske -er (også)* be artistically inclined;
[med vb. (+ præp.)] ***fatte ~ for*** *(jf. 5)* form an affection for; ***følge*** *sin ~ (jf. 2)* follow one's inclination; ***have ~ til*** *(jf. 3, 4 også)* be prone to; *have ~ til at se tilbøjelig.*
tilbørlig[1] *adj.* due (*fx* respect); proper;
□ *holde sig i ~ afstand* keep at a safe distance.
tilbørlig[2], **tilbørligt** *adv.* duly (*fx* he had been duly warned); properly (*fx* dressed).
tildanne *vb.* shape, fashion.
tildele *vb.* **1.** assign (to) (*fx* assign a special task to her; the duties assigned him; I was assigned a room);
2. *(som andel)* allot (to) (*fx* allot part of the work to him; the party was allotted three places on the committee; the subject is allotted just one hour and ten minutes a week); *(om kvota, ration)* allocate (to) (*fx* allocate two rooms to each family; the meat ration allocated to each person);
3. *(om præmie, legat, udmærkelse)* award (*fx* award him a medal (, the first prize, a scholarship); he was awarded the Nobel Prize); *(om æresbevisning)* confer (on) (*fx* an honorary doctorate (, a baronetcy, a knighthood) on sby);
4. *(om straf)* impose on (*fx* a penalty on sby); *(prygl)* give (*fx* he was given five strokes); F administer to (*fx* five strokes were administered to him);
5. *(bibringe, om slag etc.)* deal (*fx* deal sby a blow); F administer to (*fx* a blow to sby);
□ *~ én en rolle* assign a part to sby; *(på teater)* cast sby for a part; *~ én rollen som Hamlet* cast sby for Hamlet.
tildeling *sb. (en, -er)* **1.** *(jf. tildele 2)* allotment; allocation (*fx* of resources); *(ration)* ration; **2.** *(jf. tildele 3)* award; conferment; **3.** *(jf. tildele 4)* imposition.
tildigte *vb.* add.
tildigtning *sb. (en, -er)* addition.
tildrage *vb.: ~ sig (hænde)* occur, come to pass; *(især med ubestemt subjekt)* happen (*fx* a strange thing happened); *det tildrog sig opmærksomhed* it attracted attention.
tildragelse *sb. (en, -r)* occurrence (*fx* a tragic occurrence); happening (*fx* strange happenings).
tildække *vb.* cover (up).
tildækning *sb. (en, -er)* covering (up).
tildænge *se dænge (til).*
tilegne *vb.* dedicate (*fx* a book to sby);
□ *~* ***sig*** *a) (viden)* acquire (*fx* knowledge); *(uden besvær)* pick up (*fx* a language, the correct intonation); *(fuldstændigt)* assimilate (*fx* new ideas); *b) (tilrane sig)* appropriate (*fx* money; he appropriated the best room); *(magt, embede, uberettiget)* usurp; *c) (stjæle,* F *el. spøg.)* abstract; *d) (penge etc. ved bedrageri)* embezzle.
tilegnelse *sb. (en, -r) (jf. tilegne)* **1.** dedication; **2.** acquisition; assimilation; **3.** appropriation; usurpation; **4.** abstracting; **5.** embezzlement.
tilendebringe *vb.* **1.** end, bring to an end; F close, conclude; **2.** *(gøre helt færdig)* finish; F

complete; *(se også afslutte).*

tilendebringelse *sb. (en, -r) (jf. tilendebringe)* **1.** conclusion; **2.** completion.

tilfalde *vb.* **1.** *(blive tildelt)* be assigned to (*fx* the duties assigned to him); *(om pligt også,* F*)* devolve on;
2. *(som andel)* be allotted to (*fx* the part of the work which was allotted to him);
3. *(om præmie, mandat etc.)* go to (*fx* the prize went to him; five seats went to the Left);
4. *(om arv)* go to, fall to.

tilfangetagelse *sb. (en, -r)* capture.

tilfangetagen, tilfangetaget *adj.* captured (*fx* the captured hijackers);
□ *tilfangetagne (brugt som sb.)* captives, prisoners.

tilfile *vb.* file into shape.

tilflugt *sb. (en)* refuge;
□ *finde ~ hos* find a refuge with; *søge ~ hos (, i)* take refuge with (, in); F seek refuge with (, in); *tage sin ~ til (fig.)* resort to (*fx* lies).

tilflugtsrum *(mod luftangreb)* (air raid) shelter.

tilflugtssted **1.** (place of) refuge; **2.** *(fristed)* haven (*fx* the smugglers have been driven to other havens); **3.** *(befæstet)* stronghold; **4.** *(for vildt)* cover.

tilflyde *vb.* accrue to;
□ *lade en ~ noget* grant sth to sby; *lade ham ~ meddelelse* inform him, let him know.

tilflytte *vb.* take up residence in.

tilflytter *sb. (en, -e)* newcomer, new arrival.

tilforladelig *adj.* reliable; *(om person: tilsyneladende ærlig)* plausible;
□ *det ser -t ud* it looks all right.

tilforladelighed *sb. (en)* reliability.

tilforn *adv. (glds.)* formerly; before.

tilforordnet *adj.* **1.** appointed; **2.** *(brugt som sb.,* ɔ: *ved valg)* polling official.

tilfreds *adj.* **1.** *(mere generelt: glad og tilfreds)* contented (*fx* a contented bachelor (, smile)); *(kun præd.)* content (*fx* she is content with life);
2. *(mht. noget bestemt: fuldt ~)* satisfied (*med* with, *fx* the result, his work; she is only satisfied with the best; we want satisfied customers); *(svagere: fornøjet)* pleased (*med* with, *fx* the result, his work; we are very pleased with our new house; he is very pleased with himself; a pleased smile; he had a pleased look on his face); T happy (*med* with, *fx* the result, his work, the new house) *(stærkere,* F*)* gratified (*med* at, *fx* at the way things are going) *(villig til at lade sig nøje, kun præd.)* content (*med* with, *fx* the salary, the explanation; be content with very little (, with menial jobs, with one's station in life));
□ *jeg er godt ~* I am quite content, I am well pleased; *er du 'så ~?* now are you satisfied?
[med vb.] give sig ~ calm down; be content; *stille ~ se tilfredsstille;*
[med præp.] være ~ ***med at*** be content to (*fx* get a back seat); *være ~* ***med lidt*** be content with little, be easily pleased.

tilfredshed *sb. (en)* **1.** satisfaction (*med* with, at, *fx* with the work done, at the situation, at being recognized; it has been done to my entire satisfaction); **2.** *(følelse af ro og ~)* contentment, contentedness; F content;
□ *fuld ~ eller pengene tilbage* full satisfaction or your money refunded (*el.* back).

tilfredsstille *vb. (se også tilfredsstillende)* **1.** *(gøre helt tilfreds)* satisfy (*fx* him, his curiosity, his hunger, a need); *(stærkere,* F*)* gratify (*fx* one's own appetite, their curiosity);
2. *(gøre tilpas)* please (*fx* the customers; you can't please everybody);
□ *~ et krav* meet (*el.* satisfy) a demand; *vanskelig at ~* hard to please.

tilfredsstillelse *sb. (en)* satisfaction; *(stærkere)* gratification;
□ *føle ~ ved* feel satisfaction at; F derive satisfaction from.

tilfredsstillende[1] *adj.* **1.** *(god nok)* satisfactory (*for* to, *fx* an arrangement which is satisfactory to us; it wasn't very good, but satisfactory; he did a very satisfactory job; the results were (, were not) satisfactory);
2. *(personligt ~)* satisfying (*fx* result; he has a very satisfying job; find satisfying work for the unemployed; it is satisfying (, a satisfying feeling) that you have done your best);
3. *(glædelig)* gratifying (*fx* it is gratifying to see one's efforts rewarded);
□ *være ~ (også)* give satisfaction.

tilfredsstillende[2] *adv.* satisfactorily (*fx* he is recovering satisfactorily); to his (, her, my etc.) satisfaction (*fx* everything has been arranged to my entire satisfaction).

tilfrossen *adj.* frozen (*fx* lake, river); *(præd.)* frozen over (*fx* the lake was frozen over).

tilfælde *sb. (et, -)* **1.** *(sag, forhold)* case (*af* of, *fx* a case of mistaken identity; it is different in my case); *(forekomst)* instance (*fx* the commission found many instances of abuse);
2. *(sygdoms-)* case (*fx* a bad case of malaria; he was a hopeless case); *(anfald)* attack (*fx* an attack of malaria; a slight attack of influenza); *(kort, pludseligt)* fit (*fx* an apoplectic fit);
3. *(hændelse)* occurrence (*fx* a strange (, an unfortunate) occurrence); F incident (*fx* a strange incident); *(træf)* chance (*fx* a lucky chance); *(sammentræf)* coincidence (*fx* a strange (, remarkable) coincidence);
□ ***-t*** *a) (kendsgerningerne)* the case (*fx* if that is the case; that is not the case); *b) (skæbnen)* chance (*fx* chance threw them together); *lade -t råde* leave everything to chance; trust to luck; *ikke overlade noget til -t* leave nothing to chance; *-t ville at vi mødtes* chance would have it that we met; as luck would have it we met;
det er ***et*** *~ der ser ud som en tanke* it looks as if it was done on purpose; ***et rent*** *~* the merest chance; a mere coincidence; ***få et*** *~* T have a fit;
[med præp.] ***for*** *det ~ at, for det -s skyld at* (ɔ: *for at være forberedt på)* in case (*fx* I'll wait here in case they (should) come); *for alle -s skyld* (just) in case; to be on the safe side; *for -t* for the occasion; *lave noget for -t* improvise sth;
i *alle ~ se ndf.: i hvert ~; i bedste (el. heldigste) ~* at best; even at the best of times; *i begge ~* in both cases; in either case; *i det ~* in that case, in that event; *vi er i det heldige ~ at vi kan hjælpe Dem* we are in the fortunate position of being able to help you; *i dette ~* in this case; *i 9 af 10 ~* in 9 cases out of 10; *i værste ~* at worst; if the worst comes to the worst; *(se også bekræftende, nægtende, påkommende, vis*[2]*);*
i hvert *~* at any rate (*fx* he is at any rate on our side); at least (*fx* or so at least he said himself); anyway (*fx* anyway, he is reliable, that is the main thing); in any case, in any event, at all events;
i ~ af in case of (*fx* fire); in the

event of (*fx* his death); ***i*** ~ ***af at*** *a) (hvis)* if (*fx* if the door is not locked); *b) (for at være forberedt på)* in case (*fx* I'll wait here in case they (should) come); *i ~ af at han kommer for sent* if he should be late; in case of his being late;
ved *et* ~ by chance, by accident; *ved et heldigt* ~ by some fortunate chance, by a happy coincidence.

tilfældig *adj. (se også tilfældigt)* **1.** *(ikke planlagt)* accidental (*fx* similarity, meeting; our meeting was quite accidental); *(attr. også)* chance (*fx* acquaintance, discovery, meeting); F fortuitous (*fx* discovery, meeting);
2. *(kortvarig; uden bestemt hensigt)* casual (*fx* acquaintance, meeting, sex; crime, remark);
3. *(lejlighedsvis)* occasional (*fx* visits);
4. *(spredt)* stray (*fx* remarks, shots, visitors);
5. *(foretaget el. valgt på må og få)* random (*fx* choice, examples, selection, shot; the order of the names was completely random); chosen at random *(præd.)* (*fx* they went into a house chosen at random);
(neds.) haphazard (*fx* arrangement, planning; in a haphazard way); F desultory (*fx* reading; in a desultory way);
□ *det var rent -t* it was quite accidental; it was pure (*el.* a mere) chance; it was a mere coincidence;
[med sb.] -t arbejde odd jobs pl.; *en ~ mand* some man; *-e omstændigheder* unforeseen (, chance) circumstances; F adventitious circumstances.

tilfældighed *sb. (en, -er)* **1.** *(generelt)* chance (*fx* it was sheer chance that led to the discovery);
2. *(sammentræf)* coincidence (*fx* it was a coincidence that we met);
3. *(tilfældig karakter)* fortuitousness;
□ *det skyldes rene -er at vi mødtes* it was by sheer chance that we met;
[med præp.] det beror ***på*** *-er* it is a matter of chance (*om* whether); *ikke overlade noget* ***til*** *-er* leave nothing to chance; ***ved*** *en* ~ by chance, by coincidence.

tilfældigt *adv.* **1.** *(ved et tilfælde)* accidentally, by chance (*fx* meet sby accidentally (*el.* by chance)); F fortuitously; *(se også tilfældigvis 1)*;
2. *(på må og få)* at random (*fx* chosen (, scattered) at random); randomly (*fx* chosen, arranged); *(neds.)* haphazardly (*fx* papers haphazardly strewn on the desks); in a haphazard fashion; F desultorily;
□ *et ~ valgt udsnit* a random sample; *ganske (el. rent) ~* by a mere (*el.* the merest) chance, by sheer accident, quite accidentally.

tilfældigvis *adv.* **1.** *(udtrykkes oftest ved)* happen to (*fx* he happened to come; I happened to meet him; I happen to know him; she happens to be my aunt); *(ved et tilfælde også)* by chance, accidentally, by accident (*fx* I met him by chance (*el.* accidentally *el.* by accident); by accident rather than by design);
2. *(for resten)* incidentally, as it happens, it so happens (*fx* as it happens, I have got the book here; it so happens that I have got the book here);
3. *(i forsigtigt spørgsmål)* by any chance; *du skulle vel ikke ~ vide hvor det er?* do you by any chance know where it is?

tilfælles *adv.* in common (*med* with).

tilføje *vb.* **1.** *(føje til)* add; **2.** *(bibringe)* inflict on (*fx* inflict a wound (, a defeat) on sby); **3.** *(volde)* cause (*fx* cause damage to sby; cause sby losses);
□ *~ én skade (også)* do sby damage; injure sby; *~ én et slag* deal sby a blow; *~ én et nederlag (også)* defeat sby.

tilføjelse *sb. (en, -r)* **1.** addition; *(også om tilføjet bestemmelse i et dokument,* F*)* rider (*fx* I want to add one little rider to what you were saying);
2. *(tillæg)* appendix (pl. -es, *(fagl.)* appendices);
3. *(indføjelse)* insertion;
4. *(note)* note;
□ *-r (bag i bog)* addenda.

tilføre *vb.* **1.** *(yde, skaffe)* supply (to) (*fx* supply oxygen to the blood; supply provisions to the town; supply the town with food);
2. *(om kapital)* inject (*fx* inject new capital into the firm);
3. *(indskrive i)* enter in;
□ *~ patienten ilt* administer oxygen to the patient; *~ protokollen noget* put sth on record; enter sth in the records; *(se også blod)*.

tilførsel *sb. (en, tilførsler)* **1.** *(forsyning)* supply;
2. *(om kapital)* injection (*fx* of new resources; the firm needs an injection of new capital);
3. *(til protokol)* entry;
□ *tilførsler fra udlandet* foreign supplies; *~ af levnedsmidler* food supply.

tilførselsvej supply route.

tilgang 1. *(af mennesker)* accession (*fx* of new members); intake; *(stor,* F*)* influx (*fx* of immigrants);
2. *(til et fag etc.: ansøgere)* applicants pl. (*fx* there are fewer applicants this year); *(optagne)* intake (*fx* of new students); recruitment (*fx* a heavy recruitment of new pupils);
3. *(af luft, vand etc.)* admission; *(mængde som tilføres)* supply;
4. *(forøgelse)* increase;
5. *(måde at gribe noget an på)* approach.

tilgift *sb. (en)* **1.** something thrown in; **2.** *(så der bliver fuldt op)* makeweight (*fx* the CD has two symphonies, and an overture as a makeweight);
□ *få noget i ~* get sth into the bargain, get sth thrown in; *give noget i ~* give sth into the bargain, throw sth in.

tilgitret *adj.* grated; barred; *(jf. gitter 1)*.

tilgive *vb.* **1.** forgive (*fx* I forgive you all your angry words; forgive him (for) the mistake; forgive my ignorance, but ...; if you'll forgive the expression; let us forgive and forget); *(*F *el. glds.)* pardon (*fx* pardon (him for) his rudeness; pardon an offence; Jesus pardons);
2. *(se bort fra)* overlook (*fx* I'll overlook it this time);
□ *han tilgav aldrig* ***at*** *hun havde sagt det* he never forgave her for saying that; *~ (ham)* ***hvad*** *han har gjort* forgive him for what he has done.

tilgivelig *adj.* forgivable, excusable; F pardonable.

tilgivelse *sb. (en, -r)* forgiveness; F pardon.

tilgodehavende[1] *sb. (et, -r)* **1.** *(hos et firma)* outstanding debt (*el.* amount *el.* account); *(også hos person)* amount due to one, amount owed;
2. *(i bank)* credit balance;
3. *(i et land)* asset (*fx* Iranian assets in the USA; frozen assets);
□ *mit ~* the amount due to me; the balance in my favour; *(også hos person)* the amount you owe me; *mit ~ hos Dem* my account against you; *(også hos person)* the amount you owe me.

tilgodehavende[2] *adj.* outstanding

(*fx* dividend); receivable *(efter sb.)* (*fx* interest receivable).

tilgodese *vb. (tage hensyn til)* consider (*fx* their interests).

tilgodeseddel credit note.

tilgrise *vb.* dirty; T mess up.

tilgroet *adj.* overgrown.

tilgrundliggende *adj.* basic (*fx* facts); underlying (*fx* motives).

tilgrænsende *adj.* adjoining, adjacent (*fx* fields).

tilgængelig *adj.* **1.** *(til at få)* available (*for* to, *fx* the books are available to everyone);
2. *(forståelig)* accessible (*for* for, *fx* the book is accessible for the non-specialist reader); comprehensible, intelligible;
3. *(om person: modtagelig)* accessible (*for* to, *fx* reason, bribery, pity); open (*for* to, *fx* advice); F amenable (*for* to, *fx* advice, reason);
□ *let* ~ *se lettilgængelig, letfattelig; parken er offentlig* ~ the park is open to the public.

tilgængelighed *sb. (en)* accessibility.

tilgå *vb.* reach, be sent to;
□ *der er -et os meddelelse om at* we have received information that, we have been informed that.

tilhold *sb. (et, -)* order; *(som skal beskytte, fx kvinde mod at blive opsøgt)* protective order;
□ *give en* ~ *om at* order sby to; *(se også polititilhold).*

tilholdssted **1.** resort; T haunt (*fx* the pub is a favourite resort (*el.* haunt) of actors); hang-out;
2. *(skjulested)* hide-out; **3.** *(befæstet)* stronghold; **4.** *(utilgængeligt)* fastness.

tilhugge *vb.* **1.** dress; *(råt)* rough-hew; **2.** *(forme)* shape.

tilhviske *vb.:* ~ *en noget* whisper sth to sby.

tilhylle *vb.* veil, cover (*fx* one's face);
□ *-t a) (tilsløret)* veiled; *b) (pakket ind i tøj)* muffled (*fx* I saw a muffled figure standing in the doorway).

tilhænger *sb. (en, -e)* **1.** *(især af en lære)* follower (*fx* the followers of Freud); F adherent; *(ivrig)* devotee;
2. *(som støtter)* supporter (*fx* the supporters of the Minister; Arsenal supporters; he is a supporter of women's rights); F adherent;
3. *(som er begejstret for)* fan (*fx* an Elvis Presley fan; football fans);
□ *være* ~ *af (fx fremgangsmåde, system)* be a believer in, believe in (*fx* fresh air; organic farming; eating lots of vegetables); *jeg er ikke* ~ *af (også)* I don't hold with (*fx* these modern ideas).

tilhængerskare following.

tilhøre *vb.* belong to.

tilhørende *adj.* **1.** belonging to it (, him etc); **2.** *(dertil svarende)* to match (*fx* paper and envelopes to match);
□ *den ham* ~ *statue* the statue belonging to him.

tilhører *sb. (en, -e)* **1.** listener;
2. *(ved koncert etc.)* member of the audience;
□ *-e (jf. 2)* audience; *mange -e (jf. 2)* a large audience; *mine -e!* ladies and gentlemen!

tilhørerloge *(i parlamentet)* strangers' gallery.

tilhørerplads (public) seat;
□ *-er (også)* auditorium sg.

tilhørerskare audience.

tilhørsforhold **1.** *(statsligt)* nationality; **2.** *(medlemskab)* membership;
□ *politisk* ~ political affiliations pl.

tilhøvle *vb.* plane.

tililende *adj. (præd.)* hurrying up;
□ *de* ~ those who came hurrying up.

tilintetgøre *vb. (se også tilintetgørende)* **1.** *(ødelægge)* destroy (*fx* a document, the evidence); *(stærkere)* wipe out (*fx* an entire regiment; all resistance; the house was wiped out by the bomb); F annihilate (*fx* all opposition; the enemy); devastate (*fx* the country's agriculture; a house devastated by a bomb);
2. *(knuse)* crush (*fx* the enemy; all opposition); T stamp out (*fx* all resistance);
□ *tilintetgjort (fig.)* crushed; F devastated;
[med sb.] ~ *hans forhåbninger* dash his hopes; ~ *hans planer* frustrate his plans; ~ *hans tvivl* dispel his doubt.

tilintetgørelse *sb. (en, -r)* destruction; F annihilation.

tilintetgørelseslejr death camp.

tilintetgørende *adj.* crushing; F devastating (*fx* blow, defeat).

tiliset *adj.* **1.** *(om fly, rude)* iced up;
2. *(om sø, vej)* iced over.

tiljuble *vb.* cheer.

tilkalde *vb.* **1.** *(sende bud efter)* send for (*fx* a doctor, the police);
2. *(kalde til hjælp)* call in (*fx* assistance, a doctor);
3. *(beordre til at komme,* F*)* summon (*fx* a secretary).

tilkaldevagt*: have* ~ be on call, be on standby.

tilkaste *vb.* **1.** *(fylde med jord)* fill in, fill up (*fx* a ditch); **2.** *(arkæol.)* backfill (*fx* an excavation);
□ ~ *en et blik* give sby a look; *(hastigt)* dart a glance at sby.

tilkende *vb.* award;
□ *få tilkendt erstatning a)* be awarded compensation; *b) (ved retssag)* be awarded damages; *han fik tilkendt £1.000 i erstatning* he was awarded £1,000 (in) compensation; *moderen fik tilkendt barnet* the mother got (the) custody of the child.

tilkendegive *vb.* **1.** *(vise)* show (*fx* one's gratitude); F signify (*fx* disapproval); *(tydeligt)* manifest (*fx* some displeasure); *(mere indirekte)* intimate (*fx* he intimated that the audience was over);
2. *(give udtryk for)* express (*fx* one's approval, one's sympathy); give expression to;
3. *(erklære)* declare (*fx* one's intentions; he declared that he did not intend to pursue the matter);
4. *(meddele)* inform (*én noget* sby of sth); *(officielt)* notify (*en noget* sby of sth); *det blev -t ham at* he was informed (, notified) that.

tilkendegivelse *sb. (en, -r) (jf. tilkendegive)* **1.** manifestation; intimation;
2. expression (*fx* expressions of sympathy);
3. *(erklæring)* declaration;
4. *(meddelelse)* piece of information;
5. *(signal)* signal (*fx* signals from the trade unions show willingness to compromise).

tilknappet[1] *adj. (fig.)* reserved, aloof; T buttoned up.

tilknappet[2] *adv.* reservedly.

tilknappethed *sb. (en)* reserve, aloofness.

tilknytning *sb. (en, -er) (jf. tilknyttet)* **1.** *(forbindelse)* attachment, connection, association (*til* with); affiliation (*til* to);
2. *(det at knytte til)* attachment; affiliation;
□ *i* ~ *til* in connection with; *i nær* ~ *til* in close connection (*el.* association) with, closely connected with.

tilknytningspunkt point of contact.

tilknyttet *adj.* **1.** *(om person: ansat)* employed by, on the staff of (*fx* a firm); *(om løsere tilknytning)* attached to, connected with (*fx* a firm, a party; be connected with a movement; be attached to the embassy; he was attached to another department for a short period);
2. *(til overordnet instans, om in-*

stitution) attached to (*fx* the institute is attached to the university); *(om firma, organisation)* affiliated (to, with) (*fx* an affiliated branch of the union; local groups that are affiliated to (*el.* with) the organization).

tilkomme *vb.: det -r ham at* it is up to him to, it is for him to (*fx* decide); F it rests with him to; *det -r ikke ham at* it is not for him to (*fx* tell us how to run our affairs); T he has no business to; **der** *-r ham en andel* he is entitled to a share; *den løn (, respekt) der -r ham* the wages (, respect) due to him; *give enhver hvad der -r ham* give everyone his due.

tilkommende *adj.* future (*fx* wife); □ *hans (, hendes) ~* his fiancée (, her fiancé); *(glds.)* his (, her) intended; *i det ~ liv* in the life to come.

tilkæmpe *vb.: ~ sig* win; *~ sig adgang* force one's way in; *~ sig sejren* carry off the victory; *med -t ro* with hard-won composure; with studied calm.

tilkøbe *vb.: ~ sig (også fig.)* buy.

tilkøbsbillet supplementary ticket.

tilkøre *vb.* **1.** *(bil)* run in; *(am.)* break in; **2.** *(hest)* break in; □ *frit tilkørt* carriage paid.

tilkørsel 1. *(af varer)* carriage, haulage; **2.** *(tilkørselsvej)* approach; *(se også tilkørselsvej).*

tilkørselsbane *(på motorvej)* acceleration lane.

tilkørselsrampe approach ramp.

tilkørselsvej 1. *(til by)* approach (*fx* all approaches to the town were blocked);
2. *(til plads, bygning etc.)* access road (*fx* to the Palace);
3. *(til motorvej)* slip road; *(især am.)* access road.

tillade *vb. (se også tilladt)* **1.** *(ikke hindre)* allow (*fx* allow him to come in; allow me to help you); *(give tilladelse,* F*)* permit (*fx* his father would not permit him to do it; the law does not permit it; permit me to answer your question);
2. *(med upersonligt subjekt: muliggøre)* allow (of) (*fx* his position did not allow of it; the facts allow (of) no other interpretation); F admit of (*fx* it admits of no doubt); permit (*fx* time does not permit going into detail; if time permits; when circumstances permit; so far as health permits);
□ *-r De? a) (fx når man vil forbi)* excuse me! thank you! *b) (fx når man vil hjælpe)* may I? allow me! *-r De at jeg ryger?* do you mind if I smoke? may I smoke?; *(se også helbred, vejr);*
[med sig:] ~ **sig** *(ɔ: at nyde)* allow (, permit) oneself (*fx* a cigar); F indulge in (*fx* a glass of wine); *kunne ~ sig* be able to afford (*fx* we cannot afford any luxuries); *han tror han kan tillade sig alt* he thinks he can do anything he likes;
~ ***sig at*** *a)* allow (, permit) oneself to; *b) (driste sig til)* venture to; take the liberty of -ing (*fx* he took the liberty of drinking my wine); *jeg -r mig at a) (iron.)* I take leave to (*fx* doubt this); *b) (i brevstil)* allow me to; I would like to (*fx* ask whether ...; point out that ...); *vi -r os at meddele at (hdl.)* we (would) inform you that; *kunne ~ sig at (ɔ: være sådan stillet at)* be able to afford to (*fx* I cannot afford to run a car (, go abroad); he cannot afford to ignore their warnings (, criticize others)).

tilladelig *adj.* **1.** *(som kan tolereres)* allowable (*fx* some extravagance is allowable at Christmas; the maximum allowable concentration of toxic emissions);
2. *(som er tilladt)* permissible (*fx* increase in rent);
3. *(lovlig)* legal, lawful.

tilladelse *sb. (en, -r)* **1.** permission (*fx* office staff must have special permission to enter the computer room);
2. *(officiel ~, bevilling)* licence (*fx* doctors must have a special licence to prescribe drugs to addicts);
3. *(officielt dokument)* permit (*fx* a work permit, an export permit);
□ *bede om ~ til* ask permission (*el.* leave) to; *få ~ til a)* be allowed to; F obtain permission to, be permitted to; *b) (jf. 2)* obtain a licence to, be licensed to; *med Deres ~ a)* with your permission; F by your leave; *b) (ved modsigelse)* with respect (*fx* with respect, I would argue that the opposite is the case).

tilladt *adj.* **1.** allowed; F permitted; **2.** *se tilladelig;*
□ *det er ikke ~ at* you are not allowed (, permitted) to (*fx* use the telephone for private calls); ...-ing is not allowed (, permitted) (*fx* parking (, smoking) is not allowed (, permitted) here); *det er ikke ~ mig at* I am not allowed (, permitted) to.

tillave *vb.* prepare, make; *(mad også)* cook.

tillavning *sb. (en, -er)* preparation, making; cooking.

tillempe *vb.* adapt (*efter, til* to).

tillempning *sb. (en, -er)* adaptation.

tillid *sb. (en)* **1.** confidence (*til* in, *fx* in the government, in the dollar; win their confidence); *(dybere)* trust (*til* in, *fx* in a promise; her childlike trust in him; the trust placed in them); F faith (*til* in); **2.** *(forladen sig på)* reliance (*til* on, *fx* his total reliance on his colleagues);
□ *blind ~* blind (*el.* implicit) confidence (*til* in); blind faith (*til* in); *i ~ til* relying on; trusting to; *[med vb.] genoprette (, miste) -en til* restore (, lose) confidence in; *have (el. nære) ~ til a)* have confidence in (*fx* I have absolute confidence in him); *(stærkere)* trust, trust in; *b) (forlade sig på)* rely on; *vise ~* show confidence; *vise én ~* show sby confidence; trust sby; *(se også nyde, skabe).*

tillidsbrud *sb. (et, -)* breach of confidence.

tillidsforhold relationship of trust (*fx* establish a relationship of trust with them).

tillidsfuld *adj.* **1.** *(over for personer)* trusting (*fx* child); *(let glds.)* trustful;
2. *(fortrøstningsfuld)* confident (*fx* I feel confident about the future of the project); *(præd. også)* full of confidence.

tillidsfuldhed *sb. (en) (jf. tillidsfuld)* **1.** trust; trustfulness; **2.** confidence.

tillidshverv 1. *(offentlig (ulønnet) post)* honorary office; **2.** *(meget betroet hverv)* position of trust.

tillidskløft confidence gap.

tillidskrise crisis of confidence.

tillidskvinde, tillidsmand 1. *(fagforenings-)* shop steward; **2.** *(repræsentant)* representative, deputy.

tillidspost *se tillidshverv.*

tillidssag matter of confidence.

tillidsskabende *adj.: ~ foranstaltninger* confidence-building measures.

tillidsvotum vote of confidence.

tillidsvækkende *adj. = tillidvækkende.*

tillidvækkende *adj.: være ~* inspire confidence; *han har et ~ udseende* he inspires confidence, he looks as though you can trust him.

tillige *adj.* **1.** too (*fx* I had some food, and some wine too); T as well; **2.** *(desuden)* in addition (*fx*

in addition, there are some minor problems);
□ ~ *med* together with, (along) with, in addition to.
tilliggende[1] *sb. (et, -r)* adjoining land.
tilliggende[2] *adj.* adjoining, adjacent.
tilliste *vb.: ~ sig* obtain by a trick.
tillokkelse *sb. (en, -r)* attraction (*for* to, for, *fx* Britain's heritage has always been a major attraction to overseas visitors; the attractions of the city); *(ofte neds.,* F*)* allurement.
tillokkende[1] *adj.* **1.** attractive; *(ofte neds.,* F*)* alluring (*fx* prospects); **2.** *(fristende)* tempting (*fx* offer).
tillokkende[2] *adv.* **1.** attractively; **2.** *(fristende)* temptingly.
tillukket *adj.* **1.** closed; **2.** *(om væsen)* reserved; F withdrawn; T buttoned up; **3.** *(utilnærmelig)* unapproachable.
tillykke *se lykke.*
tillæg *sb. (et, -)* **1.** *(særskilt ~ til bog el. blad etc.)* supplement (*fx* a Sunday supplement to a newspaper; publish a supplement to the dictionary);
2. *(trykt bag i bog: supplement)* appendix (pl. -es, *(fagl.)* appendices); *(med tilføjelser)* addendum (pl. addenda); addenda sg.;
3. *(lønforhøjelse)* rise, advance; *(am.)* raise; *(se også løntillæg)*;
4. *(til løn: særlig ydelse til bestemt formål)* allowance (*fx* child (, incentive, transport) allowance); *(som en særlig belønning)* bonus (*fx* a personal bonus);
5. *(til pris)* extra charge; *(til billetpris på jernbane etc.)* excess fare;
6. *(skrædders)* trimmings pl.;
7. *(opdræt)* breeding.
tillægge *vb.* **1.** *(tilskrive)* ascribe to, attribute to (*fx* ascribe base motives to him; he is attributed opinions which he does not hold);
2. *(give skylden for)* put down to; F impute to;
3. *(opdrætte)* breed, rear;
□ *søen er tillagt* the lake is frozen over; *~ noget vigtighed* attach importance to sth; *(se også vane).*
tillægs- additional, supplementary; extra (*fx* prize).
tillægsagtig *adj.* adjectival.
tillægsbevilling supplementary grant.
tillægsbillet supplementary ticket.
tillægsdyr breeder.
tillægsgebyr extra charge (*el.* fee).
tillægsmandat additional member.
tillægsmåde *(gram.)* participle;
□ *fortids ~* the past participle; *nutids ~* the present participle.
tillægsord *(gram.)* adjective.
tillægspension 1. supplementary pension; **2.** *(ATP)* wage earners' supplementary pension.
tillægsprøve supplementary examination.
tillægsstraf consecutive sentence.
tillært *adj.* acquired (*fx* Irish was for them an acquired, rather than a native, language); *(kunstlet)* artificial;
□ *-e fraser* second-hand phrases.
tilløb *sb. (et, -)* **1.** *(til spring)* run-up;
2. *(forsøg)* attempt (*til* at, *fx* reconciliation, a smile);
3. *(begyndelse)* approach (*til* to, *fx* an understanding);
4. *(tegn)* signs pl. (*til* of, *fx* a change, an improvement);
□ *spring med (, uden) ~* running (, standing) jump;
[med vb.] der **er** *stort ~ til forelæsningerne* the lectures are very well attended; ***gøre*** *~ til (at) a) (jf. 2)* make an attempt at (-ing); *b) (jf. 3)* make an approach to (-ing); *gøre ~ til at (også,* F*)* make to (*fx* protest, speak, stand up); *søen* ***har*** *~ fra to floder* the lake is fed by two rivers; ***tage*** *~ (ɔ: til spring)* run up; *tage ~ til (fig.), se ovf.: gøre ~ til.*
tilløbende *adj.: ~ hund* stray dog.
tilløbsstykke *(teat., fig.)* draw;
□ *filmen er et ~ (også)* the film is packing them in.
tilmed *adv.* **1.** *(oven i købet)* into the bargain (*fx* it was cold, and it began to rain into the bargain);
2. *(ja endog)* even (*fx* he was happy, even gay; he even offered to take me home);
3. *(understregende)* at that (*fx* a grown-up, and a teacher at that; a new coat, and an expensive one at that);
□ *~ da ...* especially as ....
tilmelde *vb.* **1.** enrol (*fx* a child in a school); **2.** enter (*fx* pupils for an examination; a horse for a race);
□ *~* ***sig*** *a) (kursus etc.)* enrol, register (*fx* for a course); T sign up; *b) (konkurrence etc.)* enter (one's name) (*fx* for a competition, for an examination); *c) (arrangement etc.)* put one's name down (*fx* for an outing; for the staff party party *(fest)*); sign up; *d) (offentlig myndighed)* register (*til, hos* with).
tilmelding *sb. (en, -er) (jf. tilmelde (sig))* **1.** enrolment; **2.** entry;
□ *vi har 25 -er* 25 people have enrolled (, signed up, put down their names); *(til eksamen etc.)* there are 25 entries.
tilmeldingsblanket entry form. application form.
tilmeldingsgebyr entry fee.
tilmure *vb.* brick up.
tilmåle *vb.* allot;
□ *knapt tilmålt* scanty (*fx* leisure, rations).
tilnavn 1. byname (*fx* Swein, with the byname Forkbeard); surname (*fx* Scipio with the surname Africanus); **2.** *(øgenavn)* nickname;
□ *med -et (også) a)* called; *b)* nicknamed.
tilnærmelse *sb. (en, -r)* **1.** *(til det rigtige)* approximation (*til* to, *fx* the truth); **2.** *(politisk)* rapprochement (*til* with, *fx* another country);
□ **-r** *a) (seksuelle)* advances (*fx* she rejected his advances); *b) (for at opnå forlig)* overtures; *gøre -r til a) (seksuelle)* make advances to; T make a pass at; *b) (jf. b ovf.)* make overtures to.
tilnærmelsesvis[1] *adj.* approximate; T rough.
tilnærmelsesvis[2] *adv.* approximately;
□ *ikke ~ så godt* nothing like as good, nowhere near as good.
tilovers *adv.* **1.** *(levnet)* left, left over (*fx* there was a lot of food left over);
2. *(som er ikke er lagt beslag på)* to spare (*fx* with only £2 (, five minutes) to spare); *(attr.)* spare (*fx* we have a spare room; if you have a spare minute);
□ *jeg* **er** *~ her (ɔ: uvelkommen)* I am not wanted here; T I am one too many here; ***føle sig*** *~ a) (overflødig)* feel superfluous; *b) (uvelkommen)* feel unwanted; *c) (udenfor)* feel out of it, feel left out; ***få*** *(,* ***have****) noget ~ a) (jf. 1)* have sth left over; *b) (jf. 2)* have sth to spare; ***have*** *noget ~* ***for*** *en* be (rather) fond of sby, have a soft spot for sby.
tiloversbleven *adj.* left (over) *(præd.)* (*fx* the bread left over from supper); F remaining (*fx* the remaining £5);
□ *det tiloversblevne* the remainder.
tilpas[1] *adj.* right (*fx* the temperature is right); suitable.
tilpas[2] *adv.* **1.** *(om tid)* at the right moment (*fx* you have come just at the right moment); F opportunely;
2. *(om grad)* suitably (*fx* large);
□ *~ sød* properly sweetened; just right; *er det ~?* will that do?
[med adv.] være ***dårlig*** *~ a) (syg)*

feel under the weather; *(stærkere)* feel rotten; *b) (ilde til mode)* be ill at ease, be uncomfortable; *være dårlig ~ ved det* feel bad about it; *være* ***godt*** *~ a) (rask)* feel fit; *b) (vel til mode)* be relaxed; be comfortable; *være* ***ilde*** *~ se ovf.: være dårlig ~; det er* ***lige*** *~* it is just right; *kødet var lige ~ (kogt el. stegt)* the meat was done to a turn; *være* ***skidt*** *~ se ovf.: være dårlig ~;*
[med vb.] man kan ikke ***gøre*** *alle ~* you can't please everyone; *prøve at gøre ham ~* try to please him; *jeg kan aldrig gøre ham ~* I can never do anything to please him; ***komme*** *~* come at the right moment; *det kom ham ~* it suited him.

tilpasning *sb. (en, -er) (jf. tilpasse)* **1.** adjustment; adaptation; accommodation; **2.** fitting.

tilpasningsevne adaptability.

tilpasningsvanskelig *adj.* maladjusted.

tilpasningsvanskeligheder *sb.pl.* adjustment difficulties.

tilpasse *vb.* **1.** adjust (*til, efter* to, *fx* adjust oneself to new conditions); *(især om lidt større ændring)* adapt (*til, efter* to, *fx* adapt (oneself) to one's surroundings; *til* for adapt the novel for the stage); *(ved at give efter,* F*)* accommodate (*efter* to, *fx* I will accommodate my plan to yours; we must accommodate ourselves to circumstances);
2. *(skære file etc. til)* fit (*til* to, *fx* a carpet to the floor, the key to the lock);
3. *(efter et bestemt behov)* tailor (*efter* to, *fx* the activities must be tailored to the interests of the patients; the school system should be tailored to the needs of the child; he tailored his stories to fit their taste).

tilplante *vb.* plant.

tilplantning *sb. (en, -er)* planting.

tilproppe *vb.* cork (*fx* a bottle); plug, stop (*fx* a hole).

tilrakning *sb. (en, -er)* **1.** *(bagtalelse)* running down, smearing; **2.** *(enkelt eksempel)* smear.

tilrane *vb.: ~ sig a) (om magt)* usurp (*fx* power, authority, the throne); arrogate to oneself (*fx* a right, more and more power); *(se også tilegne (sig)); b) (stjæle)* purloin.

tilrede *vb.: ~ slemt (el. ilde)* maltreat; T knock about, handle roughly; *ilde tilredt* badly knocked about, roughly treated.

tilregnelig *adj.* sane; *(præd. også)* of sound mind; *(jur. også)* compos mentis, in full possession of one's faculties.

tilregnelighed *sb. (en)* sanity, soundness of mind.

tilrejsende *adj.* **1.** recently arrived; **2.** *(brugt som sb.)* visitor;
□ *komme ~* arrive.

tilrettelægge *vb.* **1.** arrange, organize; **2.** *(forberede)* get ready, prepare; *(se også tilpasse).*

tilrettelæggelse *sb. (en, -r),* **tilrettelægning** *(en, -er)* **1.** arrangement, organization; **2.** *(forberedelse)* preparation; *(se også tilpasning).*

tilrettevise *vb.,* **tilrettevisning** *sb. (en, -er)* reprimand; *(mildt)* reprove; *(skarpt)* rebuke.

tilride *vb.* break in.

tilridning *sb. (en, -er)* breaking in.

tilrigge *vb.* rig.

tilrigning *sb. (en, -er)* rigging.

tilrive *vb.: ~ sig (om magt)* usurp (*fx* the throne, authority, power); arrogate to oneself (*fx* he arrogated more and more power to himself).

tilrøget *adj.* **1.** smoke-filled (*fx* room); smoky; **2.** *(om pibe)* seasoned.

tilråb **1.** call, shout; **2.** *(til taler, ved politisk møde)* heckling;
□ *hånligt ~* jeer, taunt; *komme med ~ (til ham) a) (heppe)* cheer (him); *b) (jf. 2)* heckle (him).

tilråbe *vb.: ~ en noget* shout sth to sby.

tilråde *vb.* advise (*fx* we advise caution (, great care, a long holiday)); recommend;
□ *~* ***at*** advise -ing (, that), recommend -ing (, that) (*fx* I advise (*el.* recommend) doing it at once (, that we do it at once)); *~ en at gøre noget* advise (*el.* recommend) sby to do sth; *lægen -de ham en lang ferie* the doctor advised (*el.* recommended) him to take a long holiday.

tilrådelig *adj.* advisable.

tilsagn *sb. (et, -) (løfte)* promise (*om at* to); F undertaking (*om at* to); *(bindende)* commitment (*om at* to).

tilsammen *adv.* **1.** in all, altogether; **2.** *(i fællesskab)* between us (, you, them) (*fx* we had only £10 between us);
□ *mere end alle de andre ~* more than all the others combined (*el.* put together); *~ udgøre* total.

tilsande *vb.* sand up.

tilse *vb.* **1.** inspect; **2.** *(en syg)* attend.

tilsende *vb.* **1.** send; F forward; **2.** *(penge)* remit.

tilsendelse *sb. (en, -r) (jf. tilsende)* **1.** sending; forwarding; **2.** remittance.

tilsidesætte *vb.* **1.** *(forsømme)* neglect (*fx* one's duty); **2.** *(ikke ænse)* ignore; F disregard;
□ *føle sig tilsidesat* feel slighted; *~ alle forsigtighedshensyn* throw caution to the winds.

tilsidesættelse *sb. (en, -r) (jf. tilsidesætte)* **1.** neglect (*af* of); **2.** disregard (*af* of); **3.** *(af person)* slight (*af* on, *fx* it was a slight on an old friend; he felt it as a slight);
□ *med ~ af (ɔ: uden hensyn til)* disregarding.

tilsige *vb.* **1.** *(befale at møde)* summon, order to attend; *(et vidne, en nævning)* summons; **2.** *(love)* promise; **3.** *(tilskynde)* dictate, prompt;
□ *min samvittighed -r mig at gøre det* my conscience tells me to do it.

tilsigelse *sb. (en, -r) (jf. tilsige 1)* summons, order to attend.

tilsigte *vb.* aim at, have in view, intend.

tilsigtet *adj.* intentional;
□ *den tilsigtede virkning* the desired effect.

tilsikre *vb.* guarantee.

tilskadekommen *adj.* injured;
□ *en ~* an injured person; *tilskadekomne (også)* casualties.

tilskikkelse *sb. (en, -r): -r* vicissitudes; *livets -r (også, mere* T*)* the ups and downs of life; *ved en skæbnens ~* as chance (*el.* luck) would have it.

tilskoddet *adj.* shuttered.

tilskrive *vb.* **1.** *(tillægge)* ascribe to, attribute to; *(se også tillægge);*
2. *(give skylden for)* put down to; F impute to;
3. *(*F*: skrive til)* write to;
4. *(indføre)* enter;
5. *(tilføje)* add;
□ *~ renter* add interest; *det kan -s hans uvidenhed* it is due to his ignorance.

tilskud *sb. (et, -)* **1.** contribution (*fx* his father made a contribution to his expenses);
2. *(fra det offentlige)* grant (*fx* to research projects; give a grant to the project); subsidy (*fx* subsidies to farmers (, to shipyards)); F subvention;
3. *(supplement)* supplement (*fx* a vitamin supplement to food);
□ *et ~ på £10.000, £10.000 i ~* a grant of £10,000.

tilskuer *sb. (en, -e)* **1.** spectator (*til, ved* at, *fx* a football match);

2. *(mere tilfældig, fx på gaden)* onlooker, bystander, spectator;
3. *(i teater)* member of the audience;
4. *(mods. deltager)* onlooker (*fx* he chose to remain an onlooker);
□ **-e** *(især ved sportskamp)* crowd sg. (*fx* a football crowd; there were large crowds at all the matches); *800 -e (i teater)* an audience of 800;
-ne *a) (i teater)* the audience sg.; *b) (især ved sportskamp)* the spectators; the crowd sg. (*fx* the crowd was hostile);
være ~ til *a)* watch (*fx* a football match); *b) (mere tilfældigt,* F*)* witness (*fx* an accident, a robbery); be a witness to (*fx* his misfortune).

tilskuerplads auditorium; seats pl.;
□ *bolden landede på -en* the ball landed in the spectators' enclosure.

tilskynde *vb.* prompt (*til at* to, *fx* the article prompted him to protest; he felt prompted to protest); *(kraftigt)* urge (*til at* to);
□ *~ til oprør* instigate rebellion.

tilskyndelse *sb. (en, -r)* **1.** prompting (*fx* he needed no prompting); *(indre)* impulse (*til at* to, *fx* he felt an impulse to speak); *(kraftig)* urge;
2. *(motivering)* incentive (*til, til at* to, *fx* to find work);
□ *efter éns ~ a)* at the suggestion of sby; *b) (ønske,* F*)* at the instance of sby; *c) (neds.)* at the instigation of sby.

tilskære *vb. se skære (til).*

tilskærer *sb. (en, -e)* cutter.

tilskæreri *sb. (et, -er) (i skrædderfirma)* cutting room.

tilskæring *sb. (en,-er) (af tøj)* cutting (out).

tilskøde *vb.* convey (*en noget* sth to sby).

tilslibe *vb. se slibe (til).*

tilslibning *sb. (en, -er)* grinding.

tilslutning *sb. (en, -er)* **1.** *(godkendelse, bifald)* consent (*fx* he gave his consent to the proposal); approval (*fx* the proposal met with general approval);
2. *(støtte)* support (*fx* he gave his support to the proposal);
3. *(tilhængerskare)* following (*fx* the movement attracted a large following);
4. *(antal fremmødte)* attendance (*fx* there was a good (, heavy) attendance at the conference);
5. *(forbindelse, også trafik, elek. etc.)* connection (*til* to);
6. *(indgåen i større forening)* affiliation (*til* with, to);
7. *(til traktat)* accession (*til* to);
□ *i ~ til a)* in connection with; *b) (i fortsættelse af)* in continuation of (*fx* our letter).

tilslutte *vb.* **1.** *(forbinde, elek. etc.)* connect (*til* with, to, *fx* connect the TV set to an aerial; we are connected to cable television);
2. *(forening til større organisation)* affiliate (*til* with, to);
□ *~ sig a)* join (*fx* a political party; the European Union); *b) (jf. 2)* become affiliated with (*el.* to); *c) (om traktat)* accede to; *d) (støtte)* go along with (*fx* what has been said); F endorse; *(se også slutte*[1] *(sig til)).*

tilsløre *vb.* **1.** veil (*fx* she veiled her face; a veiled woman);
2. *(gøre uklar)* obscure (*fx* the facts, the truth; what really happened); veil (*fx* he veiled his criticism; a veiled threat); F obfuscate (*fx* the real issue, the facts);
3. *(skjule)* disguise (*fx* how bad it is); cover up (*fx* one's mistakes; doubtful transactions);
□ *~* ***at*** obscure (, disguise) the fact that.

tilsløring *sb. (en, -er) (jf. tilsløre)* **1.** veiling; **2.** obscuration; **3.** covering up; *(enkelt tilfælde)* cover-up.

tilsmile *vb.* smile on (*fx* fortune has rarely smiled on me).

tilsmudse *vb.* **1.** soil (*fx* slightly soiled clothes; she never soils her dainty fingers with a dishcloth); *(stærkere)* dirty; F defile (*fx* defiled by pollution);
2. *(fig.)* soil; F defile (*fx* I won't soil (, defile) my hands with that! defile the mind (, a noble cause)); *(om rygte etc.)* sully (*fx* his reputation).

tilsneet *adj. (præd.)* snowed under (*el.* up) (*fx* the roads were snowed under (*el.* up)).

tilsnige *vb.: ~ sig* obtain by underhand means (*el.* by a trick).

tilsnigelse *sb. (en, -r)* misrepresentation (of facts); piece of disingenuousness.

tilsnit *sb. (et)* **1.** *(udseende)* appearance; **2.** *(præg)* stamp.

tilsodet *adj.* sooty.

tilspidse *vb. (gøre spids)* sharpen;
□ *~ sig (om situation)* come to a head.

tilspidset *adj.* **1.** *(spids)* pointed;
2. *(bot.)* acuminate; **3.** *(om situation)* critical, acute.

tilspidsning *sb. (en, -er)* **1.** sharpening; *(det at blive tyndere og tyndere)* tapering; **2.** *(forværring)* aggravation.

tilstand *sb. (en, -e)* **1.** state (*fx* the castle is preserved in its original state; the state of the economy (, of his health); the present state of industry; his state of mind);
2. *(som man er kommet i, især forbigående)* condition (*fx* the financial condition of the country; there were chaotic conditions on the motorway; he remained for months in a weakened condition (*el.* state); the state of the motorway is improving, but conditions are still appalling);
3. *(om patient)* condition (*fx* his condition is described as serious; he is in hospital in a serious condition);
□ *tingenes ~* the state of things (*el.* affairs) (*fx* a sad state of affairs);
[med præp.] ***i*** *den ~* in that condition (*fx* you can't go home in that condition); *i dårlig ~ a)* in bad (*el.* poor) condition, in bad shape; *b) (dårligt vedligeholdt)* in bad repair; *i en elendig ~* in (a) terrible condition; *i kold (, varm, tam etc.) ~* when cold (, hot, tame etc.); *i vægtløs ~* in a weightless condition; ***i*** *en ~* ***af*** in a state of (*fx* excitement, shock, weightlessness).

tilstandsform state.

tilstede *vb.* permit;
□ *~ én adgang* admit sby.

tilstedekomst *sb. (en, -er)* arrival;
□ *ved hans ~* on his arrival.

tilstedeværelse *sb. (en)* presence.

tilstedeværende *adj.* **1.** present *(efter sb.)* (*fx* all the people present);
2. *(brugt som sb.)* person present; *(tilskuer)* bystander, onlooker;
□ *de ~* those present.

tilstille *vb.* **1.** send to; F forward to;
2. *(forelægge til bedømmelse)* submit to; **3.** *(penge)* remit to.

tilstoppe *vb.* **1.** block (up), clog (up) (*fx* the drain is blocked (*el.* clogged) (up));
2. *(med vilje, tætne)* stop (up), plug (*fx* a hole, a leak); stuff up (*fx* one's ears);
□ *-t (om næse)* clogged, stuffed up (*fx* my nose is all stuffed up; a stuffed-up nose).

tilstræbe *vb.* aim at (*fx* an early solution); have in view;
□ *~ at* aim to.

tilstrækkelig[1] *adj.* **1.** sufficient (*fx* reason, time); *(mere* T*)* enough (*fx* enough time; time enough);
2. *(kun lige ~)* adequate (*fx* supply);
□ *det er -t* that is enough; that will

do; that will meet the case; *i ~ mængde a)* in sufficient quantities; sufficiently; *b)* adequately; *[med præp.] ~ **for*** sufficient (, enough, adequate) for; *det er -t **til** hans behov* it is sufficient (, adequate) for his needs.

tilstrækkelig[2], **tilstrækkeligt** *adv. (jf. tilstrækkelig*[1]*)* **1.** sufficiently; enough; **2.** adequately;
□ *~ stor* large enough; *(mere* F*)* sufficiently large; *~ med penge a)* money enough; *b) (rigeligt)* plenty of money.

tilstrømmende *adj.* **1.** *(om blod)* afluent; *(om vand, præd.)* flowing in; **2.** *(om personer, præd.)* flocking up; crowding in.

tilstrømning *sb. (en, -er)* **1.** *(af personer)* inrush, influx (*fx* of tourists, of visitors, of refugees); *(til studium etc.)* (large) intake;
2. *(af blod)* rush (*fx* of blood to the head); F afflux;
3. *(af vand, penge etc.)* inflow (*fx* of money to the banks); inrush (*fx* of air, of water);
□ *der er stor ~ til stykket* the play draws large audiences.

tilstundende *adj.* approaching, coming.

tilstøde *vb. (se også tilstødende)* happen to (*fx* I hope nothing has happened to him);
□ *der er tilstødt ham en ulykke* he has had (*el.* met with) an accident.

tilstødende *adj.* **1.** adjoining, adjacent (*fx* room); **2.** *(med dør imellem)* communicating (*fx* room).

tilstå *vb.* **1.** *(bekende)* confess (*fx* (to) a crime; that one has done it; the prisoner has confessed); *(indrømme også)* admit (*fx* I must admit (*el.* confess) that I was wrong);
2. *(i retten)* plead guilty;
3. *(bevilge)* grant, allow;
□ *~ at have gjort det* confess to having done it.

tilståelse *sb. (en, -r)* **1.** confession;
2. *(i retten)* guilty plea;
□ *aflægge fuld ~* make a full confession.

tilsvar*: på eget an- og ~* on one's own responsibility; *han har et ~ på £1.000* he is liable for the payment of £ 1,000.

tilsvarende[1] *adj.* **1.** *(som svarer til)* corresponding (*fx* the corresponding period last year; to a corresponding degree);
2. *(som er præcis ligesådan)* equivalent (*fx* amount, value; institution; he got an equivalent post in another firm);
3. *(som ligner)* similar (*fx* a similar job);
4. *(forholdsmæssig)* proportional, proportionate (*fx* to a proportionate degree);
□ *brevpapir med ~ konvolutter* paper and envelopes to match.

tilsvarende[2] *adv.* **1.** *(så det svarer til)* correspondingly (*fx* reduce it correspondingly);
2. *(i overensstemmelse hermed)* accordingly (*fx* he demands a lot of them, but pays them accordingly);
3. *(på lignende måde)* similarly (*fx* he rewarded them similarly);
4. *(forholdsmæssigt)* proportionally.

tilsvine *vb. se svine (til).*

tilsværge *vb.: ~ en troskab* swear fidelity to sby.

tilsyn **1.** *(overvågen)* supervision (*med* of, *fx* banks);
2. *(undersøgelse)* inspection (*med* of);
3. *(ved eksamen)* invigilation;
4. *(person) se tilsynsførende 2*;
□ *føre ~ (ved eksamen)* invigilate; *føre ~ med* superintend, supervise (*fx* the work, the workers, the children); T look after (*fx* the children); *blive sat under offentligt ~ (om kriminel)* be placed on probation.

tilsynekomst *sb. (en, -er)* appearance.

tilsyneladende[1] *adj.* **1.** *(som ser sådan ud)* apparent (*fx* with apparent ease);
2. *(kun ~, ikke i virkeligheden,* F*)* seeming (*fx* friendship).

tilsyneladende[2] *adv.* apparently, to all appearances; seemingly.

tilsynsførende *adj.* **1.** supervising; *(præd. også)* on duty, in charge;
2. *(brugt som sb.)* superintendent, supervisor, inspector; *(ved eksamen)* invigilator; *(am.)* proctor; *(i kriminalforsorg)* probation officer.

tilsynshavende *se tilsynsførende.*

tilsynsråd supervisory committee.

tilsætning *sb. (en, -er)* **1.** *(tilføjelse)* addition; F admixture;
2. *(kaffe-)* coffee substitute; *(svarer til)* chicory;
3. *(tab)* loss; *det er den rene ~* it is a dead loss.

tilsætningsstof additive (*fx* food additives).

tilsætte *vb.* **1.** *(tilføje)* add; **2.** *(tabe)* lose;
□ *tilsat sukker* containing sugar; with sugar added; *vand tilsat alkohol* water with an admixture of alcohol.

tilsøle *vb.* **1.** dirty; F defile; **2.** *(med gadesnavs)* spatter;
□ *~ hans navn* T drag his name through the mud.

tilså *vb.* sow (*med* with).

tilsåning sowing.

tiltag *sb. (et, -)* **1.** initiative; **2.** *(foretagende)* undertaking, enterprise; **3.** *(forholdsregel)* measure, step.

tiltage *vb. (se også tiltagende)*
1. increase (*med* by); grow larger; *(lidt efter lidt)* build up (*fx* tension (, traffic, their hopes) was (, were) building up);
2. *(om månen)* wax;
3. *(blive længere)* grow longer;
4. *(blive værre)* grow worse; *(om mørke, krise etc.)* deepen;
□ *~ **sig*** arrogate to oneself (*fx* the right to decide; he arrogated more and more power to himself); usurp (*fx* power).

tiltagende[1] *adj.* **1.** increasing (*fx* despair); **2.** *(om månen)* waxing;
3. *(voksende)* growing; **4.** *(om mørke, krise)* deepening;
□ *være i ~ a)* be increasing, be on the increase; *b) (jf. 2)* be waxing; *c) (jf. 3)* be growing; *d) (jf. 4)* be deepening; *(se også stadig*[2]*).*

tiltagende[2] *adv.* increasingly.

tiltale[1] *sb. (en, -r)* **1.** *(det at tale til)* address; **2.** *(jur.)* charge;
□ *frafalde ~* withdraw the charge; *-n **mod** ham lød på underslæb* he was charged with embezzlement; *rejse ~ mod en* charge sby (formally);
*[med vb. + præp.] **slippe for** videre ~* be let off; *dette ord **bruges i** ~* this word is used in addressing a person; ***give svar på** ~* give tit for tat; give as good as one gets; *sagen **sluttede uden** ~* the case was dropped; ***sætte en under** ~* charge sby.

tiltale[2] *vb. (se også tiltalende)*
1. *(henvende sig til)* speak to (*fx* he came up and spoke to me); F address (*fx* address him as "my Lord"); *(uventet, især ubehageligt)* accost (*fx* I was accosted by a beggar; accost ladies in the street);
2. *(jur.)* charge (formally) (*for* with, *fx* theft, murder); *(fagl., for alvorligere forbrydelser)* indict (*for* for, *fx* murder; he was indicted on three counts of murder); *(indlede retsforfølgning)* prosecute (*for* for, *fx* drunken driving, theft, murder);
3. *(behage)* appeal to (*fx* the idea didn't appeal to me; the place appealed to them); be attractive to (*fx* a proposal which was attractive to them);

□ *det -r mig ikke rigtigt* I don't quite like it; *føle sig tiltalt af* take to, be attracted by; *(den) tiltalte (jur.)* the accused; *(i retten også)* the defendant.
tiltalende[1] *adj.* **1.** *(om persons væsen)* pleasant (*fx* he is very pleasant); nice; *(stærkere)* engaging (*fx* frankness, manner, smile);
2. *(om ydre: tiltrækkende)* attractive (*fx* appearance, idea, place);
3. *(indbydende)* inviting (*fx* idea, place, prospect, smell).
tiltalende[2] *adv. (jf. tiltalende*[1]*)* **1.** pleasantly; **2.** attravtively; **3.** invitingly.
tiltalerejsning *(jur.)* formal charging.
tiltigge *vb.: ~ sig* beg; obtain by begging.
tiltro[1] *sb. (en)* confidence; *(stærkere)* trust; F faith;
□ *have ~ til* have confidence in; trust; have faith in; *vinde ~* be believed, be credited; F gain credence.
tiltro[2] *vb.: ~ en noget a)* think that sby has sth (*fx* I think he has the ability); *b) (om positiv egenskab)* credit sby with sth (*fx* I credited him with more intelligence than that); give sby credit for sth (*fx* she has more common sense than I gave her credit for); *jeg -r ham alt* I believe him capable of anything; *(kun negativt,* T*)* I would not put anything past him; *det kunne jeg godt ~ ham* I would not put it past him.
tiltræde *vb. (se også tiltrædende)*
1. *(begynde)* begin, set out on (*fx* a journey); F commence;
2. *(overtage)* come into (*fx* an inheritance); take up; *(se også plads)*;
3. *(være enig i)* subscribe to, endorse (*fx* a view, a statement); concur in (*fx* a decision);
4. *(gå ind på)* accept (*fx* an arrangement); agree to (*fx* a proposal); *(parl. også)* adopt (*fx* a resolution);
5. *(traktat etc.)* accede to (*fx* a treaty);
□ *~ sit embede* take up one's office (*el.* post); *~ regeringen a)* take office; *b) (om fyrste)* accede to the throne.
tiltrædelse *sb. (en, -r)* **1.** beginning;
2. *(af arv, embede, traktat etc.)* accession (*af* to, *fx* an office, the throne, a treaty); **3.** *(billigelse)* acceptance.
tiltrædelsesforelæsning inaugural lecture.
tiltrædelsestale inaugural address (*el.* speech).
tiltrædende *adj. (mods. afgående)* incoming (*fx* chairman).
tiltrække *vb.* attract (*fx* a magnet attracts steel, trees attract lightning; bright colours attract babies); draw (*fx* they came nearer, drawn by the sound);
□ *han blev tiltrukket af det* he was attracted by it; T it caught his fancy; *~ sig opmærksomhed* attract attention.
tiltrækkende[1] *adj.* attractive (*for* to, for).
tiltrækkende[2] *adv.* attractively.
tiltrækning *sb. (en)* attraction (*for* for); *(se også tiltrækningskraft)*;
□ *(ud)øve ~ på en* have an attraction for sby.
tiltrækningskraft **1.** *(fys.)* attractive force, force of attraction; **2.** *(fig.)* charm, attraction; F allure.
tiltrænges *vb.* be needed.
tiltrængt *adj.: hårdt (el. stærkt el. yderst) ~* badly needed; F much needed; *det har længe været ~* it is long overdue (*fx* reforms are long overdue).
tiltuske *vb.: ~ sig = tilbytte (sig).*
tiltvinge *vb.: ~ sig* compel (*fx* obedience); obtain by force; *~ sig adgang* force an entry (*til* into).
tiltænke *vb.: ~ en noget* intend (*el.* mean) sth for sby; *han havde tiltænkt dem en gave* he had thought of (*el.* intended) giving them a present.
tilvalg additional choice; *(fag)* option (*fx* it was offered as an option).
tilvalgsfag optional subject; *(især am.)* elective subject.
tilvant *adj.* accustomed, customary; *(stærkere)* habitual.
tilvejebringe **1.** *(fremskaffe)* provide; *(med besvær,* F*)* procure; *(penge også)* raise;
2. *(bevirke)* bring about (*fx* a reconciliation); produce (*fx* a result); establish (*fx* friendly relations);
□ *~ beviser* furnish (*el.* produce) evidence.
tilvejebringelse *sb. (en) (jf. tilvejebringe)* **1.** procurement; raising;
2. bringing about; establishment.
tilvende *vb.: ~ sig a)* appropriate; *(ved underslæb)* embezzle; *b) (rapse)* abstract, make away with.
tilvirke *vb.* make, manufacture.
tilvirkning *sb. (en, -er)* **1.** *(det at tilvirke)* making, manufacturing; manufacturing; **2.** *(fabrikat)* make (*fx* of foreign make; of our own make); manufacture.
tilvokset *adj.* overgrown.
tilvækst *sb. (en)* **1.** increase (*i* in, *fx* population; a 10 p.c. increase in membership); growth; **2.** *(fx i bogbestand)* accessions pl.
tilvælge *vb.* choose (as an optional subject).
tilvænning *sb. (en, -er)* **1.** getting used to it (*fx* it is only a question of getting used to it); F habituation;
2. *(til medicin, narkotika, så doser må forøges)* tolerance (*til* for);
3. *(afhængighed)* dependence (*til* on); *(psykisk)* habituation (*til* to);
4. *(bakteriers til bakteriedræbende midler)* (acquired) resistance (*til* to).
tilværelse *sb. (en, -r)* existence, life;
□ *en beskyttet ~* a sheltered existence (*el.* life); *(se også kamp).*
time *sb. (en, -r)* **1.** hour;
2. *(undervisnings-, privat)* lesson (*fx* piano lessons, acting lessons);
3. *(i skole)* class (*fx* when does the next class start? his classes are very boring); lesson (*fx* lessons begin at 8; each lesson lasts 45 minutes; a history lesson); *(mere fagl.)* period (*fx* teach 27 periods a week);
□ *en ~ i fransk* a lesson in French, a French lesson;
[med vb. (+ præp.)] ***arbejde*** *40 -r om ugen* work a forty-hour week; ***give*** *-r* ***i*** *fransk* give lessons in French, give French lessons; ***gå til*** *-r* ***i*** *fransk* take lessons in French, take French lessons; *han* ***har*** *~ (ɔ: om lærer)* he is teaching; he is in class; *når vi (, de) har ~ (ɔ: om elever)* in class; ***tage*** *-r se ovf.: gå til -r*;
[med adj. & pron.] en ***halv*** *~* half an hour; ***hver*** *~* every hour, hourly; *hver ~ på dagen* at all hours of the day; ***hver halve*** *~* every half hour; *busserne går hver halve ~ (også)* the buses run half-hourly; *busserne går* ***hver hele*** *(el. fulde) ~* the buses leave every hour on the hour; *de* ***små*** *-r se små; (se også stiv)*;
[med præp.] ***for*** *en ~* ***siden*** an hour ago; ***fra*** *~* ***til*** *~* hour by hour; ***i en*** *~ a)* for an hour; *b) (i skolen)* during a lesson, in class; ***i den*** *ellevte ~* at the eleventh hour; ***i -n*** *a) (pr. time)* an hour (*fx* twice an hour; he gets £15 an hour); *(pr. undervisnings-)* a lesson (*fx* £15 a lesson); *b) (i skolen)* in class (*fx* he was reprimanded for talking in class); *sove i -n a)* sleep in class; *b) (fig.)* be inattentive; *40 miles i -n* 40 miles per (*el.* an) hour; 40 mph; ***om*** *en ~,* ***på*** *en*

~ in an hour.
timebetaling 1. *(system)* payment by the hour; **2.** *(sats)* hourly rate; **3.** *se timeløn 2*; *(om honorar)* hourly fee;
□ *få ~, være på ~* be paid by the hour.
timeglas hourglass.
timeglashæl hourglass heel.
timelang *adj.* hour-long (*fx* an hour-long interview); *(efter sb. også, om enkelt time)* lasting an hour; *(om flere timer)* lasting for hours;
□ *efter -e forhandlinger* after hours of negotiation.
timelig *adj.* temporal.
timelærer temporary teacher.
timeløn 1. *se timebetaling*; **2.** *(konkret)* hourly wage (*fx* what is his hourly wage?).
timelønnet *adj.* hourly-paid (*fx* workers);
□ *være ~* be paid by the hour.
timeplan timetable.
timepraktik teaching practice in single lessons.
times *vb.* happen to;
□ *hvis det skulle ~ (ɔ: forundes) mig at* if it is granted to me to.
timeseddel time sheet, time card.
timeslag striking of the hour;
□ *jeg hørte -et fra kirkeuret* I heard the church clock strike the hour; *slå ~* strike the hour.
timetal 1. *(i skole)* number of (weekly) periods; **2.** *(lærers)* number of teaching lessons (, of hours) per week.
timetervippe ten-metre (diving) board.
timevis *adv.: i ~* for hours (and hours); for hours on end.
timeviser *(på ur)* hour hand.
timian *sb. (en, -) (bot.)* thyme.
timing *sb. (en)* timing.
tin *sb. (et)* **1.** tin; **2.** *(legering til krus etc.)* pewter.
tinde *sb. (en, -r)* **1.** peak, pinnacle; *(se også murtinde)*;
2. *(fig.)* peak, zenith (*fx* at the peak (*el.* zenith) of his power; at the peak of her fame); F acme, pinnacle (*fx* be at the pinnacle of one's power; he reached the pinnacle of power).
tinding *sb. (en, -er)* temple.
tindingeben temporal bone.
tindre *vb.* **1.** sparkle (*fx* his eyes sparkled with joy); **2.** *(om stjerne)* twinkle.
tindren *sb. (en) (om stjerne)* twinkling.
tindrende *adv. se flintrende*;
□ *~ lykkelig* radiantly happy; *~ vittig* sparkling; *hun var ~ vittig* she sparkled.
tinfolie tinfoil.
ting[1] *sb. (en, -)* thing; *(sag, forhold også)* matter (*fx* matters he did not know anything about); *(genstand også)* object (*fx* inanimate objects *(døde ~)*);
□ *det er en ~ for sig* that is quite another matter (*el.* thing); *hver ~ til sin tid a)* one thing at a time; *b) (ɔ: det er ikke et passende tidspunkt)* there is a time and place for everything; *ingen ~* nothing; *~ og sager* all sorts of things; *(se også to)*;
[med vb.] forstå sine ~ know one's job (*el.* business); *passe sine ~ a)* attend to one's duties (*el.* work); *b) (være samvittighedsfuld)* be conscientious.
ting[2] *sb. (et, -)* **1.** *(ret)* court;
2. *(hist.)* thing;
□ *på -e (i Folketinget)* in Parliament.
tingbog *(svarer til)* land registry.
tingbogsattest *(svarer til)* land registry certificate.
tinge *vb.* bargain, haggle (*om* over).
tingeltangel *sb. (et)* **1.** *(billige smykker)* trinkets, baubles pl.;
2. *(medaljer)* gongs pl.;
3. *(nips)* knick-knacks pl.;
4. *(billige forlystelser)* catchpenny shows pl.
tingest *sb. (en, -er)* **1.** thing; *(især mekanisk)* gadget; *(anordning)* device; **2.** *(ting man ikke ved hvad hedder)* thingummy(jig), thingamabob, whatsit.
tinglyse *vb.* register.
tinglysning registration (in the land register).
tinglysningskontor land registry.
tingsliggøre *vb.* reify.
tingsliggørelse *sb. (en)* reification.
tingsted 1. place where the court sits; **2.** *(hist.)* thingstead; moot.
tinkrus pewter tankard.
tinktur *sb. (en, -er)* tincture.
tinmine tin mine.
tinpest tin pest.
tinsoldat tin soldier;
□ *Den standhaftige ~* the Steadfast Tin Soldier.
tinstøber pewterer.
tintallerken pewter plate.
tinte[1] *sb. (en, -r) (farvetone)* tint, shade.
tinte[2] *sb. (en, -r) (zo.)* bladder worm;
□ *-r (i svinekød)* measles.
tintet *adj.* measly.
tintøj pewter (ware).
tip *sb. (et, -)* tip (*fx* give him a tip).
tipning *sb. (en, -er) (af fodboldkampe)* doing the pools;
□ *vinde i ~* have a win on the pools (*fx* I have a small win on the pools from time to time); win the pools; *vinde £5.000 i ~* win £5,000 in (*el.* on) the pools.
tipoldefader great-great-grandfather.
tipoldemoder great-great-grandmother.
tippe[1] *vb. (deltage i tipskonkurrence)* do the pools; do football pools;
□ *jeg -de ham som vinder* I backed (*el.* put) him to win.
tippe[2] *vb. (vippe)* tip, tilt.
tippelad dump body; *(se også vippelad)*.
tips[1] *sb. (et , -) se tip.*
tips[2] *sb. se tipning.*
tipsgevinst (a) win on the pools, pools win (*el.* dividend).
tipskupon pools coupon.
tipsmidler *sb.pl.* receipts from the state football pools.
tiptop *adj.* tiptop, first-rate;
□ *~ moderne* ultramodern.
tipvogn tipper waggon.
tirade *sb. (en, -r)* harangue; *(opregning)* recitation, litany; *(rasende udgydelse)* tirade.
tirre *vb.* **1.** irritate; *(stærkere)* provoke; **2.** *(drille)* tease; F bait.
tirsdag Tuesday;
□ *hvide ~* Shrove Tuesday; *(NB udtryk med ugedagene står under fredag)*.
tis *sb. (et)* pee; *(børnesprog)* wee-wee.
tiske *vb.: hviske og ~* whisper.
tisse *vb.* pee; *(børnesprog)* piddle, wee-wee;
□ *~ i bukserne (, i sengen)* wet one's pants (, one's bed) *(NB præt.* wet*)*.
tissemand T willie; S dick.
tissetrængende *adj.: være ~* want to pee.
tistykspakke packet of ten;
□ *de sælges i -r* they are sold in tens.
tit *adv. (se også tiere, tiest)* often; *(mere* F*)* frequently;
□ *~ og mange gange* time and again.
tital ten.
titalsystemet the decimal system.
titan[1] *sb. (en, -er) (myt.)* Titan.
titan[2] *sb. (et) (kem.)* titanium.
titanisk[1] *adj.* titanic.
titanisk[2] *adv.* titanically.
titel *sb. (en, titler)* title;
□ *titlen på bogen* the title of the book.
titelbillede frontispiece.
titelblad title page.
titelindehaver titleholder.

titelkamp title match.
titelnovelle title story.
titelrolle title part, title role.
titiden: *ved ~* at about ten o'clock; T round about ten (o'clock).
titrere *vb.* titrate.
titrering *sb. (en, -er)* titration.
titte *vb.* peep; *(am. også)* peek.
tittit *interj.* peekaboo!
□ *lege bøh-tittit* play peekaboo.
titulatur *sb. (en, -er)* **1.** *(måde at titulere på)* style (of address); **2.** *(titel)* title; *(titler)* titles pl.
titulere *vb.* address (by the title of), style (*fx* an Archbishop is styled "His Grace").
titulær *adj.* titular.
titusind *sb. (et)* ten thousand;
□ *-er* tens of thousands (*af* of).
tivoli *sb. (et, -er)* fun fair, fun park; *(am.)* carnival, amusement park;
□ *et omrejsende ~* a travelling fun fair.
tiøre *(glds.)* ten-øre piece;
□ *der faldt -n* the penny dropped.
tiår decade.
tiårig *adj. se -årig.*
tiårs *se -årig.*
tja *interj.* well.
tjans *sb. (en, -er)* T **1.** *(mulighed)* chance (*fx* he grabbed the chance); **2.** *(let arbejde)* a soft job; T a cushy job;
□ *det er en fed ~ (ɔ: lettjente penge)* it is money for jam.
tjat *sb. (et, -)*, **tjatte** *vb.* flip;
□ *et tjat over fingrene (fig., svarer til)* a slap on the wrist.
tjavs *sb. (en, -er)* wisp.
tjavset *adj.* wispy.
tjek *se check²*.
tjekke¹ *sb. (en, -r)* Czech.
tjekke² *vb. se checke.*
tjekker *(en, -e)*, **tjekkisk** *sb. (et) & adj.* Czech.
tjekket *adj. se checket.*
Tjekkiet the Czech Republic.
tjekkoslovak *sb. (en, -ker) (hist.)* Czechoslovak.
Tjekkoslovakiet *(hist.)* Czechoslovakia.
tjekkoslovakisk *adj.* Czechoslovak(ian).
tjene *vb. (tjente, tjent)* **1.** *(indtjene)* earn, make (*fx* 200,000 a year); *(se også ndf.: ~ på)*;
2. *(gøre tjeneste)* serve (*fx* serve in the army; serve the Lord);
□ *tage ud at ~* go into service; *være ude at ~* be in service;
[med sb.] ~ en formue make a fortune; *~ et formål* serve a purpose; *~ to herrer* serve two masters; *~ penge* make money (*på* on, by); *-nde ånd se ånd; (se også brød¹)*;
[med præp. & adv.] ~ ***godt*** *a) (om indtægt)* have a good income; T make plenty (of money), make a packet; *b) (på en forretning)* make a good profit; T make plenty (of money), make a packet;
~ ***hos*** *en* work for sby; F be in sby's service;
vi kan ikke ~ Dem ***i*** *denne sag* we cannot oblige you in this matter; *tjen mig* ***i at*** *se tjeneste (gør mig den tjeneste at)*;
~ et tab ***ind*** recover a loss; *det vil ~ sig ind* it will pay for itself; *(se også indtjene)*;
det kan du godt være tjent ***med*** you won't regret that; you will be satisfied with that; *ham kan du være tjent med* you won't regret having him; *det kan jeg ikke være tjent med* that is not good enough; *hvormed kan jeg ~ Dem?* what can I do for you? *vi kan ikke være tjent* ***med at*** it is not in our interest to (, that); *de er ikke tjent med at (ɔ: det hjælper dem ikke)* they are not served by -ing (*fx* the consumers are not served by having underpaid farmers);
~ sig ***op*** work one's way up; *~ sig op fra menig soldat* rise from the ranks;
~ ***på*** *det* make a profit on it; *~ £500 på en forretning* make (a profit of) £500 over (*el.* by *el.* on) a transaction;
~ ***som*** serve as (*el.* for) (*fx* the box served as (*el.* for) a table); T do for;
~ ***til*** *se ovf.: ~ som; ~ til dagen og vejen se dag; ~ til føden* make a living; *det -r ham til undskyldning* it is some excuse for him; *det må ~ til min undskyldning at jeg ikke vidste det* my excuse must be that I didn't know; *det -r ham til ære* it is to his credit; F it redounds to his credit; *det -r ham ikke til ære* it reflects no credit on him; *det vil ~* ***til at*** *belyse sagen* it will serve to illustrate the matter.
tjener *sb. (en, -e)* **1.** *(i restaurant)* waiter;
2. *(privat)* servant (*fx* they used to have three servants); *(kammer-)* valet;
3. *(fig.)* servant (*fx* of Christ; of the people; computers should be our servants, not our masters);
□ *en Herrens (el. kirkens) ~* a minister of the Lord; *tror du jeg vil være ~ for dig? (svarer til)* what did your last servant die of?
tjenerelev apprentice waiter.
tjenerinde *(bibelsk, fig.)* handmaid.
tjenerskabet the servants pl.; the domestic staff.
tjeneste *sb. (en, -r)* **1.** service (*fx* in active service; his long and faithful service; leave the service);
2. *(vagt etc.)* duty;
3. *(hjælp)* favour (*fx* may I ask you a favour?); good turn; *(mere F)* service; *(se ndf.: gøre én en ~)*;
□ *den ene ~ er den anden værd* one good turn deserves another;
[med vb.] ***gøre*** *~* serve (*som* as); ***gøre én*** *en ~* do sby a favour (*el.* a good turn); F do (*el.* render) sby a service; *gøre én en dårlig ~* do sby a bad turn; F do sby a disservice; *gøre én en stor ~* do sby a great favour; ***gør mig den*** *~ at* do me the favour of -ing; be so kind as to; T do me a favour and (*fx* do me a favour and stop that noise); F oblige me by -ing; *(stærkt irriteret)* I'll thank you to (*fx* keep your remarks to yourself); ***have*** *~* be on duty; *ikke have ~* be off duty; ***tage*** *~ på en gård* take a job on a farm; *tage i sin ~ se ndf.*; ***tilbyde*** *en sin ~* offer one's services to sby;
[med præp.] fritage ***for*** *~ se fritage*; ***i*** *~* on duty; *ikke i ~* off duty; *i aktiv ~* on active service; on the active list (*fx* he is still on the active list); *(se også ny² (i -n))*;
tage *en* ***i sin*** *~* take sby into one's service; *være* ***til*** *~* be at sby's service (*fx* we are always at your service); *hvad er til ~? (let glds.)* what can I do for you?; *(se også melde (sig til))*.
tjenestealder *(anciennitet)* seniority.
tjenestebolig *(for højere embedsmand)* official residence;
□ *han har ~ (om andre)* there is a flat (, house) attached to his (, her) job.
tjenestebrug: *til ~ (mil.)* restricted.
tjenestedreng farm(er's) boy.
tjenestefolk *sb.pl.* servants.
tjenestefrihed leave (of absence).
tjenestegren branch of service.
tjenestegørende *adj. = tjenstgørende.*
tjenesteivrig *adj. = tjenstivrig.*
tjenestekarl farmhand, farm labourer.
tjenestekupé guard's (*el.* crew) compartment.
tjenestemand *(omtr.)* public servant; *(især højere)* official; *(i centraladministrationen)* civil servant.
tjenestemandsansætte *vb. (omtr.)* establish (as a public servant).
tjenestemandsansættelse *(omtr.)* public servant status;

□ *få ~ (omtr.)* be established (as a public servant).
tjenestemandsorganisation organization of public servants.
tjenestepige maid, (domestic) servant; *(især på landet)* servant girl.
tjenestepligt official duty.
tjenesterejse official journey.
tjenestested place of duty; place of employment.
tjenestetid 1. period of service; **2.** *(som værnepligtig)* period of conscription, conscription term; □ *nedsætte -en fra 12 til 8 måneder (også)* reduce military service from 12 to 8 months.
tjenesteydelse service (*fx* goods and services).
tjenlig *adj.* **1.** *(brugbar)* serviceable; *(præd. også)* fit for use; **2.** *(moden)* ripe; **3.** *(om jord)* cultivable; □ *gøre jorden ~* prepare the soil.
tjenstdygtig *adj. (præd.)* fit for service.
tjenstdygtighed fitness for service.
tjenstgørende *adj. (præd.)* **1.** *(i funktion)* on duty; *(som befalende)* in charge; **2.** *(i aktiv tjeneste)* on active service.
tjenstivrig *adj.* **1.** keen; **2.** *(påtrængende ~)* officious.
tjenstlig *adj.* official;
□ *ad ~ vej* officially, through (the) official channels; *i -e anliggender* in official matters; *-t er der intet at udsætte på ham* there is nothing against him in his official capacity.
tjenstudygtig *adj. (præd.)* unfit for active service.
tjenstvillig *adj.* helpful, willing; F obliging.
tjenstvillighed helpfulness, willingness; F obligingness.
tjent *adj.: være tjent med (at) se tjene.*
tjep, tjept *adv.* (T): *det gik ~* it was quick work; *lad det gå lidt ~* get a move on, make it snappy.
tjetjener *sb. (en, -e)* Chechen.
Tjetjenien *(geogr.)* Chechenia.
tjetjensk *sb. (et) & adj.* Chechen.
tjubang *interj.* crash, (slap-)bang.
tjur *sb. (en, -er) (zo.)* capercaillie.
tjære[1] *sb. (en)* tar.
tjære[2] *vb.* tar (*fx* a tarred roof);
□ *~ ned* scribble down.
tjærebeton tarmac.
tjærekost tar brush.
tjærenellike *(bot.)* catchfly.
tjærepap *(tagpap)* tarred roofing felt.
tjæresalve tar ointment.
tjæresæbe coaltar soap.
tjæretønde tar barrel.
tjæring *sb. (en, -er)* tarring.
tjørn *sb. (en, -e) (bot.)* hawthorn.
tlf. *(fork.f. telefon)* tel., teleph. *(fork.f.* telephone).
to *num.* two;
□ *begge ~* both (of them); *~ **gange*** twice; *(se også gang*[3]*)*; *bøger og bøger er ~ **ting*** there are books and books; *~**-tre** bøger* two or three books;
*[med: og] ~ **og** ~* two and two, in twos, in pairs (*fx* they walked (, sat) two and two (*el.* in twos *el.* in pairs)); *komme ~ og ~* come two by two, come by twos; *~ **og** ~ **er fire*** two and two are (*el.* make) four; *det er så sikkert som ~ og ~ er fire* it is absolutely certain; T it is dead certain, it is as sure as eggs is eggs; ***lægge** ~ **og** ~ **sammen** (fig.: forstå)* put two and two together;
*[med præp.] han arbejder **for** ~* he does two men's work; *spise for ~* eat as much as two people; *de var ~ **om** arbejdet* they shared the work between them; *der skal ~ **til at** skændes* it takes two to make a quarrel.
toakter *sb. (en, -e)* two-act play.
toastmaster *sb. (en, -e)* toastmaster.
tobak *sb. (en, -ker)* tobacco (pl. -(e)s);
□ *han er ikke større end ~ for en skilling* he is a mere shrimp.
tobaks- tobacco (*fx* growing, leaf, pipe, plant, worker).
tobaksafgift tobacco duty.
tobaksafvænningsklinik smoking withdrawal clinic.
tobaksdåse 1. tobacco tin; *(af stentøj etc.)* tobacco jar; **2.** *(snus-)* snuffbox.
tobaksforretning tobacconist's (shop).
tobakshandler *sb. (en, -e)* tobacconist.
tobakshoste smoker's cough.
tobakshunger craving for tobacco.
tobakspung tobacco pouch.
tobaksryger smoker.
tobaksrygning smoking.
tobaksrøg tobacco smoke.
tobakssovs tobacco juice.
tobenet *adj.* two-legged;
□ *~ dyr* biped.
tobis *sb. (en, -er)* sand eel, sand la(u)nce.
toccata *sb. (en, -er) (mus.)* toccata.
tocifret *adj.* double-figure, double-digit (*fx* number, inflation rate, wage increase);
□ *et ~ tal (også)* a double figure; *inflationen vil nå op på et ~ tal* inflation will go into double figures.
toddy *sb. (en, -er)* toddy.
todelt *adj.* **1.** divided into two (parts), in two parts *(præd.)*; F bipartite (*fx* leaf);
2. *(om tøj)* two-piece (*fx* bathing suit; dress);
3. *(delt i to grene)* forked; F bifurcate(d).
todimensional *adj. (også fig.)* two-dimensional.
todækker *sb. (en, -e)* **1.** *(bus)* double-decker; **2.** *(sø.)* two-decker; **3.** *(flyv.)* biplane.
toer *sb. (en, -e)* **1.** two; *(om kort også, & i terningspil)* deuce; **2.** *(bus etc.)* number two.
toetage(r)s *adj.* two-storeyed;
□ *~ bus* double-decker.
tofamiliehus, tofamilie(r)shus two-family house; *(se også dobbelthus)*.
tofarvet *adj.* two-coloured.
tofaset *adj. (elek., attr.)* two-phase.
toft *sb. (en, -er)* paddock, croft.
tofte *sb. (en, -r) (sø.)* thwart.
tog[1] *sb. (et, -)* **1.** *(jernbanetog)* train; **2.** *(færd, rejse)* expedition; *(se også felttog, optog)*;
□ *-et er kørt a)* the train has left; *b) (fig.: det er for sent)* you (, I etc.) have missed the bus (*el.* boat); *~ fra London* train from London; *(til omegnen også)* down train; *~ til London* train for London, London train; *(fra omegnen også)* up train; *der går ~ til London herfra* there are trains to London from here; *tage -et* go by train, take the train;
*[med præp.] **i** et ~, **med** et ~* in (*el.* on) a train (*fx* it is tiring to travel in (*el.* on) a train; was John on the train today? there is a dining car on the train); *tage med -et* go by train, take the train; ***på** -et* on (*el.* in) the train; *stå på -et* get on (*el.* board) the train.
tog[2] *præt. af tage.*
toga *sb. (en, -er)* toga.
togaklædt *adj.* togaed.
togbetjent ticket inspector; *(se også togfører)*.
togforbindelse train service.
togfærge train ferry.
togfører guard; *(am.)* conductor.
toggang train service.
togkatastrofe train disaster.
togkiosk buffet;
□ *rullende ~* trolley (for serving coffee and snacks in a train).
togkonduktør ticket inspector.
togkort *(abonnementskort)* season ticket; *(am.)* commutation ticket.
togoleser *sb. (en, -)*, **togolesisk** *adj.* Togolese.
togpersonale train staff, crew.
togplan *sb. (en, -er)* timetable.

togrejse journey by train, train journey.
togrenet *adj.* **1.** forked; F bifurcate(d); **2.** *(om fork, gaffel)* two-pronged.
togrevisor inspector.
togrøver train robber.
togrøveri train robbery.
togsammenstød train crash.
togskifte change of trains.
togstamme train; set of carriages.
togstandsning stoppage; *(havari)* breakdown.
togstewardesse stewardess (on a train).
togsæt unit.
togt *sb. (et, -er)* **1.** *(krigs-)* expedition; **2.** *(kryds-)* cruise.
togulykke railway accident, train crash.
togvogn *se vogn 4, godsvogn.*
tohjulet *adj.* two-wheeled.
tohundredårsdag*: -en for* the bicentenary of; the two-hundredth anniversary of.
tohændig *adj. (efter sb.)* for two hands.
to-i-en-seng spare-bed divan.
toilet *sb. (et, -ter)* **1.** *(rum i privat hjem)* toilet; T loo; *(F el. glds.)* lavatory; *(undertiden,* F*)* bathroom (*fx* the bathroom is the first on your right); *(am.)* toilet, bathroom, lavatory; T john;
2. *(i restaurant, teater)* men's (, ladies') room; cloakroom; T gents (, ladies); *(am.)* washroom, restroom;
3. *(indretning)* toilet (*fx* he heard the toilet flush); T loo;
□ *offentligt ~* public toilet; F public lavatory, public convenience; *(am.)* comfort station.
toiletartikler *sb.pl.* toilet requisites, toiletries.
toiletbord dressing table; *(am.)* dresser.
toiletgarniture toilet set.
toiletmøbel dressing table.
toiletpapir toilet paper; T loo paper; F lavatory paper;
□ *en rulle ~ se toiletrulle.*
toiletpose *se toilettaske.*
toiletrens *sb. (en)* toilet cleanser, toilet-bowl cleaner.
toiletrulle toilet roll; T loo roll.
toiletspand slop pail.
toiletspejl toilet glass; *(stort)* cheval glass.
toiletsæbe toilet soap.
toilettaske sponge bag, toilet bag.
toilette *sb. (et, -r) (let glds.)* toilet;
□ *grande ~* full dress; *gøre ~* make one's toilet; dress.
tokammersystem *(parl.)* bicameral system.
tokayer *sb. (en, -e)* Tokay (wine).
tokimbladet *adj. (bot.)* with two seed leaves; *(fagl.)* dicotyledonous;
□ *~ plante* plant with two seed leaves; *(fagl.)* dicotyledon.
tokomponentlim two-part glue.
tokredsbremsesystem double-circuit (*el.* dual) braking system.
tokrone two-kroner piece.
toksin *sb. (et, -er)* toxin.
toksisk *adj.* toxic.
tolags- two-ply (*fx* tissues).
told[1] *sb. (en) (afgift)* duty (*af, på* on, *fx* pay duty on the cigarettes; put a duty on meat); customs duty; tariff (*fx* a high tariff on all imported goods);
□ *-en (lokalet)* the customs pl. (*fx* pass through the customs); *skal der betales ~ af denne vare?* is this article liable to duty?; *(se også lægge (på)).*
told[2] *sb. (en, -e)* **1.** *(prop)* plug, stopper; **2.** *(åretold)* tholepin.
toldafgifter *sb.pl.* customs duties (*el.* dues).
toldberigtige *vb.* (examine and) clear.
toldberigtigelse (custom-house) clearance.
toldbeskyttelse protection;
□ *tilhænger af ~* protectionist.
toldbetjent customs officer.
toldbod custom house.
toldeftersyn customs examination (*el.* check).
toldembedsmand customs official.
tolder *sb. (en, -e)* **1.** customs officer; **2.** *(bibelsk)* publican.
toldforhøjelse increase of duty.
toldforvalter *(omtr.)* inspector of customs.
toldforvaltning customs administration.
toldfri *adj.* duty-free (*fx* shop); *(præd. også)* free of duty, exempt from duty;
□ *~ varer* duty-free goods; T duty-frees; *tanker er ~ (kan gengives)* your thoughts are your own.
toldfrihed freedom from duty.
toldfrit *adv.* duty-free (*fx* buy it duty-free); free of duty.
toldindtægter *sb.pl.* customs receipts.
toldkammer custom house.
toldklarere *vb.* clear.
toldklarerer *sb. (en, -e)* custom-house agent.
toldklarering (custom-house) clearance.
toldkontor custom house.
toldkontrol 1. *(sted)* customs control; **2.** *se toldeftersyn;*
□ *-len (også)* the customs pl. (*fx* pass through the customs).
toldkontrollør 1. customs officer; **2.** *(grad, omtr.)* senior examining officer.
toldkrig tariff war.
toldkutter revenue cutter.
toldmur tariff wall, tariff barrier.
toldmyndigheder *sb.pl.* customs authorities.
toldområde tariff area.
toldoplag bonded warehouse;
□ *i ~ (under toldsegl)* in bond.
toldpligtig *adj.* dutiable.
toldsats rate of duty, tariff rate.
toldskranke tariff barrier.
toldstation, **toldsted** custom house.
toldtarif (customs) tariff.
toldunion customs union.
toldvisitation customs examination (*el.* check).
toldvæsen customs authorities pl.
toleddet *adj.: ~ sammensætning (gram.)* compound consisting of two components; *~ størrelse (mat.)* binomial.
tolerance *sb. (en, -r) (også tekn. etc.)* tolerance.
tolerancetærskel threshold of tolerance, tolerance threshold.
toleranceværdi *(mht. forurening)* limit of tolerance.
tolerant[1] *adj.* tolerant.
tolerant[2] *adv.* tolerantly.
tolerere *vb.* tolerate.
tolk *sb. (en, -e)* interpreter.
tolke *vb.* **1.** interpret (*fx* interpret (a speech) into Danish);
2. *(være tolk)* act as interpreter (*fx* at a conference);
3. *(udtrykke)* give expression to (*fx* their feelings).
tolkning *sb. (en, -er)* interpretation.
tollekniv sheath knife; *(am.)* bowie knife.
tolv *num.* twelve;
□ *klokken ~ a)* twelve o'clock (*fx* twelve o'clock will suit me fine); *b) (om hvornår noget sker)* at twelve (o'clock); *(om middagen også)* at noon; *(om natten også)* at midnight.
tolver *sb. (en, -e)* **1.** twelve; **2.** *(i tipning: kan gengives)* twelve right on the football pools.
tolvfingertarm *(anat.)* duodenum.
tolvkant dodecagon.
tolvte *adj.* twelfth.
tolvtedel twelfth.
tolvtiden*: ved ~* at about 12 o'clock; T round about twelve (o'clock).
tolvtone- *(mus.)* twelve-note; *(am.)* twelve-tone; *(fagl.)* dodecaphonic (*fx* music).
tolvårig *se -årig.*

tom *adj. (se også tomt[2])* **1.** empty (*fx* bottle, room, house, streets); **2.** *(uudlejet, ubesat)* empty, vacant (*fx* flat, seat); **3.** *(ubeskrevet, uindspillet etc.)* blank (*fx* page, cassette; the screen went blank); **4.** *(indholdsløs, uden betydning)* empty (*fx* life, pleasures, promises, threats, words); idle (*fx* promise, talk, threats); **5.** *(udtryksløs)* blank (*fx* expression; his face went blank); vacant (*fx* expression, look, stare);
□ ~ ***for*** empty of (*fx* people, ideas); F void of (*fx* meaning); *jeg blev (, var) helt ~* ***i*** *hovedet* my mind went (, was) blank;
[med sb.] ~ ***plads*** *a) (siddeplads)* vacant (*el.* empty) seat; *b) (fx på væg)* empty space (*fx* where a picture has been); *c) (på blanket, i bog)* blank (space); *d) (fig.)* gap (*fx* no one can fill the gap left by him); F void (*fx* his death left a void); *-t* ***rum*** *a) (værelse)* empty room; *b) (plads, hulrum)* empty space; *c) (lufttomt)* vacuum; *det -me rum* space (*fx* the parachutist jumped into space); F the void; *stirre ud i det -me rum* stare into space; *-me* ***tønder*** *buldrer mest* empty vessels make the most sound (*el.* noise); *(se også mængde).*
tomahavk *sb. (en, -er)* tomahawk.
tomands- 1. two-person, two-man (*fx* canoe, tent); for two (*fx* a tent for two); **2.** *(om kortspil)* two-handed (*fx* whist).
tomandshånd*: på ~ a)* one-to-one (*fx* talk to him one-to-one); *(am.)* one-on-one; *b) (uden at der er andre tilstede)* in private; (when) alone (together); F tête-à-tête (*fx* conversation).
tomandskahyt two-berth cabin.
tomaster *sb. (en, -e)* two-master.
tomastet *adj.* two-masted.
tomat *sb. (en, -er) (bot.)* tomato (pl. -es).
tomatketchup tomato ketchup.
tomatpuré, tomatpure tomato purée.
tombola *sb. (en, -er)* tombola.
tomgang idling, tick-over (*fx* the car has a rather noisy tick-over);
□ *gå i ~ a)* idle, run idle, tick over; *b) (fig.)* mark time (*fx* the negotiations are marking time).
tomhed *sb. (en)* **1.** *(fig.)* emptiness (*fx* she tried to fill the emptiness of her life); idleness; *(åndelig ~, F)* vacuity (*fx* an emptiness that amounted to vacuity); **2.** *(følelse af ~)* void (*fx* his death left a void).
tomhjernet *adj.* empty-headed; F inane.
tomhjernethed *sb. (en)* inanity.
tomhændet *adj.* empty-handed.
tomle *vb.* T hitch, thumb it (*fx* he thumbed it to Paris).
tomme *sb. (en, -r) (2,615 cm; omtr.)* inch *(= 2,540 cm)*;
□ *~ for ~* inch by inch; *han rokkede sig (el. veg) ikke en ~* he would not budge an inch.
tommelfinger thumb;
□ *han har for mange tommelfingre (fig.)* his fingers are all thumbs; he is all thumbs; *holde tommelfingre for en (svarer til)* keep one's fingers crossed for sby; *trille tommelfingre* twiddle one's thumbs; *rejse på -en* hitchhike, hitch, thumb it.
tommelfingerregel rule of thumb.
tommelfingret *adj. (ubehændig)* butter-fingered; *(klodset)* ham-fisted.
tommeliden Tom Thumb.
tommelskrue = *tommeskrue.*
tommeltot *sb. (en, -ter)* thumb.
tommeskrue thumbscrew;
□ *sætte -rne på (fig.)* put the screws on.
tommestok rule; *(sammenfoldelig)* folding rule.
tommetyk *adj.* inch-thick; *(præd. også)* an inch thick.
tomotoret *adj.* two-engined, twin-engined.
tomrum vacuum (*fx* a political vacuum; the dictator's death created a power vacuum); gap (*fx* no one can fill the gap left by him); F void (*fx* his death left a void).
tomt[1] *sb. (en, -er)* site; *(am.)* lot.
tomt[2] *adv. (jf. tom 5)* blankly (*fx* he sat staring blankly ahead); vacantly (*fx* he stared vacantly at me);
□ *stirre ~ ud i luften* stare into space.
ton *sb. (en, - el. -s) (1.000 kg)* metric ton, tonne.
tonart *se toneart.*
tone[1] *sb. (en, -r)* **1.** *(klang, lyd)* tone (*fx* I don't like the tone of his letter (, of your piano)); *(om orkester etc.)* sound (*fx* the orchestra has its own unique sound); **2.** *(mus.: led i tonerækken, interval)* tone; *(enkelt ~)* note (*fx* she can't sing the high notes); *(tonehøjde)* pitch; **3.** *(tonefald)* tone (of voice) (*fx* he spoke in a friendly (, an angry) tone; don't speak to me in that tone (of voice)!); **4.** *(tryk)* stress, emphasis; **5.** *(omgangs-)* tone (*fx* the tone they use among themselves); manners pl. (*fx* their somewhat free manners); **6.** *(fig.: grund-, stemning)* tone, note; *(se ndf.: anslå en ~, b)*; **7.** *(farve-)* shade; F tone;
□ ***-r*** *(jf. 2 også,* F*)* strains (*fx* we heard the strains of the church organ); *han har ikke en ~* ***i livet*** he cannot sing a note; T he can't sing for nuts; ***til*** *-rne af* to the strains of;
[med vb. (+ adj.)] ***angive*** *-n (ɔ: tonehøjden)* give the pitch; *(se også ndf.: give -n an)*; ***anslå*** *en ~ a) (på klaver etc.)* strike a note; *b) (i udsagn)* strike a ... note (*fx* he struck a false (, a hopeful, an optimistic, a wrong) note); *c) (i tiltale)* adopt a ... tone (*over for* with, *fx* he adopted a placatory (, amicable) tone with them); *de anslår en mere forsonlig ~ (el. blidere -r) (jf. b, c)* they are speaking in more conciliatory terms; *det er* ***er ikke god*** *~* it is not good form; it is not done; ***give*** *-n* ***an*** *a) (ved det man siger etc.)* set the tone; *b) (være førende, bestemme farten)* make the running; *c) (i mode)* set (*el.* lead) the fashion; *der* ***lyder nye*** *-r fra dem* new signals are coming from them; ***ramme den rigtige*** *~ (fig.)* strike (*el.* hit) the right note; ***rose*** *(el. prise) en* ***i høje*** *-r* sing sby's praises, be loud in sby's praises, praise sby to the skies; ***slå*** *en ~* ***an*** *se ovf.: anslå en ~*; *slå en anden ~ an (fig.)* change one's tune; ***stemme*** *-n* ***ned*** *se stemme[2].*
tone[2] *vb.* **1.** *(klinge)* sound; **2.** *(med farve; foto.)* tone; **3.** *(hår)* tint; *(se også tonet)*;
□ *~ flag* show one's colours; *~ rent flag (fig.)* come into the open; *~ frem a)* appear; *(især truende)* loom (up); *b) (*T*: ankomme)* turn up, roll up; *~ ned se nedtone.*
toneangivende *adj. (attr.)* leading (*fx* in leading circles); trendsetting (*fx* writers); pacesetting;
□ *de ~* the leading people, the trendsetters; *være ~ a) (være førende, bestemme farten)* make the running; *b) (i mode)* set the fashion.
toneanlæg sound-projecting plant.
tonearm *(på pladespiller)* tone arm, pick-up arm.
toneart 1. key, mode; **2.** *(fig.)* tone, key;
□ *slå over i en anden ~ (jf. 2)* change one's tune.
tonebad toning bath.
tonedøv *adj.* tone deaf.

tonefald 1. tone (of voice) (*fx* in an angry tone (of voice)); 2. *(dialekt el. fremmed)* accent (*fx* with a German accent).
tonefilm sound film.
tonegang *(fon.)* intonation.
tonehoved *(i båndoptager)* recording head.
tonehøjde pitch.
tonekunst (art of) music.
tonekunstner musician.
tonemaleri tone picture.
tonespor *(film.)* sound track.
tonet *adj. (om hår, brilleglas)* tinted.
tonetrin step, degree.
tonika *sb. (en) (mus.)* tonic.
toning *sb. (en, -er) (af hår)* tinting.
tonisk *adj. (fysiol.)* tonic (*fx* spasm).
tonløs *adj.* toneless, flat (*fx* voice).
tonnage *sb. (en, -r)* tonnage.
tonse *vb.* 1. *(mase på)* push; *(tvinge)* bulldoze; 2. *(sparke)* boot; 3. *(ræse)* race, scorch (*fx* the motorcyclists scorched down the road).
tonsil *sb. (en, -ler) (anat.)* tonsil.
tonsur *sb. (en, -er)* tonsure.
top *sb. (en, -pe)* 1. *(øverste del, også om tøj)* top (*fx* of a ladder, of a tree; of a swimsuit); *(se også mastetop)*; 2. *(af bjerg)* top; *(mere* F*)* summit; *(spids)* peak; 3. *(af bølge)* crest; 4. *(hårtop)* tuft of hair; 5. *(lille paryk)* hairpiece, toupee; 6. *(fugls)* tuft, crest; 7. *(plantes)* top (*fx* carrot top); 8. *(fig.: højdepunkt)* top (*fx* get to the top of one's profession); F summit (*fx* of fame; at the summit of his career (, power)); pinnacle, acme; 9. *(legetøj)* (spinning) top; □ *~!* done! *det er -pen* (T*: det bedste)* that is the tops; *spille ~* spin a top; *[med præp.] være* ***i*** *~* be at its peak; *en skefuld* ***med*** *~ på* a heaped spoonful; *der er koldt* ***på*** *-pen (fig.)* it is lonely at the top; *han er på -pen (fig.: kan ikke blive bedre)* he is at his peak; *ikke på -pen (fig.: ikke helt god, ikke helt rask)* not up to par (*fx* his work is not up to par; I don't feel up to par); *fra ~* ***til*** *tå* from top to toe; from head to foot; *(se også måle)*; *flaget går* ***til -s*** the flag is run up (*el.* hoisted); *komme til -s* get to the top.
topas *sb. (en, -er)* topaz.
topbelastning maximum load; *(se også spidsbelastning)*.
topchef top executive.
topembedsmand top official; *(i centraladministrationen)* top civil servant.
topersonersvogn two-seater.
topfigur *(fig.)* figurehead.
topforhandler chief negotiator.
topform: *være i ~* be at the top (*el.* peak) of one's form, be in top form.
tophastighed maximum speed, top speed.
tophue pixie cap.
tophængslet, **tophængt** *adj.* top-hinged (*fx* window).
topklasse: *i ~ a) (om sportsmand)* in the top class; *b) (om varer)* top-grade.
topkonference summit conference.
toplanterne *(sø.)* masthead light.
toplærke *(zo.)* crested lark.
topløs *adj.* topless (*fx* dress, swimsuit, waitress).
topmave potbelly.
topmejse *(zo.)* crested tit.
topmoderne *adj.* ultramodern.
topmøde summit (meeting).
topmål heaped measure; □ *-et af uforskammethed* the height of impudence.
topmålt *(fig.)* thorough, arch-, out-and-out (*fx* scoundrel); □ *~ uforskammethed* the height of impudence.
topnotering top price.
topnøgle box spanner; *(am.)* socket wrench.
topograf *sb. (en, -er)* topographer.
topografi *sb. (en)* topography.
topografisk *adj.* topographical.
topolet *adj.* bipolar.
toppe *vb. (kulminere)* peak.
toppes *vb.* 1. *(slås)* scrap; 2. *(skændes)* bicker; □ *komme op at ~ a)* come to blows; *b)* start bickering.
toppet *adj.* 1. *(om brolægning)* rough, bumpy; 2. *(om fugl)* tufted, crested; 3. *(om bølge)* crested.
toppolitiker leading politician.
toppris top price.
toppræstation top (*el.* record) performance.
toppunkt 1. *(højeste punkt)* summit; 2. *(vinkels etc.)* vertex (pl. vertices); 3. *(fig.)* height (*fx* it is the height of folly (, impudence, madness, happiness); at the height of his fame (, power)); peak (*fx* at the peak (*el.* height) of his career); F pinnacle (*fx* reach the pinnacle of one's career); *(se også højdepunkt)*.
toprådgiver senior adviser.
topscorer *sb. (en, -e)* top scorer.
topsejl topsail; □ *stryge -et (glds. fig.)* doff one's cap (, hat).
topskefuld heaped spoonful.
topskud *(på træ)* top shoot.
topstilling 1. top position; 2. *(i maskine)* top dead centre.
topstræb careerism.
topstykke 1. *(på motor)* cylinder head; 2. *(på sæbekarton etc.)* top.
topsukker loaf sugar.
topventil overhead valve.
topvinkel vertical angle.
toradet *adj.* 1. *(frakke)* double-breasted; 2. *(bot.)* two-rowed (*fx* barley); *(fagl.)* distichous.
torbist *sb. (en, -er) (zo.)* chafer.
torden *sb. (en)* 1. thunder (*fx* there is thunder in the air; it sounded like thunder; the thunder of the guns); 2. *(-vejr)* thunderstorm; □ *vi hørte (en) ~ i det fjerne* we heard thunder in the distance; *det trækker op til ~* a (thunder) storm is gathering (*el.* brewing); *(se også lyn)*.
tordenbrag *se tordenskrald*.
tordenbyge thunder shower.
tordenkile *(myt.)* thunderbolt.
tordenluft sultry air.
tordenrøst voice of thunder, thundering voice.
tordenskrald clap (*el.* crash) of thunder; *(langvarigt, rungende)* peal of thunder.
tordensky thunder cloud; □ *han lignede en ~* he had a face like thunder; he looked as black as thunder.
tordenskylle thunder shower.
tordenslag thunderclap (*fx* the news came on me like a thunderclap).
tordentale F philippic; (T*: skældud)* talking-to (*fx* she gave him a good (*el.* real) talking-to).
tordenvejr (a) (thunder)storm.
tordne *vb. (også fig.)* thunder (*fx* he thundered against the Government); □ *det -r* it is thundering.
tordnende *adj.* thunderous (*fx* a thunderous crash; thunderous applause); □ *~ bifald (også)* a thunder of applause.
toreador *sb. (en, -er)* toreador.
torn *(en -e)* thorn (*fx* on a rose); *(især mindre, fx på kaktus, tornblad)* spine, prickle; □ *en ~ i øjet* a thorn in the side (*el.* flesh); *det er ham en ~ i øjet, det er en ~ i øjet på ham* it is a thorn in his side (*el.* flesh); *ingen*

roser uden -e there is no rose without a thorn.
tornado *sb. (en, -er)* tornado (pl. -(e)s).
tornblad *(bot.)* gorse, furze.
tornebusk hawthorn;
□ *den brændende ~* the burning bush.
tornefuld *adj. (også fig.)* thorny.
tornekrone crown of thorns.
Tornerose *(i eventyret)* the Sleeping Beauty.
tornerosesøvn slumber; bewitched sleep.
tornestrøet thorny (*fx* the thorny path to success).
tornet *adj. (jf. torn)* thorny; spiny (*fx* leaves; cactus, thistle); prickly.
tornirisk *(zo.)* linnet.
tornsanger *(zo.)* whitethroat.
tornskade *(zo.)* shrike.
torntap *(anat.)* spinous process.
tornyster *sb. (et, tornystre)* knapsack, pack.
torpedere *vb.* **1.** torpedo (*fx* the ship was torpedoed); **2.** *(fig.)* torpedo (*fx* sby's plans, the talks); scupper (*fx* any chance of a compromise).
torpedo *sb. (en, -er)* torpedo (pl. -es) (*fx* fire a torpedo).
torpedobåd torpedo boat.
torpedobådsjager, **torpedojager** destroyer.
torpedonet torpedo net.
torpedorør torpedo tube.
torsdag Thursday; *(NB udtryk med ugedagene står under fredag).*
torsk *sb. (en, -)* **1.** cod, codfish (pl. -); **2.** *(fig.)* ass, fool;
□ *give ham en på -en* sock him, clout him over the head; *trække ~ i land (ɔ: snorke)* drive pigs to market.
torskebukser *sb.pl.* cod roe sg.
torskedum *adj.* oafish;
□ *han er ~* he is as thick as two short planks.
torskegilde*: blive kaldt til ~ (ɔ: hos skattevæsenet)* be called in for an income tax audit.
torskekrig cod war.
torskelevertran cod-liver oil.
torskemund *(bot.)* toadflax.
torskerogn cod roe.
torsket *adj.* stupid, idiotic.
torso *sb. (en, -er) (også fig.)* torso.
tort *sb. (en)* **1.** *(ydmygelse)* humiliation; **2.** *(jur.)* injury to a person's reputation;
□ *~ og svie* pain and suffering; *lide den ~ at blive* suffer the indignity of being (*fx* chucked out); F suffer the ignominy of being (*fx* publicly dismissed).
tortere *vb.* torture.
tortur *sb. (en)* torture;
□ *det var en (ren) ~ at høre ham spille* it was (sheer) torture to hear (*el.* hearing) him play; *underkaste én ~, udsætte én for ~* subject sby to torture, torture sby.
torturere *vb.* torture.
torturinstrument instrument of torture, tool of torture.
torturkammer torture chamber.
torturredskab *se torturinstrument.*
torv *sb. (et, -e)* **1.** *(åben plads i by)* square; **2.** *(for salg af varer)* market; *(stedet også)* market place;
□ ***på*** *-et a) (jf. 1)* in the square; *b) (jf. 2)* at the market (*fx* sell sth at the market); *(om stedet)* in the market place; *gå på -et* go to (the) market; *være ledig på -et (fig., om person)* be available; *bringe* ***til -s*** *a)* bring to market; *b) (fig., om rygte)* spread, circulate; *bringe nyheder til -s (let glds.)* retail news.
torvedag market day.
torvehal market hall.
torvekone market woman.
torvestade market stall.
torvetid market hours pl.
tosengsstue two-bed bay.
tosidet, **tosidig** *adj.* **1.** two-sided; **2.** *(om traktat etc.)* bilateral (*fx* treaty, negotiations).
toskallet *adj. se skaldyr.*
tosomhed *sb. (en)* being two alone together.
tospaltet *adj. (attr.)* double-column.
tospand team of two horses.
tosporet *adj.* **1.** *(om vej)* two-lane (*fx* motorway); **2.** *(om båndoptager)* two-track; **3.** *(om skole)* two-form entry;
□ *~ kørebane* dual carriageway.
tosproget *adj.* bilingual.
tosprogethed bilingualism.
tospænder *sb. (en, -e)*, **tospændervogn** two-horse carriage.
tosse[1] *sb. (en, -r)* fool, simpleton.
tosse[2] *vb.* fool;
□ *~ rundt* fool about.
tosseanstalt T loony bin, nut house.
tossegod *adj.* foolishly kind; T soft.
tossegodhed foolish kindness; T softness.
tossehoved *se tosse*[1].
tossekassen *(tv)* the idiot box; *(am. også)* the boob tube.
tosseri *sb. (et, -er)*, **tossestreger** *sb.pl.* **1.** tomfoolery, nonsense sg.; **2.** *(gavtyvestreger)* pranks.
tosset[1] *adj.* **1.** *(dum)* foolish (*fx* it was foolish of him to buy that car); T daft;
2. *(skør)* crazy (*efter* about); T barmy, nutty; *(præd. også, især am.)* nuts;
3. *(rasende)* mad (*over* at, about; *på* with);
4. *(kedelig, slem)* awkward (*fx* an awkward business);
□ *blive ~* go crazy; *det er til at blive ~ over (jf. 2)* it is enough to drive one crazy; T it is enough to drive one up the wall; *en ~ rad* a crackpot; *det er slet ikke så ~* it is not bad at all; it is not a bad idea; *han er ikke så ~ som han ser ud til* he is not such a fool as he looks.
tosset[2] *adv.* **1.** foolishly (*fx* behave foolishly); **2.** *(skørt)* crazily.
tostavelsesord word of two syllables, two-syllable word; *(fagl.)* disyllable.
tostemmig *adj. (attr.)* two-part (*fx* song); *(præd.)* for two voices;
□ *synge -t* sing in two parts.
tosædet *adj.: ~ sportsvogn (, jager)* two-seater.
tot[1] *sb. (en, -ter) (især stiv)* tuft (*fx* of hair, of straw); *(især blød)* wad (*fx* of cotton, of cotton wool); *(slatten)* wisp (*fx* of hair);
□ *ryge i -terne på hinanden* come to blows; scrap (*fx* they are always scrapping).
tot[2] *adj. (sø.)* taut, tight.
tot[3] *adj.: ligge ~ a)* sham dead; *b) (være ubemærket)* lie doggo.
totakter *sb. (en, -e)*, **totaktsmotor** two-stroke engine.
total[1] *sb. (et, -ler)* **1.** *(ciffer)* two; **2.** *(gram.: dualis)* (the) dual.
total[2] *sb. (en, -er) (samlet beløb)* total.
total[3] *sb. (film.)* long shot.
total[4] *adj.* total (*fx* solar eclipse; ignorance; the total amount);
□ *~ krig* total war, all-out war.
totalafholdenhed total abstinence, teetotalism.
totalafholdsmand total abstainer, teetotaller.
totalbeløb total (amount).
totalentreprise all-inclusive contract, turnkey contract.
totalforbud total ban (*mod* on).
totalforlis total loss.
totalindtryk general impression.
totalisator *sb. (en, -er)* totalizator; T tote.
totalitarisme *sb. (en)* totalitarianism.
totalitet *sb. (en)* totality.
totalitær *adj.* totalitarian (*fx* State).
totalløsning overall solution.
totalskade *vb.* make a total wreck of; *(am.* S*)* total (*fx* he totaled his car).
totalskadet *adj. (om bil)* written-off;

□ *bilen var* ~ the car was a write-off.
totalssystem *(mat.)* binary system.
totalt *adv.* **1.** totally, completely (*fx* wrong); F entirely; **2.** *(tilsammen)* in total.
totalteater total theatre.
totalvirkning general effect.
totem *sb. (en el. et, -(m)er)* totem.
totempæl totem pole.
totenschlæger *sb. (en, -e)* life preserver; T cosh.
totiden: *ved* ~ at about two o'clock; T round about two (o'clock).
totrins- two-stage.
totrådet *adj.* two-ply.
touche *sb. (en, -r) (mus.)* flourish.
toupé, toupe *sb. (en, toupeer)* toupee.
toupere *vb.* back-comb.
toupet *sb. (en, -er)* toupee.
tournedos *sb. (en, -er)* tournedos.
tournure *sb. (en, -r)* bustle.
tov *sb. (et, -e)* rope;
□ *trække* ~ have a tug-of-war (*om* about); *være ude i -ene (også fig.)* be on the ropes.
tovbane 1. *(svævebane)* aerial ropeway; *(med åbent sæde)* chair lift; **2.** *(på skinner)* funicular railway.
tovejskommunikation two-way communication.
tovende rope end.
tovinget *adj. (zo.)* two-winged; *(fagl.)* dipterous.
tovrulle coil (of rope).
tovtrækkeri *sb. (et, -er) (fig.)* **1.** *(diskussion frem og tilbage)* to-ing and fro-ing; **2.** *(kamp om at få fat i)* tug-of-war (*om* about).
tovtrækning tug-of-war.
tovværk ropes pl.; *(på skib)* cordage.
toværelse(r)s *adj.*: ~ *lejlighed a)* two-room flat; *b) (am.)* three-room apartment; *(i USA regnes køkkenet med).*
toårig *adj.* **1.** *(to år gammel, attr.)* two-year-old; *(efter sb.)* of two (years) (*fx* a child of two);
2. *(som varer to år, attr.)* two-year (*fx* course);
3. *(bot.)* biennial.
toårs = *toårig.*
toårsdag second anniversary.
tradition *sb. (en, -er)* tradition;
□ *der er* ~ *for at* it is traditional (*el.* customary) to (, that); *-en tro* in keeping with tradition.
traditionel *adj.* traditional.
traditionsbunden *adj.* tradition-bound; bound by tradition *(præd.)*; T hidebound.
traditionsløs *adj. (præd.)* devoid of tradition.
traditionsrig *adj. (præd.)* rich in tradition; F steeped in tradition.
traf *præt. af træffe.*
trafik *sb. (en)* **1.** traffic; **2.** *(fremgangsmåde)* practice (*fx* his usual practice); practices pl. (*fx* these practices must be stopped);
□ *kollektiv* ~ *se trafikmiddel; der var (en) voldsom (el. stærk)* ~ *på vejene* there was heavy traffic on the roads; *(se også offer).*
trafikal *adj. (attr.)* traffic (*fx* traffic problems); *(efter sb.)* of traffic.
trafikant *sb. (en, -er)* road user.
trafikchef traffic manager.
trafikdrab, trafikdødsfald road death.
trafikdæmpning *sb. (en, -er)* traffic calming;
□ *-er* traffic-calming measures.
trafikere *vb.* use;
□ *stærkt -t a) (om vej, gade)* busy; *b) (om jernbanelinie)* heavily trafficked.
trafikfly commercial aeroplane, airliner.
trafikflyver commercial pilot.
trafikflyvning civil aviation.
trafikforbindelser *sb.pl.* communications.
trafikfyr *sb. (et, -) se trafiklys.*
trafikknudepunkt *(hvor jernbaner, veje etc. mødes)* junction.
trafiklys traffic light; traffic lights pl.;
□ *ved det næste* ~ at the next lot of traffic lights.
trafikmiddel means of transport; F means of conveyance;
□ *kollektive (el. offentlige) trafikmidler* public transport sg. (*fx* a ban on smoking on public transport); *(am.)* public transportation sg.; F mass transit sg.
trafikminister minister of transport.
trafikministerium ministry of transport.
trafikoffer road victim.
trafikprop traffic jam; *(bilkø)* tailback.
trafikradio *(svarer til)* motoring news.
trafikregulering traffic control.
trafiksammenbrud traffic breakdown; T snarl-up.
trafiksanering traffic calming.
trafikselskab *(offentligt)* transport authority.
trafiksikker *adj.* **1.** *(om vej, præd.)* safe for traffic;
2. *(om legeplads, præd.)* well away from traffic;
3. *(T: om farve)* clearly visible.
trafiksikkerhed road safety.
trafikstandsning traffic hold-up; T snarl-up.
trafiksøm road stud.
trafiktælling traffic census.
trafiktæthed traffic density, traffic concentration.
trafikulykke road accident.
trafikunderlag *(omtr.)* traffic potential.
tragedie *sb. (en, -r)* tragedy.
tragediedigter tragedian.
tragedienne *sb. (en, -r)* tragedienne.
tragik *sb. (en)* tragedy; tragic character (*fx* the tragic character of the situation).
tragiker *sb. (en, -e)* tragedian.
tragikomedie tragicomedy.
tragikomisk[1] *adj.* tragi-comic.
tragikomisk[2] *adv.* tragicomically.
tragisk[1] *adj.* tragic (*fx* writer, play; accident, event, mistake);
□ *det -e ved det* the tragedy of it.
tragisk[2] *adv.* tragically.
tragt *sb. (en, -er)* **1.** funnel;
2. *(telefon-)* mouthpiece;
3. *(på hørerør)* ear trumpet;
4. *(glds. grammofon-)* horn.
tragte[1] *vb.* **1.** pour through a funnel; **2.** *(filtrere)* filter (*fx* coffee);
3. *(sigte)* strain.
tragte[2] *vb.*: ~ *efter (stræbe efter at opnå)* aspire to (*fx* fame, higher things); *(begære)* covet (*fx* honours, riches); T hanker after; ~ *en efter livet* plot against sby's life; F seek sby's life.
tragten *sb. (en)* aspiration (*efter* for, after); T hankering (*efter* after).
tragtformet *adj.* funnel-shaped.
trailer *sb. (en, -e) (påhængsvogn & til film)* trailer.
trak *præt. af trække.*
trakasserier *sb.pl. (chikanerier)* harassment sg.; *(små)* pinpricks.
traktat *sb. (en, -er)* **1.** treaty (*fx* enter into (*el.* conclude) a treaty with them); **2.** *(lille skrift)* tract.
traktatbrud *sb. (et, -)* breach of a treaty.
traktatfæstet *adj. (præd.)* confirmed by a treaty.
traktatmæssig *adj. (efter sb.)* according to a treaty;
□ ~ *forpligtelse* treaty obligation.
traktatstridig *adj. (præd.)* contrary to the terms of a treaty.
traktatudkast draft treaty.
traktement *sb. (et, -er)*: *et lækkert* ~ a lovely meal; T a treat, a spread; *et overdådigt* ~ F a sumptuous repast.
traktere *vb.* **1.** *(spille på)* play, perform on (*fx* the piano); **2.** *(behandle)* treat;
□ ~ *en (ɔ: servere for, betale for)*

treat sby to a meal (, a drink, an icecream etc.); *jeg -r!* this is on me! ~ *en med noget a)* treat sby to sth; *b) (fig.)* regale sby with sth (*fx* dirty stories).
traktor *sb. (en, -er)* tractor.
traktorfører tractor driver.
traktørsted (small) restaurant.
tralala *interj.* tra-la-la.
tralle *vb. (synge)* sing.
tramp *sb. (et, -) se trampen.*
trampdamper tramp (steamer).
trampe *vb.* **1.** *(sætte fødderne hårdt i jorden)* stamp (*fx* he stamped about in the snow to keep warm; he came stamping into my room in a rage); *(arrigt el. klodset også)* stomp, stump (*fx* he stomped (*el.* stumped) angrily upstairs; stomp about noisily);
2. *(hensynsløst; ødelæggende)* trample (*fx* I won't have them trampling over my lawn);
3. *(gå tungt)* tramp (*fx* the guard tramped up and down in front of the house; a column of soldiers tramped across the bridge);
□ ~ *i pedalerne* tread on the pedals, pedal hard; ~ *en **ihjel*** trample sby to death; ~ ***med*** *fødderne* stamp one's feet; ~ *noget **ned*** trample (down) sth (*fx* trample (down) the grass (, the corn); elephants trampling huts); ~ *en **over** tæerne* trample on sby's toes; *hun blev -t ned* she was trampled underfoot; ~ ***på*** *a) (træde hårdt på)* stamp on (*fx* his foot; a beetle); *b) (hensynsløst, også fig.)* trample on (*fx* his toes; sby, sby's rights, sby's feelings); ~ ***rundt*** *a) (jf. 1)* stamp about; stomp about (*fx* on the dance floor); *b) (jf. 2)* trample about (*fx* on the flower beds); ~ *jorden **til*** tread down the earth.
trampen *sb. (en) (jf. trampe)*
1. stamping; stomping, stumping; **2.** trampling; **3.** tramping; tramp (*fx* of boots, of horses).
trampfart tramp trade.
trampolin *sb. (en, -er)* **1.** trampoline; **2.** *(springbræt)* springboard.
trampolinspring *(som sport)* trampolining.
trampolinspringer trampoliner.
tran *sb. (en)* train oil; *(se også levertran)*;
□ *svede* ~ sweat profusely;
T sweat like a pig.
trance *sb. (en, -r)* trance;
□ *falde i* ~ fall (*el.* go) into a trance; *falde i ~ over (fig.)* drool over.
trancetilstand trance, trancelike state.
tranchere *vb.* carve.
trancherkniv carving knife.
tranchersaks poultry shears pl.
trane *sb. (en, -r) (zo.)* (common) crane.
tranebær *sb. (en, -) (bot.)* cranberry.
trang[1] *sb. (en)* **1.** *(lyst til at gøre noget)* desire (*til at* to, *fx* to speak); *(stærkere)* urge (*til at* to, *fx* to speak);
2. *(lyst til at få noget)* desire (*til* for, *fx* chocolate); *(meget stærk,* F*)* craving (*til* for, *fx* alcohol, chocolate; sympathy);
3. *(behov)* need (*til* for, *fx* money; *til at* to, *fx* to pee, to talk to someone);
4. *(nød)* want; *(stærkere,* F*)* need (*fx* be in want (, need));
□ *en **indre*** ~ an inward urge; *en **naturlig*** ~ *a)* a natural desire; *b) (ɔ: til at gå på wc)* the call of nature (*fx* feel the call of nature); *[med vb. + præp.]* ***drevet*** *af en indre* ~ ***til at*** feeling an urge to; compelled by an urge to; ***føle*** ~ ***til*** want, feel a desire for (*fx* a change); *(stærkere,* F*)* feel a craving for; T be aching for (*fx* a cigarette); *føle ~ til at a)* want to, feel a desire to (*fx* speak); *(stærkere)* feel an urge to (*fx* hit him); F feel impelled to (*fx* say sth); *(stærkere,* T*)* be aching to (*fx* tell him everything); *b) (behov)* feel a need to (*fx* go to the toilet); *når -en **kom over** ham* when the urge came over (*el.* on) him.
trang[2] *adj.* **1.** *(om plads)* narrow; *(stærkere)* cramped;
2. *(stram)* tight;
□ *-e kår* straitened circumstances; *-e tider* hard times.
trangbrystet *adj. (som har ondt ved at ånde)* asthmatic, wheezy.
trankogeri train-oil factory.
tranlampe train-oil lamp.
tranlygte train-oil lantern.
trannet *adj. (om smag)* oily, fishy.
transaktion *sb. (en, -er)* transaction.
transalpinsk *adj.* transalpine.
transatlantisk *adj.* transatlantic.
transcendent(al) *adj.* transcendental.
transfer *sb. (en, -er),* **transferere** *vb.* transfer.
transformationsgrammatik transformational grammar.
transformator *sb. (en, -er) (elek.)* transformer.
transformatorstation (transformer) substation.
transformer *sb. (en, -e) (elek.)* transformer.
transformere *vb.* transform.
transfusion *sb. (en, -er)* **1.** transfusion; **2.** *(blod-)* blood transfusion.
transgen *adj.* transgenic (*fx* animal, plant).
transistor *sb. (en, -er)* transistor.
transistorisere *vb.* transistorize.
transistorradio transistor (radio).
transit *sb. (en, -ter)* transit.
transitere *vb.* convey in transit.
transitgods transit goods pl.
transithal *(i lufthavn)* transit lounge (*el.* hall).
transithandel transit trade.
transithavn port of transit.
transitiv *adj. (gram.)* transitive.
transitlager bonded warehouse.
transitland transit country.
transitoplag bonded warehouse.
transitpassager transit passenger.
transittold transit duty.
translatør *sb. (en, -er): statsautoriseret* ~ sworn interpreter.
translokation *sb. (en, -er) (omtr.)* Speech Day; *(am.)* Commencement.
transmission *sb. (en, -er)* transmission.
transmittere *vb.* **1.** transmit; **2.** *(udsende i radio)* broadcast; *(i tv)* televise (*fx* the House of Commons refused to allow the radio broadcasting and televising of its proceedings).
transparent[1] *sb. (en el. et, -er)*
1. *(med slogan etc.)* banner;
2. *(billede; til overheadprojektor)* transparency.
transparent[2] *adj.* transparent.
transpiration *sb. (en, -er)* perspiration.
transpirere *vb.* perspire.
transplantat *sb. (et, -er)* transplant; *(især hud-, knogle-)* graft.
transplantation *sb. (en, -er)* **1.** *(det at transplantere)* transplantation; *(især af hud, knogle)* grafting;
2. *(enkelt)* transplant (*fx* a kidney (, heart) transplant); graft (*fx* a skin (, bone) graft).
transplantationskirurgi transplant surgery.
transplantere *vb.* transplant (*fx* transplant a kidney from one person to another); *(især hud, knogle)* graft (*fx* new skin was grafted on; new veins were grafted to the heart).
transponere *vb. (mus.)* transpose.
transponering *sb. (en, -er) (mus.)* transposition.
transport *sb. (en, -er)* **1.** transport, carriage; F conveyance; *(især am.)* transportation; *(med tog, lastbil etc.)* haulage;
2. *(det der sendes; især fanger, sårede)* convoy; *(vognladning)* load;

(skibsladning) shipment;
3. *(overdragelse)* transfer;
4. *(i bogføring)* carrying forward; *(i bogen står:)* carried forward; *(fork.)* c.f.; brought forward; *(fork.)* b.f.;
5. *(i plantefysiologi)* translocation;
□ *beskadiget under -en* damaged in transit; *kollektiv ~ se trafikmiddel (kollektive trafikmidler).*

transportabel *adj.* **1.** movable; F transportable;
2. *(som kan bæres)* portable (*fx* radio);
3. *(om værdipapirer)* negotiable, transferable (*fx* cheques).

transportarbejder transport worker.

transportbånd belt conveyer, conveyer belt.

transportere *vb.* **1.** carry (*fx* tankers carrying crude oil; trains carrying commuters to work); *(mere* F*)* transport (*fx* transport goods by lorry); *(når bestemmelsestedet anføres også)* take (*til* to, *fx* the ship was taking crude oil to Rotterdam; a taxi took him to the station);
2. *(overdrage)* transfer;
3. *(i bøger)* carry forward (*i ny regning* to new account).

transportfirma haulage contractors pl.

transportfly transport plane; *(til gods også)* freighter.

transportforhold *sb.pl.* communications.

transportmiddel means of transport; F means of conveyance;
□ *offentlige (el. kollektive) transportmidler se trafikmiddel.*

transportskib transport (vessel); *(til tropper også)* troopship.

transportsnegl worm conveyer.

transportvogn 1. *(lastbil)* truck; *(lukket)* van;
2. *(til hest)* horsebox;
3. *(trailer til båd)* boat trailer;
4. *(håndtrukken)* trolley (*fx* a luggage trolley); truck (*fx* a sack truck).

transportør *sb. (en, -er)* **1.** conveyer;
2. *(agr.)* elevator, stacker;
3. *(i symaskine)* feed;
4. *(vinkelmål)* protractor.

transseksuel *adj.* transsexual.

transskribere *vb.* transcribe.

transskription *sb. (en, -er)* transcription.

transsubstantiation *sb. (en)* transubstantiation.

Transvaal *(geogr.)* the Transvaal.

transversal[1] *sb. (en, -er) (mat.)* transversal (line).

transversal[2] *adj.* transverse.

transvestisme *sb. (en)* transvestism.

transvestit *sb. (en, -ter)* transvestite.

transvestitisme *sb. (en)* transvestism.

trapez[1] *sb. (en, -er) (til gymnastik)* trapeze;
□ *i en ~* on a trapeze; *hænge i en ~* hang from a trapeze.

trapez[2] *sb. (et, -er) (mat.)* trapezium; *(am.)* trapezoid.

trapezkunstner trapeze artist.

trappe[1] *sb. (en, -r)* **1.** *(især indvendig: hele -n med gelænder etc.)* staircase (*fx* a narrow (, winding, beautiful) staircase; an external staircase);
(det man går på) stairs pl. (*fx* I met him on the stairs; she waited at the foot of the stairs; wash the stairs);
(mellem to afsatser) flight of stairs (*fx* I can't manage another flight of stairs);
2. *(især udvendig, foran bygning)* steps pl. (*fx* she stood on the steps to the church; there were small steps from one room to the next); flight of steps (*fx* there was a flight of concrete steps to the door);
3. *(flyttelig, fx til fly)* flight of steps;
□ *rullende ~ se rulletrappe; (se også spansk);*
[med præp. & adv.] gå ***ned ad*** *-pen* go down the stairs (, steps); *~* ***op*** *og ~* ***ned*** up and down stairs; *gå* ***op ad*** *-pen* go up the stairs (, steps); *være* ***på -rne*** *a) (nær forestående)* be in the offing (*fx* an election is in the offing); *b) (under forberedelse)* be in the pipeline (*fx* reforms are in the pipeline).

trappe[2] *vb.: ~ af (, ned, op) se aftrappe, nedtrappe, optrappe.*

trappeafsats landing; *(mellem to etager)* half landing.

trappeartist (T*: dørsælger)* door-to-door salesman.

trappeautomat automatic staircase switch, staircase time switch.

trappegang *se trappeopgang.*

trappegavl corbie gable.

trappegelænder banisters pl.

trappeløb flight (of stairs).

trappeløber stair carpet.

trappeopgang staircase, stairway.

trappeskakt stairwell.

trappesten *(foran gadedør)* doorstep.

trappestige step ladder.

trappetrin step, stair (*fx* the top stair).

trappetårn stair tower.

trappist *sb. (en, -er) (munk)* Trappist.

traske *vb.* trudge, plod; T slog;
□ *~ i hælene på en a)* trudge at sby's heels; *b) (fig.)* follow sby slavishly.

trassat *sb. (en, -er)* drawee.

trassent *sb. (en, -er)* drawer.

trassere *vb.* draw (*på* on);
□ *-t veksel* draft.

tratte *sb. (en, -r)* draft;
□ *udstede en ~* draw a bill (*på* on).

trauma = *traume.*

traumatisk[1] *adj.* traumatic.

traumatisk[2] *adv.* traumatically.

traume *sb. (et, -r)* trauma.

traurig *adj.* **1.** *(om person)* glum;
2. *(om omgivelser etc.)* dreary.

trav *sb. (et)* **1.** trot; **2.** *(travsport)* trotting;
□ *i ~* at a trot; *i rask (, skarpt) ~* at a brisk (, smart) trot; *sætte i ~* break into a trot; *rent ~* regular trot; *urent ~ a)* irregular trot; *b) (fig.)* foul play; *blive hængt ud for urent ~ (jf. a)* be disqualified for irregular trot.

travbane trotting course.

trave[1] *sb. (en, -r) (korn-)* shock, stook.

trave[2] *vb.* **1.** *(løbe)* trot; **2.** *(traske)* trudge; **3.** *(tage på vandretur)* hike.

traver *sb. (en, -e) (hest)* trotter;
□ *gammel ~ (fig.) a)* cliché; *b) (vittighed)* stale joke, chestnut; *det er en gammel ~ (a, også)* it is old hat.

travesko walking shoe.

travestere *vb.*, **travesti** *sb. (en, -er)* travesty.

travetur 1. *(gåtur)* tramp (*fx* we went for a long tramp along the lake); **2.** *(især længere: vandretur)* hike (*fx* go on a hike on the moors).

travhest trotting horse, trotter.

travkusk sulky driver.

travl *adj.* busy (*fx* day, life, time);
□ *de -e timer* the peak hours; the rush hour;
[med vb.] ***få*** *-t a) (få meget at gøre)* get busy (*med* with; *med at* -ing, *fx* he got busy preparing the meeting); *b) (skulle skynde sig)* be in a hurry, hurry (*med at* to, *fx* get out; hide the money); ***have*** *-t a) (meget at gøre)* be busy (*med* with; *med at* -ing, *fx* he was busy washing the car); *b) (skulle skynde sig)* be in a hurry (*med at* to, *fx* he was in such a hurry to get out that he forgot to shut the

door); *(se også styrtende)*; *hun har altid så -t med hvad de andre gør (ɔ: kommenterer det)* she is always on about what the others are doing; *han har ikke særlig ~ med at få det gjort (ɔ: af ulyst)* he is dragging his feet over doing it; *der* **var** *-t på kontoret* it was a busy day at the office.
travlhed *sb. (en)* **1.** busyness, pressure (of work), pressure of business; **2.** *(rastløs ~)* bustle, hurry.
travløb 1. *(travsport)* trotting; **2.** *(enkelt løb)* trotting race.
travsport trotting.
trawl *sb. (en el. et, -)* trawl.
trawle *vb.* trawl.
trawler *sb. (en, -e)* trawler.
trawlfiskeri trawling.
tre *num.* three;
□ *~ gange* three times; *(se også gang*[3]*, gætte)*; *en, to, ~ (ɔ: hurtigt)* in two ticks; *(glds. el. spøg.)* in a trice; *tælle til ~* count (to) three; *før du kan tælle til ~* before you can say knife (*el.* Jack Robinson).
treakter *sb. (en, -e)* three-act play.
trearmet *adj.: ~ lysestage* three-branch candlestick.
trebenet *adj.* three-legged.
trecifret *adj. se -cifret.*
trecylindret *adj.* three-cylinder (*fx* engine).
tredele *vb.* **1.** divide into three; **2.** *(i geometri)* trisect.
tredeling 1. tripartition; **2.** *(i geometri)* trisection.
tredelt *adj.* tripartite;
□ *~ takt (mus.)* triple time.
tredimensional *adj.* three-dimensional;
□ *~ film (også)* 3-D (film).
tredive *num.* thirty;
□ *enogtredive* thirty-one; *i -rne a)* in the thirties; *b) (om person)* in his (, her) thirties.
trediveårig *adj.* thirty-year-old;
□ *en ~* a man (, woman) of thirty.
trediveårsalderen the age of thirty (*fx* he married at the age of thirty);
□ *han er i ~* he is around thirty.
trediveårskrigen *(hist.)* the Thirty Years' War.
tredivte *adj.* thirtieth (*fx* for the thirtieth time).
tredivtedel thirtieth (part).
tredje *adj.* third (*fx* on the third floor; for the third time; there won't be a third time; we saw it a third time);
□ *for det ~* thirdly, in the third place; *det er noget helt ~* it is something completely different; it is something else again; *hver ~ se hver;*
[med sb.] den -e alder the third age; *~ kapitel* chapter three; *den ~ verden* the Third World.
tredjebehandling *(af lovforslag)* third reading.
tredjedel third; *to -e* two thirds.
tredjegradsforbrænding third-degree burn.
tredjegradsforhør the third degree;
□ *tage ham i ~* put him through the third degree.
tredjeklasses *adj.* **1.** third-class; **2.** *(om kvalitet etc.)* third-rate.
tredjemand 1. (a) third party; **2.** *(til kortspil)* (a) third.
tredjeplads *(i sport)* third place (*fx* he was in third place);
□ *han fik en ~* he came third; *han endte på en ~* he ended in third place.
tredjepræmie (the) third prize (*fx* he won third prize).
tredjerangs *adj.* third-rate.
tredjesidst *adj.* **1.** third last, last but two; **2.** *(om stavelse)* antepenultimate.
tredjestand the third estate.
tredjestemme *(mus.)* third (voice).
tredjestørst *adj.* third largest.
tredobbelt *adj.* triple (*fx* agent, chin, crown, dose, murderer, wages, whisky); treble (*fx* wages, whisky, row of pearls); threefold;
□ *det -e af* three times, treble (*fx* he got three times (*el.* treble) the normal dose; he earns three times (*el.* treble) my salary).
tredoble *vb.* triple, treble (*fx* one's wages);
□ *~ sig, -s* treble, triple.
tredobling trebling, tripling.
tredve, tredveårsalderen *(etc.) se tredive, trediveårsalderen (etc.).*
tredækker *sb. (en, -e)* **1.** *(sø.)* three-decker; **2.** *(bommert)* howler; *(am.)* boner.
treenigheden *(rel.)* the Trinity.
treenighedslæren the doctrine of the Trinity.
treer *sb. (en, -e)* **1.** three; **2.** *(bus etc.)* number three.
treetage(r)s *adj.* three-storeyed.
trefags *se fag.*
trefarvet *adj.* three-coloured.
trefaset *adj. (elek., attr.)* three-phase.
trefjerdedelstakt *(mus.)* three-four time.
trefløjet *adj.: ~ altertavle, ~ billede* triptych; *~ hus* house with three wings.
trefod 1. tripod; **2.** *(lav, til ildsted)* trivet.
trefold *adv.* threefold.
trefoldig *adj. se hurra.*
trefork 1. three-pronged fork;
2. *(Neptuns etc.)* trident.
tregrenet *adj.* three-pronged (*fx* fork).
trehjulet *adj.* three-wheeled;
□ *~ cykel a)* tricycle; *b) (til barn også,* T*)* trike.
treholdsskift three shift working.
trehundredårsdag tricentenary (*for* of).
trekant *sb. (en, -er)* triangle;
□ *den evige ~* the eternal triangle.
trekantet *adj.* **1.** triangular; **2.** *(kejtet, klodset)* awkward, clumsy;
□ *~ forlig* tripartite (*el.* trilateral) agreement; *~ hat* three-cornered hat, cocked hat.
trekantsdrama 1. play about the eternal triangle; **2.** *(fig.)* domestic triangle.
treklang triad;
□ *stor (, lille) ~* major (, minor) triad.
trekløver 1. *(bot.)* trefoil; **2.** *(fig.: tre personer)* trio.
trekvart three quarters;
□ *~ liter (etc.)* three quarters of a litre (etc.); *han blev lynende ~* he went up in the air; *~ år* nine months.
trekvartlang *adj.* three-quarter length (*fx* sleeve).
trelænget *adj. (efter sb.)* with three wings.
trema *sb. (et, -er)* diaeresis (pl. diaereses).
tremagts- three-power (*fx* pact).
tremagtsforbund triple alliance.
tremandsbridge three-handed bridge.
tremaster *sb. (en, -e)* three-master.
tremetervippe three-metre (diving) board.
tremilegrænsen the three-mile limit.
tremme *sb. (en, -r)* **1.** *(i bur, vindue)* bar;
2. *(i gærde etc.)* rail;
3. *(i jalousi, tremmekasse)* slat;
4. *(i espalier)* lath;
□ *-r (krydsede) a) (fx i lysthus)* trellis; *b) (især for vindue)* lattice; *vindue med -r for a)* barred window; *b) (krydsede)* lattice(d) window; *sidde bag -rne, sidde og ruske i -rne (ɔ: i fængsel)* be inside, be behind bars.
tremmedør slatted door.
tremmekalv battery calf.
tremmekasse crate.
tremmeseng cot; *(am.)* crib.
tremmeværk latticework; *(til slyngplanter etc.)* trellis.
tremulant *sb. (en, -er) (mus.)* tremolo.
tremulere *vb.* quaver.
trend[1] *sb. (en, -er) (i væv)* warp.

trend[2] *sb. (en, -s) (tendens)* trend.
trense *sb. (en, -r)* **1.** *(til hest)* bridle;
2. *(løkke til knap el. hægte)* button-hole loop;
3. *(på skistav)* disk.
trepanation *sb. (en, -er) (med.)* trephination.
trepanere *vb. (med.)* trephine.
trepartsdrøftelser, trepartsforhandlinger *sb.pl.* tripartite talks.
trepunktssele three-point belt.
treradåret *adj. (hist. sø., efter sb.)* with three banks of oars;
□ ~ *skib* trireme.
tres *num.* sixty;
□ *enogtres* sixty-one; *i -serne a)* in the sixties; *b) (om person)* in his (, her) sixties.
tresidet, tresidig *adj.* **1.** three-sided; **2.** *(mellem tre parter)* trilateral, tripartite (*fx* agreement).
tresindstyve *num.* sixty.
tresindstyvende *adj.* sixtieth.
tresindstyvendedel sixtieth (part).
treslået *adj. (om tov)* three-stranded.
tresporet *adj.* **1.** *(om skole)* three-form entry; **2.** *(om vej)* three-lane.
trespring triple jump.
tresse *sb. (en, -r)* braid, galloon.
trestavelses *adj.* of three syllables *(efter sb.)* (*fx* a word of three syllables); *(fagl.)* trisyllabic.
trestavelsesord word of three syllables; *(fagl.)* trisyllable.
trestemmig *adj. (attr.)* three-part; *(præd.)* for three voices.
trestjernet *adj.: ~ cognac* three-star (cognac).
trestrenget *adj.* three-stringed.
tresårig sixty-year-old;
□ *en ~* a man (, woman) of sixty.
tresårsalderen the age of sixty (*fx* he married at the age of sixty);
□ *han er i -en* he is about sixty.
tretal three.
treti *num.* thirty.
tretiden: *ved ~* at about three o'clock; T round about three (o'clock).
tretrinsraket three-stage rocket.
tretten *num.* **1.** thirteen; **2.** *(om karakter omtr.)* full marks, straight A; *(ved universitet etc.)* First Class with a mark of distinction; T a Distinction.
trettende *adj.* thirteenth.
trettener *sb. (en, -e)* thirteen right on the football pools; *(omtr.)* pools jackpot.
tretårnet *adj.: ~ sølv (svarer til)* hallmarked silver.
treven *adj.* **1.** *(uvillig)* reluctant, unwilling; T foot-dragging;
2. *(langsom)* slow;
3. *(lad)* sluggish, lazy;
4. *(hdl.)* dull, flat;
□ *samtalen gik -t* the conversation flagged; *være ~ (ɔ: langsom til at handle også)* drag one's feet.
trevenhed *sb. (en) (jf. treven)* **1.** reluctance, unwillingness; **2.** slowness; **3.** sluggishness, laziness.
trevl *se trævl.*
treværelse(r)s *adj.: ~ lejlighed* three-room flat; *(am.)* four-room apartment; *(jf. toværelse(r)s).*
treårig, treårs *adj. se -årig.*
triangel *sb. (en, triangler)* triangle.
triangulation *sb. (en, -er)* triangulation.
triangulere *vb.* triangulate.
triangulær *adj.* triangular.
trias *(geol.)* Trias.
trias- Triassic.
triatlon *sb. (en)* triathlon.
tribun *sb. (en, -er) (hist.)* tribune.
tribunal *sb. (et, -er)* tribunal.
tribune *sb. (en, -r)* **1.** *(tilskuer-)* (grand) stand;
2. *(for optrædende, taler)* platform;
3. *(musik-)* bandstand.
tribut *sb. (en, -ter)* tribute.
trick *sb. (et, -s el. -)* trick.
trickbord *(film.)* animation board.
trickoptagelse *(film.)* special effects; rostrum photography.
tricykel tricycle.
trifli *sb. (en, -er)* trifle.
trigonometri *sb. (en)* trigonometry.
trigonometrisk *adj.* trigonometrical.
trikin *sb. (en, -er)* trichina (pl. -e).
trikinøs *adj.* trichinous.
trikolore *sb. (en, -r)* tricolour.
trikot *sb. (et, -er el. -s)* **1.** *(artists)* tights pl.; **2.** *(gymnastikdragt)* leotard.
trikotage *sb. (en)* hosiery; *(strikvarer)* knitwear.
trikotagefabrik knitwear factory.
trikotagehandler *sb. (en, -e)* hosier.
trille[1] *sb. (en, -r)* **1.** *(i sang & musik)* trill; **2.** *(fugls)* warble;
□ *slå -r a)* trill; *b) (om fugl)* warble; *det spiller ingen ~* that makes no difference.
trille[2] *vb.* **1.** roll;
2. *(om dråber, fx tårer)* roll; *(langsomt)* trickle (*fx* tears rolled (, trickled) down her cheeks);
3. *(om køretøj, fx cykel: på frihjul)* coast, free-wheel;
4. *(med objekt: bold, kugle etc.)* roll; *(barnevogn, kørestol, trillebør etc.)* wheel; *(trillebånd, tønde)* trundle;
□ *~ med en bold* roll a ball; *~ om af grin* fall about (laughing); *~ omkuld* roll over; *(se også tommelfinger).*
trille[3] *vb.* **1.** *(slå triller)* trill; **2.** *(om fugl)* warble.
trillebør *sb. (en, -e)* (wheel) barrow;
□ *køre det væk på (el. i) en ~* take it away in a wheelbarrow.
trillebånd hoop.
trillefløjte pea whistle.
trilling *sb. (en, -er)* triplet.
trillion *sb. (en, -er)* trillion; *(am.)* quintillion.
trilogi *sb. (en, -er)* trilogy.
trimle *vb.* tumble (*fx* he tumbled down the stairs);
□ *~ om(kuld)* tumble over (*fx* the little boy kept tumbling over); T keel over (*fx* with laughter; after a couple of drinks he keeled over on the floor); *~ om af grin (også)* double up, fall about (laughing).
trimme *vb.* trim (*fx* the cargo; a dog).
trimning *sb. (en, -er)* trimming.
trin *sb. (et, -)* **1.** *(danse-, fod-)* step (*fx* take a step forward; I heard (foot)steps);
2. *(til at træde på, trappe-, især udvendig)* step (*fx* cut steps in the ice; a staircase of 50 steps); *(især indvendig)* stair (*fx* he was sitting on the bottom stair (, step));
3. *(i stige)* step, rung (*fx* he put his foot on the bottom rung);
4. *(på skala)* step (*fx* go up a step on the salary scale);
5. *(karakter-)* grade;
6. *(i udvikling: stadium)* stage (*fx* at a higher stage of development);
7. *(mus.)* degree;
8. *(raket-)* stage;
□ *~ for ~* step by step; *pas på -et!* mind the step! *han løb op ad trappen tre ~ ad gangen* he ran upstairs three (steps) at a time.
trinbræt **1.** *(til at stå på, fx på vogn)* footboard, running board;
2. *(holdeplads)* halt; *(am.)* whistle stop.
trind *adj.* **1.** round; *(mere rund)* plump; **2.** *(lille og rund)* chubby;
□ *-t om* all round.
trindeling gradation.
trindelt *adj.* stepped.
trine *vb.* step; *(sejle)* sail (*fx* into the room).
trinitatis *(rel.)* Trinity Sunday.
trinløs *adj.* continuously variable (*fx* gear).
trinvis[1] *adj.* stepwise, step-by-step, phased; *(gradvis)* gradual.
trinvis[2] *adv.* stepwise, step by step, in stages; *(gradvis)* gradually.
trio *sb. (en, -er)* trio.

trip *sb. (et, -)* **1.** *(skridt)* short step, light step, trip; **2.** *(tur)* trip; **3.** *(S: indtagelse af stof)* trip.
tripelalliance triple alliance.
Tripoli *(hist. geogr.)* **1.** *(byen)* Tripoli; **2.** *(landet)* Tripolitania.
trippe *vb.* **1.** *(gå: yndefuldt)* trip (*fx* she tripped along beside him); *(affekteret)* mince (*fx* she minced along on high-heeled shoes); *(usikkert, som et lille barn)* toddle;
2. *(om lyd)* patter (*fx* she heard the children pattering about upstairs);
3. *(S: tage stoffer)* trip;
□ *~ af utålmodighed (svarer til)* fidget with impatience; *stå og ~* shuffle one's feet.
trippen *sb. (en) (jf. trippe)* **1.** tripping; mincing gait; toddling;
2. *(om lyd)* patter (*fx* of little feet).
triptæller trip meter.
trisse[1] *sb. (en, -r)* **1.** *(i hejseværk)* pulley; **2.** *(garn-)* reel.
trisse[2] *vb.* pad; *(som en olding)* dodder;
□ *~ af* shuffle off; *~ rundt* potter about.
trist[1] *adj.* **1.** sad (*fx* fate, news);
2. *(deprimerende)* depressing; *(stærkere)* dreary (*fx* a dreary November day); dismal (*fx* weather, place, news); *(mørk og ~)* gloomy (*fx* room, house, day; prospects); *(kold og ~; håbløs)* bleak (*fx* landscape, weather, room; future, prospects); *(uden hygge)* cheerless (*fx* room);
3. *(kedelig)* dull (*fx* book, place, work); T dreary (*fx* work); drab (*fx* dress, life, surroundings);
□ *i ~ humør* depressed; *(stærkere)* gloomy.
trist[2] *adv. (jf. trist*[1]*)* **1.** sadly; **2.** depressingly, drearily, dismally; gloomily, bleakly (*fx* he stared gloomily (, bleakly) ahead);
□ *~ nok* sadly (*fx* sadly, he did not get there in time).
tristesse *sb. (en) se tristhed.*
tristhed *sb. (en) (jf. trist)* **1.** sadness; **2.** dreariness, gloominess, bleakness; *(melankoli)* melancholy.
trit *(et)* step;
□ *falde i ~* fall into step (*med* with); *holde ~* keep step; *holde ~ med a) (takt)* keep step with; *b) (fart)* keep pace with, keep up with; *være ude af ~ (også fig.)* be out of step (*med* with).
triumf *sb. (en, -er)* **1.** triumph;
2. *(triumferen)* triumph; *(især skadefro)* glee; *(jublen, F)* exultation;
□ *fejre ~ (hist.)* celebrate a triumph; *fejre -er* achieve triumphs (*fx* she achieved her greatest triumphs in the USA); *jeg havde den ~ at* I had the satisfaction that; F I had the gratification that.
triumfator *sb. (en, -er)* triumphator.
triumfbue triumphal arch.
triumfere *vb.* **1.** *(sejre)* triumph; **2.** *(juble)* exult (*over* in, over); *(skadefro)* gloat (*over* over);
□ *~ over (også, prale af)* crow over.
triumferende[1] *adj.* **1.** triumphant; F exultant; *(stærkere)* jubilant;
2. *(skadefro)* gloating, gleeful.
triumferende[2] *adv.* **1.** triumphantly, in triumph; F exultantly; *(stærkere)* jubilantly; **2.** *(skadefro)* gloatingly, gleefully.
triumftog **1.** *(optog)* triumphal procession; **2.** *(rundrejse)* triumphal progress.
triumfvogn triumphal car.
triumvirat *sb. (et, -er)* triumvirate.
trivelig *adj.* plump; *(lille og ~)* chubby.
trives *vb.* **1.** *(have det godt)* be doing fine (*fx* the children are doing fine);
2. *(befinde sig godt)* be happy (*fx* he is not happy here);
3. *(vokse, blomstre)* thrive (*ved* on, *fx* he thrives on hard work); prosper (*fx* children do not prosper when treated as adults);
4. *(blive trivelig)* put on flesh;
5. *(om planter og dyr)* thrive (*fx* plants do not thrive on this soil; the bush cannot thrive in this climate);
6. *(findes)* exist (*fx* the two creeds cannot exist side by side); survive.
trivialisere *vb.* trivialize.
trivialitet *sb. (en, -er)* **1.** *(banal bemærkning)* commonplace; F truism; **2.** *(fortærskethed)* triteness;
3. *(kedsommelighed)* tediousness;
□ *hverdagens -er* the trivialities of everyday life; *indtil ~* ad nauseam.
triviallitteratur popular literature.
triviel *adj.* **1.** *(kedelig)* tedious, boring (*fx* work); F mundane (*fx* existence, work);
2. *(banal)* commonplace;
3. *(fortærsket)* hackneyed; F trite.
trivsel *sb. (en)* **1.** *(velbefindende)* well-being (*fx* he was concerned about the well-being of his family);
2. *(i arbejde: tilfredshed med arbejdet)* job satisfaction (*fx* job satisfaction is often more important than a large salary); *(arbejdsklima)* working climate, atmosphere (*fx* create a good atmosphere; the atmosphere there is not good);
3. *(vækst, fremgang)* growth, prosperity; vigorous development.
tro[1] *sb. (en)* **1.** *(mods. viden el. tvivl)* belief (*på* in, *fx* ghosts, God, miracles; my belief in him was shaken);
2. *(tillid)* confidence (*på* in, *fx* him, his ability, the future); *(stærkere)* trust (*på* in, *fx* him, his goodness, his ability, the future); *(endnu stærkere)* faith (*på* in, *fx* him, his ability; his blind faith in their loyalty);
3. *(religiøs ~)* faith (*fx* the Christian (, Catholic, Jewish) faith; change (, lose, abjure) one's faith);
4. *(mening)* belief (*fx* it is my belief that he did his best);
□ *-ens forsvarer* Defender of the Faith; *~, håb og kærlighed* faith, hope and charity; *-en kan flytte bjerge* faith can remove mountains; *min ~! (glds.)* upon my word!
[med præp.] ***i*** *den ~ at* thinking that; in the belief that; *i den fejlagtige ~ at* in the mistaken belief that; *lad ham blive i -en!* don't rob him of his illusions! F don't undeceive him! *i god (, ond) ~* in good (, bad) faith; *erklæring* ***på*** *~ og love* solemn declaration.
tro[2] *adj.* **1.** *(som ikke svigter)* faithful (*mod* to, *fx* one's wife, one's friends, one's principles; a faithful servant (, friend); a medal for long and faithful service); *(stærkere)* true (*mod* to, *fx* one's principles; a true friend);
2. *(som altid støtter)* loyal (*mod* to, *fx* the Queen, one's country, one's obligations; a loyal friend);
3. *(nøjagtig)* accurate, faithful (*fx* copy); close (*fx* copy, imitation);
□ *være en ~ kopi af (fig.,* T*)* be a carbon copy of (*fx* one's father, one's mother; his room is a carbon copy of his brother's); *~ mod sin overbevisning* true to one's convictions; *~ som guld* true as steel.
tro[3] *vb.* **1.** *(mene)* think (*fx* who does he think he is?); *(mere* F*)* believe (*fx* I think (, believe) you are right; I believe I owe you an apology);
2. *(fæste lid til)* believe (*fx* I believe you; I believe what you say); give credit to; *(se også ndf.: ~ på)*;
3. *(religiøst)* believe;
□ *-r du* ***det****?* do you think so? *nå,*

'det -r du! a) so that's what you think! *b) (ɔ: det er da noget du -r)* that's what 'you think! that's all 'you know about it; *ja det -r jeg, det -r jeg* **gerne** I can well (*el.* quite) believe it; *det* **kan** *du ~* you bet; *du kan ~ han blev gal!* you bet he got mad! *du* **kan** *~* **nej!** *a) (vel vil jeg ej)* no fear! not likely! *b) (kan du dy dig)* oh no you don't! not on your life; *c) (du får ikke lov)* not if I know it; *~ sig* **sikker** believe oneself secure; *hvem* **skulle** *have -et det?* who would have thought it? *man skulle ~* one would think; *det* **vil** *jeg bedst ~* I can well (*el.* quite) believe it; *jeg -r du vil!* the idea (of such a thing)! *det vil jeg se før jeg -r det se se; han kunne knap ~ sine egne* **øjne** *(, ører)* he could hardly believe his eyes (, ears); *[med præp., adv.] ~ godt* **om** think well of; *så må du ~ 'om igen* then you had better think again; T then you have another think coming (to you); *~* **på** *a)* believe in (*fx* God, ghosts, miracles; him; his good intentions; astrology; everything the Bible says); *b) (at en (, et udsagn) ikke er løgnagtig(t))* believe (*fx* a story; I believe you; I believe what you say); *jeg -r på ham (ɔ: har tillid til ham)* I trust him; *jeg -r dig på dit ord* I take your word for it; *~* **på at** believe that; *~ fuldt og fast på at* be confident that; *(se også dørtærskel, fejl²).*

trods¹ *sb. (en)* **1.** defiance; **2.** *(hos barn)* refractoriness;
□ *byde ~ a)* defy (*fx* the weather); F brave (*fx* danger); *b) (holde stand mod)* hold one's own against;
[med præp.] **på** *~* in sheer defiance; out of bravado; **på** *~* **af** *a)* in spite of (*fx* my warning); despite; *b) (stik imod)* in defiance of (*fx* my orders, the regulations, common sense); *på ~ af at se ndf.: til ~ for at;* **til** *~* **for** in spite of, despite; *til ~ for at* in spite of the fact that, although.

trods² *præp.* in spite of, despite;
□ *~ alt a)* in spite of everything; *b) (svagere: alligevel)* after all; *~ det at* in spite of the fact that, although.

trods³ *konj.* in spite of the fact that, although.

trodsalder*: i -en* at an assertive age.

trodse *vb.* **1.** *(lade hånt om)* defy (*fx* the law, his orders, one's parents, the weather);
2. *(udsætte sig for)* brave (*fx* danger, death, the elements, his displeasure, the storm);
3. *(holde stand imod)* hold one's own against (*fx* the enemy);
4. *(om ting,* F*)* defy (*fx* the door defied all efforts to open it);
□ *det -r enhver beskrivelse* it baffles (*el.* is beyond *el.* defies) description.

trodsig *adj.* **1.** *(udfordrende)* defiant; **2.** *(stædig)* obstinate, stubborn; **3.** *(genstridig)* contrary; F refractory (*fx* child); **4.** *(egenrådig)* wilful (*fx* child).

trodsighed *sb. (en) (jf. trodsig)* **1.** defiance; **2.** obstinacy, stubbornness; **3.** contrariness; refractoriness; **4.** wilfulness.

troende *adj.* believing (*fx* a believing Christian);
□ *en ~* a believer; *I lidet ~ (bibelsk)* ye of little faith; *hans ord står* **til** *~* he (*el.* his words) can be trusted; his words deserve credit.

trofast¹ *adj.* **1.** *(som ikke svigter)* faithful (*mod* to, *fx* one's friends, one's principles; a faithful servant (, husband, wife));
2. *(som altid støtter)* loyal (*mod* to, *fx* one's friends, the party; a loyal supporter (, friend)).

trofast² *adv. (jf. trofast¹)* **1.** faithfully; **2.** loyally; **3.** *(støt)* steadily.

trofasthed *sb. (en) (jf. trofast)* **1.** faithfulness (*mod, over for* to); F fidelity (*mod, over for* to); **2.** loyalty (*mod, over for* to).

trofæ *sb. (en el. et, -er)* trophy.

trohjertig *adj.* simple, ingenuous.

trohjertighed *sb. (en)* simplicity, ingenuousness.

Troja *(hist.)* Troy.

trojaner *sb. (en, -e),* **trojansk** Trojan.

trojka *sb. (en, -er)* troika.

troklesting herringbone stitch.

trokæ *sb. (en, -er) (i metrik)* trochee.

trokæisk *adj.* trochaic.

trold *sb. (en, -e)* **1.** *(uhyre)* ogre; *(i nordisk mytologi)* troll; **2.** *(arrig-)* spitfire;
□ *en lille ~ (ɔ: et barn)* a toddler; *~ kan tæmmes (skuespillet)* The Taming of the Shrew; *fare (el. springe) op som en ~ af en æske a)* pop up like a jack-in-the-box; *b) (blive vred)* fly off the handle.

troldand *(zo.)* tufted duck.

trolddom *sb. (en)* **1.** magic (*fx* it disappeared as if by magic);
2. *(sort magi)* witchcraft, sorcery (*fx* practise witchcraft (*el.* sorcery)).

trolddomskraft magic power.

trolderi *sb. (et)* witchcraft, sorcery.

troldkvinde witch, sorceress.

troldmand **1.** magician; *(også fig.)* wizard (*fx* he is a real wizard with a violin); **2.** *(som bruger sort magi)* sorcerer;
□ *Troldmandens Lærling* the Sorcerer's Apprentice.

troldnød *(bot.)* witch hazel.

troldspejl magic mirror;
□ *han har en splint af -et i øjet (kan gengives)* he only sees the negative sides.

troldunge *(uartigt barn)* brat; *(sagt godmodigt)* imp.

trolig *adj. (sandsynlig)* likely, credible.

troligt *adv. (stadigt)* steadily; *(trofast)* faithfully; *(pligtskyldigt)* religiously.

trolley *sb. (en, -er)* trolley.

trolleybus, **trolleyvogn** trolley bus.

trolove *vb.* betroth.

trolovelse *sb. (en, -r)* betrothal.

troløs *adj.* **1.** faithless, perfidious (*fx* lover);
2. *(forræderisk)* treacherous.

troløshed *sb. (en)* **1.** faithlessness; perfidy; **2.** *(forræderi)* treachery.

trombone *sb. (en, -r) (mus.)* trombone.

trombose *sb. (en, -r) (med.)* thrombosis (pl. thromboses).

tromle¹ *sb. (en, -r)* **1.** *(til jord)* roller; **2.** *(i maskine)* drum;
3. *(metaltønde)* drum.

tromle² *vb.* roll;
□ *~ ned* steamroller (*fx* them, their objections, all opposition).

tromlebremse drum brake.

tromlerevolver revolver.

tromme¹ *sb. (en, -r)* drum;
□ *-n går* the drum is beating; *røre -n* beat the drum; *slå på ~* drum, play the drum, beat a drum; *slå på ~ for (fig.)* beat (*el.* bang) the drum for; *slå på ~ for sig selv* blow one's own trumpet; *spille på ~* play the drum.

tromme² *vb.* drum, beat the drum;
□ *~ med fingrene på bordet* drum the table with one's fingers; *~ på* drum (on); *~ sammen* drum together.

trommehinde eardrum; *(anat.)* tympanic membrane;
□ *det var nær ved at sprænge deres -r* it nearly split their eardrums.

trommehvirvel roll (of drums), drumbeat.

trommeild drumfire.

trommeskind drumhead.

trommeslager *sb. (en, -e)* **1.** drummer; **2.** *(by-)* town crier.

trommestik *sb. (en, -ker)* drum-

stick.
trommesyge *sb. (en)* tympanites.
trommesæt drum set.
trompet *sb. (en, -er)* trumpet;
□ *støde i -en (også fig.)* blow the trumpet.
trompeter *sb. (en, -e)* trumpeter.
trompetere *vb.* trumpet.
trompetfanfare flourish of trumpets.
trompetist *sb. (en, -er)* trumpet player.
trompetsnegl *(zo.)* whelk.
trompetstød trumpet blast.
tronarving heir to the throne.
tronbestigelse *sb. (en, -r)* accession (to the throne).
trone[1] *sb. (en, -r)* throne;
□ *komme på -n* come to the throne; F accede to the throne; *støde fra -n* drive from the throne, dethrone.
trone[2] *vb.* sit in state.
tronfølge *sb. (en)* succession.
tronfølger *sb. (en, -e) (tronarving)* heir to the throne.
tronhimmel canopy.
tronprætendent pretender.
tronsal throne room.
tronskifte accession of a new king (, queen).
tronstol throne.
trontale speech from the throne.
trop *sb. (en, -pe) (se også tropper)*
1. squad, troop;
2. *(spejder-)* troop; *(pigespejder-)* company; *(am.)* troop;
□ *følge ~ (ɔ: gøre som de andre)* follow suit; *(se også sluttet).*
tropedragt tropical suit; T ducks pl.
tropeegn tropical region.
tropehjelm topee.
tropeklima tropical climate.
troperne *sb.pl.* the tropics.
tropesygdom tropical disease.
tropisk *adj.* tropical;
□ *det var ~ varmt* there was tropical heat.
troposfære *sb. (en)* troposphere.
troppe *vb.: ~ op (ɔ: møde op)* turn up, roll up.
troppeadskillelse *(mil.)* separation of forces; (military) disengagement.
troppebevægelser *sb.pl.* troop movements.
troppekoncentrationer *sb.pl.* troop concentrations.
troppekontingent contingent.
tropper *sb.pl.* troops, forces.
troppereduktioner *sb.pl.* force reductions.
troppestyrke force.
troppetransport **1.** transportation of troops; **2.** *(styrke)* force.
troppetransportmaskine troop carrier.
troppetransportskib troop ship, transport.
tropsleder *(for spejdere)* scoutleader, troop leader; *(for pigespejdere)* captain.
tros *sb. (et) (glds. mil.)* baggage (train); train.
trosartikel article of faith.
trosbekendelse creed;
□ *aflægge sin ~* confess one's faith.
trosfrihed religious liberty, liberty of conscience.
trosfælle co-religionist.
trosfællesskab community of religion.
trosiver religious zeal.
troskab *sb. (en)* **1.** *(det ikke at svigte)* faithfulness (*mod* to, *fx* one's principles; you can rely on your wife's faithfulness (, the faithfulness of your friends)); F fidelity;
2. *(det altid at støtte)* loyalty (*mod* to, *fx* the Queen, one's friends; most people value loyalty above truth);
3. *(pligtskyldig ~ mod højere myndighed, undersåtlig ~)* allegiance (*mod* to).
troskabsbrud *sb. (et, -)* breach of faith; *(forræderi)* treachery.
troskabsed oath of allegiance;
□ *aflægge ~* swear the oath of allegiance; *aflægge (el. sværge) ~ til én* swear allegiance to sby.
troskabsløfte vow of fidelity.
troskyldig *adj.* **1.** simple-minded, artless; **2.** *(tillidsfuld)* unsuspicious.
troskyldighed *sb. (en)* **1.** simple-mindedness, artlessness;
2. unsuspiciousness.
trosretning religious persuasion, denomination, creed.
trossag matter of faith.
trossamfund religious community.
trosse *sb. (en, -r)* line (*fx* mooring line); hawser.
trossætning (religious) dogma, doctrine.
trotskist *sb. (en, -er)* Trotskyist; *(især neds.)* Trotskyite.
trotyl *sb. (et) (kem.)* TNT (*fork.f.* trinitroluene).
troubadour *sb. (en, -er)* minstrel, troubadour.
troværdig *adj.* **1.** *(pålidelig)* reliable (*fx* witness); **2.** *(sandsynlig)* credible (*fx* story).
troværdighed *sb. (en) (jf. troværdig)* **1.** reliability; **2.** credibility.
troværdighedskløft credibility gap.
truck *sb. (en, -er el. -)* truck.
truckfører truck driver.
true *vb. (se også truende, truet)*
1. *(ytre en trussel)* threaten (*fx* he threatened me);
2. *(være en trussel)* threaten; F menace (*fx* conditions which threaten (, menace) our liberty; he did not actually threaten me, but his tone was menacing);
*[med præp. & adv.] ~ **ad** en med fingeren (, næven)* shake one's finger (, fist) at sby;
*~ **forude*** loom ahead (*fx* an examination looms ahead);
*~ **med*** threaten (*fx* sucide, punishment, war, a terrible revenge; proceedings *(sagsanlæg)*); *~ en med* threaten sby with (*fx* a beating, dismissal, imprisonment, punishment, a strike); *det -r med regn* it looks like rain;
*~ **med at** a) (+ inf.)* threaten to (*fx* he threatened to kill me (, to resign); the house threatened to fall); *b) (+ sætn.)* threaten that (*fx* he threatened that he would kill me);
*~ en **på** livet* threaten sby's life;
*~ en **til at** gøre noget a)* bully sby into doing sth; F intimidate sby into doing sth; *b) (ved afpresning)* blackmail sby into doing sth.
truen *sb. (en)* threatening; threats pl.
truende[1] *adj.* **1.** threatening (*fx* attitude; he became angry and threatening); F menacing (*fx* his tone became menacing); *(mere F)* minatory (*fx* gesture);
2. *(ildevarslende)* ominous (*fx* silence);
3. *(overhængende)* imminent (*fx* danger).
truende[2] *adv. (jf. truende[1])*
1. threateningly (*fx* growl threateningly); menacingly; **2.** ominously.
truet *adj.* threatened (*fx* I felt threatened; world peace was threatened); *(præd. også)* under threat (*fx* the family as we know it is under threat);
□ *en ~ **art** (dyr el. plante)* a threatened species; *(mere alvorligt)* an endangered species;
*~ **af** a)* threatened by (*el.* with) (*fx* a species threatened by (*el.* with) extinction); under threat of (*fx* the museum is under threat of closure); *b)* under threat from (*fx* the museum is under threat from cuts).
truffet *pf.ptc. af træffe.*
trug *sb. (et, -) (også meteor.)* trough.
trukket *pf.ptc. af trække.*

trumf *sb. (en, -er)* **1.** *(kort)* trump, trump card;
2. *(farve)* trumps pl. (*fx* hearts are trumps);
3. *(fig.)* trump card (*fx* play one's trump card); winning card;
□ *~ es* the ace of trumps; *have en ~ i baghånden (fig.)* have a card up one's sleeve;
[med vb.] spille sin sidste ~ ud (fig.) play one's last card; *stikke med ~* trump (*fx* trump his king); *tage én med en ~* take sby by surprise; *trække ~* draw trumps.
trumfe *vb.* trump, ruff;
□ *~ noget igennem* force sth through; *~ over* overtrump, overruff.
trumffarve trump suit.
trumfkort *(også fig.)* trump card.
trumfstik trump trick.
trummerum *sb. (en): den daglige ~* the (old) jog-trot; the (old) grind.
trunte *sb. (en, -r) (tyksak)* roly-poly.
trup *sb. (en, -pe)* troupe (*fx* a troupe of actors); company.
trusseindlæg panty shield (*el.* liner).
trussel *sb. (en, trusler)* **1.** threat (*om* of, *fx* a terrible revenge; an empty (, a serious) threat);
2. *(fare, latent ~)* threat; *(stærkere,* F*)* menace;
□ *en ~ mod* a threat (, menace) to (*fx* world peace, democracy; it is a threat to our jobs); *fremsætte trusler mod en* make (*el.* utter) threats against sby; *trusler på livet* threats to one's life (*fx* he had received many threats to his life).
trusselsbrev threatening (*el.* menacing) letter.
trusser *sb.pl.* briefs.
trust *sb. (en, -er)* trust.
trustdannelse trust formation.
trut *sb. (et, -)* **1.** *(i bilhorn)* toot, hoot; **2.** *(i trompet)* blast (*fx* a blast on the trumpet).
trutmund pout;
□ *lave ~* pout.
trutte *vb.* **1.** toot; **2.** *(med bilhorn)* toot, hoot (*fx* he tooted his horn; he hooted);
□ *~ i trompeten* blow the trumpet.
tryg *adj. (se også trygt)* **1.** *(sikker, i sikkerhed)* safe (*fx* a safe harbour; a safe place to live; here we are safe);
2. *(ubekymret)* secure (*fx* feel secure; a secure old age);
3. *(rolig)* easy (*ved* about, *fx* I don't feel quite easy about his proposal); easy in one's mind;
4. *(tillidsfuld)* confident (*ved* about, *fx* I feel confident about the future of our firm);
□ *gøre én ~ a)* reassure sby, set sby's mind at ease; *b) (gøre én mindre vagtsom)* throw sby off his guard; *i ~ søvn* sound asleep; *jeg er **ikke ~ ved** det (også)* I am not happy about (*el.* with) it (*fx* I am not quite happy about that cough of yours).
tryghed *sb. (en) (jf. tryg)* **1.** safety; **2.** security; **3.** *(ro i sindet)* peace of mind; **4.** *(tillidsfuldhed)* confidence.
tryghedsaftale job security agreement.
trygle *vb.* beg; *(stærkere,* F*)* implore;
□ *~ om* beg (for) (*fx* mercy); implore (*fx* he implored their forgiveness); *~ en om noget* beg sby for sth (*fx* beg her for help (, forgiveness)); beg sth of sby (*fx* beg mercy of the King); *(stærkere)* beseech sby for sth (*fx* beseech the King for mercy); *~ en om at gøre noget* beg (, beseech, implore) sby to do sth.
tryglen *sb. (en)* begging; *(stærkere,* F*)* entreaties pl.
trygt *adv.* **1.** *(sikkert, i sikkerhed)* safely; **2.** *(ubekymret)* securely;
3. *(roligt, tillidsfuldt)* confidently;
□ *sove ~ a) (roligt)* sleep peacefully; *b) (dybt)* be sound asleep; *du kan ~ stole på at han vil komme* you can confidently rely on him to come; *det kan du ~ stole på!* you can rely on that!
tryk[1] *sb. (et, -)* **1.** pressure (*fx* a pressure of four atmospheres; the tyre pressure; ease the pressure on him);
2. *(byrde)* weight. load; *(mere* F*)* burden (*fx* the burden of taxation);
3. *(fon.)* stress (*fx* the stress is (*el.* falls) on the second syllable);
□ *ved et ~ på en knap* by pressing a button;
*[med vb. (+ præp.)] **give** hans hånd et ~* press his hand; ***lægge** -ket **på** anden stavelse (fon.)* stress the second syllable; *lægge (el. øve) ~ på én (fig.)* put pressure on sby; F bring pressure to bear on sby; exert pressure on sby; *der **var ~ på** a) (meget at gøre)* it was a mad rush; *b) (liv og glade dage)* there was plenty of go.
tryk[2] *sb. (et)* **1.** *(bogtryk)* print; *(typer også)* type; **2.** *(det at trykke)* printing;
□ *småt ~* small (*el.* fine) print; small type;
*[med vb. & præp.] **gå i** -ken* go to press; *parat til at gå i -ken* ready for press; ***være i** -ken* be in the press; ***på** ~* in print; ***komme på** ~* be printed; get into print.
trykbølge *(ved eksplosion)* blast.
trykdragt *(flyv.)* pressure suit.
trykfarve printer's ink, printing ink.
trykfejl **1.** misprint; *(mere* F*)* printer's error; T typo; **2.** *(anført i liste)* erratum (pl. errata).
trykfejlsliste (list of) errata.
trykfod *(på symaskine)* presser foot.
trykfærdig *adj. (præd.)* ready for press.
trykimprægneret *adj.* pressure-treated, pressure-creosoted.
trykkabine *(flyv.)* pressure cabin.
trykkammer pressure chamber.
trykke[1] *vb. (se også trykkende, trykket)* **1.** press (*fx* press the lid down; she pressed her nose against the window; he pressed his lips against hers);
(stærkere: klemme; ~ sammen) squeeze (*fx* squeeze (, press) more clothes into a suitcase; squeeze water out of a sponge);
2. *(skubbe)* push (*fx* push (, press) the handle down; push one's finger through a hole);
3. *(om sko)* press (*fx* the shoe is pressing my toe); *(se også klemme*[2] *3, sko*[1]*)*;
4. *(tynge, besvære)* weigh heavily on (*fx* his new responsibilities weigh heavily on him); weigh on one's mind (*fx* he has so many things weighing on his mind);
F oppress (*fx* the thought of having to leave her oppressed him; the heat oppressed him);
5. *(hdl.: markedet)* depress;
6. *(tele.: et nummer)* dial, key in;
□ *der er noget der -r ham* he has something on his mind; *alderen -r ham ikke* he does not show his age; he wears well; *alderen (, bekymringerne) -r ham ikke (meget* F*)* his years (, his troubles) sit lightly on him; *det er ikke just beskedenhed der -r ham* he is not over-modest; modesty is not his strong point;
[med sb. & adj.] ~ flad flatten (out); *~ ens hånd a) (give den et tryk, beroligende etc.)* press sby's hand; *b) (sige goddag)* shake hands with sby, shake sby by the hand; *(hjerteligere)* press (*el.* clasp) sby's hand; *~ lønnen (, priserne)* force down wages (, prices); *(mere* F*)* depress wages

(, prices);
[med præp. & adv.] ~ *(blæk)* ***af*** blot the paper; ~ *et gevær af* fire a gun; pull the trigger; ~ *den af* (T, *fig., om orkester)* play all out; *(om person)* let oneself go;
~ *døren* **'i** push the door to; *han -de mig* ***i sine arme*** he hugged (*el.* clasped) me in his arms; ~ ***i bund*** *se bund*; ~ *en* ***i hånden*** *se ovf.*: ~ *ens hånd, b*; ~ *én en mønt i hånden* press a coin into sby's hand; *(ubemærket)* slip a coin into sby's hand;
~ *en rude* ***ind*** push a pane in; ~ *en* ***ind til*** *sig* hug sby;
~ ***ned*** *a)* press (, push) down (*fx* the handle); *b) (tynge ned)* weigh down;
~ ***på*** *en knap* press (*el.* push) a button; ~ *på aftrækkeren a)* press the trigger; *b) (fyre af)* pull the trigger; *han -de et kys på hendes pande* he imprinted a kiss on her forehead;
~ ***sammen*** *a)* press together; F compress; *(kraftigere)* squeeze; *b) (~ flad)* flatten;
~ **'til** *(ɔ: ~ hårdt)* press hard; ~ *døren til* push the door to; ~ *ham til sit bryst* press (*el.* clasp) him to one's bosom;
~ ***ud*** *(om filipens, tandpasta etc.)* squeeze out (*fx* a boil, some toothpaste);
[med sig] ~ ***sig*** hold back; ~ ***sig ind til*** *(, op til) en a) (kælent)* cuddle up to sby; *b) (ængsteligt)* press (up) against sby; ~ ***sig op ad*** *væggen* press (up) against the wall; *(stærkere)* flatten oneself against the wall; ~ ***sig ved*** jib at; ~ ***sig ved at*** jib at -ing (*fx* at paying the money); ~ *sig ved at gøre sin pligt* shirk one's duty.

trykke[2] *vb. (trykte, trykt) (se også trykt)* **1.** *(bøger etc.)* print (*fx* books, cotton, an etching); **2.** *(i avis)* print, publish (*fx* an article);
□ ~ *op* reprint (*fx* a book).

trykkefrihed liberty (*el.* freedom) of the press.

trykkemaskine printing machine.

trykken *sb. (en)* (feeling of) oppression;
□ *(en) ~ for brystet* a weight on the chest.

trykkende[1] *adj.* oppressive (*fx* heat, weather, stillness, taxes); heavy (*fx* air, atmosphere, load, taxes); *(pinlig også)* uneasy, awkward (*fx* silence); *(om vejr også: lummer)* close, sultry.

trykkende[2] *adv.* oppressively, heavily.

trykkeomkostninger *sb.pl.* costs of printing.

trykker *sb. (en, -e) (til forskel fra sætter)* printer.

trykkeri *sb. (et, -er)* **1.** printing house, printing office, printing works; printer's (*fx* send the book to the printer's); **2.** *(mods. sætteri)* pressroom.

trykkested place of printing.

trykket *adj.* **1.** *(nedtrykt)* depressed; **2.** *(utilpas, præd.)* oppressed (*fx* feel oppressed with the heat); ill at ease;
□ ~ *stemning* gloomy atmosphere; feeling of oppression; *føle sig ~ ved situationen* feel ill at ease.

trykketeknik printing technique.

trykkeår date of printing;
□ *uden ~* no date.

trykknap **1.** *(kontakt etc.)* pushbutton; **2.** *(i tøj)* press stud, snap fastener; T popper; *(am.)* snap.

trykknapbetjening: *med ~* with pushbutton operation.

trykknaptelefon pushbutton telephone.

trykkoger *sb. (en, -e)* pressure cooker.

trykkys smack.

trykluft compressed air.

trykluftbor pneumatic drill.

trykluftbremse pneumatic brake, air brake.

trykluftværktøj pneumatic tools pl.

trykløs *adj. (fon.)* unstressed, unaccented.

tryklåg press-on lid.

tryklås *se trykknap 2.*

trykmåler pressure gauge, manometer.

trykning *sb. (en, -er)* printing;
□ *bogen er under ~* the book is being printed, the book is in the press.

tryksag **1.** *(hæfte, folder)* leaflet; **2.** *(reklame-)* circular;
□ *-er (om forsendelse)* printed matter.

trykseksten *sb. (et)* squeeze.

trykstærk *adj. (fon.)* stressed, accented (*fx* syllable);
□ *i ~ stilling* when stressed.

tryksvag *adj. (fon.)* unstressed, unaccented;
□ *i ~ stilling* when unstressed.

tryksværte printer's ink, printing ink.

trykt *adj.* printed;
□ *-e bogstaver (ɔ: håndskrevne)* block letters; *den -e presse* the print press;
[med præp.] ~ ***hos*** printed by; ~ ***med småt*** in small (*el.* fine) print; *læse det der er ~ med småt* read the small (*el.* fine) print.

trykteknik printing technique.

trykteknikker printer.

trykvandsreaktor pressurized water reactor.

trylle *vb.* conjure;
□ ~ *frem* conjure up; ~ *ud (, op) af* conjure out of (*fx* conjure a rabbit out of a top hat); ~ *væk* spirit away.

tryllebinde *vb.* bewitch, cast a spell over.

tryllebunden *adj.* spellbound (*fx* we were all spellbound as we listened to her; she held us spellbound); bewitched (*af* by);
□ *blive ~ af (også)* fall under the spell of.

trylledrik **1.** magic potion; **2.** *(elskovs-)* love potion.

trylleføjte magic flute.

trylleformular magic formula, spell.

tryllekunst conjuring trick.

tryllekunstner conjurer, magician.

tryllemiddel charm.

trylleri *sb. (et, -er)* magic;
□ *ved et ~* by magic.

tryllering magic ring.

trylleskær *sb. (et)* magic light (*fx* cast a magic light over the scene).

trylleslag: *som ved et ~* as if by magic.

tryllespejl magic mirror.

tryllestav magic wand (*fx* he waved his magic wand).

tryne[1] *sb. (en, -r)* snout.

tryne[2] *vb.* **1.** *(holde nede)* sit on; **2.** *(sætte på plads)* put down; **3.** *(besejre)* flatten; **4.** *(snyde)* do (*fx* you have been done over that business).

træ *sb. (et, -er)* **1.** tree; **2.** *(materiale: ved)* wood; **3.** *(tømmer etc.)* timber;
□ *livets ~* the Tree of Life; *-erne vokser ikke ind i himlen* the trees do not grow up to the sky;
[med præp.] ***af*** ~ wooden (*fx* a wooden house; it is not plastic, it is wood(en)); *(præd. også)* made of wood; *de hænger ikke* ***på*** *-erne (fig.)* they don't grow on trees; T they are thin on the ground.

træaffald wood waste.

træarbejde woodwork.

træben wooden leg.

træbeskyttelsesmiddel wood preservative.

træbevokset *adj.* wooded, timbered.

træblæseinstrument *(mus.)* woodwind instrument.

træblæser *(mus.)* woodwind player;
□ *-ne (i orkester)* the woodwind sg.

træbrolægning wood-block paving.

træbuk *sb. (en, -ke) (zo.)* longicorn (beetle).

træde[1] *vb. (trådte, trådt)* **1.** *(gå)* step (*fx* aside, down, forward, in, out);
2. *(sætte foden, fødderne)* tread, step (*fx* on sby's foot, on a thorn, on the brake; tread lightly (, carefully, softly));
3. *(trampe)* tread (*fx* the grass down; mud into the carpet); *(stærkere)* trample;
□ ~ *vande (også fig.)* tread water; *(se også børnesko, fejl*[3]*)*;
[med præp. & adv.] ~ ***af*** *(mil.)* fall out; *træd af!* dismiss! ~ *af på naturens vegne a)* obey the call of nature; *b) (mil.)* fall out to relieve nature;
~ ***an*** fall in;
~ ***fra*** resign;
~ ***frem*** *a)* step forward; *b) (rage frem)* stand out; F project; *c) (ses tydeligt)* stand out; ~ ***frem for*** *offentligheden* appear before the public;
~ ***hen til*** *en* step (*el.* go) up to sby;
~ ***i*** *a)* tread (*el.* step) in (*fx* something wet); step into (*fx* a pool); *b) (ɔ: på)* tread (*el.* step) on (*fx* broken glass; the grass); ~ *i bund se bund*; ~ *en i hælene* tread on sby's heels; ~ *i kraft se kraft*; ~ *i pedalerne* pedal (*fx* she pedalled hard); work (*el.* tread on) the pedals; ~ *i ens tjeneste* enter sby's service;
~ ***i det*** *a) (blive ved med at sige det samme)* labour the point; *(om bebrejdelse)* rub it in (*fx* there is no need to rub it in); *b) (træde i spinaten)* put one's foot in it;
~ ***i stedet for*** *en*, ~ *i ens sted a)* take sby's place; *(være stedfortræder)* act as deputy for sby; F deputize for sby; *b) (være efterfølger)* succeed sby;
~ ***ihjel*** trample to death;
~ ***ind*** enter, step (, go, come) in;
~ ***ind i*** enter (*fx* a room); step (, go, come) into; ~ *ind i en ny fase* enter on a new phase; *(se også ægtestand)*;
~ ***indenfor*** step inside, come (, go) in;
~ *noget* ***itu*** step on sth and break it; crush sth with (*el.* under) one's foot;
~ ***ned*** step down; ~ *noget* ***ned*** *a) (ødelægge)* tread (*el.* trample) sth down; *b) (så at det dækkes af jord)* tread sth in; *c) (tynge ned med foden)* press sth down (*fx* the pedal); F depress sth;
~ ***nærmere*** come (, go) nearer (*el.* closer), approach;
~ ***om*** change (one's) step;
~ *en torn* ***op i*** *foden* get a thorn in one's foot; ~ ***op imod*** make a stand against; ~ ***op på*** step onto; *(mere* F*)* mount (*fx* the platform);
~ *en* ***over tæerne*** *(også fig.)* tread (*el.* step) on sby's toes; ~ *sig selv over tæerne (fig.: skade sig selv)* shoot oneself in the foot;
~ ***på*** *a)* tread on, step on (*fx* a thorn, the brake, the clutch); *(trykke ned også,* F*)* depress (*fx* the brake, the clutch); *b) (fig.)* tread on, step on (*fx* her feelings); walk on (*fx* her, her feelings); *(stærkere)* trample on (*fx* her feelings); walk all over (*fx* he lets her walk all over him); *hun trådte på speederen* she put her foot down;
~ ***sammen*** meet; F convene (*fx* the committee will convene tomorrow);
~ ***til*** *(fig.) a) (gribe ind)* step in; F intervene; *b) (hjælpe)* lend a hand, help; *c) (tage ledelsen)* take charge; *(om regering)* take office;
~ *til side* stand aside, step aside;
~ ***tilbage*** *a)* stand back, step back; *b) (gå af)* resign; *(især: til fordel for en anden. trække sig)* step down (*fx* the chairman is willing to step down); *(på grund af alder, gå på pension)* retire; *c) (om minister, regering)* resign;
~ ***ud*** *a)* step out; *b) (som medlem etc.)* resign; *c) (tvære ud)* tread out; ~ ***ud af*** *a)* resign from (*fx* the committee, the Government); *b)* withdraw from (*fx* NATO, the UN); F secede from;
~ ***uden for*** *se nummer.*

træde[2] *vb. (trådte, trådt) (en nål)* thread.

trædemølle treadmill;
□ *livets* ~ the daily grind;
[med præp.] ***i*** *en* ~ on a treadmill; *komme* ***ud af*** *-n* get off the treadmill.

trædepude *(zo.)* pad.

trædesymaskine pedal sewing machine.

trædiagram tree diagram.

trædoktor tree surgeon.

træet *adj.* **1.** woody; **2.** *(om grønsager)* tough, stringy.

træf *sb. (et, -)* **1.** *(tilfælde)* coincidence; **2.** *(møde)* get-together; *(større)* rally;
□ *heldigt* ~ lucky chance, stroke of luck; T fluke; *ved et rent* ~ by sheer coincidence.

træffe *vb. (traf, truffet) (se også træffende, træffes)* **1.** *(ramme)* hit (*fx* the bullet hit him in the head);
2. *(efterligne træffende)* hit off (*fx* you hit him off to a tee);
3. *(møde)* come (*el.* run) across, run into (*fx* I ran into her in the street); T bump into; *(især: efter adskillelse el. som indledning til bekendtskab)* fall in with;
4. *(finde)* find (*fx* I found nobody at home);
5. *(foretage)* make (*fx* arrangements, a decision, preparations; make one's choice);
□ *jeg* ***følte*** *mig truffet* I felt stung (*fx* by what he said); *føler du dig truffet?* if the cap fits, wear it; ~ ***hinanden*** *(mødes)* meet; *kuglen traf ham* ***ikke*** the bullet missed him; ***-r jeg*** *hr. X? a)* is Mr X in? *b) (i telefonen)* could I speak to Mr X, please? ~ *éns* ***smag*** guess sby's taste; *man kan ikke ~ alles smag* you can't suit all tastes; you can't please everybody; *(se også lod*[2]*)*;
[med præp., adv. & sig] ~ ***på*** *a) se ovf.: 3, 4*; *b) (ting)* come across, hit upon; ~ ***sammen*** *a)* meet; *b) (om begivenheder)* coincide; ~ ***sig*** (so) happen (*fx* it so happened that he was there at the time); *det traf sig at jeg var hjemme* I happened to be at home; *det traf sig så heldigt at de netop var kommet* fortunately they had just arrived.

træffende[1] *adj.* **1.** *(lighed)* striking; **2.** *(bemærkning etc.)* apt (*fx* remark, characterization); fitting (*fx* characterization).

træffende[2] *adv.* **1.** strikingly; **2.** aptly, fittingly;
□ *efterligne en* ~ hit sby off to perfection; T hit sby off to a tee.

træffer *sb. (en, -e)* **1.** *(skud, succes)* hit (*fx* score a hit); **2.** *(bemærkning)* home thrust.

træffes *vb.* **1.** *(mødes)* meet; **2.** *(findes)* be found (*fx* they are found everywhere);
□ *han ~ på sit kontor efter 12* you can see him at his office after 12; *han ~ ikke i dag* he is not available today.

træffetid **1.** office hours pl.; **2.** *(læges)* surgery hours pl.; *(am.)* office hours pl.

træflis wood chips pl.

træfning *sb. (en, -er) (mil.)* engagement.

træfodtøj wooden shoes pl.

træfpunkt *(telefonlinie til snak, svarer til)* chatline.

træfri *adj.: -t papir* wood-free paper.

træfrugt top fruit.

træfsikker *adj.* accurate;
□ *en ~ skytte* a good marksman.

træfsikkerhed accuracy of fire.

træg *adj.* **1.** sluggish (*fx* conversa-

tion, stream, computer); F inert; **2.** *(langsom)* slow (*fx* movements); **3.** *(hdl.)* sluggish (*fx* demand, market); slack (*fx* market, trade);
□ *gå -t* drag; *forhandlingerne gik -t* the negotiations were making slow progress; *samtalen gik -t* conversation flagged.
træghed *sb. (en) (jf. træg)* **1.** sluggishness; inertness; inertia (*fx* because of the enertia of the system); **2.** slowness; **3.** sluggishness, slackness; **4.** *(fys.)* inertia.
trægrænse timber line.
trægulv wooden floor, timber floor.
træhest wooden horse.
træhus wooden house.
træindustri woodworking industry, wood-processing industry.
træk[1] *sb. (et, -)* **1.** *(ryk, drag)* pull (*i* at, on, *fx* a pull at the handle; keep up a steady pull on the rope);
2. *(i tegning & i skrift)* stroke (*fx* in bold strokes);
3. *(enkelthed)* touch (*fx* humorous touches; that was a clever touch); *(også sprogv.)* feature (*fx* interesting features; dialect (, distinctive) features);
(NB udelades ofte, fx det var et rørende (, karakteristisk) ~ at... it was touching (, characteristic) that...; *det var et smukt ~ af ham* it was handsome of him*)*;
4. *(episode)* episode, incident (*fx* he told us episodes from his early life);
5. *(ansigts-)* feature (*fx* she had very regular features);
6. *(karakter-)* trait (*fx* that is one of his most pleasing traits);
7. *(i skak etc. & fig.)* move (*fx* win in three moves; it was a clever move on their part; what will be their next move?);
8. *(i bridge)* trick;
9. *(fugles)* migration; *(sværm)* flight (*fx* a flight of starlings);
10. *(på konto: det at hæve)* withdrawal (*på en konto* from an account); *(hævet beløb)* amount drawn;
11. *(forbrug, fx af reserver)* drain (*på* on, *fx* their reserves, their resources);
12. *(i vægtløftning)* (two hands) snatch;
13. *(tekn.: det at trække over en flade)* traction; *(ved kraftoverførsel)* drive;
□ *det lange seje ~* the long haul;
[med præp.] ***i*** *~ (ɔ: efter hinanden)* running, in a row, in succession (*fx* three times running (*el.* in a row *el.* in succession); for the second day running (etc.)); *tre dage i ~ (også)* three successive (*el.* consecutive) days; *han var her fem uger i ~ a) (ɔ: uafbrudt)* he was here for five weeks on end; *b) (han kom hver uge)* he was here five weeks in succession; ***i ét*** *~ (ɔ: uden ophold)* without stopping; at a stretch; *jeg læste bogen i ét ~* I read the book at one sitting; T I read the book at one go; ***i korte*** *~* briefly, in brief; ***i store*** *~* in (broad) outline; *(se også grov)*; *gå* ***på*** *~ (om prostitueret)* go on the street(s).
træk[2] *sb. (en) (kold luftstrøm)* draught (*fx* sit in the (, a) draught; create a draught by opening the windows; there is a terrible draught in here); *(am.)* draft;
□ *jeg kan ikke tåle ~* I can't stand draughts; *der er ingen ~ i skorstenen* the chimney won't draw; *~ i øjet* a cold in the eye.
trækasse wooden box; *(tremmekasse)* crate.
trækbasun *(mus.)* trombone.
trækbom *(på traktor etc.)* drawbar.
trækdyr draught animal.
trækfugl *(zo.)* migratory bird, migrant; *(også fig.)* bird of passage.
trækgardin draw curtain.
trækharmonika accordion.
trækhest draught horse.
trækirurgi tree surgery.
trækkanal flue.
trække *vb. (trak, trukket)* **1.** pull (*fx* pull one's hand away, pull the chair back, pull socks on; the horse was pulling a cart);
2. *(kraftigt: rykke)* tug (*fx* she tried to tug the child away from him; tug one's hand away);
3. *(med jævn bevægelse)* draw (*fx* a comb through one's hair; he drew me aside; a carriage drawn by four horses);
4. *(slæbe: langsomt, om noget tungt)* haul, drag (*fx* a boat on shore; a child away from a shop window); *(bugsere)* tow (*fx* a barge);
5. *(dyr i reb)* lead (*fx* he led the horse (, cows) out);
6. *(cykel)* wheel;
7. *(~ frem)* draw, pull (*fx* a knife, a gun; he drew his sword); pull (*fx* a knife, a gun);
8. *(i lotteri)* draw (*fx* a blank *(en nitte)*);
9. *(beløb, veksel)* draw (*på* on);
10. *(i automat)* draw;
11. *(tiltrække, fx kunder)* draw, attract;
12. *(indsuge)* absorb;
13. *(tegne)* draw;
14. *(føre snor, streg etc. gennem noget)* pass, run; *(udspænde, ophænge)* suspend (*fx* a rope between two posts);
(uden objekt);
15. *(tiltrække publikum)* draw, be a draw;
16. *(rejse, drage)* go, pass, march; *(om fugle etc.)* migrate;
17. *(om skorsten, pibe etc.)* draw;
18. *(om te)* draw; F infuse;
19. *(i fodbold & i brætspil, fx skak)* move;
20. *(om prostitueret)* go on the street(s);
□ *det -r* there is a draught; *den fik alt hvad den kunne ~* he (, they etc.) went all out;
[med sb.] ~ vand a) (fx om sko) let in water, soak up water; *b) (sø.)* leak; *(se også blank, grænse*[1]*, lod*[2]*, luft (frisk luft), læs, rente, vejr, veksel)*;
[med præp. & adv.] ~ ***af*** *(ɔ: skyde)* pull the trigger; *~* ***af med*** *en, ~ af sted med en* lead sby off; *(fastere)* march sby off; *~ af med cyklen (, barnevognen)* wheel away the bicycle (, pram);
~ ***an*** *a) (møtrik)* draw tight; *b) (bremse)* pull back;
~ ***bort*** *se ndf.: ~ væk*;
~ gardinet ***for*** draw the curtain;
~ ***fra*** *a) (gardin)* draw back; *b) (fradrage)* deduct (*fx* 5 p.c. from the salary); *c) (et tal fra et andet)* subtract, take (away) (*fx* subtract (*el.* take) 2 from 5);
~ ***frem*** *a) (jf. 1, 2)* pull out, draw out; *b) (på en dataskærm)* bring up (*fx* information); *c) (fremhæve)* call attention to, emphasize (*fx* a point one has already made); *d) (omtale (ubehagelig) begivenhed)* drag up, rake up (*fx* an old scandal);
~ ***i*** *a) (jf. 1)* pull at (*fx* a rope, the door, his mother's skirt); *(kraftigt)* tug at (*fx* a rope, the door, his sleeve); pluck at (*fx* his sleeve, her skirt); *b) (iføre sig)* put on, get into (*fx* an old dress); *det trak i hans ansigt* his face twitched; *~ en i håret* pull sby's hair; *(se også automat, land, tråd)*;
tropperne trak ***igennem*** *byen* the troops marched through the town; *~ en tråd igennem et nåleøje* pass a thread through the eye of a needle;
~ ***ind*** *a)* draw in, pull in (*fx* pull in your stomach); *b) (om væske)* soak in; *katten trak kløerne ind* the cat drew in (*el.* retracted) its claws; *(se også hår (ved hårene))*;

~ **med** *en cykel* wheel a bicycle; ~ *med en hest* lead a horse; *blive trukket* **med ind i** *noget* be drawn into sth, be mixed up in sth; ~ *ham* **med sig i** *faldet* drag him down with one; *(se også trækkes)*; ~ **ned** *a) (jf. 1, 2)* pull down, draw down; *b) (i karakter)* deduct marks (*fx* examiners should deduct marks if the candidate demonstrates poor spelling); penalize *(+ objekt)* (*for* for, *fx* I won't penalize the students (, the essay) for spelling mistakes); ~ *én ned (fig.)* drag sby down; ~ *gardinet (, vinduet) ned* lower the blind (, the window); ~ **ned for** *(jf. b)* deduct marks (, points) for (*fx* deduct up to 5 points for poor spelling); penalize (*fx* penalize bad spelling); penalize (a student, an essay) for *(NB objekt skal med)* (*fx* I won't penalize him (, the essay) for spelling mistakes); ~ *to point ned for en fejl* penalize an error with two points; ~ *det* **ned over** *(hovedet på) dem (fig.: påtvinge)* force it on them, push (*el.* ram *el.* force) it down their throat;
~ **om** wander about; ~ **om med** *det* carry (, drag) it about with one; T lug it about with one;
~ **op** *a) (jf. 1, 2)* pull up, draw up; *(af vand, af lomme etc.)* pull out, draw out (*fx* he opened the drawer and drew out a pistol); *b) (mekanisme)* wind (*fx* a clock); *c) (flaske)* open, uncork; *d) (prop)* draw; *e) (tage for høj pris af)* overcharge (*fx* the customers); T rip off; *f) (med blæk, tusch)* ink in; ~ *skuldrene op* hunch one's shoulders; *vagtparaden -r op (omtr.)* they are changing the guard; ~ **op af** *vandet (, lommen)* pull out of the water (, one's pocket); ~ **op i** *bukserne* hitch up one's trousers; *det -r* **op til** *krig (, regn)* it looks like war (, rain); *det trak op til ballade (, uvejr)* trouble (, a storm) was brewing;
~ **over** *a) (rive over)* tear; *b) (om uvejr, fare)* blow over; *c) (om konto)* overdraw (*med* by, *fx* overdraw one's bank account by £100; you are not allowed to overdraw); *d) (dække)* coat (*med* with, *fx* chocolate); *jeg har trukket over (jf. c)* I am overdrawn; ~ *en skrue over* strip (*el.* break) the thread of a screw;
~ '**på** *(strømper, støvler etc.)* pull on; '~ *på* draw on (*fx* his knowledge; draw a cheque on the bank); ~ *på det ene ben* walk with a limp; *(se også skulder, åre[2])*; *-r det på dig?* are you in a draft? is the draft bothering you? ~ *perler på en snor* string beads (, pearls);
~ **sammen** *a) (samle)* draw together, gather; *b) (forkorte)* condense (*til* into, *fx* condense the report into a brief summary); *c) (om muskel)* contract; *skyerne -r sammen* the clouds are gathering; the sky is clouding over;
~ '**til** *a) (tiltrække)* attract, draw; *b) (lukke, fx dør)* pull to; *c) (rykke kraftigt)* pull hard; *d) (stramme)* tighten (*fx* a screw, a knot); *e) (om byld)* come to a head; *katten trak kløerne* **til sig** the cat drew in (*el.* retracted) its claws;
~ **tilbage** *a) (jf. 1, 2)* draw (, pull) back (*fx* one's chair); *b) (om tropper)* withdraw (*fra* from); pull out (*fra* of); *c) (om udtalelse)* withdraw (*fx* an accusation,, a remark, one's confession); F retract (*fx* an accusation);
~ **ud** *a) (jf. 1, 2)* pull out (*fx* a drawer, a tooth, a nail, hairs, a splinter); draw out; *(om tand, søm etc. også,* F*)* extract; *(hårdt, rask)* pluck out (*fx* a grey hair, a thorn); *b) (tropper)* withdraw (*af* from); pull out (*af* from); *c) (forlænge)* draw out (*fx* the meeting, the debate); T drag out (*fx* the meeting, the debate); spin out (*fx* the conversation, a speech, a story); *d) (vare længe)* make slow progress (*fx* the negotiations are making slow progress); T drag on (*fx* the meeting dragged on until midnight); *e) (på wc)* flush (the lavatory, the toilet), pull the plug; ~ *penge ud* withdraw money; *få en tand trukket ud (også)* have a tooth out; ~ **tiden ud** draw out the time; *prøve at ~ tiden ud* play for time; F temporize; T drag one's feet; *for at ~ tiden ud* to gain time; *det -r* **ud med** *se ovf.: ~ ud d*;
~ **væk** *a) (fjerne sig)* go away, leave; *b) (om fugle)* migrate; *c) (om skyer, tåge)* clear away; F disperse; *(se også tæppe[1])*;
[med sig] ~ **sig** *a) (træde tilbage, opgive sin kandidatur)* stand down, step down; *b) (i sport: fra konkurrence)* scratch; ~ **sig i lave** *se lave[1]*;
~ **sig ind i** *(mil.)* fall back on (*fx* a fortress); *(mere* F*)* withdraw into; ~ *sig ind i sig selv* withdraw (*el.* retire) into oneself; *(se også skal[1])*;
~ **sig sammen** contract (*fx* his muscles contracted);
~ **sig tilbage** *a) (bevæge sig tilbage)* draw back, pull back (*fx* the crowd drew (*el.* pulled) back); F recede (*fx* the tide (, the flood) receded); *(flygte)* retreat (*fx* we retreated to the edge of the field when we saw the bull; crowds retreating before police fire hoses); *b) (om enkeltperson)* retire (*fx* for the night, from the world, to one's room); *(søge hvile, fred)* retreat (*fx* to one's summer cottage to relax; from the public eye); *c) (fra embede etc.)* resign (*fx* he offered to resign); *(på grund af alder, gå på pension)* retire; *(se også ovf.: ~ sig) d) (mil.)* retire (*til* to, *fx* prepared positions); pull back, withdraw; *(under pres)* fall back (*til* on, *fx* a fortress); retreat (*fx* force the enemy to retreat);
~ **sig ud** *a)* withdraw; T pull out; *b) (fortryde)* back out (*fx* you can't back out now); T cop out; ~ **sig ud af** *a)* withdraw from (*fx* political life); *b)* back out of (*fx* the scheme; an undertaking); *c) (om stat etc.)* withdraw from (*fx* NATO); F secede from (*fx* the UN, the EU).

trækkenål bodkin.

trækkerdreng male prostitute; S rent boy.

trækkes *vb.: (have at) ~ med* be saddled with (*fx* a difficult mother-in-law); F be afflicted with (*fx* illness); T have to put up with; *han har meget at ~ med* he has got a lot to put up with; F he has many difficulties to contend with.

trækkraft tractive force, tractive power.

trækkrog *(koblings-)* drawhook.

træklods 1. wooden block; **2.** *(om person)* dry stick.

trækning *sb. (en, -er)* **1.** *(i lotteri)* draw (*fx* the last (, first) draw); **2.** *(krampe-)* twitch, spasm; **3.** *(i ansigtet)* twitch; *(sygelig)* tic; *(af smerte, ubehag)* wince; □ *han havde -er i benene (, ansigtet)* his legs (, face) twitched; *nervøse -er (i ansigtet)* a nervous twitch (in the face); *(sygelig)* a facial tic; **ved** *første ~ (jf. 1)* on the first draw.

trækningsliste 1. *(for lotteri)* list of winning numbers; **2.** *(over udtrukne obligationer)* list of bonds drawn.

trækningsrettigheder *sb.pl.* drawing rights (*fx* special drawing rights).

træk og slip wc.

trækpapir blotting paper.

trækplaster *(fig.)* draw (*fx* their most successful draw); *(især am.)*

drawcard.
trækprocent income tax rate.
trækrone treetop.
trækrude ventilator.
træksti towpath.
trækul charcoal.
trækvind draught.
trækvogn **1.** handcart, pushcart; **2.** *(til gadehandel)* barrow.
trækølle **1.** wooden club; **2.** *(værktøj)* mallet.
træl *sb. (en, -le)* slave; *(hist.)* thrall.
trælast timber; *(am.)* lumber.
trælasthandel *(tømmerplads)* timberyard; *(am.)* lumberyard.
trælasthandler *sb. (en, -e)* timber merchant; *(am.)* lumber merchant.
trælbinde *vb.* enslave.
træIdom *sb. (en)* bondage, slavery.
trælle *vb.* slave, toil like a slave (*for* for).
trællearbejde slavery.
trælleåg yoke of bondage.
træls, trælsom *adj. (anstrengende)* tiresome (*fx* journey);
□ *han (, det) er* ~ he (, it) is a drag.
træløber *(zo.)* tree creeper.
træløs *adj.* treeless.
træmand *(fig.)* dry stick.
træmasse *(til papir)* wood pulp.
træn *sb. (et) (mil.)* baggage, train; *(nu oftest)* transport.
træne *vb.* **1.** *(person(er))* train (*til* for, *fx* train her for the match); *(som sportstræner)* coach (*fx* coach the team for the match; she was coached by a former champion);
2. *(øvelse)* practise (*fx* the high jump; the 400-metre);
3. *(uden objekt)* train (*til* for, *fx* he trains every day for the match); *(om muskeltræning)* exercise.
træner *sb. (en, -e)* **1.** *(sports-)* coach (*fx* a football coach); *(bokse-)* trainer;
2. *(for amatører, især i tennis, golf)* professional; T pro;
3. *(heste-)* trainer.
trænge[1] *vb. (trængte, trængt) (se også trænges, trængt) (presse)* press; *(stærkere)* force;
[med præp. & adv.] ~ ***bort*** *a)* drive away; *(om flere)* crowd out; *b) (fig.)* oust;
~ ***frem*** advance; *(kraftigere)* push forward; ~ *sig frem* push forward;
~ ***igennem*** *a) (om forslag, idé: blive anerkendt)* be accepted; F prevail; *b) (om stemme)* carry; *c) (med objekt; om kugle, vand etc.)* penetrate (through) (*fx* the bullet had penetrated the wall; the rain did not penetrate (through) his coat); *(især om noget spidst, skarpt også)* pierce (through) (*fx* the knife had pierced (through) his hand; the wind pierced right through his coat); *d) (om person)* penetrate (*fx* the security guards, the enemy lines); pierce through (*fx* the forest, the enemy lines); *(mase sig igennem)* force (*el.* push) one' s way through (*fx* the crowd); *e) (fig.)* pierce (*fx* his unfriendly manner, his reserve); ~ *igennem støjen (om talende)* make oneself heard above the noise;
~ ***ind*** *a)* enter; *(ubudent,* F*)* intrude; *(på fremmed ejendom)* tresspass; *b) (mase ind)* force one's way in; *(om flere)* crowd in; *c) (bryde ind)* break in; F force an entry; *d) (fig.: ~ ind til bevidstheden)* sink in, penetrate (*fx* it took time for the warning to sink in (*el.* penetrate)); register (*fx* I told him the sad news, but it didn't register);
støjen trængte ***ind gennem*** *væggen* the noise could be heard through the wall;
~ ***ind i*** *a)* enter (*fx* he admitted that he had entered the palace as a tresspasser); *(ubudent,* F*)* intrude into (*fx* a territory); *(fremmed ejendom)* tresspass on; *(invadere)* invade (*fx* a country); *b) (mase ind i)* force one's way into; *(om flere)* crowd into; *c) (gradvis)* insinuate oneself into, infiltrate (*fx* the trade union); *d) (om vand, kugle etc.)* penetrate into; *e) (fig.: om ideer etc.)* penetrate (into) (*fx* the new ideas are penetrating (into) the whole of our society); F permeate; *f) (lære at kende)* become better acquainted with, go deeply into (*fx* the subject); *(om noget gådefuldt)* penetrate (*fx* the mystery, the secret);
~ ***ind på*** enter, intrude into, tresspass on *(se ovf.: ~ ind i)*; ~ *ind på en a)* intrude oneself on sby; *b) (presse)* press sby hard (*for at få ham til at gøre noget* to do sth);
~ ***ned i*** *emnet* go deeply into the subject;
~ *en* ***op i*** *en krog* corner sby, force (*el.* drive) sby into a corner;
~ '***på*** push (forward);
~ ***sammen*** *se sammentrænge*;
~ ***til bunds*** *i* get to the bottom of (*fx* the mystery);
~ *fjenden* ***tilbage*** drive (*el.* push) the enemy back;
~ *en* ***ud*** *a)* force sby out; *(om flere)* crowd sby out; *b) (fortrænge en,* F*)* oust sby (*fx* a leader);
[med sig] ~ ***sig ind i*** intrude oneself into; *(se også ovf.: ~ ind i)*; ~ ***sig ind på*** *en* intrude oneself on sby; *(se også ovf.: ~ ind på en)*; ~ ***sig på*** *a)* push (oneself forward); intrude (*fx* I don't want to intrude, but...); T butt in; *b) (om problem: kræve løsning)* be urgent; *(gøre sig gældende)* make itself felt (*fx* several problems are making themselves felt).
trænge[2] *vb. (trængte, trængt) (være i trang)* be in want; *(se også trængende)*;
□ ~ ***til*** need; *(stærkere)* want (*fx* what you need (, want) is a good long holiday); *-r til (også)* could do with, could use (*fx* I could do with (*el.* use) a cup of tea; her hair could have done with a shampoo); ~ *hårdt (el. stærkt el. svært) til noget* need sth badly; ~ ***til at*** *blive* need (, want) -ing (*fx* the room needs (, wants) painting).
trængende *adj.* **1.** *(fattig)* needy; F necessitous; **2.** *(til at komme på wc)* wanting to go to the toilet (*el.* to relieve oneself);
□ *være* ~ want (*el.* need) to go to the toilet, want to relieve oneself; F feel the call of nature; *(se også værdig)*.
trænges *vb.* crowd, press (*fx* round her); F throng.
trængsel *sb. (en) (af folk)* crowd; *(stærkere)* crush; F throng; *(se også trængsler)*;
□ *der var ~ på gaderne* the streets were crowded; *fyldt til* ~ (over)crowded, packed.
trængselstid, trængselsår hour (, year) of distress.
trængsler *sb.pl.* troubles; *(stærkere)* hardships.
trængt *adj. (under pres)* harassed (*fx* housewives; I felt harassed by the pressure of work); *(også økonomisk)* hard-pressed; *(kun attr.,* F*)* beleaguered, embattled (*fx* government);
□ *være hårdt ~ af* be hard pressed by.
træning *sb. (en)* **1.** training (*fx* he is in good training; he goes to training every day);
2. *(sportsinstruktion)* coaching;
3. *(øvelse)* practice (*fx* it is just a matter of long and hard practice; the coach gathered them for practice);
□ *gå i ~* go into training; *være ude af ~* be out of training (, practice).
træningsbluse track suit jacket (*el.* top); *(am.)* sweat suit jacket.

træningsbukser *sb.pl.* track suit trousers; *(am.)* sweatpants.
træningsdragt track suit; *(am.)* sweat suit.
træningskamp practice match.
træningssko training shoe.
trænregiment *(mil.)* transportation regiment.
træorm *(zo.)* wood borer, woodworm.
trærod *sb. (en, trærødder)* root of a tree, tree root.
træsejler *(zo.)* tree swift.
træsk[1] *adj.* **1.** *(snu)* sly; F wily; **2.** *(intrigant)* scheming.
træsk[2] *adv. (jf. træsk*[1]*)* **1.** slyly; **2.** schemingly.
træske wooden spoon.
træskhed *sb. (en)* wiliness; wiles pl.
træsko wooden shoe; *(med overlæder)* clog;
□ *han går i folk med ~ på* people fall for him straightaway; *stille -ene* (S: *dø)* pop one's clogs, pop off.
træskobund clog sole.
træskodans clog dance.
træskomager, træskomand clog maker.
træskostøvle wooden-soled boot.
træskærer *sb. (en, -e) (billedskærer)* wood carver.
træsløjd woodwork, carpentry.
træsnit *(billede)* woodcut.
træsort (type of) wood; *-er* woods.
træsplint splinter of wood.
træsprit wood alcohol.
træstamme tree trunk; *(tyndere)* stem (of a tree); *(fældet)* log; *(se også udhule).*
træstub stump (of a tree).
træt *adj.* **1.** tired; T fagged (out); *(stærkere,* F*)* weary, fatigued; **2.** *(om materiale)* fatigued; **3.** *(om mad)* tired (*fx* avoid food that looks tired);
□ *~* ***af*** *a) (ked af)* tired of; *(stærkere,* T*)* fed up with (*fx* his complaints); F weary of; *b) (udmattet af)* tired with (*fx* standing); tired from (*fx* the journey); ***køre*** *én ~* tire sby out; *han er kørt ~* he is run down; T he has run out of steam.
træthed *sb. (en)* **1.** tiredness; F weariness; *(udmattelse)* fatigue; **2.** *(i materiale)* fatigue.
trætjære wood tar.
trætop treetop.
trætte[1] *sb. (en, -r)* dispute; T quarrel.
trætte[2] *vb. (se også trættende, trættes*[1]*)* **1.** *(gøre træt)* tire; *(stærkere,* F*)* weary, fatigue; *(udmatte)* wear out (*fx* he wore me out with his questions);
2. *(kede)* bore; F weary.
trættekær *adj.* quarrelsome; F cantankerous.
trættende[1] *adj.* **1.** tiring (*fx* a tiring journey; the heat was very tiring); *(stærkere,* F*)* fatiguing;
2. *(møjsommelig,* F*)* wearisome (*fx* journey); weary;
3. *(kedelig)* boring; F tedious.
trættende[2] *adv. (jf. trættende*[1]*)* **1.** tiringly; **2.** wearily; **3.** tediously.
trættes[1] *vb. (blive træt)* get (*el.* grow) tired, tire (*fx* he tires easily); F weary.
trættes[2] *vb. (strides)* quarrel; *(om småting)* bicker; *(stærkere)* squabble; *(am.)* hassle.
træuld wood shavings pl.; *(am.)* excelsior.
trævarer *sb.pl.* articles of wood, wooden articles.
trævl *sb. (en, -er)* **1.** *(af tøj)* thread; *(las)* rag, shred;
2. *(i plante, muskel)* fibre;
3. *(kød-)* shred of meat (, flesh) *(se kød)*;
□ *uden en ~ på (kroppen)* without a stitch on; *han har ikke en tør ~ på kroppen* he has not got a dry stitch on.
trævle *vb.: ~* ***op*** *a)* unravel (*fx* knitting, a stocking); *b) (plukke i stykker)* take to pieces (*fx* take his arguments to pieces); *c) (rippe op i)* rake up (*fx* an old story); *~ en organisation op* roll up an organization; *~* ***ud*** fray, become frayed; *(se også trævlet).*
trævlekrone *(bot.)* ragged robin.
trævlerod *sb. (en, trævlerødder)* fibrous root.
trævlesi lint filter.
trævlet *adj.* **1.** fibrous; **2.** *(om tøj)* frayed; **3.** *(om kød)* stringy.
træværk woodwork.
trøffel *sb. (en, trøfler) (bot.& om chokolade)* truffle.
trøje *sb. (en, -r)* **1.** *(strikket ~, sweater)* jersey; *(knappet)* cardigan;
2. *(sports-)* jersey; *(fodbold- også)* shirt; *(ærmeløs, til boksning, gymnastik etc.)* singlet; *(se også undertrøje)*;
3. *(jakke)* jacket;
□ *den gule (fører)trøje* the yellow jersey; *(se også våd).*
trøske[1] *sb. (en) (på tungen)* thrush.
trøske[2] *sb. (en)* **1.** *(forrådnelse)* dry-rot; **2.** *(råddent træ)* touchwood, rotten (*el.* decayed) wood.
trøsket *adj.* rotten, decayed.
trøst *sb. (en)* comfort (*fx* that is no comfort; he was a great comfort to his parents); *(mere* F*)* consolation (*fx* that is my only (, no) consolation); *(litt., kun fra ting)* solace (*fx* books are his chief solace);
□ *det er en ~ at vide at...* it is a comfort (, consolation) to know (*el.* knowing) that...; *det er altid en ~* that is one comfort (, consolation); *det er en ringe ~* that is small comfort; F that is a poor consolation;
[med vb.] ***bringe*** *én ~* bring comfort to sby; ***finde*** *~ for det i arbejde* find comfort (, consolation, solace) for it in work; ***få*** *~* be comforted; ***hente*** *~ i* derive comfort (, consolation) from; *der er ikke meget ~ at hente for dem i valgresultatet* they cannot get much comfort from the election result; ***søge*** *~ hos en* seek comfort from sby.
trøste *vb. (se også trøstende)* comfort (*fx* she comforted her sobbing child); *(mere* F*)* console (*fx* she advised and consoled him; console him for the loss of his wife); *(litt.: ved ting)* solace (*fx* solace oneself with books);
□ *ikke til at ~* inconsolable; *~ sig* console (, solace) oneself *(med* with); *~ sig med (den tanke) at...* take comfort in the thought that...; console oneself (with the thought) that...; *jeg kan ~ dig med at ingen ved det* cheer up, no one knows.
trøstebrev consolatory letter.
trøstende[1] *adj.* comforting (*for* for, to); F consoling (*fx* consoling thoughts); *(opmuntrende)* cheering;
□ *~ ord* words of consolation.
trøstende[2] *adv.* consolingly (*fx* "Cheer up", he said consolingly).
trøstepræmie consolation prize; *(til nr. sidst)* booby prize.
trøster *sb. (en, -e)* **1.** *(person)* comforter; **2.** *(pude)* cylindrical cushion.
trøsterig *adj. se trøstende.*
trøstesløs *adj.* **1.** *(trist)* dreary (*fx* November day, region); *(stærkere)* bleak (*fx* November day, prospects); **2.** *(håbløs)* hopeless (*fx* situation).
trøstesløshed *sb. (en) (jf. trøstesløs)* **1.** dreariness; **2.** hopelessness.
trøstespise *vb. (omtr.)* be a compulsive eater.
trøstespiser *sb. (en, -e) (omtr.)* compulsive eater.
trøstespisning *(omtr.)* compulsive eating.
trøstig *adj. (frejdig)* cheerful.
trøstigt *adv.* **1.** *(tillidsfuldt)* trustfully, confidently; **2.** *(troligt)* steadily, faithfully.
trøstpræmie = *trøstepræmie.*

tråd *sb. (en, -e)* **1.** thread;
2. *(metal-)* wire;
3. *(til perler, til marionetter)* string;
4. *(fiber)* fibre;
5. *(i glødelampe)* filament;
6. *(fig.)* thread; *den røde ~ se rød; [med vb.]* ***holde*** *-ene i sin hånd* be in a key position; ***tabe*** *-en (fig.)* lose the thread (*i* of); ***tage*** *-en op* pick up the thread; *tage -ene ud af et sår* take the stitches out of a wound; *(se også knytte); [med (vb. +) præp.]* ***trække i*** *-ene* pull the strings; *(se også hænge¹ (i)); **i ~ med*** in keeping with; *falde i ~ med* be in keeping with; ***løs på*** *-en* of easy virtue; *hun er løs på -en* she is no better than she should be; ***slå på*** *-en (ring mig op)* give me a ring, ring me up; T give me a buzz (*el.* a tinkle).
tråde *vb.* thread.
trådet *adj. (om væske)* ropy.
-trådet *(om garn)* -ply (*fx* 4-ply).
trådfabrik *(metal-)* drawing mill; wireworks (pl. wireworks).
trådgitter wire netting.
trådhandske thread glove.
trådhegn 1. wire fence; **2.** *(materialet)* wire fencing.
trådkurv wire basket.
trådlige *adv.* on the straight thread.
trådløs *adj.* **1.** wireless (*fx* telephony, telegraphy, telegram); **2.** *(uden ledning, batteridrevet)* cordless (*fx* telephone).
trådløst *adv.* by wireless.
trådnet wire netting, wire mesh; *(fint)* wire gauze.
trådrulle reel (of thread); *(am.)* spool (of thread).
trådsaks wire cutter; nippers pl.;
□ *en ~* a wire cutter, a pair of nippers.
trådt *pf.ptc.af træde.*
trådte *præt. af træde.*
trådudløser *(foto.)* cable release.
trådvæv *sb. (et)* wire cloth; *(fint)* wire gauze.
tsar *(etc.) se zar (etc.).*
tsetseflue *(zo.)* tsetse fly.
T-shirt *sb. (en, - el. -s)* T-shirt.
tuba *sb. (en, -er) (mus.)* tuba.
tubaist *sb. (en, -er) (mus.)* tuba player.
tube *sb. (en, -r)* tube (*fx* a tube of toothpaste).
tuberkel *sb. (en, tuberkler) (med.)* tubercle;
□ *tuberkler se tuberkulose.*
tuberkulin *sb. (et)* tuberculin.
tuberkulinfri *adj.* tubercle-free (*fx* herd).
tuberkulinprøve tuberculin test.
tuberkulinprøvet *adj.* tuberculin-tested; *(fork.)* TT (*fx* herd, milk).
tuberkulose *sb. (en)* tuberculosis; *(lunge-)* pulmonary tuberculosis;
□ *han lider af en fremskreden ~* he suffers from advanced tuberculosis.
tuberkulosefri *adj.* tubercle-free.
tuberkulosepatient tuberculosis patient.
tuberkulosesanatorium tuberculosis sanatorium.
tuberkuløs *adj.* tuberculous.
tud *sb. (en, -e)* **1.** *(på pumpe, tepotte)* spout;
2. *(på rør, slange)* nozzle;
3. *(T: næse)* snout, conk;
□ *give ham en på -en* give him a punch (*el.* punch him) on the nose.
tudbrøle *vb. (græde)* howl; *(neds.)* blubber.
tude *vb.* **1.** howl (*fx* the wind howled);
2. *(om dyr)* howl; *(klagende, sørgmodigt)* yowl (*fx* the dog howled (, yowled));
3. *(om ugle, sirene, bilhorn)* hoot;
4. *(græde)* howl; *(neds.)* blubber;
□ *~ ham ørene fulde med det* fill his ears with it; *vi har fået -t ørerne fulde med det* we have had it dinned in; *man må ~ med de ulve man er iblandt (svarer til)* when in Rome do as the Romans do.
tudegrim *adj. (præd.)* as ugly as sin.
tudehorn *(på bil)* horn.
tudekoncert *(af bilhorn)* hooting competition.
tudekop feeding cup.
tudeprins, tudesøren *sb. (en)* crybaby.
tudevorn *adj.* weepy.
tudse *sb. (en, -r) (zo.)* toad;
□ *have en ~ i halsen* have a frog in one's throat.
tue *sb. (en, -r)* **1.** mound;
2. *(græs-)* tuft, tussock;
3. *(myre-)* ant hill;
□ *liden ~ kan vælte stort læs (svarer til)* little strokes fell great oaks.
tuf *sb. (en)* **1.** *(vulkansk)* tuff; **2.** *(kalktuf)* (calcareous) tufa.
tugt *sb. (en)* discipline;
□ *i ~ og ære* decently, in all decency; *-ens ris* the rod of correction; *med ~ at melde* saving your presence.
tugte *vb.* **1.** discipline; *(irettesætte skarpt)* castigate;
2. *(straffe)* punish;
3. *(prygle, glds. el.* F*)* chastise;
□ *den der elsker sin søn -r ham tidlig (svarer til)* spare the rod and spoil the child.
tugtelse *sb. (en, -r) (jf. tugte)* **1.** castigation; **2.** chastisement; **3.** punish-ent.
tugthus 1. *(omtr.)* prison, gaol;
2. *(glds.: straf)* (imprisonment with) hard labour.
tugthusfange convict.
tugthuskandidat gaolbird.
tugtig *adj. (glds.)* decent, modest.
tuja *sb. (en, -er) (bot.)* arbor vitae, thuja.
tukan *sb. (en, -er) (zo.)* toucan.
Tule Thule;
□ *det yderste ~* ultima Thule.
tulipan *sb. (en, -er) (bot.)* tulip.
tulipanløg *(bot.)* tulip bulb.
tulipantræ *(bot.)* tulip tree.
tulle¹ *sb. (en, -r): en lille ~ (ɔ: barn)* a tiny tot.
tulle² *vb.: ~ rundt* potter about; *(om barn)* toddle about; *(se også trisse²).*
tumle¹ *vb.* **1.** *(falde)* tumble (*fx* tumble into bed);
2. *(gå vaklende)* stagger (*fx* he staggered sleepily upstairs); *(klodset, tungt)* lurch; *(om barn)* toddle;
3. *(boltre sig)* romp (about) (*fx* the children were romping about on the grass); T cavort; *(springe rundt,* F*)* frisk, gambol;
□ *~ sig, se 3 ovf.; [med præp. & adv.] ~ **med** se tumle²; ~ **om(kuld)** a)* fall over; *b) (tungt)* tumble over; *c) (vakle og falde)* topple over; *-s **om på** bølgerne* toss on the waves.
tumle² *vb. (styre, beherske)* control (*fx* an unruly class, a horse); manage, handle;
□ *~ **med** a) (bakse med)* struggle with (*fx* a heavy suitcase); *b) (et problem)* grapple with; *c) (planer etc.)* revolve in one's mind.
tumleplads playground.
tumler *sb. (en, -e) (marsvin)* porpoise.
tumling *sb. (en, -er)* **1.** *(due, legetøj)* tumbler; **2.** *(lille barn)* toddler.
tummel *sb. (en) (travlhed, uro)* bustle (*fx* in the streets); *(forvirring,* F*)* turmoil; *(larm)* tumult.
tummelumsk *adj.* **1.** *(forvirret)* bewildered; **2.** *(uklar)* dazed;
3. *(svimmel)* giddy.
tummerum *se trummerum.*
tumpet *adj.* T daft.
tumult *sb. (en, -er)* **1.** *(larm)* uproar; F tumult; **2.** *(opstand)* riot, disturbance; **3.** *(slagsmål)* scuffle.
tumult(u)arisk *adj. (jf. tumult)* **1.** uproarious; tumultuous; **2.** riot-

ous.
tun *sb. (en, -) (zo.)* tuna (fish), tunny.
tundra *sb. (en, -er)* tundra.
tune *vb. (regulere motor)* tune (*fx* the car needs tuning);
□ ~ *op (øge ydeevnen,* T*)* soup up (*fx* a souped-up engine (, car)).
tuneser *sb. (en, -e)* Tunisian.
Tunesien *(geogr.)* Tunisia.
tunesisk *adj.* Tunisian.
tunfisk *sb. (en) (zo.)* tuna (fish), tunny.
tung *adj. (se også tungt)* **1.** heavy (*fx* burden, weapons; air, food, taxes; style; sigh, sleep);
2. *(besværlig, sørgelig)* hard (*fx* fate, times); heavy (*fx* responsibility, duty); *(besværlig også)* difficult (*fx* problems; the difficult cases); F onerous (*fx* task, duties);
3. *(atomfys.)* heavy (*fx* hydrogen, water);
□ ~ *at danse med se danse*;
[med sb.] -e drenge (fig.) heavyweights; *den -e ende a) (ɔ: vanskelige)* the difficult part; *b) (tilbagestående)* the more backward part (*fx* of the community); *c) (i skoleklasse)* the less able pupils; the slow learners; *det er den -e ende vi har tilbage* the worst is yet to come; *de nye skatter vender den -e ende nedad* the new taxes will hurt the weaker members of society most; *med -t hjerte, ~ om hjertet* with a heavy heart; *(se også hjerte)*; *jeg er ~ i hovedet* my head feels heavy; *have et -t sind* be of a brooding disposition; *-t vejr* close (*el.* oppressive) weather; T muggy weather.
tunge[1] *sb. (en, -r)* **1.** *(også fig.)* tongue;
2. *(i musikinstrument)* reed;
3. *(broderi etc.)* scallop;
4. *(fisk)* sole;
□ *det lille parti er -n på vægtskålen* the small party holds the balance (of power);
[med adj.] en giftig (, glat) ~ a venomous (, glib) tongue; *onde -r påstår at* evil tongues maintain that;
[med vb.] jeg kunne have ***bidt*** *-n af mig selv (fig.)* I could have bitten my tongue off; ***få*** *-en på gled se gled*; ***holde*** *-n lige i munden se mund*; *holde tand for ~ se tand*; ***række*** *~, række -n ud ad vinduet se række*[2];
[med præp.] tale ***i*** *-r* speak in tongues; ***med*** *-n ud af halsen (om hund)* with its tongue hanging (*el.* lolling) out of its mouth; *løbe med -n ud af halsen (fig.)* run like mad (*el.* like fury); *(se også smække*[2] *(med -n))*; *hoppe* ***på*** *-n for at... (fig.* T*)* fall over backwards to...; *det lå mig lige på -n* I had it on the tip of my tongue; *han har let ved at få sådanne ord på -n* he is quick to use such words; *det smelter på -n* it melts in one's mouth; *(se også bide (på))*.
tunge[2] *vb.: ~ ud* scallop.
tungebånd *(anat.)* frenum (pl. frena);
□ *være godt skåren for -et* have the gift of the gab.
tungefærdighed **1.** volubility (*fx* her terrific volubility); **2.** *(uoprigtighed)* glibness;
□ *tale med rivende ~ om* speak volubly about.
tungemål *sb. (et, -)* tongue.
tungespids tip of the tongue.
tunget *adj.* scalloped.
tungetale gift of tongues.
tunghør *adj. (præd.)* hard of hearing.
tunghørighed *sb. (en)* hardness of hearing.
tungmetal heavy metal.
tungnem *adj.* slow, slow-witted.
tungnemhed *sb. (en)* slowness, slow-wittedness; slow wits pl.
tungsind *sb. (et)* depression; *(svagere)* sadness; F melancholy.
tungsindig *adj.* depressed; *(svagere)* sad; F melancholy.
tungsindighed *sb. (en) se tungsind.*
tungsten *sb.* tungsten.
tungt *adv.* heavily (*fx* fall heavily);
□ *det ligger ~ med at* it is proving difficult to; *det ligger lidt ~ med det* that is a difficult matter; *tage det ~* take it hard (*el.* badly); *tage for ~ på alt* take things too hard; *hans ord vejer ~* his word carries weight.
tungtfordøjelig *adj.* indigestible; *(præd. også)* hard to digest.
tungtsmeltelig *adj.* refractory.
tungtvejende *adj.* weighty.
tunika *sb. (en, -er)* tunic.
tunnel *sb. (en, -er)* **1.** tunnel;
2. *(gade-, perron-)* subway; *(fodgænger- også)* (pedestrian) underpass;
□ *føre en ~ gennem bjerget* drive a tunnel through the mountain; *(se også sprænge)*; *lave en ~ (i fodbold: gennem benene på modstander)* nutmeg.
tunnelbane underground (railway); *(am.)* subway.
tunneldal *(geol.)* subglacial stream trench.
tur[1] *sb. (en, -e) (se også cykeltur, ridetur, svømmetur (etc.) & tur*[2]*)*;
1. *(gåtur)* walk; *(kortere, magelig)* stroll; *(se også travetur)*;
2. *(udflugt)* outing (*til* to); F excursion (*til* to);
3. *(rejse: frem og tilbage)* trip (*til* to, *fx* we took a trip to Paris (, New York)); *(rundtur)* tour (*i* of, *fx* we went on a tour of France); *(flyve-)* flight;
4. *(til søs)* voyage; *(med turistskib)* cruise; *(overfart)* passage; *(oftest kortere,* T*)* crossing; *(se også rotur, sejltur)*;
5. *(køre-: som passager, også fx i karussel, rutschebane)* ride (*i* in, on, *fx* in (*el.* on) a bus (, train), on a merry-go-round, on a roller-coaster, in sby's car); *(i privat køretøj)* drive (*fx* we went for a drive in his car); *(kort,* T*)* run (*fx* let's go for a run in the car); *(længere), se 3*;
6. *(postbuds)* rounds pl.;
7. *(taxichaufførs, svarer til)* fare (*fx* get a fare *(få tur)*);
□ *en ~ i, se ovf.: 5*; *en ~ i skoven* an outing in the woods; *en ~ med bussen* a ride in (*el.* on) a bus, a bus ride; *gå (, køre) en ~ med, se ndf.*; *en ~ til, se ovf.: 2, 3*;
[med vb.] ***cykle*** *en ~* go for a ride (on one's bicycle); ***gå*** *en ~* go for a walk (, stroll), take a walk; ***gå ~ med*** *hunden* take the dog for a walk, walk the dog; *pengene er* ***gået sig*** *en ~* the money is gone; ***køre*** *en ~ a) (i bil)* go for a run (, drive); *b) (på cykel)* go for a ride; ***køre*** *en ~* ***med*** *én (ɔ: i bil)* take sby for a run, go for a run with sby; *køre en ~ med ham i barnevognen (, kørestolen)* take him out in the pram (, wheelchair); ***løbe*** *en ~* go for a run; ***ride*** *en ~* go for a ride (on horseback); ***ro*** *en ~* go for a row; ***sejle*** *en ~* go for a sail; *(i robåd)* go for a row; ***tage*** *en ~ i skoven (, på landet)* go for an outing in the woods (, in the country); *han tog den store ~* he went into hysterics; he went off the deep end; he went through the roof;
[med præp. & adv.] ***på*** *-en* on the trip (, journey, voyage etc.); *(undervejs)* on the way; *på hele -en* during the whole trip; *han har været -en* ***rundt*** *(fig.)* he has been the rounds; *en ~* ***rundt i*** *Jylland* a tour of Jutland; *han er* ***vant til*** *-en* he has been through it before.
tur[2] *sb. (en, -e)* **1.** *(til at gøre noget)* turn (*fx* it is your turn to cook the dinner; now it was my turn to be angry);
2. *(i spil)* turn, go (*fx* it's my go); *(i brætspil: til at trække)* move; *(i*

spil med terninger: til at slå) throw;
3. *(anfald)* fit (*fx* a crying fit, a coughing fit); *(af smerte)* attack of pain;
4. *(omdrejning)* turn;
5. *(i dans)* figure;
□ *nu* ***blev*** *det min ~* now it was my turn; now my turn came; *det* ***er*** *din ~! (i spil, jf. 2)* (it is) your turn (, go, move)! your play! *det er din ~ til at slå a) (i boldspil)* it is your turn to bat; *b) (i terningspil)* it is your throw; *din ~* ***kommer*** *også a)* your turn will come; *b) (i en uvis fremtid)* it will be your turn some day; *c) (til at lede, nyde livet etc.)* you'll get your day; *da -en kom til ham* when his turn came; when it was his turn;
[med (vb. +) præp.] ***efter*** *~ a)* in turn (*fx* I will visit you all in turn); alternately; in rotation (*fx* each becomes chairman in rotation; committee members retire in rotation); *b) (i hold)* in relays (*fx* the pupils have their meals in relays); *c) (skiftevis)* by turns (*fx* we worked by turns); turn and turn about (*fx* we worked two hours each, turn and turn about); *gøre det efter ~* do it in turns, take turns to do it; ***stå for*** *~* be next (in turn) (*til* for); *stå for ~ til at blive forfremmet* be in line for promotion; *du må* ***vente på*** *(at det bliver) din ~* you must wait your turn.
turban *sb. (en, -er)* turban;
□ *falde i ens ~ (svarer til)* fall (*el.* drop) into one's lap; *en appelsin i ens ~* a plum.
turbine *sb. (en, -r)* turbine.
turbulens *sb. (en)* turbulence.
turbulent[1] *adj.* turbulent, tumultuous.
turbulent[2] *adv.* turbulently, tumultuously.
turdans 1. figure dance; **2.** *(med to rækker dansende)* country dance.
turde *vb. (tør, turde, turdet)* dare;
□ *han tør* ***godt*** *gøre det* he is not afraid to do it; *han tør* ***ikke*** *gøre det* he is afraid to do it; he doesn't have the courage to do it; he daren't do it, he does not dare (to) do it (*fx* he didn't dare (to) look at me); *det tør jeg ikke* I daren't (do it); *jeg tør ikke tænke på hvad der kunne være sket* I shudder to think what might have happened;
[med vb.] det tør jeg svagt ***antyde*** *se antyde; ja, det tør* ***siges!*** yes indeed! T you bet! *tør jeg* ***spørge*** may I ask; *det ~* ***være*** *en selvfølge* that goes without saying.
ture *vb.: ~ rundt (ɔ: rejse)* go about, travel about; *de -de rundt på beværtninger i fire timer* they went on a pub-crawl for four hours.
turisme *sb. (en)* tourism.
turist *sb. (en, -er)* tourist; *(som ser på seværdigheder)* sightseer.
turistattraktion tourist attraction, sight.
turistbil *se turistbus.*
turistbrochure tourist brochure, travel folder.
turistbureau tourist agency (*el.* bureau); *(rejsearrangør også)* travel company, tour operator.
turistbus (sightseeing) coach; touring coach.
turistchef director of tourism.
turistet *adj. (neds.)* touristy.
turistforening tourist association.
turistfælde tourist trap.
turistfører 1. *(person)* guide;
2. *(bog)* guide(book).
turistindustri tourism industry, tourist industry.
turistklasse tourist class.
turistkontor tourist office.
turistland tourist country.
turistminister tourism minister.
turistmål destination (for tourists) (*fx* New Zealand is becoming a popular destination for tourists).
turistplakat travel poster.
turistpropaganda tourist propaganda.
turiststed tourist resort, tourist centre; showplace.
turistsæson tourist season.
turistvisum tourist visa.
Turkestan *(geogr.)* Turkestan.
turkis *sb. (en, -er) & adj.* turquoise.
turkmener *sb. (en, -e)* Turk(o)man.
Turkmenistan *(geogr.)* Turkmenistan.
turkmensk *adj. & sb. (et)* Turk(o)man; *(om sproget også)* Turkmen.
turné, turne *sb. (en, turneer)* tour;
□ *på ~* on tour; *(om teater, orkester etc. også)* on the road; *være på ~ i provinsen* tour the provinces.
turnere *vb.* **1.** *(være på turné)* tour;
2. *(forme)* turn (*fx* a compliment);
3. *(hist.: deltage i ridderturnering)* joust, tilt.
turnering *sb. (en, -er)* tournament.
turneringskamp tournament match.
turnéteater touring company.
turnips *sb. (en, -) (bot.)* turnip.
turnus *sb. (en, -(s)er)* **1.** rotation;
2. *(med.)* pre-registration year, house year.
turnuskandidat *(svarer til)* houseman; *(am.)* intern.
tur-retur *adv.* **1.** there and back;
2. *(brugt som sb.: billet)* return (ticket); *(am.)* round trip (ticket).
turteldue *(zo.)* turtle dove;
□ *-r (om forelsket par)* a pair of lovebirds.
tusch *sb. (et) (farvestof)* Indian ink.
tuschere *vb.* draw in Indian ink.
tuschpen 1. pen for Indian ink;
2. *(til skrift)* lettering pen.
tusind *se tusinde*[1].
tusindben *sb. (et, -) (zo.)* millipede.
tusinde[1] *sb. (et, - el. -r) & num.* a thousand (*fx* a thousand times easier; a thousand years old);
□ *en af ~* one in a thousand; *-r af mennesker* thousands of people; *Tusind og én Nat* the Arabian Nights; the Thousand and One Nights; *~ tak* thank you so much; T thanks a lot; F a thousand thanks;
[med num.] et ~ one thousand; *to ~* two thousand;
[med pron.] disse ~ mennesker those thousand people; *flere ~ mennesker* several thousand people; *mange ~ mennesker* many thousands of people, many thousand people; *nogle få ~ mennesker* a few thousand people.
tusinde[2] *(ordenstal)* thousandth (*fx* for the thousandth time).
tusindedel thousandth (*fx* three thousandths).
tusindfold *adv.* thousandfold; a thousand times.
tusindfoldig *adj.* thousandfold.
tusindfryd *sb. (en, -) (bot.)* daisy.
tusindkroneseddel a thousand kroner note.
tusindkunstner jack of all trades (pl. jacks of all trades).
tusindtal*: i ~ se tusindvis (i tusindvis).*
tusindtallig *adj. (efter sb.)* numbering thousands (*fx* a crowd numbering tousands).
tusindvis *adv.: ~ af* thousands of (*fx* books); *i ~ a)* by the thousand (*fx* there were books by the thousand); *b)* in (their) thousands (*fx* people turned up in their thousands).
tusindårig *adj.* a-thousand-year-old.
tusindårsriget 1. *(rel.)* the millennium; **2.** *(Hitlers)* the thousand year Reich.
tuske *vb.* barter.
tuskhandel 1. barter; **2.** *(enkelt)* barter deal.
tusmørke twilight; *(mørkere)* dusk.
tusse[1] *sb. (en, -r)* T **1.** *(pengesed-*

del) a thousand kroner note; a thou; **2.** *(spritpen)* felt-tip pen; *(tyk)* marker.
tusse² *vb. se trisse².*
tut *sb. (en, -ter)* **1.** *(finger-)* finger-stall; **2.** *(rulle)* roll (*fx* a roll of coins).
tuttenuttet *adj.* **1.** *(sød)* cute; **2.** *(neds.)* twee; *(om stil)* sugary.
tv *sb. (et, -'er) se fjernsyn.*
tvandt *præt. af tvinde.*
tvang¹ *sb. (en)* **1.** compulsion (*fx* he did it under compulsion); F constraint (*fx* act under constraint); *(især: urimelig, ved magtmisbrug etc.)* coercion;
2. *(hindrende)* restraint (*fx* he had to impose some restraint on himself);
□ *bruge ~ mod en* use force against sby; *retsstridig ~, ulovlig ~ (jur.)* duress (*fx* the company refused to negotiate under duress); *moralsk ~* moral pressure.
tvang² *præt. af tvinge.*
tvangfri *adj.* **1.** *(om person, tilværelse)* relaxed; *(præd. også)* free and easy; **2.** *(om påklædning, selskab etc.)* informal (*fx* dress, gathering).
tvangsarbejde **1.** forced labour; **2.** *(som straf)* hard labour.
tvangsarbejdslejr forced-labour camp.
tvangsauktion sale by order of the court, compulsory sale; *(på grund af manglende terminsbetaling også)* foreclosure auction;
□ *huset kom på ~* the house the subject of a compulsory sale.
tvangsfjernelse forcible removal.
tvangsfodre *vb.* force-feed, feed forcibly.
tvangsfodring forced-feeding, force-feeding, forcible feeding.
tvangsforanstaltning coercive measure.
tvangsforestilling obsession.
tvangsforflytte *vb.* **1.** *(folkegruppe etc.)* remove forcibly; **2.** *(om ansat)* transfer compulsorily.
tvangsindlægge *vb.: ~ en (om sindssyg)* commit sby to a mental hospital; *være tvangsindlagt* be compulsorily detained in hospital; *blive tvangsindlagt til (fig.)* be forced to go to (*fx* a lecture, a party).
tvangsindlæggelse compulsory hospitalization; commitment to a mental hospital.
tvangslån forced loan.
tvangsmiddel means of compulsion.
tvangsopsparing forced saving.
tvangssalg forced (*el.* compulsory) sale.
tvangssituation **1.** situation that leaves one no choice; **2.** *(nødssituation)* emergency;
□ *jeg er i en ~ a) (kan ikke gøre andet)* I have no choice; *b) (må handle nu)* my hand is being forced; *sætte ham i en ~ a)* leave him no choice; *b)* force his hand.
tvangstanke obsession.
tv-apparat television (set).
tv-avis television news; T telly news (*fx* watch the telly news).
tv-avisoplæser newsreader; *(fagl.)* newscaster.
tv-båndoptager video tape recorder.
tvebak *sb. (en, -ker)* **1.** rusk; **2.** *(lommeur)* turnip.
tvebo *adj. (bot.)* dioecious.
tvedelt *adj.* **1.** divided into two (parts) *(præd.)*; F bipartite; **2.** *(kløftet)* forked; F bifurcated.
tvedragt *sb. (en)* dissension, discord.
tvekamp **1.** single combat; **2.** *(duel)* duel.
tvekønnet *adj.* hermaphrodite *(attr.)*; bisexual.
tvekønnethed *sb. (en)* hermaphroditism; bisexuality.
tvende *num. (glds. el. spøg.)* two;
□ *de ~* the twain.
Tveskæg: *Svend ~ (hist.)* Swein Forkbeard.
tvetunget *adj.* double-tongued.
tvetydig *adj.* **1.** *(dobbelttydig)* ambiguous; *(bevidst ~,* F*)* equivocal; **2.** *(tvivlsom)* equivocal (*fx* situation); dubious; **3.** *(sjofel)* improper; F risqué.
tvetydighed *sb. (en, -er)* **1.** ambiguity; **2.** *(sjofelhed)* double entendre;
□ *-er* risqué stories (etc.).
tveægget *adj.* double-edged, two-edged (*fx* sword);
□ *det er et ~ sværd (fig.)* it is a two-edged sword; it cuts both ways.
tvilling *sb. (en, -er)* twin;
□ *-erne (astr.)* Gemini; *jeg er ~ (ɔ: født i -ernes tegn)* I am a Gemini.
tvilling(e)broder, **tvilling(e)bror** twin brother.
tvilling(e)fødsel twin delivery.
tvilling(e)hjul *sb.pl.* twin wheels.
tvilling(e)par pair of twins.
tvilling(e)skrue twin screw.
tvinde *vb. (tvandt, tvundet)* twist, twine.
tvinge¹ *sb. (en, -r) (skrue-)* clamp.
tvinge² *vb. (tvang, tvunget) (se også tvingende, tvungen)* **1.** *(især fysisk)* force (*fx* they forced him into the car and drove off; you can't force me! they forced a confession out of him); *(stærkere, især ved magtmisbrug etc.,* F*)* coerce (*til* into, *fx* they cannot be coerced into anything they do not want);
2. *(især moralsk)* compel (*fx* the situation compelled (*el.* forced) us to act; his conscience compelled him to confess; the law compels us to pay taxes); *(mere* F*)* constrain (*fx* a painful duty constrains me; he felt constrained to do it);
[med præp. & adv.] ~ en ***i knæ*** bring sby to his knees; *~ maden* ***i sig*** force down one's food; *~ noget* ***igennem*** force sth through; *(stærkere)* steamroller sth through; *~ sin vilje igennem* carry one's point; *~ låget* ***op*** force (*el.* prise) the lid open; *~ en* ***til at*** *a) (jf. 1)* force sby to (*fx* he was forced to resign); force sby into -ing (*fx* he was forced into leaving the country); coerce sby into -ing; *b) (jf. 2)* compel (, constrain) sby to (*fx* we are all compelled to pay taxes); *føle sig tvunget til at* feel compelled to (*fx* don't feel compelled to come); *~* ***sig til at*** force oneself to; *~ sig til at le (, smile)* force a laugh (, a smile).
tvingende¹ *adj.* compelling (*fx* argument, reason); cogent (*fx* reason).
tvingende² *adv.: ~ nødvendig* absolutely necessary.
tvist¹ *sb. (en, tvistigheder) (uenighed)* dispute (*om* over, about).
tvist² *sb. (et)* **1.** *(bomuldsaffald)* cotton waste; **2.** *(bomuldsgarn)* twist.
tvistes *vb.* dispute (*om* about, over).
tvistigheder *sb.pl.* disputes.
tvivl *sb. (en)* doubt;
□ *jeg har mine ~* I have my doubts; *lade -en komme ham til gode* give him the benefit of the doubt; *en stille ~* a secret doubt; *stærk ~* (a) strong doubt;
[med: (vb. +) om] ~ ***om*** *a) (+ sb.)* doubt about (*fx* there is doubt about his honesty); *b) (+ sætn.)* doubt whether (*fx* there is some doubt whether he is honest); *der er ingen ~* ***om at*** there is no doubt that (*fx* he is the best man for the job); *der er ingen ~* ***om det*** there is no doubt (*el.* question) about it; *ingen ~ om det!* no question about it! ***nære ~ om*** doubt; have one's doubts about (*el.* as to); ***nære ~ om at*** *(ɔ: tvivle på at)* doubt that; have one's doubts as

to whether; *jeg nærer ingen ~ om at, jeg* **er ikke i** ~ **om at** I have no doubts that; **rejse** ~ **om** raise doubts about; *(se også ndf.: drage i ~)*;
[med præp.] naget **af** ~ *se nage; drage noget* **i** ~ cast doubt on sth, call sth into question; *være i* ~ be in doubt (*fx* do ask if you are in (any) doubt); *være stærkt i* ~ have strong doubts; *jeg er ikke i ~ se ovf.*; *hævet* **over** *enhver* ~ beyond doubt; **uden** ~ *a) (sandsynligvis)* no doubt (*fx* no doubt he will come tomorrow); F doubtless; *b) (helt sikkert)* without (a) doubt, undoubtedly (*fx* he is without (a) doubt (*el.* undoubtedly) the greatest writer that ever lived).

tvivle *vb.* doubt; *(se også tvivlende)*;
□ *han siger at han kan men jeg -r* he says he can do it, but I doubt it (*el.* I am doubtful);
[med præp.] ~ **om** be doubtful about (*fx* what the result will be); *det -r jeg ikke om* I have no doubt about that; *jeg -r om han har ret* I doubt whether (*el.* if) he is right; *jeg -r ikke* **om at** *han har ret* I don't doubt that he is right; ~ **på** doubt (*fx* him, his word; I doubt the value of such investigations); *jeg -r (ikke)* **på at** *han har ret* I (don't) doubt that he is right; *jeg -r* **på om** *han har ret* I doubt whether (*el.* if) he is right.

tvivlende[1] *adj.* **1.** *(som føler tvivl)* doubtful; F dubious (*med hensyn til* about, *fx* I am doubtful (, dubious) about the wisdom of this decision; he said it was all right, but I was rather doubtful); **2.** *(som udtrykker tvivl)* doubtful (*fx* in a doubtful tone);
□ *stille sig ~ over for* be doubtful about (*el.* of); have one's doubts about (*el.* as to).

tvivlende[2] *adv. (jf. tvivlende*[1]*)* **1.** doubtfully; F dubiously (*fx* he looked doubtfully (, dubiously) at me); **2.** doubtfully.

tvivler *sb. (en, -e)* doubter, sceptic.

tvivlrådig *adj.* doubtful, irresolute; *(præd. også)* in doubt.

tvivlrådighed *sb. (en)* irresolution.

tvivlsom *adj.* **1.** *(usikker)* doubtful (*fx* it is doubtful whether he will come); open to doubt (*el.* question);
2. *(problematisk)* doubtful (*fx* advantage, improvement, pleasure; of doubtful value); questionable (*fx* procedure, treatment); F dubious (*fx* compliment, decision, honour); T shady (*fx* transaction);
□ *et -t foretagende* a doubtful proposition.

tvivlsspørgsmål matter of dispute, disputed point.

tvivlstilfælde*: i* ~ in case of doubt.

tv-kamera, **tv-program** *(etc.) se fjernsynskamera (etc.)*.

tv-spil **1.** *(drama)* television play; **2.** *(legetøj)* video game.

tvundet *pf.ptc. af tvinde.*

tvungen *adj. (tvunget, tvungne)*
1. *(pligtig, påbudt)* compulsory (*fx* military service; wearing of seat belts); *(især præd.,* F*)* obligatory (*fx* attendance is obligatory); *(se også obligatorisk)*;
2. *(påtvungen)* enforced (*fx* holiday, silence);
3. *(unaturlig)* forced (*fx* laugh); F constrained (*fx* manner);
□ ~ *skolegang* compulsory school attendance.

tvunget *pf.ptc. af tvinge*[2].

tvær *adj. (sur og indesluttet)* sullen; *(surmulende)* sulky.

tværbjælke crossbeam.

tværdriver *sb. (en, -e) (stædig)* pighead; *(gnaven)* sourpuss.

tvære *vb.: ~ ud a) (mase)* crush (*fx* a beetle); *b) (*T*: besejre)* pulverize, wipe the floor with (*fx* them); *c) (smøre ud, om blæk, farve etc.)* smudge (*fx* don't smudge the signature); *(stærkere)* smear (*fx* you have smeared all the letters on the page; he smeared paint all over the wall); *d) (gøre langtrukken)* spin out, drag out; *lad være med at ~ det ud (el. ~ i det) (*T*: om bebrejdelse etc.)* don't rub it in; don't make a meal (out) of it.

tværfag interdiscipline.

tværfaglig *adj.* interdisciplinary.

tværfløjte *(mus.)* transverse flute.

tværgade cross street.

tværgående *adj. (attr.)* cross (*fx* cross traffic); *(fagl.)* transverse.

tværhed *sb. (en) (jf. tvær)* sullenness; sulkiness.

tværkulturel *adj.* cross-cultural.

tværlinie **1.** cross line; **2.** *(mat.)* transversal (line).

tværmål diameter;
□ *3 tommer i ~* 3 inches across.

tværnational *adj.* cross-national.

tværpolitisk *adj. (attr.)* cross-party (*fx* committee, group, issue);
□ *et ~ spørgsmål (også)* an issue which cuts across party lines.

tværs *adv. (sø.)* abeam;
□ *få vinden ~ (sø.)* get the wind abeam;
[~ + præp.] ~ **af** *(sø.)* abeam of; ~ **for** *(sø.)* across; ~ **igennem** right through; ~ **om** *bagbord (sø.)* on the port beam; ~ **over** *a)* across (*fx* the street); *b) (i to stykker)* in two (*fx* break the stick in two);
[præp. + ~] agten **for** ~ *(sø.)* abaft the beam; *foran for ~ (sø.)* before the beam;
på ~ across; *komme ham på ~ a) (blive uenig med ham)* get at cross purposes with him; *b) (forstyrre hans planer)* put a spoke in his wheel, upset his apple cart; *noget er kommet ham på ~* something has upset him; *han er altid på ~* T he is bloody-minded;
på ~ **af** *a)* across (*fx* across the railway track); (F *el. fagl.)* transversely to; *b) (fig.: stridende imod)* contrary to (*fx* all regulations); *gå på ~ af a)* run across (*fx* the railway track); (F *el. fagl.)* run transversely to; *b) (fig.: ikke følge)* cut across (*fx* their opinion; this cuts across all party lines).

tværskib *(i kirke)* transept.

tværskibs[1] *adj. (sø.)* transverse.

tværskibs[2] *adv.* athwartships.

tværsnit *(tekn. etc.)* cross section; *(fagl., fx til mikroskopi)* transverse section;
□ *vise noget i ~* show a cross section of sth.

tværstang cross bar.

tværstreg **1.** cross line; **2.** *(gennem bogstav)* cross.

tværstribe cross stripe; transverse stripe.

tværstribet *adj.* cross-striped;
□ ~ *muskel* striated muscle.

tværsum sum of the digits.

tværsæk *(over ryggen på lastdyr)* pannier.

tværsø *(sø.)* beam sea.

tvært *adv.: ~ imod* contrary to (*fx* our agreement).

tværtimod *adv.* on the contrary; *(som udbrud også)* far from it!

tværvej crossroad.

tværvidenskabelig *adj.* interdisciplinary.

tvætte *vb. (glds.)* wash;
□ ~ *ren* wash clean; ~ *sig* perform one's ablutions.

ty *vb.: ~ til en* turn to sby; F have recourse to sby; *~ til noget (ɔ: gribe til)* resort to (*fx* force; lying); have recourse (*el.* resort) to; *~ hen til, ~ ind i (ɔ: sted, havn)* take refuge in.

tychobrahesdag *(omtr.)* unlucky day; T one of those days (*fx* I had one of those days);
□ *det er en ~ for mig i dag* this is one of my unlucky days (*el.* one of those days).

tyd *sb. (en, -)* meaning (*fx* the meaning of a word); *(især om en* *af flere tyd)* sense.

tyde *vb.* **1.** *(fortolke)* interpret; **2.** *(skrift)* decipher, read;
□ *det -r ikke godt* it is a bad sign; it doesn't look (too) good; *det -r ikke godt for* it bodes ill for (*fx* his future); ~ ***som*** interpret as (*fx* he interpreted her silence as a refusal); *hans opførsel blev -t som svaghed* his behaviour was put down to weakness;
*[med præp.] det -r **i** samme retning* it points in the same direction; ~ ***på*** suggest (*fx* his attitude suggested that he wasn't really interested); seem to show; F indicate, be indicative of (*fx* a change of policy); *alt (el. alle tegn) -r på* everything points to, all the signs point to (*fx* an early election); *alt -r **på at*** everything seems to show that; F there is every indication that, all indications are that.

tydelig[1] *adj.* **1.** *(let at se, høre, opfatte)* clear (*fx* voice, handwriting, indication, outlines, proof); *(stærkere)* distinct (*fx* voice, handwriting, improvement, change, difference, outlines, smell; I have a distinct recollection that he was there); *(om skrift også: læselig)* legible; *(ikke til at tage fejl af)* unmistakable (*fx* smell, sound, coldness in his manner);
2. *(let at forstå)* clear (*for* to, *fx* it was clear to me; a clear explanation); plain (*fx* answer); F lucid;
3. *(indlysende, åbenbar)* evident (*for* to); *(stærkere)* obvious (*for* to, *fx* it was evident (, obvious) to all of us that he was lying; an evident (, obvious) improvement (, lie)); *(kun præd. også, svagere)* plain (*for* to); F apparent (*fx* his guilt was plain (, apparent); it was plain (, apparent) that he was not listening);
□ *skriv ~ adresse* write the address clearly; *-t bevis* clear proof; *et -t tegn* a clear indication; *et -t vink* a broad hint.

tydelig[2], **tydeligt** *adv. (jf. tydelig*[1]*)*
1. clearly, distinctly (*fx* write (, speak, read) clearly (*el.* distinctly); I clearly saw that I was wrong; I distinctly remember that I saw him);
2. evidently (*fx* she was evidently excited); obviously (*fx* he was obviously ill at ease);
□ ~ ***nok*** evidently (*fx* evidently they had forgotten I was coming); obviously (*fx* he is obviously wrong; the bed had obviously been slept in); *han var -t nok (ɔ: synligt) nervøs* he was visibly nervous.

tydeliggøre *vb.* **1.** *(gøre forståelig)* make clear, make plain;
2. *(gøre mere forståelig)* clarify (*fx* would you please clarify your last statement?); elucidate (*fx* some of the points he had made).

tydeliggørelse *sb. (en, -r) (jf. tydeliggøre 2)* clarification, elucidation.

tydelighed *sb. (en) (jf. tydelig)*
1. clearness; distinctness; **2.** clearness, plainness; **3.** obviousness; *(se også ønskelig).*

tydeligvis *adv.* **1.** clearly, plainly;
2. *(umiskendeligt, åbenbart)* evidently (*fx* she was evidently excited); *(stærkere)* obviously (*fx* the bed had obviously been slept in);
3. *(synligt)* visibly (*fx* he was visibly nervous).

tydning *sb. (en, -er)* **1.** *(fortolkning)* interpretation; **2.** *(af skrift)* deciphering, reading.

tyende *sb. (et, -r) (glds.)* **1.** servant;
2. *(som gruppe)* staff of servants; (domestic) servants pl.

tyfon *sb. (en, -er)* typhoon.

tyfus *sb. (en)* typhoid fever.

tyfusepidemi typhoid epidemic.

tygge *vb.* chew; *(fagl.)* masticate;
□ ~ ***af munden*** finish chewing; *tyg af munden!* empty your mouth! ~ ***i stykker*** chew up (*fx* the dog had chewed up my shoe); *du kan ~ det **med øjenbrynene*** T it just melts in your mouth;
~ ***på*** *a) (spise)* chew (*fx* he was chewing a toffee); *b) (bide i)* chew on (*fx* he was chewing on a cigar; the dog was chewing on a shoe); *c) (fig.: grunde over)* think about, chew on (*fx* the offer; that'll give them something to chew on); chew over (*fx* the offer; chew the matter over); *nu kan du ~ på den (fig.)* now think about that one; *(grovere)* put that in your pipe and smoke it.

tyggeflade masticating surface.

tyggegummi chewing gum.

tyggeredskab masticatory organ.

tyggetablet tablet to be chewed.

tygning *sb. (en)* chewing; *(fagl.)* mastication.

tyk *adj. (se også tykt)* **1.** thick (*fx* wall, paper, clothes, slice, lips, rope, sauce, voice; the wall is two metres thick; a thick layer of snow); *(om lag også)* deep (*fx* mud);
2. *(om person)* stout (*fx* he is getting stout); *(grovere: fed, også om legemsdel)* fat (*fx* boy, baby, man; arms, cheeks, legs); *(ikke neds.: buttet)* plump (*fx* baby; arms); *(om barn også)* chubby (*fx* baby; cheeks, fingers);
(lille og ~, T*)* tubby (*fx* man); *(neds.)* podgy (*fx* girl, fingers);
3. *(opsvulmet)* swollen;
□ *i -t og tyndt* through thick and thin;
[med vb.] blive ~ a) (om mælk) curdle; *b) (om person, jf. 2)* grow stout; get fat; *den er for ~!* that's a bit tall! *gøre hende ~* T get her in the family way; *snavset lå -t* the dirt was lying thick; *tjene -t* make big money; make a packet;
[med sb.] ~ bog thick (*el.* bulky) book; T fat book; *kan du ikke få ind i dit -ke hoved at jeg ikke vil* can't you get it into your thick head that I don't want to; *en ~ løgn* a patent (*el.* blatant) lie; *~ mave se mave*[1] *3*; *~ tåge* dense fog; *~ uvidenhed* crass ignorance.

tykhalset *adj.* thick-necked.

tykhovedet *adj.* fat-headed, thick-headed;
□ *~ person* fathead.

tykhud *sb. (en, -er) (zo.)* pachyderm.

tykhudet *adj.* **1.** *(zo.)* pachydermatous; **2.** *(fig.: om person)* thick-skinned;
□ *være ~ (også)* have a thick skin.

tykhudethed *sb. (en) (også fig.)* thickness of hide.

tykke *sb. (et): efter eget ~ (glds.)* at one's discretion.

tykkelse *sb. (en, -r)* **1.** thickness (*fx* a plank of the same thickness); *(af lag også)* depth;
2. *(diameter)* diameter (*fx* of a tree);
3. *(persons)* stoutness; *(om livet)* girth.

tykkes *vb.: det ~ mig (glds.)* methinks.

tykmavet *adj.* **1.** pot-bellied; *(stærkere)* paunchy; **2.** *(om flaske)* fat.

tykmælk *(omtr.)* junket.

tykning *sb. (en, -er) (skov-)* thicket.

tykpandet *adj.* thick-skulled; T thick.

tyksak *sb. (en, -ke(r))* podge, dumpling.

tykskallet *adj.* **1.** thick-shelled; **2.** *(om korn)* thick-husked.

tyksteg *(omtr.)* rump steak.

tyksålet *adj.* thick-soled.

tykt *adv.* thickly (*fx* he buttered the bread thickly);
□ *gøre ~ nar af en* make a complete fool of sby; *smøre ~ på (fig.: overdrive)* lay it on thick; *tjene ~* make big money, make a packet; *der var -t af mennesker på torvet* the square was densely crowded (with people).

tyktarm *(anat.)* large intestine, colon.
tyktarmskatar *(med.)* colitis.
tyktflydende *adj.* thick; *(fagl.)* viscous, viscid.
tyl *sb. (et)* tulle.
tylle[1] *sb. (en, -r)* nipple.
tylle[2] *vb.* pour;
□ *~ noget i en, ~ en med noget* pour sth down sby's throat; *~ i sig, ~ sig med* swill (down), swallow; *(om øl, spiritus også)* knock back.
tynd *adj. (se også tyndt)* **1.** thin (*fx* wall, paper, rope, clothes; grass, hair; air; arms, legs; he was thin and pale after his illness); *(se også mager)*;
2. *(om væske: tyndtflydende)* thin (*fx* sauce, soup); *(mods. stærk)* weak (*fx* tea, coffee, beer);
3. *(indholdsløs etc.)* thin (*fx* play, book); *(se også tyndbenet (3, 4))*;
4. *(ikke overbevisende)* thin; *(stærkere)* feeble (*fx* argument, excuse); flimsy (*fx* evidence, excuse);
□ *det er -t (ɔ: for dårligt)* it is not good enough (*fx* to give such an answer); *en ~ kop te se te*[1] *(se også mave*[1]*)*.
tyndbenet *adj.* **1.** thin-legged;
2. *(om te etc.)* weak;
3. *(indholdsløs, ikke fyldig)* thin (*fx* book, play, report); slight (*fx* book, play); F meagre (*fx* result);
4. *(uden saft og kraft)* milk-and-water (*fx* novel, painting);
5. *(ikke overbevisende)* thin; *(stærkere)* feeble (*fx* argument, excuse).
tynde *vb.: ~ ud* thin (out); *~ ud i* thin (out); *det -r ud i deres rækker* their ranks are thinning.
tyndhudet *adj. (også fig.)* thin-skinned.
tyndhåret *adj.* thin-haired; *(ved at blive skaldet)* balding; *(præd. også,* T*)* thin on top.
tyndskid *(vulg.)* the squitters pl.
tyndslidt *adj. (også fig.)* threadbare (*fx* joke);
□ *blive ~* wear thin; *-e nerver* frayed nerves.
tyndsålet *adj.* thin-soled.
tyndt *adv.* thinly (*fx* thinly cut bread; thinly clad; a thinly populated area);
□ *-t befolket (også)* sparsely populated; *sejle vandet -t* plough the seas; *skære noget -t* cut sth thin; *(se også besat)*.
tyndtarm *(anat.)* small intestine.
tyndtbefolket *adj.* thinly (*el.* sparsely) populated.
tyndtflydende *adj.* thin.
tyngde *sb. (en)* **1.** heaviness (*fx* the heaviness of the metal); weight;
2. *(fig.)* weight (*fx* he felt the weight of his responsibility).
tyngdefelt *(fys.)* gravitational field.
tyngdekraft *(fys.)* **1.** gravity, gravitation; **2.** *(-ens virkning)* gravitational pull (*fx* the earth's gravitational pull);
□ *-en* (the force of) gravity.
tyngdeloven *(fys.)* the law of gravity.
tyngdepunkt 1. centre of gravity;
2. *(hovedpunkt)* chief point, central point; *(i anklage)* gravamen.
tyngdepåvirkning *(fys.)* gravitational pull.
tynge *vb. (se også tyngende)* **1.** be heavy; weigh heavy;
2. *(med objekt)* weigh down (*fx* the snow weighed down the branches);
(fig., om person) weigh on (*fx* his new responsibilities (, the problems) weigh (heavily) on him); lie heavy on (*fx* one's conscience); F oppress (*fx* the thought of leaving her oppressed him);
□ *det -r ham (også)* it weighs on his mind; *der er noget der -r ham* he has got something on his mind; *alderen -r ham ikke* he carries his years well; *(meget* F*)* his years sit lightly on him;
[med præp. & adv.] ***-t af*** *(fig.)* oppressed by (*el.* with) (*fx* worry); *(stærkere)* weighed down with (*fx* grief); loaded down with (*fx* guilt, responsibility, sorrow); *han er ikke -t af sin lærdom* he wears his learning lightly; *~* ***ned*** weigh down; *disse udgifter -r* ***på*** *budgettet* these expenses are a significant part of the budget.
tyngende *adj.* heavy; F onerous (*fx* task); *(stærkere)* oppressive (*fx* taxes).
type *sb. (en, -r)* **1.** type (*fx* men of his type; the type of house I like best); **2.** *(typ.)* type;
□ *den ~ fejl* that type of mistake, mistakes of that type, those types of mistakes; *han er ikke min ~* he is not my type;
[med præp.] trykt ***med*** *fede (, store) -r* printed in bold (, large) type; *han er -n* ***på*** *en gentleman* he is the perfect type of a gentleman.
typebestemme *vb.* type.
typehus standard house.
typisere *vb.* standardize.
typisk[1] *adj.* typical (*for* of).
typisk[2] *adv.* typically (*fx* typically English; it is typically found in dry areas).
typograf *sb. (en, -er)* typographer, printer; *(sætter)* compositor.
typografforbund printing union.
typografi *sb. (en)* typography.
typografisk[1] *adj.* typographical.
typografisk[2] *adv.* typographically.
typotekniker *sb. (en, -e)* compositor.
tyr *sb. (en, -e)* **1.** bull; **2.** (S*: seksuelt aktiv mand)* stud; *(prostitueretskunde)* punter;
□ *-en (astr.)* Taurus; *jeg er ~ (ɔ: født i Tyrens tegn)* I am a Taurus; *tage -en ved hornene* take the bull by the horns; *det virker som en rød klud på en ~* it is like a red rag to a bull.
tyran *sb. (en, -ner)* tyrant.
tyranni *sb. (et, -er)* tyranny.
tyrannisere *vb.* **1.** *(plage)* bully (*fx* the small boys were bullied by the others); **2.** (F*: dominere)* tyrannize (*fx* he tyrannizes his whole family).
tyrannisk[1] *adj.* tyrannical.
tyrannisk[2] *adv.* tyrannically.
tyre *vb.* T **1.** *(slide med)* grind away at; **2.** *("ordne")* sort out (*fx* he sorted them out).
tyrefægter bullfighter.
tyrefægtning 1. *(generelt)* bullfighting; **2.** *(enkelt kamp)* bullfight.
tyregal *adj. (præd.)* in heat, on heat.
tyrekalv bull calf.
tyrenakke bull neck;
□ *med ~* bull-necked.
tyrk *sb. (en, -er)*, **tyrker** *(en, -e)* Turk;
□ *han er ~* he is Turkish; *kold ~* (S*, om afvænning)* cold turkey (*fx* he went cold turkey); *(se også bande*[3]*)*.
tyrkerdue *(zo.)* (Indian) ring dove.
tyrkertro *(fig.)* implicit faith (*på* in).
Tyrkiet Turkey.
tyrkisk *sb. (et) & adj.* Turkish;
□ *på ~* in Turkish; *~ bad* Turkish bath; *~ tæppe* Turkey carpet.
Tyrol *(geogr.)* the Tyrol.
tyroler *sb. (en, -e)* Tyrolese, Tyrolean.
tyrolerhat Tyrolese (*el.* Tyrolean) hat.
tyrolsk *adj.* Tyrolese, Tyrolean.
tys *interj.* hush.
tysk *sb. (et) & adj.* German;
□ *på ~* in German.
tysker *sb. (en, -e)* German;
□ *så gal som en ~* as angry as a bear with a sore head.
tyskerhad anti-German feeling.
tyskfjendtlig *adj.* anti-German.
tyskhed *sb. (en)* **1.** *(det at være*

tysk) Germanness; **2.** *(nationalitet)* German nationality; **3.** *(kultur)* German civilization; **4.** *(tysksindethed)* German sympathies pl.; German national feeling.
Tyskland Germany;
□ *de to -e* the two Germanys.
tysksindet, **tyskvenlig** *adj.* pro-German; *(præd. også)* with German sympathies.
tysse *vb.* shush;
□ *~ på en* shush sby.
tyst[1] *adj.* hushed; *(også = tavs)* quiet, silent.
tyst[2] *adv.* quietly, silently.
tys-tys *sb. (et) & adj.* hush-hush.
tyttebær *(bot.)* cowberry.
tyv *sb. (en, -e)* **1.** thief (pl. thieves); **2.** *(indbruds-)* burglar; **3.** *(i et lys)* snuff;
□ *de små -e hænger man, de store lader man løbe* little thieves are hanged, but great ones escape; *som en ~ om natten* like a thief in the night; *stop -en!* stop thief!; *(se også lejlighed*[2]*).*
tyvagtig *adj.* thievish;
□ *Den -e Skade (opera)* The Thieving Magpie.
tyvagtighed *sb. (en)* thievishness.
tyve *num.* twenty;
□ *enogtyve* twenty-one; *i -rne a)* in the twenties; *b) (om person)* in his (, her) twenties.
tyvebande gang of thieves.
tyvedoble *vb. se -doble.*
tyvegods *se tyvekoster.*
tyveknægt thief;
□ *enarmet ~ (ɔ: spilleautomat)* one-armed bandit.
tyvekoster *sb.pl.* stolen goods; stolen property sg.; T swag sg.
tyvende *adj.* twentieth.
tyvendedel twentieth (part).
tyveri *sb. (et, -er)* **1.** *(det at stjæle)* theft (*fx* guilty of theft); stealing (*fx* accuse sby of stealing);
2. *(enkelt)* theft (*fx* report the theft of sth; there has been a number of thefts); *(indbruds-)* burglary.
tyverialarm **1.** *(i bolig)* burglar alarm; **2.** *(i bil)* anti-theft alarm.
tyverianmeldelse charge of theft;
□ *indgive ~* notify the police of a theft.
tyveriforsikring insurance against theft (, burglary).
tyverisikring **1.** *(for hus)* protection against burglars; **2.** *(for bil)* anti-theft protection.
tyvestykspakke packet of twenty;
□ *de sælges i -r* they are sold in twenties.
tyveårig, **tyveårs** *adj. se -årig.*
tyveårsalderen the age of twenty (*fx* he married at the age of twenty);
□ *han er i ~* he is around twenty.
tyvstart false start.
tyvstarte *vb.* start too early; *(også fig.)* jump the gun.
tyvstjæle *vb.* steal; *(uden objekt)* thieve.
tyvte *vb.: ~ én* accuse sby of theft.
tæer *pl. af tå.*
tæft *sb. (en, -e)* **1.** *(i jægersprog: fært)* scent; **2.** *(om person: "næse")* flair (*for* for).
tæge *sb. (en, -r) (zo.)* **1.** *(insektgruppe)* bug; **2.** *(flåt)* tick;
□ *hage sig fast som en ~ (fig.)* cling (*el.* stick) like a leech.
tække *vb.* **1.** roof; **2.** *(med strå)* thatch.
tækkelig *adj. (anstændig, om påklædning)* decent; demure (*fx* dress, skirt length); *(om person også)* proper, neat; *(køn)* comely.
tækkemand thatcher.
tækkes *vb.* please;
□ *prøve at ~ én* try to please sby; *(neds.)* make up to sby.
tækning *sb. (en, -er)* roofing; *(med strå)* thatching.
tælle[1] *sb. (en)* tallow.
tælle[2] *vb. (talte, talt)* **1.** count (*fx* learn to count);
2. *(optælle)* count (up) (*fx* count the money);
3. *(udgøre)* number (*fx* the army numbered 40,000);
□ *det -r ikke* that doesn't count; *hans dage er talte* his days are numbered; *~ dagene til a) (+ sb.)* count the days to (*fx* Christmas); *b) (+ sætn.)* count the days till (*fx* it is over);
[med præp. & adv.] ~ én ***blandt*** *sine venner* number (*el.* count) sby among one's friends;
*~ '****efter*** *a)* check (*fx* you'd better check); *b) (med objekt)* count (*fx* the money) over again; re-count (*fx* the votes);
*~ noget '****fra*** deduct sth; take sth away;
*~ '****med*** *(medregne)* count (in), include; T reckon in; *han -r ikke med* he does not count; *ikke ~ én med* leave sby out (of account);
~ ***på*** *fingrene* count on one's fingers; *de kan -s på den ene hånds fingre* they can be counted on the fingers of one hand; *~ på fingrene (el. knapperne) om (ɔ: være tvivlrådig)* be in two minds whether (*fx* I was in two minds whether to do it);
~ ***sammen*** *a)* add up (*fx* the figures); T tot up; *b) (om stemmer)* count;
~ ***til*** *ti* count ten, count (up) to ten; *(se også tre)*;
~ én ***ud*** *(i boksekamp)* count sby out.
tælleapparat *(ved indgang)* turnstile.
tællelig *adj.* countable.
tællelys tallow candle.
tæller *sb. (en, -e)* **1.** *(i brøk)* numerator; **2.** *(på telefon etc.)* meter, counter.
tællerdebiteret *adj. (tele.)* metered (*fx* call).
tælleremse counting-out rhyme.
tælling *sb. (en, -er)* **1.** counting;
2. *(folke-, trafik-)* census;
□ *på ~* to numbers (*fx* do exercises to numbers); by numbers; *som på ~* as if by command (*fx* they cheered as if by command); *tage ~ (om bokser)* take the count.
tæmme *vb.* **1.** tame (*fx* wild animals); *(gøre til husdyr)* domesticate; **2.** *(lidenskaber etc.)* control, curb.
tæmning *sb. (en, -er) (jf. tæmme)* **1.** taming; domestication; **2.** curbing.
tænde *vb. (tændte, tændt) (se også tændt)* **1.** *(med ild)* light (*fx* a candle, a cigarette); *(uden objekt)* light the lamp(s) (, the candle);
2. *(elektrisk lys)* put on, switch on; *(uden objekt)* put (*el.* switch) on the light(s);
3. *(om motor)* fire; *(tekn.)* ignite;
□ *~ bål se bål; lygten -s kl. fem* lighting-up time is five o'clock; *stjernerne -s* the stars come out; *~ en tændstik* strike a match;
[med præp. & adv.] ~ ***for*** turn on, switch on (*fx* the radio, the television, the heater); put on; *~ for gassen* light the gas; *~* ***ild i*** *noget* light sth (*fx* a cigarette, a pipe; he lit the paper with a match); *(stikke ild i også)* set fire to sth (*fx* set fire to the curtains); *~* ***op*** light a (, the) fire; *~* ***på*** be turned on by (*fx* she was turned on by him (, by the idea); sailing never turned me on); *blive tændt på at* be turned on by the idea of -ing (*fx* of writing a book); *være tændt på (også = helt opslugt af)* be hooked on (*fx* her, the idea, rock music); *~* ***under*** *noget* light the gas (, a fire etc.) under sth.
tænder[1] *sb. (en, -e) (cigaret-)* lighter.
tænder[2] *pl. af tand.*
tænderklaprende *adj. (efter sb.)* with chattering teeth.
tænderskærende *adj. (efter sb.)* gnashing one's teeth.
tænding *sb. (en, -er)* **1.** *(det at*

tænde) lighting; **2.** *(i motor)* ignition;
□ *høj ~* advanced ignition; *lav ~* retarded ignition; *slå -en fra* switch off the ignition.

tændingsnøgle ignition key.

tændingstid *(for lygter)* lighting-up time.

tændladning primer charge; *(detonator)* detonator.

tænd og sluk-ur time controller, time switch.

tændrør sparking plug; *(især am.)* spark plug.

tændsats 1. priming composition; *(mil.)* priming cartridge; **2.** *(på tændstik)* friction composition; *(hoved)* head.

tændsnor fuse.

tændstik *sb. (en, -ker)* **1.** match (*fx* strike a match); **2.** *(uden satsen)* matchstick.

tændstikfabrikant match manufacturer.

tændstikfigur stick figure.

tændstikæske matchbox.

tændt *pf.ptc. af tænde, adj.*
1. *(præd.)* lit (*fx* the candle is lit); *(om elektrisk apparat)* on (*fx* the television is on; leave the light on);
2. *(foran sb.)* lighted (*fx* a lighted candle (, match, cigarette)); *(efter adv.)* lit (*fx* a freshly lit cigarette); *(om elektrisk apparat)* switched-on (*fx* a switched-on television can be dangerous if forgotten);
□ *der stod et ~ fjernsyn i stuen* there was a television (switched) on in the room; *~ på se tænde.*

tændvæske *(til cigarettænder)* lighter fuel.

tænger *pl. af tang.*

tænke *vb. (tænkte, tænkt) (se også tænkende, tænkt)* **1.** think (*fx* he can't think; think great thoughts);
2. *(tro, formode)* think (*fx* I don't think he'll come); *(mere* F*)* believe;
3. *(have i sinde)* intend (*at* to, *fx* I don't know what he intends to do about it);
□ ***det*** *-r jeg* I think (*el.* imagine) so; *det tænkte jeg nok!, tænkte jeg det ikke nok! se nok*[3]; *han tænkte* ***sit*** he had his own ideas on the subject;
[i bydemåde] ***tænk*** *at* to think that (*fx* (and) to think that he is only 20 (, that I nearly forgot to tell you)!); fancy -ing (*fx* fancy meeting you here! fancy her doing a thing like that!); *tænk bare! tænk engang!* fancy that! just fancy! only think! just imagine! *tænk hvad der kunne være sket* just think what might have happened; *tænk hvis (el. om)* what if; suppose;
[med kunne] som du ***kan*** *~* as you can imagine; *det kan (godt) -s* it could be; T could be; F it is (quite) conceivable; *som -s kan* imaginable (*fx* the finest thing imaginable); ***kunne*** *~ sig, se næste afsnit;*
[med sig] ~ ***sig*** *a)* imagine (*fx* you can imagine what it was like); *b) (antage)* suppose (*fx* let's suppose you are right); *at ~ sig at, se ovf.: tænk at; det var det jeg* ***havde*** *tænkt mig a) (forestillet mig)* that was what I had in mind; *b) (ventet)* that was what I had expected; *mere end jeg havde tænkt mig* more than I had bargained for; *jeg havde tænkt mig at* I had planned to (*fx* visit him); *jeg* ***kunne*** *~ mig (ɔ: have lyst til)* I wouldn't mind (*fx* a holiday); I could do with (*fx* a drink); T I fancy (*fx* a holiday, a cup of tea); ***kunne*** *du ~ dig* ***at*** would you like to (*fx* visit him?); would you be interested in -ing (*fx* visiting him?); T do you fancy -ing; *(ɔ: villig)* would you be willing to (*fx* help him?); *jeg* ***kunne godt*** *~ mig* ***at*** I have a good mind to (*fx* go there); I would be very pleased to (*fx* see them here); *jeg* ***kunne ikke*** *~ mig* ***at*** I wouldn't like to (*fx* eat snails); *(mere* T*)* I don't fancy -ing (*fx* eating snails); *(stærkere)* I couldn't imagine -ing (*fx* eating snails); *du* ***kan ikke*** *~ dig* you can't imagine (*fx* how angry he was); *~* ***sig om*** think (*fx* I must have time to think; he did it without thinking); *~* ***sig godt om før*** think carefully (*el.* twice) before; *~* ***sig til*** guess, imagine;
[med præp. & adv.] ~ ***efter*** consider; F reflect; *~* ***frem*** think ahead; look ahead; *~* ***højt*** think aloud, think out loud; *~ noget* ***igennem*** think sth over; *'~* ***om*** think of (*fx* I would not have thought it of him); *~* ***om igen*** *se tro*[3] *(om igen);*
~ ***over*** think about, consider (*fx* the matter, his proposal, what to do; I'll think about it); *(grundigere)* think over (*fx* think the matter over; I need more time to think it over); *nu da jeg -r nærmere over det* (now I) come to think of it;
~ ***på*** think of (*fx* what are you thinking of? he'll never think of that; I don't know what you are thinking of; what kind of dress were you thinking of? you should think of their feelings); *(spekulere også)* think about (*fx* that will give them something to think about); *(alvorligt)* contemplate (*fx* suicide); *det får mig til at ~ på* this reminds me of; *give dem noget at ~ på (også)* give them food for thought; *du må ~ på din familie først* you must put your family first; *hvad -r du dog på!* what 'are you thinking of! *jeg tænkte overhovedet ikke på det (også)* I never gave it a thought; *~ på et tal* think of a number; *~ på sig selv* think of oneself; *~* ***på at*** *a) (overveje)* think of -ing (*fx* she is thinking of changing her job (, getting married, buying a house)); *(alvorligt)* contemplate -ing (*fx* going to America); *b) (have i sinde)* intend to (*fx* go to America); *c) (komme i tanker om, huske)* think to (*fx* I never thought to invite him; she didn't think to bring her raincoat); *jeg kommer til at ~ på at* it occurs to me that; *jeg tænkte* ***på om*** *du kunne hjælpe mig* I was wondering if (*el.* whether) you could help me;
~ ***tilbage*** think back; look back; F cast one's mind back; *~* ***tilbage på*** think back on, recall; F call to mind;
~ ***ved sig selv*** think to oneself.

tænkeboks *(ved quiz)* isolation booth;
□ *gå i ~ (fig.)* put one's thinking cap on.

tænkeevne 1. capacity for thinking; **2.** *(intelligens)* intelligence; reasoning power.

tænkelig *adj.* **1.** imaginable (*fx* there are courses in every imaginable subject; the narrowest majority imaginable; the greatest difficulty imaginable); F conceivable (*fx* it is hardly conceivable that he will do it);
2. *(mulig)* possible;
□ *værst ~* worst possible (*fx* an analysis of the worst possible release of radioactivity from the power plant); *vedrørende det værst -e tilfælde* worst-case (*fx* a worst-case analysis; a worst-case scenario).

tænkemåde way of thinking, mentality.

tænkende *adj.* thinking (*fx* all thinking people will reject such an offer; a thinking being); *(intelligent)* intelligent; *(fornuftig)* rational (*fx* being).

tænkepause pause for thought;

□ *tage en ~ a)* pause for thought; *b) (under forhandling)* have a break (to think things over).
tænker *sb. (en, -e)* thinker.
tænkesæt *se tænkemåde.*
tænketank think tank.
tænkning *sb. (en)* thinking, thought.
tænksom *adj.* thoughtful, reflective.
tænksomhed *sb. (en)* thoughtfulness, reflectiveness.
tænkt *adj.* imaginary (*fx* an imaginary line);
□ *et ~ tilfælde* a hypothetical case; *bogen er ~ som lærebog* the book is intended as a textbook.
tæppe[1] *sb. (et, -r)* **1.** *(gulv-)* carpet; *(lille og tykt)* rug;
2. *(bord-)* table cover;
3. *(uldtæppe: til at tage om sig el. have over sig)* blanket; *(plaid)* (travelling) rug; *(se også sengetæppe, vægtæppe)*;
4. *(teat.: fortæppe)* curtain;
5. *(fig.)* carpet (*fx* of snow, of moss);
□ *ægte ~* (hand-made) Oriental carpet (, rug); *(se også vattere, åben)*;
[med vb.] -t falder (el. går ned) the curtain falls (*el.* comes down); *-t går op* the curtain rises (*el.* goes up); *lade -t gå ned (, op) (teat. & fig.)* ring the curtain down (, up) (*for* on, *fx* the last performance; this epoch); *trække -t væk under én (også fig.)* pull the carpet (*el.* rug) (out) from under sby; *(se også belægge, feje (ind under), knytte, lægge (på)).*
tæppe[2] *vb.: ~ af* remove the bedspread.
tæppebanker *sb. (en, -e)* carpet beater.
tæppebelagt *adj.* carpeted.
tæppefald *(teat.)* the fall of the curtain; *(til slut)* the last (*el.* final) curtain (*fx* after the last curtain they went to a pub).
tæppefejemaskine carpet sweeper.
tæppeflise carpet tile.
tæppesøm carpet tack.
tæppeunderlag underlay.
tære *vb. (metal)* corrode;
□ *en -nde sygdom* a wasting disease; *søluften -r* the sea air gives you an appetite (*el.* whets your appetite);
[med præp. & adv.] -s ***hen*** *se hentæres*; *~* ***på*** *sin kapital (, sine reserver)* eat into one's capital (, one's reserves); *~ på éns kræfter* tax sby's health (*el.* energy).
tæring *sb. (en, -er)* **1.** *(af metal)* corrosion; **2.** *(tuberkulose)* consumption;
□ *sætte ~ efter næring* cut one's coat according to one's cloth.
tærske *vb.* thrash; *(se også langhalm).*
tærskel *sb. (en, tærskler)* **1.** threshold (*fx* cross the threshold of the house); **2.** *(fig., fx psyk.)* threshold (*fx* of consciousness);
□ *på dødens ~* at death's door; *stå på -en til (fig.)* be on the threshold of.
tærskelpris *(hdl.)* threshold price.
tærskelværdi threshold value.
tærskemaskine threshing machine.
tærsker *sb. (en, -e)* thresher;
□ *æde som en ~* eat like a horse.
tærskeværk threshing machine.
tærskning *sb. (en, -er)* threshing.
tærte *sb. (en, -r)* tart; *(am.)* pie.
tærtebund *(omtr.)* flan case.
tæsk *sb.pl.* a thrashing;
□ *mange ~* a sound beating; a good hiding.
tæske *vb. (banke, tæve)* thrash;
□ *~ i klaveret* thump (*el.* pound) the piano; *de sidder altid og -r i kortene* they have always got their heads buried in cards; *~ et stof igennem (fig.) a) (selv)* swot up a subject; *b) (med elever)* drill a subject into the pupils.
tæt[1] *adj.* **1.** *(nær)* close (*fx* contact, co-operation);
2. *(uden mellemrum)* close (*fx* formation, handwriting, print, weave, thicket);
3. *(tætstående, uigennemtrængelig)* thick (*fx* cluster, corn, forest, hair, hedge, mass, swarm); *(stærkere, mere* F*)* dense (*fx* clouds, fog, foliage, forest, fur, thicket, wood);
4. *(om menneskemasse)* dense (*fx* crowd, mass of people, population);
5. *(om nedbør)* heavy;
6. *(fig.: indholdsmættet)* dense (*fx* language, writing);
7. *(mods. utæt: vandtæt)* watertight, waterproof; *(lufttæt)* airtight;
□ *taget er ikke ~* the roof leaks;
[med sb.] -te gardiner heavy curtains; *~ is* closely packed ice; *en lille ~ mand* a short stocky (*el.* thickset *el.* chunky) man; *~ mørke* impenetrable darkness.
tæt[2] *adv.* **1.** *(uden mellemrum)* closely (*fx* packed, written, woven; veiled);
2. *(tætliggende, uigennemtrængeligt)* thickly (*fx* sow (, grow) thickly); tightly, tight (*fx* tightly packed (, shut); packed (, shut) tight; they were tightly bound to one another); densely (*fx* populated);
3. *(om nedbør)* heavily (*fx* the rain was falling heavily);
[med vb.] ~ besat a) (med mennesker) crowded, packed; *b) (med ædelstene etc.)* studded (*fx* with rubies); *~ bebygget* densely built-up; *~ befolket* densely populated; *drikke ~* drink heavily, drink solidly; *~ forbundet med* closely (*el.* intimately) connected with; *gå ~ på, se ndf.*; *holde ~ a)* keep tight; *b) (fig.)* keep one's mouth shut; *holde ~ med noget* keep quiet about sth, keep sth dark; *~ klippet se tætklippet*; *slutte ~ a)* shut tight; *b) (om tøj)* fit tightly, be a tight fit; *(og behageligt)* fit snugly;
[med præp. & adv.] ~ ***bag ved***, *~ bagved* close behind; *~* ***forbi*** close by; *~* ***op ad*** close to;
~ ***på*** *a)* close to (*fx* close to, he looks old); close (*fx* he came close); *b) (+ sb.)* close to (*fx* he was close to success); *det var ~ på (fig.: nær ved at gå galt)* it was a near thing; T it was a close call (*el.* shave); *lidt for ~ på* too close for comfort; *gå ~ på (fig.: undersøge nøje)* go (deeply) into; probe (into); *gå ~ på en (fig.)* question sby closely; *~* ***på at*** close to -ing (*fx* he was close to fainting);
~ ***sammen*** close (together) (*fx* they stood close (together); they were sitting close together; their heads were close together); *arbejde ~* ***sammen med*** work closely with; *~ (hen, ind, op)* ***til*** close to; *~* ***uden for*** *byen* just outside the town; *~* ***under*** *land* close to the shore;
~ ***ved*** *a)* close at hand, close by (*fx* he lives close by); *(meget tæt)* hard by; *b) (+ sb.)* close to (*fx* he lives close to the school; the cost was close to (*el.* on) £5,000).
tætbebygget *adj.* densely built-up.
tætbefolket *adj.* densely populated.
tætbygget *adj. (om person)* stocky, thickset, chunky.
tæthed *sb. (en) (jf. tæt*[1]*)* **1.** closeness; thickness; density; **2.** *(mods. utæthed)* tightness; *(for vand)* watertightness; *(uigennemtrængelighed,* F*)* imperviousness.
tætklippet *adj.* **1.** *(om hår)* close-cropped; *(karseklippet)* crew-cut; **2.** *(om græs etc.)* close-cut (*fx* lawn).
tæt-lav *adj.: ~ bebyggelse* high-density/low-rise housing.
tætne *vb.* **1.** *(gøre tæt) se tætte*; **2.**

(blive tættere) thicken; F become denser.

tætning *sb. (en, -er) (jf. tætte)* sealing (up); stopping.

tætningsliste weather strip, draught excluder, draught strip.

tætpakket *adj.* packed, crammed.

tætsiddende *adj.* **1.** close-set (*fx* eyes, teeth); **2.** closely spaced (*fx* windows).

tætskrevet *adj.* closely written.

tætsluttende *adj.* tight-fitting, close-fitting.

tætte *vb.* seal (up) (*fx* a hole in a wall; cracks in a window; leaks in a roof); *(en læk også)* stop.

tættekam fine-toothed comb.

tættrykt *adj.* closely printed.

tæv *sb.pl.* a beating, a thrashing.

tæve[1] *sb. (en, -r) (om hunhund & som skældsord)* bitch.

tæve[2] *sb.* T*: få på -n* get a beating; *få en på -n* get a sock on the jaw.

tæve[3] *vb.* thrash; *(voldsomt)* beat up;

□ *~ i klaveret se tæske*; *~ løs på* pitch into; *(give en omgang)* do over; *~ en sønder og sammen* beat sby to a pulp.

tø[1] *sb. (en)* thaw (*fx* a thaw is setting in).

tø[2] *vb.* thaw;

□ *~ op a) (uden objekt)* thaw (out) (*fx* the ice began to thaw; leave the frozen chicken to thaw (out)); *(fig.,* T*)* thaw out (*fx* let me thaw out in front of the fire; after a couple of glasses he began to thaw out); F thaw; *b) (med objekt, også fig.)* thaw out (*fx* a frozen water pipe; the guests); *(om madvarer)* thaw (out), defrost, unfreeze; *det -r* it is thawing.

tøbrud *sb. (et, -)* **1.** (sudden) thaw; break in the frost; **2.** *(fig.)* thaw (*fx* in East-West relations).

tøddel *sb. (en): ikke en ~* not one jot, not one iota, not an iota; T not a scrap.

tøf *interj. (jf. tøffe)* **1.** puff-puff; **2.** chug-chug.

tøffe *vb.* **1.** *(om tog)* puff; **2.** *(om bil, motorbåd)* chug.

tøffel *sb. (en, tøfler) (morgensko)* slipper;

□ *være under -en* be henpecked.

tøffelblomst *(bot.)* slipperwort.

tøffeldyr *(zo.)* paramecium (pl. paramecia).

tøffelhelt henpecked husband.

tøfle *vb.: ~ af* shuffle off.

tøj *sb. (et, -er)* **1.** *(klæder)* clothes pl. (*fx* new (, old, warm) clothes; put on (, take off) one's clothes); *(kun med nærmere bestemmelse el. generelt)* clothing (*fx* warm clothing, waterproof clothing, winter clothing; food, clothing and shelter);

2. *(overtøj)* (outdoor) things pl. (*fx* let me take your things);

3. *(stof)* fabric, material (*fx* buy material for a dress); *(klæde)* cloth;

□ *et stykke ~ a)* a piece of material (, cloth); *b) (beklædningsstykke)* an article of clothing; *et sæt ~* a suit (of clothes);

[med vb.] ***lægge*** *-et a) (overtøj)* take off one's coat (, jacket etc.); take off one's (outdoor) things; *b) (alt tøjet)* take off one's clothes, undress; ***tage*** *sit gode ~ og gå* pack up and leave; walk out;

[med præp.] jeg har ikke været ***af*** *-et i flere dage* I haven't been to bed for several days; *være* ***i*** *-et* be dressed; *være pæn i -et* be neatly dressed; *komme i -et* get dressed.

tøjbevidst *adj.* clothes-conscious.

tøjbutik clothes shop; *(finere)* boutique.

tøjdyr soft toy.

tøjeri *sb. (et)* rubbish; *(glds.)* tommyrot, stuff and nonsense.

tøjhus *(mil.)* armoury;

□ *Tøjhuset, Tøjhusmuseet (i København)* the Royal Arsenal Museum.

tøjindustrien the clothing industry; T the rag trade.

tøjklemme clothes-peg.

tøjkurv clothes-basket, laundry basket.

tøjle[1] *sb. (en, -r)* rein;

[med (vb. +) adj.] ***give*** *en* ***frie*** *-r* give sby a free hand; *give sin fantasi frie -r* give free rein to one's imagination; *give dem friere -r* give them more rope; ***slappe*** *-r* a slack (*el.* loose) rein (*fx* ride with a slack (*el.* loose) rein; keep a slack (*el.* loose) rein on the children); ***køre*** *en i* ***stramme*** *-r (fig.)* keep a tight rein on sby;

[med vb.] ***gribe*** *-rne (ɔ: magten)* seize the reins of power (*el.* of government); ***slappe*** *-rne* relax (*el.* slacken) the reins; ***slippe*** *-rne* drop (*el.* let go) the reins; ***smide*** *-rne = slippe -rne*; ***stramme*** *-rne* tighten (*el.* shorten) the reins.

tøjle[2] *vb.* **1.** *(om hest: styre, tumle)* control, bring under control; *(lægge tøjle på)* bridle, put the bridle on; **2.** *(fig.)* control; F curb (*fx* one's anger, one's passions); bridle (*fx* one's passions, one's tongue).

tøjlesløs *adj.* **1.** unrestrained, unbridled (*fx* passion); **2.** *(udsvævende)* dissolute (*fx* life); licentious.

tøjlesløshed *sb. (en) (jf. tøjlesløs)* **1.** lack of restraint; **2.** licentiousness.

tøjmærke designer label.

tøjr *sb. (et, -)* tether;

□ *slå sig i -et (fig.) a) (for at frigøre sig)* strain at the leash; *b) (blive opsætsig)* get restive.

tøjre *vb.* tether; *(binde fast også)* hitch (*fx* one's horse to a post).

tøjrekølle mallet (for tethering cattle).

tøjrenseri dry-cleaners pl.

tøjrensning dry-cleaning.

tøjrepæl stake, picket.

tøjreslag, tøjrslag*: give en et større ~ (fig.)* give sby more rope.

tøjrulle roll of cloth (*el.* material), bolt of material.

tøjsko carpet slipper.

tøjsnor clothes-line, washing line.

tøjstativ **1.** *(fx i butik)* dress rail; **2.** *(om person, neds.)* clothes-horse.

tøjte *sb. (en, -r) (let glds.)* hussy; *(prostitueret)* tart.

tølper *sb. (en, -e)* boor, churl.

tølperagtig *adj.* boorish, churlish.

tømme[1] *sb. (en, -r)* rein;

□ *holde i ~ (fig.)* keep under control, check; F curb (*fx* one's anger).

tømme[2] *vb. (tømte, tømt) (se også tømmes)* **1.** empty (*fx* a drawer, a dustbin, one's pockets); *(~ fuldstændigt, rydde)* empty out (*fx* a drawer, one's pockets, a room);

2. *(for væske)* empty (*fx* a bottle, one's glass); *(~ fuldstændigt)* drain (*fx* one's glass); drain off (*fx* he drained off the whole bottle);

3. *((op)vaskemaskine, & = losse)* unload (*fx* the dishwasher, the washing machine; a car);

4. *(postkasse)* clear;

[med præp. & adv.] ~ ***for*** *a) (jf. 1)* empty of (*fx* empty one's pockets of money); *b) (jf. 2)* empty of (*fx* empty the bucket of water); drain of (*fx* drain the container of oil); *~* ***over i*** empty into (*fx* empty the water into a bucket); *~* ***ud*** *a) (jf 1)* empty out; *b) (om væske)* empty out, drain out, drain off.

tømmer *sb. (et)* timber; *(am.)* lumber;

□ *der er godt ~ i ham* he is made of the right stuff.

tømmerflåde raft.

tømmerhandel timber yard; *(am.)* lumber yard.

tømmerhandler *sb. (en, -e)* timber merchant; *(am.)* lumber merchant.

tømmermand ship's carpenter.

tømmermænd *(fig.)* a hangover;

(NB ofte tales om the morning after (the night before); a morning-after feeling (, headache)*)*;
□ *have ~ (også,* T*)* be hung over; *have moralske ~* have qualms.
tømmerplads timber yard; *(am.)* lumber yard.
tømmerstabel pile of timber; *(am.)* pile of lumber.
tømmerstok log.
tømmes *vb.* empty (*fx* the hall gradually emptied);
□ *postkassen -s fire gange daglig* there are four collections a day; *postkassen -s kl. 4* next collection 4 p.m.
tømning *sb. (en, -er)* **1.** emptying; **2.** *(af postkasse, af skraldebøtte: afhentning)* collection.
tømningstid *(for postkasse)* time of collection.
tømre *vb.* **1.** carpenter, do carpentry; **2.** *(med objekt)* make, build; F construct;
□ *~ sammen a) (også,* T*: groft, i en fart)* knock together, cobble up; *b) (fig.)* put together; cobble together (*fx* a compromise); *~ et forlig sammen (ɔ: efter lange forhandlinger)* hammer out an agreement.
tømrer *sb. (en, -e)* carpenter.
tømrerhåndværk carpentry.
tømrermester master carpenter.
tømrersvend carpenter's assistant; *(glds.)* journeyman carpenter.
tønde *sb. (en, -r)* **1.** barrel (*fx* of beer, of herrings); *(stor, især til regnvand)* butt (*fx* for collecting rainwater);
2. *(til vin & spiritus: fad)* cask (*fx* of rum); butt;
3. *(lille)* keg (*fx* of powder);
4. *(af jern)* drum (*fx* of oil);
5. *(træbalje)* tub (*fx* a brine tub for salting meat; a rainwater tub; Diogenes lived in a tub);
6. *(latrin-)* soil tub;
7. *(sømærke)* buoy;
□ *en ~ land* [measure of land equal to about 1.363 acres]; *(se også sild, tom).*
tøndebånd hoop.
tøndehvælving *(arkit.)* barrel vault.
tønder *sb. (et) (i fyrtøj)* tinder;
□ *fænge som ~* burn like tinder.
tøndestav barrel stave.
tør[1] *adj.* **1.** dry (*fx* air, climate, weather; clothes; style; lecture; humour; facts);
2. *(mods. sød)* dry (*fx* sherry);
3. *(ikke iblandet vand)* neat; *(am.)* straight (*fx* whisky);
□ *-t brød a) (uden smør etc.)* dry bread; *b) (gammelt)* stale bread; *~ hoste* a dry cough; *det kom på et -t sted* it was very welcome; it was a godsend; *-re tal a) (kedelige)* dry figures; *b) (sikre)* hard figures (*fx* he substantiated his assertion with hard figures); *(se også tåre)*;
[med vb.] ***give** et barn -t **på*** change a baby's nappie; *(am.)* change a baby's diaper; *give én -t på (fig.: sætte på plads)* cut sby down to size; ***have** sit **på det** -re* have nothing to worry about; be all right; *han kan ikke* ***ligge*** *~* he cannot sleep without wetting the bed; ***løbe*** *~* run dry; ***løbe*** *~* ***for*** run out of;
[med præp. + sb.] han er ikke ~ ***bag ørerne*** (T*: uerfaren)* he is still wet (*el.* he is not dry) behind the ears; *være ~* ***i halsen*** *a)* have a dry throat; *b) (være tørstig)* feel like a drink; be thirsty.
tør[2] *præs. af turde.*
tørdok *(sø.)* dry dock.
tørelement dry cell; *(batteri)* dry battery.
tørgær dried yeast.
tørhed *sb. (en)* dryness.
tøris dry ice.
tørkage [cake without cream].
tørke *sb. (en, -r)* drought.
tørkeramt *adj.* drought-affected (*fx* area).
tørkloset earth closet.
tørklæde scarf (pl. -s, scarves).
tørklædering *(til spejdertørklæde)* woggle.
tørkost *sb. (en) (svarer til)* sandwiches pl.
tørlagt *(pf.ptc. af tørlægge) adj.*
1. *(tømt for vand)* drained (*fx* pond);
2. *(indvundet)* reclaimed (*fx* marsh);
3. *(under spiritusforbud)* dry (*fx* town; I have been dry for over a month now);
□ *være ~ (om person også)* be on the (water) wagon.
tørlast dry cargo.
tørlastskib bulk carrier.
tørlægge *vb. (se også tørlagt)*
1. *(tømme for vand)* drain (*fx* a pond);
2. *(for at indvinde land)* reclaim (*fx* a marsh);
3. *(ved spiritusforbud)* make dry.
tørlægning *sb. (en, -er) (jf. tørlægge)* **1.** draining; **2.** reclamation; **3.** making dry; introduction of prohibition.
tørmur drystone wall.
tørmælk dried milk, powdered milk.
tørn *sb. (en, -)* **1.** *(af tov: omgang)* turn; **2.** *(arbejds-)* turn (*fx* take one's turn); spell (*fx* take a spell at the pump);
□ *det var en hård ~* it was a tough job, it was quite a job; ***tage*** *en ~ a) (arbejde hårdt)* make an extra effort; *b) (skændes)* have an argument (*med* with); *tage en ~ med en (også) a) (gøre modstand)* take sby on; *b) (ikke lade sig kue)* stand up to sby; *c) (få talt ud)* have it out with sby; *tage den værste ~* have the toughest job; F bear the brunt of the work (, the fight etc.).
tørne *vb.: ~ imod* run into, collide with; *(voldsomt)* crash into; *(sø. også)* foul, strike; *~ ind (gå til køjs)* turn in; *~ sammen a) (kollidere)* collide; *b) (fig.: slås, skændes)* clash.
tørre[1] *sb.: hænge vasketøj til ~* hang (*el.* put) the washing out to dry; *tøj som er hængt til ~* clothes hung out to dry.
tørre[2] *vb.* **1.** *(gøre tør)* dry (*fx* wet clothes; fish);
2. *(tørre af)* wipe (*fx* a glass, one's nose, a baby's bottom, one's shoes on the mat); dry (*fx* the dishes, one's hand);
3. (T*: snyde)* do;
4. *(uden objekt: blive tør)* dry; *(ved at vandet løber fra)* drain (dry) (*fx* let the dishes drain (dry));
□ *-t* dried (*fx* cod, fruit);
[med adv. & præp.] ~ ***af*** *a) (jf. 2)* wipe (*fx* a glass); dry (up); *b) (fjerne)* wipe off (*fx* the blood, the dirt); wipe away (*fx* the spots; he wiped the sweat away from his brow); *c) (uden objekt: ved opvask)* dry (*el.* wipe) the dishes (*fx* will you dry the dishes?); dry up (*fx* he hates drying up); *~ sveden af panden (også)* mop one's brow; *(se også støv)*; *~ noget* ***af på*** *en (fig.) a) (om udgift, tab)* pass onto; *b) (om ansvar, skyld)* shift onto; *(lumskt)* shuffle onto (*fx* shift (, shuffle) the responsibility (, blame) onto him); *c) (om noget man har gjort forkert)* shift the responsibility for ... onto (*fx* they tried to shift the responsibility for the mistake onto him); *~ hænderne* ***i*** *et håndklæde* wipe one's hands on (*el.* with) a towel; *~* ***ind*** dry up, dry out; *~* ***op*** mop up, wipe up; *~* ***ud*** dry out, dry up;
[med sig:] ~ ***sig*** *(ved toiletbesøg)* wipe oneself; *~* ***sig i*** *ansigtet* wipe one's face, dry one's face; *~ sig i enden* wipe one's bottom; *~* ***sig med*** *(el. i) et håndklæde* dry (*el.* wipe) oneself with (*el.* on) a

towel; ~ ***sig om*** *munden* wipe one's mouth.

tørreapparat drier.

tørrehjelm (hood) hairdrier, drying helmet; T drier.

tørreloft *(til vasketøj)* [loft used for drying washing].

tørrelse *sb. (en) (i maling etc.)* siccative, drier.

tørreovn kiln.

tørreplads drying ground, drying yard; *(til vasketøj)* clothes-yard.

tørreskab drying cupboard.

tørresnor clothes-line, washing line.

tørrestativ **1.** *(sammenklappeligt etc.)* clothes-dryer, clothes-horse; **2.** *(stolper til tøjsnore)* clothes-posts pl.; **3.** *(til opvask & foto.)* drying rack; *(opvaskestativ også)* dish drainer.

tørrestue drying room.

tørretumbler *sb. (en, -e)* (tumble) dryer.

tørring *sb. (en, -er)* drying; *(se også tørre).*

tørsalte *vb.* dry-salt.

tørskoet *adj.* dry-shod.

tørsprit methylated spirit tablets pl.

tørst *sb. (en)* thirst (*efter* for, *fx* revenge; he had an insatiable thirst for power; I'm dying with thirst; it gave me a terrible thirst); *(se også tår).*

tørste *vb.* be thirsty;
□ ~ *efter (fig.)* thirst for (*fx* knowledge, revenge, adventure); ~ *efter at gøre det* thirst to do it.

tørstetræ *(bot.)* alder buckthorn.

tørstig *adj.* thirsty.

tørstof dry matter.

tørstrygejern dry iron.

tørv *sb. (en, -)* **1.** peat (*fx* put some peats on the fire; burn peat; cut peat); **2.** *(græs-)* turf.

tørvegrav *(omtr.)* peat bog, peat bank.

tørvejord peat soil.

tørvejr dry weather;
□ *det blev* ~ the rain stopped; it stopped raining; *komme i* ~ *a)* get under cover; *b) (indendørs)* get in out of the rain.

tørvemos *sb. (et) (bot.)* bog moss.

tørvemose peat bog.

tørverøg peat smoke.

tørvesmuld, tørvestrøelse **1.** peat litter; **2.** *(til jordforbedring)* moss peat; sphagnum.

tørvetriller *sb. (en, -e) (fig.)* stick-in-the-mud.

tøs *sb. (en, -e)* **1.** girl, lass; **2.** *(neds., let glds.)* hussy (*fx* a shameless hussy); **3.** *(umoralsk)* tart.

tøseagtig *adj.* **1.** *(om pige)* coltish, schoolgirlish; **2.** *(om dreng)* soft, sissyish.

tøsedreng *(forkælet)* mother's darling; *(pivet)* softy, wimp; *(bange)* cissy, sissy.

tøset *adj.* = *tøseagtig.*

tøsjap slush.

tøsne **1.** melting snow; **2.** *(regnblandet)* sleet.

tøve *vb.* **1.** hesitate (*med* with; *med at* to); **2.** *(give -nde svar)* falter; **3.** *(dvæle)* linger;
□ *tøv lidt!* wait a bit! ~ *med at gøre det (også) a) (opsætte det)* put off doing it; *b) (være tilbageholdende)* be reluctant to do it (*fx* he was reluctant to accept their offer).

tøvejr thaw.

tøven *sb. (en)* **1.** hesitation; **2.** *(udsættelse)* delay;
□ *uden* ~ *a)* unhesitatingly; *b)* without delay.

tøvende[1] *adj.* **1.** hesitant (*med hensyn til* about, *fx* committing oneself; a hesitant reply (, manner, voice)); **2.** *(tilbageholdende)* reluctant.

tøvende[2] *adv.* **1.** hesitantly; **2.** *(tilbageholdende)* reluctantly.

tå *sb. (en, tæer)* toe;
□ *let* ***på*** ~ light-footed; *gå på tæerne* walk on tiptoe, tiptoe; *stå på tæerne* stand on tiptoe; *være på tæerne a) (i aktivitet)* be on the move; *b) (oppe på mærkerne)* be on the ball; *c) (påtrængende)* push oneself forward; *(se også top (fra top til* ~*), træde*[1] *(over tæerne)).*

tåbe *sb. (en, -r)* fool, dunderhead; *(glds.)* simpleton.

tåbelig *adj.* foolish; *(fjollet)* silly; *(ubegavet)* stupid; T daft;
□ *bære sig -t ad* make a fool of oneself; *det var -t af mig at gøre det* it was silly (, stupid) of me to do it, I was silly (, stupid) to do it; *det -e i* the stupidity of (*fx* his action); F the folly of.

tåbelighed *sb. (en, -er) (jf. tåbelig)* **1.** foolishness; silliness; stupidity; T daftness; **2.** *(tåbelig handling)* (act of) stupidity; idiocy; F (act of) folly; *(bemærkning)* stupid remark.

tåg*: gå i -et* be wool-gathering; *snakke hen i -et* talk at random; *svare hen i -et* answer at random.

tåge *sb. (en, -r) (tæt)* fog; *(tågedis)* mist; *(lettere)* haze; *(røgblandet* ~*)* smog;
□ *kunstig* ~ *(mil.)* smokescreen; ~ *for øjnene* mist (*el.* haze) before the eyes; *det fortabte sig* ***i*** ~ *(fig.)* it faded into mist; *et skud i -n (fig.) a) (gætning)* a shot in the dark; *b) (forsøg i blinde)* a leap in the dark.

tågebanke fog bank.

tågedis mist; *(lettere)* haze.

tågehorn foghorn;
□ *han er et* ~ he is a muddled thinker.

tågekammer *(i atomfysik)* cloud chamber.

tågesignal fog signal.

tågeslør veil of mist.

tågesnak T waffle; F nebulous talk; vapourings pl.

tåget *adj.* **1.** foggy; *(lettere)* misty; hazy; **2.** *(sløret)* misty (*fx* idea, memory, outline); *(uklar)* dim, vague (*fx* feeling, idea, memory, outline, shape); F nebulous (*fx* idea, shape, plans); **3.** *(forvirret)* hazy (*fx* account, idea);
□ *tågede hjerner* woolly brains.

tågænger *sb. (en, -e) (zo.)* digitigrade.

tåkrummende *adj. (som får en til at krumme tæer)* toe-curling.

tåle *vb. (tålte, tålt)* **1.** *(finde sig i)* put up with (*fx* I won't put up with his insolence any longer; he had to put up with a lot from her); take (*fx* he will take no nonsense); *(mere* F*)* tolerate (*fx* he was just tolerated by the others); suffer; **2.** *(holde ud)* bear (*fx* bear the pain without flinching); *(i nægtende & spørgende sætn. også)* stand (*fx* can you really stand all that noise; I can't stand (*el.* bear) him); T stick (*fx* I can't stick him); *(stærkere,* F*)* endure (*fx* I can't endure that noise any longer); *(se også ndf.: kan ikke* ~*)*; **3.** *(ikke tage skade af)* stand (*fx* I can stand any amount of cold; he is so weak that he could not stand another operation); take (*fx* I can take any amount of alcohol); *(om medicindosis)* tolerate (*fx* he cannot tolerate a larger dose); *(især om ting)* stand up to (*fx* high temperatures, rough treatment, wear and tear); **4.** *(lide, underkaste sig)* suffer (*fx* humiliation); bear (*fx* bear pain without flinching); F endure;
□ *han* ***kan ikke*** ~ *det a) (kan ikke fordrage, jf. 2)* he can't stand (*el.* bear, stick, endure) it (*fx* he can't stand her (, the sight of her, black coffee)); *b) (om mad: bliver dårlig af)* it does not agree with him, it disagrees with him (*fx* black cof-

fee (, lobster) doesn't agree with him); *c) (har ikke godt af)* it is not good for him (*fx* too much exercise isn't good for him); *d) (kan ikke klare)* he can't take it (*fx* he can't take very much alcohol); *(se også 3 ovf.)*; *han* **-r ikke** *a) (kan ikke klare)* he can't take (*fx* a joke, very much alcohol); *b) (vil ikke finde sig i,* F*)* he brooks no, he does not brook any (*fx* argument, nonsense from them); *(se også ovf.: kan ikke ~)*;
han **kan ikke** ~ **at** *a)* he can't stand -ing (*fx* being contradicted; he can't stand people contradicting him); he can't bear to (*el.* bear -ing) (*fx* he can't bear to see her suffer; he can't bear seeing children suffer); *b) (har ikke godt af)* it is not good for him to (*fx* have everything he wants; be spoilt); *han kan ikke ~ at ryge* smoking doesn't agree with him; *det* **-r ikke at** *blive gentaget* it won't bear repetition; *sagen -r ikke at udsættes* the matter can't be delayed; F the matter admits of no delay; *frugten -r ikke at gemmes* the fruit won't keep; *han var* **kun tålt** *der* he was there on sufferance; **mere end** *han* **kan** ~ *a)* more than he can bear; *b) (mere end han har godt af)* more than is good for him.

tålelig[1] *adj.* **1.** *(nogenlunde)* passable; F tolerable; T so-so; **2.** *(udholdelig)* bearable; F endurable.

tålelig[2], **tåleligt** *adv. (jf. tålelig*[1] *1)* passably; tolerably.

tålmod *sb. (et)* patience.

tålmodig *adj.* patient.

tålmodighed *sb. (en)* patience;
□ *en engels ~* the patience of a saint; *det satte min ~ på en hård prøve* my patience was severely tried; T it was enough to try the patience of a saint; *tabe -en* lose patience; *(se også briste, væbne).*

tåls*: slå sig til ~* resign oneself; *slå sig til ~ med* resign oneself to, be content with.

tålsom *adj.* **1.** *(tolerant)* tolerant; **2.** *(overbærende)* forbearing, indulgent.

tålsomhed *sb. (en) (jf. tålsom)* **1.** tolerance; **2.** forbearance, indulgence.

tåløs *adj. (om sko, attr.)* peep-toe, open-toe.

tånegl toe nail.

tånæse toe cap.

tår *sb. (en)* drop;
□ *en ~ kaffe* a cup of coffee; *en ~ øl* a drink of beer; *drikke en ~ over tørsten* have a drop too much.

tåre *sb. (en, -r)* tear;
□ *hun fik -r i øjnene* her eyes filled with tears; *græde tørre -r over noget* look dry-eyed at sth; *(se også fælde*[2]*, knuse, let (til), modig, svømme (hen i)).*

tåreblændet *adj.* tear-dimmed.

tårefyldt *adj.* tearful.

tåregas tear gas.

tårekanal tear duct; *(fagl.)* lachrymal canal, lachrymal duct.

tårekirtel lachrymal gland.

tårepersende *adj.* tearful;
□ *~ film (, bog etc.)* tear-jerker.

tåreperser *sb. (en, -e) (om film, bog)* tear-jerker, weepie.

tårestrøm flood of tears.

tåresæk *(anat.)* lachrymal sac.

tårevædet *adj.* tearful (*fx* farewell; look *(blik)*).

tårn *sb. (et, -e)* **1.** tower; **2.** *(lille, på bygning, fx fæstning)* turret; **3.** *(i skak)* castle, rook; *(se også fangetårn, kirketårn, klokketårn, kommandotårn & skæv*[2]*).*

tårne *vb.: ~ op* pile up; *~ sig op* pile up.

tårnfalk *(zo.)* kestrel.

tårnhøj *adj.* **1.** towering; **2.** *(fig.)* sky-high (*fx* prices); *(urimeligt høj)* exorbitant (*fx* prices, rent); prohibitive (*fx* costs, taxes);
□ *det -e helvede* the towering inferno.

tårnspring platform diving.

tårnur tower clock; turret clock; *(jf. tårn).*

tårnvogn tower wagon.

tårnvægter watchman (on a tower).

tåspids tip of the toe;
□ *-er (om balletdans)* points; *på -erne* on tiptoe; on (one's) points (*fx* dance on points; stand on one's points).

tåspidsdans toe dancing.

tåspidsdanser toe dancer.

U

uadskillelig *adj.* inseparable;
□ *være en ~ del af* be an integral part of; T be part and parcel of; *de er -e (også,* T*)* they are as thick as thieves.

uafbarket *adj.* unbarked.

uafbrudt[1] *adj. (uden afbrydelse)* uninterrupted (*fx* rain; an uninterrupted series of victories); continuous (*fx* rain); *(uophørlig,* F*)* incessant (*fx* noise); unceasing, ceaseless (*fx* efforts); *(stadig gentaget, især om noget negativt)* continual (*fx* losses, quarrels, showers).

uafbrudt[2] *adv. (jf. uafbrudt*[1]*)* continuously (*fx* it rained continuously all day); without a break, on end (*fx* work for 6 hours on end); incessantly (*fx* the telephone rang incessantly); unceasingly, ceaselessly (*fx* she talked incessantly); continually (*fx* he complained continually).

uaffekteret[1] *adj.* unaffected.

uaffekteret[2] *adv.* unaffectedly.

uafgjort *adj.* **1.** unsettled, undecided (*fx* the matter is still undecided); **2.** *(om retssag)* pending (*fx* the lawsuit was then pending); **3.** *(om sportskamp)* drawn;
□ *~ kamp* draw, tie; *kampen endte ~* the game ended in a draw; *de spillede ~ 2-2* they drew 2-2.

uafhentet *adj.* unclaimed (*fx* letters, prizes, tickets).

uafhjælpelig *adj.* irremediable, irretrievable (*fx* loss).

uafhængig *adj.* independent (*fx* observer, conclusion; state, republic); *~ af* independent of.

uafhængighed *sb. (en)* independence.

uafhængighedserklæring declaration of independence.

uafhængighedskrig war of independence.

uafklaret *adj.* unclarified;
□ *situationen er endnu ~* the situation is not yet clarified (*el.* is still confused); *han er endnu ~ i sine synspunkter* he is not yet quite settled in his views.

uafladelig[1] *adj. (uophørlig)* incessant (*fx* warfare); *(stadig gentaget)* continual (*fx* interruptions); *(mere* F*)* perpetual (*fx* complaints, questions).

uafladelig[2], **uafladeligt** *adv. (jf. uafladelig*[1]*)* incessantly (*fx* they drank coffee incessantly; the telephone rang incessantly); continually; perpetually (*fx* she complained perpetually).

uaflåst *adj.* unlocked.

uafrystelig *adj.* inescapable.

uafsluttet *adj.* unfinished.

uafsættelig *adj.* **1.** *(usælgelig)* unsaleable, unmarketable; **2.** *(fra embede)* irremovable.

uaftvættelig *adj.* indelible (*fx* shame).

uafvendelig *adj.* inevitable, unavoidable;
□ *~ skæbne* inexorable fate.

uafvidende *adv.* unwittingly;
□ *mig (, dig etc.) ~* unknown to me (, you etc.); without my (, your etc.) knowledge.

uafviselig *adj.* imperative (*fx* duty); *(præd. også)* not to be refused (, rejected);
□ *det er min -e pligt at (også)* I am in duty bound to.

uagtet[1] *konj.* although; F notwithstanding that.

uagtet[2] *præp.* in spite of; F notwithstanding (*fx* notwithstanding their protests; their protests notwithstanding).

uagtsom *adj.* **1.** *(forsømmelig)* negligent; **2.** *(ikke med vilje)* inadvertent;
□ *-t manddrab (omtr.)* involuntary manslaughter.

uagtsomhed *sb. (en) (jf. uagtsom)* **1.** negligence; **2.** inadvertence;
□ *grov ~ (jf. 1)* gross negligence; *af ~ a) (jf. 1)* through negligence; *b) (jf. 2)* by an oversight; inadvertently.

uaktuel *adj. (præd.)* of no interest at the present moment; of no immediate (, present, current) interest.

ualmindelig[1] *adj.* unusual; uncommon; *(stærkere)* extraordinary.

ualmindelig[2], **ualmindeligt** *adv.* unusually (*fx* large, high); uncommonly (*fx* intelligent); *(stærkere)* extraordinarily (*fx* beautiful, successful).

uamerikansk *adj.* un-American (*fx* activities).

uanet *adj.* undreamt-of (*fx* possibilities).

uanfægtet *adj. (upåvirket)* unmoved, unaffected (*af* by); *(ikke nervøs også)* unconcerned.

uangribelig *adj.* **1.** *(udadlelig)* blameless (*fx* life); F irreproachable (*fx* conduct);
2. *(uigendrivelig,* F*)* unassailable (*fx* the argument is unassailable); **3.** *(om police)* indisputable.

uanmeldt *adj.* unannounced (*fx* inspection);
□ *~ besøg (også)* surprise visit.

uanselig *adj.* unimpressive, insignificant.

uanselighed *sb. (en)* unimpressiveness, insignificance.

uanset *præp.* **1.** regardless of (*fx* expense); irrespective of (*fx* age, rank); **2.** *(til trods for)* in spite of (*fx* their protests); F notwithstanding (*fx* notwithstanding their protests; their protests notwithstanding);
□ *~ hvad (ɔ: under alle omstændigheder)* no matter what (*fx* you must try, no matter what); regardless; *~ hvad (, hvem, hvor, hvordan) det er* no matter what (, who, where, how) it is; *~* ***om*** *... eller* whether ... or (*fx* whether he likes it or not).

uanstændig[1] *adj.* **1.** *(umoralsk, sjofel etc.)* indecent (*fx* dress, behaviour, joke); **2.** *(som man ikke kan være bekendt)* indecent (*fx* haste); *(oprørende)* shocking (*fx* behaviour; it was shocking how badly they were paid); outrageous.

uanstændig[2], **uanstændigt** *adv. (jf. uanstændig*[1]*)* **1.** indecently (*fx* an indecently short dress); **2.** indecently (*fx* indecently soon after his death); shockingly (*fx* shockingly late); outrageously (*fx* behave outrageously (*el.* shockingly)).

uanstændighed *sb. (en, -er)* indecency.

uansvarlig *adj.* irresponsible.

uansvarlighed *sb. (en)* irresponsibility.

uantagelig[1] *adj.* unacceptable.
uantagelig[2], **uantageligt** *adv.* unacceptably.
uantagelighed *sb. (en)* unacceptability.
uantastet *adj.* unchallenged.
uanvendelig *adj.* **1.** *(ubrugelig)* useless (*fx* tool); *(om person også)* unemployable; *(præd. også,* T*)* no good;
2. *(som ikke passer etc.)* inapplicable (*i, til* to, *fx* the rule is inapplicable to this case); unfit (*til* for, *fx* the house is unfit for human habitation).
uanvendelighed *sb. (en) (jf. uanvendelig)* **1.** uselessness; **2.** inapplicability; unfitness.
uappetitlig *adj.* **1.** unappetizing;
2. *(om andet)* unsavoury (*fx* person, habit, story, place).
uarbejdsdygtig *adj. (præd.)* unfit for work.
uarbejdsdygtighed *sb. (en)* unfitness for work.
uartig *adj.* **1.** naughty (*mod* to); bad (*fx* you're a bad boy!);
2. *(uanstændig, fræk)* naughty (*fx* story, girl); *(stærkere)* dirty (*fx* story);
3. *(let glds.: uhøflig)* rude (*mod* to);
□ *-t ord (også fig.)* dirty word (*fx* discipline is a dirty word nowadays).
uartighed *sb. (en) (jf. uartig)*
1. naughtiness; **2.** naughtiness; dirtiness; **3.** rudeness;
□ *en ~ (jf. 3)* a piece of rudeness; *det var en ~ af ham (jf. 3)* it was rude of him; *-er a) (jf. 1)* naughtiness sg.; *b) (jf. 3)* rudeness sg.; rude remarks.
uartikuleret[1] *adj.* inarticulate (*fx* sounds).
uartikuleret[2] *adv.* inarticulately.
uautoriseret *adj.* unauthorized, unlicensed.
ubalance *sb. (en)* imbalance.
ubanet *adj.* untrodden (*fx* path).
ubarberet *adj.* unshaven (*fx* an unshaven chin (, face); he was unwashed and unshaven).
ubarmhjertig *adj.* merciless (*fx* the merciless glare of the sun); pitiless (*fx* tormentor); *(stærkere)* ruthless (*fx* in one's criticism).
ubarmhjertighed *(jf. ubarmhjertig)* mercilessness; pitilessness; ruthlessness.
ubearbejdet *adj.* **1.** *(om råstof)* raw, unmanufactured; **2.** *(om tømmer)* undressed.
ubeboelig *adj.* unlivable (*fx* city, house); uninhabitable (*fx* make the planet uninhabitable).
ubeboet *adj.* uninhabited (*fx* island, house); *(om bolig også)* unoccupied.
ubebygget *adj.* undeveloped (*fx* site); unbuilt (on) (*fx* a plot of unbuilt ground); *(præd. også)* not built on (*fx* the site has not been built on).
ubedragelig *adj.* unmistakable, sure (*fx* sign).
ubefrugtet *adj.* unfertilized.
ubefærdet *adj.: ~ vej* road with little traffic; quiet road; *(øde vej)* deserted road.
ubefæstet *adj.* unfortified, open (*fx* town);
□ *ubefæstede sjæle* the weaker brethren; *(bibelsk)* unstable souls.
ubeføjet *adj. se uberettiget.*
ubegavet[1] *adj.* unintelligent; dull.
ubegavet[2] *adv.* unintelligently.
ubegribelig[1] *adj.* incomprehensible (*fx* mysteries; it is incomprehensible to me why he did it).
ubegribelig[2], **ubegribeligt** *adv.* incomprehensibly.
ubegrundet *adj.* unfounded (*fx* fear; accusation, rumour, suspicion); groundless (*fx* fear).
ubegrænset[1] *adj.* **1.** unlimited (*fx* freedom, means, possibilities, powers, resources); *(især fig.)* boundless (*fx* appetite, energy, wealth); F unbounded (*fx* confidence, courage, freedom);
2. *(uendelig)* infinite (*fx* duration, possibilities);
□ *et ~ antal gange (også, mere* T*)* any number of times; *af ~ varighed* indefinite.
ubegrænset[2] *adv. (jf. ubegrænset*[1]*)*
1. boundlessly; **2.** infinitely;
3. *(om varighed)* indefinitely.
ubehag *sb. (et)* **1.** *(legemligt)* discomfort (*fx* this remedy relieves discomfort); **2.** *(afsky)* dislike (*ved* of); distaste (*ved* for);
□ *føle ~ a) (åndeligt)* have an uneasy feeling; *b) (let kvalme)* feel queasy; T have a queer feeling in the stomach.
ubehagelig[1] *adj.* **1.** unpleasant, disagreeable (*fx* person, task, smell, taste, surprise); T nasty;
2. *(ubekvem)* uncomfortable (*fx* position, facts, truth);
□ *han blev ~* he became unpleasant (*el.* rude); T he got nasty; *en ~ fornemmelse* an uneasy feeling; *en ~ situation* an unpleasant (*el.* awkward) situation; *~ til mode* ill at ease;
være ~ ***mod*** *en* be unpleasant (*el.* disagreeable *el.* T nasty) to sby; behave unpleasantly (*el.* disagreeably) to sby.
ubehagelig[2], **ubehageligt** *adv. (jf. ubehagelig*[1]*)* **1.** unpleasantly, disagreeably (*fx* surprised; behave unpleasantly (*el.* disagreeably) to her);
2. uncomfortably (*fx* uncomfortably close; sit uncomfortably);
□ *~ nær (også)* too close for comfort.
ubehagelighed *sb. (en, -er) (jf. ubehagelig*[1]*)* unpleasantness, disagreeableness; T nastiness;
□ ***-er*** *a) (ballade)* trouble sg.; *b) (gener)* discomforts (*fx* the discomforts of travel); *få -er* get into trouble; *sige ham -er a)* give him the rough side of one's tongue; *b) (ubehagelige sandheder)* tell him a few home truths.
ubehandlet *adj.* **1.** untreated;
2. *(om tømmer)* undressed; **3.** *(om træ, fx til møbler, efter sb.)* in the white.
ubeheftet = *ubehæftet.*
ubehersket[1] *adj.* uncontrolled (*fx* laughter, rage); F intemperate (*fx* behaviour, language);
□ *han var ganske ~* he had no self-control; *blive ~* lose one's self-control.
ubehersket[2] *adv.* in an uncontrolled manner; intemperately.
ubeherskethed *sb. (en)* lack of self-control.
ubehjælpsom *adj.* **1.** awkward; *(stærkere)* clumsy; **2.** *(om tale etc.)* halting (*fx* in halting English).
ubehjælpsomhed *sb. (en)* awkwardness; clumsiness.
ubehæftet *adj.* unencumbered, uncharged.
ubehændig *adj.* clumsy; F maladroit, inept (*fx* the Government's inept handling of the affair); *(stærkere)* blundering;
T ham-fisted.
ubehøvlet[1] *adj.* ill-mannered, rude; *(stærkere)* boorish;
□ *~ person (også)* boor.
ubehøvlet[2] *adv.* rudely; boorishly.
ubehøvlethed *sb. (en)* rudeness.
ubekendt *adj.* **1.** unknown; *(ikke berømt)* obscure; **2.** *(mat., brugt som sb.)* unknown quantity;
□ *ligning med to -e* equation with two unknown quantities (*el.* two unknowns); *være ~ med* be unaware of, be ignorant of; *være ~ med at* be unaware that.
ubekræftet *adj.* **1.** unconfirmed, unsubstantiated (*fx* reports *(forlydender)*); **2.** *(jur.)* uncorroborated (*fx* evidence).
ubekvem *adj.* **1.** *(umagelig)* uncomfortable (*fx* chair);

2. *(ubelejlig)* inconvenient (*fx* time; they tried to suppress inconvenient information);
3. *(ubehagelig)* awkward (*fx* time, questions);
□ ~ *arbejdstid* unsocial hours pl.
ubekymret[1] *adj.* **1.** unconcerned (*fx* air *(mine)*); carefree (*fx* existence); **2.** *(uden tanke for følgerne)* cheerful (*fx* disregard for the consequences); F blithe; *(stærkere)* reckless.
ubekymret[2] *adv. (jf. ubekymret*[1]*)* **1.** unconcernedly, in a carefree manner; **2.** cheerfully; F blithely (*fx* they blithely went on chatting); *(stærkere)* recklessly.
ubelejlig *adj.* inconvenient (*for* to, for); inopportune (*for* for); unwelcome (*fx* unwelcome visitors).
ubemandet *adj.* unmanned (*fx* spacecraft).
ubemidlet *adj.* without means (of support) *(præd.)* (*fx* persons without means); F necessitous.
ubemærket[1] *adj.* unnoticed, unobserved;
□ *føre en ~ tilværelse* live in obscurity.
ubemærket[2] *adv.* without being noticed;
□ *han gik ~ ud* he stole out of the room; *han kiggede ~ på papirerne* he stole a glance at the documents.
ubemærkethed *sb. (en)* obscurity (*fx* live in obscurity).
ubenyttet *adj.* **1.** unused; **2.** *(om bygning)* disused; **3.** *(om kapital)* idle;
□ *lade en lejlighed gå ~ hen* miss an opportunity.
ubenævnt *adj. (mat.)* abstract (*fx* number).
uberegnelig *adj.* **1.** *(ikke til at forudsige)* unpredictable (*fx* consequences; he is totally unpredictable); erratic (*fx* person); temperamental (*fx* the gas heater is rather temperamental);
2. *(som ikke kan beregnes)* incalculable (*fx* loss);
□ *han er ~ (jf. 1, også)* you never know where you have got him.
uberegnelighed *sb. (en) (jf. uberegnelig)* **1.** unpredictability; erratic nature; **2.** incalculability.
uberettiget[1] *adj.* **1.** unjustified (*fx* attack, criticism); F unwarranted (*fx* accusation, anger, claim, suspicion);
2. *(ubegrundet)* baseless, unfounded, groundless (*fx* accusation, fear, suspicion);
3. *(overdreven)* undue (*fx* optimism);
4. *(uden tilstrækkeligt motiv)* gratuitous (*fx* insult);
□ ~ *afskedigelse* wrongful dismissal; ~ *til at gøre det* unjustified in doing it.
uberettiget[2] *adv. (jf. uberettiget*[1]*)* **1.** without justification; **2.** baselessly, groundlessly; **3.** unduly; **4.** gratuitously.
uberigtiget *adj.* **1.** uncorrected; **2.** *(ikke betalt)* unsettled, unpaid.
uberygtet *adj. (efter sb.)* of unblemished reputation.
uberørt *adj.* **1.** *(upåvirket)* unaffected (*af* by); **2.** *(jomfruelig)* virgin (*fx* snow, forest);
□ ~ *kvinde* virgin; *det lod mig ~* it left me cold; ~ *natur* unspoilt nature (, scenery).
ubesat *adj.* **1.** *(om stilling)* vacant, unfilled (*fx* post); **2.** *(mil. om land)* unoccupied;
□ ~ *embede* vacancy.
ubesejret *adj.* undefeated (*fx* team, army).
ubeset *adj.* unseen;
□ *acceptere det ~* take it at its face value; take it on trust; *købe det ~* buy it without seeing it first; buy it sight unseen.
ubesindig *adj.* thoughtless, rash; *(stærkere)* reckless.
ubesindighed *sb. (en, -er)* thoughtlessness, rashness; *(stærkere)* recklessness;
□ *en ~* a piece of recklessness; a thoughtless action.
ubeskadiget *adj.* undamaged, intact.
ubeskeden *adj.* **1.** forward, presumptuous; **2.** *(om krav)* immoderate;
□ *ville det være -t hvis jeg bad Dem komme igen* would it be asking too much if I asked you to come again.
ubeskedenhed *sb. (en)* **1.** forwardness; **2.** *(mht. krav)* lack of moderation.
ubeskreven *adj. (ubeskrevet, ubeskrevne)* blank;
□ *et ubeskrevet blad a)* a blank page; *b) (om person)* an unknown quantity.
ubeskrivelig[1] *adj.* **1.** indescribable (*fx* sadness, horrors, pleasure; an indescribable feeling); F inexpressible (*fx* delight, relief);
2. *(neds.)* unspeakable (*fx* behaviour, cruelty, pain, stupidity; the hotels there are unspeakable); F unutterable (*fx* misery, boredom, pain).
ubeskrivelig[2], **ubeskriveligt** *adv.* **1.** indescribably (*fx* beautiful, happy, awful, filthy); F beyond description (*fx* it annoyed him beyond description); T too (*fx* funny, awful, silly) for words;
2. *(neds.)* unspeakably (*fx* dirty).
ubeskyttet *adj.* unprotected (*fx* they were left unprotected; unprotected sex);
□ *en ~ tilværelse* an insecure existence.
ubeskæftiget *adj.* **1.** unoccupied, idle (*fx* he is never idle); **2.** *(arbejdsløs)* unemployed; *(præd. også)* out of work.
ubeskåret[1] *adj.* **1.** uncut; **2.** *(uforkortet)* unabridged (*fx* novel);
3. *(uden fradrag, præd.)* without any deductions.
ubeskåret[2] *adv. (om beløb)* without any deductions;
□ *få beløbet ~* get the whole amount.
ubeslutsom *adj.* indecisive; F irresolute; *(vaklende)* wavering; *(tøvende)* hesitating.
ubeslutsomhed *sb. (en)* indecision, indecisiveness; F irresolution; *(tøven)* hesitation.
ubesmittet *adj.* unblemished, immaculate;
□ *den ubesmittede undfangelse (rel.)* the Immaculate Conception.
ubesmykket *adj.* plain (*fx* facts);
□ *den ubesmykkede sandhed* the unvarnished truth.
ubestandig *adj.* **1.** inconstant, fickle; **2.** *(kem.)* unstable.
ubestemmelig *adj.* **1.** indefinable (*fx* feeling, quality; the glass contained an indefinable fluid);
2. *(om person,* F *& især neds.)* nondescript;
□ *af ~ alder* of uncertain age.
ubestemmelighed *sb. (en)* indefinable character.
ubestemt[1] *adj.* **1.** *(også gram.)* indefinite; **2.** *(vag, svævende)* vague (*fx* promises); indefinite (*fx* reply); **3.** *(mat.)* indeterminate;
□ *på ~ tid* indefinitely (*fx* postpone the matter indefinitely); for an indefinite period (*el.* time); *orlov på ~ tid* indefinite leave (*fx* he had to take indefinite leave); *en strejke på ~ tid* an indefinite strike; *være i strejke på ~ tid* be on indefinite strike.
ubestemt[2] *adv.* vaguely.
ubestemthed *sb. (en)* indefiniteness; vagueness.
ubestikkelig *adj.* **1.** unbribable; F incorruptible; **2.** *(redelig)* uncompromising, upright;
□ ~ *ærlighed* uncompromising honesty.
ubestikkelighed *(jf. ubestikkelig)* **1.** incorruptibility; **2.** uprightness.

ubestridelig *adj.* indisputable (*fx* fact, evidence); incontrovertible (*fx* evidence, fact, proof; his incontestable genius); unquestionable (*fx* authority, evidence, proof, right);
□ *det er -t (også)* it is beyond dispute (*el.* question).
ubestridt *adj.* undisputed, unchallenged (*fx* leader); uncontested (*fx* superiority).
ubesvaret *adj.* **1.** unanswered (*fx* many questions remain unanswered); **2.** *(uigengældt)* unrequited (*fx* love).
ubesværet[1] *adj. (let)* effortless (*fx* style, movements).
ubesværet[2] effortlessly;
□ *let og ~* with effortless ease.
ubetalelig *adj. (også = ~ morsom)* priceless.
ubetalt *adj.* unpaid.
ubetimelig[1] *adj.* inopportune, ill-timed.
ubetimelig[2], **ubetimeligt** *adv.* inopportunely, at the wrong moment.
ubetinget[1] *adj.* **1.** unconditional (*fx* surrender, consent); absolute (*fx* necessity, truth); *(om noget negativt,* F*)* unmitigated (*fx* disaster, evil);
2. *(uforbeholden)* unqualified (*fx* praise, success, support); wholehearted (*fx* approval); *(blind,* F*)* implicit (*fx* faith, trust, obedience);
□ *et ~ afslag* a flat refusal; *en ~ nødvendighed (også,* F*)* a sine qua non; T a must.
ubetinget[2] *adv.* **1.** unconditionally; absolutely (*fx* necessary); without qualifications (*fx* condemn sth without qualifications);
2. *(uforbeholdent)* whole-heartedly (*fx* support them whole-heartedly); *(blindt,* F*)* implicitly (*fx* trust him implicitly).
ubetonet *adj. (fon.)* unaccented.
ubetrådt *adj.* untrodden (*fx* path).
ubetvingelig *adj.* **1.** indomitable (*fx* courage, will); irrepressible (*fx* curiosity);
2. *(som ikke kan besejres)* unconquerable (*fx* nation);
□ *~ lyst* irrepressible desire (*til* for; *til at* to).
ubetydelig *adj.* **1.** *(uden betydning, ringe, lille)* insignificant (*fx* minority, person, sum, town); *(lille også)* slight (*fx* difference, improvement); *(stærkere)* negligible (*fx* amount, damage, quantity, results);
2. *(ligegyldig)* trivial (*fx* affair, details, matter, objections, problems); *(stærkere)* trifling (*fx* details, matter, objections, sum);
□ *ikke ~* not inconsiderable (*fx* difficulties); *en ~ person (også)* a mere nobody; F a nonentity.
ubetydelighed *sb. (en, -er) (jf. ubetydelig)* **1.** insignificance; **2.** triviality;
□ *en ~ a)* a trifle; *(en lille smule også,* T*)* a touch; *(*F *el. spøg.)* a suspicion (*fx* a touch (, suspicion) of salt in the soup); *b) (om person)* a mere nobody; F a nonentity.
ubetænksom *adj.* **1.** *(uden omtanke)* thoughtless (*fx* words; he is very thoughtless); inconsiderate (*fx* it was very inconsiderate (*el.* thoughtless) of you); *(især attr.)* unthinking (*fx* words, people);
2. *(uklog)* injudicious, imprudent (*fx* action);
□ *i et -t øjeblik* in an unthinking moment.
ubetænksomhed *sb. (en, -er)* thoughtlessness.
ubevidst[1] *adj.* **1.** unconscious; **2.** *(instinktiv)* instinctive.
ubevidst[2] *adv.* **1.** unconsciously; **2.** *(instinktivt)* instinctively.
ubevislig, ubeviselig *adj.* unprovable; *(præd. også)* incapable of proof.
ubevogtet *adj.* unguarded;
□ *~ jernbaneoverskæring* ungated level crossing; *(på færdselsskilt står:* Crossing No Gates*)*;
i et ~ øjeblik a) (mens andre ikke ser det) when no one is (, was) watching (*fx* he stole it when no one was watching); *b) (mens offeret ikke er opmærksomt)* when he (etc.) wasn't watching (*el.* on his guard) (*fx* I stole it from him when he wasn't watching (*el.* on his guard)); *c) (mens man selv ikke er opmærksom)* in an unguarded moment.
ubevæbnet *adj.* unarmed.
ubevægelig *adj.* **1.** *(som ikke bevæger sig)* immovable, motionless (*fx* he stood immovable (*el.* motionless));
2. *(som ikke kan bevæges)* immovable;
3. *(ubøjelig)* inflexible.
ubevægelighed 1. immobility;
2. *(ubøjelighed)* inflexibility.
ubillig *adj.* unfair, unjust.
ublandet *adj.* **1.** unmixed; *(uforfalsket)* pure, unadulterated;
2. *(fig.)* unmixed (*fx* pleasure); unqualified (*fx* admiration); F unalloyed (*fx* happiness).
ubleget *adj.* unbleached.
ublid *adj.* rough (*fx* treatment, weather);
□ *give én en ~ behandling (også,* T*)* give sby a rough ride; *en ~ skæbne* a hard (*el.* unkind) fate.
ublodig *adj.* bloodless (*fx* coup, revolution, victory).
ublu *adj.* **1.** extravagant (*fx* demands); **2.** *(om pris etc.,* T*)* stiff; F exorbitant; *(stærkere)* extortionate;
□ *forlange ~ priser af dem* overcharge them; T rip them off.
ublufærdig *adj.* **1.** immodest;
2. *(om skildring)* (too) explicit (*fx* too explicit a description of their private life).
ublufærdighed *sb. (en)* immodesty.
ubodelig *adj.: ~ skade* irreparable damage (*fx* he has done irreparable damage to our cause).
ubrudt *adj.* **1.** unbroken (*fx* seal);
2. *(uafbrudt)* uninterrupted (*fx* an uninterrupted series of victories).
ubrugelig *adj.* useless; *(præd. også)* unfit for use; T no good.
ubrugt *adj.* unused; *(om tøj også)* unworn.
ubrydelig *adj.* inviolable (*fx* promise); unswerving (*fx* fidelity);
□ *-t sammenhold* total solidarity; *-t venskab* indissoluble friendship.
ubrændt *adj.* **1.** unburnt; **2.** *(om kaffe)* unroasted; **3.** *(om keramik etc.)* unfired.
ubrødelig = *ubrydelig.*
ubuden *adj.* uninvited;
□ *~ gæst* uninvited guest, intruder; T gate-crasher.
ubundet *adj.* free, independent (*fx* life).
ubundethed *sb. (en)* freedom, independence.
ubændig *adj.* indomitable (*fx* strength); uncontrollable (*fx* desire, rage); irrepressible (*fx* desire).
ubærlig[1] *adj.* unbearable.
ubærlig[2], **ubærligt** *adv.* unbearably.
ubøjelig *adj.* **1.** *(fig.: som ikke giver sig)* inflexible (*fx* attitude, determination, will); unbending (*fx* attitude; he was unbending on this issue); unyielding (*fx* determination);
2. *(ikke til at overtale)* inflexible (*fx* he was inflexible); F adamant (*fx* he was adamant in his decision); *(stædig)* obdurate;
3. *(stiv)* stiff; F rigid;
4. *(gram.)* indeclinable, invariable; *(efter sb.)* having no inflexions.
ubøjelighed *sb. (en)* **1.** *(jf. ubøjelig 1, 2)* inflexibility; **2.** *(jf. ubøjelig 3)* rigidity.
ubønhørlig *adj.* **1.** inexorable (*fx*

fate, logic, necessity); **2.** *(ubarmhjertig)* relentless.
ubåd submarine.
u-bådsangreb submarine attack.
u-bådsjager submarine chaser.
u-bådskrig 1. submarine war; **2.** *(krigsførelse)* submarine warfare.
ucharmerende[1] *adj.* charmless.
ucharmerende[2] *adv.* charmlessly.
uciviliseret[1] *adj.* uncivilized; *(stærkere)* barbarous.
uciviliseret[2] *adv.* in an uncivilized manner; barbarously.
ud *adv.* **1.** *(mods. ind)* out; **2.** *(i sceneanvisning)* he (, she) goes out; *(pl.)* they go out; *(glds.)* exit (, exeunt) (*fx* exit Hamlet); **3.** *(ɔ: færdig: udtrykkes ofte ved)* finish... *(se eksempler ndf.: med vb.)*;
□ *måneden (, ugen)* ~ the rest of the month (, the week); till the end of the month (, the week); *blive tiden* ~ stay to the end; *år* ~ *år ind* year in year out;
[med vb.] drikke ~ finish one's tea (, the wine etc.); *(se også drikke*[2]*)*; *læse bogen* ~ finish the book; read the book to the end; *tale* ~ finish (speaking); *(se også de verber, hvormed* ~ *forbindes)*;
[med præp. & adv.] ~ **ad** out of (*fx* the door, the window); out at (*fx* in at one ear and out at the other); ~ *ad vejen* along the road; ~ ***af*** *a)* out of (*fx* go out of the room); *b) (blandt)* from among (*fx* choose one from among ten applicants); *en* ~ *af ti* one out of ten, one in ten; *(se også bringe*[2]*, komme*[2]*)*;
~ ***for*** *a) (ved)* outside (*fx* stop outside number 10); *b) (i tekst)* opposite, against (*fx* there was a cross against his name); *c) (sø.)* off (*fx* off the coast of Jutland); *d) (i højde med)* on a level with (*fx* hang the picture on a level with the bookcase);
~ ***fra*** *a)* out of (*fx* he came out of the house); *b) (på grundlag af)* from (*fx* from what I heard); ~ *fra den forudsætning (, det princip) at* on the assumption (, the principle) that;
kom ***her*** ~ come (out) here; ~ *og* ***hjem*** *(el. tilbage)* there and back; ~ ***i*** (out) into (*fx* jump into the water); *(se også bryde*[1]*)*;
~ *eller* ***ind*** *se vide*[1]; ~ *og ind* in and out (*fx* they were running in and out); *(se også kende*[3]*)*;
~ ***med*** *det!*, ~ *med sproget!* out with it! ~ *med ham!* out with him! ~ *med dig!* out you go! get out! *han måtte* ~ *med £50* he had to fork out £50;
~ ***over*** *a)* over (*fx* he fell over the edge of the cliff); *b) (foruden)* in addition to (*fx* what I have already mentioned); F over and above (*fx* your normal duties, your wages); *(efter nægtelse)* beyond (*fx* nothing beyond what I have said; little beyond what I knew already); *c) (overstigende)* over (*fx* numbers over a hundred); F in excess of (*fx* the average, the agreed limits); *d) (senere end)* beyond (*fx* beyond 1996; beyond the age of 70); ~ ***over at*** except, but (*fx* they do nothing except (*el.* but) eat and drink); beyond -ing (*fx* he decided not to do anything beyond sending a letter);
~ ***på*** *isen* out on the ice; ~ *på vinteren* late in (the) winter; *(se også land, nat)*.
udad *adv.* outwards.
udadlelig *adj.* **1.** irreproachable (*fx* conduct); **2.** *(om tøj)* immaculate.
udadtil *adv.* **1.** outwardly (*fx* he was outwardly calm); **2.** *(over for offentligheden)* publicly (*fx* publicly they don't admit there are problems); **3.** *(over for udlandet)* externally.
udadvendt *adj.* **1.** out-turned; *(præd.)* turned outwards; **2.** *(om person)* outgoing (*fx* he is outgoing and sociable; lead an outgoing life); extrovert.
ud af huset- takeaway (*fx* food, pizza); *(am.)* carryout.
ud af kroppen-oplevelse out-of-body experience.
udannet *adj.* **1.** uneducated; **2.** *(ubehøvlet)* ill-bred, rude.
udannethed *sb. (en)* **1.** lack of education; **2.** *(ubehøvlethed)* rudeness; bad manners pl.
udansk un-Danish.
udarbejde *vb.* **1.** prepare, draw up (*fx* a list, a manual, a report; rules; prepare a paper *(foredrag)*); *(mere detaljeret)* work out (*fx* plans, a programme); **2.** *(ved at samle spredte oplysninger)* compile (*fx* a list, a report, statistics, a dictionary); **3.** *(forfatte,* F*)* compose (*fx* a letter, a reply, a sermon, a speech).
udarbejdelse *sb. (en, -r) (jf. udarbejde)* **1.** preparation; **2.** compilation; **3.** composition;
□ *under* ~ in (course of) preparation, being prepared.
udarte *vb.* degenerate;
□ *hvis det ikke -r (også)* if it does not get out of control; ~ ***til*** degenerate into, deteriorate into (*fx* the discussion degenerated (*el.* deteriorated) into a quarrel); develop into (*fx* the demonstration developed into a fight with the police).
udaset *adj.* worn out; T done in, fagged out, dead beat.
udateret *adj.* undated.
udbasunere *vb.* spread abroad; *(stærkere)* trumpet abroad; proclaim from the housetops.
udbede *vb.:* ~ *sig* ask for (*fx* further information); F request (*fx* we request the pleasure of...); *jeg -r mig tilbud på* please send me your quotation(s) for; *svar -s (fork. s.u.)* RSVP (*fork.f.* répondez s'il vous plaît); please reply.
udbedre *vb.* repair; *(især om mindre udbedring)* mend.
udbedring *sb. (en, -er) (jf. udbedre)* **1.** *(det at udbedre)* repairing; mending; **2.** *(enkelt)* repair; mend.
udbene *vb.* bone (*fx* a chicken, a fish); fillet (*fx* herrings).
udbetale *vb.* **1.** pay (out); **2.** *(om check etc.)* cash;
□ *som kan (el. skal) -s* payable; ~ *en prioritet* pay off (*el.* redeem) a mortgage.
udbetaling *sb. (en, -er)* **1.** payment; **2.** *(som del af større beløb)* down payment, deposit;
□ ~ *£500 og resten i rater* £500 down and the balance by instalments;
[med vb. + præp.] ***anvise*** *et beløb* ***til*** ~ order an amount to be paid out; ***forfalde til*** ~ fall due; ***give*** *£500* ***i*** ~ pay £500 down.
udbetalingsdag date of payment.
udbetalingskort *(til giro)* (Giro) payment order.
udblik *sb. (et, -)* view (*over* of); *(glimt)* glimpse, peep (*over* of).
udblokke *vb. (om fodtøj)* tree, stretch.
udblæse *vb. (en kedel)* blow off (*el.* out).
udblæsning *sb. (en, -er)* **1.** *(af kedel)* blowing off; **2.** *(motors) se udstødning*;
□ *fri* ~ open exhaust; *for fuld* ~ at full throttle; *(fig. også)* full blast (*fx* a radio going full blast).
udbløde *vb.* soak, steep; F macerate.
udbombe *vb.* bomb out.
udbombet *adj.* **1.** *(om bygning, familie)* bombed out; **2.** *(*T*: udmattet)* knackered, dead beat, whacked.
udbore *vb.* **1.** bore (out); **2.** *(bilmotor)* rebore; **3.** *(udvide)* widen.
udboring *sb. (en, -er)* **1.** *(det at)* boring (out); **2.** *(hullet)* bore; **3.** *(af bilmotor)* rebore (*fx* the car has

had a rebore).

udbrede *vb. (se også udbredt)* **1.** *(sprede)* spread (*fx* new ideas, terror); *(vidt og bredt)* diffuse (*fx* ideas, information, knowledge); F disseminate (*fx* ideas, information, knowledge);
2. *(tale for)* propagate (*fx* ideas, the faith);
3. *(udsende)* give out (*fx* heat, a delicious smell); F diffuse (*fx* heat, a scent);
4. *se brede ((sig) ud)*;
□ ~ *kendskabet til* extend people's knowledge of; ~ *et rygte* spread (*el.* circulate) a rumour; T put about a rumour; ~ *sig om* ***sig om*** *(el. over)* speak at length about; F enlarge on, expatiate upon; *(højtideligt og kedeligt)* hold forth on.

udbredelse *sb. (en, -r)* **1.** *(det at udbrede, jf. udbrede 1, 2)* spread (*fx* the spread of higher education); spreading; diffusion (*fx* of scientific knowledge); dissemination (*fx* of information, of ideas, of music); propagation;
2. *(forekomst)* distribution (*fx* of plants, of birds);
3. *(af sygdom)* incidence;
4. *(almindelighed,* F*)* prevalence (*fx* estimates on the prevalence of the use of drugs);
5. *(af avis, tidskrift)* circulation;
□ *vinde* ~ *a)* spread, gain ground, become widespread; *b) (blive populær)* become popular.

udbredelsesområde area of distribution.

udbredt *adj.* **1.** spread (*fx* the English language is spread all over the world; he lay with his arms spread);
2. *(almindelig)* widespread (*fx* belief, opinion); widely distributed; F prevalent (*fx* a theory prevalent among nuclear physicists); *(om noget negativt)* endemic (*fx* malaria (, poverty, violence) is endemic in those countries); *(neds.: som breder sig)* pervasive (*fx* the pervasive influence of television);
3. *(om avis)* widely-read;
□ *ligge* ~ spread (*fx* the prairie spreads on every side); stretch, extend (*fx* the prairie stretched (*el.* extended) before us); *det er en* ~ *antagelse (el. opfattelse) at* is is widely believed (*el.* held) that.

udbringe *vb. (breve, varer etc.)* deliver (*fx* meals to elderly people); *(se også leve*[1]*, skål)*.

udbringning *sb. (en, -er)* delivery.

udbrud *sb. (et, -)* **1.** *(begyndelse)* outbreak (*fx* of a disease, of war);
2. *(vulkansk)* eruption;
3. *(anfald)* outburst (*fx* of rage);
4. *(udråb)* exclamation; cry (*fx* with a cry of surprise);
5. *(i fodbold, cykelløb)* breakaway;
□ *komme til* ~ break out.

udbryde *vb. (sige pludseligt)* exclaim (*fx* "Nice of him!" she exclaimed); cry; *(heftigt)* burst out (*fx* "Don't", he burst out);
□ *der udbrød ild (, krig)* a fire (, a war) broke out.

udbryder *sb. (en, -e)* **1.** *(fra fængsel)* gaol-breaker; escaped convict;
2. *(i cykelløb)* breakaway;
3. *(i politik)* politician who has broken away from his party;
□ *-e (jf. 3)* breakaway group, breakaway faction, splinter group sg.

udbrydergruppe *(løsrivelses-)* breakaway group, splinter group.

udbryderkonge escape artist.

udbryderstat breakaway state.

udbrænde *vb. (se også udbrændt)* **1.** burn out;
2. *(rense ved brænding)* cleanse by burning; *(sår)* cauterize;
□ *huset udbrændte* the house was burnt out (*el.* gutted).

udbrænding *sb. (en, -er)* cleansing by burning; *(med.)* cauterization.

udbrændt *adj.* **1.** burnt-out (*fx* building, car, house); *(om hus også)* gutted;
2. *(om person: som ikke kan yde mere)* burnt-out (*fx* poet); *(træt også)* washed-out.

udbrændthed *sb. (en)* burnout (*fx* suffer from burnout; employees there display less burnout).

udbud *sb. (et, -)* **1.** *(af varer)* supply; *(noget at vælge imellem)* choice, range (*fx* a wide choice (*el.* range) of goods); **2.** *(i licitation)* invitation to tender;
□ ~ *og efterspørgsel* supply and demand.

udbudsøkonomi supply-side economics.

udbyde *vb.* offer (*fx* offer sth for sale);
□ ~ *i licitation* invite tenders for; ~ *et lån* invite subscriptions for a loan.

udbygge *vb.* **1.** *(udvide)* enlarge, extend (*fx* a house);
2. *(udforme nærmere)* work out; F elaborate (*fx* a theory);
3. *(forbedre)* develop.

udbygning *sb. (en, -er)* **1.** *(til el. på hus)* addition, extension; *(udhus)* outhouse; *(fremspring)* projection;
2. *(det at udbygge)* enlargement, extension;
3. *(nærmere udformning)* working out; F elaboration;
4. *(forbedring)* development.

udbytning *sb. (en, -er)* **1.** exploitation; **2.** *(af arbejdskraft)* sweating.

udbytte[1] *sb. (et, -r)* **1.** *(fortjeneste)* profit; profits pl.; *(provenu)* proceeds pl. (*af* of, from, *fx* a sale);
2. *(afkast)* return (*af* on, *fx* get a good return on the shares); returns pl. (*af* on, *fx* disappointing returns on investment); yield (*af* on, *fx* securities); *(aktieudbytte)* dividend (on shares) (*fx* interim dividend);
3. *(jagt-)* bag (*fx* they got a good bag);
4. *(høst- etc.)* yield (*fx* give a good yield);
5. *(af tyveri)* haul; T loot, take; F proceeds pl.;
6. *(fordel)* profit; *(gavn)* benefit;
□ *give* ~ *a) (jf. 1)* yield a profit; *b) (om aktie)* yield a dividend; *have* ~ *af (jf. 6)* profit (, benefit) by (*el.* from); F derive profit (, benefit) from; *med* ~ *a)* at a profit (*fx* sell sth at a profit); *b) (fig.)* with profit (*fx* read a book with profit).

udbytte[2] *vb.* **1.** exploit; **2.** *(give sulteløn)* sweat.

udbyttedeling profit-sharing.

udbyttekupon dividend warrant.

udbytter *sb. (en, -e)* **1.** exploiter;
2. *(af arbejdskraft)* sweater.

udbytterig *adj.* profitable (*fx* journey); rewarding (*fx* experience, discussion).

udbytteskat [withholding tax on dividends].

uddanne *vb. (se også uddannet)* **1.** *(især praktisk; til bestemt erhverv, færdighed)* train (*fx* train the soldiers for guerilla warfare; train her voice; she was trained to be a doctor (, a gardener)); *(se også ndf.:* ~ *(sig) som (, til))*;
2. *(om boglig, almen uddannelse, oftest i forbindelse med uddannelsesstedet)* educate (*fx* she was educated at a school in France (, at Oxford); he wants to be educated; he said that mathematicians are not educated, just trained);
[med præp.] ~ *en* ***i*** *noget a)* train sby in sth; *b) (undervise)* instruct sby in sth; ~ ***som***, ~ ***til*** *a) (om erhverv)* train as (*fx* she was trained as a teacher (, singer, nurse)); train to be (*fx* a doctor, an actress, a lawyer); *b) (om stilling)* train for (*fx* train them for jobs in industry);
[med sig] ~ ***sig*** be trained; be

educated; ~ ***sig i*** learn (*fx* a subject, a trade); study (*fx* a language); ~ ***sig som*** *a)* train as; *(se ndf.: ~ sig til)*; *b) (tage eksamen)* qualify as (*fx* a doctor, a teacher); ~ ***sig til*** *a) (om erhverv)* train as (*fx* she is training as an engineer (, a nurse)); train to be (*fx* a doctor, an actress, a gardener, a lawyer, a research scientist); *b) (til stilling)* train for (*fx* it is time he began training for something); *(blive færdig)* qualify for (*fx* a job).

uddannelse *sb. (en, -r)* **1.** *(især praktisk; til bestemt erhverv, færdighed)* training (*fx* get training in a skilled trade (, as a nurse); give them training in computer programming; there is a need for some form of training for school leavers; people with different training(s); he hasn't had a training; all women ought to have a training of some kind);
2. *(især boglig & almen)* education (*fx* lack of education; higher education; education and training for new technologies; she has a good (, an academic) education; his plans for an education; he hasn't had an education);
3. *(kursus, studium)* course (*fx* introduce new (, longer, shorter) courses; at the end of the course); course of education (*fx* students who are undertaking a full-time course of education); *(ved universitet etc. også)* degree course (*fx* the number of students taking degree courses); *(afsluttet)* degree (*fx* he took a degree in biology);
□ *af* ~ by training (*fx* he is an engineer by training); *(de) højere -r* higher education sg. (*fx* cutbacks in higher education); *korte(re) -r a)* short-term training sg.; *b) (jf. 3)* short courses;
[med vb.] få sin ~ be trained (, educated); *(mere* F*)* receive one's training (, education); *du må tage dig en* ~ you must get yourself trained for something; you must go in for a career.

uddannelsescenter education (, training) centre.

uddannelsesforløb **1.** course; **2.** *(uddannelse)* education.

uddannelseskløft education gap.

uddannelsesløn student wage.

uddannelsesplads **1.** *(ved undervisningsanstalt)* place; **2.** *(i erhvervslivet)* training place, placement.

uddannelsespolitik education policy.

uddannelsesstilling training post.

uddannelsesstøtte educational aid from public funds; study (*el.* student) grant;
□ *statens* ~ [the State Education Fund].

uddannelsessøgende *adj. (brugt som sb.)* student; student following a course of (further) education.

uddannelsesvæsen education system.

uddannet *adj.* trained, qualified (*fx* nurses);
□ ~ *til at* qualified to (*fx* teach English); *fuldt* ~ fully trained, fully qualified.

uddata *sb.pl. (i edb)* output sg.

uddebatteret *adj.* exhausted (*fx* that subject has been exhausted).

uddele *vb.* **1.** *(udlevere, give)* distribute (*fx* gifts, money among the poor); issue (*fx* rifles to the troops); T dish out (*fx* medals, rifles, praise); *(fordele ligeligt)* share out (*fx* money, food); *(i sparsomme portioner)* dole out (*fx* money, food);
2. *(dele rundt)* distribute, hand out, give out (*fx* leaflets, examination papers); T dish out (*fx* examination papers);
□ ~ *ordrer* give orders; ~ *en præmie (, pris) a)* award a prize (*fx* the Nobel Prize); *b) (overrække)* give away a prize (*fx* at a school); ~ *rollerne i et stykke* cast a play; *(se også legat*[1]*)*.

uddelegere *vb.* delegate (*fx* responsibilities).

uddeler *sb. (en, -e) (i brugsforening)* manager of a cooperative store.

uddeling *sb. (en, -er) (jf. uddele)* **1.** distribution, issue (*fx* the issue of firearms); dishing out; doling out; **2.** distribution, handing out, giving out; dishing out;
□ ~ *af roller* casting.

uddifferentiere *vb.* differentiate.

uddrag *sb. (et, -)* extract (*af* from); *(længere)* excerpt (*af* from);
□ *bringe noget i* ~ publish (, broadcast) extracts from sth.

uddrage *vb.* **1.** extract (*af* from, *fx* extract the most important passages from a book);
2. *(mat.)* extract;
□ ~ *roden af et tal* find (*el.* extract) the root of a number; ~ *en lære (, morale) af* draw (*el.* point) a moral from; ~ *en slutning af* draw a conclusion from.

uddrive *vb.* **1.** drive out; F expel; **2.** *(ond ånd)* exorcise; **3.** *(kem.)* drive off.

uddrivelse *sb. (en, -r) (jf. uddrive)* **1.** expulsion; **2.** exorcism; **3.** driving off;
□ *-n af paradiset* the expulsion from Paradise.

uddybe *vb.* **1.** *(gå nærmere ind på)* go into details about (*fx* one's plans); develop further (*fx* could you develop that point further?); go more thoroughly into (*fx* a question); F enlarge on (*fx* one's plans, a proposal, a question, a statement); elaborate (on) (*fx* a description, a question; the minister refused to elaborate on the nature of the reforms);
2. *(klargøre)* clarify (*fx* the point; a statement, a remark);
3. *(gøre dybere)* deepen; *(opmudre også)* dredge;
□ ~ *sit kendskab til* improve one's knowledge of; *det har -t kløften mellem dem (fig.)* it has widened the gap between them.

uddybning *sb. (en, -er) (jf. uddybe)* **1.** elaboration; **2.** clarification; **3.** deepening; dredging.

uddykke *vb. se dykke (ud).*

uddø *vb.* **1.** die out, become extinct; **2.** *(om sted: blive øde)* become deserted.

uddød *adj.* **1.** extinct; **2.** *(folketom)* deserted.

ude *adv.* **1.** out; *(udenfor også)* outside;
2. *(i fri luft)* in the open (air), out of doors;
3. *(i udlandet)* abroad;
4. *(forbi)* at an end (*fx* all hope is at an end); up (*fx* (the) time is up; the game is up *(spillet er ude)*);
□ *han er* ~ ***at*** *gå en tur* he has gone for a walk; *være* ~ *at løbe* be out running; *(se også rejse*[2]*, svømme, tjene)*; ***der*** ~ out there; ***her*** ~ out here;
[med præp.] være helt ~ ***af det*** be all cut up (*el.* worked up); be upset; *være* ~ ***af sig selv*** be beside oneself (*fx* with joy, with rage); *(stærkere)* be out of one's mind; F be distracted; *(se også stand, syn)*;
være ~ ***efter*** *a) (ville have)* be out for (*fx* compliments, money; sby's blood); *b) (være på jagt efter)* be after (*fx* a job; the police are after him); *c) (neds.)* be after (*fx* sby's job, sby's money, sby's wife); have designs on (*fx* her, sby's money); *(se også ndf.: ~ på; han var hele tiden ~ efter mig (ɔ: kritiserede etc.)* he was getting at me all the time;
være ~ ***for*** meet with (*fx* an accident; I never met with anything as awful as this); be involved in

(*fx* an accident); experience (*fx* similar problems);
det er ~ ***med*** *ham* it is all up with him, he is done for;
han var selv ~ ***om*** *det* he only got what he asked for; he was asking for it; T he had it coming; F he brought it on himself;
være ~ ***over*** be past (*fx* they are past all that now); *(se også ungdom)*; *vi er ~ over den vanskelighed* we have got over that difficulty; *nyheden er ~ over hele byen* the news is all over the town;
hvad er han ~ ***på?*** *a) (ɔ: jeg forstår ham ikke)* what's he at? *b) (neds.: om skumle planer)* what's he up to? what's his little game?
være ~ på ballade be looking for trouble; *~ på havet* (out) at sea; *~ på landet* (out) in the country;
være ~ ***på at*** be out to (*fx* get him; impress the others);
~ ***til*** *middag se middag.*

udearbejde *sb. (et)* **1.** *(udendørs)* outdoor work; **2.** *(uden for hjemmet)* work outside the home, outside work;
□ *hun har ~ (jf. 2)* she goes out to work; she works outside the home.

udearbejdende *adj. (efter sb.)* with a job outside the home;
□ *hun er ~* she goes out to work, she works (*el.* has a job) outside the home; *~ husmor* housewife working outside the (*el.* away from) home, working mother, working wife.

udebane away ground;
□ *spille på ~* play away; *kamp på ~* away match.

udeblive *vb.* **1.** *(ikke møde op)* stay away, fail to come (*el.* turn up);
2. *(jur.)* fail to appear in court, default;
3. *(ikke ske)* not take place; T not come off (*fx* the demonstration did not take place (, come off));
F not materialize (*fx* the expected effect (, result) did not materialize);
4. *(ikke komme til ventet tid)* be overdue (*fx* the mail was overdue);
□ *de udeblevne* those absent; those who did not turn up.

udeblivelse *sb. (en, -r)* **1.** absence; failure to appear; **2.** *(fra retten)* default.

udeblivelsesdom *(jur.)* judgment by default.

udeboende *adj. (efter sb.)* living away;
□ *være ~* live away.

udefinerbar, **udefinerlig** *adj.* indefinable.

udefra *adv.* **1.** from (the) outside (*fx* no light could be seen from outside; I only saw the house from the outside); *(glds.)* from without; **2.** *(fra udlandet)* from abroad;
□ *hjælp ~ (også)* outside help.

udefter *adv.* **1.** outwards (*fx* the door opens outwards); out (*fx* row out); **2.** *(sø.)* off from the land, seawards (*fx* we sailed seawards).

udehold visiting team.

udekamp *(i fodbold)* away match.

udelade *vb.* leave out; F omit;
□ *udeladt (om telefonnummer)* ex-directory; *(am.)* unlisted.

udeladelse *sb. (en, -r)* omission.

udelelig *adj.* indivisible.

udelelighed *sb. (en)* indivisibility.

udelikat *adj.* unsavoury.

udelt *adj.* **1.** undivided (*fx* the property will remain undivided in his possession);
2. *(fig.)* undivided (*fx* attention, interest); unqualified (*fx* admiration); wholehearted (*fx* approval); unreserved (*fx* attention, approval);
3. *(i skole: mods. kursusdelt)* mixed-ability (*fx* class);
□ *~ glæde* unmixed joy; *~ skole (svarer til)* comprehensive school.

udeltagende[1] *adj.* indifferent, cold.

udeltagende[2] *adv.* indifferently, coldly.

udelukke *vb.* **1.** *(fysisk: forhindre adgang for)* shut out (*af, fra* from, *fx* shut out all light from the room; shut out the air (, noise));
F exclude (*af, fra* from, *fx* all air must be excluded from the bottle);
2. *(nægte adgang)* shut out (*af, fra* of, *fx* shut their fishermen out of our waters; shut all thought of it out of one's mind); F exclude (*af, fra* from, *fx* pupils from school, women from priesthood); bar (*af, fra* from, *fx* sby from a club (, a competition)); *(ved officielt forbud)* ban (*af, fra* from, *fx* dogs are banned from parks; he was banned from (attending) the meeting); *(ved lov)* debar (*af, fra* from, *fx* policemen are debarred from membership of this committee by statute);
3. *(udvise)* expel (*fra* from, *fx* sby from a club);
4. *(forhindre)* prevent; F preclude (*fx* all doubts; mistakes, misunderstandings);
5. *(betragte som umulig)* exclude, rule out (*fx* the possibility that ...); eliminate (*fx* we can eliminate two of the suspects);
□ *de to ting -r ikke hinanden* the two things are not mutually exclusive.

udelukkelse *sb. (en, -r) (jf. udelukke)* **1.** exclusion; **2.** exclusion; banning; debarring; **3.** expulsion; **4.** preclusion; **5.** exclusion; elimination.

udelukkelsesmetoden: *ved ~* by a process of elimination.

udelukkende *adv.* **1.** *(kun)* only (*fx* she only wanted him to die);
F solely (*fx* it is solely a question of money); exclusively (*fx* they live exclusively on vegetables; the school is exclusively for boys);
2. *(helt)* entirely (*fx* it is entirely my fault; they lived all their lives entirely on the farm);
3. *(simpelthen)* simply (*fx* he did it simply to tease her; it is simply a question of money).

udelukket *adj.: det er ~* it is out of the question; it is impossible;
T it's not on; *~ fra* shut out of (etc.) *(se udelukke).*

udemiljø outdoor environment.

udemokratisk[1] *adj.* undemocratic.

udemokratisk[2] *adv.* undemocratically.

uden *præp.* **1.** without (*fx* help, money, sleeves, chairs) *(NB tælleligt sb. har ubestemt artikel, fx* walk without a stick; travel without a ticket*); (gengives ofte ved)* -less (*fx* he went hatless; a sleeveless dress; it is meaningless);
2. *(ikke iberegnet)* exclusive of (*fx* the price is £75 exclusive of VAT);
3. *(undtagen)* except (*fx* no one except him); but (*fx* no one but he (*el.* him) would have thought of it);
□ *det er ~ interesse (, værdi)* it is of no interest (, value);
[med: at] ~ ***at*** *(+ inf.)* without -ing (*fx* without knowing it); *~ at blive set* unseen; *~ at lade sig forstyrre af* undisturbed by; *~ at jeg vidste det* without my knowing it, unknown to me;
[med præp.] ~ ***for*** *a)* outside (*fx* the town, the door, his competence); out of (*fx* England, danger, reach; keep out of their quarrel); *b) (foran)* in front of (*fx* the house); *~* ***om*** round; *gå (, komme) ~ om se gå, komme*[2]; *~* ***på*** *a)* on the outside of; *b) (om overtøj etc.)* over (*fx* he wore a mackintosh over his greatcoat);
han havde skjorten ~ på bukserne he wore his shirt outside

his trousers; ~ *videre se videre*[2].
udenad *adv.* by heart (*fx* I know it (off) by heart); *(især neds.)* by rote; *(se også lære*[3]*).*
udenadlært *adj. (efter sb.)* learnt by heart; *(neds.)* learnt by rote;
□ *det han sagde var kun en ~ lektie* he was only saying his piece.
udenadslære *sb. (en)* learning by heart; *(neds.)* learning by rote, rote learning.
udenbords[1] *adj. (sø.)* outboard (*fx* engine).
udenbords[2] *adv. (over bord)* overboard.
udenbys[1] *adj.* non-resident (*fx* voter); non-local.
udenbys[2] *adv.* outside the town, out of town.
udendørs[1] *adj.* **1.** *(i det fri)* outdoor (*fx* life, games); **2.** *(uden for huset)* outside (*fx* lavatory).
udendørs[2] *adv.* out (of doors) (*fx* sit out of doors).
udendørsarbejde outdoor work.
udendørsoptagelse *(foto.)* outdoor shot.
udenfor *adv.* **1.** outside (*fx* outside in the garden; go outside); **2.** *(fig.: ikke med)* out of it (*fx* he is old, he is out of it);
□ *føle sig ~ a)* feel out of it, feel out of things, feel left out; *b) (fordi man er anderledes)* feel odd man out; *holde én ~* leave sby out; *holde sig ~ a)* keep out of it; *b) (ikke ville mænge sig)* stand aloof; *sætte én ~ (i skole)* send sby out (of the room) (*el.* outside).
udenforstående *adj. (brugt som sb.)* outsider; *(upartisk)* detached spectator, third party;
□ *en ~ betragter* a detached spectator, an outsider.
udenlands *adv.* abroad.
udenlandsdansker = *udlandsdansker.*
udenlandsk *adj.* foreign.
udenlandsrejse journey abroad;
□ *tage på en ~* go abroad.
udenom *adv.* round it; *(*round *er præp. og kræver styrelse, fx* a house with a garden round it*); (se også gå, knibe*[1]*, komme*[2]*, vej (ingen vej ~)).*
udenomsbekvemmeligheder *sb.pl.* **1.** offices; **2.** *(toilet)* convenience.
udenomsparlamentarisk *adj.* extraparliamentarian.
udenomsplads *(udhuse etc.)* outbuildings pl.
udenomssnak irrelevant talk; T fudge;
□ *komme med ~* beat about the bush; fudge the issue; F prevaricate.
udenpå *adv.* outside, on the outside.
udenret(s)lig *adj.: -t forlig* out-of-court settlement.
udenrigsfart foreign trade;
□ *sejle i ~* be in the foreign trade.
udenrigshandel foreign trade.
udenrigsk *adj.* foreign.
udenrigskorrespondent foreign correspondent.
udenrigsminister foreign minister, minister for foreign affairs; *(i Engl.)* Foreign Secretary, Secretary of State for Foreign Affairs; *(am.)* Secretary of State.
udenrigsministerium ministry of foreign affairs; *(i Engl.)* Foreign Office; *(am.)* State Department.
udenrigspolitik 1. *(i almindelighed)* foreign affairs (*fx* he is interested in foreign affairs);
2. *(bestemt politik)* foreign policy (*fx* he criticized the Government's foreign policy).
udenrigspolitisk *adj. (efter sb.)* relating to foreign politics; *(attr.)* foreign-policy, foreign;
□ *~ nævn* foreign-policy committee.
udenrigstjeneste foreign service.
udensogns *adj.* extra-parochial.
udenværkerne *sb.pl.* **1.** *(mil.)* the outworks; **2.** *(fig.)* the less important aspects.
udeoptagelse *(af film)* **1.** *(generelt)* location shooting; **2.** *(enkelt optagelse)* location shot.
udesejr *(i fodbold)* away win.
udestue *(omtr.)* patio.
udestå *vb.* remain.
udestående[1] *sb. (et)* **1.** *(hdl.: krav)* claim; *(tilgodehavende) se tilgodehavende*[1] *1, mellemværende 1;* **2.** *(strid) se mellemværende 2.*
udestående[2] *adj.: ~ fordring* debt, outstanding account; *~ fordringer* book debts.
udetillæg overseas allowance, expatriation allowance.
udfald *sb. (et, -)* **1.** *(resultat)* result, outcome; T upshot;
2. *(i fægtning & gymnastik)* lunge;
3. *(mil.: fra belejret sted)* sortie;
4. *(angreb i ord)* attack (*mod* on);
5. *(det at falde ud)* falling out;
6. *(elek.: strømafbrydelse)* power failure;
7. *(edb)* dropout;
□ *dårligt ~* failure; *heldigt ~* success; *få et heldigt ~* turn out well, prove a success, be successful; *få et andet ~* turn out differently; *komme med ~ mod (jf. 4)* attack.
udfaldsport 1. *(mil.)* sally-port;
2. *(fig.)* gateway (*fx* Bristol was the gateway to the Atlantic).
udfaldsvej radial road;
□ *alle -e var spærret* all roads leading out of town were blocked.
udfaldsvinkel angle of reflection.
udfase *vb.* phase out.
udfinde *vb. (finde ud af)* make out; *(se også udtænke).*
udflage *vb. (sø.)* reflag.
udflagning reflagging.
udfletning 1. *(af trafik)* weaving;
2. *(af vej)* interchange.
udfletningsanlæg *(ved motorvej)* approach system.
udflippet *adj.* T freaked out.
udflugt *sb. (en, -er)* **1.** *(tur)* outing (*fx* a Sunday school outing); trip; F excursion; *(med madpakker)* picnic;
2. *(undvigende svar)* evasive answer, quibble;
3. *(undskyldning)* excuse;
□ *-er (jf. 2)* quibbles; F prevarications; evasion sg.; *komme med -er a) (jf. 2)* quibble, beat about the bush; F prevaricate; *b) (jf. 3)* make excuses.
udflugtsområde recreational area.
udflugtssted resort.
udflugtstog excursion train.
udflydende *adj.* **1.** flowing out;
2. *(udvisket)* blurred, blurry.
udflytning moving out.
udflytter *sb. (en, -e)* [person moving to a (newly developed) suburb].
udflyttergård outlying farm.
udflåd *sb. (et)* discharge; *(med.)* flux.
udfolde *vb.* **1.** *(bruge, sætte ind)* use (*fx* all one's skill to achieve sth (, convince sby));
2. *(udvise)* show (*fx* great courage); F display (*fx* skill, great activity, great courage);
3. *se folde (ud);*
□ *~ store anstrengelser for at* make great efforts to; *~ sin charme* turn on the charm; *[med sig] ~* **sig** *se folde (sig ud); lade ham få lov til at ~ sig a) (lade ham vise hvad han duer til)* let him show what he can do; *b) (lade ham more sig for en tid)* let him have his fling; *c) (stille ham frit)* give him a free hand.
udfoldelse *sb. (en, -r)* **1.** *(fig.)* display (*fx* of skill); **2.** *(udvikling)* development;
□ *bringe til ~* develop, bring out; *under ~ af* displaying, with a display of; with (*fx* with great splendour).
udfoldelsesmuligheder *sb.pl.* opportunities for development (, self-realization);
□ *give børnene ~* provide the

children with outlets for their energy.

udfordre *vb.* challenge (*til* to, *fx* a duel, a fight, a match); *(se også udfordrende)*;
□ ~ *skæbnen* tempt providence; court disaster; T push one's luck; *det er at ~ skæbnen (også)* that is asking for trouble; ~ *en* ***til at*** *a)* challenge sby to (*fx* fight); *b) (for at prøve ens mod)* dare sby to (*fx* contradict; jump across the river).

udfordrende[1] *adj.* **1.** challenging (*fx* he didn't find the job sufficiently challenging; a challenging attitude (, look, stare); he put his ideas in a challenging form); *(stærkere: provokerende)* provocative (*fx* speech);
2. *(trodsig)* defiant;
3. *(erotisk ~)* provocative (*fx* dress).

udfordrende[2] *adv.* *(jf. udfordrende[1])* **1.** challengingly (*fx* he looked challengingly at me); provocatively; **2.** defiantly.

udfordrer *sb. (en, -e)* challenger.

udfordring *sb. (en, -er)* challenge (*fx* seek new challenges).

udforme *vb.* **1.** *(udarbejde)* work out (*fx* a theory);
2. *(formulere, opstille)* draw up (*fx* a letter, a list, a plan); F frame (*fx* a theory, a reply, legislation, a policy);
3. *(give form)* design, shape;
4. *(~ nærmere)* elaborate; *(give bedre form)* improve;
□ ~ *en skitse til* draft.

udformning *sb. (en, -er) (jf. udforme)* **1.** working out; **2.** drawing up; **3.** shaping, designing; **4.** elaboration; improvement;
5. *(ordlyd)* wording;
6. *(form)* design, shape;
7. *(om den måde noget fremtræder på)* presentation (*fx* the presentation of the motif; the artistic presentation);
8. *(udgave)* version (*fx* the first version of the portrait; a modern version of an antique lamp).

udforske *vb.* **1.** *(gå el. rejse på opdagelse i)* explore; **2.** *(fig.: undersøge)* look into (*fx* the consequences, the mystery); examine; F explore (*fx* the possibilities).

udforskning *sb. (en, -er)* exploration.

udfri *vb.* **1.** release (*af* from, *fx* release sby from captivity; death released him from his sufferings); *(mere* F*)* liberate (*af* from, *fx* poverty); *(glds.)* deliver (*af* from, *fx* slavery); **2.** *(redde)* rescue.

udfrielse *sb. (en)* **1.** release; *(mere* F*)* liberation; *(glds.)* deliverance (*fx* from slavery); **2.** *(redning)* rescue.

udfritte *vb.* question closely;
T pump.

udfylde *vb.* **1.** *(hulrum)* fill up, fill in;
2. *(blanket etc.)* fill in, complete; *(am. også)* fill out;
3. *(plads, savn)* fill;
4. *(tid)* fill (in) (*fx* a pause);
5. *(det manglende)* complement;
□ *i udfyldt stand (om blanket)* duly filled in (*el.* completed); ~ *et tomrum* fill a vacuum (*fx* the new party filled a political vacuum); fill a gap (*fx* nobody can fill the gap left by him).

udfyldning *sb. (en, -er)* **1.** filling up; filling in; **2.** *(af det manglende)* complementing.

udfyldningsopgave filling-in exercise; *(prøve)* completion test.

udfælde *vb.:* ~ *sig* precipitate.

udfældning *sb. (en, -er)* precipitation.

udfærdige *vb.* **1.** *(affatte)* draw up (*fx* a document, a list, a letter, a report); make out (*fx* a bill, a cheque); **2.** *(udstede)* issue (*fx* a certificate).

udfærdigelse *sb. (en, -r)* **1.** drawing up; **2.** *(udstedelse)* issue.

udføre[1] *vb.* **1.** *(~ i praksis)* carry out (*fx* his instructions, a mission, an order, a plan, a threat; one's duty, one's obligations); F execute (*fx* an order, a piece of work, a plan); *(om pligt også)* perform, discharge (*fx* one's duty, an obligation);
2. *(om kunstværk)* execute; T do (*fx* the statue was done (*el.* executed) in marble; the sonata was badly executed);
3. *(foretage)* do (*fx* one's work, repairs); make (*fx* alterations, experiments, a movement, repairs); F perform (*fx* a dance, an experiment, an operation, a ritual, a trick);
□ ~ *et hverv (el. en opgave)* perform a task; ~ *magi* practise magic; ~ *en rolle* execute (*el.* sustain) a part.

udføre[2] *vb. (eksportere)* export.

udførelse *sb. (en, -r) (jf. udføre[1])* **1.** carrying out (*fx* of orders, of one's duty); execution (*fx* of a plan); performance (*fx* of one's duties, of a task);
2. execution (*fx* his execution of the concerto);
3. performance (*fx* of a ritual);
4. *(om arbejdes kvalitet)* workmanship (*fx* the workmanship in the furniture is very good);
5. *(om vare: udformning)* design (*fx* tasteful (, practical) design); style; *(kvalitet)* quality; *(udgave)* version (*fx* several qualities (, versions) of this article are available);
□ *bringe* ***til*** ~ carry out, carry into effect; put (*fx* a plan) into execution; *det arbejde som er* ***under*** ~ the work in progress (*el.* in hand); ***under*** *-n* ***af*** in the execution of (*fx* obstruct the police in the execution of their duty).

udførlig *adj. (se også udførligt)*
1. *(fyldig)* full, comprehensive (*fx* account, information, report);
2. *(detaljeret)* detailed (*fx* account, description); F elaborate (*fx* description, plans).

udførlighed *sb. (en)* fullness; length; F elaborateness.

udførligt *adv.* **1.** fully (*fx* I shall reply more fully when I get time); at length; **2.** *(detaljeret)* in detail (*fx* describe it in detail);
□ *temmelig ~ a)* at some length; *b)* in some detail.

udførsel *sb. (en)* **1.** *(det at eksportere)* export, exportation (*af* of);
2. *(varerne, det eksporterede)* exports pl. (*fx* our exports exceed our imports).

udførselsforbud, **udførselsoverskud** *(etc.) se eksportforbud, eksportoverskud (etc.).*

udgang *sb. (en, -e)* **1.** *(dør etc.)* exit, way out;
2. *(udløb, om tid)* end (*fx* at the end of the month (, the year); before the end of April);
3. *(resultat)* outcome; F issue; *(slutning)* ending;
4. *(typ.)* break;
5. *(af verselinie)* ending;
6. *(i bridge)* game;
□ *få dødelig ~* end fatally, end in death; *værelse med ~ til haven* a room opening out on the garden.

udgangsbillet*: tage ~ (*T*, let glds.)* clear out, hop it; *(ubemærket)* slip away.

udgangseffekt *(radio)* output power.

udgangsforbud curfew (*fx* impose (, lift) a curfew);
□ *der er ~ i byen* the town is under curfew.

udgangshastighed *(af projektil)* muzzle velocity.

udgangslinie *(mil.)* line of departure.

udgangspunkt **1.** *(for rejse, ekspedition etc.)* starting point (*fx* return to one's starting point);
T jumping-off point (*el.* place) (*for* for);

2. *(fig.)* starting point, point of departure (*fx* take sth as one's starting point (*el.* point of departure)); T jumping-off point (*for* for, *fx* a story); *(basis)* basis (*for* of, *fx* a theory); *(for beregning også)* point of reference, benchmark;
3. *(mat.)* point of origin;
□ *med ~ i* starting from; *med ~ i dette citat* in the light of this quotation; taking this quotation as one's point of departure.
udgangsstilling 1. starting (*el.* initial) position; **2.** *(mil.: for angreb)* attack position, forming-up place; **3.** *(i regnskab)* initial balance.
udgangstilladelse leave; *(til besøg i hjemmet)* home leave;
□ *få ~ (også)* be allowed out (*fx* they were allowed out at weekends).
udgangsøg jade, hack.
udgave *sb. (en, -r)* **1.** edition;
2. *(om vare, historie etc.)* version (*fx* a cheap (, improved, modern) version of the chair; the corkscrew comes in two versions *(..fås i to -r)*; a new version of the story);
3. *(kopi)* replica (*fx* she was a feminine replica of her brother).
udgift *sb. (en, -er) (omkostning)* expense (*for* to, *fx* without expense to you; don't worry about the expense);
□ **-er** *a) (omkostninger)* expenses (*til* for, *fx* expenses for books; pay his travelling expenses); *b) (det der gives ud)* spending (*til* on); F expenditure (*til* on, *fx* food; cut down public spending (, expenditure); limit one's expenditure); *indtægter og -er* receipts and expenditure; *-er til forsvaret* defence spending (, expenditure); *-er til husholdning* household expenses; *-erne ved (at)* the cost of (-ing); *[med adj.] diverse -er* incidental expenses, incidentals; *faste -er a) (på privat budget)* regular outlays (*el.* outgoings); *b) (hdl.)* overhead expenses;
[med vb.] få sine -er dækket get (*el.* have) one's expenses paid; *sætte sig i ~* put oneself to expense.
udgiftsbilag credit voucher.
udgiftskonto expense account.
udgiftspost item of expenditure.
udgiftsside debit side.
udgive *vb.* **1.** *(om forlag, forfatter)* publish; **2.** *(om redaktør)* edit;
3. *(plade, videobånd: udsende)* release;
□ *~* ***for*** pass off as (*fx* he passed the stone off as a diamond); *~* ***sig for*** *a) (sige at man er)* give oneself out to be (*fx* he gave himself out to be an officer (, an expert)); *b) (optræde som)* pose as (*fx* a film crew posing as tourists; he posed as a doctor); pretend to be; (try to) pass oneself off as; *c) (spille, maskere sig som)* impersonate (*fx* he was caught impersonating a police officer); *d) (om ting,* F*)* purport to be (*fx* translations - or what purported to be translations - from the Gaelic).
udgivelse *sb. (en, -r)* **1.** publication; **2.** *(om plade, videobånd)* release.
udgiver *sb. (en, -e)* **1.** publisher;
2. *(redaktør)* editor.
udglatte *vb. se glatte (ud).*
udglattende[1] *adj.* soothing (*fx* remark); F placating.
udglattende[2] *adv.* soothingly; placatingly (*fx* "It'll pass", I said placatingly).
udgløde *vb.* **1.** anneal; **2.** *(noget usmelteligt)* calcine.
udgrave *vb.* **1.** dig out; F excavate;
2. *(grave frem)* dig up; F unearth.
udgravning *sb. (en, -er)* **1.** *(det et grave)* excavation (*fx* the excavation of Stone Age villages);
2. *(enkelt ~)* excavation (*fx* archaeological excavations); T dig;
3. *(hul i jorden)* pit; *(lang, smal)* trench.
udgrunde *vb.* fathom (*fx* the mystery).
udgyde *vb.* pour out;
□ *~ tårer (, blod)* shed tears (, blood).
udgydelse *sb. (en, -r)* **1.** *(fig.)* outpouring (*fx* religious (, nationalistic) outpourings; outpourings of feeling); **2.** *(lang, kedelig, skriftlig)* screed;
□ *poetiske -r* poetic effusions; *hans -r i pressen* his lengthy contributions to the newspapers.
udgøre *vb.* **1.** *(om det noget er sammensat af)* make (*fx* two halves make a whole); make up (*fx* women make up two fifths of the labour force; the individuals that make up the nation); F constitute (*fx* 52 cards constitute (*el.* make up) a pack);
2. *(være)* be (*fx* a minority); F constitute (*fx* a serious risk); form (*fx* this forms the basis of our decision); *(om fare, problem, trussel)* pose (*fx* the country poses a threat to its neighbours);
3. *(repræsentere)* make up, account for (*fx* half the expenditure);
4. *(beløbe sig til)* be, amount to, come to (*fx* the total debt was (*el.* amounted to *el.* came to) £15,000); make;
□ *~ en del af* form part of; *~ et hele* form a whole; *~ i alt* total, make a total of.
udgå[1] *vb. (se også udgået)* **1.** *(udelades)* be left out; F be omitted;
2. *(blive strøget)* be cut out (*fx* the scene was cut out); *(blive slettet)* be struck out; F be deleted;
□ *linie 4 -r (typ.)* delete line 4; *lade ~* leave out; F omit;
[med præp.] punkt 3 -r ***af*** *dagsordenen* item 3 is withdrawn from the agenda; *han (, hesten) udgik af løbet a) (startede ikke)* he (, the horse) was scratched; *b) (faldt fra under løbet)* he (, the horse) dropped out of the race.
udgå[2] *vb. (komme ud, se også udgående): ~* ***fra*** *a) (blive udsendt af)* be sent out by; *(især officielt)* be issued by (*fx* orders sent out (*el.* issued) by them); *b) (udstrømme fra)* emanate from (*fx* their power emanates from the people; a sickening smell emanated from the dead animal); *c) (stråle ud fra)* radiate from (*fx* roads radiating from the town); *(om forgrening)* branch off from (*fx* the main road); *d) (hidrøre fra)* come from; F originate from; *han er -et fra en berømt skole* he has been educated at a famous school; ***lade*** *~ (ɔ: udsende)* send out, publish; F issue; *(se også udgående).*
udgående[1] *sb.: for ~ a) (sø.)* outward bound; *b) (om person)* about to leave, just leaving.
udgående[2] *adj.* **1.** outgoing (*fx* mail); **2.** *(sø.)* outward-bound.
udgået *adj.* **1.** *(om plante)* dead; **2.** *(om vare: udsolgt, præd.)* no longer in stock, out of stock; *(ikke længer i produktion)* discontinued; **3.** *(af spisekort, præd.)* off;
□ *være ~ for noget* have run out of sth, be out of sth.
udhale *vb. (sø.: udruste)* fit out;
□ *-t (i fint tøj)* dressed up (to the nines); *(især om kvinde)* be all dolled up (*el.* decked out).
udhaler *sb. (en, -e)* **1.** *(sø.: tov)* outhaul; **2.** *(udsvævende person)* libertine; *(laps)* fop.
udhamre *vb.* **1.** hammer out;
2. *(hamre jævn)* beat smooth, planish;
□ *som kan -s* malleable.
udholde *vb.* bear, stand; F endure; *(se holde (ud)).*
udholdende[1] *adj. (stædig)* persevering, dogged;

□ *være ~ (i fysisk henseende)* have staying power; F have stamina; be capable of a sustained effort.
udholdende[2] *adv.* doggedly.
udholdenhed *sb. (en)* **1.** *(fysisk)* staying power; F stamina, endurance; **2.** *(stædighed)* perseverance, doggedness.
udholdenhedsprøve endurance test.
udhugge *vb.* **1.** hew (out), cut out; **2.** *(i sten, marmor)* carve; **3.** *(lave huller i, til pynt)* punch out; **4.** *(skov)* thin.
udhule *vb.* **1.** hollow (out); *(med skovl, ske etc.)* scoop out; **2.** *(fig.)* erode (*fx* purchasing power);
□ *(båd lavet af en) -t træstamme* dugout.
udhuling, udhulning *sb. (en, -er) (jf. udhule)* **1.** hollowing (out); scooping out;
2. *(fig.)* erosion (*fx* of purchasing power);
3. *(hulning)* hollow;
4. *(hulrum)* cavity;
5. *(rille)* groove.
udhungret *adj.* starved.
udhus outbuilding, outhouse; *(NB am. er* outhouse = *das)*;
□ *-ene (også)* the offices.
udhvilet *adj.* rested, refreshed.
udhæng *sb. (et, -) (af tag)* eaves pl.
udhængende *adj.* overhanging.
udhængsark *(typ.)* sheet from the machine, specimen sheet, clean sheet.
udhængsskab showcase.
udhæve *vb.* **1.** *(med kursivskrift)* italicize; **2.** *(med fede typer)* print in bold type; **3.** *(fremhæve)* emphasize;
□ *de -de ord* the words in italics (, in bold type); *-t af os* our italics.
udhævelse *sb. (en, -r): -rne er af os* our italics.
udiplomatisk[1] *adj.* undiplomatic.
udiplomatisk[2] *adv.* undiplomatically.
udisciplineret[1] *adj.* undisciplined.
udisciplineret[2] *adv.* in an undisciplined manner.
udjævne *vb.* **1.** *(glatte)* smooth; *(udglatte)* smooth out (*fx* a crease);
2. *(planere)* level;
3. *(udligne)* equalize (*fx* incomes);
4. *(mindske)* reduce (*fx* the difference);
5. *(bilægge)* settle (*fx* they settled their differences); straighten out.
udjævning *sb. (en, -er) (jf. udjævne)* **1.** smoothing; **2.** levelling; **3.** equalization; **4.** reduction; **5.** settlement.
udkald call (*til* for, *fx* I missed the call for my flight);
□ *sidste ~ a)* final call; *b) (fig.)* the last chance.
udkant edge (*fx* on the edge of the lawn (, forest)); *(yderste ~)* fringe (*fx* on the fringe of the crowd (, forest, town)); *(af by især)* outskirts pl. (*fx* live on the outskirts of the town);
□ *i -en af* on the edge (, fringe, outskirts) of *(se ovf.)*.
udkast 1. (rough) draft, sketch; **2.** *(i boldspil)* throw-out;
□ *~ til* draft of (*fx* a draft of the terms of reference); draft *(attr.)* (*fx* draft terms of reference, a draft proposal).
-udkast draft *(attr.)* (*fx* a draft resolution (, proposal, bill)).
udkaste *vb.: ~ en plan* form *(el.* suggest) a plan; *~ en tanke* throw out a suggestion.
udkig[1] *sb. (et)* **1.** lookout; **2.** *(udsigt)* view (*over* of); *(glimt)* glimpse, peep (*over* of);
□ *holde (skarpt) ~* keep a (sharp) lookout; *holde ~ efter, være på ~ efter* be on the lookout for, be looking out for (*fx* a job).
udkig[2] *sb. (en) (sø.)* lookout (man).
udkigsmand lookout (man).
udkigspost lookout (post), observation post.
udkigstønde *(sø.)* crow's nest.
udkigstårn *(på bygning)* turret; *(se også udsigtstårn)*.
udklasse *vb.* outclass.
udklip *sb. (et, -)* cutting; *(også am.)* clipping;
□ *~ af aviser* press cuttings; *(am.)* (newspaper) clippings.
udklipsbureau press-cutting agency; *(am.)* clipping bureau.
udklædning *sb. (en, -er)* **1.** *(det at klæde sig ud)* dressing up;
2. *(dragt)* get-up.
udklædt *adj.* **1.** dressed up (*som* as); T got up (*som* as); **2.** *(i maskeradedragt, præd.)* in fancy dress (*fx* people in fancy dress).
udklække *vb.* **1.** hatch (out) (*fx* chickens); **2.** *(producere, om skole etc. fig.)* turn out (*fx* new students); **3.** *(udspekulere)* hatch (up) (*fx* a plan).
udklækning *sb. (en, -er)* hatching.
udklækningsanstalt 1. hatchery; **2.** *(fig.)* nursery, breeding ground (*fx* of young rebels).
udkoble *vb. se koble (ud)*;
□ *køre med -t motor* coast.
udkobling *sb. (en, -er)* declutching.
udkog *sb. (et)* decoction.
udkokset *adj. (*T*: udmattet)* whacked, washed out, knackered.
udkommandere *vb.* **1.** call out (*fx* a force of police was called out);
2. *(mil., sø., om enkeltperson)* appoint;
□ *blive -t med (jf. 2)* be appointed to (*fx* a gunboat).
udkomme[1] *sb. (et)* livelihood, living;
□ *have sit gode (el. rigelige) ~* be comfortably off, suffer no want; *tjene til -t* earn one's living.
udkomme[2] *vb.* **1.** *(om bog etc.)* be published, appear, come out;
2. *(om plade, videobånd)* be released;
□ *lige -t* just out, just published.
udkonkurrere *vb.* **1.** *(overgå)* outdo (*fx* he outdid all the others);
2. *(et firma)* drive (*fx* a firm) out of competition; outcompete (*fx* a firm, another country); *(så det lukker)* drive (*fx* a firm) out of business;
3. *(om vare: sælges bedre end)* outsell (*fx* Japanese cars outsold American ones); *(ved lavere pris)* price out (*fx* Danish meat was priced out).
udkrads *sb. (et)* scrapings pl.; *(klump)* dottle.
udkradse *vb.* scrape (out).
udkrystallisere *vb.: ~ sig* crystallize.
udkræve *vb.* call for, require.
udkæmpe *vb.* **1.** fight (*fx* a battle, a boxing match); **2.** *(i boldspil)* play (*fx* a match).
udkørsel *sb. (en, udkørsler)*
1. *(sted)* way out, exit; *(vej)* drive;
2. *(i edb)* run; **3.** *(af varer)* delivery; **4.** *(afgang)* starting; F departure;
□ *al unødvendig ~ frarådes (ɔ: i vejmelding, svarer til)* do not travel unless you really have to.
udkørselssignal starting signal.
udkørt *adj. (træt)* worn out, exhausted; *(og svækket)* run down; T *(præd.)* dead beat, all in, washed out.
udkåre *vb.* choose;
□ *hendes udkårne* the object of her choice; *hans udkårne (også)* the bride of his choice.
udlade *vb. (-de, -t)* **1.** *(elek.)* discharge; **2.** *(sø.) se losse.*
udladning *sb. (en, -er)* **1.** *(elek.)* discharge; **2.** *(sø.) se losning*;
3. *(fig.)* outlet;
□ *han skældte ud fordi han trængte til ~* he scolded just to let off steam.
udlandet foreign countries pl.;
□ *det øvrige udland* other places abroad; *i ~* abroad; *fra ~* from abroad (*fx* return from abroad);

foreign (*fx* foreign goods); *handel med* ~ foreign trade; *rejse (, sende) til* ~ go (, send) abroad; *et brev til* ~ a letter with a foreign destination; *samtaler til* ~ *(tele.)* international calls.
udlandsdansker Dane living abroad; Danish expatriate.
udlandsgæld foreign debt.
udlandssamtale *(tele.)* international call.
udlandsstof *(ɔ: nyheder)* foreign news.
udle *vb.* laugh at; laugh to scorn.
udlede *vb.* **1.** *(spildevand, olie etc.)* discharge (*fx* radioactive waste into the sea); **2.** *(lade slippe ud)* release (*fx* toxic materials into the air); **3.** *(slutte)* deduce (*af* from);
□ ~ *en morale af* draw a moral from.
udledning *sb. (en, -er)* **1.** *(af spildevand etc.)* discharge (*fx* discharges of radioactive waste into the atmosphere); *(fagl.)* emission (*fx* emissions of sulphur and nitrogen oxide); *(udslip)* release;
2. *(affaldsstoffer)* waste (*fx* industrial waste).
udleje *vb.* **1.** *(for kortere tid)* hire out (*fx* boats, cars, tents, tools; the hall for a reception) (*til* to); *(for længere tid)* rent out (*fx* cars, videos, land); *(am., om begge dele)* rent (out);
2. *(om bolig: især for kortere tid)* let (out) (*til* to, *fx* rooms to tourists; one's house to sby); *(for længere tid)* rent (out) (*til* to, *fx* rooms to students);
□ *værelse -s* room to let.
udlejer *sb. (en, -e)* **1.** letter (*fx* of a house); *(vært(inde))* landlord (, landlady); **2.** *(af film)* distributor; **3.** *(af både)* boat keeper.
udlejning *sb. (en, -er) (jf. udleje)*
1. hiring out; renting, rental;
2. letting (out); renting.
udlejningsbil (self-drive) hire car.
udlejningsbyggeri rented housing.
udlejningsejendom block of (rented) flats; *(am.)* apartment house (*el.* block *el.* building).
udlejningsforretning hire shop; hire service.
udlejningskontor 1. *(ved nybygning)* letting office;
2. *(for lejligheder)* accommodation agency;
3. *(for værelser, kan gengives)* apartments agency.
udlevere *vb.* **1.** *(overgive)* hand over (*fx* the money; his body was handed over to his family); F surrender; deliver over (*fx* the keys to the castle); *(se også tilbagelevere)*;
2. *(fordele)* distribute; F issue (*fx* guns to the men);
3. *(forbryder til andet land)* extradite;
4. *(fig.: til latter)* expose to ridicule;
□ *planer -s på forlangende* plans may be had on demand; *få noget -t* be supplied (*el.* issued) with sth; ~ *sig a) (ɔ: røbe sig)* give oneself away; *b) (kompromittere sig)* compromise oneself.
udlevering *sb. (en, -er)* **1.** delivery; surrender; **2.** *(uddeling)* issue;
3. *(mellemstatlig, af forbrydere)* extradition; *(se også tilbagelevering).*
udleveringstraktat extradition treaty.
udlevet *adj.* **1.** decrepit (*fx* a decrepit old man); **2.** *(fig.)* effete (*fx* an effete aristocracy (, civilization)).
udlicitere *vb.* **1.** put out to tender, invite tenders for; *(am.)* invite bids for; **2.** *(til underleverandører)* contract out, farm out (*fx* public services);
□ ~ *arbejdet til en* give sby the contract for the work; contract for the work with sby.
udligger *sb. (en, -e)* **1.** *(på kran etc.)* jib, boom;
2. *(sø.)* outrigger;
3. *(ved spring, til overligger)* peg.
udligne *vb.* **1.** *(forskel)* equalize;
2. *(opveje)* set off, offset (*fx* a loss);
3. *(hdl.: et mellemværende)* pay, settle (*fx* an account);
4. *(i boldspil)* equalize;
□ *-nde mål (, point)* equalizer.
udligning *sb. (en, -er)* **1.** equalization; **2.** *(betaling)* settlement, payment;
□ *til* ~ *af en regning* in settlement of an account; *til* ~ *af tabet* to set off the loss.
udligningstold countervailing duty.
udlodde *vb.* **1.** *(udparcellere)* parcel out; **2.** *(i bo)* distribute.
udlodning *sb. (en, -er)* **1.** parcelling out; **2.** *(i bo)* distribution.
udlove *vb.* offer (*fx* a reward).
udlufte *vb.* air (*fx* a bed, a room).
udluftning *sb. (en, -er)* airing; *(ventilation)* ventilation.
udlyd *(fon.)* final sound;
□ *i* ~ in a final position.
udlydende *adj. (fon.)* final.
udlæg *sb. (et, -)* **1.** expenses pl.;
2. *(jur.: eksekution)* execution;
□ *kontante* ~ out-of-pocket expenses; disbursements;
[med vb.] få sit ~ *dækket (jf. 1)* recover one's expenses; *foretage* ~ *hos en (jf. 2)* levy execution on sby's property; *gøre* ~ *i (jf. 2)* levy execution on.
udlægge *vb.* **1.** lay out (*fx* cables);
2. *(en bøje, rottegift)* put down;
3. *(en sav)* set;
4. *(jord)* lay out;
5. *(fortolke)* interpret (*fx* a dream, a poem);
6. *(opfatte)* interpret (*fx* his silence as a refusal); F construe (*fx* his silence was construed as a refusal; construe his remarks wrongly); read (*fx* I read this to mean that...);
7. *(forklare)* explain; *(grundigt,* F*)* expound (*fx* a text from the Bible);
□ *den udlagte barnefader* the alleged father; ~ *miner a)* lay mines; *b) (landminer)* put out mines;
[med præp. & som] ~ *miner* ***i*** *havnen* mine the harbour; ~ *en* ***som*** *barnefader* father the child on sby; ~ *alting* ***til*** *det bedste* put the best construction on everything; *området er udlagt til park* the area is designated as a park.
udlægning *sb. (en, -er)* **1.** *(af kabler)* laying (out);
2. *(af rottegift, bøjer)* putting down;
3. *(af sav)* setting;
4. *(fortolkning)* interpretation; F construction, reading; *(af Biblen)* exegesis (pl. exegeses);
□ ~ *af miner* mine-laying; *hans* ~ *af rollen* his interpretation (, reading) of the part.
udlændighed *sb. (en)* exile.
udlænding *sb. (en, -e)* foreigner; *(høfligere)* foreign visitor; *(jur.: bosiddende)* foreign subject, alien.
udlænge outbuilding.
udlængsel *sb. (en)* longing to go abroad; the urge to travel.
udlært *adj.: være* ~ have served one's apprenticeship; *en* ~ *grovsmed* a skilled blacksmith.
udlæse *vb. (edb)* read out.
udlæsning *(edb)* read-out.
udløb *sb. (et, -)* **1.** *(vands el. anden væskes)* outflow;
2. *(kloaks, flods etc.)* outfall; *(flodmunding)* mouth;
3. *(rør)* outlet (tube);
4. *(af tid, police, patent etc.)* expiration;
□ *ved månedens (, årets)* ~ at the end of the month (, year).
udløbe *vb.* **1.** *(om frist, police etc.)* run out; F expire; **2.** *(ophøre)* end; F terminate;
□ *være -t* have expired (*fx* your

passport has expired); be at an end; T be up; *fristen er -t (ɔ: for betaling, for aflevering)* the bill (, the rent, the book) is overdue; *-n distance (sø.)* distance run.
udløber *sb. (en, -e)* **1.** *(bot.)* offshoot, runner; *(underjordisk)* sucker;
2. *(af bjerg)* spur;
3. *(af lavtryk)* trough;
4. *(fig., fx af en sag)* offshoot; *-e (forgreninger)* ramifications.
udløbsdato *(for varer)* sell-by date.
udløse *vb.* **1.** *(maskindel etc.)* release (*fx* a control mechanism, a parachute); *(frakoble)* throw out of gear;
2. *(fremkalde, vække)* provoke (*fx* demonstrations, laughter); F call forth (*fx* admiration);
3. *(sætte i gang, især om voldsomheder)* set off, trigger off (*fx* an explosion, a strike, a wave of terrorism); spark off (*fx* violent riots, a storm of queries); touch off (*fx* a strike, a fight, disturbances, renewed violence);
□ ~ *sig i* find vent in; *(se også indfri, løskøbe)*;
[med sb.] ~ *alarmen* activate the alarm; ~ *en bombe a) (om fly: kaste)* release a bomb; *b) (få til at sprænges)* set off a bomb; ~ *spændingen (fig.)* relieve the tension.
udløser *sb. (en, -e) (foto.)* release.
udløsning *sb. (en, -er)* **1.** *(jf. udløse 1)* release; **2.** *(afløb for følelser etc.)* outlet (*fx* she needed an outlet for her anger);
□ *få* ~ *a) (for vrede)* let (*el.* blow) off steam; *b) (seksuelt)* be satisfied; have an orgasm; *få* ~ *for* find vent for (*fx* he found vent for his anger in a burst of rage); *få* ~ *i* find vent in; *hans følelser fik* ~ *i et raserianfald* his feelings vented themselves in a burst of rage.
udlån *sb. (et, -)* **1.** *(det at udlåne)* lending;
2. *(det udlånte)* loans pl.;
3. *(udlånsafdeling: i bank)* loan department, lending department; *(i bibliotek)* lending department; *(am.)* circulation department;
□ ~ *mod pant (, kaution, sikkerhed)* loan against (*el.* on) security.
udlåne *vb.* lend (*fx* lend one's car to sby, lend sby one's car); *(om officielt udlån; am. om penge)* loan (*fx* the museum has loaned the painting to an exhibition);
□ ~ *penge mod rente* lend money at (*el.* on) interest; ~ *mod sikkerhed (el. pant)* lend against (*el.* on) security; *(se også rente)*; *bogen er udlånt* the book is out (on loan).
udlånsafdeling *se udlån 3.*
udlånsdag *(i bibliotek)* day of issue.
udlånsloft lending ceiling, credit ceiling.
udlånsrente interest on loans, lending rate.
udmagret *adj.* emaciated.
udmajet *adj.* T dolled up.
udmale *vb.* **1.** *(beskrive)* give a vivid description of; F depict;
2. *(korn)* grind, mill;
□ ~ *sig* picture to oneself; ~ *rædslerne (spøg., T)* pile on the agony.
udmalingsprocent extraction rate.
udmanøvrere *vb.* outmaneouvre.
udmarch march out, departure.
udmarvet *adj. (om person)* wasted, enervated.
udmatte *vb.* tire out; *(stærkere)* exhaust; F fatigue;
□ *-t se udkørt.*
udmattelse *sb. (en, -r)* exhaustion; F fatigue.
udmattelseskrig war of attrition.
udmelde *vb.* **1.** *(af skole)* take out (*af* of); withdraw, remove (*af* from, *fx* a child from school); *(se også melde (ud))*; **2.** *(beskikke)* appoint;
□ ~ *sig* withdraw one's name; resign membership; ~ *sig af EU* withdraw from the EU; F secede from the EU; ~ *sig af foreningen* resign from the club.
udmeldelse *sb. (en, -r)* withdrawal (*af* from, *fx* the EU); resignation (*af* from).
udmelding *sb. (en, -er) (jf. melde (ud))* **1.** announcement; **2.** statement of one's position.
udmunde *vb.:* ~ *i se munde (ud i).*
udmunding *sb. (en, -er)* mouth (*fx* of a river).
udmærke *vb. (se også udmærket)* **1.** *(hædre)* honour; **2.** *(kendetegne)* be characteristic of, characterize;
□ ~ *sig* distinguish oneself, gain distinction, make one's mark; ~ *sig ved a)* distinguish oneself by; *b) (være ejendommelig ved)* be characterized by, be distinguished by, be remarkable for.
udmærkelse *sb. (en, -r)* **1.** distinction (*fx* academic distinctions; the highest distinction ever given; a special distinction);
2. *(ved eksamen, svarer til)* first class with distinction; *(am.)* summa (cum laude).
udmærket[1] *adj.* very good, fine; *(stærkere)* excellent;
□ ~*! a) (svar på forslag)* fine! *b) (det er rimeligt nok)* fair enough! *det er altsammen* ~ *men...* that is all very well but....
udmærket[2] *adv.* very well (*fx* he did very well); *(stærkere)* excellently;
□ ~ *begavet* very gifted; ~ *godt* very well indeed; *det forstår jeg* ~ *(godt)* I quite understand; *det forstår (, ved) jeg* ~ *(godt) men...* I understand (, know) that perfectly well but....
udmønstre *vb. (sø.)* sign on.
udmønte *vb.* **1.** *(føre ud i livet)* put (*fx* principles) into practice; carry out (*fx* an agreement); realize; *(mere* F*)* implement (*fx* an agreement, a policy); **2.** *(udnytte)* utilize; **3.** *(om metal)* coin;
□ ~ *i* translate into (*fx* translate their ideas into action; translate the reforms into legislation); *-s i,*~ *sig i* result in, produce.
udmøntning *sb. (en, -er) (jf. udmønte)* **1.** implementation, realization; **2.** utilization; **3.** coining.
udmåle *vb.* **1.** *(uddele etc.)* mete out (*fx* punishment); **2.** *(sparsomt)* dole out (*fx* rations);
3. *(måle af)* measure out (*fx* a double whisky).
udmåling *sb. (en, -er) (jf. udmåle)* **1.** meting out; **2.** doling out;
3. measuring out.
udnytte *vb.* **1.** *(nyttiggøre)* make use of (*fx* one's abilities); F utilize, exploit (*fx* one's abilities, one's opportunities; oil, resources, solar (, nuclear) energy, water power); *(til energiproduktion også)* harness (*fx* solar energy, water power);
2. *(urimeligt)* use (*fx* other people, one's position; he felt used); make use of (*fx* don't let him make use of you); *(stærkere: misbruge)* exploit (*fx* workers, one's friends, sby's good nature, the situation); take advantage of (*fx* her youth and inexperience);
3. *(skaffe sig uretmæssig fordel af)* capitalize on (*fx* he tried to capitalize on his acquaintance with the President);
□ ~ *det bedst muligt* make the best possible use of it, make the most of it; ~ *hans erfaring (, viden)* draw on his experience (, knowledge); ~ *tiden (godt)* make good use of one's time; make the most of one's time.
udnyttelse *sb. (en, -r)* **1.** utilization; exploitation (*fx* of nuclear energy); **2.** *(misbrug)* exploitation (*fx* the exploitation of man by man).
udnævne *vb.* appoint;

□ ~ *en* **til** *noget a)* appoint sby to be (*el.* as) sth, appoint sby sth (*fx* he was appointed manager (, ambassador, professor)); *b) (forfremme)* promote sby (to) sth (*fx* he was promoted (to) lecturer; he was promoted to (the rank of) colonel); ~ *en til general (, professor) (også)* make sby a general (, professor); *(se også ridder, udpege).*

udnævnelse *sb. (en, -r)* **1.** appointment (*som* as); nomination; **2.** *(forfremmelse)* promotion; □ *få sin* ~ be appointed.

udogmatisk[1] *adj.* undogmatic.

udogmatisk[2] *adv.* undogmatically.

udokumenteret *adj.* **1.** *(præd.)* not documented; **2.** *(ikke bevist)* unproved; **3.** *(ikke underbygget)* unsubstantiated.

udover *adv. (sø.)* offshore; *(til havs)* seaward.

udpakning *sb. (en, -er)* unpacking.

udpante *vb.* distrain on, levy a distress upon;
□ *den -de* the distrainee; ~ *en* distrain on sby's goods, levy a distress on sby; *han blev -t for skat* distress was levied on his goods for non-payment of taxes.

udpantning *sb. (en, -er)* distress.

udparcellere *vb.* parcel out.

udpege *vb.* **1.** *(pege på)* point out (*fx* can you point out the boy who did it?);
2. *(udvælge)* select (*fx* sby for special duties; a good place for the picnic); earmark (*fx* sby for the job; that was the factory earmarked by the union for strike); *(person også)* assign (*fx* the best man to the job; sby to take the minutes);
3. *(udnævne)* nominate (*til et embede* to a post, *fx* to the chairmanship; nominate members to a committee);
4. *(~ på forhånd)* spot (*fx* the winner; the murderer in a detective story).

udpensle *vb.: ~ noget* describe (, explain) sth in detail, go into detail about sth, spell sth out in detail; *der er ingen grund til at ~ det (også,* F*)* there is no need to labour the point.

udpenslet *adj.* **1.** *(om billede)* finicky; **2.** *(om skildring)* unnecessarily detailed.

udpine *vb. (jord)* exhaust, impoverish.

udplacere *vb.* manoeuvre out of position.

udplante *vb.* plant out, bed out.

udplantning *sb. (en, -er)* planting out, bedding out.

udplantningsplanter *sb.pl. (til blomster)* bedding plants.

udpluk *sb. (et, -)* (random) extract(s), random selection(s).

udplukke *vb.* select at random.

udplyndre *vb.* **1.** *(for penge, ved snyderi el. optrækkeri,* T*)* fleece; **2.** *(by, hus)* loot; *(se også plyndre).*

udplyndring *sb. (en, -er)* **1.** robbing; fleecing; **2.** looting.

udposning *sb. (en, -er)* **1.** bulge, bag; **2.** *(under øjnene)* pouch, bag.

udpræget[1] *adj.* **1.** marked, distinct (*fx* difference, improvement); pronounced (*fx* accent, smell, taste; his stammer (, limp, accent) has become more pronounced);
2. *(typisk)* typical (*fx* aristocrat);
3. *(gennemført)* thorough (*fx* scoundrel).

udpræget[2] *adv. (jf. udpræget*[1]*)* **1.** markedly, distinctly (*fx* different); **2.** typically; **3.** thoroughly.

udpumpe *vb. (også om mave)* pump out.

udpumpet *adj. (træt, præd.)* done in.

udpumpning *sb. (en, -er): han fik en ~* he was pumped out.

udpønse *vb.* think out, invent; F devise; T think up.

udramatisk[1] *adj.* undramatic.

udramatisk[2] *adv.* undramatically.

udrangere *vb.* scrap (*fx* machinery); F discard (*fx* old clothes).

udrede *vb.* **1.** *(bringe rede i)* unravel (*fx* the tangled threads of the affair); F disentangle (*fx* the reasons);
2. *(opklare)* clear up (*fx* a misunderstanding, a mystery);
3. *(finde ud af)* find out (*fx* the reasons);
4. *(forklare)* explain (*fx* the reasons); F elucidate; *(gøre rede for)* give an account of;
5. *(betale)* pay; F defray (*fx* the cost, the expenses).

udredning *sb. (en, -er) (jf. udrede)* **1.** unravelling; **2.** clearing up; finding out; **3.** explanation; elucidation; *(redegørelse også)* account, statement; **4.** *(af penge)* paying; payment.

udregne *vb.* work out; F calculate, compute; *(se også regne*[2] *(ud)).*

udregning *sb. (en, -er)* calculation, computation.

udrejse **1.** outward journey; **2.** *(af land)* departure; **3.** *(sø.)* outward passage.

udrejsetilladelse exit permit.

udrejsevisum exit visa.

udrense *vb.* **1.** *se rense (ud)*;
2. *(politisk)* purge (*fx* the party (, the organisation) was purged; purge extremists from the party; the people who were purged between 1934 and 1938);
3. *(mil.: fjendtlig stilling)* mop up;
4. *(tekst)* expurgate.

udrensning *sb. (en, -er) (jf. udrense, rense (ud))* **1.** cleaning; F cleansing;
2. *(politisk)* purging; *(enkelt)* purge;
3. *(mil.)* mopping-up (operations);
4. *(af tekst)* expurgation;
5. *(i skov)* weeding, cleaning;
6. *(ved afføring)* purgation.

udrensningsproces *(retssag)* purge trial.

udretning *sb. (en, -er)* straightening (out).

udrette *vb.* **1.** *(gøre)* do (*fx* there's nothing we can do here; do wonders; see what kind words will do); F perform (*fx* an errand, wonders; we can't perform miracles);
2. *(opnå, fuldføre)* achieve (*fx* he achieved what he set out to do; he did not achieve anything);
3. *(rette ud)* straighten (out).

udrigger *sb. (en, -e) (udrigget båd)* outrigger.

udrikkelig *adj.* undrinkable; *(præd. også)* not fit to drink.

udrinde *vb. (om tid)* expire.

udringe *vb.* **1.** enlarge (*fx* an arm hole); **2.** *(gøre nedringet)* cut low at the neck;
□ *-t (om sko)* low-cut; *(se også nedringet).*

udruge *vb.* **1.** hatch (out);
2. *(kunstigt)* incubate.

udrugning *sb. (en, -er)* **1.** hatching;
2. *(kunstig)* incubation.

udruste *vb.* **1.** *(udstyre)* equip; *(mere* T*)* fit out (*fx* an expedition);
2. *(bevæbne)* arm;
□ ~ *med a)* equip with, fit out (*el.* up) with; *b) (bevæbne)* arm with; *c) (om persons evner)* endow with (*fx* nature had endowed him with great talents); *dårligt -t a)* badly equipped; *b) (med evner)* poorly endowed by nature; *c) (biol., om dyr etc.)* unfit.

udrustning *sb. (en, -er)* **1.** *(det at udruste)* equipping, fitting out; *(bevæbning)* arming;
2. *(tingene)* outfit, equipment; T rig-out; *(bevæbning)* armament.

udrydde *vb.* wipe out (*fx* crime, disease, injustice, poverty; the whole race; all life on earth); F exterminate (*fx* a species, a tribe, rats, an evil; tigers will soon be exterminated if they are not

protected); *(om et onde også)* root out (*fx* an evil, weeds, inefficiency); stamp out (*fx* terrorism, a disease); F eradicate (*fx* insect pests, superstitions, a disease).
udryddelse *sb. (en, -r) (jf. udrydde)* wiping out; extermination; rooting out, stamping out; eradication.
udryddelseskrig war of extermination.
udryddelseslejr extermination camp.
udrykning *sb. (en, -er)* turn-out;
□ ***foretage*** *en* ~ turn out; *brandvæsenet foretog 5 -er* the fire brigade turned out five times; ***hurtig*** ~ quick turn-out; *der var* ***stor*** ~ a large force of fire fighters (, police etc.) turned out;
[med præp.] ambulancen kørte ***med*** ~ the ambulance had blue lights and the sirens on; *ambulancen kørte* ***uden*** ~ the ambulance did not have the blue lights and the sirens on.
udrykningshorn hooter; *(sirene)* siren.
udrykningsvogn 1. *(ambulance)* ambulance; **2.** *(politibil)* police car; **3.** *(brandbil)* fire engine.
udrøj *adj.* **1.** *(lidet nærende)* unsubstantial; **2.** *(uden forslag i)* uneconomical.
udrøre *vb.:* ~ *i* stir into (*fx* stir sugar (, milk) into the mixture; stir thinner into the paint); mix with (*fx* mix flour with water).
udråb *sb. (et, -)* **1.** *(udbrud)* exclamation; **2.** *(råb)* shout, cry.
udråbe *vb.* **1.** proclaim (*fx* a new state); **2.** *(udbryde)* cry;
□ ~ *én til konge* proclaim sby king.
udråber *sb. (en, -e)* **1.** *(på marked etc.)* barker; **2.** *(glds.: i by)* town crier.
udråbsord *(gram.)* interjection.
udråbstegn exclamation mark; *(am. også)* exclamation point.
udsagn *sb. (et, -)* statement; *(påstand)* assertion;
□ *ifølge hans* ~ *(også)* according to what he said.
udsagnsled *sb. (et, -) (gram.)* sentence verb.
udsagnsord *(gram.)* verb.
udsalg *sb. (et, -)* **1.** *(i enkelt forretning)* sale;
2. *(om forretningernes halvårlige)* sales pl. (*fx* the (January) sales start tomorrow);
3. *(butik)* shop; *(am.)* store;
□ ***gå på*** ~ *(jf. 2)* go to the sales; ***holde*** ~ *a) (jf. 1)* have (*el.* hold) a sale; *b) (jf. 2)* have (*el.* hold) sales; *holde* ~ *af (el. på) a) (om varer)* sell off (*fx* last year's models); *b) (fig.)* sell out (*fx* one's principles); ***købe*** *noget* ***på*** ~ *a)* buy sth in a sale; *b) (jf. 2)* buy sth at (*el.* in) the sales.
udsalgspris 1. retail price; **2.** *(nedsat)* sale price.
udsalgssted shop; *(am.)* store; *(hdl.)* (retail) outlet.
udsalgstid*: i -en* while the sales are on, during the sales.
udsalgsvarer *sb.pl.* sale goods.
udsaneret *adj. (præd.)* displaced through slum clearance.
udsat *adj.* **1.** *(ubeskyttet)* exposed (*fx* he is in an exposed position; one of the most exposed countries); *(sårbar)* vulnerable (*fx* the most vulnerable section of the community; be in a vulnerable position; place guards at the most vulnerable places);
2. *(udskudt)* postponed;
□ *en* ~ *post* an exposed position; *den -te præmie* the prize (offered); *(se også udsætte);*
[med (vb. +) præp.] ~ ***for*** *a) (ɔ: ubeskyttet mod)* exposed to (*fx* infection, attack, the enemy's fire, direct sunlight); *b) (mus.)* arranged for, scored for (*fx* piano); ~ ***for at*** *(ɔ: i fare for at)* in danger of -ing (*fx* of losing one's life); ***blive*** ~ ***for*** *a)* be exposed to (*fx* direct sunlight, ridicule, a lot of unpleasantness); *b) (komme ud for)* be subjected to (*fx* severe criticism, ill-treatment, sexual abuse); be the object of (*fx* severe criticism, torture); come in for (*fx* a great deal of attention, severe criticism); *c) (især om forbrydelse)* be (, become) a prey to (*fx* abusive telephone calls); be the victim of (*fx* a robbery, an assassination attempt); *han blev* ~ *for et attentat (også)* there was an attempt on his life;
være ~ ***for*** *a) (ubeskyttet mod)* be exposed to (*fx* infection, attack); *b) (mål for)* be the target of (*fx* a lot of criticism); *c) (komme ud for)* be subjected to (*fx* unfair treatment, sexual abuse); *d) (opleve)* experience (*fx* similar problems, a similar case); meet with (*fx* an accident; I never met with anything as awful as this).
udse *vb.* pick out, choose (*fx* sby to help);
□ ~ *sig* select, pick out; *-t af skæbnen til at* destined to.
udseende *sb. (et)* appearance (*fx* he doesn't care about his appearance; have a noble (, an unhealthy) appearance; the appearance of the house had changed completely); *(mere* T*)* look (*fx* the town (, he) had a foreign look; the house had been given a new look; I don't like the look of him); looks pl. (*fx* she is proud of her looks; I don't like his looks);
[med (vb. +) præp.] ***give*** *det* ~ ***af at*** make it appear that, make it look as if; *give det* ~ *af at man arbejder* make a pretence of working; *give sig* ~ *af at være* pretend to be; *han* ***har*** *sit* ~ ***imod*** *sig* his appearance is (, his looks are) against him;
[med præp.] ***af*** *et fremmedartet* ~ foreign-looking; *kende en af* ~ know sby by sight; *dømme* ***efter*** *-t* go (*el.* judge) by appearances; *(be)dømme folk efter deres* ~ judge people by their looks; *efter hans* ~ *at dømme* judging from his appearance; T by the looks of him.
udsejling *sb. (en, -er) (sted)* exit;
□ *under -en (sø.)* on her way out; when leaving the port.
udsende *vb.* **1.** *(afsende)* send out (*fx* invitations; missionaries);
2. *(lys, røg, varme)* send out; *(også om lugt etc.)* give out (*fx* a warm glow, a delicious smell, peculiar noises; she gave out conflicting signals); *(fagl.)* emit (*fx* heat, light, smell, smoke, vibrations, waves);
3. *(udgive)* publish, bring out (*fx* a novel; the club publishes its own magazine);
4. *(offentliggøre)* publish (*fx* he published a statement explaining his conduct); *(officielt)* put out (*fx* a report, an official statement); *(mere* F*)* issue (*fx* a communiqué, a warning, an official statement);
5. *(i radio, tv)* broadcast (*fx* the next episode will be broadcast on Monday; they broadcast the Prime Minister's speech last night); put out (*fx* the news put out by the BBC); transmit; *(am. også)* air;
6. *(om radiosignal etc.)* send (out) (*fx* a distress signal, message); *(fagl.)* transmit (*fx* a distress signal);
7. *(hdl.: sende på markedet)* bring out (*fx* a new model);
□ ~ *en film* release a film; *fra vor udsendte medarbejder* from our special correspondent; ~ *regnskab* publish the accounts; ~ *et signalement* put out (*el.* issue) a description (*fx* of the wanted man).
udsendelse *sb. (en, -r) (jf. udsende)* **1.** sending out; **2.** emission;

3. publication; **4.** publication; issue, issuing; **5.** broadcasting, transmitting; **6.** bringing out; **7.** *(radio- el. tv-udsendelse)* programme, transmission, broadcast.

udsending *sb. (en, -e)* **1.** *(diplomatisk)* envoy; **2.** *(især hemmelig)* emissary; **3.** *(delegeret)* delegate.

udsige *vb.* F state, enunciate; *(i logik)* predicate.

udsigt *sb. (en, -er)* **1.** *(udsyn)* view (*over, til* of, over, *fx* the valley, the park; we enjoyed (*el.* admired) the view from the tower);
2. *(fremtids-)* prospect (*til* of, *fx* promotion; *til at (+ inf.)* of -ing, *fx* he did not like the prospect of having to stay there for the rest of his life); *(mere* T*)* chance (*til* of; *til at (+ inf)* of -ing; *til at (+ sætn)* that);
3. *(vejr-)* (weather) forecast;
□ **-er** *a)* outlook sg. (*fx* the economic outlook; a gloomy outlook for trade; the outlook is none too promising; the outlook for the week-end weather); *b) (persons)* prospects (*fx* his prospects are good (, poor)); chance(s) (*fx* he has no chance of success); *-erne* ***for*** *høsten* the harvest prospects; *-en for de nærmeste dage (ɔ: vejr)* further outlook (*fx* further outlook. bright and sunny); *det har* ***lange*** *-er* that may not be for a long time yet; F that is a very distant prospect; ***lyse*** *-er a)* a bright outlook (*fx* for trade); *b) (persons)* bright prospects; *der er lysere -er for, -erne er lysere for* there are brighter prospects for, prospects (*el.* things) are looking up for (*fx* the small businessman);
[med vb. + præp.] der **er** ~ **til** *nattefrost* ground frost may be expected; *der* **er** *al mulig* ~ **til at** there is every chance (*el.* prospect) that, the chances are that; ***have*** ~ ***til*** *a) (udsyn)* have a view of (*el.* over) (*fx* the park); *b) (mulighed)* have a chance (*el.* prospect) of (*fx* promotion); ***have*** ~ ***til at*** have a chance (*el.* prospect) of -ing; *en plan der har ~ til at lykkes* a plan likely to succeed;
[med præp.] have **i** ~ have prospects of (*fx* a brighter future); have before one (*fx* they had nothing but poverty before them); *stille i* ~ hold out the prospect (*el.* prospects) of (*fx* reforms; a pay rise to him); ***med*** ~ with a view (*fx* a room with a view); ***med*** ~ ***til*** *a) (udsyn)* with a view of (*el.* over) (*fx* the park); *b) (mulighed)* with the prospect of, with a chance of (*fx* promotion); *et hotel med ~ til havet* a hotel with a sea view; ***ved*** *-en* ***til*** *(at)* at the prospect of (-ing).

udsigtsløs *adj.* hopeless.

udsigtspunkt [point from which there is a view]; *(omtr.)* vantage point.

udsigtstårn [tower commanding a wide view].

udsivning *sb. (en, -er) (af væske)* leaking, leakage; *(langsom)* seepage.

udskejelser *sb.pl.* excesses.

udskibe *vb.* **1.** *(landsætte)* land (*fx* troops); F disembark (*fx* passengers); **2.** *(losse)* discharge (*fx* a cargo).

udskibning *sb. (en, -er) (jf. udskibe)* **1.** landing; F disembarkation; **2.** discharging.

udskibningssted place of disembarkation.

udskifte *vb.* **1.** replace (*fx* the manager, a broken lock, the light bulbs); change (*fx* the light bulbs); *(forny)* renew (*fx* a tyre, the water in the swimming pool);
2. *(i sport)* substitute (*fx* they had to substitute the goalkeeper);
□ ~ *det* ***med*** *noget andet* replace it with (*el.* by) sth else (*fx* replace the old textbooks with (*el.* by) new ones); substitute sth else for it, put sth else in its place; *han (, det) er blevet -t med* he (, it) has been replaced by.

udskiftelig *adj.* **1.** *(jf. udskifte 1)* replaceable; renewable; **2.** *(indbyrdes)* interchangeable.

udskiftning *sb. (en, -er)* **1.** replacement, change; *(fornyelse)* renewal;
2. *(i sport)* substitution;
3. *(af arbejdskraft, personale)* turnover (of labour, of staff) (*fx* labour turnover is high);
□ *"Udskiftningen" (hist.; svarer til)* the enclosure movement.

udskiftningsbænk*: sidde på -en* be on the substitutes' (, subs') bench.

udskiftningsspiller substitute; T sub.

udskille *vb.* **1.** *(frasortere)* sort out (*fra* from, *fx* the good ones from the bad ones); separate (out) (*fra* from);
2. *(fjerne)* remove (*fx* unsuitable candidates); T get rid of, weed out (*fx* incompetent persons, unsuitable candidates, weaklings);
3. *(i sport)* eliminate (*fx* some names from the list; he was eliminated in the first round (, in the preliminary heats));
4. *(isolere)* isolate (*fx* the important factors); segregate (*fx* undesirable elements);
5. *(kem.)* liberate, set free; *(bundfælde)* precipitate;
6. *(afsondre)* secrete (*fx* the kidneys secrete urine);
7. *(affaldsprodukter fra organismen)* excrete;
8. *(radio)* cut out (*fx* unwanted stations);
□ ~ ***sig*** *(bundfældes)* precipitate out, be precipitated; *~ sig fra se skille (sig ud fra).*

udskillelse *sb. (en) (jf. udskille)* **1.** sorting out, separation; **2.** removal; **3.** elimination; **4.** isolation; segregation; **5.** liberation; precipitation; **6.** secretion; **7.** excretion; **8.** cutting out.

udskilningsløb elimination race.

udskrabning *sb. (en, -er) (med.)* curettage;
□ *få en ~* be curetted.

udskreget *adj. (opreklameret)* much-advertised; *(præd. også)* boosted, cried up.

udskrift *sb. (en, -er)* **1.** *(afskrift)* transcript (*af* from, *fx* a transcript from the register); copy;
2. *(uddrag)* extract (*af* from, *fx* the minutes);
3. *(på brev)* address;
4. *(edb)* print-out; *(se også kontoudskrift).*

udskrive *vb.* **1.** *(fra hospitalet)* discharge;
2. *(skrive, udfærdige)* write out, make out (*fx* a bill, a cheque);
3. *(skatter etc.)* levy, impose;
4. *(soldater etc.)* conscript (*fx* labour, troops); levy (*fx* troops); raise (*fx* an army); *(am., om tropper)* draft;
□ *han er udskrevet (om forfatter)* he has written himself out;
[med sb.] ~ en konkurrence arrange a competition; *~ valg* call an election; appeal (*el.* go) to the country; *~ valg på spørgsmålet* call an election on the issue; take the issue to the country.

udskrivning *sb. (en, -er) (jf. udskrive)* **1.** *(fra hospital)* discharge;
2. *(udfærdigelse)* writing out, making out; **3.** *(af skatter)* levy(ing), imposition; **4.** *(af arbejdskraft, tropper)* conscription, levying; *(am. af tropper)* draft;
□ *det var en større ~ (for mig) (ɔ: en stor udgift)* that set me back quite a bit.

udskrivningschef *(mil.)* director of conscription.

udskrivningskontor *(mil.)* conscription office.

udskrivningsprocent tax rate.

udskud *sb. (et, -)* **1.** *(person)* out-

cast, pariah; **2.** *(personer)* scum (*fx* they are scum).
udskyde *vb.* **1.** *(opsætte)* postpone (*fx* the decision, the meeting); *(mere* T*)* put off; F defer (*fx* the decision; military service; deferred tax); *(se også opsætte[1]);*
2. *(ikke tage med)* drop (*fx* three of the articles); *(fjerne)* remove; F eliminate (*fx* some names from the list); *(se også stryge 7);*
3. *(kassere)* reject;
4. *(torpedo)* fire; *(om missil, geværgranat)* launch;
□ *udskudt på grund af pladsmangel* crowded out.
udskydelse *sb. (en, -r)* **1.** *(opsættelse)* putting off; postponement; **2.** *(fjernelse)* removal; F elimination; **3.** *(afvisning)* rejection.
udskydning *sb. (en, -er) (affyring)* firing; *(af missil etc.)* launching.
udskydningsrampe *(til missil)* launching pad.
udskydningsrør *(til torpedo)* launching tube.
udskylle *vb.* **1.** wash out; **2.** *(med.)* irrigate; *(med sprøjte)* syringe (*fx* an ear).
udskylning *sb. (en, -er)* **1.** washing (out); **2.** *(i wc)* flushing; **3.** *(med.)* irrigation.
udskylningsapparat irrigator.
udskældning *sb. (en, -er)* scolding; □ *en* ~ a scolding; T a dressing-down.
udskældt *adj.* severely criticized; F vilified.
udskænke *vb. (om beværter)* serve (*fx* beer) (on the premises).
udskænkning *sb. (en, -er)* serving.
udskære *vb.* **1.** cut out; **2.** *(kunstnerisk)* carve.
udskæring *sb. (en, -er)* **1.** cutting out; **2.** *(kunstnerisk)* carving;
3. *(udskåret kød)* cut; **4.** *(rille)* slot, cut; *(hak)* notch; **5.** *(hals-)* neckline;
□ *kjole med dyb* ~ low-cut dress.
udskåret *adj.* **1.** carved; **2.** *(nedringet)* low-necked, low-cut.
udslag *sb. (et, -)* **1.** *(penduls)* swing; *(af viser)* deflection;
2. *(virkning, resultat)* effect (*fx* one of the effects of his meanness); result; *(svagere)* reflection (*af* of);
3. *(tegn)* symptom, sign (*af* of, *fx* it was a symptom (*el.* sign) of stress (, of his problems));
4. *(eksempel)* instance (*af* of, *fx* it was an instance of his malice);
□ *give sig* ~ *i a)* be reflected in; *(tydeligere)* show itself in; F manifest itself in; *b) (resultere i)* result in; *gøre -et* be the decisive factor, decide the matter, turn the scale; *være et* ~ *af* be the result of.
udslagen *adj.: hele den udslagne dag* all day long, the livelong day; *(se også udslået).*
udslag(s)givende *adj.* decisive.
udslagskumme slop sink.
udslette *vb.* **1.** *(tilintetgøre)* wipe out (*fx* a town by bombing; a whole regiment; the entire population); *(om by etc. også)* destroy; F obliterate; *(stærkere)* annihilate;
2. *(viske ud)* wipe out (*fx* the memory of sth); F efface (*fx* sth from one's memory);
□ ~ *ethvert spor af noget* remove (, obliterate) every trace of sth.
udslettelse *sb. (en, -r) (jf. udslette)* wiping out; destruction; obliteration; annihilation.
udslidt *adj.* worn-out, run-down.
udslip *sb. (et, -)* escape (*fx* an escape of radioactive material from the power plant; an escape of gas (, oil)); leak (*fx* a gas leak, an oil leak, a leak of radioactivity); *(om væske også)* spill (*fx* oil spills have affected the populations of sea birds); *(mere* F*)* release (*fx* the worst possible release of radioactivity); *(fagl.)* emission; emissions pl. (*fx* radioactive emissions from a power plant).
udslukt *adj.* **1.** extinct (*fx* volcano); **2.** *(om øjne)* glazed; **3.** *(træt)* worn out; T washed out; *(udbrændt)* burnt-out.
udsluse *vb.:* ~ *kriminelle til samfundet* reabsorb offenders into society.
udslusning *sb. (en, -er):* ~ *til egen bolig* preparation for living in one's (, their etc.) own home; ~ *til samfundet* reabsorption into society.
udslusningshjem *(fra institution)* halfway house.
udslynge *vb.* **1.** *(kaste)* hurl;
2. *(aske, damp etc.)* eject;
3. *(fig.)* throw out; *(voldsommere)* fling out (*fx* an assertion, a remark); hurl (*fx* reproaches (, threats) at sby); *(udstøde)* rap out (*fx* a command, curses, an oath).
udslæt *sb. (et, -)* rash; *(fagl.)* skin eruption.
udslået *adj. (om hår)* flowing;
□ *med* ~ *hår (også)* with one's hair let down.
udsmelte *vb.* **1.** *(malm)* smelt (*fx* copper); **2.** *(fedt)* render.
udsmider *sb. (en, -e)* bouncer.
udsmidning *sb. (en, -er)* **1.** chucking out; **2.** *(af skole)* expulsion;
3. *(af lejlighed)* eviction.
udsmugle *vb.* smuggle out.
udsmugling *sb. (en, -er)* smuggling out.
udsmykke *vb. (pynte op)* decorate (*fx* a street with flags; a room with flowers); ornament (*fx* the hall was richly ornamented); F adorn (*fx* the room was adorned with tapestries (, paintings)); embellish (*fx* embellished with paintings); *(let glds.)* deck (*fx* deck the hall with holly).
udsmykning *sb. (en) (jf. udsmykke)* **1.** *(det at udsmykke)* decoration, ornamentation; F adornment, embellishment; **2.** *(pynt)* decoration(s), ornaments.
udsnit *sb. (et, -)* **1.** *(uddrag)* extract; **2.** *(afsnit)* section (*fx* of the population); **3.** *(cirkel-)* sector.
udsnitsforstørrelse *(foto.)* selective enlargement.
udsolgt *adj.(præd.)* **1.** sold out; *(om vare også)* out of stock; *(om bog)* out of print;
2. *(om fly, færge, tog, teaterforestilling)* booked up;
□ *alt* ~ *(i teater)* full house; house full; *vi har* ~ *a)* we have (*el.* are) sold out; *b) (i teater etc.)* we are booked up; *have* ~ *af* be out of; *der er* ~ *til forestillingen (, kampen)* all the tickets for the performance (, match) are sold.
udsondre *vb.* **1.** *(fysiol.)* secrete (*fx* the thyroid gland secretes hormones); *se udskille (6, 7);* **2.** *(skille ud)* single out, separate.
udsone *vb. (gøre bod for)* atone for, expiate (*fx* a sin);
□ ~ *sig med én* become reconciled with sby; make it up with sby.
udsoning *sb. (en, -er)* **1.** *(det at gøre bod)* expiation; **2.** *(forsoning)* reconciliation.
udsortere *vb. se frasortere.*
udsovet *adj.: være* ~ have slept enough; have had one's sleep out; *få* ~ have one's sleep out.
udspalte *vb.* cleave off;
□ ~ *sig* split (*i* into).
udspare *vb.* leave open, leave free.
udspark *sb. (et, -) (i fodbold)* goal kick.
udspecificere *vb.* specify.
udspejde *vb.* spy on.
udspekuleret *adj. (snedig)* cunning; *(listig)* sly; *(opfindsom)* ingenious;
□ *en* ~ *rad* a sly fox.
udspekulerthed *sb. (en) (jf. udspekuleret)* cunning; slyness; ingeniousness.
udspil **1.** *(i kortspil)* lead;

2. *(fig.)* initiative (*fx* a new American initiative is expected); overture; *(forslag)* proposal; *(tilbud)* offer;
□ *du har -let a) (jf. 1)* it is your lead; *b) (jf. 2)* the next move is up to you; T the ball is in your court; *komme med et ~ (jf. 2) a)* take the (, a fresh) initiative; make overtures; *b)* make (*el.* come up with) a proposal (, an offer); *c) (forhandlingsoplæg)* present one's case.

udspile *vb.* **1.** stretch (*fx* a skin); F distend (*fx* one's cheeks; the sail was distended); dilate (*fx* the lungs; dilated nostrils);
2. *(ved at puste luft i)* blow up; F inflate;
□ *-de fingre (, kløer)* spread fingers (, claws).

udspiling *sb. (en, -er) (jf. udspile)* **1.** distension; dilation; **2.** blowing up; inflation; **3.** spreading.

udspille *vb. (i boldspil)* outplay;
□ *-s, ~ sig* take place (*fx* the events took place in London); be played out (*fx* the place where the episode (, scene, drama) had been played out); *(om litterært værk)* be set (*fx* the novel is set in the future); *have -t sin rolle* have had one's day; be a spent force; *stykket er endnu ikke -t* the play is still drawing well.

udspinde *vb.: ~ sig* take place; *(følge,* F*)* ensue (*fx* a long debate ensued).

udspionere *vb.* spy on.

udsprede *vb.* **1.** spread (out);
2. *(rygter)* circulate, spread; T put about.

udspredning *sb. (en)* spreading; circulation.

udspring *sb. (et, -)* **1.** *(flods)* source, head;
2. *(i vandet)* dive (*fx* a forward (, back) dive); plunge; *(som sportsgren)* diving;
3. *(faldskærms-)* (parachute) jump; *(se også faldskærmsudspring 1)*;
4. *(blomsts)* opening; *(træers)* bursting into leaf;
5. *(oprindelse)* origin, source;
□ *have sit ~ i (fig.) se udspringe (af).*

udspringe *vb. (om flod)* rise;
□ *~ af (fig.)* stem from, originate in (*el.* from).

udsprungen *adj.* **1.** *(om blomst)* full-blown (*fx* roses); *(præd. også)* out, open, in full flower (*el.* bloom); **2.** *(om træ etc., præd.)* in (full) leaf (*fx* bushes in (full) leaf).

udspy *vb.* belch (out) (*fx* chimneys belching smoke); F disgorge (*fx* the buses disgorged people); belch forth, vomit (*fx* the chimney (, the volcano) vomited smoke); *(se også spy[3] (ud)).*

udspænde *vb.* stretch (*fx* a skin; a rope between two posts).

udspørge *vb.* **1.** question; *(udfritte,* T*)* pump; **2.** *(forhøre)* interrogate.

udstaffere *vb. (pynte)* dress up, deck out; T rig out.

udstaffering *sb. (en, -er)* trappings pl.; T rig-out.

udstanse *vb.* stamp, punch out.

udstationere *vb.* **1.** *(mil.)* station;
2. *(om diplomat etc.)* post.

udsted *sb. (et, -er) (på Grønland)* trading station.

udstede *vb.* issue (*fx* banknotes, a credit card, a decree, a passport, shares);
□ *~ en check (, en regning)* make (*el.* write) out a cheque (, a bill) (*til* to); *checks bedes udstedt til* cheques should be made payable to; *~ et kreditkort (, et pas) til en* issue a credit card (, a passport) to sby, issue sby with a credit card (, a passport); *~ en veksel* draw a bill (*på* on).

udstedelse *sb. (en, -r) (jf. udstede)* issue (*fx* of a passport); *(om check, regning)* making out; *(om veksel)* drawing.

udstedelsesdag day of issue.

udsteder *sb. (en, -e) (jf. udstede)* issuer; *(af veksel)* drawer.

udstene *vb.* stone; *(kirsebær, ferskener etc.)* pit.

udstigning *sb. (en, -er)* alighting;
□ *~ bag i vognen* exit at rear of bus; passengers alight at rear of bus.

udstikke *vb.* **1.** *(afmærke)* mark out (*fx* a frontier); peg out (*fx* a line);
2. *(udskære)* cut out (*fx* dough);
□ *~ en kurs (fig.)* plot a course; *(se også ramme[1], retningslinie).*

udstille *vb.* **1.** *(vise)* show; *(især: mere omhyggeligt arrangeret)* display (*fx* goods in a shop window);
2. *(på udstilling)* exhibit (*fx* paintings, flowers, cars; *(uden objekt, om kunstner)* he has not yet exhibited; he has exhibited in the local gallery);
3. *(vagter)* post (*fx* sentries);
4. *(fig.: stille til skue)* display (*fx* one's ignorance, one's poverty); *(se også skue[1])*;
□ *~ til salg* display (, exhibit) for sale; *være -t* be on view; be on show (, display).

udstiller *sb. (en, -e)* exhibitor.

udstilling *sb. (en, -er)* **1.** *(ofte om konkurrence-)* show (*fx* a flower (, dog) show; a motor show); *(am. også)* exhibit;
2. *(større, af kunst, varer el. museums-)* exhibition (*fx* a Picasso (, trade) exhibition);
3. *(i butik etc.)* display (*fx* of books);
4. *(af vagt)* posting;
□ *på en ~* at an exhibition (, a show, a fair); *han har tre billeder med på -en* he has three pictures in the exhibition.

Udstillingsbilleder *sb.pl. (mus.)* Pictures from an Exhibition.

udstillingsgenstand exhibit.

udstillingslokale showroom.

udstillingsmontre showcase; *(i museum)* exhibition case.

udstillingsvindue show window.

udstopning stuffing.

udstoppe *vb.* stuff.

udstopper *sb. (en, -e)* taxidermist.

udstrakt *adj.* **1.** *(strakt ud)* outstretched (*fx* hand, arms);
2. *(stor, også fig.)* extensive (*fx* fields; knowledge, powers); wide (*fx* experience, influence, interests, knowledge, powers);
□ *gøre ~ brug af noget* use sth extensively; *i ~ grad* extensively, widely, to a large extent; *ligge ~ a) (om landskab)* stretch, spread; *b) (om person)* lie (out)stretched (*fx* on the ground).

udstregning *sb. (en, -er)* deletion.

udstrække *vb. (se også udstrakt)* **1.** stretch out; **2.** *(fig.)* extend.

udstrækning *sb. (en, -er)* **1.** *(omfang, også fig.)* extent (*fx* the full extent of the desert (, damage, disaster)); **2.** *(areal)* area;
□ *i hvilken ~* to what extent; *i stor (el. vid) ~* widely, extensively, to a great (*el.* large) extent; *i en vis ~* to a certain extent.

udstrømme *vb.: ~ fra a)* flow out of; *(stærkt)* pour out of; *b) (fig.,* F*)* emanate from.

udstrømmende *adj.* **1.** outflowing; *(ved utæthed)* escaping; **2.** *(om mennesker, præd.)* pouring out.

udstrømning outflow(ing), discharge; *(ved utæthed)* escape, leak.

udstråle *vb.* **1.** radiate (*fx* heat, light); F emit; **2.** *(fig.)* radiate (*fx* confidence, enthusiasm, happiness); F exude (*fx* vitality, enthusiasm); emanate (*fx* a feeling of security; disdain).

udstråling *sb. (en, -er)* **1.** radiation (*fx* of heat, of light); F emission;
2. *(hos person: positiv ~)* (great) charm, personal magnetism; *(personlighed)* force of personality; *(især hos leder,* F*)* charisma; *(neu-*

tral, omtr.) aura (*fx* the personal aura of each individual).

udstykke *vb. (jord)* parcel out; *(am.)* subdivide;
□ ~ *en ejendom (til ejerlejligheder)* divide up a block of flats for sale as individual units.

udstykning *sb. (en, -er)* **1.** parcelling out (of land into small holdings); parcellation, parcellization; *(am.)* subdivision;
2. *(udstykket område)* development (*fx* a new housing development);
□ ~ *til byggegrunde* development.

udstyr *sb. (et, -)* **1.** equipment (*fx* he had an impressive array of equipment);
2. *(personligt)* outfit, kit;
3. *(tilbehør)* accessories pl.;
4. *(bogs etc.)* get-up;
5. *(scene-)* décor;
6. *se babyudstyr, brudeudstyr.*

udstyre *vb.* **1.** equip, fit out (*med* with);
2. *(bog etc.)* get up;
3. *(forsyne)* provide (*med* with); F furnish (*med* with); *(officielt)* issue (*med* with, *fx* the police were issued with rubber bullets; they were issued with identity cards);
4. *(med evner etc.)* endow (*med* with, *fx* nature has endowed him with great talents).

udstyrsfilm, **udstyrsstykke** spectacular.

udstøde *vb.* **1.** *(fremkomme med)* utter (*fx* a cry, an oath, threats); give (*fx* a sigh); *(hastigt)* rap out (*fx* curses, an oath, orders); *(vredt)* spit out (*fx* oaths); *(se også udspy)*;
2. *(udelukke)* expel (*af* from, *fx* expel him from the party); F ostracize (*af* from, *fx* ostracize him from society);
□ ~ *et suk (også)* heave a sigh; *en udstødt* an outcast.

udstødelse *sb. (en, -r) (bortvisning)* expulsion.

udstødning *sb. (en, -er)* **1.** *(af forbrændingsgas, også fra bil)* exhaust (emission); **2.** *(selve røret etc.)* exhaust (set).

udstødningsgas exhaust (gas); exhaust fumes pl.; *(am.)* tailpipe emissions pl.

udstødningsrør exhaust pipe; *(am.)* tailpipe.

udstå *vb.* **1.** *(gennemgå)* suffer, go through; F endure, undergo;
2. *(læretid, straf)* serve (*fx* one's apprenticeship; one's sentence);
□ *jeg* ***kan ikke*** ~ I hate; *(stærkere)* I detest; T I can't stand, I can't stick (*fx* him; cheese); *jeg* ***kan ikke*** ~ ***at*** *(+ inf.)* I hate (, detest) -ing, I can't stand (*el.* stick) -ing (*fx* seeing him; waiting); *jeg kan ikke* ~ *at folk blander sig i mine sager* I hate (, I detest etc.) other people interfering in my affairs.

udstående *adj.* protruding (*fx* eyes, ears, teeth); prominent (*fx* cheekbones, teeth);
□ ~ *tænder (også,* T*)* buckteeth.

udsuge *vb.* **1.** *(luft, damp, støv)* extract, exhaust;
2. *se suge (ud)*;
3. *(fig.)* extort money from; bleed (white) (*fx* he bled the country (white));
□ *-t af skatter (ɔ: om befolkning)* ground down by taxation.

udsugning *sb. (en, -er)* **1.** sucking out; **2.** *(af luft etc.)* extraction, exhaustion; **3.** *(fig.)* extortion.

udsugningsanlæg **1.** *(for støv)* dust extraction set; **2.** *(ventilator)* extractor fan.

udsulte *vb.* **1.** *(lade sulte)* starve;
2. *(tvinge ved at sulte)* starve out; *(om belejret by også)* starve into surrender;
3. *(fig.)* starve (*fx* the government is starving the health service);
□ ~ *dem økonomisk (fig.)* starve them of resources.

udsultning *sb. (en, -er)* starving (out).

udsvede *vb.* sweat; F exude.

udsving *sb. (et, -)* **1.** *(af pendul)* swing; *(fagl.)* oscillation;
2. *(af viser)* deflection;
3. *(pl.: i priser, temperatur etc.)* fluctuations.

udsvævelser *sb.pl.* F debauchery, dissipation sg.; excesses.

udsvævende *adj.* dissipated (*fx* person, life); *(om person også)* dissolute; *(let glds.)* debauched.

udsyn *sb. (et, -)* **1.** *(udsigt)* view; **2.** *(fig.)* vision (*fx* he lacks vision).

udsæd *sb. (en) (sæd)* seed.

udsælge *vb.* sell off; *(fuldstændigt)* sell out, clear off.

udsætning *sb. (en, -er) se udsættelse (især 4, 6, 7).*

udsætte *vb. (se også udsat)*;
1. *(opsætte)* postpone (*fx* the decision, the journey, the party; the meeting until tomorrow); *(mere* T*)* put off; F defer (*fx* the decision, one's departure, military service); *(om møde: afbryde og* ~*)* adjourn; *(se også opsætte[1] 2)*;
2. *(belønning, præmie)* offer;
3. *(mus.)* arrange, score (*for* for, *fx* scored for piano);
4. *(anbringe)* set (*fx* a snare); *(om vagt)* post (*fx* sentries);
5. *(sætte ud i naturen, om vildt etc.)* release (*fx* release genetically modified organisms to the environment);
6. *(om båd: sætte i søen)* put out;
7. *(lejer)* evict;
8. *(nyfødt barn)* expose;
□ *tinget udsatte sine møder en uge* the House adjourned for a week;
[med præp. & sig] ~ ***for*** *a)* expose to (*fx* danger, the sun); *b) (underkaste)* subject to (*fx* pressure, torture, unfair treatment); ~ *for fare (også,* F*)* endanger (*fx* one's health, the lives of others); put (*fx* one's life) at risk; *han har altid noget at* ~ ***på*** *hende* he is always finding fault with her; *har du noget at* ~ *på det?* have you any objections?
~ ***sig for*** lay oneself open to (*fx* suspicion); expose oneself to (*fx* danger); T let oneself in for (*fx* a lot of trouble; they didn't know what they were letting themselves in for); ~ ***sig for at*** run the risk of -ing (*fx* of falling, of being criticized).

udsættelse *sb. (en, -r) (jf. udsætte)*
1. *(opsættelse)* postponement (*fx* of the decision; ask for a postponement of payment); F deferment (*fx* of military service); *(jur.: af fuldbyrdelse)* stay of execution;
2. *(forlængelse af frist)* respite (*fx* ask for a respite);
3. *(afbrydelse og* ~ *af møde)* adjournment;
4. *(af præmie)* offer;
5. *(mus.)* arrangement;
6. *(af vagter)* posting;
7. *(i naturen)* release (*fx* release to the environment of a genetically modifed virus);
8. *(af lejer etc.)* eviction;
9. *(af nyfødt barn)* exposure;
□ *bede om* ~ *med betalingen (også)* ask for permission to postpone (*el.* delay) payment, ask for a delay.

udsættelsesforretning eviction.

udsætter *sb. (en, -e) (ved tænding i motor)* misfire.

udsøge *vb.:* ~ *sig* select; *(mere* T*)* pick (out).

udsøgt[1] *adj.* **1.** *(omhyggeligt udvalgt)* picked (*fx* men); F select (*fx* company);
2. *(særlig fin, smuk etc.)* exquisite (*fx* courtesy, craftmanship, dress, elegance, manners, taste; pleasure *(nydelse)*); *(især om mad)* choice (*fx* cut of meat, flowers, food, wine);
3. *(især neds.: (for) bevidst)* stud-

ied (*fx* elegance, insolence, insult);
□ *det ville være mig en ~ fornøjelse* I would love to.
udsøgt² *adv.* exquisitely (*fx* polite).
udså¹ *vb.* sow.
udså² *præt. af udse.*
udtage *vb.* **1.** *(udvælge)* choose; *(mere omhyggeligt)* pick out, select; *(om sportshold)* select; *(mil.: mandskab til særlig opgave)* tell off, detail (*fx* men for guard duty); *(jur., om nævninge)* empanel;
2. *(fjerne)* take out; *(mere* F*)* remove;
3. *(af bank) se hæve 3*;
□ *~ prøver* take samples; *~ stævning mod* take out a writ (, summons) against.
udtagelig *adj. (om maskindel etc.)* detachable; removable.
udtagelse *sb. (en, -r)* **1.** *(udvælgelse)* selection; *(mil.)* detailing;
2. *(fjernelse)* removal.
udtagelseskamp trial (game).
udtagelseskomité selection board; selectors pl.
udtagelsesstævne trials pl.
udtagning *sb. (en, -er)* **1.** *(til sportshold)* selection; **2.** *(fjernelse)* removal; **3.** *(i strikning)* increase;
□ *~ af prøver* sampling.
udtale¹ *sb. (en, -r)* pronunciation.
udtale² *vb. (se også udtalt)*;
1. *(sige)* say; *(offentligt, bestemt)* declare, state;
2. *(udtrykke)* express (*fx* one's thanks, a wish);
3. *(om måden noget udtales på)* pronounce (*fx* how is the word (*el.* should the word be) pronounced? I can't pronounce his name);
□ *p'et -s ikke* the p is not sounded; the p is silent; *~ forkert* mispronounce;
[med sig:] *~* ***sig*** *a)* speak (*fx* speak freely); express oneself (*fx* in guarded terms); *b) (fremsætte en udtalelse)* make a statement (*fx* he would make no statement to the press); *c) (om vidne)* give evidence; *~* ***sig for*** speak in favour of, recommend (*fx* the plan); *~* ***sig imod*** speak (out) against, oppose (*fx* the plan); *han har hele tiden udtalt sig imod* he has spoken out against it all the time; *~* ***sig nærmere*** go into detail; *~* ***sig om*** *a) (tale om)* speak about; *b) (udtale sin mening om)* give an (*el.* one's) opinion about; *c) (som ekspert)* pronounce on.
udtalebetegnelse phonetic transcription; *(tegnsystem)* (system of) phonetic notation.

udtalelse *sb. (en, -r)* **1.** *(officiel erklæring)* statement (*fx* to the press); F pronouncement;
2. *(vurdering)* opinion;
3. *(bemærkning)* remark, comment;
4. *(anbefaling)* reference; *(fra skole)* report;
□ *fremsætte en ~ a) (jf. 1)* make a statement (, pronouncement) (*om* about); *b) (jf. 2)* give (*el.* express) an opinion (*om* on); *en ~* ***om at*** *(jf. 1)* a statement to the effect that.
udtaleordbog pronouncing dictionary.
udtaleøvelser *sb.pl.* pronunciation exercises.
udtalt¹ *pf.ptc. af udtale, adj.* **1.** *(tydelig)* noticeable (*fx* his baldness has become more noticeable); *(stærkere)* conspicuous; **2.** *se udpræget¹.*
udtalt² *adv. (jf. udtalt¹)* **1.** noticeably; conspicuously; **2.** *se udpræget².*
udtjent *adj. (udslidt)* worn-out; *(om ting også, spøg.)* superannuated (*fx* bicycle);
□ *han (, den) er ~* he (, it) has served his (, its) time.
udtog¹ *sb. (et, -)* **1.** *(uddrag)* extract; *(se også sammendrag)*; **2.** *(af musik)* selections, excerpts pl. (*af* from).
udtog² *præt. af udtage.*
udtryk *sb. (et, -)* **1.** *(ansigts-)* expression, look on one's face (*fx* have a discontented (, a surprised, an angry) expression (*el.* look on one's face); with an angry look on his face; he wore an expression of discontent);
2. *(tegn, bevis)* expression (*for* of, *fx* gratitude, joy); token (*for* of, *fx* one's respect (, affection)); mark (*for* of, *fx* gratitude);
3. *(ord, vending, talemåde)* expression (*fx* a colloquial (, polite, slang) expression; if you'll pardon the expression; there is no better expression for it); phrase (*fx* a well-chosen (, hackneyed, colloquial) phrase; the phrase "sustainable development" was first used on that occasion); F locution; *(især fag-)* term (*fx* a legal (, medical, technical) term; in flattering terms); *(ord også)* word (*fx* something which for want of a better word (*el.* term) we can call fatigue);
□ *billedligt ~* figure of speech, metaphor; *fast ~* fixed (*el.* set) phrase, fixed expression; *tilsvarende ~* equivalent (*fx* there is no English equivalent);
[med vb. & som + præp.] ***finde ~ i*** find expression in; ***give ~ for*** express (*fx* surprise); give expression to (*fx* one's feelings); *(mundtligt,* F*)* voice (*fx* one's dissatisfaction); ***give ~ for at*** *a) (erklære)* declare that (*fx* he declared that it was enough); *b) (antyde)* intimate that (*fx* he intimated that a compromise was possible); ***give sig ~ i*** *a)* find expression in; *b) (afspejle sig i)* be reflected in; *c) (vise sig i)* show itself in; F manifest itself in; ***have*** *et utilfreds (, overrasket, vredt) ~* ***i*** *ansigtet se 1 ovf.*; *have et bedrøvet (, overrasket) udtryk i øjnene* have a mournful (, surprised) expression (*el.* look) in one's eyes; ***komme til ~*** express itself, find expression (*i* in); ***som ~ for*** as an expression of (*fx* they gave him a gold watch as an expression of their gratitude); as a mark of (*fx* gratitude, respect); F in token of; *(især om noget konkret)* as a token of; ***være*** *et ~* ***for*** *a)* be an expression of (*fx* her dance was a spontaneous expression of joy); express; F be expressive of (*fx* a gesture which was expressive of impatience); *b) (afspejle)* reflect (*fx* their choice of leader reflects the split in the party).
udtrykke *vb. (se også udtrykt)*
1. *(om person: give udtryk for)* express; F voice (*fx* one's dissatisfaction);
2. *(mht. ordvalg)* put (*fx* I don't know how to put it; let me put it this way); *(formulere)* phrase (*fx* phrase it in simple language);
3. *(bibringe forestilling om)* express (*fx* words cannot express my surprise); F convey (*fx* words that convey nothing);
4. *(udvise, om blik etc.)* show (*fx* surprise); express (*fx* her eyes expressed anger); F be expressive of (*fx* a gesture which was expressive of impatience);
□ *~* ***sig*** *a)* express oneself (*fx* he cannot express himself in English); *b) (om formulering)* put it (*fx* I don't know how to put it); *(generelt)* put things (*fx* I don't like his way of putting things); *~ sig tydeligt* make oneself clear.
udtrykkelig¹ *adj.* express (*fx* command, intention, wish; intention); definite (*fx* promise); specific (*fx* condition, order).
udtrykkelig², **udtrykkeligt** *adv. (jf. udtrykkelig¹)* expressly (*fx* he had expressly ordered (, forbidden)

it); definitely (*fx* he hadn't definitely promised); specifically (*fx* I had specifically told him not to do it).
udtryksevne 1. fluency, command of language; **2.** *(formuleringsevne)* articulateness.
udtryksform mode of expression.
udtryksfuld *adj.* expressive (*fx* face, silence); *(følsom)* sensitive (*fx* face).
udtryksløs *adj.* expressionless (*fx* eyes, face, voice; he gave me an expressionless look); *(om ansigt også,* F*)* impassive; *(om blik også)* vacant, blank.
udtryksløshed *sb. (en)* lack of expression.
udtryksmiddel means of expression.
udtryksmåde 1. way of expressing oneself; style, idiom; *(mundtlig også)* way of speaking;
2. *(forfatters)* diction, style, idiom (*fx* Shakespeare's idiom);
3. *(formsprog)* idiom (*fx* the idiom of the time);
4. *(talemåde)* phrase.
udtrykt *adj.: han er sin faders -e billede* he is the very (*el.* living) image of his father; T he is the spitting image of his father.
udtræde *vb. (se også udtrådt) (trække sig tilbage)* resign (*af* from, *fx* a committee, club); withdraw (*af* from); F secede (*af* from, *fx* the UN, the EU).
udtræden *sb. (en)* resignation (*af* from); withdrawal (*af* from); F secession (*af* from).
udtræk *sb. (et, -)* **1.** *(ekstrakt)* extract; *(i kogende vand)* infusion (*fx* of camomile);
2. *(på bord)* extension, draw leaf;
3. *(mus.: på trækbasun)* slide; *(i orgel)* stop;
4. *(penge- af bank: det at)* withdrawal; *(beløb)* amount withdrawn;
□ *kikkert med ~* sliding telescope.
udtrække *vb.* **1.** *(obligationer, gevinst)* draw (*fx* bonds, a prize);
2. *(penge af bank)* withdraw; *(se også trække (ud)).*
udtrækning *sb. (en, -er)* **1.** *(af lotteri, obligationer)* drawing, draw;
2. *(af tand)* drawing; F extraction.
udtræksbord extension (*el.* extending) table, draw-leaf table.
udtræksseng extension bed.
udtrådt *adj. (om sko)* down-at-heel; *(se også fortærsket)*;
□ *-e medlemmer a)* former members; members who have left; *b) (udbrydere)* a breakaway group.
udtur*: på -en a)* on our (, their etc.) way there; *b) (om rejse)* on the outward journey; *(sø.)* on the outward passage.
udtværet *adj.* **1.** *(uden rene linjer)* blurred, blurry; **2.** *(ordrig)* wordy.
udtynde *vb.* thin (out).
udtynding *sb. (en, -er)* **1.** thinning (out); **2.** *(fig.)* dilution.
udtænke *vb.* **1.** *(finde på)* invent (*fx* an excuse); T think up; F devise (*fx* a method, a system);
2. *(gennemtænke)* think out (*fx* a plan).
udtæret *adj.* wasted; F emaciated; *(om ansigt)* gaunt, haggard.
udtømme *vb. (se også udtømmende)* **1.** *(om spildevand)* discharge, drain (*fx* drain radioactive waste into the sea);
2. *(med.)* evacuate;
3. *(fig.)* exhaust (*fx* a subject, one's resources, one's strength).
udtømmelse *sb. (en, -r)* **1.** emptying; **2.** *(med.)* evacuation.
udtømmende[1] *adj.* **1.** exhaustive (*fx* the list is by no means exhaustive); **2.** *(grundig)* thorough, comprehensive (*fx* description); full (*fx* explanation).
udtømmende[2] *adv.* **1.** exhaustively (*fx* discuss it exhaustively);
2. *(grundigt)* thoroughly, fully (*fx* answer the questions fully).
udtømning *sb. (en, -er) (af spildevand)* discharge; *(se også udtømmelse).*
udtørre *vb.* dry;
□ *-s (blive tør)* dry up, become dry; *(om vandløb også)* run dry.
udtørret *adj.* dried-up, dry (*fx* river bed); *(stærkere,* F*)* arid (*fx* region, soil).
udtørring *sb. (en, -er)* drying (up).
uduelig *adj.* incompetent; T useless;
□ *~ til* unfit for.
uduelighed *sb. (en)* incompetence; T uselessness.
udvalg *sb. (et, -)* **1.** *(noget der er udvalgt)* selection (*fx* a selection of poems);
2. *(af varer)* range (*fx* a wide range of goods); *(udbud)* choice; F selection (*fx* the shop has a large choice (, selection) of wines);
3. *(personer)* committee;
□ *nedsætte et ~* set up (*el.* appoint) a committee; *henvise et lovforslag til et ~* send a Bill into committee, refer a Bill to a committee; *sidde i et ~* sit (*el.* be) on a committee; *Kierkegaard i ~* selections from Kierkegaard.
udvalgsbehandling debate in committee.
udvalgsformand committee chairman.
udvalgsmøde committee meeting.
udvalgsvarer *sb.pl.* shopping goods.
udvalgsværelse committee room.
udvalgt *adj.* **1.** chosen (*af, blandt* from); F selected (*af, blandt* from);
2. *(særlig udvalgt)* picked (*fx* men); selected (*fx* we only visited a few selected places); F select (*fx* company, group); *(udsøgt)* choice;
3. *(bibelsk)* chosen, elect;
□ *de (få) -e* the chosen few; *få er -e* few are chosen; *nogle få -e* a chosen few; *høre til de få -e* be one of the chosen few; T be one of the boys; *(se også kreds)*; *hans -e* the bride of his choice; *Guds -e folk* the Chosen People.
udvalse *vb.* roll (out).
udvalsning *sb. (en, -er)* rolling (out).
udvande *vb.* **1.** *(fig.)* water down (*fx* the proposal, the reforms, the requirements; a watered-down version);
2. *(afsalte, lægge i vand)* soak (*fx* salted herrings); *(mere* F*)* steep.
udvanding *sb. (en, -er) (jf. udvande)* **1.** watering down;
2. steeping.
udvandre *vb.* **1.** emigrate; **2.** *(som demonstration)* walk out (*fra* of, *fx* they walked out of the meeting in protest).
udvandrer *sb. (en, -e)* emigrant.
udvandrerskib emigrant ship.
udvandring *sb. (en, -er)* **1.** *(til udlandet)* emigration;
2. *(opbrud,* F *el. spøg.)* exodus (*fx* the exodus from the cities; there was a general exodus from the room);
3. *(som demonstration)* walk-out.
udvandrings- emigration (*fx* office).
udvaske *vb.* **1.** *(kemiske stoffer)* leach (*af* from, *fx* nitrate from the soil); **2.** *(jord)* wash out;
□ *-s (jf. 1)* leach (*af* from); *~ guld* wash out (*el.* pan) gold.
udvaskning *sb. (en, -er) (jf. udvaske)* **1.** leaching; **2.** washout, erosion.
udvej *sb. (en, -e)* **1.** *(middel)* way (*til at* of -ing, *fx* I see no way of helping you); means (*til at* to, *fx* find (a) means (*el.* some means) to help him);
2. *(til at slippe ud af noget)* way out (*fx* take the easy way out; there must be a way out); way of escape;
3. *(udrejse)* outward journey; *(sø.)*

outward passage;
□ *på -en se udtur;*
[med adj.] der er ingen anden ~ there is no other way out, there is no alternative; *min sidste (el. eneste)* ~ my last resource; *som sidste* ~ as a last resort.

udveksle *vb.* exchange (*fx* letters, ideas, prisoners); *(se også ombytte)*;
□ ~ *historier om...* trade stories about...; ~ *indtryk* compare notes; ~ *komplimenter* trade compliments.

udveksling *sb. (en, -er)* **1.** exchange; **2.** *(i maskine)* gear.

udvendig[1] *adj.* **1.** external (*fx* wall); *(attr. også)* outside (*fx* pockets, repairs, shutters, work); exterior (*fx* door, painting); outer (*fx* covering, layer);
2. *(rent ydre)* external (*fx* purely external beauty);
3. *(overfladisk)* superficial (*fx* knowledge);
□ *det -e* the exterior; *den -e side* the outer side, the outside; *til* ~ *brug se udvortes*[2].

udvendig[2], **udvendigt** *adv.* **1.** (on the) outside; externally; **2.** *(overfladisk)* superficially.

udvendigfra *adv.* from outside (*fx* seen from outside).

udvide *vb.* **1.** *(gøre større)* extend (*fx* a house, the boundaries; foreign trade; the meaning of a word, one's knowledge, one's power); expand (*fx* one's activities; a short story into a novel); enlarge (fx a cavity, the pores, the mind);
2. *(forøge)* increase (*fx* one's capital; production); expand (*fx* production; the firm is expanding);
3. *(gøre bredere)* widen (*fx* a ditch, a road; the gulf between them, one's intellectual horizon); broaden (*fx* a road; one's horizon, the scope of the enquiry, one's circle of friends);
4. *(organ i legemet)* dilate (*fx* capillaries);
5. *(sko, handske etc.)* stretch;
6. *(gøre udførligere,* F*)* amplify (*fx* a statement);
□ ~ ***sig*** *a)* expand (*fx* water expands with heat); *b)* widen; F dilate (*fx* the pupils of his eyes dilated); *c) (om tøj)* stretch;
i ***-t*** *betydning* in a wider sense; *-t kursus* advanced course; *-t tid (gram.)* progressive tense; *-t udgave* enlarged edition.

udvidelig *adj.* **1.** expansible, extensible; **2.** *(elastisk)* elastic.

udvidelse *sb. (en, -r) (jf. udvide)* **1.** extension, expansion, enlargement; **2.** increase, expansion; **3.** widening, broadening; **4.** dilation; **5.** stretching; **6.** amplification.

udvikle *vb. (se også udviklende, udviklet)*;
1. *(forbedre, styrke)* develop (*fx* a method, one's muscles); improve (*fx* a method, the technique);
2. *(udtænke, danne sig* F*)* evolve (*fx* a new method, a scheme, a personal style, a theory);
3. *(frembringe)* generate (*fx* heat, steam);
4. *(forklare)* explain, set out; F set forth (*fx* one's reasons);
[med sig] ~ ***sig*** *a)* develop (*fx* he is developing rapidly; the situation developed to his advantage); *b) (blive større)* grow (*fx* the organization has grown); increase; *begivenhederne -de sig hurtigt* events moved rapidly; ~ ***sig af*** *(ɔ: opstå af)* grow out of; F evolve from; ~ ***sig til*** *(at blive)* develop into (*fx* he has developed into a fine artist; the situation developed into a disaster).

udviklende *adj. (fig.)* **1.** improving; **2.** *(stimulerende)* stimulating.

udviklet *adj.* developed;
□ *fuldt* ~ full-grown, fully developed; *højt* ~ highly developed (*fx* civilization); highly civilized (*fx* people); *hun er meget* ~ *af sin alder* she is well developed for her age; *tidlig* ~ precocious; *hun er tidlig* ~ she is mature for her age; *han er sent* ~ he is a late developer.

udvikling *sb. (en, -er)* **1.** development (*fx* an important stage in his development);
2. *(langsom* ~*; videnskabelig, biol.)* evolution;
3. *(af røg, varme etc.)* generation;
4. *(fremgang)* advance, progress (*fx* of civilization);
5. *(tendens, retning)* trend (*fx* the rise in arms trafficking is an alarming new trend; I don't like the trend of events);
6. *(ny* ~*)* development; developments pl. (*fx* the latest development(s) in the affair; future developments in the field of education; the beginning of an important development);
7. *(forklaring)* explanation, exposition;
□ ***-en*** *a) (som begreb)* developments pl. (*fx* developments have necessitated a reform of the system); *b) (biol.)* evolution;
[med vb.] ***følge*** *-en* follow developments (*fx* we will follow developments closely); ***følge med*** *-en* keep up (*el.* keep pace) with (the latest) developments; keep up with the times; *han har* ***gennemgået*** *en* ~ he has developed; ***være i*** ~ *a)* be developing; *b) (være i fremgang)* be progressing.

udviklingsbistand, udviklingshjælp development aid.

udviklingshæmmet *adj. (præd.)* suffering from arrested development;
□ *psykisk* ~ mentally retarded, mentally handicapped.

udviklingsland developing country; less developed country *(fork.* LDC*)*.

udviklingslære *sb. (en)* evolutionism;
□ *-n (også)* Evolution; *tilhænger af -n* evolutionist.

udviklingsmulighed potentiality.

udviklingsområde development area.

udviklingsproces *(jf. udvikling)* **1.** process of development; **2.** process of evolution.

udviklingspsykologi developmental psychology.

udviklingsteori *se udviklingslære.*

udviklingstrin stage of development.

udvinde *vb.* **1.** extract (*fx* oil from shale; coal); win (*fx* coal; metal from ore); **2.** *(af affaldsstoffer til genbrug)* reclaim (*fx* metal from industrial waste).

udvinding *sb. (en, -er) (jf. udvinde)* **1.** extraction, winning; **2.** reclamation.

udvirke *vb.* bring about (*fx* a reconciliation); *(opnå)* obtain (*fx* sby's pardon; sby's appointment);
□ ~ *at* contrive (*el.* bring about) that; T work it that; ~ *noget hos en* obtain sth from sby.

udvise *vb.* **1.** *(jage ud)* send out, order out; *(se også bortvise)*;
2. *(af landet)* expel, deport;
3. *(ved sportskamp)* send off, order off; *(i håndbold, for 2 minutter)* suspend; *(diskvalificere)* disqualify;
4. *(vise)* show (*fx* the accounts show a profit of £ 9,000);
5. *(lægge for dagen)* show; F display (*fx* courage); exhibit (*fx* total lack of concern); *(stærkere)* manifest.

udvisende *sb. (et): kontoens* ~ the state of the account; the balance; *efter kontoens* ~ according to the account.

udviske *vb.* **1.** *(gøre utydelig, også fig.)* blur (*fx* the outlines);
2. *(slette)* blot out; F obliterate (*fx*

the memory of sth); *(se også viske (ud)).*
udvisket *adj.* blurred, blurry; *(utydelig)* indistinct.
udvisning *sb. (en, -er)* **1.** *(af landet)* expulsion; **2.** *(ved sportskamp, jf. udvise 3)* sending-off; suspension; disqualification;
□ *der var tre -er (jf. 2)* three players were sent off (, suspended, disqualified).
udvisningsboks penalty box.
udvisningsbænk penalty bench.
udvisningsordre expulsion (*el.* deportation) order.
udvokset *adj.* full-grown; *(om menneske også)* grown-up; *(mere* F*)* adult.
udvortes[1] *sb. (et)* appearance; F exterior.
udvortes[2] *adj. se udvendig, ydre*[2];
□ *til ~ brug* for external use only; not to be taken.
udvækst *sb. (en, -er)* excrescence.
udvælge *vb. (se også udvalgt)*
1. choose; *(mere omhyggeligt)* pick out, single out (*fx* pick (*el.* single) him out as a possible victim; single him out for a reward (, for special treatment)); F select;
2. *(slå ned på)* pick on;
□ *~ en blandt dem* choose (, select) one from among them.
udvælgelse *sb. (en, -r)* choice; *(mere omhyggeligt,* F*)* selection.
udygtig *adj.* incompetent, inefficient; T useless;
□ *~ til* unfit for.
udygtighed incompetence, inefficiency; T uselessness;
□ *~ til* unfitness for.
udyr brute; *(se også uhyre*[1]*).*
udyrket *adj. se uopdyrket.*
udækket *adj.* **1.** *(uden værn)* uncovered, unprotected; **2.** *(i sport)* unmarked; **3.** *(ikke betalt)* unpaid;
□ *et ~ behov* an unsatisfied need.
udæske *vb.* provoke.
udæskende[1] *adj.* provocative, aggressive; coat-trailing;
□ *være ~ (også)* trail one's coat.
udæskende[2] *adv.* provocatively, aggressively.
udøbt *adj.* unbaptized.
udødelig *adj.* **1.** immortal; **2.** *(om ry)* undying;
□ *gøre ~* immortalize.
udødeliggøre *vb.* immortalize.
udødelighed *sb. (en)* immortality.
udørk, udørken *sb. (en)* desert (*fx* a cultural desert); wilderness;
□ *bo i en ~ (fig.)* live at the back of beyond; live in the middle of nowhere.
udøse *vb.* pour out;
□ *~ sit hjerte for én* pour out one's heart to sby; *~ sin vrede over én* vent one's anger on sby.
udøve *vb. (se også udøvende)*
1. *(anvende)* use (*fx* force, compulsion, torture); exert (*fx* an influence on sby, pressure on sby); F exercise (*fx* authority, influence);
2. *(udføre regelmæssigt)* practise (*fx* magic, torture; one's trade);
3. *(hverv)* perform (*fx* a function); F discharge (*fx* certain functions);
4. *(sport)* do (*fx* does he do much sport?);
□ *~ sit erhverv (også)* follow one's trade; *(se også tiltrækning).*
udøvelse *sb. (en, -r) (jf. udøve)*
1. use, exertion; exercise; **2.** practising; **3.** *(af musik)* performance.
udøvende *adj.: ~ musiker* practising musician; *(se også magt).*
udøver *sb. (en, -e)* **1.** practitioner (*fx* practitioners of violence);
2. *(musik-)* performer.
udåd *sb. (en)* **1.** *(forbrydelse)* crime; F misdeed; **2.** *(skændselsdåd)* outrage, atrocity.
udånde *vb. (dø)* breathe one's last, expire.
udånding *sb. (en, -er)* expiration.
udåndingsprøve *(spiritusprøve)* breath test.
ueffen *adj.: ikke ~* not bad.
uefterrettelig *adj.* negligent, careless.
uegal *adj.* uneven.
uegennytte *sb. (en)* unselfishness; *(stærkere)* selflessness.
uegennyttig *adj.* unselfish; *(stærkere)* selfless.
uegentlig *adj.* figurative (*fx* sense).
uegnet *adj.* unsuitable (*til* for, *fx* unsuitable for use in schools);
□ *~* ***til*** *(ɔ: helt umulig)* unsuited for (*fx* the job); unfit for (*fx* military service; human consumption; human habitation); *~* ***til at*** unsuited to (*fx* be leader); unfit to (*fx* do the job).
uegnethed *sb. (en)* unsuitability (*til* for; *til at* to).
uelastisk[1] *adj.* **1.** inelastic; **2.** *(om system etc.)* rigid.
uelastisk[2] *adv.* **1.** inelastically; **2.** *(stift)* rigidly.
uelegant[1] *adj.* inelegant.
uelegant[2] *adv.* inelegantly.
uelskværdig *adj.* **1.** unkind, ungracious; F disobliging; **2.** *(om éns hele væsen)* unpleasant.
uendelig[1] *sb. (mat.)* infinity.
uendelig[2] *adj.* **1.** infinite (*fx* distance, number, time; patience, kindness);
2. *(uden grænser)* boundless (*fx* desert, ocean; energy, optimism);
3. *(som aldrig får ende)* unending, endless (*fx* discussions, problems); F interminable (*fx* discussions, list of complaints);
□ *i det -e a)* indefinitely (*fx* it may be prolonged indefinitely); *b) (neds.)* for ever (*fx* it seemed to last for ever); for ages (*fx* we waited for ages); perpetually; eternally (*fx* they were eternally postponing it); *han beklager sig i det -e* he is always complaining; *regnen (, snakken) blev ved i det -e* it rained (, they talked) on and on.
uendelig[3]**, uendeligt** *adv.* **1.** infinitely (*fx* large); **2.** *(brugt rent forstærkende)* immensely (*fx* important, stupid); extremely (*fx* slow, weak);
□ *~ lille* infinitesimal; *~ mange (+ sb.)* an infinite number of; countless; T any amount of; *~ meget (+ sb)* any amount of; *det betyder ~ meget* it is of enormous importance; *~ meget bedre* infinitely better; *~ stor* infinite; infinitely great.
uendelighed *sb. (en) (jf. uendelig)*
1. infinity; **2.** boundlessness;
3. endlessness;
□ *en ~ af* any number (, amount) of; unending (*fx* complaints); *i én ~* for ever; unendingly (*fx* he chattered unendingly); perpetually; *det regnede i en ~* it rained on and on.
uengageret *adj.* **1.** *(neutral)* uncommitted; **2.** *(ligeglad)* indifferent.
uengelsk *adj.* un-English.
uenig *adj.: blive -e* fall out, quarrel; *være -e* disagree; F differ (in opinion); *de var vildt -e* they were in total disagreement; *være ~* ***i*** disagree with (*fx* the scheme); *være ~* ***med*** *en* disagree with sby (*om* about, on, over); F differ from sby (*om* about, on, over); *være ~* ***med sig selv*** *om* be in two minds about.
uenighed *sb. (en, -er)* **1.** disagreement; F difference (of opinion);
2. *(strid)* disagreement; F controversy.
uens[1] *adj.* unlike, different.
uens[2] *adv.* differently.
uensartet[1] *adj.* heterogeneous (*fx* collection);
□ *vurderingerne er meget uensartede* the estimates vary a lot.
uensartet[2] *adv.* heterogeneously.
uensartethed *sb. (en)* heterogeneity.
uerfaren *adj.* inexperienced;
□ *han er ganske ~ i de dele* he is a child in such matters.

uerfarenhed *sb. (en)* inexperience.
uerstattelig *adj.* irreplaceable (*fx* loss, treasure); irretrievable, irreparable (*fx* loss).
uetisk[1] *adj.* unethical.
uetisk[2] *adv.* unethically.
uf *interj.* ugh! T yuk!
ufaglært *adj.* **1.** unskilled; **2.** *(brugt som sb.)* unskilled worker.
ufarbar *adj.* **1.** impassable; **2.** *(sø.)* unnavigable.
ufarlig *adj.* harmless (*fx* snake); safe (*fx* procedure; the pills are not safe for children);
□ *det er ganske -t (også)* it is not at all dangerous.
ufarvet *adj.* **1.** plain, undyed;
2. *(fig.)* uncoloured, unbiassed (*fx* account); **3.** *(om træ, fx til møbler, efter sb.)* in the white.
ufattelig[1] *adj.* **1.** *(ubegribelig)* incomprehensible (*fx* it is incomprehensible to me why he did it);
2. *(utrolig)* incredible (*fx* stupidity); *(stærkere)* unbelievable (*fx* difficulties, speed).
ufattelig[2], **ufatteligt** *adv.* *(jf. ufattelig*[1]*)* **1.** incomprehensibly; **2.** incredibly, unbelievably (*fx* beautiful, stupid).
ufejlbarlig *adj.* infallible; *(om middel også)* unfailing.
ufejlbarlighed *sb. (en)* infallibility.
ufestlig *adj.* drab.
ufiks *adj.* **1.** *(uklædelig)* unattractive (*fx* dress);
2. *(klodset)* clumsy, heavy-handed (*fx* their heavy-handed handling of the affair).
ufin *adj.* tactless;
□ *-e metoder* shady methods.
ufo *sb. (en, -er) (fork.f. uidentificeret flyvende objekt)* UFO (*fork.f.* unidentified flying object).
ufolkelig *adj.* **1.** *(udemokratisk)* undemocratic; **2.** *(om kunst etc.)* high-brow; **3.** *(om politiker, efter sb.)* lacking the common touch.
uforanderlig *adj.* **1.** *(som ikke kan forandres)* unchangeable, unalterable (*fx* decision, laws, principles); irreversible (*fx* decision); F immutable (*fx* decision, laws, principles);
2. *(som ikke forandrer sig)* unchanging (*fx* society, traditions); changeless; F immutable.
uforanderlighed *sb. (en) (jf. uforanderlig)* **1.** unchangeableness immutability; **2.** changelessness.
uforandret *adj.* unchanged, unaltered.
uforarbejdet *adj.* unmanufactured; rough (*fx* boards, timber); raw (*fx* cotton).
uforbederlig[1] *adj.* incorrigible (*fx* liar; he is incorrigible); inveterate (*fx* liar, optimist); T hopeless.
uforbederlig[2], **uforbederligt** *adv.* incorrigibly; T hopelessly.
uforbeholden *adj.* **1.** unreserved (*fx* approval, support; apology *(undskyldning)*); unqualified (*fx* admiration, approval, praise); **2.** *(åbenhjertig)* candid, frank (*fx* opinion).
uforbeholdenhed *sb. (en)* **1.** unreservedness; **2.** candour, frankness.
uforberedt[1] *adj.* unprepared;
□ *han mødte ~ (i skole)* he had not done his homework.
uforberedt[2] *adv.* without any preparation; F extempore; T off the cuff.
uforbindende[1] *adj.* **1.** non-committal (*fx* reply); **2.** *(hdl., præd.)* without obligation;
□ *~ drøftelser* informal talks; *tilbuddet er ~* the offer is not binding.
uforbindende[2] *adv.* non-committally (*fx* answer non-committally).
uforbrændt *adj.* unburned.
ufordelagtig *adj.* **1.** unfavourable (*fx* impression); disadvantageous (*fx* arrangement);
2. *(om handel etc.)* unprofitable;
3. *(nedsættende, kritisk)* disparaging (*fx* remarks);
4. *(om udseende)* unprepossessing;
□ *det -e ved det* the disadvantage of it; *gøre sig -t bemærket* attract unfavourable attention.
ufordragelig *adj.* **1.** intolerant;
2. *(stridbar)* truculent.
ufordragelighed *sb. (en)* **1.** intolerance; **2.** *(stridbarhed)* truculence.
ufordærvet *adj. (fig.)* unspoiled; *(uskyldig)* innocent.
ufordøjelig *adj.* indigestible.
ufordøjelighed *sb. (en)* indigestibility.
ufordøjet *adj. (også fig.)* undigested.
uforenelig *adj.* **1.** *(som ikke passer sammen)* incompatible (*med* with, *fx* activities incompatible with his diplomatic status; their natures (, objectives) are incompatible);
2. *(som logisk strider mod (hinanden))* inconsistent (*med* with, *fx* facts that are inconsistent his theory; inconsistent principles); *(stærkere)* irreconcilable (*med* with).
uforenelighed *sb. (en)* **1.** incompatibility; **2.** *(logisk)* inconsistency.
uforet *adj.* unlined.
uforfalsket *adj.* **1.** genuine; unadulterated, pure (*fx* spring water); **2.** *(fig.)* *se uforstilt.*
uforfærdet[1] *adj.* **1.** *(ikke bange)* intrepid; **2.** *(som ikke lader sig skræmme)* undaunted, fearless; *(især spøg., præd.)* nothing daunted; F dauntless.
uforfærdet[2] *adv. (jf. uforfærdet*[1]*)* **1.** intrepidly; **2.** fearlessly; nothing daunted.
uforfærdethed *sb. (en) (jf. uforfærdet)* **1.** intrepidity; **2.** fearlessness; dauntlessness.
uforglemmelig *adj.* unforgettable.
uforgribelig *adj.: hans -e mening* his frank and considered opinion; *udtale som sin -e mening at (spøg.)* opine that; *udtale sin -e mening om* lay down the law about.
uforgængelig *adj.* **1.** indestructible (*fx* made of indestructible material); imperishable (*fx* plastics);
2. *(fig.)* imperishable (*fx* monument, fame).
uforgængelighed *sb. (en)* indestructibility, indestructibleness, imperishableness.
uforholdsmæssig[1] *adj.* disproportionate.
uforholdsmæssig[2], **uforholdsmæssigt** *adv.* disproportionately (*fx* high, large);
□ *~ stor (, lille) (også)* disproportionate (*fx* a disproportionate amount; he bears a disproportionate burden); *være ~ stor (, lille) i sammenligning med* be out of all proportion to; *en ~ høj pris* an exorbitant price.
uforklarlig *adj.* inexplicable (*fx* an inexplicable phenomenon; I find it inexplicable); unaccountable (*fx* for some unaccountable (*el.* inexplicable) reason);
□ *det er -t (også)* I cannot account for it; *af -e grunde (også)* for reasons best known to himself (, herself etc.).
uforknyt *adj.* undismayed, unabashed; *(se også uforfærdet).*
uforkortet[1] *adj. (om bog etc.)* unabridged, uncut.
uforkortet[2] *adv.* in full.
uforkrænkelig *adj.* incorruptible.
uforligelig *adj.* incompatible.
uforlignelig[1] *adj.* **1.** incomparable; F matchless (*fx* beauty); unequalled, unrivalled (*fx* ability, master, skill); **2.** *(uefterlignelig)* inimitable (*fx* style).
uforlignelig[2], **uforligneligt** *adv. (jf. uforlignelig*[1]*)* **1.** incomparably;
2. inimitably.
uforlovet *adj.* unengaged.
uformel *adj.* informal; *(om påklædning også)* casual (*fx*

clothes).
uformelig *adj.* **1.** shapeless (*fx* lump); **2.** *(vanskabt)* misshapen; **3.** *(meget fed)* enormously fat, gross.
U-formet *adj.* U-shaped.
uformindsket *adj.* undiminished (*fx* with undiminished violence); unreduced (*fx* with unreduced speed); F unabated (*fx* enthusiasm, fury);
□ *fortsætte med ~ styrke* continue unabated (*fx* the war (, the fighting, the gale, the unrest) continued unabated).
uformodet[1] *adj.* unexpected.
uformodet[2] *adv.* unexpectedly.
uformuende *adj.* without private means *(præd.)*; *(fattig)* impecunious.
ufornuft foolishness.
ufornuftig *adj.* unwise; F injudicious; *(stærkere)* foolish.
ufornøden *adj.* unnecessary.
uforpligtende[1] *adj.* **1.** *(intetsigende)* non-committal (*fx* letter, reply);
2. *(overfladisk)* casual (*fx* friendship, relationship, sex);
□ *~ drøftelser* informal talks.
uforpligtende[2] *adv.* **1.** non-committally; **2.** *(overfladisk)* casually.
uforrettet *adj.*: *med ~ sag* without having achieved anything, without any success, empty-handed.
uforsagt *se uforfærdet.*
uforsigtig *adj.* careless; F incautious (*fx* remark); *(ubetænksom)* imprudent (*fx* remark); *(om ytring også)* indiscreet (*fx* comment); *(overilet)* rash (*fx* promise).
uforsigtighed *sb. (en) (jf. uforsigtig)* carelessness, incautiousness; rashness; indiscretion.
uforskammet[1] *adj.* **1.** *(respektløs)* impudent (*fx* girl, remark);
2. *(udfordrende)* insolent (*fx* behaviour, smile, stare);
3. *(grov)* rude (*fx* remark);
□ *~ over for* impudent (, rude) to; *en ~ (ɔ: åbenlys) løgn* a barefaced lie; *en ~ pris se ublu.*
uforskammet[2] *adv. (jf. uforskammet*[1]*)* **1.** impudently; **2.** insolently; **3.** rudely;
□ *være ~ heldig* have the devil's own luck.
uforskammethed *sb. (en) (jf. uforskammet*[1]*)* **1.** impudence; **2.** insolence; **3.** rudeness;
□ *en ~ a)* a piece (, an act) of impudence (, rudeness); *b) (om udtalelse)* an impudent (, a rude) remark; an insult.
uforskyldt[1] *adj.* **1.** undeserved; **2.** *(uprovokeret)* unprovoked.
uforskyldt[2] *adv.* undeservedly; through no fault of one's own.
uforsonlig *adj.* **1.** implacable (*fx* enemy, hatred, opponent);
2. *(ubøjelig)* uncompromising (*fx* attitude); **3.** *(mht. politik)* intransigent.
uforsonlighed *sb. (en) (jf. uforsonlig)* **1.** implacability; **2.** uncompromising attitude; **3.** intransigence.
uforstand *sb. (en)* **1.** foolishness; F folly; **2.** *(ubetænksomhed)* imprudence.
uforstandig *adj.* **1.** foolish; **2.** *(ubetænksom)* imprudent; injudicious.
uforstilt[1] *adj.* **1.** undisguised (*fx* admiration); F unfeigned (*fx* enthusiasm, joy); **2.** *(oprigtig)* sincere (*fx* admiration); genuine (*fx* astonishment, joy).
uforstilt[2] *adv. (jf. uforstilt*[1]*)* **1.** openly; **2.** sincerely, genuinely.
uforstyrrelig *adj.* **1.** *(ikke til at bringe ud af fatning)* imperturbable; T unflappable;
2. *(uforstyrret)* unruffled (*fx* calm; he remained unruffled); T cool;
3. *(aldrig svigtende)* unfailing (*fx* good spirits).
uforstyrrelighed *sb. (en) (jf. uforstyrrelig)* **1.** imperturbability; unflappability; **2.** coolness.
uforstyrret[1] *adj.* undisturbed (*fx* peace); unruffled (*fx* calm).
uforstyrret[2] *adv.* without being disturbed; peacefully, in peace (*fx* live in peace).
uforståelig *adj.* **1.** *(uden mening)* unintelligible (*fx* language, text, words, speech);
2. *(ubegribelig)* incomprehensible (*fx* it is incomprehensible to me why he did it);
□ *der var meget der var -t (for ham) (også, mindre* F*)* there were many things which he did not understand; *han udtrykker sig -t* he does not make himself clear.
uforstående[1] *adj.* **1.** *(ikke velvilligt indstillet)* unsympathetic (*over for* towards); **2.** *(som ikke forstår)* uncomprehending;
□ *se ~ ud* look blank; *han står ~ over for det* he is unable to understand it; he cannot account for it; he is at a (complete) loss about it.
uforstående[2] *adv.* **1.** unsympathetically; **2.** *(uden at forstå)* uncomprehendingly (*fx* he looked at me uncomprehendingly);
□ *se ~ på (også)* look blankly at.
uforsvarlig[1] *adj. (ansvarsløs)* irresponsible (*fx* conduct; it is irresponsible to leave the children alone in the house);
□ *~ kørsel* reckless driving.
uforsvarlig[2], **uforsvarligt** *adv. (jf. uforsvarlig*[1]*)* irresponsibly; recklessly (*fx* drive recklessly).
uforsætlig *adj.* unintentional.
uforsøgt *adj.* untried;
□ *ikke lade noget ~* leave no stone unturned.
uforsørget *adj.* unprovided for *(præd.)* (*fx* he left three children unprovided for); dependant (*fx* women with dependant children).
ufortalt *adj.* with all due respect to, without disparagement to; with (*fx* with all his good qualities he is hardly the man for the post).
ufortjent[1] *adj.* undeserved; F unmerited.
ufortjent[2] *adv.* undeservedly.
ufortoldet *adj.* uncleared;
□ *ufortoldede varer (også)* goods on which duty has not been paid.
ufortrøden *adj.* **1.** undaunted, unabashed; *(se også uforfærdet)*;
2. *(utrættelig)* persevering, indefatigable; **3.** *(støt)* steady.
ufortøvet *adv.* unhesitatingly, without delay; *(straks)* immediately, promptly; F forthwith.
uforudseende[1] *adj.* improvident.
uforudseende[2] *adv.* improvidently.
uforudselig *adj.* unforeseeable.
uforudset *adj.* unforeseen (*fx* circumstances, difficulties); unsuspected (*fx* difficulties).
uforudsigelig *adj.* unpredictable.
uforvansket *adj.* uncorrupted.
uforvarende *adv.* **1.** *(ikke med vilje)* inadvertently; **2.** *(uden at lægge mærke til det)* unawares (*fx* I must have dropped it unawares).
ufrankeret *adj.* unstamped.
ufravendt[1] *adj.* intent, fixed.
ufravendt[2] *adv.* intently (*fx* he watched them intently); fixedly (*fx* she stared fixedly at him).
ufravigelig[1] *adj.* **1.** invariable (*fx* rule); unchangeable, fixed (*fx* decision, principle); **2.** *(uundgåelig)* indispensable (*fx* condition, duty);
□ *et -t krav* a must.
ufravigelig[2], **ufravigeligt** *adv.* invariably; absolutely.
ufred **1.** *(uenighed)* dissension, discord;
2. *(skænderier etc.)* quarrels;
3. *(politisk el. social)* trouble, unrest;
4. *(strid,* F*)* strife;
5. *(krig)* war;
□ *stifte ~ a) (jf 1)* sow discord; *b) (jf. 3)* make trouble; *c) (jf. 4)* stir up strife.
ufredelig *adj.* **1.** troubled (*fx* times); **2.** *(om person)* quarrel-

some.
ufremkommelig *adj.* impassable (*fx* road).
ufri *adj.* **1.** *(ikke fri, præd.)* not free; F in bondage; **2.** *(forlegen)* constrained; **3.** *(hæmmet)* inhibited.
ufrivillig[1] *adj.* **1.** involuntary (*fx* movement); **2.** *(ikke tilsigtet)* unintentional (*fx* comic effect).
ufrivillig[2], **ufrivilligt** *adv.* *(jf. ufrivillig[1])* **1.** involuntarily; **2.** unintentionally (*fx* unintentionally funny); against one's will.
ufrugtbar *adj.* **1.** barren (*fx* soil); **2.** *(om menneske, dyr)* sterile; *(glds. el.* F, *kun om hunkøn)* barren;
3. *(fig.)* barren (*fx* discussion; years); unprofitable (*fx* discussion; line of inquiry).
ufrugtbarhed *sb. (en)* barrenness; sterility.
ufuldbyrdet *adj. (om ægteskab, voldtægt)* unconsummated.
ufuldbåren *adj.* embryonic.
ufuldendt *adj.* unfinished;
□ *Den -e (mus.)* the Unfinished Symphony.
ufuldkommen *adj.* imperfect; *(mangelfuld)* defective.
ufuldkommenhed *sb. (en, -er)*
1. *(jf. ufuldkommen)* imperfection; defectiveness;
2. *(fejl)* imperfection;
□ *-er (jf. 2, også)* shortcomings (*fx* we all have our little shortcomings).
ufuldstændig *adj.* **1.** *(mangelfuld)* incomplete, imperfect; *(stærkere)* defective;
2. *(ufuldendt)* unfinished;
3. *(fragmentarisk)* fragmentary;
□ *-t verbum* defective verb.
ufuldstændighed *sb. (en)* incompleteness; *(stærkere)* defectiveness.
ufyldestgjort *adj. se panthaver.*
ufyldestgørende[1] *adj.* unsatisfactory.
ufyldestgørende[2] *adv.* unsatisfactorily.
ufærdig *adj.* **1.** unfinished; **2.** *(om ideer etc.,* T*)* half-baked; **3.** *(om person: umoden)* immature.
ufødt *adj.* unborn;
□ *-e slægter* unborn generations.
ufølsom *adj.* **1.** insensitive (*over for* to, *fx* cold, pain);
2. *(fig.)* insensitive (*over for* to, *fx* their sufferings); *(stærkere: hårdhjertet)* unfeeling (*fx* attitude, behaviour, person, remark); *(mere neds.)* callous.
ufølsomhed *sb. (en) (jf. ufølsom)* **1.** insensitiveness; **2.** insensitiveness; callousness.
uføre *sb. (et)* mess;
□ *komme ud i -t (fig.: moralsk)* T get into trouble; F go astray.
ugalant[1] *adj.* **1.** unchivalrous; **2.** *(uopmærksom)* inattentive.
ugalant[2] *adv.* **1.** unchivalrously; **2.** *(uopmærksomt)* inattentively.
ugarvet *adj.* untanned; raw (*fx* hides).
uge *sb. (en, -r)* week;
□ *to -rs ferie (, fravær, frist)* two weeks' holiday (, absence, notice); *efter to -rs kampe (, demonstrationer, ro etc.)* after two weeks of fighting (, demonstrations, calm etc.);
[med præp. & adv.] i dag ***for*** *en ~* ***siden*** a week ago today; ***i*** *denne ~* this week; *i næste ~* next week; *(se også forrige)*; ***om*** *en ~* in a week; *i dag om en ~* a week today; *(se også fredag)*; *to gange* ***om -n*** twice a week; twice weekly; *arbejde 37 timer om -n* work a 37-hour week; *-n* ***ud*** (for) the rest of the week.
ugeavis weekly (paper).
ugeblad weekly (magazine).
ugedag day of the week.
ugelang *adj. (som varer en uge)* week-long.
ugeløn weekly wage.
ugelønnet *adj. (præd.)* paid by the week.
ugenert[1] *adj.* **1.** *(utvungen)* free-and-easy (*fx* manner);
2. *(fræk)* cool;
3. *(uforstyrret)* undisturbed (*fx* here we can be undisturbed);
4. *(om sted)* secluded.
ugenert[2] *adv. (jf. ugenert[1])* **1.** in a free-and-easy manner; **2.** coolly; **3.** without being disturbed.
ugenerthed *sb. (en)* **1.** *(utvungenhed)* free-and-easy manner;
2. *(frækhed)* coolness.
ugengældt, **ugenkaldelig** *(etc.) se uigengældt, uigenkaldelig (etc.).*
ugennemførlig, **ugennemsigtig** *(etc.) se uigennemførlig, uigennemsigtig (etc.).*
ugentlig *adj. & adv.*, **ugentligt** *adv.* weekly.
ugepenge *sb.pl.* weekly allowance sg.
ugerne *adv.* unwillingly, reluctantly.
ugerning *sb. (en, -er)* **1.** misdeed; **2.** *(skændselsgerning)* outrage, atrocity.
ugeskrift *sb. (et, -er)* weekly.
ugevis *adj. (præd.) & adv.* by the week;
□ *i ~* for weeks (and weeks).
ugidelig *adj.* lazy; F indolent.
ugidelighed *sb. (en)* laziness; F indolence.
ugift *adj.* unmarried, single.
ugjort *adj.* undone; *gøre ~* undo.
ugle[1] *sb. (en, -r) (zo.)* owl;
□ *der er -r i mosen* there is mischief brewing, there is trouble afoot; *fange en ~ (i roning)* catch a crab.
ugle[2] *vb.: ~ éns hår* rumple (*el.* tousle *el.* ruffle) sby's hair; *~ ud* trick out; *~ sig ud* dress (*el.* trick) oneself out.
uglegylp *sb. (et.)* cast; *(kugleformet)* pellet.
ugleset *adj.* unpopular; *(præd. også)* disapproved of, looked askance at.
ugleskrig hoot.
uglet *adj.* rumpled, tousled, ruffled (*fx* hair).
ugraciøs *adj.* ungraceful, awkward.
ugrammatisk[1] *adj.* ungrammatical;
□ *det er ~* it is bad grammar.
ugrammatisk[2] *adv.* ungrammatically.
ugrundet *adj. se ubegrundet.*
ugræs *se ukrudt.*
ugudelig[1] impious, ungodly;
□ *en ~ masse* an enormous lot; *hvorfor skal de -e have al lammestegen (omtr.)* why should the devil have all the best tunes; *en ~ krop* a hellhound.
ugudelig[2], **ugudeligt** *adv.* impiously.
ugudelighed *sb. (en)* impiety, ungodliness.
ugunst*: til ~ for ham* to his disadvantage; *(se også skæbne).*
ugunstig *adj.* unfavourable (*for* to); F disadvantageous (*for* to); *(kun attr.)* adverse (*fx* balance of payments, development, effect, fate);
□ *under meget -e vilkår* against heavy odds.
ugyldig *adj.* **1.** invalid (*fx* passport, vote); (F *el. jur.)* (null and) void;
2. *(om penge)* invalid; *(præd. også)* not legal tender;
□ *erklære ~* declare invalid; declare null and void; *erklære et mål -t* disallow a goal.
ugyldighed *sb. (en)* invalidity; (F *el. jur.)* nullity.
ugæret *adj.* unfermented.
ugæstfri *adj.* inhospitable.
ugæstfrihed *sb. (en)* inhospitality, inhospitableness.
ugørlig *adj.* impossible; F unfeasible; *(præd. også)* not feasible.
uh *interj.* **1.** *(forskrækkelse, behag)* oh; **2.** *(væmmelse)* ugh;
3. *(smerte)* ouch, ow.
uha *interj.* **1.** *(forskrækkelse)* oh; dear me (*fx* dear me, what a

mess!); **2.** *(væmmelse)* ugh.

uhandelig, **uhandlelig** *adj. se uhåndterlig.*

uharmonisk[1] *adj.* **1.** disharmonious; **2.** *(om ægteskab)* unhappy.

uharmonisk[2] *adv.* **1.** disharmoniously; **2.** *(om ægteskab)* unhappily.

uhelbredelig[1] *adj.* incurable (*fx* disease).

uhelbredelig[2], **uhelbredeligt** *adv.* incurably (*fx* ill).

uheld *sb. (et, -)* **1.** *(generelt)* bad luck (*fx* it has brought me nothing but bad luck; it is bad luck to walk under a ladder); ill-luck; *(alvorligere,* F*)* misfortune (*fx* his failure was not due to misfortune, but to incompetence; he had the misfortune to miss the plane); *(ubetydeligt)* mishap (*fx* it passed without mishap);
2. *(enkelt ~)* stroke of bad luck (*fx* it was (, I had) a stroke of bad luck);
3. *(uheldig tildragelse)* unfortunate occurrence; *(alvorligere,* F*)* misfortune (*fx* he bore his misfortunes bravely); *(ubetydeligt)* mishap (*fx* a day seldom passed without some mishap or another); F misadventure;
4. *(færdsels- etc.)* accident; *(se også ulykke)*;
5. *(skade, havari)* breakdown;
6. *(som volder forsinkelse)* hitch (*fx* there were one or two technical hitches);
[med adv. & præp.] være forfulgt ***af*** *~* be dogged by ill-luck; *held* ***i*** *~* a blessing in disguise; *have ~ i kærlighed* be unlucky in love; be crossed in love; *~ i spil, held i kærlighed* unlucky at cards, lucky in love; *sidde i ~* have a run of bad luck; be out of luck; *have ~* ***med*** have no luck with; ***til*** *~* ***for*** unfortunately for; *til alt ~* as ill-luck would have it; unfortunately; *være* ***ude for*** *et ~* have an accident (, breakdown); *hvis -et er* ***ude*** if our luck runs out; ***ved*** *et ~* by (an) accident, by a stroke of bad luck, by an unlucky chance; F by mischance.

uheldig *adj.* **1.** *(som ikke har held med sig)* unlucky (*fx* if you are unlucky, it will take several weeks); F unfortunate;
2. *(som ikke lykkes el. klarer sig)* unsuccessful (*fx* attempt, candidate);
3. *(ugunstig)* unfavourable (*fx* circumstances, development, impression, position); F disadvantageous; *(kun attr.)* adverse (*fx* circumstances, consequences, effect);
4. *(ubelejlig, beklagelig)* unfortunate (*fx* beginning, decision, effect; moment, position; mistake, remark; it is rather unfortunate that he should have said that); inopportune (*fx* moment); untimely (*fx* remarks);
5. *(dårlig, skadelig)* bad (*fx* beginning, decision; have a bad influence on sby);
6. *(utilrådelig)* inadvisable (*fx* method; it would be inadvisable to do that);
7. *(som bringer uheld)* unlucky (*fx* day, number; born under an unlucky star);
□ *det traf sig så -t at han mødte hende* unluckily he met her; as ill-luck would have it he met her; *få et -t udfald* fail, meet with an unfavourable result, be unsuccessful; *et -t ydre* an unprepossessing appearance;
[med præp.] ~ ***i*** *kærlighed* unlucky in love; *~ i spil* unlucky at cards; *være ~* ***med*** be unlucky with (*fx* they have been unlucky with their new car); have no luck with.

uheldigvis *adv.* unfortunately, unluckily.

uheld(s)svanger *adj.*, **uheld(s)varslende** *adj.* ominous, sinister.

uhensigtsmæssig *adj.* unsuitable, inappropriate.

uhildet[1] *adj.* impartial, unbiassed, unprejudiced.

uhildet[2] *adv.* impartially, with an unbiassed mind.

uhindret[1] *adj.* unhindered; F unimpeded;
□ *~ adgang* unimpeded (*el.* free) access.

uhindret[2] *adv.* without hindrance, freely.

uhistorisk *adj.* unhistorical.

uhjælpelig, **uhjælpeligt** *adv.* hopelessly;
□ *~ fortabt* irretrievably lost; T past praying for; *blive ~ til grin* make a hopeless fool of oneself.

uhm *interj.* num! ah! yum-yum! *(i børnesprog)* goody!

uholdbar *adj.* **1.** *(mil.)* untenable (*fx* position);
2. *(fig.: som ikke holder stik)* untenable (*fx* theory, situation; the charges became untenable); indefensible (*fx* legal position);
3. *(prekær, farlig)* precarious (*fx* situation);
□ *teorien er ~ (også)* the theory will not hold water.

uhu *interj.* **1.** *(uglens tuden)* tu-whoo; **2.** *(gråd)* boohoo.

uhumsk[1] *adj.* filthy, foul (*fx* house, place, room).

uhumsk[2] *adv.* filthily, foully.

uhumskhed *sb. (en, -er)* filthiness;
□ *-er (snavs)* filth sg.

uhygge *sb. (en)* **1.** *(trist stemning)* dismal atmosphere;
2. *(urolig stemning)* uneasiness, uneasy feeling;
3. *(skummel stemning)* sinister atmosphere;
4. *(overnaturlig)* eeriness;
5. *(gru)* horror, ghastliness; grimness; *(se også brede (sig))*.

uhyggelig[1] *adj.* **1.** *(uden hygge)* comfortless, cheerless (*fx* room);
2. *(foruroligende)* uncomfortable (*fx* the uncomfortable truth); *(skræmmende)* alarming (*fx* prospect); T scary; spooky (*fx* old house, atmosphere); *(i børnesprog)* creepy (*fx* place, sight, story; it was very creepy in the old castle);
3. *(ildevarslende)* sinister, ominous (*fx* silence);
4. *(som får én til at gyse etc.)* ghastly, horrifying (*fx* sight); *(overnaturlig)* uncanny (*fx* silence, feeling, accuracy); *(mystisk)* eerie (*fx* calm, feeling, noise, sight); unearthly (*fx* cry, sight);
□ *føle sig ~ til mode* feel uneasy, feel uncomfortable; *i ~ grad* to an alarming degree.

uhyggelig[2], **uhyggeligt** *adv.* **1.** *(foruroligende)* uncomfortably (*fx* close); *(stærkere)* alarmingly (*fx* suspicious; the unemployment figures rose alarmingly);
2. *(ildevarslende)* ominously (*fx* silent);
3. *(overnaturligt)* uncannily (*fx* accurate); eerily (*fx* silent; an owl hooted eeriely);
4. *(brugt forstærkende)* terribly (*fx* good, small); appallingly (*fx* difficult, thin).

uhyggestemning *se uhygge.*

uhygiejnisk[1] *adj.* **1.** *(snavset)* unhygienic; **2.** *(og usund)* insanitary (*fx* slum, living conditions).

uhygiejnisk[2] *adv.* unhygienically.

uhyre[1] *sb. (et, -r)* **1.** monster; *(uhyggelig kæmpe)* ogre; **2.** *(om person)* monster; *(mere uhyggelig)* ogre; *(dyrisk)* beast;
□ *Skønheden og Uhyret* Beauty and the Beast.

uhyre[2] *adj.* huge (*fx* size); enormous (*fx* quantity); vast (*fx* extent); *(mere* F*)* immense (*fx* number).

uhyre[3] *adv.* extremely (*fx* dangerous, difficult, easy); enormously (*fx* long, proud); exceedingly (*fx* dangerous, difficult, nervous); *(især positivt)* immensely (*fx* grateful, proud; complicated);
□ ~ *meget a) (som adv.)* immensely (*fx* I like him immensely); *b) (som sb.)* a tremendous lot (*fx* he knows (, it means) a tremendous lot).
uhyrlig[1] *adj.* monstrous, outrageous.
uhyrlig[2], **uhyrligt** *adv.* monstrously, outrageously.
uhyrlighed *sb. (en)* **1.** monstrosity, monstrousness, outrageousness; **2.** *(uhyrlig handling)* enormity.
uhæderlig *adj.* dishonest.
uhæderlighed *sb. (en)* dishonesty.
uhæmmet[1] *adj.* **1.** *(ikke generet)* unhampered (*af* by);
2. *(hæmningsløs)* unrestrained (*fx* growth); *(se også hæmningsløs)*;
3. *(psyk.)* uninhibited.
uhæmmet[2] *adv.* unrestrainedly, without restraint.
uhøflig *adj.* **1.** impolite; F discourteous, uncivil; **2.** *(grov, uopdragen)* rude (*fx* it is rude to stare).
uhøflighed *sb. (en, -er)* **1.** impoliteness; F discourtesy, incivility;
2. *(grovere)* rudeness;
□ *en ~ a)* an act of discourtesy (, rudeness); an incivility; *b) (ytring)* a rude remark.
uhøjtidelig *adj.* unceremonious; *(ligefrem)* straightforward, free-and-easy.
uhørlig *adj.* inaudible.
uhørt[1] *adj.* **1.** unheard (*fx* no one is condemned unheard);
2. *(enestående)* unheard of (*fx* it is quite unheard of); *(attr.)* unheard-of; F unprecedented;
□ *en ~ pris* an exorbitant price.
uhørt[2] *adv.* exceptionally, extremely.
uhøvisk[1] *adj.* indecent, improper.
uhøvisk[2] *adv.* indecently, improperly.
uhøviskhed *sb. (en)* indecency, impropriety.
uhåndgribelig *adj.* intangible.
uhåndterlig *adj.* **1.** unmanageable (*fx* book; problem); unwieldy (*fx* piece of furniture); *(præd. også)* awkward to handle;
2. *(for stor)* bulky.
uidentificeret *adj.* unidentified (*fx* an unidentified flying object).
uigendrivelig *adj.* irrefutable (*fx* argument, evidence).
uigengivelig *adj.* (ɔ: *for groft)* unrepeatable; *(på tryk)* unprintable.
uigengældt *adj.* unrequited (*fx* love).
uigenkaldelig[1] *adj.* irrevocable (*fx* decision).
uigenkaldelig[2], **uigenkaldeligt** *adv.* irrevocably;
□ ~ *sidste opførelse* positively the last performance; ~ *tabt* irretrievably lost.
uigenkendelig *adj.* unrecognizable.
uigennemførlig *adj.* impracticable, unworkable (*fx* plan, proposal).
uigennemførlighed *sb. (en)* impracticability.
uigennemsigtig *adj.* opaque.
uigennemsigtighed *sb. (en)* opaqueness.
uigennemskuelig *adj.* impenetrable (*fx* mystery); inscrutable (*fx* person); opaque (*fx* the opaque structure of the organization; their intentions remain opaque); *(uklar)* obscure (*fx* motives).
uigennemtrængelig *adj.* impenetrable (*fx* wall, forest; mystery); impervious (*for* to, *fx* gas, the sun's rays, water).
uigennemtrængelighed *sb. (en)* impenetrability; imperviousness.
uigennemtænkt *adj.* ill-considered.
uimodsagt *adj.* unchallenged;
□ *lade det være ~* leave it unchallenged.
uimodsigelig[1] *adj.* undeniable; *(præd. også)* beyond question.
uimodsigelig[2], **uimodsigeligt** *adv.* undeniably.
uimodståelig[1] *adj.* irresistible.
uimodståelig[2], **uimodståeligt** *adv.* irresistibly.
uimodståelighed *sb. (en)* irresistibility.
uimodtagelig *adj.: ~ for a)* proof against (*fx* flattery, his arguments); F insusceptible to (*fx* flattery); impervious to (*fx* foreign influence; reason); *b) (med.)* immune to; *~ for fornuft (også)* inaccessible to reason.
uimodtagelighed *sb. (en)* **1.** imperviousness; **2.** *(med.)* immunity.
uimponeret *adj.* unimpressed.
uindbudt *adj.* uninvited;
□ *~ gæst* T gatecrasher.
uindbunden *adj.* unbound.
uinddrivelig *adj.* irrecoverable.
uindfattet *adj.: uindfattede briller* rimless spectacles.
uindfriet *adj.* unredeemed (*fx* promise).
uindhegnet *adj.* unfenced.
uindløselig *adj. (om pengeseddel)* inconvertible.
uindløst *adj.* **1.** unpaid; **2.** *(om pant)* unredeemed; **3.** *(om check)* uncashed.
uindpakket *adj.* unwrapped, unpacked.
uindskrænket[1] *adj.* unrestricted (*fx* liberty, power); unlimited (*fx* powers); absolute (*fx* master, power, ruler).
uindskrænket[2] *adv.* absolutely.
uindspillet *adj.: ~ bånd* blank tape.
uindtagelig *adj.* impregnable.
uindtagelighed *sb. (en)* impregnability.
uindviet *adj.* **1.** unconsecrated (*fx* ground); **2.** *(i en lære, i en hemmelighed)* uninitiated.
uinteressant *adj.* uninteresting.
uinteresseret[1] *adj.* uninterested (*i* in).
uinteresseret[2] *adv.* without interest.
ujævn *adj.* **1.** *(ikke plan)* uneven (*fx* surface, ground); irregular (*fx* surface); rough (*fx* ground, road, terrain); *(stærkere)* rugged (*fx* landscape, path, road, terrain); *(bulet)* bumpy (*fx* road, landing ground);
2. *(ikke lige el. ret)* uneven (*fx* line); rough (*fx* edge, outline); rugged (*fx* outline);
3. *(ikke regelmæssig)* uneven (*fx* motion, progress, temper); irregular (*fx* breathing, pulse; action of a machine); variable (*fx* motion);
4. *(ikke lige god hele tiden)* uneven (*fx* performance, style; her work has been very uneven);
5. *(om konsistens: klumpet)* lumpy;
□ *-t terræn (også)* broken ground.
ujævnhed *sb. (en, -er) (jf. ujævn)* unevenness; irregularity; roughness; ruggedness; bumpiness;
□ *-er a) (i terræn etc.)* irregularities (*fx* in the lawn); *b) (buler, fx i vejoverflade)* bumps; *-er i terrænet (også)* broken ground.
ukaldet *adj. (uønsket)* uncalled-for; unwarranted (*fx* interference);
□ *komme ~ (trænge sig på)* intrude.
ukammeratlig *adj.* unsporting; *(illoyal)* disloyal.
ukampdygtig *adj. (mil.)* disabled (*fx* tanks); neutralized; *(også fig.,* F*)* incapacitated; *(præd. også)* out of action; *(om skib også)* crippled;
□ *gøre ~* disable; neutralize; incapacitate; put out of action.
ukendelig *adj.* **1.** unrecognizable;
2. *(ikke til at skelne)* indistinguishable (*fx* an indistinguishable mass of bruises);
□ *forandret så han er helt ~* changed beyond (*el.* out of all) recognition; *gøre ~* disguise.

ukendelighed *sb. (en)* unrecognizability;
□ *forandret indtil* ~ altered beyond (*el.* out of all) recognition.
ukendskab ignorance (*til* of).
ukendt *adj.* **1.** unknown (*fx* country, person, quantity; fear of the unknown);
2. *(som man ikke er fortrolig med)* unfamiliar (*fx* surroundings);
3. *(ikke berømt)* obscure (*fx* writer; he was then a young and obscure lawyer);
□ *hidtil* ~ *a)* hitherto unknown; *b) (uovertruffen etc.)* unprecedented, unheard-of; *(se også soldat)*;
[med præp.] ~ ***af*** *sin samtid* unknown to one's contemporaries;
~ ***for*** unknown to; ~ ***med*** *a)* unacquainted with, unfamiliar with; *b) (uvidende om)* ignorant of; *ikke* ~ *med (, for) (også,* F*)* no stranger to (*fx* she was no stranger to poverty (, him)).
uklar *adj.* **1.** unclear (*fx* the reasons for his behaviour are unclear; it is unclear to me why he did it; the instructions were unclear);
2. *(vag)* vague, dim (*fx* feeling, idea, memory; a vague expression (, reply)); hazy (*fx* memory);
3. *(svær at forstå)* obscure (*fx* motives);
4. *(flertydig)* ambiguous (*fx* answer, expression, statement);
5. *(uvis)* uncertain (*fx* it is uncertain whether he has returned; the cause of death is uncertain);
6. *(forvirret)* confused (*fx* idea, situation, speech); muddled (*fx* thinking);
7. *(om person: forvirret)* confused; *(på grund af feber etc.)* light-headed, delirious; *(om bokser)* groggy, punch-drunk;
8. *(utydelig)* indistinct, blurred (*fx* outlines);
9. *(diset)* hazy;
10. *(om væske)* cloudy; F turbid;
11. *(om lys)* dim;
12. *(om lydgengivelse)* muzzy;
□ *-t anker (sø.)* foul anchor;
[med vb.] det er ***er*** *-t hvordan (, hvornår etc.)* it is not clear how (, why etc.); *det er -t om* it is not clear whether (*fx* he has returned); *han er* ~ *på dette punkt* he is not very clear about this;
gøre ~ *a)* blur, dim; *b) (om væske)* make cloudy; ***rage*** ~ *se rage*[1]; *han* ***udtrykte sig*** *-t* he did not make himself clear.
uklarhed *sb. (en, -er) (jf. uklar)*
1. *(vaghed)* vagueness, dimness, haziness;
2. *(uforståelighed)* obscurity;
3. *(flertydighed)* ambiguity (*fx* ambiguities and errors);
4. *(uvished)* uncertainty (*fx* there is some uncertainty about it *(der hersker...)*);
5. *(forvirrethed)* confusion, muddleheadedness;
6. *(på grund af feber etc.)* lightheadedness, delirium; *(om bokser)* grogginess;
7. *(utydelighed)* indistinctness;
8. *(disethed)* haziness;
9. *(væskes)* cloudiness; F turbidity; *(se også ndf.: -er)*;
10. *(om lys)* dimness;
11. *(om lydgengivelse)* muzziness;
□ ***-er*** *a) (uforståeligheder)* obscurities; *b) (som kan forstås på flere måder)* ambiguities (*fx* there were several ambiguities in his statement); *der var -er i væsken* the fluid was cloudy.
uklassificeret *adj. (også om dokument)* unclassified.
uklippet *adj.* **1.** uncut; **2.** *(om hæk)* untrimmed; **3.** *(om får)* unshorn;
4. *(om billet)* unpunched;
□ *han var* ~ he needed a haircut.
uklog *adj.* unwise; *(som ikke viser omtanke)* imprudent; *(svagere: mindre vel betænkt)* injudicious, ill-advised.
uklogskab *sb. (en) (jf. uklog)* imprudence; injudiciousness.
uklædelig *adj.* unbecoming.
ukollegial *adj.* disloyal.
ukomplet *adj.* incomplete, defective.
ukompliceret *adj.* **1.** simple, uncomplicated; **2.** *(med.)* non-complicated.
ukoncentreret *adj.* unconcentrated;
□ *han var* ~ he was not concentrating.
ukonfirmeret *adj. (præd.)* not (yet) confirmed.
ukontrollerbar *adj.* uncontrollable.
ukonventionel *adj.* unconventional.
ukorrekt[1] *adj.* **1.** incorrect (*fx* statement, behaviour); **2.** *(ureglementeret)* irregular (*fx* procedure).
ukorrekt[2] *adv.* **1.** incorrectly; **2.** *(ureglementeret)* irregularly.
Ukraine *(geogr.)* the Ukraine.
ukrainer *sb. (en, -e)*, **ukrainsk** *adj. & sb. (et)* Ukrainian.
ukrigerisk[1] *adj.* unwarlike (*fx* people); peaceable (*fx* person).
ukrigerisk[2] *adv.* in an unwarlike manner; peaceably.
ukristelig[1] *adj.* **1.** unchristian; **2.** *(rædsom)* unholy (*fx* din, mess);
□ *være en* ~ *tid om at gøre noget* take an unconscionable time doing sth; *på dette -e tidspunkt* at this ungodly (*el.* unearthly) hour.
ukristelig[2], **ukristeligt** *adv.* awfully (*fx* stupid);
□ *noget så -t* T something awful.
ukritisk[1] *adj.* uncritical.
ukritisk[2] *adv.* uncritically.
ukronet *adj.* uncrowned (*fx* the uncrowned king (, queen) of the town).
ukrudt *sb. (et) (kollektivt)* weeds pl. (*fx* the garden is overgrown with weeds);
□ *rense for* ~ weed; ~ *forgår ikke så let (omtr.)* ill weeds grow apace.
ukrudtsbekæmpelse weed control.
ukrudtsmiddel weedkiller; *(fagl.)* herbicide.
ukrudtsplante weed.
ukrænkelig *adj.* inviolable.
ukrænkelighed *sb. (en)* inviolability.
ukuelig *adj.* indomitable (*fx* courage);
□ *-t humør* unfailing good spirits pl.
ukulele *sb. (en, -r) (mus.)* ukulele.
ukultiveret[1] *adj.* **1.** *(uopdragen)* ill-mannered, ill-bred; **2.** *(uden kundskaber)* uneducated.
ukultiveret[2] *adv.* rudely.
ukunstlet[1] *adj.* unaffected; F artless; *(uerfaren, naiv)* unsophisticated.
ukunstlet[2] *adv.* artlessly; in an unsophisticated manner.
ukunstlethed *sb. (en)* artlessness.
ukunstnerisk[1] *adj.* inartistic.
ukunstnerisk[2] *adv.* inartistically.
ukurant *adj.* **1.** *(om penge)* not current; **2.** *(om vare)* unsaleable, unmarketable.
ukvalificeret[1] *adj.* unqualified (*til* for; *til at* to).
ukvalificeret[2] *adv.* in an unqualified manner.
ukvemsord **1.** *(enkelt* ~*)* term of abuse; **2.** *(flere)* abuse sg. (*fx* a stream of abuse); abusive language sg.
ukvindelig *adj.* unwomanly.
ukvindelighed *sb. (en)* unwomanliness.
ukvitteret *adj.* unreceipted.
ukyndig *adj.* ignorant (*i* of); unskilled (*i* in).
ukyndighed *sb. (en)* ignorance (*i* of); lack of skill.
ukærlig *adj.* unkind, uncharitable.
ukønnet *adj.* asexual (*fx* reproduction).
uladsiggørlig *adj.: det er -t* T it can't be done.
ulan *sb. (en, -er) (mil.)* uhlan.

uland developing country; less developed country *(fork.* LDC*)*; *(også fig.)* underdeveloped country (*fx* in this respect Denmark is an underdeveloped country).
ulandsbistand aid to developing countries, development aid.
ulandsfrivillig *sb.* development aid worker; *(svarer til)* VSO-worker (*fork.f.* Voluntary Service Overseas).
ulandsprojekt developmental project.
ulastelig *adj.* immaculate (*fx* evening dress); blameless (*fx* life); impeccable (*fx* behaviour, dress); irreproachable (*fx* conduct);
□ *-t klædt* immaculately (*el.* impeccably) dressed.
ulave *sb. (en): i ~ a) (uordentlig)* in disorder; *b) (ude af funktion)* out of order; *bringe i ~ a)* upset, disarrange; *b)* put out of order; *komme i ~* be upset, be disarranged.
uld *sb. (en)* wool.
uldagtig *adj.* woolly.
ulden *adj.* **1.** woollen;
2. *(uklar)* ambiguous (*fx* answer, statement); vague (*fx* expression, reply);
3. *(upålidelig)* unreliable; *(lusket)* furtive;
□ *der er noget -t ved det (, ham)* there is something fishy about it (, him).
ulder *sb.pl.* lint, fluff sg.
uldgarn woollen yarn, wool.
uldhåndskrabbe *(zo.)* mitten crab.
uldhår 1. *(persons)* woolly hair, fuzzy hair; **2.** *(fårs)* wool.
uldstrømpe woollen stocking.
uldtrøje *(undertrøje)* (woollen) vest.
uldtæppe (woollen) blanket.
uldtøj woollens pl.; T woollies pl.
uldvarer *sb.pl.* woollen goods, woollens.
uledende *adj. (elek. etc.)* non-conductive.
ulegemlig *adj.* incorporeal.
ulejlige *vb.* trouble (*fx* I won't trouble you with all the details; may I trouble you for (*el.* to pass) the salt?); F inconvenience (*fx* please excuse me for inconveniencing you); T bother (*fx* I'm sorry to bother you, but could you help me?); put out (*fx* I hope I haven't put you out);
□ *~ **sig*** trouble (*fx* you needn't trouble); T bother (*fx* you needn't bother); put oneself out (*fx* don't put yourself out for me); *må jeg bede Dem ~ Dem herind* F may I trouble you to come in here; *~ **sig** **med at*** (take the) trouble to (*fx* he didn't trouble to answer the letter); T bother to (*el.* -ing) (*fx* she never bothers to tell me; why bother doing it now when it can wait).
ulejlighed *sb. (en)* trouble; F inconvenience;
□ *det er spildt ~* it is a waste of time (and trouble); it is a waste of energy; T it is no use; *(se også værd²)*;
[med vb.] ***gøre*** *~* give trouble; F cause inconvenience; *jeg er ked af at gøre ~* I am sorry to trouble (, bother) you; *gøre en ~* trouble sby; T put sby out; F cause sby inconvenience, inconvenience sby; *gøre sig ~* trouble (*med at* to); T put oneself out (*med at* to); *gør dig ingen ~* don't trouble (*el.* bother) (*med at svare* to answer); *gør dig ingen ~ for min skyld!* don't put yourself out for me! *gøre sig den ~ at* (take the) trouble to (*fx* he didn't trouble to answer the letter); T bother to (*el.* -ing); *gøre sig stor ~* go to a lot of trouble (*for at* to);
*han **har** kun haft ~ af det* he has had nothing but trouble out of it; he has got nothing for his pains; *det har man for sin ~!* that's what you get for your trouble (*el.* pains)!
komme til *~* come at an inconvenient time; F come at an inopportune moment; *jeg håber ikke jeg kommer til ~* I hope I am not intruding;
spare *sig (for) ~* save oneself trouble, spare oneself trouble (*fx* he could have saved (*el.* spared) himself the trouble); *du kan godt spare dig -en* you may save your pains; ***være til*** *~ a)* give trouble; *b) (om person)* be in the way.
ulempe *sb. (en, -r)* drawback, disadvantage (*for* for, to; *ved* of, to, *fx* the drawback (*el.* disadvantage) of the plan is the cost; there are several drawbacks (*el.* disadvantages) to the plan); *(gene også)* inconvenience (*for* for, to);
□ *-n **ved at*** the disadvantage in -ing (*fx* in having to wait).
ulempetillæg extra payment for inconvenience, dirt or danger.
ulidelig¹ *adj.* unbearable (*fx* boredom, heat, pain); F insufferable, insupportable (*fx* pain).
ulidelig², **ulideligt** *adv.* unbearably (*fx* hot, painful).
ulig *adj.* unlike (*fx* his method is not unlike mine).
ulige¹ *adj.* **1.** unequal, uneven (*fx* distribution, struggle, contest);
2. *(om tal)* odd, uneven (*fx* numbers);
□ *lige eller ~* odd or even; *~ datoer* odd dates; *~ numre* odd numbers; *med ~ numre* odd-numbered (*fx* houses).
ulige² *adv.* unequally, unevenly;
□ *~ fordelt* unevenly distributed; *~ lange* of unequal length; *~ store* of unequal size; unequal; *~ større (, bedre etc.)* far greater (, better, etc).
uligesidet *adj.* unequal-sided; *(efter sb.)* with unequal sides;
□ *~ trekant* scalene triangle.
uligevægt 1. lack of balance;
2. *(hos person: nervøsitet)* excitability; *(let sindssyge)* mental instability.
uligevægtig *adj. (om person: nervøs)* excitable; *(svingende)* temperamental; *(let sindssyg)* unstable.
ulighed *sb. (en, -er)* **1.** *(mangel på ligestilling)* inequality (*fx* social inequalities); F imbalance (*fx* social imbalance in school attainment); *(større)* disparity (*fx* between rich and poor);
2. *(forskel)* difference (*fx* difference in age; the difference between the children); *(større,* F*)* disparity (*fx* in (*el.* of) age, of income).
ulinieret *adj.* unruled (*fx* paper).
ulk *sb. (en, -e)* **1.** *(zo.)* sculpin; *(almindelig ~)* short-horn sculpin, father lasher; *(flodulk)* bullhead;
2. *(person) se søulk.*
ulme *vb.* **1.** *(om ild)* smoulder;
2. *(om følelser)* smoulder (*fx* smouldering hatred);
3. *(om uro, oprør)* simmer (*fx* simmering unrest).
ulmen *sb. (en) (jf. ulme)* smouldering; simmering.
ulogisk¹ *adj.* illogical.
ulogisk² *adv.* illogically.
ulovlig *adj.* illegal (*fx* parking, strike; it is illegal to park here); unlawful (*fx* act); illicit (*fx* sale of alcohol; traffic in drugs);
□ *det er -t (også)* it is against the law (*at* to); *~ svangerskabsafbrydelse* criminal abortion.
ulovlighed *sb. (en, -er)* **1.** *(det at være ulovlig)* illegality, unlawfulness, illicitness; **2.** *(ulovlig handling)* illegality, unlawful act;
□ *-er (også)* unlawful activities (, practices); *begå -er (også,* T*)* do something illegal.
ultimativ *adj.* **1.** *(som indeholder et ultimatum)* having the character of an ultimatum *(efter sb.)*;

2. *(om noget som ikke kan blive bedre (, værre))* ultimate (*fx* the ultimate anti-war musical (, horror story));
□ *-t krav (jf. 1)* final demand.
ultimatum *sb. (et, -(m)er)* ultimatum.
ultimo*: ~ april* on April 30th; at the end of April; *~ maj* on May 31st; at the end of May; *veksler pr. ~ maj* bills due end of May.
ultra- ultra- (*fx* ultraconservative, ultramarine, ultrared, ultrasound, ultraviolet).
ulv *sb. (en, -e)* wolf (pl. wolves); *(se også fåreklæder, sulten, tude).*
ulveagtig *adj.* wolfish.
ulveflok 1. pack of wolves; **2.** *(spejdere)* pack.
ulvefod *sb. (en, -) (bot.)* club moss.
ulvehund wolf dog.
ulvesaks wolf trap.
ulvespids *(schæferhund)* alsatian.
ulvetider *sb.pl.* hard times.
ulvetimen 1. [the hour before dawn (when people have nightmares etc.)]; **2.** [the hour before dinner (when children are tired)].
ulveunge 1. *(zo.)* wolf cub; **2.** *(spejder)* cub (scout).
ulydig *adj.* disobedient (*mod* to);
□ *være ~ mod (også)* disobey.
ulydighed *sb. (en)* disobedience.
ulykke *sb. (en, -r)* **1.** *(ulykkestilfælde)* accident (*fx* he has had an accident; he was killed in an accident); *(sammenstød, flynedstyrtning)* crash;
(større) disaster; *(mere omfattende)* catastrophe; F calamity (*fx* the murder of the President was a public calamity);
2. *(personlig ~)* misfortune (*fx* the early loss of his parents was a great misfortune; it was his misfortune to marry the wrong woman; that journey was his misfortune); *(uheld)* bad luck (*fx* it has brought me nothing but bad luck); *(især spøg.)* calamity (*fx* it would be a calamity if I lost it; there are worse calamities than missing a train);
3. *(modgang)* trouble; F adversity (*fx* show courage in adversity); *(elendighed, sorg)* misery;
4. *(skade)* harm (*fx* I see no harm in that; where is the harm in that?);
□ *-n er at...* the trouble is that...; the unfortunate thing is that...; *det er ingen ~ at* it is no catastrophe (*el.* tragedy) that... (, to...); *-n er ikke så stor* there is no great harm done; *(se også grim)*;
[med vb.] det ***betyder*** *~* it is bad luck (*fx* to break a mirror, to walk under a ladder); it brings one bad luck (*fx* breaking a mirror brings one seven years' bad luck); *det* ***blev*** *hans ~* it ruined him (*el.* his life); *gid du må* ***få*** *al landsens -r hvis (glds. el. spøg.)* woe betide you if; ***gøre*** *en ~ på sig selv* do away with oneself; *en ~* ***kommer*** *sjældent alene (kan gengives)* misfortunes rarely come singly; *(det eng. udtryk er dog)* misfortunes never come singly; it never rains but it pours; ***lave*** *-r a)* do harm; *b) (om barn)* make mischief;
[med (vb. +) præp.] ***bringe*** *en* ***i*** *~* get sby into trouble; ***komme i*** *~* get into trouble; ***til*** *al ~* as ill-luck would have it; unfortunately.
ulykkelig *adj.* **1.** *(som føler sig ~)* unhappy (*over* about); *(stærkere)* miserable (*over* about); wretched;
2. *(-t stillet)* unfortunate (*fx* we must help these unfortunate people);
3. *(om begivenhed, forhold)* unfortunate (*fx* circumstances); *(stærkere)* unhappy (*fx* marriage, state of affairs); *(endnu stærkere)* disastrous (*fx* the disastrous war, a disastrous step);
4. *(forudbestemt til et -t udfald)* ill-fated, ill-starred (*fx* expedition, marriage);
5. *(beklagelig)* unfortunate; *(stærkere)* deplorable (*fx* mistake);
□ *den -e* the wretched man (, woman); T the poor creature; F the wretch; *~ kærlighed* F unrequited love; *nære en ~ kærlighed til (fig.)* suffer from an unhappy love of; be infatuated with; ***-t*** *forelsket* hopelessly in love; *komme -t af dage* come to a sad end; *(ved et ulykkestilfælde)* be killed in an accident; *-t stillet a)* unfortunate; *b) (nødstedt)* distressed.
ulykkeligvis *adv.* unfortunately; unhappily.
ulykkesbilen the ill-fated car.
ulykkesbudskab sad (, tragic) news sg.
ulykkesforsikret *adj. (præd.)* insured against accident.
ulykkesforsikring accident insurance;
□ *lovpligtig ~* compulsory employers' liability assurance.
ulykkesfugl 1. *(person der bringer ulykke)* Jonah, jinx; **2.** *(person der ofte kommer ud for ulykker)* accident-prone (person).
ulykkesprofet prophet of doom; F alarmist.
ulykkesstedet the scene of the accident (, disaster).
ulykkestilfælde accident; *(se også ulykke 1).*
ulyksalig *adj.* **1.** unhappy; *(stærkere)* disastrous; *(svagere)* unfortunate (*fx* his unfortunate propensity for getting into debt); **2.** *(besværlig, irriterende)* confounded.
ulyst *sb. (en)* dislike (*til* of); F distaste (*til* for); *(svagere)* disinclination (*til* for); *(stærkere)* aversion, repugnance (*til* to);
□ *med ~* reluctantly; *føle ~ ved at gøre noget* dislike doing sth.
ulægelig *adj.* incurable.
ulækker *adj.* **1.** *(om mad: uappetitlig)* unappetizing; *(stærkere)* repulsive; T yukky; **2.** *(fig.)* unsavoury (*fx* affair); *(*T*: væmmelig etc.)* grotty, yukky; *(am.)* grungy, gross.
ulærd *adj.* unlettered;
□ *jeg er en ~ mand* I am not a scholar.
ulæselig *adj.* **1.** *(vanskelig at læse)* illegible (*fx* handwriting); **2.** *(ikke læseværdig)* unreadable (*fx* novel).
ulæselighed *sb. (en) (jf. ulæselig)* **1.** illegibility; **2.** unreadableness.
ulæsket *adj.: ~ kalk* quicklime.
ulæst *adj.* unread;
□ *~ tekst (ved eksamen)* unseen text.
ulønnet *adj.* **1.** unpaid (*fx* person, post); unsalaried (*fx* person);
2. *(om officielt hverv)* honorary (*fx* secretary, duties).
uløselig[1] *adj.* **1.** *(som ikke kan løses op)* inextricable (*fx* knot; difficulty); **2.** *(som ikke kan løses)* insoluble (*fx* problem).
uløselig[2], **uløseligt** *adv.* inextricably (*fx* linked);
□ *være ~ knyttet til* be inextricably (*el.* inseparably) linked with.
uløselighed *sb. (en) (jf. uløselig*[1]*)* **1.** inextricability; **2.** insolubleness.
uløst *adj.* unsolved, unresolved (*fx* conflict, problem).
umage[1] *sb. (en)* trouble; F pains pl.; *(se også værd*[2]*)*;
□ *gøre sig ~* make an effort; *jeg skal nok gøre mig ~* I'll do my best; *hvor megen ~ jeg end gjorde mig kunne jeg ikke* try as I might, I couldn't do it; *gøre sig al mulig ~* work hard; T put one's back into it; F spare no pains;
[med præp.] gøre sig ~ ***for at*** *a)* make an effort to; *b) (bestræbe sig på)* endeavour to (*fx* endeavour to look unconcerned); *gøre sig meget (el. stor) ~ for at* take (*el.* go to) a

lot of trouble to (*fx* do it right); go out of one's way to (*fx* please him); go to great lengths to; F take (*el.* go to) great pains to; *gøre sig meget ~* ***med*** take a lot of trouble over; F take great pains over.
umage[2] *adj.* **1.** odd (*fx* glove, shoe); **2.** *(som ikke passer sammen)* mismatched (*fx* forks and spoons);
□ *de er et ~ par (om personer)* they are mismatched.
umage[3] *vb.: ~ sig se ulejlige (sig).*
umagelig *adj.* uncomfortable.
umagnetisk *adj.* non-magnetic.
umalet *adj.* **1.** unpainted (*fx* table); **2.** *(ikke knust)* unground (*fx* coffee).
umandig *adj.* unmanly.
umandighed *sb. (en)* unmanliness.
umanerlig, **umanerligt** *adv.* immensely (*fx* rich); terribly (*fx* bad).
umbra *sb. (en) (farve)* umber.
umeddelsom *adj.* uncommunicative.
umedgørlig *adj.* **1.** *(stædig)* stubborn; **2.** *(besværlig)* difficult to get on with *(præd.)*; F unaccommodating; *(stærkere)* intractable.
umedgørlighed *sb. (en) (jf. umedgørlig)* **1.** stubbornness; **2.** intractableness.
umelodisk *adj.* unmelodious.
umenneske brute, monster.
umenneskelig[1] *adj.* inhuman (*fx* treatment, living conditions; he was subjected to inhuman pressures; he has been inhuman towards them);
□ *det er -t (ɔ: ikke til at udholde)* it is more than flesh and blood can stand; *det er -t at forlange at han skal gøre det* you simply can't expect him to do it; *et -t tidspunkt* T an unearthly (*el.* ungodly) hour.
umenneskelig[2], **umenneskeligt** *adv.* inhumanly (*fx* he has behaved inhumanly towards them);
□ *lide ~* suffer agonies of pain.
umenneskeliggøre *vb.* dehumanize.
umenneskeliggørelse *sb. (en)* dehumanization.
umenneskelighed *sb. (en)* inhumanity.
umiddelbar *adj. (se også umiddelbart)* **1.** immediate, direct; **2.** *(om person)* spontaneous; unsophisticated;
□ *i ~ nærhed af* in the immediate vicinity of.
umiddelbarhed *sb. (en)* spontaneity; unsophisticatedness.
umiddelbart *adv.* **1.** *(straks)* immediately (*fx* immediately intelligible; immediately after this); *(se også forestående)*;
2. *(for en umiddelbar betragtning)* at first; on the face of it (*fx* on the face of it this seems reasonable, but...); *(overfladisk set også)* on the surface (*fx* on the surface the results of the conference seemed gratifying, but...).
umindelig *adj.: i -e tider* T for donkey's years; F time out of mind; from time immemorial; *det er -e tider siden jeg har set ham* it is ages since I saw him last; T I haven't seen him for donkey's years.
umisforståelig *adj.* unmistakable; *(præd. også)* not to be misunderstood.
umiskendelig *adj.* unmistakable; *(åbenbar)* obvious.
umistelig *adj.* inalienable (*fx* rights).
umoden *adj.* **1.** *(om frugt etc.)* unripe; **2.** *(om person etc.)* immature (*fx* literary work; he is immature); crude (*fx* theories).
umodenhed *sb. (en) (jf. umoden)* **1.** unripeness; **2.** immaturity; crudeness.
umoderne *adj. (om tøj: ikke (længere) på mode, præd.)* out of fashion (*fx* miniskirts are out of fashion); *(gammeldags, også om ideer etc.)* out of date *(, attr.* out-of-date*)* (*fx* her dress (, the method) is out of date; an out-of-date dress (, method)); outdated (*fx* dress; customs, ideas, methods).
umoral *sb. (en)* immorality.
umoralsk[1] *adj.* immoral; F unprincipled.
umoralsk[2] *adv.* immorally.
umorsom *adj.* unfunny.
umotiveret[1] *adj.* **1.** unprovoked (*fx* attack, insult); uncalled-for (*fx* remark); F gratuitous (*fx* insult, lie); *(stærkere, især om skade)* wanton (*fx* cruelty, destruction);
2. *(ubegrundet)* groundless (*fx* suspicion).
umotiveret[2] *adv.* **1.** without a motive; without provocation (*fx* attack sby without provocation); without any reason; F gratuitously (*fx* lie gratuitously); wantonly (*fx* destroy sth wantonly);
2. *(ubegrundet)* groundlessly;
3. *(uden sammenhæng med andet)* apropos of nothing (*fx* "John is a nice boy," she said, apropos of nothing).
umulig *adj.* impossible; *(se også umuligt)*;
□ ***alle*** *mulige og -e steder* here, there and everywhere; in all sorts of places; *det er -t* ***at*** *(+ inf.)* it is impossible to (*fx* get there in time; stop him); there is no -ing (*fx* there is no stopping him; there is no knowing); *det er -t at vide (også,* T*)* it is anybody's guess; *det er ham -t se ndf.: det er -t for ham*; *forlange (, forsøge)* **det -e** ask for (, attempt) the impossible (*el.* impossibilities); ***gøre*** *sig ~* make oneself impossible; *(se også næsten)*;
[med præp.] intet er -t ***for*** *ham* nothing is impossible to him; *det er -t for ham at gøre* it is impossible for him to do it; he can't possibly do it; *han er ~* ***til*** *stavning* he is hopeless at spelling; his spelling is hopeless.
umuliggøre *vb.* make impossible; F render impossible.
umulighed *sb. (en)* impossibility;
□ *det er en ~* it is impossible; it is out of the question.
umuligt *adv.* not possibly (*fx* you cannot possibly do it).
umulius *sb. (en, -(s)er)* impossible person; T dead loss; dud (*fx* he is a complete dud).
umusikalsk[1] *adj.* unmusical;
□ *være ~* have no ear for music.
umusikalsk[2] *adv.* unmusically.
umyndig *adj.* **1.** underage;
2. *(brugt som sb.)* minor (*fx* he is a minor; minors cannot marry without their parents' consent);
□ *-es midler* funds held in trust for minors, trust funds; *gøre én ~ se umyndiggøre*; *hør de -es røst (svarer til)* out of the mouth of babes and sucklings.
umyndiggøre *vb.: ~ ham a) (jur.)* declare him (, have him declared) incapable of managing his own affairs; *b) (fig.)* not allow him to decide anything for himself; take away his personal responsibility.
umyndiggørelse *sb. (en, -r): det er en ~ af dem* it is paternalism; it is taking away their personal responsibility.
umælende *adj.* **1.** dumb (*fx* creatures); **2.** *(fig.)* inarticulate (*fx* in the hospital he was treated as an inarticulate being).
umærkelig *adj.* imperceptible (*fx* change).
umærkeligt *adv.* imperceptibly.
umættelig *adj.* **1.** insatiable;
2. *(kem.)* unsaturable.
umættelighed *sb. (en)* insatiability.
umættet *adj. (kem.)* unsaturated (*fx* fatty acids).
umøbleret *adj.* unfurnished.
umådeholden *adj.* immoderate (*fx*

demands, drinking); excessive (*fx* drinking); *(se også umådeholdent).*
umådeholdenhed *sb. (en)* intemperance; excess; lack of moderation.
umådeholdent *adv.* immoderately, excessively, to excess (*fx* drink to excess).
umådelig[1] *adj.* tremendous, enormous (*fx* an enormous number of books); huge; *(mere* F*)* immense.
umådelig[2], **umådeligt** *adv.* tremendously, enormously, hugely; *(mere* F*)* immensely;
□ *~ ked af det* extremely (*el.* awfully) sorry; *~ mange (el. en ~ masse) bøger (etc.)* an enormous (*el.* a vast) number of books (etc.); T an awful lot of books (etc.); *~ stor* huge, enormous.
umålelig *adj.* immeasurable.
unational *adj.* unpatriotic (*fx* conduct); antinational.
unatur *se unaturlighed.*
unaturlig[1] *adj.* **1.** unnatural (*fx* father; silence, laugh); **2.** *(tvungen)* forced (*fx* smile, style); stiff (*fx* manner); **3.** *(affekteret)* affected;
□ *det er -t for ham* it is foreign to his nature.
unaturlig[2], **unaturligt** *adv. (jf. unaturlig*[1]*)* **1.** unnaturally (*fx* large, red); **2.** stiffly; **3.** affectedly (*fx* laugh affectedly);
□ *le ~* give an unnatural (, forced) laugh; laugh affectedly; *han er ~ tynd (etc.)* he is abnormally thin (etc.).
unaturlighed *sb. (en)* **1.** unnaturalness; **2.** *(affektation)* affectation.
unavngiven *adj.* unnamed (*fx* an unnamed source); anonymous.
unbrakonøgle Allen key, hexagonal key, hexagonal socket wrench.
unddrage *vb.: ~ en noget a) (forhindre i at få)* deprive sby of sth (*fx* deprive the State of large sums of money); *b) (fratage, fjerne)* withhold sth from sby (*fx* they withheld his rightful inheritance from him); *~ en sin støtte* withdraw one's support from sby; *~ **sig*** evade (*fx* a duty, military service, (paying) income tax); *det -r sig analyse* it defies analysis; *~ sig forfølgelse* baffle pursuit; *~ sig en forpligtelse* avoid an obligation; *~ sig opmærksomheden* escape notice.
unde *vb. (undte, undt)* **1.** *(ønske for)* wish (*fx* I wish him every success *(alt muligt godt)*);
2. *(forunde)* give (*fx* sby a rest); grant;
3. *(ikke misunde, gerne ~)* not (be)grudge (*fx* I don't (be)grudge him that happiness); *(stærkere: glæde sig over)* be pleased about (*fx* his good fortune);
□ *jeg -r ham virkelig den stilling* I am delighted for him that he got that job; *det -r jeg ham! (ɔ: det har han rigtig godt af)* serves him right! ***ikke*** *~ (modstræbende lade få)* (be)grudge (*fx* (be)grudge him even his food); *han undte mig ikke (ɔ: ville ikke lade mig få)* he could not bear to let me have (*fx* her company to myself); *han undte **sig ingen** hvile* he gave himself no rest; *det er dig **vel** undt* you are welcome to it.
under[1] *sb. (et, -e)* **1.** wonder (*fx* that is no wonder; it is a wonder that he escaped); *(stærkere)* marvel (*fx* the marvels of nature; a marvel of beauty); **2.** *(mirakel)* miracle (*fx* it is a miracle that he escaped);
□ *et Guds ~* a miracle; *det er intet ~ at* (it is) no wonder that (*fx* he escaped); *ved et ~* by a miracle.
under[2] *sb. (en, -e) (af krydder etc.)* bottom (part).
under[3] *præp.* **1.** *(dækket af)* under (*fx* the bed, a tree, the water; wear a sweater under one's jacket; hide sth under a pillow); underneath (*fx* the bed; one's jacket);
2. *(bevægende sig under, underkastet)* under (*fx* the river flows under a bridge; England under the Tudors; under Queen Victoria; under control; he has 50 men under him);
3. *(neden for, lavere nede end)* below (*fx* below the level of the sea; the sun sank below the horizon; below them in the valley; wounded below the knee; he is in the class below me);
4. *(lavere i værdi, dygtighed etc. end)* below (*fx* below me in intelligence; below the average; below par); *(i rang)* under, below (*fx* nobody under (*el.* below) the rank of captain; a colonel is under (*el.* below) a general in rank);
5. *(mindre end)* under (*fx* children under six years of age); below (*fx* below six years of age);
6. *(om tid: i løbet af)* during (*fx* during my stay in London; during the war; during (*el.* in) the reign of Queen Victoria);
7. (F*: ved datobetegnelse)* bearing the date of (*fx* a decree bearing the date of April 12);
8. *(genstand for behandling etc.)* under (*fx* under construction, under repair); in the process of (*fx* in the process of reorganization);
9. *(omgivet af)* amid(st) (*fx* he sat down amid(st) a painful silence; amid(st) cheers);
10. *(ved rubrikbetegnelse)* under (*fx* this is dealt with under the head of "Chemistry"; the book is listed under "Biology");
□ *jeg vil ikke gøre det **for** ~ £50* I won't do it under (*el.* for less than) £50; *han gjorde det **på** ~ to timer* he did it in under (*el.* less than) two hours.
under[4] *adv.: neden ~* below; underneath; *(se også de verber, hvormed "under" forbindes).*
underafdeling **1.** subdivision, subsection; **2.** *(zo. & bot.)* subclass; **3.** *(filial)* (sub)branch.
underafkøle *vb.* supercool.
underagent subagent.
underagentur subagency.
underansigt lower part of the face.
underarm forearm.
underart subspecies.
underbalance deficit.
underbegavet *adj.* not very bright.
underbegreb hyponym.
underbeklædning underwear.
underbelyse *vb.* underexpose.
underbelysning underexposure.
underbemandet *adj.* understaffed, short-handed; *(også sø.)* undermanned (*fx* the ship (, the factory) is heavily undermanned).
underbenklæder *se underbukser.*
underbetale *vb.* underpay.
underbevidst *adj.* subconscious.
underbevidsthed subconsciousness, subconscious mind.
underbibliotekar assistant librarian.
underbid *sb. (et, -)* underhung jaw;
□ *have ~* have an underhung jaw.
underbinde *vb. (med.)* ligate.
underbinding **1.** *(det at underbinde)* ligation; **2.** *(enkelt ~)* ligature.
underbo *sb. (en, -er),* **underboer** *(en, -e)* person living in the flat below.
underbukser *sb.pl.* **1.** *(herre-)* (under)pants; *(korte)* trunks; *(am.)* underpants, (under)shorts;
2. *(dame-)* knickers; *(kortere)* panties; *(am.)* panties;
3. *(trusser, 1 & 2)* briefs;
□ *lange ~ (jf. 1)* long pants; T long johns.
underbyde *vb.* **1.** undercut; F undersell; **2.** *(ved licitation)* underbid; **3.** *(om arbejdsgiver)* underpay.
underbygge *vb.* **1.** *(støtte)* support (*fx* an argument, a statement; the theory is not supported by facts);

2. *(bevise)* substantiate (*fx* a theory, a statement; substantiate an assertion with hard figures);
□ *slet -t* ill-founded; *solidt -t* well-authenticated; *videnskabeligt -t* scientifically based; *(efter sb. også)* with a scientific basis (*el.* foundation).
underdanig *adj.* **1.** submissive (*over for* to, *fx* she is too submissive to her husband); *(stærkere)* servile, obsequious; **2.** *(ydmyg)* humble.
underdanighed *sb. (en) (jf. underdanig)* **1.** submissiveness; servility, obsequiousness; **2.** humility.
underdejlig *adj.* divine, divinely beautiful.
underdel 1. lower part; **2.** *(af vogn)* chassis.
underdirektør deputy director, assistant director; assistant general manager.
underdrejet *adj. (sø.)* hove-to.
underdrive *vb.* understate.
underdrivelse *sb. (en, -r)* understatement.
underdyne featherbed.
underdæk *(sø.)* lower deck.
underdønning *(sø.)* ground swell.
undereksponere *vb. (foto.)* underexpose.
undereksponering *(foto.)* underexposure.
underekstremiteter *sb.pl. (med.)* lower extremities.
underentreprenør subcontractor.
underentreprise subcontract.
underernæret *adj.* **1.** underfed; F undernourished; *(især fagl.)* malnourished; **2.** *(fig.)* starved (*fx* emotionally (, sexually) starved);
□ *følelsesmæssigt ~ (især om børn)* starved of affection.
underernæring 1. undernourishment; **2.** *(især fagl.)* malnutrition.
underetage lower floor.
underforsikret *adj.* underinsured.
underforstå *vb.* understand, imply.
underforsyne *vb.* undersupply;
□ *~ med* undersupply with; *(stærkere)* starve of; *egnen er -t med teatre* the area is short of theatres.
underfuld *adj.* wonderful, marvellous, miraculous.
underfundig *adj.* **1.** subtle (*fx* humour); **2.** *(snedig)* cunning;
□ *et -t smil (, blik) (ɔ: skælmsk)* an arch smile (, look).
underfundighed *sb. (en, -er)* **1.** *(også om bemærkning)* subtlety; **2.** *(snedighed)* cunning.
underføring *sb. (en, -er) (vej-)* underpass.
undergang 1. *(ophør)* end (*fx* the end of the world (, of civilization));
2. *(ødelæggelse)* destruction, ruin;
3. *(fald)* fall (*fx* the fall of the Roman Empire);
4. *(forlis)* loss;
□ *gå sin ~ i møde* be heading for ruin (, disaster).
undergive *vb.: være -t* be subject to; *~ sig* submit to.
undergiven *adj. (brugt som sb.)* subordinate.
underglasur underglaze.
undergrave *vb. (se også undergravende)* undermine (*fx* sby's position; one's health); F erode (*fx* sby's credibility); sap (*fx* sby's his energy (, strength); his will to live; their morale); subvert (*fx* the morale of the troops).
undergravende *adj.* subversive (*fx* activities, propaganda).
undergravning *sb. (jf. undergrave)* undermining; erosion; sapping; subversion.
undergrund 1. *(undergrundsbevægelse)* underground;
2. *(geol.)* subsurface;
3. *(agr.)* subsoil;
□ ***i** -en* below the surface; below (*el.* under) ground (*fx* carry on drilling operations below (*el.* under) ground in Denmark); *dybt nede i -en* deep under ground; *retten **til** (udnyttelse af) -en* the drilling rights, the mineral rights pl.
undergrundsbane underground (railway) (*fx* go by underground); T tube; *(am.)* subway.
undergrundsbevægelse underground movement;
□ *-n (også)* the Resistance.
undergrundsøkonomi underground economy, black economy.
undergruppe subgroup.
undergæret *adj.: ~ øl* bottom fermentation beer.
undergæring bottom fermentation.
undergørende *adj.* miraculous.
undergå *vb.* undergo (*fx* a change); go through.
underhandle *se forhandle.*
underhold *sb. (et)* **1.** *(forsørgelse)* support; *(især jur.)* maintenance (*fx* pay for her maintenance; pay a sum towards the maintenance of the children); **2.** *(udkomme)* living, livelihood; F subsistence;
□ *tjene til familiens ~* support one's family; *tjene til sit ~* earn one's living, support oneself.
underholde *vb.* **1.** *(interessere)* entertain (*fx* the guests, the children; entertain and instruct (*el.* inform)); *(more)* amuse (*fx* try to find something to amuse her);
2. *(samtale med)* talk to, entertain; F converse with;
3. *(forsørge) se ernære;*
□ *~ med* entertain the guests (etc.) with (*fx* a song, conjuring tricks); *~ sig med én* talk to (*el.* with) sby; F converse with sby; *de kan ~ sig selv* they can keep themselves amused.
underholdende[1] *adj.* entertaining (*for* for); amusing.
underholdende[2] *adv.* entertainingly; amusingly (*fx* he talked amusingly about his experiences).
underholdning *sb. (en, -er) (optræden etc.)* entertainment.
underholdningsfilm light film.
underholdningsindustri entertainment industry.
underholdningslitteratur light literature, light reading.
underholdningsmusik light music.
underholdningsroman light novel.
underholdsbidrag maintenance; *(til hustru også)* alimony.
underhud *(anat.)* subcutis.
underhund underdog.
underhus *(parl.)* lower house;
□ *-et (i Engl.)* the House of Commons.
underhånden *adv.* **1.** privately (*fx* sell it privately, warn him privately);
2. *(fortroligt)* confidentially, in confidence (*fx* he was informed of it in confidence); T on the quiet (*fx* tell sby sth on the quiet);
3. *(hemmeligt)* secretly; F clandestinely; T on the quiet (*fx* he sold his car on the quiet);
□ *tale med en ~* have a private (, confidential, secret) talk with sby.
underhåndsaftale private (, secret) agreement.
underhåndsforhandling private (, secret) negotiation (*el.* talk).
underhåndsmeddelelse confidential communication.
underjordisk *adj.* underground; F subterranean (*fx* cave, passage).
underkant lower edge;
□ *i -en (fig.)* a bit on the low side.
underkaste *vb.* subject to (*fx* subject sby (, sth) to an examination; subject sby to torture); put through (*fx* put sby through an interrogation);
□ *være -t forandring* be subject to change;
[med sig] ~ **sig** *a) (give efter)* give in; F submit; *b) (med objekt: give efter for)* submit to (*fx* his decision); subject oneself to (*fx* that kind of treatment); *~ sig en eksamen* present oneself for an examination; *(skriftlig)* sit (for) an ex-

amination; ~ *sig et land a)* subject a country; *(mere* F*)* subjugate a country; *b) (erobre)* conquer a country; ~ *sig en operation* undergo an operation.

underkastelse *sb. (en, -r)* **1.** submission; **2.** *(undertvingelse)* subjection; *(mere* F*)* subjugation.

underkende *vb.* **1.** *(omstøde)* overrule, set aside (*fx* a decision); **2.** *(miskende)* fail to appreciate; *(undervurdere)* underrate, undervalue (*fx* his work); *(tale nedsættende om)* disparage (*fx* his achievements);
□ ~ *en dom a) (i straffesag)* quash a conviction; *b) (i civilsag)* reverse a judgment; ~ *et mål (i sport)* disallow a goal.

underkendelse *sb. (en, -r) (jf. underkende)* **1.** overruling, setting aside; **2.** failure to appreciate; underrating; disparagement; **3.** *(af en dom i straffesag)* quashing; *(i civilsag)* reversal; **4.** *(af et mål)* disallowance.

underkjole (full) slip.

underklasse underclass;
□ *-n (også)* the lower classes pl.

underkop saucer.

underkrop lower part of the body.

underkue *vb.* subdue; *(mere* F*)* subjugate; *(se også underkuet).*

underkuelse *sb. (en, -r)* subjugation.

underkuet *adj.* **1.** downtrodden (*fx* population); F suppressed; **2.** *(især åndeligt)* cowed (*fx* wife); **3.** *(af sin kone,* T*)* henpecked.

underkurs discount;
□ *til* ~ at a discount.

underkvalificeret *adj. (om person)* underqualified;
□ ~ *arbejde* work one is overqualified for.

underkæbe lower jaw; *(fagl.)* mandible.

underkøbe *vb.* suborn.

underkøje 1. lower bunk; **2.** *(i kahyt, i sovevogn)* lower berth.

underlag 1. *(støtte, fundament)* support, foundation;
2. *(blødt, til at tage tryk)* mat, pad;
3. *(skrive-)* blotting pad;
4. *(tæppe-)* underlay;
5. *(telt-)* ground sheet.

underlagen bottom sheet.

underlagt *pf.ptc. & adj. (erobret)* conquered (*fx* country);
□ *være ~ en a)* be placed under sby; be subordinate to sby; *b) (midlertidigt)* be attached to sby; *være ~ dansk lov (, andre bestemmelser)* be subject to Danish law (, other regulations); ~ *musik* background music.

underlegen *adj.* inferior;
□ *være én ~* be inferior to sby, be sby's inferior; *være dem talmæssigt underlegne* be outnumbered by them.

underlegenhed *sb. (en)* inferiority.

underleverandør subsupplier, subcontractor.

underlig[1] *adj.* curious, strange; *(især attr.,* F*)* singular (*fx* experience); T funny (*fx* ideas, feeling);
□ *det -e er at* the curious , funny) thing is that; *han er en ~ én* he is a queer fish; *tegn og -e gerninger* signs and wonders; *føle sig ~ (ɔ: syg)* feel queer; feel peculiar; *det er ikke så -t* (it is) no wonder; it is not to be wondered at.

underlig[2], **underligt** *adv.* strangely (*fx* behave (, laugh) strangely; he was strangely excited; strangely enough); curiously.

underliggende *adj.* underlying.

underliv *(anat.)* abdomen.

underlivs- abdominal (*fx* disease, muscle, operation).

underlivsbetændelse *(med.)* pelvic inflammatory disease; *(ofte siges blot)* internal problem.

underlæbe lower lip, bottom lip (*fx* he bit his lower lip; I have cut my bottom lip).

underlæge 1. *(mil.)* sergeant M.C.; **2.** *(sø.)* surgeon petty officer.

underlægge *vb. (mil.: en anden kommando, midlertidigt)* attach to; *(permanent)* assign to;
□ ~ *sig a) (erobre)* conquer; *b) (undertvinge)* subject; *(mere* F*)* subjugate.

underlægningsmusik background music.

underlødig *adj.* **1.** substandard (*fx* goods, housing); inferior; **2.** *(om litteratur)* trashy; **3.** *(som man ikke kan være bekendt)* cheap (*fx* arguments, jokes, method);
□ ~ *litteratur (også)* trash.

underminere *vb.* undermine; *(se også undergrave).*

underminering *sb. (en, -er)* undermining.

undermund 1. lower part of the mouth; **2.** *(protese)* lower denture.

undermåler *sb. (en, -e)* **1.** *(ubetydelig person)* nonentity; **2.** *(om fisk)* undersized fish.

undermåls- undersized (*fx* fish).

underneden *adv.* **1.** *(på undersiden)* underneath (*fx* the kettle is black underneath);
2. *(på en lavere etage)* downstairs, below.

underofficer 1. *(mil., glds.)* non-commissioned officer; **2.** *(sø.)* petty officer; *(dæksofficer)* warrant officer.

underordne *vb. (se også underordnet)* subordinate (*under* to, *fx* he had to subordinate his own interests to those of the group);
□ ~ *sig a)* submit (*fx* he must learn to submit); *b) (med objekt)* subject to (*fx* military discipline, the regulations); *-nde bindeord* subordinating conjunction.

underordnet *adj.* **1.** *(som står under)* subordinate (*fx* a captain is subordinate to a colonel); *(brugt som sb.)* subordinate (*fx* his subordinates);
2. *(som kommer i anden række)* secondary (*fx* considerations; his own career came first and his wife's was secondary);
3. *(uden betydning)* secondary; *(præd. også,* F*)* immaterial (*fx* the price is immaterial);
□ ~ *sætning (gram.)* dependent (*el.* subordinate) clause.

underordning *(også gram.)* subordination.

underpant mortgage.

underpris cut price;
□ *sælge til ~* sell at a loss.

underprivilegeret *adj.* underprivileged.

underpræsterende *adj.: ~ elev* underachiever.

underret *(jur.)* lower court.

underretning *sb. (en, -er)* information;
□ *nærmere ~* further particulars pl.; *til ~ for Dem* for your information;
[med vb.] få ~ om be informed of; *få ~ om at* be informed that, learn that; *give én ~ om noget* inform sby of sth; *skaffe sig ~ om* get information about.

underretsdommer judge of a lower court.

underrette *vb.* inform (*en om* sby of, *fx* inform them of his arrival; remember to inform him); *(især offentlig myndighed,* F*)* notify (*om* of); *(hdl. også)* advise;
□ *forkert -t* misinformed; *holde én -t* keep sby informed (*el.* posted); ~ *én **om at*** inform sby that; T let sby know that; F notify (, advise) sby that.

underrubrik *(typ.)* subhead, subheading.

undersejl *(sø.)* lower sail, course.

underside underside; T underneath (*fx* the underneath of the bridge (, the plate)).

underskab 1. lower cupboard; **2.** *(i elementkøkken)* unit base.

underskole *(omtr.)* primary school.

underskov underwood, undergrowth.
underskrift *sb. (en, -er)* **1.** signature; **2.** *(det at underskrive)* signing;
□ *uden* ~ without (a) signature, unsigned; *sætte sin* ~ *under* = *underskrive.*
underskrive *vb.* **1.** sign, put one's signature to; F affix one's signature to; **2.** *(bifalde)* endorse, subscribe to;
□ ~ *sig* sign oneself.
underskriver *sb. (en, -e)* signer; *(af traktat, henvendelse etc.)* signatory.
underskud *sb. (et, -)* **1.** deficit, loss; **2.** *(om noget der ikke når op til det forventede el. fornødne)* shortfall (*fx* students make up shortfalls in their grants by working in their vacations; there will be a shortfall of 1,000 teachers by 1998);
3. *(mangel)* shortage (*af* of, *fx* there is a shortage of skilled workers);
□ *dække -det* make up the deficit; *give* ~ *a)* result in a deficit; *b) (om selskab, hotel etc.)* lose money; be run at a loss; *have* ~ show a loss, be in the red;
[med præp.] køre ***med*** ~ *se ovf.: give* ~, *b; et* ~ ***på*** *(jf. 1, om størrelse)* a deficit of (*fx* £5,000); *et* ~ *på handelsbalancen* a deficit in the balance of payments; *(se også handelsbalance); der* ***er*** ~ ***på kontoen*** the account is in deficit; T the account is in the red; *der er* ~ *på regnskabet* the accounts show a deficit (*el.* loss); *jeg* ***havde*** ~ ***på*** *den forretning* I lost money on that deal.
underskudsforretning **1.** *(virksomhed)* losing concern, loss-making concern; **2.** *(transaktion)* loss-making transaction;
□ *det blev en* ~ *for mig (jf. 2,* T*)* I lost money (*el.* made a loss) on that deal.
underskøn *adj.* divinely beautiful.
underskørt half slip, waist slip; *(glds.)* petticoat.
underskål saucer.
underslæb *sb. (et, -)* embezzlement; *(med betroede midler)* fraudulent conversion;
□ *begå* ~ embezzle.
underslå *vb.* **1.** *(sø.)* bend (*fx* a flag, a sail); **2.** *(tilvende sig)* appropriate.
underspille *vb. (om rolle)* underact (*fx* a part);
□ ~ *betydningen af noget (fig.)* play down (the significance of) sth.
underst[1] *adj.* **1.** lowest; bottom; **2.** *(af to)* lower;
□ *den -e* the bottom (, lower) one.
underst[2] *adv.* at the bottom.
understatssekretær under-secretary (of state).
understel **1.** *(fx af barnevogn)* underframe; **2.** *(flyv.)* undercarriage; **3.** *(på bil)* chassis.
understemme lower part.
understik *(i bridge)* undertrick.
understimuleret *adj.* understimulated.
understrege *vb.* **1.** *(sætte streg under)* underline, underscore;
2. *(fremhæve)* emphasize, stress (*fx* he stressed the importance of stern measures);
3. *(gøre tydelig)* underline (*fx* this underlines the need to cultivate their friendship); underscore;
□ ~ ***at*** *a) (jf. 2)* emphasize that, stress that; *b) (jf. 3)* underline the fact that.
understregning *sb. (en, -er)* **1.** underlining; **2.** *(eftertryk)* emphasis (pl. emphases);
□ *der var mange -er i teksten* the text had been heavily underlined.
understryge *vb. (tegl)* point.
understrøm *(også fig.)* undercurrent.
understyret *adj.* understeered.
understøtning *sb. (en, -er)* **1.** support; **2.** *(afstivning)* propping up.
understøtningsflade supporting surface.
understøtte *vb.* **1.** *(holde oppe)* support (*fx* the roof was supported by pillars);
2. *(afstive)* prop up (*fx* they had to prop up the roof with a post);
3. *(hjælpe etc.)* support (*fx* a theory; sby with money); back up; F buttress (*fx* sby's argument, the social structure);
4. *(med offentlige midler)* aid, subsidize.
understøttelse *sb. (en, -r)* **1.** *(hjælp)* support;
2. *(fra det offentlige: social* ~*)* (social) benefit (*fx* it costs the state a considerable amount a year in benefits); *(am.)* relief;
3. *(arbejdsløsheds-)* unemployment benefit;
4. *(statstilskud)* grant (in aid) (*fx* to research projects); subsidy (*fx* subsidies to shipyards (, to farmers)); F subvention;
5. *(periodisk pengehjælp til enkeltperson)* allowance (*fx* his parents give him a monthly allowance);
6. *(på finanslov)* civil list pension.
understøttelsesfond relief fund.
understå *vb.:* ~ *sig i at* dare (to); *hvor tør du* ~ *dig i at gøre det?* how dare you (do it)? *du kan* ~ *dig i at røre mig!* don't you dare (to) touch me!
undersædig *adj. (bot.)* hypogynous.
undersælge *vb.* undercut; F undersell.
undersænke *vb.* countersink.
undersætsig *adj.* stocky, thickset, chunky.
undersætsighed *sb. (en)* stockiness, chunkiness.
undersøge *vb.* **1.** *(se på)* examine (*fx* examine sth in (*el.* through *el.* with) a microscope; the doctor examined him; our luggage was examined); *(se nøje på, også)* go over, look over; *(for at se om det er i orden, også)* inspect (*fx* a house before buying it); *(nøjere,* F*)* scrutinize (*fx* a banknote, a document);
2. *(prøve)* test (*fx* his qualifications; have one's eyes tested);
3. *(gennemsøge)* look through (*fx* sby's luggage, sby's pockets); *(grundigere)* go over, go through, search;
4. *(kontrollere)* check up on (*fx* the truth of a statement); *(for at se om der er noget galt)* probe into (*fx* his activities, his conduct of the affair, his financial transactions);
5. *(sag, teori etc.)* examine (*fx* a complaint, the possibilities); go into (*fx* the problem, the accusations; he went closely into the matter; they went thoroughly into his story); look into; F inquire into (*fx* the police are inquiring (, looking) into the matter);
6. *(om grundig, systematisk undersøgelse)* investigate (*fx* a complaint, the possibilities, the causes of the riots; the police are investigating the murder);
7. *(om videnskabelig undersøgelse)* investigate, research into, make researches into (*fx* the causes of cancer; the effects of chemicals on the human brain); *(især sociologisk, statistisk etc.)* carry out (, conduct) a study (*el.* survey) of (*fx* BBC reporting; the social effects of unemployment; the incidence of leukaemia);
8. *(om officiel undersøgelse)* set up (*el.* hold *el.* make) an inquiry into; F conduct an inquiry into (*fx* the causes of road accidents; the sinking of the ship);

□ ~ **for** (ɔ: *for at finde) a) (jf. 1)* examine for (*fx* examine the revolver for fingerprints; examine the car for defects); *b) (jf. 2)* test for (*fx* test the urine for sugar; test the water for toxic chemicals; test the air for radioactivity; test the patient for diabetes).

undersøgelse *sb. (en, -r) (jf. undersøge)* **1.** examination (*fx* a medical examination); inspection; *(nøje)* scrutiny;
2. *(prøve)* testing (*af* of); test (*fx* a psychological test; they conducted a series of tests on me at the hospital);
3. *(gennemsøgning)* search;
4. *(kontrol)* check-up (*af* on); probe (*af* into);
5. *(af sag, teori etc.)* examination (*af* of); inquiry (*af* into, *fx* the matter; he is helping the police in their inquiries);
6. *(grundig)* investigation (*af* into, *fx* the police are conducting an investigation into the affair);
7. *(videnskabelig ~)* investigation (*af* of, into, *fx* an investigation of 500 attempted suicides show that...); *(især sociologisk, statistisk etc.)* study (*af* of, into, *fx* the incidence of leukaemia); survey (*af* of, *fx* of methods of testing children for hearing defects; of voters' attitude to the EU; a statistical survey; the survey was intended as a pilot study); *(mere generelt)* research (*af* on, into, *fx* he went to England to do some research on traffic problems);
8. *(officiel ~)* inquiry (*af* into, *fx* the policy of the previous government; the conduct of the war); study (*af* of, into; *fx* the effects of the legislation, police work, BBC reporting); survey (*af* of, *fx* voters' attitude to sth); *(meningsmåling)* poll;
□ *anstille -r a) (jf. 5)* make inquiries; *b) (jf. 6)* carry on investigations; *c) (videnskabelige)* carry on researches; *anstille -r angående, foretage en ~ af se undersøge; [med adj.] mikroskopisk ~* microscopic examination, microscopy; *ved nærmere ~* on closer inspection (*el.* examination *el.* investigation); *en retslig ~* a judicial (*el.* legal) inquiry; *videnskabelige -r* scientific research sg. (*el.* researches).

undersøgelseskommission *(der skal opklare en sag)* court (*el.* commission) of inquiry.

undersøger *sb. (en, -e)* investigator; examiner.

undersøisk *adj.* submarine (*fx* cable); *(lige under havoverfladen)* submerged (*fx* reef, rock).

undersåt *sb. (en, -ter)* subject.

undersåtlig *adj.: mine -e pligter* my duties as a subject.

undertal*: være i ~* be in the minority.

undertallig *adj.* insufficient;
□ *have ~ besætning (sø.)* be undermanned.

undertand lower tooth.

undertandlæge 1. *(mil.)* sergeant (Dental Corps); **2.** *(sø.)* surgeon petty officer (dentist).

undertegne *vb.* sign;
□ *-de a)* the undersigned (*fx* I, the undersigned, declare that...); the present writer, the writer (*fx* the writer of this letter); *b) (spøg.: jeg,* T*)* yours truly (*fx* no one knows it better than yours truly); *lærere og journalister, indbefattet -de* teachers and journalists, including this one.

undertegnelse *sb. (en,-r)* signing.

undertekst *(til film)* subtitle;
□ *forsyne med -er* subtitle.

undertiden *adv.* sometimes, from time to time.

undertitel subtitle.

undertone 1. *(mus.)* subharmonic; **2.** *(fig.)* undertone (*fx* of bitterness).

undertryk low pressure, partial vacuum.

undertrykke *vb.* **1.** *(holde tilbage)* fight back (*fx* one's tears, one's laughter); fight down (*fx* one's doubts, one's fears, one's rage; a desire to kick him); stifle (*fx* a yawn); suppress (*fx* a yawn, a laugh; suppressed fury); *(stærkere,* F*)* repress (*fx* a desire to kick him, a sigh, a cough; one's laughter, one's tears, one's real feelings);
2. *(slå ned)* put down; *(stærkere)* crush (down); F suppress (*fx* a rebellion);
3. *(underkue, holde nede)* repress (*fx* all opposition); *(stærkere)* oppress (*fx* oppressed people; the poor and oppressed).

undertrykkelse *sb. (en, -r) (jf. undertrykke)* **1.** suppression (*fx* of personal feelings); repression;
2. suppression (*fx* of a rebellion);
3. repression (*fx* a deliberate policy of repression); suppression (*fx* of freedom); oppression.

undertrykker *sb. (en, -e)* oppressor.

undertræk *sb. (et, -) (i bridge)* undertrick.

undertrøje vest; *(am.)* undershirt.

undertvinge *vb.* **1.** subdue; *(mere* F*)* subjugate; **2.** *(overvinde)* conquer.

undertvingelse *sb. (en, -r)* subjugation.

undertøj underwear; underclothes pl.; F underclothing; undergarments pl.; T underthings pl.; *(spøg.)* undies pl.; *(se også sæt).*

underudvalg subcommittee.

underudviklet *adj.* underdeveloped;
□ *~ land* underdeveloped country; less developed country *(fork.* LDC*).*

undervands- 1. submarine; **2.** *(rev etc.)* submerged.

undervandsarkæologi underwater archaeology.

undervandsbåd submarine; *(tysk)* U-boat.

undervandsskær sunken rock, submerged rock.

undervejs *adv.* **1.** on the (*el.* its, my etc.) way (*til* to); F en route (*til* to); **2.** *(om varer)* in transit;
□ *gøre ophold ~ (om rejsende) a)* stop on the way, break the journey; *b) (under flyrejse & am.)* stop over; *~ til (om skib)* bound for; ***være*** *~* (ɔ: *under forberedelse)* be on the (, its) way (*fx* a new book is on the (*el.* its) way); be in the pipeline (*fx* some reforms were in the pipeline); *der er et barn ~* she has a baby on the way.

underverden *(også forbryderverden)* underworld.

undervise *vb.* **1.** teach (*fx* teach children); **2.** *(uden objekt)* teach; *(privat)* give lessons; *(i skole, am.)* teach school;
□ *(du kan ikke træffe ham) han -r* he is teaching, he is in class; *[med præp.] ~* ***i*** *a)* teach (*fx* English, physics); *b) (praktisk færdighed)* instruct in (*fx* instruct them in life-saving techniques); *~ en i engelsk a)* teach sby English; *b) (privat)* give sby lessons in English, give sby English lessons; *han -r klassen i engelsk* he takes the class in English; *~ en* ***i at*** *bruge en computer* instruct sby in how to use a computer.

underviser *sb. (en, -e)* teacher.

undervisning *sb. (en)* **1.** *(timer)* classes pl. (*fx* the institution offers classes in a variety of subjects; the classes are voluntary; they like his classes; he gives (, goes to) classes in dancing (*el.* dancing classes)); lessons pl. (*fx* lessons begin at 9; children behave well if lessons are interesting); *(ved universitet: forelæsninger)* lectures pl.

(*fx* the lectures were rather boring); *(privattimer)* lessons pl. (*fx* he takes (, gives) lessons in dancing (*el.* dancing lessons));
2. *(mere* F*)* instruction (*fx* he gives (, receives) instruction in computer analysis (, biology); the instruction provided by the school); tuition (*fx* individual tuition; private tuition; students pay for tuition; tuition is free);
3. *(i en bestemt praktisk færdighed)* instruction; *(øvelse)* training (*fx* give them (, get) instruction (, training) in the use of computers);
4. *(mere generelt: uddannelse etc.)* education (*fx* compulsory education);
5. *(det at undervise)* teaching (*fx* he chose teaching as a career; thanks to his teaching I learnt it very quickly; teaching in and through the immigrants' home language);
[med adj.] elementær ~ elementary instruction (, education); *fælles* ~ *(for begge køn)* co-education; *højere* ~ *a) (ved gymnasiet etc.)* secondary education; *b) (ved universiteter etc.)* higher (*el.* tertiary) education; *individuel* ~ individual tuition; *privat* ~ private lessons pl.; F private tuition;
[med vb.] deltage i (el. følge) -en a) (i skole) be present in classes; attend classes; *b) (i højere undervisning)* attend lectures; *forstyrre -en se forstyrre*; *forsømme -en (om børn i skole)* neglect classes; miss school; *give* ~ *a)* teach; F give instruction; *b) (privat)* give lessons; *give* ~ *i engelsk a)* teach English; *b) (privat)* give lessons in English, give English lessons; F give tuition in English; *tage* ~ *i engelsk* take lessons in English.

undervisningsanstalt educational establishment.

undervisningsassistent *(kan gengives)* teaching assistant.

undervisningsbrug*: til* ~ for use in schools; *(mere* F*)* for educational purposes.

undervisningsfag subject (taught).

undervisningsfrihed 1. freedom in the choice of teaching methods; **2.** *(orlov)* leave of absence.

undervisningsfærdighed teaching proficiency.

undervisningshospital teaching hospital.

undervisningsinstitution educational establishment.

undervisningslokale classroom.

undervisningslære theory of teaching.

undervisningsmateriale teaching material(s).

undervisningsmateriel, **undervisningsmidler** *sb.pl.* educational material; teaching aids.

undervisningsminister 1. minister of education; **2.** *(i Engl.)* Secretary of State for Education and Science.

undervisningsministerium 1. ministry of education; **2.** *(i Engl.)* Department of Education and Science.

undervisningsplan *sb. (en, -er)* **1.** *(læseplan)* curriculum; plan of instruction; **2.** *(program)* syllabus.

undervisningspligt *(elevs)* compulsory education;
□ *lektorer har 4 timers* ~ lecturers must teach for a minimum of four hours a week.

undervisningssystem educational system.

undervisningsteknologi instructional technology.

undervisningstid 1. class hours pl.; **2.** *(mellem ferier)* term (time).

undervisningstime lesson; *(lærers)* teaching lesson (, hour); *(i skole også)* class (hour).

undervisningsvæsen 1. education; system of education; **2.** *(myndighed)* education authority.

undervogn undercarriage.

undervognsbehandling*: give bilen* ~ underseal the car; *sende bilen til* ~ have the car undersealed.

undervurdere *vb.* **1.** *(ansætte for lav en værdi for)* undervalue (*fx* the pound sterling was undervalued);
2. *(anslå for lavt)* underestimate (*fx* their strength);
3. *(nære for ringe tanker om)* undervalue (*fx* him, his contribution; he felt undervalued); devalue (*fx* his work); underrate (*fx* an underrated writer).

undervurdering *sb. (en, -er) (jf. undervurdere)* **1.** undervaluation; **2.** underestimation; underestimate; **3.** undervaluation, devaluation, underrating.

undervægt *sb. (en)* **1.** underweight; **2.** *(mht. varer)* short weight.

undervægtig *adj.* **1.** underweight (*fx* child); **2.** *(om vare, præd.)* short in weight; **3.** *(om mønt)* light.

underværk wonder (*fx* the seven wonders of the world);
□ *gøre -er* work (*el.* do) wonders.

undfange *vb.* conceive (*fx* a child; a plan);
□ *planen er -t af ham (også)* the plan is his brainchild.

undfangelse *sb. (en, -r)* conception; *(se også ubesmittet).*

undfly *vb.* escape (from).

undgælde *vb.* pay, suffer (*for* for);
□ *lade ham* ~ *a)* make him suffer (*for* for); *b) (for noget andre også har gjort)* victimize him.

undgå *vb.* **1.** *(vige uden om)* avoid (*fx* him, his glance, that part of the town; an accident, a collision; he swerved to avoid the approaching car); *(stærkere,* F*)* shun (*fx* him, publicity); eschew (*fx* sby's company, violence);
2. *(ved en hurtig bevægelse)* dodge (*fx* a blow, an approaching car, a snowball); *(ved behændighed,* F*)* evade (*fx* a danger, one's pursuers);
3. *(slippe fra, slippe for)* escape (*fx* danger, death; punishment; a few houses had escaped destruction);
4. *(prøve at slippe for)* avoid (*fx* mistakes, a misunderstanding);
5. *(afværge)* prevent (*fx* confusion, an explosion, war); F avert (*fx* a strike; by his courage he averted a catastrophe);
□ ~ ***at*** *a) (jf. 1)* avoid (, shun) -ing (*fx* being seen; you must avoid getting glue on your fingers (, giving them any information)); *b) (jf. 2)* evade -ing (*fx* he cannot evade doing his military service forever); *c) (jf. 3)* escape -ing (*fx* being run over, being infected with a disease); *det* ***kan ikke*** ~ ***at*** it is certain (*el.* bound) to (*fx* be a success; annoy him; have serious consequences); it cannot fail to (*fx* do you good); *jeg* ***kunne ikke*** ~ ***at*** I could not help -ing (*fx* hearing what you said; noticing it); *ikke hvis jeg kan* ~ ***det*** not if I can help it; *det kunne ikke -s* it was inevitable (, unavoidable); *(se også uundgåelig)*; ***prøve at*** ~ *(neds.: unddrage sig) se unddrage (sig)*;
[med sb.] det undgik min opmærksomhed it escaped my attention, it escaped me; *ingen -r sin skæbne* there is no striving against fate; F no man can escape his destiny; *(se også nød*[2] *(med nød og næppe)).*

undkomme *vb.* escape.

undlade *vb.: ~ noget a)* leave sth undone; *b) (bevidst)* omit sth; ~ ***at*** *gøre det a) (ikke gøre det)* not do it (*fx* out of politeness he did not mention their mistake); *(bevidst el. tilfældigt)* omit to do it (*fx* he omitted to mention that he was going away); *b) (om noget man burde have gjort)* fail to do it (*fx* he failed to lock the door; he failed to inform them that the the meeting had been cancelled); *c) (af glemsomhed)* neglect to do (*el.* doing) it (*fx* he neglected to lock (*el.* locking) the door); *d) (afholde sig fra)* refrain from doing it (*fx* they refrained from making speeches); *han undlod at låse døren (også)* he left the door unlocked; ~ *at stemme* abstain (from voting); *jeg vil* **ikke** ~ *at gøre opmærksom på at...* I must draw your attention to the fact that....

undladelse *sb. (en, -r)* **1.** failure (*af at* to, *fx* failure to do so will result in your being dismissed); **2.** *(bevidst)* omission (*af at* to).

undladelsessynd sin of omission.

undløben *adj.* escaped, runaway (*fx* slave).

undre *vb.* surprise; *(se også undrende)*;
□ *det -r mig at* I am surprised that; I wonder that (*fx* I wonder that he should have done such a stupid thing); it surprises me that (*fx* they won the election); *det -r mig at se dig* I am surprised to see you; *det -r mig* **ikke** I don't wonder that (*fx* he got angry); I am not surprised that; *det skulle ikke* ~ *mig* I shouldn't wonder (*el.* be surprised); *-s* **over**, ~ *sig over* wonder at, be surprised at; *(stærkt)* marvel at.

undren *sb. (en)* surprise, wonder.

undrende[1] *adj.* wondering.

undrende[2] *adv.* wonderingly, in wonder (*fx* she looked at him in wonder).

undse *vb.: ~ sig for at* be ashamed to; *han undså sig ikke for at* he did not hesitate to; F he did not scruple to, he had the effrontery to.

undseelig *se undselig.*

undseelse *sb. (en)* **1.** *(generthed)* bashfulness; **2.** *(beskedenhed)* modesty.

undselig *adj.* **1.** *(genert)* bashful; **2.** *(tilbageholdende)* shy.

undsige *vb.* **1.** *(true)* threaten; **2.** *(erklære fjendskab)* throw down the gauntlet to; **3.** *(opsige troskab)* renounce allegiance to.

undskylde *vb.* **1.** *(tilgive)* excuse, forgive (*fx* I will excuse (*el.* forgive) you this time; if you will excuse (*el.* forgive) the expression); **2.** *(bede om undskyldning for)* apologize for (*fx* he apologized for his mistake); *(uden objekt)* apologize (*fx* he apologized profusely);
3. *(være en undskyldning for)* explain (*fx* I hope that explains my mistake); *(kun i nægtende & spørgende udtryk)* excuse (*fx* I don't think that excuses his mistake; nothing can excuse such conduct);
□ ***undskyld*** *a) (om forladelse)* (I'm) sorry; *b) (tillader De?)* excuse me; thank you; *(am.)* pardon me; *c) (indledende spørgsmål, afbrydelse, indvending; undskyldning for gaben etc.)* excuse me (*fx* excuse me, could you tell me the way to the station?); *(am.)* pardon me; *undskyld at se ndf.*; *undskyld mig et øjeblik* would you excuse me for a moment?
[med konj. & præp.] ~ ***at*** *han a) (jf. 1)* excuse (*el.* forgive) him for -ing (*fx* you must excuse (*el.* forgive) him for being so rude, he is ill); *b) (jf. 3)* excuse his -ing (*fx* nothing can excuse his being so rude); *han undskyldte at han havde været grov (jf. 2)* he apologized for having been rude; ***undskyld at*** *jeg siger det, men...* excuse (*el.* forgive *el.* pardon) me for saying so, but...; *undskyld at jeg kommer for sent* excuse my (*el.* me for) being late; T sorry I'm late; *undskyld at jeg beholder handsken på* excuse my glove; ~ *at jeg eksisterer! (iron.)* pardon me for existing! *undskyld* ***hvis*** *jeg tager fejl* excuse (*el.* forgive) me if I am wrong; *undskyld* ***men*** *det er ikke rigtigt* I'm sorry (*el.* excuse me) but that is not correct; ~ ***over for*** *en at man har glemt det* apologize to sby for having forgotten; *hun undskyldte det over for sig selv med at...* she made the excuse to herself that...;
[med vb.] **bede** *en* ~ apologize; *bede en ~ noget* apologize to sby for sth; ask sby to excuse sth; *vi beder Dem ~ forsinkelsen* please excuse the delay; *bede sig undskyldt (sige nej; gå)* excuse oneself; *du* **må** *(meget)* ~ I am (very) sorry; *næh, nu må du meget ~!* really now! *du må ~ at jeg siger det* excuse (*el.* forgive) my saying so; *du må ~ (mig), men jeg kan ikke forstå det* forgive me, but I can't understand it; *du* ***må have*** *mig undskyldt a) (jeg kan ikke komme)* I'm so sorry I can't accept your kind invitation; *b) (jeg må gå)* I'm afraid I must be going now; ***være*** *lovligt undskyldt* have a valid excuse;
[med sig] ~ ***sig*** *a) (sige undskyld)* apologize; make excuses; *b) (bede sig fri)* excuse oneself (*over for* to); ~ *sig med at* plead that (*fx* he pleaded that he had been ill); excuse oneself on the plea that.

undskyldelig *adj.* excusable, forgivable.

undskyldende[1] *adj.* **1.** apologetic (*fx* smile); **2.** *(formildende)* extenuating (*fx* circumstances).

undskyldende[2] *adv.* apologetically.

undskyldning *sb. (en, -er)* **1.** *(det at sige undskyld)* apology (*fx* you owe me an apology; offer (, accept) an apology);
2. *(forklaring, påskud; formildende omstændighed)* excuse (*fx* he stammered out some excuse; a poor (*el.* thin) excuse; find an excuse for sth; ignorance of the law is no excuse);
□ *en* ~ ***for*** an apology (, excuse) for; *en* ~ ***for at*** *a) (jf. 1)* an apology for -ing (*fx* you owe me an apology for having been rude to me); *b) (jf. 2)* an excuse for -ing (*fx* what is your excuse for being late?); *c) (påskud)* an excuse to (*fx* he tried to find an excuse to go home);
[med vb. (+ præp.)] ***anføre til*** *sin* ~ plead in excuse; ***bede om*** ~ apologize, make apologies; ***give*** *en* ~ make an apology, apologize; *give én en ~* apologize to sby; ***gøre*** *mange -er* be full of apologies; be very apologetic; ***komme med*** *-er* make excuses; *det må* ***tjene til*** *min ~ at... se tjene (til).*

undslippe *vb.* escape;
□ ~ *fra* escape (from) (*fx* a danger); *det undslap mig (det undgik min opmærksomhed)* I missed it; *der undslap ham en bemærkning* he let slip a remark; *(se også nød*[2] *(med nød og næppe)).*

undsluppen *adj.* escaped, runaway.

undslå *vb.: ~ sig* decline; excuse oneself; ~ *sig for at* decline to (*fx* help); excuse oneself from -ing (*fx* from coming).

undsætning *sb. (en, -er)* **1.** *(det at undsætte, mil.)* relief (*fx* of a besieged town); *(redning)* rescue; **2.** *(tropper etc.)* reinforcements pl.; relieving force;
□ *komme til* ~ come to the rescue; *komme en til* ~ come to sby's rescue; *komme byen til* ~ relieve the town.

undsætte *vb.* **1.** *(mil.)* relieve (*fx* a besieged town); **2.** *(redde)* rescue.

undtage *vb.* except;
□ *dem alle sammen, faderen ikke*

-*t* all of them, not excepting the father; *når man (lige) -r, når -s* except for; *når -s at* except that; apart from the fact that.

undtagelse *sb. (en, -r)* exception; □ *en ~ fra reglen* an exception to the rule; *-n bekræfter regelen* the exception proves the rule; *danne en ~* be an exception (*fx* he is no exception); *gøre en ~* make an exception (*med ham* in his case); stretch a point; *[med præp.]* ***med ~ af*** with the exception of, apart from, except (*fx* all the girls except Joan); F excepting; *(glds.)* save; *(se også hæderlig)*; ***på*** *nogle få -r* ***nær*** with a few exceptions; *høre* ***til*** *-rne* be exceptional; be an exception; ***uden*** *~* without exception; *ingen regel uden ~* there is an exception to every rule.

undtagelsesbestemmelse 1. *(i kontrakt)* escape clause; T let-out clause; **2.** *(i traktat: om bestemmelser man holder sig uden for)* opt-out clause.

undtagelseslov emergency measure.

undtagelsesløs *adj. (præd.)* without (any) exception.

undtagelsestilfælde exceptional case (*fx* in exceptional cases).

undtagelsestilstand 1. state of emergency (*fx* declare a state of emergency); **2.** *(militær ~)* martial law; □ *byen blev erklæret i (militær) ~* the town was proclaimed (*el.* placed) under martial law.

undtagelsesvis *adv.* exceptionally, as an exception; □ *ganske ~* quite exceptionally, as a rare exception; in a few exceptional cases.

undtagen[1] *præp.* except (*fx* every month except July; he can do everything except cook; everyone except him); T bar, barring; *(glds.)* save; *(efter ubestemt pron. også)* but (*fx* everyone but he (*el.* him); no one but I (*el.* me)); □ *~ at* except that (*fx* I can't remember what he said, except that it was very funny); *~ hvis* unless; *~ når* except when.

undtagen[2] *konj.* unless (*fx* he won't come unless you ask him).

undulat *sb. (en, -er)* budgerigar; T budgie.

undvegen *adj.* escaped, runaway (*fx* slave).

undvige *vb.* **1.** escape (*fx* from prison); **2.** *(søge at undgå)* evade (*fx* one's pursuers); *(ved en hurtig bevægelse)* dodge (*fx* a blow).

undvigelse *sb. (en, -r) (jf. undvige)* **1.** escape; **2.** evasion.

undvigemanøvre evasive manoeuvre; evasive action; □ *foretage en ~* take evasive action.

undvigende[1] *adj.* evasive (*fx* answer).

undvigende[2] *adv.* evasively (*fx* answer evasively).

undvære *vb.* **1.** *(klare sig uden)* do without (*fx* I cannot do without tobacco); *(være uden)* be without (*fx* I would rather be without it); *(også: ikke få)* go without (*fx* he had to go without supper); *(også: skaffe sig af med,* F*)* dispense with (*fx* can we dispense with their support? I shall have to dispense with the car (, my secretary)); **2.** *(afse)* spare (*fx* can you spare me a cigarette?); □ *jeg ville ikke have -t det for guld* I would not have missed it for anything; *han kan dårligt -s* we (, they etc.) cannot very well do without him; he cannot very well be spared.

undværlig *adj.* dispensable.

unfair[1] *adj.* unfair.

unfair[2] *adv.* unfairly (*fx* treat him unfairly).

ung *adj. (yngre, yngst) (se også yngre, yngst)* young; □ *~ af sind* youthful in mind; young in his (, her) ways; *(de) -e* young people (*fx* young people today have a lot of problems); *(især nedladende)* the young; *man er kun ~ én gang* you are only young once; *som ~* as a young man (, girl), when he (, she, I) was young; *[med sb.] i en ~* ***alder*** early in life, at an early age; *i mine -e* ***dage*** when I was young; F in my youth; *~* ***mand*** young man; *(ganske ung)* young boy; *(især neds.)* youth (*fx* a spotty youth; gangs of youths); *~* ***pige*** *a)* girl; *(ganske ung)* young girl; *b) (tjenestepige)* maid; *(til at passe børn)* mother's help; *~ pige i huset se hus*; *-t* ***selskab*** party for young people; *i hans -e* ***år*** in his early years; F in his youth.

ungarer *sb. (en, -e)* Hungarian.

Ungarn *(geogr.)* Hungary.

ungarsk *sb. (et) & adj.* Hungarian.

ungdom *sb. (en)* **1.** *(periode; egenskab)* youth (*fx* a wasted youth; full of youth and vitality); **2.** *(unge mennesker)* young people pl. (*fx* young people of today); F youth pl. (*fx* the youth of today are faced with a lot of challenges; modern youth); □ *-men a) (jf. 1, om periode)* youth (*fx* youth is the time for rebellion); *b) (jf. 2)* young people (*fx* young people today have a lot of problems); *(især nedladende)* the young; *(se også ovf.: 2)*; *i min ~* when I was young; in my early years; F in my youth; *i -mens vår* in the first flush of youth; *hun er ude over den første ~* she is past her first youth; T she is no spring chicken; *(se også grøn)*.

ungdommelig *adj.* youthful (*fx* appearance, figure; carefreeness, idealism, optimism); *(især neds.)* juvenile (*fx* behaviour); *(umoden)* immature; □ *i -t letsind* in youthful exuberance; *se ~ ud* look young; *det giver hende et -t udseende* it makes her look younger.

ungdommelighed *sb. (en)* youthfulness.

ungdomsarbejde 1. *(udført i éns ungdom)* early (*el.* juvenile) work; **2.** *(blandt de unge)* youth work.

ungdomsarbejdsløse *sb.pl.* young people out of work.

ungdomsarbejdsløshed youth unemployment; □ *-en (ɔ: procentvis)* the youth unemployment rate.

ungdomsbande gang of youths; F juvenile gang.

ungdomsbevægelse youth movement.

ungdomsbillede*: et ~ af ham* a picture of him as a young man.

ungdomscenter youth centre.

ungdomsdigt early (*el.* juvenile) poem.

ungdomselskede*: hans ~* an old love of his; F the love of his youth.

ungdomserindringer *sb.pl.: mine ~* the memories of my youth.

ungdomsforbryder young offender; F juvenile delinquent.

ungdomsforelskelse early love.

ungdomsfængsel *(svarer til)* detention centre.

ungdomsgård youth centre.

ungdomsherberg youth hostel.

ungdomshjem *(omtr.)* community home.

ungdomsklub youth club.

ungdomskraft youthful vigour.

ungdomskriminalitet juvenile delinquency.

ungdomslitteratur teenage fiction.

ungdomsoprør young people's revolt, youth rebellion.

ungdomsoprører young rebel.

ungdomsorganisation youth

organization.
ungdomspension [hostel for young people].
ungdomsskole continuation school.
ungdomssløvsind dementia praecox.
ungdomstid *se ungdomsår.*
ungdomsven *(omtr.)* old friend; F friend of one's youth.
ungdomsydelse *(omtr.)* maintenance grant.
ungdomsår *sb.pl.* early years; adolescence; F youth, youthful years.
unge *sb. (en, -r)* **1.** young one (pl. young ones, young); *(af bjørn, løve, ræv, tiger, ulv)* cub;
2. *(barn)* kid, kiddie; *(neds.: uartig ~)* brat (*fx* a spoilt brat; get those brats out);
□ *få -r* have young; *føde levende -r* give birth to live young; *(fagl.)* be viviparous.
-unge young... (*fx* young bird *(fugleunge)*).
ungersvend *(spøg.)* lad.
ungkarl bachelor.
ungkarlelejlighed bachelor flat.
ungkarleliv single life.
ungkvæg young cattle.
ungpigeagtig *adj.* girlish.
ungpigebog book for young girls; girl's book (pl. girls' books).
ungpigekjole teenage dress.
ungpigekulør schoolgirl complexion.
ungskov young growth.
ungtjener junior waiter.
uniform *sb. (en, -er) & adj.* uniform.
uniformere *vb.* **1.** dress (*el.* put) in uniform(s); **2.** *(gøre ens)* make uniform, standardize.
uniformeret *adj.* uniformed; *(præd. også)* in uniform.
uniformitet *sb. (en)* uniformity.
uniformsfrakke tunic.
uniformskasket (peaked) cap.
uniformsskrædder military tailor, army and navy tailor.
unik *adj.* unique.
unika[1] *sb. (et, -er)* unique specimen; *(om kunsthåndværk)* one-off product, one-off; *(om kunstgenstand, antikvitet)* one-of-a-kind object.
unika[2] *pl. af unikum.*
unikating *sb.pl. (om kunsthåndværk)* one-off products; *(om kunstgenstande, antikviteter)* one-of-a-kind objects.
unikum *sb. (et, -mer el. unika)* unique specimen; *(se også unika*[1]*)*;
□ *være et ~* be unique; *han er et ~ (også)* he is one in a million; *mange af genstandene er unika* many of the objects are one of a kind; *han er et ~ af lærdom* he is a prodigy of learning.
union *sb. (en, -er)* union.
unionsflag **1.** union flag; **2.** *(britisk)* Union Jack.
unisex- unisex (*fx* clothes).
unison *adj.* unisonant, unisonous.
unisont *adv.* in unison.
unitar *sb. (en, -er)*, **unitarisk** *adj. (rel.)* Unitarian.
univers *sb. (et, -er)* universe.
universal *adj.* universal.
universalarving sole heir.
universalgeni universal genius.
universalmiddel panacea, cure-all.
universalmodtager *(radio)* all mains receiver.
universel *adj.* universal.
universitet *sb. (et, -er)* university;
□ *forlade -et* leave the university; go down; *gå på -et, studere ved -et* study at the university, be at university; *(am. oftest)* be at college; *stilling ved -et* university post.
universitetsadjunkt lecturer; *(am.)* assistant professor.
universitetsbibliotek university library.
universitetsby university town.
universitetscenter university centre.
universitetsgrad university degree.
universitetshospital university hospital.
universitetslektor senior lecturer; *(am.)* associate professor.
universitetslærer university teacher.
universitetspolitik *(inden for et universitet)* university politics.
universitetspædagogik university teaching methods pl.
universitetsuddannelse university education (*el.* training).
universitetsuddannet *adj.* university-trained.
unoder *sb.pl.* bad habits.
unormal *adj.* **1.** *(sygelig, forkert etc.)* abnormal (*fx* child, behaviour, circumstances);
2. *(usædvanlig)* unusual; F anomalous (*fx* procedure).
unoteret *adj. (på børs)* unlisted (*fx* securities); *(præd. også)* over-the-counter.
unuanceret *adj.* **1.** undifferentiated (*fx* statistics); unvaried (*fx* style); uniform (*fx* colour);
2. *(som ikke skelner)* undiscriminating (*fx* condemnation, generalization, radicalism);
3. *(ensidig)* one-sided (*fx* description, judgment, view);
4. *(om system etc.)* rigid, hard-and-fast (*fx* rules).
unyttig *adj.* useless (*fx* thing, speculations); unprofitable (*fx* discussion); futile, fruitless (*fx* speculations).
unægtelig *adv.* **1.** *(rigtignok)* of course (*fx* of course he is stupid, but he might be able to help us); indeed (*fx* it is indeed surprising that he succeeded);
2. *(uden enhver tvivl)* no question (*fx* no question it is a difficult case); F undeniably (*fx* she is undeniably beautiful).
unævnelig *adj.* unmentionable (*fx* crimes, horrors);
□ *-e (glds.: bukser)* unmentionables.
unødig *adj. & adv. se unødvendig.*
unødvendig[1] *adj.* unnecessary; *(kun foran sb.,* F*)* needless (*fx* work); undue (*fx* haste, risk, severity); *(om grusomhed etc.)* wanton (*fx* brutality, cruelty, destruction).
unødvendig[2], **unødvendigt** *adv. (jf. unødvendig*[1]*)* unnecessarily (*fx* she is unnecessarily pessimistic; she worries unnecessarily); needlessly (*fx* it may upset her needlessly); unduly (*fx* worried); wantonly.
unøjagtig *adj. (ikke helt præcis)* inexact (*fx* description; the estimate was inexact); *(forkert)* inaccurate (*fx* description, translation; his estimate of the cost was wildly inaccurate).
unøjagtighed *sb. (en, -er) (jf. unøjagtig)* inexactitude; inaccuracy.
unåde *(en)* disfavour; *(stærkere)* disgrace;
□ *falde i ~* fall into disfavour (, disgrace) (*hos* with); F fall from favour; *være i ~* be out of favour, be in disfavour (, disgrace) (*hos* with); *overgivelse på nåde og ~* unconditional surrender.
unådig *adj.* ungracious;
□ *tage det -t op* take it ill, take it in bad part; T take it the wrong way.
uofficiel *adj.* unofficial; *(om besøg også)* informal.
uomgængelig[1] *adj.* **1.** *(svær at omgås)* unsociable; **2.** *(uundgåelig)* unavoidable.
uomgængelig[2], **uomgængeligt** *adv. (jf. uomgængelig*[1] *2)* unavoidably;
□ *~ nødvendig* absolutely necessary.
uomgængelighed *(jf. uomgængelig*[1]*)* **1.** unsociableness; **2.** unavoidability.

uomstødelig[1] *adj.* irrefutable (*fx* fact); incontestable (*fx* evidence, proof).

uomstødelig[2], **uomstødeligt** *adv.* irrefutably, incontrovertibly.

uomtalt *adj.* unmentioned (*fx* leave it unmentioned).

uomtvistelig[1] *adj.* incontrovertible (*fx* proof).

uomtvistelig[2], **uomtvisteligt** *adv.* incontrovertibly (*fx* true).

uopdaget *adj.* undiscovered (*fx* country); undetected (*fx* crime).

uopdragen *adj.* **1.** *(med dårlige manerer)* ill-bred (*fx* he is an ill-bred lout); ill-mannered, badly behaved; F unmannerly;
2. *(uhøflig, uforskammet)* rude (*fx* don't stare, it's rude).

uopdragenhed *sb. (en)* **1.** bad manners pl.; **2.** *(uforskammethed)* rudeness.

uopdrivelig *adj.* unobtainable; *(præd. også)* not to be had for love or money.

uopdyrket *adj.* uncultivated; *(aldrig (før) dyrket)* unreclaimed;
□ ~ *jord (ɔ: ny)* virgin soil.

uopfindsom *adj.* uninventive, unimaginative; *(uoriginal)* unoriginal (*fx* it was rather unoriginal of you to give him a tie).

uopfordret[1] *adj.* uninvited (*fx* remark).

uopfordret[2] *adv.* without being asked, on one's own initiative (*fx* he did it on his own initiative); of one's own accord.

uopfyldelig *adj.* unrealizable, impossible.

uopfyldt *adj. (om ønske etc.)* unfulfilled (*fx* hopes, wish).

uopholdelig, **uopholdeligt** *adv.* without delay; F forthwith.

uophørlig[1] *adj.* incessant (*fx* noise, rain); *(mere neutralt)* unceasing (*fx* efforts).

uophørlig[2], **uophørligt** *adv.* incessantly (*fx* he complained incessantly); *(mere neutralt)* unceasingly (*fx* the traffic flowed unceasingly).

uopklaret *adj.* unsolved (*fx* crime, mystery).

uoplagt *adj. (præd.)* not in form, out of sorts.

uoplagthed *sb. (en)* indisposition.

uoplyst *adj.* **1.** *(mørk)* unlighted, unlit;
2. *(uvidende)* uneducated; ignorant; *(glds. el. spøg.)* benighted (*fx* in this benighted country);
3. *(som ikke kendes)* unknown.

uopløselig *adj.* **1.** indissoluble (*fx* marriage, bond); **2.** *(kem.)* insoluble (*fx* salt).

uopløselighed *sb. (en)* **1.** indissolubility; **2.** *(kem.)* insolubility.

uopløst *adj.* undissolved.

uopmærksom *adj.* inattentive (*over for* to).

uopmærksomhed *sb. (en)* inattention.

uopnåelig *adj.* unattainable.

uoprettelig[1] *adj.* irreparable, irremediable, irretrievable (*fx* damage, loss).

uoprettelig[2], **uopretteligt** *adv.* irreparably, irremediably (*fx* damaged); irretrievably (*fx* lost).

uoprigtig *adj.* insincere.

uopsagt *adj. (præd.)* not under notice.

uopsigelig *adj.* **1.** *(om overenskomst)* irrevocable;
2. *(om lån etc.)* irredeemable;
3. *(om embedsmand)* irremovable; *(efter sb.)* with tenure.

uopsigelighed *(jf. uopsigelig)* **1.** irrevocability; **2.** irredeemability; **3.** irremovability; (security of) tenure; **4.** *(lejers)* security of tenure.

uopskåren *adj. (om bog)* uncut; *(se også mekka).*

uopslidelig *adj.* **1.** which never wears out; which will wear forever; F imperishable;
2. *(som stadig vender tilbage)* perennial (*fx* subject, joke);
□ *-t humør* unfailing good spirits.

uopsættelig *adj.* urgent, pressing; *(stærkere,* F, *efter sb.)* admitting of no delay.

uopsættelighed *sb. (en)* urgency.

uorden *sb. (en)* disorder;
□ *i ~ a) (rodet)* in disorder, disarranged; T in a mess; F in disarray (*fx* with his clothes (, hair) in disarray); *b) (om hår)* rumpled, ruffled, dishevelled; *c) (om maskine)* out of order, not working properly; T on the blink; *bringe i ~, bringe ~ i* throw into disorder, disarrange, disorganize; T mix up (*fx* his papers); mess up (*fx* his room); *i vild ~* in total confusion; F in complete disarray.

uordentlig *adj.* **1.** *(rodet)* disorderly, untidy (*fx* room); disarranged, disorganized;
2. *(om livsførelse)* irregular;
3. *(sjusket)* slovenly.

uorganiseret *adj.* unorganized; *(om arbejder også)* ununionized; *(præd. også)* non-union;
□ ~ *arbejdskraft* non-union labour.

uorganisk[1] *adj.* inorganic (*fx* chemistry).

uorganisk[2] *adv.* inorganically.

uortodoks *adj.* unorthodox (*fx* views, methods).

uoverensstemmelse *sb. (en, -r)*
1. *(forskel)* discrepancy (*fx* there was a striking discrepancy between the two statements); disagreement (*fx* there was considerable disagreement between their accounts);
2. *(uenighed)* disagreement (*fx* they have had serious disagreements);
□ *gemytternes* ~ incompatibility (of temper).

uoverensstemmende *adj.* conflicting;
□ *være ~ (også)* disagree.

uoverkommelig[1] *adj.* **1.** impossible (*fx* it is impossible to read all that);
2. *(~ stor)* overwhelming (*fx* an overwhelming mass of material);
3. *(om pris)* prohibitive.

uoverkommelig[2], **uoverkommeligt** *adv.* **1.** impossibly (*fx* difficult);
2. *(overvældende)* overwhelmingly.

uoverlagt[1] *adj.* **1.** rash (*fx* act);
2. *(ikke planlagt)* unpremeditated (*fx* crime).

uoverlagt[2] *adv.* rashly (*fx* act rashly).

uoverskuelig *adj.* **1.** *(umådelig)* enormous (*fx* damage; an enormous amount (, number)); F untold (*fx* costs, sufferings, number of victims);
2. *(ikke til at beregne)* incalculable (*fx* effects, consequences);
3. *(uklar)* confused (*fx* situation);
4. *(dårligt ordnet)* badly arranged.

uoverstigelig *adj.* insurmountable (*fx* barrier, obstacle); insuperable (*fx* difficulty).

uoversættelig *adj.* untranslatable.

uovertruffet *adj.* unsurpassed.

uovertræffelig *adj.* unsurpassable.

uovervejet *adj. se uoverlagt.*

uovervindelig *adj.* **1.** invincible;
2. *(om hindring etc.) se uoverstigelig.*

uparlamentarisk *adj.* unparliamentary (*fx* language, behaviour).

upartisk[1] *adj.* impartial, even-handed.

upartisk[2] *adv.* impartially.

upartiskhed *sb. (en)* impartiality, even-handedness.

upasselig *adj.* indisposed, unwell.

upasselighed *sb. (en)* indisposition.

upassende[1] *adj.* **1.** improper (*fx* behaviour, language, mirth);
2. *(uheldig, ilde anbragt)* ill-timed (*fx* remark, joke); misplaced (*fx* laughter).

upassende[2] *adv.* improperly (*fx* be-

have improperly).
upersonlig *adj.* impersonal.
upersonlighed *sb. (en)* impersonality.
uplejet *adj. (om udseende)* untidy (*fx* appearance); unkempt (*fx* beard, hair, appearance).
uplettet *adj. (fig.)* spotless (*fx* reputation); F unblemished (*fx* reputation).
upoetisk[1] *adj.* unpoetical, prosaic.
upoetisk[2] *adv.* unpoetically, prosaically.
upoleret *adj. (også fig.)* unpolished (*fx* style).
upolitisk *adj.* unpolitical, non-party.
upopularitet *sb. (en)* unpopularity (*hos, blandt* with).
upopulær *adj.* unpopular (*hos, blandt* with).
upraktisk[1] *adj.* **1.** *(ubekvem)* inconvenient (*fx* an inconvenient time (, place); it is very inconvenient to live so far away from the school); awkward (*fx* it has an awkward shape; it is an awkward tool to handle); impractical (*fx* cotton shirts are impractical because you have to iron them); **2.** *(om person)* impractical (*fx* he is hopelessly impractical).
upraktisk[2] *adv.* inconveniently, awkwardly.
uprivilegeret *adj.* **1.** unprivileged; **2.** *(jur.)* general (*fx* debt, creditor).
uproblematisk[1] *adj.* unproblematic.
uproblematisk[2] *adv.* unproblematically.
uproduktiv *adj.* unproductive.
upræcis *adj.* **1.** *(ikke helt præcis)* inexact (*fx* description; the report was inexact in many details); imprecise (*fx* definition, description); *(forkert)* inaccurate (*fx* description, translation); **2.** *(mht. tid)* unpunctual.
uprøvet *adj.* **1.** untried, untested; **2.** *(uerfaren)* inexperienced; **3.** *(mil.)* raw (*fx* troops).
ups *interj. (hovsa)* whoops! oops!
upåagtet *adj.* unnoticed; F unheeded; *(lidet kendt)* obscure (*fx* writer);
□ *gå ~ hen* pass unnoticed; *lade (gå) ~ (hen)* let pass unnoticed; F disregard.
upåklagelig *adj.* unexceptionable (*fx* behaviour); irreproachable (*fx* conduct).
upåklædt *adj.* undressed.
upåkrævet *adj.* uncalled-for; unnecessary.
upålidelig *adj.* **1.** unreliable, untrustworthy; **2.** *(om vejr)* unsettled.
upålidelighed *sb. (en) (jf. upålidelig)* unreliability, untrustworthiness;
□ *vejrets ~* the unsettled weather conditions.
upåtalt *adj.* unchallenged;
□ *lade noget gå ~ hen* allow sth to pass unchallenged; connive at sth.
upåvirkelig *adj.* **1.** indifferent (*af* to); **2.** *(om dommer etc., præd.)* not subject to outside influence;
□ *~ af (også)* proof against (*fx* flattery); F impervious to (*fx* threats).
upåvirket *adj.* uninfluenced (*af* by); unaffected (*af* by).
upåviselig *adj.* undemonstrable;
□ *af -e årsager* for unknown reasons; for no apparent reason.
ur[1] *sb. (et, -e)* **1.** clock; **2.** *(som man bærer på sig)* watch;
□ *-et* ***går*** *præcist (, dårligt)* the watch (, clock) keeps good (, bad) time; *mit ~ går for stærkt* my watch is fast (*el.* gains); *mit ~ går ti minutter for stærkt (, langsomt)* my watch is ten minutes fast (, slow); ***har*** *du ~* ***på****?* have you got a watch on you? *han havde ~ på* he was wearing a watch; ***stille*** *et ~* set a watch (, clock) (*tilbage* back; *efter* by, *fx* by the time signal); ***sætte*** *-et* ***i stå*** *se stå*[1]; *[med præp.]* ***med*** *-et (om omdrejning)* clockwise; ***mod*** *-et* anti-clockwise; *(am.)* counterclockwise; *hvad er klokken* ***på*** *dit ~?* what time do you make it? *den er 5 på (el. efter) mit ~* it is five by my watch.
ur[2] *sb. (en, -er) (geol.)* scree.
ur- *(oprindelig)* primitive; F primeval, primordial.
urafstemning ballot (among the members) (*fx* they decided to hold a strike ballot among their members);
□ *foretage ~* ballot the members.
Uralbjergene *sb.pl. (geogr.)* the Ural Mountains.
uran *sb. (et)* uranium.
uranmalm uranium ore.
uransagelig *adj.* inscrutable (*fx* the inscrutable ways of Providence);
□ *Herrens veje er -e (svarer til)* the ways of the Lord are past understanding.
urationel *adj. (uhensigtsmæssig)* unsuitable.
urban *adj.* courteous, urbane.
urbanitet *sb. (en)* courtesy, urbanity.
urbefolkning aboriginal (*el.* indigenous) population.
urede *sb.: bringe i ~* tangle (up) (*fx* threads); mix up (*fx* papers); T mess up; *bringe éns hår i ~* rumple (*el.* ruffle) sby's hair; *(især am.)* muss up sby's hair; *være i ~* be tangled up, be mixed up; T be in a mess.
uredelig *adj.* **1.** dishonest; **2.** *(svigagtig)* fraudulent.
uredelighed *sb. (en)* **1.** dishonesty; **2.** fraudulence.
uredt *adj.* **1.** *(om hår)* tousled, rumpled; **2.** *(om seng)* unmade.
ureel *adj.* unfair; *(uærlig)* dishonest;
□ *-t kød (svarer til)* gristly meat.
ureflekteret[1] *adj.* unreflective, unreflecting.
ureflekteret[2] *adv.* unreflectively, unreflectingly.
uregelmæssig *adj.* **1.** irregular; **2.** *(om blomst)* asymmetric.
uregelmæssighed *sb. (en, -er)* irregularity;
□ *begå -er* commit irregularities; *(stærkere,* F*)* be guilty of malpractices.
uregerlig *adj.* **1.** unruly (*fx* children; hair); F intractable (*fx* children); **2.** *(om temperament)* ungovernable (*fx* temper).
uregerlighed *sb. (en)* unruliness; F intractability.
ureglementeret[1] *adj.* **1.** irregular (*fx* procedure); non-regulation (*fx* uniform); **2.** *(i sport)* foul (*fx* play, stroke).
ureglementeret[2] *adv.* irregularly, against (the) regulations.
uren *adj.* **1.** unclean; **2.** *(blandet)* impure (*fx* blood, silver); **3.** *(om tone)* false;
□ *~ hud* spotty skin; *-e tanker* impure thoughts; *~ teint* muddy complexion; *(se også trav).*
urenhed *sb. (en, -er)* **1.** uncleanness; **2.** impurity;
□ *-er* impurities.
urenlig *adj.* **1.** uncleanly; **2.** *(om hund, præd.)* not housetrained; *(am.)* not housebroken; **3.** *(om person, mht. afføring etc.)* incontinent.
urenlighed *sb. (en)* **1.** uncleanliness; **2.** *(jf. urenlig 3)* incontinence.
urenset *adj.* **1.** *(præd.)* not cleaned, not cleansed *(etc., se rense)*; **2.** *(ikke filtreret)* unfiltered; **3.** *(om spildevand)* untreated.
urentabel *adj.* unprofitable; *(tabgivende)* loss-making.
uret[1] *sb. (en) (uretfærdighed)* wrong, injustice;
□ *med -te a)* wrongly, unjustly; *b) (fejlagtigt)* mistakenly; *(se også*

ret[3]);
[med vb.] ***gøre*** *~* do wrong; *gøre en ~ god igen* right a wrong, put right a wrong; F redress a wrong; ***gøre*** *~* ***mod*** *en* do wrong to sby, do sby wrong, wrong sby; do sby an injustice; ***have*** *~* be wrong, be in the wrong; ***lide*** *~* suffer wrongs, be wronged; suffer (an) injustice.
uret[2] *adj.* wrong;
□ *hans -te mammon* his ill-gotten gains.
uret[3] *adv.* wrongly (*fx* act wrongly);
□ *handle ~ (også)* do wrong.
uretfærdig *adj.* unjust (*imod* to).
uretfærdighed *sb. (en, -er)* injustice (*mod* to).
uretmæssig *adj.* wrongful; *(ulovlig)* unlawful.
urettet *adj.* **1.** uncorrected; **2.** *(om opgaver)* unmarked.
urfabrikant clock-and-watch maker.
urfjeder watch (, clock) spring; mainspring (of a watch, of a clock).
urfjeld *(geol.)* Archaean rock.
urfolk aboriginal (*el.* indigenous) people.
urform original (*el.* primitive) form, prototype.
urfugl *(zo.)* black grouse (pl. black grouse).
urgermansk *sb. (et) & adj. (sprogv.)* primitive Germanic.
urglas watch glass; *(am.)* crystal.
urhane *(zo.)* blackcock.
urhøne *(zo.)* grey hen.
Urias *(bibelsk navn)* Uriah.
uriaspost dangerous post, exposed position.
urigtig *adj.* **1.** incorrect (*fx* answer, assumption, behaviour); *(fejlagtig også)* false (*fx* impression); F erroneous (*fx* belief, statement);
2. *(usandfærdig)* untrue;
3. *(unøjagtig)* inaccurate;
4. *(moralsk forkastelig)* wrong;
□ *~ angivelse* misrepresentation; *~ anvendelse* wrong use; F misapplication; *anvende -t* make wrong use of; F misapply; *~ opfattelse* misapprehension.
urigtighed *sb. (en, -er)* **1.** incorrectness; **2.** *(unøjagtighed)* inaccuracy.
urimelig[1] *adj.* **1.** unreasonable (*fx* behaviour, demand, fear); *(stærkere: meningsløs)* absurd (*fx* conclusion, demand, suggestion); F preposterous (*fx* assertion, demand, explanation, question);
2. *(overdreven)* undue (*fx* caution, haste); *(om forlangende, pris)* unreasonable; *(stærkere)* exorbitant;
3. *(uretfærdig)* unfair (*fx* treatment);
4. *(vanskelig at omgås)* unreasonable; *(præd. også)* hard to please.
urimelig[2], **urimeligt** *adv. (jf. urimelig*[1]*)* **1.** unreasonably (*fx* you are behaving unreasonably; unreasonably high); *(stærkere)* absurdly (*fx* absurdly long; an absurdly high (, low) wage); F preposterously;
2. *(overdrevent)* unduly (*fx* severe, worried; an unduly high number; an unduly violent reaction);
3. *(uretfærdigt)* unfairly (*fx* treat him unfairly).
urimelighed *sb. (en, -er) (jf. urimelig)* **1.** unreasonableness; absurdity; F preposterousness; **2.** unfairness;
□ *forlange -er* make unreasonable demands.
urimet *adj.* unrhymed.
urin *sb. (en)* urine.
urinal *sb. (et, -er)* urinal.
urinblære *(anat.)* urinary bladder.
urinere *vb.* urinate, pass urine, pass water.
uringlas, **urinkolbe** bottle; F urinal.
urinprøve **1.** specimen of urine; **2.** *(undersøgelse)* examination of the urine, urine test; *(fagl.)* uroscopy.
urinrør *(anat.)* urethra (pl. -s, *(fagl.)* -e).
urinsyre uric acid.
urinvej *(anat.)* urinary tract;
□ *-ene* the urinary system.
urkapsel watch case.
urkasse clock case.
urkomisk[1] *adj.* hilarious.
urkomisk[2] *adv.* hilariously.
urkraft primitive force.
urkæde watch chain; *(af andet end metal)* watchguard.
urlomme watch pocket.
urmager *sb. (en, -e)* (clock-and-) watchmaker.
urmenneske primitive man.
urne *sb. (en, -r)* **1.** urn; **2.** *(valg-)* ballot box.
urnegrav urn grave.
urnehal columbarium.
urnordisk *sb. (et) & adj. (sprogv.)* Primitive Norse.
urnøgle watch (, clock) key.
uro[1] *sb. (en)* **1.** *(hos person: rastløshed)* restlessness; *(bekymring)* worry (*for* about); *(ængstelse)* anxiety (*for* for); F concern (*for* for, *fx* her safety; there is no cause for concern);
2. *(politisk ~ etc.)* unrest; *(se også uroligheder)*;
3. *(fx i forsamling)* stir; *(stærkere)* commotion;
4. *(larm)* noise;
5. *(travlhed)* bustle;
□ *der er ~ i luften a)* there is a storm brewing; *b) (fig.: optræk til ballade)* there is trouble brewing; *der blev ~ i salen* (ɔ: *folk blev utålmodige)* the audience became restive; *give anledning til ~* (ɔ: *bekymring)* give cause for concern; *skabe ~ om skolen* expose the school to criticism.
uro[2] *sb. (en, -er)* **1.** *(til pynt)* mobile; **2.** *(i ur)* balance.
urocentrum centre of disturbance, trouble spot.
urokkelig[1] *adj.* **1.** *(om overbevisning etc.)* unshakable (*fx* conviction, faith, resolution); immovable (*fx* conservatism, resolution); unyielding (*fx* determination); unwavering, unswerving (*fx* loyalty);
2. *(om person)* immovable (*fx* once he gets an idea in his head he is quite immovable); F unbending (*fx* an unbending politician); adamant (*fx* he was adamant in his resolution; on this point he was adamant).
urokkelig[2], **urokkeligt** *adv.* unshakably (*fx* she was unshakably convinced that she was right); immovably, firmly;
□ *han stod ~ fast på at han ikke vidste det* he was adamant that he did not know.
urokket *adj.* unshaken, firm.
urokse *(zo.)* aurochs.
urolig *adj.* **1.** troubled (*fx* dreams, sleep, times); *(stærkere,* F*)* turbulent (*fx* period);
2. *(om hav, vejr)* rough; *(stærkere,* F*)* turbulent; *(om vejr også)* stormy; *(ustadigt)* unsettled;
3. *(støjende)* noisy; *(stærkere,* F*)* tumultuous (*fx* meeting); turbulent (*fx* crowd);
4. *(om person: bekymret)* worried (*for* about); *(ængstelig)* uneasy, anxious (*for* about); F concerned (*for* for); *(rastløs)* restless (*fx* child);
□ *være ~ for (el. over) (også)* worry about; be concerned about; *gøre dem -e* worry them; make them uneasy; *(stærkere)* alarm them; *sove -t* be restless in one's sleep;
[med sb.] Europas -e hjørne the storm centre of Europe; *en ~ nat* a restless (*el.* disturbed) night; *~ søvn* broken sleep; *(se også hoved)*.
uroligheder *sb.pl.* **1.** disturbances (*fx* civil disturbances); F unrest

sg. (*fx* political unrest; industrial unrest); **2.** *(optøjer)* riots.
urolog *sb. (en, -er)* urologist.
uromager *sb. (en, -e)* troublemaker.
uropatrulje *(omtr.)* riot squad; trouble spotters pl.
uropføre *vb.: ~ et stykke* give a play its first performance.
uropførelse first (*el.* original) performance.
uropoliti riot police.
urosignal *(sø.)* gale warning signal.
urostifter troublemaker.
urovarsel gale warning.
urovækkende *adj.* alarming.
urpremiere first (*el.* original) performance.
urrem watch strap.
urskive dial; face of a watch (, clock), watch (, clock) face.
urskov 1. virgin forest, primeval forest; **2.** *(vildsom ~)* jungle.
urt *sb. (en, -er)* **1.** *(krydder-, læge-)* herb;
2. *(grønsag)* vegetable;
3. *(ølurt)* wort;
□ *-er (ɔ: suppe-)* potherbs.
urteagtig *adj.* herbaceous.
urtekniv paring knife.
urtekræmmer *sb. (en, -e) (glds.)* grocer;
□ *hos -en* at the grocer's.
urtemedicin herbal medicine.
urtepotte flowerpot.
urtepotteskjuler flowerpot holder; ornamental flowerpot.
urtesuppe vegetable soup.
urtete herbal tea.
urtiden 1. the earliest times, prehistoric (*el.* primeval) times pl.;
2. *(geol.)* the Archaean era.
urtilstand primitive state.
urviser hand of a watch (, clock).
urværk 1. *(i ur)* works pl. of a watch (, clock); **2.** *(om lignende mekanisme)* clockwork;
□ *regelmæssig som et ~ (fig.)* as regular as clockwork; *han er præcis som et ~* he is always on time.
uryddelig *adj.* untidy.
urygelig *adj.* unsmokable.
urørlig *adj.* **1.** *(ubevægelig)* motionless;
2. *(som ikke må berøres)* untouchable;
3. *(fig.: som der ikke må gribes ind i)* sacrosanct (*fx* my week-ends are sacrosanct); *(om rettigheder etc.)* inviolable;
□ *han er ~ (ɔ: uovervindelig)* there is no one to touch him; he is a sure winner; *~ ejendom* (real) property, real estate.
urørt *adj.* untouched.
uråd *sb.: ane ~* suspect (*el.* have a feeling) that something is wrong; have one's suspicions; T smell a rat; *ikke ane ~* suspect nothing; *uden at ane ~* without suspecting anything.
USA the USA, the US (*fork.f.* the United States (of America)).
usadlet *adj.* unsaddled;
□ *ride på en ~ hest* ride bareback.
usaglig *adj.* **1.** *(ikke objektiv)* subjective (*fx* argument); *(følelsesladet)* emotional (*fx* discussion);
2. *(personlig)* personal (*fx* now you are being personal);
3. *(som ikke vedrører sagen)* irrelevant (*fx* argument, remark).
usagt *adj.* unsaid;
□ *det skal jeg lade være ~* I cannot say.
usalig *adj.* **1.** *(uheldig)* unfortunate, ill-starred; **2.** *(ærgerlig)* confounded.
usaltet *adj.* unsalted.
usammenhængende[1] *adj.* **1.** *(som ikke hænger sammen, forvirret, uforståelig)* incoherent (*fx* account, explanation, remarks; he became quite incoherent);
2. *(som ikke er logisk forbundet)* disconnected (*fx* sentences, remarks; the incidents in the book are oddly disconnected); F disjointed (*fx* sentences, remarks).
usammenhængende[2] *adv.* incoherently (*fx* talk incoherently).
usammensat *adj.* simple;
□ *~ ord (gram.)* simplex.
usand *adj.* untrue, false.
usandfærdig *adj.* **1.** *(om person)* untruthful; **2.** *(om udsagn)* untrue, false.
usandhed *sb. (en, -er)* **1.** *(løgn)* untruth, falsehood; **2.** *(beretnings etc.)* falsity.
usandsynlig[1] *adj.* unlikely, improbable;
□ *det er -t at han vil gøre det* it is unlikely that he will do it, he is unlikely to do it; *hvis det -e skulle ske at han kommer* in the unlikely event that he comes (*el.* of his coming).
usandsynlig[2], **usandsynligt** *adv.* incredibly (*fx* lazy, stupid).
usandsynlighed *sb. (en, -er)* improbability.
usbeker *sb. (en, -e)*, **usbekisk** *adj. & sb. (et)* Uzbek.
Usbekistan *(geogr.)* Uzbekistan.
uselskabelig *adj.* unsociable.
uselskabelighed *sb. (en)* unsociableness, unsociability.
uselvisk *adj.* unselfish (*fx* motives); *(stærkere)* selfless.
uselviskhed *sb. (en)* unselfishness; *(stærkere)* selflessness.
uselvstændig *adj.* **1.** *(om person)* dependent on others *(præd.)*; *(svag)* weak; **2.** *(om arbejde)* unoriginal.
uselvstændighed *sb. (en)* **1.** dependency on others; **2.** *(om arbejde)* lack of originality.
usentimental *adj.* unsentimental; *(nøgtern også)* hard-headed.
useriøs *adj.* frivolous.
uset *adj. & adv.* unseen; without being seen.
usigelig[1] *adj.* inexpressible (*fx* delight, joy, relief, horror); *(især om noget negativt)* unspeakable (*fx* horror); unutterable (*fx* boredom, misery, pain); *(stærkere, mere F)* ineffable (*fx* beauty, joy, disgust; with ineffable tenderness).
usigelig[2], **usigeligt** *adv. (jf. usigelig*[1]*)* inexpressibly, indescribably (*fx* happy, tired); incredibly (*fx* tired); unspeakably (*fx* horrible); unutterably (*fx* dull); F ineffably (*fx* sad); T too (*fx* funny, awful, silly etc.) for words.
usigtbar *adj.* thick, foggy.
usigtbarhed *sb. (en)* low visibility; fogginess.
usikker *adj.* **1.** *(uvis)* uncertain (*fx* his future is uncertain; our plans are still uncertain); *(tvivlsom)* doubtful (*fx* the result is doubtful);
2. *(som let kan mistes etc.)* insecure (*fx* hope, job, investment, position); *(stærkere)* precarious (*fx* hold, income, position);
3. *(ikke stabil)* unsteady (*fx* foothold); F insecure; T shaky (*fx* it was a shaky start; a shaky ceasefire; his English is rather shaky);
4. *(ikke pålidelig)* uncertain, unreliable (*fx* memory);
5. *(farlig, som let kan bryde sammen etc., præd.)* not safe (*fx* the bridge is not safe); *(attr.)* unsafe (*fx* an unsafe position; Al Capone made Chicago unsafe); *(risikabel)* risky (*fx* undertaking);
6. *(om person)* uncertain (*fx* I was uncertain what to do; a bunch of spotty, uncertain youths); *(~ på sig selv også)* unsure (of oneself), insecure (*fx* I felt insecure; he is a very insecure person); *(tilbageholdende)* diffident; *(famlende, tøvende)* hesitating;
□ *gøre ~ (ɔ: farlig)* make unsafe (*fx* robbers made the roads unsafe); *han har gjort byen ~ i lang tid* he has been a menace for a long time;
[med sb.] et -t blik a) an uncertain (, unsteady, a hesitant) look; *b) (neds.: flakkende)* a shifty look; *de usikre forhold i Europa* the un-

settled state of Europe; *på ~ grund* on shaky ground; *isen er ~* the ice is not safe; *(på skilt)* danger! thin ice; *med ~ stemme* in a faltering voice;
[med præp.] han er ~ ***i*** *engelsk* he is shaky at English; *~* ***på*** *benene* unsteady on one's feet; *han var ~ på hånden* his hand shook (*el.* was unsteady).
usikkerhed *sb. (en) (jf. usikker)* **1.** uncertainty; doubtfulness; **2.** insecurity; precariousness; **3.** unsteadiness; insecurity; shakiness; **4.** uncertainty, unreliability; **5.** unsafeness; riskiness; **6.** uncertainty, insecurity; diffidence; hesitation.
usikkerhedsmoment uncertain factor, element of uncertainty.
uskadelig *adj.* harmless; F innocuous.
uskadeliggøre *vb.* **1.** render harmless (*fx* render the criminal harmless); **2.** *(nedkæmpe)* put out of action; *(mil.)* neutralize; **3.** *(afvæbne)* disarm; **4.** *(mine, bombe)* disarm, make safe.
uskadelighed *sb. (en)* harmlessness.
uskadt *adj.* **1.** *(om person: som ikke har lidt overlast)* unharmed (*fx* the hostages were released unharmed); T in one piece; uninjured; F unscathed; *(ikke såret, ikke kommet til skade)* unhurt (*fx* the passengers were unhurt after the crash landing); **2.** *(om ting)* undamaged.
uskarp *adj. (om fotografi etc.)* blurred; *(præd. også)* out of focus.
usket *adj.: sket kan ikke gøres ~* what is done cannot be undone; *ønske det ~* wish that it had not happened.
uskiftet *adj.* undivided; □ *(hen)sidde i ~ bo* retain undivided possession of the estate.
uskik *sb. (en)* **1.** bad habit; **2.** *(irriterende)* nuisance.
uskikket *adj.* unfit, unqualified (*til* for).
uskolet *adj.* untrained (*fx* voice); unschooled, untaught.
uskreven *adj.* unwritten (*fx* code, law).
uskrømtet *adj. se uforstilt.*
uskyld *sb. (en)* **1.** innocence (*fx* childlike innocence); **2.** *(kyskhed)* chastity, purity; □ *hun mistede sin ~* she lost her virginity.
uskyldig *adj.* **1.** innocent (*fx* person, child; pleasure, remark, question); **2.** *(uskadelig)* harmless (*fx* pleasures; it was a harmless fly); **3.** *(ren, uberørt)* chaste, pure (*fx* young girl); □ *~ dømt* wrongfully convicted; *~* ***i*** innocent of (*fx* a crime); *jeg er ganske ~ i det* it is not my fault at all; I had nothing to do with it; *~* ***som*** *et påskelam* as innocent as a new-born baby.
uskyldighed *sb. (en)* innocence; □ *en* ***forfulgt*** *~* an innocent victim; *med en mine som en forfulgt ~* with an air of persecuted (*el.* injured) innocence; ***i al*** *~* in all innocence; innocently.
uskyldshvid, uskyldsren *adj.* pure (and innocent); *(især iron.)* lily-white.
uskøn *adj.* **1.** *(ikke yndefuld)* ungraceful; F ungainly (*fx* movements); **2.** *(hæslig)* ugly.
usleben *adj.* **1.** *(om glas)* unground; **2.** *(om ædelsten)* uncut, rough (*fx* diamond); **3.** *(fig.)* rough; F uncouth (*fx* manners).
usling *sb. (en, -e)* wretch; *(glds.: fej)* dastard.
usmagelig *adj.* **1.** *(ulækker)* unsavoury (*fx* a most unsavoury scene); **2.** *(plat)* tasteless (*fx* joke); *(præd. også)* in bad taste (*fx* a joke in bad taste); **3.** *(taktløs)* tactless (*fx* curiosity, inquisitiveness).
usmeltelig *adj.* infusible.
usmeltet *adj.* unmelted.
usmidig *adj.* **1.** *(klodset)* clumsy; **2.** *(stiv, om person)* stiff; **3.** *(stiv, om system etc.)* rigid.
usminket *adj.* unpainted; □ *den usminkede sandhed* the naked (*el.* unvarnished) truth.
usnerpet *adj.* broadminded.
usnobbet *adj.* unsnobbish.
usocial *adj.* anti-social.
usoigneret *adj.* untidy; *(stærkere)* slovenly.
usolgt *adj.* unsold.
usolid *adj.* **1.** *(upålidelig)* unreliable; **2.** *se vaklevorn*; □ *-t firma* unsubstantial firm; firm which is not sound; *~ debitor* bad debtor; *~ fordring* bad debt; *-e kunder (omtr.)* risks.
usorteret *adj.* unsorted.
uspillelig *adj.* **1.** *(teat.)* unactable; **2.** *(mus.)* unplayable.
uspiselig *adj.* **1.** uneatable; F inedible; **2.** *(fig.)* unacceptable (*fx* proposal).
uspoleret *adj.* unspoiled.
usporlig *adj.* untraceable.
usportslig *adj.* unsportsmanlike.
ussel *adj.* **1.** *(meget dårlig)* miserable (*fx* food, life, surroundings); F wretched; **2.** *(meget lille)* miserable; *(mere* T*)* measly (*fx* salary, sum, present; a miserable (*el.* measly) 100 dollars); F paltry (*fx* salary, sum); **3.** *(nedrig)* mean, low; **4.** *(foragtelig)* despicable (*fx* behaviour); *(og fej)* dastardly; □ *en ~ karl, et -t kryb* a wretch; *(se også kryb, vinding*[1]*).*
usselhed *sb. (en)* **1.** miserableness; F wretchedness; **2.** *(nedrighed)* meanness, lowness.
usselig *adj. se ussel 2.*
usselryg wretch; *(glds.: fej)* dastard.
USSR *(hist.)* the USSR (*fork.f.* the Union of Soviet Socialist Republics).
ustabil *adj.* **1.** unstable; **2.** *(om markedet)* fluctuating, volatile.
ustadig *adj.* **1.** *(ikke trofast)* inconstant; **2.** *(omflakkende)* unsettled; **3.** *(omskiftelig)* changeable, unsettled (*fx* weather); □ *"ustadigt" (på barometer)* Change.
ustadighed *sb. (en) (jf. ustadig)* **1.** inconstancy; **2.** unsettledness; **3.** changeability.
ustandselig[1] *adj. (uophørlig)* incessant (*fx* noise; his incessant complaining); *(mere* F*)* unceasing, ceaseless; *(stadig gentaget)* continual (*fx* complaints, interference, interruptions); *(evindelig)* perpetual; T everlasting (*fx* complaints).
ustandselig[2], **ustandseligt** *adv. (jf. ustandselig*[1]*)* incessantly; unceasingly; continually; perpetually.
ustemplet *adj.* **1.** unstamped; **2.** *(om frimærke)* uncancelled; *(ubrugt)* unused; *(ubrugt og fejlfrit)* mint.
ustemt *adj.* **1.** *(mus.)* untuned; **2.** *(fon.)* voiceless.
ustraffet[1] *adj. (om person, efter sb.)* with no criminal record; □ *han er ~* he has no criminal record; *en hidtil ~ person* a person without previous convictions; *lade noget være ~* let sth go unpunished.
ustraffet[2] *adv. (uden at blive straffet)* with impunity (*fx* they will not be allowed to do it with impunity).
ustuderet *adj.: han er ~ (glds.)* he is not a scholar.
ustyrlig[1] *adj.* **1.** unruly (*fx* child, horse); **2.** *(om følelser)* ungovernable (*fx* rage, temper);

□ *blive ~ (også)* get out of hand; *en ~ masse penge (, mennesker)* an enormous lot of money (, people).
ustyrlig[2], **ustyrligt** *adv. (vældig)* enormously (*fx* long); awfully (*fx* dull, tired);
□ *~ komisk* hilarious; T screamingly funny.
usund *adj.* unhealthy (*fx* occupation, climate, district; complexion, skin; interests); *(især om mad)* unwholesome (*fx* food; book).
usurpator *sb. (en, -er)* usurper.
usurpere *vb.* usurp.
usvigelig[1] *adj.* unfailing, unswerving (*fx* loyalty); unerring (*fx* instinct).
usvigelig[2], **usvigeligt** *adv.* unfailingly (*fx* loyal);
□ *~ sikker* absolutely safe (*fx* method); unerring (*fx* instinct, sense of direction); T surefire (*fx* method).
usvækket *adj.* undiminished (*fx* energy, interest); F unabated (*fx* enthusiasm, interest); unimpaired (*fx* health, strength; with all his faculties unimpaired).
usymmetrisk[1] *adj.* asymmetrical.
usymmetrisk[2] *adv.* asymmetrically.
usympatisk[1] *adj. (utiltalende)* unpleasant; *(ubehagelig)* disagreeable; *(frastødende,* F*)* repellent;
□ *han er mig ~ (også)* I do not like him.
usympatisk[2] *adv. (jf. usympatisk*[1]*)* unpleasantly, disagreeably.
usynlig *adj.* invisible (*for* to);
□ *gøre sig ~ (*T*: stikke af)* make oneself scarce.
usynlighed *sb. (en)* invisibility.
usyret *adj.* unleavened.
usystematisk[1] *adj.* unsystematic.
usystematisk[2] *adv.* unsystematically.
usædelig *adj.* immoral.
usædelighed *sb. (en)* immorality; loose morals pl.
usædvanlig[1] *adj.* **1.** unusual (*fx* nothing unusual happened); uncommon (*fx* event, intelligence); *(stærkere)* exceptional (*fx* intelligence, talent);
2. *(mærkelig)* extraordinary (*fx* behaviour);
□ *det er ikke -t at han* it is not unusual for him to (*fx* come twice a week).
usædvanlig[2], **usædvanligt** *adv. (jf. usædvanlig*[1]*)* **1.** unusually (*fx* high, large, nice, pessimistic); uncommonly, exceptionally (*fx* gifted);
2. extraordinarily (*fx* high, beautiful).
usælgelig *adj.* unsaleable, unsellable, unmarketable.
usødet *adj.* unsweetened; *(se også rå*[3]*).*
usødygtig *adj.* unseaworthy;
□ *erklære et skib -t* detain a ship as unseaworthy.
usømmelig *adj.* improper (*fx* behaviour); F unseemly (*fx* conduct); *(grovere)* indecent (*fx* with indecent (, unseemly) haste).
usømmelighed *sb. (en)* impropriety; F unseemliness; *(grovere)* indecency.
usåret *adj.* unwounded; unhurt.
usårlig *adj.* invulnerable.
usårlighed *sb. (en)* invulnerability.
utak *sb. (en)* ingratitude;
□ *~ er verdens løn* ingratitude is the way of the world; there is no gratitude in the world.
utakket *adj. (om frimærke)* imperforate.
utaknemlig, **utaknemmelig** *adj.* **1.** ungrateful (*mod* to, towards); **2.** *(om arbejde)* thankless (*fx* job, task).
utaknemlighed, **utaknemmelighed** *sb. (en)* **1.** ingratitude; **2.** *(om arbejde)* thanklessness.
utal *sb. (et): et ~ af* a vast number of, countless (*fx* visitors); T any number of (*fx* I have told you any number of times not to do that).
utallige *adj. se utal*;
□ *~ gange (også)* time and time again.
utalt *adj. (fig.)* untold (*fx* wealth).
uterlig *adj.* indecent.
uterlighed *sb. (en)* indecency.
utid *sb.: i -e* at the wrong moment; *i tide og -e* in season and out of season; *han snakkede om det i tide og -e (også,* T*)* he was always on about it.
utidig *adj.* **1.** *(ilde anbragt)* ill-timed (*fx* remark); misplaced (*fx* laughter); **2.** *(uoplagt)* out of sorts *(præd.)*; *(om barn)* fretful;
□ *~ nysgerrighed* undue curiosity.
utidssvarende *adj.* outdated, outmoded (*fx* methods); *(neds.)* antiquated.
utilbøjelig *adj.* disinclined (*til at* to); reluctant (*til at* to); *(stærkere)* averse (*til at* to -ing);
□ *jeg er ikke ~ til at tro at...* I am inclined to believe that....
utilbøjelighed *sb. (en)* disinclination; *(stærkere)* aversion.
utilbørlig *adj.* improper (*fx* behaviour); F unseemly (*fx* conduct; with unseemly haste);
□ *~ opførsel (i sport)* unsportsmanlike conduct; *straf for ~ opførsel (i ishockey)* misconduct penalty.
utilbørlighed *sb. (en)* impropriety.
utilfreds *adj.* discontented; *(med noget bestemt)* dissatisfied (*med* with); *(svagere)* displeased (*med* with).
utilfredshed *sb. (en)* **1.** dissatisfaction (*med, over* with); *(svagere)* displeasure (*med, over* with, at);
2. *(politisk etc.)* discontent (*fx* there was considerable discontent among the immigrants).
utilfredsstillende[1] *adj.* unsatisfactory.
utilfredsstillende[2] *adv.* unsatisfactorily.
utilfredsstillet *adj.* unsatisfied (*fx* need).
utilgivelig[1] *adj.* unforgivable (*fx* sin, mistake); inexcusable (*fx* behaviour, carelessness, mistake); F unpardonable.
utilgivelig[2], **utilgiveligt** *adv.* unforgivably, inexcusably; F unpardonably.
utilgængelig *adj.* inaccessible (*fx* fortress); *(se også utilnærmelig)*;
□ *~ for se uimodtagelig (for).*
utilgængelighed *sb. (en)* inaccessibility.
utilhugget *adj.* rough.
utilitarisme *sb. (en) (i filosofi)* utilitarianism.
utilitarist *sb. (en, -er)* utilitarian.
utilitaristisk *adj.* utilitarian.
utilladelig[1] *adj.* **1.** *(skammelig)* disgraceful (*fx* behaviour); *(stærkere)* outrageous;
2. *(utilgivelig)* inexcusable (*fx* behaviour, carelessness);
3. *(graverende)* gross (*fx* carelessness); F flagrant.
utilladelig[2], **utilladeligt** *adv. (jf. utilladelig*[1]*)* **1.** disgracefully (*fx* behave disgracefully); outrageously (*fx* careless);
2. inexcusably;
3. grossly (*fx* ignorant, insolent);
4. *(generelt forstærkende)* impossibly (*fx* difficult, rude, stupid); incredibly (*fx* bad);
□ *~ dårlig (også)* unacceptably bad, beneath criticism.
utilnærmelig *adj.* unapproachable; T stand-offish.
utilnærmelighed *sb. (en)* unapproachableness; T stand-offishness.
utilpas *adj.* **1.** *(sløj)* unwell *(præd.)*; F indisposed; T out of sorts *(præd.)*; *(med kvalme)* queasy;
2. *(ilde til mode)* ill at ease *(præd.)*; uneasy (*ved* about).

utilpashed *sb. (en) (jf. utilpas)* **1.** indisposition; **2.** uneasiness.
utilregnelig *adj.* **1.** unbalanced; *(præd. også)* not accountable for one's actions; *(jur.)* non compos (mentis);
2. *(som ikke kan tilskrives én)* not attributable to (*fx* a fault not attributable to him);
□ *når han får et par glas bliver han* ~ when he has a couple of drinks he goes out of his mind (*el.* loses control of himself).
utilsigtet *adj.* **1.** unintended (*fx* consequence); **2.** *(ufrivillig)* unintentional (*fx* pun).
utilsløret *adj.* **1.** unveiled;
2. *(åbenlys)* undisguised (*fx* admiration, hostility); open (*fx* hostility).
utilstedelig[1] *adj.* impermissible, unallowable.
utilstedelig[2], **utilstedeligt** *adv.* impermissibly, unallowably;
□ ~ *dårlig* unacceptably bad.
utilstrækkelig *adj.* insufficient, inadequate (*fx* protection, evidence, funds; he felt inadequate) (*for* for);
□ *-t frankeret* insufficiently stamped.
utilstrækkelighed *sb. (en)* insufficiency, inadequacy.
utiltalende[1] *adj.* **1.** unattractive, unpleasant; **2.** *(frastødende)* repulsive; F repellent, repugnant.
utiltalende[2] *adv.* **1.** unattractively, unpleasantly; **2.** *(frastødende)* repulsively; F repellently, repugnantly.
uting *sb. (en): det er en* ~ it is a nuisance.
utjenstdygtig *adj.* **1.** unfit for service *(præd.)*; **2.** *(ved uheld etc.)* disabled;
□ *gøre* ~ disable.
utjenstdygtighed unfitness for service.
utjenstvillig *adj.* disobliging.
utjenstvillighed *sb. (en)* disobligingness.
utopi *sb. (en, -er)* **1.** *((skildring af) idealsamfund)* utopia; **2.** *(idé, drøm etc.)* utopian idea; T pipe dream (*fx* complete equality was considered a utopian idea (*el.* a pipe dream));
□ *det er en* ~ *(også)* it is utopian.
utopisk *adj.* utopian.
utraditionel *adj.* unconventional (*fx* building methods, procedure); unorthodox.
utro *adj.* unfaithful (*mod* to);
□ *være sin mand (, kone)* ~ be unfaithful to one's husband (, wife).
utrolig[1] *adj.* incredible; *(stærkere)* unbelievable;
□ *-t men sandt* strange but true.
utrolig[2], **utroligt** *adv.* incredibly (*fx* hot, hard, slow); *(stærkere)* unbelievably;
□ *så -t det end lyder* incredible as it may sound; incredibly (*fx* incredibly, they had already finished the job).
utroskab *sb. (en)* unfaithfulness; F infidelity; *(ægteskabelig også)* adultery.
utroværdig *adj.* **1.** unreliable (*fx* witness); **2.** *(usandsynlig)* incredible (*fx* story).
utryg *adj.* insecure;
□ *jeg er* ~ *ved det* I am not quite happy about it.
utryghed *sb. (en)* insecurity.
utrættelig *adj.* untiring (*fx* efforts, energy; she was untiring in her work for others); F tireless, indefatigable (*fx* he was indefatigable); unflagging (*fx* energy); unremitting (*fx* care, diligence, efforts).
utrættelighed *sb. (en)* tirelessness, indefatigableness.
utrættet *adj.* unwearied.
utrøstelig *adj.* inconsolable; *(fortvivlet)* disconsolate.
utugt *sb. (en) (erhverv)* prostitution;
□ *drive* ~ be a prostitute.
utugtig *adj.* **1.** *(person)* immoral; **2.** *(litteratur)* obscene.
utugtighed *sb. (en) (jf. utugtig)* **1.** immorality; **2.** obscenity.
utvetydig *adj.* **1.** *(som kun kan forstås på én måde)* unambiguous (*fx* answer);
2. *(tydelig)* unequivocal (*fx* promise); *(åben, klar)* plain (*fx* answer); explicit;
□ *i -e vendinger* in no uncertain terms.
utvivlsom *adj.* undoubted (*fx* talent).
utvivlsomt *adv.* **1.** *(sandsynligvis)* no doubt (*fx* you'll no doubt see him tomorrow); F doubtless; **2.** *(helt sikkert)* undoubtedly, without (a) doubt (*fx* he is undoubtedly (*el.* without (a) doubt) the greatest writer that ever lived).
utvungen *adj.* **1.** *(om væsen)* relaxed, free and easy *(, attr.* free-and-easy*)*; F unconstrained; **2.** *(spontan, naturlig)* unforced, spontaneous.
utvungenhed *sb. (en) (jf. utvungen)* **1.** free and easy (*el.* relaxed) manner, ease; **2.** spontaneity.
utydelig *adj.* **1.** indistinct, dim; **2.** *(om billede: uskarpt)* blurred.
utydelighed *sb. (en)* indistinctness, dimness.
utyske *sb. (et, -r) (uhyre)* monster;
□ *lille* ~ little mischief (*el.* imp).
utæmmelig *adj. (fig.)* indomitable (*fx* courage);
□ ~ *energi se utrættelig.*
utæmmet *adj.* untamed.
utænkelig *adj.* unthinkable (*fx* that would be quite unthinkable); *(stærkere)* inconceivable;
□ *det er ikke -t at...* it is quite possible (, conceivable) that...; *en* ~ *tanke!* perish the thought!
utæt *adj.* **1.** *(som ikke slutter tæt, præd.)* not tight (*fx* the lid is not tight); **2.** *(med hul(ler) i, også fig.)* leaky (*fx* roof; committee);
□ *taget (, spanden etc.) er* ~ the roof (, bucket etc.) leaks.
utæthed *sb. (en, -er) (hul)* leak.
utøj *sb. (et)* vermin;
□ *befængt med* ~ infested with vermin, verminous.
utøjshalsbånd flea collar.
utålelig[1] *adj.* intolerable; *(se også uudholdelig)*;
□ *han er* ~ *(også,* T*)* he is a pain in the neck.
utålelig[2], **utåleligt** *adv.* intolerably (*fx* slow).
utålmodig *adj.* impatient (*over* at; *efter at* to).
utålmodighed *sb. (en)* impatience.
uudforsket *adj.* unexplored.
uudgrundelig *adj.* inscrutable (*fx* expression, face; mystery).
uudholdelig[1] *adj.* unbearable (*fx* heat, pain); *(mere* F*)* intolerable (*fx* noise, stench); unendurable; *(præd. også)* beyond endurance.
uudholdelig[2], **uudholdeligt** *adv.* unbearably (*fx* hot); intolerably (*fx* slow); unendurably, beyond endurance.
uudnyttet *adj.* unexploited (*fx* opportunities; resources); untapped (*fx* reserves, possibilities).
uudryddelig *adj.* ineradicable; *(indgroet)* inveterate.
uudsigelig *adj. se usigelig.*
uudslettelig *adj.* indelible (*fx* it made an indelible impression on me).
uudslukkelig *adj.* unquenchable (*fx* hatred).
uudsprungen *adj.* unopened.
uudtalt *adj.* unspoken (*fx* doubt, wish).
uudtømmelig *adj.* inexhaustible.
uudviklet *adj.* **1.** undeveloped; **2.** *(om organ etc.)* rudimentary; **3.** *(om person)* undeveloped, immature.
uundgåelig *adj.* inevitable (*fx* he saw that war was inevitable); *(især: ved en bestemt lejlighed)* unavoidable (*fx* a collision was

unavoidable).
uundskyldelig[1] *adj.* inexcusable.
uundskyldelig[2], **uundskyldeligt** *adv.* inexcusably (*fx* rude).
uundværlig *adj.* indispensable (*for* to, for).
uundværlighed *sb. (en)* indispensability.
uvan *adj.* mad.
uvane *sb. (en, -r)* bad habit.
uvant *adj.* unaccustomed (*med* to); □ ~ *med (også)* new to (*fx* he is new to the job).
uvasket *adj.* unwashed.
uvederhæftig *adj. (upålidelig)* unreliable, untrustworthy; *(uoprigtig)* disingenuous.
uvederhæftighed *sb. (en) (upålidelighed)* unreliableness, untrustworthiness; *(uoprigtighed)* disingenuousness.
uvedkommende *adj.* **1.** *(ɔ: sagen ~)* irrelevant;
2. *(om person)* unauthorized;
3. *(brugt som sb.pl.)* unauthorized persons; *(fremmede)* strangers; *(indtrængende)* intruders;
□ *det er mig* ~ it is no business (*el.* concern) of mine; *det er sagen* ~ that is beside the point, that is irrelevant; ~ *forbydes adgang se adgang (forbudt).*
uvejr *sb. (et, -)* storm;
□ *det blev* ~ a storm came on; *det er* ~ it is stormy.
uvejrsnat stormy night.
uvejrssky storm cloud.
uvejsom *adj.* **1.** *(uden vej el. sti)* trackless, pathless; **2.** *(ufremkommelig)* impassable.
uvelkommen *adj.* unwelcome.
uven *sb. (en, -ner)* enemy;
□ *blive -ner* fall out (*med* with); quarrel (*med* with); *være -ner* be on bad terms (*med* with).
uvenlig *adj. (se også uvenligt)*
1. *(ikke venlig stemt)* unfriendly (*mod* to, *fx* why are you so unfriendly to her? he looked unfriendly);
2. *(ubehagelig, ikke rar)* unkind (*mod* to).
uvenlighed *sb. (en) (jf. uvenlig)*
1. unfriendliness; **2.** unkindness.
uvenligt *adv.* unkindly; *(se også stemt).*
uvenskab *sb. (et, -er)* enmity.
uventet[1] *adj.* unexpected (*fx* attack, meeting, result, visit, visitor); F unlooked-for (*fx* success);
□ ~ *angreb (, besøg) (også)* surprise attack (, visit).
uventet[2] *adv.* unexpectedly (*fx* unexpectedly strong opposition).
uvidende *adj.* ignorant (*om* of);
□ *være lykkeligt ~ om (, om at)* be blissfully ignorant (*el.* unaware) of (, unaware that).
uvidenhed *(en)* ignorance (*om* of);
□ *holde ham i* ~ keep him in the dark (*om* as to); T keep him guessing (*om* about); *svæve i lykkelig ~ om (, om at)* be blissfully ignorant (*el.* unaware) of (, unaware that); *(se også tyk).*
uvidenskabelig *adj.* **1.** unscientific;
2. *(inden for åndsvidenskaberne)* unscholarly.
uvigtig *adj. (ikke vigtig)* unimportant; *(ubetydelig)* insignificant.
uvildig *adj.* impartial.
uvilje *sb. (en)* **1.** *(ulyst)* reluctance (*mod at* to); *(stærkere,* F*)* aversion (*mod at* to);
2. *(modvilje)* dislike (*mod* of); *(stærkere,* F*)* aversion (*mod* to);
3. *(på grund af krænkelse)* resentment (*mod* against; *over* at).
uvilkårlig *adj. (ikke styret af viljen)* involuntary (*fx* movement, reaction); instinctive (*fx* reaction); automatic.
uvilkårligt *adv.* **1.** *(jf. uvilkårlig)* involuntarily, instinctively, automatically; **2.** *(uvægerlig)* invariably (*fx* the question will invariably arise);
□ *man må -t smile* one cannot help smiling.
uvillig *adj.* **1.** unwilling (*til at* to);
2. *(modstræbende)* reluctant;
3. *(utjenstvillig)* disobliging.
uvillighed *sb. (en) (jf. uvillig)*
1. unwillingness; **2.** reluctance;
3. disobligingness.
uvirkelig *adj.* **1.** unreal; **2.** *(~ og skræmmende)* surreal (*fx* there was something surreal about it).
uvirkelighed *sb. (en)* unreality.
uvirksom *adj.* **1.** *(ubeskæftiget)* idle; **2.** *(virkningsløs)* ineffective.
uvirksomhed *sb. (en) (jf. uvirksom)*
1. idleness; **2.** ineffectiveness.
uvis *adj.* uncertain, doubtful;
□ *begive sig ud i det -se* take a leap in the dark; *det står hen i det -se* it is still all in the air; it hangs in the balance; it is as yet undecided; *-t af hvilken grund* for some unknown reason.
uvished *sb. (en)* **1.** uncertainty;
2. *(spænding)* suspense;
□ *holde en i* ~ keep sby in suspense; *svæve i ~ om resultatet* be in suspense over the outcome.
uvisnelig *adj.* undying, unfading (*fx* glory).
uvittig *adj.* not witty;
□ *ikke* ~ rather witty.
uvorn *adj.* naughty;
□ ~ *unge* brat.
uvurderlig *adj.* invaluable.
uvægerlig[1] *adj.* **1.** *(uforanderlig)* invariable; **2.** *(uundgåelig)* inevitable.
uvægerlig[2], **uvægerligt** *adv.* **1.** *(altid)* invariably; **2.** *(uundgåeligt)* inevitably;
□ *det vil* ~ it is certain (*el.* bound) to (*fx* annoy him, have serious consequences, be a success); it cannot fail to (*fx* do you good).
uværdig *adj.* **1.** unworthy (*til* of, *fx* I feel unworthy of this great honour);
2. *(som ikke fortjener)* undeserving (*til* of, *fx* confidence; the undeserving poor);
3. *(lav, ussel)* abject (*fx* flattery, slavery);
4. *(usømmelig)* disgraceful (*fx* behaviour); undignified (*fx* argument *(skænderi)*);
□ *behandle en -t* subject sby to indignities; *en ~ (ɔ: ydmygende) behandling* a humiliating treatment.
uvæsen *sb. (et)* nuisance;
□ *sørøverne drev deres ~ langs kysterne* the pirates infested the coasts.
uvæsentlig *adj.* unimportant (*fx* details); *(efter vb. også)* not essential; F immaterial (*for* to).
uægte *adj.* **1.** *(kunstig)* artificial; *(kun attr.)* imitation (*fx* diamond, pearl);
2. *(forfalsket)* false (*fx* diamond); bogus (*fx* document); *(kun attr.)* fake (*fx* jewellery; painting); *(især fagl.,* F*)* spurious (*fx* painting);
3. *(unaturlig)* artificial (*fx* manner); affected;
□ ~ *barn* illegitimate child; nonmarital child; ~ *brøk* improper fraction; ~ *kniplinger* machine-made lace.
uægteskabelig *adj.* nonmarital.
uændret *adj.* unchanged.
uænset *adj.* disregarded;
□ *lade* ~ disregard.
uærbødig *adj.* disrespectful; *(over for det hellige)* irreverent.
uærlig *adj.* dishonest;
□ *-t spil* cheating.
uærlighed *sb. (en)* dishonesty.
uæstetisk[1] *adj.* unpleasant; *(uappetitlig)* unsavoury.
uæstetisk[2] *adv.* unpleasantly; *(uappetitligt)* unsavourily.
uøkonomisk[1] *adj.* **1.** *(ødsel etc.)* uneconomical, wasteful (*fx* housewife); **2.** *(som ikke betaler sig)* uneconomic (*fx* method).
uøkonomisk[2] *adv.* uneconomically.
uønsket *adj.* **1.** unwanted (*fx* child; he felt unwanted); **2.** *(uheldig)* undesirable (*fx* effect);

□ *uønskede personer (fx udlændinge)* undesirable persons; *han blev erklæret for ~ (om diplomat)* he was declared persona non grata.

uøvet *adj.* **1.** unpractised, untrained; **2.** *(uerfaren)* inexperienced (*fx* drivers).

uøvethed *sb. (en)* want of practice (*el.* training).

u. å. *(fork.f. uden år (ɔ: trykkeår))* n. d. (*fork.f.* no date).

uåbnet *adj.* unopened.

V

V. *(Vest)* W (*fork.f.* West).
vabel *sb. (en, vabler)*, **vable** *(en, -r)* (water) blister.
vablet *adj.* blistered.
vaccination *sb. (en, -er)* inoculation (*imod* against); *(let glds.)* vaccination; *(fagl.)* immunization.
vaccinationsattest vaccination certificate.
vaccine *sb. (en)* vaccine.
vaccinere *vb.* inoculate (*imod* against); *(let glds.)* vaccinate; *(fagl.)* immunize.
vade *vb.* **1.** *(i vand, mudder)* wade; **2.** *(traske)* trudge, plod (*fx* they plodded wearily up the road);
□ *~ i penge* be rolling (*el.* wallowing) in money; *~ i det se træde (i det)*; *~ over en flod* wade across a river, ford a river.
vadebukser *sb.pl.* waders.
vadefugl wading bird, wader.
vadehav tidal area, waddensea.
vadested ford;
□ *skifte heste midt i -et* change horses in midstream.
vadestøvler *sb.pl.* waders.
vadmel *sb. (et)* homespun.
vadsæk duffel bag.
vaffel *sb. (en, vafler)* **1.** *(kræmmerhus til is)* cone, cornet;
2. *(slags biscuit)* wafer;
3. *(bagt i vaffeljern)* waffle.
vaffeljern waffle iron.
vaffelmønster honeycomb pattern.
vaffelsyning honeycomb stitch.
vaffelvævet *adj. se vaflet.*
vaflet *adj.* honeycomb(-weave).
vag *adj.* vague.
vagabond *sb. (en, -er)* tramp; T bum; *(jur.)* vagrant; *(glds.)* vagabond.
vagabondere *vb.* **1.** go (, be) on the tramp; T be on the bum;
2. *(rejse rundt)* knock about;
3. *(flakke om, om bortløben)* wander.
vager *sb. (en, -e) (sø.)* buoy.
vagervæsen buoy service; *(se også fyrvæsen).*
vaghed *sb. (en)* vagueness.
vagina *sb. (en) (anat.)* vagina.
vaginal *adj.* vaginal.
vagt *sb. (en, -er)* **1.** *(person)* guard (*fx* security guard; they posted a guard at the door); *(i bygning etc.)* watchman (pl. watchmen); *(skildvagt)* sentry; *(sø.)* watch; *(strejkevagt)* picket;
2. *(mandskab)* guard (*fx* they gave him an armed guard); *(også sø.)* watch (*fx* the day (, night) watch; the police put a watch on his house); *(strejkevagt)* picket;
3. *(periode)* watch (*fx* the dog watch; I'll take the first watch);
4. *(sted: lokale)* guardroom; *(bygning)* guardhouse;
5. *(tjeneste)* duty (*fx* night duty); *(sø.)* watch;
□ ***have*** *~ (jf. 5) a) (om læge, sygeplejerske, politi, lærer etc.)* be on duty; *b) (tilkaldevagt)* be on call; *c) (sø.)* have the watch; ***holde*** *~ a)* keep watch (*el.* guard); *b) (mil.)* mount guard; *c) (sø.)* be on watch; ***stå på*** *~ a)* be on guard; *b) (skildvagt)* be on sentry duty; *c) (sø.)* be on watch; ***være på*** *~ a) se ovf.: have ~, stå på ~; b) (være årvågen)* be on the alert; *c) (være forsigtig, passe på)* be on one's guard; *være på ~ over for* be on one's guard against (*fx* pickpockets); F be wary of (*fx* that kind of people); *(se også gevær).*
vagtafløsning 1. relief of the guard; *(ved slot etc.)* changing of the guard; **2.** *(sø.)* relief of the watch.
vagtbygning *(mil.)* guardhouse.
vagtbål watch fire.
vagtcentral 1. *(fx for personlig alarm)* control centre; **2.** *(for tyverialarm)* monitoring centre; **3.** *(på brandstation)* control room.
vagtel *sb. (en, vagtler) (zo.)* quail.
vagtelkonge *(zo.)* corncrake.
vagthavende *adj.* **1.** on duty *(præd.)* (*fx* the doctor (, the policeman) on duty); *(attr.)* duty (*fx* the duty doctor (, officer)); **2.** *(sø., præd.)* on watch;
□ *~ officer (også)* officer of the day.
vagthold watch.
vagthund 1. guard dog; *(am.)* watchdog; **2.** *(fig.)* watchdog.
vagtlokale *(mil.)* guardroom.
vagtlæge *(natlæge)* doctor from the emergency service; T emergency doctor.
vagtlægeordning emergency service.
vagtmandskab 1. guard detail; **2.** *(sø.)* watch crew.
vagtmester 1. *(i fængsel omtr.)* principal officer; **2.** *(på brandstation)* senior officer.
vagtparaden *(omtr.)* the changing of the guard.
vagtplan *se vagtskema.*
vagtpost guard; *(skildvagt)* sentry.
vagtselskab security company, security service.
vagtskema duty roster.
vagtskib guard ship.
vagtskifte 1. changing of the guard; **2.** *(sø.)* changing of the watch; **3.** *(fig.)* change of guard.
vagtskud watch gun.
vagtsom *adj.* watchful; F vigilant.
vagtsomhed *sb. (en)* watchfulness, vigilance.
vagtstue guardroom.
vagttjeneste 1. guard duty; *(skildvagt)* sentry duty; **2.** *(sø.)* watch duty.
vagttårn watch tower.
vagtværn 1. *(i ejendom)* security guard; **2.** *(selvbestaltet, som vil sikre lov og orden)* vigilantes pl.
vajd *sb. (en) (bot.)* woad.
vaje *vb.* fly, wave (*fx* flags were waving in the wind);
□ *-nde faner* flying colours.
vajsenhus orphanage.
vakance *sb. (en, -r)* vacancy.
vakant *adj.* vacant.
vakkelvorn *adj. se vaklevorn.*
vakker *adj.* pretty, comely, winsome.
vakle *vb.* **1.** *(gå usikkert)* stagger (*fx* he staggered sleepily up the stairs); *(stavre; være ved at miste balancen)* totter (*fx* the old man tottered up the stairs; she tottered up the stairs in high-heeled shoes); *(af fuldskab, svimmelhed)* reel (*fx* he reeled from the blow (, the shock)); *(tungt, klodset)* lurch (*fx* he lurched up to the bar);
2. *(om ting: ryste, være ved at falde)* shake, wobble (*fx* the ladder was shaking (*el.* wobbling) under him; his knees were shaking (*el.* wobbling) under him); *(fig., om regeringsmagt)* totter (*fx*

the government (, the throne) was tottering);
3. *(være tvivlrådig, tøve)* falter (*fx* he went straight up to me without faltering; they never faltered in their belief in him); hesitate; *(vakle frem og tilbage)* waver; F vacillate; ~ *mellem* hesitate (*el.* waver *el.* vacillate) between (*fx* two possibilities; hope and despair).
vaklen *sb. (en) (jf. vakle)* **1.** stagger(ing); tottering; reeling; lurch(ing); **2.** shaking; wobbling, wobble; tottering; **3.** faltering, hesitation; wavering; vacillation;
□ *der var ingen ~ i geledderne* they presented a united front.
vaklende *adj.* **1.** *(jf. vakle)* staggering (etc.); **2.** *(om helbred)* precarious; *(som gradvis svækkes)* declining, failing.
vaklevorn *adj.* **1.** rickety; T wobbly; **2.** *(ved at falde fra hinanden)* ramshackle (*fx* cottage); T wonky.
vaks *adj.* T *(vågen)* wide awake; *(kvik)* bright; *(præd. også)* on the ball, quick on the uptake.
vakt *pf.ptc. af vække.*
vakte *præt. af vække.*
vakuum *sb. (et, -(m)er)* vacuum.
vakuumbremse vacuum brake.
vakuumpakket *adj.* vacuum-packed.
vakuumpakning vacuum pack.
val *sb. (en)* (battle) field (*fx* be left on the field);
□ *kæmpe til en af parterne ligger på -en* fight to the death.
valdhorn *(mus.)* French horn.
valen *adj.* **1.** numb, numbed (with cold);
2. *(halvhjertet)* half-hearted, lukewarm (*fx* support);
T wishy-washy;
3. *(ubeslutsom)* wavering, vacillating (*fx* attitude, policy); hesitant (*med hensyn til* about);
□ *et -t håndtryk* a weak (*el.* limp) handshake.
valens *sb. (en, -er)* **1.** *(kem.)* valency; *(am.)* valence; **2.** *(gram.)* valency.
valfart pilgrimage.
valfarte *vb. (rel.)* go on (*el.* make) a pilgrimage (*til* to);
□ ~ *til et sted (fig.)* flock to a place.
valfartssted **1.** *(rel.)* place of pilgrimage; *(helligdom)* shrine (*fx* Canterbury was England's most sacred shrine);
2. *(fig.: sted hvor mange søger til)* Mecca (*fx* a Mecca of tourists); *(helligdom)* shrine (*fx* his tomb became a shrine for his supporters).
valg *sb. (et, -)* **1.** choice (*fx* the choice of a career; we are faced with a difficult choice); *(mere* F, *også = ret el. frihed til at vælge)* option (*fx* if I had the choice (*el.* option); there is (, I had) no choice (*el.* option)); *(omhyggeligt ~, udvælgelse)* selection (*fx* the selection (*el.* choice) of candidates (, of subjects));
2. *(ved afstemning, folketingsvalg etc.)* election (*fx* they have had three elections during the last five years); *(valghandling)* poll (*fx* the date fixed for the poll);
□ *et ~* ***mellem*** *a)* a choice between (*fx* two alternatives); *b) (om flere især)* a choice among (*fx* several possibilities); *du har -et mellem at betale eller blive smidt ud* you have the alternative (*el.* a choice) of paying up or being thrown out; ~ ***til*** election to (*fx* his election to the chairmanship (, to Parliament)); ~ *til bestyrelsen* election to the board; *der var ~ til parlamentet* there was a parliamentary (*el.* general) election; *[med adj.] jeg har intet* ***andet*** ~ I have no alternative; *jeg har intet andet ~ end at* I have no choice (*el.* alternative) but to (*fx* stay where I am); *de havde et* ***dårligt*** ~ they did badly in the election; ***frie*** ~ free elections; *give én frit ~* give (*el.* allow) sby a free choice; *de havde et* ***godt*** ~ they did well in the election; *det var et* ***heldigt*** ~ it was a happy choice; ***hemmeligt*** ~ (voting by) ballot; secret vote;
[med vb.] ***afholde*** ~ *a)* hold an election; *b) (ved parlamentsvalg: i samtlige kredse)* hold elections, hold a general election; *(NB* general election *bruges ikke om USA)*; *-et* ***faldt på*** *ham* he was chosen; F the choice fell on him; ***gå til*** ~ *se ndf.*; *-et* ***står mellem*** the choice lies between; *du må* ***træffe*** *dit ~* you must make your choice; ***udskrive*** ~ *se udskrive*; *[med præp.] være* ***på*** ~ come (*el.* be) up for (re-)election; *gå* ***til*** ~ go to the polls; *regeringen vil gå til ~ på spørgsmålet* the Government will call an election on the issue (*el.* take the issue to the country); ***ved*** *næste ~* at the next election; *de klarede sig dårligt (, godt) ved -et* they did badly (, well) in the election; *de tabte ved -et a) (gik tilbage)* they lost out in the election; *b) (blev ikke valgt)* they lost the election.
valgagitation electioneering; *(ved husbesøg)* canvassing (for votes).
valgavis *(svarer til)* election pamphlet.
valgbar *adj.* eligible.
valgbarhed *sb. (en)* eligibility.
valgbestyrelse election committee;
□ *formand for -n* returning officer.
valgbrev election return;
□ *prøvelse af -e* scrutiny.
valgbureau election office.
valgdag election day, polling day;
□ *før (, på) -en* before (, on) election day.
valgdeltagelse poll, election turnout;
□ *ringe (, stor) ~* light (, heavy) poll, small (, big) turnout.
valgekspert psephologist, voting expert.
valgfag optional subject; *(især am.)* elective subject.
valgfeber election fever.
valgflæsk electoral promises pl.; *(mere neds.)* electoral bribes pl.; a sop to the electors; *(tomme løfter)* pie-in-the-sky.
valgforbund electoral pact.
valgforsker *se valgekspert.*
valgfri *adj.* optional (*fx* course, subject); *(især am.)* elective.
valgfusk *se valgsvindel.*
valggeometri *(neds.)* gerrymandering.
valghandling poll (*fx* the poll opens at 7 a.m. and closes at 9 p.m.); polling, election.
valgkamp, **valgkampagne** **1.** election campaign; **2.** *(den enkelte kandidats)* electioneering;
□ *føre ~ (jf. 2, også)* be on the hustings.
valgkandidat (election) candidate.
valgkort poll card.
valgkreds **1.** constituency; *(am.)* district; **2.** *(for kommunevalg)* ward;
□ *en sikker ~ (jf. 1)* a safe constituency (*fx* he was put in a safe constituency); a safe seat (*fx* he was offered a safe seat); *en usikker ~ (jf. 1)* a marginal constituency.
valgliste electoral register.
valglokale polling station.
valglov electoral law.
valgløfte election pledge (*el.* promise); campaign pledge.
valgmand elector.
valgmandskollegium *(am.)* electoral college.
valgmulighed option; alternative.
valgmøde *se vælgermøde.*
valgmåde manner of election.
valgnederlag election defeat, defeat at the polls.

valgperiode election period.
valgplakat election poster, campaign poster.
valgprogram election manifesto, platform.
valgresultat *(af hele valget)* result of the election; *(også om enkeltresultat)* election result;
□ *meddelelse af -et* declaration of the poll.
valgret *se stemmeret 1.*
valgretsalder electoral age.
valgsejr election victory.
valgsprog motto.
valgsted polling station.
valgsvindel ballot rigging, election rigging, election (*el.* electoral) fraud.
valgsystem electoral system.
valgt *pf.ptc. af vælge.*
valgtale election address (, speech).
valgte *præt. af vælge.*
valgtryk intimidation of electors;
□ *øve ~ på* intimidate.
valgudgifter *sb.pl.* election expenses.
valgudsendelse party election broadcast.
valgurne ballot box.
Valhal *(myt.)* Valhalla.
validere *vb.* validate.
valk *sb. (en, -e)* hair pad.
valke *vb.* full.
valkning *sb. (en, -er)* fulling.
valkyrie *sb. (en, -r) (myt.)* valkyrie.
vallak *sb. (en, -ker)* gelding.
valle *sb. (en)* whey.
vallon *sb. (en, -er)*, **vallonsk** *adj.* Walloon.
valm *sb. (en, -e) (skråtag på gavl)* hip roof.
valmue *sb. (en, -r) (bot.)* poppy.
valmuefrø *sb. (et, -)* poppy seed.
valnød walnut.
valnøddetræ, valnødtræ 1. walnut tree; **2.** *(ved)* walnut wood.
valplads (battle) field (*fx* they were left on the field).
vals *sb. (en, -e)* waltz;
□ *give én en ~* give sby a dressing-down; *gå på -en* travel; *(se også slinger).*
valse[1] *sb. (en, -r)* **1.** cylinder, roller; **2.** *(på skrivemaskine)* platen.
valse[2] *vb. (jf. valse*[1] *1)* roll.
valse[3] *vb. (danse vals)* waltz.
valseformet *adj.* cylindrical.
valsetakt waltz time.
valsetrin waltz step.
valseværk rolling mill.
valsning *sb. (en, -er)* rolling.
valte *se skalte.*
valuta *sb. (en, -er)* **1.** *(pengesort)* currency (*fx* pay in British currency); money; **2.** *(betalingsmiddel i forhold til udlandet)* (foreign) exchange (*fx* exports provide the exchange by which imports are paid for); **3.** *(værdi)* value (*fx* value received);
□ *få ~ for pengene* get value for one's money; *handle med ~* deal in foreign exchange;
[med adj.] blød ~ soft currency; *fremmed ~* foreign currency (*el.* money); foreign exchange; *hård ~* hard currency.
valutaafdeling foreign exchange department.
valutaarbitrage exchange arbitrage.
valutahandel foreign exchange dealings pl.
valutahandler currency broker (*el.* trader); foreign-exchange dealer.
valutakrise foreign exchange crisis, currency crisis, monetary crisis.
valutakurs (rate of) exchange;
□ *-er* foreign exchange quotations.
valutareform monetary reform, currency reform.
valutareserve (foreign) currency reserve(s) (*fx* the foreign currency reserves have declined by £150 million).
valutarestriktioner *sb.pl.* exchange controls.
valutaslangen the (currency) snake.
valutastærk*: -e lande* hard-currency countries.
valutasvag*: -e lande* weak-currency countries.
valutasystem monetary system.
valutaunion monetary union.
valør *sb. (en, -er)* value.
vammel *adj.* sickly (*fx* smell, taste; sentimentality); *(stærkere)* sickening; F cloying (*fx* scent; sentimentality).
vammelhed *sb. (en)* sickliness.
vammelsød *adj.* sickly sweet.
vamp *sb. (en, -e)* vamp.
vampyr *sb. (en, -er) (myt.)* vampire.
vams *sb. (en, -e)* doublet.
vanartet *adj. (uartig)* naughty; *(stærkere)* vicious (*fx* child).
vand *sb. (et, -e)* water;
□ *~ i hovedet* water on the brain; *(med.)* hydrocephalus; *~ i knæet* water on the knee; *~ og brød* bread and water; *(se også dråbe, ild, mølle)*;
[med adj.] det er det bare (el. rene) ~ imod it is nothing to; *blødt (, hårdt) ~* soft (, hard) water; *dagligt -e* mean sea level; *være ude på (for) dybt ~ (fig.)* be out of one's depth; *snavset ~* dirty water; *man skal ikke hælde det snavsede ~ ud før man har det rene (kan gengives)* don't throw out your dirty water until you get in fresh; *vådt ~ (til brandslukning)* wet water; *(se også dansk, kold, ren*[2]*, rørt, stille*[2]*)*;
[med vb.] -et ***gik*** *(ɔ: ved fødsel)* the waters broke; ***hælde*** *-et* ***fra*** *kartoflerne* drain the potatoes; ***hælde ~ ud af*** *ørerne a) (klynke)* whine; *b) (ævle)* waffle; *hælde det snavsede ~ ud, se ovf.; lade -et* ***løbe fra*** *kartoflerne* drain the potatoes; *det er som at* ***slå ~ på*** *en gås* it is like water off a duck's back; *(se også holde, lade*[2]*, strand, sætte (over), træde*[1]*, trække, vise*[2]*)*;
[med præp.] ***falde i*** *-et a)* fall in; *b) (begynde at drikke)* fall off the wagon; ***gå i*** *-et a)* bathe (*fx* it is dangerous to bathe here); *(tage ud at bade)* go bathing, go swimming, go for a swim; *b) (fig.: blive narret)* be taken in, fall into a trap; T be led up the garden path; ***løbe i*** *~ se tand, øje*; ***sætte*** *blomster* ***i*** *~* put flowers in water; *sætte en båd i -et* launch a boat; *(fra et skib, også)* lower a boat; ***oven*** *-e* above water, afloat; *holde sig oven -e (fig.)* keep one's head above water; *svæve* ***over*** *-ene* keep a watchful eye on everything; *(diskret)* make one's presence felt in the backgound; ***på*** *10 meter ~* in 10 metres of water; *på dybt ~ se ovf.: med adj.*; ***gå på*** *-et a) (i biblen)* walk upon the water(s); *b) (fig.)* walk on the waters, walk on water (*fx* he thinks he can walk on water); ***til -s*** by water, by sea (*fx* travel by sea); *ride hestene til -s* water the horses; *du kan trække en hest til -s, men du kan ikke tvinge den til at drikke* you can take a horse to the water, but you can't make him drink; *(se også krukke)*; *stå* ***under*** *~* be under water, be flooded; F be submerged; *sætte under ~* flood; *byen ligger* ***ved*** *-et* the town is situated by the sea.
vandafgift water rate.
vandafvisende *adj.* water-repellent.
vandal *sb. (en, -er)* **1.** *(hist.)* Vandal; **2.** *(fig.)* vandal.
vandalisere *vb.* vandalize.
vandalisme *sb. (en)* vandalism.
vandanker *(sø.: til drikkevand)* water cask.
vandbad 1. *(i madlavning)* bain

marie; **2.** *(kem.)* water bath.
vandbakkelse *sb. (en) (art dej)* choux pastry.
vandbaseret *adj. (om maling)* water-based.
vandbassin *se bassin.*
vandbeholder water tank; *(til regnvand)* cistern.
vandbygning hydraulic engineering; *(som videnskab)* hydraulics.
vandbygningsvæsen Department of Hydraulic Engineering.
vandbærer 1. *(i Østen)* water carrier, water bearer;
2. *(ved sportskonkurrencer: hjælper for deltagerne, især am.)* waterboy;
3. *(om dem der ikke er på højde med eliten)* second-rank person;
□ *-e (jf. 3)* second-rank people.
vandcykel pedal boat, pedalo.
vanddamp water vapour; *(fys.)* aqueous vapour; *(over kogepunktet)* steam.
vanddrivende *adj.* diuretic;
□ *~ middel* diuretic.
vanddråbe drop of water.
vanddybde depth of water.
vande *vb.* **1.** *(give at drikke)* water (*fx* cattle);
2. *(planter, jord)* water (*fx* a garden); *(overrisle)* irrigate; *(se også høns).*
vandel *sb. (en)* conduct, course of life; *(se også handel).*
vandelsattest certificate of good conduct.
vandet *adj.* **1.** watery; **2.** *(om vittighed)* feeble, thin.
vandfad wash basin, bowl; *(am. også)* washbowl.
vandfald waterfall; *(stort, fx om Nilens,* F*)* cataract; *(mindre)* cascade; *(strømfald)* rapid(s);
□ *hun taler som et ~* she talks nineeteen to the dozen; she can talk the hind leg off a donkey.
vandfarve watercolour;
□ *male med ~* paint in watercolour.
vandfast *adj.* water-resistant, waterproof.
vandfattig *adj.* dry; *meget ~* arid.
vandfilter water filter.
vandflade 1. *(overflade)* surface of the water; **2.** *(sø etc.)* sheet of water.
vandflyvemaskine, **vandflyver** seaplane.
vandforbrug water consumption.
vandforsyning water supply.
vandforurening water pollution.
vandfugl *(zo.)* aquatic (*el.* water) bird.
vandførende *adj.* water-bearing (*fx* stratum).
vandgang 1. *(skuffelse, fiasko)* sell, flop; **2.** *(bommert)* blunder;
3. *(sø.)* waterline.
vandglas 1. *(drikkeglas)* tumbler;
2. *(kem. stof)* water glass.
vandhane 1. tap; *(am. oftest)* faucet; **2.** *(brandhane etc.)* hydrant.
vandholdig *adj.* watery (*fx* clouds); *(fagl.)* aqueous; *(kem.)* hydrous.
vandhul 1. pool, small pond;
2. *(vandingssted, fx i ørken)* waterhole.
vandhund *(zo.)* water dog;
□ *han er en ~ (fig.)* he takes to water like a duck.
vandig *adj.* aqueous.
vanding *sb. (en)* **1.** watering;
2. *(overrisling)* irrigation.
vandingsforbud *(have-)* hosepipe ban; *(agr.)* ban on watering crops.
vandkalv *(zo.)* water beetle.
vandkalvelarve *(zo.)* water tiger.
vandkande 1. *(kande med vand, også til servante)* water jug; *(glds.)* ewer; *(am.)* pitcher;
2. *(til blomstervanding)* watering can; *(am. også)* watering pot.
vandkanon 1. *(til brandslukning)* monitor;
2. *(brugt mod demonstranter)* water cannon.
vandkanten the water's edge.
vandkappe *(til kølevand)* water jacket.
vandkaraffel *se karaffel.*
vandkarse *(bot.)* **1.** *(bitter karse)* large bittercress; **2.** *(brøndkarse)* watercress.
vandkikkert hydroscope.
vandklar *adj.* limpid.
vandkraft water power, hydroelectric power.
vandkraftværk hydroelectric power station.
vandkur water cure.
vandkuranstalt *(glds.)* hydropathic establishment, hydro.
vandkæmme *vb.* comb with a wet comb, wet-comb.
vandkæmmet *adj. (præd.)* combed with a wet comb; *(efter sb. også)* with one's hair plastered down with water.
vandkøling water cooling.
vandladning *sb. (en, -er)* urination; *(med. også)* micturition;
□ *ufrivillig ~* involuntary discharge of urine; T bed-wetting; *(fagl.)* enuresis.
vandland indoor water complex.
vandledning 1. *(hoved-)* water main;
2. *(vandrør i hus)* water pipe; *(fagl.)* conduit;
3. *(romersk ~, akvædukt)* aqueduct.
vandlidende *adj. (om jord)* water-logged.
vandlinie *(sø.)* waterline.
vandløb stream, watercourse.
vandlås (siphon) trap, water seal.
vandmand *(zo.)* jellyfish (pl. -);
□ *-en (stjernebillede)* the Water Carrier, Aquarius; *jeg er ~ (ɔ: født i -ens tegn)* I am an Aquarius.
vandmangel shortage of water, water shortage.
vandmasser *sb.pl.* waters; flood sg.
vandmelon *(bot.)* water melon.
vandmærke *(i papir)* watermark.
vandmølle water mill.
vandmåler *(i hus)* water meter.
vandnymfe *(zo.)* damselfly.
vandnæse *(arkit.)* drip.
vandondulation water-waving;
□ *en ~* a water wave.
vandonduleret *adj.* water-waved.
vandopløselig *adj.* water-soluble; *(præd. også)* soluble in water.
vandorgel water organ.
vandoverflade surface of the water.
vandpest *(bot.)* water thyme.
vandpibe hookah.
vandpistol water pistol.
vandplante *(bot.)* aquatic plant; *(fagl.)* hydrophyte.
vandpleje water conservation.
vandpolo water polo.
vandpost 1. pump; **2.** *(vandhane)* tap; *(am. især)* faucet.
vandpumpetang water pump pliers pl.;
□ *en ~* a pair of water pump pliers.
vandpyt puddle.
vandre *vb. (se også vandrende)*
1. *(gå)* walk; *(langsomt, ubekymret)* stroll;
2. *(gå vandretur, med vandreudstyr)* hike; *(mere afslappet, ofte i flok)* ramble;
3. *(strejfe om uden mål og med)* wander; F roam;
4. *(om dyr)* migrate (*fx* the eels migrate up the rivers);
5. *(fig., om blik, tanker)* wander (*fx* his thoughts wandered back to that night);
6. *(blive sendt)* go, be sent;
□ *(lade) ~ fra hånd til hånd* pass from hand to hand; *~ frem og tilbage* walk (, stroll) back and forth; *~ heden* depart this life.
vandrebibliotek travelling library.
vandrebølge *(elek.)* surge, travelling wave.
vandrefalk *(zo.)* peregrine falcon.
vandrefugl *(ung vandrer)* hiker.
vandregræshoppe *(zo.)* migratory locust.
vandrehal lounge, lobby.
vandreherberg, **vandrehjem** youth

hostel.
vandreklit migrating dune.
vandrelav *sb. (et, -)* Youth Hostel Association, *(fork.* YHA*).*
vandrelærer itinerant teacher.
vandrende *adj.* travelling; F itinerant (*fx* journeyman); *(se også omvandrende, pind, ridder).*
vandrensning water treatment.
vandrensningsanlæg (water) treatment plant (*el.* works).
vandrepokal challenge cup.
vandrer *sb. (en, -e) (jf. vandre)* **1.** walker; **2.** hiker; rambler; **3.** wanderer.
vandrerherberg, **vandrerhjem** *se vandreherberg.*
vandrerkort YHA membership card.
vandrerlav *se vandrelav.*
vandreservoir reservoir.
vandresko walking shoe, hiking shoe.
vandret *adj.* **1.** horizontal; **2.** *(i krydsordsopgave)* across;
□ *ligge ~ i luften (ɔ: af travlhed)* be rushed off one's feet.
vandretur *(jf. vandre 2)* hike; ramble;
□ *tage på ~* go on a hike (, ramble), go hiking (, rambling); go walking (*fx* we are going walking in the Highlands for our holidays).
vandreudstilling travelling exhibition.
vandrig *adj. (efter sb.)* abounding in water.
vandrikse *se rikse.*
vandring *sb. (en, -er)* **1.** *(gåtur)* walk; *(se også vandretur)*; **2.** *(om dyr)* migration;
□ *være på ~ a)* be travelling; *b)* be migrating.
vandringsmand wanderer, traveller.
vandringsstav (pilgrim's) staff.
vandrotte *(zo.)* water vole, water rat.
vandrutschebane water chute; *(am.)* water shoot, water slide.
vandrør **1.** water pipe; **2.** *(i kedel)* water tube.
vandseng water bed.
vandskade damage by water.
vandskel watershed.
vandski water ski;
□ *stå på ~* water-ski.
vandskorpen the surface of the water;
□ *han hænger med enden i ~ a) (ɔ: er i knibe)* he is in a tight corner (*el.* squeeze); *(økonomisk også)* he is on his beam ends; *b) (ved eksamen)* it is touch and go with him; *ligge og lure i ~ (fig.)* be on the look-out.
vandskræk *(sygdom)* hydrophobia;
□ *have ~ (ɔ: være bange for at gå i vandet)* be a water funk.
vandskyende *adj.* water-repellent;
□ *~ vat* non-absorbent cotton wool.
vandslange **1.** *(til sprøjtning)* hosepipe, water hose; *(haveslange)* garden hose; **2.** *(på køkkenhane)* rubber nozzle.
vandspand *sb. (en, -e)* (water) pail; *(større)* bucket.
vandspild waste of water.
vandstand water level;
□ *høj ~* high water; *lav ~* low water.
vandstandsglas water gauge.
vandstandslinie water level.
vandstråle jet of water; *(tynd: sprøjt)* squirt of water.
vandstær *(zo.)* dipper.
vandstøvler *sb.pl.* waterproof boots; *(fiskers)* hip boots, waders.
vandsugende *adj.* absorbent.
vandt *præt. af vinde.*
vandtrug watering trough.
vandtæt *adj.* **1.** *(helt)* watertight (*fx* compartment); *(især om tøj)* waterproof;
2. *(med begrænsning)* water-resistant (*fx* the watch is water-resistant to 50 metres); *(om tøj)* showerproof;
3. *(fig.: som kan holde)* waterproof (*fx* alibi, argument, contract, plan);
□ *~ regnfrakke* waterproof.
vandtårn water tower.
vandvarmer *sb. (en, -e)* water heater.
vandvej waterway;
□ *ad -en* by water.
vandvogn *(til vanding)* water(ing) cart; *(lastvogn)* water truck;
□ *være på -en (fig.: afholdsmand)* be on the wagon.
vandværk waterworks (pl. -).
vandvæsen water supply (services pl.).
vandåre ground-water vein.
vane *sb. (en, -r)* **1.** *(især ubevidst)* habit (*fx* bad (, good) habits);
2. *(især bevidst: skik,* F*)* practice (*fx* he went to bed early, as was his usual practice);
□ *det er en ~ hos ham* it is a habit with him; *på grund af -ns magt* from force of habit; *tillægge sig en ~, lægge sig en ~ til* get into a habit; *(mere* F*)* develop (*el.* acquire) a habit;
[med præp. & adv.] ***af*** *gammel ~* from habit; *have* ***for*** *~ at* be in the habit of -ing; F make a practice of -ing; *komme* ***i*** *~ med at* get into the habit of -ing; *blive* ***til*** *en ~* grow into a habit; *gøre det til en ~* make a habit (, practice) of it; *komme* ***ud af*** *-n* get out of the habit.
vanedannende *adj.* habit-forming.
vaneforbryder habitual offender (*el.* criminal).
vanekristen *adj. (brugt som sb.)* conventional Christian.
vanemenneske creature of habit.
vanemæssig *adj.* habitual.
vanesag matter of habit.
vanfør *adj.* **1.** crippled; disabled; **2.** *(brugt som sb.)* cripple; disabled person.
vanførehjem home for the disabled.
vang *sb. (en, -e)* **1.** field; **2.** *(agr. hist.)* furlong.
vange *sb. (en, -r)* **1.** *(på trappe)* string;
2. *(på stige)* sidepiece;
3. *(på bils chassis)* side member;
4. *(på drejebænk)* bed.
vanheld *sb. (et, -)* misfortune (*fx* dogged by misfortune); ill-luck.
vanhellige *vb.* profane; *(stærkere)* desecrate.
vanhelligelse *sb. (en, -r)* profanation; *(stærkere)* desecration.
vanilje *sb. (en)* vanilla;
□ *en stang ~* a vanilla pod.
vaniljeis vanilla ice.
vaniljestang vanilla pod.
vanille *(etc.) se vanilje (etc.).*
vanke *vb.: der -r...* you'll get (*fx* a splendid meal); *der -r god mad og drikke (også)* you can look forward to a treat; *der -r ikke noget i dag* you won't get anything today; *du kan tro der -r (ɔ: klø)* you'll catch it (good and proper); you'll be for it; *~* ***om*** *(poet.)* wander about.
vankelmod fickleness.
vankelmodig *adj.* fickle; *(ubeslutsom)* irresolute.
vankelmodighed *sb. (en)* fickleness.
vankundig *adj.* ignorant.
vankundighed *sb. (en)* ignorance.
vanlig *adj. se vant², sædvanlig.*
vanry *sb. (et)* bad (*el.* ill) repute, disrepute;
□ *bringe (, komme) i ~* bring (, fall) into bad repute (*el.* disrepute).
vanrøgt *sb. (en)* neglect;
□ *udsætte for ~* neglect (*fx* many of the children had been neglected).
vanrøgte *vb.* neglect.
vansir *sb. (en)* disfigurement.
vansire *vb.* disfigure.
vansiring *sb. (en, -er)* disfiguration.

vanskabning deformed person (, animal); freak (of nature).
vanskabt *adj.* **1.** deformed; **2.** *(fig., spøg.: mislykket)* misbegotten.
vanskelig *adj. (se også vanskeligt)* **1.** difficult (*for* for, *fx* the task was difficult for him; a difficult language (, task, situation)); *(ubehagelig også,* T*)* sticky (*fx* situation, time);
2. *(om person)* difficult, awkward; *(præd. også)* difficult to get on with, hard to please; *(kræsen etc.)* particular (*fx* about one's food); T faddy;
□ *gøre sig* ~ make difficulties, be difficult (*el.* awkward) (*fx* he is being difficult (*el.* awkward)); *[med sb.] den -e alder* the awkward age; *han har -e fødder* his feet are hard to fit.
vanskeliggøre *vb.* **1.** make difficult (*fx* make the job difficult for them); complicate (*fx* the situation);
2. *(hæmme)* hamper, impede (*fx* the rescue was hampered (*el.* impeded) by bad weather).
vanskelighed *sb. (en, -er)* **1.** difficulty (*fx* I found the place without (much) difficulty; overcome a difficulty; a (serious) difficulty arose);
2. *(problem)* problem (*fx* it is a serious problem);
□ ***-er*** difficulties (*fx* financial difficulties; disciplinary difficulties; the firm is in (serious) difficulties); problems (*fx* it caused problems (*el.* difficulties)); *(mere alvorlige)* trouble sg. (*fx* he is in (serious) trouble); *gøre -er* make difficulties (, trouble); *komme i -er* get into difficulties (, trouble); *[+ præp.] der er -er* ***med*** there are difficulties (, problems) with; *de har -er med* they have got problems (, trouble) with (*fx* the staff); *have -er* ***med at*** have some difficulty (in) -ing, have problems (, trouble) (in) -ing (*fx* understanding it); *-en* ***ved*** *(at)* the difficulty of (-ing) (*fx* of the task; of getting there in time); *der er ingen ~ ved at* there is no difficulty in -ing.
vanskeligt *adv.* with difficulty; not easily;
□ *have ~ ved at* have (some) difficulty (in) -ing (*fx* understanding it); find it difficult to (*fx* believe that it is true).
vanskæbne *sb. (en)* misfortune.
vanslægte *vb.* degenerate.
vansmægte *vb.* **1.** feel faint (*fx* with thirst); **2.** *(sygne hen)* languish (*fx* in prison);
□ *~ efter* pine for, languish for.
vant[1] *sb. (et, -) (sø.)* shroud; *(bestående af to el. flere tove)* shrouds pl.
vant[2] *adj.* usual (*fx* in his usual surroundings); F accustomed (*fx* his accustomed cheerfulness); customary (*fx* their customary way of life; his customary good humour; he had his customary glass of wine);
□ *han er bedre ~* he is used to better things; *han er ikke for godt ~* he is not used to (very) much; *[med sb.] livet gik sin -e gang* life went on as usual; life took its normal course; *indtage sin -e plads* take one's usual (, accustomed, customary) seat;
[+ præp.] ~ ***til*** used to; F accustomed to; *~ til turen se tur*[1]; *~* ***til at*** used to -ing (*fx* to being treated well); F accustomed to -ing.
vante *sb. (en, -r)* **1.** mitten; *(finger-)* woollen glove; **2.** *(skvat)* wimp;
□ *på med -n!* get down to it!
vantreven *adj.* stunted.
vantrives *vb.: han ~ a)* he doesn't thrive; *b) (befinder sig ikke godt)* he is not happy.
vantrivning *sb. (en, -er)* stunted person (, animal), runt.
vantro[1] *sb. (en)* **1.** *(det ikke at tro hvad man hører)* disbelief (*fx* I listened to her with disbelief);
2. *(rel.)* unbelief; *(om person) se vantro*[2] *3.*
vantro[2] *adj.* **1.** *(som ikke tror sine egne ører)* incredulous; unbelieving;
2. *(rel.: uden tro)* unbelieving; *(med falsk tro, især hist.)* infidel;
3. *(brugt som sb., jf. 2)* unbeliever; infidel (*fx* fight against the infidels);
□ *den ~ Thomas* St. Thomas the Doubter; *en ~ Thomas* a doubting Thomas.
vanvare*: af ~ a) (uforvarende)* inadvertently; *b) (ved en fejltagelse)* by mistake.
vanvid *sb. (et)* **1.** *(sindssyge)* madness; F insanity; *(glds.)* lunacy;
2. *(om vanvittig handling)* madness, lunacy (*fx* it would be madness (*el.* lunacy) to go there);
□ *det er det glade ~* it is completely mad; *(mere* F*)* it is sheer madness (*el.* lunacy);
[med præp.] ***på*** *-dets* ***rand*** *(fig.)* on the verge of insanity; T nearly crazy; *drive en* ***til*** *~* drive sby mad (*el.* insane); T drive sby up the wall (*el.* round the bend); *elske en til ~* be madly in love with sby; F love sby to distraction.
vanvittig[1] *adj.* **1.** mad (*fx* a mad idea; are you mad!); *(stærkere, mere* F*)* insane (*fx* idea); lunatic (*fx* behaviour, policy); *(se også skør 1)*;
2. *(latterlig, overdreven)* ridiculous (*fx* price, demand); *(stærkere)* preposterous;
□ *gøre ~ se vanvid (drive til vanvid); han havde -e smerter* he was in terrible pain; *som en ~* like a madman (, madwoman); like mad.
vanvittig[2], **vanvittigt** *adv.* **1.** *(på en vanvittigt måde, sygt)* like a madman (, madwoman) (*fx* behave like a madman); insanely (*fx* jealous);
2. *(forstærkende)* madly (*fx* madly jealous; he is madly in love with her; it is madly exciting); terribly, awfully (*fx* cold, difficult, proud);
3. *(urimelig, latterlig)* ridiculously (*fx* a ridiculously high rent); *(stærkere)* preposterously;
□ *være ~ forelsket i en (også,* F*)* love sby to distraction; *~ irriterende* maddening; F infuriating; *det var ~ lækkert* it tasted wonderful; *det gjorde ~ ondt* it was extremely painful; *(meget* T*)* it hurt like hell; *~ sjov* hilarious; *jeg har ~ travlt a) (må skynde mig)* I am in an awful (*el.* terrible *el.* desperate) hurry; *b) (har meget at bestille)* I am awfully (*el.* terribly) busy.
vanære[1] *sb. (en)* dishonour (*fx* prefer death to dishonour); *(stærkere)* disgrace (*fx* you are a disgrace to your school); *(endnu stærkere, mere* F*)* ignominy;
□ *bringe ~ over se vanære*[2].
vanære[2] *vb.* dishonour; *(stærkere)* disgrace;
□ *~ én (også)* bring dishonour (, disgrace) on sby.
vanærende *adj.* **1.** dishonourable (*fx* action); *(stærkere, mere* F*)* ignominious (*fx* defeat);
2. *(nedværdigende)* degrading (*fx* punishment).
vappe *vb.* T **1.** *(slå)* clout, slap; land (*fx* I landed him one); **2.** *(traske)* trudge, plod;
□ *~ ham en (også) a) (med flad hånd)* clout him, give him a slap; *b) (boksestød)* give him a sock on the jaw; *~ en* ***ud*** chuck sby out.
var[1] *adj.: blive noget* become aware of sth, perceive sth, see sth.
var[2] *præt. af være.*
varan *sb. (en, -er) (zo.)* monitor.
varde *sb. (en, -r)* **1.** *(sø.)* beacon; **2.** *(af sten)* cairn.

vare[1] *sb. (en, -r) (handelsvare)* article (*fx* an important (, mass-produced) article; luxury articles); *(især uforarbejdet; råvare; også fig.)* commodity (*fx* rubber, tin, coffee and other commodities; they sell knowledge like any other commodity; gossip is a dangerous commodity); *(om nummer på liste)* item;
□ **-r** *(også)* goods (*fx* high-quality goods; goods and services); *(*F *el. fagl.)* merchandise sg. (*fx* merchandise from all over the world; the merchandise on display in the shop windows); *(gadehandlers el. på marked)* wares (*fx* selling his wares from door to door; wares displayed on stalls or spread out on the pavement); *(se også levere)*;
[med adj.] tage for gode -r accept (at (its) face value); T swallow, buy; *han tog det ikke for gode -r (også)* it did not go down with him; *en sjælden ~ (fig.)* a rare thing; *de våde -r* drink, liquor sg.; *den ægte ~* the real thing, the genuine article; T the real McCoy (*el.* Mackay).

vare[2] *sb. (påpasselighed): tage sig i ~ for* beware of, be on one's guard against; *tage ~ på* take care of, attend to, look after; *han har nok at tage ~ på* he has got his hands full; *tag ~ på din mund* mind what you say.

vare[3] *vb.* **1.** *(blive ved)* last (*fx* the storm lasted (for) two days); continue; F endure (*fx* a relationship that endured longer);
2. *(holde, slå til)* last (*fx* a pound of coffee will last (them) for a week);
3. *(tage, udkræve)* take (*fx* the job will take three months; the crossing takes an hour); *(med efterfølgende "før")* be (*fx* it was two days before she returned); *(se også ndf.)*;
□ *~ ved* go on, continue; F endure;
[med: længe] ~ **længe** *a) (jf. 1, 3)* last (, take) a long time (*fx* the meeting lasted (, took) a long time); *b) (negativt el. spørgende)* last (, take) long (*fx* will it take long? it won't take long); *gældende så længe krigen -r* valid for the duration of the war;
[med: længe før] det vil ~ ***længe før*** *vi ser ham igen* it will be a long time before we see him again; *det vil ikke ~ længe* it won't be (*el.* take) long; *det vil ikke ~ længe før a)* it won't be long before (*fx* he comes); *b) (som spådom)* the day is not far off (*el.* distant) when (*fx* computers will take over most of those jobs); *det skal ~ længe før jeg besøger ham igen* T I won't visit him again in a hurry.

vare[4] *vb.: ~ ad* warn; *~ sig* take care; *~ sig for* beware of; *~ sig for at* take care (*el.* be careful) not to.

varebeholdning *se varelager.*

varebetegnelse description of goods;
□ *falsk ~ a)* misleading trade description; *b) (fig.: forkert benævnelse)* misnomer (*fx* to call that house a mansion is a misnomer).

varebil *se varevogn.*

varedeklaration 1. *(som begreb)* informative labelling; **2.** *(enkelt)* informative label; *(på fødevarer)* description of contents.

vareelevator goods lift; *(am.)* freight elevator.

varefetichisme the fetishism of commodities.

varegruppe line (*fx* there were good sales of lines such as tinned fruit); *(økon.)* commodity group.

varehus *(stormagasin)* department store.

vareknaphed *se varemangel.*

varekundskab *(hdl.)* knowledge of merchandise.

varelager stock (of goods); stocks pl.

varemangel shortage (*el.* scarcity) of goods.

varemægler commodity broker.

varemærke trade mark;
□ *indregistreret ~* registered trade mark.

varenummer code number; *(i katalog, på liste)* item.

vareparti lot; *(leverance)* supply; *(forsendelse)* consignment, shipment.

vareprøve sample.

varesending *se vareparti.*

varetage *vb.* look after, take care of (*fx* their interests); manage, handle (*fx* their affairs); F attend to (*fx* one's duties);
□ *~ deres interesser (også)* safeguard their interests.

varetagelse *sb. (en)* management, handling (*af* of); F stewardship (*af* of, *fx* his stewardship of foreign policy (, the economy)); *(af interesser)* safeguarding.

varetægt *sb. (en)* care;
□ *have noget i sin ~* be in charge of sth; *overgive det i hans ~* give it into his charge; *tage noget i sin ~* take charge of sth.

varetægtsfange remand prisoner.

varetægtsfængsel*: sidde i ~* be in custody awaiting trial, be on remand.

varetægtsfængsle *vb.* remand (*fx* boys should not be remanded to adult prisons);
□ *blive -t* be remanded (in custody) (*fx* he was remanded on a murder charge).

vareudbud *se udbud 1.*

vareudveksling exchange (*el.* interchange) of goods.

varevogn (delivery) van; *(lille, åben)* pick-up.

vareåger profiteering.

variabel *sb. (en, variable(r)) & adj.* variable.

variant *sb. (en, -er)* variant.

variation *sb. (en, -er)* **1.** variation (*fx* variations on a theme; the same story with slight variations);
2. *(afveksling)* variety (*fx* I need variety; there is no variety in his job).

variere *vb.* vary; *(se også varierende, varieret)*;
□ *~ mellem ti og tyve* vary between ten and twenty; vary (*el.* range) from ten to twenty.

varierende *adj.* varying (*fx* views);
□ *det er meget ~* it varies a lot.

varieret *adj.* varied, diversified (*fx* programme).

varieté, variete *sb. (en, varieteer)* variety theatre; *(omtr.)* music hall; *(am.)* vaudeville theater.

varietet *sb. (en, -er)* variety (*fx* of a plant).

varig *adj.* lasting (*fx* friendship, influence, solution); permanent (*fx* appointment, damage); *(se også forbrugsgoder, men*[1]*)*.

varighed *sb. (en, -er)* **1.** duration (*fx* of short duration);
2. *(maskines)* life;
3. *(forsikrings)* term;
4. *(det at noget varer for stedse)* permanence.

varlig *adj. = varsom.*

varm *adj.* **1.** *(især behageligt ~)* warm (*fx* bath, clothes, milk, room, summer, sunshine, water, weather; the dress is too warm for me);
2. *(mods. kold el. = meget el. ubehageligt ~)* hot (*fx* bath, meal, milk, oven, water, summer, weather; it is very hot in here; the tea is too hot);
3. *(positivt om følelser)* warm (*fx* colour, feelings, friendship, smile, supporter, welcome, thanks); *(ivrig)* ardent (*fx* admirer, supporter); F fervent (*fx* supporter, wish);
4. *(farlig, frisk &* S*: stjålen)* hot (*fx* issue, news, property);

□ *løbe (sig)* ~, *tale sig* ~ *se løbe*[2], *tale*[2];
[med sb.] gå som -t brød sell like hot cakes; *den -e hane* the hot(-water) tap; *en* ~ *kartoffel (også fig.)* a hot potato; *de -e lande* the tropics; ~ *linie (tele.)* hot line;
[med: på] blive ~ ***på*** T take a fancy to; *være* ~ *på én* T have a crush on sby; *det er jeg ikke* ~ *på* T I'm not keen on that, I don't fancy that; *klæde sig -t på* put on sth warm.

varmblodet *adj.* **1.** *(om dyr)* warm-blooded; **2.** *(fig. om person)* hot-blooded.

varmdriksautomat hot drinks dispenser.

varme[1] *sb. (en)* **1.** *(stærk* ~*)* heat (*fx* the heat of the sun; the heat from the fire); *(mild* ~*)* warmth (*fx* the warmth of the sun (, the room, his hand); he stepped into the warmth);
2. *(fig.)* warmth (*fx* the warmth of his welcome; he spoke of her with warmth); *(stærkere,* F*)* fervour (*fx* speak with great fervour);
3. *(fys.)* heat (*fx* measure the heat of the water; metals are good conductors of heat; the heat of the blood);
4. *(opvarmning)* heating (*fx* the rent is £100 a week including heating);
□ *5 graders* ~ 5 degrees above freezing point; *jeg kunne ikke holde -n* I couldn't keep warm; *lys og* ~ *se lys*[1];
[med præp.] komme ***ind i*** *-n a)* come in out of (*el.* in from) the cold; *b) (blive taget til nåde)* be allowed back into the fold; *have det* ***med*** ~ feel hot; *skrue* ***ned for*** *-n* turn down the heat; *lukke* ***op for*** *-n* turn on the heat; *holde* ***på*** *-n* keep in the heat, keep the warmth in (*fx* close the windows and keep the warmth in); keep out the cold; *der er* ~ *på* the heat is on.

varme[2] *vb.* **1.** *(med objekt)* heat (*fx* some water, the soup); *(om mildere varme)* warm (*fx* one's hands (, one's slippers) in front of the fire; warm the milk (, the sauce));
2. *(uden objekt)* give off heat (*fx* the candles gave off heat);
□ ~ *sig* warm oneself, get warm; *tage en drink til at* ~ *dig på* take a drink to warm you up; ~ *hans ører* box his ears;
[med adv.] ovnen -r ***godt*** the stove gives a good heat; *hans tynde frakke -de* ***ikke meget*** there was not much warmth in his thin coat; ~ ***op*** *a) (sted)* heat (*fx* a room); warm up (*fx* the room takes a long time to warm up); *b) (mad)* heat up, warm up (*fx* the soup); *c) (tv, motor, publikum)* warm up; *d) (uden objekt, om sportsmand)* warm up, limber up; *til at* ~ *sig* ***på*** *se ovf.*

varmeanlæg heating system.

varmeapparat 1. radiator; **2.** *(i bil)* heater;
□ *elektrisk* ~ *(i stue)* electric heater.

varmebehandle *vb.* heat-treat (*fx* heat-treated blood).

varmebehandling heat treatment.

varmebestandig *adj.* heat-resistant.

varmeblæser fan heater.

varmebord hot table.

varmebølge heat wave.

varmecentral group heating station.

varmedis heat haze.

varmedunk hot-water bottle.

varmeenhed heat unit.

varmefast = *varmebestandig.*

varmeflade heating surface.

varmefront *se varmfront.*

varmefylde *(fys.)* specific heat.

varmegrad degree above freezing point;
□ *ved høje -er* at high temperatures.

varmeisolering heat insulation.

varmekanal heating duct.

varmeleder conductor of heat;
□ *dårlig* ~ bad conductor (of heat).

varmeledning 1. *(det at lede)* thermal conductance; **2.** *se varmekanal, varmerør.*

varmelegeme heating element.

varmemester 1. boilerman; **2.** *(vicevært)* janitor.

varmemåler 1. calorimeter; **2.** *(til radiator)* radiator meter.

varmeovn heater (*fx* electric heater).

varmeplade hotplate.

varmepude*: elektrisk* ~ (electric) heating pad.

varmepumpe heat pump.

varmeregning heating bill.

varmerør heating pipe.

varmeskab *(i køkken)* heating cupboard.

varmeskjold *(på rumskib)* heat shield.

varmeskuffe heating drawer.

varmestue *(for hjemløse)* warm shelter, warming centre.

varmesyn energy audit.

varmetab loss of heat, heat loss.

varmetekniker central heating engineer.

varmetæppe electric blanket.

varmeveksler *sb. (en, -e)* heat exchanger.

varmfront *(meteor.)* warm front.

varmhjertet *adj.* warm-hearted.

varmluft hot air.

varmlufts- hot-air (*fx* balloon).

varmluftsblæser fan heater.

varmtfølende *adj.* warm-hearted.

varmtfølt *adj.* heartfelt.

varmtvandsanlæg hot-water heating system.

varmtvandsbeholder hot-water tank.

varmtvandshane hot(-water) tap.

varmtvandsrør hot-water pipe.

varp *sb. (et, -) (sø.)* warp.

varpanker *(sø.)* kedge (anchor).

varpe *vb.* **1.** warp; **2.** *(ved hjælp af varpanker)* kedge; **3.** *(*T*: kaste)* chuck.

varsel *sb. (et, varsler)* **1.** *(besked, opsigelses- etc.)* notice (*om* of, *fx* give them notice of the meeting; give him a month's notice; a strike notice);
2. *(advarsel)* warning (*fx* an air-raid warning);
3. *(forudsigelse, tegn)* omen (*fx* it was a good (, bad) omen for the journey; believe in omens); *(*F *el. spøg.)* portent; *(tegn)* sign (*om* of, *fx* it is a sign of summer);
□ *tage varsler af* read signs from; F take auguries from; *tage* ~ *af det* see it as a sign; *være et* ~ *om se varsle 2;*
[med præp.] ***med*** *et øjebliks* ~ at a moment's notice; ***med kort*** ~ at short notice; ***uden*** ~ *a) (jf. 1)* without notice (*fx* he was dismissed without notice); *b) (jf. 2)* without warning (*fx* shoot without warning).

varselsskrig warning cry.

varsko[1] *sb. (et, -er)* **1.** *(advarsel)* warning; **2.** *(praj)* notice (*fx* give me notice when you are getting short of tobacco).

varsko[2] *vb.* warn (*om* of); give notice (*om* of);
□ ~ *styrmanden* pass the word for the mate; *varsko!* look out!

varsle *vb.* **1.** *(give besked om)* give notice of (*fx* a meeting); **2.** *(~ om, give forvarsel om)* be a sign of (*fx* a warm summer); F portend (*fx* an early winter); bode, augur (*fx* well (, ill) for the future).

varslingssystem early warning system.

varsom *adj. (se også varsomt)* **1.** *(forsigtig)* cautious; **2.** *(blid, nænsom)* gentle;
□ *være* ~ *med at* be careful of -ing.

varsomhed *sb. (en) (jf. varsom)*

1. cautiousness; 2. gentleness.
varsomt *adv. (jf. varsom)* 1. cautiously; *(stærkere)* gingerly (*fx* walk gingerly); 2. *(nænsomt)* gently;
□ *fortælle hende det -t* break it gently to her; *træde -t (fig.)* tread cautiously (*el.* softly); watch one's step.
varte *vb.: ~ op a) (servere)* serve; *b) (som job)* wait at table; *~ en op a)* wait on sby; F attend on sby; *b) (servere for)* serve sby; *~ en op i alle ender og kanter* wait on sby hand and foot; *~ op ved bordet* wait at table; *(am.)* wait on table.
vartegn landmark.
varulv *(myt.)* werewolf.
vasal *sb. (en, -ler)* vassal.
vasalstat 1. satellite (state); 2. *(hist.)* vassal state.
vase *sb. (en, -r)* vase.
vaselin, vaseline *sb. (en)* vaseline.
vask[1] *sb. (en)* 1. *(det at vaske)* washing (*fx* who does the washing?); *(som erhverv også)* laundrywork;
2. *(omgang ~)* wash (*fx* the first wash didn't clean the dishes; I have a huge wash this week);
3. *(tøj til vask)* washing (*fx* hang the washing out); laundry;
□ *stoffet tåler ikke ~* the material is not washable;
[med præp.] være **i** *~* be in the wash (*fx* your shirt is in the wash); *det går af i ~* it will wash off; *lægge noget* **til** *~* put sth out to wash; *sende noget til ~* send sth to the laundry (*el.* to the wash).
vask[2] *sb. (en, -e)* 1. *(køkkenvask)* sink; 2. *(håndvask)* washbasin;
□ ***gå i*** *-en a) (ikke blive til noget, mislykkes)* come to nothing; go by the board, fall through (*fx* our plan went by the board (*el.* fell through)); *b) (være spildt)* go down the drain (*fx* the money (, my attempt) went down the drain); **hælde** *det* **i** *-en* pour it down the sink.
vaskbar *adj.* 1. washable; 2. *(om tapet)* wipeable.
vaske *vb.* 1. wash (*fx* wash the clothes; we are washing today); *(hår også)* shampoo; *(ordne tøjvask)* do the washing (*el.* laundry);
2. *(~ (og stryge) tøj,* F *& glds.)* launder (*fx* she launders for me);
3. *(fig., om penge)* launder;
4. *(*T*: blande kort)* shuffle;
□ *det kan -s* it is washable;
[med sb. & adj.] ~ ***hænder*** wash one's hands; *(am. også: ansigt og hænder)* wash up, clean oneself up; *jeg -r mine hænder (fig.)* I wash my hands of it; *den ene hånd -r den anden* one hand washes the other; *~* ***hår*** shampoo (*el.* wash) one's hair; give one's hair a shampoo; *~* ***sorte penge*** *hvide* launder money; *~ noget* ***rent*** wash sth clean; *~ én ren (fig., neds.: dække over)* whitewash sby; *~ én ren for en beskyldning* clear sby of a charge; *~ tavlen ren se viske*;
[med præp. & sig] ~ ***af*** *a)* wash (*fx* the dishes); *b) (overflade)* wash down (*fx* the walls); *c) (snavs etc.)* wash off (*fx* the dirt; a stain); *~* ***for*** *folk* take in washing; *~ for en* do sby's washing; *~ ren for se ovf.*; *~* ***om*** *en* do sby's washing; *~* ***op*** *a)* wash up; *(am.)* do the dishes; *b) (generelt)* wash dishes (*fx* I don't like washing dishes); *~* ***sig*** wash, have a wash; *(am. også: ansigt og hænder)* wash up, clean oneself up; *som har -t sig (ɔ: storartet, stor)* whacking (*fx* a whacking dinner).
vaskeanvisning *(på tøj)* care label.
vaskeautomat *(til bil)* carwash.
vaskebalje wash tub.
vaskebjørn *(zo.)* racoon.
vaskebræt washboard.
vaskebørste *(til bil)* brush; *(med gennemløb)* hose brush.
vaskedag washing day.
vaskefad = *vandfad.*
vaskehus wash house.
vaskekedel wash boiler.
vaskeklud (face) flannel, facecloth; *(am.)* washcloth.
vaskekone washerwoman; F laundress.
vaskekumme washbasin, hand basin; *(am.)* washbowl, sink; *(fagl.)* lavatory (basin).
vaskemaskine washing machine.
vaskemiddel detergent.
vaskeprogram washing programme, wash cycle.
vaskepulver washing (*el.* soap) powder.
vaskeri *sb. (et, -er)* laundry.
vaskerimaskiner *sb.pl.* laundry machinery.
vaskeriregning laundry bill.
vaskerum 1. *(til tøjvask, i etagehus)* laundry; 2. *(til at vaske sig i)* washroom.
vaskeseddel laundry list.
vaskesilke washing silk.
vaskeskab *(i køkken)* sink unit.
vaskeskind wash leather.
vaskeskindshandsker wash-leather gloves.
vaskesuger plunger.
vaskesvamp sponge.
vasketøj washing, laundry.
vasketøjskurv laundry basket, linen basket.
vaskevand 1. wash water; 2. *(snavset)* slops pl.
vaskeægte 1. *(om farve)* fast; 2. *(ægte)* genuine (*fx* it is genuine leather; he is a genuine Chinese); 3. *(gennemført)* out-and-out, thorough-going (*fx* fool, villain).
vasomotorisk *adj.* vasomotor.
vat *sb. (et)* 1. cotton wool, cotton; *(am.)* absorbent cotton; 2. *(pladevat)* wadding;
□ *pakke én ind i ~ (fig.)* wrap sby up in cotton wool.
vater *sb.: i ~* level; *stille i ~* level.
vaterpas *sb. (et, -ser)* (spirit) level.
Vatikanet the Vatican.
Vatikanstaten the Vatican State.
vatnisse *(pjok)* wimp.
vatpind 1. swab (stick); 2. *(til at rense ører etc. med)* cotton bud.
vatret *adj.* watered, moiré.
vatskulder padded shoulder.
vattere *vb. (tæppe etc.)* quilt;
□ *-t jakke* quilted jacket; *-t tæppe* quilt.
vattering *sb. (en, -er)* 1. wadding; 2. *(med stikninger)* quilting.
vattersot *sb. (en) (glds. med.)* dropsy.
vattersot(t)ig *adj.* dropsical.
vattet *adj.* 1. *(om person, holdning)* wimpish; 2. *(om lyd)* muffled.
vattæppe quilt.
vaudeville *sb. (en, -r)* vaudeville; *(NB på am. betyder* vaudeville *oftest varieté).*
ve[1] *sb. (en, -er) (fødsels-)* (labour) pain (*fx* with the next labour pain the baby was expelled; she was having labour pains);
□ *have -er (også)* be in labour.
ve[2] *sb. (et): hans ~ og vel* his welfare.
ve[3] *interj.* woe (*fx* oh woe! the car broke down!);
□ *~ den er prøver at snyde!* woe betide (*el.* woe to) anyone who tries to cheat! *~ mig!* woe is me! *~ de besejrede!* woe to the vanquished! vae victis!
ved[1] *sb. (et)* wood; *(se også bål).*
ved[2] *præp.* 1. *(om sted)* at (*fx* at the end of the street; at the next station);
(ved siden af, henne ved) by (*fx* he sat at his writing table by the window; sit by the fire; he lives by the sea (, the river); by the roadside);
(om beliggenhed ved flod, kyst etc.) on (*fx* the towns on the Thames (, on the Channel); their

house is right on the sea (, road); on the Scottish border); *(se også grænse[1], nær[2] (ved))*;
2. *(om tid)* at (*fx* at dawn, at his death, at midnight, at the outbreak of the war; at the sight of her); *(NB ofte omskrives til bisætning, fx ~ krigens udbrud* when the war broke out; *~synet af hende* when he saw her*)*;
(lige efter) on (*fx* on (*el.* at) our arrival in London; on his return); *(senest; inden)* by (*fx* you must be here by five; by this time tomorrow; by the end of the war the country was almost bankrupt); *(omtrent ved)* about, around (*fx* about (*el.* around) this time tomorrow);
3. *(om lejlighed)* at (*fx* at the concert, at the party, at the funeral); *(ɔ: da noget foregik: omskrives til bisætning, fx ved fjernelsen af låget* when the lid was removed*)*;
4. *(om ansættelse, arbejdssted)* at (*fx* teacher at a school, professor at a university, doctor at a hospital; he is at the Royal Theatre); on (*fx* a job on the railway (, on a newspaper); he is on the stage); in (*fx* he is in the Army (, the Navy); he is in agriculture; F professor of English in the university of Durham); *(NB rektor ~ en skole* headmaster of a school*)*;
5. *(om middel)* by (*fx* powered by electricity; read by lamplight; vote by show of hands; take (, seize, grasp) him by the collar; live by writing); through (*fx* through their influence); *(NB ofte omskrives til bisætning, fx ved at gøre dette* by doing this, when you (etc.) do (, did) this*)*;
6. *(i færd med)* at (*fx* he was at his work; while you are at it); *(i færd med at nyde)* over (*fx* discuss it over a cup of coffee (, a glass of beer));
7. *(om punkt på skala)* at (*fx* at this speed; at high temperatures);
8. *(om egenskab)* about (*fx* there is something funny about him; what I like about him is his honesty; what is so special (, wonderful etc.) about that?);
□ ***det** er det sjove (, vanskelige) ~ det* that is the funny (, difficult) thing about it, that is the funny (, difficult) part of it ; *det er det sjove ~ det (også)* that is where the fun comes in; *ham (, den bog) er der **ikke meget** ~* he (, that book) is not very good (*el.* not up to much); *der er **noget** godt ~ ham* he has his good points; *der er noget farligt ved det* it has its dangers; it involves a risk; *ham (, den bog) er der **ikke noget** ~* he (, that book) is no good; ***være** ~ (at) se være; (se også de andre ord hvormed ~ forbindes, fx hjælp, side, slag, sværge).*

ved[3] *adv.: tæt (el. lige) ~ a) (i nærheden)* near by, nearby; *(tættere)* close by (*fx* he lives near (, close) by); close at hand; *b) (+ sb.: i nærheden af)* near; *(tættere)* close to (*fx* he lives near (, close to) the station); *blive ved se vedblive; komme ved se vedkomme; (se i øvrigt de verber som forbindes med ~).*

ved[4] *præs. af vide.*

vedbend *sb. (en, -) (bot.)* ivy.

vedblive *vb.* continue; *(mere* T*)* go on, keep on;
□ *~ (med) at arbejde* keep (*el.* keep on *el.* go on *el.* continue) working; continue to work; *~ at være venner* remain friends; *~ **med** arbejdet* continue the work.

vedblivende *adv.* still.

vederfares *vb. (vederfaredes, vederfaret)* happen to; F befall;
□ *lade én ~ retfærdighed* do sby justice; *lade middagen ~ retfærdighed* do justice to the dinner.

vederhæftig *adj.* reliable, trustworthy.

vederhæftighed *sb. (en)* reliability, trustworthiness.

vederkvæge *vb.* refresh.

vederkvægelse *sb. (en, -r)* refreshment;
□ *en ~ for øjnene* a feast for the eyes.

vederlag *sb. (et, -)* **1.** *(betaling)* payment; F remuneration; *(honorar)* fee; **2.** *(erstatning)* compensation;
□ *til ~ for a) (betaling)* as payment for; F as remuneration for; *b) (erstatning)* in compensation for; *c) (til gengæld for)* in return for; *uden ~* free of charge, gratis.

vederlagsfri *adj.* free.

vederlagsfrit *adv.* free of charge, gratis.

vederstyggelig *adj.* abominable.

vederstyggelighed *sb. (en, -er)* abomination (*fx* it is an abomination);
□ *det var dem en ~* it was an abomination to them, it was anathema to them.

vedføje *vb.* add; F append.

vedgå *vb.* **1.** *(indrømme)* admit (*fx* one's guilt, one's mistake; he admitted (to) having (*el.* admitted that he had) stolen the money); own up to (*fx* one's faults; having stolen the money); F own (*fx* he owned that he was wrong);
2. *(tilstå, bekende)* confess (*fx* he confessed that he had stolen the money; I confess (*el.* admit) that I was scared);
□ *~ arv og gæld* accept the inheritance with the assets and liabilities.

vedgåelse *sb. (en, -r)* admission.

vedholdende *adj.* **1.** *(som man ikke kan standse, ihærdig)* persistent (*fx* attacks, attempts, endeavours, rumours; a persistent cough); *(især positivt om person)* persevering (*fx* he was persevering and reached his goal);
2. *(vedvarende)* prolonged (*fx* applause); F sustained (*fx* applause, attack, efforts, fire).

vedholdenhed *sb. (en) (jf. vedholdende 1)* persistence; perseverance.

vedhæfte *vb.* attach.

vedhæng *sb. (et, -)* **1.** appendage; **2.** *(smykke)* pendant; **3.** *(til armlænke)* charm.

vedhængen *sb. (en)* adherence (*fx* to old customs).

ved-ikker *sb.pl. (ved rundspørge)* don't-knows.

vedkende *vb.: ~ sig* acknowledge (*fx* one's mistake, one's signature; a child); admit (*fx* responsibility for it; the authorship of the book); own up to (*fx* one's faults); *jeg **må** ~ mig* I have to admit (*el.* confess) to (*fx* a dislike of rock music); ***ikke ville** ~ sig* refuse to acknowledge, disown (*fx* one's son); disclaim (*fx* (the) responsibility for it; the authorship of the book).

vedkomme *vb.* concern;
□ *~ sagen* be relevant; *det -r ikke sagen* it is irrelevant; *hvad -r det dig?* what has that to do with you? *(grovere)* what business (*el.* concern) is that of yours? *det -r ikke dig* it does not concern you; *(grovere)* it is no business (*el.* concern) of yours; it is none of your business.

vedkommende[1] *sb. (et): for mit ~* for my part, as far as I am concerned; personally; *for Danmarks ~* in the case of Denmark.

vedkommende[2] *adj.* **1.** *(som det angår, efter sb.)* concerned (*fx* the firm (, person) concerned); in question (*fx* the firm (, person) in question);
2. *(som kommer en ved)* relevant; *(som betyder noget)* meaningful;
3. *(brugt som sb.)* the person (, persons) concerned, the interested party; he (, him), she (, her),

they (, them);
□ *henvend Dem hos rette* ~ apply in the proper quarter.
vedlagt *pf.ptc. af vedlægge.*
vedligehold *sb. (et) = vedligeholdelse.*
vedligeholde *vb.* **1.** *(kundskab, færdighed)* keep up (*fx* one's English, one's singing, one's tennis);
2. *(fortsætte)* keep up (*fx* the attack; a friendship, a tradition);
F maintain (*fx* the attack; a friendship);
3. *(om bygning etc.)* keep up, keep in repair; F maintain (*fx* a road);
□ *godt vedligeholdt* well preserved; *(præd. også)* in good repair; *dårligt vedligeholdt* badly maintained (*fx* flat).
vedligeholdelse *sb. (en, -r)* maintenance; *(især om bygning)* upkeep (*fx* it costs a lot in upkeep).
vedligeholdelsesomkostninger *sb.pl.* costs of maintenance, maintenance costs.
vedlægge *vb. (i brev)* enclose;
□ ~ *brevet kopier af anbefalinger* enclose copies of references; *vedlagt følger* enclosed you will find; *vedlagte* the enclosed.
vedplante *(bot.)* woody plant.
vedrøre *vb. (se også vedrørende)*
1. *(angå, omhandle)* be concerned with, concern (*fx* the report concerned housing); relate to (*fx* his remarks relate to something which happened at the board meeting);
2. *(en sag)* be relevant to (*fx* it is not relevant to the case); *(se også vedkomme)*;
3. *(komme ved)* concern (*fx* it does not concern you); F touch (*fx* something that touches our relationship).
vedrørende *præp.* **1.** concerning (*fx* he wrote to me concerning a delicate matter); *(hdl., jur. også)* re (*fx* your remarks re interest);
2. *(hvad angår)* as regards (*fx* as regards this matter I want to observe...).
vedstå *vb.* **1.** *(stå ved)* abide by (*fx* an agreement, an offer, a promise); stand by; **2.** *se vedkende (sig).*
vedtage *vb.* **1.** *(lov, beslutning)* pass (*fx* a new law, a resolution); *(efter indstilling fra underudvalg)* adopt (*fx* a declaration, a resolution; the conference adopted a document on...);
2. *(om selve afstemningen)* carry (*fx* the resolution was carried unanimously *(enstemmigt)*);
3. *(beslutte)* decide on (*fx* a strike);
4. *(blive enige om)* agree on (*fx* a plan);
□ ~ *at gøre det a) (jf. 3)* decide to do it; *b) (jf. 4)* agree to do it; *de vedtagne former* conventions; *-t med 30 stemmer mod 5* passed (*el.* carried) by 30 votes to (*el.* against) 5.
vedtagelse *sb. (en, -r) (jf. vedtage)*
1. *(jf.1, 2)* carrying; passing, passage (*fx* the passing (*el.* passage) of a bill in Parliament); adoption (*fx* the adoption of a declaration); *(se også indstille[2] (til))*; **2.** *(jf. 3)* decision.
vedtegning (marginal) note.
vedtægter *sb.pl.* **1.** *(gældende regler, fx for forening)* rules; *(for organisation)* regulations; *(am.)* by-laws;
2. *(et aktieselskabs)* articles (of association); *(am.)* by-laws;
3. *(vedtaget af byråd etc.)* by-laws, byelaws; *(am.)* ordinances.
vedtægtsmæssig *adj.* **1.** *(foreskreven)* regular; *(præd.)* in accordance with the regulations (, articles, by-laws);
2. *(efter skik og brug)* conventional, customary; *(præd. også)* established by custom.
vedvare *vb.* continue, last.
vedvarende[1] *adj.* continued (*fx* bombings, protests); continuous (*fx* noise); *(som ikke vil ophøre)* persistent (*fx* attacks, attempts, rain, unemployment);
□ ~ *energi a)* renewable energy (*fx* research into renewable energy); *b) (energikilder)* renewable sources of energy, renewable energy sources, renewables pl.
vedvarende[2] *adv.* continuously; *(stadig)* still.
veg[1] *adj.* weak, yielding.
veg[2] *præt. af vige.*
veget *pf.ptc. af vige.*
vegetabilsk *adj. (attr.)* vegetable (*fx* fat, oil).
vegetar *sb. (en, -er),* **vegetarianer** *sb. (en, -e)* vegetarian; T veggy, veggie.
vegetarianisme *sb. (en)* vegetarianism.
vegetarisk *adj.* vegetarian;
□ *spise* ~ eat vegetarian food.
vegetarrestaurant vegetarian restaurant.
vegetation *sb. (en, -er)* vegetation.
vegetativ *adj.* vegetative.
vegetere *vb.* vegetate.
vegeteren *sb. (en)* vegetating.
veghed *sb. (en)* weakness.
vegne: *alle* ~ everywhere; T all over (the place); *alle* ~ *fra* from everywhere; from all over; *han kommer* ***ingen*** ~ he is not getting anywhere; *(mere* F*)* he is making no progress; *det kommer du ingen* ~ *med* that will get you nowhere; ***på*** *embeds* ~ in one's official capacity; on official business; *på mine (, hans, deres)* ~ on my (, his, their) behalf; *på min vens* ~ on behalf of my friend; *jeg var glad (, flov) på hans* ~ I was glad (, embarrassed) for him.
vej *sb. (en, -e)* **1.** *(anlagt vej, landevej)* road (*fx* cross the road);
2. *(strækning, retning)* way (*fx* part of the way; which way? look the other way);
3. *(afstand)* way (*fx* a long way); distance;
4. *(rute)* way, route; *(se også bane[1])*;
□ *-en til a)* the road to (*fx* London); *b) (fig.)* the way to (*fx* success; the way to a man's heart is through his stomach); *er det her -en til Lingwood?* are we right for Lingwood?
[med sb.] en kilometers ~ about a kilometer; *et stykke* ~ *se stykke[1]*; *[med adj. & pron.] gå sine egne -e se ndf.*; *ad fredelig* ~ *se ndf.*; **hele** *-en* all the way; *der er* ***ingen*** ~ *tilbage (fig.)* there is no turning back; we are at the point of no return; *der er ingen* ~ *udenom* there is no getting round it; we have got to face it; *gå den juridiske* ~ *se ndf.*; ***lang*** ~ *a)* a long way (*fx* it is a long way to Tipperary); *b) (i negative og spørgende udtryk)* far (*fx* is it far to Hull?); *der er lang* ~ *igen* there is along way to go yet; *gå* ***nye*** *-e* find new ways; *ad officiel* ~ *se ndf.*; *gå* ***samme*** ~ *som (også fig.)* go the same way as; *han rejser samme* ~ *som jeg* he is travelling my way; *(se også bred[2])*;
[med vb.] ***finde*** ~ find one's way (*til* to); *-en* ***fører*** *til Hull* the road leads to Hull; *herfra fører ingen* ~ *videre (fig.)* we are at the end of the road; ***gå*** *sin* ~ go; go away; *(især når man er uønsket)* take oneself off; *gå sine egne -e* go one's own way; *gå den juridiske* ~ go in for law; *gå af -en for se ndf.*; *gå samme* ~, *gå nye -e se ovf.*; ***vise*** ~ *a)* show the way; *b) (gå foran)* lead the way; *vise én* ~ show sby the way; *(se også berede, lægge (om))*;
[med præp.] ***ad*** *den* ~ *(ɔ: på den måde)* that way; *erfare ad anden* ~ learn through some other chan-

nel; *ad fredelig* ~ by peaceful means; *ad officiel* ~ through official channels; *hen ad -en a)* along (, up, down) the road; *b) (efterhånden)* as we (, you etc.) go along;
af -en out of the way; *det ville ikke være af -en* it would not be a bad thing; F it would not come amiss; *gå af -en* get out of the way; *gå **af -en for** en* get out of sby's way; *han går aldrig af -en for et glas vin* he never refuses a glass of wine; *han går ikke af -en for noget a)* he is game for anything; *b) (er uden skrupler)* he sticks at nothing; *(se også rydde, skaffe[1])*;
*hjælpe (el. sætte) én **i** ~* give sby a start in life; *være **i -en*** be in the way; *hvad er der i -en?* what is the matter? what is wrong? T what's up? *hvis der kommer noget i -en* if anything should happen (to prevent it); *komme **i -en for** én* get in sby's way; *komme i -en for en kugle* stop a bullet; *stå i -en for én* stand in sby's way; *stå i -en for noget* stand in the way of sth; *være i -en for en* be in sby's way; *der er intet **i -en for at** jeg kan gøre det* there is nothing to prevent me from doing it; *hvad er der **i -en med** ham (, det)?* what is the matter (*el.* wrong) with him (, that)? *der er noget i -en med* there is something wrong with;
***på -en** a)* on the road (*fx* there were a lot of cars on the road; a dead hedgehog was lying on the road); *b) (om sted)* in the road (*fx* I left the bicycle in the road; there is a bump in the road; he lives in our road); *c) (undervejs)* on the (, my, their etc.) way, as we (, they etc.) go (, went) along; *ligge godt på -en se ligge*; *tage på -e* carry on, make a fuss;
***være på** ~ a)* be on the way (*fx* the package is on the way; there is a child on the way); *b) (fig.: under forberedelse)* in the pipeline (*fx* reforms are in the pipeline); *være på rette ~ se ret[4]*;
*et skib **på ~ til** Indien* a ship bound for India; ***på -en til** a)* on one's (*el.* the) way to (*fx* he died on his way to hospital); *b) (sø.)* on her passage to;
***være på ~ til** a)* be on one's way to (*fx* England); *(også sø.)* be bound for (*fx* the plane was bound for Berlin; we were bound for India); *b) (fig.)* be heading for (*fx* political defeat); be well on the way to (*fx* success);
være** (godt) **på ~ til at be well on the way to -ing (*fx* to becoming famous (, mad)); be in a fair way to -ing;
på ~ ud on one's (, its) way out; *komme **til -e*** turn up; *skaffe til -e* procure; *(se også skaffe[1])*; *tjene til dagen og -en se dag (med sb.)*; ***ved** -en* at (*el.* by) the roadside.
vejafgift toll.
vejanlæg road (system).
vejarbejde *sb. (et, -r)* roadworks pl.; *(på advarselsskilt står:)* Road Up; Road under Repair.
vejarbejder roadworker.
vejbane roadway.
vejbeliggenhed *(en bils)* road-holding ability, roadability; road-holding qualities pl.
vejbelægning road surface.
vejbred *sb. (en, -) (bot.)* plantain.
vejbygning roadmaking, road construction.
vejbygningsingeniør highway engineer.
veje *vb.* **1.** weigh (*fx* the parcel weighs two kilos; he weighed the parcel);
2. *(uden objekt)* weigh (*fx* how much do you weigh?);
3. *(fig.)* weigh (*fx* these interests don't weigh in the matter); carry weight;
□ ~ *sine ord* weigh one's words; *-t og fundet for let* weighed and found wanting;
[med præp. & adv.] ~ ***af*** weigh out (*fx* apples, rations); ~ ***for og imod** se for[4]*; ~ ***ind*** weigh in; ~ *de to ting **op imod** hinanden* weigh the two things against each other; *det kan ikke -s **op med** guld* it is worth its weight in gold; *det -r godt **til*** it is rather heavy; *dette argument -r **tungt*** this argument carries great weight.
vejer *sb. (en, -e)* weigher.
vejerbod *sb. (en, -er)* weigh-house.
vejeseddel weight slip.
vejfarende *adj.* **1.** travelling; *(glds.)* wayfaring; **2.** *(brugt som sb.)* traveller; *(glds.)* wayfarer; *(trafikant)* road user.
vejfond road fund.
vejgaffel fork (of a road).
vejgreb grip.
vejgrøft roadside ditch.
vejhøvl road scraper.
vejingeniør highway engineer.
vejkant roadside.
vejkryds crossroads (pl. -).
vejlede *vb.* **1.** *(rådgive)* guide;
2. *(instruere)* instruct;
3. *(praktikant, lærerkandidat, specialeskrivende etc.)* supervise.
vejledende *adj.: bestemmelserne skal kun være ~* the rules are only intended as a guide; ~ *folkeafstemning* consultative (*el.* advisory) referendum; ~ *pris* recommended price.
vejleder *sb. (en, -e) (jf. vejlede)*
1. guide; **2.** instructor; **3.** supervisor;
□ *åndelig ~* spiritual director.
vejledning *sb. (en, -er) (jf. vejlede)*
1. guidance (*om* on, concerning, *fx* the Ministry gave guidance on the interpretation of the new Act; we need guidance from an expert);
2. instruction;
3. supervision;
4. *(bog)* guide (*i* to); handbook;
5. *(brugsanvisning)* directions, instructions pl. (*fx* read the instructions carefully);
6. *(retningslinier)* guidelines pl.;
□ *råd og ~* (help and) guidance; *et ord **til** ~* a word of instruction; ***til** ~ **for*** for the guidance of.
vejlængde distance.
vejmand roadmender.
vejmelding road report.
vejnet network (*el.* system) of roads, road system, road network.
vejning *sb. (en, -er)* weighing.
vejpatrulje road patrol.
vejr[1] *sb. (et) (vejrlig etc.)* weather; *(svarer ofte til)* day (, morning etc.) *(se ndf.)*;
□ *det var (et) **dejligt** ~* it was fine weather, it was a fine day (, morning etc.); ***dårligt** ~* bad weather; ***godt** ~* fine weather; a fine day; *bede om godt ~ (fig.)* cry (for) mercy; ***i al slags** ~* in all weathers; *hvis -et **tillader** det* weather permitting; *~ og **vind*** wind and weather;
[med præp.] ***i -et*** up; up in the air; *(se også bund, næse (med næsen i -et))*; *gå i -et (om pris)* rise, go up; *løbe (el. ryge el. skyde) i -et* spring up, shoot up; *sætte i -et* put up, raise (*fx* the price, the rent); increase (*fx* production); *det satte mit humør i -et* it raised my spirits; *det er varmt i -et* the weather is hot, it is a hot day; ***hen i -et** a) (uden mening)* neither here nor there, nonsense (*fx* his answer (, proposal) was neither here nor there (*el.* nonsense)); *b) (på må og få)* at random; *han talte hen i -et* he was talking through his hat; ***til** -s a)* up, into the air; *b) (sø.)* aloft; *gå til -s a)* go up; F ascend; *b) (sø.)* go aloft; *komme **under** ~ med* get wind of.
vejr[2] *sb. (et) (ånde)* breath (*fx* I hadn't much breath left);

*[med vb.] jeg kunne næsten ikke **få -et*** I could hardly breathe; *få -et igen* recover one's breath; ***holde -et** a) (ikke ånde)* hold one's breath; *b) (af spænding, overraskelse)* catch one's breath; ***tabe -et*** lose one's breath, get out of breath; *det **tager -et fra** en a)* it makes you lose your breath; T it puffs you out (*fx* the climb puffed me out); *b) (fig.)* it takes your breath away; ***trække -et** a)* breathe (*fx* I could hardly breathe); *b) (holde en pause)* draw breath (*fx* he talks incessantly and never draws breath).

vejrberetning *se vejrmelding.*

vejrbestandig *adj.* weatherproof.

vejrbidt *adj.* weather-beaten.

vejre *vb.* **1.** *(få færten af)* scent; **2.** *(snuse)* sniff;
□ *-s bort* vanish, be dissipated; *(se også morgenluft).*

vejrforandring change of (*el.* in the) weather.

vejrforhold *sb.pl.* weather conditions.

vejrguderne *sb.pl. (spøg. svarer til)* the Clerk of the Weather.

vejrhane weathercock.

vejrkort weather chart.

vejrlig *sb. (et, -)* **1.** weather; **2.** *(klima)* climate.

vejrmelding 1. weather report; **2.** *(vejrudsigt)* weather forecast.

vejrmølle windmill;
□ *slå -r* turn cartwheels; *slås med -r* fight (*el.* tilt at) windmills.

vejrprofet weather prophet.

vejrstation weather station.

vejrtjeneste weather (*el.* meteorological) service.

vejrtrækning 1. *(det at trække -et)* breathing; F respiration; **2.** *(enkelt ~)* breath.

vejrudsigt weather forecast.

vejskilt road sign.

vejspærring road block.

vejstabilitet *se vejbeliggenhed.*

vejstrækning stretch of road.

vejsving curve; *(skarpere)* bend.

vejtromle road roller.

vejtræ roadside tree.

vejviser 1. *(bog)* directory; **2.** *(fører)* guide; **3.** *(pæl)* signpost, road sign;
□ *det kan han kikke i -en efter (fig.)* he can whistle for that.

vejvæsenet the Highway Authority.

veksel *sb. (en, veksler)* **1.** *(hdl.)* bill (of exchange); **2.** *(vildtsti)* track;
□ *falsk ~* forged bill; *indenlandsk (, udenlandsk) ~* inland (, foreign) bill; *trasseret ~* draft;
[med vb.] acceptere en ~ accept a bill; *betale en ~* pay (*el.* honour) a bill; *diskontere en ~* discount a bill; *forlænge en ~* prolong (*el.* renew) a bill; ***trække** en ~ på* draw a bill on; *trække (store) veksler på (fig.)* draw (heavily) on; *trække veksler på fremtiden (fig.)* discount the future; *trække for store veksler på (fig.)* make too great demands upon (*fx* sby's hospitality); overtax (*fx* sby's patience); *(se også ride (på)).*

vekselaccept acceptance of a bill (of exchange).

vekselarbitrage arbitrage.

vekselautomat coin changer.

vekselbeløb amount of a bill.

vekseldrift *(agr.)* rotation of crops.

vekselerer *sb. (en, -e)* stockbroker.

vekselererfirma firm of stockbrokers.

vekselfalsk forging of bills.

vekselkiosk bureau de change, change booth.

vekselkontor *se vekselkiosk.*

vekselkurs rate of exchange, exchange rate.

vekselmægler bill broker.

vekselrytter kite-flyer.

vekselrytteri kite-flying;
□ *drive ~* fly kites.

vekselsang *(mus.)* antiphony.

vekselstrøm *(elek.)* alternating current; *(fork.)* AC.

vekselstrømsgenerator *(elek.)* alternator.

vekselstrømsmotor alternating-current motor.

vekseludsteder drawer of a bill.

vekselvarm *adj. (zo.)* poikilothermic.

vekselvirkning interplay, interaction (*mellem* between, of).

vekselvis *adv.* alternately, by turns.

veksle *vb. (se også vekslende)* **1.** *(ombytte)* change (*fx* money); **2.** *(udveksle)* exchange (*fx* glances, letters); **3.** *(uden objekt; skifte)* change (*fx* the weather seemed to change from day to day); *(variere)* vary (*fx* in size, in quality; prices vary from place to place); *(afløse hinanden)* alternate (*fx* rain and sunshine alternated);
□ *kan du ~ en tipundsseddel?* can you change a ten-pound note for me? can you give me change for ten pounds?
*[med præp.] ~ **med*** alternate with (*fx* sunshine alternated with rain); *~ **mellem*** alternate between (*fx* hope and fear); *~ sedlen **til** (el. i) tikroner* change the note into ten-kroner pieces; *~ sine penge til fransk valuta* change one's money into French currency.

vekslen *sb. (en),* **veksling** *sb. (en)* **1.** change (*fx* of money); **2.** *(skiften)* alternation (*imellem* between, *fx* work and sleep; the alternation of seasons).

vekslende *adj.* **1.** varying (*fx* conditions, temperature; with varying success); **2.** *(foranderlig, som tit ændres)* changeable (*fx* moods); **3.** *(som afløser hinanden)* alternating, alternate (*fx* rain and sunshine).

vel[1] *sb. (et)* welfare; *(interesser)* interests;
□ *det almene ~* the common good; *hans ve og ~* his welfare; *hvis du vil dit eget ~* if you know what is good for you; *jeg vil dit ~* I wish you well.

vel[2] *adj. & adv.* **1.** *(godt)* well; **2.** *(formodentlig)* probably (*fx* he is probably ill); *(skeptisk, afvisende)* I suppose (*fx* he is ill, I suppose; I suppose he can; "It was worth it!" "I suppose so"); **3.** *(forhåbentlig)* I hope (*fx* I hope you received the letter?); surely (*fx* surely you don't mean that!); **4.** *(efter benægtet spørgsmål)* do you? has he? is it? (etc.) (*fx* you don't care for him, do you? he hasn't done it, has he? it isn't true, is it?); *(se også synes*[1]*)*; **5.** *(foran "men" = ganske vist)* certainly (*fx* he is certainly clever, but...); it is true (*fx* it is true that he is clever, but...); **6.** *(lidt for, lovlig)* rather (*fx* he is rather young for a headmaster); almost too;
□ *alt ~!* all's well! *~ til mode* at ease;
*[med vb.] du **er** ~ et mandfolk* you are a man, aren't you? *man **har** ~ lov at spørge* there is no law against asking, is there? *han **kan** (, kunne) ~ være fyrre* he may (, might) be forty; *hvad kan det ~ være (, koste)* I wonder what that is (, will cost); *da de **var** ~ ude af byen* once (they were) out of town; ***ville** en det ~* wish sby well; *(se også befinde (sig), leve*[2]*, møde*[2]*)*;
*[med adv.] ~ **aldrig** se aldrig; ~ gjorde jeg **ej**!* (of course) I didn't! *jeg kunne ~ **ikke** få et glas vand?* could I have a glass of water? *du kunne ~ ikke låne mig £50? (også, mere forsigtigt)* I don't suppose you could lend me £50, could you? *du skulle ~ ikke have en cigaret?* you haven't got a cigarette by any chance? *han er **ikke***

rigtig *~ a) (om helbred)* he doesn't feel very well; *b) (om åndsevner,* T*)* he is not all there; ***meget*** *~!* very well! *det kan meget ~ være den sidste chance* it may very well be the last chance; *han er ~* ***nok*** *stor!* isn't he big! *det er ~ nok en bil!* T that is some car! *det var ~ nok pænt af dig!* how kind of you! *du er ~ nok heldig!* lucky you! *det kan jeg ~ nok (ɔ: tøvende)* I suppose I can; *(se også nok[3] 3)*; *gid det var* ***så*** *~! se gid*; *~ gjorde (, kunne etc.) jeg så!* of course I did (, could etc)!

velafbalanceret *adj.* (well-)balanced.

velaflagt *adj.* well-paid.

velafrettet *adj.* **1.** *(om hund)* well-trained; **2.** *(om person)* disciplined.

velan *interj.* well! well then!

velanbefalet *adj.* highly recommended; *(om ansøger, efter sb.)* with good references.

velanbragt *adj.* well-placed; *(bemærkning,* F*)* apposite.

velanskrevet *adj.* well-reputed, highly regarded.

velanstændig *adj.* decent, proper.

velanstændighed *sb. (en)* decency; F propriety, decorum.

velanvendt *adj. (om penge, tid)* well-spent.

velartikuleret *adj.* **1.** well-articulated (*fx* sounds); **2.** *(om person som kan udtrykke sig)* articulate.

velassorteret *adj.* well-stocked.

velbefindende well-being; *(se også velgående).*

velbegavet *adj.* intelligent, bright; *(stærkere)* gifted.

velbegrundet *adj.* well-founded.

velbehag*: finde ~ i* enjoy; *(stærkere)* take delight in; *med ~* with relish (*fx* drink (, eat, smoke etc.) with great relish); T with gusto (*fx* he told us about it with great gusto).

velbehagelig *adj.* pleasing, agreeable;
□ *~ gysen* frisson.

velbehageligt *adv.* luxuriously.

velbeholden *adj.* **1.** *(om person)* safe and sound (*fx* he returned safe and sound); **2.** *(om ting)* intact.

velbekendt *adj.* well-known, familiar (*for* to).

velbekomme *interj. (iron.)* much good may it do you! I wish you joy of it!; *(NB ved måltider bruges ikke noget tilsvarende i England).*

velberåd *adj.: med ~ hu* deliberately, purposely, on purpose.

velbesat *adj.* well-filled.

velbeslået *adj.* T well-heeled;
□ *være ~ (også)* be in funds; be flush with money.

velbetænkt *adj.* well-advised.

velbevandret *adj.* familiar (*i* with); F well versed (*i* in).

velbevaret *adj.* well-preserved;
□ *en ~ hemmelighed* a well-guarded secret.

velbjærget *adj.* affluent.

veldisponeret *adj. (om skriftligt arbejde)* well set-out.

veldrejet *adj.* **1.** shapely (*fx* figure, legs); **2.** *(velformuleret)* well-turned (*fx* compliment).

veldrevet *adj. (fx om restaurant)* well-run.

veldædig *adj.* beneficent;
□ *~ dame* Lady Bountiful.

veldækket *adj.: et ~ bord* a well-provided table.

velegnet *adj.* **1.** *(passende)* suitable (*til* for, *fx* the job, the purpose); **2.** *(kvalificeret)* well qualified (*til* for, *fx* the task; *til at* to).

veletableret *adj.* well-established.

velformet *adj.* **1.** shapely (*fx* legs); **2.** well-formed (*fx* sentence).

velformuleret *adj.* **1.** well-formulated, well-turned (*fx* phrase); **2.** *(om person)* articulate.

velfornøjet *adj.* pleased (as Punch).

velforsynet *adj.* **1.** well-supplied (*fx* ship);
2. *(med stort lager)* well-stocked (*med* with);
3. *(med stort udvalg af varer)* well-assorted;
□ *(tak) jeg er ~ (ɔ: mæt)* I have done very well.

velfortjent *adj.* well-earned, hard-earned (*fx* money; sleep); well-deserved (*fx* reward, punishment);
□ *få sin -e straf* get one's deserts.

velfunderet *adj.* **1.** solid (*fx* firm); sound;
2. *(velbegrundet)* well-founded (*fx* accusation);
3. *(belæst)* well-read, well-grounded;
□ *~ i emnet* well up in the subject.

velfungerende *adj.* **1.** *(om virksomhed, omtr.)* efficient; well-run;
2. *(om person)* who functions well.

velfærd welfare, well-being.

velfærdsstat Welfare State.

velgerning kindness;
□ *det var en ~ (fig.: dejligt)* it was a blessing (*el.* boon) (*fx* to have him here).

velgjort *adj.* well done.

velgørende *adj.* **1.** *(behagelig)* pleasant, refreshing (*fx* informality);
2. *(godgørende)* charitable;
□ *~ organisation (, selskab etc.)* charitable organization, charity; *i ~ øjemed* for charitable (*el.* benevolent) purposes.

velgørenhed *sb. (en)* charity.

velgørenhedsarbejde charity.

velgører *sb. (en, -e)* benefactor;
□ *en menneskehedens ~* a public benefactor.

velgående *sb. (et): i bedste ~ a)* in the best of health, in perfect health; *b) (uskadt)* safe and sound; *han lever stadig i bedste ~* he is still going strong; *drikke på éns ~* drink sby's health.

velhavende *adj.* **1.** well-to-do (*fx* he was born, not of rich parents but of well-to-do parents);
T well-off; *(rig)* rich; *(om solid velstand)* wealthy (*fx* he was not wealthy, but well-off);
2. *(succesrig)* prosperous (*fx* businessman);
□ *en ~ mand (også,* F*)* a man of substance.

velhaver *sb. (en, -e)* well-to-do man;
□ *-e* well-to-do people.

velholdt *adj.* well-kept (*fx* garden); well-preserved (*fx* building); well-maintained (*fx* car, house).

velin *sb. (et)* vellum paper.

velindrettet *adj. (om hus, værelse)* well-appointed.

velinformeret *adj.* well-informed.

velkendt *adj.* well-known, familiar (*for* to);
□ *~ fra* well known from.

velklang harmony; F melodiousness.

velklingende *adj.* harmonious; F melodious.

velklædt *adj.* well-dressed.

velkommen *adj.* welcome (*fx* change, gift, guest; I didn't feel very welcome; you're welcome to use our house);
□ *~! a)* F welcome (*fx* welcome back! welcome to Denmark!); *b) (sagt til private gæster)* it is nice (*el.* good) to see you! I'm glad you could come! *byde (el. hilse) én ~ a)* welcome sby, bid sby welcome; *b) (med ord el. handling)* greet sby (*fx* with a kiss).

velkomst *sb. (en, -er)* welcome;
□ *en varm ~ (også iron.)* a warm welcome (*el.* reception).

velkomsthilsen welcome.

velkomsttale speech of welcome.

velkonserveret *adj.* well-preserved.

velkvalificeret well qualified (*til* for, *fx* the post).

vellagret *adj.* well-seasoned, matured.
vellevned luxurious living, life of luxury.
vellidt *adj.* *(afholdt)* (generally) liked, well-liked; popular (*af* with).
vellignende *adj.* lifelike (*fx* portrait).
vellugt scent; F fragrance.
vellugtende *adj.* sweet-scented; F fragrant; *(parfumeret)* perfumed.
vellyd *se velklang.*
vellykket *adj.* successful (*fx* a successful attempt);
□ *det var meget ~* it was a great success.
vellyst *sb. (en)* pleasure.
vellystig *adj.* sensual; *(stærkere,* F*)* voluptuous; *(liderlig)* lascivious.
vellystning *sb. (en, -e)* sensualist; F voluptuary.
vellønnet *adj.* well-paid.
velmagtsdage *sb.pl.: i hans ~ a)* in his prime; *b) (da han var rig)* in his days of prosperity.
velmenende *adj.* well-meaning.
velment *adj.* well-intentioned, well-meant.
velnæret *adj.* well-fed.
velocipede *sb. (en, -r)* velocipede.
velopdragen *adj.* **1.** well-bred, well-mannered; **2.** *(om barn: artig)* well-behaved;
3. *(om hund)* well-trained;
□ *det er ikke -t at* it is not good form to (*fx* reach across the table).
velopdragenhed *sb. (en)* good manners pl.
veloplagt 1. *(om person, præd.)* in good form (*til* for); **2.** *(om beskrivelse etc. omtr.)* good-humoured.
velordnet *adj.* well-ordered, well-regulated.
velour *sb. (et)* velours.
velovervejet *adj.* considered (*fx* opinion); deliberate (*fx* step);
□ *mindre ~* ill-considered, rash.
velplejet *adj.* **1.** well-cared-for (*fx* hands, nails); trim (*fx* moustache);
2. *(om person)* well-groomed.
velpolstret *adj.* *(tyk)* well-upholstered, well-padded.
velproportioneret *adj.* well-proportioned.
velrenommeret *adj.* well-reputed; reputable (*fx* college, firm); *(efter sb.)* with a (*el.* of) good reputation.
velrettet *adj.* well-directed.
velsagtens *adv.* I dare say; *(skeptisk)* I suppose.
velset *adj.* welcome (*fx* visitor); popular.
velsiddende *adj.* well-fitting.
velsigne *vb.* bless (*fx* God bless you!).
velsignelse *sb. (en, -r)* **1.** blessing; *(rel. også)* benediction (*fx* the Apostolic benediction);
2. *(billigelse)* sanction, approval; T blessing;
□ *give sin ~ til* give one's blessing to; *en Guds ~ af* an abundance of (*fx* food).
velsignelsesrig *adj.* beneficial.
velsitueret *adj. se velhavende.*
velskabt shapely (*fx* figure, legs); well-shaped;
□ *et ~ barn* a fine healthy baby.
velskrevet *adj.* well-written.
velsmag *sb. (en)* **1.** agreeable taste; F savour; **2.** *(det at smage godt)* tastiness.
velsmagende *adj.* tasty; F palatable; *(lækker)* delicious.
velspækket *adj.: en ~ tegnebog* a fat (*el.* well-lined) notecase.
velstand *sb. (en)* wealth, prosperity; F affluence.
velstandskløft wealth gap.
velstandssamfundet the Affluent Society.
velstandsudligning redistribution of wealth.
velstillet, velstående *adj. se velhavende.*
veltalende[1] *adj.* eloquent.
veltalende[2] *adv.* eloquently.
veltalenhed *sb. (en)* eloquence; *(kunst)* rhetoric.
veltilfreds *adj. se tilfreds.*
veltillavet *adj.: ~ mad* well-prepared food; *(kogt el. stegt)* well-cooked food.
veltilpas *adj.* comfortable;
□ *være ~* be at ease.
veltjent *adj.* *(ɔ: som er godt brugt)* well-worn.
veludrustet *adj.* well-equipped;
□ *~ fra naturens hånd* naturally gifted.
veludviklet *adj.* well-developed (*fx* child); *(se også velvoksen).*
velunderrettet *adj.* well-informed (*fx* it is learned from usually well-informed sources).
velvalgt well-chosen (*fx* in a few well-chosen words); appropriate (*fx* name, word); F apposite (*fx* comparison, example, illustration, title);
□ *et ~ udtryk* a happy phrase.
velvilje kindness, good will (*fx* show good will towards him);
□ *med ~* favourably (*fx* they looked favourably on the proposal; the proposal was favourably received).
velvillig *adj.* *(se også velvilligt)*
1. *(venlig)* kind (*fx* reception) (*over for* to); F benevolent (*fx* attitude, smile) (*over for* to(wards));
2. *(positiv)* favourable (*fx* reception) (*over for* to(wards));
3. *(forstående)* sympathetic (*over for* towards, *fx* new ideas);
4. *(ikke fordømmende)* charitable (*fx* the most charitable explanation I could come up with was that he was ill).
velvilligt *adv. (jf. velvillig)*
1. kindly; **2.** favourably (*fx* look favourably on the proposal); **3.** sympathetically; **4.** charitably (*fx* their interest in the subject can be most charitably described as low);
□ *være ~ indstillet over for* be favourably disposed towards, be in sympathy with (*fx* him, the idea); be sympathetic to (*fx* their request).
velvoksen *adj.* good-sized, big.
velvære *sb. (et)* well-being, comfort.
velynder patron.
velærværdighed: *hans ~ pastor Smith* the Reverend John Smith.
vemod *sb. (en el. et)* sadness; F melancholy.
vemodig *adj.* sad (*fx* in a sad mood); F melancholy; *(~ og længselsfuld)* wistful.
vemodighed *sb. (en) se vemod.*
ven *sb. (en, -ner)* friend;
□ *-nerne* (T*: som man går ud med)* the lads (*fx* have a night out with the lads);
[med adj.] min ***gamle*** *~* my old friend; *gamle ~!* old chap! ***gode*** *-ner* friends, good friends; *(stærkere)* great friends; *blive gode -ner med* make friends with; *holde sig gode -ner med* keep on good terms with; *være gode -ner* be (good) friends (*fx* why can't you be friends and play quietly together; she and I are just (good) friends); *være gode -ner med* be friends with, be friendly with; be good (, great) friends with; ***lille*** *~ a) (til barn)* my dear; *(til dreng)* little man; *b) (især truende, også til voksen)* kid (*fx* listen, kid, don't try to be funny!); ***nære*** *-ner* close friends;
[med præp. & som] en ~ ***af*** *mig* a friend of mine; *en ~ af min fader* a friend of my father('s); *en nær ~ af min far* a close friend of my father; *en ~ af Danmark* a friend of Denmark; *en gammel ~ af huset* an old friend of the family, an old family friend; *dele* ***som*** *-ner* share and share alike; *hvad betyder nogle få hundrede kroner* ***mellem*** *-ner?* what is a few hundred

kroner between friends?
vend *sb. (et, -): gå et ~ ud i haven (let glds.)* take a turn in the garden.
vendbar *adj.* reversible (*fx* coat, carpet).
vende *vb. (vendte, vendt)* **1.** turn; **2.** *(blad)* turn over;
□ *vend! a) (nederst på en side)* over; *b) (i brev)* (please) turn over (*fk.* PTO); *~ og* ***dreje*** *sagen a) (om enkelt person)* turn over the matter in one's mind; *b) (om flere)* discuss the matter at great length; *(a + b også,* T*)* chew the matter over; *~ og dreje sig* twist and turn;
[med sb.] ~ ***bunden*** *i vejret se bund*; *~ en* ***pandekage*** turn a pancake; *(i luften)* toss a pancake; *~ én* ***ryggen*** *(også fig.)* turn one's back on sby; *(se også ndf.: ~ ... til)*; *~* ***salaten*** toss the salad; *få et* ***sæt tøj*** *vendt* have a suit turned; *~ en* ***udvikling*** reverse a trend; *vend ansigtet denne* ***vej!*** turn your face this way! *~ hver* ***øre*** *(fig.)* turn (*el.* look twice at) every penny;
[med sig:] ~ ***sig*** *a)* turn; *b) (om vind)* come round, shift; *c) (om paraply)* turn (*el.* blow) inside out; *stemningen har vendt sig* the mood has changed, there has been a change of mood; *(se også blad)*; *jeg ved ikke, hvorhen jeg skal ~ mig* I don't know where to turn; *det får det til at ~* ***sig i*** *mig* it makes my stomach turn; it turns my stomach, my stomach turns at it; *(se også grav)*; *~* ***sig imod*** *a) (fjendtligt)* turn against (*fx* everybody was turning against him); *b) (med bebrejdelser)* turn on (*fx* he turned angrily on me); *c) (~ sin opmærksomhed mod)* turn to (*fx* he turned to the next customer); *d) se ndf.: ~ sig om imod*; *~* ***sig om*** turn (a)round; *(pludseligt)* turn on one's heel; *~* ***sig om imod*** turn towards (*fx* she turned towards me and smiled); *~* ***sig til*** *Gud* turn to God; *~ sig til det bedre* take a turn for the better;
[med præp. & adv.] ~ ***hjem*** return (home);
~ ***imod*** direct to (*fx* direct one's attention (, glance) to sth); *huset -r imod nord (, syd etc.)* the house faces (the) north (, south etc.); *(se også ndf.: ~ ud imod)*;
~ ***om*** turn back; *~* ***om på*** *rækkefølgen* reverse the order;
~ ***op*** *(om spillekort)* turn up; *den forkerte side -r* ***opad*** the wrong side is up; you have the wrong side up; *~* ***op og ned på*** *noget a)* turn sth upside down; *b) (fig.)* turn sth upside down; T turn sth topsy-turvy;
spørgsmålet var ***oppe og*** *~ a) (blev lige berørt)* the question was touched on; *b) (blev diskuteret lidt)* the question was kicked around;
~ ***på*** *en tallerken (el. femøre) se tallerken*;
~ ***rundt*** *a)* turn around; *b) (op og ned)* turn upside down; *(om båd også,* T*)* turn turtle;
~ den anden kind ***'til*** turn the other cheek; *~ ryggen 'til* turn one's back towards (, on) them (, him etc.); *så snart jeg havde vendt ryggen til* as soon as my back was turned;
~ ***tilbage*** *a)* return, come (, go) back; *b) (fig.,* F*)* recur (*fx* the problem kept recurring); *~* ***tilbage til*** *a)* return to; *b) (et emne)* return to; F revert to;
~ ***ud*** *se lodden, vrang*[1]; *~* ***ud og ind på*** *noget* turn sth inside out; *vinduerne -r* ***ud imod*** *(el. ud til) gaden* the windows face (*el.* overlook *el.* look onto *el.* give on(to)) the street.
vendediameter *(bils)* turning circle.
vendefrakke reversible coat.
vendekreds tropic;
□ *den nordlige (, sydlige) ~* the Tropic of Cancer (, Capricorn).
vendekåbe turncoat.
vendepunkt turning point (*fx* it was a turning-point in his career (, life); it marked a turning-point in British political history); *(fig. også)* watershed (*fx* this event became a watershed).
vender *sb. (en, -) (hist.)* Wend.
vendetta *sb. (en, -er)* vendetta.
vendetæppe reversible carpet (, rug); *(jf. tæppe*[1] *1)*.
vendetå *(zo.)* versatile toe.
vending *sb. (en, -er)* **1.** *(drejning)* turning;
2. *(forandring)* turn;
3. *(udtryksmåde)* phrase, expression (*fx* a fixed phrase (*el.* expression)); *(især i pl.)* term (*fx* he condemned their action in strong terms); *(se også holde (holdt i), stående)*;
□ *gå en ~ (ɔ: lille tur)* take a stroll; *(let glds.)* take a turn (*fx* in the garden); *en ~ til det bedre* a turn for the better;
[med adj.] give samtalen en ***anden*** *~* give a new turn to the conversation; *tage en* ***gunstig*** *~* take a favourable turn; ***langsom i*** *-en se ndf.: sen i -en*; *tage en* ***ny*** *~* take a new turn; ***rask i*** *-en a) (ɔ: til at reagere)* quick; T quick off the mark; *b) (ɔ: til at opfatte)* quick on the uptake; ***sen i*** *-en a) (ɔ: til at reagere)* slow; T slow off the mark; *b) (ɔ: til at opfatte)* slow on the uptake; *han var ikke sen i -en* he wasn't slow to react; *i en* ***snæver*** *~* at a pinch.
vendisk *adj. (hist.)* Wendish.
vene *sb. (en, -r) (anat.)* vein.
veneblod venous blood.
Venedig *(geogr.)* Venice.
veneration *sb. (en)* veneration;
□ *have ~ for én* venerate sby, hold sby in veneration.
venerisk *adj.* venereal;
□ *~ sygdom* venereal disease.
venerolog *sb. (en, -er) (med.)* venereologist.
venetianer *sb. (en, -e)*, **venetiansk** *adj.* Venetian.
venezuelaner *sb. (en, -e)*, **venezuelansk** *adj.* Venezuelan.
veninde *sb. (en, -r)* **1.** friend, woman friend; F lady friend;
2. *(kæreste)* girl friend.
venlig *adj. (se også venligt)* **1.** *(rar, hjælpsom)* kind (*fx* action, thought, voice, word; person); *(let glds.)* kindly;
2. *(svagere: venskabelig, imødekommende)* friendly (*fx* attitude, neighbour, nod, smile, welcome; a piece of friendly advice);
3. *(om landskab, værelse)* pleasant;
□ *sende ham en ~ tanke a)* think kindly of him; *b) (taknemligt)* remember him gratefully;
[med være + at] vær så ~ ***at*** *underrette mig* (would you) please inform me; *vil du være så ~ at a)* please (*fx* could you show me the way, please?); would you mind -ing (*fx* would you mind shutting that door?); *b) (let irriteret)* would you kindly (*fx* stop that noise!); *(skarpere)* will you be kind enough to;
[med præp.] det var -t ***af*** *dig at komme* it was so kind of you to come; *være ~* ***mod*** *en a) (jf. 1)* be kind to sby; *b) (jf. 2)* be friendly to(wards) sby.
venlighed *sb. (en, -er)* **1.** *(det at være venlig, jf. venlig 1, 2)* kindness; friendliness;
2. *(venlig handling)* kindness (*fx* do (*el.* show) him a kindness; his many kindnesses to me);
□ *det har man for sin ~ !* that is all (the return) one gets for one's kindness!
venligsindet *adj.* friendly (*fx* na-

tion).
venligt *adv. (jf. venlig)* **1.** kindly; with kindness; **2.** in a friendly way;
□ *de modtog os* ~ they gave us a friendly welcome; ~ *stemt se stemt.*
venligtsindet = *venligsindet.*
vennekreds circle of friends.
vennelag: *i* ~ among friends.
venneløs *adj.* friendless.
venneråd friendly advice;
□ *et* ~ a piece of friendly advice.
vennesæl *adj.* **1.** *(venlig)* kind; friendly; *(jf. venlig)*; **2.** *(selskabelig)* sociable.
vennetjeneste act of friendship, friendly turn.
venskab *sb. (et, -er)* friendship; *(især mellem stater,* F*)* amity;
□ *for gammelt -s skyld* for old times' sake; *slutte (el. knytte)* ~ *med* make friends with; *(mere* F*)* form a friendship with.
venskabelig *adj. (se også venskabeligt)* **1.** friendly (*fx* we had a friendly argument);
2. *(køligere, mere* F*)* amicable (*fx* relations, settlement);
□ *stå på en* ~ *fod med* be on friendly terms with.
venskabelighed *sb. (en) (jf. venskabelig)* **1.** friendliness; **2.** F amicability.
venskabeligt *adv. (jf. venskabelig)* **1.** in a friendly way; **2.** amicably.
venskabsby twin town;
□ *være* ~ *med* be twinned with.
venskabsbånd *sb.pl.* ties of friendship.
venskabsforhold friendly relations pl.
venskabskamp friendly (*fx* we have a friendly next week against Arsenal).
venstre[1] *sb. (et)* **1.** *(venstrefløj)* left (*fx* the far (*el.* extreme) Left);
2. *(parti)* [a Danish Liberal political party].
venstre[2] *sb. (en) (venstre hånd)* the left;
□ *en lige* ~ *(i boksning)* a straight left.
venstre[3] *adj.* left (*fx* his left hand (, cheek, glove)); left-hand (*fx* on the left-hand side of the road);
□ *på* ~ ***hånd*** *a) (ɔ: på* ~ *side)* on one's left, on the left hand, to the left; *b) (bogstaveligt, fx om handske)* on one's left hand; *hustru til* ~ *hånd* morganatic wife;
[med adv. & præp.] ~ ***om!*** left about turn!; *(se også overhale)*; ***til*** ~ *a)* to the left (*fx* look to the left); *b) (på* ~ *side)* on the left (*fx* the church is on the left); *holde til* ~ *a)* keep to the left; *b) (vige ud)* pull out to the left; ***til*** ~ ***for*** to the left of.
venstredrejet *adj. (politisk; attr.)* left-wing, leftist.
venstredrejning **1.** *se venstresving*; **2.** *(fagl., om lys)* laevorotation.
venstreekstremist left-wing extremist.
venstrefløj left wing;
□ *den yderste* ~ the far (*el.* extreme) Left.
venstrehængt *adj. (attr.)* left-hand.
venstrehåndet *adj.* left-handed.
venstrehåndsarbejde **1.** inferior work; **2.** *(lavet for at tjene penge)* potboiler.
venstrehåndssaks left-handed scissors pl.
venstrehåndsslag left-handed blow.
venstreintellektuel *adj. (brugt som sb.)* left-wing intellectual.
venstrekørsel traffic on the left; keeping to the left;
□ *England har* ~ in England traffic keeps (*el.* you keep) to the left.
venstreorienteret *adj.* **1.** left-wing (*fx* politician); leftist;
2. *(brugt som sb.)* left-winger, leftist; *(neds.)* leftie (*fx* anarchists and lefties).
venstreskåren *adj.* left-handed (*fx* screw).
venstrestyret *adj.: en* ~ *bil* a left-hand drive car.
venstrestyring *(af bil)* left-hand drive.
venstresving left-hand turn, left turn; *(også fig.)* swing to the left;
□ ~ *forbudt* no left turn.
venstrevendt *adj.* **1.** *(fig.)* left-wing, leftist (*fx* views); **2.** *(fagl.)* sinistral.
vente[1] *sb.: være i* ~ *a)* be to be expected (*fx* great events are to be expected); *b) (umiddelbart forestående, især om noget truende)* be imminent; *han har skuffelser i* ~ he has disappointments coming to him; there are disappointments in store for him.
vente[2] *vb.* **1.** wait (*fx* wait and see! wait here till I come; we had to wait (for) a couple of hours; it will have to wait till tomorrow); T hold on, hang on (*fx* hold on (*el.* hang on) I shan't be a minute);
2. *(tele.)* wait, hold the line, hold on (*fx* will you hold on or would you like him to call you back?);
3. *(forvente, imødese)* expect (*fx* I am expecting a letter; we expect his arrival any minute; I expected you back yesterday); *(se også forvente)*;
4. *(være i vente for)* be in store for (*fx* there are disappointments in store for him); F await (*fx* a warm welcome awaits you); *(se også ndf.: der -r ham)*;
5. *(om gravid)* be expecting (*fx* she is expecting a baby); be pregnant with (*fx* she was pregnant with our first child at that time);
□ *den skæbne der -r ham* the fate in store for him; *der -r ham en ubehagelig overraskelse* he is in for a nasty surprise; he has got a nasty surprise coming;
[+ sætn.] ~ ***at*** *han vil gøre det* expect him to do it; expect that he will do it; ~ *at enhver gør sin pligt* expect everyone to do his duty;
[i passiv] han ***-s*** *om få timer* he is expected to arrive in a few hours; *det kan næppe -s* it is hardly to be expected; *skibet -s i aften* the ship is due (to arrive) this evening;
[med vb.] det ***kan*** ~ that can wait; there is no hurry about that; *vi kan* ~ *godt vejr i dag* we are in for a fine day; ***lade*** *ham* ~ keep him waiting; let him wait;
[med præp.] ~ *noget* ***af*** expect sth of (, from) (*fx* that is just what I expected of him; expect too much of her; don't expect any sympathy from him); ~ ***efter*** wait for (*fx* that is something worth waiting for); ~ ***med*** *(udsætte)* postpone (*fx* the meeting); *(mere* T*)* put off; *(se også udsætte)*; ~ ***med at*** put off -ing, postpone -ing (*fx* sending the letter); ~ ***på*** wait for (*fx* the others; instructions); *(afvente også,* F*)* await (*fx* instructions); ~ ***på at*** *de skal komme* wait for them to come; ~ ***på*** *en* ***med*** *middagsmaden* wait dinner for sby; *de* ***lod*** ~ ***på sig*** they were long in coming, they were a long time coming; they kept us (, me etc.) waiting;
[med sig] ~ ***sig*** *noget* expect sth; *du kan* ~ *dig!* you'll catch it! you're in for it! you've got it coming (to you)! *hun -r sig* she is expecting; *han kan* ~ *sig en overraskelse, se ovf.: der -r ham...*; *en forsmag på hvad man kan* ~ *sig* a foretaste of what is to come; ~ ***sig af*** expect from (*fx* what can you expect from a person like that?).
venteafdeling *(i hospital)* [ward for patients awaiting transfer].
ventekjole maternity dress.
ventelig *adj.: som -t var* as might have been expected.
venteliste waiting list.

venten *sb. (en)* waiting; wait.
ventepatient [patient waiting for a place in a home].
venteposition*: holde sig i* ~ bide one's time; *sætte projektet i* ~ put the project on hold; *være i* ~ *a) (om person)* be biding one's time, be waiting (one's turn); *b) (om projekt etc.)* be on hold.
ventesal waiting room.
ventetid waiting time (*fx* waiting times of up to six months before admission to hospital); wait (*fx* how long a wait will there be? the average wait (*el.* waiting time) is just an hour).
ventetøj maternity clothes pl.
venteværelse waiting room.
ventil *sb. (en, -er) (tekn., mus.)* valve;
□ *holde en* ~ *åben (fig.)* leave a loophole.
ventilation *sb. (en, -er)* ventilation;
□ *der er dårlig* ~ *i stuen* the room is badly ventilated.
ventilationsanlæg ventilating (*el.* ventilation) plant.
ventilationshul vent hole.
ventilationskanal ventilation duct.
ventilationsrude ventilator.
ventilationsskakt ventilation shaft.
ventilator *sb. (en, -er)* **1.** ventilator; **2.** *(roterende vifte)* fan; **3.** *(køkken-)* extractor fan.
ventilere *vb. (også fig.)* ventilate.
ventrikel *sb. (en, ventrikler) (anat.)* **1.** *(hjerte-, hjerne-)* ventricle; **2.** *(mavesæk)* stomach.
Venus *(myt., astr.)* Venus.
venushår *(bot.)* maidenhair.
venusvogn *(bot.)* monkshood.
venøs *adj.* venous.
veranda *sb. (en, -er)* veranda(h); *(am.)* porch.
verbal *adj.* verbal.
verbalbøjning *(gram.)* verbal inflection.
verbalinjurie *(jur.)* slander.
verbum *sb. (et, verber) (gram.)* verb.
verden *sb. (en, -er)* **1.** world (*fx* they live in different worlds; a world of beauty; the literary world);
2. *(jorden)* the world (*fx* in many parts of the world; travel round the world);
□ **-s** *(+ sup.)* in the world, on earth (*fx* the richest man in the world (*el.* on earth)); *-s ende a) (stedligt)* the end of the earth; *b) (tidsmæssigt)* the end of the world; *det er -s gang* that's the way of the world; *til ingen -s nytte* (of) no earthly use; *al -s rigdom* all the riches in the world; *ingen -s ting* no earthly thing, not a thing;
[med adj. & vb.] den anden ~ the other (*el.* the next) world; *(se også ndf.: af den anden* ~*); den fine* ~ the fashionable world; Society; *den gamle (, nye)* ~ The Old (, New) World; *hele* ~ all the world, the whole world; *(se også ndf.: fra (, i) hele* ~*); så længe* ~ *har* ***stået*** since the beginning of time; *så længe* ~ *står* till the end of time; *nu står* ~ *ikke længere!* well, I never! good Lord!
[med præp.] ***af*** ~ in the world (*fx* it is the easiest thing in the world); *det bedste menneske af* ~ the best man alive, the best of men; *en succes* ***af den anden*** ~ a tremendous success; *(let glds.)* no end of a success;
ikke ***for alt i*** ~ not for anything in the world; not for the world; not for worlds;
fra hele ~ from all over the world;
intet ***i*** ~ nothing in the world;
sætte børn i ~ bring children into the world; *hvad* ***i al*** *~?* what on earth? what in the world? *han lever* ***i en anden*** ~ he moves in a world apart (*el.* of his own); ***i hele*** ~ *a)* all over the world, throughout the world (*fx* known throughout the world); *b) (efter sup.)* in the world (*fx* the most famous actor in the world);
han elskede dette sted ***over alt i*** ~ he loved this spot more than anything in the world; ***overalt i*** ~, ***over hele*** ~ all over the world, the (whole) world over; throughout the world (*fx* known throughout the world);
klog på ~ worldly-wise;
komme til ~ *a) (blive født)* be born; *b) (blive 'til)* come about; F see the light (of day), come into existence;
bringe (el. få) det ***ud af*** ~ *a) (ordne)* settle, dispose of (*fx* the matter); *b) (afslutte)* put an end to (*fx* the dispute); *c) (blive af med)* get rid of (*fx* the remaining problems);
så er det ***ude af*** *~!* that takes care of that!
verdensaltet the universe.
verdensanskuelse philosophy of life; view of the world.
verdensbanken the World Bank.
verdensbegivenhed great historic event.
verdensberømmelse world-wide fame;
□ *vinde* ~ *(også)* win (*el.* gain) an international reputation.
verdensberømt *adj.* world-famous.
verdensberømthed 1. *(ry)* world-wide fame; **2.** *(berømt person)* world-famous person.
verdensbillede 1. picture of the world (*el.* of the universe);
2. *(måde at se på tingene på)* scheme of things (*fx* that doesn't enter into his scheme of things).
verdensborger citizen of the world;
□ *en lille ny* ~ *(ɔ: nyfødt barn)* a little stranger.
verdensdame woman of the world.
verdensdel continent, part of the world.
verdenserfaring experience (*el.* knowledge) of the world, worldly wisdom.
verdensfjern *adj.* **1.** *(upraktisk)* starry-eyed (*fx* idealist); **2.** *(urealistisk)* unrealistic (*fx* theory); *(se også livsfjern).*
verdensformat*: i* ~ of international calibre (*fx* a singer of international calibre); *(især om sport, attr.)* world-class (*fx* author, entertainer, footballer).
verdensfred world peace.
verdenshandel international trade, world trade.
verdenshav ocean.
verdensherredømme world domination, world hegemony.
verdenshistorie history of the world, world history.
verdenshistorisk *adj.* world-historical;
□ ~ *begivenhed* historic event.
verdenshjørne corner of the world (*el.* globe *el.* earth);
□ *de fire -r* the four points of the compass; *fra alle -r* from all the four corners of the earth; from the four quarters of the globe.
verdenskendt *adj.* world-famous.
verdensklasse*: i* ~ ranking among the best in the world; *(især i sport, attr.)* world-class (*fx* boxer, footballer, runner; world-class tennis).
verdenskongres world congress.
verdenskort map of the world.
verdenskrig world war;
□ *første* ~ the First World War, World War I; *(let glds.)* the Great War; *anden* ~ the Second World War, World War II.
verdenskrise world crisis.
verdenslitteratur world literature.
verdensmagt world power.
verdensmand man of the world.
verdensmarked world market.
verdensmester world champion;
□ *-en i sværvægt* the world heavy-weight champion.

verdensmesterskab world championship;
□ *-et i roning* the world rowing championship; *-et i fodbold* the World Cup.
verdensomsejling round-the-world sail; F circumnavigation of the globe.
verdensomspændende *adj.* world-wide, global (*fx* catastrophe).
verdensopinionen world opinion (*fx* defy world opinion).
verdensorden world order;
□ *en ny økonomisk* ~ a new world (*el.* international) economic order.
verdensplan *sb. (et): på* ~ internationally.
verdenspostforeningen the Postal Union.
verdenspressen the international (*el.* world) press.
verdensproduktion world production.
verdensrekord world record (*i* for); *(NB* the world water speed record*)*.
verdensrige empire;
□ *det britiske* ~ the British Commonwealth (of Nations).
verdensrummet space.
verdenssamfundet the international community.
verdenssprog 1. world language (*fx* English is a world language);
2. *(til brug for hele verden)* universal language.
verdensudstilling world exhibition.
verdensur astronomical clock.
verdslig *adj.* **1.** *(mods. åndelig)* temporal (*fx* the temporal power of the state (, of the Pope));
2. *(mods. kirkelig)* secular (*fx* music, affairs; the secular power);
3. *(om sind, interesser etc.)* worldly.
verdsliggøre *vb.* secularize.
verdsliggørelse *sb. (en, -r)* secularization.
verdslighed *sb. (en)* worldliness.
verdsligsindet *adj.* worldly-minded.
verfe *vb.:* ~ *ud* chuck out.
verificerbar *adj.* verifiable.
verificere *vb.* verify.
verificering *sb. (en, -er)* verification.
veritabel *adj.* (F *el. spøg.)* veritable; T regular (*fx* he is a regular thief).
vermut *sb. (en, -ter)* vermouth.
vers *sb. (et, -)* **1.** *(gruppe af linier)* verse (*fx* let us sing the first verse); *(litt. fagsprog)* stanza (*fx* the Spenserian stanza consists of nine lines);
2. *(metrisk linie)* verse (*fx* an iambic verse);
□ ***på*** ~ in verse; *det **synger på** sit sidste* ~ *a) (er snart forbi)* it is nearly over; *b) (er ved at bukke under)* it is on its last legs; it is in its death throes; *han synger på sit sidste* ~ *(ɔ: er døende)* he won't last long.
Versaillestraktaten *(hist.)* the Treaty of Versailles.
versal *sb. (en el. et, -er el. -ier)* capital (letter).
versefod (metrical) foot.
verselinie, **verselære** *(etc.) se verslinie (etc.).*
versemål metre.
versere *vb.* **1.** go round (*fx* the story that is going round); circulate; F be abroad (*fx* there is a rumour abroad (to the effect) that...);
2. *(om retssag)* be pending.
versificere *vb.* versify.
version *sb. (en, -er)* **1.** version;
2. *(oversættelse til modersmålet)* translation;
□ *latinsk* ~ translation from Latin.
verslinie line, verse.
verslære *sb. (en)* prosody.
vertikal *adj.* vertical.
verve *sb. (en)* verve, zest.
vesir *sb. (en, -er) (tyrkisk minister)* vizier.
vesper *sb. (en) (rel.)* vespers pl.
vesperklokke vesper bell.
vest[1] *sb. (en, -e) (klædningsstykke)* waistcoat; *(am.)* vest;
□ *stikke et par glas under -en (let glds.)* put away a glass or two.
vest[2] *sb. & adv. (verdenshjørne)* west;
□ ~ ***for*** (to the) west of; ***fra*** ~ from the west; *(om vind også)* westerly; ***i*** ~ in the west; *lige i* ~ due west; ***mod*** ~ *a) (vendende mod* ~*)* facing (the) west (*fx* a window facing west); west-facing; *b) (i den vestlige del af landet, i vestligere egne) se vestpå;* ~ ***om*** *øen* west of the island; ~ ***til*** *nord* west by north.
vest- 1. west (*fx* side); western (*fx* the western side (, frontier));
2. *(med stednavne)* Western, the West of (*fx* France; Western Sahara); *(om afgrænset område)* West (*fx* Berlin).
Vestafrika West Africa.
vestalinde *sb. (en, -r) (hist.)* vestal (virgin).
Vestaustralien Western Australia.
Vestblokken the Western Bloc.
Vestdanmark Western Denmark, the West of Denmark.
vestelomme waistcoat (, vest) pocket.
Vesten the West.
vesten *adv.:* ~ *for* westward of, west of; ~ *om* round the west of.
vestende west end.
Vestengland the West of England, the West Country.
vestenstorm westerly gale.
vestenvind west wind, westerly wind.
Vesterhavet the North Sea.
vesterlandsk *adj.* western; F occidental.
vesterlænding *sb. (en, -e)* Westerner; F Occidental.
Vesteuropa Western Europe.
vesteuropæisk *adj.* West European, Western European (*fx* the Western European Union).
vestfra *adv.* from the west.
vestfronten the Western Front.
vestgoterne *sb.pl. (hist.)* the Visigoths.
vestgotisk *adj.* Visigothic.
vestgrænse western limit (, frontier, boundary); *(se grænse*[1]*)*.
vestgående *adj.* westbound (*fx* express); westerly, western (*fx* current).
vesthimmel western sky.
vestibule *sb. (en, -r)* entrance hall; F vestibule; *(i hotel)* lounge.
Vestindien the West Indies pl.; the Caribbean.
vestindisk *adj.* West-Indian, Caribbean.
vestkyst west coast.
vestlig *adj. (se også vestligere, vestligst)* **1.** western (*fx* the western part of the country; the western hemisphere);
2. *(om vind & retning)* westerly (*fx* a strong westerly wind; in a westerly direction);
3. *(vendende mod vest)* westward (*fx* on the westward slope); west (*fx* the west side);
□ *i det -e Danmark* in the West of Denmark; *vinden er* ~ the wind is in the west.
vestligere *adj.* more westery (*fx* route); further west;
□ ~ *end* further west than, to the west of, westward of.
vestligst *adj.* westernmost, most westerly.
vestmagterne *sb.pl.* the Western Powers.
vestorienteret *adj. (politisk)* pro-Western.
vestover *adv.* westwards.
vestpå *adv.* **1.** west, to(wards) the west (*fx* it lies far to the west); westwards (*fx* he took the road westwards); *(am.)* westward;

2. *(i den vestlige del af landet etc.)* in the west (*fx* he lives in the west);
3. *(i vestligere egne)* further west;
4. *(ved den vestlige grænse)* on the west (*fx* bounded on the west by a river).
vestre *adj.* western, west.
vestromersk *adj. (hist.)* Western Roman (*fx* Empire).
Vestsahara *(geogr.)* Western Sahara.
vestside west side.
vesttysk *adj.* West German.
Vesttyskland West Germany.
Vestunionen the Western European Union.
vestvendt *adj.* west-facing (*fx* window).
Vesuv *(geogr.)* (Mount) Vesuvius.
veteran *sb. (en, -er)* veteran.
veteranbane preserved (railway) line.
veteranbil *(især 1919-30)* vintage car; *(før 1919, især før 1905)* veteran car.
veteranfly vintage aircraft.
veteranlokomotiv preserved locomotive.
veterinær[1] *sb. (en, -er)* veterinary (surgeon).
veterinær[2] *adj.* veterinary.
veto *sb. (et, -er)* veto (pl. -es) (*mod* of, *fx* the President's veto of the Bill);
□ *nedlægge ~* impose one's veto (*fx* the President imposed his veto); *nedlægge ~ imod a) (pol.)* veto, use one's veto against (*fx* a proposal); *b) (forbyde)* veto (*fx* they vetoed John's plan to sell his motor bike); put a veto on; *han nedlagde ~ mod at vi gik i biografen* he put a veto on our going to the cinema; *opsættende ~* suspensive veto.
vetoret *sb. (en)* (right of) veto;
□ *have ~ over* have a veto over.
vi[1] *pron.* we;
□ *vi alle* all of us; *alle vi* all we (*fx* an opinion which all we of the bourgeoisie share); *vi ved alle* we all know, all of us know.
vi[2] *vb. se vie.*
via *præp.* via, by, through.
viadukt *sb. (en, -er)* viaduct.
vibe *sb. (en, -r)* lapwing, peewit.
vibefedt *sb. (en, -) (bot.)* butterwort.
vibeæg[1] *sb. (et, -)* lapwing's egg (pl. lapwings' eggs).
vibeæg[2] *sb. (en, -) (bot.)* fritillary.
vibrafon *sb. (en, -er) (mus.)* vibraphone; *(især am.)* vibraharp.
vibrafonist *sb. (en, -er) (mus.)* vibraphonist.
vibration *sb. (en, -er)* vibration.
vibrationsfri *adj.* vibrationless.
vibrato *sb. (et, -er) (mus.)* vibrato.
vibrator *sb. (en, -er)* vibrator.
vibrere *vb.* vibrate.
vibreren *sb. (en)* vibration.
vice- vice- (*fx* admiral, chairman, consul, president); deputy- (*fx* chairman, head, manager, mayor, minister,).
vicekonge viceroy.
vice versa vice versa.
vicevært caretaker; *(især am.)* janitor.
vid[1] *sb. (et)* wit;
□ *skræmme ham fra ~ og sans* frighten (*el.* scare) him out of his wits.
vid[2] *adj. (se også videre, videst, vidt)* **1.** wide (*fx* a wide view; go out into the wide world);
2. *(om tøj)* wide (*fx* the skirt is too wide at the waist); full (*fx* sleeves); *(løstsiddende)* loose, loose-fitting (*fx* jacket);
□ *et -t begreb* a broad (*el.* vague) concept; a vague term; *døren står på ~ gab* the door is wide open; *i -e kredse* widely; *(se også horisont).*
vidde *sb. (en, -r)* **1.** *(om mål i tøj)* width (*fx* measure the width of the waist (, neck));
2. *(mods. stramhed)* fullness (*fx* fullness at the elbow); *en nederdel med ~* a full skirt;
-r wide expanses; *de store -r* the wide open spaces.
vide[1] *vb. (ved, vidste, vidst) (se også vidende*[2]*)* know;
□ *jeg gør det ikke,* **at** *du ved det!* I tell you I won't do it, so now you know! *han ved ikke* **bedre** he does not know any better; *han burde ~ bedre* he ought to know better; *jeg ved* **det** I know; *~* ***sig sikker*** know that one is safe; *han ved sig aldrig sikker* he never feels safe;
[med (ikke +) hvad, hvor] ved du ***hvad?*** *a) (ɔ: hør engang)* I'll tell you what; *b) (om noget overraskende)* do you know (*fx* do you know, I met John the other day); *nej, ved du nu hvad! a) (bebrejdende)* really now! that's a bit thick! I like that! *b) (nej bestemt ikke)* oh dear, no; T do me a favour! *hvad ved jeg! (ɔ: det må du ikke spørge mig om)* I couldn't tell; how should I know; T search me! ask me another! *man ved hvad man har, men ikke hvad man får* better the devil you know than the devil you don't know; *og jeg ved* ***ikke hvad*** *(ɔ: efter en opregning)* and what not (*fx* diamonds and rubies and what not); and what have you; and I don't know what all; *jeg ved* ***ikke rigtig hvad (, hvor,*** *hvordan etc.)* I don't quite know what (, where, how etc.); *du ved* ***ikke hvor*** *glad jeg blev* I can't tell you (*el.* you can't imagine) how happy I was; *vi ved* ***aldrig hvor*** *vi har ham (fig.)* we never know where we have got him (*el.* where we are with him);
[med (ikke +) vb.] ***få at*** *~ a)* get to know (*fx* I'll soon get to know what he is up to); *b) (få fortalt)* be told (*fx* I was told nothing); *c) (høre om)* hear of (*fx* I heard of it only yesterday); F learn (of, about) (*fx* as soon as they learnt of the accident; where did you learn the news? when she learnt that he had died); *jeg* ***gad*** *~ se gide; man* ***kan ikke*** *(el. aldrig) ~* you never know, you never can tell (*fx* what he'll do next); T there is no knowing, it's hard to tell; ***lade*** *en ~ a)* let sby know, inform sby; *b) (om bebrejdelse)* give sby to understand (*at* that); *Gud* ***skal*** *~ at* God knows that (*fx* I have tried); *hvis du absolut skal ~ det* if you must know; *hvordan* ***skulle*** *jeg ~ det se skulle; du* ***skulle vel ikke*** *~* do you by any chance know; *hvis du absolut* ***vil*** *~ det* if you must know; *som man vil ~* as is well known; *man* ***vil*** *~* ***at*** *(ɔ: det hedder sig)* it is said that; F it is reported that; *andre ville ~ at* other would have it that;
[med præp. & adv.] ~ ***af*** *erfaring* know from experience; *hvoraf ved du det?* how do you know (that)? *han vil ikke ~ af sin søn* he has disowned his son; *(se også ord);* *~* ***af at*** be aware that, know that (*fx* are you aware that your friends are here? I did not know that he had any relatives); *jeg vil ikke ~* ***af det*** I won't have it; F I will have none of it; *ikke det jeg ved af* not that I know (of) (*el.* am aware);
jeg ved ***godt*** *hvad du mener* I know what you mean; *(stærkere)* I know just (*el.* exactly *el.* precisely) what you mean; *det ved du lige så godt som jeg* you know as well as I do; *det er* ***ikke godt*** *at ~, se ovf.: man kan ikke ~;*
jeg ved ***ikke rigtig*** *hvad jeg skal gøre* I don't know quite what to do; *det ved jeg* ***nu ikke rigtig*** I don't know about that; *jeg ved nu ikke rigtig om det er en fordel (ɔ: er ikke sikker på)* I don't know

that it is an advantage;
jeg ved **med** *mig selv at* I know that, I am conscious that;
den mand du ved **nok** *som var her* you know, the man who was here; *det du ved nok* you know what (*fx* did you bring, you know what?);
~ **om** know of (*el.* about);
det er **ikke til at** ~ *se ovf.: man kan ikke* ~;
hverken ~ **ud eller ind** *a) (være forvirret)* not know which way to turn; be all at sea; *b) (være fortvivlet)* be at one's wits' end;
så **vidt** *jeg ved se vidt.*
vide² *vb.:* ~ *ud se udvide.*
videbegær *se videbegærlighed.*
videbegærlig *adj.* curious; *(præd. også)* eager to learn;
□ *være* ~ *(også, mere* F*)* have an inquiring mind.
videbegærlighed curiosity, thirst for knowledge.
viden¹ *sb. (en)* knowledge (*fx* knowledge is power; he has (an) extensive (, only (a) limited) knowledge of the subject; a knowledge of mathematics will be useful to you).
viden² *adv.:* ~ *om* far (and wide).
vidende¹ *sb. (et)* knowledge (*fx* without my knowledge);
□ **med** *fuldt* ~ deliberately; *med mit* ~|*og vilje* with my knowledge and consent; **mod bedre** ~ in spite of his (, her etc.) knowledge to the contrary; *handle mod bedre* ~ act in bad faith.
vidende² *adj.* **1.** *(som ved meget)* knowledgeable; *(velinformeret)* well-informed; *(belæst)* well-read; **2.** *(medvidende)* knowing (*fx* smile);
□ *være* ~ *om* know (of), be aware of; *være* ~ *om at* know that, be aware that.
videnseksplosion knowledge explosion.
videnskab *sb. (en, -er)* **1.** *(eksakt* ~*, naturvidenskab, generelt)* science (*fx* moderne science; science and technology); *(enkelt)* science (*fx* Government funding for the sciences; the science of physics (, psychology); is cooking (, lexicography) a science or an art?);
2. *(åndsvidenskab, generelt)* scholarship (*fx* his contribution to scholarship); *(enkelt)* branch of scholarship (*fx* literary history is a branch of scholarship); branch of learning;
□ *de humanistiske -er* the humanities; *-ernes selskab (i Engl.)* the Royal Society; *(i Danmark)* the Royal Danish Society of Sciences and Letters.
videnskabelig *adj. (se også videnskabeligt)* **1.** *(natur-)* scientific (*fx* discoveries, instruments, journal, methods, research);
2. *(ånds-)* scholarly (*fx* article, biography, journal; a scholarly treatment of the subject);
□ *udføre -t arbejde* do research.
videnskabelighed *sb. (en) (jf. videnskabelig)* scientific (, scholarly) character (*el.* spirit).
videnskabeligt *adv. (jf. videnskabelig)* **1.** scientifically; **2.** in a scholarly way.
videnskabsgren *(jf. videnskab)* branch of science (, scholarship).
videnskabsmand *(jf. videnskab)* **1.** scientist; **2.** scholar.
videnskabsminister minister of science, science minister.
videnskabsteori theory of science.
video *sb. (en, -er) (bånd, maskine, optagelse)* video.
videobånd video tape.
videobåndoptager **1.** *(til kassette)* video (cassette) recorder; *(især am.)* VCR; **2.** *(professionel)* video tape recorder;
□ *optage på* ~ video.
videokassette video cassette.
videoplade video disc.
videospil video game.
videre¹ *adj. (komp. af vid)* **1.** *(bredere)* wider (*fx* perspective, view, horizon); ampler (*fx* jacket);
2. *(yderligere)* further (*fx* delay, explanation, negotiations);
□ *i* ~ *betydning* in a wider sense.
videre² *adv.* **1.** *(længere frem, ind, etc.)* farther, further (*fx* I can't go any farther);
2. *(ved verber, for at udtrykke fortsættelse)* on (*fx* drive on, go on, march on); go on -ing, keep on -ing, continue -ing (*fx* he went on (*el.* kept on *el.* continued) working); *(se også ndf.: med vb.)*;
□ ~*! (ɔ: fortsæt)* go on! **ikke** ~ *(+ adj.)* not very, not particularly (*fx* it is not very (*el.* particularly) pleasant); not over- (*fx* he was not over-pleased); **ikke noget** ~ not much, nothing much (*fx* there is not much to be seen here; there is nothing much the matter with him); **noget** ~ *(ɔ: meget)* much (*fx* do you see much of one another?); **og så** ~ and so on, et cetera, etc.; *og så* ~ *og så* ~ and so on and so forth;
[forb.med vb.] **bringe** ~ *a) (til næste generation)* pass on; F transmit (*fx* the skills, the common inheritance); *b) (fortælle)* pass on (*til* to); **fortælle** ~ pass on (*til* to); *(se også ndf.: lade gå* ~*)*; **føre** ~ carry on, continue; **give** ~ pass on (*til* to); *give* ~ *til (ɔ: henvise til)* refer to (*fx* refer complaints to the complaints board); **gå** ~ *a)* walk on; F proceed (further); *b) (fortsætte)* go on; F proceed; **lade gå** ~ pass on (*til* to); pass along; *lad det ikke gå* ~*! (ɔ: fortæl det ikke til nogen)* don't let it go any further! F let it go no further! **gå** ~ **med** *a) (fortsætte)* go on with (*fx* one's work); go forward with (*fx* the plan); F proceed with; *b) (udvide, gå længere med)* take further (*fx* I'm going to take the matter further); **komme** ~ *a)* get on, make headway; *b) (blive fortalt til andre)* go further (*fx* this must not go any further); *toget* **kører ikke** ~ the train terminates here; **læse** ~ *a)* read on; *b) (studere)* go (on) to a university (etc.), study; **rejse** ~ *se rejse²*; **sende** ~ *a)* send on; F forward; *b) (med andet transportmiddel)* transship; **sige** *det* ~ pass it on; *ministeren sagde* ~ *at* the minister went on to say that; **sælge** ~ resell, sell again; **var der** ~*?* anything else (I can do for you) sir (, madam)?
[med præp. & adv.] ~ **frem** on, onwards; *(am.)* on, onward; **indtil** ~ *a) (indtil der kommer anden besked)* until further notice; *b) (i et stykke tid)* for some time to come; *c) (på ubestemt tid)* for an indefinite period; *d) (for tiden)* for the time being, for the present; *e) (indtil nu)* so far; up to the present; **med** ~ and so on, et cetera; **uden** ~ *a)* without (any) further ceremony, as a matter of course; F without further ado (*fx* he agreed without further ado); T just like that (*fx* you can't go away just like that); *b) (straks)* at once; F out of hand (*fx* it was rejected (, he was dismissed, they were shot) out of hand); *c) (på stående fod)* offhand (*fx* he wouldn't say offhand that he was prepared to do it).
videre- *(+ vb.) se videre (forb. med vb.), fx videreføre: se videre (føre videre).*
videreforhandling *(videresalg)* resale.
videreforsendelse reforwarding.
videregående *adj.* further, more extensive;
□ ~ *studier* more advanced studies; *de* ~ *uddannelser* further and higher education.
viderekommen *adj.* advanced;

□ *for viderekomne* for advanced students (*fx* a course for advanced students); for advanced learners (*fx* a book for advanced learners).
videresalg resale.
viderværdigheder *sb.pl.* **1.** *(ubehageligheder)* nuisances; **2.** *(besværligheder, modgang)* troubles; F tribulations.
videst[1] *adj. (jf. vid*[2]*)* widest;
□ *i -e forstand* in the widest sense.
videst[2] *adv. (jf. vidt)* farthest; most widely;
□ ~ *muligt* as far as possible.
vidje *sb. (en, -r)* withy, osier.
vidjefletning wickerwork.
vidjekurv wicker basket.
vidne[1] *sb. (et, -r) (person)* witness;
□ ***afhøre*** *-r a) (i retten)* examine (*el.* question *el.* hear) witnesses, take evidence; *b) (om politiet, under efterforskning)* interview witnesses, take statements; ***bære*** ~ *om se vidne*[2] *(om, c)*; ***føre*** *-r* call (*el.* produce) witnesses; *føre en som* ~ put sby in the box; *(am.)* put sby on the stand; *det* ***har*** *han -r* ***på*** he can produce witnesses to that; ***indkalde*** *en som* ~ summon sby as a witness, subpoena sby; ***kalde til*** ~ call to witness (*på at* that); ***møde som*** ~ appear as witness; go in the box; *(am.)* take the stand; ***være*** ~ ***til*** *(være til stede ved)* be present at (*fx* the ceremony, the execution); *(se)* see; F witness (*fx* an accident; a ceremony; a curious scene).
vidne[2] *vb.* **1.** *(i retten)* give evidence, testify; **2.** *(rel.)* witness;
□ ~ *til fordel* ***for*** testify for; ~ ***imod*** testify against (*fx* several witnesses testified against him); ~ ***om*** *a) (vise)* show; *b) (tyde på,)* indicate (*fx* a broken lock indicated (, showed) that the house had been broken into); *c) (bevidne,* F*)* testify to; attest to (*fx* his writings attest to his wide reading); bear witness to (*fx* terrible scars bore witness to the torture he had been subjected to).
vidneafhøring examination of witnesses.
vidneansvar: *under* ~ *(svarer til)* on oath.
vidnefast *adj. (præd.)* proved by evidence.
vidneforklaring testimony; *(især skriftlig)* deposition;
□ *afgive* ~ give evidence.
vidneførsel *sb. (en, vidneførsler)* calling (, examination) of witnesses.
vidnegodtgørelse compensation to witnesses; *(især om rejsepenge)* conduct money.
vidnepligt duty to give evidence.
vidnesbyrd *sb. (et, -)* **1.** *(i skole)* (school) report;
2. *(i retten) se vidneforklaring*;
3. *(tegn)* evidence (*om* of, *fx* it is evidence of his great skill as an architect); F testimony (*om* to, of, *fx* the book is (a) testimony to (*el.* of) his great learning);
4. *(let glds.: udtalelse, anbefaling)* testimonial;
□ *aflægge* ~ *a) (rel.)* witness, make one's witness; *b) (jur.)* give evidence, give testimony; *aflægge* ~ *om* bear testimony to, testify to; *bære* ~ *om a) = aflægge* ~ *om*; *b) (vise)* show signs of, bear marks of (*fx* his suffering).
vidneskranke witness box; *(am.)* witness stand.
vidneudsagn testimony; *(især skriftligt)* deposition.
vidskræmt *adj. (præd.)* frightened out of one's wits.
vidst *pf.ptc. af vide.*
vidste *præt. af vide.*
vidsyn farsightedness.
vidt *adv. (se også videre*[2]*)* wide (*fx* wide open); *(fig.)* widely (*fx* widely different); far (*fx* so far so good; how far is he prepared to go?);
□ ~ *og bredt a)* far and wide; *b) (vidtløftigt)* at great length (*fx* talk at great length about it);
[med adv.] det ville føre ***for*** ~ that would carry (*el.* take) us too far; ***for så*** ~ *a)* as far as it goes (*fx* that is all right, as far as it goes); *b) (egentlig)* really (*fx* it does not matter, really); *c) (på en måde)* in a way (*fx* in a way you are right, but...); ***for så*** ~ ***som*** *a)* in so far as (*fx* in so far as you are interested); *b) (forudsat)* provided that; *så er vi* ***lige*** ~ then we are back again where we started; T then we are back to square one; ***så*** ~ *jeg kan se* as far as I can see; *så* ~ *jeg husker* as far as I (can) remember; *(mere* F*)* to the best of my recollection; *ikke så* ~ *jeg husker* not that I remember; *så* ~ *jeg ved* for all I know, as far as I know; F to my knowledge; *ikke så* ~ *jeg ved* not that I know (of); F not to my knowledge; *(se også skønne)*; *så* ~ *hr. Brown (ved citat)* thus Mr Brown; *så* ~ *om hans tidligere liv* so much for his earlier life; *jeg vil gå så* ~ *som til at sige at...* I will go so far as to say that ...;
[med vb.] ***bringe*** *det* ~ be successful, go far (*fx* he will go far); ***gå for*** ~ go too far; overstep the mark; T take things a bit far; *det* ***går så*** ~ *at* it gets to the point where; ***komme*** ~ ***omkring*** *a)* travel widely; *b) (fig., om forfatter: behandle mange emner etc.)* cover a lot of ground; *det er* ***kommet så*** ~ *at han...* he has got to the point where he...; *så* ~ *kommer det ikke* it won't come to that; *så kom vi så* ~ that was that; ***nå*** ~ *se ovf.: bringe det* ~; *han er nået så* ~ *at han kan gå* he has got to the point where he can walk.
vidtberejst *adj.* widely travelled.
vidtberømt *adj.* far-famed.
vidtforgrenet *adj.* extensive; F widely ramified.
vidtgående *adj.* **1.** extensive (*fx* preparations); **2.** *(alt for ~)* excessive.
vidtløftig *adj.* **1.** *(omstændelig)* detailed (*fx* explanation); *(langstrakt)* long-winded (*fx* speech, account); *(og usammenhængende)* rambling (*fx* speech, account); F diffuse;
2. *(om person: udsvævende)* dissipated; *(løs på tråden,* T*)* fast.
vidtrækkende *adj.* far-reaching.
vidtskuende *adj.* far-sighted.
vidtspændende *adj.* wide-ranging (*fx* interests); extensive (*fx* powers); comprehensive (*fx* organization); far-reaching (*fx* influence).
vidtstrakt *adj.* extensive; F far-flung (*fx* empire).
vidunder *sb. (et, -e)* wonder; *(stærkere)* marvel (*fx* the marvels of nature; a marvel of beauty).
vidunderbarn **1.** child (*el.* infant) prodigy; **2.** *(fig.: dygtig person)* wunderkind, whizz kid.
vidunderland wonderland.
vidunderlig[1] *adj.* wonderful; *(stærkere)* marvellous.
vidunderlig[2], **vidunderligt** *adv.* wonderfully, marvellously (*fx* funny; I slept wonderfully (*el.* marvellously) well);
□ ~ *smuk* lovely; strikingly beautiful.
vidvinkel- wide-angle (*fx* camera, lens).
vie *vb. (ægtevie)* marry (*fx* the vicar married them; they were married in the local church);
□ ~ ***til*** *a) (rel., om helligdom)* dedicate to (*fx* a temple dedicated to the worship of Zeus); consecrate to (*fx* God); *b) (fig.)* devote to (*fx* devote one's life to art (, to working for peace); devote one's

efforts to sth); F dedicate to (*fx* dedicate one's life to God (, to work, to working for peace)); ~ *en til præst* ordain sby; ~ *sig til* devote oneself to, give oneself up to.
vielse *sb. (en, -r)* wedding (ceremony) (*fx* her father performed the wedding); *(mere* F*)* marriage (ceremony) (*fx* the marriage took place in the village church); *(se også borgerlig).*
vielsesattest marriage certificate.
vielsesring wedding ring.
vielsesritual 1. marriage ritual; **2.** *(i kirke)* marriage service.
vietnameser *sb. (en, -e)* Vietnamese (pl. -).
vietnamesisk *sb. (et) & adj.* Vietnamese.
vievand holy water.
vievandskar holy water stoup, aspersorium.
vievandskost aspergillum.
vifte[1] *sb. (en, -r)* fan;
□ *en bred ~ af (fig.)* a wide range of (*fx* activities, courses, possibilities); a wide spectrum of (*fx* opinions).
vifte[2] *vb.* **1.** wave; *(hurtigere)* flutter;
2. *(om vind)* blow gently;
3. *(med vifte)* fan (*fx* she fanned herself);
□ ~ *én **af** (fig.) a) (afvise)* snub sby; T give sby the go-by; *b) (slippe af med)* brush sby off, give sby the brush-off; ~ ***med*** *a)* wave (*fx* a flag, a handkerchief); *b) (truende el. triumferende)* brandish (*fx* a pistol, a pools coupon, a letter); ~ ***væk*** *a)* flick off (*fx* a fly, the crumbs); *(om flue også)* whisk away; *b) (give tegn til at gå)* wave away (*fx* the policeman waved me away).
vifteformet *adj.* fan-shaped;
□ *brede sig ~ ud* fan out.
viftepalme fan palm.
vig *sb. (en, -e)* creek; *(afsides)* cove; *(større)* inlet.
vige *vb. (veg, veget) (se også vigende)* **1.** *(gå tilbage)* fall back (*fx* the enemy fell back); retreat;
2. *(give efter)* give way, yield;
□ *han veg ikke af stedet* he refused to budge; *(se også sæde, tomme)*;
[med præp. & adv.] vig **bort**, *Satan!* get thee hence, Satan! *blodet veg bort fra hendes kinder* the blood drained from her cheeks;
~ ***for*** *a) (holde tilbage for)* give way to (*fx* traffic from the right); *b) (overlade sin stilling til)* give place to (*fx* a younger man); *c) (ved valg)* stand down in favour of; *d) (blive erstattet af)* give way to (*fx* his fear gave way to anger); give place to; *(om noget forældet også)* be superseded by (*fx* the stagecoaches were superseded by (*el.* gave way *el.* place to) the railway); ~ *for fjenden* retreat before the enemy; ~ *pladsen for, se ovf.: ~ for*;
*han veg ikke **fra** hende (el. fra hendes side)* he did not leave her;
~ ***tilbage*** draw back (*fx* they drew back to let him pass; he drew back in horror); *(af frygt også)* shrink back (*for* from); *(pludseligt, forfærdet)* recoil (*for* from, *fx* she recoiled in horror from him); ~ *tilbage for (fig.)* shrink from (*fx* the responsibility; doing sth); *han -r ikke tilbage for noget* he sticks (*el.* stops) at nothing;
~ ***ud*** *(til siden)* swerve;
~ ***uden om*** bypass, sidestep, evade, skirt (*fx* the question); T dodge (*fx* the question);
~ ***udenom*** *(fig.)* be evasive; *(ikke svare klart også)* evade (*el.* dodge) the question; *(ikke tage stilling)* dodge the issue.
vigende *adj. (biol.)* recessive;
□ ~ *hage* receding chin; ~ *kurser (, priser)* falling (*el.* declining *el.* sagging) prices; ~ *tendens (hdl.)* declining (*el.* sagging) tendency.
vigeplads *(på vej)* passing place.
vigepligt [duty to give way to approaching traffic];
□ *A har ~ for B* B has the right of way over A.
vigespor sidetrack, siding.
vignet *sb. (en, -ter)* vignette.
vigte *vb.: ~ sig a)* give oneself airs; *(vise sig)* show off, swank; *b) (ved at kommandere rundt med andre,* T*)* throw one's weight about; ~ ***sig af*** *(prale af)* swank about; boast about; ~ ***sig med*** *(vise frem)* show off, parade (*fx* one's jewels); *(spøg.)* sport (*fx* a gold watch).
vigtig *adj. (se også vigtigst)* **1.** *(betydningsfuld)* important (*for* to, for, *fx* money (, freedom) is important to me; it is important for me to know; fertilizers are important for farming); *(se også betydningsfuld)*;
2. *(indbildsk)* conceited (*af* about); *(storsnudet)* stuck-up;
□ *gøre sig ~* show off.
vigtighed *sb. (en)* **1.** importance;
2. *(indbildskhed)* conceit; self-importance;
□ *af største ~* of the greatest importance (*for* to); F momentous; *(se også afgørende*[1]*).*
vigtigper *sb. (en, -er)* stuck-up fellow; *(skolesprog)* swankpot.
vigtigst *(sup. af vigtig)* most important; *(attr. også)* chief; F principal (*fx* figure, interest, reason); key (*fx* factor, figure); *(om ting også)* main (*fx* the main cause);
□ *det -e* the most important (*el.* main) thing; F the principal thing; what is most important.
vigør *sb. (en): i fuld ~* in good (*el.* fine) form; *ikke i ~* not in form, out of form; *stadig i fuld ~* still active; still going strong.
vikar *sb. (en, -er)* **1.** substitute;
2. *(lærer-)* substitute; *(fast)* supply teacher;
3. *(for læge el. præst)* locum (tenens);
4. *(kontor-)* temporary typist (, secretary etc.); T temp.
vikarbureau temporary employment agency; T temp agency.
vikariat *sb. (et, -er)* **1.** *(lærers)* supply job; **2.** *(for læge el. præst)* locum-tenancy;
□ *han fik et ~ (også)* he got a job as a substitute.
vikariere *vb.* act as a substitute (, locum tenens); *(jf. vikar)* fill in;
□ ~ *for a)* substitute for, cover for (*fx* a teacher who is ill); fill in for; replace (*fx* a colleague who is absent); *b) (fungere som stedfortræder)* deputize for (*fx* the chairman).
viking *sb. (en, -er)* **1.** Viking;
2. *(vinterbader)* winter swimmer.
vikingefærd = *vikingetog.*
vikingeskib Viking ship.
vikingetiden the Viking Age.
vikingetog Viking raid, Viking expedition.
vikke *sb. (en, -r) (bot.)* vetch.
vikkel *sb. (en, vikler)* bunch (*el.* core) of a cigar.
vikle *vb.: ~ **af*** unwind; *(af spole)* unreel; ~ ***fri*** *(el. løs)* disentangle (*af* from); ~ ***ind i*** *a) (pakke ind)* wrap up in (*fx* wrap sth up in paper); *b) (filtre ind i)* entangle in (*fx* she had entangled her hair in the twigs); ~ ***om*** *a) (hylle om)* wrap round (*fx* a scarf round one's neck); *b) (sno om)* twist round; wind round (*fx* wind a thread round sth; wind a bandage round his wrist); *(se også lillefinger)*; ~ ***op*** *a) (ɔ: af)* unwind (*fx* a bandage); *b) (i et nøgle)* wind (*fx* yarn);
[med sig] ~ ***sig ind i*** *a)* wrap oneself up in (*fx* blankets); *b) (filtre ind)* become (*el.* get) entangled in (*fx* the line got entangled in the

branches); ~ *sig ind i selvmodsigelser* get tied up (*el.* entangled) in contradictions; entangle oneself in contradictions; ~ ***sig om*** twist (*el.* wind) itself round (*fx* the rope had twisted (*el.* wound) itself round the propeller); ~ ***sig op*** unwind; ~ ***sig ud af*** *a)* unwrap oneself from (*fx* the blankets); *b) (når man har siddet fast)* get oneself out of, disentangle oneself from (*fx* a net); F extricate oneself from; *c) (fig.)* get oneself out of; F extricate oneself from (*fx* one's difficulties).

viklebatik tie-and-dye.

viklers *sb.pl.* puttees.

vikse *vb.* wax.

viktoriansk *adj.* Victorian.

viktualieforretning, **viktualiehandel** delicatessen (shop).

viktualiehandler *sb. (en, -e)* man who keeps a delicatessen shop; *(omtr.)* pork butcher.

viktualiekælder, **viktualierum** larder.

vil *præs. af ville.*

vild *adj. (se også vildt²)* **1.** wild (*fx* flower, rage, guess, scheme, enthusiasm, exaggeration);
2. *(grum)* fierce (*fx* the dog looks fierce); *(stærkere)* ferocious (*fx* tiger); *(rasende)* savage;
3. *(glds.: uciviliseret)* savage (*fx* tribes);
□ *-e (jf. 3, ɔ: ~ mennesker)* savages;
[med vb.] fare (el. gå) ~ lose one's way, get lost; *føre (el. lede) én ~ a)* make sby lose his way; *b) (fig.)* lead sby astray;
[med sb.] -e dyr a) wild animals; *b) (løver, tigre etc.)* wild beasts; *ikke i min -este fantasi* not even in my wildest dreams; *rigere end jeg i min -este fantasi kunne forestille mig* rich beyond my wildest dreams; *i (el. på) ~ flugt* in a mad scramble; in full (*el.* headlong) flight; *(mil.,* F*)* in a rout; *i ~ forvirring* in total confusion; *(roderi også)* in a shambles; *ikke ti (el. syv) -e heste kunne få slæbt mig derhen* wild horses couldn't (*el.* wouldn't) drag me there; *et -t liv* a wild life; F a dissolute life; *~ strejke* wildcat strike; *(se også jagt², sky¹)*;
*[med præp.] ~ **af** raseri* wild (*el.* mad) with rage; *være ~ **efter*** be mad about (*el.* after *el.* for *el.* on); be wild (*el.* crazy) about; *være ~ **efter at*** be wild to (*fx* he was wild to meet her); *være ~ **med*** be wild (*el.* mad *el.* crazy) about (*fx* old furniture); *jeg er ikke ~ med* I'm not wild about (*el.* keen on) (*fx* that plan); *være ~ **på** kareten se karet.*

vildand *(zo.)* wild duck; *(gråand)* mallard.

vildbasse madcap, daredevil.

vilddyr wild beast.

vildelse *sb. (en)* delirium;
□ *han taler i ~* he is delirious, his mind (*el.* he) is wandering.

vildfarelse *sb. (en, -r)* delusion;
□ *indse sine -r (ɔ: forkerte opførsel)* see the error of one's ways; *rive en ud af -n* enlighten sby; F disabuse sby; *svæve i den ~ at* be under the delusion that.

vildfarende *adj. (moralsk)* erring (*fx* his erring daughter);
□ *en ~ kugle* a stray bullet.

vildfremmed *adj.* **1.** quite strange;
2. *(brugt som sb.)* complete stranger (*fx* he asked a complete stranger).

vildgås *(grågås)* grey lag goose.

vildkat 1. *(zo.)* wild cat; **2.** *(fig. om pige)* tomboy.

vildlede *vb.* mislead.

vildledende *adj.* misleading.

vildmand 1. savage;
2. *(forgæves foretagende)* wild-goose chase (*fx* he had been sent on a wild-goose chase);
3. *(fejltagelse)* mistake;
4. *(noget ikke-eksisterende, let glds.)* mare's nest (*fx* the "discovery" proved to be a mare's nest);
□ *det var en ~ (ɔ: de var gået galt i byen)* they were barking up the wrong tree.

vildmandsskæg hirsute beard.

vildmark wilderness.

vildnis *sb. (et)* **1.** *(tæt krat)* tangle (*fx* the garden was a tangle of ugly shrubs);
2. *(vildmark)* wilderness;
3. *(fig.)* jungle-growth (*fx* the jungle-growth of legal procedure); chaos.

vildrede *sb.: i ~ a) (rådvild)* at a loss (*fx* I am at a loss what to do); all at sea (*fx* I am all at sea with the new rules); *b) (i uorden)* in disorder, tangled; in a tangle (*fx* her hair was in a tangle); *bringe noget i ~* mess sth up; *komme i ~ a) (blive rådvild)* get confused; *b) (komme i uorden)* get tangled up; get messed up.

vildskab *sb. (en)* wildness; *(stærkere)* savagery.

vildskud 1. *(bot.)* sucker; **2.** *(fig.)* aberration.

vildsom *adj.* pathless, trackless (*fx* forest).

vildspor *sb.: lede dem på ~ a)* throw them off the scent; put them on the wrong track; *b) (ved en afledningsmanøvre)* draw a red herring across the track (*el.* trail); ***være på*** ~ be on a false scent, be on the wrong track; be barking up the wrong tree.

vildsvin *(zo.)* wild boar.

vildt¹ *sb. (et)* **1.** game; **2.** *(dyrekød)* venison;
□ *20 stykker ~* 20 head of game; *et ædelt ~* a noble quarry.

vildt² *adv.* **1.** *(rasende)* wildly (*fx* the shark thrashed wildly about); fiercely (*fx* fight fiercely); ferociously (*fx* attack sby ferociously); savagely;
2. *(uhæmmet)* wildly (*fx* he danced (, behaved) wildly; the audience applauded wildly; he rushed wildly about);
3. *(brugt forstærkende,* T*)* wildly (*fx* exaggerated, expensive, romantic; I am not wildly keen on the idea); terrifically (*fx* clever, good, rich); *(se også uenig)*;
□ *~ mange (, meget)* a terrific lot (of).

vildtbestand stock of game.

vildtbiolog game biologist.

vildthandler *sb. (en, -e)* game dealer, poulterer.

vildtpleje game management.

vildtreservat game preserve.

vildtsmag flavour of game;
□ *som har ~* gamy.

vildttyv poacher.

vildttyveri poaching.

vildtvoksende *adj.* **1.** wild; *(præd. også)* growing wild;
2. *(om hår, skæg)* shaggy;
3. *(fig.: som breder sig hastigt)* proliferating (*fx* bureaucracy);
□ *~ skæg (også)* hirsute beard.

vildvin *sb. (en, -) (bot.)* Virginia creeper.

Vilhelm *(hist.)* William;
□ *~ Erobreren* William the Conqueror.

vilje *sb. (en, -r)* will; *(i filosofi også)* volition;
□ *få sin ~* have one's (own) way; *hvis -n er til stede* if the will is there; *(se også ske², sætte (igennem))*;
*[med adj.] selv ikke med den **bedste** ~ af verden* not by any stretch of imagination (*fx* could he be described as an artist); *jeg kan ikke selv med den bedste ~ af verden (el. med min bedste vilje) se hvad det skal forestille* with the best will in the world I can't see what it is supposed to be; *den **frie** ~* free will; *af egen fri ~* of one's own free will; *det har man for sin **gode** ~* that's what comes of try-

ing to help people; *ikke med min gode* ~ not if I can help it; *med lidt god* ~ *kan man godt forstå det* if you stretch your imagination you can understand it; *til trods for hans gode* ~ in spite of his good intentions; *hvis alle viser god* ~ if everybody shows good will, with a bit of good will on all sides (*fx* we can reach an agreement); *for at vise sin gode* ~ to give proof of (*el.* demonstrate) one's good intentions; *han gjorde det ikke af* ***ond*** ~ he meant no harm; *hans* **sidste** ~ his last will and testament;
[med præp.] ***af*** *fri (, ond)* ~ *se ovf.*; **med** ~ on purpose (*fx* he did it on purpose); purposely; by design (*fx* by accident rather than by design); *med min bedste (, gode)* ~ *se ovf.*; **mod** *sin* ~ *a)* against one's will (*fx* you cannot force him to do it against his will); *b) (uvilkårligt)* in spite of oneself (*fx* she smiled in spite of herself); involuntarily; ***uden*** *min* ~ without my consent.

viljefast *adj. se viljestærk.*

viljekraft willpower.

viljeløs *adj.* weak-willed, unresisting;
□ *et -t bytte for* a helpless prey to; *et -t redskab for* a passive tool in the hands of.

viljeløshed *sb. (en)* lack of willpower.

viljesanspændelse effort of will.

viljessag: *det er en* ~ it is a question of will(power).

viljestyrke willpower.

viljestærk *adj.* strong-willed, strong-minded, determined.

viljesvag *adj.* weak-willed.

viljesvaghed weakness of will.

vilkår[1] *sb. (et, -) (betingelse)* condition.

vilkår[2] *sb.pl.* **1.** conditions, terms (*fx* on these conditions (*el.* terms); on equal terms);
2. *(omstændigheder)* circumstances;
□ *ikke på ~!* certainly not! I should think not! T no fear! not on your life! no way!

vilkårlig *adj.* **1.** *(tilfældig)* random (*fx* choice, example);
2. *(egenmægtig)* arbitrary (*fx* decision); high-handed (*fx* treatment of others); *(lunefuld)* capricious; *(tilfældig)* haphazard;
3. *(fremgået af frit valg)* arbitrary (*fx* choice);
□ ***en*** *(, et)* ~ any (*fx* number, point); *en linie der går igennem* ***tre -e*** *punkter* a line passing through three arbitrary points (*el.* any three points).

vilkårlighed *sb. (en, -er) (jf. vilkårlig 2)* arbitrariness; high-handedness; capriciousness; haphazardness.

villa *sb. (en, -er)* **1.** (detached) house, self-contained house, large house;
2. *(stor, herskabelig, især i Syden; også om romersk ~)* villa.

villaby garden city.

villakvarter residential neighbourhood.

villatelt frame tent, family tent.

villaværn suburban protection unit.

ville *vb. (vil, ville, villet)*;
1. *(hjælpeverbum til at betegne ren fremtid; vil: 1. person)* will; F shall; *(2. & 3. person)* will (*fx* he will (*el.* he'll) soon be here; it will never happen); *(præt. ville: 1. person)* would; F should; *(2. & 3. person)* would;
(NB fremtid udtrykkes også med udvidet tid el. be going to, *fx* he is coming tomorrow; it is going to rain*)*;
2. *(vilje, forsæt, hensigt: vil)* want to (*fx* I want to see him now; he had wanted to help);
(især ved nægtelse: vil) will (*fx* he will see you now; he will not (*el.* he won't) see you); *(præt.: ville)* would (*fx* he said he would see me; he would not (*el.* he wouldn't) see me);
3. *(om vilje, i højtideligt sprog)* will (*fx* as God wills; he willed otherwise);
□ ***enten*** *han vil eller ej* whether he wants (*el.* likes) to or not; ***gerne*** ~ *a) (villighed)* be willing to (*fx* I'm willing to talk to him); *b) (høfligt ønske)* would like to (*fx* I would like to see the manager); *(se også gerne)*; *jeg vil* ***have*** *den* I want (to have) it; *jeg vil* ***have at*** *du skal komme* I want you to come; *de vil* ***ikke have at*** *han gør det (ɔ: vil ikke tillade)* they won't let him do it; *jeg vil ikke have at du spiller klaver nu* I don't want you playing the piano now; *(stærkere)* I won't have you playing the piano now; *jeg vil* ***ikke have det*** I won't have it; *(se også have*[2]*)*; ***hellere*** ~ *se hellere*; ***hvad*** *vil du?* what do you want? *hvad vil du mig?* what do you want of me? *man kan hvad man vil* where there's a will there's a way; *han ved hvad han vil* he knows his own mind; *der 'vil* ***noget*** T some (*fx* that is some car!); ***som*** *du vil* as you please (*el.* like); *gør som I vil (ɔ: ofte let irriteret)* please yourselves; ***uden at*** ~ *det* without wanting to, unintentionally;
[med præp. & adv.] han vil ***af*** he wants to get off; *han vil* ***af med*** *den* he wants to get rid of it; *han vil ikke af med bogen* he will not part with the book;
han vil ***forbi*** he wants to pass;
jeg vil ***frem*** *a)* I want to get through; *b) (ɔ: i verden)* I want to get on (in the world);
hvor vil du ***hen?*** *a)* where are you going? *b) (hvad mener du)* what are you driving (*el.* getting) at?
jeg vil ***hjem*** I want to go home; *(ɔ: jeg går nu)* I'm going home;
katten vil ***ind*** the cat wants to come (, get) in; ~ ***ind på*** *se ind*;
vil du ***med?*** are you coming (too)? would you like to come with us (, go with them, join us (, them etc.))? *hvad vil du med den? a) (hvorfor vil du have den)* what do you want it for? (*fx* what do you want that car for?); what do you want to do with it? (*fx* what do you want to do with that knife?); *b) (hvad er dit formål med den)* what is the purpose of it? (*fx* what is the purpose of your book?);
jeg vil ***ned*** I want to get down;
han vil ***til*** *England* he wants to go (*el.* intends to go *el.* is going) to England; *han vil* ***til at*** *gå* he is about to go; he is just going;
han vil ***tilbage*** he wants to go (, get) back;
jeg vil ***ud*** *a)* I want to go out; *b) (slippe væk)* I want to get out.

villet[1] *pf.ptc. af ville.*

villet[2] *adj.* deliberate; F studied (*fx* impertinence).

villig *adj.* willing, ready (*til at* to);
□ *lad det gå lidt -t!* be quick! T get a move on! *jeg skal -t indrømme at jeg var bange* I don't mind admitting that I was afraid.

villighed *sb. (en)* willingness, readiness.

vilter *adj.* wild, flighty;
□ *viltre lokker* unruly locks, rebellious curls.

vimpel *sb. (en, vimpler)*
1. streamer; **2.** *(sø.)* pennant.

vimre *vb.: hunden -de med halen* the dog waggled its tail; *kaninen -de med snuden* the rabbit quivered its nose.

vims *adj. (væver)* nimble; *(hurtig)* quick.

vimse *vb.:* ~ *om a) (travlt)* bustle about; *b) (hurtigt)* scuttle about.

vin *sb. (en, -e)* **1.** wine; **2.** *(bot.)* vine;

□ *husets* ~ wine of the house.
vinavl wine growing; F viticulture.
vinavler *sb. (en, -e)* wine grower.
vinbjerg vineyard.
vinbjergsnegl *(zo.)* edible snail.
vinbonde wine grower.
vinca *sb. (en, -er) (bot.)* periwinkle.
vind[1] *sb. (en, -e)* wind;
□ *-e (tarmluft)* wind; *(med.)* flatus; *[med vb.]* ***blæser*** *-en fra den kant? (fig.)* so that's the way the wind is blowing? *mærke hvad vej -en blæser (fig.)* find out which way the wind is blowing; ***få*** *~ i sejlene a) (i sejlbåd)* catch the wind; *b) (fig.)* get the wind in one's sails, have success; ***give*** *bevægelsen ~ i sejlene* give an impetus to the movement; *-en* ***går*** *om i nord* the wind is shifting to the north; ***slippe*** *en ~* break wind; *det* ***tog*** *-en ud af hans sejl* it took the wind out of his sails; *(se også ryg)*;
[med præp.] ***for -en*** *(sø.)* before the wind; *sprede* ***for alle*** *-e* scatter to the (four) winds; *være* ***i -en*** be highly popular, be the hero of the day; ***med -en*** with the wind, down the wind; *med -ens hast* swift as the wind; *hun løber altid* ***med en halv*** *~ (fig.)* she always gets hold of the wrong end of the stick; *dreje* ***til -en*** *(sø.)* haul the wind.
vind[2] *adj.: ~ og skæv* crooked, wry; *(om træting som har slået sig)* warped.
vindblæst *adj.* wind-swept.
vindbyge squall.
vindbøjtel *sb. (en, vindbøjtler)* windbag.
vinddrejning shift of the wind.
vinde[1] *sb. (en, -r)* **1.** *(hejseværk)* windlass, winch; **2.** *(garnvinde)* reel.
vinde[2] *vb. (vandt, vundet) (se også vindende)*;
1. win (*fx* a prize; a battle, a war, a race; our side is winning);
2. *(opnå)* win (*fx* friends; sby's respect (, admiration, friendship)); gain (*fx* support; he has nothing to gain in the matter); *(sluttelig opnå)* achieve (*fx* fame, an international reputation);
3. *(indvinde, spare)* gain (*fx* we'll gain an hour by taking that route); save;
4. *(om ur)* gain (*fx* the watch (, clock) gains (time); my watch gains five minutes a day);
[med sb.] ~ anerkendelse win (, gain, achieve) recognition; *~ (almindeligt) bifald* win (*el.* meet with) (general) approval; *~ hendes hjerte* win her heart; *han har vundet sin sag* he has won his case; *~ sejr se sejr*; *for at ~ tid* to gain time; *søge at ~ tid* play for time;
[med præp. & adv.] ~ en ***for*** *sin sag (el. for sig)* win sby over; *~* ***frem*** gain ground; make progress; *~* ***i*** *kortspil* win at cards; *~ i lotteriet* win a prize in the lottery; *når jeg engang -r i lotteriet (fig.)* when my (lucky) number comes up; when my ship comes in; *(se også tipning)*; *~* ***ind på*** *en* gain on sby; *~ '****med*** keep up with the others; *~ med tre stemmer (, mål)* win by three votes (, goals); *~* ***over*** *dem* beat them; defeat them; *~* ***på*** *et straffespark* win from (*el.* on) a penalty; *det er der intet vundet* ***ved*** there is nothing to be gained by that; T that doesn't get us anywhere; *han -r ved nærmere bekendtskab* he improves on acquaintance.
vinde[3] *vb. (vandt, vundet) (sno, vikle)* wind.
vindebro drawbridge.
vindebrønd draw well.
vindeltrappe winding (*el.* spiral) staircase.
vindende *adj.* **1.** winning (*fx* the winning team); **2.** *(fig.)* winning, engaging (*fx* smile; his engaging appearance);
□ *have et ~ væsen* have a winning way with one, have winning manners; *hendes ~ væsen* her winning ways.
vindenergi wind energy, wind power.
vinder *sb. (en, -e)* winner; *(se også sikker)*.
vindfang *sb. (et, -)* **1.** *(foran dør: åbent)* windbreak; *(lukket)* weather porch; **2.** *(i ærme)* storm cuff.
vindfløj *sb. (en, -e)* (weather) vane.
vindfælde *sb. (en, -r)* windfall.
vinding[1] *sb. (en) (indtægt)* gain, profit;
□ *for ussel -s skyld* for the sake of filthy lucre.
vinding[2] *sb. (en, -er)* **1.** *(snoning)* winding;
2. *(af spiral, tråd etc.)* turn;
3. *(i skrue)* thread.
vindjakke wind jacket; *(især am.)* windbreaker.
vindkraft wind power.
vindmølle windmill.
vindmøllepark wind farm, wind park.
vindmåler anemometer.
vindpose *(vindretningsviser)* wind sock.
vindpust breath of air, puff of wind.
vindretning direction of the wind, wind direction.
vindrose 1. *(kompasrose)* compass card; **2.** *(meteor.)* wind rose.
vindrue grape.
vindrueklase bunch of grapes.
vindsel *sb. (et, vindsler)* **1.** *(af pap)* card; **2.** *(trisse)* reel;
□ *et ~ garn* a card of wool.
vindside *(sø.)* windward side (*fx* on the windward side).
vindskede *(arkit.)* barge board.
vindskibelig *adj. (driftig)* industrious; thrifty.
vindskibelighed *sb. (en)* industry; thrift.
vindskærm = *vindspejl.*
vindskæv *adj.* crooked, wry; *(om træ: som har slået sig)* warped; *(mat.)* skew.
vindspejl windscreen; *(am.)* windshield.
vindspejlsvasker *se sprinkler 2.*
vindspejlsvisker windscreen wiper; *(am.)* windshield wiper.
vindstille *sb. (et)* calm.
vindstyrke wind force, force of the wind;
□ *~ 10 (etc.)* force 10 (etc.).
vindstød gust of wind; *(stærkere)* blast of wind.
vindtæt *adj.* windproof.
vindtør *adj.* **1.** very dry; **2.** *(indskrumpet)* shrivelled, wizened.
vindtørret *adj.* air-dried.
vindue *sb. (et, -r)* **1.** window; **2.** *(sidehængt)* casement (window); **3.** *(til at skyde op)* sash (window);
□ *med gardiner* ***for*** *-erne* with curtains before the windows; *sove for åbne -r* sleep with the windows open; ***ind ad*** *-t* in through the window; ***ud ad*** *-t*, ***ud af*** *-t* out of the window; *smide pengene ud af -et (fig.: spilde)* throw the money out of the window; throw (*el.* pour) the money down the drain; *det er at smide penge ud af -t (fig.)* that is money down the drain.
vinduesbelysning shop-window lighting.
vinduesdekoration shop-window dressing.
vinduesdekoratør window dresser.
vinduesfordybning window recess.
vinduesglas 1. window glass; **2.** *(fx til butiksruder)* plate glass; **3.** *(i briller)* plain glass (*fx* he bought glasses with plain glass).
vindueskarm 1. *(rundt om vindue)* window frame; **2.** *(den nederste side deraf)* windowsill;

□ *i -en* on the windowsill.
vindueskasse *(med blomster)* windowbox.
vindueskigger, **vindueskikker** voyeur; T peeping Tom.
vinduesmannequin dummy.
vinduesplade window sill.
vinduesplads window seat.
vinduespolerer, **vinduespudser** *sb. (en, -e)* window cleaner.
vinduespynt *(også fig.)* window dressing.
vinduesramme 1. *(omkring hele vinduet)* window frame; **2.** *(om sidehængt vindue)* casement; **3.** *(om skydevindue)* sash.
vinduesrude window pane.
vinduesskilt *(hdl.)* showcard, window card.
vinduesskraber 1. *(til vinduespudsning)* squeegee; **2.** *(til bilruder)* scraper.
vinduessprosse crossbar.
vinduesudstilling window display.
vinduesvisker *sb. (en, -e)* windscreen wiper; *(am.)* windshield wiper.
vindæg wind egg.
vindøjet *adj.* squinting (outward).
vineddike wine vinegar.
vinfad wine cask.
vinflaske wine bottle.
vinge *sb. (en, -r)* **1.** wing; **2.** *(på vindmølle)* arm; **3.** *(propel- etc.)* blade; **4.** *(signal-)* arm; **5.** *(glds. afviser på bil)* (direction) indicator (*fx* put the indicator up; lower the indicator);
□ *fuglen slog med -rne* the bird flapped its wings; *gå på -rne (om flyver)* take off; *tage en under sine -r (fig.)* take sby under one's wing.
vingeben*: tage en ved -et a)* take sby by the scruff of the neck, collar sby; *b) (irettesætte)* take sby to task.
vingefang *sb. (et, -)* wing span.
vingeskudt *adj.* winged.
vingeslag stroke of the wing(s).
vingespids wing tip.
vingesus the whirr of wings;
□ *føle historiens ~* sense the presence of history.
vinget *adj.* winged.
vinglas wineglass.
vingud god of wine.
vingummi wine gum, fruit gum.
vingård vineyard.
vinhandel 1. wine trade; **2.** *(butik)* wine shop.
vinhandler *sb. (en, -e)* wine merchant.
vinhøst vintage.
vink *sb. (et, -)* **1.** *(antydning; råd)* hint; F intimation; *(advarsel,* T*)* tip-off;
2. *(tegn med hånden)* sign, signal; *(hilsen)* wave;
□ *forstå -et* get the hint (*el.* the message); *følge et ~* take a hint; *give en et ~ a)* give (*el.* drop) sby a hint; *b) (advare,* T*)* tip somebody off; give sby the tip; *lade et ~ falde* drop a hint; *han er parat til at lystre (el. adlyde) mit mindste ~* he is at my beck and call; *[med præp.] et ~* ***med*** *en vognstang* a broad hint; *et ~* ***om*** a hint about; *et ~* ***om at*** *a) (+ sætning)* a hint that; *b) (+ inf.)* a hint to (*fx* he got a hint to leave quickly).
vinke *vb.* **1.** *(til hilsen)* wave (one's hand);
2. *(gøre tegn til)* motion (*fx* he motioned them in); *(~ nærmere også)* beckon (*fx* he beckoned and the girl came over; he beckoned me on);
□ *~ farvel til a)* wave goodbye to; *b) (opgive at få)* say goodbye to, kiss goodbye (*fx* you can kiss that money goodbye);
[med præp. & adv.] ~ ***ad*** *en (ɔ: om at komme nærmere)* beckon sby; *der er -t* ***af*** T nothing doing; *han -de mig* ***hen til*** *sig* he motioned (to) me to come nearer; he beckoned me over; *~* ***med*** *hånden til en* wave one's hand at sby; *~* ***til*** *en* wave to (*el.* at) sby; *~ en bil ind* ***til siden*** *(for at standse den)* wave (*el.* flag) down a car (*fx* the police waved (*el.* flagged) down suspect cars; flag down a taxi); *~ en* ***væk*** wave (*el.* motion) sby away (*el.* aside); wave sby off.
vinkel *sb. (en, vinkler)* **1.** angle; **2.** *(redskab)* set square; **3.** *(fig.: synspunkt)* angle (*på* on, *fx* there is another angle on this problem);
□ *den er i ~* T that's O.K.; *ret ~* right angle; *i ret ~ med* at right angles to; perpendicular to; *(se også død², spids², stump²).*
vinkelben side of an angle.
vinkelbygget *adj.* L-shaped.
vinkelformet *adj.* angular; L-shaped.
vinkelhage *(typ.)* composing stick.
vinkelhus L-shaped house.
vinkeljern angle iron.
vinkelmåler protractor.
vinkelret *adj.: ~ på* at right angles to; perpendicular to; *nedfælde (, oprejse) den -te på en linie* drop (, raise) the perpendicular on a line.
vinkelskriver *(glds.)* pettifogger; *(am.)* shyster.
vinkelskruetrækker right-angled screwdriver.
vinkelsliber angle grinder.
vinkelstue L-shaped room.
vinkender connoisseur of wine.
vinkle *vb.* angle (*fx* angle a subject towards young people).
vinkort wine list.
vinkyper 1. *(som har opsyn med vinkælder)* cellarman; **2.** *(tjener)* wine waiter.
vinkælder wine cellar.
vinkøler wine cooler.
vinlager 1. stock of wines; **2.** *(butik)* wine shop.
vinland wine-growing country.
vinløv vine leaves pl.
vinmark vineyard.
vinranke vine.
vinrød *adj.* claret-coloured.
vinsmag winy (*el.* vinous) taste.
vinsmagningskursus wine appreciation course.
vinsprit spirits pl. of wine, spirit of wine.
vinsten tartar;
□ *renset ~* cream of tartar.
vinstok vine.
vinstue *(omtr.)* wine bar.
vinsyre *(kem.)* tartaric acid.
vintapper *sb. (en, -e)* tapster.
vinter *sb. (en, vintre)* winter;
□ *i ~ a)* this winter; *b) (sidste ~)* last winter; *i -en 1994-95* in the winter of 1994-95; *om -en* in (the) winter, during the winter; *til ~* next winter.
vinter- winter (*fx* evening, month, morning, season).
vinterasters *(bot.)* chrysanthemum; *(am.* T*)* mum.
vinterbolig winter residence.
vinterbrug*: til ~ a)* for use in (the) winter; *b) (om tøj etc.)* for winter wear.
vinterdag winter day, winter's day.
vinterdvale hibernation;
□ *ligge i ~* hibernate.
vinterdæk winter tyre.
vinterferie winter holiday.
vinterforråd winter supply.
vinterfrakke winter coat.
vintergrøn *sb. (en, -) (bot.)* wintergreen.
vintergæk *sb. (en, -ker) (bot.)* snowdrop.
vinterhave winter garden, conservatory.
vinterhavn winter harbour.
vinterhi winter lair;
□ *gå (, ligge) i ~* hibernate.
vinterkulde winter cold, cold of winter.
vinterkvarter winter quarters pl.
vinterlandskab wintry scene.
vinterlegene *sb.pl. (de olympiske)* the Winter Olympics.

vinterlig *adj.* wintry.
vinternat winter ('s) night.
vintersolhverv winter solstice.
vintersport **1.** *(enkelt)* winter sport; **2.** *(generelt)* winter sports pl.
vintersportshotel winter sports hotel.
vintersportssted winter sports resort.
vintersæd *(bot.)* winter corn; winter crops pl.
vintersøvn winter sleep, hibernation.
vintertid winter time.
vintertøj winter clothes pl.
vintervej*: vise én -en* send sby about his business.
vintervejr **1.** winter weather; **2.** *(vinteragtigt)* wintry weather.
vinteræble winter apple.
vinyl *sb. (en el. et, -er)* vinyl.
vinylflise vinyl tile.
vinånd spirit of wine; spirits pl. of wine, spirit of wine, ethyl alcohol.
viol *sb. (en, -er) (bot.)* violet; *(se også bly*[2]*).*
violblå *adj.* violet.
violduft smell of violets.
violet *adj.* **1.** *(blålig ~)* violet; **2.** *(rødlig ~)* purple; *(lysere)* mauve.
violin *sb. (en, -er)* violin; T fiddle; □ *første (, anden) ~* first (, second) violin; *spille anden ~ (fig.)* play second fiddle.
violinbue violin bow.
violinbygger *sb. (en, -e)* violin maker.
violinhals neck of a violin.
violinist *sb. (en, -er)* violinist.
violinkasse violin case.
violinnøgle treble clef.
violinspiller violinist.
violinstol bridge of a violin.
violinvirtuos virtuoso on the violin.
violoncel *sb. (en, -ler) (mus.)* cello.
violoncellist cellist.
vippe[1] *sb. (en, -r)* **1.** *(til leg)* seesaw; **2.** *(til udspring)* springboard, diving board; **3.** *(bot.: aks)* ear; □ *han står lige **på** -n* it is touch and go with him; *det var lige på -n* it was touch and go; *springe **ud fra** -n* dive from the board.
vippe[2] *vb.* **1.** *(lege med en vippe)* seesaw; **2.** *(~ op og ned)* bob (up and down) (*fx* the float bobbed on the water; with a slipper bobbing on his toe; the boat bobbed up and down); **3.** *(frem og tilbage el. fra side til side)* rock (*fx* he rocked back on the chair; the boat rocked on the water; he rocked the boat); *(om skib, båd: rulle)* roll; *(blive kastet omkring)* toss; **4.** *(tippe)* tip, tilt (*fx* he tilted his chair back); **5.** *se ndf.: ~ af pinden*; *[med præp. & adv.] ~ en **af** pinden a) (afskedige)* give sby the push; *b) (styrte)* unseat sby, topple sby; *c) (pille ned)* knock sby off his perch; *fuglen -de **med** halen* the bird wagged its tail; *flyet -de med vingerne* the plane wagged (*el.* rocked) its wings; *~ **over** til siden* tip, tilt; *~ **på** stolen* tilt one's chair.
vippearm rocker arm.
vippebræt teeterboard.
vippebrønd well with a sweep.
vippekam *(til øjenvipper)* lash comb.
vippelad dump body; □ *vogn med ~* tipper truck, tip-up lorry, dump truck.
vippeport *(til garage)* (overhead) garage door.
vippevindue pivot window, tilt window.
vips *interj.* hey presto! pop!
vipstjert, **vipstjært** *sb. (en, -er) (zo.)* wagtail.
virak *sb. (en)* **1.** *(røgelse)* frankincense; **2.** *(hyldest)* homage (*fx* the homage he received on his birthday); **3.** *(postyr)* fuss (*omkring* about, over).
viril *adj.* virile.
virke[1] *sb. (et)* work; activity; activities pl. (*fx* his political activities).
virke[2] *vb. (se også virkende)* **1.** *(fungere)* work (*fx* they couldn't make the machine (, system) work); F operate (*fx* the machine is not operating properly (, satisfactorily); I don't know how computers operate; the law operates to their advantage); **2.** *(gøre virkning)* take effect (*fx* the brake (, the drug) began to take effect); act (*fx* the sleeping pill acted swiftly); *(være virkningsfuld)* be effective (*fx* that is the only remedy that is effective); *(især om uheldig virkning)* tell (*fx* the propaganda is beginning to tell); *(se også virkende)*; **3.** *(+ adv.: have en bestemt virkning)* have a (*fx* good, harmful, reassuring) effect, be (*fx* surprising, harmful); **4.** *(+ adj.: synes)* seem, look (*fx* nervous, small, tired); appear; *(lyde)* sound (*fx* her voice sounded affected); *(føles)* feel (*fx* the bag felt heavy; the room feels damp); □ *hvordan -de han?* how did he seem to you? *bremserne -de **ikke*** the brakes did not work, the brakes failed; *[med præp.] det -r **mod** hensigten* it is counterproductive; *~ **på** a)* act on (*fx* the medicine acts on the liver; the forces acting on an aeroplane); influence, affect; *b)se ndf. : ~ beroligende (, pinligt); ~ **tilbage på*** react on; *[med adv., jf. 3] ~ **beroligende*** have a reassuring effect (*på* on); *~ **gavnligt*** have a beneficial effect; *det -r **modsat*** it has the opposite effect; *~ **pinligt*** make a painful impression (*på* on); *[med: som] ~ **som** a) (fungere som)* act as (*fx* he is medically qualified but he does not act as a doctor; he acted as interpreter; it acted as a stimulus; the engine acts as a brake); *b) (uden at være det)* act like (*fx* his words acted on me like a knock on the head); *c) (synes at være)* seem to be (*fx* he seemed to be an honest man; it seemed to be a great surprise); *d) (om person: arbejde som)* work as (*fx* he works as a doctor).
virkeevne efficacy.
virkefelt field of activity, sphere of operation, province.
virkekraft power of action, active power.
virkekreds sphere of action.
virkelig[1] *adj.* **1.** *(mods. tilsyneladende)* real (*fx* who is the real boss? what is the real reason? that is not his real name); **2.** *(mods. mulig; faktisk)* actual (*fx* an actual (*el.* real) event; what is the actual amount (, result)? these are the actual figures, not an estimate); **3.** *(ikke af navn men af gavn)* virtual (*fx* he is the virtual head of the school); □ *det -e liv* real life.
virkelig[2], **virkeligt** *adv.* **1.** *(i virkeligheden)* really (*fx* I want to know what really happened; do you really think so? is it really true?); *(stærkere: rent faktisk; mod forventning)* actually (*fx* can you actually do it? I actually saw it; to my surprise he actually found it) *(der kan også bruges omskrivning med* do, *fx* I did see it; it did happen*)*; **2.** *(forstærkende foran adj. & adv.)* really (*fx* it is really good; he is doing really well); **3.** *(såmænd)* really, actually (*fx* I

don't know, really (*el.* actually));
□ *(nej) ~?* really? *hun havde vist sig som hun ~ var* she had shown herself as she really was (*el.* in her true colours).

virkeliggøre *vb.* realize.

virkeliggørelse *sb. (en, -r)* realization.

virkelighed *sb. (en)* reality;
□ ***-en*** *a) (generelt)* reality (*fx* bring him back to reality); fact (*fx* based on fact; fact is stranger than fiction); *b) (i bestemt sammenhæng)* the reality (*fx* his account was rather different from the reality); the facts; *c) (det virkelige liv)* real life (*fx* the film was not at all like real life);
[med præp.] ***i -en*** *a) (faktisk)* actually, in fact (*fx* it was actually (*el.* in fact) far more difficult; what do you actually (*el.* in fact) know about it?); *b) (mods. tilsyneladende)* really (*fx* he isn't really cross, he is just pretending); in reality (*fx* he thought he was the master, but in reality his wife decided; he looks young, but is in reality older than all of us); *c) (ɔ: i det virkelige liv)* in real life (*fx* the villain in the play was in real life a policeman); *blive* ***til*** *~ a)* be realized (*fx* his plans were realized); F become a reality, materialize; *b) (gå i opfyldelse)* come true (*fx* her dreams came true); *gøre til ~* realize.

virkelighedsfjern *adj.* unrealistic (*fx* scheme); *(præd. også)* detached from reality; *(om person også)* starry-eyed (*fx* idealists).

virkelighedsflugt **1.** escape (from reality); **2.** *(som begreb)* escapism.

virkelighedsnær *adj.* realistic.

virkelighedspræg stamp of reality (*fx* bear the stamp of reality); reality (*fx* the film showed life in the slums with great reality).

virkelighedssans realism.

virkelighedstro *adj.* realistic.

virkelyst energy, enterprise.

virkelysten *adj.* energetic, enterprising.

virkemiddel agent; means (pl. -);
□ *kunstneriske virkemidler* artistic effects; *poetisk ~* poetic device.

virkemåde mode of operation.

virken *sb. (en)* activities pl.; working.

virkende *adj.* active;
□ *hurtigt ~* quick(-acting); *kraftigt ~* strong, very effective; *langsomt ~* slow(-acting); *sikkert ~* infallible, unfailing.

virketrang urge for action; *(se også virkelyst).*

virkning *sb. (en, -er)* **1.** effect (*på* on, *fx* the effect of the drought on the vegetation; cause and effect); *(kraftig indvirkning)* impact (*på* on, *fx* the impact of his speech on the political situation; the impact of the cutbacks; the political impact of the scandal);
2. *(følge)* consequence (*fx* the consequences of this decision);
□ *med god ~* effectively; to good effect;
[med vb.] ***få*** *-er for* affect (*fx* decisions that affect our daily life); ***gøre*** *~* be effective (*fx* the only remedy that was effective); *(især om noget uheldigt)* tell (*fx* the propaganda is beginning to tell); ***have*** *den modsatte ~* have the opposite effect, be counterproductive (*fx* attempts to put pressure on him will be counterproductive); *have den ønskede ~* have the desired effect; ***have*** *den ~* ***at*** have the effect of -ing (*fx* it had the effect of making him more stubborn).

virkningsfuld *adj.* **1.** effective (*fx* remedy, speech, measures); telling (*fx* blow, argument, speech); F effectual (*fx* remedy, argument, measures);
2. *(som gør indtryk)* impressive (*fx* ceremonial, display of strength).

virkningsgrad efficiency.

virkningsløs *adj.* ineffective; *(præd. også)* of no effect; F ineffectual.

virksom *adj.* **1.** *(aktiv)* active (*fx* an active volcano; lead an active life);
2. *(om lægemiddel)* effective; F efficacious, effectual;
□ *tage ~ del i* take an active part in.

virksomhed *sb. (en, -er)* **1.** *(virken)* activity (*fx* volcanic activity; there is little political activity during the summer; brain activity);
2. *(drift)* operation; operations pl. (*fx* commence (, suspend, resume, expand) operations);
3. *(især om uønskede handlinger)* activities pl. (*fx* un-American activities; terrorist activities; the secret activities of the organization; his political activities);
4. *(arbejde)* work; *(beskæftigelse)* occupation;
5. *(foretagende)* enterprise (*fx* small enterprises); concern (*fx* an industrial (, chemical) concern); *(firma)* firm; *(handels-)* business, business enterprise; *(selskab)* company;
6. *(fabrik)* factory;
□ *i (fuld) ~* in (full) action; T in full swing; *sætte ud af ~* put out of action.

virksomhedsbesøg visit to a company (, to companies).

virksomhedsdemokrati industrial democracy.

virksomhedskultur corporate culture.

virksomhedsledelse **1.** management; **2.** *(som fag)* management studies.

virksomhedsnævn works committee.

virksomhedsspil management (*el.* business) game.

virolog *sb. (en, -er)* virologist.

virologi *sb. (en)* virology.

virre *vb.: ~ med hovedet* shake one's head.

virtuel *adj.* virtual.

virtuos[1] *sb. (en, -er)* virtuoso.

virtuos[2] *adj.* brilliant.

virtuositet *sb. (en)* virtuosity, eminent skill.

virtuosmæssig *adj.* brilliant.

virtuosmæssigt *adv.* brilliantly, with virtuosity.

virulens *sb. (en)* virulence.

virulent[1] *adj.* virulent.

virulent[2] *adv.* virulently.

virus *sb. (en el. et, - el. -(s)er el. (fagl.) vira)* virus.

virusinfektion virus infection; *(fagl.)* viral infection.

virussygdom virus disease; *(fagl.)* viral disease.

virvar *sb. (et)* confusion, mess; *(stærkere,* T*)* shambles.

vis[1] *sb. (en) (måde)* way; *(mere* F*)* manner;
□ *på sin ~ a)* in his (, her, etc.) own way; *b) (på en måde)* in a way.

vis[2] *adj. (se også vist)* **1.** *(sikker)* sure (*på* of; *på at* that); *(stærkere)* certain (*på* of; *på at* that);
2. *(ikke nærmere bestemt)* certain (*fx* in certain areas; in certain circumstances; it has a certain charm);
□ *det er ganske -t* it's perfectly true; *det er både -t og sandt (ɔ: det har du ret i)* how right you are; *være ~ i sin sag* be quite sure; *[med sb.] en ~ dr. Jones* a (certain) Dr Jones, one Dr Jones; *det er den -se død* it is certain death; *-se folk* certain (*el.* some) people; *til en ~ grad se grad*; *en ~ interesse* some interest; *før en ~ mand får sko på* at an unearthly hour; *på en ~ måde se måde*; *med en ~ ret* with some justice; *et -t sted* the toilet; T the loo; *han er gået*

et -t sted hen (ɔ: på wc) he has gone to spend a penny; *i -se tilfælde* in some (*el.* certain) cases.

vis[3] *adj. (klog)* wise; *(stærkere,* F*; kun attr.)* sage (*fx* counsel *(råd)*);
□ *de -es sten* the philosophers' stone; *jeg har ikke fundet de -es sten* I haven't got the final answer.

vis-à-vis[1] *adv.* vis-à-vis; facing one another.

vis-à-vis[2] *præp.* opposite, facing.

visdom *sb. (en)* wisdom.

visdomsord word of wisdom.

visdomstand wisdom tooth.

vise[1] *sb. (en, -r)* **1.** song; *(glds. el. spøg.)* ditty; **2.** *(folke-, gade-)* ballad;
□ *den gamle ~ (fig.)* the same old story; *den ~ kender jeg* I've heard that story before.

vise[2] *vb. (viste, vist)* **1.** show (*fx* show me the book (, the way); show sby how to write; show one's ticket; he showed me kindness; show mercy (, joy, anger, contempt));
2. *(automatisk angive)* show, indicate (*fx* the temperature, the pressure);
3. *(bevise)* show (*fx* this shows how false the tale was); prove (*fx* this proves that I was right); F demonstrate (*fx* the need for sth; the truth of sth);
4. *(fortælle)* tell (*fx* the letter tells something about the way his mind works; the episode tells a lot about people's attitude to immigrants);
5. *(lægge for dagen)* show (*fx* courage, one's ignorance, tact); F display (*fx* courage, one's ignorance, tact); exhibit (*fx* courage, signs of guilt); *(tydeligt)* manifest (*fx* a desire, dislike, interest); evince (*fx* intelligence, an interest in sth, an ability to do sth);
6. *(pege)* point;
□ *han viste tydeligt at han var vred* he showed clearly that he was angry;
[med sb. & num.] ~ én døren show sby the door; *~ flaget* show the flag; *termometret -r 10°* the thermometer shows (*el.* registers *el.* stands at) 10°; *det vil tiden ~* time will show (*el.* tell); it remains to be seen; *uret viste 9* the clock stood at (*el.* pointed to) 9; *~ vand* dowse; *(se også klo, omhu, opmærksomhed, sparsommelighed, tand, vej)*;
[med præp. & adv.] ~ ***af*** *(i trafikken)* indicate; *~ én af* turn sby off; *~* ***af til*** *højre (, venstre)* indicate (to turn) right (, left); *~* ***bort*** *se bortvise*; *~* ***fra sig*** *a) (tilbud)* decline; *b) (tanke)* dismiss; *~* ***frem*** show; *(mere* F*)* exhibit; *(pralende)* parade; *~* ***hen til*** refer to; *~ én* ***ind*** show sby in; *~ én* ***rundt*** *(el. om) i huset* show (*el.* take) sby over the house; *~ én* ***til rette*** *se ret*[2]*, tilrettevise*; *~ et angreb* ***tilbage*** repel an attack; *~* ***tilbage til*** *(gram.)* refer to; *~ én* ***ud*** *a) (følge til dørs)* see (*el.* show) sby out; *b) (smide ud)* turn sby out, show sby the door; F expel sby (*fx* from the country); *(se også udvise)*; *~ træer* ***ud*** *(forst.)* mark (*el.* blaze) trees for cutting;
[med sig] ~ ***sig*** *a) (komme til syne)* appear (*fx* a car appeared over the hill; spots appeared on his arm); *b) (kunne ses)* show (*fx* his happiness showed in his smile); *c) (indfinde sig)* show up (*fx* only thirty members had showed up for the meeting); *(mere* T*, især uventet)* turn up (*fx* he didn't turn up during the week-end; guess who turned up at the wedding; you must be willing to take a job if one turns up); *d) (aflægge kort besøg)* put in an appearance; *e) (vise sig offentligt)* show oneself, show one's face (*fx* he dare not show his face there any more); *f) (vigte sig)* show off; *det vil ~ sig* we shall see; it remains to be seen; *det viste* ***sig at*** *(+ sætn.)* it emerged that; it turned out that; *det viste sig at han havde ret* he proved (to be) right; *(især overraskende)* he turned out to be right; *ved en undersøgelse viste det sig at* an examination showed that; *~* ***sig at være*** prove (to be) (*fx* it proved (to be) impossible; he proved to be the right man); *(mere* T*, især overraskende)* turn out to be (*fx* it turned out to be false alarm); *~* ***sig for*** *en* appear to sby; *~* ***sig fra*** *sin bedste side se side*; *~* ***sig i*** *horisonten* appear on the horizon; *(om noget truende)* loom on the horizon; *han viste* ***sig som*** *en sand ven* he proved (himself) a true friend.

visedigter song writer, writer of popular lyrics.

viselig *adv.* wisely.

viser[1] *sb. (en, -e)* **1.** *(på instrument)* pointer, needle;
2. *(på ur)* hand; *den store ~* the minute hand; *den lille ~* the hour hand.

viser[2] *sb. = visér.*

visér *sb. (et, viserer) (sigteredskab)* back sight;
□ *indstille -et* set the sight.

visere *vb.* visa (*fx* a passport).

visering *sb. (en, -er)* visaing.

visesanger singer.

vished *sb. (en)* certainty;
□ *vide med ~* know for certain; *få ~* find out for certain; *få ~ for* have confirmation (, proof) of; *skaffe sig ~* make sure (*om* of; *om at* that); *en til ~ grænsende sandsynlighed* a probability amounting (almost) to (*el.* verging on) certainty.

visibel *adj.: jeg er ikke ~ a)* I cannot see anyone; I am not at home; *b) (ikke påklædt)* I am not presentable (*el.* decent).

vision *sb. (en, -er)* vision.

visionær *adj.* visionary.

visir *sb. (et, -er)* **1.** *(til beskyttelse af ansigtet)* face shield; **2.** *(hist.: på ridderhjelm)* visor;
□ *med åbent ~ (jf. 2)* with one's visor up.

visit *sb. (en, -ter)* call, visit;
□ *aflægge ~* call (*hos* on); pay a visit (*hos* to); *fransk ~* flying visit.

visitation *sb. (en, -er) (jf. visitere)*
1. *(gennemsøgning)* search; *(se også kropsvisitation)*;
2. *(told-)* examination;
3. *(mil.: af belægningsstuer etc.)* inspection;
4. *(med. etc.: henvisning)* referral (*til* to).

visitator *sb. (en, -er)* **1.** *(med.)* [medical officer in charge of the distribution of patients among hospitals]; **2.** *(apoteks-)* [inspector of dispensaries].

visitats *sb. (en, -er)* visitation.

visitere *vb.* **1.** *(gennemsøge)* search; *(se også kropsvisitere)*;
2. *(told-)* examine;
3. *(mil.: inspicere)* inspect;
4. *(med. etc.: henvise)* refer (*til* to).

visitering *sb. (en, -er) se visitation.*

visitkort **1.** (visiting) card; *(am. også)* calling card; **2.** *(fig.: hunds)* visiting card.

visitkortbillede *(foto.)* carte-de-visite.

visitkortskål tray for visiting cards.

visk *sb. (en, -e) (halm-)* wisp of straw; *(se også suppevisk)*.

viske *vb.* **1.** wipe; **2.** *(med viskelæder)* rub;
□ *~ tavlen ren se tavle*;
[med adv.] ~ en tåre ***bort*** brush a tear away; *~* ***ud*** *a)* wipe out; *b) (med svamp)* sponge out; *c) (med viskelæder)* rub out; F erase; *~ ud på tavlen* wipe (*el.* clean) the

blackboard; ~ *noget ud på tavlen* wipe (, rub, sponge) sth off the blackboard; *(se også udviske).*
viskelæder (india) rubber; *(*F *el. am.)* eraser.
visker *sb. (en, -e)* wiper.
viskerblad wiper blade.
viskeskjold *(til rettelse)* erasing shield.
viskestok *(mil.)* cleaning rod.
viskestykke tea towel.
viskose *sb. (en)* viscose.
viskositet *sb. (en)* viscosity.
vismand wise man; *(*F *el. spøg.)* sage;
□ *en gammel ~* a wise old man; *de økonomiske vismænd (kan gengives)* the economic advisers; *(svarer omtr. til)* the Treasury's Economic Forecasting Unit.
vismut *sb. (en)* bismuth.
visne *vb.* wither; *(gå ud)* die;
□ ~ *bort (el. hen)* wither away; ~ *ned (om plante)* die down.
visnen *sb. (en)* withering, dying.
visse[1] *sb. (en, -r) (bot.; farvevisse)* dyer's greenweed.
visse[2] *sb. (en, -r) (seng)* beddy-bye(s);
□ *nu skal du i -n* now you are going to beddy-bye(s) (*el.* bye-byes).
visse[3] *vb.: ~ et barn i søvn* lull a child to sleep.
visselig *adv.* assuredly.
visselulle[1] *sb. (en, -r) se visse*[2]*.*
visselulle[2] *interj.* lullaby! hushaby!
vissen *adj.* withered (*fx* flower, leaf; arm); dead (*fx* leaf);
□ *en lille ~ mand* a small wizened man.
vissengrøn *adj.* faded green.
vist[1] *adv. (tror jeg)* I think (*fx* they'll come tomorrow, I think; he is ill, I think); *(går jeg ud fra)* I suppose (*fx* you didn't know, I suppose); *(formodentlig)* probably (*fx* he is probably ill); T I dare say; F no doubt.
vist[2] *adv. (jf. vis*[2]*)* certainly;
□ ~ *ikke nej* certainly not; by no means; *se ~ på en* send sby a meaning look; look hard at sby; ~ *så!* certainly! ~ *har vi så!* of course we have! we certainly have!; *(se også ganske*[2]*, ja, jo*[1]*).*
vistnok *adv. se vist*[1]*.*
visualisere *vb.* visualize.
visuel *adj.* **1.** visual; **2.** *(psyk. om person)* visile.
visum *sb. (et, -)* visa.
visvas *sb. (et)* nonsense, rubbish; *(let glds.)* fiddlesticks.
vital *adj.* **1.** *(vigtig)* vital (*fx* interests; of vital importance);
2. *(livkraftig)* vigorous (*fx* an elderly, but vigorous man);
3. *(livlig, præd.)* full of life.
vitalitet *sb. (en)* vitality.
vitamin *sb. (et, -er)* vitamin;
□ *A ~* vitamin A.
vitaminfattig *adj.* vitamin-deficient.
vitaminholdig *adj.* vitamin-containing.
vitaminisere *vb.* vitaminize.
vitaminmangel vitamin deficiency.
vitaminrig *adj. (præd.)* rich in vitamins.
vitamintilskud vitamin supplement.
vitrine *sb. (en, -r)* **1.** showcase, glass case; **2.** *(skab)* display cabinet.
vitriol *sb. (en, -er)* vitriol.
vitriolisk *adj.* vitriolic.
vits *sb. (en, -er)* joke, witty remark; F witticism; *(ofte neds.,* T*)* wisecrack;
□ *sige en ~* crack a joke, make a witty remark; F produce a witticism.
vitterlig[1] *adj.* notorious;
□ *det er -t for alle at* it is notorious that; *gøre -t* proclaim, make known.
vitterlig[2], **vitterligt** *adv.* **1.** *(faktisk)* actually (*fx* he is actually a millionaire); **2.** *(åbenlyst)* notoriously, obviously.
vitterlighed *sb. (en): underskrive til ~* witness the signature.
vitterlighedsvidne witness to the signature.
vittig *adj.* witty.
vittighed *sb. (en, -er)* **1.** *(vits)* joke, witty remark; F witticism;
2. *(ordspil)* pun;
3. *(fig.: noget latterligt)* joke (*fx* his attempts at painting are simply a joke; the election was a joke);
4. *(det at være vittig)* wit, wittiness;
□ *en **dårlig** ~ a) (jf. 1)* a poor (*el.* feeble *el.* weak) joke; *b) (jf. 2)* a bad pun; *c) (jf. 3)* a bad joke (*fx* the whole affair is simply a bad joke); ***fortælle** en ~* tell a joke; ***sige** en ~ a) (jf. 1)* crack a joke, make a witty remark; F produce a witticism; *b) (jf. 2)* make a pun; *sige -er a) (jf. 1)* joke; *b) (jf. 2)* pun; *jeg betragter det nærmest **som** en ~* I regard it as a bit of a joke (*el.* laugh); *(se også rive*[2] *(af), stående).*
vittighedsblad humorous paper.
vittighedstegner cartoonist.
vittighedstegning cartoon.
viv *sb. (en)* wife; F spouse.
vivacitet *sb. (en)* vivacity.
vivisekere *vb.* vivisect.
vivisektion *sb. (en, -er)* vivisection.
vlies*: den gyldne ~ (myt.)* the Golden Fleece.
vliesline *sb. (et)* ® *(svarer til)* interfacing.
Vlissingen *(geogr.)* Flushing.
vod *sb. (et, -) (fiskegarn)* dragnet, seine;
□ *fiske med ~* seine; *de trak ~ i dammen for at finde liget* they dragged the pond for the body.
voddragning *sb. (en, -er)* **1.** seining; **2.** *(fx efter lig)* dragging (operations).
vodka *sb. (en, -er)* vodka.
Vogeserne *sb.pl. (geogr.)* the Vosges.
vogn *sb. (en, -e)* **1.** *(heste-)* carriage; *(karet)* coach; *(stor overdækket transport-)* van; *(se også arbejdsvogn, postvogn, stridsvogn);*
2. *(håndtrukken)* cart; *(indkøbs-, bagage-, te-)* trolley;
3. *(bil)* car; *(am.)* automobile; *(se også hyrevogn, lastbil);*
4. *(jernbane-: passagervogn)* coach, carriage; *(am.)* car; *(se også godsvogn, sovevogn, spisevogn);*
5. *(sporvejs-)* car;
6. *(i optog, pyntet, med tableau)* float;
7. *(på skrivemaskine)* carriage;
□ *heste og ~* carriage and horses; *[med præp.] han er ikke tabt **bag af** en ~* he is no fool; there are no flies on him; *hoppe (el. springe) **på** -en (fig.)* jump (*el.* climb) on the (band)wagon; *(se også skubbe (til)).*
vognbane *(på motorvej etc.)* traffic lane.
vognborg **1.** corral; **2.** *(hist.)* ring of chariots.
vogndæk car deck.
vogndør carriage door.
vognfading body of a carriage.
vognfjeder carriage spring.
vognfuld *sb. (en, -e)* carriage load.
vognhjul carriage (, cart etc.) wheel; *(jf. vogn).*
vognladning *se vognlæs.*
vognlygte carriage lamp.
vognlæs wagon load; lorry load; truck load *(etc.); (jf. vogn).*
vognmager *sb. (en, -e) (jf. vogn 1)* coach builder; carriage builder.
vognmand **1.** *(som har transportfirma)* haulage contractor; **2.** *(med hyrevogn)* taxicab owner; **3.** *(fragtmand)* carrier.
vognmandsforretning **1.** haulage contractor business; **2.** *(taxi-)* taxi firm (*el.* business); **3.** *(fragtmands-)* road delivery business.
vognpark fleet of cars.
vognport coach house.

vognrummel rumble of carriages.
vognskur cart shed.
vognsmørelse cart grease.
vognstang pole of a wagon (, carriage); *(se også vink)*.
vognstyrer *sb. (en, -e) (på sporvogn)* (tram) driver; *(især am.)* motorman.
vogntog procession (*el.* cortege) of cars (, carriages); *(ved statsbesøg, af biler)* motorcade.
vognvask 1. car wash; **2.** *(det at vaske)* car washing.
vognvægt weighbridge.
vogte *vb.* **1.** *(bevogte)* guard (*fx* the prisoners); **2.** *(kvæg)* watch, herd;
□ *vogt dig!* beware!
[med (sig +) præp.] ~ ***på*** *a) (iagttage)* watch; *(mere* F*)* observe (*fx* his every movement); *b) (beskytte)* watch, guard, take care of; *c) (gunstig lejlighed etc.)* watch for;
~ ***sig for*** *a)* beware of (*fx* imitations); *b) (være på vagt over for)* be on one's guard against (*fx* his tricks); ~ ***sig for at*** take care not to.
vogter *sb. (en, -e)* **1.** keeper (*fx* am I my brother's keeper?);
2. *(af kvæg)* cowherd; *(se også hyrde)*;
3. *(fig.)* custodian; guardian.
vogterdreng shepherd boy.
vogterhund shepherd's dog.
voile *sb. (en el. et, -r)* voile.
vokal[1] *sb. (en, -er) (fon.)* vowel.
vokal[2] *adj.* vocal.
vokalforandring *(sprogv.)* vowel change.
vokalise *sb. (en, -r) (mus.)* vocalise.
vokalisere *vb. (fon.)* vocalize.
vokalisering *sb. (en, -er) (fon.)* vocalization.
vokalisk *adj. (fon., attr.)* vowel.
vokallyd vowel sound.
vokalmusik vocal music.
vokativ *sb. (en, -er) (gram.)* the vocative.
voks *sb. (et)* wax;
□ *han var som* ~ *i hendes hænder* he was wax (*el.* putty) in her hands; *overtrække med* ~ wax, coat with wax.
voksaftryk wax impression.
voksagtig *adj.* waxy.
voksbatik batik.
voksbleg *adj.* waxen, pallid.
voksbønne wax bean.
voksdug oilcloth.
voksdukke *se voksmannequin*.
vokse[1] *vb.* **1.** grow (*fx* he has grown five centimetres; flowers grew everywhere);
2. *(øges)* grow, increase (*fx* production increases every year; their fear (, influence) is growing (*el.* increasing)); *(blive kraftigere lidt efter lidt)* build up (*fx* traffic (, political tension, opposition, pressure on him, their hopes) built up);
3. *(om måne)* wax;
□ *lade håret* ~ let one's hair grow; ~ *sig stor* grow big; *hun har -t sig køn* she has grown into a pretty girl; ~ *stærkere end* outgrow;
[med præp. & adv.] ~ ***fra*** *a) (blive højere end)* outgrow (*fx* he has outgrown his brother); *b) (blive for stor til)* outgrow, grow out of (*fx* a habit, one's clothes); *c) (~ væk fra)* grow away from (*fx* one's parents); ~ *fra hinanden* grow away from each other, grow apart;
~ ***frem*** sprout up (*fx* plants (, new firms, new towns) are sprouting up); *(pludseligt)* spring up; *(og talrigt)* mushroom;
~ ***hen over*** grow over;
tøj til at ~ ***i*** clothes big enough to grow into;
~ ***med*** grow by, increase by (*fx* the population has increased (*el.* grown) by 100,000); *han -de med opgaven a)* he increased in stature when he got the job; *b) (ved enkelt lejlighed)* he rose to the occasion;
~ ***op*** *a) (om barn)* grow up; *b) se ovf.: ~ frem*;
~ *en* ***over*** *hovedet a) (blive højere end)* outgrow sby; *b) (fig.: om foretagende etc.)* become too much for sby; get beyond sby's control; *arbejdet er -t ham over hovedet* he is overwhelmed (*el.* snowed under) with work;
~ ***sammen*** *a)* grow together (*fx* the two trees (, towns) have grown together); *b) (om øjenbryn)* meet; *c) (om sår)* heal (over);
~ ***'til*** *a)* grow; *b) (blive voksen)* grow up.
vokse[2] *vb. (komme voks på)* wax.
voksealder growing age.
voksen *adj.* **1.** grown-up (*fx* my children are all grown-up now; I have a grown-up daughter); *(attr., mere* F*)* adult (*fx* persons, features; all my adult life);
(brugt som sb.) grownup, grown-up (*fx* we saw a grownup coming; the grown-ups always spoiled our fun); *(mere* F*)* adult (*fx* an adult under British law is someone over the age of 18; children must be accompanied by adults);
2. *(om dyr)* full(y) grown; *(attr.)* full(y)-grown, adult (*fx* insect, lion);
3. *(~ og fornuftig)* adult (*fx* behaviour; your behaviour was not very adult); *(mere* T*)* grown-up (*fx* behaviour; he is very grown-up for his age);
(kun + man, woman) grown (*fx* remember you're a grown woman, not a little girl; they're both grown men so they ought to know);
□ ***blive*** ~ *(også fig.)* grow up (*fx* he'll never grow up!); *når jeg bliver* ~ *(også)* when I am a man (, a woman); ***være*** *en opgave* ~ be equal to a task; *være situationen* ~ be equal to the occasion; T be up to it.
voksenalder adulthood;
□ *nå -en a)* reach adulthood; *b) (overleve)* survive to adulthood, live into adulthood.
voksendåb *(rel.)* adult baptism.
voksenpædagogik the teaching of adults.
voksenundervisning 1. adult education; **2.** *(kursus)* adult education classes pl.
voksested *(biol.)* habitat.
vokseværk growing pains pl.
voksfigur wax figure, waxwork.
vokskabinet waxwork show.
vokskage honeycomb.
vokslys wax candle; *(mindre)* wax taper.
voksmannequin wax dummy.
voksmaske wax mask.
vokspapir waxed paper.
voksplade *(glds.: til lydoptagelse)* wax disc.
vokstavle 1. *(til biavl)* honeycomb; **2.** *(hist.: skrivetavle)* wax tablet.
vokstråd waxed thread.
voksværk growing pains pl.
volant *sb. (en, -er)* flounce.
volapyk *sb. (et)* **1.** *(kunstsprog)* Volapük; **2.** *(fig.)* gibberish;
□ *det er det rene* ~ *for mig* it is double Dutch (*el.* all Greek) to me.
vold[1] *sb. (en)* **1.** *(voldsomhed)* violence;
2. *(magt, tvang)* force;
3. *(jur.)* assault and battery;
□ ~ *mod sagesløs* unprovoked violence;
[med vb. (+ præp.)] ***bruge*** ~ *(ɔ: magt)* use force; ***gøre*** ~ ***på*** do violence to (*fx* the truth); *jeg måtte gøre* ~ *på mig selv for ikke at slå ham* I had to force myself not to hit him; F I had to restrain myself from striking him; ***øve*** ~ use violence; use force; ***øve*** ~ ***mod*** *noget (ɔ: hærværk)* vandalise sth; *øve* ~ *mod én a)* use force against sby, assault sby; *b) (voldtage)* rape sby; F violate sby; *(i avissprog)* com-

mit an offence against sby;
[med præp.] ***i éns*** ~ in sby's power; at the mercy of sby; *give sig Gud i* ~ commend oneself to God; *pokker (, fanden) i* ~ *se pokker, fanden*; **med** ~ by force, forcibly; *han vil med* ~ *og magt have den* he is determined to get it at all costs; T he is dead set on (having) it; he must have it by hook or by crook; *(se også djævel (med djævlens* ~ *og magt)).*

vold[2] *sb. (en, -e)* **1.** *(jordvold)* bank; **2.** *(langs flod etc.)* embankment; **3.** *(fæstnings-)* rampart, earthwork.

volde *vb. (voldte, voldt) (forårsage)* cause (*fx* damage, difficulties; sby's death); do (*fx* harm); give (*fx* pain);
□ ~ *én besvær (, problemer)* cause (*el.* give) sby trouble (, problems); ~ *én skade* do harm to sby; injure sby.

voldelig *adj.* violent (*fx* behaviour, demonstrations); *(især jur.,* F*)* forcible (*fx* coup, resistance).

voldeligt *adv. (jf. vold*[1]*)* **1.** by violence, violently; **2.** by force; F forcibly.

voldføre *vb.* **1.** *(tyrannisere)* tyrannize; **2.** *(voldtage)* rape.

voldgift arbitration (*fx* compulsory arbitration);
□ *faglig* ~ industrial arbitration; *afgøre det ved* ~ settle it by arbitration; *lade det afgøre ved* ~ refer (*el.* submit) it to arbitration.

voldgiftsdommer arbitrator.

voldgiftsdomstol *se voldgiftsret.*

voldgiftskendelse arbitration award.

voldgiftsmand arbitrator.

voldgiftsret court of arbitration.

voldgrav moat.

voldsbølge wave of violence.

voldsfilm violent film.

voldsforbrydelse **1.** crime of violence, violent crime; **2.** *(voldtægt)* rape.

voldsforbryder violent criminal.

voldshandling act of violence; *(stærkere)* outrage.

voldsherredømme tyranny.

voldsmand **1.** *(overfaldsmand)* assailant; **2.** *(bølle)* thug; **3.** *se voldsforbryder.*

voldsmetoder *sb.pl.* violent means (*el.* methods); T strong-arm methods.

voldsom *adj. (se også voldsomt)*
1. *(voldelig el. meget kraftig)* violent (*fx* acceleration, attack, blow, change, clashes, collision, effort, emotions, explosion, language, pain, quarrel, reaction, weather);
2. *(meget stor, gevaldig)* tremendous (*fx* appetite, effort, energy, explosion, impression, improvement, noise); heavy (*fx* blow, drinking, pressure, rain, snowfall, traffic);
3. *(heftig)* intense (*fx* activity, desire, dislike, effort, hatred, heat, longing, pain); fierce (*fx* attack, battle, cold, fighting, hatred, heat); F vehement (*fx* desire, protest, storm, fire);
4. *(ophidset)* heated (*fx* argument, discussion, debate, quarrel);
5. *(om stigning el. fald:* ~ *og brat)* steep, sharp (*fx* rise in prices; drop in temperature; decline in industrial output);
[med sb.] et -t bombardement an intensive bombardment; *få en* ~ *død* suffer a violent death; ~ *fart* a tremendous (*el.* furious *el.* terrific) speed (, pace); *gøre et -t indtryk på* make a profound impression on; *(stærkere)* make a shattering impression on; *han har et -t temperament* he has a fierce temper; *(stærkere)* he has a violent temper.

voldsomhed *sb. (en, -er) (jf. voldsom)* **1.** violence;
2. *(heftighed)* intensity, fierceness; vehemence;
3. *(ophidselse)* heat, heatedness;
4. *(om stigning el. fald)* steepness, sharpness;
□ *-er* violence (*fx* we don't want any violence).

voldsomt *adv. (jf. voldsom)* **1.** violently (*fx* disagree (, object) violently; the car braked violently; violently ill);
2. tremendously (*fx* angry, fast, difficult); heavily (*fx* it began to rain more heavily);
3. intensely (*fx* dislike it intensely); fiercely (*fx* it was fiercely resisted; they have battled fiercely over it; the fire was blazing fiercely); vehemently (*fx* they were arguing vehemently; she defended her right vehemently);
4. heatedly (*fx* argue heatedly over it);
5. steeply, sharply (*fx* consumption rose steeply);
□ *det sneede -t* it snowed hard; *svinge -t (om kurser etc.)* fluctuate wildly (*fx* the rate of exchange fluctuated wildly); *de var -t uenige* they disagreed seriously.

voldsorgie orgy of violence.

voldsramt *adj.* battered (*fx* wives).

voldsvideo violent video.

voldtage *vb.* rape; F violate.

voldtægt *sb. (en)* rape; F violation;
□ *øve* ~ commit rape (*mod* on).

voldtægtsforbryder rapist.

Volga *(geogr.)* the Volga.

voliere *sb. (en, -r)* aviary.

volontør *sb. (en, -er) (elev)* (unpaid) apprentice;
□ *være* ~ *(om medicinsk student)* do ward work.

volt *sb. (en, -) (elek.)* volt (*fx* 500 volts).

volte *sb. (en, -r)* **1.** *(i ridning, i fægtning)* volt;
2. *(i kortkunster)* pass, volta;
3. *(kovending)* volte-face.

voltigere *vb.* vault.

voltmeter *sb. (et, voltmetre) (elek.)* voltmeter.

volumen *sb. (et, -er el. voluminer)* volume.

volumenkontrol *(radio etc.)* volume control.

voluminøs *adj.* voluminous; *(mindre* F*)* bulky.

volut *sb. (en, -ter) (arkit.)* volute.

vom *sb. (en, -me)* **1.** *(mave)* belly (*fx* fill one's belly); **2.** *(tyk mave)* paunch (*fx* he has developed a paunch).

vor *pron. (vort, vore)* our; *(stående alene)* ours;
□ *vi skal gøre -t* we will do our share (*el.* part); *-es allesammens børn* all our children.

vorde *vb. (glds.: blive)* become; be; *(se også vordende).*

vorden *sb.: i sin* ~ in the making; F in embryo.

vordende *adj.* future (*fx* his future wife); to be *(efter sb.)* (*fx* my son-in-law to be; his wife to be);
□ ~ *lærere* intending teachers; ~ *mødre (, fædre)* expectant mothers (, fathers).

vores *se vor.*

Vorherre **1.** God; the Lord; **2.** *(om Jesus)* our Lord;
□ ~ *bevares!* good Lord! *nej* ~ *bevares* good Lord no; *han hører ikke til -s bedste børn* he is no better than he should be.

vorte *sb. (en, -r)* **1.** wart; **2.** *(bryst-)* nipple.

vorteagtig *adj.* warty.

vortemælk *sb. (en, -) (bot.)* spurge.

vorterod *sb. (en, -) (bot.)* pilewort.

vortesvin *(zo.)* wart hog.

votere *vb.* **1.** *(stemme)* vote;
2. *(jur.: om dommere)* consider the judgment; *(om nævninge)* consider their verdict;
3. *(drøfte en afgørelse, fx ved eksamen)* dicuss it, discuss the matter.

votering *sb. (en, -er) (jf. votere)*
1. voting; **2.** [consideration of the judgment (, the verdict)]; **3.** dis-

cussion.
votiv- votive (*fx* offering, tablet).
votum *sb. (et, vota)* **1.** *(stemme)* vote; **2.** *(jur.)* opinion.
vov *interj. (hunds gøen)* bow-wow, woof-woof.
vove[1] *sb. (en, -r) (poet.: bølge)* billow, wave.
vove[2] *vb. (se også vovet)* **1.** *(turde)* dare (*fx* he wouldn't dare (to) say that);
2. *(sætte på spil)* risk (*fx* one's life, one's money); F venture (*fx* one's life, one's money); hazard (*fx* one's life);
3. *(driste sig til,* F*)* venture (*fx* a guess; he ventured to address her);
□ *hvo intet -r intet vinder* nothing venture, nothing gain; *hvor -r du!* how dare you! *det kan du lige ~ på!* don't you dare! just you try! *[med inf.] jeg -r* ***at*** *påstå at...* I venture to assert that...; *~ at gætte* hazard a guess; *~* ***på at...*** dare to...; *du kan lige ~ på at...* don't you dare to...;
[med sb.] ~ den påstand at... venture the assertion that...; *~ pelsen* risk one's skin; *~ det ene øje* T stick one's neck out; chance one's arm; *(se også spring)*;
[med sig:] ~ ***sig*** venture (*fx* into the house; out of doors); *~ sig for langt ud a)* venture too far; *b) (fig.)* venture (*el.* go) too far; get out of one's depth; *(se også is)*.
vovehals daredevil.
vovelig *adj.* **1.** *(dristig)* bold, daring; **2.** *(risikabel)* risky; F hazardous.
vovemod daring.
vovestykke daring (, risky) venture.
vovet *adj.* daring (*fx* film); *(om vittighed etc.)* suggestive (*fx* joke, remark); F risqué; T spicy (*fx* story).
vovhund *se vovse.*
vovse *sb. (en, -r)* T doggie; *(i børnesprog også)* bow-wow.
vovvov[1] *sb. (en, -er) se vovse.*
vovvov[2] *interj.* bow-wow, woof-woof.
voyeur *sb. (en, -er)* voyeur.
voyeuristisk *adj.* voyeuristic.
vrag *sb. (et, -) (også fig.)* wreck (*fx* the wreck of a ship; he is driving round in an old wreck; he is a complete wreck); *(se også bilvrag)*;
□ *bilen var et fuldstændigt ~* the car was a write-off; *herreløst ~ (sø.)* derelict (vessel); *kaste ~ på* spurn.
vragdele *sb.pl.* wreckage sg.
vrage *vb. (forkaste)* reject;
□ *vælge og ~* pick and choose.
vraggods wreckage;
□ *flydende ~ (også)* flotsam.
vragrest, vragstump piece of wreckage;
□ *-er* wreckage, debris sg.
vragtømmer (piece of) wreckage.
vragtønde *(sø.)* wreck buoy.
vralte *vb.* waddle.
vralten *sb. (en)* **1.** *(det at vralte)* waddling; **2.** *(enkelt)* waddle.
vrang[1] *sb. (en) (vrangside)* wrong side, reverse side;
□ *på -en* on the wrong side; *vende -en ud* turn the wrong side out; *(fig.)* cut up rough; *vende -en ud på* turn (*fx* a stocking) inside out.
vrang[2] *adj. (forkert)* wrong;
□ *ret og ~ (i strikning)* ribbing, ribbed knitting; *strikke ~* purl; *strik to ret og to ~* knit two, purl two.
vrangforestilling delusion.
vranglære false doctrine(s); heterodoxy.
vrangmaske purl.
vrangpind purl row.
vrangside 1. wrong side, reverse side; **2.** *(fig.)* seamy side (*fx* the seamy side of life).
vrangstrikning purl knitting.
vrangvendt *adj. (præd.)* turned inside out.
vrangvillig *adj. (kontrær)* contrary; *(tvær)* sullen.
vranten *adj.* grumpy; *(og indesluttet)* morose; *(tvær)* sullen.
vrantenhed *sb. (en) (jf. vranten)* grumpiness; moroseness; sullenness.
vred[1] *adj.* **1.** angry (*på en* with sby); **2.** *(~ og krænket)* resentful;
□ *blive ~ over noget a) (jf. 1)* be angry at (*fx* the way one is treated; being delayed); be angry about (*fx* the treatment, the delay, many things); *b) (jf. 2)* resent sth (*fx* their questions; being treated like a criminal); *blive ~ vred over at (+ sætn.) a) (jf. 1)* be angry that; *b) (jf. 2)* resent that.
vred[2] *præt. af vride.*
vrede *sb. (en)* **1.** anger (*over* at); *(stærk ~)* rage (*over* at);
2. *(over krænkelse)* resentment (*over* at);
3. *(poet., bibelsk)* wrath;
□ *en frygtelig ~* terrible anger; a terrible rage; *give sin ~ luft* vent one's anger; *(se også skål)*.
vredes *vb.* become angry.
vredesudbrud burst of anger (, rage).
vredet *pf.ptc. af vride.*
vredladen *adj.* **1.** hot-tempered; F irascible; **2.** *(barsk)* stern.
vridbor gimlet; *(stort)* auger.
vride *vb. (vred, vredet)* **1.** twist; *(pludseligt, voldsomt)* wrench;
2. *(~ og presse, fx vådt tøj)* wring;
□ *~ sin hjerne* rack one's brain(s); *~ sine hænder* wring one's hands; *[med præp. & adv.] ~* ***af*** twist (, wrench) off; *~ vandet af tøjet* wring the water from the clothes; *~ armen (, knæet)* ***af led*** *(ɔ: sin egen)* put one's arm (, knee) out of joint; *(*F *el. fagl.)* dislocate one's arm (, knee); *han var ved at ~ halsen af led (ɔ: for at se)* he was craning his neck; *~ armen* ***om på*** *en (også fig.)* twist sby's arm; *~ halsen om på en* wring sby's neck; *~ karkluden* ***op*** wring out the dishcloth;
[med sig:] ~ ***sig*** *a) (sno sig, fx for at slippe væk)* squirm (*fx* the baby squirmed in my arms); twist (oneself); *(med hurtige bevægelser)* wriggle (*fx* the eel wriggled (*el.* twisted) to get free; the cat wriggled in my arms); *b) (af smerte)* squirm (*af* with, *fx* he lay on the ground squirming with pain); *(voldsommere)* writhe (*fx* he writhed in agony); *c) (af forlegenhed)* squirm; *~* ***sig af*** *latter* be doubled up with laughter; F be convulsed with laughter; *~ sig af smerte se ovf.: ~ sig, b; ~* ***sig løs*** *(el. fri) a) (jf. 1)* twist oneself free; *(pludseligt, voldsomt)* wrench oneself free; *b) (sno sig fri)* wriggle free; *~* ***sig som*** *en orm (el. ål)* writhe (*el.* wriggle) like a worm; twist and turn; *~* ***sig ud af*** wriggle out of; squirm out of (*fx* the cat squirmed out of my grasp); *~* ***sig ved at*** boggle (*el.* jib) at -ing (*fx* admitting sth); *~* ***og vende sig*** *a)* twist and turn; *b) (fig.: ikke kunne bestemme sig)* hum and haw.
vrideklemme twist tie.
vridemaskine wringer.
vrider *sb. (en, -e) (til vindue)* fastener.
vridning *sb. (en, -er) (jf. vride)*
1. *(det at vride)* twisting; wrenching; *(enkelt)* twist; wrench;
2. wringing; **3.** *(tekn.)* torsion.
vrikke *vb.* **1.** wriggle; **2.** *(med åre)* scull;
□ *~ sømmet løs* work the nail loose; *~ med* wriggle, wiggle, waggle (*fx* one's ears, one's hips, one's toes); *~ om på foden* twist one's ankle.
vrikken *sb. (en)* **1.** *(det at vrikke)* wriggling; *(enkelt)* wriggle;
2. *(med åre)* sculling.
vrikkevorn *adj.* shaky; T wobbly.

vrikkeåre scull.
vrimle *vb.:* ~ ***af*** *a) (være fuld af)* teem with, be teeming with (*fx* the river teemed with fish; his head teemed with ideas; the book is teeming with errors); *b) (om noget der er i bevægelse)* swarm with, be swarming with (*fx* tourists; flies); *(især neds.)* crawl with, be crawling with (*fx* tourists, insects); ~ ***ind*** *(,* ***ud****)* swarm (*el.* crowd *el.* flock *el.* troop) in (, out); *det -r* ***med*** *røvere i bjergene* the mountains are swarming with brigands.
vrimlende *adv.:* ~ *fuld af (jf. vrimle (af))* swarming with, crawling with (*fx* insects, tourists); teeming with, bristling with (*fx* errors).
vrimmel *sb. (en, vrimle)* swarm.
vrinsk *sb. (et, -) (jf. vrinske)* **1.** neigh; **2.** whinny.
vrinske *vb.* **1.** neigh; **2.** *(dæmpet, venligt)* whinny.
vrinsken *sb. (en) (jf. vrinske)* **1.** neighing; whinnying; **2.** *(enkelt)* neigh; whinny.
vrippen *adj.* tetchy; F testy.
vrippenhed *sb. (en)* tetchiness; F testiness.
vrisse *vb.* snap (*ad* at).
vrissen *adj.* grumpy; *(se også vranten).*
vrissenhed *sb. (en)* grumpiness.
vrist *sb. (en, -e(r))* instep.
vriste *vb.:* ~ *noget* ***fra*** *en a)* wring sth from sby; *b) (med et hurtigt, kraftigt tag)* wrench sth from sby; *c) (møjsommeligt)* wrest sth from sby; *d) (fig.)* wring (, wrest) sth from sby; ~ *et låg* ***op*** prize a lid open.
vræl *sb. (et, -)* **1.** *(råb)* bawl; **2.** *(hyl)* yell; *(spøg.)* squawk (*fx* of pain); **3.** *(om baby)* squall, wail.
vræle *vb.* **1.** *(råbe)* bawl; **2.** *(hyle)* yell; *(spøg.)* squawk; **3.** *(om baby)* squall, wail.
vrængbillede caricature.
vrænge *vb.* **1.** *(spotte)* sneer (*ad* at); **2.** *(lave grimasser)* make faces, pull faces (*ad* at);
□ ~ *ansigt* make (*el.* pull) a face, grimace; ~ *hans ord efter* ape his words.
vrøvl *sb. (et)* **1.** *(sludder og ~)* nonsense, rubbish; T drivel, guff; **2.** *(ubehageligheder, besvær)* trouble, bother; **3.** *(opstandelse)* fuss (*fx* there has been a fuss about it);
□ *han er et gammelt* ~ he is an old fool; *det er noget* ~ that is all nonsense; T it's a load of guff; *uden* ~ without protest; *[med vb.]* ***få*** ~ *med en* have trouble with sby; ***gøre*** ~ *a) (protestere)* protest (*over* about); T make a fuss (*over* about); *b) (beklage sig)* complain (*over* about); *(mukke)* grumble (*over* about).
vrøvle *vb.* talk nonsense (*el.* rubbish); T drivel; S talk daft;
□ ~ *om* T drivel on about; *(forvirret, uforståeligt)* babble about; *(se også ævle).*
vrøvlehoved 1. *(som taler meget)* chatterbox; **2.** *(som vrøvler)* windbag; *(meget neds.,* T*)* gasbag;
□ *han er et* ~ *(også)* he talks a lot of nonsense (*el.* rubbish); *dit ~!* you are talking a lot of nonsense (*el.* rubbish)!
vrøvlet *adj. (om barn: klynkende)* fretful, grizzly;
□ *han er* ~ he talks a lot of nonsense.
vrå *sb. (en, -er) (krog)* corner; F nook.
vue *sb. (et, -r)* **1.** *(udsigt)* view (*over* of); **2.** *(langt smalt perspektiv)* vista;
□ *tage et* ~ *over noget* survey sth.
vugge[1] *sb. (en, -r)* cradle;
□ *fra* ~ *til grav* from the cradle to the grave.
vugge[2] *vb.* rock (*fx* a child; the boat was rocking gently on the waves);
□ ~ *et barn i søvn* rock a child to sleep; ~ *i hofterne* sway; *(se også hjem*[2] *(gå hjem)).*
vuggedød cot death.
vuggegave*: han havde fået denne evne i* ~ he had been born with this gift.
vuggesang lullaby, cradle song.
vuggestue day nursery, crèche.
vuggevise *se vuggesang.*
vulgær *adj.* vulgar.
vulkan *sb. (en, -er)* volcano (pl. -es) (*fx* an active (, extinct) volcano);
□ *vi lever på en* ~ *(fig.)* we are living on (the edge of) a volcano.
vulkanfiber vulcanized fibre.
vulkanisere *vb. (bildæk)* retread.
vulkanisering *sb. (en, -er) (af dæk)* tyre retreading.
vulkanisør *sb. (en, -er)* tyre retreader.
vulkansk *adj.* volcanic.
vulkanudbrud volcanic eruption.
vulkanø volcanic island.
vulst *sb. (en, -er)* **1.** *(på dæk)* bead; **2.** *(på jern)* bulb.
vulstdæk beaded tyre.
vulstjern bulb iron.
vundet *pf.ptc. af vinde.*
vupti *interj.* hey presto! pop!
vurdere *vb.* **1.** *(skønne)* estimate (*til* at, *fx* estimate the cost at £4,000; estimate the distance (, the effect, the value of sth));
2. *(præcist fastsætte værdien af el. prisen på)* value (*til* at, *fx* value the property at £30,000); *(især om sagkyndig vurdering,* F*)* appraise (*fx* a pearl necklace, a collection of paintings);
3. *(ansætte, også til skat)* assess (*til* at, *fx* assess the property at £30,000; assess the damages at £1,000);
4. *(fig.: bedømme værdien af, også: give karakter for)* evaluate (*fx* the answers, his performance); assess (*fx* pupils; their ability, their work, his performance); appraise (*fx* literature; his suitability for the job);
(i forhold til en rangfølge) rate (*fx* he is rated above most authors of his time; rate him as very capable); *(se også ndf.:* ~ *højt, a)*;
5. *(afveje)* assess (*fx* his chances; the importance of the news; the seriousness of the situation; the safety of this procedure); *(løsere: skønne om)* estimate (*fx* his chances, the effect; the importance of the news); T size up (*fx* his chances, the situation);
6. *(forstå at sætte pris på)* appreciate (*fx* he knows how to appreciate good wine); *(se også ndf.:* ~ *højt, b)*;
□ ~ ***at*** *a) (skønne at)* estimate that (*fx* he estimated that it would take many years); *b) (mene at)* judge that (*fx* he judged that it was already too late); ~ ***højt*** *a)* rate highly (*fx* his chances are not rated very highly; hospitality is rated highly among them); *b) (sætte stor pris på)* value highly (*fx* I value him highly); *(se også fortjeneste (~ efter fortjeneste)).*
vurdering *sb. (en, -er) (jf. vurdere)* **1.** estimation; *(resultatet, fx ved auktion)* estimate (*fx* the painting went slightly over its estimate, for £52,000);
2. *(fastsættelse af værdien af)* valuation (*fx* she asked for a valuation on (*el.* of) her house; home loans of up to 80% of the official valuation; ask an expert to make an evaluation of the painting (, jewellery); put a high valuation on the painting (, jewellery)); appraisal (*fx* of jewellery);
3. *(til skat)* assessment;
4. *(bedømmelse)* evaluation (*fx* of his performance); appraisal (*fx* of teachers; of their work; of the Government's achievements); *(især på grundlag af eksakte fak-*

torer, fx prøve) assessment; *(i forhold til rangfølge)* rating (*fx* what is your rating of our chances?); valuation (*fx* his low valuation of the film);
5. *(afvejning)* assessment (*fx* of his chances); *(løsere)* estimation;
6. *(værdsættelse)* appreciation;
□ *efter min* ~ in my judgment (*el.* opinion).

vurderingsmand 1. valuer; appraiser;
2. *(mht. lån i fast ejendom)* surveyor; *(am.)* real-estate appraiser;
3. *(assur.: til forsikring)* insurance surveyor; *(af skade)* loss assessor.

vurderingspris, vurderingssum 1. valuation price, appraised value;
2. *(ved auktion)* estimate.

vvs-firma plumbing and heating service.

vvs-installatør plumber; F plumbing and heating engineer; heating and sanitary engineer.

vy *se vue.*

væbne *vb.* arm; *(se også væbnet)*;
□ ~ *sig* arm (oneself), take arms; ~ *sig med tålmodighed* possess oneself in patience.

væbner *sb. (en, -e) (hist.)* esquire.

væbnet *adj.* armed (*fx* resistance, neutrality, forces).

vædde *vb.* bet;
□ *hvad skal vi* ~? what will you bet? *skal vi* ~? *a)* will you have a bet on it? do you want to bet on it? *b)* (ɔ: *der tager du fejl)* do you want to bet? (*fx* "You can't do it" "Do you want to bet?"); do you want a bet?
[med præp.] ~ *£50* ***med*** *en* bet sby £50 (*om at* that); ~ *10* ***mod*** *1* bet ten to one (*på at* that); ~ ***om*** *det* (have a) bet on it; *det tør jeg* ~ ***på*** I am willing to bet on it; *jeg tør* ~ ***på at*** *han kommer for sent* I bet (that) he'll be late; *jeg vil (el. tør)* ~ *hvad som helst på at han ikke kommer* I'll bet you anything you like that he won't come.

væddekamp match; competition.

væddeløb race; *(se også hestevæddeløb, motorløb).*

væddeløbsbane 1. racing track;
2. *(heste-)* racecourse; *(især am.)* race track.

væddeløbshest racehorse, racer.

væddeløbskørsel racing driving.

væddemål bet.

vædder *sb. (en, -e) (også mil.)* ram;
□ *-en (astr.)* Aries; the Ram; *jeg er* ~ (ɔ: *født i -ens tegn)* I am an Aries.

vædderhorn ram's horn.

væde[1] *sb. (en)* moisture.

væde[2] *vb.* **1.** *(gøre våd)* wet (*fx* a cloth; a handkerchief with one's tears); **2.** *(fugte)* moisten (*fx* one's lips);
□ *-t af hans blod* stained with his blood.

vædre *vb.* **1.** ram; **2.** *(køre imod)* run into.

væg *sb. (en, -ge)* wall;
□ *som en kalket* ~ *se kalke*[2]; ***inden for*** *vore egne fire -ge* within our own four walls; *hænge noget* ***op på*** *-gen* hang sth on the wall; *(se også male*[1] *(fanden på væggen))*; *sætte én* ***til -s*** *(overvinde)* get the better of sby; *(ved spørgsmål el. argument)* floor sby, stump sby.

vægavis wall poster, wall newspaper.

væge *sb. (en, -r)* wick.

vægelsindet *adj.* **1.** *(omskiftelig)* fickle; **2.** *(ubeslutsom)* irresolute.

vægfast *adj. (præd.)* fixed to the wall.

vægflade wall surface, wall space.

vægflise wall tile.

væggelus *(zo.)* bedbug.

væggetøj bedbugs pl.

vægkort wall map.

væglampe wall lamp.

vægmaleri mural (painting).

vægplads wall space.

vægplanche wallsheet, wall picture.

vægre *vb.:* ~ *sig* refuse (*ved at gøre det* to do it); *(høfligere)* decline (*ved at gøre det* to do it).

vægring *sb. (en, -er)* **1.** *(nægtelse)* refusal (*ved at* to); **2.** *(modstand)* resistance.

vægskab wall cupboard.

vægspejl wall mirror.

vægstykke *(fx vævet)* wall hanging; *(gobelin)* tapestry.

vægt *sb. (en, -e)* **1.** *(tyngde, hvad noget vejer, lod etc.)* weight (*fx* the weight of the parcel; keep one's weight down; a 50 kilo weight);
2. *(apparat til at veje på)* weighing machine; *(især mindre)* scales pl. (*fx* electronic scales, bathroom scales); *(enkelt)* pair of scales; *(am.)* scale; *(med to vægtskåle)* balance; *(se også personvægt, vognvægt)*;
3. *(betydning)* weight (*fx* the weight of his argument); importance;
□ *-en (stjernebillede)* Libra; the Scales; *jeg er* ~ I am a Libra; *det gav hans ord* ~ it gave added weight to his words; *have stor* ~ carry a good deal of weight; *lægge* ~ *på det (jf. 3)* attach importance (*el.* weight) to it; set great store by it; *hun er sin* ~ *værd i guld* she is worth her weight in gold; *(se også levende*[1]*)*;
[med præp. & adv.] sælge ***efter*** ~ sell by weight; ***i*** *løs* ~ *(mods. i pakning, æske etc.)* loose (*fx* the chocolates are £8 a pound loose); by weight (*fx* sell by weight); by the pound; *(se også nøgen)*; *tage på i* ~ put on weight; *snyde* ***med*** *(el. på) -en* give short weight; *tale med* ~ speak with authority; ***med*** ~ ***på*** *(fig.)* with the emphasis on.

vægtafgift vehicle excise duty.

vægtavle blackboard; *(hvid)* whiteboard.

vægte *vb.* weight.

vægtelefon wall-mounted telephone.

vægtenhed unit of weight.

vægter *sb. (en, -e)* night watchman (pl. night watchmen).

vægtergang (watchman's) gallery.

vægtervers watchman's song.

vægtforøgelse increase in weight.

vægtfylde *sb. (en, -r) (glds. fys.)* specific gravity.

vægtig *adj.* weighty (*fx* argument, reason).

væg til væg-tæppe wall-to-wall carpet, fitted carpet.

vægtklasse 1. class, weight; **2.** *(om æg)* size (*fx* size 1 eggs).

vægtløfter *sb. (en, -e)* weightlifter.

vægtløftning *sb. (en, -er)* weightlifting.

vægtløs *adj.* weightless.

vægtløshed weightlessness; zero gravity.

vægtning *sb. (en, -er)* weighting.

vægtskål scale, pan; *(se også lod*[3]*, tunge*[1]*).*

vægtstang 1. lever; **2.** *(på vægt)* beam; **3.** *(til vægtløftning)* barbell.

vægttab loss of weight.

vægttold specific duty.

vægtæppe 1. *(gobelin)* tapestry;
2. *(mindre)* (wall) hanging.

vægur wall clock.

væk *adv.* **1.** *(borte)* away (*fx* far away); *(forsvundet)* gone (*fx* all the money is gone);
2. *(bort)* away, off;
3. *(ved vb., = så meget du vil)* away (*fx* "I'll report you." "Report away!");
□ *langt* ~ *se langt*;
[med vb.] ***blive*** '~ disappear; be lost (*fx* the little boy was lost); T go missing; '*blive* ~ stay away; *han* ***skal*** ~ he must go; *alt skal* ~ *(ved udsalg)* everything must go; all stocks must be cleared;
[med præp.] ***i*** *ét* ~ T on and on; F incessantly; *være* ***helt*** ~ ***i*** *(fig.)*

be completely gone (*el.* stuck) on; ~ **med** *dig!* get away! ~ *med fingrene!* hands off!

vække *vb. (-de, -t; (fig. også, se tyd 3) vakte, vakt)*;
1. wake (up) (*fx* the noise woke me (up)); F rouse; *(litt.)* awake(n);
2. *(efter aftale)* call (*fx* call me at eight o'clock);
3. *(fig.: fremkalde)* cause (*fx* anxiety, laughter, a scandal, sorrow, surprise, suspicion); raise (*fx* doubt, fears, hopes, a laugh); F excite (*fx* admiration, affection, anger, hatred); give rise to (*fx* debate, doubts, hopes); arouse (*fx* (sby's) curiosity, sby's interest; anger, discontent, opposition, suspicion, sympathy); *(stærkere)* rouse (*fx* discontent, evil passions, suspicion; rouse sby to action); *(litt.)* awaken (*fx* enthusiasm for sth, interest in sth, a passion for sth);
□ *blive vakt (rel.)* be saved;
[med sb.] ~ *forestillinger om* suggest; ~ *minder* bring back memories; *(mere* F*)* evoke memories; *(se også røre, sensation)*;
[med præp.] blive -t **af** be woken by; *(litt.)* be awakened by; ~ *en af en drøm* wake sby from a dream; ~ *en* **op fra** *de døde* wake sby from the dead; ~ **til** *eftertanke* give food for thought; ~ *en til dåd* stir sby into action; ~ *til live a) (genoplive)* resuscitate (*fx* a drowned person); *b) (fig.)* arouse, make (*fx* sby, a memory) come alive.

vækkelse *sb. (en, -r) (rel.)* revival.

vækkelsesmøde revivalist meeting.

vækkelsesprædikant revivalist (preacher).

vækkeur alarm clock;
□ *-et ringede* the alarm clock rang (*el.* went off); *sætte -et til at ringe kl. 7* set the alarm for 7 o'clock.

vækning *sb. (en, -er)* **1.** call; *(det at vække)* calling; **2.** *(telefon-)* alarm call;
□ *bestille* ~ *a) (tele.)* book an alarm call; *b) (på hotel)* order an early call.

vækst *sb. (en, -er)* **1.** *(det at vokse)* growth;
2. *(forøgelse, tilvækst)* growth, increase (*fx* a 10% growth (*el.* increase) in unemployment); growth rate (*på* of, *fx* a growth rate of 3%);
3. *(højde, skikkelse)* stature;
4. *(plante)* plant;
□ *høj af* ~ tall (of stature); *lille af* ~ short (of stature); *i* ~ growing; *standse en plante i -en* stunt (the growth of) a plant; *træet er standset i -en* the tree has stopped growing.

vækstbetingelser *sb.pl.* growing conditions;
□ *give gode* ~ *for (fig.)* be a good breeding ground for (*fx* racism).

vækstfremmende *adj.* growth-promoting.

væksthormon growth hormone.

væksthus greenhouse, hothouse.

vækstindustri growth industry.

vækstlag *(bot.)* cambium.

vækstområde growth area.

vækstperiode period of growth.

vækstrate growth rate.

væksttid growing season.

væld *sb. (et, -)* **1.** *(stor mængde)* wealth (*fx* of details, of impressions, of information); **2.** *(strøm)* flood (*fx* of tears, of words, of letters); *(rivende strøm)* torrent (*fx* of words).

vælde[1] *sb. (en): i al sin* ~ in all his (, its etc.) might.

vælde[2] *vb.:* ~ *frem,* ~ *ud* gush forth (*el.* out); ~ *ud af* gush from; F issue from.

vældig[1] *adj.* **1.** *(meget stor)* huge (*fx* crowd; success); enormous (*fx* appetite, difference, improvement); tremendous (*fx* effort, explosion, victory); *(især positivt, mere* F*)* immense (*fx* amount, number, improvement, satisfaction);
2. *(stærk)* mighty (*fx* king).

vældig[2], **vældigt** *adv.* awfully (*fx* difficult, funny, good, nice, sweet); *(stærkere)* hugely (*fx* I hugely enjoyed it); enormously (*fx* proud, strong); tremendously (*fx* difficult, interesting, strong); immensely (*fx* proud, strong; I enjoyed it immensely (*el.* tremendously));
□ ~ *stor* enormous, huge.

vælge *vb. (valgte, valgt)* **1.** choose; *(mere* T*)* pick; *(omhyggeligt: udsøge)* F select (*fx* she selected the most elegant dress they had); T pick out (*af* from);
2. *(mellem valgmuligheder, fx valgfag)* opt for (*fx* the students who opt for English; he opted for the artillery; *(fra spisekort:)* I think I'll opt for the salmon);
3. *(ved afstemning)* elect (*fx* elect a new chairman); *(til parlament, folketing, i en valgkreds)* elect, return (*fx* a Liberal was returned for the constituency);
□ *direkte valgt (jf. 3)* directly elected; *vælg selv!* choose for yourself (, yourselves)! ~ *sig se ndf.:* ~ *ud; øjeblikket er uheldigt valgt* the moment is unfortunate; ~ *og vrage* pick and choose;
[med præp., adv., sig] ~ **fra** *a)* (choose to) do without (*fx* they chose to do without their car; we'll have to do without the car); *b) (om valgfag)* choose not to take; *c) (om noget man er i gang med: opgive)* drop, opt out of;
~ *ham* **frem for** *en anden* choose him rather than (*el.* in preference to) sby else;
~ **imellem** *a) (især om to muligheder)* choose between; *b) (om flere muligheder: bestemme sig)* choose among (*fx* it is difficult to choose among so many good offers); *c) ('tage af)* choose from (*fx* there are five (, many) jobs to choose from; he has enough to choose from); *der er ikke meget at* ~ *imellem* there is not much to choose from; there is not much choice; *du kan* ~ **imellem at** *få den sendt eller selv hente den* you can choose between (*el.* you have the choice of) having it sent or collecting it yourself;
han blev valgt **ind i** *bestyrelsen* he was elected (on) to the committee;
~ *en* **til** *a) (jf. 1)* choose sby as (*fx* spokesman); *b) (jf. 3)* elect sby (to be) (*fx* mayor, president); ~ *en til parlamentet* elect sby to Parliament; ~ *en* **til at** choose (, elect) sby to (*fx* represent them);
~ **ud** *a)* choose (*af* from among, *fx* choose one from among five possibilities); *(omhyggeligt,* F*)* select (*af* from); T pick out (*af* from); *b) (slå ned på)* pick on (*fx* why does he always pick on me?); ~ *én ud blandt dem* choose one from among them.

vælger *sb. (en, -e)* elector, voter; *(i en bestemt valgkreds også)* constituent (*fx* I consider myself the servant of my constituents).

vælgerforening political association.

vælgerkorps electorate.

vælgermøde election meeting.

vælig *adj.* fiery, high-mettled, high-spirited.

vælling *sb. (en, -er)* gruel.

vælskbind half-binding;
□ *i* ~ half-bound.

vælte *vb.* **1.** *(falde omkuld)* overturn (*fx* the car overturned); fall over (*fx* a chair fell over); tip over; *(om noget ustabilt)* topple over (*fx* the glass tipped (, toppled) over); *(især: klodset, tungt, rodet)* tumble (over) (*fx* a heavy jar tumbled over; he tumbled into bed; the car tumbled down the mountainside);

2. *(få til at falde omkuld)* overturn (*fx* he overturned all the chairs); push over (*fx* he ran into me and nearly pushed me over); *(ved et uheld også, lidt mere* F*)* upset (*fx* a glass of wine, a cup); *(mere* T*)* knock over (*fx* a bucket, a chair, one's glass); knock down, tip over (*fx* he came running and nearly knocked me down); tip over; *(om noget ustabilt)* topple over (*fx* a pile of books);
3. *(rulle)* roll (*fx* roll the stone away; the car rolled down the slope);
4. *(hælde)* tip (*fx* potatoes out of (, into) a box);
5. *(fig.: styrte)* bring down (*fx* the Government, the leader); topple; *(især med magt)* overthrow;
6. *(fig.: forstyrre)* upset (*fx* one's calculations, a plan);
7. *(komme -nde, fx om vand, menneskemængde)* pour (*fx* water was pouring out; smoke was pouring out of the chimney; the crowd poured through the gates; the enemy poured into the country); stream; *(i en forvirret klynge)* tumble (*fx* the children tumbled into (, out of) the room (, the car)); *(mase)* pile (*fx* they piled into (, out of) the car);
[med sb.] ~ *byen (fig.)* go on a rampage; *børnene var ved at* ~ *huset (ɔ: larmede)* the children nearly brought the roof down; *publikum var ved at* ~ *huset af begejstring over ham (, dem etc.)* he (, they) nearly brought the house down; ~ *spillet (fig.)* upset the applecart;
[med præp.] han -de ***af*** *cyklen* he fell (, tumbled) off his bicycle; T he had a spill (, tumble) off his bicycle;
det -de ***ind med*** *klager* complaints were pouring in; *bølgerne -de* ***ind mod*** *kysten* the waves came tumbling onto the shore; *han -de* ***med*** *bilen* his car was overturned; *han -de med cyklen* he had a fall with his bicycle; T he had (*el.* took) a spill with his bicycle;
~ ***ned*** fall (, tumble) down *(jf. 1)*; *regnen -de ned* the rain (*el.* it) was pouring down; *sneen -de ned* snow was falling thickly; ~ ***ned af*** fall (, tumble) off (*fx* a ladder); *det -de* ***ned med*** *sne* snow was falling thickly; ~ *et skab* ***ned over*** *en* push a wardrobe (over) on sby;;
~ ***over på*** *a) (om arbejde)* push onto, offload onto (*fx* push (*el.* offload) an unpleasant job onto him); *b) (om omkostning)* pass on to; ~ *ansvaret (, skylden) over på en anden* shift the responsibility (, blame) onto sby else;
vinden havde -t træet ***ud over*** *skinnerne* the wind had brought down the tree on the tracks;
[med sig] ~ ***sig*** *a)* roll, wallow (*fx* in the mud); *b) (kaste sig frem og tilbage)* toss (*fx* he tossed on his bed); *han -r* ***sig i*** *penge* he is rolling (*el.* wallowing) in money; ~ ***sig ind på*** *en* force oneself on sby; T muscle in on sby; ~ ***sig over*** *(overfalde)* pitch into.

vælten *sb.: være i* ~ *a) (være populær)* be highly popular; *b) (have succes)* be riding high.

væltepeter *sb. (en, -e)* **1.** *(velocipede)* penny-farthing; **2.** *(skærveknuser)* boneshaker.

væmmelig[1] *adj.* nasty; T beastly; *(stærkere)* disgusting; *(*F *el. spøg.)* loathsome.

væmmelig[2], **væmmeligt** *adv.* nastily (*fx* he behaved nastily towards me); disgustingly;
□ ~ *koldt* beastly cold.

væmmelse *sb. (en)* **1.** disgust (*ved* at); *(stærkere,* F*)* loathing;
2. *(kvalme)* nausea.

væmmes *vb.* be disgusted (*ved* at, with);
□ *jeg* ~ *ved det (også)* it disgusts me.

vænge *sb. (et, -r)* enclosed field.

vænne *vb.:* ~ *ham* ***af med*** *det* get him to stop it (*el.* give it up); get him out of the habit; *(mere* F*)* wean him from it (*fx* from a bad habit; from playing video games); ~ *ham af med at ryge* get him to stop smoking; ~ *et barn* ***fra*** *(brystet)* wean a child; ~ *én* ***til*** *noget* get sby used to sth; *(mere* F*)* accustom sby to sth; ~ *én til at gøre noget* get sby used to doing sth; accustom sby to do(ing) sth;
[med sig] ~ ***sig af med*** *det* break off the habit, get out of the habit; ~ ***sig til*** *noget* get used to sth; F get accustomed to sth; ~ *sig til at gøre noget* get used to doing sth; get into the habit of doing sth; F accustom oneself to do(ing) sth.

værd[1] *sb. (et)* worth (*fx* know his true worth; he knows his own worth);
□ *det vil vi lade stå ved sit* ~ we will take that for what it is worth.

værd[2] *adj.* worth (*fx* the ring is worth £1,000; it is not worth the price; the place is well worth a visit; it is worth a try);
□ *det er ikke* ***bedre*** ~ it does not deserve better; *den er* ***meget*** ~ it is worth a lot (of money); it is very valuable; *han (, det) er ikke meget* ~ he (, it) is not up to much; *ti gange så meget* ~ *som han* worth ten of him; ***mere*** ~ *end* worth more than; *tror du den er* ***noget*** ~*?* do you think it is worth anything? *enhver lærer der er noget* ~ *kunne gøre det* any teacher worth the name (*el.* worth his salt) could do it;
[med sb.] det er ***ulejligheden*** *(el.* ***umagen****)* ~ it is worth while; *er det ulejligheden (el. umagen)* ~*? (også)* is it worth it? *det er ikke ulejligheden (el. umagen) værd* it is not worth the trouble (*el.* bother); *det er ulejligheden (el. umagen)* ~ *at* it is worth while (*el.* (well) worth) -ing (*fx* trying); it is worth your while to (*el.* -ing); *(se også løn*[1]*, tjeneste, ære)*;
[med inf. el. sætn.] det er ~ ***at*** it is worth -ing (*fx* the place is worth visiting); *er det* ~ *at...? (ɔ: tilrådeligt)* ought I (, we etc) to (*fx* tell him?); *det er* ***ikke*** ~ ***at*** *tale om* it is not worth mentioning; *det er ikke* ~ *at du går derhen* you had better not go there; *der var ikke så mange penge at det var* ~ *at tale om* there was no money to speak of.

værdi *sb. (en, -er)* **1.** *(pengeværdi)* value (*fx* estimate the value of the property);
2. *(pålydende)* denomination (*fx* stamps issued at denominations of 5p, 10p, £1 (etc.));
3. *(fig.: nytteværdi, målelig* ~*)* value (*fx* the value of learning English; artistic value; the book has no value as a work of scholarship); *(indre* ~*)* worth (*fx* he knows his own worth; a book of real worth); *(litterær også)* merit (*fx* poetic merit);
□ ***-er*** *a) (ejendom)* valuable property sg.; *(penge)* sums of money; *(papirer)* securities; *(aktiver)* assets (*fx* of a company; of an estate); *b) (fig.)* values (*fx* moral values);
[med præp.] ***af*** *stor* ~ ***for*** of great value to (*fx* a discovery of great value to mankind); *tabe* ***i*** ~ depreciate; *(se også stige*[2]*)*; ***til*** *en* ~ ***af*** to the value of; *prøve* ***uden*** ~ sample of no value.

værdiangivelse indication of value.

værdibrev *(omtr.)* registered-plus letter.

værdidom value judgment.
værdifast *adj.* **1.** stable; **2.** *(som følger med pristallet)* index-linked.
værdiforringelse decrease in value, depreciation.
værdiforøgelse increase in value, appreciation.
værdifri *adj.* value-free.
værdifuld *adj.* valuable; *(præd. også)* of great value.
værdig *adj. (se også værdigt)*
1. worthy (*til* of, *fx* the prize; a worthy opponent (, representative, successor));
2. *(som optræder med værdighed)* dignified (*fx* a dignified elderly gentleman);
□ *en ~ død* a dignified death, death with dignity; *som var (, er) en bedre sag ~* worthy of a better cause; *de -e trængende (glds. el. iron.)* the deserving poor.
værdige *vb.: han -de mig ikke et svar* he did not deign (*el.* condescend) to answer me; *han -de mig ikke et blik* he did not deign to look at me.
værdigenstand article of value;
□ *-e (også)* valuables.
værdiges *vb.: ~ at gøre noget (glds.)* deign to do sth.
værdighed *sb. (en, -er)* **1.** dignity;
2. *(det at være værdig til noget)* worthiness;
□ *holde på -en* stand on one's dignity; *under min ~* beneath me, beneath my dignity.
værdigt *adv.* with dignity.
værdikupon *(som tilgift til vare)* trading stamp.
værdiladet *adj.* **1.** value-laden (*fx* discuss such value-laden questions as the arts and the social sciences); **2.** *(med en skjult forudsætning)* loaded (*fx* word, term, question).
værdiløs *adj.* worthless.
værdimåler standard of value.
værdineutral *adj.* value neutral.
værdipakke *(omtr.)* registered-plus parcel.
værdipapirer *sb.pl.* securities.
værdisager *sb.pl.* valuables.
værdisikret *adj. se værdifast.*
værdistigning increase in value, appreciation.
værditold ad valorem duty.
værdsætte *vb. (sætte pris på)* value (*fx* his friendship; he valued her skill as a nurse); appreciate (*fx* I appreciate your help; he was not properly appreciated; know how to appreciate good wine); *(og værne om,* F*)* cherish (*fx* one's freedom);
□ *han blev ikke værdsat efter fortjeneste* he did not meet with the appreciation he deserved.
værdsættelse *sb. (en)* appreciation.
være *vb. (er, var, været)* **1.** be;
2. *(som hjælpeverbum ved bevægelsesverber etc.)* have (*fx* has he come? he has gone; he has been killed);
□ ***at*** *~ eller ikke ~* to be or not to be; *af en dreng at ~* for a boy; *hvad er der at gøre?* what is to be done? *han er og* ***bliver*** *et fjols* he is a fool and always will be; *hvis han ikke* ***havde*** *-t (el. hvis det ikke havde -t for ham), ville jeg ~ blevet dræbt* if it had not been for him (*el.* without him *el.* but for him) I should have been killed;
har her -t ***nogen****? (ɔ: på besøg)* has anybody called? *ingen, det ~* ***sig*** *gammel eller ung* nobody, whether old or young; *vær* ***så*** *god, værsgo se værsgo; (se i øvrigt de ord hvormed ~ forbindes, fx det, hvor, kunne, nok, lade etc.)*;
[med præp. & adv.] hvad er den ***af?*** what's the big idea? *bordet er af træ* the table is made of wood; *stykket er af Shaw* the play is by Shaw; *~* ***af med*** be rid of;
~ ***efter*** *en a) (være på nakken af)* be down on sby; *b) (hakke på)* be getting at sby; *c) (for at få en 'til noget)* be on at sby; *d) (for at få fat i en)* be after sby;
der kan være 300 mennesker ***i*** *salen* the hall will hold 300 people; *alle de ting kan ikke ~ i kufferten* these things won't all go into the suitcase; *(se også noget)*;
~ ***imod*** *se imod*;
~ ***med i*** *(, på, til) se med*[3];
de måtte ~ to mand ***om*** *et tæppe* one blanket had to do for two men; *(se også alene*[1]*, længe*[2]*, noget); han var tre timer* ***om at*** it took him three hours to; *~* ***om sig*** *se om*[1];
bogen er ***på*** *300 sider* the book has 300 pages; the book is 300 pages long; *han er* ***på den*** T he is in the soup (*el.* in a fix *el.* in a tight spot *el.* in a tight corner);
*~ '****til*** exist, be; *hvad er den dims 'til?* what is that gadget for?
~ ***til*** T *a) (interesseret i)* be interested in (*fx* girls, classical music, fast cars); *b) (optaget af)* be into (*fx* he is into classical music (, computers, motor bikes); *c) (egnet til)* be suited to (*el.* for) (*fx* he is not suited for a teaching job); be suitable for (*fx* the time is not suitable for such a discussion); *~ til et møde (, til fest)* be at a meeting (, a party); *han var til fodbold a) (for at se på)* he had gone to a football match; *b) (for at spille)* he was playing football;
~ ***ude*** *af (, efter, for etc.) se ude*;
~ ***ved*** *(indrømme)* admit (*fx* he would not admit that he did not know anything about it); *der er ikke meget (, ikke noget) ved, der er noget godt (, farligt) ved se ved*[2]; *~* ***ved at*** *(+ inf.) a) (begynde at; ~ i færd med at)* be -ing (*fx* they were getting tired (, hungry); he is washing the car); *b) (skulle til at)* be (just) about to (*fx* leave); be on the point of -ing (*fx* of leaving); *c) (men ikke gøre det)* (very) nearly… (*fx* he (very) nearly fell); *han var lige ved at falde (også)* he almost fell; *(stærkere)* he all but fell; *det var lige ved at han slog mig* he very nearly hit me; *(se også lige*[3] *(ved at)).*
værelesesanvisning *se værelseanvisning.*
værelse *sb. (et, -r)* room; *(især i annoncer om udlejning,* F*)* apartment (*fx* a well-furnished apartment);
□ *~ med morgenmad (svarer til)* bed and breakfast; *på hans ~* in his room.
værelseanvisning *(for turister)* accommodation service; *(se også boliganvisningskontor).*
-værelse(r)s*: en treværelse(r)s (etc.) lejlighed* a three-room(ed) (etc.) flat; *(am.)* a four-room(ed) apartment *(i USA tælles køkkenet i reglen med).*
væremåde manner.
værested *(omtr.)* drop-in centre.
værft *sb. (et, -er)* shipbuilding yard, shipyard.
værftsarbejder shipbuilder, shipyard worker.
værge[1] *sb. (en, -r) (for mindreårig)* guardian.
værge[2] *sb. (et, -r) (let glds.)* **1.** *(våben)* weapon, sword; **2.** *(forvaring)* custody (*fx* have sth in (one's) custody).
værge[3] *vb. (forsvare)* defend;
□ *~ sig* defend oneself (*imod* against); *~ for sig a)* try to ward off the blow; *b) (fig.)* defend oneself.
værgeløs *adj.* defenceless.
værgemål *sb. (et, -)* guardianship.
værk[1] *sb. (et, -er)* **1.** *(noget man har lavet)* work (*fx* that chair is my work); *(neds.)* work, doing (*fx* this is the work of a madman; it is your doing);
2. *(kunstværk)* work (*fx* an early work of Rembrandt; two piano works of Mozart; the works of

Shakespeare (, Mozart));
3. *(bog)* book, publication;
□ *gå **til** -s* go about it; F proceed (*fx* I don't know how to go about it (, proceed)); *gå forsigtigt til -s* proceed with caution; *(se også krone[1], samlet, skride (til))*.
værk[2] *sb. (et, -er)* **1.** *(i ur)* works pl.; *(fagl.)* movement;
2. *(fabrik etc., især i sms.)* works (pl. -) (*fx* a steelworks; a gasworks).
værk[3] *sb. (et) (sø.: tovværk)* oakum.
værk[4] *sb. (et el. en)* **1.** *(smerte)* an ache (*fx* have an ache in one's back); **2.** *(over det hele)* aches and pains pl.
værkbruden *adj. (glds.)* palsied.
værke *vb. (smerte)* ache;
□ *det -r i mit hoved* my head is aching; *det -r i hele kroppen på mig* I'm aching all over.
værkfører foreman; F supervisor.
værksted **1.** workshop; **2.** *(reparations-)* repair shop; *(bil- etc. også)* garage;
□ *pædagogisk ~* educational media centre; *på et ~* in a workshop; *bilen skal på ~ a) (til reparation)* the car is going in for repairs; *b) (til service)* the car is going in for a service.
værkstedssamtale [interview with writer at work].
værkstedsskib repair ship.
værkstedsteater theatre workshop.
værktøj *sb. (et, -er)* **1.** *(som samlet mængde)* tools pl. (*fx* take good care of one's tools; a bad workman blames his tools); *(enkelt)* tool;
2. *(fig.)* tool (*fx* he was a willing tool in the hands of the tyrant); *(se også redskab)*;
□ *et stykke ~* a tool; *meget ~* a lot of tools; *et sæt ~* a set of tools.
værktøjskasse tool box, tool chest.
værktøjsmager *sb. (en, -e)* tool maker.
værktøjsmaskine machine tool.
værktøjsskab tool locker.
værktøjstaske tool bag.
værling *sb. (en, -er) (zo.)* bunting.
værn *sb. (et, -)* **1.** *(beskyttelse)* protection; *(om lov, forholdsregel etc.)*; **2.** *(forsvar)* defence; **3.** *(mil.: forsvarsgren)* service;
□ *til ~ mod* as a protection (*el.* safeguard) against.
værne *vb.* **1.** *(beskytte)* protect (*imod* from, against); *(sikre)* safeguard (*fx* one's interests, one's rights); **2.** *(forsvare)* defend (*imod* against);
□ *~ om* protect (*fx* one's good name, one's privacy); safeguard (*fx* one's rights); *(minde etc.)* cherish (*fx* old traditions).
værnemager *sb. (en, -e) (hist.)* collaborationist.
værnepligt (compulsory) military service (*fx* have you done your military service?);
□ *almindelig ~* conscription; *(tidligere i Engl.)* national service; *(se også aftjene)*.
værnepligtig *adj.* **1.** *(præd.)* liable for military service; **2.** *(brugt som sb.)* conscript; *(tidligere i Engl.)* national serviceman; *(am.)* draftee.
værneting *sb. (et, -) (jur.)* venue.
værnschef *(mil.)* service chief.
værre *adj. (komp. af slem)* worse;
□ *den var ~!, det var en ~ historie!* that's pretty bad! that's a bad business! *det bliver ~ og ~* it is getting worse and worse; it goes from bad to worse; *jeg ved ikke noget ~ end lange taler* long speeches are my pet aversion; *[med sb.] han er et ~ fjols* he is a stupid fool; *det var en ~ historie se ovf.*; *det er noget ~ rod* it is rather a mess; *det er noget ~ sludder* it is a load of nonsense.
værsgo *interj. (i mange tilfælde bruges der intet tilsvarende på engelsk; bemærk dog:)*;
1. *(når man rækker noget, kan siges, for at vække modtagerens opmærksomhed:)* here you are; *(am. også)* here you go; *(tjener siger:)* thank you;
2. *(opfordring til at komme ind til bordet)* dinner (, breakfast etc.) is ready; *(til gæster også)* would you like to come in to dinner (etc.)?;
3. *(opfordring til at forsyne sig)* do help yourself;
4. *(når man giver lov til noget)* of course; yes, do (*fx* (Can I borrow your book?) Of course! Yes, do!); all right; *(ɔ: ja endelig)* by all means;
5. *(kom ind)* (please) come in;
□ *~ **at** tage plads* please (*el.* do) sit down; *(mere F)* please take a seat.
værst *adj. (sup. af slem)* worst; *(af to også,* F*)* worse;
□ *han går (el. er) med på **den** -e* he is game for (*el.* to do) anything; ***det** -e a) (generelt)* the worst (*fx* fear (, be prepared for) the worst); *b) (om noget bestemt)* the worst thing (*fx* the worst thing that happened); *han er over det -e* he is over the worst; he has turned the corner; *få det -e op i ham, det -e ved se ndf.*; *det er **ikke det** -e du kan gøre* you could do worse; *det er ikke det -e man har* it is not so bad after all; *det er **ikke** ~* T it is not at all bad; *hun er såmænd ikke ~ (ɔ: mht. udseende)* she would pass in a crowd; *(se også fald, tænkelig)*;
*[med præp.] det bliver ~ **for** ham selv* it will be worst for 'him; *han er ~ **mod** sig selv* he is his own worst enemy; *det får det -e **op i** ham* it brings the worst out in him; *det -e **ved** det er at* the worst thing about it is that, the worst of it is that.
vært *sb. (en, -er)* **1.** *(som holder selskab, konference etc.)* host (*for* to, *fx* a conference, the Olympic Games); *(se også studievært)*;
2. *(udlejer, kroVært)* landlord; *(se også hotelvært, krovært, regning)*.
værtinde *sb. (en, -r)* **1.** *(i selskab, etc.)* hostess; **2.** *(ejerinde, kro-)* landlady.
værtplante *se værtsplante*.
værtsfolk *sb.pl.* **1.** *(i selskab)* host and hostess; **2.** *(i kro etc.)* landlord and landlady.
værtshus public house; T pub.
værtshusholder *sb. (en, -e)* publican.
værtshusslagsmål pub brawl.
værtskab *sb. (et)*: *overtage -et* act as host.
værtsland host country.
værtsnation host nation.
værtspar *se værtsfolk*.
værtsplante host plant.
værtssamfund host community.
væsel *sb. (en, væsler) (zo.)* **1.** weasel; **2.** *(hermelin)* stoat.
væsen *sb. (et, -er)* **1.** *(skabning)* being (*fx* a human (, rational, living) being; beings from outer space); *(især overnaturligt, uhyggeligt)* creature (*fx* a mythical creature; creatures from outer space);
2. *(om person, følelsesbetonet)* thing (*fx* poor little thing); soul (*fx* a dear old soul; some poor soul; she is a cheery little soul); *(F el. iron.)* creature (*fx* she is a lovely creature; he is a strange (, thirsty) creature);
3. *(om persons ydre optræden)* manner (*fx* he has a frank (, reserved) manner); manners pl. (*fx* charming (, pleasant, stiff) manners); F bearing (*fx* a modest bearing);
4. *(om persons indre natur)* nature (*fx* it is in his nature);
5. *(tings virkelige natur)* essence, substance;
6. *(etat, system)* department; service, system;

□ *og al hans* ~ and all his works; *han gør ikke meget* ~ *af sig* he does not draw attention to himself; he is unassuming; *gøre stort* ~ *af* make a fuss about.
væsensbeslægtet *adj. (præd.)* similar in nature.
væsensforskel essential (*el.* basic) difference.
væsensforskellig *adj.* essentially (*el.* basically) different.
væsentlig[1] *adj.* **1.** *(afgørende)* essential (*fx* difference, point);
2. *(vigtig)* important (*fx* that is not important);
3. *(betydelig)* considerable (*fx* part); substantial (*fx* improvement);
□ *af* ~ *betydning* essential; *i* ~ *grad* materially;
[med præp.] det er ikke -t ***for*** *mig* it is not essential (, important) for (*el.* to) me; ***i*** *alt -t, i det -e* in all essentials (*fx* we agree in all essentials); in essence, essentially (*fx* it is essentially correct); *skelne* ***mellem*** *-t og uvæsentligt* distinguish between essentials and unessentials.
væsentlig[2], **væsentligt** *adv.* **1.** *(for største delen)* chiefly, mostly;
2. *(så godt som)* practically (*fx* it is practically the same);
3. *(meget)* considerably (*fx* better, bigger; he has improved considerably).
væske[1] *sb. (en, -r)* **1.** liquid;
2. *(fagl. el. med.)* fluid (*fx* a cleaning fluid; cerobrospinal fluid; he has got fluid on the knee);
3. *(i sår)* pus, matter;
4. *(i planter)* juice.
væske[2] *vb. (om sår)* run (*fx* a running sore); *(fagl.)* suppurate.
væskeansamling *(med.)* oedema.
væskeform liquid state.
væskeformig *adj.* liquid.
vættelys thunderstone; *(geol.)* belemnite.
væv[1] *sb. (en, -e) (vævestol)* loom.
væv[2] *sb. (et, -)* **1.** *(net)* web;
2. *(anat.)* tissue;
3. *(løs snak)* waffle;
□ *et* ~ *af løgne* a tissue (*el.* tangle) of lies.
væve *vb.* **1.** weave; **2.** *(snakke indholdsløst)* waffle; *(usammenhængende)* ramble (on);
□ ~ *om* T waffle (on) about; ramble on about.
vævebom beam (of a loom).
vævegarn yarn.
vævekam reed.
væver[1] *sb. (en, -e)* weaver.
væver[2] *adj.* nimble, agile.
væverfugl *(zo.)* weaver bird.
væveri *sb. (et, -er)* **1.** *(håndværk)* weaving (trade);
2. *(fabrik)* textile factory; weaving mill;
3. *se vævestue.*
væverske *sb. (en, -r)* weaver.
væveskyttel weaver's shuttle.
vævespjæld rigid heddle.
vævestol loom.
vævestue weaving workshop (*el.* shed); weave shed.
vævesværd weaving batten, weaver's sword.
vævning *sb. (en, -er)* **1.** weaving;
2. *(struktur)* texture (*fx* a firm (, loose, uneven) texture).
vævsdannelse *(biol.)* tissue formation.
vævskultur tissue culture.
vævsprøve sample tissue.
vævstype tissue type.
vævstypebestemmelse tissue typing.
våben *sb. (et, -)* **1.** weapon (*fx* swords and other weapons; a political weapon; tears were her best weapon);
2. *(pl. om krigsvåben og især håndvåben)* arms (*fx* arms and ammunition; they were not allowed to carry arms);
3. *(her.)* coat of arms (*fx* a coat of arms is the heraldic bearings depicted on an escutcheon); arms pl.; *(anvendt ved dødsfald)* hatchment;
□ *nedlægge våbnene* lay down (one's) arms;
[med præp.] bekæmpe (, slå) ham ***med*** *hans egne* ~ beat him at his own game; use his own weapons against him; *gribe* ***til*** ~ take up arms; *kalde til* ~ call to arms; ***under*** ~ under arms.
våbenart arm.
våbenbegrænsning arms limitation, arms control.
våbenbesiddelse: *ulovlig* ~ illegal possession of firearms.
våbenbroder brother (*el.* companion) in arms.
våbenbroderskab brotherhood in arms.
våbenbrug the use of arms, arms usage.
våbendrager *sb. (en, -e)* **1.** *(hist.: ridders)* armour-bearer; **2.** *(fig.)* supporter; *(neds.)* henchman.
våbenfabrik arms factory.
våbenfabrikant arms manufacturer.
våbenfrakke tunic.
våbenfør *adj.* capable of bearing arms *(præd.)*; physically fit.
våbengny din of battle.
våbenhandler *sb. (en, -e)* arms dealer.
våbenhus *(ved kirkeindgang)* porch.
våbenhvile *(midlertidig)* ceasefire; *(se også våbenstilstand).*
våbenindustri weapons industry.
våbeninspektør arms inspector.
våbenkammer armoury.
våbenkapløb arms race.
våbenkontrol arms control.
våbenløs *adj.* unarmed.
våbenmagt military power (*el.* force);
□ *med* ~ *a)* by force of arms; *b) (om enkelt person)* at gunpoint (*fx* he forced her at gunpoint to leave the house).
våbenmekaniker gunsmith.
våbenmærke *(her.)* device.
våbenproduktion arms production.
våbensamling collection of arms.
våbenskjold *(her.)* **1.** *(våben)* coat of arms (*fx* a coat of arms is the heraldic bearings depicted on an escutcheon);
2. *(skjold)* escutcheon, shield.
våbensmugler gunrunner.
våbensmugling gunrunning.
våbenstilstand **1.** *(endelig)* armistice; **2.** *(midlertidig)* ceasefire; *(også fig.)* truce (*fx* the two companies have agreed on a truce; let us call a truce);
□ *slutte* ~ *a)* conclude an armistice; *b)* agree on a ceasefire; call (*el.* declare) a truce.
våbenstilstandsdagen Armistice Day.
våbensystem weapons system.
våbentilladelse firearms certificate.
våd *adj.* wet (*af* with, *fx* with sweat);
□ *blive* ~ *om fødderne* get one's feet wet; *være* ~ *om fødderne* have wet feet; *gøre sig* ~ wet oneself; wet one's pants (, the bed); *få en* ~ *trøje* get a wetting; *han havde hverken fået -t eller tørt* he had had nothing to eat or drink; *(se også drivende, drukne (druknet mus), hund, kineser, skind, vare*[1]*).*
våddragt *(til svømmedykker etc.)* wet suit, wetsuit.
vådeskud accidental shot.
vådligger *sb. (en, -e)* bedwetter.
vådområde wetland.
vådserviet towelette.
våge[1] *sb. (en, -r)* opening (*el.* hole) in the ice.
våge[2] *vb.* **1.** *(være vågen)* be awake; F wake (*fx* whether he sleeps or wakes); **2.** *(holde vagt)* watch;
□ ~ *hos en* sit up with sby, watch by sby; ~ *over a) (ɔ: passe på)*

watch over (*fx* their safety, their interests); *b) (vogte skinsygt over, om rettigheder etc.)* be jealous of.

vågeblus pilot light;
□ *køre på ~ (fig.)* be marking time, be ticking over, tick over; *sætte på ~ (fig.)* put on the back burner.

vågehval *(zo.)* minke whale.

vågekone 1. night nurse; **2.** *(vågeblus)* pilot light.

vågen[1] *sb. (en)* watching; F vigil.

vågen[2] *adj.* **1.** *(ikke sovende: præd.)* awake (*fx* be (, keep, stay) awake; he was fully awake); *(attr.)* waking (*fx* in the waking state *(tilstand)*);
2. *(årvågen)* alert, wide-awake; F watchful; *(stærkere)* vigilant;
3. *(opvakt)* alert, bright;
□ *være ~ over for* be alert to, be alive to (*fx* new trends); *[med sb.] ~ interesse* lively interest; *en ~ nat* a wakeful night; *holde et -t øje med* keep a watchful eye on.

vågne *vb.* **1.** *(også fig.)* wake (up) (*fra* from); F awake (*af* from);
2. *(efter bevidstløshed)* come to, come round;
□ *~ op* wake up; *~ op af bedøvelsen* wake up from the anaesthetic; *~ op til dåd* (wake up and) get on with it; *hans samvittighed -de* his conscience began to stir.

vånde[1] *sb. (en)* distress; *(kval)* pain; *(stærkere)* agony.

vånde[2] *vb.: ~ sig* groan; *(svagere)* moan.

vår[1] *sb. (et, -) (til dyne, pude)* case.

vår[2] *sb. (en) (poet.: forår)* spring; *(se også ungdom).*

vårhare*: hun er ikke nogen ~* she is no spring chicken.

vårsæd spring-sown cereals; spring corn.

vås *sb. (et)* nonsense; T drivel; *(se også ævl).*

våse *vb.* talk nonsense; T drivel; *(se også ævle).*

våsehoved driveller.

våset *adj.* drivelling; *(tåbelig)* silly.

W

waggon *sb. (en, -er) (prærievogn)* prairie wagon.
wagon *sb. (en, -er)* (railway) carriage, coach; *(am.)* (railroad) car.
waldorfsalat Waldorf salad.
waliser *sb. (en, -e)* Welshman; *(om kvinde)* Welshwoman;
□ *-ne (generelt, = nationen, holdet)* the Welsh; *fem -e* five Welshmen (, Welshwomen); *hun er ~* she is Welsh.
walisisk *sb. (et) & adj.* Welsh.
Walkman *sb. (en, Walkmen)* ® Walkman (pl. -s); personal stereo.
wankelmotor Wankel engine.
Warszawa *(geogr.)* Warsaw.
watt *sb. (en, -)* watt;
□ *100 ~* 100 watts.
wc *sb. (et, -'er)* toilet; T loo; *(se også toilet).*
wc-kumme lavatory bowl.
wc-papir toilet paper; T loo paper; F lavatory paper;
□ *en rulle ~ se wc-rulle.*
wc-rulle toilet roll; T loo roll.
weekend *sb. (en, -er)* weekend;
□ *i -en a)* at the weekend; *(am.)* on the weekend; *b) (i løbet af -en)* over the weekend.
weekendlukning *(svarer til)* Saturday early closing.
weekendtaske overnight bag.
weekendudflugt weekend trip.
Weichsel, Weichselfloden *(geogr.)* the (river) Vistula.
weltervægt, weltervægter *sb. (en, -e)* welter-weight.
western *sb. (en, -)* western.
Westfalen *(geogr.)* Westphalia.
westfalsk *adj.* Westphalian.
whiskers *sb.pl.* whiskers.
whisky *sb. (en, -er)* whisky; *(især irsk & am.)* whiskey; *(se også skotsk²).*
whiskybæltet *(svarer til)* the stockbroker belt.
whiskysjus whisky and soda; *(am.)* highball.
whist *sb. (en)* whist.
whistturnering whist drive.
Wien *(geogr.)* Vienna.
wiener *sb. (en, -e)* Viennese.
wienerbrød *(svarer omtr. til)* Danish pastry; *(am.)* Danish;
□ *et stykke ~* a Danish pastry; *(am.)* a Danish.
wienerinde *sb. (en, -r)* Viennese (lady).
wienerkongressen *(hist.)* the Congress of Vienna.
wienerlæg *sb. (et, -)* box pleat;
□ *indvendigt ~* inverted pleat.
wienerpølse *(omtr. =)* frankfurter.
wienerschnitzel *sb. (en, -er)* Wiener schnitzel.
wienerstige trestle ladder.
wienerstol bentwood chair.
wienersängerknaben the Vienna Boys' Choir.
wienervals Viennese waltz.
wienervogn *(omtr. =)* landau.
wiensk *adj.* Viennese.
wigwam *sb. (en, -mer el. -s)* wigwam.
wing *sb. (en, -er) (i sport)* wing;
□ *højre (, venstre) ~* right (, left) wing.
wire *sb. (en, -r)* wire rope; *(kabel)* cable (*fx* a steel cable).
wobler *sb. (en, -e) (til fiskeri)* wobbler.
wok *sb. (en, -ker) (pande)* wok.
wolfram *sb. (et)* tungsten.

X

xanthippe *sb. (en, -r) (arrig kvinde)* shrew; *(litt.)* Xant(h)ippe; *(glds.)* vixen.
x-kromosom X-chromosome.
xylofon *sb. (en, -er) (mus.)* xylophone.
xylofonist *sb. (en, -er)* xylophonist.
xylograf *sb. (en, -er)* wood-engraver, xylographer.
xylografere *vb.* engrave on wood.
xylografi[1] *sb. (et, -er) (billede)* wood-engraving, xylograph.
xylografi[2] *sb. (en) (xylografering)* wood-engraving, xylography.
xylografisk *adj.* xylographic(al).

Y

yacht *sb. (en, -er)* yacht.
yachtklub yacht club.
yachtsejlads yachting.
yachtsportsmand yachtsman.
yak *sb. (en, -ker),* **yakokse** *(zo.)* yak.
yalelås ® Yale lock.
yalenøgle ® Yale key.
yams *sb. (en) (bot.)* yam.
yamsrod yam (tuber).
yankee *sb. (en, -'er)* Yankee.
yard *sb. (en, -) (længdemål; ca. 91 cm)* yard.
yde *vb.* **1.** *(give)* give (*fx* assistance, help, protection, shelter; security for a loan); F render (*fx* assistance, help); afford (*fx* protection, shelter);
2. *(tilstå, bevilge)* grant (*fx* a credit, a loan, a respite);
3. *(betale)* pay (*fx* compensation, a pension, taxes); *(se også erstatning)*;
4. *(præstere)* do (*fx* do good work; do one's best);
5. *(frembringe)* yield (*fx* the land yields good crops; the cow yields plenty of milk);
□ ~ *én al mulig anerkendelse* give sby every credit; ~ *bistand se bistand*; ~ *én hjælp (jf. 1, også)* help (, assist) sby; ~ *modstand se modstand (gøre modstand).*
ydedygtig 1. *(mht. udbytte)* productive; **2.** *(mht. arbejde)* efficient (*fx* machine).
ydeevne *sb. (en)* **1.** *(mht. udbytte)* yielding capacity (*fx* the yielding capacity of the soil (, of a cow));
2. *(produktivitet)* productivity;
3. *(maskines)* efficiency; *(mht. kraft)* performance (*fx* of an engine);
4. *(persons)* capacity;
□ *anspænde hele sin* ~ work to the utmost of one's capacity.
ydelse *sb. (en, -r)* **1.** *(det at give)* granting (*fx* the granting of a loan);
2. *(produkter, udbytte)* yield (*fx* of a cow); output;
3. *(kraft-)* performance (*fx* of an engine);
4. *(betaling)* payment;
5. *(på gæld)* debt service; *(renter og afdrag)* repayment(s) and interest;
6. *(bidrag)* contribution;
7. *(tjeneste-)* service (*fx* the fee for this service is...);
□ *sociale -r* social benefits; *(også am.)* welfare benefits, welfare payments.
yderbane 1. outside track; **2.** *(på vej)* outside lane.
yderbeklædning 1. *se yderklædning*; **2.** *se ydertøj.*
yderdistrikt outlying district.
yderdør 1. outer door; **2.** *(hoveddør)* front door.
ydergrænse (extreme) limit.
yderhavn outer harbour.
yderkant (extreme) edge, verge;
□ *det ligger i -en (fig.)* it is a borderline case.
yderklædning 1. *(sø.)* outside planking; **2.** *(af plader)* outside plating.
yderkreds outer circle, periphery.
yderkvarter outlying district.
yderlig *adj. (se også yderligt)* extreme; *(præd.)* near the edge.
yderligere[1] *adj.* further (*fx* details, information, proof); additional (*fx* charges, help, reason, supplies); added (*fx* disadvantage, complications, burden);
□ *vi vil ikke foretage os* ~ we will not take further steps.
yderligere[2] *adv.* **1.** further (*fx* complicated; extend (, increase) it further);
2. *(desuden)* additionally (*fx* we were additionally faced with the problem of...); in addition, furthermore; *(se også desuden)*;
3. *(nærmere kanten)* nearer the edge (*fx* stand nearer the edge);
□ *betale* ~ *10.000* pay another 10,000, pay 10,000 more; ~ *tre måneder* a further (*el.* an additional) three months, three months more.
yderliggående *adj.* extreme, radical (*fx* opinions, views); *(politisk, religiøst etc.; attr.)* extremist (*fx* policies, tendencies; an extremist religious organization);
□ *være* ~ *i sine synspunkter* have (*el.* hold) extreme views.
yderlighed *sb. (en, -er)* extreme (*fx* from one extreme to the other; go to extremes);
□ *lade det komme til -er* carry matters to extremes; *gå til den anden* ~ go to the other extreme.
yderligt *adv.* **1.** *(ved kanten)* near the edge (*fx* stand near the edge);
2. *(i høj grad)* extremely, excessively.
yderligtgående = *yderliggående.*
yderlomme outside pocket.
ydermere *adv.* **1.** furthermore;
2. *(tilmed)* into the bargain (*fx* and he was rude into the bargain).
ydermur outer wall.
yderparti *(politisk)* extremist party.
yderplads *(i teater etc.)* end seat.
yderpunkt extremity.
yderred *(sø.)* outer roads pl.; outer roadstead.
yderside outside; F exterior (*fx* of a house).
yderst[1] *adj.* **1.** *(udvendig)* outer (*fx* side);
2. *(længst ude)* outermost (*fx* layer, ring, stars); extreme (*fx* at the extreme end; on the extreme edge; the extreme left wing of the party);
3. *(størst)* extreme (*fx* with extreme caution; live in extreme poverty); utmost (*fx* danger, misery, poverty; of the utmost importance);
□ *til* ***det -e*** to the utmost; to the limit; *drive en til det -e* drive sby to extremities; *kæmpe til det -e* fight to the bitter end; *(se også anstrenge)*; *gøre* ***sit -e*** do one's utmost; *ligge på sit -e* be dying; be at death's door; T be at one's last gasp;
[med sb.] den -e ***dag*** the Last Day; the Day of Judgment; *den -e* ***grænse*** the absolute limit; *det -e* ***højre (, venstre)*** *(ɔ: politisk)* the extreme Right (, Left), the far Right (, Left); *(se også nødsfald, øjeblik).*
yderst[2] *adv.* **1.** *(længst ude)* farthest out; at (*el.* on) the outside (*fx* walk (, sit) on the outside); at the (very) edge (*fx* stand at the edge of the circle); at the (extreme) end (*fx* stand at the end of the row);

2. *(i højeste grad)* extremely (*fx* dangerous, difficult, easy; an extremely reasonable price); highly (*fx* desirable, disappointed, discontented, infectious, interesting, natural, pleased, sensitive, specialized, surprised, suspicious); *(stærkere, mere* F*)* exceedingly (*fx* dangerous, difficult, nervous); *(svagere)* most (*fx* dangerous, kind);
□ *ligge* ~ lie on the edge of the bed; ~ *til højre* at (*el.* on) the far (*el.* extreme) right; *(se også begrænset, tiltrængt).*
ydersål outsole.
ydertøj *(mods. undertøj,* F*)* outer garments pl.
yderverdenen the outside (*el.* outer) world.
ydervæg outside (*el.* external) wall.
yderwing outside wing;
□ *højre* ~ outside right.
ydmyg *adj.* **1.** humble; **2.** *(krybende,* F*)* servile, obsequious.
ydmyge *vb.* humiliate; *(svagere,* F*)* humble;
□ ~ *sig for* humble oneself before.
ydmygelse *sb. (en, -r)* humiliation; *(beskæmmelse,* F*)* mortification.
ydmygende[1] *adj.* humiliating (*fx* defeat); *(beskæmmende,* F*)* mortifying (*fx* failure, defeat).
ydmygende[2] *adv.* humiliatingly.
ydmyghed *sb. (en)* **1.** humility;
2. *(underdanighed, krybende væsen,* F*)* servility, obsequiousness.
ydre[1] *sb. (et)* **1.** *(udseende)* appearance (*fx* they are alike in appearance); *(se også fordelagtig, udseende)*;
2. *(ydre væsen)* exterior (*fx* his calm exterior concealed a furious temper).
ydre[2] *adj.* **1.** *(udvendig)* outer (*fx* layer, ear; courtyard, harbour, wall); outside (*fx* edge, wall; qualities); exterior (*fx* wall);
2. *(rent ~)* external (*fx* injuries; conditions; external reality); outward (*fx* circumstances; resemblance);
3. *(udenrigsk)* external, foreign (*fx* enemies);
□ *dømme efter det* ~ judge by appearances;
[med sb.] ~ *enheder (edb)* peripheral units, peripherals; ~ *mission* the Foreign Missions pl.; *det* ~ *rum* outer space; ~ *ting* externals pl.; *den* ~ *verden* the outside (*el.* outer) world.
yen *sb. (en, -)* yen.
ymer *sb. (en) (en slags tykmælk, omtr.)* junket; fromage frais.
ymte *vb.:* ~ *om (antyde)* hint at; ~ *om at* hint that; *der -s om at han er spion (ɔ: rygtet går)* it is rumoured that he is a spy; he is rumoured to be a spy.
ynde[1] *sb. (en, -r)* grace;
□ *hendes -r* her charms; *med* ~ gracefully (*fx* grow old gracefully).
ynde[2] *vb.* like; T fancy (*fx* I don't fancy that kind of talk); F be partial to (*fx* French wines); *(neds.)* affect (*fx* he affects long words);
□ ~ *at* be fond of -ing (*fx* giving advice, making long speeches, teasing people).
yndefuld *adj.* graceful.
ynder *sb. (en, -e)* lover (*fx* he is a great lover of classical ballet); admirer (*fx* I am no great admirer of his work);
□ *jeg er ingen* ~ *af* I am not a lover of, I am no admirer of; I do not care for; T I don't fancy.
yndest *sb. (en)* favour;
□ *i stor* ~ *hos en* in high favour with sby; in sby's good books (*el.* graces).
yndet *adj.* popular; *(præd. også)* in favour;
□ *det er en* ~ *sport for dem* they make a pastime of it; they think it great fun.
yndig *adj.* lovely, delightful.
yndighed *sb. (en, -er)* loveliness; *(ynde)* grace;
□ *hendes -er* her charms.
yndling *sb. (en, -e)* **1.** favourite;
2. *(neds.)* pet (*fx* he was the teacher's pet).
yndlings- favourite (*fx* book, colour, restaurant, writer; my favourite occupation); *(især spøg.)* pet (*fx* aversion, project, theory; subject *(emne)*).
yndlingsoffer *(for satire etc.)* favourite target.
yngel *sb. (en)* **1.** brood; **2.** *(fiske-)* fry.
yngelpleje parental care.
yngle *vb.* breed; *(også om penge)* multiply.
yngleplads breeding ground.
yngletid breeding season.
yngling *sb. (en, -e)* **1.** young man; *(især neds.)* youth; **2.** *(i sport)* junior; *(se også håbefuld).*
yngre *adj. (komp. af ung)* **1.** younger; **2.** *(temmelig ung)* youngish, young; **3.** *(om tidsalder)* late (*fx* the Late Stone Age);
□ *han er ti år* ~ *end B.* he is ten years younger than B.; F he is B.'s junior by ten years;
[+ sb.] ~ *dage se ndf.:* ~ *år*; *af* ~ *dato* of a later date; *den* ~ *Jones* the younger Jones; ~ *læger* junior hospital doctors; *i mine* ~ *år* when I was younger; *(mere* F*)* in my younger years (, days).
yngst *adj. (sup. af ung)* youngest; *(af to også, mere* F*)* younger;
□ *i hans -e år* in his very early years.
ynk *sb. (en): det er en* ~ it is pitiful, it is pathetic (*at se ham* to see him); *det er en* ~ *at se (også)* it is a pitiful sight; *hun græd så det var en* ~ she cried pitifully.
ynke *vb.:* ~ *en a) (føle medlidenhed)* pity sby; *b) (udtrykke medlidenhed)* commiserate with sby; *-s over en* feel pity for sby.
ynkelig *adj.* **1.** *(medynkvækkende)* pitiful, pathetic (*fx* cry, sight, attempt; in a pitiful state);
2. *(elendig)* miserable (*fx* performance, result, life); sorry (*fx* in a sorry (*el.* miserable) condition); *(stærkere)* wretched;
3. *(moralsk ~)* abject (*fx* conduct);
□ *en* ~ *fiasko* a miserable (*el.* dismal) failure; *gøre en* ~ *figur* cut a sorry (*el.* poor) figure; *i en* ~ *forfatning (jf. 1, 2 også,* F*)* in a sad (*el.* sorry) plight.
ynkelighed *sb. (en)* **1.** *(det at være ynkelig, jf. ynkelig)* pitifulness; miserableness; abjectness;
2. *(elendighed)* misery.
ynkværdig *adj.* pitiable, pitiful.
yoga *sb. (en)* yoga.
yoghurt *sb. (en, -er)* yog(h)urt.
yogi *sb. (en, -er)* yogi.
yoyo *sb. (en, -er)* yo-yo.
yppe *vb. se kiv (~ kiv).*
ypperlig *adj.* excellent, superb; *(let glds.)* capital.
ypperst *adj.* best; most outstanding.
ypperstepræst high-priest.
yppig *adj.* **1.** *(frodig)* luxuriant, exuberant (*fx* growth; vegetation);
2. *(om kvinde)* buxom (*fx* a buxom blonde); *(om legemsformer)* ample (*fx* her ample bosom); *(stærkere,* F *el. spøg.)* voluptuous (*fx* breasts);
□ *hendes -e former* her ample (, voluptuous) curves.
yppighed *sb. (en) (jf. yppig 1)* luxuriance, exuberance.
yt *adv.* S out.
ytre *vb.* **1.** *(udtrykke)* express (*fx* an opinion, doubt, surprise, a wish to see him);
2. *(udtale)* utter (*fx* he did not utter a word about it);
3. *(vise)* show (*fx* satisfaction, an interest in the project);
□ ~ **sig** *a) (vise sig)* appear; *(stærkere,* F*)* manifest itself; *b) (udtale*

sig) express oneself, speak; *få lov til at ~ sig* (be allowed to) have one's say.

ytring *sb. (en, -er)* **1.** *(udtalelse)* expression; F utterance;
2. *(bemærkning)* remark; F observation;
3. *(af kraft etc.)* manifestation.

ytringsfrihed freedom of expression (*el.* of speech).

yuppie *sb. (en, -r)* yuppie.

yver *sb. (et, -e)* udder.

yverbetændelse inflammation of the udder; *(fagl.)* mastitis.

Z

z *sb. (et, -'er)* z *(udtales* zed, *(am.)* zee*).*
zairer *sb. (en, -e),* **zairisk** *adj.* Zairean, Zairian, Zairese.
zambier *sb. (en, -e),* **zambisk** *adj.* Zambian.
zambo *(en -er)* zambo.
zappe *vb.* zap.
zar *sb. (en, -er)* tsar (*fx* the Tsar of all the Russias).
zardømmet the Tsar regime.
zarisme *sb. (en)* Tsardom.
zaristisk *adj. (attr.)* Tsarist.
zebra *sb. (en, -er) (zo.)* zebra.
zebrastriber *sb.pl.* **1.** zebra stripes; **2.** *(fodgængerovergang)* zebra crossing sg.
zebrastribet *adj.* zebra-striped.
zebu *sb. (en, -er) (zo.)* zebu.
zefyr[1] *sb. (en, -er) (litt.: vind)* zephyr.
zefyr[2] *sb. (et, -er) (stof)* zephyr.
zefyrgarn zephyr wool.
zelot *sb. (en, -er)* zealot.
zelotisk *adj.* ardently zealous.
zelotisme *sb. (en)* zealotry.
zenbuddhisme *(rel.)* Zen Buddhism.
zenit *sb. (et) (astr. & fig.)* zenith.
zeppeliner *sb. (en, -e) (glds. flyv.)* Zeppelin.
Zeus *(myt.)* Zeus.
zimbabwer *sb. (en, -e),* **zimbabwisk** *adj.* Zimbabwean.
zink *sb. (en el. et)* zinc.
zinkbalje zinc tub.
zinkholdig *adj.* containing zinc *(efter sb.)*; *(fagl.)* zinciferous.
zinkhvidt zinc white.
zinkkiste zinc coffin.
zinkografi[1] *sb. (et, -er) (billede)* zincograph.
zinkografi[2] *sb. (en) (metode)* zincography.
zinksalve zinc ointment.
zinnia *sb. (en, zinnier) (bot.)* zinnia.
zionisme *sb. (en)* Zionism.
zionist *sb. (en, -er),* **zionistisk** *adj. (attr.)* Zionist.
zobel *sb. (en, zobler),* **zobelskind** sable.
zodiakallys *(astr.)* zodiacal light.
zone *sb. (en, -r)* zone;
□ *grå ~ (fig.)* grey area.
zonegrænse zonal boundary.
zoneinddeling *(mht. byplan)* zoning.
zoneplan zone plan.
zoneterapi reflexology.
zonetid zone time.
zoo *sb. (en, -er)* zoo.
zoolog *sb. (en, -er)* zoologist.
zoologi *sb. (en)* zoology.
zoologisk *adj.* zoological;
□ *~ have* zoological garden(s), zoo; *(som navn)* Zoo; *gå i ~ have* go to the Zoo.
Zuidersøen *(geogr.)* the Zuider Zee.
zulu *sb. (en, -er)* Zulu.
Zürich *(geogr.)* Zurich.

Æ

æble *sb. (et, -r)* apple;
□ *-t falder ikke langt fra stammen* the apple never falls far from the tree; *(om dreng også)* like father, like son; *(rosende)* he is a chip off the old block; *et stridens* ~ a bone of contention; an apple of discord; *bide i det sure* ~ swallow the bitter pill; swallow one's pride; T grin and bear it.
æbleblomst apple blossom.
æblegelé apple jelly.
æblegrød stewed apples pl.
æblekage *(omtr.)* apple charlotte.
æblekerne apple pip.
æblemos apple puré, apple sauce.
æblemost 1. *(ugæret)* apple juice; *(am.)* cider; **2.** *(gæret)* cider; *(am.)* hard cider.
æblerose *(bot.)* sweetbriar.
æbleskive [small cake of batter cooked over the fire in a special kind of pan].
æbleskrog apple core.
æbleskræl apple rind, apple peel; *en* ~ a piece of apple rind (*el.* peel).
æbleskud *(æbletyveri)* scrumping;
□ *gå på* ~ go scrumping.
æbletræ apple tree;
□ *vildt* ~ crab apple.
æblevin cider; *(am.)* hard cider.
æde[1] *sb. (en)* **1.** *(til dyr)* food, feed; **2.** *(T: mad)* eats pl.; grub.
æde[2] *vb. (åd, ædt)* **1.** *(om dyr)* eat (*fx* the bird ate out of my hand; tigers eat meat; he was eaten by a lion); feed (*fx* the pigs were feeding from (*el.* out of) the same trough); *(leve af)* feed on (*fx* cows feed on grass);
2. *(om mennesker)* eat; *(neds.: fylde sig)* gorge (oneself); T stuff oneself (*fx* he didn't just eat, he stuffed himself); *(med objekt)* gobble, gorge (, stuff) oneself with (*fx* cakes);
3. *(om syre, rust)* corrode;
4. *(fig.: godtage)* buy (*fx* do you think they'll buy that?);
□ *give dyrene noget at* ~ feed the animals; *jeg vil* ~ *min gamle hat på at han ikke kommer (el. hvis han kommer)* if he comes, I'll eat my hat;
[med præp. & adv.] ~ *sine ord* ***i sig*** *(igen)* eat (*el.* swallow) one's words; ~ *sig* ***igennem*** eat one's way through; *æd mig* ***ikke****! (spøg.: svar på voldsom protest)* well, don't eat me! don't jump down my throat! *han -r dig ikke!* he won't eat you! ~ ***op*** eat up.
ædedolk *sb. (en, -e)* glutton.
ædegilde enormous feast;
T blow-out.
ædel *adj.* noble;
□ *de ædlere dele a) (indvolde)* the vital parts; *b) (kønsdele)* the private parts; *en* ~ *kappestrid* a generous competition; *ædle metaller* precious metals; ~ *vin* noble wine.
ædelgran *(bot.)* (silver) fir.
ædelhed *sb. (en)* nobility, nobleness.
ædelmodig *adj.* generous; F magnanimous.
ædelmodighed *sb. (en)* generosity; F magnanimity.
ædelse *sb. (en)* T eats pl.; grub.
ædelsten precious stone; *(især tilslebet)* gem.
ædelttænkende *adj.* noble-minded.
ædeorgie gorging binge.
æderi *sb. (et)* gorging, gluttony.
ædetrug feeding trough.
ædru *adj.* sober; *(se også pinlig).*
ædruelig *adj.* sober.
ædruelighed *sb. (en)* **1.** sobriety; **2.** *(afholdenhed)* temperance.
ædt *pf.ptc. af æde.*
æg[1] *sb. (en, -ge)* **1.** *(på skærende instrument)* edge; **2.** *(på stof)* selvedge, selvage.
æg[2] *sb. (et, -)* **1.** egg; **2.** *(bot.: frøanlæg)* ovule;
□ *nå, så -get vil lære hønen* you can't teach your grandmother to suck eggs; *(se også rådden, slå*[2] *(op)).*
ægbakke = *æggebakke.*
ægcelle egg cell.
ægeksport 1. export of eggs, egg export; **2.** *(det eksporterede)* egg exports pl.
ægformet *adj.* egg-shaped; F oviform.
ægge *vb. (se også æggende)* **1.** *(tilskynde)* urge 'on (*fx* urge the fighters on); F incite;
2. *(vække)* rouse (*fx* sby's anger); F excite (*fx* sby's curiosity); stir;
□ ~ *en* ***til*** *noget* urge sby to sth; F incite sby to sth; T egg sby on to sth; ~ *til modsigelse* invite contradiction.
æggebakke egg tray; *(med låg)* egg box.
æggeblomme yolk of egg, egg yolk.
æggebæger egg cup.
æggedans egg dance.
æggedeler *sb. (en, -e)* egg slicer.
æggehvide white of egg, egg white;
□ *fire -r* four egg whites, the whites of four eggs.
æggehvideholdig *adj.* albuminous.
æggehvidestof albumen, protein.
æggekage *(omtr.)* omelet.
æggekoger egg timer.
æggeleder 1. *(anat.)* Fallopian tube; **2.** *(zo.)* oviduct.
æggende[1] *adj.* **1.** rousing (*fx* music, speech); exciting; F stirring;
2. *(erotisk)* provocative (*fx* dress, smile).
æggende[2] *adv. (jf. æggende*[1] *2)* provocatively.
æggepisker *sb. (en, -e)* egg beater; *(piskeris)* egg whisk.
æggeplante *(bot.)* aubergine; *(især am.)* egg plant.
æggepunch eggnog, egg flip.
æggeskal 1. egg shell; **2.** *(S: færdselsbetjent)* speed cop.
æggesnaps [egg beaten up with sugar].
æggestok *(anat.)* ovary.
æggevarmer *sb. (en, -e)* egg cosy, egg holder.
æggevende = *ægvende.*
ægide *sb. (en)* aegis.
ægleder = *æggeleder.*
æglæggende *adj.* **1.** *(om høne)* laying; **2.** *(zo.: som formerer sig ved æglægning)* oviparous.
æglægning 1. laying of eggs; **2.** *(hos insekter)* oviposition.
ægløsning *(biol.)* ovulation.
ægproducent egg producer.
ægte[1] *sb.: tage til* ~ marry.
ægte[2] *vb.* marry; *(glds. el. spøg.)* wed.
ægte[3] *adj.* **1.** genuine, real (*fx* diamond, gold, Havana cigar, leather, pearl, silk; real interest (, love); a genuine antique (, portrait, Rembrandt); genuine desire (, grief,

piety, sympathy)); *(om kunstværk, tekst også: bevisligt ~)* authentic (*fx* antique, portrait, Rembrandt, signature);
2. *(som svarer til sit navn)* real; F true (*fx* Englishman);
3. *(om farve)* fast; *(se også brøk, kastanie, tæppe*[1]*, vare*[1]*, ægtefødt).*
ægtefolk *sb.pl.* **1.** husband and wife; a married couple; **2.** *(kollektivt)* married people.
ægtefælle *sb. (en, -r)* partner (*fx* be considerate towards your partner); F spouse (*fx* spouses can be assessed as single persons);
□ *begge -r* both partners, both husband and wife; *hans ~* his wife; *hendes ~* her husband.
ægtefødt *adj.* legitimate; *(præd. også,* F*)* born in wedlock.
ægtehalvdel*: min (, din etc.) ~* my (, your etc.) better half.
ægtehustru wedded wife.
ægtemage partner; F spouse.
ægtemand husband.
ægtepagt *(svarer til)* marriage settlement.
ægtepar married couple;
□ *det unge ~* the young couple.
ægteseng conjugal bed.
ægteskab *sb. (et, -er)* marriage (*fx* a happy and lasting marriage; their marriage was very happy; after twenty years of marriage);
(rel. el. F*)* matrimony (*fx* join them in holy matrimony; he is thinking of matrimony); *(glds., poet. el. jur.)* wedlock (*fx* born out of wedlock);
□ *åbent ~* open marriage; *(se også borgerlig, indgå, lyse*[2]*);*
*[med præp.] to børn **af** et tidligere ~* two children by a previous marriage; *et barn af andet ~* a child from his (, her) second marriage; *hans børn af andet ~* his children from his second marriage; *født **uden for** ~* born outside marriage (*fx* children born outside marriage); *(attr.)* nonmarital (*fx* child); *(glds. el. jur.)* born out of wedlock.
ægteskabelig *adj.* married (*fx* bliss, life, love); marital (*fx* infidelity, problems, relations, rights);
F conjugal (*fx* bliss, happiness, infidelity, rights); matrimonial (*fx* difficulties, problems);
□ *indgå en ~ forbindelse* contract a matrimonial alliance.
ægteskabsannonce matrimonial advertisement; T lonely hearts ad.
ægteskabsbrud *sb. (et, -)* adultery; matrimonial misconduct.
ægteskabsbryder *sb. (en, -e)* adulterer.
ægteskabsbureau marriage bureau.
ægteskabslignende *adj.: leve i ~ forhold* live with someone as husband and wife.
ægteskabsløfte promise of marriage;
□ *brudt ~* breach of promise.
ægteskabsrådgiver marriage counsellor.
ægteskabsrådgivning marriage counselling (*el.* guidance).
ægteskabssager *sb.pl. (jur.)* matrimonial cases.
ægteskabstilbud offer of marriage.
ægtestand married state; matrimony;
□ *den hellige ~* holy matrimony; *indtræde i -en* enter into matrimony.
ægtevie *vb.* marry.
ægteviv wedded wife; *(spøg.)* spouse.
ægthed *sb. (en) (jf. ægte*[3] *1)* genuineness; authenticity (*fx* of a letter; he contested the authenticity of the painting).
ægvende *vb.: ~ et lagen* mend a sheet sides to middle.
Ægypten, ægypter *(etc.) se Egypten, egypter (etc.).*
ægæisk *adj.: Det -e Hav (geogr.)* the Aegean Sea.
æh *interj. (tøvende)* er;
□ *~ bæh! a) (hånligt)* sucks to you! *b) (drillende)* so there!
ækel *adj.* nasty; *(stærkere)* disgusting; *(*F *el. spøg.)* loathsome.
ækelhed *sb. (en)* **1.** *(det at være ækel)* nastiness; *(stærkere,* F*)* loathsomeness;
2. *(væmmelse)* disgust; *(stærkere,* F*)* loathing.
ækles *vb.: ~ ved noget* be disgusted with (*el.* at) sth; *(stærkere,* F*)* loathe sth.
ækvator the Equator.
ækvatorial *adj.* equatorial.
ækvilibrist *sb. (en, -er)* equilibrist.
ækvilibristisk *adj.* equilibristic.
ækvivalens *sb. (en)* equivalence.
ækvivalent *sb. (en el. et, -er) & adj.* equivalent.
ækvivalere *vb.* be equivalent (*med* to).
ælde *sb. (en)* age; F antiquity (*fx* a vase of great antiquity);
□ *dø af ~* die of old age.
ældes *vb.* grow old, age.
ældet *adj.* aged.
ældgammel *adj.* **1.** extremely old (*fx* man); *(spøg.)* ancient (*fx* clothes, piano; my car isn't ancient, it is antique; it made me feel ancient);
2. *(fra gammel tid)* ancient (*fx* city, civilization, custom, family, villages, walls); age-old (*fx* custom, problem);
□ *den er ~ (også)* it is as old as the hills; *fra ~ tid* from time immemorial.
ældre *adj.* **1.** *(komp. af gammel)* older; *(om familieforhold også, mere* F*)* elder (*fx* my elder (*el.* older) brother; she has an elder (*el.* older) sister) *(NB* elder *bruges aldrig foran* than*);*
2. *(temmelig gammel)* (rather) old (*fx* house); *(om person)* elderly (*fx* an elderly lady);
3. *(om tidsalder)* early (*fx* the Early Stone Age);
4. *(brugt som sb.)* older people; elderly people; *(mere* F*)* senior citizens;
□ *ti år ~ end han* ten years older than him (*el.* he); F ten years his senior; his senior by ten years;
[med sb. & adj.] af ~ dato of an earlier date; *~ medborgere* senior citizens; *~ mennesker* older people; elderly people; *(generelt også)* the elderly; *den ~ Pitt* the elder Pitt; *~ studerende pl. a) (~ i studiet)* advanced students; *b) (~ af år)* mature students; *i ~ tid* in earlier times.
ældreforsorg care of senior citizens; *(am.)* eldercare.
ældreklub club for senior citizens.
ældst *adj. (sup. af gammel)* oldest; *(om familieforhold også, mere* F*)* eldest (*fx* my eldest (*el.* oldest) son); *(af to også,* F*)* older, elder;
□ *fra de -e tider* from the earliest times.
ældste *sb. (en) (i religionssamfund)* elder.
ælling *sb. (en, -er)* duckling;
□ *den grimme ~* the Ugly Duckling.
ælte[1] *sb. (et)* mud, slush.
ælte[2] *vb.* knead; *(smør)* work.
æltekrog *(til mixer)* dough hook.
æltemaskine kneading machine.
æltning *sb. (en, -er)* **1.** kneading;
2. *(af smør)* working.
ænder *pl. af and.*
ændre *vb.* **1.** change (*fx* direction, course; one's plans, one's name, one's lifestyle); *(især om mindre ændring & mere* F*)* alter (*fx* the arrangements, one's plans; the ship altered its course; it has altered nothing between us; that altered (*el.* changed) his whole life); *(kun om noget abstrakt,* F*)* modify (*fx* a design, a method; the plans);
2. *(lovforslag etc.)* amend;
□ *det kan ikke -s (ɔ: det er der ikke noget at gøre ved)* it can't be helped;

[med sb.] ~ *en afgørelse (ɔ: til det modsatte)* reverse a decision; ~ *holdning* change (, alter) one's attitude; ~ *mening* change one's mind (*el.* opinion); ~ *synspunkt* change one's point of view; *(se også signal)*;
[med præp. & sig:] ~ ***på*** *noget* alter (, modify) sth; ~ ***sig*** change, alter (*fx* the weather changed; times have changed; he had changed completely; he has not changed (*el.* altered)); ~ *det* ***til*** change it to (*fx* change the date to the 15th; he changed his name to Barkus); ~ ***ved*** alter (*fx* that does not alter the fact that something must be done).

ændring *sb. (en, -er) (jf. ændre)* **1.** change (*fx* in his attitude (, condition); a change for the better); *(især mindre; mere* F*)* alteration (*fx* in his behaviour; minor alterations (*el.* changes) to the plan); modification; T shift (*fx* in attitude, in public opinion, of direction, of emphasis);
2. *(af el. til lovforslag)* amendment;
□ *foretage en* ~ make a change, make an alteration (*ved* to, *fx* the house, the system); *ret til -er i programmet forbeholdes* the programme is subject to alteration.

ændringsforslag proposed amendment;
□ *stille et* ~ propose an amendment.

ængste *vb.:* ~ *en a) (bekymre)* make sby uneasy, worry sby; *b) (gøre bange)* make sby anxious, alarm sby; ~ *sig, -s* be uneasy (, worried, anxious, alarmed); *-s for* be uneasy (, anxious) about; *(se også ængstende)*.

ængstelig *adj.* **1.** uneasy, anxious (*for* about, *fx* the future); *(stærkere)* apprehensive;
2. *(af natur)* timid;
3. *(bekymret)* worried (*for* about);
□ ~ ***for at*** *a) (+ sætn.)* afraid that; F anxious lest; *b) (+ inf.)* afraid to; ~ ***over***, ~ ***ved*** uneasy about, anxious about; ~ ***ved at*** afraid to.

ængstelighed *sb. (en)* **1.** uneasiness, anxiety; **2.** *(af natur)* timidity.

ængstelse *sb. (en, -r)* **1.** uneasiness, anxiety; *(stærkere)* apprehension; **2.** *(bekymring)* worry; F concern (*fx* there is no cause for concern).

ængstende *adj.* disturbing, worrying; *(stærkere)* alarming.

ænse *vb.: ikke* ~ pay no attention to (*fx* him; their warnings); ignore (*fx* the danger); F pay no regard (*el.* heed) to, disregard (*fx* the danger); not heed; *ikke* ~ *at* ignore (, disregard) the fact that; *uden at* ~ regardless of; heedless of.

æolsharpe Aeolian harp.

æon *sb. (en, -er)* aeon.

æra *sb. (en, -er)* era (*fx* it opened (*el.* ushered in) a new era).

ærbar *adj. (kysk)* virtuous, chaste; *(let glds.: genert)* modest (*fx* she was too modest to undress in front of the others).

ærbarhed *sb. (en) (dydighed)* virtuousness, chastity; *(generthed)* modesty.

ærbødig *adj.* respectful (*over for* to); *(meget* ~, F*)* deferential (*over for* to); *(stærkere)* reverent (*fx* attitude, behaviour); F reverential;
□ *Deres -e, ærbødigst (i brev, let glds.)* Yours truly; *(særlig i forretningsbreve)* Yours faithfully.

ærbødighed *sb. (en)* respect (*for* for); *(stærkere,* F*)* deference (*for* to, *fx* out of deference to their opinion); *(dyb* ~*)* reverence.

ære[1] *sb. (en)* **1.** honour; **2.** *(anerkendelse)* credit (*fx* get (, take) the credit for it); **3.** *(hæder)* glory;
□ ~ *den som æres bør* honour where honour is due; credit where credit is due; *-ns mark* the field of glory; *falde på -ns mark (omtr.)* be killed in action; *al* ~ *værd* highly creditable; *(nedladende)* commendable;
[med vb. (+ præp.)] det ***er*** *mig en* ~ *at* it is an honour for me to, it is my honour to; *det* ***er*** *en stor* ~ ***for*** *mig* it is a great honour to me; *det* ***gik*** *hans* ~ ***for nær*** he could not reconcile it with his sense of honour; ***gøre*** *én* ~ do sby credit (*el.* honour) (*fx* his honesty does him credit (*el.* honour)); be a credit (*el.* honour) to sby (*fx* he is a credit to his parents (, his school)); *gør mig den* ~ *at modtage det* do me the honour of accepting it; *jeg* ***har*** *den* ~ *at meddele Dem at...* I have the honour to inform (*el.* of informing) you that...; *han* ***har*** ~ ***af*** *det* it does him credit; *han* ***har ikke*** ~ ***i livet*** he is lost to all sense of shame; *-n var* ***reddet*** honour was satisfied; *hvad* ***skylder*** *jeg -n?* to what do I owe this honour? *han* ***sætter*** *en* ~ ***i at*** he makes it a point of honour to (*fx* be punctual); ***udbede*** *sig -n* ***af*** request the pleasure of; *han* ***viste*** *dem den* ~ *at komme til stede* he honoured them with his presence; *vise en den sidste* ~ pay one's last respects to sby; ~ ***være*** *Gud!* glory to God! ~ *være hans minde!* all honour to his memory!
[med præp.] en mand ***af*** ~ a man of honour; an honourable man; *holde* ***i*** ~ hold in honour (*el.* respect); *(stærkere,* F*)* hold in reverence; ***med*** ~ honourably; *(stærkere)* gloriously; *klare det med* ~ acquit oneself with credit; ***på*** ~*!* honestly! F on my honour! *(skolesprog)* cross my heart (and hope to die)! *på* ~ *og samvittighed* on my (word of) honour; *erklæring på* ~ *og samvittighed* solemn declaration; ***til*** *hans* ~ in his honour; *komme til* ~ *og værdighed igen* be restored to favour; *(se også tjene (til))*; ***til*** ~ ***for*** in honour of.

ære[2] *vb.* honour (*fx* the Queen; his memory; honour thy father and thy mother); *(stærkere,* F*)* venerate, revere (*fx* Edward the Confessor was not only venerated, he was revered: he was a saint);
□ *den -de læser* the (gentle) reader; *det -de medlem* the Honourable Member.

ærefrygt awe (*for* of);
□ *nære* ~ *for en* stand in awe of sby, hold sby in awe.

ærefrygtindgydende[1] *adj.* awe-inspiring (*fx* sight); awesome (*fx* achievement, sight, strength; his awesome thoroughness).

ærefrygtindgydende[2] *adv.* awesomely.

ærefuld *adj.* honourable; *(stærkere)* glorious.

ærekrænkelse defamation.

ærekrænkende *adj.* defamatory.

ærekær *adj. (præd.)* jealous of one's honour.

æreløs *adj.* dishonourable (*fx* person, action).

æreløshed *sb. (en)* dishonourableness.

ærende = *ærinde.*

ærenpris *sb. (en, -) (bot.)* speedwell.

ærerørig *adj.* defamatory.

æresbegreber *sb.pl.* code sg. of honour.

æresbevisning (mark of) honour (*fx* he was buried with (full) military honours); *(stærkere)* distinction (*fx* the highest distinction ever given); *(især i avissprog)* accolade (*fx* his approval was the highest accolade I could have received).

æresbolig honorary residence.

æresborger honorary citizen, freeman of the city;
□ *gøre en til* ~ *i byen* give sby the freedom of the city; confer the freedom of the city on sby.

æresdoktor honorary doctor, doctor honoris causa;
□ *han er* ~ he has an honorary doctorate.
æresfornærmelse *(jur.)* defamation.
æresfølelse sense of honour.
æresgæld debt of honour.
æresgæst guest of honour.
æreshverv honorary task.
æreskompagni *(mil.)* guard of honour (*fx* the Queen inspected the guard of honour).
æreskænder *sb. (en, -e)* defamer; F calumniator.
æreslegion legion of honour.
æresmedlem honorary member.
æresoprejsning 1. rehabilitation; **2.** *(ved duel)* satisfaction.
æresord word of honour (*fx* I give you my word of honour that it is true);
□ *på* ~ *a) (mil.)* on parole (*fx* he was released on parole); *b) (på ære)* on my (word of) honour; *(i børnesprog)* word of honour!
æresport triumphal arch.
ærespræmie *(i væddeløb)* cup.
ærespræsident honorary chairman.
æresrunde lap of honour.
æressabel sword of honour.
æressag point (*el.* matter) of honour.
ærestab loss of honour.
æresvagt guard of honour.
ærgerlig *adj.* **1.** annoying; T aggravating;
2. *(som ærgrer sig)* annoyed (*over* at; *på* with); T aggravated (*over* by, at);
□ *det er bare -t* that is just too bad; *det var da -t* how annoying; what a shame (*el.* pity); *det er -t nok* it is too bad (*fx* that he was late).
ærgerrig *adj.* ambitious.
ærgerrighed *sb. (en)* ambition.
ærgre *vb.* annoy;
□ *det -r mig (også,* T*)* it riles me; F it irks me; ~ *sig* be annoyed (*over* at; *over at* that); ~ *sig gul og grøn* make oneself ill with annoyance; *være ved at* ~ *sig ihjel (omtr.)* be fretting one's life out.
ærgrelse *sb. (en, -r)* **1.** annoyance; **2.** *(skuffelse)* disappointment; **3.** *(besvær)* worry;
□ *til min (store)* ~ to my (great) annoyance; *(mere* F*)* much to my annoyance; *volde én* ~ annoy sby.
ærinde *sb. (et, -r)* **1.** *(by-)* errand (*fx* run errands for sby);
2. *(formål)* business (*fx* what is your business here? it was not our business to discredit him);
□ *forrette et (lille)* ~ *a) (ɔ: tisse)* relieve oneself; *b) se ndf.: udføre et* ~; *gå -r* go (on) errands; *(byogså)* go shopping; *gå éns* ~ *(fig.)* play sby's game; *hun gjorde sig et* ~ *derhen* she found some pretext for going there; *udføre et* ~ go on an errand; do an errand (*fx* he had a few errands to do there); *(købe noget)* do some shopping;
[med præp.] ***i*** *et* ~ on an errand (*fx* send sby on an errand); *han var der i et lovligt* ~ he was there on lawful business; *han er ude i et bestemt* ~ *(fig.: har et særligt formål)* he has an axe to grind.
ærkebiskop, ærkebisp archbishop.
ærkebispedømme archbishopric.
ærkedum *adj.* boneheaded, oafish.
ærkeengel archangel.
ærkefjols prize idiot, oaf, wally.
ærkehertug archduke;
□ ~ *X* the Archduke X.
ærkeslyngel arch-scoundrel.
ærlig *adj. (se også ærligt)* **1.** honest (*over for* with, *fx* to be honest with you, I don't think it is a good idea; an honest answer (, opinion, face, man));
2. *(åbenhjertig)* frank (*over for* with, *fx* to be perfectly frank with you, I don't think it is a good idea; a frank answer);
3. *(oprigtig)* sincere (*over for* towards, with, *fx* I don't think he has been completely sincere towards us); T straight (*over for* with, *fx* you must be straight with them; a straight answer); square (*fx* square (*el.* straight) dealing);
[med sb.] i ~ *kamp* in a fair fight; *et -t måltid mad a) (ordentligt)* a decent meal (*fx* I haven't had a decent meal all day); *b) (solidt)* a square meal; *hans -e navn* his good name; his reputation; *det er en* ~ *sag, det er* ~ *snak* that is fair enough; *det er en* ~ *sag at tage fejl* it is no crime to make a mistake; *-t spil* fair play; *de spiller ikke -t spil* they are not playing straight (*el.* playing the game).
ærlighed *sb. (en) (jf. ærlig)* **1.** honesty; **2.** frankness; **3.** sincerity;
□ ~ *varer længst* honesty is the best policy.
ærligt *adv.* **1.** honestly; **2.** *(åbenhjertigt)* frankly; **3.** *(oprigtigt)* sincerely; T squarely (*fx* deal squarely and fairly);
□ *helt* ~ honest to God, honestly (*fx* I tried, honest to God (*el.* honestly) I did);
[med vb.] jeg kan ~ *og redeligt ikke* ***forstå*** *at...* to be quite honest, I don't understand that...; *han har* ~ *(og redeligt)* ***fortjent*** *det (også iron.)* he has richly deserved it; *det* ***går*** *ikke* ~ ***til*** it is not fair (play); *jeg skal* ~ *(og redeligt)* ***indrømme*** *at...* I don't mind admitting that...; ~ ***talt***, *ærlig talt a)* to be honest (*fx* to be honest, I don't think I can be bothered); *b) (irriteret)* honestly (*fx* honestly, this is going too far!).
ærme *sb. (et, -r)* sleeve;
□ *have noget i -t (også fig.)* have sth up one's sleeve; *uden -r* sleeveless (*fx* dress); *(se også binde (på ærmet), ryste (ud af ærmet), smøge*[2] *(op)).*
ærmeblad dress preserver, dress shield.
ærmebræt *(strygebræt)* sleeve board.
ærmegab armhole.
ærmeholder sleeve holder; *(am.)* sleeve garter.
ærmeløs *adj.* sleeveless.
ærmeopslag cuff.
ært *sb. (en, -er)* pea;
□ *klare -erne (fig.)* straighten things out; save the situation; *Prinsessen på Ærten* the Princess and the Pea; *(se også gul).*
ærteblomst *(bot.)* **1.** pea flower; **2.** *(Lathyrus odoratus)* sweet pea.
ærteblomstrede: *de* ~ *(bot.)* the pea family; *(am.)* the pulse family.
ærtebælg pea pod; *(uden ærter også)* pea shell.
ærtehalm pea straw;
□ *de hænger sammen som* ~ they are as thick as thieves.
ærteris *sb.pl.* pea sticks.
ærtesuppe pea soup.
ærværdig *adj.* **1.** venerable; *(især om gejstlige)* reverend (*fx* reverend father!); **2.** *(ophøjet, majestætisk)* august.
ærværdighed *sb. (en) (jf. ærværdig)* **1.** venerableness; **2.** augustness.
æsel *sb. (et, æsler)* **1.** donkey, ass; *(am. kun)* donkey; **2.** *(skældsord)* ass.
æseldriver *sb. (en, -e)* donkey driver.
æselføl ass's foal (*el.* colt).
æselhingst he-ass.
æselhoppe she-ass.
æselhoved 1. ass's head; **2.** *(sø.)* cap.
æselspark *(afvisning når man behøver hjælp)* kick in the teeth;
□ *give én et* ~ *(ɔ: overfalde en slagen modstander)* hit a man when he is down; T put the boot in.
æseløre *(i bog)* dog-ear, dog's ear;
□ *med -r* dog-eared.
æske *sb. (en, -r)* box (*fx* of matches, of chocolates);
□ *en* ~ *cigaretter* a packet (, box) of cigarettes (*fx* a packet of 20 ci-

garettes; a box of 50 cigarettes); *(se også kinesisk).*
æskepost box of writing paper.
æskesystem nest of Chinese boxes.
æskulapstav *(med én slange omkring)* staff of Aesculapius.
æstet *sb. (en, -er)* aesthete.
æstetik *sb. (en)* aesthetics.
æstetiker *sb. (en, -e)* aesthete.
æstetisk[1] *adj.* aesthetic.
æstetisk[2] *adv.* aesthetically.
æt *sb. (en, -ter)* **1.** *(familie)* family (*fx* of languages; come of a noble family);
2. *(herkomst)* birth (*fx* of high (, noble) birth);
3. *(afstamning)* descent (*fx* he can trace his descent back to...);
□ *den sidste af sin ~* the last of one's line.
æter *sb. (en) (kem.)* ether;
□ ***-en*** the airwaves pl.; *(F el. glds.)* the ether; *gennem -en* over the air, over the airwaves (*fx* talk over the airwaves); *i -en (i luften)* on the air (*fx* we go on the air at 5 pm); on the airwaves (*fx* the programme will be on the airwaves each day at 5 pm).
æterbedøvelse etherization.
æterbølge ether wave.
æterbåren *adj.: æterbårne medier* broadcast media.
æterisk *adj.* ethereal.
ætermedier *sb.pl.* broadcast media.
ætling *sb. (en, -e)* descendant.
Ætna *(geogr.)* (Mount) Etna.
ætse *vb.* **1.** corrode;
2. *(med.)* cauterize;
3. *(gravere med syre)* etch.
ætsemiddel **1.** *(med.)* cauterant;
2. *(til metalætsning)* acid.
ætsende[1] *adj.* **1.** corrosive, caustic;
2. *(fig.)* caustic (*fx* comments, remarks, satire, wit); *(stærkere, F)* mordant (*fx* criticism, remark, scorn, tongue);
□ *et ~ angreb* a vitriolic attack; *~ stof* corrosive, caustic.
ætsende[2] *adv. (jf. ætsende*[1] *2)* caustically.
ætsenål etching needle.
ætsning *sb. (en, -er)* **1.** corrosion;
2. *(med.)* cauterization; **3.** *(gravering med syre)* etching.
ætyl *sb. (et) (kem.)* ethyl.
ætylen *sb. (et) (kem.)* ethylene.
æv *interj. (udtryk for ubehag)* ugh! T yuk!
ævl *sb. (et) (vrøvl)* rubbish; T guff, tosh; *(tågesnak)* waffle.
□ *~ og kævl* argy-bargy.
ævle *vb. (vrøvle)* talk rubbish; *(lade munden løbe)* blabber; *(langtrukkent, om ligegyldige ting)* witter; *(især: snakke udenom)* waffle;
□ *~ om* blabber about, witter about, waffle (on) about; *(uforståeligt)* burble about (*fx* what is he burbling about?).
ævred*: opgive ~* throw up the sponge; give up.

Ø

ø *sb. (en, -er)* **1.** island; **2.** *(poet. og i enkelte egennavne)* Isle (*fx* the Isle of Man); *(se også på[1] 3, britisk).*
Ø. *(fork.f. øst)* E. *(fork.f.* east).
øbo *sb. (en, -er),* **øboer** *(en, -e)* islander.
ØD *(fork.f. økonomisk demokrati)* economic democracy.
øde[1] *sb. (et) (øde strækning)* waste(s); *(ødemark)* wilderness.
øde[2] *adj.* **1.** *(mennesketom)* deserted (*fx* place, street); empty (*fx* street);
2. *(~ og trist)* desolate (*fx* area, moor, region); F waste (*fx* land);
3. *(ensom)* lonely (*fx* moor, spot);
□ *en ~ ø* a desert island (*fx* live on a desert island); *lægge ~* lay waste, devastate.
øde[3] *vb. (ødte, ødt): ~ bort* waste, squander; F dissipate (*fx* one's money, a fortune).
ødegård derelict farm.
ødelagt *part.ptc. af ødelægge, adj. (jf. ødelægge)* **1.** spoiled (*fx* holiday);
2. ruined (*fx* health, holiday, car, house, town);
3. broken (*fx* toy);
4. destroyed, devastated (*fx* town);
5. *(udmattet)* worn out; *(præd. også,* T*)* done in, all in;
□ *~ i bund og grund a)* completely ruined; *b) (moralsk)* utterly depraved; *-e nerver* shattered nerves; *nu er det hele ~!* that's torn (*el.* done) it!
ødeland *sb. (en, -e)* spendthrift; T waster; F prodigal.
ødelægge *vb. (se også ødelagt, ødelæggende);*
1. *(spolere; volde skade på; ~ fornøjelsen ved)* spoil (*fx* one's appetite, her chances, her looks, the soup; one's clothes, one's eyes, one's health; the crops, the environment; the fun; it spoiled my evening);
2. *(gøre alvorlig skade på, ~ uafhjælpeligt)* ruin (*fx* one's career (, health, holiday, life), the fun; one's clothes, her hairstyle; the storm ruined the crops; you'll ruin the car by driving like that); wreck (*fx* a car in an accident; his career (, chances, happiness, life, marriage, plans, weekend));
3. *(slå i stykker)* break (*fx* the child broke its new toy);
4. *(tilintetgøre, ~ fuldstændigt, knuse)* destroy (*fx* a bridge by blowing it up, an enemy ship, a town; his career (, happiness, hopes, life); our house was destroyed by a bomb); *(hærge, anrette ødelæggelser i)* devastate (*fx* the earthquake had devastated the town);
□ *~ éns smag* corrupt sby's taste; *[med præp.] de (, branden) ødelagde* ***for*** *£25.000* they (, the fire) did £25,000 worth of damage; *~ fornøjelsen for en* spoil (, ruin) sby's pleasure (*el.* fun).
ødelæggelse *sb. (en, -r)* **1.** destruction (*fx* of a bridge, of a town; the destruction caused by the fire); ruination (*fx* of the crops; drink was the ruination of him); *(hærgen,* F*)* devastation (*fx* of occupied territory);
2. *(skade)* damage; *(stærkere* F*)* havoc (*fx* cause damage (, havoc));
3. *(resultatet af ~)* wreckage (*fx* after the fight he came to look at the wreckage).
ødelæggelseslyst destructiveness.
ødelæggende *adj.* destructive (*fx* tornado); *(stærkere,* F*)* ruinous (*fx* war); devastating (*fx* blow, effects, bombing raids);
□ *~ for* ruinous to.
ødem *sb. (et, -er) (med.)* oedema.
ødemark wilderness.
ødipuskompleks *(psyk.)* Oedipus complex.
ødsel *adj.* **1.** extravagant (*fx* habits); *(stærkere,* F*)* prodigal;
2. *(som lader noget gå til spilde)* wasteful (*fx* wasteful use of natural resources);
3. *(gavmild etc.)* lavish (*med* with, *fx* money, praise; lavish gifts; with a lavish hand).
ødselhed *sb. (en) (jf. ødsel)* **1.** extravagance; *(stærkere,* F*)* prodigality; **2.** wastefulness; **3.** *(gavmildhed)* lavishness.
ødsle *vb.* **1.** be extravagant;
2. *(lade noget gå til spilde)* be wasteful;
□ *~* ***bort*** waste, squander (*fx* one's savings); F dissipate (*fx* a fortune in gambling); *~* ***med*** *a) (lade gå til spilde)* waste (*fx* we cannot afford to waste oil); *b) (bruge (for) rigeligt af, også fig.)* be (too) lavish with (*fx* one's money, the whisky; praise); *~ noget på en* lavish sth on sby.
ødslen *sb. (en) (jf. ødsle)* **1.** extravagance; **2.** wastefulness; squandering;
□ *~ med a)* wasteful use of (*fx* natural resources); *b) (spild af)* waste of.
øf *sb. (et, -),* **øffe** *vb.* grunt.
øfgris piggy (-wiggy).
øf-øf *interj.* oink.
øg *sb. (et, -) (udslidt hest)* jade.
øge *vb. (se også øges, øget)* **1.** *(forøge)* increase (*med* by, *fx* increase sales by 10%; increase production (, speed, taxes, the turnover)); add to (*fx* our knowledge, our understanding, their enjoyment, their difficulties, their problems);
T step up (*fx* the amount, our efforts, production);
(forhøje også, F*)* enhance (*fx* the beauty, security, our understanding, the value);
(forværre også, F*)* compound (*fx* their difficulties, their problems, the damage);
2. *(i skrædderi)* lengthen, add to;
~ noget 'til add sth, piece sth on.
øgenavn nickname.
øges *vb.* increase, grow; *(lidt efter lidt)* build up (*fx* tension (, traffic, their hopes) built up).
øget *adj.* increased (*fx* competiton, efforts, output); added (*fx* it gave added weight to his argument; it has given him added prestige).
øgle *sb. (en, -r)* **1.** *(zo.)* lizard;
2. *(forhistorisk)* saurian.
øgning *sb. (en, -er) (i syning)* piecing.
øgruppe group of islands.
øhav archipelago;
□ *Det græske Øhav* the Archipelago.
øje *sb. (et, øjne, i fig. brug også øjer)* **1.** *(også om nåleøje & lignende)* eye;

2. *(øje i kartoffel)* eye; *(på plante også)* bud;
3. *(på terning, dominobrik etc.)* pip;
□ ***fire*** *øjne ser mere end to* four eyes see more than two; *under fire øjne, se ndf.*; ***ikke et*** ~ (T: *ingen)* not a soul; *ikke et ~ var tørt (iron.)* there was not a dry eye in the house; *(se også blid, blå, indre*[2]*)*;
[med vb.; se også de næste afsnit] *kattekillingen har* ***fået*** *øjne* the kitten has got its eyes open; *jeg har ikke fået øjne endnu (spøg.: om morgenen)* I haven't got my eyes open yet; ***gøre*** *store øjne se stor*; ***lukke*** *øjnene* close (*el.* shut) one's eyes; *jeg har ikke lukket et ~ hele natten* I did not close my eyes all night; I did not sleep a wink last night; ***vove*** *det ene ~ se vove*[2]; ***åbne*** *øjnene* open one's eyes;
[med vb. + ~ + adv. el. præp.] ***få*** *øjnene* ***op*** get one's eyes open, wake properly; ***få*** *øjnene* ***op for*** awake to, become aware of; ***få*** ~ ***på*** *a)* see, catch sight of; T spot (*fx* sby in a crowd); *b) (skelne fra andre)* pick out (*fx* I picked him out in the crowd); ***have*** ~ ***for*** have an eye for; *have for ~, se ndf.*; *jeg* ***har*** *da øjne* ***i*** *hovedet* I've got eyes in my head; *(se også nakke)*; *han* ***har*** *øjnene* ***med*** *sig* he keeps his eyes about him; ***have*** *et ~* ***på*** *hver finger se finger*; ***have*** *et godt ~* ***til*** *a) (ønske sig)* have an eye on; *b) (være forelsket i)* be rather taken by; *c) (være på nakken af)* be down on; ***holde*** ~ ***med*** watch, keep an eye on; *holde skarpt ~ med* watch closely, keep an eagle eye on; ***lave*** *øjne* ***til*** *en* make eyes at sby; ***lukke*** *øjnene* ***for*** *a) (ikke ville se)* close (*el.* shut) one's eyes to (*fx* the facts); *b) (tolerere)* wink at, turn a blind eye to (*el.* on) (*fx* the irregularities); *mine øjne* ***løber i vand*** my eyes are watering; ***åbne*** *ens øjne* ***for*** *noget* open sby's eyes to sth;
[med (vb. +) præp.] ~ ***for*** ~ an eye for an eye; *for alles øjne* in full view of everybody; *have for ~* keep in view, keep in mind; *holde hånden for øjnene* hold one's hand over one's eyes; *se for sine øjne* set eyes on (*fx* I have never set eyes on her; I never want to set eyes on him again); *(se også bind, binde)*; *(lige)* ***for*** *øjnene* ***af*** *en* (right) in front of (*el.* before *el.* under) sby's eyes; *han klædte sig af lige for øjnene af gæsterne* he undressed in full view of the guests; ***med*** *dette mål* ***for*** ~ with this end in view;
i *mine øjne* to my mind, in my opinion; ***falde i*** *øjnene* catch his (, my etc.) eye (*fx* the advertisement caught my eye); *jeg* ***fik*** *sæbe* ***i*** *øjnene* the soap got in my eyes; *jeg fik tårer i øjnene* (the) tears came to my eyes; ***se i*** *øjnene* face, face up to (*fx* the truth); *se døden i øjnene* look death in the face, face death; *se kendsgerningerne i øjnene* face facts; *vi må* ***se i*** *øjnene* ***at*** we must face the fact that; *den* ***er lige i*** *-t (ɔ: helt rigtig)* T it is spot on, it is bang on; it is just the job; ***se*** *en* ***lige i*** *øjnene* look sby (straight) in the face; ***sige*** *ham det* ***lige op i*** *hans åbne øjne* tell him to his face;
følge en ***med*** *øjnene* follow sby with one's eyes; *(ɔ: til han er forsvundet)* watch sby out of sight; *måle en med øjnene se måle*; *med lukkede (, åbne) øjne (også fig.)* with one's eyes shut (, open); *ikke* ***se med*** *blide øjne på* take an unfavourable (*el.* a stern) view of, not look favourably on, frown on; *se med et halvt ~ se halv*; *se på det med andre(s) øjne se se*;
få sig en ***på*** *-t* T take a nap; have a snooze; *(se også blind)*;
se ***ud af*** *øjnene se se*; *det hvide ud af øjnene se hvid*[2];
ude af ~ *ude af sind* out of sight out of mind;
under *fire øjne* tête-à-tête; *(privat)* in private, privately; *en samtale under fire øjne a)* a one-to-one (*el.* tête-à-tête) conversation; *(am.)* a one-on-one conversation; *b) (privat)* a private discussion; *gå en under øjne* (*el.* pay lip service to sby); *(se også rand)*.

øjeblik *sb. (et, -ke)* **1.** moment (*fx* it only lasted a moment; wait a moment; can I speak to you for a moment? a few moments' hesitation); *(mere* T*)* minute (*fx* wait a minute);
2. *(ganske kort: sekund)* instant (*fx* not an instant's delay; he hesitated for an instant); *(mere* T*)* second;
□ ***et*** *~! a)* just a moment! T half a moment! *b) (i telefonen)* hold the line! T hang on! hold on!; *(se også ndf.: om et ~, på et ~)*; *jeg har* ***aldrig et*** *~ tænkt at* I never for a moment (*el.* minute) thought that; ***ikke et*** *~ for tidligt* not a moment too soon; *han kommer* ***hvert*** *~ (ɔ: meget tit)* he is always coming here; *han kan komme hvert ~ (ɔ: når som helst)* he may come (at) any moment; *-kets mand* the man of the moment; *(se også krav, sandhed)*;
[med adj.] et ***kort*** *~ a)* a brief moment; *b) (om varighed)* a moment, for a (brief) moment (*fx* it only lasted a moment; for a moment I thought I had lost my way); F momentarily (*fx* I was momentarily confused); *et* ***lille*** *~! se ovf.: et ~*; *i hans* ***lyse*** *-ke, i* ***næste (, samme, sidste, yderste)*** *~ se ndf.*; *det var hans livs* ***store*** ~ it was the moment of his life; *(se også rolig, ubetænksom, ubevogtet)*;
[med præp.] ***for*** *-ket a) (ɔ: nu)* at the moment (*fx* he is not in at the moment); just now; *b) (foreløbig)* for the moment (*fx* he seems to be satisfied for the moment); for the present; for the time being;
i *-ket = for -ket*; ***i det*** ~ ***da*** *a) (dengang)* at the moment when (*fx* at the moment when it happened I was not there); *b) (i samme ~ som)* the moment (*el.* instant) (that) (*fx* I left the moment he came); ***i dette*** ~ (at) this moment (*el.* minute *el.* second); ***i hans lyse*** *-ke a)* in his bright moments; *b) (om sindssyg)* in his lucid intervals; ***i næste*** ~ the next moment; ***i samme*** ~ at that very moment (*el.* instant); just then; ***i samme*** ~ ***som*** the moment (*el.* instant) (that) (*fx* I left the moment he came); ***i sidste*** *~,* ***i yderste*** ~ at the last moment; T in the nick of time;
om *et ~* in a moment; in a minute;
på *et ~* in (less than) no time; in the twinkling of an eye; *straks på -ket* this moment, this instant, this minute.

øjeblikkelig[1] *adj.* **1.** *(ufortøvet, umiddelbar)* immediate (*fx* help, reply; take immediate action; there is no immediate danger); F instantaneous (*fx* effect; death was instantaneous); *(kun attr.)* instant (*fx* access to sth, change; it was not an instant success); *(se også indskydelse)*;
2. *(forbigående)* temporary (*fx* improvement);
3. *(nuværende)* present (*fx* the present situation); immediate (*fx* their immediate needs).

øjeblikkelig[2], **øjeblikkeligt** *adv.* instantly; this instant, this minute; at once.

øjebliksbillede 1. *(fotografi)* snapshot; T snap; **2.** *(beskrivelse)*

up-to-the-minute account; thumbnail sketch.
øjeglas 1. *(til at bade øjne)* eye bath; **2.** *(i gasmaske etc.)* eyepiece.
øjekast glance;
□ *ved første ~* at first sight (*fx* love at first sight); *sende én et ~ a)* glance at sby; *b) (med nærmere bestemmelse)* give sby a (*fx* surprised, an angry, an admiring) look (*el.* glance); *(se også hvas).*
øjelåg eyelid.
øjemed *sb. (et)* object, purpose; F end;
□ *i dette ~* for this purpose; F for (*el.* to) this end; *(se også velgørende); i særligt ~* for a particular purpose.
øjemål*: efter ~, på ~* by eye.
øjenbetændelse *(med.)* inflammation of the eyes.
øjenbryn eyebrow;
□ *løfte (el. hæve) -ene* raise one's eyebrows; *løftede ~* raised eyebrows; *ingen så meget som løftede et ~* nobody raised an eyebrow.
øjenbrynsbørste brow brush.
øjendråber *sb.pl.* eye drops; eyewash sg.
øjenforblindelse, **øjenforblændelse** optical illusion.
øjenglas *(til at bade øjne)* eye bath.
øjenhinde **1.** membrane of the eye; **2.** *(bindehinde)* conjunctiva.
øjenhindebetændelse *(med.)* conjunctivitis.
øjenhule hollow of the eye; orbit; *(anat.: i kraniet)* eye socket.
øjenhøjde*: i ~* at eye level.
øjenhår *sb.pl.* eyelashes.
øjenklinik *(ved hospital)* eye clinic.
øjenkontakt eye contact (*fx* make (, avoid) eye contact with sby).
øjenkrog corner of the eye.
øjenlæge eye specialist; *(*F *el. fagl.)* ophthalmologist.
øjenlåg eyelid.
øjenskygge eye shadow.
øjenskærm eyeshade.
øjenslyst*: en ~* a treat to the eyes; a sight for sore eyes.
øjenspecialist *se øjenlæge.*
øjenspejl *(med.)* ophthalmoscope.
øjensygdom eye disease.
øjensynlig[1] *adj.* evident, obvious.
øjensynlig[2], **øjensynligt** *adv.* **1.** *(tydeligvis)* evidently, obviously (*fx* he was obviously pleased); **2.** *(tilsyneladende)* apparently;
□ *han er ~ utilfreds (jf. 2)* he seems (*el.* appears) to be dissatisfied.
øjentjener time-server.
øjentrøst *sb. (en, -) (bot.)* eyebright.
øjenvidne eye witness.
øjenvipper *sb.pl.* eyelashes.
øjespejl *se øjenspejl.*
øjesten*: han er hendes ~* he is the apple of her eye.
øjesyn*: tage i ~* take a view of, inspect.
øjeæble eyeball.
øjne[1] *pl. af øje.*
øjne[2] *vb.* see (*fx* a chance, a possibility);
□ *så langt man kan ~* as far as the eye can see.
øklima insular climate.
økolog *sb. (en, -er)* ecologist.
økologi *sb. (en)* ecology.
økologisk[1] *adj.* **1.** ecological (*fx* disaster);
2. *(om dyrkningsmetode og fødevarer)* organic (*fx* farming, gardening, meat, vegetables);
3. *(om andre produkter)* eco-friendly (*fx* washing powder);
□ *~ kød* meat from ecologically raised cattle (, pigs etc.).
økologisk[2] *adv.* **1.** ecologically;
2. *(om dyrkning)* ecologically (*fx* ecologically grown vegetables).
økonom *sb. (en, -er)* economist;
□ *han er en god ~ (ɔ: sparsommelig)* he is a good manager.
økonoma *sb. (en, -er)* **1.** *(på hospital omtr.)* catering officer; **2.** *(på kostskole etc.)* matron.
økonomi *sb. (en, -er)* **1.** *(pengeforhold)* financial circumstances pl. (*fx* my financial circumstances do not permit it); financial position; finances pl. (*fx* his finances are in a bad state);
(især nationalt el. internationalt) economy (*fx* the economy of the country does not permit it);
2. *(sparsommelighed, også fig.)* economy (*fx* practise strict economy; *(litt.)* dramatic economy);
3. *(økonomisk system)* economy (*fx* a mixed economy; the collapse of Eastern Europe's economies);
4. *(videnskaben)* economics.
økonomidirektør financial manager, finance director.
økonomiklasse *(flyv.)* economy class.
økonomiminister minister of economic affairs, economics minister.
økonomiministerium ministry of economic affairs, economics ministry.
økonomipakke economy size.
økonomisere *vb.* economize;
□ *~ med a) (spare på)* economize on (*fx* fuel, petrol, water); *b) (passe på, holde hus med)* be careful with (*fx* one's money); F husband (*fx* one's money; the country's fuel resources); *~ med kræfterne* save one's energy (*el.* strength); F husband one's strength.
økonomisk[1] *adj.* **1.** *(som angår pengeforhold, især om privatpersons el. firmas)* financial (*fx* affairs, difficulties, position, problems, reasons, ruin, situation); *(især nationalt el. internationalt & vedrørende videnskaben)* economic (*fx* development, growth, policy, problems, situation; theories);
2. *(sparsommelig)* economical, careful;
3. *(som betaler sig)* economic (*fx* an economic rent; the bus service was no longer economic);
□ *~ demokrati* economic democracy; *mine -e forhold* my financial circumstances; *~ kriminalitet* financial (*el.* economic) crimes pl.
økonomisk[2] *adv. (jf. økonomisk*[1]*)* financially; economically.
økosystem ecosystem.
økse *sb. (en, -r)* axe; *(am.)* ax; *(mindre)* hatchet.
økseblad blade of an axe.
øksehug stroke with the (, an) axe.
økseskaft handle of an axe;
□ *sige goddag mand - ~ til hinanden* talk at cross purposes.
økumenisk[1] *adj.* oecumenical.
økumenisk[2] *adv.* oecumenically.
øl *sb. (et)* **1.** *(drik)* beer; *(pilsner)* lager; *(fagl. om lyst overgæret ~)* ale;
2. *(om flaske el. glas ~)* beer (*fx* two beers, please);
□ *~ fra fad* draught beer; *det er lige til -let* there is only just enough to go round;
[med adj.] lyst ~ a) (med lavt alkoholindhold) light beer, low-alcohol beer; *b) (ikke-alkoholisk)* non-alcoholic beer, no-alcohol beer; *mørkt ~* dark beer; brown ale; *tyndt ~* thin (*el.* weak) beer.
ølanker beer barrel; *(mindre)* beer keg.
ølbas beery bass voice.
ølbrik beer mat.
ølbrygger brewer.
ølbryggeri brewery.
ølbrygning brewing of beer.
øldåse beer can.
ølflaske beer bottle.
ølglas beer glass, tumbler.
ølgær brewer's yeast.
ølkapsel beer-bottle cap, crown cork.
ølkasse beer crate.
ølkrus beer mug; *(især: med låg)* tankard.

ølkusk drayman.
ølkælder beer cellar.
øllebrød *sb. (en)* [bread-and-beer soup].
øllebrødsbarmhjertighed humanitarian nonsense, flabby humanitarianism.
øllet *adj.* beery.
ølmave beer belly.
øloplukker bottle opener.
øltønde beer barrel.
ølvogn (brewer's) dray.
øm *adj.* **1.** *(som gør ondt)* tender (*fx* skin, spot; my cheek was still very tender); *(stærkere)* sore (*fx* feet, knee, throat); *(smertende)* aching, painful (*fx* back);
2. *(kærlig)* tender (*fx* feelings, words); affectionate, loving;
3. *(S: sær)* weird (*fx* what a weird hat);
□ *-t punkt (fig.)* sore point (*fx* that is a sore point with him); *ramme ham på hans -me punkt (fig.)* touch him on the raw; *røre ved et -t punkt (fig.)* touch him (, her etc.) on a tender spot;
[med præp.] jeg er ~ ***i*** *armene* my arms ache; *jeg er ~ i halsen* I have a sore throat; *være ~* ***over*** *a) (passe godt på)* take particular care of; *b) (spare på)* use economically; *være ~* ***over hele*** *kroppen* be sore (, aching) all over.
ømfindtlig *adj.* **1.** sensitive (*fx* skin); **2.** *(fig.)* sensitive, touchy (*fx* person, question).
ømfindtlighed *sb. (en)* sensitiveness.
ømhed *sb. (en)* **1.** *(jf. øm 1)* tenderness; soreness;
2. *(smerte)* ache, pain;
3. *(ømme følelser)* tenderness, affection, fondness; *(kærlighed)* love.
ømme *vb.: ~ sig a) (klage sig)* moan; *b) (fortrække ansigtet)* wince; *~ sig ved at* shrink from -ing; be reluctant to.
ømskindet *adj.* sensitive; *(fig. også)* thin-skinned, touchy.
ømskindethed *sb. (en) (jf. ømskindet)* sensitiveness; touchiness.
ømtålelig *adj.* sensitive;
□ *et -t emne a) (som går en nær)* a tender subject; *b) (som kan vække uro)* a sensitive issue (*fx* racism is a sensitive issue); *et -t spørgsmål* a delicate question.
ØMU *(fork.f. økonomisk og monetær union)* EMU (*fork.f.* economic and monetary union).
ønske[1] *sb. (et, -r)* wish (*om* for, *fx* more information; *om at* to, *fx* see her again); *(stærkere, F)* desire (*om* for, *fx* peace; *om at* to, *fx* see her again);
□ *efter ~ a) (efter behag)* as desired; *b) (efter smag)* to taste (*fx* add sugar to taste); *c) (tilfredsstillende)* satisfactory (*fx* I hope it is satisfactory); to your (, his etc.) liking; *være efter ~ (også)* answer one's wishes; *nære (, ytre) ~ om at* have (, express) a wish to; *(se også opfylde)*;
[med adj.] de bedste -r best wishes; *jeg har ikke noget højere ~ end at, det er mit højeste ~ at* there is nothing I wish for more than that; *hans højeste ~* his greatest wish.
ønske[2] *vb. (se også ønsket)* **1.** *(~ en noget)* wish (*fx* wish sby a merry Christmas);
2. *(selv ~; også om uopnåeligt ønske)* wish (*fx* close your eyes and wish; I wished I had never met him);
3. *(gerne ville, ville have)* want; *(svagere)* would like (*fx* I want (, would like) my breakfast (served) now); F wish (*fx* you can do as you wish; do you wish breakfast served in your room, sir?); *(stærkere, F)* desire (*fx* all I desire is peace and quiet; give them what they desire);
□ *~* ***at*** *(+ inf.)* want to; *(høfligere)* would like to (*fx* I want (, would like to) see Mr Brown); F wish to (*fx* I wish to be alone; do you wish me to stay?); *jeg -r* ***at han skal*** *(+ sætn.)* I want (, would like, wish) him to (*fx* come now); *~ noget* ***brændende*** want sth desperately; F fervently wish sth; crave for sth; ***De*** *-r? (hdl.: til kunde)* what can I do for you? can I help you? F what can I show you madam (, sir) ? ***hvad*** *-r De?* what do you want? ***som*** *De -r* as you like (*el.* please); *~* ***til*** *lykke se lykønske*; *det lader intet (, meget)* ***tilbage at*** *~* it leaves nothing (, much) to be desired; *jeg* ***ville*** *~* I wish (*fx* I wish we were at home; I wish something would happen);
[med sig:] ~ ***sig*** *a)* wish for (*fx* I have everything one can wish for; I couldn't wish for a better job); *b) (jf. 3)* want, would like; *~ sig* ***død*** wish one was dead; F wish one were dead; *hvad -r du dig* ***i*** *fødselsdagsgave?* what do you want (*el.* would you like) for a birthday present? *hvad -r du dig* ***til*** *din fødselsdag?* what do you want for your birthday? *~ sig langt* ***væk*** wish oneself far away.
ønskebarn 1. *(planlagt)* planned child; **2.** *(mønsterbarn)* model child.
ønskedrøm pipedream (*fx* it is only a pipedream; he has a pipedream that one day he will write a book); *-me (også)* wishful thinking sg.
ønskehus dream house, ideal house.
ønskekoncert *(i radio)* request programme.
ønskekvist divining rod.
ønskelig *adj.* desirable (*for* for);
□ *mindre ~* undesirable; *med al ~ tydelighed* so as to leave no room for doubt; *(om ord også)* in no uncertain terms (*fx* he condemned it in no uncertain terms); *dette viser med al ~ tydelighed at...* this makes it abundantly clear that....
ønskenummerplade, **ønskeplade** personalized number plate; *(am.)* vanity plate.
ønskeseddel 1. birthday (, Christmas) present list; **2.** *(ved forhandling etc.)* want list; **3.** *(over uopnåelige ting)* wish list.
ønsket *adj.* **1.** desired (*fx* the desired effect);
2. *(forlangt; efter sb.)* asked for (*fx* the information asked for); F required;
3. *(fornøden)* requisite (*fx* the requisite length (, qualifications));
□ *det ikke ønskede bedes overstreget* delete as required; strike out the words which do not apply; *de ønskede varer* F the goods as requested.
ønsketænkning wishful thinking.
ønskværdig *adj.* desirable (*for* for).
ør *adj.* **1.** *(forvirret)* confused;
2. *(svimmel)* dizzy; **3.** *(omtåget)* woozy (*fx* I felt woozy from the whisky); *(se også omtåget)*;
□ *jeg blev ~ i hovedet af det* it made my head swim.
øre[1] *sb. (et, -r) (også på gryde)* ear;
□ *~, næse-, hals- se ørelæge, øresygdom*; *røde -r (fig.: flovhed)* red faces (*fx* there were red faces in the ministry); *(se også ndf.: få (, have, med) røde -r)*;
[med vb.] ***få*** *røde -r* go red in the face; *få -erne* ***i*** *maskinen* get into trouble; ***have*** *éns ~* have sby's ear; *have lange -r* be long-eared; *(fig.)* be listening; *have røde -r* be red in the face; ***have*** *~* ***for*** have an ear for; ***holde*** *-rne stive* keep (*el.* have) one's wits about one; *holde i -rne se ndf.; (se også låne, slå*[2] *(ud), snakke (et ~ af), spidse, tro*[3]*, varme*[2]*)*;
[med præp.] det går ind ***ad*** *det*

ene ~ og ud ad det andet it goes in (through (*el.* at)) one ear and out (of (*el.* at)) the other; *klø (, skrive) sig* ***bag*** *-t se klø*[2]*, skrive (sig); (se også tør*[1]*); komme en* ***for*** ~ come to sby's ears, reach sby's ears; *(se også ringe*[3]*); have ondt* ***i*** *-rne* have earache; *holde ham i -rne a) (køre ham stramt)* keep a tight rein on him; *b) (få ham til at yde sit bedste)* keep him up to scratch; *hviske ham det i -t* whisper it into his ear; ***med*** *røde -r (ↄ: flov)* red-faced; *hænge med -rne se hænge*[1]; *han har ikke noget* ***mellem*** *-rne* he has nothing between his ears; *have meget* ***om*** *-rne* have a lot on one's plate; be up to one's ears (*el.* eyes) in work; *(se også hed*[1]*); være forelsket til* ***op over*** *-rne* be head over heels in love; *sidde i arbejde (, gæld) til op over begge -r* be up to the ears in work (, debt); ***på*** *sit grønne ~ se grøn; æde til det står* ***ud af*** *-rne* eat till it comes out of the ears.

øre[2] *sb. (en, -) (mønt)* øre;
□ *ikke en rød ~ (svarer til)* not a red cent; not a penny; *han gør ikke for to ~ gavn* he does not do a scrap of good; *jeg har ikke for to ~ lyst til at se ham* I just don't want to see him; *regnskabet stemmer på ~* the accounts are correct to the last penny; *(se også flad (fem flade -r), vende).*

ørebetændelse inflammation of the ear; *(med.)* otitis.

øreclip ear clip.

øredøvende *adj.* deafening;
□ *~ tavshed (spøg.)* deafening (*el.* resounding) silence.

ørefigen box on the ear;
□ *give ham ørefigner* box his ear(s).

øreflip lobe (of the ear), earlobe.

øregang *(anat.)* auditory meatus, auditory canal.

øregas S **1.** *(sludder, snak)* hot air; **2.** *(smiger)* soft soap.

ørehænger *sb. (en, -e) (for hørehæmmet)* behind-the-ear-aid.

øreklap *sb. (en, -per)* **1.** *(på hue)* earflap;
2. *(ørevarmer)* earmuff;
3. *(på lænestol)* ear (flap).

øreklapstol winged armchair.

ørelap *se øreflip.*

ørelok *(smykke)* ear pendant.

ørelæge ear specialist; *(fagl.)* otologist;
□ *øre-, næse-, halslæge* ear, nose and throat specialist; *(fagl.)* otorhinolaryngologist.

øremærke *vb. (også fig.)* earmark.

ørenlyd*: få ~* get a hearing; *jeg kan ikke høre ~* I can hardly hear myself speak; *skaffe sig ~* make oneself heard, get a hearing.

ørenring ear ring.

ørenslyst a delight to the ear (*el.* to hear).

ørentvist *sb. (en, -e) (zo.)* earwig.

ørepine earache.

** øreprop** earplug.

øreske ear pick; F aural scoop.

øresmerter *sb.pl.* earache sg.

øresnegl earpiece.

ørespecialist ear specialist; F otologist.

ørespejl *(med.)* otoscope.

øresprøjte *(med.)* ear syringe.

ørestikke *sb. (en, -r)* ear stud.

Øresund *(geogr.)* the Sound.

øresusen *(med.)* tinnitus.

øresygdom disease of the ear;
□ *øre-, næse-, halssygdomme* ear, nose and throat complaints.

øresæl *(zo.)* eared seal.

øresønderrivende *adj.* ear-splitting.

øretæve *sb. (en, -r)* **1.** clout on the ear; *(lussing)* clip on (*el.* over) the ear; *(som straf)* box on the ear;
2. *(fig.: økonomisk)* smack in the eye;
□ **-r** *(tæsk)* a beating sg.; *få -r a) (få tæsk)* get a beating, get clobbered; *b) (blive besejret, kritiseret etc.)* take a beating; *tage -rne (ↄ: for noget)* take the rap; *tage -rne i den rækkefølge de kommer* take things as they come.

øretæveindbydende *adj.* infuriating; *han er ~ (mere* T*)* he gets one's back up.

ørevarmer *sb. (en, -e)* earmuff.

ørevoks ear wax.

ørige *sb. (et, -r)* island kingdom; F island realm.

ørken *sb. (en, ørk(e)ner)* **1.** desert; **2.** *(fig.)* desert (*fx* a concrete desert *(betonørken)*); *(ødemark,* F*)* wilderness; *(se også skib).*

ørkendannelse *(geogr.)* desertification.

ørkenræv *(zo.)* fennec.

ørkensand desert sand.

ørkenspredning *(geogr.)* desertification.

ørkenstamme desert tribe.

ørkenstøvle desert boot.

ørkenvandring *(fig.)* **1.** *(kedelig)* dreary (, boring) task; **2.** *(formålsløs)* exercise in futility.

ørkesløs *adj.* **1.** *(ledig)* idle; **2.** *(forgæves)* futile.

ørkesløshed *sb. (en) (jf. ørkesløs)* **1.** idleness; **2.** futility.

ørn *sb. (en, -e) (zo.)* eagle;
□ *han er ingen ~ (fig.)* he is no (high) flyer; *han er ingen ~ til at* he is not particularly good at -ing.

ørneblik eagle eye, keen glance.

ørnebregne *(bot.)* bracken.

ørneflugt **1.** eagle's flight; **2.** *(fig.)* soaring flight.

ørneklo eagle's talon (pl. eagles' talons).

ørnenæb **1.** eagle's beak; **2.** *(grensaks)* lopping shears pl.; lopper.

ørnenæse aquiline nose.

ørnerede eyrie; eagle's nest (pl. eagles' nests); *(især am.)* aerie.

ørneunge eaglet.

ørnevinge eagle's wing (pl. eagles' wings).

ørred *sb. (en, -er) (zo.)* trout (pl. -).

ørreddam trout pond.

ørredfangst, **ørredfiskeri** trout fishing.

ørredflue trout fly.

øse[1] *sb. (en, -r)* **1.** *(sø.)* baler, scoop;
2. *(øseske)* ladle, dipper;
3. (S*: bil)* car; *(gammel)* crate.

øse[2] *vb. (øste, øst)* **1.** scoop;
2. *(sø.)* bale;
3. *(af brønd)* draw (*fx* he drew water from the well);
4. *(fig.)* draw (*af* on, *fx* we drew on his extensive experience);
□ *~ læns* bale out; *-nde regn* pouring rain;
[med adv.] det (el. regnen) -r ***ned*** it (*el.* the rain) is pouring down (*el.* bucketing (down)); it is raining cats and dogs; *~* ***op*** ladle out, dish up; *(mere* F*)* serve (*fx* the soup); *~ penge* ***ud*** squander money; T spend money like water; *~ penge ud til* squander money on; T lash (*el.* splash) out on.

øsekar *(sø.)* baler, scoop.

øseske *sb. (en, -er)* ladle, dipper.

østen *sb. (en, -er)* **1.** eye; **2.** *(med skrue)* screw eye.

øsregn heavy rain, downpour; *(stærkere)* torrential rain.

øsregne *vb.: det -r* it's pouring down, it's bucketing (down); it's raining cats and dogs.

øst *sb. & adv.* east;
□ *~ vest, hjemme bedst* east or west, home is best;
[med præp.] ~ ***for*** (to the) east of; ***fra*** *~* from the east; ***i*** *~* (in the) east; *rejser i ~ og vest* travels all over the world; *når jeg spørger i ~ svarer hun i vest* she and I are talking at cross-purposes; ***mod*** *~ a) (vendende mod ~)* facing (the) east (*fx* a window facing east); east-facing; *b) (østpå, i den østlige del af landet) se østpå*; *~* ***om*** *Hven* east of Hven; *~* ***til*** *nord* east by north.

øst- **1.** east (*fx* the east side of the

town); eastern (*fx* the eastern frontier; the eastern side of the building); **2.** *(med stednavne)* Eastern, the East of (*fx* France); *(om afgrænset område)* East (*fx* Berlin).
Østafrika East Africa.
østasiatisk *adj.* East Asian.
Østasien East Asia.
Østblokken the Eastern bloc.
Østdanmark Eastern Denmark, the East of Denmark.
østen *adv.: ~ for* eastward of, east of; *~ om* round the east of.
Østen the East; *(se også fjern, Mellemøsten).*
østende east end.
Østengland Eastern England, the East of England.
østenstorm easterly gale.
østenvind east wind, easterly wind.
Østerland *(orienten)* the East; F the Orient.
østerlandsk *adj.* eastern; F oriental.
østerlænding *sb. (en, -e)* Oriental.
østers *sb. (en, -)* oyster;
□ *han er dum som en ~* he is a stupid ass; *han klappede i som en ~* he shut up like a clam; *han var stum som en ~* he held absolutely tight.
østersbanke oyster bank, oyster bed.
østersfangst oyster fishing.
østershat *(bot.)* oyster mushroom.
østerskniv oyster knife.
østersskal oyster shell.
østersskraber *(redskab)* oyster dredge.
Østersø-, østersø- Baltic.
Østersøen the Baltic;
□ *handelen på ~* the Baltic trade.
østersølandene the Baltic States.
Østeuropa Eastern Europe.
østeuropæisk *adj.* Eastern (*el.* East) European.
østfra *adv.* from the east.
østfronten the Eastern Front.
østgoterne *sb.pl. (hist.)* the Ostrogoths.
østgotisk *adj.* Ostrogothic.
østgrænse eastern limit (, frontier, boundary); *(jf. grænse[1]).*
østgående *adj.* eastbound (*fx* train); eastern, easterly (*fx* current).
østhimmel eastern sky.
østkyst east coast.
østland East European country, country of Eastern Europe.
østlig *adj.* **1.** eastern (*fx* frontier; in the eastern part of the country); **2.** *(om vind & retning)* easterly (*fx* a strong easterly wind; in an easterly direction); **3.** *(vendende mod øst)* eastward (*fx* on the eastward slope); east (*fx* the east side);
□ *i det -e Danmark* in the East of Denmark; *vinden er ~* the wind is in the east.
østligere more easterly (*fx* route); further east;
□ *~ end* further east than, to the east of, eastward of.
østligst *adj.* easternmost.
østmagt = *østland.*
østover *adv.* eastwards; *(især am.)* eastward.
Østprøjsen *(hist.)* East Prussia.
østprøjsisk *adj.* East Prussian.
østpå *adv.* **1.** east, to(wards) the east (*fx* it lies far to the east); eastwards; *(am.)* eastward;
2. *(i den østlige del af landet etc.)* in the east (*fx* he lives in the east);
3. *(i østligere egne)* further east (*fx* it is cold further east);
4. *(ved den østlige grænse)* on the east (*fx* bounded on the east by a river);
□ *langt ~* far to the east.
østre *adj.* eastern, east.
Østrig Austria.
østriger *sb. (en, -e)* Austrian.
østrigsk *adj.* Austrian.
Østrig-Ungarn *(hist.)* Austria-Hungary.
østrig-ungarsk *adj.* Austro-Hungarian.
østrogen[1] *sb. (et, -er) (fysiol.)* oestrogen.
østrogen[2] *adj. (fysiol.)* oestrogenic.
østromersk *adj.: Det -e Rige (hist.)* the Eastern (*el.* Byzantine) Empire.
østside east side.
Øststaterne *sb.pl. (i USA)* the Eastern States; the East sg.
østtysk *adj.* eastern German.
Østtyskland eastern Germany.
østvendt *adj.* east-facing (*fx* window).
øv *interj.* **1.** *(udtryk for utilfredshed med præstation)* boo; **2.** *(udtryk for ærgrelse)* urrgh; **3.** *(uf)* ugh;
□ *~ bøv! se æh (bæh!).*
øve *vb. (se også øvet)* **1.** *(~ sig)* practise; *(am.)* practice;
2. *(opøve, træne)* train (*fx* one's muscles, one's voice);
3. *(udføre etc.)* do, perform (*fx* great deeds); practise (*fx* magic); *(am.)* practice;
□ *~ barmhjertighed* be merciful (*mod* to); *~ hærværk* commit acts of vandalism; *~ hærværk mod* vandalize; *~ indflydelse på* exert influence on; *(se også indvirke (på)); ~ tryk på (fig.)* exert pressure on, bring pressure to bear on; *~ uret* do wrong; *(se også tiltrækning, vold[1]);*
[med sig] ~ **sig** practise; *(am.)* practice; *~* ***sig i*** *(at) se ndf.: ~ sig på (at); ~ sig i dans* practise (, practice) dancing; *~* ***sig på*** *a)* practise (, practice) (*fx* a sonata for the concert); *b) (noget man skal sige)* rehearse (*fx* the best way to tell what has happened; a part *(en rolle)*); *~ sig på klaver* practise (, practice) (on) the piano; *~ sig på én* practise (, practice) on sby; *~* ***sig på at*** practise (, practice) -ing.
øvebakke *(til skiløb)* nursery slope.
øvebog, øvehæfte exercise book.
øvelokale practice room.
øvelse *sb. (en, -r)* **1.** *(det at øve sig)* practice (*fx* it takes a great deal of practice to do it);
2. *(om den enkelte ~, også mil. & fig.)* exercise (*fx* gymnastic exercises, exercises for the piano; a military (, naval) exercise; that was the object of the exercise *(formålet med -n)*);
3. *(laboratorie-, fysik-)* practical (*fx* we have a practical tomorrow);
4. *(universitets-, omtr.)* seminar;
5. *(i atletik)* event (*fx* many athletes only discover their best event after attempting several others);
□ *~ gør mester* practice makes perfect; *indledende -r (fig.: forberedelser)* preliminaries; ***have*** *~* ***i*** *a)* be practised in; *b) (ɔ: erfaring)* have experience in (*el.* of) (*fx* teaching); be experienced in;
[med præp.] holde sig ***i*** *~* keep in practice; keep one's hand in; *jeg er* ***ude af*** *-n* I am out of practice.
øvelsesbane *(for bilister)* practice ground.
øvelsesflyvning practice flight.
øvelsesmaskine *(flyv.)* training plane.
øvelsesområde *(mil.)* exercise area.
øvelsespatron *(mil.)* dummy cartridge.
øvelsesplads *(mil.)* training ground.
øvelsesskole *(til seminarium)* practice school; *(fast)* partner school; *(am.)* laboratory school.
øvelsestogt training cruise.
øverst[1] *adj.* **1.** top *(attr.)* (*fx* the top button (, drawer, step); the top managers);
2. *(af to el. mods. lavere)* upper (*fx* the upper half of his face; the upper deck; the upper branches (, classes));

3. *(alleroverst)* topmost *(attr.)* (*fx* branches, leaves); uppermost (*fx* branches, leaves; the uppermost floors of the house; turn the box upside down so that the address is uppermost);
4. *(højest)* highest (*fx* the highest court); F supreme (*fx* the Supreme Council);
□ *-e etage a)* the top floor; *b) (på bus)* the upper deck; *c) (spøg.: hovedet)* the upper storey; *det -e hjørne til venstre* the top left-hand corner; *-e klasse* the top form.

øverst[2] *adv.* at the top, on top;
□ ~ *oppe* at the top;
[med præp.] ~ ***på*** *listen (, siden)* at the top of the list (, page); *stå* ~ *på listen* head (*el.* top) the list; *fra* ~ ***til*** *nederst a)* from top to bottom (*fx* clean the house from top to bottom); *b) (om person)* from top to toe (*fx* covered in mud from top to toe); from head to foot; ~ ***ved*** *bordet* at the head of the table.

øverstbefalende, **øverstkommanderende** *adj. (brugt som sb.)* commander-in-chief.

øvet *adj.* experienced (*i* in); skilled, practised (*fx* hands);
□ *for hans øvede øje (el. blik)* to his trained eye.

øvre *adj.* upper;
□ *flodens* ~ *løb* the upper reaches of the river.

øvrig *adj.: det -e* the rest; *de -e* the rest, the others; *det -e Europa* the rest of Europe;
[med præp.] ***for*** *-t,* ***i*** *-t a) (i parentes bemærket)* incidentally (*fx* incidentally, he is my brother); *b) (apropos)* by the way (*fx* by the way, do you know he is her brother?); *c) (ellers)* in other respects, apart from this, otherwise (*fx* otherwise he is quite nice); *d) (desuden)* besides (*fx* besides, it is completely irrelevant); *e) (imidlertid)* however (*fx* however, that is quite another matter).

øvrighed *sb. (en)* (public) authorities pl.;
□ *-en* the authorities.

øvrighedsperson public officer.

å[1] *sb. (en, -er)* stream, (small) river; small river; *(am.)* creek;
□ *gå over åen efter vand* take unnecessary trouble; *(se også bæk).*
å[2] *interj. se åh.*
åben *adj.* **1.** open (*for, over for* to, *fx* the park is open to the public (, to traffic); he is open to new ideas; an open door (, boat, town); the shops are open; keep the offer open);
2. *(oprigtig, ærlig)* open (*om(kring)* about, *fx* he was quite open about his problems; an open face (, character)); frank, candid (*over for* with; *om(kring)* about, *fx* let me be quite frank (*el.* candid) with you about this; a frank answer; a frank manner *(væsen)*);
3. *(utilsløret) se åbenlys;*
4. *(ikke udfyldt)* blank;
□ ~ *og ærlig a)* frank and honest; *b) (om fremgangsmåde etc.)* open and above-board;
[med vb.] have (el. holde) -t se holde; stå ~ be (left) open; *lade stå* ~ leave open (*fx* leave the door (, the question) open); *lade det stå -t om* leave it open as to whether;
[med sb.] med åbne arme with open arms; *som en* ~ *bog* like a book (*fx* I can read him like a book); *-t brev* open letter; ~ *flanke (mil.)* open (*el.* exposed) flank; *på* ~ *gade* in the street; *holde -t hus* keep open house; ~ *ild a)* naked fire, naked flames; *b) (bål etc.)* open fire; *med* ~ *mund* open-mouthed, gaping; *med* ~ *pande (fig.)* openly; *et -t sind* an open mind; *et -t spørgsmål* an open question; *for -t tæppe a)* with the curtain up; *b) (fig.)* in public; *-t universitet* open university; *(se også brud*[1]*, himmel, knoglebrud, terræn, vindue, øje).*
åbenbar *adj. (se også åbenbart)* evident (*for* to); *(stærkere)* obvious (*for* to); *(stærkere,* F*)* manifest (*for* to).
åbenbare *vb.* **1.** *(fortælle)* make known, reveal (*fx* one's plans); F disclose (*fx* one's plans);
2. *(afsløre)* betray (*fx* one's ignorance);
□ *-t religion* revealed religion; *[med sig]* ~ **sig** *(ɔ: komme til syne)* appear (*for* to); ~ **sig som** *(ɔ: vise sig at være)* reveal oneself as; show oneself to be.
åbenbarelse *sb. (en, -r)* revelation.
åbenbaring *sb. (en, -er)* revelation;
□ *Johannes'* ~ *(bibl.)* the Apocalypse; the Revelation (of St. John the Divine); (the Book of) Revelations pl.; *det store dyr i -en a)* the Great Beast; *b) (fig. om person)* a big noise, a big shot.
åbenbart *adv.* **1.** *(tydeligvis)* evidently, clearly; *(stærkere)* obviously (*fx* he was obviously drunk); *(stærkere,* F*)* manifestly (*fx* manifestly unfounded claims; it is manifestly unfair);
2. *(tilsyneladende)* apparently; on the face of it;
□ *han er* ~ *utilfreds (jf. 2, også)* he appears to be dissatisfied.
åbenhed *sb. (en) (oprigtighed)* openness, frankness.
åbenhjertig *adj.* open, frank;
□ ~ *(privat) samtale* heart-to-heart (talk).
åbenhjertighed *sb. (en)* openness, frankness.
åbenlys *adj.* **1.** open (*fx* hostility, scandal, threat); undisguised (*fx* contempt, hatred); F patent (*for* to, *fx* it was patent to everybody; a patent lie (, impossibility)); palpable (*fx* error, lie, tension between them; her palpable efforts to please him; his scepticism was palpable);
2. *(mods. skjult, kun attr.,* F*)* overt (*fx* hatred, hostility, opposition, privileges, sexism, threat; overt and covert operations);
3. *(tydelig)* obvious (*fx* advantages) (*for* to); *(stærkere,* F*)* manifest (*fx* disapproval, lack of interest; his manifest relief) (*for* to).
åbenmundet *adj.* **1.** *(indiskret)* indiscreet; **2.** *(som siger tingene lige ud)* outspoken.
åbenmundethed *sb. (en) (jf. åbenmundet)* **1.** indiscretion; **2.** outspokenness.
åbenplan- open-plan (*fx* house, office, school).
åbenstående open.
åbent *adv.* openly (*fx* confess it openly); frankly;
□ *holde* ~ *se holde.*
åbentstående *adj.* open.
åbne *vb.* **1.** open (*fx* a door, a letter; a meeting, an exhibition; negotiations; an account at a bank);
2. *(især om forretning el. om noget der har været lukket længe)* open up (*for* to, *fx* open up Eastern Europe to Western business people; open up the legal profession to people who are not white and male; open (up) a new shop; open up a grave (, the boot of the car));
3. *(låse op)* unlock;
□ *atter* ~, ~ *igen* reopen; ~ *sig a)* open (*fx* the door opened); *b) (begynde at tale)* open up (*fx* after a few drinks he opened up); *erklære udstillingen for -t* declare the exhibition open;
[med sb.] ~ *et fad (ɔ: stikke det an)* broach a cask; ~ *ild (mil.)* open fire, open up (*mod* on); *indgangen -s kl. 7* doors open at 7; ~ *mulighed for noget* open up the possibilty of sth, make sth possible; ~ *nye muligheder* open up new opportunities (*for* for); ~ *ens øjne* open sby's eyes (*for* to); *(se også marked);*
[med præp.] ~ **for** *a)* open to (*fx* open the gates to them); *b) (gas, vand etc.)* turn on; ~ *for slusen a)* open the lock; *b) (fig.)* open the floodgates; ~ *sit hjerte for en* open one's heart to sby; ~ *sit hus for dem* throw one's house open to them; ~ *døren* **med** *magt* force the door open; ~ **op for** *a) (åbne)* open up (*fx* new possibilities, new prospects, new worlds of the imagination); *b) (muliggøre)* clear (*el.* open) the way for (*fx* a revision of the rules; reforms); ~ ***op for at*** open up the possibility that, make it possible that.
åbning *sb. (en, -er)* **1.** *(det at åbne, begyndelse)* opening;
2. *(indvielse)* opening; *(højtidelig)* inauguration;
3. *(revne, gab, hul etc.)* opening (*fx* crawl through an opening in the wall (, fence); leave a small

opening at the top); *(større)* gap; *(lille,* F*)* aperture; *(hul)* hole.
åbningsfest opening ceremony; F inauguration (ceremony).
åbningsforestilling opening performance.
åbningskurs opening price.
åbningsmøde first meeting; F inaugural meeting.
åbningstid 1. *(når der åbnes)* opening time;
2. *(når der holdes åbent)* (opening) hours pl. (*fx* stay after hours); *(kontors, butiks også)* business hours; *(butiks også)* trading hours.
åd *præt. af æde.*
ådre *vb.* grain.
ådring *sb. (en, -er)* graining.
ådsel *sb. (et, ådsler)* carcass;
□ *ådsler (ɔ: som føde)* carrion sg. (*fx* vultures feed on carrion).
ådselbille *(zo.)* carrion beetle.
ådselgraver *(zo.)* sexton beetle.
ådselgrib *(zo.)* Egyptian vulture.
ådselædende *adj.* feeding on dead animals *(efter sb.)*; *(fagl.)* necrophagous.
ådselæder *sb. (en, -e) (zo.)* scavenger.
åg *sb. (et, -) (også fig.)* yoke (*fx* the yoke of colonialism);
□ *afkaste -et (fig.)* throw off the yoke; *bringe under -et (fig.,* F*)* subjugate.
åger *sb. (en)* **1.** *(med penge, glds.)* usury; **2.** *(vare-)* profiteering;
□ *drive ~ a) (jf. 1)* charge extortionate interest rates; be a moneylender; *(glds.)* practise usury; *b) (jf. 2)* be a profiteer.
ågerkarl moneylender (*fx* be in the clutches of moneylenders); T loan shark; *(glds.)* usurer.
ågerpris exorbitant price.
ågerrente extortionate interest rate.
ågre *vb. (glds.)* practise usury;
□ *~ med sit pund* make the most of one's talents.
åh *interj.* **1.** oh; *(litt. i tiltale)* O (*fx* O gentle Romeo);
2. *(nølende: tja)* well;
□ *åh* ***hvad*** *a) (bedende)* please (*fx* please, daddy, won't you let us?); (please) do; *b) (ligegyldigt)* pooh; oh well (*fx* oh well, people will talk, you know); *åh* ***ja*** *(nølende)* yes, in a way; well yes; yes and no; *åh* ***jo*** *a) = åh ja; b) (bedende)* please (*fx* please, daddy, won't you let us?); (please) do;
[med vb.] åh jeg ***be'r*** *se bede*[3]; *åh,* ***giv*** *mig bogen!* please give me the book! give me the book, will you? *åh* ***hør!*** look here! *åh* ***la' vær'!*** *a) (hold op med det)* oh, stop it! *b) (den tror jeg ikke på)* oh, go on!

åkande *sb. (en, -r) (bot.)* waterlily;
□ *gul ~* yellow waterlily; *hvid ~* white waterlily.
ål[1] *sb. (en, -) (fisk)* eel;
□ *hendes strømper hang i ~* her stockings were all wrinkled; her stockings concertinaed; *(se også glat*[1]*, stange, vride).*
ål[2] *sb. (en, -e el. -) (sætterværktøj)* bodkin.
åle *vb.* chaff;
□ *~ ham for det a) (godmodigt)* kid him about it; *b) (hånligt)* taunt him with it.
åleblus eel flare.
ålefangst eel fishing, eeling.
åleglat *adj.* smooth; *(præd. også)* as slippery as an eel.
ålegræs *(bot.)* eelgrass.
ålejern eelspear, leister.
ålekrage *(zo.)* cormorant.
ålekvabbe *sb. (en, -r) (zo.)* viviparous blenny.
åleruse eel trap; *(større)* eel buck; *(mindre)* eel pot.
åleskind eelskin.
ålestangning *sb. (en, -er)* eel spearing.
ålestram *adj. (om kjole)* slinky.
ålevandring migration of the eel.
åløb *sb. (et, -)* (small) river, stream.
ånd *sb. (en, -er)* **1.** *(overnaturligt væsen, afdøds ~, spøgelse)* spirit (*fx* evil spirits; the spirits of the dead; spirits of dead warriors haunted the place); *(væsen også)* genie (*fx* the Spirit (*el.* Genie) of the Lamp (, of the Ring)); *(spøgelse også)* ghost (*fx* Hamlet's father's ghost);
2. *(tænkemåde; indre princip)* spirit (*fx* the spirit of the 18th century; we accept the spirit as well as the letter of the treaty; the spirit of the law);
3. *(mods. legeme el. det materielle)* mind (*fx* body and mind; the triumph of mind over matter); spirit (*fx* the spirit is willing but the flesh is weak; he is young in spirit);
4. *(personlighed)* mind (*fx* he was one of the greatest minds of his time); spirit (*fx* one of the leading spirits of the party);
5. *(i hær etc.)* morale;
□ *når -en kommer over ham* when the mood takes him; when the spirit moves him; *opgive -en* give up the ghost;
[med adj.] beslægtede -er kindred souls (*el.* spirits); congenial spirits; *hans gode (, onde) ~* his good (, evil) genius; *en ond ~* an evil spirit; *den store ~ (indianernes gud)* the Great Spirit; *tjenende ~ a) (spøg.: tjener etc.)* menial; *b) (troldmands)* familiar;
[med i:] ***i*** *-en* in spirit (*fx* we will be with you in spirit); *forstå noget i den ~ det er skrevet* understand sth in the spirit in which it was written; *optage det i den rette ~* take it in the right spirit; *han handlede ganske i sin fars ~* he acted quite in the spirit of his father; *i ~ og sandhed* in spirit and in truth; *jeg ser ham i -en* I see him in my mind's eye.
ånde[1] *sb. (en)* breath;
□ *dårlig ~* bad (*el.* smelly) breath; F fetid breath; *(med.)* halitosis;
[med vb.] ***drage*** *~* draw one's breath; ***have*** *deres* ***hede*** *~ i nakken (fig.)* have them breathing down one's neck; ***holde*** *en* ***i*** *~ a) (få til at arbejde)* keep sby at it (*el.* up to the mark *el.* up to scratch); *b) (holde beskæftiget)* keep sby on the go (*fx* the children kept me on the go all day); *holde sine tilhørere i ~ i to timer* hold the attention of one's audience for two hours; ***mærke*** *deres* ***hede*** *~ i nakken (fig.)* feel them breathing down one's neck.
ånde[2] *vb.* breathe; F respire;
□ *alt -de fred* everything breathed peace;
[med præp. & adv.] ~ ***dybt*** draw a deep breath, breathe deeply; *leve og ~* ***for*** *se leve*[2]; *~* ***frit*** *igen se ndf. ~ lettet op*; *~ en* ***i*** *nakken (fig.)* breathe down sby's neck; *~* ***ind*** breathe in; F inhale; *~ lettet* ***op*** (be able to) breathe again, breathe more easily, breathe a sigh of relief; *~* ***på*** breathe on; *~* ***ud*** breathe out; F exhale.
åndeagtig *adj.* ghostly (*fx* figure, voice); F spectral (*fx* figure, music).
åndedrag *sb. (et, -)* breath;
□ *i samme ~* in the same breath; *til mit sidste ~* to my last breath.
åndedræt *sb. (et)* breathing; F respiration;
□ *give én kunstigt ~* administer artificial respiration to sby; *i samme ~* in the same breath.
åndedrætsbesvær difficulty in breathing; breathing difficulties pl.; *(med.)* dyspnoea.
åndedrætsorgan respiratory organ.
åndedrætsværn respirator.
åndedrætsøvelse breathing exercise.
åndehul 1. *(sæls etc.)* blowhole;
2. *(insekters)* spiracle; stigma (pl. -s, *(fagl.)* stigmata);
3. *(fig.)* place where one can breathe freely;

□ *storbyens -ler (ɔ: parker)* the lungs of the city.
åndelig *adj.* **1.** *(mods. legemlig)* mental (*fx* development, gymnastics, health, effort); intellectual (*fx* interests, property, work);
2. *(mods. materiel)* spiritual (*fx* needs, nourishment, values; his spiritual home);
3. *(religiøs)* spiritual (*fx* leader, matters, welfare); religious;
□ *-t doven* mentally lazy;
[med sb.] -e evner intellectual (*el.* mental) faculties; ~ *fader* spiritual father; ~ *føde* food for the mind; F spiritual nourishment; *i ~ henseende* mentally; intellectually; spiritually; ~ *kraft* moral (*el.* spiritual) force; *-t liv* spiritual (, intellectual) life; *-e sange* sacred songs; *(se også slægtskab).*
åndeløs *adj.* breathless (*fx* expectation, silence; breathless with excitement).
åndemaner *sb. (en, -e)* necromancer; *(som uddriver ånder)* exorcist.
åndemaning *sb. (en, -er)* necromancy; *(åndeuddrivelse)* exorcism.
ånden *sb. (en)* breathing.
åndenød difficulty in breathing; *(se også åndedrætsbesvær).*
åndepust breath.
åndesyn phantom; vision.
åndet *adj.* T silly.
åndeverden invisible world, ghost world.
åndfuld *adj.* witty, brilliant.
åndfuldhed *sb. (en, -er) se åndrighed.*
åndløs *adj.* dull; F fatuous, inane (*fx* remark).
åndløshed *sb. (en)* dullness; F fatuity, inanity.
åndrig *adj.* witty, brilliant.
åndrighed *sb. (en, -er)* **1.** brilliancy; **2.** *(bemærkning)* witty remark, stroke of wit; F witticism.
åndsarbejde intellectual work.
åndsarbejder intellectual worker.
åndsaristokrat intellectual aristocrat.
åndsaristokrati intellectual aristocracy.
åndsaristokratisk *adj.* highbrow.
åndsbeslægtet *adj.* congenial.
åndsevner *sb.pl.* mental faculties.
åndsforladt *adj.* dull; F fatuous, inane.
åndsformørkelse benighted state; obscurantism.
åndsfortærende *adj.* overwhelmingly dull; soul-destroying, mind-numbing, mindless (*fx* work).
åndsfraværelse *sb. (en)* absence of mind, absentmindedness.
åndsfraværende[1] *adj.* absentminded;
□ *en ~ mine* F an absent look; a preoccupied air.
åndsfraværende[2] *adv.* absentmindedly.
åndsfrihed intellectual liberty.
åndsfrisk *adj. (præd.)* of sound mind; F of unimpaired mental faculties.
åndsfriskhed sound mind; F unimpaired mental faculties pl.
åndsfrænde kindred soul (*el.* spirit).
åndshistorie history of thought; intellectual history.
åndshovmod intellectual arrogance.
åndsliv intellectual life.
åndsnærværelse presence of mind (*fx* show presence of mind; he had the presence of mind to turn off the light).
åndsoverlegenhed intellectual superiority.
åndsprodukt (intellectual) production.
åndsslægtskab (spiritual) affinity.
åndssløv *adj.* **1.** imbecile; **2.** *(af alderdom)* senile.
åndssløvhed **1.** idiocy, imbecility; **2.** *(alderdommens)* senility.
åndssvag *adj.* **1.** mentally deficient, mentally subnormal;
2. *(tåbelig)* idiotic, half-witted;
3. *(om ting)* stupid (*fx* that stupid handle came off).
åndssvageanstalt home for the mentally deficient.
åndssvaghed mental deficiency.
åndssvækkelse weakening of the intellect.
åndstype type of mind.
åndsvidenskaberne *sb.pl.* the humanities.
år *sb. (et, -)* year;
□ *efter tre (, mange etc.)* **-s** *krig (, tørke etc.)* after many (, three etc.) years of war (, drought etc.); *tre -s fravær* three years' absence; ***blive*** *20 ~* be twenty, reach twenty; F complete one's twentieth year; ~ ***og dag*** *a) (jur.)* a year and 6 weeks; *b) (lang tid)* (for) ages (*fx* I haven't seen him for ages; it is ages since I saw him); *(se også herre)*;
[med adj.] hvert ***andet*** ~ every second (*el.* other) year; *i sine* ***bedste*** *~, se ndf.; han er ti ~* ***gammel*** he is ten (years old); *(se også gammel); det gamle (, nye) ~* the old (, new) year; *så lang som et* ***ondt*** ~ as long as a month of Sundays; ***sidste*** ~ last year; *i de sidste (el. senere) ~ se sidst;*[1] *(se også halv, halvanden, ung, yngre)*;
[med præp. & adv.] ***ad*** *-e (engang)* some day, some time;
-et ***efter*** the year after; the following year;
~ ***for*** ~ year by year, yearly, annually; *for tre ~ siden* three years ago;
gennem *-ene a)* over the years (*fx* this has happened many times over the years); *b) (efterhånden)* as the years go (, went) by (*fx* he became more satisfied as the years went by);
i ~ this year; *i -et 1815* in (the year) 1815; *i disse ~* at present, these days; *i mange ~ a)* for many years (*fx* he has lived here for many years); *b) (fra nu af)* for (many) years to come (*fx* it will remain for years to come); ***i sine bedste*** ~ in the prime of life, in one's prime; *(se også senere*[1]*, sidst*[1]*, ung, yngre)*;
hele -et ***igennem*** throughout the year;
med *-ene* as the years go (, went) by;
mellem *~ og dag* over the years;
om *-et* a year, annually; F per annum; *om et ~* in a year; *i dag om et ~* this day next year;
komme ***op i*** *-ene, være* ***oppe i*** *-ene* be getting on in years; *være oppe i -ene (også,* F*)* be advanced (*el.* well on) in years;
et barn ***på*** *syv ~* a child of seven, a seven-year-old child; *han er syg (, skilt) på femte ~* he has been ill (, divorced) for over four years;
hele -et ***rundt*** all the year round;
til *-s* advanced (*el.* well on) in years;
-et ***ud*** the rest of the year; *~ ud og ~ ind* year in (and) year out.
årbog **1.** yearbook; **2.** *(historisk)* annals pl.; chronicle.
åre[1] *sb. (en, -r)* **1.** *(bot., zo., digterisk etc.)* vein; **2.** *(anat.: blod-)* vein; *(puls-)* artery; **3.** *(tegning i træ)* grain.
åre[2] *sb. (en, -r) (til båd)* oar; *(mindre)* scull;
□ *hvile på -rne* rest on one's oars; *trække på -rne* pull at the oars.
åre[3] *vb.* grain (*fx* wood).
årebetændelse *(med.)* phlebitis.
åreblad blade of an oar, oar blade.
årefod *(zo.)* web foot.
åreforkalket *adj.* suffering from hardening of the arteries *(efter sb.)*; *(med.)* sclerotic.
åreforkalkning hardening of the arteries; *(med.)* arteriosclerosis.

åregaffel rowlock; *(am.)* oarlock.
åregreb *sb. (et, -)* handle of an oar, oar handle.
åreknude *(med.)* varicose vein.
årelade *vb.* **1.** bleed; **2.** *(fig.: økonomisk)* bleed (white).
åreladning *sb. (en, -er)* **1.** *(glds. med.)* blood-letting, bleeding; **2.** *(fig.: økonomisk)* bleeding; □ *det var en ordentlig ~ (jf. 2)* it set us back a bit.
årelang *adj.* **1.** *(som varer flere år)* lasting (*el.* of) several years *(efter sb.)* (*fx* after a struggle lasting several years); years of... (*fx* after years of struggling (, training)); **2.** *(som varer ét år)* year-long; *(efter sb.)* lasting a whole year.
åremål term of years; □ *ansættelse på ~ se åremålsansættelse; forpagtning på langt ~* long lease.
åremålsansættelse appointment with limited tenure, fixed-term appointment; short-term contract.
året *adj.* **1.** veined; **2.** *(påmalet årer)* grained.
åretag *sb. (et, -)* stroke; □ *holde ~* keep stroke.
åretold *sb. (en, -e) (sø.)* tholepin.
årevinget *adj. (zo.)* membrane-winged; □ *de årevingede* hymenoptera.
årevis *adv.: i ~* for years (and years).
årgammel *adj.* **1.** *(flere år, efter sb.)* of several years' standing; **2.** *(et år)* year-old; *(efter sb.)* of one year; *et -t føl* a yearling.
årgang **1.** *(aldersklasse)* year; *(i skole)* year group; *(mil.)* class; *(se også fødselsårgang)*; **2.** *(af vin)* year, vintage (*fx* 1982 was a good year (*el.* vintage); what vintage is this wine? the wine was (of) an excellent vintage); **3.** *(af tidsskrift, avis etc.)* volume; □ *min ~* my year; the men (, women) of my year; *de store -e a) (om vin)* the great vintage years; *b) (de store fødselsårgange)* the baby boom sg.
årgangsvin vintage wine.
årh *interj. se åh.*
århundrede *sb. (et, -r)* century (*fx* the arms deal of the century); □ *det 19. og 20. ~* the 19th and 20th centuries.
århundredgammel *adj.* centuries old.
århundredskifte turn of a century; □ *ved -t* at the turn of the century.
-årig **1.** *(om alder)* ...-year-old (*fx* a ten-year-old child; a thousand-year-old tradition); of ...(years) (*fx* a child of ten (years)); **2.** *(om varighed)* of ... years; ... years' (*fx* twenty years' war); ... -year (*fx* a ten-year lease).
åringer *sb.pl. (år)* years.
årle *adj. & adv.* early.
årlig[1] *adj.* yearly, annual.
årlig[2], **årligt** *adv.* **1.** *(i løbet af året)* a year (*fx* three times a year); **2.** *(for hvert år)* per year, annually (*fx* it cost £10,000 annually); *(fagl.)* per annum; □ *~ tilbagevendende* annual (*fx* event).
årpenge *sb.pl.* **1.** annuity, yearly allowance sg.; **2.** *(apanage)* apanage.
årring *(i træ)* year ring, annual ring.
årrække: *i en ~* for a number of years; for many years.
års- annual.
-års *se -årig.*
årsafslutning *(i skole, svarer til)* Speech Day; *(am.)* Commencement.
årsag *sb. (en, -er)* **1.** *(som bevirker noget)* cause (*til* of, *fx* malnutrition is the cause of many diseases; the assassination was the occasion, not the cause of the war); **2.** *(berettigelse)* cause (*til* for, *fx* there is no cause for concern; you have no cause for complaint); **3.** *(anledning)* occasion (*til* for, *fx* give occasion for gossip); **4.** *(forklaring, subjektiv grund, fornuftsgrund)* reason (*til* for, *fx* what is the reason for his refusal?); □ *ingen ~!* don't mention it! not at all! it's quite all right! *~ og virkning* cause and effect; *lille ~ stor virkning* great events and small occasions; *[med præp.]* ***af*** *den ~* for that reason; *af politiske -er* for political reasons; on political grounds; *give ~* ***til*** give cause (, occasion) for; *~* ***til at*** *(+ inf.) a) (jf. 2)* reason to (*fx* we have reason to believe that he is lying); *b) (jf.4)* cause to (*fx* he had cause to be angry); *-en til at (+ sætn.)* the reason why (*fx* I refused); *-en til at han gjorde det (også)* his reason for doing it.
årsagsbegrebet the concept of cause and effect.
årsagssammenhæng causal connection.
årsagssætning **1.** law of causation; **2.** *(gram.)* causal clause.
årsbalance *(hdl.)* annual balance sheet.
årsbasis: *på ~* on an annual (*el.* a yearly) basis, on a year-to-year basis.
årsberetning annual report.
årsdag anniversary (*for* of).
årsfest **1.** annual festival, anniversary; **2.** *(universitets)* [commemoration of the founding of the university].
årsforbrug annual consumption.
årsindtægt annual income (, revenue); *(jf. indtægt).*
årskarakterer *sb.pl.* marks for the year's work.
årskontingent annual subscription.
årskort season ticket (for one year).
årskursus one-year course.
årsløn yearly pay (, salary etc.); *(jf. løn*[1]*).*
årsmøde annual meeting; *(politisk partis oftest)* conference.
årsomsætning annual turnover.
årsopgørelse yearly statement.
årsproduktion annual production.
årsprøve annual examination.
årsregnskab annual accounts pl.
årsskifte (commencement of a) new year; □ *-t* the turn of the year.
årsskrift *sb. (et, -er)* yearbook, annual.
årstal year, date.
årstid season, time of (the) year (*fx* at this time of (the) year).
årsudbytte **1.** annual yield (*el.* output); **2.** *(dividende)* annual dividend.
årsunge yearling; □ *han er ingen ~* he is no chicken; *hun er ingen ~* she is no spring chicken.
årsvikar [one-year appointee].
årsværk [full year's work for one person].
årti *sb. (et, -er)* decade.
årtusinde *sb. (et, -r)* millennium.
årvågen *adj.* **1.** alert, watchful; *(stærkere)* vigilant; **2.** *(ved bestemt lejlighed, præd.)* on the alert.
årvågenhed *sb. (en)* alertness, watchfulness; F vigilance.
ås *sb. (en, -e)* **1.** *(bakke)* ridge; **2.** *(tagbjælke)* purlin; **3.** *(plovås)* beam.
åstedet **1.** *(om forbrydelse)* scene of the crime (, the murder etc.); **2.** *(om andet)* place in question; *på -et* on the spot.
åstedsforretning inspection of the ground; local inquiry.
åsyn *sb. (et, -)* countenance; □ *for Guds ~* in the sight of God; *bort fra mit ~* out of my sight.

Uregelmæssige verber

Listen omfatter kun usammensatte og ikke-afledte verber, således at bøjningen af *fx undertake* og *mistake* må udledes af *take*. Formerne er: infinitiv, præteritum og perfektum participium, dog for modalverberne præsens og præteritum.

/ mellem to former betyder at begge bruges.
* foran en bøjningsform betyder at den (kun eller især) bruges i amerikansk engelsk.

arise *(opstå)* **arose, arisen**
awake *(vågne)* **awoke/*awaked, awoken**

be *(være)* **was/***pl.***were, been**
bear *(bære)* **bore, borne/*born**
bear *(føde)* **bore, born/borne**
beat *(slå)* **beat, beaten**
become *(blive)* **became, become**
beget *(avle)* **begot, begotten/begot**
begin *(begynde)* **began, begun**
bend *(bøje)* **bent, bent**
beseech *(bønfalde)* **beseeched/besought, beseeched/besought**
bet *(vædde)* **bet/betted, bet/betted**
bid *(byde, befale)* **bade, bidden**
bid *(byde på auktion)* **bid, bid**
bind *(binde)* **bound, bound**
bite *(bide)* **bit, bitten**
bleed *(bløde)* **bled, bled**
blow *(blæse)* **blew, blown**
break *(brække)* **broke, broken**
breed *(avle, opfostre)* **bred, bred**
bring *(bringe)* **brought, brought**
broadcast *(udsende)* **broadcast/*broadcasted, broadcast/ *broadcasted**
build *(bygge)* **built, built**
burn *(brænde)* **burnt/burned, burnt/burned**
burst *(briste)* **burst, burst**
buy *(købe)* **bought, bought**

can *(kan)* **could**
cast *(kaste, støbe)* **cast, cast**
catch *(fange)* **caught, caught**
choose *(vælge)* **chose, chosen**

cleave *(kløve)* **cleft/cleaved/*clove, cleft/cleaved/cloven**
cling *(klynge sig)* **clung, clung**
come *(komme)* **came, come**
cost *(koste)* **cost, cost**
creep *(krybe)* **crept, crept**
cut *(hugge, skære)* **cut, cut**

deal *(handle)* **dealt, dealt**
dig *(grave)* **dug, dug**
do *(gøre)* **did, done**
draw *(trække, tegne)* **drew, drawn**
dream *(drømme)* **dreamed/dreamt, dreamed/dreamt**
drink *(drikke)* **drank, drunk**
drive *(drive, køre)* **drove, driven**
dwell *(dvæle, bo)* **dwelt/dwelled, dwelt/dwelled**

eat *(spise)* **ate, eaten**

fall *(falde)* **fell, fallen**
feed *(fodre)* **fed, fed**
feel *(føle)* **felt, felt**
fight *(kæmpe)* **fought, fought**
find *(finde)* **found, found**
flee *(flygte)* **fled, fled**
fling *(slænge)* **flung, flung**
fly *(flyve)* **flew, flown**
forget *(glemme)* **forgot, forgotten**
forsake *(svigte)* **forsook, forsaken**
freeze *(fryse)* **froze, frozen**

get *(få, blive, komme)* **got, got/*gotten**
give *(give)* **gave, given**
go *(gå, rejse)* **went, gone**
grind *(male, knuse)* **ground, ground**
grow *(vokse, dyrke)* **grew, grown**

hang *(hænge)* **hung, hung**
hang *(hænge i galgen)* **hanged, hanged**
have *(have)* **had, had**
hear *(høre)* **heard, heard**
heave to *(lægge bi)* **hove to, hove to**
hide *(skjule)* **hid, hidden**
hit *(ramme)* **hit, hit**
hold *(holde, rumme)* **held, held**
hurt *(gøre ondt)* **hurt, hurt**

keep *(beholde)* **kept, kept**
kneel *(knæle)* **knelt/*kneeled, knelt/*kneeled**

knit *(rynke panden, strikke)* **knitted/knit, knitted/knit**
know *(vide, kende)* **knew, known**

lay *(lægge)* **laid, laid**
lead *(føre)* **led, led**
lean *(læne)* **leant/*leaned, leant/*leaned**
leap *(hoppe)* **leapt/*leaped, leapt/*leaped**
learn *(lære)* **learnt/*learned, learnt/*learned**
leave *(forlade, tage af sted)* **left, left**
lend *(låne)* **lent, lent**
let *(låne, udleje)* **let, let**
lie *(ligge)* **lay, lain**
light *(tænde)* **lit/*lighted, lit/*lighted**
lose *(tabe, miste)* **lost, lost**

make *(gøre, fremstille)* **made, made**
may *(kan, må gerne)* **might**
mean *(mene, have i sinde)* **meant, meant**
meet *(møde)* **met, met**
mow *(meje)* **mowed, mowed/mown**
must *(må, skal)* **must**

ought *(bør)* **ought**
pay *(betale)* **paid, paid**
put *(lægge, sætte)* **put, put**

quit *(forlade, holde op med)* **quit/*quitted, quit/*quitted**

read *(læse)* **read, read**
rend *(sønderrive)* **rent, rent**
rid *(befri)* **rid/ridded, rid/ridded**
ride *(ride)* **rode, ridden**
ring *(ringe)* **rang, rung**
rise *(rejse sig, stige)* **rose, risen**
run *(løbe)* **ran, run**

saw *(save)* **sawed, sawn**
say *(sige)* **said, said**
see *(se)* **saw, seen**
seek *(søge)* **sought, sought**
sell *(sælge)* **sold, sold**
send *(sende)* **sent, sent**
set *(sætte, gå ned)* **set, set**
sew *(sy)* **sewed, sewed/sewn**
shake *(ryste)* **shook, shaken**
shall *(skal)* **should**
shear *(klippe)* **sheared/shore, sheared/shorn**
shed *(udgyde, tabe)* **shed, shed**

shine *(skinne)* **shone, shone**
shine *(pudse)* **shined, shined**
shit *(skide)* **shit/shat/shitted, shit/shat/shitted**
shoe *(sko)* **shod/*shoed, shod/*shoed**
shoot *(skyde)* **shot, shot**
show *(vise)* **showed, showed/shown**
shrink *(krympe, vige tilbage)* **shrank, shrunk**
shut *(lukke)* **shut, shut**
sing *(synge)* **sang, sung**
sink *(synke)* **sank, sunk**
sit *(sidde)* **sat, sat**
slay *(dræbe)* **slew/slayed, slain**
sleep *(sove)* **slept, slept**
slide *(glide)* **slid, slid**
sling *(slynge)* **slung, slung**
slink *(luske)* **slunk, slunk**
slit *(skære op, flænge)* **slit, slit**
smell *(lugte)* **smelt/*smelled, smelt/*smelled**
smite *(slå)* **smote, smitten**
sow *(så)* **sowed, sowed/sown**
speak *(tale)* **spoke, spoken**
speed *(ile)* **sped/speeded, sped/speeded**
speed up *(sætte farten op)* **speeded up, speeded up**
spell *(stave)* **spelt/spelled, spelt/spelled**
spend *(give ud, tilbringe)* **spent, spent**
spill *(spilde)* **spilt/*spilled, spilt/*spilled**
spin *(spinde)* **spun/span, spun**
spit *(spytte)* **spat/*spit, spat/*spit**
split *(flække)* **split, split**
spoil *(ødelægge)* **spoilt/*spoiled, spoilt/*spoiled**
spread *(sprede, brede sig)* **spread, spread**
spring *(springe)* **sprang, sprung**
stand *(stå, stille)* **stood, stood**
steal *(stjæle)* **stole, stolen**
stick *(klæbe, stikke)* **stuck, stuck**
sting *(stikke med brod)* **stung, stung**
stink *(stinke)* **stank/*stunk, stunk**
strew *(strø)* **strewed, strewed/strewn**
stride *(skride)* **strode, stridden/strode**
strike *(slå)* **struck, struck**
string *(trække på snor)* **strung, strung**
strive *(stræbe)* **strove/strived, striven/strived**
swear *(sværge)* **swore, sworn**
sweep *(feje)* **swept, swept**
swell *(svulme)* **swelled, swollen/swelled**
swim *(svømme)* **swam, swum**
swing *(svinge)* **swung, swung**

take *(tage)* **took, taken**
teach *(lære, undervise)* **taught, taught**
tear *(rive)* **tore, torn**
tell *(fortælle)* **told, told**
think *(tænke)* **thought, thought**
thrive *(trives)* **thrived/*throve, thrived/*thriven**
throw *(kaste)* **threw, thrown**
thrust *(støde)* **thrust, thrust**
tread *(træde)* **trod, trodden**

wake *(vågne, vække)* **woke/waked, woken/waked/*woke**
wear *(have på)* **wore, worn**
weave *(væve)* **wove/*weaved, woven/*weaved**
weave *(sno sig ud og ind)* **weaved, weaved**
wed *(ægte)* **wed/wedded, wed/wedded**
weep *(græde)* **wept, wept**
will *(vil)* **would**
win *(vinde, opnå)* **won, won**
wind *(vinde, sno)* **wound, wound**
wring *(vride)* **wrung, wrung**
write *(skrive)* **wrote, written**

CIS
BERING STRAIT
ARCTIC OCEAN
Ellesmere Island
Parry Islands
Devon Island
Banks Island
Prince of Wales Island
Victoria Island
Ak.
Yukon
Anchorage
Yukon
Great Bear Lake
Mackenzie
Northwest Territories
Whitehorse
Keewatin
Juneau
Yellowknife
Great Slave Lake
British Columbia
HUDSON
CANADA
ROCKY MOUNTAINS
Alberta
Edmonton
Saskat-chewan
Manitoba
PACIFIC OCEAN
Victoria
Vancouver
Calgary
Lake Winnipeg
Ontario
Wash.
Olympia
Regina
Winnipeg
Salem
Missouri
N.D.
Oreg.
Helena
Mont.
Bismarck
Boise
Yellowstone Nat'l Park
Minn.
S.D.
Id.
St Paul
Wis.
Wyo.
Pierre
Minneapolis
Madison
Sacramento
Great Salt Lake
Carson City
Cheyenne
USA
San Francisco
Salt Lake City
Nebr.
Ia.
Chicago
Nev.
Des Moines
Ill.
Calif.
Yosemite Nat'l Park
Ut.
Lincoln
Denver
Colo.
Kansas City
Mo.
Springfield
Las Vegas
Kans.
Topeka
Jefferson City
St Louis
Los Angeles
Grand Canyon Nat'l Park
Ariz.
Santa Fe
Okla.
Ark.
San Diego
Phoenix
N.Mex.
Oklahoma City
Mississippi
Little Rock
Lower California
Tuscon
El Paso
Tex.
Dallas
Miss.
La.
Jackson
Austin
Houston
Baton Rouge
Rio Grande
Galveston
Kauai
Oahu
Honolulu
Maui
Hi.
MEXICO
Corpus Christi
Hawaii